מסכת

סוטה

מן

תלמוד בבלי

עם כל המפרשים על הדף כאשר נדפס
מקדם ועם הוספות חדשות כמבואר
בשער השני

נדפס מחדש עם ביאור
הרב עדין אבן-ישראל (שטיינזלץ)

בעיה"ק ירושלים תובב"א
תשפ"ב

הוצאת קורן ירושלים
עבור
המכון הישראלי לפרסומים תלמודיים
ירושלים

מסכת

סוטה

מן

תלמוד בבלי

עם **פירוש רש"י, תוספות, מסורת הש"ס, עין משפט** (מראה מקומות הדינים בפוסקים הראשונים), **ונר מצוה** (סמני מנין הדינים שנסמנו בעין משפט), **ותורה אור,** כל אלה סידר וחיבר הג"מ יהושע בועז ז"ל בעה"מ שלטי הגבורים להרי"ף. **חלופי גרסאות.** הגהות לש"ס והוספות במסורת הש"ס ועין משפט להג"מ **יוסף שמואל** ז"ל אבד"ק פפד"מ (כמש"נ בש"ס אמ"ד ופפד"מ בשנות תע"ד–תפ"א), והגהות ותוספות מראה מקומות להג"מ **ישעיה** (פיק) **ברלין** ז"ל אבד"ק ברעסלויא, ומוקפים בחצאי רבוע. **הגהות הב"ח** להג"מ יואל סירקש ז"ל אבד"ק קראקא (בעהמ"ס בית ח־ש). **הגהות הגר"א** להג"מ אליהו ז"ל הגאון מוילנא (הוגהו ונתקנו ע"פ כי"ק מגליון הש"ס שלמד בו וזכינו למסכתות רבות ממנו). **מראה יחזקאל** הגהות להג"מ יחזקאל הלוי לנדא ז"ל אבד"ק פראג (בעהמ"ס נודע ביהודה כו'). **מעשה ר"ב** הגהות להג"מ בצלאל רנשבורג ז"ל (בעהמ"ס הורה גבר). **גליון הש"ס** להג"מ עקיבא איגר ז"ל אב"ד דק"ק פוזנן.

כל אלה נסדרו בסֵדֶר חדש בהשלמת השמטות הצנזורה ובהדגשת דיבור המתחיל ברש"י ובתוספות.

ועליהם נוספו במהדורה זו מאת הרב **עדין אבן־ישראל (שטיינזלץ)**, בסדֶר ובעריכה חדשים בצד דפי הגמרא

פירוש חדש פירוש חדש המביא את כל לשון התלמוד מנוקד ומפוסק ומבאר כל פרט בהבנת המלים והתוכן ובהסברת דרך המשא והמתן שבתלמוד. בתוך הפירוש – תרגום מלא, מילולי ותוכני, באותיות מיוחדות, של כל לשון ארמית המצויה בתלמוד.

מבואות וסיכומים לפני כל פרק, ולאחריו, דברי הסבר כלליים וסיכומי דברים, וכן הסברת בעיות מיוחדות וסוגיות מרכזיות המופיעות באותו פרק.

עיונים מבחר שיטות ופירושים של הראשונים והאחרונים, דרכי פירוש נוספות, העמקת דברים, בירור מושגי יסוד, וביאור דרכי המחשבה.

אורח ההלכה מסקנת הדלכה בנושאים הנידונים בתלמוד, מדברי התלמוד עד לפוסקים האחרונים.

מסורת הש"ס מקבילות לנאמר במסכת מן המשנה והתוספתא, מן התלמוד הבבלי והירושלמי וממדרשי ההלכה והאגדה, בתוספת מרובה על מסורת הש"ס שעל הדף.

גרסות שינויי הנוסחות החשובים להבנת הענין, מכתבי־יד, קטעי ה"גניזה", דפוסים ישנים וממקבילות בספרי הראשונים.

אישים תיאורים קצרים של אישים המוזכרים בתלמוד, דמותם וקורות חייהם.

לשון ביאורן והבנת מקורותיהן של מלים משפות זרות המוזכרות בתלמוד.

העולם תיאורים ותמונות של בעלי חיים וצמחים המוזכרים בתלמוד.

החיים תיאורים, תמונות ורישומים של חפצים שהשתמשו בהם בימי התלמוד. תיאור דרכי החיים והרקע ההיסטורי של המאורעות.

תוספתא בסוף המסכת – התוספתא למסכת, מפוסקת פיסוק מלא, בצירוף מראי מקומות למסכת, ופירוש קצר להבהרת עניינים וביטויים סתומים.

איורים תרשימים ותצלומים, מעולם החי, הצומח וממצאים שנחשפו, הבאים להאיר ולהסביר את העניינים שמדובר בהם בתלמוד.

מפתחות בסוף המסכת מפתחות מפורטים של הנושאים, הפסוקים, המונחים, האישים וכו' המופיעים בה.

לעזי רש"י ביאור כל הלעזים המובאים בפירוש רש"י.

הוצאת המכון הישראלי לפרסומים תלמודיים ירושלים

עורך ראשי: הרב עדין אבן־ישראל (שטיינזלץ)

הכנה לעיונים והגהות: הרב אהוד גולדברג

הגהות: הרב גרשון קיציס, הרב יהונתן אליאב, הרב ישראל ברמן

ייעוץ מדעי: ד״ר מתיתיהו ארליכמן

גרפיקה עימוד ואיורים: מיכאל אטקין

מרכז המערכת: הרב מאיר הנגבי

הספר יצא לאור בסיוע משרד המדע, התרבות והספורט – מנהל התרבות

ובסיוע קרן MATANEL

תלמוד בבלי מנוקד - מהדורת קורן
מבואר ומתורגם ע״י הרב עדין אבן־ישראל (שטיינזלץ)
מסכת סוטה
מהדורה עברית גדולה

The Koren Talmud Bavli with Classic Vilna Format opposite the Steinsaltz Page
Commentary by Rabbi Adin Steinsaltz
Masekhet Sota
Hebrew Edition, Large

עמודי וילנא: ״תוים הוצאה לאור״
ת״ד 7847 ירושלים
עמודי הביאור: ״ספרי מילתא״
ת״ד 1458 ירושלים

Vilna pages: Tavim Publishing
POB 7847 Jerusalem
Commentary pages: Milta Books
POB 1458 Jerusalem

הוצאת קורן ירושלים בע״מ
ת״ד 4044 ירושלים 9104001
טל׳: 02-6330530 פקס: 02-6330534
www.korenpub.co.il

Koren Publishers Jerusalem Ltd.
POB 4044, Jerusalem 9104001, ISRAEL
Pob 8531, New Milford, CT 06776-8531, USA
www.korenpub.com

מסת״ב 978-965-301-498-5
ISBN 978-965-301-498-5

נדפס בישראל 2022
Printed in Israel 2022

מסכת סוטה עוסקת בעיקר בדיני הסוטה — אשה שבעלה חושד בה שמא זנתה, והוא מביאה למקדש להיבדק על ידי שתיית המים המרים. אולם במסכת זו ניתן מקום גם לכמה הלכות בנושאים שונים לחלוטין, כגון דיני היוצאים למלחמה, הלכות עגלה ערופה ועוד.

למרות שבדיקת האשה על ידי המים עשויה להיות גורם למיתתה, אם אכן חטאה בחטא שנחשדה בו, מכל מקום מטרתה אינה להביא לידי פורענות אלא "לעשות שלום בין איש לאשתו"[1]. האיש שמאס באשתו משום שנהגה מנהג פריצות מותר לו, אף לפי הדעה המחמירה ביותר, לגרש את אשתו[2]. אולם כאן מדובר באדם הקשור לאשתו, ואינו רוצה לגרשה, אלא שהוא סובל מחמת קנאתו לה — שהוא חושד בה שהיא נואפת תחתיו, ומשום כך רצונו להגיע לידי ודאות גמורה בטהרתה של אשתו. כדי להביאו לידי כך, נתנה לו התורה דרך מיוחדת זו להגיע לידי בירור וודאות כדי לעשות שלום ביניהם.

למרות שמטרת השקאת המים המרים היא כדי להביא שלום בין בני הזוג, יש לזכור כי אין מדובר כאן בחשד סתם העולה על דעתו של הבעל, שכן כפי שמבואר במסכת זו צריך הבעל להתרות באשתו בפני עדים שלא תתייחד עם אדם מסויים שהוא חושד בו, ואם למרות זאת התייחדה האשה במקום סתר עם אדם זה, והעידו עדים על הייחוד — רק אז יכול הבעל להביא את אשתו בפני בית הדין ולתבוע שישקוה את המים המרים. התנהגותה של האשה הבאה לידי כך היא איפוא בוודאי בלתי צנועה, והחשד שחושדים בה הוא חמור מאד. שהרי היא חשודה בבגידה כפולה, הן בבעלה והן בקב"ה שציווה על קדושת הנישואין[3].

אם אמנם נאפה האשה, הרי לא זו בלבד שעברה על איסור חמור ביותר בתורה[4], אלא שלמרות כל הגינונים וההידור החיצוני שהתהדרה בו לצורך אותו מעשה, עשתה היא מעשה שהוא במהותו "מעשה בהמה"[5]. ומשום כך, כאשר מובאת האשה לבית המקדש לשתיית המים המרים נוהגים בה כמה דברים של ביזוי — הכהן קורע את בגדיה העליונים וקושר את הבגדים בחבל גס, וכן מסיר את כיסוי ראשה ופורע את שערה. אף קרבן המנחה שהיא מביאה ("מנחת קנאות") נעשה מקמח שעורים (שהוא מאכל בהמה) אין בו כל תוספת שמן או לבונה, ואת המים המרים היא שותה מתוך כלי חרס פשוט ביותר.

בדיני הסוטה יש צד מיוחד שאינו מצוי בשאר מצוות התורה, משום שזו היא המצוה היחידה בתורה שעצם מהותה קשורה בנס. בדיקת האשה על ידי שתיית המים המרים אינה דבר שבטבע, אלא היא מאורע ניכי — שאם חטאה האשה המים הללו גורמים לה מיתה[6], ואם לא חטאה — הם מביאים לה ברכה. ולא זו בלבד שהאשה נענשת בכך, אלא אף הבועל שייתכן ונמצא בריחוק מקום ואינו שותה מן המים — אף הוא נענש באותה דרך. צד אחר של יחוד במצוה זו הוא שמעשה המצוה כולל מחיקה מכוונת של פסוקים בתורה ושל שם ה' המצוי בהם — דבר שאסור לעשותו בכל מקרה אחר[7]. משום הצדדים המיוחדים הללו; החומרה שבמחיקת המגילה וציפיה לנס הנראה לכל השתדלו חכמים לגרום, הן בדברי נועם והן על ידי שמייגעים אותה, שהאשה תודה מעצמה בחטאה, ולא תצטרך לבדיקה זו. ואף אמרו כי בזמן שהבעל עצמו (ואף בני ביתו המצויים תחת השגחתו) אינו נקי מעוון בעניינים אלה — אין המים בודקים את אשתו. ומצד שני, פעמים שיש זכות לאשה ואינה נענשת מיד אלא עונשה נדחה לזמן מסויים. וכיון שלא כל דור ראוי שייעשה בו נס כזה אף נמנו וגמרו בדור הסמוך לחורבן בית שני לבטל דין השקאה זו לחלוטין.

למרות שדיני הסוטה הם חטיבה הלכתית לעצמה, יש להם יחס אל המסגרות הכוללות של דיני האישות. אשה שקינא לה בעלה ונסתרה עם החשוד — הרי היא מוציאה את עצמה במובנים שונים מן ההתחייבויות הבאות מכוח הנישואין. מאחר שהיא במעמד של חשודה מספיקה אף עדות קלושה כדי לקבוע שאכן נטמאה, ויוצאת מבעלה בגט. מאותה שעה היא נאסרת על בעלה, ואין לה תקנה אלא כאשר היא נבדקת ונמצאת טהורה. ואף זכויותיה הממוניות נפגעות, בדרך כלל אם אינה יכולה להוכיח את טהרתה היא מאבדת את זכותה לכתובה.

כדרך המשנה יש במסכת סוטה כמה וכמה ענינים שאינם שייכים לגופה של המסכת, אלא שנזכרו ונדונו בה משום היותם שייכים למחרוזות של הלכות שונות המשותפות לדיני סוטה רק בפרט מסויים בלבד. אולם, מקצת הדברים שהובאו בדרך אגב זוכים לעיון נרחב במסכת זו. אותם נושאים צדדיים שזכו כאן להרחבה מרובה נדונים בה משום שאין מסכת מתאימה אחרת העוסקת בהם. אולם יש גם צד משותף אחר בדברים — אותן מצוות שיש בהן בירור ודיון נרחב במסכת סוטה דומות לדיני השקאת הסוטה בהיותן מצוות טכסיות הנעשות במעמד גדול, וקשורות אל המקדש או אל הכהנים. ומשום כך נדונים בהרחבה דיני ברכת הכהנים, ודיני ההכרזה לפני היציאה למלחמה שנעשים על ידי הכהן משוח המלחמה, הברכות והקללות שנאמרו על ידי הכהנים והלויים בבוא עם ישראל לארץ בימי יהושע, דין הקהל שבו יש טכס קריאה פומבי של התורה בבית המקדש, ודיני העגלה הערופה המובאת במעמד גדול לכפר על רצח שלא נודע עושהו, כאשר הכהנים הם המסיימים את מהלכו של טכס זה.

במסכת סוטה יש הרבה מאד דברי אגדה, וריבויים נובע מעצם טבעם של הנושאים הנדונים בה. מצוות השקאת הסוטה שהיא התערבות שמעל לגדרי הטבע בחייהם של בני זוג מביאה לדיונים עיוניים רבים, הן לגבי הסיבות הגורמות לאנשים לחטוא, והן לגבי דרכי העונש הבאים עליהם

משמים. הן ביחס לסוטה, והן ביחס לאישים שונים בתולדות ישראל. ובהרחבה — שאלת הגמול בכללה, הדרכים שבהם נענשים אנשים על חטאיהם והאופן שבו הם מקבלים שכר על מעשיהם הטובים. זכותה של הסוטה המעכבת את הפורענות מלחול עליה מביאה לדיון רחב ביחס לזכות במצוות בכללה. וסיומה של המסכת, המדבר על ביטול מצוות אחדות (השקאת סוטה, הבאת עגלה ערופה) בגלל ירידה מוסרית כללית של האומה הוא בסיס לבירור רחב של השינויים לרעה שבאו על עם ישראל מזמן הפאר, שבו היתה לעם התגלות וברכה, עד לדורות ההולכים ופוחתים, המאבדים את סגולות היקר של העבר.

במסכת סוטה תשעה פרקים, שרובם עוסקים בנושאים מוגדרים, אף כי כדרך הגמרא הדברים עוברים מענין לענין באותו פרק עצמו.

פרק ראשון ״המקנא״ עוסק בדרכי הקינוי, בהבאת האשה למקדש והעמדתה שם, ודברי מוסר על עונשים מידה כנגד מידה.

פרק שני ״היה מביא״ — בהבאת מנחת הסוטה, כתיבת המגילה והכנת המים המרים והשבעת האשה.

פרק שלישי ״היה נוטל״ — בהקרבת המנחה, ובמקרים בהם אינה מוקרבת, בעונש הבא על הסוטה ובענין הזכות המשהה את עונשה.

פרק רביעי ״ארוסה״ — רשימה כללית של נשים השותות מים מרים ואלו שאינן שותות.

פרק חמישי ״כשם שהמים״ — דרשות על פסוקים שונים שנאמרו ביום שהושיבו את ר׳ אלעזר בן עזריה כנשיא הסנהדרין.

פרק ששי ״מי שקינא״ — בעדויות שהאשה שנחשדה אכן נטמאה.

פרק שביעי ״אלו נאמרין״ — רשימת דברים הנאמרים בכל לשון ואלו הנאמרים בלשון הקדש בלבד, פרשת ברכות וקללות שבהר גריזים, ברכת כהנים, ברכת כהן גדול וקריאת פרשת ״הקהל״.

פרק שמיני ״משוח מלחמה״ — בדיני היציאה למלחמה.

פרק תשיעי ״עגלה ערופה״ — בדיני עגלה ערופה, ודברים שבטלו עם ירידת הדורות.

---

1. שבת קטז, א ועוד.
2. דעת בית שמאי, גיטין צ, א.
3. מדרש תנחומא נשא ה.
4. שהוא עיקרו של איסור ״לא תנאף״ שבעשרת הדברות, ויש עליו עונש מיתה או כרת.
5. סוטה יד, א. וראה שם ח, ב וְט, א.
6. וראה גם תנחומא שם ו.
7. איסור לאו שיש בו מלקות של ״לא תעשון כן לה׳״.

פתיחה לפרק "המקנא"

"וַיְדַבֵּר ה' אֶל מֹשֶׁה לֵּאמֹר. דַּבֵּר אֶל בְּנֵי יִשְׂרָאֵל וְאָמַרְתָּ אֲלֵהֶם אִישׁ אִישׁ כִּי תִשְׂטֶה אִשְׁתּוֹ וּמָעֲלָה בוֹ מָעַל. וְשָׁכַב אִישׁ אֹתָהּ שִׁכְבַת זֶרַע וְנֶעְלַם מֵעֵינֵי אִישָׁהּ וְנִסְתְּרָה וְהִיא נִטְמָאָה וְעֵד אֵין בָּהּ וְהִוא לֹא נִתְפָּשָׂה. וְעָבַר עָלָיו רוּחַ קִנְאָה וְקִנֵּא אֶת אִשְׁתּוֹ וְהִוא נִטְמָאָה אוֹ עָבַר עָלָיו רוּחַ קִנְאָה וְקִנֵּא אֶת אִשְׁתּוֹ וְהִיא לֹא נִטְמָאָה". (במדבר ה, יא—יד)

"וְהֶעֱמִיד הַכֹּהֵן אֶת הָאִשָּׁה לִפְנֵי ה' וּפָרַע אֶת רֹאשׁ הָאִשָּׁה וְנָתַן עַל כַּפֶּיהָ אֵת מִנְחַת הַזִּכָּרוֹן מִנְחַת קְנָאֹת הִוא וּבְיַד הַכֹּהֵן יִהְיוּ מֵי הַמָּרִים הַמְאָרְרִים". (שם יח)

לשון התורה בענין "וקנא את אשתו" מלמדת כי הקנאה הזו אינה רק תיאור הרגשה שבלב (שעל כך נאמר "ועבר עליו רוח קנאה") אלא מעשה פורמלי מסויים, שהבעל מודיע לאשתו שהוא מקנא לה. אולם פרטי הדברים אינם מפורשים בתורה, ואין אנו יודעים האם מצווה הבעל לקנא לאשתו אם חושד בה או רק אם רצה בכך, האם די בכך שהוא מזהיר אותה בשיחה ביניהם, או שיש צורך שיעידו עדים על כך. אותה אי בהירות קיימת גם לגבי שאר המרכיבים האמורים בפרשה; כיצד קובעים כי האשה "נסתרה", האם מספיק שהבעל טוען כך, או שיש צורך בעדות חיצונית. וכיוצא בזה בענין "והיא נטמאה" — כיצד מתברר דבר זה (שלא על ידי השקאה במים המרים), האם די בכך שהבעל רואה זאת, או שיש צורך בעד אחד או בשני עדים?

נושאים אחרים בענין זה הצריכים בירור ופירוט הם הדברים האמורים בתורה בקיצור רב: "והביא האיש את אשתו אל הכהן" — האם מביא האיש את אשתו אל הכהן מיד כשחושד בה או שיש שלבי ביניים עד שמביאה לכך? וכמו כן אף מעשי הכהן באשה צריכים ביאור, והיכן הוא המקום "לפני ה'" שמעמידים בו את האשה, וכיצד נעשה דין "ופרע את ראש האשה". בעיות אלה הן המתבררות בפרק זה.

כל הטכס והדינים האמורים בסוטה, שאינם מעשה בית דין בלבד, אלא התערבות של מעלה ביחס להתנהגותה של האשה וביחסיה עם בעלה מעוררים שאלות, שאמנם אינן בעיות הלכתיות אבל הן שאלות מוסריות ומהותיות: מה הא הקו העיקרי, הטעם הפנימי לכל הטכס הזה ולביזויה של האשה ברבים, מה הוא הטעם בעונשי השמים המפורשים בה? אף שאלות אלה, שהן במהותן שאלות של "אגדה" נידונות מצדדים שונים בפרק זה.

א משנה **הַמְקַנֵּא לְאִשְׁתּוֹ**, שמזהיר אותה שלא תסתר עם אדם מסויים, ואם אחר כך נסתרה איתו הרי היא חשודה שנבעלה, והרי היא אסורה לבעלה, ובעלה משקה אותה מי סוטה, **ר׳ אֱלִיעֶזֶר אוֹמֵר: מְקַנֵּא לָהּ עַל פִּי שְׁנַיִם** עדים, כלומר, אין קינוי מועיל שתיאסר בו על בעלה אם נסתרה עם אותו איש ושישקנה מי סוטה, אלא אם כן נעשה הקינוי בפני שני עדים, **וּמַשְׁקָהּ** אותה מי סוטה גם **עַל פִּי עֵד אֶחָד** שראה אותה שנסתרה, **אוֹ** אפילו **עַל פִּי עַצְמוֹ**, אם הוא עצמו ראה אותה שנסתרה. **ר׳ יְהוֹשֻׁעַ אוֹמֵר: מְקַנֵּא לָהּ עַל פִּי שְׁנַיִם, וּמַשְׁקָהּ** אותה **עַל פִּי שְׁנַיִם. כֵּיצַד מְקַנֵּא לָהּ?** כלומר, כיצד נעשה קינוי זה באופן שתצטרך להבדק על ידי המים המרים? **אם אוֹמֵר לָהּ בִּפְנֵי שְׁנַיִם**, שני עדים: **"אַל תְּדַבְּרִי עִם אִישׁ פְּלוֹנִי" וְדִבְּרָה עִמּוֹ — עֲדַיִין הִיא מוּתֶּרֶת לְבֵיתָהּ** (בעלה) ואם אשת כהן היא **מוּתֶּרֶת לֶאֱכוֹל בִּתְרוּמָה**, שאף שהזהירה שלא תדבר עימו, אין הדיבור בלבד אוסר אותה. ואולם **אם נִכְנְסָה עִמּוֹ** עם האיש שהוזהרה עליו **לְבֵית הַסֵּתֶר** (מקום נסתר) **וְשָׁהֲתָה עִמּוֹ** שם זמן **כְּדֵי טוּמְאָה** (ביאה) **— אֲסוּרָה לְבֵיתָהּ** (בעלה), שאסור לו לנהוג עימה יחסי אישות, **וַאֲסוּרָה לֶאֱכוֹל בִּתְרוּמָה** עד שיתברר הדבר בשתיית מי סוטה. **וְאִם מֵת** בעלה לפני שהספיקה להבדק ואין לה בנים ממנו — הרי זו מספק **חוֹלֶצֶת** ליבם, **וְלֹא מִתְיַיבֶּמֶת.**

ב גמרא תחילה מבררים את מקומה של המסכת בתוך סדר נשים. **מִכְּדִי** [הרי] **הַתַּנָּא מִמַּסֶּכֶת נָזִיר סָלֵיק** [עולה ובא], שמסכת נזיר קודמת למסכת זו לפי סדר המסכתות, **מַאי תָּנָא דְּקָא תָּנָא** [מה שנה ששנה] **סוֹטָה?** מה ראה התנא לשנות מסכת סוטה אחריה, כלומר, מה הקשר בין מסכת זו למסכת נזיר? ומשיבים: **כְּדִבְרֵי רַבִּי, דְּתַנְיָא** [שכן שנינו בברייתא], **רַבִּי אוֹמֵר: לָמָּה נִסְמְכָה** בתורה **פָּרָשַׁת נָזִיר לְפָרָשַׁת סוֹטָה — לוֹמַר לְךָ: שֶׁכָּל הָרוֹאֶה סוֹטָה בְּקִלְקוּלָהּ**, בבזיונה, כששותה מי סוטה — **יַזִּיר עַצְמוֹ מִן הַיַּיִן**, ששתיית יין היא לעתים קרובות הסיבה לזנות, וצריך אדם לתת דבר זה על ליבו. ולפי זה יש איפוא קשר ענייני בין סוטה ונזיר, ומשום כך נסמכו המסכתות. ושואלים: אם כן, לפי סברה זו **וְלִיתְנֵי** [ושישנה] קודם מסכת **סוֹטָה וַהֲדַר לִיתְנֵי** [ויחזור אחר כך וישנה] מסכת **נָזִיר** כפי הסדר בתורה, וכפי שמסביר רבי! ומשיבים: **אַיְּידֵי דִּתְנָא** [מתוך ששנה] מסכת **כְּתוּבּוֹת וּתְנָא** [ושנה בה] פרק **"הַמַּדִּיר"** שבה נזכרים מקצת דיני נדרים שבין איש לאשתו, **תָּנָא** [שנה] לאחריה מסכת **נְדָרִים** שכולה עוסקת בענייני נדרים, **וְאַיְּידֵי דִּתְנָא** [ומתוך ששנה] מסכת **נְדָרִים, תָּנָא** [שנה] אחריה מסכת **נָזִיר דְּדָמֵי** [שדומה] **לִנְדָרִים** מבחינת ההלכה, שהרי נדר הנזירות הוא אחד מסוגי הנדרים, **וְקָתָנֵי** [ושנה] אחר כך **סוֹטָה, כְּדִבְרֵי רַבִּי**, שיש קשר בין נזיר לסוטה.

ג לאחר הקדמה זו, באים לברר את לשון המשנה. שנינו במשנה **"הַמְקַנֵּא** לאשתו", ומלשון זו משמע **בְּדִיעֲבַד** אם עשה כן — **אִין** [כן] אבל **לְכַתְּחִילָּה — לֹא** יקנא. שאילו היה מעשה הקינוי חובה או מצווה שיש לעשותן לכתחילה צריך היה לומר במשנה "מקנא אדם לאשתו". משמע מכאן, כי **קָסָבַר** [סבור] **הַתַּנָּא דִּידָן** [שלנו] **שֶׁאָסוּר לְקַנְּאוֹת** לכתחילה, וכל הדינים שנאמרו בסוטה הם רק אם עשה מעשה וקינא.

אָמַר רַב שְׁמוּאֵל בַּר רַב יִצְחָק: כִּי הֲוָה פָּתַח [כאשר היה פותח] **רֵישׁ לָקִישׁ** לדרוש **בְּפָרָשַׁת סוֹטָה, אָמַר הָכִי** [כך] כפתיחה: **אֵין מְזַוְּוגִין לוֹ לְאָדָם** משמים **אִשָּׁה אֶלָּא לְפִי מַעֲשָׂיו, שֶׁנֶּאֱמַר: "כִּי לֹא יָנוּחַ שֵׁבֶט הָרֶשַׁע עַל גּוֹרַל הַצַּדִּיקִים"** (תהלים קכה, ג), ומי שיש לו אשה רעה — הרי זה בהתאם למעשיו הרעים. **אָמַר רַבָּה בַּר בַּר חָנָה אָמַר ר׳ יוֹחָנָן: וְקָשִׁין** בני זוג **לְזַוְּוגָן** זה לזה **כִּקְרִיעַת יַם סוּף**, שעצם זיווגו של אדם לאשה המתאימה לו הוא מעשה נס כקריעת ים סוף, **שֶׁנֶּאֱמַר** במזמור המדבר על יציאת מצרים: **"אֱלֹהִים מוֹשִׁיב יְחִידִים בַּיְתָה מוֹצִיא אֲסִירִים בַּכּוֹשָׁרוֹת"** (שם סח, ז), כלומר, להושיב אנשים בודדים ("יחידים") ולעשות מהם בית ("ביתה"), כלומר, לזווגם זה לזה, הוא דבר הדומה ליציאת מצרים ("מוציא אסירים"). ומקשים: **אִינִי** [וכי כן הוא] שמזווגים לאדם אשה לפי מעשיו? **וְהָא** [והרי] **אָמַר רַב יְהוּדָה אָמַר רַב: אַרְבָּעִים יוֹם קוֹדֶם יְצִירַת הַוָּלָד בַּת קוֹל יוֹצֵאת וְאוֹמֶרֶת: בַּת פְּלוֹנִי** תנשא **לִפְלוֹנִי**, וכן מכריזים על כי **בֵּית פְּלוֹנִי** יהיה שייך **לִפְלוֹנִי, וּשְׂדֵה פְּלוֹנִי לִפְלוֹנִי**, משמע שהדבר נגזר על האדם עוד לפני יצירתו, ואיך אמר ריש לקיש שזיווגו של אדם לפי מעשיו! ומשיבים: **לֹא קַשְׁיָא** [קשה], **הָא** [זה] — **בְּזִוּוּג רִאשׁוֹן** גוזרים על האדם קודם בריאתו מי תהיה אשתו, **הָא** [זה] שמזווגים לאדם לפי מעשיו — **בְּזִוּוּג שֵׁנִי**, ואז קשה זיווגו של אדם.

ד ולענין הדין במשנה שר׳ **אֱלִיעֶזֶר אוֹמֵר: מְקַנֵּא לָהּ עַל פִּי שְׁנַיִם** ומשקה על פי אחד, ולדעת ר׳ יהושע אף משקה על פי שנים, מעירים: **עַד כָּאן לֹא** שמענו כי **פְּלִיגִי** [נחלקו] ר׳ אליעזר ור׳ יהושע **אֶלָּא בְּעֵדוּת קִינּוּי וּסְתִירָה** אם נעשית על פי שנים או אחד, **אֲבָל בְּעֵדוּת טוּמְאָה**, להעיד שהאשה גם נטמאה בביאה, מסכימים הם כי אפילו **עֵד אֶחָד מְהֵימָן** (נאמן), **וּתְנַן נַמִּי** [ושנינו גם כן] כעין זה במשנתנו במסכת זו: **עֵד אֶחָד אוֹמֵר "אֲנִי רָאִיתִי שֶׁנִּיטְמֵאת" — לֹא הָיְתָה שׁוֹתָה** מי סוטה, משום שסומכים על עדותו וצריך הבעל לגרשה, ואין מקום לבדיקה אחרת. ושואלים: **מִדְּאוֹרַיְיתָא מְנָלַן דִּמְהֵימַן** [מן התורה מניין לנו שנאמן] **עֵד אֶחָד?** ומשיבים, **דְּתָנוּ רַבָּנַן** [ששנו חכמים]: נאמר בסוטה שנטמאה ונאסרת לבעלה "ונסתרה והיא נטמאה **וְעֵד אֵין בָּהּ**" (במדבר ה, יג), ודנים: **בִּשְׁנַיִם הַכָּתוּב מְדַבֵּר** שכוונת המילים "ועד אין בה" היא שאף שאין בה עדות שלימה של שני עדים, אך יש בה עדות של עד אחד הרי היא אסורה. **אוֹ אֵינוֹ אֶלָּא אֲפִילוּ בְּאֶחָד**, כמשמעו, שאין בה אף עדות של עד אחד? **תַּלְמוּד לוֹמַר: "לֹא יָקוּם עֵד אֶחָד בְּאִישׁ** לכל עוון ולכל חטאת... על פי שני עדים או על פי שלושה עדים יקום דבר" (דברים יט, טו),

מסורת הש"ס

א. סנהדרין פח,א. ירושלמי סוטה פ"ו ה"ג. מסכת סופרים פ"י א. ספרי דברים יט, טו. במדב"ר פ"ט ל. ילק"ש תורה תשז.

ב. במדב"ר שם. תנחומא נשא ב. מדרש ל"ב מדות פי"ח.

ג. שה"ר פ"ח ו, ד.

ד. יבמות יא,א. במדב"ר שם. תנחומא שם. מדרש ל"ב מדות שם. ילק"ש שם.

ה. (שאלה דומה) נזיר ב,א. מכות ב,א. שבועות ב,א.

ו. ברכות סג,א. שמו"ר פט"ז ב. במדב"ר פ"י ב. שם ד. שם כה.

ז. ברכות שם. נזיר ב,א. שמו"ר שם. במדב"ר שם א. שם ג.

ח. סוטה ג,א.

ט. שוח"ט קכה. (ולשון פתח) מגילה י,ב. יא,ב. זבחים יב,ב. והרבה במדרש רבה.

י. ראה במדב"ר פ"ג ו. ילק"ש נ"ך תתפ. וראה זהר ח"א צא,ב.

יא. סנהדרין כב,א. ב"ר פס"ח ד. ויק"ר פ"ח א. במדב"ר פ"ג ו. מדרש שמואל פ"ה. פסדר"כ פ"ב.

יב. ראה ירושלמי ביצה פ"ה ה"ב. שם תענית פ"א ה"ח. שם פ"ד ה"ו. שם כתובות פ"א ה"א.

יג. מו"ק יח,ב. סנהדרין כב,א. כלה רבתי פ"ח. זהר ח"א רכט,א.

יד. סנהדרין שם. וראה גיטין צ,ב.

טו. סוטה לא,א. ספרי זוטא במדבר ה, יג.

טז. סוטה לא,ב. ספרי במדבר ה, יג. במדב"ר פ"ט כט. ילק"ש תורה תשז. וראה תוספתא שבועות פ"ג ה"ח.

גרסות

ומשקה יש בכת"י ובמקורות: ומשקה לה.

אומר לה ברוב כת"י, במקורות וכן בב"ח: אמר לה.

איש פלוני ויש בכת"י ובמקורות: פלוני.

מאי תנא יש בכת"י ובמקורות: מאי שנא.

וקשין לזווגן יש בכת"י ועוד: וקשה לזווגן.

בכושרות ויש מקורות שהוסיפו: אל תקרי מוציא אלא כמוציא.

עד אחד אומר אני ראיתי יש בכת"י כמו בנוסח המשנה: אמר עד אחד אני ראיתיה.

לשון

זוג

אף שפועל זה ומלים אחדות שנגזרו ממנו הם עתיקים למדי בשפה העברית (ואף בשפות שמיות אחרות) סבורים כי עיקר מקורה של המלה הוא ביוונית ζυγόν (זו׳גון) שמשמעותה העיקרית צמד בקר, והתרחבה לכל צירוף של שני דברים יחד. אף בשימוש הלשון של חז"ל משמעותה הכללית של המלה היא צירופם של דברים, ובפרט צירופם של אנשים לנישואין.

עיונים

המקנא כפי שכתבו רש"י ושאר המפרשים שימוש הלשון הזה הוא בעקבות לשון הכתוב — "וקנא את אשתו" (במדבר ה, יד), אולם יש דרכים שונות להבין את משמעות הדבר, אם במובן על התראה ואזהרה (כך גם בפיה"מ לרמב"ם, בתוהרא"ש ועוד) או במובן של הכעסה והקנטה (ראה בתור"ט). והדבר תלוי במחלוקת שלהלן האם הקינוי אסור או מותר לכתחילה, והאם יש בכך רשות או מצוה.

על פי עד אחד וכו׳ ראשונים הקשו: לכאורה, אם על פי עצמו משקה — מה צורך לומר, שמשקה על פי עד אחד? וקשה לומר שיש כאן רק סגנון של "זו אף זו". ותירצו, כי באמת שני הדברים צריכים להיאמר. שאילו היה אומר רק על פי עצמו היינו סבורים שהוא מפני שהוא יכול לעשותה לגבי עצמו "חתיכה דאיסורא" מה שאין כן בעד אחד. ואילו היה אומר רק בעד אחד היה מקום לומר שעד אחד, כיון שעדותו ראויה להצטרף לעדות אחרת חשוב יותר מאשר דברי עצמו (תוס׳ שאנץ, תוהרא"ש).

עד הבעל בסוטה העירו שמן הכתוב אנו יכולים ללמוד לענין עד אחד בטומאה, אבל אין מקור מפורש להכשיר עדות עצמו בזה. וכתב בקרן אורה כי שיטת הגמרא שלנו היא שמאחר שלמדנו שאין צורך לעדות טומאה בעדות ממש (של שני עדים) אין עוד לחלק בין עד אחד כשר או פסול, רחוק או קרוב. אכן בתלמוד הירושלמי למדו עדות עצמו מן הכתוב "ומעלה בו מעל", ומשום כך הוצרכו שם גם ללימוד מיוחד לעדות שאינה עדות ראויה בדרך כלל, כגון עד מפי עד.

ואסורה לאכול בתרומה בעצם היה יכול לומר כאן גם שאסורה לבועל, אלא מאחר שברישא אמר "מותרת לביתה ומותרת בתרומה" (ושם אין מקום לדבר בבועל כלל, שהרי נשואה היא לבעלה) אמר גם בסיפא בלשון זו (תו"ש).

מאי תנא דקא תני סוטה היו שהקשו: הרי אמרו חכמים ש"אין סדר למשנה" לגבי קדימת המסכתות ואיחורן, ומה מקום לשאלה זו? ותירצו כי בשעה ששנה רבי לתלמידיו בישיבה לא היה הדבר לפי סדר מסויים, ולכן אין להוכיח שהלכה במסכת שלפי הסדר שלפנינו מאוחרת יותר מבטאה מסקנה אחרונה. אבל בכל זאת עשה רבי סדר למסכתות המשנה, ויש לשאול על טעמו של סדר זה (תוהרא"ש, וכן בתוס׳ נזיר).

סדרן של המסכתות כפי שהוא מוסבר כאן אינו שווה בכל מקום, כי לרמב"ם ואחרים יש סדר שונה שבו מסכת סוטה באה מיד אחר גיטין. והרמב"ם מסביר טעמו של סדר זה שענין הסוטה הוא מעין הגירושין ויש מקרים בסוטה בהם כופים את הבעל לגרש את אשתו. והמאירי מסביר סדר זה באומרו שדיני גיטין וסוטה נחשבים לענין אחד, ולפי זה מתיישב סדר המסכתות הזה גם עם דברי הגמרא (וראה בתוי"ט). ויש שהוסיף טעם לסמיכות נזיר וסוטה, לפי שפרק אחרון בנזיר מדבר בענינים שונים שהכרעת הדין תלויה בכך ש"רגלים לדבר", והוא אחד הנימוקים החשובים בדין הסוטה (מלא"ש).

יזיר עצמו וכו׳ היו שהתקשו בכך: שהרי אמרו חכמים שהנודר בנזיר חוטא הוא! ויש שתירצו כי אין הכוונה שלכתחילה יזיר עצמו בנדר, אלא שיקבל על עצמו למעט בשתיית יין (באר שבע, וכן נראה מתוס׳ נזיר).

המקנא דיעבד וכו׳ ראה בתוס׳ (ד"ה המקנא דיעבד) שהעירו כי לא בכל מקום מדייקים כך מסגנון דברים זה. ועיקר הסברם הוא כי במקום שאפשר לומר שלשון זו מדוייקת מדייקים בה. וכעין זה מסביר בתירוץ אחד בתו"ש כי במקום שיש לגמרא תירוץ והסבר יפה לדיוק זה מדייקים בו ובאופן אחר אמרו כי מדייקים כך בלשון המשנה רק כאשר אין עניינה ברור ויש מקום לטעות. ובניסוח אחר בתוהרא"ש, שכיון שיש מחלוקת בבעיה זו (אם מותר לקנא) ראוי שהתנא ידייק בדבריו כדי להודיענו מה דעתו באותו ענין.

כי הוה פתח לשון זו המצויה הרבה במדרשי אגדה (וראה גם במסכת מגילה י, ב ואילך) היא מתכונת קבועה של פתיחה לדרשה בהלכה או בפרשת השבוע, ובדרך כלל היא מתחילה בהבאת פסוק מן הנביאים או מן הכתובים; שממנו אפשר לראות את הנושא המרכזי מתוך נקודת ראות חדשה. ושאלו כמה מפרשים: מה ענינה של דרשה זו כהמשך לבעית הגמרא? ויש שכתב כי הדבר בא כהסבר מפני מה אסור לקנאות, שכיון שאין מזווגים לאדם אשה אלא לפי מעשיו הרי כבר אמרו (להלן כח, א) שאם יש חטא באיש אין המים בודקים כלל את אשתו. ולפי זה אף מסקנת הגמרא כאן יש בה ענין לבעיה שלנו, שהרי פעמים שבכל זאת יש מקום לקנוי (יגל יעקב).

לא ינוח שבט הרשע המהרש"א כותב שיש בכך רמז: "שבט" — במובן משפחה, שאין אדם נושא אשה ממשפחה שאינה הגונה לו לפי מעשיו והוא מסביר כי המשך הכתוב "בעולתה" רומז לאשה. ויש שכתב כי "שבט" שהוא בעיקר מטה יכול לשמש הן לעזור לאדם להשען עליו והן כמקל חובלים, והוא היחס שיש בין האשה ובעלה שפעמים זוכה והיא לעזר לו ופעמים היא כנגדו (בן יהוידע).

וקשין לזווגן וכו׳ נראה, שרוב המפרשים מסבירים שמפני שזיווגו של אדם תלוי רק בהכרעה של מעלה, קשה לבני אדם לזווג זיווגים ראויים מדעת עצמם (וראה במאירי). ויש שהוסיף שכשם שבקריעת ים סוף רק כאשר מגיע הקדוש ברוך הוא עצמו כביכול נבקע הים ("הים ראה וינס") אף בזיווג — רק הקדוש ברוך הוא עצמו עושה אותו (עיון יעקב).

כקריעת ים סוף כבר הראשונים שאלו מה ענינה של קריעת ים סוף כאן, ומדוע לא נאמר כמו שנראה ממשמעות הכתוב "כיציאת מצרים". והיו שתירצו כי עיקר הראיה היא מן "בכושרות" שדרשוהו חז"ל — בכי ושירות, בכי למצרים ושירה לישראל, ודבר זה אירע רק בקריעת ים סוף כאשר מכתם של המצרים היא היתה ישועת ישראל באותה שעה עצמה (תוהרא"ש). ואת הקשר לענייננו פירשו בשם ר"ת כי כדי להשלים את הזיווג הראוי פעמים ממית הקדוש ברוך הוא אחד מבני הזוג כדי ליצור את הזיווג הראוי, ואז יש בכי לאחד ושירה לאחר (בתו"ש ועוד). והמאירי מסביר על סמך דברי התלמוד הירושלמי, שהוציא הקדוש ברוך הוא את ישראל בכושרות = בזמן הכשר ליציאה, ללמדנו שכל זה נעשה בהשגחה פרטית, וכן הוא זיווגו של אדם.

בת פלוני וכו׳ מכאן למדו בתוס׳ (ד"ה קודם) שהכרזה זו תלויה בזכר דווקא, שכך גוזרים עליו בשעת יצירתו. וכתב המהרש"א כי מלשון "בת פלוני לפלוני" משמע שהאיש כבר נוצר, אבל פעמים שבת זוגו עדיין לא נוצרה ואינה אלא "בת פלוני" בלא שם. אבל מתוהרא"ש משמע שהכרזה זו מתייחסת לאותו מבני הזוג שנוצר ראשון, בין זכר ובין נקבה. והיו ששאלו על סדר ההכרזה כאן שהוא אשה — בית — שדה, ותהו על כך שהרי אמרו חכמים שמנהג דרך ארץ שיטע כרם תחילה ואחר כך יבנה בית ואחר כך ישא אשה. ותירצו כי כאן מוכרזים הדברים לא לפי סדרם במציאות אלא לפי חשיבותם (עיון יעקב).

הא בזוג ראשון וכו׳ בתו"ש פירשו כי זיווג שני הוא דווקא כאשר הוא זיווג שני לשני בני הזוג (כגון אלמן ואלמנה), אבל אם אחד מהם לא נישא קודם הרי זה קרוי זיווג ראשון. ובבאר שבע מסביר על דרך המקובלים כי זיווג ראשון הוא הזיווג האמיתי שנגזר מלמעלה, וזיווג שני הוא זה שמזדמן לאדם לפי מעשיו, ואין זה בהכרח סדר הדברים בעולם. ובשם האריז"ל אמרו כי זיווג ראשון הוא בגלגול ראשון, זיווג שני הוא בגלגול שני. ויש דמיון פנימי בין שיטה זו לדעת המאירי, שמסביר כי זיווג ראשון הוא כרגיל כאשר בני הזוג צעירים מאד, ואין לומר שמזדמנת לאיש אשה לפי מעשיו, אלא הדבר תלוי בגזירת מעלה, וזיווג שני הוא כרגיל בגיל מאוחר יותר, שמתבררים מעשיו של האדם.

עד כאן לא פליגי יש שפירשו כי הכוונה היא שלא נחלקו ר׳ אליעזר ור׳ יהושע שניהם על דברי ר׳ יוסי בר׳ יהודה להלן שאוסר אפילו קינוי בעד אחד. ובתוהרא"ש מביא ראיה לפירוש זה, שנאמר כאן "בקינוי ובסתירה" אף שבמשנה לא נחלקו אלא בסתירה. ואחרים פירשו שבמחלוקת זו דנו רק בקינוי וסתירה ולא דנו בטומאה (תו"ש).

בטומאה עד אחד כבר בתוס׳ (ד"ה אבל) שאלו מניין לנו שבטומאה עד אחד נאמן. וראה מה שתירצו, שהדבר תלוי בסברה. ויש שפירשו כי הדבר נסמך על הברייתא המובאת בהמשך. ובשם רבינו אלחנן אמרו שהדבר נובע מדיוק בדברי ר׳ יהושע במשנה שאמר "ומשקה על פי שנים" ולא אמר "אף משקה", משמע שלענין זה בלבד צריכים, שנים (תו"ש). וכעין זה פירש הרא"ש שכיון שהזכיר ר׳ יהושע בדבריו גם קינוי (אף שבזה אינו חולק על ר׳ אליעזר) משמע שבא להדגיש שבדבר אחר אין צורך בשנים.

אורח ההלכה

מקנא לה על פי שנים כיצד הוא קינוי? אומר לאשתו בפני שנים: אל תסתרי עם איש פלוני כמשנה. (רמב"ם ספר נשים הלכות סוטה פ"א ה"א. שו"ע אה"ע קעח, ב).

ומשקה על פי שנים הסתירה האמורה בתורה היא שנסתרה עם אותו איש שהזהירה מלהסתר עימו והיו שני עדים בדבר. וכר׳ יהושע שהלכה כמותו נגד ר׳ אליעזר. (רמב"ם שם ה"ב. שו"ע שם סעיף ד).

אל תדברי עם איש פלוני אמר לאשתו בפני שנים "אל תדברי עם איש פלוני" ודיברה עימו — אין זה קינוי. (רמב"ם שם ה"ד. שו"ע שם, סעיף ו).

נכנסה עמו לבית הסתר וכו׳ מי שקינא לאשתו ולאחר מכן נסתרה האשה עם אותו האיש שהזהירה ממנו ושהתה עימו כדי טומאה — הרי זו אסורה לבעלה. (רמב"ם שם ה"ב. שו"ע שם, סעיף ד).

ואסורה לאכול בתרומה אשת איש שהעידו עליה עדי קינוי ועדי סתירה — אסורה לאכול בתרומה עד שתשתה מי סוטה. ואם מת בעלה קודם שהשקה אותה, או שהיתה מן הנשים שאינן שותות ואינן נוטלות כתובה — הרי זו אסורה בתרומה לעולם, מפני שהיא ספק זונה. (רמב"ם ספר זרעים הלכות תרומות פ"ח הט"ו).

חולצת ולא מתייבמת אשת איש שקינא לה בעלה ונסתרה, ומת בעלה קודם שישקנה מי סוטה — הרי זו חולצת ולא מתייבמת. (רמב"ם ספר נשים הלכות יבום וחליצה פ"ו הי"ט. שו"ע שם קעג, יא).

בטומאה עד אחד מהימן אשה שקינא לה בעלה ונסתרה בעדים לאחר הקינוי אם בא עד אחד והעיד, שנבעלה בפניו עם זה — אסורה על בעלה לעולם, ואינה שותה, ויוצאה בלא כתובה. (רמב"ם שם הלכות סוטה פ"א הי"ד. שו"ע שם קעח, יד).

המקנא לאשתו. לישנא דקרא נקט וקנא את אשתו (במדבר ה) ולקמן בגמ' מפרש מאי לשון קינוי[ב] ובמתניתין מפרש כילד מקנא לה אומר לה אל תסתרי עם איש פלוני: **מקנא לה ע"פ שנים.** אם בא להשקותה צריך להביא שני עדים שאמר לה בפניהם אל תסתרי עמו ואם לא קינא לה בפני שנים אינה נאסרת עליו בסתירתה ואינו משקה: **ומשקה ע"פ עד א' או ע"פ עצמו.** ואפי' אין עדים שנסתרה אלא עד אחד או הוא עצמו אומר ראיתיה שנסתרה אחר שקינאתי לה נאסרת בסתירה עד שתשתה ולקמן ילפינן מקראי שסתירתה אוסרתה עליו מספק: **ר' יהושע אומר.** צריך ב' עדים אף לסתירתה: **ודברה עמו.** שלא במקום סתר: **עדיין[ג] מותרת לביתה.** לשמש עם בעלה: **ומותרת בתרומה.** אם אשת כהן היא: **כדי טומאה.** כדי העראה: **אסורה לביתה.** מספק כדילפינן לקמן (דף כח.) שלשה ונטמאה אמורים בפרשה וקנא את אשתו והיא נטמאה ונסתרה והיא נטמאה תחת אישה ונטמאה אחד שאסורה לבעל ואחד שאסורה לבועל אם ימות בעלה או יגרשנה ואחד שאסורה לתרומה: **ואם מת.** קודם שהשקה ואין לו בנים והיא זקוקה ליבם: **חולצת.** ליכנס לשוק ולא מתייבמת ובגמרא יליף לה: **גמ' מכדי תנא מנזיר קא סליק.** כן סדר המשנה סוטה אחר נזיר: **מאי תנא דתנא סוטה.** מאי תנא בנזירות דדמי לסוטה דתנא סוטה בתרה: **בקלקולה.** בניוולה ובבשתה שמנוולין אותה כדקתני מתני' (לקמן דף ז:) קושר חבל למעלה מדדיה: **יזיר עצמו מן היין.** שהיין מביא לידי קלות ראש והוא גרם לה: **וליתני סוטה והדר נזיר.** שכך היא סמיכת פרשתייהו: **ותנא המדיר.** פרק הוא בכתובות המדיר את אשתו ואיידי דאיירי בנדרי' תנא נדרים אחר כתובו' ואיידי דתנא נדרים תנא נזיר בתרה שאף הנזירות באה על ידי נדר והדר תנא סוטה בתרה: **לכתחילה לא.** מדלא תני רבי אליעזר אומר מקנא אדם לאשתו על פי שנים: **אסור לקנאות.** שמביא עצמו לידי תגר ואת אשתו לידי ניוול ואפי' היא טהורה: **כי[ד] פתח.** כשהיה בא לדרוש בפרשת סוטה: **מזווגין אשה לפי מעשיו.** צנועה לצדיק ופרוצה לרשע: **כי לא ינוח שבט הרשע על גורל הצדיקים.** לא יזדווג ממשלת רשע בגורל צדיק: **וקשין.** לפני המקום: **לזווגם.** הנך דלפי מעשיו: **כקריעת ים סוף.** שנשתנו סדרי בראשית: **מושיב יחידים ביתה.** אדם יחיד ואשה יחידה והוא מזווגם יחד ומיישב מהם בית: **מוציא אסירים בכושרות.** הוציא את ישראל ממצרים בחדש[ה] כשר לא חמה ולא צינה מקיש זיווג יחידים ליציאת מצרים: **איני.** מי הוי זיווג לפי רשע וזכות והא מקודם יצירתם שאין נודע רשעו וזכותו מכריזין את זוגו ואם תאמר הכל גלוי לפניו הכל בידי שמים חוץ מיראת שמים כדאמר במסכת נדה (דף טז:) מלאך הממונה על ההריון נוטל טיפה ומביאה לפני המקום ואומר לפניו טיפה זו מה תהא עליה גבור או חלש חכם או טיפש עשיר או עני אבל צדיק ורשע לא קאמר ליה דאין זה בידי[ו] שמים: **זוג ראשון.** לפי המזל: **זוג שני.** לפי מעשיו וקשה לזווגן לפי שאינה בת זוגו: **עד כאן לא פליגי אלא בקינוי וסתירה.** כלומר עד כאן לא שמענו מפלוגתייהו דבעינן שני עדים אלא בקינוי לר"א ובסתירה לר' יהושע: **אבל בטומאה.** אם יש עדים בקינוי וסתירה ויש עד אחד שקילקלה בסתירתה נאמן ואינה שותה אלא יוצאה בלא כתובה ואסורה לבעל ולבועל ולתרומה: **שנטמאת.** באותה סתירה: **מנלן דמהימן עד אחד.** בטומאה של סתירה אחר קינוי: **ועד אין בה בשנים הכתוב מדבר.** וקאמר עדים שנים אין בטומאה זו אלא עד א' וקרא בטומאה קמישתעי ושכב איש אותה שכבת זרע ועדים שנים אין בה אלא א' והיא לא נתפשה לא נאנסה וממילא שמעינן דמהימן מדכתיב והיא לא נתפשה להחמיר עליה בא הכתוב לדונה כמזידה ומרישא דקרא נמי שמעת דמהימן דקאמר ומעלה בו מעל ושכב איש אותה ואין מעיד בדבר אלא זה ולקמן (דף ג.) מפרש דהאי קרא בתר קינוי כתיב דכתיב בתריה ועבר עליו רוח קנאה וגו' ודרשינן ליה לקמן שכבר עבר: **או אינו אלא אחד.** דקאמר קרא דאפילו עד אחד אין בה ולקמן פריך אלא במאי מיתסרא דקאמר קרא והיא לא נתפשה אלמא פשיטא דנטמאת מדמהדר בתר אונס ורצון: **ת"ל לא יקום עד א' וגו'.** מהאי קרא שמעינן דכל עד האמור בתורה שנים הם כדמפרש ואזיל:

ממשמע

תורה אור

המקנא

א *לאשתו רבי אליעזר אומר מקנא לה על פי שנים ומשקה על פי עד אחד או ע"פ עצמו רבי יהושע אומר [א]מקנא לה על פי שנים [ב]ומשקה ע"פ שנים [ב]כיצד מקנא לה[א] [ג]אומר לה בפני שנים [ג]אל תדברי עם איש פלוני ודברה עמו עדיין היא מותרת לביתה ומותרת לאכול בתרומה [ד]* [ד]נכנסה עמו לבית הסתר ושהתה עמו כדי טומאה אסורה לביתה [ה]ואסורה לאכול בתרומה ואם מת

ב [ו]חולצת ולא מתייבמת: **גמ'** [ה]מכדי תנא מנזיר סליק מאי תנא דקא תנא סוטה כדרבי *דתניא [ו]רבי אומר למה נסמכה פרשת נזיר לפרשת סוטה [ז]לומר לך *שכל הרואה סוטה בקלקולה יזיר עצמו מן היין וליתני סוטה והדר ליתני נזיר איידי דתנא כתובות ותנא המדיר תנא נדרים *ואיידי דתנא נדרים תנא

ג נזיר דדמי לנדרים וקתני סוטה כדרבי: המקנא דיעבד אין לכתחילה לא קסבר תנא דידן [ח]*אסור לקנאות א"ר שמואל בר רב יצחק [ט]כי הוה פתח ריש לקיש בסוטה אמר הכי [י]אין מזווגין לו לאדם אשה אלא לפי מעשיו שנא' (תהלים קכה) °כי לא ינוח שבט הרשע על גורל הצדיקים [יא]*אמר רבה בר בר חנה אמר ר' יוחנן וקשין לזווגן כקריעת ים סוף [יב]שנאמר (שם סח) °אלהים מושיב יחידים ביתה מוציא אסירים בכושרות איני והא [יג]*אמר רב יהודה אמר רב ארבעים יום קודם יצירת הולד בת קול יוצאת ואומרת בת פלוני לפלוני בית פלוני לפלוני שדה פלוני לפלוני לא קשיא [יד]הא בזוג ראשון הא

ד בזוג שני: ר"א אומר מקנא לה על פי שנים וכו': עד כאן לא פליגי אלא בקינוי וסתירה אבל [יב]בטומאה עד אחד מהימן *ותנן נמי [טו]עד אחד אומר אני ראיתי שניטמאת לא היתה שותה מדאורייתא מנלן דמהימן עד אחד *דתנו רבנן [טז]° (במדבר ה) ועד אין בה בשנים הכתוב מדבר או אינו אלא אפילו באחד ת"ל (דברים יט) °לא יקום עד אחד באיש

ממשמע

המקנא. איידי דתנא נדרים תנא נמי נזיר דדמיא לנדרים. תימה והא בריש מסכת נזיר (דף ב.) אמר דלא תנא ליה אלא אגב סוטה כדרבי וי"ל דלא קבעה בסדר נשים אלא אגב סוטה ומשום דדמיא לנדרים קבעה בתר נדרים מ"ר. ותימה אמאי [ז]לא קבעה אגב נדרים דהא בפ"ד [דנזיר] תנא משניות טובא דמיירי בנדרי נשים ובהפרת בעל ויש לומר דעדיפא ליה למימר משום סוטה דפרשיות נמי נסמכו ובריש מסכת שבועות[ח] (דף ב:) דייק נמי בכה"ג:

המקנא דיעבד אין. וא"ת וכי כל היכא דתני ה"א בתחילתן לשון דיעבד הוא והא קתני בסוף אלו עוברין (פסחים דף מט.) ההולך לשחוט את פסחו ובעבודה זרה פרק השוכר (דף סט.) המניח גוי בחנותו דמסיק בשמעתא קמייתא דשחיטת חולין[ט] (דף ג.) דמיירי לכתחילה ובפרק ב' דשחיטת חולין (דף לז.)[י] השוחט את המסוכנת ובפרק קמא דבילה (דף ו:) השוחט את התרנגולת ומצא בה ביצים גמורות ויש לומר דכל היכא דאיכא למיתלי[כ] בלישנא דייק הכי כגון הכא ובריש פ"ב דשחיטת חולין (דף כז.) והתם נמי בפ' קמא (דף טו:) השוחט במגל יד ובפ' קמא דבילה (דף ז:) השוחט חיה ועוף יחפור בדקר ובפ' חבית (שבת דף קמז.) הרוחץ במי מערה או במי טבריא[ל] ותימה היכי דייק מהכא דאסור לקנאות אמאי לא מתרץ המקנא שבא כדמתרץ בפ"ק דבילה (דף ז:) ועל כרחך אית לן למימר דהכא ממשנה יתירא דייק כדפרש"י:

הא בזוג ראשון הא בזוג שני. תימה בפ' ואלו מגלחין (מו"ק דף יח:) דאמר שמואל מותר לארס בחולו של מועד שמא יקדמנו אחר קפריך ליה מהכא ארבעים יום קודם יצירת הולד אמאי לא מוקי התם מלתיה דשמואל בזוג שני:

קודם יצירת הולד. נראה לרבי קודם יצירת הזכר בין אם לא נולדה הנקיבה עדיין בין אם נולדה:

אבל בטומאה עד אחד מהימן. תימה אדרבה איכא למימר איפכא אבל בטומאה בעינן בי תרי ומשום דאוסרתה איסור עולם ואי לאו ממתני' דמייתי מהיכא פשיטא ליה למימר הכי וי"ל דעדיפא ליה טומאה מקינוי וסתירה אף על גב דאוסרתה איסור עולם משום דרגלים לדבר:

כל

א א מיי' פ"א מהל' סוטה הלכה א סמג עשין נו טוש"ע אה"ע סימן קעח סעיף ב:
ב ב מיי' שם הלכה ב טוש"ע שם סעיף ד:
ג ג מיי' שם הלכה ד טוש"ע שם סעיף ו:
ד ד מיי' שם הלכה ב סמג שם טוש"ע שם סעיף ד:
ה ה מיי' פ"ח מהלכות תרומות הלכה טו:
ו ו מיי' פ"ו מהל' יבום הל' יט סמג עשין נא טור וש"ע אה"ע סי' קעד סעיף א:
ז ז מיי' פ"א מהלכות סוטה הלכה יד סמג עשין נו טור ש"ע אה"ע סימן קעח סעיף יד:

תוספות שאנץ

אסורה לביתה פירש הקונטרס מספק כדילפינן לקמן כו' תחת אישה ונטמאה. אחד שאסורה לבעל ואחד שאסורה לבועל אם ימות בעלה או יגרשנה. ואחד שאסורה לאכול בתרומה לשון הקו'. וה"ה דהוה מצי למימר דאסורה לבועל אלא אגב דתנא לעיל ומותרת לאכול בתרומה תנא נמי ואסורה לאכול בתרומה דלעיל לא מיירי בדין בועל כמו שהיא מותרת לביתה. ואם מת חולצת ולא מתיבמת. ובגמרא יליף מנא לן והכי נמי הוה מצי למיתני פלוגתא דב"ש וב"ה דנוטלות כתובה ולא שותות וב"ה אומר' שאינן נוטלות כתובה אלא בממונא לא מיירי הכא: גמ' מכדי תנא מנזיר סליק מאי שנא דקתני סוטה ואע"ג דאין סדר למשנה פי' בריש פ"ק דבבא מציעא: כל הרואה סוטה בקלקולה פ"ה בניוולה ובושתה שמנולין אותה (ממקום למקום שמטילין אותה) וקושר חבל למעלה מדדיה יזיר עצמו מן היין שהיין מביא לידי קלות ראש והוא גרים לה לשון הקונ'. המקנא דיעבד אין לכתחלה לא. ותימה דהא איכא הרבה מקומות דלא פריך כי הכא כגון המביא גט לאשתו וכן השולח דהוי אפילו לכתחלה. וי"ל דלא פריך ליה אלא היכא דאיכא למטעי דהוי לשון דיעבד. אי נמי י"ל דלא פריך ליה אלא היכא דמצי למימר ביה תירוץ: וקשה לזווגן כקריעת ים סוף שנאמר אלהים מושיב יחידים ביתה. פ"ה יחידים אדם יחיד ואשה יחידה והוא מזווגן יחד והוא קשה כמו מוציא אסירים ישראל בכושרות בחדש כשר לא חמה ולא צינה. וא"ת אמאי נקט קריעת ים סוף טפי משאר נסים של יציאת מצרים. וי"ל דמ"ד א) בכושרות דר' מדרשי' בעלמא בבכי ובשירות בכי למצרים ושירות לישראל והיינו קריעת ים סוף שבאותו נס היה כן ואמר ר"ת פי' מרמי ליה

ליציאת מצרים וקריעת ים סוף שבאותו ענין שטבע הקב"ה את המצריים בים כדי להציל את ישראל כמו הורג בעלה של זה ואשתו של זה ומשיאן זה לזה דבזיווג שני קא מיירי כדמפרש בסמוך. איני והאמר רב יהודה (רב אדא) [אמר רב] ארבעים יום פ"ה איני מי הוי זיווג לפי רשע וזכות והא מקודם (רשעיו [illegible] מסכת נדה דמלאך הממונה על [illegible] או חלש חכם או טפש עני או [illegible] כדאמרי' הכל בידי שמים חוץ [illegible] או אפכא הוי כמו זווג ראשון. [illegible] (מוחק) הוא לומר דקאי ע"כ לא [illegible]

הגהות הב"ח

(א) במשנה אמר לה בפני שנים: (ב) רש"י ד"ה המקנא וכו' ובמתני' מפרש. נ"ב עיין לקמן בפיסקא דכילד מקנא לה כו' דף ה' ע"ב דשייך רש"י לכאן: (ג) ד"ה עדיין היא מותרת: (ד) ד"ה כי הוה פתח: (ה) ד"ה מוליא וכו' בחדש כשר. נ"ב ועיין בסנהדרין דף כב ע"א דדריש שם [illegible] נ"ב כלומר ואם כן אע"פ שהכל [illegible] וכו' ותימה אמאי לא קאמר דקבע [illegible]

[illegible]

סנהדרין פח.
יבמות יח.
כתובות סג.
[נזיר ב.]
[יבמות ג. וש"נ]
[לקמן ג.]
סנהדרין כב. [מו"ק יח]
[מו"ק יח: ע"ש סנהדרין כב.]
לקמן לא.
שם:

ח א טוש"ע אה"ע סי' קעח סעיף ז:

ס"א דר"א ועי' רש"א

תורה אור

א*ממשמע שנאמר לא יקום עד באיש איני יודע שהוא אחד מה ת"ל אחד זה בנה אב כל מקום שנאמר עד הרי כאן שנים עד שיפרוט לך הכתוב אחד ואמר רחמנא תרי לית בה אלא חד °והיא לא נתפשה אסורה (במדבר ה) אלא טעמא דכתיב לא יקום עד אחד באיש הא לאו הכי הוה אמינא עד דסוטה חד הוא ואי אפילו חד ליכא אלא במאי מיתסרא איצטריך סד"א עד אין בה אין נאמן בה אין נאמן בה ואלא מאי בעי עד דאיכא תרי לישתוק קרא מיניה בדאתיא דבר דבר ממָמון ואנא ידענא גמידי דהוה אכל עדיות שבתורה איצטריך סד"א דסוטה שאני ה*דרגלים לדבר שהרי קינא לה ונסתרה ליתהימן בה עד אחד ומי מצית אמרת דאין נאמן בה ושריא והא מדכתיב והיא לא נתפשה מכלל דאסורה איצטריך סד"א אין נאמן בה עד דאיכא תרי ובתרי נמי היא דלא נתפשה קמ"ל: **א** רבי יהושע אומר מקנא לה על פי שנים וכו': מ"ט דרבי יהושע אמר קרא °בה יבה ולא בקינוי בה ולא בסתירה ורבי אליעזר אומר (שם) בה ולא בקינוי ואימא בה ולא בסתירה סתירה איתקש לטומאה דכתיב °ונסתרה (שם) והיא נטמאה קינוי נמי איתקש לטומאה דכתיב °וקנא את אשתו והיא נטמאה הא (שם) מיעט רחמנא בה ומה ראית מסתברא סתירה עדיפא שכן אוסרתה כטומאה אדרבה קינוי עדיף שכן עיקר גרם לה אי לאו סתירה קינוי מי איכא ואי לאו קינוי סתירה מאי אהני אפ"ה סתירה עדיפא דאתחלתא דטומאה היא מתני' דלא כי האי תנא דתניא ז*רבי יוסי ברבי יהודה אומר משום ר' אליעזר המקנא לאשתו מקנא ע"פ עד אחד או ע"פ עצמו ומשקה לה על פי שנים השיבו חכמים לדברי רבי יוסי ברבי יהודה חאין לדבר סוף מ"ט דר' יוסי ברבי יהודה אמר קרא בה בה ולא בסתירה ואימא בה ולא בקינוי קינוי איתקש לטומאה דכתיב וקנא את אשתו והיא נטמאה סתירה נמי איתקש לטומאה דכתיב ונסתרה והיא נטמאה ההוא טלכמה שיעור סתירה כדי טומאה הוא דאתא השיבו חכמים לדברי ר' יוסי בר' יהודה אין לדבר סוף מאי ניהו דזמנין דלא קני ואמר קנאי הא למשנתינו יש לדבר סוף זמנין דלא איסתתר ואמר איסתתר אמר רב יצחק בר יוסף א"ר יוחנן אף לדברי רבי יוסי בר' יהודה אין לדבר סוף אף לדברי רבי יוסי בר' יהודה ולא מיבעיא למשנתינו אדרבה למשנתינו איכא עיקר התם ליכא עיקר אלא אי איתמר הכי איתמר א"ר יצחק בר יוסף א"ר יוחנן לדברי ר' יוסי בר' יהודה *אף למשנתינו אין לדבר סוף יא"ר חנינא מסורא אלא לימא איניש לאיתתיה בזמן הזה לא תיסתרי בהדי פלוני דילמא קי"ל כרבי יוסי בר' יהודה דאמר קינוי על פי עצמו ומיסתתרא וליכא האידנא מי סוטה למיבדקה יאוקאסר לה עילויה איסורא דלעולם **ב** יבאמר ריש לקיש מה לשון קינוי דבר המטיל קנאה בינה לבין אחרים אלמא קסבר קינוי על פי עצמו וכולי עלמא לא ידעי דקני לה ואמרי מאי דקמא דקא בדלה ואתו למיעבד קנאה בהדה ורב יימר בר ר' שלמיא משמיה דאביי אמר דבר המטיל קנאה בינו לבינה אלמא קסבר קינוי על פי שנים עדים וכולי עלמא ידעי דקני לה ואיהו הוא דאתי למיעבד קנאה בהדה אלמא

ממשמע שנאמר עד. ולא נאמר עדים איני יודע דאחד קאמר אלא מדאיצטריך למיכתב אחד שמע מינה דעד שנים משמע דאינו אלא לשון עדות וסתם עדות שנים: **ואמר רחמנא תרי לית בה.** לעיל קאי לפרושי מסקנא דמילתיה היכי מידריש ועד אין בה: **אלא טעמא כו'.** קושיא היא כלומר טעמא דכתיב לא יקום עד אחד דההוא מוכח לך דהאי ועד אין בה בתרי קאמר הא לאו הכי הוה אמינא עד דכתיב הכא בסוטה חד הוא וקאמרינן אפילו אחד אין בה: **איצטריך.** לא יקום עד אחד לגלויי עליה דהאי ולאשמעינן דחד מהימן דאי לאו הכי הוה אמינא כל סתם עד אחד הוא ובסוטה לא הוה אמינא דמיתסרא ואפי' בעד א' וכל שכן בלא עד והכי הוה דרשינן ליה ועד אין בה דקא אמר רחמנא הכי קאמר ועד אחד אין נאמן בה אלא שנים: ופרכינן **אין נאמן בה.** בתמיה: **אלא מאי בעי.** קרא עד דאיכא תרי בתמיה אמאי אתא קרא להאי לשתוק קרא מיניה כו': **דבר דבר ממון.** כתיב בנואפת כי מצא בה ערות דבר (דברים כד) וכתיב בדיני ממונות ע"פ שני עדים יקום דבר (שם יט): **איצטריך.** לא יקום לגלויי עליה דהאי עד דבשנים הכתוב מדבר דאי לא גלי עליה הוה אמינא עד חד משמע ואין נאמן בה קאתא קרא לאשמועינן ודקשיא לך למה לי קרא סלקא דעתך אמינא סוטה שאחר קינוי וסתירה בא עד אחד והעיד שנטמאה באותה סתירה שאני וראוי להאמינו כאן שהרי רגלים לדבר: **ומי מצית אמרת.** דאי לא גלי רחמנא דכל עד שנים הם[(א)] דאנא אמינא דהאי עד אין בה אין נאמן בה קאמר א"כ בא הכתוב להקל עליה: **והא מדכתיב והיא לא נתפשה מכלל.** דפשיטא לך דנטמאה והיכי קאמר והיא לא נתפשה אועד אין בה נהי דרישא דקרא איכא למימר ע"י שנים עדים ושכב איש אותה בעדים ועד אחד אין נאמן בה אלא והיא לא נתפשה היכי קאי האין נאמן בה הא אמרת דלא מחזקי לה בנבעלת: **בה.** בטומאה קאי דהא מינה סליק והיא נטמאה ועד אין בה ודרשינן אין בה תרי אלא חד: **בה.** עד אחד נאמן ולא בקינוי: **סתירה עדיפא.** לאחמורי בה: **שכן אוסרתה.** על הבעל ועל הבועל מספק: **כטומאה.** ודאית כדדרשינן לקמן מגיד לך הכתוב שעל הספק אסורה בפרק כשם שהמים בודקין (דף כח.): **שכן עיקר גרם לה.** שע"י הקינוי סתירתה אוסרתה: **מתני'.** דקתני לר"א דקינוי בשנים וסתירה על פי עצמו: **דלא כי האי תנא.** דקתני לר"א סתירה בשנים וקינוי על פי עצמו: **לדברי ר"י בר' יהודה אין לדברי ר' אליעזר סוף.** ולקמן מפרש לה: **מאי ניהו.** אין לדבר סוף דקאמר: **ואמר קנאי.** כשכועס עליה אומר קנאתי לה מפלוני ומביא עדים שנסתרה עמו סתירה כל שהוא דכיון דלא קינא לה לא נזהרה בו: **הא למשנתינו יש סוף.** לדברי רבי אליעזר בתמיה: **והא זמנין דלא איסתתר.** ואומר ראיתיה שנסתרה: **ולא מיבעיא למשנתינו.** בתמיה: **איכא עיקר.** שכבר התחיל בעדים שלא ע"י כעס: **הכא ליכא עיקר.** ולכשיכעוס נקל לומר קנאתי והוא ימצא לה סתירות הרבה: **לא לימא איניש.** אפילו בינו לבינה: **ומסתתרא.** ונסתרת ונאסרת עליו: **קנאה.** כעס כמו הם קנאוני בלא אל (דברים לב) כי קנאה חמת גבר (משלי ו): **מאי דקמא.** מה יש לפנינו מה אירע עכשיו שזו בודלת מן האנשים: **וכולי עלמא ידעי דקני לה.** שהעדים מגלין הדבר ואינן שונאין אותה: **ואיהו דאתי למיעבד קנאה בהדה.** שזו מקניטתו על שחושדה: אלמא

כל מקום שנאמר עד הרי כאן שנים. ואחד דכתיב גבי ועד אחד לא יענה בנפש (במדבר לה) מוקי לה בפרק אחד דיני ממונות (סנהדרין דף לד.) בדרישה מן התלמידים ולא יומת על פי עד אחד (דברים יז) דרשינן בפרק ראשון דמכות (דף ו:) לעדות מיוחדת לאפוקי אחד רואה מחלון זה ואחד רואה מחלון זה °אבל קשיא דגבי שבועת העדות כתיב והוא עד (ויקרא ה) ומחייבין אפילו אחד כדתנן (שבועות דף לא:) כפר אחד והודה אחד הכופר חייב וי"ל דשבועת העדות לא חייבה תורה אלא בתביעה כדילפינן התם מקראי הילכך כל היכא דמפסידו ממון מיחייב דבהפסד ממון תליא מילתא: **מאי** טעמא דר' יהושע. בירושלמי מפיק ליה מהני קראי מאי טעמא[(ב)] *דרבי יהושע כי מצא בה ערות דבר ערוה זו הסתירה דבר זו הקינוי וילפינן דבר דבר מה דבר האמור להלן על פי שנים אף כאן ע"פ שנים תני רבי יוסי בר' יהודה וכו' משקה ע"פ שנים נאמר כי מצא ואין מציאה בכל מקום אלא על פי עדים מה מקיים רבי אליעזר דבר [(ג)]דבר שהוא מרגיל לבא לידי ערוה עוד בירושלמי כתיב ועבר עליו רוח קנאה וגו' שלא יקנא לה מתוך שחוק ולא מתוך קלות ראש ולא מתוך גאות אלא מתוך דבר של אימה עבר וקינא לה מחמת הדברים הללו מה את אמרת למצוה או לעיכוב אם תאמר למצוה קינויו קינוי אם תאמר לעיכוב אין קינויו קינוי אמר רבי מנא אתיא כהדא כל מקום שנאמר חוקה תורה מעכב[(ד)]: רבי

תוספות שאנץ

אלא טעמא דכתב רחמנא לא יקום עד אחד באיש. וא"ת לא לכתוב רחמנא ועד אין בה לא יקום עד אחד באיש וממילא שמעינן דעד אחד נאמן בסוטה משום דאיכא רגלים לדבר. וי"ל דאין זה סברא כל כך להאמין עד אחד מכח סברא אי לאו דנפיק (לך) [לן] מקרא. ואי אפי' חד ליכא אלא במאי מתסרא דאין לומר דאיתסרא משום דאיכא רגלים לדבר משום דאין לנו לאוסרה בלא עד א' לכל הפחות משום טעמא דרגלים לדבר. דאתיא דבר דבר ממָמון כתיב בנואפת כי מצא בה ערות דבר וכתיב בדיני ממונות על פי שנים עדים יקום דבר. ומי מצית אמרת דאין נאמן בה. פ"ה ומי מצית אמרת דאי לא גלי' רחמנא דכל עד שנים הם דאנא אמינא דהאי עד אין בה אין נאמן בה קאמר א"כ בא הכתוב להקל עליה והא מדכתיב והיא לא נתפשה א) אועד אין בה נהי דרישי' דקרא איכא למימר על ידי שנים עדים ושכב איש אותה בעדים ועד א' אין נאמן אלא והיא לא נתפשה היכא קאי האין נאמן בה הא אמרת דלא מחזקי' לה בנבעלת. לשון הקונטרס: לדברי ר' יוסי אין לדבר סוף מאי נינהו דזמנין דלא קנאי י"מ אין לדבר סוף לפי שאין המים בודקין אותה אם לא קנא והיא אומרת שזנתה א"כ מוציא לעז על המים המאררים. אדרבה משנתינו עיקר (וי"א) [י"מ] הכי אדרבה משנתינו עיקר דכיון דקינא לה על פי שנים תהא מוזהרת אבל במילתא דר' יוסי בר' יהודה דמיירי דלא קנא לה מתחלה היא לא תזהר מליסתר: ג) שכבר קנא לה בעדים שלא על ידי כעס. הבא ליכא עיקר שהרי לא קנא לה בפני עדים ולכשיכעוס נקל לו לומר קנאתי והוא ימצא לה סתירות הרבה. ל"ה: וגם

א) לא נתפשה מכלל דפשיטא ליה דנטמאה והיכי קאמר והיא לא נתפשה אועד אין בה. ב) אולי צ"ל ובקונטרס פירש למשנתינו איכא עיקר שכבר קנא לה בעדים וכו'.

סנהדרין ל. לקמן לא:

[לקמן ג. נדה ג.]

[תוספתא פ"א]

הגהות הב"ח

(א) רש"י ד"ה ומי מצית אמרת וכו' שנים הם דהוה אמינא: (ב) תום' ד"ה מאי וכו' מ"ט דר"א כי מצא בה. נ"ב פי' מ"ט דר"א אליבא דתנא דמתניתין דסבר מקנא ע"פ שנים ומשקה על פי עד א': (ג) בא"ד מה מקיים ר"א דבר. נ"ב פי' מה מקיים ר"א אליבא דר' יוסי בר' יהודה דמקנא ע"פ עד א' או ע"פ עצמו ומשקה ע"פ שנים והא דבר נפקא לן לקינוי וילפינן דבר דבר ופריך לדידהו לא דריש דבר לדברי קינוי אלא דבר שהוא מרגיל לבא לידי ערוה דהיינו סתירה: (ד) בא"ד תורה מעכב ה"נ מעכב הקינוי הס"ד:

גליון הש"ס

תום' ד"ה כל מקום כו' אבל קשיא וכו'. עיין רש"י ב"ק דף ט ע"א ד"ה אם לא יגיד וצ"ע.

ומדקדקים בלשון הכתוב: **מִמַּשְׁמָע שֶׁנֶּאֱמַר "לֹא יָקוּם עֵד בְּאִישׁ" אֵינִי יוֹדֵעַ שֶׁהוּא עֵד אֶחָד?** הלא לשון יחיד היא! אם כן **מַה תַּלְמוּד לוֹמַר "אֶחָד"?** אלא **זֶה בָּנָה אָב** (מקור ראשון), ללמוד ממנו הלכה כללית: **כָּל מָקוֹם שֶׁנֶּאֱמַר** בתורה "עֵד" סתם — **הֲרֵי כָּאן שְׁנַיִם, עַד שֶׁיִּפְרוֹט לְךָ הַכָּתוּב "אֶחָד". וְאָמַר רַחֲמָנָא** [ואמרה תורה] לגבי סוטה "ועד אין בה", והכוונה לפי זה: **תְּרֵי לֵית** [שנים אין] **בָּהּ אֶלָּא עֵד חַד** [אחד] בלבד, והמשך הכתוב "**וְהִיא לֹא נִתְפָּשָׂה**" (במדבר ה, יג). כלומר, לא נאנסה, הרי היא **אֲסוּרָה.** על נימוק זה שהבאנו מקשים: **אֶלָּא טַעֲמָא** [רטעם, דווקא] משום **דִּכְתִיב** [שנאמר] במפורש "**לֹא יָקוּם עֵד אֶחָד בְּאִישׁ**", ומשם למדנו שסתם "עד" האמור בתורה — משמעו שנים, **הָא לָאו הָכִי הֲוָה אָמִינָא** [הרי לולא כך הייתי אומר] ש"**עֵד**" הכתוב **בְּסוֹטָה חַד** [אחד] **הוּא.** אולם אם מפרשים כך, נמצא שפירוש הכתוב הוא שאף אם אין עד כלל הריהי נאסרת. **וְאִי** [ואם] **אֲפִילּוּ עֵד חַד לֵיכָּא** [אחד אין בה] **אֶלָּא בְּמַאי מִיתַּסְרָא** [במה היא נאסרת], הרי אין בה כל עדות? ומשיבים: **אִיצְטְרִיךְ** [נצרך] הלימוד של "לא יקום עד באיש" להיאמר, שאם לא כן **סָלְקָא דַעְתָּךְ אָמִינָא** [יעלה על דעתך לומר] כי "**עֵד אֵין בָּהּ**" כוונתו — **אֵין נֶאֱמָן בָּהּ,** שלמרות שיש בה עד — אין עד אחד נאמן לגבי סוטה. ותוהים: **אֵין נֶאֱמָן בָּהּ?! וְאֶלָּא מַאי בָּעֵי** [מה צריך] כדי לאסור סוטה — **עַד דְּאִיכָּא תְּרֵי** [שיש שנים]? **לִישְׁתּוֹק קְרָא מִינֵּיהּ** [שישתוק הכתוב ממנו]. שאם עד אחד אינו נאמן, אין צורך שיזכירנו הכתוב אלא מעצמנו נדע, **דְּאָתְיָא** [שהרי באה, נלמדת] עדות בעריות דווקא בשני עדים, בגזירה שווה מן המילים "**דָּבָר**" "**דָּבָר**" **מִמָּמוֹן** (מדיני ממונות), שבדיני עריות נאמר "כי מצא בה ערות דבר" (דברים כד, א) ובדיני ממונות נאמר "על פי שני עדים... יקום דבר" (שם יט, טו), **וַאֲנָא יָדַעְנָא** [ואני יודע] שזהו הדין גם בסוטה **מִידֵּי דַּהֲוָה אַכָּל** [כמו שהוא בכל] **עֵדֻיּוֹת שֶׁבַּתּוֹרָה** שצריך שיעידו שני עדים! ומשיבים: **אִיצְטְרִיךְ** [צריך] הדבר להיאמר, שכן **סָלְקָא דַעְתָּךְ אָמִינָא** [יעלה על דעתך לומר] כי **סוֹטָה שָׁאנֵי** [שונה] מכל עדויות, ויכולים היינו לחשוב שיהיה נאמן בה גם עד אחד, ומדוע? לפי **שֶׁרַגְלַיִם לַדָּבָר,** כלומר, יש בסיס להאמין לעדות זו, **שֶׁהֲרֵי** לפני כן **קִינֵּא לָהּ** בעלה מאיש זה **וְאחרי כן נִסְתְּרָה** איתו, **ו**משום כך **לִיתְהֵימַן** [שיהא נאמן] **בָּהּ** אפילו **עֵד אֶחָד,** לכן השמיע לנו הכתוב שאין עד אחד נאמן לאוסרה. וממשיכים להקשות על סברה זו: **וּמִי מָצֵית אָמְרַתְּ** [והאם יכול היית לומר] שהכוונה בפסוק היא **שֶׁאֵין** עד אחד **נֶאֱמָן בָּהּ וְשַׁרְיָא** [ומותרת]!? **וְהָא מִדִּכְתִיב** [והרי ממה שנאמר] בהמשך הפסוק "**וְהִיא לֹא נִתְפָּשָׂה**" (נאנסה) — **מִכְּלָל** הדברים אתה יכול להבין שהפסוק עוסק במקרה בו היא **אֲסוּרָה! ומשיבים:** בכל זאת **אִיצְטְרִיךְ** [נצרך] הדבר להיאמר ש"עד" כוונתו בכל מקום שני עדים, שכן **סָלְקָא דַעְתָּךְ אָמִינָא** [עולה היה על דעתך לומר] ולפרש את הפסוק כך: עד אחד **אֵין נֶאֱמָן בָּהּ** — כוונתו **עַד דְּאִיכָּא תְּרֵי** [שיש שני] עדים והם אוסרים אותה, **וּבִתְרֵי נַמִי** [ובשנים גם כן] **הִיא** דווקא כשלא **נִתְפָּשָׂה** (נאנסה), על כן **קָא מַשְׁמַע לָן** [השמיעה לנו] הברייתא ש"עד" בכל מקום פירושו שנים, וממילא גם דפסוק הנאמר בסוטה "ועד אין בה" כוונתו לשנים, אבל אם היה אחד היה נאמן.

א שנינו במשנה שר' **יְהוֹשֻׁעַ אוֹמֵר: מְקַנֵּא לָהּ עַל פִּי שְׁנַיִם** ומשקה על פי שנים. ושואלים: **מַאי טַעֲמָא** [מה הטעם] של **ר' יְהוֹשֻׁעַ?** ומשיבים, **אָמַר קְרָא** [הכתוב]: "והיא נטמאה ועד אין **בָּהּ**" (במדבר ה, יג), וכפי שהוכחנו לעיל הכוונה היא שלענין עדות טומאה די בעד אחד, ויש לדייק: "**בָּהּ**" בטומאה דווקא יש דין זה **וְלֹא בְּקִינּוּי,** "**בָּהּ**" — **וְלֹא בִּסְתִירָה,** שבאלה צריך שתהיה עדות גמורה, של שנים. **וְר' אֱלִיעֶזֶר אוֹמֵר:** "**בָּהּ**" כוונתו למעט: בה — **וְלֹא בְּקִינּוּי** בלבד. ושואלים לשיטת ר' אליעזר: **וְאֵימָא** [ואמור] שנלמד מן הדיוק להיפך: "**בָּהּ**" — **וְלֹא בִּסְתִירָה!** ומשיבים: אי אפשר לומר כן, כי **סְתִירָה אִיתְקַשׁ** [הוקשה, הושוותה] בכתוב **לְטוּמְאָה, דִּכְתִיב** [שנאמר] "**וְנִסְתְּרָה וְהִיא נִטְמָאָה**" (שם). ומקשים: **קִינּוּי נַמִי אִיתְקַשׁ** [גם כן הוקש] **לְטוּמְאָה, דִּכְתִיב** [שנאמר] "**וְקִנֵּא אֶת אִשְׁתּוֹ וְהִיא נִטְמָאָה**" (שם יד)! ומשיבים: **הָא** [הרי] **מִיעֵט רַחֲמָנָא** [הכתוב] על ידי המלה "**בָּהּ**", לומר שבדבר אחר דרושים שני עדים. ושואלים: **וּמָה רָאִיתָ** לומר שמיעוט זה מתייחס דווקא לענין קינוי, שמא מתייחס הוא לענין סתירה. שהרי שניהם הוקשו לטומאה? ומשיבים: **מִסְתַּבְּרָא** [מסתבר] לומר **שֶׁסְּתִירָה עֲדִיפָא** [עדיפה] שלא יהא צריך בה שני עדים, **שֶׁכֵּן** עדות על סתירה **אוֹסַרְתָּהּ** על בעלה **כְּ**עדות על **טוּמְאָה** ממש, וכשם שבטומאה מספיק עד אחד כך גם בסתירה. ודוחים: **אַדְּרַבָּה** (להיפך), **קִינּוּי עָדִיף, שֶׁכֵּן הוּא הָעִיקָּר שֶׁגָּרַם לָהּ.** שהרי ללא הקדמת הקינוי לא היתה נאסרת בסתירה! ודוחים: **אִי לָאו** [אם לא] היתה **סְתִירָה — קִינּוּי מִי אִיכָּא** [האם ישנו]? שהרי אם אין סתירה אין משמעות הלכתית לקינוי. ומקשים: אולם אפשר לומר גם מצד שני: **וְאִי לָאו** [ואם לא] היה **קִינּוּי — סְתִירָה מַאי אַהֲנֵי** [מה הועילה]? והלא בלא קינוי לא נאסרה! ומשיבים: **אֲפִילּוּ הָכִי** [כך] **סְתִירָה עֲדִיפָא** [עדיפה] על קינוי משום שבכל זאת **אַתְחַלְתָּא** [תחילתה] של **טוּמְאָה הִיא,** ולכן מסתבר שאותה ממעט הכתוב המדבר בטומאה. ומעירים: **מַתְנִיתִין** [משנתנו] **שֶׁלֹּא כִּי הַאי תַּנָּא** [כשיטת תנא זה] שיש לו שיטה אחרת בדברי ר' אליעזר. **דְּתַנְיָא** [שכן שנינו בברייתא], **ר' יוֹסֵי בְּר' יְהוּדָה אוֹמֵר מִשּׁוּם** (בשם) **ר' אֱלִיעֶזֶר: הַמְקַנֵּא לְאִשְׁתּוֹ — מְקַנֵּא עַל פִּי עֵד אֶחָד אוֹ עַל פִּי עַצְמוֹ, וּמַשְׁקֶה לָהּ עַל פִּי שְׁנַיִם.** וממשיכה הברייתא, **הֵשִׁיבוּ חֲכָמִים: לְדִבְרֵי ר' יוֹסֵי בְּר' יְהוּדָה אֵין לַדָּבָר סוֹף,** שכיון שאין צורך בעדים לגבי הקינוי — אין לדבר גבול, שאם במקרה תתייחד אשתו לתומה עם אחר יוכל בעלה להשקותה. ומסבירים: **מַאי טַעֲמָא** [מה הטעם] של **ר' יוֹסֵי בְּר' יְהוּדָה? אָמַר קְרָא** [הכתוב] "**בָּהּ**", וכוונתו: **בָּהּ** בטומאה — **וְלֹא בִּסְתִירָה,** שלהעיד על טומאה מספיק עד אחד אבל לא בסתירה. ושואלים: **וְאֵימָא** [ואמור] שכך הדיוק: "**בָּהּ**" — **וְלֹא בְּקִינּוּי?** ומשיבים: אי אפשר לומר כן, כי **קִינּוּי אִיתְקַשׁ** [הוקש, הושווה] **לְטוּמְאָה, דִּכְתִיב** [שנאמר] "**וְקִנֵּא אֶת אִשְׁתּוֹ וְהִיא נִטְמָאָה**" (שם). ומקשים: **סְתִירָה נַמִי אִיתְקַשׁ** [גם כן הוקשה, הושוותה] **לְטוּמְאָה, דִּכְתִיב** [שנאמר]: "**וְנִסְתְּרָה וְהִיא נִטְמָאָה**" (שם יג)?! ומשיבים: הכתוב **הַהוּא,** המקיש סתירה לטומאה בא להסביר **לְכַמָּה שִׁיעוּר סְתִירָה — כְּדֵי טוּמְאָה, הוּא דְּאָתָא** [שבא] ולא להשוואה אחרת ביניהם. וממשיכים לבאר את הברייתא, **הֵשִׁיבוּ חֲכָמִים: לְדִבְרֵי ר' יוֹסֵי בְּר' יְהוּדָה אֵין לַדָּבָר סוֹף. מַאי נִיהוּ** [מה הוא] הדבר שאין לו סוף? ומשיבים: **דִּזְמְנִין דְּלָא קַנֵּי וְאָמַר "קַנֵּאי"** [שפעמים שלא קנא לאשתו ואומר מתוך כעסו "קנאתי"] ומביא עדים שנסתרה עם אדם אחר, ונאסרת. ותוהים: **הָא** [וכי] **לְשִׁיטַת מִשְׁנָתֵינוּ יֵשׁ לַדָּבָר סוֹף?** הלא גם לשיטת ר' אליעזר במשנתנו שמשקה על פי עצמו, **זִמְנִין** [פעמים] **שֶׁלֹּא אִיסְתַּתַּר** [נסתרה] עם האיש **וְאָמַר "אִיסְתַּתַּר"** [והבעל אומר "נסתרה"] ואין לדבר סוף! **אָמַר רַב יִצְחָק בַּר יוֹסֵף אָמַר ר' יוֹחָנָן:** הכוונה היא **שֶׁאַף לְדִבְרֵי ר' יוֹסֵי בְּר' יְהוּדָה אֵין לַדָּבָר סוֹף.** כלומר, רצו חכמים לומר שאף לשיטתו אין הדבר מגביל את האיש, ופעמים שהוא יכול לגרום לה לשתות ללא סיבה. ומקשים: לפי פירוש זה, מורה סגנון הדברים כי **אַף לְדִבְרֵי ר' יוֹסֵי בְּר' יְהוּדָה וְלֹא מִיבָּעֲיָא** [נצרכה לומר] **לְשִׁיטַת** ר' אליעזר **בְּמִשְׁנָתֵינוּ** שאין לדבר סוף, אך **אַדְּרַבָּה** (להיפך), **לְמִשְׁנָתֵינוּ** לפחות **אִיכָּא** [יש] **עִיקָּר,** חשש רציני שנטמאה, שהרי יש צורך לפחות בעדות לגבי הקינוי, ויש איפוא בסיס למה שאומר הבעל שראה שנסתרה. ואילו **הָתָם** [שם] לדעת ר' יוסי בר' יהודה **לֵיכָּא** [אין] **עִיקָּר** בסיס רציני לאסור, שהרי אין עדים שקינא לה בעלה! **אֶלָּא אִי אִיתְּמַר** [אם נאמר הדבר] — **הָכִי אִיתְּמַר** [כך נאמר], בלשון זו, **אָמַר רַב יִצְחָק בַּר יוֹסֵף אָמַר ר' יוֹחָנָן: לְדִבְרֵי ר' יוֹסֵי בְּר' יְהוּדָה אַף לְמִשְׁנָתֵינוּ אֵין לַדָּבָר סוֹף.** שרצה ר' יוסי בר' יהודה לומר שבעצם גם למשנתנו אפשר שלא יהיה הדבר בדוק היטב ויכול להעליל עליה שנסתרה. **אָמַר רַב חֲנִינָא מִסּוּרָא: לֹא לֵימָא אִינִישׁ לְאִיתְּתֵיהּ** [יאמר אדם לאשתו] **בַּזְּמַן הַזֶּה "לֹא תִּיסַּתְרִי בַּהֲדֵי** [עם] **פְּלוֹנִי",** ומדוע? **דִּילְמָא קַיְימָא לָן** [שמא מוחזק לנו להלכה] **כְּדַעַת ר' יוֹסֵי בְּר' יְהוּדָה, שֶׁאָמַר קִינּוּי עַל פִּי עַצְמוֹ, וּמִיסַּתְּרָא** [ונסתרת] האשה עם האיש, **וְלֵיכָּא הָאִידָּנָא** [ואין עכשיו] **מֵי סוֹטָה לְמִיבְדְּקָהּ** [לבדוק אותה], **וְקָאָסַר לָהּ עִילָּוֵיהּ אִיסּוּרָא דִּלְעוֹלָם** [ונמצא אוסר אותה עליו איסור עולם].

ב **אָמַר רֵישׁ לָקִישׁ:** מה פירוש **לְשׁוֹן "קִינּוּי" — דָּבָר הַמֵּטִיל קִנְאָה בֵּינָהּ לְבֵין אֲחֵרִים.** שאחרים אינם מבינים מדוע היא נמנעת מלהתחבר אליהם. ומעירים: **אַלְמָא קָסָבַר** [מכאן שהוא סבור] **שֶׁקִּינּוּי** עושה אדם **עַל פִּי עַצְמוֹ, וְכוּלֵּי עָלְמָא לָא יָדְעֵי דְּקַנֵּי לָהּ** [והכל אינם יודעים שקינא לה בעלה] ומשום כך כועסים עליה **וְאָמְרִי** [ואומרים]: **מַאי דְּקַמָּא דְּקָא בָּדְלָא** [מה זאת שלפנינו שמתבדלת מאיתנו], **וַאֲתוּ לְמֶיעְבַּד** [ובאים לעשות] **קִנְאָה בַּהֲדָהּ** [איתה], שמתקוטטים איתה על כך. **וְרַב יֵימָר בַּר ר' שֶׁלֶמְיָא מִשְּׁמֵיהּ** [משמו] של **אַבַּיֵּי אָמַר:** קינוי הוא **דָּבָר הַמֵּטִיל קִנְאָה** (איבה, קטטה) **בֵּינוֹ לְבֵינָהּ. אַלְמָא קָסָבַר** [מכאן שהוא סבור] **קִינּוּי עַל פִּי שְׁנַיִם עֵדִים,** וכיון שיש שני עדים הם מפרסמים את הדבר, **וְכוּלֵּי עָלְמָא יָדְעֵי דְּקַנֵּי לָהּ** [והכל יודעים שקינא לה] ולכן אין הקינוי גורם לאיבה בינה לבין אחרים, **וְאִיהוּ הוּא דְּאָתֵי לְמֶיעְבַּד** [והוא, בעלה, הוא שבא לעשות] **קִנְאָה בַּהֲדָהּ** [איתה].

מסורת הש"ס

א. סוטה לא,ב. סנהדרין ל,א. ירושלמי סוטה פ"ו ה"ב. שם סנהדרין פ"ג ה"ט. שם שבועות פ"ד ה"א. תוספתא שבועות פ"ג ח. ספרי במדבר ז. שם קסא. מדרש תנאים דברים יט, טו. במדב"ר פ"ט כט. ילק"ש תורה תתקכב.

ב. (גזירה שווה זו) גיטין צ,א. קדושין סה,ב. סוטה ג,ב. לא,ב. ירושלמי סוטה פ"א ה"א.

ג. (הביטוי) גיטין ב,ב.

ד. סוטה ג,א. נדה ג,א. ירושלמי סוטה פ"א ה"ג. שם פ"ו ה"ד.

ה. (הביטוי) שם. נזיר סג,א. סה,א-ב. ב"ב קב,א. סנהדרין עח,א. אהלות פט"ז מ"ג.

ו. סוטה ג,ב. לא,ב.

ז. ירושלמי סוטה פ"א ה"א. שם פ"ו ה"ג. תוספתא סוטה פ"א א.

ח. (הביטוי) פסחים ט,א. יומא ב,א. ב"מ כח,ב. ס,א. נדה נח,ב.

ט. ירושלמי סוטה פ"א ה"ב. במדב"ר פ"ט י. (ההלכה) סוטה ד,א (ושם סומנו מקבילות).

י. ילק"ש תורה תשז.

יא. (הביטוי) יבמות צה,א. ע"ז לג,ב.

יב. ילק"ש שם.

גרסות

אכל עדיות יש בכתי"מ: **אכל עריות.**

זמנין דלא איסתתר יש בכתי"מ: **ואמאי זימנין דלא אסתתר.**

לאיתתיה יש בכת"י ובמקורות: **לאינשי ביתיה.**

שנים עדים יש בכת"י: **שני עדים** ויש שגרסו: **שנים.**

לשון

קינוי

השרש "קנא" משמש לכאורה בשתי משמעויות שונות, בדרך כלל בצירוף "קנא ב..." משמעו התשוקה לדבר או תכונה שיש ביד אחר, הכעס על שלאחר יש דבר שאינו ביד המקנא. ואילו בצירוף "קנא ל..." משמעו קנאת־אהבה, הכעס על שאחר פוגע או נוטל דבר הקשור או יקר בעיני הקנאי. ואולי יש להם משמעות משותפת שהיא התעוררות הלב, ותחושה של כעס הבאה מחמת אחרים, בכל דרך שהיא. הקנאה שמדובר בה במסכת זו היא קנאת־אהבה, אבל כפי שמוסבר בגמרא יש מקום להסביר את השימוש בשרש זה במשמעות של התראה ואיום על מי שמקנאים לו, וכן גם מן הכתוב "כאיש מלחמות יעיר קנאה, יריע אף יצריח" (ישעיה מב, יג).

עיונים

טעמא דכתב לא יקום עד אחד וכו' והיו ששאלו לכאורה אפשר היה שלא ייכתב כלל "ועד אין בה" ולא יכתוב כמו כן "לא יקום עד אחד", בכל זאת נלמד שעד אחד נאמן בטומאה מן הסברה המוזכרת להלן שרגלים לדבר! ותירצו כי סברה זו אינה חזקה למדי לעמוד בפני עצמה, אבל כאשר יש ראיה לדבר מן הכתוב יש גם סברה המסייעת לכך (תו"ש, תוהרא"ש).

מידי דהוה אכל עדיות יש כת"י (ראה בגרסות) שגרסו כאן "אכל עריות שבתורה". ואף שלכאורה מסתברת גרסה זו לפי ההקשר, הרי הלשון "כל עריות" אינה מדוקדקת, ולכן יש להעדיף את הגרסה שלפנינו (גאונים).

מאי טעמא דר' יהושע לכאורה היה ראוי לשאול יותר מה טעמו של ר' אליעזר, שהרי ר' יהושע מצריך עדים כמו בכל הלכה אחרת, ור' אליעזר הוא המחדש! ויש לומר שמסתברת שיטת ר' אליעזר, הן משום שסתירה אוסרת את האשה כטומאה, והן משום שרגלים לדבר (תוהרא"ש).

שיטות ר' אליעזר ור' יהושע בתלמוד הירושלמי מסבירים כי ר' אליעזר ור' יהושע נחלקו לא רק בפרטי ההלכה אלא גם בשאלה האם יש מצוה לקנא או לא. שר' אליעזר הולך לשיטתו, בה הוא נוטה לדעת בית שמאי והוא סבור כמותם שאין אדם רשאי לגרש את אשתו אלא אם כן מצא בה דבר ערוה ממש. ומשום כך, כאשר יש חשד בלבד בלא עדות גמורה — מצוה עליו להשקותה מי סוטה כדי להגיע לבירור אם היא מותרת לו. ואילו ר' יהושע הולך כדעת בית הלל שאפילו מצא באשתו פגם כלשהו רשאי לגרשה, ולכן כאשר התנהגותה אינה צנועה — רשאי הוא לגרשה, אם רצונו בכך, ואינו צריך להזדקק למים המרים.

בה ולא בסתירה וכו' ובתלמוד הירושלמי הסבירו את המחלוקת על סמך הבדלי דרשה בכתוב "כי מצא בה ערות דבר" (דברים כד, א) שלדעת הכל "מצא" משמעו בעדים, אלא שנחלקו בפירוש "ערות דבר". לדעת ר' יהושע הכוונה היא שמצא בה דבר ערוה, כלומר שנסתרה עם איש אחר. ואילו לדעת ר' אליעזר הכוונה היא דבר = דיבור המביא לידי ענין של ערוה, והוא הקינוי.

אין לדבר סוף את הטענה ש"אין לדבר סוף" מסבירים בתו"ש שעל ידי כך יש מקרים רבים בהם יביא הבעל את אשתו להבדק לחנם, ואז אין המים בודקים אותה, ונמצא מוציא לעז על המים המרים. יש שכתב טעם פשוט — שאם מביאה שלא כדין נמצא גורם למחיקת השם במים אלה (תורת הקנאות). בתלמוד הירושלמי מסבירים כי ר' יוסי בר' יהודה טוען כנגד חכמים שגם בדרך שהוא אומר שמקנא על פי עצמו אין הדבר מביא בהכרח לידי "דבר שאין לו סוף", שהרי מכל מקום — "מה טיבה להסתר", שהרי אסור לאשה להתייחד עם איש גם כאשר לא היה קינוי קודם לכך. שם מסבירים כי בעצם הדבר תלוי במחלוקת אחרת, אם יכול לקנא לה לא רק מסתם אדם זר אלא גם מקרוב משפחה כגון בנה או אביה. לדעת חכמים יכול לקנא גם מהם, ואז יכול להיות שנסתרה עימם — שהרי מן התורה מותר לה להתייחד עימם, ואחר כך יטען הבעל שקינא לה מהם ויכריחנה לשתות את המים המרים.

בזמן הזה בתוי"ט ועוד שאלו: מפני מה הדגיש דווקא "בזמן הזה"? הרי אותה בעיה עצמה היתה קיימת גם בזמן המקדש, אם חוששים לדעה זו אבל אין קובעים הלכה לפיה! ומסבירים כי בזמן המקדש היה יכול להמתין ולחזור ולקנא לה בפני שנים ואז יביאנה להבדק ויגלגל עליה גם חשד זה על סתירה ראשונה, ואז יתברר הדבר. ויש אומרים שיש להבין "אפילו בזמן הזה" כלומר, אף בזמן הזה שאין הבדל למעשה, שהרי אין מי סוטה, מכל מקום יש להזהר בכך, לא מטעם השקאתה אלא מפני חשש האיסור שבדבר (מהרי"ט).

דילמא קיימא לן וכו' רבים תהו: מה מקום לשאלה זו? הלא כלל בידינו כי אין סומכים על ברייתא כנגד המשנה, וכל שכן, שאף בברייתא שיטה זו היא שיטת ר' אליעזר שאין הלכה כמותו במחלוקתו עם ר' יהושע! ובאמת היו פוסקים שכתבו שאין לחשוש כלל לדעה זו, והלכה כר' יהושע במשנתנו. אבל רבים (וראה ב"אורח ההלכה") באמת סמכו על דברים אלה הלכה למעשה. ויש שהסבירו כי מאחר שלהלן (דף ה, ב) משמע מלשון הברייתא שהיא נוקטת כשיטת ר' יוסי בר' יהודה ש"והיא נטמאה" נאמר לענין שיעור סתירה, נראה שחכמים רבים מחזיקים בשיטה זו והיה מקום לומר שהלכה כמותו (תוהרא"ש). יש שאמרו כי יש להסביר את הדברים על פי שיטת המהרי"ק שכל כללי הפסיקה לא נאמרו אלא בהלכות הנוגעות לזמן הזה, אבל בהלכות; שאינן נוהגות בזמן הזה אין כללי הפסיקה הרגילים תופסים. ומכיון, שדיני סוטה אינם נוהגים בימינו שמא הלכה כר' אליעזר בענין זה (רש"ש).

אורח ההלכה

לא לימא איניש לאיתתיה וכו' לא יאמר אדם לאשתו אפילו בינו לבינה "אל תסתרי עם פלוני", שמא הלכה כר' יוסי בר' יהודה, ואז אם תסתר — תאסר עליו לעולם, שהרי אין מי סוטה לבדוק אותה. וכתב הרמ"א שאם שכח וקינא — שימחל מיד על קינויו. ואם לאחר קינוי זה ראה הבעל שנסתרה, הרי זו אסורה עליו וחייב להוציא ויתן כתובה. ויש אומרים שאין איסור זה מדין תורה (רשב"א בתשובה) ויש אומרים שאינו אלא בבא לצאת ידי שמים (ערה"ש). (שו"ע אה"ע קעח, ז. וראה רמב"ם ספר נשים הלכות אישות פכ"ד הכ"ה. שו"ע שם קטו, ט).

מסורת הש"ס

א. סוטה ב,א (עיי"ש).
ב. במדב"ר פ"ט יב. ילק"ש תורה תשז.
ג. במדבר שם ט. ילק"ש שם.
ד. תנחומא נשא ה. ילק"ש שם תשו. וראה במדב"ר שם ו.
ה. ירושלמי סוטה פ"ו ה"ד.
ו. (הביטוי) סוטה ב,ב (ושם סומנו מקבילות).
ז. (תירוץ כזה) נדרים ד,ב.
ח. במדב"ר פ"ט יב (עיי"ש). ילק"ש שם תשז.
ט. ירושלמי סוטה פ"א ה"א. ספרי במדבר ה, יד. במדב"ר שם. שם ל (בשינוי שמות). ילק"ש שם. וראה במדב"ר שם מג.
י. זבחים ק,א. תו"כ כא, ג. שמחות פ"ד ו. ילק"ש שם תרכז.
יא. גיטין לח,ב.
יב. במדב"ר פ"ט יב.
יג. (הביטוי) פסחים ח,ב.
יד. (הסבר כזה) פסחים סז,ב. יבמות נד,ב. ב"ק נא,א. ס,א. פד,א. פח,א. שבועות ז,א. יח,ב.
טו. סוטה ג,ב. ב"ק סד,א. שבועות יט,א. מנחות י,א. בכורות מג,א. ספרי במדבר ה, ו. מדרש תנאים טו, יב. במדב"ר פ"ח ה.
טז. נזיר מג,ב. תו"כ שם.

גרסות

ריש לקיש אמר יש בכת"י ועוד: אמר ריש לקיש.
כדכתיבי ועבר ויש בכת"י: כדכתיבי קראי והב"ח גרס: כדכתיבי ונסתרה והיא נטמאה ועבר.
לעיולי לאיניש רוח טומאה ובכתי"מ: לעיולי טומאה.
בכל התורה כולה הכי פליגי יש בכת"י: בכל התורה פליגי הכי.
יכול כגון זו יש בכת"י ועוד: יכול אף זה כן.

לשון

ועבר וכבר עבר
יש מחכמי הדקדוק הסבורים כי יש להבחין בלשון המקרא בין דברים האמורים בלשון עתיד ובוא"ו ההיפוך, שאז מדובר בעבר פשוט. ואילו מקומות שבהם נאמר הפועל בלשון עבר הרי זה עבר לעבר, כלומר דבר שארע לפני המאורע בעבר שכל הפיסקה מדברת בו. ואף שאין כלל זה קיים בכל מקום, נראה מדברי הגמרא כאן שיש לפרש את המקראות בדרך זו כאשר אין הקשר הדברים מורה על פירוש אחר.

אַלְמָא קָסָבְרִי [מכאן שסבורים הם] **שֶׁאָסוּר לְקַנְּאוֹת,** ששניהם מדברים על קינוי כלשון הטלת קנאה שהוא ענין שלילי. ושואלים: **וּמַאן דְּאָמַר** [ולדעת מי שאומר] **מוּתָּר לְקַנְּאוֹת, מַהוּ לְשׁוֹן "קִינּוּי"? אָמַר רַב נַחְמָן בַּר יִצְחָק: אֵין "קִינּוּי" אֶלָּא לְשׁוֹן הַתְרָאָה, וְכֵן הוּא אוֹמֵר: "וַיְקַנֵּא ה' לְאַרְצוֹ** ויחמול על עמו" (יואל ב, יח) — שהתרה בפולש מלבוא אליה. **תַּנְיָא** [שנויה ברייתא], **הָיָה ר' מֵאִיר אוֹמֵר: אָדָם עוֹבֵר עֲבֵירָה בְּסֵתֶר וְהַקָּדוֹשׁ בָּרוּךְ הוּא מַכְרִיז עָלָיו בְּגָלוּי** שעשאה, **שֶׁנֶּאֱמַר** בסוטה שזנתה בסתר **"וְעָבַר עָלָיו רוּחַ קִנְאָה"** (במדבר ה, יד), **וְאֵין עֲבִירָה** ("ועבר עליו") **אֶלָּא לְשׁוֹן הַכְרָזָה, שֶׁנֶּאֱמַר: "וַיְצַו מֹשֶׁה וַיַּעֲבִירוּ קוֹל בַּמַּחֲנֶה"** (שמות לו, ו). **רֵישׁ לָקִישׁ אָמַר: אֵין אָדָם עוֹבֵר עֲבֵירָה אֶלָּא אִם כֵּן נִכְנַס בּוֹ רוּחַ שְׁטוּת, שֶׁנֶּאֱמַר: "אִישׁ אִישׁ כִּי תִשְׂטֶה אִשְׁתּוֹ"** (במדבר ה, יב) **"תִּשְׂטֶה" בשי"ן כְּתִיב** [נכתב], ויכולה להקרא בשי"ן שמשמעה לשון שטות.

א **תַּנְיָא דְּבֵי** [שנה החכם מבית מדרשו] **של ר' יִשְׁמָעֵאל: מִפְּנֵי מָה הֶאֱמִינָה תּוֹרָה עֵד אֶחָד בְּסוֹטָה** לענין טומאה — **לְפִי שֶׁרַגְלַיִם לַדָּבָר,** שיש בסיס לחשד זה, **שֶׁהֲרֵי קִינֵּא לָהּ,** ואחר כך **נִסְתְּרָה, וְעֵד אֶחָד מְעִידָהּ שֶׁהִיא טְמֵאָה. אָמַר לֵיהּ** [לו] **רַב פַּפָּא לְאַבַּיֵי: וְהָא כִּי כְּתִיבָה** [והרי כאשר כתוב] **קִינּוּי** ("ועבר עליו רוח קנאה וקנא את אשתו". שם יד) **בָּתַר** [אחר] **סְתִירָה וְטוּמְאָה הוּא דִּכְתִיבָה** [שכתוב], ולכאורה משמע שעד אחד נאמן על טומאה גם אם לא היה קינוי! **אָמַר לֵיהּ** [לו] אביי: הכתוב בפסוק **"וְעָבַר** עליו רוח קנאה" — כוונתו **וּכְבָר עָבַר** לפני כן, לפני הסתירה והטומאה. ומקשים: **אֶלָּא מֵעַתָּה,** התנאי שהתנה משה עם בני גד וראובן לפני הכניסה לארץ **"וְעָבַר לָכֶם כָּל חָלוּץ"** (שם לב, כא) **הָכִי נַמִּי** [כך גם כן] תאמר שהכוונה היא שכבר עבר? והרי על העתיד מדובר! ומשיבים: **הָתָם מִדְּכְתִיב** [שם ממה שנאמר] **"וְנִכְבְּשָׁה הָאָרֶץ לִפְנֵי ה' וְאַחַר תָּשֻׁבוּ"** (שם כב) **מַשְׁמַע** שמדובר **לְהַבָּא. אֶלָּא הָכָא** [כאן], **אִי סָלְקָא דַּעְתָּךְ כְּדִכְתִיבֵי** [אם עולה על דעתך כפי הסדר שכתובים] המקראות, ותפרש כי **"וְעָבַר"** כוונתו שהקינוי היה **בָּתַר** [אחר] **טוּמְאָה וּסְתִירָה,** אם כן **קִינּוּי לָמָּה לִי?** הרי כבר נסתרה ונטמאה! אם כן חייבים לומר שהכוונה שכבר עבר וקינא. **תָּנָא דְּבֵי** [שנה החכם מבית מדרשו] **של ר' יִשְׁמָעֵאל: אֵין אָדָם מְקַנֵּא לְאִשְׁתּוֹ אֶלָּא אִם כֵּן נִכְנְסָה בּוֹ רוּחַ, שֶׁנֶּאֱמַר: "וְעָבַר עָלָיו רוּחַ קִנְאָה וְקִנֵּא אֶת אִשְׁתּוֹ"** (שם ה, יד). ושואלים: **מַאי** [מה היא] **רוּחַ** זו שנכנסה בו? **רַבָּנַן אָמְרִי** [חכמים אומרים]: הכוונה היא שנכנסה בו **רוּחַ טוּמְאָה,** לפי שלא היה צריך לעשות זאת. **רַב אַשִׁי אָמַר: רוּחַ טָהֳרָה.** ומעירים: **וּמִסְתַּבְּרָא כְּמַאן דְּאָמַר** [ומסתבר כמי שאומר] שהכוונה היא שנכנסה בו **רוּחַ טָהֳרָה. דְּתַנְיָא** [שכן שנינו בברייתא]: **"וְקִנֵּא אֶת אִשְׁתּוֹ"** — **הרי זו רְשׁוּת, אלו דִּבְרֵי ר' יִשְׁמָעֵאל. ר' עֲקִיבָא אוֹמֵר: חוֹבָה היא,** שאם רואה אותה שנוהגת כך — חובה עליו לקנא. **אִי אָמְרַת בִּשְׁלָמָא** [נניח אם אתה אומר] ש"עבר עליו רוח" הוא **רוּחַ טָהֳרָה — שַׁפִּיר** [יפה] נחלקו אם רשות או חובה, **אֶלָּא אִי אָמְרַת** [אם אומר אתה] **שרוּחַ טוּמְאָה** היא זו, וכי **רְשׁוּת** או **חוֹבָה לְעַיּוּלֵי לְאִינִישׁ** [להכניס לאדם] **רוּחַ טוּמְאָה בְּנַפְשֵׁיהּ** [בעצמו]? אלא ודאי הכוונה היא שהרוח הזו — רוח טהרה היא.

ב **גּוּפָא** [לגופה] של אותה ברייתא, נאמר: **"וְקִנֵּא אֶת אִשְׁתּוֹ"** (שם) — **הרי זו רְשׁוּת, אלו דִּבְרֵי ר' יִשְׁמָעֵאל. וְר' עֲקִיבָא אוֹמֵר: חוֹבָה.** כיוצא בו נחלקו במה שנאמר בדין טומאת הכהן לקרובתו שנפטרה: **"לָהּ יִטַּמָּא"** (ויקרא כא, ג) **הרי זו רְשׁוּת, אלו דִּבְרֵי ר' יִשְׁמָעֵאל. וְר' עֲקִיבָא אוֹמֵר: חוֹבָה** היא. וכן הכתוב האמור בעבדים כנענים **"לְעֹלָם בָּהֶם תַּעֲבֹדוּ"** (שם כה, מו) — **הרי זו רְשׁוּת,** שמותר לשעבדם לעולם, **אלו דִּבְרֵי ר' יִשְׁמָעֵאל. ר' עֲקִיבָא אוֹמֵר: חוֹבָה** היא, ואסור לשחררם. **אָמַר לֵיהּ** [לו] **רַב פַּפָּא לְאַבַּיֵי, וְאָמְרִי לָהּ** [ויש אומרים] שאמר זאת **רַב מְשָׁרְשִׁיָּא לְרָבָא: לֵימָא** [האם נאמר] כי **ר' יִשְׁמָעֵאל וְר' עֲקִיבָא בְּכָל הַתּוֹרָה כּוּלָּהּ,** בכל מקום שיש בו משפט חיובי, שאין ברור אם הוא סיפור דברים או ציווי **הָכִי פְּלִיגִי** [כך הם חלוקים], **דְּמָר** [שחכם זה] ר' ישמעאל **אָמַר רְשׁוּת וּמָר** [וחכם זה] ר' עקיבא **אָמַר חוֹבָה? אָמַר לֵיהּ** [לו]: **הָכָא בִּקְרָאֵי פְּלִיגִי** [כאן בכתובים הם חלוקים], ואין זו מחלוקת כללית, אלא דווקא במקרים מסויימים אלה. ומפרשים: נאמר **"וְקִנֵּא אֶת אִשְׁתּוֹ"** — **רְשׁוּת, אלו דִּבְרֵי ר' יִשְׁמָעֵאל. ר' עֲקִיבָא אוֹמֵר: חוֹבָה. מַאי טַעֲמָא** [מה הטעם] **של ר' יִשְׁמָעֵאל — סָבַר לָהּ כִּי הַאי תַּנָּא** [סבור הוא בה בהלכה זו כדברי תנא זה], **דְּתַנְיָא** [שכן שנינו בברייתא], **ר' אֱלִיעֶזֶר בֶּן יַעֲקֹב אוֹמֵר: כְּלַפֵּי** (כנגד) מה **שֶׁאָמְרָה תּוֹרָה "לֹא תִשְׂנָא אֶת אָחִיךָ בִּלְבָבֶךָ"** (שם יט, יז), **יָכוֹל** גם **כְּגוֹן זוֹ** כשרואה שאשתו אינה נוהגת בצניעות יימנע מסיכסוך ומריבה? **תַּלְמוּד לוֹמַר: "וְעָבַר עָלָיו רוּחַ קִנְאָה וְקִנֵּא אֶת אִשְׁתּוֹ"** (במדבר ה, יד), והוצרכה התורה לומר שמותר לו לאדם לעשות כן. ומשום כך פירש ר' ישמעאל שבא הכתוב לתת רשות לקנא לאשתו. ולדעת **ר' עֲקִיבָא: קִינּוּי אַחֲרִינָא כְּתִיב** [אחר, נוסף, נאמר] ("או איש אשר תעבור עליו רוח קנאה וקנא את אשתו". שם ל), מכתוב אחד למדים שהדבר מותר, ומן הכתוב האחר למדים שחובה היא. ושואלים: **וְר' יִשְׁמָעֵאל** מה סבור הוא? הרי נאמר קינוי פעם נוספת! ומשיבים: **אַיְּידֵי דְּבָעֵי לְמִיכְתַּב** [מתוך שהיה צריך לכתוב] גם **"וְהִיא נִטְמָאָה"** וגם **"וְהִיא לֹא נִטְמָאָה"** בפסוק שלאחריו, כלומר, שגם שהדבר ספק אם נטמאה — אסורה, **כְּתִיב נַמִּי** [כתוב גם כן] שנית **"וְקִנֵּא אֶת אִשְׁתּוֹ",** אבל אין ללמוד מכך להלכה. ושיטה זו בפירוש המקרא היא **לְפִי** שיטת **תַּנָּא דְּבֵי** [החכם מבית מדרשו] **של ר' יִשְׁמָעֵאל, דְּתָנָא דְּבֵי** [ששנה החכם מבית מדרשו] **של ר' יִשְׁמָעֵאל: כָּל פָּרָשָׁה** בתורה **שֶׁנֶּאֶמְרָה** פעם אחת **וְנִישְׁנֵית** פעם נוספת — **לֹא נִישְׁנֵית אֶלָּא בִּשְׁבִיל דָּבָר שֶׁנִּתְחַדֵּשׁ בָּהּ.** אבל שאר הדברים שנשנו בה, לא באו ללמד הלכה חדשה אלא לחזור על הענין הקודם. ואף כאן החזרה על הקינוי שהוזכר קודם לכן אינה מלמדת הלכה חדשה. וכך, בפירוש הפסוקים יש להסביר את המחלוקת הנוספת: **"לָהּ יִטַּמָּא"** (ויקרא כא, ג) — **רְשׁוּת, אלו דִּבְרֵי ר' יִשְׁמָעֵאל. ר' עֲקִיבָא אוֹמֵר: חוֹבָה. מַאי טַעֲמָא** [מה הטעם] **של ר' יִשְׁמָעֵאל — אַיְּידֵי דִּכְתִיב** [מתוך שנאמר] **"אֱמֹר אֶל הַכֹּהֲנִים בְּנֵי אַהֲרֹן וְאָמַרְתָּ אֲלֵהֶם לְנֶפֶשׁ לֹא יִטַּמָּא בְּעַמָּיו"** (שם א), **אִיצְטְרִיכָא לְמִיכְתַּב** [צריך היה לכתוב] **"לָהּ יִטַּמָּא"** שמותר להיטמא לקרובותיו. **וְר' עֲקִיבָא** אומר שדין זה שמותר להיטמא **מִ"כִּי אִם לִשְׁאֵרוֹ"** (שם ב) **נָפְקָא** [יוצא, נלמד], וכיון שכך מה שנאמר **"לָהּ יִטַּמָּא" לָמָּה לִי** — הרי זה בא לומר שהדבר אינו רק רשות אלא **חוֹבָה. וְר' יִשְׁמָעֵאל** סבור שמה שנאמר "לה יטמא" בא לדייק: **לָהּ** בשלימותה **מִיטַּמֵּא, וְאֵין מִיטַּמֵּא לְאֵיבָרֶיהָ,** שעל אבר של קרובותיו אסור לו להיטמא.

עיונים

ויקנא ה' לארצו וכו' רש"י מפרש שמכתוב זה למדים שהקדוש ברוך הוא מתרה ומזהיר כביכול את הארבה, שיסור מן הארץ. אכן, המאירי מפרש ראיה זו באופן אחר, שמסביר כי שילוח הארבה הוא ההתראה שמתרה ה' בארץ לפני שמביא פורענות קשה מזו. והיה מי שכתב כי כיון שכתוב זה מדבר בארבה מובן ממנו שאין כאן ענין של כעס — שהרי אין משמעות לכעס על הארבה, אלא לשון התראה ואזהרה בלי צד של רגש שלילי (דבר שאול).

מכריז עליו בגלוי המהר"ל מסביר כי המצוה היא באמת חלק מדרך העולם הראויה, ומשום כך אינה ניכרת כל כך. אבל עבירה היא בעצם חריגה ממהות הדברים, ומשום כך היא בולטת וניכרת.

רוח שטות חכמי המוסר האריכו בביאור דברים אלה, איש לפי שיטתו. וראה בעיון יעקב שכתב שעיקרה של רוח השטות הוא בכך שאדם מדמה בליבו באותה שעה כאילו אין השגחה מלמעלה על מעשיו. וראה בספר התניא שמבאר שרוח השטות היא ההנחה הסמויה שמניח עובר העבירה שלמרות שהוא חוטא — מכל מקום עדיין הוא יהודי הגון.

רוח טומאה וכו' ריעב"ץ מסביר מפני מה קורא לכך רוח טומאה, כי כמבואר בגמרא בדרך כלל כאשר אשה חוטאה בזנות הרי זה משום שבעלה חוטא באותו עוון עצמו, ונמצא כי קנאה זו שמקנא אינה אלא רוח טומאה שבו והיו שכתבו כי אפשר ששתי הדעות נכונות, שאם מתברר שהאשה באמת נטמאה נמצא שהיתה זו רוח טהרה שהיתה בו לבודקה ולהסיר מכשול, ואם מתברר שהיתה האשה טהורה נמצא שהיתה רוח טומאה שנכנסה בו לקנא לאשתו לחינם ולגרום למחיקת שם שמים ולביזוי אשתו (אור הישר, וראה בעיון יעקב).

וקנא את אשתו רשות מדברי הרמב"ם הפוסק שמצוה מדברי סופרים היא לקנא לאשתו נראה שאינו פוסק להלכה כר' עקיבא, שהרי לדעת ר' עקיבא יש בכך מצוה מן התורה. וראה במאירי שדן בנושא זה, ומגיע למסקנה שבשלוש מחלוקות אלה אין הכרעה חד־צדדית אלא בכל ענין לגופו.

בכל התורה כולה וכו' ראה בתוס' (ד"ה ר' ישמעאל) וכבר פירשו את דבריהם שבודאי אף לסברת רב פפא אין ר' ישמעאל אומר כן בכל התורה ממש אלא שכיון שיש מספר מקובל של מצוות בתורה (תרי"ג) יש בכל מקרה לדון: אם לר' ישמעאל יש תרי"ג מלבד אלה — נמצא שיש לדברי ר' עקיבא מצוות יתירות, ואם לר' עקיבא חלק מתרי"ג הן — הרי חסרו מצוות לר' ישמעאל. ועיקר תירוצם הוא שיש לומר שכמה מצוות שר' ישמעאל מונה במנין המצוות אין ר' עקיבא מונה אותן, ונמצא בסופו של דבר המנין מכוון. וכן מובן מדברי המאירי ותוהרא"ש שאף רב פפא שאל רק לגבי אותם מקומות בתורה שבהם אין לשון הכתוב מוחלטת, שהיא מצווה, ויש מקום לפרש שהיא רשות בלבד.

מאי טעמא דר' ישמעאל כלומר, מה ראה לפרש מצווה זו בדרך שונה משאר מצוות התורה? והתירוץ הוא שכיון שהיה מקום לומר שאסור לקנא לאשתו כלל, הוצרכה תורה לומר שרשות בידי הבעל לעשות כן (תוהרא"ש).

ואין מיטמא לאיבריה רש"י כתב שהכוונה היא שאינו מיטמא לאבר מן החי שנפל ממנה מחמת חולי או תאונה (ומסביר שאבר מן החי מטמא טומאת מת כאבר מן המת). ובתוהרא"ש כתב שאינו צריך, לפי שהלכה היא שאינו מיטמא אף לאבר מן המת, ואפילו לקרובו כשהוא חסר אבר.

אורח ההלכה

וקנא את אשתו חובה מצוה מדברי סופרים לאיש לקנא את אשתו (אם רואה בה פריצות. עה"ש), ואמרו חכמים שאין מקנא לאשתו אלא אם כן נכנסה בו רוח טהרה. וראה בכ"מ שתהה מפני מה לא פסק הרמב"ם כר' עקיבא שהלכה כמותו מחבירו. ושמא סמך על דברי התלמוד הירושלמי, או שסבור שדעת ר' ישמעאל היא כדעת ר' יהושע שהלכה כמותו, והוא סבור שרשות היא. (רמב"ם ספר נשים הלכות אישות פט"ו הי"ז. הלכות סוטה פ"ד הי"ח. שו"ע אה"ע קעח, כא).

לה יטמא חובה כל המתים האמורים בתורה (ובכלל זה אשתו), שכהן מותר להטמא להן — מצוה שיטמא להן, ואם לא רצה מטמאין אותו בעל כרחו. וכדברי ר' עקיבא. (רמב"ם ספר שופטים הלכות אבל פ"ב ה"ו. שו"ע יו"ד שעג, ג).

לעולם בהם תעבודו אסור לאדם לשחרר את עבדו הכנעני, וכר' עקיבא, וכל המשחררו עובר בעשה. ומותר לשחררו לדבר מצוה, אפילו מצוה שמדברי סופרים, וכן כופים אותו לשחרר שפחתו אם נוהגים בה פריצות כדי שתנשא ולא תהיה מכשול לבריות. (רמב"ם ספר קנין הלכות עבדים פ"ט ה"ו. שו"ע שם רסז, עט).

אין מיטמא לאיבריה אין הכהן מיטמא לאבר מן החי מאביו ולא לעצם מעצמותיו. וכן אינו מיטמא בליקוט עצמות אביו. וכן אם חסר אבר מאביו — אינו מיטמא לו, שאין מיטמא אלא לשלם. והוא הדין בשאר קרובים. ויש מי שאומר שלא נאסר ליטמא לחסר אלא שחסר ממנו האבר לאחר מיתה, אבל אם חסר ממנו בחייו מיטמא לו. וכתב הרמ"א שיש אומרים שאינו מיטמא אף להרוג, שהוא נקרא חסר, וראוי להחמיר. וכל אלה כשיש אחר שיתעסק בו אבל למת מצוה מיטמא בכל מקרה. (רמב"ם ספר שופטים שם הי"ד-טו. שו"ע שם שעג, ט).

תורה אור

אלמא קסברי א*דאסור לקנאות ומאן דאמר מותר לקנאות מהו לשון קינוי באמר רב נחמן בר יצחק אין קינוי אלא לשון התראה וכן הוא אומר °ויקנא ה' לארצו (יואל ב) תניא גהיה רבי מאיר אומר אדם עובר עבירה בסתר והקב"ה מכריז עליו בגלוי שנאמר °ועבר עליו רוח קנאה (במדבר ה) ואין עבירה אלא לשון הכרזה שנאמר °ויצו משה ויעבירו קול במחנה (שמות לו) ריש לקיש אמר דאין אדם עובר עבירה אא"כ נכנס בו רוח שטות[א] שנא' °איש איש כי תשטה אשתו (במדבר ה) תשטה כתיב תנא דבי רבי ישמעאל

א ה°מפני מה האמינה תורה עד אחד בסוטה ו*שרגלים לדבר שהרי קינא לה ונסתרה ועד אחד מעידה שהיא טמאה אמר ליה רב פפא לאביי והא כי כתיבה קינוי בתר סתירה וטומאה הוא דכתיבה א"ל ועבר זוכבר עבר אלא מעתה °ועבר לכם כל חלוץ (שם לב) ה"נ התם מדכתיב °ונכבשה הארץ לפני ה' (שם) ואחר תשובו משמע דלהבא אלא הכא אי ס"ד כדכתיבי(א) ועבר בתר טומאה וסתירה קינוי למה לי חתנא דבי רבי ישמעאל אין אדם מקנא לאשתו אא"כ נכנסה בו רוח שנאמר ועבר עליו רוח קנאה וקנא את אשתו מאי רוח רבנן אמרי רוח טומאה רב אשי אמר רוח טהרה יומסתברא כמאן דאמר רוח טהרה דתניא טוקנא את אשתו רשות דברי ר' ישמעאל ר"ע אומר כחובה אי אמרת בשלמא רוח טהרה שפיר אלא אי אמרת רוח טומאה רשות וחובה לעיולי לאיניש רוח

ב טומאה בנפשיה גופא וקנא את אשתו רשות דברי רבי ישמעאל ורבי עקיבא אומר חובה י*°לה יטמא (ויקרא כא) רשות דברי רבי ישמעאל ור"ע אומר גחובה יא°לעולם בהם תעבודו (שם כה) *רשות דברי רבי ישמעאל ר' עקיבא אומר יחובה אמר ליה רב פפא לאביי ואמרי לה רב משרשיא לרבא לימא ר' ישמעאל ור' עקיבא בכל התורה כולה הכי פליגי דמר אמר רשות ומר אמר חובה א"ל הכא בקראי פליגי וקנא את אשתו רשות דברי רבי ישמעאל רבי עקיבא אומר חובה מ"ט דר' ישמעאל סבר לה כי האי תנא דתניא יברבי אליעזר בן יעקב אומר יגכלפי שאמרה תורה °לא תשנא את אחיך בלבבך (שם יט) יכול כגון זו ת"ל ועבר עליו רוח קנאה וקנא את אשתו ור"ע קינוי אחרינא כתיב ורבי ישמעאל יד*אידי דבעי למיכתב והיא נטמאה והיא לא נטמאה כתיב נמי וקנא את אשתו לכדתנא דבי רבי ישמעאל טו*דתנא דבי רבי ישמעאל כל פרשה שנאמרה ונישנית לא נישנית אלא בשביל דבר שנתחדש בה לה יטמא רשות דברי רבי ישמעאל ר' עקיבא אומר חובה מ"ט דר' ישמעאל אידי דכתי' °אמור אל הכהנים בני אהרן ואמרת אליהם לנפש לא יטמא בעמיו (שם כא) איצטריכא למיכתב לה יטמא ור' עקיבא מכי °אם לשארו (שם) נפקא לה יטמא למה לי לחובה ורבי ישמעאל טז*לה מיטמא הואין מיטמא לאיבריה ורבי

רש"י

אלמא קסברי דאסור לקנאות. כיון דאמרי לשון הטלת קנאה הוא אלמא אסור: ולמ"ד מותר לקנאות מאי לשון קינוי: **ויקנא ה' לארצו.** התרה בילק וחסיל וגזם שלא ישחיתו עוד את ארצו דבשילוח גובאי משתעי פרשה לעיל. לארצו כל ארצו כמו וישאלו אנשי המקום לאשתו (בראשית כו) על אשתו האמר תריבון לבעל (שופטים ו): **אדם עובר עבירה.** כגון אשה פרוצה עוברת בסתר: **והקב"ה מכריז בגלוי.** שנותן בלב בעלה לקנאות לה והדבר מתפרסם בגלוי: ואין עבירה גרסינן: **לשון הכרזה.** הקב"ה מתכוין להעביר קול: **רגלים לדבר.** שנטמאת: **והא כי כתיב קינוי בתר סתירה וטומאה.** דאיתהימן בה עד אחד כתיב ונסתרה והיא נטמאה ועד אין בה וגו' וסמיך ליה ועבר עליו וגו' אלמא בלא קינוי נמי עד אחד מהימן בטומאה: **ועבר לכם כל חלוץ.** בבני גד ובבני ראובן כתיב שהיה משה מצוה אותם לעבור עם יהושע את הירדן: **תשובו.** מוכיח דלהבא הוא: **נכנסה בו רוח.** ממרום ולקמן מפרש רוח טהרה או רוח טומאה ע"י שטן הבא להחטיאו להקניט את אשתו: **רבנן.** דבי רב אשי אמרי רוח טומאה: **רוח טהרה.** ששונא את הפריצות: **ומסתברא כמ"ד.** דרוח דקאמר רבי ישמעאל טהרה היא: **דתניא.** דקאמר רבי ישמעאל רשות פלוגתא דר' ישמעאל ור' עקיבא לקמן מפרש טעמייהו: **שפיר.** אי רשות אי חובה: **ר' עקיבא אומר חובה.** שאסור לשחרר עבדו: **בכל התורה.** בכל עשה שבתורה א"כ אין לך מצות עשה לרבי ישמעאל חובה: **דתניא.** לא גרסינן אלא הדר ונקיט למילתייהו לפרושי כל חדא באפי נפשה: **כלפי.** כמו אחרי שאמרה תורה שאסור להביא עצמו לידי שנאה ותגר: **יכול אף זה כן.** שיראה את אשתו עוברת על דת יהודית נסתרת עם שכיניה לא יקנא לה. כלפי לשון כנגד: **תלמוד לומר וקנא.** אם רצה לקנא הרשות בידו ומשום דאי לא כתיב קרא הוה אמינא דאסור הוא דא"ר ישמעאל הכא רשות אבל בכל מצות עשה שבתורה לא אמר הכי: **קינוי אחרינא כתיב.** ועבר עליו רוח קנאה וקנא את אשתו והיא לא נטמאה חד לרשות וחד לחובה: **ורבי ישמעאל.** אמר לך איידי דבעי למיכתב והיא נטמאה והיא לא נטמאה שספק הוא בידינו ואעפ"כ אסרה הכתוב מספק כתב נמי וקנא אחרינא ואף ע"ג דמצי למיכתב הכי ועבר עליו רוח קנאה וקנא את אשתו והיא נטמאה או לא נטמאה אפילו הכי אורחיה דקרא לחזור ולשנות את האמור מפני דבר אחר המתחדש בכפילתו: **אילטריך למיכתב לה יטמא.** לומר שמותר ליטמא לקרובים הללו: **מכי אם לשארו נפקא.** לנפש לא יטמא בעמיו כי אם לשארו הקרוב אליו לאמו ולאביו וגו' ולאחותו הבתולה ומתילא שמעינן דמיטמא לאלו: **לה יטמא.** אם מתה ואינו מטמא לאיבריה אם אחד מאלו מוכה שחין ואיבריו נופלין אין מיטמא להן דקיימא לן בהעור והרוטב (חולין דף קכח:) אבר מן החי מטמא כאבר מן המת ואילטריך לה למעוטי איבריה: אם

תוספות

רבי ישמעאל אומר רשות. תימה לרבי וכי לית להו הא דאמר בשלהי מסכת מכות (דף כג:) שש מאות וי"ג מצות נאמרו למשה מסיני וכי לרבי ישמעאל דאמר רשות בכך להו או לר' עקיבא טפי להו ונראה דבשאר מצות דמפיק ר' ישמעאל מקרא עביד ליה ר' עקיבא אסמכתא ודריש ליה לדרשה אחריתי בירושלמי אמרי' דר' אליעזר אמר חובה ואין להקשות הא אמרינן לעיל המקנא דיעבד אין אלמא קסבר אסור לקנאות דתנא דידן דוקא דתני כי הך לישנא סבירא ליה הכי אבל ר' אליעזר לא סבירא ליה הכי והכי נמי אמרי' בפ' קמא דקידושין (דף כא.) וגאל את ממכר אחיו ר' אליעזר אומר חובה ובפרק השולח (גיטין דף לח:) נמי *אמרינן לעולם בהם תעבודו חובה ואין להקשות נמי מפ"ב דמכות (דף יב.) דאמר ר' עקיבא ורצח גואל הדם רשות מי כתיב ירצח והכא אמרינן וקנא חובה דשאני הכא משום דכתיב תרי קינויין אבל קשיא מירושלמי דרבי יהושע אמר התם רשות ומפרש טעמא אתיא דר' יהושע כבית הילל דבית הילל אומרים אפי' הקדיחה תבשילו לפום כן הוא אמר רשות רצה לקנא יקנא רצה לגרש יגרש והא ר' עקיבא מיקל התם טפי מבית הילל ואמר התם אפילו מצא אחרת נאה הימנה מגרשה ואפי' הכי אמר חובה והתם בירושלמי פליג רבי אליעזר עליה דר' יהושע ואמר חובה ואמר אתיא דר' אליעזר כבית שמאי דבית שמאי אומרים לא יגרש אדם את אשתו אלא א"כ מצא בה ערות דבר מצא בה דברים כעורים לגרשה אינו יכול שלא מצא בה ערוה לקיימה אינו יכול שמצא בה דברים כעורים לפום כן הוא אמר חובה והא תניא משום בית שמאי אין לי אלא היוצאת משום ערוה מנין היוצאת משום דראשה פרוע ולדדיה מפורמין וזרועותיה חלוצות(ב) ת"ל כי מצא בה ערות דבר אמר רבי מנא קיימת כאן בעדים וכאן שלא בעדים ותימה לפי הירושלמי כיון דתליא קינוי בגירושין הוה ליה למיתני סוטה בתר גיטין ובתר סוטה נזיר כסדר פרשיות ובתר נזיר נדרים ובתר נדרים כתובות:

לא נשנית אלא בשביל דבר שנתחדש. תימה לרבי היכא דאיכא למדרש כי הכא אמאי לא דרשינן לה כדאמר *גבי קל וחומר (פסחים יח: ועוד י"א פעמים בש"ס) מילתא דאתיא מקל וחומר טרח וכתב לה קרא ואפילו הכי היכא דאיכא למדרש דרשינן *וכן בפרק כל שעה (פסחים דף כד:) (פסחים עז:) כל היכא דאיכא למדרש לא מוקמינן ליה בלאו יתירי:

לה יטמא מצוה. וה"מ לעוסק במצוה כדאמרינן בסוף פרק משוח מלחמה (לקמן דף מד.) ולטמאותו בעל כרחו אם לא ירצה לטמאות כדאמרי' בפרק טבול יום (זבחים ק.) מעשה ביוסף הכהן וכו':

עין משפט נר מצוה

ט א ב מיי' פ"ד מהלכות סוטה הל' יח טוש"ע אה"ע סי' קעח סעיף כא:

י ג מיי' פ"ב מהלכות אבל הלכה ו סמג עשין נח ולאוין רלה טוש"ע י"ד סימן שעג סעיף ג:

יא ד מיי' פ"ט מהלכות עבדים הלכה ו טוש"ע י"ד סימן רסז סעיף עט:

יב ה מיי' פ"ב מהלכות אבל הלכה יד סמג עשין נח ולאוין רלה טור ש"ע י"ד סימן שעג סעיף ט:

נ"ל אמר

הגהות מהר"ב רנשבורג

א] גמ' שנאמר איש איש כי תשטה אשתו. עי' במהרש"א בח"א שפי' דהל"ל כי תטה ומדכתיב תשטה ר"ל לשון שטות:

מסורת הש"ס

[לעיל ב.]

[לעיל ב: נדה ג.]

זבחים ק.

גיטין לח:

[פסחים סז: יבמות נד: וש"נ]

ב"ק סה: שבועות יט. מנחות י.

נזיר מג:

הגהות הב"ח

(א) גמ' אי ס"ד כדכתיבי ונסתרה והיא נטמאה ועבר בתר טומאה: (ב) תוס' ד"ה ר' ישמעאל וכו' וזרועותיה חלוצות מנין ת"ל כי מצא:

גליון הש"ס

גמ' מפני מה האמינה וכו'. עיין מרדכי פרק הגוזל קמא סי' קל"ח:

ורבי עקיבא א"כ ליכתוב רחמנא לה ולישתוק יטמא למה לי ש"מ ור' ישמעאל *איידי דכתב לה כתב נמי יטמא לכדתני דבי ר' ישמעאל [א]דתנא דבי רבי ישמעאל כל פרשה שנאמרה ונישנית לא נישנית אלא בשביל דבר שנתחדש בה [ב]°לעולם בהם תעבודו רשות דברי ר' ישמעאל ר"ע אומר חובה מאי טעמא דרבי ישמעאל איידי דכתיב °לא תחיה כל נשמה איצטריך נמי למיכתב לעולם בהם תעבודו למישרי אחד מכל האומות שבא על הכנענית והוליד ממנה בן שאתה רשאי לקנותו *דתניא [ג]*מנין לאחד מן האומות שבא על הכנענית והוליד ממנה בן שאתה רשאי לקנותו בעבד ת"ל °וגם מבני התושבים הגרים עמכם מהם תקנו יכול אף הכנעני שבא על אחת מן האומות והוליד ממנה בן שאתה רשאי לקנותו בעבד ת"ל °אשר הולידו בארצכם מן הנולדים בארצכם ולא מן הגרים בארצכם ור"ע ממהם תקנו נפקא לעולם בהם תעבודו למה לי לחובה ורבי ישמעאל בהם ולא באחיכם ור"ע באחיכם מסיפא דקרא נפקא °ובאחיכם בני ישראל איש באחיו לא תרדה בו בפרך ור' ישמעאל איידי דכתי' ובאחיכם כתי' נמי בהם לכדתנ' דבי רבי ישמעאל דתנא דבי ר' ישמעאל כל פרשה שנאמרה ונישנית לא נישנית אלא בשביל דבר שנתחדש בה [ד]א"ר חסדא זנותא בביתא כי קריא לשומשמא וא"ר חסדא תוקפא בביתא כי קריא לשומשמא אידי ואידי באיתתא אבל בגברא לית לן בה

א

ואמר רב חסדא [ה]בתחילה קודם שחטאו ישראל היתה שכינה שורה עם כל אחד ואחד שנאמר °כי ה' אלהיך מתהלך בקרב מחניך כיון שחטאו נסתלקה שכינה מהם שנאמר °ולא יראה בך ערות דבר ושב מאחריך *א"ר שמואל בר נחמני א"ר יונתן [ו]כל העושה מצוה אחת בעוה"ז מקדמתו והולכת לפניו לעוה"ב שנאמר °והלך לפניך צדקך [ז]וכל העובר עבירה אחת בעוה"ז מלפפתו והולכת לפניו ליום הדין שנאמר °ילפתו ארחות דרכם יעלו בתוהו ויאבדו ר"א אומר קשורה בו ככלב שנאמר °ולא שמע אליה לשכב אצלה להיות עמה [ח]*לשכב אצלה בעולם הזה להיות עמה לעולם הבא *תנן התם [ט]שהיה בדין ומה עדות הראשונה שאין אוסרתה איסור עולם אינה מתקיימת בפחות משנים עדות האחרונה שאוסרתה איסור עולם אינו דין שלא תתקיים בפחות משנים ת"ל °ועד אין בה כל שיש בה וק"ו לעדות הראשונה מעתה ומה עדות האחרונה שאוסרתה איסור עולם מתקיימת בעד אחד עדות הראשונה שאין אוסרתה איסור עולם אינו דין שתתקיים בעד אחד ת"ל °כי מצא בה ערות דבר ולהלן הוא אומר °על פי שני עדים או על פי שלשה עדים יקום דבר [י]מה דבר האמור להלן על פי שנים עדים אף כאן על פי שנים [יא]*האי מכי מצא בה ערות דבר נפקא מבה ולא בקינוי בה ולא בסתירה מיבעי ליה הכי נמי קאמר תלמוד לומר בה ולא בקינוי בה ולא בסתירה וטומאה בעלמא בלא קינוי ובלא סתירה דלא מהימן עד אחד מנלן נאמר כאן כי מצא בה ערות דבר ונאמר להלן על פי שני עדים או על פי שלשה עדים יקום דבר מה דבר האמור להלן עדים שנים אף כאן עדים שנים תנו רבנן [יב]אי זו היא עדות הראשונה זו עדות סתירה עדות אחרונה זו עדות טומאה וכמה

ב

רש"י

אם כן. דלאו לחובה אתא אלא להך דרשא: לכתוב רחמנא לה ולשתוק. דמשמע לנפש לא יטמא בעמיו כי אם לשארו וגו' ולאחותו הבתולה לה כלומר לגופה שלם ולא לאיבריה: לא תחיה כל נשמה. בשבעה אומות כתיב החתי והגרגשי והאמורי והכנעני והפריזי והחוי והיבוסי: למשרי אחד מן האומות. משאר שבעים אומות: שבא על הכנענית. כל ז' אומות נקראו על שם כנען: והוליד בן. דהלך אחר האב ומותר להחיותו לך לעבד: דתניא. דלהכי אתא קרא: בעבד. גרסי' בבי"ת: וגם מבני התושבים וגו'. לעיל מיניה כתיב מאת הגוים אשר סביבותיכם מהם תקנו עבד ואמה אשר סביבות ארצכם ולא מבני ארצכם דשבעה אומות וגם מבני התושבים כל תושב היינו שבא ממקום אחר ונתיישב כאן וקאמר קרא שמותר לקנות מבניהם אשר יהיו להם מבנות ארצך: מן הנולדים בארצכם. בנים הנולדים בארצכם והם בני התושבים דהיינו אחרים שנשאו בארצכם נשים אתה רשאי לקנות: ולא מן הגרים בארצכם. ולא מן הבנים הנולדים לבני ארצכם במקום אחר מבנות שאר אומות והביאום לבניהם לגור שם: ולא באחיכם. עבודת עבד: ה"ג ורבי ישמעאל איידי דכתיב ובאחיכם כתיב נמי בהם כדתניא כו': קריא. תולעת של שומשמין האוכלתן כך הזנות מחרבת את הבית: תוקפא. כעס: אידי ואידי. תוקפא וזנותא דאמרינן דמחרבת את הבית: באיתתא. כשהאשה מזנה או כעסנית לפי שהאשה מתעסקת בזנוניה ואינה עושה מלאכתה ולא משמרת ביתה ומפקרת את של בעלה למנאפים: קודם שחטאו ישראל. בעריות: עם כל אחד ואחד. בביתו: נסתלקה מהם. מלבא לביתם דאינו יכול לראות בעבירות שבביתו: מקדמתו. לפני מיתתו מכרזת לפניו: מלפפתו. כורכתו: תנן התם. בפ' מי שקינא (לקמן לא.) אמאי דקתני אמר עד אחד ראיתיה שנטמאה לא היתה שותה: שהיה בדין. שלא להאמינו אי לאו דכתיב קרא: הראשונה. סתירה: אין אוסרתה איסור עולם. שאם תשתה ותמצא טהורה מותרת לבעלה ולתרומה: אין מתקיימת בפחות משנים. כדבעינן למיגמר דבר דבר ממון: האחרונה. טומאה שהיא אחר הסתירה: כל שיש בה. כל עדות שיש בה נאמן כדדרשינן לעיל ועד אין בה תרי אלא חד וקא אמר אסורה ואטומאה קאי דהא מינה סליק והיא נטמאה ועד אין בה: קל וחומר. שתתקיים בעד אחד: תלמוד לומר. באשה מקולקלת כי מצא בה ערות דבר ולהלן כו': ופרכינן למה לי למיכתב למילפה בגזירה שוה: בה ולא בקינוי כו' מיבעי ליה. (א) דכיון דכתיב בה מיעוטא הוא ולא גמרי' שאר עדיות דאשה מינה וקמו להו במלתייהו ככל עדיות שבתורה: הכי נמי קאמר. וגזירה שוה למילתא אחריתי נקט ומתניתין חסורי מיחסרא והכי תנא ליה ת"ל בה ולא בקינוי וסתירה וגזירה שוה לטומאת אשה דעלמא שלא קינא לה בעלה ובא עד אחד ואמר אני ראיתיה שנטמאה דלא מהימן והכא הוא דמהימן משום דרגלים לדבר: כדי

תוספות

ורבי עקיבא א"כ לכתוב לה. תימה לרב חסדא דאמר בפרק שלשה מינין (נזיר דף מג:) לאביו בזמן שהוא שלם ולא בזמן שהוא לאיברים לדידיה לא איצטריך לה לאיברים מאי הוי דריש בלה יטמא ויש לומר הוה דריש לחובה כדרבי עקיבא ואיידי דכתב יטמא כתב לה:

למשרי אחד מכל האומות. מהכא נפקא לן דבאומות הלך אחר הזכר*:

כתיב נמי *(ובאחיכם) לכדתנא דבי רבי ישמעאל. וא"ת הא אצטריך דדרשינן בפרק איזהו נשך (ב"מ דף עג:) מנין אם ראיתו נוהג שלא כשורה שאתה רשאי להשתעבד בו וכו' וי"ל אסמכתא בעלמא הוא וקנס חכמים הוא כדי לייסרן:

מה עדות אחרונה שאוסרתה איסור עולם. תימה דהוה מצי למפרך מה לעדות האחרונה שכן רגלים לדבר שהרי קינא לה ונסתרה:

ת"ל ועד אין בה כל שיש בה. תימה כיון דהוא קינא לה ונסתרה והשתא אתי עד א' דטומאה מסתמא בעל שתיק ולא מכחיש ליה א"כ מאי צריך קרא דעד אחד נאמן אפילו טומאה בעלמא בלא קנוי וסתירה בכי האי גוונא היה מהימן כדאיתא בפרק האומר (קדושין דף סו.) אשתו זינתה בעד אחד וכו' תינח לרבא דאמר התם הוה דבר שבערוה אלא לאביי דאמר מהימן מאי איכא למימר אלא ע"כ אית לן למימר דלאביי לא איצטריך קרא אלא היכא דמכחיש אע"ג דקינא לה:

נאמר כאן דבר ונאמר להלן דבר. תימה למה לי ג"ש אפילו בלא ג"ש מהיכא תיתי ליה דליתהימן בה עד אחד מעדות אחרונה ליכא למילף דאיכא פירכא: כמה

יג א מיי' פ"ט מהל' עבדים הלכה ג סמג עשין רב:

[לענין יוחסין]

[נ"ל בהם]

תורה אור

ויקרא כה · דברים כ · ויקרא כה · שם · שם · דברים כג · שם · ישעיה נח · איוב ו · בראשית לט · במדבר ה · דברים כד · שם יט

[פסחים סז: יבמות נד: ושם נסמן]

יבמות עח: קדושין סז:

ע"ז ה.

שם יומא לה:

לקמן לא.

לקמן לא:

גליון הש"ס

גמ' לכדתני דבי ר"י. ב"ק סד ע"ב שבועות יט ע"א מנחות י ע"א:

הגהות הב"ח

(א) רש"י ד"ה בה ולא בקינוי כו' מיבעי ליה. נ"ב רצונו של רש"י לומר דהכי קא קשיא ליה וקבעי ליה:

תוספות שאנץ

וגם מבני התושבים כל תושב היינו שבא ממקום אחר ונתישב כאן ואמר קרא דמותר לקנות מבניהם אשר היו להם מבנות ארצך. ולא מן הגרים בארצך בנים הנולדים במקומות אחרים מבנות שאר אומות והביאום לבניהם לגור כאן. ל"ה: הכי הוי גירסת הספרים איידי דכתיב בהם כתיב ובאחיכם לכדתנא דבי ר' ישמעאל וקשה וכי בשביל שכתוב בהם ולא באחיכם כתיב ובאחיכם וכפל את דבריו על חנם ואין חוזר ואומר כלום. והגיה רש"י איידי דכתיב ובאחיכם כתיב בהם. וכי תימא מה מועיל גרסא זו מן האחרת ואומר רבי דהועיל דהא עתה חוזר בו ממה שאמר לעיל רבי ישמעאל לעולם בהם תעבודו אתא למשרי אחד מן האומות שבא על הכנענית אלא איצטריך למדרש בהם ולא באחיכם ולרבי ישמעאל איידי דכתיב ובאחיכם כתיב נמי בהם לכדתנא [דבי ר"י] וכתיב בהם תעבודו דהוי דבר שנתחדש בה. וקשה להר"מ דאמאי לא קאמר דאיצטריך בהם ובאחיכם לעשה ולא תעשה מדכתיב בהם ולא באחיכם [לאו] הבא מכלל עשה ובאחיכם לא תעשה דכי האי גונא בפרק איזהו נשך גבי לא תשך. ועוד דאם נאמרה ונשנית א) דלעולם בהם תעבודו כתיב מקמי קרא דובאחיכם ואינו כגון דאמר לעיל [איידי] דכתב לה כתב לא יטמא דלעולם כתוב הפסוק המיותר באחרונה. [ונראה] לקיים גירסת הספרים איידי דכתב בהם כתב נמי ובאחיכם לעולם כדפרקינן מהם תקנו נפקא לן למשרי אחד מן האומות שבא על הכנענית ובהם איצטריך בהם ולא באחיכם. ואיידי דתנא בהם תנא נמי באחיכם לכדתנא דבי ר' ישמעאל דכל פרשה שנאמרה ונשנית וכו' ואיצטריך למכתב כדדרשי' בב"מ בפ' איזהו נשך גבי רב שעורים באותו שאינו נוהג בשורה מנין שאתה מותר לשעבד בו ת"ל לעולם בהם תעבודו [ובאחיכם] והיינו דבר שנתחדש בה והתלמוד לא היה חושש לפרש איזהו דבר נתחדש בה: כדקריא לשומשמא. פ"ה קריא תולעת של שומשמין. וי"א קריא לשון קרי שהוא חם ושומשמין הוי מין תולע שקורין פרמייל (דכל דבדקה ליה התולע ועי"א קריא לשון קרירות דכל קרקע לו):

א) נראה דצ"ל דאם נאמרה ונשנית בקרא לנשלם בהם תעבודו א"כ למה כתיב הך קרא מקמי קרא דבאחיכם וכו'.

וְר' עֲקִיבָא מה הוא אומר על כך — **אִם כֵּן** שבא הכתוב למעט שאינו מיטמא לאברים, **לִיכְתּוֹב רַחֲמָנָא** [שתכתוב התורה] "לנפש לא יטמא בעמיו כי אם... לָהּ" **וְלִישְׁתּוֹק** [ושישתוק] הכתוב ולא יכתוב עוד, **"יִטַּמָּא" לָמָּה לִי? שְׁמַע מִינָּהּ** [למד מכאן] שהכוונה היא שיש חובה להיטמא. **וְר' יִשְׁמָעֵאל** מה הוא אומר על כך — **אַיְידֵי** [מתוך] **שֶׁכָּתַב "לָהּ" — כָּתַב נַמִי** [גם כן] **"יִטַּמָּא". לְכִדְתָנֵי דְּבֵי** [לכפי ששנה החכם מבית מדרשו] של **ר' יִשְׁמָעֵאל, דְּתָנָא דְּבֵי** [ששנה החכם מבית מדרשו] של **ר' יִשְׁמָעֵאל: כָּל פָּרָשָׁה שֶׁנֶּאֶמְרָה וְנִישְׁנֵית — לֹא נִישְׁנֵית אֶלָּא בִּשְׁבִיל דָּבָר** אחד **שֶׁנִּתְחַדֵּשׁ בָּהּ**, ואין צורך שבכל מלה יהיה חידוש. וכן **"לְעֹלָם בָּהֶם תַּעֲבֹדוּ"** (ויקרא כה, מו) **רְשׁוּת הוּא, אֵלּוּ דִּבְרֵי ר' יִשְׁמָעֵאל, ר' עֲקִיבָא אוֹמֵר: חוֹבָה. מַאי טַעֲמָא** [מה הטעם] של **ר' יִשְׁמָעֵאל — אַיְידֵי דִּכְתִיב** [מתוך שנאמר] בכנענים **"לֹא תְחַיֶּה כָּל נְשָׁמָה"** (דברים כ, טז), **אִיצְטְרִיךְ נַמִי לְמִיכְתַּב** [צריך היה גם כן לכתוב] **"לְעֹלָם בָּהֶם תַּעֲבֹדוּ" לְמִישְׁרֵי** [להתיר] **אֶחָד מִכָּל הָאוּמּוֹת** שאינו כנעני **שֶׁבָּא עַל הַכְּנַעֲנִית וְהוֹלִיד מִמֶּנָּה בֵּן, שֶׁאַתָּה רַשַּׁאי לִקְנוֹתוֹ** את הבן ולקיימו כעבד, ואיננו בכלל "לא תחיה" האמור בכנענים. **דְּתַנְיָא** [שכן שנינו בברייתא]: **מִנַּיִן לְאֶחָד מִן הָאוּמּוֹת שֶׁבָּא עַל הַכְּנַעֲנִית וְהוֹלִיד מִמֶּנָּה בֵּן, שֶׁאַתָּה רַשַּׁאי לִקְנוֹתוֹ בְּעֶבֶד — תַּלְמוּד לוֹמַר: "וְגַם מִבְּנֵי הַתּוֹשָׁבִים הַגָּרִים עִמָּכֶם מֵהֶם תִּקְנוּ"** (ויקרא כה, מה). שבא הכתוב להתיר לקנות עבדים מאלה שבאו מרחוק ונתיישבו בארץ. **יָכוֹל אַף הַכְּנַעֲנִי שֶׁבָּא עַל אַחַת מִן הָאוּמּוֹת וְהוֹלִיד מִמֶּנָּה בֵּן, שֶׁאַתָּה רַשַּׁאי לִקְנוֹתוֹ בְּעֶבֶד — תַּלְמוּד לוֹמַר: "אֲשֶׁר הוֹלִידוּ בְּאַרְצְכֶם"** (שם), לומר: **מִן הַנּוֹלָדִים בְּאַרְצְכֶם** שאינם תושבי הארץ הקבועים, רק נולדו כאן, **וְלֹא מִן הַגָּרִים** כבר **בְּאַרְצְכֶם**, שהם כנענים. ולכן בן הכנעני אסור לקיימו. **וְר' עֲקִיבָא** סבור כי **מִ"מֵּהֶם תִּקְנוּ" נָפְקָא** [יוצא, נלמד] הדין שמותר לקנות ולקיים דווקא מבני שאר האומות, ואם כן **"לְעֹלָם בָּהֶם תַּעֲבֹדוּ" לָמָּה לִי — לְחוֹבָה. וְר' יִשְׁמָעֵאל** סבור: מה שנאמר "לעולם בהם תעבודו" בא למעט — **בָּהֶם וְלֹא בַּאֲחֵיכֶם**, שבישראל אסור לעבוד עבודת עבד ולשעבדם לעולם. **וְר' עֲקִיבָא** אומר: איסור עבודה **בַּאֲחֵיכֶם — מִסֵּיפָא דִּקְרָא נָפְקָא** [מסופו של הכתוב יוצא], שנאמר במפורש **"וּבְאַחֵיכֶם בְּנֵי יִשְׂרָאֵל אִישׁ בְּאָחִיו לֹא תִרְדֶּה בוֹ בְּפָרֶךְ"** (שם מו). **וְר' יִשְׁמָעֵאל** סבור: **אַיְידֵי דִּכְתִיב** [מתוך שנאמר] **"וּבְאַחֵיכֶם"** שאסור לעבוד בישראל, **כְּתִיב נַמִי** [נאמר גם כן] בכנענים "לעולם **בָּהֶם** תעבודו". וזהו **לְכִדְתָנֵי דְּבֵי** [לכפי ששנה החכם מבית מדרשו] של **ר' יִשְׁמָעֵאל. דְּתָנָא דְּבֵי** [ששנה החכם מבית מדרשו] של **ר' יִשְׁמָעֵאל: כָּל פָּרָשָׁה שֶׁנֶּאֶמְרָה וְנִישְׁנֵית — לֹא נִישְׁנֵית אֶלָּא בִּשְׁבִיל דָּבָר שֶׁנִּתְחַדֵּשׁ בָּהּ.**

א אגב דברי ההלכה שנאמרו עד כאן מביאים כמה עניינים באגדה השייכים לנושא הכללי של הסוטה. **אָמַר רַב חִסְדָּא: זְנוּתָא בְּבֵיתָא כִּי קָרְיָא לְשׁוּמְשְׁמָא** [זנות בבית מזיקה כמו תולעת לשומשומים], שכשם שהתולעת מכלה את השומשומים, כך הזנות הורסת את הבית. **וְאָמַר רַב חִסְדָּא: תּוּקְפָּא בְּבֵיתָא** [כעס בבית] **כִּי קָרְיָא לְשׁוּמְשְׁמָא** [כמו תולעת לשומשומים] שהורסת את הבית. ומעירים: **אִידִי וְאִידִי** [זה וזה] זנות וכעס שהורסים את הבית, נאמרו **בְּאִיתְּתָא** [באשה] **אֲבָל — בְּגַבְרָא לֵית לָן** [באיש אין לנו] **בָּהּ**, משום שכעסו וזנותו אינם משפיעים כל כך על הבית כולו. **וְאָמַר רַב חִסְדָּא: בַּתְּחִילָּה**, קודם **שֶׁחָטְאוּ יִשְׂרָאֵל, הָיְתָה שְׁכִינָה שׁוֹרָה עִם כָּל אֶחָד וְאֶחָד** מישראל, **שֶׁנֶּאֱמַר: "כִּי ה' אֱלֹהֶיךָ מִתְהַלֵּךְ בְּקֶרֶב מַחֲנֶךָ"** (דברים כג, טו). **כֵּיוָן שֶׁחָטְאוּ נִסְתַּלְּקָה שְׁכִינָה מֵהֶם, שֶׁנֶּאֱמַר "וְלֹא יִרְאֶה בְךָ עֶרְוַת דָּבָר וְשָׁב מֵאַחֲרֶיךָ"** (שם), שמפני החטא ("ערות דבר") מסתלקת השכינה ("ושב מאחריך"). **אָמַר ר' שְׁמוּאֵל בַּר נַחְמָנִי אָמַר ר' יוֹנָתָן: כָּל הָעוֹשֶׂה מִצְוָה אַחַת בָּעוֹלָם הַזֶּה — מְקַדַּמְתּוֹ** אותה מצוה **וְהוֹלֶכֶת לְפָנָיו לָעוֹלָם הַבָּא, שֶׁנֶּאֱמַר: "וְהָלַךְ לְפָנֶיךָ צִדְקֶךָ** כבוד ה' יאספך" (ישעיה נח, ח). **וְכָל הָעוֹבֵר עֲבֵירָה אַחַת בָּעוֹלָם הַזֶּה — מְלַפַּפְתּוֹ** (נצמדת אליו) העבירה **וְהוֹלֶכֶת לְפָנָיו עַד לְיוֹם הַדִּין, שֶׁנֶּאֱמַר: "יִלָּפְתוּ אָרְחוֹת דַּרְכָּם יַעֲלוּ בַתֹּהוּ וְיֹאבֵדוּ"** (איוב ו, יח). **ר' אֶלְעָזָר אוֹמֵר:** העבירה **קְשׁוּרָה בּוֹ** ומלווה אותו **כַּכֶּלֶב, שֶׁנֶּאֱמַר: "וְלֹא שָׁמַע אֵלֶיהָ לִשְׁכַּב אֶצְלָהּ לִהְיוֹת עִמָּהּ"** (בראשית לט, י), והכוונה היא: אם יקיים **"לִשְׁכַּב אֶצְלָהּ" בָּעוֹלָם הַזֶּה** הרי סופו **"לִהְיוֹת עִמָּהּ"** גם **לָעוֹלָם הַבָּא.**

ב **תְּנַן הָתָם** [שנינו שם] לענין נאמנות עד אחד בטומאה: **שֶׁהָיָה** אפשר ללמוד **בַּדִּין** (בקל וחומר): **וּמָה עֵדוּת הָרִאשׁוֹנָה** של סתירה **שֶׁאֵין אוֹסַרְתָּהּ אִיסּוּר עוֹלָם**, שאם תיבדק במי סוטה ותימצא כשירה — מותרת לבעלה, **אֵינָהּ מִתְקַיֶּימֶת בְּפָחוֹת מִשְּׁנַיִם**, שלשיטת המשנה שם עדות סתירה היא בשני עדים דווקא, **עֵדוּת הָאַחֲרוֹנָה** של טומאה **שֶׁאוֹסַרְתָּהּ אִיסּוּר עוֹלָם — אֵינוֹ דִּין שֶׁלֹּא תִּתְקַיֵּים בְּפָחוֹת מִשְּׁנַיִם?** על כן **תַּלְמוּד לוֹמַר: "וְהִיא** נטמאה **וְעֵד אֵין בָּהּ"** (במדבר ה, יג), לומר **שֶׁכָּל** עדות טומאה **שֶׁיֵּשׁ בָּהּ** אוסרתה. ומעירים, בדרך זאת אפשר ללמוד להיפך: **וְקַל וָחוֹמֶר לְעֵדוּת הָרִאשׁוֹנָה מֵעַתָּה: וּמָה עֵדוּת הָאַחֲרוֹנָה שֶׁאוֹסַרְתָּהּ אִיסּוּר עוֹלָם — מִתְקַיֶּימֶת בְּעֵד אֶחָד, עֵדוּת הָרִאשׁוֹנָה שֶׁאֵין אוֹסַרְתָּהּ אִיסּוּר עוֹלָם — אֵינוֹ דִּין שֶׁתִּתְקַיֵּים בְּעֵד אֶחָד? תַּלְמוּד לוֹמַר:** "כי יקח איש אשה ובעלה והיה אם לא תמצא חן בעיניו **כִּי מָצָא בָהּ עֶרְוַת דָּבָר"** (דברים כד, א), **וּלְהַלָּן** בדיני ממונות **הוּא אוֹמֵר "עַל פִּי שְׁנֵי עֵדִים אוֹ עַל פִּי שְׁלֹשָׁה עֵדִים יָקוּם דָּבָר"** (שם יט, טו), **מַה "דָּבָר" הָאָמוּר לְהַלָּן** בממון **עַל פִּי שְׁנַיִם עֵדִים** דווקא — **אַף כָּאן** בעניינים שבעריות **עַל פִּי שְׁנַיִם** דווקא. ושואלים: **הַאי** [דבר זה] **מִ"כִּי מָצָא בָהּ עֶרְוַת דָּבָר" נָפְקָא** [יוצא, נלמד]? הלא **מִמה** שנאמר לענין טומאה "ועד אין **בָּהּ" נָפְקָא** [יוצא] הדבר, שעל כך דייקנו: **בָּהּ** (בטומאה) — **וְלֹא בְּקִינּוּי, בָּהּ — וְלֹא בִּסְתִירָה מִיבָּעֵי לֵיהּ** [צריך היה לו] להביא כראיה לדבר שעל סתירה צריכים שניים! ומשיבים, **הָכִי נַמִי קָאָמַר** [כך גם כן אמר] כך הכוונה: **תַּלְמוּד לוֹמַר "בָּהּ", בָּהּ — וְלֹא בְּקִינּוּי, בָּהּ — וְלֹא בִּסְתִירָה.** אבל **וְטוּמְאָה בְּעָלְמָא** [בכלל] **בְּלֹא קִינּוּי וּבְלֹא סְתִירָה, שֶׁלֹּא מְהֵימַן** [נאמן] **עֵד אֶחָד, מְנָלַן** [מניין לנו]? **— נֶאֱמַר כָּאן: "כִּי מָצָא בָהּ עֶרְוַת דָּבָר" וְנֶאֱמַר לְהַלָּן: "עַל פִּי שְׁנֵי עֵדִים אוֹ עַל פִּי שְׁלֹשָׁה עֵדִים יָקוּם דָּבָר", מַה "דָּבָר" הָאָמוּר לְהַלָּן — עֵדִים שְׁנַיִם, אַף כָּאן — עֵדִים שְׁנַיִם. תָּנוּ רַבָּנַן** [שנו חכמים]: **אֵי זוֹ הִיא עֵדוּת הָרִאשׁוֹנָה — זוֹ עֵדוּת סְתִירָה, עֵדוּת אַחֲרוֹנָה — זוֹ עֵדוּת טוּמְאָה.**

מסורת הש"ס

א. סוטה ג,א (ושם סומנו מקבילות).

ב. שם. ילק"ש תורה תרסז. וראה גם ירושלמי כתובות פ"ג ה"י. שם שבועות פ"ה ה"ו.

ג. יבמות עח,ב. קדושין סז,ב. ירושלמי יבמות פ"ח ה"ג. תו"כ כה, מה.

ד. ילק"ש תורה תתקלד.

ה. שם. וראה ספרי דברים רנד. שם רנח. אדר"נ פל"ח. במדב"ר פ"ט ז. זהר ח"א עו,א.

ו. ע"ז ה,א. זהר ח"ג ריג,א. ילק"ש תורה קמה. שם נ"ך תצג. שם תתק.

ז. ע"ז שם. תנחומא וישב ח. ילק"ש שם.

ח. יומא לה,ב. ע"ז שם. תנחומא שם. ב"ר פ"ז ו. במדב"ר פי"ד ו. ילק"ש שם.

ט. סוטה לא,ב. ספרי דברים יט, טו.

י. סוטה ב,ב (ושם סומנו מקבילות).

יא. שם לא,ב.

יב. שם. ירושלמי סוטה פ"ו ה"ג. תוספתא סוטה פ"א א. ילק"ש נ"ך תתקלט.

גרסות

מכל האומות יש בכת"י: מן האומות.

על הכנענית יש במקורות שונים: על שפחה כנענית.

בעבד יש בכת"י: כעבד.

אבל בגברא לית לן בה משפט זה חסר בכת"י ועוד.

שורה בכת"י ועוד: שרויה.

והולכת לפניו יש בכת"י: ומוליכתו.

עמה לעולם הבא יש בכת"י: עמה ליום הדין.

נאמר כאן כי מצא בה ערות דבר יש בכת"י וכן במקבילה: נאמר כאן דבר.

מה דבר — עדים שנים במקבילה ובדומה לזה בקצת כת"י: מה להלן בשני עדים אף כאן בשני עדים.

לשון

קריא

מקור המלה, ואף משמעותה המדויקת אינם ברורים. והיו שהציעו לה מקור מן הלטינית caries — רקב.

עיונים

ולא מן הגרים וכו' שיעור הכתוב לפי זה — מן הנולדים בארצכם, ולא מאלה שנולדו במקום אחר אף שהם בני כנענים שהיו גרים בארצכם. ומסביר המאירי כי דרכו של איש ללכת ולגור במקום אשתו ומשום כך הנולדים בארצכם, אף שהם בני כנעניות, אבותיהם הם מן התושבים שבאו מארץ אחרת. ולהיפך, הכנענים הולכים למקום אחר ומולידים שם נשים מבנות אומות אחרות. אכן, ראה ברד"ל שמסביר את דברי רש"י כאן מתוך הנחה הפוכה, שאשה כרגיל הולכת אחר בעלה, ולכן מדגיש: הנולדים בארצכם — שבדרך מקרה אירע שנולד בארץ ואב הוא תושב שבא רק לזמן מועט, ולא מן הגרים בארצכם (הכנענים) — אף שיצא לזמן מה למקום אחר. וראה בתוס' (ד"ה למשרי) שמכאן למדו כלל גדול בהלכות יוחסין כי בייחוסם של אומות הולכים אחר האב, ומשום כך בן הכנעני אסור ובן התושב מותר לקיימו.

כתיב נמי בהם הגרסה שלפנינו היא גרסת רש"י (עיי"ש) ולפני הראשונים היתה גרסה הפוכה: איידי דכתיב בהם כתיב נמי באחיכם. ובתו"ש (וכן בביאור בתוהרא"ש) מסבירים את שינוי הגרסה של רש"י בכך שבא לחדש ולומר כי חוזרה בה הגמרא מן ההסבר הקודם, ומסבירה עתה בדרך אחרת, לא לענין גוי המוליד בארץ אלא שבא כתוב זה כולו ללמד שאסור לעבוד בישראל עבודת עבד, ואגב כך נאמר גם "בהם". אבל היו שהקשו שאין הדבר מתקן את הבעיה כראוי ולכן העדיפו את הגרסה העתיקה, ופרשוה שבא הכתוב ללמד כמו שאמרנו תחילה לגבי הנולד מן התושב לכנענית. ומה שנאמר אחר כך "ובאחיכם" בא לרמז לדרשה אחרת — שאם אדם מישראל נודג שלא כשורה מותר לשעבד בו, וזה הדבר שנתחדש באותו פסק (אבל בתוס' ד"ה כתיב סבור שאין זו דרשה עיקרית אלא אסמכתא בלבד).

כי קריא לשומשמא רש"י מפרש כמו תולעת האוכלת את השומשומים. וכעין זה מפרש בערוך, אף כי ייתכן, שעיקר פירושו הוא שקריא הוא לשון רקבון. ויש שפירשו כי שומשמא (או לגרסה אחרת שומשמנא) הוא התולעת עצמה, וקריא פירושו חום (או לשיטה אחרת — קור) שהורג את התולעת (תו"ש). והמאירי מפרש בעיקר כרש"י, ומסביר כי כמו התולעת שאוכלת את השומשום מבפנים ואינו ניכר עד שמגיע האדם לאוכלו ומגלה שאין בו אלא קליפה כך האשה המזנה מבזבזת ממון בעלה עד שמתרוקן הבית.

תוקפא בביתא רש"י מפרש לשון כעס, ובערוך מעין זה — מחלוקת. ולפירוש רש"י הכוונה היא שהאשה היא כעסנית. אבל המאירי מפרש כי כאשר האיש מרבה מחלוקת וכעס על אשתו גורם לה שתזניח את ביתה. לפי זה צריך לפרש גם את ההמשך להיפך מדברי רש"י.

היתה שכינה שורה עם כל אחד וכו' לדעת רוב המפרשים דברי רב חסדא אלה הם המשך לדבריו בענין הזנות והמחלוקת, שמתחילה כאשר בני הזוג נוהגים כראוי שכינה שרויה בבית, וכאשר הם חוטאים שכינה מסתלקת משם. וכתב המהרש"א שהוא כעין דברי הגמרא להלן (יז, א) שאיש ואשה שזכו — שכינה ביניהם, כי במלים איש - אשה יש שם קדוש (י-ה), וכאשר חוטאים מסתלק מהם השם ונשארות רק אותיות "אש" המכלה אותם. ובדרך מופשטת יותר כתב המהר"ל שיש ברכת ה' בבית כאשר הוא נבנה על פי הסדר הראוי, אבל כאשר בני הזוג משנים את הסדר בזנות הבאה מחמת התאוה או בכעס הבא מחמת הבנה פגומה — אין שכינה שורה עוד במקום שאינו בנוי כהוגן. ואילו המאירי מפרש את הדברים בדרך כלל, ומסביר כי כאשר זוכה אדם יש עליו השגחה פרטית בכל מעשיו בעולם הזה. וכאשר חוטא מסתלקת ממנו השגחה זו והוא מופקר למקרי הזמן, אלא שהקדוש ברוך הוא דן אותו כפי מעשיו בעולם הבא.

מקדמתו וכו' המהרש"א מסביר שיש בכך רמז לאמור שבכל מעשה משמעותי של אדם נברא מלאך, מלאך טוב כשעושה מצוה, ומלאך מקטרג על ידי עבירה, ואותו מלאך הוא מהותו של המעשה המלווה את האדם בכל דרכו. ואת שינוי הלשון הוא מסביר בכך, שלגבי מצוה אדם רוצה במלאך הטוב ודיו שיקדים וילך לפניו. אבל אין אדם רוצה במלאך הרע לאחר שעבר עבירה, ולכן הוא נכרך בו ומלוה אותו בעל כרחו.

אורח ההלכה

אחד מן האומות וכו' כתב הרמב"ם כי אחד מן האומות שבא על שפחה כנענית הרי הבן עבד כנעני, ועבד כנעני, של ישראל שבא על אחת מן האומות אין הוולד עבד. והראב"ד מקשה עליו משום שמפרש שמשמע בגמרא שלא נאמר הדבר לענין יוחסין אלא לענין "לא תחיה כל נשמה" (וכרש"י). וראה בכ"מ שמנסה לומר שהרמב"ם מפרש את הדברים באופן אחר, ושיש לו גרסה אחרת בגמרא. וראה בלח"מ שמפרש שאף הרמב"ם מפרש את עיקר הברייתא לענין השאלה אם רשאי לקיימו, אבל להלכה לענין יוחסין (בלא קשר לגמרא זו) סבור הוא כי ולד השפחה הוא כמותה. וולד העבד אינו מתייחס אחר אביו לפי שאין לו יחס כלל. (רמב"ם ספר קנין הלכות עבדים פ"ט ה"ג).

ומבררים: וְכַמָּה הוא שִׁיעוּר סְתִירָה — כְּדֵי טוּמְאָה, כלומר, כְּדֵי בִיאָה, ולא ביאה גמורה, אלא כְּדֵי הַעֲרָאָה (מגע ראשוני של ביאה). וכמה זמן נחוץ לכך — כְּדֵי הַקָּפַת דֶּקֶל, כמשך הזמן הנחוץ להקיף בהליכה עץ דקל, אלו דִּבְרֵי ר׳ יִשְׁמָעֵאל. ר׳ אֱלִיעֶזֶר אוֹמֵר: כְּדֵי מְזִיגַת (מהילת) הַכּוֹס של יין שיש בה שיעור רביעית. ר׳ יְהוֹשֻׁעַ אוֹמֵר: כְּדֵי לִשְׁתּוֹתוֹ, את היין, מן הכוס שנמזגה. בֶּן עַזַּאי אוֹמֵר: כְּדֵי לִצְלוֹת בֵּיצָה. ר׳ עֲקִיבָא אוֹמֵר: כְּדֵי לצלותה וּלְגוֹמְעָהּ. ר׳ יְהוּדָה בֶּן בְּתֵירָא אוֹמֵר: כְּדֵי לִגְמוֹעַ שָׁלֹשׁ בֵּיצִים זוֹ אַחַר זוֹ. ר׳ אֶלְעָזָר בֶּן יִרְמְיָה אוֹמֵר: כְּדֵי משך הזמן שבו צריך לִקְשׁוֹר גַּרְדִּי (אורג) נִימָא (חוט). חָנִין בֶּן פִּנְחָס אוֹמֵר: כְּדֵי שֶׁתּוֹשִׁיט האשה יָדָהּ לְתוֹךְ פִּיהָ לִיטּוֹל קֵיסָם מבין שיניה. החכם פְּלֵימוֹ אוֹמֵר: כְּדֵי שֶׁתּוֹשִׁיט אשה יָדָהּ לַסַּל לִיטּוֹל כִּכָּר. ומוסיף: אַף עַל פִּי שֶׁאֵין מן הכתובים רְאָיָה לַדָּבָר, מכל מקום יש זֵכֶר לַדָּבָר: "כִּי בְעַד אִשָּׁה זוֹנָה עַד כִּכַּר לָחֶם" (משלי ו, כו). ותחילה שואלים: וְכָל הָנֵי [אלה] שיעורי זמן שנאמרו: כדי טומאה, כדי ביאה, כדי הערואה, כדי הקפת דקל, לָמָּה לִי? ומשיבים: צְרִיכֵי [צריכים] הדברים, דְּאִי תָּנָא [שאילו היה שונה] החכם רק כְּדֵי טוּמְאָה, הֲוָה אָמִינָא [הייתי אומר] שהכוונה למשך הזמן שנדרש כְּדֵי טוּמְאָתָהּ בביאה וְגם כדי אַרְצוּתָהּ [ריצויה, פיתויה] קודם לכן, קָא מַשְׁמַע לָן [השמיע לנו] כְּדֵי בִיאָה בלבד. וְאִי תָּנָא [ואילו היה שונה] רק כְּדֵי בִיאָה, הֲוָה אָמִינָא [הייתי אומר] עד כְּדֵי גְּמַר בִּיאָה, על כן קָא מַשְׁמַע לָן [השמיע לנו] כְּדֵי הַעֲרָאָה בלבד. וְאִי אַשְׁמְעִינַן [ואילו היה משמיע לנו] כְּדֵי הַעֲרָאָה בלבד, הֲוָה אָמִינָא [הייתי אומר] כְּדֵי הַעֲרָאָה וְאַרְצוּתָהּ [וריצויה, פיתויה], על כן קָא מַשְׁמַע לָן [השמיע לנו] כְּדֵי טוּמְאָה, וככבר למדנו שאין היא כוללת את הריצוי. ואחר כך בא להשמיענו כַּמָּה כְּדֵי [הַעֲרָאָה] — כְּדֵי הַקָּפַת דֶּקֶל. וּרְמִינְהִי [ומטילים, מראים סתירה] מברייתא אחרת; נאמר בסוטה "וְנִסְתְּרָה" (במדבר ה, יג) וְכַמָּה שִׁיעוּר סְתִירָה לֹא שָׁמַעְנוּ, כְּשֶׁהוּא אוֹמֵר "וְהִיא נִטְמָאָה" (שם) הֱוֵי אוֹמֵר ששיעור סתירה — כְּדֵי טוּמְאָה, והוא כְּדֵי בִיאָה, כלומר, כְּדֵי הַעֲרָאָה, והוא כְּדֵי חֲזָרַת דֶּקֶל, אלו דִּבְרֵי ר׳ אֱלִיעֶזֶר, ר׳ יְהוֹשֻׁעַ אוֹמֵר: כְּדֵי מְזִיגַת הַכּוֹס. בֶּן עַזַּאי אוֹמֵר: כְּדֵי לִשְׁתּוֹתוֹ, ר׳ עֲקִיבָא אוֹמֵר: כְּדֵי לִצְלוֹת בֵּיצָה. ר׳ יְהוּדָה בֶּן בְּתֵירָא אוֹמֵר: כְּדֵי לְגוֹמְעָהּ. ומעירים: קָא סָלְקָא דַּעְתִּין [עלה על דעתנו] לומר הַיְינוּ [הוא] הַקָּפַת דֶּקֶל המוזכרת בברייתא הקודמת הַיְינוּ [הוא] חֲזָרַת דֶּקֶל ששני שיעורי זמן אלה זהים, ואם כן יש סתירה בין המקורות, שכן הָתָם [שם] בברייתא הראשונה אָמַר ר׳ יִשְׁמָעֵאל כְּדֵי הַקָּפַת דֶּקֶל, וּפָלֵיג [וחלק] ר׳ אֱלִיעֶזֶר עֲלֵיהּ [עליו], ואילו הָכָא [כאן] אָמַר ר׳ אֱלִיעֶזֶר עצמו כְּדֵי חֲזָרַת דֶּקֶל! אָמַר אַבַּיֵי: אין שיעורם שווה, אלא הַקָּפָה כוונתה משך הזמן שאדם מקיף דקל בְּרֶגֶל, וַחֲזָרָה היא בָּרוּחַ שהרוח מניעה את הדקל ואחר חוזר הדקל למקומו, והוא שיעור קצר יותר. בָּעֵי [שאל] רַב אַשִׁי: חֲזָרָה זו בָּרוּחַ האם שיעורה כִּי הֵיכִי דְּאָזֵיל וַהֲדַר אָתֵי [כדי שהדקל הולך ושב] ואפילו הוא עדיין נע, אוֹ דִּילְמָא כִּי הֵיכִי דְּאָזֵיל וְאָתֵי וַהֲדַר קָאֵי בְּדוּכְתֵּיהּ [שמא כשהוא הולך ובא ושב ועומד במקומו] שנמשך הדבר זמן ארוך יותר עד שהדקל נשאר עומד ונח במקומו. לשאלה זו לא נמצאה תשובה ועל כן תֵּיקוּ [תעמוד] במקומה. וסתירה נוספת: הָתָם [שם] בברייתא ראשונה אָמַר ר׳ אֱלִיעֶזֶר: כְּדֵי מְזִיגַת הַכּוֹס, הָכָא [כאן] הוא אומר: כְּדֵי חֲזָרַת דֶּקֶל! ומשיבים, אִידִי וְאִידִי חַד שִׁיעוּרָא [זה וזה שיעור אחד] הוּא. ועוד שואלים: הָתָם [שם] אָמַר ר׳ יְהוֹשֻׁעַ: כְּדֵי לִשְׁתּוֹתוֹ, הָכָא [כאן] אָמַר: כְּדֵי מְזִיגַת הַכּוֹס! ומשיבים: אֵימָא [אמור] שיש לצרף את הדברים ולומר שהכוונה בשתי הברייתות היא לשיעור זמן כְּדֵי לִמְזוֹג וְלִשְׁתּוֹת. ושואלים: וְלֵימָא [ושיאמר]: אִידִי וְאִידִי חַד שִׁיעוּרָא [זה וזה שיעור אחד] הוּא, כפי שתירצנו את שיטת ר׳ אליעזר! ומשיבים: אִם כֵּן הַיְינוּ [זוהי] שיטת ר׳ אֱלִיעֶזֶר שאמר: כדי חזרת דקל, וכבר אמרנו שמזיגת הכוס וחזרת דקל הם שיעור אחד. ועוד שואלים: הָתָם [שם] אָמַר בֶּן עַזַּאי: כְּדֵי לִצְלוֹת בֵּיצָה, ואילו הָכָא [כאן] אָמַר: כְּדֵי לִשְׁתּוֹתוֹ. ומשיבים: אִידִי וְאִידִי חַד שִׁיעוּרָא [זה וזה שיעור אחד] הוּא. ועוד, הָתָם [שם] אָמַר ר׳ עֲקִיבָא: כְּדֵי לְגוֹמְעָהּ, הָכָא [כאן] אָמַר: כְּדֵי לִצְלוֹת בֵּיצָה! ומשיבים: אֵימָא [אמור] שהכוונה היא כְּדֵי לִצְלוֹת בֵּיצָה וּלְגוֹמְעָהּ. ושואלים: וְלֵימָא [ושיאמר]: אִידִי וְאִידִי חַד שִׁיעוּרָא [ושיאמר זה וזה שיעור אחד] הוּא! ומשיבים: אִם כֵּן אתה מפרש, הַיְינוּ [זו היא] שיטת בֶּן עַזַּאי, שאמר: כדי לשתותו, וצריך לומר שיש חילוק ביניהם. ועוד שואלים: הָתָם [שם] אָמַר ר׳ יְהוּדָה בֶּן בְּתֵירָא: כְּדֵי לִגְמוֹעַ שָׁלֹשׁ בֵּיצִים זוֹ אַחַר זוֹ, הָכָא [כאן] אָמַר: כְּדֵי לְגוֹמְעָהּ, כלומר, ביצה אחת! ומשיבים: לְדְבָרָיו של ר׳ עֲקִיבָא קָאָמַר [אומר הוא], דְּקָאָמַר [שאמר] ר׳ עקיבא מְשַׁעֲרִין בִּצְלִיאָה (בצליה) וּבִגְמִיעָה, והשיב לו ר׳ יהודה: אֵימָא [אמור] שִׁיעוּר גְּמִיעָה לְחוּדָהּ [לבדה] שיש בו כְּדֵי לִגְמֹעַ שָׁלֹשׁ בֵּיצִים זוֹ אַחַר זוֹ, דְּהַיְינוּ [שהוא] שווה שיעור צְלִיאָה וּגְמִיעָה, ואין צורך לשער גם בצליה.

בברייתא הראשונה שנינו שר׳ אֶלְעָזָר בֶּן יִרְמְיָה אוֹמֵר: כְּדֵי שֶׁיִּקְשׁוֹר גַּרְדִּי (אורג) נִימָא (חוט). בָּעֵי [שאל] רַב אַשִׁי: האם מדובר שחלקי הנימה דִּמְרַחַק [שרחוקים] הם, ומשך הזמן הנדרש לקשירתם ארוך יותר, אוֹ דִּמְקָרֵב [שקרובים] הם? לשאלה זו לא נמצאה תשובה ועל כן תֵּיקוּ [תעמוד] במקומה. ועוד שנינו שם, חָנִין בֶּן פִּנְחָס אוֹמֵר: כְּדֵי שֶׁתּוֹשִׁיט יָדָהּ לְתוֹךְ פִּיהָ לִיטּוֹל קֵיסָם. בָּעֵי [שאל] רַב אַשִׁי: כיצד בדיוק מדובר, האם הקיסם דִּמְהֲדַק [שמהודק] בין השיניים ומשך הזמן להוציאו ארוך יותר אוֹ שלֹא מְהֲדַק [מהודק]? גם לשאלה זו לא נמצאה תשובה ועל כן תֵּיקוּ [תעמוד] במקומה. ועוד, פְּלֵימוֹ אוֹמֵר: כְּדֵי שֶׁתּוֹשִׁיט אשה יָדָהּ לַסַּל כדי לִיטּוֹל מתוכו כִּכָּר. בָּעֵי [שאל] רַב אַשִׁי: האם מדובר דִּמְהֲדַק [שמהודק] הככר בתוך הסל אוֹ דְּלָא מְהֲדַק [שאינו מהודק], בְּחַדְתָּא [בסל חדש] אוֹ בְּעַתִּיקָא [בישן], שהסל הישן חלק יותר, ואילו בסל חדש מעכבים ראשי הנצרים את הככר, בַּחֲמִימָא [בלחם חם] אוֹ בִּקְרִירָא [בלחם קר], שככר לחם חמה רכה ונצמדת יותר, וקשה יותר להוציאה.

עיונים

כדי הערואה ראה ברש"י שמגדיר מה היא בדיוק הערואה, אבל כבר העירו כי אין כן מסקנת הפוסקים לגבי הערואה (אף בענין זה) והם פוסקים כי הערואה היא הכנסת עטרה.

כדי לצלות ביצה בתלמוד הירושלמי אמרו "לגלגל ביצה" כלומר, לבשל את הביצה מעט עד שתהא ביצה מתגלגלת, ויש בזה שיעור מדויק יותר מאשר "צליית ביצה".

אף על פי שאין ראיה וכו׳ ביטוי זה הנמצא במקומות אחדים בגמרא משמעו כי הכתוב, שמביאים אינו יכול לשמש ראיה משום שאין ענינו של אותו כתוב עוסק כלל בנושא זה שאליו מייחסים אותו, אלא שיש קשר משמעות או קשר מילולי בלבד בין הדברים.

עד ככר לחם ויש שפירש ש"זכר לדבר" הוא באופן זה — שהבא על אשה זונה מזדרז לעשות זאת בתוך הזמן שצריך כדי לקחת ככר לחם (חזון יחזקאל).

הוה אמינא כדי טומאתה וארצותה ובתלמוד הירושלמי (בתוס׳ ד"ה כמה) אמרו שכל השיעורים הללו הם לאחר התרת סינר, כלומר לאחר שהאשה מסירה את בגדיה התחתונים. וראה בתורת הקנאות שדן בשאלה האם לפרש את דברי התלמוד הירושלמי במובן שיש להוסיף לשיעורים הכתובים כאן גם שיעור התרת סינר (ואז חולק הוא על הבבלי), או, שהכוונה היא כדברי הבבלי, שאנו משערים שהאשה כבר מוכנה מכל צד לביאה, ואין אומדים אלא את שיעור הביאה בלבד.

דמרחק וכו׳ ראה בתוס׳ (ד"ה דמרחק) ששאלו: מפני מה לא דנו כיוצא בשאלות אלה גם בגודלו של הדקל שמקיפים אותו אם דק הוא או עבה? ובתוס׳ תירצו כי כמו לענין ביצה הכוונה היא מן הסתם לדקל בינוני. וריעב"ץ כתב כי דקל קטן קרוי נטיעה, ואם קוראים לו דקל משמע שהוא גדול. ויש שכתב כי מאחר שאין מדובר בהקפה ביד משמע שהוא עבה מכדי להקיפו ביד וצריך להקיפו ברגל דווקא, ונמצא שיש כאן שיעור מוגדר (מרומי שדה).

אורח ההלכה

שיעור סתירה שיעור סתירה בסוטה הוא שנסתרה בפני עדים עם אותו שקינא לה הבעל, שיעור זמנה — כדי טומאה, שהוא כדי לצלות ביצה ולגומעה. וכדברי ר׳ עקיבא שהלכה כמותו מחביריו. (רמב"ם ספר נשים הלכות סוטה פ"א ה"ב. שו"ע אה"ע קעח, ד).

מסורת הש"ס

א. ספרי במדבר ה, יג. ספרי זוטא במדבר ה, יג. ילק"ש תורה תשו (בשינויים).

ב. (הביטוי) ברכות ב,ב. שבת כ,א. פב,א. פו,א. קלד,ב. פסחים ז,ב. ח,א. נג,א. קז,ב. יומא עו,ב. פג,ב. מו"ק טז,א. כו,ב. יבמות סד,א. נדרים מט,א. סוטה כ,ב. כא,א. ב"ב ט,א. סנהדרין ע,א. ערכין יט,ב. תמורה כט,ב. נדה ח,ב. ירושלמי ברכות פ"א ה"א. שם פסחים פ"ה ה"א. שם מו"ק פ"א ה"ד. תוספתא שביעית פ"ד א. שם פסחים פ"א א. שם פ"י ד. שם סוטה פ"א א. מכילתא שמות יב, ו. שם כא, כג. שם כב, ג. שם כב, יב. שם כג, ד. תו"כ ויקרא כ, כא. ספרי במדבר ה, יח. שם ז, ג. שם טו, לא. שם יט, טו. שם יט, יז. שם ל, ג. ספרי דברים ו, ח-ט. שם כא, יט. במדב"ר פי"ב יז.

ג. ירושלמי סוטה פ"א ה"א. תוספתא סוטה פ"א ב. תנחומא נשא ז. במדב"ר פ"ט י (בשינויים).

ד. (הביטוי) ברכות ב,ב. שבת עו,א. פסחים נג,א. קח,ב. חגיגה יב,א. תענית י,א. כתובות ס,א. נזיר נ,ב. ב"ב ק,א. סנהדרין לח,ב. נדה יד,ב.

גרסות

כדי הערואה יש במקורות: כדי הערואה, וכמה היא הערואה.

לקשור גרדי יש בכת"י: שיקשור הגרדי.

שתושיט ידה לסל ליטול ככר יש במקורות: שתושיט אשה ידה ותטול ככר מן הסל.

וכמה שיעור סתירה יש בכת"י: כמה שיעור סתירה.

דקאמר לחודה יש בכת"י: והכי קאמר אדקא משערת בצלייה ובגמיעה שעיר בגמיעה.

לשון

גרדי

מקור המלה הוא ביוונית γερδιός (גרדיוס) γέρδις (גרדיס) ומשמעה — אורג.

נימא

מקור המלה ביוונית νῆμα (נימא) שפירושה — חוט.

אישים

פלימו

החכם פלימו היה מתלמידיו הגדולים של רבי, ומצאנו אותו שואל מרבי שאלות מחודדות בהלכה. כמה מהלכותיו נזכרות בברייתות, ומצאנוהו חולק עם חבירו של רבי, ר׳ אליעזר בר׳ שמעון. אף סופרו כמה מעשים על צדקותו הרבה.

החיים

דמרחק או דמקרב

כיון שכל שיעור זמן הטומאה הוא קצר ביותר, ובתוך שיעור זמן זה יש כמה וכמה דעות חלוקות, מובן כי ההבדל ביניהן הוא קטן ביותר, של שניות אחדות. משום כך היה טעם לברר את שיעור הזמן המדויק אפילו כאשר מדובר בהבדל זמן קטן ביותר, ומשום כך הנסיונות להגיע לדקדוק כזה, האם החוט קרוב או רחוק, הקיסם מהודק או לא מהודק, ושאר הדיוקים שבסוגיה.

העולם

כדי הערואה

לא נתברר היטב מה הוא בדיוק שיעור זה, האם כוונתו לזמן הדרוש לגבר ולאשה להכין עצמם למעשה הביאה (בפשיטת בגדיהם וכיוצא בזה. וראה גם בעיונים בדברי הירושלמי), או שהוא מודד שלב מסויים של התעוררות מינית, או שהוא מידת הזמן שבה יכול האיש להגיע לידי פליטת זרע (אף כי לענין הלכה אין הבדל אם אירע הדבר או לא).

[א]וכמה שיעור סתירה כדי טומאה כדי ביאה כדי העראה כדי הקפת דקל דברי רבי ישמעאל ר"א אומר כדי מזיגת הכוס רבי יהושע אומר כדי לשתותו בן עזאי אומר [א]כדי לצלות ביצה ר"ע אומר [ב]כדי לגומעה רבי יהודה בן בתירא אומר כדי לגמוע שלש ביצים זו אחר זו ר"א בן ירמיה אומר כדי לקשור גרדי נימא חנין בן פנחס אומר כדי שתושיט ידה לתוך פיה ליטול קיסם פלימו אומר כדי שתושיט ידה לסל ליטול ככר [ב]אע"פ שאין ראיה לדבר זכר לדבר °כי בעד אשה זונה עד ככר לחם וכל הני למה לי צריכי דאי תנא כדי טומאה הוה אמינא כדי טומאתה וארצותה קמ"ל כדי ביאה ואי תנא כדי ביאה הוה אמינא כדי גמר ביאה קמ"ל כדי העראה ואי אשמעינן כדי העראה ה"א כדי העראה וארצותה קמ"ל כדי טומאה וכמה כדי [העראה] כדי הקפת דקל ורמינהי* [ג]°ונסתרה וכמה שיעור סתירה לא שמענו כשהוא אומר והיא נטמאה הוי אומר כדי טומאה כדי ביאה כדי העראה כדי חזרת דקל דברי ר"א רבי יהושע אומר כדי מזיגת הכוס בן עזאי אומר כדי לשתותו ר"ע אומר כדי לצלות ביצה רבי יהודה בן בתירא אומר כדי לגומעה קס"ד היינו הקפת דקל היינו חזרת דקל התם א"ר ישמעאל כדי הקפת דקל ופליג ר"א עליה הכא אמר ר' אליעזר כדי חזרת דקל אמר אביי הקפה ברגל חזרה ברוח בעי רב אשי חזרה ברוח כי היכי דאזיל והדר אתי או דילמא כי היכי דאזיל ואתי והדר קאי בדוכתיה תיקו התם אמר ר"א כדי מזיגת הכוס הכא כדי חזרת דקל [ד]אידי ואידי חד שיעורא הוא התם א"ר יהושע כדי לשתותו הכא אמר כדי מזיגת הכוס אימא כדי למזוג ולשתות ולימא אידי ואידי חד שיעורא הוא א"כ היינו ר"א התם אמר בן עזאי כדי לצלות ביצה הכא אמר כדי לשתותו אידי ואידי חד שיעורא הוא התם אמר רבי עקיבא כדי לגומעה הכא אמר כדי לצלות ביצה אימא כדי לצלות ביצה ולגומעה ולימא אידי ואידי חד שיעורא הוא אם כן היינו בן עזאי התם א"ר יהודה בן בתירא כדי לגמוע שלש ביצים זו אחר זו הכא אמר כדי לגומעה לדבריו דרבי עקיבא קאמר דקאמר משערין בצליאה ובגמיעה אימא שיעור גמיעה לחודה כדי לגמע שלש ביצים זו אחר זו דהיינו צליאה וגמיעה: ר"א בן ירמיה אומר כדי שיקשור גרדי נימא: בעי רב אשי דמרחק או דמקרב תיקו: חנין בן פנחס אומר כדי שתושיט ידה לתוך פיה ליטול קיסם: בעי רב אשי דמהדק או דלא מהדק תיקו: פלימו אומר כדי שתושיט ידה לסל ליטול ככר: בעי רב אשי דמהדק או דלא מהדק בחדתא או בעתיקא בחמימא או בקרירא

בדחטי

תורה אור: [ב] משלי ו. [ג] במדבר ה.

כדי טומאה. ומהו כדי טומאה כדי ביאה ומהו כדי ביאה כדי העראה דהיינו נשיקת אבר באותו מקום וכמה שיעורה כדי הקפת דקל שיוכל האדם לילך סביבות הדקל ולקמן מפרש למה לי למיתני כולהון: **כדי מזיגת כוס.** למוזגו במים וסתם כוס רביעית ולקמן אמרי' כל אחד ואחד מן החכמים הללו בעצמו שיער כמה שהוא שוהה בהערא‍תו: **ליטול קיסם.** מבין שיניה: **ואף ע"פ שאין ראיה.** גמורה לדבר דקרא לאו הושטת יד לסל כתב ביה יש זכר ורמז מקצת דהוקשה אשה זונה לככר לחם: **וכל הני למה לי.** למיתני ברישא ליתני שיעור סתירה כדי טומאה כדי הקפת דקל: **דאי תנא כדי טומאה הוה אמינא.** בכל שיעור הצריך לבא לידי כך דהיינו טומאה וארצותה שיפתה אותה וידבר על לבה עד שתתרצה: **קמ"ל.** דמאי טומאה ביאה לחודה דאיכא למימר קודם הסתירה נתרצית לו: **קמ"ל כדי העראה.** דקי"ל בפרק הבא על יבמתו (יבמות נד.) העראה כגמר ביאה לכל העריות: **ואי תנא כדי העראה.** ולא תנא ברישא כדי טומאה הוה אמינא כדי העראה וארצותה ואפי' תנא כדי ביאה כדי העראה לא הוה מימעיט ארצותה דאנא אמינא העראה למעוטי גמר ביאה ומיהו ארצותה בעינן דהכי הוי משמע כמה שיעור סתירה כדי ביאה ואנא אמינא כל צרכי ביאה דהיינו ארצותה וגמר ביאה והדר מפרש מה היא ביאה העראה אכתי ארצותה לא אימעיט הילכך תנא ברישא כדי טומאה דמשמע טומאה וארצותה והדר פריש ומה היא טומאה כדי ביאה ועל כרחיך אימעיט ארצותה דהא ביאה כולה גמר ביאה משמע ולא מיעט אלא ארצותה והדר תנא ומה היא ביאה העראה למעוטי דלא בעינן גמר ביאה וממילא שמעי' מינה נמי (דאי) לא תנא כדי ביאה אכתי לא הוה ממעטא ארצותה דכדי טומאה גמר ביאה וארצותה משמע והעראה דפריש בתרה לא ממעטא אלא גמר ביאה הילכך איצטריכו כולהו: **וכמה.** הוא שיעור העראה לחודה כדי הקפת דקל והא ליכא לאקשויי הואיל וסוף סוף שיעורא כדי הקפת דקל הוא ליתני כמה שיעור סתירה כדי הקפת דקל דאיבעי ליה לתנא לפרושי אסור סתירה משום מאי או גמר ביאה או העראה משום הכי תנא כדי טומאה כדי ביאה כדפרישית: **כדי חזרת דקל.** קס"ד השתא דהיינו הקפה: **ברוח.** שהרוח דוחפתו להענף והוא חוזר למקומו: **קאי בדוכתיה.** נח מניענועו: **אימא כדי למזוג ולשתות.** והאי כדי לשתותו דקאמר לעיל אמזיגה דקאמר רבי אליעזר קא מוסיף ר' יהושע ואמר שתיה נמי בעינן עם המזיגה וכדי מזיגה דתנא הכא בבתרייתא מזיגה ושתיה קאמר דסתם מזיגה למשתייה מיד הוא שאחר שמזגו מתקלקל אם משהה אותו: **א"כ היינו רבי אליעזר.** דהא ר' אליעזר בקמייתא כדי מזיגת הכוס קאמר וקא פליג ר' יהושע ואמר כדי לשתותו ובבתרייתא(א) (נמי) אמר רבי אליעזר חזרת דקל ואוקימנא דהיינו כדי מזיגה ואי מזיגה דקאמר ר' יהושע בתריה בלא שתיה קאמר היינו רבי אליעזר: **הכא אמר כדי לשתותו.** לכוס: **חד שיעורא הוא.** וליכא לאקשויי א"כ היינו ר' יהושע דבקמייתא אמר כדי לשתותו לכוס ואמר בן עזאי בתריה כדי לצלות ביצה דהוא כדי שתיה לאו קושיא היא דהא אוקימנא כדי לשתותו דר' יהושע כדי למזוג ולשתות וקאמר ליה בן עזאי כדי לצלות ביצה דהוא כדי שתיה לחודה דכוס: **אימא כדי לצלות ולגומעה.** גמיעה דקאמר ר"ע בקמייתא אצלייה דבן עזאי דלעיל מיניה קא מוסיף לה ובבתרייתא דקאמר כדי לצלות ביצה לצלות ולגמע קאמר דסתם צלייה גמיעה בתרה שגומעו חם שלא יצטנן: **לדבריו דר"ע קאמר לה.** דאמר לצלות ולגמוע לדידך אדקמשערת בצלייה וגמיעה בחדא *(שפיר) בגמיעה דשלש דהוא כצלייה וגמיעה בחדא: **דמרחק.** שני ראשי הנימא הנפסקות מרוחקות זה מזה דאיכא שהייה טפי: **דמהדק.** הקיסם בדוחק בין השינים: **דמהדק.** הככר בדוחק בתוך הסל: **בחדתא או בעתיקא.** סל ישן חלק הוא ונוח להשתמש מן החדש שהחדש יוצאין לתוכו ראשי קיסמין של אריגה: **בקרירא או בחמימא.** לחם חם נמעך ונשמט מן היד וצריך להוציאו בנחת ושוהה בהוצאתו:

בדחטי

כמה שיעור סתירה. בירושלמי כל אלין שיעורין אחר [התרת סינר]:

בן עזאי אומר. האי דמקדים בן עזאי לרבי עקיבא אע"ג דרבי עקיבא היה רבו כדאמר בפרק הרואה (ברכות סב.) בן עזאי עד כאן העזת פניך ברבך משום דצלייה קודמת לגמיעה והאי דמקדים ליה באידך ברייתא משום דמסיק שיעורין דשייכי בכוס אבל תימה אמאי מקדים רבי ישמעאל למילתייהו דרבי אליעזר ורבי יהושע מיהו י"ל דסדר אכילה ושתיה סמיך*:

אי הכי היינו רבי אליעזר. ה"ה דהוה מצי למימר אי הכי היינו בן עזאי אלא(ב) ברייתא קמייתא נקט א"נ יתרץ בבן עזאי כדי למזוג ולשתותו:

אם כן היינו בן עזאי. ה"ה דהוה מצי למימר היינו רבי יהודה בן בתירא אלא(ג) ברייתא קמייתא נקט:

דמרחק או דמקרב. בחזרת דקל לא קמבעי ליה בגדול או בקטן משום דידע שיעוריה דהיינו כדי מזיגת הכוס וכן בצליית ביצה במדורה גדולה או קטנה משום דפי' כבר דהיינו כדי שתיית הכוס אבל בהקפת דקל תימה אמאי לא קמיבעי ליה:

נעקר

תוספות שאנץ

ה"א כדי טומאה וארצותה פ"ה שיפתה אותה וידבר על לבה כדי שתתרצה קמ"ל דמאי טומאה ביאה לחוד דאיכא למימר קודם נתרצית ואי תנא כדי ביאה כו' קמ"ל כדי העראה דהעראה כגמר דביאה לכל העריות כדאיתא בפרק הבא על יבמתו. ואי תנא כדי העראה ה"א כדי העראה וארצותה ואפילו תנא כדי ביאה כדי העראה וארצותה ואפילו תנא כדי ביאה כדי העראה לא אמעיט ארצותה דאנא אמינא העראה למעוטי גמר ביאה ומיהו ארצותה בעי דהכא הוה משמע כמה שיעור סתירה כדי ביאה ואנא אמינא כל צרכי ביאה דהיינו ארצותה וגמר ביאה והדר תני העראה לומר ביאה העראה אכתי ארצותה לא ממעיט הילכך תנא ברישא כדי טומאה דמשמע טומאה וארצותה והדר מפרש ומאי היא טומאה כדי ביאה וע"כ ארצותה אימעוט דהא ביאה כולה גמר ביאה משמע ולא מיעט אלא ארצותה והדר תני העראה לומר דלא בעי גמר ביאה וממילא שמעי' דאי תנא כדי טומאה כדי העראה ולא תני כדי ביאה אכתי לא הוי ממעטינא ארצותה דכדי טומאה כדי טומאה וארצותה משמע והעראה דפריש בתריה תו לא ממעטינא אלא גמר ביאה הילכך איצטרי' כולהו ע"כ ל"ה. וכמה כדי טומאה כדי הקפת דקל וליכא לאקשויי הואיל וסוף סוף שיעור הקפת דקל היא ליתני כמה שיעור סתירה כדי הקפת דקל דאיבעי ליה לתנא לפרושי איסור סתירה משום מאי כפ"ה ובתוס' וירושלמי גבי שיעורין הללו כמה היא העראה כדי הקפת ידו שלימה א"ר יוסי כל השיעורין הללו חוץ מהתרת סינר. התם אמר בן עזאי כדי לצלות ביצה והכא אמר כדי לשתות ואידי ואידי חד שיעורא הוא וליכא לאקשויי א"כ היינו רבי יהושע דאמר לעיל כדי לשתותו ואמר בתריה כדי לצלות ביצה משום דר' יהושע אמר דבעי מוזגה עם השתיה דסתם מוזגה למשתיה מיד הוא אבל הכא ר"ל לשתותו בלא מזיגה [דהיינו] כדי לצלותו. בעי רב אשי במרחק או במקרב. תמה אמאי לא קא בעי בהקפת דקל באלימא או בקטיפא דבשלמא גבי כוס סרס כוס הוי מרביעית. וכן ביצה סתמא דתרנגולת ובינונות אלא מדקל אמאי לא בעי באיזה דקל מיירי. ושמא ר"ל כדי הקפת דקל בינוני:

והא

יד א ב מיי' פ"א מהל' סוטה הלכה ב סמג עשין נו טוש"ע אה"ע סי' קעח סעיף ז:

[ועיין היטב תוספות ע"ז מה. ד"ה א"ר עקיבא ותוספות ב"מ כב: ד"ה אתא ותוספות כתובות קה. ד"ה לחשוב]

רש"ל

[תוספתא פ"א ע"ש]

ס"א ואי

הגהות הב"ח

(א) רש"י ד"ה א"כ היינו וכו' ובבתרייתא דקאמר ר"א כצ"ל ותיבת נמי נמחק: (ב) תוס' ד"ה אי הכי וכו' אלא קמייתא דברייתא נקט: (ג) ד"ה אם כן וכו' אלא קמייתא דברייתא נקט:

ס"א שיעור [וגי' יעב"ץ תשער]

בדחתי או בדשערי ברכיכא או באקושא תיקו א"ר יצחק בר (רב) יוסף א"ר יוחנן כל אחד ואחד בעצמו שיער והאיכא בן עזאי *דלא נסיב איבעית אימא נסיב ופירש הוה ואיבעית אימא מרביה שמיע ליה ואיבעית אימא (תהלים כה) סוד ה' ליראיו דרש רב עוירא זמנין אמר לה משמיה דרבי אמי וזמנין אמר לה משמיה דרבי אסי כל האוכל לחם בלא נטילת ידים כאילו בא על אשה זונה שנאמר (משלי ו) כי בעד אשה זונה עד ככר לחם אמר רבא האי בעד אשה זונה עד ככר לחם בעד ככר לחם עד אשה זונה מיבעי ליה אלא אמר רבא כל הבא על אשה זונה לסוף מבקש ככר לחם א"ר זריקא אמר ר"א כל המזלזל בנטילת ידים נעקר מן העולם אמר רב חייא בר אשי אמר רב מים ראשונים צריך שיגביה ידיו למעלה מים אחרונים צריך שישפיל ידיו למטה תניא נמי הכי הנוטל ידיו צריך שיגביה ידיו למעלה שמא יצאו המים חוץ לפרק ויחזרו ויטמאו את הידים אמר רבי אבהו כל האוכל פת בלא ניגוב ידים כאילו אוכל לחם טמא שנאמר (יחזקאל ד) ויאמר ה' ככה יאכלו בני ישראל את לחמם טמא וגו' ומאי (משלי ו) ואשת איש נפש יקרה תצוד אמר רבי חייא בר אבא א"ר יוחנן כל אדם שיש בו גסות הרוח לבסוף נכשל באשת איש שנא' ואשת איש נפש יקרה תצוד אמר רבא האי נפש יקרה נפש גבוהה מיבעי ליה ועוד היא תצוד מיבעי ליה אלא אמר רבא כל הבא על אשת איש אפילו למד תורה דכתיב בה (שם ג) יקרה היא מפנינים *מכהן גדול שנכנס לפני ולפנים היא תצודנו לדינה של גיהנם א"ר יוחנן משום ר"ש בן יוחי כל אדם שיש בו גסות הרוח כאילו עובד עבודה זרה כתי' הכא (שם טז) תועבת ה' כל גבה לב וכתיב התם (דברים ז) ולא תביא תועבה אל ביתך ורבי יוחנן דידיה אמר כאילו כפר בעיקר שנאמר (שם ח) ורם לבבך ושכחת את ה' אלהיך וגו' ר' חמא בר חנינא אמר כאילו בא על כל העריות כתי' הכא תועבת ה' כל גבה לב וכתי' התם (ויקרא יח) כי את כל התועבות האל וגו' עולא אמר כאילו בנה במה שנאמר (ישעיה ב) *חדלו לכם מן האדם אשר נשמה באפו כי במה נחשב הוא אל תיקרי במה אלא במה מאי יד ליד לא ינקה אמר רב(א) כל הבא על אשת איש אפי' הקנהו להקב"ה שמים וארץ כאברהם אבינו דכתיב ביה (בראשית יד) הרימותי ידי אל ה' אל עליון קונה שמים וארץ לא ינקה מדינה של גיהנם קשיא להו לדבי רבי שילא האי יד ליד לא ינקה ידי(ב) מיבעי ליה אלא אמרי דבי רבי שילא אפילו קיבל תורה כמשה רבינו דכתיב ביה (דברים לג) מימינו אש דת למו לא ינקה מדינה של גיהנם קשיא ליה לר' יוחנן האי יד ליד יד מיד מיבעיא ליה אלא א"ר יוחנן
אפילו

רש"י

בדחתי או בדשערי. של חטין חלק ונשמט יותר משל שעורים: רכיכא. נשמט יותר מאקושא: רכיכא. שנילושה העיסה רכה: כל אחד ואחד. מן התנאים הללו: בעצמו שיער. כמה שהיה שוהה בביאתו: והאיכא בן עזאי דלא נסיב. כדאמר ביבמות (דף סג:) אבל מה אעשה שנפשי חשקה בתורה אפשר לעולם שיתקיים ע"י אחרים בפרק הבא על יבמתו: כי בעד אשה זונה וגו'. השתא דריש ליה מסיפיה לרישיה בשביל ככר לחם אדם מתחייב בעונש של אשה זונה: במילתיה דרבא גרסי' בעד ככר לחם עד אשה זונה מבעי ליה. דמשמע בשביל ככר לחם רב העונש עד כדי עונש אשה זונה וה"ה נמי אי הוה כתיב עד אשה זונה בעד ככר לחם לא הוה קשיא לרבא מידי דודאי מסיפיה לרישיה מדריש קרא אלא עד ובעד קא קשיא ליה דגבי ככר לחם הוה ליה למיכתב בעד וגבי אשה זונה הוה ליה למיכתב עד: המזלזל. שאוכל תמיד בלא נטילת ידים: נעקר. דעובר על דברי חכמים חייב מיתה דכתיב ופורץ גדר ישכנו נחש (קהלת י): מים ראשונים. שלפני המזון: שיגביה ידיו. ראשי אצבעותיו שיהו המים משפעין לצד זרועותיו ולקמן מפרש טעמא: שמא יצאו מים חוץ לפרק ויחזרו ויטמאו את הידים. כדתנן במסכת ידים (פ"ב מ"ג) שצריך ליתן המים על ידיו שני פעמים הראשונים מטהרין את הידים והשניים מטהרין את המים הטופחים על ידיו שנטמאו בתחילה מחמת ידים ותנן התם הידים מטמאות ומטהרות עד הפרק כלומר מן הפרק ולמטה גזרו עליהן להיות שניות ופוסלות את התרומה ומטהרות בנטילה עד הפרק שעד הפרק צריך נטילה נטל את הראשונים *ואת השניים(ג) עד הפרק וחזרו ליד טהורים שהרי טיהרו השניים את הראשונים נטל את הראשונים חוץ לפרק ואת השניים עד הפרק וחזרו ליד טמאה כלומר יצאו הראשונים חוץ לפרק ועל השניים לא הקפיד ליטול עד מקום שיצאו הראשונים אלא עד הפרק כמשפט וחזרו הראשונים ליד טמאה שהרי נטמאו תחלה מחמת הידים והשניים לא טיהרו את היוצאים הילכך צריך שיגביה ראשי אצבעותיו למעלה שמא יצאו מים הראשונים ויחזרו ויטמאו את הידים: אחרונים. של אחר הסעודה שחייבו חכמים מפני שמלח סדומית יש שמסמא את העינים: צריך להשפיל ידיו למטה. כדי שתרד הזוהמא של תבשיל שבידיו שהרי להעביר הזוהמא הן: כל האוכל בלי ניגוב ידים. דבר מאוס הוא וחשוב כטומאה שנאמר ככה יאכלו בני ישראל את לחמם טמא אלמא דבר מיאוס קרי טומאה: מאי ואשת איש וגו'. סיפיה דקרא דלעיל הוא כי בעד אשה זונה עד ככר לחם: לסוף נכשל באשת איש. והכי קאמר בעד אשה זונה עד ככר לחם ואשת איש זונה נפש היקרה הגבוהה היא תצודנה רודף אחריה וצד אותה ומגיעה: היא תצוד מבעי לה. כיון דמסיפיה לרישיה קדרשת ליה הכי איבעי ליה למכתב ואשת איש נפש יקרה היא תצוד אותה אבל השתא משמע שאשת איש צדה את הנפש היקרה: מכהן גדול. דאפילו ממזר תלמיד חכם קודם לכהן עם הארץ ומהאי קרא ילפינן ליה בהוריות (דף יג.): ורם לבבך. מעלה אני עליך כאילו שכחתו: כי את כל התועבות. גבי עריות כתיב: במה. עבודה זרה: אשר נשמה באפו. שמחזיק עצמו כבעל נפש דהיינו גאוה שחשובה נפשו בעיניו: מאי יד ליד לא ינקה. סיפיה דקרא דאיירי ביה לעיל הוא תועבת ה' כל גבה לב יד ליד לא ינקה: ה"ג כל שיש בו גסות הרוח אפילו הקנהו כו' ול"ג כל הבא על אשת איש דלא משתעי קרא אלא בגסי הרוח: הקנהו להקב"ה כו'. השליטו בשבחו על הכל כאברהם שקראהו קונה שמים וארץ והיינו יד ליד אפילו דומה לאברהם שאמר הרימותי ידי: קשיא להו לדבי רבי שילא. אהך דרשה דרב: הכי גרסינן האי יד ליד ידי לא ינקה מיבעי ליה: אפילו הוא כמשה. שקבל מיד הקדוש ברוך הוא לידו תורה: יד מיד מיבעי ליה. דהא קרא במקבל מוקמינן ליה ולא בנותן והוה ליה למיכתב יד מיד לא ינקה יד שקבלה מיד אף הוא לא ינקה:
אפילו

תוספות

נעקר מן העולם. תימה לר"י לפי' רש"י דפי' דעובר על דברי חכמים חייב מיתה(ד) מאי אריא נטילת ידים אפי' כל דברי חכמים נמי ועוד קשיא דאמר הכא דעונשו מיתה ובפ' במה אשה יוצאה (שבת דף סב:) אמרינן דעונשו עניות כדאמר שלשה דברים מביאין את האדם לידי עניות המזלזל בנטילת ידים ובפ' עושין פסין (עירובין דף כא:) מעשה ברבי עקיבא שהיה חבוש בבית האסורים וכו' עד מה אעשה שחבירי חייבו עליה מיתה ונראה דזלזול שמזלזל בה תמיד עונשו עקירה ע"י עניות דקשה ממיתה ע"י נחש ונעקר מן העולם דאמר [בסוכה] (דף מה:) וסנהדרין (דף סג.) כל המשתף שם שמים ודבר אחר נעקר מן העולם ובפרק קונם יין (נדרים דף סב.) כל המשתמש בכתרה של תורה נעקר מן העולם לאו בחדא מחיתא נינהו דעניות אלא מיתה חטופה או משונה. מ"ר:
היא תצודנו לדינה של גיהנם. ואמר נמי בפ"ק דחגיגה (דף ט:) כל הבא על אשת איש ואסרה על בעלה נטרד מן העולם וק"ק מפ' הזהב (ב"מ דף נט.) דאמר הבא על אשת איש מיתתו בחנק ויש לו חלק לעוה"ב וי"ל דהתם מיירי כשעשה תשובה והכי משמע בפ'(ה) ג' דיבמות (דף כב:) היכא דלא הוליד ממזר דבר תשובה הוא ותשובה עם יסורין דוקא דאמר בפרק חלק (סנהדרין דף קז.) אמר דוד כל הכי נטרוד ההוא גברא א"ל קבל עליך יסורים וחנק נמי כיסורין(ו) דכל המומתים מתוודין והאי דאמר נטרד מן העולם פי' מן העולם עם אותו עון דכך הוא חמור אשת איש האוסרה על בעלה כמו על אחותו פנויה והוליד ממנה ממזר ריב"א. א"נ היכא דלא באו עליו יסורים נטרד מן העולם:
כל

טהורות שהרי טהרו שניים את הראשונים. נטל את הראשונים חוץ לפרק ואת השניים עד לפרק וחזרו ליד טמאות כלומר על השניים לא הקפיד ליטול עד מקום שיצאו אלא עד הפרק כמשפט. וא"כ המים שניים לא טהרו את הראשונים שיצאו חוץ לפרק הילכך צריך שיגביה ראשי אצבעותיו למעלה שלא יצאו המים הראשונים ויטמאו את הידים כן פירש הקונטרס. אחרונים של אחר הסעודה שתקנו חכמים מפני מלח סדומית שמסמא את העינים צריך שישפיל ידיו למטה כדי שתרד הזוהמא של תבשיל שבידו שהרי להעביר את הזוהמא הן באין:

עין משפט נר מצוה

טו א מיי' פ"ו מהלכות ברכות הלכה יט סמג עשין כז טוש"ע א"ח סימן קנח סעיף ט [וברב אלפס ברכות ספ"ח דף מו: ובהרא"ש פרק כל הבשר סימן יח]:
טז ב מיי' שם הל' טז סמג שם טוש"ע א"ח סימן קסב סעיף א:
יז ג מיי' וסמג שם טור ש"ע א"ח סימן קפא סעיף ה:
יח ד מיי' וסמג שם טוש"ע א"ח סימן קסב סעיף א:
יט ה מיי' שם הלכה כ סמג שם טוש"ע א"ח סי' קנח סעיף יב:
כ ו מיי' פ"ב מהלכות דעות הלכה ג:

תוספות שאנץ

והא איכא ב"ע דלא נסיב כדאמר ביבמות מה אעשה ונפשי חשקה בתורה אפשר לעולם להתקיים על ידי אחרים. כל האוכל לחם בלא נטילת ידים כאלו בא על אשה זונה שנאמר כי בעד אשה זונה עד ככר לחם. פי' דריש ליה מסיפיה לרישיה בשביל ככר לחם מתחייב בעונש של אשה זונה ולהכי מדמי ליה לאשה זונה משום דכשאוכל בלא נטילה הוי אכילה הפקר וזונה זו מפקרת היא. ה"ג במלתיה דרבה בעד ככר לחם עד אשה זונה מיבעיא ליה דמשמע בשביל ככר לחם רב העונש עד כדי אשה זונה. וה"ה נמי אי הוה כתיב עד אשה זונה בעד ככר לחם לא הוה קשה לרבא דודאי מסיפיה לרישיה מדריש אלא עד ובעד קא קשיא ליה דגבי ככר לחם הוה ליה למכתב בעד וגבי אשה זונה הוה ליה למכתב עד. המזלזל בנטילת ידים שאוכל תמיד בלא נטילת ידים. נעקר דעובר על דברי חכמים חייב מיתה שנאמר ופורץ גדר ישכנו נחש. מים ראשונים שלפני אכילה צריך שיגביה ידיו ראשי אצבעותיו שיהו המים משופעין לצד זרועותיו שאם יצאו מים חוץ לפרק וכו' כדתנן במס' ידים שצריך לשפוך מים על ידיו ב' פעמים הראשונים מטהרין את הידים מן הטומאה והשניים מטהרין את המים הטופחין על ידיו שנטמאו תחלה מפני הידים ותנן התם הידים מטמאות עד הפרק כלומר מן הפרק ולמטה גזרו עליהם להיות שניות ופוסלות את התרומה ומטהרות בנטילה עד הפרק שעד הפרק צריך נטילה. נטל את הראשונים ואת השניים וחזרו ליד

מסורת הש"ס

[עי' תוספות יבמות סג: ד"ה שיתקיים ותוספות כתובות סג. ד"ה ברתיה]
עי' בגליון א"ח סי' קסב בב"י
[הוריות יג.]
[ברכות יז. ע"ש]
[ברכות סא. עירובין יח: ע"ש]

הגהות הב"ח

(א) גמ' אמר רב כל הבא על אשת איש הקנהו וכו' נ"ב ג"י רש"י כל שיש בו גסות הרוח: (ב) שם ידי לא ינקה מיבעי ליה: (ג) רש"י ד"ה שמא יצאו וכו' נטל את הראשונים ואת השניים חוץ לפרק וחזרו ליד טהורים. נ"ב ולפענ"ד במשנה הוא טמאות לפי שמים שחוץ לפרק אין מטהרין השניים את הראשונים ועי' פי' הר"ש במשנה ז: (ד) תוס' ד"ה נעקר וכו' חייב מיתה דכתיב ופורץ גדר ישכנו נחש ומאי אריא וכו' וכה דעונשו מיתה ובפרק עושין פסין נמי קאמר מעשה בר' עקיבא וכו' עליה מיתה ובפרק במה אשה וכו' בנטילת ידים ונראה לי: (ה) ד"ה היא וכו' משמע בפ"ב דיבמות: (ו) בא"ד וחנק נמי כיסורין עם תשובה לכל המומתין:

גליון הש"ס

גמ' ואיבעית אימא מרבי' שמיע ליה. לקמן דף י ע"א:

וכן באיזו ככר משערים **בִּדְחִטֵּי** [בשל חיטים] **אוֹ בִּדְשַׂעֲרֵי** [בשל שעורים], שזו של חיטים מחליקה מן הידים, ושיעור הוצאתה מהסל ארוך יותר. **בְּרַכִּיכָא** [בככר רכה] **אוֹ בְּאַקּוּשָׁא** [בקשה]? לכל השאלות הללו לא נמצאה תשובה ועל כן **תֵּיקוּ** [תעמוד, יעמדו] במקומן. **אָמַר רַב יִצְחָק בַּר רַב יוֹסֵף אָמַר ר׳ יוֹחָנָן: כָּל אֶחָד וְאֶחָד** מן החכמים הללו שחלקו מהו שיעור זמן הערראה — **בְּעַצְמוֹ** מתוך נסיונו שלו **שִׁיעֵר** (העריך) את הזמן. ושואלים: **וְהָאִיכָּא** [והרי יש] בין חכמים אלה **בֶּן עַזַּאי שֶׁלֹּא נָסֵיב** [נשא אשה] וכיצד שיער בעצמו? ומשיבים: **אִיבָּעֵית אֵימָא** [אם תרצה אמור]: **נְסֵיב וּפֵירֵשׁ הֲוָה** [שנשא אשה ופרש ממנה היה] ולכן ידע מעצמו. **וְאִיבָּעֵית אֵימָא** [ואם תרצה אמור]: **מֵרַבֵּיהּ שְׁמִיעַ לֵיהּ** [מרבו נשמע לו הדבר], **וְאִיבָּעֵית אֵימָא** [ואם תרצה אמור]: **״סוֹד ה׳ לִירֵאָיו״** (תהלים כה, יד) ויודעים דם אפילו דברים שלא התנסו בהם בעצמם.

א כיון שהוזכרה דרשת החכם פלימו על הכתוב ״כי בעד אשה זונה וכו׳״ (משלי ו, כו), מביאים דרשה אחרת על אותו פסוק. **דָּרַשׁ רַב עֲוִירָא, זִמְנִין אָמַר לָהּ** [פעמים אמר אותה, את השמועה הזו] **מִשְּׁמֵיהּ** [משמו] של **ר׳ אַמִי, וְזִמְנִין אָמַר לָהּ מִשְּׁמֵיהּ** [ופעמים אמר אותה משמו] של **ר׳ אַסִי: כָּל הָאוֹכֵל לֶחֶם בְּלֹא נְטִילַת יָדַיִם** — הרי זה עוון חמור ונחשב לו **כְּאִילּוּ בָּא עַל אִשָּׁה זוֹנָה. שֶׁנֶּאֱמַר ״כִּי בְעַד אִשָּׁה זוֹנָה עַד כִּכַּר לָחֶם״. אָמַר רָבָא: הַאי** [כתוב זה] **״בְּעַד אִשָּׁה זוֹנָה עַד כִּכַּר לָחֶם״** הרי אינו מבטא כלל רעיון זה, שאם כן בסדר הפוך: **״בְּעַד כִּכַּר לֶחֶם עַד אִשָּׁה זוֹנָה״ מִיבְּעֵי לֵיהּ** [צריך היה לו] שיאמר! **אֶלָּא אָמַר רָבָא,** כך צריך לדרוש את הכתוב: **כָּל הַבָּא עַל אִשָּׁה זוֹנָה — לְסוֹף** מגיע לידי עניות והוא **מְבַקֵּשׁ** מן הבריות **כִּכַּר לֶחֶם.** ובענין נטילת ידיים, **אָמַר ר׳ זְרִיקָא אָמַר ר׳ אֶלְעָזָר: כָּל הַמְזַלְזֵל בִּנְטִילַת יָדַיִם נֶעֱקָר מִן הָעוֹלָם. אָמַר רַב חִיָּיא בַּר אַשִׁי אָמַר רַב: מַיִם רִאשׁוֹנִים** כשנוטל את ידיו לפני האכילה — **צָרִיךְ שֶׁיַּגְבִּיהַּ יָדָיו לְמַעְלָה** לאחר מכן שלא יחזרו המים לידיו, וכשנוטל **מַיִם אַחֲרוֹנִים** בסוף הסעודה — **צָרִיךְ שֶׁיַּשְׁפִּיל יָדָיו לְמַטָּה. תַּנְיָא נַמִּי הָכִי** [שנויה ברייתא גם כן כך]: **הַנּוֹטֵל יָדָיו** לסעודה — **צָרִיךְ שֶׁיַּגְבִּיהַּ יָדָיו לְמַעְלָה** לאחר הנטילה, **שֶׁמָּא יָצְאוּ הַמַּיִם** בשעת נטילה **חוּץ לַפֶּרֶק** על חלק היד שלא תקנו חכמים נטילה עליו, ואם אינו מגביה ידיו יש לחשוש שמא **יַחְזְרוּ** המים האלו, **וִיטַמְּאוּ אֶת הַיָּדַיִם. אָמַר ר׳ אַבָּהוּ: כָּל הָאוֹכֵל פַּת בְּלֹא נִיגּוּב יָדַיִם** לאחר נטילה, וממאיס הוא בכך את הפת — **כְּאִילּוּ אוֹכֵל לֶחֶם טָמֵא, שֶׁנֶּאֱמַר** על אכילת לחם מאוס: **״וַיֹּאמֶר ה׳ כָּכָה יֹאכְלוּ בְנֵי יִשְׂרָאֵל אֶת לַחְמָם טָמֵא בגויים״** (יחזקאל ד, יג), שאכילה בידים לא נגובות מאוסה היא, כדרך אכילת הגויים, וכאילו אוכלים לחם טמא.

ב כיון שדרשו את הכתוב ״כי בעד אשה זונה עד ככר לחם״ שואלים: **וּמַאי** [ומה פירוש] המשך הפסוק **״וְאֵשֶׁת אִישׁ נֶפֶשׁ יְקָרָה תָצוּד״?**

אָמַר ר׳ חִיָּיא בַּר אַבָּא אָמַר ר׳ יוֹחָנָן: כָּל אָדָם שֶׁיֵּשׁ בּוֹ גַּסּוּת הָרוּחַ (גאוה) — **לְבַסּוֹף נִכְשָׁל בְּאֵשֶׁת אִישׁ, שֶׁנֶּאֱמַר ״וְאֵשֶׁת אִישׁ נֶפֶשׁ יְקָרָה תָצוּד״. אָמַר רָבָא: הַאי** [ביטוי זה] **״נֶפֶשׁ יְקָרָה״** אינו מתאים לפירוש זה, אלא **״נֶפֶשׁ גְּבוֹהָה״ מִיבָּעֵי לֵיהּ** [צריך היה לו] לומר, שזה הוא הביטוי הראוי עבור גאוה. **וְעוֹד: ״הִיא תָצוּד״ מִיבָּעֵי לֵיהּ** [צריך היה לו] לומר ״נפש יקרה היא תצוד אשת איש״! **אֶלָּא אָמַר רָבָא,** כך יש לדרוש את הכתוב: **כָּל הַבָּא עַל אֵשֶׁת אִישׁ, אֲפִילּוּ לָמַד תּוֹרָה, דִּכְתִיב** [שנאמר] **בָּהּ ״יְקָרָה הִיא מִפְּנִינִים״** (שם ג, טו), ופירשו חכמים כי יקרה וחשובה התורה עד שהלומדה נחשב יותר **מִכֹּהֵן גָּדוֹל שֶׁנִּכְנָס לִפְנַי וְלִפְנִים** (״פנינים״) — **הִיא** עבירה זו באשת איש **תְּצוּדֶנּוּ לְדִינָהּ שֶׁל גֵּיהִנָּם** ולא תועיל לו התורה שלמד. **אָמַר ר׳ יוֹחָנָן מִשּׁוּם** (בשם) **ר׳ שִׁמְעוֹן בֶּן יוֹחַי: כָּל אָדָם שֶׁיֵּשׁ בּוֹ גַּסּוּת הָרוּחַ — כְּאִילּוּ עוֹבֵד עֲבוֹדָה זָרָה.** והראיה לכך: **כְּתִיב הָכָא** [נאמר כאן] **״תּוֹעֲבַת ה׳ כָּל גְּבַהּ לֵב״** (שם טז, ה) **וּכְתִיב הָתָם** [ונאמר שם] בכתובים המדברים על השמדת עבודה זרה: **״וְלֹא תָבִיא תוֹעֵבָה אֶל בֵּיתֶךָ״** (דברים ז, כו). **וְר׳ יוֹחָנָן דִּידֵיהּ** [משל עצמו] **אָמַר:** מי שיש בו גסות הרוח **כְּאִילּוּ כָּפַר בָּעִיקָּר, שֶׁנֶּאֱמַר: ״וְרָם לְבָבֶךָ וְשָׁכַחְתָּ אֶת ה׳ אֱלֹהֶיךָ״** (שם ח, יד). **ר׳ חָמָא בַּר חֲנִינָא אָמַר:** מי שמתגאה **כְּאִילּוּ בָּא עַל כָּל הָעֲרָיוֹת,** והראיה לכך: **כְּתִיב הָכָא** [נאמר כאן] **״תּוֹעֲבַת ה׳ כָּל גְּבַהּ לֵב״, וּכְתִיב הָתָם** [ונאמר שם] בסיום פרשת העריות **״כִּי אֶת כָּל הַתּוֹעֵבֹת הָאֵל** עשו אנשי הארץ״ (ויקרא יח, כז). **עוּלָּא אָמַר:** המתגאה **כְּאִילּוּ בָּנָה בָּמָה** לעבודה זרה, **שֶׁנֶּאֱמַר: ״חִדְלוּ לָכֶם מִן הָאָדָם אֲשֶׁר נְשָׁמָה בְּאַפּוֹ כִּי בַמֶּה נֶחְשָׁב הוּא״** (ישעיה ב, כב) בזה שמרגיש ומדגיש את מציאותו (״אשר נשמה באפו״) — **אַל תִּיקְרֵי** [תקרא] **״בַּמֶּה״ אֶלָּא ״בָּמָה** של עבודה זרה נחשב הוא״. כיון שדרשו את הכתוב ״תועבת ה׳ כל גבה לב״ שואלים לגבי המשכו של פסוק זה: **מַאי** [מה] פירוש **״יָד לְיָד לֹא יִנָּקֶה״? אָמַר רַב: כָּל הַבָּא עַל אֵשֶׁת אִישׁ, אֲפִילּוּ הִקְנָהוּ לְהַקָּדוֹשׁ בָּרוּךְ הוּא שָׁמַיִם וָאָרֶץ כְּאַבְרָהָם אָבִינוּ, דִּכְתִיב בֵּיהּ** [שנאמר בו]: **״הֲרִימֹתִי יָדִי אֶל ה׳ אֵל עֶלְיוֹן קֹנֵה שָׁמַיִם וָאָרֶץ״** (בראשית יד, כב) שידו דומה מבחינה זו לידו של אברהם אבינו (״יד ליד״) — **לֹא יִנָּקֶה מִדִּינָהּ שֶׁל גֵּיהִנָּם. קַשְׁיָא לְהוּ** [היה קשה להם] **לִדְבֵי** [לחכמים בבית מדרשו] של **ר׳ שֵׁילָא: הַאי** [זה] הביטוי **״יָד לְיָד לֹא יִנָּקֶה״** אינו מתאים לדרשה זו, אלא **״יָדִי״ מִיבָּעֵי לֵיהּ** [צריך היה לו לומר] אם הוא מרמז לדברי אברהם אבינו! **אֶלָּא אָמְרִי דְּבֵי** [אומרים החכמים מבית מדרשו] של **ר׳ שֵׁילָא: אֲפִילּוּ קִיבֵּל תּוֹרָה** מידיו של הקדוש ברוך הוא **כְּמֹשֶׁה רַבֵּינוּ, דִּכְתִיב בֵּיהּ** [שנאמר בו] **״מִימִינוֹ אֵשׁ דָּת לָמוֹ״** (דברים לג, ב), שכביכול נתן ה׳ את התורה מימינו שלו לידו של משה — **לֹא יִנָּקֶה מִדִּינָהּ שֶׁל גֵּיהִנָּם. קַשְׁיָא לֵיהּ** [קשה לו] **לְר׳ יוֹחָנָן** על פירוש זה: **הַאי** [ביטוי זה] **״יָד לְיָד״** אינו מתאים, אלא **״יָד מִיָּד״ מִיבָּעֲיָא לֵיהּ** [נצרכה לו] לומר! **אֶלָּא אָמַר ר׳ יוֹחָנָן:**

עיונים

והאיכא בן עזאי וכו׳ אף בתלמוד הירושלמי הביאו את דברי ר׳ יוחנן בענין זה, ואף שם הקשו מבן עזאי. ותירצו כענין המבואר כאן ובמקום ״מרביה שמיע ליה״ תירצו שנתדמם (בשנתו) ועל ידי כך יכול היה לשער בעצמו.

סוד ה׳ ליראיו בתוהרא״ש מפרש שנגלה לו מ״סוד ה׳ ליראיו״ כמה היה הוא צריך לשהות בביאתו, ועל ידי כך תירץ מדוע אין סומכים על דברי בן עזאי — לפי שלא נגלה לו שיעור ההלכה משמים. ועל ידי כך מתורצת גם תמיהת ר״צ חיות כיצד פוסקים הלכה על סמך התגלות מלמעלה.

כאילו בא על אשה זונה וכו׳ בתו״ש הסבירו את הדמיון בכך שהאוכל בלי נטילת ידים הרי זו אכילה של הפקר, ומשום כך הריהי דומה לביאה על אשה זונה שאף היא הפקר. וראה בעיון יעקב שכתב כי מן הכתוב ״והתקדשתם והייתם קדושים״ האמור בפרשת עריות (ויקרא כ, ז) אף דרשו חז״ל מים ראשונים ואחרונים, ללמד שיש שייכות בין הדברים. וראה במהר״ל שהסביר בדרך מופשטת יותר את הקשר, שיש בשניהם צד של הנאה מן העולם בלא הקדמה של התקדשות (בקדושין או בנטילת ידים) תחילה.

המזלזל בנטילת ידים רש״י מפרש מזלזל — שאינו נוטל ידיו כלל, וכן משמע מן הגמרא במסכת שבת (סב, ב) אכן לפי גרסת השאילתות שם נראה שהם מכבירים מזלזל — מי שפעמים נוטל ידיו ופעמים אינו נוטלן.

נעקר מן העולם ראה בתוס׳ (ד״ה נעקר) שתמהו מפני מה ייחד מצוד זו שמדברי סופרים, שהרי אמרו חכמים בכלל שהעובר על דברי סופרים חייב מיתה. ׳באליהו רבה תירץ כי יש הבדל בין שאר מצוות מדברי סופרים שיש להן טעם לעצם המצוה ובין נטילת ידים לחולין שלא נקבעה אלא משום גזירה כדי שלא יבואו לאכול תרומה בטומאה.

צריך שיגביה ידיו להגבהת ידיים זו נתנו טעמים רבים הן בדרך הסוד והן בדרך הרמז, ורה״ג (וראה גם בגרסות) מסביר שהגבהת הידים לאחר נטילה יש לה רמז בכתוב ״וינטלם וינשאם עד ימי עולם״ (ישעיה סג, ט).

שמא יצאו המים וכו׳ ראה ברש״י שמסביר ברייתא זאת על פי המשנה במסכת ידים (פ״ב מ״ג) שיש ליטול את הידים פעמיים, והחשש הוא שמא יצאו המים הטמאים מחוץ לפרק ואילו המים השניים לא יגיעו לשם לטהרם. וראה בתוהרא״ש וכן בר״ש למסכת ידים (שם) שכתבו שאף אם יגיעו המים השניים מחוץ לפרק אין בכוחם לטהר שם. והראב״ד (בפירוש למסכת ידים ועוד) כתב כי מה שגזרו אמרו חכמים שיש טומאה בסתם ידים אינו מדין טומאה ממש, אלא יש בו צד של נקיות. ומשום כך אמרו כי צריך ליטול ידיו שתי פעמים, שבפעם ראשונה מנקה את הלכלוך ובפעם השניה שוטפים המים את השיירים שנשארו על הידים. ומטעם זה אמרו שיגביה ידיו כדי שלא יבוא לכלוך שבפרק וילכלך שנית את הידים.

האוכל פת בלא ניגוב ידים ראה ברש״י, ובר״ח מוסיף כי הידים הרטובות מרטיבות את האוכל שנוגע בו ומכשירות אותו לקבל טומאה. והביאו ראשונים רמזים שונים לדבר מכתוב זה עצמו כגון, שאמרו ש״לחמם״ יש לקרוא כאילו היה כתוב ״לח מים״. (תניא הקדום. וכן מובא במאירי). ויש שכתבו כי הרמז הוא מסוף הכתוב ״יאכלו לחמם טמא בגוים אשר אדיחם שם״ שיש שם רמז לרחיצת = הדחת הידים (מחזור ויטרי, וכיוון לכך המהרש״א).

נפש גבוהה מיבעי ליה כתב המהרש״א כי ״נפש גבוהה״ הוא אדם הנוהג להתהדר בלבושו ולקשט עצמו, ודבר זה מביא אותו לבסוף שהנשים נכשלות בו וכמבואר במעשה יוסף (ראה רש״י שם).

כאילו עובד עבודה זרה המאירי כתב כי המתגאה הוא זה שמגביה עצמו ובתוך כך משפיל את מעלת זולתו, וכיוון שכך דרכו לחלוק על האמת בכל דבר. וראה בספר התניא שמאריך להסביר כי עבודה זרה היא ענין העמדת דבר כמהות נבדלת לעצמה וכל המתגאה הרי זה כאילו עושה את אישיותו שלו לעבודה זרה. וכעין זה כתוב בהרבה ספרי מוסר ויראה.

כאילו בנה במה המהר״ל מסביר כי המתגאה הריהו מפריש עצמו מן הציבור כולו בגאוותו, והרי זה כמי שבונה במה לעצמו. והמהרש״א כתב כי לשון במה במקרא כוונתה מקום מוגבה, וכן הוא האיש המתגאה ומגביה עצמו.

כאברהם אבינו וכו׳ כלומר, אפילו עושה מעשים גדולים ומפרסם גדלות ה׳ בעולם כדרך שעשה אברהם אבינו (מאירי). וכעין זה כתב ריעב״ץ, שאפילו עמד בכמה נסיונות כאברהם אבינו, או שלומד תורה לשמה והריהו כמקבלה מסיני כמשה רבינו — גם הוא אינו ניצול מעונש על חטא זה.

אורח ההלכה

המזלזל בנטילת ידים צריך להזהר בנטילת ידים, שכל המזלזל בנטילת ידים נעקר מן העולם. כמובא כאן. ועוד אמרו חכמים במקומות אחרים שחייב נידוי, ובא לידי עניות. (שו״ע או״ח קנח, ט).

מים ראשונים צריך שיגביה וכו׳ הנוטל ידיו למים הראשונים צריך להגביה ידיו למעלה שלא יצאו חוץ לפרק ויחזרו ויטמאו את ידיו. והוא כשאינו נוטל כל היד עד לפרק הזרוע. וכתב המ״א שיש חולקים על כך ואומרים שאין להבדיל. והוא עצמו כותב. שאם משפיל ידיו כל זמן הנטילה ונזהר שלא להגביהן אין לחשוש. ויש אחרונים שמפקפקים בעצה זו של השפלת הידים. ובשו״ע כתב שאם שפך על ידיו רביעית בבת אחת אינו צריך להזהר בכך, וכן המטביל ידיו בנהר או במקוה, והרמ״א כתב, שהנוטל ידיו שלוש פעמים אינו צריך להזהר בכך, ולכן לא נהגו בהרבה מקומות להזהר בדבר. אבל לכתחילה כיון שיש סמך לדבר מלשון הכתוב, שצריך להגביהן ודאי ראוי להגביה, וכן מנהג פשוט בקהילות הספרדים. אלא שיש ללמד זכות על שאינם עושים כן שסומכים על כך שנוטלים ברביעית שלימה (וראה מ״ב). (רמב״ם ספר אהבה הלכות ברכות פ״ו הט״ז. שו״ע שם קסב, א).

מים אחרונים צריך שישפיל וכו׳ בנטילת מים אחרונים צריך שישפיל ראשי אצבעותיו למטה. (רמב״ם שם. שו״ע שם קפא, ה).

האוכל פת בלא ניגוב ידים לאחר שנטל ידיו צריך לנגב אותם קודם שיאכל, והאוכל בלא ניגוב ידים הריהו כאוכל לחם טמא. כגמרא. וכתב בשו״ע שאם נטל ידיו באופן שאין חשש טומאה כגון שהטבילן או שפך עליהן רביעית אינו צריך להקפיד בכך. והמהרש״ל כתב שעיקר הטעם אינו משום טומאה אלא משום מיאוס ולכן צריך לנגב ידיו בכל מקרה. וראה במ״ב. (רמב״ם שם ה״כ. שו״ע שם קנח, יב-יג).

מסורת הש״ס

א. ראה ברכות מא,א.

ב. ירושלמי סוטה פ״א ה״ב. במדב״ר פ״ט י׳.

ג. שם. וראה יבמות סג,א. ב״ר פל״ד יד.

ד. ירושלמי סוטה שם. תוספתא יבמות פ״ח, ה. במדב״ר שם.

ה. ראה ברכות כב,א. סוטה י,א. סנהדרין מח,ב.

ו. (כעין זה) חגיגה ג,ב. סוטה י,א. סנהדרין מח,ב. נדה כ,ב. ידים פ״ד מ״ג. ירושלמי סוטה שם. תוספתא ידים פ״ב ז. במדב״ר שם. תנחומא לך יט. שם וירא ה. שוח״ט כה.

ז. (מסורת כזו) ברכות כ,ב. פסחים קיט,ב. גיטין ז,א. סוטה ה,א. חולין פד,ב.

ח. ילק״ש נ״ך תתקלט. וראה ילק״ש תורה שפו.

ט. ראה עירובין כא,ב. זהר ח״ג רמה,א. וראה ברכות יט,א. שבת סב,א. דרך ארץ זוטא פ״ח. תנדבא״ר פט״ז.

י. (הביטוי) סוכה מה,ב. נדרים סב,א. סנהדרין סג,א.

יא. תוספתא ידים פ״ב ב.

יב. כלה רבתי פ״י. ילק״ש נ״ך תתקלט.

יג. ילק״ש שם.

יד. הוריות יג,א. ירושלמי שבת פי״ב ה״ג. שם הוריות פ״ג ה״ה. תוספתא הוריות פ״ב י. במדב״ר פ״ו א. תנחומא בראשית א.

טו. ילק״ש תורה תתנא. שם נ״ך תתקנד. וראה מכילתא כ, יח. דרך ארץ פי״א. תנדבא״ר פכ״ט. ילק״ש תורה שב. שם נ״ך תפח.

טז. ילק״ש נ״ך שם.

יז. ילק״ש שם.

יח. ברכות יד,א (ועיי״ש).

יט. ראה מכילתא דרשב״י כ, יד. מדרש ל״ב מדות פי״ח. וראה ילק״ש שם תתקמז.

כ. ראה ברכות סא,א. עירובין יח,ב. מסכת כלה פ״א. כלה רבתי פ״ט. שמו״ר פמ״ד ג. ילק״ש נ״ך תקמז (בשינוי).

גרסות

ופירש הוה יש בכת״י: **ופירש.**

מבקש ככר לחם בכת״י ועוד: **מבקש ככר לחם ואינו מוצא.**

שיגביה ידיו ויש מקורות המוסיפים: **סימן לדבר וינטלם וינשאם.**

היא תצוד מיבעי ליה בכתי״מ אין משפט זה. ויש שהביאו: **איפכא מיבעי ליה נפש יקרה אשת איש תצוד.**

כל הבא על אשת איש... הקנהו יש בכת״י: **כל אדם שיש בו גסות הרוח.** וראה בב״ח.

קיבל תורה יש בכת״י: **קיבל תורה מהר סיני מיד הקב״ה.**

אישים

בן עזאי

הוא שמעון בן עזאי, מן התנאים ביבנה.

אף על פי ששמעון בן עזאי לא זכה להיסמך (ולכן הוא נקרא בשמו בלבד, בלי תואר, ולרוב רק בן עזאי), היה נחשב לאחד מגדולי החכמים. וחכמתו הרבה היתה למשל במשך דורות רבים.

כפי הנראה לא למד תורה בצעירותו, אלא שלאחר זמן פגש את בתו של ר׳ עקיבא והיא הבטיחה שתינשא לו אם ילמד תורה, ואכן למד בן עזאי מפי ר׳ יהושע ור׳ ישמעאל, ובעיקר היה תלמיד מובהק (ואפילו תלמיד-חבר) לר׳ עקיבא, שאותו החשיב כגדול חכמי ישראל בדורו.

אין זה ברור אם אכן נשא את בת ר׳ עקיבא או נשא ופרש ממנה לאחר זמן קצר, כי בשל חשקו בתורה (עליו אמרו ״משמת בן עזאי בטלו השקדנין״) התמסר כולו ועסק בתורה בלבד.

דברי הלכה ואגדה שלו מצויים במשנה, בברייתות, ובתלמוד, וכפי הנראה אף הספיק להעמיד תלמידים בטבריה עירו.

בן עזאי עסק גם בנסתרות והוא נמנה עם הארבעה שנכנסו לפרדס, ועליו נאמר ש״הציץ ומת״, וקראו עליו את המקרא ״יקר בעיני ה׳ המותה לחסידיו״.

אֲפִילוּ עוֹשֶׂה צְדָקָה ונותן מידו ליד העני ("יד ליד") מתן בַּסֵּתֶר, דִּכְתִיב [שנאמר] בענין זה: "מַתָּן בַּסֵּתֶר יִכְפֶּה אָף" (משלי כא, יד) — לֹא יִנָּקֶה מִדִּינָהּ שֶׁל גֵּיהִנָּם.

א למדנו קודם כמה מגונה היא גסות הרות. ושואלים: אַזְהָרָה לְגַסֵּי הָרוּחַ מִנַּיִן, היכן נאמר שאסור להתגאות? אָמַר רָבָא אָמַר זְעֵירֵי, שנאמר: "שִׁמְעוּ וְהַאֲזִינוּ אַל תִּגְבָּהוּ" (ירמיה יג, טו). רַב נַחְמָן בַּר יִצְחָק אָמַר: מֵהָכָא [מכאן], שנאמר "וְרָם לְבָבֶךָ וְשָׁכַחְתָּ את ה' אלהיך" (דברים ח, יד), וּכְתִיב [ונאמר] "הִשָּׁמֶר לְךָ פֶּן תִּשְׁכַּח אֶת ה' אֱלֹהֶיךָ" (שם יא), וּכְשיטת ר' אָבִין אָמַר ר' אֶילְעָא, שאָמַר ר' אָבִין אָמַר ר' אֶילְעָא: כָּל מָקוֹם בתורה שֶׁנֶּאֱמַר בו ציווי בלשון "הִשָּׁמֵר" "פֶּן" וְ"אַל" — אֵינוֹ אֶלָּא בְּאיסור לֹא תַעֲשֶׂה. ואם כן מצות לא תעשה היא שלא לבוא לשכחת ה', וזו באה על ידי גאוה. דָּרַשׁ רַב עֲוִירָא את הכתוב "רומו מעט ואיננו והומכו ככל יקפצון וכראש שבלת ימלו" (איוב כד, כד), זִמְנִין אָמַר לָהּ מִשְּׁמֵיהּ [פעמים אמר אותה שמועה משמו] של רַב אַסִי וְזִמְנִין אָמַר לָהּ מִשְּׁמֵיהּ [ופעמים אמר אותה משמו] של רַב אַמִי: כָּל אָדָם שֶׁיֵּשׁ בּוֹ גַּסּוּת הָרוּחַ — לְסוֹף מִתְמַעֵט (יורד בערכו), שֶׁנֶּאֱמַר: "רוֹמוּ מְעַט", שהמתרומם סופו שנעשה מעט. וְשֶׁמָּא תֹּאמַר אף על פי שנתמעט יֶשְׁנוֹ בָּעוֹלָם — תַּלְמוּד לוֹמַר: "וְאֵינֶנּוּ", שמת קודם זמנו. וְאִם חוֹזֵר בּוֹ מגאוותו — נֶאֱסָף (מת) בִּזְמַנּוֹ כְּאַבְרָהָם אָבִינוּ, שֶׁנֶּאֱמַר "וְהֻמְּכוּ כַּכֹּל יִקָּפְצוּן" (שם), שמפרשו: כאשר מנמיך את עצמו ("הומכו") מגאוותו, הוא נאסף ("יקפצון" = יקבצון) כְּאַבְרָהָם יִצְחָק וְיַעֲקֹב דִּכְתִיב בְּהוּ [שנאמר בהם] שנתברכו "בַּכֹּל", "מִכֹּל", "כֹּל" (בראשית כד, א; שם כז, לג; שם לג, יא). וְאִם לָאו שאינו חוזר בו מגאוותו — "וּכְרֹאשׁ שִׁבֹּלֶת יִמָּלוּ" (נקטף). ושואלים: מַאי [מה פירוש] "וּכְרֹאשׁ שִׁבֹּלֶת"? רַב הוּנָא וְרַב חִסְדָּא נחלקו בכך, חַד [אחד מהם] אָמַר: כִּי סָאסָא דְּשִׁיבָּלְתָּא [כמו מטען עטרת השיער שבראש השיבולת] וְחַד [ואחד] אָמַר: כְּשִׁיבּוֹלֶת עַצְמָהּ. ומעירים: בִּשְׁלָמָא לְמַאן דְּאָמַר [נניח לשיטת מי שאומר] כִּי סָאסָא דְּשִׁיבָּלְתָּא [כמו שיער השיבולת] — הַיְינוּ דִּכְתִיב [זה הוא שנאמר] "וּכְרֹאשׁ שִׁבֹּלֶת", ששיער זה מצוי בראש השיבולת, אֶלָּא לְמַאן דְּאָמַר [לדעת מי שאומר] כִּי שׁוּבַּלְתָּא [כמו השיבולת] עַצְמָהּ, מַאי [מהי] לשון "וּכְרֹאשׁ שִׁבֹּלֶת"? אָמַר רַב אַסִי, וְכֵן תָּנָא דְּבֵי [שנה החכם מבית מדרשו] של ר' יִשְׁמָעֵאל: מָשָׁל לְאָדָם שֶׁנִּכְנָס לְתוֹךְ שָׂדֵהוּ — גְּבוֹהָה גְּבוֹהָה הוּא מְלַקֵּט, והכתוב קורא לגבוהה שבשיבולים "ראש השיבולת". ועוד בענין גסות הרוח. נאמר: "מרום וקדוש אשכון וְאֶת דַּכָּא וּשְׁפַל רוּחַ" (ישעיה נז, טו). רַב הוּנָא וְרַב חִסְדָּא נחלקו בדיוקו של פסוק זה, חַד [אחד מהם] אָמַר: אִתִּי נמצא האיש שהוא דַּכָּא — עניו, כלומר, הקדוש ברוך הוא מגביהו אליו. וְחַד [ואחד מהם] אָמַר: אֲנִי כביכול יורד ונמצא אֶת (עם) דַּכָּא. ומעירים: וּמִסְתַּבְּרָא כְּמַאן דְּאָמַר [ומסתבר כמי שאומר] אֲנִי אֶת דַּכָּא, וראיה לדבר שֶׁהֲרֵי הַקָּדוֹשׁ בָּרוּךְ הוּא הִנִּיחַ כָּל הָרִים וּגְבָעוֹת הגבוהים וְהִשְׁרָה שְׁכִינָתוֹ עַל הַר סִינַי הנמוך וְלֹא גָּבַהּ (הגביב) את הַר סִינַי לְמַעְלָה. משמע שאין הקדוש ברוך הוא מגביה את הדכא אליו, אלא הוא יורד אליו. אָמַר רַב יוֹסֵף: לְעוֹלָם יִלְמַד אָדָם מִדַּעַת קוֹנוֹ, שֶׁהֲרֵי הַקָּדוֹשׁ בָּרוּךְ הוּא הִנִּיחַ כָּל הָרִים וּגְבָעוֹת גבוהים וְהִשְׁרָה שְׁכִינָתוֹ עַל הַר סִינַי שהוא נמוך, וְהִנִּיחַ כָּל אִילָנוֹת טוֹבוֹת, וְהִשְׁרָה שְׁכִינָתוֹ בַּסְּנֶה שהוא צמח קטן וקוצני. אָמַר ר' אֶלְעָזָר: כָּל אָדָם שֶׁיֵּשׁ בּוֹ גַּסּוּת הָרוּחַ רָאוּי לְגַדְּעוֹ (לקצצו) כפי שקוצצים את הָאֲשֵׁרָה שהיא עץ המשמש בפולחן עבודה זרה, שכן כְּתִיב הָכָא [נאמר כאן] "וְרָמֵי הַקּוֹמָה גְּדֻעִים" (שם י, לג), וּכְתִיב הָתָם [ונאמר שם] "וַאֲשֵׁרֵיהֶם תְּגַדֵּעוּן" (דברים ז, ה). וְאָמַר ר' אֶלְעָזָר: כָּל אָדָם שֶׁיֵּשׁ בּוֹ גַּסּוּת הָרוּחַ אֵין עֲפָרוֹ שבקברו נִנְעָר בתחיית המתים, שֶׁנֶּאֱמַר: "הָקִיצוּ וְרַנְּנוּ שֹׁכְנֵי עָפָר" (ישעיה כו, יט), "שֹׁכְבֵי בְעָפָר" לֹא נֶאֱמַר, אֶלָּא "שֹׁכְנֵי עָפָר", לומר: מִי שֶׁנַּעֲשָׂה שָׁכֵן לְעָפָר בְּחַיָּיו שהיה עניו מאד — הוא יקיץ בזמן התחייה. וְאָמַר ר' אֶלְעָזָר: כָּל אָדָם שֶׁיֵּשׁ בּוֹ גַּסּוּת הָרוּחַ שְׁכִינָה מְיַלֶּלֶת עָלָיו, שֶׁנֶּאֱמַר: "וְגָבֹהַּ מִמֶּרְחָק יְיֵדָע" (תהלים קלח, ו), שמפרש "יידע" לשון כאב ויללה. דָּרַשׁ רַב עֲוִירָא, וְאִיתֵּימָא [ויש אומרים] ר' אֶלְעָזָר: בֹּא וּרְאֵה שלֹא כְּמִדַּת הַקָּדוֹשׁ בָּרוּךְ הוּא מִדַּת בָּשָׂר וָדָם, מִדַּת בָּשָׂר וָדָם — גָּבוֹהַּ רוֹאֶה אֶת הַגָּבוֹהַּ שלעומתו, וְאֵין גָּבוֹהַּ רוֹאֶה אֶת הַשָּׁפָל, אֲבָל מִדַּת הַקָּדוֹשׁ בָּרוּךְ הוּא אֵינוֹ כֵּן, הוּא גָּבוֹהַּ וְרוֹאֶה אֶת הַשָּׁפָל, שֶׁנֶּאֱמַר: "כִּי רָם ה' וְשָׁפָל יִרְאֶה" (שם). אָמַר רַב חִסְדָּא, וְאִיתֵּימָא [ויש אומרים] שאמר זאת מָר עוּקְבָא: כָּל אָדָם שֶׁיֵּשׁ בּוֹ גַּסּוּת הָרוּחַ, אָמַר הַקָּדוֹשׁ בָּרוּךְ הוּא: אֵין אֲנִי וְהוּא יְכוֹלִין לָדוּר יחד בָּעוֹלָם, שֶׁנֶּאֱמַר: "מְלָשְׁנִי בַסֵּתֶר רֵעֵהוּ אוֹתוֹ אַצְמִית גְּבַהּ עֵינַיִם וּרְחַב לֵבָב אֹתוֹ לֹא אוּכָל עיני בנאמני ארץ לשבת עמדי" (שם קא, ה-ו), אַל תִּקְרֵי [תקרא] "אוֹתוֹ" אֶלָּא "אִתּוֹ לֹא אוּכָל". אִיכָּא דְּמַתְנֵי לָהּ [ויש ששונים, אומרים דבר זה] שאמרנו, על מְסַפְּרֵי לָשׁוֹן הָרַע, שֶׁנֶּאֱמַר בתחילת הפסוק: "מְלָשְׁנִי בַסֵּתֶר רֵעֵהוּ אוֹתוֹ אַצְמִית". אָמַר ר' אֲלֶכְּסַנְדְּרִי: כָּל אָדָם שֶׁיֵּשׁ בּוֹ גַּסּוּת הָרוּחַ אֲפִילוּ רוּחַ קִימְעָא (מועטת, קלה) עוֹכַרְתּוֹ, שֶׁנֶּאֱמַר: "וְהָרְשָׁעִים כַּיָּם נִגְרָשׁ" (ישעיה נז, כ), וּמַה יָּם שֶׁיֵּשׁ בּוֹ כַּמָּה רְבִיעִיּוֹת הלוג (מידה) של מים בכל זאת רוּחַ קִימְעָא הנושבת עליו עוֹכַרְתּוֹ, אָדָם שֶׁאֵין בּוֹ לצורך קיומו אֶלָּא רְבִיעִית אַחַת של דם עַל אַחַת כַּמָּה וְכַמָּה. אָמַר ר' חִיָּיא בַּר אַשִׁי אָמַר רַב: תַּלְמִיד חָכָם צָרִיךְ שֶׁיְּהֵא בּוֹ בכל זאת אֶחָד מִשְּׁמוֹנֶה בִּשְׁמִינִית של גאוה. אָמַר רַב הוּנָא בְּרֵיהּ [בנו] של רַב יְהוֹשֻׁעַ: וּמְעַטְּרָא לֵיהּ כִּי סָאסָא לְשִׁבּוֹלְתָּא [ומעטרת אותו הגאוה כמו השער שבראש השיבולת לשיבולת]. אָמַר רָבָא: בְּשַׁמְתָּא דְּאִית בֵּיהּ, וּבְשַׁמְתָּא דְּלֵית בֵּיהּ [בנידוי יהיה מי שיש בו גאוה ובנידוי יהיה מי שאין בו], שהרי אמרנו שתלמיד חכם צריך שתהיה בו מקצת גאוה. אָמַר רַב נַחְמָן בַּר יִצְחָק: לא תהא בתלמיד חכם לֹא מִינָּהּ [ממנה] וְלֹא מִקְּצָתָהּ של גאוה, מִי זוּטָר דִּכְתִיב בֵּיהּ [האם קטן הוא מה שנאמר בו במתגאה] "תּוֹעֲבַת ה' כָּל גְּבַהּ לֵב" (משלי טז, ה)? ודבר שהוא תועבת ה' — ודאי שאסור לעשות אותו אפילו במקצת. אָמַר חִזְקִיָּה: אֵין תְּפִלָּתוֹ שֶׁל אָדָם נִשְׁמַעַת אֶלָּא אִם כֵּן מֵשִׂים לִבּוֹ כְּבָשָׂר בלבד, שאינו מתגאה, שֶׁנֶּאֱמַר: "וְהָיָה מִדֵּי חֹדֶשׁ בְּחָדְשׁוֹ ומדי שבת בשבתו יָבֹא כָל בָּשָׂר לְהִשְׁתַּחֲוֹת" (ישעיה סו, כג). אָמַר ר' זֵירָא: "בָּשָׂר" כְּתִיב בֵּיהּ [נאמר בו] "וְנִרְפָּא" (ויקרא יג, יח), "אָדָם" לֹא כְּתִיב בֵּיהּ [נאמר בו] "וְנִרְפָּא", לומר: מי שרואה עצמו כבשר בלבד — יש לו תקנה ורפואה, ומי שמגדיל עצמו — אין לו רפואה. אָמַר ר' יוֹחָנָן: אָדָ"ם הוא ראשי תיבות: אֵפֶר, דָּם, מָרָה, להראות כמה מעטה חשיבותו, בָּשָׂ"ר הוא ראשי תיבות: בּוּשָׁה, סְרוּחָה (האות שי"ן שמאלית כמו האות סמ"ך), רִמָּה. אִיכָּא דְּאָמְרִי [יש שאומרים] בפתרון ראשי התיבות בש"ר: לא סרוחה אלא שְׁאוֹל, דִּכְתִיב [שכתוב] בשר בְּשִׁין. אָמַר רַב אַשִׁי: כָּל אָדָם שֶׁיֵּשׁ בּוֹ גַּסּוּת הָרוּחַ לְסוֹף נִפְחַת מחשיבותו, שֶׁנֶּאֱמַר

עיונים

אפילו עושה צדקה וכו' ראשונים הביאו ממדרש משלי (פי"א) שאם בא אדם על אשת איש ואחר כך מזדמנת לידו מצות צדקה בסתר, אל יחשוב שהוא סימן שנתכפר לו עוונו, אלא כאמור גם אז "לא ינקה".

אזהרה לגסי הרוח המהרש"א שואל: מה מקום לחיפוש אחר אזהרה בזה? אם לענין איסור — הרי כתובים רבים מדברים באיסור הגאוה. ואם לענין מלקות — הרי אין עונשים על לאו שמקורו רק מדברי הנביאים! ומסביר כי הכוונה היא לענין דינה של גיהנם, שאף שם אין עונשים אלא אם כן מזהירים, ולענין זה די באזהרה הכתובה בכתובים.

ורם לבבך ושכחת הסמ"ג מונה איסור זה במצוות לא תעשה (לאוין ס"ד) ומפרש שיש איסור תורה מיוחד שלא יתגאה אדם בלבבו במה שיש לו, שמגיע על יד כך לשכחת ה'. ואילו הרמב"ן סבור שאין כאן מצוה מיוחדת לעצמה, אלא היא פרט מן האיסור הכללי לשכוח את ה', שאחד הדברים המביאים לכך הוא הגאוה.

ככל יקפצון ובבן יהוידע מסביר שלשון "יקפצון" לענין מיתה היא רמז לכך שמי שזוכה בחייו אינו נזקק בשעת מותו לעבור ממדור למדור ולהיתקן בעונשים שונים של מעלה, אלא מיד הוא קופץ ועולה למעלתו העליונה.

כי סאסא דשיבלתא המהר"ל מסביר כי יש בכך רמז נוסף לענין בעל הגאוה, שאין בו כל תוך, ואינו אלא שיער בלבד המתרומם למעלה.

גבוהה גבוהה הוא מלקט כפשוטו, עניינו הוא שהנכנס לשדה רואה את השיבולת הבולטת מן האחרות והיא הנקטפת ראשונה. ומעין זה כתב המהר"ל שבעל הגאוה יוצא מגדרו של סדר העולם ולכן הוא כלה תחילה. ובבן יהוידע מסביר קצת בדרך המליצה, כי בשדה שיבולים מלאות ראשן כפוף, ואילו השיבולת העומדת זקופה למעלה היא השיבולת הריקה — ואותה מלקט בעל השדה מאחר שאין בה ערך.

אני את דכא ויש מכאן גם הוראה לאדם — שינהג כמידת הקדוש ברוך הוא ויתחבר עם השפלים (מהרש"א) ואם מתחבר עימם הרי נמצא במחיצתו של הקדוש ברוך הוא, שהוא עצמו שוכן את דכא (מאירי). ובבן יהוידע כתב כי ההבדל בין הדעות הוא, שלפי הדעה שהדכא שוכן עם ה' הכוונה היא, שאמנם יש לו זכות להיות קרוב לה', אבל לשם כך הוא צריך לצאת ממדרגת החומר ולהיות במעלה עליתה, ולפי הדעה השניה אף בהיותו שוכן בעולם החומרי וקשור עימו ה' יורד ושוכן עימו.

לגדעו כאשירה כתב המהרש"א שהזכיר אשירה דווקא משום שלא זו בלבד שצריך לגדע אילן כזה אלא גם לשרש אחריו ולבערו, שהרי הוא בגדר עבודה זרה הצריכה איבוד גמור.

וגבוה ממרחק יידע ראה ברש"י שמסביר בדרך אחת כתוב זה. והמהרש"א מסביר שיש כאן הדגשה, שמצד אחד ה' רואה ושוכן עם השפל, ואילו לגבי הגבוה — הקדוש ברוך הוא נמצא מרחוק לו, ולפי זה מתקשר הענין היטב עם ההמשך ש"אין אני והוא יכולים לדור בעולם".

גבוה רואה את הגבוה מלבד המשמעות הפשוטה, שהגבוה מביט נכחו וממילא רואה מיד מי שגבוה כמותו ואינו משפיל מבטו למטה, מסבירים רש"י ואחרים כי דרך העולם שהגבוה במעלה רואה ומכבד אנשים גדולים כמוהו ולא נמוכים ממנו.

רוח קימעא עוכרתו המאירי מסביר שאדם זה מידת הדין, שולטת בו שאף חטאים שנמחלים לאחר אינם נמחלים לו ובבן יהוידע כתב שיש בכך גם תיאור של נפש האדם, שדווקא בעל הגאוה אפילו עלבון של מה בכך מכאיב לו ביותר.

אחד משמונה בשמינית כפשוטו הכוונה היא כדברי רש"י כאן (וראה באופן אחר קצת בתוס' ר"ה יג, א) ששמינית משמינית היא המידה הקטנה ביותר, שיש לה שם לעצמה, ואם כן המשמעות היא — מידה קטנה ביותר. ובדרך רמז הסביר המאירי שאמרו שעשרה קבין גסות ירדו לעולם, תשעה נטלה עילם ואחד כל העולם כולו. ואם נוטל אחד משמונה בשמינית של קב הרי זה רבע של רביעית הלוג, ונמצא שאם יש ברביעית דם שבאדם מידה הפחותה מכדי מזיגה של התרוממות — אינה פוגמת בו. והמהרש"א מסביר שיש בכך רמז שתלמיד חכם צריך לשמור על מעלת התורה, ושבחי התורה נאמרו במזמור קי"ט בתהלים שיש בו כל אותיות הא"ב בשמונה שמונה פסוקים ("תמניא אפי"). וביערות דבש מסביר בדומה לזה שהכוונה היא למה שיש באות ח' של מזמור זה (שמונה — ח' שבשמינית — מזמור תמניא אפי) "חבר אני לכל אשר יראוך" (פסוק סג). ועוד כתב המהרש"א על דרך הצחות שאחד משמונה בשמינית הוא אחד משׁשים וארבעה שהוא פחות מאחד משׁשים ושלושה שהוא מנין "גס". ועוד הרבה דרשות נאמרו בענין זה בדרכים רבות.

ומעטרא ליה כי סאסא כתב המאירי שכשם שהסאסא מגן על השיבולת עצמה, כך מעט התרוממות מגינה על תלמיד חכם שלא ינהגו בו הבריות בזלזול (וכעין זה גם במהרש"א). ובעיון יעקב כתב כי בא הדבר לרמז שצריך להזהר מאד במידה זו ולא יפריז בה, שהרי אמרו למעלה שבעל גאוה הריהו כסאסא של שיבולת שהוא הנלקט ראשון.

אפר דם מרה וכו' כלומר, כאשר ישים האדם ליבו לדברים מהם הוא מורכב, ומהיכן נוצר תחילה, וכיצד הוא עתיד למות ולהגיע להיות רימה ותולעה — לא יגביה רוחו (ראה במהרש"א ובמהר"ל).

אורח ההלכה

גסות הרוח דרך הטובה היא שיהא אדם לא רק עניו אלא גם שפל רוח במאד מאד, וכל המגביה ליבו כאילו כפר בעיקר (כר' יוחנן לעיל), ואמרו "בשמתא מאן דאית ביה גסות הרוח, ואפילו מקצתה". (רמב"ם ספר מדע הלכות דעות פ"ב ה"ג).

מסורת הש"ס

א. ילק"ש תורה תתנא. שם נ"ך רצא.
ב. עירובין צו,א. מכות יג,ב. שבועות ד,א. לו,א. ע"ז נא,ב. זבחים קו,א. מנחות לו,ב. צט,ב. וראה שבת קלב,ב. ר"ה ו,א. נגעים פ"ז מ"ד. ירושלמי כלאים פ"ח ה"א. שם שבת פ"ז ה"ב. שם ר"ה פ"א ה"א. שם סנהדרין פ"ז ה"ה. מכילתא יט, יב. ספרי דברים יב, יג. שם, יט. שם ל. שם טו, ט. שם כג, כד. שם כד, ח.
ג. סוטה ד,ב ובמקבילות שם.
ד. ראה שבת לג,א. עירובין נד,א. מגילה יג,ב. נדרים נה,א. זבחים קב,א. כלה רבתי פ"ג. ילק"ש נ"ך תתקיא.
ה. ראה ב"ב יז,א. ב"ר פמ"ג ח. פס"ר פכ"ה.
ו. ילק"ש תורה רפד. שם נ"ך תפח.
ז. ילק"ש נ"ך תלא. וראה תנדבא"ר פ"ה.
ח. ילק"ש שם תתפז.
ט. (הביטוי) ברכות ה,א. י,א. מ,א. שבת קכז,א. עירובין יט,א. נד,א. פסחים קיט,א. יומא עה,א. פו,ב. סוכה מו,א. מגילה יד,א. טו,א. ב"ב י,א. פח,ב. ע"ז יא,א. מנחות לג,ב. צט,ב. נדה לא,א.
י. ערכין טו,ב. וראה תנדבא"ר פכ"ט. ילק"ש תורה שב.
יא. ערכין שם. ילק"ש תורה תקנט. שם נ"ך תתנה.
יב. שם נ"ך תפח.
יג. שבת לא,ב. וראה חולין עב,א. תוספתא אהלות פ"ג ב.
יד. ילק"ש נ"ך תתקנד.
טו. (הביטוי) חגיגה ה,ב. טו,ב. קדושין ל,א. בכורות יב,א.
טז. ילק"ש נ"ך תקיד.
יז. שם. ושם תורה תקנא.
יח. שם.

גרסות

אזהרה לגסי יש בכת"י: אזהרה לגסות.

על הר סיני יש בכת"י ועוד: על הר סיני וירד למטה.

ומה ים יש בכת"י ועוד: והלא דברים קל וחומר ומה ים.

דאית ביה... דלית ביה ויש שגרסו: מאן דאית ביה... מאן דלית ביה.

אמר רב נחמן בר יצחק ויש בכת"י: ורב נחמן בר יצחק אמר.

מי זוטר בכת"י ועוד יש: מי זוטר מאי.

העולם

סאסא

סאסה של חטה

רביעית דם

בגופו של אדם יש הרבה יותר מאשר רביעית דם, וכבר עמדו על כך הראשונים. ופירשו בשתי דרכים, יש שאמרו כי הכוונה היא לדם של תינוק קטן, ואף אז יש לומר שאין מדובר בכל דמו (שהוא יותר משיעור רביעית) אלא לכמות דם שיציאתה עשויה לסכן את חייו. פירוש אחר שנתנו הוא שהכוונה היא לדם שבלב. ואכן, בכל פעימה של הלב יוצא ממנו בערך 80 סמ"ק של דם, שהם בערך שיעור רביעית.

בא א ב מיי' פ"ב מהל' דעות הלכה ג:

אפילו עושה צדקה בסתר. שנותן מידו לידו של העני והכי משמע יד הנותנת ליד אף הוא לא ינקה: **דכתיב ביה מתן בסתר כו'.** לאו דשייך האי קרא בקרא דלעיל אלא רבותא היא שאע"פ שמכפה אף וחימה אינו מכפר על גסות הרוח: **אזהרה.** שלא יהא גם רוח: **ורם לבבך ושכחת.** אלמא מגובה לב בא לידי שכחה ששוכח את בוראו ובשכחה הוא מוזהר השמר לך פן תשכח: **מתמעט.** מחשיבותו: **רומו מעט.** כיון שרומו מתמעט: **ישנו בעולם.** מתקיים: **והומכו.** ואם חזר ונעשה עניו שממיך את עצמו: **ככל.** כאותן שנאמר בהן כל: **יקפלון.** מן העולם ימותו מות ישרים אברהם כתיב ביה וה' ברך את אברהם בכל יצחק כתיב ביה ואוכל מכל יעקב כתיב ביה כי חנני אלהים וכי יש לי כל והכי מפרש בהדיא בבראשית רבה (דבשלמא בכל מכל(ג) רבותא הוא שנתברכו בכל אבל וכל אשר תתן לי מילתא בעלמא הוא דקאמר): **כסאסא דשיבלתא.** גבהו של שבולת שקורין זקן השבולת והוא נשבר ונופל מאליו: **גבוהה גבוהה הוא מלקט.** והיינו וכראש שבולת(ד) שראשה נראית למעלה מחברותיה: **אתי דכא.** אני מגביהו עד ששוכן אצלי והיינו אשכון את דכא: **אני את דכא.** אני מרכין שכינתי אצלו: **ילמד אדם מדעת קונו.** לאהוב את הנמיכות: **כל הרים וגבעות.** כגון תבור וכרמל שבאו שם* כדכתיב למה תרצדון הרים גבנונים (תהלים סח): **כאשירה.** יגדע וישרש אחריה כאשירה שצריך גידוע אחריה כדכתיב ואבדתם את שמם (דברים יב): **ננער.** מקיץ בתחיית המתים: **שכבי בעפר לא נאמר.** דלישתמע על כל המתים: **שכן לעפר.** משפיל עצמו לעפר: **מיללת.** מקוננת: **וגבוה ממרחק יידע.** רישיה דקרא כי רם ה' ושפל יראה וגבוה ממרחק מקודם שתבא עליו פורענות ימים רבים יידע שכינה מתאוננת ומשתברת עליו כמו וידע אלמנותיו (יחזקאל יט) ויודע בהם אנשי סכות (שופטים ח) יודע כמביא למעלה (תהלים עד) לשון שבר: **רואה את *הגבוה.** לקרבו ולהשתדל עמו ותשוב בעיניו כמו (הושע ט) כביכורה בתאנה בראשיתה ראיתי את אבותיכם נתתי עיני לקרבם ולחבבם: **ואיכא דמתני לה אמספרי לשון הרע.** משום רישא דקרא מלשני בסתר רעהו וגו': **רוח קימעא עוכרתו.** פורענות קלה טורפתו ומאבדתו: **והרשעים.** גסי הרוח דקראי דלעיל משתעי בשפלים ונדכאים להחיות רוח שפלים וגו' כי לא לעולם אריב עם אותן שפלים בעון בצעו וגו' דרכיו ראיתי וגו' בורא ניב שפתים וגו' אבל הרשעים שאינן שפלים ונדכאים כים נגרש כים המגרש ומשליך רפש וטיט לשפתיו סביביו: **כמה רביעיות.** לוגי מים אנו רואים שרוח קימעא עוכרתו עוכרת את מימיו: **אדם שאין בו אלא רביעית אחת.** שברביעית דם הוא מתקיים שיעור זה הלכה למשה מסיני שרביעית דם מת מטמא באהל מפני שהיא נפש וקרינא ביה על כל נפשות מת לא יבא: **אחד משמונה בשמינית.** משקל קטן הוא והיינו(ה) עוכלא *) כלומר צריך שיהיה בו מעט גאוה שלא יהו קלי הראש מסתוללין בו ויהא דבריו מתקבלין עליהן בעל כרחם: **ומעטרא ליה כי סאסא לשיבלתא.** גסות מועט נאה והוגנת לו לתלמיד חכם ומעטרתו כסאסא המעטרת את השבולת: **בשמתא דאית ביה.** גסות הרוח: **ובשמתא דלית ביה.** גסות פורתא לפי שאין בני עירו יראים ממנו ואין בו כח להוכיחם: **לא מינה ולא ממקצתה.** לא יתפוץ אדם לא בכולה ולא במקצתה דמי זוטר מאי דקרי ליה קרא תועבת ה': **כבשר.** שהוא רך ולא כאבן שהוא קשה: **להשתחוות.** להתפלל אותם שהם בשר יבואו ויתפללו כי הם נשמעים לפני אבל גסי הרוח לא יבואו: **בשר כתיב ביה ונרפא.** ובשר כי יהיה בו בעורו שחין ונרפא אדם כי יהיה בעור בשרו נגע צרעת כי תהיה באדם לא כתיב בחד מינייהו ונרפא לפי דרכך אתה למד שמי שהוא רך ועניו כבשר קרוב להתרפאות מיסורין הבאין עליו אבל מי שהוא קשה כאדמה אין רפואה למכותיו(ו): **אדם.** למה נקרא שמו אדם שהוא אפר דם מרה. כלומר כולו הבל לכך אל יתגאה מרה היא ליאלוחית מרה היוצאה מן המרירה שבכבד ומתגברת באדם הכל לפי החדשים ושינוי העתים ולפי המאכל שאוכל ועל ידיה באין חליים ונגעים ומכאובות יש שקורין בדברי הרופאים מרירה שחורה ויש שקורין מרירה אדומה: **שאול.** מקום שאול בימו: **נפחת.** מתמעט מחשיבותו ונעשה פחות באנשים:
ולשאת

*) [ב"ב פט:]

תורה אור

משלי כח אפילו עושה צדקה בסתר דכתיב(א) °מתן
בסתר יכפה אף וגו' לא ינקה מדינה של
א גיהנם אאזהרה לגסי הרוח מנין אמר רבא
ירמיה יג אמר זעירי °שמעו והאזינו אל תגבהו רב
דברים ח נחמן בר יצחק אמר מהכא °ורם לבבך
שם ושכחת וכתיב °השמר לך פן תשכח את ה'
אלהיך וכדרבי אבין אמר רבי אילעא ב*דאמר
רבי אבין אמר רבי אילעא כל מקום שנאמר
השמר פן ואל אינו אלא בלא תעשה דרש
רב עוירא גזמנין אמר לה משמיה דרב אסי
וזמנין אמר לה משמיה דרב אמי דכל אדם
שיש בו גסות הרוח לסוף מתמעט שנאמר
איוב כד °רומו מעט ושמא תאמר ישנו בעולם ת"ל ואיננו ואם חוזר בו נאסף בזמנו
שם כאברהם אבינו שנאמר °והומכו ככל יקפצון הכאברהם יצחק ויעקב דכתיב בהו
בראשית כד °בכל °מכל °כל ואם לאו °וכראש שבולת ימלו מאי וכראש שבולת רב
הונא ורב חסדא חד אמר כי סאסא דשיבלתא וחד אמר כשיבולת עצמה
בשלמא למאן דאמר כי סאסא דשיבלתא היינו דכתיב וכראש שבולת אלא
למאן דאמר כי שובלתא עצמה מאי וכראש שבולת אמר רב אסי וכן תנא
דבי רבי ישמעאל משל לאדם שנכנס לתוך שדהו גבוהה גבוהה הוא מלקט:
ישעיה נז °ואת דכא ושפל רוח ורב הונא ורב חסדא חד אמר אתי דכא וחד אמר אני את
דכא ומסתברא כמ"ד אני את דכא שהרי הקב"ה הניח כל הרים וגבעות והשרה
שכינתו על הר סיני ולא גבה הר סיני למעלה א"ר יוסף לעולם ילמד אדם
מדעת קונו שהרי הקב"ה הניח כל הרים וגבעות והשרה שכינתו על הר סיני
(*והניח כל אילנות טובות והשרה שכינתו בסנה) א"ר אלעזר כל אדם שיש
שם י בו גסות הרוח ראוי לגדעו כאשירה כתיב הכא °ורמי הקומה גדועים וכתיב
דברים ז התם °ואשיריהם תגדעון וא"ר אלעזר כל אדם שיש בו גסות הרוח אין עפרו
ננער שנא' °הקיצו ורננו שכני עפר *שכבי בעפר לא נאמר אלא שכני עפר
מי שנעשה שכן לעפר בחייו חואמר ר' אלעזר זכל אדם שיש בו גסות הרוח
ישעיה כו שכינה מיללת עליו שנאמר °וגבוה ממרחק יידע דרש רב עוירא ואיתימא רבי
אלעזר טבא וראה שלא כמדת הקב"ה מדת בשר ודם מדת בשר ודם *גבוה
רואה את הגבוה ואין גבוה רואה את השפל אבל מדת הקב"ה אינו כן הוא
תהלים קלח גבוה ורואה את השפל שנא' °כי רם ה' ושפל יראה אמר רב חסדא ואיתימא
מר עוקבא כל אדם שיש בו גסות הרוח אמר הקב"ה אין אני והוא יכולין לדור
שם בעולם שנא' °מלשני בסתר רעהו אותו אצמית גבה עינים ורחב לבב אותו
לא אוכל יאל תקרי אותו אלא אתו לא אוכל יאאיכא דמתני לה אמספרי לשון הרע
שנא' מלשני בסתר רעהו אותו אצמית יבא"ר אלכסנדרי כל אדם שיש בו גסות
שם קא הרוח אפילו רוח קימעא עוכרתו שנאמר °והרשעים כים נגרש ומה ים שיש בו
כמה רביעיות רוח קימעא עוכרתו יגאדם שאין בו אלא *רביעית(ב) אחת עאכ"ו
ידא"ר חייא בר אשי אמר רב ת"ח צריך שיהא בו אחד משמונה בשמינית א"ר
הונא בריה דרב יהושע ומעטרא ליה כי סאסא לשבולתא אמר רבא אבשמתא
דאית ביה ובשמתא דלית ביה א"ר נחמן בר יצחק בלא מינה ולא מקצתה טומי
ישעיה נז זוטר דכתיב ביה °תועבת ה' כל גבה לב טזאמר חזקיה אין תפלתו של אדם
משלי טז נשמעת אא"כ משים לבו כבשר שנא' °והיה מדי חדש בחדשו [וגו'] יבא כל בשר
להשתחוות וגו' א"ר זירא בשר כתיב ביה °ונרפא אדם לא כתיב ביה ונרפא
יזא"ר יוחנן אד"ם א"פר ד"ם מ"רה בש"ר ב"ושה ס"רוחה ר"מה איכא דאמרי שאול
דכתיב בשין יחא"ר אשי כל אדם שיש בו גסות הרוח לסוף נפחת שנאמר
ולשאת

כל אדם שיש בו גסות הרוח אין עפרו ננער. תימה אמאי לא חשיב האי במשנת חלק והא דאמר פרק בתרא דכתובות (דף קיא.) מתים שבחו"ל אינן חיים ותו גרסינן התם ע"ה אינן חיים אא"כ יהנו תלמידי חכמים ומלוי(ז) רביות מלינו באגדה *שאינן חיים לעולם הבא. תוס' ר"י: **אדם שאין בו אלא רביעית דם.** פר"ח הוא דם הגלול שממנו משתית הלב אין בו אלא משקל כ"ה סלעים שהיא רביעית הלוג*:
הא

[ועיין תוספות ב"מ ע: ד"ה תשיך]

[וכ"כ הערוך ערך רבע א]

בראשית כז שם לג איוב כב

תוספות שאנץ

אפי' עשה צדקה בסתר שנאמר מתן בסתר יכפה אף א) יד ליד לא ינקה. והכי אמרינן במדרש משלי (פ' י"א) כשאדם בא על אשת איש ונזדמן לו עני אחד ונתן לו פרוטה לצדקה ואומר לא היה הקב"ה מזמין לי אותו עני לעשות צדקה אלא א"כ מחל לי אותו עון על זה נאמר יד ליד לא ינקה: בכל מכל כל אברהם כתיב ביה וה' ברך את אברהם בכל. יצחק כתיב ואוכל מכל. יעקב כתיב וכי יש לי כל וי"א וכל אשר תתן לי: וגבוה ממרחק יידע [רישא דקרא] כי רם ה' ושפל יראה וגבוה ממרחק יידע. פי' הגבוה ממרחק מקודם שתבוא עליו פורענות ימים רבים יידע שכינה מתאוננת עליו כמו וידע אלמנותיו וכן ויודע בהם אנשי סכות: השם אורחותיו. הפסד מצוה כנגד שכרה:

ישעיה סו ויקרא יג

גליון הש"ם

תום' ד"ה אדם שאין בו וכו' עד סופו. כי לוג הוא ב' ליטרין וליטרא הוא מאה זוז ביהודה כדאית' בירושלמי הובא בר"ש פ"י דתרומות מ"ח נמצא לוג הוא שני מאות זוז שהם מאה סלעים בגליל ורביעית הלוג הוא כ"ה סלעים. (ברית שלום על התורה פ' כי תשא):

רס"א מ"ז

מכות יג: שבועות ז. עירובין נג. זבחים קו. מנחות נט: ע"ז נה:

[כלאים מגילה כט.]

[שבע תיבות הללו לא נזכרו בע"י]

[גירסת הילקוט שוכני בעפר לא נאמר וכו']

[נ"ל השפל. רש"ל]

[פי' אדם גדול הולך כבוד למי שהוא גדול כמותו ערוך ערך גב ז]

[שבת לה:]

הגהות הב"ח

(א) גמ' דכתיב בה מתן בסתר: (ב) שם אלא רביעית אחת. תז"מ וכ"ב ס"א דם: (ג) רש"י ד"ה דבשלמא בכל מכל כל רבותא: (ד) ד"ה גבוהה וכו' שבולת ימלו כשבולת שראשה נראית: (ה) ד"ה אחד משמונה וכו' עוכלא. נ"ב ול"ע בב"ב דף צ' דמפרש שם מהו עוכלא: (ו) ד"ה בשר וכו' רפואה למכותיו לרוח קימעא עוכרתו הס"ד: (ז) תוס' ד"ה כל וכו' ומלוי ברבית מלינו:

כב א מיי' פ"א מהל' דעות הלכה ז:
כג ב מיי' פ"א מהל' סוטה הלכה ד ה סמג עשין נו טוש"ע אה"ע סי' קעח סעיף ו:

תורה אור

ולשאת ולספחת א*ואין שאת אלא לשון גבוה שנא' ועל [כל] ההרים הרמים ועל [כל] הגבעות הנשאות בואין ספחת אלא טפילה שנאמר ספחני נא אל אחת הכהונות לאכל פת לחם ג*א"ר יהושע בן לוי בא וראה כמה גדולים נמוכי הרוח לפני הקב"ה שבשעה שבית המקדש קיים אדם מקריב עולה שכר עולה בידו מנחה שכר מנחה בידו אבל מי שדעתו שפלה מעלה עליו הכתוב כאילו הקריב כל הקרבנות כולם שנאמר זבחי אלהים רוח נשברה ולא עוד אלא שאין תפלתו נמאסת שנאמר לב נשבר ונדכה אלהים לא תבזה ד*ואמר ריב"ל אכל השם אורחותיו בעולם הזה זוכה ורואה בישועתו של הקב"ה שנאמר ושם דרך אראנו בישע אלהים אל תקרי (א)ושם אלא ושם דרך: [כיצד מקנא לה כו']: ההא גופא קשיא אמרת אמר לה בפני שנים אל תדברי עם איש פלוני זה אלמא דבור סתירה הוא והדר תני דיברה עמו עדיין מותרת לביתה ומותרת לאכול בתרומה אלמא דבור לא כלום הוא אמר אביי והכי קאמר אל תדברי ודברה אל תדברי ונסתרה (ולא כלום) אל תסתרי ודברה עמו עדיין מותרת לביתה ומותרת לאכול בתרומה נכנסה עמו לבית הסתר ושהתה כדי טומאה אסורה לביתה ואסורה לאכול בתרומה:

ויקרא יד · ישעיה ב · שמואל א ב · תהלים נא · שם · שם נ · סוטה ל"ג · דברים כד

א

ב ואם מת חולצת: אמאי תתייבם נמי יבומי אמר רב יוסף אמר קרא ויצאה מביתו והלכה והיתה לאיש אחר ולאיש אחר ולא ליבם א"ל אביי אלא מעתה חליצה נמי לא תיבעי א"ל אילו איתיה לבעל מי לא בעיא גט השתא נמי תיבעי חליצה ואית דאמרי אמר רב יוסף רחמנא אמר ויצאה מביתו והלכה והיתה לאיש אחר דלא ליסתריה לביתיה ואת אמרת תתייבם נמי יבומי אמר ליה אביי אלא מעתה לאחר לא תינשא דלא תיסתריה לביתיה אמר ליה מי

ולשאת ולספחת. על ידי שמנשא עצמו בא לידי ספחת שאינו עיקר באנשים אלא נספח וטפל: **טפילה.** דבר שאינו חשוב בעצמו אלא נטפל באחרים: **ספחני נא.** אספני נא(ב) בנבואת בית עלי משתעי קרא אעמיד כהנים גדולים אחרים שיוציאו את כהני זרעך מגדולתם ויצטרכו לבקש מהם לאוספם ולקולטם אצלם: **אל אחת הכהונות.** באח' מן המשמרות: **שכר עולה בידו.** ולא שכר קרבן אחר: **זבחי.** כל הזבחים במשמע: **השם אורחותיו.** מחשב הפסד מצוה כנגד שכרה: (*אמר לה בפני שנים אל תדברי עם איש פלוני ודברה עמו. שלא ביחוד: **עדיין מותרת לביתה.** לשמש ביתה לשון תשמיש הוא: **אסורה לביתה ואסורה לאכול בתרומה.** עד שתשתה ולקמן בפ' כשם שהמים בודקין (דף כח.) יליף מונטמאה ונטמאה שלש פעמים אחד לבעל ואחד לבועל ואחד לתרומה: **ואם מת בלא בנים.** עד שלא השקה: **חולצת ולא מתייבמת.** בגמרא מפרש טעמא): **הא גופא קשיא אמרת כיצד מקנא לה אמר לה בפני שנים כו'.** קס"ד אמר לה כו' היינו פירושא דכיצד מקנא לה אמר לה בפני שנים כו' ואשמועינן דזהו הקינוי: **אלמא דיבור סתירה היא.** אפי' מדברת עמו בשוק סתירה חשיב לה מדקאמר זה הקינוי דאי לאו דסתירה הוא ולא מיתסרא בה מאי קינוי איכא ולמה לי דמתרה בה: **והדר תני.** דכי עברה על התראתו ודברה עמו מותרת לביתה: **אמר אביי הכי קאמר.** אמר לה לאו פירושא דכיצד מקנא לה הוא אלא תרתי קתני וה"ק אמר לה אל תדברי ונסתרה או דברה אע"פ שעברה על קינויו אלא דיבור או אם דברה עמו אחר קינוי גמור דאל תסתרי עדיין באחת משתי אלו מותרת לבעלה אבל עברה על קינויו אבל סתירה כגון שאמר לה אל תסתרי ונכנסה עמו לבית הסתר כו': **ויצאה מביתו.** לעיל מיניה כתיב כי מצא בה ערות דבר וגו' ויצאה מביתו וגו' לאיש אחר למה לי למכתב אי למשרייה לאנסובא על ידי גט כריתות לכתוב ויצאה מביתו והיתה לאיש למה לי למכתב לאחר אלא למעוטי יבמה היכא דלא גרשה בעל אחר שמצא בה ערות דבר והכי משתמעי קראי כי מצא בה ערות דבר יגרשנה בספר כריתות ויצאה מביתו כלומר ובכל צד שתצא מביתו בין ע"י גירושין בין ע"י מיתה אם באת לינשא לאיש אחר תנשא ולא ליבם שאינו אחר אלא נשואין של זו שמכח נשואי ראשון היא נזקקת לו: **אי הכי חליצה נמי לא תיבעי.** דהא פטרה רחמנא ושרייה לאיש אחר בכל ענין שתצא מביתו אחר שנמצא בה ערות דבר: **אילו איתיה לבעל.** מי משתריא בלא גט הא כתיב וכתב לה ספר כריתות אפי' מצא בה ערות דבר כריתות בעיא השתא נמי בעי' חליצה דיבם במקום בעל קאי: **אית דאמרי.** דהכי שני רב יוסף לעיל רחמנא אמר כו' צוה לבעלה לגרש' מביתו כשמצא בה ערות דבר כי היכי דלא תיסתרי' לביתיה כדאמר לעיל* זנותא בביתא כי קריא לשומשמא:
מי

[שבועות ו:] · כפול הוא במתני' · מ"ק ה. · [דף ג:]

הא גופא קשיא. תימה לרבי אמאי לא נקט הכא לישנא דריש מס' מכות (דף ב.) כיצד העדים נעשים זוממין כיצד אין העדים נעשים זוממין מבעי ליה הכא נמי הוה ליה למימר הכי כיצד מקנא לה כיצד אין מקנא לה מבעי ליה והתם מתרץ שפיר אבל הכא אפילו לפי התירוץ הוה ליה למיתני כיצד אין מקנא לה ונראה דלהכי לא פריך הכא משום דמצי למימר אל תדברי דרישא פירושו סתירה דהיינו קינוי גמור ואתי שפיר לישנא דכיצד מקנא לה ולא קשיא מידי אלא רישא לסיפא וה"פ הכא אלמא פירוש דמתני' דדיבור סתירה הוא מדקתני כיצד מקנא ולשון נקי הוא כדתנן בפרק קמא דכתובות (דף יג.) ראוה מדברת ומפרש בגמ' מאי מדברת נסתרה א"כ תיקשי סיפא דקתני דיברה עדיין מותרת לביתה ואי פירוש דדיבור דמתניתין סתירה אמאי מותרת אלא דיבור ממש הוא ולפי הירושלמי משמע דבעי לתרולי דדיבור דרישא סתירה אלא דנקט לשון נקי והכי איתא התם סוף דבר שתדבר עמו הא אם נסתרה עמו ולא דברה אין סתירתה כלום פירוש בתמיה דבורה אתא מימר לך אפי' דברה עמו ולא נסתרה עדיין מותרת לביתה לשון נקי הוא מתני' פי' דיבור דרישא לשון נקי מיהו דסיפא אית לן למימר על כרחך דיבור ממש:

לאחר ולא ליבם. אין להקשות מפרק האשה שנפלו לה נכסים (כתובות דף פא.) בשמעתין דשומרת יבם דפריך התם והא בעינן לכשתנשאי לאחר תטלי מה שכתוב ליכי אמר רב אשי יבם כמו אחר דמי דלענין לשון תנאי ב"ד שוייה כאחר אבל באחר דקרא אין האח בכלל והכי נמי משמע בפרק אין מקדישין (ערכין דף כה:) דקתני אם מכר את השדה לאיש אחר לאחר ולא לבן או אינו אלא לאחר ולא לאח כשהוא אומר איש הרי אח אמור הא מה אני מקיים לאחר לאחר ולא לבן דמשמע טעמא דכתיב איש הא לאו הכי לא הוי אח בכלל אחר וכ"ש גבי יבם דבא מכח נשואי אחיו דלאו אחר הוא והכי אמרינן נמי בפ"ק דקידושין (דף יג:) אמר קרא פן ימות במלחמה ואיש אחר יקחנה מתקיף לה רב שישא בריה דרב אידי אימא מאן אחר יבם ומשני דיבם לא מקרי אחר *אבל קשיא מפרק האומר (קדושין דף סז:) דנפקא לן מהכא בפרק האומר דלא תפסי קדושין באחות אשה אימר דאיצטריך קרא דוקא ליבם (ג)*משום דרמיא עליה ליבומי כדאמרי' בשמעתין ואכתי אחות אשה מנלן ועוד תקשה דהכא אע"ג דכתיב איש אחר ממעטינן יבם ובערכין מרבינן יבם מאיש וממעטינן בן מאחר וא"ת מאיש ממעטינהו בפ' האומר (ג"ז שם) קרובים ומלאחר יבם סוף סוף ואיש אחר יקחנה מאי דרשת ביה: **לאחר ולא ליבם.** אי קשיא והא האי קרא בסוטה ודאי ע"י עדים כתיב דילפינן דבר דבר מממון בסוף מסכת גיטין (דף צ.) וסוטה ודאי אמר בפ"ק דיבמות (דף יא:) דפטורה בלא חליצה משום דכתיב בה טומאה כעריות תריץ דלאחר לא איצטריך למיכתב אלא ליוצאת משום סתירה כיון דנפקא לן סוטה ודאית מטומאה דכתיב בה: **אילו איתיה לבעל מי לא בעיא גט.** הקשה רבי בשם ר' אברהם בר מרדכי ז"ל והא סוטה ודאית ואיילונית היכא דהכיר בה ואשת סרים דבעו גט מבעל היכא דאיתיה ואפ"ה פטורות מיבם בלא חליצה ויש לתרץ סוטה ודאית לא דמיא להכא(ד) כיון דטומאה סתם הרי היא כערוה גמורה דגזירת הכתוב הוא דפטורות ואשת סרים ואיילונית היכא דאיתיה לבעל שרו ליה ואפ"ה אימעוט בפ"ק דיבמות *מדין יבום דלא נריך בהו כלל אבל סוטה ספק לא אימעוט אלא גבי איסורא דבעל וקמשמע לן קרא כיון דבא מכח נשואי אחיו הרי הוא במקום בעל דאסורה לו ליבם אבל חליצה בעיא:

דלא ליסתריה לביתיה ולא אמרת תתייבם נמי יבומי. רבינו חננאל הטעים דבריו ופריש ורחמנא אמר אשר לא יבנה לבנות ולא לסתור:
מי

סנהדרין מג: ע"ש · [ועיין תוס' קידושין יג: ד"ה תלה ותוס' כתובות פא. ד"ה יבם] · עי' רש"ל · [דף יב. וכד.]

הגהות הב"ח
(א) גמ' אל תקרי ושם. נ"ב ושם בשי"ן כמו מי שם פה לאדם פירושו ששם דרכו בדרכי השם אל תקרי ושם בשי"ן אלא בשי"ן מענין שומת ב"ד: (ב) רש"י ד"ה ספחני וכו' נא (בנבואת) תז"מ ונ"ב ס"א בגזירת: (ג) תוס' ד"ה לאחר וכו' דוקא ליבם כדאמרי' בשמעתין כנ"ל ותיבות משום דרמיא עליה ליבומי נמחק: (ד) ד"ה אילו וכו' לא דמיא להכא דכיון דטומאה כתיב בה הרי היא כערוה גמורה וגזירת וכו' ואפ"ה אימעוט בפרשת יבמין מדין:

בדיני הנגעים: "וְלַשְׂאֵת וְלַסַּפַּחַת" (ויקרא יד, נו), וְאֵין "שְׂאֵת" אֶלָּא לְשׁוֹן גָּבוֹהַּ, שֶׁנֶּאֱמַר: "וְעַל כָּל הֶהָרִים הָרָמִים וְעַל כָּל הַגְּבָעוֹת הַנִּשָּׂאוֹת" (ישעיה ב, יד). וְאֵין "סַפַּחַת" אֶלָּא לשון טְפֵילָה (נספח), שֶׁנֶּאֱמַר: "סְפָחֵנִי נָא אֶל אַחַת הַכְּהֻנּוֹת לֶאֱכֹל פַּת לָחֶם" (שמואל א ב, לו), לרמז שמי שקודם מתנשא ("ולשאת") לבסוף נעשה ספחת (טפל) בלבד. אָמַר ר' יְהוֹשֻׁעַ בֶּן לֵוִי: בֹּא וּרְאֵה כַּמָּה גְּדוֹלִים נְמוּכֵי הָרוּחַ לִפְנֵי הַקָּדוֹשׁ בָּרוּךְ הוּא, שֶׁבְּשָׁעָה שֶׁבֵּית הַמִּקְדָּשׁ קַיָּים אָדָם מַקְרִיב קרבן עוֹלָה — שְׂכַר עוֹלָה בלבד בְּיָדוֹ, מִנְחָה — שְׂכַר מִנְחָה בְּיָדוֹ. אֲבָל מִי שֶׁדַּעְתּוֹ שְׁפָלָה — מַעֲלֶה עָלָיו הַכָּתוּב כְּאִילּוּ הִקְרִיב את כָּל הַקָּרְבָּנוֹת כּוּלָּם, שֶׁנֶּאֱמַר: "זִבְחֵי אֱלֹהִים רוּחַ נִשְׁבָּרָה" (תהלים נא, יט), משמע, מי שרוחו נשברה הריהו כמקריב את כל הזבחים ("זבחי אלקים") כולם. וְלֹא עוֹד אֶלָּא שֶׁאֵין תְּפִלָּתוֹ נִמְאֶסֶת, שֶׁנֶּאֱמַר בסוף הפסוק: "לֵב נִשְׁבָּר וְנִדְכֶּה אֱלֹהִים לֹא תִבְזֶה" (שם). וְעוֹד אָמַר ר' יְהוֹשֻׁעַ בֶּן לֵוִי: כָּל הַשָּׂם (מעריך, ומודד) אוֹרְחוֹתָיו בָּעוֹלָם הַזֶּה — זוֹכֶה וְרוֹאֶה בִּישׁוּעָתוֹ שֶׁל הַקָּדוֹשׁ בָּרוּךְ הוּא, שֶׁנֶּאֱמַר: "וְשָׂם דֶּרֶךְ אַרְאֶנּוּ בְּיֵשַׁע אֱלֹהִים" (תהלים נ, כג), אַל תִּקְרֵי "וְשָׂם" (ב־שׂ) אֶלָּא "וְשָׁם (ב־ש) דֶּרֶךְ".

א שנינו במשנה: **כֵּיצַד מְקַנֵּא לָהּ?** — אמר לה: "אל תדברי עם איש פלוני" וכו'. על לשון המשנה שואלים: **הָא גּוּפָא קַשְׁיָא** [היא עצמה קשה], שכן **אָמְרַתְּ: אָמַר לָהּ בִּפְנֵי שְׁנַיִם "אַל תְּדַבְּרִי עִם אִישׁ פְּלוֹנִי זֶה" — אַלְמָא** [מכאן] **שֶׁדִּבּוּר סְתִירָה הוּא**, שנחשב כאילו נסתרה עימו ונאסרת על בעלה, **וַהֲדַר תָּנֵי** [וחוזר ושנה]: **דִּיבְּרָה עִמּוֹ**, עם האיש שהוזהרה עליו — **עֲדַיִין מוּתֶּרֶת לְבֵיתָהּ, וּמוּתֶּרֶת לֶאֱכוֹל בִּתְרוּמָה, אַלְמָא** [מכאן] **שֶׁדִּבּוּר לֹא כְלוּם הוּא**, שהרי אם נסתרה ודאי אסורה עליו! **אָמַר אַבַּיֵי: הָכִי קָאָמַר** [כך אמר], כך יש להבין את דברי המשנה: אמר לה **"אַל תְּדַבְּרִי" וְדִבְּרָה, אוֹ "אַל תְּדַבְּרִי" וְנִסְתְּרָה — הֲרֵי זֶה וְלֹא כְלוּם**, שמה שאסר עליה דיבור איננו קינוי של ממש. אמר לה **"אַל תִּסָּתְרִי עִם אִישׁ פלוני", וְדִבְּרָה עִמּוֹ** בלא להיסתר — **עֲדַיִין מוּתֶּרֶת לְבֵיתָהּ וּמוּתֶּרֶת לֶאֱכוֹל בִּתְרוּמָה**. אולם אם **נִכְנְסָה עִמּוֹ לְבֵית הַסֵּתֶר וְשָׁהֲתָה** עמו **כְּדֵי טוּמְאָה, אז אֲסוּרָה לְבֵיתָהּ וַאֲסוּרָה לֶאֱכוֹל בִּתְרוּמָה**.

ב שנינו במשנה **שאִם מֵת הבעל** לאחר שנסתרה בלא שנבדקה, ונפלה לפני היבם — **חוֹלֶצֶת** ולא מתייבמת. ושואלים: **אַמַּאי** [ומדוע]? **תִּתְיַיבֵּם נַמִי יַבּוּמֵי** [גם כן], שהרי לא היה כאן אלא חשד בלבד, וכיון שלא הוכח החשד מדוע תיאסר על היבם? **אָמַר רַב יוֹסֵף: אָמַר קְרָא** [הכתוב] לענין גירושין: "כי מצא בה ערות דבר... **וְיָצְאָה מִבֵּיתוֹ וְהָלְכָה וְהָיְתָה לְאִישׁ אַחֵר**" (דברים כד, א–ב), שמדובר באשה שיש בה ערות דבר, אף שלא הוכח שזנתה, שבעלה מגרש אותה. ויש לדייק: יכולה היא להיות אשה **לְאִישׁ אַחֵר** ואולם הריהי **לֹא** יכולה להיות אשה **לַיָּבָם**, שאינו נחשב "אחר" אלא כבא במקום אחיו. **אָמַר לֵיהּ** [לו] **אַבַּיֵי: אֶלָּא מֵעַתָּה** אם יש להסיק להלכה מלשון הכתוב "איש אחר" ולא יבם — **חֲלִיצָה נַמִי** [גם כן] **לֹא תִּיבָּעֵי** [תצטרך] מן היבם, שהרי משמע שיכולה להינשא לאחר ואינה עומדת כלל ליבום! **אָמַר לֵיהּ** [לו] רב יוסף: **אִילּוּ אִיתֵיהּ** [ישנו] **לַבַּעַל** בחיים, **מִי** [האם] **לֹא בָּעֲיָא** [צריכה היתה] ממנו **גֵּט** כדי להתיר את עצמה לכל אדם, על אף שנאסרה עליו? **הָשְׁתָּא נַמִי תִּיבָּעֵי** [עכשיו גם כן תצטרך] **חֲלִיצָה** כדי להתיר את הקשר שהיה לה עם היבם, אבל להתייבם אסור לה. **וְאִית דְּאָמְרִי** [ויש שאומרים] בנוסח אחר, **אָמַר רַב יוֹסֵף: רַחֲמָנָא אָמַר** [התורה אמרה] על אשה שמצא בה ערות דבר **"וְיָצְאָה מִבֵּיתוֹ וְהָלְכָה וְהָיְתָה לְאִישׁ אַחֵר"** והכוונה היא — **שֶׁלֹּא לִיסַתְּרֵיהּ לְבֵיתֵיהּ** [יסתור, יחריב את ביתו] על ידי חיים עם אשה רעה זו, **וְאַתְּ אָמְרַתְּ תִּתְיַיבֵּם נַמִי יַבּוּמֵי** [ואתה אומר תתייבם גם כן]? אבל חליצה מן היבם חייבת. **אָמַר לֵיהּ** [לו] **אַבַּיֵי: אֶלָּא מֵעַתָּה** שאנו חוששים שאשה זו פרוצה ועלולה להחריב בית בעלה, אם כן **לְאַחֵר** גם כן **לֹא תִּינָּשֵׂא, שֶׁלֹּא תִּיסַתְּרֵיהּ לְבֵיתֵיהּ** [תסתור את ביתו]! **אָמַר לֵיהּ** [לו] רב יוסף:

מסורת הש"ס

א. שבועות ו,ב. ירושלמי שבועות פ"א ה"א. ילק"ש תורה תקנא.
ב. שם. תו"כ יג, ב.
ג. סנהדרין מג,ב. תנדבא"ר פי"ח (בשינוי קל). ילק"ש נ"ך תשסו.
ד. מו"ק ה,א. ויק"ר פ"ט ג. ילק"ש שם תשסג.
ה. ראה ירושלמי סוטה פ"א ה"א.
ו. ראה כתובות פא,א. קדושין יג,ב.

גרסות

שבשעה שבית המקדש יש בכת"י ועוד: **שבזמן שבית המקדש.**

ונסתרה ולא כלום יש שמחקו "ולא כלום", אבל בכת"י ובמקורות יש כגרסה זו.

ואם מת חולצת בכת"י יש: **ואם מת חולצת ולא מתייבמת.**

לאיש אחר ולא ליבם ויש בכת"י ועוד: **לאחר ולא ליבם** ויש שגרסו: **ולא ליבם.**

דלא ליסתריה ויש בכת"י: **דלא תסתריה.**

עיונים

ולשאת ולספחת כתב המהרש"א שמה שלא הביא פסוק קודם (ויקרא יג, ב) שבו יש גם כן סמיכות המלים שאת וספחת, הוא משום שפסוק ראשון נאמר לגופו, ופסוק זה שהוא לכאורה יתור בא ללמד לדברים נוספים. ועוד כתב כי עיקר הדבר אינו רק לימוד משימוש המילים אלא מעצם הענין, שהרי נגע צרעת בא על מי שמתגאה, וכעונש על כך הוא נדחה ונעשה כטפל.

אין תפילתו נמאסת ולכאורה מה טעם יעלה על הדעת שתהא תפילתו של אדם נמאסת? ויש לומר שפעמים מתפלל אדם על דבר, ומשמים אין ממלאים בקשתו לפי שיודעים שעל ידי כך תבוא לו רעה ולא טובה, אבל נמוכי הרוח עושה להם הקדוש ברוך הוא מעין בקשתם ואינם מרגישים דחויים מכל וכל (בן יהוידע). ויש שכתב שצריך להבין את הדברים מעין המזמור, שהרי מדובר שם על חטא שחטא דוד במזיד, וחטא כזה אם מביא עליו כל קרבן שהוא — אין קרבנו נרצה, ולכן אמר כי נמוכי הרוח מתכפר להם בכל זאת ואין תפילתם על כך נמאסת (ענף יוסף).

השם אורחותיו רש"י פירש שענינו שמחשב שכר מצוה כנגד הפסדה וכו' ובשפת אמת כתב שיש להוסיף ולומר שהשָׂם אורחותיו הוא זה שמחשב גם את המצוות שעושה, שפעמים אף דבר מצוה יכול לגרום למכשול מצד אחר, וצריך אדם לחשב היטב כיצד ומתי יעשה מצוותיו. ובבן יהוידע כתב, שמדובר במי שמחשב את המאורעות העוברים עליו, ורואה שאינם מקרים אלא בהשגחה פרטית, ויסורים שבאים עליו הם למירוק עוונות, ומשום כך זוכה לראות בישועה.

אלמא דבור סתירה הוא וכו' אף בתלמוד הירושלמי נשאלה שאלה זו, ושם תירצו כי "דיבור" האמור כאן הוא לשון נקיה, והכוונה היתה שלא תסתר עם אותו אדם (ומעין זה תירצו לענין אחר במסכת כתובות בבבלי יג, א) וכבר העירו בתוס' (ד"ה הא) שאף לפי התלמוד הירושלמי צריך לומר שרק מה שאמר "אל תדברי" הוא בלשון נקיה, אבל מה שנאמר אחר כך "ודיברה עמו" פשוטו כמשמעו דיבור ממש. וראה בקרן אורה שכתב כי יש לומר שיש מחלוקת בענין זה בין התלמוד הירושלמי והתלמוד הבבלי ולדעתו סבור הבבלי, שאם יאמר לה בלשון "אל תדברי" אף שכוונתו לסתירה — לא ייחשב הדבר לקינוי.

אמר אביי הכי קאמר וכו' בתוהרא"ש שאל: מפני מה לא אמר אביי כאן "חסורי מחסרא והכי קתני"? , שהרי הוא מתקן לשון המשנה בדרך זו! ותירץ כי בלשון "חסורי מחסרא" משתמשים רק כאשר האמורא מוסיף בתוך המשנה דין חדש שלא נזכר בה בנוסחה הראשון. אבל כאן אין אביי מוסיף דין חדש אלא מתקן את הלשון בלבד.

תתייבם נמי יבומי הרא"ש במסכת יבמות הקשה: הרי הגמרא ביבמות אומרת שסוטה נאמרה בה לשון טומאה כערוה, ואין בה כלל דין ייבום! והוא מסיק, לשון טומאה ואיסור יבום לא נאמרו אלא בסוטה ממש, כלומר באשה שברור, שזנתה על בעלה. אבל כאן אין מדובר אלא בסוטה מספק, ואף שגם בזו נאמרה לשון טומאה, מכל מקום אין זה אלא להחמיר עליה שתאסר לבעלה ותרומה וכו' מפני הספק, אבל אין כוחו של ספק זה יפה כדי להקל עליה ולפוטרה לגמרי מזיקת היבום, ומשום כך צריכה חליצה. ואחרונים האריכו בביאור שיטת הרא"ש, בעיקר על סמך שיטתו הכללית שספיקא דאורייתא לחומרא הוא מן התורה (ראה כרם נטע. מרומי שדה. אור שמח ועוד). ולשיטת הראב"ד סוגיית הגמרא שלנו חולקת על הגמרא ביבמות, והוא אף סבור (שלא כשיטת התוס', שם) כי גם סוטה ממש אינה נפטרת מן החליצה, אלא שאסורה להתייבם. ולפי זה אין פטורה מייבום דומה כלל לפטורן של כל העריות. ונראה כי שיטת התלמוד הירושלמי בזה שונה, לפי ששם נאמר שמריבוי המקראות (ונטמאה ונטמאה) למדים לאוסרה ליבם, ואם כן יש בדבר כתוב מפורש ואין צורך בטעמים המובאים כאן.

לאיש אחר ולא ליבם ראה בתוס' (ד"ה לאחר, הראשון) שדנו בשאלה שכבר בגמרא עסקו בה, והיא נושא לדיון בין הראשונים והאחרונים: מדוע במקומות מסויימים דורשים "לאחר" — ולא ליבם, ואילו בענינים אחרים אין למדים כן. וראה במה שכתבו בתוס' כאן. ובתוהרא"ש מסביר כי יש לחלק בין לשון תורה ללשון חכמים, שבלשון תורה אין יבם בכלל "אחר", אבל בלשון חכמים "אחר" הריהו כל איש שאינו בעלה. והמאירי בכתובות אומר שיש לחלק בלשון "איש אחר" שהיבם אינו נחשב לגמרי לאיש אחר, אלא שיש צדדים בדבר ולענינים מסוימים נחשב כממלא מקומו של הבעל ממש, ובדברים אחרים נחשב כזר. וברמת שמואל בכתובות כתב כי מלשון "איש אחר יקחנה" למדים שמדובר במקום שיש לקוחים — בכסף, ודבר זה מוציא את היבם שקונה את היבמה בביאה ולא בכסף.

אורח ההלכה

השם אורחותיו הדרך הישרה היא הדרך הבינונית שיש בכל מידה ומידה, לכן ציוו חכמים שיהא אדם, שם דעותיו תמיד ומשער ומכוון אותן בדרך האמצעית. (רמב"ם ספר מדע הלכות דעות פ"א ה"ד).

אל תדברי ודיברה וכו' אמר לאשתו בפני שנים "אל תדברי עם פלוני" אין זה קינוי, ואפילו נסתרה עימו לאחר מכן. וכן אם אמר לה "אל תסתרי עם פלוני" ודיברה עימו בפני עדים — הרי זו מותרת. (רמב"ם ספר נשים הלכות סוטה פ"א ה"ד-ה. שו"ע אה"ע קעח, ו).

מִי קָא רָמֵינַן לָהּ עֲלֵיהּ בְּעַל כָּרְחֵיהּ [האם מטילים אנו אותה עליו בעל כורחו לשאת אותה? הרי מי שנושאה עושה כן מרצונו. אבל היבם שהיא מוטלת עליו בעל כורחו, אמרה התורה שאם נסתרה לא יהיה לו חיוב לייבמה. וכיון שאין מצוה בדבר, ממילא הרי היא עליו כאשת אחיו. **וְאִיכָּא דְּאָמְרִי** [ויש שאומרים] שכך **אָמַר רַב יוֹסֵף: הַכָּתוּב קְרָאוֹ** למי שנשאה אחרי שהתגרשה מבעלה הראשון **"אַחֵר"** ("והלכה והיתה לאיש אחר". דברים כד, ב), לומר **שֶׁאֵין** הוא **בֶּן זוּגוֹ שֶׁל רִאשׁוֹן, שֶׁזֶּה** בעלה הראשון **הוֹצִיא רְשָׁעָה מִבֵּיתוֹ** (שהרי הוציאה משום "ערות דבר") **וְזֶה הִכְנִיס רְשָׁעָה לְתוֹךְ בֵּיתוֹ, וְאַתְּ אָמְרַתְּ תִּתְיַבֵּם נַמִּי יַבּוּמֵי** [ואתה אומר תתייבם גם כן] למרות רצונו של היבם?! **אָמַר לֵיהּ** [לו] **אַבַּיֵי: אֶלָּא מֵעַתָּה** לפי פירוש זה, אם **נִשֵּׂאת לְאַחֵר** ונהגה תחתיו בצניעות, **וּמֵת בְּלֹא בָּנִים — לֹא תִּתְיַבֵּם** לאחיו של בעלה השני, **שֶׁהַכָּתוּב קְרָאוֹ** למי שנשא אותה **"אַחֵר"** בלשון גנאי! השיב לו: **גַּבֵּיהּ דְּהַאי מִיהָא** [אצל זה, הבעל השני, על כל פנים] **בְּשֵׁם טוֹב הֲוָה קַיְּימָא** [היתה עומדת], וכיון שלגביו היתה אשה כשירה, הריהי מתייבמת לאחיו. **רָבָא אָמַר:** זה שאין הסוטה מתייבמת **קַל וָחוֹמֶר** הוא: **אִם נֶאֶסְרָה בַּמּוּתָּר לָהּ** (בבעלה) — **בְּאָחִי** בעלה שהוא היבם שהיה **אָסוּר לָהּ** קודם שמת האח, משום אשת אחיו — **לֹא כָּל שֶׁכֵּן** שתיאסר? **אָמַר לֵיהּ** [לו] **אַבַּיֵי: אֶלָּא מֵעַתָּה,** לפי קל וחומר זה, **כֹּהֵן גָּדוֹל שֶׁקִּידֵּשׁ אֶת הָאַלְמָנָה,** שלמרות שאסורה עליו, קידושיו תופסים בה, **וּמֵת** לפני שנשאה, **וְיֵשׁ לוֹ אָח כֹּהֵן הֶדְיוֹט** שמותר באלמנה, **לֹא תִּתְיַבֵּם** אשה זו, כי נאמר באותו אופן: **אִם נֶאֶסְרָה בַּמּוּתָּר לָהּ** בבעלה הכהן הגדול שהיה אסור באלמנה, אם כן **בָּאָסוּר לָהּ** באחיו היבם שהיתה אסורה לו כל עוד אחיו חי, **לֹא כָּל שֶׁכֵּן** שתיאסר! ודוחים: וכי על זו אתה אומר **נֶאֶסְרָה**?! **הָא אֲסִירָא וְקַיְּימָא** [הרי האלמנה אסורה היא ועומדת] ולא מחמת קלקול שהיה בתוך הנישואין נאסרה! ועוד יש לדחות קל וחומר זה: וכי אפשר לומר על בעלה הכהן הגדול **"מוּתָּר לָהּ"**?! הרי **אָסוּר לָהּ הוּא** מאז ומתמיד! ואם כן אין השאלה מן הענין כלל. **אֶלָּא** כך צריך לשאול: **אֵשֶׁת כֹּהֵן שֶׁנֶּאֶנְסָה** שבעלה הכהן אסור בה, **וּמֵת** הבעל, **וְיֵשׁ לוֹ אָח חָלָל** שהוא אחיו מאביו, אבל אמו היתה גרושה. ואח זה, אף שהוא בנו של כהן בטלה ממנו קדושת כהונה, ודינו כישראל שמותר באשתו שנאנסה, **לֹא תִּתְיַבֵּם.** ומדוע? — שאִם **נֶאֶסְרָה בַּמּוּתָּר לָהּ,** בבעלה — **בָּאָסוּר לָהּ,** אחיו כל עוד הוא עצמו חי, **לֹא כָּל שֶׁכֵּן?** ומשיבים: כאן אין קל וחומר זה תופס, כי **אוֹנֶס** (אשה אנוסה) לבעלה **בְּיִשְׂרָאֵל מִישְׁרָא שָׁרֵי** [מותר הוא], **וְגַבֵּי דְּהַאי מִיהָא לֵיכָּא אִיסּוּרָא** [ואצל זה, האח החלל, על כל פנים אין איסור] אף אם היא היתה אשתו ונאנסה, לא היה אסור בה, שהרי הוא כישראל מאחר ונתחלל.

א משנה

וְאֵלּוּ נשים החשודות בזנות **שֶׁאֲסוּרוֹת מִלֶּאֱכוֹל בִּתְרוּמָה** אם היה הבעל כהן: האשה **הָאוֹמֶרֶת "טְמֵאָה אֲנִי לָךְ",** שהודתה שנבעלה לאיש אחר. או **שֶׁבָּאוּ עֵדִים** ומעידים **שֶׁהִיא טְמֵאָה, וְהָאוֹמֶרֶת "אֵינִי שׁוֹתָה"** את המים המרים, **וְזוֹ שֶׁבַּעְלָהּ אֵינוֹ רוֹצֶה לְהַשְׁקוֹתָהּ** אף על פי שקינא לה ונסתרה, **וְזוֹ שֶׁבַּעְלָהּ בָּא עָלֶיהָ בַּדֶּרֶךְ** כשהלך להשקותה את המים המרים.

ב גמרא

אָמַר רַב עַמְרָם: הָא מִילְּתָא [דבר זה] **אָמַר לָן** [לנו] **רַב שֵׁשֶׁת, וְאַנְהַר לָן עַיְינִין מִמַּתְנִיתִין** [והאיר לנו עינינו ממשנתנו] להראות שדבריו רמוזים בה, וכך אמר: **סוֹטָה שֶׁיֵּשׁ לָהּ עֵדִים בִּמְדִינַת הַיָּם** שהיא טמאה — **אֵין הַמַּיִם בּוֹדְקִין אוֹתָהּ** ואף שחטאה אין היא ניזוקת, משום שהיא יכולה לידון בדיני אדם, ואין צורך בהוכחה שבדרך נס. **מַאי טַעֲמָא** [מה טעם] הדבר — **שֶׁאָמַר קְרָא** [הכתוב] **"וְנִסְתְּרָה וְהִיא נִטְמָאָה וְעֵד אֵין בָּהּ"** (במדבר ה, יג), להדגיש שאין דין סוטה אלא בזו **דְּלֵיכָּא** [שאין] **מִי שֶׁיָּדַע בָּהּ, לְאַפּוּקֵי הָא, דְּהָא אִיכָּא** [להוציא את זו, שהרי יש] **מִי שֶׁיָּדַע בָּהּ. וְאַנְהַר לָן עַיְינִין מִמַּתְנִיתִין** [והאיר לנו רב ששת עינינו ממשנתנו], **דְּקָתָנֵי** [ששנה] בה: **וְשֶׁבָּאוּ לָהּ עֵדִים שֶׁהִיא טְמֵאָה** אסורה לאכול תרומה. ונברר: **דְּאָתוּ** [שבאו] **עֵדִים** אלה **אֵימַת** [מתי]? **אִי נֵימָא מִקַּמֵּי דְּתִשְׁתֵּי** [אם נאמר שבאו מלפני שתשתה] אם כן מה חידוש יש בכך שאסורה בתרומה? הלא **זוֹנָה הִיא! אֶלָּא** ודאי שבאו **לְבָתַר דְּשָׁתַאי** [לאחר ששתתה]. **אִי אָמְרַתְּ בִּשְׁלָמָא** [נניח אם אומר אתה] **שֶׁאֵין הַמַּיִם בּוֹדְקִין אוֹתָהּ** במקרה כזה — **שַׁפִּיר** [יפה] אמרה המשנה שאינה אוכלת בתרומה מפני שסומכים על העדים שאמרו שנטמאה. **אֶלָּא אִי** [אם] **אָמְרַתְּ שֶׁמַּיִם בּוֹדְקִין אוֹתָהּ,** ונבדקה ונמצאה טהורה — **תִּיגְלֵי מִילְּתָא** [יתגלה הדבר] **לְמַפְרֵעַ דְּסָהֲדֵי שַׁקְרֵי נִינְהוּ** [שעדי שקר הם], שהרי בדקוה המים והוכח שטהורה היתה ומדוע תיאסר בתרומה?! **אָמַר לֵיהּ** [לו] **רַב יוֹסֵף** לרב ששת: **לְעוֹלָם אֵימָא** [יכול אני לומר] **לָךְ שֶׁמַּיִם בּוֹדְקִין אוֹתָהּ** אם היו העדים במדינת הים, **וְהָא** [וזו] שנבדקה ונמצאה טהורה — **אֵימוּר** [אמור] **זְכוּת** שהיתה לה **תּוֹלָה** (משהה) **לָהּ** את גזר הדין, שלא תנזק מהמים מיד. ומסבירים: **בְּמַאי קָמִיפַּלְגִי** [במה חולקים] רב ששת ורב יוסף — **בְּזוֹ** שהזכות תולה לה שלא מתה מיד, אלא **מִתְנַוְּונָה** [מתנוונת, חולה], על דרך שאמר **רַבִּי. דִּתְנַן** [שכן שנינו במשנה], **רַבִּי אוֹמֵר: זְכוּת תּוֹלָה בַּמַּיִם הַמָּרִים,** שגם אם האשה באמת חטאה בזנות, מפני זכות שיש לה אינה מתה מיד, **וְאוּלָם** משום החטא — **אֵינָהּ יוֹלֶדֶת וְאֵינָהּ מְשַׁבַּחַת** (מבריאה ומתייפה) כמו זו שנבדקה ונמצאה טהורה, **אֶלָּא** הריהי **מִתְנַוְּונָה** [מתנוונת] **וְהוֹלֶכֶת, עַד לְסוֹף שֶׁהִיא מֵתָה בְּאוֹתָהּ מִיתָה** הכתובה בסוטה. **רַב שֵׁשֶׁת סָבַר: בֵּין לְשִׁיטַת רַבִּי וּבֵין לְשִׁיטַת רַבָּנַן** [חכמים] החולקים עליו **הָוְיָא מִתְנַוְּונָה** [הריהי מתנוונת], ואם היו המים בודקים את זו שהיו עדיה במדינת הים — היה הדבר ניכר בה בניוון, ולכן חייבים לומר שאין בודקים אותה כלל. **וְרַב יוֹסֵף סָבַר: לְשִׁיטַת רַבִּי** במקרה שהזכות תולה לה **הָוְיָא מִתְנַוְּונָה** [הריהי מתנוונת], אבל **לְשִׁיטַת רַבָּנַן** [חכמים] **לָא הָוְיָא מִתְנַוְּונָה** [אינה מתנוונת] ואין ניכר בה כל שינוי. ולכן אין הוכחה באשה זו שלא בדקוה המים שעדים המעידים על טומאתה הם עדי שקר, שהרי ייתכן שהזכות תלתה לה. **מְתִיב** [מקשה] **רַב שִׁימִי בַּר אַשִׁי,** הרי שנינו **שר' שִׁמְעוֹן אוֹמֵר: אֵין זְכוּת תּוֹלָה בַּמַּיִם הַמָּרִים,** שאין זכות האשה בדברים אחרים מועילה להצילה מעונש זה. **וְאִם אַתָּה אוֹמֵר זְכוּת תּוֹלָה בַּמַּיִם הַמָּרִים** — אם כן **מַדְחֶה** (דוחה וממעט) **אַתָּה אֶת** כוח ההרתעה של **הַמַּיִם בִּפְנֵי כָּל הַנָּשִׁים הַשּׁוֹתוֹת,** שהן סבורות שהזכות תתלה להן, ולא ימנעו אף הטמאות מלשתות. **וְעוֹד, אַתָּה מוֹצִיא שֵׁם רַע עַל הַטְּהוֹרוֹת שֶׁשָּׁתוּ** והמים לא בדקו אותה **וְהֵן,** האנשים, **אוֹמְרִים** וחושדים בהן: שמא **טְמֵאוֹת הָיוּ, אֶלָּא שֶׁתָּלָה לָהֶן זְכוּת. וְאִם אִיתָא** [יש] מקום להלכה זו שזו **שֶׁיֵּשׁ לָהּ עֵדִים בִּמְדִינַת הַיָּם נַמִּי** [גם כן] אינה נבדקת, אם כן אפשר לומר במקרה זה: **אַתָּה מוֹצִיא שֵׁם רַע עַל הַטְּהוֹרוֹת שֶׁשָּׁתוּ, וְהֵן,** האנשים, **אוֹמְרִים: טְמֵאוֹת הָיוּ אֶלָּא שֶׁיֵּשׁ לָהֶן עֵדִים בִּמְדִינַת הַיָּם** ולפיכך לא נבדקו! ומשיבים: **לְדִבְרֵי ר' שִׁמְעוֹן קָאָמְרַתְּ** [אומר אתה]? **לְדַעַת ר' שִׁמְעוֹן, מִדִּזְכוּת לָא תָּלְיָא** [מכיון שהזכות אינה תולה להן] **עֵדִים נַמִּי לָא תָּלוּ** [גם כן אינם תולים להן], ומודה רב ששת שאין דבריו לשיטת ר' שמעון. **מְתִיב** [מקשה] **רַב** ממה ששנינו: **וְאֵלּוּ הַסּוֹטוֹת שֶׁמִּנְחוֹתֵיהֶן,** מנחות סוטה, **נִשְׂרָפוֹת** ואינן מוקרבות על גבי המזבח, ואינן נפדות:

עיונים

הכתוב קראו אחר לשון "אחר" יש בה כמעט בכל מקום משמעות נילוות של גנאי (כמו "אל אחר"), ואף כאן לכאורה היה מן הראוי להשתמש במלה "שני", שהרי הכתוב מזכיר באותה פרשה את הביטוי "בעלה הראשון", ולכן השימוש ב"אחר" בא לרמז שיש בו בבעל השני גנאי, מאחר שלקח אשה שבעלה גירשה מפני גנות שבה (מהרש"א לגיטין צ, ב).

ואת אמרת תתייבם וכו' המאירי שאל: מפני מה לא נאמר שתהא גם ליבם רשות לשאתה כמו שיש לאיש אחר רשות לשאת גרושה, שאם ירצה ישאנה? ותירץ שאם יהיה רשאי לייבמה שמא יהא סבור שיש מצוה בכך, וישאנה גם שלא ברצונו. ועוד הסביר (והיא שיטת הרבה מן המפרשים, ראה ברש"י ובהרא"ש) שיש לומר, שמאחר שאין באשה זו מצות יבום ממילא חוזרת היא לאיסורה הראשון שהיא "אשת אח שלא במקום מצוה" ואסורה משום ערוה. וראה בקרן אורה ביבמות שהאריך לדון לא במקרה זה בלבד אלא בכל אלה שאמרו שחולצות ואינן מתייבמות אם חל עליהן איסור תורה, או שמא אם ייבם אותן יחול היבום בדיעבד.

אלא מעתה אשת כהן וכו' ראה בתוס' (ד"ה אשת) ששאלו מפני מה לא שאלו בדבר אשת פצוע דכא שאף אסורה לבעלה מותרת להתייבם? ובתו"ש ובתוהרא"ש תירצו שאין הדברים דומים, כי רבא מדבר במקרה שהאשה אסורה מחמת עצמה, ואילו אשת פצוע דכא אין בה איסור לעצמה.

ואלו אסורות וכו' היה שכתב כי המשותף לנשים שנמנו כאן הוא במה שאירע בהן דבר שאינו מעיקר הקינוי והסתירה, ואשר בגללו הן נאסרות מאז לאכול בתרומה (דבר שאול). ואף שיש בפרטי הדברים דעות שונות, נראה כי נשים אלה נאסרות מאותה שעה לעולם, ואין להן עוד תקנה אפילו על ידי, שתיית המים המרים (ראה בחשק שלמה ובחידושי הגרי"ז).

על משנתנו מעירים בתלמוד הירושלמי כי לכאורה שיטת המשנה היא כדעת משנה ראשונה, שכן שנינו במסכת נדרים (צ, ב) שהאשה האומרת לבעלה "טמאה אני לך" (באונס) מוציאהּ בעלה בכתובה, ואילו לשיטת משנה אחרונה אינה נאמנת, שמא אמרה כן רק כדי לצאת מבעלה. ותירצו שם שאפשר לומר שמשנתנו אפילו כדעת משנה אחרונה, אלא שיש לחלק בין מקרה שהיא אומרת טמאה אני סתם, ובין המקרה במשנה, שכיוון שהיה זה אחר קינוי וסתירה — רגלים לדברים ויש להאמינה.

האומרת טמאה אני וכו' רבים שאלו: הרי איסורה של האשה בתרומה מתחיל כבר משעת קינוי וסתירה, ומה נתחדש במה, שאומרת "טמאה אני"? ותירצו בדרכים שונות, שיש אומרים שסתם סוטה יש לה תקנה בבדיקה אבל זו אסורה לעולם (וראה במל"מ) ונראה שאף לאחר שתיה, אם אמרה כן — אסורה. (חשק שלמה). או שמדובר בבת כהן, שאם אמרה "טמאה אני" נאסרת מאז לאכול בתרומה (וראה בתוי"ט ועוד).

שבאו לה עדים וכו' מדברי הרמב"ם נראה שבמשנה (וכן להלן בדברי הגמרא) מדובר דווקא בשני עדים, ובתוספות (ד"ה ושבאו) נשאו ונתנו בשאלה זו, ומסקנתם שאפילו עד אחד אוסרה, ואין המים בודקים אותה עוד.

שבעלה בא עליה בדרך לאו דווקא בדרך, אלא כל שבא עליה לאחר קינוי וסתירה, והמשנה מדברת במקרה המצוי (מאירי).

ואנהר לן עיינין וכו' לפי שיטת רש"י הוצרך רב ששת להביא ראיה אף מן המשנה משום שמן הכתוב לבדו אין הוכחה כל כך שהרי מאותו פסוק למדים גם הלכות אחרות. וראה להלן בדברי הרא"ש, ולדבריו יש לומר כיוון שאין אמוראים דורשים את הכתובים מדעת עצמם הוצרך להביא ראיה מן המשנה שדרשה זו כבר נרמזת בה.

דאמר קרא ונסתרה רש"י מפרש שדרשת רב ששת מבוססת על המלים "ועד אין בה". והרא"ש בתוספותיו כתב שיש בכך שני קשיים, קושי אחד (שרש"י עצמו עומד עליו) הוא שמילים אלה כבר נדרשות לכמה ענינים אחרים. וקושי אחר שלגרסות שונות מביאים רק את המלים "ונסתרה והיא נטמאה". ומשם כך מפרש הרא"ש שבאמת ממלים אלה דורש רב ששת, ועיקר דרשתו הוא מ"ונסתרה" שמשמעו שאין איש שרואה אותה בכך.

זונה היא רש"י מסביר שאם כן הרי זה אותו דין האמור קודם במשנה, באומרת "טמאה אני". ובתו"ש כתבו שאין צורך להסביר כן, ואף אין זה מתיישב היטב בלשון הגמרא, אלא שיש לומר, שכיוון שזונה היא הרי למדנו במקום אחר שזונה אסורה לאכול בתרומה.

דסהדי שקרי נינהו בתו"ש הביא שאלת הראשונים: מדוע נאמר שעדי שקר הם? הלוא ייתכן שבעלה בא עליה בדרך, ומשום כך לא בדקוה המים! ותירצו בשם ר"ת שלשיטת חכמים ששני עדים מלווים אותו ודאי אין לחשוש לכך, ואפילו לדעת ר' יהודה אין הדבר מתקבל, שאין אנו עוסקים באדם שיבוא להשקות את אשתו כאשר הוא יודע שאין המים בודקים אותה.

אכן לגופם של דברים יש מקום לשאול: הלוא בכל דיני התורה סומכים אנו על עדות שני עדים ורואים אותה כעובדה בדוקה, ומפני מה אין אומרים כן גם כאן? והיה שתירץ כי מן הסתם אין העדים רואים ומעידים על פרטי הביאה ("כמכחול בשפופרת") אלא כבכל ענין די בכך שיעידו שראו אותם כדרך המנאפים, ואם לא בדקוה המים יש לתלות שלא היתה שם ביאה ממש (תורת הקנאות).

אמר ליה רב יוסף וכו' אחרונים עסקו בשאלה מה היא בעצם המחלוקת בין רב ששת ורב יוסף, שהרי נראה ששניהם מודים שאם באו לה עדים אף לאחר ששתתה — סומכים על העדים. ואם כן מה ההבדל אם הטעם הוא משום שאין המים בודקים אותה, או משום שתולים לה בזכות? ובשפת אמת מתרץ כי ההבדל ביניהם הוא לגבי עד אחד בטומאה (וכמחלוקת הרמב"ם והתוס' בענין זה), שאם יעיד בה עד אחד לאחר שנבדקה, האם לא נסמוך על עדותו שהרי בדרך כלל אינה מתקבלת אלא מפני הסברה שרגלים לדבר ואין זה שייך כאן, או שמא נאמר שאף לענין זה מן התורה עדותו של עד אחד נחשבת כעדות לכל דבר.

אורח ההלכה

שזה הוציא רשעה וכו' אשה שנתגרשה משום פריצות אין ראוי לאדם כשר לשאתה, שזה הוציא רשעה מתוך ביתו וזה מכניסה לתוך ביתו. (רמב"ם ספר נשים הלכות גירושין פ"י הכ"ב. שו"ע אה"ע קיט, ה).

אונס בישראל מישרא שרי אשת כהן שנבעלה לאחר, אפילו באונס — אסורה לו. ואשת ישראל שנאנסה, אף על פי שמותרת לבעלה אסורה לכהונה. (רמב"ם שם הלכות אישות פכ"ד הי"ט, כא. שם ספר קדושה הלכות איסורי ביאה פי"ח ה"ז-ח. שו"ע שם ו, י-יא).

האסורות מלאכול בתרומה היתה מן הנשים שאינן שותות ואינן נוטלות כתובה — הרי זו אסורה לאכול בתרומה לעולם. ואשת כהן שאמרה טמאה אני — הרי זו אסורה לאכול בתרומה. (רמב"ם ספר זרעים הלכות תרומות פ"ח הט"ו).

יש לה עדים במדינת הים סוטה ששתתה ולא אירע לה דבר מן הדברים האמורים בסוטה, ואחר כך באו עדים והעידו שנטמאה — הרי זו תצא בלא כתובה, ואסורה לבעלה. שאין המים בודקים אלא כשאין לה עדים כלל. ואם לאחר ששתתה העיד עליה עד אחד שנטמאה — לא תצא מבעלה (ובענין זה יש חולקים, ראה תוס'. וראה במל"מ). (רמב"ם ספר נשים הלכות סוטה פ"ג הכ"ג).

מסורת הש"ס

א. גיטין צ,ב. ירושלמי סוטה פ"א ה"ז. תוספתא סוטה פ"ה ט. ספרי דברים כד, א. מדרש תנאים כד, ב. במדב"ר פ"ט יב.

ב. יבמות יא,ב. וראה סנהדרין קח,ב.

ג. ראה יבמות נו,ב.

ד. ראה שם.

ה. סוטה כג,א. כד,א. וראה נדרים צ,ב.

ו. (הביטוי) יבמות לה,א. נו,א. נח,א. ב"ב נג,ב.

ז. ראה ירושלמי סוטה פ"ג ה"ה. (הביטוי) פסחים לא,א. יומא יג,א.

ח. סוטה כ,א.

ט. שם כב,ב (ושם סומנו מקבילות).

י. שם (ושם סומנו מקבילות).

יא. שם.

גרסות

שאין בן זוגו יש בכת"י ועוד וכן הגיה הב"ח: שאין זה בן זוגו.

וגבי דהאי מיהא בכת"י אחד יש: וגבי דהאי וכן הגיה המהרש"ל, אבל ברוב כת"י הוא כלפנינו.

ואלו אסורות בכת"י רבים: אלו אסורות.

תיגלי מילתא ויש בכת"י: איגלאי מילתא.

אימור זכות תולה יש בכת"י: אימור זכות תלתה.

מדחה ויש במקבילה ועוד: מדהה.

והן אומרים יש בכת"י: ויהיו אומרים.

שתלה להן בכת"י יש: שתלתה להן.

לשון

מתנונה מובנה של המלה הוא ירידה מתמשכת בכוחו של הגוף, על ידי מחלות או חולשה. ובלשון הרמב"ם: חלאים באים עליה עד שנימוקה.

מי קא רמינן לה עליה בעל כרחיה ואיכא דאמרי אמר רב יוסף [א]*הכתוב קראו אחר אשאין(א) בן זוגו של ראשון שזה הוציא רשעה מביתו וזה הכניס רשעה לתוך ביתו ואת אמרת תתיבם נמי יבומי אמר ליה אביי אלא מעתה נשאת לאחר ומת בלא בנים לא תתיבם דהכתוב קראו אחר גביה דהאי מיהא בשם טוב הוה קיימא רבא אמר [ב]*ק"ו אם נאסרה במותר לה באסור לה לא כל שכן אמר ליה אביי אלא מעתה כ"ג שקידש את האלמנה ומת ויש לו אח כהן הדיוט לא תתיבם אם נאסרה במותר לה באסור לה לא כל שכן נאסרה הא אסירא וקיימא מותר לה [ג]אסור לה הוא אלא אשת כהן שנאנסה ומת ויש לו אח חלל לא תתיבם אם נאסרה במותר לה באסור לה לא כל שכן [ד]אונס בישראל מישרא שרי וגבי דהאי (מיהא) ליכא איסורא: **מתני'** [ג]ואלו אסורות מלאכול בתרומה [ה]האומרת טמאה אני לך ושבאו עדים שהיא טמאה והאומרת איני שותה ושבעלה אינו רוצה להשקותה *ושבעלה בא עליה בדרך: **גמ'** [ו]°אמר רב עמרם הא מילתא אמר לן רב ששת ואנהר לן עיינין ממתניתין סוטה שיש לה עדים במדינת הים אין המים בודקין אותה מ"ט דאמר קרא °ונסתרה והיא נטמאה ועד אין בה [י]דליכא דידע בה לאפוקי הא דהא איכא דידע בה ואנהר לן עיינין ממתני' דקתני ושבאו לה עדים שהיא טמאה דאתו עדים אימת אי נימא מקמי דתשתי *זונה היא אלא לבתר דשתאי אי אמרת בשלמא אין המים בודקין אותה שפיר אלא אי אמרת מים בודקין אותה [ז]תיגלי מילתא למפרע דסהדי שקרי נינהו אמר ליה רב יוסף לעולם אימא לך מים בודקין אותה והא אימור [ח]זכות תולה לה במאי קמיפלגי במתנוונה דרבי *דתנן [ט]רבי אומר זכות תולה במים המרים ואינה יולדת ואינה משבחת אלא מתנוונה והולכת לסוף שהיא מתה באותה מיתה רב ששת סבר בין לרבי ובין לרבנן הויא מתנוונה ורב יוסף סבר לרבי הויא מתנוונה לרבנן לא הויא מתנוונה מתיב רב שימי בר אשי [י]*ר' שמעון אומר אין זכות תולה במים המרים ואם אתה אומר זכות תולה במים המרים מדחה אתה את המים בפני כל הנשים השותות ואתה מוציא שם רע על הטהורות ששתו והן אומרים טמאות היו אלא שתלה להן זכות ואם איתא יש לה עדים במדינת הים נמי אתה מוציא שם רע על הטהורות ששתו והן אומרים טמאות היו אלא שיש להן עדים במדינת הים לר' שמעון קאמרת לר' שמעון מדזכות לא תליא עדים נמי לא תלו מתיב *רב [יא]*ואלו שמנחותיהן נשרפות האומרת

(במדבר ה)

מי קא רמינן עליה. למינסבה בעל כרחיה דאילו ליבם אמרינן ליה מצות יבום קודמת למצות חליצה אבל בהא אסור למימר ליה וממילא אשמועינן קרא דאסור ליבמה דלא שייך בה יבום והויא כאשת אח שלא במקום מצוה: **הכתוב קראו אחר.** למי שנושאה ואת אמרת תתיבם ותרמי כליה בעל כרחיה: **נישאת לאחר.** שגרשה ראשון שמצא בה ערות דבר וכתב כו' לא תתיבם דהשתא נמי אחר הוא ואין(ב) בן זוגו של ראשון אם יבאנה וקרמית *לזה עליה במצות יבום: **גביה דהאי.** אחר אחיו של זה: **בשם טוב הוה קיימא.** ואיכא למימר הדרה בה ואין קרוי אחר אלא הנושאה מתוך אלמנות או גירושין על מי שקלקלה תחתיו: **רבא אמר.** האי דקתני מתניתין ולא מתייבמת ק"ו דאם נאסרת בסתירה זו במותר לה בבעלה שהיה מותר לה ונתקלקלו עכשיו הנישואין ליאסר עליו: **באסור לה.** דהיינו יבמה שהוא אסור לה בחיי בעלה לא כל שכן שנאסרו נשואי הראשון שלא להתייבם מכח אותן הנישואין: **שקדש את אלמנה.** שהיא אסורה עליו: **לא תתיבם.** מכח ק"ו זה אם נאסרה כו' ולקמן מפרש מאי נאסרה ומאי מותר לה הלא אסור היה מתחילתו: **אלא.** הכי פריך אשת כהן שנאנסה ונאסרה עליו דאשת כהן אסורה אפילו באונס אבל אשת ישראל מותרת דכתיב (במדבר ה) והיא לא נתפשה הא נתפשה מותרת ומדכתיב והיא מיעוטא הוא ומשמע דיש אחרת שאפילו נתפשה אסורה: **ויש לו אחיו.** מאביו והוא חלל שנולד לאביו מן הגרושה ונתחלל מן הכהונה ומותר בנשים הפסולות לכהונה כדכתיב בכהנים הנושאין פסולות ולא יחלל זרעו (ויקרא כא) אלמא זרעו חלל: **לא תתיבם.** מק"ו זה אם נאסרה בבעילה זו לבעלה שהיה מותר לה ביבמה האסור לה באותה שעה לא כ"ש שנאסרו עליו נישואי אחיו שלא ליבמה מכח נשואין: **ליכא איסורא.** ואונס הוא היתר גמור ואין זה ק"ו אבל בזינתה ברצון שהבעל והיבם שוין באיסור זה אם היתה תחתיו הוי ק"ו שהרי מחמת נישואין הראשונים היא נזקקת ליבום ואם על הבעל נתקלקלה ק"ו ליבם: **מתני' לאכול בתרומה.**א] אם הוא כהן: **ושבעלה בא עליה בדרך.** דשוב אין המים בודקין אותה כדלקמן (דף כח.) ונקה האיש מעון בזמן שהאיש מנוקה שלא בא עליה מאחר שנאסרה עליו אז האשה ההיא תשא את עונה אין האיש מנוקה מעון אין המים בודקין את אשתו: **גמ' ואנהר לן עיינין.** הביא לנו ראיה לדבריו ממתניתין: **סוטה שיש לה עדים במדינת הים.** שראו שנטמאה מזה: **ועד אין בה.** אע"ג דדרשינן לעיל לעד אחד נאמן בסוטה ולסוטה ודאית שלא תשתה עוד אין מקרא יוצא מידי פשוטו ודרשינן ליה נמי הכי ועד אין בה הוא דאמר והביא האיש את אשתו וכל הפרשה הא יש בה עד אין המים בודקין אותה: **ואנהרינהו לעיינין.** משום דקרא לאו ראיה הוא כל כך דהא דרשיניה לסוטה ודאית שיש בה עד אחד לפנינו וללמד שלא תשתה: **זונה היא.** ופשיטא דאסורה בתרומה(ג) דהא תנא ליה האומרת טמאה אני: **אלא לבתר דשתאי.** ואיצטריך לאשמועינן דלא מחזקינן להו כשקרי על אשר לא בדקוה המים: **שפיר.** ומשום הכי לא מחזקי' להו כשקרי דמשום דהוו ידעי בה לא בדקי לה מיא: **זכות תליא לה.** דאמר לקמן (דף כ.) זכות תולה במים המרים: **וקמיפלגי.** רב ששת ורב יוסף: **במתנוונה.** דקאמר לקמן (דף כב:) גבי אשה שתלה לה זכות: **זכות תולה.** שלא יצבה בטנה מיד אבל אינה יולדת לעולם ואינה משבחת: **אלא מתנוונה והולכת.** מכחשת והולכת: **באותה מיתה.** לצבי בטנה ונפול ירך: **רב ששת סבר.** לא פליגי רבנן עליה דרבי אלא שסוף שהיא מתה באותה מיתה לחוד אבל במתנוונה לא איפלוג דכל מי שזכות תולה לה מנוונה היא וזו הואיל ולא נתנוונה לא תלה לה זכות אלא שאינה ראויה ליבדק כלל משום עדים: **ורב יוסף סבר.** ראויה ליבדק היא אלא זכות תולה לה ואי משום דלא נתנוונה הא מני רבנן היא דאמור לקמן זכות תולה לה דקסברי לא הויא מתנוונה כלל: **מדחה אתה *את המים בפני הנשים.** שלא יהו יראות מהם להודות שהיא טמאה ולא ימחה שם הקדוש על המים: **ואי איתא.** דיש לה עדים לא מיבדקה השתא נמי על ידי זו נמי איכא לעז על הטהורות ששתו כו': **מדזכות לא תליא.** משום האי טעמא דחייש הוא ללעז על הטהורות עדים נמי לא תלו: **שמנחותיהן נשרפות.** מנחות קנאות שלה עשירית האיפה קמח שעורים נשרפות למטה על בית הדשן שאינן ראויות ליקרב ולא לפדות וליצא לחולין: האומרת

מי קא רמינן עליה בעל כרחיה. הכא הוה מצי למיפרך כדפריך לבסוף דאמר אלא מעתה נשאת לאחר ומת בלא בנים לא תתייבם דלא נסתריה לביתיה: **אשת כהן שנאנסה.** וא"ת אמאי לא תני לה בפרק יש מותרות (יבמות דף פד.) גבי אסורות לבעליהן ומותרות ליבמיהן יש לומר הא תני ליה חייבי לאוין וזו מחייבי לאוין כדאמר בפרק הבא על יבמתו (שם דף נו:) הכל היו בכלל אחרי אשר הוטמאה וגו' והכי מתרץ התם דפריך מפצוע דכא °אבל יש לתמוה אמאי לא פריך הכא ישראל שנשא כשרה ונעשה פצוע דכא ויש לו אח כשר דדמי למתני' מאי הוי ליה לתרוצי*:

האומרת טמאה אני לך. אי קשיא בשלהי מס' נדרים (דף צ:) דפליגי רבה ורב ששת באומרת טמאה אני לך דרב ששת אומר אוכלת בתרומה וכו' תריץ דהכא מיירי אחר קינוי וסתיר' דרגלים לדבר אפילו רב ששת מודה והכי מפרש לה בירושלמי:

ושבאו לה עדים ואמרו שנטמאה. מספקא לרבי אי דוקא נקט עדים שנים אבל עד אחד לא מהימן דמוקמינן ליה בגמרא דמיירי לאחר ששתתה דדוקא קודם ששתתה האמינה תורה לעד אחד ורב ששת דאמר בגמרא סוטה שיש לה עדים במדינת הים דאין המים בודקין אותה דוקא עדים נקט ולא עד א' או דילמא כיון דהאמינה תורה לעד אחד אחר קינוי וסתירה ליכא חילוק בין אחד לשנים מיהו מסתברא דה"ה לעד אחד כדעולא דאמר בפרק(ד) מי *) שאמר (לקמן דף לא:) כל מקום שהאמינה תורה עד אחד הרי כאן שנים: **אם אתה אומר זכות תולה מדחה אתה את המים.** וא"ת לרב ששת דאמר בין לרבי בין לרבנן מתנוונה א"כ אהיכא קאי ר"ש דאמר מדחה אתה והלא יראו דמתנוונת והיאך יוכלו להוציא שם רע על הטהורות ששתו כשלא יתנוונו יש לומר הנשים העומדות משום ייסור ולא יהא ניכר לאלתר כשעומדת בעזרה נתנוונה יוציאו שם רע(ה) והבועל יגיד להם שקלקל עמה ולא ידעי שזו מתנוונת אי נמי לא יתלו נוונוה במים המרים וכן היא לא תתלה במים המרים אלא בחולי אחר:

*) [נ"ל שקינא]

כי

תוספות שאנץ

מתני' אלו אסורות לאכול בתרומה. פי' אם היא אשת כהן האומרת טמאה אני לך וה"ה דאסורה לבעלה וכדתנן אמרה טמאה אני שוברת כתובתה ויוצאה ולא דמי לההיא דתנן בפ' בתרא דנדרים בראשונה היו אומרים שלשה נשים יוצאות ונוטלות כתובה האומרת טמאה אני לך. השמי' ביני לבינך נטולה אני מן היהודים חזרו לומר האומרת טמאה אני לך תביא ראיה לדבריה ואינה אסורה לבעלה דלמא נתנה עיניה באחר והכא לא חיישינן דשמא עיניה נתנה באחר. וי"ל דהיינו טעמא דהכא איכא רגלים בדבר שהרי קינא לה ונסתרה וליכא למיחש דשמא עיניה נתנה באחר ומ"ה כשאמרה טמאה אני נאמנת אבל התם ליכא רגלים לדבר וכשאומרת טמאה אני היא משקרת ושמא עיניה נתנה באחר ומהאי טעמא ניחא שפיר הא דקאמר התם בתר הכי דאמרה טמאה אני אוכלת בתרומה שלא תוציא לעז על בניה והכא קאמר דאסורה לאכול בתרומה בכל ענין דמשמע בין יש להם בנים בין אין להם אלא לאו משום דכאן שהיא ספק סוטה ואיכא רגלים לדבר שהרי קינא לה ונסתרה ויש בה חששא בכך ולכך היא נאמנת ואינה אוכלת בתרומה אבל התם ליכא רגלים לדבר. וכן נראה מתוך הירושלמי דקאמר התם על הך משנה מתני לא כהדך משנה ראשונה דתנינן תמן בראשונה היו אומרים ג' נשים יוצאות ונוטלות כתובה האומרת טמאה אני ומשני א"ר יהודה א"ר בון אפילו תימא כמשנה אחרונה ושאני הכא דאיכא רגלים לדבר. ומשמע דה"פ מתני' דקאמר שוברת כתובתה ויוצאה לא אתיא כמשנה ראשונה דהתם אמר דנוטלת כתובתה ומשני ר' בון אפי' תימא כמשנה אחרונה דקאמר התם דאינה אסורה לאכול בתרומה ואם תיקשי מכלתין דקאמר דאסורה לאכול בתרומה שאני התם דרגלים יש לדבר שהרי קינא לה ונסתרה. עי"ל דהא דקאמר התם דמותרת לאכול בתרומה היינו לרב ששת משום דמיירי באונסין דאשת כהן דלא שכיחי אבל הכא מיירי ברצון דכיון שקינא לה ונסתרה א"כ נבעלת ברצון ומ"ה אמרי' דאסורה לאכול בתרומה. ושבעלה בא עליה בדרך פי' דשוב אין המים בודקין אותה כדאמרי' ונקה האיש מעון שלא בא עליה לאחר שנאסרה לו האשה ההיא תשא את עונה אין האיש מנוקה מעון אין המים בודקין את אשתו: גמ' ואנהר לן עייני ממתני' סוטה שיש לה עדים במדינת הים אין המים בודקין אותה דאמר קרא ועד אין בה ואע"ג דדרשי' לעיל דעד א' נאמן בסוטה ולסוטה ודאית שלא תשתה עוד מ"מ אין המקרא יוצא מידי פשוטו. ודרשי' ליה נמי הכי ועד אין בה הוא דאמר והביא האיש את אשתו וכל הפרשה הא יש בה עד אין המים בודקין אותה ואנהר לן עיינין ממתני' הביא לנו ראיה לדבריו ממתני' ואע"ג דהביא מן המקרא מ"מ קרא אינו ראיה כל כך דהא דרשיניה לעיל לסוטה ודאית ויש בה עד אחד לפנינו וללמד שלא תשתה ל"ה. אילימא מקמיה דתשתה זונה היא פ"ה פשיטא דאסורה בתרומה דהא תני לה האומרת טמאה אני ולא נהירא דא"כ הו"ל למפרך הא תנא ליה ברישא. אלא נ"ל זונה היא וקי"ל דזונה אסורה לאכול בתרומה כיון שנבעלה בעילת זנות כדאמרי' בפ' י' יוחסין תנא אלמנה וגרושה וחללה זונה בזמן שהן כסדר חייב על כל אחת ואחת וקאמר דההוא תנא אית ליה איסור מוסיף אבל איפכא כמו זונה וחללה וגרושה ואלמנה אינו חייב אלא אחת דאין כאן איסור מוסיף ואמאי לא כיון דאינה מותרת לאכול בתרומה אלא ש"מ דאסורה. וה"נ אמרי' לקמן פ' כשם תרומה נמי לא תיבעי שהרי עשאה ספק וה"נ אמרי' בפרק החולין: תיגלאי מילתא למפרע דשהדי שקרי נינהו. הק' הר"מ מפונטייזא לר"ת לעולם אימא לך דלאו שהדי שקרי נינהו לה

עין משפט נר מצוה

כד א מיי' פ"י מהלכות גירושין הלכה כב סמג עשין נ טוש"ע אה"ע סימן קיט סעיף ה:

כה ב מיי' פי"ח מהל' איסורי ביאה הל' ח סמג לאוין קכא ועשין מה טוש"ע אה"ע סימן ו סעיף יא:

כו ג מיי' פ"ח מהלכות תרומות הלכה טו:

כז ד מיי' פ"ג מהל' סוטה הלכה כג:

[ישוב על זה כתבו תוס' יבמות פד: ד"ה שייר]

רש"ל מ"ז

[גיטין צ:]

נ"ל לה יעב"ץ

[יבמות יח:]

לקמן כד.

עיין ביבמות מד: בתוס' ד"ה הכא

לקמן כב:

ג"ז שם וש"נ

ס"א רבא ג"ז שם

נ"א את

הגהות הב"ח

(א) גמ' שאין זה בן זוגו: (ב) רש"י ד"ה נישאת וכו' ואין זה בן זוגו: (ג) ד"ה זונה היא וכו' דהא תנא ליה. נ"ב ע"פ החולץ דף מ"ד במ"ש התוס' בד"ה הכא נמי: (ד) תוס' ד"ה ושבאו וכו' כדעולא דאמר בפ' האשה רבה כל מקום: (ה) ד"ה אם וכו' והבועל יגיד:

גליון הש"ס

גמ' אמר רב עמרם הא מילתא. יבמות דף ט ע"א: תוס' ד"ה אשת כהן וכו'. אבל יש לתמוה. עיין יבמות פד ע"ב תוס' ד"ה שייר:

הגהות מהר"ב רנשבורג

א] רש"י ד"ה לאכול בתרומה אם הוא כהן. עי' בפירוש הר"ב ועי' תוי"ט ד"ה טמאה וכו' ובמ"ש עליו הרמ"ז ותבין סוף רש"י ודו"ק:

כח א מיי' פ"ד מהלכות סוטה הלכה יד:
כט ב מיי' שם הל' טו:

האומרת טמאה אני ושבאו לה עדים שהיא טמאה דאתו עדים אימת אילימא מקמי דתקדוש תיפוק לחולין אלא לבתר דקדוש אי אמרת בשלמא מים בודקין אותה אלמא בת מקדש ומקרב היא וכי קדוש מעיקרא שפיר קדוש ומשום הכי מנחתה נשרפת אלא אי אמרת אין המים בודקין אותה תיגלי מילתא למפרע דכי קדוש מעיקרא בטעות קדוש ותיפוק לחולין אמר רב יהודה מדיסקרתא כגון שזינתה בעזרה דכי קדוש מעיקרא שפיר קדוש מתקיף לה רב משרשיא והלא פירחי כהונה מלוין אותה [א]שזינתה מפירחי כהונה עצמן רב אשי אמר כגון שנצרכה לנקביה דאטו פירחי כהונה בכיפה תלי לה רב פפא אמר לעולם כדאמרינן מעיקרא ודקאמרת תיפוק לחולין מדרבנן [ב]גזירה שמא יאמרו מוציאין מכלי שרת לחול מתיב רב מרי [ג]*נטמאת מנחתה עד שלא קדשה בכלי הרי היא ככל המנחות [ד]ותפדה משקדשה בכלי הרי היא ככל המנחות ותשרף °[א]קדש הקומץ ולא הספיק להקריבו עד שמת הוא או עד שמתה היא הרי היא ככל המנחות ותשרף קרב הקומץ ולא הספיק לאכול שירים עד שמת הוא או עד שמתה היא הרי היא ככל המנחות ותאכל [ה]שעל הספק באת מתחילה כיפרה ספיקה והלכה לה [ו]באו לה עדים שהיא טמאה מנחתה נשרפת [ז]* [ב]נמצאו עדיה זוממין מנחתה חולין עדים זוממין קאמרת עדים זוממין קלא אית להו תניא כוותיה דרב ששת [ח]ולאו מטעמיה [ט]טהורה ולא שיש לה עדים במדינת הים וטהורה [י]ולא שתלתה לה זכות היא ולא [יא]שישאו ויתנו בה *מוזרות בלבנה ורבי שמעון [יב]נהי *דוי"ו לא דריש והא איכא

יש

האומרת טמאה אני. שהודתה לבית דין על קלקולה שהיו מאיימין עליה כדתני מתני': **מקמי דתקדוש.** בכלי שרת: **תיפוק לחולין.** בפדיון שלא היה קדושת הגוף אלא קדושת פה וכל המנחות נפדות כל זמן שלא קדשו בכלי: **אלא לבתר דקדוש.** דכלי שרת מקדשין את הראוי להם שלא לצאת עוד לחולין כדתנן כל הנוגע בהם יקדש וליקרב אינה ראויה שהרי אינה באה אלא להזכיר עונה של זו שתבדק והרי היא בדוקה ועומדת ולנדבה נמי לא חזיא להקריבה דמנחת שעורים אינה כשירה אלא לסוטה ולעומר: **אי אמרת בשלמא מים בודקין אותה.** אם שתתה עד שלא באו עדים אלמא בשעה שניתנה בכלי ראויה היתה לכלי שרת דההיא שעתא בת מיקדשא ומיקרב היא מספק כשאר מנחת סוטה הלכך כי קדיש בכלי שפיר קדיש ומשום הכי כי אתו עדים איפסלא מהקרבה מכאן ולהבא ולא נפקא לחולין ונשרפת: **אלא אי אמרת אין המים בודקין אותה.** הואיל ולא ליבדק עומדת ולא ראויה היא למנחה: **תיגלי מילתא למפרע.** דלא היתה ראויה לכלי ואין כלי שרת מקדשין אלא הראוי להם כדאמר בזבחים (דף פג.): **ותיפוק לחולין.** בלא פדיון שקדושת פה שלה וקדושת כלי שלה הכל בטעות שהיינו סבורים שהיא טעונה מנחה ואינו כן והקדש טעות אינו הקדש: **שזינתה בעזרה.** לאחר שקדשה בכלי ועל זנות זה באו העדים ולא על טומאה של סתירה ראשונה הילכך כי קדשה בכלי בת מקדש ומקרב הואי דלא הוו לה עדים: **שנצרכה לנקביה.** והניחוה והלכה וזינתה: **דאטו פרחי כהונה בכיפה.** של ראשה תלויים לה שלא תשמט מידם: **לעולם כדאמרינן מעיקרא.** כדהוה סלקא דעתיה ברישא שעל טומאת סתירה ראשונה באו ואפילו הכי לא קשיא לרב ששת דהא דקאמר דכיון דלא חזיא לקידוש תיפוק לחולין אין הכי נמי מדאורייתא יצאת לחולין ומדרבנן היא נשרפת לפי שאין הכל בקיאין בהלכות לידע שבשביל שהיו לה עדים לא היתה ראויה לקדש ואתו למימר מוציאין דבר שקידש בכלי שרת לחולין: **הרי היא ככל המנחות.** שנטמאו עד שלא קדשו בכלי ותפדה ויביא בדמיה את המנחה: **קדש הקומץ.** שקמצה ונתן הקומץ בכלי שרת קדש בקדושת קומץ שהמנחה טעונה ארבע עבודות כנגד ארבע עבודות של דם זבחים קמיצה מתוך כלי שרת כנגד שחיטה שהסכין של כלי שרת מקדש את הדם ומתן כלי להקדיש הקומץ בכלי שרת שני כנגד קבלת דם הולכה כנגד הולכה והקטרת הקומץ כנגד זריקת הדם: **שמת הוא.** ושוב אינה שותה דאמאן בעינן למשרייה: **הרי היא ככל המנחות.** שאירע בהן פסול בין קמילה להקטרה ותישרף למטה: **ולא הספיק.** כהן לאכול את השירים: **כיפרה.** מנחה זו את ספיקה האי כפרה לאו כפרת עון הוא ולא הזכרת עון אלא כפרה הראויה לה קאמרינן שעשתה מנחה זו בשעת הקטרת קומצה כל מה שיש עליה לעשות שהרי בהכשר קרבה יצא וישקה אותה ותיבדק וכיון דבהכשר קרבה שיריה נאכלין כל זמן שלא אירע בהן פסול בגופן: **באו לה עדים שהיא טמאה.** אמעיקרא קאי קודם הקטרה: **נמצאו עדיה זוממין.** עדי סתירתה שעל ידיהם באה לכך: **מנחתה חולין.** לא קדושת פה ולא קדושת כלי *) ואין מועלין בה דבטעות הוה אלמא לא אמרינן תישרף מדרבנן כי נמצאו עדיה זוממין שמא יאמרו מוציאין מכלי שרת לחול וש"מ כי קתני באו לה עדים שהיא טמאה מנחתה נשרפת מדאורייתא קאמר דבת מקדש הואי: **קלא אית להו.** הכל יודעין שהקדישה טעות: **כוותיה דרב ששת.** דאין המים בודקין סוטה שיש לה עדים: **ולאו מטעמיה.** דועד אין בה דההוא לאו לספק סוטה מידריש אלא לסוטה ודאית בעד אחד אלא מקרא אחרינא נפקא: **טהורה.** ואם לא נטמאה האשה וטהורה היא ונקתה ונזרעה זרע והוה ליה למיכתב ואם לא נטמאה ונקתה וגו' וטהורה היא לדרשה למידרש הכי טהורה נזרעה זרע ולא שניצולת מן המים מפני שהיו עדים בטומאתה: **וטהורה.** וי"ו יתירא למעוטי שתלתה לה זכות דההוא לא אמר קרא ונזרעה זרע: **היא.** ולא הניצולת מן המים על ידי שהיה קלקולה מפורסם לכל שכבר היו נושאות ונותנות בה לדבר בה: **מוזרות בלבנה.** נשים טוות בלבנה: ופרכינן **ורבי שמעון.** דאמר אין זכות תולה נהי דוי"ו לא דריש מיהו יש לה עדים נפקא מקרא קשיא דאתה מוציא שם רע על הטהורות ויאמרו עדים היו להם:

לא

*) גי' רש"א מועלת בה דבטעות כו'

כי קדוש מעיקרא שפיר קדוש משום הכי נשרפת. קשיא כיון דהוא היה מביא מנחתו עליה אמאי נשרפת מאי שנא מהא דתנן בפרק ד'[(א)] במסכת נזיר (דף כד:) האשה שנדרה בנזיר והפרישה את בהמתה בנזיר והיפר לה בעלה אם שלו היתה הבהמה תצא ותרעה בעדר ואם שלה היתה הבהמה חטאת תמות ואע"ג דבשעת הקדש הות בת מקדש דקי"ל דבעל מיגז גייז ואפ"ה אמר כיון דמשלו היתה תצא ותרעה בעדר דנפקא לחולין ותנן נמי התם בפרק בית שמאי (שם דף לב.) מי שנדר בנזיר והלך להביא בהמתו[(ב)] אם עד שלא נגנבה בהמה נדר הרי הוא נזיר ואם משנגנבה בהמה נדר אינו נזיר והכי נמי הוו עדים בעולם קודם הקדש ולאו אדעתא דהכי הקדיש °ועוד אמאי נשרפת כיון דקי"ל כבית הלל דאמרי בפרק יש נוחלין (ב"ב דף קכ:) ובפרק ב"ש במסכת נזיר (דף לא:) דיש שאלה להקדש למה אינו נשאל עליה ותצא לחולין: **דכי קדוש מעיקרא בטעות קדוש.** ואין להקשות והא אשם תלוי אע"ג דכי קדוש מעיקרא בטעות קדוש דלא חזי לכפר מידי היכא דלא חטא ואפ"ה תנן בפרק בתרא דכריתות (דף כג:) המביא אשם תלוי ונודע שלא חטא ירעה עד שיסתאב דהא מפרש התם טעמא משום דלבו נוקפו גמר ומקדיש:

גזירה שמא יאמרו מוציאין מכלי שרת לחולין. ואי תקשה כל הני דתנן תצא ותרעה בעדר נגזור שמא יאמרו מוציאין מקדושת הגוף לחולין תריץ התם לא מוכחא מילתא וליכא היכירא בין קדושת פה לקדושת הגוף ויאמר קדושת הפה היא אבל הכא איכא היכירא בין קדושת הפה לקדושת כלי שרת וע"ע בפרק שתי מדות (מנחות דף ל.) ובפרק התודה (שם דף עט:):

קרב הקומץ ולא הספיק כו'. נראה דהוא הדין אם קרב הקומץ ובאו עדים שנטמאה דאמר נמי כיפרה ספיקה דהכי אמר בפרק בתרא דכריתות (דף כו:) גבי חטאת העוף הבא על הספק אם[(ג)] משמילה דמו נודע לה שילדה אסורה אפילו בהנאה שעל הספק באת כיפרה ספיקה:

נמצאו עדים זוממין. נראה[(ד)] דאקדשה בכלי קאי וקודם קמילה דלאחר הקמילה איכא איסורא דרבנן ונשרפת דמוקמינן נמי התם הא דתנן משנמלקה נודע לה הרי זו תקבר בנודע לה שלא ילדה ובדין הוא דמותרת בהנאה ומאי טעמא תקבר מדרבנן:

וטהורה ולא שתולה לה זכות. מהכא משמע דבעלה מותר בה לאלתר ולא אמרי' ימתין עד שלש שנים שמא זכות תלתה לה דאם היה אסור בה היכי הוה מלינו למיקרי בה ונקתה ונזרעה זרע וכן הראני רבי בירושלמי ונקה האיש מעון[(ה)] אינה חושש שמא תלה זכות ואתיא כמ"ד הזכות תולה ואינה ניכרת:

יש

לקמן כב: [תוספתא פ"ב]

כריתות כד.

[עי' תוספות סנהדרין יד. ד"ה ור"ש]

[בתוספות לקמן כז. ד"ה דומה וכו' תמצא פירוש על מלה זו]

תוספות שאנץ

לה מיא משום דשמא בעלה בא עליה בדרך דאין המים בודקין אותה. והשיב לו ר"ת תשובתך בצדך דמשני רב יוסף דאימר זכות תלה לה. וה"ה דבא עליה בדרך דתולה ואפילו לרב ששת דפליג עליה ואמר דאין זכות תולה לה ליכא למיחש שמא בא עליה לא מיבעיא לרבנן דאמרי מוסרין לה שני תלמידי חכמים שלא בא עליה דליכא למיחש להכי אלא אפי' לר' יהודה דאמר דאפי' בעלה נאמן עליה בדרך ליכא למיחש דאטו בשופטני עסקי' שאינו מנוקה מעון שבא עליה בדרך ואחר כך משקה אותה אלא לאו ש"מ ליכא למיחש להכי. ותדע דא"כ לר' שמעון אתה מוציא לעז על הטהורות ששתו שיאמרו טמאות היו אלא שבעליהן באו עליהן בדרך דליכא למימר דר' שמעון סבר דכמו דבזנות לא תלינן עדות נמי לא תלינן דהא כיון [א)] דמקרא נפקא לן דאין המים בודקין אשתו כשבא עליה בדרך תלינן דלא פליג ר' שמעון אקרא וה"נ משמע לקמן דפרכי' ליה לר' שמעון והא איכא עדים במדינת הים ומשני עדות דמדינת הים לא שכיח ואמאי לא קאמר עדים במדינת הים לא תלו אלא ש"מ דסבירא ליה [ב)] כיון דתלו בקרא [ג)] ומה שאמר בעון בניו ובנותיו של אדם אין המים בודקין הים לא שכיח ואמאי לא קאמר עדים במדינת הים. לחוש שמתנונה כדפרי' ועוד דלקמן אמרי' דאין זה מן התורה אלא דברי קבלה שהתקין ריב"ז מלהקנות מפני שרבו המנאפין ומייתי קרא מדברי קבלה. רב ששת סבר לא פליגי רבנן עליה דרבי אלא פליגי רבנן בסוף שהיא מתה באותה מיתה לחוד אבל במתנוונה לא אפלוג דכל מי שזכות תולה מתנוונה היא וזו הואיל ולא מתנוונה לא תלה לה זכות אלא שאינה ראויה ליבדק כלל משום עדים. ורב יוסף סבר ראויה ליבדק משום עדים רק דהזכות תלה לה ואי משום דלא מתנוונה הא מני רבנן היא דאמרי רבנן זכות תולה לה ולא איירי במתנוונה כלל דקסברי לא היתה מתנוונה. ואלו שמנחותיהן נשרפות מנחת קנאות עשירית האיפה קמח שעורים נשרפות למטה דבית הדשן:

עדים

א) עי' רש"י לקמן ריש דף ז' ד"ה לא שכיחא. ב) נראה דצ"ל כיון דכתיב בקרא תלינן ומה שאמר וכו'. ג) אולי צ"ל וכאי דלא אמר דלא דבקי לה מיא משום עון בניו ובנותיו י"ל משום דלא שכיח וכמו דאמר לקמן (דף ז) לענין עדים במה"י ועוד דא"כ הוי מתנוונה כדפי' לקמן בסמוך.

הגהות הב"ח

(א) תום' ד"ה כי וכו' דמסכת נזיר וכו' את בהמתה ואח"כ היפר לה בעלה: (ב) בא"ד להביא בהמתו ומצאה שנגנבה אם עד שלא וכו' והכא נמי: (ג) ד"ה קרב וכו' הבא על הספק אם משנמלקה נודע לה שלא ילדה אסורה וכו' באת מתחלתה כיפרה ספיקה והלכה לה הס"ד: (ד) ד"ה נמצאו וכו' נראה דקאי אקדשה בכלי וקודם וכו' דתנן אם משנמלקה: (ה) ד"ה וטהורה וכו' אינו חושש:

גליון הש"ס

גמ' קדש הקומץ וכו'. עי' לקמן דף כב ע"ב תד"ה אלו: תום' ד"ה כי קדוש כו' ועוד כו'. עיין מל"מ פי"א ה"ד מהל' מעה"ק:

הָאוֹמֶרֶת ״טְמֵאָה אֲנִי״, וְכֵן זוֹ **שֶׁבָּאוּ לָהּ עֵדִים שֶׁהִיא טְמֵאָה.** ונברר: **דְּאָתוּ** [שבאו] לה **עֵדִים אֵימַת** [מתי]? **אִילֵימָא מִקַּמֵּי דְּתִקְדּוֹשׁ** [אם תאמר שבאו לפני שקדשה] המנחה, כלומר, לפני שניתנה בכלי שרת — **תֵּיפּוֹק** [תצא המנחה] **לְחוּלִּין** כמו כל מנחה שהתברר לפני שקדשה בכלי שהובאה בטעות. **אֶלָּא** יש לומר שבאו העדים **לְבָתַר דִּקְדוֹשׁ** [לאחר שקדשה] המנחה. **אִי אָמְרַתְּ בִּשְׁלָמָא** [נניח אם אתה אומר] כי **הַמַּיִם בּוֹדְקִין אוֹתָהּ — אַלְמָא בַּת מִקְדַּשׁ וּמִקְרַב** [מכאן שהמנחה עצמה ראויה להתקדש ולהיות מוקרבת] **הִיא, וְכִי קָדוֹשׁ מֵעִיקָּרָא** [וכאשר קדשה מתחילה] — **שַׁפִּיר קָדוֹשׁ** [יפה קדשה], **וּמִשּׁוּם הָכִי** [כך] **מִנְחָתָהּ נִשְׂרֶפֶת,** שכבר חלה עליה קדושה, ואינה יוצאת לחולין, אך מכיון שבאו אחר כך עדים, אין להקריבה, ונשרפת. **אֶלָּא אִי אָמְרַתְּ** [אם אומר אתה] כי **אֵין הַמַּיִם בּוֹדְקִין אוֹתָהּ,** אם כן **תִּיגְלֵי מִילְּתָא** [יתברר הדבר] **לְמַפְרֵעַ דְּכִי קָדוֹשׁ מֵעִיקָּרָא** [שכאשר קדשה המנחה מתחילה] — **בְּטָעוּת קָדוֹשׁ** [קדשה] **וְתֵיפּוֹק** [ותצא] המנחה **לְחוּלִּין!** ומדוע נשרפת? **אָמַר רַב יְהוּדָה מִדִּיסְקַרְתָּא:** יש לדחות את הראיה ולומר שמדובר שם **כְּגוֹן שֶׁזִּינְּתָה** עם אדם אחר **בָּעֲזָרָה** של בית המקדש לאחר שקדשה המנחה בכלי, ועל זנות זאת היו עדים, **דְּכִי קָדוֹשׁ מֵעִיקָּרָא** [שכאשר קדשה מתחילה], על הסתירה הקודמת — **שַׁפִּיר קָדוֹשׁ** [יפה קדשה], לפי שעל אותה סתירה לא היו עדי טומאה. **מַתְקִיף לָהּ** [מקשה על כך] **רַב מְשַׁרְשְׁיָא:** כיצד יכולה לזנות בעזרה? **וַהֲלֹא פִּירְחֵי כְהוּנָּה מְלַוִּין אוֹתָהּ!** ומשיבים: ייתכן הדבר, כגון **שֶׁזִּינְּתָה מִפִּירְחֵי כְהוּנָּה עַצְמָן. רַב אַשִׁי אָמַר: כְּגוֹן שֶׁנִּצְרְכָה לִנְקָבֶיהָ** והניחוה מלוויה ללכת לצרכיה, ושם זינתה, **דְּאַטּוּ** [שהאם] **פִּירְחֵי כְהוּנָּה בְּכִיפָּה** (בבית הסוהר) **תָּלֵי לָהּ** [תולים מחזיקים, אותה]? ואין שמירתם יכולה למונעה לגמרי מלזנות. **רַב פַּפָּא אָמַר: לְעוֹלָם** יש לפרש **כִּדְאָמְרִינַן מֵעִיקָּרָא** [כפי שאמרנו מתחילה], שהעדים מעידים שנטמאה מתחילה באותה סתירה ולא בעזרה, **וּדְקָאָמְרַתְּ תֵּיפּוֹק** [ומה שאתה אומר שבמקרה זה אין המים בודקים ותצא] **לְחוּלִּין,** כך באמת היה צריך להיות מעיקר הדין, וזה שאינה יוצאת לחולין הוא **מִדְּרַבָּנַן** [מדברי סופרים] — **גְּזֵירָה שֶׁמָּא יֹאמְרוּ** אנשים שאינם יודעים שהיה כאן הקדש בטעות: **מוֹצִיאִין** מנחה שנתקדשה **מִכְּלֵי שָׁרֵת לַחוֹל** בלא פדיון. **מְתִיב** [מקשה] **רַב מָרִי** על דבריו אלה של רב פפא, שנינו:

נִטְמֵאת מִנְחָתָהּ של הסוטה, אם **עַד שֶׁלֹּא קָדְשָׁהּ בִּכְלִי — הֲרֵי הִיא כְּכָל הַמְּנָחוֹת, וְתִפָּדֶה. מִשֶּׁקָּדְשָׁה בִּכְלִי — הֲרֵי הִיא כְּכָל הַמְּנָחוֹת, וְתִשָּׂרֵף.** אם לאחר שקדשה בכלי וקמץ הכהן ממנה, **קָדַשׁ הַקּוֹמֶץ,** שנתנו בכלי **וְלֹא הִסְפִּיק לְהַקְרִיבוֹ עַד שֶׁמֵּת הוּא** (הבעל) **אוֹ עַד שֶׁמֵּתָה הִיא** (הסוטה) — **הֲרֵי הִיא כְּכָל הַמְּנָחוֹת, וְתִשָּׂרֵף. קָרַב הַקּוֹמֶץ וְלֹא הִסְפִּיק** הכהן **לֶאֱכוֹל שִׁירַיִם עַד שֶׁמֵּת הוּא אוֹ עַד שֶׁמֵּתָה הִיא — הֲרֵי הִיא כְּכָל הַמְּנָחוֹת וְתֵאָכֵל** לכהנים. ומדוע נוהגים בה כבכל המנחות, והרי כיון שמת אינה שותה ובטל עניינה של המנחה — מפני **שֶׁ**מנחת הסוטה **עַל הַסָּפֵק בָּאת** (באה) **מִתְּחִילָּה,** שהיא באה מתחילה על דבר שהוא ספק, **כִּיפְּרָה** מנחה זו את **סְפֵיקָהּ וְהָלְכָה לָהּ** שמבחינת המנחה היה הכל כראוי, והיא כשירה. **בָּאוּ לָהּ** לפני שקרב הקומץ **עֵדִים שֶׁהִיא טְמֵאָה — מִנְחָתָהּ נִשְׂרֶפֶת. נִמְצְאוּ עֵדֶיהָ** אותם שהעידו עליה שנסתרה — שהם **עֵדִים זוֹמְמִין — מִנְחָתָהּ חוּלִּין.** וקשה לרב פפא, שהרי יש מקרה בו מנחה שקדשה בכלי יוצאת לחולין, ואין גוזרים שמא יאמרו מוציאים מכלי שרת לחול! ודוחים: **עֵדִים זוֹמְמִין קָאָמְרַתְּ** [אומר אתה]?! אין להקשות מכאן כי **עֵדִים זוֹמְמִין קָלָא אִית לְהוּ** [קול יש להם], כלומר, הדבר מתפרסם ונודע, והכל יודעים שהיה זה הקדש בטעות. ומעירים: **תַּנְיָא כְּוָותֵיהּ** [שנויה ברייתא כשיטתו] של **רַב שֵׁשֶׁת** שאין המים בודקים סוטה שיש לה עדים במדינת הים, **וְ**אולם **לָאו מִטַּעְמֵיהּ** [לא מטעמו], אלא ממקור אחר: על הכתוב ״ואם לא נטמאה האשה וטהורה היא ונקתה ונזרעה זרע״ (במדבר ה, כח) דרשו: דווקא אם **״טְהוֹרָה״** אז ״ונקתה ונזרעה זרע״ — **וְלֹא שֶׁיֵּשׁ לָהּ עֵדִים בִּמְדִינַת הַיָּם,** ואינה טהורה, אבל אין המים בודקים אותה ואינה נזרעת זרע. ועוד דורשים ממלה זו, **״וּטְהוֹרָה״** הרי זו וי״ו יתירה שבאה למעט — **וְלֹא** במקרה **שֶׁתָּלְתָה לָהּ זְכוּת** שאז אין המים בודקים אותה מיד, **״הִיא״** למעט — **וְלֹא שֶׁיִּשְּׂאוּ וְיִתְּנוּ בָּהּ מוֹזְרוֹת בַּלְּבָנָה,** נשים הטוות בצוותא לאור הירח, שבזמן זה מספרות זו לזו את מה שנתרחש בעיר. ואם הן יודעות שזו זנתה משמע שהדבר ידוע ומפורסם, ואת זו אין המים בודקים, לפי שאין צורך בבירור זה. ושואלים: **וְר׳ שִׁמְעוֹן** הסבור שאין זכות תולה לה, **נְהִי** [אם אמנם] שאת הוי״ו כלשון יתור הוא **לֹא דָּרֵישׁ** [דורש] ולכן אינו למד מכאן שהזכות תולה, **וְהָא אִיכָּא** [והרי יש]

מסורת הש״ס

א. ראה סוטה ח,א ובמקבילות שם.

ב. מנחות עט,ב. צ,א.

ג. סוטה כב,ב. ירושלמי סוטה פ״ג ה״ו. תוספתא סוטה פ״ב ד.

ד. ראה מנחות ק,ב.

ה. (הביטוי) סוטה מז,א. כריתות כג,ב. כה,א. כו,ב. ירושלמי שם. תוספתא שם.

ו. תוספתא סוטה פ״ב ו. וראה ירושלמי שם.

ז. כריתות כד,א. תוספתא שם.

ח. (ביטוי דומה) שבת קיא,ב. כתובות פד,א. ב״ב קכה,ב. מנחות מו,ב. ערכין יד,ב.

ט. ירושלמי סוטה פ״ג ה״ה.

י. ראה במדב״ר פ״ט מא.

יא. ראה סוטה לא,א. גיטין פט,א.

יב. סוטה כו,א (ושם סומנו מקבילות).

גרסות

טמאה אני ויש גורסים כבמקבילה: **טמאה אני לך.**

תלי לה יש בכת״י: **תלו לה.**

שמת הוא במקבילה: **שמת הבעל.**

לשון

מוזרות

פירוש המלה כמו שוזרות, והכוונה לנשים היושבות ושוזרות חוטי פשתן לאור הירח, ותוך כדי עבודתן הן מדברות בחדשות וברכילות של המקום. בתלמוד הירושלמי מובאת גם הגירסה מוצרות, ושם מבואר כי מוצרות מתייחס לסריקת הצמר, ומוזרות — לשזירת הפשתן.

עיונים

מנחתה נשרפת כלומר, אין מעלים את הקומץ למזבח, ואין הכהנים אוכלים את השירים, אלא הכל נשרף בבית הדשן, כמנחות שאירע בהן פסול שאינן ראויות עוד להקרבה, אבל גם אינן יוצאות לחולין. וראה בתוס׳ (ד״ה כי) ששאלו: מפני מה אין מנחה זאת נפדית על ידי שאלה, שהרי לדעת בית הלל הקדש דינו ככל נדר, וכאשר נשאל לחכם ומתיר את נדרו בטל ההקדש? ובחידושי הגרי״ז כתב כי בתוס׳ כריתות (יג, ב) אמרו, שלכל הדעות אי אפשר להישאל על ההקדש לאחר שחיטת הזבח, ואם כן אף בענינינו הרי הקמיצה היא כנגד הזריקה. ולעצם הבעיה יש לומר עוד כי גם אם נאמר שיש דרך של פדיון על ידי שאלה, מכל מקום כאן ובמקומות אחרים שמדובר על הקדש שנשרף מדובר כאשר לא עשה המקדיש מעשה, ולא נשאל, ונשאר ההקדש הראשון בעינו.

מעיקרא בטעות קדוש בתוס׳ (ד״ה דכי) העלו את השאלה: מה ההבדל בין מנחה זו ובין אשם תלוי שאף הוא בא על הספק (שמא שגג בעבירה שיש עליה חיוב חטאת) ואף אם נודע שלא חטא אין הקדשו בטעות? ותירצו כי אמרו בגמרא שבאשם גומר בליבו להקדיש את הקרבן הקדש גמור מחמת שליבו נוקפו. וראה בדבר שאול, שמסביר שיש הבדל אחר בין הדברים, שהרי אשם תלוי מתחילתו בא מפני שיש למקדיש ספק שמא עבר, ואף שייתכן, שבאמת אינו חייב קרבן כלל, מכל מקום בשעה שהקדיש היה חייב בודאי בכפרה, אבל מנחת סוטה מתחילה באה על מנת שיארע נס על ידי המים המרים ותיבדק האשה על ידם, שאף אם לא חטאה, מכל מקום הבעל רוצה בבירור הדברים על ידי המים. ומשום כך עיקרו של דבר במנחת סוטה שיתקיימו התנאים הדרושים לבירור הדבר, ואם לא היו תנאים אלה קיימים — אז הֶקדשה אינו הקדש.

בכיפה תלי לה בערוך גרס ״בכפא תלו לה״ ומפרש בכפא = בכתפה. כלומר: וכי הם מחזיקים אותה על כתפם כל הזמן שלא תוכל להשמט לרגע מהשגחתם?

גזירה שמא יאמרו מוציאין וכו׳ שהרי יכולים אנשים לחשוב שקדושה זו אינה חלה לגמרי, ואפשר לפדות אף מה שהוקדש בכלי. וראה בתוס׳ (ד״ה גזירה) שהסבירו שיש הבדל בין קדושת פה (שמקדיש דבר על ידי אמירה, ובדרך כלל יש פדיון להקדשו) לקדושה שחלה על ידי מעשה בגופו של הדבר.

מת הוא וכו׳ רש״י מסביר שכיון שמת האיש שוב אין מקום לבדיקת המים, שהרי אין מי שיתירוה המים עבורה והרש״ש שאל: הלא אם תימצא טהורה יש לה על יד כך היתר גם לאכול בתרומה, וגם להנשא למי שנחשד, שהוא הבועל? ומשום כך הוא מעדיף את דברי רש״י עצמו להלן (כד, א) שהטעם הוא שאין מתקיים כאן מה שנאמר בכתוב ״והביא האיש את אשתו, וראה במנחה חרבה שכתב כי אין להשוות את הדברים, שהרי כאן כבר הביא האיש את אשתו, ואין לומר שמטעם זה לא תשתה. אלא הטעם לדברי רש״י הוא שלא ניתנה בדיקה זו (שיש עימה מחיקת השם) אלא לשם המטרה החשובה של הבאת שלום בין איש לאשתו, אבל לא לצורך מטרה אחרת.

נמצאו עדיה זוממים רש״י פירש — עדי סתירה. והמאירי כתב שהוא הדין אם נמצאו עדי קינוי זוממים, אלא שאין הדבר מצוי שהרי אין הקינוי אלא על ידי הבעל, ואם היו העדים זוממים הרי הוא יודע שהם משקרים, ובודאי לא יביאנה להבדק (וראה בדבר שאול). וכן מפורש בתלמוד הירושלמי שעדי קינוי שנמצאו זוממים לוקים.

קלא אית להו כיון שהזמת העדים נעשית בבית דין, ויש צורך בעדים אחרים שיזימום, והעדים המוזמים נענשים במלקות הרי הדבר מתפרסם ביותר, והכל יודעים שהיתה כאן מרמה. אבל במקרה של פסול אחר לא הכל יודעים שהיה זה הקדש בטעות ויבואו לומר שמוצאין מכלי שרת לחול.

וי״ו לא דריש התוס׳ בסנהדרין (יד, א) הוכיחו כי אין לומר שר׳ שמעון אינו דורש כלל וי״ו לריבוי אלא שאינו דורש יתור וי״ו זה לדרשה זו אלא לענין אחר.

אורח ההלכה

האומרת טמאה אני האומרת ״טמאה אני לך״, אחר שקדשה המנחה בכלי, קודם שתיקמץ או שבאו עדי טומאה הרי המנחה כולה נשרפת, וכרב פפא (לקוטי הלכות). (רמב״ם ספר נשים הלכות סוטה פ״ד הי״ד).

קדש הקומץ וכו׳ נטמאת מנחתה של הסוטה קודם שקדשה בכלי — הרי זו תיפדה ותצא לחולין. ואם נטמאה לאחר שקדשה בכלי שרת — הרי זו תשרף. וכן אם אמרה ״טמאה אני״ או שאמרה ״איני שותה״ או שלא רצה בעלה להשקותה, או שבאו עדי טומאה, או שמת הבעל או האשה. ואם אירע אחד מדברים אלה לאחר שקרב הקומץ אין השירים נאכלים (כך נראה מגרסת כ״מ, וכן בכת״י ועוד, וכן נראה מהתלמוד הירושלמי ומתוס׳) אבל יש גורסים ברמב״ם ״שיריה נאכלים״ (וראה בפנ״מ לתלמוד הירושלמי ובמאירי). (רמב״ם שם).

נמצאו עדיה זוממין נמצאו העדים שמעידים על הסוטה זוממים — מנחתה יוצאת לחולין (רמב״ם שם הט״ו).

יֵשׁ לָהּ עֵדִים בִּמְדִינַת הַיָּם שלמדנו מן המקרא שאין המים בודקים אותה, ואם כן נשאר החשש שמא יבואו להוציא שם רע על הנשים השותות, שמא לא נבדקו במים רק משום שיש להן עדים במדינת הים, וטמאות הן! ומשיבים: דבר זה שעדים נמצאים במדינת הים לֹא שְׁכִיחָא [מצוי], ולכן אין אנשים באים לתלות בכגון זה.

א משנה ומעתה מפרטים את סדר השקאת הסוטה. כֵּיצַד עוֹשֶׂה לָהּ בעלה לאחר שהיתרה בה ונסתרה? — מוֹלִיכָהּ לְבֵית דִּין שֶׁבְּאוֹתוֹ מָקוֹם, וּמוֹסְרִין לוֹ בית הדין שְׁנֵי תַלְמִידֵי חֲכָמִים להשגיח עליו שֶׁמָּא יָבֹא עָלֶיהָ בַּדֶּרֶךְ לבית המקדש ששם משקים אותה. ר' יְהוּדָה אוֹמֵר: בַּעְלָהּ נֶאֱמָן עָלֶיהָ.

ב גמרא מדברי המשנה שמוסרים לו שני תלמידי חכמים, מדייקים שנמצאים עם האשה תְּרֵי וְאִיהוּ [שניים והוא הבעל] — הָא תְּלָתָא [הרי שנמצאים שלושה] אנשים ביחד. לֵימָא מְסַיַּיע לֵיהּ [האם נאמר שמסייע לו] הדבר לְרַב. שאָמַר רַב יְהוּדָה אָמַר רַב: לֹא שָׁנוּ במסכת קידושין (פ, ב), שאשה מותרת להתייחד עם שני אנשים אֶלָּא דווקא בָּעִיר, אֲבָל בַּדֶּרֶךְ — עַד דְּאִיכָּא [שיש] שְׁלֹשָׁה, שאם יהיו רק שניים שֶׁמָּא יִצְטָרֵךְ אֶחָד מֵהֶן לִנְקָבָיו ויפרוש למקום אחר, וְנִמְצָא אֶחָד מֵהֶן מִתְיַיחֵד עִם הָעֶרְוָה. ודוחים: לֹא, הָכָא [כאן] אין זה משום יחוד, אלא הַיְינוּ טַעֲמָא [זהו הטעם] כִּי הֵיכִי דְּלֶיהֱווּ עֲלֵיהּ סָהֲדֵי [כדי שיהיו עליו שני עדים] שיעידו במקרה ויבוא עליה. ומעירים עוד: תַּלְמִידֵי חֲכָמִים — אִין [כן], כּוּלֵּי עָלְמָא [כל העולם, סתם אנשים] — לֹא. לֵימָא [האם נאמר] שמְסַיַּיע לֵיהּ [לו] הדבר לְאִידָךְ [לדבר אחר] שאמר רַב. שאָמַר רַב יְהוּדָה אָמַר רַב: לֹא שָׁנוּ ששניים מותרים להתייחד עם אשה אֶלָּא כשהם אנשים כְּשֵׁרִין, אֲבָל כשהם פְּרוּצִין — אֲפִילּוּ עֲשָׂרָה נַמִּי [גם כן] לֹא. ומביא ראיה לדבר, מַעֲשֶׂה הָיָה וְהוֹצִיאוּהָ עֲשָׂרָה אנשים לאשה אחת בְּמִטָּה כאילו היתה מתה והם מלוויה, וזנו איתה. הרי שאנשים פרוצים אפילו עשרה אינם בושים זה מזה. ודוחים: לֹא, אין מכאן ראיה, הָכָא הַיְינוּ טַעֲמָא [כאן זה הטעם] שיהיו תלמידי חכמים דווקא — משום דְּיָדְעֵי לְאַתְרוּיֵי בֵּיהּ [שיודעים להתרות בו] שאסור לו לבוא עליה. אבל בכלל אפשר לומר ששני אנשים סתם נאמנים על האשה, ומותרת להתייחד עימם.

ג שנינו במשנה שר' יְהוּדָה אוֹמֵר: בַּעְלָהּ נאמן עליה. תַּנְיָא [שנויה ברייתא], ר' יְהוּדָה אוֹמֵר: בַּעְלָהּ נֶאֱמָן מִקַּל וָחוֹמֶר: וּמַה נִּדָּה שֶׁהִיא אסורה על בועלה בְּאיסור כָּרֵת — מכל מקום בַּעְלָהּ נֶאֱמָן עָלֶיהָ והתירו לו להתייחד איתה, סוֹטָה שֶׁהִיא אסורה עליו רק בְּלָאו (מצות לא תעשה) — לֹא כָּל שֶׁכֵּן שיהא נאמן עליה? וְרַבָּנַן [וחכמים] אומרים: הִיא הַנּוֹתֶנֶת, מטעם זה עצמו יש להחמיר, נִדָּה שהיא באיסור כָּרֵת — חֲמִירָא לֵיהּ וּמְהֵימַן [חמור לו, בעיניו, האיסור ולכן הוא נאמן] שלא בעל, סוֹטָה שֶׁיֵּשׁ בה רק איסור לָאו — לֹא חֲמִירָא לֵיהּ [חמור לו, בעיניו], וְלכך הוא לֹא מְהֵימַן [נאמן]. ושואלים: וְר' יְהוּדָה מִקַּל וָחוֹמֶר מַיְיתֵי לָהּ [מביא, לומד אותה]? וְהָא [והרי] ר' יְהוּדָה מִקְּרָאֵי מַיְיתֵי לָהּ [מן הכתובים הוא לומד אותה]! דְּתַנְיָא [שכן שנינו בברייתא] על הכתוב "וְהֵבִיא הָאִישׁ אֶת אִשְׁתּוֹ אֶל הַכֹּהֵן" (במדבר ה, טו), מִן הַתּוֹרָה הָאִישׁ עצמו מֵבִיא אֶת אִשְׁתּוֹ, אֲבָל אָמְרוּ חֲכָמִים: מוֹסְרִין לוֹ שְׁנֵי תַלְמִידֵי חֲכָמִים שיילכו עמהם, שֶׁמָּא יָבֹא עָלֶיהָ בַּדֶּרֶךְ. ר' יוֹסֵי אוֹמֵר: בַּעְלָהּ נֶאֱמָן עָלֶיהָ מִקַּל וָחוֹמֶר: וּמַה נִּדָּה שֶׁהִיא בְּכָרֵת — בַּעְלָהּ נֶאֱמָן עָלֶיהָ, סוֹטָה שֶׁהִיא בְּלָאו — לֹא כָּל שֶׁכֵּן? אָמְרוּ לוֹ: לֹא, אִם אָמַרְתָּ בְּנִדָּה שנאמן, שֶׁכֵּן יֵשׁ לָהּ הֶיתֵּר לאחר זמן, כשתטבול, תֹּאמַר בְּסוֹטָה שֶׁאֵין לָהּ הֶיתֵּר, שנאסרה עליו לעולם אם זנתה. וְראיה לכך מהכתוב האוֹמֵר "מַיִם גְּנוּבִים יִמְתָּקוּ ולחם סתרים ינעם" (משלי ט, יז). ואף סוטה האסורה לעולם ("מים גנובים") יש חשש שיבוא עליה. ר' יְהוּדָה אוֹמֵר: מִן הַתּוֹרָה הָאִישׁ מֵבִיא אֶת אִשְׁתּוֹ אֶל הַכֹּהֵן שֶׁנֶּאֱמַר: "וְהֵבִיא הָאִישׁ אֶת אִשְׁתּוֹ" ואין צורך בתלמידי חכמים שילוהו. הרי שר' יהודה לומד דין זה מן המקרא עצמו! ומתרצים: אָמַר לְהוּ [להם] ר' יהודה לחכמים קַל וָחוֹמֶר בְּרֵישָׁא [תחילה] וּפְרָכוּהָ [ושברו אותו] כפי שאמרנו, וַהֲדַר [וחזר] וְאָמַר לְהוּ קְרָא [להם כתוב]. ושואלים: ר' יְהוּדָה הַיְינוּ [זוהי] שיטת הַתַּנָּא קַמָּא [הראשון] בברייתא שאמר: מן התורה אדם מביא את אשתו אל הכהן! ומשיבים: אִיכָּא בֵּינַיְיהוּ [יש ביניהם הבדל] בהמשך, של "אֲבָל אָמְרוּ", שלדעת התנא הראשון תיקנו חכמים בכל זאת שיהיו תלמידי חכמים מביאים אותה, ולדעת ר' יהודה לא תיקנו תקנה זו.

ד משנה הָיוּ מַעֲלִין אוֹתָהּ, את האשה, לְבֵית דִּין הַגָּדוֹל שֶׁבִּירוּשָׁלַיִם, וּמְאַיְּמִין עָלֶיהָ שתודה על האמת כְּדֶרֶךְ שֶׁמְּאַיְּמִין עַל עֵדֵי נְפָשׁוֹת שמסבירים להם את חומרת המעשה שהם עושים. וְאוֹמֵר לָהּ הדיין, כדי להקל עליה להודות: בִּתִּי, הַרְבֵּה יַיִן עוֹשֶׂה (גורם) שתבוא אשה לזנות, הַרְבֵּה שְׂחוֹק עוֹשֶׂה, הַרְבֵּה יַלְדוּת (נערות, גיל צעיר) עוֹשָׂה, הַרְבֵּה שְׁכֵנִים הָרָעִים עוֹשִׂין, לומר לה שהוא מבין שלא כל האשמה תלויה בה, אלא היו גורמים אחרים לדבר. עֲשִׂי לִשְׁמוֹ הַגָּדוֹל של הקדוש ברוך הוא שֶׁנִּכְתַּב בִּקְדוּשָּׁה שלֹּא יִמָּחֶה עַל הַמַּיִם, שהרי אם מודה שזנתה — שוב אין מוחקים את המגילה, שכתוב בה שם ה', בתוך המים. וְאוֹמֵר לְפָנֶיהָ דְּבָרִים שֶׁאֵינָם כְּדַי לְשׁוֹמְעָן (שאינם ראויים לשמעם) הִיא וְכָל מִשְׁפַּחַת בֵּית אָבִיהָ, וכל זה לפייס אותה כדי שתודה. אִם אָמְרָה לאחר כל אלה "טְמֵאָה אָנִי" — שׁוֹבֶרֶת כְּתוּבָּתָהּ, כלומר, כותבת שובר (קבלה) שאין לה עוד תביעות מבעלה, והפסידה כתובתה, וְיוֹצֵאת (מתגרשת מבעלה). וְאִם אָמְרָה "טְהוֹרָה אָנִי" — מַעֲלִין אוֹתָהּ לְשַׁעַר הַמִּזְרָח שֶׁעַל פֶּתַח שַׁעַר נִקָּנוֹר, שֶׁשָּׁם היו עושים שלושה דברים: מַשְׁקִין אֶת הַסּוֹטוֹת, וּמְטַהֲרִין אֶת הַיּוֹלְדוֹת, וּמְטַהֲרִין אֶת הַמְּצוֹרָעִין. וְכֹהֵן אוֹחֵז בִּבְגָדֶיהָ ומושכם, אִם נִקְרְעוּ הבגדים — נִקְרָעוּ, וְאִם נִפְרְמוּ התפרים — נִפְרְמוּ, עַד שֶׁהוּא מְגַלֶּה אֶת לִבָּהּ בקריעה זו. וְסוֹתֵר אֶת המקלעת שקלוע בה שְׂעָרָהּ. ר' יְהוּדָה אוֹמֵר: אִם הָיָה לִבָּהּ נָאֶה — לֹא הָיָה מְגַלֵּהוּ, וְאִם הָיָה שְׂעָרָהּ נָאֶה — לֹא הָיָה סוֹתֵר אותו. אם הָיְתָה כרגיל מִתְכַּסָּה בִּלְבָנִים — מְכַסֶּהָ עכשיו בִּבְגָדִים שְׁחוֹרִים. הָיָה עָלֶיהָ כְּלֵי זָהָב

עיונים

לא שכיחא על עיקר דברי ר' שמעון שאלו בתו"ש: הלא נאמר כי זו שהיתה טהורה יולדת ומשבחת, ואם כן יש הבדל בין זו שלא נענשה מפני טעם אחר (זכות, עדים, חטא הבעל) לזו שהיתה טהורה! ותירצו כי שמא מאחר שאין התיקון ניכר כל כך יבואו אנשים להוציא לעז. וראה ביגל יעקב שפירש, על סמך דברי הספרי בזה, שכיון שאין השבחתה ניכרת מיד ואינה יולדת אלא לאחר זמן חושש ר' שמעון ללעז שמוציאים בינתיים עד שמתברר הדבר.

אבל בדרך עד דאיכא שלשה ויש טעם בדבר, הן משום שמהלכים זמן רב ובתוך כך מצוי שיצטרך אחד לנקביו. ונוסף לכך בדרך מן הסתם הנצרך לנקביו מרחיק הרבה שלא ייראה. ועוד, שבעיר יכול גם האיש השני לצאת מן הבית ולא יתייחד עימה, אבל בדרך לא יניחוה להיות לבדה, ויש לחשוש לייחוד (דבר שאול).

דידעי לאתרויי ביה לפי שבהתראה צריך לומר למותרה מה היא העבירה שעובר ומה הוא עונשו אם יעבור עליה. וראה גם בתוס' (ד"ה כי). ולעצם ההתראה והעונש, יש סבורים שאין כאן התראה למלקות, לפי שאין איסורה אלא מספק (תוהרא"ש) או מפני שהוא לאו שבכללות, או מפני שיש אומרים שאינו אלא לאו הבא מכלל עשה (תוס' לקמן כח, א). אבל יש סבורים שיש חיוב מלקות ממש לבעלה שבא עליה (תוס' יבמות יא, ב) ויש שכתב שגם לדעתם אין מלקים אותו מלקות מן התורה, אבל לוקה מכות מרדות מדרבנן (משברי ים).

ומה נדה... בעלה נאמן ראה בתוס' (ד"ה נדה) ששאלו מה הוא בעצם מקור ההיתר של הנדה. וראה מה שכתבו שם. ולדעת הרמב"ם למדנו דבר זה ממסורת תורה שבעל פה. ויש סבורים שעצם ההיתר אינו אלא מצד הסברה שאין אדם נכשל בדבר שלבסוף יהא מותר לו. וכבר דנו אחרונים בבעיה כיצד ניתן ללמוד קל וחומר מהלכה זו שאינה מפורשת כלל בתורה.

סוטה שהיא בלאו במסכת יבמות (יא, ב) למדו שהסוטה אסורה לבעלה ממה שנאמר לגבי מחזיר גרושתו "לא יוכל בעלה... לשוב לקחתה... אחרי אשר הוטמאה" (דברים כד, ד) ולמדו מכאן לרבות סוטה שנסתרה (כלומר, נבעלה בזנות) ונחלקו הראשונים, דעת תוס' ביבמות (שם) שגם בספק נבעלה עשתה תורה דינה כודאי, ולדעת הרא"ש סוטה שלא הוכח שנבעלה אינה אלא ספק לאו.

ואומר מים גנובים וכו' בעניינה של ראיה זו כבר תהו ראשונים (ראה תוס' ד"ה ואומר) ובתוהרא"ש מביא בשם ספרים ישנים את ההמשך הבא: מאי ואומר? וכי תימא סוטה נמי חשיב דיש לה היתר — ואומר מים גנובים ימתקו. ור' יוסי סבר כיון דדש בה לאו מים גנובים נינהו. שלפי ניסוח זה (שאולי היה פירוש שנכנס בספר) שואלים: הרי גם הסוטה אין ודאות שיהא איסורה לעולם, שהרי ייתכן, שתבדק ותמצא טהורה? לכן הוסיף ואמר "מים גנובים" — שיש נוסף לכך יצר מיוחד לדבר האסור. ובתו"ש מסביר כי היינו יכולים לומר שמן הסתם לא יבוא עליה, שהרי היא מאוסה בעיניו משום שזנתה, על כן אומר שיש צד אחר, של פיתוי לעשות דווקא את האסור.

ר' יהודה אומר מן התורה וכו' ראה בתוהרא"ש שכתב שאין גורסים משפט זה (וראה ביגל יעקב). ומנוסח הדברים בתלמוד הירושלמי יש הסבר לגירסתנו, ששם אמר ר' יהודה שלמרות הטעמים שכנגד — גזירת הכתוב היא. ויש שכתבו כי דברי ר' יהודה הם כשיטה הידועה (של הט"ז ואחרים) שדבר המפורש בתורה להיתר אין חכמים יכולים לאוסרו, ואם כן מטעם זה אין להצריכו ליווי.

ומאיימין עליה וכו' בתוי"ט מפרש שאין הכוונה שמאיימים עליה באותו נוסח שמאיימים על עדי נפשות, שהרי אין עניינם דומה. אלא הכוונה היא שכשם שבעדי נפשות מרבים לאיים על העדים יותר מבעדות ממון, אף כאן מרבים לאיים עליה. ויש שכתב שמודיעים לה שיש בשתיה זו סכנת מיתה הן לה והן לבועל, ולכן מאיימים עליה כמו בדיני נפשות (מנחת קנאות).

היא וכל משפחת בית אביה המאירי מסביר שהיא לשון מליצה — שאומרים לה דברים שלא תוכל לעמוד בפניהם אפילו היו עימה כל משפחת בית אביה לחזקה. ובפיה"מ לרמב"ם מסביר בפשטות שבדרך הטבע בני משפחתה נמצאים עימה ואף הם שומעים את הדברים. ויש שהוסיף לבאר לשון "אינם כדי" לגבי משפחתה, שמקובל בידינו (ראה סוף מסכת סוכה) שאדם הנוהג בדרך רעה בודאי קיבל השפעה לכך מבית אביו.

לשער המזרח שעל פתח וכו' הלשון קצת קשה, ויש גם גרסות שומת. ולפי רש"י יש להבין שמעלה אותה תחילה לשער המזרח שהוא השער החיצון של עזרת נשים, ומשם לשער ניקנור שהוא שער עזרת ישראל. ובכפתור ופרח פירש ששער המזרח הוא שער ניקנור.

ששם משקין וכו' הטעם שמטהרים שם את היולדות והמצורעים מובן, משום שהם טמאים לפי שעה ואינם יכולים להכנס פנימה. אבל אין מוסבר מה טעם משקים שם את הסוטות. ויש שכתב, שמפני שקורע את בגדיה ומגלה את שערה גנאי הוא שיעשו את הדבר במקדש עצמו (מנחה חרבה).

וכהן אוחז וכו' בתוספתא אמרו שכהן זה נבחר על ידי הגרלה, וכל כהן (אפילו הוא הכהן הגדול), שעלה בגורלו הוא החייב לעשות זאת.

אם נקרעו וכו' בחילוק שבין קריעה ופרימה יש דעות אחדות. לפי רש"י קריעה היא קרע אחד ופרימה היא קריעה לחלקים קטנים. וקצת בדומה לכך מפרשים בפיה"מ לרמב"ם ובמאירי שקריעה היא קרע ישר מלפניה, ופרימה היא קרעים אחדים מצידיה. ויש שפירש שקריעה היא באורך הבגד ופרימה לרוחב (ראה בתוי"ט). והר"ח מפרש שקריעה היא באריג עצמו, ופרימה היא שגורם לתפרים להפתח.

אורח ההלכה

כיצד עושה לה הבעל בא לבית הדין שבעירו ואומר להם: "אשתי זו קנאתי לה עם פלוני ונסתרה עימו, ואלו עדי, והיא אומרת שטהורה היא, ואני רוצה להשקותה לבדוק הדבר". בית הדין שומעים את דברי העדים. ואם היה ממש בדבריהם מוסרים לו שני תלמידי חכמים לשומרו שמא יבוא עליה בדרך קודם שתייה, והולכים איתה לבית הדין הגדול שבירושלים. (רמב"ם ספר נשים הלכות סוטה פ"ג ה"א).

לא שנו אלא כשרין לא תתייחד אשה אחת אפילו עם אנשים הרבה עד שתהיה אשתו של אחד מהם שם. והיא בעיקרה דעת הרמב"ם. וכתב הרמ"א שיש אומרים (רא"ש ועוד) שאשה אחת מתייחדת עם שני אנשים כשרים בעיר, וסתם אנשים נחשבים ככשרים לענין זה. ואם היה הדבר בשדה או בלילה אפילו בעיר — צריך שיהיו שלושה אפילו הם כשרים. ויש מתירים לאיש אחד להתייחד עם נשים רבות אם אין עסקו עם הנשים. (רמב"ם ספר קדושה הלכות איסורי ביאה פכ"ב ה"ח. שו"ע אה"ע כב, ה).

מעלין אותה לבית דין הגדול וכו' כשמגיעים הבעל האשה והעדים לבית הדין הגדול, מאיימים עליה שלא בפני בעלה (שלא תבוש להודות. מרכבת המשנה) ואומרים לה גם דברים לפייסה שהרבה יין ושחוק עושים וכו'. ואם הודתה שנטמאה או שאמרה "איני שותה" — הרי זו יוצאה מבעלה בלא כתובה. (רמב"ם ספר נשים שם ה"ב).

מעלין אותה לשער המזרח עמדה האשה בדבריה שהיא טהורה — מביאים אותה לשער המזרחי של העזרה, ומוליכים אותה ממקום למקום כדי לייגעה אולי תודה. ואם עמדה בדיבורה מביאים אותה כנגד שער המזרח מבחוץ ומעמידים אותה שם. (רמב"ם שם ה"ג-ד).

ששם משקין את הסוטות וכו' המצורע המיטהר עומד מחוץ לעזרת ישראל כנגד שער המזרח בסמוך לשער ניקנור. וכן עומדים שם שאר מחוסרי כפרה הצריכים להביא קרבנם, ושם משקים את הסוטות. (רמב"ם ספר קרבנות הלכות מחוסרי כפרה פ"ד ה"ב).

כהן אוחז בבגדיה וכו' לאחר שנמחה שם המפורש במים (ראה כ"מ), כהן (הנבחר לפי גורל. מל"מ עפ"י התוספתא) יוצא ואוחז בבגדיה כנגד פניה וקורע עד שהוא מגלה את ליבה ומגלה וסותר את שערה. (רמב"ם ספר נשים שם הי"א).

היתה מתכסה בלבנים וכו' אם היתה האשה מתכסה בבגדים לבנים לובשת שחורים, ואם היו השחורים נאים לה מתכסה בבגדים שאין לה בהם נוי. (רמב"ם שם ה"ד).

מסורת הש"ס

א. במדב"ר פ"ט לא.
ב. סוטה כה,א. קדושין פ,ב. פא,א. ירושלמי כתובות פ"ב ה"ט. שם סוטה פ"א ה"ג. ספרי במדבר ה, טו. במדב"ר שם.
ג. קדושין פא,א. ירושלמי שם. וראה סוטה פ"א ה"ג. במדב"ר שם.
ד. קדושין פ,ב. וראה סוטה שם.
ה. קדושין שם. ע"ז כה,ב (בשינוי שם). ירושלמי קדושין פ"ד הי"א (בשינויים). וראה ירושלמי סוטה פ"א ה"ב. שם ע"ז פ"ב ה"א. תנדבא"ר פי"ח.
ו. קדושין שם.
ז. ירושלמי סוטה פ"א ה"ג. תוספתא סוטה פ"א ב. במדב"ר פ"ט לא.
ח. (הביטוי) עירובין י,א. יבמות סח,ב. מכות ב,ב. בכורות נט,ב.
ט. ספרי במדבר ה, טו. במדב"ר שם. ילק"ש תורה תשז. וראה תוספתא סוטה פ"א ג.
י. סוטה כה,א.
יא. (הביטוי) נדרים צא,ב.
יב. (הביטוי) פסחים סו,א. סט,א.
יג. במדב"ר פ"ט לג. תנחומא נשא א. תנחומא בובר נשא ב. מדרש ל"ב מדות פי"ח. ילק"ש תורה תשד. שם תשז.
יד. ספרי במדבר ה, יט. במדב"ר פ"ט יז. שם פ"י א. שם כה.
טו. תוספתא סוטה פ"א ד. במדב"ר פ"ט יג. תנחומא נשא א.
טז. ראה נגעים פי"ד מ"ח. תוספתא נגעים פ"ח ט. תו"כ יד, יד. ילק"ש תורה תקסב.
יז. סנהדרין מה,א. תוספתא שם ז. במדב"ר פ"ט לג. ילק"ש תורה תשז.
יח. ספרי במדבר ה, יח.
יט. ירושלמי סנהדרין פ"ו ה"ד.

גרסות

לא שכיחא יש בכת"י ועוד: יש לה עדים במדינת הים לא שכיחא.
כיצד עושה בכת"י ועוד יש: כיצד הוא עושה.
שבאותו מקום ויש בכת"י: שבאותה העיר.
מעשה היה יש בכת"י: ומעשה היה.
נדה דכרת בכת"י יש: נדה שהיא בכרת.
ואומר לה בכתי"י רבים: ואומרים לה.
עשי לשמו... שלא ימחה יש בכת"י: אל תעשי לשמו... שימחה.
ואומר לפניה בכת"י יש: ואומרים לפניה.
שעל פתח שער נקנור ויש בכת"י: ולשער נקנור.
לא היה סותר יש בכת"י: לא היה סותרו.
מתכסה בכת"י יש: מכוסה.

החיים

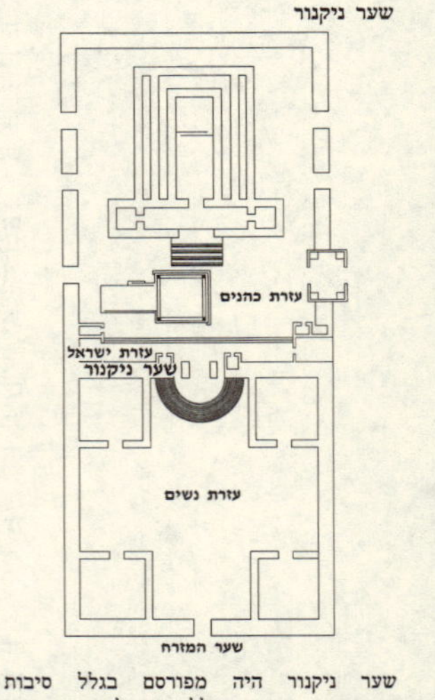

שער ניקנור היה מפורסם בגלל סיבות היסטוריות שונות, בגלל יפי דלתות הנחושת שלו, ובגלל הניסים שאירעו בשעת הבאתן ממצרים. שער זה, המצוי בכניסה הראשית למקדש, שימש, כמבואר בגמרא כאן, לכמה מטרות, כאשר היה צורך שאדם מסוים יהיה קרוב ככל האפשר לעזרה בלא שיכנס ממש אל תוכה.

לעזי רש"י

דמינצייר מן הצרפתית העתיקה demincier — לקרוע לגזרים, לחתוך לחתיכות קטנות.

יש לה עדים במדינת הים לא שכיחא:

א **מתני'** אכיצד עושה לה אמוליכה לבית דין שבאותו מקום ב* בומוסרין לו שני תלמידי חכמים שמא יבא עליה בדרך רבי יהודה אומר בעלה נאמן עליה:

ב **גמ'** גתרי ואיהו הא תלתא לימא מסייע לי' לרב *דאמר רב יהודה אמר רב גלא שנו אלא בעיר אבל בדרך עד דאיכא שלשה שמא יצטרך אחד מהן לנקביו ונמצא אחד מהן מתייחד עם הערוה לא הכא היינו טעמא כי היכי דליהוו עליה סהדי ד*תלמידי חכמים אין כולי עלמא לא לימא מסייע ליה לאידך דרב הדאמר רב יהודה אמר רב *ולא שנו אלא כשרין אבל פרוצין אפילו עשרה נמי לא מעשה היה והוציאוה עשרה במטה לא זהכא היינו

ג טעמא דידעי לאתרויי ביה: רבי יהודה אומר בעלה וכו': זתניא *רבי יהודה אומר בעלה נאמן מקל וחומר ומה נדה שהיא בכרת בעלה נאמן עליה סוטה שהיא בלאו לא כל שכן ורבנן חהיא הנותנת נדה דכרת חמירא ליה ומהימן סוטה דלאו לא חמירא ליה ולא מהימן ורבי יהודה מק"ו מייתי לה והא רבי יהודה מקראי מייתי לה דתניא °(במדבר ה) והביא האיש את אשתו אל הכהן טמן התורה האיש מביא את אשתו אבל אמרו חכמים מוסרין לו שני תלמידי חכמים שמא יבא עליה בדרך ירבי יוסי אומר *בעלה נאמן עליה מקל וחומר ומה נדה שהיא בכרת בעלה נאמן עליה סוטה שהיא בלאו לא כ"ש אמרו לו לא אם אמרת בנדה שכן יש לה היתר תאמר בסוטה (משלי ט) שאין לה היתר יאואומר °מים גנובים ימתקו וגו' ר' יהודה אומר מן התורה האיש מביא את אשתו אל הכהן שנא' והביא האיש את אשתו יבאמר להו קל וחומר ברישא ופרכוה והדר אמר להו קרא רבי יהודה היינו תנא

ד קמא איכא בינייהו אבל אמרו: **מתני'** יגההיו מעלין אותה לבית דין הגדול שבירושלים ומאיימין עליה כדרך שמאיימין על עדי נפשות יד*ואומר לה בתי הרבה יין עושה הרבה שחוק עושה הרבה ילדות עושה הרבה שכנים הרעים עושין(א) עשי לשמו הגדול שנכתב בקדושה שלא ימחה על המים ואומר לפניה דברים(ב) שאינם כדי לשומען היא וכל משפחת בית אביה אם אמרה טמאה אני שוברת כתובתה ויוצאת יואם אמרה טהורה אני טומעלין אותה לשער המזרח(ג) שעל פתח שער נקנור *זששם משקין את הסוטות חומטהרין את היולדות טזטומטהרין את המצורעין* יזוכהן אוחז בבגדיה אם נקרעו נקרעו ואם נפרמו נפרמו עד שהוא מגלה את לבה יחוסותר את שערה יטרבי יהודה אומר *אם היה לבה נאה לא היה מגלהו ואם היה שערה נאה לא היה סותר כהיתה מתכסה בלבנים מכסה בשחורים היה עליה כלי זהב וקטליאות

רש"י

לא שכיחא. ולא מסקי אינשי אדעתייהו למחשדינהו לטהורות בהכי והא דשני לעיל לר' שמעון מדזכות לא תלה עדים נמי לא תלו משום דאכתי לא הוה קיימא לן דרשא דהאי קרא: **מתני'** שמא יבא עליה בדרך. שצריך להשקותה בירושלים בב"ד הגדול כדלקמן: נאמן עליה. שלא יבא: **גמ'** לא שנו. הא דתנן בקידושין אבל אשה מתייחדת עם שני אנשים: שמא יצטרך כו'. הכא נמי הואיל ושניהם אסורין בה לא סגי בתרי שמא יצטרך הבעל או שליח ב"ד לנקביו כו': דליהוי עליה סהדי. אם יבא עליה יעידו עליו(ד) לב"ד הגדול ולא ישקוה: ל"ש. דאשה מתייחדת עם שני אנשים: והוציאוה עשרה. לאשת איש חוץ לעיר במטה בחזקת מתה לקלקל עמה: דידעי לאתרויי ביה. ולומר לו מן התורה כשאין האיש מנוקה מעון שבא עליה משנאסרה עליו אין המים בודקין את אשתו: בעלה נאמן עליה. ואין צריך להעמיד עדים אלו: סוטה שהיא בלאו. דלא יוכל בעלה הראשון וגו' דאמרינן ביבמות בפ"ק (דף יא:) מה אני מקיים אחרי אשר הוטמאה לרבות סוטה שנסתרה: והיא הנותנת. המדה הזאת שהבאת ראיה לדבריך היא הנותנת את הדין שאנו אומרים שצריך עדים: נדה שהיא בכרת. חמורה עליו ואינו בא עליה: שכן יש לה היתר. לכשתטהר לפיכך אין יצרו תוקפו שמובטח הוא לאחר זמן: שאין לה היתר. אם תמצא טמאה ולפיכך לבו רודף אחריה: גנובים. כלומר דבר האסור לו יצרו רודף אחריו: ופרכוה. כדאמר שכן יש לה היתר: היינו ת"ק. דברייתא: אבל אמרו. לר' יהודה לית ליה: **מתני'** ומאיימין עליה. שתהא מודה: על עדי נפשות. כדאמרינן בסנהדרין הוו יודעין שלא כדיני ממונות דיני נפשות כו' בפרק אחד דיני ממונות (דף לז.): הרבה ילדות עושה. וגורם לנערה ילדה שתבא לידי קלקול ושמא אמת הדבר אל תביאי עצמך לידי מיתה מנוולת זו: שכנים רעים. יודעים לפתות ומלויין לה תמיד: שאינה כדאי לשומען. אינה ראויה לה שאומר לפניה דברי הודאות לדיקים הראשוני' אלא כדי שתודה על קלקולה כדאמרי' לקמן יהודה הודה ולא בוש: שוברת כתובתה. כותבת שובר על כתובתה זכיתי והפסדתי כתובתי ונותנת ביד בעלה שלא תתבענו לאחר זמן ואינה נהרגת שלא התרו בה עדים בשעת מעשה: לשער מזרח. שער החילון שבו נכנסין להר הבית ומשם לשער נקנור הוא שער העליון שבחומה שבין עזרת ישראל לעזרת נשים: ששם משקין את הסוטות. מפני שלא נתקדש בקדושת עזרה עובי חלל אותו השער מפני המצורעין שמכניסין ידיהן לבהונות ליתן מדם האשם על בוהן ידו ומחוסר כפורים שנכנס לעזרה בכרת לפיכך לא קדשו' שיוכל לעמוד בחלל השער שאם היה כהן מוציא את דם האשם חוץ לעזרה הרי הוא נפסל ביוצא לפיכך צריך להכניס ידו לתוך חלל העזרה וביאת מקצת שרא רחמנא: נקנור. אדם גדול היה והביא דלתות נחושת מאלכסנדריא של מצרים לאותו שער ונעשו בו נסים כדתנן בסדר יומא (דף לח.) ונקרא על שמו: ששם משקין סוטות. דבעינן לפני ה' כדיליף לקמן: ומטהרין את היולדות. לקמן מפרש מאי היא: אוחז בבגדיה. בבית הצואר שלה: אם נקרעו. אינו חושש: ואם נפרמו. אינו חושש פרימה גדולה מקריעה שנקרעה לקרעים הרבה דמינליי"ר בלע"ז כמו האי דפרים סילקא (שבת דף עד:): עד שמגלה את לבה. ולקמן יליף לה מקרא: וסותר את שערה. מקליעתו ולקמן יליף לה: וקטליאות

תוספות

יש לה עדים במדינת הים לא שכיחא. וה"ה בא עליה בעלה בדרך נמי לא שכיח: כי היכי דידעי לאתרויי ביה. והכי אמרינן נמי בפ' אלו הן הגולין (מכות דף ט:) גבי גולין לעיר מקלט ומוסרין לו שני תלמידי חכמים שמא יהרגנו בדרך ודייק בגמרא מאי לאו דאתרו ביה דאי קטיל בר קטלא הוא אלמא גבי התראה בעינן תלמידי חכמים: נדה שהיא בכרת בעלה נאמן עליה. תימה דמשמע בפרק אין מעמידין (ע"ז דף לו:) דיחוד דעריות דאורייתא אם כן יחוד דנדה מנלן דשרי ויש לומר דוקא יחוד דעריות דאין להן היתר דומיא דבן עם אמו אסרה תורה אבל נדה לא*: היא הנותנת. האי היא הנותנת לא דמי כלל להההוא דפרק קמא דעירובין (דף י.): אמר להו ק"ו ופרכוה. יש לומר דוקא בפירכא שכן יש היתר(ה) לאיסורה פרכוהו אבל בהיא הנותנת לא פרכוהו ולכך הוצרכה לפירכא אחריתי דאשכחן בדוכתי סגיאין דחמירא להו לאינשי עבירה קלה ומסתפו מינה טפי מעבירה חמורה כגון בפ"ק דכתובות (דף ד:) דחמירא להו אבילות דלא הוי אלא מדרבנן מנדה שהיא בכרת ובפ' הנזקין (גיטין דף מד.) באתריה דרבי יהודה חמירא להו שביעית דליכא אלא לאו משבת שהוא בסקילה וברים פ"ק דבילה (דף ג:) אמר האי דקיל צריך הרחקה טפי דאמר מ"ש גבי שבת דסתם לן תנא כרבי שמעון וגבי יום טוב כרבי יהודה שבת דחמיר סתם לן כר"ש י"ט דקיל סתם לן כרבי יהודה אלמא זימנין בדילי מקילתא טפי מחמירתא וזימנין איפכא והשתא צריך ליישב הברייתא לפי הירושלמי* והתוספתא דהכי מיתניא בתוספתא (פ"א) ר' יהודה אומר נאמן עליה בעלה מקל וחומר ומה נדה שחייב על ביאתה כרת וכו' ר' יוסי אומר הכתוב האמינו שנא' והביא האיש את אשתו וגו' ובירושלמי מיתניא הכי רבי יהודה אומר בעלה נאמן וכו' אמרו לו לא אם אמרת בנדה שיש לה היתר וכו' אמר להם רבי יהודה גזירת הכתוב הוא והביא האיש את אשתו וגו' אמרו לו ובלבד בעדים והשתא אית לן למימר דבההיא תוספתא פרכוהו והדר אמר להו קרא כההיא דירושלמי אבל(ו) מדרבי יוסי *איכא לתמוה דמעיקרא אמר להו קרא והדר אמר להו קל וחומר: *ואומר מים גנובים. נראה דהאי ואומר פירושו הכי כלומר מאי תלי בהכי שאין היתר לאיסורה חדא דיצרו תוקפו מאחר שאין היתר לאיסורה אין מתון בדבר אם לא עכשיו אימתי וא"ת לא יתקפנו יצרו על אשתו הואיל ובעלה כבר מים גנובים ימתקו: מה

תוספות שאנץ

עדים במדינת הים לא שכיחא ולא מסקי אינשי אדעתייהו למחשדינהו לטהורות בהכי והאי דשני לעיל לר' שמעון מדזכות לא תלו עדים נמי לא תלו משום דאכתי לא היה קיימא לן דרשא דהאי קרא. וא"ת היאך יוציאו לעז על הטהורות שיש עדים במדינת הים כיון שהיא יולדת והא אמר לקמן דאם היתה יולדת בצער יולדת בריוח ואם היתה יולדת שחורים יולדת לבנים. וי"ל דאינו דבר הניכר כל כך ולא מסקינן אדעתייהו: סוטה שהיא בלאו פי' דלא יוכל בעלה הראשון ואמרינן בפ"ק דיבמות אחרי אשר הוטמאה לרבות סוטה הנסתרת: ואומר מים גנובים ימתקו וגו' תימה מאי ואומר הא כבר נפרך הק"ו וי"ל דה"פ וכי תימא דיש לו לבעל להיות נאמן על אשתו דכיון שהיא שנואה בעיניו לא יבא עליה ומ"ה מייתי ואומר מים גנובים ימתקו וחייש' שמא יבא עליה: **מתני'** היו מעלין אותה לב"ד הגדול שבירושלים והקשה ה"ר אלחנן דאמאי לא חשיב אותה גבי מילי דבעו ב"ד של ע"א פ"ק דסנהדרין וי"ל דהתנא ושייר דהכי נמי לא קתני זקן ממרא דצריך ב"ד של ע"א. ומעלין אותה לשער המזרח ומשם לשער נקנור פ"ה נקנור אדם גדול היה והביא דלתות נחשת מאלכסנדריא של מצרים לאותו שער ונעשו בו נסים כדאמר בסדר יומא ונקראו על שמו הוא שער העליון שבחומה שבין עזרת ישראל לעזרת נשים ששם משקין את הסוטות שלא נתקדש בקדושת העזרה עובי חלל אותו השער מפני המצורעין שמכניסין ידיהן לבהונות ליתן מדם האשם על בוהן ידו ומחוסר כפורים שנכנס לעזרה בכרת. לפי' לא קדשום שיוכל לעמוד בחלל השער שאם היה הכהן מוציא את דם האשם חוץ לעזרה הרי הוא נפסל ביוצא. לפי' צריך להכנים ידו לתוך חלל העזרה וביאה במקצת שריא רחמנא ושם משקים סוטות דבעי לפני ה' ל"ה: ואם נפרמו פרימה גדולה מקריעה שנקרע לקרעים הרבה דמינצי"ר בלע"ז כמו ההוא דפרים סילקא ל"ה. לבדם

עין משפט נר מצוה

ל א ב מיי' פרק ב מהלכות סוטה הל' א סמג עשין כז:

לא ג טוש"ע אה"ע סי' כב סעיף ה בהגהה:

לב ד מיי' פכ"ב מהל' איסורי ביאה הל' ח טוש"ע שם:

לג ה מיי' פ"ג מהל' סוטה הלכה ב סמג עשין ט:

לד ו מיי' שם הל' ג:

לה ז ח ט מיי' פ"ד מהל' מחוסרי כפרה הלכה ב:

[וע"ע תוס' סנהדרין לז. ד"ה התורה]

לו י מיי' פ"ג מהל' סוטה הלכה יא סמג עשין נז:

לז כ מיי' שם הלכה ז:

עי' רש"א ואולי צ"ל ליישב הברייתא והתוספתא לפי הירושלמי

איכא למימר איפכא גירסת רש"ל ועי' רש"א

ד"ה צ"ל קודם ד"ה אמר להו

[עי' תוספות לקמן ח. ד"ה אם היה]

מסורת הש"ס

קדושין פ: [לקמן כה.]

קדושין פא.

[עיין לקמן כה.]

קדושין פ: ע"ז כה: ע"ש

[תוספת' פ"א ע"ש היטב]

[לקמן כה.]

[צ"ל ואומרים כ"א במשנה שבמשניות]

[עי' תוס' לקמן ח. ד"ה ששם]

סנהדרין מה. [ועי' תוס' לקמן ח. ד"ה והכהן]

תורה אור

במדבר ה — משלי ט

הגהות הב"ח

(א) במשנה שכנים הרעים עושין (עשי לשמו וכו' המים) תא"מ ונ"ב ס"א אל תעשי לשמו הגדול שנכתב בקדושה שימחה על המים: (ב) שם דברים שאינה כדאי לשומען: (ג) שם לשער המזרח לשער נקנור כצ"ל ותיבות שעל פתח נמחק: (ד) רש"י ד"ה דליהוו וכו' עליו בב"ד הגדול: (ה) תוס' ד"ה אמר וכו' היתר לאיסורו וכו' ולכך הוצרכו וכו': (ו) בא"ד אבל בדר' יוסי איכא למימר איפכא דמעיקרא:

עין משפט
נר מצוה

לח א מיי' פ"ג מהל' סוטה הלכה ד סמג עשין נו:
לט ב מיי' שם הל' יא:
מ ג מיי' שם הל' ה:
מא ד מיי' שם הל' ו:
מב ה מיי' שם הל' ה:
מג ו ז מיי' שם פ"ד הל' ה סמג שם:
מד ח מיי' שם פ"ג הלכה ב:
מה ט מיי' פ"ב מהל' תשובה הלכה ה וטוש"ע א"ח סי' תרז סעיף ב בהג"ה:

מסורת הש"ם

תורה אור

וקטליאות נזמים וטבעות [א]מעבירין ממנה
כדי לנוולה [א]*ואחר כך [ב]מביא חבל מצרי
וקושרו למעלה מדדיה [ג]וכל הרוצה לראות
בא לראות [ד]חוץ מעבדיה ושפחותיה מפני
שלבה גס בהן [ה]וכל הנשים מותרות לראותה
שנאמר °ונוסרו כל הנשים ולא תעשינה (יחזקאל כג)
כזמתכנה: **גמ'** [ג]מנהני מילי א"ר חייא בר **א**
גמדא א"ר יוסי בר' חנינא אתיא תורה תורה
כתיב הכא °ועשה לה הכהן את כל התורה (במדבר ה)
וכתיב התם °על פי התורה אשר יורוך מה (דברים יז)
להלן בשבעים ואחד אף כאן בשבעים ואחד:
ומאיימין עליה וכו': °ורמינהו [ד]*כדרך **ב**
שמאיימין עליה שלא תשתה [ו]כך מאיימין
עליה שתשתה אומרים לה בתי אם ברור לך
הדבר שטהורה את עמדי על בוריך ושתי
[ה]לפי שאין מים המרים דומין אלא לסם יבש
שמונח על בשר חי אם יש שם מכה מחלחל
ויורד אין שם מכה אינו מועיל כלום [י]לא
קשיא כאן קודם שנמחקה מגילה כאן לאחר
שנמחקה מגילה: ואומר לפניה וכו': ת"ר **ג**
[ו]אומר לפניה דברים של הגדה ומעשים
שאירעו בכתובים הראשונים כגון [ז]°אשר (איוב טו)
חכמים יגידו ולא כחדו מאבותם יהודה הודה
ולא בוש מה היה סופו נחל חיי העולם הבא
ראובן הודה ולא בוש מה היה סופו נחל חיי
העולם הבא ומה שכרן מה שכרן בדקא
אמרינן אלא מה שכרן בעולם הזה °להם (שם)
לבדם נתנה הארץ ולא עבר זר בתוכם
בשלמא ביהודה אשכחן דאודי דכתיב °ויכר (בראשית לח)
יהודה ויאמר צדקה ממני אלא ראובן מנלן
דאודי [ח]*דא"ר שמואל בר נחמני אמר ר' *יוחנן
מאי דכתיב °יחי ראובן ואל ימות °וזאת (דברים לג)
ליהודה כל אותן שנים שהיו ישראל במדבר
היו עצמותיו של יהודה מגולגלין בארון עד
שעמד משה ובקש עליו רחמים אמר לפניו
רבש"ע [ט]מי גרם לראובן שהודה יהודה(א) וזאת
ליהודה(ב) מיד °שמע ה' קול יהודה על (שם)
איבריה לשפא ולא הוה קא מעיילין ליה
למתיבתא דרקיעא °ואל עמו תביאנו ולא (שם)
הוה קא ידע משקל *ומטרח בשמעתא
בהדי רבנן °ידיו רב לו לא הוה קא סלקא (שם)
ליה שמעתא אליבא דהילכתא °ועזר מצריו (שם)
תהיה בשלמא יהודה דאודי כי היכי דלא
תישרף תמר אלא ראובן למה ליה דאודי
[י]*והאמר רב ששת [ט]חציף עלי (בר ישראל)
דמפריט חטאיה כי היכי דלא ליחשדו
אחוהי(ג): אם אמרה טמאה אני וכו': [יא]*שמעת מינה כותבין שובר אמר אביי **ד**
תני מקרעת א"ל רבא והא שוברת קתני אלא אמר רבא [יב]במקום שאין כותבין
כתובה עסקינן: ואם אמרה טהורה אני מעלין אותה לשערי מזרח: מעלין אותה **ה**
התם

וקטליאות. תכשיט הוא כמין אלי עיגול פתוח וסוגרת בו את חלוקה ומקיף את גרונה מן הצדדין: **חבל המצרי.** עשוי מצורי דקל מסיב הגדל סביב הדקל וכרוך עליו: **וקושר למעלה מדדיה.** כדי שלא ישמטו בגדיה לארץ: **שלבה גס בה.** כשאדם רואה בני ביתו דעתו מתגברת עליו ולא תירא ולא תודה ואנו מבקשין שתודה ולא ימחה שם הקדש על המים: **וכל הנשים מותרות לראותה.** לקמן פריך והא תנא רישא כל הרוצה לראות בא רואה ואפילו אנשים: **ונוסרו כל הנשים.** מקרא הוא ביחזקאל: **גמ' מנא הני מילי.** דבעיא ב"ד הגדול נהי דבירושלים בעינן להשקותה כדכתיב והעמיד הכהן את האשה לפני ה' אבל ב"ד הגדול דהיינו שבעים ואחד מנלן דלא נתכשרו בה אחד משני בתי דינין שהיו שם של עשרים ושלשה אחד יושב על פתח הר הבית ואחד יושב על פתח העזרה כדאמר בסנהדרין (דף פו:): **מה להלן.** בזקן ממרא: **בשבעים ואחד.** דכתיב (דברים יז) מן המקום ההוא מקום מיוחד דהיינו לשכת הגזית שאפילו מצאן אבי פגי והמרה עליהן ילפינן מיניה דאין המראתו המראה (סנהדרין דף יד:): **עמדי על בוריך.** היסמכי על נקיותיך: **קודם שנמחקה מגילה.** כדי שלא ימחה השם מאיימין שלא לשתות ולאחר שנמחקה אומרים לה דברי תנחומין לשתות אם נקיה היא כדי להתירה לבעלה שלא תירא מן המים ותאמר טמאה אני והיא טהורה ותוציא לעז על עצמה ועל בניה: **בכתובים הראשונים.** בדברים הכתובים בתורה שנעשו בימים הראשונים כגון הגדה זו דאשר חכמים יגידו ויודו על חטאם ולא כחדו עונם מאבותיהם ומי הם ראובן במעשה בלהה כדלקמן ויהודה במעשה תמר צדקה ממני: **להם לבדם נתנה הארץ.** יהודה זכה למלכות בתוספת' דברכות (פ"ד) ראובן נטל חלק תחילה בארץ בעבר הירדן: **ולא עבר זר בתוכם.** דרש רבי תנחומא אימתי לא עבר זר בתוכם כשבא משה לברכן: **יחי ראובן וזאת ליהודה.** אין לך בברכת כל השבטים מתחלת וזאת חוץ מזו: **עצמותיו של יהודה מתגלגלין בארון.** עצמות כל השבטים העלו ממצרים והוא שאמר יוסף והעליתם את עצמותי מזה אתכם (שמות יג) עם עצמותיכם והיו עצמות כל השבטים שלדן קיימת ויהודה איבריו מתפרקין ומתגלגלין בארונו מפני שנידה את עצמו בערבונו של בנימין וחטאתי לך כל הימים (בראשית מג) אפי' לעולם הבא ומהכא נפקא לן (מכות דף יא:) *נידוי של חכם אפילו על תנאי הוא בא: **מי גרם לראובן שיודה.** במעשה יצועי אביו: **יהודה.** שהודה במעשה תמר וכן היה מסורת בידיהם ומדרש אגדה דר' תנחומא כשאמר יהודה צדקה ממני עמד ראובן ואמר בלבלתי יצועי אבי ועכשיו יחי ראובן שלדו קיימת כאילו הוא חי וזאת ליהודה שהוא מתגלגל: **לשפא.** למקום שנתקו משם כמו דשף מדוכתיה (חולין דף מג:): **למתיבתא**(ד)**.** לישא וליתן עם שאר החכמים: **למשקל ומטרח.** לישא וליתן: **ידיו רב לו.** יהא לו נצחון לריב ריבו והאי דכתיב ידיו לשון מלחמה הוא מלחמתה של תורה: **אליבא דהילכתא.** לא היה זוכה לומר דבר המתקבל: **מאן דמפריט חטאיה.** לרבים נראה שאינו(ה) נכלם בדבר: **דלא ליחשדו אחוהי.** שלא יהו שאר אחיו נחשדין מאביהם: **שמע מינה כותבין שובר.** ופלוגתא דרבי יהודה ורבי יוסי היא בבבא בתרא (דף קע:) דקאמר רבי יהודה אין כותבין שובר אלא יקרעו את השטר דאם כן צריך זה לשמור שוברו מן העכברים: **תני מקרעת.** שטר כתובתה: **במקום שאין כותבין כתובה.** אלא סומכין על תנאי בית דין שתקנו לבתולה מאתים ולאלמנה מנה וכשמגרשה מוציאה גיטה וגובה בה וכשנתאלמנה מביאה עדי מיתה וגובה והתם כיון דלא אפשר מודי רבי יהודה שכותבין שובר דטוב לו שיהא בידו קצת ראיה שפרע כדי שלא תחזור ותביא עדי מיתה אחרים בבית דין אחר ותתבענו:
התם

מה להלן בשבעים ואחד. תימה אמאי לא תני להו לסוטה וזקן ממרא בפ"ק דסנהדרין (דף ב.) בהדי הני דהוו בב"ד של שבעים ואחד וי"ל משום דגמר של סוטה וזקן ממרא לא היה בבית דין של שבעים ואחד: **מה להלן בבית דין של שבעים ואחד.** קשיא כיון דילפינן מזקן ממרא אית לך למימר גבי סוטה שהמקום גורם כמו גבי זקן ממרא ולכך היו מעלין אותה ללשכת הגזית א"כ פסקו המים המרים מיום שגלתה סנהדרין וישבה לה בחנות כדאמר בפרק היו בודקין (סנהדרין דף מא.) לפי שלא רצו לדון דיני נפשות לפי שהמקום גורם ובפרק בתרא דמכילתין (לקמן דף מז.) אמרינן דרבן יוחנן בן זכאי הפסיקן וקודם גלות סנהדרין אומר בפרק היו בודקין (שם מא.) דרבן יוחנן בן זכאי תלמיד יושב לפני רבו היה ולא מקרי רבן ונראה דאיום לא היה מעכב ואם לא היו מאיימין כלל אעפ"כ היתה סוטה הילכך היתה נוהגת אפי' לאחר גלות:

לא עבר זר בתוכם. פירש ר"י(ו) בשם רבי שמואל היינו במחלוקת יחזקאל שראובן ויהודה שכנים: **שמעת מינה כותבין שובר.** תימה והא הכא לא אפשר בלא שובר אם היא אומרת אבדה כתובתי במה יכוף אותה להחזיר כתובתה בשלמא לוה בעלמא מעכב הפרעון עד שיחזיר מלוה את השטר אבל כאן אין פרעון שהרי כאן אבדה כתובתה והיכא דלא אפשר דברי הכל כותבין וי"ל שהיה יכול לעכב את הגט אצלו עד שתחזיר לו הכתובה אבל תימה לפום מאי דמסיק במקום שאין כותבין כתובה כותבין שובר למה לי למיכתב שובר יקרע הגט ויכתוב עליו גיטא דנן דקרענוהו לא משום דגיטא פסולא הוא אלא דלא תהדר ותגבי ביה זימנא אחריתי כדאמרינן בפ' הכותב (כתובות דף פט:) ובפרק קמא דבבא מציעא (דף יח.) וי"ל דהכא מיירי מן הסכנה ואילך דאמר בפרק הכותב (כתובות דף פט:) דגובה בעדי גירושין אפילו בלא גט: **אמר רבא במקום שאין כותבין כתובה עסקינן.** מקשים הא במקום שכותבין אין כותבין שובר ובגט פשוט (ב"ב ד' קעא:) אמר ה"נ מסתברא דכותבין שובר דאי אין כותבין יאכל הלה וחדי א"ל אביי אלא מאי כותבין אבד שוברו יאכל הלה וחדי א"ל רבא אין עבד לוה לאיש מלוה אלמא דקיבל אותה סברא דכותבין ונראה דרבא ס"ל כותבין אבל הכא דקייה בעלמא הוא דליכא למשמע מהכא דכותבין שובר:
שסס

תוספות שאנץ

לבדם נתנה הארץ פ"ה יהודה זכה למלכות בתוספתא דברכות (פ"ד) קאמר דראובן נטל תחלה חלק בעבר הירדן: היו עצמותיו מגולגלין פ"ה איבריו היו מתפרקין בארונו מפני שנדה את עצמו בערבונו של בנימין וחטאתי לך כל הימים אפי' לעולם הבא ומהכא נפקא לן נידוי של תלמיד חכם אפילו על תנאי בא ל"ה: מי גרם שיודה יהוד' פ"ה דאמרי' במדרש ר' תנחומא בשעה שאמר יהודה צדקה ממני אמר ראובן גם אני בלבלתי יצועי אבי ועכשיו יחי ראובן שלדו קיימת כאילו הוא חי וזאת ליהודה בתמיה שעצמותיו מגולגלין: על איברי לשפא למקום שנתקו משם כמו דשף מדוכתיה: מאן דמפרש חטאיה. והתם (יומא פ"ז) רמי כתוב אחד אומר אשרי נשוי פשע כסוי חטאה וכתוב אחר אומר ומודה ועוזב ירוחם. לא קשיא כאן בחטא המפורסם טוב לו להודות לרבים א) דנראה שאינו נכלם בדבר. ש"מ ממתני' כותבין שובר ופלוגתא היא (בב"ב ק"ע). רבא אמר במקום שאין כותבין. וקשה דהא רבא גופא אמר בגט פשוט דכותבין שובר משום דעבד לוה לאיש מלוה והכא משמע דלית ליה. וי"ל דאית ליה דכותבין והא דקאמר הכא במקום שאין כותבין דיחוי בעלמא הוא כלומר מהא לא תפשוט מידי דאיכא לאוקמא במקום שאין כותבין:

א) נראה דצ"ל כדי שיתביש אבל בחטא שאינו מפורסם טוב לו שלא יגלה חטאו דאם מגלה החטא נראה שאינו נכלם בדבר.

עירובין נח. [ועי' תוספות לקמן ח: ד"ה ואח"כ]

[תוספתא פ"א]

הגהות הב"ח

(א) גמ' מי גרס לראובן שהודה יהודה. נ"ב כתבו התוס' בפ' החובל דף צ"ב ע"ג דאמר במדרש וישב ראובן אל הבור מלמד שקב מקו ומתעניתו על שבלבל יצועי אביו וזה היה קודם מעשה תמר מ"מ לא הודה ברבים עד אחר שהודה יהודה עכ"ל: (ב) שם וזאת ליהודה שמע כצ"ל ותיבת מיד נמחק: (ג) שם דלא ליחשדו אחוהי בהדיה: (ד) רש"י ד"ה למתיבתא ליחיבה של מעלה הס"ד ואח"כ מ"ה למשקל וכו' וליתן עם שאר חכמים הס"ד: (ה) ד"ה מאן וכו' שאינו בוש ונכלם: (ו) תוס' ד"ה לא וכו' פירש ר"י. נ"ב וכן פי' רש"י באיוב ט"ו וע"ש:

ב"ק לב: מכות יא: ע"ש [נ"ל יונתן וכ"א בע"י]

גליון הש"ס

גמ' ורמינהו כדרך שמאיימין עליה. עיין לקמן דף יד ע"ב תוד"ה אי משום.

[נ"ל ולמיטרא כך איתא בשאלתות פ' מקץ סי' ל]

ברכות לד: ע"ש [נ"ל נידוי על תנאי צריך הפרה]

[כתובות פט. עוד שם עז: ע"ש]

וְקַטְלִיאוֹת (תכשיטים), נְזָמִים, וְטַבָּעוֹת — מַעֲבִירִין (מסירים) אותם מִמֶּנָּה, כְּדֵי לְנַוְּולָהּ (לכערה ולבזותה). וְאַחַר כָּךְ מֵבִיא חֶבֶל מִצְרִי (עשוי מסיבי דקל) וְקוֹשְׁרוֹ לְמַעְלָה מִדַּדֶּיהָ, כדי שלא יישמטו בגדיה לגמרי, וְכָל הָרוֹצֶה לִרְאוֹת את הדבר בָּא לִרְאוֹת, חוּץ מֵעֲבָדֶיהָ וְשִׁפְחוֹתֶיהָ שאין באים לראותה, מִפְּנֵי שֶׁלִּבָּהּ גַּס בָּהֶן שמפני שרגילה בהם אינה מתביישת מהם ואף מתחזקת על ידם. וְכָל הַנָּשִׁים מוּתָּרוֹת לִרְאוֹתָהּ, שֶׁנֶּאֱמַר: "וְנִוַּסְּרוּ כָּל הַנָּשִׁים וְלֹא תַעֲשֶׂינָה כְּזִמַּתְכֶנָה" (יחזקאל כג, מח).

א גמרא שואלים: מְנָהָנֵי מִילֵּי [מניין הדברים הללו] שמביאים אותה לבית דין הגדול דווקא? אָמַר ר' חִיָּיא בַּר גַּמְדָּא אָמַר ר' יוֹסֵי בַּר' חֲנִינָא: אָתְיָא [בא, נלמד] הדבר בגזירה שווה "תּוֹרָה" "תּוֹרָה": כְּתִיב הָכָא [נאמר כאן] בפרשת סוטה "וְעָשָׂה לָהּ הַכֹּהֵן אֵת כָּל הַתּוֹרָה" (במדבר ה, ל), וּכְתִיב הָתָם [ונאמר שם] בענין זקן ממרא שיש ללכת אל המקום אשר יבחר ה', ולשאול מן השופט, ולברר את המשפט "עַל פִּי הַתּוֹרָה אֲשֶׁר יוֹרוּךָ" (דברים יז, יא), מַה לְּהַלָּן שנאמר "על פי התורה אשר יורוך" כוונתו בְּבֵית דין של שִׁבְעִים וְאֶחָד איש שהוא סנהדרין גדולה — אַף כָּאן בסוטה המדובר הוא בְּבֵית דין של שִׁבְעִים וְאֶחָד.

ב שנינו במשנה כי משדלים וּמְאַיְּימִין עָלֶיהָ שתודה על מנת שלא תשתה. וּרְמִינְהוּ [ומשליכים, מראים סתירה] ממה ששנינו: כְּדֶרֶךְ שֶׁמְּאַיְּימִין עָלֶיהָ שֶׁלֹּא תִשְׁתֶּה — כָּךְ מְאַיְּימִין עָלֶיהָ שֶׁתִּשְׁתֶּה. אוֹמְרִים לָהּ: בִּתִּי, אִם בָּרוּר לָךְ הַדָּבָר שֶׁטְּהוֹרָה אַתְּ — עִמְדִי עַל בּוּרְיֵךְ (על בריאותך, על תוקפך) וּשְׁתִי. ואין ל־ ממה לחשוש לְפִי שֶׁאֵין מַיִם הַמָּרִים דּוֹמִין אֶלָּא לְסַם יָבֵשׁ שֶׁמּוּנָּח עַל בָּשָׂר חַי, אִם יֵשׁ שָׁם מַכָּה (פצע) במקום — מְחַלְחֵל הסם וְיוֹרֵד ומזיק, אֵין שָׁם מַכָּה — אֵינוֹ מוֹעִיל (פועל) כְּלוּם. הרי שיש כאן גם איום שתשתה! ומשיבים: לָא קַשְׁיָא [אין זה קשה], כָּאן שאמרנו שמאיימים עליה שלא תשתה לכתחילה — הרי זה קוֹדֶם שֶׁנִּמְחֲקָה הַמְּגִילָּה, כדי למנוע מחיקת השם. כָּאן שאמרנו שמשדלים אותה שתשתה — הרי זה לְאַחַר שֶׁנִּמְחֲקָה הַמְּגִילָּה, שאם תודה או תמנע עכשיו מלשתות נמצא שנמחקה המגילה לחינם.

ג שנינו במשנה: וְאוֹמֵר לְפָנֶיהָ הדיין דברים שאינה ראויה לשמעם. כהסבר לכך מביאים מה שֶׁתָּנוּ רַבָּנַן [שנו חכמים]: אוֹמֵר לְפָנֶיהָ דְּבָרִים שֶׁל הַגָּדָה, וּמַעֲשִׂים שֶׁאֵירְעוּ בַּכְּתוּבִים הָרִאשׁוֹנִים, כְּגוֹן הגדה זאת שדרשו על הפסוק "אֲשֶׁר חֲכָמִים יַגִּידוּ וְלֹא כִחֲדוּ מֵאֲבוֹתָם" (איוב טו, יח), שאף בזמן האבות היו שהודו בחטאם. יְהוּדָה הוֹדָה בחטאו עם תמר וְלֹא בּוֹשׁ, מֶה הָיָה סוֹפוֹ — נָחַל חַיֵּי הָעוֹלָם הַבָּא. רְאוּבֵן הוֹדָה בכך שבא על בלהה פילגש אביו וְלֹא בּוֹשׁ, מֶה הָיָה סוֹפוֹ — נָחַל חַיֵּי הָעוֹלָם הַבָּא. וּמַה שְּׂכָרָן? ותוהים: מַה שְּׂכָרָן?! כִּדְקָא אָמְרִינַן [כפי שאמרנו] שנחלו חיי העולם הבא! אֶלָּא הכוונה היתה: מַה שְּׂכָרָן בָּעוֹלָם הַזֶּה, ועל כך נאמר "לָהֶם לְבַדָּם נִתְּנָה הָאָרֶץ וְלֹא עָבַר זָר בְּתוֹכָם" (שם יט). ודנים בברייתא זו. בִּשְׁלָמָא [נניח] בִּיהוּדָה אַשְׁכַּחַן דְּאוֹדִי [מצאנו שהודה] על חטאו, דִּכְתִיב [שכן נאמר]: "וַיַּכֵּר יְהוּדָה וַיֹּאמֶר צָדְקָה מִמֶּנִּי" (בראשית לח, כו), אֶלָּא רְאוּבֵן מְנָלַן דְּאוֹדִי [מניין לנו שהודה]? ומשיבים: שֶׁאָמַר ר' שְׁמוּאֵל בַּר נַחְמָנִי אָמַר ר' יוֹחָנָן: מַאי דִּכְתִיב [מהו שנאמר] בברכת משה לשבטים בסוף ימיו "יְחִי רְאוּבֵן וְאַל יָמֹת" (דברים לג, ו) ומיד אחר כך נאמר "וְזֹאת לִיהוּדָה ויאמר שמע ה' קול יהודה ואל עמו תביאנו ידיו רב לו ועזר מצריו תהיה" (שם ז)? מה הקשר בין ברכת ראובן לברכת יהודה שבגללו היא מתחילה בוי"ו החיבור "וזאת ליהודה"? ויש להסביר: כָּל אוֹתָן שָׁנִים שֶׁהָיוּ יִשְׂרָאֵל בַּמִּדְבָּר הָיוּ עַצְמוֹתָיו שֶׁל יְהוּדָה שהעלו אותם בני ישראל ממצרים מְגוּלְגָּלִין בָּאָרוֹן, שהתפרקו העצמות שבשלד, עַד שֶׁעָמַד מֹשֶׁה וּבִקֵּשׁ עָלָיו רַחֲמִים. אָמַר לְפָנָיו: רִבּוֹנוֹ שֶׁל עוֹלָם, מִי גָּרַם לִרְאוּבֵן שֶׁהוֹדָה על חטאו — יְהוּדָה, "וְזֹאת לִיהוּדָה", כלומר, האם זהו שכרו של יהודה שיהיו עצמותיו מגולגלות?! מִיָּד "שְׁמַע ה' קוֹל יְהוּדָה" (שם). עָל אֵיבְרֵיהּ לְשָׁפָא [נכנסו איבריו למקומם] ונתחברו העצמות, וְעַדַיִין לֹא הֲוָה קָא מְעַיְּילִין לֵיהּ לִמְתִיבְתָּא דִּרְקִיעָא [היו מכניסים אותו לישיבה של מעלה ברקיע], ביקש עליו משה "וְאֶל עַמּוֹ תְּבִיאֶנּוּ" (שם). הכניסוהו וְלֹא הֲוָה קָא יָדַע מִשְׁקַל וּמִטְרַח בִּשְׁמַעְתָּא בַּהֲדֵי רַבָּנַן [היה יודע לשאת ולתת בהלכה עם החכמים בישיבה שם], ביקש עליו "יָדָיו רָב לוֹ" (שם). לֹא הֲוָה קָא סָלְקָא לֵיהּ שְׁמַעְתָּא אַלִּיבָּא דְּהִילְכְתָא [היתה עולה לו השמועה לפי ההלכה], על כן ביקש עליו "וְעֵזֶר מִצָּרָיו תִּהְיֶה" (שם). ועוד שואלים בנושא זה: בִּשְׁלָמָא [נניח] יְהוּדָה דְּאוֹדִי כִּי הֵיכִי [שהודה, עשה כן כדי] שֶׁלֹּא תִּישָּׂרֵף תָּמָר, אֶלָּא רְאוּבֵן לָמָּה לֵיהּ דְּאוֹדִי [לו שהודה]? וְהָאָמַר [והרי אמר] רַב שֵׁשֶׁת: חֲצִיף [חצוף] עָלַי, בְּעֵינַי מַאן דִּמְפָרֵיט חֲטָאֵיהּ [מי שמפרט את חטאו] ומודיעו לרבים. ומדוע הודה ראובן? די היה בכך שיעשה תשובה! ומשיבים: הסיבה לכך שהודה במעשה היתה כִּי הֵיכִי דְּלָא לִיחַשְׁדוּ אֲחוּהִי [כדי שלא ייחשדו אחיו] במעשה זה שהם עשאוהו.

ד שנינו במשנה: אִם אָמְרָה הסוטה "טְמֵאָה אֲנִי" — שוברת את כתובתה. ומעירים: שָׁמְעַתְּ מִינָּהּ [לומד אתה מכאן] מלשון המשנה "שוברת", כי כּוֹתְבִין שׁוֹבֵר כהוכחה של פרעון שטר, ואין קורעים את שטר החוב, שדבר זה שנוי במחלוקת חכמים. אָמַר אַבַּיֵי, תְּנֵי [שְׁנֵה]: מְקַרַעַת כתובתה. אָמַר לֵיהּ [לו] רָבָא: וְהָא [והרי] "שׁוֹבֶרֶת" קָתָנֵי [שָׁנָה]! אֶלָּא אָמַר רָבָא: בְּמָקוֹם שֶׁאֵין כּוֹתְבִין כְּתוּבָּה עָסְקִינַן [עוסקים אנו], אלא סומכים על מה שתיקנו חכמים לתת כתובה כשמגרש את אשתו או כשמת. וכדי להוכיח שאין לבעל עוד התחייבות של כתובה חייבים לכתוב שובר.

ה שנינו במשנה: וְאִם אָמְרָה "טְהוֹרָה אֲנִי" מַעֲלִין אוֹתָהּ לְשַׁעֲרֵי מִזְרָח. ותוהים: מַעֲלִין אוֹתָהּ?!

מסורת הש"ס

א. עירובין נח,א.
ב. ספרי במדבר ה, טז. במדב"ר פ"ט יג.
ג. ילק"ש תורה תשז.
ד. ירושלמי סוטה פ"א ה"ד. תוספתא סוטה פ"א ו. במדב"ר שם לד. וראה שם יז. מדרש ל"ב מדות פי"ח. ילק"ש שם.
ה. ספרי במדבר ה, יט.
ו. ירושלמי שם. תוספתא שם. ספרי שם. במדב"ר שם יז. ילק"ש שם.
ז. שם. ירושלמי מגילה פ"ד ה"א. סוטה שם. ספרי דברים לג, ז. ב"ר (ת"א) פצ"ז. במדב"ר פי"ג ד. ילק"ש נ"ך תתקז.
ח. ב"ק צב,א. מכות יא,ב.
ט. ספרי דברים לג, ז. מדרש תנאים לג, ז. ב"ר (ת"א) שם.
י. ברכות לד,ב (בשינוי). וראה יומא פו,ב.
יא. שבת עט,א. כתובות טז,ב. נו,א. פט,א. ב"ב קסד,ב. קסט,א. קע,ב. קעא,ב.
יב. כתובות טז,ב. ב"מ יז,ב. ירושלמי כתובות פ"ט ה"ט.

גרסות

מעבירין יש בכת"י: מעבירן ויש: מעבירין אותם.

הרוצה לראות יש בכת"י: הרוצה לראות בה.

מה להלן בשבעים ואחד אף כאן בשבעים ואחד ויש בכת"י: מה להלן בית דין הגדול אף כאן בית דין הגדול.

יהודה הודה... ראובן הודה יש בכת"י: יהודה הודה במעשה תמר... ראובן במעשה בלהה.

לשפא ויש בכת"י: לשפייה ויש: לשיפא.

בשמעתא בהדי רבנן ויש בכת"י ועוד: בשמעתא.

חציף עלי מאן בדפוסים על פי הצנזור: חציף עלי בר ישראל.

דמפריט ויש במקבילה ובמקורות: דמפרש.

אחוהי יש בכת"י: אחוה בהדיה.

לשון

קטליאות
מקור המלה בלטינית catella — שרשרת שתולים על הצוואר.

שפא
יש סבורים כי מקור המלה ביוונית σιπύη (סיפו'אי) — עריבה, תיבה (וראה בעיונים).

החיים

חבל מצרי
זה הוא חבל גס שאינו עשוי מפתילות דקות, ובדרך כלל הוא עשוי מקליפות ענפי ערבה ("נצרים") או מסיבי דקל. ויש שפירשו שהוא חבל הבא ממצרים (תוי"ט).

העולם

סם יבש
רוב רובם של החומרים המשמשים כתרופות או כרעלים אינם פועלים אלא אם כן הם חודרים אל תוך כלי הדם. ומשום כך כאשר העור שלם בלי פצע ("מכה") אין הסם יכול לפעול כלל על הגוף. אף אותם חומרים המחלחלים דרך העור פועלים בדרך כלל כשהם רטובים, כך שפרודותיהם יכולות להכנס אל תוך נקבי העור, ומשום כך מודגש כאן "סם יבש".

עיונים

שלבה גס בהן נוסף לעצם הדברים שליבה גס בהם שרגילה בהם ואינה מתביישת מהם, יש לבאר כאן "גס" כפועל, כלומר ליבה נעשה גס ומקבלת חיזוק ממציאותם של אלה לידה, ועל ידי כך אינה מודה (כך ברש"י ובפיה"מ לרמב"ם ועוד).

אף כאן בשבעים ואחד ראשונים שאלו: אם כן, מפני מה לא מנה בסנהדרין השקאת סוטה בין הדברים שנעשים בבית דין של שבעים ואחד? ובתו"ש תירצו כי באותה משנה תנא ושייר, שכן לא מנה בה גם דין זקן ממרא, שאף הוא בסנהדרין גדולה דווקא. ובתוס' כאן (ד"ה מה, הראשון) תירצו באופן אחר, כי אף שיש צורך בסנהדרין גדולה לתחילת דינם של שני אלה, מכל מקום גמר דינם אינו נזקק לשבעים ואחד. ומצד אחר דנו גם אחרונים בשאלה האם באמת אהרת הסוטה על ידי בית דין גדול זה היא מעיקר דינה, שכן מסקנת התוס' (ד"ה מה, השני) היא, שאין איום זה מעכב, ומשקים את סוטה גם בלא שיאיימו עליה בסנהדרין גדולה, ומכאן עולה שאין דין הסוטה דומה לדינים אחרים שאינם יכולים להידון אלא בשבעים ואחד (וראה בקרן אורה, במנחה חרבה ובחידושי הגרי"ז).

ורמינהו המפרשים עמדו על כך שאין זה כדרך "ורמינהו" במקומות אחרים, שהרי כאן אין סתירה בין המשנה והתוספתא, ואף התוספתא אומרת כמו המשנה שמאיימים עליה שלא תשתה (קרן אורה). ויש שכתב שאף במשנה מרומז שמאיימים שתשתה, שהרי נאמר "כדרך שמאיימים על עדי נפשות" ואף להם אומרים שאם אמת בפיהם שחייבים הם להעיד (תורת הקנאות).

בוריך רש"י כנראה מפרש מלשון בור = נקיון, כלומר עמדי על כך שאת נקיה מחטא. והמאירי פירש מלשון בהירות וודאות, שאם ברור לה שטהורה היא שתעמד על כך.

ומעשים שאירעו בכתובים וכו' המאירי מפרש כרש"י שמביאים לה דוגמא של אנשים שהודו בחטאם. אמנם ברמב"ם (ראה "אורח ההלכה") מבואר כי מראים לה מקרים בהם נכשלו גם אנשים גדולים, שאומרים לפניה מעשה יהודה ותמר ומעשה ראובן בבלהה, וכן מעשה דוד בבת שבע ומעשה אמנון ותמר. והוסיף, שמספרים לה דברים אלה כפשוטם, לא כפי שדרשום חז"ל, שבכמה מהם הפחיתו הרבה מחומרת המעשה (כגון בראובן שאמרו שבילבל יצועי אביו בלבד, ובדוד בבת שבע — שלפי הדין לא היתה אשת איש וכו'). ונראה שמשום כך הוצרך להדגיש במשנה שאומרים לפניה דברים שאינה כדאית לשומעם, לפי שדברים אלה ודאי אין דורשים אותם בציבור (ואחדים מהם אף אין מתרגמים מפני כבוד הראשונים).

הודה ולא בוש וכו' כתב המהר"ל שבהודאה על החטא יש משום שבירת היצר והאנוכיות של אדם, ומשום כך הוא זוכה לנחול חיי עולם הבא.

מי גרם לראובן שהודה אף שאמרו חכמים שהיה ראובן מתענה על החטא שחטא כלפי אביו, מכל מקום לא הודה על חטאו ברבים עד שבא יהודה והודה (הכותב).

על איבריה לשפא בערוך מביא שתי נוסחות, נוסחה אחת היא כמו לפנינו שהיו עצמותיו מגולגלות ולא מחוברות בארון, ולפי זה "על איבריה לשפא" פירושו — למקומו. ולפי נוסחה אחרת היתה זרועו יוצאת מן הארון ואי אפשר היה להכניסה, ו"על איבריה לשפא" כוונתו שנכנסה לשפא = ארון. והמהר"ל מסביר את כל הענין במובן רוחני. שכל האמור כאן מדבר בדרגות שונות של התקרבות הנפש והתעלותה למעלה. שמתחילה לא היתה נפשו שלימה עליו, ואחר כך לא זכתה לדביקות הראויה, עד שהתפלל עליו משה.

חציף עלי מאן דמפריט וכו' בתוהרא"ש מביא ממסכת יומא שיש לחלק בין חטא מפורסם, שאז ראוי לו להיות ברבים כדי שיתבייש בכך וימחל לו, ואילו בחטא שאינו מפורסם אם מודה ברבים הרי זה כמראה שאינו מתבייש במעשיו. והוסיף בעיון יעקב שמה שאומרים לנידונים למיתה להתוודות ברבים על חטאיהם, שכן מאחר שכבר העידו בהם ונידונו למיתה ודאי שהוא חטא מפורסם, וראוי להם אף לגמור כפרתם על ידי וידוי.

תני מקרעת ולפי זה יש להבין "שוברת" לא במשמעו הרגילה שכותבת שובר, אלא ששוברים = קורעים את כתובתה (שטמ"ק).

אלא אמר רבא וכו' לעצם ההלכה סבור רבא עצמו שכותבים שובר, אלא שדחה את ההוכחה מכאן שאת משנתנו אפשר להסביר רק לפי השיטה שכותבים. (ראה בתוס' ד"ה אמר).

במקום שאין כותבים כתובה המאירי העיר שאף כשאמרו שכותבים שובר, הרי אין כותבים אותו אלא במקרה שהשטר אבד, ומסביר כי כאן יש לומר שמן הסתם לא הביאה עימה את כתובתה לבית המקדש, וכיון שאין השטר בידה כותבת שובר (וראה במרומי שדה ועוד). והקשה הרא"ש: והרי בכל מקרה, אף במקום שכותבים כתובה, צריכה לכתוב שטר שבו מודה שזנתה ואבדה כתובתה, שהרי אם תבוא ותתבע כתובתה לא יוכל לסרב לפורעה (שהרי כתובה היא מעשה בית דין, ואין יכולים לטעון עליו) ואם כן אין ממשנתנו ראיה שכותבים שובר! ותירץ שמכל מקום יש מכאן הוכחה, שהרי לא היה צריך לכתוב "שוברת" שמשמעו שובר, אלא כותבת לו שטר.

אורח ההלכה

נזמים וטבעות וכו' כאשר מעמידים את הסוטה להשקותה מורידים ממנה כל תכשיטים שעליה. כמשנה. (רמב"ם ספר נשים הלכות סוטה פ"ג ה"ד).

מביא חבל מצרי אחרי שהכהן פורע ראשה וקורע בגדיה מביא חבל מצרי, ואם לא היה חבל מצרי מביא חבל מכל מקום, וקושרו למעלה מדדיה כדי שלא יפלו בגדיה. כמשנה וכמסקנת הגמרא. (רמב"ם שם הי"א).

כל הרוצה לראותה כל איש הרוצה לראות בהעמדת הסוטה ובהשקאתה — יבוא ויראה. (רמב"ם שם ה"ה).

חוץ מעבדיה ושפחותיה אין מניחים לעבדיה ולשפחותיה להיות שם, מפני שהיא מכירה אותם ודעתה מתיישבת על ידם. (רמב"ם שם ה"ו).

וכל הנשים וכו' כל הנשים הנמצאות במקדש חייבות לראותה, כמשנה וכביאורה בגמרא. (רמב"ם שם ה"ה).

מאיימין עליה שתשתה מאיימים עליה שתשתה ואומרים לה שאם ברור לה שטהורה היא אינה צריכה לחשוש שאין המים המאררים פוגעים אלא במי שחטאה. (רמב"ם שם פ"ד ה"ה).

אומר לפניה דברים וכו' כאשר מביאים את הסוטה לפני בית דין אומרים לה: אנשים גדולים ויקרים תקף עליהם יצרם ונכשלו. ואומרים לה מעשה יהודה ותמר ומעשה ראובן כפשוטו, ומעשה אמנון ותמר, כדי להקל עליה להודות. (שם פ"ג ה"ב).

חציף עליה מאן דמפריט וכו' מי שחוזר בתשובה ראוי שיתוודה לפני הקדוש ברוך הוא ויפרט חטאו. ושבח גדול הוא שיפרסם חטאו לרבים. במה דברים אמורים — בחטא שבינו לבין חבירו, אבל בחטא שבינו לבין המקום אינו צריך לפרסם עצמו, ועזות פנים היא לו שמפרסם חטאיו. ולדעת הראב"ד ואחרים אם היה חטאו מפורסם ראוי לו שיפרסם את תשובתו (רמב"ם ספר מדע הלכות תשובה פ"ב ה"ה. וראה בכ"מ).

ווידוי שהכל אומרים, כיון שהכל אומרים בשווה (כגון "על חטא") יכול לאומרו בקול רם, שאין בו משום מפרסם חטאיו אלא הוא כחלק מן התפילה. (רמ"א שו"ע או"ח תרז, ב. וראה במג"א ובט"ז).

מסורת הש"ס

א. ראה סוטה יד,א ובמקבילות שם.
ב. סנהדרין לב,ב. תוספתא סנהדרין פ"ט א. וראה סנהדרין מ,ב.
ג. תענית כו,א. כז,א. וראה ספרי במדבר כח, ב.
ד. (הביטוי) יומא עט,ב. יבמות מח,ב. ב"ק קו,ב. זבחים י,ב. צ,א. צד,ב. מנחות פט,ב. כריתות ג,ב.
ה. נדרים עג,א. תוספתא סוטה פ"א ו. שם נגעים פ"א יב. ספרי במדבר ה, טז. במדב"ר פ"ט לב. ילק"ש תורה תשז.
ו. (הביטוי) שבת קב,א. קטז,א. פסחים פד,א. יומא מב,ב. תענית יד,א. יבמות לד,א. נדרים עג,א. סנהדרין סג,ב. מכות ד,ב. שבועות ג,ב. כד,ב. חולין פג,א. צא,א. תמורה ד,ב. כריתות יג,ב. תוספתא חלה פ"א ז. שם נגעים פ"א יב. שם פ"ח ט. ספרי במדבר יט, ג. מדרש תהלים יד. פסי"ר מא.
ז. יומא מב,ב. יבמות כג,א. גיטין מט,ב. קדושין כא,א. סח,ב. ב"מ קטו,א. סנהדרין טז,ב. כא,א. מנחות ב,ב.
ח. ספרי זוטא נשא ה, יט. וראה במדב"ר פ"ט יז.
ט. מסכת עבדים פ"ב.
י. מדרש תנאים דברים כא, ד.
יא. ברכות מט,א. פסחים קב,ב. ספרי זוטא שם. במדב"ר שם.
יב. במדב"ר פ"ט לג. ילק"ש תורה תשז.
יג. (כל הענין) סנהדרין מה,א. ירושלמי סוטה פ"א ה"ה. שם סנהדרין פ"ו ה"ד (בשינויים). ילק"ש שם.
יד. תוספתא סנהדרין פ"ט ו.
טו. סוטה כג,א. סנהדרין מד,ב. תוספתא שם.
טז. שם. נזיר מה,ב. תוספתא נזיר פ"ד ו. שם סוטה פ"א ז.
יז. סנהדרין מה,א.
יח. (שאלה כעין זו) כתובות יד,א. כד,א. גיטין מו,ב. סנהדרין שם. מנחות סח,א. בכורות לד,ב.

גרסות

בית דין מסיעין במקבילה: **מסיעין.**
דתניא — גביו בכמה כת"י חסר משפט זה.
כדי שלא יהא לבה במקורות: **מפני שלבה.**
דתנן אין משקין בכת"י ועוד: **דתניא אין משקין** וכן צ"ל.
אחד מלפניה ואחד מלאחריה במקבילה: **בין מלפניה בין מאחריה.**
הא מיסתלקא יש בכת"י אחד כמו בגליון הגמרא: **דהא קא מיסתלקא** ויש גם בדומה למקבילה: **הא קטולי איקטלא.**

הלא **הָתָם קָיְימָא** [שם היא עומדת] בעזרה, שהרי שם יושב בית הדין! ומשיבים: **דְּמַסְּקִינַן לָהּ וּמַחְתִּינַן לָהּ** [שמעלים אותה ומורידים אותה] **כְּדֵי לְיַיגְּעָהּ**, שמא מתוך כך תודה מעצמה. **דְּתַנְיָא** [שכן שנינו בברייתא] כעין סיבה זו: **ר' שִׁמְעוֹן בֶּן אֶלְעָזָר אוֹמֵר: בֵּית דִּין מַסִּיעִין אֶת הָעֵדִים** בדיני נפשות **מִמָּקוֹם לְמָקוֹם, כְּדֵי שֶׁתִּטָּרֵף** (תתבלבל) **דַּעְתָּן עֲלֵיהֶן וְיַחְזְרוּ בָּהֶן** ממה שהעידו אם היו משקרים.

א שנינו במשנה **שֶׁשָּׁם**, בשער המזרח, **מַשְׁקִין אֶת הַסּוֹטוֹת** ומטהרים את המצורעים והיולדות. ושואלים: **בִּשְׁלָמָא** [נניח] **סוֹטוֹת** צריכות לעמוד שם, משום **דִּכְתִיב** [שנאמר]: **"וְהֶעֱמִיד הַכֹּהֵן אֶת הָאִשָּׁה לִפְנֵי ה'"** (במדבר ה, יח) ושער המזרח הוא בדיוק ממול הקודש ("לפני ה'"), **מְצוֹרָעִין נַמִּי** [גם כן] עומדים שם, **דִּכְתִיב** [שנאמר]: **"וְהֶעֱמִיד הַכֹּהֵן הַמְטַהֵר** את האיש המיטהר... לפני ה'" (ויקרא יד, יא), **אֶלָּא יוֹלֶדֶת מַאי טַעֲמָא** [מה טעם] עומדת היא שם? **אִילֵימָא** [אם תאמר] **מִשּׁוּם דְּאָתְיָין וְקָיְימִין אַקּוּרְבַּנַיְיהוּ** [שהיולדות באות ועומדות על קורבנן], **דְּתַנְיָא** [שכן שנינו בברייתא]: **אֵין קָרְבָּנוֹ שֶׁל אָדָם קָרֵב אֶלָּא אִם כֵּן בעליו עוֹמֵד עַל גַּבָּיו** בשעת הקרבתו, וכיון שלפני הבאת הקרבן אסור להן להכנס למקדש, כדין מחוסרי כפרה, לכן הן עומדות בשער המזרח שמותר להן לעמוד בו. אולם **אִי הָכִי** [אם כך] אם זו הסיבה — **זָבִין וְזָבוֹת** שגם הם מחוסרי כפרה **נַמִּי** [גם כן] שיבואו לשם! ומשיבים: **אִין הָכִי נַמִּי** [כן, כך הוא גם כן] **וְהַתַּנָּא חֲדָא מִינַּיְיהוּ נָקַט** [אחת מהם אחז] לדוגמה, ואף שאר מחוסרי כפרה בכלל.

ב **תָּנוּ רַבָּנַן** [שנו חכמים]: **אֵין מַשְׁקִין שְׁתֵּי סוֹטוֹת כְּאַחַת, כְּדֵי שֶׁלֹּא יְהֵא לִבָּהּ** של האחת **גַּס בַּחֲבֵירְתָּהּ** שכשרואה שיש אחרת עימה שאינה מודה, אף היא מתחזקת ואינה מתביישת ואינה מודה. **ר' יְהוּדָה אוֹמֵר: לֹא מִן הַשֵּׁם הוּא זֶה**, לא זה הטעם, **אֶלָּא אָמַר קְרָא** [הכתוב]: "והקריב **אֹתָהּ** הכהן והעמידה לפני ה'" (במדבר ה, טז), "אותה" — משמע **לְבַדָּהּ**. ושואלים: **וְהַתַּנָּא קַמָּא** [הראשון] מה הוא אומר על כך? **הָכְתִיב** [הרי נאמר] **"אֹתָהּ"** להדגשה והטעם ששותה לבד אינו משום שליבה גס בחבירתה אלא גזירת הכתוב! ומשיבים: דעת **הַתַּנָּא קַמָּא** [הראשון] דעת **ר' שִׁמְעוֹן הִיא, דְּדָרֵישׁ** [שדורש] את **טַעֲמָא דִּקְרָא** [הכתוב] ומה שאמר — בלשון **וּמַה טַּעַם קָאָמַר** [אומר]: **מַה טַּעַם** הדגישה תורה **"אוֹתָהּ" לְבַדָּהּ — כְּדֵי שֶׁלֹּא יְהֵא לִבָּהּ גַּס בַּחֲבֵירְתָּהּ**. ושואלים: **מַאי בֵּינַיְיהוּ** [מה ההבדל ביניהם למעשה] אם הטעם הוא משום לבה גס בחבירתה או שזו גזירת הכתוב? ומשיבים: **אִיכָּא בֵּינַיְיהוּ** [יש ביניהם] הבדל לגבי אשה שהיתה **רוֹתֶתֶת** (רועדת) מפחד ובכל זאת אינה מודה, שבמקרה כזה הרי עינינו רואות שאין לבה גס בה, ולשיטת ר' שמעון אין צורך להשקותה לבדה. **וְשואלים**: אפילו אם היתה **רוֹתֶתֶת מִי** [האם] **מַשְׁקִין** שתים בבת אחת? **וְהָא** [והרי] יש טעם אחר שלא להשקות שתים כאחת, שהרי אמרו **אֵין עוֹשִׂין מִצְוֹת חֲבִילוֹת חֲבִילוֹת**, שאם אינו עושה כל מצוה לעצמה הרי זה מזלזל בכבוד המצוות. **דִּתְנַן** [שכן שנינו במשנה]: **אֵין מַשְׁקִין שְׁתֵּי סוֹטוֹת כְּאַחַת, וְאֵין מְטַהֲרִין שְׁנֵי מְצוֹרָעִין כְּאַחַת, וְאֵין רוֹצְעִין שְׁנֵי עֲבָדִים כְּאַחַת, וְאֵין עוֹרְפִין שְׁתֵּי עֶגְלוֹת כְּאַחַת, לְפִי שֶׁאֵין עוֹשִׂין מִצְוֹת חֲבִילוֹת חֲבִילוֹת**. ואם כן אף לשיטת ר' שמעון בכל מקרה אין משקים שתי סוטות כאחת, ונמצא שאין הבדל בין שיטתו לשיטת ר' יהודה! **אָמַר אַבַּיֵי וְאִיתֵּימָא** [ויש אומרים] **רַב כָּהֲנָא: לָא קַשְׁיָא** [אין זה קשה], **כָּאן בְּכֹהֵן אֶחָד** לכל הדעות אינו משקה שתי סוטות בבת אחת. **כָּאן בִּשְׁנֵי כֹהֲנִים** אין כאן עשיית מצוות חבילות, ולדעת ר' שמעון אם אחת מהן רותתת אפשר להשקות את שתיהן בבת אחת.

ג שנינו במשנה: **וְהַכֹּהֵן אוֹחֵז בִּבְגָדֶיהָ** וקורעם או פורמם... עד שהוא מגלה את ליבה. **תָּנוּ רַבָּנַן** [שנו חכמים] על מה שנאמר **"וּפָרַע אֶת רֹאשׁ הָאִשָּׁה"** (שם יח), **אֵין לִי** שהכהן פורע (מגלה) **אֶלָּא** את **רֹאשָׁהּ, גּוּפָהּ מִנַּיִן** שהוא פורע — **תַּלְמוּד לוֹמַר: "הָאִשָּׁה"** לרבות שאר חלקי גופה. **אִם כֵּן מַה תַּלְמוּד לוֹמַר** באופן מיוחד **"וּפָרַע אֶת רֹאשָׁהּ" — מְלַמֵּד שֶׁהַכֹּהֵן** לא רק מגלה את שערה, אלא גם **סוֹתֵר אֶת שְׂעָרָהּ** אם היה קלוע.

ד שנינו במשנה שר' **יְהוּדָה אוֹמֵר: אִם הָיָה לִבָּהּ** (חזה) נאה — לא היה מגלהו ואם היה שערה נאה לא היה סותר. ושואלים: **לְמֵימְרָא** [האם לומר] שר' **יְהוּדָה חָיֵישׁ לְהִרְהוּרָא** [חושש להרהור עבירה] ולכן אוסר לגלות שיער או לב נאה, **וְרַבָּנַן לָא חָיְישֵׁי** [וחכמים אינם חוששים] לכך? **וְהָא אִיפְּכָא שָׁמְעִינַן לְהוּ** [והרי ההיפך מזה שמענו אותם אומרים], **דְּתַנְיָא** [שכן שנינו בברייתא]: **הָאִישׁ** שנתחייב סקילה, סוקלים אותו ערום ובכל זאת **מְכַסִּין אוֹתוֹ פֶּרֶק** (חתיכת בד) **אֶחָד מִלְּפָנָיו** במקום הערוה, **וְהָאִשָּׁה** מכסים אותה **שְׁנֵי פְרָקִים, אֶחָד מִלְּפָנֶיהָ וְאֶחָד מִלְּאַחֲרֶיהָ, מִפְּנֵי שֶׁכּוּלָּהּ עֶרְוָה**, גם מאחוריה, אלו **דִּבְרֵי ר' יְהוּדָה. וַחֲכָמִים אוֹמְרִים: הָאִישׁ נִסְקָל** כשהוא **עָרוֹם, וְאֵין הָאִשָּׁה נִסְקֶלֶת** כשהיא **עֲרוּמָּה** כלל, אלא כשהיא לבושה! **אָמַר רַבָּה**: בדרך כלל אין ר' יהודה חושש להרהור עבירה, אלא **הָכָא טַעֲמָא מַאי** [כאן טעם הדבר מהו] — **שֶׁמָּא תֵּצֵא מִבֵּית דִּין זַכָּאִית, וְיִתְגָּרוּ בָּהּ פִּרְחֵי כְהוּנָּה** המצויים בבית המקדש ורואים אותה חשופה. **הָתָם** [שם] הנסקלת — **הָא מִסְתַּלְקָא** [הרי היא מסתלקת] מן העולם בסקילתה ואין מקום להרהור. **וְכִי תֵּימָא** [ואם תאמר]: **אָתֵי לְאִיגְרוּיֵי בְּאַחֲרָנַיְיתָא** [באים על ידי כך להתגרות באחרות] — **הָאָמַר** [הרי אמר] **רָבָא: גְּמִירִי** [למודים אנו] **שֶׁאֵין יֵצֶר הָרַע שׁוֹלֵט אֶלָּא בְּמַה שֶּׁעֵינָיו רוֹאוֹת. אָמַר רָבָא**: וכי מדברי **ר' יְהוּדָה אַדְּר'** [על דברי ר'] **יְהוּדָה קַשְׁיָא** [קשה], **דְּרַבָּנַן אַדְּרַבָּנַן לָא קַשְׁיָא** [מדברי חכמים על דברי חכמים לא קשה]? הלא גם בסברתם יש סתירה — האם חוששים או אין חוששים להרהור! **אֶלָּא אָמַר רָבָא: דְּר' יְהוּדָה אַדְּר' יְהוּדָה** [מדברי ר' יהודה על דברי ר' יהודה] **לֹא קַשְׁיָא** [קשה], **כִּדְשַׁנִּין** [כפי שתירצנו],

עיונים

התם קיימא בתוהרא"ש מפרש את השאלה כך: כיון שכבר היתה במקום מושב סנהדרין גדולה בלשכת הגזית שבעזרה, הרי לשכה זו היתה גבוהה משער המזרח, ואם כן לא שייכת בזה לשון "מעלין אותה"! (וראה ברד"ל שאף הוא פירש כן את השאלה).

ומחתינן לה ראה ברש"י שכתב שהיו מורידים אותה מכל הר הבית. ולדעת הרא"ש היו מורידים אותה מן העזרה, אבל לא מכל הר הבית. ונראה שאף הרמב"ם מפרש שהורדתה היתה מן העזרה, אלא ששם היו מסיעים אותה ממקום למקום ומייגעים אותה.

והעמיד... לפני ה' רש"י מפרש כי שער ניקנור נקרא "לפני ה'" משום שהיה שער הכניסה המרכזי לעזרה. שאמנם היו לעזרה שבעה שערים, אבל זה היה השער הראשי שבו רוב האנשים נכנסים. ויש שכתבו שהיה הדבר על סמך מה שהיה במשכן, ששם היה רק פתח כניסה אחד — במזרח, ומשום כך מעמידים אף במקדש את הסוטה במזרח. ומדברי הרמב"ם נראה כי כיון ששער המזרח (ושער ניקנור) מכוונים כנגד בית קודש הקדשים, ראוי לשער זה להקרא "לפני ה'".

אין קרבנו של אדם וכו' במנחת קנאות העיר כי לפי שיטת ספר החינוך דין זה שאין קרבנו של אדם קרב אלא אם כן הוא עומד על גביו שייך בעיקר בקרבנות הבאים לכפרת עוונות, שיש בהם מצוה של וידוי וסמיכה. ולכאורה אין זה נוגע ליולדת שאינה מחוייבת בקרבנות טהרה לכפרה, ואחדים מהם יכולים להביא אף בלא דעתה. ומשום כך הוא מסכם כי לפי דעה זאת המצוה בקרבנות הטהרה הללו אינה מן התורה אלא תקנת חכמים היא.

איכא בינייהו רותתת רש"י פירש שאם היתה אחת מהן רותתת, הרי רואים שאין לחשוש משום ליבה גס בחבירתה. אכן בתוהרא"ש שאל: גם אם אין לחשוש לרותתת, מכל מקום הלא נמצאת גם אשה אחרת שאינה רותתת, ויש לחוש שמא היא תתחזק בכפירתה לאחר שרואה שאינה לבדה. ומשום כך מציע לגרוס "רותתות", שמדובר ששתי הנשים רותתות וממילא אין לחוש לכך. וראה בדבר שאול שכתב לחזק גרסת רש"י ופירושו, שאם רואה אשה שחבירתה רותתת, לא זו בלבד שאין היא מתחזקת אלא להיפך הדבר עשוי להשפיע עליה שתודה.

אין עושין מצוות חבילות ראה ברש"י, שכתב טעם לדבר שאם עושה כן נראה כאילו המצוות עליו למשאוי, שממהר לפרקו מעליו במהירות. ובמצפה איתן כתב בשם התוס' (מו"ק ח, ב) שהטעם הוא שאם עושה כמה מצוות כאחת אין יכול לפנות ליבו לעשות כל מצוה בכוונה כראוי לה.

אין עושין מצוות חבילות ובפרטיו של איסור זה דנו ראשונים ואחרונים, שהרי אנו מוצאים בכמה מקרים שאדם עושה כמה מצוות כאחת (כגון מפריש תרומה מכמה מינים, או מקדש כמה נשים ועוד) ואין מוחים בידו. ובאור שמח דן בשאלה זו והסיק כי אין אומרים דבר זה אלא לגבי מצוות שאדם חייב לעשות בעצמו ובגופו אבל מצוה שיכול לעשותה על ידי שליח אין שייך בה איסור זה. וביגל יעקב (וכן כתבו כמה אחרונים כדבריו) מחלק בין מצוות, שיש בכל אחת מהן פעולה ועשיה לעצמה, שאותן אסור לעשות חבילות, לבין מצוות שאין צורך לעשות בכל אחת מהן פעולה נפרדת, ובפעולה אחת יכול לעשות שתיהן. ולפי זה מסביר את ההבדל בין הדברים שנמנו כאן (שבכל אחד מהם נדרשת פעולה ממשית לחוד) ובין מצוות אחרות שלא הקפידו בהן בכך.

ופרע לשון פריעה יש בה שתי משמעויות. פריעה היא לשון גילוי, ופריעה היא גם לשון סתירת דבר סדור. ובפריעת האשה מקיימים בה את שני הדברים, שפורעים את ראשה במובן האחד — שמוריד הכיסוי שעל ראשה (ואף פורע את גופה — שקורע מקצת בגדיה), והן במובן השני — שסותר את הסדור, שפורע את שיער ראשה שהיה קלוע.

דר' יהודה חייש להרהורא ויש לשאול: שמא אין טעמו של ר' יהודה משום שחושש להרהור, אלא מטעם אחר, שהרי פריעה זו נעשית כדי לנוולה, ואם היה ליבה נאה וכו' אין בכך ניוול לה אלא רק מראה את יופיה! ויש לומר שמפני טעם זה בלבד לא היה אומר שיש לבטל את המצוה המפורשת בכתוב, וכיון שר' יהודה אינו דורש טעמא דקרא לא היה משנה מן המצוה מפני טעם זה. אבל אם החשש הוא מפני הרהור עבירה יש בכך טעם מספיק כדי לבטל את המצוה ב"שב ואל תעשה" (תורת הקנאות). וראה בתוס' (ד"ה אם) שהסבירו כי אי קיומה של מצוה על ידי "שב ואל תעשה" אינו נחשב לעקירת המצוה, ופעמים שחכמים גוזרים על כך אם יש טעם מספיק לדבר.

מפני שכולה ערוה בפשטות יש לומר כדברי הריעב"ץ שכיון שאמרו חכמים (לענין קריאת שמע ועוד) "טפח באשה ערוה", משמע שכל חלק מגולה בגופה נחשב כערוה ולא מקום מסויים בלבד.

שמא יתגרו בה בתוס' (ד"ה ויתגרו) שאלו: מפני מה אין אומרים שפורסים סדין בינה ובין הגברים המצויים שם, ולא יבואו להתגרות בה? אכן, בספרי יש מחלוקת תנאים בדבר שיש אומרים שאין תולים לה סדין, שכיון שלא חסה על כבוד המקום כאשר חטאה, אין חסים על כבודה בשעת פריעתה, ואם היתה מגולה רק בפני נשים בלבד אינה מתביישת ומתנוולת כל כך (וראה בחידושי בתרא).

אורח ההלכה

מסקינן לה וכו' לאחר שהיתה הסוטה בבית דין ועמדה בדיבורה שהיא טהורה מביאים אותה לשער המזרח, ומעלים אותה ממקום למקום ומוליכים אותה כדי לייגעה, עד שתקצר נפשה שמא תודה. (רמב"ם ספר נשים הלכות סוטה פ"ג ה"ג).

מסיעין את העדים וכו' כאשר חוקרים את העדים מסיעין אותם מענין לענין בעת השאלה כדי שישתקו או יחזרו בהם אם יש בעדותם דופי. שכך מפרש הרמב"ם את לשון "מסיעין ממקום למקום" (כ"מ). (רמב"ם ספר שופטים הלכות עדות פ"א ה"ד).

אין קרבנו של אדם וכו' אי אפשר שיהיה קרבנו של אדם קרב אלא אם כן הוא עומד על גביו, ומפני כן תקנו מעמדות, שיהיו, שלוחי ישראל עומדים בשעת הקרבת קרבנות הציבור. (רמב"ם ספר עבודה הלכות כלי המקדש פ"ו ה"א).

זבין וזבות וכו' המצורע, וכן כל שאר מחוסרי כפרה (זבים וזבות ויולדות) עומדים חוץ לעזרת ישראל על פתח שער ניקנור. (רמב"ם ספר קרבנות הלכות מחוסרי כפרה פ"ד ה"ב).

אין משקין שתי סוטות כאחת גזירת הכתוב היא שאין משקים שתי סוטות כאחת. ואפילו אחת רותתת, שאין הלכה כר"ש (לקוטי הלכות). (רמב"ם ספר נשים שם פ"ד ה"ב).

אין מטהרין שני מצורעין כאחת אין מטהרים שני מצורעים כאחד, שאין עושים מצוות חבילות. (רמב"ם ספר טהרה הלכות טומאת צרעת פי"א ה"ו).

אין רוצעין שני עבדים אין רוצעים שני עבדים כאחד, שאין עושים מצוות חבילות. (רמב"ם ספר קנין הלכות עבדים פ"ג ה"ט).

אין עורפין שתי עגלות כאחת אין עורפים שתי עגלות כאחת שאין עושים מצוות חבילות. (רמב"ם ספר נזיקין הלכות רוצח ושמירת נפש פ"י ה"ה).

האיש נסקל ערום וכו' לפני שסוקלים את המחוייב סקילה מפשיטים אותו כל בגדיו ומכסים ערוותו מלפניו. ואין האשה נסקלת ערומה אלא לבושה בחלוק אחד. (רמב"ם ספר שופטים הלכות סנהדרין פט"ו ה"א).

התם קיימא [א]דמסקינן לה ומחתינן לה [א]כדי לייגעה *דתניא [ב]רבי שמעון בן אלעזר אומר [ב]בית דין מסיעין את העדים ממקום למקום כדי שתטרף דעתן עליהן ויחזרו בהן: ששם משקין את הסוטות וכו': בשלמא סוטות דכתיב °והעמיד הכהן את האשה לפני ה' מצורעין נמי דכתיב °והעמיד הכהן המטהר וגו' אלא יולדת מאי טעמא אילימא משום דאתיין וקיימין אקורבנייהו דתניא [ג]*[ג]אין קרבנו של אדם קרב אלא אם כן עומד על גביו אי הכי זבין וזבות נמי [ד]אה"נ [ד]*ותנא חדא מינייהו נקט ת"ר [ה]*[ה]אין משקין שתי סוטות כאחת כדי שלא יהא לבה גס בחבירתה רבי יהודה אומר [ו]לא מן השם הוא זה אלא [ו]אמר קרא °אותה לבדה ות"ק הכתיב אותה ת"ק [ז]ר"ש היא *דדריש טעם דקרא ומה טעם קאמר מה טעם אותה לבדה כדי שלא יהא לבה גס בחבירתה מאי בינייהו איכא בינייהו רותתת ורותתת מי משקין והא אין עושין מצות חבילות חבילות *דתנן [ח]אין משקין שתי סוטות כאחת [ז]ואין מטהרין שני מצורעין כאחת [ט][ח]ואין רוצעין שני עבדים כאחת [י][ט]ואין עורפין שתי עגלות כאחת [יא]*[י]לפי שאין עושין מצות חבילות חבילות אמר אביי ואיתימא רב כהנא לא קשיא °כאן בכהן אחד כאן בשני כהנים: והכהן אוחז בבגדיה: תנו רבנן [יב]°ופרע את ראש האשה אין לי אלא ראשה גופה מנין ת"ל האשה אם כן מה ת"ל ופרע את ראשה מלמד שהכהן סותר את שערה: ר' יהודה אומר אם היה לבה וכו': [יג]*למימרא דר' יהודה חייש להרהורא ורבנן לא חיישי והא איפכא שמעינן להו דתניא [יד]האיש מכסין אותו פרק אחד מלפניו והאשה שני פרקים אחד מלפניה ואחד מלאחריה מפני שכולה ערוה דברי רבי יהודה וחכ"א [טו][כ]האיש נסקל ערום ואין האשה נסקלת ערומה אמר רבה הכא טעמא מאי שמא תצא מב"ד זכאית [טז]*ויתגרו בה פרחי כהונה התם הא *מסתלקא וכי תימא אתי לאיגרויי באחרניית' [יז]האמר *רבא גמירי דאין יצר הרע שולט אלא במה שעיניו רואות [יח]אמר רבא דר' יהודה אדר' יהודה קשיא דרבנן אדרבנן ל"ק אלא אמר רבא °דר' יהודה אדר' יהודה ל"ק כדשנין דרבנן

במדבר ה | ויקרא יד | במדבר ה | שם

רש"י

התם קיימא. בלשכת הגזית כדקאמרת שיאיימו עליה ב"ד הגדול ולשכת הגזית בעזרה היתה חציה בקודש וחציה בחול כדאמר ביומא פרק שני (דף כה.): **ומחתינן לה.** מכל הר הבית לאחר שיאיימו עליה: **כדי לייגעה.** ותדאג מן המים ותודה כשתראה בצרתה: **מסיעין היו את העדים.** שמעידים עדות נפשות וכשבודקין אותן היו מסיעין אותן מפינה לפינה ומלשכה ללשכה: **לפני ה'.** והוא הפתח שבו דרך כניסה ויציאה לכל באי עזרה: **אקורבנייהו.** כשמקריבים את קרבן קיניהם לטהרם באכילת קדשים ומצוה על האדם שיעמוד וישמור על קרבנו ונפקא לן בספרי מתשמרו להקריב לי במועדו (במדבר כח) ומי שיכול ליכנס בעזרה נכנס ואלו שלא היו יכולות מפני שהיו מחוסרות כפרה עומדות בחלל שער נקנור שלא נתקדש: **זבין וזבות נמי.** כשמקריבין *קרבניהם הן מחוסרי כפרה ואינן יכולין ליכנס: **שלא יהא לבה גס בחברתה.** שמא האחת עומדת על בורייה ואינה מודה לומר טמאה אני וחברתה שהיא טמאה רואה את זו שאינה מודה וסובלת את בושתה ולבה מתגבר עליה לעשות כמו זו ואינה מודה: **לא מן השם הוא זה.** לא זהו הטעם שאמרת העיקר הנאמר בדבר: °**אותה.** *והשביע אותה הכהן: **ר"ש** יהיב טעמי לקראי בב"מ (דף קטו.) דקא אמר לא תחבל בגד אלמנה בעניה נאמר ולא בעשירה דטעם המקרא שאם אתה ממשכנה ואתה חייב להחזיר לה ואתה נכנס שחרית ליטלו וערבית להחזירו משיאה שם רע בשכינותיה: **מאי בינייהו.** בין רבי יהודה לרבי שמעון אי משום לבה גס בה ואי משום גזירת הכתוב: **איכא בינייהו.** אשה שאנו רואים בה שהיא רותתת מאימת המים ואינה מודה למ"ד שלא יהא לבה גס בה זו אנו רואין שאין לבה גס בה ולמאן דלא דריש טעמא דקרא אלא גזירת הכתוב אין משקין עמה אחרת: **ורותתת מי משקין.** עמה אחרת נהי דאין לבה גס בה האיכא משום עשיית מצות חבילות כדתניא כו': **חבילות חבילות.** שנראה כמי שהיו עליו למשאוי וממהר לפרק משאו: **בכהן אחד.** הוי חבילות וכן לגבי עבדים בב"ד אחד ובאדון אחד: **ופרע.** בכל מקום לשון גילוי הוא: **גופה מנין.** כדתנן מגלה את לבה: **סותר את שערה.** מרבה בגילויה שסותר קליעתה: **חייש להרהורא.** שלא יתנו הרואין את לבם בה: **האיש מכסים אותו.** כשנסקל: **פרק אחד.** חתיכת בגד מלפניו ושאר כל גופו ערום: **שכולה ערוה.** אחוריה ופניה שבית הבשת נראה משני לדדין: **הכא היינו טעמא דר' יהודה שמא תצא מב"ד זכאה.** שטהורה תמצא ולא יבדקוה המים ויתגרו בה ויהיו רודפים אחריה כל ימיה: **פרחי כהונה.** נקט על שם שהיו מצויין בעזרה יותר משאר העם: **וכי תימא אתי לאגרויי באחרנייתא.** על ידי שראו את זו ערומה מתגרה יצרם בנשים אחרות: **גמירי.** מסורת בידי מרבותי: **דרבנן אדרבנן לא קשיא.** בתמיה דשנית רבי יהודה ולא חיישת לשנויי דרבנן: הכא

תוספות

***ששם** משקין את הסוטות.* בתוספתא (פ"א) שנא' (מלכים א ח) את אשר יחטא איש לרעהו ונשא בו אלה להאלותו ובא אלה לפני מזבחך בבית הזה וכו' להרשיע רשע ולצדקה בטנה ולהצדיק לדיק [לתת לו כצדקתו שנאמר ואם לא נטמאה האשה וטהורה היא] ונקתה ונזרעה זרע היא עומדת מבפנים והכהן עומד מבחוץ שנאמר והעמיד הכהן את האשה לפני ה' האשה לפני ה' ואין כהן לפני ה':

אין משקין שתי סוטות כאחת. נראה לפרש שיעמיד שתיהן בעזרה בבת אחת להשקותן אע"פ שאין שותות כאחת וכן רליעה ובתוספתא דפרה (פ"ג) תנא נמי אין שתי פרות נעשות כאחת משנעשית אפר מביא אחרת ושורפה על גבה ותימה וכי היה אוסר בכה"ג לשחוט שני זבחים כאחד כגון שני עולות או שני חטאות שיעמיד שניהן בעזרה וישחוט א' ואחר כך ישחוט השני והא דאמרי' בפ"ב דשחיטת חולין (דף כט: ושם) תזבחהו שלא יהא א' שוחט שני זבחים איירי שיחתוך שני צוארין כאחד דאיכא איסור דאורייתא אבל בכה"ג לא איירי התם ובפ' נערה המאורסה (נדרים עג.) בנדרים בעי מהו שיפר אדם לשתי נשיו כאחד אותה דוקא או לאו דווקא ופשיט להו מהכא:

איכא בינייהו רותתת. נראה דהוה מצי למימר איכא בינייהו אשה אחרת שאינה סוטה לר' שמעון מותר לר' יהודה אסור להעמיד אצלה שום אשה בשער נקנור (א)דאמר בפרק טרף בקלפי (יומא דף מג:) דפליגי נמי הכי רבי ורבי שמעון בקרא דוהוציא אותה דכתיב גבי פרה ואמר איכא בינייהו חמור לרבי דאמר אותה לבדה אסור להוציא עמה חמור: **והא** אין עושין מצות חבילות. תימה מאי פריך והלא אין עושין מצות חבילות ליכא אלא איסור מדרבנן משום דמיחזי עליה כמשא ואינהו פליגי בקראי:

כאן בשני כהנים. רש"י פירש וכן גבי עבד בב"ד אחד ואדון אחד ותימה והא טהרת ב' מצורעין דמי לשני עבדים של שני בני אדם:

***והכהן** אוחז בבגדיה. בפרק אלו הן הלוקין (מכות דף כג:) תניא נמי הכי חזן הכנסת אוחז בבגדיו כו' ונראה משום דכתיב בו ונקלה מצוה לנוולו בתוספתא (פ"א) כהנים מטילים גורלות וכל מי שיעלה גורלו אפילו כ"ג יוצא ועומד בצד סוטה ואוחז בבגדיה: ***אם** היה לבה נאה. אע"ג דגזירת הכתוב הוא שב ואל תעשה לאו מיעקר הוא כדאיתא פ' האשה רבה (יבמות צ.):

האיש נסקל ערום ואין האשה נסקלת ערומה. תימה מאי קשיא דרבנן אדרבנן והא מפרש טעמא בפרק נגמר הדין (סנהדרין דף מה.) משום דכתיב אותו בלא כסותו ואין אותה בלא כסותה א"כ למה היה לנו לנוולה מאחר שהכתוב אומר שלא לנוולה אם היינו מנוולין אותה א"כ אנו עוקרין הכתוב בידים י"ל בין לר' יהודה בין לרבנן דאותו לא בא אלא למעט על הכסות שלו הילכך לרבנן לא שמענו מן התורה מה דינה והרשות ביד בית דין לעשות כמה שירצו ובגמרא מפרש במאי פליגי להכי קשיא דרבנן אדרבנן כיון דלא חיישינן להרהורים היה לנו לנוולה משום יסור:

ויתגרו בה פרחי כהונה. תימה כיון דלאו חובה לאנשים לראותה יתלו סדין של בוץ בינה לבין האנשים ויסתור שערה כדאמר קרא ואי משום כהן המשקה אותה יהפוך פניו לצד אחר והכי תני בספרי בהדיא ופרע את ראש האשה סדין של בוץ פורש בינו לבין העם כהן פונה לאחוריו ופורעה כדי לקיים בה מצות פריעה ולרבי יהודה נמי נעשה כך וי"ל לר' יהודה אם היו פורסין סדין בינה לבין האנשים לא היה ניוול כל כך בפני הנשים כמו באנשים שאין אשה בושה מפני חברותיה ולא יוסרו: **גמירי** אין יצר הרע שולט אלא במה שעיניו רואות. מקשי' מפרק אין דורשין (חגיגה יא:) דאמר עריות בין בפניו בין שלא בפניו נפיש יצרייהו ולא קשיא מידי דהתם ה"פ מאחר שראה הערוה פעם אחת שוב מהרהר אחריה לעולם אפי' שלא בפניה אבל מחמת שראה הנסקלת ערומה אינו מהרהר אחר אחרת: ואחר

עין משפט נר מצוה

[שייך לעיל ז. במשנה]

מו א מיי' פ"ג מהל' סוטה הל' ג סמג עשין נז:

מז ב מיי' פ"א מהל' עדות הלכה ד:

מח ג מיי' פ"ו מהלכות כלי המקדש הל' ח:

מט ד מיי' פ"ד מהל' מחוסרי כפרה הל"ב:

נ ה ו מיי' פ"ד מהל' סוטה הלכה ב:

נא ז מיי' פי"א מהל' טומאת צרעת הל"ו:

נב ח מיי' פ"ג מהל' עבדים הלכה ט:

נג ט י מיי' פ"י מהל' רוצח הלכה ה:

נד כ מיי' פט"ו מהל' סנהדרין הלכה א סמג עשין קב:

[נדרים עג. ע"ש תוספתא דנגעים פ"א ע"ש ותוספת' סוטה פ"א ע"ש]

[שייך לעיל ז. במשנה]

[בסנהדרין איתא רבה]

תוספות שאנץ

אתיין וקיימן אקרבניהון שמקריבין קיניהן לטהרן באכילת קדשים ומצוה על האדם שיעמוד וישמור על קרבנו ונפקא לן בספרי מתשמרו להקריב לי במועדו ומי שיוכל ליכנס לעזרה נכנס ואלו שלא היו יכולות מפני שהן מחוסרו' כפרה עומדות בחלל שער נקנור שלא נתקדש ל"ה. מכסין אותו פרק אחד כשנסקל חתיכת בגד מלפניו. ויתגרו בה פרחי כהונה. פ"ה פרחי כהונה לאו דוקא אלא נקט אותם על שהן מצויין בעזרה יותר משאר בני אדם:

גליון הש"ס

גמ' אין משקין שתי סוטות. עיין נדרים דף עג ע"א: **שם** כאן בכהן אחד. עיין מג"א סימן קמז ס"ק יא: **שם** דר"י אדר"י לא קשיא. פסחים יח ע"א כתובות כד ע"א: **רש"י** ד"ה אותה והשביע אותה הכהן. בנדרים דף עג ע"א איתא בהך ברייתא משום שנאמר והשקה אותה לבדה (ובקרא לא כתיב אותה) ופי' הר"ן שם כיון דכתיב והשקה במפיק ה' הוי כאילו כתיב אותה וא"כ הכא נמי במה דאמרינן אמר קרא אותה היינו על ידי מפיק ה' דוהשקה. אבל ברא"ש שם וכן בפי' המכונה בשם רש"י איתא משום שנאמר והשקה לבדה והיינו מדכתיב במפיק ה' וא"כ י"ל דדחיק לומר דקורא הש"ס זה בלשון אמר קרא אותה מש"ה פי' רש"י הכא דהיינו קרא והשביע אותה והוי הכא ברייתא אחריתא וברמב"ם איתא שנאמר והעמיד אותה הכהן והיינו ע"כ מדכתיב והעמידה במפיק ה"א הוי כאילו כתיב אותה וקשה אמאי נטה ממאי דמפורש בברייתא שנאמר והשקה. ובשיורי כנה"ג א"ח בסוף הספר בלשונותיו על הרמב"ם כתב דל"ל ברמב"ם והקריב אותה. וא"כ י"ל דהרמב"ם ס"ל דבברייתא דהכא דנקט אמר קרא אותה היינו קרא דוהקריב אותה:

מסורת הש"ס

סנהדרין לב: [תוספתא סנהדרין פ"ט]

[תענית כז.]

[יבמות מח: וש"נ]

ס"א קיניהם

[קדושין סח: וש"נ]

נ"ל דתניא

[עי' תוס' נדרים עג. ומש"ש על הגליון]

[ברכות מט. פסחים קב:]

[סנהדרין מה.]

[נזיר מה:]

[נ"ל מסתלקא ודע דבסנהדרין מה. איתא מקטלא]

הגהות הב"ח

(א) תוס' ד"ה איכא וכו' נקנור והכי נמי אמר בפרק טרף וכו' ר' יהודה ור' שמעון דלר' יהודה דאמר אותה:

דרבנן אדרבנן נמי לא קשיא [א]הכא טעמא מאי משום °ונוסרו כל הנשים התם אין לך ייסור גדול מזה וכי תימא לעביד בה תרתי [ב]*אמר רב נחמן אמר רבה בר אבוה אמר קרא °ואהבת לרעך כמוך ברור לו מיתה יפה לימא דרב נחמן תנאי היא לא דכולי עלמא אית להו דרב נחמן והכא בהא קמיפלגי מר סבר בזיוניה עדיף ליה טפי מצערא דגופיה ומר סבר צערא דגופיה עדיף ליה

א טפי מבזיוניה: היתה מכוסה לבנים וכו': תנא [ג]אם היו שחורים נאים לה מכסין אותה

ב בגדים מכוערים: היו עליה כלי זהב וכו': פשיטא השתא נוולי מנוויל לה הני מיבעיא מהו דתימא בהני אית לה בזיון טפי כדאמרי אינשי [ד]*שליח ערטיל וסיים מסאני קמ"ל:

ג ואחר כך מביא חבל וכו': בעא מיניה רבי אבא מרב הונא [ה]חבל המצרי מהו שיעכב בסוטה משום שלא ישמטו בגדיה מעליה הוא [ו]ובצלצול קטן נמי סגי או דילמא משום דאמר מר [ו]*היא חגרה לו בצלצול לפיכך כהן מביא חבל המצרי וקושר לה למעלה מדדיה מעכב א"ל תניתוה ואח"כ מביא חבל המצרי וקושרו לה למעלה מדדיה [ג]כדי

ד שלא ישמטו בגדיה מעליה: וכל הרוצה לראות בה יראה וכו': הא גופא קשיא אמרת כל הרוצה לראות בה רואה אלמא לא שנא גברי ולא שנא נשי והדר תני כל הנשים מותרות לראותה נשים אין אנשים לא אמר אביי [ז]תרגמה אנשים אמר ליה רבא והא כל הרוצה לראות בה רואה קתני אלא אמר רבא כל הרוצה לראות בה רואה לא שנא גברי ולא שנא נשי [י]ונשים חייבות לראותה שנאמר °ונוסרו כל הנשים ולא תעשינה

ה כזמתכנה: מתני' [ח]*במדה שאדם מודד בה מודדין לו היא קשטה את עצמה לעבירה המקום נוולה היא גלתה את עצמה לעבירה המקום גלה עליה [ט]בירך התחילה בעבירה תחילה ואחר כך הבטן לפיכך תלקה הירך תחילה ואחר כך הבטן ושאר

ו כל הגוף לא פלט: גמ' אמר רב יוסף אף על גב דמדה בטילה במדה לא בטיל *דאמר רב יוסף וכן תני ר' חייא [י]מיום שחרב בהמ"ק אע"פ שבטלה סנהדרי ארבע מיתות לא בטלו והא בטלו אלא דין ארבע מיתות לא בטלו מי שנתחייב סקילה או נופל מן הגג או חיה דורסתו מי שנתחייב שריפה או נופל בדליקה או נחש מכישו מי שנתחייב הריגה או נמסר למלכות או ליסטין באין עליו מי שנתחייב חניקה או טובע בנהר או מת בסרונכי *תניא [יא]היה *רבי אומר מנין שבמדה שאדם מודד בה מודדין לו שנאמר °בסאסאה בשלחה תריבנה אין לי אלא סאה מנין לרבות תרקב וחצי תרקב קב וחצי קב רובע וחצי רובע תומן ועוכלא מנין תלמוד לומר °כי כל סאון סואן ברעש ומנין [יב]שכל פרוטה ופרוטה מצטרפת לחשבון גדול תלמוד לומר °אחת לאחת למצוא חשבון [יג]וכן מצינו בסוטה שבמדה שמדדה בה מדדו לה היא עמדה על פתח ביתה ליראות לו לפיכך כהן מעמידה על שער נקנור ומראה קלונה לכל היא פרסה לו סודרין נאין על ראשה לפיכך כהן נוטל כפה מעל ראשה ומניחו תחת רגליה היא קשטה לו פניה לפיכך פניה

תורה אור

הכא טעמא מאי. אמרי רבנן שמצוה לביישה ואפילו היא טהורה משום ונוסרו כל הנשים שלא יביאו עצמן לידי חשד ותהיינה צנועות: התם. שהיא נסקלת אין לך יסור גדול מזה לאחרות: תרתי. מיתה ובושה: מר סבר בזיונא עדיף ליה. חשוב על האדם ושנוי לו טפי מצערא דגופיה הילכך מיתה יפה היא לו ליסקל לבוש ואע"פ שצערו נמשך שאינו ממהר למות ולא ליסקל ערום ויתבזה *ורבי יהודה סבר צערא דגופא עדיף ליה וזו היא מיתה יפה לו ליסקל ערום ואע"פ שמתבזה ולא יסקל בלבושו וימשך צערו: בהני אית לה בזיון טפי. שהיא ערומה עד לבה וראשה פרוע ויתן עליה תכשיטי זהב גנאי הוא לה שדרך בני אדם להתלוצץ באדם ערום ומנעלו ברגליו(א) ואמרי' שליח ערטיל וסיים מסאני שליח מופשט כדמתרגמינן ופשט וישלח ערטיל ערום: משום דאמר מר. לקמן במדה שאדם מודד בה מודדין לו: היא חגרה לו. חגרה את עצמה בצלצול נאה להתנאות בפניו צילצול בנדי"ל בלע"ז: תניתוה. דעיקר הבאתו אינו אלא כדי שלא ישמטו: תרגמה. לרישא דקתני כל הרוצה אנשים: תרגמה. פרש אותה: מתני' ירך התחיל בעבירה תחילה. בדרך תשמיש הירך נהנה תחילה בקירוב בשר לפיכך תלקה ירך תחילה לקלל אותה דכתיב בתת ה' את ירכך נופלת ואת בטנך צבה (במדבר ה): גמ' ואע"ג דמדה. עצמה בטילה שפסקו ארבע מיתות בית דין: במדה לא בטיל. שמודדין להם לעוברי עבירה במדה שמתחייבים בה ומתים בדוגמת אותה מיתה: דאמר רב יוסף. הגמרא קאמר דאמר רב יוסף נמי בעלמא וכן תני כו': דין ארבע מיתות. דין שמים שהיא דוגמתו: נופל מן הגג. דומיא דסקילה דתנן (סנהדרין דף מה.) בית הסקילה היה גבוה שתי קומות אחד מן העדים בא ודחפו כו': חיה דורסתו. ארי דורסו בצפרניו ומפילו לארץ וגם זה דומה לנסקל: נחש מכישו. והארס שורפו: נמסר למלכות. ומיתת מלכות מתיזין את ראשו בסייף והרג נמי סייף הוא כדאמרינן בסנהדרין (דף נב:): סרונכי. בומנל"ט והוא חולי בגרונו: בסאסאה. בתוך אותה סאה עצמה כשאתה משלחה לאבדון תריבנה: ואין לי אלא סאה. עבירה גדולה: תרקב. חצי סאה תרי וקב דהיינו ג' קבין: תומן ועוכלא. משקלות קטנים הן ושיעורן נבגא בתרא בהמוכר את הספינה (דף צ.): ומנין שכל פרוטה ופרוטה וכו'. ואע"פ שלא נפרעו ממנו פעם ראשונה ושניה לא ויתרו לו עליהם אלא מצטרפין לו אותן לחשבון: ליראות לו(ב): פרסה לו. כנגדו: כפה. צעיף: פניה

*ואחר כך מביא חבל המצרי. בירושלמי מפרש חבל המצרי וכפיפה המצרית באין משירי הלשכה כחומת העיר ומגדליה ולא ידענא אי סודר שנחנק בו וסייף שנהרג בו דאמרינן פרק נגמר הדין (סנהדרין דף מג.) דבאין משל צבור אי פירושו נמי משירי הלשכה כי הכא:

תנינא ואחר כך מביא חבל המצרי. ולא ידענא מאי פשיט מהכא טפי מהכא דקתני היא חגרה לו בצלצול דמשמע דחבל מצרי בעינן ממש ועל כרחך לכתחילה למצוה בעינן אבל לאו דוקא לעכב דהיכא כתיב חבל המצרי או שום קשירה בתורה ולמה היה לו לעכב מיהו המדקדק בפירוש רש"י לא קשיא מידי דעיקר הבאתו קמבעיא ליה אי משום מדה במדה דוקא חבל או משום שמיטת בגדים הואיל וצריך לקשור צלצול לקשור חבל כדי ליפרע ממנה מיהו היכא דליכא חבל המצרי ואיכא צלצול לא מהדרנא יותר מדאי בתר חבל: מיום שחרב בהמ"ק וכו'. וה"ה דבזמן הבית נהגו דין ד' מיתות ומי שנתחייב בהן בלא עדים והתראה שלא(ג) לדונו בסנהדרין כדאמר בפ' אחד דיני ממונות (דף לז:) מעשה ברבי שמעון בן שטח שהיה בזמן הבית דתניא אמר רבי שמעון בן שטח אראה בנחמה אם לא ראיתי וכו' עד שהשיכו נחש ומקשינן והאי בר נחש הוא והתני רבי חייא וכו' אלא האי דנקט מיום שחרב בית המקדש מלתא דפסיקא נקט דבטלו ארבע מיתות לגמרי: מי שנתחייב סקילה. מקשי' מפרק השוכר את הפועלים (ב"מ דף פג:) דרבי אלעזר ברבי שמעון הוה מפיש גנבי יומא חד פגע בההוא כובס אמר להו תפסוהו ותפסוהו (זקפוהו) וזקפוהו וקא בכי אמר לו רבי אל ירע לך שהוא ובנו בעלו נערה מאורסה ביוה"כ וזה שנתלה נחנק ואמאי לא פריך והאי בר הכי הוא בר סקילה הוא אבל לפרש"י לא קשיא מידי דפירש התם משום הכי נתלה משום דכל הנסקלין נתלין ויש לומר דלאו דוקא נקט נופל מן הגג או חיה דורסתו אלא מעין מיתה שנתחייב בה יהרג ויש מפרשים דבנו בעל תחילה דהויא לה בעולה דמיתתו הויא בחנק אבל קשיא לרבי מהא דאמר בפרק אלו הן הגולין (מכות י:) דרש ריש לקיש והאלהים אנה לידו זה שהרג במזיד יושב תחת הסולם וזה שהרג בשוגג עולה ונופל והורגו והא לאו בר סקילה הוא ותירץ אע"ג דלאו בר סקילה מיהו מדה במדה היא דזורק על חבירו דרך ירידה הוא כדכתיב (במדבר לה) ויפל עליו וימות ואלו מתים דרך ירידה ואם הרגו בסייף הקדוש ב"ה נפרע מהם בענין אחר:

מנימין

[שייך לעיל ז: במשנה]

נה א מיי' פ"ג מהל' סוטה הלכה ד:

נו ב ג מיי' שם הל' יא סמג עשין נז:

נז ד מיי' שם הל' ה:

תוספות שאנץ

חבל המצרי מהו שיעכב בסוטה. תימה למה יעכב והלא פריעה דכתיב בקרא אינו מעכב דהא אמר רבי יהודה אם היה לבה נאה אינו מגלה ואם היה שערה נאה אינו פורעו. וי"ל דסבר כרבנן דפליגי עליה דרבי יהודה. עוד (אית בידו) [יש לומר] דקרא לא מיירי אלא היכא שאין לחוש להרהור. דין ד' מיתות לא בטלו מי שנתחייב סקילה או נופל מן הגג. וקשה מדאמרי' (במכות דף י) שנים אחד הרג שוגג ואחד הרג מזיד הקב"ה מזמנן לפונדק אחד זה שהרג בשוגג עולה בסולם ונופל על אותו שהרג מזיד ואמאי והא לא מחייב סקילה שזה שנופל עליו הרי כמו אבן שנסקל בסקילה שנותנין על כריסו. וצ"ל דמיירי שהנופל יש לו בידו סייף או סכין כשנופל על חבירו הוא מתיז ראשו בסייף כמו שעושין במלכות:

יעב"ץ מ"ז

הגהות הב"ח

(א) רש"י ד"ה בהני וכו' ואמרי' שליח: (ב) ד"ה ליראות לו פרסה כנגדו כצ"ל והד"א: (ג) תום' ד"ה מיום וכו' והתראה שלא היו יכולין לדונו בסנהדרין:

גליון הש"ס

מתני' במדה שאדם מודד. עיין סנהדרין דף צ ע"א:

[סנהדרין ק. תוספתא פ"ג]

ישעיה כז

שם ט

קהלת ז

יחזקאל כג

ויקרא יט

יחזקאל כג

ס"א ומר סבר

[סנהדרין מה. וש"נ]

כתובות סה:

[לקמן ט:]

[מגילה יב:]

סנהדרין לז: ע"ש כתובו' ל

[בסנהדרין ק. איתא ר' מאיר אומר וכו' וכן מוכרח להיות לפי מאי דמסיק הש"ס לקמן טו: דשמעי' לר' מאיר דקאמר היא האכילתו וכו' ע"ש בפרש"י וכן אי' בתוספתא ריש פרק ג היה ר' מאיר אומר וכו']

דְּרַבָּנַן אַדְּרַבָּנַן נַמִּי לָא קַשְׁיָא [מדברי חכמים על דברי חכמים גם כן אינו קשה]; הָכָא טַעֲמָא מַאי [כאן בסוטה מהו הטעם] שמבזים אותה בגילוי שערה וגופה — מִשּׁוּם "וְנִוַּסְּרוּ כָּל הַנָּשִׁים" (יחזקאל כג, מח), כדי להזהיר נשים אחרות. הָתָם [שם] בסקילה — אֵין לְךָ כלפי הנשים הרואות אותה יִיסּוּר (הפחדה) גָּדוֹל מִזֶּה מעצם הסקילה. וְכִי תֵּימָא [ואם תאמר] לַעֲבֵיד בָּהּ תַּרְתֵּי [שיעשו בה שנים] גם סקילה וגם בזיון — אָמַר רַב נַחְמָן אָמַר רַב בַּר אֲבוּהּ, אָמַר קְרָא [הכתוב]: "וְאָהַבְתָּ לְרֵעֲךָ כָּמוֹךָ" (ויקרא יט, יח), לומר: אם עליך להורגו, בְּרוֹר לוֹ מִיתָה יָפָה. שואלים: לֵימָא [האם לומר] שדברי רַב נַחְמָן תַּנָּאֵי הִיא [במחלוקת תנאים הם שנויים] ולדעת ר' יהודה אין ציווי לברור לו מיתה יפה? ודוחים: לֹא, אפשר לומר דְּכוּלֵּי עָלְמָא אִית לְהוּ [שהכל יש להם, מקבלים, את שיטת] רַב נַחְמָן. וְהָכָא בְּהָא קָמִיפַּלְגִי [וכאן בזה הם חלוקים]; מָר סָבַר [חכם זה חכמים סבור]: בִּזְיוֹנֵיהּ [בזיונו] של אדם עָדִיף לֵיהּ [לו] חמור לו טְפֵי מִצַּעֲרָא דְּגוּפֵיהּ [יותר מצער גופו] ולפיכך מיתה יפה היא שנמנעת מכל בזיון, למרות שעל ידי הלבוש, שבולם את עוצמת החבטה, מתעכבת מיתתה מעט. וּמָר סָבַר [וחכם זה, ר' יהודה, סבור]: צַעֲרָא דְּגוּפֵיהּ [צער גופו] עָדִיף לֵיהּ [לו] חמור לו לאדם טְפֵי מִבִּזְיוֹנֵיהּ [יותר מבזיונו] ולכן היא מעדיפה שלא תצטער בסקילה, אף שיש לה בזיון בעירום.

א שנינו במשנה: אם הָיְתָה מְכוּסָּה בבגדים לְבָנִים — מכסה בשחורים. תָּנָא [שנה החכם]: אִם הָיוּ בגדים שְׁחוֹרִים נָאִים לָהּ — מְכַסִּין אוֹתָהּ בְּגָדִים מְכוֹעָרִים.

ב עוד שנינו במשנה שאם הָיוּ עָלֶיהָ כְּלֵי זָהָב (תכשיטים) — מסירים אותם מעליה. ותוהים: פְּשִׁיטָא [פשוט, מובן מאליו], הַשְׁתָּא נִוּוּלֵי מְנַוּוּיל לָהּ, הָנֵי מִיבָּעֲיָא [עכשיו הרי הוא מנוול אותה בכל מיני בזיון, אלה, תכשיטי הזהב, נצרכה המשנה] לומר שלא ישאירם עליה? ומשיבים: מַהוּ דְּתֵימָא [שתאמר]: בְּהָנֵי [באלה], בעוד התכשיטים עליה, אִית [יש] לָהּ בִּזָּיוֹן טְפֵי [יותר], כִּדְאָמְרֵי אֱינָשֵׁי [כפי שאומרים אנשים בפתגם מקובל]: שְׁלִיחַ עַרְטִיל וְסָיֵים מְסָאנֵי [מופשט ערום ולובש נעליים], שלבוש הנעלים מדגיש את העירום. ואף כאן — התכשיטים ידגישו את הניוול, על כן קָא מַשְׁמַע לָן [השמיע לנו] שלא.

ג שנינו במשנה: וְאַחַר כָּךְ מֵבִיא חֶבֶל מצרי וקושרו. בְּעָא מִינֵּיהּ [שאל אותו] ר' אַבָּא מֵרַב הוּנָא: חֶבֶל הַמִּצְרִי מַהוּ שֶׁיְּעַכֵּב בְּסוֹטָה? וצדדי השאלה: האם טעם החבל הוא מִשּׁוּם שֶׁלֹּא יִשָּׁמְטוּ בְּגָדֶיהָ מֵעָלֶיהָ הוּא, וּבִצְלְצוּל (שרוך, רצועה) קָטָן נַמִּי סַגִּי [גם כן די], אוֹ דִּילְמָא [שמא] מִשּׁוּם שֶׁאָמַר מָר [החכם] בטעמו של דבר: הִיא חָגְרָה לוֹ, לפני זה שנסתרה עמו, את עצמה בְּצִלְצוּל (בסרט נאה) לְפִיכָךְ כֹּהֵן מֵבִיא חֶבֶל הַמִּצְרִי וְקוֹשֵׁר לָהּ לְמַעְלָה מִדַּדֶּיהָ, ולכן הוא מְעַכֵּב? אָמַר לֵיהּ [לו], תְּנֵיתוּהָ [שניתם אותה] במפורש: וְאַחַר כָּךְ מֵבִיא חֶבֶל הַמִּצְרִי וְקוֹשְׁרוֹ לָהּ לְמַעְלָה מִדַּדֶּיהָ כְּדֵי שֶׁלֹּא יִשָּׁמְטוּ בְּגָדֶיהָ מֵעָלֶיהָ — משמע שזהו עיקר הטעם, ולפיכך חבל המצרי אינו מעכב.

ד שנינו במשנה: וְכָל הָרוֹצֶה לִרְאוֹת בָּהּ יִרְאֶה. מעירים: הָא גּוּפָא קַשְׁיָא [היא עצמה קשה], שיש סתירה פנימית בהלכה זו. אָמַרְתָּ מצד אחד: כָּל הָרוֹצֶה לִרְאוֹת בָּהּ רוֹאֶה, אַלְמָא [מכאן] לָא שְׁנָא גַּבְרֵי וְלָא שְׁנָא נָשֵׁי [אין זה שונה גברים, ואין זה שונה נשים], שהכל שווים בכך, וַהֲדַר תָּנֵי [וחזר ושנה]: כָּל הַנָּשִׁים מוּתָּרוֹת לִרְאוֹתָהּ, משמע: נָשִׁים — אִין [כן], אֲנָשִׁים — לֹא! אָמַר אַבַּיֵי: תַּרְגְּמָהּ אֲנָשִׁים [תרגם, הסבר אותה על נשים]. כלומר, כל אשה הרוצה לראותה מותרת. אָמַר לֵיהּ [לו] רָבָא: וְהָא [והרי] "כָּל הָרוֹצֶה לִרְאוֹת בָּהּ רוֹאֶה" קָתָנֵי [שנה], וגברים בכלל זה! אֶלָּא אָמַר רָבָא: כָּל הָרוֹצֶה לִרְאוֹת בָּהּ — רוֹאֶה, לָא שְׁנָא גַּבְרֵי וְלָא שְׁנָא נָשֵׁי [אין זה שונה בגברים ואין זה שונה בנשים], וְאולם נָשִׁים חַיָּיבוֹת לִרְאוֹתָהּ, שֶׁנֶּאֱמַר "וְנִוַּסְּרוּ כָּל הַנָּשִׁים וְלֹא תַעֲשֶׂינָה כְּזִמַּתְכֶנָה" (יחזקאל כג, מח).

ה משנה

בהמשך לדיני הסוטה מביאים דברי מוסר כלליים הנלמדים מכאן. בְּמִדָּה שֶׁאָדָם מוֹדֵד — בָּהּ מוֹדְדִין לוֹ; הִיא הסוטה קִשְּׁטָה אֶת עַצְמָהּ כדי לַעֲבוֹר עֲבֵירָה על כן הַמָּקוֹם (הקדוש ברוך הוא) נִוְּולָהּ. הִיא גִּלְּתָה אֶת עַצְמָהּ לַעֲבֵירָה שעמדה במקום שתיראה לנואפים — הַמָּקוֹם גִּלָּה עָלֶיהָ, שמעמידים אותה בבזיון בפני רבים. בַּיָּרֵךְ הִתְחִילָה בַּעֲבֵירָה תְּחִילָּה, וְאַחַר כָּךְ הַבֶּטֶן — לְפִיכָךְ תִּלְקֶה הַיָּרֵךְ תְּחִילָּה, וְאַחַר כָּךְ הַבֶּטֶן, וּשְׁאָר כָּל הַגּוּף לֹא פָּלֵט (לא ניצל) מפורענות.

ו גמרא

אָמַר רַב יוֹסֵף: אַף עַל גַּב [אף על פי] שמִדָּה עצמה בְּטֵילָה, שאין בית דין בזמן הזה רשאי לדון ולהעניש בעונשי גוף כדין המפורש בהם, מכל מקום בְּמִדָּה, בדין שראוי להיענש לֹא בָּטֵיל [בטל], ואדם נענש משמים כראוי לחטאיו. שאָמַר רַב יוֹסֵף, וְכֵן תָּנֵי [שנה] ר' חִיָּיא: מִיּוֹם שֶׁחָרַב בֵּית הַמִּקְדָּשׁ, אַף עַל פִּי שֶׁבָּטְלָה סַנְהֶדְרִי — אַרְבַּע מִיתוֹת לֹא בָּטְלוּ. ותוהים: וְהָא [והרי] בָּטְלוּ! אֶלָּא, הכוונה היא: דִּין אַרְבַּע מִיתוֹת לֹא בָּטְלוּ מן המציאות, כיצד? מִי שֶׁנִּתְחַיֵּיב סְקִילָה — אוֹ נוֹפֵל מִן הַגַּג בדומה למה שעושים תחילה לנידון בסקילה, אוֹ חַיָּה דּוֹרַסְתּוֹ ומשברת את איבריו. מִי שֶׁנִּתְחַיֵּיב שְׂרֵיפָה — אוֹ נוֹפֵל בִּדְלֵיקָה ונשרף, אוֹ נָחָשׁ מַכִּישׁוֹ שיש בזה תחושת שריפה כמו בשריפה ממש. מִי שֶׁנִּתְחַיֵּיב הֲרִיגָה בחרב — אוֹ נִמְסָר לַמַּלְכוּת והם הורגים אותו בחרב, אוֹ לִיסְטִין (שודדים) בָּאִין עָלָיו ורוצחים אותו. מִי שֶׁנִּתְחַיֵּיב חֲנִיקָה — אוֹ טוֹבֵעַ בְּנָהָר ונחנק במים, אוֹ מֵת בִּסְרוֹנְכִי (אסכרה), שנחנק בגרונו על ידי מחלה זו. תַּנְיָא [שנויה ברייתא], הָיָה רַבִּי אוֹמֵר: מִנַּיִן שֶׁבְּמִדָּה שֶׁאָדָם מוֹדֵד בָּהּ מוֹדְדִין לוֹ — שֶׁנֶּאֱמַר: "בְּסַאסְּאָה בְּשַׁלְחָהּ תְּרִיבֶנָּה" (ישעיה כז, ח), כלומר, במידה (סאה) שנהג בה — בה הוא נענש ("תריבנה"). אֵין לִי אֶלָּא סְאָה שהיא מידה גדולה, מִנַּיִן לְרַבּוֹת תַּרְקַב (חצי סאה) וַחֲצִי תַּרְקַב, קַב וַחֲצִי קַב, רוֹבַע הקב וַחֲצִי רוֹבַע, תּוֹמֶן (שמינית הקב) וְעוּכְלָא שהיא אחת משלושים ושתים בקב מִנַּיִן — תַּלְמוּד לוֹמַר: "כִּי כָל סְאוֹן סֹאֵן בְּרַעַשׁ" (שם ט, ד), שהוא מפרש "סאון" סאה קטנה, שאפילו על עבירה קטנה אין מוותרים לאדם. וּמִנַּיִן שֶׁכָּל פְּרוּטָה וּפְרוּטָה מִצְטָרֶפֶת לְחֶשְׁבּוֹן גָּדוֹל, שגם אם אינו נענש מיד על העבירות הקטנות, בסופו של דבר הכל מצטרף לעונש חמור — תַּלְמוּד לוֹמַר: "אַחַת לְאַחַת לִמְצֹא חֶשְׁבּוֹן" (קהלת ז, כז). וְכֵן מָצִינוּ בְּסוֹטָה, שֶׁבְּמִדָּה שֶׁמָּדְדָה — בָּהּ מָדְדוּ לָהּ; הִיא עָמְדָה עַל פֶּתַח בֵּיתָהּ לֵירָאוֹת לוֹ לנואף — לְפִיכָךְ כֹּהֵן מַעֲמִידָהּ עַל שַׁעַר נִקָּנוֹר וּמַרְאֶה קְלוֹנָהּ לַכֹּל. הִיא פָּרְסָה לוֹ (עבורו) סוּדָרִין נָאִין עַל רֹאשָׁהּ — לְפִיכָךְ כֹּהֵן נוֹטֵל (מוריד) כִּפָּה מֵעַל רֹאשָׁהּ וּמַנִּיחוֹ תַּחַת רַגְלֶיהָ. הִיא קִשְּׁטָה לוֹ פָּנֶיהָ — לְפִיכָךְ

עיונים

דרבנן אדרבנן וכו' אף בתלמוד הירושלמי העירו על הסתירה בדברי ר' יהודה וחכמים, ותירצו כעין האמור כאן. אלא שבדברי חכמים הסבירו כי לסוטה עושים ביזיון כדי לקיים "ונוסרו", ואילו במיתה הולכים כאן אחרי הכלל "ואהבת לרעך כמוך". ונראה שהם תופסים בפשטות שבאיש עדיף לו לקרב מיתתו ומוחל על ביזיונו, אבל אשה בושתה מרובה בעירומה ועדיף לה להיות לבושה ולא להתבזות בעירום.

חבל המצרי בתלמוד הירושלמי מבאר כי "חבל המצרי" וכן "כפיפה מצרית" להלן נבחרו כדי לרמז שהיא עושה מעשה מצרים. ולפי זה אינו רק חבל פשוט ובזוי אלא יש בו גם רמז מיחד.

מהו שיעכב בתוס' (ד"ה תנינא) ובתוהרא"ש תהו על שאלה זו: הרי עצם הפריעה אינה מעכבת בסוטה (שהרי לא נאמרה בכך לשון כפולה או הדגשה מיוחדת שנלמד ממנה שהדבר הוא לעיכוב) וכיצד אפשר לומר שחבל המצרי יעכב בה? ובתוהרא"ש מתרץ (והוא כעין תירוץ התוס' שם, אבל בהדגשה אחרת) שאין להבין את לשון "מעכב" במובן הרגיל שלה, שענינו שבלי דבר זה אין המצוה מתקיימת, אלא יש להבין את המלה במשמעותה המילולית — האם יש לעכב להמתין במעשה עד שימצאו חבל המצרי או, שאין להתעכב משום כך.

הא כל הרוצה וכו' ויש ששאלו: מפני מה הקשה רבא מדיוק המלה "כל הרוצה", שאין בה הוכחה גמורה, והרי היה יכול להוכיח את דבריו ממה שאמרו "חוץ מעבדיה" — משמע שגברים אחרים מותרים לראותה! ותירצו כי אין להוכיח מעבדיה, שאין לחשוש בהם כל כך לגירוי היצר, אם משום שאימתה מוטלת עליהם (שפת אמת) או מפני שרגילים לראותה בביתה כשאינה לבושה לגמרי (חידושי בתרא).

ונשים חייבות לראותה ולפי זה יש לפרש שמה שנאמר בסגנון "ונשים מותרות" הוא לעומת מה שאמר שעבדיה ושפחותיה אסורים לראותה. אכן היו כמה מן המפרשים שאמרו כי לפי רבא יש לקרוא: וכל הנשים מותרות לראותה, שהן מוזהרות על כך שתבואנה ותראנה (מלא"ש. תפא"י ועוד).

בירך התחילה ראה ברש"י וברע"ב. ובתפא"י מפרש שהכוונה היא לפיסוק הרגליים שלה.

במידה לא בטיל המהרש"א מסביר כי דברים אלה מתייחסים למשנה, לענין הסוטה, לומר שאף על פי שאין עונשה בדיוק כמו העבירה, מכל מקום הכל נעשה "במידה", שהרי כנגד כל דבר ודבר, שהיתה מקשטת עצמה בו — באותו דבר עצמו עושים לה ניוול. וראה בעיון יעקב שכתב אף הוא שהדבר מתייחס לסוטה, אבל בדרך אחרת, לומר שאף שבטלו בזמן הזה מים המרים, מכל מקום יש עונש "במידה" והנשים הסוטות סופן להיענש בדרך זו.

אחת לאחת וכו' בתלמוד הירושלמי יש שני פירושים לכתוב זה לענייננו. פירוש אחד הוא כדרך הגמרא כאן, שכל מעשה ומעשה מצטרף, ואם לעתים אין אדם נענש מיד במידה הראויה לחטאו — הרי חטאים קטנים מצטרפים יחד לחשבון גדול, ולבסוף נפרעים ממנו בעונש מתאים. ויש שם גם פירוש אחר, שפעמים חייב אדם לפי חטאו בעונש חמור, והקדוש ברוך הוא נפרע ממנו מעט מעט בעונשים קטנים וכולם מצטרפים יחד לחשבון הגדול של מירוק העוון.

אורח ההלכה

אם היו שחורים נאים לה סוטה שהיתה רגילה ללבוש בגדים לבנים מתכסה בשחורים, ואם היו השחורים נאים לה מתכסה בבגדים שאין בהם נוי כגמרא. (רמב"ם ספר נשים הלכות סוטה פ"ג ה"ד).

בצלצול קטן וכו' לכתחילה קושר לה חבל מצרי, ואם לאו קושר חבל כלשהו למעלה מדדיה כדי שלא יפלו בגדיה. כמסקנת הגמרא. (רמב"ם שם הי"א).

נשים חייבות לראותה כל הנשים הנמצאות במקדש חייבות לראות בבזיונה של הסוטה כדי לקחת ממנה מוסר. כמסקנת הגמרא. (רמב"ם שם ה"ה).

מסורת הש"ס

א. סנהדרין מה,א. ירושלמי סוטה פ"א ה"ה. שם סנהדרין פ"ו ה"ד.

ב. פסחים עה,א. כתובות לז,ב. ב"ק נא,א. סנהדרין מה,א. נב,א-ב. ירושלמי סוטה שם (בשינוי). סנהדרין שם (בלי שם האומר). תוספתא סנהדרין פ"ט יא (בשינוי שם). מדרש תנאים כט, א. ילק"ש תורה שלה. תריג. תרכג. תרל. תרנח. תתקכד (בלי שם האומר).

ג. ירושלמי סוטה פ"א ה"ו. ספרי במדבר ה, יח. ילק"ש שם תשז.

ד. כתובות סה,ב (עיי"ש).

ה. ירושלמי סוטה שם.

ו. סוטה ט,א. תוספתא סוטה פ"ג ב (עיי"ש). במדב"ר פ"ט כד.

ז. (תירוץ כזה) בכורות יח,א. פסחים טז,א. מ,א. ב"ק יח,א. חולין לו,ב.

ח. סנהדרין ק,א. ירושלמי סוטה פ"א ה"ז. מכילתא יג, כ. שם טו, ד. שם יז, יד. ספרי במדבר יב, יד. ב"ר פ"ט יא. שם (ת"א) פ"ט ג. שמו"ר פכ"ה ט. דב"ר ליברמן פ"א כז. תנחומא בשלח ב. שם ד. שם בובר בראשית לג. מדרש תהלים פכ"ב. שם פפ"א. תנדבא"ר פ"א. שם פ"ג. שם פ"י. שם פי"ח. שם פכ"ה. זהר ח"ג צב. שם קסא. שם רלט. וראה מגילה יב,ב. סנהדרין צ,א. מסכת כלה. ב"ר פי"ב יד. שם פצ"ד ט. שם (ת"א) פצ"ד טו. שמו"ר פ"א יח. שם פ"י ו. במדב"ר פ"י ב. שם פי"ג יד. שם פי"ד ו. דב"ר פי"א ט. שה"ר פ"ג ו. איכ"ר פתיחתא כב. שם בובר פתיחתא א. תנחומא נח יג. שם וארא יד. שם תזריע ו. שם בובר שלח ח. שוח"ט פכ"ב. מדרש שמואל פל"ב. מדרש תהלים פ"י. שם פי"ג. שם פכ"ב. שם פפ"א. פסי"ר פל"ט. פסדר"כ פ"ו. תנדבא"ר פ"ט. שם פי"א. שם פי"ט. שם פכ"ז. שם פכ"ח. תנדבא"ז פ"א. שם פ"ג. פדר"א פמ"ז. ילק"ש תורה רלה.

ט. תוספתא סוטה פ"ד י (בשינוי). מכילתא יב, יב. ספרי זוטא ה, כא. ב"ר פ"נ ח. במדב"ר פ"ט יח. שם כג. תנחומא בשלח ו. מדרש ל"ב מדות פי"ח.

י. כתובות ל,א. סנהדרין לז,ב. ספרי זוטא לה, כב. במדב"ר פי"ד ו. אג"ב פ"א א. ילק"ש נ"ך תטו.

יא. סנהדרין ק,א. ירושלמי סוטה פ"א ה"ז. תוספתא סוטה פ"ג א. במדב"ר פ"ט כד. שוח"ט פפ"א. ילק"ש תורה רכו. שם נ"ך תטו. תלו (ברוב המקורות בשינוי שם).

יב. ראה גם ב"ב ט,ב.

יג. תוספתא סוטה פ"ג ב. במדב"ר פ"ט כד.

גרסות

בזיוניה עדיף יש במקבילה: **בזיוני דאיניש.**

שליח ערטיל יש בכת"י: **שליח וערטיל** ויש במקבילה: **שליח ערטלאי.**

חגרה לו יש בכת"י: **חגרה לה.**

חניקה יש בכת"י כבמקבילה: **חנק.**

ועוכלא מנין בהרבה כת"י: **ועוכלא.**

לשון

צלצול

מכל המקורות עולה כי הצלצול הוא חגורה או סרט מקושט הענוד כעין חגורה. יש סבורים כי המלה קרובה ל"שלשלת", ולפי זה כוונתה שרשרת דקה, או חגורה מעשה מקלעת.

סרונכי

יש סבורים כי מקור המלה הוא בשפה שמית (סרך או שנק). ויש סבורים שמקורה הוא ביוונית συνάγχη (סו'נאנכי) והיא חנק הנובע מתוך סיבוך של מחלת האסכרה, כאשר קנה הנשימה נסתם כולו על ידי מוגלה.

תרקב

תרקב הוא כלי מידה של חצי סאה. את משמעו דרשו ראשונים כמו "תרי וקב" — שני קבים ועוד קב, שהם ביחד שלשה. ונראה שמקור המלה ביוונית στρίκαβος (טריקבוס) — שלשה קבים.

סודרין, עוכלא, נחש מכישו

ראה השלמות עמ' 287.

לעזי רש"י

בנדי"ל מן הצרפתית העתיקה bendel — סרט, חגורה.

בומלנ"ט מן הצרפתית העתיקה bon malant — אסכרה, דיפטריה. מילולית — פצע קשה.

פָּנֶיהָ מוֹרִיקוֹת, שצבע פניה משתנה לירוק לאחר ששותה. הִיא כָּחֲלָה לוֹ בכוחל וייפתה את עֵינֶיהָ — לְפִיכָךְ עֵינֶיהָ בּוֹלְטוֹת לאחר ששותה. הִיא קָלְעָה לוֹ אֶת שְׂעָרָהּ — לְפִיכָךְ כֹּהֵן סוֹתֵר אֶת שְׂעָרָהּ. הִיא הֶרְאֲתָה לוֹ בְּאֶצְבַּע, שרמזה לו לבוא אליה — לְפִיכָךְ צִיפּוֹרְנֶיהָ נוֹשְׁרוֹת, הִיא חָגְרָה לוֹ בְּצִילְצוּל (בסרט, חגורה) — לְפִיכָךְ כֹּהֵן מֵבִיא חֶבֶל הַמִּצְרִי וְקוֹשֵׁר לָהּ לְמַעְלָה מִדַּדֶּיהָ. הִיא פָּשְׁטָה לוֹ אֶת יְרֵיכָהּ — לְפִיכָךְ יְרֵיכָהּ נוֹפֶלֶת. הִיא קִיבְּלַתּוֹ עַל כְּרֵיסָהּ — לְפִיכָךְ בִּטְנָהּ צָבָה. הִיא הֶאֱכִילַתּוּ מַעֲדַנֵּי עוֹלָם — לְפִיכָךְ קָרְבָּנָהּ מַאֲכַל בְּהֵמָה (שעורים). הִיא הִשְׁקַתְהוּ יַיִן מְשׁוּבָּח בְּכוֹסוֹת מְשׁוּבָּחִים — לְפִיכָךְ כֹּהֵן מַשְׁקָהּ מַיִם הַמָּרִים בִּמְקֵידָה (כלי פשוט) שֶׁל חֶרֶשׂ. הִיא עָשְׂתָה בְּסֵתֶר — "יֹשֵׁב בְּסֵתֶר עֶלְיוֹן" (תהלים צא, א), הקדוש ברוך הוא, שָׂם בָּהּ פָּנִים, שֶׁנֶּאֱמַר בסוג כזה של מעשים "וְעֵין נֹאֵף שָׁמְרָה נֶשֶׁף לֵאמֹר לֹא תְשׁוּרֵנִי עָיִן וסתר פנים ישים" (איוב כד, טו). שהנואף בא בלילה ("נשף") שלא יראוהו ("לא תשורני עין"), והקדוש ברוך הוא עושה שיתגלה הדבר ברבים ("פנים ישים"). דָּבָר אַחֵר: הִיא עָשְׂתָה בְּסֵתֶר — הַמָּקוֹם פִּירְסְמָהּ בְּגָלוּי, שֶׁנֶּאֱמַר: "תִּכַּסֶּה שִׂנְאָה בְּמַשָּׁאוֹן תִּגָּלֶה רָעָתוֹ בְקָהָל" (משלי כו, כו), ששנאה וחטא שהיו מכוסים בחושך ("משאון") — לסוף מתגלים בקהל.

א לענין זה שאמרנו שאף העבירות הקטנות שעושה אדם מצטרפות ונחשבות, ולבסוף נענש על הכל, שואלים: וּמֵאַחַר דְּנָפְקָא לֵיהּ [שיצאה, נלמדה, לו] ההוכחה לענין זה מֵ"אַחַת לְאַחַת לִמְצֹא חֶשְׁבּוֹן" (קהלת ז, כז), אם כן הכתוב "כִּי כָל סְאוֹן סֹאֵן בְּרַעַשׁ" (ישעיה ט, ד) המלמד שנענשים גם על עבירות קטנות, לָמָּה לִי? ומשיבים: להורות לנו שלא רק שהדברים מצטרפים ואין דבר אובד, אלא לִכְמִדָּה, שהעונש הוא מידה במידה. ושואלים: וּמֵאַחַר דְּנָפְקָא לֵיהּ [שיוצא, נלמד, לו הענין] של מידה במידה מִ"כִּי כָל סְאוֹן סֹאֵן בְּרַעַשׁ", אם כן הכתוב "בְּסַאסְּאָה בְּשַׁלְחָהּ תְּרִיבֶנָּה" (שם כז, ח) לָמָּה לִי? ומשיבים: כתוב זה נדרש לענין אחר, לִכְדִבְרֵי רַב חִינָּנָא בַּר פַּפָּא. שאָמַר רַב חִינָּנָא בַּר פַּפָּא: אֵין הַקָּדוֹשׁ בָּרוּךְ הוּא נִפְרָע מִן הָאוּמָּה החוטאת עַד שְׁעַת שִׁילּוּחָהּ איבודה הסופי מן העולם, שֶׁנֶּאֱמַר: "בְּסַאסְּאָה בְּשַׁלְחָהּ תריבנה". ושואלים: אִינִי [וכן הוא]? וְהָאָמַר [והרי אמר] רָבָא: שְׁלֹשָׁה כּוֹסוֹת (של פורענות) הָאֲמוּרוֹת בחלומו של שר המשקים בְּמִצְרַיִם ("וכוס פרעה בידי ואקח את הענבים ואשחט אותם אל כוס פרעה ואתן את הכוס על כף פרעה". בראשית מ, יא), לָמָּה? אַחַת — שֶׁשָּׁתַת (ששתתה) בִּימֵי מֹשֶׁה בעשר המכות, וְאַחַת — שֶׁשָּׁתַת בִּימֵי פַּרְעֹה נְכֹה מלך מצרים שנוצח בידי נבוכדנצר, וְאַחַת — שֶׁעֲתִידָה לִשְׁתּוֹת עִם חַבְרוֹתֶיהָ עם שאר האומות בימות המשיח. ואם כן נמצא שמצרים לקתה לא פעם אחת אלא פעמים אחדות! וְכִי תֵּימָא הָנָךְ אָזְדוּ וְהָנֵי אַחֲרִינֵי נִינְהוּ [ואם תאמר כי אלה, המצרים הקדמונים, הלכו, ואלה שנמצאים שם כעת אחרים הם] — וְהָתַנְיָא [והרי שנינו בברייתא], אָמַר ר׳ יְהוּדָה: מִנְיָמִין גֵּר הַמִּצְרִי הָיָה לִי חָבֵר, ואף הוא היה מִתַּלְמִידֵי ר׳ עֲקִיבָא. וְאָמַר מִנְיָמִין גֵּר הַמִּצְרִי: אֲנִי מִצְרִי רִאשׁוֹן, כלומר, שהוא עצמו התגייר וְנָשָׂאתִי מִצְרִית רִאשׁוֹנָה, אַשִּׂיא לִבְנִי (שהוא מצרי מדור שני) מִצְרִית שְׁנִיָּה, כְּדֵי שֶׁיְּהֵא בֶּן בְּנִי מוּתָּר לָבֹא בַּקָּהָל כי מצרים אסורים לבוא בקהל רק עד דור שלישי. משמע מכך שדיני המצרים הקדמונים חלים גם על המצרים שבזמן הזה והם אותה אומה! אֶלָּא אִי אִיתְּמַר הָכִי אִיתְּמַר [אם נאמר כך נאמר], אָמַר רַב חִינָּנָא בַּר פַּפָּא: אֵין הַקָּדוֹשׁ בָּרוּךְ הוּא נִפְרָע ("בסאסאה") מִן הַמֶּלֶךְ עַד שְׁעַת שִׁילּוּחוֹ מן העולם, שֶׁנֶּאֱמַר "בְּסַאסְּאָה בְּשַׁלְחָהּ תְּרִיבֶנָּה" (ישעיה כז, ח). אַמֵּימָר מַתְנֵי לְהָא [היה שונה את זו] שאמר רַב חִינָּנָא בַּר פַּפָּא אַהָא [על זו]: מַאי דִּכְתִיב [מהו שנאמר]: "כִּי אֲנִי ה׳ לֹא שָׁנִיתִי וְאַתֶּם בְּנֵי יַעֲקֹב לֹא כְלִיתֶם" (מלאכי ג, ו)? — "אֲנִי ה׳ לֹא שָׁנִיתִי" מתפרש: לֹא הִכֵּיתִי לְאוּמָּה וְשָׁנִיתִי לָהּ (נצרכתי להכותה שנית) שכאשר מכה אותה פעם אחת — שוב אין לה תקומה, "וְאַתֶּם בְּנֵי יַעֲקֹב", למרות שהוכיתם פעמים רבות — "לֹא כְלִיתֶם" הַיְינוּ דִּכְתִיב [וזהו שנאמר] "חִצַּי אֲכַלֶּה בָּם" (דברים לב, כג), לומר: חִצַּי כָּלִין, וְהֵן, ישראל, אֵינָן כָּלִין, אלא נשארים קיימים למרות הפורענויות הרבות שעברו עליהם. אָמַר רַב הַמְנוּנָא: אֵין הַקָּדוֹשׁ בָּרוּךְ הוּא נִפְרָע מִן הָאָדָם עַד שֶׁתִּתְמַלֵּא סְאָתוֹ (המידה הראויה לו), שֶׁנֶּאֱמַר "בִּמְלֹאות שִׂפְקוֹ יֵצֶר לוֹ" (איוב כ, כב). שכאשר מתמלא השיעור המספיק ("ספקו") אז תבוא עליו הצרה ("יצר לו").

ואגב כך הביאו עוד מה שדָּרַשׁ ר׳ חִינָּנָא בַּר פַּפָּא: מַאי דִּכְתִיב [מהו שנאמר]: "רַנְּנוּ צַדִּיקִים בַּה׳ לַיְשָׁרִים נָאוָה תְהִלָּה" (תהלים לג, א)? אַל תִּקְרֵי "נָאוָה תְהִלָּה" אֶלָּא "נָוֶה (בית) תְּהִלָּה", לומר: זֶה מֹשֶׁה וְדָוִד שלֹּא שָׁלְטוּ שׂוֹנְאֵיהֶם בְּמַעֲשֵׂיהֶם, שבנו נוה לה׳, והנוה הזה נשאר קיים. דָּוִד מניין שלא הרסו זרים מעשיו — דִּכְתִיב [שנאמר]: "טָבְעוּ בָאָרֶץ שְׁעָרֶיהָ" (איכה ב, ט), לומר שבשערי המקדש לא שלטו השונאים, אלא טבעו השערים בארץ ונטמנו בה. מֹשֶׁה — שאָמַר מָר [החכם]: מִשֶּׁנִּבְנָה מִקְדָּשׁ רִאשׁוֹן נִגְנַז אֹהֶל מוֹעֵד, קְרָשָׁיו קְרָסָיו וּבְרִיחָיו וְעַמּוּדָיו וַאֲדָנָיו. ושואלים: הֵיכָא [היכן] נגנז? אָמַר רַב חִסְדָּא אָמַר אֲבִימִי: תַּחַת מְחִילּוֹת שֶׁל הֵיכָל.

ב תָּנוּ רַבָּנַן [שנו חכמים]: סוֹטָה נָתְנָה עֵינֶיהָ בְּמִי שֶׁאֵינוֹ רָאוּי לָהּ, באדם זר, ונענשה שמַּה שֶּׁבִּיקְּשָׁה להיות עם הנואף — לֹא נִיתַּן לָהּ, שהרי נאסרת עליו לעולם, וּמַה שֶּׁבְּיָדָהּ (בעלה) — נְטָלוּהוּ מִמֶּנָּה, שנאסרת גם עליו. וכלל הוא: שֶׁכָּל הַנּוֹתֵן עֵינָיו בְּמַה שֶּׁאֵינוֹ שֶׁלּוֹ — מַה שֶּׁמְּבַקֵּשׁ אֵין נוֹתְנִין לוֹ, וּמַה שֶּׁבְּיָדוֹ נוֹטְלִין הֵימֶנּוּ.

עיונים

היא הראתה לו באצבע רש״י מסביר שרמזה לו באצבעה לבוא אצלה. ויש מפרשים שהכוונה שצבעה ציפורניה להתייפות לפניו (אשל אברהם). ויש אומרים שיש לראות זאת כביטוי סמלי — שייחדה אותו מכל האנשים, וכאילו הצביעה עליו שבו היא רוצה (תכ״פ).

שנאמר ועין נואף וכו׳ לכאורה פסוק זה ומה שנאמר להלן בתורת "דבר אחר" ענין אחד הם. אבל יש לבאר את הכתוב של "עין נואף" כדרך שהוא מתפרש במדרש רבה, שיש להבין את המשך הכתוב "וסתר פנים ישים" שנדרש: יושב בסתר הוא ישים בהם פנים לאבדם מן העולם, והוא ממש כפי שנאמר לגבי "יושב בסתר עליון" (וראה בעין יעקב שמביא את הפסוק כולו).

אין הקדוש ברוך הוא נפרע מן האומה וכו׳ כי האומה היא כוח כללי ומשום כך אין לגביה (כמו לאדם פרטי) עונש למחצה, אלא כאשר בא עליה עונש הרי הוא עונש של כליה גמורה (מהר״ל).

שלשה כוסות האמורות וכו׳ כפי שכותב רש״י שלוש כוסות אלה הן שלוש הכוסות המופיעות בחלומו של שר המשקים של פרעה. שאף על פי שחלומו היה עבורו ענין פרטי, מכל מקום היה בכך גם ענין כללי לבשר טוב לישראל ולרמז על פורענותה של מצרים. והעירו כי באותה פרשה נזכר "כוס פרעה" ארבע פעמים (ואמרו, שכנגד ארבע כוסות אלה יש ארבע כוסות בליל הסדר). אלא ששלוש פעמים נזכרת כוס בחלומו של שר המשקים, ובפעם הרביעית היא מופיעה בפתרונו של יוסף, ומשום כך נאמר כאן רק "שלוש כוסות" (מהרש״א).

מנימין גר מצרי ראה ברש״י שהעיר כי לדעת ר׳ עקיבא לא צדק מנימין, כיון שהמצרים אינם אותם מצרים עצמם. וראה בתוס׳ (ד״ה מנימין), שהאריכו לדון בכך. ואף לענין הלכה לא הגיע הדבר לידי החלטה גמורה, שלדעת הרמב״ם אין בימינו עוד איסור מיוחד במצרים, ואם נתגיירו הריהם כגרים משאר אומות. ואילו הרא״ש ואחרים סבורים שיש איסור במצרים אף בזמן הזה (וראה בשו״ע אה״ע ד, י).

לא הכיתי לאומה ושיניתי וכו׳ ראה בתוס׳ (ד״ה לא) שאלו: הרי אותה קושיה עצמה שהקשו קודם על מה שאמר שאין הקדוש ברוך הוא נפרע מאומה עד שעת שילוחה, יכול היה להקשות גם כאן שהרי נאמרו שלוש מכות במצרים! והמהרש״א מתרץ שיש להבין שאין הקדוש ברוך הוא מכה אומה שלימה באותן מכות עצמן, אלא בכל פעם מכה אותה בדרך אחרת (וכעשר מכות מצרים שהיו שונות זו מזו), אבל ישראל חוזרים ולוקים באותן מכות עצמן — ואינם כלים.

רננו צדיקים בה׳ המהרש״א מסביר כי הדרשה מבוססת על שינוי הלשון כאן שנאמר "רננו... בה׳" ולא "רננו... לה׳" שיש לפיכך לפרש: רננו צדיקים בניסים שעשה ה׳ לכם, שאין מעשיהם של צדיקים נהרסים.

דוד ומשה מה שמקדים דוד למשה, לפי שבדוד נאמר רמז לדבר בכתוב עצמו, ואילו לגבי משה אין זו אלא מסורת בגמרא (עיון יעקב).

ולגבי שערים אלה מסביר רש״י שהכוונה היא לשערי ביתו של דוד, שהרי הוא לא בנה את המקדש. אבל המהרש״א ואחרים סבורים כי מדובר בשערי המקדש, ונתייחסו לדוד משום שהוא הכין את כל החומרים לבנותם. ועוד, שאמרו חז״ל כי נפתחו שערי המקדש רק בזכותו של דוד ומשום שנתייחסו לו — לא נלקחו בשבי, אבל שאר המקדש שהוא מעשה ידיו של שלמה — נלקח (וראה בעיון יעקב. וראה בבן יהוידע).

והטעם שזכו לכך הוא משום שבכלל כשם שהאדם סופו למות ולכלות אף מעשי ידו אין להם נצחיות, אבל לגבי משה נאמר להלן: משה רבינו לא מת, וכן אמרו בדוד "דוד מלך ישראל חי וקיים" ומשום כך אף מעשיהם קיימים (בנין אריאל, מובא בגליוני הש״ס).

הנותן עיניו במה שאינו שלו וכו׳ כתב המהר״ל שבכל הדברים בעולם הזה יש צד של חסרון והעדר, אבל מי שרוצה את הדבר שחסר לו ודבק בהעדר הזה — סופו להיות קשור לגמרי אל מהות ההעדר, והכל ניטל ממנו.

מסורת הש"ס

א. סוטה כ,א.
ב. (כל הענין) תוספתא סוטה פ״ג ב. במדב״ר פ״ט כד. ילק״ש תורה תשז.
ג. סוטה שם. במדב״ר פי״ב.
ד. סוטה ח,ב (ושם סומנו מקבילות).
ה. שם טו,ב. במדב״ר שם יג.
ו. סוטה יד,א.
ז. במדב״ר שם טו.
ח. סוטה לב,ב (ושם סומנו מקבילות).
ט. חולין צב,א. ילק״ש תורה קמו.
י. (הביטוי) ביצה י,ב. יבמות עו,ב.
יא. יבמות עו,ב. עח,א. ירושלמי יבמות פ״ח ה״ב. שם קדושין פ״ד ה״ג. תוספתא קדושין פ״ה ד. ספרי דברים כג, ט. מדרש תנאים כג, ט.
יב. תנחומא נצבים א. אגדת בראשית פ״ח ג. תנדבא״ר פ״ה. ילק״ש תורה תתכה. שם תתקמ. שם נ״ך תקנז. שם תתקמח.
יג. ספרי דברים יא, יז. שם לב, כג. תנחומא שם. אג״ב שם. ילק״ש תורה שם. שם תתסז. שם תתקמה.
יד. ערכין טו,א. אדר״נ (נו״ב) פ״ז. שוח״ט פ״י. במדב״ר פי״ד ו (בשינוי לשון). ילק״ש תורה תשמג. שם נ״ך תרנ. שם תתקז.
טו. ילק״ש נ״ך תשכ.
טז. ראה במדב״ר פט״ו יג. תנחומא בהעלותך ט. תנחומא בובר שם יב.
יז. תוספתא סוטה פי״ג א. וראה מכילתא כ, כא. אדר״נ פמ״א. ויק״ר פי״א ז. במדב״ר פי״ג ה.
יח. תוספתא שם פ״ד טז. מדרש ל״ב מדות פי״ח. ילק״ש תורה כט. שם תשח.

גרסות

כהן משקה יש בכת״י ובמקורות: כהן משקה אותה.

יושב בסתר עליון ויש בכת״י גם: יושב בסתר.

ושניתי לה יש בכת״י: ושניתי בה ויש: ושניתי.

לשון

מנימין

אמנם השם מנימין מופיע במקרא (דברי הימים ב לא, טו) כשם בפני עצמו, אולם מהשוואת הדברים למקורות אחרים נראה כי השם מנימין (וכן מניומי) המופיע כאן הוא שינוי מבטא של השם בנימין. שינוי מבטא זה, הקשור בהחלפת אותיות בומ״פ, מצוי בכמה מלים שיש בהן חילוף דומה, מב׳ למ׳.

החיים

מקידה

כפי הנראה זהו כלי העשוי בדרך כלל חרס, ולדעת הגאונים הוא זהה עם הכלי הקרוי קוד (שעשוי הן מעץ והן מחרס).

המקידה שימשה בעיקר לשתיה, ויש אומרים שהיתה בנויה באופן שניתן היה לפרקה בנקל לשני חלקים, כך שאפשר היה להשתמש בנפרד בכל חלק.

מחילות של היכל

מתחת להר הבית יש הרבה מאד מערות ומחילות וחדרים נסתרים. היו מחילות שהשתמשו בהן בימי הבית השני (כגון המחילה שבה היו יורדים מן העזרה כדי לטבול ולהיטהר במי השילוח) והיו גם פתחים נסתרים שלא היו ידועים לאיש. כיון שבכלל היו פחות אנשים מצויים בהיכל היו המחילות שמתחת להיכל ידועות פחות. ואותן מחילות שנטמנו בהן המשכן וכליו לא ידעו עוד בימי הבית היכן הן. ומסורת היתה שבלשכת העצים היה פתח כלשהו למחילה זו.

אפניה מוריקות בהיא כחלה לו עיניה לפיכך געיניה בולטות היא קלעה לו את שערה לפיכך כהן סותר את שערה היא הראתה לו באצבע לפיכך ציפורניה נושרות ד*היא חגרה לו בצילצול לפיכך כהן מביא חבל המצרי וקושר לה למעלה מדדיה היא פשטה לו את יריכה לפיכך יריכה נופלת היא קיבלתו על כריסה לפיכך בטנה צבה ה*היא האכילתו מעדני עולם לפיכך וקרבנה מאכל בהמה זהיא השקתהו יין משובח בכוסות משובחים לפיכך כהן משקה מים המרים חבמקידה של חרש היא עשתה בסתר °יושב בסתר עליון (תהלים צא) שם בה פנים שנאמר °ועין נואף שמרה נשף (איוב כד) לאמר לא תשורני עין(א) וגו' דבר אחר היא עשתה בסתר המקום פירסמה בגלוי שנאמר °תכסה שנאה במשאון תגלה רעתו בקהל (משלי כו) (וגו') ומאחר דנפקא ליה מאחת לאחת למצא **א** חשבון °כי כל סאון סואן ברעש למה לי (ישעיה ט) לכמדה ומאחר דנפקא ליה מכי כל סאון סואן ברעש °בסאסאה בשלחה תריבנה למה (שם כז) לי לכדרב חיננא בר פפא דא"ר חיננא בר פפא אין הקב"ה נפרע מן האומה עד שעת שילוחה שנאמר בסאסאה בשלחה וגו' *איני טוהאמר רבא שלשה כוסות האמורות במצרים למה אחת ששתת בימי משה ואחת ששתת בימי פרעה נכה ואחת שעתידה לשתות עם חברותיה וכי תימא יהנך אזדו והני אחריני נינהו *והתניא יאאמר רבי יהודה מנימין גר המצרי היה לי חבר מתלמידי ר' עקיבא אמר מנימין גר המצרי אני מצרי ראשון ונשאתי מצרית ראשונה אשיא לבני מצרית שניה כדי שיהא בן בני מותר לבא בקהל אלא אי איתמר הכי איתמר א"ר חיננא בר פפא אין הקב"ה נפרע מן המלך עד שעת שילוחו שנאמר בסאסאה בשלחה תריבנה וגו' אמימר מתני להא דרב חיננא בר פפא אהא מ"ד °כי אני ה' לא שניתי ואתם בני יעקב (מלאכי ג) לא כליתם יבאני ה' לא שניתי לא הכיתי לאומה ושניתי לה ואתם בני יעקב לא כליתם היינו דכתיב יג°חצי אכלה בם חצי (דברים לב) כלין והן אינן כלין יד*אמר רב המנונא אין הקב"ה נפרע מן האדם עד שתתמלא סאתו שנאמר °במלאות ספקו יצר לו וגו' דרש (איוב כ) ר' חיננא בר פפא מאי דכתיב °רננו צדיקים (תהלים לג) בה' לישרים נאוה תהלה טואל תקרי נאוה תהלה אלא נוה תהלה זה משה ודוד שלא שלטו שונאיהם במעשיהם טזדוד דכתיב °טבעו (איכה ב) בארץ שעריה משה דאמר מר יזמשנבנה מקדש ראשון נגנז אהל מועד קרשיו קרסיו ובריחיו ועמודיו ואדניו היכא אמר רב חסדא אמר אבימי תחת מחילות של היכל תנו רבנן יח*סוטה נתנה עיניה במי שאינו ראוי **ב** [תוספתא ספ"ד] לה מה שביקשה לא ניתן לה ומה שבידה נטלוהו ממנה שכל הנותן עיניו במה שאינו שלו מה שמבקש אין נותנין לו ומה שבידו נוטלין הימנו וכן

[דף כ.] **פניה מוריקות.** הכי תני לקמן* אינה מספקת לשתות עד שפניה מוריקות ועיניה בולטות: **הראתה לו באצבעותיה.** רמזה לו לבא אצלה: **מאכל בהמה.** שעורים: **במקידה של חרש.** פחותה ומגונה שבכוסות: **שם בה פנים.** פנאי ליפרע ממנה ושמתי אני את פני (ויקרא כ) ונתתי (את) פני (שם יז) כולן לשון פונה אני מכל עסקי ועוסקני בהן: **תכסה שנאה במשאון.** (שנאמר במשאון) המכסה דבר השנוי [לעיל ח:] למקום במשאון בחשך כמו שואה (איוב ל) שעושה מעשיו בחושך: **כי כל סאון.** שבא ללמדנו שאף עבירות קטנות נפרעות הימנו: **למה לי.** מאחת לאחת נפקא: **לכמדה.** (ב)שבמדה שמודד מודדין לו הפרעון [לקמן טו:] מעין החטא: **שילוחה.** אבודה מן העולם: **ג' כוסות.** בחלומו של שר המשקים: **בימי פרעה נכה.** לבא נבוכדנצר מלך בבל להכות את ארץ מצרים: **עם חברותיה.** לימות המשיח אלמא לא נטרדה במכה ראשונה: **וכי תימא הנך אזדו.** הראשונים כלו כולן ואלו מאומות אחרות היו שנתישבו בארץ מצרים: **מצרי ראשון.** הוא עצמו נתגייר: **אשיא לבני מצרית שניה.** בת מצרית גיורת וגר מצרי שתהא היא שניה לגירות כדי שיהא בן בני שלישי וראוי לישא בת ישראל דכתיב (דברים כג) בנים אשר יולדו להם דור שלישי יבא להם בקהל ה' שאם הייתי משיא לבני מצרית ראשונה היה בן בני שני מצד האם דאמר ביבמות (דף עח.) [חולין לב.] ובקידושין (דף סז.) [בנים אשר יולדו להם הלך אחר פסולן אלמא עדיין מצרים הם דאילו שאר אומות מותרין לבא בקהל מיד מנימין לית ליה הא דאמר בברכות (דף כח.) שהעמונים והמצרים מותרין לבא בקהל שכבר עלה סנחריב ובלבל את כל האומות והכי נמי קתני בתר דהך מילתא בתוספתא דקדושין אמר לו ר"ע מנימין טעית שכבר עלה סנחריב ובלבל כו': **אהא.** מן המקרא הזה: **חצי כלים.** מכותי כלות: **במלאות ספקו.** כל רצונו: **יצר לו.** תבואנו צרה: **אלא נוה תהלה.** על עסקי נוה בתים שבנו יהללוהו: **שלא שלטו שונאיהם במעשה ידיהם.** להיות נהנים מהם: **דוד דכתיב טבעו בארץ שעריה.** לעיל מיניה כתיב חשב ה' להשחית חומת בת ציון ועלה כתיב טבעו בארץ ומצודת ציון היא עיר [ערכין טו.] דוד וביתו כדכתיב בספר שמואל (ב ה) וכשבאו צרים בימי צדקיהו טבעו השערים דלתות השערים שהיו של נחושת או של(ג) זהב כדי שלא ישלטו אויבים ועלים לא נשאו אתם: **מה שבקשה לא ניתן לה.** שאסורה לבועל: **ומה שבידה נטלו הימנה.** אם שותה מים מתה ואם הודתה נאסרה לבעלה והפסידה כתובתה:

מנימין גר המצרי וכו'. מקשים מפרק תפלת השחר (ברכות דף כח.) דאמר בו ביום עמד יהודה גר עמוני לפניהם בבית המקדש ואמר להם מה אני לבא בקהל אמר לו ר"ג אסור אתה א"ל ר' יהושע מותר אתה א"ל ר"ג והלא כתיב לא יבא עמוני ומואבי אמר לו ר"י וכי עמון ומואב במקומם הן יושבין והלא כבר עלה סנחריב מלך אשור ובלבל את כל העולם כולו א"כ אפילו מנימין היה מותר לבא בקהל ועוד מקשינן אההיא דתפלת השחר דאמר פ"ק דמגילה (דף יב:) זיל לגבי עמון ומואב דיתבי אדוכתייהו כחמרא *אדורדיא שנאמר שאנן מואב מנעוריו וגו' מיהו הכא בשמעתין לא קשיא מידי כמו שפרש"י דמנימין היה טועה וסבור שלא נתבלבלו כדקתני סיפא בתוספתא דפ' בתרא דקדושין אמר לו רבי עקיבא מנימין טעית הלכה כבר עלה סנחריב ובלבל את האומות לא מצרים במקומם ולא עמונים ומואבים במקומם אלא עמון נושא מצרית ומצרי נושא עמונית ואחד מן אלו מותר בכל משפחות האדמה ואחד מכל משפחות האדמה נושא את אלו(ד) והכא הכי פירושא עד כאן ל"פ אלא אם נתבלבלו אי לאו אבל כולי עלמא מודו דישנן בעולם אבל ההיא דמגילה תיקשה ופר"ת דסנחריב אע"פ שבלבל את כל העולם כולו ארץ מצרים לא בלבל כדכתיב (מלכים ב כד) בפרעה נכה ולא הוסיף עוד מלך מצרים לצאת מארצו כי לקח מלך בבל מנחל מצרים עד נהר פרת אלמא סנחריב לא בלבל(ה) והכי תנא בסדר עולם מיום שעלה מלך בבל על ארץ מצרים עוד לא זקפה ראש אבל עמון (ומואב) בלבל דכל הנהו(ו) לא אשכחן בהדיא שלא בלבלן כדכתיב (ישעיה לו) מי בכל אלהי הארצות וגו' ובמצרים אשכחן בהדיא שלא בלבלן אלא שטפן כדאמרי' בסדר עולם כשהלך לתרהקה מלך כוש ועל אותה שעה אמר בתוספתא אמר לו רבי עקיבא מנימין טעית וכו' וגמרא שלנו לא חש להזכיר לפי שלא היה כיבוש גמור אלא כשטיפת שבנא וסיעתו וגם מואב שטף כדאמרינן בסדר עולם שלש שנים ונקלה כבוד מואב (ישעיה טז) שסנחריב שטפן אבל כיבוש ובלבול לא הוה ובמואב אשכחן בהדיא דלא בלבל כדכתיב שאנן מואב מנעוריו וכי אמר ירמיה להאי קרא הוה שאנן מכלל דלא בלבל ובמגילה גרסינן זיל גבי מואב דיתיב אדוכתיה ול"ג עמון דעמון לא יתבי אדוכתייהו [ובברכות (דף כח.) אמרינן] וכי עמון ומואב במקומן הן יושבין ל"ג ומואב וחורבן נבוכדנצר לא חשיב בלבול דכי היה מחריב נבוכדנצר היה מניח דלת הארץ במקומם אבל סנחריב היה מעביר לארץ ומבלבלן והכי אמרינן בפ' בתרא (לקמן מו:) גבי לוז היא לוז שלא בלבלה סנחריב ולא החריבה נבוכדנצר ואף מלאך המות אין לו רשות לעבור שם ובכ"מ תולה בלבול בסנחריב וחורבן בנבוכדנצר ולפום רהיטא גרס עמון בהדי מואב וליתא כדפרישית ותו לא מידי ע"כ פירושו וקשה לפירושו מן התוספתא דקתני לא מצרים במקומם הם יושבין ויש לנו לשבש כמו כן לפירושו הא דקתני לא מואבים במקומם ואי ל"ג מואבים בתוספתא ועמון במגילה לא קשיא מידי*: **לא** הכיתי לאומה ושניתי. ה"ה דהאי הוה מצי למיפרך הא דרבא והא דמנימין ותימה מאי הוה מצי לתרץ דלא הוי מצי לתרץ למלך של אומה מדקאמר ואתם בני יעקב דמשמע אכל בני יעקב קאמר ובאומה שלימה איירי:

אין

תוספות שאנץ

ג' כוסות האמורות במצרים הוא בחלום שר המשקים של פרעה ובמדרש יש דלעתיד משקה הקב"ה האומות כום התרעלה וכשיגיעו למצרים ואמר כבר שתיתי פעמים יאמר לה הקב"ה שתה דאין שתיה זו כאחרות אלא א) לא תק עוד והיינו דכתיב אך שמריה ימצו ישתו כל רשעי ארץ: אמר מנימין גר המצרי אני מצרי וכו' כדי שיהא בן בני ראוי לבוא בקהל וא"ת איהו הוי נמי כשר כיון דסנחריב עמד ובלבל כל העולם חוץ ממואב כדאמר בפרק תפלת השחר וכי עמון ומואב במקומן הן יושבין והלא עלה סנחריב ובלבלן. וי"ל דסנחריב לא בלבל אותן של מצרים אלא הביאן בחבלים ובשלשלאות עד לפני ירושלים וכשהצליח חזקיה וראו הנם השלימו עמו וקבלו עול שמים עליהן והחזירן למקומן אי נמי י"ל דההוא דמנימין דהכא היתה אחר מ' שנה שפסקה גלותן וחזרו למקומן וה"נ קאמר התם [בתוספתא דידים] דאמר מנימין כשראה שהתיר ר"י ליהודה גר העמוני ואמר להם אף אני כמו כן אמרו לו לארצך יש קצבה לאחר מ' שנה כדכתיב בקרא גבי מצרים מקץ מ' שנה אשיב ולו אין קצבה: ומיהו פ"ה הכא דלית ליה הא דאמר עמד סנחריב ובלבל כל העולם והכי נמי קתני (בפרק בתרא) [בתר דהך] מילתא [בתוספתא] דקידושין אמר לו [ר"ע] מנימין טעית שכבר עלה סנחריב. ל"ה. משנבנה מקדש ראשון נגנז אהל מועד ולית ליה להההוא תנא כמאן דאמר דארון גלה לבבל כדאמר ביומא אלא סבירא ליה כמאן דאמר יאשיהו גנזו:

א) עי' הגירסא בילקוט תהלים רמז תתי"ג.

הגהות הב"ח

(א) גמ' לא תשורני עין וסתר פנים ישים ד"א וכ"ה בע"י: (ב) רש"י ד"ה לכמדה ללמדנו שבמדה: (ג) ד"ה דוד וכו' או של כסף וזהב כדי: (ד) תוס' ד"ה מנימין וכו' נושא את אלו והכי פריך הכא ע"כ ל"פ אלא אם נתבלבלו: (ה) בא"ד לא בלבל מצרים והכי תנא בסדר: (ו) בא"ד דלא אשכחן בהדיא שלא בלבלן ודאי בלבלן כדכתיב:

פי' שמרים

יבמות עח. ע"ש תוספתא קדושין פ"ה

[וע"ע תוס' יבמות עו: ד"ה מנימין ותוס' מגילה יב: ד"ה זיל]

נח א מיי' פ"ג מהל' סוטה הלכה עז סמג עשין כו:

נחש הקדמוני. נתן עיניו בחוה ובא עליה והיינו דכתיב (בראשית ג) הנחש השיאני לשון תשמיש ונשואין הוא: **נטלו הימנו.** קומה זקופה: **יהא מלך.** שלכך עשאו ערום מכל: **אני אמרתי יהלך בקומה זקופה.** מקללתו אתה למד וכן כל אלה אתה למד מקללתן: **קין.** נתן עיניו בתאומה יתירה שנולדה עם הבל ששתי תאומות נולדו עמו והיינו דכתיב (בראשית ד) את אחיו את הבל שני אתים שני ריבויים: **קרח.** על הכהונה ונבלע: **בלעם.** בממונו של בלק לקלל את ישראל ונהרג במדין שהלך ליטול שכר עשרים וארבעה אלף שנפלו מישראל בעצתו*: [סנהדרין קו.]

אוכן מצינו *בנחש הקדמוני שנתן עיניו במה שאינו ראוי לו מה שביקש לא נתנו לו ומה שבידו נטלוהו ממנו אמר הקב"ה אני אמרתי יהא מלך על כל בהמה וחיה ועכשיו °ארור הוא מכל הבהמה ומכל חית השדה אני אמרתי יהלך בקומה זקופה עכשיו על גחונו ילך אני אמרתי יהא מאכלו מאכל אדם עכשיו עפר יאכל הוא אמר אהרוג את אדם ואשא את חוה עכשיו איבה אשית בינך ובין האשה ובין זרעך ובין זרעה בוכן מצינו בקין וקרח ובלעם ודואג ואחיתופל וגחזי ואבשלום ואדוניהו ועוזיהו והמן שנתנו עיניהם במה שאינו ראוי להם מה שביקשו לא ניתן להם ומה שבידם נטלוהו מהם: בירך התחילה בעבירה וכו': מנא ה"מ אילימא משום דכתיב °בתת ה' את ירכך נופלת ואת בטנך צבה והכתיב °וצבתה בטנה ונפלה ירכה אמר אביי כי לייט גלייט תחילה ירך והדר בטן לייט אומיא כי בדקי כי אורחייהו בדקי בטן ברישא והדר ירך בקללה נמי כתיב °לצבות בטן ולנפיל ירך ד*ההוא דמודע לה כהן דבטן ברישא והדר ירך שלא להוציא לעז על מים המרים: **מתני'** השמשון הלך אחר עיניו לפיכך נקרו פלשתים את עיניו שנאמר °ויאחזוהו פלשתים וינקרו את עיניו ואבשלום נתגאה בשערו לפיכך נתלה בשערו זולפי שבא על עשר פלגשי אביו לפיכך נתנו בו עשר לונביות שנאמר °ויסבו עשרה(א) אנשים נושאי כלי יואב חולפי שגנב ג' *גנבות לב אביו ולב ב"ד ולב ישראל (שנאמר °ויגנב אבשלום את לב אנשי ישראל) לפיכך נתקעו בו ג' שבטים שנאמר °ויקח(ב) שלשה שבטים בכפו ויתקעם בלב אבשלום וכן *לענין הטובה טמרים המתינה למשה שעה אחת שנאמר °ותתצב אחותו מרחוק לפיכך נתעכבו לה ישראל ז' ימים במדבר שנאמר °והעם לא נסע עד האסף מרים ייוסף זכה לקבור את אביו ואין באחיו גדול ממנו שנאמר °ויעל יוסף לקבור את אביו ויעלו עמו גם רכב גם פרשים מי לנו גדול מיוסף שלא נתעסק בו אלא משה יאמשה זכה בעצמות יוסף ואין בישראל גדול ממנו שנאמר °ויקח משה את עצמות יוסף עמו מי גדול ממשה שלא נתעסק בו אלא המקום שנאמר °ויקבור אותו בגיא לא על משה בלבד אמרו אלא על כל הצדיקים שנאמר °והלך לפניך צדקך כבוד ה' יאספך: **גמ'** ת"ר יבשמשון בעיניו מרד שנאמר °ויאמר שמשון אל אביו אותה קח לי כי היא ישרה בעיני לפיכך נקרו פלשתים את עיניו שנאמר °ויאחזוהו פלשתים וינקרו את עיניו איני והכתיב °ואביו ואמו לא ידעו כי מה' הוא כי אזל מיהא בתר(ג) ישרותיה אזל תניא יג*רבי אומר תחילת קלקולו בעזה לפיכך לקה בעזה(ד) תחילת קלקולו בעזה דכתיב °וילך שמשון עזתה וירא שם אשה זונה וגו' לפיכך לקה בעזה דכתיב °)ויורידו אותו עזתה ידוהכתיב °וירד שמשון תמנתה תחלת קלקולו מיהא בעזה היה °ויהי אחרי כן ויאהב אשה בנחל שורק ושמה דלילה תניא טורבי אומר אילמלא *(לא) נקרא שמה דלילה ראויה היתה שתקרא דלילה דילדלה את כחו דילדלה את לבו דילדלה את מעשיו דילדלה את כחו דכתיב °ויסר כחו מעליו דילדלה את לבו דכתיב °ותרא דלילה כי הגיד לה את כל לבו דילדלה את מעשיו דאיסתלק שכינה מיניה דכתיב °והוא לא ידע כי ה' סר מעליו ותרא דלילה כי הגיד לה את כל לבו טזמנא ידעה א"ר חנין א"ר ניכרין דברי אמת אביי אמר ידעה בו באותו צדיק דלא מפיק שם שמים לבטלה כיון דאמר °נזיר אלהים אני אמרה השתא ודאי קושטא קאמר °ויהי כי הציקה לו בדבריה כל הימים ותאלצהו מאי ותאלצהו אמר רבי יצחק דבי רבי אמי יזבשעת גמר ביאה נשמטה מתחתיו °ועתה השמרי נא ואל תשתי יין ושכר ואל תאכלי כל טמא יחמאי כל טמא ותו עד השתא דברים טמאים קאכלה א"ר יצחק דבי רבי אמי דברים האסורים בנזיר °ויבקע אלהים את המכתש אשר בלחי יטא"ר יצחק דבי רבי אמי הוא איוה לדבר טמא לפיכך נתלו חייו בדבר טמא °ותחל רוח ה' וגו' א"ר חמא בר' חנינא כחלתה נבואתו של יעקב אבינו דכתיב °יהי דן נחש עלי דרך לפעמו במחנה דן א"ר יצחק דבי רבי אמי כאמלמד שהיתה שכינה מקשקשת לפניו כזוג כתיב הכא לפעמו במחנה דן וכתיב התם °פעמון ורימון בין צרעה ובין אשתאול אמר ר' אסי כבצרעה ואשתאול שני הרים גדולים היו ועקרן שמשון וטחנן זה בזה °והוא יחל להושיע את ישראל אמר רבי חמא ברבי חנינא

° שופטים ז

הוחל

תורה אור **דואג.** אביר הרועים וגדול שבתלמידים היה ונתקנא בדוד שראהו נבון דבר ואיש תואר ומראה פנים בהלכה כדכתיב (שמואל א טז) הנה ראיתי בן לישי בית הלחמי וגו' ואמר באגדה דחלק (דף צג:) דכל הפסוק הזה דואג אמרו בלשון הרע: **ואחיתופל.** נתן עיניו במלוכה כדאמר בחלק (דף קא:*) ראה אש יוצא מאמתו וכסבור שעתיד למלוך *ומה שבידו נטלו הימנו לא יחלו ימיהם: **גחזי.** בממונו של נעמן ונצטרע: **ואדוניה.** באבישג ונהרג: **ועוזיה.** בכהונה והצרעת זרחה על מצחו (דה"ב כו): **כי לייט כו'.** וקללה היא תחלת הפורענות: **מיהו כי בדקי מיא כי אורחייהו בדקי.** שבמעיים נכנסו תחילה ומקלקלות אותן ואח"כ נופלות לירך: **שלא להוציא לעז.** שיאמרו לא עשו כסדר הזה ואין פורענות זו על ידן: **מתני' שמשון הלך אחר עיניו.** כדיליף לקמן: **על עשר פלגשי אביו.** כדכתיב בספר שמואל (ב טו) ויעזוב עשר נשים פלגשים לשמור הבית: **לונביות.** חניתות: **לב אביו ולב ב"ד.** דכתיב (שם) אלכה נא ואשלמה את נדרי וגו' וכתיב את אבשלום הלכו מאתים איש קרואים והולכים לתומם ואמרינן בסוטה דירושלמי קרואים מדוד שעל ידי מלות דוד הלכו עמו אמר לו כתוב לי שילכו עמי אותן שנים שאבחר וכתב לו והיה מראה חותמו של דוד לשנים והולכים אחריו וכן לשנים אחרים עד שכינס מאתים וכולן ראשי סנהדראות הרי לב אביו ולב ב"ד ולב אנשי ישראל דכתיב בקרב איש להשתחוות וגו' וכתיב מי ישימני שופט בארץ וכתיב ויגנוב אבשלום את לב אנשי ישראל: **ואין באחיו גדול ממנו.** שהיה מלך הרי מדה שמדד שנקבר אביו בגדולים וכו במדה מדדו לו שנקבר הוא בגדולים(ה): **מי לנו.** לענין כבוד קבורה לקבר בגדולים גדול מיוסף שלא נתעסק בו אלא משה שהוא גדול מישראל ואין בישראל גדול ממנו הרי שבמדה שמדד לקבור את יוסף ע"י גדול בה מדדו לו שאין גדול בכבודו קבור ממשה שלא נתעסק בו אלא הקב"ה: **גמ' בעיניו מרד.** ע"י עיניו מרד בבוראו: **כי מה' הוא.** שחשק באותה אשה כדי להתגרות בפלשתים: **והכתיב וירד שמשון תמנתה.** וירא שם אשה מבנות פלשתים ותיטב בעיני שמשון ומעשה של זו שבתמנת קודם למעשה של זו שבעזה: **תחילת קלקולו מיהא בעזה הוה.** דההיא דתמנת לאו קילקול הוא כולי האי שלקחה לו לאשה ולא בא עליה בזנות:

שדילדלה. עקרה כמו אבני הר שנדלדלו*: **מנא ידעה.** הלא כמה כזבים אמר לה קודם לכן ומלאתו שקרן: **ניכרין דברי אמת.** מתקבלין ומיושבין ודבורים על אופניהם ראתה שערו גדול ולא היה שותה יין והבינה שהדברים האחרונים שאמר לה שבדבר הזה היה כחו גדול אמת הן: **ותאלצהו.** לשון דוחק ומצוקה: **בשעת גמר ביאה.** תאות האדם מרובה: **דברים האסורים לנזיר.** משרת ענבים כגון נזיר ששרה ענבים במים ויש בהם טעם יין דלא נפקא מכל אשר יעשה מגפן היין (במדבר ו): **מכתש.** מקום קביעות השן: **איוה לדבר טמא.** לישא בת אל נכר: **בדבר טמא.** לחי החמור שאלמלא הוא היה מת בצמא: **רוח ה'.** רוח נבואה ששרתה על יעקב: **מקשקשת לפניו.** ללוותו באשר הולך: הוחל

[סנהדרין קו.] אדר"נ פ"ח [ועי' ע"ש] [ברש"י שבע"י יש כאן סה"ד] לקמן כח. רש"ל מ"ח [עי' תוס' לקמן יא. ד"ה מרים] [תוספתא פ"ג] [עי' תוספות מגילה כח.] [ע"ז מו.]

[נ"ל לבבות וכ"א במשנה שבמשניות וכן בע"י אבל בתוספתא פ"ג איתא גנבות]

תוספות שאנץ

וכן מצינו בקין נתן עיניו בתאומה יתירה שנולדה עם הבל דשני תאומות נולדו עמו דכתיב את אחיו את הבל שני אתין ב' ריבויין. קרח על כהונה ונבלע. בלעם בממונו של בלק לקלל ישראל ונהרג במדין כשהלך ליטול שכר כ"ד אלף שנפלו מישראל בעצתו. דואג אביר הרועים וגדול שבתלמידים היה ונתקנא בדוד כדכתיב הנה ראיתי בן לישי בית הלחמי ואמר בהגדה בפ' חלק כל הפסוק הזה אמרו דואג בלשון הרע. ואחיתופל נתן עיניו במלוכה כדאמרינן ראה אש יוצאה מאמתו וכסבור שעתיד למלוך. גיחזי בממונו של נעמן ונצטרע אבשלום במלכות ונהרג אדניה באבישג ונהרג ועוזיהו בכהונה והצרעת זרחה במצחו. ל"ה. גנב לב אביו ולב בית דין פ"ה שאמר אלכה ואשלמה את נדרי. וכתיב ואת אבשלום הלכו מאתים איש (וא"ת) [ואמרי' בירושל' דסוטה] שעל ידי מצות דוד אביו הלכו עמו אמר לו כתוב לי שילכו עמי אלו שנים שאבחר וכתב לו והיה מראה חותמו של דוד לשנים והולכין וכן לשנים אחרים עד שכנס מאתים איש וכולן ראשי סנהדראות הרי גנב לב אביו ולב ב"ד. ל"ה: תחלת קלקולו מיהא בעזה היה. פ"ה וההוא דתמנת לאו קלקול הוא כולי האי שלקחה לו לאשה ולא בא עליה בזנות. ל"ה. וכן איכא בירושלמי ואע"ג דגויה היתה שמא בצינעה בא עליה אבל ההיא דעזה לא היה דרך נשואין אלא דרך

הגהות הב"ח

(א) במשנה ויסבו עשרה נערים נושאי כלי יואב ויכו את אבשלום ולפי שגנב: (ב) שם ויקח יואב שלשה שבטים: (ג) גמרא בתר ישרות עיניו אזל: (ד) שם לקה בעזה תחילה תחילת: (ה) רש"י ד"ה ואין באחיו וכו' בגדולים דמי לנו וכו' שאין לנו גדול בכבוד קבורה כמשה כצ"ל והד"א:

וְכֵן מָצִינוּ בְּנָחָשׁ הַקַּדְמוֹנִי שפיתה את חוה, שֶׁנָּתַן עֵינָיו בְּמַה שֶּׁאֵינוֹ רָאוּי לוֹ שרצה לשאת את חוה, מַה שֶּׁבִּיקֵּשׁ לֹא נָתְנוּ לוֹ, וּמַה שֶּׁבְּיָדוֹ נְטָלוּהוּ מִמֶּנּוּ. שכן אָמַר הַקָּדוֹשׁ בָּרוּךְ הוּא: אֲנִי אָמַרְתִּי תחילה: יְהֵא הנחש מֶלֶךְ עַל כָּל בְּהֵמָה וְחַיָּה, וְעַכְשָׁיו אָרוּר הוּא מִכָּל הַבְּהֵמָה וּמִכֹּל חַיַּת הַשָּׂדֶה (ראה בראשית ג, יד). אֲנִי אָמַרְתִּי יְהַלֵּךְ בְּקוֹמָה זְקוּפָה — עַכְשָׁיו עַל גְּחוֹנוֹ יֵלֵךְ. אֲנִי אָמַרְתִּי יְהֵא מַאֲכָלוֹ מַאֲכַל אָדָם — עַכְשָׁיו עָפָר יֹאכַל. הוּא אָמַר אֶהֱרוֹג אֶת אָדָם וְאֶשָּׂא אֶת חַוָּה — עַכְשָׁיו "אֵיבָה אָשִׁית בֵּינְךָ וּבֵין הָאִשָּׁה וּבֵין זַרְעֲךָ וּבֵין זַרְעָהּ" (שם טו). וְכֵן מָצִינוּ בְּקַיִן, שרצה לרשת לבדו את העולם, וְקֹרַח שרצה כהונה, וּבִלְעָם שרצה את ממונו של בלק, וְדוֹאֵג וַאֲחִיתוֹפֶל שקינאו בדוד, וְגֵחֲזִי שלקח את ממונו של נעמן, וְאַבְשָׁלוֹם וַאֲדוֹנִיָּהוּ שרצו במלוכה, וְעוּזִּיָּהוּ שרצה כהונה גדולה, וְהָמָן שרצה לאבד את כל היהודים, שֶׁכל אלה נָתְנוּ עֵינֵיהֶם בְּמַה שֶּׁאֵינוֹ רָאוּי לָהֶם, ולכן מַה שֶּׁבִּיקְּשׁוּ לֹא נִיתַּן לָהֶם, וּמַה שֶּׁבְּיָדָם נְטָלוּהוּ מֵהֶם.

א נאמר במשנה: בְּיָרֵךְ הִתְחִילָה הסוטה בַּעֲבֵירָה ואחר כך בבטן, ולפיכך נענשת תחילה בירך. ושואלים: מְנָא הָנֵי מִילֵּי [מניין הדברים הללו] שכך סדר העונש? אִילֵימָא [אם תאמר] מִשּׁוּם דִּכְתִיב [שנאמר]: "בְּתֵת ה' אֶת יְרֵכֵךְ נֹפֶלֶת וְאֶת בִּטְנֵךְ צָבָה" (במדבר ה, כא), שמשמע שזה סדר העונש — וְהָכְתִיב [והרי נאמר] גם "וְצָבְתָה בִטְנָהּ וְנָפְלָה יְרֵכָהּ" (שם כז), משמע שהפורענות באה בבטן תחילה ואחר כך בירך! אָמַר אַבַּיֵי: כִּי לָיֵיט [כאשר הכהן מקלל] — הריהו לָיֵיט [מקלל] תְּחִילָּה את הַיָּרֵךְ וַהֲדַר [ואחר כך] את הַבֶּטֶן לָיֵיט [מקלל], וּמַיָּא כִּי בָּדְקִי [והמים כאשר בודקים הם אותה] — כִּי אוֹרְחַיְיהוּ בָּדְקִי [כדרכם בודקים אותה], שהמים נכנסים בְּבֶטֶן בְּרֵישָׁא [בתחילה] וַהֲדַר [ואחר כך] מגיעים לַיָּרֵךְ. ומקשים: בִּקְלָלָה נַמִּי כְּתִיב [גם כן נאמר] "לַצְבּוֹת בֶּטֶן וְלַנְפִּל יָרֵךְ" (שם כב), משמע שקודם שתחילת הפורענות הבטן ואחר כך בירך! ומשיבים: הכתוב הַהוּא אותו בא לומר דְּמוֹדַע [שמודיע] לָהּ הכֹּהֵן שהַבֶּטֶן נבדקת בְּרֵישָׁא [בתחילה] וַהֲדַר [ואחר כך] הַיָּרֵךְ נבדקת, שלֹא לְהוֹצִיא לַעַז עַל מַיִם הַמָּרִים, שאם לא יהיה הדבר לפי הסדר הזה, יאמרו שהמים לא בדקו אותה.

ב משנה ועוד בדברי אגדה על כך שאדם מקבל מידי שמים לפי המידה שהוא עצמו מודד. שִׁמְשׁוֹן הָלַךְ אַחַר עֵינָיו — לְפִיכָךְ נענש מידה במידה כאשר נִקְּרוּ פְּלִשְׁתִּים אֶת עֵינָיו, שֶׁנֶּאֱמַר: "וַיֹּאחֲזוּהוּ פְלִשְׁתִּים וַיְנַקְּרוּ אֶת עֵינָיו" (שופטים טז, כא). אַבְשָׁלוֹם נִתְגָּאָה בִּשְׂעָרוֹ — לְפִיכָךְ נִתְלָה בִּשְׂעָרוֹ. ועוד, לְפִי שֶׁבָּא עַל עֶשֶׂר פִּלַגְשֵׁי אָבִיו (ראה שמואל ב טו, טז, ושם טז, כב) — לְפִיכָךְ נִתְּנוּ (נתקעו) בּוֹ עֶשֶׂר לוֹנְבִיּוֹת (חניתות), שֶׁנֶּאֱמַר: "וַיָּסֹבּוּ עֲשָׂרָה נְעָרִים נֹשְׂאֵי כְּלֵי יוֹאָב ויכו את אבשלום וימיתוהו" (שמואל ב יח, טו). וּלְפִי שֶׁגָּנַב שָׁלֹשׁ גְּנֵבוֹת, שגנב ליבם של שלושה; לֵב אָבִיו, שרימה אותו כשאמר לו שהולך לזבוח, וְלֵב בֵּית דִּין שרימה גם את בית הדין שיתמכו בו, וְלֵב כל יִשְׂרָאֵל, שֶׁנֶּאֱמַר: "וַיְגַנֵּב אַבְשָׁלוֹם אֶת לֵב אַנְשֵׁי יִשְׂרָאֵל" (שם טו, ו) — לְפִיכָךְ נִתְקְעוּ בּוֹ בליבו שְׁלֹשָׁה שְׁבָטִים, שֶׁנֶּאֱמַר: "וַיִּקַּח שְׁלֹשָׁה שְׁבָטִים בְּכַפּוֹ וַיִּתְקָעֵם בְּלֵב אַבְשָׁלוֹם" (שם יח, יד). וְכֵן לְעִנְיַן הַטּוֹבָה משלמים לאדם מידה כנגד מידה, מִרְיָם הִמְתִּינָה לְמֹשֶׁה שָׁעָה אַחַת על שפת היאור, שֶׁנֶּאֱמַר: "וַתֵּתַצַּב אֲחֹתוֹ מֵרָחֹק לדעה מה יעשה לו" (שמות ב, ד) — לְפִיכָךְ נִתְעַכְּבוּ לָהּ יִשְׂרָאֵל שִׁבְעָה יָמִים בַּמִּדְבָּר כאשר לקתה בצרעת, שֶׁנֶּאֱמַר: "וְהָעָם לֹא נָסַע עַד הֵאָסֵף מִרְיָם" (במדבר יב, טו). יוֹסֵף זָכָה לִקְבּוֹר אֶת אָבִיו, וְאף שֶׁאֵין בְּאֶחָיו מי שהיה גָּדוֹל בחשיבות מִמֶּנּוּ, שֶׁנֶּאֱמַר: "וַיַּעַל יוֹסֵף לִקְבֹּר אֶת אָבִיו וַיַּעֲלוּ... עִמּוֹ גַּם רֶכֶב גַּם פָּרָשִׁים" (בראשית נ, ז. שם ט) — מִי לָנוּ גָּדוֹל מִיּוֹסֵף שלֹא נִתְעַסֵּק בּוֹ בארונו אֶלָּא מֹשֶׁה שהיה גדול שבישראל. מֹשֶׁה זָכָה להתעסק בְּעַצְמוֹת יוֹסֵף וְאף שֶׁאֵין בְּיִשְׂרָאֵל גָּדוֹל מִמֶּנּוּ, שֶׁנֶּאֱמַר: "וַיִּקַּח מֹשֶׁה אֶת עַצְמוֹת יוֹסֵף עִמּוֹ" (שמות יג, יט) — מִי גָּדוֹל מִמֹּשֶׁה שלֹא נִתְעַסֵּק בּוֹ אֶלָּא הַמָּקוֹם (הקדוש ברוך הוא) עצמו, שֶׁנֶּאֱמַר: "וַיִּקְבֹּר אֹתוֹ בַגַּי" (דברים לד, ו), ואין מבואר בכתוב מי קברו, ללמדנו שה' הוא שקבר אותו. לֹא עַל מֹשֶׁה בִּלְבַד אָמְרוּ שהקדוש ברוך הוא התעסק בו. אֶלָּא עַל כָּל הַצַּדִּיקִים, שֶׁנֶּאֱמַר: "וְהָלַךְ לְפָנֶיךָ צִדְקֶךָ כְּבוֹד ה' יַאַסְפֶךָ" (ישעיה נח, ח).

ג גמרא תָּנוּ רַבָּנַן [שנו חכמים]: שִׁמְשׁוֹן בְּעֵינָיו מָרַד שמשום שהלך אחר עיניו עבר עבירות, שֶׁנֶּאֱמַר: "וַיֹּאמֶר שִׁמְשׁוֹן אֶל אָבִיו אוֹתָהּ קַח לִי כִּי הִיא יָשְׁרָה בְעֵינָי" (שופטים יד, ג) — לְפִיכָךְ נִקְּרוּ פְּלִשְׁתִּים אֶת עֵינָיו, שֶׁנֶּאֱמַר: "וַיֹּאחֲזוּהוּ פְלִשְׁתִּים וַיְנַקְּרוּ אֶת עֵינָיו" (שם טז, כא). ומקשים: אִינִי [וכי כן הוא]? וְהָכְתִיב [והרי נאמר] "וְאָבִיו וְאִמּוֹ לֹא יָדְעוּ כִּי מֵה' הִיא כי תואנה הוא מבקש מפלשתים" (שם יד, ד), משמע שלא היה זה מפני שהלך אחר עיניו, אלא מפני שעשה בכך שליחות המקום! ומשיבים: אמנם עונשם של פלשתים נועד מעם ה', אבל כִּי אֲזַל מִיהָא [כאשר הלך על כל פנים] — בָּתַר יַשְׁרוּתֵיהּ אֲזַל [אחר ישרותו, נטיית ליבו, הלך] ולא עשה לשם שמים. תַּנְיָא [שנויה ברייתא], רַבִּי אוֹמֵר: תְּחִילַּת קִלְקוּלוֹ בְּעַזָּה — לְפִיכָךְ לָקָה בְּעַזָּה. ומסבירים: תְּחִילַּת קִלְקוּלוֹ בְּעַזָּה — דִּכְתִיב [שנאמר]: "וַיֵּלֶךְ שִׁמְשׁוֹן עַזָּתָה וַיַּרְא שָׁם אִשָּׁה זוֹנָה" (שם טז, א), לְפִיכָךְ לָקָה בְּעַזָּה — דִּכְתִיב [שנאמר]: "וַיּוֹרִידוּ אוֹתוֹ עַזָּתָה" (שם טז, כא). ומקשים: וְהָכְתִיב [והרי נאמר] קודם לכן: "וַיֵּרֶד שִׁמְשׁוֹן תִּמְנָתָה וירא אשה בתמנתה מבנות פלשתים" (שם יד, א), משמע שכבר בתמנה החל הדבר! ומשיבים: תְּחִלַּת קִלְקוּלוֹ מִיהָא [על כל פנים] בְּעַזָּה הָיָה, שזאת שבתמנה נשא לאשה ואילו בזנות קילקל בעזה. נאמר "וַיְהִי אַחֲרֵי כֵן וַיֶּאֱהַב אִשָּׁה בְּנַחַל שׂוֹרֵק וּשְׁמָהּ דְּלִילָה" (שם טז, ד). תַּנְיָא [שנויה ברייתא], רַבִּי אוֹמֵר: גם אִילְמָלֵא (אם לא) לֹא נִקְרָא שְׁמָהּ "דְּלִילָה" — רְאוּיָה הָיְתָה שֶׁתִּקָּרֵא "דְּלִילָה". ומדוע? משום שדִילְדְּלָה אֶת כֹּחוֹ, דִּילְדְּלָה אֶת לִבּוֹ, דִּילְדְּלָה אֶת מַעֲשָׂיו. ומבאר: דִּילְדְּלָה אֶת כֹּחוֹ — דִּכְתִיב [שנאמר] לאחר שגילחה את שערו: "וַיָּסַר כֹּחוֹ מֵעָלָיו" (שם יט). דִּילְדְּלָה אֶת לִבּוֹ — דִּכְתִיב [שנאמר]: "וַתֵּרֶא דְלִילָה כִּי הִגִּיד לָהּ אֶת כָּל לִבּוֹ" (שם יח). דִּילְדְּלָה אֶת מַעֲשָׂיו — דְּאִיסְתַּלַּק [שהסתלקה] שְׁכִינָה מִינֵּיהּ [ממנו], דִּכְתִיב [שנאמר]: "וְהוּא לֹא יָדַע כִּי ה' סָר מֵעָלָיו" (שם כ). נאמר שם "וַתֵּרֶא דְּלִילָה כִּי הִגִּיד לָהּ אֶת כָּל לִבּוֹ" (שם יח). ושואלים: מְנָא [מניין] יָדְעָה שהפעם הוא מדבר דברי אמת? אָמַר ר' חָנִין אָמַר רַב: נִיכָּרִין דִּבְרֵי אֱמֶת מעצמם, והרגישה שהפעם הוא דובר אמת. אַבַּיֵי אָמַר: יָדְעָה בּוֹ בְּאוֹתוֹ צַדִּיק שלֹא מַפֵּיק [מוציא] שֵׁם שָׁמַיִם לְבַטָּלָה. כֵּיוָן שאָמַר "נְזִיר אֱלֹהִים אֲנִי" (שם יז) אָמְרָה: הָשְׁתָּא [עכשיו] וַדַּאי קוּשְׁטָא קָאָמַר [אמת הוא אומר]. נאמר "וַיְהִי כִּי הֵצִיקָה לּוֹ בִדְבָרֶיהָ כָּל הַיָּמִים וַתְּאַלְצֵהוּ" (שם טז). ושואלים: מַאי [מה פירוש] "וַתְּאַלְצֵהוּ", כיצד אילצה אותו? אָמַר ר' יִצְחָק דְּבֵי [מבית מדרשו] של ר' אַמִי: בִּשְׁעַת גְּמַר בִּיאָה נִשְׁמְטָה מִתַּחְתָּיו שלא יגמור ביאתו, ועל ידי כך היה מצטער ביותר. נאמר בדברי המלאך לאימו של שמשון "וְעַתָּה הִשָּׁמְרִי נָא וְאַל תִּשְׁתִּי יַיִן וְשֵׁכָר וְאַל תֹּאכְלִי כָּל טָמֵא" (שם יג, ד). ושואלים: מַאי [מה פירוש] "כָּל טָמֵא"? וְתוּ [ועוד], וכי עַד הָשְׁתָּא [עכשיו] דְּבָרִים טְמֵאִים קָאָכְלָה [היתה אוכלת] שצריך היה לומר לה שמעכשיו לא תאכל בכלל דבר טמא?! אָמַר ר' יִצְחָק דְּבֵי [מבית מדרשו] של רַבִּי אַמִי: אין הכוונה לדבר טמא ממש, אלא לִדְבָרִים הָאֲסוּרִים בַּאכילה לְנָזִיר. נאמר בשמשון "וַיִּבְקַע אֱלֹהִים אֶת הַמַּכְתֵּשׁ אֲשֶׁר בַּלֶּחִי" (שם טו, יט). אָמַר ר' יִצְחָק דְּבֵי [מבית מדרשו] של רַבִּי אַמִי: הוּא אִיוָּה לְדָבָר טָמֵא בזנות — לְפִיכָךְ נִתְלוּ חַיָּיו בְּדָבָר טָמֵא בלחי החמור. נאמר בשמשון "ותחל רוח ה' לפעמו במחנה דן בין צרעה ובין אשתאול" (שם יג, כה), וכך דרשו את הפסוק: "וַתָּחֶל רוּחַ ה'", אָמַר ר' חָמָא בְּר' חֲנִינָא: חָלְתָה (חלה, התקיימה) נְבוּאָתוֹ שֶׁל יַעֲקֹב אָבִינוּ, דִּכְתִיב [שנאמר]: "יְהִי דָן נָחָשׁ עֲלֵי דֶרֶךְ" (בראשית מט, יז) והכוונה לשמשון שבא משבט דן. "לְפַעֲמוֹ בְּמַחֲנֵה דָן", אָמַר ר' יִצְחָק דְּבֵי [מבית מדרשו] של רַבִּי אַמִי: מְלַמֵּד שֶׁהָיְתָה שְׁכִינָה מְקַשְׁקֶשֶׁת לְפָנָיו כְּזוֹג (כפעמון); כְּתִיב הָכָא [נאמר כאן] "לְפַעֲמוֹ בְּמַחֲנֵה דָן" וּכְתִיב הָתָם [ונאמר שם] בבגדי הכהן הגדול "פַּעֲמֹן וְרִמֹּן" (שמות לט, כו). על הנאמר "בֵּין צָרְעָה וּבֵין אֶשְׁתָּאוֹל", אָמַר ר' אַסִי: צָרְעָה וְאֶשְׁתָּאוֹל שְׁנֵי הָרִים גְּדוֹלִים הָיוּ, וַעֲקָרָן שִׁמְשׁוֹן וּטְחָנָן זֶה בָּזֶה. נאמר בו "וְהוּא יָחֵל לְהוֹשִׁיעַ אֶת יִשְׂרָאֵל" (שופטים יג, ה) אָמַר ר' חָמָא בְּר' חֲנִינָא:

מסורת הש"ס

א. תוספתא סוטה פ"ד יז. אדר"נ פ"א. ב"ר פ"כ ה. מדרש ל"ב מדות פי"ח.
ב. תוספתא שם יט. ב"ר שם.
ג. ירושלמי סוטה פ"א ה"ז. במדב"ר פ"ט כג. ילק"ש תורה תשח.
ד. סוטה כח,א. במדב"ר שם.
ה. מכילתא טו, א. מכילתא דרשב"י טו, א. ספרי זוטא ה, כא. במדב"ר פ"ט כד. רו"ר פ"א ב. קה"ר פ"ט טז. תנחומא בשלח יב.
ו. תוספתא סוטה פ"ג טז. מכילתא דרשב"י שם. במדב"ר שם. פדר"א פנ"ג. ילק"ש נ"ך קנא.
ז. תוספתא שם. במדב"ר שם. פדר"א שם. ילק"ש שם.
ח. תוספתא שם יז. מכילתא טו, ח. שם כב, ג. במדב"ר שם. תנחומא בשלח יז. ילק"ש תורה רמח.
ט. מכילתא יג, יט. ספרי במדבר יב, טו. תנחומא בשלח ב. שם צו יג. ילק"ש שם קסו. שם תשמב. שם נ"ך תטו.
י. תוספתא שם פ"ד (בקיצור). מכילתא שם. ספרי שם. מכילתא דרשב"י יג, יט. תנחומא בשלח ב. פסדר"כ פ"י. ילק"ש תורה רכז. שם תשמב. שם נ"ך תטו.
יא. תוספתא שם ח. מכילתא שם. ספרי שם. דב"ר פי"א ז. תנחומא שם. ילק"ש תורה תשמב. שם נ"ך תטו.
יב. תוספתא שם פ"ג טו. מכילתא טו, ב. תנחומא בשלח יב. ילק"ש תורה רמג. שם נ"ך סט.
יג. ירושלמי סוטה פ"א ה"ח (בקיצור). תוספתא שם. מכילתא שם. מכילתא דרשב"י טו, א. במדב"ר פ"ט כד. תנחומא שם. ילק"ש נ"ך שם.
יד. ירושלמי שם. במדב"ר שם. ילק"ש שם.
טו. במדב"ר שם. ילק"ש שם ע (בשינוי שם).
טז. במדב"ר שם. ילק"ש שם.
יז. ירושלמי כתובות פ"ה ה"ח. ב"ר פנ"ב יב. ילק"ש שם.
יח. ילק"ש שם סח. וראה במדב"ר פ"י ה.
יט. במדב"ר שם פ"ט כד. ילק"ש שם ע.
כ. ב"ר פצ"ח יד. במדב"ר פ"י ה.
כא. ירושלמי סוטה פ"א ה"ח. ויק"ר פ"ח ב. ילק"ש שם סט.
כב. ירושלמי שם. ויק"ר שם (בשינויים). ילק"ש שם.

גרסות

וגחזי ואבשלום ואדוניהו ויש בכת"י: **ואבשלום ואדוניה וגחזי.**
נתגאה ויש בכת"י: **התנאה** או: **התנווה.**
לונביות ברוב כת"י ועוד: **לונכיות.**
עשרה אנשים בכת"י כמו במקרא: **עשרה נערים.**
שנאמר ויגנב — ישראל בהרבה כת"י משפט זה חסר, וכן מחקו המהרש"ל.
נתעכבו לה בכת"י יש: **נתעכבו לה כל.**
כל הצדיקים ויש בכת"י: **כל הצדיקים שהמקום אוספן.**
ישרותיה יש בכת"י וכן הגיה הב"ח: **ישרות עיניו.**
אילמלא לא יש בכת"י וכן דעת התוס': **אילמלא** אבל ברוב כת"י כתוב: **אילמלא לא.**
לדבר טמא יש בכת"י: **לדבר טומאה.**
חלתה בכת"י יש: **חלה.**

לשון

לונביות
צריך להיות לונכיות (ראה בגרסות). מקור המלה הוא ביוונית λόγχη (לונכי) ומשמעה — רומח, כידון.

זוג
המלה שאולה כנראה מן הפרסית zang שמובנה — פעמון.

עיונים

וכן מצינו בנחש הקדמוני ענינו של נחש הקדמוני סתום, והרבה רמזו בו דברים בדרך הסוד. ונראה כי עיקר ענינו שהיה מהות המשמשת לכוחות הרע, ובא לדחות את האדם ממקומו והכניס רע בתוך העולם ובתוך האנושות, ובדרך זו גם הסבירו ברמז מה שאמרו חז"ל "בא נחש על חוה והטיל בה זוהמא" (שבת קמו, א) ועונשו שניטלו ממנו כל התכונות בהן היה יתר על שאר בעלי חייב ודימה בהן לאדם (וראה באוצר הכבוד ועוד).

אהרוג את אדם וכו' ורבים שאלו: הלא אם ייענשו אדם וחוה על מה שחטאו בעץ הדעת — שניהם ייענשו, ואף חוה תמות! ותירצו בדרכים שונות. ויש שאמרו שכיון שמתחילה לא היה הציווי כפי ה' במפורש אלא על אדם, חטאה קטן יותר ולא היתה חייבת מיתה (עיון יעקב, וראה במהרש"א ועוד).

קין רש"י ותו"ש פירשו עפ"י בראשית רבה שעם בני אדם נולדו גם בנות תאומות, ועם הבל נולדה האומה יתירה ובה חשק קין. ואחרים פירשו כפי הנראה ממשמעו של מקרא, שקין רצה לזכות גם בחלקו של הבל במרעה הצאן, ולבסוף נטרד אף מעבודת האדמה. או שרצה שהוא וזרעו ינחלו לבדם את העולם כולו ולבסוף כלו הוא וזרעו במבול (מהרש"א ועוד).

וגחזי ואבשלום לכאורה לפי סדר הדורות צריך היה למנות את גיחזי לאחר אדוניהו. ונראה כי מנה יחד את בלעם דואג אחיתופל וגיחזי לפי שכולם נמנו בין אלה שאין להם חלק לעולם הבא (בן יהוידע).

בטן וירך וכו' בתלמוד הירושלמי דנו גם כן בשאלה זו, ותירצוה בדרכים שונות. יש שאמרו שם כי מאחר שיש סתירה בין הכתובים אין בידינו להכריע מן הכתוב אלא לפי הסברה — שירך התחילה בעבירה וכו'. ויש שמפרשים דעה שניה שם שבאשה ששותה מן המים מתחילה הפורענות בבטן תחילה, ואילו בבועל מתחילה היא בירך (חשק שלמה).

שמשון הלך אחר עיניו ונענש לאחר שחזר וחטא באותו חטא פעם שלישית בדלילה, שמפורש כי מוחלים לאדם עוונו על פעם ראשונה ושניה (עיון יעקב). ולעצם הענין יש להעיר בריא"ף: הלא עיקר החטא הוא לכאורה לא בראיית העין אלא במעשה הזנות, ומדוע מייחס זה בעיקר לעינים דווקא? ותירץ כי כיון שהמעשים עצמם היו מכוונים מן השמים, הרי לא נענש על המעשה אלא על כך שהוא עצמו לא עשאם אלא מפני שהלך אחר עיניו.

בתר ישרותיה וכו' וכעין זה שאלו אף בתלמוד הירושלמי, ותירצו כי על זה נאמר "אם ללצים הוא יליץ", כלומר, שלכל אדם מוליכים בדרך שהוא רוצה ללכת בה, וכיון שהוא היה הולך אחר עיניו זימן לו הקדוש ברוך הוא שיגיע לעשות נקמה בפלשתים בדרך זו.

תחילת קלקולו יש שכתבו שההבדל הוא שבתמנה מכל מקום לקח את האשה בדרך נישואין, ורק אחר כך בעזה עשה זאת בדרך זנות והפקר (תו"ש, וכן מפורש בתלמוד הירושלמי). ולכאורה יש לשאול: הלא האיסור חמור יותר אם נושא גויה ממה שבא עליה בדרך זנות כלשון הכתוב "ולא תתחתן בם" (דברים ז, ג)! ותירץ המהרש"א שמן הסתם גייר את האשה שנשא. וכן כתב הרמב"ם (משנה תורה ספר קדושה הלכות איסורי ביאה פי"ג הי"ד-ט"ז).

ראויה היתה שתקרא דלילה אפשר לומר שהוא על פי שיטת ר' מאיר שהיה בודק ומדייק בשמותיהם של אנשים ולומד מהם על תכונות נפשם. ועוד יש לומר, כי מאחר שלא נזכרו שמותיהן של הנשים האחרות ורק שמה של זו נזכר, בודאי בא הדבר לרמוז שהיה שמה כפי מעשיה (מהרש"א).

ניכרין דברי אמת רש"י מסביר שראתה מתוך מעשיו שאומר לה דברי אמת, שהרי היה נוהג כנזיר בגידול שיער ובהימנעות משתיית יין. וראה במהרש"א ששאל מניין שבאמת היה שמשון אסור ביין, אבל כבר הוכיחו אחרונים את הדבר מן המדרש, וכן מפורש ברמב"ם (משנה תורה, ספר הפלאה הלכות נזירות פ"ג הי"ג).

שכינה מקשקשת לפניו בתלמוד הירושלמי אמרו שבשעה שהיתה רוח הקודש שורה עליו היו שערותיו מתקשות והיו מקשקשות כפעמון. וכן פירשו על דרך הרמז שהיתה גבורתו מפורסמת לרבים והיתה נודעת לרבים כאילו היה מצלצל פעמון לפניו (עיון יעקב).

בין צרעה ובין אשתאול בתלמוד הירושלמי אמרו שכאשר היתה רוח הקודש נחה עליו היו פסיעותיו גדולות כמרחק שבין צרעה לאשתאול.

אורח הלכה

מיא כי בדקי כי אורחייהו אם היתה הסוטה טמאה מיד היו פניה מוריקות ועיניה בולטות, ולאחר מכן בטנה צבה בתחילה ולבסוף נופלת ירכה עד שתמות. כדברי הגמרא כאן. (רמב"ם ספר נשים הלכות סוטה פ"ג הט"ז).

הוחל (התחללה, בטלה) שבועתו של אבימלך שנשבע לו אברהם בברית שכרתו ביניהם, דכתיב [שנאמר]: "אם תשקר לי ולניני ולנכדי" (בראשית כא, כג). וכיון שהפלשתים לא שמרו את השבועה ושיעבדו בישראל — בטלה השבועה. נאמר "ויגדל הנער ויברכהו ה'" (שופטים יג, כד), ושואלים: במה ברכו? שהרי לא מצאנו בו ברכה מיוחדת. אמר רב יהודה אמר רב: שברכו באמתו (איבר המין שלו), שלמרות שהיה נער היתה אמתו כשאר בני אדם, וזרעו כנחל שוטף. נאמר "ויקרא שמשון אל ה' ויאמר ה' אלהים זכרני נא וחזקני נא אך הפעם הזה האלהים ואנקמה נקם אחת משתי עיני מפלשתים" (שם טז, כח). אמר רב: אמר שמשון לפני הקדוש ברוך הוא: רבונו של עולם, זכור לי עשרים ושתים שנה ששפטתי את ישראל בלי לקבל כל שכר ולא אמרתי לאחד מהם אפילו העבר לי מקל ממקום למקום. נאמר "וילך שמשון וילכד שלש מאות שועלים" (שם טו, ד), ושואלים: מאי שנא [מה שונה, מדוע דווקא] שועלים? אמר ר' איבו בר נגדי אמר ר' חייא בר אבא, אמר שמשון: יבא מי שחוזר לאחוריו, השועל, שבשעה שצדים אותו הריהו חוזר לאחוריו, למקום שהיה בו קודם לכן ואינו מרחיק לברוח, ויפרע מפלשתים שחזרו בשבועתן שנשבע אבימלך לאברהם, ולא קיימו אותה. תניא [שנויה ברייתא], אמר ר' שמעון החסיד: בין כתיפיו של שמשון רוחב ששים אמה היה, שנאמר: "וישכב שמשון עד חצי הלילה ויקם בחצי הלילה ויאחז בדלתות שער העיר ובשתי המזזות ויסעם עם הבריח וישם על כתפיו" (שם טז, ג), למדנו שהיו כמידת כתפיו, וגמירי [ולמודים אנו] במסורת, שאין דלתות עזה פחותות ברוחבן מששים אמה. נאמר על שמשון: "ויהי טוחן בבית האסורים" (שם כא). אמר ר' יוחנן: אין טחינה אלא לשון עבירה (כלומר, תשמיש), וכן הוא אומר "תטחן לאחר אשתי ועליה יכרעון אחרין" (איוב לא, י), מלמד שכל אחד ואחד הביא לו את אשתו לבית האסורים כדי שתתעבר הימנו. אמר רב פפא: היינו דאמרי אינשי [זהו שאומרים אנשים בפתגם מקובל]: קמי דשתי חמרא — [לפני מי ששותה יין] — נותנים חמרא [יין], קמי רפוקא גרידיא [לפני מי שחופר באדמה] — נותנים דובלא [דבלים] (עשב) והוא שאירע בשמשון, שמה שעסק בו הוא שהביאו לפניו. ואמר ר' יוחנן: כל המזנה עם נשים אחרות — אשתו מזננת עליו, שנאמר "אם נפתה לבי על אשה ועל פתח רעי ארבתי" (שם ט), ועל כך גם כתיב [נאמר] "תטחן לאחר אשתי ועליה יכרעון אחרין" (שם י). והיינו דאמרי אינשי [והוא שאומרים אנשים בפתגם עממי]: איהו בי קארי ואיתתיה בי בוציני [הוא נמצא בין הדלעות ואשתו בין המלפפונים], כלומר, כדרך שהוא עושה אף היא עושה. ואמר ר' יוחנן: שמשון דן את ישראל כאביהם שבשמים בצדק גמור, שנאמר: "דן ידין עמו כאחד" וגו' (בראשית מט, טז) ודורשים — כמו ה' שהוא אחד. ואמר ר' יוחנן: שמשון על שמו של הקדוש ברוך הוא נקרא, שנאמר: "כי שמש ומגן ה' אלהים" (תהלים פד, יב). ושואלים: אלא מעתה אם הוא כינוי של הקדוש ברוך הוא, אם כן לא ימחה (ימחק) שמו כשאר שמות הקודש! אלא יש לומר: שמו הוא מעין שמו של הקדוש ברוך הוא, ללמד: מה הקדוש ברוך הוא מגין על כל העולם כולו — אף שמשון מגין בדורו על ישראל. ועוד אמר ר' יוחנן: בלעם חיגר ברגלו אחת היה, שנאמר "וילך שפי" (במדבר כג, ג), ומפרשים: הלך בצליעה. שמשון חיגר בשתי רגליו היה, שנאמר בדברי יעקב על שבט דן, והיא הנבואה על שמשון "שפיפן עלי ארח" (בראשית מט, יז) — שפי כפול.

א תנו רבנן [שנו חכמים]: חמשה נבראו בצד מסויים מעין דוגמא של מעלה, בדרגה שהיא למעלה מבני אדם רגילים, בתבנית מושלמת, וכולן לקו בהן, באותם דברים שנתעלו בהם. שמשון בכחו היה מעין מעלה, שאול בצוארו שנאמר בו שהיה משכמו ומעלה גבוה מכל העם, אבשלום בשערו, צדקיה בעיניו, אסא ברגליו. ומפרטים: שמשון לקה בכחו — דכתיב [שנאמר]: "ויסר כחו מעליו" (שופטים טז, יט). שאול לקה בצוארו — דכתיב [שנאמר]: "ויקח שאול את החרב ויפל עליה" (שמואל א לא, ד), ומפרשים שעשה שתינעץ החרב בצווארו. אבשלום לקה בשערו — כדבעינן למימר קמן [כפי שרוצים אנו לומר אחר כך]. צדקיה לקה בעיניו, דכתיב [שנאמר]: "ואת עיני צדקיהו עור" (מלכים ב כה, ז). אסא לקה ברגליו — דכתיב [שנאמר]: "רק לעת זקנתו חלה את רגליו" (מלכים א טו, כג), ואמר רב יהודה אמר רב: מה היתה מחלתו — שאחזתו פדגרא. אמר ליה [לו] מר זוטרא בריה [בנו] של רב נחמן לרב נחמן: היכי דמי [כיצד הוא כאב] פדגרא? אמר ליה [לו]: כמחט הנועצת בבשר החי. ושואלים: מנא [מניין] ידע דבר זה? ומשיבים: איכא דאמרי [יש שאומרים]: מיחש הוה [הוא בעצמו היה] חש ביה [בו] ממחלה זו. ואיכא דאמרי [ויש שאומרים]: מרביה [מרבו] שמע ליה [זאת]. ואיכא דאמרי [ויש שאומרים] שידע זאת כפי שנאמר "סוד ה' ליראיו ובריתו להודיעם" (תהלים כה, יד). דרש רבא: מפני מה נענש אסא ברגליו — מפני שעשה אנגריא (עבודת כפייה) בתלמידי חכמים, שנאמר "והמלך אסא השמיע את כל יהודה אין נקי" (מלכים א טו, כב) לבנות את העיר רמה, ומריבוי הלשון "את כל" משמע שלקח לעבודה זו את כולם, גם תלמידי חכמים. ושאלו: מאי [מה פירוש] "אין נקי"? אמר רב יהודה אמר רב: אפילו חתן מחדרו וכלה מחופתה, שנאמר בחתן "נקי יהיה לביתו שנה אחת" (דברים כד, ה).

ב כתיב [נאמר] "וירד שמשון תמנתה" (שופטים יד, א), וכתיב [ונאמר] בפרשת יהודה ותמר "הנה חמיך עלה תמנתה" (בראשית לח, יג). ולכאורה יש סתירה בין הכתובים, שבמקום אחד נראה שתמנה היתה במקום נמוך, ובאחר שהיתה במקום גבוה. אמר ר' אלעזר: אין להבין את הדבר במובן של תיאור הליכה למקום, אלא באופן מוסרי; שמשון שנתגנה בה בהליכתו לתמנה — כתיב ביה [נאמר בו] לשון ירידה, ואילו יהודה שנתעלה בה — כתיב ביה [נאמר בו] לשון עליה. ר' שמואל בר נחמני אמר: שתי תמנאות היו, חדא [אחת מהן] בירידה בעמק, וחדא [ואחת] בעליה, במקום גבוה. רב פפא אמר: חדא תמנה הואי [תמנה אחת היתה] וישבה במדרון של הר, לאדם דאתי מהאי גיסא [שבא מצד זה], מפסגת ההר — ירידה היא, ודאתי מהאי גיסא [ולשבא מצד אחר], מתחתיתו — עליה היא. ומביאים דוגמה כגון המקומות ורדוניא ובי בארי ושוקא דנרש שנמצאים בשיפוע הר, שלבני מקום אחד היא עליה, ולבני מקום אחר היא ירידה. נאמר בתמר "ותשב בפתח עינים" (שם יד), ונחלקו אמוראים בפירוש "פתח עינים". אמר ר' אלכסנדרי: מלמד שהלכה וישבה לה בפתחו של אברהם אבינו, מקום שכל עינים צופות לראותו, והיתה בטוחה שיעבור יהודה שם. ר' חנין אמר בשם רב: מקום הוא ששמו עינים, וכן הוא אומר בתוך רשימת ישובים "תפוח והעינם" (יהושע טו, לד). ר' שמואל בר נחמני אמר: שנתנה עינים (הסבירה, הביאה ראיה) לדבריה. כשתבעה יהודה למשכב אמר לה: שמא גויה את? אמרה ליה [לו]: גיורת אני. שאל: שמא אשת איש את? אמרה ליה [לו]: פנויה אני. שמא קיבל בך אביך קידושין ואינך יודעת על כך? אמרה ליה [לו]: יתומה אני. ועוד שאל: שמא טמאה (נידה) את? אמרה ליה [לו]: טהורה אני. והוא אשר נאמר "פתח עינים" — שפתחה לו פתח להראות שהיא מותרת לו. ועוד בענין ביתו של אברהם: נאמר "ויטע אשל בבאר שבע" (בראשית כא, לג), אמר ריש לקיש: מלמד שעשה אברהם פרדס, ונטע בו כל מיני מגדים. בענין זה נחלקו תנאים, ר' יהודה ור' נחמיה; חד [אחד מהם] אמר: פרדס נטע, וחד [ואחד מהם] אמר: פונדק עשה. ואומרים: בשלמא למאן דאמר [נניח לדעת מי שאומר] שנטע פרדס — היינו דכתיב [זהו שנאמר] "ויטע", שלשון זו נופלת בפרדס. אלא למאן דאמר [לדעת מי שאומר] פונדק, מאי [מה] היא לשון "ויטע"? ומשיבים: כדכתיב [כפי שנאמר]: "ויטע אהלי אפדנו" (דניאל יא, מה) שאף באוהלים משתמשים בלשון נטיעה. נאמר שם "ויקרא שם בשם ה' אל עולם" (בראשית שם). אמר ריש לקיש: אל תיקרי [תקרא] בפסוק הזה כמפורש בו "ויקרא",

מסורת הש"ס

א. ראה חולין ס,ב. מכילתא יג, יז. ב"ר פנ"ד
ב. במדב"ר פי"ד א. תנחומא בשלח א.
ב. ירושלמי סוטה פ"א ה"ח (בשינוי). ילק"ש נ"ך סח.
ג. במדב"ר פ"ט כד. ילק"ש שם עא.
ד. תנדבא"ז פכ"ד. ילק"ש שם ע. שם רפד.
ה. במדב"ר פ"ט כד. ילק"ש שם עא.
ו. במדב"ר שם (בלי שם).
ז. ילק"ש נ"ך תתקיח.
ת. מגילה יב,א. ילק"ש שם.
ט. ראה ב"ר פצ"ח יג. תנחומא ויחי יב. זהר ח"א רמג. ילק"ש תורה קסא. שם נ"ך סט.
י. סנהדרין קה,א. ילק"ש תורה קסא. שם נ"ך סט.
יא. ראה תנחומא ואתחנן א. פדר"א פנ"ג. זהר ח"א קכא. ילק"ש נ"ך עא.
יב. סנהדרין מח,ב. במדב"ר פכ"ג יג. תנחומא מסעי יב. תנחומא בובר שם ט. ילק"ש נ"ך קעב.
יג. (הביטוי) ברכות יח,ב. שבת יג,ב. קנב,א.
יד. סוטה ד,ב ובמקבילות שם.
טו. שם.
טז. ראה ירושלמי סוטה פ"ח ה"י. ילק"ש נ"ך עא.
יז. ירושלמי סוטה פ"א ה"ח. ב"ר פפ"ה ו. במדב"ר פ"ט כד. (בשינוי שמות ולשון). ילק"ש תורה קמה. שם נ"ך סט.
יח. ירושלמי כתובות פי"ג ה"א. שם סוטה פ"א ה"ד. ב"ר פפ"ה ז. תנחומא בובר וישב יז. מדרש שמואל פ"ז. ילק"ש תורה שם (בשינויים).
יט. ירושלמי שם. ב"ר שם. ילק"ש שם.
כ. ב"ר פנ"ד ו. וראה אדר"נ פ"ז. שם (נו"ב) פי"ד. תנחומא נח יד. שוח"ט פל"ז. שם פק"י. ילק"ש תורה צה.

גרסות

הוחל יש בכת"י ועוד: **הוחלה**.
עשרים ושתים יש בכת"י: **עשרים**.
יבוא מי בכת"י יש כמו בב"ח: **יבוא שועל**.
וגמירי דאין יש בכת"י: **תנא אין**.
וכן הוא אומר תטחן יש בכת"י ועוד: **שנאמר תטחן**.
גרידיא דובלא יש בכת"י ועוד: **גריוא דיבלי**.
מזננת בכת"י יש: **מזנה**.
בי קארי... בי בוציני בכת"י יש: **בקארי... בבוציני**.
כאחד וגו' יש בכת"י: **כאחד**.
לא ימחה יש בכת"י ועוד: **לא ימחק**.
על ישראל יש בכת"י: **על כל ישראל**.
פדגרא בכת"י ובמקבילות יש: **פודגרא**.
היכי דמי פדגרא יש בכת"י: **מאי פודגרא**.
וכלה מחופתה ויש כת"י שלא גרסו מלים אלה.
מקום שכל עינים יש בכת"י: **שכל עינים**.
כשתבעה — טהורה אני ויש בכת"י: **גיורת אני פנויה אני יתומה אני טהורה אני**.

לשון

פדגרא
מקור המלה הוא ביוונית ποδάγρα (פודגרא) שמובנה המילולי מלכודת לרגל, ומשמעה — מחלת רגליים, בעיקר מחלת הצינית = פודגרה.

אנגריא
מקור המלה הוא ביוונית ἀγγαρεία (אנגרייא) ומשמעה — עבודת כפיה עבור השלטונות.

פונדק
מקור המלה הוא ביוונית πανδοκεῖον (פנדוקייון) — בית הארחה, מלון.

פרדס
המלה נמצאת כבר במקרא (שה"ש ד, יג) ככינוי למטע רימונים, ובלשון חז"ל משמעה מטע של אילנות-פרי מסוגים שונים, ופעמים שאינו משמש רק לצורך היבולים אלא גם כגן שבאים אליו לנוח ולהשתעשע בו.

החיים

קארי, בוציני, מי שחוזר לאחוריו, גרידיא דובלא, פדגרא
ראה השלמות עמ' 287.

לעזי רש"י

פויי"ש"ן מן הצרפתית foison — שפע, ריבוי.
אשלויישי"ש מן הצרפתית העתיקה esloisiez — מה שנשמט ממקומו, כאן — פיסח, שמוט רגל.
פודגר"א כנראה צרפתית עתיקה Podagte שהיא מחלת הצינית (Gout).

עיונים

הוחל שבועתו של אבימלך רש"י פירש שכיון שהפלשתים עברו תחילה על השבועה ושיעבדו בישראל משום כך פקעה ההתחייבות של אברהם לאבימלך (וכתבו שאף שגם קודם לכן היו פלשתים מציקים לישראל, מכל מקום לא היו מושלים בהם). וראה בתו"ש שכתבו שדבר זה הוא לא כדברי רש"י שפירש לענין דוד שכבש את ירושלים מפני שאז בטלה שבועת אבימלך. וראה בתוהרא"ש שמסביר (עפ"י פדר"א) שלגבי ירושלים היתה התחייבות מיוחדת של אברהם אבינו ליבוסים שקנה מהם את מערת המכפלה. ועוד מסבירים שזה כבר היה אחר נינו של אבימלך, ובטלה איפוא השבועה. אלא שאת ירושלים לא הצליחו לכבוש עד ימי דוד מטעמים אחרים.

במה ברכו וראה ברש"י שכתב שברכה היא לשון תוספת וריבוי, ולא מצאנו שהתברך שמשון בעושר. ובריא"ף מוסיף שאף ברכות אחרות שיש לאדם, כגון באריכות ימים או בבנים, לא מצאנו בשמשון.

ברכו באמתו ויש שאמרו שיש לדייק דבר זה ממה שאמרו "ויגדל הנער ויברכהו" — בדבר שהוא מעשה נערות (ראה בריא"ף). ובתלמוד הירושלמי יש מעין הדברים, אבל באופן אחר, ששם נאמר שברכו שיהיה תשמישו שווה לכל אדם. כלומר, שאף שהיה כוחו גדול מאד שלא בגדר אנושי, מכל מקום היה תשמישו כשאר כל אדם.

עשרים ושתים שנה במקרא כתוב ששפט שמשון את ישראל עשרים שנה, ולכן תהו רבים על מספר זה (וראה במהרש"א ועוד). וכיוצא בזה תהו על דברי הירושלמי שמביא שם כאילו היה כתוב "ארבעים שנה", כאשר אין מקרא כזה כתוב. אכן, הרשב"א בתשובה אומר כי בספרים שלפניו כתוב "עשרים שנה" כמו במקרא. אבל ברור שגם לפני הגאונים היתה נוסחה זו שלפנינו. ורב האי גאון פירש ששתי שנים יתירות אלה הן השנים שהיה בבית האסורים, שמפני שהיה שם בשל פעולתו עבור ישראל הן נחשבות לו כמו השנים ששפט את ישראל.

ולא אמרתי לאחד וכו' המהרש"א כתב כי הקשר לעינים דווקא הוא משום שנאמר שהשוחד מעוור עינים, ולכן אמר שמשון שלא זו בלבד שלא קיבל שוחד, אלא אף שלא קיבל כל טובת הנאה, ולכן מגיע לו שכר עבור עיניו שנתעוורו.

מאי שנא שועלים וכו' המהרש"א מדייק ממה שנאמר שקשר את השועלים זנב אל זנב, והרי כאן רמז למה שאמר שאף הפלשתים חזרו לאחוריהם וביטלו את שבועתם.

אין טחינה אלא לשון עבירה תהו המפרשים: מפני מה פירשו דבר זה כך, והרי ידוע כי הסומא שאינו ראוי למלאכה אחרת יכול עוד לעבוד בטחינה, ולכן מסתבר לפרש טחינה כפשוטה! ויש שכתב שהדבר קשור למה שנאמר להלן שהיה שמשון חיגר בשתי רגליו ולא היה יכול להלך ולסובב את אבן הריחיים (עיון יעקב). ויש שכתב שמפני שנאמר שהיה אסור בנחושתיים אם כן לא היה יכול לעבוד במלאכה זו כפשוטה (ריא"ף). והמהרש"א כותב שהדיוק הוא מלשון "ויהי טוחן", שמשמע שעשה עבודה זו לא כעונש אלא מרצונו. ויש שכתב שיש רמז לדבר שנאמר "בבית האסורים" — שעשה דברים האסורים. ואכן שאלו כיצד היה מותר באשת איש, אפילו של גוי? ויש שתירץ כי בבני נח איסור אשת איש הוא משום גזילה, ואם הבעל נותן את אשתו מרצונו אין בכך איסור אשת איש (אשל אברהם).

כל המזנה אשתו מזננת המהר"ל כתב כי האיש והאשה מתאימים במהותם זה לזה, וכל חסרון שיש באחד מהם ניכר אף בשני. ויש שתהו על עצם הענין, שאם כן אין סוטה נבדקת, שהרי אם היא מזנת משמע שאף בעלה כן, ואם הבעל חוטא — אין המים בודקים את אשתו! ויש שתירץ כי אין הכוונה לומר שכך הוא הדבר בכל מקרה, אלא לומר שאם הבעל בוגד באשתו הרי היא למדה ממנו ועושה כנגדו, אבל באמת יש נשים כשירות ואנשים כשרים שנמנעים מעבירה מפני אזהרת המקום.

איהו בי קארי בפשטות משמעות הדברים היא בדרך משל, שבדומה למעשיו של האיש כך מעשיה של האשה. וראה בערוך שמסביר את הדברים באופן מילולי, ששניהם עושים מעשי זימה תוך שימוש בירקות אלה.

כאביהם שבשמים בעיון יעקב מפרש שהיה דן בלי עדים ובלי ראיה רק מכוח רוח הקודש. וראה מה שמביא שם בשם המדרש שהיה נוהג בזה כעין המפורש במשיח.

חיגר בשתי רגליו מלבד דרשת "שפיפון" כשתי פעמים "שפי", הרי גם משמעות המלה היא שהיה פוגע בפלשתים כדרך הנחש, שאין לו רגלים והוא מכיש את הסמוך לו (וראה בעיון יעקב).

חמשה נבראו מעין דוגמא וכו' כתבו המפרשים שאין הכוונה לומר דוגמה שלמעלה כלפי הקדוש ברוך הוא, שלא שייך בו, אפילו בדרך משל, ציור כעין זה, אלא הכוונה לומר, שהיו בהם תכונות מופלאות שאין מצויות כלל בבני אדם לגודל מעלתן, ולכן יוחסו לדוגמה של מעלה. ומשום כך נענשו, כי מי שנתן לו הקדוש ברוך הוא מתנות אלה צריך להשתמש בהן בכל השלימות הראויה ומתוך ענוה וצדקות, ואם פוגם במשהו נענשים דווקא בדברים אלה (ראה בפירוש ספר יצירה לר"י אלברצלוני ובמאירי). ובזוהר (בראשית קכא, ב) יש ששה בני אדם נבראו כבריאתו של אדם הראשון, שהיתה בריאה מושלמת במעלתה, וחמשה אלה יש בהם צד מסויים של מעלה עליונה זו שהיתה באדם הראשון.

צדקיה בעיניו וכו' לגבי אסא וצדקיה כתב רש"י שלא מצא בכתוב מקור לכך. ויש שאמרו שבאמת נלמד הדבר רק מעונשם, שבודאי לקו בדבר שבו היתה מעלתם גדולה. וראה במהרש"א שהביא רמז מסויים לענין זה. ואולי באסא סמכו על מה שנאמר בדברי הימים שרדף אסא את צבא זרח הכושי, ומשמע שהיה משובח ברגליו.

בפתח עינים וטעם הדרשות השונות הוא, כמבואר במדרש, משום שלא מצאנו בכתוב מקום ששמו "עינים" או "פתח עינים", ולכן אין מסתבר לומר ששם מקום הוא.

שכל עינים צופות וכו' מפני שהיו אורחים רבים באים לביתו של אברהם אבינו, לכן היו הכל מצויים שם (ערוך).

הוחל שבועתו של אבימלך דכתיב °אם תשקר לי ולניני ולנכדי °ויגדל הנער ויברכהו ה' במה ברכו אמר רב יהודה אמר רב [ב]שברכו באמתו כבני אדם וזרעו כנחל שוטף °ויקרא שמשון אל ה' ויאמר ה' אלהים זכרני נא וחזקני נא אך הפעם הזה ואנקמה נקם אחת משתי עיני מפלשתים [ג]אמר רב אמר שמשון לפני הקב"ה רבש"ע זכור לי עשרים (*ושתים) שנה ששפטתי את ישראל ולא אמרתי לאחד מהם העבר לי מקל ממקום למקום °וילך שמשון וילכד שלש מאות שועלים מאי שנא שועלים אמר רבי איבו בר נגדי א"ר חייא בר אבא אמר שמשון יבא (א)מי שחוזר לאחוריו ויפרע מפלשתים שחזרו בשבועתן תניא א"ר שמעון החסיד [ד]בין כתיפיו של שמשון ששים אמה היה שנאמר °וישכב שמשון עד חצי הלילה ויקם בחצי הלילה ויאחז בדלתות שער העיר ובשתי המזוזות ויסעם עם הבריח וישם על כתיפיו וגמירי דאין דלתות עזה פחותות מששים אמה °ויהי טוחן בבית האסורים [ה]א"ר יוחנן אין טחינה אלא לשון עבירה וכן הוא אומר °תטחן לאחר אשתי מלמד שכל אחד ואחד הביא לו את אשתו לבית האסורים כדי שתתעבר הימנו אמר רב פפא [ו]היינו דאמרי אינשי קמי דשתי חמרא חמרא קמי רפוקא *גרידיא דובלא [ז]וא"ר יוחנן כל המזנה אשתו מזננת עליו שנאמר °אם נפתה לבי על אשה ועל פתח רעי ארבתי וכתיב תטחן לאחר אשתי ועליה יכרעון אחרין [ח]*והיינו דאמרי אינשי איהו בי *קארי ואיתתיה בי בוציני וא"ר יוחנן [ט]שמשון דן את ישראל כאביהם שבשמים שנאמר °דן ידין עמו כאחד וגו' וא"ר יוחנן שמשון על שמו של הקב"ה נקרא שנאמר °כי שמש ומגן ה' אלהים וגו' אלא מעתה לא ימחה אלא מעין שמו של הקב"ה מה הקב"ה מגין על כל העולם כולו אף שמשון מגין בדורו על ישראל [י]*וא"ר יוחנן בלעם חיגר ברגלו אחת היה שנאמר °וילך שפי שמשון חיגר בשתי רגליו היה שנאמר °שפיפן עלי ארח: ת"ר [יא]חמשה נבראו מעין דוגמא של מעלה וכולן לקו בהן שמשון בכחו שאול בצוארו אבשלום בשערו צדקיה בעיניו אסא ברגליו שמשון בכחו דכתיב °ויסר כחו מעליו שאול בצוארו דכתיב °ויקח שאול את החרב ויפל עליה אבשלום בשערו כדבעינן למימר קמן צדקיה בעיניו דכתיב °ואת עיני צדקיהו עור אסא ברגליו דכתיב °רק לעת זקנתו חלה את רגליו [יב]*ואמר רב יהודה אמר רב שאחזתו פדגרא א"ל מר זוטרא בריה דרב נחמן לרב נחמן היכי דמי פדגרא א"ל [יג]*כמחט בבשר החי מנא ידע איכא דאמרי מיחש הוה חש ביה ואיכא דאמרי [יד]מרביה שמע ליה וא"ד [טו]°סוד ה' ליראיו ובריתו להודיעם דרש רבא [טז]מפני מה נענש אסא מפני שעשה אנגריא בתלמידי חכמים שנאמר °והמלך אסא השמיע את כל יהודה אין נקי מאי אין נקי אמר רב יהודה אמר רב אפילו חתן מחדרו וכלה מחופתה*: [יז]כתיב °וירד שמשון תמנתה וכתיב °הנה חמיך עולה תמנתה א"ר אלעזר שמשון שנתגנה בה כתיב ביה ירידה יהודה שנתעלה בה כתיב ביה עליה ר' שמואל בר נחמני אמר שתי תמנאות היו חדא בירידה וחדא בעליה רב פפא אמר חדא תמנה הואי דאתי מהאי גיסא ירידה ודאתי מהאי גיסא עליה כגון ורדוניא ובי בארי ושוקא דנרש °ותשב בפתח עינים א"ר אלכסנדרי [יח]מלמד שהלכה וישבה לה בפתחו של אברהם אבינו מקום שכל עינים צופות לראותו ר' חנין א"ר מקום הוא ששמו עינים וכן הוא אומר °תפוח והעינם ר' שמואל בר נחמני אמר שנתנה עינים לדבריה כשתבעה אמר לה שמא נכרית את אמרה ליה גיורת אני שמא אשת איש את [יט]אמרה ליה פנויה אני שמא קיבל בך אביך קידושין אמרה ליה יתומה אני שמא טמאה את אמרה ליה טהורה אני: °ויטע אשל בבאר שבע אמר ריש לקיש מלמד שעשה פרדס ונטע בו כל מיני מגדים [כ]רבי יהודה ורבי נחמיה חד אמר פרדס וחד אמר פונדק בשלמא למ"ד פרדס היינו דכתיב ויטע אלא למ"ד פונדק מאי ויטע כדכתיב °ויטע אהלי אפדנו וגו' ויקרא שם בשם ה' אל עולם אמר ריש לקיש אל תיקרי ויקרא אלא

רש"י

הוחל שבועתו של אבימלך. בטלה לשון לא יחל דברו (במדבר ל) לפי שהם עברו על השבועה תחילה: **במה בירכו.** כל ברכה שבמקרא לשון ריבוי הוא דבר המרבה ותלוי בו שובע פויי"ן בלע"ז ומה ברכה נמלא בו לא מלינו עושר בשמשון: **שברכו באמתו.** להיות זרעו כנחל שוטף למה שנתאוה נתברך: **נקם אחת משתי עיני.**(ב) שכר אחת מעיני תן לי בנקמה זו ושכר האחרת לעולם הבא: **שחוזר לאחוריו.** כשנלדין אותו אינו (מרחיק) לברוח אלא חוזר עקלקלות: **שער העיר.**(ג) בעזה משתעי קרא: **על כתיפיו.** כשיעור כתיפיו: **קמי דשתי חמרא חמרא.** לפני כל אדם מביאין מה שהוא רגיל בו לפני שותי יין מביאין יין: **קמי רפוקא גרידיא דובלא.** לפני עובד אדמה וסופר בגנות שרגיל לאכול ירק מביאין סל מלא ירק דובלי מין ירק הוא: **קארי ובוציני.** מין אחד הוא אלא שאלו גדולים ואלו קטנים כלומר במה שהוא עוסק היא עסוקה: **כאחד.** כיחידו של עולם במשפט לדק: **שמש.** לשון חומה כמו ושמתי כדכוד שמשותיך (ישעיה נד): **על שמו של הקב"ה.** משמע שכינהו בשמו של הקב"ה ממש: **מעין שמו.** שאין שמש שם ממש אלא מגן ומליל: **שפי.** אשלוייש"ש כמו דשף מדוכתיה (חולין דף מג:): **שפיפון.** שפייה כפולה: **מעין דוגמא כו'.** נשתנו מן התחתונים לתפארת: **ויסר כחו.** לא מייתי ראיה אלא דכולן לקו: **שאול בצוארו.** ויגבה מכל העם משכמו (שמואל א י): **ויפל עליה.** מקום שהורגין בחרב והיינו צואר: **לצדקיה בעיניו.** לא ידענא מנלן דנשתנה לשבח וכן אסא ברגליו אלא כן שמע מרבו: **פודגרא.** שם חולי הוא שאוחז ברגלים וקורא לו פודגרא: **נענש אסא.** לחלות: **אנגריא.** עבודת המלך: **השמיע את כל יהודה.** הזעיקן וישאו את אבני הרמה שהיה מלך ישראל בונה עליה כרך לבלתי תת יולא ובא לאסא: **חתן.** שכתוב בו נקי יהיה לביתו וגו' (דברים כד): **כתיב וירד שמשון תמנתה.** אלמא תמנת בירידה וכתיב עולה תמנתה אלמא עלייה היא ושמשון ויהודה תרוייהו בארץ ישראל הוו: **שנתגנה בה.** שנשא מבנות פלשתים האסורות לו: **יהודה נתעלה.** שמשם נולדו פרץ וזרח שהעמידו מלכים ונביאים בישראל: **דאתי מהאי גיסא.** שהיתה מיושבת באמלע שיפוע ההר הבא לה מראש ההר יורד הבא לה מרגלי ההר עולה: **כגון ורדוני ובי בארי ונרש.** עיירות הן היושבות בשיפוע ההרים: **מלפות לראותו.** שהיו רגילין להתקבל שם וללון והיה חביב עליהם: **שנתנה עינים לדבריה.** דוגמא ופתח היתר נתנה לעצמה שאין עבירה בדבר: **גיורת אני.** ואיני גויה(ד) וראויה לך: **פנויה אני.** ומותרת לכל אדם: **יתומה אני.**(ה) והייתי קטנה והשיאוני אמי ואחיי ואין נישואין לער ואונן כלום לאסור עליו משום כלתו ואין זכות לאם ולאחים להשיא קטנה אלא האב זוכה בה כדכתיב את בתי נתתי לאיש הזה (דברים כב) ולהך סברא לאו בתו של שם היתה שמשנת ששים ליעקב כלו שנותיו של שם ויעקב כבר היה יותר מבן מאה ועשר: **טהורה אני.** מנדה: **ונטע בו.** להנות עוברים ושבים: **פונדק.** ללון שם אורחים ולשון אש"ל נוטריקון הוא אכילה שתיה לויה שהיה מאכילן ומשקן ואח"כ מלווה אותן: **ויטע אהלי אפדנו.** פסוק הוא בדניאל על אחד מהמלכים: אלא

תוספות

אלא מעתה לא ימחה. תימה לרבי מאי שנא משלום דאמר בפ"ק דשבת (דף י:) אמר רב המנונא משמיה דעולא אסור לאדם שיתן שלום לחבירו בבית המרחץ משום דשם גופיה איקרי שלום כדכתיב ויקרא לו ה' שלום ולא קא חשיב ליה במס' סופרים (פ"ד) בהדי שמות שאין נמחקין ונראה דתנא ושייר ועדיף מחנון ורחום דאמר בפרק שבועת העדות (שבועות דף לה.) דנמחק דלא אשכחן שקרא הקב"ה שמו כך חנון והכא פריך אהא דקאמר על שמו של הקב"ה נקרא משמע דשמו נקרא כך והיינו דקא דחי אלא מעין שמו כמו חנון על שם שהוא חונן ומרחם על בריותיו:

נוח

תוספות שאנץ

זנות: הוחלה שבועתו של אבימלך וגו' שחולק על מה שפי' רש"י בספר שמואל [ב' ה'] שאותו היבוסי היה מזרעו של אבימלך ולא היו יכולין להורישו מפני השבועה שהיה כתוב על הצלמים כדאמר שם אלא סבירא ליה כמאן דאמר בפרקי דר' אליעזר א) שינתיים היה להם שכרת להם אברהם כשלקח מערת המכפלה ועל שם העיר נקרא יבוסי. אי שמא אע"פ שהוחלה כבר בימי שמשון אעפ"כ לא באו עליהם עד בימי דוד: קמי רפוקא גריוא דובלי. לפני חופר בגנות סל מלא ירק:

א) נ"ל בפרקי דר"א [פרק ל"ו] דשבועה אחרת היתה שכרת אברהם להם כשלקח מערת המכפלה מאת בני חת ועל שם וכו'.

[עי' ע"ז כח.]

[ע' בערוך ערך קר ו]

מ"א טו

[פי' וכל שכן תלמידי חכמים ערוך ערך אנגריא] בראשית לח

כ"א מחזיק

[כך הגיה הרשב"א בתשובה סי' פ"ח שבגמ' שלפניו ליתא מלת ושתים]

הגהות הב"ח

(א) גמ' יבא שועל שחוזר לאחוריו: (ב) רש"י ד"ה נקם אחת משתי עיני דדריש אמר שמשון רבש"ע שכר אחת וכו' זו בעוה"ז ושכר האחרת: (ג) ד"ה שער העיר בשערי עזה: (ד) ד"ה גיורת וכו' ואיני עובדת כוכבים על שאין אני ראויה לך הס"ד: (ה) ד"ה יתומה אני שהייתי קטנה במיתת אבי והשיאוני וכו' ואין נישואי ער ואונן נשואין כלום וכו' שאין זכות:

מגילה יב.

סנהדרין קה.

שם מח:

ברכות יח: שבת יג: קנב.

גליון הש"ס

גמ' וא"ד מרביה. לעיל דף ז ע"ב: **רש"י** ד"ה יתומה אני כו' שמשנת ששים ליעקב. ע"ש וצ"ל חמשים:

אלא ויקריא [א]מלמד שהקריא אברהם אבינו לשמו של הקב"ה בפה כל עובר ושב כיצד לאחר שאכלו ושתו עמדו לברכו אמר להם וכי משלי אכלתם משל אלהי עולם אכלתם הודו ושבחו וברכו למי שאמר והיה העולם °ויראה יהודה ויחשבה לזונה כי כסתה פניה [ב]*משום דכסתה פניה חשבה לזונה א"ר אלעזר שכסתה פניה בבית חמיה [ג]דא"ר שמואל בר נחמני א"ר יונתן כל כלה שהיא צנועה בבית חמיה זוכה ויוצאין ממנה מלכים ונביאים מנלן מתמר נביאים דכתיב °חזון ישעיהו בן אמוץ מלכים מדוד(א) ואמר רבי לוי [ד]דבר זה מסורת בידינו מאבותינו [ה]אמוץ ואמציה אחים הוו °היא מוצאת היא מיתוצאת מיבעי ליה א"ר אלעזר [ו]לאחר שנמצאו סימניה בא סמאל וריחקן בא גבריאל וקירבן היינו דכתיב °למנצח על יונת אלם רחוקים לדוד מכתם א"ר יוחנן משעה שנתרחקו סימניה נעשית כיונה אילמת [ז]לדוד מכתם שיצא ממנה דוד שהיה מך ותם לכל דבר אחר מכתם שהיתה מכתו תמה [ח]שנולד כשהוא מהול דבר אחר מכתם [ט]כשם שבקטנותו הקטין עצמו אצל מי שגדול ממנו ללמוד תורה כך בגדולתו(ב) °והיא שלחה אל חמיה לאמר לאיש אשר אלה לו אנכי הרה ותימא ליה מימר [י]*אמר רב זוטרא בר טוביה אמר רב ואמרי לה אמר רב חנא בר ביזנא אמר רבי שמעון חסידא ואמרי לה אמר רבי יוחנן משום ר' שמעון בן יוחי נוח לו לאדם שיפיל עצמו לתוך כבשן האש [א]ואל ילבין פני חבירו ברבים מנלן מתמר °הכר נא א"ר חמא ברבי חנינא [יא]בהכר בישר לאביו °בהכר בישרוהו בהכר בישר °הכר נא הכתנת בנך היא בהכר בישרוהו הכר נא למי נא [יב]*אין נא אלא לשון בקשה אמרה ליה [יג]בבקשה ממך הכר פני בוראך ואל תעלים עיניך ממני °ויכר יהודה ויאמר צדקה ממני היינו [יד]*דאמר רב חנין בר ביזנא א"ר שמעון חסידא °יוסף שקדש ש"ש בסתר זכה והוסיפו לו אות אחת משמו של הקב"ה דכתיב °עדות ביהוסף שמו(ג) יהודה שקדש ש"ש בפרהסיא זכה ונקרא כולו על שמו של הקב"ה כיון שהודה ואמר צדקה ממני יצתה בת קול ואמרה [טו]אתה הצלת תמר ושני בניה מן האור חייך שאני מציל בזכותך ג' מבניך מן האור מאן נינהו חנניה מישאל ועזריה צדקה ממני [טז]מנא ידע יצתה בת קול ואמרה ממני יצאו כבושים °ולא יסף עוד לדעתה אמר שמואל סבא חמוה דרב שמואל בר אמי משמיה דרב שמואל בר אמי כיון שידעה שוב *לא פסק ממנה כתיב הכא ולא יסף עוד לדעתה וכתיב התם °קול גדול ולא יסף:

א אבשלום נתגאה בשערו וכו': ת"ר [יז]אבשלום בשערו מרד שנאמר °וכאבשלום לא היה איש יפה וגו' ובגלחו את ראשו (וגו') והיה מקץ ימים לימים אשר יגלח כי כבד עליו וגלחו ושקל את שער ראשו מאתים שקלים באבן המלך תנא [יח]אבן שאנשי טבריא ואנשי ציפורי שוקלים בה לפיכך נתלה בשערו שנאמר °ויקרא אבשלום לפני עבדי דוד ואבשלום רוכב על הפרד ויבא הפרד תחת שובך האלה הגדולה(ד) ויאחז ראשו באלה ויותן בין השמים ובין הארץ והפרד אשר תחתיו עבר [יט][שקל ספסירא בעא למיפסקיה] תנא דבי רבי ישמעאל באותה שעה(ה) נבקע שאול מתחתיו °וירגז המלך ויעל על עליית השער ויבך וכה אמר בלכתו בני אבשלום בני בני [אבשלום] מי יתן מותי אני תחתיך אבשלום בני בני והמלך לאט את פניו ויזעק המלך קול גדול בני אבשלום אבשלום בני בני הני תמניא(ו) בני למה [כ]שבעה דאסקיה משבעה מדורי גיהנם ואידך איכא דאמרי דקריב רישיה לגבי גופיה ואיכא דאמרי דאייתיה לעלמא דאתי °ואבשלום לקח ויצב לו בחייו מאי לקח [כא]*אמר ריש לקיש [כב]שלקח מקח רע לעצמו את מצבת אשר בעמק המלך וגו' א"ר חנינא בר פפא [כג]בעצה עמוקה של מלכו של עולם דכתיב

רש"י

אלא ויקריא. למד לבריות לקרות שם בשם ה' אל עולם: **כיצד לאחר שאכלו ושתו.** משלו היו עומדין לברכו לאברהם והוא אומר להם וכי משלי אכלתם: **שכסתה פניה בבית חמיה.** ולא ראה אותה כל הימים שגדלה בביתו לפיכך לא הכיר בה(ז): **אמוץ.** אביו של ישעיהו ואמציה מלך יהודה אחים הוו ואמציה מזרע דוד היה ואמוץ אחיו נביא היה אלמא נביאים נפיק מינה: **היא מיתוצאת.** הוי משמע לשון הוצאה בעל כרחה היא מוצאת משמע לשון מציאה: **סימניה.** חותמו ופתילים ומטה שבא סמאל שהוא שר של אדום וריחקן כדי שתשרף ולא יצא דוד ממנה המכה את אדום בגיא מלח: **יונת אלם רחוקים.** על עסקי הרחקה שנעשו סימניה רחוקים: **לדוד מכתם.** לאותה(ח) שהיתה ראויה ועומדת לצאת ממנה דוד: **שהוא מך.** עניו: **ותם.** תמים בדרכיו: **מכתו תמה.** מקום מילה שהוא ראוי למכה היה תם ושלם שלא הוצרך לחסרו: **ד"א כשם שבקטנותו.** קודם שמלך: **כך בגדולתו.** לאחר שמלך ולשון מכתם שהיתה תמה מכתו מתחלתו ועד סופו לא נחסר ענוותנותו ולא נשתנית: **והיא שלחה וגו' לאיש אשר אלה לו.** ולא שלחה לו לאמר ממך אני הרה והרי סימנין שלך: **ותימא ליה מימר.** לשליח אמור לו שממנו אני הרה ואלו סימניו: **ואל ילבין כו'.** אף זו נוח היה לה לישרף ואל תלבין פניו לפיכך שלחה לו אם יודה ויגלה הוא עצמו את הדבר יגלה ואם לאו תשרף ולא תגלה היא את הדבר: **בהכר בישר.** אל אביו דבר שנלטער בו ובהכר בשרוהו: **מנא ידע.** שממנו היא מעוברת שמא אף אחרים באו עליה: **ויאמר.** בת קול אמרה: **כבושים.** דברים עלומים שנגזרו מלפני שיצאו מזו מלכים ואי אפשר לצאת אלא מיהודה דכתיב (בראשית מט) גור אריה יהודה כבושים דברי סתר גזירת המלך כמו בהדי כבשי דקודשא בריך הוא למה לך בברכות (דף י.) גבי חזקיה: **כיון שידעה.** שידע בה שהיא לדקת ולשם שמים נתכוונה: **מקץ ימים לימים.** משנה לשנה שנזיר עולם היה ומגלח אחת לי"ב חודש: **דקריב רישיה לגבי גופיה.** שהיה ראשו מושלך רחוק מגופו וקירבו: **שלקח מקח רע לעצמו.** והכי קאמר קרא ואבשלום לקח לו את (ט)המצבה הזאת בחייו ויצב לו את מצבת אשר בעמק המלך: **עצה עמוקה.** של הקב"ה שהוא מלך עולם שגזר על דוד כן במעשה בת שבע: **הנני** מקים

תוספות

נוח לו לאדם שיפיל את עצמו לתוך כבשן האש. כדאמר בפ' הזהב (ב"מ דף נח:) כל היורדין לגיהנם עולין חוץ משלשה וחד מינייהו המלבין פני חבירו ברבים ואומר נמי (שם נט.) נוח לו לאדם שיבעול ספק אשת איש ואל ילבין פני חבירו ברבים מנלן מדוד ונראה האי דלא חשיב ליה (פסחים דף כה.) בהדי ג' עבירות שאין עומדים בפני פקוח נפש עבודה זרה וגילוי עריות ושפיכות דמים משום דעבירת הלבנת פנים אינה מפורשת בתורה ולא נקט אלא עבירות המפורשות:

יצאת בת קול ואמרה ממני יצאו כבושים. בשלהי מסכת מכות (דף כג:) מסיק דהכי גמירי לה:

דקרב רישא לגבי גופיה. תימה רבי מאיר דאמר בחלק (סנהדרין דף קג:) אבשלום אין לו חלק לעולם הבא א"כ סבירא ליה דקרב רישיה לגבי גופיה ולא סבירא ליה דאייתיה לעלמא דאתי מכל מקום אסקיה משבעה מדורי דגיהנם ואם כן אמאי לא חשיב ליה בהדי אחז ואחזיה דאמר (שם קג.) לא חיין ולא נידונין וי"ל דלא חשיב אלא מלכים:

דאייתיה לעלמא דאתי. ואי קשיא הא אמרו בחלק (סנהדרין דף קד.) ברא מזכי אבא אבא לא מזכי ברא כדכתיב ואין מידי מציל אין אברהם מציל את ישמעאל ולא יצחק את עשו אבל הבן מציל את האב כגון יאשיהו שלא מנו את אמון וי"ל משום דאבשלום נטל את שלו בעולם הזה שנהרג במיתה משונה הועילה לו תפלת אביו דומיא דיהויקים דאמר התם שהיה כתוב על גולגלתו זאת ועוד אחרת ונפרע ממנו לאחר מיתה לא מנו אותו ועוד אבשלום לא עבד עבודה זרה א"נ מאי למימר הא דאמר אבא לא מזכי ברא היינו משום כבוד האב אין מונעין מלמנותו עם רשעים בלא תפלה אבל תפלה מועלת ודוד התפלל על אבשלום: ולעולם

עין משפט נר מצוה

נט א מיי' פ"ו מהלכות דעות הלכה ח:

תוספות שאנץ

וכי משלי אכלתם הודו וברכו למי שאמר והיה העולם. יש במדרש שלא רצו לברך ברצונם עד שאמר להם אברהם פרעו מה שאכלתם ושתיתם והיה אומר להם שהוא עולה למנין גדול כי היו במדבר והיה טורח גדול להביא שם המאכל והמשתה וכשראו כך כי היה רוצה אברהם שיפרעו הכל אז ברכו הקב"ה שלא ברצונם על מנת שלא יפרעו שום דבר: שכסתה פניה בבית חמיה אע"פ שהיה בלבו שהיא תמר טעה בכך לומר אחרת היא שהרי תמר צנועה היתה. א) ל"א שכיסתה פניה בבית חמיה לא ראה אותה כל הימים שגדלה בביתו לפי' לא הכירה: יצאו כבושין דברים עלומים שנגזרו מלפני שיצאו מזו מלכים ואי אפשר לצאת אלא מיהודה כדכתיב גור אריה יהודה כבושין דברי סתר ל"ה.

א) עי' בהגהות הב"ח דגם ברש"י נ"ל ב' הפירושים.

גליון הש"ס

גמ' בהכר בשרוהו. כעין זה לקמן דף יג ע"ב: **שם** יוסף שקדש ש"ש. לקמן דף לו ע"ב: **רש"י** ד"ה מקץ ימים כו' אחת לי"ב חדש. נזיר דף ד ע"א:

הגהות הב"ח

(א) גמ' דאמר ר' לוי: (ב) שם כך בגדולתו הקטין עצמו אצל מי שגדול ממנו ללמוד תורה והיא שלחה: (ג) שם יהודה שקדש ש"ש. נ"ב ע"ל פ' אלו נאמרין דף לו ע"ב: (ד) שם הגדולה ויחזק ראשו באלה ויותן: (ה) שם באותה שעה ראה גיהנם נבקע מתחתיו: (ו) שם תמניא זימני בני למה: (ז) רש"י ד"ה שכסתה וכו' לא הכיר בה ל"א שכסתה פניה בבית חמיה וה"ק אע"פ שהיה בלבו שהיא תמר טועה היה בכך לומר אחרת היא שהרי תמר צנועה היא הס"ד: (ח) ד"ה לדוד מכתם לאותה שהיא ראויה: (ט) ד"ה שלקח וכו' לקח לו את הצרה הזאת בחייו:

מסורת הש"ס

מגילה י: | ב"מ נט. כתובות סז: ברכות מג: | [ברכות ט. סנהדרין מ פט:] | [לקמן לו:] | [סנהדרין יח.]

תורה אור: בראשית לח | ישעיה א | בראשית לח | תהלים נו | בראשית לח | שם | שם לז | שם לח | תהלים פא | בראשית לח | דברים ה | שמואל ב יד | שם יח | שם יט | שם יח

אֶלָּא וַיַּקְרִיא. מְלַמֵּד שֶׁהִקְרִיא, כלומר, גרם אַבְרָהָם אָבִינוּ לִשְׁמוֹ שֶׁל הַקָּדוֹשׁ בָּרוּךְ הוּא שיִקָּרֵא בְּפֶה כָּל עוֹבֵר וָשָׁב. כֵּיצַד? לְאַחַר שֶׁאוֹרחיו של אברהם אָכְלוּ וְשָׁתוּ, עָמְדוּ לְבָרְכוֹ ולהודות לו. אָמַר לָהֶם: וְכִי מִשֶּׁלִּי אֲכַלְתֶּם? מִשֶּׁל אֱלֹהֵי עוֹלָם אֲכַלְתֶּם! הוֹדוּ וְשַׁבְּחוּ וּבָרְכוּ לְמִי שֶׁאָמַר וְהָיָה הָעוֹלָם. ועל ידי כך גרם לכולם להודות לה׳. ושוב לענין תמר. נאמר "וַיִּרְאֶהָ יְהוּדָה וַיַּחְשְׁבֶהָ לְזוֹנָה כִּי כִסְּתָה פָּנֶיהָ" (בראשית לח, טו). ותוהים: מִשּׁוּם שֶׁכִּסְּתָה את פָּנֶיהָ חֲשָׁבָהּ לְזוֹנָה?! הלא דרך הזונות היא להיפך, שמגלות את פניהן! אָמַר ר׳ אֶלְעָזָר: משום שֶׁכִּסְּתָה פָּנֶיהָ בְּבֵית חָמִיהָ, כלומר, בביתו, מחמת צניעות, לכן לא הכירה עכשיו כשגילתה את פניה. שֶׁאָמַר ר׳ שְׁמוּאֵל בַּר נַחְמָנִי אָמַר ר׳ יוֹנָתָן: כָּל כַּלָּה שֶׁהִיא צְנוּעָה בְּבֵית חָמִיהָ — זוֹכָה וְיוֹצְאִין מִמֶּנָּה מְלָכִים וּנְבִיאִים. מְנָלַן [מניין לנו] דבר זה — מִתָּמָר. וכיצד אנו מוצאים שיצאו ממנה נְבִיאִים — דִּכְתִיב [שנאמר] "חֲזוֹן יְשַׁעְיָהוּ בֶּן אָמוֹץ" (ישעיה א, א), מְלָכִים — מִדָּוִד. וְאָמַר ר׳ לֵוִי: דָּבָר זֶה מָסוֹרֶת בְּיָדֵינוּ מֵאֲבוֹתֵינוּ: אָמוֹץ אבי ישעיהו הנביא וַאֲמַצְיָה מלך יהודה מזרע דוד אַחִים הָווּ [היו], הרי שגם ישעיה הנביא היה מבית דוד ומצאצאיה של תמר. נאמר בתמר "הִיא מוּצֵאת" (להישרף) (בראשית לח, כה) ושואלים: "הִיא מִיתּוֹצֵאת" שהיא לשון המורה על כך שהיצאה בעל כרחה מִיבָּעֵי לֵיהּ [צריך היה לו] לומר! אָמַר ר׳ אֶלְעָזָר: לְאַחַר שֶׁנִּמְצְאוּ סִימָנֶיהָ שמיהודה היא מעוברת, בָּא סַמָּאֵל (השטן) וְרִיחֲקָן, בָּא גַּבְרִיאֵל המלאך וְקֵירְבָן, ולכן "מוצאת" רומז לשון מציאה, שנמצאו הסימנים. ומעירים: הַיְינוּ דִּכְתִיב [הוא שנאמר] "לַמְנַצֵּחַ עַל יוֹנַת אֵלֶם רְחֹקִים לְדָוִד מִכְתָּם" (תהלים נו, א), אָמַר ר׳ יוֹחָנָן: מִשָּׁעָה שֶׁנִּתְרַחֲקוּ סִימָנֶיהָ נַעֲשֵׂית כְּיוֹנָה אִילֶּמֶת. "לְדָוִד מִכְתָּם" — שֶׁיָּצָא מִמֶּנָּה דָּוִד שֶׁהָיָה מָךְ (נמוך ועניו) וְתָם לַכֹּל הבריות. דָּבָר אַחֵר: "מִכְתָּם" — שֶׁהָיְתָה מַכָּתוֹ תַּמָּה (שלימה), שֶׁנּוֹלַד כְּשֶׁהוּא מָהוּל, ולא היה צריך למול אותו. דָּבָר אַחֵר: "מִכְתָּם" — כְּשֵׁם שֶׁבְּקַטְנוּתוֹ הִקְטִין עַצְמוֹ אֵצֶל מִי שֶׁגָּדוֹל מִמֶּנּוּ לִלְמוֹד תּוֹרָה ממנו, כָּךְ היה נוהג בְּגַדְלוּתוֹ באופן שהיתה ענוותו ("מכ—") שלימה (—תם") כל ימיו. נאמר "וְהִיא שָׁלְחָה אֶל חָמִיהָ לֵאמֹר לְאִישׁ אֲשֶׁר אֵלֶּה לּוֹ אָנֹכִי הָרָה" (בראשית שם). ושואלים: וְתֵימָא לֵיהּ מֵימַר [ושתאמר לו] במפורש, שלו היא הרה! אָמַר רַב זוּטְרָא בַּר טוֹבִיָּה אָמַר רַב, וְאָמְרִי לָהּ [ויש אומרים] שֶׁאָמַר זאת רַב חָנָא בַּר בִּיזְנָא אָמַר ר׳ שִׁמְעוֹן חֲסִידָא, וְאָמְרִי לָהּ [ויש אומרים] אָמַר ר׳ יוֹחָנָן מִשּׁוּם ר׳ שִׁמְעוֹן בֶּן יוֹחַי: נוֹחַ לוֹ (מוטב לו) לְאָדָם שֶׁיַּפִּיל עַצְמוֹ לְתוֹךְ כִּבְשַׁן הָאֵשׁ, וְאַל יַלְבִּין פְּנֵי חֲבֵירוֹ בָּרַבִּים. מְנָלַן [מניין לנו] — מִתָּמָר, שאם לא היה יהודה מודה — היתה היא מוכנה להישרף, כדי לא לביישו ברבים. נאמר "הַכֶּר נָא" (שם). אָמַר ר׳ חָמָא בְּרַבִּי חֲנִינָא: בִּלְשׁוֹן "הַכֵּר" בִּישֵּׂר הודיע יהודה לְאָבִיו, ולכן בְּ"הַכֵּר" בִּישְּׂרוּהוּ. ומסבירים: בְּ"הַכֵּר" בִּישֵּׂר — שאמר לאביו על כתונת יוסף "הַכֶּר נָא הַכְּתֹנֶת בִּנְךָ הִיא" (שם לז, לב), בְּ"הַכֵּר" בִּישְּׂרוּהוּ — "הַכֶּר נָא לְמִי החותמת והפתילים והמטה" (שם לח, כה). נאמר "הכר נָא", אֵין "נָא" אֶלָּא לְשׁוֹן בַּקָּשָׁה. ומסבירים: אָמְרָה לֵיהּ [לו]: בְּבַקָּשָׁה מִמְּךָ, הַכֵּר פְּנֵי בּוֹרַאֲךָ וְאַל תַּעֲלִים עֵינֶיךָ מִמֶּנִּי. "וַיַּכֵּר יְהוּדָה וַיֹּאמֶר צָדְקָה מִמֶּנִּי" (שם כו). הַיְינוּ [זהו] שֶׁאָמַר רַב חָנִין בַּר בִּיזְנָא אָמַר ר׳ שִׁמְעוֹן חֲסִידָא: יוֹסֵף שֶׁקִּדֵּשׁ שֵׁם שָׁמַיִם בַּסֵּתֶר כשעמד בפיתויה של אשת פוטיפר — זָכָה וְהוֹסִיפוּ לוֹ אוֹת אַחַת מִשְּׁמוֹ שֶׁל הַקָּדוֹשׁ בָּרוּךְ הוּא, דִּכְתִיב [שנאמר]: "עֵדוּת בִּיהוֹסֵף שָׂמוֹ" (תהלים פא, ו) הרי שהוסיפו לשמו את האות ה"א משמו של הקדוש ברוך הוא. יְהוּדָה שֶׁקִּדֵּשׁ שֵׁם שָׁמַיִם בְּפַרְהֶסְיָא שהודה ברבים על חטאו — זָכָה וְנִקְרָא כּוּלּוֹ עַל שְׁמוֹ שֶׁל הַקָּדוֹשׁ בָּרוּךְ הוּא, שהרי כל השם המפורש כלול בתוך השם יהודה. כֵּיוָן שֶׁהוֹדָה וְאָמַר "צָדְקָה מִמֶּנִּי" (בראשית לח, כו) יָצְתָה (יצאה) בַּת קוֹל משמים וְאָמְרָה: אַתָּה הִצַּלְתָּ את תָּמָר וּשְׁנֵי בָנֶיהָ שהיתה מעוברת בהם מִן הָאוּר (האש) — חַיֶּיךָ שֶׁאֲנִי מַצִּיל בִּזְכוּתְךָ שְׁלֹשָׁה מִבָּנֶיךָ מִן הָאוּר. מַאן נִינְהוּ [מי הם] אותם שלושה — חֲנַנְיָה מִישָׁאֵל וַעֲזַרְיָה. יהודה אמר "צָדְקָה מִמֶּנִּי". ושואלים: מְנָא [מניין] יָדַע שבאמת ממנו תמר מעוברת? ומשיבים: יָצְתָה בַּת קוֹל משמים וְאָמְרָה: מִמֶּנִּי יָצְאוּ כְּבוּשִׁים (סודות) אלה, ועל פי ה׳ היה המעשה. נאמר אחר כך על יהודה ותמר "וְלֹא יָסַף עוֹד לְדַעְתָּהּ" (שם). אָמַר שְׁמוּאֵל סָבָא [הזקן] חֲמוּהָ [חמיו] של רַב שְׁמוּאֵל בַּר אַמִּי מִשְּׁמֵיהּ [משמו] של רַב שְׁמוּאֵל בַּר אַמִּי: כֵּיוָן שֶׁיְּדָעָהּ שלשם שמים נתכוונה — שׁוּב לֹא פָּסַק מִמֶּנָּה; כְּתִיב הָכָא [נאמר כאן]: "וְלֹא יָסַף עוֹד לְדַעְתָּהּ" וּכְתִיב הָתָם [ונאמר שם] במתן תורה: "קוֹל גָּדוֹל וְלֹא יָסָף" (דברים ה, יט), שאנו מפרשים — לא פסק, לא נאסף ונגמר.

א שנינו במשנה: אַבְשָׁלוֹם נִתְגָּאָה בִּשְׂעָרוֹ ובשערו נענש. תָּנוּ רַבָּנַן [שנו חכמים]: אַבְשָׁלוֹם בִּגְלַל שְׂעָרוֹ מָרַד וחטא, שֶׁנֶּאֱמַר: "וּכְאַבְשָׁלוֹם לֹא הָיָה אִישׁ יָפֶה בכל ישראל... וּבְגַלְּחוֹ אֶת רֹאשׁוֹ וְהָיָה מִקֵּץ יָמִים לַיָּמִים אֲשֶׁר יְגַלֵּחַ כִּי כָבֵד עָלָיו וְגִלְּחוֹ וְשָׁקַל אֶת שְׂעַר רֹאשׁוֹ מָאתַיִם שְׁקָלִים בְּאֶבֶן הַמֶּלֶךְ" (שמואל ב יד, כה-כו). ומהי אבן המלך? תָּנָא [שנה החכם]: אֶבֶן שֶׁאַנְשֵׁי טְבֶרְיָא (טבריה) וְאַנְשֵׁי צִיפּוֹרִי שׁוֹקְלִים בָּהּ. ומפני שהיה שערו נאה ביותר ונתגאה בו לְפִיכָךְ נִתְלָה בִּשְׂעָרוֹ, שֶׁנֶּאֱמַר: "וַיִּקָּרֵא אַבְשָׁלוֹם לִפְנֵי עַבְדֵי דָוִד וְאַבְשָׁלוֹם רֹכֵב עַל הַפֶּרֶד, וַיָּבֹא הַפֶּרֶד תַּחַת שׂוֹבֶךְ הָאֵלָה הַגְּדוֹלָה וַיֶּחֱזַק רֹאשׁוֹ בָאֵלָה וַיֻּתַּן בֵּין הַשָּׁמַיִם וּבֵין הָאָרֶץ וְהַפֶּרֶד אֲשֶׁר תַּחְתָּיו עָבָר" (שם יח, ט). שְׁקַל סַפְסֵירָא בְּעָא לְמִיפְסְקֵיהּ [לקח אבשלום חרב ורצה לחתוך אותו את השיער] כדי להיחלץ. תָּנָא דְּבֵי [שנה החכם מבית מדרשו] של ר׳ יִשְׁמָעֵאל: בְּאוֹתָהּ שָׁעָה נִבְקַע שְׁאוֹל מִתַּחְתָּיו, ופחד ליפול בתוכו, ולא חתך את שערו. נאמר "וַיִּרְגַּז הַמֶּלֶךְ וַיַּעַל עַל עֲלִיַּת הַשַּׁעַר וַיֵּבְךְּ, וְכֹה אָמַר בְּלֶכְתּוֹ בְּנִי אַבְשָׁלוֹם בְּנִי בְנִי אַבְשָׁלוֹם מִי יִתֵּן מוּתִי אֲנִי תַחְתֶּיךָ אַבְשָׁלוֹם בְּנִי בְנִי" (שם יט, א) "וְהַמֶּלֶךְ לָאַט אֶת פָּנָיו וַיִּזְעַק הַמֶּלֶךְ קוֹל גָּדוֹל בְּנִי אַבְשָׁלוֹם אַבְשָׁלוֹם בְּנִי בְנִי" (שם ה). ושואלים: הָנֵי תְּמַנְיָא [אותם שמונה] פעמים "בְּנִי" שאמר דוד לָמָּה הם? ומסבירים: שִׁבְעָה פעמים התפלל עליו ועל ידי כך פעל דְּאַסְּקֵיהּ [שהעלה אותו] מִשִּׁבְעָה מְדוֹרֵי גֵיהִנָּם? שהיה ראוי לו להיות בהם, וְאִידָךְ [והאחרת, השמינית], אִיכָּא דְּאָמְרִי [יש שאומרים] דְּקָרֵיב רֵישֵׁיהּ לְגַבֵּי גּוּפֵיהּ [שקירב את ראשו אל גופו], וְאִיכָּא דְּאָמְרִי [ויש שאומרים] דְּאַיְיתֵיהּ לְעָלְמָא דְּאָתֵי [שהביא אותו לחיי העולם הבא]. נאמר "וְאַבְשָׁלֹם לָקַח וַיַּצֶּב לוֹ בְחַיָּו" (שם יח, יח) ושואלים: מַאי [מה] לָקַח כאן, הרי לא נאמר מה לקח? אָמַר רֵישׁ לָקִישׁ: שֶׁלָּקַח מִקָּח רַע לְעַצְמוֹ, ומשום שלקח לעצמו עצה רעה נענש. על הנאמר "אֶת מַצֶּבֶת אֲשֶׁר בְּעֵמֶק הַמֶּלֶךְ" (שם) אָמַר ר׳ חֲנִינָא בַּר פַּפָּא, רמז הוא: בְּעֵצָה עֲמוּקָּה שֶׁל מַלְכּוֹ שֶׁל עוֹלָם (הקדוש ברוך הוא), והוא הנרמז בכתוב "עמק המלך".

מסורת הש"ס

א. ב"ר פל"ט טז. שם פמ"ג ז. שם פמ"ט ד. שם פנ"ד ו. תנחומא לך יב. פדר"א פכ"ה. ילק"ש תורה צה.

ב. מגילה י,ב (בשינוי לשון). ב"ר פפ"ה ח. תנחומא בובר וישב יז. ילק"ש שם קמה (כל הענין).

ג. מגילה שם.

ד. (הביטוי) יומא כא,א. מגילה שם. סוטה לד,ב. ב"ב צט,א. שה"ר פ"ג י.

ה. מגילה שם. פסדר"כ יד.

ו. ב"ר פפ"ה יא (בשינוי שם). תנחומא בובר וישב יז. ילק"ש נ"ך תשעד.

ז. ראה ב"ר פע"ד טו. שוח"ט פ"ט. שם פט"ז. ילק"ש שם.

ח. אדר"נ פ"ב. שוח"ט פ"ט. ילק"ש שם.

ט. מגילה יא,א. וראה ברכות ד,א.

י. ברכות מג,ב. כתובות סז,ב. ב"מ נט,א. ילק"ש תורה קמה.

יא. ב"ר פפ"ד יט. שם פפ"ה יא. במדב"ר פי"ג יד. אג"ב פס"א (בשינוי לשון).

יב. ברכות ט,א. סנהדרין מג,ב. פט,ב. מכילתא יז, יד. ספרי במדבר י, לא. שם יא, ו. שם כז, יב. ספרי זוטא י, לא. מדרש תנאים ג, כה. תנחומא וירא כב. שם תולדות יא. שם צו יג. ילק"ש שם.

יג. ב"ר פפ"א יא. תנחומא בובר וישב יז.

יד. סוטה לו,ב.

טו. שמו"ר פט"ז ד. במדב"ר פי"ג ד. תנחומא בובר וישב יז. תנחומא ויחי י. אגדת בראשית פכ"ז. שם פפ"ג. מדרש שמואל פ"ט.

טז. מכות כג,ב. ב"ר פפ"ה יב. קה"ר פ"י טז. שוח"ט פע"ב.

יז. תוספתא סוטה פ"ג טז. במדב"ר פ"ט כד. וראה מכילתא טו, א. מכילתא דרשב"י שם. במדב"ר פ"ט כד. תנחומא בשלח יב. פדר"א פנ"ג.

יח. תוספתא שם.

יט. במדב"ר שם.

כ. פדר"א שם.

כא. במדב"ר שם.

כב. (הביטוי) סנהדרין קט,ב.

כג. במדב"ר שם.

עיונים

אלא ויקריא שאלו: מה טעם ראה ריש לקיש להוציא את המקרא מפשוטו? ויש שהסבירו כי מאחר שנאמר הדבר בהקשר של בנית פונדק או אהל, יש לשאול מה מקום לקרוא דווקא שב בשם ה׳ (מהרש"א). ועוד, שלמדו מן האמור "אל עולם", כלומר שהקריא את שמו בפני בא׳ עולם (ריא"ף).

לאחר שאכלו ושתו בתו"ש מביא בשם מדרש כי אלה שלא רצו לברך היה אברהם תובע מהם השלום עבור האוכל, ואז הוכרחו לברך. ונראה כי דרשו "ויקריא" במובן שהביא, הכריח אחרים לקרוא בשם ה׳.

שכסתה פניה וכו׳ בתו"ש פירשו שאף שנדמה לו שהוא מכיר אותה, (מדיוק הכתוב "ויראה יהודה") מכל מקום כיון שהיתה צנועה ביותר בביתו לא חשד בה שזו היא (כעין זה פירש רש"י בחומש).

צנועה בבית חמיה כי כאשר האשה נשואה ומשתוקקת לבעלה בדרך כלל דרכה לגלות עצמה, והצנועה בבית חמיה מוכיחה צניעות יתירה (עיון יעקב). וכתב המהר"ל כי הצניעות היא דרגה של התקדשות, וכיון שקדושה היא מעלת הנבדל הריהי זוכה כנגד זה שיצאו ממנה אנשים הנבדלים במעלתם מכל השאר. וכעין זה הסביר בעין יעקב כי אמרו שחוצפה היא מלכותא בלא תגא (מלכות בלא כתר), ובשכר צניעות שהיא הפך מידת החוצפה זוכה לבנים שיש להם כתר מלכות.

יוצאין ממנה מלכים וכו׳ או בנים הראויים להגיע למעלה נכבדה כגון זו (מאירי).

בא גבריאל וקירבן וגבריאל הוא המלאך של אש, ולכן הוא נזכר כאן ובמקומות אחרים שיש בהם ענין של אש, והוא המלאך המלמד זכות על ישראל כנגד המקטרג סמאל (מהרש"א).

נוח לו לאדם וכו׳ מדברי התוס׳ (ד"ה נוח) משמע כי דבר זה הוא בגדר דין ממש, שחייב אדם למסור עצמו למיתה כדי להמנע מהלבנת פנים. וכעין זה כתב הרשב"ץ במגן אבות כי הלבנת פנים נחשבת כעין אבזרייהו (עבירה שהיא פרט מן האיסור הכולל) של רציחה, שהרי אמרו כי בהלבנת פנים יש מעין רציחה. וכתב עוד שהחמירו בה יותר מבעבירות החמורות משום שבדרך כלל בעבירה זו אין אדם שם לב לחומר העבירה ואינו עושה עליה תשובה ומאבד חלקו לעולם הבא. והמהר"ל כתב כי הלבנת פנים היא פגיעה בצלם אלקים שבאדם, שהיא חמורה יותר מאשר השחתת גופו. אכן, גם ראשונים (המאירי) וגם הרבה אחרונים סבורים שמן הלשון "נוח לו" משמע שאין כאן הלכה ממש, אלא מידת חסידות.

בהכר בישר ויש במדרש שכל מעשה תמר יש בו כמה צדדים של דמיון למעשה יהודה ביוסף (גדי עזים וכו׳) ולפי זה מובן גם מדוע האריכו בענין זה כאן, שהרי אף הוא בא ללמדנו בעניינה של המשנה שאדם נידון מידה כנגד מידה (וראה במהרש"א).

הוסיפו לו אות אחת וכו׳ כי השם יוסף מתפרש במקומו במשמעות של הוספה ואסיפה, ואין לו קשר עם שם ה׳, אבל לפי האופן שהוא נכתב יהוסף נראה כאילו אותיות ראשונות של השם הזה הן רמז לשמו של ה׳ (כמו יונתן ויוחנן שהם קיצור של יהונתן ויהוחנן), והוא שאמרו שנוספה לו אות משמו של הקדוש ברוך הוא.

יהודה נקרא כולו וכו׳ לכאורה מובן הדבר ביוסף, שאות ה׳ נוספה לשמו אבל יהודה הרי נקרא כן משעת לידתו! ויש לומר כי היתה זו רוח הקודש בלאה שנתנה לו, שם זה על שם העתיד, שהרי יכלה לקרוא את שמו גם "אודה" לפי ענינו. ועוד, שכיון שקידש שם שמים בגלוי הכל מבינים מפני מה נקרא על שמו של הקדוש ברוך הוא ואין צורך להוסיף אות להורות על כך, אך ביוסף שקידש שם שמים בסתר צריך היה לפרסם את הדבר על ידי תוספת (ראה במהרש"א ובן יהוידע). ולעצם הענין יש לומר באופן אחר, כי כיון שקידש יוסף שם שמים בסתר, אף אות שהוסיפו לו — בסתר היא, שאינה חלק משמו, מה שאין כן ביהודה.

ממני יצאו כבושים כפי הנוסח שלפנינו יש להבין שאמר ה׳, שממנו יצאו סודות אלה. וכן מבואר במדרש שהכל נהג שלא לפי תוכניתם של בני אדם, והכל היה מכוון בסתר להוציא לבסוף משם את מלכות בית דוד והמשיח (והרבה האריכו בדבר זה המקובלים. וראה בספר הגלגולים). אכן לפני הגאונים היו נוסחות אחרות, נוסחה אחת: ממך יצאו כבושים. שפירשוה — ממך יצאו שני ילדים תאומים, שהם כאילו כבושים יחד, ויהא זה סימן לו שילדים אלה ממנו הם. ונוסח אחר: ממך יצאו כובשים. כלומר מילדים אלה יצאו העתידים לכבוש אחר כך את הארץ.

כיון שידעה וכו׳ פשטותם של דברים היא ש"ידעה" הוא לשון ביאה, כמו "והאדם ידע את חוה" (בראשית ד, א), והכוונה, שלא פרש ממנה עוד. אבל רש"י כאן מפרש במשמעות ידיעה, שכיון שידע את כוונתה הטובה לא פרש ממנה. ולפי זה ההדגשה של "לדעתה" היא — שהבין את דעתה, שלשם שמים התכוונה (מהרש"א). וראה בפירוש הרמב"ן לתורה (וראה גם באוצר הכבוד) שכתב כי מה שעשה יהודה היה ענין של מצוות יבום, שבדורות הראשונים עד מתן תורה לא היה יבום מיוחד רק לאח אלא לכל אחד מהקרובים, וכדרך שביבום מותרת היבמה ליבם לאחר שנשאה כך גם כאן.

אבשלום נתגאה בשערו ולכאורה הלא נאמר במקרא שאבשלום היה נזיר, ואם כן לא היה בכך ענין של גאווה? ויש לומר, שהדיוק הוא ממה שנאמר אחר כך שהיה שוקל את שער ראשו, והיה עושה כן כדי להתפאר בשערו (איי הים).

נבקע שאול מתחתיו רש"י מפרש שדבר זה נאמר כאן כדי להסביר מפני מה לא חתך את שער ראשו שפחד ליפול לשאול. אכן בפדר"א (פנ"ג) נאמר שאבשלום הכיר בחטאו וידע שהוא יורש גיהנם, ומשום כך העדיף להיות מומת בידי אדם כדי שתהא מיתתו כפרה על עוונותיו. ואף את דברי הגמרא כאן אפשר להבין בדרך זו (איי הים).

הני תמניא בני וכו׳ מן הגמרא משמע ש"בני" זה הוא לשון תפילה, ויש להסבירו על פי דברי הגמרא במקום אחר, שדוד הזכיר שאבשלום הוא בנו, ובוודאי גם אם היה נופל דוד בידו לא היה ממיתו, ואם כן יש בכך לימוד זכות מסויים עליו (עיון יעקב).

שלקח מקח רע וכו׳ לשון "לקח" מתייחסת בדרך כלל ללקיחת חפצים דוממים והעברתם ממקום למקום, ומשום כך בכל מקום שהיא אמורה בנושא אחר דורשים אותה חז"ל, וכן דרשו באותו אופן בענין "ויקח קורח". ואולי דרשו כאן "לקח ויצב" שלקח עצה רעה לעצמו והתייצב = עמד בחוצפה ובמרד כנגד אביו (מהרש"א).

גרסות

למי שאמר והיה העולם ויש בכת"י: לפניו.

מך ותם לכל יש בכת"י ועוד: מך ותם ויש: מך ותם לכל דבר.

ידע יצתה בת קול יש בכת"י: ידע מלמד שיצתה בת קול.

ובגלחו את ראשו (וגו׳) בכת"י יש כראוי: ובגלחו את ראשו.

לשון

ספסירא

מקור המלה הוא בפרסית shavshir — חרב.

החיים

אבן שאנשי טבריא וכו׳

"אבן" כמשקל נזכרת כבר בתורה (דברים כה, יג), "אבן מלך" היא איפוא משקל רשמי, מלכותי. עם זאת נראה כי הבינו כאן "אבן המלך" במובן של מידה גדולה (בתוך מערכות המדות השונות שהיו נוהגות זו בצד זו) ומשום כך אמרו כי זה הוא המשקל שאנשי טבריא וציפורי שוקלים בו — שהוא מידה גדולה יותר מן המידה הירושלמית והמדברית שקדמו לה.

אורח ההלכה

מלבין פני חבירו המלבין פני חבירו ברבים אין לו חלק לעולם הבא. (רמב"ם ספר מדע הלכות דעות פ"ו ה"ח).

דִּכְתִיב [שנאמר]: "הִנְנִי מֵקִים עָלֶיךָ רָעָה מִבֵּיתֶךָ" (שמואל ב יב, יא), ועל ידי אבשלום התקיימה בו נבואה זו. **כַּיּוֹצֵא בַּדָּבָר אַתָּה אוֹמֵר** על יוסף ששלחו אביו לראות את שלום אחיו: "וַיִּשְׁלָחֵהוּ מֵעֵמֶק חֶבְרוֹן" (בראשית לז, יד) — **אָמַר ר' חֲנִינָא בַּר פָּפָּא: בְּעֵצָה עֲמוּקָּה** ("מעמק") **שֶׁל אוֹתוֹ צַדִּיק שֶׁקָּבוּר בְּחֶבְרוֹן**, כלומר, אברהם אבינו, **דִּכְתִיב** [שנאמר] לו בברית בין הבתרים: "יָדֹעַ תֵּדַע כִּי גֵר יִהְיֶה זַרְעֲךָ בארץ לא להם" (שם טו, יג) ועל ידי הליכתו זאת של יוסף נתגלגל לבסוף שירדו בני ישראל למצרים. ועוד נאמר באבשלום "כִּי אָמַר אֵין לִי בֵן" (שמואל ב יח, יח). ותוהים: **וְכִי לֹא הָווּ לֵיהּ בְּנֵי** [היו לו בנים]? **וְהָכְתִיב** [והרי נאמר]: "וַיִּוָּלְדוּ לְאַבְשָׁלוֹם שְׁלוֹשָׁה בָנִים וּבַת אַחַת" (שם יד, כז)! **אָמַר רַב יִצְחָק בַּר אַבְדִּימִי: שֶׁלֹּא הָיָה לוֹ בֵּן הָגוּן** (ראוי) **לְמַלְכוּת. רַב חִסְדָּא אָמַר: גְּמִירִי** [למודים אנו] במסורת: **כָּל הַשּׂוֹרֵף תְּבוּאָתוֹ שֶׁל חֲבֵירוֹ — אֵינוֹ מַנִּיחַ בֵּן לְיוֹרְשׁוֹ. וְאִיהוּ קַלְיֵיהּ לְדְיוֹאָב** [והוא שרף את תבואתו של יואב], **דִּכְתִיב** [שנאמר]: "וַיֹּאמֶר אֶל עֲבָדָיו רְאוּ חֶלְקַת יוֹאָב אֶל יָדִי וְלוֹ שָׁם שְׂעֹרִים לְכוּ וְהַצִּיתוּהָ בָאֵשׁ וַיַּצִּתוּ עַבְדֵי אַבְשָׁלוֹם אֶת הַחֶלְקָה בָּאֵשׁ" (שם ל).

א עוד שנינו במשנה: **וְכֵן לְעִנְיַן הַטּוֹבָה** משלם הקדוש ברוך הוא מידה במידה; **מִרְיָם** על שהמתינה למשה שעה אחת — המתינו לה כל ישראל שבעה ימים. ושואלים: **מִי דָּמֵי** [האם דומה] הדבר? הלא לא נמדד שכרה באותה מידה שנהגה היא, שכן **הָתָם** [שם] — המתינה מרים **חֲדָא שַׁעְתָּא** [שעה אחת], **הָכָא** [כאן] — **שִׁבְעָה יוֹמֵי** [ימים] המתינו לה! **אָמַר אַבַּיֵּי: אֵימָא** [אמור] בשינוי קצת: **וּלְעִנְיַן הַטּוֹבָה אֵינוֹ כֵּן** ואין משלמים לאדם בדיוק מידה כנגד מידה אלא יותר. **אָמַר לֵיהּ** [לו] **רָבָא: הָא** [הרי] "**וְכֵן לְעִנְיַן הַטּוֹבָה**" **קָתָנֵי** [שנה] התנא, משמע שתשלום הרעה והטובה באותה מידה! **אֶלָּא אָמַר רָבָא: הָכִי קָתָנֵי** [כך שנה], כך יש להבין: **וְכֵן הוּא לְעִנְיַן הַטּוֹבָה, שֶׁבְּאוֹתָהּ מִדָּה**, כלומר, באותו אופן, משלמים לו לאדם, ואולם **לְעוֹלָם מִדָּה טוֹבָה מְרוּבָּה מִמִּדַּת פּוּרְעָנוּת**, ולכן אינו מקבל כגמולו בלבד אלא יותר ממה שעשה. נאמר במרים "וַתֵּתַצַּב אֲחֹתוֹ מֵרָחֹק" (שמות ב, ד). **אָמַר ר' יִצְחָק: פָּסוּק זֶה כּוּלּוֹ עַל שֵׁם שְׁכִינָה נֶאֱמַר**, שהוא רומז להשגחת השכינה על משה רבינו: "**וַתֵּתַצַּב**" — **דִּכְתִיב** [שנאמר]: "וַיָּבֹא ה' וַיִּתְיַצַּב" (שמואל א ג, י), "**אֲחוֹתוֹ**" — **דִּכְתִיב** [שנאמר]: "אֱמֹר לַחָכְמָה אֲחֹתִי אָתְּ" (משלי ז, ד), "**מֵרָחֹק**" — **דִּכְתִיב** [שנאמר]: "מֵרָחוֹק ה' נִרְאָה לִי" (ירמיה לא, ב), "**לָדַעַת**" — **דִּכְתִיב** [שנאמר]: "כִּי אֵל דֵּעוֹת ה'" (שמואל א ב, ג), "**מַה**" — **דִּכְתִיב** [שנאמר]: "מָה ה' אֱלֹהֶיךָ שֹׁאֵל מֵעִמָּךְ" (דברים י, יב), "**יֵעָשֶׂה**" — **דִּכְתִיב** [שנאמר]: "כִּי לֹא יַעֲשֶׂה ה' אֱלֹהִים דָּבָר" (עמוס ג, ז), "**לוֹ**" — **דִּכְתִיב** [שנאמר]: "וַיֹּאמֶר לוֹ ה' שָׁלוֹם" (שופטים ו, כג).

ב נאמר "וַיָּקָם מֶלֶךְ חָדָשׁ עַל מִצְרָיִם" (שמות א, ח), **רַב וּשְׁמוּאֵל** נחלקו בפירוש הדבר; **חַד** [אחד מהם] **אָמַר**: מלך **חָדָשׁ מַמָּשׁ, וְחַד** [ואחד] **אָמַר: שֶׁנִּתְחַדְּשׁוּ גְּזֵירוֹתָיו** כאילו היה זה מלך חדש. **מַאן דְּאָמַר** [מי שאומר] שמלך **חָדָשׁ מַמָּשׁ** היה — **דִּכְתִיב** [שהרי נאמר] במפורש "**חָדָשׁ**". **וּמַאן דְּאָמַר** [ומי שאומר] **שֶׁנִּתְחַדְּשׁוּ גְּזֵירוֹתָיו**, הרי זה משום **שֶׁלֹּא כְּתִיב** [נאמר] "**וַיָּמָת** מלך מצרים **וַיִּמְלוֹךְ** מלך חדש", משמע שאותו מלך היה. ולפי זה "אֲשֶׁר לֹא יָדַע אֶת יוֹסֵף" (שם) הכוונה היא: **דַּהֲוָה דָּמֵי כְּמַאן** [שהיה דומה כמי] **שֶׁלֹּא יָדַע לֵיהּ** [אותו] **כְּלָל**, אף על פי שבודאי ידע את מעשי יוסף. נאמר: "וַיֹּאמֶר אֶל עַמּוֹ הִנֵּה עַם בְּנֵי יִשְׂרָאֵל" (שם ט). **תָּנָא** [שנה החכם]: **הוּא**, פרעה, **הִתְחִיל בְּעֵצָה תְּחִילָּה — לְפִיכָךְ לָקָה תְּחִילָּה** מכל עמו. **הוּא הִתְחִיל בְּעֵצָה תְּחִילָּה — דִּכְתִיב** [שנאמר]: "**וַיֹּאמֶר אֶל עַמּוֹ**", **לְפִיכָךְ לָקָה תְּחִילָּה — כְּדִכְתִיב** [כפי שנאמר]: "וּבְכָה וּבְעַמְּךָ וּבְכָל עֲבָדֶיךָ יַעֲלוּ הַצְפַרְדְּעִים" (שם ז כט). נאמר "הָבָה נִתְחַכְּמָה לוֹ" (שם א, י) ותוהים: הלא "**לָהֶם**" **מִיבָּעֵי לֵיהּ** [צריך היה לו] לומר! **אָמַר ר' חָמָא בְּר' חֲנִינָא: בֹּאוּ וְנֶחְכַּם לְמוֹשִׁיעָן שֶׁל יִשְׂרָאֵל**, וזה טעם "לו" — לקדוש ברוך הוא. ומה היה צד התחכמות זה? שדן בדבר: **בַּמֶּה נְדוּנֵם**, באיזו מיתה נמית את ישראל? אם **נְדוּנֵם בָּאֵשׁ** — שמא ניענש מידה כנגד מידה באש, שהרי **כְּתִיב** [נאמר] "כִּי הִנֵּה ה' בָּאֵשׁ יָבוֹא" (ישעיה סו, טו), **וּכְתִיב** [ונאמר] "כִּי בָאֵשׁ ה' נִשְׁפָּט" (שם טז). אם נדונם **בַּחֶרֶב** — **כְּתִיב** [נאמר] ["וּבְחַרְבּוֹ אֶת כָּל בָּשָׂר"] (שם). **אֶלָּא בּוֹאוּ וּנְדוּנֵם בַּמַּיִם**, שלא יוכל הקדוש ברוך הוא להעניש אותנו באותה מידה, **שֶׁכְּבָר נִשְׁבַּע הַקָּדוֹשׁ בָּרוּךְ הוּא שֶׁאֵינוֹ מֵבִיא מַבּוּל לָעוֹלָם, שֶׁנֶּאֱמַר**: "כִּי מֵי נֹחַ זֹאת לִי אשר נשבעתי מעבור מי נח עוד על הארץ" (שם נד, ט). ומעירים: **וְהֵן**, המצרים, **אֵינָן יוֹדְעִין שֶׁעַל כָּל הָעוֹלָם כּוּלּוֹ** ביחד **אֵינוֹ מֵבִיא** מבול, שעל כך היתה השבועה, **אֲבָל עַל אוּמָּה אַחַת הוּא מֵבִיא. אִי נַמִּי** [או גם כן] יש דרך אחרת להענישם במים: **הוּא אֵינוֹ מֵבִיא** עליהם מבול, **אֲבָל הֵן בָּאִין וְנוֹפְלִין בְּתוֹכוֹ** בתוך המים, **וְכֵן הוּא אוֹמֵר**: "וישב הים לפנות בקר לאיתנו וּמִצְרַיִם נָסִים לִקְרָאתוֹ" (שמות יד, כז). **וְהַיְינוּ** [וזהו] **שֶׁאָמַר ר' אֶלְעָזָר: מַאי דִּכְתִיב** [מהו שנאמר] "כִּי בַדָּבָר אֲשֶׁר זָדוּ עֲלֵיהֶם" (שם יח, יא) — לומר: **בַּקְּדֵירָה שֶׁבִּישְּׁלוּ — בָּהּ נִתְבַּשְּׁלוּ** שעונשם היה מידה כנגד מידה שטבעו בים. ושואלים: **מַאי מַשְׁמַע** [מהי המשמעות] **דְּהַאי** "**זָדוּ**" **לִישָּׁנָא דִּקְדֵירָה** [ש"זדו" זה לשון קדירה (בישול)] **הוּא — דִּכְתִיב** [שנאמר] "וַיָּזֶד יַעֲקֹב נָזִיד" (בראשית כה, כט). **אָמַר ר' חִיָּיא בַּר אַבָּא אָמַר ר' סִימָאי: שְׁלֹשָׁה** אנשי שם **הָיוּ** עם פרעה **בְּאוֹתָהּ עֵצָה** שהתייעץ עימם מה לעשות בישראל, והם: **בִּלְעָם, וְאִיּוֹב, וְיִתְרוֹ. בִּלְעָם שֶׁיָּעַץ** עצה זו לפרעה — עונשו היה **שֶׁנֶּהֱרַג** במלחמת מדין (ראה במדבר לא, ח), **אִיּוֹב שֶׁשָּׁתַק** ולא אמר דבר — **נִידּוֹן בְּיִסּוּרִין**, כפי שנאמר בספרו. **יִתְרוֹ שֶׁבָּרַח** מפני שלא רצה להשתתף בעצה — **זָכוּ מִבְּנֵי בָנָיו שֶׁיֵּשְׁבוּ בְּלִשְׁכַּת הַגָּזִית** בסנהדרין, **שֶׁנֶּאֱמַר**: "וּמִשְׁפְּחוֹת סוֹפְרִים יֹשְׁבֵי יַעְבֵּץ תִּרְעָתִים שִׁמְעָתִים שׂוּכָתִים הֵמָּה הַקִּינִים הַבָּאִים מֵחַמַּת אֲבִי בֵית רֵכָב" (דברי הימים א ב, נה), **וּכְתִיב** [ונאמר] "וּבְנֵי קֵינִי חֹתֵן מֹשֶׁה" (שופטים א, טז), משמע שהם היו הקינים "יושבי יעבץ" = יושבי מקום העצה של ישראל, לשכת הגזית. נאמר שאמר פרעה: "וְנִלְחַם בָּנוּ וְעָלָה מִן הָאָרֶץ" (שמות א, י), ולכאורה "**וְעָלִינוּ**" **מִיבָּעֵי לֵיהּ** [צריך היה לו] לומר, שהרי התכוון לומר שישראל יילחמו במצרים ולבסוף יבריחו את המצרים ממקומם! **אָמַר ר' אַבָּא בַּר כָּהֲנָא: כְּאָדָם שֶׁמְּקַלֵּל אֶת עַצְמוֹ**, וכיון שאינו רוצה להוציא מפיו קללה על עצמו **תּוֹלֶה קִלְלָתוֹ בַּחֲבֵירוֹ**. נאמר "וַיָּשִׂימוּ עָלָיו שָׂרֵי מִסִּים" (שם יא), ולכאורה "**עֲלֵיהֶם**" **מִיבָּעֵי לֵיהּ** [צריך היה לו] לומר! **תָּנָא דְּבֵי** [שנה החכם בבית מדרשו] של **ר' אֶלְעָזָר בְּר' שִׁמְעוֹן: מְלַמֵּד שֶׁבתחילה הֵבִיאוּ מַלְבֵּן** (כלי שעושים בו לבנים) **וְתָלוּ לוֹ לְפַרְעֹה בְּצַוָּארוֹ** כאילו אף הוא משתתף בעבודה, **וְכָל אֶחָד וְאֶחָד מִיִּשְׂרָאֵל שֶׁאָמַר לָהֶם** למצרים: **אִיסְטְנִיס** (מפונק) **אֲנִי** ואיני רגיל בעבודה כזו, **אָמְרוּ לוֹ: כְּלוּם אִיסְטְנִיס אַתָּה יוֹתֵר מִפַּרְעֹה?** ולכן נאמר ששמו "עליו" — על פרעה, ועל ידי כך העבידו את כל ישראל בפרך. מה שנאמר "**שָׂרֵי מִסִּים**" — הכוונה **לְדָבָר שֶׁמֵּשִׂים** (רודה) (**לְבֵנִים**), שכשרואים אותו חייבים לעבוד וכן המשך הכתוב "**לְמַעַן עַנֹּתוֹ בְּסִבְלֹתָם**" (שם), הלא "**עַנּוֹתָם**" **מִיבָּעֵי לֵיהּ** [צריך היה לו] **לוֹמַר!** אלא הכוונה היא כפי שאמרנו: **לְמַעַן עַנּוֹתוֹ לְפַרְעֹה בְּסִבְלוֹתָם** של **יִשְׂרָאֵל**. בדיוק לשון הכתוב "וַיִּבֶן עָרֵי מִסְכְּנוֹת לְפַרְעֹה" (שם) נחלקו **רַב וּשְׁמוּאֵל, חַד** [אחד מהם] **אָמַר**: הכוונה היא **שֶׁמְּסַכְּנוֹת אֶת בַּעֲלֵיהֶן** שיש בהן בניינים גבוהים ומסוכן לעבוד בהן. **וְחַד** [ואחד מהם] **אָמַר: שֶׁמְּמַסְכְּנוֹת** (גורמות עניות) **אֶת בַּעֲלֵיהֶן**, שכל העוסק בבנין כך קורה לו **שֶׁאָמַר מָר** [החכם]: **כָּל הָעוֹסֵק בְּבִנְיָן מִתְמַסְכֵּן** (נהיה עני), והוא לשון "מסכנות". בענין הכתוב "**אֶת פִּתֹם וְאֶת רַעַמְסֵס**" (שם) נחלקו **רַב וּשְׁמוּאֵל**, **חַד** [אחד מהם] **אָמַר: פִּיתוֹם שְׁמָהּ** באמת, **וְלָמָּה נִקְרָא שְׁמָהּ רַעַמְסֵס** — כינוי הוא, **שֶׁרִאשׁוֹן רִאשׁוֹן** מן הבניינים שהיו בונים היה **מִתְרוֹסֵס** (נשבר מתמוטט). **וְחַד** [ואחד מהם] **אָמַר: רַעַמְסֵס** היה **שְׁמָהּ, וְלָמָּה נִקְרָא שְׁמָהּ פִּיתוֹם — שֶׁרִאשׁוֹן רִאשׁוֹן** מן הבניינים שהיו בונים **פִּי תְהוֹם בּוֹלְעוֹ**. נאמר בהמשך "וְכַאֲשֶׁר יְעַנּוּ אֹתוֹ כֵּן יִרְבֶּה וְכֵן יִפְרֹץ" (שם יב), ושואלים: "**כֵּן רָבוּ וְכֵן פָּרְצוּ**" **מִיבָּעֵי לֵיהּ** [צריך היה לו] לומר! **אָמַר רֵישׁ לָקִישׁ: רוּחַ הַקֹּדֶשׁ** היתה **מְבַשַּׂרְתָּן** את ישראל: שככל שיענו עם זה **כֵּן יִרְבֶּה וְכֵן יִפְרוֹץ**. נאמר "וַיָּקֻצוּ מִפְּנֵי בְּנֵי יִשְׂרָאֵל" (שם) ומסבירים: **מְלַמֵּד שֶׁהָיוּ דּוֹמִין** בני ישראל **בְּעֵינֵיהֶם** של המצריים **כְּקוֹצִים** הדוקרים אותם. על מה שנאמר "וַיַּעֲבִדוּ מִצְרַיִם אֶת בְּנֵי יִשְׂרָאֵל

עיונים

דכתיב הנני מקים וכו' וריעב"ץ כתב שגם כאן כמו להלן, יש לומר ש"עצה עמוקה" יש בה גם צד של רעה ויש בסופה טובה, כי לבסוף יצאה שושלת בית דוד מבתו של אבשלום שהיתה אמו של המלך אביה (ראה רלב"ג מלכים א טו, ב).

השורף תבואתו ואף זה עומש של מידה כנגד מידה, שכשם שמשמיד פירותיו של חבירו — אף הוא נענש שפירותיו (צאצאיו שלו) לא יגיעו לידי הצלחה (עיון יעקב).

מרים המתינה למשה וכו' כתבו בתוס' (ד"ה מרים) ש"שעה אחת" אין כוונתו לשיעור הזמן של שעה, אלא כלשון זו ברוב המקומות בתלמוד שענינו — זמן מה, ויתכן שהיה זמן קצר ביותר. וכל זה כדי לכוון את החשבון שאמרו שמידה טובה מרובה ממידת פורענות פי חמש מאות. ובשפת אמת כתב שאין לדקדק בחשבון זה, כי ודאי אילו הוצרכו להמתין למרים זמן נוסף — היו ממתינים, אלא שלא הוצרכה אלא לשבעה ימים.

מדה טובה מרובה ראה בתוס' (ד"ה מרים) ששאלו: הלא במרגלים נענשו ששהו במדבר שנה כנגד יום, ונמצא שמרובה מאד מידת הפורענות! וראה ביפ"ת המסביר ששהייה זו אין לראותה מצד מידת הפורענות אלא להיפך, צד טובה היא, שעל ידי כך לא מת אחד מהם לפני הגיעו לששים שנה.

על שם שכינה נאמר מדרש מעין זה מובא גם בתלמוד הירושלמי, ובלשון "ברוח הקודש נאמר". וכתב המהרש"א שכוונת הדברים היא לומר שכל אותה המתנה שהמתינה מרים לא היתה בדרך מקרה בלבד, אלא היתה השגחה פרטית להביא את משה לבית פרעה, וכל פרט ופרט שהיה בדבר בהשגחה עליונה נעשה.

אמור לחכמה אחותי וכו' כתב רש"ג בתשובה כי השכינה היא כבוד ה' המתגלה בעולם, וכבוד זה מתגלה בדרכים שונות, ואף החכמה של מעלה היא אחד מגילויי השכינה.

באש כתיב כי באש וכו' כתב בבן יהוידע שכאן (ובמקומות כיוצא בזה בכל הגמרא) אין הכוונה שהמצרים השתמשו בכתוב זה מישעיהו (שעדיין לא נאמר בזמנם), אלא שאמרו שכבר מצאנו (כגון בסדום) שה' נפרע מן הרשעים באש, ואילו לשון הכתוב, שהיא כראיה כללית לדבר נאמרה על ידי חכמים (וראה גם בעיון יעקב).

איוב ששתק רבים תמהו: הרי אדם נענש מידה כנגד מידה, ומפני מה נענש בעונשים קשים אלה? ויש שכתבו כי כיון שעל ידי שתיקתו היה כמסכים לדברי בלעם ונגמרה העצה על ידו נענש אף הוא ביסורים שהיה צריך לקבלם בשתיקה. ואחרים הביאו מן הזוהר שלא שתק איוב לגמרי, אלא הוא יעץ שלא להרוג את ישראל אלא לפגוע בממונם ולייסרם ביסורי הגוף — ונענש באותם דברים.

ומשפחות סופרים וראה ברש"י וכן במדרש שדרשו כל השמות הנזכרים שם על שם מעלתם בתורה והיותם דייני ישראל.

פיתום ורעמסס כתב המהרש"א כי מקובל היה בידם שפיתום ורעמסס הן אותו מקום עצמו, ומשום כך דרשו את השמות (שהרי כבר נזכרת ארץ רעמסס קודם לכן, בימי יעקב). ויש שכתב כי מקור הדרשה הוא מעצם הזכרתם של שמות מקומות אלה, שהרי די היה לכתוב "ערי מסכנות" (עיון יעקב).

רוח הקודש מבשרתן וכו' כתב המהר"ל כי הדבקים במהות הרוחנית, כאשר הם סובלים יסורי הגוף — מתגבר הכוח הרוחני שבהם. ולכן נאמר שככל שהרבו ביסורי ישראל רוח הקודש מבשרתם שהם הולכים ומתרבים.

מסורת הש"ס

א. ב"ר פפ"ד יג. במדב"ר פ"ט כד. תנחומא וישב ג. תנחומא בובר וישב יג. ילק"ש תורה קמא.

ב. במדב"ר שם.

ג. יומא עו,א. סנהדרין ק,ב. ירושלמי סוטה פ"א ה"ז. שם פ"ג ה"ד. תוספתא סוטה פ"ד א. אדר"נ פ"ל. מכילתא יב, יב. שם יד, ד. שם טז, יד. שם כ, ה. שם כב, כב. שם כג, ז. מכילתא דרשב"י יד, ד. שם טז, יד. שם כו, ו. שם כב, כג. תו"כ ה, יז. ספרי במדבר ה, טו. שם כב. שם כז. שם טו, מא. ספרי דברים יא, יב. מדרש תנאים ה, ט. שם כד, יח. שם כד, כב. שם לב, לב. במדב"ר פ"ט לא. שם לה. קה"ר פ"ד א. תנחומא בשלח ו. תנחומא בובר בשלח כא. שוח"ט פט"ו. שם פל"א. שם פע"ח. מדרש ל"ב מדות פ"ג.

ד. ירושלמי סוטה פ"א ה"ט. מכילתא טו, כ (בשינויים). שמו"ר פ"א כב. מדרש משלי פי"ד א.

ה. עירובין נג,א. שמו"ר פ"א ח (בשינויים). וראה תנחומא שמות ה. תנחומא בובר שמות ז. שוח"ט פק"ה. ילק"ש קסב.

ו. תוספתא סוטה פ"ד יא. שמו"ר פ"א ט. מכילתא יב, יב. שם יד, ב. ספרי במדבר ה, כז. שמו"ר פ"א ט. שם פי"ג. שם פי"א ג. תנחומא וארא יד. שם בשלח ו.

ז. שמו"ר פ"א ט. שם יח. שם פכ"ב א. שה"ר פ"ב טו. אגדת בראשית פ"א. פסדר"כ פי"ד. ילק"ש תורה שם.

ח. זבחים קטז,א. ירושלמי תענית פ"ג ה"ט. תוספתא תענית פ"ג א. ב"ר פל"ט ו. שם פמ"ט ט. שמו"ר שם ושם. שה"ר שם. אג"ב שם. ויק"ר פ"י א. פסדר"כ פי"ט.

ט. שמו"ר פ"א ט. אסת"ר פ"ז כב. תנחומא יתרו ז. פסדר"כ פ"י.

י. סנהדרין סט,א. ירושלמי סנהדרין פ"ח ה"א.

יא. סנהדרין קו,א (בשינוי). סדר עולם פ"ג. שמו"ר פ"א ט. שם פכ"ז ו. זהר ח"ב סט,א. וראה שם ח"ג ריב,א. ילק"ש תורה קסב. שם נ"ך תתרעד.

יב. ראה גם סנהדרין קד,א. ספרי במדבר י, כט.

יג. שמו"ר פ"א ט. ילק"ש תורה קסב.

יד. סנהדרין קו,א. אדר"נ נו"ב פמ"ג.

טו. שמו"ר פ"א י. וראה במדב"ר פט"ו כ. תנחומא בהעלותך יג. תנחומא בובר בהעלותך כג. ילק"ש שם.

טז. שמו"ר שם.

יז. יבמות סג,א. שמו"ר שם.

יח. שמו"ר שם.

יט. שם יא (כל הענין).

גרסות

בעצה עמוקה יש בכת"י: **כעצה עמוקה.**

לדעת בכת"י יש כמו במקרא: **לדעה.**

דכתיב כי לא יעשה וגו' לפני הראשונים היתה גם נוסחה: **דכתיב כי עשה יעשה ה' לאדני בית נאמן** (שמואל א כה, כח).

דלא כתיב וימת יש בכת"י כבמקבילה: **מדלא כתיב וימת.**

ונחכם בכת"י יש: **ונתחכם.**

לישנא דקדירה יש בכת"י: **לישנא דבשולי.**

שמשים (לבנים) בכמה כת"י: **שמשים** וכן מחקו מלה זו בדפוסים.

מתרוסס ויש שגרסו: **מתרועע ונמסס.**

לשון

איסטניס

מקור המלה ביוונית ἀσθενής (אסתניס) שמשמעותה — חלוש, חסר כוח, חסר מרץ. בשימוש לשון חז"ל גם — מפונק, מעודן ביותר (הן מבחינה גופנית והן מבחינה רוחנית).

החיים

מלבן

המלבן הוא הדפוס שבו עושים את הלבנים. בדורות קדומים היו מעצבים את צורת הלבנים ביד, אולם עד מהרה המציאו את המלבן כדי ליצור לבנים בעלות גודל אחיד, המלבן הוא קופסה (בדרך כלל בצורה מלבנית, אך יש גם צורות אחרות בהתאם ללבנים שרוצים לייצר) שבתוכה מכניסים את הטיט, המעורב בדרך כלל בתבן קצוץ כדי לחזק אותו לאחר שבוללים כראוי את הטיט דוחסים אותו לתוך המלבן ומשם מוציאים את הלבנה הגמורה ומניחים אותה להתייבש בשמש או ששורפים אותה בכבשן. בימי קדם היו בדרך כלל הלבנים קטנות, ואף הלבנים הגדולות למדי ששימשו בזמן התלמוד היו ריבועים בגודל שלושה על שלושה טפחים (24X24 ס"מ), ומשום כך יכלו לתלות מלבן כזה על צווארו של אדם.

תורה אור

דכתיב °הנני מקים עליך רעה מביתך כיוצא
בדבר אתה אומר °וישלחהו מעמק חברון
א א"ר חנינא בר פפא בעצה עמוקה של אותו
צדיק שקבור בחברון דכתיב °ידוע תדע כי
גר יהיה זרעך °כי אמר אין לי בן ב ולא הוו ליה
בני והכתיב °ויולדו לאבשלום שלשה בנים
ובת אחת אמר רב יצחק בר אבדימי שלא
היה לו בן הגון למלכות רב חסדא אמר
גמירי כל השורף תבואתו של חבירו אינו
מניח בן ליורשו ואיהו קלייה לדיואב דכתיב
°ויאמר אל עבדיו ראו חלקת יואב אל ידי
ולו שם שעורים לכו והציתוה באש ויציתו
א עבדי אבשלום את החלקה באש: וכן לענין
הטובה מרים וכו': מי דמי התם חדא שעתא
הכא שבעה יומי אמר אביי אימא ולענין
הטובה אינו כן א"ל רבא הא וכן לענין
הטובה קתני אלא אמר רבא הכי קתני וכן
לענין הטובה דבאותה מדה ולעולם ג *מדה טובה מרובה ממדת פורענות
°ותתצב אחותו מרחוק ד א"ר יצחק פסוק זה כולו על שם שכינה נאמר ותתצב
דכתיב °ויבא ה' ויתיצב וגו' אחותו דכתיב °אמור לחכמה אחותי את מרחוק
דכתיב °מרחוק ה' נראה לי לדעת דכתיב °כי אל דעות ה' מה דכתיב °מה ה'
אלהיך שואל מעמך יעשה דכתיב °כי לא יעשה [ה'] אלהים דבר לו דכתי' °ויקרא
ב לו ה' שלום: °ויקם מלך חדש וגו' ה *רב ושמואל חד אמר חדש ממש וחד אמר
שנתחדשו גזירותיו מאן דאמר חדש ממש דכתיב חדש ומאן דאמר שנתחדשו
גזירותיו דלא כתיב וימת וימלוך °אשר לא ידע את יוסף דהוה דמי כמאן דלא
ידע ליה כלל °ויאמר אל עמו הנה עם בני ישראל תנא ו הוא התחיל בעצה
תחילה לפיכך לקה תחילה הוא התחיל בעצה תחילה דכתיב ויאמר אל עמו
לפיכך לקה תחילה כדכתיב °ובכה ובעמך ובכל עבדיך °הבה נתחכמה לו
להם מיבעי ליה ז א"ר חמא ברבי חנינא באו ונחכם למושיען של ישראל במה
נדונם נדונם באש כתיב °כי הנה ה' באש יבא וכתיב כי באש ה' נשפט וגו'
בחרב כתיב [*°ובחרבו את כל בשר] אלא בואו ונדונם במים ח *שכבר נשבע
הקב"ה שאינו מביא מבול לעולם שנאמר °כי מי נח זאת לי וגו' והן אינן יודעין
שעל כל העולם כולו אינו מביא אבל על אומה אחת הוא מביא אי נמי הוא
אינו מביא אבל הן באין ונופלין בתוכו וכן הוא אומר °ומצרים נסים לקראתו
והיינו דא"ר אלעזר מאי דכתיב °כי בדבר אשר זדו עליהם ט בקדירה שבישלו
בה נתבשלו י *מאי משמע דהאי זדו לישנא דקדירה הוא דכתיב °ויזד יעקב נזיד
*א"ר חייא בר אבא א"ר סימאי יא שלשה היו באותה עצה בלעם ואיוב ויתרו
בלעם שיעץ נהרג איוב ששתק נידון ביסורין יתרו שברח יב *זכו מבני בניו
שישבו בלשכת הגזית שנאמר °ומשפחות סופרים יושבי יעבץ תרעתים
שמעתים סוכתים המה הקנים הבאים מחמת אבי בית רכב וכתיב °ובני קיני
חתן משה וגו': °ונלחם בנו ועלה מן הארץ יג ועלינו מיבעי ליה א"ר אבא בר
כהנא יד כאדם שמקלל את עצמו ותולה קללתו בחבירו °וישימו עליו שרי מסים
עליהם מיבעי ליה תנא דבי ר' אלעזר בר' שמעון טו מלמד שהביאו מלבן ותלו לו
לפרעה בצוארו וכל אחד ואחד מישראל שאמר להם איסטנים אני אמרו לו
כלום איסטנים אתה יותר מפרעה שרי מסים דבר שמשים (לבנים) למען ענותו
בסבלותם [ענותם מיבעי ליה] למען ענותו לפרעה בסבלותם דישראל ויבן
ערי מסכנות לפרעה טז רב ושמואל חד אמר שמסכנות את בעליהן וח"א
שממסכנות את בעליהן דאמר מר יז *כל העוסק בבנין מתמסכן °את פיתום ואת
רעמסס יח רב ושמואל חד אמר פיתום שמה ולמה נקרא שמה רעמסס שראשון
ראשון *מתרוסס וחד אמר רעמסס שמה ולמה נקרא שמה פיתום שראשון
ראשון פי תהום בולעו °וכאשר יענו אותו כן ירבה וכן יפרוץ יט כן רבו וכן פרצו
מיבעי ליה אמר ר"ל רוח הקדש מבשרתן כן ירבה וכן יפרוץ: °ויקוצו מפני בני
ישראל מלמד שהיו דומין בעיניהם כקוצים °ויעבידו מצרים את בני ישראל
בפרך

רש"י

מקים וגו'. הליב אבשלום אותה עלה וקיימה מלבת דבריו של הקב"ה כדכתיב לעולם ה' דברך נלב (תהלים קיט) ויקרא למלבת על שמו גרם לאותה רעה שתקרא על שמו ויקרא לה יד אבשלום כך היא נקראת: **וישלחהו מעמק חברון.** ביוסף משתעי קרא כששלחו יעקב אצל אחיו והוא תחילת סיבת ירידת ישראל למצרים: **של אותו לדיק שקבור בחברון.** אברהם: **אינו כן.** דיותר ממה שהוא מודד מודדים לו: **דבאותה מדה.** דוגמא מעין אותו ענין ומיהו יותר ממה שעשה משתלם דמדה טובה מרובה בתשלומין ממדת פורענות: **אמור לחכמה.** שהיא אצל הקב"ה ומפיו שנאמר כי ה' יתן חכמה מפיו דעת ותבונה (משלי ב): **דלא כתיב וימת.** מלך מצרים וימלוך תחתיו אחר: **ונתחכם למושיען.** לבקש לנו חכמה כנגדו: **במה נידונם.** שלא יוכל לדון אותנו בו שידענו מדרכיו שמדד מדה כנגד מדה לדור המבול ולאנשי סדום: **כי באש ה' נשפט.** וכן ישיב לנו גמול(א): **שבשלו.** לשון ויזד יעקב נזיד (בראשית כה): **באותה עלה.** דנתחכמה לו: **יושבי יעבץ.** תלמידי יעבץ(ב) אדם גדול בתורה היה כדכתיב (דה"א ד) ויקרא יעבץ לאלהי ישראל אם ברך תברכני בתורה והרבית את גבולי בתלמידים וגו' ויבא אלהים את אשר שאל (תמורה טז.): **תרעתים.** מפרש בספרי ששמעו תרועה בהר סיני ל"א תרעתים על שם שהיו יושבים בשערי ירושלים: **שמעתים.** ששמעו מצות אביהם דבבני יונדב בן רכב משתעי קרא והם היו מבני בניו של יתרו כדמפרש ואזיל המה הקנים: **סוכתים.** על שם שהיו יושבים בסוכות כדכתיב (ירמיה לה) ונשב באהלים וקרי להו משפחת סופרים דהיינו סנהדרין וכן תרעתים זקני שער: **ועלינו מן הארץ מבעי ליה.** יגרשונו מן הארץ מאי ועלה הלואי שיצאו שונאיהם מארצם הואיל ויראים מפניהם: **מלבן.** כמין דפוס שבו עושין הלבנים שממלאין אותו טיט ומחליקין אותו והיא הלבנה: **ותלו לו לפרעה.** דעליה קאי קרא ומיניה סליק ויאמר אל עמו וגו' הבה נתחכמה לו וגו' וישימו עליו שרי מסים: **אסטנים.** מפונק ואינו יכול לעשות מלאכה: **שרי מסים.** דבר שמשים רידוי של שומה שמרגילין ומשימין לעבודה אותו מלבן שתלו לו היה לישראל רידוי של השמה: **למען ענותו לפרעה.** בשביל סבלותם דישראל שיטו שכם לסבול: **שמסכנות את בעליהן.** שעל ידי אותן הערים ואותה עבודה נסתכנו מצרים ליטבע בים: **שממסכנות.** מדלדלות כדכתיב וינצלו את מצרים ובשביל עבודה זו אירע להן ולהאי לישנא לא גרסינן דאמר מר(ג) כל העוסק בבנין מתמסכן ומאן דגריס לה מתרגמינן להן דרב ושמואל נמי אבל בניינים של כל אדם מסכנות פעמים שנופל מהבנין *ומת ממסכנות שמביא את האדם לידי עניות דאמר מר כל העוסק בבנין מתמסכן: **ראשון ראשון מתרוסס.** כשהיו בונין קצת היה מתרוסס ונופל וחוזרין ובונין והוא נופל: **פי התהום בולעו.** נבלע בארץ: **רוח הקדש מבשרתן.** לישראל ואומר למצרים אין מועיל לכם כן ירבה תמיד וכן יפרוץ: **ויקוצו היה דומה להן.** כאילו עיניהם וגופן מלאים קוצים בראותם את ישראל פרים ורבים:

בפרך

תוספות

ולעולם מדה טובה מרובה ממדת פורענות. וא"ת הא מלינו מדת פורענות גדולה ממדת טובה דכתיב איכה ירדוף אחד אלף ושנים יניסו רבבה (דברים לב) גבי מדת פורענות וגבי מדה טובה כתיב ורדפו מכם חמשה מאה (ויקרא כו) וי"ל דעדיין גבי מדת פורענות מיירי(ד) רדיפה ולא הריגה אבל הכא דכתיב ורדפו מכם חמשה סיפא דקרא ונפלו אויביכם לפניכם לחרב. מספר הישר:

*__מרים המתינה למשה שעה אחת.__ לאו דוקא נקט שעה אלא שליש שעה או רביע דקתני בתוספתא מדה טובה מרובה ממדת פורענות על אחת חמש מאות אבל קשיא לרבי והא במרגלים נפרע מהם יום לשנה יום לשנה אם כן היתה מרובה מדת פורענות ממדה טובה של מרים *ועוד בפ"ק דחגיגה (דף ה:) דדרש רבי יוחנן אותי יום יום ידרושון שכל העוסק בתורה אפילו יום אחד כאילו עוסק כל השנה כולה וכן במדת פורענות כתיב (במדבר יד) במספר הימים אשר תרתם את הארץ מ' יום וגו' אלמא דכי הדדי נינהו:

שהיתה

[שייך לעיל ט: במשנה ודע דמלשון תוס' שהעתיק התוי"ט נראה דמיד אחר סוף דיבור דלעיל שסיים מספר הישר כתבו תוספת אבל קשיא לרבי והא במרגלים נפרע מהם וכו']

[ישוב נכון תמצא בתוי"ט]

[יומא עו. סנהדרין ק:]

עירובין נג:

[נ"א וחרבו שלופה בידו (במדבר כב)]

[זבחים קטז. ע"ש]

[סנהדרין סט. ע"ש]

שם קו.

[שם וקו. ע"ש]

[יבמות סג.]

[גירסת הערוך בערך פיתום מתמסמס]

[נ"ל וממית]

הגהות הב"ח

(א) רש"י ד"ה כי באש וכו' גמול הס"ד ואח"כ מ"ה נדונם במים כל הבן הילוד וגו' הס"ד: (ב) ד"ה יושבי וכו' יעבץ אדם גדול וכו' ישראל לאמר אם ברך: (ג) ד"ה שממסכנות וכו' דאמר מר ביבמות כל העוסק: (ד) תוס' ד"ה לעולם וכו' ברדיפה ולא בהריגה:

תוספות שאנץ

יעבץ אדם גדול היה בתורה. תרעתים מפרש בספרי ששמעו תרועה בהר סיני ל"א תרעתים על שם שהיו יושבין בשערי (ב"ד) [ירושלים] תרעתים זקני שער. שמעתים ששמעו מצות אביהם דבבני יונדב בן רכב משתעי [קרא] והם היו מבני בניו של יתרו. סוכתים על שהיו יושבין בסוכות כדכתיב ונשב באהלים. וקרי משפחות סופרים דהיינו סנהדרין ל"ה: שמסכנות לבעליהן. שעל ידי אותן הערים ואותה עבודה נסתכנו מצרים לטבוע בים: מסכנות מדלדלות כדכתיב וינצלו את מצרים. ובשביל עבודה זו אירע להם. ולהאי לישנא לא גרסינן לה דאמר מר כל העוסק בבנין מתמסכן. ומאן דגרס ליה להך מתרגם להן דרב ושמואל אבל הבניינים של כל אדם מסכנות שנופל מהבנין וממית: ממסכנות שמביאין את האדם לידי עניות דאמר מר כל העוסק וכו'. ל"ה:

בפרך בפה רך. משכוס בדברים ובשכר עד שהרגילום לעבודה: **בפריכה.** בשברון גוף ומתניס וחזקה: ה"ג **בעבודה קשה אמר רבי שמואל בר נחמני אמר ר' יונתן שהיו מחליפין וכו'.** וזו היא קשה שלא היו רגילים בכך: **ולמאן דאמר.**(א) בפרך קמא בפה רך האי בפרך בתרא ודאי פריכה היא דהכתיב וימררו: **ושופתות.** כשמושיבין הסיר על גבי כירה קרי לה שפיתה: **אחת של חמין.** לרחוץ רגלי בעליהן בשדה: **בין שפתים.** בין מצרי השדות מקומות לנועין מצר גבול השדה גבוה מכאן ומכאן וחריץ באמצע: **יונה.** ישראל שנאמר יונתי תמתי (שיר ו): **עוררתיך.** לצאת ממעי אמך: **חבלתך.** לשון חבלי יולדה (הושע יג): **מנקר.** מנקה: **משפר.** כמו שעושין לתינוקות ליישב את איבריהם ולתקנן שניתקין מצער הלידה: **לא כרת שרך.** לא היה לך מיילדת לחתוך טיבור הולד: **למשעי.** להחליק בשר כמו חלקת צואריו (בראשית כז) שעיעות: **עגולין.** כעין ככר עגול: נעשה להן נס: **רבבה כצמח השדה.** גדילים מן הארץ כצמח השדה: **ותבאי.** לבית אביך: **הם הכירוהו.** שראו שכינתו בכר: **זה אלי.** שראיתי כבר: **אלישבע.** בת עמינדב אשתו של אהרן: **שהיתה פועה לולד.** משעשעת אותו כדרך שמשחקים לתינוקות בדברים ערבים לשעשעו: **פועה.** לועקת כמו כיולדה אפעה (ישעיה מב): ה"ג **וראיתן על האבנים אמר רבי יוחנן סימן גדול מסר להן בשעה שכורעת לילד יריכותיה מצטננות כאבנים ד"א על האבנים כדכתיב וארד בית היוצר וגו' מה יוצר זה ירך מכאן כו':** **סימן גדול.** שלא תטעו האם ותחביאנו ותאמר נפל היה זה לכם הסימן של לידה ואז תטעוהו ותהרגוהו ד"א להכי קרי ליה למשבר של אשה אבנים כדכתיב גבי יוצר כלי חרס אבנים ואשה נמי ליוצר דמיא: **סדן.** עץ עב שעליו יושב ומגלגל הבלים לעשותן בדפוס הכלי לפי גדלו וקטנו: **סימן גדול מסר להם.** וראיתן על האבנים אם בן הוא שם אתן יכולות לראות מיד אם בן הוא בלא שום הגבהה: **בן פניו למטה.** כדרך תשמישו: **בת פניה למעלה.** כדרך תשמישתה והכי מפרש במסכת נדה (דף לא.): **אליהן.** משמע על עיסקי ביאה לשון ויבא אליה (בראשית כט): **ותחיין.** הוה ליה למיכתב ולא המיתו הילדים ותחיין משמע שהיו מסייעין להחיותן שהיו טומנות אותן בבתיהן ומגדלות אותם: **אי נימא חיות ממש.** מילדות: **כחיה נמשלה.** וחית השדה אינה צריכה למילדת: **דכתיב ביה כתיב ביה.** מי שכתוב בו שנקרא בשם בהמה וחיה הרי כתיב בו ושאין כתיב בו הרי כתיב בכל כנסייתן יחד מה אמך לביא בין אריות רבצה אמך כנסת ישראל כולה נקראת לביאה: **אהרן ומשה.** שיצאו מיוכבד: **ותמת עזובה אשת כלב.** והיא מרים ולקמן מפרש למה נקראת שמה עזובה והאי ותמת שנצטרעה: **ויקח לו כלב את אפרת.** לאחר שנתרפאת חזר ולקחה לו אלמא אפרת קרי מרים וכתיב בדוד בן איש אפרתי: **וכלב בן חצרון.** פסוק הוא בדברי הימים:(ג) **בן יפונה בן שפנה מעצת מרגלים.** תירוצא הוא דקא מתרץ לעולם בן חצרון הוא ולמה נקרא בן יפונה על שם מעשיו: ה"ג **ואכתי בן קנז הוא: חורגו דקנז.** בן אשתו של קנז היה כלב ונמצא עתניאל אחיו מאמו:
דיקא

תורה אור
שמות א — ויתרבו את חייהם
תהלים סח — אם תשכבון
שם — כנפי יונה
שיר ח — תחת התפוח
יחזקאל טז — ומולדותיך
דברים לב — ויניקהו
תהלים קכט — על גבי
יחזקאל טז — רבבה
שם — ותרבי
שמות א — ויאמר מלך מצרים
שם — ויאמר בילדכן
ירמיה יח — וארד בית היוצר
שמות א — אם בן הוא
שם — ותיראן
שם — ותחיין
שם — ותאמרן
בראשית מט — גור אריה
יחזקאל יט — מה אמך
שמות א — ויהי כי יראו
דה"א ב — ותמת עזובה
שם — וכלב בן חצרון

שהיתה פועה לולד. פירש רבינו חננאל *לוחשת לאשה ויוצא הולד כמו שעושים אלו עכשיו בלחשי האשה: אחרים

בפרך רבי אלעזר אמר [א]בפה רך רבי שמואל
בר נחמני אמר בפריכה °וימררו את חייהם
בעבודה קשה בחומר ובלבנים וגו' אמר
רבא בתחילה בחומר ובלבנים ולבסוף ובכל
עבודה בשדה את כל עבודתם אשר עבדו
בהם בפרך אמר רבי שמואל בר נחמני אמר רבי יונתן [ב]שהיו מחליפין מלאכת
אנשים לנשים ומלאכת נשים לאנשים ולמ"ד נמי התם בפה רך הכא ודאי
א בפריכה דרש *רב עוירא [ג]בשכר נשים צדקניות שהיו באותו הדור נגאלו
ישראל ממצרים [ד]*בשעה שהולכות לשאוב מים הקב"ה מזמן להם דגים קטנים
בכדיהן ושואבות מחצה מים ומחצה דגים ובאות ושופתות שתי קדירות אחת
של חמין ואחת של דגים ומוליכות אצל בעליהן לשדה ומרחיצות אותן וסכות
אותן ומאכילות אותן ומשקות אותן ונזקקות להן בין שפתים שנאמר °אם
תשכבון בין שפתים וגו' בשכר תשכבון בין שפתים זכו ישראל לביזת מצרים
שנאמר °כנפי יונה נחפה בכסף ואברותיה בירקרק חרוץ וכיון שמתעברות
באות לבתיהם וכיון שמגיע זמן מולדיהן הולכות ויולדות בשדה תחת התפוח
שנאמר °תחת התפוח עוררתיך *וגו' והקב"ה שולח משמי מרום מי שמנקיר
ומשפיר אותן כחיה זו שמשפרת את הולד שנאמר °ומולדותיך ביום הולדת
אותך לא כרת שרך ובמים לא רחצת למשעי וגו' [ה]*ומלקט להן שני עגולין
אחד של שמן ואחד של דבש שנאמר °ויניקהו דבש מסלע ושמן וגו' וכיון
שמכירין בהן מצרים באין להורגן ונעשה להם נס ונבלעין בקרקע ומביאין
שוורים וחורשין על גבן שנאמר °על גבי חרשו חורשים וגו' לאחר שהולכין
היו מבצבצין ויוצאין כעשב השדה שנאמר °רבבה כצמח השדה נתתיך וכיון
שמתגדלין באין עדרים עדרים לבתיהן שנאמר °ותרבי ותגדלי ותבואי בעדי
עדים אל תקרי בעדי עדים אלא בעדרי עדרים [ו]וכשנגלה הקב"ה על הים הם
ב הכירוהו תחלה שנאמר °זה אלי ואנוהו °ויאמר מלך מצרים למילדות
העבריות וגו' [ז]רב ושמואל חד אמר אשה ובתה וחד אמר כלה וחמותה מ"ד
אשה ובתה יוכבד ומרים ומ"ד כלה וחמותה יוכבד ואלישבע תניא כמ"ד
אשה ובתה דתניא [ח]שפרה זו יוכבד ולמה נקרא שמה שפרה שמשפרת את
הולד ד"א שפרה שפרו ורבו ישראל בימיה פועה זו מרים ולמה נקרא שמה
פועה שהיתה פועה (ומוציאה את הולד) ד"א פועה שהיתה פועה ברוח הקודש
ואומרת [ט]עתידה אמי שתלד בן שמושיע את ישראל °ויאמר בילדכן את
העבריות וגו' מאי אבנים א"ר חנן [י]סימן גדול מסר להן אמר להן בשעה
שכורעת לילד יריכותיה מצטננות כאבנים ואית דאמר כדכתיב °וארד בית
היוצר והנה הוא עושה מלאכה על האבנים מה יוצר זה ירך מכאן וירך מכאן
וסדן באמצע אף אשה ירך מכאן וירך מכאן והולד באמצע °אם בן הוא והמתן
אותו א"ר חנינא [יא]סימן גדול מסר להן בן פניו למטה בת פניה למעלה °ותיראן
המילדות את האלהים ולא עשו כאשר דבר אליהן וגו' להן מיבעי ליה א"ר
יוסי בר' חנינא [יב]מלמד שתבען לדבר עבירה ולא נתבעו °ותחיין את הילדים
תנא [יג]לא דיין שלא המיתו אותן אלא שהיו מספיקות להם מים ומזון
°ותאמרן המילדות אל פרעה כי לא כנשים וגו' [יד]מאי חיות אילימא חיות
ממש אטו חיה מי לא צריכה חיה אחריתי לאולודה אלא אמרו לו [טו]אומה
זו כחיה נמשלה יהודה °גור אריה דן יהי דן נחש נפתלי אילה שלוחה
יששכר חמור גרם יוסף בכור שור בנימין זאב יטרף דכתיב ביה כתיב
ביה ודלא כתיב ביה כתיב (ביה) °מה אמך לביא בין אריות רבצה וגו'
ג °ויהי כי יראו המילדות את האלהים ויעש להם בתים [טז]רב ושמואל חד אמר
בתי כהונה ולויה וחד אמר בתי מלכות מ"ד בתי כהונה ולויה אהרן ומשה
ומ"ד בתי מלכות [יז]דוד נמי ממרים קאתי דכתיב °ותמת עזובה (אשת כלב)
ויקח לו כלב את אפרת ותלד לו את חור וכתיב °ודוד בן איש אפרתי
וגו': °וכלב בן חצרון הוליד את עזובה אשה ואת יריעות ואלה בניה ישר
ושובב וארדון [יח]בן חצרון °בן יפנה הוא בן שפנה מעצת מרגלים ואכתי בן
קנז הוא דכתיב °וילכדה עתניאל בן קנז אחי כלב *אמר רבא חורגו דקנז הוה
דיקא

[וכ"כ בערוך ערך פע א' ע"ש]
ס"א רבי עקיבא
שמות טו
ס"א ל"ג
שמות א
שמואל א יז
במדבר יג
שופטים א
יומא עה.
שמה חבלתך אמך
ס"א ונותן להם
[תמורה טז. ע"ש]

הגהות הב"ח
(א) רש"י ד"ה ולמאן דאמר נמי בפרך: (ב) ד"ה וכלב וכו' הימים הס"ד ואח"כ מ"ה בן שנפנה כצ"ל ותיבות בן יפונה נמחק:

בְּפָרֶךְ" (שמות א, יג) ר' אֶלְעָזָר אָמַר: בְּפֶה רַךְ, שהתחילו לשעבדם בדרך ריצוי ופיתוי. ר' שְׁמוּאֵל בַּר נַחְמָנִי אָמַר: בִּפְרִיכָה (בשבירה). נאמר: "וַיְמָרֲרוּ אֶת חַיֵּיהֶם בַּעֲבֹדָה קָשָׁה בְּחֹמֶר וּבִלְבֵנִים ובכל עבודה בשדה" (שם יד). אָמַר רָבָא: בַּתְּחִילָּה נתנו להם עבודה בְּחוֹמֶר וּבִלְבֵנִים, וּלְבַסּוֹף "וּבְכָל עֲבֹדָה בַּשָּׂדֶה" (שם). על המשך הפסוק "אֵת כָּל עֲבֹדָתָם אֲשֶׁר עָבְדוּ בָהֶם בְּפָרֶךְ" (שם), אָמַר ר' שְׁמוּאֵל בַּר נַחְמָנִי אָמַר ר' יוֹנָתָן: שֶׁהָיוּ מַחֲלִיפִין מְלֶאכֶת אֲנָשִׁים לְנָשִׁים וּמְלֶאכֶת נָשִׁים לַאֲנָשִׁים, וזוהי עבודת פרך — שהיו סובלים מעבודה שאינה לפי טבעם והרגלם. וּלְמַאן דְּאָמַר נַמִי הָתָם [ולדעת מי שאומר גם כן שם] בפסוק הקודם ש"בפרך" פירושו בְּפֶה רַךְ, הָכָא [כאן] בפסוק זה העוסק בקושי הגופני של העבודה, וַדַּאי הכוונה היא בִּפְרִיכָה.

א דָּרַשׁ רַב עֲוִירָא: בִּשְׂכַר נָשִׁים צִדְקָנִיּוֹת שֶׁהָיוּ בְּאוֹתוֹ הַדּוֹר נִגְאֲלוּ יִשְׂרָאֵל מִמִּצְרַיִם. כיצד היה הדבר? בְּשָׁעָה שֶׁהוֹלְכוֹת הנשים לִשְׁאוֹב מַיִם, הַקָּדוֹשׁ בָּרוּךְ הוּא מְזַמֵּן לָהֶם דָּגִים קְטַנִּים בְּכַדֵּיהֶן, וְשׁוֹאֲבוֹת מֶחֱצָה מַיִם וּמֶחֱצָה דָּגִים, וּבָאוֹת וְשׁוֹפְתוֹת (מניחות על האש) שְׁתֵּי קְדֵירוֹת, אַחַת שֶׁל מים חַמִּין וְאַחַת שֶׁל דָּגִים. וּמוֹלִיכוֹת אֵצֶל בַּעֲלֵיהֶן לַשָּׂדֶה, וּמַרְחִיצוֹת אוֹתָן את הבעלים, וְסָכוֹת אוֹתָן, וּמַאֲכִילוֹת אוֹתָן, וּמַשְׁקוֹת אוֹתָן, וְנִזְקָקוֹת לָהֶן לתשמיש בֵּין שְׁפַתָּיִם (בין גבולות וגדרות השדות), שֶׁנֶּאֱמַר: "אִם תִּשְׁכְּבוּן בֵּין שְׁפַתָּיִם" (תהלים סח, יד), ודרשו על כך: בִּשְׂכַר "תִּשְׁכְּבוּן בֵּין שְׁפַתָּיִם" זָכוּ יִשְׂרָאֵל לְבִיזַּת מִצְרַיִם, שֶׁנֶּאֱמַר בהמשך הפסוק: "כַּנְפֵי יוֹנָה נֶחְפָּה בַכֶּסֶף וְאֶבְרוֹתֶיהָ בִּירַקְרַק חָרוּץ" (שם). וְכֵיוָן שֶׁהָיוּ הנשים מִתְעַבְּרוֹת בָּאוֹת לְבָתֵּיהֶם, וְכֵיוָן שֶׁמַּגִּיעַ זְמַן מוֹלְדֵיהֶן (הלידה) הוֹלְכוֹת וְיוֹלְדוֹת בַּשָּׂדֶה תַּחַת עצי הַתַּפּוּחַ, שֶׁנֶּאֱמַר: "תַּחַת הַתַּפּוּחַ עוֹרַרְתִּיךָ שמה חבלתך אמך, שמה חבלה ילדתך" (שיר השירים ח, ה). וְהַקָּדוֹשׁ בָּרוּךְ הוּא שׁוֹלֵחַ מלאך מִשְּׁמֵי מָרוֹם מִי שֶׁמְּנַקֵּיר וּמְשַׁפִּיר (מנקה ומתקן) אוֹתָן את הילודים, כְּחַיָּה (מילדת) זוֹ שֶׁמְּשַׁפֶּרֶת אֶת הַוָּלָד, שֶׁנֶּאֱמַר: "וּמוֹלְדוֹתַיִךְ בְּיוֹם הוּלֶּדֶת אוֹתָךְ לֹא כָרַּת שָׁרֵּךְ וּבְמַיִם לֹא רֻחַצְתְּ לְמִשְׁעִי" (יחזקאל טז, ד), כלומר, לא היתה להם מילדת שתוכל לטפל בהם. וּמְלַקֵּט לָהֶן המלאך מן השדה אבנים כעין שְׁנֵי עִגּוּלִין, והיו נובעים מתוכם דברי מאכל אֶחָד שֶׁל שֶׁמֶן וְאֶחָד שֶׁל דְּבַשׁ, ומהם היו יונקים, שֶׁנֶּאֱמַר: "וַיֵּנִקֵהוּ דְבַשׁ מִסֶּלַע וְשֶׁמֶן מחלמיש צור" (דברים לב, יג). וְכֵיוָן שֶׁמַּכִּירִין בָּהֶן מִצְרִים שהם ילדי ישראל בָּאִין לְהוֹרְגָן, וְנַעֲשָׂה לָהֶם נֵס וְנִבְלָעִין בַּקַּרְקַע, וּמְבִיאִין המצרים שְׁוָורִים וְחוֹרְשִׁין עַל גַּבָּן שֶׁנֶּאֱמַר: "עַל גַּבִּי חָרְשׁוּ חֹרְשִׁים" (תהלים קכט, ג). לְאַחַר שֶׁהוֹלְכִין המצרים הָיוּ מְבַצְבְּצִין התינוקות וְיוֹצְאִין מן האדמה כְּעֵשֶׂב הַשָּׂדֶה, שֶׁנֶּאֱמַר: "רְבָבָה כְּצֶמַח הַשָּׂדֶה נְתַתִּיךְ" (יחזקאל טז, ז). וְכֵיוָן שֶׁמִּתְגַּדְּלִין בָּאִין עֲדָרִים עֲדָרִים לְבָתֵּיהֶן בחזרה, שֶׁנֶּאֱמַר: "וַתִּרְבִּי וַתִּגְדְּלִי וַתָּבֹאִי בַּעֲדִי עֲדָיִים" (שם) אַל תִּקְרֵי [תקרא] "בַּעֲדִי עֲדָיִים" אֶלָּא "בְּעֶדְרֵי עֲדָרִים". וּכְשֶׁנִּגְלָה הַקָּדוֹשׁ בָּרוּךְ הוּא עַל הַיָּם בים סוף הֵם התינוקות הִכִּירוּהוּ תְּחִלָּה, שֶׁנֶּאֱמַר: "זֶה אֵלִי וְאַנְוֵהוּ" (שמות טו, ב), כלומר, זה שהכירוהו עוד מזמן שנגלה עליהם בעודם תינוקות.

ב נאמר "וַיֹּאמֶר מֶלֶךְ מִצְרַיִם לַמְיַלְּדֹת הָעִבְרִיֹּת" (שם א, טו); רַב וּשְׁמוּאֵל נחלקו בכך, חַד [אחד מהם] אָמַר: מילדות אלה היו אִשָּׁה וּבִתָּהּ, וְחַד [ואחד מהם] אָמַר: כַּלָּה וַחֲמוֹתָהּ. מַאן דְּאָמַר [מי שאומר] שהיו אלה אִשָּׁה וּבִתָּהּ, כוונתו היא לְיוֹכֶבֶד אֵם משה ואהרן, ולבתה מִרְיָם, וּמַאן דְּאָמַר [ומי שאומר] שהיו אלה כַּלָּה וַחֲמוֹתָהּ — יוֹכֶבֶד וְכלתה אֱלִישֶׁבַע אשת אהרן. תַּנְיָא כְּמַאן דְּאָמַר [שנויה ברייתא כדעת מי שאומר] שהיו אלה אִשָּׁה וּבִתָּהּ, דְּתַנְיָא [שכן שנינו בברייתא]: שִׁפְרָה — זוֹ יוֹכֶבֶד, וְלָמָּה נִקְרָא שְׁמָהּ שִׁפְרָה — שֶׁמְּשַׁפֶּרֶת (מתקנת) אֶת הַוָּלָד. דָּבָר אַחֵר: "שִׁפְרָה" — שֶׁפָּרוּ וְרָבוּ יִשְׂרָאֵל בְּיָמֶיהָ. "פּוּעָה" — זוֹ מִרְיָם, וְלָמָּה נִקְרָא שְׁמָהּ "פּוּעָה" — שֶׁהָיְתָה פּוֹעָה (משמיעה קול) וּמוֹצִיאָה אֶת הַוָּלָד. דָּבָר אַחֵר: "פּוּעָה" מלשון דיבור, שֶׁהָיְתָה פּוֹעָה בְּרוּחַ הַקּוֹדֶשׁ וְאוֹמֶרֶת: עֲתִידָה אִמִּי שֶׁתֵּלֵד בֵּן שֶׁמּוֹשִׁיעַ אֶת יִשְׂרָאֵל. נאמר שם "וַיֹּאמֶר (פרעה) בְּיַלֶּדְכֶן אֶת הָעִבְרִיּוֹת וראיתן על האבניים" (שמות א, טז). ושואלים: מַאי [מה פירוש] "אָבְנָיִם"? אָמַר ר' חָנָן: סִימָן גָּדוֹל מָסַר לָהֶן פרעה. אָמַר לָהֶן: בְּשָׁעָה שֶׁאשה כּוֹרַעַת לֵילֵד יְרֵיכוֹתֶיהָ מִצְטַנְּנוֹת כַּאֲבָנִים, וזה יהיה לכן סימן שהיא עומדת ללדת. וְאִית דְּאָמַר [ויש מי שאומר]: כְּדִכְתִיב [כפי שנאמר]: "וָאֵרֵד בֵּית הַיּוֹצֵר וְהִנֵּה הוּא עֹשֶׂה מְלָאכָה עַל הָאָבְנָיִם" (ירמיה יח, ג), מַה יּוֹצֵר (קדר) זֶה יושב באופן שיָּרֵךְ אחת שלו מִכָּאן וְיָרֵךְ מִכָּאן, וְסַדָּן שעליו הוא עובד בָּאֶמְצַע, אַף אִשָּׁה — יָרֵךְ מִכָּאן וְיָרֵךְ מִכָּאן וְהַוָּלָד בָּאֶמְצַע. "וראיתן על האבניים אִם בֵּן הוּא וַהֲמִתֶּן אֹתוֹ" (שמות שם). אָמַר ר' חֲנִינָא: סִימָן גָּדוֹל מָסַר לָהֶן לדעת כבר בתחילת הלידה ("על האבניים") מהו מינו של הוולד; בֵּן נולד כשפָּנָיו לְמַטָּה, בַּת נולדת כשפָּנֶיהָ לְמַעְלָה. ונתן להן סימן זה, כדי שתוכלנה להרוג את הוולד בסתר, עוד לפני שנולד. "וַתִּירֶאןָ הַמְיַלְּדֹת אֶת הָאֱלֹהִים וְלֹא עָשׂוּ כַּאֲשֶׁר דִּבֶּר אֲלֵיהֶן מלך מצרים" (שם יז). ושואלים: "דיבר לָהֶן" מִיבָּעֵי לֵיהּ [צריך היה לו] לומר! אָמַר ר' יוֹסֵי בְּר' חֲנִינָא: שינוי הלשון מְלַמֵּד שֶׁנוסף לכך תְּבָעָן לִדְבַר עֲבֵירָה (כאמור במקום אחר ככינוי לביאה "ויבוא אליה", בראשית כט, כג), וְלֹא נִתְבְּעוּ (נענו). "וַתְּחַיֶּיןָ אֶת הַיְלָדִים" (שמות א, יז). תָּנָא [שנה החכם]: לֹא דַּיָּין שֶׁלֹּא הֵמִיתוּ אוֹתָן כפי שאמר פרעה, אֶלָּא שֶׁהָיוּ מְסַפִּיקוֹת לָהֶם עוד מַיִם וּמָזוֹן. ולשון "ותחיינה" פירושו שהיו מסייעות להם לחיות. נאמר: "וַתֹּאמַרְןָ הַמְיַלְּדֹת אֶל פַּרְעֹה כִּי לֹא כַנָּשִׁים המצריות העבריות כי חיות הנה" (שם יט). ושואלים: מַאי [מה פירוש] "חָיוֹת"? אִילֵימָא [אם נאמר] חַיּוֹת מַמָּשׁ במובן מילדות, אַטּוּ חַיָּה מִי לָא צְרִיכָה חַיָּה אַחֲרִיתִי לְאוֹלוּדָהּ [האם מילדת אינה צריכה מילדת אחרת לילד אותה]? אֶלָּא אָמְרוּ לוֹ המילדות לפרעה: אוּמָּה זוֹ כְּחַיָּה נִמְשְׁלָה, וחיות יולדות בלא מילדת. ומהיכן אתה לומד שנמשלה אומה זו לחיה? — יְהוּדָה נאמר בו "גּוּר אַרְיֵה" (בראשית מט, ט), דָּן — "יְהִי דָן נָחָשׁ" (שם יז), נַפְתָּלִי — "אַיָּלָה שְׁלֻחָה" (שם כא), יִשָּׂשכָר — "חֲמֹר גָּרֶם" (שם יד), יוֹסֵף — "בְּכוֹר שׁוֹר" (ראה דברים לג, יז), בִּנְיָמִין — "זְאֵב יִטְרָף" (בראשית שם, כז). ומעירים: דִּכְתִיב בֵּיהּ [זה שנאמר בו] דימוי לחיה — כְּתִיב בֵּיהּ [נאמר בו], וּדְלָא כְּתִיב בֵּיהּ [וזה שלא נאמר בו] במפורש, מכל מקום כְּתִיב בֵּיהּ [נאמר בו] בעם ישראל באופן כללי: "מָה אִמְּךָ לְבִיָּא בֵּין אֲרָיוֹת רָבָצָה" (יחזקאל יט, ב).

ג בענין הנאמר "וַיְהִי כִּי יָרְאוּ הַמְיַלְּדֹת אֶת הָאֱלֹהִים וַיַּעַשׂ לָהֶם בָּתִּים" (שמות א, כא) נחלקו רַב וּשְׁמוּאֵל; חַד [אחד מהם] אָמַר: בָּתֵּי (משפחות) כְּהוּנָּה וּלְוִיָּה עשה להן, וְחַד [ואחד] אָמַר: בָּתֵּי מַלְכוּת. מַאן דְּאָמַר [מי שאומר] בָּתֵּי כְהוּנָּה וּלְוִיָּה — הרי הם אַהֲרֹן וּמֹשֶׁה שיצאו מיוכבד. וּמַאן דְּאָמַר [ומי שאומר] בָּתֵּי מַלְכוּת — דָּוִד נַמִי [גם כן] מִמִּרְיָם קָאָתֵי [בא], דִּכְתִיב [שנאמר]: "וַתָּמָת עֲזוּבָה (אֵשֶׁת כָּלֵב) וַיִּקַּח לוֹ כָלֵב אֶת אֶפְרָת וַתֵּלֶד לוֹ אֶת חוּר" (דברי הימים א ב, יט) וכאשר יבואר להלן אפרת היא מרים, וּכְתִיב [ונאמר]: "וְדָוִד בֶּן אִישׁ אֶפְרָתִי" (שמואל א יז, יב). נאמר בדברי הימים "וְכָלֵב בֶּן חֶצְרוֹן הוֹלִיד אֶת עֲזוּבָה אִשָּׁה וְאֶת יְרִיעוֹת וְאֵלֶּה בָנֶיהָ יֵשֶׁר וְשׁוֹבָב וְאַרְדּוֹן" (דברי הימים א, ב, יח). את הכתוב הזה דורשים: וכי בֶּן חֶצְרוֹן הוא כלב? הלא בֶּן יְפֻנֶּה הוּא! (כאמור במדבר יג, ו). ומסבירים: "בן יפונה" הוא כינוי — בֵּן שֶׁפָּנָה מֵעֲצַת מְרַגְּלִים. ותוהים, וְאַכַּתִּי [ועדיין] קשה: הלא בֶּן קְנַז הוּא, דִּכְתִיב [שנאמר]: "וַיִּלְכְּדָהּ עָתְנִיאֵל בֶּן קְנַז אֲחִי כָלֵב" (שופטים א, יג), משמע שאביו של כלב שמו היה קנז! אָמַר רָבָא: בנו חוֹרְגוֹ של קְנַז הֲוָה [היה] כלב, ועתניאל היה אח חורג לו.

מסורת הש"ס

א. שמו"ר פ"א יא. במדב"ר פט"ו כ. תנחומא בהעלותך יג. תנחומא בובר בהעלותך כג. ילק"ש תורה קסג.

ב. שמו"ר שם. שם פי"ח ט. ויק"ר פל"ז ב. תנחומא ויצא ט.

ג. שמו"ר פ"א יב. תנחומא פקודי ט. ילק"ש שם קסד. שם רמה. שם נ"ך שנד.

ד. שם. יומא עה,א.

ה. שמו"ר פ"א יב. וראה שם פכ"ג ח. דב"ר (ליברמן) פט"ו. תנדבא"ר פ"ח. פדר"א פמ"ב.

ו. ספרי דברים שמג. שמו"ר שם ושם. פדר"א שם. פסי"ר פמ"ז.

ז. (כל הענין) שמו"ר פ"א יג. ילק"ש תורה קסד.

ח. ספרי במדבר י, כט. קה"ר פ"ז א (בשינויים). וראה שה"ר פ"ד ה.

ט. סוטה יג,א.

י. שמו"ר פ"א יד. ילק"ש שם.

יא. אדר"נ פ"ט. ב"ר פי"ז ח. שמו"ר שם. וראה נדה לא,ב.

יב. שמו"ר פ"א טו.

יג. שם.

יד. שם טז. ילק"ש שם.

טו. ראה שה"ר פ"ד ז. ילק"ש נ"ך שנח.

טז. שמו"ר פ"א יז. שם פמ"ח ד. תנחומא ויקהל ד.

יז. ראה ספרי במדבר י, כט. תנחומא תשא יג. פדר"א פמ"ה.

יח. תמורה טז,א (בשינויים רבים).

גרסות

בשכר תשכבון בכת"י יש: **בשכר ששכבו.**

שמנקיר יש בכת"י ועוד: **שמנקה.**

ומוציאה את הולד יש בכת"י: **לולד** ויש: **ומשעשעת לולד.**

מספיקות בכת"י יש: **מספקות.**

כתיב ביה מה יש בכת"י: **כתיב מה** ויש: **כתיב באמיה.**

ותמת עזובה אשת כלב ברוב כת"י כמו במקרא: **ותמת עזובה.**

החיים

ירכותיה מצטננות כאבנים

יתכן כי הכוונה היא להתכווצות והתקשות של שרירי הבטן והשרירים הסמוכים להם בשעת הלידה, העושות את חלקי הגוף הללו "כאבנים". יתכן גם כי בשל ההתכווצות וההתקשות יש גם הרגשת קור באיברים המרוחקים יותר של הגוף.

רגל מכאן וכו'

כאשר היוצר־הקדר משתמש באבניים, שהוא גלגל היוצרים, כרגיל גוש החמר מצוי על הגלגל, ואילו רגליו של הקדר נמצאות משני הצדדים, הן כדי להניע את הגלגל, והן כדי שיוכל להגיע בידיו לכל צד של הכלי הנוצר. דרך ישיבתו של הקדר, ברגלים פשוקות כאשר ביניהן נוצר והולך הכלי, מזכירה איפוא את תהליך הלידה.

העולם

דגים קטנים

גודלו של יאור מצרים, הנילוס, וזרימתו האיטית המשאיר כמות גדולה של סחף אורגאני בתוך הנהר גורמת לריבוי דגים בתוכו. יתר על כן, בעונות שונות של השנה יש להקות גדולות של דגים קטנים הנמשכים ובאים מן הים אל תוך הנהר בגלל שפע המזון שבתוכו. בעונות כאלה קל לצוד דגים לא רק באמצעים משוכללים (רשתות וכדומה) אלא אף בכלים פשוטים.

עיונים

בתחילה בחומר ובלבנים וכו' שתחילה אמרו להם לעבוד בחומר ובלבנים שהיא עבודת ביצור הערים, שכל אזרחי המדינה צריכים לעשותה, ואחר כך עבדו בהם גם בשדה, ואחר כך בכל שאר עבודות שהוצרכו להם לצרכיהם (מהרש"א).

מלאכת אנשים לנשים וכו' שאף שכרגיל מלאכת אנשים דורשת מאמץ גופני רב יותר, אף במלאכות נשים יש דברים הצריכים תכונות מיוחדות, כמו סבלנות רבה ויכולת לעסוק בפרטים, ומי שאינו רגיל בכך הן מלאכות קשות (בן יהוידע). ובכלל הדברים כבר אמרו "שכל אחד ייפה לו הקדוש ברוך הוא אומנותו בפניו", והעוסק במלאכה שאינה שלו סובל בכך (עיון יעקב).

בשכר נשים צדקניות המהרש"א מסביר שעיקר הדברים הוא בכך שנשי ישראל נשארו נאמנות לבעליהן והיו מסייעות להם ומעודדות אותם, ועל ידי כך שמרו את קיומו של עם ישראל. וראה בעיון יעקב שמסביר שמפני שהתרבו ישראל ביותר גמרו לפני הזמן את כל השעבוד שנגזר עליהם מזמן ברית בין הבתרים.

זכו לביזת מצרים המהרש"א מסביר כי אף כאן היתה מידה כעד מידה, שכשם שהיה חן בעליהן בעיניהן ולא נתנו עיניהן באחרים, כמו כן נתן ה' את חינן בעיני שכנותיהן ושאלו מהן שמלות וכלי זהב שהם ביזת מצרים.

יוכבד ומרים וכו' הרא"ם כתב שהיתה זו כנראה קבלה בידי חז"ל. והמהרש"א כתב כי כאשר מפורטים במקרא שמות בנוסח "שם האחד. . ושם השני" הריהם מתייחסים תמיד לשמות שכבר הוזכרו קודם לכן, ומכיון ששפרה ופועה לא נזכרו קודם, אמרו שאלה הם כינויים לנשים שנזכרו בשמן קודם לכן.

אליהן להן מיבעי וכו' הרבה התחבטו המפרשים למצוא מה ההבדל בין "להן" "ואליהן" (וראה במהר"ל ועוד). ובריא"ף כתב שהדרשה כאן דורשת "אליהן" כאילו היה כתוב "עליהן", שהוא ודאי ענין של ביאה.

שתבען לדבר עבירה ועניינו — שביקש לשלוט בהן שליטה גמורה, שלא זו בלבד שתמלאנה את פקודתו אלא תהיינה משועבדות אליו לגמרי (מהר"ל).

בתי כהונה ולויה כתב המהר"ל כי כהונה ולויה הם בתים — משום שיש להם קיום לעולם, ואילו מלכות פעמים שסרה מבעליה. ואילו החכם שמנה גם מלכות סבור שיש בכך משום השלמה ופאר שגם כוח זה של ממשלה ניתן לצאצאיהן והיו ששאלו הלא הלויה היא נחלת כל שבט לוי, ולאו דווקא שייכת לצאצאיו של משה, ומדוע ייחס דבר זה ליוכבד דווקא? ויש שתירצו כי עיקר הקדשתו של שבט לוי באה בזכות משה, ומכוחו נתקדשו אף שאר הלויים במעלותם המיוחדת (חידושי בתרא).

ומעירים: **דַּיְקָא נַמִי** [מדוייק גם כן] ממה **דִּכְתִיב** [שנאמר]: ״כלב בן יפונה הַקְּנִזִּי״ (יהושע יד, ו), משמע שהיה קשור למשפחת קנז, אבל לא היה בן קנז ממש. ומסכמים: אכן, **שְׁמַע מִינָּהּ** [למד מכאן] שכן הוא. ״עֲזוּבָה״ (דברי הימים א ב, יח) — **זוֹ מִרְיָם, וְלָמָּה נִקְרָא שְׁמָהּ עֲזוּבָה — שֶׁהַכֹּל עֲזָבוּהָ מִתְּחִילָּתָהּ** ולא רצו לשאתה מפני שהיתה חולנית ולא יפה. ושואלים על הלשון: ״הוליד״? **וַהֲלֹא** כמו שפירשנו **מִינְסָב הֲוָה נָסֵיב לָהּ** [נשא אותה]! **אָמַר ר׳ יוֹחָנָן**: דבר זה מלמדנו כי **כָּל הַנּוֹשֵׂא אִשָּׁה לְשֵׁם שָׁמַיִם — מַעֲלֶה עָלָיו הַכָּתוּב כְּאִילּוּ יְלָדָהּ**. ״יְרִיעוֹת״ נדרש — **שֶׁהָיוּ פָּנֶיהָ דּוֹמִין לִירִיעוֹת** שהיתה חיוורת ביותר. ״**וְאֵלֶּה בָנֶיהָ**״ — **אַל תִּקְרֵי** [תקרא] **בָּנֶיהָ אֶלָּא בּוֹנֶיהָ**, כלומר, אלה הם כינויים של בעלה, שעל ידי שנשאה כאילו בנה אותה, ״**יֵשֶׁר**״ — **שֶׁיִּשֵּׁר אֶת עַצְמוֹ**, ולא שמע לעצת המרגלים. ״**שׁוֹבָב**״ — **שֶׁשִּׁיבֵּב** (שיבר) **אֶת יִצְרוֹ**, **וְ״אַרְדּוֹן״ — שֶׁרָדָה אֶת** (משל על) **יִצְרוֹ, וְאִיכָּא דְּאָמְרִי** [ויש שאומרים]: **עַל שֶׁהָיוּ פָּנֶיהָ** של מרים אשתו **דּוֹמִין לְוֶרֶד** לאחר שנישאת, ולכן נקרא ורדון. נאמר ״**וּלְאַשְׁחוּר אֲבִי תְקוֹעַ הָיוּ שְׁתֵּי נָשִׁים חֶלְאָה וְנַעֲרָה**״ (דברי הימים א ד, ה), ודורשים: ״**אַשְׁחוּר**״ — **זֶה כָּלֵב, וְלָמָּה נִקְרָא שְׁמוֹ אַשְׁחוּר — שֶׁהוּשְׁחֲרוּ פָּנָיו בְּתַעֲנִיּוֹת**, שהיה צם כדי שלא ייכשל בעצת המרגלים. ״**אֲבִי**״ — **שֶׁנַּעֲשָׂה לָהּ** לאשתו **כְּאָב**, ״**תְקוֹעַ**״ — **שֶׁתָּקַע** (חיבר) **אֶת לִבּוֹ לְאָבִיו שֶׁבַּשָּׁמַיִם**. ״**הָיוּ שְׁתֵּי נָשִׁים**״, כלומר, — **נַעֲשָׂה** (נעשית) **מִרְיָם כִּשְׁתֵּי נָשִׁים** לפי שנשתנתה במשך הזמן. ולפיכך, ״**חֶלְאָה וְנַעֲרָה**״ — **לֹא שתי נשים חֶלְאָה וְנַעֲרָה הֲוַאי** [היו], **אֶלָּא בַּתְּחִילָּה** היתה מרים **כְּחֶלְאָה** (חולה וזנוחה), **וּלְבַסּוֹף** היתה בריאה ויפה **כְּנַעֲרָה**. נאמר ״**וּבְנֵי חֶלְאָה צֶרֶת וְצֹהַר וְאֶתְנָן**״ (שם ז), ומפרשים שלא בנים הם, אלא מה נשתנה בה לאחר שנבנתה, ״**צֶרֶת**״ — **שֶׁנַּעֲשֵׂית צָרָה לַחֲבְרוֹתֶיהָ**, שהיתה יפה כל כך שכל אשה היתה מתקנאה ביופיה. ״**צֹהַר**״ — **שֶׁהָיוּ פָּנֶיהָ** מאירים **וְדוֹמִין כְּצָהֳרַיִם**, ״**אֶתְנָן**״ — **שֶׁכָּל הָרוֹאֶה אוֹתָהּ** מתאוה עד **שֶׁהוּא מוֹלִיךְ אֶתְנָן** (מתנה) **לְאִשְׁתּוֹ** לרצותה.

א ושוב לענין פרשת שיעבוד מצרים. נאמר: ״**וַיְצַו פַּרְעֹה לְכָל עַמּוֹ** לאמר כל הבן הילוד היאורה תשליכוהו״ (שמות א, כב). **אָמַר ר׳ יוֹסֵי בְּר׳ חֲנִינָא**: מלשון הכתוב ״לכל עמו״ משמע **שֶׁאַף עַל עַמּוֹ גָּזַר** גזירה זו. **וְאָמַר ר׳ יוֹסֵי בְּר׳ חֲנִינָא: שָׁלֹשׁ גְּזֵירוֹת גָּזַר, בַּתְּחִילָּה** אמר רק למילדות ״**אִם בֵּן הוּא וַהֲמִתֶּן אֹתוֹ**״ (שם טז), **וּלְבַסּוֹף** גזר על ישראל בלבד ״**כָּל הַבֵּן הַיִּלּוֹד הַיְאֹרָה תַּשְׁלִיכֻהוּ**״ (שם כב), **וּלְבַסּוֹף אַף עַל עַמּוֹ גָּזַר**, שאף את בני המצרים ישליכו. נאמר ״**וַיֵּלֶךְ אִישׁ מִבֵּית לֵוִי**״ (שם ב, א). ושואלים: **לְהֵיכָן הָלַךְ? אָמַר רַב יְהוּדָה בַּר זְבִינָא: שֶׁהָלַךְ בַּעֲצַת בִּתּוֹ** מרים. ומה עניינו? **תָּנָא** [שנה החכם]: **עַמְרָם גְּדוֹל הַדּוֹר הָיָה, כֵּיוָן שֶׁרָאָה שֶׁאָמַר פַּרְעֹה הָרָשָׁע ״כָּל הַבֵּן הַיִּלּוֹד הַיְאֹרָה תַּשְׁלִיכֻהוּ״** (שם א, כב) **אָמַר: לַשָּׁוְא אָנוּ עֲמֵלִין** ומולידים בנים, שהרי בסופו של דבר הורגים אותם, **עָמַד וְגֵירֵשׁ אֶת אִשְׁתּוֹ. עָמְדוּ כּוּלָּן** ועשו כמוהו **וְגֵירְשׁוּ אֶת נְשׁוֹתֵיהֶן. אָמְרָה לוֹ** מרים **בִּתּוֹ: אַבָּא, קָשָׁה גְּזֵירָתְךָ** על ישראל **יוֹתֵר מִשֶּׁל פַּרְעֹה. שֶׁפַּרְעֹה לֹא גָּזַר אֶלָּא עַל הַזְּכָרִים, וְאַתָּה גָּזַרְתָּ עַל הַזְּכָרִים וְעַל הַנְּקֵיבוֹת** שלא להוליד כלל. **פַּרְעֹה לֹא גָּזַר אֶלָּא בָּעוֹלָם הַזֶּה** שיהרגום, **וְאַתָּה בָּעוֹלָם הַזֶּה וְלָעוֹלָם הַבָּא** שאם אין נולדים, אינם מגיעים כלל לחיי עולם הבא. **פַּרְעֹה הָרָשָׁע** כיון שרשע הוא — **סָפֵק מִתְקַיֶּימֶת גְּזֵירָתוֹ סָפֵק אֵינָהּ מִתְקַיֶּימֶת, אַתָּה צַדִּיק — בְּוַדַּאי שֶׁגְּזֵירָתְךָ מִתְקַיֶּימֶת, שֶׁנֶּאֱמַר** בצדיקים: ״**וְתִגְזַר אֹמֶר וְיָקָם לָךְ**״ (איוב כב, כח). שמע עמרם לדבריה, **עָמַד וְהֶחֱזִיר אֶת אִשְׁתּוֹ**, ומשראו כך **עָמְדוּ כּוּלָּן וְהֶחֱזִירוּ אֶת נְשׁוֹתֵיהֶן**. ושואלים: הלא נאמר ״**וַיִּקַּח** את בת לוי״ (שמות ב, א), ולפי מה שאמרנו שגירשה והחזירה, אם כן ״**וַיַּחֲזוֹר** ויקח את בת לוי״ **מִיבָּעֵי לֵיהּ** [צריך היה לו] לומר! **אָמַר רַב יְהוּדָה בַּר זְבִינָא: שֶׁעָשָׂה לוֹ מַעֲשֶׂה לִיקּוּחִין** (נישואין) כמו בנישואין ראשונים — **הוֹשִׁיבָהּ בְּאַפִּרְיוֹן, וְאַהֲרֹן וּמִרְיָם מְרַקְּדִין לְפָנֶיהָ, וּמַלְאֲכֵי הַשָּׁרֵת אָמְרוּ ״אֵם הַבָּנִים שְׂמֵחָה״** (תהלים קיג, ט). נאמר: ״ויקח **אֶת בַּת לֵוִי**״ (שמות ב, א) ותוהים: **אֶפְשָׁר בַּת מֵאָה וּשְׁלֹשִׁים שָׁנָה הָוְיָא** [היתה] **וְקָרֵי** [וקורא] **לָהּ** עדיין **״בַּת״**? ומניין שהיתה זקנה כל כך — **שֶׁאָמַר ר׳ חָמָא בְּר׳ חֲנִינָא: בת לוי זוֹ הִיא יוֹכֶבֶד, שֶׁהוֹרָתָהּ** (הריונה) היה **בַּדֶּרֶךְ** מארץ ישראל עם יעקב ובניו בירידתם למצרים **וְלֵידָתָהּ** עם כניסתם **בֵּין הַחוֹמוֹת** של מצרים, **שֶׁנֶּאֱמַר: ״וְשֵׁם אשת עמרם יוכבד בת לוי אֲשֶׁר יָלְדָה אֹתָהּ לְלֵוִי בְּמִצְרָיִם״** (במדבר כו, נט), ודייק בלשון — **לֵידָתָהּ בְּמִצְרַיִם, וְאֵין הוֹרָתָהּ בְּמִצְרַיִם**. ואם כן כיצד קורא לה ״בת״? **אָמַר רַב יְהוּדָה: שֶׁנּוֹלְדוּ בָּהּ סִימָנֵי נַעֲרוּת** ונעשתה שוב צעירה כבת.

ב נאמר: ״**וַתַּהַר הָאִשָּׁה וַתֵּלֶד בֵּן**״ (שמות ב, ב). ושואלים: **וְהָא הֲוַת מִיעַבְּרָא בֵּיהּ תְּלָתָא יַרְחֵי מֵעִיקָּרָא** [והרי היתה מעוברת בו עוד שלושה חודשים קודם לכן] לפני שחזר ולקחה, כפי שיבואר! **אָמַר רַב יְהוּדָה בַּר זְבִינָא: מַקִּישׁ** [משווה] הכתוב **לֵידָתָהּ לְהוֹרָתָהּ, מָה הוֹרָתָהּ** (תחילת הריונה) **שֶׁלֹּא בְּצַעַר — אַף לֵידָתָהּ** היתה **שֶׁלֹּא בְּצַעַר. מִכָּאן** אנחנו למדים **לְנָשִׁים צִדְקָנִיּוֹת שֶׁלֹּא הָיוּ בִּפְיתָקָהּ** (בגזר דינה) **שֶׁל חַוָּה**, שאשה הרה ויולדת בנים בצער. נאמר ״**וַתֵּרֶא אֹתוֹ כִּי טוֹב הוּא**״ (שם). **תַּנְיָא** [שנויה ברייתא], **ר׳ מֵאִיר אוֹמֵר: ״טוֹב״** הוא **שְׁמוֹ** האמיתי של משה, שניתן לו על יד הוריו בלידתו. **ר׳ יְהוּדָה אוֹמֵר: ״טוֹבִיָּה״ שְׁמוֹ. ר׳ נְחֶמְיָה אוֹמֵר**: שאמרו כן משום שבשעה שנולד ראו אותו שהוא **הָגוּן** (ראוי) **לִנְבִיאוּת. אֲחֵרִים אוֹמְרִים: נוֹלַד כְּשֶׁהוּא מָהוּל. וַחֲכָמִים אוֹמְרִים: בְּשָׁעָה שֶׁנּוֹלַד מֹשֶׁה נִתְמַלֵּא הַבַּיִת כּוּלּוֹ אוֹר**, וכך הוא לומד זאת: **כְּתִיב הָכָא** [נאמר כאן]: ״**וַתֵּרֶא אֹתוֹ כִּי טוֹב הוּא**״ **וּכְתִיב הָתָם** [ונאמר שם]: ״**וַיַּרְא אֱלֹהִים אֶת הָאוֹר כִּי טוֹב**״ (בראשית א, ד). נאמר ״**וַתִּצְפְּנֵהוּ שְׁלֹשָׁה יְרָחִים**״ (שמות ב, ב) ומסבירים מדוע דווקא שלושה חודשים — **שֶׁלֹּא מָנוּ מִצְרִים אֶלָּא מִשָּׁעָה דְּאַהַדְרָהּ** [שהחזירה] בעלה, שלפי חשבון זה החלו לחפש אחרי הילד, **וְהִיא הֲוַת מִיעַבְּרָא בֵּיהּ תְּלָתָא יַרְחֵי מֵעִיקָּרָא** [והיא היתה מעוברת בו שלושה חודשים קודם לכן]. נאמר שם ״**וְלֹא יָכְלָה עוֹד הַצְּפִינוֹ**״. ושואלים: **אַמַּאי** [מדוע] לא יכלה? **תִּצְפְּנֵיהּ וְתֵיזִיל** [תצפנהו ותלך ותמשיך]! **אֶלָּא, כָּל הֵיכָא דַּהֲווּ שָׁמְעֵי מִצְרָאֵי דְּמִתְיְלִיד יָנוּקָא, מַמְטוּ יָנוּקָא הָתָם** [כל מקום שהיו שומעים המצרים שנולד תינוק, היו מביאים תינוק אחר לשם] **כִּי הֵיכִי דְּלִישְׁמְעִינְהוּ וּמַעֲוֵי בַּהֲדַיְיהוּ** [כדי שישמעו אותו בוכה ויבכו ביחד], **דִּכְתִיב** [שנאמר]: ״**אֶחֱזוּ לָנוּ שׁוּעָלִים שֻׁעָלִים קְטַנִּים**״ (שיר השירים ב, טו) שהתינוקות הללו שהיו גורמים לגלות את הילדים המוחבאים נקראים ״שועלים קטנים״. נאמר ״**וַתִּקַּח לוֹ תֵּבַת גֹּמֶא**״ (שמות ב, ג). ושואלים: **מַאי שְׁנָא** [במה שונה], מדוע דווקא **גּוֹמֶא? אָמַר ר׳ אֶלְעָזָר: מִיכָּן** (מכאן) **לַצַּדִּיקִים שֶׁמָּמוֹנָם חָבִיב עֲלֵיהֶן יוֹתֵר מִגּוּפָן**, ולכן לקחה דבר זול, משום שלא רצתה להוציא ממון הרבה. **וְכָל כָּךְ לָמָּה** חביב עליהם יותר מגופם — **לְפִי שֶׁאֵין פּוֹשְׁטִין יְדֵיהֶן בְּגָזֵל**, לפיכך חשוב הוא בעיניהם. **ר׳ שְׁמוּאֵל בַּר נַחְמָנִי אָמַר**: לא מטעם זה, אלא לקחה **דָּבָר רַךְ** כגומא, **שֶׁיָּכוֹל לַעֲמוֹד הֵן בִּפְנֵי דָּבָר רַךְ וְהֵן בִּפְנֵי דָּבָר קָשֶׁה**. אבל אם היתה עושה התיבה מדבר קשה כעצים חששה שמא ייתקל בדבר קשה ויישבר. בביאור הנאמר ״**וַתַּחְמְרָה בַחֵמָר וּבַזָּפֶת**״ (שם), **תָּנָא** [שנה החכם]: מרחה **חֵמָר מִבִּפְנִים וְזֶפֶת מִבַּחוּץ, כְּדֵי שֶׁלֹּא יָרִיחַ אוֹתוֹ צַדִּיק**, משה, **רֵיחַ רַע** של זפת. על הנאמר ״**וַתָּשֶׂם בָּהּ אֶת הַיֶּלֶד וַתָּשֶׂם בַּסּוּף**״ (שם) **ר׳ אֶלְעָזָר אוֹמֵר: בְּיַם סוּף. ר׳ שְׁמוּאֵל בַּר נַחְמָנִי אָמַר:**

עיונים

כל הנושא וכו׳ המהרש״א כתב שלמדים דבר זה ממרים עצמה, שהרי קודם שנישאה היתה עזובה וחולה, ולאחר מכן כשנתרפאה נעשתה כבריה חדשה, והרי זה כאילו נולדה מחדש. והיו שכתבו שהכוונה היא שיש בין האיש והאשה דיבוק וחיבור כמו בין אב לבתו, שמצד זה המליצו חז״ל להידבק בקרובותיו ולשאת אחת מהן מפני שיש לו קירבה יתירה אליהן, ולולא האיסור שבדבר ראוי היה לאדם להידבק בקרובות כמו בתו (עיון יעקב). ועוד כתבו שמפני הקירבה שיש ביניהם אין כאן מקום ליצר הרע (מנחת קנאות).

ישר שישר וכו׳ ראה במהרש״א שכתב טעמים שונים, כאן ובהמשך הדברים, לדרשות אלה של חז״ל על שמות האנשים והנשים שנזכרו כאן והראה שבכל אחד מכתובים אלה יש קושי מסויים שבגללו היה מקום לדרשה. ובכללו של דבר המפרשים שפירשו את ספר דברי הימים על דרך הפשט (ובכללם רש״י שם) לא פירשו כמו שנאמר כאן לפי שכאן באים הדברים בדרך הדרש, ללמד על תוכנם המוסרי של הדברים ומה יש ללמוד מהם לדורות (וכדרך שאמרו חז״ל על כך — כל דבריך אחד הם ואנו יודעים לדורשם).

שישר את עצמו וכו׳ רש״י מפרש את הדברים לענין המרגלים, שפרש כלב מהם ולא נפתה לדבריהם. וראה במהרש״א שמפרש את הדברים (וכן בהמשך) לענין עצם הדבר שנשא את מרים לשם שמים.

אף על עמו גזר בפשטות למדו דבר זה ממה שלא פירש שגזירה זו היא רק על ישראל. וראה בעיון יעקב שכתב שיש להוכיח את הדבר ממה שאמרה בת פרעה ״מילדי העברים זה״ (שמות ב, ו), שמכאן משמע שהיו מושלכים ביאור גם ילדים אחרים.

עמרם גדול הדור וכו׳ ולמדו דבר זה ממה שנאמר ״וילך איש מבית לוי״ (שמות ב, א), ואין ״איש״ במקרא אלא לשון גדולה וחשיבות (עיון יעקב).

ואתה בעולם הזה ולעולם הבא רש״י ואחרים פירשו שגם אם ממיתים המצרים את הילדים הריהם מתים רק לעולם הזה, אבל יש להם חלק לעולם הבא. מה שאין כן באלה שלא נולדו. והיו שפירשו כי אם מולידים ילדים, אף שאין הילדים מתקיימים — מכל מקום ההורים קיימו את המצוה לפרות ולרבות כפי יכולתם, אבל אם נמנעים הם מלהוליד נענשים על כך בעולם הבא (עיון יעקב, אהבת איתן).

שנולדו בה סימני נערות ושאלו: כיון שכאמור להלן היתה כבר מעוברת, מה טעם נעשה לה נס זה דווקא כשהחזירה? ויש שפירשו כי אם היה עמרם מחזירה כמו שהיתה, היו אחרים אומרים שאינו חושש להחזירה אלא משום שהיא זקנה ואינה מסוגלת עוד להוליד (ראה עיון יעקב, ענף יוסף). וראה בהמשך.

הות מיעברא כבר העירו המפרשים כי הגמרא כאן אינה כשיטת מדרשים שונים (וכן הוא בתרגום ירושלמי לתורה) שנמשכו הגירושין זמן מסויים, ויוכבד נישאה בינתיים לאיש אחר וילדה ממנו את אלדד ומידד.

מכאן לנשים צדקניות וכו׳ כתב המהר״ל כי מעצם הבריאה לא היה צריך להיות בה צער וכאב כלל, לא במהלך חייו של אדם ולא בפרנסתו, ומה שיש בכך סבל וכאב הוא משום החטא. ומשום כך נשים צדקניות שאין החטא דבק בהן אינן בכלל היסורים שהם מנת חלקן, של נשים אחרות.

טוב שמו וכו׳ אף שבכל מקום קרוי הוא משה, הרי כמפורש בתורה היה זה השם שנתנה לו בת פרעה, וחכמים דנו מה היה שמו המקורי שניתן לו בלידתו. וכאן מובאות שתי דעות, ועוד יש דעות רבות אחרות במסכת מגילה ובמדרש.

וכתב המהר״ל כי הסבור ש״טוב״ שמו מסביר שהיה טוב במהותו מעצם בריאתו, והאומר שהיה שמו טוביה מוסיף שלכך גם נתחבר אור אלוקי, ומשום כך הוסיפו לו שם ה׳.

נולד כשהוא מהול וכל הדברים הללו באו לבאר שנולד משה בכל מיני השלימות, עד שגם ערלה שהיא צד מסויים של פגם לא היתה בו מתחילה (תורה תמימה).

שממונם חביב עליהן וכו׳ כלומר, שהצדיקים מוכנים לסבול צער הגוף כדי לחסוך בממון מפני שהם מתייגעים הרבה עד שמגיע להם ממון בכשרות (בן יהוידע). וראה במסכת תענית (כג, ב) בענין אבא חלקיה.

חמר מבפנים מהרש״א מסביר שבהכרח היה החמר מבפנים, שהרי אם היתה שמה אותו בחוץ היו המים ממיסים אותו. ולפי זה נראה שהסבירו ששמה לו חמר מבפנים לא רק כהגנה מן המים, אלא גם שלא יריח ריח הזפת שבא מן החוץ. וראה בתוס׳ (ד״ה חמר) שפירשו את הדבר באופן אחר קצת, שגם הזפת וגם החמר היו מבפנים, אלא שהיה הזפת מחופה בחמר, ומבחוץ היתה התיבה חשופה כדי שלא תבלוט בתוך קני הסוף.

מסורת הש״ס

א. שמו״ר פ״א יז (כל הענין). וראה תנחומא בובר ויצא י. אג״ב פמ״ט.

ב. (הביטוי) ראה מגילה יג,א. סנהדרין יט,ב.

ג. (הביטוי) ראה ברכות סד,א ובמקבילות שם.

ד. ראה תמורה טז,א.

ה. שמו״ר פ״א יח. תנחומא ויקהל ד. ילק״ש תורה קסד.

ו. שמו״ר פ״א יט. ילק״ש תורה קסה (כל הענין).

ז. שם. שם יד. במדב״ר פי״ג כ. פסי״ר פמ״ג. וראה קה״ר פ״ט יז.

ח. ראה שבת נט,ב. סג,א. תענית כג,א. מו״ק טז,ב. כתובות קג,ב. ב״מ פה,א. ירושלמי תענית פ״ג ה״י. שמו״ר פכ״א ב. במדב״ר פי״ד ד. שם פי״ח יב. דב״ר פ״ה יג. תנחומא וירא יט. שם נשא כט. פסי״ר פ״ג. אג״ב פכ״ב.

ט. ב״ב קכ,א. שמו״ר פ״א יט.

י. ב״ב שם. שמו״ר שם. וראה במדב״ר פי״ג כ. מדרש שמואל פ״ד.

יא. ב״ב קכ,א. קכג,ב. סדר עולם רבה פ״ט. ב״ר פצ״ד ט. שמו״ר שם. במדב״ר שם. מדרש שמואל פל״ב. פסדר״כ פ״י. ילק״ש תורה קנב. שם קסה.

יב. שמו״ר פ״א כ. ילק״ש תורה קסו.

יג. שמו״ר שם (כל הענין). וראה גם מנחות נג,ב. ב״ר פ״ד ו. שמו״ר פי״ח ג. ויק״ר פ״כ א. קה״ר פ״ד ט. שם פ״ט א. שוח״ט פקכ״ה. פדר״א פמ״ח. ילק״ש שם.

יד. ויק״ר פ״א ג. קה״ר שם.

טו. אדר״נ פ״ב. שמו״ר שם. ויק״ר פ״כ א. דב״ר פי״א י. קה״ר שם. תנחומא נח ה. שם ואתחנן א. שוח״ט פ״ט. פסדר״כ פכ״ז. וראה פדר״א פמ״ח.

טז. סוטה יג,א. שמו״ר פ״א כב. מדרש משלי פי״ד.

יז. ראה שמו״ר פכ״ב א. שה״ר פ״ב טו. ילק״ש תורה קסו (כל הענין).

יח. חולין צא,א. שמו״ר פ״א כא. רו״ר פ״ה טו.

יט. שם. סנהדרין צט,ב.

כ. ב״ר פל״א ט. שמו״ר שם.

כא. שמו״ר שם.

גרסות

ששיבב את יצרו יש בכת״י ועוד: **ששיבב את עצמו.**

נעשה מרים יש בכת״י: **שנעשית מרים** ויש בכת״י ועוד שחסרות מלים אלה.

אלא בתחילה יש בכת״י: **בתחילה.**

צהר במקרא: **צחר.**

על עמו גזר ויש: **על עצמו גזר.**

שראה שאמר יש בכת״י: **שראה שגזר** ויש: **שגזר.**

יותר משל פרעה יש בכת״י: **משל פרעה הרשע.**

ויחזור בכת״י ועוד יש: **ויחזיר.**

שעשה לו יש בכת״י: **שעשה לה** ויש: **שעשה בה.**

שלא היו בפיתקה יש בכת״י: **שאינן בפיתקה.**

אור בכת״י ובמקורות רבים: **אורה.**

בפני דבר — קשה בכת״י: **בפני רך ובפני קשה.**

לשון

ורד

מקור המלה הוא בפרסית הבינונית vard שמובנה — פרח הורד, ומשם הושאלה גם לשפות אחרות. לעתים משמשת המלה בלשון חז״ל עבור צבע אדמדם.

אפריון

מקור המלה הוא ביוונית φορεῖον (פוריון) — כיסא העשוי לשאת בו בני אדם.

פיתקה

מקור המלה הוא ביוונית πιττάκιον (פיטאקיון) שמשמעה — דבר שכותבים עליו, שטר, כתב רשמי. בכלל מובניה של המלה גם רשימה, כגון רשימת אנשים השייכים לקבוצה מסויימת.

החיים

אפיריון, זפת

ראה השלמות עמ׳ 287.

דיקא נמי דכתיב. קרא אחרינא כי משתעי בכלב לא קריה בן קנז כדכתיב בעתניאל אלא הקניזי מאנשי ביתו ומגידוליו של קנז: **עזובה שהכל עזבוה.** שמתחילה חולנית היתה כדקרי לה הכא יריעות ולקמן קרי לה נמי חלאה ועזובה שעזבוה כל בחורי ישראל מלישא אותה: **והא מינסב נסבה.** כדכתיב ותמת עזובה ויקח לו וגו׳ אלמא איתתיה הואי: **לשם שמים.** כגון זו שהיתה חולה ונשאה לשם שמים שבדק באחיה אהרן ומשה וראה אותם צדיקים ורוב בנים דומין לאחי האם בב"ב בית נוחלין (דף קי.): **ליריעות.** בלי תואר אדמומית דמחמת חוליה היתה ירקרקת: **בוניה.** אלו שמות בעלה שבנאה ועשאה מבונה כשאר נשים בנישואין ובנים ישר ושובב וארדון: **שייסר את עצמו.** מלטעות את טעות המרגלים: **ששיבב את עצמו.** מעלתן לשון הבת השובבה (ירמיה לא) יוצאנית ומורדת והכי נמי קרי ליה מרד בקרא אחרינא על שם שמרד בעצת מרגלים: **שרדה ביצרו.** שהיה מסיתו לטעות עמהן: **שהושחרו פניו.** שקבל עליו תעניות הרבה שינצל מעצת מרגלים: **שנעשה לה כאב.** להתעסק בה ברפואות ומזונות הצריכין לחולה: **שתקע את לבו לאביו שבשמים.** שלא להיות בעצת מרגלים: **חלאה.** חולי: **ולבסוף נערה.** שנתרפאה מחליה וחזרה בתואר פנים כנערה: **ובני חלאה.** ובנייני חלאה *שנבנית ונתרפאת משובחין היו להיות צרת וצהר ואתנן: **צרה לחברותיה.** מתקנאות ביופיה: **מוליך אתנן לאשתו.** שהיה מתאוה למשכב נשים: **אף על עמו גזר.** דרש רבי תנחומא יום שנולד משה אמרו איצטגניניו היום נולד מושיען של ישראל ואין אנו יודעים אם מצרי הוא או יהודי ועמד וקיבץ כל עמו ובקש מהן ליתן לו הנולדים בו ביום וגזר אף על עמו: **בתחילה והמתן אותו.** לא הושיב שומרים אלא סמך על המילדות: **תשליכוהו.** שהושיב שומרין וקסדורין לדבר: **ולבסוף על עמו.** כדפרישית וכיון שעבר היום ועדיין רואין איצטגניניו שלא לקה העמיד הגזירה עד יום שהושלך ליאור: **גדול הדור היה.** והיו הכל נשמעין לדבריו: **על הזכרים ועל הנקיבות.** שלא יולידו לא זכר ולא נקיבה: **אלא בעולם הזה.** שנולדים ומתים וחוזרים וחיים הן לעוה"ב אתה גזרת בעולם הזה ובעולם הבא שכיון שאינם נולדים אינן באין לעולם הבא: **בת מאה ושלשים.** כדמפרש ואזיל שנולדה בירידתן למצרים וישראל עמדו שם ר"י שנה ומשנולד משה לא נתעכבו אלא פ׳ שנים כדכתיב ומשה בן שמונים שנה וגו׳ בדברם אל פרעה (שמות ז) ואותה שנה יצאו נמצא שעברו מירידתם עד שנולד משה ק"ל שנה וכשהחזיר עמרם את יוכבד(א) היתה מעוברת ממשה כדאמרינן לקמן בשמעתין: **דאמר רבי חמא.** בית נוחלין*: **זו יוכבד.** בפרטן של יורדי מצרים אתה מוצא שבעים חסר אחת ובכללן אתה אומר הבאה מצרימה שבעים זו יוכבד שהשלימה מנינן בכניסתן לעיר: **סימני נערות.** חזרה לימי עלומיה באורח כנשים ובתואר פנים ופשטו הקמטים: *והיא הות מיעברא ביה תלתא ירחי מעיקרא.** מקמי דאהדרה כדלקמן: **מקיש לידתה וכו׳.** לא נכתב הריון זה אלא לדרוש כך: **בפיתקה של חוה.** בגזר דין שלה ושטר גזירות קללתה דעצבון והריון: **סגון לנביאות.** ראתה ברוח הקודש שעתיד [להיות הגון] לנבואה: **ותצפנהו שלשה ירחים.** שלשה חדשים יכלה להצפינו שלא הלכו המצרים לבדוק אחריה אלא לסוף תשעה חדשים משהחזירה והיא הוה מיעברא ביה תלתא ירחי מעיקרא ומהכא נפקא לן: **אמאי תצפניה ותיזיל.** מאחר שצפון במסתרים היה כדכתיב ותצפנהו מה יש לה לדאג: **ומעוי התם.** וצועק שם ודרך תינוק לצעוק כששומע קול תינוק חבירו: **אחזו לנו שועלים.** בת קול אומר למי הים אחזו לנו שועלים הקטנים(ב) המחבלים את הכרמים בהיותם סמדר בעוד הפרי קטן: **שחביב עליהן ממונן.** שדמיו מועטין ואף על פי שהיה משתמר גופו יותר בשל עצים שקשים וחזקים: **דבר רך.** בזה הוא משתמר יפה מן הכל לפי שהדבר הקשה כשהמים מוליכין אותו בחזקה(ג) הוא נתקל והוא ניטוף ונשבר אבל דבר קל נתקל ונזדקר באבן לאחוריו: **ריח רע.** של זפת:
אגם

תורה אור

דיקא נמי דכתיב °הקניזי ש"מ [א]עזובה זו מרים ולמה נקרא שמה עזובה שהכל עזבוה מתחילתה הוליד והלא מינסב הוה נסיב לה א"ר יוחנן כל הנושא אשה לשם שמים [ב]מעלה עליו הכתוב כאילו ילדה יריעות שהיו פניה דומין ליריעות ואלה בניה [ג]אל תקרי בניה אלא בוניה ישר שישר את עצמו שובב ששיבב את יצרו וארדון שרדה את יצרו ואיכא דאמרי על שהיו *פניה דומין לורד °ולאשחור אבי תקוע היו שתי נשים חלאה ונערה אשחור זה כלב ולמה נקרא שמו אשחור שהושחרו פניו בתעניות אבי שנעשה לה כאב תקוע שתקע את לבו לאביו שבשמים היו שתי נשים נעשה מרים כשתי נשים חלאה ונערה לא חלאה ונערה הואי אלא בתחילה חלאה ולבסוף נערה °ובני חלאה צרת וצהר ואתנן צרת שנעשית צרה לחברותיה צהר שהיו פניה דומין כצהרים אתנן [ד]שכל הרואה אותה מוליך אתנן לאשתו °ויצו פרעה לכל עמו [ה]א"ר יוסי בר׳ חנינא אף על עמו גזר ואמר ר"י בר׳ חנינא שלש גזירות גזר בתחילה אם בן הוא והמתן אותו *ולבסוף כל הבן הילוד היאורה תשליכוהו ולבסוף אף על עמו גזר °וילך איש מבית לוי [ו]להיכן הלך אמר רב יהודה בר זבינא שהלך בעצת בתו תנא [ז]עמרם גדול הדור היה כיון *(שראה שאמר) פרעה הרשע כל הבן הילוד היאורה תשליכוהו אמר לשוא אנו עמלין עמד וגירש את אשתו עמדו כולן וגירשו את נשותיהן אמרה לו בתו אבא קשה גזירתך יותר משל פרעה שפרעה לא גזר אלא על הזכרים ואתה גזרת על הזכרים ועל הנקיבות פרעה לא גזר אלא בעוה"ז ואתה בעוה"ז ולעוה"ב פרעה הרשע ספק מתקיימת גזירתו ספק אינה מתקיימת אתה [ח]צדיק בודאי שגזירתך מתקיימת שנאמר °ותגזר אומר ויקם לך עמד והחזיר את אשתו עמדו כולן והחזירו את נשותיהן ויקח *ויחזור מיבעי ליה [ט]א"ר יהודה בר זבינא שעשה *לו מעשה ליקוחין הושיבה באפריון ואהרן ומרים מרקדין לפניה ומלאכי השרת אמרו °אם הבנים שמחה את בת לוי [י]*אפשר בת מאה ושלשים שנה הויא וקרי לה בת [יא]*דא"ר חמא בר׳ חנינא זו יוכבד שהורתה בדרך ולידתה בין החומות שנאמר °אשר ילדה אותה ללוי במצרים לידתה במצרים ואין הורתה במצרים א"ר יהודה* שנולדו בה סימני נערות °ותהר האשה ותלד בן והא הות מיעברא ביה תלתא ירחי מעיקרא א"ר יהודה בר זבינא [יב]מקיש לידתה להורתה מה הורתה שלא בצער אף לידתה שלא בצער מכאן לנשים צדקניות שלא היו בפיתקה של חוה °ותרא אותו כי טוב הוא תניא [יג]ר"מ אומר טוב שמו ר׳ יהודה אומר [יד]טוביה שמו רבי נחמיה אומר הגון לנביאות אחרים אומרים [טו]נולד כשהוא מהול וחכמים אומרים [טז]בשעה *שנולד משה נתמלא הבית כולו אור כתיב הכא ותרא אותו כי טוב הוא וכתיב התם °וירא אלהים את האור כי טוב °ותצפנהו שלשה ירחים דלא מנו מצרים אלא משעה דאהדרה והיא הות מיעברא ביה תלתא ירחי מעיקרא °ולא יכלה עוד הצפינו אמאי תצפניה ותיזיל אלא [יז]כל היכא דהוו שמעי מצראי דמתיליד ינוקא ממטו ינוקא התם כי היכי דלישמעינהו ומעוי (בהדיהו) דכתיב °אחזו לנו שועלים שועלים קטנים וגו׳ °ותקח לו תבת גומא מאי שנא גומא א"ר אלעזר [יח]*מיכן לצדיקים שממונם חביב עליהן יותר מגופן וכל כך למה [יט]לפי שאין *פושטין ידיהן בגזל רבי שמואל בר נחמני אמר דבר רך שיכול לעמוד בפני דבר רך ובפני דבר קשה ותחמרה בחמר ובזפת תנא [כ]חמר מבפנים וזפת מבחוץ כדי שלא יריח אותו צדיק ריח רע ותשם בה את הילד ותשם בסוף [כא]רבי אלעזר אומר ים סוף רבי שמואל בר נחמני אמר
אגם

אחרים אומרים נולד כשהוא מהול. ומקשים מדקאמר ר"מ טוב שמו מכלל דאחרים לאו היינו ר"מ ובשלהי הוריות (דף יג:) אמר דאסקוה לר"מ אחרים ובפ"ק דברכות (דף ט:) בגמרא מאימתי קורין שמע בשחרית(ד) אפליגו ר"מ ואחרים וא"ר שראה בקונטרס צרפת שמועות שקיבל מאלישע בן אבויה קבעום בשם אחרים מפני שהיה שמו אחר אבל שאר שמועות קבעום בשמו ולא מסתברא דהא לרבי נתן אסקו יש אומרים ואית לך שכל שמועותיו קבעו כך ולר"מ נמי עשו כיוצא בו אלא נראה דלאחר דאסקוהו אחרים חזר בו ואמר נולד כשהוא מהול וכן בפ׳ קמא דברכות* :

חמר מבחוץ וזפת מבפנים. פירש רבי בשם ר"ש בר קלונימוס זה וזה בתוך התיבה והחמר היה מכסה את הזפת אבל מבחוץ לא זיפפה שלא ירגישו כי הגומא דומה לקנה היאור ולא יבחינו התיבה בתוך קנה היאור:
בשבילי

[נ"ל פניו. יעב"ץ]
[בס"א שנבראת]
[לקמן יג.]
[ב"ב דף קכג:]
[חולין נא.]
[סנהדרין נט:]
[נ"ל והא]

[ועי׳ תוס׳ שם ט: ד"ה אחרים ועי"ע תוס׳ ע"ז סד: ותוס׳ ב"ב טו: ד"ה וי"א]
[נ"ל ואחר כך וכ"א בילקוט ובע"י]
[נ"ל שגזר. כ"א בע"י]
כ"א וישב
[נ"ל לה וכ"א בילקוט ובע"י]
ב"ב קכג.
בס"א בר זבידא

הגהות הב"ח
(א) רש"י ד"ה בת מאה וכו׳ את יוכבד כבר היתה: (ב) ד"ה אחזו וכו׳ הקטנים שהיו מחבלים: (ג) ד"ה דבר רך וכו׳ והוא נתקל באבן הוא ניטוף ונשבר אבל דבר רך נתקל ונזדקר לאחוריו: (ד) תום׳ ד"ה אחרים וכו׳ אפליגו ר"מ. נ"ב עיין בב"ב דף טו ודף נג בתוס׳ ד"ה מאן י"א שם תירצו קושיא זו:

ב"ב קכ.

גליון הש"ס
רש"י ד"ה ששיבב את עצמו כו׳ וה"נ קרי ליה מרד. דה"א ד יח:

תורה אור

אגם כדכתיב °קנה וסוף קמלו ותרד בת פרעה לרחוץ על היאור [א]א"ר יוחנן משום ר' שמעון בן יוחי מלמד שירדה לרחוץ מגלולי אביה וכן הוא אומר °אם רחץ ה' את צואת בנות ציון וגו' ונערותיה הולכות וגו' [ב]א"ר יוחנן אין הליכה זו אלא לשון מיתה וכן הוא אומר °הנה אנכי הולך למות °ותרא את התיבה בתוך הסוף כיון דחזו דקא(א) בעו לאצולי למשה אמרו לה גבירתנו מנהגו של עולם מלך בשר ודם גוזר גזירה אם כל העולם כולו אין מקיימין אותה בניו ובני ביתו מקיימין אותה ואת עוברת על גזירת אביך [ג]בא גבריאל וחבטן בקרקע ותשלח את אמתה ותקחה ר' יהודה ור' נחמיה [ד]חד אמר ידה וחד אמר שפחתה מ"ד ידה דכתיב אמתה ומ"ד שפחתה מדלא כתיב ידה ולמ"ד שפחתה הא אמרת בא גבריאל וחבטן בקרקע דשייר לה חדא דלאו אורחא דבת מלכא למיקם לחודה ולמאן דאמר ידה ליכתוב ידה הא קמ"ל דאישתרבב אישתרבובי *דאמר מר [ה]וכן אתה מוצא באמתה של בת פרעה וכן אתה מוצא בשיני רשעים [ו]דכתיב °שני רשעים שברת *ואמר ריש לקיש אל תיקרי שברת אלא שריבבתה ותפתח ותראהו את הילד ותרא מיבעי ליה [ז]א"ר יוסי ברבי חנינא שראתה שכינה עמו והנה נער בכה קרי ליה ילד וקרי ליה נער תנא [ח]הוא ילד וקולו כנער דברי רבי יהודה אמר לו רבי נחמיה [ט]*א"כ עשיתו למשה רבינו בעל מום אלא מלמד שעשתה לו אמו חופת נעורים בתיבה אמרה שמא לא אזכה לחופתו ותחמול עליו ותאמר מילדי העברים זה מנא ידעה [י]א"ר יוסי ברבי חנינא שראתה אותו מהול זה א"ר יוחנן מלמד שנתנבאה שלא מדעתה זה נופל ואין אחר נופל והיינו דאמר רבי אלעזר מאי דכתיב °וכי יאמרו אליכם דרשו אל האובות ואל הידעונים המצפצפים והמהגים צופין ואינם יודעין מה צופין מהגים ואינן יודעים מה מהגים [יא]ראו שמושיען של ישראל במים הוא לוקה עמדו וגזרו כל הבן הילוד היאורה תשליכוהו כיון דשדיוה למשה אמרו תו לא חזינן כי ההוא סימנא בטלו לגזירתייהו והם אינן יודעין שעל מי מריבה הוא לוקה והיינו [יב]דאמר *רבי חמא ברבי חנינא מאי דכתיב °המה מי מריבה אשר רבו המה שראו איצטגניני פרעה וטעו והיינו דקאמר משה °שש מאות אלף רגלי וגו' [יג]אמר להן משה לישראל בשבילי נצלתם כולכם ר' חנינא בר פפא אמר אותו היום עשרים ואחד בניסן היה אמרו מלאכי השרת לפני הקב"ה רבונו של עולם מי שעתיד לומר שירה על הים ביום זה ילקה ביום זה רבי אחא בר חנינא אמר אותו היום ששה בסיון היה אמרו מלאכי השרת לפני הקב"ה רבש"ע [יד]מי שעתיד לקבל תורה מהר סיני ביום זה ילקה ביום זה בשלמא למ"ד בששה בסיון משכחת לה ג' ירחי *דאמר מר [טו]בשבעה באדר מת ובשבעה באדר נולד משה ומשבעה באדר ועד ששה בסיון תלתא ירחי אלא למ"ד בעשרים ואחד בניסן היכי משכחת לה אותה שנה מעוברת היתה רובו של ראשון ורובו של אחרון ואמצעי שלם ותאמר אחותו אל בת פרעה האלך וקראתי לך אשה מינקת מן העבריות ומאי שנא מעבריות [טז]מלמד שהחזירוהו למשה על כל המצריות כולן ולא ינק *אמר פה שעתיד לדבר עם השכינה יינק דבר טמא והיינו דכתיב °את מי יורה דעה וגו' למי יורה דעה ולמי יבין שמועה לגמולי מחלב ולעתיקי משדים ותאמר לה בת פרעה לכי* וגו' א"ר אלעזר מלמד שהלכה בזריזות כעלמה ר' שמואל בר נחמני אמר העלמה שהעלימה את דבריה ותאמר לה בת פרעה היליכי את הילד הזה אמר רבי חמא בר' חנינא [יז]מתנבאה ואינה יודעת מה מתנבאה היליכי הא שליכי ואני אתן את שכרך א"ר חמא בר' חנינא לא דיין לצדיקים שמחזירין להן אבידתן אלא שנותנין להן שכרן °ותקח מרים הנביאה אחות אהרן וגו' [יח]*אחות אהרן ולא אחות משה אמר רב עמרם אמר רב ואמרי לה אמר רב נחמן אמר רב מלמד שהיתה מתנבאה כשהיא אחות אהרן ואומרת

ישעיה יט; שם ד; בראשית כה; שמות ב; תהלים ג; ישעיה ח; במדבר כ; שם יא; ישעיה כח; שמות טו

אגם. של עלי ערבה וקנים דקין והוא קנה וסוף דקרא קנה קנים סוף ערבה דקה: **לרחוץ.** לטבול שם לשם גירות: **וכן הוא אומר וכו'.** שהשב ומתנקה מעונו קרוי רחוץ: **לשון מיתה.** כדמפרש ואזיל שהיו ממחות בידה הצלתו של צדיק: **דאמר מר.** גבי שרביט הזהב דאחשורוש במסכת מגילה*: **בשיני רשעים.** דעוג מלך הבשן במסכת ברכות בתחלת פרק הרואה*: **שריבבתה.** לשון דאישתרבובי: **שראתה עמו שכינה.** והאי את לשון עם כמו לא שלח יעקב את אחיו (בראשית מב): **נער.** גדול משמע: **בעל מום.** והוא לוי ונפסל בקול לעבודת השיר: **ואין אחר נופל.** ליאור שאותו היום בטלו גזירתם: **וכי יאמרו אליכם.** הגוים דרשו כמותינו אל האובות: **המצפצפים והמהגים.** נביא קרי לשון גנאי שהם(ב) מצפצפין כעגורים ומהגים כיונים מוציאין קול בגרונם ואין יודעין מה אומרים כך דרך אילטגנינין אינן רואין אלא סימן אבל לא פירושו של כל דבר: **ראו.** אצטגניני פרעה: **שמושיען של ישראל כו'.** והך מילתא לאו ר' אלעזר קאמר לה דקרא לאו אמצרים קאי אלא גמרא קאמר לה וקאי אהא דאמרינן לעיל ואין אחר נופל וכדרבי אלעזר דאמר שאין יודעים מה הוגין הילכך ראו המצרים ולא ידעו מה ראו: **כיון דשדיוה למשה במים.** כל זמן שהיה ביאור אין לקות גדולה מזו ובטלה סימן של לקייה: **רגלי.** בשבילי כמו ויברך ה' אותך לרגלי (בראשית ל): **בשבילי נצלתם.** שביטלו מצרים את גזירתם: **שירה על הים.** בכ"א בניסן נאמרה כדתניא בסדר עולם מרעמסס לסוכות ומסוכות לאיתם ומאיתם לפני פי החירות הרי ג' ברביעי ויוגד למלך מצרים כי ברח העם חמישי וששי רדפו מצרים(ג) אור שביעי ירדו לים שנאמר ויאר את הלילה לשחרית אמרו שירה ויום שביעי היה ויו"ט אחרון של פסח היה: **דאמר מר בשבעה באדר מת משה.** בפ"ק דקידושין (דף לח.) ילפינן לה מקראי דכתיב ויבכו בני ישראל את משה בערבות מואב שלשים יום וכתיב משה עבדי מת ועתה קום עבור וכתיב כי בעוד שלשת ימים אתם עוברים את הירדן וגו' וכתיב והעם עלו מן הירדן בעשור לחדש הראשון צא מהן ל"ג למפרע תמצא שבשבעה באדר מת משה ומנין שבשבעה באדר נולד שנאמר ויאמר אליהם בן מאה ועשרים שנה אנכי היום וגו' מה ת"ל היום היום מלאו ימי ושנותי: **שלשה ירחי.** היו והן ג' חדשים שהצפינתו: **רובו של ראשון.** לא חסר אלא ז' ימים ורובו של ג' דהיינו ניסן ואמצעי שלם אדר השני שלם: **מאי שנא מן העבריות.** דקאמרה לה מכלל דמצריות לא ניחא לה: **דבר טמא.** זו שאכילתה דברים טמאים והתינוק טועם בחלבה כל מה שתאכל כדאמרי' ביומא (דף עה:) גבי לשד השמן: **את מי יורה דעה.** למי לימד הקב"ה תורה למי שגמל והפריש עצמו מחלב טמא ונעתק מן השדים הטמאים כמו ויעתק משם (בראשית יב): **שהלכה בזריזות כעלמה.** שכל כחה עליה כמו חזק ואמץ (דברים לא) תקיף ועלם: **שהעלימה את דבריה.** שלא אמרה שהיא אחותו ושהיא מביאה את אמו: **היליכי את הילד.** הרי ליך שליך: **שהיתה מתנבאה כשהיא אחות אהרן.** עד שלא נולד משה והיינו הנביאה אחות אהרן: מאי

בשבילי נצלתם כולכם. תימה אדרבה בשבילו נגזרו הגזירות שראו אצטגניני פרעה יש לומר הוא היה הראשון המושלך ליאור וגזירה ראשונה אם בן הוא והמתן אותו לא בשבילו היתה אלא משום ונלחם בנו ודרך אנשים להלחם:

סליק

[דף נד:]; [דף טו:]; מגילה טו: וברכות נד.; [בכורות מד.]; [סנהדרין קא.]; מגילה יד:; בראשית כה; מגילה טו:; מגילה יג: קדושין לח.

[נ"ל אמר הקב"ה כ"א בע"י]

[נ"ל ותלך העלמה אר"א וכו']

הגהות הב"ח

(א) גמ' דקא בעת לאצולי: (ב) רש"י ד"ה המצפצפים וכו' שהם אינם אלא מצפצפים כעגורים: (ג) ד"ה שירה וכו' מצרים אחריהם אור:

אֲגַם, כלומר, במקום שצומחים בו שיחים וקנים הניחה אותו, כִּדְכְתִיב [כפי שנאמר] ביאור מצרים: "קָנֶה וָסוּף קָמֵלוּ" (ישעיה יט, ו). נאמר: "וַתֵּרֶד בַּת פַּרְעֹה לִרְחֹץ עַל הַיְאֹר" (שמות ב, ה). אָמַר ר' יוֹחָנָן מִשּׁוּם (בשם) ר' שִׁמְעוֹן בֶּן יוֹחַי: מְלַמֵּד שֶׁיָּרְדָה לִרְחוֹץ מִגִּלּוּלֵי אָבִיהָ, שהיתה זו טבילה של קבלת מצוות, וְכֵן הוּא אוֹמֵר: "אִם רָחַץ ה' אֵת צֹאַת בְּנוֹת צִיּוֹן" (ישעיה ד, ד), והכוונה שם לחטאים, ללמדנו שיש רחיצה שעיקר משמעה הוא רוחני ולא חומרי. "וְנַעֲרֹתֶיהָ הֹלְכֹת" (שמות שם). אָמַר ר' יוֹחָנָן: אֵין הֲלִיכָה זוֹ אֶלָּא לְשׁוֹן מִיתָה, וְכֵן הוּא אוֹמֵר "הִנֵּה אָנֹכִי הוֹלֵךְ לָמוּת" (בראשית כה, לב). ומבארים: "וַתֵּרֶא אֶת הַתֵּבָה בְּתוֹךְ הַסּוּף" (שמות שם), כֵּיוָן דְּחָזוּ דְּקָא בָּעוּ לְאַצּוּלֵי [שראו נערותיה שהיא רוצה להציל] את מֹשֶׁה, אָמְרוּ לָהּ: גְּבִירְתֵּנוּ, מִנְהָגוֹ שֶׁל עוֹלָם כשמֶּלֶךְ בָּשָׂר וָדָם גּוֹזֵר גְּזֵירָה, גם אִם כָּל הָעוֹלָם כּוּלּוֹ אֵין מְקַיְּימִין אוֹתָהּ — לפחות בָּנָיו וּבְנֵי בֵּיתוֹ מְקַיְּימִין אוֹתָהּ, וְאַתְּ עוֹבֶרֶת עַל גְּזֵירַת אָבִיךְ? בָּא המלאך גַּבְרִיאֵל וַחֲבָטָן בַּקַּרְקַע ומתו. נאמר "וַתִּשְׁלַח אֶת אֲמָתָהּ וַתִּקָּחֶהָ" (שם). ר' יְהוּדָה וְר' נְחֶמְיָה נחלקו בפירוש המלה "אמתה", חַד [אחד מהם] אָמַר: הכוונה לְיָדָהּ, וְחַד [ואחד] אָמַר: הכוונה לְשִׁפְחָתָהּ. ומסבירים: מַאן דְּאָמַר [מי שאומר] יָדָהּ — דִּכְתִיב [שנאמר]: "אֲמָתָהּ" שהיא אמת היד. וּמַאן דְּאָמַר [ומי שאומר] שִׁפְחָתָהּ — מכיון שלֹּא כְּתִיב [נאמר] יָדָהּ במפורש. ושואלים: וּלְמַאן דְּאָמַר [ולדעת מי שאומר] שִׁפְחָתָהּ, הָא [הרי] אָמְרַתְּ שֶׁבָּא גַּבְרִיאֵל וַחֲבָטָן, את שפחותיה בַּקַּרְקַע! ומשיבים: שֶׁשִּׁיֵּיר לָהּ גבריאל שפחה חֲדָא [אחת], דְּלָאו אוֹרְחָא דְּבַת מַלְכָּא לְמֵיקַם לְחוּדָהּ [שאין דרכה של בת מלך לעמוד, להיות לבדה], ואת אותה שפחה שלחה לקחת את התיבה. ושואלים: וּלְמַאן דְּאָמַר [ולדעת מי שאומר] ש"אמתה" זו יָדָהּ, לִיכְתּוֹב [שיכתוב] הכתוב במפורש "יָדָהּ"! ומשיבים: הָא קָא מַשְׁמַע לָן [דבר זה השמיע לנו] דְּאִישְׁתַּרְבַּב אִישְׁתַּרְבּוֹבֵי [שהשתרבבה] ידה והתארכה אמות הרבה. שאָמַר מָר [החכם] בענין אחר: וְכֵן אַתָּה מוֹצֵא בְּאַמָּתָהּ שֶׁל בַּת פַּרְעֹה שנשתרבבה, וְכֵן אַתָּה מוֹצֵא בְּשִׁינֵּי רְשָׁעִים, דִּכְתִיב [שנאמר]: "שִׁנֵּי רְשָׁעִים שִׁבַּרְתָּ" (תהלים ג, ח), וְאָמַר רֵישׁ לָקִישׁ: אַל תִּיקְרֵי [תקרא] "שִׁבַּרְתָּ" אֶלָּא "שִׁרִיבַּבְתָּה". נאמר "וַתִּפְתַּח וַתִּרְאֵהוּ אֶת הַיֶּלֶד" (שמות ב, ו), ותוהים על לשון "ותראהו": הלא "וַתֵּרֶא" מִיבְּעֵי לֵיהּ [צריך היה לו] לומר! אָמַר ר' יוֹסֵי בְּר' חֲנִינָא: שֶׁרָאֲתָה שְׁכִינָה עִמּוֹ, והכתוב מתפרש: "ותראהו את" — עם הילד ראתה את ה'. נאמר: "וְהִנֵּה נַעַר בֹּכֶה" (שם) קָרֵי לֵיהּ [קורא לו] הכתוב "יֶלֶד", וְקָרֵי לֵיהּ [וקורא לו] באותו פסוק נַעַר. תָּנָא [שנה החכם]: הוּא יֶלֶד וְקוֹלוֹ גדול ועבה כְּנַעַר, אלו דִּבְרֵי ר' יְהוּדָה. אָמַר לוֹ ר' נְחֶמְיָה: אִם כֵּן עֲשִׂיתוֹ לְמֹשֶׁה רַבֵּינוּ בַּעַל מוּם, שדיה קולו עבה שלא כרגיל. אֶלָּא, מְלַמֵּד שֶׁעָשְׂתָה לוֹ אִמּוֹ חוּפַּת נְעוּרִים בַּתֵּיבָה, כלומר, עשתה לו כעין חופה קטנה בתוך התיבה, שאָמְרָה: שֶׁמָּא לֹא אֶזְכֶּה לְחוּפָּתוֹ. נאמר: "וַתַּחְמֹל עָלָיו וַתֹּאמֶר מִיַּלְדֵי הָעִבְרִים זֶה" (שם). ושואלים: מְנָא [מניין] יָדְעָה שהוא מילדי העברים? אָמַר ר' יוֹסֵי בְּר' חֲנִינָא: שֶׁרָאֲתָה אוֹתוֹ שהוא מָהוּל. "זֶה" — אָמַר ר' יוֹחָנָן: מְלַמֵּד שֶׁנִּתְנַבְּאָה שֶׁלֹּא מִדַּעְתָּהּ, כשאמרה "זה" הכוונה: זֶה נוֹפֵל במים וְאֵין אַחֵר נוֹפֵל עוד למים. וְהַיְינוּ [וזהו] שאָמַר ר' אֶלְעָזָר, מַאי דִּכְתִיב [מהו שנאמר]: "וְכִי יֹאמְרוּ אֲלֵיכֶם דִּרְשׁוּ אֶל הָאֹבוֹת וְאֶל הַיִּדְּעֹנִים הַמְצַפְצְפִים וְהַמַּהְגִּים" (ישעיה ח, יט), מהו פירוש "המצפצפים והמהגים": צוֹפִין וְאֵינָם יוֹדְעִין מַה צוֹפִין, מַהְגִּים וְאֵינָן יוֹדְעִים מַה מַּהְגִּים. שאמנם רואים האובות והידעונים משהו מן העתיד אבל אינם רואים אותו בבירור. רָאוּ האיצטגנינים שֶׁמּוֹשִׁיעָן שֶׁל יִשְׂרָאֵל בַּמַּיִם הוּא לוֹקֶה וידעו שפורענותו תהיה במים, עָמְדוּ וְגָזְרוּ: "כָּל הַבֵּן הַיִּלּוֹד הַיְאֹרָה תַּשְׁלִיכֻהוּ" (שמות א, כב). כֵּיוָן דְּשַׁדְיוּהּ [שהשליכו] את מֹשֶׁה למים, שהיה ביאור, אָמְרוּ: תּוּ לָא חָזֵינַן כִּי הַהוּא סִימָנָא [שוב אין אנחנו רואים עוד כמו הסימן ההוא], שמושיעם של ישראל כבר נמצא במים, בִּטְּלוּ לִגְזֵירְתַיְיהוּ [את גזירתם] מאותה שעה. וְהֵם אֵינָן יוֹדְעִין שֶׁעַל מֵי מְרִיבָה הוּא לוֹקֶה, ועל דבר זה ראו שלוקה במים. וְהַיְינוּ [וזהו] שאָמַר ר' חָמָא בְּר' חֲנִינָא: מַאי דִּכְתִיב [מהו שנאמר] "הֵמָּה מֵי מְרִיבָה אֲשֶׁר רָבוּ" (במדבר כ, יג) — הֵמָּה המים שֶׁרָאוּ אִיצְטַגְנִינֵי פַּרְעֹה וְטָעוּ בהם. וְהַיְינוּ דְּקָאָמַר [וזהו שאמר] מֹשֶׁה "שֵׁשׁ מֵאוֹת אֶלֶף רַגְלִי העם אשר אנכי בקרבו" (שם יא, כא); אָמַר לָהֶן מֹשֶׁה לְיִשְׂרָאֵל: בִּשְׁבִילִי (בגללי, "רגלי") שנזרקתי למים נִצַּלְתֶּם כּוּלְּכֶם, שמאז בטלה הגזירה ויש לי חלק בכם. ר' חֲנִינָא בַּר פַּפָּא אָמַר: אוֹתוֹ הַיּוֹם שהונח משה ביאור עֶשְׂרִים וְאֶחָד בְּנִיסָן הָיָה, אָמְרוּ מַלְאֲכֵי הַשָּׁרֵת לִפְנֵי הַקָּדוֹשׁ בָּרוּךְ הוּא: רִבּוֹנוֹ שֶׁל עוֹלָם, מִי שֶׁעָתִיד לוֹמַר שִׁירָה עַל הַיָּם בְּיוֹם זֶה שהוא יום קריעת ים סוף יִלְקֶה בְּיוֹם זֶה? ר' אַחָא בַּר חֲנִינָא אָמַר: אוֹתוֹ הַיּוֹם שִׁשָּׁה בְּסִיוָן הָיָה, אָמְרוּ מַלְאֲכֵי הַשָּׁרֵת לִפְנֵי הַקָּדוֹשׁ בָּרוּךְ הוּא: רִבּוֹנוֹ שֶׁל עוֹלָם, מִי שֶׁעָתִיד לְקַבֵּל תּוֹרָה מֵהַר סִינַי בְּיוֹם זֶה, יִלְקֶה בְּיוֹם זֶה? ושואלים: בִּשְׁלָמָא לְמַאן דְּאָמַר [נניח לדעת מי שאומר] שהונח משה ביאור בְּשִׁשָּׁה בְּסִיוָן, מַשְׁכַּחַתְּ לָהּ [מוצא אתה] תְּלָתָא יַרְחֵי [שלושה חודשים] של הצפנה, שאָמַר מָר [החכם]: בְּשִׁבְעָה בַּאֲדָר מֵת משה רבינו, וּבְשִׁבְעָה בַּאֲדָר נוֹלַד מֹשֶׁה, ולפי זה מִשִּׁבְעָה בַּאֲדָר וְעַד שִׁשָּׁה בְּסִיוָן תְּלָתָא יַרְחֵי [שלושה חודשים]. אֶלָּא לְמַאן דְּאָמַר [לדעת מי שאומר] שהיה בְּעֶשְׂרִים וְאֶחָד בְּנִיסָן, הֵיכִי מַשְׁכַּחַתְּ לָהּ [איך מוצא אתה] שלושה חודשים? ומשיבים: אוֹתָהּ שָׁנָה, שנה מְעוּבֶּרֶת הָיְתָה, שהיו בה שני חודשי אדר, ואם כן הצפינתו רוּבּוֹ שֶׁל חודש רִאשׁוֹן (משבעה באדר ראשון שנולד בו), וְרוּבּוֹ שֶׁל אַחֲרוֹן (עד עשרים ואחד בניסן), וְאֶמְצָעִי (אדר שני) שָׁלֵם. נאמר: "וַתֹּאמֶר אֲחֹתוֹ אֶל בַּת פַּרְעֹה הַאֵלֵךְ וְקָרָאתִי לָךְ אִשָּׁה מֵינֶקֶת מִן הָעִבְרִיֹּת" (שמות ב, ז) ושואלים: וּמַאי שְׁנָא [ומה שונה, מדוע דווקא] מֵעִבְרִיּוֹת? מְלַמֵּד שֶׁלְּפני כן הֶחֱזִירוּהוּ (סובבוהו) לְמֹשֶׁה עַל כָּל המניקות הַמִּצְרִיּוֹת כּוּלָּן, וְלֹא יָנַק מהן, אָמַר: פֶּה שֶׁעָתִיד לְדַבֵּר עִם הַשְּׁכִינָה יִינַק דָּבָר טָמֵא? וְהַיְינוּ דִּכְתִיב [וזהו שנאמר] "אֶת מִי יוֹרֶה דֵעָה ואת מי יבין שמועה". לְמִי יוֹרֶה דֵעָה וּלְמִי יָבִין שְׁמוּעָה, כלומר, למי ילמד את התורה — לִגְמוּלֵי מֵחָלָב וּלְעַתִּיקֵי מִשָּׁדָיִם (ראה ישעיה כח, ט), לזה שלא רצה לינוק ("גמולי") מחלב נכריה. נאמר: "וַתֹּאמֶר לָהּ בַּת פַּרְעֹה לֵכִי ותלך העלמה" (שמות ב, ח) אָמַר ר' אֶלְעָזָר: מְלַמֵּד שֶׁהָלְכָה בִּזְרִיזוּת כְּעַלְמָה, כלומר, כעלמה גדולה ולא כילדה. ר' שְׁמוּאֵל בַּר נַחְמָנִי אָמַר: "הָעַלְמָה" — שֶׁהֶעֱלִימָה אֶת דְּבָרֶיהָ ולא סיפרה לה שהיא מביאה אותו אל אמו. נאמר שם "וַתֹּאמֶר לָהּ בַּת פַּרְעֹה (ליוכבד) הֵילִיכִי אֶת הַיֶּלֶד הַזֶּה" (שם ט). אָמַר ר' חָמָא בְּר' חֲנִינָא: מִתְנַבְּאָה היתה בת פרעה וְאֵינָהּ יוֹדַעַת מָה מִתְנַבְּאָה, "הֵילִיכִי" פירושו — הָא שֶׁלִּיכִי [זה שלך]. "וַאֲנִי אֶתֵּן אֶת שְׂכָרֵךְ" (שם). אָמַר ר' חָמָא בְּר' חֲנִינָא: לֹא דַיָּין לַצַּדִּיקִים שֶׁמַּחֲזִירִין לָהֶן אֲבֵידָתָן, אֶלָּא שֶׁנּוֹתְנִין לָהֶן שְׂכָרָן, שהרי החזירו ליוכבד את בנה ואף קיבלה שכר על שהניקה אותו. נאמר "וַתִּקַּח מִרְיָם הַנְּבִיאָה אֲחוֹת אַהֲרֹן" (שם טו, כ). ושואלים: וכי היתה אֲחוֹת אַהֲרֹן וְלֹא אֲחוֹת מֹשֶׁה? אָמַר רַב עַמְרָם אָמַר רַב וְאָמְרִי לָהּ [ויש אומרים אותה], אָמַר רַב נַחְמָן אָמַר רַב: מְלַמֵּד שֶׁהָיְתָה מִתְנַבְּאָה עוד כְּשֶׁהִיא אֲחוֹת אַהֲרֹן, כשעדיין לא נולד משה,

מסורת הש"ס

א. מגילה יג,א. שמו"ר פ"א כג. תנחומא שמות ז. ילק"ש תורה קסו. שם נ"ך תתרנב.
ב. שמו"ר שם. ילק"ש תורה שם.
ג. (הביטוי) סנהדרין יט,ב.
ד. שמו"ר שם. תנחומא שם.
ה. מגילה טו,ב.
ו. ברכות נד,ב. מגילה שם.
ז. שמו"ר פ"א כד (כל הענין).
ח. שם. תנחומא שמות ח.
ט. (לענין אחר) בכורות מד,א.
י. שמו"ר שם. ילק"ש שם (כל הענין).
יא. שמו"ר שם.
יב. סנהדרין קא,ב. שמו"ר שם.
יג. ב"ר פצ"ז ג. שמו"ר שם.
יד. ראה שבת פו,ב.
טו. מגילה יג,ב. קדושין לח,א. תוספתא סוטה פי"א ז. סדר עולם רבה פ"י. מכילתא טז, לה. ספרי דברים א, ג. מדרש תנאים לד, ז. שמו"ר שם. תנחומא ואתחנן ו. וראה תענית ט,א. אסת"ר פ"ז יא.
טז. שמו"ר פ"א כה.
יז. (ביטוי דומה) ב"ב קיט,ב. מכילתא טו, יז.
יח. מגילה יד,א. מכילתא טו, כ. מכילתא דרשב"י טו, כ. ברייתא דל"ב מדות ד. ב"ר פ"פ י. שמו"ר פ"א כב. מדרש משלי פי"ד. שם פל"א.

גרסות

מלמד שירדה בכת"י יש: **שירדה.**

דקא בעו הב"ח מגיה: **דקא בעת.**

מלך בשר ודם בכת"י ומקורות יש: **מלך.**

אורחא דבת בכת"י יש: **אורח ארעא לבת.**

שריבבתה בכת"י ועוד יש: **שרבבת.**

חופת נעורים יש בכת"י: **חופת נערים.**

דשדיוה למשה יש בכת"י: **דשדיוה למשה במים.**

כי ההוא סימנא יש בכת"י: **לסימנא.**

ומאי שנא מעבריות בכת"י יש: **מאי שנא מעבריות.**

שכרן יש בכת"י: **שכר** ויש: **שכר עמה.**

עיונים

מלמד שירדה לרחוץ וכו' המפרשים הסבירו בדרכים שונות כיצד למדים מכאן שירדה לטבול כדי להטהר מגילולי בית אביה. ויש שאמרו שהלימוד הוא מדייק הלשון "על היאור" ולא "לרחוץ ביאור", וכן כתבו שהיה ראוי להיות כתוב "על היאור לרחוץ" (וראה בעיון יעקב). ועצם הדבר נלמד מן הכתוב בדברי הימים (א ד, יח) לגבי "בתיה בת פרעה" שבסופה נישאה ליהודי משמע שדבקה בישראל ובאמונתם.

אין הליכה וכו' ונכתב הדבר על שם העתיד, שהרי לבסוף מתו כולם, כמבואר להלן (ריא"ף). ויש שהסבירו שהיו מוחות בה שהיא רוצה להתגייר.

חד אמר ידה כתבו המפרשים כי לפי הדקדוק כיון שכתוב "אמתה" בלי דגש במ' הרי זה לשון שפחה (ראה באבן עזרא). ומכל מקום אמרו כי כיון שיש שינוי בלשון שקודם קרא להן נערותיה" ואחר כך אמתה, הרי שינוי לשון זה נעשה כדי לדרוש בו. וראה בריא"ף שאף הסביר מפני מה נכתב ברפיון (ולא בדגש).

קרי ליה ילד וכו' אף על פי שייתכן שילד ייקרא נער מזמן לידתו, וכן ילד גדול ייקרא ילד. מכל מקום התמיהה כאן היא על שינוי הלשון באותו פסוק עצמו (מדרש"א). ולעצם העניין היו שפירשו שנקרא כך משום שהיה בגופו קטן — ילד, אך קולו היה עבה וחזק ונשמע כנער, ומשום כך חמלה עליו (יפ"ת). ובמדרש נאמר שהיה ילד בגופו אבל היה מנדגו בנער גדול.

ותראהו את הילד לפי הדקדוק היה צריך לכתוב או "ותראהו" בלבד, או "ותרא את הילד" ואין משמעות לתוספת הכינוי כאן. ומשום כך דרשו שראתה דבר אחר עימו ורבינו בחיי בפירושו לתורה כתב שהדרשה היא מן "הו" היתר כאן, שהוא קיצור של השם (מהרש"א).

עשיתו למשה רבינו בעל מום רש"י מפרש כאן שכיון שלוי היה, אם היה קולו משונה היה נפסל לעבודת השירה בשל כך. והמהרש"א ואחרים העירו על כך, ופירשו, שאין הדבר שייך דווקא לענין לוי, אלא שאם היה קולו עבה וגס הריהו משונה מן הבריות, ובעל מום הוא. וכיון שהיה ראוי לנבואה, כבר אמרו שאין הנבואה שורה אלא על מי שהוא שלם גם בגופו (וראה גם בעיון יעקב ועוד).

מהגים ואינן יודעים וכו' לשון מהגים פירש בערוך בשני אופנים, אם במשמעות הגיון = דיבור, ואם במשמעות ראיה והתבוננות. וראה ברש"י ובמהרש"א שהסבירו שאף שכפשוטו משווה אותם לעופות המשמיעים קול בלי תבונה, דרשו מכפילות הלשון כעין הקטנה — שהם צופים אבל אינם צופים היטב. והרבה דנו המפרשים להסביר ענין צפיה זו, ונראה ממקומות אחרים כי ראייתם של החוזים למיניהם, גם כאשר יש בה אמיתות כלשהי, מכל מקום אינה בהירה, ואינם רואים אלא דברים מטושטשים. והאיצטגננים ראו שפרעה צריך להיזהר מפני מים שיביאו עליו פורענות. וכיון שהונח משה במים בטל הסימן שראו, לפי שנסתכן אז במים. ולא היתה ראייתם ברורה לדעת שהאות מכוון למאורע אחר.

המה מי מריבה וכו' לשון "המה" משמע שכבר נזכרו ודובר בהם קודם לכן, וכיון שלא נזכר דבר מענין זה קודם לכן דרשו שהם המים שכבר חזו בעניינם איצטגניני מצרים (מהרש"א).

בשבילי נצלתם וכו' ודרשו "רגלי" = בשבילי, כפי שמבאר רש"י וטעם הדרשה — משום שהמלה כולה מיותרת, או שהיה צריך לכתוב בפשטות "שש מאות אלף איש" (ראה באיי הים).

ולענין השאלה ששאלו בתוס' (ד"ה בשבילי) שהרי לפי המבואר כאן היתה הגזירה בגללו, הרחיבו אחרים את תירוץ התוס' ואמרו שנראה שעם ביטול גזירת ההשלכה ביאור אף ביטלו שאר הגזירות שגזרו על איבוד הילדים, שהרי חשבו ששוב אין מושיע לישראל.

מי שעתיד לומר וכו' לכאורה יש כאן שאלה גדולה: אם עתיד לומר שירה — ודאי שלא ימות, ואם כן יש בכך סתירה בתוך הרעיון עצמו! ויש לומר שאם לא היה ניצל בדרך זו היה ניצל בדרך אחרת שיש בה יסורים וסבל רב, וביקשו עליו רחמים שיינצל מיד ובדרך של רווחה (וראה בבן יהוידע).

מלמד שהחזירוהו למשה וכו' והטעם — שלולא היה מסרב לינוק מן המצריות לא היתה מרים מעיזה להציע לבת פרעה שתניקהו אשה עבריה, שמא יתגלה הדבר, אלא ודאי היתה בת פרעה מחפשת עצה למצוא לו מינקת כלשהי.

יינק דבר טמא כתב המהרש"א שאף שלהלכה אין איסור בכך שיינק ילד יהודי ממינקת גויה, ואין חוששים בה למה שאוכלת דבר טמא (וראה במסכת יבמות שאין אומרים בקטן כגון זה שיש איסור בכך, והראיה לכך שהרי עצם חלב אשה אסור לגדול ובכל זאת מותר לקטן לינק), מכל מקום מפני קדושתו היתירה של משה רבינו אין זה נאה לו שיינק מגויה.

היליכי המהרש"א מסביר שיש כאן שינוי מלשון "הוליכי". ואולי השינוי הוא שלא אמרה "הא לך" אלא "היליכי", ומפני שינוי הלשון דרשוהו באופן זה.

וְאוֹמֶרֶת: עֲתִידָה אִמִּי שֶׁתֵּלֵד בֵּן שֶׁמּוֹשִׁיעַ אֶת יִשְׂרָאֵל. וְכֵיוָן שֶׁנּוֹלַד מֹשֶׁה נִתְמַלֵּא כָּל הַבַּיִת כּוּלָּהּ אוֹר, עָמַד אָבִיהָ וּנְשָׁקָהּ עַל רֹאשָׁהּ, אָמַר לָהּ: בִּתִּי, נִתְקַיְּימָה נְבוּאָתֵיךְ. וְכֵיוָן שֶׁהִטִּילוּהוּ לַיְאוֹר, עָמַד אָבִיהָ וּטְפָחָהּ (היכה לה) עַל רֹאשָׁהּ, אָמַר לָהּ: בִּתִּי הֵיכָן נְבוּאָתֵיךְ? וְהַיְינוּ דִּכְתִיב [וזהו שנאמר] "וַתֵּתַצַּב אֲחֹתוֹ מֵרָחֹק לְדֵעָה מַה יֵּעָשֶׂה לוֹ" (שמות ב, ד), לומר: לֵידַע מַה יְּהֵא בְּסוֹף נְבוּאָתָהּ.

א שנינו במשנה שיוֹסֵף זָכָה לקבור את אביו והוא היה הגדול שבאחיו.

ובאים לפרש את הכתובים האמורים באותו ענין. שואלים: מַאי שְׁנָא מֵעִיקָּרָא, דִּכְתִיב [במה שונה מתחילה, שנאמר] "וַיַּעַל יוֹסֵף לִקְבֹּר אֶת אָבִיו וַיַּעֲלוּ אִתּוֹ כָּל עַבְדֵי פַרְעֹה" (בראשית נ, ז) וַהֲדַר [ואחר כך] נאמר: "וְכֹל בֵּית יוֹסֵף וְאֶחָיו וּבֵית אָבִיו" (שם ח), וּמַאי שְׁנָא [ומה שונה] לְבַסּוֹף דִּכְתִיב [שנאמר]: "וַיָּשָׁב יוֹסֵף מִצְרַיְמָה הוּא וְאֶחָיו" (שם יד) וַהֲדַר [ואחר כך] "וְכָל הָעֹלִים אִתּוֹ לִקְבֹּר אֶת אָבִיו" (שם)? אָמַר ר' יוֹחָנָן: בַּתְּחִילָּה עַד שֶׁלֹּא רָאוּ המצרים בִּכְבוֹדָן שֶׁל יִשְׂרָאֵל בארצם — לֹא נָהֲגוּ בָּהֶן כָּבוֹד, ולכן היו הם בסוף, אחרי עבדי פרעה, וּלְבַסּוֹף שֶׁרָאוּ בִּכְבוֹדָן — נָהֲגוּ בָּהֶן כָּבוֹד. דִּכְתִיב [שנאמר]: "וַיָּבֹאוּ עַד גֹּרֶן הָאָטָד" (שם י), וְכִי גּוֹרֶן יֵשׁ לוֹ לָאָטָד? והלא אין פירותיו נאספים ונאכלים! אָמַר ר' אַבָּהוּ: מְלַמֵּד שֶׁהִקִּיפוּהוּ כְּתָרִים לַאֲרוֹנוֹ שֶׁל יַעֲקֹב כְּגוֹרֶן זֶה שֶׁמַּקִּיפִים לוֹ אָטָד שהוא צמח קוצני, לשמירה, שֶׁבָּאוּ בְּנֵי עֵשָׂו וּבְנֵי יִשְׁמָעֵאל וּבְנֵי קְטוּרָה כולם ונתנו לו כבוד. תָּנָא [שנה החכם]: כּוּלָּם מתחילה לְמִלְחָמָה בָּאוּ, כֵּיוָן שֶׁרָאוּ כִּתְרוֹ שֶׁל יוֹסֵף שהיה משנה למלך מצרים תָּלוּי בַּאֲרוֹנוֹ שֶׁל יַעֲקֹב — נָטְלוּ כּוּלָּן אף הם כִּתְרֵיהֶן וּתְלָאוּם בַּאֲרוֹנוֹ שֶׁל יַעֲקֹב. תָּנָא [שנה החכם]: שְׁלֹשִׁים וְשִׁשָּׁה כְּתָרִים נִתְלוּ בַּאֲרוֹנוֹ שֶׁל יַעֲקֹב. נאמר: "וַיִּסְפְּדוּ שָׁם מִסְפֵּד גָּדוֹל וְכָבֵד מְאֹד" (שם). תָּנָא [שנה החכם]: אֲפִילּוּ סוּסִים וַאֲפִילּוּ חֲמוֹרִים עשו בהם מנהגי אבל. (מאילו מאילו) כֵּיוָן שֶׁהִגִּיעוּ לִמְעָרַת הַמַּכְפֵּלָה אֲתָא [בא] עֵשָׂו, קָא [והיה] מְעַכֵּב מלקבור את יעקב שם, אָמַר לָהֶן: נאמר "מַמְרֵא קִרְיַת הָאַרְבַּע הִיא חֶבְרוֹן" (שם לה, כז), וְאָמַר ר' יִצְחָק: קִרְיַת אַרְבַּע קרויה כך משום אַרְבַּע זוּגוֹת שֶׁהָיוּ, שנקברו שם: אָדָם וְחַוָּה, אַבְרָהָם וְשָׂרָה, יִצְחָק וְרִבְקָה, יַעֲקֹב וְלֵאָה. אִיהוּ [הוא], יעקב, קְבָרָהּ לְלֵאָה בְּדִידֵיהּ [בחלק שלו], וְהַאי דְּפָיֵישׁ [וזה המקום שנשאר] — דִּידִי [שלי] הוּא. אָמְרוּ לֵיהּ [לו] בני יעקב לעשיו: זְבִינְתָּהּ [מכרת אותה] את נחלתך ליעקב. אָמַר לְהוּ [להם]: נְהִי דִּזְבִינִי בְּכֵירוּתָא, פְּשִׁיטוּתָא מִי זְבִינִי [אם אמנם שמכרתי את בכורתי, את חלקי כאח פשוט האם מכרתי]? אָמְרוּ לֵיהּ [לו]: אִין [כן], גם את חלקך כאח פשוט מכרת ליעקב, דִּכְתִיב [שכן נאמר] שכך אמר יעקב: "בְּקִבְרִי אֲשֶׁר כָּרִיתִי לִי" (שם נ, ה), וְאָמַר ר' יוֹחָנָן מִשּׁוּם ר' שִׁמְעוֹן בֶּן יְהוֹצָדָק: אֵין "כִּירָה" אֶלָּא לְשׁוֹן מְכִירָה, שֶׁכֵּן בִּכְרַכֵּי הַיָּם קוֹרִין לִמְכִירָה — "כִּירָה". אָמַר לְהוּ [להם] עשיו: הֲבוּ [תנו] לִי אִיגַּרְתָּא [שטר] של מכירה זו! אָמְרוּ לֵיהּ [לו]: אִיגַּרְתָּא בְּאַרְעָא דְּמִצְרַיִם הִיא [השטר בארץ מצרים הוא]. אמרו: וּמַאן נֵיזִיל [ומי ילך] להביאו — נֵיזִיל [ילך] נַפְתָּלִי דְּקַלִּיל כִּי אַיַּלְתָּא [שהוא קל רגליים כאיילה], דִּכְתִיב [שנאמר]: "נַפְתָּלִי אַיָּלָה שְׁלֻחָה הַנֹּתֵן אִמְרֵי שָׁפֶר" (שם מט, כא), וְאָמַר ר' אַבָּהוּ: אַל תִּקְרֵי [תקרא] "אִמְרֵי שָׁפֶר" אֶלָּא "אִמְרֵי סֵפֶר", כלומר, שהוא הביא את הספר = השטר. ומספרים: חוּשִׁים בְּרֵיהּ [בנו] של דָּן תַּמָּן הֲוָה [שם היה] וְיַקִּירָן לֵיהּ אוּדְנֵיהּ [והיו כבדות לו אוזניו], שלא שמע היטב. אָמַר לְהוּ [להם]: מַאי הַאי [מהו זה] שאין קוברים את הסב יעקב? וְאָמְרוּ לֵיהּ [לו]: קָא מְעַכֵּב הַאי [זה], עשיו, עַד דְּאָתֵי [שיבוא] נַפְתָּלִי מֵאַרְעָא דְּמִצְרַיִם [מארץ מצרים]. אָמַר לְהוּ [להם]: וְעַד דְּאָתֵי [שיבוא] נַפְתָּלִי מֵאַרְעָא דְּמִצְרַיִם [מארץ מצרים] יְהֵא אֲבִי אַבָּא מוּטָל בְּבִזָּיוֹן? שָׁקַל קוּלְפָּא מַחְיֵיהּ אַרֵישֵׁיהּ [לקח אלה והיכה בה את עשיו על ראשו], נָתְרָן עֵינֵיהּ [קפצו עיניו] וְנָפְלוּ מחוריהן אַכַּרְעָא [על רגליו] של יַעֲקֹב, פְּתַחִינְהוּ [פתח] יַעֲקֹב לְעֵינֵיהּ וְאַחֵיךְ [את עיניו וחייך]. וְהַיְינוּ דִּכְתִיב [וזהו שנאמר]: "יִשְׂמַח צַדִּיק כִּי חָזָה נָקָם פְּעָמָיו (רגליו) יִרְחַץ בְּדַם הָרָשָׁע" (תהלים נח, יא). בְּאוֹתָהּ שָׁעָה נִתְקַיְּימָה נְבוּאָתָהּ שֶׁל רִבְקָה, דִּכְתִיב [שנאמר]: "לָמָּה אֶשְׁכַּל גַּם שְׁנֵיכֶם יוֹם אֶחָד" (בראשית כז, מה). ומעירים: וְאַף עַל גַּב [ואף על פי] שמִיתָתָן לֹא בְּיוֹם אֶחָד הֲוַאי [היתה] — קְבוּרָתָן מִיהָא [מכל מקום] בְּיוֹם אֶחָד הֲוַאי [היתה], שהרי נהרג עשיו, וגם נקבר, באותו יום שנקבר יעקב. ושואלים: וְאִי [ואם] לֹא עָסַק בֵּיהּ [היה עוסק בו] יוֹסֵף אֶחָיו לֹא הָווּ מִעַסְּקִי בֵּיהּ [היו מתעסקים בו, ביעקב]? וְהָכְתִיב [והרי נאמר] "וַיִּשְׂאוּ אֹתוֹ בָנָיו אַרְצָה כְּנַעַן" (שם נ, יג), ומדוע לא התעסקו ביעקב בתחילה? אלא אָמְרוּ: הַנִּיחוּ לוֹ ליוסף לטפל בו, כְּבוֹדוֹ של יעקב אבינו בִּמְלָכִים יוֹתֵר מִבְּהֶדְיוֹטוֹת.

ב ועוד שנינו במשנה: מִי לָנוּ גָּדוֹל מִיּוֹסֵף שלא התעסק בעצמותיו אלא משה רבינו. תָּנוּ רַבָּנַן [שנו חכמים]: בֹּא וּרְאֵה כַּמָּה חֲבִיבוֹת הָיוּ מִצְוֹת עַל מֹשֶׁה רַבֵּינוּ. שֶׁכָּל יִשְׂרָאֵל כּוּלָּן נִתְעַסְּקוּ במהלך יציאת מצרים בַּבִּיזָּה של שלל מצרים, וְאִילּוּ הוּא נִתְעַסֵּק בְּמִצְוֹת, שֶׁנֶּאֱמַר: "חֲכַם לֵב יִקַּח מִצְוֹת" (משלי י, ח). ושואלים: וּמִנַּיִן הָיָה יוֹדֵעַ מֹשֶׁה רַבֵּינוּ הֵיכָן יוֹסֵף קָבוּר? אָמְרוּ: סֶרַח בַּת אָשֵׁר נִשְׁתַּיְּירָה מֵאוֹתוֹ הַדּוֹר שירד עם יעקב למצרים. הָלַךְ מֹשֶׁה אֶצְלָהּ, אָמַר לָהּ: כְּלוּם אַתְּ יוֹדַעַת הֵיכָן יוֹסֵף קָבוּר? אָמְרָה לוֹ: אָרוֹן שֶׁל מַתֶּכֶת עָשׂוּ לוֹ מִצְרִים וּקְבָעוּהוּ בְּנִילוּס הַנָּהָר לסגולה, כְּדֵי שֶׁיִּתְבָּרְכוּ מֵימָיו. הָלַךְ מֹשֶׁה וְעָמַד עַל שְׂפַת נִילוּס, אָמַר לוֹ: יוֹסֵף יוֹסֵף! הִגִּיעַ הָעֵת שֶׁנִּשְׁבַּע הַקָּדוֹשׁ בָּרוּךְ הוּא שֶׁאֲנִי גּוֹאֵל אֶתְכֶם, וְהִגִּיעָה הַשְּׁבוּעָה שֶׁהִשְׁבַּעְתָּ אֶת יִשְׂרָאֵל שיעלוך ויקברוך בארץ ישראל. אִם אַתָּה מַרְאֶה עַצְמְךָ — מוּטָב, אִם לָאו [לא] — הֲרֵי אָנוּ מְנוּקִּין מִשְּׁבוּעָתֶךָ, שאין אנחנו יכולים למצוא את ארונך. מִיַּד צָף אֲרוֹנוֹ שֶׁל יוֹסֵף. וְאַל תִּתְמַהּ הֵיאָךְ בַּרְזֶל צָף, שֶׁהֲרֵי כְּתִיב [נאמר] באלישע: "וַיְהִי הָאֶחָד מַפִּיל הַקּוֹרָה וְאֶת הַבַּרְזֶל נָפַל אֶל הַמָּיִם ויצעק ויאמר אֲהָהּ אֲדֹנִי וְהוּא שָׁאוּל. וַיֹּאמֶר אִישׁ הָאֱלֹהִים אָנָה נָפָל וַיַּרְאֵהוּ אֶת הַמָּקוֹם וַיִּקְצָב עֵץ וַיַּשְׁלֶךְ שָׁמָּה וַיָּצֶף הַבַּרְזֶל" (מלכים ב ו, ה-ו). וַהֲלֹא דְּבָרִים קַל וָחוֹמֶר: וּמָה אֱלִישָׁע שהיה תַּלְמִידוֹ שֶׁל אֵלִיָּהוּ, וְאֵלִיָּהוּ היה תַּלְמִידוֹ (מקבל תורתו) שֶׁל מֹשֶׁה — צָף בַּרְזֶל מִפָּנָיו, מִפְּנֵי מֹשֶׁה רַבֵּינוּ עַל אַחַת כַּמָּה וְכַמָּה. ר' נָתָן אוֹמֵר: בְּקַבַּרְנִיט (מקום קבורה) שֶׁל מְלָכִים הָיָה יוסף קָבוּר. הָלַךְ מֹשֶׁה וְעָמַד עַל קַבַּרְנִיט שֶׁל מְלָכִים, אָמַר: יוֹסֵף, הִגִּיעַ עֵת שֶׁנִּשְׁבַּע הַקָּדוֹשׁ בָּרוּךְ הוּא שֶׁאֲנִי גּוֹאֵל אֶתְכֶם, וְהִגִּיעָה זמן קיום הַשְּׁבוּעָה שֶׁהִשְׁבַּעְתָּ אֶת יִשְׂרָאֵל. אִם אַתָּה מַרְאֶה עַצְמְךָ — מוּטָב, וְאִם לָאו [לא] — הֲרֵי אָנוּ מְנוּקִּין מִשְּׁבוּעָתֶךָ. בְּאוֹתָהּ שָׁעָה נִזְדַּעְזֵעַ אֲרוֹנוֹ שֶׁל יוֹסֵף בין הארונות, נְטָלוֹ מֹשֶׁה, וֶהֱבִיאוֹ אֶצְלוֹ. וְכָל אוֹתָן שָׁנִים שֶׁהָיוּ יִשְׂרָאֵל בַּמִּדְבָּר הָיוּ שְׁנֵי אֲרוֹנוֹת הַלָּלוּ, אֶחָד שֶׁל מֵת (של יוסף) וְאֶחָד שֶׁל שְׁכִינָה (ארון הברית) מְהַלְּכִין זֶה עִם זֶה, וְהָיוּ עוֹבְרִין וְשָׁבִין אוֹמְרִים: מַה טִּיבָן שֶׁל שְׁנֵי אֲרוֹנוֹת הַלָּלוּ? אָמְרוּ לָהֶם: אֶחָד שֶׁל מֵת וְאֶחָד שֶׁל שְׁכִינָה. והיו תוהים: וְכִי מַה דַּרְכּוֹ שֶׁל מֵת לְהַלֵּךְ עִם שְׁכִינָה? אָמְרוּ לָהֶם:

מסורת הש"ס

א. סוטה יא,ב. מכילתא טו, כ. מדרש משלי פי"ד. שם פל"א. וראה מכילתא יד, יג.
ב. סוטה יב,א (ושם סומנו מקבילות).
ג. ירושלמי סוטה פ"א ה"י. ב"ר פ"ק ו. תנחומא ויחי יז. תנחומא בובר ויחי יח.
ד. ראה ב"ר פצ"ח יז. פדר"א פל"ט. ילק"ש תורה קסב.
ה. עירובין נג,א. ב"ר פנ"ח ד. פדר"א פ"כ. מדרש ל"ב מדות פ"ה. ילק"ש תורה קב.
ו. ב"ר פ"ק ה. שמו"ר פל"א יז. תנחומא ויחי ו. פסי"ר פ"א. פדר"א פל"ח. שם פל"ט.
ז. ר"ה כו,א. חולין צב,א.
ח. ב"ר פצ"ח יז. פדר"א פל"ט.
ט. ב"ר שם. פדר"א שם. וראה ירושלמי כתובות פ"א ה"ה. שם גיטין פ"ה ה"ז. ספרי דברים לג, ז. אג"ב פפ"ג א. שוח"ט פי"ח.
י. ראה במדב"ר פ"ב ח. תנחומא במדבר יב.
יא. תוספתא סוטה פ"ד ז (כל הענין). מכילתא יג, יט. מכילתא דרשב"י יג, יט. שמו"ר פ"כ יט. דב"ר פי"א ז. שה"ר פ"א ז. תנחומא עקב ו. פסדר"כ פ"י. שוח"ט פט"ו. ילק"ש תורה רכז. שם נ"ך תתקמו. וראה שמו"ר פי"ח י.
יב. תוספתא שם. מכילתא שם. מכילתא דרשב"י שם. שמו"ר פ"כ יט. דב"ר שם. תנחומא בשלח ב. ילק"ש תורה שם. מדרש ל"ב מדות פי"ט.
יג. תוספתא שם. מכילתא דרשב"י שם. שמו"ר שם. תנחומא שם. שם עקב ו. פסדר"כ שם. ילק"ש שם.
יד. ירושלמי ברכות פ"ב ה"ג. תוספתא שם. מכילתא דרשב"י שם. פסדר"כ שם. פסי"ר פכ"ב. ילק"ש שם.

גרסות

אור בכת"י ובמקבילה: **אורה.**
שבאו בני עשו הב"ח הגיה: **שבאו שם בני עשו.**
(מאילו מאילו) יש בכת"י: **מאילו ומאילו** ויש שלא גרסו כלל מלים אלה.
ויקירן ליה אודניה בכת"י: **והוו יקירין אודניה.**
קולפא ויש בכת"י: **לקופינא דמרא.**
ואי לא עסק בכת"י ובב"ח: **ואי לא איעסק.**
שאני גואל אתכם בכת"י יש: **שיגאל את ישראל.**
בקברניט יש בכת"י: **בקרבנט** ויש: **בקברות.**
היו שני ארונות — של שכינה בכת"י יש: **היו ארונו של יוסף וארון השכינה.**
וכי מה דרכו בכת"י יש: **וכי דרכו.**

לשון

כירה
ייתכן שהכוונה היא לשרש הערבי كري (כרי) שמשמעותו — לקנות.

קולפא
נראה כי גרסתה הנכונה של המלה היא קופלא (עיין בגרסות) ומקורה בפרסית kopal, ומשמעה — מקל שראשו מעובה.
הגאונים מתארים את הקולפא כמקל שראשו האחד מעובה ובתוך החלק המעובה מסמרים או בליטות.

הדיוטות
מקור המלה ביוונית ἰδιώτης (אידיוטיס) שמשמעותה הבסיסית — אדם פשוט שאינו נושא כל משרה.
בתלמוד מופיעה המלה הן כצירוף (כגון "כהן הדיוט", להבדילו מכהן גדול), והן כהגדרה כוללת של סתם אדם פרטי (בניגוד להקדש).

נילוס
זהו השם היווני Νεῖλος (נילוס) של היאור, נהר מצרים (או שיחור, במקרא).

קברניט
מקור המלה ומשמעותה המדוייקת אינם ברורים. היו, בין היתר, שהציעו כאן "לבירינט" = מבוך, ואולי מן הלטינית caverna מערה, מערת קברים. ויש עוד הצעות אחרות להבהרת המלה.

העולם

אטד
ראה השלמות עמ' 288.

עיונים

נתקיימה נבואתיך אף שבודאי לא נתקיימה באותה שעה הנבואה שיהא מושיען של ישראל, מכל מקום מחמת נסים שאירעו בו נראה שיש אימות ואישור לנבואה זו (בן יהוידע).

והיינו דכתיב ותתצב וכו' והראיה היא ממה שהיא לבדה מכל המשפחה הלכה לשם, משמע שהיה לה טעם מיוחד בדבר (עיון יעקב). ויש שכתב שהראיה היא מן האמור "לדעה מה יעשה לו", שהרי לכאורה ברור היה שבדרך הטבע סופו למות, אלא מפני צואתה הלכה לברר את הדבר (יפ"ת).

ולבסוף שראו בכבודן וכו' אף שבני עשיו ובני ישמעאל תלו כתריהם מפני כבודו של יוסף, מכל מקום המצרים סברו שהוא מפני כבודו של יעקב שהוא גדול המשפחה של בני אברהם, ולכן החלו לכבד את אחי יוסף משום שהם בני יעקב (בן יהוידע).

גורן האטד בתלמוד הירושלמי אמרו שלא מצאנו מקום שנקרא אטד, אלא ודאי אין זה שם מקום אלא רמז לדבר אחר. ובאופן אחר קצת אומר המהרש"א שאף לפי ההסבר שהוא אטד המקים את הגורן — אין בכך ציון של מקום מסויים, ואין קוראים את הגורן על שם האטד. ובתלמוד הירושלמי דרשו שראויים היו הכנענים לכליה מיד כדרך ששורפים את האטד, אלא מפני כבוד שנהגו ביעקב נדחה גזר דינם. ולפי האמור כאן יש בכך גם רמז שהגורן הוא מקום התבואה, ומסביב לו יש קוצים, והוא היחס בין ארונו של יעקב וכתריהם של בני עשיו.

שלשים וששה כתרים רש"י מפרש כי כך הוא חשבון הכתרים — שנים עשר של נשיאי ישמעאל, ועוד עשרים ושלושה של אלופי עשיו, וכתרו של יוסף וראה במהרש"א שמעיר על כמה וכמה קשיים בפירוש זה. וכבר קדמוהו בתו"ש, והם מפרשים שהיו שם שנים עשר של נשיאי ישמעאל ועוד עשרה של מלכי בני קטורה וארבעה עשר של נשיאי אדום. וכעין זה מפרש בתוהרא"ש, אלא שהוא מונה רק תשעה מלכים מבני קטורה וכתרו של יוסף.

אפילו סוסים וכו' בפשטות פירשו שמפני הרעש וקולות התרועה שמשמיעים גם בעלי החיים את קולם ונראים כמשתתפים בהספד (פרדס רמונים) או שהכוונה שבאותו יום, לשם אבלות וצער, לא האכילו את בעלי החיים ולכן השמיעו את קולם (ריא"ף). או שהכוונה שנהגו כמו בקבורת מלכים שהלבישו את הסוסים והחמורים בשחור כסימן של אבל (מהרש"א). ויש שאמרו שהוא רמז לאנשים פחותים ושפלים, שאף הם השתתפו באבל (פרדס רמונים, וכעין זה בן יהוידע).

קרית הארבע וכו' כתב המהרש"א כי מפשט המקראות עולה כי ארבע הוא שם אדם (שהיה אביהם של הענקים אחימן וששי וכו'), אבל כאן הביאו פסוק מיוחד "קרית הארבע" שכיון שאין מקדימים ה' הידיעה לשם פרטי, משמע שארבע זה — מספר הוא.

חושים בריה דדן וכו' המהרש"א כתב כי יש רמזים לכל המעשה הזה לפרטיו במזמור נח בתהלים, שממנו מובא הפסוק "ישמח צדיק" וגו'. ובהסבר הדברים כתב המהר"ל כי שאר השבטים מפני שידעו את כל השתלשלות הדברים לא הזדעזעו מיד, אבל חושים בן דן שהדבר נודע לו בבת אחת הגיע מיד לכעס גדול. ואף הוא כתב כי מן הראוי הוא שבנו של הקטן והאחרון שבשבטים הוא שיפגע בעשיו. וראה בתו"ש שהביאו מן הירושלמי שמסורת היתה שיהודה הרג את עשיו, וניסו ליישב שמא חושים פגע בו תחילה ויהודה הרגו.

פתחינהו יעקב לעיניה כתב הפרדס רמונים שדרך משל הוא, כמו "אז ירננו עצי יער", וכוונתו לומר שראוי היה הדבר, שאם היה יעקב חי אז היה פוקח עיניו ומחייך.

כמה חביבות מצוות וכו' אף על פי שהרבה אנשים אומרים כי היו מעדיפים את המצוות על כל כסף וזהב אין זו אלא אמירה בלבד, לפי שאינם עומדים בפני נסיון מיידי, אבל משה שהיה בידו לקחת כל שרצה מן הביזה והעדיף לעסוק במצוות, עליו ראוי לומר דברי שבח אלה (בן יהוידע).

ומנין היה יודע אף שמבואר בגמרא ובמדרש כי גם ארונות שאר בני יעקב לקחו השבטים עימם, מכל מקום בשאר הארונות לא עסקו המצרים והיו מקומותיהם ידועים לכל. ואין לומר שידע משה בנבואה, כי לא נתפרש כלל בכתוב שהיה בכך ענין של נבואה (מהרש"א).

סרח בת אשר וכו' ראה בתוס' (ד"ה סרח) שתהו: הלוא מפורש שהיו עוד באותו הדור מצאצאיו של יוסף שהכירוהו, ומדוע לא הלך משה לשאול אותם? ובתו"ש תירצו לפי נוסח המובא במקום אחר כי משה לא הלך לסרח בת אשר, אלא שפגש בה בהזדמנות זו. וראה בתוס' שתירצו (על פי פדר"א) שראויה היתה סרח בת אשר לכך משום שהיא היתה המבשרת ליעקב על מציאותו של יוסף. ועוד כתבו כי מאחר שטעו בני אפרים בחישוב הקץ לא סמכו עליהם כל כך בענין זה.

וקבעוהו בנילוס הנהר וכו' ויש במדרש טעם נוסף, שכיון שידעו שישראל מושבעים לקחת את ארון יוסף איתם החביאו אותו שלא יוכלו למוצאו, ולא יוכלו לצאת ממצרים (תו"ש ועוד).

היאך ברזל צף אף שמרובים הם הנסים המפורשים במקרא, ובפרט נסים של משה רבינו, מכל מקום נסים אלה נעשים כרגיל בציווי מאת ה' (וראה בהרחבה במו"נ לרמב"ם בענין זה), אבל שיהא דבר היוצא מגדר הטבע רק מפני רצונו של אדם הוא דבר הצריך לימוד, ולכן הביאו ראיה מאלישע שלצורך דבר קטן (החזרת גרזן שאול) עשה נס בדומה לכך (מהרש"א).

אליהו תלמידו של משה רש"י מפרש כי תלמידו של משה לאו דווקא, אלא הכוונה שהוא היה מאלה שקיבלו את תורת משה דור אחר דור (וראה בהקדמה למשנה תורה לרמב"ם ועוד שמונה את אליהו כתלמידו של אחיה השילוני שהיה תלמידו של משה). והעירו כי לפי דעת האומרים שפנחס זה אליהו אם כן היה ממש תלמידו של משה (עיון יעקב).

שני ארונות הללו אף שכאמור היו גם שאר ארונות השבטים עימם, מכל מקום ארונו של יוסף היה עם משה, סמוך למחנה שכינה, ולכן היה מקום לתמוה על כך (מהרש"א). ויש שכתב שארונו של יוסף היה ממש במחנה שכינה, כי הוא מאותם הצדיקים שאינם מטמאים במותם (עיון יעקב).

ואומרת [א]עתידה אמי שתלד בן שמושיע את ישראל [ב]*וכיון שנולד משה נתמלא כל הבית כולה אור [ג]עמד אביה ונשקה על ראשה אמר לה בתי נתקיימה נבואתיך וכיון שהטילוהו ליאור עמד אביה וטפחה על ראשה אמר לה בתי היכן נבואתיך והיינו דכתיב °ותתצב אחותו מרחוק לדעה מה יעשה לו לידע מה יהא בסוף נבואתה: יוסף זכה וכו': מאי שנא מעיקרא דכתיב °ויעל יוסף לקבור את אביו ויעלו אתו כל עבדי פרעה וגו' והדר °וכל בית יוסף ואחיו ובית אביו ומאי שנא לבסוף דכתיב °וישב יוסף מצרימה הוא ואחיו והדר וכל העולים אתו לקבור את אביו א"ר יוחנן בתחילה עד שלא ראו בכבודן של ישראל לא נהגו בהן כבוד ולבסוף שראו בכבודן נהגו בהן כבוד דכתיב °ויבאו עד גורן האטד [ג]וכי גורן יש לו לאטד א"ר אבהו מלמד שהקיפוהו כתרים לארונו של יעקב כגורן זה שמקיפים לו אטד שבאו(א) בני עשו ובני ישמעאל ובני קטורה תנא כולם למלחמה באו כיון שראו כתרו של יוסף תלוי בארונו של יעקב נטלו כולן כתריהן ותלאום בארונו של יעקב תנא שלשים וששה כתרים נתלו בארונו של יעקב °ויספדו שם מספד גדול וכבד מאד תנא אפי' סוסים ואפילו חמורים *(מאילו מאילו) כיון שהגיעו למערת המכפלה [ד]אתא עשו קא מעכב אמר להן °ממרא קרית הארבע היא חברון [ה]*ואמר רבי יצחק קרית ארבע זוגות היו אדם וחוה אברהם ושרה יצחק ורבקה יעקב ולאה איהו קברה ללאה בדידיה והאי דפייש דידי הוא אמרו ליה [ו]זבינתה אמר להו נהי דזביני בכירותא פשיטותא מי זביני אמרו ליה אין [ז]דכתיב °בקברי אשר כריתי לי וא"ר יוחנן משום ר"ש בן יהוצדק *אין כירה אלא לשון מכירה שכן בכרכי הים קורין למכירה כירה אמר להו הבו לי איגרתא אמרו ליה איגרתא בארעא דמצרים היא ומאן ניזיל [ח]ניזיל נפתלי דקליל כי איילתא דכתיב °נפתלי אילה שלוחה הנותן אמרי שפר א"ר אבהו אל תקרי אמרי שפר אלא אמרי ספר [ט]חושים בריה דדן תמן הוה ויקירן ליה אודניה אמר להו מאי האי ואמרו ליה קא מעכב האי עד דאתי נפתלי מארעא דמצרים אמר להו ועד דאתי נפתלי מארעא דמצרים יהא אבי אבא מוטל בבזיון *שקל קולפא מחייה ארישיה נתרן עיניה ונפלו אכרעא דיעקב פתחינהו יעקב לעיניה ואחיך והיינו דכתיב °ישמח צדיק כי חזה נקם פעמיו ירחץ בדם הרשע באותה שעה נתקיימה נבואתה של רבקה דכתיב °למה אשכל גם שניכם יום אחד ואע"ג דמיתתן לא ביום אחד הואי קבורתן מיהא ביום אחד הואי ואי לא(ג) עסק ביה יוסף אחיו לא הוו מעסקי ביה והכתיב °וישאו אותו בניו ארצה כנען אמרו הניחו לו [י]כבודו במלכים יותר מבהדיוטות: מי לנו גדול מיוסף כו': ת"ר [יא]בא וראה כמה חביבות מצות על משה רבינו שכל ישראל כולן נתעסקו בביזה והוא נתעסק במצות שנאמר °חכם לב יקח מצות וגו' [יב]*ומנין היה יודע משה רבינו היכן יוסף קבור אמרו סרח בת אשר נשתיירה מאותו הדור הלך משה אצלה אמר לה כלום את יודעת היכן יוסף קבור אמרה לו ארון של מתכת עשו לו מצרים וקבעוהו בנילום הנהר כדי שיתברכו מימיו הלך משה ועמד על שפת נילום אמר לו יוסף יוסף הגיע העת שנשבע הקב"ה שאני גואל אתכם והגיעה השבועה שהשבעת את ישראל אם אתה מראה עצמך מוטב אם לאו הרי אנו מנוקין משבועתך מיד צף ארונו של יוסף ואל תתמה היאך ברזל צף שהרי כתיב °ויהי האחד מפיל הקורה ואת הברזל נפל אל המים וגו' אהה אדוני והוא שאול ויאמר איש האלהים אנה נפל ויראהו את המקום ויקצב עץ וישלך שמה ויצף הברזל והלא דברים ק"ו ומה אלישע תלמידו של אליהו ואליהו תלמידו של משה צף ברזל מפניו מפני משה רבינו על אחת כמה וכמה [יג]רבי נתן אומר *בקברניט של מלכים היה קבור הלך משה ועמד על קברניט של מלכים אמר יוסף הגיע עת שנשבע הקב"ה שאני גואל אתכם והגיעה שבועה שהשבעת את ישראל אם אתה מראה עצמך מוטב ואם לאו הרי אנו מנוקין משבועתך באותה שעה נזדעזע ארונו של יוסף נטלו משה והביאו אצלו וכל אותן שנים שהיו ישראל במדבר [יד]היו שני ארונות הללו אחד של מת ואחד של שכינה מהלכין זה עם זה והיו עוברין ושבין אומרים מה טיבן של שני ארונות הללו אמרו אחד של מת ואחד של שכינה וכי מה דרכו של מת להלך עם שכינה אמרו קיים

רש"י

מאי שנא מעיקרא. דאקדמינהו למצרים מקמי אחי יוסף ומאי שנא לבסוף דכתיב הוא ואחיו והדר וכל העולים אתו: **וכי.** דרך לאסוף אטדין ולעשות מהן גורן: **שמקיפין לו אטד.** גדר של קוצים: **שלשים וששה כתרים.** י"ב נשיאים דישמעאל וכ"ג אלופים נמנו בעשו וא"ת כ"ה הן תימן וקנז נמנו ב' פעמים וא"ת קרח נמנה ב' פעמים שני קרח הן אחד מבני אליפז ואחד מבני אהליבמה ומ"מ ל"ה הן וכתרו של יוסף הרי ל"ו: **קא מעכב.** שלא יקברוהו שם: **אמר.** קרית ארבע שמה שאינה מחזקת אלא ד' זוגות הא דא"ר יצחק לאו מלתא דעשו היא אלא גמרא קאמר ליה למימר טעמא דעיכובא דודאי כן הוה כדברי עשו שאינה מחזקת אלא ח' קברים: **איהו.** יעקב: **קברה ללאה בדידיה.** בחלק המגיעו כדכתיב ושמה קברתי את לאה: **זבינתיה.** כשמכרת הבכורה: **נהי דזבינתי לבכורתי.** ולא אטול פי שנים אלא כמוהו: **פשיטותא מי זביני.** חלקי בחלק פשוט לא מכרתי: **א"ל אין.** פשיטותיך נמי זבנת חלקך במערה זו לגמרי שכך אמר אבינו בשעת מיתה אשר כריתי לי ואין כירה אלא לשון מכירה כמו ואכרה לי בחמשה עשר כסף (הושע ג): **שבו איגרתא.** הראו שטר מכירה: **יקירן אודניה.** כבדו אזניו משמוע: **מאי האי.** למה אינכם קוברין אותו: **שקיל גולפיה.** מקל כמו גולפי טובי בלע מאבימי בערכין (דף כב.): **ואי לא איעסק ביה יוסף אחיו מי לא הוי מיעסקי ביה.** כלומר היאך הניחוהו אחיו ליוסף ליטול לו את השם לבדו של קבורת אביהם וכי פרקו מעליהן העול ולא חשו לו ואם לא נתעסק בו הוא הם לא היו עסוקין בו והכתיב וישאו אותו בניו אלמא אף הם היו עסוקין במשאו(ג) וקבורתו ומסקנא כתיב אחרי קברו את אביו תלה הכתוב בו שהוא היה עיקר הדבר: **אמרו.** אחיו ביניהן הניחו לו להתעסק בו כנגד כולנו: **כבודו.** של אבינו במלך יותר מבהדיוטות שיוסף מלך הוא: **נתעסקו בביזה.**(ד) של מצרים: **כדי שיתברכו מימיו.** תמיד לפי שאין ארץ מצרים שותה ממי גשמים אלא שכולה עשויה יאורים וחריצים מנילוס עד סוף המדינה כמה פרסאות ונילוס עולה ומשקה ומתברך וממלא אותן יאורים ומשקין מהן השדות והיינו דכתיב (זכריה יד) והיה *אם לא יעלה מכל משפחות וגו' לא עליהם יהיה הגשם ואם משפחת מצרים לא תעלה ולא *תבא ולא עליהם ואין כתיב כאן הגשם אלא ולא עליהם יהיה אותו נהר שהן שותין ממנו ויונתן בן עוזיאל תרגם ולא עליהם תיסק נילוס: **ויהי האחד מפיל הקורה וגו'.** בתלמידי אלישע כתיב במלכים: **והוא שאול.** השאילוהו לו: **תלמידו של משה.** ולא שלמד מפיו אלא תורתו של משה למדו *לאליהו: **בקברניט של מלכים.** בקברות של מלכים ולשון יוני הוא: קיים

תוספות

סרח בת אשר נשתיירה מאותו הדור. תימה והלא מכיר ויאיר בן מנשה נולדו בימי יעקב והיו מבאי הארץ למה לא שאלם משה והם היו מבני בניו של יוסף וי"ל שסוד הגאולה נמסר לסרח כדאיתא בפירקי ר"א (פרק מח) וכיון שבא משה הלכו זקני ישראל אצלה לפי שכבר נכשלו על ידי בני אפרים שיצאו שלשים שנה לפני הקץ ונמלכו עתה בה ואמרה להם מה לשון אמר לכם המושיע הזה אמרו לה פקוד פקדתי אמרה להם א"כ הוא הוא לכך הלך גם משה אצלה. מתוספת רבי: שמליון

תוספות שאנץ

תאנא ל"ו כתרים נתלו בארונו של יעקב י"ב נשיאים דישמעאל וי"ד דאלופי בני עשו הכתובים בסדר וישלח. ומבני קטורה זמרן ויקשן מדן ומדין ישבק ושוח הרי ששה ויקשן ילד את שבא ואת דדן. ושבא תלה כתרו של אביו. ומדין הוריש כתרו לה' בניו. א) חנוך ועיפה ועפר ואבידע ואלדעה הרי ה' כתרים הרי י' בני קטורה ל"ו כתרים. והשתא אתי שפיר דקתני לעיל אתו בני עשו וישמעאל ובני קטורה ודלא כפ"ה דלא היה לו להזכיר כלל בני קטורה דפ"ה י"ב נשיאים דישמעאל וכ"ג אלופים נמנו בעשו וא"ת כ"ה הם תימן וקנז נמנו ב' פעמים. וא"ת קרח נמנה ב' פעמים [שני קרח הוי] אחד מבני אליפז ואחד מבני אהליבמה מ"מ ל"ה הם וכתרו של יוסף [הרי ל"ו] כפ"ה: שקל קולפא מחייה. תי' דירו' בכתובות אמרי דמסורה היא בידם דיהודה קני ליה לעשו שנא' ידך בעורף אויביך. ב) ויכול להיות שאותו בשעה שהרג לעשו לשניהם והרגו אותו. אמרו סרח בת אשר נשתיירה. וא"ת הרבה נשתיירו מאותו הדור כדתניא בפ' יש נוחלין. יאיר בן מנשה ומכיר בן מנשה נולדו בימי מנשה ולא מתו עד שנכנסו ישראל לארץ. ומכיר ודאי נולד בימי יעקב וגם יוסף גדל את בניו כדכתיב גם בני מכיר בן מנשה יולדו על ברכי יוסף ולא היה הולך אצלה לשאול היכן הוא מכל הגדולים שבדור. וי"ל דאיתא במדרש דאגדה שיגע בו משה ג' ימים עד שפגעה בו סגולה סרח בת אשר אמרה לו מה אתה מבקש אמר לה ארונו של יוסף אמרה לו ארון של מתכת והשתא ניחא שלא הלך אצלה אלא שפגעה בו והגידה לו הדבר. ארון של מתכת יש וקבעוהו בנילוס. וכי דרכו של מת להלך עם השכינה במדרש יש ששמו עצמות יוסף בתוך עור של כבש ונכנסה בו באותו עור רוח חיים והיינו דכתיב נוהג כצאן יוסף: קיים זה מה שכתוב בזה פי' במכילתא מפ' כתיב הכא אנכי וכתיב ביוסף התחת אלהים אנכי. כתיב הכא לא יהיה לך אלהים אחרים וכתיב בזה את האלהים אני ירא. כתיב הכא זכור. וכתיב הכא וטבוח טבח והכן ואין והכן אלא לשבת שנא' והיה ביום הששי והכינו. כל י' הדברים ולא תשנא את אחיך ולא תקום ולא תטור וחי אחיך עמך ל"ה: את מספר ימיך אמלא ואם זכה מוסיפין לו

מסורת הש"ס

[לעיל יב.]

ס"א ל"ג

[עירובין נג.]

[ר"ה כו. חולין לב. ע"ש]

[ע' תוס' גיטין נה: ד"ה ביהודה]

[תוספתא פ"ד]

נ"ל אשר לא יעלה מאת המשפחות וגו' ולא

נ"ל באה

[פירוש בבית הקברות של מלכים והיו שם ארונות הרבה ולא היה משה יודע איזהו. ערוך ערך קברנט ב]

ס"א לאלישע

הגהות הב"ח

(א) גמ' שבאו שם בני עשו: (ב) שם ואי לא איעסק ביה יוסף אחיו מי לא הוו: (ג) רש"י ד"ה ואי לא וכו' ובקבורתו כתיב אחרי כצ"ל ותיבת ומסקנא נמחק: (ד) ד"ה נתעסקו בביזה וינצלו את מצרים:

א) ומה שלא חשב נמי כתרו של דדן נראה משום דיקשן הי' הבכור והירושה חזרה אליו ובזה ניחא נמי דלא חשיב בני דדן. ומיהו בלא"ה ניחא די"ל דמפרש כפי' התרגום אונקלוס ע"ש.
ב) אולי צ"ל ויכול להיות שבניהם הרגו לעשיו באותו שעה.

קיים זה מה שכתוב בזה. אגדה זו מפורשת במכילתא בפרשת ויהי בשלח פרעה כתיב בזה אנכי וכתיב בזה התחת אלהים אנכי כתיב בזה לא יהיה לך וכתיב בזה האלהים אני ירא לא תשא חי פרעה זכור את יום השבת וטבוח טבח והכן ואין זה אלא יום השבת וכן הוא אומר והכינו את אשר יביאו וכן כל עשרת הדברות לא תשנא את אחיך בלבבך לא תקום ולא תטור וחי אחיך עמך: **ואי לא איעסק ביה משה וכו'.** כלומר היאך הניחו ישראל למשה להתעסק בו לבדו וכי לא חשו לשבועה ואם לא נתעסק בו משה לא היו הם מתעסקין: **הכתיב**

סמליון אומר. פי' ר"ח אית דאמרי מלאך ואית דאמרי שם חכם. *ערוך:

מפני

אקיים זה כל מה שכתוב בזה בואי לא(א) עסיק ביה משה ישראל לא הוו מיעסקי ביה והכתיב °ואת עצמות יוסף אשר העלו בני ישראל ממצרים קברו בשכם ותו אי לא איעסקו ביה ישראל בניו לא הוו מיעסקי ביה והכתיב °ויהיו לבני יוסף לנחלה אמרו הניחו לו כבודו במרובים יותר מבמועטין ותו אמרו הניחו לו כבודו בגדולים יותר מבקטנים קברו בשכם מאי שנא בשכם אמר ר' חמא בר' חנינא גמשכם גנבוהו ולשכם נחזיר אבידתו קשו קראי אהדדי כתיב °ויקח משה את עצמות יוסף עמו וכתיב ואת עצמות יוסף אשר העלו בני ישראל וגו' א"ר חמא בר' חנינא דכל העושה דבר ולא גמרו ובא אחר וגמרו מעלה עליו הכתוב על שגמרו כאילו עשאו רבי אלעזר אומר אף מורידין אותו מגדולתו דכתיב °ויהי בעת ההיא וירד יהודה רבי שמואל בר נחמני אמר אף קובר אשתו ובניו דכתיב °ותמת בת שוע אשת יהודה וגו' וכתיב וימת ער ואונן אמר רב יהודה אמר רב מפני מה נקרא יוסף עצמות בחייו המפני שלא מיחה בכבוד אביו דקאמרי ליה °עבדך אבינו ולא אמר להו ולא מידי ו*ואמר רב יהודה אמר רב ואיתימא רבי חמא ברבי חנינא מפני מה מת יוסף קודם לאחיו מפני שהנהיג עצמו ברבנות: °ויוסף הורד מצרימה א"ר אלעזר זאל תיקרי הורד אלא הוריד שהוריד איצטגניני פרעה מגדולתן ויקנהו פוטיפר סרים פרעה אמר רב חשקנאו לעצמו (*בא גבריאל וסירסו) בא גבריאל ופירעו מעיקרא כתיב פוטיפר ולבסוף פוטיפרע: מי לנו גדול ממשה וכו': °ויאמר ה' אלי רב לך א"ר לוי ט°ברב בישר ברב בישרוהו ברב בישר °רב לכם ברב בישרוהו רב לך דבר אחר רב לך ירב יש לך ומנו יהושע דבר אחר רב לך יאשלא יאמרו הרב כמה קשה ותלמיד כמה סרבן וכל כך למה תנא דבי ר' ישמעאל יב*לפום גמלא שיחנא: °ויאמר אליהם בן מאה ועשרים שנה אנכי היום *שאין ת"ל היום יגהיום מלאו ימי ושנותי ללמדך שהקב"ה משלים שנותיהם של צדיקים מיום ליום ומחדש לחדש דכתיב °את מספר ימיך אמלא לא אוכל עוד לצאת ולבא מאי לצאת ולבא אילימא לצאת ולבא ממש והכתיב °ומשה בן מאה ועשרים שנה במותו לא כהתה עינו ולא נס ליחה וכתיב °ויעל משה מערבות מואב אל הר נבו ותניא שתים עשרה מעלות היו שם ופסען משה בפסיעה אחת א"ר שמואל בר נחמני א"ר יונתן לצאת ולבוא בדברי תורה מלמד שנסתתמו ממנו שערי חכמה °וילך משה ויהושע ויתיצבו באהל מועד תנא ידאותה שבת של דיו זוגי היתה ניטלה רשות מזה וניתנה לזה (ותניא) טוא"ר יהודה טז°אילמלא מקרא כתוב אי אפשר לאומרו יזהיכן משה מת בחלקו של ראובן דכתיב °ויעל משה מערבות מואב אל הר נבו ונבו בחלקו של ראובן קיימא דכתיב °ובני ראובן בנו וגו' ואת נבו וגו' (נבו ששם מתו ג' נביאים משה ואהרן ומרים) והיכן משה קבור בחלקו של גד דכתיב °וירא ראשית לו וגו' ומחלקו של ראובן עד חלקו של גד כמה הוי ארבעה מילין אותן ארבעה מילין מי הוליכו יח*מלמד שהיה משה מוטל בכנפי שכינה ומלאכי השרת אומרים °°צדקת ה' עשה ומשפטיו עם ישראל והקדוש ברוך הוא אומר °מי יקום לי עם מרעים מי יתיצב לי עם פועלי און ושמואל אמר °מי כהחכם ומי יודע פשר דבר ורבי יוחנן אמר °החכמה מאין תמצא ורב נחמן אמר °וימת שם משה וגו' יטסמליון אומר וימת שם משה ספרא רבה דישראל תניא רבי אליעזר הגדול אומר כשנים עשר מיל על שנים עשר מיל כנגד מחנה ישראל בת קול משמיע ואומר וימת משה ספרא רבה דישראל ויש אומרים לא מת משה כתיב הכא וימת שם וכתיב התם °ויהי שם עם ה' מה להלן עומד ומשמש אף כאן עומד ומשמש °ויקבר אותו בגיא בארץ מואב מול בית פעור א"ר ברכיה סימן בתוך סימן ואפ"ה ולא ידע איש את קבורתו כאוכבר שלחה מלכות הרשעה אצל גסטרא

תורה אור **וכו'.** אלמא לאחר שנפטר משה בערבות מואב נתעסקו בהן ישראל והעבירום את הירדן: **ותו אי לא הוו מתעסקי ביה ישראל.** לאחר שנפטר משה בניו מי לא הוו מיעסקי ביה והיאך הניחו בניו את שאר העם להתעסק בו והכתיב בשכם ויהיו לבני יוסף לנחלה וגו' אלמא בנחלתם קברוהו דחביב היה עליהן: **אמרו.** בניו בעצמם הניחו לו שיתעסקו בו כל ישראל: **כבודו במרובים יותר מבמועטין.** וישראל אמרו בעצמם בעוד משה קיים הניחו שיתעסק בו משה לבדו כבודו בגדולים יותר מבקטנים: **משכם גנבוהו.** כדכתיב* וישלחהו מעמק חברון ויבא שכמה ושם היו רועין ודותן אינה מקום והאי דכתיב (שם) ויאמר האיש נסעו מזה וגו' כך אמר לו אתה אומר את אחי אנכי מבקש סעו מן האחוה הזאת ואין מחזיקין עצמן כאחין לך כי שמעתי אומרים נלכה ונבקש דתות ודינין היאך להמיתו אם יבא אצלנו: **הכא כתיב ויקח משה.** ולא שאר העם: **אף מורידין אותו מגדולתו.** מן השמים למתחיל ואינו גומר אלא אם כן נאנס כמשה שמת בעבר הירדן: [**וירד יהודה.** שהוא התחיל בהצלת יוסף כשאמר מה בצע ולא גמר]: **נקרא יוסף עצמות בחייו.** שנאמר והעליתם את עצמותי מזה ועודנו חי: **שהוריד אצטגניני פרעה מגדולתן.** כשפתר את החלום והם לא ידעו לפותרו: **לעצמו.** למשכב זכור מתוך יופיו: **פרעו.** היינו סירוס יתירא: **בא גבריאל וסירסו** לא גרס: **ברב בישר.** את בני מחלוקתו רב לכם בני לוי והקב"ה מדקדק עם הצדיקים כחוט השערה ונענש באותה מדה: **רב יש לך.** הגיע מלכותו של יהושע ואין לך מלכות נוגעת בחבירתה: **ד"א רב לך.** די לך אל תרבה בבקשה שלא יאמרו הרב כמה קשה שאינו שומע לתלמיד ותלמיד כמה סרבן מפציר ולשון חכמים הוא כך היו מסרבין בו לישא את בת אחותו חבנדרים (ד' סג:) היו מסרבין בו שיאכל כחעמו בשבועות (דף כג:)(ג): **לפום גמלא שיחנא.** לפי כח הגמל מרבין במשאו אף כאן לפי צדקתו מדקדק אחריו: **היום מלאו.** ביום זה נולדתי: **לא נס ליחה.** לא ברח לחלוחית כחו: **דיו זוגי.** שני זוגות שני חבירים היו בהתחלת היום למשה וסופו ליהושע: **בכנפי השכינה.** בכנף לבוש הודו: **מי יקום לי עם מרעים.** להוכיחם לשמי: **פשר דבר.** שהיה יודע לעשות פשרה ביני וביני: **סמליון.** שם חכם: **סימן בתוך סימן.** כלומר סימנים הרבה בארץ מואב בגיא מול בית פעור ואעפ"כ לא ידע וגו': גסטרא

[וע' רש"ל ורש"א בח"א]

תוספות שאנץ

לפום גמלא שיחנא. לפי כח הגמל מרבין במשאו. בא גבריאל וסירסו ל"ג. סרבן מסרב מפציר ובלשון משנה מסרבין בו לישא את בת אחותו. וכן במס' שבועות. שמסרב בו חברו לאכול:

ס"א ל"ג

גליון הש"ס

גמ' ברב בישר. כעין זה לעיל דף י ע"ב: **גמ'** אלמלא מקרא כתוב. ר"ה דף יז ע"ב מגילה ד' כ ע"ב: **שם** צדקת ה' עשה. עיין מנחות ד' ל ע"א תד"ה מכאן ואילך:

בראשית לז

ברכות נה. [ע"ש]

ס"א אינו [כן גיר' הערוך ערך פטיפר פי' סירסו לבילים ופירעו לגיד]

כתובות סז. קד. ר"ה יא. קידושין לה. [תוספ' סוטה פי"א]

[תוספתא פ"ד]

הגהות הב"ח

(א) גמ' ואי לא איעסק ביה: (ב) רש"י ד"ה ד"א רב לך וכו' בשבועות הס"ד ואח"כ מ"ה וכל כך למה מה עונש רב בשמעו נא המורים שהרבה בתחנות הרבה ולא נענה הס"ד:

קִיֵּים זֶה, יוסף המת, **כָּל מַה שֶּׁכָּתוּב בָּזֶה**, בלוחות המונחים בארון, ולכן ראוי לו להיות לצידו. ושואלים: **וְאִי** [ואם] **לֹא עָסֵיק בֵּיהּ** [היה עוסק בו] **מֹשֶׁה** בארון יוסף — **יִשְׂרָאֵל לֹא הָווּ מִיעַסְּקִי בֵּיהּ** [היו מתעסקים בו]? **וְהָכְתִיב** [והרי נאמר] לאחר מות משה: **"וְאֶת עַצְמוֹת יוֹסֵף אֲשֶׁר הֶעֱלוּ בְנֵי יִשְׂרָאֵל מִמִּצְרַיִם קָבְרוּ בִשְׁכֶם"** (יהושע כד, לב), משמע שלא נמנעו מלטפל בו! **וְתוּ, אִי** [ועוד, אם] **לֹא אִיעַסְּקוּ בֵּיהּ** [היו מתעסקים בו] כל **יִשְׂרָאֵל — בָּנָיו לֹא הָווּ מִיעַסְּקִי בֵּיהּ** [היו מתעסקים בו]? **וְהָכְתִיב** [והרי נאמר] **"וַיִּהְיוּ לִבְנֵי יוֹסֵף לְנַחֲלָה"** (שם), שקברוהו בנחלתם, ומדוע לא התעסקו בו בתחילה?! אלא **אָמְרוּ: הַנִּיחוּ לוֹ, כְּבוֹדוֹ בִּמְרוּבִּים יוֹתֵר מִבְּמוּעָטִין** ומוטב שיטפלו בו כל ישראל ולא רק צאצאיו. **וְתוּ** [ועוד] **אָמְרוּ: הַנִּיחוּ לוֹ, כְּבוֹדוֹ בִּגְדוֹלִים** כמשה רבינו **יוֹתֵר מִבִּקְטַנִּים**. נאמר שם שאת עצמות יוסף **קָבְרוּ בִשְׁכֶם**. ושואלים: **מַאי שְׁנָא** [מה שונה, מדוע דווקא] **בִּשְׁכֶם? אָמַר ר' חָמָא בְּר' חֲנִינָא**, כך אמרו: **מִשְּׁכֶם גְּנָבוּהוּ** אחיו במכירתו **וְלִשְׁכֶם נַחֲזִיר אֲבֵידָתוֹ**. ומעירים: **קָשׁוּ קְרָאֵי אַהֲדָדֵי** [קשים הכתובים זה על זה]; **כְּתִיב** [נאמר]: **"וַיִּקַּח מֹשֶׁה אֶת עַצְמוֹת יוֹסֵף עִמּוֹ"** (שמות יג, יט), משמע שמשה הוא שהעלה את העצמות, **וּכְתִיב** [ונאמר]: **"וְאֶת עַצְמוֹת יוֹסֵף אֲשֶׁר הֶעֱלוּ בְנֵי יִשְׂרָאֵל"** (יהושע שם)! **אָמַר ר' חָמָא בְּר' חֲנִינָא: כָּל הָעוֹשֶׂה דָּבָר וְלֹא גְּמָרוֹ, וּבָא אַחֵר וּגְמָרוֹ — מַעֲלֶה עָלָיו הַכָּתוּב** על זה **שֶׁגְּמָרוֹ כְּאִילּוּ עֲשָׂאוֹ** כולו, ולכן אף העלאת עצמותיו של יוסף ממצרים נזקפת לזכותם של בני ישראל. **ר' אֶלְעָזָר אוֹמֵר**: מי שהתחיל לעשות מצוה ולא גמרה **אַף מוֹרִידִין אוֹתוֹ מִגְּדוּלָּתוֹ, דִּכְתִיב** [שנאמר]: **"וַיְהִי בָּעֵת הַהִיא וַיֵּרֶד יְהוּדָה"** (בראשית לח, א), שנאמרה בו לשון ירידה, שהורידוהו האחים מגדולתו, משום שיכול היה לגמור ולהציל את יוסף, ולא הצילו לגמרי. **ר' שְׁמוּאֵל בַּר נַחְמָנִי אָמַר**: משם ראיה **שאַף קוֹבֵר אִשְׁתּוֹ וּבָנָיו, דִּכְתִיב** [שנאמר]: **"וַתָּמָת בַּת שׁוּעַ אֵשֶׁת יְהוּדָה"** (שם יב), **וּכְתִיב** [ונאמר] בבניו **"וַיָּמָת עֵר וְאוֹנָן"** (שם מו, יב). **אָמַר רַב יְהוּדָה אָמַר רַב: מִפְּנֵי מָה נִקְרָא יוֹסֵף עֲצָמוֹת בְּחַיָּיו**, שהרי הוא עצמו אמר "והעליתם את עצמותי מזה" (שם נ, כה) — **מִפְּנֵי שֶׁלֹּא מִיחָה** באחיו בדבר שהיה בו זלזול **בִּכְבוֹד אָבִיו, דְּקָאָמְרִי לֵיהּ** [שאמרו לו] האחים כמה פעמים **"עַבְדְּךָ אָבִינוּ"** (שם מג, כח. מד, לא), **וְלֹא אָמַר לְהוּ** [להם] **וְלֹא מִידֵּי** [דבר]. **וְאָמַר רַב יְהוּדָה אָמַר רַב, וְאִיתֵּימָא** [ויש אומרים] שאמר זאת **ר' חָמָא בְּר' חֲנִינָא: מִפְּנֵי מָה מֵת יוֹסֵף קוֹדֶם לְאֶחָיו**, שהרי הוא מצווה אותם שיטפלו בקבורתו — **מִפְּנֵי שֶׁהִנְהִיג עַצְמוֹ בְּרַבָּנוּת** (שררה), וכך קורה לו לאדם שמפני גדולתו מתקצרים ימיו. כיון שדובר בענין זה של לשון ירידה הקשורה במכירת יוסף, מזכירים מה שנאמר **"וְיוֹסֵף הוּרַד מִצְרָיְמָה"** (שם לט, א). **אָמַר ר' אֶלְעָזָר: אַל תִּיקְרֵי** [תקרא] **"הוּרַד" אֶלָּא "הוֹרִיד"**, כלומר, **שֶׁהוֹרִיד אִיצְטַגְנִינֵי פַּרְעֹה מִגְּדוּלָּתָן** שידע לפתור את חלומותיו של פרעה והם לא הצליחו לפותרם. נאמר: **"וַיִּקְנֵהוּ פּוֹטִיפַר סְרִיס פַּרְעֹה"** (שם). **אָמַר רַב: שֶׁקְּנָאוֹ לְעַצְמוֹ** למשכב זכור. **בָּא** המלאך **גַּבְרִיאֵל וְסֵירְסוֹ, בָּא גַּבְרִיאֵל וּפֵירְעוֹ** הוסיף בסירוס זה. ורמז לדבר: **מֵעִיקָּרָא כְּתִיב** [מתחילה נאמר] **"פּוֹטִיפַר"** (שם) **וּלְבַסּוֹף "פּוֹטִיפֶרַע"** (שם מא, מה), לשון קריעה ופריעה, ומשום שנסתרס לא יכול היה לעשות זאת.

א שנינו במשנה: **מִי לָנוּ גָּדוֹל מִמֹּשֶׁה** שלא נתעסק בו אלא המקום. נאמר שביקש משה לבוא לארץ, ואז **"וַיֹּאמֶר ה' אֵלַי רַב לָךְ"** (דברים ג, כו). **אָמַר ר' לֵוִי: בְּ"רַב" בִּישֵּׂר, בְּ"רַב" בִּישְּׂרוּהוּ**, שכיון שהשתמש בלשון זו כדי לגעור בישראל נאמר לו גם כן באותה לשון. ומסבירים: **בְּ"רַב" בִּישֵּׂר**, שאמר: **"רַב לָכֶם** בני לוי" (במדבר טז, ז). **בְּ"רַב" בִּישְּׂרוּהוּ — "רַב לָךְ". דָּבָר אַחֵר: "רַב לָךְ" — רַב יֵשׁ לָךְ** כעת, **וּמַנּוּ** [ומי הוא] — **זֶה יְהוֹשֻׁעַ** שנבחר להיות המנהיג בישראל. **דָּבָר אַחֵר: "רַב לָךְ"**, יש לך רב (אדון, הקדוש ברוך הוא) ואתה צריך לכבדו, ומשום כך אל תפציר בי יותר, **שֶׁלֹּא יֹאמְרוּ: הָרַב כַּמָּה קָשֶׁה, וְתַלְמִיד כַּמָּה סַרְבָן**. ושואלים: **וְכָל כָּךְ לָמָּה**, מדוע נענש משה על חטאים קלים אלה? **תָּנָא דְּבֵי** [שנה החכם בבית מדרשו] של **ר' יִשְׁמָעֵאל**, לפי הפתגם שאומרים: **לְפוּם גַּמְלָא שִׁיחֲנָא** [לפי הגמל המשא]. כלומר, לפי גדולתו של אדם מדקדקים יותר במעשיו. נאמר על משה **"וַיֹּאמֶר אֲלֵהֶם בֶּן מֵאָה וְעֶשְׂרִים שָׁנָה אָנֹכִי הַיּוֹם"** (דברים לא, ב), **שֶׁאֵין תַּלְמוּד לוֹמַר** (שניתן הפסוק להכתב גם בלי המלה) **"הַיּוֹם"**, אלא אומר הוא זאת במכוון: **הַיּוֹם מָלְאוּ יָמַי וּשְׁנוֹתַי** בדיוק מאה ועשרים שנה. **לְלַמֶּדְךָ שֶׁהַקָּדוֹשׁ בָּרוּךְ הוּא מַשְׁלִים שְׁנוֹתֵיהֶם שֶׁל צַדִּיקִים מִיּוֹם לְיוֹם וּמֵחֹדֶשׁ לְחֹדֶשׁ, דִּכְתִיב** [שנאמר]: בברכה: **"אֶת מִסְפַּר יָמֶיךָ אֲמַלֵּא"** (שמות כג, כו). נאמר שם **"לֹא אוּכַל עוֹד לָצֵאת וְלָבוֹא"** (דברים שם). ושואלים: **מַאי** [מה פירוש] **"לָצֵאת וְלָבוֹא"? אִילֵימָא** [אם תאמר] שתש כוחו **לָצֵאת וְלָבֹא מַמָּשׁ, וְהָכְתִיב** [והרי נאמר] **"וּמֹשֶׁה בֶּן מֵאָה וְעֶשְׂרִים שָׁנָה בְּמֹתוֹ** לא כהתה עינו **וְלֹא נָס לֵחֹה"** (שם לד, ז), **וּכְתִיב** [ועוד נאמר] **"וַיַּעַל מֹשֶׁה מֵעַרְבֹת מוֹאָב אֶל הַר נְבוֹ"** (שם א), **וְתַנְיָא** [ושנויה ברייתא]: **שְׁתֵּים עֶשְׂרֵה מַעֲלוֹת** (מדרגות) **הָיוּ שָׁם** במעלה זה, **וּפְסָעָן מֹשֶׁה בִּפְסִיעָה אַחַת**. ואיך אמר שלא יוכל לצאת ולבוא? **אָמַר ר' שְׁמוּאֵל בַּר נַחְמָנִי אָמַר ר' יוֹנָתָן**: הכוונה היתה **לָצֵאת וְלָבוֹא בְּדִבְרֵי תוֹרָה. מְלַמֵּד שֶׁנִּסְתַּתְּמוּ מִמֶּנּוּ שַׁעֲרֵי חָכְמָה**. נאמר: **"וַיֵּלֶךְ מֹשֶׁה וִיהוֹשֻׁעַ וַיִּתְיַצְּבוּ בְּאֹהֶל מוֹעֵד"** (שם לא, יד). **תָּנָא** [שנה החכם]: **אוֹתָהּ שַׁבָּת** יום שמת בו משה **שֶׁל דְּיוֹ זוּגֵי** [שני זוגות] **הָיְתָה**, כלומר, שהיו שם שני חכמים משמשים במקום אחד, משה ויהושע, **נִיטְּלָה רְשׁוּת מִזֶּה, וְנִתְּנָה לָזֶה. וְתַנְיָא** [ושנויה ברייתא], **אָמַר ר' יְהוּדָה: אִילְמָלֵא מִקְרָא כָּתוּב אִי אֶפְשָׁר לְאוֹמְרוֹ** מדעתנו. **הֵיכָן מֹשֶׁה מֵת — בְּחֶלְקוֹ שֶׁל רְאוּבֵן, דִּכְתִיב** [שנאמר]: **"וַיַּעַל מֹשֶׁה מֵעַרְבֹת מוֹאָב אֶל הַר נְבוֹ"** (שם לד, א), **וּנְבוֹ בְּחֶלְקוֹ שֶׁל רְאוּבֵן קַיְימָא** [עומדת], **דִּכְתִיב** [שנאמר]: **"וּבְנֵי רְאוּבֵן בָּנוּ... וְאֶת נְבוֹ"** (במדבר לב, לז-לח). ועוד דרשו: **"נְבוֹ" — שֶׁשָּׁם מֵתוּ שְׁלֹשָׁה נְבִיאִים** ("נבו"): **מֹשֶׁה וְאַהֲרֹן וּמִרְיָם. וְהֵיכָן מֹשֶׁה קָבוּר — בְּחֶלְקוֹ שֶׁל גָּד, דִּכְתִיב** [שנאמר] בברכת משה לשבט גד: **"וַיַּרְא רֵאשִׁית לוֹ** כי שם חלקת מחוקק ספון" (דברים לג, כא), כלומר, משה המחוקק טמון שם. **וּמֵחֶלְקוֹ שֶׁל רְאוּבֵן עַד חֶלְקוֹ שֶׁל גָּד כַּמָּה הָוֵי** [הוא] המרחק — **אַרְבָּעָה מִילִין. אוֹתָן אַרְבָּעָה מִילִין** ממקום מותו למקום קבורתו **מִי הוֹלִיכוֹ? מְלַמֵּד שֶׁהָיָה מֹשֶׁה מוּטָּל בְּכַנְפֵי שְׁכִינָה**, כלומר, הקדוש ברוך הוא עצמו נשאו, **וּמַלְאֲכֵי הַשָּׁרֵת אוֹמְרִים "צִדְקַת ה' עָשָׂה וּמִשְׁפָּטָיו עִם יִשְׂרָאֵל"** (שם), **וְהַקָּדוֹשׁ בָּרוּךְ הוּא אוֹמֵר: "מִי יָקוּם לִי עִם מְרֵעִים מִי יִתְיַצֵּב לִי עִם פֹּעֲלֵי אָוֶן"** (תהלים צד, טז), כלומר, מי ישתדל עכשיו וילמד זכות על ישראל מפני המקטרגים עליהם. **וּשְׁמוּאֵל אָמַר**, כך אמר עליו: **"מִי כְּהֶחָכָם וּמִי יוֹדֵעַ פֵּשֶׁר דָּבָר"** (קהלת ח, א), **וְר' יוֹחָנָן אָמַר** שכך אמר עליו: **"וְהַחָכְמָה מֵאַיִן תִּמָּצֵא"** (איוב כח, יב), **וְרַב נַחְמָן אָמַר**, מה שאמר עליו היה: **"וַיָּמָת שָׁם מֹשֶׁה** עבד ה'" (דברים לד, ה). החכם **סְמַלְיוֹן אָמַר** שכך אמר: **וַיָּמָת שָׁם מֹשֶׁה סָפְרָא רַבָּה דְּיִשְׂרָאֵל** [הסופר הגדול של ישראל]. **תַּנְיָא** [שנויה ברייתא], **ר' אֱלִיעֶזֶר הַגָּדוֹל אוֹמֵר**: מרחק של **שְׁנֵים עָשָׂר מִיל עַל שְׁנֵים עָשָׂר מִיל, כְּנֶגֶד מַחֲנֵה יִשְׂרָאֵל, בַּת קוֹל מַשְׁמִיעַ וְאוֹמֵר: וַיָּמָת מֹשֶׁה סָפְרָא רַבָּה דְּיִשְׂרָאֵל. וְיֵשׁ אוֹמְרִים: לֹא מֵת מֹשֶׁה** ממש, **כְּתִיב הָכָא** [נאמר כאן] **"וַיָּמָת שָׁם"** (שם), **וּכְתִיב הָתָם** [ונאמר שם] **"וַיְהִי שָׁם עִם ה'"** (שמות לד, כח), **מַה לְּהַלָּן** "ויהי שם עם ה'" כוונתו **עוֹמֵד וּמְשַׁמֵּשׁ** לפני ה', **אַף כָּאן** "וימת שם" — הכוונה היא שהוא עדיין **עוֹמֵד וּמְשַׁמֵּשׁ**. נאמר: **"וַיִּקְבֹּר אֹתוֹ בַגַּי בְּאֶרֶץ מוֹאָב מוּל בֵּית פְּעוֹר"** (דברים לד, ו). **אָמַר ר' בְּרֶכְיָה**: לכאורה הרי זה **סִימָן בְּתוֹךְ סִימָן**, כלומר, יש פה סימן מדוייק מאד היכן נקבר, **וַאֲפִילּוּ הָכִי** [כך] **"וְלֹא יָדַע אִישׁ אֶת קְבֻרָתוֹ"** (שם). **וּכְבָר שָׁלְחָה מַלְכוּת הָרְשָׁעָה** (מלכות רומי) **אֵצֶל**

מסורת הש"ס

א. (הביטוי) ב"ק יז,א.

ב. תוספתא סוטה פ"ד ז. מכילתא דרשב"י יד, יט.

ג. ראה מכילתא יג, יט. ב"ר פפ"ה ג. שמו"ר פ"כ יט. דב"ר פ"ח ד. תנחומא בשלח ב.

ד. (כל הענין) ב"ר שם. דב"ר שם. תנחומא עקב ו. תנחומא בובר וישב יג. ילק"ש תורה קמד. שם נ"ך לה.

ה. ב"ר פ"ק ג. פדר"א פל"ט. ילק"ש תורה קנא.

ו. ברכות נה,א. מדרש ל"ב מדות פ"י.

ז. ילק"ש שם קמה. וראה ב"ר פפ"ו ב. תנחומא וישב ד. ילק"ש שם.

ח. ב"ר שם ג (בשינוי). ילק"ש שם.

ט. במדב"ר פי"ח יח. וראה סוטה י,ב.

י. ראה ספרי במדבר כז, יב. מדרש תנאים ג, כו. דב"ר פ"ב ה.

יא. מדרש תנאים שם.

יב. (הביטוי) כתובות סז,א. קד,א. ספרי במדבר שם. מסכת כלה פ"ב יג. ב"ר פי"ט א. קה"ר פ"א יח. מדרש שמואל פ"ז.

יג. ר"ה יא,א. קדושין לח,א. תוספתא סוטה פי"א ז. סדר עולם רבה פ"י. ספרי דברים א, ג. מדרש תנאים לד, ח. תנחומא ואתחנן ו. תנחומא בובר ואתחנן ו. ילק"ש תורה תתקמ.

יד. ילק"ש תורה תתקמא.

טו. (הענין) ירושלמי סוטה פ"א ה"י. ספרי במדבר יב, יד. מדרש תנאים לד, ה. וראה פדר"א פי"ז.

טז. (הביטוי) גם ברכות לב,א. עירובין כב,א. ר"ה יז,ב. מגילה כא,א. ב"ב י,א. טז,א. סנהדרין צה,ב. חולין צא,ב. ב"ר פ"א ה. ויק"ר פל"ד ב. שה"ר פ"ב ג. איכ"ר פתיחתא א. תנחומא שופטים ז. שם וזאת הברכה ב. תנחומא בובר שופטים ו. שם וזאת הברכה ב. פסי"ר פכ"ז. שם פכ"ח. תנדבא"ר פכ"ז. שם פכ"ח. שם פכ"ט. תנדבא"ז פ"ב. שם פ"ח. שם פכ"א.

יז. ירושלמי שם. תוספתא שם פ"ד ה"ח. ספרי במדבר שם. ספרי דברים לג, כ. שם לד, ו. אדר"נ נו"ב פכ"ה. ילק"ש תורה תתקסב.

יח. ירושלמי שם. תוספתא שם. ספרי במדבר שם. ספרי דברים לג, כ. ילק"ש שם. וראה דב"ר פי"א י. תנחומא ואתחנן ג.

יט. ספרי דברים לד, ה. מדרש תנאים לד, ה.

כ. סוטה לד, ה. תנחומא בובר אחרי מות ו. פסדר"כ פכ"ו. ראה שה"ר פ"א יג. תנדבא"ר פכ"ז.

כא. ספרי שם. מדרש תנאים לד, ו.

גרסות

עסיק בכת"י וכן בב"ח: **איעסק.**

לא הוו יש בכת"י: **מי לא הוו.**

נחזיר אבידתו בכת"י יש: **נחזיר אבידה.**

בא גבריאל וסירסו יש בכת"י ועוד: **בא מיכאל וסירסו** ויש שלא גרסו כלל. וראה ברש"י.

ופירעו ויש בכת"י: **ופרעו.**

שערי חכמה יש בכת"י ועוד: **מסורות חכמה** ויש גם: **מעינות חכמה.**

ותניא אמר ר' יהודה בכת"י: **תניא.**

נבו ששם — ומרים בכת"י רבים ועוד חסר משפט זה.

בכנפי יש שגרסו: **על כנפי.**

בת קול משמיע יש בכת"י: **קול משמיע** ויש: **קול נשמע.**

לשון

איצטגניני

פירושה של המלה איצטגנין הוא — החוזה בכוכבים, אסטרונום, ובעיקר — אסטרולוג. מקורה הוא כנראה מיוונית [יש סבורים שהיא קשורה ל־ἀστήρ (אסטיר) כוכב], אבל לא נמצאה מלה מתאימה בדיוק.

דיו זוגי

מקור המלה ביוונית διζυγία (דיזוגיא) — עול כפול, העשוי לרתום בו שני בעלי־חיים יחד, ומכאן — דבר כפול, שמשמשים בו שניים כאחד.

סמליון

מקור המלה הוא כנראה ביוונית σημαλέος (סימאליוס) — זה שנותן סימן, מכריז.

עיונים

קיים זה וכו' ולכאורה הרי הרבה צדיקים היו שקיימו התורה ולא נהגו בהם כבוד זה? ויש לומר שנוסף לכך היתה בו מעלה יתירה — שקיים במובן שהחזיק והקים את התורה ולומדיה על ידי עזרתו לאחרים (מרומי שדה).

משכם גנבוהו רש"י עמד על השאלה שלכאורה לא משכם גנבוהו אלא מדותן, וראה מה שפירש כאן. ובמסכת סנהדרין (קב, א) פירש שדותן היא כפר קטן הסמוך לשכם ולכן אפשר לומר שמשכם נגנב. וראה במהרש"א שהטעם הפשוט הוא ששכם היתה הנחלה המיוחדת ליעקב שאותה נתן ליוסף (כאמור בברכתו ליוסף) ולכן קברוהו בנחלתו שלו.

העושה דבר ולא גמרו כי מי שאינו גומר את המצוה נמצא שירד מן המעלה שהיה בה בזמן עשיית המצוה (מהר"ל). ולפי זה נוהגים בו מידה כנגד מידה שמורידים אותו מגדולתו, שאין מניחים לו להשלים את גדולתו, וכן אין מניחים לו לגמור את שלימות משפחתו, ולכן מתים אשתו ובניו (עיון יעקב).

מפני שלא מיחה ויש במדרש שכנגד עשר פעמים ששמע "עבדך אבינו" נתקצרו ימיו בעשר שנים משאר אחיו שמתו לפחות בני מאה ועשרים. ועשר פעמים אלה היו חמש פעמים שאמרו לו, וחמש פעמים ששמע את הדברים מפי המתורגמן. וראה במהרש"א שכתב בדרך רמז מה הקשר בין מה שלא מיחה בכבוד אביו לבין מה שנקרא עצמות — לפי שעצמותיו של אדם באות מכוח האב, והפוגם בכבוד אביו נענש באותו ענין.

אל תיקרי הורד כתב המהרש"א כי הדרשה היא מייתורו של כתוב זה, שהרי כבר נאמר שהורד יוסף מצרימה. ועוד נמצא במדרש ש"הורד" הוא לשון ממשלה ושלטון, כמו "וירדו בדגת הים" (בראשית א, כח).

שקנאו לעצמו כתב בעיון יעקב שמפני שלא נכתב "ויקן" אלא "ויקנהו" למדים שקנה אותו עבור עצמו, להיות לשימושו שלו.

בא גבריאל ופירעו ולא הוכיח את הדבר מן הכתוב בו "סריס פרעה", שאינו ענין סירוס אלא כינוי של משרה בחצר המלך. וראה ברמב"ן על התורה שביאר את הדברים.

ברב בישר וכו' יש שכתב כי לשון "רב" נאמרה לגבי רשעים (ראה בראשית לג, ט), וכיון שהשתמש בלשון גנאי זו כלפי קורח ועדתו נענש שנאמר לו דבר באותה לשון (מהרש"א). ויש שכתב שהדברים שייכים גם מצד תוכנם, כי משה אמר לקורח שדי להם בקדושתם כלויים, ולכן אף הקדוש ברוך הוא אמר לו שדי לו בזה שמת בנחלת ישראל, ונאסף ונקבר בידי המקום, ואינו צריך לשאוף לקדושת ארץ ישראל (עיון יעקב). ובבן יהוידע כתב שיש ללמוד מכאן שאפילו כאשר מוכיח אנשים רשעים (כעדת קורח) צריך לדבר בלשון נקיה וטובה, ואף שצדיק משה בדבריו, מכל מקום כיון שצדיק גמור הוא מדקדק עימו הקדוש ברוך הוא אף בכגון זה.

שתים עשרה מעלות וכו' מעלות אלה פורשו באופנים שונים בדרך הרמז, אם שהן מכוונות כנגד שנים עשר שבטים, שמשה היה שקול כנגד כולם (מהרש"א) ואם כרמז לשתים עשרה מדרגות נסתרות (י"ב גבולי אלכסון) של עליית האדם לעולמות עליונים, שמשה לא היה נצרך לעלות מעט מעט אלא הגיע מיד למעלה עליונה (אוצר הכבוד).

נסתתמו ממנו שערי חכמה הרבה תמהו על דבר זה, שהרי ידוע כי להיפך, צדיקים בשעת מיתתם זוכים להארה גדולה יותר מבחייהם. ועוד הביאו מספרי ש"לא כהתה עינו" וכו' מדבר על כך שאף בדברי תורה היה כוחו גדול כמו קודם לכן. ובהקדמה לשב שמעתתא פירש שיש להבין שלא היתה זו סתימה של המעיינות המגיעים אליו, אלא של יכולתו להעביר את שפעו לאחרים, שמפני גודל ההארה והקדושה לא יכול היה עוד לצמצם את עצמו לתחומים שבני אדם מסוגלים להבינם. וראה גם בגירסות שיש שגרסו: מעיינות החכמה.

נבו כתב הריא"ף שכאן נדרש נבו מלשון נביא, ובשל שלוש האותיות במלה זו דרשו שהיו שלושה נביאים. ונראה שאין הכוונה שמתו כולם בנבו (שהרי לא כן מפורש) אלא שכולם היו בחלקו של ראובן.

אילמלא מקרא כתוב וכו' שלמדו מדיוק המקראות שהקדוש ברוך הוא לא זו בלבד שקברו אלא אף הוליך את גופו מרחק רב, ודבר כגון זה לא היה מקום לאומרו שכביכול הקדוש ברוך הוא מטפל ועוסק בצרכיו של מת (עיון יעקב).

הספדו של משה כתב המהר"ל כי הדעות השונות בענין זה הן דרגה מעל דרגה, שכל חכם מוסיף דבר על מעלתו של משה. ועוד כתב שרב נחמן אמר "עבד ה'" שהוא מעלה עליונה, וסמליון אמר שיש מעלה גבוהה מזו — שהיה "ספרא רבה דישראל" — שהוא האיש שזכה שתכתב התורה על ידו.

סמליון אמר וכו' ראה תוס' (ד"ה סמליון) שהביאו בשם הר"ח שתי דעות, האם סמליון הוא שם אדם, או שהוא שם המלאך שאמר כך, ומפרשים אחרונים אכן מצדדים בדעה זו או האחרת. וראה בעיון יעקב ששם מביא את הנוסח שסמליון אומר "וימת שם משה" בנוסח: וי, מת שם משה.

לא מת משה וראה ברמב"ם בהקדמה לפירוש המשנה שכתב כי אף הוא ש"אירע למשה רבינו מה שקרוי מיתה אצל שאר אנשים", ועיקר הכוונה שלא היה מותו כמותו של אדם אחר, אלא שהתעלה למרום להוויה אחרת.

גַּסְטְרָא (חיל המבצר) שֶׁל בֵּית פְּעוֹר, ואמרו להם: הַרְאֵנוּ הֵיכָן מֹשֶׁה קָבוּר. עָמְדוּ אנשים לְמַעְלָה על ההר — נִדְמֶה לָהֶם שהקבר לְמַטָּה, עמדו לְמַטָּה — נִדְמֶה לָהֶם לְמַעְלָה. נֶחְלְקוּ לִשְׁתֵּי כִיתּוֹת (קבוצות), אוֹתָן שֶׁעוֹמְדִים לְמַעְלָה — נִדְמֶה לָהֶן שהוא לְמַטָּה, אלה שעומדים לְמַטָּה — נִדְמֶה לָהֶן שהוא לְמַעְלָה, לְקַיֵּים מַה שֶּׁנֶּאֱמַר "וְלֹא יָדַע אִישׁ אֶת קְבֻרָתוֹ" (דברים לד, ו). ר' חָמָא בְּרַ' חֲנִינָא אָמַר: אַף מֹשֶׁה רַבֵּינוּ עצמו אֵינוֹ יוֹדֵעַ הֵיכָן הוא קָבוּר; כְּתִיב הָכָא [נאמר כאן] "וְלֹא יָדַע אִישׁ אֶת קְבֻרָתוֹ" וּכְתִיב הָתָם [ונאמר שם] "וְזֹאת הַבְּרָכָה אֲשֶׁר בֵּרַךְ מֹשֶׁה אִישׁ הָאֱלֹהִים" (שם לג, א), כלומר, אפילו משה הנקרא "איש האלקים" לא ידע. וְאָמַר ר' חָמָא בְּרַ' חֲנִינָא: מִפְּנֵי מָה נִקְבַּר מֹשֶׁה אֵצֶל בֵּית פְּעוֹר — כְּדֵי לְכַפֵּר בכך עַל מַעֲשֵׂה פְּעוֹר.

א וְאָמַר ר' חָמָא בְּרַ' חֲנִינָא: מַאי דִּכְתִיב [מהו שנאמר] "אַחֲרֵי ה' אֱלֹהֵיכֶם תֵּלֵכוּ" (שם יג, ה), וְכִי אֶפְשָׁר לוֹ לְאָדָם לְהַלֵּךְ אַחַר שְׁכִינָה? וַהֲלֹא כְּבָר נֶאֱמַר "כִּי ה' אֱלֹהֶיךָ אֵשׁ אֹכְלָה הוּא" (שם ד, כד)! אֶלָּא הכוונה היא שיש לְהַלֵּךְ אַחַר מִדּוֹתָיו שֶׁל הַקָּדוֹשׁ בָּרוּךְ הוּא ולנהוג כמו כן; מַה הוּא מַלְבִּישׁ עֲרוּמִים, דִּכְתִיב [שנאמר]: "וַיַּעַשׂ ה' אֱלֹהִים לְאָדָם וּלְאִשְׁתּוֹ כָּתְנוֹת עוֹר וַיַּלְבִּשֵׁם" (בראשית ג, כא) — אַף אַתָּה הַלְבֵּשׁ עֲרוּמִים. הַקָּדוֹשׁ בָּרוּךְ הוּא בִּיקֵּר חוֹלִים, דִּכְתִיב [שנאמר]: לאחר שמל אברהם את עצמו והיה חולה מכאב המילה "וַיֵּרָא אֵלָיו ה' בְּאֵלֹנֵי מַמְרֵא" (שם יח, א) — אַף אַתָּה בַּקֵּר חוֹלִים. הַקָּדוֹשׁ בָּרוּךְ הוּא נִיחֵם אֲבֵלִים, דִּכְתִיב [שנאמר]: "וַיְהִי אַחֲרֵי מוֹת אַבְרָהָם וַיְבָרֶךְ אֱלֹהִים אֶת יִצְחָק בְּנוֹ" (שם כה, יא) — אַף אַתָּה נַחֵם אֲבֵלִים. הַקָּדוֹשׁ בָּרוּךְ הוּא קָבַר מֵתִים, דִּכְתִיב [שנאמר]: "וַיִּקְבֹּר אֹתוֹ בַגַּי" (דברים לד, ו) — אַף אַתָּה קְבוֹר מֵתִים. כיון שהזכרנו כתוב זה על כָּתְנוֹת עוֹר דנים בו; רַב וּשְׁמוּאֵל נחלקו בפירושו, חַד [אחד מהם] אָמַר: כתנות אלה היו עשויות מדָּבָר הַבָּא מִן הָעוֹר, וְחַד [ואחד מהם] אָמַר: דָּבָר שֶׁהָעוֹר נֶהֱנֶה מִמֶּנּוּ. דָּרַשׁ ר' שַׂמְלַאי: תּוֹרָה תְּחִלָּתָהּ גְּמִילוּת חֲסָדִים וְסוֹפָהּ גְּמִילוּת חֲסָדִים. כיצד? תְּחִילָּתָהּ גְּמִילוּת חֲסָדִים — דִּכְתִיב [שנאמר]: "וַיַּעַשׂ ה' אֱלֹהִים לְאָדָם וּלְאִשְׁתּוֹ כָּתְנוֹת עוֹר וַיַּלְבִּשֵׁם" (בראשית ג, כא), הרי גמילות חסדים של הלבשת ערומים, וְסוֹפָהּ גְּמִילוּת חֲסָדִים — דִּכְתִיב [שנאמר] "וַיִּקְבֹּר אֹתוֹ בַגַּי" (דברים לד, ו), הרי גמילות חסדים של קבורת מתים.

ב דָּרַשׁ ר' שַׂמְלַאי: מִפְּנֵי מָה נִתְאַוָּה מֹשֶׁה רַבֵּינוּ כל כך לִיכָּנֵס לְאֶרֶץ יִשְׂרָאֵל? וְכִי לֶאֱכוֹל מִפִּרְיָהּ הוּא צָרִיךְ, אוֹ לִשְׂבּוֹעַ מִטּוּבָהּ הוּא צָרִיךְ? אֶלָּא כָּךְ אָמַר מֹשֶׁה: הַרְבֵּה מִצְוֹת נִצְטַוּוּ יִשְׂרָאֵל וְאֵין מִתְקַיְּימִין אֶלָּא בְּאֶרֶץ יִשְׂרָאֵל, אֶכָּנֵס אֲנִי לָאָרֶץ כְּדֵי שֶׁיִּתְקַיְּימוּ כּוּלָּן עַל יָדִי. אָמַר לוֹ הַקָּדוֹשׁ בָּרוּךְ הוּא: כְּלוּם אַתָּה מְבַקֵּשׁ לעשות מצוות אלה אֶלָּא לְקַבֵּל שָׂכָר — מַעֲלֶה (מחשיב) אֲנִי עָלֶיךָ כְּאִילּוּ עֲשִׂיתָם ותקבל שכרך, שֶׁנֶּאֱמַר: "לָכֵן אֲחַלֶּק לוֹ בָרַבִּים וְאֶת עֲצוּמִים יְחַלֵּק שָׁלָל תַּחַת אֲשֶׁר הֶעֱרָה לַמָּוֶת נַפְשׁוֹ וְאֶת פֹּשְׁעִים נִמְנָה, וְהוּא חֵטְא רַבִּים נָשָׂא וְלַפֹּשְׁעִים יַפְגִּיעַ" (ישעיה נג, יב), וכך דורשים את הפסוק: "לָכֵן אֲחַלֶּק לוֹ בָרַבִּים", כלומר, יקבל שכר. יָכוֹל יקבל שכר כָּאַחֲרוֹנִים וְלֹא כָּרִאשׁוֹנִים — תַּלְמוּד לוֹמַר: "וְאֶת עֲצוּמִים יְחַלֵּק שָׁלָל", כְּאַבְרָהָם יִצְחָק וְיַעֲקֹב שֶׁהֵן עֲצוּמִים בַּתּוֹרָה וּבְמִצְוֹת. "תַּחַת אֲשֶׁר הֶעֱרָה לַמָּוֶת נַפְשׁוֹ" — שֶׁמָּסַר עַצְמוֹ לְמִיתָה על ישראל, שֶׁנֶּאֱמַר: "וְאִם אַיִן מְחֵנִי נָא מספרך אשר כתבת" (שמות לב, לב). "וְאֶת פֹּשְׁעִים נִמְנָה" — שֶׁנִּמְנָה עִם מֵתֵי מִדְבָּר, שהרי אף הוא כמותם לא נכנס לארץ. "וְהוּא חֵטְא רַבִּים נָשָׂא" — שֶׁכִּיפֵּר עַל מַעֲשֵׂה הָעֵגֶל. "וְלַפֹּשְׁעִים יַפְגִּיעַ" — שֶׁבִּיקֵּשׁ רַחֲמִים עַל פּוֹשְׁעֵי יִשְׂרָאֵל שֶׁיַּחְזְרוּ בִּתְשׁוּבָה. וְאֵין "פְּגִיעָה" אֶלָּא לשון תְּפִלָּה, שֶׁנֶּאֱמַר: "וְאַתָּה אַל תִּתְפַּלֵּל בְּעַד הָעָם הַזֶּה וְאַל תִּשָּׂא בַעֲדָם רִנָּה וּתְפִלָּה וְאַל תִּפְגַּע בִּי" (ירמיה ז, טז).

עיונים

נדמה להם למעלה וכו' כתב המהר"ל כי זכה משה להגיע למעלת צורה נבדלת, ומשום כך אף קברו אינו שייך למקום מסויים, ולכן אלה שהיו למטה ראוהו למעלה וכו'. ובבן יהוידע כתב שכיון שקברו של משה נמנה במסכת אבות בין הדברים שנבראו בערב שבת בין השמשות, שרובם דברים ניסיים העומדים בתחום שבין החומר ובין הרוח, לכן אף קברו של משה אינו מצוי ממש בתחום המקום.

נקבר משה אצל בית פעור המהרש"א מסביר שהשאלה היתה מפני מה לא הובא משה, כמו יוסף ואחרים, לפחות להיקבר בארץ ישראל, ולא עוד אלא שנקבר במקום שיש בו צד של זכרון גנאי. ולכן הסבירו שמשום כך נקבר שם — כדי לכפר ולהגן. וראה בתוס'. וראה במהרש"א שמסביר כי כוח הרע, המלאך הרע הנברא מחטא זה מקטרג ומסית תמיד, לכן זקוקים לקברו של משה שיגן על ישראל. המהר"ל כתב כי חטא פעור הוא סוג החטא המגונה ביותר שבעבודה זרה, ואילו משה הוא המהות המעולה ביותר שבצד הקדושה ולכן דווקא הוא יכול לעמוד כנגד היצר של פעור.

להלך אחר שכינה וכו' כי למעשה "להלך אחר" משמעו — להמשך אחרי, וכל הדבק במידות קדושות נמצא נמשך אחר הקדוש ברוך הוא. ואף שיש מידות נוספות שנאמרו בקדוש ברוך הוא, מנה כאן דווקא מידות של חסד, כי בעשיית משפט אין אדם יכול להידמות לקב"ה, ואילו במידת החסד יכול להלך אחריו (מהר"ל). ובעיון יעקב מסביר כי הודגשו מידות אלה משום שיכול אדם לחשוב שהעיסוק במצוות כגון אלה יש בו משום פחיתות כבוד לו, ולכן היה צורך ללמוד שאף הקדוש ברוך הוא כביכול נוהג בכל אלה.

כתנות עור וכו' רש"י פירש כי דבר הבא מן העור משמעו צמר. וכתב המהרש"א בשם החזקוני כי מאחר שלא היתה באותה שעה חיה שהופשט עורה (שכן לא הותר לאדם הראשון להמית בעלי חיים), ממילא אין לפרש "כתנות עור" כמשמען. וראה במנחה חרבה שהביא שיטות שונות לפיהן היה אדם הראשון מותר להשתמש בבעלי חיים שמתו מעצמם, ולא נאסר אלא להמיתם, וממילא אפשר לפרש "כתנות עור" ממש (ובמדרשים יש דעות רבות ושונות בדבר מהותן של כתנות עור אלה, ראה בבראשית רבה ועוד). והמהר"ל כתב כי מחלוקת רב ושמואל היתה בהבהרת עיקר הטעם ללבישת הכתנות אם הוא משום כיסוי הערוה, או משום שיש בכך הנאה לאדם בלבישה.

אלא לקבל שכר המהרש"א העיר כי אף שבכלל אין ראוי לאדם לקיים מצוות על מנת לקבל שכר, אבל כאשר אין אדם מחוייב במצוה והוא משתדל לעשותה בכל זאת מותר לו לבקש שכר עליה. ובאור הישר כתב קצת בדרך הדרש כי יש לקרוא את המשפט כשאלה: וכי מבקש משה רבינו לקיים מצוה לשם השכר? אלא בודאי רצונו בגוף המצוה עצמה, ולכן אמר לו הקדוש ברוך הוא שייחשב לו הדבר כאילו עשאה בפועל.

יכול כאחרונים כלומר, יכול ייחשב כאילו שבאו לארץ בזמן יהושע ("ברבים") וקיימו שם המצוות התלויות בארץ, ולכן הבטיח לו ששכרו מרובה כשכר האבות שזכו לכך אף בלא לקיים את המצוות בפועל (מהרש"א). ויש שכתב שהכוונה היא לא כאחרונים המקבלים שכרם בבחינת מתנת חינם מאוצרו על הקדוש ברוך הוא, אלא כ"עצומים" האבות שיש להם זכות ותביעה אמיתית לקבל שכר על מצוות שעשו (ריא"ף).

ולפושעים יפגיע לא פירש כאן שהוא מתפלל עבורם שיימחל להם — משום שדבר זה נאמר במקרא במפורש, ולכן הוסיף שהתפלל עליהם שיחזרו בתשובה. ואולי הדבר נלמד משינוי הלשון "יפגיע" בבנין הפעיל, שכוונתו שגורם להם שיחזרו ויתפללו עבור עצמם.

אורח הלכה

להלך אחר מדותיו מצווים אנו ללכת בדרכים הטובות והישרות שבהן נתכנה הקדוש ברוך הוא, שלא נאמרו כינויים אלה אלא כדי ללמדנו שהן דרכים טובות וישרות שצריך האדם ללכת בהן. (רמב"ם ספר מדע הלכות דעות פ"א ה"ו).

מסורת הש"ס

א. ספרי דברים לד, ו. מדרש תנאים לד, ו. ילק"ש תורה תתקסה.

ב. (כל הענין) ילק"ש שם לג. שם תתפו.

ג. ראה כתובות קיא,ב. ספרי דברים יא, כב. מדרש תנאים יג, ה. ויק"ר פכ"ה ג. במדב"ר פכ"ב א. תנחומא מטות א. שוח"ט פכ"ה. ילק"ש שם תתכד.

ד. ראה שבת קלג,ב. ירושלמי פאה פ"א ה"א. מכילתא טו, ב. מכילתא דרשב"י טו, ב. ספרי דברים שם. מדרש תנאים יא, כב. מסכת סופרים פ"ג יג. מסכת כלה רבתי פ"ד. מסכת ספר תורה פ"ג י. ויק"ר פכ"ה ג. תנחומא וישלח י.

ה. ראה ב"מ פו,ב. ב"ר פ"ח יג. במדב"ר פי"א ב. קה"ר פ"ז ב. תנחומא וירא א. שם ב. תנחומא בובר וירא א. שם ב.

ו. ב"ר שם. קה"ר שם. שוח"ט שם.

ז. שם. פדר"א יז. ילק"ש נ"ך תשב.

ח. ב"ר פ"כ יב.

ט. קה"ר שם. תנחומא וירא א. תנחומא בובר א. ילק"ש שם.

י. (כל הענין) מדרש תנאים ג, כה. ילק"ש תורה תתטז. שם נ"ך תעו.

יא. ראה ברכות לב,א.

יב. ברכות כו,ב. תענית ז,ב. ח,א. סנהדרין צה,ב. ירושלמי ברכות פ"ד ה"א. מכילתא יד, י. מכילתא דרשב"י יד, י. ספרי דברים ג, כג. מדרש תנאים ג, כג. ב"ר פס"ח ט. במדב"ר פ"ב א. דב"ר פ"ב א. תנחומא חיי שרה ה. שם מקץ ט. שם בשלח ט. שם ואתחנן ג. תנחומא בובר ויצא ד. שם ואתחנן ג. אגדת בראשית מו, ג. שוח"ט פנ"ה. זהר ח"ג רכד,א.

גרסות

מעשה פעור הב"ח מוסיף מה שנמצא בעין יעקב ועוד: **ואמר ר' חמא בר' חנינא מפני מה נסתתר קברו של משה מעיני בשר ודם מפני שגלוי וידוע לפני הקב"ה שעתיד בית המקדש ליחרב ולהגלות את ישראל מארצם שמא יבואו לקבורתו של משה באותה שעה ויעמדו בבכיה ויתחננו למשה ויאמרו לו משה רבינו עמוד בתפילה בעדנו ועומד משה ומבטל את הגזירה מפני שחביבים צדיקים במיתתם יותר מבחייהם שכן אתה מוצא בשעה שהיו ישראל במדבר וסרחו במעשיהם ועשו עגל קצף הקב"ה על ישראל ואמר למשה הרף ממני ואשמידם כמה צדיקים היו באותו הדור וכמה חסידים משה ואהרן ויהושע אלדד ומידד ושבעים זקנים ושאר חכמים ותלמידים ולא עשה בשבילם ולא ביטל הגזירה אלא בשביל משה** ויש שגרסו בסוף קטע זה: **ולא ביטל הגזירה אלא בשביל אברהם יצחק ויעקב שנאמר זכור לאברהם ליצחק ולישראל עבדיך וגו'.**

כדי שיתקיימו כולן על ידי ויש שגרסו: **כדי שאקיים את כולם.**

שמסר עצמו למיתה יש בכת"י: **שמסר נפשו למיתה** ויש כת"י שמוסיף: **על ישראל.**

לשון

גסטרא

זו היא אחת הצורות של המלה הלטינית castra — מבצר, ובהרחבה — אנשי הצבא, אנשי הצבא השייכים למבצר מסויים.

גסטרא של בית פעור הראנו היכן משה קבור עמדו למעלה נדמה להם למטה למטה נדמה להם למעלה נחלקו לשתי כיתות אותן שעומדים למעלה נדמה להן למטה למטה נדמה להן למעלה לקיים מה שנאמר (דברים לד) °ולא ידע איש את קבורתו ר' חמא בר' חנינא אמר [א]אף משה רבינו אינו יודע היכן קבור כתיב הכא ולא ידע איש את קבורתו וכתיב התם (שם לג) °וזאת הברכה אשר ברך משה איש האלהים וא"ר חמא ברבי חנינא מפני מה נקבר משה אצל בית פעור כדי לכפר א על מעשה פעור [ב]ואמר רבי חמא ברבי חנינא(א) מאי דכתיב (שם יג) °אחרי ה' אלהיכם תלכו [ג]וכי אפשר לו לאדם להלך אחר שכינה והלא כבר נאמר (שם ד) °כי ה' אלהיך אש אוכלה הוא [א]אלא [ד]להלך אחר מדותיו של הקב"ה מה הוא מלביש ערומים דכתיב (בראשית ג) °ויעש ה' אלהים לאדם ולאשתו כתנות עור וילבישם אף אתה הלבש ערומים [ה]הקב"ה ביקר חולים דכתיב (שם יח) °וירא אליו ה' באלוני ממרא אף אתה בקר חולים [ו]הקב"ה ניחם אבלים דכתיב (שם כה) °ויהי אחרי מות אברהם ויברך אלהים את יצחק בנו אף אתה נחם אבלים [ז]הקב"ה קבר מתים דכתיב (דברים לד) °ויקבר אותו בגיא אף אתה קבור מתים: כתנות עור רב ושמואל חד אמר [ח]דבר הבא מן העור וחד אמר דבר שהעור נהנה ממנו דרש ר' שמלאי [ט]תורה תחלתה גמילות חסדים וסופה גמילות חסדים תחילתה גמילות חסדים דכתיב ויעש ה' אלהים לאדם ולאשתו כתנות עור וילבישם וסופה גמילות חסדים דכתיב ב ויקבר אותו בגיא [י]דרש רבי שמלאי מפני מה נתאוה משה רבינו ליכנס לא"י וכי לאכול מפריה הוא צריך או לשבוע מטובה הוא צריך אלא כך אמר משה הרבה מצות נצטוו ישראל ואין מתקיימין אלא בא"י אכנס אני לארץ כדי שיתקיימו כולן על ידי אמר לו הקב"ה כלום אתה מבקש אלא לקבל שכר מעלה אני עליך כאילו עשיתם שנאמר (ישעיה נג) °לכן אחלק לו ברבים ואת עצומים יחלק שלל תחת אשר הערה למות נפשו ואת פושעים נמנה והוא חטא רבים נשא ולפושעים יפגיע לכן אחלק לו ברבים יכול כאחרונים ולא כראשונים ת"ל ואת עצומים יחלק שלל כאברהם יצחק ויעקב שהן עצומים בתורה ובמצות תחת אשר הערה למות נפשו [יא]שמסר עצמו למיתה שנאמר (שמות לב) °ואם אין מחני נא וגו' ואת פושעים נמנה שנמנה עם מתי מדבר והוא חטא רבים נשא שכיפר על מעשה העגל ולפושעים יפגיע שביקש רחמים על פושעי ישראל שיחזרו בתשובה [יב]*ואין פגיעה אלא תפלה שנאמר (ירמיה ז) °ואתה אל תתפלל בעד העם הזה ואל תשא בעדם רנה ותפלה ואל תפגע בי:

[ברכות כו: תענית ז: ח. סנהדרין לה:]

הדרן עלך המקנא לאשתו

היה [א]מביא את מנחתה בתוך כפיפה מצרית ונותנה על ידיה כדי ליגעה כל המנחות תחילתן וסופן בכלי שרת וזו תחלתה בכפיפה מצרית וסופה בכלי שרת [ג]כל המנחות טעונות שמן ולבונה [ד]וזו אינה טעונה לא שמן ולא לבונה [ה]כל המנחות באות מן החטין [ו]וזו באה מן השעורין [ז]מנחת העומר אע"פ שבאה מן השעורין היא היתה באה גרש וזו באה קמח ר"ג אומר כשם שמעשיה מעשה בהמה כך קרבנה מאכל בהמה: **גמ'** תניא (בכ"י ליתא) אבא חנין אומר משום רבי אליעזר (וכל כך למה) כדי ליגעה כדי שתחזור בה אם ככה חסה תורה על עוברי רצונו קל וחומר על עושי רצונו וממאי משום דחסה הוא דילמא כי היכי דלא תימחק מגילה קסבר משקה

רש"י

גסטרא. מוצל כמה שאמר קומוס דוכוס ושלטון וחבירו ריהטון קורטון גסטרא (ברכות דף לג:): **ויברך אלהים את יצחק.** ניחמו על אביו וברכו ברכת אבלים: **דבר הבא מן העור.** של צמר הוא: **שהעור נהנה ממנו.** של פשתן שאדם לובש סמוך לעורו: **תחילתו גמילות חסדים.** הלבשת ערומים: **ולפושעים יפגיע.** בשביל פושעים הפגיע: **הערה.** הריק:

הדרן עלך המקנא

היה מביא את מנחתה. הבעל כדכתיב והביא את קרבנה עליה וגו' (במדבר ה): **כפיפה מצרית.** סל של נצרי דקל זרדים שגדילין סביב הדקל: **כדי ליגעה.** בגמרא מפרש טעמא: **תחילתן וסופן.** השתא משמע כשמביאה מביתו מביאה בכלי שרת לעזרה: **וסופה בכלי שרת.** קודם קמיצה: **כל המנחות טעונות שמן ולבונה.** כדכתיב ויצק עליה שמן ונתן עליה לבונה (ויקרא ב) ולקמיה פריך והאיכא מנחת חוטא: **וזו אינה טעונה.** דכתיב בה לא יצוק עליה שמן וגו' (במדבר ה): **באות מן החטין.** דכתיב סלת חטים תעשה אותם (שמות כט): **מנחת העומר באה מן שעורים.** במסכת מנחות (דף סח:) ילפינן לה מקראי: **באה גרש.** דכתיב גרש כרמל תקריב את מנחת בכוריך (ויקרא ב) ובמסכת מנחות (דף סו:) אמרינן במנחת העומר הכתוב מדבר: **גרש.** בשעורים מובחר שבו מנופה בי"ג נפה כעין סולת חטים: **קמח.** הכל מעורב כמו שנטחן: **גמ' וכל כך למה.** למה אנו טורחין ליגעה: **על עוברי רצונו.** שאם זינתה עברה על רצונו של מקום ורוצה שתודה שלא תיבדק: **קסבר.** האי תנא דאמר משום דחסה הוא: משקה

תוספות

מפני מה נקבר מול בית פעור כדי לכפר על מעשה פעור. ומדרש אגדה בכל שנה ושנה בעת שחטאו ישראל בבנות מואב באותו פרק בית פעור עולה למעלה כדי לקטרג ולהזכיר עון וכשהוא רואה קברו של משה חוזר ושוקע שמשה רבינו שקעו בקרקע עד חוטמו וכל שעה שעולה חוזר ונשקע למקום ששקעו משה רבינו. מתוספת רבי:

הדרן עלך המקנא

מביא את מנחתה. אין סדר המשנה וסדר הפרשה מכוונין שהרי כך סדר הפרשה קינא לה ונסתרה מעלה האשה ומביא את מנחתה הכהן מביא פיילי של חרס ונותן לתוכו חצי לוג מים מן הכיור ונותן בו עפר מעמיד האשה בשער נקנור ואוחז בבגדיה וסותר את שערה ונותן את המנחה על ידיה וביד הכהן מים המרים ומשביע ומתנה עמה וכותב את המגילה ומוחק ומשקה ונוטל מנחתה מתוך כפיפה מצרית ונותן לתוך כלי שרת מניף ומגיש קומץ ומקטיר ולא ידענו למה שינה התנא הסדר ואם סדר התנא דוקא או סדר הפרשה:

כדי ליגעה. שהרי היתה נתונה על ידה עד גמר כל הסדר כדי שתחזור ותודה ולא שייך למימר דדריש טעמא דקרא אלא היכא דנפקא לן מינה מידי דמרבי מיניה וקרא סתמא כתיב וכולל הכל ואנו דורשין טעמו ואומרים זהו הטעם של פסוק הואיל וטעמו בשביל כך איכא דוקא כגון לא תחבול בגד אלמנה משמע בין עניה ועשירה וקאמר ר"ש טעמא דקרא שאם אתה ממשכן אותה אתה משיא לה שם רע בשכינותיה מתוך שאתה משיב לה העבוט ונאמר עניה דוקא אין ממשכנין אותה (ב"מ דף קטו.): אי

עין משפט נר מצוה

ם א מיי' פ"א מהל' דעות הל"ה סמג עשין ז:

א ב מיי' פ"ג מהל' סוטה הלי"ב סמג עשין נ:

ב ג ד מיי' פי"ב מהל' מעשה הקרבנות הל"ז ופ"ג מהל' סוטה הלי"ג:

ג ה ו מיי' פ"ג מהל' סוטה הלי"ב ופי"ב מהל' מעשה הקרבנות הלכה ב:

ד ז מיי' פ"ז מהל' תמידין ומוספין הלי"א:

תוספות שאנץ

גסטרא דוכום ושלטון וחבירו בברכות (ד' לג) ריהטון קרטין גיסטרא: **היה** מביא את מנחתה כדכתיב והביא את קרבנה עליה. בתוך כפיפה מצרית וכו'. צורי של דקל זרדין שגדילין סביב הדקל כדי ליגעה ולאו משום תנופה היא. דלא כתיב תנופה בפרשה עד אחר ונתן על כפיה אלא כדי ליגעה ובגמ' מפרש טעמא: היא היתה גרש פ"ה ממובחר שבו מנופה בי"ג נפה כעין סלת חיטים. ל"ה: גמ' קסבר משקה

הגהות הב"ח

(א) גמ' על מעשה פעור ואמר ר' חמא בר חנינא מפני מה נסתתר קברו של משה מעיני בשר ודם מפני שגלוי וידוע לפני הקב"ה שעתיד ביהמ"ק ליחרב ולהגלות את ישראל מארצם שמא יבאו לקבורתו של משה באותה שעה ויעמדו בבכיה ויתחננו למשה ויאמרו לו משה רבינו עמוד בתפלה בעדנו ועומד משה ומבטל את הגזירה מפני שחביבים לדיקים במיתתם יותר מבחייהם שכן אתה מוצא בשעה שהיו ישראל במדבר וסרחו במעשיהם ועשו עגל קצף הקב"ה על ישראל ואמר למשה הרף ממני ואשמידם כמה צדיקים היו באותו הדור וכמה חסידים משה ואהרן ויהושע אלדד ומידד וע' זקנים ושאר חכמים ותלמידים ולא עשה בשבילם ולא ביטל הגזירה אלא בשביל משה ואמר ר' חמא בר חנינא מאי דכתיב:

סיכום פרק "המקנא"

ביחס לשלושת הנושאים שהועמדו לבירור בפרק זה: הקינוי, הסתירה והטומאה היו דעות חלוקות בין התנאים, וסיכום ההלכה הוא כי אין הקינוי והסתירה נחשבים אלא כאשר היו שני עדים המעידים על כך, ואילו לגבי טומאה די בעדות של עד אחד כדי לאוסרה.

ובפרטי הדברים הוסבר כי קינוי הוא התראה שמתרה הבעל באשה שלא תשהה במקום סתר עם אדם (או אנשים מסויימים). וקינוי זה חובה הוא על הבעל. וסתירה היא כאשר מתייחדת האשה במקום נסתר עם האיש שהבעל מקנא לו, ויש לכך שיעור זמן — כדי הזמן של ביאה כלשהי ("הערה").

אין האיש מביא את אשתו החשודה מיד למקדש, אלא תחילה הולך בפני בית דין שבמקומו, ואם החליט בית הדין שיש מקום לבדיקה מוסרים לו שני תלמידי חכמים המלווים את שניהם למקדש. ואף במקדש מביאים את האשה לפני בית הדין הגדול (סנהדרין גדולה) ושם מנסים לשכנעה בדברים רכים שאם חטאה מוטב לה שתודה ולא תזקיק עצמה לבדיקה זו. ורק אם האשה עומדת על דעתה שלא נטמאה והיא מוכנה להיבדק מביאים אותה אל הכהן, ומעמידים אותה "לפני ה'" בשער המזרח, ושם בפני קהל רב (נשים, וגם גברים) הכהן קורע את מקצת בגדיה העליונים, מסיר את כיסוי ראשה ומגלה את שערותיה.

דברי האגדה המרובים שבפרק זה עוסקים בכמה נושאים, מצד אחד יש דיון מקיף ביחס לנפשו של אדם, כיצד מידות רעות, שאינן תמיד עבירות מפורשות לעצמן כמו החמדנות ("נותן עיניו במה שאינו שלו"), התאווה והגאווה, גורמים לאנשים (ואפילו אנשים גדולים) להידרדר לחטאים חמורים ביותר. ומאידך — בכוחה של התשובה לכפר ולתקן עבירותיו של החוטא. דיון אחר יסודי מאד מתחיל בבזיונה ובעונשה של הסוטה, ועובר משם לבאר דוגמאות מכל תולדות ישראל והעולם כיצד קיים קו אחד בכולם — של תשלום מידה כנגד מידה. ודבר זה קיים הן בעונש המגיע לאדם, הבא לו לפי הדברים שחטא בהם, והן בתשלום הגמול — שמקבל שכר כעין הדברים שזכה לעשותם.

פתיחה לפרק "היה מביא"

"וְהִקְרִיב אֹתָהּ הַכֹּהֵן וְהֶעֱמִדָהּ לִפְנֵי ה׳.
וְלָקַח הַכֹּהֵן מַיִם קְדֹשִׁים בִּכְלִי חָרֶשׂ וּמִן הֶעָפָר אֲשֶׁר יִהְיֶה בְּקַרְקַע הַמִּשְׁכָּן יִקַּח הַכֹּהֵן וְנָתַן
אֶל הַמָּיִם.
וְהֶעֱמִיד הַכֹּהֵן אֶת הָאִשָּׁה לִפְנֵי ה׳ וּפָרַע אֶת רֹאשׁ הָאִשָּׁה וְנָתַן עַל כַּפֶּיהָ אֵת מִנְחַת הַזִּכָּרוֹן
מִנְחַת קְנָאֹת הִוא וּבְיַד הַכֹּהֵן יִהְיוּ מֵי הַמָּרִים הַמְאָרְרִים.
וְהִשְׁבִּיעַ אֹתָהּ הַכֹּהֵן וְאָמַר אֶל הָאִשָּׁה אִם לֹא שָׁכַב אִישׁ אֹתָךְ וְאִם לֹא שָׂטִית טֻמְאָה
תַּחַת אִישֵׁךְ הִנָּקִי מִמֵּי הַמָּרִים הַמְאָרְרִים הָאֵלֶּה.
וְאַתְּ כִּי שָׂטִית תַּחַת אִישֵׁךְ וְכִי נִטְמֵאת וַיִּתֵּן אִישׁ בָּךְ אֶת שְׁכָבְתּוֹ מִבַּלְעֲדֵי אִישֵׁךְ.
וְהִשְׁבִּיעַ הַכֹּהֵן אֶת הָאִשָּׁה בִּשְׁבֻעַת הָאָלָה וְאָמַר הַכֹּהֵן לָאִשָּׁה יִתֵּן ה׳ אוֹתָךְ לְאָלָה וְלִשְׁבֻעָה
בְּתוֹךְ עַמֵּךְ בְּתֵת אֶת יְרֵכֵךְ נֹפֶלֶת וְאֶת בִּטְנֵךְ צָבָה.
וּבָאוּ הַמַּיִם הַמְאָרְרִים הָאֵלֶּה בְּמֵעַיִךְ לַצְבּוֹת בֶּטֶן וְלַנְפִּל יָרֵךְ וְאָמְרָה הָאִשָּׁה אָמֵן אָמֵן.
וְכָתַב אֶת הָאָלֹת הָאֵלֶּה הַכֹּהֵן בַּסֵּפֶר וּמָחָה אֶל מֵי הַמָּרִים". (במדבר ה, טז—כג)

פרק זה דן בהמשך הדברים שעושה הכהן לאשה הסוטה. כפי המבואר בכתוב יש דברים רבים שצריכים להיעשות עבור הסוטה. למן החזקת המנחה על ידיה, השבעתה, כתיבת המגילה, הבאת המים שעליה לשתות, הכנסת עפר במים, ומחיקת המגילה. עיקר ענייניו של פרק זה הם בבירור פרטיהם של הדברים הללו. כאשר מדובר במים — מהיכן מביאים מים אלה, מה היא כמות המים, ובאיזה כלי נותנים את המים. וכיוצא בזה לענין העפר — מהיכן מביאים עפר זה, ומה היא כמות העפר שמכניסים שם, והאם יש להקפיד שיהיו המים קודמים לעפר. ואף כלי החרס שבו שמים את המים — האם הוא כלי מסוג מסויים, והאם יש לו גודל קבוע.

הכתוב אומר "וכתב את האלות האלה הכהן בספר". ואף כאן הדברים צריכים בירור: מה בדיוק כותב הכהן במגילה זו? האם כותב הוא רק את הקללות ("האלות") לבדן, או שכותב גם את התנאים שבהם תתקיימנה קללות אלה. האם כותב הוא פסוקים שלמים, או רק את חלקי הפסוקים השייכים לכך? ואף פרטי הכתיבה צריכים בירור: במה (באיזה חומר) הוא כותב, ומה נכלל בדיוק בביטוי "בספר", האם הוא כותב על כל חומר שהוא, ועל כמה דפים אפשר שייכתב הדבר.

אף השבעתה של האשה יש בה צדדים הצריכים ביאור נוסף. לכאורה האיש מביא את אשתו להיבדק משום שנסתרה עם אדם מסויים שחשד בו, אולם נוסח השבועה הוא רחב בהרבה מזה "אם לא שכב איש אותך ואם לא שטית טומאה תחת אישך", והשאלה היא — עד כמה מורחב תחום זה, שהרי אף האשה צריכה שיודיעו לה על מה בדיוק היא נשבעת. לשון השבועה "אם לא שכב איש אותך" יכולה להתפרש בהרחבה שנשבעת האשה שלא שכב איש עימה בכל זמן שהוא חוץ מבעלה, ומצד שני נאמר "שטית טומאה תחת אישך" — שמשמעו שהיא נשבעת רק על מה שיש בו איסור המטמא אותה לבעלה. ביאורם של פרטי הדברים ובירורן של השאלות העולות מהם הוא עניינו של פרק זה.

מסורת הש"ס

א. במדב"ר פ"ט לג. מדרש ל"ב מדות פי"ח.
ב. ראה סוטה ח,א.
ג. תוספתא סוטה פ"א י. וראה מנחות נט,א.
ד. ראה מנחות סו,א-ב.
ה. ירושלמי סוטה פ"ב ה"א. ספרי במדבר ה, יח. במדב"ר פ"ט טז. שם לג.
ו. ספרי שם. במדב"ר פ"ט טז. וראה נדרים נ,ב. סנהדרין מו,א. מכות כד,ב. ספרי דברים יא, טז. ב"ר פס"ה כב. אסת"ר פ"ג ט. איכ"ר פ"ה יח. תנחומא בשלח יב.

גרסות

באה מן השעורין יש בכת"י: **אינה באה אלא מן השעורים.**
[וכל כך למה] בכמה כת"י חסר.

החיים

כפיפה מצרית
כפיפה היא סל הנעשה על ידי כפיפת ענפים במעשה קליעה. כפיפה מצרית היא זו העשויה מנצרים (ענפים דקים) של ערבה.

א משנה

הָיָה בעלה מֵבִיא אֶת מִנְחָתָהּ של אשתו הסוטה לכהן **בְּתוֹךְ כְּפִיפָה מִצְרִית** (סל העשוי מעלי דקל) **וְנוֹתְנָהּ** (את המנחה) **עַל יָדֶיהָ** של הסוטה **כְּדֵי לְיַגְּעָהּ,** שמא מתוך כך תודה לפני שתשתה. **כָּל הַמְּנָחוֹת תְּחִילָּתָן** משעת ההקדשה **וְעַד סוֹפָן** מונחות **בִּכְלִי שָׁרֵת, וְזוֹ תְּחִילָּתָהּ** מונחת **בִּכְפִיפָה מִצְרִית, וְסוֹפָהּ,** קודם ההקטרה, היתה מונחת **בִּכְלִי שָׁרֵת.** והבדלים נוספים: **כָּל הַמְּנָחוֹת טְעוּנוֹת שֶׁמֶן וּלְבוֹנָה, וְזוֹ אֵינָהּ טְעוּנָה לֹא שֶׁמֶן וְלֹא לְבוֹנָה.** וכן, **כָּל הַמְּנָחוֹת בָּאוֹת מִן הַחִיטִּין, וְזוֹ בָּאָה מִן הַשְּׂעוֹרִין. וּמִנְחַת הָעוֹמֶר, אַף עַל פִּי שֶׁבָּאָה מִן הַשְּׂעוֹרִין, הִיא הָיְתָה בָּאָה גֶּרֶשׂ** מן המובחר, כעין סולת של שעורים, **וְזוֹ** של מנחת סוטה **בָּאָה קֶמַח** שאינו מנופה. **רַבָּן גַּמְלִיאֵל אוֹמֵר:** רמז הוא, **כְּשֵׁם שֶׁמַּעֲשֶׂיהָ** בזנות **מַעֲשֵׂה בְהֵמָה, כָּךְ קָרְבָּנָהּ מַאֲכַל בְּהֵמָה** שהוא שעורים.

ב גמרא

תַּנְיָא [שנויה ברייתא]: **אַבָּא חָנִין אוֹמֵר מִשּׁוּם** (בשם) **ר' אֱלִיעֶזֶר: וְכָל כָּךְ לָמָּה** עושים לה — **כְּדֵי לְיַגְּעָהּ, כְּדֵי שֶׁתַּחֲזוֹר בָּהּ** ותודה ולא תמות. ומעתה נאמר: **אִם כָּכָה חָסָה תּוֹרָה עַל עוֹבְרֵי רְצוֹנוֹ,** על סוטה זו שעברה על רצון המקום, שנסתרה עם אחר, ועושים בה מעשים אלה כדי שתודה ולא תשתה ותמות, **קַל וָחוֹמֶר** שחסה **עַל עוֹשֵׂי רְצוֹנוֹ.** ושואלים: **וּמִמַּאי** [ומניין] יודע אתה שהטעם **מִשּׁוּם שֶׁחָסָה** עליה התורה **הוּא** הטעם לדין זה? **דִּילְמָא** [שמא] מייגעים אותה שתודה **כִּי הֵיכִי** [כדי] **שֶׁלֹּא תִּימָּחֵק הַמְּגִילָּה** ושם ה' שבתוכה! ומשיבים: **קָסָבַר** [סבור] תנא זה

עיונים

הסדר במשנה בתוס' (ד"ה מביא) העירו כי סדר הדברים במשנה אינו כסדרם בתורה, ונסתפקו מה הוא באמת הסדר המחייב. אכן להלן (בדף יז, ב) החליטו כי הסדר המחייב הוא זה הכתוב בתורה, ואין הסדר במשנה נחשב. וראה ברמב"ם בהלכות סוטה שנראה כי יש לו סדר שונה מזה שהעלו בתוס'.

היה מביא בתלמוד הירושלמי מפורש שהבעל היה מביא מנחה זו משלו. ונתנו טעם לדבר, כי כיון שמנחה זו מביא הבעל לצורך עצמו, כדי לברר לעצמו דברים ביחס לטהרתה של האשה מן הדין הוא שיהא קרבן זה משלו (כרם נטע).

ונותנה על ידיה וכתבו בתו"ש שאין הטעם משום שצריכה להניף את המנחה בעצמה (כאשר יבואר להלן שהרי ההנפה נעשית לאחר מכן.

מעשה בהמה כלומר, כשם שבהמה אינה מייחדת את עצמה לבן זוג אחד, כך נהגה אשה זו (מאירי. וכעין זה ברש"י להלן).

משום דחסה הוא וכן מבואר בתלמוד הירושלמי שעושים דבר זה כדי לאיים עליה. ואף שם מביאים את הנימוק שאם מה שעושים הוא לייגעה, כדי שתודה ולא תביא למחיקת השם — הרי כבר נמחק השם קודם לכן.

אורח ההלכה

מביא את מנחתה בתוך כפיפה מצרית מביא הכהן עשרון קמח שעורים משל הבעל ונותן אותו בכפיפה מצרית, ונותן כפיפה זו על ידיה כדי לייגעה. כמשנה. (רמב"ם ספר נשים הלכות סוטה פ"ג הי"ב).

כל המנחות טעונות שמן וכו' כל המנחות שמקריבים למזבח טעונות שמן ולבונה, לוג שמן לכל עשרון וקומץ לבונה לכל מנחה, חוץ ממנחת חוטא ומנחת סוטה. כמשנה. (רמב"ם שם הי"ג. שם ספר עבודה הלכות מעשה הקרבנות פי"ב ה"ז).

כל המנחות באות מן החיטין וכו' כל המנחות הן סולת חיטין, חוץ ממנחת העומר ומנחת סוטה שהן מן השעורים. (רמב"ם ספר נשים שם הי"ב. ספר עבודה שם ה"ב).

מנחת העומר וכו' מנחת העומר באה מסולת השעורים. ואילו מנחת סוטה באה מקמח שעורים. (רמב"ם הלכות סוטה שם. שם הלכות תמידין ומוספין פ"ז הי"א-ב).

גסטרא של בית פעור הראנו היכן משה קבור עמדו למעלה נדמה להם למטה למטה נדמה להם למעלה נחלקו לשתי כיתות אותן שעומדים למעלה נדמה להן למטה למטה נדמה להן למעלה לקיים מה שנאמר ולא ידע איש את קבורתו ר' חמא בר' חנינא אמר אף משה רבינו אינו יודע היכן קבור כתיב הכא ולא ידע איש את קבורתו וכתיב התם וזאת הברכה אשר ברך משה איש האלהים וא"ר חמא ברבי חנינא מפני מה נקבר משה אצל בית פעור כדי לכפר על מעשה פעור ואמר רבי חמא ברבי חנינא (א) מאי דכתיב אחרי ה' אלהיכם תלכו וכי אפשר לו לאדם להלך אחר שכינה והלא כבר נאמר כי ה' אלהיך אש אוכלה הוא אלא להלך אחר מדותיו של הקב"ה מה הוא מלביש ערומים דכתיב ויעש ה' אלהים לאדם ולאשתו כתנות עור וילבישם אף אתה הלבש ערומים הקב"ה ביקר חולים דכתיב וירא אליו ה' באלוני ממרא אף אתה בקר חולים הקב"ה ניחם אבלים דכתיב ויהי אחרי מות אברהם ויברך אלהים את יצחק בנו אף אתה נחם אבלים הקב"ה קבר מתים דכתיב ויקבר אותו בגיא אף אתה קבור מתים: כתנות עור רב ושמואל חד אמר דבר הבא מן העור וחד אמר דבר שהעור נהנה ממנו דרש ר' שמלאי תורה תחלתה גמילות חסדים וסופה גמילות חסדים תחילתה גמילות חסדים דכתיב ויעש ה' אלהים לאדם ולאשתו כתנות עור וילבישם וסופה גמילות חסדים דכתיב ויקבר אותו בגיא דרש רבי שמלאי מפני מה נתאוה משה רבינו ליכנס לא"י וכי לאכול מפריה הוא צריך או לשבוע מטובה הוא צריך אלא כך אמר משה הרבה מצות נצטוו ישראל ואין מתקיימין אלא בא"י אכנס אני לארץ כדי שיתקיימו כולן על ידי אמר לו הקב"ה כלום אתה מבקש אלא לקבל שכר מעלה אני עליך כאילו עשיתם שנאמר לכן אחלק לו ברבים ואת עצומים יחלק שלל תחת אשר הערה למות נפשו ואת פושעים נמנה והוא חטא רבים נשא ולפושעים יפגיע לכן אחלק לו ברבים יכול כאחרונים ולא כראשונים ת"ל ואת עצומים יחלק שלל כאברהם יצחק ויעקב שהן עצומים בתורה ובמצות תחת אשר הערה למות נפשו שמסר עצמו למיתה שנאמר ואם אין מחני נא וגו' ואת פושעים נמנה שנמנה עם מתי מדבר והוא חטא רבים נשא שכיפר על מעשה העגל ולפושעים יפגיע שביקש רחמים על פושעי ישראל שיחזרו בתשובה *ואין פגיעה אלא תפלה שנאמר ואתה אל תתפלל בעד העם הזה ואל תשא בעדם רנה ותפלה ואל תפגע בי:

ישעיה נג | שמות לב | [ברכות כו: תענית ז: ח. סנהדרין לה:] ירמיה ז

הדרן עלך המקנא לאשתו

א **היה** [א ב]מביא את מנחתה בתוך כפיפה מצרית ונותנה על ידיה [ב]כדי ליגעה כל המנחות תחילתן וסופן בכלי שרת וזו תחלתה בכפיפה מצרית וסופה בכלי שרת [ג]כל המנחות טעונות שמן ולבונה [ד]וזו אינה טעונה לא שמן ולא לבונה [ה]כל המנחות באות מן החטין [ו]וזו באה מן השעורין [ז]מנחת העומר אע"פ שבאה מן השעורין

ב היא [ז]היתה באה גרש וזו באה קמח ר"ג אומר כשם שמעשיה מעשה בהמה כך קרבנה מאכל בהמה: **גמ'** תניא [ה]אבא חנין אומר משום רבי אליעזר (וכל כך למה) כדי ליגעה כדי שתחזור בה [ו]אם ככה חסה תורה על עוברי רצונו קל וחומר על עושי רצונו וממאי משום דחסה הוא דילמא כי היכי דלא תימחק מגילה קסבר משקה

בס"י ליתא

רש"י

גסטרא. מושל כמה שאמר קומוס דוכוס ושלטון וחבירו ריהטון קורטון גסטרא (ברכות דף לג:): **ויברך אלהים את יצחק.** ניחמו על אביו וברכו ברכת אבלים: **דבר הבא מן העור.** של למר הוא: **שהעור נהנה ממנו.** של פשתן שאדם לובש סמוך לעורו: **תחילתו גמילות חסדים.** הלביש ערומים: **ולפושעים יפגיע.** בשביל פושעים הפגיע: **הערה.** הריק:

הדרן עלך המקנא

היה מביא את מנחתה. הבעל כדכתיב והביא את קרבנה עליה וגו' (במדבר ה): **כפיפה מצרית.** סל של נצרי דקל זרדים שגדילין סביב הדקל: **כדי ליגעה.** בגמרא מפרש טעמא: **תחילתן וסופן.** השתא משמע כשמביאה מביתו מביאה בכלי שרת לעזרה: **וסופה בכלי שרת.** קודם קמילה: **כל המנחות טעונות שמן ולבונה.** כדכתיב ויצק עליה שמן ונתן עליה לבונה (ויקרא ב) ולקמיה פריך והאיכא מנחת חוטא: **וזו אינה טעונה.** דכתיב בה לא יצוק עליה שמן וגו' (במדבר ה): **באות מן החטין.** דכתיב סלת חטים תעשה אותם (שמות כט): **מנחת העומר באה מן שעורים.** במסכת מנחות (דף סח:) ילפינן לה מקראי: **באה גרש.** דכתיב גרש כרמל תקריב את מנחת בכוריך (ויקרא ב) ובמסכת מנחות (דף סו:) אמרינן במנחת העומר הכתוב מדבר: **גרש.** בשעורים מובחר שבו מנופה בי"ג נפה כעין סולת חטים: **קמח.** הכל מעורב כמו שנטחן: **גמ' וכל כך למה.** למה אנו טורחין ליגעה: **על עוברי רצונו.** שאם זינתה עברה על רצונו של מקום ורוצה שתודה שלא תיבדק: **קסבר.** האי תנא דאמר משום דחסה הוא: משקה

תוספות

מפני מה נקבר מול בית פעור כדי לכפר על מעשה פעור. ומדרש אגדה בכל שנה ושנה בעת שחטאו ישראל בבנות מואב באותו פרק בית פעור עולה למעלה כדי לקטרג ולהזכיר עון וכשהוא רואה קברו של משה חוזר ושוקע שמשה רבינו שקעו בקרקע עד חוטמו וכל שעה שעולה חוזר ונשקע למקום ששקעו משה רבינו. מתוספת רבי':

הדרן עלך המקנא

מביא את מנחתה. אין סדר המשנה וסדר הפרשה מכוונין שהרי כך סדר הפרשה קינא לה ונסתרה מעלה האשה ומביא את מנחתה הכהן מביא פיילי של חרס ונותן לתוכו חצי לוג מים מן הכיור ונותן בו עפר מעמיד האשה בשער נקנור ואוחז בבגדיה וסותר את שערה ונותן את המנחה על ידיה וביד הכהן מים המרים ומשביע ומתנה עמה וכותב את המגילה ומוחק ומשקה ונוטל מנחתה מתוך כפיפה מצרית ונותן לתוך כלי שרת מניף ומגיש קומץ ומקטיר ולא ידענו למה שינה התנא הסדר ואם סדר התנא דוקא או סדר הפרשה:

כדי ליגעה. שהרי היתה נתונה על ידה עד גמר כל הסדר כדי שתחזור ותודה ולא שייך למימר דדריש טעמא דקרא אלא היכא דנפקא לן מינה מידי דמרבי מיניה וקרא סתמא כתיב וכולל הכל ואנו דורשין טעמו ואומרים זהו הטעם של פסוק הואיל וטעמו בשביל כך איכא דוקא כגון לא תחבול בגד אלמנה משמע בין עניה ועשירה וקאמר ר"ש טעמא דקרא שאם אתה ממשכן אותה אתה משיא לה שם רע בשכינותיה מתוך שאתה משיב לה העבוט ונאמר עניה דוקא אין ממשכנין אותה (ב"מ דף קטו.): אי

עין משפט נר מצוה

ס א מיי' פ"א מהל' דעות הל"ה סמג עשין ז:

א ב מיי' פ"ג מהל' סוטה הלי"ב סמג עשין כ:

ב ג ד מיי' פי"ב מהל' מעשה הקרבנות הל"ז ופ"ג מהל' סוטה הלי"ג:

ג ה ו מיי' פ"ג מהל' סוטה הלי"ב ופי"ב מהל' מעשה הקרבנות הלכה ב:

ד ז מיי' פ"ז מהל' תמידין ומוספין הלי"א:

תוספות שאנץ

גסטרא דוכוס ושלטון וחבירו בברכות (ד' לג) ריהטון קרטין גיסטרא: **היה** מביא את מנחתה כדכתיב והביא את קרבנה עליה. בתוך כפיפה מצרית וכו'. צורי של דקל זרדין שגדילין סביב הדקל כדי ליגעה ולאו משום תנופה היא. דלא כתיב תנופה בפרשה עד אחר ונתן על כפיה אלא כדי ליגעה ובגמ' מפרש טעמא: היא היתה גרש פ"ה ממובחר שבו מנופה בי"ג נפה בעין סלת חיטים. ל"ה: גמ' קסבר משקה

הגהות הב"ח

(א) גמ' על מעשה פעור ואמר ר' חמא בר חנינא מפני מה נסתתר קברו של משה מעיני בשר ודם מפני שגלוי וידוע לפני הקב"ה שעתיד ביהמ"ק ליחרב ולהגלות את ישראל מארצם שמא יבאו לקבורתו של משה באותה שעה ויעמדו בבכיה ויתחננו למשה ויאמרו לו משה רבינו עמוד בתפלה בעדנו ועומד משה ומבטל את הגזירה מפני שחביבים צדיקים במיתתם יותר מבחייהם שכן אתה מוצא בשעה שהיו ישראל במדבר וסרחו במעשיהם ועשו עגל קצף הקב"ה על ישראל ואמר למשה הרף ממני ואשמידם כמה צדיקים היו באותו הדור וכמה חסידים משה ואהרן ויהושע אלדד ומידד וע' זקנים ושאר חכמים ותלמידים ולא עשה בשבילם ולא ביטל הגזירה אלא בשביל משה ואמר ר' חמא בר חנינא מאי דכתיב:

עין משפט נר מצוה

[לקמן יט: ועי' בתיו"ט ד"ה כדי ליגעה]

ה א מיי' פי"ג מהל' מעשה הקרבנות הלי"ב:

ו ב מיי' שם פי"ב הלכה ט והל' יג:

ז ג מיי' שם הלי"ד:

ח ד מיי' שם פי"ג הלי"ב:

ט ה מיי' פ"א מהל' בית הבחירה הלי"ח:

י ו מיי' פ"ג מהל' פסולי המוקדשין הל"כ:

יא ז מיי' שם פי"א הל"ג:

אי משום מגילה הא אימחיקא. הוה קשה לרבי והאמרי' לעיל* (דף ז:) דלאחר [שנמחקה] מגילתה מאיימין עליה שתשתה ונראה דעל כרחך אית לן למימר דר"א לית ליה איום שתשתה אפי' אחר מחיקת מגילה ומדלא פריך נמי דמשקה ואחר מקריבה אימא דלאחר מחיקה לאלתר היה נוטל המנחה מעל ידיה ש"מ דפשיטא ליה דעד שעת הקרבה היה מניחה על ידיה אם כן למאן דאמר מאיימין עליה שתשתה אית לן למימר דסבירא ליה מקריב מנחתה ואח"כ שותה דכבר נקרבה:

א [א]*משקה ואח"כ מקריב את מנחתה דאי משום מגילה הא אימחיקא לה: כל המנחות כו': ורמינהו [ב]* [א]סדר מנחות כיצד אדם מביא מנחה מתוך ביתו בקלתות של כסף ושל זהב ונותנה לתוך כלי שרת ומקדשה בכלי שרת ונותן (טעונה) עליה שמנה ולבונתה ומוליכה אצל כהן וכהן מוליכה אצל מזבח ומגישה בקרן דרומית מערבית כנגד חודה של קרן ודיו ומסלק את הלבונה לצד אחד וקומץ ממקום שנתרבה שמנה ונותנו לתוך כלי שרת ומקדשו בכלי שרת [ג]ומלקט את לבונתה ונותנה על גביו (ומעלה אותו לגבי מזבח) ומעלהו ומקטירו בכלי שרת ומולחו ונותנו על גבי האישים [ב]קרב הקומץ שיריה נאכלין [ד]ורשאין הכהנים ליתן לתוכה יין ושמן ודבש ואין אסורין אלא מלחמץ קתני מיהא בקלתות של כסף ובקלתות של זהב אמר רב פפא אימא [ה]בכלים הראויין לכלי שרת מכלל דכפיפה מצרית לא חזיא כמאן דלא כרבי יוסי ברבי יהודה *דתניא [ו]כלי שרת שעשאן של עץ רבי [ה]פוסל *ור' יוסי בר' יהודה מכשיר [ז]אפי' תימא רבי יוסי ברבי יהודה אימר דא"ר יוסי בר' יהודה בחשובין בפחותין מי אמר(א) לית ליה לר' יוסי בר' יהודה °הקריבהו נא לפחתך: ונותנה לכלי שרת ומקדשה בכלי שרת: שמעת מינה [ח]* [י]כלי שרת אין מקדשין אלא מדעת אימא נותנה בכלי שרת לקדשה בכלי שרת: ונותן עליה שמנה ולבונתה: שנאמר °ויצק עליה שמן ונתן עליה לבונה: ומוליכה אצל כהן: דכתיב °והביאה אל בני אהרן וגו': וכהן מוליכה אצל מזבח: דכתיב °והגישה אל המזבח: מגישה בקרן דרומית מערבית כנגד חודה של קרן ודיו: מנלן דכתיב °וזאת תורת המנחה הקרב אותה בני אהרן לפני ה' אל פני המזבח *ותניא [ט]לפני ה' יכול במערב ת"ל אל פני המזבח אי אל פני המזבח יכול בדרום ת"ל לפני ה' הא כיצד מגישה בקרן דרומית מערבית כנגד חודה של קרן ודיו רבי אלעזר אומר יכול יגישנה במערבה של קרן או לדרומה של קרן אמרת כל מקום שאתה מוצא שני מקראות אחד מקיים עצמו ומקיים דברי חבירו ואחד מקיים עצמו ומבטל דברי חבירו מניחין את שמקיים עצמו ומבטל חבירו ותופסין את שמקיים עצמו ומקיים חבירו כשאתה אומר לפני ה' במערב ביטלתה אל פני המזבח בדרום וכשאתה אומר אל פני המזבח בדרום קיימתה לפני ה' במערב הא כיצד מגישה לדרומה של קרן והיכן קיימתה אמר רב אשי קסבר האי תנא [י]*כוליה מזבח בצפון קאי מאי ודיו א"ר אשי איצטריך ס"ד אמינא תיבעי הגשת מנחה גופה קמשמע לן ואימא הכי נמי אמר קרא והקריבה אל הכהן וגו' והגישה אל המזבח מה הקרבה אצל כהן בכלי אף הגשה אצל מזבח בכלי: ומסלק את לבונתה לצד אחד: כי היכי דלא תקמוץ בהדי מנחה כדתנן [יא]* [י]קמץ ועלה בידו צרור או גרגר מלח או קורט לבונה פסול: וקומץ ממקום שנתרבה שמנה: מנלן דכתיב °מסלתה ומשמנה מגרשה ומשמנה: ונותנו לתוך כלי שרת ומקדשו בכלי שרת: למה לי הא קדשה חדא זימנא מידי דהוה אדם דם [יב]אע"ג דקדישתיה סכין בצואר בהמה הדר מקדיש ליה בבלי שרת הכא נמי לא שנא: ומלקט את לבונתה ונותנה על גביו: דכתיב °ואת כל הלבונה אשר על המנחה: ומעלהו ומקטירו

תורה אור: מלאכי א · ויקרא ב · שם · שם · שם ו · שם ב · שם ו · ס"ח ל"ג

רש"י

משקה. המים ואח"כ מקריב מנחתה ופלוגתא היא בפרק היה נוטל (לקמן דף יט.) ומיהו כל זמן שלא קרבה מנחתה אינה נבדקת דכתיב מזכרת עון ואע"פ ששתתה מניחין אותה בידה כדי ליגעה ותודה והשתא ודאי משום חסיון הוא דאי משום מגילה הא אימחיקא לה(ב): **קלתות.** כעין סלים אדם מביא מנחתו לעזרה מתוך ביתו בקלתות וכו': **ונותנה.** בעזרה בכלי שרת קס"ד שצריך לתתה ע"מ כן שיהא דעתו שיקדשנה הכלי: **ומגישה.** מגיע את הכלי לקרן מערבית דרומית ולקמן יליף לה מקראי: **ודיו.** לקמן מפרש מאי היא(ג) ומאי תיסק אדעתין דנבעי טפי: **ומסלק הלבונה לצד אחד.** בתוך הכלי עצמה ולקמן מפרש טעמא דכולה מתניתא: **שנתרבה שמנה.** ממקום שהיא נבללת יפה בשמן: **ונותנו לכלי שרת.** שני ולקמן מפרש טעמא: **על גבי האישים.** על האש: **ליתן לתוכה.** ליתן לתוך השירים: **בכלים הראויין לכלי שרת.** אם היה מקדישן: **רבי פוסל.** [במנחות] ובמסכת סוכה יליף טעמא בפרק החליל (דף נ:): **בחשובין.** בכלי עץ חשובין: **הקריבהו נא לפחתך.** סיפא דקרא הירצך או הישא פניך: **אין מקדשין אלא מדעת.** שהנותנו בהן צריך שיתננו לשם כך וא"ת הרי מנחה קדושה ועומדת שהקדישה בפה קדושת פה אינה אלא קדושת דמים ואינה קדושת הגוף ואינה נפסלת בטבול יום ובלינה ואם נטמאת נפדית קדשה בכלי קידשה קדושת הגוף ונפסלת בטבול יום ובלינה ואין לה פדיון: **נותנה לקדשה.** התורה הצריכתו ליתנו בכלי שרת כדי שיקדשנה הכלי ואפילו אינו מתכוין לכך: **ונותן עליה.** הזר שמן ולבונה ואין צריך כהן לכך דכתיב ויצק עליה שמן וגו' והדר והביאה אל בני אהרן וגו': **וזאת תורת המנחה.** כל המנחות במשמע: **הקרב אותה בני אהרן וגו' יכול במערב.** יגיענה לדופן מערבי של מזבח דהיינו לפני ה' שההיכל במערב והמזבח בחצר ל"ב אמה רחבו ממוצע באמצע העזרה וכן ההיכל ממוצע באמצע העזרה זה מול זה ל"ב אמה היכל וכתליו חללו כ' וכתליו ו' אמה עובי כותל צפוני וששה לכותל דרומי נמצא מערבו של מזבח לפני ה' דאין מפסיק כלום בינו לבין ההיכל דאילו אולם שלפני ההיכל פתוח הוא ורחבו עשרים אמה ככל חללו של היכל: **כנגד חודה.** כל מה שיכול לקרבו כלפי מערב ובלבד שיהא שם קצת דרום משום אל פני המזבח דאי לאו כנגד חודה ליכא לפני ה' כלל שהרי זויות ההיכל כולם כנגד זויות המזבח: **ר' אלעזר אומר כו'.** דורשו למקרא בענין אחר וכך דורשו מתוך שנאמר לפני ה' אל פני המזבח יכול יגישנה לאחד מהן רצה למערב רצה לדרומה וה"ג לה בת"כ: **או לדרומה של קרן אמרת.** כך תשיבני: **כל מקום שאתה מוצא כו'.** דכיון דאפשר לקיים את שניהם תו לא תוקמה רצה זה עושה רצה זה עושה אלא תפוס המקיים את שניהם: **קיימתה לפני ה' במערב הא כיצד מגישה לדרומה של קרן.** ה"ג לה בת"כ לדרומה של קרן ולא בעי כנגד חודה: **והיכן קיימתה.** הלא חוץ לכנגד זויות ההיכל הוא: **קסבר האי תנא.** ר' אלעזר: **כוליה מזבח בצפון קאי.** בחלק צפוני של עזרה ולית ליה דמזבח מכוון כנגד ההיכל וכתליו נמצא דרומו של מזבח כנגד אמצע פתח ההיכל הלכך יגישנה אל פני המזבח בדרום ובלבד שיהא סמוך למערב נמצא מקיים את שניהם וה"ה נמי אם היה מזבח משוך מעט מכנגד זויות דרומית ההיכל ולצפון שיהא דרומו של מזבח כנגד ההיכל הוה מצי לקיים את שניהם דכנגד ההיכל קרינן ביה לפני ה' ובלבד שיגיש סמוך לקרן דהיינו אצל מערב והא דנקט למשמע מינה כוליה מזבח בצפון קאי משום דג' מחלוקות הן בדבר זה ר' יהודה אית ליה מזבח מכוון כנגד היכל וכתליו בפ"ק דיומא (דף טז.) ור"א בן יעקב אית ליה כוליה מזבח בדרום קאי דאמר לפוני שהוא צד פנוי מכלום ור' יוסי הגלילי אית ליה כוליה מזבח בצפון קאי בזבחים בפ' קדשי קדשים (דף נט.) הלכך לר"א דהכא דשמעי' ליה ע"כ דקאמר זוית דרומית של מזבח לפנים מכנגד זוית של היכל הוא ופליג אדר"י ואדר"א בן יעקב מוקמינן ליה כר' יוסי הגלילי דס"ל דכוליה מזבח בצפון ולא מוקמינן ליה במחלוקת רביעית: **מאי ודיו.** מאי תיסק אדעתיה דנבעי טפי: **מנחה גופה.** ולא הכלי שהיא בה אלא יכוף הכלי שיהא נוגע סולת למזבח: **פסול.** משום דהוה קומץ חסר: **סכין.** הוי כלי שרת דתניא (יומא דף יב:) כל הכלים שעשה משה משיחתן מקדשתן מכאן ואילך עבודתן מחנכתן: **הדר מקדש ליה בכלי.** שמקבלו בכלי שרת כדכתיב וישם באגנות (שמות כד): **ואת כל הלבונה.** גבי הקטרה כתיב דמקטר קומץ ולבונה כי הדדי:

ה"ג

[לקמן יט.] · תוספתא פ"א דמנחות · סוכה נ: מנחות כח: · [שם וזבחים טו:] · סוכה נ. מנחות ז. [עח: ל.] · מנחות יט: זבחים סג. · [זבחים עז.] · מנחות ו.

הגהות הב"ח

(א) גמ' מי אמר וכי לית לה לר' יוסי: (ב) רש"י ד"ה משקה וכו' אימחיקא לה הס"ד ואח"כ מ"ה אדם מביא וכו' בקלתות וכו' קלתות כעין סלים הס"ד ואח"כ מ"ה ונותנה וכו' שרת ומקדשה קס"ד שצריך: (ג) ד"ה ודיו וכו' אמאי תיסק:

תוספות שאנץ

ואחר כך מקריב מנחתה ופלוגתא היא בפ' היה נוטל ומיהו כל זמן שלא קירבה מנחתה אינה נבדקת דכתיב מזכרת עון ואע"פ ששתה משהין אותה בידה כדי ליגעה ותודה. וכהן מוליכה אצל מזבח ומגישה בקרן מערבית דרומית אבל בלילה לא חשיב משום דאין בלילה מעכבת דהא תנן אם לא בלל כשר. וא"ת והא במנחות בפ' הקומץ רבה אמרינן וקמץ הכהן מקמיצה ואילך מצות כהונה א) ואפי' הכי ממעטי יציקה ובלילה דמקמי הגשה הוו ואמאי נקט מקמיצה ואילך ב) וי"ל דאיתיה אמ' במסכת ואילך מצות כהונה היה מכשרי קמיצה בזר והא דכתיב כהן אצל הגשה היינו שאין זר יכול ליקרב אצל המזבח דכתיב והזר הקרב יומת אבל קמיצה אימר שכשרה בזר להכי נקט מקמיצה ואילך מצות כהונה. וא"ת אמאי לא קאמר מתנופה ואילך מצות כהונה ואפי' הכי ממעטי יציקה דמקמי תנופה היה וי"ל דלאו מילתא היא דהא בשאר מנחות אין תנופה כמו שפירשו בהדיא במנחות (דף ס.) אבל קמיצה דהויא בכל המנחות נקט לה. הקרב אותה בני אהרן לפני המזבח יכול במערב יגיענה לדופן מערבי של מזבח דהיינו לפני ה' שההיכל היה למערב והמזבח לדרומו ל"ב אמה ממוצע באמצע העזרה וכן ההיכל באמצע זה מול זה ל"ב אמה ההיכל וכותלו חללו כ' וכותליו ו' אמה עובי ועובי כותל צפוני שש וישש לכותל דרומי נמצא מערבו של מזבח [לפני ה'] דאין מפסיק בינו לבין ההיכל דאילו אולם שלפני היכל פתוח הוא ורחבו כ' אמה ככל חללו של היכל. ל"ה. אל פני המזבח בדרום פי' משום דכתיב ושחט אותו על ירך המזבח צפונה. וכיון דהוי ירך לצפון א"כ הוי פניו לדרום. כנגד חודה כל מה שיכול לקרבו כלפי מערב ובלבד שיהי' שם קצת דרום משום אל פני המזבח דאי לאו כנגד חודה ליכא לפני ה'. שהרי זויות ההיכל כולה בעד זויות המזבח. כולי מזבח בצפון קאי בחלק צפוני של עזרה [ולית ליה] דמזבח מכוון כנגד היכל וכותליו. נמצא כותל דרומי של מזבח כנגד אמצעי פתח ההיכל הלכך יגישנה אל פני המזבח בדרום ובלבד שיהא סמוך למערב ונמצא מקיים את שניהם וה"ה נמי אם היה מזבח משוך מעט כנגד זוית ההיכל ולצפון שיהא דרומה של מזבח כנגד ההיכל הוה מצי לקיים את שניהם דכיון דכנגד ההיכל הוה קרי ביה לפני ה'. ובלבד שיהא סמוך לקרן דהיינו אצל מערב והאי דנקט (בפ"ק דיומא ר' אליעזר אית ליה) למשמע מיניה דכולי מזבח בצפון קאי משום דג' מחלוקות הן בדבר זה ר' יהודה אית ליה מזבח מכוון כנגד ההיכל וכותליו בפ"ק דיומא ור' אליעזר בר' יעקב אית ליה כולי מזבח בדרום קאי דאמר צפונה שיהא פנוי מכלום. ור' יוסי הגלילי אית ליה כולי מזבח בצפון קאי כדאמר בפ' קדשי הקדשים הילכך לר"א דהכא דשמעי' ליה ע"כ דאמר דרומו של מזבח לפנים מכנגד זוית של היכל הוא ופליג אדר' יהודה ואדר' אליעזר בן יעקב אוקי' ליה כר' יוסי הגלילי דסבי' ליה כולי מזבח בצפון ולא מוקמי ליה במחלוקת רבי' ל"ה. אע"ג דקדשי' סכין חדא זימנא הדר מקדש ליה בכלי שרת משמע מהכא דהסכין הוי קדוש וק' מההוא דפ"ק דחולין דקאמר כגון שבדק קרומית של קנה והכא אמר דצריך שיהא קדוש וקרומית לא הוו קדוש. וי"ל דלא ק' מידי דההיא דהתם אתיא כר' יוסי בר' יהודה דמכשר כלי שרת שעשאן של עץ אבל לעולם בעי' שהסכין הוי קדוש וראיה מיהא דאמרי' חומר בסכין מכלי שרת שהסכין אינו טעון תוך וכלי שרת טעון תוך ואי הוה אמרי' דאין צריך שיהא הסכין קדוש אמאי לא קאמר דסכין אינו קדוש וכלי שרת מקודש אלא ש"מ דלעולם סכין בעי' כלי שרת כדפרש"י ודלא כפי' ה"ר [אפרים] דפי' דלגבי שחיטת קדשים לא בעי כלי שרת ומביא ראיה מההיא דחולין דבדק בקרומית של קנה דהוה עץ. ויש לדחות אותה [ראיה] כמו שפירשתי דסבירא ליה כר' יוסי בר' יהודה. ועוד היה מביא ה"ר אפרים ראי' מפרק איזהו מקומן שחיטתן בצפון וקיבול דמן בכלי שרת בצפון ומדנקט גבי קבלה כלי שרת ולא נקט גבי שחיטה דלא אמר שחיטתן בכלי שרת בצפון ש"מ דבשחיטה לא בעי כלי שרת. ומיהו אינה ראיה דהא דלא תני שחיטתן בכלי שרת בצפון כמו דתני וקיבול דמן בכלי שרת משום דבקבלה צריך שיהא הכלי בצפון אבל בשחיטה לא צריך. מקטירו ס"ד ה"ג רש"י ז"ל

א) נראה דצ"ל ואמאי לא אמר נמי מהגשה ואילך מצות כהונה ואפי' הכי. ב) נראה דצ"ל וי"ל דאי לאו קרא דוקמץ הכהן היה מכשיר וכו' אבל קמילה הוה אמינא שכשרה בזר וכו'.

שקודם היה הכהן מַשְׁקֶה את האשה במים המאררים, וְאַחַר כָּךְ מַקְרִיב אֶת מִנְחָתָהּ. דְּאִי [שאם] הטעם הוא מִשּׁוּם מחיקת הַמְּגִילָּה — הָא אִיכְּחִיקָא [הרי נמחקה] לָהּ כבר, ולא היו המים בודקים אותה אלא לאחר שקרבה מנחתה, ובוודאי אין זה אלא משום שחסה עליה התורה.

א שנינו במשנה: כָּל הַמְּנָחוֹת תחילתן וסופן בכלי שרת. וּרְמִינְהוּ [ומשליכים, מראים סתירה] ממה ששנינו בתוספתא: סֵדֶר מְנָחוֹת כֵּיצַד? אָדָם מֵבִיא מִנְחָה מִתּוֹךְ בֵּיתוֹ בִּקְלָתוֹת (סלים) שֶׁל כֶּסֶף וְשֶׁל זָהָב, וכשמגיע לבית המקדש נוֹתְנָהּ לְתוֹךְ כְּלִי שָׁרֵת, וּמְקַדְּשָׁהּ בִּכְלֵי שָׁרֵת, וְנוֹתֵן עָלֶיהָ שַׁמְנָהּ וּלְבוֹנָתָהּ, וּמוֹלִיכָהּ אֵצֶל כֹּהֵן. וְכֹהֵן מוֹלִיכָהּ אֵצֶל מִזְבֵּחַ, וּמַגִּישָׁהּ בְּקֶרֶן דְּרוֹמִית מַעֲרָבִית כְּנֶגֶד חוּדָּהּ שֶׁל קֶרֶן, וְדַיּוֹ בכך. וּמְסַלֵּק אֶת הַלְּבוֹנָה לְצַד אֶחָד, וְקוֹמֵץ מִמָּקוֹם שֶׁנִּתְרַבָּה שַׁמְנָהּ (שיש בו יותר שמן) וְנוֹתְנוֹ את הקומץ לְתוֹךְ כְּלִי שָׁרֵת, וּמְקַדְּשׁוֹ את הקומץ בִּכְלִי שָׁרֵת. וּמְלַקֵּט אֶת לְבוֹנָתָהּ וְנוֹתְנָהּ עַל גַּבָּיו של הקומץ, וּמַעֲלֶה אוֹתוֹ לְגַבֵּי מִזְבֵּחַ, וּמַעֲלֵהוּ את הקומץ וּמַקְטִירוֹ בִּכְלִי שָׁרֵת, וּמוֹלְחוֹ, וְנוֹתְנוֹ עַל גַּבֵּי הָאִישִׁים (האש). אחרי שקָרֵב הַקּוֹמֶץ שְׁיָרֶיהָ (כל שאר המנחה) נֶאֱכָלִין, וְאז רַשָּׁאִין הַכֹּהֲנִים לִיתֵּן לְתוֹכָהּ של שארית המנחה יַיִן וְשֶׁמֶן וּדְבַשׁ (למרות שאסור להקריב דבש על גבי המזבח), וְאֵין אֲסוּרִין אֶלָּא מִלְּחַמֵּץ את המנחה. קָתָנֵי מִיהָא [שָׁנָה התנא על כל פנים] שמניחים את המנחה בתחילה בִּקְלָתוֹת שֶׁל כֶּסֶף וּבִקְלָתוֹת שֶׁל זָהָב שהביא מביתו, ולא בכלי שרת שהוקדשו לשם כך! אָמַר רַב פַּפָּא: אֵימָא [אמור] במשנתנו שאת שאר המנחות מניחים בְּכֵלִים של מתכות יקרות הָרְאוּיִין לִכְלֵי שָׁרֵת אם היה מקדישם. ומעירים: מִכְּלָל פירוש זה למשנה אתה למד שכְּפִיפָה מִצְרִית לֹא חַזְיָא [ראויה] לכלי שרת אפילו אם יקדש אותה, כְּמַאן [כשיטת מי] — שלֹּא כְּשִׁיטַת ר׳ יוֹסֵי בְּר׳ יְהוּדָה, דְּתַנְיָא [שכן שנינו בברייתא]: כְּלֵי שָׁרֵת שֶׁעֲשָׂאָן שֶׁל עֵץ, רַבִּי פּוֹסֵל וְר׳ יוֹסֵי בְּר׳ יְהוּדָה מַכְשִׁיר. ודוחים: אֲפִילּוּ תֵּימָא [תאמר] שהוא כשיטת ר׳ יוֹסֵי בְּר׳ יְהוּדָה, אֵימַר [אמור] שאָמַר ר׳ יוֹסֵי בְּר׳ יְהוּדָה להתיר בִּכְלֵי עֵץ חֲשׁוּבִין, אבל בִּפְחוּתִין כגון כפיפה מצרית מִי [האם] אָמַר? וכי לֵית לֵיהּ [אין נראה לו] לְר׳ יוֹסֵי בְּר׳ יְהוּדָה מה שנאמר ״הַקְרִיבֵהוּ נָא לְפֶחָתֶךָ הירצך או הישא פניך״ (מלאכי א, ח)?! שדבר שאין נותנים אותו כמתנה לשליט (״פחתך״) — ודאי אין מביאים אותו למקדש.

שנינו שם: וְנוֹתְנָהּ לִכְלִי שָׁרֵת, וּמְקַדְּשָׁהּ בִּכְלִי שָׁרֵת. ושואלים: שָׁמְעַתְּ מִינָּהּ [האם שומע אתה מכאן] מן הציווי הכפול — לתת בכלי שרת ולקדש בו — שכְּלֵי שָׁרֵת אֵין מְקַדְּשִׁין אֶלָּא מִדַּעַת, שצריך להניח המנחה בכלי שרת על דעת ובכוונה לקדשה, ולא די בעצם נתינתה בכלי שרת? ודוחים: אֵימָא [אמור]: נוֹתְנָהּ בִּכְלִי שָׁרֵת כדי לְקַדְּשָׁהּ בִּכְלִי שָׁרֵת ואינו צריך לכוון לכך. עוד שנינו שם: וְנוֹתֵן עָלֶיהָ בעל המנחה שַׁמְנָהּ וּלְבוֹנָתָהּ — שֶׁנֶּאֱמַר: ״וְיָצַק עָלֶיהָ שֶׁמֶן וְנָתַן עָלֶיהָ לְבֹנָה״ (ויקרא ב, א). וּמוֹלִיכָהּ אֵצֶל כֹּהֵן — דִּכְתִיב [שנאמר]: ״וְהֱבִיאָהּ אֶל בְּנֵי אַהֲרֹן הכהנים״ (שם ב). וְכֹהֵן מוֹלִיכָהּ אֵצֶל מִזְבֵּחַ — דִּכְתִיב [שנאמר]: ״וְהִגִּישָׁהּ אֶל הַמִּזְבֵּחַ״ (שם ח). מַגִּישָׁהּ בְּקֶרֶן דְּרוֹמִית מַעֲרָבִית כְּנֶגֶד חוּדָּהּ שֶׁל קֶרֶן וְדַיּוֹ. מְנָלַן [מניין לנו] דבר זה — דִּכְתִיב [שנאמר]: ״וְזֹאת תּוֹרַת הַמִּנְחָה הַקְרֵב אֹתָהּ בְּנֵי אַהֲרֹן לִפְנֵי ה׳ אֶל פְּנֵי הַמִּזְבֵּחַ״ (שם ו, ז), וְתַנְיָא [ושנויה ברייתא]: מה שנאמר ״לִפְנֵי ה׳״, יָכוֹל בַּמַּעֲרָב המזבח שהוא לפני ה׳, שהרי קודש הקדשים הוא בצד מערב — תַּלְמוּד לוֹמַר: ״אֶל פְּנֵי הַמִּזְבֵּחַ״ הוא חזית המזבח, שהיא בדרומו, שמשם עולים להקריב על גביו. אִי [אם] ״אֶל פְּנֵי הַמִּזְבֵּחַ״, יָכוֹל בַּדָּרוֹם — תַּלְמוּד לוֹמַר: ״לִפְנֵי ה׳״ שמשמעו כלפי מערב. הָא כֵּיצַד נקיים את שני הכתובים כאחד — מַגִּישָׁהּ הכהן בְּקֶרֶן דְּרוֹמִית מַעֲרָבִית של מזבח כְּנֶגֶד חוּדָּהּ שֶׁל קֶרֶן, וְדַיּוֹ. ר׳ אֶלְעָזָר אוֹמֵר פירוש אחר לפסוק: יָכוֹל יַגִּישֶׁנָּה בְּמַעֲרָבָהּ שֶׁל קֶרֶן אוֹ לִדְרוֹמָהּ שֶׁל קֶרֶן — אָמַרְתָּ (אומר אתה): כָּל מָקוֹם שֶׁאַתָּה מוֹצֵא שְׁנֵי מִקְרָאוֹת, אֶחָד מְקַיֵּים עַצְמוֹ וּמְקַיֵּים דִּבְרֵי חֲבֵירוֹ, וְאֶחָד מְקַיֵּים עַצְמוֹ וּמְבַטֵּל דִּבְרֵי חֲבֵירוֹ — מַנִּיחִין אֶת המקרא שֶׁמְּקַיֵּים עַצְמוֹ וּמְבַטֵּל חֲבֵירוֹ, וְתוֹפְסִין אֶת שֶׁמְּקַיֵּים עַצְמוֹ וּמְקַיֵּים חֲבֵירוֹ. ומסבירים: כְּשֶׁאַתָּה אוֹמֵר ״לִפְנֵי ה׳״ ועושה זאת בַּמַּעֲרָב — בִּטַּלְתָּה ״אֶל פְּנֵי הַמִּזְבֵּחַ״ שהוא בַּדָּרוֹם, וּכְשֶׁאַתָּה אוֹמֵר ״אֶל פְּנֵי הַמִּזְבֵּחַ״ בַּדָּרוֹם — קִיַּימְתָּה גם ״לִפְנֵי ה׳״ בַּמַּעֲרָב. הָא כֵּיצַד מקיים את שניהם? מַגִּישָׁהּ לִדְרוֹמָהּ שֶׁל קֶרֶן. ושואלים: וְהֵיכָן קִיַּימְתָּה את ״לפני ה׳״? אָמַר רַב אַשִׁי: קָסָבַר הַאי תַּנָּא [סבור תנא זה] כּוּלֵּיהּ [כל] הַמִּזְבֵּחַ בַּצָּפוֹן בחציה הצפוני של העזרה קָאֵי [הוא עומד], ולפיכך כל מקום בדרומו של המזבח הרי הוא מכוון כנגד פתח ההיכל ומול קודש הקדשים ונקרא ״לפני ה׳״. ועוד שואלים על לשון הברייתא: מַאי [מה נוסף] במלה ״וְדַיּוֹ״? אָמַר רַב אַשִׁי: אִיצְטְרִיךְ [צריך] הדבר להאמר, סָלְקָא דַּעְתָּךְ אָמִינָא [יעלה על דעתך לומר]: תִּיבָּעֵי [תידרש] הַגָּשַׁת הַמִּנְחָה גּוּפָהּ [עצמה] לקרן המזבח בלא חציצה של כלי, קָמַשְׁמַע לָן [השמיע לנו] שאין הדבר כן. ושואלים: וְאֵימָא הָכִי נַמִּי [ואמור שכך הוא גם כן]? ומשיבים, אָמַר קְרָא [הכתוב]: ״וְהִקְרִיבָהּ אֶל הַכֹּהֵן וְהִגִּישָׁהּ אֶל הַמִּזְבֵּחַ״ (שם ב, ח) מַה הַקְרָבָה אֵצֶל כֹּהֵן בִּכְלִי — אַף הַגָּשָׁה אֵצֶל מִזְבֵּחַ בִּכְלִי, ולא המנחה כשלעצמה. עוד שנינו: וּמְסַלֵּק אֶת לְבוֹנָתָהּ לְצַד אֶחָד. ומסבירים: כִּי הֵיכִי [כדי] שלֹּא תִּקְמוֹץ [תקמץ] הלבונה בַּהֲדֵי [ביחד עם] הַמִּנְחָה, כְּדִתְנַן [כפי ששנינו במשנה]: קָמַץ וְעָלָה בְּיָדוֹ צְרוֹר אבן, אוֹ גַּרְגֵּר מֶלַח, אוֹ קוֹרֶט (פירור) לְבוֹנָה — פָּסוּל, שצריך הקומץ להיות כולו סולת. עוד שנינו: וְקוֹמֵץ מִמָּקוֹם שֶׁנִּתְרַבָּה שַׁמְנָהּ. ושואלים: מְנָלַן [מניין לנו] דבר זה? ומשיבים: דִּכְתִיב [שנאמר]: ״וקמץ משם מלא קומצו מִסָּלְתָּהּ וּמִשַּׁמְנָהּ״ (שם ב) ״מִגִּרְשָׂהּ וּמִשַּׁמְנָהּ״ (שם טז) — מחלק המנחה שיש בו הרבה שמן. עוד שנינו: וְנוֹתְנוֹ לְתוֹךְ כְּלִי שָׁרֵת וּמְקַדְּשׁוֹ בִּכְלִי שָׁרֵת. ושואלים: לָמָּה לִי? הָא קַדְּשָׁהּ חֲדָא זִימְנָא [הרי קידש כבר אותו פעם אחת] כשהביא את המנחה לעזרה! ומשיבים: מִידֵּי דַּהֲוָה אַדָּם [כמו שהוא בדין של דם הקרבנות]; דָּם, אַף עַל גַּב דְּקַדִּישְׁתֵּיהּ [אף על פי שקידשה אותו] סַכִּין בְּצַוַּאר בְּהֵמָה במגעה, שהרי הסכין כלי שרת היא, מכל מקום הֲדַר מַקְדִּישׁ לֵיהּ [חוזר ומקדש אותו] בִּכְלִי שָׁרֵת בזמן קבלת הדם, הָכָא נַמִּי לָא שְׁנָא [כאן גם כן אינו שונה] שצריך קידוש כפול. ומה ששנינו עוד: וּמְלַקֵּט אֶת לְבוֹנָתָהּ וְנוֹתְנָהּ עַל גַּבָּיו — מקור הדבר הוא במה דִּכְתִיב [שנאמר]: ״והרים... וְאֵת כָּל הַלְּבֹנָה אֲשֶׁר עַל הַמִּנְחָה והקטיר המזבח״ (שם ו, ח). עוד שנינו: וּמַעֲלֵהוּ

עיונים

הא איכחיקא לה ראה בתוס׳ (ד״ה אי) שהקשו מן האמור שאף לאחר שנמחקה המגילה מאיימים עליה שתשתה. ועיי״ש. ובשפת אמת כתב כי יש לחלק בין האופן שמאיימים עליה קודם מחיקה, שאז מאיימים עליה בתוקף ומשדלים אותה ככל האפשר שלא תשתה ותביא לידי מחיקת המגילה, ובין מה שמאיימים עליה לאחר מכן שמשדלים אותה לשתות אם ברור לה שטהורה היא כדי לעמוד על האמת, אבל אין מאיימין כל כך (וראה כעין זה במנחת קנאות ועוד).

וכהן מוליכה ומה שלא חשב כאן גם בלילָה שאף היא נעשית קודם לכן, משום שבלילה אינה מעכבת, שאף אם לא בלל כלל המנחה כשירה (תו״ש).

בכלים הראויין לכלי שרת ואף שלגבי הבאת ביכורים שנינו שהעשירים היו מביאים את הביכורים בכלי כסף וזהב ועניים היו מביאים בסלי נצרים, יש לחלק, כי קדושת המנחה מרובה משל הביכורים, ואין ראוי להביאה בכלים פחותים, אלא העני שואל כלים חשובים מאחרים כדי להביא בהם את המנחה (תורת הקנאות).

כלי שרת אין מקדשין וכו׳ בתוהרא״ש מביא גם גירסה אחרת, שבה ההנחה הראשונה היתה שכלי שרת מקדשים אפילו שלא מדעת. וראה במאירי שאף הוא אומר כן להלכה (וכבר העירו על כך, שלכאורה אינו כפסק הרמב״ם בענין זה).

פני המזבח רוב המפרשים מסבירים כי פני המזבח הם בדרום משום שזה הוא הצד שבו מצוי הכבש שבו עולים למזבח. אכן בתו״ש ועוד אומרים שהראיה לדבר היא ממה שנאמר ״ירך המזבח צפונה״, וכיון שירך בצפון משמע שהפנים הן בצד דרום. וכן הובא בתו״כ.

יכול יגישנה במערבה וכו׳ למאירי היתה כאן גירסה שונה במקצת, ולפיה היתה השאלה: שמא מאחר שיש שני כתובים סותרים אולי אין קפידה בדבר, ויכול להגיש או במערבה או בדרום כפי שירצה. וראה רש״י ד״ה ר׳ אלעזר.

דלא תקמוץ בהדי מנחה וטעם הדבר משום שנאמר ״מלוא קומצו״, שצריך להיות קומץ שלם של מנחה, ואם היה שם גם דבר אחר הרי זה מחסר מן המנחה שבקומץ (רש״י ד״ה פסול, תו״ש).

אף על גב דקדישתיה סכין וכו׳ מכאן הוכיחו בתו״ש ובתוהרא״ש שהסכין הרי היא כלי שרת, שלא כשיטת רבינו אפרים, וראה בתוהרא״ש. ועוד העירו שאין מכאן ראיה גמורה (כשם שראיותיו של רבינו אפרים אינם מכריעות) שהרי ייתכן שלכתחילה צריך שתהא הסכין מוקדשת ככלי שרת, אבל אם שחט בסכין שלא הוקדשה — שחיטה כשירה היא.

ולגופם של דברים, מבואר כי מעשה המנחה ומעשה הקרבנות מושווים בכל דרך אפשרית (וראה במסכת מנחות שכמעט כל ענייניה בנויים בהשוואה לאלה של מסכת זבחים). וכנגד ארבע עבודות שיש בשחיטת זבחים (שחיטה, קבלה, הולכה, זריקה) יש ארבע עבודות במנחה, שהן קמיצת הקומץ מן הכלי, הכנסת הקומץ בכלי שרת, הולכת הקומץ למזבח, והקטרת הקומץ על המזבח. ואף שיש גם הכנסת המנחה כולה לכלי שרת, מכל מקום זו היא קדושת הגוף החלה על המנחה, אבל לא תחילת עבודתה.

אורח ההלכה

סדר מנחות כיצד כיצד סדר הבאת מנחות, המביא מנחה מביא סולת מתוך ביתו בכלי כסף או זהב או שאר כלי מתכת הראויים לכלי שרת. ואם היתה זו מנחת סולת נותנה אחר כך לכלי שרת ומקדשה בכלי שרת. ואם היתה מן המנחות הנאפות אופה אותה במקדש ופותתה כדינה ונותן עליה שמן ולבונה, ומביאה לכהן. והכהן מוליך את המנחה למזבח ומגישה בקרן דרומית מזרחית כנגד חודה של הקרן. ומסלק את הלבונה לצד אחד וקומץ מן המנחה ממקום שנתרבה שמנה, ונותן את הקומץ בכלי שרת ומקדשו בכלי שרת, ומלקט את כל הלבונה ונותנה על גבי הקומץ שבכלי, ומעלהו על המזבח ומולחו ואז נותנו על גבי האש. (רמב״ם ספר עבודה הלכות מעשה הקרבנות פי״ג הי״ב).

קרב הקומץ וכו׳ לאחר שקרב הקומץ על האישים והוצתה האש ברובו, נאכלים שיירי המנחה (חוץ ממנחת כהנים) לכהנים. (רמב״ם שם פי״ב ה״ט. שם הי״ג).

רשאין הכהנים וכו׳ המנחות הנאכלות רשאים הכהנים לאוכלן בכל מאכל ולתת בהן גם דבש, אבל אסורים (באיסור לא תעשה) לאוכלן חמץ. (רמב״ם שם הי״ד).

כלי שרת שעשאן של עץ אין עושים כלי שרת אלא ממתכת, ואם עשאן של עץ או זכוכית הריהם פסולים. כרבי שהלכה כמותו נגד חבירו. (רמב״ם שם הלכות בית הבחירה פ״א הי״ח).

אין מקדשין אלא מדעת אין כלי שרת מקדשים את מה שמכניסים בתוכם אלא מדעת. (רמב״ם שם הלכות פסולי המוקדשין פ״ג ה״כ).

קמץ ועלה בידו וכו׳ קמץ הכהן את הקומץ ועלה בידו צרור או גרגר מלח או קורט לבונה — הרי זה פסול. (רמב״ם שם פי״א ה״ג).

מסורת הש״ס

א. סוטה יט,א. במדב״ר פ״ט כא. ילק״ש תורה תשח.

ב. ירושלמי סוטה פ״ב ה״א. תוספתא מנחות פ״א טז. ילק״ש תורה תמח.

ג. תוספתא שם. תו״כ ב, ב. שם ו, ח.

ד. תוספתא שם יז. תוספתא סוטה פ״א ט. וראה זבחים צ,ב. מנחות נח,א.

ה. ירושלמי סוטה פ״ב ה״א.

ו. סוכה נ,ב. מנחות כח,ב. וראה יומא לט,א.

ז. זבחים צו,ב.

ח. סוכה נ,א. מנחות ז,א. עח,ב. צ,א. ירושלמי סוכה פ״ד ה״ז.

ט. (כל הברייתא) זבחים סג,ב. מנחות יט,ב. ירושלמי ביכורים פ״ג ה״ד. תו״כ ו, ז. ילק״ש שם. וראה מנחות סא,א.

י. זבחים שם. נג,א. נח,א. מנחות שם. וראה תו״כ א, יא.

יא. מנחות ו,א. י,ב. תו״כ ב, ב.

יב. ראה מנחות טז,ב. עח,ב.

גרסות

ומעלה אותו לגבי מזבח בכת״י ועוד חסר משפט זה.

ליתן לתוכה יש גורסים: **ליתן לתוכן.**

מלחמץ יש בכת״י: **לחמץ.**

לית ליה בב״ח: **וכי לית ליה.**

והגישה אצל המזבח במקרא: **והגישה אל המזבח.**

דברי חבירו בכת״י יש: **חבירו.**

לשון

קלתות

מקור המלה הוא ביוונית κάλαθος (קאלאתוס) והוא סל בעל תחתית צרה ששימש להחזיק בו בעיקר צמר וכלי מלאכה של נשים.

קורט

משמעות המלה — משהו קטן, שבריר של דבר. מקור המלה מסופק, מלה זו קרובה במשמעותה למלה היוונית κεράτιον (קראטיון), וכנראה גם למשקל הקאראט המצוי במקומות שונים, והוא מקביל במובנו לגרעין של חרוב. אולם נראה כי מלים אלה עצמן יש להן מקור שמי. משום כך יש משערים כי ״קרט״ הוא כשינוי צורה קל של ״קרץ״ במובן — חתך. כלומר, חתיכה קטנה.

החיים

קלת

מתוך ציור יווני של אשה הנושאת על ראשה קלת ובו פירות

וּמַקְטִירוֹ בִּכְלִי שָׁרֵת. ותוהים: בִּכְלִי שָׁרֵת מַקְטִיר לֵיהּ [אותו]? הלא בודאי אין מקטירים אותו בתוך הכלי! אֶלָּא אֵימָא [אמור]: מַעֲלֵהוּ בִּכְלִי שָׁרֵת כדי לְהַקְטִירוֹ. שנינו: וּמוֹלְחוֹ וְנוֹתְנוֹ עַל גַּבֵּי הָאִישִּׁים — דִּכְתִיב [שנאמר]: "וְכָל קָרְבַּן מִנְחָתְךָ בַּמֶּלַח תִּמְלָח" (ויקרא ב, יג). ועוד שנינו: קָרֵב הַקּוֹמֶץ שְׁיָרֶיהָ נֶאֱכָלִין, ושואלים: מְנָלַן [מניין לנו]? ומשיבים: דִּכְתִיב [שנאמר]: "וְהִקְטִיר הַכֹּהֵן אֶת אַזְכָּרָתָהּ" (שם ב), כלומר, הקומץ וּכְתִיב [ואחר כך נאמר] "וְהַנּוֹתֶרֶת מִן הַמִּנְחָה לְאַהֲרֹן וּלְבָנָיו" (שם ג). ומה שאמרו קָרֵב הַקּוֹמֶץ — לְמָר כִּדְאִית לֵיהּ וּלְמָר כִּדְאִית לֵיהּ [לחכם זה כדעה שיש לו בענין זה, ולחכם זה כדעה שיש לו בענין]. דְּאִיתְּמַר [שנאמר]: שחלקו חכמים בדבר: הַקּוֹמֶץ מֵאֵימָתַי מַתִּיר שִׁירַיִים בַּאֲכִילָה לכהנים? ר' חֲנִינָא אָמַר: מִשֶּׁתִּשְׁלוֹט בּוֹ הָאוּר (האש), כלומר, כבר משמתחיל לבעור, ר' יוֹחָנָן אָמַר: מִשֶּׁתִּיצַּת הָאוּר בְּרוּבּוֹ של הקומץ. ועל כל פנים, כשמגיע הזמן הראוי, בין לשיטה זו ובין לשיטה זו, מותרים הכהנים באכילת השיריים. שנינו: וְרַשָּׁאִין הַכֹּהֲנִים לִיתֵּן לְתוֹכוֹ יַיִן וְשֶׁמֶן וּדְבַשׁ. ושואלים: מַאי טַעֲמָא [מה הטעם]? ומשיבים: אָמַר קְרָא [הכתוב] בקשר למתנות כהונה: "לך נתתים לְמָשְׁחָה" (במדבר יח, ח) וכוונתו — לִגְדוּלָּה, כְּדֶרֶךְ שֶׁהַמְּלָכִים אוֹכְלִין. עוד שנינו: וְאֵין אֲסוּרִין אֶלָּא מִלְּחַמֵּץ, ומקור הדבר הוא במה דִּכְתִיב [שנאמר] לגבי מנחות: "לֹא תֵאָפֶה חָמֵץ חֶלְקָם נתתי אותה מאִשָּׁי" (ויקרא ו, י), וְאָמַר ר' שִׁמְעוֹן בֶּן לָקִישׁ: יש לדרוש את הכתוב כאילו היה ההפסק לאחר המלה "חלקם" ולפרש: אֲפִילּוּ חֶלְקָם של הכהנים לֹא תֵאָפֶה חָמֵץ.

א שנינו במשנה: כָּל הַמְּנָחוֹת טעונות שמן ולבונה. ושואלים: וְכִי כָּל הַמְּנָחוֹת טְעוּנוֹת שֶׁמֶן וּלְבוֹנָה? וְהָאִיכָּא [והרי יש] מִנְחַת חוֹטֵא, דְּרַחֲמָנָא אָמַר [שהתורה אמרה] "לֹא יָשִׂים עָלֶיהָ שֶׁמֶן וְלֹא יִתֵּן עָלֶיהָ לְבֹנָה" (שם ה, יא)! ומשיבים: הָכִי קָאָמַר [כך אמר]: כָּל הַמְּנָחוֹת טְעוּנוֹת שֶׁמֶן וּלְבוֹנָה, וּבָאוֹת מִן הַחִיטִּין, וּבָאוֹת סֹלֶת. מִנְחַת חוֹטֵא, אַף עַל פִּי שֶׁאֵינָהּ טְעוּנָה שֶׁמֶן וּלְבוֹנָה מכל מקום בָּאָה מִן הַחִטִּין וּבָאָה סֹלֶת. וכן מִנְחַת הָעוֹמֶר, אַף עַל פִּי שֶׁהִיא בָּאָה מִן הַשְּׂעוֹרִין — טְעוּנָה שֶׁמֶן וּלְבוֹנָה וּבָאָה גֶּרֶשׂ שהוא ה"סולת" שבשעורים. וְזוֹ, מנחת סוטה, אֵינָהּ טְעוּנָה לֹא שֶׁמֶן וְלֹא לְבוֹנָה, וּבָאָה מִן הַשְּׂעוֹרִין, וּבָאָה קֶמַח. תַּנְיָא [שנויה ברייתא]: אָמַר ר' שִׁמְעוֹן: בְּדִין הוּא, כלומר, מן הדין היה שֶׁתְּהֵא מִנְחַת חוֹטֵא טְעוּנָה שֶׁמֶן וּלְבוֹנָה, שֶׁלֹּא יְהֵא חוֹטֵא נִשְׂכָּר שמרוויח על ידי שאינו צריך להביא מכספו מנחה על כל מרכיביה. וּמִפְּנֵי מָה אֵינָהּ טְעוּנָה — שֶׁלֹּא יְהֵא קָרְבָּנוֹ מְהוּדָּר. וכן בְּדִין הוּא שֶׁתְּהֵא חַטַּאת חֵלֶב כלומר, חטאת שמביא אדם על שאכל חלב בשגגה, וכיוצא בו בשאר חטאים שמקור איסורם הוא במצוות "לא תעשה" שעשה בשגגה, שתהא טְעוּנָה נְסָכִים (סולת, שמן, ויין שמנסכים על גבי המזבח), שֶׁלֹּא יְהֵא חוֹטֵא נִשְׂכָּר בזה שאינו מביא נסכים, וּמִפְּנֵי מָה אֵינָהּ טְעוּנָה — שֶׁלֹּא יְהֵא קָרְבָּנוֹ מְהוּדָּר. אֲבָל חַטָּאתוֹ שֶׁל מְצוֹרָע וַאֲשָׁמוֹ — טְעוּנִין נְסָכִים, לְפִי שֶׁאֵין בָּאִין עַל חֵטְא. ותוהים: אִינִי [האם כן הוא] וכי הצרעת אינה באה על חטא? וְהָאָמַר [והרי אמר] ר' שְׁמוּאֵל בַּר נַחְמָנִי אָמַר ר' יוֹנָתָן: עַל שִׁבְעָה דְּבָרִים שאדם חוטא בהם נְגָעִים בָּאִין עליו, משמע שהמצורע חוטא הוא! ומשיבים: הָתָם מִנִּגְעֵיהּ הוּא דְּאִיכַּפַּר לֵיהּ [שם, במצורע, משעה שקיבל את נגעו הוא שנתכפר לו] מן החטא, כִּי מַיְיתֵי [כאשר הוא מביא] קָרְבָּן — לְאִשְׁתְּרוּיֵי [על מנת להתירו] לאכול בְּקָדָשִׁים הוּא דְּקָא מַיְיתֵי [שמביא] ולא על החטא. ושואלים: אֶלָּא מֵעַתָּה לפי עקרון זה, חַטַּאת נָזִיר תְּהֵא טְעוּנָה נְסָכִים, לְפִי שֶׁאֵינָהּ בָּאָה עַל חֵטְא! ומשיבים: סָבַר לָהּ [סבור הוא] כְּר' אֶלְעָזָר הַקַּפָּר, שֶׁאָמַר: נָזִיר נַמִּי [גם כן] חוֹטֵא הוּא, שמצער עצמו בנזירותו.

ב שנינו במשנה, רַבָּן גַּמְלִיאֵל אוֹמֵר: כְּשֵׁם שמעשיה מעשה בהמה כך קרבנה קרבן בהמה. תַּנְיָא [שנויה ברייתא], אָמַר לָהֶן רַבָּן גַּמְלִיאֵל לַחֲכָמִים: סוֹפְרִים, הַנִּיחוּ לִי וְאֶדְרְשֶׁנָּה כְּמִין חוֹמֶר (כמין טבעת מקושטת) כלומר, על דרך הרמז.

עיונים

בכלי שרת מקטיר ליה ראה רש"י ששינה את הגירסה, ומסביר את השאלה באופן אחר: וכי אפשר לומר שמקטירו מיד? והרי צריך למולחו תחילה! וראה בתוהרא"ש שמסביר את טעמו של רש"י לפי שבכמה מקומות מצאנו כעין לשון זו, ואין הגמרא מדקדקת בה, ומובן מאליו הוא כי כוונת הדברים היא שמעלהו בכלי שרת כדי להקטירו, ולא שמקטירו בכלי ממש. אבל ראה שכתב הרא"ש שאין להוכיח משם כדברי רש"י לפי שבמקומות אחרים מצאנו שאלה זו, ואם אין שואלים אותה תמיד הרי זה רק משום שאין נכנסים לבירור כזה אלא במקום שבו נמצא דיון עיקרי ולא כאשר הדברים מובאים בדרך אגב.

משתיצת האור ברובו ובמנחות (כו, ב) מביא רב יהודה רמז לדבר מלשון הכתוב, "והנה עלה קיטור הארץ כקיטור הכבשן" (בראשית יט, כח), שנאמר רק לאחר שהתחיל הכל להישרף, והרי אף בקומץ נראה לשון "הקטרה" כמו קיטור.

ורשאין הכהנים וכו' וטעם הצורך בהרשאה זה משום שאפשר היה לומר שכשם שאסרה התורה להעלות שאור (דבר המחמיץ) ודבש על גבי המזבח — כך יהא איסור בכך גם בחלקם של הכהנים, וכפי שבאמת אומרים לגבי חמץ, שאין איסור החמץ רק בחלק המזבח אלא אף לגבי חלקם של הכהנים. ולכן אמר שבכל זאת מותר להשתמש בשאור ובדבש (מנחה חרבה) ועוד, לומר שאין חוששים שמא מפני דברים אלו יבואו שיירי המנחה לידי חימוץ (חזון יחזקאל).

אפילו חלקם וכו' ואף שהפסוק בשלימותו הוא "לא תאפה חמץ, חלקם נתתי אותה מאשי", כבר העיר רש"י שריש לקיש דורש את הכתוב כאילו היה ההפסק במלה חלקם. ואף אחרים פירשו כי שיעור הכתוב כולו לריש לקיש הוא שיש איסור כללי באפיית המנחה חמץ, ואיסור זה חל בין על המנחה המוקרבת למזבח ובין על החלק הניתן לכהנים, ולפי זה מה שדרש "לא תאפה חמץ חלקם" הוא רק כרמז לחיזוק הענין הנלמד מעיקר דברי הכתוב.

וזו אינה טעונה וכו' הרמב"ן מפרש בדרך רמז, שבאה שעורים לפי שהיא לשון סערה וחימה, שהרי היא נקראת "מנחת קנאות", ומשום כך משקים את הסוטה בחרס — סמל לשבירה, ונותנים במים עפר — רמז למוות. ובספר החינוך כתב שכיון שהשמן הוא משקה חשוב הנעשה לצרכי גדולה (משיחה) אין ראוי שיוסיפו אותו במקום של חטא.

מנחת חוטא מנחת חוטא היא מנחה הבאה במקום קרבן חטאת באותם קרבנות שמביאים עליהם "קרבן עולה ויורד", כלומר, שהחוטא יכול להביא קרבן לפי רכושו, שאם אמיד הוא מביא כבשה, ואם דל מביא חטאת העוף, ואם הוא בדלי דלות מביא מנחה. ויש מי שהקשה: ובאמת מדוע לא נעדיף את השיקול שלא יהא חוטא נשכר? ופירש כי לדעת ר' שמעון אם נפרש את הפסוק באופן שאינו רשאי להביא שמן ולבונה הרי יש בזה משום בזיון שאינו רשאי להביא את מנחתו בהידור, אך אם רק אינו חייב להביא שמן ולבונה ייתכן שיש חוטא שינצל זאת לחסוך מכספו (מנחת קנאות).

חטאת חלב סתם קרבן חטאת שמביאים כדי לכפר על חטא שיש בו כרת (שלא כחטאות של מחוסרי כפרה, או חטאות הציבור) נקרא "חטאת חלב" שהוא אחד הדברים שחייבים על אכילתם בשגגה קרבן חטאת. ונראה שנקטו בלשון זו משום ששגגה כזו היא מצויה יותר, שהרי כאשר מוציאים את החלב ממקומו קשה להבחין בינו ובין שומן כשר, ומצוי שאדם יאכל בשגגה חתיכה כזו של חלב.

טעונה נסכים ראה בתוס' (ד"ה טעונה) שהסבירו שאף שיש בידינו כלל שכל קרבן שאינו בא בנדר ובנדבה אינו טעון נסכים, מכל מקום מן הראוי היה שיקנסו את החוטא להביא נסכים שלא יהיה נשכר. וראה בשפת אמת ששאל: הרי לפי דברי התוס' אין מקום להקשות גם לענין חטאת נזיר שהרי אף היא אינה באה בנדבה אלא חובה היא על הנזיר, ותירץ שמכל מקום אפשר לומר שמאחר שעיקר הנזירות אינו חובה אלא נדבה, הרי יש מקום לראות גם את הקרבן כקרבן נדבה. וראה בחזון יחזקאל שהוסיף סברה בדבר, שהרי אין אומרים שירה (של הלויים) אלא על נסכים, ואין ראוי החוטא שתיאמר שירה על קרבנו.

אבל חטאתו של מצורע בתלמוד הירושלמי משנה קצת את סדר הדברים, ומקשה מחטאת מצורע, ומתרץ בדומה לכאן, שייסוריו של המצורע הם כפרתו, ואין החטאת אלא לטהרה.

על שבעה דברים וכו' במסכת ערכין מנו שבעה דברים אלה (והביאו לכל אחד ראיה מן הכתובים) והם: לשון הרע, שפיכות דמים, שבועת שווא, גילוי עריות, גסות הרוח, גזל וצרות העין.

אלא מעתה חטאת נזיר והקשו: והרי יש גם אשם נזיר שאין מביאים עימו נסכים! ובתו"ש תירצו שכיון שנאמר שאין קרבן האשם עיקר בכפרת הנזיר, מובן מפני מה לא קבעו לו נסכים. ויש שכתב כי מאחר שאין אשם נזיר אלא בנזיר טמא, פשוט היה להם (וראה בתוס' ד"ה סבר הראשון שהאריכו בכך) שנקרא חוטא (פורת יוסף).

סופרים כתב ריעב"ץ כי אף שלשון זו משמשת לכנות בה חכמים בדורות ראשונים אין היא מצויה לגבי תנאים, ולכן פירש כי יש בלשון זו רמז לדבריו של ר' מאיר, שאמרו בשבחו שהוא "חכם וסופר".

הניחו לי ואדרשנה לכאורה תמוהה לשון "הניחו לי", וכי מי מעכבו מלדרוש? ויש שהסביר כי אף את דבריו אפשר לפרוך ולומר: דברים אלה נכונים בסוטה ודאית, אבל מי שרק נחשדה — מפני מה תביא קרבן בהמה? ולכן אמר: אף שיש מקום להקשות על דבריי, הניחו לי בכל זאת לדרוש דרשה עדיפה משל ר' מאיר, שהרי טעם זה שנתן רבן גמליאל מתייחס לעצם החטא, ולא לדבר צדדי בו (בן יהוידע).

אורח ההלכה

מאימתי מתיר שיריים לאחר שהוצתה האש ברובו של הקומץ מותרים השירים באכילה. ופסק הרמב"ם כר' יוחנן משום שמדברי הגמרא במנחות נראה ששאר האמוראים סבורים כמותו (כ"מ). (רמב"ם ספר עבודה הלכות מעשה הקרבנות פי"ב הי"ג).

אפילו חלקם לא תאפה חמץ אסור לחמץ את המנחות, ואפילו המחמץ את חלק הכהנים עובר ולוקה. (רמב"ם שם הי"ד).

מנחת חוטא מנחת חוטא אין שמים עליה לא שמן ולא לבונה. (רמב"ם שם ה"ז).

חטאת חלב אינה טעונה נסכים אין מביאים נסכים עם החטאות והאשמות, חוץ מחטאת מצורע ועולתו ואשמו שמפורש בתורה שמביאים עימם נסכים, עשרון לכל אחד. (רמב"ם שם פ"ב ה"ב-ג. שם ה"ו).

מסורת הש"ס

א. (שאלה דומה) פסחים סה,ב. יומא סז,ב.

ב. (הביטוי) סוכה לב,ב. סנהדרין צ,א.

ג. מנחות כו,ב. ירושלמי. יומא פ"ב ה"א. ילק"ש תורה תשנה.

ד. זבחים כח,א. צא,א. חולין קלב,ב. ירושלמי תרומות פ"ה ה"א. שם ביכורים פ"ב ה"א. ספרי במדבר יח, ח. ילק"ש שם.

ה. יבמות מ,א. שבועות טו,ב. מנחות נה,א. ילק"ש שם תפה.

ו. ראה סוטה יד,א. ובמקבילות שם.

ז. מנחות ו,א. ירושלמי סוטה פ"ב ה"א. תוספתא סוטה פ"א י. במדב"ר פ"ט ג. ילק"ש שם תעד.

ח. חלה פ"ב מ"ז. שביעית פ"ט מ"ט. יבמות צב,ב. כתובות יא,א. לו,ב. לט,ב. גיטין נה,ב. ב"ק לד,ב. לח,א. לט,א. ע"ז ב,ב. מנחות ו,א-ב. נדה ד,ב. ספרי במדבר טו, כא. במדב"ר שם. ילק"ש שם.

ט. זבחים כה,א. מנחות שם י,ב. ירושלמי סוטה שם. תוספתא סוטה שם. במדב"ר שם. ילק"ש שם.

י. ראה מנחות צ,ב. ירושלמי סוטה שם. תוספתא סוטה שם.

יא. שבועות ח,א. ערכין טז,א. כריתות כו,א. ילק"ש תורה סט. שם תשט. שם נ"ך רל. וראה ויק"ר פי"ז ג. במדב"ר פ"ז ה. תנחומא מצורע ד.

יב. תענית יא,א. נדרים י,א. נזיר ג,א. יט,א. כב,א. ב"ק צא,ב. שבועות ח,א. כריתות כו,א. ספרי במדבר ה, יא. ספרי זוטא ו, יא. במדב"ר פ"י טו. וראה ירושלמי נדרים פ"א ה"א. שם פ"ט ה"א. שם נזיר פ"א ה"ה. שם ע"ז פ"א ה"ט. ילק"ש תורה תשט.

יג. ספרי במדבר ה, טו. במדב"ר פ"ט לא. תנחומא נשא ג. תנחומא בובר נשא ה. ילק"ש תורה תשה.

יד. (הביטוי) ראה קדושין כב,ב.

גרסות

בכלי שרת מקטיר ויש בכת"י: אטו בכלי שרת מקטיר.

ואשמו ויש בכת"י ועוד: ואשמות.

לשון

משחה

עיקר לשון משיחה היא כמשמעה, משיחת דברים בחומר נוזל. אולם מאחר שמושחים בשמן מיוחד לכך את הכהנים והמלכים, נעשה ענין "משחה" ביטוי וסמל של גדולה, ואף במשמעות ושימוש המלה "משיח" נמצאת משמעות כפולה זו.

חומר

יש גורסים כבגרסה שלפנינו "חומר" ומפרשים כמו לשון חומרתא = טבעת, צרור. והכוונה לדבר שקושרים בו מיני בשמים וכיוצא בהם. ולפי זה "כמין חומר" — כעין אגודת בושם, כלומר על דרך המדרש. וכעין זה פירשו גם את הביטוי "דורשי חמורות". ויש שהבינו חומר במשמעות חומרא, להחמיר עליו. אבל רס"ג גרס "הומר", ומפרש שהוא לשון ארמית עבור ענין, מעשה. ולפי זה משמעות הביטוי שדורש "כמין חומר" — על פי המעשה.

החיים

גרש

דרך טחינת חטה (ושעורה) היתה, שתחילה טוחנים טחינה גסה אחת, ועל ידי כך נשברים הגרגרים, כאשר חלק מן החומר הופך להיות קמח דק, וחלק אחר נשאר כחתיכות גדולות יותר. לאחר טחינה זו היו מנפים את הקמח שנוצר. החלק הדק (הקמח במובן המדויק של המלה) נחשב לפחות בטיבו, והחלק העבה יותר הוא בחטים הסולת, ובשעורים הוא קרוי גרש.

לעזי רש"י

בוטו"ן מן הצרפתית boton — כפתור.

ומקטירו בכלי שרת [א]*בכלי שרת מקטיר ליה אלא אימא מעלהו בכלי שרת להקטירו: ומולחו ונותנו על גבי האישים דכתיב °וכל קרבן מנחתך במלח תמלח וגו': קרב הקומץ שיריה נאכלין: מנלן דכתיב °והקטיר הכהן את אזכרתה וגו' וכתיב °והנותרת מן המנחה לאהרן ולבניו קרב הקומץ [ב]למר כדאית ליה ולמר כדאית ליה דאיתמר [ג]*הקומץ מאימתי מתיר שיריים באכילה רבי חנינא אמר משתשלוט בו האור רבי יוחנן אמר [א]משתיצת האור ברובו: ורשאין הכהנים ליתן לתוכו יין ושמן ודבש מאי טעמא אמר קרא למשחה *לגדולה [ד]כדרך שהמלכים אוכלין: ואין אסורין אלא מלחמץ דכתיב °לא תאפה חמץ חלקם [ה]*א"ר שמעון בן א לקיש [ב]אפילו חלקם לא תאפה חמץ: כל המנחות כו': וכל המנחות טעונות שמן ולבונה [ג]והאיכא מנחת חוטא דרחמנא אמר °לא ישים עליה שמן ולא יתן עליה לבונה הכי קאמר כל המנחות טעונות שמן ולבונה ובאות מן החיטין ובאות סלת [ו]מנחת חוטא אף על פי שאינה טעונה שמן ולבונה באה מן החטין ובאה סלת מנחת העומר אע"פ שהיא באה מן השעורין טעונה שמן ולבונה ובאה גרש וזו אינה טעונה לא שמן ולא לבונה ובאה מן השעורין ובאה קמח *תניא [ז]אמר ר"ש בדין הוא שתהא מנחת חוטא טעונה שמן ולבונה [ח]שלא יהא חוטא נשכר ומפני מה אינה טעונה [ט]שלא יהא קרבנו מהודר ובדין הוא שתהא חטאת חלב טעונה נסכים *שלא יהא חוטא נשכר ומפני מה [י]אינה טעונה שלא יהא קרבנו מהודר [י]אבל חטאתו של מצורע ואשמו [ה]טעונין נסכים לפי שאין באין על חטא איני [יא]*והאמר רבי שמואל בר נחמני אמר רבי יונתן על שבעה דברים נגעים באין וכו' התם מנגעיה הוא דאיכפר ליה כי מייתי קרבן לאשתרויי בקדשים הוא דקא מייתי אלא מעתה חטאת נזיר תהא טעונה נסכים לפי שאינה באה על חטא סבר לה [יב]כרבי אלעזר הקפר ב *דאמר נזיר נמי חוטא הוא: רבן גמליאל אומר כשם כו': תניא [יג]אמר להן רבן גמליאל לחכמים סופרים הניחו לי [יד]ואדרשנה *כמין חומר

דשמעיה

רש"י

ה"ג **ומקטירו ס"ד.** ולא גרס אטו בכלי שרת מקטר ליה והכי קא קשיא ליה מקטירו ס"ד והרי עדיין לא מלחה וסיפא קתני ומולחו ונותנו על גבי האשים אלמא השתא הוא דמקטר ליה: **אלא אימא מעלהו להקטירו בכלי שרת.** כלומר מעלהו בכלי שרת להקטירו לאחר שימלחנו: **קרב הקומץ למר כדאית ליה וכו'.** קרב הקומץ דקתני דמתיר שירים באכילה מאימת הויא קריבה להתיר שירים לרבי יוחנן כדאית ליה משתיצת האור ברובו ולרבי חנינא משתשלוט בו ואפילו מעט: **למשחה.** גבי מתנות כהונה כתיב (במדבר יח) לך נתתים למשחה: **לא תאפה חמץ חלקם וגו'.** אפילו חלקם שירים לא תאפה חמץ דדרשינן ליה האי חלקם דקרא נמי לפניו אלא תאפה: **מנחת חוטא.** הבא על חטא דמטמא מקדש ושבועת העדות ושבועת ביטוי דכתיב התם ואם לא תשיג ידו לשתי תורים וגו' (ויקרא ה): **ה"ק וכו'.** כלומר לא קתני מילתא באנפי נפשיה אלא כרוך ותני הכי כל המנחות טעונות שמן ולבונה ובאות חטין כלומר ושאינם טעונות באות מיהת חטין ובאות סולת כלומר חדא מהני מעליותא אית בהו כילד מנחת סוטה אע"פ שאינה טעונה וכו': **שלא יהא חוטא נשכר.** להקל במנחתו יותר משאר מנחות: **חטאת חלב.** כל חטאת סתם קרי חטאת חלב דבתר חלב כתיב(א) כל חלב וכל דם לא תאכלו (שם ג) וכתיב בתריה פרשת חטאת: **נסכים.** סולת למנחה ועשרון לכבש יין ושמן רביעית ההין כמו שמקריבין לעולה ושלמים: **ומפני מה אינם טעונות.** דכתיב בפרשת נסכים (במדבר טו) לפלא נדר או בנדבה הבא בנדר ונדבה טעון נסכים ואין חטאת ואשם טעונים נסכים: **חטאתו ואשמו של מצורע.** איתרבו בהדיא לנסכים במסכת מנחות בפרק שתי מדות (דף צא.): **על שבעה דברים נגעים באין.** ומפרש להו בערכין בפרק יש בערכין (דף טז.): **מנגעיה איכפר ליה.** יסורים ובשת של נגע כפרו לו על אותו חטא: **וכי קא מייתי קרבן לאישתרויי בקדשים הוא דמייתי.** שיש טומאות שהצריכן הכתוב כפרה לטהרתן זב וזבה ויולדת ומצורע ונזיר שנטמא: **חטאת נזיר.** שמביא במלאת ימי נזרו חטאת ועולה ושלמים: **נזיר חוטא הוא.** שציער עצמו מן היין: **חומר.** בוטו"ן בלע"ז והוא של זהב וחותמים בו שני צוארי חלוק לנוי:

תוספות

טעונה נסכים. א"ל דאינה טעונה נסכים משום דאינה בנדר ונדבה די"ל ה"פ בדין הוא מאחר שהוא חוטא היה צריך לעונשו להביא קרבן גדול אבל בכור ומעשר אינו בדין: **סבר לה כרבי אלעזר הקפר.** הכא משמע דרבי שמעון ורבי אלעזר הקפר סבירא להו דאפילו נזיר טהור חוטא הוא דהא נזיר טמא היה מביא חטאת העוף ועופות אינם טעונים נסכים כדאיתא בפרק שתי מדות (מנחות דף צ:) והכי איתא בהדיא נמי בפרק קמא דנדרים (דף י.) ובפרק ג' דנזיר (דף יט.) דאף על גב דקרא בנזיר טמא כתיב אנן אפילו נזיר טהור קאמרינן דקסבר רבי אלעזר הקפר חוטא הוא והיינו טעמא דכתב קרא בנזיר טמא הואיל ושנה בחטא וקשה משמעתא קמייתא דנזיר (דף ג:) דתנן אהא נאה הרי זה נזיר ודלמא אתנאה לפניו במצות קאמר אמר שמואל שתפוס בשערו ואמר אתנאה נזירא עביד מילתא דעבירה ואמרינן ליה נאה אין אפילו רבי אלעזר הקפר דאמר נזיר חוטא הוא הני מילי גבי נזיר טמא דאיידי דבעי מיסתר דילמא אתי למיעבר על נזירותיה אבל נזיר טהור לאו חוטא קרינן ביה ואם תאמר שמואל סבירא ליה התם אליבא דרבי אלעזר הקפר דנזיר טהור לאו חוטא וסתמא דגמרא דהכא ודפ"ג דנזיר (דף יט.) לאו כשמואל וסתמא דמתניתין דקרי ליה נאה אליבא דרבנן דאמרי לאו חוטא לפום סתמא דגמרא *אם כן תיקשה דשמואל אדשמואל דאמר פרק קמא דתענית (דף יא.) כל היושב בתענית נקרא חוטא סבר לה כרבי אלעזר הקפר ותענית כנזיר טהור הוא דאמרינן בפ"ק דנדרים (דף י.) רבי אלעזר הקפר אומר וכו' מכאן שיושב בתענית נקרא חוטא והתם מיירי בנזיר טהור כדפרישית ומדמי ליה יושב בתענית והשתא אית לן למימר דסתמא דגמ' דנדרים נמי דמדמי יושב בתענית לנזיר טהור דלא כשמואל דאיהו הוה מדמי ליה דוקא לנזיר טמא לפי שמצער את עצמו מכל דבר שהרי יושב בתענית ומתחרט כנזיר טמא שמתחרט משום צער דבעי מיסתר נזירותיה אבל נזיר טהור אינו נצער מיהו תיקשה דשמואל אדשמואל דאמר בפ"ק (לעיל דף יא.) דיושב בתענית נקרא חוטא ובפרק החובל (ב"ק דף צא:) פריך ואין אדם רשאי לחבול בעצמו והתניא יכול נשבע להרע לעצמו וכו' מה הטבה רשות אף הרעה רשות ומוקי לה שמואל ביושב בתענית דהוא רשות ועוד קשיא מפרק בתרא דכריתות (דף כו.) דאמר [חטאת] שאין אנו מכירין בו אלא המקום יום הכפורים מכפר וקא פריך ספק נזיר שעבר עליו יום הכפורים לא נייתי דהא כפר עליה יום הכפורים ומשני לכל חטאתם ולא לכל טומאתם ולרבי אלעזר הקפר מאי איכא למימר נזיר כי מייתי קרבן לאו לכפרה מייתי אלא לאחולי עליה נזירות טהרה א"נ למישרי נפשיה ביין אלמא דקרבן נזיר לר' אלעזר הקפר לאו לכפרה אתי והכא משמע משום דבא על חטא אינה טעונה נסכים והכי אמר נמי בפ"ג דנזיר (דף יט.) דחטאת העוף לר' ישמעאל בא על חטא דאע"ג דבעל מיעקר עקר מייתי ואכתי הוה מצי למיפרך התם לר' שמעון דהכא ולר' ישמעאל מספק נזיר לר' ישמעאל מספק נזיר טמא לר' שמעון אפי' מספק נזיר טהור ובפרק קמא דשבועות (דף ח.) נמי לא מתרץ כמו בכריתות דלאו משום כפרה אתי: **סבר לה כרבי אלעזר הקפר.** תימה לי אמאי תלי מילתיה בר' אלעזר הקפר והא איהו גופיה אומר נמי בפ"ק דנדרים (דף י.) אבל בנזירות לא התנדבו שלא יקראו חוטאין שנאמר וכפר עליו מאשר חטא וי"ל אגב שיטפיה דנקט בכל דוכתא הכי נקט נמי הכא כי האי לישנא: **כמין חומר.** פי' רבי הילל מרגלית ענין אחר בושם כמו חומרתא דפילון (שבת דף סב.) בשמים מעורבין תרגום בלולה דפילא ענין אחר פי' רבינו סעדיה גאון כמין המעשה דבלשון ארמית אומר אדם לחבירו מה חמרך כלומר מה מעשיך*:

איכא

עין משפט נר מצוה

יב א מיי' פי"ב מהל' מעשה הקרבנות הלכה יג:
יג ב מיי' שם הלי"ד:
יד ג מיי' שם הל"ז:
טו ד ה מיי' שם פ"ב הלכה ג סמג עשין קפב:

מסורת הש"ס

פסחים סה: יומא מז: | מנחות כו: | [זבחים כח. לא. חולין קלב.] | יבמות מ. שבועות טו: [מנחות נה.] | מנחות ו. | [יבמות לג. וש"נ] | ערכין טז. שבועות ח. [כריתות כו:] | נזיר יט. וש"נ | [קדושין כב:]

גירסת רש"א אכתי

תוספות שאנץ

ז"ל ולא גרס אטו בכלי שרת מקטר ליה. והכי קא קשיא ליה והרי עדיין לא מלחן והרי אחרי כן תני ומולחו ונותנו על גבי האשים אלא אימא מעלהו על מנת להקטירו בכלי שרת לאחר שימלחנו ובמנחות (דף כו ע"א) קאמר כי הכא ומקטירו בכלי שרת ולא פריך כי הכא ופי' במסכת יומא פ' שני שעירי (דף סז). נזיר נמי חוטא הוא. פי' שציער עצמו מן היין. וא"ת ליקשי מאשם נזיר דהוה ליה למימר דתהא טעונה נסכים דאינה באה על חטא כדאמר התם בכריתות (דף כז ע"א) אשם נזיר לבטלה אתי. וי"ל דכיון דלבטלה קא אתי אינו טעון נסכים:

הגהות הב"ח

(א) רש"י ד"ה חטאת וכו' כתיב דכתיב כל חלב:

[עי' בערוך ערך חמר דרבינו סעדיה גרים כמין חומר שכן בלשון ארמי אומר מאי אחמרך ע"ש וע"ע תוס' קדושין כב: ותוס' חולין קלב:]

דשמעיה לר' מאיר דקאמר א*היא האכילתו מעדני עולם לפיכך קרבנה מאכל בהמה א"ל התינח עשירה עניה מאי איכא למימר אלא כשם שמעשיה מעשה בהמה כך קרבנה

א מאכל בהמה: **מתני'** ב*אהיה מביא *פילי של חרס ונותן לתוכה גחצי לוג מים דמן הכיור ר' יהודה אומר רביעית כשם שממעט בכתב כך ממעט במים הנכנס להיכל ופנה לימינו ומקום היה שם אמה על אמה וטבלא של שיש וטבעת היתה קבועה בה כשהוא מגביה ונוטל עפר מתחתיה ונותן כדי שיראה על המים שנאמר °ומן העפר אשר יהיה בקרקע (במדבר ה)

ב המשכן יקח הכהן ונתן אל המים: **גמ'** תנא וגפילי של חרס חדשה דברי רבי ישמעאל מאי טעמא דרבי ישמעאל גמר כלי כלי ממצורע זמה להלן יחרס חדשה אף כאן חרס חדשה והתם מנלן דכתיב °ושחט את הצפור (ויקרא יד) האחת אל כלי חרש על מים חיים חמה מים חיים שלא נעשתה בהן מלאכה אף כלי שלא נעשתה בו מלאכה אי מה להלן מים חיים אף כאן מים חיים לרבי ישמעאל הכי נמי ט*דאמר ר' יוחנן מי כיור רבי ישמעאל אומר מי מעיין הן וחכ"א המשאר מימות הן איכא למיפרך ימה למצורע שכן טעון עץ ארז ואזוב ושני תולעת אמר רבה אמר קרא בכלי חרס כלי שאמרתי לך כבר אמר רבא יאלא שנו אלא שלא נתאכמו פניו יאבל נתאכמו פניו פסולין מאי טעמא דומיא דמים מה מים שלא נשתנו אף כלי שלא נשתנה בעי רבא נתאכמו והחזירן לתוך כבשן האש ונתלבנו מהו מי אמרינן יבכיון דאידחו אידחו או דילמא יגזכיון דהדור הדור ת"ש רבי *אלעזר אומר עץ ארז ואזוב ושני תולעת שהפשיל בהן קופתו לאחוריו פסולין והא התם הדרי

ג ומפשטי התם חדאיקלוף איקלופי: נכנס להיכל ופנה לימינו וכו': מ"ט *דאמר מר ידטכל פינות שאתה פונה לא יהו אלא דרך ימין: מקום היה שם אמה כו': תנו רבנן טוומן העפר אשר יהיה טזיכול יתקן מבחוץ ויכנים תלמוד לומר בקרקע המשכן אי בקרקע המשכן יכול יחפור בקרדומות תלמוד לומר אשר יהיה הא כיצד כיש שם הבא אין שם תן שם תניא אידך יזומן העפר אשר יהיה וגו' מלמד יחשהיה מתקן מבחוץ ומכנים בקרקע המשכן איסי בן יהודה אומר להביא קרקע שילה

רש"י

דשמעיה לרבי מאיר דאמר כו'. בפ"ק (לעיל דף ח:) גבי במדה שאדם מודד: **עניה.** לא האכילתו מעדנים למה מביאה מאכל בהמה: **אלא היא עשתה מעשה בהמה.** שהפקירה עצמו לתשמיש למי *שאינה בן זוגה: **מתני' היה מביא.** הכהן: **פילי.** כוס של מים: **מן הכיור.** דכתיב מים קדושים (במדבר ה) ואין קדושים אלא שנתקדשו בכלי הכי תניא בסיפרי: **כשם שממעט.** רבי יהודה בכתב המגילה לקמן במתני'* כך ממעט כאן במים: **ומקום היה שם.** ניכר מתוך שאר רצפת ההיכל: **טבעת קבועה בה.** לאחוז בטבעתה ולהגביהה מבין הרצפה שהיא כולה באבני שיש: **כדי שיראה.** צריך ליתן שיעור שיהא נראה וניכר על פני המים: **ונתן אל המים.** מדלא כתיב ונתן במים אלא אל המים משמע שלא יהא נבלע בתוכן: **גמ' מאי טעמא דרבי ישמעאל.** דבעי חדשה: **גמר ממצורע.** ושחט את הצפור האחת אל כלי חרש וגו': **שלא נעשה בהן מלאכה.** דהא חיים כתיב: **לר' ישמעאל.** דפרכת הא אליביה: **הכי נמי.** דבעינן מים חיים לסוטה דהא מן הכיור הוא נוטל ושמעינן ליה לר' ישמעאל בעלמא דאמר מי כיור מי מעיין הן דהיינו חיים: **משאר מימות הן.** אם רצה ליתן לתוכו מי מקוה יתן: **איכא למיפרך.** בהא גז"ש דרבי ישמעאל דגמר כלי כלי ממצורע: **מה למצורע שכן טעון כו'.** לפיכך כלי שלו חדש תאמר בסוטה שאין בה כל אלו: **אמר רבה וכו' בכלי שאמרתי לך כבר.** הכי משמע ליה לרבה מדלא כתיב ולקח כלי חרש ונתן בו מים וכתיב בכלי חרש משמע שכבר הוזכר כלי זה במקום אחר ואמר רחמנא הכא שבאותו כלי שאמרתי לך במקום אחר קח אותם ומאי ניהו דמצורע: **לא שנו.** רבנן דמתני' דבעו חרס ומכשרי בישן: **אלא שלא נתאכמו.** הושחרו פניו על ידי האור: **דומיא דמים.** אע"ג דלא גמרי ממצורע מיהו מינה ובה גמרי כלי דסוטה ממי סוטה והני דמי סוטה לרבנן לאו חיים נינהו דמכשרי בשאר מימות מיהא לא נשתנו וכלי נמי בעינן דלא נשתנה: **החזירן לכבשן.** של יוצר שמצרפים בו את הקדרות של חרס חדשות: **שהפשיל קופתו לאחוריו.** מדלא קתני שנעשה בהן מלאכה ש"מ אמלאכה לא קפיד אשינויא קפיד ואלו נתעקמו במשאוי: **והא [התם] הדרי ומפשטי.** וקתני פסולין אלמא כיון דאידחו אידחו: **דאיקלוף.** שעל ידי המשוי נתקלפו מקליפתן דשינויא דלא הדר הוא: **דאמר מר.** בסדר יומא (דף נח:) ובשחיטת קדשים (דף סב:) ויליף לה מפונים פונים דשנים עשר בקר דים שעשה שלמה: **ומן העפר אשר יהיה בקרקע המשכן.** אי(א) לא היה כתיב בקרקע *[ה"א בעינן מקרקע המשכן ממש אבל השתא דכתיב בקרקע] משמע דאינו מקפיד אלא שיכניס העפר להיכל: **יכול יתקן.** יזמין עפר מבחוץ ויכניס בהיכל ודיו בכניסתו: **ת"ל בקרקע.** בקרקעיתו: **אי בקרקע.** קא דרשינן ולא כתיב אשר יהיה יכול לא מצא שם עפר תיחוח נוח ליטול יחפור שם בקרדומות ת"ל אשר יהיה(ב) ומדלא כתיב ומקרקע המשכן יקח ש"מ לא הקפיד אלא שיהא מונח בקרקעית המשכן שעה אחת הא כיצד יש שם עפר תיחוח הבא משם: **אין שם תן שם.** על הקרקעית וחוזר ונוטלו ונותנו לתוך המים: **תניא אידך.** פליגא אהך קמייתא ותנאי היא כדקתני בה פלוגתא דתנאי והך דלעיל מיתוקמא כאיסי בן מנחם:(ג) **מן העפר אשר יהיה במשכן.** מדלא כתיב מקרקע המשכן יקח אינו מקפיד אלא שיכנים להיכל מלמד שמתקן מבחוץ ומכנים מבפנים להיכל ונותן אל המים וא"צ להניחו בקרקע ההיכל: **בקרקע המשכן איסי בן יהודה וכו'.** בקרקע המשכן למאי אתא כיון דילפינן מאשר יהיה דא"צ ליטלו מעל גבי קרקעית: **איסי בן יהודה אומר להביא קרקע בית עולמים.** ה"ג לה בסיפרי ולא גרס לרבות שילה ונוב וגבעון ובית עולמים דשילה משכן הוא ולא צריך לרבויא דהוא עיקר הכתוב ונוב וגבעון אין משקין בה סוטות דהא במה הואי ולא הוה שם ארון אלא מזבח הנחושת לבדו ולא קרבה בהן מנחת סוטה ולא שום חובת יחיד שאין לה זמן קבוע כדאמר בשחיטת קדשים (דף קיז.) ובמגילה (דף ט:) אבל בית עולמים הוצרך לרבות שלא תאמר משכן נאמר ולא מקדש בית המקדש שבירושלים קרי ליה בית עולמים לפי שאין אחר קדושתו היתר במקום אחר ושוב לא שרתה שכינה במקום אחר:

תוספות

איכא למפרך מה למצורע. הא סוגיא כרב אחא בריה דרבא דאמר בפרק המפלת (נדה דף כג.) לרבי ישמעאל כל ג"ש שאינה מופנה כל עיקר למידין ומשיבין ולפי המסקנא דיליף ליה מבכלי לא תיקשה נמי לרב יהודה דאמר* אין למידין כל עיקר:

מה מים שלא נעשתה בהם מלאכה. וא"ת כיון דמי כיור הן מי לא עסקינן שקדש ממנו כבר יש לומר אפי' אם קידש בהן *שילק מן הדדין שבו לא היתה מלאכה גבי נטילה דתנן בפ"ק דידים (מ"ג) עשה בהן מלאכה או ששרה בהן פתו פסולין ואפ"ה קתני (שם מ"ה) מים שנחתום מטבל בהן את הגלוסקין פסולין ושהוא מדיח בהן ידיו כשירין אלמא דלא חשיב מלאכה הדחת ידים אלא הדחת כלים ומי נחתום כדקתני התם:

ומה מים שלא נשתנו. תימה דמאחר דמי כיור הן ומי כיור כשירין במי מקוה ומי מקוה שנשתנו מראיהן כשר כדתנן במסכת מקואות פ"ז (מ"ג) דמי צבע אין פוסלין המקוה בשינוי מראה ועוד תימה לרבי מאי שנא דהכא אמר מה מים שלא נשתנו ובפרק ב' דמסכת ע"ז (דף לז:) לא מסיק הכי גבי בישולי גוים ונראה דהכא נמי אסמכתא בעלמא הוא וליכא אלא פסולא דרבנן:

נתאכמו והחזירן לתוך כבשן האש מהו. תימה מ"ש דקא מבעיא ליה הכא בנראה וחוזר ונראה והא בפ' לולב הגזול (סוכה דף לג.) קא מבעיא לן ולא איפשיט ועוד מאי שנא מהא דאמר בזבחים פ"ב (דף יח:) בגדי כהונה שהיו מקורעין או מטושטשין ועבד עבודתו פסולה ואפי' הכי אם כיבס טשטוש וגיעול שלהן חזרו להתירן כדמייתי ברייתא פרק המזבח מקדש (שם דף פח.) בגדי כהונה אין עושין אותן מעשה מחט אלא מעשה אורג נתגעלו אין מכבסין אותן לא בנתר ולא באהל ופרכינן הא במים מכבסין אמר אביי ה"ק הוגעו למים מכבסין אותן בנתר אלמא דמכבסין אותן ולא אמר דנדחו. מ"ר:

והא התם הדרי ומפשטי. פרש"י מדלא קתני שנעשה בהן מלאכה ש"מ אמלאכה לא קפיד אשינוי קפיד וקשיא לרבי מתוספתא דנגעים פרק אין מצורע ר' אליעזר אומר עץ ארז ואזוב ושני תולעת שנאמר בתורה שלא נעשית בהן מלאכה אלמא דמלאכה פוסלת בהן לר' אליעזר גופיה:

לרבות

תוספות שאנץ

פיילי כוס בספל אדירים מתרגמי' בפיילי: כדי שיראה על פני המים צריך ליתן שיעור כדי שיהיה נראה וניכר על פני המים דכתיב ונתן אל המים מדלא כתיב ונתן במים אלא אל המים משמע שצריך שיבא העפר אל המים שלא יהא נבלע בתוכו ל"ה. לא שנו לרבנן דמתני' דלא בעי חדשים אלא שלא נתאכמו פניו על פני האור. דומיא דמים ואע"ג דלא גמירי ממצורע מיהו מינה ובה גמרי כלי דסוטה ממי דסוטה ונהי דמי סוטה לרבנן לאו חיים נינהו דמכשרי בשאר מימות מיהא לא נשתנו וכלי נמי בעינן דלא נשתנה. תניא אידך פליגא אקמיתא דלעיל ותנאי הוא כדקתני בה פלוגתא דתנאי והך דלעיל מתוקמא כאיסי בן מנחם: מן העפר אשר יהיה במשכן מדלא כתיב ומקרקע המשכן יקח אינו מקפיד אלא שיכנים להיכל מלמד שמתקן מבחוץ ומכנים בפנים ל"ה. איסי בן יהודה אמר לרבות בית עולמים:

עין משפט נר מצוה

שלא ילק מן וכו'. מהרש"א וכ"ה בנ"י

טז א מיי' פ"ג מהל' סוטה הל"ט סמג עשין נז:

יז ב מיי' שם הל"י:

יח ג מיי' שם הל"ט:

יט ד מיי' פי"א מהל' טומאת צרעת הלכה א סמג עשין רלז:

כ ה מיי' פ"ה מהל' ביאת מקדש הלי"ב ועי' בכ"מ בפ"ג מהל' סוטה הל"ט:

כא ו ז מיי' פ"ג מהל' סוטה הל"ט וע"ש בכ"מ:

כב ח מיי' פי"א מהל' טומאת צרעת הל"א סמג עשין רלז:

כג ט מיי' פי"ד מהל' נשיאות כפים הלי"ג:

כד י מיי' פ"ד מהל' סוטה הלי"ג:

כה כ מיי' שם הלי"ב:

גי' רש"ל

מסורת הש"ס

[שם כב:]

[נ"ל שאינו וכן הגיה התוי"ט]

[לעיל ט.]

[ד' יז.]

[נזיר לח.]

[במשנתינו שבמשניות פיילי וכ"כ הערוך שהוא כוס בלשון יון וכ"ה בפירוש הרב לברטנורה והתוי"ט]

זבחים כב:

[מתוך מ"ש תוס' ד"ה והא התם וכו' מוכח שהיה גרסתם רבי אליעזר]

זבחים סב: יומא טו: יז: מה. נח:

הגהות הב"ח

(א) רש"י ד"ה ומן וכו' אי הוה כתיב ומן העפר אשר יהיה במשכן ולא הוה כתיב בקרקע משמע דאינו מקפיד אלא שיכנים העפר להיכל כנ"ל ונ"ב נראה שרש"י ז"ל קא מפרש האי יכול כו' דה"ק אילו לא נאמר בקרקע אלא ומן העפר אשר יהיה במשכן יקח הייתי אומר יתקן מבחוץ ויכנים ת"ל בקרקע המשכן ואילו לא נאמר אשר יהיה אלא ומן העפר אשר בקרקע המשכן יקח הייתי אומר דיחפור בקרדומות ת"ל אשר יהיה ופי' רש"י דמדלא כתיב ומקרקע המשכן יקח ולאו דוקא הך לישנא קאמר רש"י אלא ה"ה ומן העפר אשר בקרקע המשכן יקח כמ"ש תחילה דאין חילוק בין מ"ס דומן העפר אשר בקרקע לבין מ"ס דומקרקע אידי ואידי משמעו דיקח מן הקרקע שבמשכן ממש אלא דרש"י הכא לשון קצרה נקט ומהרש"ל בהגהותיו הגיה בלשון רש"י כאן ואי אפשר לייסבו: (ב) ד"ה אי בקרקע וכו' דמדלא כתיב: (ג) ד"ה ומן העפר אשר יהיה מדלא כתיב ומקרקע כנ"ל ותיבת במשכן נמחק:

ומדוע אמר דברים אלה של בקשת רשות — **דִּשְׁמָעֵיהּ** [ששמע אותו] את ר' מֵאִיר **דְּקָאָמַר** [שאומר] טעם לדבר: **הִיא הֶאֱכִילָתוֹ מַעֲדַנֵּי עוֹלָם — לְפִיכָךְ קָרְבָּנָהּ מַאֲכַל בְּהֵמָה. אָמַר לֵיהּ** [לו] לר' מאיר: **הָתֵינַח** [דבר זה נוח] כשאתה מדבר על סוטה עֲשִׁירָה, אולם בסוטה **עֲנִיָּה מַאי אִיכָּא לְמֵימַר** [מה יש לומר], הרי זו לא האכילתו מאכלים משובחים, לפי שאין ברשותה! **אֶלָּא** כך צריך לפרש: **כְּשֵׁם שֶׁמַּעֲשֶׂיהָ מַעֲשֵׂה בְהֵמָה — כָּךְ קָרְבָּנָהּ** משעורים שהוא **מַאֲכַל בְּהֵמָה.**

א משנה הָיָה הכהן מֵבִיא פְּיָלֵי (קערה) **שֶׁל חֶרֶס וְנוֹתֵן לְתוֹכָהּ חֲצִי לוֹג מַיִם מִן הַכִּיּוֹר. ר' יְהוּדָה אוֹמֵר:** רְבִיעִית מים בלבד. ומדוע, **כְּשֵׁם שֶׁמְּמַעֵט בַּכְּתָב** שלשיטתו כותבים במגילת סוטה פחות ממה שסבורים שאר חכמים, **כָּךְ מְמַעֵט בַּמַּיִם.** לאחר מכן **נִכְנַס** הכהן **לַהֵיכָל וּפָנָה לִימִינוֹ, וּמָקוֹם הָיָה שָׁם** בריצפת ההיכל, בגודל **אַמָּה עַל אַמָּה, וְטַבְלָא** (לוח) **שֶׁל שַׁיִשׁ** על גביו, **וְטַבַּעַת הָיְתָה קְבוּעָה בָּהּ** בטבלה ונעזר בה **כְּשֶׁהוּא מַגְבִּיהַּ** את הטבלה, **וְנוֹטֵל עָפָר** כלשהו **מִתַּחְתֶּיהָ, וְנוֹתֵן** אותו לתוך המים שבכלי **כְּדֵי** השיעור **שֶׁיֵּרָאֶה** העפר **עַל הַמַּיִם, שֶׁנֶּאֱמַר: "וּמִן הֶעָפָר אֲשֶׁר יִהְיֶה בְּקַרְקַע הַמִּשְׁכָּן יִקַּח הַכֹּהֵן וְנָתַן אֶל הַמָּיִם"** (במדבר ה, יז).

ב גמרא **תָּנָא** [שנה החכם]: **פְּיָלֵי** זו שבה היו מביאים מים מן הכיור **שֶׁל חֶרֶס חֲדָשָׁה** היתה, **אלו דִּבְרֵי ר' יִשְׁמָעֵאל.** ושואלים: **מַאי טַעֲמָא** [מה הטעם] של **ר' יִשְׁמָעֵאל** שלדעתו היא צריכה להיות חדשה? ומשיבים: **גָּמַר** [למד] בגזירה שווה **"כְּלִי" "כְּלִי" מִמְּצוֹרָע, מַה לְּהַלָּן,** במצורע, קערת **חֶרֶס חֲדָשָׁה — אַף כָּאן** קערת **חֶרֶס חֲדָשָׁה.** ושואלים: **וְהָתָם מְנָלַן** [ושם, במצורע, מניין לנו] שצריכה להיות חדשה? ומשיבים: **דִּכְתִיב** [שנאמר]: **"וְשָׁחַט אֶת הַצִּפּוֹר הָאֶחָת אֶל כְּלִי חֶרֶשׂ עַל מַיִם חַיִּים"** (ויקרא יד, ה), **מַה מַּיִם חַיִּים** הם מים **שֶׁלֹּא נֶעֶשְׂתָה בָּהֶן מְלָאכָה,** שאם נעשתה בה מלאכה אינם נקראים "חיים" — **אַף כְּלִי** שנאמר במצורע אינו אלא זה **שֶׁלֹּא נֶעֶשְׂתָה בּוֹ מְלָאכָה** והוא עדיין חדש. ושואלים: **אִי** [אם כן] על פי גזירה שווה זו אפשר גם ללמוד: **מַה לְּהַלָּן מַיִם חַיִּים,** כלומר, מים היוצאים ממעיין נובע, **אַף כָּאן** בסוטה יצטרכו **מַיִם חַיִּים?!** ומשיבים: **לְר' יִשְׁמָעֵאל הָכִי נַמִי** [כך הוא גם כן]. **שֶׁאָמַר ר' יוֹחָנָן: מֵי כִיּוֹר,** המים שבכיור המקדש, **ר' יִשְׁמָעֵאל אוֹמֵר: מֵי מַעְיָן הֵן,** שצריכים מים אלה לבוא מן המעיין, **וַחֲכָמִים אוֹמְרִים:** מים אלה אינם חייבים להיות מי מעיין, אלא אף **מִשְּׁאָר מֵימוֹת הֵן.** על הגזירה השווה תוהים: הלא **אִיכָּא לְמִיפְרַךְ** [יש מקום להקשות] עליה: **מַה לִּמְצוֹרָע — שֶׁכֵּן טָעוּן** עוד מצוות יתירות: **עֵץ אֶרֶז, וְאֵזוֹב, וּשְׁנִי תוֹלַעַת! אָמַר רַבָּה, אָמַר קְרָא** [הכתוב] בפרשת סוטה: **"בִּכְלִי חָרֶשׂ"** (במדבר ה, יז) ולא פירש תחילה שצריך לקחת כלי חרס, הרי זה כאילו היה ממשיך ומתייחס **לִכְלִי שֶׁאָמַרְתִּי לְךָ כְּבָר,** כעין הכלי שנאמר בדיני מצורע. **אָמַר רָבָא: לֹא שָׁנוּ** במשנה כלי חרס **אֶלָּא** דווקא זה **שֶׁלֹּא נִתְאַכְּמוּ** (הושחרו) **פָּנָיו** של הכלי על ידי האש, **אֲבָל** אם **נִתְאַכְּמוּ פָּנָיו — פְּסוּלִין** המים לדברי הכל, ואף אם אין צורך בכלי חדש. **מַאי טַעֲמָא** [מה הטעם] **— דּוּמְיָא דְּמַיִם** [בדומה למים], **מַה מַּיִם** שנאמרו אינם אלא אלו **שֶׁלֹּא נִשְׁתַּנּוּ** במראיהם — **אַף כְּלִי** דווקא זה **שֶׁלֹּא נִשְׁתַּנָּה** במראהו. מתוך הלכה זו **בָּעֵי** [שאל] **רָבָא** שאלה זו: **נִתְאַכְּמוּ** (הושחרו) כלי החרס **וְהֶחֱזִירָן לְתוֹךְ כִּבְשַׁן הָאֵשׁ וְנִתְלַבְּנוּ** בו, וסרה מהם השחרות, **מַהוּ? מִי אָמְרִינַן** [האם אומרים אנו]: **כֵּיוָן דְּאִידַּחוּ אִידַּחוּ** [שנדחו נדחו] ואינם ראויים עוד, **אוֹ דִּילְמָא** [שמא] **כֵּיוָן דַּהֲדוּר הֲדוּר** [שחזרו למראיהם חזרו להכשרם]? ומנסים לפתור בעיה זו, **תָּא שְׁמַע** [בוא ושמע] ממה ששנינו, **ר' אֶלְעָזָר אוֹמֵר: עֵץ אֶרֶז וְאֵזוֹב וּשְׁנִי תוֹלַעַת שֶׁהִפְשִׁיל בָּהֶן קוּפָּתוֹ לַאֲחוֹרָיו** (קשר בהם את סלו כדי להחזיקו מאחוריו) **— פְּסוּלִין** לטהרת המצורע. **וְהָא הָתָם הָדְרִי וּמִפְשְׁטֵי** [והרי שם הם חוזרים ונפשטים] ונעשים כאילו לא השתמש בהם! ומשיבים: **הָתָם דְּאִיקְלוּף אִיקְלוּפֵי** [שם מדובר שעל ידי שימוש זה נתקלפו] ואינם חוזרים שוב למה שהיו, ואם כן אין מכאן ראיה.

ג שנינו במשנה: **נִכְנַס לַהֵיכָל וּפָנָה לִימִינוֹ.** ושואלים: **מַאי טַעֲמָא** [מה טעם] הדבר? ומשיבים, **שֶׁאָמַר מָר** [החכם]: **כָּל פִּינּוֹת** (פניות) **שֶׁאַתָּה פּוֹנֶה לֹא יְהוּ אֶלָּא דֶּרֶךְ יָמִין.** ועוד שנינו שם: **מָקוֹם הָיָה שָׁם אַמָּה** על אמה וכו'. **תָּנוּ רַבָּנַן** [שנו חכמים] על מה שנאמר: **"וּמִן הֶעָפָר אֲשֶׁר יִהְיֶה"** (במדבר ה, יז), **יָכוֹל יְתַקֵּן** (יכין) **עפר מִבַּחוּץ וְיַכְנִיס — תַּלְמוּד לוֹמַר: "בְּקַרְקַע הַמִּשְׁכָּן"** (שם). **אִי** [אם] **"בְּקַרְקַע הַמִּשְׁכָּן" — יָכוֹל יַחְפּוֹר בְּקַרְדּוּמוֹת** מן הקרקע **— תַּלְמוּד לוֹמַר: "אֲשֶׁר יִהְיֶה",** שהוא מצוי כבר. **הָא כֵּיצַד? יֵשׁ שָׁם** בקרקע המשכן עפר מוכן **— הָבֵא** משם, **אֵין שָׁם — תֵּן שָׁם** עפר ממקום אחר. **תַּנְיָא אִידָךְ** [שנויה ברייתא אחרת]: מה שנאמר **"וּמִן הֶעָפָר אֲשֶׁר יִהְיֶה"** (שם) — **מְלַמֵּד שֶׁהָיָה מְתַקֵּן** עפר **מִבַּחוּץ וּמַכְנִיס.** ומה שנאמר **"בְּקַרְקַע הַמִּשְׁכָּן", אִיסִי בֶּן יְהוּדָה אוֹמֵר:** לא לזה בא הכתוב, אלא **לְהָבִיא קַרְקַע**

עיונים

פיילי של חרס היו ששאלו: מפני מה השתמשו במלה זו ולא במלה עברית, כגון כוס או קדירה. וראה במאירי שכתב כי תרגום "קובעת כוס התרעלה" (ישעיה נא, יז) הוא פיילי, ואם כן רמז הוא לכוס שממנה משקים את הסוטה. ובכלל מצויה מלה זו בתרגום הארץ ישראלי כתרגום של ספל (כמו בתרגום יונתן ל"ספל אדירים" שופטים ה, כה) ועוד. ובפשטות נראה כי פיילי הוא ספל בתבנית מסויימת, שאינה בדיוק כתבנית שאר כוסות.

חצי לוג רש"י במנחות פח, א מסביר ששיעור זה נלמד מהלכה למשה מסיני (אבל ראה בגרי"ז ואחרים בענין זה). והסביר בתוי"ט שלא היתה הלכה זו לגבי השיעור, אלא היתה הלכה שצריך שיהא שיעור כדי שימחק יפה הכתב, ומשום כך ר' יהודה שממעט בכתב אף ממעט בעישור המים על פי אותה הלכה. וראה בתוס' מנחות שם.

ומקום היה שם כלומר, מקום זה היה ניכר ומובחן משאר רצפת העזרה (רע"ב). והיה צריך מקום מיוחד לכך, שאף שהיו עוד טבלות בריצפת המקדש שהיו ניתנות להרמה, מכל מקום הרי המקדש בנוי על סלע ולא בכל מקום יש עפר.

נתאכמו פניו וכו' הרבה עסקו ראשונים ואחרונים בבירור הדברים, וביותר בבירור שיטת הרמב"ם כאן. ואחת השאלות היא האם דברי רבא בנתאכמו פניו הם כשיטת ר' ישמעאל או גם כשיטת חכמים (וראה בתלמוד הירושלמי שאף הוא דן בבעיה זו עצמה). ויש שאמרו כי אף שהרמב"ם פוסק שלא כר' ישמעאל לענין מי כיור, מכל מקום פוסק הוא שצריך כלי חדש (וכן כנראה גורס במשנה. וראה במלא"ש בענין זה). אלא שיש אומרים שלדעת הרמב"ם למסקנה לא לומדים סוטה ממצורע לכל דבר אלא רק לגבי הכלי. וכן דנו האם נתאכמו פניו הוא ענין השחרה מחמת שימוש בכלי, שאף לדעת חכמים יהא כלי זה פסול על כל פנים מדבריהם, או שאף כלי חדש שמחמת יושנו הושחרו פניו באויר, פסול. וכיוצא בזה דנו האם כאשר מכניס את הכלי לכבשן ומלבנו מוציא ממנו רק את פסול השחרות, או שמא בטל ממנו גם פסל המלאכה (שכן דעת המאירי). ונראה כי הסברה שעל ידי ליבון בכבשן בטל הפסול מן הכלי בכל האופנים היא מחמת ההנחה שעל ידי ליבון רב בכבשן שוב אין הכלי נחשב כאותו כלי שנכנס לכבשן אלא כעין פנים חדשות לגמרי, והריהו לכל ענין ככלי חדש (וראה במנחה חרבה ובחידושי הגרי"ז ועוד).

פנה לימינו וכו' בספר באר שבע שאל: מה מקום לשאלה זו מפני מה פנה לימינו? הלא מקום הטבלה המוכנה לכך היה בימין, ובהכרח היה לו לפנות לשם! ויש שתירץ כי השאלה היתה מפני מה שמו טבלה זו דווקא בצד זה, ולכן תירצו שיהא הדבר באופן שיפנה לימין (יד המלך). וראה באופן אחר בחידושי בתרא.

כל פינות וכו' ראה ברש"י שהביא את המקור לדבר מהדגשת המקרא לגבי סדר שנים עשר הבקר שהיו מתחת לים של שלמה במקדש, שפונה כל הזמן לימין. ומכאן למדו הלכה שבכל מקום שיש לכהן לפנות במקדש (ויש שאמרו שדבר זה הוא המלצה בכל מקום) צריך שתהא הפניה קודם לצד ימין.

שהיה מתקן מבחוץ וכו' ראה בתוהרא"ש שתמה כיצד מוציא התנא את הכתוב ממשמעותו, שהרי לכאורה מובן המקרא הוא פשוט — שיקח דווקא מעפר המצוי בקרקע המשכן. וכבר הביא דברי רש"י שמזה שנאמר "בקרקע המשכן" ולא "מקרקע המשכן" משמע שאין צריך לחפור ולהוציא משם. והרא"ש מסביר שלדעת התנא יש להבין את הכתוב כך: "ומן העפר אשר יהיה" — בכל מקום שיהיה, "בקרקע המשכן" — שמקרקע המשכן ירים ויתן את העפר, ולא יביא עפר ממקום אחר ויתן, אלא ממקום קבוע (ולפי זה הוא מפרש גם את שיטת איסי בן יהודה במדרש כתוב זה).

אורח ההלכה

היה מביא פיילי של חרס להשקאת הסוטה מביאים כלי חרס, ונותנים בו חצי לוג מים. כמשנה (לא כדעת היחיד של ר' יהודה). (רמב"ם ספר נשים הלכות סוטה פ"ג ה"ט).

נכנס להיכל ופנה לימינו וכו' הכהן נוטל את כלי החרס ונכנס להיכל והיה שם מקום אמה על אמה לימין הנכנס ובו היתה טבלת שיש וטבעת קבועה בה, והיה מגביה את הטבלה ונוטל עפר מן הקרקע שהיתה שם. (רמב"ם שם ה"ט-י).

פיילי של חרס חדשה להשקאת הסוטה נוטלים כלי חרס חדש שלא נעשתה בו מלאכה מעולם. כר' ישמעאל (רמב"ם שם ה"ט).

חרס חדשה בטהרת מצורע לוקח כלי חרס חדש. (רמב"ם ספר טהרה הלכות טומאת צרעת פי"א ה"א).

משאר מימות הן מים שמקדשים בהם הכהנים את ידיהם ורגליהם אינם צריכים להיות דווקא מים חיים אלא שיהיו מים הכשרים לטבול בהם. וכדברי חכמים. (רמב"ם ספר עבודה הלכות ביאת המקדש פ"ה הי"ב).

נתאכמו פניו לא יקח לסוטה כלי חרס שנראה כאילו בלה מאורך הזמן, כדברי רבא. (רמב"ם ספר נשים שם).

החזירן לתוך כבשן כלי חרס שהחזירו לכבשן עד שנתחדש כשר (שם). ובכ"מ תמה מדוע פסק הרמב"ם להקל בספק שלא נפתר, שהוא לכאורה ספק מן התורה. ובמל"מ כתב שאולי סבר הרמב"ם כתוספות כאן (ד"ה ומה) שנתאכמו פניו פסול רק מדרבנן, ואם כן יש כאן ספק דרבנן, ופסק לקולא. (רמב"ם שם).

דאיקלוף איקלופי עץ ארז ואזוב שנתקלפו פסולים לטהרת מצורע. כמסקנת הגמרא. (רמב"ם ספר טהרה שם).

מסורת הש"ס

א. סוטה ט,א (ושם סומנו מקבילות).
ב. נזיר לח,א. במדב"ר פ"ט לב. תנחומא ותנחומא בובר נשא א. ילק"ש תורה תשז. וראה סוטה ט,א. תוספתא ידים פ"א ז.
ג. נזיר שם. במדב"ר שם. תנחומא ותנחומא בובר שם. ספרי זוטא ה, יז. ראה גם מנחות פח,א-ב.
ד. שם. ספרי במדבר ה, יז. במדב"ר פ"ט יד.
ה. מידות פ"ג מ"ג.
ו. ירושלמי סוטה פ"ב ה"ב. ספרי שם. ילק"ש שם.
ז. נגעים פי"ד מ"א. תוספתא נזיר פ"ו א.
ח. ירושלמי סוטה פ"ב ה"ב. תו"כ יד, ה.
ט. זבחים כב,ב. ירושלמי שם.
י. (נימוק זה) יבמות קד,א.
יא. ראה ירושלמי שם.
יב. (הביטוי) ברכות נא,א. סוכה לג,א. סנהדרין מז,א. ע"ז מז,א. הוריות יא,א. זבחים יב,ב. מנחות כא,א. חולין פז,א. כריתות ז,א.
יג. (הביטוי) זבחים קה,א.
יד. יומא טו,ב. יז,ב. מה,א. נח,ב. זבחים סג,ב. ברייתא דמלאכת המשכן פי"ב. פסי"ר פ"ז.
טו. (הענין) ירושלמי סוטה פ"ב ה"ב. במדב"ר פ"ט טו. ילק"ש תורה תשז.
טז. (הביטוי, לעניינים שונים) יומא יט,ב. נג,א. סוטה מח,ב.
יז. ספרי במדבר ה, יז. ילק"ש שם.
יח. (הביטוי) סוטה מח,ב.

גרסות

פילי בכת"י רבים: **פיילי.**
של שיש ויש גורסים: **של שיש עליה.**
ונוטל עפר בכת"י רבים: **נוטל עפר.**
על המים בכת"י ובמקורות יש: **על פני המים.**
אבל נתאכמו ויש שגרסו: **אבל נתפחמו.**
פינות יש בכת"י ועוד: **פונות.**

לשון

פיילי

מקור המלה ביוונית φιάλη (פיאלי) שהיא כלי לבישול ולשתיה. הפיילי היתה עשויה מחומרים שונים, מחרס או ממתכת וכנראה היתה לה צורה של קערה שטוחה. וכן תרגום קערות שבכלי המשכן. וייתכן שהיו גם כלים גדולים יותר שנקראו בשם זה.

טבלא

מקור המלה בלטינית tabula כנראה דרך השאלה היוונית τάβλα (טבלא) במשמעות של לוח שטוח (גם לוח השולחן).

החיים

פיילי

פיילי Phiale רומית טיפוסית

הפשיל בהן קופתו

קופה היא סל, בדרך כלל סל קלוע מענפי ערבה או עלי דקל. הקופות נעשו בצורות שונות, אך לעתים קרובות היו לקופות ידיות ("אזניים") להחזיק בהן. כאשר היתה הקופה כבדה נוח היה לשאתה על הגב, ולשם כך היה הנושא קושר את אזניה בחבל (ובמקרה שלנו באזוב או בשני תולעת) או שהיה שם את המוט של עץ הארז על כתפו ותולה בו את הקופה.

קרדומות

קרדום רומי מתקופת התלמוד

קרדומות הם כלי חפירה גדולים שבהם היו חופרים באדמה, ובדרך כלל היו משתמשים בחלק אחר של הקרדום על מנת לקצץ בו שרשים או ענפים מעובים.

מסורת הש״ס

א. ספרי במדבר ה, יז.
ב. חולין פח,ב.
ג. ירושלמי קדושין פ״א ה״ב. ספרי דברים טו, יז. מדרש תנאים כד, א. ילק״ש תורה שיז. שם תקפה. שם תשי. שם תתקלו.
ד. ראה חולין פח,ב. תוספתא חולין פ״ו יא. תו״כ יז, יג.
ה. ראה גם נזיר לט,ב. ספרי במדבר ו, ה. ספרי זוטא ו, א.
ו. ראה גם גיטין יט,א. תוספתא גיטין פ״ב ד. ספרי דברים כד, א.
ז. ראה תוספתא נגעים פ״א ט. תו״כ יד, ח.
ח. עירובין כז,ב. סוכה נ,ב. נזיר לד,ב. לה,א. קדושין כא,ב. כד,ב. ב״ק נד,א-ב. סב,ב. סג,א. קיז,ב. ב״מ נז,ב. שבועות ד,ב. כו,א. לז,ב. מב,ב. מג,א. זבחים ד,ב. ח,ב. מנחות כ,א. כח,ב. צא,א. חולין סו,א. סז,א. בכורות לז,א. נא,א. כריתות ו,ב. כא,א. ירושלמי מע״ש פ״א ה״ג. שם קדושין פ״א ה״ב. שם שבועות פ״ג ה״ה. שם פ״ו ה״ו. תוספתא שבועות פ״א ז. מכילתא יג, יג. שם כ, יד. שם כא, כד. שם כב, ח. תו״כ פתיחה. ספרי במדבר יח, טו.
ט. נגעים פי״ד מ״ב.
י. שם מ״ג.
יא. ב״ק סד,א. שבועות ה,א. כו,א. זבחים ד,ב. ח,ב. חולין סו,א. בכורות נא,א. כריתות כא,א.

גרסות

לא חלק הכתוב יש בכת״י ועוד: **לא חלק הכתוב בין נוב וגבעון ושילה ובית עולמים.**

עוקבת ויש שגרסו: **עוקמת** ויש: **עוקפת.**

בתער ויש שגרסו: **במרצע.**

מה רבי בכת״י יש: **מאי רבי.**

וביום השביעי מגלחו תגלחת שניה בכת״י יש: **ביום השביעי יגלחנו שתהא תגלחת שניה.**

הא עוקבת מדרבנן ויש בכת״י: **הא עוקבת מדרש.**

שִׁילֹה נוֹב וְגִבְעוֹן שהיה המשכן בהם, **וּבֵית עוֹלָמִים** (המקדש בירושלים), אף שאינם המשכן שבמדבר. **אִיסִי בֶּן מְנַחֵם אוֹמֵר: אֵינוֹ צָרִיךְ** ללימוד זה מייתור הכתוב, שהרי קל וחומר הוא: **וּמַה בְּטוּמְאָה קַלָּה,** כלומר, האיסור להיכנס בטומאה למקום הקודש, שאין בו מיתת בית דין **לֹא חָלַק הַכָּתוּב** בין המשכן שבמדבר לבין השאר — **בְּטוּמְאַת אֵשֶׁת אִישׁ חֲמוּרָה,** שאם התברר שזינתה עונשה בחנק, **לֹא כָּל שֶׁכֵּן? אִם כֵּן מַה תַּלְמוּד לוֹמַר "בְּקַרְקַע הַמִּשְׁכָּן"** — הכוונה היא **שֶׁלֹּא יָבִיא** עפר **מִתּוֹךְ קוּפָּתוֹ** (סלו) ישר לתוך הכלי עם מי הסוטה, אלא יניחנו על קרקע המשכן וירים אותו משם.

א **אִיבַּעְיָא לְהוּ** [נשאלה להם ללומדים] שאלה זו: **אִם אֵין שָׁם** בקרקע המקדש **עָפָר, מַהוּ שֶׁיִּתֵּן** במקומו **אֵפֶר?** ומעירים: **אַלִּיבָּא** [לשיטת] **בֵּית שַׁמַּאי לֹא תִּיבָּעֵי** [תישאל] **לָךְ** שאלה זו, **דְּאָמְרִי** [שהם אומרים] כי בכלל **לֹא מָצִינוּ אֵפֶר שֶׁקָּרוּי "עָפָר". כִּי תִּיבָּעֵי** [כאשר תישאל] **לָךְ** השאלה, הרי זה **אַלִּיבָּא** [לשיטת] **בֵּית הִלֵּל דְּאָמְרִי** [שהם אומרים]: **מָצִינוּ אֵפֶר שֶׁקָּרוּי "עָפָר",** לענין אפר פרה אדומה, ודינם שווה לענין כיסוי הדם, **מַאי** [מהו] לענייננו? וצדדי השאלה האם נאמר **אַף עַל גַּב דְּאִיקְרִי** [אף על פי שאפר נקרא] **"עָפָר"** במקום אחר, **הָכָא** [כאן] **"בְּקַרְקַע הַמִּשְׁכָּן" כְּתִיב** [נאמר], ולפי זה הכוונה דווקא לעפר שהוא מגוף הקרקע, **אוֹ דִּילְמָא הַאי** [שמא זה] שנאמר **"בְּקַרְקַע הַמִּשְׁכָּן" — לְכְדִבְרֵי אִיסִי בֶּן יְהוּדָה, וְלִכְדִבְרֵי אִיסִי בֶּן מְנַחֵם הוּא דְּאָתֵי** [שבא] הכתוב? ומשיבים: **תָּא שְׁמַע** [בא ושמע], פתרון לדבר ממה **שֶׁאָמַר ר׳ יוֹחָנָן מִשּׁוּם** (בשם) **ר׳ יִשְׁמָעֵאל: בִּשְׁלֹשָׁה מְקוֹמוֹת הֲלָכָה עוֹקֶבֶת,** כלומר, משַׁנָּה ומבטלת את משמעות **הַמִּקְרָא.** כיצד? **הַתּוֹרָה אָמְרָה** "ושפך את דמו וכסהו **בֶּעָפָר"** (ויקרא יז, יג), **וַהֲלָכָה — בְּכָל דָּבָר** הדומה לעפר. וכן **הַתּוֹרָה אָמְרָה** בנזיר **"תַּעַר** לא יעבור על ראשו" (במדבר ו, ה), **וַהֲלָכָה — בְּכָל דָּבָר** אסור להסיר שערו, ולוקה על כך. **הַתּוֹרָה אָמְרָה** בגט אשה "וכתב לה **סֵפֶר** כריתות" (דברים כד, א), **וַהֲלָכָה — בְּכָל דָּבָר** תלוש שאפשר לכתוב עליו. **וְאִם אִיתָא** [ישנה] הלכה זו שאפשר לשים אפר במקום עפר — **לִיחֲשׁוֹב נַמִי הַאי** [שימנה גם את זה]! ודוחים: אין זו ראיה, כי לא נמנו הכל אלא **תָּנָא** [שנה] **וְשַׁיֵּיר,** שיש עוד דוגמאות כאלה שלא נמנו במפורש. ושואלים: **וּמַאי** [ומה] **שַׁיֵּיר** עוד שאתה אומר **דְּהַאי** [שאת זו] **שַׁיֵּיר?** ומשיבים: **שַׁיֵּיר מְצוֹרָע. דְּתַנְיָא** [שכן שנינו בברייתא]: מה שנאמר **"וְהָיָה בַיּוֹם הַשְּׁבִיעִי יְגַלַּח אֶת כָּל שְׂעָרוֹ"** (ויקרא יד, ט) — הרי זה **כְּלָל, "אֶת רֹאשׁוֹ וְאֶת זְקָנוֹ וְאֵת גַּבֹּת עֵינָיו"** (שם) — הרי זה **פְּרָט, "וְאֶת כָּל שְׂעָרוֹ יְגַלֵּחַ"** (שם) — **חָזַר וְכָלַל!** ובדרך מדרש ההלכה **כְּלָל וּפְרָט וּכְלָל — אִי** [אין] **אַתָּה דָּן אֶלָּא כְּעֵין הַפְּרָט: מַה פְּרָט מְפוֹרָשׁ** דבר שהוא **מְקוֹם כִּינּוּס שֵׂעָר, וְנִרְאֶה** (גלוי) — **אַף כָּל מְקוֹם כִּינּוּס שֵׂעָר וְנִרְאֶה. מָה רַבֵּי** [ריבה] בכך הכלל — **רַבֵּי** [ריבה] את **שְׂעַר הָרַגְלַיִם** (שיער הערוה). **מַאי** [מה] **מִיעֵט** הפרט — **מִיעֵט** שיער של **בֵּית הַשֶּׁחִי** שאינו נראה, **וּדְכוּלֵּיהּ גּוּפֵיהּ** [ושל כל גופו] שאינו מכונס. ובכל זאת **הִלְכְתָא** [ההלכה] היא: **מְגַלֵּחַ כִּדְלַעַת,** כלומר, את כל גופו. **דִּתְנַן** [שכן שנינו במשנה]: **בָּא לוֹ לְהַקִּיף** (לגלח) **אֶת הַמְּצוֹרָע — מַעֲבִיר תַּעַר עַל כָּל בְּשָׂרוֹ, וְקָתָנֵי סֵיפָא** [ושנה בסופה] של אותה משנה: **וּבַיּוֹם הַשְּׁבִיעִי מְגַלְּחוֹ תִּגְלַחַת שְׁנִיָּה כְּתִגְלַחַת רִאשׁוֹנָה** כי בתגלחת הראשונה לטהרתו לא נאמרו כלל ופרט אלה אלא "כל שערו" (שם ח) ובודאי מגלח הכל. **אָמַר רַב נַחְמָן בַּר יִצְחָק:** אין להחשיב את דין מצורע כשיור, שכן **כִּי קָא חָשֵׁיב** [כאשר התנא מונה], הרי הוא מונה מקרים **שֶׁהֲלָכָה** מן התורה **עוֹקֶבֶת** (משנה ומבטלת) **מִקְרָא** — ואילו **הָא** [זו] **עוֹקֶבֶת מִדְּרַבָּנַן** [מדרש חכמים] **הִיא. רַב פַּפָּא אָמַר** באופן אחר: **כִּי קָא חָשֵׁיב** [כאשר הוא מונה] **הֲלָכָה עוֹקֶבֶת** וְעוֹקֶרֶת את הדין שבמקרא, **הָא** [זו] בגילוח מצורע **עוֹקֶבֶת וּמוֹסֶפֶת הִיא** שהרי אינה מבטלת את הדין האמור בתורה אלא רק מוסיפה עליו. **רַב אַשִׁי אָמַר** באופן אחר: **הָא מַתְנִיתָא מַנִּי** [ברייתא זו בדיני מצורע כשיטת מי היא] — **שיטת ר׳ יִשְׁמָעֵאל הִיא, דְּדָרֵישׁ** [שהוא דורש] את הכתוב בדרך הלימוד של **כְּלָלֵי וּפְרָטֵי** [כללים ופרטים], ולפי שיטה זו באמת אין המצורע מגלח את כל שערו אלא רק שיער כנוס ונראה.

עיונים

לרבות שילה ונוב וכו׳ רש״י שינה גירסה זו והשאיר רק: לרבות בית עולמים. וטעמו ששילה אין צורך לרבות, כי בשילה היה המשכן עצמו עומד במקומו. ואילו נוב וגבעון לא היו אלא במות גדולות, ולא היו מקריבים בהן אלא קרבנות נדבה בלבד. אכן ראה בתוס׳ (ד״ה לרבות) שהעירו שמשום כך אין למחוק נוב וגבעון, כי שמא סבור איסי בן יהודה כר׳ יהודה שבבמה גדולה היו מקריבים גם קרבנות חובה, ולא נתמעט אלא במות קטנות בלבד מהקרבת קרבנות אלה (וכעין זה גם כתב המאירי). ובתוהרא״ש כתב שאין למחוק שילה, משום שאף שהשאירו שם את יריעות המשכן, מכל מקום היה שם בנין אבנים ואינו ממש כמו המשכן וצריך משום כך לריבוי מיוחד. ואף כתב שגם לדעת האומר שמנחות חובה קרבות בבמה גדולה היה צורך בריבוי מיוחד לענין סוטה, כי בנוב וגבעון לא היה הארון אלא המזבח בלבד, ולכן צריך ריבוי לומר שגם השקאת הסוטה נעשית שם. ובתלמוד הירושלמי הנוסח הוא כמו הגירסה שלפנינו.

מצינו אפר שקרוי עפר יש שהביאו בשם ר״ת כי אף בית שמאי מודים שאפר הבא משריפת עצים קרוי עפר, ולא נחלקו אלא באפר אחר, והביא לכך ראיה מתחילת מסכת ביצה. אבל יש חולקים בדבר זה (ראה בתו״ש).

הלכה עוקבת מקרא רש״י פירש עוקבת מלשון עקב, שמזיזה אותו ממקומו. והמאירי מפרש עוקבת כמו עוקפת, ומסביר שההלכה מזיזה את משמעות המקרא ממובנה הפשוט ומביאה לידי פירוש אחר. ובערוך פירש עוקבת כמו "ויעקבני" (בראשית כז, לו), ונראה שעיקר פירוש הדבר כמו שפירש המאירי. וראה גם בגרסות.

התורה אמרה בתער וכו׳ רש״י ושאר המפרשים התקשו בכך, שהרי ההלכה האוסרת בכל דבר אינה אלא מוסיפה איסור (וכאמור להלן). ולא שייך כאן הלשון "עוקבת"! ורש״י מתרץ שכיון שמלקים את הנזיר העבריין גם אם גילח שלא בתער הרי זו עקיבת המקרא, שהרי מלקים אותו שלא כדין. וראה בחידושי בתרא ועוד, שהעירו שמצאנו מקרים רבים שבהם תקנו חכמים מלקות מדבריהם, ולא חששו לעקיבת המקרא. ומשום כך מובן משום מה מעדיף רש״י את הנוסח בתלמוד הירושלמי האומר שההלכה העוקבת השלישית היא מה שאמור ברציעת עבד עברי שנאמר בו "במרצע", והלכה אמרה בכל דבר.

ליחשוב נמי האי ראה בתוס׳ (ד״ה ואם) שאמרו בפשטות שר׳ ישמעאל סבור כבית שמאי שאפר לא נקרא עפר. ובתוהרא״ש (המובאים בשטמ״ק) כותב בפשטות להיפך, שמכאן מוכח שר׳ ישמעאל סבור כבית הלל, ואת עצם דברי בית הלל הוא רואה כהלכה עוקבת מקרא שהרי לבית שמאי באמת אין מכסים אלא בעפר בלבד.

תנא ושייר ראה במה שהקשו בתוס׳ (ד״ה תנא) שלכאורה כיון שיש כאן מנין ("בשלושה מקומות") כיצד אפשר לומר תנא ושייר! ועיקר תירוצם שגם במקום שנאמר מספר אין מדקדקים בכך אלא אם כן יש באותה הלכה הדגשה מיוחדת שמדובר במספר זה דווקא (וראה במאירי שכתב: במקומות רבים הלכה עוקבת מקרא). ויש שהקשו ממסכת מכות ששם יש מנין מפורש ואין מקבלים את התירוץ "תנא ושייר" בגלל המנין, אבל תירצו בתו״ש ובתוהרא״ש שגם שם יש סיבה מיוחדת לדבר כי שם מנסה החכם למצוא לאווים מרובים ככל האפשר ובודאי לא שייר.

עוקבת מדרבנן היא רבים דקדקו על לשון זו: הרי עקיבת המקרא כאן במצורע היא על פי מדרש חכמים בשלוש עשרה מידות! ויש שאמרו שמכאן ראיה לדברי הכ״מ ואחרים שאמרו שאף הרמב״ם הקורא לדברים מסויימים "דברי סופרים" מתכוון לדברים הנלמדים בשלוש עשרה מידות ומתאימה הלשון "מדרבנן". וראה בר״צ חיות שרצה לשנות כאן את הגירסה ולגרוס: עוקבת מדרש (ויש לכך כעין ראיה מדברי המאירי ובכת״י). וראה גם ברד״ל ועוד. ובשפת אמת כתב שאפשר לומר שרב נחמן בר יצחק סבור שגילוח כל השיער כדלעת אינו מדין תורה אלא מדברי סופרים הוא, ואם לא עשה כן — יצא, ואם כן מתפרש בפשטות שהלכה זו עוקבת רק מדרבנן ולא כעקירת דבר מדברי התורה.

אורח ההלכה

בעפר והלכה בכל דבר אף שאמרה תורה שיש לכסות דם שחיטה בעפר, מכסים הדם בין בעפר (ובכלל זה כל דבר שזרעים הנזרעים בו גדלים) ובין בדבר הקרוי עפר (כגון שחיקת זהב, שקרוי עפר), וכן אפר מדבר השרוף נקרא עפר. (רמב״ם ספר קדושה הלכות שחיטה פי״ד הי״א-י״ג. שו״ע יו״ד כח, כג).

בתער והלכה בכל דבר נזיר שגילח שערה אחת מראשו בין בתער בין במספריים לוקה. (רמב״ם ספר הפלאה הלכות נזירות פ״ה הי״א).

ספר והלכה בכל דבר מותר לכתוב גט לא רק על מגילת קלף ("ספר") אלא על כל דבר תלוש שאפשר לכתוב עליו. (רמב״ם ספר נשים הלכות גירושין פ״ד ה״ב-ג. שו״ע אה״ע קכד, א-ב).

מגלח כדלעת לאחר שנטהר המצורע על ידי שילוח הציפרים מגלח הכהן את כל שערו כדלעת, שמגלח כל שערו הנראה אפילו שיער הערוה ובית השחי, וכל שאר שיער שעל גופו. (רמב״ם ספר טהרה הלכות טומאת צרעת פי״א ה״א).

תגלחת שניה כתגלחת ראשונה שבעה ימים לאחר תגלחת ראשונה מגלחו הכהן פעם שניה כמו התגלחת הראשונה. (רמב״ם שם ה״ב).

תורה אור

שילה נוב וגבעון ובית עולמים [א]איסי בן מנחם אומר אינו צריך ומה בטומאה קלה לא חלק הכתוב בטומאת אשת איש חמורה לא כ"ש א"כ מה ת"ל בקרקע המשכן שלא א יביא מתוך קופתו איבעיא להו אין שם עפר מהו שיתן אפר אליבא דבית שמאי לא תיבעי לך דאמרי [ב]לא מצינו אפר שקרוי עפר כי תיבעי לך אליבא דבית הלל דאמרי *מצינו אפר שקרוי עפר מאי אע"ג דאיקרי עפר הכא בקרקע המשכן כתיב או דילמא האי בקרקע המשכן לכדאיסי בן יהודה ולכדאיסי בן מנחם הוא דאתי ת"ש [ג]דא"ר יוחנן משום ר' ישמעאל בשלשה מקומות הלכה עוקבת מקרא [ד]התורה אמרה °בעפר (ויקרא יז) והלכה [א]בכל דבר [ה]התורה אמרה °בתער (במדבר ו) והלכה [ב]בכל דבר [ו]התורה אמרה °ספר (דברים כד) והלכה [ג]בכל דבר ואם איתא ליחשוב נמי האי *תנא ושייר ומאי שייר דהאי שייר מצורע דתניא [ז]°והיה ביום השביעי יגלח את (ויקרא יד) כל שערו כלל את ראשו ואת זקנו ואת גבות עיניו פרט ואת כל שערו יגלח חזר וכלל [ח]כלל ופרט וכלל אי אתה דן אלא כעין הפרט מה פרט מפורש מקום כינוס שער ונראה אף כל מקום כינוס שער ונראה מה רבי רבי שיער הרגלים מאי מיעט מיעט דבית השחי ודכוליה גופיה והלכתא [ד]מגלח כדלעת דתנן [ט]*בא לו להקיף את המצורע מעביר תער על כל בשרו וקתני סיפא [י]*וביום השביעי מגלחו [ה]תגלחת שניה כתגלחת ראשונה אמר רב נחמן בר יצחק כי קא חשיב הלכה עוקבת מקרא הא עוקבת מדרבנן היא רב פפא אמר כי קא חשיב הלכה עוקבת ועוקרת הא עוקבת ומוספת היא רב אשי אמר הא מתניתא מני [יא]*רבי ישמעאל היא דדריש כללי ופרטי

כדלעת

רש"י

אינו צריך. לרבות בית העולמים: **ומה טומאה קלה.** ליכנס בטומאת הגוף למקדש שאינה במיתת ב"ד אלא כרת לא חלק הכתוב בין מקדש למשכן שנאמרו בפרשת פרה אדומה שני פסוקים כי את מקדש ה' טמא (כי) את משכן ה' טמא (במדבר יט): **לא כל שכן.** שהושוו מקדש ומשכן לבודקה ולבערה מתוכן: **א"כ מה ת"ל בקרקע שלא יביא מתוך קופתו.** לתוך כלי ויכניס להיכל אלא מקרקעיתו יטול ואם אין שם יביא ויניח שם ואח"כ יטלנו ונתקיים אשר יהיה ונתקיים בקרקע כדדרשינן לעיל ובספרי לא תני הכי להך ברייתא ואומר אני מדרש שני הוא בפנים אחרים: **פלוגתא** דב"ש וב"ה בשחיטת חולין (דף פח:) גבי כיסוי הדם אליבא דב"ה דאמרי אפר קרוי עפר דכתיב (במדבר יט) ולקחו לטמא מעפר שרפת החטאת וב"ש אומרים עפר שריפה נקרא עפר סתמא לא אקרי: **הכא בקרקע המשכן כתיב.** וקרא יתירא הוא דהא אתרבי מאשר יהיה דאין צריך לאופרו משם הילכך למעוטי אפר אתא ולמידרש דבעינן דומיא דקרקע המשכן: **עוקבת.** מקפחת את עקבו מעמדו ועוקרת בג' מקומות הלכה למשה מסיני באה ועוקרת את הפסוק: **התורה אמרה בעפר.** לענין כסוי הדם ולא הכשיר דבר אחר: **והלכה בכל דבר.** המגדל צמחים כגון (הגיר) והזרניך והסיד וחרסית ולבינה שכתשה: **התורה אמרה ספר.** לענין גט כריתות: **והלכה בכל דבר.** שכתבו עליו *על עלה של זית על הנייר ועל הלוח: (א)**התורה אמרה תער.** לא יעבור על ראשו בנזיר: **והלכה בכל דבר.** דתנן (נזיר דף לט.) נזיר שגילח בין בזוג בין בתער או שספסף כל שהוא חייב וא"ת אין זו עקירה אלא תוספת איברא עקירה היא שמלקין אותו על כך ואסור להכות את ישראל בחנם שהרי אמרה תורה (דברים כה) לא יוסיף פן יוסיף ואע"ג דכולהו קראי דרשי' בשחיטת חולין (דף פח:) ובגיטין (דף כא:) ובנזיר (דף לט:) לר' ישמעאל לא משמע ליה קראי דוכתב לה דמרבינן מיניה לרבות כל דבר דריש ליה בכתיבה מתגרשת ואינה מתגרשת בכסף כדדרשינן לה התם וכן כולן אלא אהלכה למשה מסיני סמכינן וקראי אסמכתא בעלמא הוא הילכך שאר מדרשים ריבויין דכל התורה כולה לא חשיב להו ר' ישמעאל כהלכה עוקבת מקרא אלא הני תלת ובמסכת קידושין ירושלמי מצאתי משנה זו דר' ישמעאל ואין תער מן השלשה אלא מרצע והכי תניא התם התורה אמרה ספר והלכה בכל דבר התלוש התורה אמרה עפר והלכה בכל דבר המגדל צמחים התורה אמרה מרצע והלכה אמרה אפי' סול וסירה והוא נראה בעיני מאד דהך דתער תוספת הוא: **ואם איתא.** דאפר נמי כשר ליחשב נמי דבהא הלכה עוקבת מקרא דהתורה אמרה עפר והלכה אמרה אף אפר וממשמעותיה לא משמע לן דהא לרבי ישמעאל *עפר לאו ממשמעותיה ממש נפקא ליה לענין כיסוי הדם: **תנא ושייר.** לא חשבינהו לכולהו מקומות: **שייר מצורע.** בתגלחת שניה שהוא צריך שני תגלחות דכתיב וכבס המטהר את בגדיו וגו' והיה ביום השביעי יגלח את כל שערו וגו' בתגלחת ראשונה לא כתב כלל ופרט אלא את כל שערו סתם דמשמע כל גופו זרועותיו ושוקיו ובית השחי שיהא כל גופו חלק כדלעת ובתגלחת שניה כתוב בכלל ופרט דמשמע מקום כינוס שיער שיהא שם קיבוץ שיער הרבה למעוטי זרועותיו ושוקיו שאינו מכונס ונראה למעוטי בית השחי: **שיער הרגלים.** דאותו מקום ולישנא מעלייתא נקט: **והלכה מגלח כולו כדלעת.** אף בתגלחת שניה קתני דמגלח כל גופו: **כדתנן.** במסכת נגעים (פי"ד מ"ב): **להקיף.** לגלחו כולו לשון לא תקיפו פאת ראשכם (ויקרא יט): **מעביר תער על כל בשרו.** ובתגלחת ראשונה קאי: ה"ג **וקתני סיפא וביום השביעי מגלחו תגלחת שניה כתגלחת ראשונה** ולא גרסינן יגלחנו שתהא תגלחת וכו' דלאו אקרא קאי אלא לשון המשנה ומגלחו תגלחת שניה כתגלחת ראשונה תנן בה אלמא שניה נמי כדלעת דהא תנא ליה בתגלחת ראשונה מעביר תער על כל בשרו: **אמר רב נחמן בר יצחק.** מצורע לא שיורא הוא דכי קא חשיב הלכה עוקבת מקרא כגון ספר תער עפר דכתיב בהדיא והלכה עוקבת(ב) מוספת על המקרא: **רב אשי אמר הא מתניתא.** דקתני מקום כינוס שיער ונראה: **דדריש.** כל התורה כולה בכלל ופרט כדאמרינן בשבועות בפ"ג (דף כו.) רבי ישמעאל שימש את רבי נחוניא בן הקנה שהיה דורש את כל התורה בכללי ופרטי ור"ע שימש את נחום איש גם זו שהיה דורש כל התורה בריבויי ומיעוטי וכבר פירשתי כל משמעות כלל ופרט וריבוי ומיעוט וחילוקן במס' סוכה בפ' החליל (דף נ:*):

תוספות

לרבות נוב וגבעון שילה ובית עולמים. רש"י גורס להביא קרקע בית עולמים ושיבש הגירסא שילה נוב וגבעון משום דנוב וגבעון אין משקין בהן סוטות משום דהויא מנחת יחיד שאין קבוע לה זמן ותימה שישבש משום קושיא זו דילמא קסבר איסי בן יהודה כרבי יהודה דאמר בפרק בתרא דשחיטת קדשים (זבחים ד' קיז.) כל שהצבור והיחיד מקריבין באהל מועד שבמדבר מקריבין באהל מועד שבגלגל ואין חילוק ביחיד אלא במתו שבראש גגו והשתא הוצרך לרבות נוב וגבעון משום דבמה הוו: **ובית העולמים.** מקשינן אמאי איצטריך לרבות בית העולמים והאמר בפ"ב דשבועות (דף טז:) דמשכן אקרי מקדש ומקדש אקרי משכן ואי לא הוה כתיב אלא (כי) את משכן ה' טמא הוה נמי מקדש בכלל הכא נמי נימא הכי ובריש מסכת עירובין (דף ב.) דנפקא לן שלמים ששחטן קודם שיפתחו דלתות ההיכל פסולים במקדש משום דמקדש אקרי משכן ואע"ג דושחטו פתח אהל מועד במשכן כתיב ולפי גירסת הספר הזה אתי שפיר דהוי מצי למימר עיקר ריבויא לא הוה צריך אלא משום נוב וגבעון ובית עולמים נקט אגב שיטפיה אבל ר"י פירש האי דאיצטריך הכא לרבות בית עולמים משום דכתיב קרקע משמע היכא דאיכא קרקע לאפוקי בית העולמים דהואי ריצפה ולא מסתברא משום דמריבויא דקרקע מרבינן בית העולמים דאי לא הוה כתיב קרקע לא הוה בית העולמים בכלל ולפירושו לא הוה צריך למיכתב קרקע כלל ועוד קשיא מפ' טרף בקלפי (יומא דף מד.) דמייתי ברייתא וכל אדם לא יהיה באהל מועד אין לי אלא אהל מועד שבמדבר שילה ובית העולמים מנין אלמא דשילה לא הוה בכלל אהל מועד וכן בית העולמים ובפ"ק דעירובין (דף ב.) אמר דבית העולמים הוה בכלל אהל מועד ושחטו פתח אהל מועד הואיל ומקדש איקרי משכן וכן בפרק הוציאו לו (יומא דף נג.) רב ששת אמר אין לי אלא אהל מועד שבמדבר שילה ובית עולמים מנין ת"ל וכסה(א): **ואם איתא ליחשב נמי הא.** תימה היכי מצי למיפשט מדר' ישמעאל והא סבירא ליה כבית שמאי דאפר לא איקרי עפר ואליבא דבית שמאי לא קמיבעי' ליה אלא אליביה דב"ה א"כ ה"נ אפר בכלל משמעותא דעפר משום דהכא בקרקע כתיב: **תנא ושייר.** ואי קשיא היכי מצי למימר תנא ושייר והא שלשה קתני ואמר בפ"ק דקידושין (דף טז:) גבי הענקה וכי תימא הכא נמי תנא ושייר והא ארבעה קתני ונראה דהתם דוקא כיון דנחת למניינא דוקא הוא משום דקתני בסיפא ואי אתה יכול לומר ארבעה באחד מהן כו' ואם איתא דמיתת האב נמי מוציאה היה יכול לומר ארבעה באשה(ג):

מאי

א) [וע"ע תוס' חולין כז. ד"ה יכול] ב) [וע"ע תוס' מנחות יח: ד"ה מניין ותוס' קידושין עז: ד"ה והא ותוס' יבמות ג: ד"ה למעוטי ותוס' כתובות נא: ד"ה חמשה ותוס' גיטין כ: ד"ה אין מוליאין ותוס' ב"ק לה. ד"ה חמשה ועוד שם: ד"ה שלשה]

תוספות שאנץ

ה"ג רש"י ז"ל [ולא גרס] לרבות נוב וגבעון ושילה ובית עולמים משום דשילה משכן הוא ולא צריך לריבויי דהא עיקר הכתוב ביה כתיב ונוב וגבעון אין משקין בהן את הסוטות דהא במת יחיד היא. ולא היה שם ארון אלא מזבח הנחשת לבדו ולא קרבה בהן מנחת סוטה ולא שום חובת יחיד שאין לה זמן קבוע כדאמרי' בשחיט' קדשים ובמסכת מגילה אבל בית עולמים הוצרך לרבות שלא תאמר משכן נאמר ולא מקדש ל"ה. אינו צריך לרבות בית עולמים ומה בטומאה קלה שהיא ליכנס בטומאת הגוף במקדש שאינה מיתת ב"ד אלא כרת לא חלק הכתוב בין משכן למקדש שנ' בפרשה פרה אדומה [שני פסוקים] את (מקדש) [משכן] ה' טמא. וכתיב את מקדש ה' טמא לא כ"ש שהושוו מקדש למשכן לבודקה ולבערה מתוכן ל"ה. אליבא דב"ש לא תיבעי לך דאמרי לא מצינו אפר שקרוי עפר פלוגתייהו גבי כיסוי הדם. ואומר ר"ת דהא דקאמר ב"ש דאפר לא הוי עפר היינו באפר של אוכלין כגון אפר פרה אבל אפר דעצים מודו דהוי עפר ומכסין בו. ומ"ה כתב ר"ת הכי משום דק"ל הא דקאמר פ"ק [דביצה] גבי פלוגתא דב"ש וב"ה הכל מודים בדקר נעוץ מבעוד יום ובאפר כירה שהוא מן המוכן פי' ומותר לכסות בו. ומ"ה פי' דאפר לא הוי [עפר] דקאמר ב"ש. י"ל דמיירי באפר של אוכלין והכי נמי לענין סוטה מיבעיא ליה באפר של אוכלין. ולפי פי' רש"י דפי' התם דהא דקאמר מודים לא קאי אלא אדקר נעוץ ולא אאפר כירה דאפי' באפר כירה פליגי ב"ש ואמרי שאין מכסין בו ולפי זה אתי שפיר הכא דמיבעי ליה לענין סוטה בכל מיני אפר: בג' מקומות התורה עוקבת את המקרא פ"ה עוקבת מקפחת את עקבו והעמדתו ועוקרתו אישטלוני"ר בלע"ז: התורה אמרה בעפר לענין כיסוי ולא הכשר דבר אחר והלכה בכל דבר המגדל צמחים הגיר והגור וסיד וחרם ולבינה שנכתשה. התורה אמרה ספר לענין כריתות ולא ד"א והלכה בכל דבר שאפי' כתבו על העלה של זית ועל הנייר ועל הלוח כשר. התורה אמרה תער לא יעבור על ראשו והלכה בכל דבר כדתניא נזיר שגילח בין בזוג בין בתער או שספסף כל שהוא חייב. וכל הני ג' מקומות הוי עוקרת ועוקבת והקשה בקונטרס גבי נזיר אין זה עקירה איברא עקירה היא שמלקין אותו על כך ואסור להכות ישראל על חנם שהרי אמרה תורה לא יוסיף פן יוסיף. וא"ת מאי קאמר עוקבת אנן דרשי' להו כולהו בכלל ופרט דבכולהו איכא ריבוי דקראי בגיטין ובנזיר ובכסוי הדם ומאי קאמר עוקבת הא מקראי נפקי' להו. וי"ל דסבירא ליה לר' ישמעאל דכולהו הני ריבויין איצטריכו להו כדמפרש התם קרא דוכתב דמרבי' מיניה לרבות כל דבר איצטריכא ליה למדרש בכתיבה מתגרשת ואינה מתגרשת בכסף וכן כולן. אלא הל"מ הם וקרא אסמכתא בעלמא הילכך שאר מדרשים ריבויין דכל התורה כולה לא חשיב להו ר' ישמעאל בהלכה עוקבת מקרא כי אם אלו הג' כפ"ה ופי' באורך. ועוד פ"ה דבירושלמי דמסכת קידושין מייתי משנה דר' ישמעאל ואין תער מן הג' אלא מרצע דהכי תניא התם התורה אמרה מרצע והלכה אפי' סיל וסירה ומקדח ומכתב ופי' נראית בעיני הדך דתער תוספת היא ל"ה: תנא ושייר וא"ת אמאי לא פריך והא בג' קתני כדפריך בפ"ק דקידושין גבי ד' מעניקין להם ג' באיש וג' באשה ואי אתה יכול לומר ד' באחד מהם ופרי' וניתני נמי מיתת האב וכי תימא תנא ושייר והא ד' קתני וה"נ הוה ליה למפרך הכא. וי"ל דהתם היינו טעמא משום דקת' ואי אתה יכול לומר ד' באחד מהם מ"ה פריך ליה והא ד' קתני אבל הכא לא שייך למימר הכי והא דפריך במכות תנא ח' לאוין קתני ואת אמרת תנא ושייר ה"נ הוה ליה למפרך הכא היינו משום דנחית למניינא לאפושי לאוין:

מביא

עין משפט נר מצוה

כו א מיי' פי"ד מהל' שחיטה הל"א סמג עשין סד טוש"ע יו"ד סי' כח סעי' כג:

כז ב מיי' פ"ה מהל' נזירות הל"א:

כח ג מיי' פ"ד מהל' גירושין הל' ג ג סמג עשין נ טוש"ע אה"ע סי' קכד סעי' א ב:

כט ד מיי' פי"א מהל' טומאת צרעת הל"א סמג עשין רלו רלז:

ל ה מיי' שם הל"ב:

מסורת הש"ס

[חולין פח:]

[סוכה נ. וש"נ]

[גיטין יט.]

נגעים פי"ד מ"ב ע"ש

[שם משנה ג]

[שבועות כו.]

גי' רש"א אפר ע"ש

ד"ה והכא במילף וכו'

הגהות הב"ח

(א) רש"י ד"ה התורה אמרה תער נ"ל קודם ד"ה התורה אמרה ספר: (ב) ד"ה אר"נ ב"י וכו' והלכה עוקבת הס"ד ואח"כ מ"ה הא עוקבת מוספת:

תורה אור

כדלעת מני א*ר"ע היא דדריש ריבויי ומיעוטי דתניא °והיה ביום השביעי יגלח את כל שערו (ויקרא יד) ריבה את ראשו ואת זקנו ואת גבות עיניו מיעט ואת כל שערו יגלח חזר וריבה ריבה ומיעט וריבה ריבה הכל מאי ריבה ריבה דכוליה גופיה ומאי מיעט אמיעט שיער שבתוך החוטם מאי הוי עלה ת"ש דאמר רב הונא בר אשי אמר רב אין שם עפר במביא רקבובית ירק ומקדש גולא היא רקבובית ירק הוא דהואי עפר
א אפר לא הואי עפר: כדי שיראה על המים: תנו רבנן ב*שלשה צריכין שיראו דעפר סוטה האפר פרה גורוק יבמה משום רבי ישמעאל אמרו אף דם צפור מאי טעמא דרבי ישמעאל דכתיב °וטבל אותם בדם הצפור וגו' (שם) ותניא דבדם יכול בדם ולא במים ת"ל(א) במים אי מים יכול במים ולא בדם ת"ל בדם הא כיצד ומביא מים שדם ציפור ניכר בהן הוכמה רביעית ורבנן ההוא לגופיה דהכי קאמר רחמנא אטביל בדם ובמים ורבי ישמעאל אם כן לכתוב רחמנא וטבל בהם בדם ובמים למה לי לניכר ורבנן אי כתב רחמנא וטבל בהם הוה אמינא יהאי לחודיה והאי לחודיה כתב רחמנא בדם ובמים לערבן ור' ישמעאל לערבן קרא אחרינא כתיב °ושחט את הצפור (שם) האחת וגו' ורבנן אי מההוא הוה אמינא לישחטיה סמוך למנא ונינקטינהו לוורידין ולקבליה לדם במנא אחרינא קמ"ל בעא מיניה ר' ירמיה מר' זירא גדולה ומדחת את המים קטנה ונדחית מפני המים מהו א"ל ז*לאו אמינא לך לא תפיק נפשך לבר מהילכתא בצפור דרור שיערו רבנן אין לך גדולה שמדחת את המים ואין לך קטנה
ב שנדחית מפני המים ת"ר ח* חהקדים עפר למים פסול ור' שמעון מכשיר מ"ט דרבי שמעון דכתיב °ולקחו לטמא מעפר שריפת החטאת (במדבר יט) ותניא אמר ר"ש טוכי עפר הוא והלא אפר הוא שינה הכתוב במשמעו לדון הימנו גזירה שוה נאמר כאן עפר ונאמר להלן עפר מה להלן עפר על גבי מים אף כאן עפר על גבי מים ומה כאן הקדים עפר למים כשר אף להלן הקדים עפר למים כשר והתם מנלן יתרי קראי כתיבי כתיב עליו אלמא אפר ברישא וכתיב מים חיים אל כלי אלמא מים ברישא הא כיצד רצה זה נותן רצה זה נותן °ורבנן אל כלי טדוקא עליו ילערבן ואימא עליו דוקא אל כלי יאשתהא *חיותן בכלי מה מצינו בכל מקום מכשיר למעלה אף כאן מכשיר למעלה: [חולין כז:]
מתני'

מאי סוס עלה. תימה מאי קא בעי כיון דלאו שיורא הוה אם כן תפשוט וי"ל דלא איתברר להו האי דשיירא אי משום טעמא כדפרי' ולאו שיורא הוא אי משום דתנא נסת לשיורא: **מביא** מים שדם צפור ניכר בהם וכמה רביעית ורבנן ההוא לגופיה. קשיא לרבי הכא אמר דרבנן פליגי עלה ובפ' ג' מינין (נזיר דף לח.) קא חשיב ליה בהדי עשר רביעיות מחמת חיוריתא וקא פריך התם ותו ליכא והא איכא ומייתי מתניתין דהכא היה מביא פיילי של חרס וכו' ומשני בפלוגתא לא קא מיירי והא דמצורע נמי פלוגתא היא וקא חשיב ליה ונראה דהא פלוגתא דהכא לא דמיא לפלוגתא דמייתי התם כגון נוטלין לידים לאחד ואפילו לשנים ור' יוסי דפליג התם בפ"ק דמסכת ידים (מ"א) ואמר לא סגי ליה לשנים ברביעית דבעי לאחרון נמי רביעית וכן במתניתין היה מביא פיילי של חרס דת"ק דרבי יהודה לא סגי ליה ברביעית וכן גבי ביטול מי רגלים דקאמר תנא קמא כל שהוא אבל הכא רבנן מודו בפחות מרביעית לא אפשר ואי בעי סגי ברביעית מיהו לכתחילה מביא חצי לוג כדתנן בריש פרק י"ד דמסכת נגעים כילד מטהרין את המצורע היה מביא פיילי של חרס חדשה ונותן לתוכה *חצי לוג מים חיים והא דתנן בפ' שתי מדות (מנחות דף פח.) רביעית מה היתה משמשת *רביעית מים למצורע ר' ישמעאל היא: **מביא** מים שדם ניכר בהם וכמה רביעית. וא"ת וכי אינו ניכר ביותר מרביעית והא תנן בפ"ז דמסכת מקואות (מ"ה) ומייתי לה בגמרא בכמה דוכתי בשילהי פ"ק דשחיטת חולין (דף כו.) ובפ"ק דמכות (דף ג:) ג' לוגין מים שנפל לתוכן קורטוב יין ומראיהן כמראה יין אלמא דאפילו יין ניכר בג' לוגין וכ"ש דם דסומק טפי וי"ל ניכר דקאמר ממשותו של דם ולאו בשינוי מראה דעלמא (מ"ר) והשתא לא תיקשה מה שהיה תמיה רבי נמי מהא דקאמרינן בהקומץ רבה (מנחות דף כג.) ובפרק גיד הנשה (חולין דף לח:) לרבי יהודה דיליף למין במינו דאינו בטל ממאי דכתיב ולקח מדם הפר ומדם השעיר הדבר ידוע שדמו של פר מרובה משל שעיר אלמא דמין במינו לא בטיל ורבנן אמרי עולין אין מבטלין זה את זה והא הכא דהוה מין שלא במינו והדבר ידוע שהמים מרובין על הדם ואפילו הכי כתיב בדם וי"ל כיון דממשותו ניכר הרי הוא בעין: **קטנה** ונדחית מפני המים מהו. תימה אליבא דמאן קא מיבעיא לה אי לרבי ישמעאל פשיטא דפסול דהא בעי שיהא דם צפור ניכר אי לרבנן הא לא קפדי אהיכר מים ונראה דהא בעיא לא לשון ספיקא אלא שהיה תמיה על דברי ר' ישמעאל דאמר רביעית לעולם דם צפור ניכר בהן והא פעמים שאינו ניכר שהמים מדחין אותו כגון קטנה ופעמים שאין המים ניכרין כגון גדולה והיכי קים לרבנן לשעוריה בצפור שיהא דמה ניכר לעולם ברביעית דומיא דפ"ק דר"ה (דף יג.) דאמר ליה רבי ירמיה לרבי זירא מי קים להו לרבנן בין שליש לפחות משליש אמר ליה לאו אמינא לך לא תפיק נפשך לבר מהלכתא וכו': **שינה** הכתוב במשמעו. תימה לרבי וכי שינוי הוא שנקרא אפר עפר והכתיב (מלכים ב כג) וישרוף אותה בנחל קדרון וידק לעפר וכן ואכות אותו טחון היטב עד אשר דק לעפר (דברים ט) וי"ל אותן שלא נעשית אפר ע"י שריפה אלא כתישה נקראין עפר אבל פרה עיקר מצות שריפתה לאפר אע"פ שאם היו שם אודין היו כותשין אותם כדאיתא בספרי וכדתנן בפ"ג דפרה נשרפה חובטין אותה במקלות משום אודין שלא נעשו אפר מיהו עיקר מצות שריפתה לאפר הוא: **שינה** הכתוב במשמעו. תימה וכי מפני כך שינה והאמר בפרק כיסוי הדם (חולין דף פח:) דלכך שינה אליבא דב"ה ללמד שאפר נקרא עפר וי"ל תרתי שמע מינה:

כדלעת מני. הא דקתני מגלחו תגלחת שניה כראשונה רבי עקיבא היא: **מאי הוי עלה.** דבעיין דלעיל אם אין שם עפר מהו שיתן שם אפר: ה"ג **מביא רקבובית ירק ומקדש רקבובית ירק הוא דהוי עפר וכו'** ולא גרס ולא היא: **ומקדש.** נותנו *במקום והמקום מקדשו וחוזרו ונוטלו ונותנו למים: **עפר סוטה.** דכתיב (במדבר ה) אל המים שיראה עליהן מדלא כתיב(ב) במים: **ורוק יבמה.** לעיני הזקנים דכתיב לעיני הזקנים וחלצה וירקה (דברים כה):(ג) **ואפר פרה.** דגזירה שוה גמירי מהדדי עפר סוטה ואפר פרה כדלקמן: **אף דם צפור.** של מצורע ששוחטו אל כלי חרס על מים חיים וצריך שלא יתן מים אלא כשיעור שיהא דם צפור ניכר בהן: **ת"ל מים.** גרס ולא גרס במים דהא על המים החיים כתיב בקרא: **וכמה הן רביעית.** כדמפרש לקמן: **בצפור דרור.** שיערו חכמים שאין במינה גדולה שמדחה את המים ולא קטנה שנדחת מפני המים שהן רביעית: **אטביל בדם ובמים.** ואפי' אין ניכר: **קרא אחרינא כתיב.** ששוחט לתוך המים והרי הן מעורבין מעיקרא: **ולינקטינהו לוורידים.** יאחוז בין אצבעותיו שלא יצא מהן דם: **גדולה ומדחת את המים.** שאין מים ניכר מפני רוב הדם: **לא תפיק נפשך לבר מהילכתא.** כל דברי חכמים שנקבעו אל תהרהר אחריהן: **הקדים עפר למים בסוטה פסול.** כדכתיב ונתן אל המים אלמא מים ברישא וכתיב ועשה לה הכהן את כל התורה הזאת דבעינן כסדר הכתוב בפרשה: **מה להלן.** בסוטה מצותו לכתחילה עפר אל המים כדכתיב בה אף כאן בפרה עפר אל המים מצותו כן לכתחילה ולא תימא ונתן עליו דוקא דמשמע עפר לכתחילה: **ומה כאן.** בפרה הקדים עפר למים כשר כדמפרש ואזיל: **והתם מנלן.** גבי פרה דאם הקדים עפר למים כשר: **מים חיים אל כלי.** משמע מים לצד הכלי ולא עפר חוצץ בינתיים: **ורבנן.** דאמרי לעיל בסוטה הקדים עפר למים פסול אמרי לך בפרה נמי פסול דאל כלי דוקא דמשמע מים ברישא והא דכתיב ונתן עליו מים לערבן לאחר שנתן אפר אל המים צריך להפך המים עליו ולערבן: ה"ג **ואימא עליו דוקא אל כלי שתהא חיותן בכלי.** ואימא עליו דוקא שיהא עפר תחילה והא דכתיב מים חיים אל כלי לאו למימרא שיהו המים לצד הכלי אלא למימר שיהא חיותן בכלי שלא יטול מן המעיין בכלי אחר ויתן לתוך זה אלא בכלי זה ישאבם מן המעיין: **מה מצינו בכל מקום.** בסוטה: **מכשיר למעלה.** עפר הוא המכשיר את המים לבדוק אותה וכן דם צפור של מצורע שמכשיר את המים להזאה. אף כאן עפר מכשיר את המים: מתני'

עין משפט נר מצוה

לא א מיי' פי"א מהל' טומאת צרעת הל"א סמג עשין רלו רלז:

לב ב ג מיי' פ"ד מהל' סוטה הלי"ב:

לג ד מיי' שם פ"ג הלי"י:

לד ה מיי' פ"ט מהל' פרה אדומה הל"א סמג עשין רלג:

לה ו מיי' פ"ד מהל' יבום וחליצה הל' ז סמג עשין נב טוש"ע אה"ע סי' קסט סעי' לח ובסדר חליצה סעי' נג ובפירוש סדר חליצה סעי' עו עז עח:

לו ז מיי' פי"א מהל' טומאת צרעת הל"א סמג עשין רלו רלז:

לז ח מיי' פ"ד מהל' סוטה הלי"ב:

לח ט י מיי' פ"ט מהל' פרה אדומה הל"א סמג עשין רלג:

[ועי' בר"ש דאיכא דגרסי הכי במשנה שם אכן לפנינו איתא רביעית ועי' תוס' מנחות פח. ד"ה רביעית]

*רביעית מים למצורע פי' היה מביא מים שדם צפור ניכר בהם וכמה רביעית אתי כר' ישמעאל וא"ת כו' וי"ל כו' והד"א. מהרש"ל

תוספות שאנץ

מביא רקבובית ירק ומקדש (דקטנית) [רקבובית] ירק הוא דהוי עפר כו'. ולא גרם ולא היא כפ"ה. נראה הטעם משום דקא בעי מאי הוי עלה ומייתי עלה ת"ש משמע שבא להוכיח האמת מיהו דבכך אין למוחקו דמצינו בכמה מקומות דבעי מאי הוי עלה ומדחי ליה ולא פשיטא ולא מידי: מים שדם צפור ניכר בהם וכמה רביעית. מכאן נראה דל"ג במשניות דמס' נגעים חצי לוג. דקאמר כיצד מטהרין את המצורע מביא פיילי של חרס חדשה ונותן לתוכה חצי לוג של מים חיים ול"ג חצי לוג דהכא משמע דלא בעי אלא רביעית. וי"ל דשפיר גרסי' ליה התם חצי לוג ונעמיד כרבנן כר' ישמעאל דהכא דס"ל דבעי בסוטה חצי לוג וילפי' מצורע מסוטה מג"ש דכלי כלי. ולא נראה דבמנחות פ' ב' מדות סתם לן תנא א) דר' יהודה דאמר רבי' של מצורע דקאמר כתיב חצי לוג לסוטה ורבי' למצורע אלמא משמע דלא ילפי' להו מהדדי וכן משמע בנזיר פ' ג' מינין דקא חשיב עשר רביעיות הן וקחשיב רביעית דמצורע ופרי' התם והאיכא נמי רבי' דסוטה ומשני בפלוגתא לא קא מיירי אלמא משמע דליכא מאן דפליג גבי רבי' דמצורע מדקא חשיב ליה מן העשר רביעיות ולא ילפי' מצורע מסוטה על כן ל"ג במשניות חצי לוג כדפרישי': וכי עפר היא והלא אפר היא. אע"ג דאמרי' בפ' כסוי הדם דנפקא להו לב"ה מהכא שמכסין באפר משום דאפר איקרי עפר ולא אמרי' דשינה לר"ש דהכא מ"מ לא משני הקרא לקרות אפר עפר ואין הלשון משמע כן. מה מצינו בכל מקום מכשיר למעלה בתורה עפר הוא המכשיר את

א) נראה דל"ל שהם לן תנא כת"ק דר"י דקאמר התם חצי לוג מים לסוטה ואעפ"כ תני התם רביעית למצורע אלמא וכו'.

מסורת הש"ס

במקום פי' במשכן. רש"ל

[שבועות טו.]

[תוספתא פ"א ע"ש]

[ר"ה יג.]

תמורה יב: ע"ש [תוספתא דפרה פ"ה]

הגהות הב"ח

(א) גמ' ת"ל מים כצ"ל ואות ב' נמחק: (ב) רש"י ד"ה עפר וכו' כתיב ונתן במים: (ג) ד"ה ואפר נ"ל קודם ד"ה ורוק:

גליון הש"ס

גמ' ורבנן אל כלי וכו'. עיין רש"י פסחים ד' לה ע"א ד"ה מעלה וצ"ע: **תוד"ה** מביא וכו' דממשותו ניכר. תמוה לי הא לרבנן לא בעי היכר דם. ונהי דדרשא וטבל בדם צריך לגופה מ"מ הא הדם בטל ולא מתקיים בדם וכן לר"י נפיק רק מיתורא והא בלא"ה צריך ממשות ניכר שלא יתבטל. ובעיקר קושיתם י"ל דהא דם במים הוי אינו מינו ובבליר מס' עדיין שם דם עליו דהאוכלו חייב משום דם. ורק בדם הפר דהוי מין במינו דדין ביטולו ברוב כיון דטעמן שוה: **ד"ה** קטנה כו'. אהיכר מים. אהיכר דם כצ"ל:

והמשנה האומרת שמגלח כִּדְלַעַת, מַנִּי [שיטת מי היא] — שיטת ר׳ עֲקִיבָא הִיא, דְּדָרֵישׁ [שהוא דורש] את התורה לפי השיטה של רִיבּוּיֵי וּמִיעוּטֵי [ריבויים ומיעוטים]. דְּתַנְיָא [שכן שנינו בברייתא] אחרת: מה שנאמר "וְהָיָה בַיּוֹם הַשְּׁבִיעִי יְגַלַּח אֶת כָּל שְׂעָרוֹ" (ויקרא יד, ט) הרי ביטוי זה רִיבָּה את כל שערותיו. "אֶת רֹאשׁוֹ וְאֶת זְקָנוֹ וְאֵת גַּבֹּת עֵינָיו" (שם) — מִיעֵט. "וְאֶת כָּל שְׂעָרוֹ יְגַלֵּחַ" (שם) — חָזַר וְרִיבָּה. והכלל בשיטת לימוד זו שרִיבָּה וּמִיעֵט וְרִיבָּה — רִיבָּה הַכֹּל. מַאי [מה] רִיבָּה — רִיבָּה את השיער דְּכוּלֵּיהּ גּוּפֵיהּ [של כל גופו], וּמַאי [ומה] מִיעֵט בכל זאת — מִיעֵט שֵׂיעָר שֶׁבְּתוֹךְ הַחוֹטֶם, שאותו אינו צריך לגלח ואין איפוא להקשות על ר׳ ישמעאל מדברים שהם כשיטת ר׳ עקיבא. ושואלים: בסופו של דבר מַאי הָוֵי עֲלָהּ [מה היה עליה] על שאלה זו ששאלנו בענין אפר במקום עפר לצורך השקאת סוטה? ומציעים: תָּא שְׁמַע [בוא ושמע] פתרון לדבר ממה שאָמַר רַב הוּנָא בַּר אַשִׁי אָמַר רַב: אֵין שָׁם עָפָר — מֵבִיא רַקְבּוּבִית, רקב שנוצר על ידי יָרָק, וּמְקַדֵּשׁ את המים. כלומר, מכשירם לצורך זה. הרי שאין צורך בעפר דווקא. ודוחים: וְלֹא הִיא, אין מכאן ראיה, ומדוע? רַקְבּוּבִית — יָרָק הוּא שכשירה משום דַּהֲוַאי [שנעשית] לבסוף עָפָר, ואילו אֵפֶר לָא הֲוַאי [נעשה] עָפָר, ואין איפוא להביא ראיה מכאן.

א שנינו במשנה: כמה עפר נותן — כְּדֵי שֶׁיֵּרָאֶה עַל הַמַּיִם. תָּנוּ רַבָּנַן [שנו חכמים], שְׁלֹשָׁה צְרִיכִין שֶׁיֵּרָאוּ: עֲפַר סוֹטָה, וְאֵפֶר פָּרָה במי חטאת, וְרוֹק יְבָמָה היורקת לפני הדיינים בזמן שחולצת. מִשּׁוּם (בשם) ר׳ יִשְׁמָעֵאל אָמְרוּ: אַף דַּם צִפּוֹר של מצורע צריך להיראות על פני המים שבכלי. ומבארים: מַאי טַעְמָא [מה הטעם] של ר׳ יִשְׁמָעֵאל — דִּכְתִיב [שנאמר]: "וְטָבַל אֹתָם בְּדַם הַצִּפֹּר" (שם נא), וְתַנְיָא [ושנויה ברייתא]: "בְּדַם", יָכוֹל בְּדַם וְלֹא בְמַיִם כלל — תַּלְמוּד לוֹמַר: "בַּמַּיִם" (שם). אִי [אם] בְּמַיִם, יָכוֹל בְּמַיִם וְלֹא בְדָם — תַּלְמוּד לוֹמַר: "בְּדַם". הָא כֵּיצַד יתקיימו שני הכתובים? מֵבִיא מַיִם בכמות כזו שֶׁדַּם צִיפּוֹר עדיין נִיכָּר בָּהֶן, וְכַמָּה הם — רְבִיעִית הלוג. וְרַבָּנַן [וחכמים] שאינם מצריכים שייראה דם הציפור, כיצד הם מבינים את הכתוב — הם אומרים כי הכתוב הַהוּא נצרך לְגוּפֵיהּ [לגופו], דְּהָכִי קָאָמַר רַחֲמָנָא [שכך אמרה תורה]: אַטְבֵּיל [הטבל] את הציפור בְּדַם וּבְמַיִם יחד. וְר׳ יִשְׁמָעֵאל אומר: אִם כֵּן, שרק לצורך זה בא הכתוב, לִכְתּוֹב רַחֲמָנָא [שתכתוב התורה] "וְטָבַל בָּהֶם", ומה ששנה הכתוב ואמר "בְּדַם הציפור וּבַמַּיִם" לָמָּה לִי — לְלַמֵּד שיהא הדם נִיכָּר. וְרַבָּנַן [וחכמים] מה הם משיבים על כך: אִי כָּתַב רַחֲמָנָא [אילו היתה כותבת התורה] "וְטָבַל בָּהֶם" — הֲוָה אָמִינָא [הייתי אומר]: הַאי לְחוּדֵיהּ וְהַאי לְחוּדֵיהּ [זה לחוד וזה לחוד], לכן כָּתַב רַחֲמָנָא [כתבה תורה] "בְּדַם הציפור וּבַמַּיִם" כדי לחייב לְעָרְבָן יחד. ור׳ יִשְׁמָעֵאל סבור כי על המצוה לְעָרְבָן קְרָא אַחֲרִינָא כְּתִיב [כתוב אחר נאמר] "וְשָׁחַט אֶת הַצִּפֹּר הָאֶחָת אל כלי חרש על מים חיים" (שם נ), הרי שהדם נופל לתוך המים ומעורב בהם. וְרַבָּנַן [וחכמים] אומרים: אִי מֵהַהוּא הֲוָה אָמִינָא [אם מאותו פסוק הייתי אומר]: לִישְׁחֲטֵיהּ [שישחוט] את הציפור סָמוּךְ לְמָנָא [לכלי] שבו המים וְנִינְקְטִינְהוּ [ויאחוז] לְוְורִידִין שלא יצא הדם, וּלְקַבְּלֵיהּ [ויקבלו] לַדָּם בְּמָנָא אַחֲרִינָא [בכלי אחר], ויהיו כלים מיוחדים לדם ולמים, על כן קָא מַשְׁמַע לָן [השמיע לנו] הכתוב שצריך לערבם יחד, וגם לשחוט לתוך הכלי. בְּעָא מִינֵּיהּ [שאל אותו] ר׳ יִרְמְיָה מֵר׳ זֵירָא: היתה ציפור גְּדוֹלָה שלה דם רב וּמַדְחֵת אֶת הַמַּיִם שאין המים ניכרים בדם, או להיפך, ציפור קְטַנָּה וְנִדְחֵית מִפְּנֵי הַמַּיִם שאין הדם ניכר במים, מַהוּ הדין בכגון זה? אָמַר לֵיהּ [לו]: לָאו אָמִינָא לָךְ לָא תַּפֵּיק נַפְשָׁךְ לְבַר מֵהִילְכְתָא [האם לא אמרתי לך אל תוציא את עצמך מחוץ להלכה], כלומר, אל תנסה לערער על תחומי ההלכה, בְּצִפּוֹר דְּרוֹר שִׁיעֲרוּ רַבָּנַן [חכמים], אֵין לְךָ ציפור דרור גְּדוֹלָה כל כך שֶׁמַּדְחֵת אֶת הַמַּיִם, וְאֵין לְךָ קְטַנָּה כל כך שֶׁנִּדְחֵית מִפְּנֵי הַמַּיִם.

ב ועוד לענין עפר סוטה. תָּנוּ רַבָּנַן [שנו חכמים]: הִקְדִּים עָפָר לַמַּיִם — פָּסוּל, וְר׳ שִׁמְעוֹן מַכְשִׁיר. ומבארים: מַאי טַעְמֵיהּ [מה טעמו] של ר׳ שִׁמְעוֹן — דִּכְתִיב [שנאמר]: לענין פרה אדומה "וְלָקְחוּ לַטָּמֵא מֵעֲפַר שְׂרֵפַת הַחַטָּאת ונתן עליו מים חיים אל כלי" (במדבר יט, יז), וְתַנְיָא [ושנויה בברייתא], אָמַר ר׳ שִׁמְעוֹן: וְכִי עָפָר הוּא? וַהֲלֹא אֵפֶר הוּא! אלא שִׁינָּה הַכָּתוּב בְּמַשְׁמָעוֹ ולא נאמר "אפר" במפורש אלא "עפר" לָדוּן הֵימֶנּוּ גְּזֵירָה שָׁוָה; נֶאֱמַר כָּאן בפרה אדומה "עָפָר" וְנֶאֱמַר לְהַלָּן בסוטה "עָפָר", מַה לְהַלָּן בסוטה נותן עָפָר עַל גַּבֵּי מַיִם כלשון הכתוב "ומן העפר... יקח הכהן ונתן אל המים" (שם ה, יז) — אַף כָּאן בפרה אדומה עָפָר (אפר) עַל גַּבֵּי מַיִם. וּמַה כָּאן בפרה אדומה אם הִקְדִּים עָפָר לַמַּיִם — כָּשֵׁר, אַף לְהַלָּן בסוטה הִקְדִּים עָפָר לַמַּיִם — כָּשֵׁר. ושואלים: וְהָתָם מְנָלַן [ושם בפרה אדומה מניין לנו] שאם הקדים עפר למים כשר? ומשיבים: תְּרֵי קְרָאֵי כְּתִיבֵי [שני מקראות כתובים]; כְּתִיב [נאמר]: "ולקחו לטמא מעפר שרפת החטאת ונתן עָלָיו מים חיים" (שם יט, יז), אַלְמָא [מכאן] שהאֵפֶר בְּרֵישָׁא [בתחילה], וּכְתִיב [ונאמר] באותו פסוק: "מַיִם חַיִּים אֶל כֶּלִי", לומר שיהיו המים חיים וצלולים ניתנים לתוך הכלי שעדיין אין כלום בכלי, אַלְמָא [מכאן] שמַיִם בְּרֵישָׁא [בתחילה], הָא [הרי] כֵּיצַד אתה מקיים את שניהם? רָצָה — זֶה נוֹתֵן תחילה, רָצָה — זֶה נוֹתֵן. וְרַבָּנַן [וחכמים] הפוסלים סבורים כי מה שנאמר "אֶל כֶּלִי" — דַּוְקָא הוא, ומה שנאמר "עָלָיו" — הרי זה בא ללמד שמצוה לְעָרְבָן את האפר במים. ושואלים: וְאֵימָא [ואמור] אחרת: "עָלָיו" כוונתו דַּוְקָא שיהא אפר תחילה, ומה שנאמר "אֶל כֶּלִי" — שֶׁתְּהֵא חִיּוּתָן בַּכְּלִי, שהמים יינתנו אל הכלי בעודם חיים, כלומר, במישרין מן המעיין ולא מכלי אחר! ומשיבים: מַה מָּצִינוּ בְּכָל מָקוֹם (כגון בסוטה) שהעפר שהוא מַכְשִׁיר את המים לצורך המצוה נמצא לְמַעְלָה, אַף כָּאן בפרה, האפר הַמַּכְשִׁיר את המים להזאה לְמַעְלָה.

מסורת הש"ס

א. שבועות ד,ב. כו,א. כז,ב. תוספתא שבועות פ"א ז.
ב. ירושלמי סוטה פ"ב ה"ב. תוספתא סוטה פ"א ח. ספרי במדבר ה, ז. במדב"ר פ"ט טו. ילק"ש תורה תקס. שם תשז. וראה ירושלמי פאה פ"א ה"א.
ג. ראה יבמות קו,ב. ספרי דברים כה, ט.
ד. ירושלמי סוטה פ"ב ה"ב. תו"כ יד, ו.
ה. ראה נזיר לח,א.
ו. (הביטוי) סוכה לא,ב. יבמות נב,ב. גיטין כב,א. ב"ב כז,ב. נג,ב. סנהדרין פח,ב. פט,א.
ז. (הביטוי) ר"ה יג,א.
ח. תמורה יב,ב. תוספתא פרה פ"ו ו. ספרי במדבר קכח. ילק"ש תשז. שם תשסג.
ט. תמורה שם. ספרי שם. וראה שם ה, יז.
י. שבת סט,ב. פד,ב. פסחים ד,ב. כה,א. יומא ע,ב. יבמות ח,ב. עד,ב. קדושין כ,ב. זבחים לו,א. מנחות סח,א. פד,ב. חולין קטז,א. תמורה יב,ב.
יא. פסחים לד,ב.

גרסות

כדלעת יש גורסים: **ומגלח כדלעת.**
ולא היא ויש בכת"י ועוד שלא גרסו מלים אלה.
דם צפור ויש בכת"י: **דם צפור של מצורע.**
תלמוד לומר במים בכת"י יש וכן הגיה רש"י והב"ח: **תלמוד לומר מים.**
ומדחת יש בכת"י ועוד: **ומדחה.**
שינה הכתוב ויש גורסים כבמקבילה: **אלא שינה הכתוב.**
רצה זה נותן רצה זה נותן במקבילה: **רצה עפר למעלה רצה עפר למטה.**

העולם

צפור דרור

ציפור דרור (נקבה)

הדרור (Passer domesticus) היא אחת הציפורים המצויות ביותר, והיא נלווית לאדם בכל מקומות מושבו. צבעה חום־אפרפר (לזכרים הבוגרים גם כתם שחור על צווארם) ואורכה מגיע בערך ל־14 ס"מ. על אף העובדה שציפורי הדרור חיות ליד בני אדם במשך שנים רבות, לא הצליחו לבייתן ("אינה מקבלת מרות", ביצה כד, א) וגם כשהן נכנסות לבית הן אינן נתפסות בנקל. באקלים נוח מטילים הדרורים ביצים כמה פעמים בשנה. הגוזלים גדלים במהירות רבה, וגוזלים בני 2־3 שבועות מגיעים כבר לגודלם של הבוגרים, אף כי ההורים ממשיכים לטפל בהם עוד זמן ניכר.

עיונים

דריש ריבויי ומיעוטי שיטות המדרש של כלל ופרט ושל ריבוי ומיעוט דומות בעקרונותיהן הכלליים. ההבדל הניכר ביניהן הוא שבשיטת הריבוי והמיעוט, הריבוי (ההכללה) הוא מקיף יותר והמיעוט מצומצם יותר. ומשום כך, כאשר יש כלל ופרט וכלל — רואים זאת כהכללה, אלא שאין מרבים אלא כעין הפרט, כלומר, דברים הדומים לפרט הנזכר שם, ובמקרה שלנו — מקום שיש בו שיער מרובה במקום אחד שהוא נגלה לעין. ואילו בשיטת ריבוי ומיעוט כאשר המקרא ריבה ומיעט וריבה מרבים הכל ואין מוציאים מן המיעוט, אלא דבר הרחוק ביותר, כגון במקרה שלנו — שיער שבתוך החוטם.

מאי הוי עלה שאלה זו נשאלת כאשר הדיון בבעיה הלכתית שהועלתה קודם לכן נקשר בנושאים אחרים שעל ידם מתברר אמנם הרקע או הבסיס לשאלה, אבל עדיין לא ניתן לה על ידי כך פתרון ממשי (וראה בתוס׳ ד"ה מאי).

רקבובית ירק במנחה חרבה סבור (כפי שגם הרמב"ם מנסח הלכה זו) שאין המדובר דווקא ברקבובית ירק אלא כל מיני רקבובית במשמע. ועיקר ההבחנה היא כמבואר להלן שרקבובית הופכת להיות לאחר זמן לעפר ממש, ואילו אפר אינו נעשה עפר אלא נשאר אפר כפי שהיה.

ומקדש לשון "מקדש" אינה מתאימה כאן לגמרי, שהרי אין צד של קידוש וקדושה במי הסוטה. וראה ברש"י שמסביר שמביא רקבובית ירק ומניח אותה בקרקע המקדש שמשם יוכלו אחר כך לתת אותה במים, ולפי זה "מקדש" משמע — מחבר את הדבר למקדש.

ולא היא וכו׳ רש"י מוחק את המלים "ולא היא", ובתו"ש ותוהרא"ש מסבירים את טעמו, שבדרך כלל כאשר מביאים תשובה לשאלה "מאי הוי עלה" בדרך של "תא שמע" הריהי כרגיל הוכחה סופית לדבר, ולא ענין התלוי עוד במשא ומתן. אכן בתו"ש ואחרים כתבו שאין הכרח למחוק את המלים, משום שיש גם דוגמאות לסגנון כזה בתלמוד. ובמנחת קנאות מביא מהגהות ר׳ שמחה מדסוי שפירש קטע זה בלשון תמיהה: שאם רקבובית ירק כשירה, ואין עומדים על כך שיהא זה עפר מקרקע המשכן, אם כן גם אפר כשר? אבל אין נראה כן מדברי הרמב"ם.

צריכין שייראו וכו׳ נראה כי לגבי העפר והאפר יש בכך שיעור מסויים לעפר עצמו, שצריכה להיות כמות כזו שכאשר נותן אותה במים לא תבלע מיד בהם, אלא תשאר זמן מה ותראה על פני המים. ואף על פי שלאחר זמן העפר שוקע, מכל מקום צריך להיות בכך שיעור זה. אבל לענין רוק יבמה שאין בו תערובת של דבר אחר, יש לביטוי זה מובן אחר. וכן לענין דם ציפור צריך להבין את הדברים במשמעות שיהא דם הציפור ניכר במים, ואין כאן רק ענין של שיעור (דבר שאול).

שדם ציפור ניכר בהן נראה שאין הכוונה כאן להיכר כלשהו של צבע אדום, שדבר זה ניכר אף במים מרובים הרבה יותר, אלא שיהא הדם ניכר כדם, ולא ייראה כצבע אדמדם בלבד (דבר שאול ועוד, וראה תוס׳ ד"ה מביא).

ונינקטינהו לוורידין בשחיטת עופות (שבה אין צריך לשחוט אלא "סימן" אחד בלבד, קנה או ושט) יכולה להיות גם "שחיטה יבשה" בלא הוצאת דם, אולם לכתחילה (וראה ברד"ל ובמנחה חרבה ועוד) יש לשחוט גם את הוורידים כדי להוציא דם. ומשום כך ייתכן ציור הדברים כמתואר כאן, שהשחיטה כדינה נעשית קודם סמוך לכלי אחד, ואילו עיקר הדם יוצא אחר כך בשחיטת הוורידים לתוך כלי אחר.

לא תפיק נפשך וכו׳ כמה וכמה משאלותיו המחודדות של ר׳ ירמיה סובבות על ציר אחד — לגבי הגבולות של שיעורי ההלכה, ומתוך שאלות אלה אפשר היה להוציא מסקנות שאין שיעורי ההלכה משמעותיים, משום שאינם עומדים בכל מקרה במבחן המציאות. ומשום כך אמר לו ר׳ זירא (ולא כאן בלבד) שלא יעלה שאלות אלה, משום שהן מתבססות על הנחות שאינן נכונות.

שינה הכתוב במשמעו ואף שמכתוב זה למדו בית הלל הלכה למעשה לענין כיסוי הדם שאף אפר נחשב עפר, מכל מקום יש מקום ללמוד מעצם שינוי הלשון גם דבר נוסף — שבא הדבר ללמד גזירה שווה (תו"ש).

רצה זה נותן וכו׳ כתב הרא"ש בתוספותיו כי אין זו מסקנת הדברים, אלא כך יש להבין: מאחר שיש שני כתובים היינו אומרים על פי כתובים אלה בלבד שאין קפידה בדבר ויכול לעשות אז שירצה, אלא שמן הגזירה השווה אנו למדים מה עליו להקדים.

עליו לערבן יש שכתב שמבינים כאן "עליו" במובן בשבילו, עבורו, כלומר שנותן אפר כדי שישמש מרכיב בתוכו או עבור הטמא כדי לטהרו (חזון יחזקאל).

אורח ההלכה

מיעט שיער שבתוך החוטם כאשר מגלח הכהן את המצורע הנטהר, מגלח את כל שערו אבל אינו מגלח שיער שבתוך נחיריו לפי שאינו נראה. (רמב"ם ספר טהרה הלכות טומאת צרעת פי"א ה"א).

מביא רקבובית ירק אם אין עפר במקדש יכול להביא רקבובית ירק, שהיא כעפר, לשים במים המרים. כדברי רב. (רמב"ם ספר נשים הלכות סוטה פ"ד ה"ב).

אפר לא הואי עפר לא יביא אפר לשים במים המרים, לפי שאינו כעפר. כמסקנת הגמרא. (רמב"ם שם).

עפר סוטה כמה עפר צריך לתת למי הסוטה — כדי שייראה על פני המים. (רמב"ם שם פ"ג ה"י).

אפר פרה כמה אפר צריך לשים במי החטאת כדי לטהר בהם — כך שייראה על פני המים. (רמב"ם ספר טהרה הלכות פרה אדומה פ"ט ה"א).

רוק יבמה רוק יבמה צריך שיהא כדי שייראה על ידי הדיינים. (רמב"ם ספר נשים הלכות יבום וחליצה פ"ד ה"ז. שו"ע אה"ע קסט, לח).

מים שדם ציפור ניכר בהן לטהרת המצורע מביאים רביעית מים, וצריך שיהיה הדם ניכר במים. (רמב"ם ספר טהרה שם).

הקדים עפר למים הקדים ושם עפר ואחר כך את המים — פסול להשקות בו את הסוטה. כדברי חכמים בברייתא. (רמב"ם ספר נשים שם הי"ב).

אל כלי דוקא כאשר מכינים מי חטאת יש לשים תחילה את המים בכלי ועליהם ישים מן האפר, ואם נתן את האפר תחילה ואחר כך מים — פסול. ומה שנאמר "ונתן עליו מים" ענינו שצריך לערב את האפר במים. כדברי חכמים. (רמב"ם ספר טהרה שם).

א משנה בָּא לוֹ הכהן לִכְתּוֹב אֶת הַמְּגִילָּה, מֵאֵיזֶה מָקוֹם בפרשת סוטה האמורה בתורה (במדבר פרק ה) הוּא כּוֹתֵב? — מִ״וְאִם לֹא שָׁכַב אִישׁ״ וגו׳, וממשיך ״וְאַתְּ כִּי שָׂטִית תַּחַת אִישֵׁךְ״ וכו׳, וְאֵינוֹ כּוֹתֵב ״וְהִשְׁבִּיעַ הַכֹּהֵן אֶת הָאִשָּׁה״, וְכוֹתֵב ״יִתֵּן ה׳ אוֹתָךְ לְאָלָה וְלִשְׁבֻעָה... וּבָאוּ הַמַּיִם הַמְאָרְרִים הָאֵלֶּה בְּמֵעַיִךְ לַצְבּוֹת בֶּטֶן וְלַנְפִּל יָרֵךְ״ (שם פסוקים יט-כב), וְאֵינוֹ כּוֹתֵב ״וְאָמְרָה הָאִשָּׁה אָמֵן אָמֵן״ (שם כב). ר׳ יוֹסֵי אוֹמֵר: לֹא הָיָה מַפְסִיק, אלא כותב את כל האמור בפרשה. ר׳ יְהוּדָה אוֹמֵר: כָּל עַצְמוֹ (בכלל) אֵינוֹ כּוֹתֵב אֶלָּא ״יִתֵּן ה׳ אוֹתָךְ לְאָלָה וְלִשְׁבֻעָה וגו׳ וּבָאוּ הַמַּיִם הַמְאָרְרִים הָאֵלֶּה בְּמֵעַיִךְ״. ומסיימת המשנה: וְאֵינוֹ כּוֹתֵב ״וְאָמְרָה הָאִשָּׁה אָמֵן אָמֵן״ (שם כב).

ב גמרא בביאור המחלוקת במשנה שואלים: בְּמַאי קָא מִיפַּלְגִי [במה, באיזה עקרון, חלוקים התנאים] שבמשנה? ומסבירים: בְּהַאי קְרָא קָמִיפַּלְגִי [בכתוב זה הם חלוקים], נאמר: ״וְכָתַב אֶת הָאָלֹת הָאֵלֶּה הַכֹּהֵן בַּסֵּפֶר״ (שם כג); ר׳ מֵאִיר התנא הראשון במשנתנו סָבַר: ״אָלוֹת״ משמעו אָלוֹת (קללות) מַמָּשׁ, ״הָאָלוֹת״ בתוספת ה״א הידיעה — לְרַבּוֹת קְלָלוֹת הַבָּאוֹת מֵחֲמַת בְּרָכוֹת. כלומר, גם ברכות הכתובות בפרשה שהצד השלילי שלהן הוא קללות. שאם אכן חטאה יבוא עליה היפך הברכה — גם את זאת כותב הכהן. ״אֵלֶּה״ שהוא לשון מיעוט — לְמַעוּטֵי [למעט] קְלָלוֹת שֶׁבְּמִשְׁנֵה תוֹרָה, שאינו כותב אותן למרות שגם הן קרויות ״אלות״. ״הָאֵלֶּה״ בתוספת ה״א הידיעה — לְמַעוּטֵי [למעט] גם צַוָּואוֹת (חלק המצוות שבפרשה) וְקַבָּלוֹת אָמֵן שעל ידי האשה שאינו כותב גם אותן. וְר׳ יוֹסֵי דורש: כּוּלְּהוּ כִּדְקָאָמְרַתְּ [הכל כפי שאתה, ר׳ מאיר, אומר], אלא נאמר ״אֶת״ שהיא לשון ריבוי — לְרַבּוֹת צַוָּואוֹת וְקַבָּלוֹת. וְר׳ מֵאִיר — אֶתִּים לֹא דָּרֵישׁ [דורש] כלשון ריבוי. וְר׳ יְהוּדָה — כּוּלְּהוּ בְּמִיעוּטֵי דָּרֵישׁ לְהוּ [כולם בדרך של מיעוטים הוא דורש אותם]: ״אָלוֹת״ — הריהן אָלוֹת מַמָּשׁ, ״הָאָלוֹת״ — לְמַעוּטֵי [למעט] קְלָלוֹת הַבָּאוֹת מֵחֲמַת בְּרָכוֹת, ״אֵלֶּה״ — לְמַעוּטֵי [למעט] קְלָלוֹת שֶׁבְּמִשְׁנֵה תוֹרָה, ״הָאֵלֶּה״ — לְמַעוּטֵי [למעט] צַוָּואוֹת וְקַבָּלוֹת. ושואלים: וְר׳ מֵאִיר, מַאי שְׁנָא [במה שונה] הַאי [זו] הֵ״י של ״האלות״ דִּמְרַבֵּי בֵּיהּ [שמרבה בו], שלומד ממנה לרבות קללות הבאות מחמת ברכות, וּמַאי שְׁנָא [ומה שונה] הַאי [זו] הֵ״י של ״האלה״ דְּמַעֵיט בֵּיהּ [שממעט בו] צוואות וקבלת אמן? ומשיבים: הֵ״י דְּגַבֵּיהּ דְּרִיבּוּיָא [שאצל, שליד לשון ריבוי] — רִיבּוּיָא [ריבוי] הִיא, הֵ״י דְּגַבֵּיהּ דְּמִיעוּטָא [שאצל מיעוט] — מִיעוּטָא [מיעוט היא]. וכיון ש״אלה״ היא לשון מיעוט, גם הה״א שאצלה ממעט. ושואלים: וְהָא לֵית לֵיהּ [והרי אין לו, אינו מקבל] ר׳ מֵאִיר את השיטה שמִּכְּלַל לָאו אַתָּה שׁוֹמֵעַ הֵן, ואם כן מדוע צריך לכתוב ברכות והרי לשיטתו לא משמע מהם קללות? אָמַר ר׳ תַּנְחוּם: ״הִנָּקִי״ (שם יט) כְּתִיב [נאמר], שהוא דורשו כאילו היה כתוב בח׳, לשון חנק, ומצרף אליה את תחילת הפסוק הבא, והרי זה כאילו נאמר ״חנקי ואת כי שטית תחת אישך״. דָּרֵישׁ [דרש] ר׳ עֲקִיבָא: אִישׁ וְאִשָּׁה הנשואים זה לזו, אם זָכוּ ואין בהם זנות — שְׁכִינָה בֵּינֵיהֶן, כי מצטרפות האות יו״ד שבמלה ״איש״ והאות ה״א שבמלה ״אשה״ לשם ה׳ (י-ה). ואם לֹא זָכוּ — שם שמים מסתלק מהם, ונשארו בשניהם רק אותיות ״אש״, ולכן אֵשׁ אוֹכַלְתָּן. אָמַר רָבָא: וְהאש של אִשָּׁה עֲדִיפָא [עדיפה, חזקה ומיידית יותר] מִזּו של הָאִישׁ, מַאי טַעֲמָא [מה טעם] הדבר — הַאי מְצָרַף [זה מצורף] בכתוב, שבמלה ״אשה״ האותיות ״אש״ מצויות יחד, וְהַאי לָא מְצָרַף [וזה אינו מצורף] שבמלה ״איש״ יש אות מפרידה ביניהם. אָמַר רָבָא: מִפְּנֵי מָה אָמְרָה תּוֹרָה הָבֵא עָפָר לַסּוֹטָה? שאם זָכְתָה והתברר שלא זינתה — יוֹצֵא מִמֶּנָּה בֵּן כְּאַבְרָהָם אָבִינוּ, דִּכְתִיב בֵּיהּ [שנאמר בו]: ״ואנוכי עָפָר וָאֵפֶר״ (בראשית יח, כז), ואם לֹא זָכְתָה — תַּחֲזוֹר לַעֲפָרָהּ, שמתה משתיית מי הסוטה.

ג ועוד דָּרֵישׁ [דרש] רָבָא: בִּשְׂכַר שֶׁאָמַר אַבְרָהָם אָבִינוּ ״וְאָנֹכִי עָפָר וָאֵפֶר״ זָכוּ בָּנָיו לִשְׁתֵּי מִצְוֹת, אֵפֶר פָּרָה וַעֲפַר סוֹטָה. ומקשים: וְהָאִיכָּא נַמִי [והרי יש גם כן] מצוה נוספת בעפר — עֲפַר כִּיסּוּי הַדָּם! ומשיבים: הָתָם [שם] בכיסוי הדם אמנם הֶכְשֵׁר מִצְוָה אִיכָּא [יש] בכך, אבל הֲנָאָה לֵיכָּא [אין], משום שמצוות כיסוי הדם היא לאחר שכבר שחט ואין בה איפוא הנאה של תיקון. ועוד דָּרַשׁ רָבָא: בִּשְׂכַר שֶׁאָמַר אַבְרָהָם אָבִינוּ ״אִם מִחוּט וְעַד שְׂרוֹךְ נַעַל״ (שם יד, כג) וויתר על ממון שאינו שלו, זָכוּ בָּנָיו לִשְׁתֵּי מִצְוֹת: חוּט שֶׁל תְּכֵלֶת וּרְצוּעָה שֶׁל תְּפִלִּין. ושואלים: בִּשְׁלָמָא [נניח] רְצוּעָה שֶׁל תְּפִלִּין יש בה ענין של מעלה וזכות, דִּכְתִיב [שכן נאמר]: ״וְרָאוּ כָּל עַמֵּי הָאָרֶץ כִּי שֵׁם ה׳ נִקְרָא עָלֶיךָ ויראו ממך״ (דברים כח, י) וְתַנְיָא [ושנויה ברייתא], ר׳ אֱלִיעֶזֶר הַגָּדוֹל אוֹמֵר: אֵלּוּ תְּפִלִּין שֶׁבָּרֹאשׁ. משמע שיש בהם ענין של תפארת וגדולה. אֶלָּא חוּט שֶׁל תְּכֵלֶת מַאי הִיא [מה הוא] הדבר המיוחד בקיומה? ומשיבים: דְּתַנְיָא [שכן שנינו בברייתא], הָיָה ר׳ מֵאִיר אוֹמֵר: מַה נִּשְׁתַּנָּה תְּכֵלֶת מִכָּל מִינֵי צִבְעוֹנִין שנבחר לציצית? — מִפְּנֵי שֶׁהַתְּכֵלֶת דּוֹמָה בצבעו לַיָּם, וְיָם דּוֹמֶה לָרָקִיעַ, וְרָקִיעַ דּוֹמֶה לְכִסֵּא הַכָּבוֹד, וראיה לכך — שֶׁנֶּאֱמַר: ״וַיִּרְאוּ אֵת אֱלֹהֵי יִשְׂרָאֵל וְתַחַת רַגְלָיו כְּמַעֲשֵׂה לִבְנַת הַסַּפִּיר וּכְעֶצֶם הַשָּׁמַיִם לָטֹהַר״ (שמות כד, י), מכאן שהרקיע הוא כלבנת הספיר, וּכְתִיב [ונאמר]: ״כְּמַרְאֵה אֶבֶן סַפִּיר דְּמוּת כִּסֵּא״ (יחזקאל א, כו), מכאן שכסא הכבוד הוא גם כלבנת הספיר, הרי שיש בתכלת אות של קשר לשכינה.

ד משנה אֵינוֹ כּוֹתֵב מגילת סוטה לֹא עַל הַלּוּחַ של עץ, וְלֹא עַל הַנְּיָר, וְלֹא עַל

עיונים

בא לו לכתוב וכו׳ במשנה לא נתפרש באיזו לשון כותב, ולהלן נאמר כי השבעת הסוטה היא בכל לשון שמבינה. אבל ממה שנאמר להלן כ, ב לשיטה אחת שמוחקים מספר תורה, וכיוצא בו, נראה כי המגילה היתה נכתבת בלשון הקודש דווקא, וכן פסק הרמב״ם (מנחה חרבה).

ואינו כותב ואמרה וכו׳ אף שאמרו חכמים שפסוק שלא פסקו משה בתורה אנו איננו רשאים להפסיק בו, מכל מקום נראה שאין איסור זה אלא באמירת הפסוקים (וראה בשו״ע שיש גם בדבר זה כמה חילוקי דינים) אבל לא בכתיבתם (אשל אברהם).

קללות שבמשנה תורה ולא הוצרך למעט קללות שבספר ויקרא, משום שאותן קללות כתובות בלשון רבים ובודאי אינן שייכות לסוטה (תו״ש, תוהרא״ש). וכיון הרש״ש לדברים אלה, אך מרש״י והמאירי נראה שגרסו כאן ״קללות שבתורה״ וממילא ממעט אף אלה שבספר ויקרא.

לרבות צוואות וקבלות בתוהרא״ש כתב שאין לגרוס ״וקבלות״, אלא ״לרבות צוואות״ בלבד, וכן נראה מדברי הרמב״ם.

ה״י דגביה דריבויא וכו׳ ולפי זה אין ל״ה״א״ זו, ה״א הידיעה, משמעות לעצמה לרבות או למעט, אלא יש לראותה כהוספה והדגשה של המלה. ולכן, אם באה המלה לרבות יש בה״א הדגשה יתירה של רבוי, ולהיפך אם המלה באה למעט יש בכך הדגשה שיש למעט עוד.

הנקי כתיב במקומות בהם נאמר מאמר זה פירשוהו המפרשים בדרכים שונות, שיש שפירשו שהדרשה היא כאילו כתוב ״חנקי״ = החנקי, ועוד בדרכים אחרות. ובשפת אמת כתב כי ממשמעות האמירה ״הנקי״ יש ללמוד כאילו נאמר במפורש שיש עוד קללות נוספות שלא נתפרשו, וכל אלה נלמדות מ״הנקי״, שמהן תינקה האשה.

אש אוכלתן רבים פירשו (ראה למשל בעיון יעקב) כי הכוונה היא לאש של מחלוקת, שעל ידי סילוק השכינה מצויה מחלוקת בין האיש והאשה. אבל בה״ג גרס להלן ״ויצרא דאשה עדיפא״, ולפי זה נראה שהוא פירש שמדובר כאן באש של יצר הרע, שגורמת לזנות וכיוצא בה.

ודאשה עדיפא ראה לעיל. ובעיון יעקב פירש עדיפא במובן של עדיפות לטוב, כלומר שהאשה זוכה לתיקון יותר מן האיש. וטעמו של דבר כי האשה במהלך חייה יש לה יסורים (בנדה הריון ולידה) ועל ידי זה היא מגיעה לידי תיקון. וכך הוא מפרש ״דאשה מצרף״, ששל האשה זוכה לצירוף — זיקוק ותיקון.

עפר לסוטה המפרשים הביאו את דברי התלמוד הירושלמי שמסביר כי העפר והמים של סוטה רמז הם; עפר הוא רמז למיתה, שסוף האדם לעפר, והמים הם רמז לראשית יצירתו מן המים. ועוד הוסיפו שם שהמגילה הכתובה משלימה את שלושת הדברים הכתובים במסכת אבות ״הסתכל בשלושה דברים... מאין באת, ולאן אתה הולך, ולפני מי אתה עתיד ליתן דין וחשבון״ על ידי המים, העפר והמגילה.

בשכר שאמר אברהם וכו׳ שמפני שהראה אברהם בדבריו את ענוותנותו היתירה, הרי אמרו חכמים לעיל כי במקום שיש ענוה ושפלות הרוח יש השראת השכינה, וזכו משום כך למצוות המסייעות להשראת השכינה בישראל, בטיהור הקנאה והזנות ובהיטהרות מן הטומאה (עיון יעקב).

בשכר... אם מחוט רש״י פירש שאברהם אבינו סילק עצמו מן הגזל. ויש שתמהו על פירוש זה, שהרי לא היה גזל בדבר, ועוד — שאין לכך שייכות לשכר הבנים. ולכן פירשו כי במה שוויתר אברהם על חלקו בשלל עשה בכך קידוש ה׳, ובשכר זה זכו בניו למצוות אלה שיש בקיומם קדוש ה׳ (יפ״ת).

חוט של תכלת וכו׳ ויש שכתב שיש צד שווה נוסף במצוות אלה — ששתי המצוות הללו, נוסף לעיקר ענינן, יש בהן צד סגולי שהן שומרות ומגינות על המקיים אותן (קרן אורה).

אורח ההלכה

מאיזה מקום הוא כותב כותב במגילת הסוטה מ״ואם לא שכב איש״ וגו׳ (במדבר ה, יט). ״ואת כי שטית״ וגו׳ (שם כ). וכותב ״יתן ה׳ אותך״ וגו׳ (שם כא) ואינו כותב ״והשביע הכהן את האשה... ואמר הכהן לאשה״. וכותב ״ובאו המים המאררים״ וגו׳ (שם כב) ואינו כותב ״ואמרה האשה אמן אמן״. כסתם משנה. (רמב״ם ספר נשים הלכות סוטה פ״ג ה״ח).

אינו כותב לא על הלוח וכו׳ אין מגילת הסוטה נכתבת לא על הלוח ולא על הדיפתרא ולא על הנייר אלא במגילת ספר, ואם כתבה על נייר או דיפתרא — פסולה. כמשנה. (רמב״ם שם פ״ד ה״ח).

מסורת הש״ס

א. במדב״ר פ״ט לו. תנחומא ותנחומא בובר נשא א. מדרש ל״ב מדות פ״ד. ילק״ש תורה תשח.

ב. ברכות טו,ב.

ג. ילק״ש שם (כל הענין).

ד. ראה במדב״ר שם.

ה. ראה ספרי וספרי זוטא במדבר ה, כג. במדב״ר פ״ט כ. שם לו.

ו. במדב״ר פ״ט לו.

ז. פסחים כב,ב. נזיר סה,ב. קדושין נז,א. ב״ק מא,ב. מנחות יא,ב. בכורות ו,ב. נדה לה,א.

ח. נדרים יא,א-ב. יג,ב. שבועות לו,א. ירושלמי עירובין פ״ג ה״ה. שם נדרים פ״א ה״ד. שם קדושין פ״ג ה״ג. שם שבועות פ״ד ה״י. שם פ״ז ה״א. וראה קדושין סא,א.

ט. קדושין סב,א. שבועות לו,א.

י. ילק״ש תורה כד. וראה כלה רבתי פ״א. פדר״א פי״ב. מדרש ל״ב מדות פי״ז. וראה גם ירושלמי ברכות פ״ט ה״א. ב״ר פ״ח ט.

יא. במדב״ר פ״ט טו. ילק״ש שם תשז. וראה תנחומא נשא ד. מדרש ל״ב מדות פ״י.

יב. חולין פח,ב. ב״ר פמ״ט יא. במדב״ר שם. ילק״ש תורה פג.

יג. חולין פט,א. ב״ר פמ״ג ט. שמו״ר פמ״א ב. תנחומא לך יג. תנחומא בובר לך יז. אג״ב פי״ג. זהר ח״ג קעה,ב. ילק״ש שם עו.

יד. ברכות ו,א. נז,א. מגילה טז,ב. מנחות לה,ב. חולין שם. זהר ח״א יג,ב. שם כג,ב. שם ח״ב מג,ב. שם ח״ג כט,א. ושם קמ,א. רכח,ב. רסב,ב. רסט,ב. ילק״ש שם. ושם תתקלח.

טו. מנחות מג,ב. חולין שם. ירושלמי ברכות פ״א ה״ב. במדב״ר פ״ד יג. שם פי״ד ג. שם פי״ז ה. תנחומא שלח טו. תנחומא בובר שלח כט. שוח״ט פכ״ד. שם פ״צ. מדרש ל״ב מדות פי״ד. זהר ח״ג רכו,ב. ילק״ש תורה תשנ. שם נ״ך תש.

טז. ספרי במדבר ה, כג. במדב״ר פ״ט כ. שם לו. ילק״ש תורה תשח.

גרסות

מואם לא בכת״י וכן בב״ח: **מאם לא.**

וקבלות אמן יש בכת״י ועוד: **וקבלות** וברש״י: **וקבלת אמן.**

ריבויא היא יש בכת״י: **ריבויא.**

דמיעוטא מיעוטא יש שגרסו: **מיעוטא מיעוטא היא.**

מאי טעמא האי מצרף יש בכת״י ועוד: **האי מצרף.**

הכשר מצוה איכא ויש בכת״י ועוד: **מצוה איכא.**

מיני צבעונין יש בכת״י ועוד: **צבעונין.**

ורקיע דומה לכסא ויש במקבילה ועוד: **ורקיע דומה לאבן ספיר ואבן ספיר דומה לכסא.**

החיים

תכלת

תכלת הוא שמו של חומר הצבע המיוחד המופק מן החלזון שבו מצוה לצבוע פתיל אחד בציצית, וכן כמה מבגדי כהונה.

כפי שעולה מן המקורות (ומכמה ממצאים) גוון התכלת הוא בעיקר כחול כהה מאד, אבל יש בו גם משהו של ירוק. משום כך הדימוי של צבע התכלת לים, ובמקורות אחרים דימוי של התכלת לעשבים.

נייר

ראה השלמות עמ׳ 288.

לעזי רש״י

גלי״ד (צ״ל: גלוד) מן הצרפתית העתיקה glud — דבק.

א **מתני'** [א]בא לו לכתוב את המגילה מאיזה מקום הוא כותב(א) °[א]מואם לא שכב איש וגו' ואת כי שטית תחת אישך ואינו כותב והשביע הכהן את האשה וכותב יתן ה' אותך לאלה ולשבועה ובאו המים המאררים האלה במעיך לצבות בטן ולנפיל ירך ואינו כותב ואמרה האשה אמן אמן רבי יוסי אומר לא היה מפסיק [ב]*ר' יהודה אומר כל עצמו אינו כותב אלא יתן ה' אותך לאלה ולשבועה וגו' ובאו המים המאררים האלה במעיך וגו' ואינו כותב ואמרה האשה אמן אמן:

ב **גמ'** [ג]במאי קא מיפלגי בהאי קרא קמיפלגי °וכתב את האלות האלה הכהן בספר ר"מ סבר [ד]אלות אלות ממש האלות לרבות קללות הבאות מחמת ברכות אלה למעוטי קללות שבמשנה תורה [ה]האלה למעוטי צוואות וקבלות אמן [ו]ורבי יוסי כולהו כדקאמרת את לרבות צוואות וקבלות ור"מ [ז]*אתים לא דריש ור' יהודה כולהו במיעוטי דריש להו אלות אלות ממש האלות למעוטי קללות הבאות מחמת ברכות אלה למעוטי קללות שבמשנה תורה האלה *למעוטי צוואות וקבלות ורבי מאיר מ"ש האי ה"י דמרבי ביה ומאי שנא האי ה"י דמעיט ביה ה"י דגביה דריבויא ריבויא היא ה"י דגביה דמיעוטא מיעוטא(ב) והא [ח]לית ליה לר"מ מכלל לאו אתה שומע הן [ט]*אמר רבי תנחום °הנקי כתיב דריש ר"ע [י]איש ואשה זכו שכינה ביניהן לא זכו אש אוכלתן אמר רבא ודאשה עדיפא מדאיש (מ"ט) האי מצרף והאי לא מצרף אמר רבא [יא]מפני מה אמרה תורה הבא עפר לסוטה זכתה יוצא ממנה בן כאברהם אבינו דכתיב ביה °עפר ואפר לא זכתה תחזור לעפרה

ג [יב]*דריש רבא בשכר שאמר אברהם אבינו ואנכי עפר ואפר זכו בניו לב' מצות *אפר פרה ועפר סוטה והאיכא נמי עפר כיסוי הדם התם הכשר מצוה איכא הנאה ליכא [יג]*דרש רבא בשכר שאמר אברהם אבינו °אם מחוט ועד שרוך נעל זכו בניו לב' מצות חוט של תכלת ורצועה של תפלין בשלמא רצועה של תפלין דכתיב °וראו כל עמי הארץ כי שם ה' נקרא עליך *ותניא [יד]ר"א הגדול אומר אלו תפלין שבראש אלא חוט של תכלת מאי היא דתניא *היה ר"מ אומר [טו]מה נשתנה תכלת מכל מיני צבעונין מפני שהתכלת דומה לים וים דומה לרקיע ורקיע דומה לכסא הכבוד שנאמר °ויראו את אלהי ישראל ותחת רגליו

ד כמעשה לבנת הספיר וכעצם השמים לטהר וכתיב °כמראה אבן ספיר דמות כסא: **מתני'** [טז][ב]אינו כותב לא על הלוח ולא על הנייר ולא על הדיפתרא

תורה אור: במדבר ה; שם; שם; שם; בראשית יח; שם יד; דברים כח; שמות כד; יחזקאל א

רש"י

מתני' (ג)**מואם לא שכב איש אותך.** ואם לא שטית טומאה וגו' שהן קללות הבאות מחמת ברכות דמשמע הא אם שטית לא הנקי ואת כי שטית טומאה תחת אישך וכי נטמאת וגו' יתן ה' אותך לאלה ולשבועה בתוך עמך וגו' ובאו המים המאררים וגו' וכך הן סדורין בפרשה אלא שוהשביע הכהן את האשה בשבועת האלה ואמר הכהן לאשה מפסיק בראש יתן ה' אותך ואינו כותבו דאינו אלא צוואה שמצוה הכהן להשביע וגם בסוף ובאו המים המאררים במעיך לצבות בטן ולנפיל ירך אינו כותב סוף המקרא ואמרה האשה דהיינו קבלה שהאשה תקבל עליה שבועה ואין זו מן האלות: **לא היה מפסיק.** משהתחיל אם לא שכב איש אותך עד אמן אמן שהיה כותב צוואה דוהשביע הכהן את האשה וקבלה דואמרה האשה אמן אמן: **כל עצמו.** לישנא בעלמא הוא יזהר בעצמו שלא יהא כותב אלא אלות לבדו ואפילו אם לא שכב איש אותך והנקי לא היה כותב וכ"ש והשביע הכהן ואינו כותב ואמרה האשה אמן אמן שהוא סוף המקרא הזה: **גמ' אלות ממש.** יתן ה' אותך ובאו המים המאררים האלה במעיך וגו': **קללות הבאות וכו'.** הנקי ממי המרים: **אלה.** מיעוטא הוא: **שבמשנה תורה.** דאי כתב קרא וכתב את האלות בספר הוה משמע אלות שבמשנה תורה יככה ה' בשחפת דאלה איקרו דכתיב והיה בשמעו את דברי האלה הזאת וגו' (דברים כט): **צוואות.** והשביע הכהן את האשה דלא תימא לא ידלג הילכך איצטריך למעטינהו: **וקבלת אמן.** ולקמיה פריך מ"ש האי ה"י דמרבה ביה ומ"ש האי ה"י דממעט ביה: **כולהו.** ריבויא כדקאמרת אלות אלות ממש *האלות הקללות הבאות מחמת ברכות אלה למעוטי שבמשנה תורה ושבתורת כהנים אבל ה"י דהאלה לא תדרוש למעוטי צוואות וקבלות דאתא את ורבינהו וה"י דהאלה אורחיה הוא: **ור"י כולהו.** ההי"ן דקרא מעוטי דריש להו: **דלגבי ריבוי.** דהאלות דקאי אוכתב: **דלגבי מיעוט.** אלה דמיעוטא הוא אלה ולא אחרות: **והא לית ליה לר"מ מכלל לאו אתה שומע הן.** דשמעינן ליה דבעי תנאי כפול דתנן *ר"מ אומר כל תנאי שאינו כתנאי בני גד ובני ראובן אינו תנאי דכתיב ביה אם יעברו ואם לא יעברו הא לא כפליה מכלל לאו לא תשמע הן: **א"ר תנחום הנקי כתיב.** בלא יו"ד דמשתמע הנקי אם לא שכב ותדרוש הכי טומאה תחת אישך חנקי: **זכו.** ללכת בדרך ישרה שלא יהא הוא נואף ולא היא נואפת: **שכינה ביניהם.** שהרי חלק את שמו ושיכנו ביניהן יו"ד באיש וה"י באשה: **לא זכו אש אוכלתן.** שהקב"ה מסלק שמו מביניהן ונמצאו אש ואש: **ודאשה עדיפא מדאיש.** אש של אשה קשה וממהרת לאכול וליפרע משל איש: **מאי טעמא האי מילתא.** אש של אשה נוחה להדליק מהר שאין אות של שם מפסיק אלא מחובר הוא ונקרא אש אבל של איש אין אותיות של אש מצטרפות יחד שהיו"ד של שכינה מפסקת: **הנאה ליכא.** ואין זה קיבול שכר אבל כאן יש הנאה בסוטה לתת שלום ושלא ירבה ממזרים בישראל אם זונה היא ואם נקתה ונזרעה זרע ומבטלת לעז מעל בניה ואפר פרה לטהרן ולזכות את ישראל ממעשה העגל: **בשכר אם מחוט ועד שרוך נעל.** שהבריח עצמו מן הגזל: **חוט של תכלת.** כנגד מחוט ורצועה של תפלין כנגד שרוך דהיינו רצועה: **בשלמא רצועה של תפילין.** קיבול שכר הוא דאיכא הנאה כדכתיב וכו' אבל חוט של תכלת של ציצית מאי הנאה איכא: **מה נשתנה תכלת.** שהזקיקו הכתוב לציצית: **שהתכלת דומה לים כו'.** בא ללמדנו שכל המקיים מצות ציצית כאילו הקביל פני שכינה והכי תניא לה בספרי(ד) דאיצטריכו כל הני משום דלא אשכחן קראי אלא ברקיע שדומה לכסא הכבוד הילכך תכלת דומה לים וים דומה לרקיע דתכלת לא דמי לרקיע כל כך אלא דומה לדומה כמו תכלת דומה למראה הים ואנן קחזינן דים דומה למראה הרקיע: **ורקיע דומה לכסא הכבוד.** קראי קדריש דכתיב ברקיע כמעשה לבנת הספיר וכתיב בכסא הכבוד כמראה אבן ספיר דמות כסא: **מתני' לוח.** של עץ: **נייר.** של עשבים שכותשין ומדבקין אותן בדבק שקורין גלי"ד ועושין כמו עור: **דיפתרא**

תוספות

האלות לרבות קללות הבאות מחמת ברכות. תימה לרבי דהכא דריש ר"מ ה"י דהאלות ובפ"ק דהוריות (דף ה.) אמר ור"מ קהל הקהל לא דריש ותו איכא למיתמה דר"י דריש הכא ה"י דריבויא למעט והתם דריש קהל הקהל לרבויא ותו קשיא דר' יהודה אדרבי יהודה דהכא משמע דלא דריש את האלות ובפ"ק דמנחות (דף יא:) אמר ר"י סבר את [כל הלבונה] לרבות [קורט] אחר*:

אמר רבי תנחום הנקי כתיב. הכא פרש"י דתדרוש הכי טומאה תחת אישך חינקי אבל בסוף פרק שבועת העדות (שבועות דף לו.) פירש הנקי בלא יו"ד כמו חנקי וקאי אקרא דבתריה ואת כי שטית דמשמע הכי חנקי ממים המרים האלה ואת כי שטית והתם אמר כי לית ליה לר"מ מכלל לאו אתה שומע הן בממונא באיסורא אית ליה וסוטה איסורא דאית ביה ממונא הוא ונשאל רבי והא בפ"ק דנדרים (דף יא.) אמר בגמרא מאי לחולין לא חולין ליהוי אלא לקרבן מני מתני' אי ר"מ הא לית ליה מכלל לאו והכי דייק נמי בסוף הפרק (שם יג:) ובריש פרק שני (דף יד.) אע"ג דאיסורא גרידתא הוא והשיב רבי דהתם נמי איסורא דאית ביה ממונא הוא שאסר ממונו על חבירו:

מפני שהתכלת דומה לים. בירושלמי דפ"ק דברכות מגיד שהתכלת דומה לים והים דומה לעשבים ועשבים לרקיע ורקיע לכסא והכסא לספיר וכתיב ומראה והנה (על) [אל] הרקיע וגו' (יחזקאל י):

אינו כותב וכו' על הנייר אלא על המגילה. תימה בפ' המוציא (שבת דף עח:) דתנן קלף כדי לכתוב עליו פרשה קטנה שבתפילין שמע ישראל אמאי לא קתני פרשת סוטה דשיעור זוטא טפי אור"י דפרשת סוטה לא שכיח כפרשת תפילין ואמרינן התם (דף עח.) כל מילתא דשכיח ולא שכיח אזול רבנן בתר שכיח לקולא:

לא על הלוח ולא על הנייר אלא על המגילה. תימה אמאי לא מרבינן כל מילי מוכתב כדאמרינן פרק שני דגיטין (דף כא:) ספר אין לי אלא ספר מנין לרבות כל דבר ת"ל וכתב מ"מ אם כן מה ת"ל ספר מה ספר שאין בו רוח חיים ורבנן אי כתב בספר כדאמרת אלמא כל היכא דכתיב בספר

עין משפט נר מצוה

לט א מיי' פ"ג מהל' סוטה הל"ח סמג עשין נו:

מ ב מיי' שם פ"ד הל"ח סמג שם:

רש"ל

[וע' תוספות מנחות יא: ד"ה ורבי שמעון מייתבים קושיא זו]

מסורת הש"ס

[ברכות טו:]

[פסחים כב: קדושין נז. ב"ק מא: מנחות יא: בכורות ו: נזיר סה: נדה לה.]

[ברכות טו: ע"ש]

שבועות לו. ע"ש קדושין סב.

האלות לרבות הקללות כו'. מהרש"ל

חולין פח:

[ילקוט רמז פ"ג איתא עפר סוטה ואפר פרה]

חולין פט.

[קדושין סא.]

חולין פט. ברכות ו. נז. מנחות לה: [מגילה טז:] [מנחות מג:]

תוספות שאנץ

את המים לבדוק אותה וכן דם צפור של מצורע שמכשיר המים להזאה אף כאן בפרה עפר מכשיר את המים. ל"ה: אלא למעוטי קללות של משנה תורה דאי כתב וכתב את האלות האלה בספר ה"א אפי' דמשנה תורה. יככה ה' בשחפת ובקדחת. דאלה איקרו דכתיב והיה בשמעו. ולא תימא דלא דלג להכי איצטריך קרא למעוטינהו אבל לא קאמר למעוטי אותן של תורת כהנים לפי שלא הוצרך למעט לפי שהוא לשון רבים אך אותן של משנה תורה שהן לשון יחיד איצטריך קרא למעוטינהו. צוואות וקבלות צוואות וכתב לה קבלות ואמרה האשה אמן אמן. ור' יהודה כולהו במיעוטי דריש להו והקשה ה"ר אלחנן דהכא משמע דלא דרי' ר' יהודה [את] דלא פליג אדר' מאיר אלא מוסיף עליו ובפ"ק דמנחות דרי' את גבי ואת כל הלבונה וצ"ל דאת דהכא לא דרי' אבל בעלמא דרי' להו: והא שמעי' לר' מאיר דאמר מכלל לאו לא תשמע הן דתניא ר' מאיר אומר כל תנאי שאינו כתנאי בני גד ובני ראובן אינו תנאי אם יעברו אם לא יעברו הא לא כפליה מכלל לאו לא תשמע הן. ל"ה. זכו שכינה ביניהם שהרי חלק הקב"ה שמו ושכנו ביניהם יו"ד באיש וה"א באשה לא זכו אש אוכלתן שהקב"ה מסלק שמו מביניהם ונמצאו אש ואש. ודאשה עדיפא אש של אשה נוח לדלוק וממהרת לאכול לפי שאין אות של שם מפסיקתן אלא מחובר הוא אבל אש של איש אינו מחובר יחד לפי שאות של שכינה מפסיקתם. ל"ה. הנאה ליכא ואין זה קיבול שכר אבל כאן יש הנאה בסוטה לתת שלום ושלא ירבו ממזרות בישראל אם זונה היא. ואם נקתה ונזרעה זרע ומבטלת לעז מעל בניה וכן אפר פרה איכא הנאה לטהר ולזכות ישראל ממעשה העגל. ל"ה: מפני שהתכלת דומה לים בא ללמד שכל המקיים מצות ציצית כאילו מקביל פני שכינה והכי תני לה בספרי ואיצטריכו כל הני משום דלא אשכחי' קרא אלא ברקיע הילכך תכלת דומה לים וים דומה לרקיע מפני דתכלת לאו לרקיע כל כך אלא דומה לדומה כמו תכלת קרוב למראה הים ולפי' מזכירין יציאת מצרים בפרשת ציצית לפי שהתכלת דומה לים והקב"ה שיושב על כסא הכבוד עשה לנו נסים בים. ועוד התכלת דומה לים שאנו עושין שליש גדיל ושני שלישי ענף וכן עשה הקב"ה בקע הים בשליש אמצעי ועשה מן הים ג' שלישים שאם יבקענה בשליש התחתון צריך שירדו למטה בתוך הים ואם יבקענה בשליש העליון צריך שיעלו למעלה דק"ל גודשא תילתא והבקיעה בשליש האמצעי לא למעלה ולא למטה על כן ייסד הפייט א) פנו כאן וכאן שליש רום מימות

א) הוא ביוצר ליום אחרון של פסח.

הגהות הב"ח

(א) במשנה מאם לא: (ב) גמ' מיעוטא היא והא לית ליה: (ג) רש"י ד"ה מאם לא וכו' אלא שמה שהשביע וכו' ואינו כותבו וכו' שמצוה לכהן: (ד) ד"ה שהתכלת וכו' ואיצטריכו:

עין משפט
נר מצוה

מא א מיי׳ פ״ג מהל׳ סוטה הל״ח ופ״ד הל״ט סמג עשין נו:
מב ב ג ד מיי׳ שם פ״ד הל״ז:
מג ה מיי׳ שם הל״ח:

תורה אור

הדיפתרא אלא על המגילה שנאמר °בספר (במדבר ה) [א]ואינו כותב לא בקומוס ולא בקנקנתום ולא בכל דבר שרושם אלא בדיו שנאמר *°ומחה (שם) **א** [ב]כתב שיכול(א) למחות: **גמ׳** אמר רבא [ג]מגילת סוטה שכתבה בלילה פסולה מ״ט [ד]אתיא תורה תורה כתיב הכא °ועשה לה (שם) הכהן את כל התורה הזאת וכתיב התם °על (דברים יז) פי התורה אשר יורוך ועל המשפט [ה]מה משפט ביום אף מגילת סוטה ביום [ו]כתבה למפרע פסולה דכתיב וכתב את האלות האלה כי דכתיבא [ז]° * [ז]כתבה קודם שתקבל עליה שבועה פסולה [שנא׳] והשביע ואחר כך וכתב (רש״ל) [ח]כתבה איגרת פסולה [ט]בספר אמר רחמנא כתבה

דיפתרא. עור שאינה מעובד כל צרכה דמליח וקמיח ולא עפיץ שהיו מעבדין הקלפים בעפצים שקורין גלי״ש: **בספר.** קלף: **קומוס.** שרף האילן ומתיכו במים וכותב הימנו: **קנקנתום.** וויטריאול״ו או אורדימנ״ט קורין אותו: **ולא בכל דבר שהוא רושם.** ונבלע בקלף ואינו יכול למחוק וקומוס וקנקנתום עבדי רושם: **אלא בדיו.** שלנו של שרף: **גמ׳ משפט ביום.** בסנהדרין (דף לד:) נפקא לן מוהיה ביום הנחילו: **למפרע.** ירך ולנפיל בטן לצבות במעיך *)וכו׳ כסדר הזה או אחד מהן היפך והשאר כתב כהילכתן: **האלה.** משמע כמו שהן סדורין בפרשה: **אגרת.** בלא שרטוט: **בספר** אמר רחמנא. והלכה למשה מסיני שהספרים צריכין שרטוט:

*) נ״ל כולה

בספר כ״ע מודו דמרבינן כל מילי בר מדבר שיש בו רוח חיים מיהו לפי׳ ר״ת לא קשיא מידי דפי׳ התם בכלל ופרט וכלל דרשינן ליה *דחזר וכתב ונתן לה (ספר כריתות) אבל הכא כלל ופרט הוא ואין בכלל אלא מה שבפרט א״נ התם קרא יתירא הוא דקא דריש משום דכתיב תרי זימני וכתב לה ספר כריתות ובירושלמי מקשה ליה נמי הכא כתיב ספר והכא כתיב ספר הכא את אומר כל דבר שהוא בתלוש והכא את אומר הכין שנייא היא הכא דכתיב בספר אבל בגמרא דידן לא אמר התם הכי דלאמר אי כתיב בספר כדקא אמרת דהוי מרבינן כל מילי דתלוש בר מדבר שיש בו רוח חיים ירושלמי תניא ר״א בן שמוע אומר אין כותבין על עורות בהמה טמאה אמר ר״ש מכיון דאיתמר למחיקה ניתנה למה אינו כותב תני ר״א [בר שמעון] אומר רואה אני את דברי ר״א בן שמוע מדברי אבא שמא תאמר איני שותה ונמצא השם גנוז על עור בהמה טמאה ותו התם ר׳ לוי בר סיסי בעי קמיה רבי מגילת סוטה מהו שתטמא את הידים א״ל הרי זו שאלה א״ר יוסי אינה שאלה כלום גזרו על הספרים שיטמאו את הידים לא מפני קדושתן וזו למחיקה נתנה לא צריכא [דלא] הואיל ונתנה למחיקה:

שנאמר ומחה כתב שיכול למחוק. בירושלמי אי מחה יכול במשקה או במי פירות ת״ל וכתב הא כיצד כתב שיכול לימחק ואיזו זו דיו שאין בו קנקנתום והא תני אם מחק מתוך הספר כשר תיפתר כהדין תניא דתנא אמר ר״מ כל ימי שהייתי למדין אצל ר׳ ישמעאל [לא] הייתי נותנין קנקנתום לתוך הדיו:

מה משפט ביום אף מגילת סוטה ביום. כל מעשה סוטה ילפינן מהכא בפ״ב דמגילה (דף כ:) דהשקאה ביום רש״י פי׳ מה משפט ביום בסנהדרין נפקא לן מוהיה ביום הנחילו את בניו ולא מסתברא דהא ע״פ התורה כתיב גבי זקן ממרא דמשתעי בדיני נפשות והאי קרא דביום הנחילו משתעי בדיני ממונות אלא מוהוקע אותם לה׳ נגד השמש נפקא לן התם* דביום ונראה לי דלכל דין סוטה בין גמר בין תחילה פסול בלילה דומיא דדיני נפשות ולא כדיני ממונות דתחילת דין ביום אבל גמר דין אפילו בלילה: **דכתיב וכתב את האלות האלה כדכתיבא.** תימה לר״י לקמן בפרק ואלו נאמרין (דף לג:) ואיתא נמי בריש פ״ב דמסכת ברכות (דף יג.) ובמסכת מגילה (דף יז:) דק״ש לא יקראנה למפרע לרבנן מוהיו ולרבי מדברים הדברים ורבנן דברים הדברים לא משמע להו הילכך איצטריך והיו שלא יקראנה למפרע ואמאי לא נפקא להו מהאלה כי הכא הדברים האלה כדכתיבא וי״ל כיון דקיבלו וגמירי מרבותינו דשמע אית לן למדרש בכל לשון שאתה שומע אייתר לך והיו שלא יקראנה למפרע והאלה דרשי להו לדרשא אחריתי: **קודם שתקבל עליה שבועה פסולה.** ירושלמי ר׳ קרוספא אמר איתפלגון ר׳ יוחנן ור״ל חד אמר משביע ואח״כ כותב וחד אמר כותב ואח״כ משביע ומפרש טעמא כדי לסמוך שבועה להשקאה והתם משמע דבהכי פליגי מ״ד משביע ואח״כ כותב אית ליה חוקה ותורה מעכב על הסדר ומאן דאמר כותב ואח״כ משביע אית ליה אע״ג דמעכב אינו על הסדר ותימה א״כ כמאן ס״ל לא כר״י ולא כר׳ נחמיה בפ׳ הוציאו לו (יומא דף ס.) דמשמע דכ״ע סבירא להו היכא דכתיב חוקה מעכב נמי על הסדר ותמה רבי דבפרק ד׳ מיתות (סנהדרין דף מט:) אמר רבא אמר רב סחורה אמר רב הונא כל מקום ששנו חכמים דרך מנין אין מוקדם ומאוחר חוץ משבעה סממנין רב פפא סבא משמיה דרב אמר אף ד׳ מיתות ואידך בפלוגתא לא קא מיירי רב פפא אומר אף סדר יומא ואידך ההוא לחומרא בעלמא דמשמע הא לאו הכי הוה חשיב ליה ואמאי לא חשיב סדר סוטה דהא איהו אמר הכא כתבה קודם שתקבל עליה שבועה פסולה ומשמע בירושלמי דבעי כל הפרשה על הסדר ונראה דלא חשיב אלא היכא דשנון על הסדר אבל סדר סוטה אינה נשנית על הסדר שהרי אין סדר המשנה וסדר הפרשה מכוונין כמו שפירשנו בראש הפרק וסדר הפרשה עיקר אבל סדר המשנה אפילו למצוה בעלמא לא ולהכי לא אמר נמי התם דלאמר זהו סדר תמיד לאפוקי ממנות חלילה אבל לאפוקי מסדר סוטה ליכא למימר דאפילו בדיעבד נמי לא: **כתבה איגרת פסולה.** רש״י פירש אגרת בלא שרטוט בספר אמר רחמנא והלכה למשה מסיני שהספרים צריכין שרטוט ואי קשיא מאי איריא משום דנקראת ספר תיפוק לי דבלאו הכי אסור לכתוב שום פסוק בלא שרטוט דאמרי׳ בפ״ק דגיטין (דף ו:) אמר רב יוסף מאן לימא לן דר׳ אביתר בר סמכא הוא ועוד הא איהו דשלח ליה לרב יהודה בני אדם העולים משם לכאן הן קיימו בעצמם ויתנו הילד בזונה והילדה מכרו ביין וישתו וכתב ליה בלא שרטוט וא״ר יצחק שתים כותבין שלש אין כותבין ואמרינן בסוף פרק מצות חליצה (יבמות דף קו:) אמר אביי האי מאן דכתב גיטא דחליצתא לכתוב הכי אקרינוה לדידה ממאן יבמי עד יבמי ופירוש משום דלא מצי למכתב שלש תיבות רצופין בלא שרטוט כדמסיק מר זוטרא שירטט וכתב ליה לכולה פרשתא מתקיף לה מר בר רב אידי והא לא ניתן ליכתב והילכתא כמר זוטרא אע״ג דלא ניתן ליכתב תריך אי לאו משום דנקראת ספר ה״א אע״ג דאסור לכתוב בלא שירטוט המגילה עצמה אינה פסולה קמ״ל דפסולה ונראה שלא היו המים בודקין על ידה מיהו לא ידענא אם שרטט אותה בין שיטה לשיטה לאחר כתיבה אע״ג דבשעת כתיבה כתב באיסורא אי המגילה כשירה בהכי או לא והא דאמרי׳ בהקומץ רבה (מנחות דף לב:) ובמגילה (דף יח:) הלכתא מזוזה צריכה שירטוט אבל לא תפילין נראה דהכי הילכתא גמירי לה דאין לו לשרטט תפילין דאי לא תימא הכי אלא הא דפסיק אבל לא תפילין דלא מיפסלי אי כתבן בלא שרטוט מיהו צריך לשרטט משום דאסור לכתוב בלא שרטוט א״כ הא דמקשה התם מהא דתפילין שבלו אין עושין מהן מזוזה שאין מורידין אותו מקדושה חמורה לקדושה קלה טעמא דאין מורידין אבל משום שרטוט לא ומשני תנאי היא אי הוה מצי לשרטט להו הוה מצי למימר במשורטטין אלא ש״מ דהכי גמירי לה דלא מצי לשרטט להו אבל ר״ת פירש הא דאמרי׳ שלש אין כותבין היינו אם לא שרטט כלל אבל אם שרטט בד׳ פיאות הגליונים אע״פ דלא שרטט בין שיטה לשיטה חשוב שירטוט אפי׳ לענין ס״ת אלא משום זה אלי ואנוהו (שמות טו) צריך לשרטט בין כל שיטה ושיטה וכן מוכיח בפ״ק דמגילה (דף טז:) דברי שלום ואמת מלמד שצריכה שרטוט כאמיתה של תורה ופירש ר״ח דלאו היינו ס״ת אלא מזוזה ולישנא דאמיתה משמע כיחידה של תורה דהיינו מזוזה דיש בה עול מלכות שמים וכן עיקר דאי ס״ת ממש משתעי ההוא קרא דואמת א״כ הא דגרסינן בפ״ב דמגילה (דף יט.) מגילה נקראת ספר ונקראת אגרת נקראת ספר שאם תפרה בפשתן פסולה מאי איריא משום ספר תיפוק ליה משום ואמת ונימא צריכה שירטוט ותפירה כאמיתה של תורה אלא ש״מ לשרטוט דמזוזה איצטריך דהתם תפירה ליכא ולענין תפירה נקראת ספר והשתא לא תקשי הא דפסקינן בהקומץ רבה (מנחות דף לב:) ובמגילה (דף יח:) הילכתא מזוזה צריכה שרטוט תפילין אין צריכין שרטוט ומקשה מהא דתפילין שבלו אין עושין מהן מזוזה לפי שאין מורידין הא משום שרטוט לא ומשני תנאי היא מדלא משני במשורטטין ש״מ דאפי׳ מנהג ליכא *הואיל וכן אין צריך לשרטטן דגרסינן בירושלמי בפרק *במה מדליקין כל הפטור בדבר ועושהו נקרא הדיוט השתא י״ל הא דאין צריכין שרטוט היינו בין השיטין אבל בד׳ פיאות צריכין שרטוט דלא גריעי משלש אין כותבין מיהא לפירושו לא תירץ *מאי איצטריך למימר גבי מגילת סוטה דפסולה בלא שרטוט כיון דאפילו ס״ת הוא סגי ליה בשרטוט לארבע פיאות מצאתי בתוספות רבינו יב״א במסכת גיטין שמעתי מר׳ אליהו הצרפתי שהיה אומר מה שאנו כותבים בכתבים בלא שרטוט ליכא למיחש דלא כתבינן לשום פסוק אלא לאמירה בעלמא לפרוש בשלום בלשון עברי או לדבר בו בלשון לא אבל כשכותב שמביא אותו לשום פסוק כי האי גוונא אסור למכתב בלא שרטוט ולא ידענא מנלן לכתוב בפירושים פסוקים בלא שרטוט כשמביא לשום פסוק*:

*__כתבה__ **על שני דפין פסולה.** מקשים לפירוש רש״י [שפי׳] בדפין של ס״ת מפרק בתרא דגיטין (דף פז:) דתנן שייר מקצת הגט וכתבו בדף השני והעדים מלמטה כשר ולא חשיב ליה שני ספרים כיון דמעורה כדאמרי׳ בפרק שני דגיטין (דף כ:) אהא הרי זה גיטך והנייר שלי אינה מגורשת וכו׳ בעי רב פפא בין שיטה לשיטה בין תיבה לתיבה מהו וקפריך ותיפוק ליה משום דספר אחד אמר רחמנא ולא שנים לא צריכא דמעורה ובהקומץ רבה (מנחות דף לג.) גבי מזוזה אמר נמי אמר רב יהודה אמר שמואל כתבה על שני דפין פסולה

תוספות שאנץ

מימות ונפקא ליה מדכתיב בלב ים וק״ל דלבו של אדם הוי בשליש גופו: כתבה אגרת בלא שרטוטין. בספר אמר רחמ׳ והל״מ הוא דספרים צריכין שרטוט:

הואיל ואין צריך לשרטטן מהרש״ל

שייך לדף שאח״ז

מסורת הש״ס

וכתב לה כלל ספר כריתות פרט ונתן חזר וכלל אבל הכא כו׳. מהרש״ל

[לקמן כ. ערובין יג.]

[לקמן יט:]

[בסנהדרין לד:]

הגהות הב״ח

(א) גמ׳ שיכול למחות:

גליון הש״ס

גמ׳ כתבה קודם שתקבל. עיין לקמן דף כ ע״א תד״ה א״ר ירמיה:

[נ״ל יליאות השבת]

לא תירץ מאי איכא למימר כו׳ מהרש״ל

[ועי״ע תוס׳ גיטין ו: ד״ה אמר ותוס׳ מנחות לב: ד״ה הא]

הַדִּיפְתְּרָא (עור שאינו מעובד כל צורכו) **אֶלָּא עַל הַמְּגִילָּה** של קלף, **שֶׁנֶּאֱמַר: "בַּסֵּפֶר"** (במדבר ה, כג). **וְאֵינוֹ כּוֹתֵב לֹא בְּקוֹמוֹס** (צבע העשוי מִשְּׂרף) **וְלֹא בְּקַנְקַנְתּוֹם** (גופרת נחושת), **וְלֹא בְּכָל דָּבָר** אחר **שֶׁרוֹשֵׁם** ואינו נמחק לגמרי, **אֶלָּא בִּדְיוֹ** בלבד, **שֶׁנֶּאֱמַר: "וּמָחָה"** (שם), שצריך להיות **כְּתָב שֶׁיָּכוֹל לִמָּחוֹת** במים.

א גמרא **אָמַר רָבָא: מְגִילַּת סוֹטָה שֶׁכְּתָבָהּ בַּלַּיְלָה — פְּסוּלָה. מַאי טַעֲמָא** [מה טעם] הדבר — **אָתְיָא** [בא, נלמד] הדבר בגזירה שווה **"תּוֹרָה" "תּוֹרָה"; כְּתִיב הָכָא** [נאמר כאן]: **"וְעָשָׂה לָהּ הַכֹּהֵן אֵת כָּל הַתּוֹרָה הַזֹּאת"** (שם ל), **וּכְתִיב הָתָם** [ונאמר שם]: **"עַל פִּי הַתּוֹרָה אֲשֶׁר יוֹרוּךָ וְעַל הַמִּשְׁפָּט"** (דברים יז, יא), **מַה מִּשְׁפָּט** הוא דווקא **בַּיּוֹם — אַף מְגִילַּת סוֹטָה** אינה נכתבת אלא **בַּיּוֹם.** ואם **כְּתָבָהּ לְמַפְרֵעַ** (שלא כסידרה) — **פְּסוּלָה, דִּכְתִיב** [שנאמר]: **"וְכָתַב אֶת הָאָלֹת הָאֵלֶּה"** (במדבר ה, כג), להדגיש שלא לשנות אלא **כִּי דִּכְתִיבָא** [כמו שהיא, המגילה, כתובה] בתורה. **כְּתָבָהּ** את המגילה **קוֹדֶם שֶׁתְּקַבֵּל** הסוטה **עָלֶיהָ שְׁבוּעָה — פְּסוּלָה** המגילה, **שֶׁנֶּאֱמַר: "וְהִשְׁבִּיעַ** הכהן את האשה" (שם כא) **וְרַק אַחַר כָּךְ** נאמר **"וְכָתַב"** (שם כג). **כְּתָבָהּ** כדרך שכותבים **אִיגֶּרֶת** בלא שירטוט השורות — **פְּסוּלָה,** מדוע — **"בַּסֵּפֶר" אָמַר רַחֲמָנָא** [אמרה תורה], **שצריך להיות כתוב כדין ספר תורה והוא אינו נכתב אלא לאחר שירטוט.**

עיונים

על המגילה במסכת עירובין (טו, ב) פירש רש"י שהמקור לכך הוא ממה שנאמר בספר ירמיה (לו, יח-כ) שאותו דבר שנקרא שם ספר נקרא גם מגילה (ומאותה פרשה למדו חכמים גם דין כתיבת ספר התורה בדיו). וכתב רש"י כאן שמגילה זו היא של קלף, ונראה שאין הכוונה לקלף דווקא (לפי ההגדרה המדויקת של קלף בגמרא) אלא כל עור מעובד כראוי קרוי ספר (דבר שאול). וכן נראה, שהרי נאמר לשיטה אחת, שמוחקים מספר תורה, וזה בודאי אינו חייב להיכתב על הקלף דווקא אלא גם על גוויל.

אלא בדיו בשפת אמת נסתפק האם יש חיוב מיוחד לכתוב את מגילת הסוטה בדיו דווקא, או שאפשר לכותבה גם בחומרים אחרים שיש בהם אותו תכונה עיקרית — שכותבים בהם והם ניתנים למחיקה (וראה גם בדבר שאול). והרד"ל סבור שכיון שנאמרה במגילה זו כתיבה בספר, הרי מהאמור בירמיהו (כמובא לעיל) למדים שאין כתיבה בספר אלא בדיו דווקא. והקדמונים האריכו בביאור עניינה של דיו זו, שלפי הנראה מן הגמרא היא דיו העשויה מפיח ומשמנים, האם מותר לכתוב בספר תורה בדיו שיש בה גם חומרים מעמידים אחרים, ובעיקר מסקנת רוב הפוסקים היא שאפשר לכתוב בכל מין דיו, לאו דווקא של פיח ושמן.

שכתבה בלילה המפרשים העירו על הראיה כאן, שהרי השאלה עדיין עומדת מה היא ה"תורה" האמורה כאן, שהרי נראה כי עיקר הדבר הוא ההשקאה, ולא שאר ההכנות לכך. ונראה שמשום כך כתב המאירי על פי התלמוד הירושלמי (למרות ששם אין הדברים מוחלטים, ויש חולקים בכך) שמי סוטה שלנו בלילה פסולים להשקאתה, ואם כן בהכרח שתכתב המגילה ביום, שהרי אם כתבה בלילה והשקה ביום שלאחריו יפסלו המים בלינה. ואולי מטעם זה הביא הרמב"ם ראיה אחרת מכתוב אחר, שהוא דורש מן הסמיכות וכתב... והשקה... והקריב, שכשם שהקרבת המנחה אינה אלא ביום אף שאר מעשים האמורים בסוטה אינם אלא ביום (וראה במנחה חרבה, בדבר שאול ועוד).

כתבה למפרע לכאורה יש לשאול: כיצד מביא ראיה מן "האלה", והרי כבר נדרשה מלה זו (בעמוד הקודם) לצורך אחר, כדי להגדיר מה הם הדברים שיש לכתוב במגילה? ויש לומר שאף על פי כן, אין מקרא יוצא מפשוטו, וכיון שבפשטות משמעות "האלה" היא — כפי שהדברים כתובים, מובן מכאן שאין לשנות את הסדר. ודנו אחרונים האם למפרע הוא רק כדרך שמסביר רש"י — שכותב את המלים שלא בסדרן, או שגם היפוך סדר הפסוקים וכל שכן סדר המילים הוא למפרע (וראה בחידושי בתרא).

קודם שתקבל עליה שבועה דבר זה האמור כאן במוחלט שנוי במחלוקת אמוראים בתלמוד הירושלמי, שיש אומרים שצריך שתיכתב קודם, ויש אומרים שאפשר לכותבה גם אחר כך. וראה בתוס' (ד"ה קודם) שהביאו דברי התלמוד הירושלמי הללו ודנו בטעמי החולקים.

אורח ההלכה

אינו כותב לא בקומוס וכו' אין כותבים את מגילת סוטה אלא בדיו שאין בו קנקנתום, ולא יכתבנה בקומוס ובכל דבר שנשאר רישומו ניכר. (רמב"ם ספר נשים הלכות סוטה פ"ג ה"ח. שם פ"ד ה"ט).

כתבה בלילה מגילת סוטה שכתבה בלילה פסולה, כדברי רבא. (רמב"ם שם פ"ד ה"ז).

כתבה למפרע מגילת סוטה שכתבה למפרע פסולה. (רמב"ם שם).

כתבה קודם שתקבל עליה שבועה כתב את המגילה קודם שקיבלה האשה עליה את השבועה — הרי זו פסולה. (רמב"ם שם).

כתבה איגרת כתב את המגילה כאיגרת — פסולה. (רמב"ם שם ה"ח).

מסורת הש"ס

א. ירושלמי סוטה פ"ב ה"ד. ספרי במדבר ה, כג. במדב"ר פ"ט לו. ילק"ש תורה תשח.
ב. עירובין יג,א. סוטה כ,א. ירושלמי שם. ספרי שם. במדב"ר שם.
ג. במדב"ר פ"ט מג. ילק"ש שם תשט.
ד. מגילה כ,ב. במדב"ר שם. ילק"ש שם.
ה. ראה סנהדרין לד,ב. וראה ר"ה כה,ב. סנהדרין יא,ב.
ו. ילק"ש תשח.
ז. סוטה יט,ב. במדב"ר פ"ט לה. וראה ירושלמי סוטה פ"ב ה"ג. במדב"ר פ"ט לו.
ח. במדב"ר פ"ט לו.
ט. ראה מסכת סופרים פ"א א.

גרסות

על המגילה יש בכת"י ועוד: **במגילה.**
בקנקנתום יש בכת"י ועוד: **בקלקנתוס.**
שיכול יש בכת"י: **שהוא יכול.**
שבועה פסולה ויש במקבילה: **שבועה לא עשה ולא כלום.**
איגרת יש שגרסו: **כאגרת.**

לשון

דיפתרא
המלה שאולה כנראה מן היוונית διφθέρα (דיפתרא) שמשמעה עור מעובד לצורך כתיבה. אולם אף ביוונית שאולה מלה זו מן השורש הפרסי dipi שמשמעו — כתיבה.

קומוס
מן הלטינית commis או היוונית κόμμι (קומי) — גומי, שְׂרף.

קנקנתום
מקור המלה ביוונית χάλκανθον (כאלקנתון) — גופרת נחושת, $CuSO_4$, שהשתמשו בה כבסיס לתעשיית הדיו והצבעים בימי קדם, ועד היום יש בה שימוש בכמה מיני דיו מובחרים וצבע לאריגים.

לעזי רש"י

גלי"ש מן הצרפתית העתיקה gales — עפצים.
וויטריאול"ו מן האיטלקית vetriolo — חומצה גפריתנית, וכאן הכוונה לגפרת נחושת.
אורדימנ"ט (צ"ל: אדרימנ"ט) מן הצרפתית העתיקה adrement צבע שחור העשוי מגפרת נחושת.

מסורת הש״ס

א. במדב״ר פ״ט לו. ילק״ש תורה תשח. וראה מנחות לג,א.

ב. ראה גם ר״ה כו,א. גיטין כ,ב.

ג. במדב״ר שם מג. ילק״ש שם. וראה ירושלמי סוטה פ״ב ה״ד.

ד. ילק״ש שם תשט (כל הענין).

ה. ראה סוטה כ,ב. ירושלמי סוטה פ״ב ה״ב.

ו. (בעיה דומה בענין אחר) פסחים קט,ב. יומא נח,א. חולין ע,א.

ז. במדב״ר פ״ט יח (כל הענין). ילק״ש שם תשח.

ח. קדושין כז,ב. ספרי זוטא ה, כב. במדב״ר שם יט. מדרש ל״ב מדות פי״ח. ילק״ש שם.

ט. שם. ירושלמי סוטה פ״ב ה״ה. שם קדושין פ״א ה״ה. ספרי במדבר שם.

י. שם. יבמות נח,א.

גרסות

ומחק אות אחת יש שגרסו: ומחקה.

יש ברירה או אין ברירה יש בכת״י: יש ברירה בכך או אין ברירה בכך.

נשפכו מהן ונשתיירו מהן מהו יש שגרסו: נשפכו מהן מהו נשתיירו מהו.

מאיש זה... מאיש אחר יש בכת״י: אם איש זה... אם איש אחר.

כְּתָבָהּ עַל שְׁנֵי דַפִּין שאינם צמודים זה לזה — **פְּסוּלָה.** כי **״סֵפֶר״** שהוא **אֶחָד אָמַר רַחֲמָנָא** [תורה] **וְלֹא** שתהיה המגילה **שְׁנַיִם וּשְׁלֹשָׁה סְפָרִים. כָּתַב אוֹת אַחַת וּמָחַק** אותה **אוֹת אַחַת** במים, **וְכָתַב אוֹת אַחַת** נוספת **וּמָחַק** אותה **אוֹת אַחַת — פְּסוּלָה, דִּכְתִיב** [שנאמר]: **״וְעָשָׂה לָהּ הַכֹּהֵן אֵת כָּל הַתּוֹרָה הַזֹּאת״** (במדבר ה, ל), כלומר, צריכה כל הפרשה להיות כתובה ולהימחק יחד, בשלימות.

א **בָּעֵי** [שאל] **רָבָא: כָּתַב שְׁתֵּי מְגִילוֹת לִשְׁתֵּי סוֹטוֹת, וּמְחָקָן לְתוֹךְ כּוֹס אֶחָד מַהוּ?** האם **כְּתִיבָה לִשְׁמָהּ** (לשם אשה מסויימת) **בָּעֵינַן** [צריכים אנו] **וְהָאִיכָּא** [והרי יש כאן], שהרי כתב מגילה לכל אחת בנפרד — וכשרים המים להשקאת שתיהן **אוֹ דִּילְמָא בָּעֵינַן נַמִי** [שמא צריכים אנו גם כן] שתהא **מְחִיקָה לִשְׁמָהּ,** וכיון שמחקן ביחד אין כאן מחיקה לשם כל אשה בנפרד — ופסולים הם? **וְאִם תִּמְצָא לוֹמַר** כי **בָּעֵינַן נַמִי** [צריכים אנו גם כן] שתהא **מְחִיקָה לִשְׁמָהּ,** אם **מְחָקָן בִּשְׁתֵּי כּוֹסוֹת, וְחָזַר וְעֵירְבָן** את המים שבכוסות לאחר מכן **מַהוּ?** האם רק **מְחִיקָה לִשְׁמָהּ בָּעֵינַן** [צריכים אנו], **וְהָאִיכָּא** [והרי יש כאן], שהרי נמחקה כל אחת לשמה, **אוֹ דִּילְמָא הָא לָאו דִּידָהּ קָא שָׁתְיָא וְהָא לָאו דִּידָהּ קָא שָׁתְיָא** [שמא זו לא את שלה היא שותה וזו לא את שלה היא שותה]? **וְעוֹד, אִם תִּמְצָא לוֹמַר הָא לָאו דִּידָהּ קָא שָׁתְיָא וְהָא לָאו דִּידָהּ קָא שָׁתְיָא** [זו לא שלה היא שותה וזו לא שלה היא שותה], **אִם חָזַר וְחִלְּקָן** את המים המאררים ונתן לכל סוטה כוס לעצמה **מַהוּ?** האם אומרים **שֶׁיֵּשׁ בְּרֵירָה,** ונאמר שהתברר הדבר למפרע שכל אחת שותה את שלה, **אוֹ אֵין בְּרֵירָה?** לשאלות אלה לא נמצאה תשובה, ולכן **תֵּיקוּ** [תעמוד, יעמדו] במקומן. **בָּעֵי** [שאל] **רָבָא: הִשְׁקָה** את הסוטה **בְּסִיב,** כלומר, דרך סיב דקל **מַהוּ,** או אם השקה **בִּשְׁפוֹפֶרֶת מַהוּ?** והשאלה היא: האם **דֶּרֶךְ שְׁתִיָּה בְּכָךְ, אוֹ אֵין דֶּרֶךְ שְׁתִיָּה בְּכָךְ?** אף שאלות אלה לא נמצא להן פתרון ולכן **תֵּיקוּ** [תעמודנה] במקומן. **בָּעֵי** [שאל] **רַב אַשִׁי: נִשְׁפְּכוּ מֵהֶן,** מן המים, **וְנִשְׁתַּיְּירוּ מֵהֶן מַהוּ?** האם צריכה לשתות את כל המים שנמחקה המגילה בהם, או די אפילו בחלקם, ואף שאלה זו לא נמצא לה פתרון ולכן **תֵּיקוּ** [תעמוד] במקומה.

ב **אָמַר ר׳ זֵירָא אָמַר רַב: שְׁתֵּי שְׁבוּעוֹת הָאֲמוּרוֹת בְּסוֹטָה** (״והשביע אותה הכהן״. שם יט. ״והשביע הכהן את האשה. שם כא) **לָמָּה? — אַחַת קוֹדֶם שֶׁנִּמְחֲקָה מְגִילָּה, וְאַחַת לְאַחַר שֶׁנִּמְחֲקָה. מַתְקִיף לָהּ** [מקשה על כך] **רָבָא:** הלא **תַּרְוַיְיהוּ** [שתיהן] **קוֹדֶם שֶׁנִּמְחֲקָה מְגִילָּה כְּתִיבָן** [הן כתובות] ומדוע מייחסים זו לזמן זה וזו לזמן אחר? **אֶלָּא אָמַר רָבָא:** שתי השבועות הללו שונות בדבר אחר, **אַחַת** היא **שְׁבוּעָה שֶׁיֵּשׁ עִמָּהּ אָלָה** (קללה), **וְאַחַת** היא **שְׁבוּעָה שֶׁאֵין עִמָּהּ אָלָה.** ושואלים: **הֵיכִי דָּמֵי** [כיצד היא] **שְׁבוּעָה שֶׁיֵּשׁ עִמָּהּ אָלָה? אָמַר רַב עַמְרָם אָמַר רַב:** כגון שאומר: **״מַשְׁבִּיעֲנִי עָלַיִךְ שֶׁלֹּא נִטְמֵאת, שֶׁאִם נִטְמֵאת — יָבוֹאוּ בֵּיךְ** (בך) כל הקללות הללו״. **אָמַר רָבָא:** והרי אם אומר כך **אָלָה לְחוּדָהּ קַיְימָא** [לעצמה עומדת] **וּשְׁבוּעָה לְחוּדָא קַיְימָא** [לעצמה עומדת] ואין זה נחשב לשבועת האלה, שהרי אמר לה את האלה במשפט לעצמו! **אֶלָּא אָמַר רָבָא,** כך הלשון: **״מַשְׁבִּיעֲנִי עָלַיִךְ שֶׁאִם נִטְמֵאת יָבוֹאוּ בֵּיךְ״. אָמַר רַב אַשִׁי:** במקרה זה **אָלָה — אִיכָּא** [יש כאן] אבל **שְׁבוּעָה** שלא נטמאת — **לֵיכָּא** [אין]! **אֶלָּא אָמַר רַב אַשִׁי,** כך הנוסח: **מַשְׁבִּיעֲנִי עָלַיִךְ שֶׁלֹּא נִטְמֵאת, וְאִם נִטְמֵאת יָבוֹאוּ בֵּיךְ,** שהשבועה היא גם שתחול האלה.

ג משנה **עַל מָה הִיא אוֹמֶרֶת ״אָמֵן אָמֵן״** שתי פעמים — **אָמֵן עַל הָאָלָה** שהיא מקבלת על עצמה את הקללה, **אָמֵן עַל הַשְּׁבוּעָה** שמשביע אותה שטהורה היא, **אָמֵן** אם זנתה **מֵאִישׁ זֶה** שנחשדה בו, **אָמֵן מֵאִישׁ אַחֵר. אָמֵן שֶׁלֹּא שָׂטִיתִי** לא רק עכשיו, אלא גם בהיותי **אֲרוּסָה וּנְשׂוּאָה**

עיונים

כתבה על שני דפין רש״י פירש שמדובר בשני דפים מחוברים. אך רוב המפרשים (תוס׳, תר״ש, תוהרא״ש, מאירי) פירשו שהכוונה היא לשני דפים נפרדים זה מזה, אבל אם כתבה בשני דפים מחוברים — הרי המגילה כשירה, והביאו ראיה מדיני ספר תורה וגט. וראה במרומי שדה שמסביר את דברי רש״י שאין להוכיח משם, שכיון שיש בהם אריכות דברים ודאי נכתבים בשני דפים ונראים כדבר אחד, אבל מגילת סוטה שהיא קצרה ביותר אם כתבה בעעי דפים אינה נראית כספר אחד.

כתב אות אחת וכו׳ וכן נאמר בסגנון אחר קצת, גם בתלמוד הירושלמי. והמאירי מסביר שאין הכוונה שכתב אות אות לעצמה דווקא, אלא הוא הדין אם כתב מלה שלימה, או שכתב חלק מן המגילה כתיקונה ומחקה וכתב השאר מלה מלה או אות אות ומחק. ולפי זה אין מקום לשאלה לפי פירוש רש״י כיצד יש לחשוש במחיקת המגילה למחיקת השם, שהרי באמת ייתכן שכתב שם שלם (ראה במנחה חרבה).

מחיקה לשמה בעינן ממסכת עירובין (יג, א) נראה כי הספק הוא דווקא בכתיבה, האם צריכה כתיבה לשמה, אבל מחיקה ודאי שצריכה לשמה שהרי עיקר העשייה בסוטה היא המחיקה וזה ודאי שצריך להיעשות לשמה. ובקרן אורה כתב (על פי רש״י) שיש לחלק בין עניני לשמה, שכאן השאלה היא האם צריכה מחיקה ושתיה זו להיות באופן שיהא ניכר שכל מחיקה היא מובדלת ומיוחדת לעצמה.

ברירה ענין הברירה המצוי בכל התלמוד הוא השאלה האם אפשר לומר לגבי דבר שאינו ברור כעת, שלאחר זמן כאשר יועמדו דברים על מקומם יתברר ענינו גם למפרע. ויש בנושא זה מחלוקות תנאים ואמוראים, ולהלכה סיכמו כי בדבר שהוא מדין תורה אין ברירה, ובדבר שהוא מדרבנן יש ברירה. אכן, פרטי עניני הברירה ומתי היא חלה הם נושא מורכב שראשונים ואחרונים הרבו לדון בו.

יש ברירה וכו׳ בתוס׳ (ד״ה חזר) האריכו הרבה בבירור עניני ברירה. ושם ניסו לחלק בין ברירה בדבר שלא היה ניכר כלל מעיקרו ובין ברירה בדבר שהיה ניכר מתחילתו וחזר ונתערב. אם כי לבסוף סיכמו שכל עניני ברירה אחד הם, ואין לחלק. וכבר העירו שבתוס׳ תמורה (ל, א) הגיעו למסקנה הפוכה, שכאשר היה הדבר ברור מתחילה אז אין ברירה.

וראה בשפת אמת שכתב שיש להסביר את ספקו של רבא כאן משום שיש בשאלה זו עוד גורם נוסף המיוחד לה, שהרי כאן מדובר בתערובת של נוזלים, ובנוזלים אנו אומרים כי מן הסתם נתערבו לגמרי (״יש בילה״) זה בזה. ואין ברירה, שכן הספק הקיים בשאר דברים הנבררים אם יכולים לומר שנתברר למפרע שכל דבר היה מוכן לכך מתחילה — אינו שייך כאן, מפני התערובת.

השקה בסיב מדברי רש״י נראה שמפרש שסיב זה הוא כעין קנה של קש, והסוטה שואבת דרכו את המים. אבל מן הערוך נראה שהוא מפרש כי הסיב הוא חומר ספוגי, והיא מוצצת את המים שנספגו בתוכו, ואם כן זו היא שאלה נבדלת במהותה מן השאלה לגבי שפופרת. ובתו״ש ועוד הביאו את שני הפירושים. ויש שסברו כי מדברי התוס׳ כאן אפשר להעלות שהשאלה היתה מה הדין אם נספגו המים בסיב והיא בלעה את הסיב עם המים שבתוכו.

נשפכו מהן וכו׳ רש״י מפרש שיש כאן שאלה אחת, אם נשפכו מקצת המים ונשתיירו מקצתם. אבל הרא״ש בתוספותיו אומר כי אין הלשון מתיישבת יפה לפי הסבר זה. ומשום כך הוא מפרש שיש כאן שתי שאלות: מה הדין אם נשפכו מהן מקצת, ועוד שאלה: מה הדין אם נשתייר מהן רק מקצת. שלפי דרך זו יש כאן, שתי שאלות הבאות זו בעקבות זו: האם החיוב הוא שתשתה את כל המים בלי שיור, ואם נאמר שדי שתשתה את רוב המים (משום שרובו ככולו) מה הדין אם נשתיירו רק מקצתם. וראה במנחת קנאות שכתב (בהמשך לפסק הרמב״ם בזה, וראה ב״אורח ההלכה״) שמכל מקום נראה שצריך שישתיירו מן המים כדי רביעית, שבפחות מזה אינו קרוי שתיה.

שתי שבועות וכו׳ האבן עזרא בפירושו לתורה מסביר כי הכהן אכן משביע את האשה שתי פעמים, כמשמעות דברי הגמרא כאן. והרמב״ן בפירושו דוחה את הדברים. וראה בשפת אמת שתמה על כך, לפי שנראה ממשמעות דברי ר׳ זירא ששתי שבועות נבדלות הן. וראה בחזון יחזקאל הסבור שמדברי רב אשי עולה שיש רק שבועה אחת. אבל לכאורה אין רב אשי מתייחס אלא להסברת מושג ״שבועה שיש עימה אלה״, ואם כן יש עוד שבועה נוספת בלא אלה.

אורח ההלכה

כתבה על שני דפין כתב מגילת סוטה על שני דפים — פסולה. (רמב״ם ספר נשים הלכות סוטה פ״ד ה״ח).

כתב אות אחת ומחק וכו׳ כתב אות אחת ומחקה וחזר וכתב אות שניה ומחקה — פסולה, עד שתהא כולה כתובה לפני מחיקתה. (רמב״ם שם ה״י).

מחיקה לשמה מחק את המגילה שלא לשמה של סוטה זו — פסולה. שפסק לפי כללי הפסיקה כ״אם תמצא לומר״. (רמב״ם שם הי״א).

מחקן בשתי כוסות וכו׳ כתב שתי מגילות לשתי סוטות ומחקן לתוך כוס אחת, או שחזר ועירבן בכוס אחת והשקה לשתיהן — פסולה. (רמב״ם שם).

חזר וחילקן כתב לכל סוטה מגילה ומחק בשתי כוסות ועירבן ואחר כך חילקן — לא ישקה אותן, ואם השקה — כשר. שסבר הרמב״ם שכיון שבעיה זו לא נפתרה אין מחייבים בדיעבד לחזור ולמחוק מפני הספק (כ״מ). (רמב״ם שם).

נשפכו מהן ושתיירו מהן נשפכו מקצת המים ונשארו מקצתן לא ישקה את הסוטה לכתחילה, ואם השקה — כשר. ופסק הרמב״ם כך משום שהבעיה לא נפתרה ולא רצה להחמיר מספק. (רמב״ם שם).

על מה אומרת אמן יכול הבעל לגלגל על הסוטה שבועה לא רק שלא זינתה עם איש זה שקינא לה בגללו אלא גם מאיש אחר, ושלא זינתה תחתיו משנתארסה ולא משעה שנשאה. (רמב״ם שם הי״ז).

תורה אור

א[א]כתבה על שני דפין פסולה ב[ב]*ספר אחד אמר רחמנא ולא שנים ושלשה ספרים ג[ג]כתב אות אחת ומחק אות אחת וכתב אות אחת ומחק אות אחת פסולה דכתיב °ועשה לה הכהן את כל התורה הזאת ד[ד]בעי רבא כתב ב' מגילות לשתי סוטות ומחקן לתוך כוס אחד מהו ה[ה]כתיבה לשמה בעינן והאיכא או דילמא בעינן נמי מחיקה לשמה ואם תמצא לומר ג[ו]בעינן נמי מחיקה לשמה מחקן בב' כוסות וחזר ועירבן מהו מחיקה לשמה בעינן והאיכא או דילמא הא לאו דידה קא שתיא והא לאו דידה קא שתיא ואם תמצא לומר ד[ז]הא לאו דידה קא שתיא והא לאו דידה קא שתיא חזר וחלקן מהו יש ברירה או אין ברירה ה[ח]תיקו בעי רבא ו[ט]השקה *בסיב מהו בשפופרת מהו דרך שתיה בכך או אין דרך שתיה בכך תיקו בעי רב אשי נשפכו מהן ונשתיירו מהן מהו י[י]תיקו ז[כ]א"ר זירא אמר רב ב' שבועות האמורות בסוטה למה אחת קודם שנמחקה מגילה ואחת לאחר שנמחקה מתקיף לה רבא תרוייהו קודם שנמחקה מגילה כתיבן אלא אמר רבא אחת שבועה שיש עמה אלה ואחת שבועה שאין עמה אלה היכי דמי שבועה שיש עמה אלה אמר רב עמרם אמר רב משביעני עליך שלא נטמאת שאם נטמאת יבואו ביך אמר רבא אלה לחודה קיימא ושבועה לחודה קיימא אלא אמר רבא משביעני עליך שאם נטמאת יבואו ביך אמר רב אשי אלה איכא שבועה ליכא אלא אמר רב אשי משביעני עליך שלא נטמאת ואם נטמאת יבואו ביך:

במדבר ה

א

ב

מתני' ח*[ל]על מה היא אומרת אמן אמן *אמן על האלה אמן על ג השבועה ט[מ]אמן מאיש זה אמן מאיש אחר י[נ]אמן שלא שטיתי ארוסה ונשואה ושומרת

רש"י

על שני דפין. כדפין של ספר תורה העשויין עמודים: **כתב אות אחת ומחקה.** על המים וחזר וכתב אות שלאחריה ומחקה עד שהשלים את כולה פסול דכתיב את כל התורה עד שתהא כולה כאחד: **לשמה.** בספר לעצמו דכתיב ועשה לה לשמה: **מחיקה נמי.** בכוס לשמה לעצמה שיהא ניכר המחיקה שהיא לשמה: **השקה בסיב.** שהוא חלול כדרך שהתינוקות שותין: **שיש עמה אלה.** דכתיב בחדא מינייהו בשבועת האלה ולקמיה מפרש היכי דמי: **משביעני עליך.** בשם ומזכיר שם: **שלא נטמאת.** שאת אומר אמת שלא נטמאת היינו שבועה[א] שאין עמה אלה: **שאם נטמאת יבואו ביך.** המים לצבות בטן כו' והיינו אלה: **אמר רבא אלה לחודיה קיימא כו'.** שבועה ואלה יש כאן ושניהן על האשה וקרא כתיב בשבועת האלה שהשבועה של אלה: **משביעני עליך שאם נטמאת יבואו ביך.** דאיכא השתא*(א) שבועת האלה שמשביע את האלה שתחול: **שבועה ליכא.** על האשה וקרא כתיב והשביע את האשה: **משביעני עליך שלא נטמאת ואם נטמאת יבואו ביך.** משביעני עליך שיהא אמת מה שאמרת בפנינו שלא נטמאת ואם נטמאת יבואו ביך המים דקיימא שבועה אאשה שלא נטמאת ואאלה שתחול: **מתני' אמן על האלה וכו'.** לכך הוצרכה לכפול: **ארוסה ונשואה.** על ידי גלגול שבועה הוא מגלגל עליה זנות של אירוסין אע"פ שלא היה בו קינוי ומכאן לגלגול שבועה מן התורה:

שומרת

תוספות

פסולה מיתיבי כתבה על שני דפין והניח בשני סיפין פסולה הא בסף אחד כשירה ראויה לשני סיפין קא אמר אלמא דשני דפין דקאמר שמואל בנתתכין זה מזה קאמר שאין מעורין להכי מפרש נמי הכא שני דפין שאינן מעורין ופירש ר"י הא דאמר נמי בפ' ראוהו ב"ד (ר"ה דף כו.) אפי' לרבנן דאמרי קרן פרה פסול כיון דאית בה גילדי כשנים ושלש שופרות דמי ואע"ג דמחברי התם נמי דרכו להוסיף בכל שנה גלד אחד והרי הוא כמביאו משופר אחר ומדבקו לזה כדתנן דיבק שברי שופרות פסול מפני שמתחילתו לא היתה ברייתן בבת אחת וניכר התוספת ולא מהני חיבורו ודומה כאילו גט שכתבו על ב' דפין ותפרן יחד דפסול *דהאי דוקא כשכתב חצי מגילת סוטה על דף זה וחציה על דף אחר אמרינן דחשיב שני ספרים וה"ה אם כתב לה שתי מגילות ומחקו לתוך כוס אחד וכן גבי גט אם נתן לה שני גיטין אע"ג דכל חד וחד שלם הוא וספר אחד בפני עצמו פסולין ולא מיגרשא בתרוייהו משום שנים או שלשה ספרים כדאמרינן בפ' שור שנגח (ב"ק דף מ.) כופר אחד אמר רחמנא ולא שנים או שלשה כופרין ובפרק לולב הגזול (סוכה דף לה.) לינקוט תרתי תלת פרי אחד אמר רחמנא ולא שנים או שלשה פירות ואין להקשות מאי שנא משנתן שופר בתוך שופר אם קול פנימי שמע יצא ולא חשיב ליה כשני שופרות דהתם בשמיעה תליא מילתא והוא לא שמע אלא קול הפנימי: **חזר וחלקן מהו יש ברירה או אין ברירה.** הא לא דמי לברירה דמדלה מן הבור פלוגתא דר' אליעזר ב"י ורבנן בשור שנגח (ב"ק דף נא:) דהתם לא הוכר חלקו של אחד מהן לעולם אבל הכא הוכר הכתב ונתערב וכן ברירה משני לוגין שאני עתיד להפריש דמייתי בפ' מרובה (שם דף סט:) נמי לא הוכר המעשר מעולם וכן לכולהו ברירות דמייתי בפ' כל הגט (גיטין דף כה.) אבל דמי לברירה דמייתי בבכל מערבין (עירובין דף לז.) שתי נשים שלקחו קיניהן בעירוב או שנתנו דמי קיניהן לכהן איזה שירצה יקריב חטאת ואי זה שירצה יקריב עולה אע"ג דהוכרו מתחילה דמי כל אחת לא אמרי' זו מתכפרת במה שנקח מדמי חבירתה או שתי קינין של אחת יקריב כולן לעולה ושל חבירתה לחטאת א"נ איפכא *דאמרי' ברירה ואע"ג דדחי ליה התם כשהתנו מיהו חזינן דקא מייתי לה אשאר ברירות אלמא דליכא לאיפלוגי בין ברירה שהוכרה מתחילה לשאר ברירות וכן בפ' הוציאו לו (יומא דף נה.) דמייתי מתני' ר' יהודה אומר לא היו מביאין שופרות לקיני חובה מפני התערובות ומסיק משום תערובות דמי חטאת שמתה בעליה וקא פריך ונברור ד' זוזי ונשדי במיא והנך לישתרו ר' יהודה לית ליה ברירה מנלן ומייתי הסיא דהלוקח יין מבין הכותים ומסיק מדתני איו אלמא דמדמי ברירה דאם בא חכם למזרח אע"ג דליכא היכרא מעיקרא לברירה דארבעה זוזי דהוכר מעיקרא א"כ רבא מאי קא מבעיא ליה דלא פשיט מהני ומהא נמי דתנן בפ' בתרא דמס' מעילה (דף כא:) פרוטה של הקדש שנפלה לתוך הכיס או שאמר פרוטה בכיס זה הקדש כיון שהוציא הראשונה מעל דברי ר"ע וחכ"א עד שיוציא את כל הכיס אלמא לר"ע אית ליה ברירה כי האי גוונא דאמר בפרוטה ראשונה הוברר הדבר שפרוטה ראשונה שעלתה בידו היא היתה של הקדש שנפלה מיהא לא איתברירא לן התם במאי פליגי ומהא נמי ליכא למפשט דמייתי בבכורות פרק הלוקח בהמה (דף כב:) סאה תרומה טמאה שנפלה לק' חולין ר"א אומר תירום ותירקב שאני אומר היא סאה שעלתה היא סאה שנפלה ה"נ נימא שהמחק של זאת יגיע לזאת דהתם מקילינן בדרבנן דמדאורייתא חד בתרי בטל וריב"א הקשה בפ' הוציאו לו (יומא דף נה:) אהא ונברור ד' זוזי דתניא בתוספתא דמעילה (פ"א) נזיר שהפריש מעות ואמר אלו לחטאתי ואלו לעולתי ואלו לשלמי ונתערבו הרי לוקח בהן ג' בהמות בין ממקום אחד בין משלשה מקומות *מכלל דמי חטאת וכו' ודוקא בכי האי גוונא שרי אבל ליקח שליש המעות וליקח בהן בהמה לחטאת ונימא הוברר הדבר דאלו הוו דמי חטאת לא אמרי' מיהו מכל הני הוה מצי רבא למיפשט ועוד תימה אי אית לן למימר ברירה כי האי גוונא אם כן כל התערובות שבעולם יחזור ויחלק משום ברירה ועוד אמאי לא פשיט ליה מפרק קמא דראש השנה (דף יג:) דקיימא לן דיש בילה לשמן ויין נמלא דאין ברירה בדבר לח ובפרק התערובות (זבחים דף פ.) מייתי ליה פלוגתא דרבי אליעזר ורבנן בלוגית של חטאת שנפל *לתוך מים וכו' ונראה דהכא קא מבעיא ליה מי אמרינן לא קפיד קרא אלא אמחיקה מן המגילה שתהא נכרת לתוך המים שלה אבל לתוך כוס אחד איכא למימר כל חדא שתייא מים דלאו דידה לאו מחיקה נכרת היא חזר וחלקן הרי מים של כל אחת ניכרין מי אמרינן ברירה וכו' הרי הוברר מימיה אי דילמא אין ברירה כלומר ברירת מים בשעת מחיקה בעינן אבל על תערובת דיו של כתב המגילה לא קפדינן שהרי בשעת מחיקה בטל הכתב ולא תלי מילתא אלא במחיקה לתוך מים המבוררין לצרכה וקא מבעיא ליה אי מיא לא בדקי לה משום דלא נמחקה כהלכתה אי משום דטהורה היא: **בעי רבא השקה בסיב מהו.** ליכא למיפשט מהא דאמר רבא בפרק ערבי פסחים (פסחים דף קטו:) כרכן בסיב אף ידי מצה לא יצא אלמא אין דרך אכילה בכך דהתם מפסיק הסיב בין המצה ובין בית הבליעה אבל הכא דלא מפסיק קא מיבעיא ליה: **על מה היא אומרת אמן אמן.** בפרק שלישי דמסכת שבועות (דף כט:) כל העונה אמן כאילו מוציא שבועה מפיו ובפרק שבועת העדות (שם דף לו.) אמן יש בו קבלה יש בו שבועה ויש בו האמנת דברים: *אמן שלא נטמאתי. ירושלמי לא שהיה ר"מ אומר המים בודקין אותה מעכשיו אלא המים פקודים בה לכשתטמא המים בודקין אותה למפרע:

שומרת

עין משפט נר מצוה

מד א מיי' פ"ד מהל' סוטה הל"ח:
מה ב מיי' שם הל"י:
מו ג ד ה ו מיי' שם הלכה יא:
מז ז מיי' שם הלי"ז:

גירסת רש"א ולאו דוקא.

תוספות שאנץ

על שני דפין פי' כדפין של ספר תורה שקורין קולנייש בלע"ז. פסולה ומיירי שאינן מחוברין יחד אבל אם הן מחוברין השני דפין שפי' קרי' ליה ספר אחד. השקה בסיב שהיא חלולה כדרך שהתינוקות שותין בגבעולי קנבוס ל"ה. יש ספרים דגרסי בסיב או בשפופרת מהו כעין קליעה שעושין נקבים כמין סל א) ולאו דומה לשפופרת: **מתני'** אמן שלא שטיתי ארוסה ונשואה על ידי גלגול שבועה הוא מגלגל עליה זנות של אירוסין ואע"ג דלא היה בו קינוי ומכאן מפקי' דגלגול שבועה מן התורה. ומאן דמוקי לה התם ב) למילתא אחריתי מפיק גלגול שבועה מאמן מאיש זה אמן מאיש אחר: ולא מאחר שתתגרש ותסתר לאחר ואחר כך יחזירנה ה"ג ואפי' לר' מאיר דאמר מתנה על העתיד ונטמאת בגירושיה דאינה נאסרת עליו לחזור לו אלא א"כ נשאת על ידי קידושין דכי כתיב לא יוכל בעלה הראשון אשר שלחה וגו' לאחר קידושין ונישואין כתיב כדכתיב והלכה והיתה לאיש אחר ושנאה האיש האחרון ל"ה. ואית דגרסי ולא מאחר שתתגרש ותנשא לאחר ול"נ דכיון דאין האיש מנוקה מעון דלוקה משום לאו דלא יוכל ואין קידושין תופסין בה אין המים בודקין את אשתו. אבל קשה הכא משמע כיון שהיא גרושה לא נאסרה בזנות על בעלה אם יחזירנה. ותימה דפ"ק דמגילה [דף טו] קאמר גבי אסתר וכאשר אבדתי מבית אבא כך אבדתי ממך דעד עכשיו באונס ועכשיו ברצון ואמאי לא גרשה מרדכי כדאיתא הכא. וי"ל משום דגט צריך עדים והיה ירא מרדכי פן יודע הדבר לאחשורוש ומ"ה לא גרשה וכן פי' בפ"ק דמגילה.

א) אולי צ"ל ולאו שפופרת ממש קאמר אלא דומה לשפופרת. ב) ר"ל ביבמות דף נח דמיירי בהשקאה לארוסה ממש ונכנסה לחופה ולא נבעלה ע"ש. ועי' בתוס' קדושין כז ע"ב ד"ה ה"ג.

מסורת הש"ס

[גיטין כ:]

שבועה שיש עמו אלה כו'. מהרש"ל

[פי' נתן הסיב במים ובלע הסיב למים כמין ספוג ונתן הסיב בפיה ומוצצת למים. ערוך ערך סב ב]

קדושין כז: יבמות נח.

[פירוש נכון דכיצד ילפינן כל אותן דחשיב הכא מן חד אמן יתירה תמצא בתוס' יבמות נח. ד"ה שומרת ותוס' קדושין כז: ד"ה אמן]

ולא אמרינן דשמא אות' שהקריב כולה חטאת שמא עולה או איפכא משום דאמר ברירה כו'. מהרש"ל

צ"ל מחלל

[צ"ל לתוכה]

[שייך לע"ב]

הגהות הב"ח

(א) רש"י ד"ה משביעני וכו' שבועה של אלה:

הגהות מהר"ב רנשבורג

א] רש"י ד"ה שלא נטמאת וכו' שבועה שאין עמה. מלת שאין נמחק וצ"ב שיש כצ"ל. רש"ל:

עין משפט נר מצוה

מח א ב ג מיי' פ"ד מהל' סוטה הל"ז:
מט ד מיי' פ"ב מהל' יבום הל"ב סמג עשין נ טוש"ע אה"ע סי' קנט סעי' ג:
נ ה ו ז מיי' פ"ד מהל' סוטה הלכה יז:
נא ח מיי' פ"א מהל' סוטה הל"ב:

מסורת הש"ס

ושומרת יבם וכנוסה אמן שלא נטמאתי ואם נטמאתי יבואו בי [א]ר"מ אומר [א]אמן שלא נטמאתי אמן שלא אטמא הכל שוין [ב]שאין מתנה עמה לא על קודם שתתארס(א) ולא על אחר שתתגרש נסתרה לאחד ונטמאת ואח"כ החזירה לא היה מתנה עמה [בג]זה הכלל כל שתבעל ולא היתה אסורה לו לא
א היה מתנה עמה: **גמ'** [ג]*אמר רב המנונא שומרת יבם שזינתה אסורה ליבמה ממאי מדקתני שומרת יבם וכנוסה אא"ב אסירה משום הכי מתנה בהדה אלא א"א לא אסירה היכי מתנה בהדה והתנן זה הכלל כל שאילו תיבעל ולא תהא אסורה לו לא היה מתנה עמה אמרי במערבא [ד]לית הילכתא כרב המנונא [ד]אלא הא דקתני שומרת יבם וכנוסה הא מני [ה]ר"ע היא דאמר *אין קידושין תופסין בחייבי לאוין ומשוי לה כי ערוה בעי רבי ירמיה מהו שיתנה אדם [ו]על נישואין הראשונים על נישואי אחיו מהו ת"ש זה הכלל כל שתיבעל ולא תהא אסורה לו לא היה מתנה
ב עמה [ה]הא אסירה ה"נ דמתנה ש"מ: ר"מ אומר אמן שלא נטמאתי וכו': תניא [ז]*לא כשאמר ר"מ אמן שלא אטמא שאם תטמא מים בודקין אותה מעכשיו אלא [ל]כשתטמא מים מערערין אותה ובודקין אותה בעי רב אשי מהו שיתנה אדם על נישואין האחרונים השתא מיהא לא אסירה ליה או דילמא זימנין דמגרש לה והדר מהדר לה ת"ש הכל שוין שלא היה מתנה עמה לא על קודם שתתארס ולא על אחר שתתגרש(ב) נסתרה לאחד ונטמאת ואח"כ יחזירנה לא היה מתנה
ג [י]הא יחזירנה ותיטמא ה"נ דמתני ש"מ ת"ר [ח]°זאת תורת הקנאות מלמד שהאשה שותה (במדבר ה) ושונה רבי יהודה אומר זאת שאין האשה שותה ושונה אמר ר' יהודה מעשה והעיד לפנינו נחוניא חופר שיחין שהאשה שותה ושונה וקיבלנו עדותו בשני אנשים אבל לא באיש אחד וחכ"א אין האשה שותה ושונה בין באיש אחד בין בב' אנשים ות"ק נמי הכתיב זאת ורבנן בתראי נמי הא כתיב תורת אמר רבא באיש אחד ובועל אחד דכ"ע לא פליגי [ח]דאין האשה שותה ושונה
דכתיב

שומרת יבם וכנוסה. ואם היתה יבמתו וכנסה וקינא לה ונסתרה מגלגל עליה שבועה שלא נטמאת כשהיא שומרת יבם. שומרת יבם מלפה וממתנת ליבם שייבמנה כמו ואביו שמר את הדבר (בראשית לז) לא תשמור על חטאתי (איוב יד): **אמן שלא נטמאתי.** היינו קבלת שבועה ואם נטמאתי יבאו בי היינו קבלת אלה כדרך שהשביעה כדאמר לעיל בגמרא משביעני עליך שלא נטמאת ואם נטמאת יבאו בך והיינו פירושו דאמן על השבועה אמן על האלה דתניא ברישא: **אמן שלא אטמא.** שאם תטמא לאחר זמן מים מערערין אותה לאחר שתטמא כדתניא בברייתא בגמרא: **ולא על אחר שתתגרש כו'.** ואפילו לר"מ דאמר מתנה על העתיד: **ונטמאת.** בגירושיה דאינה נאסרת עליו לחזור לו אלא א"כ נישאת על ידי קידושין דכי כתיב (דברים כד) לא יוכל בעלה הראשון אשר שלחה לשוב לקחתה אחר קידושין ונישואין כתיב כדכתיב והיתה לאיש אחר ושנאה האיש האחרון: **גמ' שזינתה.** כשהיא שומרת יבם: **אסורה ליבמה.** כאשה שזינתה תחת בעלה שאסורה לבעלה: **מדקתני שומרת יבם.** שמשביעה על זנות שזינתה כשהיא שומרת יבם: **אי אמרת בשלמא.** זנתה נאסרת עליו משום הכי מתנה ע"י גלגול אף על אותו זנות אלא אי אמרת כו': **אין קידושין תופסין.** לאשה האסורה על המקדשה בלאו ורבנן פליגי עליה ואמרי בחייבי כריתות הוא דלא תפסי אבל בחייבי לאוין תפסי אלמא לר"ע משוי חייבי לאוין חמורות לענין איסוריהם כחייבי כריתות שהולד ממזר ולגבי לאסור על בעלה נמי כי היכי דהבא על אשת איש שהיא בכרת אסורה על בעלה כן הבא על שומרת יבם נמי שהיא עליו בלא תהיה אשת המת החוצה לאיש זר (דברים כה) אוסרה על יבמה: **ומשוי לה.** לחייבי לאוין: **כי ערוה.** דכרת: **נשואין הראשונים.** כגון גירשה והחזירה וקינא לה ונסתרה: **[על נשואי אחיו] מהו.** לגלגל זנות שתחת אחיו דהא דתנן במתני' ארוסה ונשואה שומרת יבם וכנוסה לאו בחדא אתתא קאי שישקנה יבם וישביענה על האירוסין ונישואין של אחיו אלא מילי מילי קתני אם הבעל משקה מתנה עמה על ארוסה ונשואה ואם היבם שכנסה משקה מתנה עמה שומרת יבם וכנוסה: **הא אסירה הכי נמי דמתנה.** וזו נאסרת עליו בזנות נישואין הראשונים לעולם וכן בזנות נישואי אחיו כדאמר בפ"ק (לעיל דף ג.) ואם מת חולצת ולא מתייבמת: **לא כשאמר ר"מ אמן שלא אטמא.** עלתה על דעתו שתבדק עכשיו על העתיד: **מערערין אותה.** חוזרין לה לתוך גרונה כאדם הנחנק ע"י משקה נראה כעושה ערער והוא לשון זעקת שבר יעוערו (ישעיה טו): **על נישואין אחרונים.** לר"מ דאמר מתנה על העתיד מהו שיתנה עמה בגלגול שבועה שלא תטמא אם יגרשנה ויחזירנה ותטמא: **ואחר כך יחזירנה.** טעמא דתטמא בימי גירושיה דלא מיתסרא עליה הא תטמא לאחר חזרה הכי נמי דמתני עכשיו: **תורת הקנאות.** תורה אחת לכל הקנאות שבכולן יעשה לה כתורה הזאת: **רבי יהודה אומר זאת.** מיעוטא הוא זאת ולא אחרת: **חופר שיחין.** להכניס מים לעולי רגלים בשדות ובדרכים: **בשני אנשים.** אם מת בעלה זה שהשקה ונישאת לאחר וקינא לה והיא נסתרה וקבלנו עדותו של נחוניא שישקנה השני
דרבי

שומרת יבם שזינתה אסורה ליבמה. פי' אפי' לרבנן דאמרי קידושין תופסין בחייבי לאוין ופליגי אדר"ע הכא מודו כדאמר בהאשה רבה (יבמות דף צב:) דכתיב בה לא תהיה אשת המת החוצה לאיש זר לא תהא בה הויה לזר אלמא דקרא משוי לה כערוה דלא תפסי בה קידושין משום דאגידא ביה והויא כארוסתו שזינתה: **אמרי במערבא לית הילכתא כרב המנונא.** בסוף פ"ק דסנהדרין (דף יז:) מפרש דאמרי במערבא היינו רבי ירמיה ונראה אע"ג דפסיק דלית הילכתא כרב המנונא הילכתא כוותיה דאמר בהאשה רבה (יבמות דף צב:) דרב סבירא ליה דאין קידושין תופסין ביבמה ושמואל מספקא ליה ואמר בעניותינו צריכה גט ופסיק אמימר כשמואל ורב גידל אמר רב חייא בר יוסף אמר רב נישואין יש בה בזנות כדרב המנונא וכן ר' יוחנן ור' ינאי סבירא להו התם דאין קידושין תופסין ביבמה ופשיט לה ר' יוחנן ממתני' דלאחר שיחלוץ ליך יבמיך וא"ל רבי ינאי אי לאו דדלאי לך חספא מי משכחת מרגניתא תותיה וא"ל ר"ל לר"י אי לאו דקלסך גברא רבה ה"א מתני' ר"ע היא ומיהו ר"ל לא פליג אדר' יוחנן דהא מוקי התם בההוא הפרק (דף צה.) הא דקתני ומה במקום שבא על האיסור קל נאסר האוסר בשומרת יבם וכדרב המנונא ובסוף ההיא גמרא ובשילהי החולץ (שם דף מט:) אמרינן נמי אביי מספקא ליה אי כרב אי כשמואל ובפ' הזורק בגיטין (דף פ:) פליגי לישני דגמרא אי מתני' הוה תיובתא לרב המנונא אי הוה סייעתיה והתם מלי למידחי סייעתיה כי הכא לאוקמיה מתניתין כר"ע אלא דדחי לה מלישנא דמתני' גופיה בירושלמי מפרש היאך קילס רבי ינאי לרבי יוחנן שקרא עליו הזלים זהב מכיס בני אל יליזו מעיניך חכם בני ושמח לבי תן לחכם ויחכם עוד ישמע חכם ויוסף לקח א"ל ר"ל בתר כל אלו פסוקי קילוסיה יכול הוא פתר ליה כר"ע ותו דחי ליה התם ויתיבניה מה איכפת לו ממזר גבי קינוי התורה אמרה וקנא את אשתו אפילו מקנא אשתו ולפוס מסקנא דהתם משמע דלית הילכתא כרב המנונא והכי גרס התם שומרת יבם שזינתה ר"א אומר מותרת לביתה ר' יהושע בן לוי אומר אסורה לביתה א"ר ינאי שומרת יבם שזינתה מותרת לביתה ותני כן ונעלמה מעיני אישה ולא מעיני יבמה רבי יעקב בן זבדי בשם ר' אבהו מעשה היה וכהנת היתה והותרה לביתה א"ר יוסי בר בון אף לא מכות אין בה לפי הירושלמי משמע דפליג רבי ינאי ארבי ינאי הא דאמר בהאשה רבה א"ר ינאי בחבורה נמנו וגמרו אין קידושין תופסין ביבמה גרסי' הכי בירושלמי א"ר שמואל לא כן א"ר ינאי נמנו שלשים וכמה זקנים מנין שאין קדושין תופסין וכו': **מהו** שיתנה אדם על נישואין האחרונים. ירושלמי א"ר ינאי פשיטא שאדם מוחל על קינוי גירש כמי שמחל היך *עבידא קינא לה וגירשה החזירה ונסתרה אי תימא גירש כמי שמחל צריך לקנאות לה פעם שניה אי תימא גירש כמי שלא מחל אין צריך לקנאות לה פעם שניה אבל אם קינא לה ונסתרה וידע בה וגירשה והחזירה ונסתרה שתתה ולא בדקו אותה המים טהורה היא או מאחר שאין המים בודקין *את האשה טמאה היא ואסורה לביתה: **אין האשה שותה ושונה.** ירושלמי כורכמית תוכיח ששתתה ושינתה ושילשה לפני שמעיה ואבטליון: **קבלנו עדותו בשני אנשים.** ל"ע בפ"ק דקידושין (דף יח.) דמוקמינן התם הא דקתני בגניבתו כיון שנמכר פעם אחת שוב אי אתה רשאי למוכרו בשני בני אדם אבל באדם אחד נמכר ונשנה [ולפירוש רש"י התם ניחא שפיר כיון שנמכר פעם אחת וכו'] מתוספת רבי: **ורבנן** בתראי הכתיב תורת. וא"ת הא דרשינן ליה בפ"ב דכריתות (דף ט:) שאדם מביא קרבן אחד אפילו אם קינא לאשתו על ידי אנשים הרבה וי"ל דהתם מיירי קודם ששתתה קינא לה מפלוני ונסתרה וקינא לה מפלוני ונסתרה וכן פעמים הרבה משקה בפעם אחת ומביא מנחה אחת על כולן ונפקא לן מקנאות אבל הכא דרשינן תורת לשותה ושונה שחזר וקינא לה לאחר שתיה ונסתרה שחוזרת ושותה שנית: **הדרן עלך היה מביא**

תוספות שאנץ

גמ' הא מני ר' עקיבא היא דאמר אין קידושין תופסין בחייבי לאוין באשה שהיא על המקדשה בלאו ורבנן פליגי עליה ואמרי בחייבי כריתות הוא דלא תפסי אלמא בחייבי לאוין תפסי. אבל לר' עקיבא משוי חייבי לאוין חמורות לענין איסוריהו כחייבי כריתות שהולד ממזר ולגבי ליאסר על בעלה נמי כי היכי דהבא על אשת איש שהיא בכרת אוסרה על בעלה הבא על שומרת יבם נמי שהיא בלאו דלא תהיה אשת המת אוסרה על יבמה. ל"ה. אבל אליבא דרבנן אע"ג דאיכא מאן דאמר בהאשה רבה דאין (א) ביבמה אלא מ"מ לאו משני לאוין בערוה ולא תהא אסורה לו כיון שאין ממזר מיבמה. מהו שיתנה על הנישואין הראשונים פ"ה כגון גירשה והחזירה וקינא לה ונסתרה מהו לגלגל עליה זנות אם זינתה קודם שגירשה שיבדקוה המים הללו. על נישואי אחיו כגון מת אחיו בלא בנים וכנסה היבם וקינא לה ונסתרה מהו לגלגל עליה זנות שתחת אחיו. ואי קשיא דממתני' מצי למפשט דהא תנן במתני' ארוסה ונשואה ושומרת יבם וכנוסה ופ"ה דמתני' לאו בחדא איתתא קאי שישקנה יבם וישביענה על נישואין ואירוסין של אחיו אלא מילי מילי קתני אם הבעל משקה מתנה עמה על ארוסה ואם היבם משקה אותה מתנה עמה שומרת יבם וכנוסה. ל"ה:

(א) נראה דצ"ל אפי' למ"ד לאין קידושין תופסין ביבמה מ"מ לא שאני משאר לאוין ולא הוי כערוה ולא תהא וכו'.

יבמות פח. צב: נה. ע. גיטין פ:

[יבמות י: וש"נ]

[תוספתא פ"ב ע"ש]

[כלומר מאי נפקא מיניה]

בירושלמי שלפנינו הגי' כך את האשה שהיא אסורה לביתה טמאה היא ועיין שם בפ"מ גירסת רש"א

הגהות הב"ח

(א) במשנה קודם שתתארס (ולא על אחר שתתגרש נסתרה לאחד ונטמאת ואח"כ החזירה לא היה מתנה עמה) תא"מ ונ"ב גירסת רש"י ולא על אחר שתתגרש ותסתר לאחד ותיטמא ואח"כ יחזירנה לא היה מתנה עמה ויש גורסין ולא משנתגרשה ונסתרה לאחד ונטמאה ואח"כ החזירה לא היה מתנה עמה פי' אם השביעה אחר שהחזירה לא היה מתנה עמה על מה שזינתה אחר הגירושין קודם שהחזירה והמדפיס עירב שתי הגירסאות יחד ועיין בפי' דר' עובדיה וברמב"ם פ"ד דסנהדרין: (ב) גמ' שתתגרש ותיסתר לאחד ותיטמא ואח"כ יחזירנה הא יחזירנה:

וְשׁוֹמֶרֶת יָבָם שמת בעלה בלי בנים, והיא ממתינה ("שומרת") ליבם שישאנה או יחלוץ לה, **וּכְנוּסָה** לאחר שנתייבמה. **אָמֵן שֶׁלֹּא נִטְמֵאתִי, וְאִם נִטְמֵאתִי — יָבוֹאוּ** (יתקיימו) **בִּי** כל הקללות הללו. **ר' מֵאִיר אוֹמֵר:** "אמן אמן" פירושו — **אָמֵן שֶׁלֹּא נִטְמֵאתִי** בעבר, **אָמֵן שֶׁלֹּא אֶטָּמֵא** בעתיד. **הַכֹּל שָׁוִין שֶׁאֵין מַתְנֶה עִמָּהּ** בהשבעה זו **לֹא עַל** מה שעשתה **קוֹדֶם שֶׁתִּתְאָרֵס** (שהתארסה) לו, **וְלֹא עַל** מה שתעשה **אַחַר שֶׁתִּתְגָּרֵשׁ** ממנו. וכן אשה שגירשה בעלה ובהיותה גרושה **נִסְתְּרָה לְאֶחָד וְנִטְמֵאת, וְאַחַר כָּךְ הֶחֱזִירָהּ** בעלה וקינא לה ונסתרה ובא להשקותה מי סוטה — **לֹא הָיָה מַתְנֶה עִמָּהּ** שתישבע שלא נטמאה מזמן שגירשה, לפי שבהיותה גרושה אינה נאסרת עליו אם נבעלה בזנות. **זֶה הַכְּלָל:** על **כָּל** מקרה **שֶׁתִּבָּעֵל** לאחר **וְלֹא הָיְתָה אֲסוּרָה לוֹ** על ידי בעילה זו — **לֹא הָיָה מַתְנֶה עִמָּהּ.** ובשבועה יכול לכלול רק דברים שאם עושה אותם נאסרת עליו.

א גמרא **אָמַר רַב הַמְנוּנָא: שׁוֹמֶרֶת יָבָם שֶׁזִּינְּתָה — אֲסוּרָה לִיבָמָהּ. מִמַּאי** [ממה] למד הוא זאת — **מִדְּקָתָנֵי** [ממה ששנה] במשנתנו **"שׁוֹמֶרֶת יָבָם וּכְנוּסָה". אִי אָמְרַתְּ בִּשְׁלָמָא** [נניח אם אתה אומר] ששומרת יבם שזינתה **אֲסִירָה** [אסורה] עליו — **מִשּׁוּם הָכִי** [כך] **מַתְנֶה בַּהֲדָא** [עימה], ומשביעה שלא זינתה אז, **אֶלָּא אִי אָמְרַת לָא אֲסִירָה** [אם אומר אתה שאינה אסורה] — **הֵיכִי** [איך] **מַתְנֶה בַּהֲדָהּ** [עימה]? **וְהָתְנַן** [והרי שנינו במשנה], **זֶה הַכְּלָל: כָּל שֶׁאִילּוּ תִּיבָּעֵל וְלֹא תְּהֵא אֲסוּרָה לוֹ — לֹא הָיָה מַתְנֶה עִמָּהּ! אָמְרִי בְּמַעַרְבָא** [אומרים בארץ ישראל]: **לֵית הִילְכְתָא** [אין הלכה] **כְּרַב הַמְנוּנָא** לגבי שומרת יבם. **וְאֶלָּא הָא דְּקָתָנֵי** [זו ששנה] במשנתנו **"שׁוֹמֶרֶת יָבָם וּכְנוּסָה"** — אין ללמוד מכאן, ומדוע, כי **הָא מַנִּי** [זו, משנתנו, כדעת מי היא] כדעת **ר' עֲקִיבָא הִיא, שֶׁאָמַר: אֵין קִדּוּשִׁין תּוֹפְסִין בְּחַיָּיבֵי לָאוִין, וּמְשַׁוֵּי לָהּ כִּי** [מחשיב אותה כמו] **עֶרְוָה,** שהרי שומרת יבם הנבעלת לאחר עוברת על לאו, ולשיטתו אין הבדל בין איסורי לאו ואיסורי כרת ונאסרת על היבם.

בָּעֵי [שאל] **ר' יִרְמְיָה: מַהוּ שֶׁיַּתְנֶה אָדָם** עם אשתו שנסתרה, **עַל נִישּׂוּאִין הָרִאשׁוֹנִים** שהיתה נשואה לו פעם וגירשה והחזירה, שלא זינתה גם אז, וכן **עַל נִישּׂוּאֵי אָחִיו** שמת בלי בנים והוא ייבם את אשתו, **מַהוּ?** ומציעים: **תָּא שְׁמַע** [בוא ושמע] פתרון לדבר ממה ששנינו: **זֶה הַכְּלָל, כָּל שֶׁתִּיבָּעֵל וְלֹא תְּהֵא אֲסוּרָה לוֹ** בבעילה זו **— לֹא הָיָה מַתְנֶה עִמָּהּ. הָא אֲסִירָה** [הרי אם היתה אסורה] על ידי בעילה זו — **הָכִי נַמִי** [כך גם כן] **שֶׁמַּתְנֶה,** וכן בשני המקרים הללו, כיון שאם זינתה היתה נאסרת עליו, יכול להשביעה.

ומסכמים: אכן **שְׁמַע מִינָּהּ** [למד מכאן] שכן הוא ורשאי להתנות במקרה כזה.

ב שנינו במשנה במשמעות "אמן אמן" שאומרת האשה, **שר' מֵאִיר אוֹמֵר: אָמֵן שֶׁלֹּא נִטְמֵאתִי,** אמן שלא אטמא. **תַּנְיָא** [שנויה ברייתא]: **לֹא כְּשֶׁאָמַר ר' מֵאִיר אָמֵן שֶׁלֹּא אֶטָּמֵא** התכוון לומר **שֶׁאִם תִּטָּמֵא** בעתיד **מַיִם** ששותה כעת **בּוֹדְקִין אוֹתָהּ** כבר **מֵעַכְשָׁיו, אֶלָּא** הכוונה היא **לִכְשֶׁתִּטָּמֵא** בעתיד — **מַיִם** ששותה כעת **מְעַרְעֲרִין אוֹתָהּ וּבוֹדְקִין אוֹתָהּ** אז. **בָּעֵי** [שאל] **רַב אַשִׁי: מַהוּ שֶׁיַּתְנֶה אָדָם** בשעה שמשקה את אשתו **עַל נִישּׂוּאִין הָאַחֲרוֹנִים?** כלומר, שאם יגרשנה ויחזירנה, שלא תיטמא לאחר באותם נישואין אחרונים. האם נאמר: **הָשְׁתָּא מִיהָא לָא אֲסִירָה לֵיהּ** [עכשיו על כל פנים אינה אסורה לו], שהרי לגבי הנישואין הראשונים היא טהורה, **אוֹ דִּילְמָא זִימְנִין דִּמְגָרֵשׁ לָהּ וַהֲדַר מַהֲדַר לָהּ** [שמא פעמים שהוא מגרש אותה וחוזר ומחזיר אותה] ותיאסר אז עליו, ומשום כך יכול הוא להשביעה עכשיו? ועונים: **תָּא שְׁמַע** [בוא ושמע] פתרון לדבר ממה ששנינו במשנתנו: **הַכֹּל שָׁוִין שֶׁלֹּא הָיָה מַתְנֶה עִמָּהּ לֹא עַל קוֹדֶם שֶׁתִּתְאָרֵס, וְלֹא עַל אַחַר שֶׁתִּתְגָּרֵשׁ.** ומדייקים: דווקא **נִסְתְּרָה לְאֶחָד וְנִטְמֵאת** לאחר שגירשה **וְאַחַר כָּךְ יַחֲזִירֶנָּה — לֹא הָיָה מַתְנֶה,** שבשעה שנסתרה לא היתה אשתו ולא נאסרה עליו, **הָא** [הרי] אם **יַחֲזִירֶנָּה וְתִיטָּמֵא** — תיאסר עליו. **הָכִי נַמִי דְּמַתְנֵי** [כך גם כן שהוא מתנה] כבר מעכשיו. ומסכמים: אכן, **שְׁמַע מִינָּהּ** [למד ממנה] שכן הוא.

ג **תָּנוּ רַבָּנַן** [שנו חכמים]: מה שנאמר **"זֹאת תּוֹרַת הַקְּנָאֹת"** (במדבר ה, כט) בלשון רבים, **מְלַמֵּד שֶׁהָאִשָּׁה שׁוֹתָה וְשׁוֹנָה,** כלומר, חוזרת ושותה פעם אחרת. **ר' יְהוּדָה אוֹמֵר** להיפך: **"זֹאת"** הוא לשון מיעוט, **שֶׁאֵין הָאִשָּׁה שׁוֹתָה וְשׁוֹנָה. אָמַר ר' יְהוּדָה: מַעֲשֶׂה וְהֵעִיד לְפָנֵינוּ נְחוּנְיָא חוֹפֵר שִׁיחִין** שקיבל מרבותיו **שֶׁהָאִשָּׁה שׁוֹתָה וְשׁוֹנָה, וְקִיבַּלְנוּ עֵדוּתוֹ בִּשְׁנֵי אֲנָשִׁים,** שאם היתה נשואה לשנים יכול להיות ששותה ושונה אצל בעלה השני, **אֲבָל לֹא בְּאִישׁ אֶחָד. וַחֲכָמִים אוֹמְרִים: אֵין הָאִשָּׁה שׁוֹתָה וְשׁוֹנָה, בֵּין בְּאִישׁ אֶחָד בֵּין בִּשְׁנֵי אֲנָשִׁים.** ושואלים: ולדעת **הַתַּנָּא קַמָּא נַמִּי** [הראשון, גם כן] **הָכְתִיב** [הרי נאמר] **"זֹאת"** למעט! ולהיפך, **וְרַבָּנַן בַּתְרָאֵי נַמִּי** [ולדעת חכמים אחרונים שנזכרו בברייתא, גם כן] **הָא כְּתִיב** [הרי נאמר] **"תּוֹרַת הקנאות"** בלשון רבים! **אָמַר רָבָא: בְּאִישׁ אֶחָד** שחשד באשתו **וּבוֹעֵל אֶחָד — דְּכוּלֵּי עָלְמָא לָא פְּלִיגִי** [הכל אינם חלוקים] **שֶׁאֵין הָאִשָּׁה שׁוֹתָה וְשׁוֹנָה,** אם קינא לה שנית מאותו אדם ונסתרה עימו שנית,

מסורת הש"ס

א. ירושלמי שבועות פ"ח ה"ב. תוספתא סוטה פ"ב ב. ספרי וספרי זוטא במדבר ה, כב. במדב"ר פ"ט יט. מדרש ל"ב מדות פי"ח. ילק"ש תורה תשט.

ב. ירושלמי סוטה פ"ב ה"ה. ספרי שם.

ג. יבמות פא,א. צב,ב. צה,א. צו,א. גיטין פ,ב. ירושלמי סוטה שם.

ד. ירושלמי שם. וראה שם יבמות פ"ה ה"א. שם קדושין פ"ג ה"ה. ספרי זוטא ה, יט. במדב"ר פ"ט יז. וראה עוד סוטה כד,א.

ה. יבמות י,ב. נב,ב. סט,א. צב,א. כתובות כט,ב. קדושין סד,א. סח,א. סנהדרין נג,א. תמורה כט,ב. תוספתא יבמות פ"ו ה. וראה ירושלמי יבמות פ"א ה"א. שם פ"ה ה"ד. שם פ"י ה"א. שם ה"ד. שם גיטין פ"א ה"ד. שם פ"ח ה"ו. שם קדושין פ"ג ה"ה. תוספתא יבמות פי"א ו. שם ח-ט. שם גיטין פ"ח ו-ז.

ו. (שאלה דומה) כתובות מו,א.

ז. ירושלמי סוטה פ"ב ה"ה. תוספתא סוטה פ"ב ב.

ח. ירושלמי סוטה פ"ב ה"ה. במדב"ר פ"ט מב. ילק"ש תורה תשט.

גרסות

לא על קודם שתתארס יש בכת"י: קודם שנתארסה.

ולא על אחר שתתגרש יש בכת"י: ולא משנתגרשה.

ולא על אחר — הכלל יש גורסים: ולא מאחר שתתגרש ותסתר לאחר ואחר כך יחזירנה זה הכלל.

ולא היתה אסורה בכת"י יש: **ולא תהא אסורה.**

זאת תורת הקנאות יש בכת"י: **תורת הקנאות.**

דכולי עלמא יש בכת"י: **כולי עלמא.**

אישים

נחוניא חופר שיחין

חכם זה חי עוד בימי הבית השני, והיה מן הממונים במקדש. הוא נודע כמי שדאג לחפירת בורות ובארות מים עבור עולי הרגל ויושבי ירושלים.

בתלמוד מסופר על נס שאירע לבתו שנפלה לבור הגדול בירושלים, ואמרו עליו שהקב"ה מדקדק עם אנשים גדולים כמותו כחוט השערה.

עיונים

שומרת יבם וכנוסה וכו' אין כל אלה נחוצים להאמר, שהרי החידוש הוא רק לגבי ארוסה ושומרת יבם. אבל לשם השלמת הענין אמר ארוסה ונשואה, ולגבי היבם — שומרת יבם וכנוסה (מתשובת רב שרירא גאון).

שומרת יבם שזינתה אף בתלמוד הירושלמי נדונה בעיה זו, ושם היא שנויה במחלוקת (ומכאן ש"אמרי במערבא", האמור להלן כפי שמוסבר במסכת סנהדרין, הוא דבר המיוחס בעצם לחכם אחד, ואינו בהכרח מסקנת דבריהם של כל חכמי ארץ ישראל). ומהלך הדיון שם דומה במידה רבה למצוי בתוס' (ד"ה אמרי שאכן מצטט מקצת מדברי התלמוד הירושלמי בזה) שמא יש לומר שאין ההלכה במשנתנו דווקא כר' עקיבא, אלא היא מתבססת על השיטה שאין קידושין תופסים בשומרת יבם מפני גזירת הכתוב של "לא תהיה אשת המת החוצה" (דברים כה, ה) אף שאינה בגדר ערוה מבחינת עונשים ופסול יוחסין על הוולד.

ומשוי לה כי ערוה וכו' בתלמוד הירושלמי יש חכמים שאינם מקבלים את הסברה הזו כהוכחה גמורה, משום שהם אומרים כי אין קשר הכרחי בין ממזרות (שלדעת ר' עקיבא בני חייבי לאוין הם ממזרים) ובין איסורה של הסוטה. ושם מעלים גם אפשרות שכיון שנאמר "וקינא את אשתו" הרי זה בא לרבות אפילו מקצת אשתו, כלומר זו שאינה ממש נשואה לו לגמרי אבל יש ביניהם מעין קשר אישות, ואם כן שומרת יבם בכלל זה.

מים בודקין אותה מעכשיו כתב בתוהרא"ש שאף לפי ההנחה הדחויה הזו אין הכוונה שהמים יבדקו אותה לגמרי מעכשיו, שהרי אם יבדקוה המים — תמות מיד, ואם כן אינה יכולה לבוא לידי חטא. אלא הכוונה שיעשו בה המים רושם, ותהא מתנוונת והולכת.

ולעצם ההנחה הזו כבר תהו רבים: כיצד אפשר להעלות על הדעת שייענש אדם על חטא שיהא בעתיד? (ראה בהגהות פורת יוסף ועוד). ויש מי שכתב שעיקר עונשה של הסוטה הוא משום שמוציאה שבועת שקר מפיה, ואם כן חטא שבועת השקר הוא מיד בשעת השבועה (אשל אברהם). וגם זה דחוק, כי יש משמעות לכך רק אם מתכוונת באותה שעה לחזור ולחטוא בעתיד.

שותה ושונה כבר המהרי"ט הקשה כאן קושיה פשוטה: מאחר שפוסקים להלכה כר' מאיר שמתנה עימה גם על העתיד, ומים בודקים אותה באותה שעה, אם כן איך יצוייר שתהא האשה שותה ושונה, שהרי אם לא נבדקה על ידי המים מכוח שתיה ראשונה, מה תועיל לה שתיה שניה? ותירצו בדרכים שונות, שיש שכתבו שמדובר במקרה שהבעל חטא בינתים, ואז אין המים הראשונים בודקים את אשתו, אלא שלאחר מכן חזר בתשובה, ואז שוב יבדקוה המים (ראה בקרן אורה ובמרומי שדה). ויש שכתב שאולי קשור הדבר לאשה שיש לה זכות הגורמת לה שלא יבדקוה המים מיד, ולכן ייתכן שהבעל יחזור וישקנה שנית (ראה בשפת אמת ועוד). ויש שתירצו כי מה שמתנה על העתיד לבוא אינו חלק קבוע מן ההשבעה, אלא הדבר תלוי בבעל, שיכול לגלגל עליה גם מה שיהא לעתיד, וכאן מדובר במקרה שלא גלגל הבעל שבועה (מנחת חנוך. והדבר קשור גם למחלוקת אם גלגולי שבועה אלה הם חלק ממה שעושה הכהן מדעת עצמו כדברי הריטב"א, או שהכל תלוי בבעל כדעת הרמב"ם).

וחכמים אומרים וכו' בתלמוד הירושלמי מובאת נוסחה אחרת, ששם אומרים חכמים שהאשה שותה ושונה אף בבעל אחד, והביאו ראיה מן המעשה, שהיתה אשה כזו ששתתה שלוש פעמים בפני שמעיה ואבטליון.

אורח ההלכה

אמן שלא אטמא יכול הבעל לגלגל על אשתו שבועה שלא תזנה תחתיו בעתיד, ושלא תזנה אחר שיחזירנה אם יגרשנה ויחזירנה. ולפיכך, אם תזנה עליו יבדקו אותה אז המים. ואף שדברים אלה נאמרו בשם ר' מאיר, נראה שהלכה כמותו משום שסוגיית הגמרא כשיטתו (ראב"ד). (רמב"ם ספר נשים הלכות סוטה פ"ד הי"ז).

על קודם שתתארס וכו' אין הבעל יכול לגלגל שבועה על אשתו על שזינתה קודם אירוסיה לו, או אחר שגירשה (אם גירשה והחזירה). (רמב"ם שם).

זה הכלל וכו' זה הכלל לגבי שבועות שיכול אדם לגלגל על אשתו: כל שמתנה עימה בדבר שאם עשתה אותו היא נאסרת עליו — יכול להתנות, ואם בדבר שאינה נאסרת עליו מחמתו — אינו יכול לגלגל. (רמב"ם שם).

שומרת יבם שומרת יבם שזינתה מותרת ליבמה, כמסקנת הגמרא שלא כדברי רב המנונא. (רמב"ם שם הלכות יבום וחליצה פ"ב ה"כ. שו"ע אה"ע קנט, ג).

על נישואין הראשונים וכו' יכול אדם לגלגל שבועה על אשתו שגירשה והחזירה שלא זינתה בזמן נישואין הראשונים שהיתה נשואה לו. וכן יכול לגלגל שבועה על יבמתו שכנסה שלא זינתה על אחיו בהיותה נשואה לו. (רמב"ם שם הלכות סוטה פ"ד הי"ז).

על נישואין האחרונים יכול אדם לגלגל שבועה על אשתו שאם יגרשנה ויחזירנה שלא תיזנה תחתיו. כמסקנת הגמרא. (רמב"ם שם).

מתי שותה ושונה קינא בה בעלה מאדם אחד ושתתה מים המרים — אינו יכול להשקותה שוב כאשר מקנא לה מאותו אדם. אבל יכול להשקותה כאשר מקנא לה מאדם אחר. ואם נישאה לאחר וקינא לה מאותו האיש שקינא לה הראשון — יכול להשקותה. (רמב"ם שם פ"א הי"ב-יג).

דִּכְתִיב [שנאמר]: **״זֹאת״** (במדבר ה, כט) שהוא לשון מיעוט. **בִּשְׁנֵי אֲנָשִׁים** (בעלים) שונים של אותה אשה שחשדו בה, **וּשְׁנֵי בוֹעֲלִין** שונים, שקינא לה בעלה הראשון מאדם אחד ובעלה השני מאדם אחר — **דְּכוּלֵּי עָלְמָא לָא פְּלִיגֵי** [הכל אינם חלוקים] **שֶׁהָאִשָּׁה שׁוֹתָה וְשׁוֹנָה, דִּכְתִיב** [שנאמר]: **״תּוֹרַת הקנאות״** (שם) בלשון רבים. **כִּי פְּלִיגֵי** [כאשר נחלקו] הרי זה **בְּאִישׁ אֶחָד וּשְׁנֵי בוֹעֲלִין,** שקינא לה בעלה כל פעם מאדם אחר, או **בִּשְׁנֵי אֲנָשִׁים** (בעלים) **וּבוֹעֵל אֶחָד; תַּנָּא קַמָּא** [התנא הראשון] **סָבַר: ״תּוֹרַת הקנאות״** בא **לְרַבּוּיֵי כּוּלְּהִי** [לרבות את כולם] שבכל אופן שותה ושונה, **״זֹאת״** בא **לְמַעוּטֵי** [למעט] רק **אִישׁ אֶחָד וּבוֹעֵל אֶחָד. וְרַבָּנַן בַּתְרָאֵי סָבְרִי** [וחכמים אחרונים סבורים]: **״זֹאת״** בא **לְמַעוּטֵי כּוּלְּהִי** [למעט את כולם], **״תּוֹרַת הקנאות״** בא **לְרַבּוּיֵי** [לרבות] רק **שְׁנֵי אֲנָשִׁים וּשְׁנֵי בוֹעֲלִין. וְר׳ יְהוּדָה** סבור: **״זֹאת״** בא **לְמַעוּטֵי תַּרְתֵּי** [למעט שנים] מן המקרים, **״תּוֹרַת״ לְרַבּוֹת תַּרְתֵּי** [שנים]. ומפרטים: **״זֹאת״ לְמַעוּטֵי תַּרְתֵּי** [למעט שנים] — **אִישׁ אֶחָד וּבוֹעֵל אֶחָד** ואפילו **אִישׁ אֶחָד וּשְׁנֵי בוֹעֲלִין, ״תּוֹרַת הקנאות״** בא **לְרַבּוּיֵי תַּרְתֵּי** [לרבות שנים], בין **שְׁנֵי אֲנָשִׁים וּבוֹעֵל אֶחָד,** וכל שכן **שְׁנֵי אֲנָשִׁים וּשְׁנֵי בוֹעֲלִין.**

עיונים

זאת למעוטי תרתי כפי שרש״י מסביר, המחלוקת בנושא זה מבוססת על כך שיש בכתוב ריבוי ומיעוט, והחכמים השונים חלוקים בדעותיהם מה יש לרבות ומה למעט. וראה שרש״י מסביר את שיטת ר׳ יהודה שאם הבעל חוזר ומקנא לאשתו שנית לאחר שנבדקה ונמצאה טהורה — משמע שאין ממש בדבריו ואינו אלא קנתרן. והעירו כי מן הרמב״ם לא משמע כך, שהרי פסק שאף שאין משקים אם האשה במקרה כזה, מכל מקום מצוה עליו לגרשה. אבל מאחר שאין פסק ההלכה כר׳ יהודה ייתכן שהרמב״ם אף אינו מקבל את עיקר הסברה כפי שרש״י מעמיד אותה לשיטת ר׳ יהודה (וראה במנחת קנאות ועוד).

גמרא

דכתיב זאת בשני אנשים ושני בועלין דכולי עלמא לא פליגי דהאשה שותה ושונה דכתיב תורת כי פליגי באיש אחד ושני בועלין בשני אנשים ובועל אחד ת"ק סבר תורת [א]לרבויי כולהי זאת למעוטי איש אחד ובועל אחד ורבנן בתראי סברי זאת למעוטי כולהי תורת לרבויי שני אנשים ושני בועלין ור' יהודה זאת למעוטי תרתי תורת לרבות תרתי זאת למעוטי תרתי איש אחד ובועל אחד איש אחד ושני בועלין תורת לרבויי תרתי שני אנשים ובועל אחד שני אנשים ושני בועלין:

הדרן עלך היה מביא

היה [ב]נוטל את מנחתה מתוך כפיפה מצרית ונותנה לתוך כלי שרת [ג]ונותנה על ידה וכהן מניח(א) ידו מתחתיה ומניפה הניף והגיש קמץ *והקטיר והשאר נאכל לכהנים [ד]היה *משקה ואחר כך מקריב את מנחתה רבי שמעון אומר *מקריב את מנחתה ואח"כ היה משקה שנאמר °ואחר ישקה את האשה את המים אם השקה ואחר כך הקריב את מנחתה [ה]כשרה: **גמ'** *אמר ליה רבי אלעזר לרבי יאשיה דדריה לא *תיתב אכרעך עד דמפרשת לה להא מילתא מנין למנחת סוטה שטעונה תנופה מנא לן והניף כתיב בה בבעלים מנלן *אתיא יד יד משלמים כתיב הכא °ולקח הכהן מיד האשה וכתיב התם °ידיו תביאנה מה כאן כהן אף להלן כהן ומה להלן בעלים אף כאן בעלים הא כיצד מניח ידו תחת ידי הבעלים ומניף: הניף והגיש קמץ וכו' היה משקה ואחר כך מקריב את מנחתה: הא אקרבה הכי קאמר סדר מנחות כיצד הניף והגיש קמץ והקטיר והשאר נאכל לכהנים ובהשקאה גופה פליגי רבי שמעון ורבנן דרבנן סברי משקה ואח"כ מקריב את מנחתה ורבי שמעון סבר מקריב את מנחתה ואחר כך משקה שנאמר °ואחר ישקה: ואם השקה ואחר כך הקריב את מנחתה כשרה: ת"ר

(בגליון: [לעיל יד:] · במדבר ה · שם · ויקרא ז · במדבר ה · [לקמן כ:])

רש"י

דרבי יהודה דריש זאת למעוטי שאינה שותה ושונה על ידי בעל א' אם חזר וקינא לה ודריש תורת לרבות ששותה פעם שניה על ידי בעל שני ומדקאמר ר' יהודה דע"י בעל שני חוזרת ושותה מכלל דלתנא קמא אפילו בעל א' משקה שני פעמים והיינו דפרכינן ותנא קמא הא כתיב זאת ומאי קא ממעט מיניה: **דכתיב זאת.** ומסתברא דהא מיהת קממעט שלא יקנא לה בעל זה פעם אחרת: **שני אנשים ושני בועלים.** לאחר שהשקה זה מת ונישאת לאחר וקינא לה מבועל אחר: **דכתיב תורת.** והא מיהת אתא לרבוי: **ור' יהודה.** סבירא ליה וכו' דאחר שריבה הכתוב ומיעט ולא פירש מה ריבה ומה מיעט על כרחך לא מסרן הכתוב אלא לחכמים לפרש לך לפי חכמתם מה ריבה ומה מיעט ומסתברא דריבויא אשני אנשים קאי ואפילו בבועל אחד ולא אשני בועלים ובעל אחד כיון דקינא לה כבר ונמצאת נקיה נראה הדבר שאדם קנטרן הוא ומתכוין להקניטה הילכך לא שנא מחשד ראשון ולא שנא מאחר:

הדרן עלך היה מביא

היה נוטל את מנחתה. הבעל דהא אמרינן דאין מצות כהונה במנחות אלא מקמיצה ואילך והגשה נמי תחילת קמיצה היא שאין זר קרב למזבח אבל קידוש כלי ויציקה ובלילה שטעונות שמן כשר בזר: **ונותנה על ידה.** להניף: **וכהן מניח ידו מתחתיה.** ובגמרא יליף דתנופה צריכי יד בעלים ויד כהן ובעלים דמנחת סוטה היא האשה: **והגיש.** לקרן מערבית דרומית(ב) כדתניא בפרק ג' בסדר מנחות (דף יט:) וכולהו הנך כתיבי במנחת סוטה תנופה והקרבה קמילה והקטרה: **והשאר נאכל.** שכל הנקמצות שיריהן נאכלין דכתיב תורת בסתם מנחה (ויקרא ו) וזאת תורת המנחה כו' עד והנותרת ממנה וגו': **ואח"כ מקריב.** בגמרא פריך הא תנא ליה והקטיר ומה יקריב עוד לאחר הקטרה: **פלוגתא דרבנן ור' שמעון.** בגמרא ילפינן לה מקראי: **גמ' לר' יאשיה דדריה.** אמורא הוא ובדורו של ר"א בן פדת(ג) ועוד היה ר' יאשיה שהיה תנא בר פלוגתא דר' יונתן בכוליה גמרא והיינו דקאמר לר' יאשיה דדריה דלא תימא לרבי יאשיה הזקן דלאו אורח ארעא למימרא ליה הכי שגדול וזקן ממנו היה: **בבעלים מנא לן.** שתהא האשה מניפה עם הכהן דהא קרא בכהן לחודיה כתיב ולקח הכהן מיד האשה וגו': **משלמים.** מתנופת חזה ושוק ואימורין דשלמים: **ידיו תביאנה.** בבעלים כתיב וגבי תנופה כתיב: **מה כאן כהן.** בסוטה כתיב כהן בתנופת מנחתה: **הא אקרבה.** קודם השקאה דקתני קמץ והקטיר והדר תניא היה משקה: **הכי קאמר כו'.** הא דתנא רישא הניף והגיש קמץ והקטיר לאו דוקא קודם השקאה נקט ולא איירי בהשקאה כלל אלא איירי בסדר הקרבת מנחת סוטה שכן הוא תנופה והגשה קמילה והקטרה והכי קאמר כשבא להקריבה היה נוטלה מתוך כפיפה כו' והדר איירי מי קודם(ד) או השקאה קודם כל אלה או אם כל אלה קודמין להשקאה ופליגי בה רבי שמעון ורבנן:

תוספות

היה נוטל. בירושלמי כתיב ולקח הכהן מיד האשה את מנחת הקנאות וכי על ידו הוא מניף ולא על ידה הוא מניף אלא מכאן שהוא נוטלה מתוך כלי חול ונותנה בכלי שרת היינו משמע דלא כפירוש רש"י דפירש דבעל היה נוטל ומלינו למימר דקידוש המנחה כשירה *בזר מיהו מצוה בכהן ליטול המנחה מידה ומאחר שהיה נוטלה היה נותנה כמו כן לתוך כלי שרת:

וכהן מניח את ידו תחתיה. הא דאיצטריך תו למיתני וכהן מניח את ידו תחתיה ולא קתני בסתם *ומכניס את ידו לאשמועינן דתנופה בכהן ירושלמי וכהן מניח את ידו תחתיה ואין הדבר כיעור מניח מפה ואינו חושך מביא כהן זקן ואפילו תימא כהן ילד שאין יצר הרע מצויה לשעה תני ר' חייא סוטה גידמת שני כהנים מניפין על ידיה אבל בגמרא דידן אמרינן בסוף פרק ארוסה (לקמן דף כו.) דגידמת לא היתה שותה וי"ל דפליגי אי בעינן קרא כדכתיב:

הניף והגיש. בירושלמי יליף הא *דאמר בפרק כל המנחות (דף ס:) והבאת לרבות מנחת העומר להגשה והקריבה לרבות מנחת סוטה להגשה וכתיב בתריה והרים והיכן הוא תנופה כבר קדמה ומהתם יליף דשיריה נאכלין דכתיב בתריה והנותרת מן המנחה לאהרן וגו': *ואחר **ישקה מבעי ליה לשרישומו ניכר.** פירוש ואע"פ שהקריב מנחתה כבר והוא הדין אי שלא כדין עבוד כהנים דלא מחקו למגילה כלל עד לאחר הקרבה דמוחק לה בתר הכי ונראה דלאו דוקא נקט דקרא אתי לרישומו ניכר דכיון דכתיב ומחה ממילא שמעינן אי רישומו ניכר דלאו מחוי הוא דהא ממעטינהו התם דאין מטילין קנקנתוס לתוך הדיו משום דרישומו ניכר והוי כתב שאינו יכול למחוק אלא עיקר קרא לאם הקריב מנחתה ואחר כך השקה כשירה כדדריש רבי שמעון והשקה קמא והכי אמרינן בירושלמי דלרבנן הקריב מנחתה ואח"כ השקה כשירה והתם דריש אליבייהו דרבנן ואחר ישקה למערערין וה"ג התם ואחר ישקה על כרחה שלא בטובתה מודה ר"ש לחכמים שאם השקה ואחר כך הקריב מנחתה שהיא כשירה ומודים חכמים לר' שמעון שאם הקריב את מנחתה ואח"כ השקה שהיא כשירה מה ביניהון מלוה רבנן אמרי מנחת קנאות היא שהיא בודקתה ור"ש אומר המים הן בודקין אותה מאי טעמא דרבנן מנחת זכרון מזכרת עון מאי טעמא דרבי שמעון ובאו בה רבנן אמרי כותב ומוחק ומשקה ומקריב ר"ש אומר כותב ומקריב ומוחק ומשקה כולי עלמא מודו שמחיקה סמוך להשקאה ותו גרסינן התם קרבה מנחתה ואמרה איני שותה מערערין אותה ומשקה אותה בעל כרחה כרבי שמעון ברם כרבנן כבר שתת השתא אית לך למימר אף על גב דלרבנן דרשינן והשקה בתרא לאונס קא סברי דאונס במחיקת מגילה תליא מילתא וקרא יתירא קא דרשי לאונס:

ורבי

תוספות שאנץ

ור' יהודה סבר תורת לרבויי תרתי פ"ה דאחר שריבה הכתוב ומיעט ולא פירש מה ריבה ומה מיעט ומסתברא טפי דריבויא אשני אנשים קאי ואפי' בבועל אחד ולא בשני בועלין ובעל אחד דכיון דקינא לה כבר ונמצאה נקייה נראה הדבר שאדם קנטרן הוא ומתכוין להקניטה הילכך לא שנא מחשד ראשון ולא שנא מאחר א) הבעל דהא אמרינן דאין מצות כהונה במנחות אלא מקמיצה ואילך והגשה נמי תחלת קמיצה היא ואין זר קרב לגבי מזבח אבל קידוש כלי ויציקה ובלילה כשר בזר. ונותנה על ידה ומניף וכהן מניח ידו תחתיה ובגמ' יליף דתנופה צריכה יד בעלים ויד כהן ובעלים דמנחת סוטה היא האשה ל"ה. ובירושלמי פרי' אמאי לא חיישי' לה להרהורא ומוקי' לה בכהן זקן. אבל ק' דהיכי אמרי' דכהן מניח ידו מתחת יד הבעלים ומניף והא כי האי גונא הויא חציצה דהכי נמי אמרי' במנחות דאין תנופה בחוברין פי' בשותפין וקאמר היכי ליעבוד אי לינפו והדר לינפו כלומר דהשותפין יניפו זה אחר זה תנופה אחת אמר רחמנא ולא שתי תנופות ואי מנח דידיה תחת יד חבריה הויא חציצה. וי"ל דלא דמי דהכא ה"ג כיון דבעי כהן ובעלים לא הויא חציצה דגזירת הכתוב היא דבעי שניהם אבל התם גבי שני שותפין אם אחד מהם היה מניח ידו תחת יד חבירו הויא חציצה לפי שאינו גזירת הכתוב שיהו שניהן שותפין ועוד י"ל דהכא ה"פ דלא מיירי שהכהן מניח ידו תחת ידה ממש דהוי חציצה אלא ר"ל שכהן תופס אויר הכלי למטה והבעלים אוחזים למעלה וליכא חציצה כלל וה"נ מניח גבי ביכורים שהכהן היה אוחז בשפתיו כלומר בשפת הכלי והבעלים למטה וכמו כן גבי מנחת סוטה דאמרי' איפכא שיד בעלים יהיה למעלה ויד כהן למטה וכמו כן פי' פ"ק דקידושין גבי הסמיכות והתנופות: הניף והגיש קמץ והקטיר אבל מלח לא קתני דהא פשיטא דכתיב על כל קרבנך תקריב מלח. וכן במנחות לא קתני מלח אבל לעי' ר"פ היה מביא קתני לה לפי ששונה שם סדר מנחות באריכות. והניף וקמץ קתני הכא לפי שיש מנחות שאינן טעונות תנופה כדאמרי' בפ' כל המנחות באות מצה. וכן יש הרבה מנחות שאינן טעונות קמיצה כגון מנחת כהן ומנחת נסכים: ב) ומנחתה מתפזרת אבית הדשן. וק' דעל כרח' סבירא ליה להאי תנא דמקריב מנחתה ואחר כך משקה דאז קידשה בכלי שרת דאי סבירא ליה דמשקה ואח"כ מקריב מנחתה א"כ לא קדשה עדיין בכלי שרת וא"כ תיבוק לחולין ג) וא"כ למה הכי ומ"ק המגלה ואחר כך אמרה טמאה אני נשפכין ומנחתה מתפזרת אבית הדשן דמשמע קרא הקטרה היו משקין אותה דהא מאחרין המחיקה בשביל שמא תודה ולא מחקי לה עד לצורך. וי"ל דמיירי דנמחקה שלא כדין דסבור דמחקוה קודם הקטרה ולעולם ההשקאה הוי אחר הקטרה: **גמ'** אמר ר' אלעזר לר' יאשיה דדריה אמורא היה ובדורו של ר' אלעזר ועוד היה בימי ר' אלעזר בן פדת ר' יאשיה תנא בר פלוגתא דר' יונתן בכולי תלמודא והיינו דקאמר לר' יאשיה דדריה דלא תימא לר' יאשיה הזקן דלאו אורח ארעא למימרא ליה הכי שגדול וזקן ממנו היה. ל"ה: לא תיתיב אכרעיך. פי' אל תשב

אלא

א) נ"ל הדרן עלך היה מביא: פרק היה נוטל פי' הבעל. ב) שייך למשנה דלקמן דף כ' ע"א. ג) נראה דל"ל וא"כ היכי קאמר נמחקה המגלה ואח"כ אמרה טמאה אני דהמים נשפכין ומנחתה וכו' דמשמע דקודם הקטרה היו משקין אותה ועוד דהא מאחרין וכו'.

עין משפט נר מצוה

נב א מיי' פ"ג מהל' סוטה הלי"ב:
א ב מיי' פ"ג מהל' סוטה הלכה יג סמג עשין נז:
ב ג ד מיי' שם הלט"ו: ס"א בזר
ג ה (מיי' פ"ד מהל' סוטה הלכה יז):

ומניח. גירסת רש"ל

הא דאמרינן בכל המנחות שטעונות תנופה שתנופה קודמת להגשה והבאת לרבות כו'. רש"ל

[לקמן כ:]

מסורת הש"ס

[ע' תוספות סנהדרין פב: ד"ה המולח וכו' ותוספות מנחות יח. ד"ה לא וכו' מוכח דגרסתם היה קמץ ומלח והקטיר]

[קדושין לו: וש"נ]

[עיין מה שפירשו על זה תוס' נזיר כד: בד"ה אמר שמואל וכו']

קדושין לו: מכות יח: מנחות סא. סוכה מז:

הגהות הב"ח

(א) במשנה מניח את ידו מתחתיה ומניף הניף: (ב) רש"י ד"ה והגיש וכו' כדתני: (ג) ד"ה לר' יאשיה וכו' בן פדת הוה ועוד: (ד) ד"ה הכי קאמר וכו' מי קודם זה או זה או השקאה:

סיכום פרק "היה מביא"

לאחר שמבארים את ההבדל בין מנחת הסוטה לשאר המנחות, שמנחתה של הסוטה באה הן מחומר אחר (שעורים) והן שבאה בלא שמן ולבונה. והסבירו כי מנחה זו באה בצורה עלובה כל כך משום שהיא באה על חטא מגונה שהוא כמעשה בהמה.

ובענייני ההלכה העיקריים סוכם כי הכלי שממנו שותה הסוטה הוא כלי חרס חדש דווקא, ונותנים לתוכו חצי לוג מים מן הכיור שבמקדש, ולאחר מכן שמים שם מעט עפר שאין לו שיעור מסויים אלא כדי שייראה במים. את העפר היו לוקחים ממקום מיוחד במקדש, אבל אין הדבר מעכב ואם אין עפר יכול להביא עפר, ואפילו רקבובית, מחוץ למקדש.

מגילת הסוטה נכתבת בדיו כדרך שכותבים ספרי קודש, וצריכה דיו זו שתהא עשויה להימחק במים. וכותבים על גבי מגילה אחת של קלף, כעין זו שכותבים בה ספר תורה. מגילה זו שכותב הכהן לסוטה מיוחדת לה לבדה, שצריך שתהא כתיבתה ומחיקתה עבור סוטה זו דווקא, ואינה כשירה לשימוש לאשה אחרת.

אף שהיו דעות חלוקות בדבר סוכם כי במגילה זו כותב הכהן גם את התנאים וגם את הקללות מ"אם לא שכב איש אותך" (במדבר ה, יט—כ) וכן "יתן ה׳ אותך" ואילך (שם כא—כב), ומשמיט את תיאור הדברים — מה שצריך הכהן לומר, ומה שצריכה האשה לומר. לגבי היקפה של שבועת הסוטה סוכם כי האשה נשבעת שלא שכבה באיסור עם איש אחר שאינו בעלה, כאשר היה במשכב כזה כדי לאסור אותה על בעלה. ומשם כך אין נכללים בשבועה דברים שעשתה קודם אירוסיה לאיש זה, ומצד שני, היא נשבעת שלא זנתה לא עם האיש שבעלה חשד בו ולא עם כל אדם אחר.

פתיחה לפרק "היה נוטל"

"וְהִשְׁקָה אֶת הָאִשָּׁה אֶת מֵי הַמָּרִים הַמְאָרְרִים וּבָאוּ בָהּ הַמַּיִם הַמְאָרְרִים לְמָרִים.
וְלָקַח הַכֹּהֵן מִיַּד הָאִשָּׁה אֵת מִנְחַת הַקְּנָאֹת וְהֵנִיף אֶת הַמִּנְחָה לִפְנֵי ה' וְהִקְרִיב אֹתָהּ אֶל הַמִּזְבֵּחַ.
וְקָמַץ הַכֹּהֵן מִן הַמִּנְחָה אֶת אַזְכָּרָתָהּ וְהִקְטִיר הַמִּזְבֵּחָה וְאַחַר יַשְׁקֶה אֶת הָאִשָּׁה אֶת הַמָּיִם.
וְהִשְׁקָהּ אֶת הַמַּיִם וְהָיְתָה אִם נִטְמְאָה וַתִּמְעֹל מַעַל בְּאִישָׁהּ וּבָאוּ בָהּ הַמַּיִם הַמְאָרְרִים לְמָרִים וְצָבְתָה בִטְנָהּ וְנָפְלָה יְרֵכָהּ וְהָיְתָה הָאִשָּׁה לְאָלָה בְּקֶרֶב עַמָּהּ.
וְאִם לֹא נִטְמְאָה הָאִשָּׁה וּטְהֹרָה הִוא וְנִקְּתָה וְנִזְרְעָה זָרַע". (במדבר ה, כד—כח)

לשון הכתוב מעמידה כאן בעיה ראשונה — מה הוא סדר הדברים, האם משקה לאשה את המים ואחר כך מקריב את המנחה (כפי שעולה מסדר המקראות) או שמא קודם מקריב ואחר כך משקה (כפי שעולה מהכתוב "ואחר ישקה").

בעיות אחרות הקשורות בהשקאת הסוטה ובהקרבת מנחתה דנות בדברים הבאים להשלים את הכתובים. בתורה מבואר מה הוא הסדר שבו יש לעשות את הדברים, אולם יש צורך לברר כיצד נוהגים כאשר אי אפשר לעשות הכל ככתוב. ובכך יש פרטים שונים: מה עושים כאשר האשה מחליטה תוך כדי המעשה להודות שחטאה, או שהיא מסרבת לשתות. ומה הדין כאשר מתברר הספק על ידי עדים — האם יש להמשיך בדברים כסדרם או לבטל הכל? ובמקום שאין אפשרות להמשיך במעשה, אם מפני שהאשה או הבעל שינו דעתם, או מפני שנטמאת המנחה — מה עושים במנחה שהוקדשה לצורך זה?

נושא אחר שנדון בפרק זה הוא ביחס לעונשה ("בדיקתה") של הסוטה. מן התורה אפשר להסיק כי אם לא אירע לאשה דבר — סימן שטהורה היא. אלא שחכמים דנים בשאלה האם עונשה של הסוטה בא לה מיד, או שהוא נדחה לעתים, משום שיש לאשה זכות של מצוות שעשתה המעכבת ("תולה") את העונש.

אלה הם נושאיו העיקריים של הפרק, אלא שמתוכם באים לדון בכמה עניינים נוספים — האם צריכות נשים ללמוד תורה, מה עושים במנחתה של אשת כהן, ובמקצת מחילוקי הדינים שיש בין איש ואשה בדברים שאינם שייכים ואינם נובעים מהבדלי ההלכה היסודיים שבחובותיהם.

א משנה הָיָה נוֹטֵל אֶת מִנְחָתָהּ מִתּוֹךְ כְּפִיפָה מִצְרִית (סל העשוי מעלי דקל) שהיא מונחת בה, וְנוֹתְנָהּ לְתוֹךְ כְּלִי שָׁרֵת, וְנוֹתְנָהּ עַל יָדָהּ, וְכֹהֵן מֵנִיחַ יָדוֹ מִתַּחְתֶּיהָ וּמְנִיפָהּ. הֵנִיף הכהן, וְהִגִּישׁ את המנחה למזבח, קָמַץ ממנה, וְהִקְטִיר את הקומץ, וְהַשְּׁאָר נֶאֱכָל לַכֹּהֲנִים. ובסדר הדברים: הָיָה מַשְׁקָהּ את האשה וְאַחַר כָּךְ מַקְרִיב אֶת מִנְחָתָהּ. ר׳ שִׁמְעוֹן אוֹמֵר: מַקְרִיב אֶת מִנְחָתָהּ וְאַחַר כָּךְ הָיָה מַשְׁקָהּ, שֶׁנֶּאֱמַר: ״וקמץ הכהן מן המנחה... והקטיר המזבחה וְאַחַר יַשְׁקֶה אֶת הָאִשָּׁה אֶת הַמָּיִם״ (שם כו). אמנם מודה ר׳ שמעון שגם אִם הִשְׁקָהּ וְאַחַר כָּךְ הִקְרִיב אֶת מִנְחָתָהּ הרי היא כְּשֵׁרָה.

ב גמרא אָמַר לֵיהּ [לו] ר׳ אֶלְעָזָר לְר׳ יֹאשִׁיָּה דְּדָרֵיהּ [של, בן, דורו] (להבדילו מר׳ יאשיה התנא, שהיה גדול מר׳ אלעזר): לֹא תֵּיתַב אַכַּרְעָךְ [תשב על רגליך] עַד דִּמְפָרַשְׁתְּ לָהּ לְהָא מִילְּתָא [שאתה מפרש אותה לי, את הדבר הזה]: מִנַּיִן לְמִנְחַת סוֹטָה שֶׁטְּעוּנָה תְּנוּפָה? ותוהים על השאלה: מְנָא לָן [מניין לנו]?! הלא ״ולקח הכהן מיד האשה את מנחת הקנאות וְהֵנִיף את המנחה לפני ה׳״ (שם כה) כְּתִיב [כתוב] בָּהּ במפורש! אלא השאלה היתה: תנופה שצריכה שתיעשה בִּבְעָלִים, כלומר, באשה מְנָלַן [מניין לנו]? השיב לו ר׳ יאשיה: אָתְיָא [באה, נלמדת] ההלכה בגזירה שווה ״יָד״ ״יָד״ מקרבן שְׁלָמִים; כְּתִיב הָכָא [נאמר כאן] בסוטה: ״וְלָקַח הַכֹּהֵן מִיַּד הָאִשָּׁה״ (שם), וּכְתִיב הָתָם [ונאמר שם] בשלמים: ״המקריב את זבח שלמיו לה׳... יָדָיו תְּבִיאֶינָה את אשי ה׳... להניף אותו תנופה לפני ה׳״ (ויקרא ז, כט-ל), מַה כָּאן בסוטה כֹּהֵן מניף גם כן — אַף לְהַלָּן בשלמים מניף גם הכֹּהֵן, וּמַה לְּהַלָּן בשלמים מניפים גם הַבְּעָלִים אַף כָּאן בסוטה מניפים גם הַבְּעָלִים. הָא [הרי] כֵּיצַד מקיימים את שני הכתובים כאחד? — מַנִּיחַ הכהן יָדוֹ תַּחַת יְדֵי הַבְּעָלִים וּמֵנִיף.

ג שנינו במשנה: הֵנִיף וְהִגִּישׁ קָמַץ והקטיר, ואחר כך שנינו: הָיָה מַשְׁקָהּ וְאַחַר כָּךְ מַקְרִיב אֶת מִנְחָתָהּ. ותוהים: הָא אַקְרְבָהּ [הרי הקריב אותה] כבר, לפי האמור בסדר זה שבמשנה! אלא הָכִי קָאָמַר [כך אמר]: סֵדֶר מְנָחוֹת בדרך כלל כֵּיצַד? הֵנִיף וְהִגִּישׁ, קָמַץ וְהִקְטִיר, וְהַשְּׁאָר נֶאֱכָל לַכֹּהֲנִים. ואולם בְּהַשְׁקָאָה של סוטה גּוּפָהּ [עצמה] פְּלִיגִי [נחלקו] ר׳ שִׁמְעוֹן וְרַבָּנַן [וחכמים]; דְּרַבָּנַן סָבְרִי [שחכמים סבורים]: מַשְׁקָהּ וְאַחַר כָּךְ מַקְרִיב אֶת מִנְחָתָהּ, וְאילו ר׳ שִׁמְעוֹן סָבַר [סבור]: מַקְרִיב אֶת מִנְחָתָהּ וְאַחַר כָּךְ מַשְׁקָהּ, שֶׁנֶּאֱמַר: ״וְאַחַר יַשְׁקֶה״ (במדבר ה, כו). וְעוד נאמר במשנה שאף לדברי ר׳ שמעון אִם הִשְׁקָהּ וְאַחַר כָּךְ הִקְרִיב אֶת מִנְחָתָהּ — כְּשֵׁרָה.

עיונים

היה נוטל וכו׳ רש״י וכן הרע״ב מפרשים שהבעל היה נוטל, וראיה לדבריהם ממה שנאמר לאחר מכן ״וכהן מניח״ משמע שעד כאן לא היה כהן עושה זאת. ובתוס׳ וכן המאירי אומרים על פי התלמוד הירושלמי שכהן היה עושה זאת, ולפי זה יש לפרש מה שנאמר ״וכהן היה מניח״ שמכל מקום מכאן ואילך היא מצוה בכהן דווקא, שאין ישראל יכול לעשותה (ראה במלא״ש).

מניח ידו מתחתיה ראה בתוס׳ (ד״ה וכהן) שהביאו דברי התלמוד הירושלמי שדן האם אין בכך צד של כיעור שנוגע בידי האשה, ולבסוף סיכמו שם שכיון שנעשה הדבר לפי שעה אין לחשוש לגירוי היצר. אכן היו שפירשו כי הכהן לא היה מניח ממש את ידיו מתחת ידיה אלא היא היתה מניחה ידיה מתחת לכלי, והכהן היה אוחז בשולי הכלי מלמעלה (תו״ש ועוד). ובתוהרא״ש אומר שאפשר לדחוק ולהסביר גם את דברי התלמוד הירושלמי בהתאם להסבר זה, שכיון שידיהם סמוכות מצוי הדבר שיגעו.

הניף והגיש וכו׳ ומה שלא שנה גם ״מָלַח״, הרי זה משום שלא היה צורך להזכיר דבר הנוהג בכל המנחות (ובכל הקרבנות). ואף שהוזכר הדבר לעיל (יד, ג) הרי זה משום ששם מפרט את סדר הקרבת המנחה באריכות, אבל כאן מדגיש רק את הדברים שיש צורך להודיענו, כי לא בכל המנחות יש הגשה ולא בכלן יש קמיצה (תו״ש).

אם השקה ואחר כך וכו׳ ובתלמוד הירושלמי כתבו כי גם חכמים מודים לר׳ שמעון בדיעבד, שאם הקריב ואחר כך השקה — הרי זו כשירה, וראה ב״אורח ההלכה״.

לא תיתב אכרעך יש שכתב שרצה לרמוז לו שכיון שדברים חמורים לומדים בישיבה ודברים קלים יותר בעמידה (ראה מגילה כא, א), הרי סבור הוא שר׳ יאשיה לפי חכמתו אינו צריך להתיישב הרבה אלא יוכל לתת לו מיד תשובה נכונה לשאלה זו (מנחה חרבה).

מחלוקת ר׳ שמעון ורבנן בתלמוד הירושלמי (ראה בתוס׳ ד״ה ואחר) מסבירים שנוסף להבדלי ההבנה בשאלה איזה מן הכתובים המדברים על ההשקאה הוא עיקר ואיזה מדבר במקרה אחר, יש מחלוקת עקרונית ביניהם (שאף היא מעוגנת במדרשי הכתובים) בשאלה מה עושה את עיקרה של הבדיקה, האם הבדיקה נעשית בעיקר על ידי המים והמנחה היא קרבן נוסף, או שעיקר הבדיקה הוא על ידי המנחה אלא שצריכה לשתות מים כדי שיהא דבר שתחול האלה על ידו.

אורח ההלכה

היה נוטל את מנחתה היה נוטל את מנחתה מתוך הכפיפה ונותנה לתוך כלי שרת. וראה שנחלקו רש״י ותוס׳ מי הוא העושה זאת, הבעל או הכהן. (רמב״ם ספר נשים הלכות סוטה פ״ג הי״ג).

ונותנה על ידה וכו׳ לאחר ששתתה האשה היה לוקח את כלי השרת שבו המנחה ונותנו על ידיה של האשה, וכהן מניח ידו תחתיה ומניפה במזרח המזבח משאר התנופות — שהיה מוליך ומביא מעלה ומוריד. ואחר התנופה היה הכהן מגיש את המנחה לקרן דרומית מערבית של המזבח, וקומץ, ומקטיר את הקומץ, והשיריים נאכלים לכהנים כשאר המנחות. (רמב״ם שם הט״ו).

היה משקה ואחר כך מקריב תחילה היה הכהן משקה את האשה ואחר כך היה מקריב את מנחתה, כסתם משנה. ואם הקריב את המנחה תחילה ואחר כך השקה — הרי זו כשירה. כך משמע מן הגמרא להלן (כ״מ) וכן מפורש בתלמוד הירושלמי. (רמב״ם שם. שם פ״ד הי״ד).

מסורת הש״ס

א. במדב״ר פ״ט לח. ילק״ש תורה תשח (כל המשנה).

ב. ירושלמי קדושין פ״א ה״ז. במדב״ר שם, ושם כב.

ג. סוטה יד,ב. במדב״ר שם כא.

ד. סוטה כ,ב. וראה במדב״ר שם לז.

ה. קדושין לו,ב. במדב״ר שם כב. ילק״ש שם (כל הענין).

ו. (הביטוי) עירובין נד,א. נדרים נה,א. נזיר כד,ב. קדושין שם. מכות ג,ב. זבחים קה,ב. מנחות לח,ב. ע,ב.

ז. קדושין שם. במדב״ר שם. ספרי זוטא ה, כה.

ח. שם. סוכה מז,ב. מכות יח,ב. מנחות סא,א. תו״כ ז, ל.

ט. שם. ביכורים פ״ב מ״ו. מנחות סב,ב. תוספתא מנחות פ״י ח. שם נגעים פ״ח ט.

י. ירושלמי סוטה פ״ג ה״ב.

גרסות

ידה בכת״י ועוד: **ידיה.**

מתחתיה ויש גורסים: **תחת ידיה.**

היה משקה בכת״י: **משקה.**

אם השקה יש בכת״י: **ואם השקה.**

בבעלים מנלן יש בכת״י: **אלא בבעלים מנלן.**

אישים

ר׳ יאשיה דדריה

בדורות האחרונים לתנאים מוצאים אנו את ר׳ יאשיה, שהיה כנראה עוד מתלמידיו הצעירים של ר׳ ישמעאל יחד עם חבירו (ובן מחלוקתו הקבוע) ר׳ יונתן.

ר׳ יאשיה היה בבלי, והוא היה כנראה הראש בעירו הוצל, והשפיע הרבה על בני עירו. וכינוהו ר׳ יאשיה רבה. הלכותיו מצויות בתלמוד (ראה קדושין לט, א) ועוד יותר מזה במדרשי ההלכה (בעיקר במכילתא ובספרי). נראה שהאריך ימים עד שמוצאים אנו אותו במחלוקת עם ר׳ יהודה הנשיא.

אולם היה גם אמורא ארץ ישראלי בשם ר׳ יאשיה, שהיה תלמיד של ר׳ יוחנן, וכנראה היה מתלמידיו המבוגרים. דבריו של האמורא ר׳ יאשיה נזכרים בירושלמי, ושם מביאים חכמי הדורות הלכות שונות בשמו. ר׳ יאשיה זה הוא ר׳ יאשיה בן דורו של ר׳ אלעזר, שהיה אף הוא תלמיד ר׳ יוחנן.

תורה אור

דכתיב זאת בשני אנשים ושני בועלין דכולי עלמא לא פליגי דהאשה שותה ושונה דכתיב תורת כי פליגי באיש אחד ושני בועלין בשני אנשים ובועל אחד ת"ק סבר תורת [א]לרבויי כולהי זאת למעוטי איש אחד ובועל אחד ורבנן בתראי סברי זאת למעוטי כולהי תורת לרבויי שני אנשים ושני בועלין ור' יהודה זאת למעוטי תרתי תורת לרבות תרתי זאת למעוטי תרתי איש אחד ובועל אחד איש אחד ושני בועלין תורת לרבויי תרתי שני אנשים ובועל אחד שני אנשים ושני בועלין:

הדרן עלך היה מביא

א **היה** [אב]נוטל את מנחתה מתוך כפיפה מצרית ונותנה לתוך כלי שרת [ג]ונותנה על ידה [ב]וכהן מניח(א) ידו מתחתיה [לעיל יז:] ומניפה הניף והגיש קמץ *והקטיר והשאר נאכל לכהנים [גד]היה *משקה ואחר כך מקריב את מנחתה [ד]רבי שמעון אומר *מקריב את מנחתה ואח"כ היה משקה שנאמר (במדבר ה) ואחר ישקה את האשה את המים אם השקה ואחר

ב כך הקריב את מנחתה [ה]כשרה: **גמ'** [ה]*אמר ליה רבי אלעזר לרבי יאשיה דדריה [ו]לא *תיתב אכרעך עד דמפרשת לה להא מילתא מנין למנחת סוטה שטעונה תנופה מנא לן והניף כתיב בה [ז]בבעלים מנלן [ח]*אתיא יד יד משלמים (שם) כתיב הכא ולקח הכהן מיד האשה וכתיב התם (ויקרא ז) ידיו תביאנה מה כאן כהן אף להלן כהן ומה להלן בעלים אף כאן בעלים הא כיצד [ט]מניח ידו תחת ידי הבעלים ומניף:

ג הניף והגיש קמץ וכו' היה משקה ואחר כך מקריב את מנחתה: הא אקרבה הכי קאמר סדר מנחות כיצד הניף והגיש קמץ והקטיר והשאר נאכל לכהנים ובהשקאה גופה פליגי רבי שמעון ורבנן דרבנן סברי משקה ואח"כ מקריב את מנחתה ורבי שמעון סבר [י]מקריב את מנחתה ואחר כך משקה שנאמר (במדבר ה) ואחר ישקה: ואם השקה ואחר כך הקריב את מנחתה כשרה: ת"ר

רש"י

דרבי יהודה דריש זאת למעוטי שאינה שותה ושונה על ידי בעל א' אם חזר וקינא לה ודריש תורת לרבות ששותה פעם שניה על ידי בעל שני ומדקאמר ר' יהודה דע"י בעל שני חוזרת ושותה מכלל דלתנא קמא אפילו בעל א' משקה שני פעמים והיינו דפרכינן ותנא קמא הא כתיב זאת ומאי קא ממעט מיניה: **דכתיב זאת.** ומסתברא דהא מיהת קממעט שלא יקנא לה בעל זה פעם אחרת: **שני אנשים ושני בועלים.** לאחר שהשקה זה מת ונישאת לאחר וקינא לה מבועל אחר: **דכתיב תורת.** והא מיהת אתא לרבויי: **ור' יהודה.** סבירא ליה וכו' דאחר שריבה הכתוב ומיעט ולא פירש מה ריבה ומה מיעט על כרחך לא מסרן הכתוב אלא לחכמים לפרש לך לפי חכמתם מה ריבה ומה מיעט ומסתברא דריבויא אשני אנשים קאי ואפילו בבועל אחד ולא אשני בועלים ובעל אחד כיון דקינא לה כבר ונמצאת נקיה נראה הדבר שאדם קנטרן הוא ומתכוין להקניטה הילכך לא שנא מחשד ראשון ולא שנא מאחר:

הדרן עלך היה מביא

היה נוטל את מנחתה. הבעל דהא אמרינן דאין מצות כהונה במנחות אלא מקמילה ואילך והגשה נמי תחילת קמילה היא שאין זר קרב למזבח אבל קידוש כלי ויציקה ובלילה שטעונות שמן כשר בזר: **ונותנה על ידה.** להניף: **וכהן מניח ידו מתחתיה.** ובגמרא יליף דתנופה צריכי יד בעלים ויד כהן ובעלים דמנחת סוטה היא האשה: **והגיש.** לקרן מערבית דרומית(ב) כדתניא בפרק ג' בסדר מנחות (דף יט:) וכולהו הנך כתיבי במנחת סוטה תנופה והקרבה קמילה והקטרה: **והשאר נאכל.** שכל הנקמצות שיריהן נאכלין דכתיב תורת בסתם מנחה (ויקרא ו) וזאת תורת המנחה כו' עד והנותרת ממנה וגו': **ואח"כ מקריב.** בגמרא פריך הא תנא ליה והקטיר ומה יקריב עוד לאחר הקטרה: **פלוגתא דרבנן ור' שמעון.** בגמרא ילפינן לה מקראי: **גמ' לר' יאשיה דדריה.** אמורא הוא ובדורו של ר"א בן פדת(ג) ועוד היה ר' יאשיה שהיה תנא בר פלוגתא דר' יונתן בכוליה גמרא והיינו דקאמר לר' יאשיה דדריה דלא תימא לרבי יאשיה הזקן דלאו אורח ארעא למימרא ליה הכי שגדול וזקן ממנו היה: **בבעלים מנא לן.** שתהא האשה מניפה עם הכהן דהא קרא בכהן לחודיה כתיב ולקח הכהן מיד האשה וגו': **משלמים.** מתנופת חזה ושוק ואימורין דשלמים: **ידיו תביאנה.** בבעלים כתיב וגבי תנופה כתיב: **מה כאן כהן.** בסוטה כתיב כהן בתנופת מנחתה: **הא אקרבה.** קודם השקאה דקתני קמץ והקטיר והדר תניא היה משקה: **הכי קאמר כו'.** הא דתנא רישא הניף והגיש קמץ והקטיר לאו דוקא קודם השקאה נקט ולא איירי בהשקאה כלל אלא איירי בסדר הקרבת מנחת סוטה שכן הוא תנופה והגשה קמילה והקטרה והכי קאמר כשבא להקריבה היה נוטלה מתוך כפיפה כו' והדר איירי מי קודם(ד) או השקאה קודם כל אלה או אם כל אלה קודמין להשקאה ופליגי בה רבי שמעון ורבנן:

תוספות

היה נוטל. בירושלמי כתיב ולקח הכהן מיד האשה את מנחת הקנאות וכי על ידו הוא מניף ולא על ידה הוא מניף אלא מכאן שהוא נוטלה מתוך כלי חול ונותנה בכלי שרת היינו משמע דלא כפירוש רש"י דפירש דבעל היה נוטל ומלינו למימר דקידוש המנחה כשירה *בהן מיהו מצוה בכהן ליטול המנחה מידה ומאחר שהיה נוטלה היה נותנה כמו כן לתוך כלי שרת:

וכהן מניח את ידו תחתיה. האי דאיצטריך תו למיתני וכהן מניח את ידו תחתיה ולא קתני בסתם *ומכניס את ידו לאשמועינן דתנופה בכהן ירושלמי וכהן מניח את ידו תחתיה ואין הדבר כיעור מניח מפה ואינו חולץ מביא כהן זקן ואפילו תימא כהן ילד שאין יצר הרע מצויה לשעה תני ר' חייא סוטה גידמת שני כהנים מניפין על ידיה אבל בגמרא דידן אמרינן בסוף פרק ארוסה (לקמן דף כו.) דגידמת לא היתה שותה וי"ל דפליגי אי בעינן קרא כדכתיב:

הניף והגיש. בירושלמי יליף הא *דאמר בפרק כל המנחות (דף ס:) והבאת לרבות מנחת העומר להגשה והקריבה לרבות מנחת סוטה להגשה וכתיב בתריה והרים והיכן הוא תנופה כבר קדמה ומהתם יליף דשיריה נאכלין דכתיב בתריה והנותרת מן המנחה לאהרן וגו': ***ואחר ישקה מבעי ליה לשרישומו ניכר.** פירוש ואע"פ שהקריב מנחתה כבר והוא הדין אי שלא כדין עבוד כהנים דלא מחקו למגילה כלל עד לאחר הקרבה דמוחק לה בתר הכי ונראה דלאו דוקא נקט דקרא אתי לרישומו ניכר דכיון דכתיב ומחה ממילא שמעינן אי רישומו ניכר דלאו מחוי הוא דהא ממעטינהו התם דאין מטילין קנקנתוס לתוך הדיו משום דרישומו ניכר והוי כתב שאינו יכול למחוק אלא עיקר קרא לאם הקריב מנחתה ואחר כך השקה כשירה כדדריש רבי שמעון והשקה קמא והכי אמרינן בירושלמי דלרבנן הקריב מנחתה ואח"כ השקה כשירה והתם דריש אליבייהו דרבנן ואחר ישקה למערערין וה"ג התם ואחר ישקה על כרחה שלא בטובתה מודה ר"ש לחכמים שאם השקה ואחר כך הקריב מנחתה שהיא כשירה ומודים חכמים לר' שמעון שאם הקריב את מנחתה ואח"כ השקה שהיא כשירה מה ביניהון מצוה רבנן אמרי מנחת קנאות היא שהיא בודקתה ור"ש אומר המים הן בודקין אותה מאי טעמא דרבנן מנחת זכרון מזכרת עון מאי טעמא דרבי שמעון ובאו בה רבנן אמרי כותב ומוחק ומשקה ומקריב ר"ש אומר כותב ומקריב ומוחק ומשקה כולי עלמא מודו שמחיקה סמוך להשקאה ותו גרסינן התם קרבה מנחתה ואמרה איני שותה מערערין אותה ומשקה אותה בעל כרחה כרבי שמעון ברם כרבנן כבר שתת השתא אית לך למימרא אף על גב דלרבנן דרשינן והשקה בתרא לאונס קא סברי דאונס במחיקת מגילה תליא מילתא וקרא יתירא קא דרשי לאונס:

ורבי

ה"ג

תוספות שאנץ

ור' יהודה סבר תורת לרבויי תרתי פ"ה דאחר שריבה הכתוב ומיעט ולא פירש מה ריבה ומה מיעט ומסתברא טפי דריבויא אשני אנשים קאי ואפי' בבועל אחד ולא בשני בועלין ובעל אחד דכיון דקינא לה כבר ונמצאה נקייה נראה הדבר שאדם קנטרן הוא ומתכוין להקניטה הילכך לא שנא מחשד ראשון ולא שנא מאחר א) הבעל דהא אמרינן דאין מצות כהונה במנחות אלא מקמיצה ואילך והגשה נמי תחלת קמיצה היא ואין זר קרב לגבי מזבח אבל קידוש כלי ויציקה ובלילה כשר בזר. ונותנה על ידה ומניף וכהן מניח ידו תחתיה ובגמ' יליף דתנופה צריכה יד בעלים ויד כהן ובעלים דמנחת סוטה היא האשה ל"ה. ובירושלמי פרי' אמאי לא חיישי' לה להרהורא ומוקי' לה בכהן זקן. אבל ק' דהיכי אמרי' דכהן מניח ידו מתחת יד הבעלים ומניף והא כי האי גונא הויא חציצה דהכי נמי אמרי' במנחות דאין תנופה בחוברין פי' בשותפין וקאמר היכי ליעבוד אי לינפו והדר לינפו כלומר דהשותפין יניפו זה אחר זה תנופה אחת אמר רחמנא ולא שתי תנופות ואי מנח דידיה תחת יד חבריה הויא חציצה. וי"ל דלא דמי דהכא כיון דבעי כהן ובעלים לא הויא חציצה דגזירת הכתוב היא דבעי שניהם אבל התם גבי שני שותפין אם אחד מהם היה מניח ידו תחת יד חבירו הויא חציצה לפי שאינו גזירת הכתוב שיהו שניהן שותפין ועוד י"ל דהכא ה"פ דלא מיירי שהכהן מניח ידו תחת ידה ממש דהוי חציצה אלא ר"ל שכהן תופס אויר הכלי למטה והבעלים אוחזים למעלה וליכא חציצה כלל וה"נ מניח גבי ביכורים שהכהן היה אוחז בשפתיו כלומר בשפת הכלי והבעלים למטה וכמו כן גבי מנחת סוטה דאמרי' איפכא שיד בעלים יהיה למעלה ויד כהן למטה וכמו כן פי' פ"ק דקידושין גבי הסמיכות והתנופות: הניף והגיש קמץ והקטיר אבל מלח לא קתני דהא פשיטא דכתיב על כל קרבנך תקריב מלח. וכן במנחות לא קתני מלח אבל לעי' ר"פ היה מביא קתני לה לפי ששונה שם סדר מנחות באריכות. והניף וקמץ קתני הכא לפי שיש מנחות שאינן טעונות תנופה כדאמרי' בפ' כל המנחות באות מצה. וכן יש הרבה מנחות שאינן טעונות קמיצה כגון מנחת כהן ומנחת נסכים: ב) ומנחתה מתפזרת אבית הדשן. וק' דעל כרח' סבירא ליה להאי תנא דמקריב מנחתה ואחר כך משקה דאז קידשה בכלי שרת דאי סבירא ליה דמשקה ואח"כ מקריב מנחתה א"כ לא קדשה עדיין בכלי שרת וא"כ תיפ"ק לחולין ג) וא"כ למה הכי ומ"ק המגלה ואחר כך אמרה טמאה אני נשפכין ומנחתה מתפזרת אבית הדשן דמשמע קרא הקטרה היו משקין אותה דהא מאחרין המחיקה בשביל שמא תודה ולא מחקי לה עד לצורך. וי"ל דמיירי דנמחקה שלא כדין דסבור דמחקוה קודם הקטרה ולעולם ההשקאה הוי אחר הקטרה: **גמ'** אמר ר' אלעזר לר' יאשיה דדריה אמורא היה ובדורו של ר' אלעזר ועוד היה בימי ר' אלעזר בן פדת ר' יאשיה תנא בר פלוגתא דר' יונתן בכולי תלמודא והיינו דקאמר לר' יאשיה דדריה דלא תימא לר' יאשיה הזקן דלאו אורח ארעא למימרא ליה הכי שגדול וזקן ממנו היה. ל"ה: לא תיתיב אכרעך. פי' אל תשב

אלא

א) נ"ל הדרן עלך היה מביא: פרק היה נוטל פי' הבעל. ב) שייך למשנה לקמן דף כ' ע"א. ג) נראה דל"ל וא"כ היכי קאמר נמחקה המגילה ואח"כ אמרה טמאה אני דהמים נשפכין ומנחתה וכו' דמשמע דקודם הקטרה היו משקין אותה ועוד דהא מאחרין וכו'.

עין משפט נר מצוה

נב א מיי' פ"א מהל' סוטה הלי"ב:

א ב מיי' פ"ג מהל' סוטה הלכה יג סמג עשין כז:

ב ג ד מיי' שם הלט"ו: ס"א בזר

ג ה (מיי' פ"ד מהל' סוטה הלכה יז):

ומניח. גירסת רש"א

הא דלאמרינן בכל המנחות שטעונות תנופה שתנופה קודמת להגשה והבאת לרבות כו'. רש"ל

[לקמן כ:]

מסורת הש"ס

[ע' תוספות סנהדרין פב: ד"ה המולא וכו' ותוספות מנחות יח. ד"ה לא וכו' מוכח דגרסתם היה קמץ ומלח והקטיר]

[קדושין לו: וש"נ]

[עיין מה שפירשנו על זה תוס' נזיר כח: בד"ה אמר שמואל וכו']

קדושין לו: מכות יח: מנחות סא. סוכה מז:

הגהות הב"ח

(א) במשנה מניח את ידו מתחתיה ומניף הניף: (ב) רש"י ד"ה והגיש וכו' כדתניא: (ג) ד"ה לר' יאשיה וכו' בן פדת הוה ועוד: (ד) ד"ה הכי קאמר וכו' מי קודם זה או זה או השקאה:

ד א מיי' פ"ד מהל' סוטה הל"ד:
ה ב מיי' שם הל"ו ופ"ג שם הלכה ו:

ת"ר [א]והשקה מה ת"ל והלא כבר נאמר והשקה שאם נמחקה מגילה ואומרת איני שותה [א]מערערין אותה ומשקין אותה בעל כרחה דברי רבי עקיבא ר"ש אומר ואחר ישקה מה ת"ל והלא כבר נאמר והשקה אלא [ב]לאחר כל מעשים כולן האמורין למעלה מגיד ג' דברים מעכבין בה עד שלא קרב הקומץ ועד שלא נמחקה מגילה ועד שלא תקבל עליה שבועה עד שלא קרב הקומץ ר"ש לטעמיה דאמר מקריב את מנחתה ואח"כ משקה עד שלא נמחקה מגילה אלא מאי משקה לה אמר רב אשי [ב]לא נצרכה לשרישומו ניכר עד שלא תקבל עליה שבועה מישתא הוא דלא שתיא הא מיכתב כתבי לה [ג]והאמר רבא *מגילת סוטה שכתבה קודם שתקבל עליה שבועה לא עשה ולא כלום [ד]*כדי נסבה [ה]במאי קמיפלגי תלתא קראי כתיבי והשקה קמא ואחר ישקה והשקה בתרא רבנן סברי והשקה קמא לגופו שמשקה ואח"כ מקריב את מנחתה ואחר ישקה מיבעי ליה לשרישומו ניכר והשקה בתרא [ו]שאם *נמחקה מגילה ואומרת איני שותה מערערין אותה ומשקה אותה בעל כרחה ור"ש סבר ואחר ישקה לגופו שמקריב את מנחתה ואח"כ משקה והשקה קמא שאם השקה ואח"כ הקריב את מנחתה כשרה והשקה בתרא שאם נמחקה מגילה ואמרה איני שותה מערערין אותה ומשקין אותה בעל כרחה ורבנן [ז]בדיעבד לא פתח קרא וסבר ר"ע משקין אותה בעל כרחה והתניא [ח]*רבי יהודה אומר כלבוס של ברזל מטילין לתוך פיה שאם נמחקה מגילה ואמרה איני שותה מערערין אותה ומשקין אותה בע"כ [ט]אמר רבי עקיבא כלום אנו צריכין אלא לבודקה והלא בדוקה ועומדת אלא עד שלא קרב הקומץ יכולה לחזור בה *משקרב הקומץ אינה יכולה לחזור בה וליטעמיך תיקשי לך היא גופה משקרב הקומץ אינה יכולה לחזור בה והלא בדוקה ועומדת לא קשיא הא דקהדרא בה מחמת רתיתא והא דקהדרא בה מחמת בריותא והכי קאמר כל מחמת בריותא כלל כלל לא שתיא מחמת רתיתא עד שלא קרב הקומץ דאכתי לא אמחוק מגילה אי נמי אמחוק מגילה דשלא כדין עביד כהנים דמחקי מצי הדרא בה משקרב הקומץ דבדין עביד כהנים דמחקי לא מצי הדרא בה

קשיא

רש"י

ה"ג ת"ר והשקה מה ת"ל והלא כבר נאמר והשקה שאם נמחקה כו' ולא גרסינן בתרא ברישא וקמא בסיפא *[שאין זה לשון ברייתא] ופי' משובש הוא וטעה בוהלא כבר נאמר דמשמע שזה נאמר מתחילה והכי פירוש סדר המקראות כך הוא וכתב ומחה והשקה והניף(א) המנחה והקריב דהיינו הגשה וקמץ והקטיר ואחר ישקה את האשה את המים והדר תו כתיב השקאה שלישית והשקה את המים והיתה אם נטמאה וגו' וקא"ר עקיבא והשקה את האשה דכתיב קודם הקטרת המנחה מה ת"ל והלא כבר נאמר אחר הקטרת המנחה והשקה את המים וההוא דוקא הוא ואין הראשון דוקא דמדכתיב ואחר ישקה את האשה ש"מ השקאה אחר הקטרה היא ומה ת"ל והשקה את האשה אחר המחיקה ללמדך שאם נמחקה המגילה ואמרה איני שותה ולא הודית לומר טמאה אני מערערין אותה כלומר פותחין פיה שלא בטובתה ושופכין את המים לתוך גרונה ואפי' נמחקה מגילה קודם הקטרה דשלא כדין עשו הכהנים דכיון דאינה שותה עד לאחר הקטרה לא היה להם למחוק דכל מה שיש שהות לאחר את המחיקה מאחרין שמא תודה אפילו הכי הואיל ונמחקה ואפילו שלא כדין אין שומעין לה לאמר איני שותה אלא או תשתה או תודה ולכך נאמר והשקה אחר המחיקה *ולא תשתה מיד עד לאחר הקטרה אלא הא קמשמע לן שהמחיקה גורמת לה לשתות: **ר"ש אומר ואחר ישקה מה ת"ל והלא כבר נאמר והשקה.** לא פליג אדרבי עקיבא אלא מר דריש האי קרא ומר דריש האי קרא והכי אמר לקמן בשמעתין דתרוייהו ס"ל מקריב מנחתה ואחר כך משקה: **והלא כבר נאמר.** פסוק שלישי והשקה את המים לאחר הקטרה מה ת"ל ואחר ישקה: **אחר כל המעשים כולן האמורים למעלה.** ומה אמור למעלה השבעה וקבלה וכתיבה ומחיקה(ב) והקטרת המנחה: **מגיד שלשה דברים.** הללו מעכבין ההקטרה והשבעה ומחיקה ולקמיה פריך פשיטא קודם המחיקה מה תשתה: **לשרישומו ניכר.** שאם היה רישומו ניכר צריך לחזור ולמחוק עד שלא יהא רישומו ניכר: **הא מיכתב כתבי לה.** כהן למגילה קודם קבלת שבועה בתמיה: **לא עשה כלום.** דכי כתיב וכתב את האלות אחר קבלת שבועה כתיב: **כדי נסבה.** שלא לצורך דהא אפילו מיכתב לא כתבינן: **במאי קמיפלגי.** אמתני' קאי וברייתא נקט ברישא לאשמועינן מהיכא יליף ר"ש טעמיה וקבעי רבנן השתא היכי דרשי להו לקראי ור"ש היכי דריש להו לכולהו: **רבנן סברי והשקה קמא.** דקודם הקטרה דוקא הוא ואע"ג דכתיב ואחר ישקה דמשמע דוקא על כרחך מקרא האמור ראשון אינו נדרש אלא לגופו ומקראות יתירות האמורים אחריו ניתנו לדרוש הילכך קמא דוקא לומר שמשקה ואח"כ מקריב את מנחתה וע"כ ואחר ישקה אע"פ שנכתב אחר הקטרה אקודם הקטרה קאי ואחר דקאמר אמחיקה קאי הכתובה למעלה(ג) וקאמרי רבנן דאם לא נמחקה יפה לא ישקנה והשקה בתרא נמי אקודם הקטרה קאי ולדרשה אתא ע"כ: **ור"ש סבר ואחר ישקה.** משמע דדוקא הוא ודוקא כתיבה לאחר הקטרה לומר שכולן מעכבין בה הקטרת המנחה ורושם הניכר וכולהו מהכא נפקי דקודמין להשקאה והשקה קמא לאכשורי דאי עביד איפכא: **והשקה בתרא שאם נמחקה מגילה.** ודוקא אחר הקטרה דבדין אימחיק משקין אותה בעל כרחה והיינו דאיכא בין(ד) לר"ע בין לר"ש דר"ע לית ליה אם השקה ואח"כ הקריב מנחתה כשרה הילכך והשקה קמא דריש לבעל כרחה ואע"ג דשלא כדין אימחיק קודם הקטרה ואחר ישקה לרישומו ניכר והשקה בתרא לגופיה לומר שמקריב מנחתה ואח"כ משקה: **בדיעבד לא פתח קרא.** אין דרך הכתוב לומר בתחילת דבריו שלא כדרך מצותן אלא בתחילה סדר משפט דבריו ולבסוף מרבה מקראות לדרוש: **כלבוס.** שני שינים יש לו ונותן לתוך פיה זקוף: **אלא לבודקה.** אם טהורה אם טמאה: **והלא בדוקה ועומדת.** דכיון דאמרה איני שותה מודה שהיא טמאה: **יכולה לחזור בה.** ולומר איני שותה ואין אונסין אותה דהא מודה דטמאה היא: **משקרב הקומץ וכו'.** ולקמיה פריך היא גופא קשיא אמאי אינה יכולה לחזור והלא בדוקה ועומדת היא: **דקא הדרא מחמת בריותא.** הא דקתני בדוקה ועומדת דקא הדרא בה מחמת בריותא הוא שאינה רותתת וקאמרה איני שותה ודאי טמאה היא ולכך אינה רותתת דסמכא מעיקרא ואמרה כי מטינא למשתי לא שתינא ולא שנא לא קרב קומץ ולא שנא קרב לא שתיא כדמפרש ואזיל כל מחמת בריותא כלל כלל לא שתיא ואפי' קירב הקומץ והא דמפליג בין קרב ללא קרב דקא הדרא בה מחמת רתיתא שאנו רואין אותה רותתת דאיכא למימר דאינה מאמנת שלא יבדקוה המים ואפילו היא טהורה ורוצה היתה לסמוך על טהרתה ולשתות ולפיכך היא רותתת וכשמגעת לשתות חוזרת בה הילכך עד שלא קרב כו' וברייתא קמייתא דלעיל דקתני מערערין אותה במחמת ריתותא קאמר:

קשיא

תוספות

ורבי **יהודה אומר כלבוס של ברזל מטילין לה לתוך פיה.** בפרק ד' מיתות (סנהדרין דף נב.) פליגי ר"י ורבנן במצות הנשרפין דתנן נותנין סודר קשה לתוך הרכה וכורך על צוארו זה מושך אילך וזה מושך אילך עד שפותח את פיו וזורק את הפתילה לתוך פיו ר"י אומר אם מת בידם לא היו מקיימין בו מצות שריפה אלא פותח פיו בצבת וכו' ותימה לר"י מאי שנא הכא דלרבי יהודה בכלבוס והתם בצבת ופי' ר"י דהכא נמי היו פותחין פיה בצבת אלא לאחר שפותחין פיה בצבת היו מטילין לתוכה כלבוס שלא תוכל לחזור ולקפוץ פיה ורבנן מודו נמי [הכא] דאין פותחין פיה על ידי סודרין דהתם טעם דרבנן משום דשריפה חמורה מחנק והיו מקרבין מיתתו ע"י חנק וגמר מיתתו בשריפה משום ואהבת לרעך כמוך אבל הכא אין לקרב מיתתה: *__בפי' ר"ח__ פי' לפי גי' הספרים וכן פירש והשקה בתרא מערערין *והשקה קמייתא לגופו מה ת"ל לא שבברייתא נשנית בתרא וקמא אלא פירוש של בעל הגמרא הוא שהושקה בתרא בא ללמד שמערערין והשקה קמא לגופיה ורבי עקיבא סבר ליה כרבנן שמשקה ואח"כ מקריב מנחתה ומקשה היכי אמר רבי עקיבא מערערין והא בדוקה ועומדת סבירא ליה ותו מקשה ר' עקיבא בהא מתניתין דפליג עליה רבי שמעון תני מחיקה מעכבא אלמא סבירא ליה שמחיקה והשקאה קודם הקרבת המנחה כרבנן וכל זמן שלא נמחקה המגילה מלי הדרא והכא דפליג בהדי דרבי יהודה תני קומץ מעכבא דאלמא הקרבה קודם השקאה כר' שמעון ושנינן תרי תנאי ואליבא דרבי עקיבא ירושלמי ולית ליה לרבי עקיבא מערערין אית ליה בשהתחילה לשתות וצריך לפרש דאם נמחקה מגילה קודם שקרב הקומץ דשלא כדין עבוד כהנים כיון שהתחילה לשתות מערערין אותה:

מגילתה

תוספות שאנץ

אלא תעמוד. ה"ג ת"ר והשקה מה ת"ל ול"נ בתרא ברישא וקמא בסיפא שאין זה לשון ברייתא. ועוד בספרי תני לה להך ברייתא. ומפיק להאי דרשא מוהשקה קמא ל"ה. וה"פ והשקה מה ת"ל סדר המקראות כך הוא ומחה והשקה והניף את המנחה והקריב דהיינו הגשה וקמץ והקטיר ואחר ישקה את המים ואח"כ כתיב השקאה שלישית והשקה את המים והיתה אם נטמאה וה"פ והשקה את האשה דכתי' קודם הקטרת מנחה מה תלמוד לומר והלא כבר נאמר אחר הקטרת מנחה והשקה את המים וההוא ודאי דוקא הוא ואין הראשון דוקא דמדכתי' ואחר ישקה את האשה ש"מ השקאה אחר הקטרה ומה ת"ל והשקה אחר המחיקה ללמדך שאם נמחקה המגילה ואמרה איני שותה ולא הודת לומר דטמאה היא מערערין אותה כלומר פותחין את פיה שלא בטובתה ושופכין לתוכה מים ואפי' נמחקה המגלה קודם הקטרה דשלא כדין עשו הכהנים דכיון שאינה שותה עד לאחר הקטרה דכל מה שיש להם לאחר המחיקה מאחרין שמא תודה ואפי' הכי כי נמחקה שלא כדין אין שומעין לה לומר איני שותה אלא או שותה או תודה ולכך כתיב והשקה לאחר המחיקה לומר שהמחיקה גורמת לה שתשתה ר' שמעון אומר ואחר ישקה מה ת"ל והלא כבר נאמר והשקה לא פליג אדר' עקיבא אלא מר דריש האי קרא ומר דריש האי קרא והכי אמרי' לקמן בשמעתין דתרוייהו סבירא להו מקריב את המנחה ואחר כך משקה אבל איכא בינייהו דר' עקיבא לית ליה אם השקה ואחר כך הקריב את המנחה כשרה ור' שמעון אית ליה דכשרה ע"כ ל"ה. וק' לפ"ה חדא שמגיה הספרים דבכל הספרים כתיב בתרא וקמא ועוד ק' אמאי קאמר והלא כבר נאמר והשקה הוה ליה למימר הלא כבר נאמר ואחר כך ישקה דהיינו קרא דלאחר הקטרה. וע"ק למה דאיכא בין ר' עקיבא לר' [שמעון] (ישמעאל) דר' עקיבא לית ליה השקה ואח"כ הקריב המנחה כשרה הילכך והשקה קמא דריש לעיל למשקה בעל כרחה ואע"ג דלא כדין אימחוק ואחר כך ישקה לרשומו ניכר והשקה בתרא לגופו. וא"כ ק' [כיון] דר' עקיבא לא דריש ליה להאי קרא דר' (ישמעאל) [שמעון] אמאי לא מפרש תלמודא היכי דריש ליה ר' עקיבא לקרא. לכ"נ לר"ת שאין למחות ג"ה והשקה בתרא מה ת"ל והלא כבר נאמר והשקה קמא ומהשקה בתרא דריש אם נמחקה מגלה ומן והשקה קמא דריש דמשקה ואחר כך מקריב מנחה ואחר ישקה דריש לרישומו ניכר. ור' עקיבא פליג אדר' (ישמעאל) [שמעון] וקאמר דמשקה ואח"כ מקריב ולכך לא הוצרך כלל לפרש קראי אליבא דר' עקיבא דלגמרי סבירא ליה כרבנן דמשמע הכי לקמן דוהשקה קמא לגופיה לומר דמשקה ואח"כ מקריב מנחתה והא דאמרי' לקמן דר' עקיבא סבירא ליה דמקריב ואח"כ משקה נ"ל דתרי תנאי ואליבא דר' עקיבא כדאמרי' לקמן דפרי' דר' עקיבא אדר' עקיבא. ג' דברים מעכבין עד שלא קירב הקומץ לאו דוקא נקט עיכובא דעד שלא קירב את הקומץ דהא ר' (ישמעאל) [שמעון] גופיה אית ליה דמשקה ואח"כ מקריב כשרה אלא אגב אחרים נקטיה. לא נצרכה לשרישומו ניכר. פי' לא נצרכה לומר אלא שרישומו ניכר. וא"ת מקרא דכתיב ומחה נפקא לן דמשמע דבעי' שאין רישומו ניכר. וי"ל דמקרא דומחה לא ידעי' אלא דצריך שיהא הדיו יכול למחות ומ"מ א) שלא ימחוהו כיון דראוי למחות קמ"ל האי קרא שצריך למחות לגמרי. במאי קמיפלגי אמתני' קאי ובריית' נקט ברישא לאשמועי' מהיכא יליף ר' שמעון טעמיה וקבעי השתא דרבנן היכי דרשי' להו להאי קרא ור"ש היכי דריש להו לכולהו. ל"ה. והלא בדוקה ועומדת דכיון דאמרה איני שותה מודה

שהיא

א) ומ"מ אינו ראוי שצריך למחות כ"כ שלא יהא רישומו ניכר קמ"ל.

נ"ל קודם ד"ה ור"י. מהרש"ל

והשקה קמייתא לגופו וא"ל שבברייתא כו' בעל הגמ' הוא שהשקה בתרא כו'. מהרש"ל

מסורת הש"ס

גי' רש"א

לעיל יז:

[ר"ה ה. וש"נ]

לא שתשתה מיד אחר המחיקה אלא הא כו'. מהרש"ל

[תוספתא פ"ב]

[לקמן כ:]

הגהות הב"ח

(א) רש"י ד"ה ה"ג וכו' והניף את המנחה: (ב) ד"ה אחר כל וכו' וכתיבה ומחיקה וקמילה והקטרה מגיד כצ"ל: (ג) ד"ה רבנן סברי וכו' למעלה וקאמר לאם לא כצ"ל ותיבת רבנן נמחק: (ד) ד"ה והשקה בתרא וכו' דאיכא בין ר"ע לר"ש כצ"ל:

גליון הש"ס

רש"י ד"ה ר"ש אומר וכו' והכי אמר לקמן בשמעתין. ד' כ ע"ב:

תָּנוּ רַבָּנַן [שנו חכמים], נאמר: ״וְהִשְׁקָהּ את המים״ (במדבר ה, כז) ויש לשאול: מַה תַּלְמוּד לוֹמַר פעם שנית? וַהֲלֹא כְּבָר נֶאֱמַר ״וְהִשְׁקָה את האשה את מי המרים״ (שם כד)! אלא בא הדבר ללמד שֶׁאִם נִמְחֲקָה כבר הַמְּגִילָּה וְאז אוֹמֶרֶת האשה ״אֵינִי שׁוֹתָה״ — מְעַרְעְרִין (כופים) אוֹתָהּ, וּמַשְׁקִין אוֹתָהּ בְּעַל כָּרְחָהּ, אלו דִּבְרֵי ר׳ עֲקִיבָא. ר׳ שִׁמְעוֹן אוֹמֵר: זה שנאמר ״וְאַחַר יַשְׁקֶה את האשה״ (שם כו), מַה תַּלְמוּד לוֹמַר? וַהֲלֹא כְּבָר נֶאֱמַר ״וְהִשְׁקָהּ״ (שם כד)! אֶלָּא בא כתוב זה לומר לנו כי רק לְאַחַר כָּל מַעֲשִׂים כּוּלָּן הָאֲמוּרִין לְמַעְלָה (של מחיקת המגילה והקרבת המנחה והשבעתה) משקה אותה. מַגִּיד הכתוב שֶׁשְּׁלֹשָׁה דְּבָרִים מְעַכְּבִין בָּהּ בסוטה, מלשתות: עַד שֶׁלֹּא קָרֵב הַקּוֹמֶץ אינה שותה, וְעַד שֶׁלֹּא נִמְחֲקָה מְגִילָּה אינה שותה, וְעַד שֶׁלֹּא תְּקַבֵּל עָלֶיהָ שְׁבוּעָה אינה שותה. ומעירים: עַד שֶׁלֹּא קָרֵב הַקּוֹמֶץ — ר׳ שִׁמְעוֹן לְטַעֲמֵיהּ, [לטעמו, לשיטתו] שאָמַר: מַקְרִיב אֶת מִנְחָתָהּ וְאַחַר כָּךְ מַשְׁקָהּ. על האמור שם עַד שֶׁלֹּא נִמְחֲקָה מְגִילָּה אינה שותה, תוהים: מה צורך לומר כן, אֶלָּא מַאי [מה] מַשְׁקֶה לָהּ [אותה] אם עדיין לא נמחקה המגילה בתוך המים? אָמַר רַב אַשִׁי: לֹא נִצְרְכָה הלכה זו אלא לְשֶׁרִישּׁוּמוֹ נִיכָּר, כלומר, כאשר המגילה עדיין לא נמחקה לגמרי ורישומו של הכתב על הקלף עוד ניכר. על האמור שאינה שותה עַד שֶׁלֹּא תְּקַבֵּל עָלֶיהָ שְׁבוּעָה, מעירים, נדייק מכאן: מִישְׁתָּא [לשתות] הוּא שלֹא שָׁתְיָא [שותה] הָא מִיכְתַּב כָּתְבֵי [הרי שכותבים] לָהּ את המגילה, וְהָאָמַר [והרי אמר] רָבָא: מְגִילַּת סוֹטָה שֶׁכְּתָבָהּ קוֹדֶם שֶׁתְּקַבֵּל עָלֶיהָ שְׁבוּעָה — לֹא עָשָׂה וְלֹא כְלוּם! ומשיבים: כְּדִי נַסְבָהּ [לחינם הביא אותה]. כלומר, דבר זה שאין יכולה לשתות לפני קבלת שבועה לחינם נאמר, שהרי ודאי עוד לא נכתבה מגילה ולא נמחקה. ושואלים: תנאים אלה שבמשנתנו בְּמַאי קָמִיפַּלְגִי [במה הם חלוקים]? ומשיבים: תְּלָתָא קְרָאֵי כְּתִיבִי [שלושה כתובים נאמרו]: ״וְהִשְׁקָה״ קַמָּא [ראשון] (שם כד), ״וְאַחַר יַשְׁקֶה״ (שם כו), ״וְהִשְׁקָהּ״ בַּתְרָא [אחרון] (שם כז). רַבָּנַן סָבְרִי [חכמים סבורים]: ״וְהִשְׁקָה״ קַמָּא [הראשון] לְגוּפוֹ, שכך צריך לעשות לפי סדר זה שֶׁמַּשְׁקָהּ וְאַחַר כָּךְ מַקְרִיב אֶת מִנְחָתָהּ, ״וְאַחַר יַשְׁקֶה״ מִיבָּעֵי לֵיהּ [צריך לו] לְלַמֵּד שֶׁאִם רִישּׁוּמוֹ של הכתב נִיכָּר שאין משקים, ״וְהִשְׁקָהּ״ בַּתְרָא [אחרון] ללמד שֶׁאִם נִמְחֲקָה מְגִילָּה וְאוֹמֶרֶת ״אֵינִי שׁוֹתָה״ — מְעַרְעְרִין אוֹתָהּ וּמַשְׁקָהּ אוֹתָהּ בְּעַל כָּרְחָהּ. וְר׳ שִׁמְעוֹן סָבַר: ״וְאַחַר יַשְׁקֶה״ — לְגוּפוֹ בא, ללמדנו סדר הדברים שֶׁמַּקְרִיב אֶת מִנְחָתָהּ וְאַחַר כָּךְ מַשְׁקָהּ, ״וְהִשְׁקָה״ קַמָּא [הראשון] בא לומר שֶׁאִם הִשְׁקָה וְאַחַר כָּךְ הִקְרִיב אֶת מִנְחָתָהּ — בכל זאת כְּשֵׁרָה, ״וְהִשְׁקָהּ״ בַּתְרָא [האחרון] — שֶׁאִם נִמְחֲקָה מְגִילָּה וְאָמְרָה ״אֵינִי שׁוֹתָה״ מְעַרְעְרִין אוֹתָהּ וּמַשְׁקִין אוֹתָהּ בְּעַל כָּרְחָהּ. ומסבירים: וְרַבָּנַן [וחכמים] סבורים שבְּדִיעֲבַד לֹא פָּתַח קְרָא [הכתוב] שאין הכתוב פותח מתחילה בציווי מה לעשות כאשר לא נעשו הדברים כראוי, לפיכך אין הם מפרשים כר׳ שמעון ש״והשקה״ הראשון בא ללמד שאם השקה ואחר כך הקריב — כשר בדיעבד. ושואלים: וְסָבַר [והאם סבור] ר׳ עֲקִיבָא שמַשְׁקִין אוֹתָהּ בְּעַל כָּרְחָהּ? וְהָתַנְיָא [והרי שנינו בברייתא], ר׳ יְהוּדָה אוֹמֵר: כְּלַבּוּס (כעין וו) שֶׁל בַּרְזֶל מַטִּילִין (מכניסים בכוח) לְתוֹךְ פִּיהָ, שֶׁאִם נִמְחֲקָה מְגִילָּה וְאָמְרָה ״אֵינִי שׁוֹתָה״ — מְעַרְעְרִין אוֹתָהּ באמצעותו וּמַשְׁקִין אוֹתָהּ בְּעַל כָּרְחָהּ. אָמַר ר׳ עֲקִיבָא: כְּלוּם אָנוּ צְרִיכִין להשקות מי סוטה אֶלָּא כדי לְבוֹדְקָהּ אם טמאה היא, וַהֲלֹא זו בְּדוּקָה וְעוֹמֶדֶת, שכיון שאומרת שאינה שותה הרי היא כמודה שהיא טמאה! אֶלָּא כך צריך לומר: עַד שֶׁלֹּא קָרֵב הַקּוֹמֶץ יְכוֹלָה לַחֲזוֹר בָּהּ ולומר ״איני שותה״, מִשֶּׁקָּרֵב הַקּוֹמֶץ אֵינָהּ יְכוֹלָה לַחֲזוֹר בָּהּ. ולדעתו, בכל אופן שהוא אין משקים אותה בעל כרחה! ושואלים: וְלִיטַעֲמִיךְ [ולטעמך, לשיטתך] שר׳ עקיבא אכן סבור כך, תִּיקְשֵׁי [תיקשה] לָךְ הִיא גּוּפָהּ [עצמה] העמדה זאת של הדברים: מדוע מִשֶּׁקָּרֵב הַקּוֹמֶץ אֵינָהּ יְכוֹלָה לַחֲזוֹר בָּהּ? וַהֲלֹא בְּדוּקָה וְעוֹמֶדֶת, שהרי היא כמודה שהיא טמאה! אלא ודאי לָא קַשְׁיָא [אין זה קשה], הָא [זו] שאמרנו שמשקים אותה בעל כרחה — הרי זה באופן דְּקָהָדְרָא [שחוזרת] בָּהּ מֵחֲמַת רְתִיתָא [פחד], שיש לחשוש שמא טהורה היא ורק פחד הוא שאחז בה, ואם תיבדק תימצא טהורה, וְהָא [וזו] שאמרנו שאין משקים אותה — הרי זה באופן דְּקָהָדְרָא [שחוזרת] בָּהּ מֵחֲמַת בְּרִיוּתָא [בריאות], שהרי היא כמודה שנטמאה, ואין כאן סתירה בדברי ר׳ עקיבא. וְהָכִי קָאָמַר [וכך אמר]: כָּל שחוזרת בה מֵחֲמַת בְּרִיוּתָא [שהיא בבריאות], כשהיא בכוחה — כְּלָל כְּלָל לֹא שָׁתְיָא [שותה], שהרי היא כמודה שנטמאה. והחוזרת בה מֵחֲמַת רְתִיתָא [פחד]; תלוי אם עַד שֶׁלֹּא קָרֵב הַקּוֹמֶץ, דְּאַכַּתִּי [שעדיין] לֹא אִמְחוּק [נמחקה] הַמְּגִילָּה, אִי נַמִּי אִמְחוּק [או גם כן נמחקה] כבר מְגִילָּה, שבמקרה זה שֶׁלֹּא כַּדִּין עֲבִיד [עשו] כֹּהֲנִים דְּמָחְקֵי [שמחקו אותה] לפני כן — מָצֵי הָדְרָא [יכולה היא לחזור] בָּהּ. מִשֶּׁקָּרֵב הַקּוֹמֶץ, שבְּדִין עֲבִיד [עשו] כֹּהֲנִים דְּמָחְקֵי [שמחקו] את המגילה — הריהי לֹא מָצֵי הָדְרָא [יכולה לחזור] בָּהּ, ומשקים אותה בעל כרחה.

מסורת הש״ס

א. ספרי במדבר יז. במדב״ר פ״ט מ. וראה ספרי זוטא ה, כד. ילק״ש תורה תשח.

ב. (הביטוי) נזיר מו,א.

ג. סוטה יז,ב (ושם סומנו מקבילות).

ד. (הביטוי) ר״ה ה,א. קדושין ה,ב. ב״מ כז,ב. זבחים צח,א. צט,ב. מנחות פג,א. חולין כב,א.

ה. ירושלמי סוטה פ״ג ה״ב (בשינויים).

ו. סוטה כ,א. תוספתא סוטה פ״ב ג. ספרי זוטא ה, כז.

ז. (כעין זה ירושלמי סנהדרין פ״ד ה״ה).

ח. תוספתא שם.

ט. ירושלמי סוטה פ״ג ה״ג. תוספתא שם.

גרסות

והשקה מה תלמוד לומר בכת״י ועוד יש: והשקה בתרא מה תלמוד לומר.

מגיד שלשה בכת״י יש: מלמד ששלשה.

ואומרת בכת״י יש: ואמרה.

מטילין בכת״י ועוד: מטילין לה.

לשון

מערערין

יש מפרשים מלשון ערעור = שבירה, כלומר עושים לה מעשה בחוזקה לפתוח פיה. ויש סבורים שהכוונה היא ששופכים לתוך גרונה, שכך נקראת הכנסת משקה לפה בלא לבלוע, וכיוצא בזה בערבית غرغر (ע׳רע׳ר), וכיוצא בו בלשון חז״ל, הן בלשון מערער והן בלשון מגרגר.

כלבוס

מקור המלה הוא כנראה בלטינית clavus — מסמר. מן התיאורים של הגאונים נראה כי הכלבוס היה מעין מלקחים גדולים, שהיו נועצים בהם מסמרים עקומים על מנת להחזיק כלי מתכת בזמן חישולם.

עיונים

שיטת ר׳ עקיבא רש״י מסביר שבנושא העיקרי, מתי משקים את הסוטה, דעת ר׳ עקיבא כר׳ שמעון שתחילה מקריב מנחתה ואחר כך משקה. אלא שר׳ עקיבא סבור ביתר קיצוניות מר׳ שמעון, שאם שינה את הסדר והשקה תחילה — לא עשה כלום. אכן בתוס׳ (ד״ה בפירוש) בשם רבינו חננאל, ובתו״ש בשם רבינו תם מביאים פירוש אחר, התלוי גם בשינוי גירסה (ראה גרסות), ולפירוש זה ר׳ עקיבא סבור לגמרי כדעת חכמים שבמשנה. אכן מפשטות הדברים להלן (כ, ב) מבואר שר׳ עקיבא סבור שמקריב מנחתה ואחר כך משקה, וכדברי רש״י, ולכן הוצרכו התוס׳ להסביר שיש מחלוקת תנאים בשיטת ר׳ עקיבא עצמה.

עד שלא קרב הקומץ ותמוה: הלא מפורש במשנה שר׳ שמעון מודה לחכמים שאם השקה ואחר כך הקריב שהיא כשירה! ומשום כך פירשו בתו״ש ותוהרא״ש שאין הדברים מדוייקים בנקודה זו, ונאמרו אגב האחרים. וגם לדעת ר׳ שמעון אף שלכתחילה צריך שיקטיר הקומץ תחילה, אינו מעכב בדיעבד.

מיבעי ליה לשרישומו ניכר והקשו בתו״ש (וראה בתוס׳ עמוד א ד״ה ואחר): הלוא נאמר כבר ״ומחה״, ומה צורך בפסוק נוסף? ותירצו כי מן הכתוב ״ומחה״ יש ללמוד רק שהכתב צריך להיות כזה שיהא ראוי להמחות, אבל אם לא נמחק כולו — אין זה מעכב. ולכן הוצרך להוסיף מקור אחר לכך שצריך שבאמת יימחק הכל. והיה ששאל: מאחר שר׳ שמעון דורש פסוק זה לענין אחר, מניין יודע הוא הלכה זו שצריך שלא יהא רישומו ניכר? והציע שאולי לר׳ שמעון אין הדבר מעכב (חידושי בתרא).

כלבוס של ברזל ויש בתוספתא בשם ר׳ יהודה שהיו פותחים את פיה בצבת. ואף שנחלקו דעות המפרשים בפירוש כלבוס, נראה כי כלבוס עשוי בעיקר לא כדי לפתוח את פיה אלא כדי להכניסו בפיה שיישאר פתוח כדי שאפשר היא להשקותה בעל כרחה (ראה בתוס׳ ד״ה ורבי, בערוך ועוד).

מחמת בריותא כפי שמבואר להלן, אם האשה אומרת במפורש ״טמאה אני״ אין משקים אותה כלל, אלא שהדיון היה כאשר היא מסרבת לשתות, שאם היא מצויה בבריאותה ובתוקף דעתה ואינה נראית מפוחדת יש לשער שבאומרה ״איני שותה״ הרי זו כהודאה שהיא טמאה. אבל כאשר היא מתייראה יש לומר שנפלה עליה אימה מפני המים המרים, שחוששת שמא תינזק מהם אף שהיא טהורה, ובכגון זה לאחר שכבר נמחקה המגילה וקרב הקומץ, כופים אותה לשתות שלא תהא מחיקת השם לבטלה, שהרי ייתכן שתימצא טהורה.

אורח ההלכה

נמחקה מגילה ואומרת איני שותה אם לאחר שנמחקה המגילה אומרת האשה שאינה רוצה לשתות — מערערין אותה ומשקים אותה בעל כרחה. (רמב״ם ספר נשים הלכות סוטה פ״ד ה״ד).

לשרישומו ניכר צריך למחוק את המגילה יפה יפה עד שלא יהא רישומו של הכתב ניכר. ואם נשאר רושם הניכר — פסולה. (רמב״ם שם פ״ג ה״י. שם פ״ד ה״י).

ומעירים: קַשְׁיָא [קשה] מדברי ר' עֲקִיבָא אַדְּר' [על דברי ר'] עֲקִיבָא: הָתָם [שם] אָמַר שֶׁמְּחִיקָה מְעַכְּבָא [מעכבת], שאם לא נמחקה המגילה, אין משקים אותה בעל כרחה, וְהָכָא [וכאן] אָמַר קוֹמֶץ מְעַכֵּב, שאם עדיין לא קרב, על אף שכבר נמחקה המגילה, אין משקים אותה בעל כרחה! ומשיבים: תְּרֵי תַּנָּאֵי וְאַלִּיבָּא [שני תנאים חלוקים בכך ועל פי שיטתו] של ר' עֲקִיבָא.

אִיבַּעֲיָא לְהוּ [נשאלה להם ללומדים]: אָמְרָה "אֵינִי שׁוֹתָה" תחילה מֵחֲמַת בְּרִיוּתָא [שהיתה בבריאות] ובכוחה, וְחָזְרָה וְאָמְרָה "שׁוֹתָה אֲנִי", מַהוּ? האם נאמר כֵּיוָן שֶׁאָמְרָה "אֵינִי שׁוֹתָה" — כאילו "טְמֵאָה אֲנִי" קָאָמְרָה [היא אומרת], שבכך הודתה שהיא טמאה, וְכֵיוָן דְּאַחֲזִיק [שהחזיקה] נַפְשָׁהּ, את עצמה, בְּטוּמְאָה לָא מָצְיָא הָדְרָה [אינה יכולה לחזור] בָּהּ, אוֹ דִּילְמָא [שמא] כֵּיוָן שֶׁאָמְרָה אחר כך "שׁוֹתָה אֲנִי" גָּלְיָא [גילתה] בכך דַּעְתָּהּ שֶׁמֵּחֲמַת בִּיעֲתוּתָא [פחד] הוּא שֶׁאָמְרָה תחילה שאינה שותה ויכולה לחזור בה ולשתות? לשאלה זו לא נמצאה תשובה, ועל כן תֵּיקוּ [תעמוד] במקומה.

אָמַר אֲבוּהּ [אביו] של שְׁמוּאֵל: צָרִיךְ שֶׁיִּתֵּן דבר מַר לְתוֹךְ הַמַּיִם ששותה הסוטה. מַאי טַעֲמָא [מה טעם] הדבר — שֶׁאָמַר קְרָא [הכתוב]: "ומחה אל מֵי הַמָּרִים" (במדבר ה, כג), לומר שֶׁמָּרִים היו כְּבָר לפני שמחקו את המגילה.

א משנה אם עַד שֶׁלֹּא נִמְחֲקָה הַמְּגִילָּה אָמְרָה "אֵינִי שׁוֹתָה" — מְגִילָּתָהּ שכתבו לה נִגְנֶזֶת, וּמִנְחָתָהּ נשרפת וּמִתְפַּזֶּרֶת עַל הַדֶּשֶׁן (מקום האפר), וְאֵין מְגִילָּתָהּ כְּשֵׁרָה לְהַשְׁקוֹת בָּהּ סוֹטָה אַחֶרֶת. אם נִמְחֲקָה הַמְּגִילָּה ואחר כך אָמְרָה "טְמֵאָה אֲנִי" — הַמַּיִם נִשְׁפָּכִין, וּמִנְחָתָהּ מִתְפַּזֶּרֶת עַל בֵּית הַדֶּשֶׁן. אם כבר נִמְחֲקָה הַמְּגִילָּה וְאָמְרָה "אֵינִי שׁוֹתָה" — מְעַרְעֲרִין (מכריחים) אוֹתָהּ, וּמַשְׁקִין אוֹתָהּ בְּעַל כָּרְחָהּ. ומוסיפים: אם אכן היתה טמאה אֵינָהּ מַסְפֶּקֶת לִשְׁתּוֹת עַד שֶׁפָּנֶיהָ מוֹרִיקוֹת (מקבלות צבע ירוק), וְעֵינֶיהָ נהיות בּוֹלְטוֹת, וְהִיא מִתְמַלֵּאת גִּידִין, שגידי הדם שלה בולטים מן הבשר. וְהֵם, האנשים העומדים שם, אוֹמְרִים: הוֹצִיאוּהָ, שֶׁלֹּא תְּטַמֵּא את הָעֲזָרָה אם תמות מיד שם. אִם יֵשׁ לָהּ זְכוּת — הָיְתָה תּוֹלָה לָהּ שלא תמות מיד. ומעירים: יֵשׁ זְכוּת תּוֹלָה שָׁנָה אַחַת, יֵשׁ זְכוּת גדולה יותר תּוֹלָה שְׁתֵּי שָׁנִים, יֵשׁ זְכוּת תּוֹלָה שָׁלֹשׁ שָׁנִים. מִכָּאן אוֹמֵר בֶּן עַזַּאי: חַיָּיב אָדָם לְלַמֵּד אֶת בִּתּוֹ תּוֹרָה, שֶׁאִם תִּשְׁתֶּה ולא תמות מיד תֵּדַע שֶׁהַזְּכוּת תּוֹלָה לָהּ. ואילו ר' אֱלִיעֶזֶר אוֹמֵר: כָּל הַמְלַמֵּד בִּתּוֹ תּוֹרָה (כְּאִילּוּ) לוֹמְדָהּ תִּפְלוּת (זנות). ר' יְהוֹשֻׁעַ אוֹמֵר: רוֹצָה אִשָּׁה בְּקַב של מזונות וְתִפְלוּת עימו, יותר מִתִּשְׁעָה קַבִּין וּפְרִישׁוּת. הוּא הָיָה אוֹמֵר: חָסִיד שׁוֹטֶה, וְרָשָׁע עָרוּם, וְאִשָּׁה פְּרוּשָׁה, וּמַכּוֹת פְּרוּשִׁין (צבועים העושים עצמם כפרושים) — הֲרֵי אֵלּוּ מְבַלֵּי עוֹלָם, כלומר, מחריבים את העולם.

ב גמרא אָמַר רַב יְהוּדָה אָמַר שְׁמוּאֵל מִשּׁוּם ר' מֵאִיר, וכך סיפר: כְּשֶׁהָיִיתִי לָמֵד תּוֹרָה אֵצֶל ר' עֲקִיבָא, הָיִיתִי מַטִּיל קַנְקַנְתּוֹם (חומר צביעה) לְתוֹךְ הַדְּיוֹ שהייתי כותב בו ספרי תורה, וְלֹא אָמַר לִי דָּבָר על כך. כְּשֶׁבָּאתִי אחר כך ללמוד תורה אֵצֶל ר' יִשְׁמָעֵאל, אָמַר לִי: בְּנִי, מַה מְּלַאכְתְּךָ? אָמַרְתִּי לוֹ: לַבְלָר (סופר) אָנִי, כותב ספרי תורה. אָמַר לִי: בְּנִי, הֱוֵי זָהִיר במלאכתך, שֶׁכֵּן מְלַאכְתְּךָ מְלֶאכֶת שָׁמַיִם הִיא, שֶׁמָּא תַּחְסִיר אוֹת אַחַת אוֹ תַּתִּיר (תותיר, תוסיף) אוֹת אַחַת בספר תורה, וְנִמְצֵאתָ אַתָּה מַחֲרִיב אֶת כָּל הָעוֹלָם כֻּלּוֹ בשגיאה שהופכת את מובנו של הכתוב, ויכולה להיות דברי חירוף וגידוף. אָמַרְתִּי לוֹ: דָּבָר אֶחָד יֵשׁ לִי שֶׁאֲנִי מַטִּיל לְתוֹךְ הַדְּיוֹ, וְקַנְקַנְתּוֹם שְׁמוֹ, והוא גורם שלא ימחק הכתב. אָמַר לִי: וְכִי מַטִּילִין קַנְקַנְתּוֹם לְתוֹךְ הַדְּיוֹ? הלא הַתּוֹרָה אָמְרָה במגילת הסוטה "וּמָחָה" (שם), ומכאן שצריכה התורה להיכתב בִּכְתָב שֶׁיּוּכַל לִמְחוֹת! על דו־שיח זה תוהים: מַאי קָאָמַר לֵיהּ וּמַאי קָא מַהְדַּר לֵיהּ [מה אמר לו ומה השיב לו]? שלכאורה דברי ר' מאיר אינם תשובה כלל לדבריו של ר' ישמעאל! ומסבירים: הָכִי קָאָמַר לֵיהּ [כך אמר לו] ר' מאיר: לֹא מִבַּעְיָא [נצרכה] לומר בַּחֲסֵירוֹת וִיתֵירוֹת שאינני טועה, שֶׁבְּקִי אֲנָא [אני], אֶלָּא אֲפִילּוּ לְמֵיחַשׁ [לחשוש] לִזְבוּב דְּדִילְמָא אָתֵי וְיָתֵיב אַתָּגֵיהּ דְּדָלֶי"ת וּמָחֵיק לֵיהּ וּמְשַׁוֵּי לֵיהּ רֵי"שׁ [שמא יבוא ויישב על תגו של הדל"ת וימחק אותו ויעשה אותו רי"ש] שיכול הדבר להיות טעות חמורה, כגון שכותב במקום "ה' אחד" — "ה' אחר", אף לזה איני חושש, כי דָּבָר אֶחָד יֵשׁ לִי שֶׁאֲנִי מַטִּיל לְתוֹךְ הַדְּיוֹ וְקַנְקַנְתּוֹם שְׁמוֹ, שאינו ניתן למחיקה. ותוהים: אֵינִי [וכי כן הוא] הדבר? וְהָא תַּנְיָא [והרי שנינו בברייתא], אָמַר ר' מֵאִיר: כְּשֶׁהָיִיתִי לָמֵד תּוֹרָה אֵצֶל ר' יִשְׁמָעֵאל הָיִיתִי מַטִּיל קַנְקַנְתּוֹם לְתוֹךְ הַדְּיוֹ, וְלֹא אָמַר לִי דָּבָר. כְּשֶׁבָּאתִי אֵצֶל ר' עֲקִיבָא אֲסָרָהּ עָלַי! ויש כאן כמה סתירות: קַשְׁיָא [קשה] מענין שִׁמּוּשׁ על ענין שִׁמּוּשׁ, שמן הברייתא הראשונה מובן שקודם למד אצל ר' עקיבא ואחר כך אצל ר' ישמעאל, ובברייתא השניה משמע להיפך. ועוד, קַשְׁיָא [קשה] מענין אֲסָרָהּ על ענין אֲסָרָהּ, שבברייתא הראשונה נאמר שר' ישמעאל אסר כתיבה בדיו עם קנקנתום, ובשניה נאמר שר' עקיבא הוא שאסרה! ומעירים: בִּשְׁלָמָא [נניח] מענין שִׁמּוּשׁ על ענין שִׁמּוּשׁ לֹא קַשְׁיָא [קשה], שאפשר לתרץ: מֵעִיקָּרָא אֲתָא לְקַמֵּיהּ [מתחילה בא לפני] ר' עֲקִיבָא ללמוד, כֵּיוָן שֶׁלֹּא מָצֵי קָם אַלִּיבֵּיהּ [יכול היה לעמוד על שיטתו] בלימוד שהיתה מסובכת ביותר אֲתָא לְקַמֵּיהּ [בא לפני] ר' יִשְׁמָעֵאל וְגָמַר גְּמָרָא [ולמד את המסורת], הֲדַר אֲתָא לְקַמֵּיהּ [חזר ובא לפני] ר' עֲקִיבָא וְסָבַר סְבָרָא (סברה) על פי שיטת ר' עקיבא, להבין את טעמי ההלכה בדברים שלמד כבר. אֶלָּא אֲסָרָהּ על אֲסָרָהּ קַשְׁיָא [קשה], שיש כאן סתירה! ומשיבים: אכן קַשְׁיָא [קשה] הדבר. תַּנְיָא [שנויה בברייתא], ר' יְהוּדָה אוֹמֵר, אוֹמֵר הָיָה ר' מֵאִיר: לְכָל כתבי הקודש (ספר תורה תפילין ומזוזות) מַטִּילִין קַנְקַנְתּוֹם לְתוֹךְ הַדְּיוֹ

מסורת הש"ס

א. במדב"ר פ"ט כ. וראה ספרי במדבר טז. ילק"ש תורה תשח.
ב. תוספתא סוטה פ"ב ב.
ג. שם ג. ספרי במדבר יז.
ד. סוטה יט,ב (ושם סומנו מקבילות).
ה. ספרי במדבר ח. במדב"ר פ"ט לא. תנחומא ותנחומא בובר נשא א. ילק"ש שם תשד. שם תשז.
ו. סוטה ו,א. ספרי שם. במדב"ר שם א. תנחומא שם. תנחומא בובר שם ב.
ז. ירושלמי חגיגה פ"א ה"א.
ח. סוטה כא,ב. כתובות סב,ב.
ט. פדר"א פ"א.
י. ראה ירושלמי פאה פ"א ה"ז. שם ב"ב פ"ט ה"א.
יא. עירובין יג,א. ירושלמי סוטה פ"ב ה"ה.
יב. ראה מגילה יח,ב. גיטין סז,א. קה"ר פ"ב יז.
יג. ראה אדר"נ פל"ו. ויק"ר פי"ט ב. שה"ר פ"ה. תנחומא בראשית א. מדרש שמואל פ"ה.
יד. סוטה יז,ב (ושם סומנו מקבילות).
טו. (הביטוי) עירובין יג,א. כתובות יג,ב. גיטין יב,ב. חולין פו,ב.
טז. עירובין שם. מסכת סופרים פ"א ד. מסכת ספר תורה פ"א ה.
יז. מסכת סופרים שם. מסכת ספר תורה שם.

גרסות

על הדשן יש בכת"י ובמקורות: **על בית הדשן.**

על בית הדשן ויש בכת"י: **על הדשן.**

תטמא העזרה יש בכת"י רבים: **תטמא את העזרה.**

היתה תולה בכת"י יש: **תולה.**

מכאן אומר בכת"י יש: **מכאן אמר.**

(כאילו) לומדה בכת"י רבים ועוד: **מלמדה.**

בקב ותפלות ויש בכת"י ועוד: **בקב תפלות.**

ופרישות ויש בכת"י: **פרישות** וגם: **של פרישות.**

מבלי עולם ויש בכת"י ועוד: **מכלי עולם.**

הוי זהיר במקורות יש: **הזהר.**

תתיר ויש בכת"י: **תותיר** ויש גם: **תייתר** וכן בב"ח.

נמצאת אתה יש בכת"י: **נמצא אתה** ויש: **נמצאת** ויש: **אתה.**

התורה אמרה יש בכת"י: **והתורה אמרה** ובמקבילה: **והלא אמרה תורה.**

קם אליביה בכת"י יש: **למיקם אליביה.**

לשון

תפלות

משמעות השורש "תפל" היא דבר שאין בו טעם, ובהשאלה — חסר ערך. ולפי זה אפשר שיהא פירושו כמשמעו — דברים חסרי ערך, בלתי חשובים (כדרך שמפרש הרמב"ם), או שהוא כלשון נקיה למעשי ודיבורי אהבים. במשמעות השניה מוצאים כאן ובמקומות אחרים תפלות כניגוד של פרישות, ואולי יש כאן גם השפעה של השורש "טפל" — דבק, הוסיף. ובמובנו כאן — דביקה וחיבור בין איש ואשה.

לבלר

מקור המלה הוא בלטינית libellarius שמשמעה — לבלר, סופר, מי שמלאכתו לכתוב שטרות או מסמכים אחרים.

עיונים

וחזרה ואמרה שותה אני וכו' מלשון השאלה דייקו כי אם אמרה בתחילה במפורש "טמאה אני" איננה יכולה עוד לחזור בה. והעלו את השאלה הבאה: מה יהא אם תחזור בה ותאמר שרצונה לשתות, ותסביר שמה שאמרה קודם "טמאה אני", היה מחמת פחד? שלכאורה אפילו נדה, שנאמנת על עצמה לטומאה, מכל מקום אם אמרה שהיא טמאה ואחר כך אמרה שהיא טהורה ונתנה אמתלא לדברה הראשונים יכולה לחזור בה! ובמנחת חנוך העלה שאם היתה אומרת כן במפורש היתה נאמנת, אבל כאן מדובר שחזרה בה סתם.

צריך שיתן מר וכו' וראה ברש"י שמסביר שאין לומר שהמים נקראים כן מחמת פעולתם, שהרי מדובר כאן קודם בדיקה. ועוד כתבו שאף מלשון "מי המרים המאררים" הנאמר בפרשה משמע שענין מרירות המים הוא לחוד וצד הקללה שיש שהם הוא ענין לחוד. ואף שיש במים גם עפר ודיו אין המים נעשים מרים מחמת אלה.

והמאירי מסביר שאין לחשוש שמא יאמרו שמחמת הדבר המר שבמים נגרמים לה אותם דברים, ראשית משום שהכל יודעים שאין תוצאות אלה יכולות לבוא מצד אותו סממן מר שמכניסים במים, ושנית משום שבהימצאה טהורה היא מתחזקת ומבריאה על אף הסממן המר, ובזה יש פרסום גדול עוד יותר לכוחם של המים.

מגילתה נגנזת רש"י ואחרים מביאים שהמגילה נגנזת בצד ההיכל (וכן יש בנוסח התוספתא). אכן בתלמוד הירושלמי נאמר שהיא נגנזת תחת ציר (דלתות) ההיכל, ואגב סיבוב הדלת היא נשחקת לאט לאט. וכבר עסקו כמה מן האחרונים להסביר את שיטת התלמוד הירושלמי כיצד אפשר לתת את המגילה שיש בה פסוקים ושמות קדושים שתתבלה על ידי פעולה בידים.

ומנחתה מתפזרת המפרשים מסבירים כי "מתפזרת" כאן אין משמעו שמתפזרת כמות שהיא אלא נשרפת בבית הדשן הפנימי המצוי בעזרה עצמה (כי יש שלושה בתי דשן במקדש, וראה ברש"י), וכן מוכח מן המשנה להלן (כב, ב). וטעמו של דבר, שכיון שקדשה המנחה בכלי שרת טעונה שריפה. וכתב המאירי שלעומת זאת מה שכתוב בהמשך המשנה באומרת "טמאה אני" שמנחתה מתפזרת הכוונה היא שמתפזרת ממש ולא נשרפת, שאף שהיתה מנחה זו בכלי שרת, מכל מקום מתברר למפרע שהיה זה הקדש בטעות, ולא חלה עליה קדושה.

אינה מספקת לשתות בתלמוד הירושלמי מסבירים שאין המים בודקים את האשה עד שתשתה את הכל, ואת המשנה יש להבין רק כשימוש לשון בלבד, לומר שאינה שוהה לאחר השתיה אלא הדבר קורה לה מיד.

חייב אדם ללמד וכו' וטעמו של דבר, שאם למדה תורה יודעת שהזכות תלתה לה ולא תבוא להוציא לעז על המים המרים. ואף שאפשר לטעון שתבוא לזנות אם תדע שזכות תולה לה, מכל מקום עדיף שתדע ולא תגרום לאחרות לזנות מתוך הנחה שאין המים בודקים (עץ יוסף).

תיפלות רש"י ואחרים פירשו במשמעות זנות, עניני פריצות. ואילו הרמב"ם בפיה"מ מפרשו במשמעות דברים בטלים, דברי הבאי. וראה להלן.

שמא תחסיר הריטב"א רצה ללמוד מכאן שכל אות חסרה או יתירה בספר תורה פוסלת את הספר בכל מקרה (גם כשאינה משנה את המשמעות). אכן רוב המפרשים כאן הסבירו, שכוונה היא לחיסור או ייתור אות באותם מקומות שבהם יכול להיווצר על ידי כך ענין של כפירה או בזיון שם שמים. ולענין חיסור הביא רש"י דוגמה שאם כותב "ה' אלהים אמת" ומחסר את הא' מ"אמת" נמצא מחרף ומגדף. ולענין ייתור הביא רש"י את הדוגמה כגון שכותב "בראשית בראו אלהים" שנמצא כופר בעיקר. ואחרים הביאו דוגמה מן הכתוב "הוה על הוה" (יחזקאל ז, כו) שאם מוסיף י' במלת "הוה" השניה נמצא מחרף ומגדף (תו"ש, תוהרא"ש, מאירי).

ויתיב אתגיה דדלית ובויק"ר (פי"ט ב) מביא דוגמאות שונות של דברים חמורים העלולים לבוא אם נמחקת רגל הב' ונקראת ככ' או שעושים מה' — ח' ומח' — ה'.

אורח ההלכה

לא מציא הדרה בה אשה שאמרה "איני שותה" מחמת יראה שנפלה עליה יכולה לחזור ולומר "שותה אני". אבל אם אמרה "איני שותה" כשהיא בריאה ואינה יראה — אינה יכולה לחזור בה ולומר שהיא שותה. ופסק לחומרא. (רמב"ם ספר נשים הלכות סוטה פ"ד ה"ג).

צריך שיתן מר וכו' צריך לתת דבר מר, כגון לענה, בתוך מי הסוטה שנאמר "מי המרים". כאביו של שמואל. (רמב"ם שם פ"ג ה"י).

עד שלא נמחקה המגילה אמרה איני שותה אמרה האשה "איני שותה" קודם שנמחקה המגילה — הרי מגילתה נגנזת ואינה כשירה להשקות בה סוטה אחרת, ומנחתה מתפזרת על פני הדשן. אבל אם אמרה "איני שותה" לאחר שנמחקה המגילה מערערין אותה ומשקין אותה בעל כרחה, ומאיימים עליה ומסבירים לה שאם טהורה היא לא יזיקו לה המים. (רמב"ם שם פ"ד ה"ד-ה).

אמרה טמאה אני אמרה "טמאה אני", אף על פי שנמחקה המגילה המים נשפכין ומנחתה מתפזרת על פני הדשן. (רמב"ם שם ה"ו).

פניה מוריקות וכו' אם טמאה היא מיד פניה מוריקות ועיניה בולטות והיא מתמלאת גידין, ואומרים הוציאוה מן העזרה שלא תפרוש נדה ותטמא את העזרה (כמסקנת הגמרא להלן, ומוציאים אותה מעזרת נשים שהיא עומדת בה. (רמב"ם שם פ"ג הט"ז).

המלמד בתו תורה אשה שלמדה תורה — יש לה שכר, אבל אינו כשכר האיש מפני שאינה מצווה ועושה. ואף שיש לה שכר ציוו חכמים שלא ילמד אדם את בתו תורה מפני שרוב הנשים אין דעתן מכוונת ללמוד ומוציאות דברי תורה לדברי הבאי, ולכן אמרו "כל המלמד בתו תורה כאילו מלמדה תיפלות". במה דברים אמורים — בתורה שבעל פה, אבל תורה שבכתב אף שמצווה שלא ללמדה אינה כמלמדה תיפלות. וכתב בפרישה שהאשה שלמדה מעצמה מוכיחה שאינה שייכת לאותן נשים המוציאות תורה לדברי הבאי. ובב"ח מסביר שהחילוק בין תורה שבכתב לתורה שבעל פה נובע מדברי ר' אלעזר בן עזריה במסכת חגיגה לענין מצוות הקהל. וכתב הרמ"א שמכל מקום חייבת האשה ללמוד דינים והלכות השייכים לה שהיא מצווה על קיומם. ואחרונים כתבו שבדורות אלה מצוה ללמד את הבנות תורה ומקרא ומוסרי חז"ל, וכן היו שכתבו כי כל ענינים הנוגעים לאמונה, כיון שנשים מצוות על האמונה ואהבת ה' ויראתו — הם בגדר המצוות שנשים חייבות בהם, ולכן מצוה ללמדן דברים אלה. (רמב"ם ספר מדע הלכות תלמוד תורה פ"א הי"ג. שו"ע יו"ד רמו, ו).

מבלי עולם המפזר כל ממונו לצדקה ולמצוות אין זו חסידות אלא שטות, והרי זה בכלל מבלי עולם שאמרו חכמים. (רמב"ם ספר הפלאה הלכות ערכין וחרמין פ"ח הי"ג).

קנקנתום לתוך הדיו ספר תורה (וכן תפילין ומזוזה, שדינם שוה לענין זה) צריך שיכתבנו בדיו העשויה מעשן השמנים שרוי במי עפצים, שהוא כתב המתקיים ויכול להמחק. ואם כתב בקנקנתום וכיוצא בו שמונעים את הדיו מלהימחק — הרי זה כשר, וכר"מ, ובלבד שלא יכתוב במיני צבעים אחרים שאינם שחורים. (רמב"ם ספר אהבה הלכות תפילין פ"א ה"ד. שו"ע שם רעא, ו).

גמרא

קשיא דר' עקיבא אדרבי עקיבא התם אמר מחיקה מעכבא והכא אמר קומץ מעכב תרי תנאי ואליבא דר"ע איבעיא להו אמרה איני שותה מחמת בריותא וחזרה ואמרה שותה אני מהו כיון דאמרה איני שותה טמאה אני קאמרה וכיון דאחזיק נפשה בטומאה [א]לא מציא הדרה בה או דילמא כיון דאמרה שותה אני גליא דעתה דמחמת ביעתותא הוא דאמרה תיקו [א]אמר אבוה דשמואל [ב]צריך שיתן מר לתוך המים מ"ט דאמר קרא מי

א המרים שמרים כבר: **מתני'** [בג]עד שלא נמחקה המגילה אמרה איני שותה מגילתה נגנזת ומנחתה מתפזרת על הדשן ואין מגילתה כשרה להשקות בה סוטה אחרת [גד]נמחקה המגילה ואמרה טמאה אני המים נשפכין ומנחתה מתפזרת על בית הדשן [ד]*[ה]נמחקה המגילה ואמרה איני שותה מערערין אותה ומשקין אותה בעל כרחה [ה]אינה מספקת לשתות עד שפניה מוריקות ועיניה בולטות והיא מתמלאת גידין והם אומרים *הוציאוה שלא תטמא העזרה [ו]אם יש לה זכות היתה תולה לה יש זכות תולה שנה אחת יש זכות תולה ב' שנים יש זכות תולה ג' שנים [ז]מכאן אומר בן עזאי *חייב אדם ללמד את בתו תורה שאם תשתה תדע שהזכות תולה לה ר"א אומר [ח]כל המלמד בתו תורה *(כאילו) לומדה תפלות ר' יהושע אומר [ח]*רוצה אשה בקב ותפלות מט' קבין ופרישות הוא היה אומר [ט]חסיד שוטה ורשע ערום ואשה פרושה [י]ומכות

ב פרושין הרי אלו מבלי עולם: **גמ'** [יא]*א"ר יהודה אמר שמואל משום ר"מ כשהייתי למד תורה אצל ר"ע הייתי מטיל קנקנתום לתוך הדיו ולא אמר לי דבר כשבאתי אצל ר' ישמעאל א"ל בני מה מלאכתך אמרתי לו [יב]לבלר אני אמר לי בני הוי זהיר שמלאכתך מלאכת שמים היא [יג]שמא תחסיר אות אחת או(א) תתיר אות אחת נמצאת אתה מחריב את כל העולם כלו אמרתי לו דבר אחד יש לי שאני מטיל לתוך הדיו וקנקנתום שמו אמר לי וכי מטילין קנקנתום לתוך הדיו התורה אמרה *ומחה [יד]כתב שיוכל למחות [טו]מאי קא"ל ומאי קא מהדר ליה הכי קא"ל לא מבעיא בחסירות ויתירות דבקי אנא אלא אפילו למיחש לזבוב דדילמא אתי ויתיב אתגיה דדלי"ת ומחיק ליה ומשוי ליה רי"ש דבר אחד יש לי שאני מטיל לתוך הדיו וקנקנתום שמו איני והא *תניא [טו]אמר רבי מאיר כשהייתי למד תורה אצל ר' ישמעאל הייתי מטיל קנקנתום לתוך הדיו ולא אמר לי דבר כשבאתי אצל ר"ע אסרה עלי קשיא שמוש אשמוש קשיא אסרה אאסרה בשלמא שמוש אשמוש לא קשיא מעיקרא אתא לקמיה דר' עקיבא כיון דלא מצי קם אליביה אתא לקמיה דר"י וגמר גמרא הדר אתא לקמיה דר"ע סבר סברא אלא אסרה אאסרה קשיא תניא [י]רבי יהודה אומר היה ר"מ [י]לכל מטילין קנקנתום לתוך הדיו

חוץ

רש"י

קשיא דר"ע אדר"ע התם קאמר מחיקה מעכבא. את האונס דכל זמן שלא נמחקה אם אמרה איני שותה יכולה לחזור בה ולא אנסינן לה להשקותה אבל אם נמחקה המגילה מערערין אותה על כרחה ואפי' לא קירב הקומץ דהא והשקה קמא דקודם הקטרה להכי דרשינן והכא קאמר קומץ מעכב את האונס דכל כמה דלא קרב קומץ אי אמרה איני שותה לא אנסינן לה להשקותה: וחזרה ואמרה שותה אני. לר"ע מהו להשקותה מרצונה: שיתן מר. דבר מר: שמרים כבר. קודם מחיקה אלמא מחמת דבר אחר הם מרים ואין מרירה על שם קללת בדיקתם נקרא דהא מקמי מחיקה לאו בני מיבדק נינהו: מתני' מגילתה נגנזת. *בצדי ההיכל דכל כתבי הקדש שאין ראוין לקרות בהן נגנזין שלא יתבזו: על בית הדשן. שהיא בעזרה ששורפין שם פסולי קדשי קדשים ופסולי אימורים שמחילתן לפנים מן הקלעים כדאמרינן בשחיטת קדשים (דף קד:) שלשה בית הדשן הם דהואיל וקדשה בכלי נשרפת בעזרה והאי מתפזרת היינו נשרפת כדאמר לקמן (ד' כג.) ואלו שמנחותיהם נשרפות וקא חשיב להא האומרת איני שותה: ואין מגילתה כשירה להשקות בה סוטה אחרת. דבעינן כתיבה לשמה דכתיב ועשה לה הכהן לה לשמה: המים נשפכין. כיון דאמרה טמאה אני בדוקה ועומדת היא ומים המרים לא ניתנו אלא לברר את הספק: מערערין אותה. דדלמא טהורה היא ומחמת ביעתותא קאמרה: מתמלאת גידין. הגידין שבלחייה נופחין ונראות כמליאה גידין וגם בשרה נעשית שיטה שיטה של נפיחה והכי תניא בספרי כמין שרביטין מזורקין בה: שלא תטמא העזרה. שערי נקנור או עזרת נשים שהלא דרך שם ולקמיה פריך והא אמרינן בעלמא דשערי נקנור לא נתקדשו וכ"ש עזרת נשים ומת מותר ליכנס למחנה לויה: תדע שזכות תולה לה. תראה ותלמד בפרשת סוטה שהזכות תולה דילפינן מונקתה ונזרעה זרע ונקתה ע"י זכיות כדי זריעת זרע ט' חדשים וי"א יותר כדמפרש בגמ': מלמדה תיפלות. מפרש בגמ': רבי יהושע אומר רוצה אשה בקב ותיפלות. גרסינן ובגמרא מפרש מאי קאמר: מכות פירושין. מפרש בגמ' שמכה את עצמו בכתלים להראות שהוא עניו ונצוע: גמ' לבלר. סופר: אם תחסר אות אחת. כגון א' וה' אלהים אמת (ירמיה י) או תייתר אות אחת כגון בראשית בראו אלהים: דבר אחד יש לי. לקמן מפרש מאי תשובה היא זו: כתב שיוכל למחות. ורבי ישמעאל סבר מוחקין לה מן התורה ולא בעי כתיבה לשמה ואפרשת סוטה לחודה קא קפיד: מאי קאמר ליה ומאי מהדר ליה. מאי קאמר ליה ר' ישמעאל דקא מהדר ליה ר"מ דבר אחד יש לי שעושה רושם ואינו נמחק מה ענין קנקנתום אצל חיסור ויתור: ומשוי ליה רי"ש. כגון דלי"ת דאחד: דבר אחד יש כו'. ואינו נמחק לגמרי: קשיא שימוש אשימוש. דקאמר לעיל שימוש דר"ע קודם(ב) ואמר הכא דר"י קודם: לא מצי למיקם אליביה. על עיקרי טעמיה שהיה אומר על טמא טהור ומראה לו פנים ועל טהור טמא ומראה לו פנים: אתא לקמיה דר"י וגמר גמרא. המשניות סתומות כמו שהן כדגמיר להו מרבו ורבו מרבו: והדר אתא לקמיה דר"ע למיסבר סברא. לעמוד על עיקר טעמי המשנה מפני מה זה טמא וזה טהור זה אסור וזה מותר ועל מה כל דבר נסמך ועל איזה מקרא וזה תלמוד שהיה בימי התנאים והבין דבר מתוך דבר כשהיה דבר חדש נשאל בבית המדרש מהיכן ילמדוהו ולאיזה משנה ידמוהו:

חוץ

תוספות

מגילתה נגנזת. ירושלמי תני נגנזת תחת צירו של היכל למה בשביל לשחקה לול קטן היה שם ושם המים נשפכים תני אין בהן משום קדושה מהו לגבל בהן את הטיט מה בכך המים נשפכים תני יש בהם משום קדושה: נמחקה המגילה ואמרה איני שותה מערערין אותה למה שגרמה לשם שימחק כמה ימחק תני רבי חנין ב"ש אומרים אחת ובה"א שתים א"ר אילעאי טעמא דב"ה כדי לכתוב י"ה: ***אמר** ר' ירמיה למחוק לה מה"ת איכא בינייהו. תימה לרבי והא בימי ר"מ נפסקו כבר המים המרים כדאמרי' בפ' בתרא (לקמן דף מז.) דר' יוחנן בן זכאי הפסיקן ועוד האמר רבא (לעיל ד' יז:) מגילת סוטה שכתבה קודם שתקבל עליה שבועה לא עשה ולא כלום א"כ מ"ט דמ"ד מוחקין לה מן התורה וליכא למימר מ"ד מוחקין לה מן התורה לית ליה דרבא א"כ אמאי אמר לר"ש לעיל (ד' יט:) כדי נסבה לימא לית ליה דרבא אלא הכי משמע דבהא דרבא כ"ע מודו ואיכא למימר מ"ד מוחקין לה מה"ת כגון אם נכתבה אותה פרשה בתורה לאחר שקבלה עליה שבועה אע"פ שהסופר לא נתכוין לשם סוטה אלא לשם ס"ת ומה שאין מטילין קנקנתום לתוך הדיו לפרשת סוטה אפי' בזמן הזה משום דכתיב בה ומחה דבעינן כתב שיכול למחות וכיון דס"ל מוחקין לה מן התורה ש"מ דקסבר דאאותה פרשה אפילו כתובה בתורה קפיד קרא דבעינן שיכול למחוק:

אבל תורה דסתמא כתיב הכי נמי דמחקינן. לפום האי דיחוי ה"מ למיפרך וכי לית ליה לת"ק הא דתנן *כל גט שנכתב שלא לשם אשה פסול כיצד היה עובר בשוק ושמע קול סופרים מקרין וכו' וה"מ לתרוצי דילמא עד כאן לא אמר גבי גט דסתמא פסול משום דאשה לאו לגירושין עומדת אבל סוטה אחר שקינא לה ונסתרה סתמא להשקות עומדת כדאמרינן בריש מסכת זבחים (דף ג:) א"נ עד כאן לא פסלינן גבי גט אלא משום דהתם וכתב לה אמר רחמנא וכו' מיהו היכא דאינתיק לשם רחל לא הדרא מנתקא ע"י מחיקה לשם לאה ולרבי אחי בר יאשיה נמי אע"ג דעשייה דידה מחיקה היא מיהו מהני קצת דכתב בסתמא ועשה לה ולא כתב ומחה לה דרשינן ליה נמי אכתיבה דבעינן דלכתוב לשם אלות בעולם מיהו אהני נמי האי דלא

כתב

[גיטין כד.]

עין משפט נר מצוה

ו א מיי' פ"ד מהל' סוטה הל"ג סמג עשין נו:

ז ב מיי' פ"ג שם הל"י סמג עשין נו:

ח ג מיי' שם פ"ד הלכה ד:

ט ד מיי' שם הל"ו:

י ה מיי' שם הל"ד:

יא ו מיי' שם פ"ג הלכה טז:

יב ז מיי' שם הל"כ:

יג ח מיי' פ"א מהל' ת"ת הלי"ג סמג עשין יב טוש"ע יו"ד סי' רמו סעי' ו:

יד ט מיי' פ"ח מהל' ערכין הלי"ג:

טו י מיי' פ"א מהל' תפלין הל"ד סמג עשין כב טוש"ע יו"ד סימן רעא סעי' ו:

תוספות שאנץ

שהיא טמאה: דאמר קרא מי המרים שמרים כבר קודם מחיקה אלמא מחמת דבר אחר הם מרים ואין מרירותן נקרא על שם בדיקותן דהא מקמי מחיקה לאו בני בדיקה נינהו. ל"ה: מתני' מגילתה נגנזת בצדי ההיכל דכל כתבי הקדש שאינן ראוין לקרות בהן נגנזין שלא יתבזו: ומנחתה מתפזרת אבית הדשן דהואיל וקידשה בכלי נשרפת בעזרה והאי מתפזרת בעזרה היינו נשרפת כדא' לקמן ואלו שמנחותיהן נשרפות וקא חשיב לה להא האומרת איני שותה. ל"ה. והיא מתמלאה גידין פ"ה הגידין שבלחייה נופחין ונראית מלאה גידין וגם בבשרה נעשית שיטה שיטה של נפיחה והכי תניא בספרי כמין שרביטין מזורקין בה: שאם תחסר אות אחת כגון אלף וה' אלהים אמת או תתיר אות אחת בראשית בראו אלהים וה"ר מאיר פי' כגון הוה על הוה א) אחרון יו"ד מברך את השם:

א) נראה דצ"ל אם יוסיף יו"ד על הוה אחרון נמצא מברך את השם.

מסורת הש"ס

ס"א בצירי

[לעיל יט:]

[ע' תוספות פסחים לב. ד"ה טבול יבמות ז: ד"ה ורא"ה ותוס' זבחים לב. ד"ה ובטמאים]

[ע' תוספות לקמן כא: ד"ה בן עזאי]

ס"א אינו [וכ"ה בפיסקא בגמ' לקמן כא: ומוכח שם דלא גרסינן הכי במשנה וכ"כ בתוי"ט]

*[כתובות סב: וע' תוספות לקמן כא: ד"ה רוצה]

עירובין יג.

[לעיל יז:]

עירובין יג.

הגהות הב"ח

(א) גמ' או תייתר אות א': (ב) רש"י ד"ה קשיא וכו' קודם והכא אמר דר"י:

גליון הש"ס

מתני' מערערין אותה. עיין פרש"י איוב לט כט: **שם** מכאן אומר בן עזאי וכו'. ע' חגיגה ד' ג ע"א תד"ה נשים לשמוע:

עין משפט נר מצוה

טז א מיי' פ"ג מהל' סוטה הל"ח ופ"ד הלכה ט:

יז ב מיי' שם פ"ג הל"ח ופ"ד הל"ד והל' יא סמג עשין נו:

יח ג מיי' פ"ג שם ופ"ד הלי"א:

יט ד מיי' פ"ג מהל' גירושין הל"א סמג עשין נ טוש"ע אה"ע סי' קלא סעי' ב:

כ ה ו מיי' פ"ז מהל' בית הבחירה הלט"ו ופ"ג מהל' ביאת מקדש הלכה ד סמג לאוין רש ועשין קעד:

כא ז מיי' פ"ג מהל' סוטה הלט"ז:

תורה אור

חוץ מפרשת סוטה בלבד רבי יעקב אומר משמו ᵃחוץ מפרשת סוטה של מקדש מאי בינייהו א"ר ירמיה ᵃלמחוק לה מן התורה איכא בינייהו והני תנאי כי הני תנאי דתניא ᵇאין מגילתה כשירה להשקות בה סוטה אחרת רבי אחי בר יאשיה אומר מגילתה כשירה להשקות בה סוטה אחרת אמר רב פפא דילמא לא היא עד כאן לא קאמר ת"ק התם אלא כיון דאינתיק לשום רחל לא הדרא מינתקא לשום לאה אבל תורה דסתמא כתיבה הכי נמי דמחקינן אמר רב נחמן בר יצחק דילמא לא היא עד כאן לא קאמר רבי אחי בר יאשיה התם אלא במגילה דאיכתוב לשום אלות בעולם אבל תורה דלהתלמד כתיבה הכי נמי ᵍדלא מחקינן ורבי אחי בר יאשיה לית ליה ᵍ* ᵈכתב לגרש את אשתו ונמלך מצאו בן עירו ואמר לו שמי כשמך ושם אשתי כשם אשתך פסול לגרש בו אמרי התם °וכתב לה אמר רחמנא ᵈבעינן כתיבה (דברים כד) *לשמה הכא נמי °ועשה לה ᵉמאי עשייה (במדבר ה) **א** מחיקה: אינה מספקת לשתות עד שפניה [כו']: ᵛמני ר"ש היא ᶻ*דאמר מקריב את מנחתה ואח"כ משקה דכמה דלא קרבה מנחתה לא בדקי לה מיא דכתיב °מנחת זכרון מזכרת (שם) עון אימא סיפא יש לה זכות היתה תולה לה אתאן לרבנן דאי ר"ש ᶜהאמר *אין זכות תולה במים המרים אמר רב חסדא הא מני ר"ע היא ᵗדאמר *מקריב את מנחתה ואח"כ משקה **ב** ᵞובזכות סבר לה כרבנן: והם אומרים הוציאוה וכו': מ"ט דדילמא מתה למימרא דמת אסור במחנה לויה °*והתניא ᵞᵃטמא מת מותר ליכנס למחנה לויה ולא טמא מת בלבד אמרו אלא ᵞאפילו מת עצמו שנאמר °ויקח משה את עצמות יוסף עמו ᵞᵇעמו (שמות יג) במחיצתו אמר אביי ᶻשמא תפרוס נדה למימרא דבעיתותא מרפיא אין דכתיב °ותתחלחל המלכה מאד *ואמר רב ᵞᵍשפירסה (אסתר ד) נדה והא אנן *תנן ᵞᵈחרדה מסלקת דמים **ג** ᵗᵛפחדא צמית ביעתותא מרפיא: יש לה זכות היתה וכו': מני מתני' לא אבא יוסי בן חנן ולא ר"א בן יצחק איש כפר דרום ולא רבי ישמעאל דתניא ᵗᶻאם יש לה זכות תולה לה שלשה חדשים כדי הכרת העובר דברי אבא יוסי בן חנן ר"א בן יצחק איש כפר דרום אומר ט' חדשים שנאמר °ונקתה ונזרעה (במדבר ה) זרע ולהלן הוא אומר °זרע יעבדנו יסופר (תהלים כב) ᵞᶻזרע *הראוי לספר רבי ישמעאל אומר שנים עשר חדש ואע"פ שאין ראיה לדבר זכר לדבר *דכתיב °להן מלכא מלכי ישפר עליך (דניאל ד) וחטיך בצדקה פרוק ועויתך במיחן ענין

הן

רש"י

חוץ מפרשת סוטה. ואפי' בס"ת: **משמו.** של ר"מ: **שבמקדש.** של כל סוטה וסוטה: **מאי בינייהו.** כלומר במאי קמיפלגי באיזה טעמא: **למחוק לה.** מפרשת סוטה שבספר תורה לת"ק מחקינן לר' יעקב לא מחקינן: **כי הני תנאי.** דאיפלגו נמי בכתיבה לשמה: **לדאינתיק.** מכל נשים לשמה של זו: **אמר רב נחמן וכו'.** איהו נמי פריך דהני תנאי לאו כי הני תנאי ופריך לאידך גיסא ואית ליה נמי דרב פפא וה"ק איכא למיפרך להאי גיסא ואיכא למיפרך להאי גיסא: **כתב.** לה גט לגרש את אשתו ונמלך מלגרשה: **בן עירו.** ששמו כשמו והוא מאותה העיר: **שמי כשמך וכו'.** ובני עיר אחת אנחנו וגט זה ראוי לי תניהו לי ואגרש בו את אשתי: **פסול לגרש בו.** דדרשינן לה לשמה דכתיב וכתב לה ספר כריתות והכא נמי כתיב ועשה לה הכהן: **מני.** הא דקתני דכיון שנטמאת נבדקת ר"ש היא דאמר מקריב מנחתה ואח"כ משקה דאי לא אקרבה ברישא לא הוה מיבדקה עד שתקרב מנחתה דכתיב מזכרת עון: **הא אמר אין זכות תולה.** במתני' (לקמן ד' כב:): **ר"ע היא.** דאמר לעיל (ד' יט:) משקרב הקומץ אינה יכולה לחזור בה אלמא מקרבי לה קודם שתשתה: **במחנה לויה.** בהר הבית דהא עזרת נשים ושער נקנור לא נתקדשו בקדושת עזרה והרי הן כשאר הר הבית: **עמו במחיצתו.** ובמדבר נמי היו ג' מחנות לפנים מן הקלעים מחנה שכינה והלוים יחנו סביב למשכן העדות (במדבר א) זה מחנה לויה והדגלים ג' פרסאות זה מחנה ישראל ומשה היה לוי וקאמר עמו: **שמא תפרוס נדה.** אגב ביעתותא דמים המרים והנדה והזב והזבה ובעל קרי אסורים במחנה לויה כדילפינן בפסחים בפרק אלו דברים (ד' סז.): **פחדא צמית.** דאגה שאינה באה פתאום אלא דואגת שמא יבואו אויבים להורגה צומת את המקור מלהוציא דם ואפי' בשעת וסתה והיא דנדה אדאגה איתמר דקתני הגיע שעת וסתה ולא בדקה טמאה מפני שאורח בזמנו בא ר"מ אומר אם היתה במחבא והגיע שעת וסתה ולא בדקה טהורה אם בדקה אחרי כן ומצאתה טהורה ולא אמר אורח בזמנו בא שחרדה מסלקת את הדמים: **ביעתותא.** הבאה פתאום כגון זו שלא היתה חרידה עד עכשיו ופתאום היא מרגשת בצערה וכן באסתר שבאת לה שמועת מרדכי פתאום: **מרפיא.** הדמים פותח את המקור: **מני מתני'.** דקתני יש זכות תולה ג' שנים: **כדי הכרת העובר.** דדריש ונקתה ע"י זכות כדי ונזרעה זרע כשיעור שהעובר ניכר במעוברת: **הראוי לספר.** לחיות ולבא לידי סיפור שבחו של מקום: **ואע"פ שאין ראיה.** גמורה לדבר דזכות תולה י"ב חודש זכר לדבר ולקמן מפרש אמאי אינה ראיה: **להן מלכא מלכי ישפר עליך וגו'.** דניאל אמר לנבוכדנצר כשפתר לו החלום שיהא נטרד מן האנשים ולהיות עם בהמה והיה להן מלכא אמנם המלך מלכי ישפר עליך עצתי תיטב בעיניך להאמין לעצתי: **וחטיך בצדקה פרוק.** חטאך ע"י צדקה פדה: **ועויתך במיחן.** ועונותיך בחנינת העניים:

הן

תוספות

כתב וכתב לה אע"ג דנכתבה לשום אשה אחרת דכשר לפום דיחוי דרב נחמן בר יצחק א"כ הא דקאמר הכא התם וכתב לה אמר רחמנא אבל הכא לא כתיב אלא וכתב לה כתיב גבי עשייה והא בפרק כל הגט (גיטין דף כד:) מפרש מ"ט פסלינן לכל הני גיטין אי כתיב ונתן ספר כריתות ה"א למעוטי האיך קמא שנכתב שלא לשום אשה כתב רחמנא וכתב ואי לא כתיב אלא וכתב ה"א למעוטי האי דלא איהו כתב לה אבל יש לו ב' נשים דאיהו קא כתב לה כשר כתב רחמנא וכתב לה דממעטינן היו לו שתי נשים וכו' אלמא דממעטי התם מוכתב גרידא היכא דנכתב לשם אשה אחרת וי"ל דשאני התם דלא הוה צריך למיכתב אלא ונתן לה ספר כריתות הילכך הוי וכתב קרא יתירא למעוטי נכתב לשם אשה אחרת אבל הכא לאו יתירא הוא האי וכתב הילכך לא ממעטינהו מיניה אלא היכא דלא אכתיב לשם אלות בעולם כדכתיב וכתב את האלות: **הא מני ר"ע היא ובזכות סבר לה כרבנן.** פירש ר"י דאשכחן הכי בספרי ובירושלמי בהדיא דסבר ר' עקיבא זכות תולה דגרס בירושלמי תני ר' טרפון אומר כל זכרונות שנאמרו בתורה לטובה חוץ מזו שהיא של פורענות אמר לו ר"ע אילו נאמר מזכרת עון ושתק הייתי אומר כדבריך הא אינו אומר מנחת זכרון אלא לטובה אבל אי לא הוי אמר ר"ע בהדיא דזכות תולה הוה מוקי לה כרבי דמתני' (לקמן ד' כב:) וסבר לה כרבי שמעון ונראה דלא הוה מצי לאוקמא כרבי דמדסיפא רבי רישא לאו רבי ועוד איכא למאן דאמר בפ"ק (לעיל דף ו.) דבמתנונה פליגי רבי ורבנן: **לא טמא מת אלא אפי' מת עצמו.** קשיא לר"י דהכא משמע דמכניס מת חמור מטמא מת הנכנס ובפרק בתרא דעירובין בסופו (דף קד:) אמר רב טובי בר קיסנא אמר שמואל המכניס טמא שרץ במקדש חייב שרץ עצמו פטור שנאמר מזכר ועד נקבה תשלחו מי שיש לו טהרה במקוה ומת נמי אין לו טהרה במקוה א)ויש לתרץ דהתם מיירי במכניס שרץ שלא נגע בו ושרץ לא מטמא במשא ולהכי נקט נמי שרץ ולא נבילה דאם נטמא המכניס תיפוק ליה משום גופו שהיה נכנס טמא שרץ במקדש והכא ה"פ ולא טמא מת בלבד אמרו לאחר שפירש מן הטומאה אלא אפי' מת עצמו דהויא טומאה בחיבורין במכניסו דחמירי טפי מטומאה שלא בחיבורין כדאיתא בפ' שני דמסכת ע"ז (דף לז:): **ביעתותא מרפיא.** תימה לר"י והא בפרק בתרא דנדה (דף עא.) בגמרא ב"ש אומרים כל הנשים מתות נדות מ"ט דב"ש אגב ביעתותא [דמלאכא] דמותא חזיא וב"ה פליגי עליה וקא מקשה התם אלא הא דתניא ב"ש אומרים כל הנשים מתים זבין קרי כאן מבשרו ולא מחמת אונסו אלא טעמא דב"ש וכו' אלמא דלא אמרי' ביעתותא מרפיא וי"ל ביעתותא דמלאך לא מרפיא דלא חזי אלא בשעת הוצאת הנפש: **יש זכות תולה שנה אחת.** ירושלמי יש זכות תולה שנה אחת מנבוכדנצר לקצת ירחין תרין עשר יש זכות תולה שתי שנים מאמנון ויהי לשנתים ימים (שמואל ב יג) יש זכות תולה שלש שנים מאחאב וישבו שלש שנים אין מלחמה (מלכים א כב) אמר ר' יוסי כל *אותן שלש שנים היה עסוק במצות וכל אותן שתי שנים היה עוסק בתורה: מנחת זכרון כלל מזכרת עון פרט כמדומה הכי פירוש אימא דממנחת זכרון ליכא למילף זכרון זכות אלא זכרון עון ואין בכלל אלא מה שבפרט אם אומר אתה כן לא נמצאת מדת הדין מקופחת מה אם מדת הפורענות מעוטה הרי מזכרת מידת הטובה מרובה על אחת כמה וכמה אלא מנחת זכרון יש לה זכות מזכרת עון אין לה זכות:

מלוה

א) [ועי' תוספות מנחות לה: ד"ה אין]

תוספות שאנץ

למחוק לה מן התורה פרשת סוטה שבספר תורה לת"ק מחקי' לר' עקיבא לא מחקינן: אבל תורה דסתם כתיבא הכי נמי דמחקינן וא"ת מאי שנא מהא דאמרי' בגיטין ההוא גברא דעל לבי כנישתא ויהב ספר תורה לדביתהו אמר רב יוסף למאי ניחוש לה אי משום כריתות הא בעי' וכתב לה לשמה אלמא אמרי' דאע"ג דסתם כתיבא לא אמרי' [דהוי] לשמה ודוחק הוא לומר דרב יוסף פליג ארב פפא דהכא ואומר דשאני גט דאפי' כתב הסופר שם אשה ושם האיש לא מהני אם לא אמר ליה הבעל שיכתוב הגט אבל הכא גבי סוטה מגלת סוטה שכתבה בלא אמירת האשה כשרה ומשו"ה אמרינן דכיון דסתמא כתיבא ה"נ דמחקי. אבל ק' דהכא משמע דלהתלמד עדיף יותר ופי' בריש פ' כל הגט. אבל ק' מאי האי דקאמר בתר הכי דר' אחא לית ליה כתב לגרש את אשתו ונמלך כו'. והא לא דמי גט לסוטה כדפרי'. וי"ל דמ"מ פריך הכי דכיון דלית ליה לשמה א"כ לא לדרוש נמי גבי גט וכתב לה לשמה כי היכי דלא דריש ליה גבי סוטה: למימ' דמת אסור ליכנס למחנה לויה. בהר הבית דהא עזרת נשים ושער נקנור לא נתקדשו בקדושת העזרה והרי הן כשאר הבית. ל"ה: וא"ת מאי מקשי' מדרבנן מיהא אסור דהכי אמרי' התם חצר חדשה שחדשו בה דברים הרבה שאין טבול יום וטמא מת נכנס במחנה לויה וגם תנן במס' כלים מקודש ממנו החיל שאין גוים וטמאי מתים נכנסין לשם. וי"ל דיש חלוק בין היכא דאירע לו טומאה קודם שנכנס לשם אז אמרי' דאסור ליכנס במחנה לויה אבל היכא דאירע לו תוך המחנה אז מותר להיות שם דה"נ אמרי' במס' תמיד אירע קרי באחד מהם היה הולך במסיבה לבית הטבילה וכשחוזר בא לו אצל אחיו הכהנים: אלא אפי' מת עצמו וק' מאי אפי' אדרבה מת קיל טפי כדאמר (בעירובין ק"ד) טמא שרץ שנכנס לעזרה חייב והמכניס שרץ למקדש פטור משום דכתיב מזכר עד נקבה תשלחו מי שיש לו טהרה במקוה מת נמי אין לו טהרה במקוה וי"ל דפלוגתא דתנאי היא התם. (א"ת יש במינו טהרה במקוה דשרץ כדאמר בפ' דר' עקיבא דיש במינו טהרה במקוה בעי גבי מפץ דהתם איצטריך קרא במפץ לומר דבעי במינו ה"נ כתיב מזכר לד' דבעי במינו). עמו במחיצתו ובמדבר נמי היו ג' מחנות לפנים מן הקלעים מחנה שכינה והלוים יחנו סביב למשכן העדות זה מחנה לויה ומשה לוי היה וקאמר (עמי) [עמו] ל"ה: ואשכח קרא דאמר ותני פי' בהארכת זמן כלומר דקרא כתיב כשהב"ה מאריך זמן עד ג' פעמים הלכך הו"ל ג' שנים: דלמא

מסורת הש"ס

גיטין כד. ערכין יג.

[גיטין כ. וש"נ]

[לעיל יט.]

[לעיל ו. לקמן כב:]

[לעיל יט:]

תוספתא דכלים פ"א ע"ש פסחים סז. נזיר מה.

מגילה טו.

נדה לט. עא.

[ע' סנהדרין קי:]

ב"ב ד.

בס"י ובירושלמי איתא כל אותן י"ב חודש:

גליון הש"ס

גמ' והתניא טמא מת. ע' זבחים ד' לב ע"א תד"ה ובטמאים: **תום'** ד"ה ביעתותא כו' כל הנשים נ"ל האנשים:

חוּץ מִפָּרָשַׁת סוֹטָה הכתובה בספר תורה **בִּלְבַד. ר' יַעֲקֹב אוֹמֵר מִשְּׁמוֹ** של ר' מאיר: **חוּץ מִפָּרָשַׁת סוֹטָה שֶׁל מִקְדָּשׁ** בלבד, כלומר, המגילה הנכתבת במיוחד עבור הסוטה. ושואלים: **מַאי בֵּינַיְיהוּ** [מה ההבדל ביניהם], כלומר, מה יסוד המחלוקת ביניהם? **אָמַר ר' יִרְמְיָה** בשאלה האם מותר **לִמְחוֹק לָהּ** לסוטה את פרשת סוטה **מִן הַתּוֹרָה** מספר תורה **אִיכָּא בֵּינַיְיהוּ** [יש ביניהם] מחלוקת, שלדעת ר' מאיר מותר למחוק ולכן בפרשת סוטה הכתובה בספר תורה אין מטילים בה קנקנתום, כדי שתהא ראויה להימחק, ולדעת ר' יעקב אסור למחוק פרשה הכתובה בספר תורה, ולכן אפשר לכותבה בקנקנתום. **וְהָנֵי תַּנָּאֵי כִּי הָנֵי תַּנָּאֵי** [ותנאים אלה נחלקו בכך כתנאים אלה, אחרים] שנחלקו באותה בעיה. **דְּתַנְיָא** [שכן שנינו בברייתא]: **אֵין מְגִילָּתָהּ** של סוטה אחת **כְּשֵׁירָה לְהַשְׁקוֹת בָּהּ סוֹטָה אַחֶרֶת.** משמע שהמגילה צריכה להיכתב לשם הסוטה, ומשום כך אף אין למחוק פרשת סוטה שבספר תורה שהרי לא נכתבה לשם סוטה זו, וכדעת ר' יעקב. **ר' אַחַי בַּר יֹאשִׁיָּה אוֹמֵר: מְגִילָּתָהּ כְּשֵׁירָה לְהַשְׁקוֹת בָּהּ סוֹטָה אַחֶרֶת** משמע שאינו סבור שצריכה כתיבה לשמה, וממילא ניתן למחוק פרשת סוטה שבספר תורה, וכדעת ר' מאיר. **אָמַר רַב פַּפָּא: דִּילְמָא לָא הִיא** [שמא אינו כן] ואין המחלוקות הללו מקבילות, שאפשר לומר: **עַד כָּאן לֹא שמענו כִּי קָאָמַר** [אמר] **הַתַּנָּא קַמָּא הָתָם** [הראשון שם] שאין מוחקים מגילה שנכתבה לצורך סוטה אחת לשם סוטה אחרת, **אֶלָּא כֵּיוָן דְּאִינְתִּיק לְשׁוּם** [שנותקה, נקבעה, לשם] **רָחֵל לָא הָדְרָא מִינְתְּקָא לְשׁוּם** [אינה חוזרת ונקבעת לשם] **לֵאָה, אֲבָל** פרשת סוטה הכתובה **בַּתּוֹרָה, דִּסְתָמָא כְּתִיבָה הָכִי נַמִּי דְּמָחֲקִינַן** [שסתם היא כתובה, כך גם כן אפשר לומר שמוחקים] אף שלא נכתבה לשם אשה זאת. **אָמַר רַב נַחְמָן בַּר יִצְחָק:** אפשר לדחות את ההשוואה גם מצד אחר, **דִּילְמָא לָא הִיא** [שמא אינו כן], כי **עַד כָּאן לֹא** שמענו כי **קָאָמַר** [אמר] **ר' אַחַי בַּר יֹאשִׁיָּה הָתָם** [שם] שמוחקים מגילה שנכתבה לשם אשה אחרת **אֶלָּא בִּמְגִילָּה, דְּאִיכְּתוּב** [שנכתבה] על כל פנים **לְשׁוּם** (לשם) **אָלוֹת בָּעוֹלָם** (בכלל, כל שהן), שהרי מגילה זו נכתבה לשם סוטה. **אֲבָל תּוֹרָה, שֶׁלְּהִתְלַמֵּד,** ללמוד ממנה **כְּתִיבָה** [נכתבה], **הָכִי נַמִּי דְּלָא מָחֲקִינַן** [כך גם כן שאין אנו מוחקים]. ותמהים: **וְר' אַחַי בַּר יֹאשִׁיָּה** האם **לֵית לֵיהּ** [אין לו, אינו מקבל] הלכה זו שאם **כָּתַב** אדם **לְגָרֵשׁ אֶת אִשְׁתּוֹ וְנִמְלַךְ** ולא גירשה, **מְצָאוֹ בֶּן עִירוֹ וְאָמַר לוֹ: שְׁמִי כְּשִׁמְךָ, וְשֵׁם אִשְׁתִּי כְּשֵׁם אִשְׁתְּךָ,** תן לי את הגט ואשתמש בו — **פָּסוּל** גט זה **לְגָרֵשׁ בּוֹ** אשה אחרת, שהוא הדין למגילת סוטה? **אָמְרִי** [אומרים] בדחיה: **הָתָם** [שם] בגט "**וְכָתַב לָהּ** ספר כריתות" (דברים כד, א) **אָמַר רַחֲמָנָא** [אמרה תורה], ללמד כי **בָּעֵינַן** [צריכים אנו] שתהא **כְּתִיבָה לִשְׁמָהּ** של אותה אשה, מה שאין כן בסוטה. ותוהים: **הָכָא נַמִּי** [כאן בסוטה גם כן] הרי נאמר "**וְעָשָׂה לָהּ**" (במדבר ה, ל), ויש לדרוש איפוא גם כאן: "לה" — לשמה! ודוחים: **מַאי** [מה פירוש] "**עֲשִׂיָּיה**" האמורה כאן — **מְחִיקָה,** שזו בודאי צריכה להיות לשמה של אותה אשה, אבל הכתיבה אינה צריכה להיות דווקא לשמה.

א שנינו במשנה: **אֵינָהּ מַסְפֶּקֶת לִשְׁתּוֹת עַד שֶׁפָּנֶיהָ** מוריקים וכו'. ומסבירים: **מַנִּי** [כשיטת מי היא] משנה זו אשר לפיה כבר בזמן השתיה בודקים אותה המים — כשיטת **ר' שִׁמְעוֹן הִיא, שֶׁאָמַר: מַקְרִיב אֶת מִנְחָתָהּ וְאַחַר כָּךְ מַשְׁקָהּ.** שאילו לשיטת התנא הסבור שמשקה ואחר כך מקריב מנחתה לא היו המים בודקים אותה מיד, שהרי **כַּמָּה** (כל עוד) **שֶׁלֹּא קָרְבָה מִנְחָתָהּ לָא בָּדְקִי לָהּ מַיָּא** [אין המים בודקים אותה], **דִּכְתִיב** [שנאמר]: "**מִנְחַת זִכָּרוֹן מַזְכֶּרֶת עָוֹן**" (שם טו), כלומר, המנחה היא המזכירה את העוון. ומקשים: **אֵימָא סֵיפָא** [אמור את סופה] של המשנה: **יֵשׁ לָהּ זְכוּת — הָיְתָה תּוֹלָה לָהּ,** ואם כן **אֲתָאן** [באנו] **לְשִׁיטַת רַבָּנַן** [חכמים], **דְּאִי** [שאם] כשיטת **ר' שִׁמְעוֹן — הָאָמַר** [הרי אמר] **אֵין זְכוּת תּוֹלָה בַּמַּיִם הַמָּרִים! אָמַר רַב חִסְדָּא: הָא מַנִּי** [זו, משנתנו, כדעת מי היא] — כדעת **ר' עֲקִיבָא הִיא, שֶׁאָמַר: מַקְרִיב אֶת מִנְחָתָהּ וְאַחַר כָּךְ מַשְׁקָהּ,** שבענין זה סבור כר' שמעון **וּבְעִנְיַן זְכוּת** תולה **סָבַר לָהּ** [סבור הוא] **כְּדַעַת רַבָּנַן.**

ב שנינו: **וְהֵם,** האנשים העומדים שם, **אוֹמְרִים הוֹצִיאוּהָ** שמא תטמא את העזרה. ומסבירים: **מַאי טַעֲמָא** [מה טעם] הדבר — **דְּדִילְמָא מֵתָה** [ששמא תמות] בו במקום ותיטמא העזרה. ותוהים: **לְמֵימְרָא** [האם לומר, ללמוד מכאן] **שֶׁמֵּת אָסוּר** להיות **בְּמַחֲנֵה לְוִיָּה?** שעזרת הנשים ששם היו משקים אותה, והר הבית, הם כנגד מחנה הלויים במדבר, **וְהָתַנְיָא** [והרי שנינו בברייתא]: **טְמֵא מֵת מוּתָּר לִיכָּנֵס לְמַחֲנֵה לְוִיָּה. וְלֹא טְמֵא מֵת בִּלְבַד אָמְרוּ אֶלָּא אֲפִילּוּ מֵת עַצְמוֹ, שֶׁנֶּאֱמַר: "וַיִּקַּח מֹשֶׁה אֶת עַצְמוֹת יוֹסֵף עִמּוֹ"** (שמות יג, יט) והכוונה היא **עִמּוֹ — בִּמְחִיצָתוֹ,** והרי משה היה במחנה לוייה! **אָמַר אַבַּיֵי:** לא לטומאת מיתה אנו חוששים, אלא **שֶׁמָּא** מהפחד מהמים **תִּפְרוֹס נִדָּה** ותטמא בכך את העזרה, שאסור לנידה להכנס למחנה לויה. ושואלים: **לְמֵימְרָא דִּבְעִיתוּתָא מְרַפְיָא** [האם לומר שאימה גורמת להרפיה] ולשתיתת דם? ומשיבים: **אִין** [כן], **דִּכְתִיב** [שנאמר]: "**וַתִּתְחַלְחַל הַמַּלְכָּה מְאֹד**" (אסתר ד, ד) **וְאָמַר רַב: שֶׁפֵּירְסָה נִדָּה.** ומקשים: **וְהָא אֲנַן תְּנַן** [והרי אנו שנינו במשנה]: **חֲרָדָה מְסַלֶּקֶת דָּמִים** של נידה! ומשיבים: **פַּחֲדָא** [פחד] ממושך מדבר העתיד לקרות הוא **צָמֵית** [צומת, מקפיא את הדם ואינו יוצא], ואילו **בִּיעֲתוּתָא מְרַפְיָא** [אימה פתאומית מרפה אותו] וגורמת לשתיתתו.

ג שנינו במשנה שאם **יֵשׁ לָהּ זְכוּת — הָיְתָה** תולה לה שנה, שנתיים, או שלוש. שואלים: **מַנִּי מַתְנִיתִין** [כשיטת מי היא משנתנו]? **לֹא** כדעת **אַבָּא יוֹסֵי בֶּן חָנָן, וְלֹא** כדעת **ר' אֶלְעָזָר בֶּן יִצְחָק אִישׁ כְּפַר דָּרוֹם, וְלֹא** כדעת **ר' יִשְׁמָעֵאל. דְּתַנְיָא** [שכן שנינו בברייתא]: **אִם יֵשׁ לָהּ זְכוּת — תּוֹלָה לָהּ שְׁלֹשָׁה חֳדָשִׁים, כְּדֵי** הזמן של **הַכָּרַת הָעוּבָּר,** שניתן לה זמן זה כנגד הזמן של "ונזרעה זרע", **אֵלּוּ דִּבְרֵי אַבָּא יוֹסֵי בֶּן חָנָן. ר' אֶלְעָזָר בֶּן יִצְחָק אִישׁ כְּפַר דָּרוֹם אוֹמֵר: תִּשְׁעָה חֳדָשִׁים** הזכות תולה לה, **שֶׁנֶּאֱמַר: "וְנִקְּתָה וְנִזְרְעָה זָרַע"** (במדבר ה, כח), כלומר, "ונקתה" על ידי הזכות, משך זמן של "ונזרעה זרע", **וּלְהַלָּן הוּא אוֹמֵר "זֶרַע יַעַבְדֶנּוּ יְסֻפַּר"** (תהלים כב, לא), כלומר, **זֶרַע הָרָאוּי לְסַפֵּר** (לדבּר) לאחר זמן כשיגדל, ולאחר תשעה חודשי הריון נולד ילד הראוי לחיות, ובפחות מכן **נֵפֶל** הוא. **ר' יִשְׁמָעֵאל אוֹמֵר: שְׁנֵים עָשָׂר חֹדֶשׁ** הזכות תולה לה. **וְאַף עַל פִּי שֶׁאֵין רְאָיָה לַדָּבָר** שזכות תולה לחוטא במשך זמן זה — יש **זֵכֶר** (רמז) **לַדָּבָר** בכתוב, **דִּכְתִיב** [שנאמר] בדברי דניאל לנבוכדנצר לאחר שפתר את חלומו לרעה: "**לָהֵן מַלְכָּא מִלְכִּי יִשְׁפַּר עֲלָךְ וַחֲטָיָךְ בְּצִדְקָה פְרֻק וַעֲוָיָתָךְ בְּמִחַן עֲנָיִן**" [לכן המלך מלכי, ייטב עליך (דברי) וחטאך בצדקה פדה ועוונך בחנינת עניים]

מסורת הש"ס

א. (כל הענין) עירובין יג,א. וראה ירושלמי סוטה פ"ב ה"ד.
ב. ספרי במדבר ה, כד.
ג. עירובין שם. גיטין כד,א. זבחים ג,א. ספרי דברים כד, א. ילק"ש תורה תתקלו.
ד. ספרי שם.
ה. ראה תוספתא גיטין פ"ב ה"ז.
ו. ירושלמי סוטה פ"ג ה"ב. ילק"ש תורה תש"ז (כל הענין).
ז. סוטה יט,א.
ח. שם ו,א. כב,ב.
ט. ראה שם יט,ב.
י. ירושלמי שם פ"ג ה"ד.
יא. פסחים סז,א. נזיר מה,א. תוספתא כלים פ"א ח. וראה מכילתא דרשב"י יג, יט. במדב"ר פ"ז ח. פסדר"כ פ"י.
יב. (הביטוי) ברכות יב,ב. עירובין נג,ב. ויק"ר פכ"ו ז. תנחומא אמור ב. תנחומא בובר אמור ד. פדר"א פל"ב.
יג. מגילה טו,א. נדה עא,א. אסת"ר פ"ז יח. פ"ח ג.
יד. נדה ט,א. טז,א. לט,א. עא,א.
טו. שם עא,א.
טז. (כל הברייתא) ספרי במדבר ה, טו. במדב"ר פ"ט לא. ילק"ש תורה תשז.
יז. ראה סנהדרין קי,ב. ירושלמי שביעית פ"ד ה"ח.

גרסות

דאינתיק ויש שגרס: **דאיכתיבא.**
למחנה לויה ויש בכת"י ועוד: **במחנה לויה.**
אם יש לה זכות תולה יש בכת"י: **כמה זכות תולה.**
עליך וחטיך במקרא הקרי הוא: **עלך וחטאך.**

החיים

חרדה מסלקת דמים
מחזור הוסת קשור ותלוי בפעילות הורמונלית, שחלק ניכר ממנה מותנה על ידי המוח. מצבים של לחץ נפשי חמור, כגון חרדה ממושכת, עשויים לגרום לאשה לאבד את המחזור החדשי, שיכול להיעדר במשך זמן ניכר כל עוד נמשך מצב זה של לחץ. מאידך, פחד פתאומי וריגושים חזקים אחרים יכולים להביא לשפיעת דם שלא בזמן הוסת.

עיונים

למחוק לה מן התורה והיה שהקשה: הרי במקרה זה, נוסף למחיקת שמות הקודש, יש בכך גם חשש של איסור נוסף — של מחיקת ספר תורה! ותירצו כי המקור בתורה לשני האיסורים הוא כתוב אחד, ולכן אין איסור תורה נוסף חל על מחיקת הספר עצמו (אשל אברהם).

מאי עשויה מחיקה ושאל הרא"ש בתוספותיו: אם כן, מפני מה באמת לא ימחקו לה מן התורה? ותירץ שכיון שנאמר "וכתב את האלות" (במדבר ה, כג) למדים שמכל מקום צריכה הכתיבה להיות לשם אלה, ולא רק לשם לימוד.

טמא מת מותר להכנס וכו' הראשונים דנו בשאלה הבאה: הלא שנינו (במסכת כלים פ"א מ"ח) כי אפילו בחיל (שמחוץ לעזרת נשים) וכל שכן בעזרת נשים עצמה אסור לטמא מת להכנס! ותירצו כי איסור זה הוא מדברי סופרים בלבד, אבל מן התורה בכל מחנה לויה מותר לטמא מת להכנס. ויש ששאלו: מאחר שיש בהימצאותה בעזרת נשים לפחות איסור דרבנן, מפני מה אין אומרים שמטעם זה צריכים להוציאה? ויש שתירץ שהלשון (המצויה בכמה נוסחות) "הוציאוה הוציאוה" מראה שהדבר חשוב ודחוף, ולא היו אומרים כן אם היה רק חשש לאיסור מדרבנן. ויש שתירצו כי אף שיש איסור שייכנס שם טמא מת לכתחילה, מכל מקום לא נאמר שטמא מת שנטמא שם יחוייב לצאת (תו"ש). וקצת בדומה לזה מביא המאירי בשם התוס' שהאיסור הוא בדרך כניסה, כשיש חשש שהטמא הנכנס יבוא להיכנס פנימה יותר, לעזרת ישראל, אבל באשה זו אין לחשוש, שהרי רצרה מן הסתם למהר לצאת החוצה דווקא. ועוד הביא בשמם שאם היה זה מפני חשש איסור דרבנן של טומאת מת, היו ממתינים לה עד שייראו בה סימני גסיסה.

אפילו מת עצמו ראה בתוס' (ד"ה לא) ששאלו: הרי לענין טומאת שרץ נראה להיפך, שחמור איסורו של טמא שרץ משל שרץ עצמו! ותירצו כי ב"מת עצמו" מדובר במי שנושא על כתיפו את המת עצמו, שכיון שהוא נושאו יש כאן דין טומאה בחיבורים, ונעשה הנושא טמא טומאה חמורה יותר מסתם טמא מת. ובתו"ש ותוהרא"ש אומרים שבענין זה עצמו יש מחלוקת תנאים האם הטומאה עצמה חמורה כמי שנטמא מחמתה.

שמא תפרוס נדה ויש לשאול: אם כן יוציאוה מהר הבית כולו, שהרי נידות אסורות להכנס למחנה לויה! ותירצו כי משום חשש טומאת נידה לבד לא היו מוציאים אותה מעזרת נשים, אלא משום שיש שם גם צירוף של חשש אחר של טומאת המת (קרן אורה).

יש לה זכות וכו' ראה בתוס' (ד"ה יש) שהביאו מקור מן התלמוד הירושלמי שפעמים נדחה עונשו של אדם לשנה, לשנתיים לשלוש שנים, והביאו ראיה מן הכתובים לכל אחד ממקרים אלה. והיה מי שהקשה שאולי אין זו זכות של העבר שתולה, אלא זכות מצוות ותלמוד תורה במשך השנים הללו.

שלשה חדשים המהרש"א מקשה על פירוש רש"י כאן, שפירש שמקור דעה זו הוא בכתוב "ונזרעה זרע", שהרי לא הובאה ראיה זו כאן אלא במאמרו של ר' אלעזר בן יצחק. והוא מפרש כי כמו שבמקרה שהיתה האשה טהורה לגמרי ניכר הדבר רק לאחר שלושה חודשים — כאשר ניכר העובר (שהרי מובטח לה "ונזרעה זרע"), כך לענין הזכות — תולה היא אותו זמן עצמו. ויש שכתב שדחיית העונש שעל ידי זכות היא באמת חודש אחד, שלושים יום, שהוא זמן בית דין, שנותנים לאדם למלא את מה שנתחייב בבית הדין. וכיון שמוסבר להלן שלפעמים הזכות תולה כדי שלוש פעמים הרי יש כאן שלוש פעמים של שלושים יום — שלושה חודשים (תורת הקנאות).

אורח ההלכה

חוץ מפרשת סוטה של מקדש מגילת הסוטה כותבים בדיו שאין בו קנקנתום. (רמב"ם ספר נשים הלכות סוטה פ"ג ה"ח).

אין מגילתה כשירה וכו' מגילת הסוטה צריכה להכתב לשמה, ואם כתבה שלא לשמה הרי זו פסולה. ומגילה שנכתבה לשם אשה אחת אינה כשירה להשקות בה אחרת. (רמב"ם שם פ"ד הי"א).

כתב לגרש את אשתו וכו' כל גט שנכתב שלא לשם האיש המגרש ולשם האשה המתגרשת — אינו גט. ולכן אם כתב אדם גט ונמלך, ומצאו בן עירו ואמר לו שמי כשמך ושם אשתי כשם אשתך, ונטלו לגרש בו — אינו גט. (רמב"ם שם הלכות גירושין פ"ג ה"א-ב. שו"ע אה"ע קלא, א-ב).

טמא מת במחנה לויה הר הבית, שהוא כנגד מחנה לויה שבמדבר, אין זבים וזבות נכנסים לשם. אבל מותר להכניס לשם אפילו מת עצמו, וכל שכן טמא מת מותר להכנס שם. (רמב"ם ספר עבודה הלכות בית הבחירה פ"ז הט"ו).

הֵן תֶּהֱוֵה אַרְכָא לִשְׁלֵוְתָךְ" [ואז תהיה ארכה לשלוותך] (דניאל ד, כד), שלא יבואו עליך כל הפורענויות שראית בחלומך, **וּכְתִיב** [ונאמר]: **"כֹּלָּא מְטָא** [כל הפורענות באה] **עַל נְבוּכַדְנֶצַּר מַלְכָּא"** [המלך] (שם כה), **וּכְתִיב** [ונאמר] שהיה הדבר **"לִקְצָת יַרְחִין תְּרֵי עֲשַׂר"** [בסוף שנים עשר חודש] (שם כו). ומכאן למד שזכות תולה ודוחה את הפורענות במשך שנה אחת. ועל כל פנים משנתנו אינה כאף אחת משיטות אלה! ומשיבים: **לְעוֹלָם** תפרש שמשנתנו כשיטת **ר' יִשְׁמָעֵאל**, שזכות תולה לשנה, **וְאַשְׁכַּח קְרָא דְּאָמַר וְתָנֵי** [ומצא כתוב נוסף שאומר ושונה] שזכות תולה כמה פעמים, **דִּכְתִיב** [שנאמר]: **"כֹּה אָמַר ה' עַל שְׁלֹשָׁה פִּשְׁעֵי אֱדוֹם** (אסלח), ועל ארבעה לא אשיבנו" (עמוס א, יא) משמע ששלוש פעמים יכולה פורענות להידחות, שנה אחר שנה. ושואלים: **וּמַאי** [ומה] הלשון **"אַף עַל פִּי שֶׁאֵין רְאָיָה לַדָּבָר זֵכֶר לַדָּבָר"**, שהרי לכאורה ראיה גדולה היא שהפורענות נדחית שלוש פעמים! ומשיבים: **דִּלְמָא שָׁאנֵי** [שמא שונים] **גּוֹיִם דְּלָא מְפַקֵּיד דִּינָא עֲלַיְיהוּ** [שאין הדין נזכר ונפקד עליהם] כל כך כמו לישראל, שה' מדקדק יותר במעשיהם וממהר להיפרע מהם, לכן אין כאן ראיה גמורה.

א שנינו במשנה: **וְיֵשׁ זְכוּת תּוֹלָה** לסוטה **שָׁלֹשׁ שָׁנִים**. שואלים: **זְכוּת דְּמַאי** [של מה]? **אִילֵימָא** [אם תאמר] **זְכוּת של תּוֹרָה** שלמדה, **הָא** [הרי] **אֵינָהּ מְצוּוָּה וְעוֹשָׂה הִיא**, שלכל הדעות אין מצוה על האשה ללמוד תורה, ואין על מעשה זה שכר מרובה כל כך! **אֶלָּא** תאמר **זְכוּת** של **מִצְוָה** שעשתה, אולם **זְכוּת** של **מִצְוָה מִי מַגְנָא כּוּלֵּי הַאי** [האם היא מגינה כל כך] **וְהָתַנְיָא** [והרי שנינו בברייתא], **אֶת זוֹ דָּרַשׁ ר' מְנַחֵם בַּר יוֹסֵי: "כִּי נֵר מִצְוָה וְתוֹרָה אוֹר"** (משלי ו, כג), **תָּלָה הַכָּתוּב אֶת הַמִּצְוָה** לדמות אותה **בְּנֵר, וְאֶת הַתּוֹרָה בְּאוֹר** (השמש). **אֶת הַמִּצְוָה בְּנֵר — לוֹמַר לְךָ: מַה נֵּר אֵינָהּ מְגִינָּה** על האדם על ידי האור **אֶלָּא לְפִי שָׁעָה**, כל עוד הוא דולק בידו — **אַף מִצְוָה אֵינָהּ מְגִינָּה אֶלָּא לְפִי שָׁעָה**, כלומר, באותה שעה. **וְאֶת הַתּוֹרָה** תלה **בְּאוֹר, לוֹמַר לְךָ: מָה אוֹר מֵגֵין לְעוֹלָם — אַף תּוֹרָה מְגִינָּה לְעוֹלָם. וְאוֹמֵר** על התורה: **"בְּהִתְהַלֶּכְךָ תַּנְחֶה אֹתָךְ** בשכבך תשמור עליך והקיצות היא תשיחך" (שם כב). **"בְּהִתְהַלֶּכְךָ תַּנְחֶה אֹתָךְ" — זֶה** כשאתה מתהלך חי בתוך **הָעוֹלָם הַזֶּה. "בְּשָׁכְבְּךָ תִּשְׁמֹר עָלֶיךָ"** (שם) **— זוֹ** זמן **הַמִּיתָה** שהאדם שוכב בקברו. **"וַהֲקִיצוֹתָ הִיא תְשִׂיחֶךָ" — לֶעָתִיד לָבֹא** לאחר תחיית־יקיצת המתים. **מָשָׁל לְאָדָם שֶׁהָיָה מְהַלֵּךְ בְּאִישׁוֹן** (בחושך) **לַיְלָה וַאֲפֵילָה, וּמִתְיָירֵא מִן הַקּוֹצִים וּמִן הַפְּחָתִים** (הבורות) **וּמִן הַבַּרְקָנִים** שאינו רואה בגלל החושך, **וּמֵחַיָּה רָעָה וּמִן הַלִּיסְטִין** (השודדים) המצויים בלילה, **וְאֵינוֹ יוֹדֵעַ בְּאֵיזֶה דֶּרֶךְ** יהא **מְהַלֵּךְ.** אם **נִזְדַּמְּנָה לוֹ אֲבוּקָה שֶׁל אוּר** (אש) שהיא משל למצוה **— נִיצַּל מִן הַקּוֹצִים וּמִן הַפְּחָתִים וּמִן הַבַּרְקָנִים, וַעֲדַיִין מִתְיָירֵא מֵחַיָּה רָעָה וּמִן הַלִּיסְטִין**, ועדיין **אֵינוֹ יוֹדֵעַ בְּאֵיזֶה דֶּרֶךְ מְהַלֵּךְ. כֵּיוָן שֶׁעָלָה עַמּוּד הַשַּׁחַר** שהוא משל ללימוד התורה **— נִיצַּל מֵחַיָּה רָעָה וּמִן הַלִּסְטִין**, שאינם משוטטים עוד בדרכים, **וַעֲדַיִין אֵינוֹ יוֹדֵעַ בְּאֵיזֶה דֶּרֶךְ מְהַלֵּךְ.** אם **הִגִּיעַ לְפָרָשַׁת דְּרָכִים** ומכיר את הדרך **— נִיצַּל מִכּוּלָּם. דָּבָר אַחֵר: עֲבֵירָה מְכַבָּה מִצְוָה, וְאֵין עֲבֵירָה מְכַבָּה תּוֹרָה, שֶׁנֶּאֱמַר: "מַיִם רַבִּים לֹא יוּכְלוּ לְכַבּוֹת אֶת הָאַהֲבָה"** (שיר השירים ח, ז). ומכל מקום, משמע מכאן שאין המצוה שעשתה קודם מגינה עליה עכשיו מן הפורענות, ואם כן כיצד תגן זכות המצוה על הסוטה? **אָמַר רַב יוֹסֵף** כך צריך להבין את ההשוואה: **מִצְוָה, בְּעִידָּנָא דְּעָסֵיק** [בזמן שהוא עוסק] **בָּהּ — מַגְנָא** [מגינה] היא מן הפורענות **וּמַצְּלָא** [ומצילה] מיצר הרע, **בְּעִידָּנָא דְּלָא עָסֵיק** [בזמן שאינו עוסק] **בָּהּ — אַגּוּנֵי מַגְנָא אַצּוּלֵי לָא מַצְּלָא** [מגינה היא מן הפורענות, אבל להציל אינה מצילה] מן היצר. **תּוֹרָה, בֵּין בְּעִידָּנָא דְּעָסֵיק** [בזמן שהוא עוסק] **בָּהּ וּבֵין בְּעִידָּנָא דְּלָא עָסֵיק** [בזמן שאינו עוסק] **בָּהּ —** הריהי **מַגְנָא וּמַצְּלָא** [מגינה היא ומצילה], ואם כן, גם לפי האמור בברייתא יכולה זכות המצוה שעשתה להגן עליה מפורענות. **מַתְקִיף לָהּ** [מקשה על הסבר זה] **רַבָּה: אֶלָּא מֵעַתָּה, דּוֹאֵג וַאֲחִיתוֹפֶל מִי** [האם] **לֹא עָסְקֵי** [עסקו] **בַּתּוֹרָה?** והרי ידוע במסורת שהיו חכמים גדולים, אם כן **אַמַּאי** [מדוע] **לֹא הֲגִינָה עֲלַיְיהוּ** [עליהם], כלומר, הצילה אותם מלחטוא? **אֶלָּא אָמַר רָבָא: תּוֹרָה בְּעִידָּנָא דְּעָסֵיק** [בזמן שהוא עוסק] **בָּהּ —** הריהי **מַגְנָא וּמַצְּלָא** [מגינה ומצילה], **בְּעִידָּנָא דְּלָא עָסֵיק** [בזמן שאינו עוסק] **בָּהּ — אַגּוּנֵי מַגְנָא אַצּוּלֵי לָא מַצְּלָא** [להגן מגינה מפורענות, אך להציל אינה מצילה] מן היצר. ואילו **מִצְוָה, בֵּין בְּעִידָּנָא דְּעָסֵיק** [בזמן שהוא עוסק] **בָּהּ בֵּין בְּעִידָּנָא דְּלָא עָסֵיק** [בזמן שאינו עוסק] **בָּהּ — אַגּוּנֵי מַגְנָא אַצּוּלֵי לָא מַצְּלָא** [להגן מגינה מפורענות, להציל אינה מצילה מן היצר]. **רָבִינָא אָמַר: לְעוֹלָם** תפרש שהזכות שמועילה לסוטה היא **זְכוּת תּוֹרָה, וּדְקָאָמְרַתְּ** [ומה שאומר אתה] הרי האשה **אֵינָהּ מְצוּוָּה וְעוֹשָׂה — נְהִי דִּפְקוּדֵי לָא מִפַּקְּדָא** [אם אמנם שאינה מצווה], מכל מקום **בְּאַגְרָא דְּמַקְרְיָין וּמַתְנַיָּין בְּנַיְיהוּ** [בשכר זה שהן גורמות לבניהן לקרוא בתורה ולשנות במשנה] **וְנָטְרָן לְהוּ לְגַבְרַיְיהוּ** [ושומרות, ממתינות להם לבעליהן] **עַד דְּאָתוּ מִבֵּי מִדְרָשָׁא** [שבאים מבית המדרש מלימודם], **מִי לָא פַּלְגָאן בַּהֲדַיְיהוּ** [האם אינן חולקות שכר איתם]? אם כן יכולה להיות לסוטה זכות תורה להגן עליה, שגרמה לאחרים ללמוד.

וחוזרים לענין המשל שהוזכרו בו אבוקה ואור ופרשת דרכים. ושואלים: **מַאי** [מה הוא] הנמשל לענין מי שכבר האיר לו השחר והגיע **לְפָרָשַׁת דְּרָכִים? אָמַר רַב חִסְדָּא: זֶה תַּלְמִיד חָכָם** שמאירה לו התורה, וכשמגיע **יוֹם מִיתָה** היא פרשת הדרכים, אז ברור לו לאן הוא הולך. **רַב נַחְמָן בַּר יִצְחָק אָמַר: זֶה תַּלְמִיד חָכָם, וְיש בו יִרְאַת חֵטְא** המכוונת את תורתו לכיוון הנכון. **מָר זוּטְרָא אָמַר: זֶה תַּלְמִיד חָכָם דְּסַלְקָא לֵיהּ שְׁמַעְתְּתָא אַלִּיבָּא דְּהִלְכְתָא** [שעולה לו שמועתו, תלמודו, לפי ההלכה] שאז ברור לו שהלך בדרך אמת. ועוד שנינו באותה ברייתא **דָּבָר אַחֵר: עֲבֵירָה מְכַבָּה מִצְוָה**, שמבטלת את זכות עושה המצוה, **וְאֵין עֲבֵירָה מְכַבָּה תּוֹרָה. אָמַר רַב יוֹסֵף: דְּרָשֵׁיהּ** [דרש אותו] **ר' מְנַחֵם בַּר יוֹסֵי לְהַאי קְרָא כְּסִינַי** [לכתוב זה כמו מהר סיני], **וְאִילְמָלֵא דְּרָשׁוּהָ** [היו דורשים אותו] **דּוֹאֵג וַאֲחִיתוֹפֶל הָכִי** [כך] **לֹא רָדְפוּ בָּתַר** [היו רודפים אחר] **דָּוִד, דִּכְתִיב** [שנאמר]: "כי אמרו אויבי לי... **לֵאמֹר אֱלֹהִים עֲזָבוֹ** רדפו ותפסוהו כי אין מציל" (תהלים עא, י־יא) הרי שחשבו שה' עזבו. ושואלים: **מַאי דְּרוּשׁ** [מה איזה כתוב דרשו] שהביא אותם לטעות? — פסוק זה: **"וְלֹא יִרְאֶה בְךָ עֶרְוַת דָּבָר** ושב מאחריך" (דברים כג, טו), **וְהֵן** ראו שעבר דוד עבירה של גילוי עריות (בבת שבע), **וְאֵינָן יוֹדְעִין שֶׁעֲבֵירָה מְכַבָּה מִצְוָה וְאֵין עֲבֵירָה מְכַבָּה תּוֹרָה.** אגב שדרשו בברייתא את המלה "אהבה" על התורה, שואלים: **מַאי** [מה פירוש] הפסוק "אם יתן איש את כל הון ביתו באהבה **בּוֹז יָבוּזוּ לוֹ"** (שיר השירים ח, ז), שמשמע מכאן שאין לקנות את שכר התורה בכסף? **אָמַר עוּלָּא:** להוציא מאנשים מסויימים, **לֹא כְּשִׁמְעוֹן אֲחִי עֲזַרְיָה** שעזריה אחיו היה מפרנס אותו כדי שיעסוק בתורה, והתחלק עימו בשכר לימוד התורה, **וְלֹא כְּר' יוֹחָנָן דְּבֵי נְשִׂיאָה** [של בית הנשיא] שהיו מפרנסים אותו על מנת שיעסוק בתורה, **אֶלָּא כְּהִלֵּל וְשֶׁבְנָא. דְּכִי אֲתָא** [שכאשר בא] **רַב דִּימִי אָמַר: הִלֵּל וְשֶׁבְנָא אַחֵי הָווּ** [אחים היו], **הִלֵּל עָסַק בַּתּוֹרָה** מתוך עוני, **שֶׁבְנָא עֲבַד עִיסְקָא** [עשה עסקים] והתעשר. **לְסוֹף**, לאחר זמן **אָמַר לֵיהּ** [לו] "שבנא: **תָּא נֶעֱרוֹב וְלִיפְלוֹג** [בוא נערב ונחלק]; שאני אתן לך חצי כספי ואתה תתן לי חצי שכר תורתך! **יָצְתָה בַּת קוֹל וְאָמְרָה "אִם יִתֵּן אִישׁ אֶת כָּל הוֹן בֵּיתוֹ** באהבה בוז יבוזו לו" (שם).

מסורת הש"ס

א. ראה קדושין כט,ב. וראה שם לא,א ובמסומן שם.
ב. ילק"ש נ"ך תתקלח. וראה שם תתד.
ג. ראה תנדבא"ר פ"ג.
ד. אבות פ"ו מ"ט. אדר"נ (נו"ב) פל"ה. תו"כ יח, ד. ספרי דברים ו, ז. ב"ר פל"ה. שוח"ט פ"א. מדרש משלי פ"ב. תנדבא"ז פי"ז.
ה. ראה שמו"ר פל"ו ג.
ו. ילק"ש נ"ך תתקצד. זהר ח"ג כח,ב.
ז. ראה מכות י,א.
ח. ראה ברכות יז,א.
ט. (הביטוי) יומא כו,א. סוטה ז,ב. ב"ק צב,א. סנהדרין קו,ב.
י. ילק"ש תורה תתקלד. שם נ"ך תתד.
יא. ילק"ש נ"ך תתקצד.
יב. ראה ויק"ר פכ"ה ב. ילק"ש נ"ך תתקלד.

גרסות

דאמר ותני ויש בכת"י: **דשנים ושלשה** ויש: **דתני ומתלית.**
ועושה היא יש בכת"י: **ועושה.**
זכות דמצוה מי מגנא יש בכת"י: **ומי מגנא.**
אינה מגינה יש בכת"י: **אינה מאירה.**
זה העולם הזה יש בכת"י ועוד: **בעולם הזה.**
זו מיתה יש בכת"י: **זה יום המיתה** ויש: **בקבר.**
לעתיד לבֹא יש בכת"י ובמקורות: **לעולם הבא.**
מי לא עסקי יש בכת"י: **דעסקי.**
ויום מיתה יש בכת"י: **ויום המיתה** ויש שגרסו: **ביום המיתה.**
ושבנא ויש בכת"י: **ושבנאי.**

לשון

ליסטין
מקור המלה הוא ביוונית ληστής (ליסטיס) — שודד, והצורה ליסטים היא כעין קיצור של ליסטסים.

אישים

שמעון אחי עזריה
שמעון אחי עזריה היה תנא הנזכר פעמים אחדות במשנה ובמקורות אחרים. וחי בדור של חורבן הבית. לדעת הרמב"ם עזריה הוא אביו של ר' אלעזר בן עזריה, שהיה עשיר מופלג. ואף שגם עזריה היה תלמיד חכם, מכל מקום היה אחיו שמעון גדול ממנו בתורה, אלא שנקרא על שמו משום שהיה עזריה אחיו מפרנסו. (וראה בויק"ר פכ"ה א).

ר' יוחנן דבי נשיאה
נראה שהיה זה חכם (שאינו ידוע לנו) שהיה מכונה כן משום שהיה עני והיה מתפרנס מבית הנשיא. ואין נראה כי היה זה ר' יוחנן האמורא הגדול, שהרי עליו מסופר שמכר את כל רכושו הגדול כדי שיוכל לעסוק בתורה, ובפירוש אמרו עליו בפסיקתא — "אם יתן איש את כל הון ביתו באהבה שאהב ר' יוחנן את התורה".

עיונים

אף על פי שאין ראיה לדבר וכו' ובתלמוד הירושלמי העלו צד אחר של פירכה לראיה זו, כי אין להביא ראיה גמורה משם, שמא מדובר כשהיה נבוכדנאצר (או שאר אנשים שתלו להם עונש חטאיהם) עוסק במשך אותו זמן במצוות, ואם כן אין הוכחה שזכות שבעבר תולה ודוחה את הפורענות (וראה ברד"ל).

זו מיתה יש מפרשים: אופן המיתה, שלא תהא ביסורים, או שינצל מחיבוט הקבר. והמאירי מפרש — חיי הנפש בגן העדן עד לזמן תחיית המתים.

מן הקוצים וכו' היה שפירש שמדובר כאן בשלושה מיני מכשולים: האחד הוא פחתים וברקנים, מכשולים שהאדם הוא הנתקל בהם בדרך הילוכו, והנמשל — פיתויי היצר המצויים בעולם כמות שהם. ויש ליסטים וחיות רעות, שהם מכשולים הבאים על האדם מעצמם, כגון פיתויים של בני אדם רשעים המסיתים אותו ללכת בדרך רעה. והמכשול השלישי, הדרך שצריך ללכת בה — כלל הנהגתו של האדם, לדעת אם הוא עושה הכל בדרך הנכונה (רד"ל).

עבירה מכבה מצוה לא שהעבירה מתקזזת על ידי המצוה, אלא שאין המצוה מגינה על האדם מפני העונש על עבירה שעשה. שאף ששכר המצוה שמור לו ואינו בטל — מכל מקום אין היא מצילה אותו מלהיענש על עבירה שעושה (מאירי).

דואג ואחיתופל מי לא עסקי וכו' על חכמתו של אחיתופל מסופר במקרא עצמו, ולגבי דואג דרשו שהיה "אביר הרועים" ראש הסנהדרין, והפליגו בגמרא (מסכת סנהדרין קו, ב) ברוב חכמתם ותורתם. וכתב המהרש"א שאף שאמרו שהתורה מגינה לעולם, מכל מקום אינה מגינה אלא מיסורים אבל לא ממיתה, ולכן מתו שניהם בקיצור ימים. ובתורת הקנאות הוסיף כי אמרו חכמים שמיתה לרשעים הנאה להם ולעולם, לפי שמצילתם מן החטא.

דמקרין ומתניין בנייהו ולפי זה יש להן שכר של מצוות תלמוד תורה בשלימותה, שכיון שהבנים והבעלים חייבים מן הדין במצוה זו, והנשים שותפות במצוה, על כן הן חולקות גם בשכר יחד עימם.
ובפרטי הלשון, כל זמן שהבנים קטנים ולומדים מקרא ומשנה האמהות הן הדואגות להם ללכת ללמוד ומדברות על ליבם כאשר אינם חפצים ללכת מרצונם. אבל כאשר מגיעים הבנים לגיל שבו הם לומדים תלמוד, אז אבותיהם מטפלים בהם ביד חזקה (עיון יעקב).

מאי פרשת דרכים במנחת קנאות כתב כי משל זה כולו מבוסס על הכתוב שהובא בתחילה "כי נר מצוה ותורה אור ודרך חיים תוכחות מוסר" (משלי ו, כג). ואחרי שהביא את משל הנר והאור, מבורר כיצד מגיע אדם לדרך חיים (פרשת דרכים). שיש שאמר שהוא יום המיתה — שהוא תוכחות ויסורים, ויש שאמר שהוא יראת חטא כמשמעות "תוכחות מוסר" וזה שפירש שהוא העלאת שמועה על פי ההלכה, מסביר "תוכחות מוסר" — שיכול להורות לאחרים ולהוכיחם.

סלקא ליה שמעתתא וכו' בכמה מקומות בתלמוד דנו בגודל מעלתה של דרגה זו בלימוד. כי הנושא והנותן בתלמודו מבטא בכך את חריפות שכלו ואת תוצאות יגיעתו ובקיאותו בתורה. אבל אם הלימוד לא היה בדרך אמת המסקנות שהוא מסיק להלכה אינן תואמות את ההלכה המקובלת, ואינן מתקבלות על ידי אחרים. וכל שמגיע לסיכום הלכה כראוי מוכיח בעצמו שלמד בדרך נכונה, ומשום כך הוא מכוון לאמת.

לא רדפו בתר דוד בתר"ש ובתוהרא"ש כתבו כי יש למחוק מכאן את שמו של דואג, כי לפי חשבון השנים בגמרא עולה שדואג מת עוד לפני שחטא דוד בבת שבע, אבל הדברים שייכים לאחיתופל שבת שבע היתה בת בנו.

בוז יבוזו לו המהרש"א כתב שהדרשה הזו נסמכת על כפילות "בוז יבוזו", שלא רק בעולם הזה יש צד זלזול בכך שהוא נקרא על שם אחרים אלא אף לעולם הבא כן הוא. ובעיקר יש לחלק בין מי שלומד תורה בסיועו של אחר, שאז אותו אדם זוכה ומקבל מחלקו, ובין מי שרוצה לאחר מעשה לקנות, את שכר התורה אחרי שאדם אחר עמל בה מתוך הדחק (עיון יעקב).

שבנא בתו"ש אמרו בשם ר"ת כי צריך לגרוס "שכנא" משום ששבנא הנזכר במקרא היה רשע, ואין קוראים לילד בשמו של רשע. אבל יש שחלקו ואמרו שהיו שני שבנא במקרא, ואחד מהם לא היה רשע.

תא נערוב וליפלוג היה שכתב כי "תערובת" זו היא משום שבעל הממון יש לו גם מצוות שעשה בממונו, ולפיכך יש בכך תערובת, שכל אחד נותן את מצוותיו שלו, ועל כך אמרו שמכל מקום "וכל חפצים לא ישוה בה" (משלי ח, יא) ואפילו מצוות שהן חפצי שמים אינם שקולים כשכרה של התורה (קרן אורה).

אורח ההלכה

הא אינה מצווה ועושה אין האשה מצווה על תלמוד תורה, אבל אם למדה מעצמה — יש לה שכר על כך, אבל אינו כשכר האיש. (רמב"ם ספר מדע הלכות תלמוד תורה פ"א ה"א והי"ג. שו"ע יו"ד רמו, ו).

נהי דפקודי לא מפקדא סוטה שהיתה לה זכות תלמוד תורה, אף שאינה מצווה — הרי זכות זו תולה לה ואינה מתה מיד. ובעה"ש כתב שהכוונה היא לזכות תורה שבאה לה על ידי שמסייעת לבניה ולבעלה ללמוד. וכתירוץ רבינא. (רמב"ם ספר נשים הלכות סוטה פ"ג ה"כ. עה"ש אה"ע קעה, סו).

הן תהוי ארכא לשלותיך (דניאל ד) וכתיב כלא מטא על נבוכדנצר מלכא (שם) וכתיב לקצת ירחין תרי עשר לעולם רבי ישמעאל ואשכח קרא [א]דאמר ותני דכתיב (עמוס א) כה אמר ה' על שלשה פשעי אדום ומאי אע"פ שאין ראיה לדבר זכר לדבר דלמא שאני גוים דלא **א** מפקיד דינא עלייהו: ויש זכות תולה ג' שנים כו': זכות דמאי אילימא זכות דתורה הא [א]אינה מצווה ועושה היא אלא זכות דמצוה זכות דמצוה מי מגנא כולי האי והתניא [ב]את זו דרש רבי מנחם בר יוסי (משלי ו) כי נר מצוה ותורה אור תלה הכתוב את המצוה בנר ואת התורה באור את המצוה בנר לומר לך [ג]מה נר אינה *מגינה אלא לפי שעה אף מצוה אינה מגינה אלא לפי שעה ואת התורה באור לומר לך מה אור *מגין לעולם אף תורה מגינה לעולם ואומר (שם) בהתהלכך תנחה אותך וגו' [ד]בהתהלכך תנחה אותך זה העוה"ז בשכבך תשמור עליך זו מיתה והקיצות היא תשיחך לעתיד לבא [ה]משל לאדם שהיה מהלך באישון לילה ואפילה ומתיירא מן הקוצים ומן הפחתים ומן הברקנים ומחיה רעה ומן(א) הליסטין ואינו יודע באיזה דרך מהלך נזדמנה לו אבוקה של אור ניצל מן הקוצים ומן הפחתים ומן הברקנים ועדיין מתיירא מחיה רעה ומן הליסטין ואינו יודע באיזה דרך מהלך כיון שעלה עמוד השחר ניצל מחיה רעה ומן הליסטין ועדיין אינו יודע באיזה דרך מהלך הגיע לפרשת דרכים ניצל מכולם ד"א [ו]עבירה מכבה מצוה ואין עבירה מכבה תורה שנאמר (שיר ח) מים רבים לא יוכלו לכבות את האהבה א"ר יוסף מצוה בעידנא דעסיק בה מגנא ומצלא בעידנא דלא עסיק בה אגוני מגנא אצולי לא מצלא [ז]תורה בין בעידנא דעסיק בה ובין בעידנא דלא עסיק בה מגנא ומצלא מתקיף לה *רבה אלא מעתה דואג ואחיתופל מי לא עסקי בתורה אמאי לא הגינה עלייהו אלא אמר רבא תורה בעידנא דעסיק בה מגנא ומצלא בעידנא דלא עסיק בה אגוני מגנא אצולי לא מצלא מצוה בין בעידנא דעסיק בה בין בעידנא דלא עסיק בה אגוני מגנא אצולי לא מצלא רבינא אמר לעולם זכות תורה ודקאמרת אינה מצווה ועושה נהי [כ]דפקודי לא מפקדא [ח]באגרא *דמקרין ומתניין בנייהו ונטרן להו לגברייהו עד דאתו מבי מדרשא מי לא פלגאן בהדייהו מאי פרשת דרכים א"ר חסדא זה ת"ח ויום מיתה רב נחמן בר יצחק אמר זה ת"ח ויראת חטא מר זוטרא אמר זה ת"ח [ט]דסלקא ליה שמעתתא אליבא דהלכתא ד"א עבירה מכבה מצוה ואין עבירה מכבה תורה א"ר יוסף דרשיה רבי מנחם בר יוסי להאי קרא כי סיני [י]*ואילמלא דרשוה דואג ואחיתופל הכי לא רדפו בתר דוד דכתיב (תהלים עא) לאמר אלהים עזבו וגו' מאי דרוש (דברים כג) ולא יראה בך ערות דבר וגו' והן אינן יודעין שעבירה מכבה מצוה ואין עבירה מכבה תורה [יא]מאי (שיר ח) בוז יבוזו לו אמר עולא לא [יב]כשמעון אחי עזריה ולא כר' יוחנן דבי נשיאה אלא כהלל ושבנא דכי אתא רב דימי אמר הלל ושבנא אחי הוו הלל עסק בתורה שבנא עבד עיסקא לסוף א"ל תא נערוב וליפלוג יצתה בת קול ואמרה (שם) אם יתן איש את כל הון ביתו וגו':

אומר

רש"י

הן תהוי ארכא לשלותיך. ואז תהא אורך זמן לשלומך שלא יבאו עליך הפורענות וכן עשה נבוכדנצר היה מקבץ בכל יום עניי ישראל שהביא בגולה והיו צריכין מזונות ומפרנסם ואף דניאל כשהשיאו עצה זו לכך נתכוין שראה את ישראל בגולה מחזרין על הפתחים: **וכתיב כולא מטא.** כל הפורענות הגיע על נבוכדנצר: **לקצת ירחין תרי עשר.** אלמא תלה לו הזכות י"ב חדש: **לעולם.** מתני' דקתני ג' שנים ר' ישמעאל היא: **ואשכח קרא דאמר ותני.** שונה בהארכת זמן כלומר מקרא כתוב שהקב"ה מאריך זמן עד ג' פעמים הלכך הוו להו ג' שנים: **דלא מפקיד דינא עלייהו.** אין ממהרין מן השמים לפקוד עונותם עליהם בעולם הזה אבל מישראל ממהרין ליפרע בעה"ז ומדקדקין אחריהם: **זכות דמאי.** מגינה כל כך: **זכות דתורה.** שהיתה עוסקת בתורה: **הא לא מפקדא.** דכתיב ולמדתם אותם את בניכם (דברים יא) ולא את בנותיכם וכיון דאינה מצווה אין שכרה גדול כמצווה ועושה: **היא תשיחך.** תליץ בעדך את זכותך: **פחתים.** גומות: **נזדמנה לו אבוקה של אור.** כך זכה לקיים מצוה ניצל ממקצת פורעניות: **ועדיין מתיירא מחיה רעה ומן הליסטין.** שדרכן לילך בלילה פן יפגעו בו דכתיב תשת חושך ויהי לילה בו תרמוש כל חיתו יער (תהלים קד): **הגיע עמוד השחר.** ואף כאן זכה לתורה ניצל מן החטא ומן היסורין: **ועדיין אינו יודע כו'.** שמא יכפנו יצרו ליבטל וישיב עליו יצה"ר ופורענות: **הגיע לפרשת דרכים.** ושם הכיר את דרכו ואף כאן הגיע ליום המיתה ולא פירש מן התורה עד יום מותו ניצל מכולן והכי מפרש לה לקמיה: **עבירה מכבה.** שכר מצוה: **ואין עבירה מכבה.** שכר מי שעסק בתורה קודם לכן אלמא מצוה לא מגנא כולי האי: **לכבות את האהבה.** זו תורה דכתיב (שיר ב) הביאני אל בית היין ודגלו עלי אהבה יין סוד: **אמר רב יוסף.** לעולם מגינה על היסורין הרבה ומאי אינה מגינה דקאמר(ב) ת"ק מן החטא שלא יתקפנו יצה"ר קאמר: **מצוה בעידנא דעסיק בה.** והיינו לפי שעה דאמר מגנא מן היסורין ומצלא מיצה"ר שלא יכשילנו לחטא: **בעידנא דלא עסיק בה.** משנגמר המצוה ואינו עסוק בה אגוני אגנא מן הפורענות אצולי לא מצלא ודקתני בברייתא עבירה מכבה מצוה לאו מלהגין מן היסורין קאמר אלא מליטול שכר לעתיד: **אמאי לא תגין עליהן.** מיצר הרע שהחטיאם ועשאם רשעים גמורים כלומר אמאי לא תצילהו מן העבירות: **לעולם זכות דתורה.** ולא שעוסקת בתורה אלא שטורחת בבנה ובבעלה שיעסקו: **דמקריאן ומתניאן.** שטורחות על בניהן להביאן לבית הספר לקרות מקרא ולשנות משנה: **ונטרן לגברייהו.** וממתינות לבעליהן שיוצאין לעיר אחרת ללמוד תורה: **מאי פרשת דרכים.** מהו מדמה להגיע לפרשת דרכים דהא אבוקה היינו מצוה עמוד השחר היינו תורה אלא פרשת דרכים מאי היא: **ויום המיתה.** והוא תלמיד חכם ביום מותו וידע שלא פירש לפרוק מעליו עול תורה: **ויראת חטא.** זכה ליראת חטא אחר שזוכה לתורה ניצל מכולן שהתורה מלמדתו דברי מצוה ודברי איסור וממה שהוא צריך לפרוש ויראת חטא מונעו מלרדוף אחרי יצרו: **דסלקא ליה שמעתתא אליבא דהלכתא.** וה"ק עלה עמוד השחר ניצול מן החיה כו' זכה לתורה ניצול מיצה"ר ומן החטא ועדיין אינו יודע באיזו דרך מהלך אם יזכה שיסייעוהו מן השמים להתקבל דבריו בין חביריו להורות כהלכה וכמשפט הגיע לפרשת דרכים כלומר זכה לכך ניצול מכולם: **לאמר אלהים עזבו.** כך היו אומרים עליו אלהים עזבו שבא על אשת איש ואין אנו נענשין עליו רדפו ותפסוהו כי אין מציל אין לו זכות שיצילנו שהעבירה כבתה זכיותיו: **לא יראה בך.** עבירה ואם יראה ושב מאחריך: **שמעון אחי עזריה.** תנא הוא במשנה קמייתא דזבחים ולמד תורה על ידי אחיו שהיה עוסק בפרקמטיא כדי שיחלוק בזכות למודו של שמעון לכך הוא נקרא על שם עזריה אחיו וכן ר' יוחנן למד ע"י הנשיא שהי' מפרנסו: **הלל עסק בתורה.** מתוך עוני רב כדמפרש במס' יומא (דף לה:) לימדה

תוספות

מצוה בין בעידנא דעסיק בה בין בעידנא דלא עסיק בה אגוני מגנא אצולי לא מצלא. ותימה מאי האי דקתני בברייתא תלה את המצוה בנר מה נר אינה מגינה אלא לפי שעה אף מצוה אינה מגינה אלא לפי שעה אי מיצר הרע אינה מגינה כלל אי מן הפורענות מגינה לעולם ותורה נמי למה תלאה הכתוב באור משום דמגינה לעולם אי מן הפורענות מצוה נמי מגנא לעולם ואי(ג) מיצר הרע דמצלא הא לא מצלא אלא לפי שעה:

זה תלמיד חכם דסלקא ליה שמעתתא אליבא דהלכתא. תימה והיאך ניצול מכולן והלא לא ניצול מיצר הרע בעידנא דלא עסיק בתורה וי"ל סתם תלמיד חכם תורתו אומנתו ועוסק בה ומהרהר כל שעה ואינו הולך ד' אמות בלא תורה:

והן אינן יודעין שעבירה מכבה מצוה. תימה והא אמר לעיל בין לרב יוסף בין לרבא מצוה אגוני מגנא מן הפורענות אפילו בעידנא דלא עסיק בה ועבירה מכבה מצוה לאו מלהגין מן היסורין קאמר אלא מליטול שכר לעתיד לבא כמו שפרש"י:

בן

עין משפט נר מצוה

כב א מיי' פ"א מהל' ת"ת הלכ' א ופ"ג מהל' סוטה הלכה כ סמג עשין יב טוש"ע י"ד סימן רמו סעיף ו:

כג ב מיי' פ"ג מהל' סוטה הלכה כ:

תוספות שאנץ

דלא מפקד דינא עליהו ואין ממהרין מן השמים לפקוד עונותיהם עליהם בעולם הזה אבל בישראל ממהרין ליפרע בעולם הזה ומדקדקין אחריהם. אלא מעתה דואג ואחיתופל כו' אמאי לא מגין עלייהו מגין לאו דוקא אלא ר"ל אמאי לא מציל עליהו: אלמלי דרשו דואג ואחיתופל הכי לא רדפו בתר דוד מאי דרוש וכו'. נראה דל"ג דואג שהרי על מעשה בת שבע קיימין הכא ודואג מת כבר ועברו ימים רבים כדאמר בחלק דואג ואחיתופל לא ראו זה את זה שדואג היה בימי שאול ואחיתופל בימי דוד ובת שבע היתה בת אליעם והוא היה בן אחיתופל כדכתיב בפסוק וכן מוכח (כרי' בן מומי) ולא מצינו שעשה דוד רק בדבר אוריה החתי וקרא דלא יהיה בך ערות דבר איירי בערוה ממש. והיינו במעשה בת שבע לפי' ל"ג דואג ואע"ג שכתוב בכל הספרים אלא (בי) אחיתופל לבד. לא כשמעון אחי עזריה תנא הוא ולמד תורה על ידי אחיו שהיה עוסק בפרקמטיא ומפרנסו כדי שיחלוק בזכות למודו של שמעון לכך נקרא על שם עזריה אחיו. וכן ר' יוחנן למד על ידי נשיא שהיה מפרנסו: הלל עסק בתורה מתוך עוני כדאמר ביומא א) בשמיהו שנאמר ושם רשעים ירקב ואומר פי' ר"ג שפי' ושבנא דתרי שבנא הוו שבנא הסופר צדיק היה כדכתיב לך בא אל הסוכן הזה ואל שבנא אשר על הבית. וכתיב ויצא אל אליקים אשר על הבית ושבנא הסופר כשיצאו אל רבשקא. אלמא אחר היה שבימי שבנא הראשון לא היה אליקים על הבית. ומיהו אומר הר' אלחנן דשבנא הראשון ושבנא אשר על הבית אחד הוה והא דכתיב אליקים אשר על הבית היינו שסופו היה על הבית.

א) נ"ל ושבנא וא"ת והא שבנא רשע היה ולא מסקינן בשמיה וכו' ואומר ר"י דתרי שבנא הוו וכו'.

מסורת הש"ס

[נ"ל מאירה כך גירסת הילקוט]

[נ"ל מאיר כ"א בע"י]

[נ"ל רבא]

[ברכות יז.]

[נ"ל ואילמלי ע' תוספות מגילה כח.]

הגהות הב"ח

(א) גמ' הליסטים כצ"ל וכן בכל העמוד: (ב) רש"י ד"ה אמר רב יוסף וכו' דקאמר בלישנא קמא: (ג) תום' ד"ה מצוה וכו' ואי דמצלא מיצר הרע לא מצלא:

גליון הש"ס

גמ' כיון שעלה עמוד השחר. עיין פסחים ב ע"א ברש"י ד"ה כבי טוב:

[שייך במשנה לעיל כ.]

כד א מיי' פכ"א מהל' סנהדרין הלכה ז סמג לאוין רח טוש"ע ח"מ סימן יז סעיף ה:

כה ב מיי' פ"ט מהל' מתנות עניים הלכה יג סמג עשין קסה טוש"ע י"ד סי' רנג סעיף א:

כו ג מיי' פי"ט מהלכות איסורי ביאה הלכה יט סמג עשין מח נו טוש"ע אה"ע סימן קיב סעיף יד:

[ג"ז שייך שם]

כז ד ה מיי' פי"ב מהל' זכייה ומתנה הלכה ט טוש"ע אה"ע סי' נא סעיף ב וטוש"ע ח"מ סי' רמח סעיף א וסעיף ג:

א אומר בן עזאי חייב אדם ללמד את וכו' ר' אליעזר אומר כל המלמד את בתו תורה מלמדה תיפלות: תיפלות ס"ד אלא אימא [א]כאילו למדה תיפלות א"ר אבהו מ"ט דר"א דכתיב °אני חכמה שכנתי ערמה [ב]כיון שנכנסה חכמה באדם נכנסה עמו ערמומית ורבנן האי אני חכמה מאי עבדי ליה מיבעי ליה לכדרבי יוסי בר' חנינא דא"ר יוסי בר' חנינא [ג]אין דברי תורה מתקיימין אלא במי שמעמיד עצמו ערום עליהן שנאמר אני חכמה שכנתי ערמה [ד]א"ר יוחנן אין דברי תורה מתקיימין אלא במי [ה]שמשים עצמו כמי שאינו שנאמר °והחכמה מאין תמצא:

ב רבי יהושע אומר רוצה אשה וכו': מאי קאמר הכי קאמר *רוצה אשה בקב ותיפלות עמו מתשעת קבין ופרישות:

ג הוא היה אומר חסיד שוטה כו': היכי דמי חסיד שוטה כגון דקא טבעה איתתא בנהרא ואמר לאו אורח ארעא לאיסתכולי בה ואצולה [ו]היכי דמי רשע ערום אמר רבי *יוחנן [יא]זה [ז]המטעים דבריו לדיין קודם שיבא בעל דין חברו ר' אבהו אומר זה הנותן דינר לעני להשלים לו מאתים זוז דתנן [ח]*[ב]מי שיש לו מאתים זוז לא יטול לקט שכחה ופאה ומעשר עני היה לו מאתים חסר דינר אפילו אלף נותנין לו כאחת הרי זה יטול רבי אסי אמר רבי יוחנן זה המשיא עצה למכור בנכסים מועטין [ט]דאמר רבי אסי א"ר יוחנן *[ג]יתומים שקדמו ומכרו בנכסים מועטין מה שמכרו מכרו [י]אביי אמר *[ד]זה המשיא עצה למכור בנכסים כרבן שמעון בן גמליאל דתניא [יא]נכסי לך ואחריך לפלוני וירד הראשון ומכר ואכל השני מוציא מיד הלקוחות דברי רבי רשב"ג אומר [ה]אין לשני אלא מה ששייר ראשון רב יוסף בר חמא אמר רב ששת זה המכריע אחרים באורחותיו [יב]רבי זריקא אמר רב הונא זה המיקל לעצמו ומחמיר לאחרים עולא אמר זה

שקרא

(משלי ח) (איוב כח)

לימדה תיפלות ס"ד. וכי תורה היא מבינה ערמומית ועושה דבריה בהצנע: **חכמה.** תורה: **שמעמיד עצמו ערום עליה.** שפירש מכל עסקים ונעשה עליה עני וחסר כל [נ"א שמשים עצמו ערום עליה גרסי'] שמערים שיתקיים תורתו לקבוץ על יד וללמוד מכל אדם: **מאין תמצא.** מן העשוי כאין: **רוצה אשה בקב ותיפלות.** חפילה ליזון במזונות מועטין ויהא תיפלותה מצוי לה בתשמיש מט' קבין ופרישות לפרוש מן התיפלות לפיכך אין טוב שתלמוד תורה: **שמטעים דבריו לדיין.** דמשקעו בלב הדיין שערי זכיותיו לדבריו של זה קשין לסלקן והרי ערמותו ורשע הוא שעובר על לא תשא שמע שוא (שמות כג): **להשלים מאתים זוז.** ומעתה לא יטול לקט ויש לו קרובים שיטלוס: **בנכסים מועטין.** דתנן (ב"ב דף קלט:) מי שמת והניח בנים ובנות בזמן שהנכסים מרובין הבנים ירשו והבנות יזונו נכסים מועטין הבנות יזונו והבנים ישאלו על הפתחים: **שקדמו ומכרו.** קודם שבאו הבנות לב"ד והעמידום ב"ד לנכסים בחזקת בנות: **המכריע אחרים באורחותיו.** ראו ועשו כמוני ולכו בדרכי לא נתכוון זה אלא להראות עצמו כחסיד בעיני הבריות ואין תוכו כברו אלא שלא ידקדקו אחריו לבדוק בתועבותיו:

שקרא

ס"א

***בן עזאי אומר חייב אדם וכו'.** ירושלמי דבן עזאי דלא כר"א בן עזריה דדריש (חגיגה דף ג.) הקהל את העם האנשים והנשים והטף אנשים באו ללמוד נשים לשמוע ונראה דפי' דמלוה לשמוע הנשים כדי שידעו לקיים מצוה ולא משום שידעו שזכות תולה[א]: מטרונה שאלה את ר' אלעזר מפני מה [ב] חטא אחת במעשה העגל והן מתין בה ג' מיתות אמר לה אין אשה חכמה אלא בפלך אמר לי הורקנוס בנו בשביל שלא להשיבה דבר אחד מן התורה אבדת ממני ג' מאות כור מעשר בכל שנה [ג] א"ל ישרפו ד"ת ולא ימסרו דברי תורה לנשים:

***רוצה אשה בקב ותיפלות.** פר"ח רוצה אשה שיהא בעלה חמר ויהא מצוי אצלה בכל שבת לתת לה עונתה ולא יביא לה אלא קב חטים בלבד ולא יהא גמל שהולך בדרך רחוקה ואינו נותן לה עונה אלא אחת לשלשים יום ואע"פ שמביא לה לשכרו ט' קבין חביבה עליה העונה בכל שבת וקב אחד מט' קבין ופרישות ל' יום ורבי פירש בשם רב האי המשרה אשתו ע"י שליש לא יפחות לה מקביים חיטין מן שבת לשבת כדמוכח בגמרא בפרק אע"פ (כתובות דף סד:) ועונתה מצוי לה ואילו המורד על אשתו (שם סג.) מוסיפין על כתובתה ג' דינרים בשבת ושער בינוני הוא ד' סאין בסלע *וסלע ד' דינרים נמצאת סאה בדינר וג' סאין בג' דינרים שהן י"ח קבין הרי שחכמים עמדו על סוף דעתה שהיא רוצה בתיפלות ועמו שני קביים מי"ח קביים שיפרוש ממנה דקביים אחד מט' בי"ח קבין: **היכי דמי חסיד שוטה.** ירושלמי ראה תינוק מבעבע בנהר אמר לכשאחלוץ תפילין אצילנו עד כשהוא חולץ תפילין הוציא זה את נפשו: **זה הנותן דינר לעני להשלים לו מאתים זוז.** הא דרבי אבהו והא דרבי יוחנן ומבריח מזונות מן האלמנה קרי ירושלמי מכות פרושים ותו גרס התם חד תלמיד מדר' בון הוו לו מאתים זוז חסר דינר והוה רבי יליף למזכי עמיה חד לתלת שנים מעשר מסכני חד זמן עבדין ביה תלמידיו עין בישא ומלוון ליה אתא בעי מזכי עמיה היך דהוה יליף א"ל רבי אית לי שיעורא אמר זה מכת פרושים נגעו ביה רמז לתלמידיו ואעלוניה לקפילין ותסרוניה חד קרט וזכה עמיה היך דהוה יליף שנינו בפרק בתרא דמסכת פאה (מ"ט) מי שיש לו חמשים זוז והוא נושא ונותן בהן ה"ז לא יטול ובגמרא *הדא אמר חמשין דעבדין טבין מן מאתן דלא עבדין: **יתומים שקדמו ומכרו בנכסים מועטין.** ונראה דוקא לענין מזון הבנות אמרינן מה שמכרו מכרו אבל לענין מזון האשה כיון דמשועבד לה בעל למזונות בחייו הנכסים בחזקתה שאינם יכולין למכור כדאמרי' בפ' הנושא (כתובות קג.) יתומים שמכרו מדור אלמנה לא עשו ולא כלום ומ"ש מדר' אסי א"ר יוחנן יתומים שקדמו ומכרו בנכסים מועטים וכו' התם לא משתעבדי לה מחיים אי נמי בית זה עצמו דרה בו בחיי הבעל אבל מזונות בכל יום צריכה למזונות ולא דמו מזונות אשה למדור והוא הדין אם מכרו בנכסים מרובין מה שמכרו מכרו דמטלטלי לא משתעבדי למזונות ואמרי' בפ' מציאת האשה (שם סט.) בין מכרו בין משכנו אין מוציאין למזונות והאי דנקט נכסים מועטין אורחא דמילתא נקט דלא מזבין אינש נכסים משום הפסד מזונות היכא דאיכא נכסים מרובים רבי פי' בתוספותיו דר' יוחנן פליג אההיא דמסקינן בפרק ב' דייני גזירות (שם דף קט.) אמר רבי יצחק בן אלעאי משמיה דחזקיה כל מקום שאמר ר"ג רואה אני את דברי אדמון הלכה כמותו וגבי נכסים מועטין תנינא התם (דף קח:) ובפרק מי שמת (ב"ב קלט:) אמר אדמון וכי בשביל שאני זכר הפסדתי ואמר ר"ג רואה אני את דברי אדמון לא ידענא מאי דוחקיה לפרש כך *אליבא דאדמון טפי מאליבא דרבנן: **אביי אמר זה המשיא עצה למכור בנכסים כרשב"ג.** רשב"ם פי' ביש נוחלין (ב"ב דף קלז.) משום דגרס לעבור על דברי הנותן וערום דאהנו מעשיו והרי הוא חוטא ולא לו ומיהו המוכר עצמו דהיינו ראשון לא מיקרי רשע ואף על גב דלכתחילה אסור לעשות כך דלא חמיר איסוריה שהרי השליטו הנותן בגוף ופירות לעשות כרצונו וקשיא לפירושו בסוף פרק מי שהיה נשוי (כתובות דף נה:) דאמר אביי נכסי לך ואחריך לפלוני ועמדה וניסת בעל לוקח הוי ואין לאחריך במקום בעל כלום ומי אמר אביי הכי והאמר אביי איזהו רשע ערום זה המשיא כו' מי קאמר תינשא ניסת קאמר אלמא דמדמי מוכר עצמו למשיא ומיהו יש לפרש כיון דמשיא נקרא רשע מכלל דלמוכר אסור לעשות לכתחילה אע"ג דלא נקרא רשע כדקתני התם אין לו לראשון אלא אכילת פירות בלבד ואי קשיא מדקאמר אביי זה המשיא עצה וכו' כרשב"ג מכלל דאביי ס"ל כרשב"ג והכי אמר אביי נמי בהדיא בפרק מי שהיה נשוי (ג"ש שם) בעל לוקח הוי ואין לאחריך במקום לוקח כלום וביש נוחלין (ב"ב דף קלז.) מפרש טעמא משום דקסבר קנין פירות כקנין הגוף דמי ובסוף פרק השולח (גיטין דף מח:) אמר אביי נקטינן בעל בנכסי אשתו צריך הרשאה אע"ג דפירות דידיה הוי הגוף צריך הרשאה דמשמע דס"ל דלאו כקנין הגוף דמי יש לתרץ דוקא גבי אחריך ס"ל לאביי דכקנין הגוף דמי דאפי' ר"ל דאמר לאו כקנין הגוף דמי מתרלינן אליביה אחריך שאני ופי' רשב"ם דאחריך משמע גוף ופירות נתן לראשון דהא בהדיא פי' אחריך ירש פלוני ואף הוא פסק שם כרשב"ג וז"ל בעלמא סבירא לן דלאו כקנין הגוף דמי כדפסקי' בפרק החולץ (יבמות דף לו:) הכא אחריך שאני וכן עיקר דלא תקשי הלכתא אהלכתא דפסקינן כר"ל פרק החולץ והא דאחריך קיימא לן כרשב"ג דפסקי' הלכתא לקמיה ולא פליג ר"ל ומדאביי נמי איכא למשמע דהכי קיימא לן כדאמר אביי איזהו רשע וכו' ולקמן נמי ההיא אתתא דהוה לה דיקלא בארעא דרב ביבי כו' אזל איהו אקנייה לבנו קטן כרשב"ג עד אפילו רשב"ג לא קאמר מהתם שמעינן דהלכה כרשב"ג הלכך בעינן לפרושי דרשב"ג ס"ל כר"ל דלאו כקנין הגוף דמי והכא היינו טעמא דאחריך שאני ולא תקשה הלכתא אהלכתא תימה לר' אמאי לא קא חשיב נמי ההיא דאלו הן הנשרפין (סנהדרין דף עו:) אמר רב כהנא משום ר"ע איזו עני ורשע ערום זה המשהה בתו בוגרת ויש לומר דעני ורשע לא קא חשיב:

רבי

[כלאיתא פ"ח דפאה מ"ז]

תוספות שאנץ

מתני' רוצה אשה בקב ותפלות מט' קבין ופרישות חולק היה אבן עזאי דאמר חייב אדם ללמד בתו תורה. ואומר ר' יהושע חפיצה היא בקב במזונות מועטין ויהא תפלותיה מצוי לה שתהא עם בעלה מט' קבין ופרישות לפרוש מן התפלות לפי' אין טוב שתלמוד תורה (ותפלות) פי' הערוך דזה החשבון מצינו במורד על אשתו מתשמיש המטה דמוסיף לה ג' דינרין בשבוע והיינו י"ח קבין דשער בינוני ד' סאין בסלע וסלע ד' דינרין והסאה ששת קבין א"כ הוה להו כ"ד קבין בד' דינרין וי"ח קבין בג' דינרין והמשרה אשתו על ידי שליש שאינו מורד בתשמיש אינו נותן לה אלא ב' קבין וזהו קב לתשעה: **גמ'** למכור בנכסים מועטין. דתנן מי שמת והניח בנים ובנות בזמן שהנכסים מועטים הבנות יזונו והבנים ישאלו על הפתחים. וכשקדמו ומכרו קודם שיבואו הבנות לב"ד מה שמכרו מכרו. וא"כ הוי רשע במשיא עצה לבנים שימכרו בנכסים מועטין ל"ה: זה המכריע אחרים באורחותיו פ"ה שאומ' להם ראו עשו כמוני באורחותי ולא נתכוון זה אלא להראות עצמו כחסיד בעיני הבריות ואין תוכו כברו אלא שלא ידקדקו אחריו לבדוק תועבותיו. ל"ה: זה שקרא ושנה שקרא ושנה משנה ולא שמש תלמידי חכמים ללמוד תלמוד וסברת טעמי המשנה מה הם ורשע הוא שאין תורתו על בורייה ואין למידין הימנו שעל ידי הטעמים יש חילוק באיסור והיתר ובדיני ממונות לזכות ולחייב לטמא ולטהר כדאמר בבמה דוכתין מ"ט אמר מר הכי ומ"ט אמר מר הכי ואמרי מאי בינייהו איכא בינייהו כך וכך ולפי' הוה רשע וערום שהשומע קולו כששונה משניותיו כסבור שבקי בטעמיהם ונוהגין בו כבוד כתלמידי חכמים ל"ה. וי"מ ולא שמש תלמידי חכמים שמוש ממש

הרי

מסורת הש"ס: ס"א | כתובות סב: | [ברב אלפס איתא רבי חנינא וכן איתא בתנחומא פ' משפטים] | פאה פ"ח מ"ח | כתובות קג. יבמות סז: ב"ב קמ. | כתובות נה: ב"ב קלז. קנו: ערכין כג. | [ר"ל ירושלמי] | אליבא דרבנן טפי מאליבא דאדמון. מהרש"ל.

הגהות מהר"ב רנשבורג

א] תוס' ד"ה בן עזאי אומר חייב אדם וכו' ולא משום שידעו שזכות תולה. נ"ב בירושלמי דפרקין בהלכה ד: ב] בא"ד מפני מה חטא אחת במעשה העגל. נ"ב ר"ל החטא היה שוה באופן אחד לכולן והן מתים בסייף ובמגפה ובמיתת הדרוקן: ג] בא"ד אבדת ממני ג' מאות כור מעשר בכל שנה. נ"ב שהאשה חשובה הזאת נתנה מעשרותיה שהיה ג' מאות כור בכל שנה להורקנוס בנו של ר"א ועתה אחרי שדחאה ר"א פסקה מליתן לו:

א שנינו במשנה, **אוֹמֵר בֶּן עַזַּאי: חַיָּיב אָדָם לְלַמֵּד אֶת** בתו תורה שתדע שהזכות תולה לה. **ר׳ אֱלִיעֶזֶר אוֹמֵר: כָּל הַמְלַמֵּד אֶת בִּתּוֹ תּוֹרָה — מְלַמְּדָהּ תִּיפְלוּת.** ותוהים: **תִּיפְלוּת סָלְקָא דַּעְתָּךְ** [עולה על דעתך] לומר, וכי תיפלות הוא מלמדה? והלא תורה מלמד אותה! **אֶלָּא אֵימָא** [אמור]: **כְּאִילּוּ לִמְּדָהּ תִּיפְלוּת. אָמַר ר׳ אַבָּהוּ: מַאי טַעֲמֵיהּ** [מה טעמו] של **ר׳ אֱלִיעֶזֶר — דִּכְתִיב** [שנאמר]: **״אֲנִי חָכְמָה שָׁכַנְתִּי עָרְמָה״** (משלי ח, יב), ומפרש: **כֵּיוָן שֶׁנִּכְנְסָה חָכְמָה בְּאָדָם — נִכְנְסָה עִמּוֹ עַרְמוּמִית,** וחושש ר׳ אליעזר שתשתמש האשה בערמומיות זו שבאה לה על ידי לימוד התורה לשם תיפלות. ושואלים: **וְרַבָּנַן** [וחכמים] החולקים עליו, **הַאי** [פסוק זה] **״אֲנִי חָכְמָה״ מַאי עָבְדֵי לֵיהּ** [מה עושים הם בו] כיצד מפרשים הם אותו? ומשיבים: **מִיבָּעֵי לֵיהּ** [צריך אותו] **לְכפי שאמר ר׳ יוֹסֵי בְּר׳ חֲנִינָא. שֶׁאָמַר ר׳ יוֹסֵי בְּר׳ חֲנִינָא: אֵין דִּבְרֵי תוֹרָה מִתְקַיְּימִין אֶלָּא בְּמִי שֶׁמַּעֲמִיד עַצְמוֹ עָרוֹם עֲלֵיהֶן, שֶׁנֶּאֱמַר: ״אֲנִי חָכְמָה שָׁכַנְתִּי עָרְמָה״** שאין חכמה שוכנת אלא במי שמוכן לתת כל אשר לו עד שנעשה עני וערום ממלבוש (״ערמה״) בגלל התורה. וכיוצא בה **אָמַר ר׳ יוֹחָנָן: אֵין דִּבְרֵי תוֹרָה מִתְקַיְּימִין אֶלָּא בְּמִי שֶׁמֵּשִׂים עַצְמוֹ כְּמִי שֶׁאֵינוֹ, שֶׁנֶּאֱמַר: ״וְהַחָכְמָה מֵאַיִן תִּמָּצֵא״** (איוב כח, יב).

ב שנינו במשנה, **ר׳ יְהוֹשֻׁעַ אוֹמֵר: רוֹצָה אִשָּׁה** בקב ותיפלות יותר מתשעה קבין ופרישות. שואלים: **מַאי קָאָמַר** [מה אמר], מה פירוש דבריו? ומשיבים: **הָכִי קָאָמַר** [כך אמר]: **רוֹצָה אִשָּׁה בְּקַב וְתִיפְלוּת עִמּוֹ,** ושתהיה מצויה עם בעלה, יותר **מִתִּשְׁעַת קַבִּין וּפְרִישׁוּת,** וכיון שהתיפלות חביבה עליה אין זה מן הראוי שתלמד תורה.

ג שנינו במשנה, **הוּא,** ר׳ יהושע, **הָיָה אוֹמֵר: חָסִיד שׁוֹטֶה** ורשע ערום, ואשה פרושה, ומכות פרושין — הרי אלו מבלי עולם. ושואלים: **הֵיכִי דָּמֵי** [כיצד הוא] **חָסִיד שׁוֹטֶה?** ומסבירים: **כְּגוֹן דְּקָא טָבְעָה אִיתְּתָא בְּנַהֲרָא** [שטובעת אשה בנהר] **וְאָמַר: לָאו אוֹרַח אַרְעָא לְאִיסְתַּכּוּלֵי** [אין זו דרך ארץ להסתכל] **בָּהּ** כאשר אינה לבושה **וְאַצּוֹלָהּ** [ולהצילה]. ועוד שואלים: **הֵיכִי דָּמֵי** [כיצד הוא] **רָשָׁע עָרוּם? אָמַר ר׳ יוֹחָנָן: זֶה הַמַּטְעִים** (מסביר) **דְּבָרָיו לַדַּיָּין קוֹדֶם שֶׁיָּבֹא בַּעַל דִּין חֲבֵרוֹ,** וכיון שהדיין שומע את דבריו בשלימותם שלא בנוכחותו של בעל הדין השני, דעתו נוטה אליו, ומטה על ידי כך את הדין. **ר׳ אַבָּהוּ אוֹמֵר:** כגון **זֶה הַנּוֹתֵן דִּינָר לְעָנִי כְּדֵי לְהַשְׁלִים לוֹ מָאתַיִם זוּז,** כדי שמעתה לא יהיה זכאי לקבל צדקה יותר. **דְּתְנַן** [שכן שנינו במשנה]: **מִי שֶׁיֵּשׁ לוֹ מָאתַיִם זוּז — לֹא יִטּוֹל לֶקֶט שִׁכְחָה וּפֵאָה וּמַעְשַׂר עָנִי,** שאינו עוד בגדר עני. ולעומת זאת, אם **הָיָה לוֹ מָאתַיִם חָסֵר דִּינָר, אֲפִילּוּ אִם אֶלֶף** דינר **נוֹתְנִין לוֹ כְּאַחַת — הֲרֵי זֶה יִטּוֹל. ר׳ אַסִי אָמַר ר׳ יוֹחָנָן:** רשע ערום **זֶה הַמַּשִּׂיא עֵצָה לִמְכּוֹר בִּנְכָסִים מוּעָטִין.** שהלכה היא שאם מת אדם והניח נכסים מועטים שאינם מספיקים לפרנסת הבנות וגם להוריש לבנים, כל הנכסים עומדים לפרנסת הבנות בלבד, ואילו הבנים ניזונים מן הצדקה, אם זקוקים לכך. ועל כך נוספה הלכה **שאָמַר ר׳ אַסִי אָמַר ר׳ יוֹחָנָן: יְתוֹמִים** (בנים) **שֶׁקָּדְמוּ** לפני שקיבלו הבנות אותם נכסים לפרנסתן **וּמָכְרוּ בִּנְכָסִים מוּעָטִין — מַה שֶּׁמָּכְרוּ, מָכְרוּ** והכסף שלהם, ואם נותן להם אדם עצה כזו הרי זה רשע ערום, שגורם לבנות להפסיד את פרנסתן. **אַבַּיֵּי אָמַר:** רשע ערום **זֶה הַמַּשִּׂיא עֵצָה לִמְכּוֹר בִּנְכָסִים כְּרַבָּן שִׁמְעוֹן בֶּן גַּמְלִיאֵל.** ומה עניינו — **דְּתַנְיָא** [שכן שנינו בברייתא]: האומר בצוואה **״נְכָסַי לְךָ, וְאַחֲרֶיךָ,** לאחר מיתתך, יהיו הנכסים **לִפְלוֹנִי״, וְיָרַד הָרִאשׁוֹן וּמָכַר** או **אָכַל — הַשֵּׁנִי מוֹצִיא מִיַּד הַלָּקוֹחוֹת** את הנכסים שמכר, שהרי שלו הם, אלו **דִּבְרֵי רַבִּי. רַבָּן שִׁמְעוֹן בֶּן גַּמְלִיאֵל אוֹמֵר: אֵין לַשֵּׁנִי אֶלָּא מַה שֶּׁשִּׁיֵּיר רִאשׁוֹן** ואם מכר — הרי זה מכור, ואין לשני כלום. ומי שנותן עצה לראשון למכור (כדעת רבן שמעון בן גמליאל שמכירה זו תקפה) — הוא רשע ערום שמפסיד לשני את חלקו. **רַב יוֹסֵף בַּר חָמָא אָמַר בְּשֵׁם רַב שֵׁשֶׁת:** רשע ערום **זֶה הַמַּכְרִיעַ אֲחֵרִים בְּאוֹרְחוֹתָיו.** כלומר, שמייעץ לאחרים לעשות כמוהו, ובעצם אינו אלא מתכוון להראות את צדקתו לאחרים. **ר׳ זְרִיקָא אָמַר רַב הוּנָא:** רשע ערום **זֶה הַמֵּיקֵל** בהלכה **לְעַצְמוֹ וּמַחֲמִיר לַאֲחֵרִים. עוּלָּא אָמַר: זֶה**

מסורת הש״ס

א. ילק״ש נ״ך תתקמ (כל הענין).

ב. ראה נדה מה,ב.

ג. ראה ברכות סג,ב. שבת פג,ב. עירובין נה,א. גיטין נז,ב. סנהדרין קיא,א. תנחומא נח, ג.

ד. ילק״ש נ״ך תתקטו. וראה בהרחבה עירובין נד,א.

ה. (הביטוי) חולין פט,א.

ו. ראה סנהדרין עו,א-ב.

ז. ראה סנהדרין ז,ב ובמסומן שם.

ח. פאה פ״ח מ״ח. מדרש תנאים דברים כו, ב. וראה ירושלמי סוטה פ״ג ה״ד.

ט. יבמות סז,ב. כתובות קג,א. ב״ב קמ,א. ירושלמי כתובות פי״ג ה״ג. שם ב״ב פ״ט ה״א.

י. כתובות צה,ב. ב״ב קלז,א. קעד,ב. ערכין כג,א.

יא. כתובות שם. ב״ב קלז,א. וראה תוספתא ב״ב פ״ח ד.

יב. ירושלמי סוטה שם ה״ד.

גרסות

אומר בן עזאי בכת״י ועוד: **מכאן אמר בן עזאי.**

כאילו למדה יש בכת״י: **כאילו מלמדה.**

לאו אורח — ואצולה ויש בכת״י ועוד: **לא מסיקנא לה משום דקא מסתכלנא בערוה.**

להשלים לו מאתים יש בכת״י: **להשלים לו למאתים.**

אפילו אלף יש בכת״י: **אפילו אלף דינרין.**

המכריע יש בכת״י: **המכניע** ויש: **המכניס.**

עיונים

נכנסה עמו ערמומית המפרשים, כרש״י, תיפלות במשמכות של חיבור על ידי משכב, זנות, מסבירים כי לימוד התורה מוסיף ללומדיה גם ערמומיות, וכיון שכך משתמשת האשה בערמומיות זו לשם תיפלות (וראה גם בבן יהוידע). אולם המאירי המסביר כמו הרמב״ם תיפלות במשמעות של דברים תפלים, חסרי ערך, מסביר משום כך באופן אחר, שעם לימוד התורה באה גם מעט ערמומיות, אולם אין די בכך בכדי להגיע להבנה מלאה של הדברים והיא עצמה סבורה שהגיעה לכך ומתפארת בזה.

שמעמיד עצמו ערום רש״י (בפירוש ראשון) וכן אחרים מסבירים מעמיד עצמו ערום — שמוותר על כל מה שיש לו עד שנשאר בלי כל רכוש על מנת לקנות חכמה. והוסיף המאירי שצריך להיות במדרגה שבה אינו מקפיד על שום דבר, ששום מניעה לא תפריענו מללמוד. ועוד מפרש המאירי בכשמעות רוחנית, שאין אדם לומד תורה אלא אם כן עושה עצמו כאילו היה ערום מכל ידיעה, ומנסה לקנות דעת מכל מי שיודע דבר מה, בין שהוא גדול או קטן ממנו (וכעין פירוש שני ברש״י). ופירוש זה מתקשר להמשך הדברים במה שאמר ר׳ יוחנן, שאין התורה מתקיימת אלא במי שעושה עצמו כאין. ועוד פירש המאירי מלשון ערמה כמשמעו, שצריך האדם לשים לב ולמצוא את התחבולות המתאימות לפי ערכו וטבעו כדי לקנות את התורה, שיש שקונה אותה בשינון, ויש הקונה אותה בדרכים אחרות.

רוצה אשה בקב ותיפלות וכו׳ וכיון שעיקר רצונה בתיפלות אין מן הראוי שתלמד, שלא יביאו הדברים לה תועלת. וכתבו (ראה בתפא״י) שר׳ יהושע מחמיר בכך אף יותר מר׳ אליעזר, שלדעתו אין ראוי לה ללמוד כלל. אבל בתלמוד הירושלמי (ראה בתוס׳ ד״ה בן עזאי) נראה, שר׳ אליעזר החמיר הרבה בדבר, ולא השיב בשאלות תורה לנשים עד שהיה אומר (בלשון המאירי — בדרך גוזמא) שמוטב, שיישרפו דברי תורה ולא יימסרו לנשים.

בקב ותיפלות וכו׳ בכלל הדברים מסבירים רוב המפרשים כרש״י, שנוח לה לאשה במזונות מעטים כאשר יש עימם תיפלות, ולא במזונות מרובים ופרישות. וראה בתוס׳ (ד״ה רוצה) שהביאו בשם ר״ח ראיה הלכתית לדבר, שהרי מי שהיה חמר שפרנסתו מועטת ביחס ועונתו מצויה אינו רשאי להעשות גמל בלי לקבל רשות מיוחדת מאשתו, משום שאף שמרוויח יותר עונתו רחוקה יותר. וראה מה שהביאו שם בשם רב האי גאון (ובמקומות אחרים מובא בשם הערוך ועוד) שיש חשבון מדוייק בדבר זה, גם הוא מתוך ההלכה, שמזונות הקצובים לאשה שבעלה מצוי עימה הם (לפי חשבון מחיר הלחם) אחד מתשעה למה שהיא מקבלת כאשר הבעל פורש ממנה. המאירי מפרש כאן תיפלות כמו טפילות, במשמעות דביקה, כלומר שאשה רוצה בחברת בעלה יותר מלפרוש ממנו. ומסביר כי היא מעדיפה בעל שיש בו קב אחד של חכמה והוא מצוי עימה, מבעל חכם ביותר שיש בו תשעה קבים של חכמה והוא פרוש ממנה יותר.

חסיד שוטה הרמב״ם מסביר כי חסיד שוטה הוא גם זה שמחמת מה שנראה לו כחסידות נמנע מלעשות מצוות המוטלות עליו, וגם מי שמפריז בחסידות יתירה יותר מן המידה (והמאירי אומר — כגון שמתענה בכל יום). וכאן מובאת דוגמא לצד האחד של הדברים הללו, וכן מובא בתלמוד הירושלמי כגון שרואה תינוק טובע והוא מתמהמה מלהצילו עד שיחלוץ את תפיליו, או רואה אדם רודף אחרי נערה לאונסה והוא חושש מלפגוע ברודף. אבל מביאים שם גם דוגמה אחרת — כגון שהוא רואה תאנה שביכרה וממהר לתתה לצדקה, לפני שמקיים בה המצוות המוטלות עליו.

כגון דקא טבעה איתתא וכו׳ והיו ששאלו: הלוא העושה כן אינו רק שוטה אלא הוא רשע גמור, שעובר על ״לא תעמוד על דם רעך״ (ויקרא יט, טז) והוא כשופך דמים! ויש שתירצו שמדובר כגון שהיו שם אנשים אחרים היכולים להצילה, אלא שהוא מחמת חשש לצניעות אינו ממהר לקיים מצוה זו (מנחה חרבה, וראה גם באשל אברהם).

רשע ערום ולא נמנו כאן כל סוגי רשעים אלא דווקא רשע ערום, שאינו עושה מעשה אסור בגלוי, אלא נוהג לכאורה על פי הדין וגורם על ידי כך נזק לאחרים. ובתלמוד הירושלמי קראו לכגון אלה ״מכת פרושים״, כלומר אנשים הנוהגים כביכול מנהג פרושים וצדיקים ואינם אלא רשעים המזיקים לאחרים.

המטעים דבריו לדיין שלדיין אסור לשמוע דברי בעל דין אחד שלא בפני חבירו, ועובר משום ״לא תשא שמע שוא״ (שמות כג, א), ודרשו חכמים שיש גם איסור על ״לא תשיא״ החל על בעל הדין, שלא לגרום לדיין לשמוע רק טענה אחת. וכפי שמסביר רש״י שמאחר ששומע דברי צד אחד שלא בפני חבירו הדברים מתקבלים ונקבעים בדעתו וקשה לו לקבל את טענותיו של הצד האחר. ובבן יהוידע כתב שמן הסתם אין מדובר כאן באדם המספר טענותיו בגלוי, שהרי הדיין לא ירצה לשמוע את הדברים. אלא שעושה זאת כבדרך אגב, או כדיון בענייני לימוד התורה, ותוך כדי כך קובע את הדבר בלב הדיין.

אפילו אלף נותנין לו יש שפירשו אפילו אלף איש נותנים לו בבת אחת — רשאי לקבל, שהרי הוא עני באותה שעה. ויש שפירשו אפילו אלף דינר נותנים לו, וכן משמע מן הסיפור המובא בתלמוד הירושלמי (וכן מובא בתוס׳ ד״ה זה).

המכריע אחרים באורחותיו המהרש״א מפרש — זה הנותן עצה לאחרים ותוך כדי כך מתכוון לעצה כזו שתביא רווח לו והפסד לאחרים.

אורח הלכה

המטעים דבריו לדיין אסור לדיין לשמוע דברי בעל דין אחד שלא בפני בעל הדין האחר, וכן בעל הדין מוזהר שלא יעשה כן. (רמב״ם ספר שופטים הלכות סנהדרין פכ״א ה״ז. שו״ע חו״מ יז, ה).

מי שיש לו מאתים וכו׳ מי שיש לו מאתים זוז אינו רשאי ליטול לקט שכחה ופאה ומעשר עני. ואם היו לו מאתים חסר דינר אפילו נותנים לו אלף זוז כאחת — מותר ליטול. והוא הדין לגבי נטילת צדקה (שהוא נלמד מקל וחומר ללקט וכיוצא בהם שהם הפקר. ב״י). ויש אומרים שלא נאמרו שיעורים אלה אלא בימיהם, אבל בזמננו יכול ליטול עד שהא בידו קרן שיוכלו הוא ובני ביתו להתפרנס מרווחיה, ״ודברים של טעם הם״. (רמב״ם ספר זרעים הלכות מתנות עניים פ״ט הי״ג. שו״ע יו״ד רנג, א-ב).

יתומים שקדמו ומכרו וכו׳ מי שמת ולא השאיר נכסים כדי שיוכלו ילדיו להתפרנס מהם עד שתתבגרנה הבנות, מפרישים החלק הראוי לבנות והשאר ניתן לבנים. ואם אין שם אלא כדי מזון הבנות בלבד — הכל לבנות. ואם קדמו הבנים ומכרו את הנכסים — אין מוציאים מידם. וכר׳ יוחנן. ויש אומרים שהוא דווקא קודם שהחזיקו הבנות בנכסים על ידי בית דין, אבל אם החזיקו כבר הרי המכר בטל (רמ״א עפ״י הרא״ש). (רמב״ם ספר נשים הלכות אישות פי״ט הי״ט. שו״ע אה״ע קיב, יא. שם, סעיף יד).

המשיא עצה למכור בנכסים מי שאמר ״נכסיי לך ואחריך לפלוני״ אין לשני אלא מה ששייר הראשון. ואף על פי כן אסור לראשון למכור או לתת את גוף הנכסים. ואם עבר הראשון ומכר או נתן — אין השני מוציא מידי הלקוחות וכל המשיא עצה לראשון למכור נקרא רשע. כדברי רבן שמעון בן גמליאל. (רמב״ם ספר קנין הלכות זכיה ומתנה פי״ב ה״ח-ט. שו״ע חו״מ רמח, ג).

שֶׁקָּרָא מקרא וְשָׁנָה משנה וְלֹא שִׁימֵּשׁ תַּלְמִידֵי חֲכָמִים ללמוד את טעמי הדברים. שדומה לו שהוא יודע, ומורה הלכה שלא כדין, ולכן רשע הוא. וערום — שמשום ששונה משנה ברבים הריהו מטעה אחרים שחושבים שהוא תלמיד חכם. אִתְּמַר [נאמר] שדנו אמוראים בענין מי שקָרָא וְשָׁנָה וְלֹא שִׁימֵּשׁ תַּלְמִידֵי חֲכָמִים. ר׳ אֶלְעָזָר אוֹמֵר: הֲרֵי זֶה עַם הָאָרֶץ. ר׳ שְׁמוּאֵל בַּר נַחְמָנִי אָמַר: הֲרֵי זֶה בּוּר. ר׳ יַנַּאי אוֹמֵר: הֲרֵי זֶה כּוּתִי. שהוא דומה לכותים שנסמכים על הכתוב בלבד ולא על מסורת חכמים. רַב אַחָא בַּר יַעֲקֹב אוֹמֵר: הֲרֵי זֶה דומה לְמָגוֹשׁ (כומר, מכשף פרסי), על ידי שמטעה את האחרים בידיעותיו. אָמַר רַב נַחְמָן בַּר יִצְחָק: מִסְתַּבְּרָא [מסתבר] כְּדברי רַב אַחָא בַּר יַעֲקֹב, דְּאָמְרִי אֱינָשֵׁי [שכן אומרים אנשים], מקובל בפי הבריות לומר פתגם זה: רָטֵין מָגוֹשָׁא וְלָא יָדַע מַאי אָמַר, תָּנֵי תַּנָּא וְלָא יָדַע מַאי אָמַר [רוטן המגוש ואינו יודע מה הוא אומר, שונה חוזר המשניות ואינו יודע מה הוא אומר].

א כיון שהזכרנו ענין עם הארץ מביאים את מה שתָּנוּ רַבָּנַן [שנו חכמים]: אֵיזֶהוּ עַם הָאָרֶץ? כָּל שֶׁאֵינוֹ קוֹרֵא קְרִיאַת שְׁמַע שַׁחֲרִית וְעַרְבִית בְּבִרְכוֹתֶיהָ, אלו דִּבְרֵי ר׳ מֵאִיר. וַחֲכָמִים אוֹמְרִים: כָּל שֶׁאֵינוֹ מַנִּיחַ תְּפִילִּין. בֶּן עַזַּאי אוֹמֵר: כָּל שֶׁאֵין לוֹ צִיצִית בְּבִגְדוֹ. ר׳ יוֹנָתָן בֶּן יוֹסֵף אָמַר: כָּל שֶׁיֵּשׁ לוֹ בָּנִים וְאֵינוֹ מְגַדְּלָן לְלְמוֹד תּוֹרָה. אֲחֵרִים אוֹמְרִים: אֲפִילּוּ קוֹרֵא וְשׁוֹנֶה וְלֹא שִׁימֵּשׁ תַּלְמִידֵי חֲכָמִים — זֶהוּ עַם הָאָרֶץ. קָרָא מקרא וְלֹא שָׁנָה משנה — הֲרֵי זֶה בּוּר, לֹא קָרָא וְלֹא שָׁנָה כלל — עָלָיו הַכָּתוּב אוֹמֵר: ״וְזָרַעְתִּי אֶת בֵּית יִשְׂרָאֵל וְאֶת בֵּית יְהוּדָה זֶרַע אָדָם וְזֶרַע בְּהֵמָה״ (ירמיה לא, כו), כלומר, על אדם כזה אפשר לומר שהוא כבהמה.

על הנאמר ״יְרָא אֶת ה׳ בְּנִי וָמֶלֶךְ עִם שׁוֹנִים אַל תִּתְעָרָב״ (משלי כד, כא), אָמַר ר׳ יִצְחָק: הכוונה בפסוק לְאֵלּוּ שֶׁשּׁוֹנִים הֲלָכוֹת ואינם מבינים את טעמיהן. ושואלים: פְּשִׁיטָא [פשוט, מובן מאליו] שכך הפירוש! ומסבירים: מַהוּ דְּתֵימָא [שתאמר] שפירוש ״שונים״ — שׁוֹנִין בְּחֵטְא, וּכְדברי רַב הוּנָא. שאָמַר רַב הוּנָא: כֵּיוָן שֶׁעָבַר אָדָם עֲבֵירָה וְשָׁנָה בָּהּ — הוּתְּרָה לוֹ, על כן קָא מַשְׁמַע לָן [השמיע לנו] שלא לאלה מתכוון הכתוב. תָּנָא [שנה החכם]: הַתַּנָּאִים (חוזרי המשניות) — מְבַלֵּי עוֹלָם. ותוהים: מְבַלֵּי עוֹלָם סָלְקָא דַּעְתָּךְ [עולה על דעתך]?! הרי הם עושים עבודה חשובה ומועילה! אָמַר רָבִינָא: הכוונה לאלה שֶׁמּוֹרִין הֲלָכָה למעשה מִתּוֹךְ מִשְׁנָתָן בלבד, ואינם יודעים את טעמי משניות. תַּנְיָא נַמִּי הָכִי [שנויה ברייתא גם כן כך], אָמַר ר׳ יְהוֹשֻׁעַ: וְכִי מְבַלֵּי עוֹלָם הֵן? וַהֲלֹא מְיַישְּׁבֵי עוֹלָם הֵן, שֶׁנֶּאֱמַר: ״הֲלִיכוֹת עוֹלָם לוֹ״ (חבקוק ג, ו), ודרשו מכאן שהשונה הלכות זוכה לחיי עולם הבא! אֶלָּא הכוונה היא שֶׁמּוֹרִין הֲלָכָה מִתּוֹךְ מִשְׁנָתָן בלבד.

ב במשנה אמרנו שאִשָּׁה פְּרוּשָׁה היא ממבלי עולם. תָּנוּ רַבָּנַן [שנו חכמים]: בְּתוּלָה צַלְיָינִית (שמתפללת הרבה) וְאַלְמָנָה שׁוֹבָבִית שהולכת ומבקרת את שכינותיה תדיר, וְקָטָן שֶׁלֹּא כָּלוּ לוֹ חֳדָשָׁיו — הֲרֵי אֵלּוּ מְבַלֵּי עוֹלָם. ותוהים: אִינִי [וכי כך הוא]? וְהָאָמַר [והרי אמר] ר׳ יוֹחָנָן: לָמַדְנוּ יִרְאַת חֵטְא מִבְּתוּלָה אחת, וְענין קִיבּוּל שָׂכָר מֵאַלְמָנָה. ומה עניינו, יִרְאַת חֵטְא מִבְּתוּלָה — שר׳ יוֹחָנָן שְׁמָעָהּ לְהַהִיא [לאותה] בְּתוּלָה דְּנָפְלָה אַאַפָּהּ וְקָאָמְרָה [שנופלת על פניה בתפילה ואומרת]: רִבּוֹנוֹ שֶׁל עוֹלָם, בָּרָאתָ גַּן עֵדֶן וּבָרָאתָ גֵּיהִנָּם, בָּרָאתָ צַדִּיקִים וּבָרָאתָ רְשָׁעִים — יְהִי רָצוֹן מִלְּפָנֶיךָ שֶׁלֹּא יִכָּשְׁלוּ בִּי בְּנֵי אָדָם ויגיעו על ידי לגיהנם. ור׳ יוחנן התפעל מדבריה אלה ואמר שאפשר ללמוד ממנה מהי יראת חטא. קִיבּוּל שָׂכָר מֵאַלְמָנָה מה עניינו — דְּהַהִיא [שאותה] אַלְמָנָה דַּהֲוַאי בֵּי כְּנִישְׁתָּא בְּשִׁיבָבוּתָהּ [שהיה בית כנסת בשכנותה] ובכל זאת כָּל יוֹמָא הֲוַת אָתְיָא וּמַצְלָה בֵּי מִדְרָשֵׁיהּ [כל יום היתה באה ומתפללת בבית מדרשו] של ר׳ יוֹחָנָן. אָמַר לָהּ ר׳ יוחנן: בִּתִּי, האם לֹא קיים בֵּית הַכְּנֶסֶת בְּשִׁיבָבוּתֵךְ [בשכנותך]? אָמְרָה לֵיהּ [לו]: רַבִּי, וְלֹא שְׂכַר פְּסִיעוֹת יֵשׁ לִי על שאני הולכת להתפלל במקום מרוחק? ואם כן כיצד מכנים בתולה צליינית מבלת עולם? ומסבירים: כִּי קָאָמַר [כאשר אמר] בענין זה שהיא ממבלי עולם כוונתו לִכְגוֹן יוֹחָנִי בַּת רְטִיבִי, שהיתה מראה את עצמה כצדקת ומתפללת הרבה, ובעצם היתה עוסקת בכישוף.

ושואלים: מַאי [מה פירוש] ״קָטָן שֶׁלֹּא כָּלוּ לוֹ חֳדָשָׁיו״? שבודאי אינו כמשמעו אלא רמז לדבר אחר. הָכָא תַּרְגִּימוּ [כאן בבבל תירגמו, הסבירו]: זֶה תַּלְמִיד חָכָם שהוא כקטן, נֵפֶל, שלא כלו לו חודשיו. הַמְבַעֵט בְּרַבּוֹתָיו, רַבִּי אַבָּא אָמַר: זֶה תַּלְמִיד שֶׁלֹּא הִגִּיעַ עדיין לְדרגה שיכול להורות הוֹרָאָה — וּמוֹרֶה כבר. שאָמַר ר׳ אַבָּהוּ אָמַר רַב הוּנָא אָמַר רַב: מַאי דִּכְתִיב [מהו שנאמר] ״כִּי רַבִּים חֲלָלִים הִפִּילָה וַעֲצֻמִים כָּל הֲרֻגֶיהָ״ (משלי ז, כו) — ״כִּי רַבִּים חֲלָלִים הִפִּילָה״ — זֶה תַּלְמִיד חָכָם שֶׁלֹּא הִגִּיעַ לְהוֹרָאָה וּמוֹרֶה, שהוא כנפל שיוצא לפני זמנו. ״וַעֲצֻמִים כָּל הֲרֻגֶיהָ״ — זֶה תַּלְמִיד חָכָם שֶׁהִגִּיעַ לְהוֹרָאָה (״עצום״) וְאֵינוֹ מוֹרֶה, ומונע תורה מרבים.

עיונים

לא שימש תלמידי חכמים רש״י פירש ששימוש תלמידי חכמים משמעו — לימוד הגמרא, כי דברי המשנה בלבד אינם נהירים כל צורכם, ויש סתירות ביניהם, ואין מסקנת ההלכה ברורה בהם, ומי שסומך על המשנה בלבד ומורה ממנה הריהו מטעה את הבריות והוא רשע ערום. ויש שפירשו (תו״ש, מאירי) ששימוש תלמיד חכמים הוא כמשמעו, שהוא בפועל הולך לחכמים לומד מדרכיהם ומקבל מהם. וכתב שמי שאינו עושה כן מראה שאין לימודו אלא על מנת לקנתר, ונמצא שהוא רשע ערום.

הרי זה עם הארץ כמבואר לעיל, כיון שלא שימש תלמידי חכמים ולמד מדרכיהם וממידותיהם לא יצא מגדר עם הארץ, וקרוב הוא להגרר אחרי פיתויים והדחות שונים (תפא״י).

הרי זה בור וכו׳ סדר הדברים הוא שדברי כל חכם מוסיפים חומרה בדבר, כי בור גרוע מעם הארץ, שעם הארץ הוא מי שיש בו מידות טובות מסויימות, אבל אינו יודע מספיק. ובור הוא כשדה בור — שאין בו כלום. וגרוע ממנו כותי — שאינו נכלל בגדר ישראל מקבלי התורה. וגרוע ממנו מגוש — שהוא מעין כופר.

רטין מגושא וכו׳ וכפי פירוש רש״י יש להבין שכמו שמכשף זה לוחש מיני לחשים שאינו מבין את משמעם וסומך על כך שתהא פעולתם מועילה, כך מי שאינו מבין חוזר על דברים וסבור שבעצם החזרה על המלים הוא עושה מעשה חשוב.

איזהו עם הארץ ראה בתוס׳ (ד״ה כל) שסיכמו שהגדרת ״עם הארץ״ אינה אחידה, שאף אותם חכמים עצמם נותנים הגדרות שונות למושג זה, וטעמו של דבר שהגדרת עם הארץ יש לה משמעות הלכתית לעניינים שונים, ולא לכל דבר יש אותה הגדרה. וראה בתו״ש שכתבו שאולי כאן ההגדרה היא לענין מי שאינו מצטרף לזימון משום שהוא עם הארץ.

שאינו קורא קריאת שמע וכו׳ כתבו המפרשים כי מאחר שלפי מסקנת ההלכה מי שאין לו יכולת לעשות יותר מכן וקורא קריאת שמע שחרית וערבית קיים בכך מצוות תלמוד תורה, נמצא שמי שקוראה כראוי כבר יצא מגדר עם הארץ (מהרש״א, עץ יוסף).

אחרים אומרים וכו׳ בתו״ש העירו כי אמנם נאמר כי ״אחרים״ שבמשנה הוא כינוי לר׳ מאיר, אבל כאן אי אפשר לומר כן שהרי דבריו אינם כדברי ר׳ מאיר קודם לכן. ובתוס׳ במקומות אחרים (ראה סוטה יב, א ועוד) מסבירים כי שמא כינו כך רק את מסורות ר׳ מאיר שנאמרו לאחר שנקנס בכך שלא ייזכר שמו, ובאותם מקרים, חזר בו מסברתו הראשונה. או שהן מסורות שאמרן בשם רבו אלישע בן אבויה שנקרא ״אחר״.

אלה ששונים הלכות פשיטא ראה בשפת אמת שתמה: מהיכן נובעת הנחה זו שהדבר פשוט כל כך? הרי בודאי אין הדבר נובע ממשמעות המלים במקרא. וראה במהרש״א שכתב שמראשית הכתוב ״ירא ה׳ בני ומלך״ (ודרשו מלך — תלמיד חכם) משמע שמדבר בעניינים הנוגעים ללימוד התורה, ולכן יש לפרש ״שונים״ באותו הקשר. וראה גם במנחת קנאות.

בתולה צליינית בתלמוד הירושלמי הנוסח ״בתולה ציימנית״ — שמרבה לצום, ומאבדת בתוליה. ויש שפירשו כמשמעו, שמחמת סיגופים ותעניות גורמת שיאבדו בתוליה. וראה בתוס׳ (ד״ה כל) שיש שפירש שהכוונה היא שהיא צמה למראית העין כדי להסתיר מן הבריות שהיא מזנה ומאבדת בתוליה. ובערוך מפרש שבתולה צליינית פירושו — שמרבה להתפלל כל היום, ואינה עושה מה שמוטל עליה לעשות (וראה ברש״י ותוס׳).

אלמנה שובבית יש מפרשים (וגורסים: סובבית) שמרבה להלך בכל מקום בשווקים וברחובות שאינה דרך צניעות. וכך נראה ליישב הגדרת התלמוד הירושלמי שהיא זו שגורמת להשיאה שם רע, מתוך שהיא מרבה להיות בבתיהם של אחרים. ורבינו נסים גאון פירש שהכוונה היא שובבית — בעלת תשובה, שמראה עצמה כעושה תשובה גדולה. וכעין זה מובא פירוש בערוך שהיא אומרת שעשתה תשובה ורוצה לעסוק רק בעבודת ה׳ ולא להנשא עוד, ואינה יכולה לעמוד בכך וסופה שהיא חוטאת. ורש״י פירש מלשון ארמית: שיבבא, שכנים — שמרבה להלך בין שכינותיה, וכתב המאירי שהכוונה היא שמראה עצמה כיראת שמים והולכת להתפאר בכך בפני שכניה.

יראת חטא מבתולה וכו׳ מה שנתחדש לר׳ יוחנן על ידי שתי נשים אלה לא היה עצם הענין של יראת חטא או קיבול שכר אלא היחוד שבמעשיהן. שבתולה זו היתה יראת חטא עד כדי כך שדאגה לא לחטאיה של עצמה אלא גם לא להביא אחרים לידי מכשול. וכן קיבול השכר מאלמנה זה שהיתה טורחת להמציא דרכים חדשות כדי שתרבה לעצמה שכר מצוות.

שלא ייכשלו בי בני אדם והיו ששאלו: מפני מה לא התפללה גם שלא תכשל היא בבני אדם? והמהרש״א מסביר שאולי היתה בטוחה בעצמה שלא תכשל, ולכן ביקשה רק על אחרים. ובעיון יעקב מסביר שעל עצמה לא ביקשה כי הדבר תלוי ביראת שמים, ויראת שמים אינה בידי שמים. ועוד פירשו בדרכים אחרות. אבל ראה בגרסות.

קטן שלא כלו לו חדשיו בתלמוד הירושלמי מביא הסבר אחד הדומה לאמור כאן, שמדובר בתלמיד שהגיע לגדלות בתורה בעודו צעיר ביותר, ונמצא על ידי כך מבזה את הגדולים ממנו. ועוד אמרו שם הסבר אחר, שהכוונה לקטן ממש, שהוא בן תשע שנים ויום אחד אבל נראה כגדול, וכאשר בא על העריות הרי הן נענשות בגללו והוא פטור.

המבעט ברבותיו ראה רש״י שמפרש ״שלא כלו לו חודשיו״ — על פי האמור במסכת חגיגה שימיו של זה מתקצרים ויש שפירש על דרך זו שהוא סבור שכבר הגיעה שעתו להיות גדול הדור ורוצה שימותו רבותיו ויהא הוא במקומם, ומשום כך נענש מידה כנגד מידה בקיצור שנותיו (עיון יעקב).

כי רבים חללים הפילה וכו׳ רש״י מפרשו מלשון נֵפֶל, שהרי אמרו שהוא כקטן שלא כלו חודשיו, שעדיין לא הגיע לדרגה הראויה וכאילו נולד קודם זמנו. ופירוש ״רבים״ — שמכשיל את הרבים בהוראותיו. ויש שהדגישו שעל כך אמרו ״רבים חללים״, משום שדבר זה מצוי ביותר.

שהגיע להוראה ואינו מורה וכפי שהסביר הרמב״ם לא זו בלבד שהוא מונע תורה מן הרבים אלא שהוא אף גורם מכשול, משום שאם הוא אינו מורה באים אחרים שאינם ראויים לכך ומורים שלא כדין.

אורח ההלכה

שלא הגיע להוראה ומורה כל תלמיד שלא הגיע להוראה ומורה הרי זה שוטה רשע וגס הרוח, ועליו נאמר ״כי רבים חללים הפילה״. וראה בכ״מ שהאריך להסביר מפני מה לא נכנס הרמב״ם לפרט את ההבדל בין זה שהגיע לגיל ארבעים ובין זה שלא הגיע, עיי״ש. (רמב״ם ספר מדע הלכות תלמוד תורה פ״ה ה״ד. שו״ע יו״ד רמב, יג).

שהגיע להוראה ואינו מורה וכן חכם שהגיע להוראה ואינו מורה הרי זה מונע תורה ונותן מכשולות לפני הרבים, ועליו אמרו ״ועצומים כל הרוגיה״. (רמב״ם שם. שו״ע שם, סעיף יד).

מסורת הש״ס

א. ראה תנדבא״ז פט״ז.

ב. ברכות מז,ב. גיטין סא,א (בשינויים). וראה תוספתא ע״ז פ״ג. וראה זהר ח״ב קיט,א.

ג. דרך ארץ זוטא פ״י. וראה מגילה כח,ב. ויק״ר פ״ג ז. תנדבא״ר פ״ז. שם פי״ח.

ד. מו״ק כז,ב. יומא פו,ב. פז,א. קדושין כ,א. מ,א. ערכין ל,ב.

ה. תנדבא״ז פט״ז. וראה מגילה כח,ב.

ו. ראה ברכות סד,א ובמסומן שם. וראה מגילה שם.

ז. ירושלמי סוטה פ״ג ה״ד.

ח. שם. תוספתא סוטה פ״ב ה״ג.

ט. תנדבא״ז פי״ז.

י. (לשון זו) חגיגה טו,א. ב״ב טז,א.

יא. ראה ב״מ קז,א.

יב. ראה ירושלמי סוטה פ״ג ה״ד. ברכות יז,א. חגיגה ה,א.

יג. ע״ז יט,ב. ילק״ש נ״ך תתקמ.

גרסות

מאי אמר יש בכת״י ועוד: **מאי רטין.**

בברכותיה בכת״י כבמקבילה חסר. ויש: **בברכות.**

בבגדו ויש בכת״י כבמקבילה: **בבגדו, ר׳ נתן אומר כל שאין לו מזוזה בפתחו.**

אמר כל שיש יש בכת״י: **אומר כל שיש.**

ללמוד תורה בהרבה כת״י ועוד: **לתלמוד תורה.**

קורא ושונה יש בכת״י: **קרא ושנה.**

קרא ולא — בור ויש בכת״י: **תנו רבנן אי זהו בור, קרא ולא שנה זהו עם הארץ שנה ולא קרא הרי זה בור.**

מבלי עולם ויש בכת״י: **מכלי עולם.**

אלא שמורין יש בכת״י: **אלא אלו שמורין.**

רשעים בכת״י נוסף: **בראת אשה לצדיקים ולרשעים.**

שלא יכשלו בי בני אדם ויש שהביא גרסה: **שלא אכשל בבני אדם שאינן מהוגנין.**

בשיבבותך יש בכת״י: **יש לך בשכונתיך.**

יש לי יש בכת״י: **יש.**

החיים

מגוש

מגוש הוא השם בפרסית העתיקה לכת הכהנים־מכשפים של הפרסים (הם הקרויים גם חַבָּרִים). וכנראה הוא מצוי במקרא בצירוף ״רב מג״ (ירמיה לט, ג) ומכאן עבר שם זה לשפות אחרות (יוונית ולטינית ועוד) במובן של מכשף.

בשעת עריכת טכסי הפולחן של המגושים (האמגושים) הם היו משמיעים נוסחות פולחניות בשפה העתיקה. כיון שהמגושים לא הבינו בדרך כלל את משמעות הדברים שאמרו נוצר הפתגם המצוי כאן שהמגוש רוטן ואינו יודע מה הוא אומר.

שובבית

רש״י מפרש על דרך הארמית ״שיבבא״ = שכן. כלומר, אלמנה המרבה לבקר אצל שכנותיה. ולפי הערוך יש להבינו כמו סובבית, שמרבה להסתובב ולבקר בשווקים וברחובות.

תורה אור

[א]שקרא ושנה ולא שימש תלמידי חכמים: אתמר קרא ושנה ולא שימש ת"ח ר' אלעזר אומר הרי זה עם הארץ ר' שמואל בר נחמני אמר הרי זה בור ר' ינאי אומר ה"ז כותי רב אחא בר יעקב אומר הרי זה מגוש אמר רב נחמן בר יצחק מסתברא כרב אחא בר יעקב דאמרי אינשי רטין מגושא ולא ידע מאי אמר תני תנא ולא ידע מאי אמר ת"ר [ב]*איזהו ע"ה כל שאינו קורא ק"ש שחרית וערבית בברכותיה דברי ר' מאיר וחכ"א כל שאינו מניח תפילין בן עזאי אומר כל שאין לו ציצית בבגדו ר' יונתן בן יוסף אמר כל שיש לו בנים ואינו מגדלן ללמוד תורה *אחרים אומרים אפילו קורא ושונה ולא שימש ת"ח זהו ע"ה [ג]קרא ולא שנה הרי זה בור לא קרא ולא שנה עליו הכתוב אומר °וזרעתי את בית ישראל ואת בית יהודה זרע אדם וזרע בהמה: °ירא את ה' בני ומלך ועם שונים אל תתערב אמר רבי יצחק אלו ששונים הלכות [ד]פשיטא מהו דתימא שונין בחטא וכדרב הונא *דאמר רב הונא כיון שעבר אדם עבירה ושנה בה הותרה לו קמ"ל תנא התנאים מבלי עולם מבלי עולם ס"ד אמר רבינא שמורין הלכה מתוך משנתן תניא נמי הכי א"ר יהושע [ה]וכי מבלי עולם הן [ו]והלא מיישבי עולם הן שנאמר °*הליכות עולם לו אלא שמורין הלכה מתוך משנתן: אשה פרושה וכו': ת"ר [ז]בתולה צליינית ואלמנה שובבית [ח]וקטן שלא כלו לו חדשיו הרי אלו מבלי עולם איני [ט]והאמר רבי יוחנן למדנו יראת חטא מבתולה וקיבול שכר מאלמנה יראת חטא מבתולה דר' יוחנן שמעה להההיא בתולה דנפלה אאפה וקאמרה רבש"ע [י]בראת גן עדן ובראת גיהנם בראת צדיקים ובראת רשעים יהי רצון מלפניך שלא יכשלו בי בני אדם קיבול שכר מאלמנה דההיא אלמנה דהואי בי כנישתא בשיבבותה כל יומא הות אתיא ומצלה בי מדרשיה דר' יוחנן אמר לה בתי לא בית הכנסת בשיבבותך אמרה ליה רבי ולא [יא]*שכר פסיעות יש לי כי קאמר כגון יוחני בת רטיבי מאי קטן שלא כלו לו חדשיו הכא תרגימו [יב]זה ת"ח המבעט ברבותיו רבי אבא אמר זה תלמיד שלא הגיע להוראה ומורה [יג]°*דא"ר אבהו אמר רב הונא אמר רב מאי דכתיב °כי רבים חללים הפילה ועצומים כל הרוגיה כי רבים חללים הפילה [יד]זה ת"ח שלא הגיע להוראה ומורה ועצומים כל הרוגיה [טו]זה ת"ח שהגיע להוראה ואינו מורה ועד

ירמיה לא | משלי כד | חבקוק ג | משלי ז

א (margin letter beside "תני תנא ולא ידע מאי אמר")

ב (margin letter beside "משנתן: אשה פרושה וכו'")

רש"י

שקרא. מקרא: **ושנה.** משנה: **ולא שימש תלמידי חכמים.** ללמוד סברת הגמרא בטעמי המשנה מה הם רשע הוא שאין תורתו על בורייה ואין ללמוד הימנו שע"י הטעמים יש חילוק באיסור והיתר ובדיני ממונות לזכות ולחייב ובטהרות לטמא ולטהר כדאמר בכמה דוכתי מ"ט אמר מר הכי ומר הכי ואמר מאי בינייהו איכא בינייהו כך וכך וערום הוא שהשומע את קולו שונה משניותיו כסבור הוא שבקי בטעמיהם ונוהגין בו כבוד כתלמידי חכמים: אתמר גרס: **ה"ז ע"ה.** שחשוד על המעשרות ועל הטהרות: **בור.** גרוע מעם הארץ: **כותי.** ואסור לאכול פיתו ויינו דכיון שלא שימש חכמים אינו מקפיד על דברי חכמים לדעתם ולא שנה אלא להראות עצמו כת"ח: **מגוש.** מכשף האוחז את העינים וגונב את הלבבות ואף זה כן: **רטין.** תרגום חובר חבר (דברים יח) הוא מגוש לוחש המכשף את לחשיו ואינו מבין מה הם ומה פירושם אלא כך מעשיהם שהמכשפות בא ע"י אותם הלחשים: **תני תנא.** ואף זה תנא שלא שימש בתלמוד שונה משנתו ואינו יודע מה היא: **איזהו עם הארץ.** שנחשד על הטהרות ועל המעשרות ומוחזק מגעו טמא: **כל שאינו קורא ק"ש.** דהא ודאי אינו יודע כלום אבל יודע לקרות וקורא לא ע"ה הוא: **ששונין הלכות.** שלא שימשו לתלמידי חכמים ולא הקפידו על טעמי המשניות: **הלכות.** משניות: **פשיטא.** דהכי הוא אלא במאי נדרשיה אי לאו בהכי: **הותרה לו.** דומה בעיניו היתר: **מבלי עולם ס"ד.** ומה הם גורמין לאחרים: **שמורין הלכה מתוך משנתן.** קאמר שמבלין עולם בהוראות טעות דכיון דאין יודעין טעמי המשנה פעמים גורמין שמדמין לה דבר שאינו דומה ועוד יש משניות הרבה (במשניות) דאמרינן הא מני פלוני הוא ויחידאה היא ולית הלכתא כוותיה ועוד שאין יודעים במחלוקת תנאים הראשונים הלכה כדברי מי הלכך מורין הוראות טעות: **הליכות עולם לו.** השונה הלכות עולם שלו בזכותו: **צליינית.** בעלת תפלה: **ואלמנה שובבית.** בעלת שכינות הולכת ומבקרת שכינותיה תמיד: **הרי אלו מבלי עולם.** שאינן אלא נואפות ומכשפות ומראות עצמן כצדקניות שלא יבדקו אחריהן: **קטן שלא כלו לו חדשיו.** לקמן מפרש: **וקיבול שכר מאלמנה.** שהיתה טורחת עצמה יותר מן הצורך כדי לקבל שכר כדמפרש ואזיל למדנו שיטריח אדם עצמו במצוה לקבל שכר יותר: **בראת צדיקים.** לנחול ג"ע: **בראת רשעים.** לירש גיהנם: **שלא יכשלו בי בני אדם.** להפסיד חלקם על ידי מגן עדן ולירש גיהנם: **כי קאמר.** מבלי עולם: **כגון יוחני בת רטיבי.** אלמנה מכשפה היתה וכשמגיע עת לידת אשה היתה עוצרת רחמה במכשפות ולאחר שמצטערת הרבה היתה אומרת אלך ואבקש רחמים אולי תשמע תפלתי והולכת וסותרת כשפיה והולד יוצא פעם אחת היה לה שכיר יום בביתה והיא הלכה לבית האשה היולדת ושמע השכיר קול הכשפים מתקשקשין בכלי כמו שהולד מקשקש במעי האם ובא ופתח את מגופת הכלי והכשפים יצאו והוולד נולד וידעו כי בעלת כשפים היא: **המבעט ברבותיו.** וקרי ליה קטן שלא כלו לו חדשיו על ידי שימיו מתקצרין כדאמרינן בפרק קמא דחגיגה (דף ה.): **כי רבים חללים הפילה.** באשה זרה משתעי ותלמיד שאינו נוהג עצמו כשורה קרי ליה נמי הכי: **זה תלמיד שלא הגיע כו'.** הפילה לשון נפל שלא כלו לו חדשיו: **ועצומים.** לשון עוצם עיניו (ישעיה לג) שסוגרים פיהם ואינם מורים לצורכי הוראה:

ועד

תוספות

רבי שמואל בר נחמני אמר ה"ז בור. תימה כמאן ס"ל לא כאחרים ולא כר' יהודה דאחרים לא קרו בור *אלא לשנה ולא קרא ור' יהודה אפי' עם הארץ לא משוי ליה דאמר בסוף פרק אלו מציאות (ב"מ דף לג:) דדרש ר' יהודה בר אילעאי שמעו דבר ה' החרדים אל דברו וגו' החרדים אל דברו אלו תלמידי חכמים אחיכם אלו בעלי מקרא שנאיכם אלו בעלי משנה מנדיכם אלו עם הארץ אלמא דבעלי משנה או בעלי מקרא לאו בכלל ע"ה נינהו: **כל שאינו קורא ק"ש שחרית וערבית דברי ר"מ.** תימה לר"י דאמר בפ' הניזקין (גיטין דף סא.) ובפ' ג' שאכלו (ברכות דף מז:) איזהו עם הארץ כל שאינו אוכל חולין בטהרה דברי ר"מ ופירש דהרבה ענייני עם הארץ הן ויש שאין מקבלין ממנו עדות כדאמרינן בפ' אלו עוברין (פסחים דף מט:) ששה דברים נאמרו בעם הארץ אין מקבלין מהן עדות וכו' ובפ' חומר בקודש (חגיגה דף כב.) כמאן מקבלין סהדותא מעם הארץ כר' יוסי ויש כשר לענין עדות ונחשד על הטהרות ועל המעשרות או לענין זימון או לענין שביעית א"נ לענין דברים שאינן נקחין אלא מן המומחה כדאיתא בפ' שני דמסכת ע"ז (דף לט:) בירושלמי אשה פרושה זו היא שיושבת ומלעבת בדברי תורה ותאמר אלי תבא וישכב עמה בלילה הוא א"ר אבהו כביכול היה במחשבה הוא לבדו יודע שלא עלתה על דעתה אלא בשביל להעמיד שבטים הוסיפו עליהם בתולתא ליימנית* ואלמנה שובבית [*מי חגלה נסבת שם ביש] ותינוק שהוא עולה לחדשיו (בתולה ליימנית מלייימה אובדת בתוליה ותינוק שהוא עולה לחדשיו) ר' חלקיה בשם ר' סימון זה שהוא גדול בתורה שלא בפירקו ומבזה את הגדולים ממנו א"ר יוסי זהו שבן תשע ואבריו נראה כבן י"ב והוא בא על אחת מכל העריות האמורות בתורה והן מתות על ידו והוא פטור רבי פירש מליימה אובדת בתוליה מחמת לומות בתוליה נושרות אבל מורי אחי הרב ר"מ פי' עושה חסידה ומתפללת כדגרסינן בגמ' דידן צליינית וכאילו צמה ועושה תעניות שתהא נענת בתפלתה ואינה עושה אלא לגנב את העין שלא יבדקו אחריה ומזנה ואובדת בתוליה:

ועד

תוספות שאנץ

הרי זה בור. בור גרוע מעם הארץ: רטין מגושא לוחש המכשף את לוחשיו ואינו יודע מה הם ומה פירושם אלא כך מעשיהם שמכשפות בא על ידי לחשים: תני תנא אף תנא זה שלא שמש תלמידי חכמים בתלמוד שונה משנתו ואינו יודע מה הוא. ל"ה: איזהו עם הארץ פ"ה שנחשד על הטהרות ועל המעשרות ומוחזק מגעו טמא: כל שאינו קורא ק"ש דהא ודאי לא ידע מידי אבל ידע לקרות וקורא לאו עם הארץ הוא דברי ר' מאיר. וי"מ דהך ברייתא מתניא לענין זימון שאין מזמנין על עם הארץ. עוד מצי למימר דמיתניא לענין דאמרי' פרק ואלו עוברין שעם הארץ פסול לעדות ואין מכריזין על אבדתו אבל ק' מההיא דפ' הנזקין [דף ס"א] דקאמר איזהו עם הארץ כל שאינו אוכל חוליו בטהרה דברי ר' מאיר וחכמים אומרים כל שאינו מעשר פירותיו ולענין מאי מיתניא אי לענין זימון ליתא דאמרי' בפרק שלשה שאכלו דעם הארץ שאינו מעשר פירותיו דהיינו עם הארץ דרבנן. ואי לענין דמאי ליתא דהא מי שחשוד על טהרות אינו חשוד על הדמאי כדמוכח בפ"ק דיבמות ועוד ק' דר"מ אדר' מאיר דהכא קאמר דהוי עם הארץ כל שאינו אוכל חוליו בטהרה ויש לומר דההיא דהתם לענין דההיא אלו עוברין מיתניא. ואור"י דההיא דהניזקין [א] דההיא דנותנין לעם הארץ בנות חברים גדולות ופוסקין להם על מנת שלא תעשה על גביו טהרות ר'ש'ב'ג'א' אין צריך לפסוק שאפי' לא פסק עמו כן הדין שלא תעשה על גביו טהרות אלא בפרישות אחר תינהוג גם כשהיא תחתיו. ואחר כך שונה רשב"ג איזהו עם הארץ כל שאינו אוכל חוליו בטהרה דברי ר' מאיר וחכמים אומרים כל שאינו מעשר פירותיו וה"ק איזהו עם הארץ ששיאנו לו חבר בתו בזה הענין שתנהוג טהרה תחתיו כל שאינו אוכל כו'. וחכמים אומרים אפי' למי שאינו מעשר פירותיו משיאין לו בת חבר: אחרים אומרים אפי' קרא ושנה משמע מהכא דאחרים לא הוי ר' מאיר ואע"ג דבכוליה תלמודא אמרי' מאן אחרים ר' מאיר נ"ל דברוב מקומות הוו אחרים ר' מאיר כדאמרינן מאן יש אומרים ר' נתן ובפ"ק דגיטין גר' [ב] יש אומרים לא היינו ר' מאיר אלא ר' נתן דברוב המקומות יש אומרים היינו ר' נתן: המורים הלכה מתוך משנתם שמבלים עולם בהוראת טעות דכיון דאינם יודעים טעם המשנה מדמים להם דבר שאינו דומה. ויש אומר' משניות הרבה דאמר הא מני פלוני היא ויחידא היא ולית הלכתא כותיה ומורים בטעות ל"ה: בתולה צליינית בעלת תפלות ואלמנה שבבית בעלת שכנית הולכת ומבקרת שכינותיה תמיד שאינן אלא מנאפות ומכשפות ומראות עצמן כצדקניות שלא יבדקו אחריהן ל"ה. כגון יוחני בת רטבי פ"ה אלמנה מכשפנית היתה וכשמגיע עת לדת האשה עוצרת האשה במכשפות ולאחר שמצטערת האשה הרבה היתה אומרת יוחני אלך ואבקש אולי תשמע תפלתי והולכת ופותחת הכלי שהיו הכשפים בתוכו וסותרת הכשפים ואז הולד יוצא. פעם אחת היה לה שכיר יום בביתה והיא הלכה לבית האשה היולדת ושמע השכיר קול הכשפים מקשקש' בתוך הכלי כמו שהולד מקשקש במעי האם ובא השכיר וסתר את מגופת הכלי והכשפים יצאו והולד נולד וידעו כל העולם כי בעלת כשפים היא ל"ה: המבעט ברבותיו וקרי ליה קטן שלא כלו חדשיו על ידי שימיו מתקצרין כדאמ' פ"ק דחגיגה בשוין

[א] נ"ל דההיא דהניזקין מתניא לענין שנותנין לע"ה בנות חברים וכו' והוא בתוספתא דע"ז פ"ג ועי' בתוס' גיטין שם ד"ה איזה. [ב] נ"ל יש אומרים אחר דברי ר' נתן ועי"כ די"א אלו הוא ר"נ אלא דברוב המקומות וכו'.

עין משפט נר מצוה

אלא לקרא ולא שנה כו' מהרש"א

כח א מיי' פ"ה מהלכות ת"ת הלכה ד טוש"ע י"ד סימן רמב סעיף יג:

כט ב מיי' שם טוש"ע שם סעיף יד:

[לפמ"ש תוס' לעיל יב. ד"ה אחרים וע"ש מ"ש על הגליון יתיישב גם הכא]

[מליימה אובדת בתוליה]

כ"ה בירושלמי

מסורת הש"ם

ברכות מז: [ע"ש דזהו דעת ר' אליעזר אבל ר' מאיר ס"ל שם דכל שאינו אוכל חולין בטהרה וכן איתא בגיטין סא. וכן תמצא שאר שינויים ועי' בתוס' ד"ה כל ובתוס' גיטין סא.]

קדושין כ. מ. ע"ש יומא פו: פז. ערכין ל: מ"ק כז:

[מגלה כח: ושם איתא אל תקרי הליכות אלא הלכו']

[ב"מ קז.]

ע"ז יט: [ע"ש]

גליון הש"ם

גמ' דאמר ר' אבהו. נ"ל אבא:

עין משפט נר מצוה

ל א מיי' פ"ג מהל' ת"ת הלכה ה ופ"י מהל' תשובה הלכה ה סמג עשין יב טוש"ע י"ד סימן רמו סעיף כ:
לא ב מיי' פ"ג מהל' סוטה הלכה כ:
לב ג ד ה מיי' שם פ"ד הלכה יד:

ועד כמה [א]עד ארבעין שנין איני [ב]והא *רבה
א אורי [ג]בשוין: ומכות פרושין וכו': ת"ר [ד]שבעה
פרושין הן פרוש שיכמי פרוש נקפי פרוש
קיזאי פרוש מדוכיא פרוש מה חובתי ואעשנה
פרוש מאהבה פרוש מיראה פרוש שיכמי
זה העושה מעשה שכם פרוש נקפי זה
המנקיף את רגליו פרוש קיזאי א"ר נחמן
בר יצחק זה המקיז דם לכתלים פרוש מדוכיא
אמר רבה בר שילא דמשפע כי מדוכיא
פרוש מה חובתי ואעשנה הא מעליותא היא
אלא דאמר מה חובתי תו ואעשנה פרוש
מאהבה פרוש מיראה אמרו ליה אביי ורבא
לתנא [ה]לא תיתני פרוש מאהבה פרוש מיראה
*דאמר רב יהודה אמר רב [ו]לעולם יעסוק
אדם בתורה ובמצות אפי' שלא לשמה שמתוך
שלא לשמה בא לשמה אמר רב נחמן בר
יצחק דמטמרא מטמרא ודמגליא מגליא בי
דינא רבה ליתפרע מהני דחפו גונדי אמר לה
ינאי מלכא לדביתיה אל תתיראי מן הפרושין
ולא ממי שאינן פרושין אלא מן הצבועין
שדומין לפרושין שמעשיהן כמעשה זמרי
ב ומבקשין שכר כפנחס: **מתני'** [ז]*ר"ש אומר
אין זכות תולה במים המרים [ח]ואם אתה
אומר הזכות תולה במים המאררין *מדהה
אתה את המים בפני כל הנשים השותות
ומוציא אתה שם רע על הטהורות ששתו
שאומרים טמאות הן אלא שתלתה להן
זכות [ט]*רבי אומר הזכות תולה במים
המאררים ואינה יולדת ואינה משבחת
[כ]אלא מתנוונה והולכת לסוף היא מתה
באותה מיתה [י]*[ג]נטמאת מנחתה עד שלא
קדשה בכלי הרי היא ככל המנחות ותפדה
[ו]ואם משקדשה בכלי הרי היא ככל
המנחות ותשרף [יא]*[ה]ואלו שמנחותיהן נשרפות
האומרת

ועד כמה. הוי ראוי להוראה: **והא רבה אורי.** וכל שנותיו אינן אלא מ' כדאמרי' בר"ה (דף יח.) רבה ואביי מדבית עלי קאתו כו': **בשוין.** אם שוה לגדול העיר בחכמה מותר להורות או שאין זקן ממנו בעיר: **פרוש שיכמי פרוש נקפי פרוש קיזאי פרוש מדוכיא.** כולהו מפרש להו: **מעשה שכם.** שמלו שלא לשם שמים אף זה מעשיו להנאתו שיכבדוהו בני אדם ולא לשם שמים: **המנקיף רגליו.** מהלך בשפלות עקב בצד גודל ואינו מרים רגליו מן הארץ ומתוך כך מנקף אצבעותיו באבנים: **מקיז דם לכתלים.** עושה עצמו כעוצם עיניו שלא יסתכל בנשים ומתוך כך מכה ראשו בכותל והדם יוצא: **דמשפע.** הולך כפוף: **כי מדוכיא.** בוכנא עשוי כמקבת וראשו כפוף: **פרוש מה חובתי ואעשנה.** למדוני מה עלי לעשות ואעשה: **הא מעליותא היא.** אם אינו בקי באיסורין ודקדוקי מצות ובא ללמוד: **מה חובתי תו ואעשנה.** מה לעשות עוד ולא עשיתי ומראה עצמו כאילו קיים את הכל: **פרוש מאהבה.** מאהבת שכר המצות[(א)] ולא לאהבת מצות הבורא: **מיראה.** של עונשין אלא מה על האדם לעשות מאהבת הש"י כאשר צונו ה' אלהינו וסוף השכר לבא: **דמטמרא מטמרא כו'.** הנסתרות נסתרות מבני אדם והגלויות גלויות ומ"מ לב"ד הגדול כולם גלויות והוא יפרע מן המתכסים בטליתות ומראין עצמן כפרושין ואינן פרושין: **אל תתיראי מן הפרושין.** שהפרושין היו שונאין אותו לפי שהרג מן החכמים הרבה ונהפך להיות צדוקי כדאמר בקידושין (דף סו.) וכשמת היתה אשתו יראה מהן שלא יעבירו המלוכה מבניה והיתה אומרת לו לבקש מלפניהם עליה ואמר לה אל תתיראי מן הפרושין שצדיקים הן ולא יגמלוך רעה ולא לבניך שלא חטאו להם: **ולא ממי שאינן פרושין.** שהם אוהביי: **אלא מן הצבועים.** כלומר שאין מראיתם כתולדותם אלא צבועין מבחוץ ואין תוכן כברם: **שמעשיהם כמעשה זמרי.** שהן רשעים ומבקשים שכר כפנחס ואיכא דמפרש לה לענין צניעותא: **מתני' הרי היא ככל המנחות.** שנטמאו עד שלא קדשה בכלי: **ותפדה.** ותצא לחולין ומהמעות יקנה אחרת: **ותשרף.** שקדשה קדושת הגוף ואינה יוצאה עוד לחולין: וכל

ועד כמה עד ארבעין שנין. פי' משנה שהתחיל ללמוד עד ארבעים שנה ולא משנה שנולד כדאמרינן בפ"ק דמסכת ע"ז (דף ה:) ולא נתן ה' לכם לב לדעת עד היום הזה ש"מ לא קאים איניש אדעתיה דרביה עד ארבעין שנין וזה היה ממתן תורה עד מ' שנה שאז התחילו ללמוד: **בשוין.** רש"י פי' אם שוה לגדול העיר בחכמה מותר להורות קשה לר"י מפרק הרואה (ברכות דף סג.) דאמר אביי באתרא דאית גבר תמן לא תיהוי גבר פשיטא לא צריכא דשוין אלמא היכא דשוין אין לו לקפוץ להוראה להכי מסתברא הכא לפרש והא רבה דאורי והוא לא הגיע להוראה שכל ימיו לא היה אלא מ' שנה בשוין הא דאמר שאין לו להורות עד ארבעין שנין היינו כששוה לגדול העיר בחכמה וגדול העיר הגיע להוראה הלכך כיון שיש שם חכם כמותו הגיע להוראה בשנים והוא לא הגיע לשני הוראה אין לו להורות לפניו אבל אם גדול העיר הוא בחכמה אע"ג שלא הגיע לכלל שנים מורה ורבה גדול העיר בחכמה היה אבל ר"י פי' ההוא דפרק הרואה דמיירי באדם שנכנס לעיר שיש שם חכם מורה תמן לא תהוי גבר אפי' בשוין אבל אם הוא קבוע בעיר כמותו ושוה לו בחכמה מותר לו להורות כמו שפי' רש"י ור"ת פי' התם באתר דאית גבר ממונה משתדל בצרכי ציבור לא תקפוץ לתוך שררות אפי' בשוין ולפי' לא מיירי בהוראה:

פרוש מאהבה פרוש מיראה. בירושל' פרק הרואה עשה מאהבה ועשה מיראה עשה מאהבה שאם באת לשנוא דע שאתה אוהבו ואין אוהב שונא עשה מיראה שאם באת לבעוט דע שאתה ירא ואין ירא מבעט: שבעה פרושין הן פרוש שכמי וכו' פרוש מן הנכייה כו' פרוש שכמי טעון מצותיה על כתפיה פרוש נקפי אקיף לי ואני עבד מצוה פרוש קיזאי עבד חדא חובה וחדא מצוה ומקיז חדא בחדא פרוש מן הנכייה מאי דאית לי אנא מנכה ועבד מצות פרוש אדע חובתי ואעשנה הי דא חובתי עבדית דאעביד מצות דכותה פרוש יראה כאיוב פרוש אהבה כאברהם דכתיב (ישעיה מא) זרע אברהם אוהבי אין לך חביב מכולם אלא פרוש אהבה כאברהם:

לעולם יעסוק אדם בתורה ובמצות אע"פ שלא לשמה. ואי קשיא הא אמרינן בפ"ק דתענית (דף ז.) כל העוסק בתורה שלא לשמה נעשית לו סם המות ובשלהי פרק היה קורא במסכת ברכות (דף יז.) כל העוסק בתורה שלא לשמה נוח לו שלא נברא נראה לתרץ עוסק שלא לשמה כגון מיראת היסורין כי הכא ומאהבת קיבול פרס שאינו מתכוין להשלים רצון יוצרו שאיוהו על כך אלא להנאתו כדאמרינן בפ"ק דמסכת ע"ז (דף יט.) במצותיו חפץ מאד ולא בשכר מצותיו והיינו דתנן (אבות פ"א מ"ג) אל תהיו כעבדים המשמשין את הרב ע"מ לקבל פרס וכי הא דאמר בפ' עגלה ערופה (לקמן מז.) ואיתא בנזיר פרק מי שאמר הריני נזיר (דף כג:) ובפרק בתרא דהוריות (דף י:) לעולם יעסוק אדם וכו' שבשכר מ"ב קרבנות שהקריב בלק זכה ויצאה ממנו רות גם הוא נתכוין להנאתו שהעלה קרבן לשם להשלים חפציו בשכרו ולא לשם שמים וכדאמרי' פ"ק דר"ה (דף ד.) האומר סלע זו לצדקה ע"מ שיחיה בני ה"ז צדיק גמור אבל ההיא שלא לשמה דתענית ומס' ברכות אינו עוסק בתורה כדי לקיים לא מאהבה ולא מיראה אלא להוסיף על חטאתו פשע שעתה שגגות נעשו לו זדונות שאע"פ שידע שעובר לא מנע מכל תאות לבו כדמפרש התם (ברכות יז.) תכלית חכמה תשובה ומעשים טובים שלא יהא אדם קורא ושונה ומשמש תלמידי חכמים ובועט באביו ובאמו וברבו או במי שגדול הימנו שנאמר ראשית חכמה יראת ה' שכל טוב לכל עושיהם ללומדיהם לא נאמר אלא לעושיהם לעושים לשמה*:

אלו שמנחותיהם נשרפות. תימה אמאי לא חשיב נמי מת הוא או שמתה היא דאמרי' בפ"ק (לעיל דף ו:) דנשרפת וליכא למימר דוקא היינו לאחר שקידש הקומץ כדתני' לעיל אבל הכא לא חשיב אלא הנשרפת משקדשה בכלי דה"ה אם משקדשה בכלי דנשרפת ואיידי דקתני סיפא קירב הקומץ דנאכלת נקט רישא קידש הקומץ ורבותא נקט אע"פ דכבר קדוש וקרוב להקרבה טפי מקידשה בכלי אפ"ה נשרפת: *

ושבעלה בא עליה בדרך. תימה לר"י אמאי נשרפת כיון דבדרך בא עליה היינו קודם שתקדוש וכיון דאין המים בודקין אותה כדאמר *ונקה האיש מעון בזמן שהאיש מנוקה מעון וכו' תיגלי מילתא למפרע דכי קדוש בטעות קדוש כדאמרינן גבי ושבאו לה עדים שהיא טמאה דהואיל ולא לבדוק עומדת ולא ראויה למנחה לא היתה ראויה לכלי ואין כלי שרת מקדשין אלא בראוי להן ונראה דדוקא לגבי שבאו לה עדים שייך למימר הכי משום דמנחה לברר עון וכשיש שם עדים הרי העון מבורר וא"צ בירור אבל הכא שבא עליה בדרך שצריך לברר אע"ג דאין המים בודקין כי קדוש מעיקרא שפיר קדוש מאחר שלא נתברר העון ולא הוי אלא כמו שנשאו ונתנו בה מוזרות בלבנה קודם לכן דאין המים בודקין ואפ"ה מנחה שפיר קדוש והאי דלא חשיב במתני' מנחת ארוסה ושומרת יבם אלמנה לכ"ג מפני שידוע פסול שלהן שאינן נבדקות ואין מביאין אותם לשתות:

האומרת

א) ולפי' הוי גריעותא כיון דאין מקבלין עליהן עול מלכות שמים מאהבה ועל ידי יסורין באין עליהן. לעולם יעסוק אדם בתורה שלא לשמה פי' כדפי' בפ' מקום שנהגו: א"ל ינאי מלכא לדביתהו אל תתיראי מן הפרושין פ"ה שהיתה אשתו יראה מן הפרושין ג) שלא יגמלו עליך רעה ולא לבנך שלא חטאו להם ולא ממי שאינן פרושין לפי שהן אוהבי אלא מן הצבועין כלומר שאין מראיתם כתולדותם אלא צבועין מבחוץ ואית דפרשי לענין צניעותא

א) אולי צ"ל ויל"ל דמ"מ הוי גריעותא. ב) וא"ל אל תתיראי מהם שלא יגמלוך רעה.

תוספות שאנץ

בשוין אם שוה לגדול שבעיר בחכמה מותר לו להורות אע"ג דאינו בר מ' שנה או שאין בעיר זקן הימנו ל"ה. מעשה שכם שמלו שלא לשום שמים אף זה עושה מעשיו להנאתו כדי שיכבדוהו בני אדם ולא לשום שמים ל"ה: המנקף את רגליו מהלך בשפלות עקב בצד גודל ואינו מניף רגליו מן הארץ ומתוך כך מנקף אצבעותיו באבנים. דמשפע כי מדוכיא בוכנא שהיא עשויה כמקבת וראשו כפוף: פרוש מה חובתי ואעשנה. למדיני מה לעשות ואעשה. פרוש מאהבה פרוש מיראה וקשה דמשמע דלא הוי למעליותא. ולקמן בס"פ כשם משמע דהוי מעליותא דאמר הנהו תרי תלמידי דהוי יתבי קמיה דרבא חד אמר אקריון בחלמי וישמחו בך אוהבי שמך וחד אמר אקריון בחלמי מה רב טובך אשר צפנת ליראיך. אמר להו רבא תרוייכו רבנן אתן אלא מר מאהבה ומר מיראה אלמא משמע דמעליותא הוא. וצ"ל דתרי עניני מאהבה ומיראה הוי והכא ה"פ פרוש מאהבת שכר שמתחרט אם לא תתמלא תאותו ופרוש מיראה כאדם שירא מרבו ודואג לכבודו שלא יקפיד עליו אבל פרוש מאהבת יוצרו כאשר צוהו ה' אלהיו וסוף השכר לבא וכן מיראת יוצרו הוי מעליותא ביותר עוד יש פרוש מאהבה ומיראה דהוי מעליא כגון נותן צדקה בשביל שיחיו בניו ובנותיו ואינו מתחרט כשלא באו תאותו והיינו פרוש מאהבה ופרוש מיראת עונשין שלא יהיו בניו ובנותיו וג"כ הוי מעליותא כיון שאינו מתחרט ופירושא דהכא מאהבה ומיראה מיירי כשמתחרטין אם לא תמלא תאותן דהשתא הוי תרתי גוונא דמאהבה ומיראה למעליותא זה למעלה מזה כדפי' והשלישי דהכא אינו טוב אבל מכל מקום יעסוק כו'. והא דאמר בירושלמי פירושא פרוש מאהבה כאברהם פרוש מיראה כאיוב צ"ל דחולק על תלמוד שלנו אך ק' מהא דאמר בפ' החולץ מפני מה גרים מעונים בזמן הזה ר' יוסי אומר לפי שאינן עושין מאהבת המקום אלא מיראת עונשין ולא היו חוששין לעשות אם לא (דוראגים) [דואגים] מן העונשין כי ביותר קשה להם להכנס בעול המצות

מסורת הש"ס

[בע"ז יט: איתא רבא ע"ש פרש"י]

סנהדרין קה: פסחים נ: ערכין טז. לקמן מז. הוריות יוד: נזיר כג:

לעיל ו. כ:

פי' מחשיך גוונו

[לעיל ו.]

שם:

[לעיל ו.]

[ועי' תוספות ברכות יז. ד"ה העוסק וכו' ומה שכ"ש בנידון]

[שייך לדף שאח"ז]

[לקמן כח.]

הגהות הב"ח

(א) רש"י ד"ה פרוש וכו' שכר המצות. נ"ב עיין פ"ש כסס דף לא:

גליון הש"ס

גמ' ת"ר שבעה פרושים הן. עיין בירושלמי פ"ט דברכות עלה דמתני' חייב אדם לברך על הרעה:

וְעַד כַּמָּה הוא קרוי שאינו ראוי להוראה — עַד שלמד אַרְבְּעִין שְׁנִין [שנה]. ושואלים: אִינִי [וכי כך הוא]? וְהָא [והרי] רַבָּה אוֹרֵי [הורה] וכל ימיו לא היו אלא ארבעים שנה! ומשיבים: מדובר פה בְּשָׁוִין, שאם הגיע לדרגת ידיעה שווה לזו של החכם בעיר — רשאי להורות אפילו בפחות מארבעים.

א שנינו במשנה: וּמַכּוֹת פְּרוּשִׁין הם מבלי עולם. תָּנוּ רַבָּנַן [שנו חכמים]: שִׁבְעָה פְּרוּשִׁין הֵן שאינם פרושים אמיתיים אלא ממבלי עולם: פָּרוּשׁ שִׁיכְמִי, פָּרוּשׁ נִקְפִּי, פָּרוּשׁ קִיזָאִי, פָּרוּשׁ מְדוּכְיָא, פָּרוּשׁ "מֶה חוֹבָתִי וְאֶעֱשֶׂנָּה", פָּרוּשׁ מֵאַהֲבָה, פָּרוּשׁ מִיִּרְאָה. ומסבירים: פָּרוּשׁ שִׁיכְמִי — זֶה הָעוֹשֶׂה כְּמַעֲשֵׂה אנשי העיר שְׁכֶם, שכשם שהם נימולו שלא לשם שמים — כך הוא נוהג בפרישות מעשיו שלא לשם שמים. פָּרוּשׁ נִקְפִּי — זֶה הַמְנַקֵּיף (חובל) אֶת רַגְלָיו, מפני שגורר אותן כדי להיראות צנוע ועניו. פָּרוּשׁ קִיזָאִי — אָמַר רַב נַחְמָן בַּר יִצְחָק: זֶה הַמַּקִּיז דָּם לַכְּתָלִים מתוך שעוצם עיניו, לכאורה מתוך פרישות וצניעות, ומתוך כך מכה ראשו בכותל, וזב ממנו דם. פָּרוּשׁ מְדוּכְיָא — אָמַר רַבָּה בַּר שֵׁילָא: דִּמְשַׁפַּע כִּי מְדוּכְיָא [שהולך כפוף כמו בוכנה של עֱלִי]. שנינו בברייתא: פָּרוּשׁ "מֶה חוֹבָתִי וְאֶעֱשֶׂנָּה". ושואלים: הָא מַעַלְיוּתָא [זו מעלה] הִיא אם שואל אדם ורוצה לברר מה חובתו! אֶלָּא הכוונה היא שאָמַר "מֶה חוֹבָתִי תּוּ [עוד] וְאֶעֱשֶׂנָּה", כלומר, שמתוך דבריו אנשים מבינים שהוא מושלם בכל דבר, ומחפש דברים שלא קיים עדיין. ועוד שנינו בברייתא פָּרוּשׁ מֵאַהֲבָה פָּרוּשׁ מִיִּרְאָה שעושים מאהבת שכר המצוות או מיראת עונש העבירות. אָמְרוּ לֵיהּ [לו] אַבַּיֵי וְרָבָא לְתַנָּא (לחוזר המשניות): לֹא תִּיתְנֵי [תשנה] בברייתא פָּרוּשׁ מֵאַהֲבָה פָּרוּשׁ מִיִּרְאָה, למרות שאינם עושים לשם שמים ממש, שהרי אָמַר רַב יְהוּדָה אָמַר רַב: לְעוֹלָם יַעֲסוֹק אָדָם בַּתּוֹרָה וּבַמִּצְוֹת אֲפִילּוּ שֶׁלֹּא לִשְׁמָהּ, אלא אף מתוך מניעים אחרים, שֶׁמִּתּוֹךְ שֶׁעוסק בהן לֹא לִשְׁמָהּ בָּא לבסוף לעשותן לִשְׁמָהּ. אָמַר רַב נַחְמָן בַּר יִצְחָק: דִּמְטַמְּרָא מְטַמְּרָא וּדְמִגַּלְיָא מִגַּלְיָא [הנסתר נסתר והגלוי גלוי], בֵּי דִּינָא רַבָּה לִיתְפָּרַע מֵהָנֵי דְּחָפוּ גּוּנְדֵי [בית הדין הגדול, שבשמים, ייפרע מאלה שלובשים גלימות של פרושים] ואינם ראויים לכך. ובאותו נושא, בו אנו עוסקים באנשים המראים עצמם כחסידים וצדיקים, מספרים: אָמַר לָהּ יַנַּאי מַלְכָּא [המלך] לִדְבֵיתֵהּ [לאשתו] לפני מיתתו: אַל תִּתְיָרְאִי מִן הַפְּרוּשִׁין, וְלֹא מִמִּי שֶׁאֵינָן פְּרוּשִׁין (הצדוקים), אֶלָּא מִן הַצְּבוּעִין שֶׁדּוֹמִין לִפְרוּשִׁין, שֶׁמַּעֲשֵׂיהֶן כְּמַעֲשֵׂה זִמְרִי בעבירה וּמְבַקְּשִׁין שָׂכָר כְּפִנְחָס שקינא לה'.

ב משנה ר' שִׁמְעוֹן אוֹמֵר: אֵין זְכוּת תּוֹלָה בַּמַּיִם הַמָּרִים. וְאִם אַתָּה אוֹמֵר הַזְּכוּת תּוֹלָה בַּמַּיִם הַמְאָרְרִין כדברי חכמים במשנה הקודמת — מַדְהֶה [מחשיך, מפחית] אַתָּה בכך אֶת כוח הַמַּיִם המרים בִּפְנֵי כָּל הַנָּשִׁים הַשּׁוֹתוֹת שתסמוכנה על זכותן, ולא יודו שנטמאו. ומצד אחר מוֹצִיא אַתָּה שֵׁם רַע עַל הַטְּהוֹרוֹת שֶׁשָּׁתוּ, שֶׁאוֹמְרִים הבריות: טְמֵאוֹת הֵן, אֶלָּא שֶׁתָּלְתָה לָהֶן זְכוּת. ואילו רַבִּי אוֹמֵר: הַזְּכוּת תּוֹלָה בַּמַּיִם הַמְאָרְרִים, שאם יש זכות לאשה שחטאה אינה מתה מיד, ואולם אֵינָהּ יוֹלֶדֶת וְאֵינָהּ מַשְׁבַּחַת (נעשית בריאה ויפה יותר), אֶלָּא מִתְנַוְּונָה [מתנוונת, נעשית חולה] וְהוֹלֶכֶת, לְסוֹף הִיא מֵתָה בְּאוֹתָהּ מִיתָה האמורה בסוטה. אם נִטְמֵאת מִנְחָתָהּ של הסוטה עַד (לפני) שלֹּא קָדְשָׁהּ המנחה בַּכְּלִי — הֲרֵי הִיא כְּכָל הַמְּנָחוֹת שבמקדש שאירע בהן דבר כזה, וְתִפָּדֶה ותצא לחולין. וְאִם מִשֶּׁקָּדְשָׁה בַּכְּלִי נטמאה — הֲרֵי הִיא כְּכָל הַמְּנָחוֹת, וְתִשָּׂרֵף. וְאֵלּוּ הסוטות שֶׁמִּנְחוֹתֵיהֶן נִשְׂרָפוֹת אם קדשו כבר בכלי:

מסורת הש"ס

א. ראה אבות פ"ה מכ"א. שמו"ר פ"א ל. וראה ע"ז ה,ב.
ב. ראה ר"ה יח,א. מו"ק כח,א.
ג. ראה ברכות סג,א.
ד. ירושלמי ברכות פ"ט ה"ה. שם סוטה פ"ה ה"ה. אדר"נ פל"ז.
ה. (הביטוי) סוטה מט,ב. תמורה ג,ב.
ו. פסחים נ,ב. נזיר כג,ב. סוטה מז,א. סנהדרין קה,ב. הוריות י,ב. ערכין טז,ב. ירושלמי חגיגה פ"א ה"ז. כלה רבתי פ"ח. איכ"ר פתיחתא ב.
ז. סוטה ו,א. כ,ב. ספרי במדבר ה, טו. שם, כח. במדב"ר פ"ט לא. תנחומא נשא א. תנחומא בובר נשא ב. ילק"ש תורה תשד. שם תשז.
ח. סוטה ו,א. ספרי במדבר ה, טו. במדב"ר שם. תנחומא שם. תנחומא בובר שם. ילק"ש שם.
ט. סוטה שם. ספרי שם. במדב"ר שם. ילק"ש תורה תשז. (בשינוי שם): תנחומא שם. תנחומא בובר שם. ילק"ש תורה תשד.
י. סוטה ו,ב ובמסומן שם.
יא. סוטה ו,א ובמסומן שם.

גרסות

בשוין ויש בכת"י וכעין זה במקורות: **שאני רבה דלא הוה כוותיה.**

אפילו שלא לשמה יש בכת"י כבמקבילה: **אפילו שלא לשמן.**

לדביתיה יש בכת"י: **לדביתהו.**

מן הפרושין יש בכת"י: **לא מן הפרושין.**

מדהה ויש בכת"י: **מדחה.**

שאומרים יש בכת"י: **ויאמרו.**

טמאות הן יש בכת"י רבים: **טמאות היו.**

לשון

גונדי

מקור המלה הוא כנראה בשרש הפרסי gund = לבוש. ומשמעו — מעיל, עטיפה מהודרת.

מדהה

מדהה משמעו — עושה דבר דהוי, שלא יהא צבעו חזק ובולט. ומכאן בהשאלה לענין המים המרים שעוצמתם נחלשת על ידי כך. השורש קרוב במשמעו ל"דחה", שלעתים משמש אף הוא במובן דומה — דבר שאינו נמצא כמות שהוא אלא נדחה ממקומו או ממצבו הקודם.

החיים

אמר לה ינאי מלכא וכו'

יוסיפוס (בספר יג של קדמוניות) מספר את עיקרם של הדברים בסגנון שונה, שצוואתו של ינאי המלך לאשתו הכילה בעיקרה עצה לקבל את מרותם של הפרושים בכל דבר (כפי שאכן עשתה במשך כל שנות שלטונה). הדברים המסופרים בגמרא הם כנראה דברים שהוסיף על עיקר דבריו לה, שאין לה להתירא מן הפרושים (למרות שהיו אוייביו המרים במשך רוב ימי שלטונו) אלא מן הצבועים שמשתמשים בכתרה של תורה לקידום מטרותיהם האישיות.

עיונים

עד ארבעין שנין בתוס' (ד"ה ועד) מסבירים כי הכוונה היא ארבעים שנה לאחר שהחל ללמוד. והמהרש"א כתב שהכוונה היא לגיל ארבעים, כאמור "בן ארבעים לבינה" (אבות פ"ד מכ"א). וראה בריעב"ץ. וכן נראה מדברי הגאונים שאף הם פירשו כן, לפי שנשאלו האם ראוי למי שהוא פחות מארבעים להורות, והביאו ראיה מר' אלעזר בן עזריה שהיה נשיא הסנהדרין בהיותו בן שמונה עשרה, וכן מרבה שהורה בודאי לפני הגיעו לארבעים. וראה בכ"מ שרוצה לפרש את המימרא הזו בדרך אחרת, שאין המדובר כאן במי שלא הגיע להוראה, אלא להיפך — מה הוא הגבול שבו יכול אדם לומר שעדיין לא הגיע לידי כך ולא ייחשב כמי שהגיע להוראה ואינו מורה.

שבעה פרושין הן ויש נוסחות האומרות במפורט ששבעה אלה הם מבלי עולם, כלומר שהם בגדר "מכות פרושים" שבמשנה. אבל בסוגיה המקבילה בתלמוד הירושלמי (במסכת ברכות) נראה שלא סברו שכל אלה הם מבלי עולם, אלא נמנו כאן יחד הפסולים והכשרים.

פרוש שיכמי רוב המפרשים מסבירים שעשה כמעשה שכם שמל עצמו שלא לשם שמים אלא לשם הנאתו (וראה גם במאירי). ושאלו: במה גרוע פרוש זה מכל אדם העושה שלא לשמה (שלהלן יש חכמים הסבורים שאינו פסול לגמרי)? ותירץ המהרש"א שכיון שכבר עבר שכם עבירה קודם לכן, ורוצה כביכול לכפר עליה על ידי מעשה שלא לשם שמים הרי זה מגונה ביותר. ובבן יהוידע כתב לחלק באופן אחר קצת, שכל העושה מצוה שהוא מחוייב בה, גם אם עשה אותה שלא לשמה לגמרי יש בו צד טוב. אבל המקבל על עצמו דבר שאינו מחוייב בו (כשכם שלא היה חייב להימול), וכיוצא בו המקבל על עצמו מנהגי חסידות שאינם חובה, שלא לשמה — הריהו מגונה. אכן, בתלמוד הירושלמי הסבירו כי פרוש שיכמי הוא הנושא מצוותיו על שכמו, שמראה לרבים כיצד הוא נושא על כתפיו דברים לצורך מצוה, ואינו עושה כן אלא להתייהר.

פרוש נקפי יש שפירש שהוא מנקף את רגליו, שאומר שטורח הרבה ללכת לקיים מצוות במרחקים (רבינו נסים גאון). ויש שפירש שהוא ההולך עקב בצד גודל ונושא פניו למעלה כאילו מתוך יראת שמים (מאירי) ומתוך כך נוקף את רגליו. ובתלמוד הירושלמי פירשו שהוא המקיף = לווה על חשבון המצוות שעושה.

פרוש קיזאי רבינו נסים מפרש שהוא הולך בצד הכתלים ונפגע מהם, משום שאינו רוצה לנגוע בבני אדם כיון שחושב שכולם טמאים לעומתו. ובתלמוד הירושלמי הסבירו פרוש קיזאי — שמקזז את המצוות שעשה על ידי עבירות שעושה כנגדן.

דמשפע כי מדוכיא יש מפרשים שמשפיל פניו ביותר ודך את העפר, כאילו מפני יראת חטא (רבינו נסים). ויש שפירשו — שעוטף עצמו בבגדים שלא יטמאוהו אחרים. או שמתעטף תמיד בטלית גדולה הפרושה עליו כעין מכתש הפוך להתייהר בה (ערוך).

מה חובתי וכו' בתלמוד הירושלמי פירשו שהוא אומר: מה חובתי = חטאתי שחטאתי, שאני צריך לעשות מצוה כנגדה.

פרוש מאהבה וכו' רש"י פירש שהוא עושה מאהבת שכר המצוות או מיראת עונשן של העבירות. ורבינו נסים ואחרים פירשו שעושה כן מפני אהבת אדם או יראתו. אכן, בתלמוד הירושלמי נראה שפירשו שני אלה לשבח, שאמרו: פרוש מיראה — כאיוב, פרוש מאהבה — כאברהם, ואמרו שאין גדול בכולם אלא פרוש אהבה כאברהם. וראה בתו"ש.

יעסוק אפילו שלא לשמה ראה בתוס' (ד"ה לעולם) שדנו במקצת הבעיות המתעוררות אגב מאמר זה, שכן ממקורות אחדים עולה שעושה שלא לשמה נוח לו שלא יעשה כלל, והוא גרוע ביותר. וראה שם שמחלקים בין דרגות וסוגים שונים של "שלא לשמה" (וראה באריכות ביסוד העבודה, סלונים). והרמב"ם בפירוש המשניות מסביר שעשיה שלא לשמה היא בעצם דרך חינוכית קבועה, לפי שהקטנים עושים דברים טובים רק מאהבת שכר פעוט, וככל שהם גדלים מתכוונים לשכר נעלה יותר, עד שמגיעים לבסוף להבנה שאין לעבוד את ה' אלא לשמו בלבד.

דמטמרא מטמרא ראה במאירי. ונראה שעניינו שבעולם הזה, כיון שאין אנו יכולים לראות לליבו של אדם חייבים לנהוג כפי הנגלה לעין, ודברים הסתומים והנסתרים אינם ברשותנו לשפוט. אבל בית הדין של מעלה הוא המבחן בכל אלה. ובעיון יעקב מסביר כי פעמים שמקצת הדברים הנסתרים מתגלים ליחידים, ואז מצוה עליהם לפרסם את הדבר, מפני חילול ה' כדי שלא להכשיל אחרים בבני אדם חנפים. ובבן יהוידע אומר כי הדבר מתייחס למקצת מן הפרושים שנמנו, שיש מהם שמעשיהם גלויים לרבים שהם עושים הכל רק על מנת שייראום, ויש כאלה שאין לדעת מה טמון בליבם.

דחפו גונדי בערוך מפרש שגונדי הם בגדים שחורים. וכתב המהרש"א שאולי הכונה לאלה שהיו לובשים בגדים שחורים ומראים את עצמם כאבלי ציון.

שמעשיהן כמעשה זימרי וכו' המהרש"א תמה על הדימוי, שהרי לכאורה זימרי עשה עבירה בגלוי! והסביר שלא נקטו בדוגמה זו אלא כמשל למי שעושה עבירה כזימרי ומבקש שכר כפנחס על אותו דבר עצמו שעובר בו. ויש שפירש אף זימרי מתחילה טען לפני משה שהוא עושה דבר המותר, וכך צבועים אלה מוצאים טענות להצדיק את מעשיהם הרעים (בן יהוידע). ועוד כתבו שעיקר ההדגשה היא על "מבקשים שכר כפנחס" שהכוונה היא לאלה המראים עצמם כאילו הם מקנאים קנאת ה' כפנחס, בעוד שאין כוונתם כלל לשם שמים אלא על מנת לקבל שכר לעצמם ולבניהם אחריהם על סמך הפגנה של קנאות. וכתבו שדבר זה משתלב היטב עם עצתו של המלך ינאי שאמר לאשתו שלא תתירא מיראת השמים האמיתית של הפרושים אלא מן הקנאות של הצבועים (עיון יעקב, בן יהוידע).

הרי היא ככל המנחות יש לשאול: לשם מה הוצרך להוסיף שהיא ככל המנחות? די היה שיאמר מה דינה של מנחה זו! ויש שתירץ כי מחלוקת היא במסכת מנחות (ק, ב) האם יש פדיון למנחות טהורות, ושם חילקו בין מנחת חוטא למנחות אחרות, ולכן נאמר כאן שמנחת סוטה היא ככל המנחות ואינה בגדר מנחת חוטא. או שבא הדבר להוציא מדברי התוספתא הסבורה שאין מנחה זו נשרפת מיד אלא תעובר צורתה קודם (מנחה חרבה).

אורח ההלכה

לעולם יעסוק אדם וכו' אף שבודאי ראוי לאדם לעסוק בתורה ובמצוות מפני אהבת המקום ויראתו, בכל זאת מוטב שיעסוק אדם בתורה ובמצוות שלא לשמן, שמתוך שלא לשמה מגיע לשמה. (רמב"ם ספר מדע הלכות תלמוד תורה פ"ג ה"ה. שם הלכות תשובה פ"י ה"ה. שו"ע יו"ד רמו, כ).

הזכות תולה וכו' אם היתה לאשה זכות תורה הרי היא תולה לה במים המרים, ואינה מתה מיד אבל היא נעשית חולה ומתנוונת והולכת עד שלבסוף היא מתה במיתה האמורה בסוטה. וכדברי רבי. (רמב"ם ספר נשים הלכות סוטה פ"ג ה"כ).

נטמאת מנחתה נטמאה מנחת הסוטה, אם נטמאה קודם שקדשה בכלי שרת — פודים אותה, ומביא מנחה אחרת. ואם נטמאה לאחר שקדשה בכלי — הרי זו תשרף. כמשנה. (רמב"ם שם פ"ד הי"ח).

אלו שמנחותיהן נשרפות אם אמרה האשה "טמאה אני" קודם שנקמצה המנחה, או שאמרה האשה "איני שותה", או שלא רצה בעלה להשקותה, או שבאו לה עדי טומאה, או שמת האיש או שמתה האשה — הרי המנחה כולה נשרפת. ואם אירע אחד מכל הדברים הללו אחר שקרב הקומץ — שייריה נאכלין. (רמב"ם שם).

מסורת הש״ס

א. (רשימה מקבילה) סוטה ו,א. כד,א.
ב. חולין קלא,ב.
ג. ירושלמי נזיר פ״ד ה״ו. וראה תוספתא סוטה פ״ב ט.
ד. נזיר כד,ב. כח,ב. תוספתא נזיר פ״ג יז. שם עדויות פ״ב ב. ספרי זוטא ו, ב. במדב״ר פ״י ז. וראה ספרי במדבר ו, ב.
ה. נזיר ל,א.
ו. תוספתא סוטה שם ז.
ז. מכילתא כא, ז.
ח. סוטה ח,א. סנהדרין מד,ב. ירושלמי סוטה פ״א ה״ה. תוספתא סנהדרין פ״ט ה״ו. ספרי דברים כא, כג.
ט. סנהדרין מה,ב. ספרי שם.
י. תוספתא סוטה פ״ב ט.
יא. ירושלמי סוטה פ״ב ה״א. פ״ג ה״ו. תוספתא סוטה פ״ב ו.
יב. תוספתא שם. וראה מנחות עב,ב.
יג. יומא מז,ב. יבמות ק,א. זבחים עו,ב.
יד. שם. וגם מנחות נז,ב. קו,ב. תו״כ ב, ו.
טו. יומא שם. יבמות שם. זבחים שם. מנחות קו,ב.
טז. שם.
יז. ירושלמי סוטה פ״ג ה״ו.
יח. יבמות שם. מנחות עד,א. ירושלמי שם. תוספתא סוטה שם. שם מנחות פ״ח ד.

גרסות

טמאה אני לך יש בכת״י: **טמאה אני.**
מטמאה... מטמא יש בכת״י: **מיטמאה... מיטמא.**
מדרת בנה יש בכת״י: **מדרת את בנה.**
לכהונה יש בכת״י: **לכהנים.**
בעצמו... בעצמן יש בכת״י: **לעצמו... לעצמן** ויש: **בפני עצמו... בפני עצמן.**
כל שהוא ממנו בכת״י יש כבמקבילות: **כל שממנו.**

הַמודה ואוֹמֶרֶת "טְמֵאָה אֲנִי לְךָ", וְשֶׁבָּאוּ לָהּ עֵדִים שֶׁהִיא טְמֵאָה, וְהָאוֹמֶרֶת "אֵינִי שׁוֹתָה" אף שאינה מודה שנטמאה, וְשֶׁבַּעְלָהּ אֵינוֹ רוֹצֶה לְהַשְׁקוֹתָהּ אחר שהביא אותה למקדש וקדשה המנחה בכלי, וְשֶׁבַּעְלָהּ בָּא עָלֶיהָ בַּדֶּרֶךְ לבית המקדש כדי להשקותה, וְכָל הַנְּשׂוּאוֹת לְכֹהֲנִים — מִנְחוֹתֵיהֶן נִשְׂרָפוֹת כמנחות כהנים. בַּת יִשְׂרָאֵל שֶׁנִּשֵּׂאת לְכֹהֵן — מִנְחָתָהּ נִשְׂרֶפֶת, וְכֹהֶנֶת (בת כהן) שֶׁנִּשֵּׂאת לְיִשְׂרָאֵל — מִנְחָתָהּ נֶאֱכֶלֶת.

מַה בֵּין כֹּהֵן לְכֹהֶנֶת (בת כהן) בכלל? — מִנְחַת כֹּהֶנֶת נֶאֱכֶלֶת לכהנים וּמִנְחַת כֹּהֵן אֵינָהּ נֶאֱכֶלֶת. כֹּהֶנֶת מִתְחַלֶּלֶת על ידי ביאה אסורה ונאסרת להינשא לכהן ולאכול בתרומה, וְכֹהֵן אֵין מִתְחַלֵּל למרות שבא על אשה האסורה לו. כֹּהֶנֶת מִטַּמְּאָה לַמֵּתִים, שאין עליה איסור להיטמא, וְאֵין כֹּהֵן מִטַּמֵּא לַמֵּתִים אלא לקרובים המותרים לו. כֹּהֵן אוֹכֵל בְּקָדְשֵׁי קָדָשִׁים (כגון חטאות ואשמות) וְאֵין כֹּהֶנֶת אוֹכֶלֶת בְּקָדְשֵׁי קָדָשִׁים. ועוד מַה בֵּין אִישׁ לְאִשָּׁה בדינים שונים: הָאִישׁ פּוֹרֵעַ את ראשו וּפוֹרֵם את בגדיו כשהוא מצורע, וְאֵין הָאִשָּׁה פּוֹרַעַת וּפוֹרֶמֶת. הָאִישׁ מַדִּיר אֶת בְּנוֹ בְּנָזִיר, שיכול לנדור שיהא בנו הקטן נזיר, והבן חייב לקיים זאת אפילו כשיגדל, וְאֵין הָאִשָּׁה מַדֶּרֶת את בְּנָהּ בְּנָזִיר. הָאִישׁ מְגַלֵּחַ עַל נְזִירוּת אָבִיו שאם נדר אביו נדר נזירות, והפריש כבר קרבנות כדי להקריב בסוף נזירותו ומת, יכול הבן להשתמש בקרבנות אלה כאשר גם הוא נזיר, וְאֵין הָאִשָּׁה מְגַלַּחַת עַל נְזִירוּת אָבִיהָ. הָאִישׁ מְקַדֵּשׁ אֶת בִּתּוֹ לאדם אחר כשהיא קטנה וקידושיה קידושין גמורים, וְאֵין הָאִשָּׁה מְקַדֶּשֶׁת אֶת בִּתָּהּ אפילו כשהיא קטנה. הָאִישׁ מוֹכֵר אֶת בִּתּוֹ הקטנה לאמה, וְאֵין הָאִשָּׁה מוֹכֶרֶת אֶת בִּתָּהּ. הָאִישׁ שנידון לסקילה נִסְקָל עָרוֹם, וְאֵין הָאִשָּׁה נִסְקֶלֶת עֲרוּמָּה. הָאִישׁ נִתְלֶה לאחר שנסקל על עבירות מסויימות, וְאֵין הָאִשָּׁה נִתְלֵית כלל. הָאִישׁ נִמְכָּר בִּגְנֵבָתוֹ על מנת לשלם את חובו, וְאֵין הָאִשָּׁה נִמְכֶּרֶת בִּגְנֵיבָתָהּ.

א גמרא תָּנוּ רַבָּנַן [שנו חכמים]: כָּל הנשים הַנְּשׂוּאוֹת לִכְהוּנָּה מִנְחוֹתֵיהֶן נִשְׂרָפוֹת. כֵּיצַד? היתה כֹּהֶנֶת או לְוִיָּה או יִשְׂרְאֵלִית שֶׁנִּשֵּׂאת לְכֹהֵן — אֵין מִנְחָתָהּ נֶאֱכֶלֶת, מדוע מִפְּנֵי שֶׁיֵּשׁ לוֹ לבעלה הכהן חֵלֶק בָּהּ במנחה, ודינה איפוא כמנחת כהן שאינה נאכלת. אך גם אֵינָהּ עוֹלָה כָּלִיל לגמרי כמנחת כהן שאינה נקמצת כלל — מִפְּנֵי שֶׁיֵּשׁ גם לָהּ לאשה חֵלֶק בָּהּ. אֶלָּא כיצד עושים — קומצים ממנה, הַקּוֹמֶץ קָרֵב בְּעַצְמוֹ, וְהַשִּׁירַיִם קְרֵיבִין גם הם על המזבח אך בפני עַצְמָן. ושואלים: הרי אִיקְרֵי [קרא] כָּאן את ההלכה: כָּל דבר שֶׁהוּא חייב להקריב חלק מִמֶּנּוּ לָאִשִּׁים (על המזבח) — הֲרֵי הוּא בְּ"בַל תַּקְטִירוּ" על השאר! ("לא תקטירו". ויקרא ב, יא), שקרבן שחייבה התורה להעלות רק חלק ממנו (קומץ, אימורים) יש איסור מיוחד שלא להקטיר ממנו כל חלק אחר. ואם כן, כיצד ניתן להקטיר את השיריים על המזבח! אָמַר יְהוּדָה בְּרֵיהּ [בנו] של ר׳ שִׁמְעוֹן בֶּן פָּזִי: דְּמַסִּיק לְהוּ [שמעלה אותם] את השיריים לְשׁוּם (לשם) עֵצִים, שאינו מעלה אותם כקרבן לעצמו, אלא כחומר הסקה בלבד למזבח, וכְדעת ר׳ אֱלִיעֶזֶר. דְּתַנְיָא [שכן שנינו בברייתא], ר׳ אֱלִיעֶזֶר אוֹמֵר: לְרֵיחַ נִיחוֹחַ אִי [אין] אַתָּה מַעֲלֶה חלקי קרבן שאסורים להיקרב, אֲבָל אַתָּה מַעֲלֵיהוּ [מעלה אותם] לְשׁוּם (לשם) עֵצִים. ושואלים: הָנִיחָא [זה נוח] לְדעת ר׳ אֱלִיעֶזֶר דְּאִית לֵיהּ הַאי סְבָרָא [שיש לו, שהוא מקבל סברה זו] שאפשר להעלות חלקי קרבן כאלה למזבח לשם עצים, אֶלָּא לְרַבָּנַן דְּלֵית לְהוּ הַאי סְבָרָא, מַאי אִיכָּא לְמֵימַר [לחכמים שאין להם, שאינם מקבלים סברה זו, מה יש לומר]? ומשיבים: דְּעָבְדֵי לְהוּ [שעושים להם] כְּדעת ר׳ אֶלְעָזָר בְּר׳ שִׁמְעוֹן. דְּתַנְיָא [שכן שנינו בברייתא], ר׳ אֶלְעָזָר בְּר׳ שִׁמְעוֹן אוֹמֵר לגבי מנחת חוטא של כהנים שנקמצת: הַקּוֹמֶץ קָרֵב בְּעַצְמוֹ כקומץ של כל מנחה, וְהַשִּׁירַיִם אינם נאכלים ואינם קרבים על גבי המזבח אלא מִתְפַּזְּרִים עַל בֵּית הַדֶּשֶׁן שלמטה מן המזבח.

עיונים

האומרת טמאה אני וכו׳ ראה בתוס׳ (ד״ה האומרת) שהביאו דברי התלמוד הירושלמי ששאל: הרי אם אומרת שטמאה היא יהא דינה כחטאת שמתו בעליה, שהרי בטל ממנה דין הכפרה ואז מעות החטאת הולכות לאיבוד ("לים המלח") אבל אין נוהגים בה כבקודשים! ותירצו שם שכל עיקרה של מנחת סוטה אין לדמותה לקרבן חטאת אלא לאשם תלוי, שהרי אינה מובאת על חטא ודאי אלא על ספק של חטא, וכיון שהקדושה דינה כאשם תלוי שנשחט ונתברר שאותו אדם אכן חטא — שדמו נשפך ובשרו נשרף במקדש. וכאמור (בדף ו, ב) שמנחת סוטה אינה באה מעיקרה אלא על הספק, וכיון שנתברר הספק כיפרה ספקה והלכה לה.

ושבעלה בא עליה בדרך בתוס׳ (בדף כב, ב) תהו: אם בעלה בא עליה בדרך נמצא שמנחה זו שהובאה הוקדשה מתחילה בטעות, וכיון שהקדש טעות הוא מדוע לא תיפדה ותצא לחולין? וראה בקרן אורה שכתב ששאלה זו כבר נשאלה בתלמוד הירושלמי, ושם מסבירים שבעל כרחנו עלינו לומר כי מדובר שם במקרה שהוקדשה המנחה עוד לפני שיצא לדרך, שהקדשה היה הקדש גמור אלא שלאחר מכן נפסלה.

כל הנשואות לכהנים מדברי רש״י עולה כי הוא מבין שמדובר כאן בכל מנחה של אשת כהן, בין מנחת חובה ובין מנחת נדבה. ורבים תמהו על כך, שהרי אם הביאה האשה מרכוש שלה שאינו שייך לבעל (ויש אופנים שבהם יהא לה רכוש שאין לו כל זכות בו), או אם נתן לה הבעל במתנה — מדוע תחשב המנחה כמנחת כהן? ויש שאמרו שגם אם הבעל נותן לה משלו, מן הסתם משייר לעצמו מקצת בעלות, ומפני חלקו של הבעל היא נשרפת. ואולי אם היתה המנחה לגמרי שלה מודה גם רש״י שאינה נשרפת (דבר שאול). אבל בתלמוד הירושלמי מבואר שדין זה (וכיוצא בו בברייתא המובאת בגמרא) מדבר במנחת סוטה דווקא, ובמנחה כזו ודאי שיש לבעל חלק מהותי בה, ומשום כך נשרפת (וראה בקרן אורה).

מנחתה נשרפת וכו׳ בתוס׳ (בדף כב, ב), שאלו: מפני מה לא נמנו כאן גם המקרים של סוטה שמתה לפני ששתתה, או שמת הבעל, שגם אלה מנחותיהן נשרפות (וכן מנאן הרמב״ם ברשימה זו)? ויש שתירץ בדרך אחרת, שבמשנה זו נמנו רק אותן מנחות נשרפות שיש בהן צד יחוד משום היותן מנחת קנאות. וראה גם לעיל.

מה בין כהן לכהנת בתלמוד הירושלמי העירו כי רשימה זו אינה שלימה, שיש עוד חילוק נוסף, שגם האוסרים לכהן לצאת מארץ ישראל מתירים זאת לכהנת. וראה להלן.

כהנת מתחללת דין זה אינו מיוחד לבת כהן אלא כל אשה, גם אם היא לויה או ישראלית, אם נבעלה למי שעשאה זונה או חללה הרי היא מתחללת, ואסורה לכהן, ופסולה מלאכול בתרומה אם היתה נשואה לו. אבל כאן השמיע לנו חידוש שאפילו בת כהן שיש לה זכות בתרומה מכוח עצמה גם היא מתחללת (תו״ש, תוהרא״ש).

וכהן אין מתחלל אף על פי שאין הכהן מתחלל על ידי ביאה אסורה, מכל מקום כל עוד הוא נשוי לאשה בעבירה הוא פסול לעבודה (פיה״מ לרמב״ם, וכן פסק להלכה).

מה בין איש לאשה בתוס׳ (ד״ה מה בדף כג, ב) כבר העירו כי רשימה זו איננה ממצה כלל, ויש עוד דברים רבים שיש בהם הבדל בדין בין איש לאשה, ורובם מנויים בתוספתא.

מדיר את בנו בנזיר לדברי רש״י וההולכים בעקבותיו יכול האב להדיר את בנו ולעשותו נזיר בעודו קטן וגם כאשר הוא גדל עדיין חל עליו נדר הנזירות. אכן, רבים (תוס׳ בנזיר, הרמב״ם ועוד) סבורים כי נדר זה חל על הבן רק עד שהוא נעשה גדול, אבל משנעשה גדול הריהו יוצא מרשות אביו ואין כוח ביד האב להחיל עליו נדר שלא מרצונו.

ואין האשה מדרת וכו׳ כבר הרד״ק שאל על נדרה של חנה, שנדרה שאם יוולד לה בן יהא נזיר כל ימי חייו, כיצד יכלה להדיר את בנה הקטן בנזיר והרי אין אשה מדרת את בנה בנזיר. ובספר תפארת ישראל (נזיר פ״ט מ״ה) כתב שמן הסתם לא היה זה נדר גמור, אלא התכוונה שתרצה את בעלה עד שהוא ידיר את בנו. ובכל אופן נראה שאין נדר זה של חנה נכלל בגדרי הלכות נזיר, שהרי נדרה עוד לפני שהיה הבן בעולם, ונדר כזה אין לו על מה שיחול.

והשירים קריבים לעצמם בתלמוד הירושלמי דן ביחס שבין התוספתא הזו והמשנה, וסבור כי יש מחלוקת ביניהן שהיא המחלוקת שבין ר׳ שמעון ור׳ אלעזר בנו ביחס למנחת חוטא של כהנים, שרבי מסדר המשנה סבור כר׳ אלעזר בר׳ שמעון שאת שיירי המנחה אין שורפים ממש אלא מפזרים על בית הדשן, ואילו ר׳ חייא (כלומר, התוספתא) סבור כר׳ שמעון שהקומץ נשרף לעצמו והשיריים לעצמם.

לריח ניחוח אי אתה מעלה בתו״ש כתבו כי ר׳ אלעזר בר׳ שמעון מבסס את דבריו על הפסוק שלאחר כתוב זה שממנו למדו חכמים שאין להקריב על המזבח דבר שממנו לאישים, כי לאחר הכתוב, "לא תקטירו ממנו אשה לה׳" (ויקרא ב, יא) נאמר "קרבן ראשית תקריבו אותם לה׳ ועל המזבח לא יעלו לריח ניחוח" (שם יב) ומדיוק הכתוב הוא למד, שאין הכתוב מסיים ב"ואל המזבח לא יעלו" אלא מוסיף "לריח ניחוח", משמע שרק לצורך זה אסור להעלותם אבל אין איסור להעלותם למטרה אחרת ("לשם עצים").

אורח הלכה

כל הנשואות לכהנים וכו׳ כל הנשואות לכהנים, בין שהיתה בת כהן או ישראלית אין שיירי מנחותיהן נאכלים מפני חלק הבעל הכהן, ואין נשרפים מפני חלק האשה. אלא הקומץ קרב לבדו, והשיריים מתפזרים על בית הדשן. כמשנה וכמסקנת הדברים בגמרא. (רמב״ם ספר עבודה הלכות מעשה הקרבנות פ״ב הי״ב).

כהנת שנשאת לישראל בת כהן מנחתה מוקרבת כשאר המנחות, שמקטיר את הקומץ והשיריים נאכלים (וראה בראב״ד וכ״מ). (רמב״ם שם ה״י).

מנחת כהן כל המנחות שמביאים הכהנים, בין חובה ובין נדבה אינן נקמצות ונשרפות כולן על המזבח. (רמב״ם שם ה״ט).

כהנת מתחללת בת כהן שבא עליה איש שאסור בה — הרי זו מתחללת מן הכהונה ואסורה לאכול בתרומה. (רמב״ם ספר זרעים הלכות תרומות פ״ו ה״ז).

כהן אין מתחלל הכהן שבא על אשה אסורה לו — אינו מתחלל על ידי כך. (רמב״ם ספר קדושה הלכות איסורי ביאה פי״ט ה״א. שו״ע אה״ע ז, יג).

כהנת מיטמאה למתים בת כהן לא הוזהרה מלהיטמא למתים. (רמב״ם ספר שופטים הלכות אבל פ״ג הי״א).

אין כהן מיטמא למתים כהן אסור לו להיטמא למתים, מלבד קרובים האמורים בתורה ומת מצוה. (רמב״ם שם ה״א. שו״ע שם שסט, א).

כהן אוכל בקדשי קדשים חטאת ואשם ושיירי מנחות, שהם קדשי קדשים הנאכלים, אין נאכלים אלא לזכרי כהונה בלבד. (רמב״ם ספר עבודה שם פ״י ה״ג).

האיש פורע ופורם מצוות עשה שיהא המצורע כל ימי חלוטו מכסה ראשו ועוטה על שפם כאבל, ופורם בגדיו. (רמב״ם ספר טהרה הלכות טומאת צרעת פ״י ה״ו).

ואין האשה פורעת וכו׳ המצורעת אינה פורעת ואינה פורמת ואינה עוטה על שפם. (רמב״ם שם ה״ח).

האיש מדיר את בנו בנזיר האיש מדיר את בנו הקטן להיות נזיר, אף שלא הגיע הבן לעונת הנדרים, ואין האשה מדירה את בנה בנזיר. (רמב״ם ספר הפלאה הלכות נזירות פ״ב הי״ג).

האיש מגלח על נזירות אביו וכו׳ האיש שנדר בנזיר יכול להביא קרבנות שהפריש אביו לצורך נזירות עצמו ומגלח עליהם. ואין האשה מגלחת על קרבנות אביה. (רמב״ם שם פ״ח הט״ו).

האיש מקדש את בתו האב מקדש את בתו, גם שלא מדעתה, כל זמן שהיא קטנה או נערה. (רמב״ם ספר נשים הלכות אישות פ״ג הי״א. שו״ע אה״ע לז, א).

אין האשה מקדשת את בתה קטנה שאין לה אב (או שהשיאה אביה ונתאלמנה או נתגרשה כשהיא קטנה ודינה כיתומה בחיי האב) אם השיאוה אמה או אחיה מדעתה — הרי היא מקודשת מדברי סופרים. ואם אינה חפצה בבעלה אינה צריכה גט אלא יוצאת ממנו במיאון בלבד. שאין לאשה רשות לקדש את בתה הקטנה. (רמב״ם שם הלכות גירושין פי״א ה״א. שו״ע שם קנה, א).

האיש מוכר את בתו וכו׳ אמה העבריה היא קטנה שמכרהּ אביה. (רמב״ם ספר קנין הלכות עבדים פ״ד ה״א).

האיש נסקל ערום וכו׳ היוצא להיסקל מפשיטין את בגדיו קודם הסקילה ומכסים את ערוותו מלפניו, ואין האשה נסקלת ערומה אלא בחלוק אחד. (רמב״ם ספר שופטים הלכות סנהדרין פט״ו ה״א).

האיש נתלה ואין האשה נתלית מצות עשה לתלות את המגדף ואת העובד עבודה זרה לאחר שסקלום, והאיש נתלה ואין האשה נתלית. (רמב״ם שם ה״ו).

האיש נמכר בגניבתו וכו׳ האיש נמכר בגניבתו, אבל לא האשה. (רמב״ם ספר נזיקין הלכות גניבה ואבידה פ״ג הי״ב).

כל הנשואות לכהונה וכו׳ סוטה שהיה בעלה כהן אין שיירי מנחתה נאכלים מפני שיש לבעל חלק במנחה, ואינה עולה כליל כמנחת כהן מפני שיש לה חלק במנחה, אלא הקומץ קרב לעצמו והשיריים מתפזרים על בית הדשן. (רמב״ם ספר נשים הלכות סוטה פ״ד הט״ו).

כל שהוא ממנו לאישים אסור להקטיר על המזבח דבר מכל אלה שאינם ראויים להקטרה כגון בשר חטאות ואשמות ושיירי מנחות וכיוצא בהם. שכן קיבלו שכל דבר שמקצתו לאישים הרי שאריתו ב"בל תקטירו". (רמב״ם ספר עבודה הלכות איסורי המזבח פ״ה ה״ה).

אבל אתה מעלהו לשם אישים העלה שאור או דבש בפני עצמן למזבח, אם העלה אותם לשם עצים בלבד — פטור שאף שאסור להעלותם לשם ריח ניחוח מותר להעלותם לשם עצים. (רמב״ם שם ה״ג).

משנה / גמרא

אהאומרת טמאה אני לך ושבאו לה עדים שהיא טמאה והאומרת איני שותה ושבעלה אינו רוצה להשקותה ושבעלה בא עליה בדרך אוכל הנשואות לכהנים מנחותיהן נשרפות בת ישראל שנשאת לכהן מנחתה נשרפת בוכהנת שנשאת לישראל מנחתה נאכלת מה בין כהן לכהנת ב*מנחת כהנת נאכלת גומנחת כהן אינה נאכלת דכהנת מתחללת הוכהן אין מתחלל וכהנת מטמאה למתים זואין כהן מטמא למתים חכהן אוכל בקדשי קדשים טואין כהנת אוכלת בקדשי קדשים מה בין איש לאשה גיהאיש פורע ופורם כואין האשה פורעת ופורמת ד* להאיש מדיר את בנו בנזיר מואין האשה מדרת בנה בנזיר ה* נהאיש מגלח על נזירות אביו סואין האשה מגלחת על נזירות אביה ויעהאיש מקדש את בתו פואין האשה מקדשת את בתה זצהאיש מוכר את בתו ואין האשה מוכרת את בתה ח* קהאיש נסקל ערום ואין האשה נסקלת ערומה טרהאיש נתלה ואין האשה נתלית ישהאיש נמכר בגניבתו ואין האשה נמכרת בגניבתה:

א **גמ'** ת"ר יא *כל הנשואות לכהונה מנחותיהן נשרפות כיצד כהנת לויה וישראלית שנשאת לכהן תאין מנחתה נאכלת מפני שיש לו חלק בה ואינה עולה כליל מפני שיש לה חלק בה אלא יבהקומץ קרב בעצמו והשירים קריבין בעצמן יגאיקרי כאן יד* אכל שהוא ממנו לאישים הרי הוא בבל תקטירו אמר יהודה בריה דר"ש בן פזי טודמסיק להו לשום עצים כר"א *דתניא טזר"א אומר בלריח ניחוח אי אתה מעלה אבל אתה מעליהו לשום עצים הניחא לר"א דאית ליה האי סברא אלא לרבנן דלית להו האי סברא מא"ל יזגדעבדי להו כר"א בר"ש *דתניא יחרבי אלעזר בר"ש אומר דהקומץ קרב בעצמו והשירים מתפזרים על בית הדשן ואפילו

רש"י

וכל הנשואות [לכהנים] מנחותיהן נשרפות. ואפילו קרב הקומץ כהלכתו ולא נטמאו נשרפין שירים בבית הדשן כדמפרש בגמרא: **כהנת.** בת כהן: **מנחתה נאכלת.** דכל מנחת כהן כליל תהיה לא תאכל כתיב (ויקרא ו) אבל(א) כהנת הנשואה לישראל נאכלת וכן כהנת אלמנה וגרושה שהביאה מנחתה נאכלת: **כהנת מתחללת.** מן התרומה ומן הכהונה אם נבעלה לפסול: **וכהן אין מתחלל.** אם נשא גרושה זונה וחללה וטעם דכולה מתני' מפרש בגמ': **בקדשי קדשים.** חטאת ואשם ומנחה בכולם כתיב כל זכר בכהנים [יאכלנו]: **מה בין איש לאשה.** בישראל נמי קמיירי: **איש פורע ופורם.** כשהוא מנוגע פורע ראשו ופורם בגדיו: **האיש מדיר את בנו.** קטן בנזיר וחלה הנזירות עליו אפילו לכשיגדל: **מגלח על נזירות אביו.** אם נדר אביו בנזירות והפריש קרבנותיו ומת והיה בנו נזיר הבן מגלח ביום מלאת ומביא קרבנות שהפריש אביו: **מקדש את בתו.** מקבל קידושי בתו קטנה שלא מדעתה: **מוכר את בתו.** לאמה כשהיא קטנה: **גמ' מנחותיהן נשרפות.** אחת מנחת סוטה ואחת מנחת נדבה: **מפני שיש לו חלק בה.** שהוא מקריבה משלו וכתיב כל מנחת כהן וגו': **ואינה עולה כליל**(ב) **שיש לה חלק בה.** שלכפרתה היא באה ואין מנחת זר ובת כהן קריבין כליל בלא קמילה: **השירים קריבין לעצמן.** לאחר שקרב הקומץ: **קרי כאן כל שממנו כו'.** כי כל שאור וכל דבש לא *תקריבו לה' (ויקרא ב) הוה ליה למכתב למה ליה למכתב ממנו אלא למדרשיה נמי באנפי נפשיה לא תקטירו כל שממנו עולה כבר אשה לה' ויש בכלל לאו זה בשר כל קרבנות חוץ מעולה ויש בכלל זה שירי מנחות והכא נמי דלמא בתר חלק שלה אית לן למיזל והויא הקטרת קומץ כהלכתו ואלו שירים גמורין הם וישנן בבל תקטירו: **דמסיק להו לשם עצים.** דנימא הכי אם ראויים הן להקטיר ולא היתה ראויה ליקמץ כדין מנחת כהן הרי זו הקטרה לשמה וקמילה לא מעלה ולא מורדת ואם ראויה היתה ליקמץ ואלו שיריה הרי הן כשאר עצי המערכה: **כר"א.** פלוגתייהו בזבחים* אברי חטאת שנתערבו באברי עולה ר"א אומר יתנם למעלה ורואה אני את בשר חטאת על המזבח כאילו הן עצים וחכ"א תעובר צורתן ויצאו לבית השריפה שאסור להקטיר אברי חטאת משום לאו דכל שממנו לאישים ור"א סבר בתריה דההוא קרא כתיב קרבן ראשית תקריבו אותם לה' שאור ודבש בכורים אתה מביא מן התמרים ומנחת שתי הלחם שהוא ראשית מן השאור ואל המזבח לא יעלו לריח ניחוח קאי נמי אממנו אשה לה' דאוקמיה בבל תקטירו ואשמעינן דלא אסר הקטרתו אלא כשמתכוין לריח ניחוח: **כר"א בר"ש.** במנחות בפ' אלו מנחות (דף עג:) גבי מנחת חוטא כהן שמביא על שמיעת קול או על ביטוי שפתים או על טומאת מקדש וקדשיו בדלי דלות ופליגי רבנן עליה דרבי שמעון ואמרי והיתה לכהן כמנחה מנחת חובתו של כהן כליל כמנחת נדבתו ואינה נקמצת(ג) [ור"ש דריש ליה לקרא התם הכי וכי נאמר והיתה לכהן כמנחתו לא נאמר אלא] כמנחת חוטא של ישראל מה של ישראל נקמצת אף מנחת חוטא של כהן נקמצת אי מה מנחת ישראל שיריה נאכלין אף זו שיריה נאכלין ת"ל והיתה לכהן כמנחה לענין עבודת כהן שטעונה קמילה ולא לאישים כמנחה הא כיצד הקומץ קרב לעצמו והשיריים קריבין לעצמם ולית ליה כל שממנו לאישים כלל ר"א בר"ש פליג עליה ואמר קומץ קרב לעצמו ושירים מתפזרין לאיבוד:
ה"ג

תוספות

האומרת טמאה אני. ירושלמי האומרת טמאה אני לא כחטאת בעליה היא וחטאת שמתה בעליה ילכו המעות לים המלח דמיא לאשם תלוי אם לאשם תלוי אפי' משקדשה בכלי א"ר מתני' דמיא לאשם תלוי שנשחט דתנינן תמן אם משנשחט נודע לו הדם ישפך והבשר יצא לבית השריפה: **כל הנשואות לכהנים מנחותיהן נשרפות.** פרש"י אחד מנחת סוטה ואחד מנחת נדבה ותימה מנחת נדבה מה חלק יש לו בה והא אפילו רבי יהודה דאומר בפ' אין בין המודר (נדרים דף לה:) אדם מביא על אשתו כל קרבנות שהיא חייבת דווקא שהיא חייבת כדמפרש בספרי כגון אם [הקיפה] נזירות בראשה וחיללה את השבת דומיא דמנחת סוטה שהיא חובה דיליף לה מוהביא את קרבנה עליה כל קרבן שעליה אבל מנחת נדבה מודה רבי יהודה שאינו מביא וי"ל משום הכי יש לו חלק משום דקי"ל מה שקנתה אשה קנה בעלה כדתנן בפ"ד דנזיר (דף כד.) אם שלה היתה בהמה החטאת תמות וקא דייק בגמ' מנא לה מה שקנתה אשה קנה בעלה הלכך יש לו חלק בה אפילו לרבנן דפליגי אדר' יהודה ואמרי דווקא קרבן שמכשירה לו מביא עליה דמה שקנת' קנה בעלה מיהו בירושלמי דפרק היה מביא משמע דבמנחת סוטה איירי והכי איתא התם מנחתה מלמד שהיא קדשה לשמה כשם שהיא קדשה לשמה כך היא קדשה לשמו ותני רבי חייא ופליג ליקרב כליל אינה יכולה מפני שותפתה של אשה לאכול אינה יכולה מפני שותפתו של איש [אלא] הקומץ* לעצמו והשירים קריבין לעצמן ואת אומר מנחתה אלא מה דאישתעי קרא אישתעי מתני' ותו התם והביא את קרבנה עליה בעלה מהו שיפריש עליה חוץ מדעתה מכיון שיש לו שותפות במנחה מפריש עליה חוץ מדעתה וא"ת מאחר שיש לו חלק בה א"כ הויא לה מנחת שותפות ואומר בפ"ק דזבחים (דף ה:) הניח מנחה לשני בניו ומת קריבה ואין בה משום שותפות הא יש בה משום שותפות אינה קריבה משום דכתיב בה נפש והכי קתני בסיפרי בהדיא וי"ל כיון דעיקר כפרה משום דידה נפש קרינן בה דהא הניח מנחתו לשני בניו דמסיק התם (דף ו.) דקניא להו אלמא משום דמכפרי קרינא ביה נפש: **הקומץ קרב בעצמו.** וא"ת אמאי לא שדינן לכולה מנחה בתר דידה ויהו שיריה נאכלין כדאמר בפ' אין בין המודר (נדרים דף לו:) ואיתא בפ"ק דזבחים (דף ו.) ובפ"ק דתמורה (דף ב:) מתכפר עושה תמורה והכא היא מתכפרת במנחה זו י"ל התם מיקני למתכפר כולי זבח ואין לו למקדיש חלק בו אבל הכא יש לו לבעל חלק במנחה: **דמסיק להו לשום עצים.** רש"י פי' דנימא הכי אם ראוין הן להקטיר ולא היתה ראויה לקמוץ וכו' ותימה מאי תנאי שייך הא ודאי כאילו מעורבין שיריים והוי כאברי עולה ואברי חטאת שנתערבו דפליגי בה ר"א ורבנן (זבחים עז.) דלא שייך בה תנאי דליכא שום ספק אלא ודאי מקצתן ראויה להקטיר *ומקצתן לאכול ולהקטיר ואותן מה שבתוכן אין ראוי להקטיר לשם עצים בכל מקום שהוא ולא שייך שום תנאי וכמדומה דרש"י נקט לי' אגב שטפיה דההיא דפרק נושאין על האנוסה (יבמות ק.) דתנן כהנת שנתערב ולדה בולד שפחתה נותנין עליהם חומרי ישראל וחומרי כהנים ומפרש בגמרא דמנחתם נקמצת כמנחת ישראל ואינה נאכלת כמנחת כהנים וכולה סוגיא כי הכא והתם ודאי שייך תנאי כשהאחד מקריב מנחה אינו יודע אם כהן הוא או ישראל וצריך להתנות כמו שפירש רש"י כאן והא דתנן בהקומץ רבה (מנחות דף כג.) נתערב קומצה בשיריה או בשירים של חבירתה לא יקטיר אית לן למימר דסתמא כרבנן דפליגי אדרבי אליעזר: **הקומץ קרב לעצמו והשיריים לעצמן.** בירושל' בעי אליביה דר"ש אלין שיריים משום מה הם באים משום קומץ או משום שיריים אי תימר משום קומץ אינו נותנו בלילה ואינו נותנו לאחר מיתה ואינו מחשב להן ואי תימר משום שיריים נותנו בלילה ונותנו לאחר מיתה מהו שיחשב להן ופשיט לה מדר"א בר"ש דאמר דמתפזרין על גבי הדשן שלמטה כדמפרש בפ' ואלו הן מנחות הדא אמרו נותנו בלילה ונותנו לאחר מיתה ומחשב להן א"ר יוסי בר בון אינו מחשב להו שלא הוכשרו לא לאכילת אדם ולא לאכילת מזבח:

כהן

עין משפט נר מצוה

לג א מיי' פי"ב מהל' מעשה הקרבנות הלכה יב:
לד ב מיי' שם הלכה י:
לה ג מיי' שם הלכ' ט:
לו ד מיי' פי"ט מהל' איסורי ביאה הלכה א סמג לאוין קכב טוש"ע אה"ע סימן ז סעיף יב:
לז ה מיי' שם טוש"ע שם סעיף יג:
לח ו מיי' פ"ב מהלכות אבל הלכ' ו ופ"ג הלכה יא סמג לאוין רלה טוש"ע י"ד סימן שעג סעיף ב:
לט ז מיי' שם סמג שם טוש"ע י"ד סימן שסט סעיף א:
מ ח ט מיי' פ"י מהל' מעשה הקרבנות הלכ' ג סמג עשין קפד קפה:
מא י מיי' פ"י מהל' טומאת צרעת הלכ' ו סמג עשין רלה:
מב כ מיי' שם הלכ' ח:
מג ל מיי' פ"ב מהלכות נזירות הלכה יג:
מד נ ם מיי' שם פ"ח הלכה טו:
מה ע מיי' פ"ג מהל' אישות הל' יא סמג עשין מח טוש"ע אה"ע סימן לז סעיף א:
מו פ מיי' פי"א מהל' גירושין הלכה ז סמג עשין נ טוש"ע אה"ע סימן קנה סעיף א:
מז צ מיי' פ"ד מהל' עבדים הלכה א ב:
מח ק מיי' פט"ו מהל' סנהדרין הלכה א סמג עשין קב:
מט ר מיי' שם הלכה ו:

נ"ל קרב לעצמו

נ ש מיי' פ"ג מהלכות גניבה הלכה יב סמג עשין פא:
נא ת מיי' פי"ב מהל' מעשה קרבנות הלכ' יב ופ"ד מהל' סוטה הלכה טו:
נב א מיי' פ"ה מהל' איסורי מזבח הלכ' ה סמג עשין שיח שיט:
נג ב מיי' שם הלכה ג סמג שם:
נד ג ד מיי' פי"ב מהל' מעשה הקרבנות הלכ' יב ופ"ד מהל' סוטה הלכה טו:

ומקצתן לאכול ואותן כו' להקטיר אלא דמסיק לשם עצים כו' מהרש"א ועי' רש"א

מסורת הש"ס

[חולין קלא:]
[נזיר כח:]
[שם ל.]
סנהדרין מה:
[תוספתא פ"ב]
[נ"ל תקטירו]
יומא מז: יבמות ק. זבחים עו: מנחות נח.
יבמות ק: זבחים עו: [מנחות קו: יומא מז:]
מנחות עב. יבמות ק. [תוספתא פ"ב שם וצ"ע]
[דף עז.]

הגהות הב"ח

(א) רש"י ד"ה מנחתה וכו' אבל לכהנת: (ב) ד"ה ואינה עולה כליל מפני שיש: (ג) ד"ה כר"א כר"ש וכו' ואינה נקמצת ואמר ר"ש כמנחה של ישראל וכו' אף מנחת חוטא של כהן וכו' לאישים כלל ור"א בר"ש פליג עליה ואמר:

רש"א

גליון הש"ס

מתני' ושבעלה אינו רוצה להשקותה עי' יבמות דף נח ע"א תד"ה אילימא:

תוספות שאנץ

צניעותא ל"ה: כהנת מתחללת מן התרומה ומן הכהונה אם נבעלה לפסול לה ולאו דוקא נקט כהנת דה"ה דאלמנת בת ישראל שנשאת לכהן גדול אלא רבותא נקט דאפילו כהנת מתחללת מכהונה: מגלה על נזירות אביו אם נדר בנזירות והפריש קרבנותיו ומת והיה בנו נזיר הבן מגלח ביום מלאת ימי נזרו ומביא קרבנות שהפריש אביו: איקרי כאן כל שממנו לאישים הרי הוא בבל תקטירו פ"ה דהוה ליה למכתב כי כל שאור וכל דבש לא תקטירו לה' ולמה כתב ממנו אלא למדרשי' באפי נפשיה לא תקטירו כל שממנו עולה כבר אשה לה' ויש בכלל לאו זה בשר כל הקרבנות חוץ מעולה ויש בכלל זה שירי מנחות והכא נמי אמרי' דלמא בתר חלק שלה אית לן למיזל והויא ליה הקטרה דקומץ כהלכתה ואלו שירים גמורין הן והרי הן בבל תקטירו. דמסיק להו לשם עצים וכר' אליעזר ופלוגתיהו בזבחים אברי חטאת שנתערבו באברים של עולה רבי אליעזר אומר יתנם למעלה ורואין בשר החטאת כאילו הן עצים וחכמים אומרים תעובר צורתו ויצאו לבית השריפה שאסור להקטיר אברי חטאת משום לאו דכל שממנו לאישים ור' אליעזר סבר בתריה דההוא קרא כתיב קרבן ראשית תקריבו אותם לה' ואל המזבח לא יעלו לריח ניחוח וקאי נמי אממנו לה' דאוקמה בבל תקטירו ואשמעינן דלא אסרה הקטרה אלא כשמכוין להם לריח ניחוח ל"ה: דתניא ר' אליעזר אומר הקומץ קרב בעצמו והשירים מתפזרין גבי מנחת כהן חוטא שהביא מנחה על שמיעת קול או על ביטוי שפתים או על טומאת מקדש וקדשיו בדלי דלות ופליגי רבנן עליה ואמרי מנחת חובתו של כהן כליל כמנחת נדבתו ואינה נקמצת ור' שמעון דריש לקרא התם וכי נאמר והיתה לכהן כמנחתו והלא לא נאמר אלא כמנחה והאי קרא במנחת חוטא כתיב ודריש לה הכי ואם כהן הוא תהיה לו כמנחת חוטא של ישראל מה מנחת חוטא של ישראל נקמצת אף מנחת כהן חוטא נקמצת אי מה מנחת חוטא ישראל שיריה נאכלין אף זו שיריה נאכלין ת"ל והיתה לכהן כמנחה לענין עבודת כהן שטעונה קמיצה ולא לאישים כמנחה הא כיצד הקומץ קרב בעצמו והשירים קרבין לעצמן. ור' אליעזר סבר ליה כאבוה דבעי קמיצה ומיהו שירים קרבין לעצמן לית ליה דכל שממנו לאישים כו' אלא קומץ קרב לעצמו והשירים מתפזרין לאיבוד ל"ה:

ה"ג

עין משפט נר מצוה

נה א מיי' פ"ה מהל' טומאת צרעת הלכה א:
נו ב מיי' פ"ב מהל' נזירות הלכה יג:
נז ג מיי' שם פ"ח הלכה טו:
א ד מיי' פ"ב מהלכות סוטה הלכה ב:
ב ה מיי' שם הלכה ח והלכה ט:

גמרא

תורה אור

ואפי' רבנן לא פליגי עליה דר' אלעזר בר'
שמעון אלא במנחת חוטא של כהנים דבת
הקרבה היא אבל בהא אפי' רבנן מודו:
א בת ישראל הנשואה וכו': מ"ט [א]דאמר קרא
°וכל מנחת כהן כליל תהיה לא תאכל כהן (ויקרא ו)
ולא כהנת: כהנת מתחללת כהן אין מתחלל:
מגלן [ב]דאמר קרא °ולא יחלל זרעו בעמיו (שם כא)
זרעו מתחלל והוא אינו מתחלל: כהנת
מטמאה כו': מ"ט [ג]אמר קרא °אמור אל (שם)
הכהנים בני אהרן *בני אהרן ולא בנות
אהרן: כהן אוכל בקדשי קדשים: דכתיב
°כל זכר בבני אהרן יאכלנה: ומה בין איש (שם ו)
כו': ת"ר [ד]איש אין לי *אלא איש אשה מנין
כשהוא אומר °והצרוע אשר בו [א]הרי כאן (שם יג)
שנים א"כ מה ת"ל איש לענין שלמטה איש
פורע וכו': האיש מדיר את בנו בנזיר ואין
האשה מדרת בנה בנזיר: *אמר ר' יוחנן
[הב]הלכה היא בנזיר: האיש מגלח על נזירות
אביו ואין האשה מגלחת על נזירות אביה:
*אמר ר' יוחנן [וג]הלכה היא בנזיר: האיש
מקדש את בתו ואין האשה מקדשת את
בתה: [ז]דכתיב °את בתי נתתי לאיש הזה: (דברים כב)
האיש מוכר את בתו ואין האשה מוכרת
את בתה: דכתיב [ח]°כי ימכור איש את בתו: (שמות כא)
האיש נסקל ערום כו': [ט]*מ"ט °ורגמו אותו (ויקרא כד)
מאי אותו אילימא אותו ולא אותה והכתיב
°והוצאת את האיש ההוא או את האשה (דברים יז)
ההיא אלא [י]אותו בלא כסותו ולא אותה בלא
כסותה: האיש נתלה ואין כו': *מ"ט [יא]אמר
קרא °ותלית אותו על עץ אותו ולא אותה: (שם כא)
האיש נמכר בגניבתו ואין האשה נמכרת
בגניבתה: מ"ט אמר קרא °ונמכר בגניבתו (שמות כב)
[יב]בגניבתו ולא בגניבתה:

הדרן עלך היה נוטל

ארוסה *ושומרת יבם [י]לא שותות
ולא נוטלות כתובה שנאמר
°אשר תשטה אשה תחת אישה פרט (במדבר ה)
לארוסה ושומרת יבם [ה]אלמנה לכהן
גדול גרושה וחלוצה לכהן הדיוט ממזרת
ונתינה

רש"י

ה"ג ואפי' רבנן לא פליגי עליה אלא במנחת חוטא של כהנים דבת הקרבה היא. דמקשי חובתו לנדבתו דלא בעי קמיצה אבל הא דלאו בת הקרבה היא דדלמא בתרה דידה אזלינן ושירים גמורים נינהו ואפילו רבנן מודו דמתפזרין: מאי טעמא. קאמר מתני' מנחת כהנת נאכלת כשאינה נשואה לכהן וכשהיא נשואה לכהן אינה נאכלת כליל מיהא לא הויא: לא יחלל זרעו. בכהן הנושא פסולה לכהונה כתיב ודרשינן בקידושין (דף עז.) לא יחלל שני חילולין אחד לה ואחד לזרעו שהכהן מחלל את שתיהן אבל הוא אין מתחלל: בני אהרן. לנפש לא יטמא ולא בנות אהרן באזהרה זו: כל זכר בבני אהרן יאכלנה. במנחה כתיב: איש. צרוע הוא: אין לי. שנחלט בטומאת נתקים אלא איש אשה מנין כשהוא אומר סמוך לו והצרוע אשר בו הנגע ולא איבעי ליה למכתב אלא בגדיו יהיו פרומים וראשו יהיה פרוע דהא כתיב לעיל דבמצורע קמיירי אלא לרבות צרוע שני כגון אשה: ה"ג א"כ מה ת"ל איש לענין שלמטה איש פורע ופורס וכו'(א). מה ת"ל איש מאחר שסופינו לרבות את האשה: לענין שלמטה. לאו למעוטי מטומאה האמורה בפסוק זה בא למעוטי אלא מענין האמור בפסוק שלאחריו דכתיב ביה פריעה ופרימה לומר לך איש פורע ופורס ולא אשה: הלכה היא בנזיר. הלכה למשה מסיני הוא בהלכות נזיר: נתתי לאיש. באביה נתלית נתינתה: ורגמו אותו. (ב)אי נימא אותו ולא אותה והכתיב גבי נערה המאורסה והוצאתם את שניהם וסקלתם אותם אלא הא דממעט אשה לענין ערום דנפיק מהאי קרא מיעוטא דאותו משמע ולא כסותו ולהכי נקט ליה להאי משמעותא דערום בלשון זכר גבי איש למימרא הא אותה בכסותה: נמכר בגניבתו. אם אין לו מה לשלם:

הדרן עלך היה נוטל

ארוסה. שקינא לה ארוס: ושומרת יבם. שקינא לה יבם: לא שותות. דמעטינהו קרא: ולא נוטלות כתובה. שהיא גרמה לאסור עצמה עליו שנסתרה אחר קינוי דמקינוי ואיסור לא אימעיט כדמפרש בגמרא ואפילו לית לן דרב המנונא* (ג)דשומרת יבם שזינתה מותרת ליבמה נהי דמותרת מיהו לא בעי למינסב אשה זונה והיא הפסידה כתובתה: תחת אישה. ביושבת תחתיו הכתוב מדבר: נתינה

תוספות

כהן ולא כהנת. ירושלמי ר' אבהו בעי קמיה ר"ל והכתיב (ויקרא כב) וכהן כי יקנה נפש קנין כספו מעתה כהן ולא כהנת א"ל והכהן המשיח תחתיו מבניו את שבנו עומד תחתיו יצתה זו שאין בנה עומד תחתיה ה"ה דבפרק הזרוע (חולין דף קלג.) הוה מצי לשנויי נמי הכי ונתן לכהן הזרוע דלא אמר לכהן ולא לכהנת אלא אפילו לכהנת דהכא טעמא משום דכתיב והכהן המשיח תחתיו מבניו אבל התם דחי ליה משום דאהרן ובניו כתיב בפרשת מנחה אי נמי משום דהתם הוי מיעוט אחר מיעוט: *מה בין איש לאשה. בתוספתא (פ"ב) קא חשיב עובר על מצות עשה שהזמן גרמא מה שאין כן באשה האיש עובר על בל תקיף ועל בל תשחית ועל בל תטמא למתים מה שאין כן באשה האיש נדון כבן סורר ומורה ונעטף ומספר ואין האשה נעטפת ומספרת האיש נמכר ונשנה ואין האשה נמכרת ונשנית האיש נרצע ונמכר לעבד עברי וקונה לעבד עברי ואין האשה נרצעת ונמכרת וקונה ולא קתני התם כל הני דמתני' אלא דזכאי בבתו משום דמפרש התם בכסף ובשטר ובביאה ותימה אמאי לא חשיב נמי סמיכות תנופות הגשות וקמיצות דבין כהן לכהנת וכל הני דתנן בפ"ק דקידושין (דף לו.) ולא קתני נמי שהעברי יוצא בשנים וביובל ובמיתת האדון משא"כ בעבריה הזב מטמא בראיות ולא הזבה מצורע אסור בתשמיש המטה ולא מצורעת כדמפרש בריש פרק מחוסרי כפרה (כריתות דף ח:) מחוץ לאהלו ולא מחוץ לאהלה: *האיש מגלח על נזירות. בפ"ד דנזיר (דף ל.) ובפרק בתרא דכריתות (דף כח:) מפ' דדוקא על מעות סתומין ולא על מעות מפורשין: שנאמר את בתי. מרישא דקרא יליף ליה ואמר אבי הנערה אל הזקנים משמע למעט אמה דאינה זכאה בבתה לתת: ותלית אותו ולא אותה. בפרק נגמר הדין (סנהדרין דף מו.) נפקא לן מוכי יהיה באיש ולא באשה: בגניבתו ולא בגניבתה. תימה כיון דאי גנבה אינה נמכרת בגניבתה א"כ אין ב"ד רשאין למוכרה דבית דין אין מוכרין אלא בגניבתו ובפ"ק דקידושין (דף יד:) ממעטי רבנן מורצע את אזנו אזנו שלו ולא אזן של מוכר עצמו דדוקא מכרוהו בית דין נרצע ואשה הואיל ואין בית דין מוכרין אותה אנא ידענא דאינה נרצעת ואמאי איצטריך לרבנן *למילף מהעבד ולא אמה העבריה דאינה נרצעת וי"ל כיון דאינה נמכרת אלא ע"י אביה סד"א תיהוי מכירה דאב במקום מכירת בית דין ותרצע להכי איצטריך קרא:

הדרן עלך היה נוטל

ושומרת יבם לא שותות ולא נוטלות כתובה. ירושלמי יודעת היתה שאין ארוסה שותה ולמה הכניסה עצמה *למספר הזה המרובה בשביל לפוסלה מכתובתה פר"ח ארוסה אע"פ שאין לה כתובה יש לה מנה ומאתים ועל מנה ומאתים קתני הכא לא נוטלת כתובתה רש"י פי' דליכא למיפשט ממתני' הא דאמר רב המנונא *שומרת יבם שזנתה אסורה ליבמה דאפילו אי לית לן דרב המנונא מיהו אי לא בעי יבם למינסב אשה זונה אינה נוטלת כתובתה מיהו תימה אי לית לן דרב המנונא קרא מאי איצטריך למעוטי והא תנן בפרק היה מביא (לעיל דף יח:) כל שתיבעל ולא תהא אסורה לו לא היה מתנה דמה קינוי שייך היכא דלא מיתסרא בסתירותיה אלא מדאיצטריך למעוטי ש"מ דמיתסרא מיהו ליכא למיפשט מהכא משום דמוקי לה בגמרא כגון שבא עליה יבם בבית אחיו דקנאה לפוטרה בגט בלא חליצה אפילו אליבא דשמואל הלכך שייכא נמי אשתו ליאסר עליו בזנות כדברי הכל: אלמנה לכ"ג וכו'. האי דלא עריב ותני להו אלו לא שותות ולא נוטלות כתובתן ולתני ארוסה ושומרת יבם אלמנה לכ"ג וכו' מעוברת חבירו ומניקת חבירו ואיילונית זקינה וכו' י"ל משום הכי פלגינהו משום דחלוקין בטעמם מיהו תימה אמאי לא תנא מעוברת בתר בבא דאלמנה לכ"ג דדמי בטעמא וה"ל למיתני בתחלת הפרק אלו לא שותות ובתר ליחשב וליזל כולהו כל הני דדמיין להדדי כל חד וטפי הוה שייך למיתני אלו בראש כולן ממאי דתני קלת דלא שותות והדר תני אלו: שאינה

מסורת הש"ס

[קדושין לה:] [כריתות ח: ערכין ג.] נזיר כח: [שם ל.] סנהדרין מה. שם מו. יבמות נח. קדושין כז: [לעיל יח:] [קדושין עו.] צ"ל למספר [לעיל יח:] [שייך לעמוד א' במשנה] [ג"ז שייך לע"א במשנה]

הגהות הב"ח

(א) רש"י ד"ה ה"ג וכו' ופורס כו' פי' מה ת"ל: (ב) ד"ה ורגמו אותו מאי אותו אלימא וכו' ולא בכסות: (ג) רש"י ד"ה ולא נוטלות וכו' ושומרת יבם:

תוספות שאנץ

ה"ג ואפי' רבנן לא פליגי עליה אלא במנחת חוטא דבת הקרבה היא דמקשינן חובתו לנדבתו דלא בעיא קמיצה אבל הא דלאו בת הקרבה היא דלמא בתר דידה אזלי' ושירים גמורין נינהו אפי' רבנן מודו דמתפזרין אבית הדשן ל"ה. ה"ג א"כ מה ת"ל איש לענין שלמטה לא למעוטי מטומאה האמורה בפסוק זה בא למעוטי אלא מענין האמור בפסוק של אחריו דכתיב ביה פריעה ופרימה דליכא למימר דלענין שלמעלה קאמר דדוקא האיש נחלט ואין האשה נחלטת א) דהא אינה פורעת ופורמת. אותו בלא כסותו ולא אותה בלא כסותה. וא"ת לרבנן דר' יהודה דלעיל דאמרי אין האשה נסקלת ערומה משום דחיישינן להרהור ובעי נמי ברור לה מיתה יפה ב) ותיפוק לי מהאי קרא. וי"ל דאי מההיא אשה בין בכסותה בין שלא בכסותה קמ"ל רב נחמן דאמר קרא ואהבת לרעך כמוך. אבל ר' יהודה דאמר לעיל דאין מכסין אותה אלא שני פרקים משום דצערא דגופה עדיף טפי (ולית ליה) [וא"ת אטו לית ליה] הך דרשא דהכא הא אותה בכסותה. וי"ל דאה"נ דלית ליה א"נ אית ליה וסבירא ליה דקרא לא אתא אלא שיכסו אותה שני פרקים אבל יותר לא משום צערא דגופה עדיף טפי ורוצה לומר הא אותה בכסותה בשני פרקים שמכסין אותה: בגנבתו ולא בגנבתה כו'. ואע"ג דדרשי' מהאי קרא בגנבתו ולא בכפלו בגנבתו ולא בזוממו (שאם הודה לא ישלם פי' שנים ממה שהחם) בגנבתו גנבה אחת ולא ב' גנבות י"ל דכולהו הני דרשות ש"מ: סליק פירקא

פרק שלישי ארוסה ושומרת יבם לא שותות ולא נוטלות כתובה שהיא גרמה לאסור עצמה שנסתרה אחר קנוי פרשב"ם. ואפי' למאן דלית ליה דרב המנונא דאמר שומרת יבם שזינתה אסורה ליבמה מ"מ נהי דהוי מותרת לו. אי לא בעי לאינסובי משום שהיא זונה תפסיד כתובתה כיון שזינתה. מיהו אומר ר"י דהלכה ג) דארוסה זו שזינתה דנאסרה בביאה זו על בעלה והך כר' עקיבא דמשוי חייבי לאוין כערוה. אלמנה לכהן גדול לא שותות ולא נוטלות כתובה ואע"ג דשאר אלמנה לכהן גדול לא קנסוה רבנן ואית לה כתובה כדאיתא בפ' אלמנה ניזונת זו אין לה כתובה שסתירתה גרמה לה ליאסר עליו ואפי' ראויה לו הלכך לאו בת כתובה היא דלא עדיפא מכשרה ל"ה ולא שותות דלא נאמרו בפרשה אלא בראויה לקיימה והכי תני בספרי כי תשטה אשתו בראויה לאישות הכתוב מדבר פרט לאלמנה לכהן גדול וא"ת אמאי לא תאני כולהו בחד בבא וי"ל דארוסה ושומרת יבם נפקא לן [מקרא אחרינא דכתיב] תחת אישה ביושבת תחתיו הכתוב מדבר וא"ת תיפוק לי שאינה שותה משום דכתיב ונקה האיש מעון וזה אינו מנוקה מעון כיון שנשא אשה שאינה ראויה לו. וי"ל דחשבי' ליה מנוקה מעון כיון דאין העון בא אחר הקינוי והוו המים בודקין אשתו אי לאו טעמא דלעיל וא"ת אמאי לא פליגי ב"ש וב"ה גבי ארוסה ושומרת יבם כמו דפליגי בסמוך גבי מתו בעליהן עד שלא שתו והוו להו לב"ש לומר דנוטלות כתובה וי"ל שאני ארוסה ושומרת יבם דכ"ע מודו דאין להם כתובה דהיא יודעת שאין בעלה יכול לבודקה משנסתרה ולא תיזהר מליסתור והיא נתנה אצבעה בין שיניה ולכך אין לה כתובה אבל מתו בעליהן אין יודעות שלא יהיו בעליהן לבודקן משנסתרו ולא סמכי אדעתיהו שימותו בעליהן והן נזהרות ביותר מליסתר לפי' קאמר ב"ש דנוטלות כתובה ועוד י"ל דשאני התם גבי מתו בעליהן שאינן חשובות עוברות על דת כיון שיכולין בעליהן לבודקן אבל ארוסה

א) לשון זה צ"ע דהא בהדיא אמרינן דנפ"ל מקרא דאשה נמי נחלטת ואולי דט"ס הוא וצ"ל דהא והצרוע כתיב. ב) ר"ל כמו דאיתא בסנהדרין דף מה וע"ש ברש"י ד"ה להרהורא ובתוס' שם ד"ה הא. ג) נראה דצ"ל דהלכה דשומרת יבם שזינתה דנאסרת על היבם והך כר"ע וכו'.

וַאֲפִילוּ רַבָּנַן [חכמים] לֹא פְּלִיגִי עֲלֵיהּ [חלקו עליו], על ר׳ אֶלְעָזָר בְּר׳ שִׁמְעוֹן אֶלָּא בְּמִנְחַת חוֹטֵא שֶׁל כֹּהֲנִים, שֶׁבַּת הַקְרָבָה הִיא המנחה כולה, שלפי שיטתם אינה נקמצת. אֲבָל בְּהָא [בזו], במנחת סוטה, אֲפִילוּ רַבָּנַן מוֹדוּ [חכמים מודים] לר׳ אלעזר בר׳ שמעון ששייריה מתפזרים על בית הדשן.

א שנינו במשנה שֶׁבַּת יִשְׂרָאֵל הַנְּשׂוּאָה לכהן מנחתה נשרפת, וכהנת הנשואה לישראל מנחתה נאכלת. ומסבירים: מַאי טַעֲמָא [מה טעם] הדבר שמנחת כהנת אינה נשרפת — שֶׁאָמַר קְרָא [הכתוב] ״וְכָל מִנְחַת כֹּהֵן כָּלִיל תִּהְיֶה לֹא תֵאָכֵל״ (ויקרא ו, טז), ויש לדייק: כֹּהֵן וְלֹא כֹּהֶנֶת.

שנינו במשנה: כֹּהֶנֶת מִתְחַלֶּלֶת בביאת איסור, ואילו כֹּהֵן אֵין מִתְחַלֵּל. ומסבירים: מְנָלַן [מניין לנו] שכן הדבר — שֶׁאָמַר קְרָא [הכתוב] על כהן הנושא אשה האסורה לו: ״וְלֹא יְחַלֵּל זַרְעוֹ בְּעַמָּיו״ (שם כא, טו), ומן הדיוק למדים: זַרְעוֹ מִתְחַלֵּל על ידי ביאה אסורה, וְהוּא עצמו אֵינוֹ מִתְחַלֵּל על ידי כך.

עוד שנינו במשנה: כֹּהֶנֶת מִטַּמְּאָה למתים, ואילו הכהנים אינם מיטמאים למתים, פרט לקרוביהם המפורשים בכתוב. ומסבירים: מַאי טַעֲמָא [מה טעם] הדבר — אָמַר קְרָא [הכתוב] באיסור טומאה לכהנים: ״אֱמֹר אֶל הַכֹּהֲנִים בְּנֵי אַהֲרֹן״ (שם א), לדייק: בְּנֵי אַהֲרֹן וְלֹא בְּנוֹת אַהֲרֹן.

עוד שנינו במשנה: כֹּהֵן אוֹכֵל בְּקָדְשֵׁי קֳדָשִׁים ואין כהנת אוכלת בקדשי קדשים, דִּכְתִיב [שנאמר] במנחה שהיא מקדשי הקדשים: ״כָּל זָכָר בִּבְנֵי אַהֲרֹן יֹאכְלֶנָּה״ (שם ו, יא).

על מה ששנינו במשנה: וּמַה בֵּין אִישׁ לאשה — שאין האשה המצורעת פורעת ופורמת כדין האיש המצורע, מביאים: תָּנוּ רַבָּנַן [שנו חכמים], נאמר בכתוב: ״אִישׁ צרוע הוא טמא הוא״ (שם יג, מד), אֵין לִי אֶלָּא אִישׁ שנוהגים בו דיני מצורע מוחלט, אִשָּׁה מִנַּיִן? — כְּשֶׁהוּא אוֹמֵר מיד אחר כך ״וְהַצָּרוּעַ אֲשֶׁר בּוֹ הנגע״ (שם, מה), הֲרֵי כָּאן שְׁנַיִם, שכולל בלשון זו גם איש וגם אשה, אִם כֵּן מַה תַּלְמוּד לוֹמַר בתחילה ״אִישׁ״ דוקא — לְעִנְיַן שֶׁלְּמַטָּה (שאחר כך), כלומר, לדיני פריעה ופרימה ולא לטומאה, ומכאן למדים שאִישׁ פּוֹרֵעַ ופורם ולא האשה.

שנינו במשנה: הָאִישׁ מַדִּיר אֶת בְּנוֹ בְּנָזִיר וְאֵין הָאִשָּׁה מַדֶּרֶת את בְּנָהּ בְּנָזִיר. אָמַר ר׳ יוֹחָנָן: הֲלָכָה הִיא למשה מסיני בְּהלכות נָזִיר, ואין לה מקור בכתוב.

שנינו במשנה: הָאִישׁ מְגַלֵּחַ עַל נְזִירוּת אָבִיו וְאֵין הָאִשָּׁה מְגַלַּחַת עַל נְזִירוּת אָבִיהָ. אָמַר ר׳ יוֹחָנָן: גם זאת הֲלָכָה הִיא למשה מסיני בְּנָזִיר.

עוד שנינו במשנה: הָאִישׁ מְקַדֵּשׁ אֶת בִּתּוֹ וְאֵין הָאִשָּׁה מְקַדֶּשֶׁת אֶת בִּתָּהּ. ומהיכן למדים זאת — דִּכְתִיב [שנאמר]: ״ואמר אבי הנערה... אֶת בִּתִּי נָתַתִּי לָאִישׁ הַזֶּה״ (דברים כב, טז), ללמדנו שהדבר בכוחו של האב בלבד ולא של האם.

שנינו במשנה: הָאִישׁ מוֹכֵר אֶת בִּתּוֹ לאמה כשהיא קטנה וְאֵין הָאִשָּׁה מוֹכֶרֶת אֶת בִּתָּהּ. ומניין הדבר — דִּכְתִיב [שנאמר]: ״וְכִי יִמְכֹּר אִישׁ אֶת בִּתּוֹ לאמה״ (שמות כא, ז), ללמדנו: דווקא איש מוכר את בתו ולא אשה.

עוד שנינו במשנה: הָאִישׁ נִסְקָל כשהוא עָרוּם ואין האשה נסקלת כשהיא ערומה. ומסבירים: מַאי טַעֲמָא [מה טעם] הדבר — נאמר ״וְרָגְמוּ אֹתוֹ״ (ויקרא כד, יד). ונברר: מַאי [מה] יש ללמוד מן המיעוט ״אוֹתוֹ״? אִילֵימָא [אם תאמר] אוֹתוֹ וְלֹא אוֹתָהּ, שאין רוגמים את האשה כלל — וְהָכְתִיב [והרי נאמר] במפורש: ״וְהוֹצֵאתָ אֶת הָאִישׁ הַהוּא אוֹ אֶת הָאִשָּׁה הַהִיא... וסקלתם באבנים״ (דברים יז, ה)! אֶלָּא הכוונה היא: אוֹתוֹ כשהוא לעצמו ערום בְּלֹא כְּסוּתוֹ ומכאן גם נלמד — וְלֹא אוֹתָהּ בְּלֹא כְּסוּתָהּ.

שנינו במשנה: הָאִישׁ נִתְלֶה לאחר שנסקל וְאֵין האשה נתלית. מַאי טַעֲמָא [מה טעם] הדבר — אָמַר קְרָא [הכתוב]: ״וְתָלִיתָ אֹתוֹ עַל עֵץ״ (שם כא, כב), ויש כאן מיעוט: אוֹתוֹ וְלֹא אוֹתָהּ.

עוד שנינו: הָאִישׁ נִמְכָּר בִּגְנֵבָתוֹ וְאֵין הָאִשָּׁה נִמְכֶּרֶת בִּגְנֵיבָתָהּ. מַאי טַעֲמָא [מה טעם] הדבר — אָמַר קְרָא [הכתוב]: ״וְנִמְכַּר בִּגְנֵבָתוֹ״ (שמות כב, ב), ללמד: בִּגְנֵיבָתוֹ וְלֹא בִּגְנֵיבָתָהּ.

מסורת הש״ס

א. ירושלמי סוטה פ״ג ה״ז. תו״כ ו, טז. ילק״ש תורה תרכז (כל הענין).
ב. ירושלמי שם. ילק״ש שם תרלא.
ג. קדושין לה,ב. תו״כ כא, א. וראה ירושלמי שם. שם קדושין פ״א ה״ז.
ד. ערכין ג,א. כריתות ח,ב. ירושלמי נזיר פ״ד ה״ו. שם סוטה פ״ג ה״ח. תו״כ יג, מד.
ה. נזיר כח,ב. סא,ב. במדב״ר פ״י ז. הביטוי: שם כח,א-ב. ל,א.
ו. נזיר ל,א.
ז. ירושלמי סוטה פ״ג ה״ח.
ח. שם מכילתא כא, ז. ילק״ש תורה שיט.
ט. (הענין) סנהדרין מה,א. ילק״ש תורה תרנח. וראה ירושלמי שם.
י. (הדיוק) סנהדרין מג,א. מו,א. ירושלמי שם. תו״כ כד, יד. שם כג.
יא. סנהדרין מו,א. ירושלמי שם. ילק״ש תתקל.
יב. ילק״ש תורה שמב. וראה מכילתא כא, ז. מכילתא דרשב״י כא, ז.

גרסות

והוא אינו יש בכת״י: ואין הוא.
דכתיב יש שגרסו: מאי טעמא דכתיב.
מאי טעמא ורגמו יש בכת״י: מאי טעמא דאמר קרא.

עיונים

ולא יחלל מדרש ההלכה כאן הוא מקוצר, ובמקומו יש בו דיון מלא יותר מפני מה ממעטים שהכהן אינו מתחלל אף שמרבים שהאשה שבא עליה מתחללת, ועיקר הטעם שם, שמצינו במקומות אחרים שנשים נפסלות על ידי ביאה (או נישואין) שיש בה פגם, ולא מצאנו כעין זה בגברים.

כשהוא אומר והצרוע ואחרונים כתבו שנראה כי הדרשה כאן היא מן הייתור של ״וה״ שבמלה ״והצרוע״, שייתור כזה נדרש לכל הדעות כלשון ריבוי, ומשום כך מרבים ממלה זו כמה דברים (וראה במנחה חרבה). אף בדין זה, כמו באחרים, לא מוצו כל נקודות ההבדל, ויש עוד הבדל בדין, שאיש מצורע אסור בתשמיש המיטה, ואין האשה המצורעת אסורה בכך.

הלכה היא בנזיר אמנם בתלמוד הירושלמי נאמר כי הלכה זו לא הכל מודים בה, שלדעת בית שמאי אין האב מדיר את בנו בנזיר. וכתב המאירי שכיון שדין זה נובע מהלכה (כלומר, הלכה למשה מסיני), כלל הוא שאין למדים מהלכה לא בקל וחומר ולא בדרכי לימוד אחרות, ומשום כך נשארת ההלכה כמות שנמסרה, ולכן האב מדיר את בנו ואין האם מדירה את בנה, ואף אין האב רשאי להדיר את בתו — לפי שלא היה זה בכלל ההלכה.

אותו בלא כסותו יש צדדים לעיין במדרש זה, שהרי נלמדים ממנו שני מיעוטים — בלי כסותו, ו״אותו ולא אותה״, ונמצא שיש שני נושאים נבדלים לגמרי הנלמדים מכאן. וראה בתלמוד הירושלמי שדן בבעיה שיש עוד כתוב שנאמר בו ״האיש או האשה... וסקלתם אותם״ ולכאורה משמע שגם האשה נסקלת בלא כסותה. ושם נאמר כי בעיקר הטעם הוא משום אהבת הבריות, שלגבי האיש נוח לו בהקלה מועטת ביסוריו מאשר בעירום, ולגבי האשה הדבר הוא להיפך (וראה בתו״ש ועוד).

בגניבתו אף שממיעוט זה למדים כמה דברים (״בגניבתו״ — ולא בכפלו, ולא בזממו), כאמור בבבלי מסכת קדושין, מכל מקום אפשר לומר כי לשון ״בגניבתו״ מלמדת מיעוט כללי, שאין לקיים את הכתוב הזה אלא באותו מקרה בלבד שנאמר בו כלשונו.

אורח ההלכה

הרי כאן שנים האשה והסריס שהעלו שיער של זקן הרי הוא מיטמא בנגעים כזקן. (רמב״ם ספר טהרה הלכות טומאת צרעת פ״ח ה״א).

הלכה היא בנזיר הלכה מקובלת היא שהאיש מדיר בנו הקטן בנדר ואין האשה מדרת את בנה. (רמב״ם ספר הפלאה הלכות נזירות פ״ב הי״ג).

האיש מגלח וכו׳ מי שהפריש קרבנות לשם נזירותו ומת — בנו שהיה נזיר יכול להביא קרבנות שהפריש אביו, ויוצא בהם ידי חובה. אבל אין האשה עושה כן בקרבנות אביה, שהלכה מקובלת היא. (רמב״ם שם פ״ח הט״ו).

סיכום פרק "היה נוטל"

אף שנחלקו תנאים בשאלה זו, סוכם כי סדר הדברים בסוטה הוא שתחילה משקים את הסוטה, ורק אחרי ששתתה מקריבים את מנחתה.

לענין סדר הדברים כאשר הסוטה מסרבת לשתות או מודה, נקבע כי האשה יכולה לחזור בה ולא לשתות עד שתימחק המגילה, ולאחר מכן — מכריחים אותה לשתות. אבל אם היא מודה שנטמאה — אין ממשיכים להשקותה אפילו לאחר שנמחקה המגילה ולענין המנחה, אם האשה חוזרת בה ואינה שותה, או מודה — המנחה מתפזרת ונשרפת על הדשן. וכן עושים כאשר נטמאה המנחה או כאשר אין יכולים להקריבה, בין משום שבאו עדים והעידו שהיא טמאה, ובין משום שחזרו בהם הבעל או האשה.

עונשה של הסוטה שחטאה מבואר בכתוב — היא מתה בצביית בטן ונפילת ירך. אבל פעמים מפני שיש לה זכות, דוחה הזכות את מיתתה, והיא סובלת יסורים אחרים עד מותה.

למרות שהיו דעות שונות בדבר, אמרו חכמים שאין ללמד אשה דברי תורה שאינה מחוייבת בידיעתם, אף שהלומדת יש לה זכות על ידי כך.

אגב הדברים נתבארו כמה וכמה הבדלים בהלכה בין גברים ונשים. כי נוסף לכללי ההלכה שאין נשים מחוייבות ברוב מצוות עשה שהזמן גרמן, יש עוד פרטים במצוות רבות אחרות, שמפני גזירת הכתוב או על פי מסורת חכמים, שייכות רק לאיש ולא לאשה.

פתיחה לפרק "ארוסה"

"דַּבֵּר אֶל בְּנֵי יִשְׂרָאֵל וְאָמַרְתָּ אֲלֵהֶם אִישׁ אִישׁ כִּי תִשְׂטֶה אִשְׁתּוֹ וּמָעֲלָה בוֹ מָעַל".
(במדבר ה, יב)

"וְאַתְּ כִּי שָׂטִית תַּחַת אִישֵׁךְ וְכִי נִטְמֵאת וַיִּתֵּן אִישׁ בָּךְ אֶת שְׁכָבְתּוֹ מִבַּלְעֲדֵי אִישֵׁךְ".
(שם כ)

"וְנִקָּה הָאִישׁ מֵעָוֹן וְהָאִשָּׁה הַהִוא תִּשָּׂא אֶת עֲוֹנָהּ". (שם לא)

בפרקים הקודמים ינתבארו פרטי דיני הקינוי ודיני השקאת הסוטה. ובפרק זה דנים בסדרת שאלות אחרת — האם דיני הסוטה שייכים לכל איש ואשה, או שיש זוגות שאין דינים אלה חלים עליהם כלל, או שאינם יכולים להתקיים בשלימותם.

בעיקר מתמקדים הדברים בשתי נקודות: האם דין סוטה הוא רק בזוג הנשוי ממש, או גם באירוסין וייבום? ובשאלה אחרת — באיזו מידה חלים דינים אלה כאשר נישואיו של הזוג לא היו נישואין כשרים.

מבירורי הדברים הללו עולה גם שאלה אחרת, ביחס לדיני ממונות: באלו מקרים מאבדת האשה שנחשדה את זכותה לקבל כתובה, גם אם לא נבדקה על ידי המים המרים.

כיון שלמדנו כי הבעל המקנא לאשתו נוקב בשמו של אדם (או אנשים מסויימים) שהוא חושד בו, עולה השאלה — האם יש הגבלה כלשהי בכך, או שיכול האיש להביא את אשתו להיבדק בשתייה מפני שמאשים אותה בזנות מכל סוג שהוא?

בעיה אחרת בדיני הקינוי היא: האם הקינוי הוא דבר שרק הבעל יכול לעשותו, או שמא יכולים גם אחרים (בית הדין) לעשות זאת, ואם עשו כן — מה תוקפו של קינוי זה. שאלות אלה הן עיקר עניינו של פרק זה, אם כי כדרך הגמרא דנים בו בדברים שונים הנובעים ומסתעפים מהן.

עין משפט
נר מצוה

נה א מיי׳ פ״ה מהל׳ טומאת צרעת הלכה א:
נו ב מיי׳ פ״ב מהל׳ נזירות הלכה יג:
נז ג מיי׳ שם פ״ח הלכה טו:
א ד מיי׳ פ״ב מהלכות סוטה הלכה ב:
ב ה מיי׳ שם הלכה ח והלכה ט:

ואפי׳ רבנן לא פליגי עליה דר׳ אלעזר בר׳ שמעון אלא במנחת חוטא של כהנים דבת הקרבה היא אבל בהא אפי׳ רבנן מודו: בת ישראל הנשואה וכו׳: מ״ט דאמר קרא °וכל מנחת כהן כליל תהיה לא תאכל כהן (ויקרא ו) ולא כהנת: כהנת מתחללת כהן אין מתחלל: מנלן דאמר קרא °ולא יחלל זרעו בעמיו (שם כא) זרעו מתחלל והוא אינו מתחלל: כהנת מטמאה כו׳: מ״ט אמר קרא °אמור אל (שם) הכהנים בני אהרן *בני אהרן ולא בנות אהרן: כהן אוכל בקדשי קדשים: דכתיב °כל זכר בבני אהרן יאכלנה: (שם ו) ומה בין איש כו׳: ת״ר איש אין לי *אלא איש אשה מנין כשהוא אומר °והצרוע אשר בו (שם יג) אהרי כאן שנים א״כ מה ת״ל איש לענין שלמטה איש פורע וכו׳: האיש מדיר את בנו בנזיר ואין האשה מדרת בנה בנזיר: *אמר ר׳ יוחנן בהלכה היא בנזיר: האיש מגלח על נזירות אביו ואין האשה מגלחת על נזירות אביה: *אמר ר׳ יוחנן גהלכה היא בנזיר: האיש מקדש את בתו ואין האשה מקדשת את בתה: דכתיב °את בתי נתתי לאיש הזה: (דברים כב) האיש מוכר את בתו ואין האשה מוכרת את בתה: דכתיב °כי ימכור איש את בתו: (שמות כא) האיש נסקל ערום כו׳: *מ״ט °ורגמו אותו (ויקרא כ) מאי אותו אילימא אותו ולא אותה והכתיב °והוצאת את האיש ההוא או את האשה (דברים יז) ההיא אלא אותו בלא כסותו ולא אותה בלא כסותה: האיש נתלה ואין כו׳: *מ״ט אמר קרא °ותלית אותו על עץ אותו ולא אותה: (שם כא) האיש נמכר בגניבתו ואין האשה נמכרת בגניבתה: מ״ט אמר קרא °ונמכר בגניבתו (שמות כב) בגניבתו ולא בגניבתה:

הדרן עלך היה נוטל

א ארוסה א*ושומרת יבם דלא שותות ולא נוטלות כתובה שנאמר °אשר תשטה אשה תחת אישה (במדבר ה) פרט לארוסה ושומרת יבם ה‎אלמנה לכהן גדול גרושה וחלוצה לכהן הדיוט ממזרת ונתינה

רש״י

ה״ג **ואפי׳ רבנן לא פליגי עליה אלא במנחת חוטא של כהנים דבת הקרבה היא.** דמקשי חובתו לנדבתו דלא בעי קמיצה אבל הא דלאו בת הקרבה היא דלמא בתרה דידה אזלינן ושירים גמורים נינהו ואפילו רבנן מודו דמתפזרין: **מאי טעמא.** קאמר מתני׳ מנחת כהנת נאכלת כשאינה נשואה לכהן וכשהיא נשואה לכהן אינה נאכלת כליל מיהא לא הויא: **לא יחלל זרעו.** בכהן הנושא פסולה לכהונה כתיב ודרשינן בקידושין (דף עז.) לא יחלל שני חילולין אחד לה ואחד לזרעו שהכהן מחלל את שתיהן אבל הוא אין מתחלל: **בני אהרן.** לנפש לא יטמא ולא בנות אהרן באזהרה זו: **כל זכר בבני אהרן יאכלנה.** במנחה כתיב: **איש.** צרוע הוא: **אין לי.** שנחלט בטומאת נתקים אלא איש אשה מנין כשהוא אומר סמוך לו והצרוע אשר בו הנגע ולא איבעי ליה למכתב אלא בגדיו יהיו פרומים וראשו יהיה פרוע דהא כתיב לעיל דבמצורע קמיירי אלא לרבות צרוע שני כגון אשה: ה״ג **א״כ מה ת״ל איש לענין שלמטה איש פורע ופורם וכו׳**(א). מה ת״ל איש מאחר שסופינו לרבות את האשה: **לענין שלמטה.** לאו למעוטי מטומאה האמורה בפסוק זה בא למעוטי אלא מענין האמור בפסוק שלאחריו דכתיב ביה פריעה ופרימה לומר לך איש פורע ופורם ולא אשה: **הלכה היא בנזיר.** הלכה למשה מסיני הוא בהלכות נזיר: **נתתי לאיש.** באביה תלית נתינתה: **ורגמו אותו.** (ב)אי נימא אותו ולא אותה והכתיב גבי נערה המאורסה והוצאתם את שניהם וסקלתם אותם אלא הא דממעט אשה לענין ערום דנפיק מהאי קרא מיעוטא דאותו משמע ולא כסותו ולהכי נקט ליה להאי משמעותא דערום בלשון זכר גבי איש למימרא הא אותה בכסותה: **נמכר בגניבתו.** אם אין לו מה לשלם:

הדרן עלך היה נוטל

ארוסה. שקינא לה ארוס: **ושומרת יבם.** שקינא לה יבם: **לא שותות.** דמעטינהו קרא: **ולא נוטלות כתובה.** שהיא גרמה לאסור עצמה עליו שנסתרה אחר קינוי דמקינוי ואיסור לא אימעיט כדמפרש בגמרא ואפילו לית לן דרב המנונא* (ג)דשומרת יבם שזינתה מותרת ליבמה נהי דמותרת מיהו לא בעי למינסב אשה זונה והיא הפסידה כתובתה: **תחת אישה.** ביושבת תחתיו הכתוב מדבר: **נתינה**

תוספות

כהן ולא כהנת. ירושלמי ר׳ אבהו בעי קמיה ר״ל והכתיב (ויקרא כב) וכהן כי יקנה נפש קנין כספו מעתה כהן ולא כהנת א״ל והכהן המשיח תחתיו מבניו את שבנו עומד תחתיו יצתה זו שאין בנה עומד תחתיה ה״ה דבפרק הזרוע (חולין דף קלג.) הוה מצי לשנויי נמי הכי ונתן לכהן הזרוע דלא אמר לכהן ולא לכהנת אלא אפילו לכהנת דהכא טעמא משום דכתיב והכהן המשיח תחתיו מבניו אבל התם דחי ליה משום דאהרן ובניו כתיב בפרשת מנחה אי נמי משום דהתם הוי מיעוט אחר מיעוט: ***מה בין איש לאשה.** בתוספתא (פ״ב) קא חשיב עובר על מצות עשה שהזמן גרמא מה שאין כן באשה האיש עובר על בל תקיף ועל בל תשחית ועל בל תטמא למתים מה שאין כן באשה האיש נדון בבן סורר ומורה ונעטף ומספר ואין האשה נעטפת ומספרת האיש נמכר ונשנה ואין האשה נמכרת ונשנית האיש נרצע ונמכר לעבד עברי וקונה לעבד עברי ואין האשה נרצעת ונמכרת וקונה ולא קתני התם כל הני דמתני׳ אלא דזכאי בבתו משום דמפרש התם בכסף ובשטר ובביאה ותימה אמאי לא חשיב נמי סמיכות תנופות הגשות וקמיצות דבין כהן לכהנת וכל הני דתנן בפ״ק דקידושין (דף לו.) ולא קתני נמי שהעברי יוצא בשנים וביובל ובמיתת האדון משא״כ בעבריה הזב מטמא בראיות ולא הזבה מצורע אסור בתשמיש המטה ולא מצורעת כדמפרש בריש פרק מחוסרי כפרה (כריתות דף ח:) מחוץ לאהלו ולא מחוץ לאהלה: ***האיש מגלח על נזירות.** בפ״ד דנזיר (דף ל.) ובפרק בתרא דכריתות (דף כז:) מפ׳ דדוקא על מעות סתומין ולא על מעות מפורשין: **שנאמר את בתי.** מרישא דקרא יליף ליה ואמר אבי הנערה אל הזקנים משמע למעט אמה דאינה זכאה בבתה לתת: **ותלית אותו ולא אותה.** בפרק נגמר הדין (סנהדרין דף מו.) נפקא לן מוכי יהיה באיש ולא באשה: **בגניבתו ולא בגניבתה.** תימה כיון דאי גנבה אינה נמכרת בגניבתה א״כ אין ב״ד רשאין למוכרה דבית דין אין מוכרין אלא בגניבתו ובפ״ק דקידושין (דף יד:) ממעטי רבנן מורצע את אזנו אזנו שלו ולא אזן של מוכר עצמו דדוקא מכרוהו בית דין נרצע ואשה הואיל ואין בית דין מוכרין אותה אנא ידענא דאינה נרצעת ואמאי איצטריך לרבנן *למילף מהעבד ולא אמה העבריה דאינה נרצעת וי״ל כיון דאינה נמכרת אלא ע״י אביה סד״א תיהוי מכירה דאב במקום מכירת בית דין ותרצע להכי איצטריך קרא:

הדרן עלך היה נוטל

ושומרת יבם לא שותות ולא נוטלות כתובה. ירושלמי יודעת היתה שאין ארוסה שותה ולמה הכניסה עצמה *למספר הזה המרובה בשביל לפוסלה מכתובתה פר״ח ארוסה אע״פ שאין לה כתובה יש לה מנה ומאתים ועל מנה ומאתים קתני הכא לא נוטלת כתובתה רש״י פי׳ דליכא למיפשט ממתני׳ הא דאמר רב המנונא *שומרת יבם שזנתה אסורה ליבמה דאפילו אי לית לן דרב המנונא מיהו אי לא בעי יבם למינסב אשה זונה אינה נוטלת כתובתה מיהו תימה אי לית לן דרב המנונא קרא מאי איצטריך למעוטי והא תנן בפרק היה מביא (לעיל דף יח:) כל שתיבעל ולא תהא אסורה לו לא היה מתנה דמה קינוי שייך היכא דלא מיתסרא בסתירותיה אלא מדאיצטריך למעוטי ש״מ דמיתסרא מיהו ליכא למיפשט מהכא משום דמוקי לה בגמרא כגון שבא עליה יבם בבית אחיו דקנאה לפוטרה בגט בלא חליצה אפילו אליבא דשמואל הלכך שייכא נמי אשתו ליאסר עליו בזנות כדברי הכל: **אלמנה לכ״ג וכו׳.** האי דלא עריב ותני להו אלו לא שותות ולא נוטלות כתובתן ולתני ארוסה ושומרת יבם אלמנה לכ״ג וכו׳ מעוברת חבירו ומניקת חבירו ואיילונית זקינה וכו׳ י״ל משום הכי פלגינהו משום דחלוקין בטעמם מיהו תימה אמאי לא תנא מעוברת בתר בבא דאלמנה לכ״ג דדמי בטעמא וה״ל למיתני בתחלת הפרק אלו לא שותות ובתר ליחשב וליזל כולהו כל הני דדמיין להדדי כל חד וטפי הוה שייך למיתני אלו בראש כולן ממאי דתני קצת דלא שותות והדר תני אלו: שאינה

תוספות שאנץ

ה״ג ואפי׳ רבנן לא פליגי עליה אלא במנחת חוטא דבת הקרבה היא דמקשינן חובתו לנדבתו דלא בעיא קמיצה אבל הא דלאו בת הקרבה היא דלמא בתר דידה אזלי׳ ושירים גמורין נינהו אפי׳ רבנן מודו דמתפזרין אבית הדשן ל״ה. ה״ג א״כ מה ת״ל איש לענין שלמטה לא למעוטי מטומאה האמורה בפסוק זה בא למעוטי אלא מענין האמור בפסוק של אחריו דכתיב ביה פריעה ופרימה דליכא למימר דלענין שלמעלה קאמר דדוקא האיש נחלט ואין האשה נחלטת א) דהא אינה פורעת ופורמת. אותו בלא כסותו ולא אותה בלא כסותה. וא״ת לרבנן דר׳ יהודה דלעיל דאמרי אין האשה נסקלת ערומה משום דחיישינן להרהור ובעי נמי ברור לה מיתה יפה ב) ותיפוק לי מהאי קרא. וי״ל דאי מההיא אשה בין בכסותה בין שלא בכסותה קמ״ל רב נחמן דאמר קרא ואהבת לרעך כמוך. אבל ר׳ יהודה דאמר לעיל דאין מכסין אותה אלא שני פרקים משום דצערא דגופה עדיף טפי (ולית ליה) [וא״ת אטו לית ליה] הך דרשא דהכא הא אותה בכסותה. וי״ל דאה״נ דלית ליה א״נ אית ליה וסבירא ליה דקרא לא אתא אלא שיכסו אותה שני פרקים אבל יותר לא משום צערא דגופה עדיף טפי ורוצה לומר הא אותה בכסותה בשני פרקים שמכסין אותה: בגנבתו ולא בגנבתה כו׳. ואע״ג דדרשי׳ מהאי קרא בגנבתו ולא בכפלו בגנבתו ולא בזוממו (שאם הודה לא ישלם פי׳ שנים ממה שהזום) בגנבתו גנבה אחת ולא ב׳ גנבות י״ל דכולהו הני דרשות ש״מ: סליק פירקא

פרק שלישי ארוסה ושומרת יבם לא שותות ולא נוטלות כתובה שהיא גרמה לאסור עצמה שנסתרה אחר קנוי פרשב״ם. ואפי׳ למאן דלית ליה דרב המנונא דאמר שומרת יבם שזינתה אסורה ליבמה מ״מ נהי דהוי מותרת לו. אי לא בעי לאינסובי משום שהיא זונה תפסיד כתובתה כיון שזינתה. מיהו אומר ר״י דהלכה ג) דארוסה זו שזינתה דנאסרה בביאה זו על בעלה והך כר׳ עקיבא דמשוי חייבי לאוין כערוה. אלמנה לכהן גדול לא שותות ולא נוטלות כתובה ואע״ג דשאר אלמנה ניזונת זו אין לה כתובה שסתירתה גרמה לה ליאסר עליו ואפי׳ ראויה לו הלכך לאו בת כתובה היא דלא עדיפא מכשרה ל״ה ולא שותות דלא נאמרו בפרשה אלא בראויה לקיימה והכי תני בספרי כי תשטה אשתו בראויה לאישות הכתוב מדבר פרט לאלמנה לכהן גדול וא״ת אמאי לא תאני כולהו בחד בבא וי״ל [illegible]

[שייך לעמוד א׳ במשנה]

[ג״ז שייך לע״א במשנה]

הגהות הב״ח

(א) רש״י ד״ה ה״ג וכו׳ ופורס כו׳ פי׳ מה ת״ל: (ב) ד״ה ורגמו אותו מאי אותו אלימא וכו׳ ולא בכסות: (ג) רש״י ד״ה ולא נוטלות וכו׳ ושומרת יבם:

נ״ל למספק

[illegible]

א משנה **אֲרוּסָה** שקינא לה הארוס, **וְשׁוֹמֶרֶת יָבָם** שקינא לה היבם ונסתרו — **לֹא שׁוֹתוֹת** מי סוטה, **וְלֹא נוֹטְלוֹת כְּתוּבָּה** מן הבעל כאשר מגרשן, שהרי נאסרו לו מחמת סתירה זו, וכיון שהיה הדבר באשמתן — אינן נוטלות כתובה. וראיה שאינן שותות — **שֶׁנֶּאֱמַר: ״אֲשֶׁר תִּשְׂטֶה אִשָּׁה תַּחַת אִישָׁהּ״** (במדבר ה, כט) **פְּרָט לַאֲרוּסָה וְשׁוֹמֶרֶת יָבָם** שאין שתיהן בגדר ״תחת אישה״, כלומר, חיה עימו כאשתו. אם היו הנשים הסוטות אסורות לבעליהן באיסור לאו, כגון **אַלְמָנָה** שנישאה **לְכֹהֵן גָּדוֹל**, או **גְּרוּשָׁה וַחֲלוּצָה** שנישאו **לְכֹהֵן הֶדְיוֹט**, או **מַמְזֶרֶת**

מסורת הש״ס

א. יבמות נח,א. סוטה כה,א. קדושין כז,ב. וראה ירושלמי סוטה פ״ב ה״ה. ספרי במדבר ה, כט. ספרי זוטא ה, יט. במדב״ר פ״ט יז.

ב. ספרי במדבר ה, יב. (הצירוף) ראה סוטה מג,א ובמקבילות שם.

גרסות

לא שותות ולא נוטלות יש בכת״י: לא שותה ולא נוטלת.

עיונים

ארוסה וכו׳ אף שדנו אמוראים בעיקר הבעיה אם יש כתובה לארוסה, הכל מסכימים כי אם כתב לה כתובה שהיא גובה לפחות את עיקר הכתובה (מנה או מאתיים, לפי מעמדה). ועל עיקר הדין מפני מה אינן נוטלות כתובה, נראה כי למרות שאינן שותות בגלל גזירת הכתוב בכל זאת לא נתמעטו מן האיסור, וכדברי התלמוד הירושלמי, כיון שהכניסה האשה את עצמה למצב של טומאת מספק הרי היא מאבדת בכך את כתובתה. ושם אמרו שמסיבה זאת אף בית שמאי (הסוברים להלן שאשה שאינה שותה מקבלת כתובתה מספק) אין חולקים בכך.

ושומרת יבם לכאורה, הרי לפי מסקנת ההלכה (סוטה יח, ב) אין שומרת יבם נפסלת משום זנות, ואם כן מפני מה אינה נוטלת כתובה? ורש״י פירש שאף שמותרת ליבם מצד הדין, מכל מקום יכול הוא לסרב לשאתה משום שאינו רוצה באשה פרוצה, וכיון שהיא גרמה לכך במעשיה איבדה את כתובתה. וכבר תהו ראשונים ואחרונים על דבריו, וראה בתוס׳ (ד״ה ושומרת) שתירצו שאין מדובר כאן בסתם שומרת יבם אלא במקרה מיוחד שכבר בא עליה, וכמבואר להלן. ובתו״ש ובתוהרא״ש כתבו שאף משנה זו היא כדעת ר׳ עקיבא שלגביו איסורי לאוין הם כאיסור כרת, ולפי דבריו שומרת יבם שזינתה אסורה ליבם, ולפי זה אין הלכה כמשנה זו. וראה בתלמוד הירושלמי שדנו בכך וסיכמו כי לענין שתיה יש בכתוב מיעוט שאינו שותה אלא זו שהיא אשתו ממש של הבעל, אבל לענין קינוי וסתירה (והאיסור שבא מחמתם) אפילו זו שהיא ״מקצת אשתו״ היא בכלל זה.

אלמנה לכהן גדול כמבואר במסכת כתובות אף אשה שנישאה באיסור לאו יש לה כתובה, אבל לגבי אלמנה זו שהיא גם סוטה אף על פי שהיו נישואיה פסולים ולמרות זאת מקבלת כתובה, אי אפשר לומר שיקלו בה יותר מבאשה שהיתה כשירה לבעלה ונסתרה (תר״ש ועוד). ומה שלא שנה את כל אלה שאינן שותות ואינן נוטלות כתובה ברשימה אחת הוא משום שאין הטעם בהן שווה. כי לגבי ארוסה ושומרת יבם הטעם שאינן שותות הוא משום גזירת הכתוב של ״תחת אישה״ (או כדרשת התלמוד הירושלמי), ואילו לגבי אלמנה ושאר הפסולות הטעם הוא אחר — שאין משקה אלא את האשה הראויה לו, כמבואר בספרי. ולדעת הרמב״ם (בפיה״מ, וכן מביא המאירי גם טעם זה) הטעם הוא מפני שאין המים בודקים אשה שבעלה עבר בבעילת איסור, שאינו ״מנוקה מעוון״, ומשום כך כיון שבא על אשתו זו באיסור הרי ממילא אינו יכול להשקות עוד. ובתלמוד הירושלמי משמע שהטעם הוא או משום שאין לקרוא בו ״ונקתה ונזרעה זרע״ שהרי יהא זה זרע פסול. ועוד אמרו שם, שכל הבדיקה אינה אלא כדי להתירה לבעלה, וזו גם כשתימצא טהורה חייב להוציאה.

אורח ההלכה

ארוסה ושומרת יבם ארוסה ושומרת יבם, שקינא להן האיש ונסתרו בעדים, אף שהיא רוצה לשתות והוא רוצה להשקותה — אינה שותה מי המרים אלא יוצאה בלא כתובה. (רמב״ם ספר נשים הלכות סוטה פ״ב ה״ב).

אלמנה לכהן גדול וכו׳ מי שהיתה אשתו אסורה עליו, בין באיסור לאו ובין באיסור עשה, ואפילו שניה לעריות שאסורה לו מדברי סופרים, וקינא לה ונסתרה — אינה שותה, אך יוצאת בלא כתובה ואסורה עליו אף משום זה. (רמב״ם שם ה״ט).

וּנְתִינָה מן הגבעונים האסורים לבוא בקהל, הנשואה לְיִשְׂרָאֵל, וּבַת יִשְׂרָאֵל הנשואה לְמַמְזֵר וּלְנָתִין — לֹא שׁוֹתוֹת וְלֹא נוֹטְלוֹת כְּתוּבָּה שרק המותרות להינשא לבעליהן שותות. וְאֵלּוּ לֹא שׁוֹתוֹת וְלֹא נוֹטְלוֹת כְּתוּבָּה: הַמודה ואוֹמֶרֶת "טְמֵאָה אֲנִי", וכן זו שֶׁבָּאוּ לָהּ עֵדִים המעידים שֶׁהִיא טְמֵאָה, וְהָאוֹמֶרֶת "אֵינִי שׁוֹתָה" אף שאינה מודה שנטמאה, מאחר שהיא מסרבת לעשות זאת שלא לשתות ולא משום שנפטרה מכך. אולם, זו שֶׁאָמַר בַּעְלָהּ "אֵינִי מַשְׁקָהּ", וְכן זו שֶׁבַּעְלָהּ בָּא עָלֶיהָ בַּדֶּרֶךְ לבית המקדש להשקותה, לאחר שקינא לה ונסתרה — נוֹטְלוֹת כְּתוּבָּה למרות שלֹא שׁוֹתוֹת, שהרי אשמת הבעל היא שאינה שותה. מֵתוּ בַּעֲלֵיהֶן של הנשים שנסתרו וקינאו להן בעליהן עַד שֶׁלֹּא שָׁתוּ, בֵּית שַׁמַּאי אוֹמְרִים: נוֹטְלוֹת כְּתוּבָּה וְלֹא שׁוֹתוֹת, וּבֵית הִלֵּל אוֹמְרִים: אוֹ שׁוֹתוֹת אוֹ לֹא נוֹטְלוֹת כְּתוּבָּתָן. נשים האסורות לבעליהן מדברי סופרים כגון שנשא אשה מְעוּבֶּרֶת חֲבֵירוֹ (שמת או שגירשה חבירו), או מֵנִיקַת חֲבֵירוֹ שאסרו חכמים לשאתה בתוך עשרים וארבעה חודש מלידת התינוק — לֹא שׁוֹתוֹת וְלֹא נוֹטְלוֹת כְּתוּבָּה, אלו דִּבְרֵי ר' מֵאִיר. וַחֲכָמִים אוֹמְרִים: אין כאן איסור גמור על נשים אלו, שהרי יָכוֹל הוּא לְהַפְרִישָׁהּ ממנו וּלְהַחֲזִירָהּ אליו לְאַחַר זְמַן. היתה הסוטה אַיְילוֹנִית (שאינה מסוגלת מטבעה ללדת) או זְקֵינָה, או שֶׁאֵינָהּ רְאוּיָה לֵילֵד מטעם אחר — לֹא נוֹטְלוֹת כְּתוּבָּה וְלֹא שׁוֹתוֹת, שיש איסור לשאת אשה כזו, שהרי מבטל מצוות פריה ורביה. ר' אֶלְעָזָר אוֹמֵר: אין אלה נישואי איסור, שהרי יָכוֹל הוּא לִישָּׂא אִשָּׁה אַחֶרֶת וְלִפְרוֹת וְלִרְבּוֹת הֵימֶנָּה, ולכן נישואין אלה כשרים הם, והן שותות כשאר הנשים. וּשְׁאָר כָּל הַנָּשִׁים — אוֹ שׁוֹתוֹת אוֹ אם אינן שותות לֹא נוֹטְלוֹת כְּתוּבָּה. אֵשֶׁת כֹּהֵן שׁוֹתָה, ואם נבדקה ונמצאה טהורה — מוּתֶּרֶת לְבַעְלָהּ. אֵשֶׁת סָרִיס גם היא שׁוֹתָה.

ולענין החשוד על הסוטה: עַל יְדֵי כָּל עֲרָיוֹת מְקַנִּין, כלומר, יכול הבעל לקנא לאשתו מכל איש, גם אם הוא אסור עליה באיסור ערוה (כגון אביה או אחיה). חוּץ מִן הַקָּטָן, וּמִמִּי שֶׁאֵינוֹ אִישׁ כגון שחושד בה שנבעלה לבהמה, וכיוצא בזה. וְאֵלּוּ שֶׁבֵּית דִּין מְקַנִּין לָהֶן, כלומר, שבית דין נעשים כשליחים לבעל לקנא לאשתו: מִי שֶׁנִּתְחָרֵשׁ (נעשה חרש) בַּעְלָהּ, אוֹ נִשְׁתַּטָּה (השתגע), אוֹ שֶׁהָיָה חָבוּשׁ בְּבֵית הָאֲסוּרִין. לֹא לְהַשְׁקוֹתָהּ ממש אם נסתרה אחר קינוי בית דין אָמְרוּ לקנא על ידי בית דין, אֶלָּא רק לְפוֹסְלָהּ מִכְּתוּבָּתָהּ. ואילו ר' יוֹסֵי אוֹמֵר: אַף לְהַשְׁקוֹתָהּ מועיל הדבר. כיצד — לִכְשֶׁיֵּצֵא בַּעְלָהּ מִבֵּית הָאֲסוּרִין — יַשְׁקֶנָּה.

א גמרא שנינו במשנה שארוסה ושומרת יבם אינן שותות. ומדייקים מכאן: מִישְׁתָּא [לשתות] הוּא שֶׁלֹּא שָׁתְיָא [שותה] הָא קִנּוּי [הרי לקנא] מְקַנֵּי [מקנא] לָהּ ונאסרת עליו על ידי הקינוי והסתירה. ושואלים: מְנָא הָנֵי מִילֵּי [מניין הדברים הללו]? ומשיבים: דְּתָנוּ רַבָּנַן [ששנו חכמים] על הנאמר בתחילת פרשת סוטה "דַּבֵּר אֶל בְּנֵי יִשְׂרָאֵל וְאָמַרְתָּ אליהם" (במדבר ה, יב) — "ואמרת אליהם" בא לְרַבּוֹת אֲרוּסָה וְשׁוֹמֶרֶת יָבָם לְקִינּוּי. וּמַתְנִיתִין מַנִּי [ומשנתנו כשיטת מי היא] — כשיטת ר' יוֹנָתָן הִיא. דְּתַנְיָא [שכן שנינו בברייתא], מה שנאמר "תַּחַת אִישֵׁךְ" (שם יט), הרי זה בא למעט, פְּרָט לַאֲרוּסָה שאינה חיה עתה תחת אישה, שאינה שותה. יָכוֹל שֶׁאֲנִי מוֹצִיא אַף שׁוֹמֶרֶת יָבָם — תַּלְמוּד לוֹמַר: "אִישׁ אִישׁ כי תשטה אשתו" (שם יב), "איש איש" — הוא לשון ריבוי, ומרבה שומרת יבם, אלו דִּבְרֵי ר' יֹאשִׁיָּה. ר' יוֹנָתָן אוֹמֵר: "תַּחַת אִישֵׁךְ" (שם יט) — פְּרָט לְשׁוֹמֶרֶת יָבָם שעדיין לא נישאה לו ואינה שותה. ואם יעלה על דעתך לומר: אוֹצִיא שׁוֹמֶרֶת יָבָם וְלֹא אוֹצִיא אֶת אֲרוּסָה — תַּלְמוּד לוֹמַר: "אֲשֶׁר תִּשְׂטֶה אִשָּׁה תַּחַת אִישָׁהּ" (שם כט) — פְּרָט לַאֲרוּסָה. ומסבירים את שיטותיהם; מָר אַלִּימָא לֵיהּ [חכם זה, ר' יונתן, חזק לו, בעיניו יותר] הקשר עם הָאֲרוּסָה. וטעם הדבר משום דְּקִידּוּשֵׁי דִּידֵיהּ [שהקידושין שלו הם], שהוא עצמו קידש אותה, מה שאין כן ביבם שבא מכוח קידושי אחיו, וְעוד שאם זינתה אחרי הקידושין סוֹקְלִין עַל יָדוֹ, שהרי הנערה המאורסה שזינתה נסקלת, ואילו שומרת יבם רק לוקה, ולכן ממעט מהמילים "תחת אישך" רק שומרת יבם. וּמָר אַלִּימָא לֵיהּ [וחכם זה, ר' יאשיה, חזקה לו, בעיניו יותר] הקשר עם שׁוֹמֶרֶת יָבָם, ומדוע? שֶׁלֹּא מִיחַסְּרָא [מחוסרת] אפילו מְסִירָה לַחוּפָּה, ונעשית אשתו של היבם מיד כשבא עליה, לכן ממעט רק ארוסה. ושואלים: וְר' יוֹנָתָן הממעט גם ארוסה וגם שומרת יבם, הַאי [הכתוב הזה] "אִישׁ אִישׁ" מַאי עָבֵיד לֵיהּ [מה עושה הוא בו]? שהרי הוא לשון ריבוי! ומשיבים: מִיבָּעֵי לֵיהּ [נצרך לו] הדבר לְרַבּוֹת אֵשֶׁת חֵרֵשׁ, וְאֵשֶׁת שׁוֹטֶה, וְאֵשֶׁת

מסורת הש"ס

א. (רשימה זהה בענין אחר) סוטה ו,א. כג,א.
ב. ירושלמי סנהדרין פ"ח ה"ו.
ג. יבמות לח,ב. כתובות פא,א.
ד. שם. וראה ירושלמי כתובות פ"ט ה"ז. שם סוטה פ"ד ה"א. שם סנהדרין פ"ח ה"ו.
ה. תוספתא סוטה פ"ה ו.
ו. ירושלמי סוטה שם. ראה סוטה כו,א. תוספתא שם ד. ספרי במדבר ה, כח. במדב"ר פ"ט מא.
ז. ספרי זוטא ה, ל. במדב"ר פ"ט לד.
ח. שם. במדב"ר שם יז.
ט. ראה סוטה כו,ב ובמסומן שם. וראה תוספתא סוטה פ"ה ו. וראה ירושלמי סוטה פ"ד ה"ה. במדב"ר פ"ט לד. וראה תנחומא בובר נשא י.
י. סוטה כז,א. ספרי במדבר ה, כט. ספרי זוטא ה, יב. במדב"ר פ"ט יז. שם כו. שם כח. ילק"ש תורה תשו.
יב. ירושלמי סוטה פ"ד ה"א. ספרי זוטא שם. במדב"ר שם כח. וראה במדב"ר שם יז. ילק"ש שם.
יג. ספרי במדבר ה, כט. ילק"ש שם תשט.
יד. ספרי שם.

גרסות

לא שותות ולא נוטלות יש בכת"י: **לא שותה ולא נוטלת.**

או שותות או לא נוטלות יש בכת"י: **לא שותות ולא נוטלות.**

לא נוטלות כתובה ולא שותות יש בכת"י ועוד: **לא שותות ולא נוטלות כתובה.**

ואמרת לרבות יש בכת"י וכן בב"ח: **ואמרת אליהם לרבות.**

את ארוסה בכת"י יש: **את הארוסה.**

העולם

איילונית

מן הדיונים המפורטים בתלמוד (בעיקר במסכת יבמות) נראה כי האיילונית היא אשה שיש בה פגם גנטי שאינו מאפשר לה ללדת ילדים. להבדיל מן העקרה שהיא בדרך־כלל אשה שיש בה פגם משני מסויים אבל התפתחותה הגופנית והמינית היא תקינה. האיילונית ניכרת גם בהתפתחות גופנית שונה (הניכרת בסימני המין המשניים כגון "שתי שערות"). מן התיאורים נראה כי יש סוגים שונים של איילוניות, למן אלה שיש בהן עודף הורמונים זכריים, עד לאלה הסובלות מסינדרום טרנר (Turner).

בהלכה יש דיונים רבים ביחס למעמדה של האיילונית, בעיקר משום שאין סימני המין המשניים מצויים אצלה כלל או שהם באים רק בגיל מבוגר. ומכאן שאלות רבות ביחס לקביעת זמן בגרותן של האיילוניות.

עיונים

ושבאו לה עדים וכו' לכאורה דבר זה לא היה צריך לאומרו, ובפשטות יש לומר שרצה להשלים את כל רשימת הנשים הללו. ויש שכתב כי בא להדגיש שאין צורך בשני עדים לשם כך אלא בעדות הראויה לה, שהרי אמרו שאף על פי עד אחד שמעיד שנטמאה דיו בכך כדי לאוסרה (מנחה חריבה).

או שותות או לא נוטלות במקבילות מבואר שלשון זו היא בדרך הפלגה, כלומר צריכות היו לשתות וכיון שאינן יכולות לשתות (שהרי אין הבעל קיים) לכן אין נוטלות כתובה. וראה להלן שמסביר את הצד המשפטי העומד בבסיס מחלוקת זו.

מעוברת חבירו וכו' חכמים גזרו שלא ישא אדם לא אשת חבירו המעוברת ולא זו שהיא מניקה עדיין עד שיעבור זמן מסויים (ונחלקו תנאים בשיעור זמן זה, אבל למסקנה — עשרים וארבעה חודש מאז לידת הילד). והטעם שנתנו לכך היה משום שיש לשער שאם תנשא תכנס שוב להריון וייפסק חלבה, וכיון שאין הילד של הבעל לא ידאגו לו כראוי ועלול הוא למות. וראה בספר הישר ועוד, שהיו חכמים שאמרו שדין זה דווקא באלמנה ולא בגרושה, אבל אין כן דעת ר"ת ורוב הפוסקים. ואחרונים דנו בשאלה הבאה, מפני מה סתם משנה ("חכמים") סבורה שאסור הדבר באיילונית ומותר במעוברת, והרי בשני המקרים יש צד איסור בנישואין! ותירצו בדרכים שונות. בתוי"ט מסביר כי כדי להתיר לו לקיים את האיילונית צריך הוא לעשות מעשה (לשאת אשה נוספת היכולה לילד) ואילו במעוברת די לו בפרישה זמנית בלבד. ויש שמחלקים בין איילונית שמעיקרה היא איסור תורה (של ביטול פריה ורביה) ובין מעוברת שהיא גזירת חכמים (ראה בחידושי בתרא, ודבר שאול ועוד).

יכול הוא להפרישה ובאמת היא היא המחלוקת, שלדברי ר' מאיר כיון שעבר ונשאה — מגרשה ושוב אינו מחזירה עולמית, ואם כן איסורה איסור קבוע. אבל חכמים אומרים שלאחר שיעבור הזמן הזה, גם אם נשאה באיסור יכול לקיימה (פיה"מ לרמב"ם ועוד).

איילונית וזקינה וכו' מדברי הגמרא להלן משמע שהמחלוקת היא האם יש איסור בכך שהוא נשוי לאשה שאינו יכול לקיים על ידה מצוות פריה ורביה. אבל ראה בתלמוד הירושלמי שנראה שדורש מן הכתוב "ונקתה ונזרעה זרע" (במדבר ה, כח) והוציא את אלו שאין הדבר יכול להתקיים בהן (אבל ראה במאירי).

שאינה ראויה לילד רש"י מסביר כגון ששתתה כוס של תרופות שגרמו לה להיות עקרה, וכיוצא בזה כתב המאירי שהוא מטעם זה או מטעם פגם גופני אחר, כגון שיש לה פצע ברחמה וכיוצא בזה. ובשם ר"ח כתבו שמדובר באשה שנישאה אחרי שהגיעה לארבעים שנה, ששוב אינה יולדת.

אשת כהן שותה וכו' כתב הרמב"ם בפיה"מ (וראה להלן בגמ') שהיה צורך לומר זאת משום שהרי ייתכן שהאשה אכן נבעלה אלא שנבעלה באונס. ובכגון זה אין המים בודקים אותה, שהרי היא לא חטאה, אבל מכל מקום אסורה היא לכהן, שהרי כהן אסור גם באשתו שנאנסה, ולכן אמר שאין חוששים לכך.

אשת סריס והרי לכאורה גם באשת סריס לא יכול להתקיים "ונזרעה זרע"? ויש לומר שכיון שאין החסרון מצידה ומצד עצמה ראויה היא לכך — אין מניעה שתשתה (מנחה חריבה).

ואמרת לרבות רש"י מסביר כמשמעו, ש"ואמרת אליהם" בא לרבות דבר שאינו נאמר במפורש בכתוב. ויש שהסביר כי הדרשה מסתמכת על המשכו של הפסוק שנאמר בו "אשתו", וכמו הביטוי "הבא את אשתי" המוזכר ביעקב אבינו, ממנו אפשר ללמוד ש"אשתו" כולל לא רק את הנשואה לו אלא גם זו שקשור עימה בקשר אירוסין וכיוצא בו (תורה תמימה). וראה בתלמוד הירושלמי שדורש את הדברים מריבוי אחר, שנאמר "את אשתו" לרבות אפילו מי שהיא "מקצת אשתו".

ר' יונתן היא ושאלו: הרי הדרשה "ואמרת" מרבה גם ארוסה וגם שומרת יבם, ואילו ר' יונתן לומד דבר זה משני כתובים נבדלים! ויש שכתבו כי כאן לא נכנס לפרטי הדרשה אלא למסקנה ההלכתית, והיא בודאי כשיטת ר' יונתן (תר"ש). והוסיף בתוהרא"ש כי אפשר לומר שאף בדרשה ראשונה זו נלמד הדבר כר' יונתן, אלא שלא הובאה בשלימותה.

אורח ההלכה

האומרת טמאה אני האשה שקינא לה בעלה ונסתרה אין כופים אותה לשתות את המים המרים, ולפיכך אם הודתה ואמרה "טמאה אני" — אינה שותה, ובעלה חייב לגרשה ואסורה עליו לעולם, והיא יוצאת בלא כתובה. (רמב"ם ספר נשים הלכות סוטה פ"ב ה"א).

ושבאו לה עדים וכו' הסוטה שבאו לה עדים שהיא טמאה — אינה שותה, אלא יוצאת בלא כתובה, ואסורה לבעלה לעולם. (רמב"ם שם פ"א הי"ד).

והאומרת איני שותה אשה שאינה רוצה לשתות מי סוטה, אף שאומרת שהיא טהורה — אין כופים אותה לשתות, אבל יוצאת מבעלה בלא כתובה. (רמב"ם שם פ"ב ה"א).

אמר בעלה איני משקה אשה שקינא לה בעלה ונסתרה ולא רצה בעלה להשקותה, או זו שבא עליה בעלה לאחר שנסתרה — הרי זו אינה שותה, ונוטלת כתובה ויוצאת, והיא אסורה עליו לעולם. (רמב"ם שם).

מתו בעליהן עד שלא שתו אשה שמת בעלה קודם שהשקה אותה מי סוטה — אינה שותה ואינה נוטלת כתובתה, וכבית הלל, כפי שהוסברו דבריהם. (רמב"ם שם ה"ז).

מעוברת חבירו וכו' מי שעבר ונשא אשה שהיתה מעוברת מאיש אחר, או שנשא מניקת חבירו — אם קינא לה ונסתרה הרי הוא משקה אותה, לפי שעבירה זו יש לה תיקון, כדברי חכמים. (רמב"ם שם ה"ט).

איילונית וזקינה וכו' מי שלא קיים מצוות פריה ורביה, ואין לו אשה אחרת הראויה להוליד, ונשא איילונית או עקרה או זקינה שאינה ראויה ללדת; אם קינא לאשה זו — אינה שותה ואינה נוטלת כתובה. אבל אם קיים מצוות פריה רביה או שהיתה לו אשה הראויה ללדת, אם קינא לאיילונית וכו' — הרי זו שותה. כסתם משנה וכביאור הדברים בגמרא. (רמב"ם שם ה"י).

אשת כהן שותה וכו' סוטה ששתתה מים המרים ולא מתה מיד — הרי היא מותרת לבעלה ואפילו היה כהן, (ואפילו היתה מתנונה והולכת) כל עוד לא באו בה הסימנים האמורים בפרשה — "וצבתה בטנה" וכו'. (רמב"ם שם פ"ג הכ"א).

אשת סריס שותה אשת הסריס, בין סריס חמה ובין סריס אדם, אם היו מותרות לבעליהן — הרי הן ככל הנשים ושותות מי סוטה. (רמב"ם שם פ"ב ה"ו).

על ידי כל עריות מקנין וכו' אם מקנא הבעל לאשתו ומזהירה שלא להיבעל לאחר, הרי יכול לקנא לה מכל האסור עליה, ואפילו הוא אביה או בנה, או גוי, או מי שאינו מסוגל לבוא על אשה, ובלבד שיהא הלה גדול. אבל אינו מקנא לה לגבי קטן או בהמה. כמשנה וכביאורה בגמרא. (רמב"ם שם פ"א ה"א. שו"ע אה"ע קעח, ב).

אלו שבית דין מקנין להן וכו' אשה שנעשה בעלה חרש או שוטה, או שהיה במדינה אחרת או שהיה חבוש בבית האסורים, ושמעו בית דין שמרננים אחריה, קוראים לה ומזהירים אותה: אל תיסתרי עם איש פלוני. ואם נסתרה עם אותו אדם — אוסרים אותה על בעלה לעולם וקורעים את כתובתה. וכאשר בעלה מסוגל לכך נותן לה גט, אבל אינו יכול להשקותה כיון שלא הוא קינא לה. כסתם משנה. (רמב"ם שם ה"י־י"א. שו"ע שם, סעיף יג).

ונתינה לישראל ובת ישראל לממזר ולנתין לא שותות ולא נוטלות כתובה ואלו לא שותות ולא נוטלות כתובה [א]האומרת טמאה אני [ב]ושבאו לה עדים שהיא טמאה [ג]והאומרת איני שותה [ב]אמר בעלה איני משקה ושבעלה בא עליה בדרך נוטלות כתובה ולא שותות [ג]*מתו בעליהן עד שלא שתו [ד]*בש"א נוטלות כתובה ולא שותות *ובה"א [י]או שותות או לא נוטלות כתובתן [ה]מעוברת חבירו ומניקת חבירו לא שותות ולא נוטלות כתובה דברי ר"מ וחכ"א [ה]יכול הוא *להפרישה ולהחזירה לאחר זמן [ו]איילונית וזקינה ושאינה ראויה לילד לא נוטלות כתובה ולא שותות ר"א אומר יכול הוא לישא אשה אחרת ולפרות ולרבות הימנה ושאר כל הנשים או שותות או לא נוטלות כתובה [ז]אשת כהן שותה ומותרת לבעלה [ח]אשת סרים שותה [ט]ע"י כל עריות מקנין [י]חוץ מן [ט]הקטן וממי שאינו איש [כ]ואלו שב"ד מקנין להן מי שנתחרש בעלה או נשתטה או שהיה חבוש בבית האסורין [ל]לא להשקותה אמרו אלא לפוסלה מכתובתה ר' יוסי אומר אף להשקותה לכשיצא בעלה

א מבית האסורין ישקנה: **גמ'** [יא]*מישתא הוא דלא שתייא הא קנוי מקני לה מה"מ דת"ר °דבר אל בני ישראל ואמרת(א) [יב]לרבות ארוסה ושומרת יבם לקינוי ומתני' מני רבי יונתן היא דתניא [יג]תחת אישך פרט לארוסה יכול שאני מוציא אף שומרת יבם ת"ל איש איש דברי רבי יאשיה ר' יונתן אומר תחת אישך פרט לשומרת יבם אוציא שומרת יבם ולא אוציא את ארוסה תלמוד לומר אשר תשטה אשה תחת אישה פרט לארוסה מר אלימא ליה ארוסה דקידושי דידיה וסוקלין על ידו ומר אלימא ליה שומרת יבם דלא מיחסרא מסירה לחופה ורבי יונתן האי איש איש מאי עביד ליה מיבעי ליה [יד]*לרבות אשת חרש ואשת שוטה ואשת שעמום

תורה אור: °במדבר ה

רש"י

נתינה. מן הגבעונים ואסורין לבא בישראל כדאמרינן ביבמות (דף עח:) דוד גזר עליהן: **לא שותות.** דלא נאמרה פרשה אלא בראויה לקיימה והכי תניא בספרי כי תשטה אשתו בראויה לאישות הכתוב מדבר פרט לאלמנה לכ"ג וכו': **ולא נוטלת כתובתה.** ואע"ג דשאר אלמנה לכ"ג לא קנסוה רבנן כתובה כדאמרינן בכתובות בפרק אלמנה ניזונית (דף ק:) זו אין לה דסתירתה גרמה לה ליאסר עליו ואפי' היא ראויה לו הלכך לאו בת כתובה היא דלא עדיפא מכשרה: **אמר בעלה איני משקה ושבעלה בא עליה בדרך.** שהוא גרם לה שלא תשתה נוטלת כתובתה: **מתו בעליהן.** של כל סוטות הנסתרות וראויות לשתות ולא הספיקו להשקותן כו': **ולא שותות.** דבעינן והביא האיש את אשתו וגו': **וב"ה אומרים או שותות או לא נוטלות כתובה.** כלומר מתוך שלא שותות לא נוטלות כתובה ובגמ' מפרש פלוגתייהו: **מעוברת חבירו.** שמת והניחה מעוברת ומניקה או שגירשה והיא מעוברת או מניקה ואסרוה חכמים לינשא עד שיהא הולד בן ב' שנים שכך זמן יניקתו והלך זה ונשאה וקינא לה לא שותה שהרי אינה ראויה לו לקיימה: **יכול הוא להפרישה.** עד כ"ד חדש ולהחזירה הלכך ראויה לאישות קרינא ביה: **איילונית.** דוכרניתא דלא ילדה שממעי אמה נבראת כך ואין לה סימני אשה לא דדים ולא שערות וקולה עבה: **ושאינה ראויה לילד.** ששתת כוס עיקרין ואסורות לקיימה למי שאין לו בנים שהרי נצטוו ישראל על פריה ורביה: **אשת כהן שותה ומותרת לבעלה.** אם נמצאת נקיה ובגמ' פריך פשיטא: **אשת סרים.** כגון *שנסתרס לאחר שנשאה דקדמה שכיבת בעל לבועל: **שותה.** ובגמ' פריך פשיטא: **ע"י כל העריות מקנין.** אם קינא לה מאביה ומאחיה ומאחד מכל העריות שבתורה ונסתרה הוי קינויו קנוי ונאסרת עליו ושותה ובגמ' פריך פשיטא: **חוץ מן הקטן.** דכתיב ושכב איש אותה: **וממי שאינו איש.** ובגמ' מפרש לה: **ואלו שב"ד מקנין להן.** אם רואין אותם מתנהגות בפריצות: **לא להשקותה אמרו.** הם לא ישקוה דבעינן והביא האיש את אשתו ובעלה נמי לא ישקנה בקינוי זה *לכשיצא דבעינן וקינא והביא ורבי יוסי לא בעי וקינא והביא: **גמ' הא קנוי מקני לה.** ליאסר עליו מדקתני לא נוטלות כתובה: ה"ג **דבר אל בני ישראל ואמרת אליהם לרבות ארוסה ושומרת יבם לקינוי** ולא גרס איש איש דלדרשא אחרינא דרשינן ליה לקמן (דף כו.) אלא ריבויא מואמרת אליהם וה"נ אמר לקמן בפירקין* ואמרת רבויא הוא: **יכול שאני מוציא כו'.** דממשמעות קרא משמע לן ארוסה למעוטי דלא קרינן בה תחת אישך אבל שומרת יבם קרינן בה תחת אישך כדמפרש לקמי' דלא מיחסרא מסירה לחופה: **ורבי יונתן.** משמע ליה מיעוטא קמא לשומרת יבם אבל ארוסה קרינא בה אישות אי לאו דהדר מעטיה קרא אחרינא כדמפרש לקמן משום דהוא קידשה ואינה באה לו מכח קדושי אחרים ועוד שנסקלת על ידו מה שאין כן בשומרת יבם: **מר אלימא ליה ארוסה.** רבי יונתן חשיבה ליה ארוסה אשה גמורה טפי משומרת יבם: **דקדושי דידיה.** שע"י קידושי עצמו באה לו: **וסוקלין על ידו.** אם זינתה נסקלת בשבילו: **דלא מחסרא מסירה לחופה.** דנקנית ליבם בביאה גרידתא ואפי' בזנות להיות כאשתו לכל דבר כדתנן ביבמות (דף נג:) ומייתי' לה לקמן בפירקא: **לרבות אשת חרש(ב) שוטה.** שב"ד מקנין להן ובריית' היא בשילהי פירקין:

תוספות

שאינה ראויה לילד. רש"י פי' שתת כוס עיקרין אבל בפ' אע"פ (כתובות דף ס:) לא משמע הכי דמייתי התם ברייתא ותני בה או שהיתה היא עקרה זקינה ואיילונית ושאינה ראויה לילד אלמא דשאינה ראויה לילד לאו עקרה ולפרש"י שתת כוס עיקרין היינו עקרה וזה לשון ר"ח התם איכא למישאל היינו איילונית היינו עקרה היינו שאינה ראויה לילד ותשובה שאמרנו בפרק יש נוחלין (ב"ב דף קיט:) ניסת לב' יולדת עד מ' ניסת למ' שוב אינה יולדת וה"ה שנוכל לפרש שאינה ראויה לילד ששהתה אחר בעלה עשר שנים ולא היה דעתה לינשא דאמר בסוף פרק ד' אחים (יבמות דף לד:) אמר רב נחמן אמר שמואל כל ששהתה אחר בעלה י' שנים שוב אינה מתעברת כי אתא רבין אר"י ל"ש אלא שאין דעתה לינשא ואע"ג דאמר בגמ' בעקרה וזקינה ולפי' ר"ח לא הזכיר עקרה במשנה י"ל דלא דק בלישנא מיהו תימה אמאי לא תנא נמי במתני' עקרה: **ושאר כל הנשים או שותות.** תימה הא משנה יתירא מאי קמ"ל הא שמעינן ליה מרישא והאומרת איני שותה אינה נוטלת כתובתה ואומר רבי דווקא מעוברת אינה שותה משום דאיכא סכנת נפשות כדאמר בפרק החולץ (יבמות דף מג:) אבל ניסת בתוך ג' חדשים מאי דהוה הוה ותו לא קנסינן ליה להוציא וקרינן בה אשתו הראויה לו ובכהן אפילו לרבנן אינה שותה דמסקינן בפ' החולץ (שם לז.) אפילו לרבנן יוציא בגט: **ורבי** יונתן האי איש איש מאי עביד ליה מיבעי ליה וכו'. תימה והא איהו דאמר בפ' אלו הנחנקין (סנהדרין דף פה:) גבי איש איש דכי יקלל את אביו ואת אמו קאמר דברה תורה כלשון בנ"א ולא דריש ליה לדרשה אחריתי וכ"ת היכא דאיכא למדרש אפי' מאן דאית ליה ד"ת מודה הוא דדרשינן א"כ מאי פריך בריש פרק השואל (ב"מ דף לד:) אהא דקא בעי אבידה מנלן דשומר שכר חייב דתני' אם גנוב יגנב אין לי אלא גניבה אבידה מנין ת"ל גנוב יגנב מ"מ הניחא למ"ד לא ד"ת אלא למ"ד אמרי' מא"ל והא התם איכא למדרש ולא דרשינן אלא אמר ד"ת והכא אמאי דריש לה ואמרי' בפ' השוחט והמעלה (זבחים קח:) נמי ורבי יוסי מדהוא איש איש דברה האי איש איש נמי דברה אלא השוחט להדיוט דחייב מנא ליה ולא אמרת כיון דמצי למדרש מודה הוא דלא אמר דברה וקשה ליישב שמועות דד"ת דקשי' דר"מ אדר"מ ודר' יהודה אדר' יהודה ודרבי יוסי אדר' יוסי ודר"ש אדר"ש דר"מ דאמר בפ' ד' מיתות (סנהדרין דף נו.) לרבנן גבי איש איש דכתיב גבי ברכת השם ד"ת ור"מ דריש ליה לרבות כינויים ובפ"ב דמסכת ע"ז (דף כז.) נמי פליג ר' יהודה ור' יוסי דא"ר יהודה כותי לא ימול ישראל מפני שהוא מל לשם הר גריזים אמר לו ר' יוסי וכי היכן מלינו מילה בתורה לשמה ומפרש טעמא דר' יהודה משום דכתיב לה' המול ורבי יוסי המול ימול כתיב ואידך נמי הכתיב המול ימול ד"ת כלשון בני אדם [אלמא דרבי יוסי לית ליה דברה תורה כו'] והתם בההוא שמעתא גופיה פלוגתא ר"מ ור' יהודה ואמרינן ימול כותי ולא ימול ארמאי דברי ר"מ והיינו כר' יוסי דאמר כותי שפיר דמי דלא אמר ד"ת ובפ' ד' מחוסרי כפרה (כריתות דף יא.) אמרינן לאחרים בשלמא והפדה לא נפדתה דקסבר ד"ת ואחרים היינו ר"מ כדאיתא בסוף מס' הוריות (דף יג:) דר' יהודה מהא דהמול ימול דקא אמר ד"ת ובפ' מציאת האשה (כתובות דף סז:) מייתי ברייתא העבט תעביטנו זה שאין לו ואין רוצה להתפרנס נותנין לו לשם מתנה וכו' דברי רבי יהודה וחכ"א יש לו ואינו רוצה להתפרנס אין נזקקין לו אלא מה אני מקיים תעביטנו ד"ת אבל ר' יהודה דריש ליה וכן בפ' בנות כותים (נדה לג:) ובפ' יוצא דופן (שם דף מד:) איש איש מה ת"ל איש לרבות תינוק בן יום א' שמטמא בזיבה דברי רבי יהודה ר' יוחנן בן ברוקה אומר א"ל הרי הוא אומר והזב את זובו וגו' א"כ מה ת"ל איש איש ד"ת דר' יוסי מההיא דהשוחט והמעלה (זבחים דף קח:) דאייתינן לעיל דקאמר איש איש ד"ת והההיא דהמול ימול דאיהו דדריש לה ופליג אדר' יהודה דאמר ד"ת דר"ש ההוא איש איש דקא"ר יוסי בפ' השוחט (גם זה שם) ד"ת פליג עליה ר"ש ואמר ודריש לרבות שנים שאחזו באבר והעלו שחייבין ובפ' אלו מציאות (ב"מ לא:) אמר יש לו ואינו רוצה להתפרנס אין נזקקין לו א"כ מה ת"ל תעביטנו ד"ת ונראה דמאן דס"ל דאמר ד"ת מודה כל היכא דאיכא למדרש דרשינן לי' וכל הני תנאי סברי להו ד"ת

תוספות שאנץ

ארוסה ושומרת יבם כיון שאין בעליהן יכולין לבדקן חשובות כעוברות על דת ואפי' בלא קינוי אמרי' בגמ' דעוברת על דת יש לה להפסיד כתובתה אפי' בלא התראה: מתו בעליהן כו' ובה"א או שותות או לא נוטלות כתובה ובכתובות פ' האשה שנפלו פריך או שותות והביא האיש את אשתו אמר רחמנא וליכא אלא מתוך שלא שותות לא נוטלות כתובה: מעוברת חברו ומינקת חבירו פ"ה אם מת והניח מעוברת או מינקת או שגרשה בעלה והיא מעוברת ומניקה ואסרוה חכמים לינשא עד שיהא הולד בן ב' שנים שכך זמן יניקתו והלך זה ונשאה וקנא לה לא שותה שהרי אינה ראויה לקיימה משמע מתוך פ"ה דאפי' מגורשת צריכה להמתין כ"ד חדש ודלא כפי' ה"ר שמשון מפלאירא בפרק אע"פ דדוקא באלמנה אמרי' דצריכה להמתין כ"ד חדש משום דמשעבדא ליה להניק בנו אבל בגרושה שאינה משעבדא להניקו אינה צריכה להמתין והכ' משמע דצריכה גרושה להמתין וכן פר"ת דבין גרושה ובין אלמנ' צריכה להמתין כ"ד חדש ומביא ראיה לדבריו דאף לב"ש דאמרי שומטת דד מפיו ולא משעבדא ליה אפי' הכי קאמרי שלא תנשא עד לאחר כ"ד חדש וכן משמע דאין חילוק בין גרושה לאלמנה מהני טעמי דמייתי ביבמות וכן פי' פ' אע"פ והא דלא תני להו בהדי אלמנה לכהן גדול משום דליכא בהני כי אם איסור דרבנן אבל בהני דלעיל איכא איסורא דאורייתא. ואע"ג דתני לעיל חלוצה דאין בה אלא איסורא דרבנן משום דאגב דנקט גרושה נקט חלוצה ומחד קרא מסמיך להו ביבמות. יכול הוא להפרישה עד כ"ד חדש ולהחזירה הלכך ראויה לאישות קרי' ביה: וק' דמשמע דלהפרישה ר"ל בלא גט וה"נ דייקא תלמודא בפ' החולץ דיקא נמי דקתני יוציא ולא קתני יפריש משמע דאי הוה קתני יפריש הוה ר"ל בלא גט והכא נמי להפריש ר"ל בלא גט. וק' דאמרי' בפ' החולץ לא ישא אדם מעוברת חברו ומניקת חברו ואם נשא יוציא ולא יחזיר עולמית דבר' ר' מאיר וחכ"א יוציא וכשיגיע זמנו לכנוס יכנוס וקאמר רבא לדברי חכמים יוציא בגט והכא אמר דאין צריכה גט וי"ל דלעולם צריכה גט והאי דקאמר התם דיקא נמי דקתני יוציא ולא קתני יפריש ה"פ דיקא נמי דקתני יוציא דמשמע בגט ולא קתני יפריש דמשמע בין בגט בין בלא גט ולהפריש דהכא ר"ל בגט. עוד אומר רב יוסף בכור שור דלעולם ר"ל להפרישה בלא גט ולא ק' דהתם אמרי' דצריכה גט לפי דליכא אלא חד איסורא דרבנן והחכמים עשו חיזוק לדבריהם כשל תורה ולכך צריכה גט אבל הכא חמיר עליה משום דאיכא תרי איסורי משום דהיא מעוברת חברו ועוד דקינא לה ונסתרה לכך אינה צריכה גט וכן עשה במעשה שאירע בנו מאדם אחד שקידש

עין משפט נר מצוה

ג א מיי' פ"ב מהל' סוטה הלכה א סמג עשין כז:
ד ב מיי' שם פ"א הלכה יז:
ה ג מיי' שם פ"ב הלכה א סמג שם:
ו ד מיי' שם הלכה ז:
ז ה מיי' שם הלכה ט:
ח ו מיי' שם הלכה י:
ט ז מיי' שם פ"ג הל' כא:
י ח מיי' שם פ"ב הלכ' ו:
[עי' תוס' לקמן כה. ד"ה ב"ש]
יא ט י מיי' שם פ"א הלכה א סמג עשין נו טוש"ע אה"ע סימן קעח סעיף ב:
יב כ מיי' שם הלכה י טוש"ע שם סעיף יג:
יג ל מיי' שם הלכה יא:

מסורת הש"ס

יבמות לח: כתובות פא.
[עי' תוספות לקמן כה: ד"ה ב"ש]
[עי' תוס' יבמות לו: ד"ה ולא קתני]
[לקמן כה.]
[ועי' היטב ברש"י לקמן כו. ד"ה קמ"ל וכו']
[לקמן כז.]
[ס"א לכשיצא]
[דף כו.]

הגהות הב"ח

(א) גמ' ואמרת אליהם לרבות: (ב) רש"י ד"ה לרבות אשת חרש ואשת שוטה:

גליון הש"ס

גמ' ואמרת לרבות ארוסה. עיין לקמן דף כו ע"א תד"ה ואמרת:

יד א מיי' פ"ב מהל' סוטה הלכה ה:
טו ב מיי' פ"ח מהל' תרומות הלכה ו טוש"ע אה"ע סימן קסו סעיף ע:

שעמום ורבי יאשיה האי תחת אישה מאי עביד ליה מיבעי ליה א*להקיש איש לאשה ואשה לאיש אלא טעמא דכתיבי הני קראי הא לאו הכי הוה אמינא ארוסה שתיא ב*והא כי אתא רבי אחא בר חנינא מדרומא אתא ואייתי מתניתא בידיה °מבלעדי אישך במדבר ה ג*אמשקדמה שכיבת בעל לבועל ולא שקדמה שכיבת בועל לבעל אמר רמי בר חמא משכחת לה כגון שבא עליה ארוס בבית אביה דכוותה גבי שומרת יבם כגון שבא עליה יבם בבית חמיה דהא שומרת יבם קרית לה אשתו מעלייתא היא *דהאמר רב הקנה לכל כשמואל דאמר ובלא קנה אלא לדברים האמורים בפרשה אי הכי לימא רב דאמר כרבי יאשיה ושמואל דאמר כרבי יונתן אמר לך רב אנא דאמרי אפילו לרבי יונתן מדאיצטריך קרא למעוטה מכלל דאשתו מעלייתא היא ושמואל

רש"י

שעמום. לקוי בתמהון לב: האי תחת אישה. בתראה האמור בסוף הפרשה זאת תורת הקנאות וגו': להקיש אשה לאיש. ברייתא היא בשילהי פרקין והתם מפרש למאי הלכתא: הני קראי. דממעטי ארוסה: מבלעדי אישך. משמע שבעלה נתן בה את שכבתו קודם לסתירה זו: משכחת לה. דאיצטריך למעוטי ארוסה מקרא אחרינא ולא ממעטא מהתם: כגון שבא עליה ארוס בבית אביה. בזנות: בבית חמיה. לאחר שמת אחיו: שומרת יבם קרית לה. דקאמרת דלא תשתה הא אשתו מעלייתא היא בביאת זנות: דהא אמר רב. ביבמות קנה לכל דתנן הבא על יבמתו בין בשוגג בין במזיד דהיינו בזנות קנה ואמר רב קנה דקתני מתני' קנה לכל אם כהן הוא מאכילה בתרומה ויורשה ומיטמא לה ומשקה ופוטרה בגט בלא חליצה: כשמואל. הא דאתא קרא למעוטי כשמואל דאמר לא קנה אלא לדברים האמורים בפרשת יבמה לקום על שם אחיו בנחלתו ולפוטרה בגט דהא דקני לה יבם בביאה כל דהו מיבמה יבא עליה נפקא לן דלא כתיב יבמה יקחנה לו לאשה אלא יבא עליה ולקחה לו לאשה ואשמעינן דביאתו עליה הן הן ליקוחי האישות שלו הלכך למידי דאיתמר בהך פרשתא רבינהו קרא אחרינא לאו נישואין נינהו ומה אמור בפרשה נישואין הללו אבל למידי אחרינא לאו נישואין נינהו ומה אמור בפרשה פטור חליצה ע"י יבום ויקום על שם אחיו שיורש את נכסי אחיו ואין אחיו חולקין עמו: לימא רב. דאמר קנה לכל כרבי יאשיה דאמר שומרת יבם שותה ואוקימנא בבא עליה: אנא דאמרי אפילו כרבי יונתן כו'. וכל שכן כרבי יאשיה והא דאיצטריך לרבי יאשיה לרבויי מאיש איש לאו דוקא אלא אסמכתא בעלמא ועיקר קרא לאשת חרש ושוטה:

ושמואל

תוספות

ד"ת מיהו היכא דמלי למידרשיה להעמיד קבלתם או סברתם דרשינן ליה ובהא פליגי מאן דאית ליה דאמר דברה ומאן דלית ליה דברה מאן דאית ליה דברה אין לו כח להוציא יתור הלשון ממשמעות ואם אינו ענין לגופו אלא כיון דמלינו למימר דברה תורה אמר ד"ת ולא נוליאנו ממשמעותו דלאו קרא יתירא הוה להכי פריך בפ' השואל (ב"מ דף לד:) הניחא למ"ד לא ד"ת אם כן יגנב קרא יתירא הוא ואם אינו ענין לגניבה תנהו ענין לאבידה דיגנב גניבה משמע ולא אבידה אלא למ"ד דברה תורה א"כ לאו קרא יתירא הוא מאי איכא למימר ובפרק השוחט והמעלה (זבחים דף קח:) אע"ג דאמרינן מדא"ר יוסי האי איש איש דברה תורה ההוא איש איש נמי דברה תורה הוה מלי למידרשיה שפיר חדא לדברה תורה ואידך לרבויא דאיש איש משמע שפיר כל ריבויי כרבי יונתן דהכא דדריש האי איש איש דכי תשטה לרבויא ואיש איש כי יקלל לדברה תורה הוה *רבי יוסי מלי למידרשיה איש איש דשחוטי חוץ לרבות שוחט אלא משום דכתיב איש איש דשחוטי חוץ ואיש איש דמעלה בחוץ בחד ענינא מהדר למדרשינהו בחד ענינא וסוגיא דריש נדרים (דף ג.) צריך לפרושי הכי דמרבינן מנזיר להזיר לעשות כינויי נזירות כנזירות וידות נדרים כנדרים ומקיש נדרים לנזירות דכתיב לנדור נדר נזיר להזיר וקא דייק מ"ש גבי נזירות דכתיב נזיר להזיר נדרים נמי לנדור נדר היקשא למה לי אי כתב נדר לנדור כדכתיב נזיר להזיר כדקאמרת ולא צריך היקשא השתא דכתיב לנדור נדר ד"ת ופי' כיון דלא שינה קרא בדיבוריה א"כ דברה כלשון בני אדם ולאו קרא יתירא הוא למדרש מיניה לרבות כינוין וידות דמשמעות דקרא לא נפקא אלא מריבוי דקרא ובלא קרא יתירא לא מסתבר לרבויינהו ולמימר דליחייב קונם וקונם כמו שיאמר קרבן וכן אם יאמר הריני או אהא כמו שיאמר הריני נזיר הלכך צריך קרא יתירא ולא דמי לכינוי השם דמרבינן איש איש אפילו למ"ד ד"ת דאותן כינויין אשכחן דכתיבי בקרא כמו אל לבאות אהיה שדי כל הני דקתני בשבועות (דף לה.) ועוד דכינוי כתיב בההוא קרא דמברך השם איש איש כי יקלל אלהיו (ויקרא כד) והיינו דאמרי' התם בריש נדרים הניחא למ"ד ד"ת דאליביה לא צריך למידרשיה וכו' והכי אמר בפ' ד' מחוסרי כפרה (כריתות דף יא.) דאמר ליה ר"א ב"ע לרבי ישמעאל בעלמא כוותיך סבירא לי' דדברה תורה והכא שאני מכדי כתיב ליה קרא כי לא חופשה והפדה לא נפדתה למה לי ש"מ לחליה שפחה וחליה בת חורין אלמא אפילו למאן דאית ליה ד"ת דרשינן ליה משום עניינא דקרא הואיל וניתן לידרש ה"ה דדרשינן ליה נמי להעמיד קבלתן או סברתן היכא דלא עקר ליה ממשמעותיה כגון יגנב דכתיב בהדיא גניבה ודרשינן מיניה אבידה משום כפל הלשון הלכך כל הני דפרק אלו מציאות (ב"מ דף לא.) דהשב תשיבם שלח תשלח הוכח תוכיח עזוב תעזוב הקים תקים מות יומת השב תשיב חבל תחבול פתח תפתח נתון תתן כולי עלמא מודו בהו דדרשא דידהו לא עקר להו ממשמעותיה והא דאמרינן הניחא למ"ד לא אמרי' ד"ת היינו ר"ע דלא אשכחיניה דקאמר ד"ת דדריש בפ' ד' מחוסרי כפרה (כריתות דף יא.) והפדה לא נפדתה לפדויה ואינה פדויה ובפרק הערל (יבמות דף ע.) בשמעתא קמייתא דא"ר אליעזר איש איש ד"ת ודריש ליה רבי עקיבא לרבות הערל וכן בריש חלק (סנהדרין דף ס:) ובפ' ד' מיתות (שם דף סד:) הכרת תכרת דא"ר עקיבא הכרת בעוה"ז תכרת לעוה"ב והכי משמע נמי סוגיין בפ' אין עומדין (ברכות דף לא*:) אם ראה תראה דלרבי ישמעאל דאמר ד"ת ולרבי עקיבא אם ראה מוטב ואם לאו תראה אבל ר' ישמעאל אומר בכל דוכתי ד"ת כגון הני דפליג אדר"ע ובפ' ד' מחוסרי כפרה (כריתות דף יא.) נמי וכן ר' אלעזר ב"ע בפרק קמא דקידושין (דף יז:) ובפרק אלו מציאות (ב"מ דף לא:) גבי הענק תעניק לבד מההיא דכריתות כדמפרש התם טעמא ור' אלעזר בר' יוסי בריש חלק (סנהדרין דף ס:) והא דאמר בפ' אלו הן הגולין (מכות דף יב.) בקרא אם יצא יצא הא כמ"ד ד"ת הא כמ"ד לא דברה מ"ד התם דברה מסברא קאמר לה כדמפרש אביי התם מסתברא כמאן דאמר דברה וכו'*: ורבי יונתן האי איש איש מאי עביד ליה וכו'. תימה האי ריבוי לרבי יאשיה מנליה והיקשא דאיש לאשה לר' יונתן מנא ליה וכי אית לן למימר דפליגי בהא נמי דר' יאשיה לית ליה דאשת חרש שותה ור' יונתן לית ליה דסומא אינה שותה: דהאמר רב קנה לכל. הני לישני דפליגי בהבא על יבמתו (יבמות דף נח.) בשומרת יבם שנפלה מן הנשואין או מן האירוסין לא שייכא דוקא אלא לענין תרומה משום דככר אכלה אבל לענין להשקותה וליורשה ולטמאה לה לא*: בספרים גרס אי הכי לימא רב דאמר כרבי יאשיה ולא א"ש אי הכי ובפרש"י לא גרס והוא לא שבש הגירסא אלא בסתם פי' לימא רב דאמר וכו' ושמא בספרו לא היה כתוב אי הכי: כשמואל דאמר לא קנה אלא לדברים כו'. תימה כיון דקנה מיהא לדברים האמורים בפרשה לפוטרה בגט דכיון שבא עליה הרי היא כאשתו לאותן דברים א"כ מ"ט דרבי יונתן דאלימא ליה ארוסה משומרת יבם אי משום דארוסה קידושין דידיה שומרת יבם נמי ביאה דידיה היא ונתנקה על ידו וכ"ש דתקשה לרב דאמר אנא דאמינא אפילו לרבי יונתן ותו מאי דוחקיה למימר כשמואל והא מסיק דאפילו רב הוה אתי מלתייהו אליביה ולענין השקאה קפיד רחמנא דבעינן ביאה לשם אישות וביבמות בפרק הבא על יבמתו (דף נח.) מוקי לה נמי הא דתנן [אמן שלא שטיתי ארוסה ונשואה] שומרת יבם וכנוסה כגון דבא עליה יבם בבית אחיו וכו' כי הכא ומקשה מידי הוא טעמא אלא לרב האמר רב קנה לכל ולא מתרץ גבי השקאה גזירת הכתוב דבעינן ביאה לשם אישות: אמר לך אנא דאמרי אפי' לרבי יונתן. נראה דהכי פירושו לא מיבעיא לרבי יאשיה דמרבה שומרת יבם דאמינא כוותיה והאי דאיצטריך לרבויי משום דכתיב הכא תחת אישך דמשמע שבא עליה לשם אישות וכו' לא צריכא למימר דקרא אסמכתא בעלמא הוא כמו שפירש רש"י ואף מה שפירש לשמואל היינו דאיצטריך רבי יונתן למעוטי שומרת יבם אסמכתא בעלמא הוא תימה נהי דלאו אשתו היא אי לאו מעטיה קרא מהיכא תיתי דבעינן אשתו טפי לענין השקאה מלענין קינוי אי משום דכתיב והביא האיש את אשתו (אלא) ה"נ גבי קינוי כתיב וקינא את אשתו ירושלמי ארוסה לא שותה ויעקנה גזירת הכתוב הוא והביא האיש את אשתו ולא יקנא לה התורה אמרה וקינא את אשתו וקינא את אשתו אפי' מקלת אשתו ר' יודן בעי כמה דתימר תמן וקינא את אשתו וקינא את אשתו אפילו מקלת אשתו דכוותה תחת אישך תחת אישך אפי' מקלת אישך היך עבידה קינא לה ועודה ארוסה וכנסה ונסתרה משקה אותה על קינויו קינא לה עודה שומרת יבם וכנסה ונסתרה משקה אותה על קינויו קינא לה ועודה ארוסה וכנסה ונסתרה וידע בה תלא בכתובתה ואם לאו תלא שלא בכתובתה *(קינא לה ועודה שומרת יבם וכנסה ונסתרה וידע בה תלא בכתובתה ואם לאו תלא שלא בכתובתה) לא קינא לה בעלה ומת ונפלה לפני היבם וקינא לה ולא הספיק לכונסה עד שמת ונפלה לפני אחיו אינו משקה אותה שלא נפלה לו אלא מחמת אחיו הראשון אבל אם קינא לה היבם וכנסה ומת ונפלה לפני היבם וכנסה ונסתרה משקה אותה על קינויו: *)שאני התם דלית לה אימתא דבעל. וא"ת הני דבעי למפטע מארוסה ושומרת יבם לית להו נמי אימתא דבעלה דהא בעלייהו לאו גבייהו נינהו וי"ל אפ"ה אית ליה אימתא פן ירגישו בעליהן בפריצותן:

שמע

*) שייך לדף כה ע"א

גי' רש"ל ר' יונתן נמי מלי

תוספות שאנץ

שקידש מעוברת דברו ולא נשאה והורה דיכול הוא להפרישה בלא גט משום דחמיר עליה דאיכא תרי איסורי חדא דמעוברת חברו ועוד דכלה בלא ברכה אסורה לבעלה כנדה ה"נ כיון דאיכא תרי איסורי חמיר עליה ויכול להפרישה בלא גט אבל גם מההיא דאמר בפ' החולץ קידש תוך ג' חדשים וברח פליגי בה רב אחא ורפרם חד אמר שמותי משמתי' ליה וחד אמר ערוקי מסתיה משמע דוקא משום דברח הא אם לא ברח תרווייהו מודי דמשמתי' ליה ואמאי והא אמרינן הכא דיכול להפרישה בלא גט. וי"ל דשאני התם משום דשמא יבוא הדבר לידי קלקולא כדמפ' ביבמו' גזירה שמא יקח אחותו מאביו ויבם אשת אביו מאמו ויוציא את אמו לשוק ויפטר את יבמתו לשוק אבל הכא דליכא למיחש דאיירי שנשאה לאחר ג' חדשים להכי אמרי' דיכול להפריש בלא גט: האילונית פ"ה דוכרנית שממעי אמה נכרת שלא היו לה סימני אשה לא דדין ולא שערות וקולה עבה: ושאינה ראויה לילד פ"ה כגון ששתת כוס עיקרין. ור"ח פי' שנישאת לאיש בת מ' שנה ושוב אינה יולדת לעולם כדאיתא [בב"ב דף קיט] לא שותות לפי שאסור לקיימה למי שאין לו בנים לפי שהרי נצטוו ישראל על פריה ורביה ל"ה ואשת סרים שותה פ"ה דמיירי בשנסתרם לאחר שנשאה דאי מקודם שנשאה א"כ קדמה שכיבת בועל לבעל ואנן בעי' שקדמה שכיבת בעל לבועל ובגמ' פרי' פשיטא רשותה: על ידי כל העריות מקנין אם קינא לה מאביה ומאחיה ומאחד מכל העריות ונסתרה הוי קינויו קינוי: ואלו שב"ד מקנין להם אם רואין אותם שמתנהגות בפריצות ולא להשקותן אמרו דהם לא ישקוה והביא האיש את אשתו כתיב ובעלה נמי לכשיצא לא ישקנה בקינוי זה דבעי' וקינא את אשתו והביא ור' יוסי לית ליה וקינא את אשתו והביא: גמ' דבר אל בני ישראל ואמרת אליהם לרבות ארוסה ושומרת יבם לקינוי ויש ספרים דגרסי איש איש ול"ג ליה דלדרשא אחריני דרשי' ליה לקמן אלא ריבויא הוי מואמרת וה"נ אמרי' לקמן בפ' ואמרת ריבויא הוא ל"ה: למר אלימא ליה שומרת יבם דלא מחסרא מסירה לחופה דנקנית ליבם בביאה גרידתא ואפי' בזנות להיות כאשתו לכל דבר כדתניא ביבמות ומייתי לה לק' בפרקי' א) ואפי' למאן דאמר ביבמות דביאה אירוסין עושה ואינה עושה נישואין היינו היכא דלא נתכוון לקנות בביאה זו אפי' הוי ביאה זנות הויא כאשתו לכל דבר ואפי' לשמואל דאמר דלא קנה אלא לדברים האמורים בפרשת יבם מ"מ קונה בביאה זו לדברים האמורים בפרשה ב) שאינו כשאר נישואין. וא"ת והיכי אוקימנא למתני' כר' יונתן והא מתני' מפיק ארוסה ושומרת יבם שאינן שותות ולא נוטלות כתובה ג) אתיא כר' יונתן ולא כר' יאשיה. ועוד שמא מתני' לא היתה חוששת להביא תרי קראי אלא מסמך אתרויהו מחד קרא. [ע"כ שייך לע"א] ואשת שעמום פ"ה לקוי בתמהון לבב והאמר רב קנה לכל דהבא על יבמתו בין בשוגג בין במזיד דהיינו בזנות קנה לכל דאם הוא כהן מאכילה בתרומה ויורשה ומטמא [לה] ומשקה ופוטרה בגט בלא חליצה ל"ה. כשמואל דאמר לא קנה אלא לדברים האמורים בפרשה פי' בפרשת יבמה לקום על שם אחיו ולפוטרה בגט דהא דקני להיבם בביאה כל דהו מיבמה יבא עליה נפקא דלא כתב יבמה יקח לה לאשה אלא כתיב יבמה יבא עליה ולקחה לו לאשה אשמעי' דביאתו עליה הן הן ליקוחין ואישות שלו הלכך למידי דאתמר בפרשה רבינהו ומה אמור בפרשה פטור חליצה על ידי יבום ויקום על שם אחיו שיורש נכסי אביו ואין שאר

א) נראה דל"ל מש"כ בארוסה דאפי' למ"ד וכו' דביאה שאחר קדושין נשואין שפה היינו היכא דנתכוין לקנות בביאה זו אבל בשומרת יבם אפי' הוי ביאת וכו'. ב) אולי צ"ל מש"כ בשאר נשואין. ג) לכאורה נראה דצ"ל ולא אתיא לא כר' יונתן ולא כר' יאשיה וכו' וחסר בהעתקה המילין ע"ז.

[לקמן כז.]
יבמות נח.
[מי שקדמה]
יבמות ט. נח.
[עמש"ע על הגליון]
[וע"ע תוס' במנחות ד"ה מאי הואיל וכו']
[ועי' היטב תוס' יבמות ט. ד"ה מן הנשואין]
ל"ג בס"א ובירושלמי שלפנינו איתא קינא לה בעלה ומת ונפלה לפני היבם וכנסה ונסתרה משקה אותה על קינויו

שְׁעֲמוּם (משוגע), שבית דין מקנאים עבורם. ושואלים עוד: **וְר' יֹאשִׁיָּה הַאי** [כתוב זה] **"תַּחַת אִישָׁהּ"** (במדבר ה, כט) **מַאי עָבֵיד לֵיהּ** [מה עושה הוא בו]? ומשיבים: **מִיבָּעֵי לֵיהּ** [צריך הוא אותו] **לְהַקִּישׁ** (להשוות) **אִישׁ לְאִשָּׁה וְאִשָּׁה לְאִישׁ**, כפי שיבואר להלן. ושואלים: **אֶלָּא** לשניהם, **טַעֲמָא דִּכְתִיבֵי הָנֵי קְרָאֵי** [הטעם דווקא, שכתובים המקראות האלה] למעט ארוסה משתיה, **הָא לָאו הָכִי הֲוָה אָמִינָא** [הרי לולא זה הייתי אומר] **שֶׁאֲרוּסָה שָׁתְיָא** [שותה]? **וְהָא כִּי אֲתָא** [והרי כאשר בא] **ר' אַחָא בַּר חֲנִינָא מִדָּרוֹמָא** [מן הדרום], **אֲתָא וְאַיְיתֵי מַתְנִיתָא בִּידֵיהּ** [בא והביא ברייתא זו בידו], נאמר בפרשת סוטה: "ויתן איש בך את שכבתו **מִבַּלְעֲדֵי אִישֵׁךְ**" (שם כ), לומר: **מִשֶּׁקָּדְמָה שְׁכִיבַת בַּעַל לְבוֹעֵל, וְלֹא שֶׁקָּדְמָה שְׁכִיבַת בּוֹעֵל לְבַעַל**. ואם הוא חושד בה שזנתה בהיותה ארוסה — הלא קדמה שכיבת הבועל לשכיבת הבעל! **אָמַר רָמִי בַּר חָמָא: מַשְׁכַּחַתְּ לָהּ** [מוצא אתה אותה] מציאות, שבה יש צורך במיעוט מיוחד בכתוב לארוסה — **כְּגוֹן שֶׁבָּא עָלֶיהָ הָאָרוּס בְּבֵית אָבִיהָ**, כלומר, לפני שנשאה. שאף שבא עליה שלא כדין, בדרך זנות — מכל מקום ביאתו קדמה. ושואלים: **דִּכְוָותָהּ** [כיוצא בה] אתה צריך לפרש **גַּבֵּי** [אצל] **שׁוֹמֶרֶת יָבָם** שהצרכנו בה מיעוט לדעת ר' יונתן לומר שאינה שותה — **כְּגוֹן שֶׁבָּא עָלֶיהָ יָבָם בְּבֵית חָמִיהָ** (לפני הייבום). אולם **הָא** [זו] היבמה שכבר בא עליה היבם עדיין **שׁוֹמֶרֶת יָבָם קָרֵית** [קורא אתה] **לָהּ**? הלא **אִשְׁתּוֹ מַעַלְיְיתָא** [מעולה] **הִיא**, שנעשית אשתו גמורה על ידי ביאה זו, ובודאי שותה אם קינא לה, **דְּהָאָמַר** [שהרי אמר] **רַב**: יבם הבא על יבמתו בכל דרך של ביאה, בכוונה לייבמה או שלא בכוונה לייבמה, **קָנָה** אותה לאשה בביאה זו **לְכָל** דבר, ואף לקנא לה ולהשקותה! ומשיבים: ר' יונתן סבור **כִּשְׁמוּאֵל, שֶׁאָמַר: לֹא קָנָה** יבם בביאה שאינה כמצוותה לגמרי **אֶלָּא לַדְּבָרִים הָאֲמוּרִים בַּפָּרָשָׁה** שזוכה בנחלת אחיו, ויכול לפטור אשה זו בגט, אבל אין לו זכויות בה לשאר דינים שיש לאשה נשואה. ולשיטה זו בא המיעוט לומר שאף אינה נעשית כאשתו לענין השקאתה. ושואלים: **אִי הָכִי** [אם כך] אתה מפרש, **לֵימָא** [האם לומר] **שֶׁרַב שֶׁאָמַר כְּר' יֹאשִׁיָּה**, ששומרת יבם שותה, **וּשְׁמוּאֵל שֶׁאָמַר כְּר' יוֹנָתָן** שנתמעטה שומרת יבם מהשקאה, ומחלוקתם היא בעצם מחלוקת תנאים? ודוחים: **אָמַר** [יכול היה לומר] **לְךָ רַב: אֲנָא דַּאֲמַרִי** [אני שאמרתי] — **אֲפִילוּ לְדַעַת ר' יוֹנָתָן** אמרתי זאת, וכך אפשר לומר: **מִדְּאִיצְטְרִיךְ קְרָא לְמַעוּטָהּ** [מתוך שהוצרך הכתוב למעט אותה], ולומר ששומרת יבם אינה שותה — **מִכְּלָל** הדברים אתה למד **שֶׁאִשְׁתּוֹ מַעַלְיְיתָא** [מעולה] **הִיא** לכל ענין אחר, אלא שכאן יש מיעוט מיוחד בכתוב.

עיונים

שקדמה שכיבת בעל וכו' ואף שגזירת הכתוב היא, יש שכתב טעם לדבר, שלא ניתנה מצוה זו (ומחיקת השם הכרוכה בה) אלא כדי להשכין שלום בין איש לאשתו, ודבר זה הוא דווקא כאשר היה ביניהם קירוב גמור שעל ידי ביאה. ועוד יש לומר שאף שמצד האיסור שבזנות אין הבדל אם בא עליה הבעל או לא, מכל מקום ההקפדה בענין סוטה היא במעילה בבעל, והיא מרובה יותר לאחר שבא עליה ונקשרה בו על ידי ביאה זו (דבר שאול).

שבא עליה ארוס וכו' מדברי הרמב"ם עולה כי הטעם שאין הארוס משקה את ארוסתו כשבא עליה בבית אביה, הוא משום שעבר עבירה בכך, וכיון שאינו מנוקה מעוון אין המים בודקים אותה. והראב"ד כתב שמסוגיית הגמרא כאן מוכח שאין הדבר כן. וכעין זה כתב המאירי שמכאן מוכח שלא כדברי הרמב"ם שכל איש שבא על אשה ביאה אסורה מימיו אין המים בודקים את אשתו, שהרי מכאן מוכח שלא זה טעם הדבר, אלא יש לומר שהוא דווקא כשעבר באיסור ערוה לאחר הקינוי. אכן היו שרצו להסביר בדרכים שונות שיש מציאות שיבוא הארוס על ארוסתו בבית אביה בלא שייחשב הדבר לו לעוון; אם שבא עליה בשוגג (תורת הקנאות) או שבא עליה שלא כדרכה, שלא גזרו בדבר שאינו שכיח (שער המלך) או שקידשה בביאה (קרן אורה). וכתבו שלא תירץ כאן כגון שבא עליה הארוס כשהיתה פנויה, לפני שנתארסה לו, או שבא על יבמתו כשהיתה פנויה לפני שנשאה אחיו, משום ששכיבה כזו אינה מועילה לענין זה, שהרי אין קוראים בכך "אישה", שאין שכיבת הבעל נחשבת לענין זה אלא אם כן היתה כאשר היה כבר אישהּ (דבר שאול).

שבא עליה יבם היו מן האחרונים שרצו להוכיח מכאן שאין צורך בעדים בביאת היבם, שאם לא כן היה יכול לומר שבא עליה בלא עדים (וראה בשו"ת רעק"א ועוד). וכבר הביאו שהרשב"א בתשובותיו התייחס לבעיה זו, ומסביר כי אין מקום לשאלה זו, שאם נאמר שאין יבום בלא עדים, אם כן כשבא עליה בלא עדים אינו נקרא עדיין יבם, ואין זו בעילה של "אישה".

אי הכי לימא רב וכו' ראה בתוס' (ד"ה בספרים) שהעירו שרש"י לא גרס כאן "אי הכי", ושכנראה לא היה הדבר מצוי בספרים שלפניו. ושם אמרו בפשטות שגרסת רש"י עדיפה. ומכל מקום אפשר לפרש את הגרסה שלפנינו, ולומר כי מאחר שאנו חייבים להעמיד את דעת ר' יונתן כדעת שמואל שהיבם קונה את יבמתו בביאה פגומה קנין גמור, אם כן נמצא שמחלוקת רב ושמואל כבר נחלקו בה תנאים אלה.

אורח הלכה

משקדמה שכיבת בעל לבועל נשואה שקינא לה בעלה ונסתרה קודם שבעלה בא עליה — אינה שותה, ויוצאה בלא כתובה ואסורה עליו לעולם. (רמב"ם ספר נשים הלכות סוטה פ"ב ה"ה).

לא קנה אלא לדברים האמורים וכו' הבא על יבמתו בין ברצון ובין בשגגה או באונס, בין בביאה גמורה בין בהערא — קנה אותה להיות אשתו לכל דבר. וכרב שהלכה כמותו באסורים. במה דברים אמורים — שנפלה לו מן הנישואין, אבל אם היתה רק ארוסת אחיו — לא קנה אותה בביאה שלא מרצון וידיעה, או בהערא בלבד, שאם כהן הוא אינו יכול להאכילה בתרומה. ויש אומרים (תוס', ולדברי הב"י. אבל ראה בביאור הגר"א שאולי הוא מוסכם על הכל) שאף לא ליורשה ולהפר נדריה (ולהיטמא לה אם הוא כהן). ויש מי שאומר שהוא הדין אם רק הערה בה. (רמב"ם ספר זרעים הלכות תרומות פ"ח ה"ו. ספר נשים הלכות יבום וחליצה פ"ב ה"ג. שו"ע אה"ע קסו, ז. שם סעיף ט).

מסורת הש"ס

א. סוטה כז,א. במדב"ר פ"ט מב.

ב. יבמות נח,א. (מסורת דומה) סוכה נד,א. יבמות נח,א. (תיאור דומה) שבת יט,ב. קמה,ב. ביצה כו,ב. ב"ק מב,א. ע"ז נ,א-ב. חולין סח,ב. בכורות מג,ב. נדה ה,ב. כא,א-ב.

ג. ירושלמי סוטה פ"א ה"ג. במדב"ר שם לד.

ד. יבמות נח,ב.

ה. שם נו,א. נח,ב. וראה ירושלמי יבמות פ"ו ה"א.

ו. שם.

גרסות

אתא ואייתי יש בכת"י: **אייתי.**

משקדמה יש בכת"י: **שקדמה** ויש בדפו"י: **מי שקדמה.**

מכלל דאשתו מעלייתא היא ויש בכת"י: **שמע מינה איש מעליא הוא.**

לשון

שעמום

שעמום, הן כשם למחלה והן ככינוי לאדם (יש גם הצורה המקובלת: משועמם, משועממת), הוא מחלת רוח, שגעון. ואולי הוא מחלת רוח של מרה שחורה, מלנכוליה.

אישים

ר' יאשיה

ראה לעיל דף יט, א.

החיים

דרומא

לאחר מרד בר כוכבא חרבה כמעט כל ארץ יהודה, ומרכז החיים היהודיים עבר לגליל. עם זאת עדיין נשארו ביהודה ("הדרום", "דרומא" בפי אנשי הגליל) מרכזי ישוב ולימוד חשובים, כגון בעיר לוד שביהודה, ואף דרומה משם סמוך לבית גוברין, ועוד. במקומות אלה נשארו מסורות עתיקות רבות, ומשום כך נזכר לעתים קרובות שחכם בא מן הדרום והביא עמו ברייתות או שמועות עתיקות שלא היו ידועות בגליל.

וּשְׁמוּאֵל אָמַר: אֲנָא דַּאֲמַרִי [אני שאמרתי] את דברי — **אֲפִילוּ לְר׳ יֹאשִׁיָּה.** והטעם הוא להיפך, **מִדְּאִיצְטְרִיךְ קְרָא לְרַבּוּיֵיהּ** [מתוך שהוצרך הכתוב לרבות אותה] במיוחד — **מִכְּלָל** הדברים אתה למד **דִּלָאו** [שאין] **אִשְׁתּוֹ הִיא כְּלָל** לשאר הדברים.

א **אִיבַּעֲיָא לְהוּ** [נשאלה להם ללומדים] שאלה זו: אשה שהיתה **עוֹבֶרֶת עַל דָּת** יהודית, שאינה נוהגת בצניעות, שאמרו חכמים שבעלה מוציאה בלא כתובה, האם היא **צְרִיכָה הַתְרָאָה,** שצריך בעלה להודיע לה קודם לכן שיגרשנה אם תמשיך במעשיה אלה, בכדי **לְהַפְסִידָהּ כְּתוּבָּתָהּ, אוֹ אֵינָהּ צְרִיכָה?** וצדדי השאלה: **מִי אָמְרִינַן** [האם אנו אומרים]: **כֵּיוָן שֶׁעוֹבֶרֶת עַל דָּת הִיא — הֲרֵיהִי לֹא בָּעֲיָא** [צריכה] **הַתְרָאָה,** שהרי היא יודעת שהיא עושה דבר אסור, **אוֹ דִּלְמָא תִּיבָּעֵי** [שמא תצטרך] **הַתְרָאָה, דְּאִי הָדְרָה** [שאם חוזרת] **בָּהּ — תִּיהֲדַר** [תחזור] **בָּהּ** על ידי התראה זו? ומציעים: **תָּא שְׁמַע** [בוא ושמע] פתרון לדבר ממה ששנינו: **אֲרוּסָה וְשׁוֹמֶרֶת יָבָם לֹא שׁוֹתוֹת וְלֹא נוֹטְלוֹת כְּתוּבָּה,** ומכאן דייקנו: **מִישְׁתָּא** [לשתות] **הוּא דְּלָא שָׁתְיָא** [שאינה שותה], **הָא קַנּוּיֵי מְקַנֵּי** [הרי לקנא, מקנא] הוא **לָהּ.** ונברר: **לְמַאי** [למה, לאיזה ענין] מקנא לה אם אינה שותה? **לָאו** [האם לא] **לְהַפְסִידָהּ כְּתוּבָּתָהּ?** משמע שצריך להתרות בה שלא תיסתר עם איש אחר, ואם לא התרה בה אינו יכול להפסידה כתובתה, למרות שבודאי עברה על דת, שנהגה שלא בצניעות ונסתרה עם האסור לה! **אָמַר אַבַּיֵי: לֹא,** הכוונה היא **לְאוֹסְרָהּ עָלָיו.** שאם קינא לה ונסתרה — הרי מאז היא אסורה עליו לעולם. **רַב פַּפָּא אָמַר:** הקינוי הוא כדי **לְהַשְׁקוֹתָהּ** אחר כך **כְּשֶׁהִיא נְשׂוּאָה,** אם נסתרה בהיותה נשואה. **כִּדְתַנְיָא** [כפי ששנינו בברייתא]: **אֵין מְקַנִּין לַאֲרוּסָה** על מנת **לְהַשְׁקוֹתָהּ כְּשֶׁהִיא אֲרוּסָה, אֲבָל מְקַנִּין לַאֲרוּסָה** על מנת **לְהַשְׁקוֹתָהּ כְּשֶׁהִיא נְשׂוּאָה.** ומכל מקום אין ללמוד ממשנתנו דבר לענין התראה לעוברת על דת יהודית. **אָמַר רָבָא: תָּא שְׁמַע** [בוא ושמע] פתרון לדבר ממה ששנינו בחלק אחר במשנתנו: **אַלְמָנָה לְכֹהֵן גָּדוֹל, גְּרוּשָׁה וַחֲלוּצָה לְכֹהֵן הֶדְיוֹט, מַמְזֶרֶת וּנְתִינָה לְיִשְׂרָאֵל, בַּת יִשְׂרָאֵל לְמַמְזֵר וּלְנָתִין — לֹא שׁוֹתוֹת וְלֹא נוֹטְלוֹת כְּתוּבָּה.** ונדייק מכאן: **מִישְׁתָּא** [לשתות] **הוּא דְּלָא שָׁתְיָא** [שאינן שותות], **הָא קַנּוּיֵי** [הרי לקנא] — **מְקַנֵּי לְהוּ** [מקנא להן]. **וּלְמַאי** [ולמה, לאיזה ענין] מועיל הקינוי? **אִי** [אם] כדי **לְאוֹסְרָן עָלָיו — הָא אֲסִירָן וְקַיְימָן** [הרי הן אסורות ועומדות] בין כה וכה, שהרי עובר על איסור לא תעשה כשנושא אותן, **אֶלָּא לָאו** [האם לא] כדי **לְהַפְסִידָן כְּתוּבָּתָן?** משמע שללא התראה זו של קינוי איננו יכול להפסידן כתובתן, אף שהן עוברות על דת כשנוהגות שלא בצניעות. **אָמַר רַב יְהוּדָה מִדִּיסְקַרְתָּא: לֹא,** הכוונה היא שמקנא לה כדי **לְאוֹסְרָהּ לַבּוֹעֵל** כְּשֵׁם שאסורה **לְבַעַל. דִּתְנַן** [שכן שנינו במשנה]: **כְּשֵׁם שֶׁסּוֹטָה אֲסוּרָה לַבַּעַל — כָּךְ אֲסוּרָה** להינשא **לַבּוֹעֵל.** ואם כן אין להביא מכאן ראיה לענין התראה. **אָמַר רַב חֲנִינָא מִסּוּרָא: תָּא שְׁמַע** [בוא ושמע] ראיה לדבר ממה ששנינו **וְאֵלּוּ שֶׁבֵּית דִּין מְקַנִּין** (מקנאים) **לָהֶן** במקום הבעל: **מִי שֶׁנִּתְחָרֵשׁ בַּעְלָהּ, אוֹ נִשְׁתַּטָּה, אוֹ שֶׁהָיָה חָבוּשׁ בְּבֵית הָאֲסוּרִין. וְלֹא לְהַשְׁקוֹתָהּ** על ידי בית דין **אָמְרוּ, אֶלָּא לְפוֹסְלָהּ מִכְּתוּבָּתָהּ.** והרי מפורש כאן הטעם שמקנאים לה — כדי לפוסלה מכתובתה, **שְׁמַע מִינָּהּ** [למד מכאן] **בָּעֵי** [צריכה] אשה שנסתרה ועברה על דת יהודית **הַתְרָאָה.** ומסכמים: אכן, **שְׁמַע מִינָּהּ** [למד מכאן] שכן הוא. ושואלים: **וְכוּלְּהוּ** [וכולם], שאר החכמים שעסקו בכך, **מַאי טַעֲמָא** [מה טעם] **לֹא אָמְרִי מֵהָא** [אמרו להוכיח מזו] שלכאורה הרי זו ראיה מפורשת הכתובה במשנה עצמה! ומשיבים: סבורים הם **דִּלְמָא שָׁאנֵי הָתָם דְּלֵית** [שמא שונה שם במשנה שאין] **לָהּ אֵימָתָא דְּבַעַל** [אימת הבעל] **כְּלָל,** שהרי נתחרש או שחבוש בבית האסורים, ולכן צריך להתרות בה. אבל סתם אשה הנשואה לבעלה — אימת בעלה עליה, ואינה צריכה התראה מיוחדת. ועוד שאלה בנושא דומה **אִיבַּעֲיָא לְהוּ** [נשאלה להם ללומדים] שאלה זו: היתה אשה **עוֹבֶרֶת עַל דָּת וְרָצָה בַּעְלָהּ** בכל זאת **לְקַיְּימָהּ** ולא לגרשה, האם **מְקַיְּימָהּ אוֹ אֵינוֹ מְקַיְּימָהּ?** כלומר, האם חובה עליו לגרשה, או שרק נתנו לו חכמים רשות לגרשה. וצדדי השאלה: **מִי אָמְרִינַן בִּקְפֵידָא דְּבַעַל תְּלָא רַחֲמָנָא** [האם אומרים אנו בהקפדת הבעל תלתה תורה] את ענין עוברת על דת, **וְהָא לָא קָפֵיד** [וזה אינו מקפיד] ואינו חייב לגרשה. **אוֹ דִּלְמָא** [שמא] **כֵּיוָן דְּקָפֵיד** [שהקפיד] — **קָפֵיד** [הקפיד], כיון שהתורה מקפידה על כך — אין תולים את הדבר ברצונו של הבעל? ומציעים: **תָּא שְׁמַע** [בוא ושמע] ראיה לדבר ממשנתנו: **וְאֵלּוּ שֶׁבֵּית דִּין מְקַנִּין** (מקנאים) **לָהֶן: מִי שֶׁנִּתְחָרֵשׁ בַּעְלָהּ, אוֹ נִשְׁתַּטָּה, אוֹ שֶׁהָיָה חָבוּשׁ בְּבֵית הָאֲסוּרִין. וְאִי אָמְרַתְּ** [ואם אומר אתה] **רָצָה בַּעְלָהּ לְקַיְּימָהּ מְקַיְּימָהּ,** וכי **עָבְדֵי** [עושים] **בֵּית דִּין מִידֵּי דְּדִלְמָא לָא נִיחָא לֵיהּ** [דבר ששמא לא נוח לו] **לַבַּעַל** שיעשו אותו? ושמא אם היה בר דעת היה אומר שהוא רוצה לקיימה! ומשיבים: **סְתָמָא דְּמִילְּתָא** [סתמו של דבר] **כֵּיוָן שֶׁעוֹבֶרֶת עַל דָּת הִיא — מֵינָח נִיחָא לֵיהּ** [נוח לו] לכל בעל שתנהג אשתו בצניעות, ולכן יכולים בית דין לפעול על סמך הנחה זו, אך אם רצה בעלה לקיימה יכול לקיימה.

ב **אִיבַּעֲיָא לְהוּ** [נשאלה להם ללומדים] שאלה זו: **בַּעַל שֶׁמָּחַל עַל קִינּוּיוֹ,** כלומר, קינא לה ואחר כך אמר שהוא מוחל לה, האם **קִינּוּיוֹ מָחוּל, אוֹ אֵינוֹ מָחוּל?** וצדדי השאלה: **מִי אָמְרִינַן** [האם אומרים אנו] **בְּקִינּוּי הַבַּעַל תְּלָא רַחֲמָנָא** [תלתה תורה] **וְהַבַּעַל הָא מָחֵיל לֵיהּ** [הרי מחל את] **קִינּוּיוֹ, אוֹ דִּלְמָא** [שמא] **כֵּיוָן דְּקַנֵּי לֵיהּ מֵעִיקָּרָא לָא מָצֵי מָחֵיל לֵיהּ** [שקינא לה מתחילה אינו יכול למחול לה עוד]? ומציעים: **תָּא שְׁמַע** [בוא ושמע] פתרון לשאלה זו ממה ששנינו: **וְאֵלּוּ שֶׁבֵּית דִּין מְקַנִּין לָהֶן: מִי שֶׁנִּתְחָרֵשׁ בַּעְלָהּ, אוֹ נִשְׁתַּטָּה, אוֹ שֶׁהָיָה חָבוּשׁ בְּבֵית הָאֲסוּרִין. וְאִי אָמְרַתְּ** [ואם אומר אתה] **שֶׁבַּעַל שֶׁמָּחַל עַל קִינּוּיוֹ קִינּוּיוֹ מָחוּל, עָבְדִינַן מִידֵּי דְּאָתֵי בַּעַל מָחֵיל לֵיהּ** [האם עושים אנו דבר שיכול הבעל לבוא ולמחול אותו]? ומשיבים: **סְתָמָא דְּמִלְּתָא** [סתמו של דבר] **אָדָם מַסְכִּים עַל דַּעַת בֵּית דִּין,** ואין חוששים שימחול, אך אם מחל בפירוש — הרי זה מחול. ומציעים עוד: **תָּא שְׁמַע** [בוא ושמע] פתרון לדבר ממה ששנינו: **וּמוֹסְרִין לוֹ** לבעל המוליך את אשתו, שקינא לה ונסתרה, לבית המקדש **שְׁנֵי תַלְמִידֵי חֲכָמִים שֶׁמָּא יָבֹא עָלֶיהָ בַּדֶּרֶךְ** ואסור עליו הדבר. **וְאִי אָמְרַתְּ** [ואם אומר אתה] **שֶׁבַּעַל שֶׁמָּחַל עַל קִינּוּיוֹ קִינּוּיוֹ מָחוּל — לְחַלְיֵהּ לְקִינּוּיֵהּ וְלִבְעוֹל** [שימחל את קינויו ויבעל] בהיתר! ומשיבים: אכן, כן הוא ולכך התכוונה המשנה, **מַאי שְׁנָא** [מה שונה מדוע דווקא] **תַּלְמִידֵי חֲכָמִים** מלווים אותו — **דִּגְמִירִי** [שהם מלומדים], **דְּאִי בָּעֵי לְמִיבְעַל** [שאם רוצה הוא לבעול] אותה, **אָמְרִי לֵיהּ: אַחְלֵיהּ לְקִינּוּיָיךְ וּבְעָלָהּ** [אומרים הם לו: מחל על קינוייך ובעל אותה בהיתר]. **תָּא שְׁמַע** [בוא ושמע] ממה **שֶׁאָמַר ר׳ יֹאשִׁיָּה: שְׁלֹשָׁה דְּבָרִים סָח לִי הֶחָכָם זְעֵירָא מֵאַנְשֵׁי יְרוּשָׁלַיִם: בַּעַל שֶׁמָּחַל עַל קִינּוּיוֹ — קִינּוּיוֹ מָחוּל, וְזָקֵן מַמְרֵא** שהורה בניגוד להוראת בית הדין הגדול, **שֶׁרָצוּ בֵּית דִּין לִמְחוֹל לוֹ — מוֹחֲלִין לוֹ, וּבֵן סוֹרֵר וּמוֹרֶה שֶׁרָצוּ אָבִיו וְאִמּוֹ לִמְחוֹל לוֹ** על חטאיו **— מוֹחֲלִין לוֹ. וּכְשֶׁבָּאתִי אֵצֶל חֲבֵירַי שֶׁבַּדָּרוֹם** ואמרתי להם הלכות אלה, **עַל שְׁנַיִם הוֹדוּ לִי, וְעַל זָקֵן מַמְרֵא לֹא הוֹדוּ לִי,** וטעמם — **שֶׁלֹּא יִרְבּוּ** החכמים **מַחֲלוֹקֶת בְּיִשְׂרָאֵל. שְׁמַע מִינָּהּ** [למד מכאן] **שֶׁבַּעַל שֶׁמָּחַל עַל קִינּוּיוֹ קִינּוּיוֹ מָחוּל.** ומסכמים: אכן **שְׁמַע מִינָּהּ** [למד מכאן]. **פְּלִיגִי** [נחלקו] **בָּהּ** בפרטי הלכה זו **רַב אַחָא וְרָבִינָא; חַד** [אחד מהם] **אָמַר:** אם מחל **קוֹדֶם סְתִירָה** — קינויו **מָחוּל,** אך אם מחל **לְאַחַר סְתִירָה — אֵינוֹ מָחוּל. וְחַד** [ואחד מהם] **אָמַר: לְאַחַר סְתִירָה נַמִּי** [גם כן] **מָחוּל.** ומעירים: **וּמִסְתַּבְּרָא כְּמַאן דְּאָמַר** [ומסתבר כדעת מי שאומר] **אֵינוֹ מָחוּל, מִמַּאי** [ממה] אנחנו למדים זאת — **מִדְּקָא מְהַדְּרִי רַבָּנַן** [מתוך התשובה שמשיבים חכמים] **לְר׳ יוֹסֵי. דְּתַנְיָא** [שכן שנינו בברייתא], **ר׳ יוֹסֵי אוֹמֵר: בַּעְלָהּ נֶאֱמָן עָלֶיהָ** על הסוטה להביאה למקדש בלא שיבוא עליה בדרך, ואינו צריך מלווים **מִקַּל וָחוֹמֶר; וּמַה נִּדָּה שֶׁהִיא בְּעוֹנֶשׁ כָּרֵת — בַּעְלָהּ נֶאֱמָן עָלֶיהָ** ומותר הוא להתייחד עימה, **סוֹטָה שֶׁהִיא בְּאִיסּוּר לָאו** (לא תעשה), שהוא בעונש מלקות בלבד — **לֹא כָּל שֶׁכֵּן** שיהיה נאמן שלא יבוא עליה בדרך? **אָמְרוּ לוֹ: לֹא, אִם אָמַרְתָּ בְּנִדָּה — שֶׁכֵּן יֵשׁ לָהּ הֶיתֵּר** לאחר זמן, **תֹּאמַר בְּסוֹטָה — שֶׁאֵין לָהּ הֶיתֵּר,** שהרי אשה שזנתה אסורה לבעלה לעולם. **וְאִי אָמְרַתְּ** [ואם אומר אתה] כי **לְאַחַר סְתִירָה מָחוּל לָהּ,** אם כן **מַשְׁכַּחַתְּ לָהּ** [מוצא אתה אותה] את הסוטה שגם **יֵשׁ לָהּ הֶיתֵּר, דְּאִי בָּעֵי מָחֵיל לֵיהּ לְקִינּוּיֵהּ וּבָעֵיל** [שאם רוצה מוחל את קינויו ובועל]. **אֶלָּא שְׁמַע מִינָּהּ** [למד מכאן] **שֶׁלְּאַחַר סְתִירָה אֵינוֹ מָחוּל** עוד, ומסכמים: אכן, **שְׁמַע מִינָּהּ** [למד ממנה] שכן הוא.

ג שנינו במשנה: **מֵתוּ בַּעֲלֵיהֶן עַד שֶׁלֹּא שָׁתוּ, בֵּית שַׁמַּאי אוֹמְרִים:** נוטלות כתובה ולא שותות, ובית הלל אומרים שאינן נוטלות כתובה. ושואלים: **בְּמַאי קָמִיפַּלְגִי,** [במה באיזה עקרון נחלקו]? מסבירים: **בֵּית שַׁמַּאי סָבְרִי** [סבורים]: **שְׁטָר הָעוֹמֵד לִגְבּוֹת כִּגְבוּי דָּמֵי** [הוא נחשב], ולכן כיון שיש בידה שטר כתובה, הרי כל הכסף של הכתובה כמוחזק בידה. וכיון שאין כאן אלא רק ספק אם זינתה ואיבדה כתובתה — אין בכוח הספק להוציא מידה את הכסף הנחשב כמוחזק בידה על פי השטר.

מסורת הש״ס

א. (הגדרתה ודיניה) כתובות עב,א.
ב. סוטה כג,ב (ושם סומנו מקבילות).
ג. שם כד,א. וראה ירושלמי סוטה פ״ד ה״א.
ד. ראה במדב״ר פ״ט כו.
ה. יבמות נח,ב. תוספתא סוטה פ״ה א. במדב״ר פ״ט כח.
ו. שם. וירושלמי סוטה שם.
ז. במדב״ר שם.
ח. סוטה כו,ב. כז,ב. כח,א. כט,א. ירושלמי יבמות פ״י ה״א. שם סוטה פ״א ה״ב. שם ה״ג. תוספתא סוטה פ״ד טז. ספרי במדבר ה, יד. ספרי זוטא ה, יג. במדב״ר פ״ט יב. שם מב. תנחומא בובר נשא א. מדרש ל״ב מדות פי״ח. וראה סוטה כו,ב. כח,א. כט,א. יבמות כד,ב. צה,א. כתובות ט,א. ספרי זוטא ה, יג.
ט. סוטה כו,ב.
י. סוטה ז,א (ושם סומנו מקבילות).
יא. סנהדרין פח,א. ירושלמי סוטה פ״ד ה״ב. שם סנהדרין פ״ח ה״ו. ספרי דברים כא, יח. מדרש תנאים יז, יג. וראה במדב״ר פ״ט מג. ילק״ש תורה תתקי.
יב. ראה מגילה ג,א. סנהדרין פח,א.
יג. ראה ירושלמי סוטה פ״ב ה״ו. במדב״ר פ״ט מג.
יד. סוטה שם (ושם סומנו מקבילות).
טו. יבמות לח,ב. כתובות פא,א. גיטין לז,א. ב״מ סב,א. שבועות מח,ב. וראה גם ב״ב קכד,ב.

גרסות

דלאו אשתו היא כלל יש בכת״י: **דלאו אשתו היא.**

כיון דקפיד קפיד בכת״י יש: **בטלה דעתו אצל כל אדם.**

מאנשי ירושלים ויש גורסים: **משום אנשי ירושלים.**

הודו לי ויש בכת״י: **הודו לו.**

אישים

זעירא מאנשי ירושלים

חכם זה נזכר במקורות אחדים, ולפי שמות החכמים שהוא דן עימם בהלכה עולה כי חי בדורות האחרונים של התנאים. הוא מוסר דברים בשם אנשי ירושלים, כאשר לאחר גזירות השמד וחורבן העיר היתה בה קהילה קטנה (״קהלא קדישא״) שהשתדלה במסירות להשאר בעיר הקודש.

עיונים

עוברת על דת במקור ההלכה, במסכת כתובות, מדובר בשני סוגים של עוברת על דת, דת משה ודת יהודית. העוברת על דת משה היא האשה העוברת על איסורי תורה, וכפי שהגדירו זאת ראשונים (ראה במאירי ועוד) מדובר דווקא כאשר היא מכשילה את בעלה על ידי כך (שמשמשת עימו כשאינה טובלת לנדתה, או מאכילתו דברים האסורים). והעוברת על דת יהודית — שנוהגת בדרכי פריצות שאינם ראויים לבת ישראל. ובמל״מ (ויש לכך מקור בתוס׳ יבמות לח, ב) מסביר שהיא נקנסת משום שיש בכך צד של זנות, אם כדעת חכמים אחדים שיש לחשוש שמא תזנה אם תמשיך בדרך זו, או שמא כבר זנתה וסימן לדבר התנהגותה בפריצות.

צריכה התראה והתראה זו, לדעת רוב המפרשים, היא שמודיעהּ שאם תמשיך לנהוג בדרך זו הריהי מפסידה כתובתה. ובב״ש מדייק מרש״י שפירש שלא דנו בכך אלא בעוברת על דת יהודית, שמעשיה אינם בגדר איסור גמור, אבל העוברת על דת משה אינה צריכה התראה שהרי יודעת שעושה מעשה אסור. ועיין שם בדבריו שמדברי כל הפוסקים לא משמע כך. ובתו״ש העירו כי בתוספתא כתובות מפורש שעוברת על דת צריכה התראה, וכתבו שאולי לא ידעו האמוראים על קיומה של ברייתא זו.

לאוסרה עליו ובתו״ש שאלו: הלוא יש שאוסרים אשה על בעלה משום יחוד בלבד, ואם כן מה צורך בקינוי? והסבירו שאם קינא לה הריהי נאסרת אף כשמתייחדת באופן שאינה נאסרת כרגיל, כגון במקום שיש לו פתח לרשות הרבים, או כשהיה בעלה בעיר (וכן הוסיף שנאסרת על ידי קינוי אף שמתייחדת עם קרובים שמותר לה להתייחד עימם כרגיל). ויש שכתב כי אף האוסרים על היחוד סבורים שיש בכך רק דין מדברי סופרים, מה שאין כן בנסתרת לאחר קינוי שהיא אסורה מן התורה (מנחה חרבה).

לאוסרה לבועל כלומר, כאשר היה הבועל איש כזה שמצד עצמו היה מותר בה, כגון שהיה הבועל את האלמנה, אשת הכהן הגדול — הדיוט, או שהבועל את הממזרת היה הוא עצמו ממזר (מהרש״א).

כיון דקפיד קפיד רש״י מפרש כאן כיון שדרכו של בעל להקפיד בדבר — ודאי מקפיד הוא. ואינו מפרש כמשמעות הדברים שכיון שכבר הקפיד שוב אינו יכול לומר שאינו מקפיד בדבר, שהרי כאן אין מבואר שמדובר דווקא כשהתרה בה (וראה בדבר שאול).

בקינוי דבעל תלה רחמנא ובשאילתות גרס: בקפידא דבעל תלה רחמנא. ומצד הענין יש בגירסה זו להסביר כיצד יוכל למחול על קינויו, כי קינוי זה אינו אלא מחמת הקפדה שמקפיד, וכיון שהדבר תלוי בו יכול לומר שאינו מקפיד עוד.

אמרי ליה אחליה לקינוייך וכתב המאירי שלפי מסקנת דברי הגמרא שלאחר סתירה אינו יכול למחול לה עוד, בהכרח לומר שאין תירוץ זה קיים, אלא יש לומר שתלמידי חכמים אלה נחוצים כדי שידעו להזהירו כראוי. וראה גם להלן.

בן סורר ומורה בתלמוד הירושלמי סנהדרין מסבירים שיכולים הוריו למחול לו רק עד שנגמר דינו. ובכ״מ מסביר שכיון שנגמר דינו הריהו מאז כגברא קטילא (אדם הרוג), ואין מחילתם מועילה עוד.

כשבאתי אצל חבירי שבדרום ובתלמוד הירושלמי הנוסח הוא: כשבאתי אצל ר׳ יהודה בן בתירא לנציבין. ויש מקום לדבר, כי ר׳ יאשיה היה מחכמי בבל, והלך לר׳ יהודה בן בתירא, החכם הבבלי המפורסם בדורו.

שמע מינה בעל שמחל וכו׳ בתוס׳ (ד״ה שמע) הסיקו מכאן שעל ידי כך נפתרה גם הבעיה הקודמת לגבי עוברת על דת, שגם היא אם רצה בעלה לקיימה — מקיים. וכן דעת הרשב״א. אכן, הראב״ד סבור שאין פתרון בעיה זו פותר את הבעיה ביחס לעוברת על דת. שכן יש לחלק בין הדברים, שהרי הקינוי אוסר את האשה כדין בפני עצמו, שנאסרת רק משום שבעלה קינא לה, ולכן גם יכול למחול על קינויו. אבל העוברת על דת, נראה שאיסורה בא מחמת התנהגותה שלה, ושמא אין הדבר תלוי בדעת הבעל כלל.

לאחר סתירה אינו מחול ובטעם הדבר שאין מחילה לאחר סתירה יש לומר שכל עוד לא נסתרה היה הקינוי רק בגדר של דיבור בלבד, ויכול דיבור שני של הבעל (כשמוחל לה) לבטל דיבור ראשון של קינוי. אבל לאחר שנסתרה הרי זה כאילו נגמר המעשה, ובכגון זה שוב אינו יכול לבטל על ידי דיבור את המעשה. וכעין זה יש בדיני שליח הגט, שיכול הבעל לבטל שליחותו כל עוד לא עשה השליח מעשה ולא מסר את הגט (אשל אברהם).

מחילה לאחר סתירה מסקנת התלמוד הבבלי היא איפוא שאין מחילה לאחר סתירה. אכן בתלמוד הירושלמי (סנהדרין פ״ח ה״ו) מבואר שיכול הבעל למחול אף לאחר סתירה ואפילו לאחר שנכתבה המגילה, אבל לאחר שנמחקה המגילה לדעת הכל שוב אינו יכול למחול לה (וראה בתוס׳ סנהדרין פח, א).

אורח ההלכה

עוברת על דת צריכה התראה אשה העוברת על דת משה ויהודית צריך שיתרה בה בעלה, ואם יש עדים שהתרה בה ועברה על התראתו — יוצאת בלא כתובה, ואם אין עדים — תשבע שהוא כדבריה ותיטול כתובתה. והתראה זו, יש אומרים שצריך לומר לה במפורש שאם לא תחזור בה תפסיד כתובתה (מהר״מ מרוטנבורג) ויש חולקים וסבורים שאין חייב להודיעה דבר זה (וראה בב״ש). (רמב״ם שם הלכות אישות פכ״ד הי״ד. שו״ע אה״ע קטו, ד).

מקנין לארוסה להשקותה כשהיא נשואה קינא לארוסתו או לזקוקתו לייבום, ולאחר שנשאן נסתרו — הרי הן שותות כשאר הנשים. (רמב״ם ספר נשים הלכות סוטה פ״ב ה״ה).

רצה בעלה לקיימה העוברת על דת משה או דת יהודית, אין כופים את הבעל להוציאה, ואם רצה בעלה לקיימה — מותר לו, אף שמצוה עליו להוציאה. ומכל מקום איבדה כתובתה. ובח״מ כתב שאם לא הוציאה וחזרה בה ונוהגת כראוי צריך לכתוב לה כתובה אחרת. לפי שבטל שיעבודה של כתובה ראשונה. (רמב״ם שם הט״ז. שו״ע שם).

בעל שמחל על קינויו בעל שמחל על קינויו קודם סתירה — קינויו מחול, וכאילו לא קינא לה. אבל לאחר סתירה אינו יכול למחול. כמסקנת הגמרא. ואם גירשה הרי זה כאילו מחל לה, ואם חזר ונשאה צריך לקנא לה פעם אחרת. (רמב״ם שם הלכות סוטה פ״א ה״ז. שו״ע שם קעח, יב).

זקן ממרא וכו׳ זקן ממרא שרצו בית דין למחול על כבודם ולהניחו — אינם רשאים, כדי שלא ירבו מחלוקות בישראל. (רמב״ם שם פ״ג ה״ד).

בן סורר ומורה וכו׳ בן סורר ומורה שמחלו לו אביו ואמו קודם שנגמר דינו הרי זה פטור (וראה במל״מ שכתב שפרטי דין זה נסמכים על דברי התלמוד הירושלמי בסנהדרין). (רמב״ם ספר שופטים הלכות ממרים פ״ז ה״ח).

ושמואל דאמר אנא דאמרי אפי' לרבי יאשיה. דאמר שותה דמדאצטריך לרבויי לשתיה ש"מ לאו אשתו היא ליורשה וליטמא לה ולהאכילה תרומה וכ"ש לרבי יונתן דאמר אינה שותה משום דלאו אשתו היא והא דאיצטריך למעוטי אסמכתא בעלמא היא ולאו דקרא להכי אתא אלא להקיש אשה לאיש כדשני לעיל: **עוברת על דת.** יהודית שאינה צנועה יוצאה וראשה פרועה וטווה בשוק ומדברת עם כל אדם דאמר בכתובות בפרק המדיר (דף עב.) דיוצאה שלא בכתובה: **צריכה התראה.** שמא תחזור ואם תחזור לא תפסיד כתובתה או אינה צריכה התראה דבלאו התראה מפסדא:

למאי. כיון דלא שתיא קינוי למאי אהני: **לאפסודי כתובתה.** ואי לאו דקני לא מפסדא אלמא צריכה התראה וזו עוברת על דת היא שנסתרה עם אנשים: **להשקותה כשהיא נשואה.** (ב) ואם תסתר לאחר נישואין שותה על ידי קינוי של אירוסין שאינו יכול להשקותה כשהיא ארוסה דבעינן תחת אישה: **לאוסרה אבועל.** קינוי לא מהני אלא לאוסרה על בועלה אם ימות זה או יגרשנה ולא שתת(ג): **אלא לפוסלה מכתובתה.** מכלל דאי לא אתרו בה לא מפסדא: **דתנן.** לקמן בפרק כשם שהמים בודקין (דף כז:): **שאני התם.** הא דבעי התראה: **דלית לה אימתא דבעל.** ואי לאו דאתרו בה בי דינא לא הוה לן למקנסה דכיון דלית לה אימתא אין תימה בדבר אם עוברת על דת ואין זה פריצותא יתירתא אבל מי שבעלה אצלה ואינה יראה ממנו ועוברת על דת פריצותא יתירתא אית בה ואיכא למימר דבלאו התראה נמי מפסדא כתובתה: **תלא רחמנא.** דכתיב וקנא את אשתו: **או דלמא כיון דקפיד קפיד.** כלומר כיון דאורחיה דבעל למיקפד בהכי על כרחיה דהאי נמי הויא קפידא לגביה: **עבדינן מילתא דדלמא לא ניחא ליה.** והיאך אנו נעשים שלוחים לו בדבר שהוא חוב לו שאינו חפץ בו וקיימא לן (כתובות דף יא.) דאין חבין לאדם שלא בפניו: **שמחל על קנויו.** והשתא ס"ד דקבעי בין שמחל קודם סתירה בין שמחל לאחר הסתירה ואם תימצי לומר עוברת על דת שרצה לקיימה מקיימה הני מילי בלא קינוי אבל היכא דאיכא קינוי וסתירה ורצה למחול מהו מי עקר קינוי ושריא ליה או לאו: **עבדינן מידי דאתי בעל ומחיל.** ואיכא זילותא דבי דינא: **סתמא דמילתא אדם מסכים כו'.** וסמכינן אסתם דעתיה דאינשי ומקנינן לה ואי אתי ומחיל מחיל: **מאי שנא תלמידי חכמים.** תירוצא הוא והכי קאמר לעולם מחיל ודיקא ליה ממתני' מאי שנא דבעינן תלמידי חכמים משום דגמירי דאסורה ליה בדלא מחיל קינוי ואי אתי למיבעל אמרין ליה אחלי לקינויך: **סח לי זעירא.** שהיה מאנשי ירושלים: **זקן ממרא.** שהמרה על ב"ד של לשכת הגזית ומיתתו בחנק: **שהיא בלאו.** אחרי אשר הוטמאה לרבות סוטה שנסתרה בפ"ק דיבמות (דף יא:): **במאי קמיפלגי.** איזה טעם נותנין לדבריהם: **ב"ש סברי שטר העומד לגבות כגבוי דמי.** מי שיש לו שטר חוב על חבירו ושיעבד לו בו נכסיו מוחזק בעל השטר בנכסים יותר מן הלוה והלכך כיון דנכסי ברשותיה קיימי הוו להו יורשי הבעל תובעין והמוציא מחבירו עליו הראיה ועליהן להביא ראיה שזינתה בסתירה זו ואבדה כתובתה:

ושמואל אמר אנא דאמרי אפילו לרבי יאשיה מדאיצטריך קרא לרבוייה מכלל
א דלאו אשתו היא כלל איבעיא להו [א]עוברת על דת צריכה התראה להפסידה כתובתה או אינה צריכה מי אמרינן כיון דעוברת על דת היא לא בעיא התראה או דלמא תיבעי התראה דאי הדרה בה תיהדר בה ת"ש [ב]*ארוסה ושומרת יבם לא שותות ולא נוטלות כתובה [ג]*מישתא הוא דלא שתיא הא קנויי מקני לה למאי לאו להפסידה כתובתה אמר אביי לא [ד]לאוסרה עליו רב פפא אמר להשקותה כשהיא נשואה *כדתניא [ה]אין מקנין לארוסה להשקותה כשהיא ארוסה [ו]אבל מקנין לארוסה להשקותה כשהיא נשואה אמר רבא ת"ש אלמנה לכהן גדול גרושה וחלוצה לכהן הדיוט ממזרת ונתינה לישראל בת ישראל לממזר ולנתין לא שותות ולא נוטלות כתובה מישתא הוא דלא שתיא הא קנויי מקני להו ולמאי אי לאוסרן עליו הא אסירן וקיימן אלא לאו להפסידן כתובתן אמר רב יהודה מדיסקרתא לא [ז]לאוסרה(א) לבועל כבעל דתנן [ח]*כשם שאסורה לבעל כך אסורה לבועל א"ר חנינא מסורא ת"ש ואלו שבית דין מקנין להן מי שנתחרש בעלה או נשתטה או שהיה חבוש בבית האסורין ולא להשקותה אמרו אלא לפוסלה מכתובתה ש"מ [ט]בעי התראה ש"מ וכולהו מאי טעמא לא אמרי מהא דלמא שאני התם דלית לה אימתא דבעל כלל איבעיא להו עוברת על דת ורצה בעל לקיימה [י]מקיימה או אינו מקיימה מי אמרינן [יא]בקפידא דבעל תלא רחמנא והא לא קפיד או דלמא כיון דקפיד קפיד ת"ש ואלו שבית דין מקנין להן מי שנתחרש בעלה או נשתטה או שהיה חבוש בבית האסורין ואי אמרת רצה בעל לקיימה מקיימה עבדי ב"ד מידי דדלמא לא ניחא ליה לבעל סתמא דמילתא כיון דעוברת
ב על דת היא מינח ניחא ליה איבעיא להו בעל שמחל על קינויו קינויו מחול או אינו מחול מי אמרינן בקינוי דבעל תלא רחמנא ובעל הא מחיל ליה לקינויו או דלמא כיון דקני ליה מעיקרא לא מצי מחיל ליה ת"ש ואלו שב"ד מקנין להן מי שנתחרש בעלה או נשתטה או שהיה חבוש בבית האסורין ואי אמרת בעל שמחל על קינויו קינויו מחול עבדינן מידי דאתי בעל מחיל ליה סתמא דמלתא אדם מסכים על דעת ב"ד ת"ש [י]*ומוסרין לו שני ת"ח שמא יבא עליה בדרך ואי אמרת בעל שמחל על קינויו קינויו מחול לחליה לקינויה ולבעול מ"ש תלמידי חכמים דגמירי דאי בעי למיבעל אמרי ליה אחליה לקינוייך ובעלה ת"ש [יא]*דאמר ר' יאשיה שלשה דברים סח לי זעירא מאנשי ירושלים [יב]בעל שמחל על קינויו קינויו מחול וזקן ממרא שרצו בית דין למחול לו מוחלין לו [יג]ובן סורר ומורה שרצו אביו ואמו למחול לו מוחלין לו וכשבאתי אצל חבירי שבדרום על שנים הודו לי ועל זקן ממרא לא הודו לי [יב]שלא ירבו מחלוקת בישראל ש"מ [יג]בעל שמחל על קינויו קינויו מחול ש"מ פליגי בה רב אחא ורבינא חד אמר [יד]קודם סתירה מחול לאחר סתירה אינו מחול וחד אמר לאחר סתירה נמי מחול ומסתברא כמאן דאמר אינו מחול ממאי מדקא מהדרי רבנן לרבי יוסי דתניא [יד]*רבי יוסי אומר בעלה נאמן עליה מקל וחומר ומה נדה שהיא בכרת בעלה נאמן עליה סוטה שהיא בלאו לא כל שכן אמרו לו לא אם אמרת בנדה שכן יש לה היתר תאמר בסוטה שאין לה היתר ואי אמרת לאחר סתירה מחול לה משכחת לה דיש לה היתר דאי בעי מחיל ליה לקינויה ובעיל אלא ש"מ
ג לאחר סתירה אינו מחול שמע מינה: מתו בעליהן עד שלא שתו ב"ש כו': במאי קמיפלגי בית שמאי סברי [טו]*שטר העומד לגבות כגבוי דמי וב"ה

שמע מינה בעל שמחל על קינויו קינויו מחול. ותפשוט נמי עוברת על דת אם רצה בעלה לקיימה מקיימה אפילו התרה בה(ד):

***בית** שמאי אומרים נוטלת כתובתה. ואם תאמר מ"ש דאמרי ב"ש נוטלת כתובתה ובפרק מי שמת (ב"ב דף קנח.) גבי נפל הבית עליו ועל אשתו *נפל הבית עליו ועל אביו והיתה עליו כתובת אשה וכו' דאמרי ב"ש יחלוקו הואיל וספק הוא מי מת ראשון וכן בפרק החולץ (יבמות דף לח:) ובכתובות בפרק האשה שנפלו לה נכסים (דף פ:) גבי שומרת יבם שמתה מה יעשו בנכסים הנכנסין והיוצאין עמה בית שמאי אומרים יחלוקו ומפרש בגמרא בפ' החולץ (יבמות דף לח:) משום

תוספות שאנץ

שאר אחיו חולקין עמו ל"ה: אמר לך רב אנא דאמרי אפי' לר' יונתן וכ"ש לר' יאשיה וא"ת כיון דאשתו מעלייתא היא אמאי איצטריך ליה לר' יאשיה איש איש לרבות. וי"ל דלאו דוקא הוא אלא אסמכתא בעלמא הוא ועיקר קראי לאשת חרש ושוטה ושמואל אמר אנא דאמרי אפי' לר' יאשיה פי' וכ"ש לר' יונתן דאינה שותה משום דלאו אשתו היא. וא"ת כיון דלאו אשתו היא אמאי איצטריך לר' יונתן קרא למעוטי וי"ל דאינו אלא אסמכתא בעלמ' וקרא לאו להכי אתי אלא לאקושי אשה לאיש כדשני' לעיל ל"ה: אמר אביי לא לאוסרה עליו. וא"ת למ"ד דאוסרין על הייחוד למה לי למתני' למימר דמהני קנוי לאסרה עליו פשיטא וי"ל דאצטריך מתני' אפי' היכא דאינה אסורה משום ייחוד כגון בפתח פתוח לרשו' הרבים דאין שם משום ייחוד ואפי הכי לענין סוטה הוי רשות היחיד וה"נ אמרי' חצר שרבים נכנסין לה בזו ויוצאין לה בזו רשות היחיד לשבת ורשות הרבים לטומאה. משמע דוקא היכא דאיכא תרתי פתחא אבל היכא דליכא אלא פתח אחד הוי רשות היחיד לטומאה אי נמי כגון שבעלה בעיר דאמר בשלהי קידושין בעלה בעיר אין חוששין לה משום ייחוד ואפי' הכי לענין תורת סוטה אשמעינן מתני' דחשבי' ליה לסתירה ואפי' בעלה בעיר כיון דלא משתמיט תנא בשום מקום לומר שלא תחשב סתירה לענין סוטה כשבעלה בעיר: ש"מ בעי התראה ש"מ ובפתח פתוח לרשות הרבים ליכא לאוקמיה ואינה עוברת על דת דהא מסתמא כיון דאינה עוברת על דת לא היו ב"ד מקנין אותה כדי להפקיע כתובתה בכדי אבל ק' דאיתא בתוספ' דכתובות בהדיא נשים שאמרו שעוברות על דת צריכות התראה ויוצאות בלא כתובה לא התרו בהן יוציא ויתן כתובה ולמה לא הביאה כאן התלמוד ושמא דלא הוה ידע לה: זקן ממרא שהמרה על ב"ד של לשכת הגזית ומיתתו בחנק: ב"ש סברי שטר העומד לגבות כגבוי דמי מי שיש לו שטר חוב על חברו ושעבד לו כל נכסיו מוחזק בעל השטר יותר מן הלוה והלכך כיון דנכסי ברשותיה קיימי הוו להו יורשי הבעל תובעין והמוציא מחבירו עליו הראיה ועליהן להביא ראיה שזינתה ואבדה כתובתה וב"ה

וב"ה

הגהות הב"ח

(א) גמ' אבועל כבעל: (ב) רש"י ד"ה להשקותה וכו' דאם תסתר: (ג) ד"ה לאוסרה וכו' ולא שתת הס"ד ואח"כ מ"ה דתנן לקמן בפ' כשם הס"ד ואח"כ מ"ה אלא לפוסלה מכתובתה: (ד) תוס' ד"ה שמע וכו' התרה בה. נ"ב עיין פירושו בשו"ת שלי סי' קמ"ג:

טז א מיי' פ"ב מהל' סוטה הל' ה:
יז ב ג מיי' פכ"ד מהל' אישות הל' יד טז סמג עשין מח טוש"ע אה"ע סימן קטו סעיף ד:
יח ד מיי' פ"א מהל' סוטה הלכה ז טוש"ע אה"ע סי' קעח סעי' יב:
[שייך לעיל כד. במשנה]
יט ה מיי' פ"ז מהל' ממרים הלכ' ח סמג לאוין רכ:
[שם קנז.]
כ ו מיי' שם פ"ג הלכה ד סמג לאוין ג:
כא ז מיי' פ"א מהל' סוטה הלכה ז סמג עשין ט טוש"ע אה"ע סימן קעח סעיף יב:

יבמות נח. [לעיל כד.] [יבמות נח:] לקמן כז: לעיל ז. סנהדרין פח. [לעיל ז.] יבמות לח: כתובות פא. גיטין לז. שבועות מח: [ב"ב סב.]

כב א מיי' פ"ב מהל' סוטה הלכה ב:

משום דזיקת נשואה עושה ספק נשואה אלמא דמספיקא אמרי ב"ש יחלוקו ולא מוקמי לכולהו נכסי בחזקת יורשי האשה מטעם שטר העומד לגבות כגבוי דמי י"ל גבי נפל הבית עליו ועל אביו לא היו לבן נכסים אלא שהיא אומרת האב ראשון מת וירש הבן וישתעבדו לכתובתה התם ודאי נכסי האב לא עמדו מעולם בכח האשה ואעפ"כ כיון דאמר כגבוי דמי הרי הוא ספק אם האב מת ראשון דעמדו הנכסים בחזקתה או הבן מת ראשון ואין לה באותם נכסים כלום ובחזקת היורשין הן הלכך ספק הוא אם עמד שטר שלה לגבות מאותן נכסים כלל הלכך חולקין וכן נפל הבית עליו ועל אשתו ספק אם היא מתה ראשונה וירשה הבעל שלא ניתנה לגבות מחיים אי נמי איפכא ויורשיה באין מכחה וכן גבי שומרת יבם שמתה אמר הואיל והללו באין לירש והללו באין לירש יחלוקו אבל הכא שהיא בחיים והכתובה ניתן לגבות לאחר מיתת הבעל דכיון דדמיא כגבויה על היורשין להביא ראיה שזינתה וכה"ג אומר בפרק החולץ (יבמות דף לח:) רישא דאיתא לדידה הויא לה איהי ודאי ואינהו ספק ואין ספק מוציא מידי ודאי סיפא מתה הללו באין לירש והללו באין לירש:

תורה אור

וב"ה סברי שטר העומד לגבות לאו כגבוי דמי: מעוברת חבירו כו': אמר רב נחמן אמר רבה בר אבוה מחלוקת בעקרה וזקינה אבל [א]איילונית דברי הכל לא שותה ולא נוטלת כתובתה שנאמר °(במדבר ה) ונקתה ונזרעה זרע מי שדרכה להזריע יצאה זו שאין דרכה להזריע מיתיבי [ב]*[א]המקנא לארוסתו ולשומרת יבם שלו אם עד שלא כנסה נסתרה לא שותה ולא נוטלת כתובתה מעוברת

וב"ה סברי לאו כגבוי דמי. והויא לה היא תובעת מספק דדלמא זנאי הלכך אינהו ודאי והיא ספק ואין ספק מוציא מידי ודאי ועליה להביא ראיה שלא זינתה: מחלוקת. דפליג ר"א ואמר יכול לישא אחרת כו': בעקרה וזקינה. דליכא למימר אינה שותה אלא טעמא משום דלא חזיא [תוספ' פ"ה] לקיימה עלה פליג ר"א ואמר ראויה לקיימה היא דיכול לישא אשה אחרת: אבל איילונית. נהי נמי דראויה לקיימה מיהו לא שתיא מהאי טעמא דראויה להריון בעינן ועקרה על ידי מכה וזקינה מינא דבת הריון היא קודם לכן אבל איילונית מבטן אמה לקויה היא ולא חזיא: לא

[שייך לעיל במשנה] *בית הלל אומרים או שותות או לא נוטלות כתובתן. בפ' החולץ (גו"ש) מפרש מתוך שלא שותות לא נוטלות כתובתן ולא ידענא בנכסי צאן ברזל מאי קא סבר ב"ה דבפ' מי שמת (ב"ב דף קנח.) גבי נפל הבית עליו ועל אשתו אמרי ב"ה הנכסים בחזקתן עומדות ופי' נכסי צאן ברזל ופליגי אמוראי בגמרא בחזקת מי בחזקת יורשי הבעל או בחזקת יורשי האשה ובר קפרא תני הללו באין לירש והללו באין לירש יחלוקו אבל הכא שהיא בחיים בחזקתה הן עומדים או דלמא כיון דאחריותם היו על הבעל היו בחזקתו ול"ש ושייכא בפלוגתא דהתם ובנכסי מלוג לא פליג ב"ה דאפי' גבי ספק מוקי להו בחזקת יורשי האשה וכ"ש הכא דאפי' ודאי זינתה לא הפסידתה כדאמר בפרק אלמנה ניזונית (כתובות דף קא.) היוצאת משום שם רע נוטלת מה שבפניה ויוצאה ופי' נכסי מלוג ואם תאמר מ"ש מתניתין מפלוגתא דרב הונא ורב יהודה ורב נחמן ור' יוחנן דפליגי בפ"ק דכתובות (דף יב:) מנה לי בידך והלה אמר איני יודע רב הונא ורב יהודה אמרי חייב רב נחמן ורבי יוחנן אמרי פטור ה"נ היא טוענת ברי אבל הוא אינו יכול לטעון טענת ברי ותהוי תיובתא דרב הונא י"ל מאחר שהתורה עשאה ספק עד שתשתה אינה יכולה לטעון טענת ברי ופלוגתא דמתני' התם הנושא את האשה ולא מצא לה בתולים לא שייכא להכא דהתם אפילו ב"ש מודו דשמא אותו שטר מעולם לא עמד לגבות שהרי הבעל טוען מקחו מקח טעות והכא לא שייך למימר אליבא דב"ה העמד אשה על חזקתה ואימור לא זינתה שהרי רגלים [לדבר] שקינא לה ונסתרה והכתוב הוציאה מאותה חזקה ועשאה ספק:

בית הלל סברי שטר העומד לגבות לאו כגבוי דמי. אי קשיא מהא דאמר בפ' המקבל (ב"מ דף קי.) יתומים אמרו אנו השבחנו וב"ח אומר אביכם השביח על מי להביא ראיה סבר רב הונא למימר ארעא בחזקת יתמי קיימא ועל ב"ח להביא ראיה אמר ליה ההוא סבא הכי אמר ר' יוחנן על היתומים להביא ראיה מאי טעמא ארעא כיון דלגוביינא קיימא כמאן דגבי דמי ויתמי נייתי ראיה ונשקול וכי ר' יוחנן שבק בית הלל ועביד כב"ש יש לתרץ הכא דהשיעבוד עלמו של כתובה עומד בספק לא קיימא ארעא לגוביינא אמרי ב"ה דלאו כגבוי דמי אבל התם היתומים מודו לב"ח בקרקע עלמו שהוא משועבד לו ואינם מעכבין לפניו הקרקע הלכך אפילו בית הלל מודו דכה"ג כגבוי דמי ולא קיימא ארעא בחזקת יתמי וכיון דלא קיימא בחזקת יתמי על היתומים להביא ראיה מן השבח דומיא דעיר ואילן דמייתי עלה ספק זה קודם ספק זה קודם קוצץ ונותן דמים אלמא כיון דלמיקץ קאי דבין אם קדם האילן בין אם קדם העיר קוצץ אלא שאם קדם האילן קוצץ ונותן דמים אמרי ליה זיל קוץ ודמי אייתי ראיה ושקול גבי הא ארעא נמי אמרי ליתמי הבו ליה ארעא לב"ח דהא לגוביינא קיימא ושבח אייתו ראיה ושקילו מפי מורי"ה: לאו כגבוי דמי. הכא לא שייכא כל הני פלוגתא דרבי מאיר ורבנן דפליגי בפרק השואל (ב"מ דף ק:) דכל העומד לבצור[א] כבצור דמי ופלוגתא דר' שמעון בן גמליאל ורבי פרק קמא דסנהדרין (דף טו.) ובפרק השולח (גיטין דף לט.) בכל העומד לגזוז ופלוגתא דרבי שמעון ורבנן בפרק המנחות והנסכים (מנחות דף קב:) כל העומד לזרוק כזרוק דמי וכן לפדות ולשרוף דלאו בחדא מחיתא נחות להו דהכא כ"ע מודו דאמרי' לאו כגבוי דמי והעמד ממון בחזקת בעליו שהרי צריך דיינין ולאו בידו הוא כדאמר [קדושין סב:] *גבי גר מי יימר דמזדקקין ליה בי דינא וטעמא דר' מאיר כבצורות דמיין משום דבידו ואין צריכין לגופן הלכך לא חשיב להו כקרקע והכי אמר בפרק בהמה המקשה (חולין דף עג.) גבי ידות הכלים דאין מטבילין אלא עד מקום מדה משום דעומדין ליקצץ וגבי שערו העומד לגזוז אמר בפרק קמא דסנהדרין (דף טו.) דמודה רבי מאיר דלאו כגזוז דמי משום דלאשבוחי אשבח כל מה דקאי ומיהו רבן שמעון בן גמליאל פליג ואמר כגזוז דמי דלא עביד איניש דשביק ליה והני דרבי שמעון טעמא אחרינא אית בהו ולא אמר אלא במקום מלוה כגון זריקת דם ופדיית פרה כשמצא אחרת נאה ממנה ושריפתה אבל בהני דרבי מאיר ורשב"ג לא שייך האי טעמא והא דאמר גבי שופר של עבודה זרה בפרק ראוהו בית דין (ר"ה דף כח.) וגבי לולב של אשירה (סוכה דף לא:) ומנעל בפרק מלות חליצה (יבמות דף קג:) כתותי מכתת שיעוריה אפי' רבנן מודו משום דאיסור הנאה הוא ולא הוי אלא כעפרא דארעא בעלמא וליכא שיעורא ופרה חיבת הקדש מהני וצריך עיון כלאי הכרם אמאי מטמאין טומאת אוכלים ולא אמר כתותי מכתת שיעוריה הלכך ליכא לדמויי להדדי והא דאמר בפרק נערה (כתובות דף נא.) כל העומד לקצור כקצור דמי התם טעמא דלא תקנו לב"ח לגבות אלא דבר הצריך לקרקע קאת וכן פירש רש"י (ב"מ טו:) שבח המגיע לכתפים שעומד בקרוב לקצור וצריך עדיין קצת לקרקע*: מיתיבי המקנא לארוסתו. כך ברייתא זו שנויה בתוספתא (פ"ה) המקנא לארוסתו ולשומרת יבם שלו אם משכנסה נסתרה או שותה או לא נוטלת כתובה הרובא שנשא עקרה או זקינה ויש לו אשה ובנים או שותה או לא נוטלת כתובתה [מעוברת עלמו או מניקת עלמו או שותה או לא נוטלת כתובתה] כהנת לויה וישראלית שנשאו לכהן ללוי וישראל ממזרת לממזר נתינה לנתין ואשת גר לגר ועבד משוחרר והאיילונית או שותה או לא נוטלת כתובתה רבי שמעון בן אלעזר אמר איילונית לא שותה ולא נוטלת כתובתה שנא' ונקתה ונזרעה זרע שראוי ליזרע פרט לאיילונית שאינה ראויה להזרע אבל המקנא לארוסתו ולשומרת יבמתו שלו עד שלא כנסה נסתרה לא שותות ולא נוטלות כתובתה הרובא [שנשא עקרה וזקינה ואין לו אשה ובנים לא שותות ולא נוטלת כתובה מעוברת חבירו ומניקת חבירו לא שותות ולא נוטלות כתובה] רבי אליעזר אומר יכול הוא להפרישה ולהחזירה לאחר זמן: שנשא

רש"ל

[ועי' היטב תוס' ב"ק לה: ד"ה שבח ותוס' ב"ב מב: ד"ה שבח]

הגהות הב"ח

(א) תום' ד"ה לאו וכו' דכבצורות דמיין:

תוספות שאנץ

וב"ה סברי לאו כגבוי דמי והויא לה היא תובעת כתובתה מספק דדילמא זנאי הלכך אינהו ודאי והיא ספק ואין ספק מוציא מידי ודאי ועליה להביא ראיה שלא זינתה ל"ה. מחלוקת בעקרה וזקנה פ"ה מחלוקת דפליג רבי אליעזר ואמר א) ראויה לקיימה היא דיכול לישא אשה אחרת אבל אילונית כי נמי ראויה לקיימה היא מיהו לא שתיא מהאי טעמא דראויה להריון בעינן ועקרה ע"י מכה ב)

א) נ"ל ואמר דיכול לישא אשה אחרת כו' בעקרה וזקינה דליכא למימר אינה שותה אלא טעמא משום דלא חזיא לקיימה עלה פליג ר"א ואמר וכו'.

ב) וזקינה מינא דבת הריון היא קודם לכן אבל איילונית מבטן אמה לקוייה היא ולא חזיא.

וּבֵית הִלֵּל סָבְרִי [סבורים]: **שְׁטָר הָעוֹמֵד לִגְבּוֹת לָאו** [לא] **כִּגְבוּי דָּמֵי** [הוא נחשב], ולכן כסף הכתובה הוא בחזקת הבעל ויורשיו. ומשום כך אין היא יכולה להוציא מחזקתו, שהרי יש ספק אם היא זכאית לכך.

א שנינו במשנה מחלוקת לגבי הנושא **מְעוּבֶּרֶת חֲבֵירוֹ**, וכן שנינו לגבי איילונית עקרה וזקינה שלא שותות ולא נוטלות שלדעת תנא קמא אינן שותות ואינן נוטלות כתובתן שיש איסור לשאת אשה כזו, שהרי מבטל מצוות פריה ורביה. ואילו ר׳ אלעזר אומר שאין אלו נישואי איסור שהרי יכול הוא לישא בנוסף לה אשה אחרת ולפרות ולרבות הימנה ומכיון שהנישואין כשרים, הריהן שותות.

אָמַר רַב נַחְמָן אָמַר רַבָּה בַּר אֲבוּהּ: מַחֲלוֹקֶת זו היא דווקא **בַּעֲקָרָה וּזְקֵנָה**, שהטעם שאינן שותות לשיטת חכמים הוא משום שאסור לו לקיימן כשלא קיים מצוות פריה ורביה, ור׳ אלעזר סבר שמותר לקיימן הואיל ויכול לשאת אשה אחרת, ולכן יכול להשקותן. **אֲבָל אַיְילוֹנִית — דִּבְרֵי הַכֹּל לֹא שׁוֹתָה וְלֹא נוֹטֶלֶת כְּתוּבָּתָהּ, שֶׁנֶּאֱמַר: "וְנִקְּתָה וְנִזְרְעָה זָרַע"** (במדבר ה, כח), לומר: הדברים האלה אמורים **בְּמִי שֶׁדַּרְכָּהּ לְהַזְרִיעַ** וללדת, **יָצְאָה זוֹ** האיילונית **שֶׁאֵין דַּרְכָּהּ לְהַזְרִיעַ**, וכיון שאין הכתוב יכול להתקיים בה — אין בה דין השקאה כלל. **מֵיתִיבִי** [מקשים] על כך: **הַמְקַנֵּא לַאֲרוּסָתוֹ וּלְשׁוֹמֶרֶת יָבָם שֶׁלּוֹ, אִם עַד שֶׁלֹּא כְּנָסָהּ נִסְתְּרָה** — הרי זו **לֹא שׁוֹתָה וְלֹא נוֹטֶלֶת כְּתוּבָּתָהּ.**

מסורת הש״ס

א. ראה סוטה כו,א ובמסומן שם.

ב. תוספתא סוטה פ״ה ד.

גרסות

מי שדרכה יש בכת״י ועוד: מי שראויה.

עיונים

לאו כגבוי דמי בתוס׳ (ד״ה לאו) דנו ביחס בין הלכה זו ובין הכלל הגדול שנוסח בלשון "כל העומד לבילה כבלול דמי", כלומר דבר שיכול להיעשות, ואין מניעה מצד עצמו שייעשה — נחשב כאילו היה כבר עשוי. והשאלה הפשוטה היא — מפני מה אין אומרים כן אף לגבי שטר, שכיון שעומד להיגבות ייחשב כגבוי. וראה בתוס׳ שאומרים כי אין הדברים דומים, שהרי בשאר דברים העומדים להיעשות הדבר נמצא בידיו של העושה, ואכן יכול לבצעו בכל עת. מה שאין כן בשטר, שמכל מקום צריך לבית דין כדי לגבותו, ונמצא שאין זה בידו לגמרי. ולפי זה אף דעת בית שמאי ששטר העומד לגבות כגבוי דמי יש לראותה רק בהגדרת הדברים לגבי החזקה, שבית שמאי סבורים שגדול כוח השטר עד כדי כך שמי שמוחזק בשטר הריהו כמוחזק ברכוש עצמו, וכל המוציא מידו הוא הנזקק לראיה.

מחלוקת בעקרה וזקינה יש סבורים (וכן נראה מפיה״מ לרמב״ם) שטעמם של חכמים אחד הוא בכל המקרים, ואינו תלוי בכך שהוא עובר במה שאין לו אשה הראויה לבנים, אלא משום שאשה זו (ובכלל זה עקרה וזקינה) אין דרכה להוליד. וכן נראה משיטת התלמוד הירושלמי (בסוטה פ״ד ה״א). אבל אין דעת רוב המפרשים כן, ואף מן התלמוד הירושלמי (סה״ג שם) אין נראה כן, שאמרו שם שרק אם היו לו בנים (או אשה בת בנים) בשעת קינוי יכול להשקות את האשה, ולא כשהיו לו לאחר מכן.

שאין דרכה להזריע ולשיטה זו יש לחלק בין איילונית שאין דרכה להזריע כלל, שמעצם מהותה אינה ראויה להוליד, ובין עקרה וזקינה שאף שאין זה רגיל שיולידו, מכל מקום אין זה מן הנמנע מצד טבען, וכבר מצינו שנשים כאלה הולידו בנים (מל״מ).

אורח ההלכה

ארוסה ושומרת יבם ארוסה ושומרת יבם שקינא להן האיש ונסתרו לפני שכנסן — אינן שותות מים המרים, אבל יוצאות בלא כתובה. (רמב״ם ספר נשים הלכות סוטה פ״ב ה״ב).

מְעוּבֶּרֶת חֲבֵירוֹ וּמֵינֶקֶת חֲבֵירוֹ — לֹא שׁוֹתוֹת וְלֹא נוֹטְלוֹת כְּתוּבָּה, אלו דִּבְרֵי ר' מֵאִיר. שֶׁהָיָה ר' מֵאִיר אוֹמֵר: לֹא יִשָּׂא אָדָם מְעוּבֶּרֶת חֲבֵירוֹ וּמֵינֶקֶת חֲבֵירוֹ לפני שמלאו עשרים וארבעה חודשים ללידת הולד, כשייגמל הילד מיניקתו, וְאִם נָשָׂא — יוֹצִיא (יגרש) וְלֹא יַחֲזִיר אותה עוֹלָמִית, שקנסוהו על שעבר על דברי חכמים. וַחֲכָמִים אוֹמְרִים: יוֹצִיא בגט, וּכְשֶׁיַּגִּיעַ זְמַנּוֹ לִכְנוֹס (לשאת) לאחר עשרים וארבעה חודש ללידת הולד — יִכְנוֹס אותה פעם שניה. ועוד אמרו: וְהָרוֹבָא (בחור, איש צעיר) שֶׁנָּשָׂא אשה עֲקָרָה וּזְקֵינָה וְאֵין לוֹ אִשָּׁה וּבָנִים מֵעִיקָּרָא [מתחילה] — לֹא שׁוֹתָה וְלֹא נוֹטֶלֶת כְּתוּבָּה, שהרי נשא אשה האסורה עליו, שהרי אינו יכול לקיים על ידה מצות פריה ורביה שטרם קיימהּ. ר' אֶלְעָזָר אוֹמֵר: אין בנישואין אלה עצמם איסור, שהרי יָכוֹל הוּא לִישָּׂא אשה אַחֶרֶת וְלִפְרוֹת וְלִרְבּוֹת הֵימֶנָּה. ומשום כך הריהי שותה אֲבָל הַמְקַנֵּא לַאֲרוּסָתוֹ או לְשׁוֹמֶרֶת יָבָם שֶׁלּוֹ, וּמִשֶּׁנְּכְנָסָהּ נִסְתְּרָה — אוֹ שׁוֹתָה אוֹ לֹא נוֹטֶלֶת כְּתוּבָּה. מְעוּבֶּרֶת וּמֵינֶקֶת עַצְמוֹ שקינא לה, שיש לחשוש שמא יזיקו המים המרים לוולד, מכל מקום קינויו קינוי ולכן אוֹ שׁוֹתָה או לֹא נוֹטֶלֶת כְּתוּבָּתָהּ. הָרוֹבָא (הצעיר) שֶׁנָּשָׂא עֲקָרָה וּזְקֵינָה, וְיֵשׁ לוֹ אִשָּׁה וּבָנִים ואם כן, אין היא אסורה עליו שהרי קיים כבר מצות פריה ורביה — אוֹ שׁוֹתָה, אוֹ לֹא נוֹטֶלֶת כְּתוּבָּה. אֵשֶׁת מַמְזֵר שהיתה נשואה לְמַמְזֵר, בנישואין כשרים, או אֵשֶׁת נָתִין לְנָתִין, או אֵשֶׁת גֵּר או עֶבֶד מְשׁוּחְרָר, או אַיְילוֹנִית שקינא לה בעלה — אוֹ שׁוֹתָה, אוֹ לֹא נוֹטֶלֶת כְּתוּבָּה. קָתָנֵי מִיהָא [שנה התנא על כל פנים] שם שאַיְילוֹנִית שותה, והרי זו תְּיוּבְתֵּיהּ [קושיה חמורה על] רַב נַחְמָן! ומשיבים: אָמַר [יכול היה לומר] לָךְ רַב נַחְמָן: תַּנָּאֵי [מחלוקת תנאים] הִיא בענין זה, וַאֲנָא דַּאֲמַרִי כִּי הַאי תַּנָּא [ואני שאמרתי את דברי, כדעת תנא זה אמרתי]. דְּתַנְיָא [שכן שנינו בברייתא], ר' שִׁמְעוֹן בֶּן אֶלְעָזָר אוֹמֵר: אַיְילוֹנִית לֹא שׁוֹתָה וְלֹא נוֹטֶלֶת כְּתוּבָּה, שֶׁנֶּאֱמַר: "וְנִקְּתָה וְנִזְרְעָה זָרַע" (במדבר ה, כח) — מִי שֶׁדַּרְכָּהּ לְהַזְרִיעַ, יָצְאתָה זוֹ שֶׁאֵין דַּרְכָּהּ לְהַזְרִיעַ. ושואלים: וְרַבָּנַן [וחכמים] הסבורים באותה ברייתא שאיילונית שותה, הַאי [זה] הכתוב "וְנִקְּתָה וְנִזְרְעָה זָרַע" מַאי עָבְדֵי לֵיהּ [מה עושים הם בו]? הלא אינה בכלל "ונזרעה זרע"! ומשיבים: מִיבָּעֵי לְהוּ לְכִדְתַנְיָא [נצרך הוא להם לכפי ששנינו בברייתא]: מה שנאמר "וְנִקְּתָה וְנִזְרְעָה [זָרַע]", לומר שֶׁאִם הָיְתָה עֲקָרָה — נִפְקֶדֶת בבנים, אלו דִּבְרֵי ר' עֲקִיבָא. אָמַר לוֹ ר' יִשְׁמָעֵאל: אִם כֵּן — יִסָּתְרוּ כָּל הָעֲקָרוֹת, וישתו מי סוטה וְיִפָּקְדוּ, שיש להן דרך כזו להיפקד, וְזוֹ, אשה עקרה שהיא צנועה וכשירה, הוֹאִיל וְלֹא נִסְתְּרָה הִפְסִידָה בנים?! אלא יש לומר: אִם כֵּן מַה תַּלְמוּד לוֹמַר: "וְנִקְּתָה וְנִזְרְעָה זָרַע", שֶׁאִם הָיְתָה יוֹלֶדֶת עד עכשיו בְּצַעַר — יוֹלֶדֶת מעתה בְּרֶיוַח (ברווחה בלא צער), היתה יולדת נְקֵבוֹת — יוֹלֶדֶת עכשיו זְכָרִים, היתה יולדת ילדים קְצָרִים (נמוכים) — יוֹלֶדֶת אֲרוּכִּים (גבוהים), היתה יולדת ילדים שְׁחוֹרִים שאינם יפים — יוֹלֶדֶת לְבָנִים, יפים.

א שנינו במשנה שאֵשֶׁת מַמְזֵר הנשואה לְמַמְזֵר שותה. ותוהים: פְּשִׁיטָא [פשוט, מובן מאליו] שכן הוא, שהרי נישואיהם נישואין כשרים! ומשיבים, מַהוּ דְּתֵימָא [שתאמר]: אַפּוּשֵׁי [להרבות] פְּסוּלִין לֹא לֵיפּוּשׁ [נרבה] ואין מעוניינים בקיומם של נישואין כאלה, ולכן לא תשתה ותיאסר על בעלה, ולא תלד מעתה ילדים, על כן קָא מַשְׁמַע לָן [השמיע לנו] שאין הדבר כן.

ב עוד שנינו שם: אֵשֶׁת גֵּר וְעֶבֶד מְשׁוּחְרָר, וְאַיְילוֹנִית או שותה או לא נוטלת כתובה. ותוהים לגבי אשת גר ועבד כנעני משוחרר (שגם הוא גר): פְּשִׁיטָא [פשוט, מובן מאליו] שכן הוא, שהרי אשתו היא לכל דבר? ומשיבים: מַהוּ דְּתֵימָא [שתאמר]: הלא נאמר בראש פרשת סוטה "דַּבֵּר אֶל בְּנֵי יִשְׂרָאֵל" (שם ה, יב), ויש מקום לומר שבא הכתוב למעט: בנים של ישראל דווקא, וְלֹא גֵּרִים, על כן קָא מַשְׁמַע לָן [השמיעה לנו] הברייתא שאף גרים בכלל. ושואלים: וְאֵימָא הָכִי נַמִי [ואמור שכך הוא גם כן] שהכתוב בא באמת למעט גרים! ומשיבים: "וְאָמַרְתָּ" (שם) שנאמר אחר כך — לשון רִבּוּיָא [ריבוי] הוּא, ללמד שכל ישראל, אפילו גרים, שותים.

ג שנינו במשנה: אֵשֶׁת כֹּהֵן שׁוֹתָה ומותרת לבעלה. ותוהים: אֵשֶׁת כֹּהֵן שׁוֹתָה פְּשִׁיטָא [פשוט, מובן מאליו] ששותה! ומשיבים: מַהוּ דְּתֵימָא [שתאמר], הלא אמר הכתוב בסוטה: "וְהִיא לֹא נִתְפָּשָׂה (נאנסה)" (שם יג) ולכן היא אֲסוּרָה, הָא [הרי] אם נִתְפְּשָׂה — מוּתֶּרֶת לבעלה. וְזוֹ אשת כהן הוֹאִיל וְגם אם נִתְפְּשָׂה אֲסוּרָה היא לבעלה — אֵימָא [אמור] שלֹא תִּשְׁתֶּה שהרי אין דינה שווה לשאר נשים, על כן קָא מַשְׁמַע לָן [השמיע לנו] שהיא שותה.

ד שנינו במשנה שאשת כהן שותה וּמוּתֶּרֶת לְבַעְלָהּ. ושואלים: פְּשִׁיטָא [פשוט, מובן מאליו], הלא נבדקה ונמצאה טהורה! אָמַר רַב הוּנָא: מדובר שם בְּמִתְנַוְּונָה שהולך גופה ומתנוון. ותוהים: מִתְנַוְּונָה — הָא [הרי] כבר בְּדָקוּהָ מַיָּא [המים] והוכיחו שהיא טמאה, אלא שהזכות תולה לה אבל אסורה לבעלה! ומשיבים: בְּמִתְנַוְּונָה דֶּרֶךְ אֵבָרִים אחרים. כלומר, מחלות באות עליה, אבל לא באיברים האמורים בתורה. מַהוּ דְּתֵימָא [שתאמר]: הָא זַנּוּיֵי זְנַאי [זו באמת זנתה], וְהָא [וזה] שלֹא בְּדָקוּהָ מַיָּא כִּי אוֹרְחֵיהּ [המים כדרכם] הוא מִשּׁוּם שבְּאוֹנֶס זְנַאי [זנתה] וּלְגַבֵּי כֹּהֵן בכל אופן היא אֲסִירָא [אסורה], על כן קָא מַשְׁמַע לָן [השמיע לנו] שאין חוששים לכך.

ה שנינו במשנה שאֵשֶׁת סָרִיס שׁוֹתָה. ותוהים: פְּשִׁיטָא [פשוט, מובן מאליו], הלא נשואה היא לו! ומשיבים, מַהוּ דְּתֵימָא [שתאמר]: הלא "ויתן איש בך את שכבתו מִבַּלְעֲדֵי אִישֵׁךְ" (שם כ) אָמַר רַחֲמָנָא [אמרה תורה], וְהַאי לָאו בַּר הָכִי [וזה, בעלה אינו מסוגל לכך] הוּא, על כן קָא מַשְׁמַע לָן [השמיע לנו] שאין אומרים כן. שנינו במשנה שעַל יְדֵי (לשם) כָּל עֲרָיוֹת מְקַנִּין (מקנאים) ותוהים: פְּשִׁיטָא [פשוט, מובן מאליו] שכן הוא!

מסורת הש"ס

א. תוספתא סוטה פ"ה ו.

ב. יבמות לו,ב. מב,א. ירושלמי סוטה פ"ד ה"ג. תוספתא נדה פ"ב ז.

ג. תוספתא סוטה פ"ה ה.

ד. תוספתא סוטה פ"ה א. וראה סוטה כה,א ובמסומן שם.

ה. תוספתא שם ג.

ו. שם ב.

ז. שם ד.

ח. ראה גם עדיות פ"ה מ"ו. ברכות יט,א.

ט. תוספתא סוטה פ"ה ד. ילק"ש תורה תשט.

י. שם. ירושלמי סוטה פ"ד ה"א. וראה ספרי במדבר ה, כח.

יא. ברכות לא,ב. ספרי במדבר שם. במדב"ר פ"ט כה. וראה ירושלמי סוטה פ"ג ה"ד. תוספתא סוטה פ"ב ג. ספרי זוטא ה, כח. תנחומא בובר נשא א. ילק"ש תורה תשד.

יב. ראה ירושלמי סוטה פ"ב ה"ה. במדב"ר פ"ט כח.

יג. ירושלמי שם פ"ד ה"ד.

יד. יבמות נו,ב. ק,ב. כתובות נא,ב. עד,א. נדה נב,א. ירושלמי שם. ספרי במדבר ה, יג. במדב"ר פ"ט י. שם כט.

טו. ירושלמי שם פ"ג ה"ה (בשינוי שם). וראה שם פ"ד ה"ד.

טז. ראה שם פ"ד ה"ד. ספרי במדבר ה, כ. במדב"ר פ"ט יז. וראה סוטה כד,א ובמסומן שם.

גרסות

והרובא יש בכת"י ועוד: **הרובה**.

ובנים מעיקרא בכת"י ועוד: **ובנים**.

נקבות יש בכת"י: **ואם היתה יולדת נקבות**.

ועבד משוחרר ואיילונית בכת"י יש, וכן הגיה הב"ח: **ועבד משוחרר**.

אשת כהן שותה פשיטא יש בכת"י ועוד: **פשיטא**.

הואיל ונתפשה יש בכת"י: **אף על פי שנתפשה**.

בר הכי יש בכת"י: **בר אישות**.

לשון

רובא

משמעות המלה, צעיר, בחור. ועיקרה, כמו גם הארמית רביא משרש "רבה" = גדל, כלומר זה ההולך וגדל. ומקבילתו בלשון נקבה היא ריבה.

עיונים

לא ישא אדם מעוברת חבירו וכו' טעמה של גזירת חכמים זו הוא בכך שהאשה הנישאת לאחֵר עשויה להרות לו, ועל ידי ההריון ייפסק חלבה, ומאחר שיקשה על האשה לספק לתינוק את מזונו (כי האשה תזדקק לתבוע את בעלה שנתגרשה ממנו, או לקחת מעזבונו) יש לחשוש שמא יגרום הדבר למות התינוק. שיעור הזמן שקבעו חכמים לזמן הנקת התינוק עד היגמלו היה שנוי במחלוקת תנאים, ראשונים ואחרונים, אך מסקנת ההלכה היא לקבוע זמן של עשרים וארבעה חודשים.

מעוברת ומינקת עצמו רש"י סבור כי מעוברת שותה מי סוטה, ואף שיש לחשוש שמא כתוצאה מכך תמות האשה ותגרום למות העובר — אין חוששים לכך, ושותה. וכן משמע מדברי הרמב"ם. אכן, בתוס' (ד"ה מעוברת) אמרו כי אין הכוונה שהיא שותה בהיותה מעוברת, אלא ממתינים לה עד שתלד ואז תשתה. וכבר הביאו ראיה לדבר מן האמור בספרי זוטא בשם רבן גמליאל שאין משקים את האשה כשהיא מעוברת. אחרונים דנו בשיטת רש"י וניסו להסביר בדרכים שונות מפני מה אין חוששים למות העובר, שיש שכתבו שכיון שהדבר הוא כולו בידי שמים, אין לנו לחשוש לדבר שאינו בידנו (שפת אמת). ויש שכתבו שכיון שיש כאן ספק בלבד (שהרי אין זה ברור שהיא טמאה ויבדוקה המים) ולא עוד אלא שיש סברה לומר שאם היא מוכנה לשתות מן הסתם טהורה היא — אין לחשוש.

ומינקת עצמו כבר במל"מ העיר שתמוה מפני מה תהא סברה לומר שמינקת זו לא תשתה, שהרי גם במקרה שתמות מן הסתם ידאג אבי התינוק לילד. ויש שכתבו שאין זו אלא שיגרת הלשון (וכן נראה מהרמב"ם שלא הביא דין זה במינקת). ויש שכתב כי לשון "מעוברת ומינקת עצמו" מכוונת לאשה שנתעברה על ידי האיש לפני שנשאה, ואחר כך נשאה וקינא לה, שלמרות שלא נהג מתחילה כדין אין חוששים שמא יפקיר את התינוק (מנחה חרבה).

אם כן יסתרו כל העקרות וכו' בתוס' (ד"ה אמר) תהו: הלוא אותה קושיה שהקשה ר' ישמעאל לר' עקיבא יכול היה להקשות אף לדברי עצמו שהרי עדיין קיים החשש שמא אשה שהיתה יולדת בצער תיסתר כדי שתלד ברווח! וחכמים שונים תירצו בעיקר באופן אחד, שאין לומר שבגלל צער קטן ביחס תסכים האשה גם לעבור עבירה במה שתסתר וגם להגיע לידי בזיון שמבזים את הסוטה, ואין לחשוש לכך אלא לגבי עקרה שחפצה ביותר בילד ותסכים לעשות כל אלה (שארית כנסת הגדולה. מהרש"א בברכות. עיון יעקב). וראה ביגל יעקב שמסביר שלמרות טעם זה עדיין קיימת תמיהת התוס'.

אפושי פסולין לא ליפוש במנחת חינוך רצה להביא מכאן ראיה כנגד דעת הסבורים שגם על הממזר חלה חובת פריה ורביה, שהרי מכאן נראה שאין מעוניינים להרבות פסולים. וכבר כתבו שאין מכאן ראיה גמורה, מה גם שמסקנת הדברים אינה כסברה זו. ועוד כתבו, שיש לחלק ולומר ששתיית מי הסוטה היא כדי לקיים שלום בין איש לאשתו, וכיון שבני זוג זה נשואים זה לזה כדין, מצוה היא לעשות שלום ביניהם (דבר שאול).

אשת גר... פשיטא היו שהעירו כי לכאורה אין הדבר פשוט כל כך, שהרי מסופר שעקביא בן מהללאל סבור היה שאין הגיורת שותה מי סוטה כלל, ואם כן יש חידוש בדבר כשנאמר שהיא שותה, להוציא מדבריו! ויש שאמרו שלא נחלקו אלא בגיורת, אבל לא באשת גר שהיא ישראלית, וכן נראה מדברי התלמוד הירושלמי.

אשת כהן שותה וכו' רש"י מסביר (וביתר בהירות מבואר הדבר במאירי) שהיה מקום לומר שלא נאמרה פרשת סוטה אלא באשת ישראל ולא באשת כהן, שהרי ממה שנאמר "לא נתפשה" ברור שמדובר רק באשת ישראל שהיא מותרת לבעלה כאשר נתפשה = נאנסה. וראה בתוס' (ד"ה וזו) שהקשו: מפני מה לא הקשו גם כאן, כמו לעיל: ואימא הכי נמי. שבאמת מניין לנו שאשת כהן שותה? וראה בקרן אורה שכתב כי קושיה זו היא דווקא לפי שיטת רש"י הסבור שהיה מקום לומר שלא נאמרה הפרשה כלל באשת כהן. אבל לפי הרמב"ם בפיה"מ יש לומר באופן אחר, שאשת כהן לא תשתה מחמת שיש לחשוש שמא נאנסה, ואז המים לא יבדקוה ובכל זאת היא אסורה לבעלה. ולפי זה שוב אין מקום לקושיית התוס'.

במתנוונה דרך אברים היו ששאלו: אם נאנסה הלא אינה אשמה כלל, ואם כן מפני מה יבדקוה המים כלל, אפילו שתהא מתנוונת באופן אחר? ותירץ הרא"ש בתוספותיו כי יש לומר שמכל מקום יש לומר שפריצותה היא שגרמה לה שתאנס, שהרי קינא לה בעלה ונסתרה. ואף שבפועל היה הדבר באונס, מכל מקום היא נהגה שלא כראוי.

אשת סריס שותה רש"י מסביר כאן שמדובר בסריס חמה שמותר באשתו. וראה שתהו בתוס' (ד"ה אשת) על דבריו מצד אחד. ועוד יש לשאול: הלא סריס חמה הוא זה שהיה סריס מעיקרו, ואם כן לא קדמה שכיבת בעל לבועל! ותירץ רש"י עצמו כי אף שאינו יכול לבוא עליה ביאה גמורה ואינו מוליד, מכל מקום אפשר לומר שיש בו צד של שכיבה, עד שנאמר שקדמה שכיבתו לשכיבת הבועל. אכן, בתוהרא"ש סבור שאין להסביר אלא בסריס אדם, וכגון שנסתרס לאחר שנסתרה, ואז קדמה שכיבתו לשכיבת הבועל. ולפי שיטת הרא"ש שאלת הגמרא היא: שמא נאמר שכיון שאין האיש יכול עוד לבוא על אשתו אולי יבטל דין מים המרים ממנה. וראה ברמב"ם ומפרשיו שאמרו שהוא הדין בסריס אדם, ואין צורך להדחק בדברים אלה, שכאן מדובר כגון שנשא אשה המותרת לו, כגון גיורת ומשוחררת, ובא עליה תחילה, ואחר כך נסתרס, ואין עוד מקום לקושי שהביא את רש"י לפרשו בסריס חמה.

אורח ההלכה

לא ישא אדם מינקת וכו' גזרו חכמים שלא ישא ולא יקדש אדם מעוברת חבירו או מינקת חבירו עד שימלאו לוולד עשרים וארבעה חודש, בין שהאשה אלמנה או גרושה. ואפילו נתנה בנה למינקת או גמלתו בתוך זמן זה — לא תנשא. אבל אם מת בנה — מותרת. גמלה את הילד בחיי בעלה, או שמסרתו למינקת שלושה חודשים לפני מות בעלה, או שהיא אשה שאינה מניקה ילדיה כלל אינה ממתינה אלא שלושה חודשים כדי הבחנת הוולד. (רמב"ם ספר נשים הלכות גירושין פי"א הכ"ה. שו"ע אה"ע יג, יא).

יוציא וכשיגיע זמנו וכו' עבר ונשא מעוברת או מינקת חבירו בתוך הזמן האסור — מנדין אותו עד שיוציאנה בגט (אפילו היה כהן), ואם היה ישראל רשאי לחזור ולשאתה לאחר עשרים וארבעה חודש כדין. ואם נשא וברח (למקום רחוק שאינו חוזר עד תום עשרים וארבעה חודש) הרי לכשיחזור רשאי הוא לקיימה. ואם רק קידש את המעוברת או המניקה אין כופים אותו להוציאה, אבל לא יכנוס עד אחר עשרים וארבעה חודש. וכתב הרמ"א (ולדעתו כן עיקר הדין) שאין לחלק בין נושא ומקדש. וראה בבה"ט ובב"ש שדנו אם יש לסמוך על דעת המקילים כשהיה המקדש כהן שלא יצטרך להוציאה. (רמב"ם שם הכ"ח. שו"ע שם, סעיף יב).

הרובא שנשא עקרה וכו' מי שלא קיים מצות פריה ורביה ונשא אשה עקרה או זקינה וקינא לה ונסתרה — אינה שותה ואינה נוטלת כתובה. (רמב"ם שם הלכות סוטה פ"ב ה"י).

המקנא לארוסתו וכו' המקנא לארוסתו או לשומרת יבם שלו, ולאחר שכנסה נסתרה — הרי זו שותה כשאר הנשים. (רמב"ם שם ה"ה).

מעוברת ומינקת עצמו וכו' מעוברת ומניקה — משקה אותן מים המרים. ויש אומרים (תוס') שממתינין למעוברת עד שתלד ואחר כך משקה אותה (עה"ש). (רמב"ם שם ה"ז).

הרובא שנשא עקרה וכו' מי שנשא אשה עקרה או זקינה או איילונית, וקיים כבר מצוות פריה ורביה, או שיש לו אשה אחרת שהיא בת בנים — הרי זה מקנא ומשקה אותה כשאר הנשים. (רמב"ם שם ה"י).

אשת ממזר לממזר וכו' הגיורת והמשוחררת, ואשת הגר והעבד המשוחרר, והממזרת ואשת הממזר (כאשר לא היה איסור בנישואין אלה. כ"מ) — הרי הן כשאר הנשים ושותות. (רמב"ם שם ה"ו).

שאם היתה יולדת בצער וכו' מי שקיים פריה ורביה או שיש לו אשה אחרת בת בנים — הרי זה מקנא ומשקה את אשתו העקרה או הזקינה או האיילונית, אף שאינן ראויות ללדת, שמה שנאמר בתורה "ונזרעה זרע" מדבר באשה המסוגלת ללדת, שתהא לידתה שלא בצער ותלד ילדים מובחרים. (רמב"ם שם ה"י).

במתנוונה דרך אברים סוטה ששתתה את המים המרים ולא מתה מיד — הרי היא מותרת לבעלה, ואפילו היה כהן. ואפילו היו חולאים באים עליה, כל עוד לא צבתה בטנה ולא נפלה ירכה — הרי זו מותרת. אבל משתתחיל בטנה לצבות — הרי זו אסורה ודאית. וכדברי רב הונא. (רמב"ם שם פ"ג הכ"א).

אשת סריס שותה אשת הסריס, בין סריס חמה ובין סריס אדם, אם היתה מותרת לבעלה — הרי זו שותה כשאר הנשים. (רמב"ם שם פ"ב ה"ו).

תורה אור

[א]מעוברת חבירו ומינקת חבירו לא שותות ולא נוטלות כתובה דברי ר' מאיר שהיה רבי מאיר אומר [ב]*[א]לא ישא אדם מעוברת חבירו ומינקת חבירו ואם נשא יוציא ולא יחזיר עולמית וחכמים אומרים [ב]יוציא וכשיגיע זמנו לכנוס יכנוס [ג]והרובא שנשא עקרה וזקינה ואין לו אשה ובנים מעיקרא לא שותה ולא נוטלת כתובה ר' אלעזר אומר יכול הוא לישא אחרת ולפרות ולרבות הימנה [י]אבל [ד]*המקנא לארוסתו ולשומרת יבם שלו ומשכנסה נסתרה או שותה או לא נוטלת כתובה [ה]המעוברת ומינקת עצמו או שותה או לא נוטלת כתובתה [ו]והרובא שנשא עקרה וזקינה ויש לו אשה ובנים או שותה או לא נוטלת כתובה [ז]אשת ממזר לממזר ואשת נתין לנתין [ח]ואשת גר ועבד משוחרר ואיילונית או שותה או לא נוטלת כתובה קתני מיהא איילונית תיובתיה דרב נחמן אמר לך רב נחמן תנאי היא ואנא דאמרי כי האי תנא דתניא [ט]*ר' שמעון בן אלעזר אומר [י]איילונית לא שותה ולא נוטלת כתובה שנאמר (במדבר ה) °ונקתה ונזרעה זרע מי שדרכה להזריע יצאתה זו שאין דרכה להזריע ורבנן האי ונקתה ונזרעה זרע מאי עבדי ליה מיבעי להו לכדתניא [יא]*ונקתה ונזרעה [זרע] שאם היתה עקרה נפקדת דברי ר' עקיבא אמר לו ר' ישמעאל אם כן יסתרו כל העקרות ויפקדו וזו הואיל ולא נסתרה הפסידה אם כן מה תלמוד לומר ונקתה ונזרעה זרע [ח]שאם היתה יולדת בצער יולדת בריוח נקבות יולדת זכרים קצרים יולדת ארוכים שחורים יולדת לבנים: אשת ממזר לממזר: א פשיטא מהו דתימא אפושי פסולין לא ליפוש קא משמע לן: אשת גר ועבד משוחרר ב (א)ואיילונית: פשיטא מהו דתימא [יב]°דבר (שם) אל בני ישראל ולא גרים קמ"ל ואימא הכי נמי ואמרת רבויא הוא: אשת כהן שותה ג כו': (אשת כהן שותה) פשיטא [יג]מהו דתימא °והיא לא נתפשה אסורה [יד]הא נתפשה (שם) מותרת וזו הואיל ונתפשה אסורה אימא לא תשתה קא משמע לן: ומותרת לבעלה: פשיטא [טו]אמר רב הונא במתנוונה מתנוונה הא בדקוה ד מיא [ט]במתנוונה דרך אברים מהו דתימא הא זנויי זנאי והא דלא בדקוה מיא כי אורחיה משום דבאונס זנאי ולגבי כהן אסירא קא משמע לן: אשת סריס שותה: פשיטא [טז]מהו דתימא מבלעדי אישך אמר רחמנא והאי לאו בר הכי הוא קא משמע לן: על ידי כל עריות מקנין: פשיטא ה מהו

רש"י

לא שותות. דכתיב תחת אישך: **ולא יחזיר עולמית.** קנסא קנסוהו רבנן: **לכשיגיע זמנו.** לאחר כ"ד חדש ללידת הולד: **והרובא.** בחור כמו ילד (בראשית כא) רביא: **מעוברת עצמו.** שהיתה אשתו מעוברת וקינא לה: **או שותות.** ולא אמרינן לא ליקטליה לולד: **אשת ממזר לממזר.** כלומר אשה הראויה לממזר וניסת לממזר וקינא לה ונסתרה: **או שותה כו'.** ולקמן פריך פשיטא: **אנא דאמרי כי האי תנא.** דאית ליה עקרה וזקנה שותות מדלא נקט אלא איילונית ונסיב תלמודא מונקתה ונזרעה זרע ולא משום דאינה ראויה לקיימה אלמא כרבי אלעזר ס"ל דיכול לישא אחרת ולפרות ולרבות ואפ"ה איילונית לא: **וזו.** כל אשה לנועה עקרה משום דלא נסתרה הפסידה: **לא ליפוש פסולין.** לא נעשה שלום ביניהם הלואי לא יפרה ולא ירבה הואיל וכל דורותיו ממזרין: **והיא לא נתפשה כו'.** כלומר מהו דתימא פרשת סוטה על כרחך באשת ישראל קיימא מדכתיב והיא מיעוטא משמע זו היא דכי לא נתפשה אסורה הא נתפשה כו' ועלה קאי קרא דבתריה ועבר עליו רוח וגו' דהיכא דמספקא לן בהך אם נטמאה ואם לא נטמאה שותה אבל אשת כהן דליתה בכלל והיא לא נתפשה ליתה נמי בכלל השקאה קמ"ל: **במתנוונה.** לאחר ששתתה איצטריך לאשמועינן דמותרת לבעלה דלא תימא זונה היא שהרי בדקוה המים: **מתנוונה.** הא ודאי בדקוה המים וזונה היא אלא שתלה לה זכות ואמאי מותרת לבעלה: **במתנוונה דרך אברים.** שאינה מתנוונה במעים וירכים אלא ראשה ושאר אבריה כבידים עליה מהו דתימא הא לאו זכות תלה לה דאם כן הוה לה להתנוונה דרך בדיקת המים אלא באונס זינתה לפיכך מתנוונה שלא כדרכה ולכהן מיהא תיתסר: **מבלעדי אישך.** משמע דאישה בר הכי הוא: **קא משמע לן.** דלמיקדם שכיבת בעל לבועל הוא דאתא וסריס בר שכיבה הוא ואף על גב דלאו בר זריעה הוא *ובסריס חמה קאמר דמותר לקיימה ולא בסריס אדם שאסור לקיימה משום לא יבא פצוע דכה (דברים כג):

תוספות

[*שנשא עקרה וזקינה וכו'']. ותימה אמאי לא תנא איילונית בהדי עקרה וזקינה: **לא ישא אדם מעוברת חבירו.** בירושלמי עליו הכתוב אומר (משלי כג) אל תסיג גבול עולם ובשדה יתומים אל תבא *ומודים חכמים לרבי אלעזר שאם היו לו בנים ואשה [שהיא שותה או לא נוטלת כתובה היו לו אשה ובנים] ומתו בין קינוי לסתירה כבר נראית לשתות: **מעוברת עלמו או שותה וכו'.** רש"י פי' ולא אמרינן דלא לקטליה לולד ותימה אמאי אית לן למקטליה מה איכפת לן נמתין עד שתלד הא תנן בפ"ק דערכין (דף ז.) האשה היוצאה ליהרג אין ממתינין לה עד שתלד והתם גזירת הכתוב הוא ומתו גם שניהם לרבות את הולד והתם משמע טעמא דרבי קרא הא לא רבי קרא לא קטליניה ליה משום דממונא דבעל הוא כדכתיב (שמות כא) כאשר ישית עליו בעל האשה והכא הכי פירושא מעוברת עלמו אע"ג דקינא לה כשהיא מעוברת שותה לאחר שתלד ולא אמרינן כמו גבי מעוברת חבירו דאי קינא לה כשהיא מעוברת וילדה ומת הולד או הפילה אפ"ה אינה שותה דלאו בת קינוי היתה דממעט לה בספרי מכי תשטה אשתו וכדאמרינן בירושלמי לא היו [לו] אשה ובנים וכו' כבר [נראית] שלא לשתות: **אמר לו רבי ישמעאל א"כ יסתרו כל עקרות ויפקדו.** תימה ור' ישמעאל לימא ליה לנפשיה יסתרו כל יולדות בצער וילדו בריוח וזו הואיל ולא נסתרה הפסידה: **ואמרת ריבויא הוא.** תימה והא אפיקתיה לעיל (דף כד.) לרבות הארוסה ושומרת יבם לקינוי: **וזו הואיל ונתפשה אסורה אימא לא תשתה כלל קמ"ל.** תימה לר"י אמאי לא פריך הכא ואימא הכי נמי כדפריך לעיל ונראה כל היכא דקרא דמסיק אדעתיה מתוכו למדרש הכי ומדריש לדרשא אחריתי לא פריך ואימא ה"נ דקמ"ל דכך ניתן למדרש למשה בסיני ולא בע"א כגון והיא נתפשה לאסור אשת כהן מבלעדי אישך מי שקדמה שכיבת בעל אבל לעיל בני ישראל משמע בהדיא למעוטי גרים וכן בפרק שני דיבמות (דף כב.) בגמרא דמי שיש לו אח מ"מ זוקק את אשת אחיו ליבום דקא פריך פשיטא אחיו הוא מהו דתימא לילף אחוה אחוה מבני יעקב קמ"ל התם פריך ואימא הכי נמי משום דלאין גזרה שוה למחצה ולריך טעמא להוציא מאותה סברא או קרא וכן לענין ליורשו (שם:) וליטמא לו פשיטא אחיו הוא סד"א לא יטמא בעל בעמיו יש בעל שמטמא ויש שאינו מטמא הא כילד מטמא לאשתו כשרה ואינו מטמא לאשתו פסולה ה"נ קמ"ל ואימא הכי נמי דהא קרא ממעט פסולין והאי פסול הוא וכן בפ"ק דערכין (דף ז.) גבי האשה שיולאת ליהרג אין ממתינים לה עד שתלד פשיטא גופה היא מהו דתימא (כי) כאשר ישית עליו בעל האשה כתיב והאי ממונא דבעל הוא קמ"ל ואימא ה"נ *דמאי נפקא לן מהתם דממונא דבעל הוא אבל הכא כיון דאשמועינן דעיקר קרא לדרשא אחריתי תו לא סלקי דעתא למעוטי מיניה מידי וכן פר"י: **אשת סריס.** רש"י פי' בסריס חמה ולא בסריס אדם שאסור לקיימה ולא ידעינן מנלן דסריס אדם כגון ששתה כוס עיקרין דאסור לקיימה אי משום האי ברייתא דמייתי בפרק שני דיבמות (דף כ:) ובפרק הערל (שם דף פט:) פלוע דכא וכרות שפכה סריס אדם והזקן וכו' עד אסור לקיימה הא קתני נמי זקן וכי זקן אסור לקיים אלא על כרחיך אפלוע דכא וכרות שפכה קאי כדקתני טעמא משום שנאמר לא יבא פלוע דכא וכרות שפכה אבל אסרים דקתני בברייתא לא ידענא מנליה דקאי נמי עלה: אבל

עין משפט נר מצוה

כן גירסת רש"א אבל גירסת רש"ל הד"א עם דיבור דלעיל

עי' בירושלמי דקאי אאיילונית רש"ל

כג א מיי' פי"א מהל' גירושין הלכה כה סמג עשין נ טוש"ע אה"ע סימן יג סעיף יא:

כד ב מיי' שם הלכה כח טוש"ע שם סעיף יב:

כה ג מיי' פ"ב מהל' סוטה הלכה י:

כו ד מיי' שם הלכה ה:

כז ה מיי' שם הלכה ז:

כח ו מיי' שם הלכה י:

כט ז מיי' שם הלכה ו:

ל ח מיי' שם הלכה י ופ"ג שם הלכה כב סמג עשין נו:

לא ט מיי' שם פ"ג הלכה כא:

מסורת הש"ס

יבמות לו:

[תוספתא ריש פ"ה ע"ש]

[שם בתוספתא]

ברכות לא: [ושם מוחלפת השיטה ועי' תוס' לעיל כד. ד"ה ור' יונתן וכו' ועי' תוס' מנחות יז: ד"ה מאי האכל וכו' וצ"ע]

[ועי' היטב ברש"י דמשנה לעיל כד. ד"ה אשת סריס ועי' רש"א]

רש"ל מ"ז

הגהות הב"ח

(א) גמ' משוחרר פשיטא כצ"ל ותיבת ואיילונית נמחק:

תוספות שאנץ

ואיילונית במעי אמה לקייה ולא חזיא ל"ה: ואשת ממזר לממזר כלומר אשה הראויה לממזר ונשאת לממזר וקינא לה ונסתרה ל"ה אילונית או שותה או לא נוטלת כתובה ומיירי בשיש לו אשה ובנים דומיא דעקרה וזקנה: ולא ליפוש בפסולין פ"ה לא נעשה שלום בינידם לא יפרה ולא ירבה הואיל וכל דורותיו ממזרים: מ"ד והיא לא נתפשה כו' כלומר מהו דתימא פרשה סוטה על כרחך באשת ישראל קיימא מדכתיב והיא משמע זו היא דכי לא נתפשה אסורה הא נתפשה כו' ועלה קאי קרא דבתריה ועבר עליו דהיכ' דמספקא לן בהך אם נטמאה אי לא [נטמאה] שותה אבל אשת כהן דליתא בכלל והיא לא נתפשה ליתא נמי בכלל השקאה קמ"ל ל"ה. במתנונה דרך אברים שאין מתנוונה במעים אלא ראשה ושאר אברים כבדים עליה מ"ד א). מ"ד מבלעדי אישך כו' משמע דאישה בר הכי הוא קא משמע לן דלמי שקדמה שכיבתו לבועל הוא דאתא וסרים בר הכי הוא ואע"ג דלאו בר איזורעי הוא ובסרים חמה קאמר דמותר לקיימה ולא בסרים אדם שאסור לקיימה משום לא יבא פצוע דכה ל"ה.
שרוף

א) נראה דצ"ל מ"ד הא לאו זכות תלה לה וכו' ולכהן מיהא ליתסר ועי' ברש"י.

מהו דתימא °נטמאה נטמאה שני פעמים [א]*אחד לבעל ואחד לבועל היכא דקא מיתסרא בהא זנות אבל הא הואיל ואסורה וקיימא אימא לא קא משמע לן: חוץ מן הקטן [וכו']: [ב]איש אמר רחמנא ולא קטן ושאינו איש למעוטי מאי אילימא למעוטי שחוף והאמר שמואל שחוף [א]מקנין על ידו [ב]ופוסל בתרומה מקנין על ידו פשיטא מהו דתימא °ושכב איש אותה שכבת זרע אמר רחמנא והא לאו בר הכי הוא קמ"ל ופוסל בתרומה פשיטא מהו דתימא °לא יחלל זרעו אמר רחמנא דאית ליה זרע ליחלל דלית ליה זרע לא ליחלל קמ"ל ואלא למעוטי גוי והאמר רב המנונא [ג]גוי מקנין על ידו [ד]ופוסל בתרומה מקנין על ידו פשיטא מהו דתימא נטמאה נטמאה שתי פעמים אחד לבעל ואחד לבועל היכא דקמיתסרא בהא זנות אבל הא הואיל ואסורה וקיימא אימא לא קמשמע לן ופוסל בתרומה פשיטא מהו דתימא °ובת כהן כי תהיה לאיש זר אמר רחמנא דבר הויה אין דלאו בר הויה לא קמשמע לן דפסיל מדרבי יוחנן [ד]*דאמר רבי יוחנן משום רבי ישמעאל [ה]מנין לגוי ועבד שבאו על הכהנת ועל הלויה ועל בת ישראל שפסלוה שנאמר °ובת כהן כי תהיה אלמנה וגרושה מי שיש לו אלמנות וגירושין בה יצאו גוי ועבד שאין לו אלמנות וגירושין בה ואלא למעוטי מאי א"ר פפא [ה]למעוטי בהמה דאין זנות בבהמה [ו]*אמר ליה רבא מפרזקיא לרב אשי מנא הא מילתא דאמור רבנן [ו]אין זנות בבהמה דכתיב °לא תביא אתנן זונה ומחיר כלב וגו' *ותניא [ז][ח]אתנן כלב ומחיר זונה מותרין שנאמר גם שניהם שנים ולא ארבעה ואלא [ח]שכבת זרע ל"ל מיבעי ליה *לכדתניא ש"ז פרט לדבר אחר מאי דבר אחר אמר רב ששת פרט לשקינא לה שלא כדרכה אמר ליה רבא [ט]שלא כדרכה °משכבי אשה כתיב אלא אמר רבא [י][ט]פרט לשקינא לה דרך אברים א"ל אביי פריצותא בעלמא היא ופריצותא מי אסר רחמנא אלא אמר אביי פרט לשקינא לה בנשיקה הניחא למ"ד [יא]*העראה [י]זו הכנסת עטרה אבל נשיקה ולא כלום היא היינו דאתי קרא למעוטי נשיקה אלא למאן דאמר דאמר העראה זו נשיקה מאי איכא למימר לעולם לשקינא לה דרך אברים ומהו דתימא בקפידא דבעל תליא רחמנא ובעל הא קא קפיד קמשמע לן [יב]אמר שמואל ישא אדם
דומה

במדבר ה | ויקרא כא | שם כב | שם | דברים כג | ויקרא יח

רש"י

מהו דתימא נטמאה נטמאה שני פעמים. אמורים בפרשה ודרשינן ליה לקמן (דף כח:) אחד לבעל ואחד לבועל היכא דמיתסרא אבועל בהאי סתירה משתעי קרא דנוהג בה דין סוטה אבל הא דאסורה כו': **קמ"ל.** דכי אתא קרא לגופיה אתא דהיכא דאינו קרוב לה נאסר עליה על ידי קינוי זה ולאו למעוטי קרובים אתא: **איש אמר רחמנא.** ושכב איש אותה: **שחוף.** שבשרו נשחף וכלה ויבש ואין בו כח ובתורת כהנים בקללות שנינו דוגמתו יש לך אדם שהוא חולה ומוטל במטה אבל בשרו שמור עליו תלמוד לומר את השחפת מלמד שבשרו נשחף: **מקנין על ידו כו'.** כמו והוינן בה מקנין על ידו פשיטא: **ופוסל בתרומה פשיטא.** אם הוא אחד מן הפסולים המחללין את האשה כגון גוי עבד חלל נתין וממזר דקיימא לן בקדושין* וביבמות*(א) דפסולין האשה בביאתן מובת כהן כי תהיה לאיש זר כיון שנבעלה למי שזר אצלה פסלה: **לא יחלל זרעו.** מדלא כתיב לא יחל דרשינן שני חילולין אחד לה ואחד לזרעה: דאית ליה זרע מחלל את האשה בביאתו דלית ליה זרע לא יחלל: **קא משמע לן.** שמואל דפוסל שמעינן ליה מהא דאמר מקנין על ידי שחוף: **ובת כהן כי תהיה לאיש זר וגו'.** ומיניה נפקא לן דפסולין פסלי לאשה בביאתן ומדאפקיה בלשון הויה נדרוש דאית ליה הויה מי שקידושין תופסין בה כגון ממזר נתין וחלל פסלי אבל גוי ועבד הרי הן כבהמה וכיון דלית להו הויה לא נפסלו גוי אין לו קידושין בישראל דכתיב (ויקרא כ) איש אשר ינאף את אשת רעהו ותניא בסנהדרין (דף נב:) פרט לאשת(ב) אחרים אלמא לית להו אישות עבד עם החמור כתיב בהו עם הדומה לחמור: **מי שיש לו אלמנות וגירושין בה.** הוא דכי אין לה זרע ממנו ושבה אל בית אביה מלחם אביה תאכל דלא פסלה בביאתו יצא גוי ועבד שאין לו אלמנות וגירושין בה שלא תפסו לו בה קידושין וכשמת אין שם אלמנות עליה וביבמות פריך אימא לקולא דמי שיש לו אלמנות וגירושין הוא דכי אית לה זרע לא תיכול אבל גוי ועבד אפי' אית לה זרע מיניה תיכול והתם משני לה *בהבא על יבמתו ומיהו שמעינן [ליה מהא] דמקנין ע"י גוי: **ואלא.** מי שאינו איש דמתני' למעוטי (ג)בהמה: **דאין זנות לבהמה.** אינה נעשית זונה בבעילת בהמה ואינה נאסרת על בעלה: **אתנן זונה.** נתן טלה באתננה: **מחיר כלב.** החליף כלב בטלה: **אתנן כלב.** שאם אדם אומר לזונה היליך טלה והבעלי לכלבי: **מחיר זונה.** היתה לו שפחה זונה והחליפה בטלה ומדקאמר אתנן כלב מותר מכלל דלאו זנות הוא דאי זנות הוא הוה חייל עלה שם אתנן: **ואלא שכבת זרע למה לי.** כיון דאמרת מקנין ע"י שחוף: **לשקינא לה שלא כדרכה.** אל תסתרי עמו להבעל שלא כדרכה: **משכבי אשה כתיב.** הוקשו שני משכבותיה לכל דברים וכיון דנאסרת עליו אמאי לא הוי קינוי: **לדרך אברים פריצותא בעלמא הוא.** שוכב עמה בקירוב בשר: **פריצותא מי קאסר רחמנא.** אשה על בעלה בהכי וכיון דלא מתסרא עליה בהכי פשיטא דלאו קינוי הוא: **בנשיקה.** משיק השמש באותו מקום: **היינו דאתא קרא למעוטיה.** דלא תימא העראה היא: **אלא למאן דאמר.** ביבמות (דף נה:) העראה האמורה בתורה שהיא כגמר ביאה בכל העריות כדכתיב (ויקרא כ) את מקורה הערה את שארו הערה זו נשיקה מאי איכא למימר היכי מצית למימר דאתא קרא למעוטה הלא כגמר ביאה היא לכל דבר חוץ משפחה חרופה: **בקפידא דבעל תליא.** דכתיב וקינא ובעל הא חזינן ליה דקפיד שהרי קינא לה על כך:
דומה

[לקמן כח.] [דף עה:] [דף סח:] יבמות מה. ע"ש סח: קדושין עה: | יבמות נה: תמורה ל. | שם [וביבמות איתא ותנן ע"ש וע"ש] | יבמות נה: | [נ"ל באלמנה לכ"ג דף סט.] | ג"ז שם

תוספות

אבל הא הואיל ואסורה וקיימא אימא לא קא משמע לן. תימה הא שמעינן לה מאלמנה לכהן גדול דאסורה וקיימא לבעל ואפי' הכי איצטריך קרא דכי תשטה אשתו למעוטי הא לאו הכי הוה סוטה וכן על מי שאמר איש אמר רחמנא ולא קטן נראה דדוקא משתיה ממעט לה קרא אבל נאסרה על ידי בן תשע שנים ויום אחד אע"פ שאינו איש שהרי ביאתו פוסלת בתרומה כדאיתא בפרק אלמנה (יבמות דף סח.) ונסקלת הערוה על ידו כדאיתא בפ' ד' מיתות (סנהדרין דף נה:) ומקומו בפרק יוצא דופן (נדה דף מה.) דומיא דכל עריות מקנא על ידן דלא איצטריך לאשמועינן אלא דסוטות אבל דנאסרו פשיטא וכי משום דעריות ניניהו גריעי:

שחוף. פירש רבינו חננאל שאינו בועל כדרכו ואינו מזריע דתניא* איזהו מרוח אשך זה הקליטים שנכנס רוח באשכיו דברי ר"ע רבי ישמעאל אומר זה השחוף תימה אמאי נקט שמואל שחוף ולא נקט סריס ושמא שחוף הוי רבותא טפי:

אבל הא הואיל ואסירא וקיימא. תימא מאי קמ"ל רב הונא והא מתני' היא ע"י כל עריות מקנין וי"ל דהכי פירושו מי שנאסר בכל בת ישראל ע"י בעילת זנות אפילו אינה קרובתו יצא גוי דבלאו הכי כל בת ישראל מתסרא וקיימא לגביה:

יצא גוי שאין לו אלמנות וגירושין בה. פירש רש"י דנפקא לן מדכתיב אשר ינאף את אשת רעהו פרט לאשת אחרים תימה והא נפקא לן בקידושין בפרק האומר *מלא תתחתן בם וכמדומה דלא אתי קרא פרט לאשת אחרים אלא למעוטי ישראל הבא על הגויה אשת גוי וקמ"ל אע"ג דבעולת בעל יש להן ישראל בגויה פטור*:

למעוטי בהמה. תימה דהכא משמע דבזנות תליא מילתא אם כן רבא דאמר בפ' הבא על יבמתו (יבמות דף נד.) דיש זנות לבהמה מתני' למעוטי מאי וכי אית לן למימר דל"ל דשמואל או דרב *הונא:

מנא הא מילתא דאמרי רבנן אין זנות לבהמה. ה"ג בפ' כל האסורין (תמורה ל:) מנא הא מילתא *דאין זנות לבהמה אמר ליה לא ניסתמיט קרא ונכתוב אתנן זונה וכלב א"נ הכי אתנן כלב וכו':

אלא למאן דאמר העראה זו נשיקה מאי איכא למימר. והיינו שמואל בפ' הבא על יבמתו (יבמות דף נה:) והכא אליביה דשמואל נמי מסקינן ותימה אדרבה איפכא מסתברא למאן דאמר העראה זו נשיקה וחשיבה ביאה גבי שאר עריות היינו דאיצטריך קרא הכא למעוטי אלא למ"ד העראה זו הכנסת עטרה ולא חשיבה נשיקה גבי שאר עריות הכא מאי איצטריך למעוטה:
דומה

[תוספתא דבכורות פ"ה] | [דף סח:] | [ועי' היטב תוס' סנהדרין נב: ד"ה פרט לאשת אחרים ותוס' קדושין כא: ד"ה אשת] | [נ"ל המנונא] | [ובכ"ם שלפנינו וכן בתוס' שם בתמורה איתא דאמרי רבנן]

עין משפט נר מצוה

לב א מיי' פ"א מהל' סוטה הלכה א סמג עשין נו טוש"ע אה"ע סי' קעח סעיף ב:
לג ב מיי' פ"א מהל' איסורי ביאה הלכה יא סמג לאוין כ טור אה"ע סימן כ:
לד ג מיי' פ"א מהל' סוטה הלכה א סמג עשין ע טוש"ע אה"ע סימן קעח סעיף ב:
לה ד ה מיי' פי"ח מהל' איסורי ביאה הלכה ב ופ"ו מהל' תרומות הלכה ז סמג לאוין רצו טוש"ע אה"ע סימן ו סעיף ח:
לו ו מיי' פ"א מהל' סוטה הלכה ו טוש"ע אה"ע סימן קעח סעיף ב:
לז ז מיי' פי"ח מהלכות איסורי ביאה הלכה א סמג לאוין קפא טוש"ע אה"ע סי' ו סעיף ח:
לח ח מיי' פ"ד מהל' איסורי מזבח הלכ' יח:
לט ט מיי' פ"ג מהל' סוטה הלכה כד:
מ י מיי' פ"א מהלכות איסורי ביאה הלכ' י סמג לאוין כ טוש"ע אה"ע סימן כ סעיף א בהג"ה:

הגהות הב"ח

(א) רש"י ד"ה ופוסל וכו' וביבמות דפסלי האשה: (ב) ד"ה ובת כהן וכו' פרט לאשת נכרי אלמא: (ג) ד"ה ואלא מי וכו' למעוטי מאי למעוטי בהמה:

תוספות שאנץ

שחוף שבשרו נשחף ובלה ויבש ואין בו כח ובת"כ בקללות שנינו דוגמתו יש לך אדם שהוא חולה ומוטל במטה אבל בשרו שמור עליו ת"ל את השחפת מלמד שבשרו נשחף ל"ה. מקנין על ידו פשיטא הוי כמו והוינן בה מקנין על ידו [פשיטא]. ופוסל בתרומה אם הוא אחד מן הפסולין המחללין את האשה כגון גוי ועבד וחלל ונתין וממזר דקיימא לן בקידושין וביבמות דפסלי: מקנין על ידי גוי מכאן מביא ר"ת ראיה באשה שנשתמדה לעבודה זרה ונשאה גוי ונתגיירו היא ובעלה ואומר ר"ת דאסורה ליה כשם שאסורה לבעל כך אסורה לבועל ויש ר"ל דאין אסורה ליה דרחמנא אפקריה לזרעי דגוי דכתיב וזרמת סוסים זרמתם ומביאין ראיה מדאמרי' והא אסתר פרהסיא הואי ואמאי לא פריך אסתר ערוה היא אם איתא דגוי עושה ערוה ופוסלה בביאתו אלא ש"מ מדלא כתיב הכי דאין גוי עושה ערוה ואינו פוסל בביאתו ועוד מביאין ראיה מדפריך פ"ק דכתובות ולדרוש להו דאונס שרי משמע שאין גוי פוסל בביאתו ומיהו אומר ר"ת דליתא דהא אמרי' הכא מקנין על ידי גוי ואמרי' נמי כאשר אבדתי מבית אבי כך אבדתי ממך [אלמא] דגוי פוסל בביאתו והא דפריך התם ולידרוש להו דאונס שרי התם משום דקרקע עולם היא ואינה עושה שום דבר ואז שרי והשתא ניחא ומיהא דלא פרי' והא אסתר ערוה הואי משום דידע דלענין זה מהני מה שהיתה קרקע עולם אבל פריך והא פרהסיא הואי דלענין חלול השם אינו סבור דמהני ולכך מתרץ אהא נמי קרקע עולם היתה ואינה חייבת למסור עצמה דהיכא דהויא קרקע עולם יעבור ואל יהרג וכן נמי לענין שפיכת דמים אם יאמרו לישראל נשליך אותך על תינוק זה או נהרוג אותך יעבור ואל יהרג דהוי כמו קרקע עולם דהם זורקין אותו על התינוק ואינו עושה שום דבר ומהאי טעמא ניחא הא דאמר ביבמות אין אונס בערוה לפי שאין קישוי אלא לדעת פי' אין אונס כלומר דיהרג ואל יעבור למה לי טעמא לפי שאין קישוי אלא לדעת בלא האי טעמא אין אונס דאמרי' בכל [התורה כולה] יעבור ואל יהרג חוץ מע"ז וג"ע וש"ד אלא לפי מה דפרישית ניחא דהיכא דהוי קרקע עולם שרי להכי איצטריך האי טעמא לפי שאין קישוי אלא לדעת ואסור: מנין לגוי ועבד שבאו על כהנת ועל הישראלית שפסלוה. וא"ת מאי קבעי מנין והא אית ליה לר' יוחנן דגוי ועבד הבא על בת ישראל הולד ממזר כדאמר בפרק עשרה יוחסין והשתא ממזר הוי מיפסל בביאתו מיבעיא דה"נ פריך תלמודא התם וצ"ל הא דידיה הא דרביה אי נמי אמוראי נינהו ואליבא דרבי יוחנן.
דומה

ומשיבים: מַהוּ דְּתֵימָא [שתאמר] הלא נאמר בפרשת סוטה "נִטְמָאָה" "נִטְמָאָה" (במדבר ה, יג-יד) שְׁנֵי פְּעָמִים, וללמדנו: איסור אֶחָד לַבַּעַל וְאיסור אֶחָד לַבּוֹעֵל. והיינו יכולים לומר כי דינה של סוטה הוא דווקא הֵיכָא דְּקָא מִיתַּסְרָא בְּהָא זְנוּת [במקום שנאסרת בזנות זו], אֲבָל הָא [ערוה זו] הוֹאִיל וְהִיא אֲסוּרָה וְקַיְימָא [ועומדת] לבועל, שהרי הוא אסור בה עוד קודם משום ערוה אֵימָא [אמור] שלֹא יחול בה דין סוטה, על כן קָא מַשְׁמַע לָן [השמיע לנו] שאף על ידי ערוות מקנאים.

א אמרנו שמכל אלה שנסתרה עמהם מקנאים את האשה חוּץ מִן הַקָּטָן. וטעמו של דבר: "ושכב אִישׁ אותה" (שם יג) אָמַר רַחֲמָנָא [אמרה תורה] — וְלֹא קָטָן. וְשנינו שאינו מקנא לה ממי שֶׁאֵינוֹ אִישׁ. ושואלים: לְמַעוּטֵי מַאי [למעט את מה] באה המשנה? אִילֵימָא [אם תאמר] לְמַעוּטֵי [למעט] שָׁחוּף, חולה שאין בו כוח ואינו יכול לבוא על אשה ביאה גמורה. וְהָאָמַר [והרי אמר] שְׁמוּאֵל: שָׁחוּף מְקַנִּין עַל יָדוֹ, וּפוֹסֵל אשת כהן שבא עליה באיסור, מלאכול בִּתְרוּמָה! ושאלו על דבריו: מְקַנִּין [מקנאים] עַל יָדוֹ, פְּשִׁיטָא [פשוט, מובן מאליו] שכן הוא! והסבירו: מַהוּ דְּתֵימָא [שתאמר] הלא "וְשָׁכַב אִישׁ אֹתָהּ שִׁכְבַת זֶרַע" (שם) אָמַר רַחֲמָנָא [אמרה תורה], וְהָא לָאו בַּר הָכִי [וזה אינו מסוגל לכך] הוּא, שהרי אינו יכול לבוא עליה, על כן קָא מַשְׁמַע לָן [השמיע לנו] שמואל שאף על ידו מקנאים. ועוד שאלו על דברי שמואל: "וּפוֹסֵל בִּתְרוּמָה" פְּשִׁיטָא [פשוט, מובן מאליו] שכן הוא! והשיבו: מַהוּ דְּתֵימָא [שתאמר]: "וְלֹא יְחַלֵּל זַרְעוֹ" (ויקרא כא, טו) אָמַר רַחֲמָנָא [אמרה תורה], זה דְּאִית לֵיהּ [שיש לו] זֶרַע — לִיחַלֵּל [יכול הוא שיחלל], ואילו זה דְּלֵית לֵיהּ [שאין לו] זֶרַע — לֹא לִיחַלֵּל [יחלל], על כן קָא מַשְׁמַע לָן [השמיע לנו] שאין הדין תלוי בזרע. ומכל מקום לדעת שמואל מקנאים על ידי שחוף! וְאֶלָּא נאמר כי מה ששנינו "שאינו איש" בא לְמַעוּטֵי [למעט] גּוֹי שאין מקנאים על ידו? ושאלו: וְהָאָמַר [והרי אמר] רַב הַמְנוּנָא: גּוֹי מְקַנִּין עַל יָדוֹ וּפוֹסֵל בִּתְרוּמָה. ומבררים: מְקַנִּין עַל יָדוֹ פְּשִׁיטָא [פשוט, מובן מאליו]? והסבירו: מַהוּ דְּתֵימָא [שתאמר] כיון שנאמר בסוטה "נִטְמְאָה" "נִטְמְאָה" שְׁתֵּי פְּעָמִים, ללמד: אֶחָד לַבַּעַל וְאֶחָד לַבּוֹעֵל, ודין זה נאמר דווקא הֵיכָא דְּקָמִיתַּסְרָא בְּהָא זְנוּת [במקום שנאסרת לבועל בזנות זו], אֲבָל הָא [זו] שנבעלה לגוי הוֹאִיל וַאֲסוּרָה וְקַיְימָא [ועומדת] לבועל זה, שהרי הוא גוי האסור לבת ישראל, אֵימָא [אמור] שלֹא נקיים בה את הכתוב בסוטה, על כן קָמַשְׁמַע לָן [השמיע לנו] שבכל זאת מקנאים על ידו. ועוד שאלו על דברי רב המנונא: וּפוֹסֵל בִּתְרוּמָה פְּשִׁיטָא [פשוט, מובן מאליו] שכן הוא! והסבירו: מַהוּ דְּתֵימָא [שתאמר]: "וּבַת כֹּהֵן כִּי תִהְיֶה לְאִישׁ זָר" (שם כב, יב) אָמַר רַחֲמָנָא [אמרה תורה], לומר: דְּבַר [זה שהוא בן] הֲוָיָה, (נישואין) — אִין [כן] פוסל בתרומה, זה דְּלָאו בַּר [שאינו בן] הֲוָיָה — לֹא, על כן קָמַשְׁמַע לָן [השמיע לנו] רב המנונא דְּפָסֵיל [שהוא פוסל] מִדִּבְרֵי ר׳ יוֹחָנָן, שֶׁאָמַר ר׳ יוֹחָנָן מִשּׁוּם (בשם) ר׳ יִשְׁמָעֵאל: מִנַּיִן לְגוֹי, אוֹ עֶבֶד שֶׁבָּאוּ עַל הַכֹּהֶנֶת, אוֹ עַל הַלְּוִיָּיה, אוֹ עַל בַּת יִשְׂרָאֵל שֶׁפְּסָלוּהָ לכהונה ולאכול בתרומה על ידי ביאה זו, שֶׁנֶּאֱמַר: "וּבַת כֹּהֵן כִּי תִהְיֶה אַלְמָנָה וּגְרוּשָׁה וזרע אין לה ושבה אל בית אביה... מלחם אביה תאכל" (שם יג), לומר: חוזרת היא לאכול תרומה דווקא אם נבעלה לְמִי שֶׁיֵּשׁ לוֹ אַלְמָנוּת וְגֵירוּשִׁין בָּהּ, כלומר, לבן ישראל שיש בו נישואין, ולכן יש בו גם אלמנות וגירושין, יָצְאוּ מכלל זה גּוֹי וְעֶבֶד שֶׁאֵין לוֹ אַלְמָנוּת וְגֵירוּשִׁין בָּהּ. שהרי אין קידושין תופסים בהם, שנפסלה על ידם בתרומה לעולם. ומכל מקום מדברי רב המנונא למדנו שמקנאים גם על ידי גוי! וְאֶלָּא אם כן לְמַעוּטֵי מַאי [למעט את מה] באה המשנה שאמרה "אינו איש"? אָמַר רַב פַּפָּא: לְמַעוּטֵי [למעט] בְּהֵמָה, שֶׁאֵין זְנוּת בִּבְהֵמָה, והנבעלת לבהמה איננה נקראת זונה ואין בה דין סוטה. ובאותו ענין מביאים: אָמַר לֵיהּ [לו] רָבָא מִפַּרְזַקְיָא לְרַב אַשִׁי: מְנָא הָא מִילְּתָא דַּאֲמוּר רַבָּנַן [מניין דבר זה שאמרו חכמים] אֵין זְנוּת בִּבְהֵמָה — דִּכְתִיב [שנאמר]: "לֹא תָבִיא אֶתְנַן זוֹנָה וּמְחִיר כֶּלֶב בית ה׳ אלהיך לכל נדר" (דברים כג, יט), וְתַנְיָא [ושנויה ברייתא]: "אֶתְנַן כֶּלֶב", כגון שנתנה אשה טלה לבעל הכלב כדי להיבעל לכלב, או מְחִיר זוֹנָה טלה שקנה בו את הסכמת הזונה להיבעל לו — מוּתָּרִין, שֶׁנֶּאֱמַר: "גַּם שְׁנֵיהֶם" (שם) להדגיש: שְׁנַיִם אלה (אתנן זונה ומחיר כלב) דווקא אסורים וְלֹא אַרְבָּעָה. ומכאן שאין זנות לבהמה (כגון כלב), שהרי אין האתנן נחשב לאתנן זונה. ושואלים: הואיל ולמדנו שמקנאים גם על ידי שחוף שאין לו זרע וְאֶלָּא מה שנאמר "ושכב איש אותה שִׁכְבַת זֶרַע" (במדבר ה, יג) לָמָּה לִי, מה בא כתוב זה למעט? ומשיבים: מִיבָּעֵי לֵיהּ לְכִדְתַנְיָא [נצרך הכתוב לכפי ששנינו בברייתא]: מה שנאמר "שִׁכְבַת זֶרַע" — הרי זה בא למעט ולומר פְּרָט לְדָבָר אַחֵר. שואלים: מַאי [מה פירוש] "פרט לְדָבָר אַחֵר"? אָמַר רַב שֵׁשֶׁת: פְּרָט לְשֶׁקִּינֵּא לָהּ בעלה שלא יבוא עליה הבועל שלֹא כְּדַרְכָּהּ. אָמַר לֵיהּ [לו] רָבָא: שלֹא כְּדַרְכָּהּ הלא ביאה גמורה היא, שכן "מִשְׁכְּבֵי אִשָּׁה" (ויקרא יח, כב) כְּתִיב [נאמר] בלשון רבים, ללמדנו: בין כדרכה בין שלא כדרכה משכב גמור הוא! אֶלָּא אָמַר רָבָא: פְּרָט לְשֶׁקִּינֵּא לָהּ בביאה דֶּרֶךְ אֵבָרִים אחרים, שאינה קרויה ביאה. אָמַר לֵיהּ [לו] אַבַּיֵי: ביאה דרך איברים פְּרִיצוּתָא בְּעָלְמָא [פריצות סתם] הִיא, וּפְרִיצוּתָא מִי אָסַר רַחֲמָנָא [ופריצות האם אסרה תורה] אשה על בעלה בכך, ופשוט הוא ואין צורך למיעוט מיוחד. אֶלָּא אָמַר אַבַּיֵי: פְּרָט לְשֶׁקִּינֵּא לָהּ בִּנְשִׁיקָה, כלומר, לא בביאה גמורה אלא רק במגע איברי המין זה בזה. ושואלים: הָנִיחָא לְמַאן דְּאָמַר [זה נוח לדעת מי שאומר] הַעֲרָאָה באשה, שדינה כביאה זוֹ הַכְנָסַת עֲטָרָה (חלקו העליון של אבר המין הזכרי), אֲבָל נְשִׁיקָה, מגע בלבד — וְלֹא כְּלוּם הִיא, הַיְינוּ דְּאָתֵי קְרָא לְמַעוּטֵי [זהו שבא הכתוב למעט] נְשִׁיקָה שאין דינה כביאה. אֶלָּא לְמַאן דְּאָמַר [לדעת מי שאומר] הַעֲרָאָה זוֹ נְשִׁיקָה, אם כן מַאי אִיכָּא לְמֵימַר [מה יש לומר] ומדוע אין בה דין סוטה? ומשיבים: לשיטה זו לְעוֹלָם נפרש "פרט לדבר אחר" — לְשֶׁקִּינֵּא לָהּ בביאה דֶּרֶךְ אֵבָרִים אחרים. וְכך נסביר את החידוש שבדבר: מַהוּ דְּתֵימָא [שתאמר] בְּקְפֵידָא דְּבַעַל תַּלְיָא רַחֲמָנָא [בהקפדת הבעל תלתה התורה] וּבַעַל הָא קָא קָפֵיד [הרי הוא מקפיד] גם על מגע כזה, על כן קָמַשְׁמַע לָן [השמיע לנו] שאין הדבר תלוי רק בהקפדת בעל, אלא צריך שתהא זו ביאה גמורה. אָמַר שְׁמוּאֵל: יִשָּׂא אָדָם

מסורת הש"ס

א. סוטה כז,ב. וראה כה,א ובמסומן שם.
ב. ספרי במדבר ה, יג. במדב"ר פ"ט כט. תנחומא נשא ו. וראה תנחומא בובר נשא י. וראה ירושלמי סוטה פ"ד ה"ד. ילק"ש תורה תשו.
ג. ראה ספרי זוטא ה, יב. במדב"ר פ"ט כח. ילק"ש שם.
ד. יבמות מה,א. סח,ב. סט,ב. קדושין עה,ב. ירושלמי יבמות פ"ז ה"ו. שם קדושין פ"ג הי"ב. וראה שם יבמות פ"ד הט"ו.
ה. ספרי זוטא ה, יג.
ו. יבמות נט,ב. תמורה ל,א. וראה ירושלמי כתובות פ"א ה"ג. שם קדושין פ"א ה"א.
ז. יבמות שם. תמורה ל,א-ב. ספרי דברים כג, יט. מדרש תנאים כג, יט. ילק"ש תורה תתקלד.
ח. יבמות נה,ב (כל הענין).
ט. ראה ספרי במדבר ה, כ. במדב"ר פ"ט יז.
י. ספרי זוטא ה, יט. במדב"ר פ"ט י. שם יז. (הביטוי) נדה יג,ב.
יא. סנהדרין עג,ב. ירושלמי יבמות פ"ו ה"א.
יב. שם סוטה פ"א ה"ז (בשינוי לשון).

גרסות

דפסיל מדר׳ יוחנן יש בכת"י: **ופוסל בתרומה מדר׳ יוחנן.**
וגירושין בה יש בכת"י כבמקבילות: **וגירושין.**
יצאו... שאין לו בכת"י יש: **יצאו... שאין להם.**
היינו דאתי קרא יש בכת"י: **היינו דאצטריך קרא.**

החיים

שחוף
השחוף הוא אדם החולה במחלה הגורמת לו לאי יכולת לספוג ולעכל כראוי את מזונו, ומשום כך גופו רזה והולך (משום שהגוף מנצל את יתרות השומנים המצויים בו). מצב כזה, הקיים למשל במקרים קשים של סוכרת (diabetes melitus) גורם גם לחוסר כוח גברא, וחוסר חשק מיני בכלל.

עיונים

מהו דתימא נטמאה נטמאה וכו׳ הרא"ש לכתובות מסביר כי לפי המסקנה, למרות שנאמר פעמיים "נטמאה", מכל מקום אין זה בא לעכב שלא יתקיים דין הסוטה אם אין שני הדברים מתקיימים, ודי בכך שנטמאה בביאה זו לבעל. ולפי זה גם מובן שמקנאים על ידי גוי וכו׳.

אימא לא, קא משמע לן מן הירושלמי (סוטה פ"א ה"א) נראה שיש עוד צד חידוש בזה שמקנאים מן העריות, לפי שבכלל העריות גם אביה או בנה, שמן התורה מותר לה להתייחד עימם ובכל זאת יכול לקנא ולאסור עליה הייחוד. וראה במאירי.

חוץ מן הקטן הרמב"ם ואחרים סבורים כי מדובר כאן בקטן שלא הגיע לתשע שנים ויום אחד, שאין ביאתו נחשבת ביאה כלל. וכתבו אחרונים שמה שהוצרך למעטו הוא משום שהיינו אומרים שהכל תלוי בקפידת הבעל, והרי מצאנו שמקפיד אף בכך. אמנם מדברי התוס׳ (ראה בד"ה אבל, הראשון) משמע כי הם סבורים שהכתוב ממעט כל קטן, כלומר מי שלא הגיע לשלוש עשרה ויום אחד, שאף על פי שביאת בן תשע אוסרת, מכל מקום גזירת הכתוב היא שאינו מקנא לענין שתיה אלא מאיש — כלומר גדול (וראה בחשק שלמה).

שחוף בעניינו של שחוף יש כמה דעות, הן ביחס להגדרתו המדוייקת (מבחינת המציאות ומצד ההלכה) והן בשאלה מה החידוש המיוחד שבהזכרת שחוף. ועיקר הדינים השייכים בשחוף נשענים על ההנחה כי שחוף אינו מסוגל לבוא על אשה כלל, ומשמש באבר מת, ודבר זה אינו קרוי ביאה כמעט לכל דבר (מלבד לפסול בתרומה).
וכתב המאירי שמכל מקום פעמים שאברו של השחוף מתקשה מעט ויש בו מעין ביאה, ולפי זה כך מתפרש החידוש שיש בשחוף יותר מן הסריס.

ואלא למעוטי גוי הרא"ש בתוספותיו שואל: כיצד זה עלה על הדעת למעט גוי מן הכתוב "איש", והרי ברור שהוא בגדר איש! ותירץ שכיון שנאמר "וזרמת סוסים זרמתם" (יחזקאל כג, כ), היינו יכולים לומר כי כמו שאינו נחשב לאיש לענין שאין זרעו מתייחס אחריו (כאשר בא על הישראלית) כך לא ייחשב לאיש לענין קינוי, ולכן הוצרך לומר שאף שאין נחשב לאיש מבחינת יחס משפחתו, מכל מקום לענין ביאה הריהו כשאר כל העריות.

מניין לגוי ועבד והקשו: מה מקום לשאלה זו? והרי ר׳ יוחנן עצמו סבור שגוי ועבד שבאו על בת ישראל הוולד ממזר, ואם ממזר הוא ודאי שביאתו פוסלת! ותירצו שאולי מחלוקת אמוראים היא בשיטת ר׳ יוחנן, או שמא יש לחלק בין דעת ר׳ יוחנן עצמו למה שאמר בשם רבו (במקרה זה — ר׳ ישמעאל). (תו"ש. תוהרא"ש).

דאין זנות בבהמה יש שכתב כי דבר זה נאמר רק לתוספת ואינו מעיקר ההוכחה, כי לגבי סוטה עיקר הלימוד הוא ממה שכתוב "איש" — להוציא מי שאינו איש, ולענין זה אין הבדל אם ביאת בהמה תחשב לזנות לענין כהונה (אשל אברהם).

אתנן מצוות לא תעשה היא שלא להביא למקדש כקרבן דבר שהוא עצמו ניתן כאתנן לזונה, או שהוא מחירו = חליפיו של כלב. ולמדו חכמים שאין האיסור אלא כאשר מקדיש את הדבר עצמו שניתן כאתנן (טלה וכיוצא בזה) אבל אין האיסור חל על חליפיו. וכן למדו עוד שאין האיסור אלא כאשר מתקיים הכתוב כמשמעו, אבל אתנן כלב, כגון שנתן אדם טלה על מנת לבעול כלבה, או אתנן שניתן על ידי אשה על מנת להיבעל לכלב אינו נכלל בגדר זה. וכן לא מחיר זונה — אם נותן בהמה תמורת הזונה עצמה (כגון שפחה שמיועדת לזנות שקונה אותה בחליפין).

לשקינא לה דרך אברים ושאל הרא"ש: הרי אם היה מקנא לה סתם ואומר "אל תסתרי עם איש פלוני" היתה נאסרת לבעלה מיד עם הסתירה, ומדוע דינה קל יותר כשמדגיש ואומר שלא תיבעל דרך איברים? ותירץ כי הכוונה היא שהוא מדגיש ואומר שאינו חושד בה בביאה גמורה אלא בביאה כזו, וכיון שאין זו נחשבת לביאה ממילא אין הדבר נחשב לקינוי (והרי זה כאילו הזהירה שלא תדבר עם אדם מסויים). וכן כתבו התוס׳ ביבמות (נה, ב). אכן פירושים אלה הם לשיטת רש"י והתוס׳, אבל הרמב"ם, וכן המאירי מסבירים בדרך אחרת. שאין הכוונה כלל למה שאומר הבעל בשעת הקינוי, אלא לומר שאם קינא לה סתם ונבעלה דרך איברים שאין היא נבדקת במים המרים על סמך ביאה שכזו.

ופריצותא מי אסר רחמנא והעירו כי אף לדעת הרמב"ם הסבור כי כל קריבה לערוה בדרך חיבה, גם אם אינה ביאה כלל (כגון חיבוק ונישוק) אסורה מן התורה בלא תעשה, מכל מקום משמעות הדברים כאן אינה שאין איסור כלל בפריצות, אלא לומר שלא אסרה התורה אשה לבעלה משום פריצות בלבד (קרן אורה).

אורח הלכה

שחוף מקנין על ידו המקנא לאשתו אפילו מאיש שהוא שחוף, שאין אברו מתקשה ואינו מוליד — הרי זה קינוי ונאסרת לבעלה. (רמב"ם ספר נשים הלכות סוטה פ"א ה"א. שו"ע אה"ע קעח, ב).

שחוף פוסל בתרומה כל שנבעלה בביאה אסורה, אפילו היה זה כשבא עליה שחוף — הרי זה פוסל את האשה מלאכול בתרומה. (רמב"ם ספר זרעים הלכות תרומות פ"ח הי"א).

גוי מקנין על ידו קינא באשתו שלא תיסתר עם גוי — הרי זה קינוי ונאסרת לבעלה. (רמב"ם ספר נשים שם. שו"ע שם).

גוי פוסל בתרומה מי שנבעלה לגוי — הרי היא נעשית זונה בביאה זו ונפסלת מן הכהונה, ואם כהנת היא נפסלת מלאכול תרומה. (רמב"ם ספר קדושה הלכות איסורי ביאה פי"ח ה"ג).

למעוטי בהמה אם אמר לאשתו שלא תיסתר עם הבהמה — אינו קינוי. (רמב"ם ספר נשים שם ה"ו. שו"ע אה"ע קעח, ב).

אין זנות בבהמה הנבעלת לבהמה, אף שהוא איסור סקילה, אינה נעשית זונה ואינה נפסלת מן הכהונה בבעילה זו. (רמב"ם ספר קדושה שם ה"א. שו"ע שם ו, ח).

אתנן כלב ומחיר זונה אתנן כלב ומחיר זונה אינם אסורים למזבח. (רמב"ם ספר עבודה הלכות איסורי מזבח פ"ד הי"ח).

פרט לשקינא לה דרך אברים אשה שקינא לה בעלה ונסתרה ונבעלה לאותו איש דרך איברים — אין המים בודקים אותה. ובעה"ש (אה"ע קעח, יא) כתב כדברי רש"י שאם בשעת קינוי הזהירה רק שלא תיבעל לאותו אדם דרך איברים — אין זה קינוי. (רמב"ם ספר נשים שם פ"ג הכ"ד).

הערעאה זו הכנסת עטרה המכניס לערוות האשה את ראש העטרה בלבד הוא הנקרא מערה (מלשון המקרא "את מקורה הערה" ויקרא כ, יח) והמכניס את כל האיבר הוא הנקרא גומר. ולענין איסורי ביאה דין הערעאה כדין גמר ביאה. (רמב"ם ספר קדושה שם פ"א ה"י. שו"ע אה"ע כ, א בהגהה).

מסורת הש"ס

א. ירושלמי סוטה פ"א ה"ז. תוספתא יבמות פי"ב ח.

ב. חולין יא,ב. ירושלמי שם. וראה ספרי זוטא ה, כח. במדב"ר פ"ט מא.

ג. נדה לא,ב. וראה ויק"ר פי"ד ח. ילק"ש נ"ך תשסה.

ד. נדה שם. וראה ירושלמי תענית פ"א ה"ו.

ה. סוטה כד,א (ושם סומנו מקבילות).

ו. סוטה כד,ב (ושם סומנו מקבילות).

ז. במדב"ר פ"ט מב. וראה ירושלמי סוטה פ"ב ה"ה.

ח. ספרי במדבר ה, יג. במדב"ר פ"ט כט. תנחומא נשא ז. תנחומא בובר נשא יא.

גרסות

נושא לכתחילה יש בכת"י: נושא אדם לכתחילה הוא.

רוב בעילות יש בכת"י: דרוב בעילות.

ולא מנטר יש בכת"י: ולא מצי מנטר.

שעמום יש בכת"י: משועמם.

לשון

דומה

מלה ארמית זו, ומקבילתה העברית דומה, וכן השרש "דום" או "דים" קשורים כנראה לשורש הערבי ذأم (ד׳אם) שמשמעו: להיות חשוד, להיות נאשם בדבר. ובלשון חז"ל — כל דבר המשמש נושא לרכילות ולשמועות, בעיקר שמועות רעות, אך גם נושא לשיחת הבריות בכללה.

החיים

אין אשה מתעברת וכו׳

עיבורה של אשה תלוי בביוץ, ודבר זה קורה בדרך כלל כארבעה עשר יום לפני התחלת מחזור הוסת הבא. המרחק בין זמן זה ובין זמן וסתה או טבילתה תלוי גם באורך המחזור. באשה שיש לה מחזור נורמלי, של חודש בערך, הביוץ יהא כשבועיים לאחר הוסת, שהוא זמן הסמוך לזמן הטבילה בפועל (כאשר מוסיפים, כמנהג בנות ישראל, עוד שבעה ימים נקיים לימי שתיתת הדם). אולם אצל אשה שמחזורה קצר מזה בהרבה יהא זמן הביוץ קרוב יותר לזמן וסתה.

דּוּמָה, כלומר, מוטב לו לשאת אשה שהכל מדברים בה, שהיא חשודה בזנות, **וְאַל יִשָּׂא בַּת דּוּמָה** בתה של אשה כזו. **שֶׁזּוֹ**, החשודה עצמה, **בָּאָה מִטִּיפָּה כְּשֵׁרָה**, שהיא על כל פנים נולדה בכשרות, **וְזוֹ**, בתה, **בָּאָה מִטִּיפָּה פְּסוּלָה**, שיש בה חשש ממזרות. **וְר׳ יוֹחָנָן אָמַר** להיפך: **יִשָּׂא אָדָם בַּת דּוּמָה וְאַל יִשָּׂא דּוּמָה. שֶׁזּוֹ**, הבת, **עוֹמֶדֶת בְּחֶזְקַת כַּשְׁרוּת** עצמה, **וְזוֹ**, החשודה, **אֵינָהּ עוֹמֶדֶת בְּחֶזְקַת כַּשְׁרוּת. מֵיתִיבֵי** [מקשים] על ר׳ יוחנן ממה ששנינו בברייתא: **נוֹשֵׂא אָדָם דּוּמָה! אָמַר רָבָא: וְתִסְבְּרָא** [וכי סבור אתה] שאפשר לקבל גירסה זו "נוֹשֵׂא" שמשמעה **לְכַתְּחִילָּה**, שכך ראוי לו לאדם לעשות?! **אֶלָּא**, שאין לשון ברייתא זאת מדוייקת, וחייב אתה לתקן ולגרוס: "**אִם נָשָׂא**", אם כן **תְּנֵי נַמִּי** [שנה גם כן] ותקן: "**בַּת דּוּמָה**". ואין להוכיח מברייתא זו שלשונה אינה מדוייקת. ומסכמים, **וְהִלְכְתָא** [והלכה] היא: **יִשָּׂא אָדָם בַּת דּוּמָה, וְאַל יִשָּׂא דּוּמָה. דְּתָנֵי** [ששנה] **רַב תַּחֲלִיפָא בַּר מַעַרְבָא** [בן ארץ ישראל] **קַמֵּיהּ** [לפני] **ר׳ אַבָּהוּ: אִשָּׁה הַמְזַנָּה** על בעלה — בכל זאת **בָּנֶיהָ כְּשֵׁרִין**, שאנו מייחסים את **רוֹב בְּעִילוֹת** שנבעלה **אַחַר הַבַּעַל**, ומן הסתם הילדים נולדו מבעילתו של הבעל ולא מבעילת הנואף. **בָּעֵי** [שאל] **רַב עַמְרָם**: אם **הָיְתָה** האשה **פְּרוּצָה בְּיוֹתֵר** שכבר אין לתלות את רוב בעילות בבעל, **מַהוּ**? האם יש לחשוש לכשרות הילדים? ומסבירים: **אַלִּיבָּא דְּמַאן דְּאָמַר** [לשיטת מי שאומר] **אֵין אִשָּׁה מִתְעַבֶּרֶת אֶלָּא** בזמן **סָמוּךְ לְוֶוסְתָּהּ — לֹא תִּיבָּעֵי** [תישאל] **לָךְ** שאלה זו, שהרי **לֹא יָדַע** [יודע] **בָּהּ** הבעל מתי וסתה ולכן **לֹא מַנְטַר לָהּ** [שומר אותה] מלזנות באותו יום, ובודאי אין בניה כשרים. אלא **כִּי תִּיבָּעֵי** [כאשר תישאל] **לָךְ** השאלה, הרי זה **אַלִּיבָּא דְּמַאן דְּאָמַר** [לשיטת מי שאומר] **שֶׁאֵין אִשָּׁה מִתְעַבֶּרֶת אֶלָּא סָמוּךְ לִטְבִילָתָהּ, מַאי** [מה] יהא הדין? האם נסמוך על כך **שֶׁכֵּיוָן דְּיָדַע** [שבעלה יודע] **בָּהּ** מהו זמן טבילתה, **נָטוֹרֵי מַנְטַר לָהּ** [שומר אותה] באותו יום שלא תתעבר מאחר, **אוֹ דִּלְמָא** [שמא] **כֵּיוָן שֶׁפְּרוּצָה** היא **בְּיוֹתֵר לֹא** נאמר שבניה כשרים, שאי אפשר לסמוך גם על שמירה זו? שאלה זו לא נפתרה, ועל כן **תֵּיקוּ** [תעמוד] במקומה.

א שנינו במשנה: **וְאֵלּוּ שֶׁבֵּית דִּין** מקנין להם. **תָּנוּ רַבָּנַן** [שנו חכמים]: נאמר בפרשת סוטה "**אִישׁ**", **מַה תַּלְמוּד לוֹמַר** כפל הלשון "**אִישׁ אִישׁ** כי תשטה אשתו" (במדבר ה, יב) — **לְרַבּוֹת אֵשֶׁת חֵרֵשׁ, וְאֵשֶׁת שׁוֹטֶה, וְאֵשֶׁת שִׁעְמוּם** (משוגע), **וְשֶׁהָלַךְ בַּעְלָהּ לִמְדִינַת הַיָּם, וְשֶׁהָיָה חָבוּשׁ בְּבֵית הָאֲסוּרִין — שֶׁבֵּית דִּין מְקַנִּין לָהֶן לְפוֹסְלָן מִכְּתוּבָּתָן** אם נסתרו. **יָכוֹל** שקינוי בית דין מועיל **אַף לְהַשְׁקוֹתָן — תַּלְמוּד לוֹמַר: "וְהֵבִיא הָאִישׁ אֶת אִשְׁתּוֹ"** (שם טו), דווקא הבעל ולא אחר יכול להשקות את האשה. **ר׳ יוֹסֵי אוֹמֵר:** מועיל הדבר **אַף לְהַשְׁקוֹתָהּ**, כלומר, **וְלִכְשֶׁיֵּצֵא בַּעְלָהּ מִבֵּית הָאֲסוּרִין יַשְׁקֶנָּה**. ושואלים: **בְּמַאי קָא מִיפַּלְגִי** [במה, באיזה עקרון, חלוקים הם] ומשיבים, **רַבָּנַן סָבְרִי** [חכמים סבורים]: **בָּעֵינַן** [צריכים אנו] לקיים את הכתוב "**וְקִנֵּא** את אשתו... **וְהֵבִיא**" (שם יד-טו) שהמקנא לה הוא המביא אותה להשקותה, **וְר׳ יוֹסֵי סָבַר** [סבור]: **לָא בָּעֵינַן** [אין אנו צריכים] לקיים "**וְקִנֵּא... וְהֵבִיא**", אלא יכול הבעל להשקותה אף שבית הדין הוא המקנא.

ב **תָּנוּ רַבָּנַן** [שנו חכמים]: מה שנאמר "זאת תורת הקנאות **אֲשֶׁר תִּשְׂטֶה אִשָּׁה תַּחַת אִישָׁהּ**" (שם כט), בא כתוב יתר זה **לְהַקִּישׁ** (להשוות) **אִישׁ לְאִשָּׁה וְאִשָּׁה לְאִישׁ**. ושואלים: **לְמַאי הִלְכְתָא** [לאיזו הלכה], לאיזה ענין באה השוואה זו? **אָמַר רַב שֵׁשֶׁת: כְּשֵׁם שֶׁאִם** היה **הוּא** הבעל **סוּמָא** (עיוור) **לֹא הָיָה מַשְׁקֶה, דִּכְתִיב** [שנאמר]: "**וְנֶעְלַם מֵעֵינֵי אִישָׁהּ**" (שם יג), כלומר, דווקא אם יכול היה לראות ונעלם ממנו, **כָּךְ הִיא, אִם הָיְתָה סוּמָא** (עיוורת) — **לֹא הָיְתָה שׁוֹתָה**. ולשם כך הועילה ההשוואה, שהיא גזירת הכתוב, **אף** שאין בה צד של סברה. **רַב אַשִׁי אָמַר: כְּשֵׁם שֶׁחִיגֶּרֶת וְגִידֶּמֶת לֹא הָיְתָה שׁוֹתָה, דִּכְתִיב** [שנאמר]:

עיונים

דומה ראה ברש"י ותוס׳ הסברים בענין דומה. וראה במפרשי השו"ע (ט"ז, ב"ש, ח"מ) שהאריכו לדון האם יש להבחין בין קול היוצא עליה שהיא פרוצה, לרינון מוגדר שהיא מזנה עם אדם מסויים.

בת דומה לפי רש"י ואחרים הכל מודים שאין כאן חשש להלכה, אלא ענין של זהירות להתרחק מן הכיעור ומן הדומה לו. ולפי זה יש לומר שהמחלוקת בין שמואל ור׳ יוחנן היא האם יש להתרחק מבת דומה, שאף שלהלכה אינה פסולה, מכל מקום יש בה חשש יוחסין שאינו עשוי להיבטל, או שמא יש לחשוש יותר לאם, שמצד מעשיה יש לחשוש שתזנה תחתיו, וראוי להתרחק ממנה (דבר שאול). וראה במאירי שכתב שהרוצה להתרחק מן הכיעור יתרחק משתיהן, לפי שיש לחשוש שמעשי הבת כמעשי האם. וראה ברמב"ם שמדבריו עולה שנושא אדם בת דומה אף לכתחילה.

מה תלמוד לומר איש איש ובתלמוד הירושלמי דרש מן הכתוב "דבר אל בני ישראל", ולמדו המפרשים שכוונתו שדיבור זה אינו רק לאדם הפרטי המקנא לאשתו אלא ל"בני ישראל" בכללם, כלומר לבית דין (וראה גם בתורה תמימה).

אשת חרש וכו׳ ויש ברשימה זו שני צדדים של חידוש, משני האופנים שבהם ניתן לדון בדבר. שמצד אחד יש חידוש באשת חרש ושעמום, שאף שהוא עצמו אינו יכול לקנא לה שהרי אינו מסוגל לכך, מכל מקום בית דין מקנאים. ומצד שני יש חידוש במי שהוא בבית האסורים או במדינת הים, שלמרות שיש בכוחו לעשות זאת, שמא אין אז כוח ביד בית דין לעשות את הדבר במקומו (דבר שאול).

בעינן וקנא והביא יש ששאלו לגבי עצם הדברים, מדוע לא נאמר שיש בכך דין שליחות, שיוכל אחר לקנא לאשת חבירו והרי זה כאילו הוא עצמו עשה זאת ששלוחו של אדם כמותו? ויש שהסביר כי מכל מקום גזירת הכתוב היא "וקינא... והביא", שאין שליחות מועילה לענין ההשקאה (מנחה חרבה). ועוד שאלו: מדוע לא נאמר שיש בכך משום "זכין לאדם שלא בפניו"? ותירצו כי התנהגות זו של האשה יש בה חציפות יתירה רק כאשר היא תחת בעלה, אבל כשאין בעלה במקום ואין מוראו עליה שמא אין לומר שיש בכך פריצות יתירה (חזו"א).

שאם הוא סומא במנחת חינוך ועוד דנו בשאלה מה הדין אם היה סומא בעין אחת, האם יש להקפיד שיתקיים הכתוב כמשמעו ושם נאמר "מעיני", או שמא "ונעלם מעיני אשה" מתקיים גם כשהוא רואה בעין אחת, שהרי רואה הוא והדבר נעלם מעיניו.

כשם שחיגרת וגידמת וכו׳ ראה בתוס׳ (ד"ה דכתיב) שדנו בשאלה האם סבורים חכמים אלה כי יש לקיים כל כתוב כפי שהוא, כלומר בהקפדה על הפרטים שיהיו בדיוק כפי שהם כתובים במקרא. וראה שהעלו כי יש לומר שיש במקראות אלה ייתור, שמכוחו אנו עומדים על קיום הדברים ככתבם. אבל מדברי התלמוד הירושלמי נראה שאף אשה גידמת שותה (ואם אין לה ידים מעמידים כהן נוסף שיחזיק את המנחה במקומה). ומשמע שהם לא דרשו שיתקיימו הכתובים כדיוקם, ולשיטה זו לא נאמרו הדברים אלא משום שכך דרך העולם, ואין לדקדק בקיומם כפי שהם כתובים.

אורח ההלכה

אשה מזנה בניה כשרין אשת איש שיצא עליה קול שהיא מזנה תחת בעלה והכל מרננים אחריה — אין חוששים לבניה שהם ממזרים, אבל לה עצמה חוששים משום זונה וכהן חושש לה מדין תורה, וכן ישראל אם רוצה להתרחק מן הכיעור. כמסקנת הגמרא וכפי ששנה רב תחליפא בר מערבא. ואם היתה פרוצה ביותר חוששים אף לבנים — שהבעיה לא נפתרה בגמרא ונשארה בתיקו, הרי שיש מקום לחשוש בזה.

וכתב הרמ"א שאף במקרה זה היא נאמנת לומר על בניה שהם כשרים. ועוד כתב הרמ"א שאם היתה פרוצה בהיותה פנויה ולא היתה פרוצה לאחר נישואין, אף שראוה מנאפת פעם אחת — בניה כשרים. (רמב"ם ספר קדושה הלכות איסורי ביאה פט"ו ה"כ. שו"ע אה"ע ד, טו).

להקיש אשה לאיש וכו׳ כיון שהקיש הכתוב אשה לאיש ואיש לאשה בפרשת סוטה, הרי כל מום שאם נמצא באחד מהם מעכב מלקיים הכתוב כמשמעו — אף אם היה בבן הזוג מעכב. ולכן אשת הסומא והחרש והחיגר והאילם וכרות היד אינן שותות, וכן אשה שהיתה חיגרת או אילמת או סומא או כרותת יד אינה שותה. כדברי האמוראים בגמרא כאן. (רמב"ם ספר נשים הלכות סוטה פ"ב ה"ב-ג).

דומה ואל ישא בת דומה שזו באה מטיפה כשרה וזו באה מטיפה פסולה ור' יוחנן אמר ישא אדם בת דומה ואל ישא דומה שזו עומדת בחזקת כשרות וזו אינה עומדת בחזקת כשרות מיתיבי נושא אדם דומה אמר רבא ותסברא נושא לכתחלה אלא אם נשא תני נמי בת דומה [א]והלכתא ישא אדם בת דומה ואל ישא דומה דתני רב תחליפא בר מערבא קמיה דר' אבהו [א]* [ב]אשה מזנה בניה כשרין [ב]רוב בעילות אחר הבעל בעי רב עמרם היתה פרוצה ביותר מהו אליבא דמ"ד [ג]*אין אשה מתעברת אלא סמוך לווסתה לא תיבעי לך דלא ידע בה ולא מנטר לה כי תיבעי לך אליבא דמ"ד [ד]אין אשה מתעברת אלא סמוך לטבילתה מאי כיון דידע בה נטורי מנטר לה או
א דלמא [ג]כיון דפרוצה ביותר לא תיקו: ואלו שב"ד כו': ת"ר איש מה ת"ל איש איש [ה]לרבות *אשת חרש ואשת שוטה ואשת שעמום ושהלך בעלה למדינת הים ושהיה חבוש בבית האסורין שב"ד מקנין להן לפוסלן מכתובתן יכול אף להשקותן ת"ל
במדבר ה °והביא האיש את אשתו ר' יוסי אומר אף להשקותה ולכשיצא בעלה מבית האסורין ישקנה במאי קא מיפלגי רבנן סברי בעינן וקינא והביא ור' יוסי סבר לא בעינן וקינא
ב שם והביא ת"ר °אשר תשטה אשה תחת אישה [ו]* [ד]להקיש איש לאשה ואשה לאיש למאי הלכתא אמר רב ששת [ז]כשם [ה]שאם הוא סומא לא היה משקה דכתיב
שם °ונעלם מעיני אישה כך היא אם היתה סומא לא היתה שותה רב אשי אמר [ח]כשם שחיגרת וגידמת לא היתה שותה דכתיב והעמיד

רש"י

דומה. נטענת ונדברת בפי כל על ניאופיה דומה לשון קלסה ודיבור כדאמרי' בנדה (דף סו.) דומת עירך עלתה ביך וההוא לאו חשד הוא אלא דיבור יתר שהיו נדברים בה על חביבותה של בעלה ואף קלסה לשון דיבור יתר הוא לפיכך הוא נהפך ללשון שבח וללשון גנאי כדאמר (שמקלסין אותו): **וזו באה מביאה פסולה.** שמא מגוי או ממזר: **[שזו].** הבת עומדת בחזקת כשרות ומותרת לבעלה ולטיפה פסולה לא חיישינן דרוב בעילות אחר הבעל ומבעלה נתעברה: **וזו אינה עומדת בחזקת כשרות.** שמזנה תחתיו ונאסרת עליו והוא אינו רואה ואינו מגרשה ובא עליה באיסור: **ותסברא נושא לכתחילה.** הא ודאי מקלקלה ליה אלא על כרחך משבשתא היא ובעית לתרוצה ולמתני אם נשא אדם דומה מותר וכיון דבעית לתרוצה אלמא תנא לאו דוקא ולא מותבינן מינה דאיכא למימר בהא נמי טעה ותני נמי בת דומה ואנן נמי כי אמרינן ישא אדם זו ולא ישא זו לאו לכתחילה אם ימצא אחרת(א) אבל מי שאינו מוצא אלא שתים אלו ישא זו ואל ישא זו: **דתני רב תחליפא כו'.** הלכך בת דומה כיון דכשרה היא טוב לו שישאנה שתהא תחתיו בחזקת היתר ואל ישא דומה שמקלקלתו לשמש עמה משנאסרה לו: **היתה פרוצה ביותר.** דאיכא למיחש דרוב בעילותיה משל אחרים: **מהו.** שיהו בניה כשרים: **אין אשה מתעברת אלא סמוך לווסתה.** לפני ווסת נדותה יום אחד דלא ידע הבעל את ווסת נדתה דלנטרה אותו היום מלזנות שלא תתעבר בזנות: **כי תיבעי לך כו'.** פלוגתא במס' נדה (דף לא:): **סמוך לטבילתה.** לאחר שטבלה ביום טבילתה או ליום מחר: **או דלמא כיון דפרוצה היא ביותר.** לא מצי מינטר לה שנשמטת מאצלו פתאום: **וקינא והביא.** המקנא לה ישקנה ואי קשיא בקינוי נמי הא כתיב את אשתו דמשמע דבעלה מקנא לה ולא אחר הא מתרבי מאיש איש: **אשר תשטה אשה תחת אישה.** קרא יתירא הוא לדרשה בסוף הפרשה זאת תורת הקנאות וגו': **להקיש איש לאשה.** כדמפרש ואזיל למאי הלכתא: **רב אשי אמר כו'.** מר מפרש היקישא דאיש לאשה ומר מפרש היקישא דאשה לאיש ולא פליגי:

תוספות

דומה. פירש ר"ח שמלעיזין עליה בני אדם שהיא מזנה כדגרסינן (ביבמות דף כה.) [אמר אביי אמרה לי אם] דומי דמתא יומא ופלגא והוא *עד שיצאו ויתנו בה מוזרות בלבנה פי' מוזרות נשים שטוות פשתן משזר כך מפרש בגמרא א"י. מה שהביא רבינו חננאל דומי דמתא יומא ופלגא לא הביא אלא לראיה דלשון דומה לזות שפתים הוא ומיהו הכא לא איירי בדומה כה"ג דא"כ אפי' כנס יוציא דהא פסקינן התם בפ"ב דיבמות (דף כה.) כרבי בקלא דלא פסיק היכא דדומי מתא יומא ופלגא דקאמר הואיל ומכוער הדבר תצא ואפילו רבי יוחנן מודי הכא אם כנס דלא יוציא*: **רוב בעילות אחר הבעל.** לא איירי אלא בקלא דפסק דפסקינן כרב (יבמות כה.) דלא תצא דרוב בעילות אחר הבעל ואע"ג דרב דאמר בסוף פרק אלמנה ביבמות (דף סט:) הבא על ארוסתו בבית חמיו הולד ממזר ומוקי בגמרא בדדיימא מיניה ומעלמא ולא שדינן לה בתר דידיה דוקא ארוס שאין מצוי אצלה אבל בבעל שכנסה מודי ולשמואל נ"ש דלעולם הולד שתוקי וכגון דליתא לדומה גופא קמן דלישיילה אבל איתא קמן ואמרה לכשר נבעלתי נאמנת דאמרינן בפרק עשרה יוחסין (קדושין דף עה.) גבי ארוסה שעיברה אע"ג דמוקמינן לה בפרק אלמנה לכ"ג (יבמות סט:) כגון דדיימא מעלמא מאי שתוקי דאמר שמואל בדוקי שבודקין את אמו ואומרת לכשר נבעלתי דאמר רב יהודה אמר שמואל הלכה כרבן גמליאל דאמר היא נאמנת דאפילו ברוב פסולין אצלה והוא הדין האי דקאמר הכא אל ישא בת דומה כגון דליתא לדומה קמן דנישיילה אבל איכא למתמה לליטנא בתרא דאמר בפרק אלמנה בבא עליה דכ"ע לא פליגי דבתר דידיה שדינן והא הכא דבעלה קבוע אצלה כל שעה לא שדי ליה שמואל בתריה דבעל בתר ארוס לא כל שכן ואפי' אם תמצא לומר דשאני התם דידעינן בברור דבא עליה ארוס אבל הכא גבי בעל לא ידעינן ביאה ודאית דבא עליה מ"מ לרבא תקשה דאמר אפי' בארוסה שעיברה אמר מסתברא דלא דיימא מיניה בהא קאמר רב הולד ממזר ושמואל אמר הולד שתוקי אבל דיימא מיניה בתר דידיה שדינן ליה ואפי' לרב וכ"ש לשמואל והא הכא אע"ג דאית לה בעל קבוע והוה לן למימר רוב בעילות אחר הבעל ולא שדי ליה בדידיה כ"ש התם: **אליבא דמ"ד אין אשה מתעברת אלא סמוך לווסתה וכו'.** י"ל כגון שלא קבעה וסת וה"ה דהמ"ל וכגון דלא קבעה וסת לא תבעי לך כי תבעי לך היכא דקבעה וסת אלא מילתא דפסיקא נקט תימה לרבי והא אמרי' התם בפ' המפלת (נדה דף כה:) ההוא שפירא דאתא לקמיה דמר שמואל אמר האי בר מ"א יומא הוא וחשיב מיום דאזלה לטבילה עד ההוא יומא ולא הוה אלא מ' יומא אמר האי בנדותה בעל וכפתיה ואודי ותקשה למ"ד סמוך לווסתה ונראה דמ"ד סמוך לווסתה רוב עיבורין קאמר מיהו מודי דזימנין מיקרי דמיעברה נמי סמוך לטבילתה או באחד מאותן הימים שבין טבילתה לווסתה וכן למ"ד סמוך לטבילתה: **איש איש לרבות אשת חרש וכו'.** נראה דעיקר קרא לא איצטריך אלא לאוסרה לבעל ולבועל ע"י קינוי זה אבל משום לפוסלה מכתובתה לא צריך קרא דהא אפילו רבן שמעון בן גמליאל דאמר בפרק בתרא דכתובות (דף קי:) כתובת אשה דאורייתא לאו ממש דאורייתא אלא אית ליה סמך מדאורייתא כדאמרינן התם בפ"ק (דף י.) מכאן סמכו חכמים לכתובת אשה מן התורה אלא תנא דנקט כתובה מילתא אגב אורחיה קמ"ל דעוברת על דת צריכה התראה להפסיד כתובתה: **רב אשי אמר כשם שחיגרת וגידמת אינה שותה דכתיב והעמיד הכהן את האשה.** תימה לר"י מאי שנא הכא דממעט מוהעמיד חיגרת וגבי ערכין דכתיב והעמיד והעריך לא ממעט אלא גוסס בפ"ק דערכין (דף ד.) וכן העמדה דכתיב בקדשים בעלי מומין דאמרי' בפרק השוחט (חולין ל.) שחטה ועדיין מפרכסת דבת העמדה והערכה היא וגבי יבם כתיב (דברים כה) ועמד ואמר ואפ"ה חליץ נחתכו רגליו [למטה] מן הארכובה מיהו מחלילה לא תקשי דהתם *מפרש טעמא משום דכתיב בה מעל רגלו ועיקר קרא דועמד ואמר כדדריש ליה בספרי מלמד שאינו אומר דבריו אלא בעמידה ותירץ מדרבי רחמנא בן חדש לערכין ש"מ דלהעמדה ממש לא קפיד רחמנא וכן בהמה בעלת מום עיקרה לפדיון עומדת ולא חילק בה הכתוב בין בעלת מום אפי' נשברו או נחתכו רגליה דלא עדיפא מאדם דלא קפיד קרא אעמידתו*: **דכתיב והעמיד הכהן את האשה ונתן על כפיה.** אי קשיא דהכא משמע דרב אשי בעי קרא כדכתיב ובפרק נגמר הדין (סנהדרין מה:) אמרי' אמר ליה מר קשישא בריה דרב חסדא לרב אשי ומי לא בעינן קרא כדכתיב והתנן היה אחד מהם גידם או חיגר וכו' מאי טעמא לאו משום דבעינן קרא כדכתיב לא משום דכוליה קרא יתירא הוא דמשמע אי לאו דהוי יתירא דלא בעינן קרא כדכתיב בשלמא דרב ששת דממעט סומא מעיני איכא למימר קרא יתירא דהוה מצי למימר ונעלם מאישה וכן והעמיד דאמר רב אשי איכא למימר קרא יתירא הוא דהא כתיב והעמידה לפני

מסורת הש"ס

רש"ל מ"ז

[תוספתא יבמות פי"ב]

[נדה לא:]

[לעיל כז.]

[לעיל כז:]

[ביכמות קג.]

הגהות הב"ח

(א) רש"י ד"ה ותסברא וכו' אחרת אלא למי שאינו:

עין משפט נר מצוה

[עי' לעיל ו:]

מא א ב ג מיי' פט"ו מהל' איסורי ביאה הלכה כ טוש"ע אה"ע סימן ד סעיף טו:

מב ד ה ו מיי' פ"ב מהל' סוטה הלכה ב והלכה ג:

דאיירי בקלא דפסיק דפסקינן כרב דלא תנא הס"ד ואח"כ מה"ד לרוב בעילות אחר הבעל ואע"ג דרב כו'. רש"א

תוספות שאנץ

דומה לשון קלסה ולשון חשד הוא כדאמרינן בנדה דומת עירך עלתה ביך וכן מידם הוה דיימא חמותיה מיניה: שזו עומדת בחזקת כשרות. הבת עומדת בחזקת כשרות ולטיפה פסולה לא חיישינן דרוב בעילות אחר הבעל ומבעלה נתעברה: וקינא והביא אמר רחמנא המקנא לה ישקנה. ואי קשיא בקינוי נמי כתיב וקנא (והביא) את אשתו דמשמע בעלה יקנא לה ולא אחר. הא איתרבי מאיש איש (אשר תשטה אשה תחת אישה) ל"ה: רב אשי אמר כו'. מר מפרש היקשא דאיש לאשה ומר מפרש הקישא דאשה לאיש ולא פליגי:

הדרן עלך ארוסה

גליון הש"ס

תוס' ד"ה אליבא דמ"ד וכו' ונראה דמ"ד וכו'. עי' נדה דף י ע"ב תד"ה דהויא: **ד"ה** רב אשי אמר וכו' ותירץ מדרבי רחמנא בן חדש. וי"ל כנ"ל. וכ"ה בתי"ט פ"א דערכין מ"ג:

[ועיין היטב תוס' ערכין ד: ד"ה ולא אוליא]

מג א מיי׳ פ״ב מהל׳ סוטה הלכה ב והלכה ג:
א ב מיי׳ פ״ג מהל׳ סוטה הלכה יז סמג עשין נו:
ב ג מיי׳ שם פ״ב הלכ׳ יב טוש״ע אה״ע סי׳ יא סעיף א וסימן קעח סעיף יז:
ג ד מיי׳ פי״ג מהל׳ שמיטה ויובל הלכה ב וע״ש בכ״מ סמג עשין קנה:

°והעמיד הכהן את האשה לפני ה׳ ונתן על כפיה כך הוא אם היה חיגר או גידם לא היה משקה מר בר רב אשי אמר [א] כשם שאילמת לא היתה שותה דכתיב °ואמרה האשה אמן אמן כך הוא אם היה אילם לא היה משקה:

הדרן עלך ארוסה

כשם [ב] שהמים בודקין אותה כך המים בודקין אותו שנאמר °ובאו ובאו כשם *[ג] שאסורה לבעל כך אסורה לבועל שנאמר °נטמאה ונטמאה דברי ר׳ עקיבא א״ר יהושע כך היה דורש זכריה בן הקצב רבי אומר שני פעמים האמורים בפרשה נטמאה ונטמאה אחד לבעל ואחד לבועל: *בו ביום דרש ר׳ עקיבא* °וכלי חרש אשר יפול מהם אל תוכו כל אשר בתוכו יטמא אינו אומר טמא אלא יטמא לטמא אחרים למד על ככר שני שמטמא את השלישי א״ר יהושע מי יגלה עפר מעיניך רבן יוחנן בן זכאי שהיית אומר עתיד דור אחר לטהר ככר שלישי שאין לו מקרא מן התורה שהוא טמא והלא ר׳ עקיבא תלמידך מביא לו מקרא מן התורה שהוא טמא שנאמר כל אשר בתוכו יטמא: בו ביום דרש ר׳ עקיבא °ומדותם מחוץ לעיר את פאת קדמה אלפים באמה וגו׳ ומקרא אחר אמר °מקיר העיר וחוצה אלף אמה סביב אי אפשר לומר אלף אמה שכבר נאמר אלפים אמה ואי אפשר לומר אלפים אמה שכבר נאמר אלף אמה הא כיצד אלף אמה מגרש ואלפים אמה *תחום השבת ר׳ אליעזר בנו של ר׳ יוסי הגלילי אומר *[ד] אלף אמה מגרש ואלפים אמה שדות וכרמים: בו ביום דרש רבי עקיבא °אז ישיר משה ובני ישראל את השירה הזאת לה׳ ויאמרו לאמר שאין ת״ל לאמר ומה ת״ל לאמר מלמד שהיו ישראל עונין שירה אחריו של משה על כל דבר ודבר כקוראין את הלל (אשירה לה׳ כי גאה גאה) לכך נאמר לאמר רבי נחמיה אומר כקורין את שמע ולא כקורין את הלל: בו ביום דרש ר׳ יהושע בן הורקנוס לא עבד איוב את הקב״ה אלא מאהבה שנא׳ °הן יקטלני לו איחל ועדיין הדבר שקול לו אני מצפה או איני מצפה ת״ל °עד אגוע לא אסיר תומתי ממני מלמד שמאהבה עשה אמר רבי יהושע מי יגלה עפר מעיניך רבן יוחנן בן זכאי שהיית דורש כל ימיך שלא עבד איוב את המקום אלא מיראה שנאמר °איש תם וישר ירא אלהים וסר מרע והלא יהושע תלמיד תלמידך למד שמאהבה עשה: **גמ׳** אותו למאן אילימא לבעל בעל מאי עביד וכי תימא דאי

(מ״ה: במדבר ה; שם; שם; ויקרא יא; במדבר לה; שם; שמות טו; רש״ל מ״ז; איוב יג; שם כז; שם א)

[ב״מ ל:, סנהדרין נו: ב״ה]

רש״י

והעמיד. ולא חגרת: **ונתן על כפיה.** ולא גידמת קטועת ידים:

הדרן עלך ארוסה

כשם. כך בודקין אותו. בגמ׳ מפרש לה: **שנאמר ובאו ובאו.** בגמ׳ מפרש אי וי״ו יתירא דריש או ובאו ובאו יתירי דכתיבי בעניינא: **נטמאה ונטמאה.** וי״ו יתירא דריש אשר תשטה אשה תחת אישה ונטמאה: **וכך היה ר׳ זכריה דורש.** וי״ו יתירא: **שתי פעמים.** ונסתרה והיא נטמאה לא ממניינא הוא דאוקימנא לטומאה ודאית בעד אחד בפ״ק (לעיל ג:) אלא וקנא את אשתו והיא נטמאה והיתה אם נטמאה ועוד כתיב אשר תשטה אשה תחת אישה ונטמאה *ובגמרא דריש לה ר״ע לתרומה ורבי נמי מודי והאי דנקט הכא תרי מינייהו ותו לא משום(א) דשמעינן לר״ע דדריש בעל ובועל מריבויא דוי״ו יתירא וקא״ל רבי בעל ובועל מנטמאה ונטמאה נפקי ולא דרשי וו״י: **בו ביום דרש.** במס׳ ברכות (דף כח.) אמרינן דכל היכא דתני בו ביום הוא יום שהושיבו את ר״א בן עזריה לנשיאות שנתרבו תלמידים שנתנו רשות ליכנס לכל שהיה רבן גמליאל אומר כל ת״ח שאין תוכו כברו אל יכנס לבהמ״ד ורבתה תורה בו ביום ולא היתה הלכה תלויה בבית המדרש שלא פירשוה והא דקתני לה הכא נראה בעיני דהך דרשה דנטמאה ונטמאה דלעיל נמי בו ביום הואי: **כלי חרש** הוא ראשון שנטמא מן השרץ והאוכל שבתוכו שני שנטמא בכלי: **אינו אומר טמא.** כל אשר בתוכו טמא אלא יטמא למדרש נמי יטמא שמטמא אחרים: **לימד על ככר שני.** להכי נקט ככר לפי שהוא מצוי בתנור שהוא כלי חרש: **שמטמא את השלישי.** בתרומה ואפי׳ בחולין דקרא סתמא כתיב: **עתיד דור אחר.** מן העתידין לבא שיטהר את השלישי אף בתרומה שאין לו מקרא מן התורה ואנן הוא דמטמאינן ליה בתרומה מק״ו כדמפרש בגמרא ודור אחר פריך ליה לק״ו כדלקמן בגמרא: **ור״ע תלמידך מביא מקרא שהוא טמא.** אף בחולין: **מגרש.** רחבה פנויה מזריעה ומבתים ומאילנות לנוי העיר להיות לה לאויר ואלפים לא הוזכרו לתתן ללוים ולא נאמרו אלא ליציאת תחום שבת: **שדות וכרמים.** ואלפים סביב נתנו ללוים מהם הניחו אלף סביב העיר למגרש והשאר שדות וכרמים: **שאין ת״ל לאמר.** שאינו דומה לשאר לאמר שבתורה שהשכינה מדבר הדבור למשה לחזור הוא ולאמרו לישראל אבל כאן אין לומר כן: **כקורא את הלל.** בגמ׳ מפרש: **כקורין את שמע.** בגמרא מפרש: **מאהבה.** שאוהב את המקום: **שקול.** משקלו שוה מכריע לכאן ולכאן: **לו אני מייחל או איני מייחל.** וה״ק הן יקטלני הלא הוא הורגני לא אייחל לו עוד דיש לא שהוא נדרש כמו לו בלמ״ד וי״ו כדמפרש בגמרא: **מיראה.** מדאגת הפורענות שלא תבא עליו: **ירא אלהים.** ולא אוהב אלהים: **תלמיד תלמידך.** תלמידו של ר״ע היה: גמ׳ דאי

תוספות

לפני ה׳ וכן הא דאמר מר בר רב אשי דאילמת אינה שותה משום דכתיב ואמרה ואפי׳ למ״ד (סנהדרין דף מה:) לא בעינן קרא כדכתיב מודה דאילמת אינה שותה משום דלא מציא לקבולי שבועה ואפי׳ גבי חליצה דקרייה לא מעכבא אילם ואילמת שחלצו חליצתן פסולה משום דר׳ זירא כל הראוי לבילה אלא ונתן על כפיה אע״ג דלאו קרא יתירא הוא בעי קרא כדכתיב והכי משמע בפרק שלשה מינין בנזיר (דף מו:) דמאן דבעי קרא כדכתיב דנזיר ממורט או אין לו כפים אין לו תקנה משום דכתיב ונתן על כפי הנזיר וכן אין לו בהן יד משום דכתיב על בהן ידו תריך דרב אשי מהדר למר קשישא לפום סברתו דבעי למידק ממתני׳ דבעינן קרא כדכתיב וא״ל רב אשי מהכא ליכא למידק מידי דהתם קרא יתירא מיהו רב אשי ס״ל דבעינן קרא כדכתיב:

הדרן עלך ארוסה

כשם שהמים בודקין אותה כך בודקין אותו. ירושלמי המאררים אמר רבי תנחומא מנין המאררים נגד רמ״ח אברים שיש בה ונגד רמ״ח אברים שיש בו כשם שהמים בודקין אותה על כל ביאה וביאה שהיא מקבלת מבעלה לאחר הבועל כך הן בודקין אותו וכשם שהיא אסורה לאחיו של בעל כך היא אסורה לאחיו של בועל היא על ידי שדרכה ליאסר בין לו בין לאחר היא נבדקת אבל הוא לכשתשתה הוא נבדק בדקו אותו ולא אותה אני אומר הזכות תולה ניחא כמאן דאמר הזכות תולה לה ואינו ניכרת ברס כמאן דאמר הזכות תולה וניכרת הרי לא הוכרה אלא אני אומר מים מגולים שתה ונלבה הכין לא הוון בעייא מבדקוניה אלא כדין אלא אני אומר °עם אחרים נסתרה ולא כן סברינן מימר לכשתשתה הוא נבדק תיפתר שהיה הוא מזיד והיא שוגגת ובדקו אותו ולא בדקו אותה בדקו אותה ולא בדקו אותו אני אומר הזכות תלה ליה ניחא כמ״ד הזכות תולה ואינו ניכרת ברס כמ״ד הזכות תולה וניכרת הרי הוא לא הוכר אלא אני אומר מים מגולים שתת ונלבת הכין לא הוה בעי מבדקונה אלא כדין אלא אני אומר עם אחרים נסתרה מעתה גרש יהא מותר בה תיפתר שהיה הוא שוגג והיא מזידה ובדקו אותה ולא אותו הוא מזיד והיא שוגגת פשיטא שהיא מותרת לביתה גירש מהו שיהא מותר בה °אפשר לומר מזיד בה ואת אמרת הכין הוא שוגג והיא מזידה פשיטא שהיא אסורה לביתה גירש מהו שיהא מותר בה אפשר לומר יצאה מתחת ידו ואת אמר הכין ומנין שהדבר תלוי בה שמעון ב״ר אבא בשם ר׳ יוסנן אמר ואל אשת עמיתך לא תתן שכבתך לזרע לטמאה בה בה הדבר תלוי אם היתה מזידה אסורה שוגגת מותרת:

ההוא

תוספות שאנץ

כשם שהמים בודקין אותה כך בודקין אותו בגמרא מפרש לה. שנאמר ובאו ובאו הא נמי מפרש בגמ׳ אי וא״ו יתירה [דריש] או ובאו יתירה דריש. כך היה ר׳ זכריה בן הקצב דורש וא״ו יתירה. ונטמאה ב׳ פעמים פ״ה אבל ונסתרה והיא נטמאה לאו ממניינא הוא דהא אוקימנא לעיל בפ״ק לטומאה ודאית בעד אחד. ולא נהירא דהא כבר שמעינן בריש מכילתין טומאה דעד אחד מוהיא לא נתפשה. וכי תימא דאיצטריך לומר דבעי׳ סתירה כעין טומאה דאמר התם דאיתקש סתירה לטומאה ומשום [דכתיב] ונסתרה והיא נטמאה. הא ממילא שמעי׳ ליה. ולכן צ״ל דגמ׳ דקאמר (לקמן כח) ומה תלמוד לומר והיא נטמאה דטומאה יתירה קדריש ודלא כפ״ה בגמ׳ דלא קרא יתירא קדריש דמשמע שהוא סובר שאין כאן אלא ב׳ ונטמאה וקנא את אשתו והיא נטמאה ועוד כתיב אשר תשטה אשה תחת אישה ונטמאה א) ובגמ׳ צ״ל דכדי׳ ונסתרה והיא נטמאה יתירה כדפרי׳. בו ביום דרש ר׳ עקיבא פ״ה דאמר בברכות דכל היכא דתני בו ביום הוי ביום שהשיבו את רבי אלעזר בן עזריה בנשיאות [שנתרבו] תלמידים שנתנו רשות לכל ליכנס שהיה ר״ג אומר כל תלמיד שאין תוכו כברו אל יכנס לבית המדרש ורבתה תורה בו ביום ולא היתה הלכה תלויה בבית המדרש שלא פירשוה והא דתני לה הכא נראה בעיני דהך דרשא דונטמאה ונטמאה דלעיל נמי בו ביום הואי ל״ה: וכל כלי חרש שהוא ראשון שנטמא מן השרץ והאוכל שבתוכו שני שנטמא מן הכלי אינו אומר טמא אלא יטמא כל אשר בתוכו יטמא למדרשיה ביה נמי יטמא לאחרים לימד על ככר שני להכי נקט ככר לפי שמצוי בתנור שהוא כלי חרס: שמטמא את השלישי ואפי׳ בחולין דקרא סתמא כתיב ל״ה. וליכא למימר דליהוי אויר התנור כמאן דמלי טומאה וליהוי האוכל ראשון דא״כ אף כלים שבאוירו יטמא וליתא דאמרי׳ בפ״ק דפסחים מכל האוכל אשר יאכל אוכלין ומשקין מטמאין מאויר כלי חרס ואין כל הכלים מטמאין מאויר כלי חרס: גמ׳ חד

א) אולי צ״ל אבל באמת נראה דקדריש ונסתרה וכו׳.

לעיל כה.

[צ״ל וכל כלי]

[ועוד כתיב והיתה אם נטמאה ובגמ׳ דריש לה ר״ע אל לתרומה כו׳ רש״א]

פסחים יח. חולין לג:

[שבת טו: עג: קנג: עירובין עט: קנג: סנהדרין סו:]

הגהות הב״ח

(א) רש״י ד״ה שתי פעמי׳ וכו׳ דשמעינן לר״ע:

גליון הש״ס

תוס׳ ד״ה כשם כו׳ אלא אני אומר עם אחרים נסתרה. נ״ל עם אחרות נסתרה: **בא״ד** אפשר לומר מזיד בה. עי׳ יבמות דף לה ע״א תד״ה אע״פ:

״וְהֶעֱמִיד הַכֹּהֵן אֶת הָאִשָּׁה לִפְנֵי ה׳... וְנָתַן עַל כַּפֶּיהָ״ (במדבר ה, יח), שאם אינה יכולה לעמוד או אין לה ידים לקבל את המנחה — אין משקה אותה, **כָּךְ** גם כן **הוּא** הבעל — **אִם הָיָה חִיגֵּר אוֹ גִּידֵּם לֹא הָיָה מַשְׁקֶה** את אשתו. **מָר בַּר רַב אַשִׁי אָמַר: כְּשֵׁם שֶׁאִילֶּמֶת לֹא הָיְתָה שׁוֹתָה, דִּכְתִיב** [שנאמר] **״וְאָמְרָה הָאִשָּׁה אָמֵן אָמֵן״** (שם כב) ואם איננה יכולה לומר — אי אפשר לקיים בה מצווה זו, **כָּךְ הוּא,** הבעל, **אִם הָיָה אִילֵּם לֹא הָיָה מַשְׁקֶה** אותה.

עיונים

אילמת לא היתה שותה וכו׳ ראה בתוס׳ (ד״ה דכתיב) כי במקרה זה אין הדבר תלוי בקבלת דברים כפי שנאמרו בדיוק (״קרא כדכתיב״) אלא חסרון מהותי הוא, שכיון שהיא אילמת אינה יכולה לקבל את השבועה, וקבלת השבועה היא חלק מהותי מהשקאתה. ויש ששאל: מפני מה לא נסמוך כאן על כתיבה? שהרי יכולה לכתוב שהיא מקבלת עליה את השבועה! ותירץ כי בכל זאת, כיון שאין כתיבתה באה כתגובה ישירה לדברי הכהן, יש לראות בהם כעין קבלת שבועה מדעת עצמה, ואין מתקיימים בה דברי הכתוב ״והשביע הכהן את האשה״ (מנחה חרבה).

הרמב״ם מונה בין אלה שאין משקים את הסוטה חרש וחרשת. וכבר עסקו מפרשים ראשונים במציאת מקור לדבריו, שאף שלכאורה נראה מדברי הגמרא (לעיל בעמוד א) שחרש אינו יכול להשקות את אשתו, הרי שם מדובר בחרש במשמעותו הקבועה בדברי חז״ל — שאינו שומע ואינו מדבר, ואין דעתו צלולה, אבל לא נתפרש הטעם בחרש המדבר ואינו שומע. ויש לומר שהטעם הוא משום חרשת, שכיון שאינה שומעת את דברי הכהן אינה יכולה לקבל עליה את השבועה שמשביעה (וראה בהגהות למל״מ שהעירו שמקור דברי הרמב״ם הוא בספרי זוטא. וראה בדבר שאול).

אורח ההלכה

אילמת ואילם אשה אילמת אינה שותה מים המרים, וכן מי שהיה בעלה אילם אינו יכול להשקותה, כדברי מר בר רב אשי. (רמב״ם ספר נשים הלכות סוטה פ״ב ה״ב–ג).

מסורת הש״ס

א. במדב״ר פ״ט יט. שם מב. וראה ירושלמי סוטה פ״ג ה״א.

גרסות

כך הוא אם היה יש בכת״י: כך אם היה הוא.

סיכום פרק "ארוסה"

בפרק זה סוכם כי לא כל הנשים שקינו להן בעליהן ונסתתרו אכן מובאות לבית המקדש לשתות את המים המרים. ויש לכך כמה גדרים שונים.

אין אשה שותה אלא אם כן היתה נשואה ממש, למעט ארוסה, וכל שכן שומרת יבם. אין אשה שותה אלא אם כן היו הנישואין כשרים, ואם היה איסור קבוע בנישואין הללו (אף שהם נישואין תקפים, שאינה יוצאת מבעלה אלא בגט) אינה שותה, בין שאיסור זה הוא מדברי תורה או מדברי חכמים. אשה שאינה מסוגלת ללדת אינה שותה, לפי שלא יוכל להתקיים בה הכתוב בפרשת סוטה "ונזרעה זרע". אין אשה שותה אם לא בא עליה הבעל קודם שנבעלה לאדם אחר. וכן אינה שותה אם האיש או האשה הם בעלי מומים כאלה שאין הם יכולים לקיים את הכתובים האמורים בפרשת סוטה כמשמעם — עיוורים, אילמים וחרשים, קיטעים וחיגרים.

לענין הכתובה נקבע הכלל שאשה שקינא לה בעלה ונסתרה ולא נבדקה במים המרים — אינה נוטלת כתובה (ואפילו כאשר מת הבעל לפני שהספיקה לשתות). מכלל זה יוצא רק המקרה שבו הבעל גורם מרצונו שלא תשתה האשה, בין כשהוא מוחל על הקינוי, או שבא עליה לאחר שנאסרה עליו.

האיש יכול לקנא לאשתו מכל גבר, אפילו הוא קרוב משפחה שלה או נכרי. אבל אינו יכול לקנא לה מקטן וממי שאינו איש (אשה או בהמה). במקום שהאשה נוהגת בפריצות ואין הבעל יכול לקנא לה משום שהוא נמצא במקום אחר, או שאינו בר־דעת בית דין מקנאים עבורו. קינוי זה מועיל כדי שתפסיד האשה את כתובתה, אבל אם הגיע הבעל או שנעשה שפוי לאחר מכן אינו משקה אותה על סמך קינוי זה.

פתיחה לפרק "כשם שהמים"

"וְהִשְׁקָה אֶת הָאִשָּׁה אֶת מֵי הַמָּרִים הַמְאָרְרִים וּבָאוּ בָהּ הַמַּיִם הַמְאָרְרִים לְמָרִים".
(במדבר ה, כד)

"וְהִשְׁקָהּ אֶת הַמַּיִם וְהָיְתָה אִם נִטְמְאָה וַתִּמְעֹל מַעַל בְּאִישָׁהּ וּבָאוּ בָהּ הַמַּיִם הַמְאָרְרִים לְמָרִים וְצָבְתָה בִטְנָהּ וְנָפְלָה יְרֵכָהּ וְהָיְתָה הָאִשָּׁה לְאָלָה בְּקֶרֶב עַמָּהּ". (שם ה, כז)

"וְעָבַר עָלָיו רוּחַ קִנְאָה וְקִנֵּא אֶת אִשְׁתּוֹ וְהִוא נִטְמָאָה אוֹ עָבַר עָלָיו רוּחַ קִנְאָה וְקִנֵּא אֶת אִשְׁתּוֹ וְהִיא לֹא נִטְמָאָה". (שם ה, יד)

"זֹאת תּוֹרַת הַקְּנָאֹת אֲשֶׁר תִּשְׂטֶה אִשָּׁה תַּחַת אִישָׁהּ וְנִטְמָאָה". (שם ה, כט)

"וְכָל כְּלִי חֶרֶשׂ אֲשֶׁר יִפֹּל מֵהֶם אֶל תּוֹכוֹ כֹּל אֲשֶׁר בְּתוֹכוֹ יִטְמָא וְאֹתוֹ תִשְׁבֹּרוּ".
(ויקרא יא, לג)

"וּמִגְרְשֵׁי הֶעָרִים אֲשֶׁר תִּתְּנוּ לַלְוִיִּם מִקִּיר הָעִיר וָחוּצָה אֶלֶף אַמָּה סָבִיב. וּמַדֹּתֶם מִחוּץ לָעִיר אֶת פְּאַת קֵדְמָה אַלְפַּיִם בָּאַמָּה וְאֶת פְּאַת נֶגֶב אַלְפַּיִם בָּאַמָּה וְאֶת פְּאַת יָם אַלְפַּיִם בָּאַמָּה וְאֵת פְּאַת צָפוֹן אַלְפַּיִם בָּאַמָּה וְהָעִיר בַּתָּוֶךְ זֶה יִהְיֶה לָהֶם מִגְרְשֵׁי הֶעָרִים".
(במדבר לה, ד—ה)

"אָז יָשִׁיר מֹשֶׁה וּבְנֵי יִשְׂרָאֵל אֶת הַשִּׁירָה הַזֹּאת לַה' וַיֹּאמְרוּ לֵאמֹר אָשִׁירָה לַה' כִּי גָאֹה גָּאָה סוּס וְרֹכְבוֹ רָמָה בַיָּם". (שמות טו, א)

"אִישׁ הָיָה בְאֶרֶץ עוּץ אִיּוֹב שְׁמוֹ וְהָיָה הָאִישׁ הַהוּא תָּם וְיָשָׁר וִירֵא אֱלֹהִים וְסָר מֵרָע".
(איוב א, א)

"הֵן יִקְטְלֵנִי לוֹ אֲיַחֵל אַךְ דְּרָכַי אֶל פָּנָיו אוֹכִיחַ". (איוב יג, טו)

"חָלִילָה לִּי אִם אַצְדִּיק אֶתְכֶם עַד אֶגְוָע לֹא אָסִיר תֻּמָּתִי מִמֶּנִּי". (איוב כז, ה)

פרק זה הוא אוסף של דרשות על פסוקים שונים במקרא. כיון שהדרשה הראשונה נוגעת לענייני סוטה הובאו אגב כך עוד כמה דרשות. הצד השווה בדרשות אלה הוא שכולם נאמרו "בו ביום" — אותו יום שבו מינו את ר' אלעזר בן עזריה כנשיא הסנהדרין. ביום זה נשתנו הרבה סדרי בית המדרש, וניתנה רשות לחכמים שונים לומר בבית המדרש המרכזי שביבנה דברי תורה, הן מסורות שהיו בידם בהלכה (שהן הבסיס למסכת עדויות), והן דברי הלכה ואגדה אחרים. ונראה כי בפרק זה רוכזו הדרשות שדרשו על פסוקי המקרא, הן בדברי הלכה והן בדברי אגדה.

מג א מיי' פ"ב מהל' סוטה הלכה ב והלכה ג:
א ב מיי' פ"ג מהל' סוטה הלכה יז סמג עשין נו:
ב ג מיי' שם פ"ב הלכ' יב טוש"ע אה"ע סי' יא סעיף א וסימן קעח סעיף יז:
ג ד מיי' פי"ג מהל' שמיטה ויובל הלכה ב וע"ש בכ"מ סמג עשין קנה:

לעיל כה.

[נ"ל וכל כלי]

והעמיד הכהן את האשה לפני ה' ונתן על כפיה כך הוא אם היה חיגר או גידם לא היה משקה מר בר רב אשי אמר [א]כשם שאילמת לא היתה שותה דכתיב ואמרה האשה אמן אמן כך הוא אם היה אילם לא היה משקה:

הדרן עלך ארוסה

א כשם [אב]שהמים בודקין אותה כך המים בודקין אותו שנאמר ובאו ובאו [ב]כשם *[ג]שאסורה לבעל כך אסורה לבועל שנאמר נטמאה ונטמאה דברי ר' עקיבא א"ר יהושע כך היה דורש זכריה בן הקצב רבי אומר שני פעמים האמורים בפרשה נטמאה ונטמאה אחד לבעל ואחד לבועל:

ב [ג]*בו ביום [ד]דרש ר' עקיבא* וכלי חרש אשר יפול מהם אל תוכו כל אשר בתוכו יטמא אינו אומר טמא אלא יטמא לטמא אחרים למד על ככר שני שמטמא את השלישי [ה]א"ר יהושע [ו]מי יגלה עפר מעיניך רבן יוחנן בן זכאי שהיית אומר עתיד דור אחר לטהר ככר שלישי שאין לו מקרא מן התורה שהוא טמא והלא ר' עקיבא תלמידך מביא לו מקרא מן התורה שהוא טמא שנאמר כל אשר בתוכו יטמא:

ג בו ביום [ז]דרש ר' עקיבא ומדותם מחוץ לעיר את פאת קדמה אלפים באמה וגו' ומקרא אחר אומר מקיר העיר וחוצה אלף אמה סביב אי אפשר לומר אלף אמה שכבר נאמר אלפים אמה ואי אפשר לומר אלפים אמה שכבר נאמר אלף אמה [ח]הא כיצד אלף אמה מגרש ואלפים אמה *תחום השבת ר' אליעזר בנו של ר' יוסי הגלילי אומר [ט]* [י]אלף אמה מגרש ואלפים אמה שדות וכרמים:

ד [י]בו ביום דרש רבי עקיבא אז ישיר משה ובני ישראל את השירה הזאת לה' ויאמרו לאמר שאין ת"ל לאמר ומה ת"ל לאמר מלמד שהיו ישראל עונין שירה אחריו של משה על כל דבר ודבר כקוראין את הלל (אשירה לה' כי גאה גאה) לכך נאמר לאמר רבי נחמיה אומר כקורין את שמע ולא כקורין את הלל:

ה [יא]בו ביום דרש ר' יהושע בן הורקנוס לא עבד איוב את הקב"ה אלא מאהבה שנא' הן יקטלני לו אייחל [יב]ועדיין הדבר שקול לו אני מצפה או איני מצפה ת"ל עד אגוע לא אסיר תומתי ממני מלמד שמאהבה עשה אמר רבי יהושע מי יגלה עפר מעיניך רבן יוחנן בן זכאי שהיית דורש כל ימיך [יג]שלא עבד איוב את המקום אלא מיראה שנאמר איש תם וישר ירא אלהים וסר מרע והלא יהושע תלמיד תלמידך למד שמאהבה עשה:

ו גמ' אותו למאן אילימא לבעל בעל מאי עביד וכי תימא

דאי

תורה אור: במדבר ה | שם | שם | שם | ויקרא יא | במדבר לה | שם | שמות טו | רש"ל מ"ז | איוב יג | שם כז | שם א

[illegible]

רש"י

והעמיד. ולא חגרת: **ונתן על כפיה.** ולא גידמת קטועת ידים:

הדרן עלך ארוסה

כשם. כך בודקין אותו. בגמ' מפרש לה: **שנאמר ובאו ובאו.** בגמ' מפרש אי וי"ו יתירא דריש או ובאו ובאו יתירי דכתיבי בעניינא: **נטמאה ונטמאה.** וי"ו יתירא דריש אשר תשטה אשה תחת אישה ונטמאה: **וכך היה ר' זכריה דורש.** וי"ו יתירא: **שתי פעמים.** ונסתרה והיא נטמאה לא ממניינא הוא דאוקימנא לטומאה ודאית בעד אחד בפ"ק (לעיל ב:) אלא וקנא את אשתו והיא נטמאה והיתה אם נטמאה ועוד כתיב אשר תשטה אשה תחת אישה ונטמאה *ובגמרא דריש לה ר"ע לתרומה ורבי נמי מודי והאי דנקט הכא תרי מינייהו ותו לא משום[א] דשמעינן לר"ע דדריש בעל ובועל מריבויא דוי"ו יתירא וקא"ל רבי בעל ובועל מנטמאה ונטמאה נפקי ולא דרשי וו"י: **בו ביום דרש.** במס' ברכות (דף כח.) אמרינן דכל היכא דתני בו ביום הוא יום שהושיבו את ר"א בן עזריה לנשיאות שנתרבו תלמידים שנתנו רשות ליכנס לכל שהיה רבן גמליאל אומר כל ת"ח שאין תוכו כברו אל יכנס לבהמ"ד ורבתה תורה בו ביום ולא היתה הלכה תלויה בבית המדרש שלא פירשוה והא דקתני לה הכא נראה בעיני דהך דרשה דנטמאה ונטמאה דלעיל נמי בו ביום הואי: **כלי חרש** הוא ראשון שנטמא מן השרץ והאוכל שבתוכו שני שנטמא בכלי: **אינו אומר טמא.** כל אשר בתוכו טמא אלא יטמא למדרש נמי יטמא שמטמא אחרים: **לימד על ככר שני.** להכי נקט ככר לפי שהוא מצוי בתנור שהוא כלי חרש: **שמטמא את השלישי.** בתרומה ואפי' בחולין דקרא סתמא כתיב: **עתיד דור אחר.** מן העתידין לבא שיטהר את השלישי אף בתרומה שאין לו מקרא מן התורה ואנן הוא דמטמאינן ליה בתרומה מק"ו כדמפרש בגמרא ודור אחר פריך ליה לק"ו כדלקמן בגמרא: **ור"ע תלמידך מביא מקרא שהוא טמא.** אף בחולין: **מגרש.** רחבה פנויה מזריעה ומבתים ומאילנות לנוי העיר להיות לה לאויר ואלפים לא הוזכרו לתתן ללוים ולא נאמרו אלא ליציאת תחום שבת: **שדות וכרמים.** ואלפים סביב נתנו ללוים מהם הניחו אלף סביב העיר למגרש והשאר שדות וכרמים: **שאין ת"ל לאמר.** שאינו דומה לשאר לאמר שבתורה שהשכינה מדבר הדבור למשה לחזור הוא ולאמרו לישראל אבל כאן אין לומר כן: **כקורא את הלל.** בגמ' מפרש: **כקורין את שמע.** בגמרא מפרש: **מאהבה.** שאוהב את המקום: **שקול.** משקלו שוה מכריע לכאן ולכאן: **לו אני מייחל או איני מייחל.** וה"ק הן יקטלני הלא הוא הורגני לא אייחל לו עוד דיש לא שהוא נדרש כמו לו בלמ"ד וי"ו כדמפרש בגמרא: **מיראה.** מדאגת הפורענות שלא תבא עליו: **ירא אלהים.** ולא אוהב אלהים: **תלמיד תלמידך.** תלמידו של ר"ע היה: **גמ'** דאי

תוספות

לפני ה' וכן הא דאמר מר בר רב אשי דאילמת אינה שותה משום דכתיב ואמרה ואפי' למ"ד (סנהדרין דף מה:) לא בעינן קרא כדכתיב מודה דאילמת אינה שותה משום דלא מציא לקבולי שבועה ואפי' גבי חליצה דקרייה לא מעכבא אילם ואילמת שחלצו חליצתן פסולה משום דר' זירא כל הראוי לבילה אלא ונתן על כפיה אע"ג דלאו קרא יתירא הוא בעי קרא כדכתיב והכי משמע בפרק שלשה מינין בנזיר (דף מו:) דמאן דבעי קרא כדכתיב דנזיר ממורט או אין לו כפים אין לו תקנה משום דכתיב ונתן על כפי הנזיר וכן אין לו בהן יד משום דכתיב על בהן ידו תריץ דרב אשי מהדר למר קשישא לפום סברתו דבעי למידק ממתני' דבעינן קרא כדכתיב וא"ל רב אשי מהכא ליכא למידק מידי דהתם קרא יתירא מיהו רב אשי ס"ל דבעינן קרא כדכתיב:

הדרן עלך ארוסה

כשם שהמים בודקין אותה כך בודקין אותו. ירושלמי המאררים אמר רבי תנחומא מנין המאררים נגד רמ"ח אברים שיש בה ונגד רמ"ח אברים שיש בו כשם שהמים בודקין אותה על כל ביאה וביאה שהיא מקבלת מבעלה לאחר הבועל כך הן בודקין אותו וכשם שהיא אסורה לאחיו של בעל כך היא אסורה לאחיו של בועל היא על ידי שדרכה ליאסר בין לו בין לאחר היא נבדקת אבל הוא לכשתשתה הוא נבדק בדקו אותו ולא אותה אני אומר הזכות תולה ניחא כמאן דאמר הזכות תולה לה ואינו ניכרת ברם כמאן דאמר הזכות תולה וניכרת הרי לא הוכרה אלא אני אומר מים מגולים שתה ונלבה הכין לא הוון בעייא מבדקוניה אלא כדין אלא אני אומר עם אחרים נסתרה ולא כן סברינן מימר לכשתשתה הוא נבדק תיפתר שהיה הוא מזיד והיא שוגגת ובדקו אותו ולא בדקו אותה בדקו אותה ולא בדקו אותו אני אומר הזכות תלה ליה ניחא כמ"ד הזכות תולה ואינו ניכרת ברם כמ"ד הזכות תולה וניכרת הרי הוא לא הוכר אלא אני אומר מים מגולים שתת ונלבת הכין לא הוה בעי מבדקונה אלא כדין אלא אני אומר עם אחרים נסתרה מעתה גרש יהא מותר בה תיפתר שהיה הוא שוגג והיא מזידה ובדקו אותה ולא אותו הוא מזיד והיא שוגגת פשיטא שהיא מותרת לביתה גירש מהו שיהא מותר בה אפשר לומר מזיד בה ואת אמרת הכין הוא שוגג והיא מזידה פשיטא שהיא אסורה לביתה גירש מהו שיהא מותר בה אפשר לומר יצאה מתחת ידו ואת אמר הכין ומנין שהדבר תלוי בה שמעון ב"ר אבא בשם ר' יוחנן אמר ואל אשת עמיתך לא תתן שכבתך לזרע לטמאה בה בה הדבר תלוי אם היתה מזידה אסורה שוגגת מותרת:

ההוא

תוספות שאנץ

כשם שהמים בודקין אותה כך בודקין אותו בגמרא מפרש לה. שנאמר ובאו ובאו הא נמי מפרש בגמ' אי וא"ו יתירה [דריש] או ובאו יתירה דריש. כך היה ר' זכריה בן הקצב דורש וא"ו יתירה. ונטמאה ב' פעמים פ"ה אבל ונסתרה והיא נטמאה לאו ממניינא הוא דהא אוקימנא לעיל בפ"ק לטומאה ודאית בעד אחד. ולא נהירא דהא כבר שמעינן בריש מכילתין טומאה דעד אחד מוהיא לא נתפשה. וכי תימא דאיצטריך לומר דבעי' סתירה כעין טומאה דאמר התם דאיתקש סתירה לטומאה ומשום [דכתיב] ונסתרה והיא נטמאה. הא ממילא שמעי' ליה. ולכן צ"ל דגמ' דקאמר (לקמן כח) ומה תלמוד לומר והיא נטמאה דטומאה יתירה קדריש ודלא כפ"ה בגמ' דלא קרא יתירא קדריש דמשמע שהוא סובר שאין כאן אלא ב' ונטמאה וקנא את אשתו והיא נטמאה ועוד כתיב אשר תשטה אשה תחת אישה ונטמאה א) ובגמ' צ"ל דכדי' ונסתרה והיא נטמאה יתירה כדפרי'. בו ביום דרש ר' עקיבא פ"ה דאמר בברכות דכל היכא דתני בו ביום הוי ביום שהשיבו את רבי אלעזר בן עזריה בנשיאות [שנתרבו] תלמידים שנתנו רשות לכל ליכנס שהיה ר"ג אומר כל תלמיד שאין תוכו כברו אל יכנס לבית המדרש ורבתה תורה בו ביום ולא היתה הלכה תלויה בבית המדרש שלא פירשוה והא דתני לה הכא נראה בעיני דהך דרשא דונטמאה ונטמאה דלעיל נמי בו ביום הואי ל"ה: וכל כלי חרש שהוא ראשון שנטמא מן השרץ והאוכל שבתוכו שני שנטמא מן הכלי אינו אומר טמא אלא יטמא כל אשר בתוכו יטמא למדרשיה ביה נמי יטמא לאחרים לימד על ככר שני להכי נקט ככר לפי שמצוי בתנור שהוא כלי חרם: שמטמא את השלישי ואפי' בחולין דקרא סתמא כתיב ל"ה. וליכא למימר דליהוי אויר התנור כמאן דמלי טומאה וליהוי האוכל ראשון דא"כ אף כלים שבאוירו יטמא וליתא דאמרי' בפ"ק דפסחים מכל האוכל אשר יאכל אוכלין ומשקין מטמאין מאויר כלי חרס ואין כל הכלים מטמאין מאויר כלי חרס: גמ' חד

א) אולי צ"ל אבל באמת נראה דקדריש ונסתרה וכו'.

מסורת הש"ס

[וועוד כתיב והיתה אם נטמאה ובגמ' דריש לה ר"ע חד לתרומה כו' רש"ל]

פסחים יח. חולין לג.

[שבת סט. עו: עג: קנג: עירובין עט: קג: סנהדרין סו:]

הגהות הב"ח

(א) רש"י ד"ה שתי וכו' דשמעינן לר"ע:

גליון הש"ס

תוס' ד"ה כשם כו' אלא אני אומר עם אחרים נסתרה. נ"ל עם אחרות נסתר: **בא"ד** אפשר לומר מזיד בה. עי' יבמות דף לה ע"א תד"ה אע"פ:

א משנה כשם שהמים בודקים אותה, כך המים בודקים אותו, את הנואף, שנאמר פעמיים: "ובאו בה המים המאררים" (שם כד), "ובאו בה המים המאררים" (שם כז). וכן כשם שאסורה האשה לבעל אם נסתרה ונטמאה — כך אסורה לבועל, שנאמר: "נטמאה" "ונטמאה" (שם יד. שם כט), אלו דברי ר' עקיבא. אמר ר' יהושע: כך היה דורש זכריה בן הקצב. רבי אומר: שני פעמים האמורים בפרשה "וקינא את אשתו והיא נטמאה" (שם יד), ופעם נוספת נאמר "אשר תשטה אשה תחת אישה ונטמאה" (שם כט) — אחד לבעל ואחד לבועל.

ב בו ביום שהעמידו את ר' אלעזר בן עזריה כנשיא הסנהדרין דרש ר' עקיבא על הכתוב "וכל כלי חרש אשר יפל מהם אל תוכו כל אשר בתוכו יטמא" (ויקרא יא, לג), אינו אומר "טמא" אלא "יטמא", ולשון זו באה לומר שלא רק שנטמא לעצמו אלא טמא גם לטמא אחרים. למד על ככר שני, ככר שהיה בתוך כלי חרס שקיבל טומאה משרץ מת, שהכלי הוא ראשון לטומאה והככר שני לטומאה, שמטמא את השלישי, כלומר, אוכל הנוגע בו. אמר ר' יהושע: מי יגלה עפר מעיניך רבן יוחנן בן זכאי שתוכל לחיות ולראות, שהיית אומר: עתיד דור אחר לבוא ולטהר ככר שלישי, לפי שאין לו לשלישי לטומאה מקרא מפורש מן התורה שהוא טמא, והלא ר' עקיבא תלמידך מביא לו מקרא מן התורה שהוא טמא, שנאמר: "כל אשר בתוכו יטמא".

ג בו ביום דרש ר' עקיבא, נאמר בערי הלויים: "ומדתם מחוץ לעיר את פאת קדמה אלפים באמה... זה יהיה להם מגרשי הערים" (במדבר לה, ה) ומקרא אחר אמר: "ומגרשי הערים אשר תתנו ללויים מקיר העיר וחוצה אלף אמה סביב" (שם ד). אי אפשר לומר אלף אמה — שכבר נאמר אלפים אמה, ואי אפשר לומר אלפים אמה — שכבר נאמר אלף אמה, הא [הרי] כיצד מיישב אתה את המקראות? — אלף אמה הם מגרש, שטח פנוי סביב העיר, ואלפים אמה נאמר לענין תחום השבת, שאסור לצאת בשבת חוצה לו. ומכאן מצאנו ראיה לאלפיים אמה של תחום שבת מן התורה. ר' אליעזר בנו של ר' יוסי הגלילי אומר: אלף אמה הם מגרש, ואלפים אמה הם שטח לשדות וכרמים.

ד בו ביום דרש ר' עקיבא על הכתוב "אז ישיר משה ובני ישראל את השירה הזאת לה' ויאמרו לאמר" (שמות טו, א), שאין תלמוד לומר "לאמר", שאין למלה "לאמר" שום משמעות כאן, ומה תלמוד לומר "לאמר" — מלמד שהיו ישראל עונין שירה אחריו של משה על כל דבר ודבר כקוראין את הלל, שהיו חוזרים ועונים על כל פסוק "אשירה לה' כי גאה גאה" (שם). לכך נאמר "לאמר" — שאף הם יאמרו. ר' נחמיה אומר: כקורין את שמע, ולא כקורין את הלל. כלומר, שהיה משה פותח בפסוק וישראל ממשיכים איתו.

ה בו ביום דרש ר' יהושע בן הורקנוס: לא עבד איוב את הקדוש ברוך הוא אלא מאהבה, שנאמר: "הן יקטלני לו איחל" (איוב יג, טו). ועדיין הדבר שקול האם הכוונה בכתוב "לו איחל" היא: לו אני מצפה. או שמא הכוונה היא: איני מצפה? שכן יש בכתוב זה קרי ("לו") וכתיב ("לא"), ואפשר להבין גם: לא איחל — תלמוד לומר: "עד אגוע לא אסיר תמתי ממני" (שם כז, ה), מלמד שמאהבה עשה. אמר ר' יהושע: מי יגלה עפר מעיניך רבן יוחנן בן זכאי, שהיית דורש כל ימיך שלא עבד איוב את המקום אלא מיראה בלבד, שנאמר: "האיש ההוא תם וישר וירא אלהים וסר מרע" (שם א, א), והלא יהושע תלמיד תלמידך למד שמאהבה עשה.

ו גמרא שנינו שכשם שהמים בודקים אותה כך בודקים גם אותו. ושואלים על מה ששנינו "אותו" — למאן [למי] את מי הם בודקים? אילימא [אם תאמר] שבודקים לבעל — בעל מאי עביד [מה רע עשה] שהמים בודקים אותו? וכי תימא [ואם תאמר]

מסורת הש"ס

א. ירושלמי סוטה פ"א ה"ג. במדב"ר פ"ט יט. שם כא. שם לד. שם פ"י א. שם פי"א א. תנחומא ותנחומא בובר נשא א. מדרש ל"ב מדות פי"ח. ילק"ש נשא תשח. וראה סוטה כח,א ובמסומן שם.

ב. סוטה כה,א (ושם סומנו מקבילות).

ג. ראה ברכות כח,א.

ד. פסחים יח,א. חולין לג,ב. תוספתא סוטה פ"ה יג. תו"כ יא, לג. וראה ירושלמי פסחים פ"א ה"ז. שם חגיגה פ"ג ה"ב. ילק"ש תורה תקמ.

ה. תוספתא שם. תו"כ שם. ילק"ש שם.

ו. (הביטוי) גם ירושלמי ביכורים פ"ג ה"ג. ב"ר פכ"א, ז. ויק"ר פכ"ה ב. תנחומא שמיני ח. תנחומא בובר שם יג.

ז. תוספתא סוטה פ"ה יג. ילק"ש תורה תשפז (הענין).

ח. שם. ירושלמי עירובין פ"ה ה"ג. שם מכות פ"ב ה"ז.

ט. עירובין נו,ב. תוספתא שם. שם ערכין פ"ה יט.

י. ילק"ש תורה רמא.

יא. שם נ"ך תתצא.

יב. מדרש תנאים יד, ב.

יג. ירושלמי ברכות פ"ט ה"ה. וראה יבמות מח,ב.

גרסות

שני פעמים — ונטמאה יש בכת"י: **שני נטמאה נטמאה האמורים בפרשה.**

נטמאה ונטמאה ויש בכת"י: **אם נטמאה... והיא נטמאה.**

וכלי במקרא: **וכל כלי.**

ככר שני ויש בכת"י: **ככר השני.**

שהוא טמא בהרבה כת"י אין מלים אלה.

מלמד שהיו בכת"י יש: **אלא שהיו.**

הלל בכת"י: **ההלל.**

ויישר ירא במקרא: **וישר וירא.**

אישים

ר' יהושע בן הורקנוס

חכם זה נזכר רק במשנה זו, ואין ידוע מי היה. מן הדברים נראה כי היה תלמידו של ר' עקיבא. ויש סבורים כי היה אחיו הצעיר של ר' אליעזר בן הורקנוס, אך אין ראיה לדבר.

עיונים

כשם שהמים בודקין אותה וכו' בתלמוד הירושלמי הוסיפו והביאו רמזים אחרים לענין זה שהמים בודקים את הנואף כדרך שבודקים את הנואפת, וחלק מן הדברים מובא בתוס' כאן (ד"ה כשם) — שהמלה "המאררים" היא בגימטריא שתי פעמים רמ"ח, לומר כשם שהמים בודקים כל רמ"ח איברים שלה כך הם בודקים אף רמ"ח איברים שלו. ועוד הביאו שם שבדרך המדרש של "גורעין ומוסיפין ודורשין" שמעבירים אותיות יתירות ממלה אחת לחברתה אפשר לקרוא את המלים "ובאו בה" כאילו נאמר "בוא ובה", כלומר, גם בו — באיש, וגם בה — באשה הנואפת. ובמדרש תנחומא אמרו כי העפר והמים הם רמז לאיש ולאשה, שאם לא נדבקו זה בזה כראוי שניהם נענשים בכך. ובפירוש רב נתן אב הישיבה מביא רמז אחר, כעין דברי הגמרא להלן (כח, א) שנאמר פעם אחת בלשון סתמית "לצבות בטן ולנפיל ירך" ופעם אחרת במפורש בלשון נקיבה "וצבתה בטנה ונפלה ירכה", ללמד שפעם ראשונה נאמרה לבועל ופעם שניה לאשה.

שני פעמים האמורים בפרשה נטמאה וכו' כבר רש"י עמד על השאלה שיש בפרשה זו שלוש פעמים "נטמאה", וראה מה שמסביר מפני מה אין מחשיבים במנין זה גם את הפעם האחרת. וראה בתו"ש ובתוהרא"ש שהקשו על דברי רש"י, והם מפרשים בעיקר כי "ונסתרה והיא נטמאה" השלישי בא ללמדנו ענין אחר, ששיעור סתירה הוא כדי שיעור טומאה.

בו ביום כפי שמסביר רש"י "בו ביום" האמור סתם במשנה כוונתו באותו יום שבו הדיחו את רבן גמליאל (דיבנה) מנשיאותו ומינו תחתיו את ר' אלעזר בן עזריה. שבאותו יום התבררו בבית המדרש דברים רבים שלא היו מבוארים קודם לכן והרבה מהם מצויים במסכת עדויות. ונראה כי באותו יום שינו במידה מסויימת את שיטת הלימוד בבית המדרש, שנתנו חופש גדול יותר לשאר החכמים (מלבד הנשיא) להציע את דבריהם ואת שיטותיהם, ולפיכך נשמעו שם כמה וכמה דברים שלא נשמעו קודם לכן. ומסבירים המפרשים בעקבות רש"י שנראה כי גם דרשה ראשונה של ר' עקיבא בו ביום נאמרה, ומשום כך סמכו לה דרשות אחרות, אף שאינן מענין המסכת. ויש ששאל: אם כן, מפני מה לא הביאו כאן אף שאר דברים שנאמרו בו ביום, כפי שהם שנויים במסכת עדויות? ותירץ בכמה פנים, אם משום שכאן הובאו רק דברים שהם מדרשי המקראות, ולא מסורות הלכה. או שהובאו כאן בעיקר דרשותיו של ר' עקיבא, ואגב כך הביאו את דברי ר' יהושע בן הורקנוס לפי שגם על דבריו אמר ר' יהושע "מי יגלה עפר מעיניך וכו'" (רש"ש).

ככר שני שמטמא את השלישי ככר שני הוא סתם ככר הנמצא בתנור, לפי שהוא שני לטומאה, שנטמא מחמת התנור עצמו. ושיטת ר' עקיבא היא שככר שני עושה שלישי אף בחולין, ונראה כי רבן יוחנן בן זכאי רצה לומר שאף בתרומה לא תהא טומאה בשלישי. אבל הלכה אינה כדברי שניהם, שלהלכה ככר שני עושה שלישי רק בתרומה וקדשים, אבל לא בחולין.

מי יגלה עפר מעיניך כלומר, מי ייתן ותחיה שוב בתחיית המתים. כי על עיניו של מת שמים עפר לפני קבורתו, וכאן רמז שיגיע זמן שיפקח שוב את עיניו לראות (מצפה איתן).

ואלפים אמה שדות וכרמים רש"י מפרש שהכוונה היא שיש לכל עיר מערי הלויים תחום של אלפיים אמה לכל צד, שממנו אלף אמה הן מגרש העיר. אכן, מפשטות דברי המשנה, כן פסק הרמב"ם (וראה בכ"מ) שאלף אמה מגרש, ונוספו להן עוד אלפיים אמה שדות וכרמים, ונמצא תחום העיר שלושת אלפים אמה לכל רוח.

ועדיין הדבר שקול אמנם יש בפסק זה כתיב וקרי, שהכתיב הוא "לא" והקרי "לו", אבל לכאורה אין זה נקרא "שקול", שהרי בכל מקום הולכים אנו בפירוש משמעות המקרא לפי הקרי ולא לפי הכתיב. ויש לומר, כי הכוונה היא שגם אם קוראים "לו" עדיין הדבר שקול, שאפשר לקרוא את הדברים כמשפט חיווי — גם אם יקטלני עדיין אני מייחל לו, אך אפשר גם לקרוא זאת בתמיהה: וכי גם כאשר יקטלני אמשיך לייחל לו? ומשום שאין הדבר מוכרע מעצמו הוצרך לראיה נוספת (רד"ל).

תלמיד תלמידך ועל ר' עקיבא אמר ר' יהושע לעיל "תלמידך", אף כי בפועל לא היה תלמידו של רבן יוחנן בן זכאי אלא תלמידם של ר' אליעזר ור' יהושע תלמידיו. והרמב"ם בפיה"מ מפרש כי קרא לר' עקיבא "תלמידך" כדי להדגיש את גודל מעלתו בתורה, שהוא ראוי להיות תלמידו של רבן יוחנן, כמו רבותיו, ולא אמר כן על ר' יהושע בן הורקנוס שלא היה גדול כמותו. ויש שפירש שר' יהושע בן הורקנוס היה תלמידו של ר' עקיבא, ולכן קרא לו "תלמיד תלמידך" (תו"ח). ויש שכתב כי ר' יהושע לא רצה לומר "תלמידי", בדבר שהוא נגד דבריו של רבן יוחנן רבו, אבל ר' יהושע בן הורקנוס לא היה תלמידו של ר' יהושע ולכן יכול היה לומר "תלמיד תלמידך" (רד"ל).

אורח ההלכה

כשם שהמים בודקים אותה וכו' באותה שעה שמתה האשה הסוטה ימות הנואף שבגללו הושקתה אותה אשה, בכל מקום שהוא, וימות כדרך שהיא מתה בצביית בטן ונפילת ירך. (רמב"ם ספר נשים הלכות סוטה פ"ג הי"ז).

כשם שאסורה לבעל כך אסורה לבועל אשת איש שנחשדה בניאוף, אם היו שם קינוי וסתירה מוציאים אותה מבעלה — ואסורה לעולם על זה שנתייחדה עימו כדרך שהיא אסורה על בעלה. ואם עבר אותו נואף ונשאה — מוציאים אותה מתחתיו בגט. ובכל מקום שמותרת לבעל, כגון שבא עליה באונס ובעלה ישראל — מותרת גם לבועל (ב"ש). והרבה האריכו פוסקים אחרונים לדון בפרטי הדינים בנושאים אלה, שיש בהם גם דעות שונות להקל ולהחמיר. וראה בעה"ש ועוד. (רמב"ם שם פ"ב הי"ב. שו"ע אה"ע יא, א. שם קעח, יז).

אלף אמה מגרש וכו' מגרשי ערי הלויים נתפרש בתורה שהם שלושת אלפים אמה לכל רוח מקיר העיר וחוצה, אלף הראשונים מגרש, ואלפיים לשדות ולכרמים. כדברי ר' אליעזר בנו של ר' יוסי הגלילי (וראה ברש"י שמפרש בדרך אחרת), שאף שאין הלכה כמותו מר' עקיבא, מכל מקום דעת תנאים אחרונים ומסקנת הגמרא היא שאין תחום שבת של אלפיים אמה מן התורה, שלא כדברי ר' עקיבא (כ"מ). (רמב"ם ספר זרעים הלכות שמיטה ויובל פי"ג ה"ב).

דְּאִי אִית בֵּיהּ [שאם אין בו] **עֲוֹן** בדומה לעוונה **בָּדְקֵי לֵיהּ מַיָּא** [בודקים אותו המים], ואולם האם **כִּי אִית בֵּיהּ עֲוֹן בְּדִידֵיהּ מִי בָּדְקֵי לָהּ מַיָּא לְדִידָהּ** [האם כאשר יש בו עוון בודקים המים אותה] כלל? **וְהָא תַּנְיָא** [והרי שנינו בברייתא], נאמר: **"וְנִקָּה הָאִישׁ מֵעָוֹן וְהָאִשָּׁה הַהִיא תִּשָּׂא אֶת עֲוֹנָהּ"** (במדבר ה, לא) ללמד: **בִּזְמַן שֶׁהָאִישׁ מְנוּקֶּה מֵעָוֹן** — אז **הַמַּיִם בּוֹדְקִין אֶת אִשְׁתּוֹ**, אבל אם **אֵין הָאִישׁ מְנוּקֶּה מֵעָוֹן — אֵין הַמַּיִם בּוֹדְקִין אֶת אִשְׁתּוֹ! וְאֶלָּא** נאמר שהכוונה היא **לַבּוֹעֵל** שהמים פועלים גם עליו, אולם אם כן **לִיתְנֵי כִּדְקָתָנֵי סֵיפָא** [שישנה במפורש כמו ששנה בסוף]: **כְּשֵׁם שֶׁאֲסוּרָה לַבַּעַל כָּךְ אֲסוּרָה לַבּוֹעֵל** ושיאמר אף כאן: כשם שהמים בודקים אותה, כך בודקים הם את הבועל! ומשיבים: **לְעוֹלָם** הכוונה היא **לַבּוֹעֵל**, ולגבי ההבדל בסגנון, **רֵישָׁא** [בראשה, תחילתה] של המשנה — **אַיְּידֵי דִּתְנָא** [מתוך ששנה] **"בודקין אוֹתָהּ" תָּנֵי** [שנה] גם כן **"בודקין אוֹתוֹ"**, להשוואת הלשון. **סֵיפָא** [בסוף המשנה] — **אַיְּידֵי דִּתְנָא** [מתוך ששנה] "אסורה **לַבַּעַל**" **תָּנָא** [שנה] גם "אסורה **לַבּוֹעֵל**".

א שנינו במשנה ראיה לדבר שהמים בודקים גם אותו לדברי ר׳ עקיבא, **שֶׁנֶּאֱמַר: "וּבָאוּ" "וּבָאוּ". אִיבַּעְיָא לְהוּ** [נשאלה להם ללומדים] בגירסת המשנה: האם **"בָּאוּ" "וּבָאוּ" קָאָמַר** [אמר] והלימוד הוא מן הוא״ו היתירה, **אוֹ "וּבָאוּ" "וּבָאוּ"** (במדבר ה, כב. שם כד. שם כז) **קָאָמַר** [אמר] והלימוד הוא מן הכפילות בפרשה? ומציעים: **תָּא שְׁמַע** [בוא ושמע] תשובה לשאלה זו מלימוד דומה שבהמשך דברי ר׳ עקיבא: **כְּשֵׁם שֶׁאֲסוּרָה לַבַּעַל כָּךְ אֲסוּרָה לַבּוֹעֵל, שֶׁנֶּאֱמַר: "נִטְמָאָה" "וְנִטְמָאָה"**, משמע שהלימוד הוא מריבוי הוא״ו. ומקשים: **וַעֲדַיִין תִּיבָּעֵי** [תישאל] לך: **"נִטְמָאָה" "נִטְמָאָה" קָאָמַר** [אמר] שם **אוֹ "נִטְמָאָה" "וְנִטְמָאָה" קָאָמַר** [אמר], שאף כאן יש לשאול שוב האם הלימוד הוא מן הריבוי, או מן הוא״ו היתירה? **תָּא שְׁמַע** [בוא ושמע] **מִדְּקָתָנֵי סֵיפָא** [ממה ששנה בסוף (בהמשך)], **רַבִּי אוֹמֵר: שְׁנֵי פְעָמִים הָאֲמוּרִין בַּפָּרָשָׁה "וְנִטְמְאָה" "וְנִטְמָאָה" — אֶחָד לַבַּעַל וְאֶחָד לַבּוֹעֵל. מִכְּלָל** זה, ממה שניסח רבי את דבריו כך ("אחד... ואחד"), שלמד ממה שנאמר הדבר שתי פעמים, משמע **שֶׁרַבִּי עֲקִיבָא וָ״וֵי קָדָרֵישׁ** [את הוא״וים הוא דורש] ולא את הכפילות. **הִלְכָּךְ** [על כן] **לְדַעַת ר׳ עֲקִיבָא** בעצם **שִׁיתָּא קְרָאֵי כְּתִיבִי** [ששה כתובים נאמרו] בענין זה של "ובאו המים", אם מונים את שלוש הפעמים ואת ריבוי הוא״ו שבהן: **חַד** [אחד מהם] (במדבר ה, כז) — **לְצַוָּאָה דִּידָהּ** [לציווי שלה, של האשה], כלומר, שה׳ אומר ומצווה שכך יהא, **וְחַד** [ואחד], הוא״ו שבו — **לְצַוָּאָה דִּידֵיהּ** [לציווי שלו], של הבועל, שייבדק גם הוא על ידי המים. **חַד** [אחד] בתיאור השקאת הסוטה (שם כד) — **לַעֲשִׂיָּיה דִּידָהּ** [שלה] להודיע שכך ייעשה בה, **וְחַד** [ואחד (הוא״ו)] **לַעֲשִׂיָּיה דִּידֵיהּ** [שלו], ללמד שכך נעשה גם בו. **חַד** [אחד] (שם כב) — **לִידִיעָה דִּידָהּ** [שלה] שמודיע לה הכהן שכך יהיה בה, **וְחַד** [ואחד (הוא״ו)] — **לִידִיעָה דִּידֵיהּ** [שלו]. **וּלדעת רַבִּי תְּלָתָא קְרָאֵי כְּתִיבִי** [שלושה כתובים נאמרו] כיון שאינו דורש את הואוי״ם היתירים: **חַד** [אחד] — **לְצַוָּאָה** [לציווי] שלה, **וְחַד** [ואחד] — **לַעֲשִׂיָּיה** שלה **וְחַד** [ואחד] — **לִידִיעָה** שלה.

ושואלים: **וְרַבִּי**, ענין זה **שֶׁכְּשֵׁם שֶׁהַמַּיִם בּוֹדְקִים אוֹתָהּ כָּךְ בּוֹדְקִין אוֹתוֹ מְנָא לֵיהּ** [מניין לו]? ומשיבים: **נָפְקָא לֵיהּ מִדְּתַנְיָא** [יוצא לו נלמד הדבר ממה ששנינו בברייתא]: מה שנאמר **"לַצְבּוֹת בֶּטֶן וְלַנְפִּל יָרֵךְ"** (שם כב) אלה הם **בִּטְנוֹ וִירֵיכוֹ שֶׁל בּוֹעֵל. אַתָּה אוֹמֵר** שהכוונה היא **בִּטְנוֹ וִירֵיכוֹ שֶׁל בּוֹעֵל, אוֹ אֵינוֹ אֶלָּא בִּטְנָהּ וִירֵיכָהּ שֶׁל הַנִּבְעֶלֶת? כְּשֶׁהוּא אוֹמֵר "וְצָבְתָה בִטְנָהּ וְנָפְלָה יְרֵכָהּ"** (שם כז) **הֲרֵי בִּטְנָהּ וִירֵיכָהּ שֶׁל נִבְעֶלֶת אָמוּר** במפורש, **וּמָה אֲנִי מְקַיֵּים** את הכתוב **"לַצְבּוֹת בֶּטֶן וְלַנְפִּל יָרֵךְ"** — **בִּטְנוֹ וִירֵיכוֹ שֶׁל בּוֹעֵל. וְאִידָךְ** [והאחר], ר׳ עקיבא, שאינו לומד מכאן, סבור כי הכתוב **הַהוּא** בא לומר **דְּמוֹדַע** [שמודיע] **לָהּ הַכֹּהֵן** שהבטן **בְּרֵישָׁא** [בתחילה] נפגעת **וַהֲדַר** [ואחר כך] **הַיָּרֵךְ, שֶׁלֹּא לְהוֹצִיא לַעַז עַל הַמַּיִם הַמָּרִים**. שאם לא יודיעוה, תאמר שמה שקרה לא היה מפני המים המרים אלא מטעם אחר, שהרי הכהן אמר לה קודם (שם כא) "ירכך נופלת" ואחר כך "ואת בטנך צבה". **וְאִידָךְ** [והאחר], רבי, סבור: **אִם כֵּן, לִכְתּוֹב קְרָא** [שיכתוב הכתוב] **"בִּטְנָהּ וִירֵיכָהּ", מַאי** [מה] הלשון הכללית **"בֶּטֶן" וְ"יָרֵךְ" — שְׁמַע מִינָּהּ** [למד מכאן] שהכוונה **לַבּוֹעֵל**. ושואלים: אם כך, **וְאֵימָא כּוּלֵּיהּ לְהָכִי** [ואמור שהפסוק כולו לכך] **הוּא דְּאָתָא** [שבא], שהמים בודקים את הבועל, ולא בא ללמד כלל על האשה? ומשיבים: **אִם כֵּן לִכְתּוֹב** [שיכתוב] **"בִּטְנוֹ וִירֵיכוֹ", מַאי** [מה לשון] **"בֶּטֶן" וְ"יָרֵךְ"** שהיא לשון כללית — **שְׁמַע מִינָּהּ תַּרְתֵּי** [למד מכאן שני דברים].

ב שנינו במשנה, **אָמַר ר׳ יְהוֹשֻׁעַ: כָּךְ**, כר׳ עקיבא, **הָיָה דּוֹרֵשׁ זְכַרְיָה** בן הקצב. רבי אומר: שני פעמים האמורים בפרשה "ונטמאה" "ונטמאה" — אחד לבעל ואחד לבועל. **תָּנוּ רַבָּנַן** [שנו חכמים]: **שָׁלֹשׁ פְּעָמִים הָאֲמוּרִין בַּפָּרָשָׁה** "והיתה **אִם נִטְמְאָה**" (שם כז) "וקינא את אשתו והיא **נִטְמָאָה**" (שם יד) "אשר תשטה אשה תחת אישה **וְנִטְמָאָה**" (שם כט) **לָמָּה? — אֶחָד** שהיא טמאה ואסורה **לַבַּעַל, וְאֶחָד לַבּוֹעֵל, וְאֶחָד לִתְרוּמָה** שאסורה לאכול, אם היתה כהנת או נשואה לכהן, אלו **דִּבְרֵי ר׳ עֲקִיבָא. אָמַר ר׳ יִשְׁמָעֵאל:** הלא **קַל וָחוֹמֶר** הוא; **וּמַה גְּרוּשָׁה** (בת כהן) **שֶׁמּוּתֶּרֶת לִתְרוּמָה — אֲסוּרָה לִכְהוּנָּה, זוֹ**, הסוטה, **שֶׁאֲסוּרָה בִּתְרוּמָה — אֵינוֹ דִּין שֶׁאֲסוּרָה לִכְהוּנָּה?** ועוד דרשו בענין זה: **מַה תַּלְמוּד לוֹמַר** בתיאור המקרים בהם משקה הבעל את אשתו **"וְהִיא נִטְמָאָה"** (שם יד) ובהמשך אותו פסוק נאמר **"וְהִיא לֹא נִטְמָאָה"** — לומר כך: **אִם נִטְמְאָה לָמָּה שׁוֹתָה, אִם לֹא נִטְמְאָה לָמָּה מַשְׁקָהּ? מַגִּיד לְךָ הַכָּתוּב שֶׁהַסָּפֵק אֲסוּרָה**, שנאסרת על בעלה אפילו מחמת הספק, ואינה מותרת לו עד שיתברר הדבר. **וּמִכָּאן אַתָּה דָּן** ולמד **לְדִינוֹ שֶׁל שֶׁרֶץ** מת, אם יש ספק טומאה על ידו: **וּמַה סוֹטָה, שֶׁלֹּא עָשָׂה בָּהּ שׁוֹגֵג כְּמֵזִיד וְלֹא** עשה בה **אוֹנֶס כְּרָצוֹן**, שאם שגגה או נאנסה אינה נבדקת — בכל זאת **עָשָׂה בָּהּ סָפֵק כְּוַדַּאי**, שמפני הספק בלבד היא נאסרת עד שיתברר הדבר, **שֶׁרֶץ** (או שאר טומאות) **שֶׁעָשָׂה בּוֹ שׁוֹגֵג כְּמֵזִיד וְאוֹנֶס כְּרָצוֹן**, שהרי עצם מגעו מטמא, ואין כל הבדל כיצד אירע הדבר — **אֵינוֹ דִּין שֶׁיֵּעָשֶׂה בּוֹ סָפֵק**

מסורת הש״ס

א. יבמות נח,א. סוטה מז,ב. קדושין כז,ב. שבועות ה,א. ירושלמי סוטה פ״ט ה״ט. ספרי במדבר ה, לא. במדב״ר פ״ט מג. ילק״ש תורה תשי.

ב. ראה ירושלמי סוטה פ״ה ה״א. תנחומא ותנחומא בובר נשא א. ילק״ש שם תשח.

ג. ירושלמי שם. במדב״ר פ״ט כא.

ד. (דרשתו) יומא מה,א. יבמות סח,ב. סט,א. עב,ב. פז,א. סוטה ו,ב. סנהדרין יד,א. כא,א. נא,ב. מנחות נא,ב. פז,ב.

ה. במדב״ר פ״ט כא.

ו. ירושלמי סוטה פ״א ה״ז. ספרי במדבר ה, כב. במדב״ר פ״ט יט. שם לה. שם פ״י ב.

ז. סוטה ט,ב.

ח. שם. ושם לב,ב.

ט. ספרי במדבר ה, יד. ספרי זוטא ה, יג. (בשינוי שם) ירושלמי סוטה פ״א ה״ב. במדב״ר שם יב. ילק״ש תורה תשו.

י. ספרי שם (כל הענין).

יא. ספרי שם. במדב״ר פ״ט ל.

יב. שם. ירושלמי סוטה פ״א ה״ב. תוספתא טהרות פ״ה יז.

יג. ראה גם סוטה ג,א.

גרסות

נטמאה נטמאה קאמר או נטמאה ונטמאה הב״ח גרס בדומה לכת״י: **נטמאה ונטמאה קאמר או אם נטמאה ונטמאה.**

ומה אני בכת״י ועוד יש: **הא מה אני.**

אם נטמאה נטמאה ויש בכת״י ועוד כסדר המקראות: **והיא נטמאה אם נטמאה.**

שמותרת לתרומה בכת״י יש: **שמותרת בתרומה.**

שהספק אסורה יש בכת״י: **שעל הספק אסורה** ויש: **שהספק אוסרה.**

מכאן אתה יש בכת״י: **ומכאן אתה.**

עיונים

בדקי ליה מיא והיו שתמהו: הלוא גם אם בא עליה לאחר שנסתרה לא עבר אלא באיסור לאו, וכיצד יעלה על הדעת שייענש על כך משמים במיתה? ויש שתירץ כי יש לומר שכיון שהוא עצמו חוטא הביא לכך שגם אשתו תחטא, (ראה לעיל י, א) וכיון שהוא נחשב כגורם לחטא אף הוא נענש כמותה (אשל אברהם). ויש שכתבו כי אין הכוונה לומר שיבדקוהו המים וימות בבדיקה זו, אלא שייענש יסורים מעין אלה כעונש על חטאו (תורת קנאות, דבר שאול).

בזמן שהאיש מנוקה וכו׳ ואפשר לומר טעם לדבר, שכיון שאדם זה מראה במעשיו שלא איכפת לו בחטא של זנות, לא נתנה התורה לאיש כזה את הכוח שיתרחש נס (שהרי בדיקת הסוטה על ידי המים מעשה נס היא) על ידו (דבר שאול).

אין האיש מנוקה וכו׳ לדעת הרמב״ם כל שעבר ובא ביאה אסורה מימיו — הרי זה נקרא שאינו מנוקה מעוון, ואין המים בודקים את אשתו. וראה (גם ב״אורח ההלכה״) שיש חולקים בדבר וסבורים כי לא נאמרו הדברים אלא בחטא השייך באשתו הסוטה דווקא, ולא בחטאים אחרים. והרמב״ן כתב בפירושו לתורה שלא רק אם האיש אינו מנוקה מעוון אלא אף אם בני ביתו אינם נקיים מעוון זה אין המים בודקים את האשה (וראה בדף מז, ב). וראה במל״מ שתמה שלא כתב הרמב״ם דבר זה.

באו ובאו קאמר שיטת הגמרא שלנו היא שר׳ עקיבא הוא הדורש את ייתור הו״ו ללמוד ממנו תוספת על הדברים הכתובים במפורש. ואילו בתלמוד הירושלמי נאמר כי ר׳ עקיבא הוא הדורש מעצם כפילותן של המלים, לפי שכרגיל הוא דורש "לשונות כפולים", ואילו ר׳ ישמעאל הוא הדורש דווקא מתוספת הווי״ם שבאותן מלים.

שהספק אסורה ראה בתוס׳ (ד״ה מה) ששאלו: וכי בא הכתוב לומר שהספק אסור? והרי הכלל הוא בכל דבר "ספיקא דאורייתא לחומרא"! ומכאן הוכיח כבר בכרתי ופלתי שדעת התוס׳ (שלא כדעת הרמב״ם) שספק דאורייתא הוא מדין תורה עצמו לחומרה. ומכל מקום לשיטתם הקשו, וראה מה שתירצו שם. וכן היו שהוסיפו כי אף לפי שיטה זו יש צורך במה שנאמר בתורה שספק זה הוא אסור, כי לולא כן היינו אומרים שתועיל הכחשה גמורה שלה ושל הבועל על כל פנים כדי להתירה לאכול בתרומה. וכן היה מקום לומר שכיון שיש כאן רק ספק ספיקא (ספק נטמאה ספק לא נטמאה, ספק באונס ספק ברצון) לא תאסר מפני הספק, אפילו אם ספק מן התורה לחומרה (אשל אברהם). וראה במנחה חרבה שהוסיף עוד כי מן הפרשה כולה עולה כדבריהם של התוס׳, שהרי נוסף לעצם החשד שאוסרים אותה על בעלה מחמתו, נוהגים בה גם מנהג בזיון כאילו היה ברור לנו שחטאה, מה שאין עושים בשאר מקומות שיש בהם ספק, שאיננו גומרים ועושים מעשה רק משום ספק האיסור.

מכאן אתה דן לשרץ בתוס׳ (ד״ה אינו) כבר העירו שיש מקום לפרוך את הקל וחומר הזה, שהרי בסוטה יש רגלים לדבר, מה שאין כן בשאר טומאות (וראה מה שתירצו בענין זה). אבל אחרים כתבו כי יש צדדים אחרים לפרוך את הקל וחומר הזה, הן משום שאפשר לומר שיש בשרץ גם צד קל, שהרי לטומאתו יש טהרה בטבילה. ועוד, שנזקי אדם שיוכיחו שעשה בו שוגג כמזיד, ולא עשה ספיקו כוודאו (תר״ש, תוהרא״ש). ומשום כך הלכו בשיטת ר״ת (בספר הישר) האומר כי מן הגמרא במסכת חולין מוכח שיש כאן לימוד שהוא בגדר הלכה למשה מסיני ("הלכתא גמירי לה") הנסמך על כך שנאמרה בסוטה לשון טומאה, ללמדנו לגבי שאר טומאות. ומשום כך אין הקל וחומר אלא בגדר של חיזוק וגילוי מילתא, ולא ראיה עיקרית לדבר.

אורח ההלכה

בזמן שהאיש מנוקה מעון וכו׳ כל איש שבא ביאה אסורה מימיו אחר שהגדיל — אין המים בודקים את אשתו. זו שיטת הרמב״ם. והרבה מן הראשונים אינם סבורים כן, ומסבירים (וראה רש״י כאן, וכן דעת התוס׳, הראב״ד והמאירי) שהכוונה היא שלא בא עליה ביאה אסורה, כלומר לאחר שקינא לה ונסתרה. וכן מחלקים בדרגות החומרה של ביאה אסורה זו (וראה במל״מ). (רמב״ם ספר נשים הלכות סוטה פ״ב ה״ח).

דמודע לה כהן דבטן ברישא וכו׳ הכהן מודיע לאשה שהבטן תלקה תחילה ואחר כך הירך, שלא להוציא לעז על המים באשר יבדקוה בדרך זו. (רמב״ם שם פ״ג ה״ז).

מכאן אתה דן לשרץ מדין סוטה למדו חכמים הלכות שונות לגבי ספק טומאה בכלל. שהחמירו (כן דעת הרמב״ם הסבור בכלל שספיקא דאורייתא מדאורייתא לקולא) בספק טומאה ברשות היחיד, כמו בסוטה שספק טומאתה שנסתרה ברשות היחיד נחשב כוודאי. (רמב״ם ספר טהרה הלכות אבות הטומאות פט״ז ה״א-ב).

סוטה שלא עשה בה שוגג כמזיד וכו׳ אשה שזנתה בשוגג או באונס — אין המים בודקים אותה. (רמב״ם ספר נשים שם פ״ג הכ״ד).

ההוא למודע לה כהן. פירוש הכהן צריך להודיע שלא להוציא *לעז וכיון דגלי לן קרא דהוא נבדק כמותה וכתיב בה לואה ידיעה ועשייה לא צריך למכתב תו ביה: **זו שאסורה בתרומה אינה דין שאסורה לכהונה.** וליכא למימר בת ישראל יוכיח שאסורה בתרומה ומותרת לכהונה דה"פ ומה גרושה שמותרת לתרומה אסורה לכהונה ע"י מעשה שנעשה בה דהיינו גירושין זו וכו' אינו דין שאסורה לכהונה ע"י זנות שנעשה בה אבל בת ישראל מה שפסולה בתרומה אינו ע"י מעשה ועוד אם תנשא בת ישראל לכהן תהא מותרת לתרומה מה שאין כן באלו שאין להם היתר לעולם בספרי מתני הכי ומה גרושה קלה שמותרת לחזור למגרשה בישראל פסולה מן הכהונה סוטה חמורה דין הוא שפסולה מן הכהונה:

מה ת"ל היא נטמאה וכו'. כגירסת רש"י וכך סיומא ללמדך שלעולם אין משקין אלא על הספק וא"ת וכי איצטריך קרא למיסר ספיקא יש לומר הכתוב אוסרה קודם שתיה כאילו היא ודאי ואע"ג דליכא מלקות כדמוכח בפ"ק דיבמות (דף יא:*) מיהו לאו הבא מכלל עשה איכא ואפי' אם היא טהורה נענש בב"ד של מעלה אם בא עליה כמו על חייבי עשה ולא כשאר ספיקות כגון ספק חלב ספק שומן ואכלו ונודע שהוא שומן אע"ג דצריך כפרה וסליחה מיהו לא חמיר כחייבי עשה:

אינו דין שעשה בו ספק כודאי. ליכא למיפרך נזיר ועושה פסח יוכיחו שעשה בהן אונס כרצון דנפקא לן מכי ימות מת עליו בפתע פתאום בספרי ובפרק ב' דכריתות (דף ט.) ואפ"ה לא עשה בהן ספק טומאת התהום כודאי לפי שטומאת התהום הלכה הוא *ולא סמרינן ק"ו מהלכה וה"ה דאין להוכיח משם דהכי אמר בהוכחה אף אני אביא זה והלא אין ללמוד הימנו אבל הא איכא למתמה אמאי לא פרכינן מה לסוטה שכן רגלים לדבר שהרי קינא לה ונסתרה כדפרכינן לעיל בריש פ"ק (דף ג:) ואין לומר משום דלעיל מיירי בטומאה דבתר קינוי וסתירה דמהימן עד א' התם ודאי איכא רגלים אבל הכא ילפינן מסתירה דבתר קנויא גרידא דליכא למיפרך שכן קינא לה דקנויא לא חשיב רגלים בלא סתירה דהא בריש מסכת נדה (דף ג:) דמייתי התם מקוה שנמדד ונמצא חסר כל הטהרות שנעשו על גביו בין ברה"ר בין ברה"י טמא ר"ש אומר ברה"ר טהור ברה"י תולין ושניהם לא למדוה אלא מסוטה רבנן סברי כסוטה מה סוטה ספק הוא ועשאוה כודאי אף כו' ופריך אי מסוטה נימא מה סוטה ברה"י טמא ודאי הכא נמי טמא ודאי הכי השתא התם יש רגלים לדבר שהרי קנא לה ונסתרה הכא מאי רגלים לדבר איכא אלמא אע"ג דמסתירה דבתר קנויא יליף כי הכא פריך והכא אמאי לא פריך הכי ויש לומר דסתירה על ידי קנויא בסוטה הוי כספק מגע שרץ שהרי בלא קנויא לא היה שום ספק בסתירה גרידא דלא נחשדו על העריות הלכך הקנויא גורם הספק וה"פ במס' נדה התם גבי סוטה וספק שרץ הרי ריעותא דהיינו השרץ והבועל קמן אבל הטהרות והאשה אבל גבי מקוה קודם טבילה לא ראינו שום ריעותא דאיכא לספוקי על ידה ולעיל בפ"ק קודם העדאת עדים לא הואי שום ריעותא:

תורה אור

דאי אית ביה עון בדקי ליה מיא כי אית ביה עון בדידיה מי בדקי לה מיא לדידה והא *תניא א°ונקה האיש מעון והאשה ההיא תשא את עונה (במדבר ה) אבזמן שהאיש מנוקה מעון המים בודקין את אשתו אין האיש מנוקה מעון אין המים בודקין את אשתו ואלא לבועל ליתני כדקתני סיפא כשם שאסורה לבעל כך אסורה לבועל לעולם לבועל ורישא איידי דתנא אותה תני אותו סיפא איידי דתנא בעל תנא

א בועל: שנאמר ובאו ובאו: איבעיא להו בבאו ובאו קאמר או ובאו ובאו קאמר ת"ש כשם שאסורה לבעל כך אסורה לבועל שנאמר נטמאה ונטמאה ועדיין תיבעי נטמאה(א) נטמאה קאמר או נטמאה ונטמאה קאמר ת"ש מדקתני סיפא רבי אומר שני פעמים האמורין בפרשה ונטמאה ונטמאה אחד לבעל ואחד לבועל גמכלל דרבי עקיבא ד*ווי קדריש הלכך הלרבי עקיבא שיתא קראי כתיבי חד לצואה דידה וחד לצואה דידיה חד לעשייה דידה וחד לעשייה דידיה חד לידיעה דידה וחד לידיעה דידיה ורבי תלתא קראי כתיבי חד לצואה וחד לעשייה וחד לידיעה ורבי כשם שהמים בודקין אותה כך בודקין אותו מנא ליה נפקא ליה מדתני' ו°לצבות בטן ולנפיל ירך בטנו וירכו של בועל (שם) אתה אומר בטנו וירכו של בועל או אינו אלא בטנה וירכה של נבעלת כשהוא אומר וצבתה בטנה ונפלה ירכה הרי בטנה וירכה של נבעלת אמור ומה אני מקיים לצבות בטן ולנפיל ירך בטנו וירכו של בועל ואידך ההוא ז*בדמודע לה כהן דבטן ברישא והדר ירך חשלא להוציא לעז על המים המרים ואידך א"כ לכתוב קרא בטנה וירכה מאי בטן וירך ש"מ לבועל ואימא כולי להכי הוא דאתא אם כן לכתוב בטנו וירכו מאי בטן וירך

ב ש"מ תרתי: א"ר יהושע כך היה דורש זכריה כו': ת"ר טשלש פעמים האמורין בפרשה אם נטמאה נטמאה ונטמאה למה *אחד לבעל ואחד לבועל ואחד לתרומה דברי רבי עקיבא יאמר רבי ישמעאל קל וחומר ומה גרושה שמותרת לתרומה אסורה לכהונה זו שאסורה בתרומה אינו דין שאסורה לכהונה יאמה ת"ל והיא נטמאה והיא לא נטמאה אם נטמאה למה שותה אם לא נטמאה למה משקה גמגיד לך הכתוב שהספק אסורה יבדמכאן אתה דן לשרץ ומה סוטה השלא עשה בה שוגג כמזיד ואונס כרצון יגעשה בה ספק כודאי שרץ שעשה בו שוגג כמזיד ואונס כרצון אינו דין שיעשה בו ספק כודאי

דאי אית ביה עון. שבא עליה לאחר שנסתרה: **בזמן שהאיש מנוקה מעון.** שלא בא עליה משנאסרה עליו האשה ההיא תשא עונה שיבדקוה המים: **אלא לבועל ליתני.** כך בודקין את הבועל בהדיא כדתני סיפא בהדיא כך אסורה לבועל ולא תנא כך אסורה לו: **באו ובאו קאמר.** מרבויא דוי"ו או ובאו ובאו הכפולים בפרשה דריש: **שנאמר נטמאה ונטמאה.** ש"מ רבי עקיבא וו"י דריש: **ועדיין.** בהא גופא מיבעיא לי נטמאה ונטמאה דריש מרבויא וו"י או חד נטמאה וחד ונטמאה קדריש: **שיתא קראי.** שלשה ובאו כתובים שם ובאו המים המאררים האלה במעיך לצבות בטן להודיע לנו דבטן והדר ירך שלא להוציא לעז כדאמרי' בפ"ק (לעיל ט:) וחד והשקה את האשה את מי המרים המאררים ובאו בה המים וגו' לצואה שהקב"ה גוזר שיבואו בה המים למרים וחד(ב) לעשייה והשקה את המים והיתה אם נטמאה וגו' לעשייה כאן הודיע הכתוב את ישראל דמבטיח להן שיבדקוה המים ובכולם כתיב וו"י יתירי הרי שית: **דידיה.** דבועל: **דידה.** דאשה ידיעה וצואה ועשייה כדפרישית: **ורבי.** דלא דריש וו"י תלתא קראי הוא דכתיבי וכולהו לדידה ידיעה ועשייה וצואה: **שלא להוציא לעז.** משום דהוא אמר לה בקללה ברישא את ירכך נופלת וגו' וסוף המים לבדוק כדרך כניסתן דכתיב וצבתה בטנה והדר ונפלה ירכה לכך הוצרך להודיע תחילה שהמים כדרך כניסתן יבדקוה: **ואימא כוליה להכי הוא דאתא.** לבועל להודיע דבטן לקה ברישא מנלן: **מאי בטן וירך.** התם הכא והכא דריש ליה: **שלשה פעמים.** וקינא את אשתו והיא נטמאה והיתה אם נטמאה תחת אישה ונטמאה: **ואחד לתרומה.** שאפילו היא בת כהן ובעלה כהן נפסלה מן התרומה: **קל וחומר.** אינו צריך להביא מן המקרא לפוסלה מן הכהונה מלינשא לכהן דמקל וחומר אתי: **מה גרושה.** בת כהן שנתגרשה מישראל וזרע אין לה מותרת בתרומה כדכתיב מלחם אביה תאכל (ויקרא כב) פסולה לכהונה: **זו שפסולה מתרומה.** מרבויא דנטמאה כדקאמרת אינו דין שפסולה לכהונה ולקמן פריך והא לא איירי רבי עקיבא בפסול כהונה כלל דלא אצטריך קרא ומאי קאמר ליה רבי ישמעאל: **מה ת"ל והיא נטמאה כו'.** גרסינן ולא גרס א"כ דמילתא באנפי נפשה היא ולא נטמאה יתירא קמיבעיא ליה דהא דרשינן ולאו רבי ישמעאל לחודיה קאמר לה אלא סתמא היא וקראי דעניינא קדריש ואזיל: **מה תלמוד לומר וקנא את אשתו והיא נטמאה.** דמשמע דודאי נטמאה ומה תלמוד לומר או עבר עליו וגו' והיא לא נטמאה אי פשיטא ליה דנטמאה למה שותה ואי פשיטא דלא נטמאה למה משקה: **מגיד לך הכתוב שעל הספק אסורה.** והכי קאמר קרא אשה זו שמא נטמאה ושמא לא נטמאה וקאמר לך דישקנה לברר הספיקא ואי לא משקה לה אסורה: **ומכאן אתה.** למד ק"ו לשרץ ספק נגע בטהרות ספק לא נגע דמחזקינן לה בטומאה מספק: **סוטה לא עשה בה כו'.** דכתיב והיא לא נתפשה אסורה הא נתפשה מותרת והוא הדין לשוגג אשתו ואשת איש עמו בבית ונתכוון לאשתו ונזדמנה לו זו ואף היא שגגה כסבורה שהוא בעלה:

מכאן | וממקום

[לקמן מז: שבועות ה. יבמות נח. קידושין כז:]

[יומא מה. וש"נ]

[לעיל ט:]

[לעיל כו:]

הגהות הב"ח

(א) גמ' ועדיין תיבעי נטמאה ונטמאה קאמר או אם נטמאה ונטמאה: (ב) רש"י ד"ה שיתא וכו' וחד והשקה כל"ל ותיבת לעשייה נמחק:

[לעז ולומר לה הס"ד ואח"כ מה"ד ש"מ תרתי וכיון דגלי לן כו'. רש"ל]

ד א מיי' פ"ב מהלכות סוטה הלכה ח ופ"ג הלכה יז יח:

ה ב מיי' שם פ"ב הלכ' ז:

ו ג ד מיי' פט"ז מהל' אבות הטומאה הלכה א ב:

ז ה מיי' פ"ג מהלכות סוטה הלכה כד:

[עי' היטב תוס' שם ד"ה מאי]

ואין דנין ק"ו כו' רש"ל

תוספות שאנץ

חד לצואה דידה שהקדוש ברוך הוא גוזר שיבואו בה המים וחד לידיעה דידה להודיעה דבטן ואחר כך ירך שלא להוציא לעז כדאמר פ"ק. וחד לעשייה והשקה את המים והיתה אם נטמאה ותמעול מעל באישה. ובאו בה המים המאררים למרים וגו' דידה ל"ה.

ברישא תחלה לפי שעיקר המעשה באשה הוא. א"ר ישמעאל ק"ו אינו צריך להביא מקרא לפסלה מלהנשא לכהן דמק"ו אתיא ומה גרושה בת כהן שנתגרשה מישראל וזרע אין לה שמותרת בתרומה כדכתיב מלחם אביה תאכל פסלה מן הכהונה זו שפסולה לתרומה מריבויא (בעלמא) [דונטמאה] כדקאמרת אינו דין שפסולה לכהן ל"ה. מה ת"ל והיא נטמאה ה"ג ול"ג אם כן מה ת"ל ונסתרה והיא נטמאה א) והיא נטמאה יתירה לא דרי' דהא דרשי' לעיל בפ"ק ול"נ כמש"כ במתני'. ועוד פ"ה דלאו ר' ישמעאל לחודיה קאמר לה אלא סתמא היא וקראי דעניינא קא דריש ואזיל ל"ה: ומכאן אתה דן לשרץ פ"ה מכאן אתה למד בק"ו דשרץ ספק נגע ספק לא נגע בטהרות דמחזקי' ליה בטומאה מספק. ומה סוטה שלא עשה בה שוגג כמזיד פ"ה סוטה שלא עשה בה כו' דכתיב והיא לא נתפשה אסורה הא נתפשה מותרת וה"ה לשוגג אשתו ואשת איש עמו בבית ונתכוון לאשתו ונזדמנה לו זאת ואף היא שוגגת כסבורה שהוא בעלה עשה בה ספק כודאי ל"ה. ונראה דאין ק"ו גמור אלא גלוי מלתא בעלמא הוא דאי ק"ו גמור הוא א"כ נילף כל איסורין שעשה בהם שוגג כמזיד שיעשה בהם ספק כודאי מהאי ק"ו (עם) [גם] נחלוק בין רשות היחיד לרשות הרבים כמו בטומאה: ועוד דאיכא למיפרך מה לסוטה שכן נסתרה ויש רגלים לדבר תאמר בשרץ שאין בו כן אלא ש"מ דאין זה ק"ו גמור אלא גלוי מלתא בעלמא הוא ובכולי תלמודא גמרי' ספק טומאה ברה"י מסוטה כדאמר הלכתא גמירי לה מסוטה והוי כמו הלכה למשה מסיני. א"נ מדכתיב ונסתרה והיא בסוטה ילפינן טומאה והלכתא גמירי לה מסוטה לאו דוקא אלא כלומר דמסוטה גמרינן לה והא דילפינן מסוטה היינו ספק טומאה ברה"י דכל ספק טומאה ברה"ר דספקו טהור לא גמרי מינה.

תרומה

א) נ"ל דלא נטמאה יתירא קדריש דהא דרשינן לעיל וכו'.

ח א מיי' פט"ו מהל' אבות הטומאה הלכה ח ופט"ז הלכה ב:
ט ב מיי' שם פט"ז הלכה ב:
י ג מיי' שם ופט"ו הלכה ח:

כודאי [א]וממקום שבאת [ב]מה סוטה רשות היחיד אף שרץ רשות היחיד ומה סוטה [ב]דבר שיש בו דעת לישאל אף שרץ דבר שיש בו דעת לישאל [ג]ומכאן אמרו [ג]דבר שיש בו דעת לישאל ברשות היחיד ספיקו טמא [ד]ברה"ר ספיקו טהור [ה]*ושאין בו דעת לישאל בין ברה"י בין ברה"ר ספיקו טהור ורבי ישמעאל א"ר עקיבא תרומה ומהדר ליה איהו כהונה ותו לרבי עקיבא כהונה מנא ליה וכי תימא כהונה לא צריכא קרא שהרי

וממקום שבאת. הואיל ולא למדת דמטמינן מספק אלא מסוטה חזור ודון דמה סוטה הא דטמאה מספק ברה"י הוא מקום הראוי ליסתר אף טומאה ברשות היחיד ספיקו טמא אבל ברה"ר טהור: **ומה סוטה דבר שיש בו דעת לישאל היא.** אם נטמאת אם לאו אף ספק טומאה דבר שיש בו בנוגע זה דעת לישאל אם נגע אם לאו והוא אומר איני יודע כגון אדם או טהרות שהיה אדם עסוק בהם בשעה שנולד הספק: ופרכינן **לרבי ישמעאל א"ר עקיבא.** ואחד לתרומה וקמהדר ליה איהו א"ל מקרא להביא בכהונה: **ותו.** מבעיא לן לרבי עקיבא דלא איירי בכהונה: **מנא ליה.** דאסורה לכהונה אם מת זה והא ליכא למימר דשריא דהשתא לתרומה אסר לה לכהונה מבעיא ומק"ו הוא לא יליף דא"כ היינו ר' ישמעאל: **וכ"ת כהונה לא צריך קרא.** דממילא אסורה שהרי עשה בה הכתוב בסוטה ספק זונה כודאי זונה לאוסרה על בעלה הלכך לגבי כהונה נמי אסירא דכתיב זונה לא יקחו וזו בחזקת זונה היא:

[פסחים יט: נדה ז: ה:]

אי

מכאן אמרו וכו' ברשות הרבים ספיקו טהור. בפ"ק דשחיטת חולין (דף ט:) ובפרק אין מעמידין (ע"ז דף לז:) אמר דספק טומאה ברשות הרבים הלכתא גמירי לה מסוטה דמשמע דדוקא במקום סתירה טמא אבל שלא במקום סתירה גמירי דטהור ודאי הוא ותימה למאי איצטריך הלכתא לימא העמד טהור על חזקתו ואימור לא נטמא והכי אמר בהדיא נמי בריש מסכת נדה (דף ג.) דרבי שמעון גמר לה מספק טומאה ברה"ר ואמר ורבנן הכי השתא התם גברא בחזקת טהרה קאי מספיקא לא מחתינא ליה טומאה וי"ל אי לאו הלכתא דגמרינן דברה"ר טהור הוה אמינא סתירה דנקט קרא לא דבר הכתוב אלא בהווה וה"ה לכל ספק טומאה בכל מקום שנולדה דמסברא אין לטהר זו יותר מזו וסד"א דגזירת מלך כך היא בכל ספק טומאה הלכך איצטריך הלכתא להעמיד ספק טומאה ברשות הרבים אחזקתה דלא מחתינן ליה טומאה מספק ירושלמי דפירקין קמא מ"מ יש רגלים לדבר לפלטיא בלילה לחורבה ביום למבואות אפילות ביום שאלו את בן זומא מפני מה ספק רה"י טמא אמר לון סוטה מה היא לבעלה ודאי או ספק אמרו ליה ספק אמר להו מלינו שהיא אסורה לבעלה ומכאן אתה דן לשרץ מה כאן רשות היחיד אף להלן ומה כאן דבר שיש בו דעת לישאל אף וכו' מכאן אמרו דבר שיש בו דעת לישאל וכו' מיליהון דרבנן פליגין דמר רבי זעירא ור' יוסי בשם ר' יוחנן(א) קטנה שזינתה אין לה רצון להאסר על בעלה והא תנינן כל דבר שיש בו דעת לישאל ספיקו טמא ברם הכא אע"פ שיש בו דעת לישאל ספיקו טהור ומפני מה ספק רה"ר טהור אמר להו מלינו שהציבור עושין את הפסח בטומאה בזמן שרובו של ציבור טמאים אם טומאה ודאית הותרה לצבור ק"ו לספק טומאה וסיום הברייתא בתוספתא דמסכת טהרות פרק הגבילות השמועות* [פרק ו] רשב"ג אומר מפני מה ספק רה"י טמא וספק רה"ר טהור מפני שאפשר לישאל ליחיד ואי אפשר לישאל לרבים: **ברשות הרבים ספיקו טהור.** מקשי' מפרק שני נזירין (נזיר דף נז.) דתנן שני נזירין שאמר להן אחד ראיתי אחד מכם שנטמא ואיני יודע איזה מכם הוא שניהן מביאין קרבן טומאה וקדייק בגמרא ואמאי כל ספק טומאה מהיכא גמירי מסוטה מה סוטה בועל ונבעלת אף כל ספק טומאה ברה"י כגון דאיכא בי תרי אבל הכא שני נזירין והאי דקאים גביהון הא תלתא הוי ליה ספק טומאה ברה"ר אלמא כל היכא דאיכא תלת חשיב ליה כרה"ר א"כ הא דתנן בפרק האשה שהיא עושה צרכיה (נדה ס:) שלש נשים שהיו ישנות במטה אחת ונמצא דם תחת אחת מהן כולן טמאות אמאי כיון דאיכא שלש הוה ליה כרה"ר מיהו מהתם לא קשיא מידי דלא דמי לשרץ דשרץ אפשר שלא נגע וטהור אבל התם אחת מהן ודאי טמאה שיצא הדם מגופה והיאך נטהר כולם ולא דמי אלא לשני שבילין אבל מפרק קמא דנדה (דף ג.) מקשינן דתנן כילד דיה שעתה היתה יושבת במטה ועסוקה בטהרות ופירשה וראתה היא (טהרות פ"ה מ"ה) טמאה וכולן טהורות ודייק בגמרא (דף ה:) טעמא דדיה שעתה הא מעת לעת מטה נמי מטמא מכדי דבר שאין בו דעת לישאל ספיקו טהור תרגמא כשחברותיה נושאות אותה במטה דהויא לה יד חברותיה סוף סוף חברותיה והיא הויא שלש והוה ליה ספק טומאה ברה"ר ואמאי מטמינן לה ונראה דלא חשבינן טומאה ברה"ר אלא היכא דספיקא היתה יכולה להיות גלויה לכל כגון ההיא דנזיר ותשעה לפרדעים ושרץ אחד ביניהם (כתובות דף טו.) אבל ההיא דנדה המגע ודאי הוא שנגעה במטה ואין שום ספק אלא אם ראתה או לאו ומקום המקור מקום סתר הוא ולא שייך למימר ביה רה"ר אפילו אם נולד ספק ראייתה ברשות הרבים אבל בהא איכא למתמה אמאי משוינן מטה כספק טומאה ברשות היחיד והא לא דמיא לסוטה דסוטה ודאי שרץ וספק מגע כגון בועל הוא השרץ וספק אם בעל אבל התם ודאי מגע וספק מעת לעת הוא שרץ דשמא לא ראתה ואנן לא ילפינן מסוטה אלא דדמי לסוטה דהא דבר שאין בו דעת לישאל ממעטינן הואיל ולא דמי לסוטה ועוד תניא בהדיא בתוספתא דטהרות פרק [הגבילות] השמועות (פ"ו) נגע באחד בלילה ואינו יודע אם חי אם מת למחר עומד ונמצא מת רבי מאיר מטהר שספק רשות הרבים טהור אלמא דמסוטה גמירי אע"ג דהוי ודאי מגע וספק שרץ ותימה מאי שנא דמטהרינן דבר שאין בו דעת לישאל הואיל ולא דמי לסוטה ובכי האי גוונא *לא מטהרינן [לא מדמינן לסוטה וי"ל כו' רש"ל] וי"ל דהכי הלכתא גמירי לה א"נ עיקר הדבר שאין בו דעת לישאל נפקא לן מוהבשר אשר יגע בכל טמא לא יאכל כדלקמן בשמעתין וכיון דגלי לן קרא דאיכא לפלוגי בין דבר שיש בו דעת לישאל לשאין בו דעת דלדבר שיש בו דעת ספיקו טמא ולא פירש טומאתו היכן נלמוד סתום מן המפורש מסוטה דמפרש בו דוקא מקום סתירה ואע"ג דמסיק אי מסוטה הוה אמינא דעת נוגע ומגיע אגב שיטפיה נקט ליה אי נמי הכי פירושו ואי הוה גלי לן קרא בסוטה דבעינן דבר שיש בו דעת לישאל הוה אמינא דעת נוגע ומגיע. סיום הברייתא דנגע באחד בלילה וחכמים מטמאין שכל הטומאות כשעת מציאתן ומודים חכמים לרבי מאיר שאם ראוהו חי מבערב אע"פ שבא שחרית ומצאו מת טהור מפני שזה ספק רה"ר אלמא דבין לרבנן בין לרבי מאיר אפילו בלילה חשבינן ליה רשות הרבים וקשיא מהא דתנן במסכת טהרות פרק שמיני (מ"ג) המאבד ביום ומצא ביום טהור ביום ומצא בלילה ביום ומצא ביום של אחריו ספיקו טמא זה הכלל כל שעבר עליו הלילה או מקצתו ספיקו טמא אלמא דלילה חשיב לעולם כרשות היחיד ולעיל אייתינן נמי מירושלמי מ"מ יש רגלים לדבר לפלטיא בלילה לחורבה ביום למבואות אפילים ביום אלמא דפלטיא בלילה חשיב רה"י. בתוספתא דטהרות פרק ז' יש דברים ברה"ר ועשאום כרה"י קופה *ברה"י גבוה י' טפחים והטומאה בתוכו ספק נגע ספק לא נגע ספיקו טהור הכניס ידו לתוכה ספק נגע ספק לא נגע ספיקו טמא היתה כפושה על כתיפו וככר תרומה כרוך בסיב או בנייר ונתן בתוכו ספק נגע ספק לא נגע טהור הכניס ידו לתוכה ספק נגע ספק לא נגע ספיקו טמא חמור ברה"ר גבוה י' טפחים וטומאה נתונה על גביו ספק נגע ספק לא נגע ספיקו טהור פשט ידו על גביו ספק נגע ספק לא נגע ספיקו טמא סלע ברה"ר גבוה י' טפחים וטומאה עליו ספק נגע ספק לא נגע ספיקו טהור עלה לראשו ספק נגע ספק לא נגע ספיקו טמא היה זה רוכב על חמורו וזה רוכב על חמורו אחד טמא ואחד טהור ספק נגעו זה בזה ספק לא נגעו ר' יעקב מטמא ורבי יוסי מטהר בנו של זה רוכב על כתיפיו ובנו של זה רוכב על *כתף [נ"ל כתפיו] אחד טהור ואחד טמא ספק נגעו זה בזה ספק לא נגעו ר' יעקב מטמא ורבי יוסי מטהר היתה חבילה על כתיפיו והרוק מדובק בכותל למעלה מי' טפחים ספק הסיט ספק לא הסיט ר' יעקב מטמא ורבי יוסי מטהר שהיה ר' יעקב אומר כל שהוא למעלה מעשרה טפחים ברה"ר הרי הוא כרה"י ורבי יוסי אומר כל שדרך הילוכו ברה"ר טהור ועוד מפרש התם דין בקעה בימות החמה ובימות הגשמים אלו הן ימות החמה משתעקר תבואה ואלו הן ימות הגשמים משתרד רביעה שניה ובפרק מי שמת (ב"ב דף קנג:) מפרש הא דאמרינן בימות החמה רה"ר לטומאה לא שנו אלא שלא עברו עליו ימות הגשמים אבל עברו עליו ימות הגשמים רשות היחיד לכאן ולכאן:

ותו לרבי עקיבא כהונה מנא ליה. רש"י פי' דמקל וחומר לא יליף דאם כן היינו רבי ישמעאל ותימה אי לית ליה קל וחומר דרבי ישמעאל א"כ כיון שנבעלה לפסול לה בעילה ודאית מנא ליה דפסולה לכהונה והא ביבמות בפרק אלמנה (דף סח:) ילפינן ליה מהאי קל וחומר ועוד הא ליכא למיפרך עליה מידי יש לומר הכא לית ליה קל וחומר משום דאי לא הוו כתיבי אלא תלתא קראי הוה אמינא חד לבועל וחד לבעל וחד לכהונה דחמיר טפי כדפריך לרבי ישמעאל אבל גבי בעילת פסולין כתיבה תרומה בהדיא:

שכן

הגהות הב"ח

(א) תוס' ד"ה מכאן וכו' בשם ר"י קטנה. נ"ב עי' ביבמות סוף דף לג:

כְּוַדַּאי ולכן ספק טומאת שרץ אסורה. **וּמִמָּקוֹם שֶׁבָּאתָ**, מסוטה, שמשם למדנו דין ספק טומאת השרץ, יש ללמוד אף פרטי דינים בענין ספק טומאה: **מַה סוֹטָה** אין ספק טומאתה הופך לודאי אלא **בִּרְשׁוּת הַיָּחִיד** שהרי היא נאסרת משום שנסתרה, ואין אפשרות של סתירה ברשות הרבים — **אַף שֶׁרֶץ** ספיקו מטמא **בִּרְשׁוּת הַיָּחִיד** בלבד. **וּמַה סוֹטָה** הריהו **דָּבָר שֶׁיֵּשׁ בּוֹ דַּעַת לִישָּׁאֵל**, שהרי אפשר לשאול אותה אם נטמאה או לא נטמאה — **אַף שֶׁרֶץ**, אין ספק טומאה בו טמא אלא **בְּדָבָר שֶׁיֵּשׁ בּוֹ דַּעַת לִישָּׁאֵל** כגון אדם שספק נטמא, או בדבר שספק נטמא והיה שם אדם שיכול היה לדעת. **וּמִכָּאן אָמְרוּ: דָּבָר שֶׁיֵּשׁ בּוֹ דַּעַת לִישָּׁאֵל, בִּרְשׁוּת הַיָּחִיד — סְפֵיקוֹ טָמֵא, בִּרְשׁוּת הָרַבִּים — סְפֵיקוֹ טָהוֹר. וְדבר שֶׁאֵין בּוֹ דַּעַת לִישָּׁאֵל, בֵּין בִּרְשׁוּת הַיָּחִיד בֵּין בִּרְשׁוּת הָרַבִּים — סְפֵיקוֹ טָהוֹר.** עד כאן לשון הברייתא. ותחילה שואלים לגבי פירוש חילופי הדברים בין החכמים: **וְר' יִשְׁמָעֵאל** מה משמעות דבריו? הרי **אָמַר ר' עֲקִיבָא** שיש בסוטה איסור **תְּרוּמָה, וּמְהַדַּר לֵיהּ אִיהוּ** [ומחזיר ומשיב לו הוא] לענין דין **כְּהוּנָּה**? והרי ר' עקיבא לא הזכיר כלל שאסורה לכהונה! **וְתוּ** [ועוד]: **לְר' עֲקִיבָא**, הלכה זו שאסורה **לִכְהוּנָּה מְנָא לֵיהּ** [מניין לו]? **וְכִי תֵּימָא** [ואם תאמר] **שִׁכְּהוּנָּה לָא צְרִיכָא קְרָא** [אינה צריכה כתוב] מיוחד כדי ללמד עליה,

מסורת הש"ס

א. (הביטוי) סוטה מו,א. גיטין כד,א. ב"ב קיא,א.

ב. נזיר נז,א. ע"ז לז,ב. חולין ט,ב. ירושלמי סוטה פ"א ה"ב. ספרי במדבר ה, יד. במדב"ר פ"ט ל.

ג. סוכה מב,א. ירושלמי סוטה פ"א ה"ב. תוספתא חגיגה פ"א ב. שם מקואות פ"ב י. שם טהרות פ"ג ט. שם פ"ו יז. ספרי שם. במדב"ר שם.

ד. כתובות טו,א. נדה ה,ב.

ה. פסחים יט,ב. נדה ד,ב. טהרות פ"ג מ"ו. ירושלמי סוטה פ"א ה"ב.

גרסות

ומכאן אמרו יש בכת"י ועוד: **מכאן אמרו.**

אמר ר' עקיבא יש שגרסו: **אמר ליה ר' עקיבא.**

עיונים

מה סוטה רשות היחיד במנחת חינוך הביא הקושיה: הרי הרמב"ם פוסק (כדברי התלמוד הירושלמי) שגם אם קינא לה מאנשים אחדים ונסתרה עימם הריהי טמאה, ואם כן משמע שיש בסוטה גם אנשים רבים, שהם לפי ההגדרה, לענין טומאה, רשות הרבים! ותירץ על פי דברי התוס' (ד"ה ברשות) שכשם שבנדה אנו אומרים כי טומאתה (גם כשיש נשים אחדות במקום) נחשבת כרשות היחיד משום שהמקור שממנו יוצא הדם מקום סתר הוא, ולפיכך אף בסוטה אפשר לומר שעצם הביאה היא במקום סתר, והיא רשות היחיד גם אם מצויים אנשים אחדים באותו מקום.

דבר שיש בו דעת לישאל למרות הדימוי לסוטה אין דורשים שיהא בספק טומאה מי שיש בו דעת להישאל משני הצדדים, שהרי בסוטה גם הבועל וגם הנבעלת יש בהם דעת להישאל, ואילו בטומאה די בכך שאחד מן הנוגעים בדבר יש בו דעת להישאל (מאירי) אבל הביא גם דעת החולקים בכך (כן נראית דעת רש"י, וכן מפורש בדברי הרמב"ם) שצריך שתהא דעת להישאל במקבל הטומאה, אבל לענין המטמא אין הבדל אם יש בו דעת.

ברשות הרבים ספיקו טהור מכאן עולה שדין זה שספק טומאה טהור הוא ברשות הרבים נובע ונלמד מדין הסוטה. אבל הרמב"ם, על סמך התלמוד הירושלמי והתוספתא מסביר שהדין שספק טומאה ברשות הרבים טהור נלמד מקרבן פסח הבא בטומאה. ולפי זה צריך לומר כי אין למדים דין זה מדין הסוטה, משום שאפשר לומר (וראה להלן בשיטת התוס') כי אין ללמוד דין ספק טומאה ברשות הרבים מסוטה, משום שסוטה אינה שייכת ברשות הרבים כלל (אחיעזר). במסכת חולין (ט, ב) וע"ז (לז, ב) נאמר כי דין זה שספק טומאה ברשות הרבים טהור נלמד כהלכה למשה מסיני (ולא מסברה). וראה מה שהקשו בתוס' (ד"ה מכאן) ומה שתירצו. אכן, בתוס' ע"ז (לז, ב) כתבו כי מדין סוטה לא למדו אלא הלכה שספק טומאה ברשות היחיד טמא, וממילא נלמד מכאן שכל שאינו רשות היחיד אינו טמא. ואילו במסכת חולין (ט, ב) כתבו התוס' כי מדין סוטה למדים שספק טומאה ברשות הרבים טהור — גם כשאין חזקת טהרה, ולהיפך, למדים מסוטה לספק טומאה ברשות היחיד שהוא טמא אפילו כשיש חזקת טהרה. שבסוטה עצמה אין אומרים חזקת טהרה, משום שעל ידי שנסתרה הוציאה עצמה מחזקה זו. וראה גם בדבר שאול.

אמר ר' עקיבא תרומה וכו' לכאורה אין הדברים מובנים, שהרי אין מוכח מדברי הברייתא שר' ישמעאל חולק על ר' עקיבא, (וכן גם ממה שמובא הדבר בלשון "אמר ר' ישמעאל" ולא "ר' ישמעאל אומר" שהיא לשון מחלוקת) אלא רק מוסיף על דבריו ומניין לנו שיש הבדל ביניהם? ויש לומר כדברי התוס' (ד"ה ותו) שכך יש להבין את עיקר השאלה: שכיון שיש שלושה מקראות שמא אחד מהם בא לדין איסורה לכהונה ולא לתרומה. ואמנם לפי דברי ר' עקיבא הסבור שלימוד זה הוא לתרומה, יש בסיס לדברי ר' ישמעאל שעושה קל וחומר מתרומה לכהונה. אבל משום קל וחומר זה עצמו יש מקום לשאול מפני מה לא נפרש שעיקר הפסוק הוא בכהונה החמור יותר, ואין מקום ללמוד מכאן דין התרומה.

אורח ההלכה

אף שרץ רשות היחיד מדין סוטה למדו לכל ספק טומאה שהיה ברשות היחיד (והוא שיהיו בו שנים בלבד, כסוטה) הרי זה טמא. אבל אם היה זה ברשות הרבים או אף ברשות היחיד והיו שם שלושה אנשים הרי זה טהור. (רמב"ם ספר טהרה הלכות אבות הטומאות פט"ו ה"ח. שם פט"ז ה"ב).

דבר שיש בו דעת לישאל כשם שבסוטה אין הספק טמא אלא בסוטה שיש בה דעת להישאל אם נטמאה אם לאו, כך כל ספק טומאה אינו טמא אלא אם כן היה הנטמא מי שיש בו דעת להישאל, ולכן ספק שאירע בחרש שוטה וקטן שאין בהם דעת, או בחפץ — הרי זה טהור, ואפילו היה הספק ברשות היחיד. (רמב"ם שם).

מסורת הש״ס

א. במדב״ר פ״ט מב.

ב. פסחים יח,ב. עז,ב. יומא מג,א. יבמות כג,ב. קדושין ד,א-ב. ב״מ צד,ב. זבחים פב,ב. קג,ב. חולין קיח,ב. וראה סנהדרין מ,ב. מא,א.

ג. ירושלמי חגיגה פ״ג ה״ג.

גרסות

מילתא דאתיא יש בכת״י: ומילתא דאתיא.

וספק טהור יש בכת״י: ספק טהור. פוסל בתרומה ויש בכת״י: פסול בתרומה.

שֶׁהֲרֵי עָשָׂה בָּהּ בסוטה **סְפֵק זוֹנָה כְּזוֹנָה** שהיא נאסרת על בעלה מפני הספק בלבד, וכיון שנעשתה כזונה הרי זונה אסורה לכהן. אולם אם כן **תְּרוּמָה נַמִּי** [גם כן] **לֹא תִּיבָּעֵי קְרָא** [תצטרך כתוב מפורש], **שֶׁהֲרֵי עָשָׂה בָּהּ סְפֵק זוֹנָה כְּזוֹנָה**, וזונה אסורה בתרומה! **אֶלָּא** יש לומר כי **לְדעת ר׳ עֲקִיבָא אַרְבָּעָה קְרָאֵי כְּתִיבֵי** [כתובים נאמרו] שדורש גם את כפל הלשון ״נטמאה״ וגם את הוא״ו היתירה של המלה ״ונטמאה״: **חַד** [כתוב אחד] לאוסרה **לַבַּעַל, וְחַד** [ואחד] לאוסרה **לַבּוֹעֵל, וְחַד** [ואחד] לאוסרה **לִכְהוּנָּה, וְחַד** [ואחד] לאוסרה **לִתְרוּמָה**. ולדעת **ר׳ יִשְׁמָעֵאל** שאינו דורש את יתור הוא״ו **תְּלָתָא קְרָאֵי כְּתִיבֵי** [שלושה כתובים נאמרו]: **חַד** [כתוב אחד] **לַבַּעַל, וְחַד** [ואחד] **לַבּוֹעֵל, וְחַד** [ואחד] **לִתְרוּמָה**, ואילו **כְּהוּנָּה אָתְיָא** [באה, נלמדת] **בְּקַל וָחוֹמֶר** מתרומה. ושואלים: **וְר׳ יִשְׁמָעֵאל, מִמַּאי דְּאִיצְטְרִיךְ קְרָא** [ממה, מניין יודע הוא שהוצרך הכתוב] **לִתְרוּמָה, וּכְהוּנָּה אָתְיָא** [באה] **בְּקַל וָחוֹמֶר? דִּילְמָא כִּי אִצְטְרִיךְ** [שמא כאשר הוצרך] הפסוק הרי זה **לִכְהוּנָּה** בלבד, **וְאִילוּ תְּרוּמָה שַׁרְיָא** [מותרת לה]! ומשיבים: **אָמַר** [יכול היה לומר] **לָךְ** ר׳ ישמעאל: **מִסְתַּבְּרָא דּוּמְיָא** [מסתבר ללמוד מן הפסוק איסור בדומה] לאיסור **בַּעַל וּבוֹעֵל. מַה בַּעַל וּבוֹעֵל** הם איסורים החלים על האשה **מֵחַיִּים** (בחיי הבעל) — **אַף תְּרוּמָה נַמִּי** [גם כן] היא איסור **מֵחַיִּים, לְאַפּוּקֵי** [להוציא] **כְּהוּנָּה** שהוא איסור שחל עליה רק **לְאַחַר מִיתָה** של הבעל, שאם בחייו יגרשנה תהיה אסורה ממילא לכהן כגרושה. **וְר׳ עֲקִיבָא**, סברה זו של **דּוּמְיָא** [איסור בדומה] לאיסור **בַּעַל וּבוֹעֵל לֵית לֵיהּ** [אין לו], אינו סבור שיש ללמוד מהשוואה זו, ולכן צריך שני לימודים; אחד לתרומה ואחד לכהונה. **וְאִי נַמִּי אִית לֵיהּ** [ואם גם כן יש לו] השוואה זו, סבור הוא **שֶׁמִּילְּתָא דְּאָתְיָא** [דבר שבא, שנלמד] **בְּקַל וָחוֹמֶר** בכל זאת **טָרַח וְכָתַב לָהּ קְרָא** [טורח וכותב אותו הכתוב במפורש]. ואף כאן, למרות שאפשר ללמוד איסור כהונה מתרומה בקל וחומר, בכל זאת נכתב הדבר במפורש. **אָמַר רַב גִּידֵּל אָמַר רַב: דָּבָר שֶׁיֵּשׁ בּוֹ דַּעַת לִישָּׁאֵל וְאֵין בּוֹ דַּעַת לִישָּׁאֵל** לענין ספק טומאה **מֵהַאי קְרָא נָפְקָא** [מפסוק זה הוא יוצא], שנאמר: **״וְהַבָּשָׂר אֲשֶׁר יִגַּע בְּכָל טָמֵא לֹא יֵאָכֵל״** (ויקרא ז, יט) ומכאן נלמד: **וַדַּאי טָמֵא הוּא שֶׁלֹּא יֵאָכֵל, הָא** [הרי] **סָפֵק טָמֵא וְסָפֵק טָהוֹר — יֵאָכֵל**. ולעומת זאת **אֵימָא סֵיפָא** [אמור את סופו] של אותו פסוק: **״וְהַבָּשָׂר כָּל טָהוֹר יֹאכַל בָּשָׂר״** (שם), משמע: **וַדַּאי טָהוֹר הוּא שֶׁיֹּאכַל בָּשָׂר, הָא** [הרי] **סָפֵק טָמֵא וְסָפֵק טָהוֹר — לֹא יֹאכַל**. אם כן יש סתירה הנובעת מדיוק ומיצוי לשונו של פסוק זה. **אֶלָּא לָאו שְׁמַע מִינָּהּ** [האם לא תלמד מכך]: **כָּאן — שֶׁיֵּשׁ בּוֹ דַּעַת לִישָּׁאֵל**, שהאיש עצמו נגע (״כל טהור״) ולכן ספיקו טמא, **כָּאן** כשהבשר הטמא נגע (״והבשר״) הרי זה דבר **שֶׁאֵין בּוֹ דַּעַת לִישָּׁאֵל** וספיקו טהור. ומעירים: **וְאִיצְטְרִיךְ** [והוצרך] לענין זה מה שלמד **רַב גִּידֵּל אָמַר רַב, וְאִיצְטְרִיךְ לְמִיגְמַר** [והוצרך גם להילמד] **מִסּוֹטָה. דְּאִי** [שאם] רק מדברי **רַב הֲוָה אָמֵינָא** [הייתי אומר] כי ספק טומאה בדבר שיש בו דעת להישאל, טמא **בֵּין בִּרְשׁוּת הַיָּחִיד וּבֵין בִּרְשׁוּת הָרַבִּים**, לכן **אִיצְטְרִיךְ לְמִיגְמַר** [צריך היה ללמוד] **מִסּוֹטָה** שרק ברשות היחיד כך הוא. וכן גם להיפך: **וְאִי** [ואם] **מִסּוֹטָה** בלבד היו למדים, **הֲוָה אָמֵינָא** [הייתי אומר] שכשם שבסוטה גם הסוטה וגם הצד האחר לטומאה, הבועל, יש להם דעת ויכולים להישאל, כך גם בכל ספק מגע טומאה — לא יהיה הספק טמא **עַד דְּאִיכָּא** [שיש] **דַּעַת נוֹגֵעַ וְדַעַת מַגִּיעַ**, כלומר, המטמא והנטמא, על כן **צְרִיכָא** [צריך] גם לדברי רב גידל אמר רב, שדי באחד מהם שיש בו דעת להישאל, כדי לטמא ספק טומאה ברשות היחיד.

א שנינו במשנה: **בּוֹ בַּיּוֹם דָּרַשׁ ר׳ עֲקִיבָא וְכָל כְּלִי חֶרֶשׂ כו׳**. שככר טמא, שהוא שני לטומאה, מטמא ככר תרומה אחר שנגע בו, וסיפר ר׳ יהושע שסבור היה רבן יוחנן בן זכאי שיקום דור ויטהרנו, מאחר שאין לו מקרא כתוב. ושואלים: **וּמֵאַחַר שֶׁאֵין לוֹ** מקרא, **לָמָּה** החזיק רבן יוחנן בהנחה שהוא **טָמֵא? אָמַר רַב יְהוּדָה אָמַר רַב**: סבור היה **שֶׁמִּן הַכָּתוּב** במפורש **בַּתּוֹרָה אֵין לוֹ** טומאה, אבל **מִדִּין קַל וָחוֹמֶר יֵשׁ לוֹ**. ומהו קל וחומר זה: **וּמָה טְבוּל יוֹם** (אדם שטבל מטומאתו ועדיין לא נטהר לגמרי עד סוף אותו יום) **שֶׁמּוּתָּר בְּחוּלִּין** ואינו פוסלם, ונקרא טהור לענין חולין (רמב״ן) — **פּוֹסֵל בִּתְרוּמָה** אם נגע בה, כפי שאנו למדים מן הכתובים, **כִּכָּר שֵׁנִי שֶׁפָּסוּל בְּחוּלִּין** שקיבל טומאה מראשון לטומאה, ומכל מקום קרוי טמא — **אֵינוֹ דִין שֶׁיַּעֲשֶׂה שְׁלִישִׁי בִּתְרוּמָה?** ומעירים: קל וחומר זה **אִיכָּא לְמִיפְרַךְ** [יש אפשרות לפרוך, לשבור אותו] בטענה הבאה: **מַה לִּטְבוּל יוֹם שֶׁכֵּן** היה **אַב הַטּוּמְאָה** לפני שטבל, מה שאין כן ככר זה שהוא רק שני לטומאה מתחילתו! ומשיבים: **תֵּיתֵי** [תבוא, תילמד] הלכה זו

עיונים

עשה בה ספק זונה וכו׳ בתוס׳ (ד״ה שכן) הקשו: מפני מה לא נאמר שכיון שאמר הכתוב שהיא טמאה, ממילא נובע שהיא אסורה גם לתרומה ולכהונה! ותירצו שיש מקום לומר שמה שנאמרה בה טומאה הוא לגבי בעלה בלבד שיש חיוב מיתה על ידו. ומסביר דבריהם באשל אברהם, שלגבי בעלה היה מקום לומר שכיון שהיא נוהגת כך, סופה לבוא ליד חיוב מיתת בית דין כשתיתפס עם הבועל בעדים, ואף עתה יש לחשוש שחוטאת באיסור חמור שיש בו מיתה, ומשום כך מוטב שתאסר על בעלה ויגרשנה או יבדקנה כדי שלא תבוא לידי איסורים חמורים אלה. ואין ללמוד מכאן לדברים אחרים. ובקרן אורה כתב שאפשר לומר שממה שנאסרה לבעלה אין הוכחה כלל, שהרי כמה פעמים הועלתה הסברה שיש כאן איסור מיוחד הבא מחמת ההקפדה שמקפיד בעלה על מעשיה, גם אם אין בהם איסור גמור מן התורה. ואם כן, למרות שנאסרת על בעלה מחמת קפידתו (כעין ״חתיכה דאיסורא״) אינה נאסרת בענינים אחרים.

מילתא דאתיא בקל וחומר וכו׳ סברה זה הנזכרת בכמה מקומות, מבחינה בין יתור המקרא, כאשר המקרא אומר דבר שמפורש במקום אחר, ובין דבר שאולי היה ניתן להגיע אליו בדרך אחרת (כגון בקל וחומר). ויש לומר כי דברים שאפשר להגיע אליהם מן הסברה פעמים יש להם מקרא מפורש האומרם, אם כדי להדגיש את ההלכה הזו, או שיש מקומות בהם דבר הנלמד בקל וחומר אין כוחו חזק כדבר הכתוב במפורש (כגון לענין עונשים, וכן לענין לימוד ממנו בדיני קדשים).

ודאי טהור הוא דיאכל וכו׳ ראשונים ואחרונים הביאו סברות שונות לדחות את לימודו של רב גידל, כגון דברי הרא״ש בתוספותיו, שאפשר היה לומר שבשר כיון שאין לו טהרה במקוה נאמר שספיקו יהא טהור, אבל אדם כיון שיש לו תקנה בטבילה — מחמירים עליו שיהא ספקו טמא. וכתב הרא״ש שסברה זו יש מקום לאומרה בדבר שהוא ספק מדברי סופרים, אבל לא בדברי תורה, ובתו״ש כתבו לדחות, שיש מקום לומר שטומאת אדם מספק יש בה איסור לאו, אבל בטומאת בשר אמנם לא יהא בה איסור לאו, אבל יהא בה מכל מקום איסור עשה. ותירצו כי כיון שהוציא הכתוב את הדבר מדין טומאתו אין מקום להוסיף בו איסור שאינו מפורש בו. ובמצפה איתן כתב שיש לכאורה להבחין בין איסור טומאת הבשר שהוא בלאו, ובין טומאת האדם (האוכל קודש) שהוא חייב כרת. ותירץ כי אפשר לומר (כדברי הגמרא במקום אחר) שיש כאן כעין היקש בין צד האיסור וההיתר, וכשם שהדבר האסור — אסור לגמרי, כן יש היתר גמור בדבר המותר.

ככר שני וכו׳ כבר רש״י הבחין שיש בכך קושי, שהרי לכאורה קל וחומר זה אינו מביא בחשבון את ה״דיו״ (״דיו לבא מן הדין שיהא כנידון״) כלומר, שאין הדבר הלמד מקל וחומר יכול להיות יותר (חמור או קל, לפי הענין) מן המלמד. וכתב רש״י כי כאן מסתמכים על כלל אחר, המגביל את ה״דיו״, שאין אומרים דבר זה במקום שהדבר מבטל את כל ענינו של הקל וחומר. אכן בתו״ש הקשו: תירוץ זה הוא אמנם נכון לפי שיטות מסויימות, אבל יש חולקים בדבר וסבורים שאומרים ״דיו״ בכל מקרה, גם כשהדבר גורם לפריכת הקל וחומר, ואם כן כיצד יפרשו את הדברים לפי שיטה זו? ותירצו שאין אומרים ״דיו״ במקרה כזה אלא כשיש על ידי הקל וחומר חידוש הלכתי עקרוני בדבר, אבל במקום שאינו אלא כעין גילוי מילתא בעלמא, שאינו חורג ממשמעו של המקרא — אין אומרים ״דיו״ (וכעין זה גם בתוהרא״ש). אכן, הרמב״ן התקשה גם הוא בשאלה זו, ועוד הוסיף עליה שלפי זה אפשר היה לומר כי פירכת ״דור אחר״ תוכל להיות על ידי שיסברו שאומרים כאן ״דיו״! ומשום כך הוא מסביר את הסוגיה בצורה אחרת קצת. שלדעתו כך הוא הלימוד: מה טבול יום שהוא טהור לגמרי לענין חולין, ואף מותר לו לאכול מהם, ובכל זאת מטמא במגעו — קל וחומר לככר שני שהוא אסור באכילה בחולין שיהא מטמא במגעו.

אורח ההלכה

שני עושה שלישי בתרומה הראשון והשני לטומאה בתרומה טמאים ומטמאים, ואילו השלישי פסול ואינו מטמא אחרים, שאין עושה רביעי לטומאה בתרומה. ולמדו דין זה מדין טבול יום שהוא שני לטומאה שפוסל תרומה במגעו. (רמב״ם ספר טהרה הלכות אבות הטומאות פי״א ה״ג).

שהרי עשה בה ספק זונה כזונה תרומה נמי לא תיבעי קרא שהרי עשה בה ספק זונה כזונה אלא [א]לר' עקיבא ארבעה קראי כתיבי חד לבעל וחד לבועל וחד לכהונה וחד לתרומה ורבי ישמעאל תלתא קראי כתיבי חד לבעל וחד לבועל וחד לתרומה וכהונה אתיא בקל וחומר ורבי ישמעאל ממאי דאיצטריך קרא לתרומה וכהונה אתיא בקל וחומר דילמא כי אצטריך לכהונה ותרומה שריא אמר לך מסתברא דומיא דבעל ובועל מה בעל ובועל מחיים אף תרומה נמי מחיים לאפוקי כהונה דלאחר מיתה ור"ע דומיא דבעל ובועל לית ליה ואי נמי אית ליה [ב]*מילתא דאתיא בקל וחומר טרח וכתב לה קרא אמר רב גידל אמר רב דבר שיש בו דעת לישאל ואין בו דעת לישאל מהאי קרא נפקא °והבשר אשר יגע בכל טמא לא יאכל ודאי טמא הוא דלא יאכל הא ספק טמא וספק טהור יאכל אימא סיפא °והבשר כל טהור יאכל בשר ודאי טהור הוא דיאכל בשר הא ספק טמא וספק טהור לא יאכל אלא לאו שמע מינה כאן שיש בו דעת לישאל כאן שאין בו דעת לישאל ואיצטריך דרב גידל אמר רב ואיצטריך למיגמר מסוטה דאי מדרב הוה אמינא בין ברשות היחיד ובין ברשות הרבים איצטריך למיגמר מסוטה ואי מסוטה הוה אמינא עד דאיכא דעת נוגע ומגיע צריכא: בו ביום דרש רבי עקיבא וכל כלי חרש כו': ומאחר דאין לו למה טמא אמר רב יהודה אמר רב מן התורה אין לו מדין קל וחומר יש לו [ג]ומה טבול יום שמותר בחולין פוסל בתרומה ככר שני שפסול בחולין אינו דין [א]שיעשה שלישי בתרומה איכא למיפרך מה לטבול יום שכן אב הטומאה תיתי

מטבול

תורה אור: ויקרא ז | שם

[פסחים יח: ב"ק]

רש"י

אי הכי לתרומה נמי לא תיבעי קרא. ונילף מההוא טעמא גופיה שהרי עשה הכתוב בסוטה ספק זונה כודאי זונה ובתרומה הא ידעינן דזונה אסורה דכתיב (ויקרא כב) כי תהיה לאיש זר כי תבעל לזר אלא היא בתרומת הקדשים לא תאכל ואין לך פסול גדול מזה כשהיא אשת איש ונבעלה לאחר ולר' עקיבא מהאי קרא נפקא לן ביבמות (ד' סח.) כל הפסולים דפסלי והנך נמי דלא תפסי בהו קידושין דכיון דלר' עקיבא אין קידושין תופסין בשום פסול לא משמע ליה כי תהיה לשון הויה אלא כי תבעל: **אלא לרבי עקיבא ארבעה קראי כתיבי.** יתירי ב' נטמאה וחד ונטמאה ורבי עקיבא דריש וי"ו הרי ארבעה: **וכהונה אתיא מקל וחומר.** ולא דריש וי"ו ופרכינן לר' ישמעאל כיון דלא דריש וי"ו ממאי דקרא לתרומה מדריש וכהונה אתיא בקל וחומר ואתו כולהו דילמא קרא לכהונה אתא דכיון דלא כתיב תרומה בהדיא הנא אמינא תרומה לא אתרבאי לאיסורא אלא כהונה הוא דאתרבאי דחמירא מיניה ותרומה שריא: **אמר לך מסתברא.** דקרא תרומה רבי דומיא דתרין נטמאה דרבי בהן בעל ובועל דמחיים דבעל קמיתסרא להו כגון אם יגרשנה אסורה לבועל הילכך מקרא שלישי נמי למידי דמיתסר ביה מחיים(א) לבעל אתי והיינו תרומה(א) ולמעוטי כהונה שאין פסוק זה בא לאוסרה אלא לאחר מיתה דמחיים הא אסירא וקיימא דהא מגרש לה והויא לה גרושה ואסורה לכהונה: **ורבי עקיבא.** דמצריך קרא לכהונה דומיא דבעל ובועל לית ליה ואי לא כתיב קרא יתירא לא הוה מרבינן אלא כהונה דחמירא דכל חד וחד קרא באנפי נפשיה הוא ולא אמרינן הכ' לא מרבי אלא דומיא דהנך: **ואי נמי אית ליה.** ומיתוקם קרא לתרומה אפילו הכי אתא וי"ו יתירא לכהונה ואע"ג דאיכא למילפה בקל וחומר טרח וכתב לה קרא: **אלא לאו שמע מינה.** הבשר אשר יגע בדבר שאין בו דעת לישאל הוא דבשר הוי נוגע הילכך ספקו טהור וכל טהור יאכל בשר דאיירי בטומאת הגוף דיש בו דעת לישאל בההוא קאמר לך ספיקו טמא: **דעת נוגע ומגיע.** במטמא ונטמא כי סוטה דיש בה דעת ויש דעת בבועל המטמאה קמשמע לן דרב גידל דנפקא מכל טהור הא ספק לא יאכל כיון דיש בו דעת בזה שנטמא אבל במטמא לא בעינן דעת: **ומאחר דאין לו.** מקרא מן התורה למה הוא טמא בתרומה לרבי יוחנן(ב) דקאמר עתיד דור אחר לטהרו אבל הוא היה מטמאו: **ומה טבול יום.** שלא העריב שמשו: **שמותר בחולין.** כדאמרינן ביבמות בהערל (דף עד:) תלתא קראי כתיבי טבל ועלה (ג)מותר לחולין ולמעשר העריב שמשו אוכל בתרומה הביא כפרתו בטומאה שהיא בת קרבן מותר בקדשים: **ככר שני שפסול בחולין.** דכתיב (ויקרא יא) כל אשר בתוכו יטמא חולין ותרומה וקדשים במשמע דין הוא שיעשה שלישי בתרומה ודיו ליכא למימר דאם כן בטל ליה קל וחומר דהא שני בתרומה מקרא משתמע כי חולין וקיימא לן (ב"ק דף כה.) דהיכא דמיפרך קל וחומר לא אמרינן דיו: **שכן אב הטומאה.** כגון טמא מת או זב או מצורע שהן בטומאתן אבות:

מטבול

א) ולא למעוטי כהונה שאין פסול זה כו'. רש"ל

תוספות

שכן עשה בה ספק זונה כזונה. תימה אמאי לא אמר כיון דטמאה הכתוב מספק מהיכא תיתי דמותרת בתרומה ולכהונה ויש לומר אי לאו קראי איכא למימר דלא טמאה אלא לענין בעלה דאיכא ספק חייבי מיתות בית דין על ידו אבל לענין תרומה וכהונה הוה אמינא אוקי איתתא אחזקה אבל בירושלמי דפרק קמא מתוך קושיא זו דריש חד מהני תלתא קראי ליבם והכי איתא התם תני ר' מאיר אומר שלש טומאות אמורות בפרשה אחד לבעל ואחד לבועל ואחד לתרומה מלינו אשה שהיא אסורה לביתה ומותרת לאכול בתרומה למה לא אילו בת כהן שנישאת לישראל ונאנסה שמא אינה מותרת לביתה ואסורה לאכול בתרומה לא מלינו אשה שהיא אסורה לביתה ומותרת לאכול בתרומה אמר ר' אבין הכין איתאמרת אחת לבעל ואחת לבועל ואחת ליבם אמר ר' יוסי מתניתא אמרה כן ואם מת חולצת ולא מתייבמת: **חד לתרומה וחד לכהונה.** אין להקשות וכי ספק חמור מן ודאי דאילו ודאי זינתה מותרת בתרומה ולכהונה דהא בפ' אלמנה ביבמות (דף סח.) מרבינן מובת כהן כי תהיה לאיש זר כיון שנבעלה לפסול לה שזר אלהה פסלה ומרבינן גר עמוני ומואבי וכו' וקא פריך התם אימא חייבי כריתות נמי פירוש אינהו נמי הוו בכלל נבעלה לפסול לה ומאי שנא דלא תני להו לעיל ומשני כי תהיה כתיב דוקא בני הויה לאפוקי חייבי כריתות דלאו בני הויה נינהו אלמא דחייבי כריתות לא מפסלי בביאתן ואשת איש איהי נמי מחייבי כריתות ואם כן מספקא אמאי מיפסלי ורש"י שיבש שם אותה הגירסא וזה לשונו אימר נבעלה לפסול לה חייבי כריתות אבל חייבי לאוין כיון דתפסי להו בה קידושין לא פסלי לה וכותי ונתין וממזר דפסלי מנלן הנך דלית בהו הויה מדאפקה להן ביאה בלשון הויה שמע מינה בהנך דתפסי בה קדושין משתעי קרא ואפ"ה פסלי ולאפוקי חייבי כריתות לא גרסינן אי הכי כותי ועבד וכו' והוא הדין דהוה מצי למימר חייבי כריתות לא מפסלי אלא משום דאיירי בהו לעיל דקתני כותי והיינו גוי ובמתניתין תנן העבד פוסל משום ביאה ומשני פסלי מדרבי יוחנן כו' ואית דמפרשי ואימא נבעלה לפסול לה חייבי כריתות נמי וכו' וקשיא לי בגוה טובא חדא דתנן בפרק ארבעה אחין (שם דף לג:) אם היו כהנות נפסלו מן התרומה בבעילת אשת איש ועוד קל וחומר חייבי לאוין פסלי חייבי כריתות לא פסלי ועוד הא אמר בעשרה יוחסין (קדושין דף עז:) כהן הבא על אחותו זונה משוי לה וכיון דזונה משוי לה בעילתה פוסלתה דתניא לויה שנשבית או שנבעלה בעילת זנות נותנין לה מעשר ואוכלת לויה אין אבל תרומה לכהנת לא*):

שלישי

*) [וע"ש ברש"י שהאריך עוד בזה]

עין משפט נר מצוה

יא א מיי' פי"ח מהל' אבות הטומאה הל"ג:

תוספות שאנץ

תרומה נמי לא תיבעי לך שהרי עשה בה ספק זונה כזונה. משמע מהכ' דזונה אסורה בתרומה וה"נ משמע ביבמות פ' ד' אחין גבי שני אחין שקידשו ב' נשים ובשעת כניסה לחופה החליפו נשותיהן זה לזה וקאמר בגמ' אם היו כהנות נשואות לישראל נפסלות בתרומ' דבי נשא אלמא משמע דזונה אסורה לאכול בתרומה וכן משמע בפ' החולץ גבי הכל מודים הבא על חייבי כריתות שבנה פגום וקאמר בסמוך וכי תימא איכא למפרך מה לאלמנה שכן היא עצמה מתחללת ה"נ (לימא) [כלומר] גבי בא על חייבי כריתות דמתחללת דכיון דנבעלה עשאה זונה משמע דהויא דומיא דאלמנה שמתחללת ואסורה לכהונה ה"נ זונה אסורה בתרומה וה"נ משמע בפ' האשה רבה דאמר התם לויה שנשבית או שנבעלה בעילת זנות נותנין לה מעשר ואוכלת משמע הא לתרומה לא. וא"ת ומהיכא נפקא לן דזונה אסורה בתרומה דלא אשכחן (בתרומ') [בקרא] אלא איסור כהונה. וי"ל דנפקא לן מדכתיב ובת כהן כי תהיה לאיש זר ודרשי' פ' אלמנה לכהן גדול כיון שנבעלה לפסול בה פסולה מן התרומה כיון שנבעלה לזר אצלה ואין לך פסול גדול מזה כשהיא אשת איש ונבעלה לאחר (ל"ה. אלא) ולר"ע דס"ל דאין קידו' תופסין בחייבי לאוין בשום פסול לא משמע ליה כי תהיה לשון הויה אלא כי תבעל. [ל"ה] (ג' קראי כתיבי): מה בעל ובועל מחיים. פ"ה דמחיים דבעל קא מתסר להו כגון שאם יגרשנה אסורה לבועל. הלכך מקרא ג' [נמי] למידי דמתסר ביה מחיים דבעל אתי והיינו תרומה למעוטי כהונ' שאין פסוק זה בא לאסרה אלא לאחר מיתה דמחיים הוה ליה אסירא וקיימא דאי מגרשה הויא גרושה ואסורה לכהונה. ל"ה: ודאי טמא הוא דלא יאכל הא ספק טמא ספק טהור יאכל. וליכא למימר ודאי טמא הוא דאיכא לאו הא ספק טמא ליכא לאו כי אם עשה דהא יש לנו לומר דכיון דמפקי' ליה מאיסורא אוקימנא אהיתירא: ה"א עד דאיכא דעת נוגע ומגיע. במיטמא ומטמא כסוטה דיש בה דעת ויש נמי דעת בבועל המטמא קמ"ל דרב גידל: ומאחר דאין לו. מקרא מן התורה למה הוא טמא בתרומה לרבי יוחנן דאמר עתיד דור אחר לטהרו אבל הוא היה מטמא. ל"ה: ומה טבול יום שמותר בחולין. כדאמר בהערל ג' קראי כתיבי טבל ועלה ה) לחולין דכתיב כל אשר בתוכו יטמא חולין ותרומה וקדשים [במשמע] דין הוא שיעשה ג' בתרומה ודיו ליכא למימר דאין ג' פוסל בו דא"כ מפרי' ק"ו והיכא דמפרי' ק"ו ל"א דיו. כל"ה. וא"ת תינח לרבנן אבל לר' טרפון דאית ליה דיו אפי' מפרי' ק"ו מא איכא למימר. וי"ל דר' טרפון סבירא ליה כר' עקיבא דאמר ג' לחולין מן התורה וה"ה לתרומה ורביעי לקדש מדכתיב והבשר אשר יגע בכל טמא. עי"ל היכא א"ר טרפון דאמרי' דיו [אף] דמפרי' ק"ו היכא דאשמעי' הק"ו חידוש אבל האי ק"ו דלא [אתי] אלא לגלויי מדרש הפסוק דאשמעי' מה שידעי' מקרא לא אמרי' דיו. תיתי מטבול יום דשרץ. אדם שנגע [בשרץ] ראשון לטומאה הוא ולא אב [הטומאה] וכי טבל הותר לחולין ואסור לתרומה ואפי' לנגיעה דכתיב נמי הערב שמש בכלים במים יובא וטהר והאי לנגיעה הוא להשתמש בו תרומה ואשמעי' דכלי טבול יום פסיל ליה. ל"ה. מה לטבול יום דשרץ שכן נעשה במינו אב [illegible]

תוספות שאנץ

דה"ג אבל בכל הספרים כתיב הצד השוה שבהן שמותרין בחולין ופוסלין בתרומה ולהאי לישנא אין אדם יכול לפ' איזהו כלי חרס שמותר בחולין ופוסל בתרומה. וברוחק גדול י"ל כלי חרס המוקף צמיד פתיל שמציל על החולין שבתוכו ואינו מציל בתרומה. והרבה גמגומין ותשובות ובטול שיטת התלמוד יש בדבר. חדא דלא אשכחן דכלי חרס המוקף צמיד פתיל דאינו מציל בתרומה דבמסכת חגיגה אמרי' אין חטאת ניצלת בצמיד פתיל אבל תרומה לא תני בה. ועוד אפי' אמרי' דאינו מציל אין זה פסול בתרומה דהא לא פסיל מידי אלא דאינו מגין ומאליה היא נטמאת מאהל המת ומאי קאמר ופוסלין בתרומה. ועוד כל הצד השוה שבתלמוד שבא ללמוד חומר צריך שיהא הצד השוה חמור וזה הוי קל דקאמר הצד השוה שבהן שמותרין בחולין ואין שיטה זו בכל התלמוד לכ"נ דגרסי' הצד השוה שבהן שטמאין. וללשון שפי' דגרס שמטמאין אל תשיבנו מהא דאמרי' כלי חרס יוכיח שאין זה הוכחה דכלי חרס אינו טהור בחולין והיה לו להביא הוכחה מדבר הדומה לטבול יום שאע"פ שטהור בחולין פסול בתרומה שאין זו תשובה דאין צריך הוכחה אלא לסתור תשובתו שתולה טעם החמור דפסול תרומה מפני שהוא אב הטומאה וקא מהדר ליה כלי חרס יוכיח שאין בו חומר זה ופוסל וכן שיטת רוב הדינין כי ההיא דפ' כל הבשר דאמר מנין לבשר בחלב שאסור בהנאה אמרת ק"ו ומה ערלה שלא נעבדה בה עברה אסור בהנאה בשר בחלב שנעבדה בה עברה בבישול אינו דין שאסור בהנאה מה לערלה שכן לא היתה לה שעת הכושר חמץ בפסח יוכיחו מה לחמץ בפסח שכן כרת כלאי הכרם יוכיחו והא כלאי הכרם דנעבדה בהן עבירה בזריעה וחמץ בפסח נמי עבר בבל יראה ולא דמי לערלה בקולא דידה וקא הויא [illegible]

הגהות הב"ח [illegible]

יב א ב מיי' פי"א מהל' אבות הטומאה הל"ד:
יג ג מיי' שם פ"י הל"ג סמג עשין רמז:

תורה אור

מטבול יום דשרץ מה לטבול יום דשרץ שכן במינו אב הטומאה כלי חרש יוכיח מה לכלי חרש שכן מטמא מאוירו טבול יום יוכיח וחוזר הדין [א]לא ראי זה כראי זה ולא ראי זה כראי זה הצד השוה שבהן שמותרין בחולין ופוסלין בתרומה כל שכן ככר שני שפוסל בחולין דפוסל בתרומה ודור אחר פריך [ב]מה להצד השוה שבהן(א) שכן *יש בהן צד חמור ורבן יוחנן בן זכאי צד חמור לא פריך תניא [ג]אמר רבי יוסי *מנין לרביעי בקודש שפסול ודין הוא מה מחוסר כיפורים שמותר בתרומה פסול בקודש שלישי שפסול בתרומה אינו דין הוא שיעשה רביעי בקודש ולמדנו שלישי לקודש [א]מן התורה ורביעי [ב]מקל וחומר שלישי לקודש מן התורה מנלן דכתיב °והבשר אשר יגע בכל טמא לא (ויקרא ז) יאכל מי לא עסקינן דנגע בשני ואמר רחמנא לא יאכל רביעי מקל וחומר כדאמרן אמר ר' יוחנן טעם בריבי איני יודע מה הוא שהרי תשובתו בצדו אוכל הבא מחמת טבול יום יוכיח שפסול בתרומה ואינו עושה רביעי בקודש *דתניא [ד]אבא שאול אומר טבול יום תחילה לקודש לטמא שנים ולפסול אחד ר' מאיר אומר מטמא אחד ופוסל אחד וחכמים אומרים [ג]כשם שפוסל אוכלי תרומה ומשקי תרומה כך פוסל אוכלי קודש ומשקי קודש מתקיף לה רב פפא ממאי דר' יוסי כרבנן סבירא ליה דילמא כאבא שאול ס"ל דאמר לטמא שנים ולפסול אחד אי סלקא דעתך כאבא שאול ס"ל לייתיה לרביעי בקודש מאוכל שבא מחמת טבול יום ומה אוכל הבא מחמת טבול יום דטבול יום גופיה מותר בחולין אמרת עושה רביעי בקודש אוכל שלישי

רש"י

מטבול יום דשרץ. אדם שנגע בשרץ ראשון לטומאה(ב) היה ולא אב הטומאה וכי טבל הותר לחולין ואסור לתרומה ואפי' לנגיעה דכתיב נמי הערב שמש בכלים במים יובא וטמא עד הערב וטהר (ויקרא יא) והא לנגיעה הוא להשתמש בו תרומה ואשמעינן דכלי טבול יום פסל ליה: **שכן יש במינו אב הטומאה.** אם היה נוגע כלי זה או אדם זה במת נעשה אב הטומאה לטמא אדם וכלים תאמר באוכל שאינו נעשה אב הטומאה אפי' ע"י מת דכתיב (במדבר יט) וכל אשר יגע בו הטמא יטמא ומהכא נפקא לן טמא מת דמטמא אדם וכלים ועל כרחיך בטמא מת שיש לו טהרה במקוה כתיב דהא כתיב לעיל מיניה והזה הטהור על הטמא ורחץ במים דבר שיש לו טהרה(ג) נעשה אב הטומאה במגע טמא מת על ידי מגע המת יצאו אוכלים ומשקין וכלי חרס שאין לו טהרה: **כלי חרש יוכיח.** שאין במינו אב הטומאה ומטמא את התרומה כשהוא ראשון וכ"ש שפוסלה אף אתה אל תתמה על ככר שני שאע"פ שאין במינו אב הטומאה יפסול דטעמא לאו באב הטומאה תלי: **מה לכלי חרס כו' טבול יום יוכיח.** שאין כלי שטף הראוי לטבילה מטמא מאוירו ופסיל תרומה: **לא ראי.** טבול יום כראי כלי חרס לומר שטעם פסול התרומה תלוי משום שמטמא מאוירו דהא טבול יום אינו מטמא מאוירו ופסיל ולא ראי כלי חרס להיות אב הטומאה במינו כראי טבול יום דליכא למימר טעמא דטבול יום דפסיל בתרומה משום דמין אב הטומאה הוא דהא ליתא להא חומרא בכלי חרס ופסיל: **הצד השוה שבהן.** צריך אתה למצוא חומר שוה בשניהם לתלות בו טעם פסול תרומה ומהו צד השוה שבהן שמטמאין טבול יום איקרי טמא דכתיב (ויקרא כב) ובא השמש וטהר מכלל דעד השתא טמא וכלי חרס כתיב (שם יא) תנור וכירים יותץ טמאים הם ופוסלין בתרומה וכ"ש ככר שני דפסיל טפי מטבול יום שהוא טמא ואסור בחולין שיפסול בתרומה: ובכל הספרים כתיב הצד השוה שבהן שמותר בחולין ופוסל בתרומה ולהך ליסנא אין אדם יכול לפרש איזהו כלי חרס שמותר בחולין(ד) ופסולין בתרומה ובדוחק גדול יש לפרש כלי חרס המוקף צמיד פתיל שמציל על חולין שבתוכו ואין מציל על התרומה שבתוכו. והרבה גמגומין ותשובות וביטול שיטת הגמרא יש בדבר חדא דלא אשכחן דאינו מציל בתרומה דבחגיגה (דף כה.) אמר אין חטאת ניצלת בצמיד פתיל אבל תרומה לא תנן בה ועוד אין זה פוסל בתרומה דהא לא פסיל מידי אלא אינו מגין ומאליה היא נטמאת מאהל המת ועוד כל הצד השוה שבגמרא שבא ללמוד חומר צריך שיהא חמור וזה קל דקאמר הצד השוה שבהן שמותרין בחולין ואין זו שיטה בכל הגמרא וללשון שפירשתי אל תשיבני מה שאומר כלי חרס יוכיח שהיה לו להביא הוכחה בדבר הדומה לטבול יום שאע"פ שטהור לחולין פסול לתרומה שאין זו תשובה דאין צריך הוכחה אלא לסתור תשובתו שתולה טעם החומרא דפסול תרומה מפני שהוא אב הטומאה וקא מהדר ליה כלי חרס יוכיח שאין בו חומר זה ופוסל וכן שיטת רוב הדינין כי ההוא דכל הבשר (חולין דף קטו:) מנין לבשר בחלב שאסור בהנאה קל וחומר ומה ערלה שלא נעבדה בה עבירה אסורה בהנאה בשר בחלב שנעבדה בו עבירה בבישולו אינו דין שאסור בהנאה מה לערלה שכן לא היתה לה שעת הכושר חמץ בפסח יוכיח מה לחמץ שבו כרת כלאי הכרם יוכיח והא כלאי הכרם נעבדה בו עבירה בזריעת' וחמץ בפסח נמי עבר בבל יראה ולא דמו לערלה בקולא דידה וקא הויא הוכחה: **צד חמור.** טבול יום יש במינו אב הטומאה כלי חרס מטמא מאוירו: **ורבי יוחנן צד חמור לא פריך.** לא חשיב ליה פירכא הואיל ואין חומר שבשניהם שוה: **מנין לרביעי בקודש שהוא פסול.** ולא אמרינן טהור הוא כבתרומה: **מחוסר כפורים.** בטומאות הצריכות קרבן כגון זב וזבה ויולדת ומצורע: **שמותר בתרומה פסול בקודש.** ביבמות ילפינן לה בפרק הערל (דף עד:): **שלישי שפסול בתרומה.** כדילפינן לעיל מטבול יום: **דין הוא שיעשה רביעי בקודש.** ולא תימא דיו לבא מן הדין להיות כנדון ונימא הכי שלישי שפסול בתרומה דיו הוא שיהא פסול לקודש דאם כן בטיל ליה האי קל וחומר דשלישי בקודש לא איצטריך דלא מיבעיא דכי היכי דבתרומה אייתיניה בקל וחומר מטבול יום הכי נמי אתי קודש בההוא קל וחומר אלא אפילו מן התורה למדנוהו והיינו דקאמר למדנו שלישי לקודש מן התורה הילכך אי אמרינן דיו איפרך ליה ק"ו כו': **מי לא עסקינן.** מי לא מצינן למישמע מינה דאפי' נגע בשני נמי קאמר לא יאכל דהא בכל טמא כתיב ושני איקרי טמא דכתיב כל אשר בתוכו יטמא והאי בבשר שלמים כתיב דקדש נינהו: **טעם בריבי.** טעמו של ר' יוסי שהוא חכם וגדול הדור איני יודע מהו שלמד רביעי בקודש שהרי מקל וחומר זה תשובתו בצדו: **אוכל הבא מחמת טבול יום.** שנגע בטבול יום והוא של קדש או של תרומה יוכיח שפסול בתרומה מן התורה כדפרישית לעיל דבכלים נמי כתיב הערב שמש לגבי תרומה ואינו אלא לנגיעה ואינו עושה רביעי בקודש לרבנן דפליגי עליה דאבא שאול ואמרו טבול יום פוסל בקודש ואינו מטמא לפסול את מי שיחזור ויגע בו וקא סלקא דעתא דר' יוסי כרבנן סבירא ליה הילכך תשובתו בצדו דא"כ הכי נמי נדרש להאי ק"ו שיפסול אוכל הבא מחמת טבול יום את הקודש ומה מחוסר כפורים שמותר בתרומה פסול בקודש אוכל הנוגע בטבול יום שפסול בתרומה(ה) דין הוא שיעשה רביעי בקודש: **טבול יום תחילה לקודש.** מעלה עשו בקודש להיות טבול יום אלו כראשון לטומאה ויטמא שני' בקדש זה מזה שאוכל שנוגע בטבול יום נעשה שני ועושה את חבירו שלישי ושניהם קרויין טמאין שמקלקלין את אחרים והשלישי פוסל את הרביעי להיות הוא עצמו פסול אבל לא יפסול את אחרים במגעו: **רבי מאיר אומר מטמא אחד ופוסל אחד.** הרי הוא כשאר שני שפוסל את התרומה והנוגע בו פוסל את הקודש כך טבול יום הפוסל את התרומה הנוגע בו טמא לקודש ולפסול עוד אחד: **כך פוסל כו'.** ואין הנוגע בטבול יום פוסל את הקודש אלא הוא עצמו פסול: **ממאי דרבי יוסי כרבנן סבירא ליה.** דתהוי תשובה בצדו דילמא כאבא שאול סבירא ליה והוא הדין דהוה מצי רב פפא למימר דילמא כר' מאיר סבירא ליה ואין כאן עוד תשובה דהא עביד רביעי אלא רבותא נקט כלומר מאן לימא לן דלא מחמיר כאבא שאול דילמא כוותיה סבירא ליה דאוכל הבא מחמת טבול יום אם של קודש הוא מטמא אחד ופוסל אחד דההוא דנגע ביה פסיל ליה דאורייתא ואפילו הוי קמא תרומה פסול לקודש מקל וחומר ממחוסר כפורים כדדריש רבי יוסי לעיל ודריש ליה נמי הכא ומה מחוסר כפורים שמותר בתרומה פסול לקודש אוכל תרומה הבא מחמת טבול יום שפסול בתרומה אינו דין הוא שיעשה רביעי בקדש(ו) והיכא דהוה ליה דקודש עבוד רבנן מעלה שיטמא אחד ויפסול אחד: **לאי סלקא דעתך כאבא שאול סבירא ליה.**(ז) מקל וחומר דמחוסר כפורים פסיל לקמא וממעלה דרבנן מטמא ליה כיון דמדאורייתא פסיל ליה לההוא דנגע ביה לייתיה לרביעי בקודש מאוכל הבא מחמת טבול יום: **ומה אוכל הבא מחמת טבול יום לטבול יום.** שבא מכחו שרי בחולין עושה רביעי בקודש כלומר פוסל את הקודש מקל וחומר ממחוסר כפורים: שלישי

תוספות שאנץ

הנוגע בשרץ הקל אינו דין שלא יטעון שבירה ת"ל אותו א"כ למה נאמר ואותו תשברו מלמד שאין לו טהרה במקוה אלא שוברו. ד"א אותו תשברו אותו אתה שובר לטהרתו [וכו']. ואל תתמה על זה דדרשי' דאינו טעון שבירה מק"ו אע"ג דאיכא מיעוט חוזר ודורש ק"ו ומוקי למיעוט בדרשא אחריתי וגם בכמה מקומות בתלמוד מצינו כמו כן וצא ולמד מברייתא שבצדה בתו"כ תנור וכירים יותץ יכול יתצם בודאי ת"ל וטמאים יהיו לכם דמקיימין אותן בטומאה: מה להצד השוה שבהן שכן יש בהן צד חמור. טבול יום יש במינו אב הטומאה. כלי חרס שמטמא מאוירו. וק' ומה פירכא היא זו הלא אין לך דין שבתלמוד שלא נוכל להקשות בו שיש בו צד חמור. וכי האי גונא אמרי' באלו נערות אלמא קסבר עולא כל היכא דאיכא ממון ומלקות ממונא משלם מילקא לא לקיא וקאמר דגמרי' מחובל בחברו ומעדים זוממים דעושה שם הצד השוה ופריך מה להצד השוה שכן יש בהן צד חמור וכן במכות [ד:] פרי' [הכי] ומאי פירכא היא זו. ואו' ר"י דלא פרי' ליה אלא במקום שהצד [חמור] הן משונין א). כמו הכא שהטבול יום הוי במינו אב הטומאה וכן כלי חרס אין לך שום דבר שמטמא מאוירו אלא כלי חרס. וכן בכתובות בעדים זוממים דאינם צריכין [התראה] מה שאין כן בשאר [דברים] וכן בחובל בחבירו דחייב בד' דברים מה שאין כן בשאר מזיקין וכן במכות וכי האי גונא בשילהי פ' ד' מיתות דפרי' מה להצד השוה שבהן שכן משונין: מנין לרביעי בקדש שהוא פסול. ולא אמרי' טהור [הוא] כבתרומה. ומה מחוסר כפורים בטומאות הצריכות קרבן כגון זב וזבה ויולדת ומצורע שמותר בתרומה ופסול בקדשים. פ' הערל. ג' שפסול בתרומה כדילפי' לעיל מק"ו דטבול יום דין הוא שיעשה רביעי בקדש וליכא למימר דיו לבא מן הדין להיות כנדון ולימא הכי ג' דפסול בתרומה דיו הוא שיהא פסול בקדש דא"כ בטל ק"ו דלג' בקדש לא איצטריך דלא מיבעיא דכי היכי דאייתניה בתרומה בק"ו דטבול יום אתי נמי קדש בההיא ק"ו אלא אפי' מן התורה למדנוהו והיינו דקאמר למדנו ג' לקדש מן התורה הילכך אי אמרי' דיו מפרי' הק"ו. ל"ה. ומקשי התוספות תיפוק ליה רביעי לקדש מק"ו דטבול יום ומה טבול יום שמותר בחולין פוסל בקדש שני שפסול בחולין אינו דין שיעשה רביעי בקדש וכי תימא דדייק' מן הק"ו (הג') [דשני] לג' אם אינו ענין לג' דהא ידעינן ליה מקרא דוהבשר אשר יגע בכל טמא מי לא עסקי' (דרביעי) [דנגע] בשני תנהו ענין לרביעי בקדש. ונראה דאין זה קושיא דלעולם הוה מוקמי' הק"ו אג'. וכי תימא הא ידעי' ליה מקרא דוהבשר [י"ל] דמילתא דאתיא בק"ו טרח וכתב לה קרא. ומהאי טעמא ניחא דליכא להקשות [ל"ל] קרא דוהבשר ונילף ג' בקדש מק"ו דטבול יום ומה טבול יום שמותר בחולין פסול בקדש שני שפסול בחולין דין הוא שיעשה ג' בקדש וד' בקדש מק"ו דמחוסר כפורים כדאמר ולאו מילתא היא כדפרי' דמלתא דאתי בק"ו טרח וכתב לה קרא. וג' דלפ"ה ניחא הכל: מי לא עסקי' דנגע בשני. פ"ה דנפקא לן מדכתיב בכל טמא ושני איקרי טמא דכתיב כל אשר בתוכו יטמא: טעם בריבי. טעמו של ר' יוסי שהיה חכם וגדול הדור. איני יודע מה הוא שלמד רביעי בקדש מק"ו זה שהרי אוכל הבא מחמת טבול יום והוא הקדש או דתרומה יוכיחו שפסול בתרומה מן התורה כדפי' לעיל דבכלים נמי בעי הערב השמש ואינה אלא לנגיעה ואינו עושה רביעי בקדש לרבנן דפליגי עליה דאבא שאול ואמרו טבול יום פוסל את הקדש ואינו מטמאו לפסול את מי שיחזור ויגע. וס"ד דר' יוסי כרבנן סבירא ליה הילכך תשובתו בצדו דא"כ ה"נ נדרשי' להאי ק"ו שיפסול אוכל הבא מחמת טבול יום את הקדש ומה מחוסר כפורים שמותר בתרומה פוסל הקדש אוכל הנוגע בטבול יום שפסול בתרומה [אינו] דין שיעשה רביעי בקדש. כל"ה. טבול יום תחלה לקדש מעלה עשו בקדש להיות טבול יום אצלו כראשון לטומאה ויטמא שנים בקדש זה מזה האוכל שנגע בטבול יום יטמא חברו הנוגע בו ושניהם קרויין טמאים שמקלקלים את אחרים והג' פוסל את הד' להיות הוא עצמו פסול אבל לא יפסול אחרים במגעו. ר' מאיר אומר מטמא אחד ופוסל אחד הרי הוא כשאר שני שפוסל התרומה והנוגע בו פוסל בקדש כך טבול יום הפוסל בתרומה הנוגע בו טמא לקדש לפסול עוד אחד: כך פוסל. ואין הנוגע בטבול יום פוסל הקדש אלא הוא עצמו פסול. ממאי דר' יוסי כרבנן סבירא ליה דתהוי תשובתו בצדו דילמא כאבא שאול סבירא ליה וה"ה דהוה מצי לרב פפא למימר [דילמא] כר' מאיר סבירא ליה ואין כאן עוד תשובה דהא עביד רביעי אלא רבותא נקט כלומר מאן לימ' לן דלא מחמיר כאבא שאול דילמא כותיה סבירא ליה דאוכל הבא מחמת טבול יום אם של קדש הוא מטמא אחד דההוא דנגע ביה הוה פסיל ליה דאורייתא ואפי' הוי קמא תרומה פסול לקדש מק"ו ממחוסר כפורים כדדריש ר' יוסי

א) וכ"כ התוס' בכתובות לב. ד"ה שכן בשם ר"י.

[פסחים עז. כתובות לב. מכות ד: ע' תוס' כתובות לב. ד"ה שכן וכו' שקלריהו בסוגיא הכלל]

פסחים יח. חגיגה כג. [תוספתא חגיגה פ"ג]

מעילה ח. ע"ש [נדה עח:]

הגהות הב"ח (א) גמ' שכן יש בהם לד. נ"ב עיין בתוספות פרק אלו נערות דף לב ע"ב ד"ה שכן יש: (ב) רש"י ד"ה מטבול וכו' לטומאה הוא ולא אב: (ג) ד"ה שכן וכו' טהרה במקוה נעשה אב וכו' שאין לו טהרה במקוה הס"ד: (ד) ד"ה ובכל הספרים וכו' ופסול בתרומה והדוחק וכו': (ה) ד"ה אוכל הבא וכו' בקדש הוכחה לדבר: (ו) ד"ה ממאי וכו' בקדש הוא: (ז) ד"ה לאי סלקא וכו' ומק"ו ממחוסר:

מִטְבוּל יוֹם של שֶׁרֶץ אדם שנטמא בשרץ וטבל, ומתחילה לא היה האיש אלא ראשון לטומאה, ובכל זאת פוסל הוא את התרומה! ומקשים: והרי עדיין יש לפרוך את הקל וחומר, מַה לִּטְבוּל יוֹם של שֶׁרֶץ — שֶׁכֵּן יכול להיות בְּמִינוֹ, בטבול יום, גם אַב הַטּוּמְאָה מה שאין כן באוכלים, שלעולם אינם נעשים אב הטומאה! ומשיבים: כְּלִי חֶרֶשׂ יוֹכִיחַ שאין במינו אב הטומאה ובכל זאת מטמא את התרומה. ומקשים: הלא אפשר לדחות: מַה לִּכְלִי חֶרֶשׂ שיש בו צד טומאה חמור אחר — שֶׁכֵּן מְטַמֵּא מֵאֲוִירוֹ, שדבר הנכנס בחללו של כלי חרס טמא — נטמא, ואינו צריך לשם כך מגע ישיר עם המטמא! ומשיבים: טְבוּל יוֹם יוֹכִיחַ שיש בו חומרה זו שפוסל תרומה אף שאינו מטמא באויר אלא רק במגע ישיר, וְאם כן חוֹזֵר הַדִּין מצד זה לצד זה. שאם רצונך לתת טעם מסויים לחומרה זו יש ראיה מן הדין השני שאין בו צד זה, וכן להיפך; לֹא רְאִי זֶה כִּרְאִי זֶה (לא זה דומה לזה) וְלֹא רְאִי זֶה כִּרְאִי זֶה, הַצַּד הַשָּׁוֶה שֶׁבָּהֶן — שֶׁמּוּתָּרִין בְּחוּלִּין, וּפוֹסְלִין בִּתְרוּמָה, ומכאן נלמד בקל וחומר: כָּל שֶׁכֵּן כִּכָּר שֵׁנִי שֶׁפּוֹסֵל בְּחוּלִּין — שפּוֹסֵל בִּתְרוּמָה. וְאותו דּוֹר אַחֵר שסבר רבן יוחנן בן זכאי שיטהרנו, פָּרֵיךְ [מקשה] על כך: מַה לְּהַצַּד הַשָּׁוֶה שֶׁבָּהֶן בטבול יום ובכלי חרס — שֶׁכֵּן יֵשׁ בָּהֶן צַד חָמוּר, שכל אחת מן החומרות הללו אינה מצויה בכל הטומאות. וְאילו רַבָּן יוֹחָנָן בֶּן זַכַּאי עצמו, צַד חָמוּר לֹא פָּרֵיךְ [מקשה], שלדעתו קיומו של צד חמור שאינו משותף לשני המקרים אינו נימוק לפרוך קל וחומר.

א אגב כך מביאים אתה שתַּנְיָא [שנינו בברייתא], אָמַר ר' יוֹסֵי: מִנַּיִן לָרְבִיעִי בַּקּוֹדֶשׁ שֶׁפָּסוּל על ידי מגע של שלישי לטומאה? ומפרש: וְדִין (קל וחומר) הוּא. שכך אפשר לומר: מַה מְּחוּסַּר כִּיפּוּרִים (כגון יולדת או זב), שכבר נטהר מטומאתו החמורה על ידי טבילה והערב שמש אך צריך להביא קרבן, ועד שלא יביא קרבן לכפרתו אף שמוּתָּר הוא בִּתְרוּמָה — מכל מקום פָּסוּל בַּקּוֹדֶשׁ. דבר שהוא שְׁלִישִׁי לטומאה, שֶׁפָּסוּל בִּתְרוּמָה — אֵינוֹ דִּין הוּא שֶׁיַּעֲשֶׂה רְבִיעִי לטומאה בַּקּוֹדֶשׁ? וְלָמַדְנוּ איפוא שְׁלִישִׁי לְקוֹדֶשׁ מִן הַתּוֹרָה, וּרְבִיעִי מִקַּל וָחוֹמֶר. ומפרשים: שְׁלִישִׁי לְקוֹדֶשׁ מִן הַתּוֹרָה מְנָלַן [מניין לנו] — דִּכְתִיב [שנאמר]: "וְהַבָּשָׂר אֲשֶׁר יִגַּע בְּכָל טָמֵא לֹא יֵאָכֵל" (ויקרא ז, יט). מִי לָא עָסְקִינַן [האם אין אנו עוסקים] אף במקרה שנָּגַע בְּשֵׁנִי לטומאה ("כל טמא" — כל שיש בו טומאה) וְאָמַר רַחֲמָנָא [ואמרה תורה] "לֹא יֵאָכֵל". רְבִיעִי מִקַּל וָחוֹמֶר — כְּדַאֲמָרַן [כפי שאמרנו]. אָמַר ר' יוֹחָנָן: הַטַּעַם של בְּרִיבִּי (אדם גדול זה), ר' יוסי, אֵינִי יוֹדֵעַ מַה הוּא, שֶׁהֲרֵי קל וחומר זה, תְּשׁוּבָתוֹ (דחייתו) בְּצִדּוֹ: אוֹכֶל הַבָּא, כלומר, הנטמא מֵחֲמַת מגע טְבוּל יוֹם יוֹכִיחַ, שֶׁפָּסוּל בִּתְרוּמָה — וְאֵינוֹ עוֹשֶׂה רְבִיעִי בַּקּוֹדֶשׁ. דְּתַנְיָא [שכן שנינו בברייתא], אַבָּא שָׁאוּל אוֹמֵר: טְבוּל יוֹם תְּחִילָּה לְקוֹדֶשׁ כלומר, נחשב כראשון לטומאה לענין קדשים לְטַמֵּא שְׁנַיִם (שתי דרגות): את מה שהוא נוגע בו, ואת הדבר שנוגע באותו דבר, וְלִפְסוּל אֶחָד שהשלישי שנגע בו שהוא רביעי בקודש אינו מטמא אחרים אבל פסול בעצמו מטעם טומאה. ר' מֵאִיר אוֹמֵר: טבול יום נחשב כשני לטומאה: מְטַמֵּא אֶחָד את מה שהוא נוגע בו, וּפוֹסֵל רק אֶחָד אחריו. וַחֲכָמִים אוֹמְרִים: כְּשֵׁם שֶׁטבול יום פּוֹסֵל אוֹכְלֵי תְרוּמָה וּמַשְׁקֵי תְרוּמָה — כָּךְ פּוֹסֵל אוֹכְלֵי קוֹדֶשׁ וּמַשְׁקֵי קוֹדֶשׁ, אבל אינו מטמא אותם לטמא אחרים. ואם כן רואים אנו כי לדעת חכמים טבול יום הפוסל תרומה רק פוסל קדשים, אבל אינו מטמא לטמא אחרים, כלומר, לעשות רביעי בקודש! מַתְקִיף לָהּ [מקשה על כך] רַב פַּפָּא: מִמַּאי [ממה, מניין] יודע אתה שר' יוֹסֵי כְּרַבָּנַן סְבִירָא לֵיהּ [כשיטת חכמים סבור הוא]? דִּלְמָא [שמא] כְּשיטת אַבָּא שָׁאוּל סְבִירָא לֵיהּ [סבור הוא] שאָמַר שטבול יום יכול במגעו לְטַמֵּא שְׁנַיִם וְלִפְסוּל אֶחָד! ודוחים: אִי סָלְקָא דַּעְתָּךְ [אם עולה על דעתך] לומר שר' יוסי כְּאַבָּא שָׁאוּל סְבִירָא לֵיהּ [סבור הוא] אם כן לֵיְיתֵיהּ [שיביא, ילמד אותו] לָרְבִיעִי בַּקּוֹדֶשׁ בראיה טובה יותר, מֵאוֹכֶל שֶׁבָּא (שנטמא) מֵחֲמַת מגע טְבוּל יוֹם. וכך יאמר: וּמָה אוֹכֶל הַבָּא מֵחֲמַת טְבוּל יוֹם, שטְבוּל יוֹם גּוּפֵיהּ [עצמו] מוּתָּר בְּחוּלִּין — אָמַרְתָּ שהוא עוֹשֶׂה רְבִיעִי בַּקּוֹדֶשׁ, אוֹכֶל

מסורת הש"ס

א. (דרך לימוד זו) ברכות לה,א. שבת כח,א. יבמות עז,א-ב. נזיר מ,א. קדושין ה,א. כא,א. עה,א. ב"ק ו,א-ב. פח,א. ב"מ ד,א. סא,א. פז,ב. סנהדרין סו,א. מכות ד,ב. ע"ז מו,א. זבחים ה,א-ב. יא,א. יב,ב. טז,א-ב. מנחות ו,א. ס,ב. חולין קיד,א.

ב. (פירכה זו) פסחים עז,א. כתובות לב,א. מכות ד,ב.

ג. פסחים יח,ב. חגיגה כד,א. ירושלמי חגיגה פ"ג ה"ב. שם סוטה פ"ה ה"ג. תוספתא חגיגה פ"ג יח. תור"כ ז, יט. ילק"ש תורה תק.

ד. מעילה ח,א. נדה עא,ב. תוספתא טהרות פ"א ד.

גרסות

וחוזר הדין יש בכת"י: **וחזר הדין.**

אינו דין הוא יש בכת"י: **דין הוא** ויש שגרסו: **אינו דין.**

איני יודע מה הוא יש בכת"י: **איני יודע.**

עיונים

שכן במינו אב הטומאה ויש מקשים: הלוא אפילו אוכלים יכול להיות במינם אב הטומאה, שהרי אם לקח בצק שהתקשה וייחד אותו כמושב, וישב עליו הזב — הרי זה נעשה אב הטומאה! ותירצו כי מכל מקום אין הוא מקבל טומאה זו כאוכל אלא משמש ככלי עץ, וכיון שאינו עושה אלא מעשה עץ ואינו ראוי עוד לאכילה, על כן אין בו כלל דין אוכלים (תו"ש).

שמותרין בחולין כבר רש"י התקשה מאד בגרסה זו, לפי שלכאורה אין כלי חרס טמא שיהא מותר בחולין, שאם טמא הוא — הריהו ראשון לטומאה ואף פוסל את החולין שנעשים שני לטומאה, ובאופן אחר אין כלי חרס מטמא, ומשום כך (למרות שמעלה הצעה מסויימת לפתרון, אבל דוחה אותה) הריהו מוחק את הגרסה. רבינו משולם ניסה לתרץ כי כאן מדובר בכלי חרס שנטהר על יד שבירה, שמכל מקום לדעתו אם לא נשבר לגמרי יש בו טומאה מסויימת אלא שאינו מטמא במקרה זה עוד את החולין. אבל ר"ת דחה דבריו מכל וכל, שלא מצאנו שנשארת טומאה בכלי חרס שנטהר בשבירה. והר"א אב"ד (מובא ברמב"ן ובמאירי) רוצה לומר שכאן מדובר בכלי חרס שנטמא במשקין, שטומאה זו היא מדברי סופרים, ויש סבורים שאינו מטמא במקרה זה את החולין. אבל הרמב"ן דוחה אף הסבר זה מפני כמה סיבות, הן משום שאז צריך לומר שכל ההוכחה אינה אלא מדרבנן, ועוד שהיה צריך לפרש שמדובר כאן בסוג כזה של טומאה. והמאירי, שאינו מוצא אף הוא פתרון לבעיה זו, מציע לפרש את הדברים לא כדיוקם, אלא על סמך ההוכחה שכלי חרס אינו נעשה אב הטומאה לעולם, ואין טומאתו חמורה כל כך ומכל מקום פוסל את התרומה.

שכן יש בהן צד חמור וכבר הקשו ראשונים: הלא אם פורכים בדרך זו אין עוד מקום לכל הוכחה של "מה הצד" שהרי בודאי עושים קל וחומר מדבר החמור, ובכל מקום יש צד חמור שאינו בנדון! וכתבו שאין מקשים קושיה זו אלא כאשר הצד החמור שבכל אחד מן הדברים הוא משונה, שאינו רגיל כלל בהלכות אחרות, ואם כן אין כאן "צד חמור" סתם אלא צד משונה (תו"ש, תוהרא"ש).

והבשר אשר יגע בכל טמא הרא"ש בתוספותיו מקשה: מדוע לא ילמד בדרך פשוטה וטובה יותר ממחוסר כיפורים עצמו, שהרי בגמרא (יבמות עד, ב) למדו מן הכתוב ביולדת (שהיא בין מחוסרי הכיפורים) "וכפר עליה כהן וטהרה" (ויקרא יב, ח) — משמע שעד כאן היא טמאה. ואם כן יאמר בפשטות שכיון שמחוסר כיפורים נקרא טמא, הרי אפשר לומר שהכתוב "והבשר אשר יגע בכל טמא" עוסק בבשר שנגע במחוסר כיפורים! ומסביר הרא"ש כי אין למדים אלא מדבר שהכתוב עצמו קראו טמא במפורש, ולא מדבר הנלמד רק בדרך דיוק.

דלמא כאבא שאול סבירא ליה היה שהקשה: הלוא ר' יוסי בכלל חכמים הוא, וכיון שלא פורש שהוא סבור כאבא שאול, הריהו בכלל שאר החכמים החולקים עליו! ומדברי הרמב"ם משמע שבכלל בכל מקום שהוזכר שחכם מסויים חולק אין זאת אומרת שהיתה זו דעתו, של אותו חכם בלבד, אלא שהוא היה ראש המדברים בהצעתה של אותה שיטה, ובדרך כלל היו גם חכמים אחרים שלא פורשו שמותיהם הסבורים כן.

אורח ההלכה

שלישי לקודש מן התורה וכו' הראשון השני והשלישי לטומאה טמאים ומטמאים בקודש, והרביעי בקודש פסול ואינו מטמא עוד אחרים כלל. ולמדו מן התורה ששלישי בקודש טמא, ורביעי למדו בקל וחומר ממחוסר כיפורים. (רמב"ם ספר טהרה הלכות אבות הטומאות פי"א ה"ד).

כשם שפוסל אוכלי תרומה וכו' טבול יום הריהו שני לטומאה, והוא פוסל במגעו אוכלים ומשקים של תרומה וכן אם נגע באוכלים ומשקים של קודש — פוסלם, והריהם בגדר רביעי לטומאה. כדברי חכמים, ולא כחולקים וסבורים שטבול יום מטמא בקודש. (רמב"ם שם פ"י ה"ג).

מסורת הש"ס

א. (קושיה זו) שבועות ט,א. חולין סה,ב.

ב. (ביטוי זה) שבת סה,א. קנח,א. פסחים לב,ב. סוכה ז,ב. חגיגה ו,א. יבמות נא,ב. קדושין מח,ב. סב,ב. ב"ק צג,ב. ב"מ קיג,ב. קיח,ב. ב"ב נח,ב. סנהדרין ד,א. זבחים מז,א.

ג. ראה ברכות נב,א. חולין לד,ב. טהרות פ"ב מ"ג. ירושלמי סוטה פ"ה ה"ב.

ד. פרה פי"א מ"ה. חגיגה יח,ב. חולין לג,ב. ירושלמי ביכורים פ"ב ה"א. שם חגיגה פ"ב ה"ה.

ה. שם. ירושלמי חגיגה פ"ג ה"ב.

ו. טהרות פ"ב מ"ב. שבת יד,א. חולין לג,ב. ירושלמי חגיגה פ"ג ה"ב.

ז. טהרות פ"ב מ"ז.

ח. חלה פ"ב מ"ח. ירושלמי חלה פ"ב ה"ג. תוספתא חלה פ"א י.

גרסות

ולא פרכיה יש בכת"י: **ולא פרכינן.**

ראשון ואוכל שני במקבילה: **ראשון ואוכל אוכל שני.**

שְׁלִישִׁי הַבָּא מֵחֲמַת שֵׁנִי, שֶׁשֵּׁנִי גּוּפֵיהּ [עצמו] **אָסוּר בְּחוּלִּין — אֵינוֹ דִּין שֶׁעוֹשֶׂה רְבִיעִי בַּקּוֹדֶשׁ? וְכִי תֵּימָא** [ואם תאמר] שלא השתמש בקל וחומר זה **מִשּׁוּם דְּאִיכָּא לְמִיפְרַךְ** [שאפשר להקשות]: **מַה לִּטְבוּל יוֹם שֶׁכֵּן** היה מתחילה **אַב הַטּוּמְאָה — הָא אַיְיתִינָהּ** [הרי ר' יוסי הביא אותה] השתמש בלימוד כזה **מִמְּחוּסַּר כִּיפּוּרִים, וְלָא פַּרְכֵיהּ** [פרך אותו] מטעם זה, אף שמחוסר כיפורים גם הוא היה קודם לכן אב הטומאה, משמע שאיננו חושש לפירכה זו!

א אָמַר רַב אַסִי אָמַר רַב, וְאָמְרִי לָהּ [ויש אומרים] **שֶׁאָמַר** זאת **רַבָּה בֶּן אִיסִי אָמַר רַב: ר' מֵאִיר, וְר' יוֹסֵי, וְר' יְהוֹשֻׁעַ, וְר' אֶלְעָזָר, וְר' אֱלִיעֶזֶר — כּוּלְּהוּ סְבִירָא לְהוּ** [כולם סבורים הם], **שֶׁאֵין שֵׁנִי עוֹשֶׂה שְׁלִישִׁי בְּחוּלִּין** והוא מוכיח את הדברים: **ר' מֵאִיר — דִּתְנַן** [שכן שנינו במשנה]: **כָּל הַטָּעוּן בִּיאַת מַיִם** (טבילה) **מִדִּבְרֵי סוֹפְרִים,** שחכמים נתנו לו דין כשני לטומאה, **מְטַמֵּא אֶת הַקּוֹדֶשׁ, וּפוֹסֵל אֶת הַתְּרוּמָה, וּמוּתָּר בְּחוּלִּין וּבְמַעֲשֵׂר, אלו דִּבְרֵי ר' מֵאִיר,** ומכיון שלדעתו מותר בחולין ודאי שאינו עושה שלישי בחולין. **וַחֲכָמִים אוֹסְרִין בְּמַעֲשֵׂר. ר' יוֹסֵי — הָא דַּאֲמָרַן** [זה שאמרנו] **שֶׁאִם אִיתֵיהּ** [יש] צד לומר שהוא סבור ששני עושה שלישי בחולין, אם כן **לֵיְיתֵיהּ** [שיביא, שילמד אותו] **לִרְבִיעִי בִּתְרוּמָה** מקל וחומר: ומה טבול יום שמותר בחולין פוסל בתרומה, ככר שלישי שפסול בחולין אינו דין שיעשה רביעי בתרומה. ומתוך כך **לַחֲמִישִׁי בַּקּוֹדֶשׁ** מקל וחומר: ומה מחוסר כיפורים שמותר בתרומה פסול בקודש, רביעי שפסול בתרומה אינו דין שיעשה חמישי בקודש. **ר' יְהוֹשֻׁעַ — דִּתְנַן** [שכן שנינו במשנה] **ר' אֱלִיעֶזֶר אוֹמֵר: אדם הָאוֹכֵל אוֹכֶל רִאשׁוֹן** לטומאה נעשה **רִאשׁוֹן** לטומאה, האוכל אוכל **שֵׁנִי** — נעשה **שֵׁנִי, שְׁלִישִׁי** — נעשה **שְׁלִישִׁי. ר' יְהוֹשֻׁעַ אוֹמֵר: הָאוֹכֵל אוֹכֶל רִאשׁוֹן וְאוֹכֶל שֵׁנִי** — נעשה **שֵׁנִי,** האוכל אוכל **שְׁלִישִׁי** — נעשה **שֵׁנִי בַּקּוֹדֶשׁ** שאף מאכל קודש שיגע בו יפסול את הקודש במגעו, **וְאֵין** הוא נעשה **שֵׁנִי בִּתְרוּמָה** — לפוסלה. וכל זה מדובר **בְּאדם** שאכל **חוּלִּין שֶׁנַּעֲשׂוּ עַל טָהֳרַת תְּרוּמָה** שהיו נזהרים בטהרת חולין אלה כאילו היו תרומה. ונדייק: **עַל טָהֳרַת הַתְּרוּמָה — אִין** [כן], אבל חולין שנעשו **עַל טָהֳרַת הַקּוֹדֶשׁ** שנזהרו בטהרתם כאילו היו קדשים — **לֹא,** ודינם כחולין רגילים. **אַלְמָא קָסָבַר** [מכאן שהוא סבור]: **אֵין שֵׁנִי עוֹשֶׂה שְׁלִישִׁי בְּחוּלִּין. ר' אֶלְעָזָר — דְּתַנְיָא** [שכן שנינו בברייתא], **ר' אֶלְעָזָר אוֹמֵר: שְׁלָשְׁתָּן שָׁוִין, הָרִאשׁוֹן שֶׁבַּקּוֹדֶשׁ וְהָרִאשׁוֹן שֶׁבַּחוּלִּין וְהָרִאשׁוֹן שֶׁבַּתְּרוּמָה** — כל אחד מהם **מְטַמֵּא שְׁנַיִם** (שתי דרגות זו אחר זו, שני ושלישי) **וּפוֹסֵל אֶחָד** אחריהם, דהיינו רביעי **בַּקּוֹדֶשׁ, מְטַמֵּא אֶחָד** (שני בתרומה) **וּפוֹסֵל אֶחָד** דהיינו שלישי **בִּתְרוּמָה, וּפוֹסֵל אֶחָד** בלבד **בְּחוּלִּין,** כלומר, שני מכאן שלדעתו אין שלישי לטומאה בחולין. **ר' אֱלִיעֶזֶר** סבור כן, כמו **דִּתְנַן** [ששנינו במשנה], **ר' אֱלִיעֶזֶר אוֹמֵר: חַלָּה נִיטֶּלֶת מִן** העיסה **הַטְּהוֹרָה עַל** העיסה **הַטְּמֵאָה, כֵּיצַד? היו שְׁתֵּי עִיסּוֹת אַחַת טְהוֹרָה וְאַחַת טְמֵאָה — נוֹטֵל כְּדֵי** שיעור **חַלָּה** עבור שתי העיסות **מֵעִיסָּה** טהורה **שֶׁלֹּא הוּרְמָה חַלָּתָהּ, וְנוֹתֵן פָּחוֹת מִכַּבֵּיצָה** ממנה, כלומר, שיעור של אוכל שאינו מטמא, **בָּאֶמְצַע** בין הטמאה והטהורה **כְּדֵי לִיטּוֹל** את החלה **מִן הַמּוּקָּף** (הסמוך), כלומר, מן העיסה הטמאה הסמוכה לה.

עיונים

כולהו סבירא להו מסורת היא בשם הגאונים (מובאת בשם רב האי גאון בכמה ספרים) ש"אין הלכה כשיטה". כלומר, בכל מקום שהגמרא חורזת שמותיהם של חכמים שונים ואומרת שכולם מחזיקים בדעה מסויימת — סימן הוא שאין הלכה כאותה דעה. ואילו כאן, מסכימים כל הפוסקים שהלכה היא שאין שני עושה שלישי בחולין! ויש אומרים שכאן לא הובאה ה"שיטה" לצורך עצמה, אלא כדי להודיענו שאין הלכה כר' עקיבא הסבור ששני עושה שלישי (תו"ש). ויש אומרים שיש להבין את הכלל שאין הלכה כשיטה לא כהכרעה גמורה כנגד דעה הנזכרת בתורת "שיטה", אלא לומר שאין בהכרח הלכה כמותה, למרות החכמים הרבים הסבורים כך, אבל פעמים הלכה כשיטה (אגודה). וביד מלאכי האריך בדבר ואמר כי אין סומכים על כל כללי ההלכה אלא כאשר אין הוכחה מנוגדת לכך, אולם מסקנת כל הפוסקים היא שכאשר סוגיית הגמרא מנגדת לכללים — הולכים על פי סוגיית הגמרא, ואין משגיחים בכללים, ואף כאן סוגיית הגמרא הפשוטה בהרבה מקומות היא שאין שני עושה שלישי בחולין. ויש שכתב כי אומרים שאין הלכה כשיטה רק כאשר כל החכמים הסבורים כאותה דעה נזכרים שם, וכאשר מושמט אפילו שם אחד אין זו "שיטה" אלא רק מחרוזת סתמית של שמות חכמים, שאין לה משמעות הלכתית. ואף לענייננו כיון שגם רבן יוחנן בן זכאי סבור, שאין שני עושה שלישי ואינו נזכר כאן, משמע שאין זו שיטה (תורת הקנאות בשיטת מלוא הרועים).
כל הטעון ביאת מים וכו' וכבר שאלו ראשונים: הרי עיקרה של טומאה זו הוא מדברי סופרים בלבד, ומצינו מפורש במסכת חולין כי אף ר' עקיבא מודה שאין שני עושה שלישי בטומאה שמדברי סופרים! ותירצו כי עיקר ההוכחה היא מדברי ר' מאיר המתיר במעשר, שאם מתיר הוא אפילו באכילת מעשר למרות שהוא דרבנן, יש לומר שאם היה המדובר בחולין היה מתיר בכגון זה אפילו בדאורייתא (תוהרא"ש, וכעין זה גם בתו"ש).
חלה ניטלת וכו' רש"י מפרש שדברים אלה אמורים במקרה שעשתה האשה עיסה טמאה במזיד, שאז צריכה לתקן ולהפריש חלה מעיסה טהורה. והרא"ש בתוספותיו כתב כי דברי ר' אליעזר הם בכל ענין, שלפחות מצד הפסדו של הכהן ראוי להפריש חלה מן העיסה הטהורה, כדי שיוכל הכהן לאוכלה. ולדעתו מחלוקת ר' אליעזר וחכמים היא האם מותר להפריש מן הטהורה על הטמאה, שכן יש חכמים הסבורים שאין ראוי לעשות כן (ולדעת הרא"ש אין הטעם משום שהם שני מינים אלא משום שחששו שמא יגעו זה בזה ויטמא את הטהורה).
כדי חלה אף שחלה, כתרומה, אין לה שיעור קצוב מן התורה, מכל מקום אמרו חכמים שמפרישים בדרך כלל אחד מעשרים וארבעה לחלה. ובמקרים אחרים (כגון שנעשה הדבר על ידי מי שסוחר בלחם וכיוצא בו) אחד מארבעים ושמונה. ובימינו כאשר העיסה והחלה טמאות, והחלה נשרפת באש, אין מקפידים כלל על שיעור אלא מפרישים משהו בלבד.
ונותן פחות מכביצה וכו' היו שרצו להוכיח מכאן שאי אפשר להפריש חלה מן המוקף רק על ידי שמכניסים את שתי העיסות בתוך כלי אחד שיהא מצרפן, אלא צריך שתגענה העיסות זו בזו. שהרי אם אפשר היה בתקנה זו לא היה צורך לטרוח כל אותה טירחה יתירה, אלא די היה להניחן יחד בכלי ולהפריש בפשטות כדי חלה מן הטהורה. וכתב מהר"ם מרוטנבורג בתשובה שאין להוכיח מכאן, שבדרך כלל די בצירוף הכלי, אבל כאשר יש עיסה טמאה וטהורה, כיון שאינו רוצה שתתערבנה יחד — אז אין הצירוף בכלי אחד מועיל.

אורח ההלכה

אין שני עושה שלישי וכו' ראשון שבחולין טמא ומטמא, שני — פסול ואינו מטמא, שאין שני עושה שלישי בחולין. (רמב"ם ספר טהרה הלכות אבות הטומאות פי"א ה"ב).
כל הטעון ביאת מים וכו' הבא ראשו ורובו במים שאובים או שנפלו על ראשו ורובו שלושה לוגין מים שאובים — גזרו חכמים שיהא כשני לטומאה עד שיטבול, ואם נגע באוכלין אם של תרומה הם הריהם שלישי לטומאה, ואם של קודש הרי הם רביעי לטומאה. (רמב"ם שם פ"י ה"ב-ג).
וחכמים אוסרין במעשר מעשר שני אסור לאוכלו בטומאה, ואף בטומאות שמדברי סופרים אסור לו לאכול במעשר אם נטמא בהן (רמב"ם שם הלכות טומאת אוכלין פט"ז ה"ח).
האוכל אוכל ראשון גזרו חכמים שכל שאוכל מאכלים טמאים, בין שהם ראשון או שני לטומאה, או השותה משקים טמאים, שיהיה שני לטומאה עד שיטבול. כדברי ר' יהושע שהלכה כמותו נגד ר' אליעזר. (רמב"ם שם הלכות אבות הטומאות פ"ח ה"י).
שלישי — שני בקודש וכו' האוכל מאכל תרומה שהוא שלישי לטומאה, או חולין שנעשו על טהרת התרומה, אף שהוא טהור לגעת בתרומה, הריהו כשני לענין מגע בקודש. אבל האוכל אוכל שלישי בחולין שנעשו על טהרת הקודש — הרי זה אינו מטמא קדשים. (רמב"ם שם פי"א הי"ב).
שתי עיסות וכו' שתי עיסות, אחת טמאה ואחת טהורה נוטל כדי שיעור חלה עבור שתיהן מעיסה שלא הורמה ממנה חלה, ונותן חתיכה זו בין שתי העיסות סמוך לטהורה, ומושך כדי ביצה מן הטמאה לטהורה כדי שיוכל להפריש מן המוקף. שאין חוששים מלגרום טומאה לחולין שבארץ ישראל, אפילו הם עשויים כדי להפריש מהם חלה (וראה בראב"ד וברדב"ז). (רמב"ם ספר זרעים הלכות ביכורים פ"ז הי"ב).

שלישי הבא מחמת שני דשני גופיה אסור בחולין אינו דין שעושה רביעי בקודש [א]וכי תימא משום דאיכא למיפרך מה לטבול יום שכן אב הטומאה הא אייתינה ממחוסר כיפורים ולא פרכיה

א אמר רב אסי אמר רב ואמרי לה אמר רבה בן איסי אמר רב ר"מ ור' יוסי ור' יהושע ור' אלעזר ור' אליעזר [ב]כולהו סבירא להו [גא]דאין שני עושה שלישי בחולין ר"מ *דתנן [דב]כל הטעון ביאת מים מדברי סופרים מטמא את הקודש ופוסל את התרומה ומותר בחולין ובמעשר דברי ר"מ [ה]וחכמים [ג]אוסרין במעשר ר' יוסי הא דאמרן דאם איתיה לייתיה לרביעי בתרומה וחמישי בקודש רבי יהושע דתנן [ו]*ר"א אומר האוכל אוכל ראשון ראשון שני שני שלישי שלישי רבי יהושע אומר [ד]האוכל אוכל ראשון ואוכל שני שני [ה]שלישי שני בקודש ואין שני בתרומה [ו]בחולין שנעשו על טהרת תרומה על טהרת התרומה אין על טהרת הקודש [ז]לא אלמא קסבר אין שני עושה שלישי בחולין ר"א (א) דתניא [ז]ר' אלעזר אומר שלשתן שוין הראשון שבקודש ושבחולין ושבתרומה מטמא שנים ופוסל אחד בקודש מטמא אחד ופוסל אחד בתרומה ופוסל אחד בחולין ר' אליעזר דתנן [ח]*ר"א אומר חלה ניטלת מן הטהורה על הטמאה [ח]כיצד שתי עיסות אחת טהורה ואחת טמאה נוטל כדי חלה מעיסה שלא הורמה חלתה ונותן פחות מכביצה באמצע כדי ליטול מן המוקף וחכמים

שלישי הבא מחמת שני כו'. דשמעינן מיניה תרתי ש"מ אוכל הבא מחמת טבול יום דסבירא ליה כאבא שאול וש"מ שלישי הבא מחמת שני נהי דחמישי בקדש לא אמר דנייתי מינה כדקעביד בטבול יום דהתם מעלה דרבנן היא ובקודש מקודש מיירי ורבי יוסי מדאורייתא קאמר אבל רביעי מיהא אייתי מינה: **וכ"ת כו' הא אייתינה.** ר' יוסי מק"ו ממחוסר כיפורים דאיכא למיפרך נמי מה למחוסר כיפורים שכן אב הטומאה ולא פריך דלא חשיב ליה ר' יוסי פירכא דהשתא דטבל לה אזלה לה ההיא טומאה: **כל הטעון ביאת מים מדברי סופרים.** כל שהוא טהור מן התורה וחכמים הזקיקוהו לבא במים וליטהר כגון הבא ראשו ורובו במים שאובין והאוכל חצי פרס אוכלין טמאין והידים שהצריכום טבילה כולם בתורת שניים הטעינום: **מטמאין את הקדש.** להיות שלישי ויעשה רביעי ופוסלין את התרומה: **וחכמים אוסרין במעשר.** באכילה אבל נגיעה שרי וחולין אף לאכול והכי אמר בחגיגה (דף יח:) והוא הדין נמי לרבנן אין שני עושה שלישי בחולין והאי דלא חשיב להו לפי שלא נתפרשו שמותן ור"מ ומחלוקתו קאמר: **דאם איתא.** דשלישי בחולין מן התורה לייתיה רביעי בתרומה מק"ו מטבול יום כדאייתי לשלישי לעיל משני בחולין: **וחמישי בקדש.** מרביעי בתרומה מק"ו ממחוסר כיפורים כדאייתי לרביעי לעיל משלישי בתרומה: **האוכל אוכל ראשון.** חצי פרס מאוכל ראשון נעשה גופו ראשון לטומאה מדרבנן והאוכל אוכל שני נעשה גופו שני ובשחיטת חולין מפרש טעמא שעושה את האוכל חמור כמאכל בהשוחט (חולין ד' לד.): **רבי יהושע אומר האוכל אוכל ראשון או אוכל אוכל שני שני.** מאכל ראשון לא עביד ליה ראשון אלא שני שאין האוכל חמור כמאכל אבל מאכל שני עושה אותו שני והתם מפרש טעמא מלינו שהשני עושה שני על ידי משקין: **שלישי שני לקדש.** האוכל אוכל שלישי נעשה גופו שני לקדש שאם יגע בקדש יטמאנו לפסול עוד אחד והתם מפרש טעמא וכל הנך טומאות מדרבנן נינהו: **בחולין שנעשו על טהרת תרומה.** באיזו חולין אמרו שהאוכל שלישי שלהן נעשה שני לקדש בחולין שנעשו על טהרת תרומה שבעליהם כהן ורגיל בתרומה וקיבל עליו לאכול חולין שלו בטהרת תרומה כדי שיהא רגיל לתרומותיו בטהרה(ב) הזקוקה להן הילכך משכחת בהו שלישי דבחולין אחרים לא משכחת שלישי: ה"ג **על טהרת תרומה אין חולין גרידי לא ומאן דגרים על טהרת הקדש לא הכי מפרש לה על טהרת הקדש לא דהוו להו חולין גרידי שהמתפיס חולין לטהרת הקדש בטלה דעתו ואין בדבריו כלום: שלשתן שוין.** הנך דמפרש להו ראשון של חולין וראשון של תרומה וראשון של קודש: **מטמא שנים ופוסל אחד בקדש.** דהיינו רביעי: **מטמא אחד ופוסל אחד בתרומה.** דהוה ליה שלישי: **ופוסל אחד בחולין.** דהוה ליה שני ותנא דפליג עליה סבר ראשון של חולין לא אזיל בקדש עד רביעי שאין קדש בא לידי רביעי אלא אם כן היה ראשון של קודש ומיהו שמעינן מינה דאין שלישי בחולין: **ר"א אומר חלה ניטלת מן הטהורה על הטמאה.** רישא דמתני' במסכת חלה (פ"ב מ"ז) הכי שיעור חלה אחד מכ"ד נטמאה עיסתה שוגגת או אנוסה אחד ממ"ח נטמאת במזיד אחד מכ"ד שלא יהא חוטא נשכר ר"א אומר היכא דנטמאת מזידה תלוש אחרת בטהרה ותטול מן הטהורה על הטמאה משום דמצוה לתרום מן המוקף כיצד תעשה שיהא מן המוקף וטהורה נוטלת כדי חלת הטמאה מעיסה הטהורה עד שלא הורמה חלתה דאי הורמה חלתה דטהורה תו לא מצי לאפרושי מן הפטור על החיוב ולא חייל עליה תו שם חלה: **ונותנת פחות מכביצה באמצע כדי לתרום מן המוקף.** מוקף לשון מחובר ומקורב כמו אין מקיפין שתי חביות במסכת ביצה (דף לג:) ומקרא נפקא לן והרמותם ממנו מן המוקף לו בספרי הילכך צריכה להקיף

שלישי הבא מחמת שני וכו'. פירש רש"י דשמעינן מיניה תרתי שמעינן מיניה אוכל הבא מחמת טבול יום דסבירא ליה כאבא שאול ושמעינן מיניה דשלישי הבא מחמת שני וכו' תימה כיון דיליף ק"ו לשלישי ממחוסר כיפורים לאו ממילא שמעינן מיניה דאית ליה כאבא שאול דהאי קל וחומר גופיה דמחוסר כיפורים נפקא לן אוכל הבא מחמת טבול יום דעביד רביעי א"כ אמאי הוי ליה למיתניה לרביעי בקודש מאוכל הבא מחמת טבול יום וכי לא מייתי ליה שפיר טפי ממחוסר כיפורים גופיה מדהוי מייתי ליה מאוכל הבא מחמת טבול יום דאוכל הבא מחמת טבול יום גופיה לא שמעינן ליה אלא מק"ו דמחוסר כיפורים ונראה דאפי' הכי הוי ניחא ליה טפי לעשות שלישי מק"ו ראשון כגון שלישי הבא מחמת שני דאלים טפי למיעד רביעי ממאי דמייתי ליה ממחוסר כיפורים שצריך למייתי שלישי גופיה (למייתי) מק"ו דטבול יום דפסול בתרומה אע"ג דבין כך ובין כך הוי ק"ו בן ק"ו מיהו לאלומי כח שלישי עדיף ליה טפי: **הא** **אייתינה ממחוסר כיפורים ולא פרכינן.** רש"י פי' משום דכיון דטבל אזלה ליה ההיא טומאה ולא ידענא מאי פי' הכי הא ע"כ אית לן למימר דר' יוסי סבירא ליה כרבן יוחנן בן זכאי דמייתי שלישי בתרומה במה הצד דאי לא תימא הכי שלישי מנא ליה ובאותו מה הצד גופיה מייתי רבי יוסי רביעי ממחוסר כיפורים ומכלי חרס ומשום הכי לא פריך. ספר הישר. מסיק בפ"ק דשבת (דף יד.) זימנין דאכיל אוכלין טמאין וכו' הקשה ריב"א הלוי זצ"ל אלמא דאוכלין טמאין פוסלין את הגויה בכביצה דאפי' כביצה מטמאין למשקין דתרומה דשדי לפומיה והתנן בפרק כילד משתתפין (עירובין דף פב:) חציה לבית המנוגע וחצי חציה לפסול את הגויה דהיינו שני ביצים ותירץ מורי אין דרך בני אדם לשתות אלא לאחר אכילת שני ביצים וקודם לכן מילתא דלא שכיחא היא ואין נראה לר"י תירוץ זה חדא שאפילו בלשון לא דקדק שבכאן הוא אמר לפסול את הגויה ולשם הוא אומר אלו פוסלין בתרומה משמע אפילו במגע ובכאן לא גזרו אלא טומאת פנים אטו טומאת חוץ ועוד היאך אנו אומרים ביומא פרק אחרון (דף פ:) אמר רב פפא הנח לטומאת גויה דלאו דאורייתא ומותיב מי אמר רב פפא הכי והכתיב לא תטמאו בהם ואמר רב פפא מכאן לטומאת גויה דאורייתא ומתרץ מדרבנן וקרא אסמכתא בעלמא ואם היה מגזרת י"ח דבר וכי בזה היה טועה בעל הגמרא שהם דאורייתא והלא פשט איסורם בכל העולם אלא ודאי נראה דתרי גזירות הוו חדא גזירת טומאת פנים אטו טומאת חוץ דהיינו פסול גויה דהרואה סבר דמותר להגיע טומאה למשקין דהא זה כשאכל תרומה ואח"כ שותה משקין טמאים נוגעין זה בזה בתוך מעיו ולא חיישינן להכי נמי לא נחוש אפי' בחוץ להכי גזרו ודוקא בשני ביצים אבל בכביצה לא שהרי האוכל כביצה מתעכל בתוך מעיו ונשאר בין שיניו ולכשיהיה בבני מעיו יפחות הרבה מכביצה ואין אדם טועה שאפילו אוכל אוכלין טמאין בכביצה ושותה משקין דתרומה לא יאמר א"כ טהורין הן בכביצה אפי' בחוץ דהא בפנים לא היה כביצה שהרי נתעכל האוכל ולא היה כשיעור לטמא ודוקא באוכלין מצריך יותר מכשיעור משום דמתעכל אבל משקין פסלי גויה בכדי רביעית דאין דרך משקה להתעכל בתוך מעיו וא"ת היה להן להוסיף יותר מעט מ"מ כיון דנחית לשיעוריה העמיד אותה על שני ביצים שהוא שיעור ידוע וגזירה אחרת אותה של שבת שגזרו בכביצה אף על מגע ואותה של שחיטת חולין (דף לד.) דאמר עולא האוכל אוכל שלישי של חולין שנעשו על טהרת תרומה נפסל גופו מלאכול בתרומה איני יודע לפרש אם היה מאותה גזירה ראשונה מ"מ למה גזרו אי משום טומאת חוץ הלא אפילו אם היה נוגע בשלישי שבתרומה לא היה נפסל שאין שלישי עושה רביעי בתרומה כדמוכח התם* דתניא חולין שנעשו על טהרת הקדש הרי הוא כחולין רבי אלעזר ברבי צדוק אומר הרי הן כטומאה לתרומה לטמא שנים ולפסול אחד א"כ אינו רביעי וא"ת מגזרה שניה ומשום משקין דאכיל אוכלין טמאין ושתה משקין דתרומה אם כן למה נפסל גופו יהי' טמא אפי' במגע וא"ת גזרה שלישית היא מ"מ הטעם לא נודע אלא א"כ נאמר רבו בגזרות וגזרו גזירה לגזרה ולפי פירוש הקונטרס שפירש בשחיטת חולין אינו נראה ואינו מיושב יפה שמפרש האוכל אוכל ראשון זהו חצי פרס שהרי אנו אומרים מאי טעמא דילמא אכיל אוכלין טמאין ושתי משקין דתרומה וזהו אפילו בכביצה. ע"כ לשון ספר הישר:

מר

יד א מיי' פי"א מהל' אבות הטומאות הלכה ב:
טו ב מיי' שם פט"ז הל' ב ופ"ט הל' א ופ"י הל' ב וע"ש בכ"מ ופי"א הל' ג ב ז:
טז ג מיי' פט"ז מהל' טומאת אוכלין הל' ח:
יז ד מיי' פ"ח מהל' שאר אבות הטומאות הלכה ו:
יח ה ו ז מיי' שם פי"א
יט ח מיי' פ"ה מהל' בכורים הל' יב ופ"ו שם הל' יב וע"ש בכ"מ טוש"ע י"ד סימן שכג:

חגיגה יח: חולין לג: פרה פי"א מ"ה
טהרות פ"ב מ"ב שבת יד. חולין לג:
חלה פ"ב מ"ח
[חגיגה דף כ. וחולין דף לה:]

הגהות הב"ח
(א) גמ' דתניא ר' אלעזר. נ"ב עיין פ"ב דטהרות משנה ז': (ב) רש"י ד"ה בחולין וכו' בטהרה (הזקוקה). תז"מ ונ"ב ס"א שהזקוקה:

תוספות שאנץ

יוסי לעיל דריש ליה נמי הכא הכי ל"ה. אמר רב ר' מאיר ור' יוסי כו'. כל הטעון ביאת מים כו'. וחכמים אוסרים במעשר באכילה אבל בנגיעה שרי וחולין אף לאכילה והכי קאמר בחגיגה וה"ה דלרבנן אין שני עושה שלישי בחולין והא דלא חשיב להו (לעיל) עם האחרים לפי שלא נתפרשו [שמותן] ור' מאיר ומחלוקתו קאמר ל"ה. ותימה דמשמע דרבנן דפליגי עליה דר' עקיבא דאמרי אין שני עושה ג' בחולין מיירי (אפי') [בטומאה] בדרבנן ור' עקיבא אמר למילתיה אפי' בדרבנן. וק' דאמרי' בפ' השוחט גבי השוחט חיה ועוף ולוקמ' כר' עקיבא דאמר ידים תחלות נינהו גבי מכנים ידיו לבית המנוגע ומשני דלמ' ה"מ בדאורייתא אבל בטומאה דרבנן לא פי' דבטומאה דרבנן לא הי' אומר ר' עקיבא דשני עושה ג' בחולין. ואומר ה"ר אלחנן דההיא דהכא לא תיקשי דאיכא למימר דהכא לא מיתי [אלא דאיכא] תנאין שסוברים דאין שני עושה ג' בחולין ובאין בזה להוציא מדר' עקיבא והא דמייתי הכא ר' מאיר איכא למימר דמייתי ראיה מדשקל ר' מאיר במלתיה ומותר בחולין ובמעשר א"כ קיל שני דאוריי' להתירו בחולין ובמעשר יש מי שאומר בשם רב האיי גאון ז"ל דכל היכא דאיכא פלוני ופלוני ופלוני כולהו סבירא להו דאין הלכה כמותן תנאים דכולהו שיטה אחת אמור ורבנן דידהו פליגי עלייהו. והשתא ק' מהכא דק"ל דאין שני עושה ג' בחולין וכן פוסק הר' אלחנן מירושל' וגם לא אשכחן רבנן דפליגי על אלו תנאים דהא רבנן דר' מאיר מודי דאין ב' [עושה ג'] כשפ"ה וגם על ר' יהושע ליכא מאן דפליג עליה: ר' יהושע אומר האוכל אוכל ראשון ואוכל שני שני בפ' השוחט מפ' טעמא שני שני למה לפי שמצינו ששני עושה שני על ידי משקין וכל הנך טומאות דרבנן נינהו. ה"ג על טהרת תרומה אבל חולין גרידי לא ומאן דגרי' על טהרת הקדש לא ה"פ על טהרת הקדש לא דהוה ליה חולין גרידי שהמתפים חולין על טהרת הקדש בטלה דעתו אצל כל אדם ואין בדבריו כלום ל"ה. ר' אליעזר אומר ניטלת מן הטהורה על הטמאה פ"ה רישא דמתני' במס' חלה הכי איתא [שיעור] חלה אחד מכ"ד נטמאת עיסתה שוגגת או אנוסה אחד ממ"ח נטמאת במזיד אחד מכ"ד שלא יהא חוטא נשכר. ר' אליעזר אומר נטמאת מזידה תלוש אחרת בטהרה ותטול מן הטהורה על הטמאה וכיצד יעשה שיהא מן המוקף ובטהרה נוטלת כדי חלת הטמאה מעיסה הטהורה עד שלא הורמה חלתה דאי הורמה חלתה דטהורה תו לא מצי לאפרושי מן הפטור על החיוב דלא חייל עליה תו שם חלה: כדי לתרום מן המוקף. מקרא נפקא לן בספרי והרמותם ממנו מן המוקף לו הלכך צריך להקיף את העיסה קודם שתקרא לה שם והכי מקיפה לה נותנת בעריבה לצד אחד ונותנת מן העיסה הטהורה פחות מכביצה בין הטמאה לטהורה והאמצעית נוגעת בשתיהן ומצרפתן וקורא שם על החלה ומסלקה עם קריאת שם ופחות מכביצה אינו מטמא אחרים אע"פ שהוא עצמו מקבל טומאה כדתניא בת"כ מכל האוכל מלמד שהוא מטמא בכל שהוא יכול יטמא אחרים בכל שהוא ת"ל אשר יאכל ודרשי' אוכל הנאכל בבת אחת ושיערו חכמים זהו כביצת תרנגולת. ומה שפ"ה קורא לה שם לחלה ומסלקה עם קריאת שם למה הוצרך לפר' כן נר' משום דקשי' ליה אפי' אין שני עושה ג' בחולין מ"מ כיון שקרא לה שם הויא לה העיסה תרומה ושני עושה ג' בתרומה לכך הוצרך לפ' שמסלק תחלה ועם הסלוק קורא לה שם. והק' הר' אלחנן והלא אין זה מוקף ובעי' מוקף ממש ויש רוצים לומר דקרינן כי האי גונא מוקף. ול"נ דאמרי' פ"ק דנדה אשה והיא טבולת יום לשה את העיסה וקוצה הימנה חלתה

תורה אור

וחכמים אוסרין [א]ותניא כביצה סברוה אידי ואידי בעיסה ראשונה *וחולין הטבולין לחלה לא כחלה דמו מאי לאו בהא קמיפלגי דמר סבר אין שני עושה שלישי בחולין ומר סבר שני עושה שלישי בחולין אמר רב מרי בריה דרב כהנא דכולי עלמא אין שני עושה שלישי בחולין והכא בחולין הטבולין לחלה קמיפלגי מר סבר [א]כחלה דמו ומר סבר לא כחלה דמו ואיבעית אימא דכולי עלמא [ב]חולין הטבולין לחלה לא כחלה דמו ואין שני עושה שלישי בחולין והכא במותר לגרום טומאה לחולין שבארץ ישראל קמיפלגי מ"ס [ב]* [ג]מותר לגרום טומאה לחולין שבארץ ישראל ומר סבר [ג]*אסור לגרום טומאה לחולין

א שבארץ ישראל: בו ביום דרש רבי עקיבא וכו': במאי קא מיפלגי מר סבר [ד]*תחומין דאורייתא ומר סבר [ה]* [ד]דרבנן: ת"ר [ו]*בו ביום דרש רבי עקיבא בשעה שעלו ישראל מן הים נתנו עיניהם לומר שירה וכיצד אמרו שירה כגדול המקרא את הלל והן עונין אחריו ראשי פרקים משה אמר °אשירה לה' והן אומרים אשירה לה' משה אמר *כי גאה גאה והן אומרים אשירה לה' רבי אליעזר בנו של רבי יוסי הגלילי אומר כקטן המקרא את הלל והן עונין אחריו כל מה שהוא אומר משה אמר אשירה לה' והן אומרים אשירה לה' משה אמר *כי גאה גאה והן אומרים כי גאה גאה רבי נחמיה אומר כסופר הפורס על שמע בבית הכנסת שהוא פותח תחילה והן עונין אחריו במאי קמיפלגי רבי עקיבא סבר לאמר אמילתא קמייתא ורבי אליעזר בנו של ר"י הגלילי סבר לאמר אכל מילתא ומילתא ור' נחמיה סבר ויאמרו דאמור כולהו בהדי הדדי לאמר דפתח משה ברישא תנו רבנן [ז]דרש רבי יוסי הגלילי בשעה שעלו ישראל מן הים נתנו עיניהם לומר שירה וכיצד אמרו שירה עולל מוטל על ברכי אמו ותינוק יונק משדי אמו כיון שראו את השכינה עולל הגביה צווארו ותינוק שמט דד מפיו ואמרו זה אלי ואנוהו שנאמר °מפי עוללים ויונקים יסדת עוז [ח]היה רבי מאיר אומר מנין *שאפי' עוברים שבמעי אמן אמרו שירה שנאמר במקהלות

(שמות טו) (תהלים ח)

להקיף החלה אצל העיסה קודם שתקרא לה שם והכי מקיפה לה נותנת בעריבה לצד אחד(א) ונותנת מן העיסה הטהורה פחות מכבילה בין החלה הטהורה ובין העיסה הטמאה והאמצעית נוגעת בשתיהן ומצרפתן וקורא שם על החלה ומסלקת עם קריאת השם ופחות מכבילה אינו מטמא את החלה ואע"פ שהוא עצמו מקבל טומאה כדתניא בתורת כהנים מכל האוכל אשר יאכל מלמד שהוא מיטמא בכל שהוא יכול יטמא לאחרים בכל שהוא ת"ל אשר יאכל ודרשינן ליה בפרק בתרא דיומא (דף פ.) אוכל הנאכל בבת אחת ושיערו חכמים אין בית הבליעה מחזיק יותר מבילת תרנגולת: **וחכמים אוסרין.** כדבעינן לפרושי טעמא: **ותניא כבילה.** ותניא בברייתא דאליבא דר' אליעזר ונותנת אף כבילה באמצע ואפ"ה לא מטמא לה לחלה עד שלא נקרא עליה שם: **סברוה רבנן.** הני דבי מדרשא דבעו למשמע מינה דר' אליעזר *אין שני עושה שלישי בחולין ס"ל אידי ואידי הך ברייתא נמי אליבא דרבי אליעזר דשרי כבילה ומתני' דאמר פחות תרווייהו בעיסה ראשונה העיסה הטמאה ראשונה לטומאה היא ואפ"ה קאמר ר' אליעזר בברייתא כבילה ואע"ג דמיטמאה אמצעית מחמת ראשונה והויא לה שניה לא הדרא ועבדא לה לחלה עד שלא קרא עליה שם שלישי ואע"ג דמעיסת חולין הטבולין לחלה הוא דכ"ע בין לר' אליעזר בין לרבנן לאו כחלה דמיא למיהוי עלה תורת תרומה: **מאי לאו בהא קמיפלגי.** רבי אליעזר ורבנן דר' אליעזר דשרי סבר אין שני עושה שלישי בחולין ורבנן דאסרי סברי שני עושה שלישי בחולין ואיטמא לה חלה לפני קריאת השם ואע"ג דחולין הוא ואשתכח דספינן לכהן חלה טמאה בחזקת שהיא טהורה ותנא דמתני' דאמר לר' אליעזר פחות מכבילה לאו משום דאית ליה שני עושה שלישי אלא משום דכמה דאפשר למעוטי טומאה דאמצעית ממעטינן דאסור לגרום טומאה לחולין אלא משום תקנת תרומה הוא דשרי והא אפשר בהכי אי נמי משום דילמא לא מיזדהר בה שלא תגע חלה באמצעית זו אחר קריאת השם וחכמים אוסרין דילמא אתי למיעבד כבילה ומטמא אמצעית והדרא ומטמיא לחלה: **לא דכ"ע.** ואפילו לרבנן אין שני עושה שלישי בחולין והאי דקאסרי רבנן משום דקסברי חולין הטבולין לחלה כחלה דמו ומיפסלי משום שם שלישי: **ואיבעית אימא דכ"ע לאו כחלה דמי ודכ"ע אין שני עושה שלישי בחולין והכא במותר לגרום טומאה לחולין כו'.** טעמא דרבנן דאסרי משום אמצעית הוא דמיטמא מחמת העיסה שהיא ראשונה וקסברי אסור לגרום טומאה לחולין משום תקנת תרומה ור' אליעזר סבר מותר לגרום טומאה לאמצעית כדי לתקן חלה בטהרה ותנא דמתניתין ותנא דברייתא אליבא דר' אליעזר נמי בהא פליגי דתנא דמתניתין סבר אע"ג דמותר לגרום לה טומאה מיהו כל כמה דאפשר למעוטי לא מפסינן להו לגרום להן טומאה בחנם והא אפשר בהכי הלכך כבילה לא דחשיב ותנא דברייתא סבר כיון דמותר לגרום לא שנא שיעורא רבא ולא שנא שיעורא זוטרא דאפילו בכדי בילה נמי מותר לגרום אי נמי תנא דמתני' סבר דילמא נגע חלה באמצעית אחר קריאת השם ותנא ברא לא חייש: **במאי קמיפלגי.** ר"ע ור' אליעזר בנו של ר' יוסי הגלילי: **כגדול המקרא את הלל.** מקרהו לציבור להוציאן ידי חובתן: **והן עונין אחריו ראשי פרקים הללויה.** שהוא ראש הפרשה על כל דבר שהוא אומר עונין אחריו הללויה דתנן במסכת סוכה (דף לח.) מי שהיה עבד או אשה או קטן מקרין אותו הוא עונה אחריהן מה שהם אומרים ואם היה גדול מקרא אותו עונה אחריו הללויה: **כסופר.** מלמד תינוקות והוא תדיר בבית הכנסת ופורס על שמע לעשרה הנועדים. פורס לשון פרוס החג לפני החג (שקלים דף ה) מתחיל בברכות שלפני קריאת שמע והן עונין אחריו וקורין כולן יחד וכך שרתה רוח הקודש על כולם וכוונו יחד את השירה ככתבה: **לאמר אמילתא קמייתא קאי.** שעונין תמיד אשירה לה': **ורבי נחמיה סבר ויאמרו.** אמשה ובני ישראל קאי ומשמע דאמור כולהו בהדי הדדי: **לאמר דפתח משה ברישא.** הכי קאמר ויאמרו כולם אחר שנרשו לאמר דהיינו אחר שפתח חכם: **עולל.** גדול מיונק כדכתיב (שמואל א טו) מעולל ועד יונק ודרך המקרא לומר כן כלומר כלה הכל מן החשוב עד הגרוע כמו משור ועד שה (שם):

במקהלות

מר סבר תחומין דאורייתא ומר סבר תחומין דרבנן. תימה דהכא משמע דאי הוה משתעי קרא דאלפים אמה בלוים דהוה סבר דתחומין דרבנן אלא טעמא משום דמשתעי בשבת והא יליף לתחומין בפרק מי שהוציאוהו (עירובין דף נא.) מג"ש מקום ממקום ומקום מניסה וכו' א"כ אפי' הוה משתעי בשדות וכרמים הוי מצי למילף בהו ג"ש דמקום דכתיב גבי שבת היינו אלפים דהא פריך התם ונילף מקיר העיר וחוצה אע"ג דההוא קרא משתעי לדברי הכל בלוים ובספ"ק דעירובין (דף יז:) משמע מאן דסבר דתחומין דאורייתא נפקא לן מאל יצא איש ממקומו: **רבי נחמיה אומר כסופר הפורס על שמע בבית הכנסת.** בתוספתא (פ"ו) ר' נחמיה אומר כבני אדם שקורין את שמע שנאמר ויאמרו לאמר מלמד שהיה משה פותח תחילה וישראל עונין אחריו וגומרין משה אמר אז ישיר משה וישראל אומרים אשירה לה' משה אמר עזי וזמרת יה וישראל אומרים זה אלי ואנוהו משה אמר ה' איש מלחמה וישראל אומרים ה' שמו: **רבי מאיר אומר מנין שאפי' עוברין שבמעי אמן.** אין לומר דרבי יוסי הגלילי ורבי מאיר פליגי דרבי יוסי אית ליה דוקא עוללים ויונקים ולא עוברים אלא מקרא דמפי עוללים ויונקים נפקא ליה דתינוק שמט דד מפיו דמשמע יונקים בשעה שהוא יונק ולכך איצטריך קרא דמפי עוללים דאי לאו הכי כיון דנפקא לן מקרא(ב) ממקור ישראל במקהלות ברכו אלקים אפילו עוברים לא הוה צריך למימר תו עוללים ויונקים דבפ' שלשה שאכלו (ברכות דף מט:) תנינן בעשרה אומרים נברך אלהינו וכו' רבי יוסי הגלילי אומר לפי רוב הקהל מברכין שנאמר במקהלות ברכו אלקים א"ר עקיבא מה מצינו בבית הכנסת אחד מרובין ואחד מועטין אומר ברכו את ה' וקדייק עליה בגמ' (שם דף נ.) ורבי עקיבא האי קרא דר"י הגלילי מאי עביד ליה מבעי ליה לכדר' מאיר וכו'

ואידך

[נדה ו:] [עירובין לו. נט.] [נ"ל עזי וזמרת יה והן כו'. כך איתא בתוספתא]

עין משפט נר מצוה

כ א מיי' פ"ז מהל' ביכורים הל' יב:

כא ב מיי' שם ופי"א מהל' אבות הטומאות הלכה טו:

כב ג מיי' פ"ז מהל' ביכורים הל' יב ופט"ז מהל' טומאת אוכלין הל' ט:

כג ד מיי' פכ"ז מה' שבת הלכה א סמג לאוין סה [טור או"ח סי' שצ"ז]:

תוספות שאנץ

חלתה ומניחתה בכפיפה או באנחותא [ומקפת] וקורא לה שם אלמא משמע דבעי' מן המוקף ממש. (ואומר ר"י דשאני התם הילכך תקנו בכפיפה או באנחותא שאם אתה אומר שתקרא לה שם בעודה בידה א"כ תטמא החלה שהיא טבולת יום לכך תקנו להניחה בכפיפה להבחין שהיא טבולת יום ודכוותיה קאמר בהניזקין שתקנו בכפיפה ואנחותא א) משו' היכירא) ב) וא"ת המטמא העיסה טמאו אותו כביצה שבנתים ומאי אהני קריאת השם ואומר הר' אלחנן שמפרי' החלה מן העיסה ומקיפו לצד העיסה הטהורה והשתא הוי ליה רביעי דתרומ' א"נ שאוחז בידו תחלה אמצעית. אידי ואידי בעיסה ראשונה ה"ג רש"י. וקאי אעיסה הטמאה ראשונה [ואע"ג דמיטמאה אמצעית מחמת ראשונה] והויא לה שניה לא [הדרא] ועבדא לה לחלה עד שלא קרא שם שלישי ואית דגרסי אידי ואידי בעיסה שניה וקאי (אביצה) [אאמצעית] ואפחות מכביצה. ג) וכר' יונתן דגר' ראשונה

מאי לאו בהא קמיפלגי פ"ה ר' אליעזר ורבנן דר' אליעזר דשרי סבר אין שני עושה ג' בחולין ורבנן סברי [שני] עושה שלישי בחולין. ואיטמי לה לחלה לפני קריאת השם ואע"ג דחולין הוא ואשתכח דספי' לכהן חלה טמאה בחזקת טהורה. ותנא דמתני' דאמר לר' אליעזר פחות מכביצה לאו משום דאית ליה ב' עושה ג' אלא משום דכמה דאפשר למעוטי טומאה דאמצעי' ממעטי' דאסור לגרום טומאה לחולין אלא משום תקנת תרומה הוא דשרי' והא אפשר בהכי א"נ משום דילמא לא מיזדהר שלא תגע חל' באמצעית [זו] לאחר קריאת שם וחכמים אוסר' דלמא אתי למעבד [כביצה] ומטמיא אמצעי' והדרא ומטמיא לחלה כל"ה. מר סבר מותר לגרום טומאה לחולין פ"ה היינו דר' אליעזר סבר דמותר לגרום טומאה לאמצעית כדי לתקן חלה בטהרה ותנא דמתני' ותנא דבריי' אליבא דר' אליעזר נמי בהא פליגי דתנא דמתני' סבר דמותר לגרום טומאה משום תקנת חלה מיהו כל כמה דאפשר למעוטי טומאה לא מפשי' לגרום להם טומאה בחנם והא אפשר בהכי הלכך כביצה לא (דריש) [דחשיב] בו ותנא דבריי' סבר כיון דמותר לגרום לא שנא שיעורא רבה ולא שנא שיעורא זוטא דאפי' לכביצה נמי מותר לגרום. א"נ תנא דמתני' סבר דלמא נגע חלה לאמצעי' אחר קריאת שם ותנא ברא לא חייש כל"ה. ומר סבר תחומין דרבנן דאמר בירו' דאפי' מאן דאית ליה דתחום אלפים לא הוי אלא מדרבנן מ"מ תחום דג' פרסאות הוי דאורייתא. **מתני'** שאין ת"ל לאמר פ"ה דלא הוי כמו שאר לאמר שבתורה דהתם השכינה מדברת עם משה דיבורו וחוזר הוא ואומרו לישראל אבל כאן אין שייך לאמר כן: **גמ'** מפי עוללים ויונקים עולל גדול מיונק כדכתיב מעולל ועד

א) וכ"כ רש"י בנדה דף ו' ע"ש. ב) נראה דצ"ל ולכן פירש ר' אלחנן דקורא לה שם בעודה מחוברת לעיסה וא"ת הא העיסה הטמאה מטמאה את החלה ע"י אותו כבילה וכו'. ג) אולי צ"ל ויותר נראה דגרסי' ראשונה כפ"ה.

[נדה ו:] עי' רש"א [גיטין נג. נדה שם] [עירובין לה: בילה לו:] [תוספתא פ"ו]

[נ"ל עזי וזמרת יה והן אומרים עזי וזמרת יה רבי נחמיה וכו' כך איתא בתוספתא]

הגהות הב"ח

(א) רש"י ד"ה (בע"א) ונותנת וכו' ונותנת מן העיסה הטהורה. נ"ב לאו דוקא אלא אף מן הטהורה ולמ"ד מותר לגרום טומאה אפי' היכא דאפשר אבל אי נותנת מן הטמאה כ"ש דניחא טפי וכ"כ הרמב"ם: (ב) תוספות ד"ה ר' מאיר וכו' מקרא במקהלות ברכו אלקים ממקור ישראל אפילו כצ"ל:

ברכות נ. כתובות ז:

וַחֲכָמִים אוֹסְרִין לעשות כן. **וְתַנְיָא** [ושנויה ברייתא] שלדעת ר׳ אליעזר יכול לתת באמצע אף עיסה ששיעורה **כַּבֵּיצָה**, המטמאת אוכלים אחרים. **סַבְרוּהָ** [חשבו] אותם חכמים שרצו להוכיח מכאן את דעת ר׳ אליעזר כי **אִידִי וְאִידִי** [זה וזה], בין במשנה ובין בברייתא מדובר **בְּעִיסָּה** שהיתה **רִאשׁוֹנָה** לטומאה, ועוד הניחו כי **חוּלִּין הַטְּבוּלִין לְחַלָּה** (שהם בגדר טבל, שצריכים להפריש מהם חלה) **לֹא כְּחַלָּה דָּמוּ** [נחשבים] לענין טהרתם, אלא כחולין גמורים. ועל סמך הנחות אלה מציעים: **מַאי לָאו בְּהָא קָמִיפַּלְגִי** [האם לא בזה חלוקים] ר׳ אליעזר וחכמים, **דְּמָר סָבַר** [שחכם זה, ר׳ אליעזר, סבור]: **אֵין שֵׁנִי עוֹשֶׂה שְׁלִישִׁי בְּחוּלִּין**, ולכן גם אם מניח בצק טהור ששיעורו כביצה באמצע, ועל ידי כך נטמאת החתיכה מחמת העיסה הטמאה ונעשית שני לטומאה, מכל מקום אינה יכולה לטמא את העיסה האחרת, שאין שני עושה שלישי בחולין. **וּמָר סָבַר** [וחכם זה, חכמים, סבור]: **שֵׁנִי עוֹשֶׂה שְׁלִישִׁי בְּחוּלִּין**, ולכן אוסרים לחבר את העיסה הטמאה והטהורה. **אָמַר רַב מָרֵי בְּרֵיהּ** [בנו] של **רַב כָּהֲנָא: דְּכוּלֵּי עָלְמָא** [לדעת הכל] אפשר לומר **שֶׁאֵין שֵׁנִי עוֹשֶׂה שְׁלִישִׁי בְּחוּלִּין, וְהָכָא** [וכאן] **בְּענין חוּלִּין הַטְּבוּלִין לְחַלָּה קָמִיפַּלְגִי** [חלוקים הם], **מָר סָבַר** [חכם זה, חכמים, סבור]: **כְּחַלָּה דָּמוּ** [נחשבים] וחלה דינה כתרומה, ששני לטומאה פוסל את השלישי ולכן הם אוסרים, **וּמָר סָבַר** [חכם זה, ר׳ אליעזר, סבור]: **לֹא כְּחַלָּה דָּמוּ** [נחשבים], ומתיר. **וְאִיבָּעֵית אֵימָא** [ואם תרצה אמור]: **דְּכוּלֵּי עָלְמָא** [לדעת הכל] **חוּלִּין הַטְּבוּלִין לְחַלָּה לֹא כְּחַלָּה דָּמוּ** [נחשבים] **וְאֵין שֵׁנִי עוֹשֶׂה שְׁלִישִׁי בְּחוּלִּין וְהָכָא** [וכאן] **בְּ**שאלה אחרת, האם **מוּתָּר לִגְרוֹם טוּמְאָה לְחוּלִּין שֶׁבְּאֶרֶץ יִשְׂרָאֵל קָמִיפַּלְגִי** [חלוקים הם]. **מָר סָבַר** [חכם זה, ר׳ אליעזר, סבור]: **מוּתָּר לִגְרוֹם טוּמְאָה לְחוּלִּין שֶׁבְּאֶרֶץ יִשְׂרָאֵל**, ולכן יכול לתת באמצע אפילו כביצה מעיסה טהורה ואינו חושש במה שהיא נטמאת, **וּמָר סָבַר** [וחכם זה, חכמים, סבור]: **אָסוּר לִגְרוֹם טוּמְאָה לְחוּלִּין שֶׁבְּאֶרֶץ יִשְׂרָאֵל.**

א שנינו במשנה: **בּוֹ בַּיּוֹם דָּרַשׁ רַבִּי עֲקִיבָא** לגבי תחום שבת, שלמד הלכות אלה מדין ערי הלויים, ור׳ אליעזר בנו של ר׳ יוסי הגלילי דרש את הפסוק לענין אחר. ושואלים: **בְּמַאי קָא מִיפַּלְגִי** [במה באיזה עקרון חלוקים הם]? ומשיבים: **מָר סָבַר** [חכם זה, ר׳ עקיבא, סבור]: **תְּחוּמִין** של שבת **דְּאוֹרָיְיתָא** [מן התורה הם], ומוצא לכך ראיה בכתוב, **וּמָר סָבַר** [וחכם זה, ר׳ אליעזר בנו של ר׳ יוסי הגלילי, סבור] שתחומים הם רק **דְּרַבָּנַן** [מדברי סופרים], ולכן דורש את הפסוק לענין אחר.

תָּנוּ רַבָּנַן [שנו חכמים], **בּוֹ בַּיּוֹם דָּרַשׁ ר׳ עֲקִיבָא: בְּשָׁעָה שֶׁעָלוּ יִשְׂרָאֵל מִן הַיָּם, נָתְנוּ עֵינֵיהֶם** (החליטו) **לוֹמַר שִׁירָה. וְכֵיצַד אָמְרוּ שִׁירָה — כְּגָדוֹל הַמַּקְרֵא אֶת הַלֵּל** ומוציא את הרבים ידי חובה, **וְהֵן** הקהל **עוֹנִין אַחֲרָיו רָאשֵׁי פְרָקִים** של ההלל, כגון "הודו לה׳ כי טוב". כיצד? **מֹשֶׁה אָמַר "אָשִׁירָה לַה׳"** (שמות טו, א) **וְהֵן אוֹמְרִים "אָשִׁירָה לַה׳", מֹשֶׁה אָמַר "כִּי גָאֹה גָּאָה" וְהֵן אוֹמְרִים** אחריו שוב **"אָשִׁירָה לַה׳". ר׳ אֱלִיעֶזֶר בְּנוֹ שֶׁל ר׳ יוֹסֵי הַגְּלִילִי אוֹמֵר**: ישראל קראו את השירה **כְּ**דרך שנוהגים **בְּקָטָן הַמַּקְרֵא אֶת הַלֵּל, וְהֵן** הקהל, **עוֹנִין אַחֲרָיו כָּל מַה שֶּׁהוּא אוֹמֵר** לפי שאינו מוציאם ידי חובה, והם צריכים לומר הכל בעצמם. כיצד? **מֹשֶׁה אָמַר "אָשִׁירָה לַה׳" וְהֵן אוֹמְרִים "אָשִׁירָה לַה׳", מֹשֶׁה אָמַר "כִּי גָאֹה גָּאָה" וְהֵן אוֹמְרִים "כִּי גָאֹה גָּאָה". ר׳ נְחֶמְיָה אוֹמֵר**: נהגו **כְּסוֹפֵר** (חזן) **הַפּוֹרֵס** (פותח) **עַל** ברכות קריאת **שְׁמַע בְּבֵית הַכְּנֶסֶת, שֶׁהוּא פּוֹתֵחַ תְּחִילָּה** ואומר את המילים הראשונות של הברכה **וְהֵן עוֹנִין אַחֲרָיו** ומשלימים. ושואלים: **בְּמַאי קָמִיפַּלְגִי** [במה הם חלוקים]? — **ר׳ עֲקִיבָא סָבַר: "לֵאמֹר"** (שם), המבטא חזרה על מה שנאמר, מתייחס רק **אַמִּילְּתָא קַמַּיְיתָא** [על הדבר הראשון] "אשירה לה׳", שהוא שנאמר על ידי הכל. **וְר׳ אֱלִיעֶזֶר בְּנוֹ שֶׁל ר׳ יוֹסֵי הַגְּלִילִי סָבַר: "לֵאמֹר" — אַכָּל מִילְּתָא וּמִילְּתָא** [על כל דבר ודבר]. **וְר׳ נְחֶמְיָה סָבַר: "וַיֹּאמְרוּ"** (שם) כוונתו — **דַּאֲמוּר כּוּלְּהוּ בַּהֲדֵי הֲדָדֵי** [שאמרו כולם יחד], ואילו **"לֵאמֹר"** בא לומר **שֶׁפָּתַח מֹשֶׁה בְּרֵישָׁא** [בתחילה] ורק אחר כך השלימו כולם.

תָּנוּ רַבָּנַן [שנו חכמים], **דָּרַשׁ ר׳ יוֹסֵי הַגְּלִילִי: בְּשָׁעָה שֶׁעָלוּ יִשְׂרָאֵל מִן הַיָּם נָתְנוּ עֵינֵיהֶם** (החליטו) **לוֹמַר שִׁירָה. וְכֵיצַד אָמְרוּ שִׁירָה? עוֹלָל מוּטָל עַל בִּרְכֵּי אִמּוֹ, וְתִינוֹק יוֹנֵק מִשְּׁדֵי אִמּוֹ, כֵּיוָן שֶׁרָאוּ אֶת הַשְּׁכִינָה — עוֹלָל הִגְבִּיהַּ צַוָּארוֹ, וְתִינוֹק שָׁמַט דַּד מִפִּיו, וְאָמְרוּ "זֶה אֵלִי וְאַנְוֵהוּ"** (שמות טו, ב), **שֶׁנֶּאֱמַר: "מִפִּי עוֹלְלִים וְיוֹנְקִים יִסַּדְתָּ עֹז"** (תהלים ח, ג). **הָיָה ר׳ מֵאִיר אוֹמֵר: מִנַּיִן שֶׁאֲפִילּוּ עוּבָּרִים שֶׁבִּמְעֵי אִמָּן אָמְרוּ שִׁירָה עַל הַיָּם — שֶׁנֶּאֱמַר** על שירת הים

מסורת הש"ם

א. נדה ו,ב. ז,א. וראה ירושלמי תרומות פ"ה ה"א. שם חלה פ"ג ה"ב.

ב. ע"ז נו,א. נדה ו,ב.

ג. גטין נג,א. ע"ז נה,ב. וראה ירושלמי חלה פ"ג ה"ב. שם ע"ז פ"ד ה"ט.

ד. שבת סט,א. ע,ב. עג,א. קנג,ב. עירובין לה,ב. עט,ב. קג,א. סנהדרין סו,א. (לא בשם ר׳ עקיבא) עירובין יז,ב. לו,א. נא,א. ירושלמי שבת פ"ב ה"ז. עירובין פ"א ה"י. שם פ"ג ה"ד. שם פ"ה ה"ד. שם פסחים פ"ו ה"א.

ה. עירובין לו,א. נט,א. ירושלמי עירובין פ"ג ה"ד. שם פ"ה ה"ד.

ו. (בשינויים) ירושלמי סוטה פ"ה ה"ד. תוספתא סוטה פ"ו ב-ג. מכילתא ומכילתא דרשב"י טו, א. תנחומא בשלח יא. ילק"ש תורה רמא.

ז. שם (בשינויים). וראה שוח"ט פ"ח.

ח. שם. כתובות ז,ב.

גרסות

ומר סבר דרבנן יש בכת"י: ומר סבר תחומין דרבנן.

נתנו עיניהם יש בכת"י: נתנו לבם.

הלל בכת"י יש: ההלל.

אמילתא קמייתא... ומילתא יש בכת"י: אמילתא קמייתא קאי... ומילתא קאי.

דד יש בכת"י: דדי אמו.

עיונים

כביצה מחלוקת היא בין רש"י ותוס׳ לענין טומאת אוכלין, אמנם נאמר כי שיעורה בכביצה, אלא שלדעת רש"י שיעור כביצה הוא דווקא כדי שיהא האוכל מטמא אחרים, ואילו לדעת תוס׳ (פסחים לג, ב ועוד) פחות מכביצה אף אינו מקבל טומאה. ומכאן יש גם הבדל בהבנת משמעות הסוגיה כאן.

סברוה בדרך כלל לשון "סברוה" היא פתיחה לסברה שהיתה בבית המדרש ונדחתה לאחר מכן. והעיר המאיר כי במקרה שלנו אין כל שיטת "סברוה" נדחית, אלא רק אותו חלק שאמרו שחולין הטבולים לחלה אינם נחשבים כחלה לדברי הכל, אבל לענין שמדובר בעיסה ראשונה — סברה זו נשארת קיימת גם במסקנה.

בעיסה ראשונה היו שגרסו כאן "בעיסה שניה", ופירשו שכוונה היא לאותה חתיכה שהניח באמצע, שהיא נעשית שניה מחמת עיסה טמאה ראשונה. ולמשמעות הדברים אין הבדל, וכבר כתבו בתו"ש שעדיפה הגרסה שלפנינו שהיא פשוטה ונהירה יותר.

בהא קמיפלגי רש"י מסביר שבאים להסביר את טעם המחלוקת בין ר׳ אליעזר וחכמים ביסודה, ולפי זה הזכרת הברייתא החולקת אינה אלא לשם שלימות הדברים, אבל אינה מתייחסת לעיקר הדיון. אכן, הר"ש (מסכת תרומות) מסביר כי הכוונה היא למחלוקת שבין המשנה והברייתא בשיטת ר׳ אליעזר. ויש ששאל: מפני מה לא נסביר שהמחלוקת היא האם גוזרים על פחות מכביצה, שר׳ אליעזר סבור שאין לחשוש לטומאה, כיון שהוא פחות מכביצה, ואילו חכמים סבורים שאין אנשים מבחינים היטב בשיעורים, ויש לגזור על פחות מכביצה משום כביצה? והשיב כי סברה פשוטה היא לומר שאם באמת שני עושה שלישי היה מקום לגזור, שבודאי אין מבחינים היטב בדברים אלה (תורת קנאות).

מותר לגרום טומאה לחולין וכו׳ מה שהדגיש כאן "חולין שבארץ ישראל" משום שחולין שבחוץ לארץ מכל מקום טמאים הם מחמת טומאת ארץ העמים, ואף אם נוהגים הבחנה בין טמא ממש לחולין סתם, אין זו הבחנה מן הדין. ולעצם הענין, אף שבודאי מותר לאכול חולין בטומאה, מכל מקום נהגו חברים סלסול בעצמם והשתדלו לאכול חוליהם בטהרה דווקא. ולענין גרימת טומאה לחולין נראה שהשאלה כרוכה בשאלה כללית יותר, האם אין לחשוש שכאשר מרבים בטומאה יבוא הדבר בלי משים לטמא גם דברים שאסור לטמא אותם.

מר סבר תחומין דאורייתא וכו׳ לכאורה הדבר מובן מאליו, ואין צורך לאומרו כלל, שהרי היא היא המחלוקת! ויש אומרים שנאמרו הדברים להוציא מדעת התלמוד הירושלמי הסבור כי לדעת הכל תחומין הם מן התורה, אלא שנחלקו בשיעורם, האם מן התורה שיעורם באלפיים אמה, או שמן התורה שיעורם גדול יותר. ויש שכתב שכך יש להבין, שאם אומרים שתחומין הם מדרבנן מעיקרם (ואין כלל דין תחומין מן התורה) אם כן אי אפשר להשתמש במקרא על ערי הלויים אפילו כסמך בלבד. אבל אם סבורים שמן התורה יש איסור תחומין מן הכתוב "אל יצא איש ממקומו" (שמות טז, כט), הרי יש לפחות ראיה מסויימת מן הכתובים בערי הלויים לגבי שיעורו של "מקום" האמור בתורה (ראה בדבר שאול).

כיצד אמרו שירה וכו׳ בתלמוד הירושלמי יש שיטה אחרת, לפיה ר׳ עקיבא הוא הסבור כי קראו את שירת הים כמו שעונים אחרי קטן המקרא את ההלל, ואילו ר׳ יוסי הגלילי אומר שכל ישראל ענו רק ראשי פרקים. ודבר זה אפשר גם כן להבין מדברי המשנה. וראה בעיון יעקב שכתב שחלקו תנאים אלו בשאלה האם אומרים "שומע כעונה". ויש שכתב כדי לתקן את דבריו, שאף שבקריאה של מצווה הכל מודים ששומע כעונה, מכל מקום נחלקו כאן שלא היתה אמירת השירה מצוה (תורת קנאות).

עוללים... עוברים כתב המהרש"א שהטעם שעוללים ויונקים אמרו שירה, הוא כדברי הגמרא שהם הכירוהו תחילה במצרים. ובעיון יעקב כתב כי ראוי יותר לומר שהעוברים אמרו שירה שהרי נאמר שמלאך מלמד את העובר את כל התורה כולה בעודו במעי אמו. ויש שהסביר שלשון "נתנו עיניהם לומר שירה" יש להבינה שמתחילה לא היו בטוחים אם ראוי להם לומר שירה, שהרי הישועה שלהם היתה כרוכה בכך שאבדו המצרים מן העולם. ולכן כשראו שעוללים ויונקים אומרים שירה הבינו אף המבוגרים שראוי להם לעשות כן (ראה ענף יוסף).

אורח ההלכה

מותר לגרום טומאה וכו׳ כשם שמותר לאכול חולין טמאים כך מותר לגרום טומאה לחולין שבארץ ישראל. (רמב"ם ספר טהרה הלכות טומאת אוכלין פט"ז ה"ט).

תחומין דרבנן היוצא חוץ לתחום מקומו בשבת — הרי זה לוקה. ותחום זה לא נתפרש בתורה אבל קיבלו שהוא שנים עשר מיל. ומדברי חכמים לא יצא אדם אלפיים אמה מחוץ למקומו. ויש סבורים שמן התורה אין איסור תחומים כלל, ולא אמרו שלוקים על היציאה מן התחום אלא לדברי ר׳ עקיבא בלבד, וכן דעת הרמב"ן והרשב"א (מ"מ). (רמב"ם ספר זמנים הלכות שבת פכ"ז ה"א).

"בְּמַקְהֵלוֹת בָּרְכוּ אֱלֹהִים ה' מִמְּקוֹר יִשְׂרָאֵל" (תהלים סח, כז) שגם מן הרחם ("מקור") ברכו את ה' כשנקהלו ("במקהלות") על הים. ושואלים: **וְהָא** [והרי] העוברים במעי אמם **לֹא חָזוּ** [ראו], ואיך אמרו "זה אלי ואנווהו"? **אָמַר ר' תַּנְחוּם: כֶּרֶס** של אמם **נַעֲשָׂה לָהֶן כְּאַסְפַּקְלַרְיָא הַמְּאִירָה** (כזכוכית שקופה) **וְרָאוּ** דרכה.

א שנינו במשנה: **בּוֹ בַּיּוֹם דָּרַשׁ ר' יְהוֹשֻׁעַ בֶּן הוּרְקָנוֹס שֶׁלֹּא עָבַד אִיּוֹב** את הקדוש ברוך הוא אלא מאהבה, והביא ראיה מן הכתוב "הן יקטלני לו איחל" (איוב יג, טו), ועדיין נשאר בספק בגלל אי הבהירות במשמעות "לו". ושואלים: **וְלֵיחֱזֵי** [ושיראה] **הַאי** [מלה זו] **"לֹא", אִי בְּלָמֶ"ד אָלֶ"ף כְּתִיב** [כתובה] היא, ואם כן — **לֹא הוּא, אִי** [אם] **בְּלָמֶ"ד וָי"ו כְּתִיב** [כתובה] היא ואם כן **לוֹ הוּא**? על כך מקשים: **וְכָל הֵיכָא דִּכְתִיב** [מקום שנאמר] **בְּלָמֶ"ד אָלֶ"ף**, תמיד לֹא, בלשון שלילה **הוּא? אֶלָּא מֵעַתָּה "בְּכָל צָרָתָם לֹא צָר"** (ישעיה סג, ט) **דִּכְתִיב** [שנאמר] **בְּלָמֶ"ד אָלֶ"ף, הָכִי נַמִּי** [כך גם כן] ש"לֹא" בלשון שלילה **הוּא? וְכִי תֵּימָא הָכִי נַמִּי** [ואם תאמר כך הוא גם כן], **וְהָכְתִיב** [והרי נאמר] מיד אחר כך **"וּמַלְאַךְ פָּנָיו הוֹשִׁיעָם"**, משמע שהכוונה היא "לו" בוי"ו! **אֶלָּא לָאו** [האם לא] הצירוף **"לא" מַשְׁמַע הָכִי וּמַשְׁמַע הָכִי** [משמעו כך ומשמעו כך] בין לחיוב בין לשלילה, ואין להוכיח מן הכתוב. ולכן הוצרך ר' יהושע בן הורקנוס לראיה אחרת. **תַּנְיָא** [שנויה ברייתא] **ר' מֵאִיר אוֹמֵר: נֶאֱמַר "יְרֵא אֱלֹהִים"** (איוב א, א) **בְּאִיּוֹב, וְנֶאֱמַר "יְרֵא אֱלֹהִים"** (בראשית כב, יב) **בְּאַבְרָהָם, מַה "יְרֵא אֱלֹהִים" הָאָמוּר בְּאַבְרָהָם — מֵאַהֲבָה** עשה, **אַף "יְרֵא אֱלֹהִים" הָאָמוּר בְּאִיּוֹב — מֵאַהֲבָה**. ושואלים: **וְאַבְרָהָם גּוּפֵיהּ מְנָלַן** [עצמו מניין לנו] שעשה מאהבה — **דִּכְתִיב** [שנאמר] **"זֶרַע אַבְרָהָם אֹהֲבִי"** (ישעיה מא, ח). ושואלים: **מַאי אִיכָּא** [מה הבדל יש] **בֵּין עוֹשֶׂה מֵאַהֲבָה לְעוֹשֶׂה מִיִּרְאָה?** ומשיבים: **אִיכָּא הָא דְּתַנְיָא** [יש את זו ששנינו בברייתא], **ר' שִׁמְעוֹן בֶּן אֶלְעָזָר אוֹמֵר: גָּדוֹל הָעוֹשֶׂה מֵאַהֲבָה יוֹתֵר מִן הָעוֹשֶׂה מִיִּרְאָה, שֶׁזֶּה** העושה מיראה **תָּלוּי** ונשמר לו הדבר לזכות **לְאֶלֶף דּוֹר. וְזֶה** העושה מאהבה **תָּלוּי לְאַלְפַּיִם דּוֹר**. וראיה לכך: **הָכָא כְּתִיב** [כאן נאמר]: **"ועושה חסד לַאֲלָפִים לְאֹהֲבַי וּלְשֹׁמְרֵי מִצְוֹתָי"** (שמות כ, ו) הרי שהחסד נשמר אלפי דורות לעושה מאהבה ("אוהבי"), **וְהָתָם כְּתִיב** [ושם נאמר]: **"וּלְשֹׁמְרֵי מִצְוֹתָו לְאֶלֶף דּוֹר"** (דברים ז, ט). ומקשים: **הָתָם נַמִּי כְּתִיב** [שם גם כן נאמר] **"לְאֹהֲבָיו וּלְשֹׁמְרֵי מִצְוֹתָו לְאֶלֶף דּוֹר"** (שם)! ומשיבים: **הַאי לְדִסְמִיךְ לֵיהּ וְהַאי לְדִסְמִיךְ לֵיהּ** [זה (אלפיים) מתייחס לשסמוך לו ("אוהביו") וזה (אלף) מתייחס לשסמוך לו ("שומרי מצוותיו")]. מסופר: **הָנְהוּ תְּרֵי תַּלְמִידֵי דְּהָווּ יָתְבִי קַמֵּיהּ** [אלו שני התלמידים שהיו יושבים לפני] **רָבָא, חַד** [אחד מהם] **אָמַר לֵיהּ** [לו] **אַקְרְיוּן בְּחֶלְמַאי** [הקריאו לי בחלומי] פסוק זה: **"מָה רַב טוּבְךָ אֲשֶׁר צָפַנְתָּ לִּירֵאֶיךָ"** (תהלים לא, כ), **וְחַד** [ואחד מהם] **אָמַר לֵיהּ** [לו]: **אַקְרְיוּן בְּחֶלְמַאי** [הקריאו לי בחלומי] **"וְיִשְׂמְחוּ כָל חוֹסֵי בָךְ לְעוֹלָם יְרַנֵּנוּ** ותסך עלימו **וְיַעְלְצוּ בְךָ אֹהֲבֵי שְׁמֶךָ"** (שם ה, יב). **אָמַר לְהוּ** [להם]: **תַּרְוַיְיכוּ רַבָּנַן צַדִּיקֵי גְּמוּרֵי אַתּוּן** [שניכם חכמים צדיקים גמורים אתם] אלא **מָר** [חכם זה] עובד את ה' **מֵאַהֲבָה, וּמָר** [וחכם זה] עובד את ה' **מִיִּרְאָה.**

עיונים

והא לא חזו ראה בגרסות שקטע זה חסר בכמה מקורות. ולגופו של ענין כבר תהו: שאלה זו כיצד ראו העוברים הלוא היא בטלה כנגד עיקרה של התמיהה — כיצד יכולים עוברים לומר שירה כלל? וכיון שמדובר בנס, מה טעם לשאול על פרט זה דווקא? ויש לומר שאין זו שאלה של תהיה, אלא של ביאור, שבא להסביר את פרטי הנס, שגם נס זה נעשה להם שראו (תורת קנאות).

אי בלמ"ד אל"ף כתיב כתב הרמב"ם בפיה"מ, שמוכח מכמה כתובים שאין לדייק מן הכתיב בא' או בו', שכיון שאות זו משמשת כאם קריאה אין בה הבחנה אמיתית בין זו לזו, וייתכן שיהא הכתיב בו' ובמשמעות של שלילה, או בא' במשמעות של מילת יחס.

בכל צרתם לא צר בתו"ש ועוד העירו כי לכאורה יש כתובים אחרים שאפשר היה להוכיח מהם, כמו "אשר לא כרעיים" (ויקרא יא, כא). "אשר לא חומה" (שם כה, ל), שמשמעותם היא כמו "לו". וכתבו כי לא הביאו פסוקים אלה משום שמן ההקשר ברור כי שם המובן הוא כאילו היה כתוב "לו" בו' (וכן הקרי בשני המקומות). ואילו כתוב זה שהביאו צריך עדיין בירור נוסף. ולעצם הדברים כתבו המפרשים כי הפסוק ניתן להבנה גם ככתבו "בכל צרתם לא צר", כלומר, אין הקדוש ברוך הוא עצמו סובל מצרתם של ישראל, שהוא למעלה מכל אלה, ובכל זאת הוא דואג להם ומלאך פניו הושיעם.

ירא אלהים באברהם ויראה זו אינה יראת העונש, אלא היא יראה נעלה מזו, הקרויה "יראת הרוממות", שבאה מחמת התעצמות האהבה והכרת הבורא (וראה בספר התניא, בכרם נטע ובחזון יחזקאל).

עושה מאהבה ראה ברש"י שהדגיש כי אין אלה שייכים לענין "פרוש מיראה פרוש מאהבה" (לעל דף כב, ב), לפי שכאן מדובר ביראי ה' ואוהביו שלא מפני סיבה אחרת. וראה בתלמוד הירושלמי המשייך את הדברים ומונה לעומת אלה את כל סוגי הפרושים שלא לשם שמים המנויים גם בתלמוד הבבלי במקומם. וראה שם שאומר שיש מקום הן לעבודה מאהבה והן לעבודה מיראה, שבשתיהן יש צד של מעלה בכל עת שעומד אדם בנסיונות שונים.

אורח ההלכה

גדול העושה מאהבה העובד מאהבה עוסק בתורה ובמצוות והולך בנתיבות החכמה לא מפני דבר בעולם ולא מפני יראת הרעה ולא כדי לירש הטובה, אלא עושה האמת מפני שהיא אמת וסוף הטובה לבוא בגללה. ומעלה זו היא מעלה גדולה מאד. (רמב"ם ספר מדע הלכות תשובה פ"י ה"ב).

מסורת הש"ס

א. שוח"ט פ"ח.

ב. אג"ב פע"ב. וראה נדרים לב,א. מסכת סופרים פ"ו ה.

ג. תוספתא סוטה פ"ו א. וראה ירושלמי ברכות פ"ט ה"ה. שם סוטה פ"ה ה"ה.

ד. ראה מכילתא דרשב"י כ, ו. ילק"ש תורה שצט. שם תתמו.

ה. (הביטוי) תענית ט,ב. יבמות צג,ב. ב"מ פה,א. סנהדרין פב,א. חולין קלג,א.

גרסות

והא לא — וראו משפט זה אינו נמצא בכמה כת"י.

אלא לאו בכת"י: **אלא.**

תלוי יש בכת"י: **תלוי לו.**

רבנן צדיקי גמורי אתון יש בכת"י: **צדיקי גמורי אתון.**

לשון

אספקלריא

מקור המלה בלטינית specularis או speculare (אולי דרך השאלה יוונית) במובן — דבר שקוף, שמשה, כלי ראיה. לעתים משמשת המלה גם במשמעות ראי.

°במקהלות ברכו אלהים ה' ממקור ישראל (*והא לא חזו אמר רבי תנחום [א]כרס נעשה להן כאספקלריא המאירה וראו): בו ביום דרש רבי יהושע בן הורקנוס שלא עבד איוב כו': וליחזי האי לא אי בלמ"ד אל"ף כתיב לא הוא אי בלמ"ד וי"ו כתיב לו הוא *וכל היכא דכתיב בלמ"ד אל"ף לא הוא [ב]*אלא מעתה °בכל צרתם לא צר דכתיב בלמ"ד אל"ף הכי נמי דלא הוא וכ"ת ה"נ והכתיב ומלאך פניו הושיעם אלא *(לאו) משמע הכי ומשמע הכי תניא [ג]רבי מאיר אומר נאמר ירא אלהים באיוב ונאמר ירא אלהים באברהם מה ירא אלהים האמור באברהם מאהבה אף ירא אלהים האמור באיוב מאהבה ואברהם גופיה מנלן דכתיב °זרע אברהם אוהבי מאי איכא בין עושה מאהבה לעושה מיראה איכא הא דתניא רבי שמעון בן אלעזר אומר [ד][א]גדול העושה מאהבה יותר מן העושה מיראה שזה תלוי לאלף דור וזה תלוי לאלפים דור הכא כתיב °לאלפים לאהבי ולשומרי מצותי והתם כתיב °ולשומרי מצותיו לאלף דור התם נמי כתיב לאוהביו ולשומרי מצותיו לאלף דור האי לדסמיך ליה והאי לדסמיך ליה הנהו תרי תלמידי דהוו יתבי קמיה דרבא חד אמר ליה [ה]אקריון בחלמאי °מה רב טובך אשר צפנת ליראיך וחד אמר ליה אקריון בחלמאי °וישמחו כל חוסי בך לעולם ירננו ויעלצו בך אוהבי שמך אמר להו תרוייכו רבנן צדיקי גמורי אתון מר מאהבה ומר מיראה:

הדרן עלך כשם שהמים

מי שקינא לאשתו ונסתרה אפילו שמע מעוף הפורח יוציא ויתן כתובה דברי רבי אליעזר רבי יהושע אומר [ב]עד שישאו ויתנו בה מוזרות בלבנה אמר *עד אחד אני ראיתיה שנטמאת לא היתה שותה ולא עוד אלא [ג]אפילו עבד אפילו שפחה הרי אלו נאמנין אף לפוסלה מכתובתה [י]חמותה ובת חמותה וצרתה ויבמתה ובת בעלה הרי אלו נאמנות ולא לפוסלה מכתובתה אלא שלא תשתה *שהיה בדין ומה אם עדות ראשונה שאין אוסרתה איסור עולם אינה מתקיימת בפחות משנים עדות אחרונה שאוסרתה איסור עולם אינו דין שלא תתקיים בפחות משנים תלמוד לומר °ועד אין בה *כל עדות שיש בה קל וחומר לעדות הראשונה מעתה ומה אם עדות

(תהלים סח; ישעיה סג; שם מא; שמות כ; דברים ז; תהלים לא; שם ה; במדבר ה)

רש"י

במקהלות. כשנקהלו על הים: **ממקור.** אף אותם שבמקור: **וליחזי האי לא כו'.** ולמאי אמר הדבר עדיין שקול: **ה"נ דלא הוא.** וה"ק קרא אינו חושש לצרתם ולא צר בה: **באברהם.** כי ירא אלהים אתה (בראשית כב): **תלוי.** זכותו לדורותיו להגין עליהם עד אלפים דור: **לאלפים לאוהבי.** סמך אוהביו לאלפים ואידך קרא סמך לאלף דור אל שומרי מצותיו דהיינו מיראה ואין אלו דומין(א) לפרוש מאהבה לפרוש מיראה (לעיל דף כב:) דהנהו מאהבת שכר ומיראת פורענות הקללות והעונשין(ב) והכא מאהבת המקום ומיראתו שמוראו גדול ומוטל על הבריות: **וישמחו כל חוסי בך וגו'.** סיפיה דקרא ויעלצו בך אוהבי שמך:

הדרן עלך כשם שהמים

מי שקינא לה ונסתרה. אם לאחר שקינא לה נסתרה: **אפי' שמע מעוף הפורח.** שנסתרה יוציא ויתן כתובה ורבי אליעזר לטעמיה דאמר בפ"ק (לעיל דף ג:) סתירה לא בעיא עדות ואפילו עבד ואפילו שפחה נאמנין דהיינו נמי כעוף הפורח דאיתקש לטומאה דכולהו מהימני בה הילכך נאסרה עליו ואם אינו רוצה להשקותה יוציא ויתן כתובה: **רבי יהושע אומר עד שישאו ויתנו בה מוזרות בלבנה.** כלומר משום סתירה שאין בה ב' עדים אינה נאסרת עליו ור' יהושע לטעמיה דאמר משקה על פי שנים מיהו כשישאו ויתנו מוזרות בלבנה בפריצותה מכוער הדבר ותצא דהא אפילו מיא נמי לא בדקי לה כדתניא בפ"ק (לעיל דף ו:) וטהורה היא ולא שישאו ויתנו בה מוזרות בלבנה: **אני ראיתיה שנטמאת.** באותה סתירה שהיא על פי שנים עדים לרבי יהושע ולרבי אליעזר ע"פ עוף הפורח: **לא היתה שותה.** דעד אחד נאמן בה אף להפסידה כתובתה שרגלים לדבר ומקראי ילפינן לה לקמן במתני': **הרי אלו נאמנים אף לפוסלה מכתובתה.** שלא תשתה ולא תטול כתובתה: **חמותה ובת חמותה וצרתה ויבמתה.** אשת אחי בעלה אף היא כצרתה ושונאתה שדואגת הימנה שסופה להיות צרתה אם ימות בעלה בלא בנים תתייבם לבעלי ובת בעלה מאשה אחרת אלו חמש נשים שונאות אותה וביבמות (דף קיח:) מפרש טעמא אמאי סנו לה ואינן נאמנות לה לשום עדות שהיא לרעתה: **הרי אלו נאמנות.** לה לעדות זו שהתורה האמינה כל עדות שיש בה ומיהו לא לפוסלה מכתובתה הואיל ושונאות אותה אלא שלא תשתה: **שהיה בדין.** שלא יהא נאמן בה עד אחד אם לא מגזירת הכתוב: **הראשונה.** סתירה שאין אוסרתה איסור עולם אלא עד שתשתה: **אינה מתקיימת בפחות משנים.** כדבעינן למימר מגזרה שוה ורבי יהושע היא: **עדות האחרונה.** טומאה: **כל עדות שיש בה.** נאמן בה ובגמרא ילפינן לה דהכי קאמר תרי לית בה אלא אחד וקאמר והיא לא נתפשה למיסרה אלמא מהימן:

שאוסרתה

תוספות

ואידך דהיינו רבי יוסי הגלילי ממקור ישראל נפקא אלמא דלר' יוסי הגלילי נמי עוברים אומרים שירה ובפ"ק דכתובות (דף ז:) דריש לה דברכת חתנים בעשרה מדהוי מלי למיכתב מבטן ישראל וכתיב ממקור על עיסקי מקור בתוספתא מסיים הכי ואותן המלאכים שאמרו מה אנוש כי תזכרנו אמר להן הקב"ה באו וראו את השירה כיון שראו את ישראל פתחו אף הן ואמרו שירה שנאמר ה' אדונינו מה אדיר שמך בכל הארץ וגו' ור"ש בן *אלעזר אומר לא נאמרה פרשה זו אלא לענין עקידה: **גדול העושה מאהבה.** בירושלמי (ברכות פ"ט) ר"ע הוה מתדין קמיה טורנוסרופוס הרשע אתת עונתא דקרית שמע שרי קרי וגחך א"ל סבא סבא או חרש אתה או מבעט ביסורין את א"ל תיפח רוחיה דההוא רשיעא לא חרש אנא ולא מבעט ביסורין אנא אלא כל ימי הייתי קורא הפסוק הזה ואהבת את ה' אלהיך בכל לבבך ובכל נפשך ובכל מאודך רחמתיה בכל לבי רחמתיה בכל נפשי רחמתיה בכל ממוני לא הות(ג) בדיק ליה וכיון דמטי ליה בכל נפשיה ואתיא ענתיה דקרית שמע ולא איפליג עליה בגין כן אנא קרי וגחיך:

הדרן עלך כשם שהמים

מי שקינא לה. פרק זה היה הגון שיהא שנוי ומעורב בפרק ראשון לאחר אותה בבא דאלו אסורות לאכול בתרומה ואח"כ היה לו לשנות כיצד עושה לה וכל הסדר אבל תימה דלאחר ששנה שבדקוה המים הוא חוזר לקינוי: ה"ג בסדר המשנה משקינא לה אפילו שמע מעוף הפורח והכי מסתברא ונראה דה"פ מאחר שקינא לה אפילו קודם סתירה שמע פרילותא שהרי עכשיו קלת רגלים לדבר מכוער הדבר ומוציאה בכתובתה מאחר שלא נסתרה ולא נאסרה עליו ובענין זה מצוה לגרשה דאפילו לב"ה *[דאמר אפילו אם הקדיחה תבשילו היינו רשות מיהו מצוה ליכא אלא בכה"ג ואם מקיימה דומה לאדם שנפל זבוב לתוך תמחוי שמוצצו ואוכלו ולבית שמאי חובה הואיל וקינא לה רגלים לדבר מיהו כתובתה גובה הואיל ולא נסתרה והשתא אתי שפיר דרבי יהושע אבל לפירוש רבינו שלמה דפירש משקינא לה אפי' שמע מעוף הפורח שנסתרה דעוף פורח היינו עבד ושפחה שנאמנין בעידי סתירה ואם אינו רוצה להשקותה יוציא ויתן כתובתה וכי היה רבי יהושע מחייב כתובה לאחר שישאו ויתנו בה מוזרות בלבנה והלא אין המים בודקין אותה כדאמרינן בפרק קמא (לעיל דף ו:) ומאחר שהיא גרמה שתיאסר עליו ואין יכולה לשתות הויא כארוסה ושומרת יבם שלא שותות ולא נוטלות כתובה מיהו מצי למימר הא דאמרינן אין המים בודקין אותה לאחר שישאו ויתנו בה מוזרות בלבנה דוקא לאחר קינוי ועידי סתירה לרבי יהושע אבל כאן אין עידי סתירה אלא שמוזרות בלבנה נושאות ונותנות בפרילותה:

כאן

עין משפט נר מצוה

כד א מיי' פ"י מהל' תשובה הלכה ב ג:

א ב מיי' פ"א מהל' סוטה הלכה ח סמג עשין נו טוש"ע אה"ע סימן קעח סעיף יח:

ב ג מיי' שם הלכה טו טוש"ע שם סעיף יד:

ג ד מיי' שם וטוש"ע שם סעיף טו:

[נ"ל מנסיא]

[עמ"ש תוס' בחולין סה. ד"ה אע"פ כו' מוכח דגירסתם הכא כך הוא דפריך וכל היכא דכתיב לא באל"ף ממש הוא והא כתיב בכל צרתם לא צר ומלאך פניו הושיעם הכי נמי דלא הוא וכ"ת ה"נ והכתיב עמו אנכי בצרה תהלים צ"א]

תוספות שאנץ

ועד יונק ודרך המקרא לומר כן כולל הכל מן החשוב עד הגרוע כמו משור ועד שה. ל"ה: אלא מעתה בכל צרתם (לו) [לא] צר ה"נ. תימה אמאי לא בעי ה"נ מכמה פסוקים כמו אשר (לו) [לא] כרעים כדדרשי' אע"פ שאין לו עכשיו ועתיד לגדל אחר זמן וכן אשר (לו) [לא] חומה אע"פ שאין לו עכשיו. וי"ל דלא בעי משום דפשי' ליה דלא בעי' למימר אשר (לו) [לא] כרעים ממש שהרי ארבה וסלעם וחרגול ידועים הם בסימניהן וא"כ פשיטא ליה שלא היו כשרים וכן אשר (לו) [לא] חומה פשיטא ליה דאינו ר"ל לא ממש דהא בעיר שיש לו חומה משתעי קרא ולהכי משתעי הכי אבל בכל צרתם (לו) [לא] צר אינו פשוט לו כל כך כמו שהבאתי שיש לתלות ולפרש כמו ולא היתה צרתם צרה כי אם להם. פרעה לקה ואבד. סיסרא לקה ואבד. סנחריב לקה ואבד. וכן נבוכדנצר לקה ואבד ואחר כן יאבדו כל אויביך ה' במהרה בימינו אמן:

סליק פירקא

מי שקינא לאשתו ונסתרה ר' אליעזר אומר אפי' שמע מעוף הפורח כו'. פ"ה אפי' עד אחד היינו כמו עוף הפורח ואפי' עבד ואפי' שפחה נאמנין ונאסרה עליו. ואם אינו רוצה להשקותה יוציא ויתן כתובה ור"א לטעמי' (דאמר דלא בעי עדות) דאמר לעיל בפ"ק דמשקה לה על פי עד אחד [דסתירה לא בעי עדות]. ור' יהושע אומר עד שישאו ויתנו בה מוזרות בלבנה. פי'

[כל זה ליתא בילקוט ובע"י]

[ע' נדרים לב.]

[בע"י ליתא]

לעיל ב.

שם ג:

[שבועות לב.]

הגהות הב"ח

(א) רש"י ד"ה לאלפים וכו' לפרוש מאהבה. נ"ב ע"ל בדף כב ע"ב: (ב) בא"ד והעונשים והכא מאהבת: (ג) תוספות ד"ה גדול וכו' לא הוה כדין לי וכיון דמטיא לי לכל נפשי ואתיא ענתיה:

נשים הטוות בלבנה (והוי) פריצותה ומכוער הדבר ותצא דאפי' מיא תו לא בדקי לה כלומר דסבירא ליה דבעי ב' עדים. וק' חדא דהא אמרינן יוציא ויתן כתובה. א) וי"ל אם [אינו] רוצה להשקותה דהוה ליה למתני ישקנה כיון דסבי' ליה דמשקה על פי עד אחד. ועוד ק' מאי דאמר דעוף הפורח ר"ל עד אחד דאטו מי סניא ליה למתני' אפי' שמע מעד אחד כדקתני בסמוך בתר הכי. לכך פרשב"ם אפי' שמע מעוף הפורח ר"ל על ידי קול בעלמא שמע שנסתרה יוציא ויתן כתובה דנהי דלא משקה על ידי קול מ"מ רבנן אסרוה לו וצריך שיוציא ויתן כתובה דהרי נמצא רגלים לדבר שהרי קינא לה (ונסתרה מקודם לכן. ויוציא ויתן כתובה) הואיל והחמיר בה הכתוב לאוסרה בעד אחד או על פי עצמו. (וה"נ לר') [אבל ר'] יהושע דסבירא ליה דמשקה על פי שנים הואיל והקל בה הכתוב שלא אסרה בעד אחד אלא על פי שנים אף חכמים לא חייבוהו להוציא וליתן כתובה עד שישאו ויתנו בה מוזרות בלבנה. ולא דמי להני דאמרינן לעיל מתו בעליהן עד שלא שתו דאמרי' מתוך שלא שתו לא נוטלות כתובה והכא אמרי' דיוציא ויתן כתובה דשאני התם לפי שראויות היו לשתות קודם שמתו וכשמתו בעליהן דין הוא דכיון דנדחות מלשתות שאין להם כתובה אבל הכא דואת האשה [לא הייתה] ראויה מעולם [לשתות] אין לה להפסיד כתובה בחנם. ור"ח ז"ל פי' אפי' שמע מעוף הפורח שנטמאת יוציא ויתן כתובה כיון שיש לה קול על טומאה. ר' יהושע אומר עד שישאו ויתנו. אך קשה דהוה ליה למתני בפנ' שמע מעוף הפורח שנטמאת כמו דאמר בסמוך עד אחד אומר אני ראיתיה שנטמאת [illegible] בסוף פירקין בעי ר' יוסי שמע מעוף הפורח באויר שאמר אני ראיתיה שנטמאת על זה בא להעיד אם להשקותה כבר נדחית שלא לשתות אלא בא כדי להפסידה כתובתה הרי אין מפסידין ממון על פי עד אחד וא"כ מאי קא מיבעיא ליה התם בזה הא מתני' מיירי בכי

א) נראה דצ"ל והוא ליה למתני ישקנה וכו' עד אחד [ומיהו י"ל דס"ל אם אינו רוצה להשקותה]. ועוד קשה וכו'.

סיכום פרק "כשם שהמים"

דברי ההלכה שנאמרו בפרק זה כדרשות למקרא נדונו כאן בפירוט.

כשם שהמים המרים בודקים וגורמים מיתה לאשה הסוטה כך הם בודקים את האיש שחטא עימה, אף על פי שהוא אינו שותה מן המים.

למעשה יש חשיבות רבה להלכה אחרת בדינים אלה — כשם שהאשה הסוטה נאסרת על בעלה משעת הקינוי עד שתיבדק ותימצא טהורה, כך היא אסורה על הבועל = הנואף. שגם אם מת בעלה או גירשה, מכל מקום אסורה היא להינשא לבועל.

דרשת ר' עקיבא ביחס לטומאה מן התורה של "שלישי לטומאה" — שגם מה שנטמא מחמת וולד הטומאה (מה שנטמא על ידי אחד מאבות הטומאה) גם הוא טמא מן התורה — לא נתקבלה בהלכה, למרות שר' יהושע שיבח אותה.

וכיוצא בזה לא נתקבלה דעתו של ר' עקיבא ביחס לאלפיים אמה של תחום שבת, שסוכם בהלכה שאלפיים אמה של תחום שבת הן בוודאי רק מדברי סופרים ולא מן התורה (ויש אומרים שאין תחום שבת מן התורה כלל).

פתיחה לפרק "מי שקינא"

"דַּבֵּר אֶל בְּנֵי יִשְׂרָאֵל וְאָמַרְתָּ אֲלֵהֶם אִישׁ אִישׁ כִּי תִשְׂטֶה אִשְׁתּוֹ וּמָעֲלָה בוֹ מָעַל.
וְשָׁכַב אִישׁ אֹתָהּ שִׁכְבַת זֶרַע וְנֶעְלַם מֵעֵינֵי אִישָׁהּ וְנִסְתְּרָה וְהִיא נִטְמָאָה וְעֵד אֵין בָּהּ וְהִוא
לֹא נִתְפָּשָׂה". (במדבר ה, יב—יג)

דיני הסוטה מתייחסים לאשה שבעלה קינא לה ולכן הזהירה שלא להתייחד עם אדם מסויים, והיא נסתרה עימו, ובעלה חושד בה שנטמאה על ידי ביאה.

אולם, מה דינה של אשה שנחשדה ולאחר מכן נמצאו עדים שאכן נטמאה? כדי שתיאסר אשה על בעלה כאשר לא קינא לה קודם לכן, יש צורך בעדות שני עדים כשרים. אולם כאן, מאחר שבעלה קינא לה ונסתרה, יש "רגליים לדבר" ושמא אפשר לסמול על פחות מכן.

אולם גם אם סומכים על עדות בלתי שלימה, יש צורך לברר צדדים נוספים: האם כל עדות נחשבת לעניין זה כמהימנה, או שיש עדים שאין סומכים על עדותם? ועוד, האם עדות בלתי שלימה מתקבלת לכל ענין או רק ביחס לצדדים מסויימים, ומה הדין כאשר יש עדויות סותרות ביחס לטומאתה של האשה? חלק מבעיות אלה כבר הוזכרו ונדונו בדרך אגב בפרקים קודמים, אולם בפרק זה נדון הנושא בשלימותו.

א משנה מִי שֶׁקִּינֵּא לְאִשְׁתּוֹ וְנִסְתְּרָה, אֲפִילּוּ שָׁמַע מֵעוֹף הַפּוֹרֵחַ, כלומר, מכל מקור שהוא, שנסתרה — יוֹצִיא (יגרש אותה), וְיִתֵּן כְּתוּבָּה, אלו דִּבְרֵי ר׳ אֱלִיעֶזֶר. ר׳ יְהוֹשֻׁעַ אוֹמֵר: אין מגרש אותה עַד שֶׁיִּשְׂאוּ וְיִתְּנוּ בָּהּ ויספרו עליה מוֹזְרוֹת בַּלְּבָנָה (נשים היושבות וטוות לאור הירח) ובדרך אגב מדברות ברכילות של העיר. אם אָמַר עֵד אֶחָד "אֲנִי רְאִיתִיהָ שֶׁנִּטְמֵאת" — לֹא הָיְתָה שׁוֹתָה אלא מגרשה. וְלֹא עוֹד אֶלָּא אֲפִילּוּ עֶבֶד אֲפִילּוּ שִׁפְחָה שאינם נאמנים לעדות — הֲרֵי אֵלּוּ נֶאֱמָנִין לענין עדות טומאה אַף לְפוֹסְלָהּ מִכְּתוּבָּתָהּ שנחשבת כזונה ומאבדת כתובתה. חֲמוֹתָהּ וּבַת חֲמוֹתָהּ וְצָרָתָהּ וִיבִמְתָּהּ (גיסתה, אשת אחיה) וּבַת בַּעְלָהּ, אף שהן חשודות ואינן נאמנות להעיד על האשה בדרך כלל — הֲרֵי אֵלּוּ נֶאֱמָנוֹת להעיד עליה בענין זה. וְלֹא שהאמינו להן לְפוֹסְלָהּ מִכְּתוּבָּתָהּ, שאין עדותן מועילה לכך, אֶלָּא שֶׁלֹּא תִּשְׁתֶּה. שלכאורה שֶׁהָיָה בַּדִּין לומר אחרת: וּמָה אִם עֵדוּת רִאשׁוֹנָה שנסתרה שֶׁאֵין אוֹסַרְתָּהּ אִיסּוּר עוֹלָם אלא נבדקת במי סוטה — אֵינָהּ מִתְקַיֶּימֶת בְּפָחוֹת מִשְּׁנַיִם שצריכים שני עדים שיעידו שנסתרה, עֵדוּת אַחֲרוֹנָה שנטמאה שֶׁאוֹסַרְתָּהּ אִיסּוּר עוֹלָם — אֵינוֹ דִּין שֶׁלֹּא תִּתְקַיֵּים בְּפָחוֹת מִשְּׁנַיִם? — תַּלְמוּד לוֹמַר: "וְעֵד אֵין בָּהּ" (במדבר ה, יג) כָּל עֵדוּת שֶׁיֵּשׁ בָּהּ. ואפשר להקשות: אם כן נעשה קַל וָחוֹמֶר לְעֵדוּת הָרִאשׁוֹנָה מתוך הלכה זו מֵעַתָּה: וּמָה אִם

מסורת הש"ס

א. ראה סוטה ו,ב.
ב. שם ב,א (ושם סומנו מקבילות).
ג. ראה יבמות קיז,א.
ד. סוטה ג,א. ספרי דברים יט, טו.
ה. שבועות לב,א.

גרסות

עד שישאו יש בכת"י: משישאו.
מוזרות ויש בכת"י: מוצרות וראה בירושלמי.
כל עדות שיש יש בכת"י: כל שיש.

עיונים

מי שקינא ראה בתוס׳ (ד"ה מי) שהעירו כי מקומו של פרק זה כאן תמוה, שהרי לפי עניינו היה צריך להיות סמוך לפרק ראשון. וראה בחשק שלמה שהציע פרוש לדברים, שכאן מדובר במי שקינא לאשתו ונסתרה, ולאחר שהשקה אותה נודע לו (שלא על ידי עדות) שנטמאה. וראה להלן שאין דרך זו מקובלת על המפרשים, למרות שיש שיטות כאלו בפירוש המשנה.

שקינא לאשתו ונסתרה שתי שיטות פירוש עיקריות נאמרו במשנה זו. דעת רש"י והתוס׳ (וכן דעת הרשב"ם, ומסקנת הדברים בתו"ש) היא כי מדובר כאן במי שקינא לאשתו ונודע לו (שלא על פי עדות ממש) שנסתרה. ודנו בפרטי הדברים, האם הכוונה היא שבמקרה זה חייב להוציאה אבל אינו יכול להשקות אותה (לפי שלא היתה עדות של ממש על הסתירה), או שיש בידו אפשרות זו שאינו צריך אלא יגרשנה על סמך עדות זו בלבד. אכן הר"ח (מובא בתו"ש ועוד) וכן הרמב"ם בפיה"מ, וכן הר"א אב"ד סבורים כי מדובר כאן בזו שקינא לה בעלה ונסתרה (לפי עדות ראויה), ואחר כך נודע לו בדרך אחרת שנטמאה. ולפי זה מובן הטעם שאינו יכול להשקותה — שהרי יש עדות כלשהי שנטמאה, אבל אינו יכול להוציאה בלא כתובה — שהרי אין העדות מספיקה כהוכחה גמורה. והרא"ש בתוספותיו כותב שנראה לו כי מחלוקת זו בפירוש המשנה עתיקה היא, שכן לדעתו היא המחלוקת בתלמוד הירושלמי בסוגייתנו בין ר׳ יוחנן וריש לקיש, שדעת ר׳ יוחנן היא שכל הפרק מדבר לאחר סתירה, ועדות זו שמדובר בה היא עדות טומאה. ואילו ריש לקיש סבור, שמדובר במשנתנו בעדות סתירה.

אפילו שמע מעוף הפורח בתלמוד הירושלמי מסיקים כי הכוונה היא שיצא עליה קול, אלא שאין דרך לברר את מקור השמועה. וכעין זה כתב הרשב"ם. ורש"י פירש — עבד ושפחה, שאין עדותם נחשבת כרגיל. ואילו הרמב"ם בפיה"מ (וראה גם במאירי) מסביר שהכוונה היא כמשמעות, שאפילו נראה לו מצפצוף העוף (בדרך ניחוש או בדרך אחרת) שנטמאה — הרי זה מספיק כדי להוציאה.

אף לפוסלה מכתובתה בתלמוד הירושלמי מובא שיש מחלוקת בין ר׳ עקיבא ור׳ טרפון האם מועילה עדות עד אחד אף לפוסלה מכתובתה. שר׳ עקיבא סבור כמשנתנו, ואילו ר׳ טרפון אומר שאף שלמדו הלכה מיוחדת שעד אחד נאמן בסוטה לענין טומאה, הרי נאמנות זו היא רק לענין איסור שבדבר ולא לענין ממונות. ושם נאמר שחזר ר׳ עקיבא מדבריו לשנות כדברי ר׳ טרפון (ועיי"ש גם בה"ב).

חמותה ובת חמותה וכו׳ במסכת יבמות (דף קיז) נמנו חמש נשים אלה כפסולות להעיד על האשה, משום שחזקה שהן שונאות אותה ומתכוונות לרעתה. ושם מסבירים את הטעמים השונים שיש לכל אחת מהן לשנוא אותה, אם מפני תחרות, ואם מפני הרגשה שהיא מאבדת את ממון המשפחה ועוד כיוצא באלה.

אורח ההלכה

עד שישאו ויתנו בה שמע העם מרננים על האשה, אחרי קינוי וסתירה (כשלא היו שני עדים בסתירה) עד שהנשים נושאות ונותנות בה שזינתה מאותו אדם שקינא לה — הרי זו אסורה לבעלה ויוצאה בכתובה. כדברי ר׳ יהושע במשנה (וראה בכ"מ ובבה"ט). (רמב"ם ספר נשים הלכות סוטה פ"א ה"ח. שו"ע אה"ע קעה, יא).

אפילו עבד אפילו שפחה וכו׳ אפילו אשה ועבד ושפחה והפסול להעיד מפני שעבר על דברי סופרים — כל אחד מהם נאמן להעיד על האשה שזנתה, ותיאסר על בעלה לעולם, ואינה שותה ויוצאת בלא כתובה, כיון שקדמו לכך קינוי וסתירה בעדים. (רמב"ם שם הט"ו. שו"ע שם יב).

חמותה ובת חמותה וכו׳ חמש נשים המנויות במשנה המוחזקות כשונאות אותה, נאמנות אחר הקינוי לומר שנטמאה כדי לאוסרה על בעלה, ואינה שותה מים המרים. אבל אינן נאמנות להוציאה בלא כתובתה מחמת עדותן. (רמב"ם שם. שו"ע שם, טו).

גמרא

(תורה אור: תהלים סח) במקהלות ברכו אלהים ה' ממקור ישראל (*והא לא חזו אמר רבי תנחום כרס נעשה להן כאספקלריא המאירה וראו): בו ביום דרש רבי יהושע בן הורקנוס שלא עבד איוב כו': וליחזי האי לא אי בלמ"ד אל"ף כתיב לא הוא אי בלמ"ד וי"ו כתיב לו הוא *וכל היכא דכתיב בלמ"ד אל"ף לא הוא *אלא מעתה (ישעיה סג) בכל צרתם לא צר דכתיב בלמ"ד אל"ף הכי נמי דלא הוא וכ"ת ה"נ והכתיב ומלאך פניו הושיעם אלא *(לאו) משמע הכי ומשמע הכי תניא רבי מאיר אומר נאמר ירא אלהים באיוב ונאמר ירא אלהים באברהם מה ירא אלהים האמור באברהם מאהבה אף ירא אלהים האמור באיוב מאהבה ואברהם גופיה מנלן (שם מא) דכתיב זרע אברהם אוהבי מאי איכא בין עושה מאהבה לעושה מיראה איכא הא דתניא רבי שמעון בן אלעזר אומר אגדול העושה מאהבה יותר מן העושה מיראה שזה תלוי לאלף דור וזה תלוי לאלפים דור (שמות כ) הכא כתיב לאלפים לאהבי ולשומרי מצותי (דברים ז) והתם כתיב לשומרי מצותיו לאלף דור התם נמי כתיב לאוהביו ולשומרי מצותיו לאלף דור האי לדסמיך ליה והאי לדסמיך ליה הנהו תרי תלמידי דהוו יתבי קמיה דרבא (תהלים לא) חד אמר ליה אקריון בחלמאי מה רב טובך אשר צפנת ליראיך וחד אמר ליה אקריון (שם ה) בחלמאי וישמחו כל חוסי בך לעולם ירננו ויעלצו בך אוהבי שמך אמר להו תרוייכו רבנן צדיקי גמורי אתון מר מאהבה ומר מיראה:

הדרן עלך כשם שהמים

מתני' א מי שקינא לאשתו ונסתרה אפילו שמע מעוף הפורח יוציא ויתן כתובה דברי רבי אליעזר רבי יהושע אומר אבעד שישאו ויתנו בה מוזרות בלבנה באמר *עד אחד אני ראיתיה שנטמאת לא היתה שותה ולא עוד אלא גאפילו עבד אפילו שפחה הרי אלו נאמנין אף לפוסלה מכתובתה גדחמותה ובת חמותה וצרתה ויבמתה ובת בעלה הרי אלו נאמנות ולא לפוסלה מכתובתה אלא שלא תשתה *שהיה בדין דומה אם עדות ראשונה שאין אוסרתה איסור עולם אינה מתקיימת בפחות משנים עדות אחרונה שאוסרתה איסור עולם אינו דין שלא תתקיים בפחות משנים תלמוד לומר (במדבר ה) ועד אין בה ה*כל עדות שיש בה קל וחומר לעדות הראשונה מעתה ומה אם עדות

רש"י

במקהלות. כשנקהלו על הים: ממקור. אף אותם שבמקור: וליחזי האי לא כו'. ואמאי אמר הדבר עדיין שקול: ה"נ דלא הוא. וה"ק קרא אינו חושש לצרתם ולא צר בה: באברהם. כי ירא אלהים אתה (בראשית כב): תלוי. זכותו לדורותיו להגין עליהם עד אלפים דור: לאלפים לאוהבי. סמך אוהביו לאלפים ואידך קרא סמך לאלף דור אל שומרי מצותיו דהיינו מיראה ואין אלו דומין(א) לפרוש מאהבה לפרוש מיראה (לעיל דף כב:) דהנהו מאהבת שכר ומיראת פורענות הקללות והעונשין(ב) והכא מאהבת המקום ומיראתו שמוראו גדול ומוטל על הבריות: וישמחו כל חוסי בך וגו'. סיפיה דקרא ויעלצו בך אוהבי שמך:

הדרן עלך כשם שהמים

מי שקינא לה ונסתרה. אם לאחר שקינא לה נסתרה: אפי' שמע מעוף הפורח. שנסתרה יוציא ויתן כתובה ורבי אליעזר לטעמיה דאמר בפ"ק (לעיל דף ב:) סתירה לא בעיא עדות ואפילו עבד ואפילו שפחה נאמנין דהיינו נמי כעוף הפורח דאיתקש לטומאה דכולהו מהימני בה הילכך נאסרה עליו ואם אינו רוצה להשקותה יוציא ויתן כתובה: רבי יהושע אומר עד שישאו ויתנו בה מוזרות בלבנה. כלומר משום סתירה שאין בה ב' עדים אינה נאסרת עליו ור' יהושע לטעמיה דאמר משקה על פי שנים מיהו כשישאו ויתנו מוזרות בלבנה בפריצותה מכוער הדבר ותצא דהא אפילו מיא תו לא בדקי לה כדתניא בפ"ק (לעיל דף ו:) וטהורה היא ולא שישאו ויתנו בה מוזרות בלבנה: אני ראיתיה שנטמאת. באותה סתירה שהיא על פי שנים עדים לרבי יהושע ולרבי אליעזר ע"פ עוף הפורח: לא היתה שותה. דעד אחד נאמן בה אף להפסידה כתובתה שרגלים לדבר ומקרא ילפינן לה לקמן במתני': הרי אלו נאמנים אף לפוסלה מכתובתה. שלא תשתה ולא תטול כתובתה: חמותה ובת חמותה וצרתה ויבמתה. אשת אחי בעלה אף היא כצרתה ושונאתה שדואגת הימנה שסופה להיות צרתה אם ימות בעלה בלא בנים תתייבם לבעלי ובת בעלה מאשה אחרת אלו חמש נשים שונאות אותה וביבמות (דף קיז:) מפרש טעמא אמאי סנו לה ואינן נאמנות לה לשום עדות שהיא לרעתה: הרי אלו נאמנות. לה לעדות זו שהתורה האמינה כל עדות שיש בה ומיהו לא לפוסלה מכתובתה הואיל ושונאות אותה אלא שלא תשתה: שהיה בדין. שלא יהא נאמן בה עד אחד אם לא מגזירת הכתוב: הראשונה. סתירה שאין אוסרתה איסור עולם אלא עד שתשתה: אינה מתקיימת בפחות משנים. כדבעינן למימר מגזרה שוה ורבי יהושע היא: עדות האחרונה. טומאה: כל עדות שיש בה. נאמן בה ובגמרא ילפינן לה דהכי קאמר תרי לית בה אלא אחד וקאמר והיא לא נתפשה למיסרה אלמא מהימן: שאוסרתה

תוספות

ואידך דהיינו רבי יוסי הגלילי ממקור ישראל נפקא אלמא דלר' יוסי הגלילי נמי עוברים אומרים שירה ובפ"ק דכתובות (דף ז:) דריש לה דברכת חתנים בעשרה מדהוי מלי למיכתב מבטן ישראל וכתיב ממקור על עיסקי מקור בתוספתא מסיים הכי ואותן המלאכים שאמרו מה אנוש כי תזכרנו אמר להן הקב"ה באו וראו את השירה כיון שראו את ישראל פתחו אף הן ואמרו שירה שנאמר ה' אדונינו מה אדיר שמך בכל הארץ וגו' ור"ש בן *אלעזר אומר לא נאמרה פרשה זו אלא לענין עקידה: **גדול העושה מאהבה.** בירושלמי (ברכות פ"ט) ר"ע הוה מתדין קמיה טורנוסרופוס הרשע אתת עונתא דקרית שמע שרי קרי וגחך א"ל סבא סבא או חרש אתה או מבעט ביסורין את א"ל תיפח רוחיה דההוא רשיעא לא חרש אנא ולא מבעט ביסורין אנא אלא כל ימי הייתי קורא הפסוק הזה ואהבת את ה' אלהיך בכל לבבך ובכל נפשך ובכל מאודך רחמתיה בכל לבי רחמתיה בכל נפשי רחמתיה בכל ממוני לא הות(ג) בדיק ליה וכיון דמטי ליה בכל נפשיה ואתיא עונתיה דקרית שמע ולא איפליג עליה בגין כן אנא קרי וגחיך:

הדרן עלך כשם שהמים

מי שקינא לה. פרק זה היה הגון שיהא שנוי ומעורב בפרק ראשון לאחר אותה בבא דאלו אסורות לאכול בתרומה ואח"כ היה לו לשנות כילד עושה לה וכל הסדר אבל תימה דלאחר ששנה שבדקוה המים הוא חוזר לקינוי: ה"ג בסדר המשנה משקינא לה אפילו שמע מעוף הפורח והכי מסתברא ונראה דה"פ מאחר שקינא לה אפילו קודם סתירה שמע פריצותא שהרי עכשיו קצת רגלים לדבר מכוער הדבר ומוציאה בכתובתה מאחר שלא נסתרה ולא נאסרה עליו ובענין זה מצוה לגרשה (גיטין צ.) דאפילו לב"ה *[דאמר אפילו אם] הקדיחה תבשילו היינו רשות מיהו מצוה ליכא אלא בכה"ג ואם מקיימה דומה לאדם שנפל זבוב לתוך תמחוי שמוצצו ואוכלו ולבית שמאי חובה הואיל וקינא לה רגלים לדבר מיהו כתובתה גובה הואיל ולא נסתרה והשתא אתי שפיר דרבי יהושע אבל לפירוש רבינו שלמה דפירש משקינא לה אפי' שמע מעוף הפורח שנסתרה דעוף פורח היינו עבד ושפחה שנאמנין בעידי סתירה ואם אינו רוצה להשקותה יוציא ויתן כתובתה וכי היה רבי יהושע מחייב כתובה לאחר שישאו ויתנו בה מוזרות בלבנה והלא אין המים בודקין אותה כדאמרינן בפרק קמא (לעיל דף ו:) ומאחר שהיא גרמה שתיאסר עליו ואין יכולה לשתות הויא כארוסה ושומרת יבם שלא שותות ולא נוטלות כתובה מיהו מצי למימר הא דאמרינן אין המים בודקין אותה לאחר שישאו ויתנו בה מוזרות בלבנה דוקא לאחר קינוי ועידי סתירה לרבי יהושע אבל כאן אין עידי סתירה אלא שמוזרות בלבנה נושאות ונותנות בפריצותה: כאן

עין משפט נר מצוה

כד א מיי' פ"י מהל' תשובה הלכה ב ג:

א ב מיי' פ"א מהל' סוטה הלכה ח סמג עשין נו טוש"ע אה"ע סימן קעח סעיף יא:

ב ג מיי' שם הלכה טו טוש"ע שם סעיף יד:

ג ד מיי' שם וטוש"ע שם סעיף טו:

[נ"ל מנסיא]

[עמ"ש תוס' בחולין סה. ד"ה אע"פ כו' מוכח דגירסתם הכא כך הוא דפריך וכל היכא דכתיב לא באל"ף ממש הוא והא כתיב בכל צרתם לא צר ומלאך פניו הושיעם הכי נמי דלא הוא וכ"ת ה"נ והכתיב עמו אנכי בצרה תהלים צ"א]

מסורת הש"ס

[כל זה ליתא בילקוט ובע"י]

[ע' נדרים לב.]

[בע"י ליתא]

[לעיל ב.]

[שם ג:]

[שבועות לב.]

הגהות הב"ח

(א) רש"י ד"ה לאלפים וכו' לפרוש מאהבה. נ"ב ע"ל בדף כב ע"ב: (ב) בא"ד והעונשים והכא מאהבת: (ג) תוספות ד"ה גדול וכו' לא הות כדין לי וכיון דמטית לי בכל נפשי ואתית עונתיה:

תוספות שאנץ

ועד יונק ודרך המקרא לומר כן כולל הכל מן החשוב עד הגרוע כמו משור ועד שה. ל"ה: אלא מעתה בכל צרתם (לו) [לא] צר ה"נ. תימה אמאי לא בעי ה"נ מכמה פסוקים כמו אשר (לו) [לא] כרעים כדדרשי' אע"פ שאין לו עכשיו ועתיד לגדל אחר זמן וכן אשר (לו) [לא] חומה אע"פ שאין לו עכשיו. וי"ל דלא בעי משום דפשי' ליה דלא בעי' למימר אשר (לו) [לא] כרעים ממש שהרי ארבה וסלעם וחרגול ידועים הם בסימניהון וא"כ פשיטא ליה שלא היו כשרים וכן אשר (לו) [לא] חומה פשיטא ליה דאינו ר"ל לא ממש דהא בעיר שיש לו חומה משתעי קרא ולהכי משתעי הכי אבל בכל צרתם (לו) [לא] צר אינו פשוט לו כל כך כמו שהבאתי שיש לתלות ולפרש כמו ולא היתה צרתם צרה כי אם להם. פרעה לקה ואבד. סיסרא לקה ואבד. סנחריב לקה ואבד. וכן נבוכדנצר לקה ואחר כן יאבדו כל אויביך ה' במהרה בימינו אמן:

סליק פירקא

מי שקינא לאשתו ונסתרה ר' אליעזר אומר אפי' שמע מעוף הפורח כו'. פ"ה אפי' עד אחד היינו כמו עוף הפורח ואפי' עבד ואפי' שפחה נאמנין ונאסרה עליו. ואם אינו רוצה להשקותה יוציא ויתן כתובה ור"א לטעמי' (דאמר דלא בעי עדות) דאמר לעיל בפ"ק דמשקה לה על פי עד אחד [דסתירה לא בעי עדות]. ור' יהושע אומר עד שישאו ויתנו בה מוזרות בלבנה. פי' נשים הטוות בלבנה (והוי) פריצותה ומכוער הדבר ותצא דאפי' מיא תו לא בדקי לה כלומר דסבירא ליה דבעי ב' עדים. וק' חדא דהא אמרינן יוציא ויתן כתובה. א) וי"ל אם [אינו] רוצה להשקותה דהוה ליה למתני ישקנה כיון דסבי' ליה דמשקה על פי עד אחד. ועוד ק' מאי דאמר דעוף הפורח ר"ל עד אחד דאטו מי סניא ליה למתני' אפי' שמע מעד אחד כדקתני בסמוך בתר הכי. לכך פרשב"ם אפי' שמע מעוף הפורח ר"ל על ידי קול בעלמא שמע שנסתרה יוציא ויתן כתובה דנהי דלא משקה על ידי קול מ"מ רבנן אסרוה לו וצריך שיוציא ויתן כתובה דהרי נמצא רגלים לדבר שהרי קינא לה (ונסתרה מקודם לכן. ויוציא ויתן כתובה) הואיל והחמיר בה הכתוב לאוסרה בעד אחד או על פי עצמו. (וה"נ לר') [אבל ר'] יהושע דסבירא ליה דמשקה על פי שנים הואיל והקל בה הכתוב שלא אסרה בעד אלא על פי שנים אף חכמים לא חייבוהו להוציא וליתן כתובה עד שישאו ויתנו בה מוזרות בלבנה. ולא דמי להני דאמרינן לעיל מתו בעליהן עד שלא שתו דאמרי' מתוך שלא שתו לא נוטלות כתובה והכא אמרי' דיוציא ויתן כתובה דשאני התם לפי שראויות היו לשתות קודם שמתו וכשמתו בעליהן דין הוא דכיון דנדחות מלשתות שאין להם כתובה אבל הכא דזאת האשה [לא הייתה] ראויה מעולם [לשתות] אין לה להפסיד כתובה בחנם. ור"ח ז"ל פי' אפי' שמע מעוף הפורח שנטמאת יוציא ויתן כתובה כיון שיש לה קול על טומאה. ר' יהושע אומר עד שישאו ויתנו. אך קשה דהוה ליה למתני בפי' שמע מעוף הפורח שנטמאת כמו דאמר בסמוך עד אחד אומר אני ראיתיה שנטמאת וע"ק דאמר בירוש' בסוף פירקין בעי ר' יוסי שמע מעוף הפורח באויר שאמר אני ראיתיה שנטמאת על זה בא להעיד אם להשקותה כבר נדחית שלא לשתות אלא בא כדי להפסידה כתובתה הרי אין מפסידין ממון על פי עד אחד וא"כ מאי קא מיבעיא ליה התם בזה הא מתני' מיירי בכי

א) נראה דל"ל והוה ליה למתני ישקנה וכו' על אחד [ומיהו י"ל דס"ל אם אינו רוצה להשקותה]. ועוד קשה וכו'.

עין משפט נר מצוה

ד א מיי' פ"א מהל' סוטה הלכה טז והל' יז ופי"ב מהל' גירושין הל' יח סמג עשין נ טוש"ע אה"ע סימן יז סעיף לז:

ה ב מיי' פ"א מהל' סוטה הל' טז והל' יז:

ו ג מיי' שם הלכה יח ופי"ב מהל' גרושין הלכה כ ופ"ט מהל' רוצח ושמירת נפש הל' טו טז יז סמג עשין עח נ טוש"ע אה"ע סי' יז סעי' לז:

תורה אור

עדות אחרונה שאוסרתה איסור עולם הרי היא מתקיימת בעד אחד עדות הראשונה שאין אוסרתה איסור עולם אינו דין שתתקיים בעד אחד תלמוד לומר °כי מצא בה ערות (דברים כד) דבר ולהלן הוא אומר °על פי שנים עדים (שם יט) יקום דבר [א]מה להלן על פי שנים אף כאן (א)פי שנים [ב]*עד אומר נטמאת ועד אומר לא נטמאת אשה אומרת נטמאת ואשה אומרת לא נטמאת היתה שותה אחד אומר נטמאת ושנים אומרים לא נטמאת היתה שותה שנים אומרים נטמאת ואחד אומר לא נטמאת לא

א היתה שותה: **גמ'** [ג]האי תלמוד לומר כי מצא בה ערות דבר [ד]*ת"ל בה בה ולא בקינוי בה ולא בסתירה מיבעי ליה הכי נמי קאמר תלמוד לומר בה בה ולא בקינוי בה ולא בסתירה וטומאה בעלמא בלא קינוי ובלא סתירה דלא מהימן עד אחד מנלן נאמר כאן דבר ונאמר להלן דבר מה להלן בשני

ב עדים אף כאן בשני עדים: עד אומר נטמאת: טעמא דקא מכחיש ליה הא לא קא מכחיש ליה עד אחד מהימן מנהני מילי דתנו *רבנן [ה]°ועד אין בה בשנים הכתוב מדבר אתה (במדבר ה) אומר בשנים או אינו אלא באחד תלמוד לומר °לא יקום עד אחד באיש וגו' ממשמע (דברים יט) שנאמר לא יקום עד איני יודע שהוא אחד מה תלמוד לומר אחד זה בנה אב *כל מקום שנאמר עד הרי כאן שנים עד שיפרוט לך הכתוב אחד ואמר רחמנא תרי לית בה אלא חד והיא לא נתפשה אסורה וכיון דמדאורייתא עד אחד מהימן אידך היכי מצי מכחיש ליה [ו]והא אמר עולא *[א]כל מקום שהאמינה תורה עד אחד הרי כאן שנים [ז]ואין דבריו של אחד במקום שנים אלא אמר עולא [ח]תני לא היתה שותה וכן אמר רבי יצחק לא היתה שותה ורבי חייא אמר היתה שותה לרבי חייא קשיא דעולא לא קשיא [ב]כאן בבת אחת כאן בזה אחר זה תנן עד אומר נטמאת ושנים אומרים לא נטמאת היתה שותה הא חד וחד לא היתה שותה תיובתא דרבי חייא אמר לך רבי חייא וליטעמיך אימא סיפא שנים אומרים נטמאת ואחד אומר לא נטמאת לא היתה שותה הא חד וחד היתה שותה אלא כולה בפסולי עדות ור' נחמיה היא *דתניא [ט]רבי נחמיה אומר כל מקום שהאמינה תורה עד אחד הלך אחר רוב דעות ועשו שתי נשים באיש אחד כשני אנשים באיש אחד [ג]ואיכא דאמרי [י]כל היכא דאתא עד אחד כשר מעיקרא אפי' *מאה נשים נמי כעד אחד דמיין והכא

שאוסרתה איסור עולם. כדאמר (לעיל דף כח.) בסוטה ספק מנטמאה ונטמאה וכ"ש ודאית: **עד אומר נטמאת ועד אומר לא נטמאת.** אוקי חד בהדי חד והרי היא כספיקא ושותה: **ושנים אומרים לא נטמאת.** כלומר לא נטמאת בפניך שכשבאת ומצאת שנסתרו יחד גם אנו היינו עמך ובפנינו לא נטמאת הרי נסתלק העד הזה ובטלו דבריו מפני השנים והרי היא בספיקא אם נטמאת קודש שבאו אלו ומצאום והיתה שותה ובגמ' מפרש למאי איצטריכו כל הנך בבי: **גמ' בה ולא בקינוי כו'.** למאי איצטריך גזירה שוה הא כתיב גבי טומאה ועד אין בה ומיעוטא הוא בה עד אחד נאמן ולא בעדות אחרת והויא לה עדות סתירה כשאר כל עדיות שבתורה: **וטומאה בעלמא.** עד א' שהעיד על אשה שלא קינא לה בעלה ואמר נטמאת מניין דלא מהימן ולא אמרינן אטומאת אשה הימניה רחמנא לא שנא לאחר קינוי ולא שנא בלא קינוי תלמוד לומר כו' וכי הימניה רחמנא בטומאה שאחר קינוי ויש עידי סתירה שנים ועד מעיד שנטמאת שרגלים לדבר ובפרק קמא (לעיל דף ג.) פרכינן והא כי כתיב קינוי בתר הכי כתיב ומשנינן ועבר כתיב שכבר עבר: **הא לא מכחיש ליה כו'.** הוא הדין דהוה ליה למבעי ארישא דקתני בהדיא אחד אומר אני ראיתיה שנטמאת לא היתה שותה אלמא מהימן אלא משום דבעי לאקשויי עלה כי מכחיש ליה מאי הוי הא הימניה רחמנא להאי דאמר נטמאת כבי תרי והוי ליה האי דמכחיש ליה חד ואין דבריו של אחד במקום שנים: **הרי כאן שנים.** הרי הוא כשנים: **קשיא דעולא.** דכיון דהאמינה תורה הרי העמידתו במקום שנים: **כאן בבת אחת.** מתני' כשהעידו שניהם בתוך כדי דיבור דבטלו דבריו מיד דלא נתקיימה עדותן בב"ד והיכא האמינהו תורה כשנים כגון אם העיד עדותו ויצא דתו לא מצי חד לאכחושיה: **הא חד וחד.** על כרחיך לא היתה שותה תנא ברישא דאי היתה שותה קתני הא תו למה לי השתא בחד הוי הכחשה תרי מבעיא פשיטא דאין אחד במקום שנים ומתני' לדיוקא דידיה תנא ליה דאי לאשמועינן היא גופה פשיטא דלא איצטריך: **אמר לך ר' חייא וליטעמיך.** דסבירא לך דמתני' לגופיה לא איצטריך דהא פשיטא דאין א' במקום שנים ולדיוקא אתא סיפא מאי תידוק מינה אלא מתני' לא לדיוקא אתא אלא לאשמועינן היא גופה איצטריך דשנים דקא תנא בפסולי עדות קאמר כגון נשים או עבדים ואשמועינן דשתי נשים מבטלות דברי עד א' בין ברישא בין בסיפא ולקמן פריך תרתי למה לי והאי דלא שני ר' חייא מציעתא בזה אחר זה(ג) משום דקא דייק מתני' בבת אחת דקתני ושנים אומרים לא(א) *ראינוה אלמא בהדי הדדי קאתו דלעולם במקום שנים לא האמינה תורה עד אחד: **כל מקום שהאמינה תורה כו'.** הוציאתו לעדות זה מכלל כל עדיות שבתורה לפיכך פסולין וכשירין שוין בה והלך אחר רוב דעות המעידין בדבר: **ואיכא דאמרי כל היכא דאתא עד כשר מעיקרא.** ואמר נטמאת ונתקבלה עדותו ואחר כך באו מאה נשים כעד א' דמיין והוה ליה קמא שנים ואין דבריו של אחד במקום שנים ואינה שותה:

א) נ"ל ראית ועי' רש"א

והכא

כאן בבת אחת כאן בזה אחר זה. קשיא דהכא משמע כיון שנתקבל עדותו של ראשון ואע"פ שלא עשו ע"י עדותו שום מעשה ולא שום הוראה רק שלא העיד השני בתוך כדי דיבורו של ראשון הוי דבריו של שני במקום ראשון כדבריו של אחד במקום שנים הכי משמע לפירוש רש"י והא בפרק האשה שהלכה (יבמות דף קיז:) תנן עד אומר מת וניסת ובא אחר ואמר לא מת לא תצא וקא דייק בגמ' טעמא דניסת הא לכתחילה לא תנשא והאמר עולא וכו' ומשני הכי קאמר עד אומר מת והתירוה לינשא ובא אחר ואמר לא מת לא תצא מהתירה הראשון והא התם דבזה אחר זה מיירי דהא ניסת בנתיים ואפ"ה בכה"ג בזה אחר זה אם לא ניסת לא תנשא אא"כ התירוה לינשא דאמר לא תצא מהתירה הראשון ופירש נמי רש"י התם דדוקא שהתירוה קודש שיבא עד השני המכחישו אבל אם קודם שהתירוה מודה עולא דלא סמכינן אקמא דהכתי לא אחשביניה כתרי להכי נראה לפרש הכא בזה אחר זה שקיבלו עדות הראשון והורו ע"פ עדותו מיהו תימה עולא גופיה דאמר הכי אליביה תני לא היתה שותה מה דוחקיה למימר הכי והא מתניתין לא משמע ששהה השני אחר הראשון עד שהורו ואסרוה עליו ואמרו אינה שותה וי"ל דמתניתין בסתם קתני אי נמי רבי יצחק ועולא הוה מתרלי להיא דהאשה זוטא כדמתרלי אליבא דר' יוחנן בפ' שני דכתובות (דף כב:) משום לזות שפתים והיא דהאשה רבא (יבמות דף פח:) לא דמיא לתרוייהו משום דגברא אתי וקאי: **הא חד וחד לא היתה שותה תיובתא דרבי חייא.** נראה האי דלא דחי ליה בזה אחר זה משום דסוף סוף תיקשי דיוקא דסיפא דשנים אומרים נטמאת וא' אומר לא נטמאת לא היתה שותה הא חד וחד היתה שותה במאי מוקמת לה ע"כ בבת אחת מאי קמ"ל היינו רישא הילכך צריך לתרולי כר' נחמיה בין לר' יצחק בין לר' חייא הני תרתי בבי דסיפא תימה היכי הוה מתרץ ר' יצחק מתני' דפרק אמרו לו (כריתות דף יא:) דתנן עד אמר אכל ועד אמר לא אכל אשה אומרת אכל ואשה אומרת לא אכל מביא אשם תלוי כיון דהאמינה תורה עד אחד דנפקא לן מאו הודע אליו חטאתו (ויקרא ד) חטאת הוי ליה לאיתויי בשלמא רבי חייא הוה מוקי לה בבת אחת. ירושלמי גידל בר בנימן בשם רב אמר בכל מקום *)שהכשירו עד אחד עדות האשה כאיש האיש מכחיש את האשה והאשה מכחשת את האיש דתנן עד א' אמר נטמאת ואשה אומרת לא נטמאת אשה אומרת נטמאת ועד א' אמר לא נטמאת תנא דבי רבי אומר כן ותו בירושלמי עד אחד אמר נטמאת ועד אחד אמר לא נטמאת שמעון ב"ר אבא בשם ר' יוחנן כאן לא היתה שותה ועגלה ערופה היו עורפין וטעמא מפני שכאן רגלים לדבר ומסיק נמי התם דבעידי טומאה לא אמרינן עדות שבטלה מקצתה בטלה כולה מפני שרגלים לדבר:

*) שהכשירו עדות האשה כאיש האיש כו' את האיש ניתני עד אחד כו'. רש"ל

תוספות שאנץ

בכי האי גונא לכ"נ כפרשב"ם דקאי אסתירה ולא קאי אטומאה: **גמ'** טעמא דקא מכחיש ליה הא לא מכחיש ליה עד אחד נאמן וה"ה דהוה ליה למבעי ארישא מה"מ דעד אחד נאמן דקתני בהדיא עד אחד אומר אני ראיתיה שנטמאת לא היתה שותה אלמא נאמן. אלא משום הכי מייתי מסיפא משום דבעי אקשויי עלה כי מכחיש ליה מאי הוי הא הימניה רחמנא להאי דאמר נטמאת כבי תרי והוי ליה האי דמכחיש חד ואין דבריו של אחד במקום שנים ל"ה. לא קשיא כאן בבת אחת הא דאמרינן דשותה מיירי כשבאו בבת אחת והעידו שנים ביחד ולא נתקיימה עדותן בב"ד והיכא התורה האמינתו כשנים בהעידו זה אחר זה: א) ועולא מי לא מפליג כי בבת אחת בין בזה אחר זה דשני תני רבה שותה דלא משני כמו ר' חייא והא אמרינן בפרק האשה שלום על הא דתנן עד אחד אומר מת ונשאת ובא עד ואמר לא מת הרי זו לא תצא ודייק בגמ' טעמא דנשאת הא לא נשאת לא תנשא והאמר עולא כו'. ומשני ה"ק התירוה להנשא אע"ג דלא נשאת אלמא משמע דמפליג עולא בין בת אחת לזה אחר זה. וי"ל דאין הכי נמי הוה מצי מפליג עולא הכא אלא שינויי דר' חייא לא סבירא ליה משום דמקשי תלמודא על מילתיה. א"נ י"ל דגבי אשה בעלמא שהיא ב) דרבנן מפליג בין בבת אחת בין בזה אחר זה דיש להקל עליה אבל גבי סוטה שהיא דאורייתא בין בבת אחת לזה אחר זה: הא חד וחד לא היתה שותה ותיובתא דר' חייא ופ"ה דה"ה דהוה מצי לשנויי מתני' בזה אחר זה המציעתא ולא ק' ליה לר' חייא אלא לא בעי לאוקומי רישא בחד טעמא וסיפא בחד טעמא ועוד דסוף סוף דמדיוקא ג) דמציעתא הלך מוכח רישא בבת אחת ומציעתא וסיפא בין בבת אחת בין בזה אחר זה דלעולם במקום שנים לא האמינה תורה עד אחד כפ"ה. ורשב"ם פי' דלא מצי לשנויי דמיירי בזה אחר זה ודיוקא דמתני' בבת אחת משום דקתני ושנים אומרים שנטמאת משמע דבהדי הדדי אתו: ד) ואיכא דאמרי כל היכא דאתא עד אחד כשר מעיקרא והכא במ"ע דקתני עד אחד אומר נטמאת ושנים אומרים לא נטמאת היתה שותה ואוקמ' בפסולי עדות ובין בבת אחת בין בזה אחר זה. (וע"כ) ר' נחמיה וע"כ בזה אחר זה איצטריך עיקר לאשמועי' דאי לבת אחת מאי רוב דעות איכא בחד וחד נמי היתה שותה והב"ע

א) אולי נ"ל וקשה למשמע דעולא לא מפליג בין בבת אחת וכו' דשני דתני דלא היתה שותה ולא משני כמו ר' חייא וא"ת הא אמרינן: ב) אולי נ"ל דגבי אשה משום תומר דא"ח החמירו מדרבנן לספליג בין בת אחת וכו' אבל בסוטה לענין דאורייתא איט מפליג בין וכו'. ג) אולי נ"ל למדיוקא דמציעתא גופיה מוכח דמיירי בבת אחת מדקתני ושנים אומרים וכו' וכן בסיפא בודאי מיירי אפילו בבת אחת דלעולם וכו'. ד) נראה דנ"ל אלא כולה בפסולי עדות והא דקתני וכו' שותה אוקמינן וכו' ור' נחמיה היא.

מסורת הש"ס

[תוספתא פ"ה] · לעיל ג. · שם ב. · גם זה שם: סנהדרין ל. · יבמות פח: קיז: כתובות כב: לקמן מז: · לקמן מז: יבמות פח: קיז: [ותוספתא יבמות פי"ד ע"ש] · [לקמן מז: יבמות פח: קטו. קיז:] · [נ"ל נטמאת]

הגהות הב"ח (א) במשנה אף כאן על פי: (ב) רש"י ד"ה אמר לך וכו' רבי חייא מציעתא בזה אחר זה לעולם במקום שנים לא האמינה תורה עד אחד משום דקא דייק וכו' לא ראית אלמא בהדי הדדי קאתו הס"ד וכ"ב כלומר לא הוה ניחא ליה לאוקמי מתני' דלא מיירי אלא בזה אחר זה דמסתמא ולאי כיון דלאו העדות ביחד באו בבת אחת לב"ד אבל בסמוך קא מפרש רש"י דבזא"ז נמי מוקמינן לה ובין בבת אחת ובין בזא"ז קמיירי:

עֵדוּת אַחֲרוֹנָה על הטומאה שֶׁאוֹסַרְתָּה אִיסּוּר עוֹלָם — הֲרֵי הִיא מִתְקַיֶּימֶת בְּעֵד אֶחָד בלבד, עֵדוּת הָרִאשׁוֹנָה על הסתירה שֶׁאֵין אוֹסַרְתָּהּ אִיסּוּר עוֹלָם אלא עד שתשתה — אֵינוֹ דִּין שֶׁתִּתְקַיֵּים בְּעֵד אֶחָד? תַּלְמוּד לוֹמַר: ״כִּי מָצָא בָהּ עֶרְוַת דָּבָר״ (דברים כד, א) וּלְהַלָּן הוּא אוֹמֵר ״עַל פִּי שְׁנֵי עֵדִים... יָקוּם דָּבָר״ (שם יט, טו), ולמדים מגזירה שווה ״דבר״ ״דבר״ מַה לְּהַלָּן אין הדבר מתקיים אלא עַל פִּי שְׁנַיִם — אַף כָּאן אין עדות על הסתירה אלא על פִּי שְׁנַיִם. היה עֵד אחד אוֹמֵר ״נִטְמֵאת״ וְעֵד אחר אוֹמֵר ״לֹא נִטְמֵאת״, אִשָּׁה אחת אוֹמֶרֶת ״נִטְמֵאת״ וְאִשָּׁה אחרת אוֹמֶרֶת ״לֹא נִטְמֵאת״ — הָיְתָה שׁוֹתָה, שמאחר שיש עדויות הסותרות זו את זו — הרי זה ספק אם נטמאת ושותה. אֶחָד אוֹמֵר ״נִטְמֵאת״ וּשְׁנַיִם אוֹמְרִים ״לֹא נִטְמֵאת״ — הָיְתָה שׁוֹתָה. שְׁנַיִם אוֹמְרִים ״נִטְמֵאת״ וְאֶחָד אוֹמֵר ״לֹא נִטְמֵאת״ — סומכים על עדות השנים, ולֹא הָיְתָה שׁוֹתָה אלא יוצאת מבעלה.

א גמרא על הלימוד מהגזירה שווה הנמצא במדרש ההלכה במשנה זו, שאין עדות על קינוי וסתירה בפחות משני עדים, שואלים: הַאי [זה] תַּלְמוּד לוֹמַר ״כִּי מָצָא בָהּ עֶרְוַת דָּבָר״, הלא לכאורה תַּלְמוּד לוֹמַר בפרשת סוטה ״בָּהּ״ (״והיא נטמאה ועד אין בה״ — במדבר ה, יג) ומהדיוק בָּהּ וְלֹא בְּקִינּוּי, בָּהּ וְלֹא בִּסְתִירָה מִיבָּעֵי לֵיהּ [צריך היה לו] לומר, שהרי מכאן למדנו דין עד אחד בטומאה! ומשיבים: הָכִי נַמִּי קָאָמַר [כך גם כן אמר], כך צריך להבין את הדברים: תַּלְמוּד לוֹמַר ״בָּהּ״ — בָּהּ וְלֹא בְּקִינּוּי, בָּהּ וְלֹא בִּסְתִירָה. וְאולם טוּמְאָה בְּעָלְמָא [סתם] שמעיד אדם על אשת איש שנטמאה בְּלֹא קִינּוּי וּבְלֹא סְתִירָה, שלֹא מְהֵימַן [נאמן] עֵד אֶחָד מְנָלַן [מניין לנו]? — דין זה נלמד באופן אחר, נֶאֱמַר כָּאן בענין עדות ״דָּבָר״, וְנֶאֱמַר לְהַלָּן ״דָּבָר״ בענין ערוה, מַה לְּהַלָּן מדובר בעדות שְׁנֵי עֵדִים — אַף כָּאן בִּשְׁנֵי עֵדִים, ואין עד אחד מספיק לכך.

ב שנינו במשנה: עֵד אוֹמֵר נִטְמֵאת ועד אומר לא נטמאת — היתה שותה. ומעירים: יש לדייק, טַעֲמָא [הטעם, דווקא] דְּקָא מַכְחִישׁ לֵיהּ [שמכחיש אותו] העד השני, הָא [הרי] אם לֹא קָא מַכְחִישׁ לֵיהּ [היה מכחיש אותו] היה עֵד אֶחָד מְהֵימַן [נאמן] ואסורה על בעלה לעולם, מְנָהָנֵי מִילֵּי [מניין הדברים הללו]? ומביאים, דְּתָנוּ רַבָּנַן [ששנו חכמים]: מה שנאמר ״וְעֵד אֵין בָּהּ״ (במדבר ה, יג) — בִּשְׁנַיִם הַכָּתוּב מְדַבֵּר, שאם אין בה שני עדים, אלא עד אחד בלבד, הרי היא אסורה. אַתָּה אוֹמֵר בִּשְׁנַיִם, אוֹ אֵינוֹ אֶלָּא בְּאֶחָד? — תַּלְמוּד לוֹמַר: ״לֹא יָקוּם עֵד אֶחָד בְּאִישׁ לכל עוון ולכל חטאת״ (דברים שם), ועל כך דרשו: מִמַּשְׁמַע שֶׁנֶּאֱמַר ״לֹא יָקוּם עֵד״ אֵינִי יוֹדֵעַ שֶׁהוּא אֶחָד, שהרי לשון יחיד הוא, מַה תַּלְמוּד לוֹמַר ״אֶחָד״ — זֶה בָּנָה אָב וקבע תקדים ויסוד להלכה: כָּל מָקוֹם שֶׁנֶּאֱמַר ״עֵד״ — הֲרֵי כָּאן שְׁנַיִם, עַד שֶׁיִּפְרוֹט לְךָ הַכָּתוּב ויאמר במפורש ״אֶחָד״. וְאם כן גם כאן בענין סוטה אָמַר רַחֲמָנָא [אמרה תורה] אם תְּרֵי לֵית [שני עדים אין] בָּהּ אֶלָּא חַד [עד אחד] ״וְהִיא לֹא נִתְפָּשָׂה״ (נאנסה) (במדבר שם) — הריהי אֲסוּרָה. ושואלים: וְכֵיוָן דְּמִדְּאוֹרָיְיתָא [שמדין תורה] עֵד אֶחָד מְהֵימַן [נאמן], אם כן אִידָךְ הֵיכִי מָצֵי מַכְחִישׁ לֵיהּ [האחר איך יכול להכחיש אותו] ולגרום לה שתשתה ולא תיאסר עולמית בעדות הראשון? וְהָא [והרי] אָמַר עוּלָּא: כָּל מָקוֹם שֶׁהֶאֱמִינָה תּוֹרָה עֵד אֶחָד לעדות הֲרֵי כָּאן עדות כעדות שְׁנַיִם, וְאֵין דְּבָרָיו שֶׁל עד אֶחָד קיימים בְּמָקוֹם שהוא סותר שְׁנַיִם! אֶלָּא אָמַר עוּלָּא: תְּנֵי [שְׁנֵה, ותקן במשנתנו]: עד אומר נטמאת ועד אומר לא נטמאת — לֹא הָיְתָה שׁוֹתָה. וְכֵן אָמַר ר׳ יִצְחָק, יש לשנות: לֹא הָיְתָה שׁוֹתָה. וְר׳ חִיָּיא אָמַר שהנוסח הוא: הָיְתָה שׁוֹתָה. ושואלים: לְר׳ חִיָּיא קַשְׁיָא [קשה] מה שהיה קשה לעוּלָּא: והרי דינו של העד הראשון כשניים! ומשיבים: לָא קַשְׁיָא [אין זה קשה]; כָּאן במשנתנו מדובר שבאו שני העדים בְּבַת אַחַת, וכיון שהם סותרים זה את זה — הרי זה כאילו לא היתה כאן עדות. ואילו כָּאן, בדין של עולא, מדובר שבאו בְּזֶה אַחַר זֶה, כשבא עד אחד והעיד שנטמאה מקובלת עדותו כעדות של שניים ואין השני יכול לבטל עדותו. תְּנַן [שנינו במשנה]: עֵד אחד אוֹמֵר ״נִטְמֵאת״ וּשְׁנַיִם אוֹמְרִים ״לֹא נִטְמֵאת״ — הָיְתָה שׁוֹתָה, ונדייק מכאן: הָא חַד וְחַד [הרי אם היו אחד ואחד] — לֹא הָיְתָה שׁוֹתָה, אם כן תְּיוּבְתָּא [קושיה חמורה] היא על ר׳ חִיָּיא! ומשיבים: אָמַר [יכול היה לומר] לְךָ ר׳ חִיָּיא: וְלִיטַעֲמִיךְ [ולטעמך, לשיטתך] שכך אתה מדייק, אֵימָא סֵיפָא [אמור את סופה] של המשנה: שְׁנַיִם אוֹמְרִים ״נִטְמֵאת״ וְאֶחָד אוֹמֵר ״לֹא נִטְמֵאת״ — לֹא הָיְתָה שׁוֹתָה. ותדייק מכאן: הָא חַד וְחַד [הרי אם היו אחד ואחד] — הָיְתָה שׁוֹתָה. ונמצא כי הדיוק הראשון והאחרון סותרים זה את זה! אֶלָּא גם לשם תירוץ המשנה צריכים לומר שאין לדייק כך, אלא כּוּלָּהּ בִּפְסוּלֵי עֵדוּת היא מדברת, שהשניים שבאו להעיד הם פסולי עדות שמקבלים את עדותם בסוטה, וְשיטת ר׳ נְחֶמְיָה הִיא. דְּתַנְיָא [שכן שנינו בברייתא], ר׳ נְחֶמְיָה אוֹמֵר: כָּל מָקוֹם שֶׁהֶאֱמִינָה תּוֹרָה עֵד אֶחָד ואין התורה דורשת שם עדות כשירה דווקא — הַלֵּךְ (לך) אַחַר רוֹב דֵּעוֹת, וְעָשׂוּ עדות שְׁתֵּי נָשִׁים בְּיחס לעדות אִישׁ אֶחָד כעדות שְׁנֵי אֲנָשִׁים בְּאִישׁ אֶחָד, שסומכים על השניים נגד האחד. וְאִיכָּא דְּאָמְרִי [ויש שאומרים] שיטה אחרת כדעת ר׳ נחמיה: כָּל הֵיכָא דַּאֲתָא [מקום שבא] עֵד אֶחָד כָּשֵׁר מֵעִיקָּרָא [מתחילה] — אֲפִילּוּ מֵאָה נָשִׁים המעידות כנגדו נַמִּי [גם כן] כְּעֵד אֶחָד בלבד דָּמְיָין [הן נחשבות] ואינן יכולות לבטל את עדותו.

מסורת הש״ס

א. סוטה ג,ב (ושם סומנו מקבילות).
ב. ראה תוספתא סוטה פ״ה ה״ח.
ג. סוטה ג,ב (כל הענין).
ד. שם ב,ב.
ה. שם ב,א (כל הענין) (ושם סומנו מקבילות).
ו. יבמות פח,ב. קיז,ב. כתובות כב,ב. סוטה מז,ב.
ז. (הביטוי) שם. כתובות כג,א. שבועות מח,א. ע״ז לח,ב. חולין לו,א.
ח. ירושלמי סוטה פ״ו ה״ד.
ט. יבמות פח,ב. קיז,ב. סוטה מז,ב. ירושלמי יבמות פט״ו ה״ו. שם סוטה פ״ו ה״ד. שם פ״ט ה״ז. תוספתא יבמות פי״ד א.
י. יבמות שם. קטו,א. סוטה שם. ירושלמי שם.

גרסות

מה להלן... אף כאן יש בכת״י: מה דבר האמור להלן... אף דבר האמור כאן.

פי שנים בכת״י: על פי שנים.

עיונים

כל מקום שהאמינה תורה וכו׳ בענין זה יש מחלוקת בין נמוק״י בשם הריטב״א והתוס׳ והרא״ש, שיש אומרים שדין זה כללי הוא, ולכן כיון שאומרים להלכה שעד אחד נאמן באיסורים — הרי הוא אף נאמן כשנים, ואין עד אחד יכול להכחיש עדותו. ויש אומרים שלא נאמר דבר זה אלא במקום שיש לנו ראיה מן התורה שעד אחד נאמן כשניים, אבל במקום שלא נאמר הדבר במפורש — הרי זה כשאר עדות של עד אחד, שעד אחר יכול להכחישה.

תני לא היתה שותה וכן היא המחלוקת (בין חכמים אחרים) גם בתלמוד הירושלמי, שיש מחזיקים בגרסה ״שותה״ ויש סבורים שיש לשנות ״לא היתה שותה״. ויש שם משא ומתן דומה, אלא ששם לא חילקו בין בזה אחר זה ובבת אחת, והציעו גם הסבר אחר למשנה, שמדובר שמעידים שנסתרה בפעם אחרת, ושם מבארים שהכוונה היא שיש שהעידו עליה תוך כדי זמן סתירה, ויש שהעידו עליה לאחר זמן שיש בו כדי טומאה.

כאן בזה אחר זה ראה בתוס׳ (ד״ה כאן) שדנו בשאלה האם עדותו של הראשון נחשבת כגמורה מיד לאחר שגמר להעיד ולא בא עד אחר ומכחיש אותו תוך כדי דיבור, או כמסקנתם, שאין עדות הראשון מתקבלת אלא כאשר קיבלו בית הדין את עדותו של העד הראשון וגמרו לפי שעה על פי דבריו. וראה בחידושי בתרא שהקשה: הרי יש מקום לומר שאם האמינה תורה עד אחד על טומאה והוא נחשב כשנים, (ובפרט בסוטה, שרגלים לדבר) מפני מה תוכל עדות עד אחר, כשבאו בבת אחת, להכחיש את עדותו החשובה? ותירץ שכיון שנאמנות עד אחד יש בה חידוש, שהרי אין הדבר כן בכל התורה, הרי בכל מקום שיש פקפוק בעדות הראשונה יש ללכת על פי הכללים הקבועים ולבטל את העדות הראשונה בתורת עדות מוכחשת. ובתו״ש ועוד שאלו מצד אחר: וכי אין עולא מסכים לדברים האמורים במסכת יבמות שאין עדות נחשבת בזה אחר זה אלא לאחר שהורו כדברי הראשון? ותירצו שמא סבור עולא כי יש לחלק בין הדין במסכת יבמות, שכיון שעדות עד אחד להעיד שמת בעלה של אשה מהימנה רק מדברי סופרים, משום כך יש לחלק בין המקרה שבא עד אחד תחילה וקיבלו את עדותו, ובין המקרה שבו יש הכחשה לעד הראשון. אבל בסוטה, כיון שנאמנות העד הראשון היא מן התורה אין בכוחו של עד אחר לבטל כלל את נאמנותו ואפילו בא עד זה יחד עם הראשון. וראה גם בתוהרא״ש.

תיובתא דר׳ חייא וכתב רש״י שהיה יכול לתרץ שבהלכה זו מדובר בזה אחר זה, אלא שלשון המשנה אין משמע כן, שמן הלשון נשמע שבאו כל העדים כאחד. וכן פירשו בתו״ש בשם הרשב״ם. אבל הם מביאים בשם רש״י שמסביר מטעם אחר, שכן לפי פירוש כזה אין המשנה כולה עוסקת בענין אחד (״בחד טעמא״) ודבר זה הוא דוחק בפירוש.

אתא עד אחד כשר מעיקרא וכו׳ ובטעם הדברים שעד אחד (אף שאינו ראוי להעיד במקום אחר) נחשב יותר משאר הפסולים לעדות, כתב באשל אברהם שכיון שמצאנו שמן התורה עד אחד נאמן לחייב בשבועה את זה שהוא מעיד כנגדו, מה שאין כן בעד פסול, משמע שיש מן התורה עדיפות לעד אחד על עדים פסולים. ויש שכתב טעם אחר, שכיון שעד אחד ראוי להצטרף לאחר ואז תהא זו עדות שלימה, יש להעדיף את עדותו על עדותם של פסולים שאינם ראויים להצטרף לעדות אחרת (דבר שאול).

אורח ההלכה

כל מקום שהאמינה תורה עד וכו׳ בא עד אחד כשר ואמר שנטמאה האשה — הרי אין אשה זו שותה. ואפילו בא עד אחר והכחישו — אין שומעים לו. שעדות עד אחד בטומאת סוטה נחשבת כעדות גמורה, ואין דבריו של העד השני במקום עד ראשון שהוא נחשב כשנים. אבל אם באו שני עדים כאחד, ואמר עד אחד ״נטמאה״ ואחד אומר ״לא נטמאה״ — הרי זו שותה. כדברי הגמרא לחלק בין בבת אחת לזה אחר זה. (רמב״ם ספר נשים הלכות סוטה פ״א הט״ז-יז).

כל היכא דאתא עד כשר וכו׳ בא עד אחד כשר ואמר שנטמאה ונשים רבות או פסולים רבים אומרים שלא נטמאה, הרי זה כמחצה על מחצה, ושותה. כאיכא דאמרי (שאנו פוסקים תמיד כלשון שניה) שעד כשר ופסולים רבים הם כמחצה על מחצה. ואם היו כל העדים פסולים — הולכים אחר הרוב, כגון שהיו שתי נשים אומרות שנטמאה ושלוש אומרות שלא נטמאה — הרי זו שותה, שלוש אומרות שלא נטמאה וארבע אומרות שנטמאה — אינה שותה. היו מחצה ומחצה — הרי זו שותה מספק. כמסקנה שבפסולים הולכים אחר רוב דעות בין להחמיר בין להקל. (רמב״ם שם הי״ח. שו״ע אה״ע יז, מ).

וְהָכָא [וכאן] שעד אומר "נטמאת" ושנים אומרים "לא נטמאת", ששותה, **בְּמַאי עָסְקִינַן** [במה אנו עוסקים] — **כְּגוֹן דַּאֲתַאי** [שבאה] **אִשָּׁה מֵעִיקָּרָא** [מתחילה] שאין עדותה נחשבת כשניים. **וְתַרְצָהּ לְדְר' נְחֶמְיָה הָכִי** [ותקן והסבר את דברי ר' נחמיה כך], **ר' נְחֶמְיָה אוֹמֵר: כָּל מָקוֹם שֶׁהֶאֱמִינָה תּוֹרָה עֵד אֶחָד — הַלֵּךְ** (לך) **אַחַר רוֹב דֵּעוֹת, וְעָשׂוּ** עדות **שְׁתֵּי נָשִׁים** ביחס לעדות **אִשָּׁה אַחַת כעדות שְׁנֵי אֲנָשִׁים בְּאִישׁ אֶחָד** ומבטלות את עדות האשה האחת. **אֲבָל** עדות **שְׁתֵּי נָשִׁים בְּאִישׁ אֶחָד — כִּי פַּלְגָא וּפַלְגָא דָּמֵי** [כמו חצי וחצי נחשבים] שעדותן של שתי נשים נחשבת כעדות של איש אחד. **ושואלים:**

אם זה פירוש המשנה **וְתַרְתֵּי** [ושתי] הלכות **בִּפְסוּלֵי עֵדוּת לָמָּה לִי?** ומשיבים, **מַהוּ דְּתֵימָא** [שתאמר]: **כִּי אָזְלִינַן בָּתַר** [כאשר אנו הולכים אחר] **רוֹב דֵּעוֹת** הרי זה רק **לְחוּמְרָא** [להחמיר] **עליה** שתשתה, כגון אם אמר אחד שנטמאה ושנים אומרים שלא נטמאה, **אֲבָל לְקוּלָּא** [להקל] ולפטור אותה משתיה, כגון אם אמרו שתי נשים שנטמאה ועד אחד פסול אומר שלא נטמאה **לָא אָזְלִינַן** [אין אנו הולכים] אחר רוב פסולים, ותשתה, על כן **קָא מַשְׁמַע לָן** [השמיע לנו] במשנה שהולכים אחר רוב דיעות, בין להקל בין להחמיר.

מסורת הש"ס

א. יבמות פח,ב. קיז,ב. סוטה מז,ב. וראה ירושלמי יבמות פט"ו ה"ו. שם סוטה פ"ו ה"ד.

עיונים

דאתאי אשה מעיקרא העמדת הדברים בגמרא שבאה אשה (עד פסול) מתחילה, ולאחר מכן בא עד או עדים פסולים אחרים להכחישה אינה מבוארת מה יהא הדין כאשר באה אשה מתחילה ועד כשר אחד מכחישה. לדעת הרמב"ם (וכן הוא ברש"י) בכל מקרה עד כשר אחד וכל מספר של עדים פסולים הריהם בגדר של מחצה על מחצה. אולם הראב"ד סבור כי יש לדייק מדברי הגמרא לעיל שרק אם בא עד כשר מתחילה להעיד שנטמאה עדותו נחשבת יותר, ולדעתו אם באה אשה מתחילה הרי גם אם יכחישנה עד כשר לא יהא זה אלא כאחד נגד אחד, ואם יהיו שני פסולים ילכו אחר הרוב.

שתי נשים באשה אחת וכו' ואילו בתלמוד הירושלמי, לפי העמדה אחרונה מסבירים את המשנה כגון שבאו שלושה כאחד, ושנים מהם מעידים שנטמאה ואחד מעיד שלא נטמאה, שאף על פי שבשאר מקרים היינו אומרים שכיתה אחת שבאה להעיד ונחלקה עדותה בטלה עדות כולם, כאן יש ללכת אחר רוב הדעות.

לחומרא... לקולא רש"י מסביר כי "לקולא" כוונתו שמקבלים עדות הרוב שהיא טמאה ואינה שותה, ו"לחומרא" — שאין דוחים עדות הרוב שלא נטמאת ומחייבים אותה לשתות. וכבר תהו אחרונים על כך, מדוע ההנחה שהאשה טמאה תחשב ל"קולא"! ויש מי שפירש שיש לומר להיפך, ו"לקולא" מתייחס לבבא האמצעית במשנה, ולפי זה "לקולא" משמע שמניחים שאין עדות שהיא טמאה, ו"לחומרא" משמע שמניחים שהיא טמאה (קרן אורה). ויש אומרים שבאמת אין כאן קולא במקרה אחד וחומרא במקרה אחר, אלא שיש שני צדדים בכל הנחה, בין כשאומרים שתשתה ובין כשאומרים שלא תשתה, ובאו חכמים ללמד שאנו מקבלים את עדות רוב דעות בשני הצדדים של כל בעיה (תורת הקנאות).

והכא במאי עסקינן כגון דאתאי אשה מעיקרא [א]ותרצה לדרבי נחמיה הכי ר' נחמיה אומר כל מקום שהאמינה תורה עד אחד הלך אחר רוב דיעות ועשו שתי נשים באשה אחת כשני אנשים באיש אחד אבל שתי נשים באיש אחד כי פלגא ופלגא דמי ותרתי בפסולי עדות למה לי מהו דתימא כי אזלינן בתר רוב דיעות לחומרא אבל לקולא לא אזלינן קמ"ל:

הדרן עלך מי שקינא

אלו *נאמרין בכל לשון [א]פרשת סוטה [ב]ווידוי מעשר [ג]קרית שמע [ד]ותפלה [ה]וברכת המזון [ו]ושבועת העדות [ז]ושבועת הפיקדון ואלו נאמרין בלשון הקודש [ח]מקרא ביכורים [ט]וחליצה ברכות וקללות [י]ברכת כהנים וברכת כהן גדול [כ]ופרשת המלך [ל]ופרשת עגלה ערופה [מ]ומשוח מלחמה בשעה שמדבר אל העם מקרא ביכורים כיצד °וענית ואמרת לפני ה' אלהיך ולהלן הוא אומר °וענו הלוים ואמרו מה להלן בלשון הקודש אף כאן בלשון הקודש חליצה כיצד °וענתה ואמרה ולהלן הוא אומר וענו הלוים ואמרו מה להלן בלשון הקודש אף כאן בלשון הקודש ר' יהודה אומר וענתה ואמרה ככה עד שתאמר בלשון הזה ברכות וקללות כיצד כיון שעברו ישראל את הירדן ובאו אל הר גריזים ואל הר עיבל שבשומרון שבצד שכם שבאצל אלוני מורה שנאמר °הלא המה בעבר הירדן וגו' ולהלן הוא אומר °ויעבר אברם בארץ עד מקום שכם עד אלון מורה מה אלון מורה האמור להלן שכם אף אלון מורה האמור כאן שכם [יג]ששה שבטים עלו לראש הר גריזים וששה שבטים עלו לראש הר עיבל והכהנים והלוים והארון עומדים למטה באמצע הכהנים מקיפין את הארון והלוים את הכהנים וכל ישראל מכאן ומכאן שנאמר °וכל ישראל וזקניו ושוטריו ושופטיו עומדים מזה ומזה לארון וגו' הפכו פניהם כלפי הר גריזים ופתחו בברכה ברוך האיש אשר לא יעשה פסל ומסכה ואלו ואלו עונין אמן הפכו פניהם כלפי הר עיבל ופתחו בקללה °ארור האיש אשר יעשה פסל ומסכה ואלו ואלו עונין אמן עד שגומרין ברכות וקללות ואחר כך הביאו את האבנים ובנו את המזבח וסדוהו בסיד וכתבו עליו את כל דברי התורה בשבעים לשון שנאמר °באר היטב ונטלו את האבנים ובאו ולנו

רש"י

והכא במאי עסקינן. דקתני עד אחד אומר נטמאת ושנים אומרים לא נטמאת היתה שותה ואוקימנא בפסולי עדות ובין בבת אחת בין בזה אחר זה כר' נחמיה ועל כרחיך דבזה אחר זה איצטריך עיקר לאשמועינן דאי בבת אחת מאי הלך אחר רוב דיעות איכא בחד וחד נמי היתה שותה [אלא] בהכי עסקינן דההוא דאתא מעיקרא ואמר נטמאת אשה הויא הילכך אפי' בזה אחר זה אתו תרתי ומבטלי לה: **ותרצה לדרבי נחמיה הכי כו'.** דהא דאמרן לעיל ועשו שתי נשים באיש אחד כו' לאו סיפא דמילתיה דרבי נחמיה הוא אלא פירושא דמילתיה הוא דאנו פרשין לה הכי: **כי פלגא ופלגא דמי.** כלומר כי חד וחד ואי בבת אחת אתו אוקי תרי לגבהדי חד ואוקמיה אספיקא ואי בזה אחר זה וההוא דהאמינה תורה קדם ואתא ברישא הוה ליה כשנים והנך כחד ואין דבריהם במקומו והיכא דשתים אומרות נטמאת ועד אחד כשר אומר לא נטמאת היתה שותה דכי חד וחד נינהו ומתניתין דקתני לא היתה שותה כגון דההוא חד הוה פסול: **ותרתי בפסולי עדות למה לי.** למתני מתני' הלך אחר רוב דיעות: **לחומרא.** שתשתה: **לקולא.** להקל מעליה שלא תשתה: **לא אזלינן.** בתר רוב דיעות בפסולי עדות והיכא דשתים אומרות נטמאת ואחד אומר לא נטמאת כיון דאיכא הכחשה כל דהו נימא אוקי האי לגבהדי הנך ואוקי מילתא אספיקא ותשתה קא משמע לן:

הדרן עלך מי שקינא

אלו נאמרין *(בכל לשון) גרסינן: **פרשת סוטה.** מה שהכהן אומר לה ולא אמרי' צריך לאומרה בלשון הקודש כדרך שנכתב ובספרי אמרי' דאי לא כתיב קרא להתיר בכל לשון כדלקמן ה"א ניגמר מיבמה בקל וחומר ומה יבמה קלה לא עשה בה כל הלשונות כלשון הקודש סוטה חמורה לא כל שכן: **ווידוי מעשר.** בשנה השלישית בערתי הקודש מן הבית (דברים כו) שהוא מוציא כל מעשרותיו ומבערן מביתו ואין יכול עוד להשהותם ונותן מעשר ראשון ללוי ומעשר עני לעניים ומעשר שני של שתי שנים שעברו מעליהו לירושלים עכשיו אם לא העלהו ומתודה בערתי הקדש זה מעשר שני וגם נתתיו ללוי זה מעשר ראשון לגר ליתום ולאלמנה זה מעשר עני ואומרו בכל לשון כדיליף לקמן ולא אמרינן בלשון זה הזקיקו הכתוב לאומרה בלה"ק: **ושבועת העדות ושבועת הפקדון.** בכל לשון שהשביעוהו וכפר ולא הודה חייב קרבן עולה ויורד האמור בשבועת העדות ואשם גזילות בשבועת הפקדון: **ואלו נאמרין בלה"ק.** ולא אמרינן נגמר מהנך דלעיל שנכתב ונסדר עליהן כל מצות דיבורם ואין צריך לאומרן בלה"ק כדכתיב בכולהו משום דבהני כתיב עיכובא: **מקרא ביכורים.** שהיה קורא מארמי אובד אבי עד סוף כל הפרשה: **וחליצת יבמה.** היא אומרת מאן יבמי וגו' והוא אומר לא חפצתי לקחתה ואחר החליצה היא אומרת ככה יעשה לאיש וגו': **ברכות וקללות.** שאמרן יהושע וישראל בהר גריזים והר עיבל: **ברכת כהנים.** נשיאות כפים: **ברכת כהן גדול.** ביום הכפורים אחר עבודת היום שלפני ולפנים היה קורא בתורה את הפרשה ומברך שמנה ברכות כדמפרש במתניתין: **ופרשת המלך.** מפרש בסוף פירקא והיא פרשת הקהל*: **ופרשת עגלה ערופה.** ידינו לא שפכו וגו' כפר לעמך ישראל וגו' (דברים כא): **פרשת משוח מלחמה.** (שם כ) והיה כקרבכם אל וגו' שמע ישראל אתם קרבים היום וגו' כי ה' אלהיכם וגו': **כיצד.** כמו מנין: **ולהלן הוא אומר.** בברכות וקללות של הר גריזים ולקמן *מפרש התם גופיה מנא לן[א]: *)**אינו צריך.** ללמדה בגזרה שוה שמעצמה היא למידה: **וענתה ואמרה ככה.** *דמשמע כלשון זה תאמר: **שבשומרון.** אצל שומרון: **למטה באמצע.** בין שני ההרים: **מכאן ומכאן.** על ההרים: **הפכו.** הלוים פניהם כלפי הר גריזים ופתחו בברכה כל הארורים היו אומרים תחלה בלשון ברכה: **אלו ואלו.** שבהר גריזים ושבהר עיבל והא דכתיב ואלה יעמדו לברך לא שהיו השבטים מברכין ומקללין אלא הלוים העומדים בין שני ההרים הופכין פניהם להר גריזים בברכה ולהר עיבל בקללה: **הביאו את האבנים.** כדכתיב ובנית שם מזבח וגו' וכתבת עליהן את כל דברי התורה הזאת באר היטב: **ונטלו את האבנים.** סתרו את המזבח לאחר שהעלו העולות והשלמים כדכתיב והעלית עליו עולות (שם כז): ולנו

*) עיין רש"א

תוספות

מהו דתימא כי אזלינן בתר רוב דיעות לחומרא אבל לקולא לא קמ"ל. ואם תאמר הא ממתני' בפרק האשה שהלכה (יבמות ד' קיז:) וממתני' דפרק עגלה ערופה (לקמן דף מז.) שמעינן לה י"ל דהכא איצטריך דאפילו לקולא אע"ג דרגלים לדבר ועוד דלא תנא פסולי העדות בהדיא במתני' להכי תנא גבי כל חד וחד:

הדרן עלך מי שקנא

ה"ג בסדר המשנה

אלו נאמרין בלשונם. ופירוש כל אדם בלשונו שהוא שומע לאפוקי למדי שאינו אומר בלשון פרסי אם אינו שומעו אבל בכל לשון משמע בין שומע בין אינו שומע ובגמרא לא משמע הכי: **קרית שמע ותפלה.** תימה אמאי שייר הלל וקידוש של שבת וברכת הפירות וברכת המצות וליכא למימר דלא נקט אלא דאורייתא דהא בפרק מי שמתו (ברכות דף כא.) משמע דתפלה וקרית שמע דרבנן ועוד דהתם (דף כ:) משמע דקידוש דאורייתא והכי משמע נמי בריש מסכת נזיר (דף ג.:) בשלמא מקרא מגילה איכא למימר להכי שייר דתנא בפ"ב דמגילה (דף יז.) הלועז ששמע אשורית יצא אלא הני אמאי שייר ונראה דהני נאמרים בכל לשון אפי' אינו שומע הלכך לא דמו להני דמתני' דנאמרין דוקא בלשונם*: איהו

עין משפט נר מצוה

א א מיי' פ"ג מהל' סוטה הל"ז סמג עשין נו:

ב ב מיי' פי"א מהל' מעשר שני הל"ה סמג עשין קלח:

ג ג מיי' פ"ב מהל' ק"ש הל"י סמג עשין יח טוש"ע או"ח סי' סב סעי' ב [וברב אלפס ברכות ר"פ שני דף ע. וברא"ש שם סי' ב]:

ד ד טוש"ע א"ח סי' קא סעי' ד:

ה ה מיי' פ"א מהל' ברכות הל"ו סמג עשין כו טוש"ע או"ח סי' קפה סעי' א:

ו ו מיי' פ"ט מהל' שבועות הל"ב סמג לאוין רמח:

ז ז מיי' שם פ"ז הל' ז סמג שם:

ח ח מיי' פ"ג מהל' ביכורים הל"י סמג עשין קא:

ט ט מיי' פ"ד מהל' יבום וחליצה הל"ח סמג עשין נב טוש"ע אה"ע סי' קסט סעי' כט ובסדר חליצה סעי' מח ובפי' סדר חליצה סעי' סז:

י י מיי' פי"ד מהל' נשיאות כפים הלכה יא סמג עשין כ טוש"ע או"ח סי' קכח סעי' יד:

יא כ מיי' פ"ג מהל' חגיגה הל"ה סמג עשין רל:

[והא דלא תני במתני' שבועת הדיינין ושבועת ביטוי ע' תוס' שבועות לט. ד"ה ואלו נאמרין וכו' וע' תוי"ט ד"ה ושבועת הפקדון]

יב ל מיי' פ"ט מהל' רוצח ושמירת נפש הל"ג סמג עשין עח:

יג מ מיי' פ"ז מהל' מלכים הל"ג סמג עשין קכ:

מסורת הש"ס

ברכות מ: שבועות לט.

רש"א מ"ז

[דברים לא] [דף לג.] דרוש ככה כלשון זה רש"א

תורה אור

דברים כו · שם כז · שם כה · שם יא · בראשית יב · יהושע ח · דברים כז · שם

הגהות הב"ח

(א) רש"י ד"ה ולהלן וכו' מנא לן הס"ד ואח"כ מ"ה וענתה ואמרה ככה אינו צריך וכו' היא למידה וענתה כצ"ל והד"א:

תוספות שאנץ

והב"ע כגון דההיא דאתא מעיקרא אשה הואי. הילכך בזה אחר זה אתו תרתי ומבטלי ליה: ותרצה לדר' נחמיה. דאמר עשו שתי נשים כאיש אחד לאו סיפיה דמלתיה דר' נחמיה הוא אלא פירוש דמלתא היא דאנן פרשי לה הכי: כי פלגא ופלגא כחד וחד ואי בבת אחת אתו אוקי חד להדי חד ואוקמי' אספיקא ואי בזה אחר זה וההוא דהאמינה תורה קדם ברישא הוה ליה איהו כשנים והנך כחד ואין דבריהם במקומו. והיכא דשנים אומרים שנטמאת ועד אחד כשר אומר שלא נטמאת היתה שותה דכי חד וחד נינהו ומתני' דקתני לא היתה שותה כגון דההוא חד הוי פסול:

סליק פירקא

אלו נאמרין בכל לשון פרשת סוטה מה שהכהן אומר לה. ולא אמרינן שצריך לאומרם בלשון הקדש כדרך שנכתב שנצטווה לאומרו ובספרי אמרי' דאי לא כתב קרא להתיר בכל לשון ה"א דנגמר מיבמה מק"ו ומה יבמה קלה לא עשה בה כל הלשונות כלשון הקדש סוטה שהיא חמורה לא כל שכן ל"ה. וא"ת אמאי לא חשיב שבועת הדיינין דאמר בפ' שבועת הדיינין דאף היא בכל לשון נאמרה. וי"ל דתנא ושייר ומה שייר דהא שייר שבועת הביטוי דאף היא בכל לשון נאמרה. וא"ת תנא תאני אלו ואת אמרת תנא ושייר דה"נ פריך פ"ק דקידושין. וי"ל דכל היכא דליכא אלא חד אלו איכא למימר בדוקא תני אבל היכא דתני אלו ואלו שונה ומשייר דהא א) אלו לאו דוקא. והא דנקט אלו ברישא

א) נראה דצ"ל דהא ע"כ חד אלו לאו דוקא.

אף על פי שלקינוי וסתירה יש צורך בשני עדים, מכל מקום אם כבר העידו על כך ובאה עדות כל שהיא שהאשה נטמאה — סומכים על עדות זו.

לענין זה סומכים גם על עד אחד, וגם על עדים פסולים, ואפילו על עדים שיש חשד שמא הם משקרים על מנת להזיק לאשה. יתר על כן, גם אם היתה שמועה נפוצה ("ישאו ויתנו בה מוזרות בלבנה") שאינה עדות ראיה של ממש — גם היא נחשבת במקרה זה.

עם זאת יש הבדל בין עדים שונים לענין תחום הנאמנות שלהם. למרות שעל פי כל אחת מעדויות הטומאה הללו אין האשה שותה את המים המרים, מכל מקום אם היתה זו שמועה בלבד, או שהיו אלה נשים החשודות לקלקל לאשה — אין סומכים על כך להפסיד את כתובתה של האשה. אבל כאשר יש עד אחד, ואפילו הוא עד הפסול להעיד בדברים אחרים, כגון אשה או עבד — הרי אלה נאמנים אף להפסיד לה את כתובתה.

כל זה כאשר היתה עדות מצד אחד — שהאשה אכן נטמאה. אולם אם היתה כנגד עדות זו גם עדות אחרת הסותרת אותה, הרי במקרה שהעיד תחילה עד אחד כשר שהיא טמאה — מקבלים עדותו גם כאשר יש עד אחד (אבל לא במקום שניים) הסותר את דבריו. ואם היו העדים פסולים לעדות אחרת, כאשר היו עדויות שוות במשקלן עומדות זו כנגד זו — אין מקבלים את העדות. ואם היו רוב המעידים (הפסולים) מעידים לפסול או להכשיר — הולכים אחר רוב זה בין להקל ובין להחמיר.

"וְלָקַחְתָּ מֵרֵאשִׁית כָּל פְּרִי הָאֲדָמָה אֲשֶׁר תָּבִיא מֵאַרְצְךָ אֲשֶׁר ה' אֱלֹהֶיךָ נֹתֵן לָךְ וְשַׂמְתָּ בַטֶּנֶא וְהָלַכְתָּ אֶל הַמָּקוֹם אֲשֶׁר יִבְחַר ה' אֱלֹהֶיךָ לְשַׁכֵּן שְׁמוֹ שָׁם". (דברים כו, ב)

"וְעָנִיתָ וְאָמַרְתָּ לִפְנֵי ה' אֱלֹהֶיךָ אֲרַמִּי אֹבֵד אָבִי וַיֵּרֶד מִצְרַיְמָה וַיָּגָר שָׁם בִּמְתֵי מְעָט וַיְהִי שָׁם לְגוֹי גָּדוֹל עָצוּם וָרָב". (דברים שם, ה)

"וְנִגְּשָׁה יְבִמְתּוֹ אֵלָיו לְעֵינֵי הַזְּקֵנִים וְחָלְצָה נַעֲלוֹ מֵעַל רַגְלוֹ וְיָרְקָה בְּפָנָיו וְעָנְתָה וְאָמְרָה כָּכָה יֵעָשֶׂה לָאִישׁ אֲשֶׁר לֹא יִבְנֶה אֶת בֵּית אָחִיו". (דברים כה, ט)

"וְהָיָה כִּי יְבִיאֲךָ ה' אֱלֹהֶיךָ אֶל הָאָרֶץ אֲשֶׁר אַתָּה בָא שָׁמָּה לְרִשְׁתָּהּ וְנָתַתָּה אֶת הַבְּרָכָה עַל הַר גְּרִזִים וְאֶת הַקְּלָלָה עַל הַר עֵיבָל. הֲלֹא הֵמָּה בְּעֵבֶר הַיַּרְדֵּן אַחֲרֵי דֶּרֶךְ מְבוֹא הַשֶּׁמֶשׁ בְּאֶרֶץ הַכְּנַעֲנִי הַיֹּשֵׁב בָּעֲרָבָה מוּל הַגִּלְגָּל אֵצֶל אֵלוֹנֵי מֹרֶה". (דברים יא, כט—ל)

"וְהָיָה בַּיּוֹם אֲשֶׁר תַּעַבְרוּ אֶת הַיַּרְדֵּן אֶל הָאָרֶץ אֲשֶׁר ה' אֱלֹהֶיךָ נֹתֵן לָךְ וַהֲקֵמֹתָ לְךָ אֲבָנִים גְּדֹלוֹת וְשַׂדְתָּ אֹתָם בַּשִּׂיד. וְכָתַבְתָּ עֲלֵיהֶן אֶת כָּל דִּבְרֵי הַתּוֹרָה הַזֹּאת בְּעָבְרֶךָ לְמַעַן אֲשֶׁר תָּבֹא אֶל הָאָרֶץ אֲשֶׁר ה' אֱלֹהֶיךָ נֹתֵן לְךָ אֶרֶץ זָבַת חָלָב וּדְבַשׁ כַּאֲשֶׁר דִּבֶּר ה' אֱלֹהֵי אֲבֹתֶיךָ לָךְ. וְהָיָה בְּעָבְרְכֶם אֶת הַיַּרְדֵּן תָּקִימוּ אֶת הָאֲבָנִים הָאֵלֶּה אֲשֶׁר אָנֹכִי מְצַוֶּה אֶתְכֶם הַיּוֹם בְּהַר עֵיבָל וְשַׂדְתָּ אוֹתָם בַּשִּׂיד. וּבָנִיתָ שָּׁם מִזְבֵּחַ לַה' אֱלֹהֶיךָ מִזְבַּח אֲבָנִים לֹא תָנִיף עֲלֵיהֶם בַּרְזֶל. אֲבָנִים שְׁלֵמוֹת תִּבְנֶה אֶת מִזְבַּח ה' אֱלֹהֶיךָ וְהַעֲלִיתָ עָלָיו עוֹלֹת לַה' אֱלֹהֶיךָ. וְזָבַחְתָּ שְׁלָמִים וְאָכַלְתָּ שָּׁם וְשָׂמַחְתָּ לִפְנֵי ה' אֱלֹהֶיךָ. וְכָתַבְתָּ עַל הָאֲבָנִים אֶת כָּל דִּבְרֵי הַתּוֹרָה הַזֹּאת בַּאֵר הֵיטֵב". (דברים כז, ב—ח)

"אֵלֶּה יַעַמְדוּ לְבָרֵךְ אֶת הָעָם עַל הַר גְּרִזִים בְּעָבְרְכֶם אֶת הַיַּרְדֵּן שִׁמְעוֹן וְלֵוִי וִיהוּדָה וְיִשָּׂשכָר וְיוֹסֵף וּבִנְיָמִן. וְאֵלֶּה יַעַמְדוּ עַל הַקְּלָלָה בְּהַר עֵיבָל רְאוּבֵן גָּד וְאָשֵׁר וּזְבוּלֻן דָּן וְנַפְתָּלִי. וְעָנוּ הַלְוִיִּם וְאָמְרוּ אֶל כָּל אִישׁ יִשְׂרָאֵל קוֹל רָם. אָרוּר הָאִישׁ אֲשֶׁר יַעֲשֶׂה פֶסֶל וּמַסֵּכָה תּוֹעֲבַת ה' מַעֲשֵׂה יְדֵי חָרָשׁ וְשָׂם בַּסָּתֶר וְעָנוּ כָל הָעָם וְאָמְרוּ אָמֵן". (דברים שם יב—טו)

"אָז יִבְנֶה יְהוֹשֻׁעַ מִזְבֵּחַ לַה' אֱלֹהֵי יִשְׂרָאֵל בְּהַר עֵיבָל. כַּאֲשֶׁר צִוָּה מֹשֶׁה עֶבֶד ה' אֶת בְּנֵי יִשְׂרָאֵל כַּכָּתוּב בְּסֵפֶר תּוֹרַת מֹשֶׁה מִזְבַּח אֲבָנִים שְׁלֵמוֹת אֲשֶׁר לֹא הֵנִיף עֲלֵיהֶן בַּרְזֶל וַיַּעֲלוּ עָלָיו עוֹלוֹת לַה' וַיִּזְבְּחוּ שְׁלָמִים. וַיִּכְתָּב שָׁם עַל הָאֲבָנִים אֵת מִשְׁנֵה תּוֹרַת מֹשֶׁה אֲשֶׁר כָּתַב לִפְנֵי בְּנֵי יִשְׂרָאֵל. וְכָל יִשְׂרָאֵל וּזְקֵנָיו וְשֹׁטְרִים וְשֹׁפְטָיו עֹמְדִים מִזֶּה וּמִזֶּה לָאָרוֹן נֶגֶד הַכֹּהֲנִים הַלְוִיִּם נֹשְׂאֵי אֲרוֹן בְּרִית ה' כַּגֵּר כָּאֶזְרָח חֶצְיוֹ אֶל מוּל הַר גְּרִזִים וְהַחֶצְיוֹ אֶל מוּל הַר עֵיבָל כַּאֲשֶׁר צִוָּה מֹשֶׁה עֶבֶד ה' לְבָרֵךְ אֶת הָעָם יִשְׂרָאֵל בָּרִאשֹׁנָה. וְאַחֲרֵי כֵן קָרָא אֶת כָּל דִּבְרֵי הַתּוֹרָה הַבְּרָכָה וְהַקְּלָלָה כְּכָל הַכָּתוּב בְּסֵפֶר הַתּוֹרָה". (יהושע ח, ל—לד)

"וַיְצַו מֹשֶׁה אוֹתָם לֵאמֹר מִקֵּץ שֶׁבַע שָׁנִים בְּמֹעֵד שְׁנַת הַשְּׁמִטָּה בְּחַג הַסֻּכּוֹת. בְּבוֹא כָל יִשְׂרָאֵל לֵרָאוֹת אֶת פְּנֵי ה' אֱלֹהֶיךָ בַּמָּקוֹם אֲשֶׁר יִבְחָר תִּקְרָא אֶת הַתּוֹרָה הַזֹּאת נֶגֶד כָּל יִשְׂרָאֵל בְּאָזְנֵיהֶם. הַקְהֵל אֶת הָעָם הָאֲנָשִׁים וְהַנָּשִׁים וְהַטַּף וְגֵרְךָ אֲשֶׁר בִּשְׁעָרֶיךָ לְמַעַן יִשְׁמְעוּ וּלְמַעַן יִלְמְדוּ וְיָרְאוּ אֶת ה' אֱלֹהֵיכֶם וְשָׁמְרוּ לַעֲשׂוֹת אֶת כָּל דִּבְרֵי הַתּוֹרָה הַזֹּאת".

(דברים לא, י—יב)

בפרק זה (ובפרקים שלאחריו) מחרוזת של הלכות בנושאים שונים, הנגררות אחרי הלכה השייכת לדיני סוטה. ההלכות הללו מתחילות מכללים גדולים ביחס ללשון בה משתמשים באמירות שונות הנזכרות בתורה, הן כמצוה והן כרשות. ומבררים אלו הם הדברים היכולים להיאמר בכל שפה שהיא, ואלו אמירות נאמרות רק בלשון הקודש.

עם הדיון בבעיה זו ובפרטיה, עוסק פרק זה גם במכלול הדינים והמעשים לגבי כמה מצוות הנאמרות בלשון הקודש דווקא. למרות שאין מקומן של הלכות אלה במסכת סוטה, מכל מקום לחלקן אין מסכת מתאימה העוסקת באותן שאלות, ומשום כך הן מתבארות כאן לפרטיהן עד שנמצא כי המקור העיקרי להלכות אלה הוא במסכת זו.

מצוות התורה שנצטוו בה בְּבֹאֵי הארץ בזמן יהושע בהעמדת אבנים, בכתיבת התורה עליהן, ובברכות וקללות על הר גריזים והר עיבל, היא נושא רחד המתבאר כאן לפרטיו. ולמרות שאין כאן הלכה למעשה, שהרי מצוה זו היתה לשעתה בלבד, מכל מקום עוסקים בה כבשאר מצוות התורה.

דיון אחר, אף הוא מפורט למדי, הריהו ביחס לברכת כהנים הנאמרת במקדש ובבתי הכנסת, כיצד היא נאמרת וכיצד נוהגים הכהנים בכל פרטיה.

אף מצוות "הקהל", שבה נקראת התורה על ידי המלך, מתבארת בעיקרה כאן; מי הוא הקורא פרשה זו, מה הם בדיוק הדברים הנקראים ברבים, וכיצד נעשים הדברים למעשה.

א משנה **אֵלּוּ נֶאֱמָרִין בְּכָל לָשׁוֹן** ולאו דווקא בלשון הקודש: **פָּרָשַׁת סוֹטָה**, כאשר הכהן מזהיר ומשביע אותה, **וּוִידּוּי מַעֲשֵׂר** שאדם מתוודה לאחר שלוש שנים של מחזור השמיטה, שהפריש את כל מעשרותיו כתיקונם, **קְרִיַּת** (קריאת) **שְׁמַע, וּתְפִלָּה, וּבִרְכַּת הַמָּזוֹן, וּשְׁבוּעַת הָעֵדוּת**, שנשבע אדם שאין לו מה להעיד בנושא מסויים, **וּשְׁבוּעַת הַפִּיקָּדוֹן** שנשבע לחבירו שאין בידו פיקדון שלו. **וְאֵלּוּ** הדברים **נֶאֱמָרִין בִּלְשׁוֹן הַקּוֹדֶשׁ** דווקא: **מִקְרָא בִּיכּוּרִים**, פסוקים שצריך אדם לומר כשמביא את הביכורים למקדש, ומה שאומרים היבם והיבמה **בַּחֲלִיצָה, בְּרָכוֹת וּקְלָלוֹת** שאמרו בהר גריזים ובהר עיבל, **בִּרְכַּת כֹּהֲנִים, וּבִרְכַּת כֹּהֵן גָּדוֹל** על התורה ביום הכיפורים, **וּפָרָשַׁת הַמֶּלֶךְ** שמקריא במעמד **הַקְהֵל, וּפָרָשַׁת עֶגְלָה עֲרוּפָה**, מה שאומרים בשעה שעורפים את העגלה בנחל אם נמצא הרוג שלא נודע רוצחו. **וּמְשׁוּחַ מִלְחָמָה בְּשָׁעָה שֶׁמְּדַבֵּר אֶל הָעָם** לפני היציאה למלחמה.

ב **מִקְרָא בִּיכּוּרִים כֵּיצַד** יודעים אנו שנאמר דווקא בלשון הקודש? — שנאמר בפרשת הביכורים: **"וְעָנִיתָ וְאָמַרְתָּ לִפְנֵי ה' אֱלֹהֶיךָ"** (דברים כו, ה) **וּלְהַלָּן** בברכות וקללות **הוּא אוֹמֵר "וְעָנוּ הַלְוִיִּם וְאָמְרוּ"** (שם כז, יד), **מַה לְּהַלָּן** בדברי הלויים ענייה היא **בִּלְשׁוֹן הַקּוֹדֶשׁ** דווקא — **אַף כָּאן** בביכורים **בִּלְשׁוֹן הַקּוֹדֶשׁ**.

חֲלִיצָה כֵּיצַד אנו יודעים שמה שנאמר בה צריך להיות בלשון הקודש דווקא? — שנאמר: **"וְעָנְתָה וְאָמְרָה"** (שם כה, ט) **וּלְהַלָּן הוּא אוֹמֵר "וְעָנוּ הַלְוִיִּם וְאָמְרוּ"** (שם כז, יד) — **מַה לְּהַלָּן בִּלְשׁוֹן הַקּוֹדֶשׁ** דווקא — **אַף כָּאן בִּלְשׁוֹן הַקּוֹדֶשׁ. ר' יְהוּדָה אוֹמֵר**, הדבר נלמד באופן אחר; נאמר **"וְעָנְתָה וְאָמְרָה כָּכָה"** (שם כה, ט) ו"ככה" בא לדייק: **עַד שֶׁתֹּאמַר בַּלָּשׁוֹן הַזֶּה** שנאמרה בכתוב בדיוק.

ג **בְּרָכוֹת וּקְלָלוֹת כֵּיצַד** נעשו? — **כֵּיוָן שֶׁעָבְרוּ יִשְׂרָאֵל אֶת הַיַּרְדֵּן וּבָאוּ אֶל הַר גְּרִיזִּים וְאֶל הַר עֵיבָל שֶׁבַּשּׁוֹמְרוֹן, שֶׁבְּצַד שְׁכֶם, שֶׁבְּאֵצֶל אֵלוֹנֵי מוֹרֶה. שֶׁנֶּאֱמַר: "הֲלֹא הֵמָּה בְּעֵבֶר הַיַּרְדֵּן**... אצל אלוני מורה" (שם יא, ל), **וּלְהַלָּן הוּא אוֹמֵר "וַיַּעֲבֹר אַבְרָם בָּאָרֶץ עַד מְקוֹם שְׁכֶם עַד אֵלוֹן מוֹרֶה"** (בראשית יב, ו), **מָה אֵלוֹן מוֹרֶה הָאָמוּר לְהַלָּן** באברהם — סמוך **לִשְׁכֶם, אַף אֵלוֹן מוֹרֶה הָאָמוּר כָּאן — שְׁכֶם. שִׁשָּׁה שְׁבָטִים עָלוּ לְרֹאשׁ הַר גְּרִיזִּים וְשִׁשָּׁה שְׁבָטִים עָלוּ לְרֹאשׁ הַר עֵיבָל, וְהַכֹּהֲנִים וְהַלְוִיִּם וְהָאָרוֹן עוֹמְדִים לְמַטָּה בָּאֶמְצַע** בין שני ההרים, **הַכֹּהֲנִים מַקִּיפִין אֶת הָאָרוֹן** מסביב **וְהַלְוִיִּם** מקיפים **אֶת הַכֹּהֲנִים, וְכָל יִשְׂרָאֵל** עומדים על ההרים **מִכָּאן וּמִכָּאן, שֶׁנֶּאֱמַר: "וְכָל יִשְׂרָאֵל וּזְקֵנָיו וְשֹׁטְרָיו וְשֹׁפְטָיו עֹמְדִים מִזֶּה וּמִזֶּה לָאָרוֹן"** (יהושע ח, לג). **הָפְכוּ** הלויים **פְּנֵיהֶם כְּלַפֵּי הַר גְּרִיזִּים וּפָתְחוּ בִּבְרָכָה**, ומה ברכו: **"בָּרוּךְ הָאִישׁ אֲשֶׁר לֹא יַעֲשֶׂה פֶסֶל וּמַסֵּכָה"** (ראה דברים כז, טו), **וְאֵלּוּ וָאֵלּוּ**, העומדים על שני ההרים, **עוֹנִין "אָמֵן"**. אחר כך **הָפְכוּ פְּנֵיהֶם כְּלַפֵּי הַר עֵיבָל וּפָתְחוּ בִּקְלָלָה: "אָרוּר הָאִישׁ אֲשֶׁר יַעֲשֶׂה פֶסֶל וּמַסֵּכָה"** (שם), **וְאֵלּוּ וָאֵלּוּ עוֹנִין "אָמֵן", עַד שֶׁגּוֹמְרִין בְּרָכוֹת וּקְלָלוֹת. וְאַחַר כָּךְ הֵבִיאוּ אֶת הָאֲבָנִים**, כמצווה עליהם בתורה, **וּבָנוּ אֶת הַמִּזְבֵּחַ, וְסָדוּהוּ בְּסִיד, וְכָתְבוּ עָלָיו אֶת כָּל דִּבְרֵי הַתּוֹרָה בְּשִׁבְעִים לָשׁוֹן. שֶׁנֶּאֱמַר: "בַּאֵר הֵיטֵב"** (שם ח), שהכוונה — מבואר בכל הלשונות. **וְנָטְלוּ** לאחר מכן **אֶת הָאֲבָנִים** משם, **וּבָאוּ**

עיונים

אלו נאמרין וכו' בתוס' (ד"ה קרית) העלו את השאלה מפני מה לא שנה התנא כאן את כל הנושאים, והשמיט מקצת. וראה מה שתירצו, שמה שאמרו כאן "שנאמרים בלשונם" (לפי גרסת התוס') הם דווקא המקרים שצריך לומר בלשון שהאומר מבין, להוציא דינים אחרים שיכול לומר בכל לשון (וראה בדברי אחרונים שתהו על שיטת התוס' הזו, ועל פרטי הדינים העולים ממנה). את קושיית התוס' החריפו בתו"ש הן בהבאת מקרים נוספים והן משום שלכאורה אין אומרים "תנא ושייר" במקום שמתחיל בלשון "אלו" — שלשון "אלו" משמעה שרשימה זו ממצה ואינה מניחה דבר. והם מתרצים שבאמת לא שנה התנא הכל ו"תנא ושייר", אלא שלשון "אלו" היא מדוייקת רק כאשר יש פעם אחת "אלו", אבל במקרה שלנו שמונה "אלו" "ואלו", שיש שתי רשימות דברים, אין התנא ממצה את כל הנושאים.

ובתוהרא"ש מקשה בדרך דומה, אבל מתרץ שלשון "אלו" אינה מדוייקת אלא כאשר התנא מונה דברים שהם מענין אחד וסוג אחד, אבל ברשימה כמו כאן שמונה דברים ועניינים שונים אינו מדייק לכלול את כל המקרים. וראה בספר באר שבע שכתב שאף במקום שנקטו במשנה מנין מסויים אומרים "תנא ושייר" וכל שכן במקום ששונה "אלו". ובתוי"ט כתב כי לא נמנו כאן אלא אותם דינים שהיה צורך מיוחד להשמיענו את דיניהם, אבל במקרים אחרים, כשלא היה טעם לחשוב אחרת — לא טרח למנות. והרד"ל כתב כי הודגשו כאן דברים שיש בהם דעות חלוקות (כמבואר להלן בגמרא), אבל בדברים שהכל מודים בהם לא דנו.

בכל לשון זו גרסת רש"י. אבל בתוס' (וכן במשנה, בתלמוד הירושלמי ועוד) הנוסח הוא "בלשונם". וראה בתוס' (ד"ה אלו) שמסבירים את ההבדל בין הגרסות, שלדעתם "בכל לשון", משמעו שאין הבדל כלל באיזו לשון אומר, ואילו "בלשונם" משמעו שאומר דווקא בלשון שהשומע מבין אותה. ומכל מקום נראה שאף רש"י אינו חולק בעיקר הדין שצריך לומר בלשון שמבין, אלא שסבור כי עיקר החידוש הוא בכך שאין הקפדה שייאמרו הדברים בלשון הקודש דווקא (וראה בקרן אורה).

מקרא ביכורים וכו' ראה בתוי"ט שכתב שאין סדר הדברים נהיר, שהרי אין הדברים מסודרים לא לפי סדר המקרא, ולא לפי ענין מסויים. ואף פירוט הדברים להלן אינו הולך כולו לפי הסדר במשנה. וראה מה שכתב בראש הפרק הבא להסביר מקצת שינויי הסדר.

את כל דברי התורה בפרטי הדברים נחלקו דעות המפרשים, שלדעת הרמב"ן וכן רבינו בחיי הדברים ככתבם, שאכן כתבו את כל דברי התורה מ"בראשית" עד "לעיני כל ישראל" על האבנים (וראה בתפא"י שאמר שאם כן מעשה נסים הוא, שלכאורה איך יכלו לכתוב כל זה על אותן אבנים, ובזמן קצר כל כך). וכבר הביא המאירי (וכן מובא בתוי"ט ועוד) בשם רב סעדיה גאון פירוש אחר, שלא כתבו ממש את כל התורה אלא רק את מנין המצוות, כדרך שהן כתובות באזהרות ובשאר רשימות של מצוות.

ונטלו את האבנים בתפא"י משער שנטילת האבנים היתה קודם הכתיבה, שנטלון ממקומן הראשון תחילה, ולאחר שהציבון בבית מלונם כתבו עליהן וסדון. ומוכיח קצת דברים אלה מן המשא והמתן להלן בגמרא.

אורח ההלכה

פרשת סוטה בכל לשון הכהן משמיע לאשה בלשון שהיא מבינה, ומסביר לה בלשונה שלא גרמו לה להגיע למצב זה אלא קינוי וסתירה שקינא לה בעלה ונסתרה, ואומר לה בלשון שהיא מכרת: אם לא שכב וכו'. (רמב"ם ספר נשים הלכות סוטה פ"ג ה"ז).

וידוי מעשר וידוי מעשר נאמר בכל לשון. (רמב"ם ספר זרעים הלכות מעשר שני פי"א ה"ה).

קריאת שמע יכול אדם לקרוא קריאת שמע בכל לשון, ויזהר מדברי שיבוש שבאותה לשון, וידקדק בקריאתה כמו בלשון הקדש. וזה מצד הדין, אבל מצוה מן המובחר שיקראנה בלשון הקודש דווקא, אפילו כאשר אינו מבין את הלשון (מ"ב). (רמב"ם ספר אהבה הלכות קריאת שמע פ"ב ה"י. שו"ע או"ח סב, ב).

תפילה יכול אדם להתפלל בכל לשון שירצה. ודברים אלה אמורים — בציבור, אבל יחיד לא יתפלל אלא בלשון הקודש (רי"ף). ויש אומרים שלא נאמרו דברים אלה אלא כשמתפלל היחיד על צרכיו, אבל תפילה הקבועה לציבור יכול לאומרה בכל לשון (רבינו יונה). ויש אומרים שאף כששואל צרכיו הפרטיים יכול להתפלל בכל לשון חוץ מלשון ארמית (רא"ש), וכפי המבואר להלן בגמרא. ומצוה מן המובחר להתפלל בלשון הקודש. ואף בתפילת ציבור הסכימו חכמים שלא לעשות תפילה קבועה בציבור בלשון אחרת (מ"ב). (שו"ע שם קא, ד).

ברכת המזון יכול לומר ברכת המזון בכל לשון. ומן המובחר שיאמרנה בלשון הקודש (מ"ב). (רמב"ם שם הלכות ברכות פ"א ה"ו. שו"ע שם קפה, א).

שבועת העדות אין העדים מתחייבים על שבועת העדות עד שישביעם בלשון שהם מבינים אותה. (רמב"ם ספר הפלאה הלכות שבועות פ"ט הי"ב).

שבועת הפיקדון אין מתחייב בשבועת הפיקדון עד שישביעוהו בלשון שהוא מבין אותה. (רמב"ם שם פ"ז ה"ז).

מקרא ביכורים אין מקרא ביכורים אלא בלשון הקודש, כפי שכתוב שבתורה. (רמב"ם ספר זרעים הלכות ביכורים פ"ג ה"י).

חליצה כל מה שצריכים היבם והיבמה לומר — צריכים לומר בלשון הקודש. (רמב"ם ספר נשים הלכות יבום וחליצה פ"ד ה"ח. שו"ע אה"ע קסט, כט. ושם סדר חליצה סעיף מח).

ברכת כהנים אין ברכת כהנים נאמרת בכל מקום אלא בלשון הקודש. (רמב"ם ספר אהבה הלכות נשיאת כפים פי"ד הי"א. שו"ע או"ח קכח, יד).

פרשת המלך כאשר קורא המלך את הפרשה בשעת הקהל, הברכות והפרשה בלשון הקודש הוא אומר. (רמב"ם ספר קרבנות הלכות חגיגה פ"ג ה"ה).

פרשת עגלה ערופה זקני העיר אומרים לאחר שערפו את העגלה "ידינו לא שפכו" וכו', והכהנים אומרים "כפר לעמך ישראל", וכל זה אומרים בלשון הקודש. (רמב"ם ספר נזיקין הלכות רוצח ושמירת נפש פ"ט ה"ג).

משוח מלחמה משוח מלחמה עומד במקום גבוה ומשמיע לאנשי הצבא "שמע ישראל" וכו' וכל זה אומר בלשון הקודש. (רמב"ם ספר שופטים הלכות מלכים פ"ז ה"ג).

מסורת הש"ס

א. ברכות מ,ב. שבועות לט,א. ילק"ש תורה רצד.
ב. ראה ירושלמי סוטה פ"ז ה"ב. שם פ"ח ה"א. ספרי דברים כו, יג.
ג. ירושלמי שם פ"ח ה"א. תוספתא סוטה פ"ז ז.
ד. תוספתא שם.
ה. תוספתא שם א. וראה שבועות לח,ב.
ו. יבמות קו,ב. וראה ספרי במדבר ה, יט.
ז. סוטה לח,א.
ח. סוטה מד,ב.
ט. שם מב,א.
י. ספרי דברים כו, ה. מדרש תנאים כו, ה.
יא. ספרי דברים כה, ט. ילק"ש תורה תתקלח.
יב. ילק"ש תורה שם.
יג. ראה תוספתא סוטה פ"ח ט. ילק"ש שם שם נ"ך ג.

גרסות

בכל לשון יש בכת"י: **בלשונם.**
שמדבר יש בכת"י: **שהוא מדבר.**
וענית יש בכת"י: **נאמר כאן וענית.**
מה להלן יש בכת"י רבים: **מה ענייה האמורה להלן.**
אל הר... ואל הר יש בכת"י: **להר... ולהר.**
שבאצל ויש בכת"י: **שאצל ויש: ושאצל.**
מכאן ומכאן יש בכת"י ועוד: **מזה ומזה.**
עונין אמן יש בכת"י: **עונין ואומרין אמן.**

והכא במאי עסקינן כגון דאתאי אשה מעיקרא ותרצה לדרבי נחמיה הכי ר' נחמיה אומר כל מקום שהאמינה תורה עד אחד הלך אחר רוב דיעות ועשו שתי נשים באשה אחת כשני אנשים באיש אחד אבל שתי נשים באיש אחד כי פלגא ופלגא דמי ותרתי בפסולי עדות למה לי מהו דתימא כי אזלינן בתר רוב דיעות לחומרא אבל לקולא לא אזלינן קמ"ל:

הדרן עלך מי שקינא

א **אלו** [א]*נאמרין בכל לשון [א]פרשת סוטה [ב]ב וּוידוי מעשר [ג]גקרית שמע [ד]דותפלה [ה]וברכת המזון [ה]וּשבועת העדות [ו]ושבועת הפיקדון ואלו נאמרין בלשון הקודש [ח]מקרא ביכורים [ט]וחליצה ברכות וקללות [ז]ברכת כהנים וברכת כהן גדול [כ]ופרשת המלך [ל]ופרשת עגלה ערופה [מ]ומשוח מלחמה בשעה

ב שמדבר אל העם [י]מקרא ביכורים כיצד וענית (דברים כו)
ואמרת לפני ה' אלהיך ולהלן הוא אומר
וענו הלוים ואמרו מה להלן בלשון הקודש (שם כז)
אף כאן בלשון הקודש [יא]חליצה כיצד וענתה (שם כה)
ואמרה ולהלן הוא אומר וענו הלוים ואמרו מה להלן בלשון הקודש אף כאן בלשון הקודש ר' יהודה אומר [יב]וענתה ואמרה ככה עד שתאמר בלשון הזה

ג ברכות וקללות כיצד כיון שעברו ישראל את הירדן ובאו אל הר גריזים ואל הר עיבל שבשומרון שבצד שכם שבאצל אלוני מורה שנאמר הלא המה (שם יא) בעבר הירדן וגו' ולהלן הוא אומר ויעבר אברם בארץ עד מקום שכם עד (בראשית יב) אלון מורה מה אלון מורה האמור להלן שכם אף אלון מורה האמור כאן שכם [יג]ששה שבטים עלו לראש הר גריזים וששה שבטים עלו לראש הר עיבל והכהנים והלוים והארון עומדים למטה באמצע הכהנים מקיפין את הארון והלוים את הכהנים וכל ישראל מכאן ומכאן שנאמר וכל ישראל וזקניו (יהושע ח) ושוטריו ושופטיו עומדים מזה ומזה לארון וגו' הפכו פניהם כלפי הר גריזים ופתחו בברכה ברוך האיש אשר לא יעשה פסל ומסכה ואלו ואלו עונין אמן הפכו פניהם כלפי הר עיבל ופתחו בקללה ארור האיש אשר (דברים כז) יעשה פסל ומסכה ואלו ואלו עונין אמן עד שגומרין ברכות וקללות ואחר כך הביאו את האבנים ובנו את המזבח וסדוהו בסיד וכתבו עליו את כל דברי התורה בשבעים לשון שנאמר באר היטב ונטלו את האבנים ובאו (שם) ולנו

רש"י

והכא במאי עסקינן. דקתני עד אחד אומר נטמאת ושנים אומרים לא נטמאת היתה שותה ואוקימנא בפסולי עדות ובין בבת אחת בין בזה אחר זה כר' נחמיה ועל כרחיך דבזה אחר זה איצטריך עיקר לאשמועינן דאי בבת אחת מאי הלך אחר רוב דיעות איכא בחד וחד נמי היתה שותה [אלא] בהכי עסקינן דההוא דאתא מעיקרא ואמר נטמאת אשה הויא הילכך אפי' בזה אחר זה אתו תרתי ומבטלי לה: **ותרצה לדרבי נחמיה הכי כו'.** דהא דאמרן לעיל ועשו שתי נשים באיש אחד כו' לאו סיפא דמילתיה דרבי נחמיה הוא אלא פירושא דמילתיה הוא דאנו פרשין לה הכי: **כי פלגא ופלגא דמי.** כלומר כי חד וחד ואי בבת אחת אתו אוקי תרי לבהדי חד ואוקמיה אספיקא ואי בזה אחר זה וההוא דהאמינה תורה קדם ואתא ברישא הוה ליה כשנים והנך כחד ואין דבריהם במקומו והיכא דשתים אומרות נטמאת ועד אחד כשר אומר לא נטמאת היתה שותה דכי חד וחד נינהו ומתניתין דקתני לא היתה שותה כגון דההוא חד הוה פסול: **ותרתי בפסולי עדות למה לי.** למתני מתני' הלך אחר רוב דיעות: **לחומרא.** שתשתה: **לקולא.** להקל מעליה שלא תשתה: **לא אזלינן.** בתר רוב דיעות בפסולי עדות והיכא דשתים אומרות נטמאת ואחד אומר לא נטמאת כיון דאיכא הכחשה כל דהו נימא אוקי האי לבהדי הנך ואוקי מילתא אספיקא ותשתה קא משמע לן:

הדרן עלך מי שקינא

אלו נאמרין *(בכל לשון) גרסינן: **פרשת סוטה.** מה שהכהן אומר לה ולא אמרי' צריך לאומרה בלשון הקודש כדרך שנכתב ובספרי אמרי' דאי לא כתיב קרא להתיר בכל לשון כדלקמן ה"א ניגמר מיבמה בקל וחומר ומה יבמה קלה לא עשה בה כל הלשונות כלשון הקודש סוטה חמורה לא כל שכן: **ווידוי מעשר.** בשנה השלישית בערתי הקודש מן הבית (דברים כו) שהוא מוציא כל מעשרותיו ומבערן מביתו ואין יכול עוד להשהותם ונותן מעשר ראשון ללוי ומעשר עני לעניים ומעשר שני של שתי שנים שעברו מעליהו לירושלים עכשיו אם לא העלהו ומתוודה בערתי הקדש זה מעשר שני וגם נתתיו ללוי זה מעשר ראשון לגר ליתום ולאלמנה זה מעשר עני ואומרו בכל לשון כדיליף לקמן ולא אמרינן בלשון זה הזקיקו הכתוב לאומרה בלה"ק: **ושבועת העדות ושבועת הפקדון.** בכל לשון שהשביעוהו וכפר ולא הודה חייב קרבן עולה ויורד האמור בשבועת העדות ואשם גזילות בשבועת הפקדון: **ואלו נאמרין בלה"ק.** ולא אמרינן נגמר מהנך דלעיל שנכתב ונסדר עליהן כל מצות דיבורם ואין צריך לאומרן בלה"ק כדכתיב בכולהו משום דבהני כתיב עיכובא: **מקרא ביכורים.** שהיה קורא מארמי אובד אבי עד סוף כל הפרשה: **וחליצת יבמה.** היא אומרת מאן יבמי וגו' והוא אומר לא חפצתי לקחתה ואחר החליצה היא אומרת ככה יעשה לאיש וגו': **ברכות וקללות.** שאמרן יהושע וישראל בהר גריזים והר עיבל: **ברכת כהנים.** נשיאות כפים: **ברכת כהן גדול.** ביום הכפורים אחר עבודת היום שלפני ולפנים היה קורא בתורה את הפרשה ומברך שמנה ברכות כדמפרש במתניתין: **ופרשת המלך.** מפרש בסוף פירקא והיא פרשת הקהל*: **ופרשת עגלה ערופה.** ידינו לא שפכו וגו' כפר לעמך ישראל וגו' (דברים כא): **פרשת משוח מלחמה.** (שם כ) והיה כקרבכם אל וגו' שמע ישראל אתם קרבים היום וגו' כי ה' אלהיכם וגו': **כילד.** כמו מנין: **ולהלן הוא אומר.** בברכות וקללות של הר גריזים ולקמן *מפרש התם גופיה מנא לן[א]: *)**אינו צריך.** ללמדה בגזרה שוה שמעצמה היא למידה: **וענתה ואמרה ככה.** *דמשמע כלשון זה תאמר: **שבשומרון.** אצל שומרון: **למטה באמצע.** בין שני ההרים: **מכאן ומכאן.** על ההרים: **הפכו.** הלוים פניהם כלפי הר גריזים ופתחו בברכה כל הארורים היו אומרים תחלה בלשון ברכה: **אלו ואלו.** שבהר גריזים ושבהר עיבל והא דכתיב ואלה יעמדו לברך לא שהיו השבטים מברכין ומקללין אלא הלוים העומדים בין שני ההרים הופכין פניהם להר גריזים בברכה ולהר עיבל בקללה: **הביאו את האבנים.** כדכתיב ובנית שם מזבח וגו' וכתבת עליהן את כל דברי התורה הזאת באר היטב: **ונטלו את האבנים.** סתרו את המזבח לאחר שהעלו העולות והשלמים כדכתיב והעלית עליו עולות (שם כז):

*) עיין רש"א

תוספות

מהו דתימא כי אזלינן בתר רוב דיעות לחומרא אבל לקולא לא קמ"ל. ואם תאמר הא ממתני' בפרק האשה שהלכה (יבמות ד' קיז:) וממתני' דפרק עגלה ערופה (לקמן דף מז.) שמעינן לה וי"ל דהכא איצטריך דאפילו לקולא אע"ג דרגלים לדבר ועוד דלא תנא פסולי העדות בהדיא במתני' להכי תנא גבי כל חד וחד:

הדרן עלך מי שקנא

ה"ג בסדר המשנה

אלו נאמרין בלשונם. ופירוש כל אדם בלשונו שהוא שומע לאפוקי למדי שאינו אומר בלשון פרסי אם אינו שומעו אבל בכל לשון משמע בין שומע בין אינו שומע ובגמרא לא משמע הכי: **קרית שמע ותפלה.** תימה אמאי שייר הלל וקידוש של שבת וברכת הפירות וברכת המצות וליכא למימר דלא נקט אלא דאורייתא דהא בפרק מי שמתו (ברכות דף כא.) משמע דתפלה וקרית שמע דרבנן ועוד דהתם (דף כ:) משמע דקידוש דאורייתא והכי משמע נמי בריש מסכת נזיר (דף ג:) בשלמא מקרא מגילה איכא למימר להכי שייר דתנא בפ"ב דמגילה (דף יז.) הלועז ששמע אשורית יצא אלא הני אמאי שייר ונראה דהני נאמרים בכל לשון אפי' אינו שומע הלכך לא דמו להני דמתני' דנאמרין דוקא בלשונם*: איהו

אלו נאמרין בכל לשון פרשת סוטה מה שהכהן אומר לה. ולא אמרינן שצריך לאומרם בלשון הקדש כדרך שנכתב נצטווה לאומרו ובספרי אמרי' דאי לא כתב קרא להתיר בכל לשון ה"א דנגמר מיבמה מק"ו ומה יבמה קלה לא עשה בה כל הלשונות כלשון הקדש סוטה שהיא חמורה לא כל שכן ל"ה. וא"ת אמאי לא חשיב שבועת הדיינין דאמר בפ' שבועת הדיינין דאף היא בכל לשון נאמרה. וי"ל דתנא ושייר ומה שייר דהא שייר שבועת הביטוי דאף היא בכל לשון נאמרה. וא"ת תנא תאני אלו ואת אמרת תנא ושייר דה"נ פריך פ"ק דקידושין. וי"ל דכל היכא דליכא אלא חד אלו איכא למימר בדוקא אבל היכא דתני אלו ואלו שונה ומשייר דהא א) אלו לאו דוקא. והא דנקט אלו ברישא

א) נראה דל"ל דהא ע"כ חד אלו לאו דוקא.

תוספות שאנץ

והב"ע כגון דההיא דאתא מעיקרא אשה הואי. הילכך בזה אחר זה אתו תרתי ומבטלי ליה: ותרצה לדר' נחמיה. דאמר עשו שתי נשים כאיש אחד לאו סיפיה דמלתיה דר' נחמיה הוא אלא פירוש דמלתא היא דאנן פרשי לה הכי: כי פלגא ופלגא כחד וחד ואי בבת אחת אתו אוקי חד להדי חד ואוקמי' אספיקא ואי בזה אחר זה וההוא דהאמינה תורה קדם ברישא הוה ליה איהו כשנים והנך כחד ואין דבריהם במקומו. והיכא דשנים אומרים שנטמאת ועד אחד כשר אומר שלא נטמאת היתה שותה דכי חד וחד נינהו ומתני' דקתני לא היתה שותה כגון דההוא חד הוי פסול:

סליק פירקא

עין משפט נר מצוה

א א מיי' פ"ג מהל' סוטה הל"ז סמג עשין נו:

ב ב מיי' פי"א מהל' מעשר שני הל"ה סמג עשין קלח:

ג ג מיי' פ"ב מהל' ק"ש הל"י סמג עשין יח טוש"ע או"ח סי' סב סעי' ב [וברב אלפס ברכות ר"פ שני דף ע. וברא"ש שם סי' ב]:

ד ד טוש"ע א"ח סי' קא סעי' ד:

ה ה מיי' פ"א מהל' ברכות הל"ו סמג עשין כו טוש"ע או"ח סי' קפה סעי' א:

ו ו מיי' פ"ט מהל' שבועות הלי"ב סמג לאוין רמא:

ז ז מיי' שם פ"ז הל' ז סמג שם:

ח ח מיי' פ"ג מהל' ביכורים הל"י סמג עשין קמ:

ט ט מיי' פ"ד מהל' יבום וחליצה הל"ח סמג עשין נב טוש"ע אה"ע סי' קסט סעי' כט ובסדר חליצה סעי' מח ובפי' סדר חליצה סעי' סז:

י י מיי' פי"ד מהל' נשיאות כפים הלכה יא סמג עשין כ טוש"ע או"ח סי' קכח סעי' יד:

יא כ מיי' פ"ג מהל' חגיגה הל"ה סמג עשין רל:

[והא דלא תני במתני' שבועת הדיינין ושבועת ביטוי ע' תוס' שבועות לט. ד"ה ואלו נאמרין וכו' וע' תוי"ט ד"ה ושבועת הפקדון]

יב ל מיי' פ"ט מהל' רוצח ושמירת נפש הל"ג סמג עשין עח:

יג מ מיי' פ"ז מהל' מלכים הל"ג סמג עשין קכ:

מסורת הש"ס

ברכות מ: שבועות לט.

רש"א מ"ז

[דברים לא]

[דף לג.]

דרוש ככה כלשון זה רש"א

הגהות הב"ח

(א) רש"י ד"ה ולהלן וכו' מנא לן הס"ד ואח"כ מ"ה וענתה ואמרה ככה אינו צריך וכו' היא למידה וענתה כצ"ל והד"א:

עין משפט
נר מצוה

יד א מיי' פ"ה מהל' תפלה הל"ט סמג עשין יח טוש"ע או"ח סי' קא סעי' ב:
טו ב מיי' פ"י מהל' טומאת צרעת הל"ח:
טז ג מיי' פ"ה מהל' מעשה הקרבנות הל' ב ג סמג עשין קסג:
יז ד מיי' שם הל"ז:
יח ה מיי' שם הל"ו:
יט ו מיי' שם פ"א הל"ט:
כ ז מיי' שם הל"ח:
כא ח מיי' פ"ב מהל' ק"ש הל"י סמג עשין יח טוש"ע או"ח סי' סב סעי' ב:
כב ט מיי' שם הלי"א וסמג שם טוש"ע או"ח סי' סד סעי' א:
כג י כ מיי' שם הל"ח וסמג שם טוש"ע או"ח סי' סב סעי' ג:

ולנו במקומן: **גמ'** א פרשת סוטה מנלן דכתיב ° ואמר הכהן לאשה בכל לשון (במדבר ה) שהוא אומר תנו רבנן ב משמיעין אותה בכל לשון שהיא שומעת על מה היא שותה ובמה היא שותה על מה נטמאת ובמה היא נטמאת על מה היא שותה על עסקי קינוי וסתירה ובמה היא שותה במקידה של חרש על מה נטמאת על עסקי שחוק וילדות ובמה היא נטמאת בשוגג או במזיד באונס [או] ברצון וכל כך למה ג שלא להוציא לעז על מים המרים: וידוי מעשר: ד מנלן דכתיב ° ואמרת לפני ה' אלהיך בערתי (דברים כו) הקודש מן הבית ויליף אמירה מסוטה בכל לשון שהוא אומר א"ל רב זביד לאביי ולילף אמירה מלוים מה להלן בלשון הקודש אף כאן בלשון הקודש דנין *אמירה גרידתא מאמירה גרידתא ואין דנין אמירה גרידתא מענייה ואמירה תניא רשב"י אומר אדם אומר שבחו בקול נמוך וגנותו בקול רם שבחו בקול נמוך מן וידוי המעשר גנותו בקול רם ממקרא ביכורים וגנותו בקול רם והאמר רבי יוחנן משום רבי שמעון בן יוחי מפני מה תקנו א תפלה בלחש ה כדי שלא לבייש את עוברי עבירה שהרי לא חלק הכתוב מקום בין חטאת לעולה לא תימא גנותו אלא אימא צערו *כדתניא ו ° וטמא טמא יקרא (ויקרא יג) ב צריך להודיע צערו לרבים ורבים מבקשים עליו רחמים וכל מי שאירע בו דבר צריך להודיע לרבים ורבים מבקשים עליו רחמים גופא ז א"ר יוחנן משום רבי שמעון בן יוחי מפני מה תיקנו תפלה בלחש שלא לבייש את עוברי עבירה שהרי ג לא חלק הכתוב מקום בין חטאת לעולה ולא והא איכא דמים ח* ד דם חטאת למעלה ה ודם עולה למטה התם כהן הוא דידע והאיכא ו חטאת נקבה ז עולה זכר התם מיכסיא באליה תינח כבשה שעירה מאי איכא למימר התם איהו דקא מיכסיף נפשיה דאיבעי ליה לאיתויי כבשה וקא מייתי שעירה חטאת דעבודה זרה דלא סגי דלאו שעירה מאי איכא למימר התם ניכסיף וניזיל כי היכי דנכפר ליה: קרית שמע: מנלן דכתיב ° שמע ישראל (דברים ו) בכל לשון שאתה שומע תנו רבנן ט *קרית שמע ככתבה דברי רבי וחכמים אומרים ח בכל לשון מאי טעמא דרבי אמר קרא ° והיו (שם) בהווייתן יהו ורבנן אמר קרא שמע בכל לשון שאתה שומע ורבנן נמי הא כתיב והיו ההוא ט שלא יקראנה למפרע ורבי שלא יקראנה למפרע מנליה נפקא ליה מדברים הדברים ° ורבנן דברים הדברים לא משמע להו ורבי נמי הכתיב שמע ההוא מיבעי ליה י להשמיע לאזניך מה שאתה מוציא מפיך ורבנן סברי לה כמאן דאמר יא כ הקורא את שמע ולא השמיע לאזנו יצא לימא קסבר רבי כל

ולנו במקומן. בבית מלונס בגלגל ושם הקימו את האבנים: **גמ'** ה"ג ואמר אל האשה בכל לשון **שהיא שומעת.** ומהאי קרא יליף לה בספרי ול"ג ואמר הכהן לאשה: **אל האשה.** משמע דברים הנכנסין בלבה שתהא מכרת בלשון: **על מה היא שותה.** כדמפרש ואזיל שאומר לה פרילות גרם ליך שתשתה: **ובמה היא שותה.** בכלי מאוס במקידה של חרש: **ועל מה נטמאת.** מי הביאה לידי טומאה שחוק וקלות ראש כדי לייסר את הנשים שלא יקלו ראשן עם האנשים שעל ידי כך באות לידי ולבתה בטנה: **ובמה היא נטמאה.** משמיעין אותה הלכות המים המאררים על איזו טומאה הן בודקין אותה שאם נטמאה והיא מזידה וברצון בדקוה ואם שוגגת כגון אמרו לה מת בעליך או אנוסה לא יבדקוה: **וכל כך למה.** לנו להודיע בהלכות המים בשלמא הנך קמייתא משום ונוסרו כל הנשים (יחזקאל כג) אלא הך למה: **שלא להוציא לעז.** שאם נטמאת באונס או שוגגת ולא נבדקת שלא תהא סבורה אילו נטמאתי מזידה גם כן לא היו בודקים אותי: ה"ג וידוי מעשר מנלן דכתיב ואמרת וגו' ויליף אמירה אמירה מסוטה: א"ל רב זביד לאביי ונילף אמירה אמירה מלוים א"ל דנין אמירה גרידתא מאמירה גרידתא ואין דנין אמירה גרידתא מענייה ואמירה: **שבחו.** לא עברתי ממצותיך ולא שכחתי (דברים כו) היינו שבח עצמו: **בקול נמוך.** מדלא כתיב ביה ענייה: **וגנותו.** כגון ארמי אובד אבי היינו גנותו שמתודין שאביהן לבן הארמי היה רשע: **מפני מה תקנו.** שיהא אדם אומר תפלתו בלחש כדאשכחנא בחנה וקולה לא ישמע (שמואל א א): **שלא לבייש את עוברי עבירה.** המתוודים בתפלתם על עבירות שבידם: **צערו.** צרות שעברו עליו דהיינו צרות שעברו על ישראל צרת לבן הארמי צרת מצרים: **שהרי לא חלק הכתוב מקום בין חטאת לעולה.** לא קבע לשחיטת חטאת מקום בפני עצמו שלא יבינו שהיא חטאת ומתבייש: **טמא טמא יקרא.** כלומר סורו מעליו שטמא הוא: **והאיכא כו'.** כלומר והרי יש סימנים אחרים להכירה: **למעלה מחוט הסיקרא.** דכתיב (ויקרא ד) על קרנות ובעולה לא כתב קרנות והוא נותן דמים למטה מחוט הסיקרא וכן שאר כל הדמים: **התם כהן.** לחודיה הוא דידע ולא שאר כל העולם ואין בשת בכך: **מכסיא.** הנקבות של נקבה: **באליה.** בזנב ולא ניכר: **שעירה מאי איכא למימר.** שאין לה זנב וניכר הנקבות: **דאיבעיא ליה לאתויי כשבה.** אם היה לו בשת שהרי כל החטאות של יחיד רצה כשבה רצה שעירה חוץ מחטאת עבודה זרה שכתיב בה עז בת שנתה בפרשת שלח לך אנשים: **התם נייתי וניכסיף.** הטיל עליו הכתוב שיתבייש שתהא לו כפרה מעונש גדול כזה: **ככתבה.** בלשון הקודש: **הקורא את שמע צריך שישמיע לאזנו.** פלוגתא היא במסכת ברכות (דף טו.):
לימא

איהו הוא דקא מכסיף נפשיה. תימה והא אמר בשמעתא קמייתא דמנחות (דף ג.) דבין זכרים לנקיבות לאו דעתייהו דאינשי ואמר רבי התם דוודקא אמרי [הכי] דאין מעשיו מוכיחים מפני שסומכין השומעין על דבורו שהוא שוחט חטאת לשם עולה אבל בסתמא כי הכא ודאי מרגישים בדבר: **ליכסיף וליזיל כי היכי דליכפר ליה.** וא"ת יחלוק כמו כן בקביעות מקום שחיטתה כי היכי דליהוי ליה כפרה גמורה וי"ל כיון שחלק הכתוב בדבר אחד שיש היכר בדבר מה צריך יותר. מ"ר:

ורבי שלא יקראנה למפרע מנליה. תימה דהכא משמע דבין רבי ובין רבנן אית להו דקריאת שמע דאורייתא וכן תנאי דפליגי התם* [ברכות טו.] בקורא את שמע ולא השמיע לאזנו וכן ב"ש וב"ה התם בפרק קמא דברכות (דף י:) דתנן בית שמאי אומרים בערב כל אדם יטה ויקרא ובבקר יעמוד שנאמר בשכבך ובקומך וב"ה אומרים בשעה שבני אדם שוכבין אלמא דתרוייהו סבירא להו דקרא משתעי בק"ש וסתמא דגמרא נמי התם *פריך [דף ב.] תנא היכא קאי דקתני מאימתי תנא אקרא קאי דכתיב בשכבך ובקומך ותו בפ"ב (שם דף יג:) בפלוגתא דרבי זוטרא ורבי יאשיה דתניא והיו שלא יקראם למפרע הדברים על לבבך רבי זוטרא אמר עד כאן מצות כוונה מכאן ואילך מצות קריאה רבי יאשיה אומר עד כאן מצות קריאה מכאן ואילך מצות כוונה אמר מר רבי זוטרא וכו' מ"ט מכאן ואילך מצות קריאה דכתיב לדבר בם ה"נ הא כתיב ודברת בם וכו' אמר מר רבי יאשיה וכו' מ"ט מכאן ואילך מצות כוונה דכתיב על לבבכם ה"נ כתיב על לבבך אלא עד כאן מצות כוונה וקריאה מכאן ואילך כוונה בלא קריאה מ"ט עד כאן מצות כוונה וקריאה דכתיב ודברת בם ה"נ כתיב לדבר בם ההוא בדברי תורה כתיב מדקאמר ההוא בדברי תורה מכלל ודברת בם דוקא בק"ש ותו התם* [דף טז.] הפועלים שעשו מלאכה עם בעל הבית קורין ק"ש ומברכין לפניה ולאחריה ואוכלים ומברכין לאחריה שתים כיצד ברכה ראשונה כתיקנה שניה כולל בונה ירושלים בברכת הארץ ולא מברך הטוב והמטיב משום דמדרבנן היא דביבנה תקנוה מכלל דק"ש דחייב לקרות דאורייתא ובפרק מי שמתו (ברכות ד' כא.*) בגמרא בעל קרי פריך סתמא דגמרא קריאת שמע דרבנן אהא דקאמר דק"ש וברכת המזון דאורייתא ותו אמרינן התם (דף כא. ע"ש) אמר שמואל ספק קרא ק"ש ספק לא קרא אינו חוזר וקורא ספק אמר אמת ויציב ספק לא אמר חוזר ואומר מאי טעמא ק"ש מדרבנן ודוחק לומר דכל הני דמשמע מינייהו דמדאורייתא הוי אסמכתא בעלמא דאין שיטת הגמרא א) לדייק כל כך על אסמכתא רבי ורבנן ועוד דאמר לימא קסבר כל התורה בכל לשון נאמרה ואי הוי אסמכתא בעלמא לא הוה צריך למידק מיניה ב):

ורבנן סברי לה כמ"ד הקורא את שמע ולא השמיע לאזנו יצא. תימה מאי דוחקיה למימר הכי הוה מצי למימר ורבנן תרתי שמעינן מיניה כדאמר בפרק היה קורא (ברכות דף טו.) דתנן הקורא את שמע ולא השמיע לאזנו יצא רבי יוסי אומר לא יצא ומפרש בגמרא מ"ט דר' יוסי משום דכתיב שמע השמיע לאזניך ות"ק שמע בכל לשון שאתה שומע ואידך תרתי ש"מ:
כל

א) [וע' היטב תוס' עירובין כג: ד"ה פשטיה וב"ב קמז. ד"ה מנין]: ב) [וע' תוס' ברכות כא. ד"ה ה"ג ובד"ה הוא וכתו' מנחות מג: ד"ה ואיזו]

[ע"ש ברש"י ותוס' ד"ה הכי גרסינן]

מסורת הש"ס

[נ"א ענייה ואמירה מענייה ואמירה]

שבת סז. מו"ק ה. חולין עח. נדה סו.

[קנים ריש פ"א]

ברכות יג. מגילה יז.

גליון הש"ס

גמ' ורבנן דברים הדברים לא משמע להו. עיין לעיל דף יז ע"ב תד"ה דכתיב:

תוספות שאנץ

ברישא אגב דנקטיה בסיפא **גמ'** ה"ג ואמר הכהן אל האשה בכל לשון שהיא שומע' ומהאי קרא יליף לה בספרי ול"ג ואמר הכהן לאשה: אל האשה משמע דברים הנכנסין בלבה כדמפרש ואזיל ומיהו מה שפ"ה דמהאי קרא יליף לה בספרי אינה ראיה ואין בכך למחוק גירסת הספרים דמצינו בכמה מקומות שחולק על תלמוד שלנו כגון גבי האי דאמר בגמ' לק' בפ' בתרא שאם נמצא ההורג אחר שנתערפה העגלה הורגין אותו ונפקא לן מן ולארץ לא יכופר ובספרי מפיק לה מן ואתה תבער הדם הנקי. אבל ק' מאי סביר' ליה להאי תנא דמתני' אי סבירא ליה דכל התורה כלה בכל לשון נאמרה א"כ למה לי קרא לאיתויי בגמ' למימר להכשירה בכל לשון. ואי סבירא ליה דבלשון הקדש נאמרה למה לי קרא במתני' בהני דנאמרין בלשון הקדש. לכ"נ א) דמהני סביר' ליה דכל התורה בכל לשון נאמרה מדמייתי קרא במתני' שנ' בכל לשון אבל התלמוד מפרש כן אליבא דמ"ד בלשון הקדש נאמרה. וכל כך למה. למה לנו להודיעה הלכות המים בשלמא הנך קמייתא משום ונוסרו כל הנשים. אלא הך למאי: ומשני שלא להוציא לעז שאם נטמאת באונס או שוגגת ולא נבדקה שלא תהי סבורה אילו נטמאת מזידה אף הם לא היו בודקין אותה ל"ה: וגנותו בקול רם ממקרא בכורים דכתיב ארמי אובד אבי והיינו גנותן שמתודין שאביהם לבן הארמי היה רשע ל"ה. ורבנן סברי לה כמאן דאמר הקורא את שמע ולא השמיע לאזנו יצא. נראה מכאן דכן הלכה מדלא אמר ורבנן תרתי ש"מ בכל לשון שאתה שומע והשמיע לאזניך מה שאתה מוציא מפיך אלא קאמר דסבירא להו (כרבנן) [כמ"ד כו'] א"כ משמע דכן הלכה דאוקמי' רבנן מילתייהו אליבא דהלכתא ועוד דיחיד ורבים הלכה כרבי' וה"נ פסקינן בברכות פ' היה קורא. ותו דהתם קאמר תלמודא ור' יוסי תרתי ש"מ ולא קאמר דר' יוסי סבר לה כר' משמע דדחיק ליה לאוקומי מילתא אליבא דהלכתא וכן פי' בפ' הקורא את המגלה למפרע: לימ' קסבר ר'
כל

א) נראה דל"ל דודאי תנא דמתני' ס"ל דכל התורה בכל לשון נאמרה מדלא מייתי ראיה מקרא במתני' להני דנאמרו בכל לשון אבל התלמוד וכו'.

וְלָנוּ בִּמְקוֹמָן בגלגל.

א גמרא **פָּרָשַׁת סוֹטָה מְנָלַן** [מניין לנו] שנאמרת בכל לשון? — **דִּכְתִיב,** [שנאמר]: **"וְאָמַר הַכֹּהֵן לָאִשָּׁה"** (במדבר ה, כא) כוונתו — **בְּכָל לָשׁוֹן שֶׁהוּא אוֹמֵר. תָּנוּ רַבָּנַן** [שנו חכמים]: **מַשְׁמִיעִין אוֹתָהּ** את הסוטה, **בְּכָל לָשׁוֹן שֶׁהִיא שׁוֹמַעַת, עַל מָה הִיא שׁוֹתָה, וּבַמֶּה הִיא שׁוֹתָה. עַל מָה נִטְמֵאת, וּבַמֶּה הִיא נִטְמֵאת.** ופרטי הדברים: **עַל מָה,** באיזה סיבה, **הִיא שׁוֹתָה — עַל עִסְקֵי קִינּוּי וּסְתִירָה, וּבַמֶּה הִיא שׁוֹתָה — בִּמְקֵידָה** (כלי פשוט) **שֶׁל חֶרֶשׂ. עַל מָה הִיא נִטְמֵאת — עַל עִסְקֵי שְׂחוֹק וְיַלְדוּת. וּבַמֶּה הִיא נִטְמֵאת** שצריכים להסביר לה — שיש הבדל אם נטמאה **בְּשׁוֹגֵג אוֹ בְּמֵזִיד. בְּאוֹנֶס [אוֹ] בְּרָצוֹן. וְכָל כָּךְ לָמָּה** מרבים להסביר לה — **כדי שֶׁלֹּא לְהוֹצִיא לַעַז עַל מַיִם הַמָּרִים,** כדי שתדע שאם חטאה באונס או בשוגג אין המים בודקים אותה.

וִידּוּי מַעֲשֵׂר מְנָלַן [מניין לנו] שהוא בכל לשון? — **דִּכְתִיב** [שנאמר]: **"וְאָמַרְתָּ לִפְנֵי ה' אֱלֹהֶיךָ בִּעַרְתִּי הַקֹּדֶשׁ מִן הַבַּיִת"** (דברים כו, יג), **וְיָלֵיף** [ולומד] בגזירה שווה **"אֲמִירָה" "אמירה" מִסּוֹטָה** — לומר שאף וידוי מעשר נאמר **בְּכָל לָשׁוֹן שֶׁהוּא אוֹמֵר. אָמַר לֵיהּ** [לו] **רַב זְבִיד לְאַבַּיֵי: וְלֵילַף** [ושילמד] **אֲמִירָה מִלְוִיִּם,** ויאמר כך: **מַה לְהַלָּן** בלויים, ברכות וקללות שאמרו, היה זה **בִּלְשׁוֹן הַקּוֹדֶשׁ אַף כָּאן בִּלְשׁוֹן הַקּוֹדֶשׁ!** ענה לו אביי: **דָּנִין** מקום שנאמרה בו לשון **"אֲמִירָה" גְּרֵידְתָּא** [בלבד] ממקום שנאמרה בו **"אֲמִירָה" גְּרֵידְתָּא** [בלבד], **וְאֵין דָּנִין** מקום שנאמרה בו **"אֲמִירָה" גְּרֵידְתָּא** [בלבד], כגון וידוי מעשר, ממקום שנאמר בו **"עֲנִיָּיה" וַ"אֲמִירָה"** ("וענו הלויים ואמרו". שם כז, יד), שיש לכך משמעות מיוחדת. שכך **תַּנְיָא** [שנויה ברייתא], **ר' שִׁמְעוֹן בֶּן יוֹחַי אוֹמֵר:** ראוי שיהא **אָדָם אוֹמֵר שִׁבְחוֹ** של עצמו **בְּקוֹל נָמוּךְ וּגְנוּתוֹ בְּקוֹל רָם.** ולמדים שאומר **שִׁבְחוֹ בְּקוֹל נָמוּךְ מִן וִידּוּי הַמַּעֲשֵׂר** שלא נאמרה בו לשון "וענית", ובוידוי זה אומר שעשה הכל כראוי. **גְּנוּתוֹ בְּקוֹל רָם — מִמִּקְרָא בִּיכּוּרִים,** ששם מספרים על מאורעות וצרות שאירעו לאומה ובגנות לבן הארמי שמוצאנו ממנו, ושם נאמר "וענית ואמרת" שהכוונה לקול רם. ומקשים: **וּגְנוּתוֹ** אומר אדם **בְּקוֹל רָם?! וְהָאָמַר** [והרי אמר] **ר' יוֹחָנָן מִשּׁוּם** (בשם) **ר' שִׁמְעוֹן בֶּן יוֹחַי** עצמו: **מִפְּנֵי מָה תִּקְּנוּ תְּפִלָּה בְּלַחַשׁ — כְּדֵי שֶׁלֹּא לְבַיֵּישׁ אֶת עוֹבְרֵי עֲבֵירָה** שמתוודים על חטאיהם בשעת התפלה. וראיה לדבר שאין מביישים אותם, **שֶׁהֲרֵי לֹא חִלֵּק** (הבדיל) **הַכָּתוּב מָקוֹם** שונה לעבודת הקרבן **בֵּין חַטָּאת לְעוֹלָה,** כדי שלא יהא ניכר שהוא חוטא ומביא חטאת ולא יתבייש בכך, ומכאן שגם גנותו אומר בלחש! ומתקנים: **לָא תֵּימָא** [אל תאמר] **גְּנוּתוֹ** בקול רם, **אֶלָּא אֵימָא** [אמור] **צַעֲרוֹ** בקול רם. **כִּדְתַנְיָא** [כפי ששנינו בברייתא]: **"וְטָמֵא טָמֵא יִקְרָא"** (ויקרא יג, מה) — **צָרִיךְ** המצורע **לְהוֹדִיעַ צַעֲרוֹ לָרַבִּים** שהוא טמא, **וְרַבִּים מְבַקְשִׁים עָלָיו רַחֲמִים. וְכֵן כָּל מִי שֶׁאֵירַע בּוֹ דָּבָר** של צער **צָרִיךְ לְהוֹדִיעַ לָרַבִּים, וְרַבִּים מְבַקְשִׁים עָלָיו רַחֲמִים. גּוּפָא** [לגופה] של אותה מימרה **שֶׁאָמַר ר' יוֹחָנָן מִשּׁוּם ר' שִׁמְעוֹן בֶּן יוֹחַי: מִפְּנֵי מָה תִּקְּנוּ תְּפִלָּה בְּלַחַשׁ** — כדי **שֶׁלֹּא לְבַיֵּישׁ אֶת עוֹבְרֵי עֲבֵירָה.** וראיה לדבר: **שֶׁהֲרֵי לֹא חִלֵּק הַכָּתוּב מָקוֹם בֵּין חַטָּאת לְעוֹלָה.** ושואלים: **וְלֹא?** האם אין הבדל מקום? **וְהָא אִיכָּא** [והרי יש] הבדל מקום לגבי זריקת **דָּמִים** שאינם ניתנים באותו מקום, **שֶׁדַּם חַטָּאת** ניתן **לְמַעְלָה** ממחצית גובה המזבח, **וְדַם עוֹלָה לְמַטָּה** ממחצית גובהו! ומשיבים: **הָתָם** [שם] **כֹּהֵן הוּא דְּיָדַע,** [שיודע] אבל אחרים שאינם עומדים שם אינם יודעים. ומקשים: **וְהָאִיכָּא** [והרי יש] הבדל אחר הניכר לעין: **חַטָּאת הִיא נְקֵבָה, וְעוֹלָה הִיא זָכָר,** ורואים אם כן לפי סוג הבהמה אם מביא חטאת או עולה! ומשיבים: **הָתָם מִיכַּסְּיָא** [שם מכוסה היא] **בְּאַלְיָה** ואין מבחינים אם זכר או נקבה. ומקשים: **תֵּינַח** [נניח] דבר זה לגבי **כִּבְשָׂה** שמביא לחטאת, שכיון שיש לה אליה גדולה הריהי מכסה את איברי המין, אבל אם מביא לחטאתו **שְׂעִירָה** שאין לה אליה **מַאי אִיכָּא לְמֵימַר** [מה יש לומר]? ומשיבים: אם מביא שעירה **הָתָם אִיהוּ דְּקָא מִיכְסִיף נַפְשֵׁיהּ,** [שם הוא שמבייש את עצמו], **דְּאִיבָּעֵי לֵיהּ לְאִיתוּיֵי** [שצריך היה לו להביא] **כִּבְשָׂה** אם רוצה היה להסתיר את הדבר **וְקָא מַיְיתֵי** [ומביא] **שְׂעִירָה** ואין לדאוג לבושתו. ושואלים: **חַטָּאת הַבָּאָה עַל עֲבוֹדָה זָרָה דְּלָא סַגֵּי דְּלָאו** [שלא די בקרבן אחר שאינו] **שְׂעִירָה** שהרי בחטאת זו מפורש שיש להביא שעירה דווקא, **מַאי אִיכָּא לְמֵימַר** [מה יש לומר]? הרי ניכר שהוא מביא חטאת! ומשיבים: **הָתָם** [שם] מכיון שהחטא חמור ביותר מוטב **שֶׁנִּיכְסִיף וְנֵיזִיל כִּי הֵיכִי דְּנִכַּפֵּר לֵיהּ** [יתבייש וילך כדי שיתכפר לו] חטאו גם על ידי בושתו.

ב **קְרִיַּת** (קריאת) **שְׁמַע** שהיא נאמרת בכל לשון **מְנָלַן** [מניין לנו]? — **דִּכְתִיב** [שנאמר] **"שְׁמַע יִשְׂרָאֵל"** (דברים ו, ד), ומשמעו **בְּכָל לָשׁוֹן שֶׁאַתָּה שׁוֹמֵעַ. תָּנוּ רַבָּנַן** [שנו חכמים]: **קְרִיַּת שְׁמַע** נקראת **כִּכְתָבָהּ** בלשון הקדש, אלו **דִּבְרֵי רַבִּי. וַחֲכָמִים אוֹמְרִים: בְּכָל לָשׁוֹן.** ושואלים: **מַאי טַעְמָא** [מה הטעם] **של רַבִּי?** — **אָמַר קְרָא** [הכתוב]: **"וְהָיוּ הדברים האלה"** (שם ו), ומשמע: **בַּהֲוָיָיתָן יְהוּ,** כפי שהם כתובים, בלשונם. **וְרַבָּנַן** [וחכמים] על מה הם מבססים דבריהם? **אָמַר קְרָא** [הכתוב] **"שְׁמַע",** והכוונה היא: **בְּכָל לָשׁוֹן שֶׁאַתָּה שׁוֹמֵעַ.** ושואלים: **וְרַבָּנַן נַמִּי** [וחכמים גם כן], **הָא כְּתִיב** [הרי נאמר] **"וְהָיוּ"!** ומשיבים: הכתוב **הַהוּא** בא ללמד **שֶׁלֹּא יִקְרָאֶנָּה לְמַפְרֵעַ,** מסוף הפרשה לתחילתה, אלא כסדר שהיא כתובה. ושואלים: **וְרַבִּי** הלכה זו **שֶׁלֹּא יִקְרָאֶנָּה לְמַפְרֵעַ מְנָלֵיהּ** [מניין לו]? ומשיבים: **נָפְקָא לֵיהּ** [יוצאת לו] **מִמָּה** שיכול היה להיאמר **"דְּבָרִים"** ונאמר **"הַדְּבָרִים",** לומר: הדברים האלה בצורתם זו. **וְרַבָּנַן** [וחכמים]: הדיוק **"דְּבָרִים" "הַדְּבָרִים" לָא מַשְׁמַע לְהוּ** [נשמע להם] ואינם סבורים שאפשר ללמוד ממנו. ושואלים: **וְרַבִּי נַמִּי** [גם כן], **הָכְתִיב** [הרי נאמר] **"שְׁמַע"!** ומשיבים: הכתוב **הַהוּא מִיבָּעֵי לֵיהּ** [צריך אותו] להלכה זו: **לְהַשְׁמִיעַ לְאָזְנֶיךָ מַה שֶּׁאַתָּה מוֹצִיא מִפִּיךָ,** שצריך אדם לשמוע את הדברים שהוא אומר, ואם אומר בלחש בלא לשמוע כלל — אינו יוצא. **וְרַבָּנַן סָבְרִי לָהּ** [וחכמים סבורים באותה] הלכה **כְּמַאן דְּאָמַר** [כמי שאומר]: **הַקּוֹרֵא אֶת שְׁמַע וְלֹא הִשְׁמִיעַ לְאָזְנוֹ — יָצָא,** ולכן מפרשים הם את "שמע" לענין השפה. ושואלים: **לֵימָא קָסָבַר** [האם לומר שסבור] **רַבִּי**

מסורת הש"ס

א. ירושלמי סוטה פ"ז ה"א. ספרי במדבר ה, יט. וראה ספרי זוטא ה, יט. ילק"ש תורה תשי.

ב. תוספתא סוטה פ"ב ה"א. וראה ירושלמי שם. ספרי זוטא שם. במדב"ר פ"ט לד.

ג. סוטה ט,ב. כח,א.

ד. ילק"ש תורה תתקלח.

ה. ירושלמי יבמות פ"א ה"ג. שם סוטה פ"ח ה"ט. שם קדושין פ"ד ה"א. ויק"ר פל"ב ו. וראה ירושלמי סוטה פ"א ה"ה. במדב"ר פ"ט ח.

ו. שבת סז,א. מו"ק ה,א. חולין עח,א. נדה סו,א.

ז. ילק"ש תורה תפח (כל הענין).

ח. קנים פ"א מ"א.

ט. ברכות יג,א. מגילה יז,א (כל הסוגיה). ירושלמי סוטה פ"ז ה"א. תוספתא סוטה פ"ז ז.

י. מגילה כ,א. ירושלמי מגילה פ"ב ה"ה.

יא. ברכות טו,א. מגילה יט,ב. ירושלמי תרומות פ"א ה"א.

גרסות

ואמר הכהן לאשה ויש בכת"י: ואמר אל האשה והוא בפסוק יט.

ויליף אמירה יש בכת"י: **ויליף אמירה אמירה.**

אמירא גרידתא מאמירה גרידתא יש בכת"י ועוד: **עניה ואמירה מענייה ואמירה.**

מן וידוי המעשר יש בכת"י: **מוידוי מעשר.**

צריך להודיע יש בכת"י: **מודיע.**

וכל מי במקבילה: **וכן מי.**

התם כהן יש בכת"י: **התם כהן לחודיה.**

ההוא שלא יקראנה במקבילה: **ההוא מיבעי להו שלא יקראנה.**

להשמיע בכת"י כבמקבילות: **השמע.**

העולם

אליה

אליה היא הזנב הארוך והעבה (המלא בשומן) של מין הכבשים שהיה מצוי בארץ ישראל ובמדינות הסמוכות לה. אלייתם של כבשים אלה מכסה היטב את אחוריהם, עד שאין אברי המין ניתנים להבחנה כלל, ובפרט בכבשים צעירים.

עיונים

פרשת סוטה מנלן בתו"ש העלו שאלה יסודית לגבי המשנה והמשא והמתן בגמרא: הרי הדברים כולם תלויים בשאלה (הנדונה להלן) האם התורה נאמרה בלשון הקודש או בכל לשון. ואם סבורים שבכל לשון נאמרה — מה טעם לפרש את אותם דברים הנאמרים בכל לשון. ולהפך, לדעת הסובר שתורה בלשון הקדש נאמרה — מה טעם למנות ולהוכיח לגבי דברים שנאמרו בלשון הקודש? והם מסבירים כי נראה שהתנא של משנתנו סבור שכל התורה בכל לשון נאמרה, והוכחה לדבר — שבגוף המשנה אינו מביא ראיה אלא לדברים הנאמרים בלשון הקודש (ביכורים, חליצה וכו') אבל בגמרא רוצה להביא הוכחה גם לפי שיטת התנא הסבור שבלשון הקדש נאמרה, ולכן צריך להוכיח שבמקרים מסויימים מותר לומר בכל לשון. ובדרך אחרת קצת כתב בתוהרא"ש שלדעתו המשא והמתן בגמרא הוא ליישב את הדברים לכל הדעות (וכעין זה בתוס' ברכות, ובתר"י שם, וברשב"א במגילה). אכן, מדברי רש"י במשנה אפשר להגיע לשיטה אחרת, שכן הוא מסביר שם שהיה צורך לומר במשנה שפרשת סוטה בכל לשון, משום שהיה מקום לדמות דין זה לחליצה, שהיא כמבואר, דווקא בלשון הקודש. ואולי סבור הוא שאף בשאר הדינים שנמנו במשנה זו יש טעם מיוחד בכל אחד מהם להדגיש שנאמר בכל לשון.

ואמר הכהן לאשה רש"י מתקן את הגרסה וגורס כאן כמו בספרי "ואמר אל האשה". וראה בתו"ש שכתבו שמשם אין הוכחה גמורה, משום שפעמים רבות אנו מוצאים חילוק בין דרשות הגמרא ומדרש ההלכה. ולגוף דברי רש"י יש מסבירים כי "לאשה", פירושו שמדבר אליה, ומכאן אין הוכחה, אבל לשון "אל האשה" משמעו שמדבר באופן שהדברים מובנים ונקלטים במוחה (יגל יעקב).

ובתלמוד הירושלמי נאמרים דברים אלה בשם ר' יאשיה, ור' יונתן חולק עליו וסבור שאין צורך בכך, שכיון שנאמר "ואמרה האשה אמן" משמע שהיא מבינה את הדברים שאומר לה. והוא סבור שמקרא זה צריך לענין אחר — שלא ידבר הכהן על ידי מתורגמן, אלא הוא עצמו צריך לומר.

וידוי מעשר כתב בספר באר שבע שצריך לימוד לענין זה משום שדין זה כתוב סמוך לדין מקרא ביכורים, והיינו יכולים לחשוב שאף הוא בלשון הקודש דווקא כמקרא ביכורים.

מפני מה תקנו תפילה בלחש היו ששאלו: הרי דין תפילה בלחש למדו מחנה שנאמר בה "וקולה לא ישמע"! ועוד, הרי אמרו שהמגביה קולו בתפילתו הרי זה מקטני אמונה, ואם כן מה צריך להוכחה ולטעם האמור כאן? ותירצו כי המקרא שנאמר בחנה אינו אלא אסמכתא, שהרי תפילה היא מדרבנן (יגל יעקב), ועוד שיש למצוא מקור מהיכן למדה חנה (ראה במהרש"א). ועוד, שאם אמנם המגביה קולו הוא מקטני אמונה, אבל מצד זה יכול היה לומר בקול בינוני כמדבר לחבירו (עיון יעקב). וראה בבאר שבע.

אלא אימא צערו המהרש"א שואל: לכאורה, הלוא במקרא ביכורים אינו מודיע צערו שיבקשו עליו רחמים, שהרי מדבר בצרות שהיו בעבר! ומפרש בדוחק קצת שהכוונה היא שמודיע צערו בעבר ומבקש שלא יבואו עליו צרות כעין אלה בעתיד. ויש שכתבו שמשום כך הוצרכו לשתי מקורות לענין זה, אחד בהזכרת צרות שעברו, והאחר לענין צרות שהוא סובל מהן בהווה (מנחה חרבה).

וטמא טמא יקרא המהרש"א מעיר על דבר רש"י כאן, ואומר שיש להבין את הדברים כפי שהם מפורשים במסכת מו"ק: שמה שנאמר "וטמא טמא" פעמיים, אחד לענין זה שצריך להזהיר את הרבים שייטמאו בגללו, ואחד — כדי להודיע צערו לרבים.

קרית שמע ככתבה יש שלמד מכאן שרבי מדגיש שלא זו בלבד שצריך לאומרה בלשון הקדש אלא לדקדק באמירתה, שאסור לו לשנות מן הלשון הכתובה ואפילו אינו משנה בכך את המשמעות. ואולי יש ללמוד מכאן שכיון שסבור רבי שאין לשנות מן הכתוב, משום כך פשוט לגמרא שאף רבי מודה שאינו יוצא אם קוראה למפרע.

שמע בכל לשון וכו' בתלמוד הירושלמי מביא ראיה לדברי חכמים מה שנאמר "ודברת בם" — משמע בכל לשון שהוא מדבר.

ולא השמיע לאזנו וכו' בתוס' (ד"ה ורבנן) תמהו מפני מה לא תירצו שאפשר ללמוד את שני הדברים מן הכתוב "שמע". וראה בתו"ש שעמדו אף הם על כך, והסבירו שכאן דקדקו בהלכה שאכן חכמים סבורים שאם לא השמיע לאוזנו יצא, ושכך היא ההלכה.

אורח ההלכה

תפילה בלחש מן הראוי שיתפלל תפילה בלחש וישמיע לאוזנו אבל לא ישמיע קולו לאחרים. ואם אינו יכול לכוון בלחש — מותר להגביה קולו. ודווקא כשהוא מתפלל ביחידות, אבל בציבור לא יעשה כן כדי שלא יפריע לאחרים. וכתב הרמ"א (עפ"י התלמוד הירושלמי) שאם משמיע קולו כדי שילמדו ממנו בני ביתו — מותר. (רמב"ם ספר אהבה הלכות תפילה פ"ה ה"ט. שו"ע או"ח קא, ב).

וטמא טמא יקרא לא המצורעים בלבד אלא כל המטמאים את האדם צריכים להודיע לכל שהם טמאים כדי שיפרשו מהם. (רמב"ם ספר טהרה הלכות טומאת צרעת פ"י ה"ח).

לא חלק הכתוב מקום וכו' קדשי קדשים שוחטים אותם ומקבלים את דמם רק בצד צפון של המזבח, ואין הבדל מקום בשחיטה בין חטאת ואשם למקום קרבן עולה. (רמב"ם ספר עבודה הלכות מעשה הקרבנות פ"ה ה"ב).

דם חטאת למעלה החטאות הנאכלות (ולא חטאות הפנימיות שאינן נאכלות) דמן טעון ארבע הזאות ("מתנות") על ארבע קרנות מזבח העולה מחצי המזבח ולמעלה. (רמב"ם שם ה"ז).

דם עולה למטה הכהן לוקח את דם העולה וזורק ממנו במזרק שתי זריקות על שתי זויות המזבח מחצי המזבח ולמטה. (רמב"ם שם ה"ו).

חטאת נקבה עולה זכר עולת בהמה אינה באה אלא מן הזכרים בלבד, והיא באה מן הכבשים ומן העזים ומן הבקר. אין יחיד (להוציא מלך וכהן גדול) מביא חטאת בהמה אלא נקיבה מן הכבשים או העזים. (רמב"ם שם פ"א ה"ח. שם הט"ו).

שלא יקראנה למפרע הקורא קריאת שמע למפרע, שמשנה מסדר הפסוקים — לא יצא ידי חובתו. אבל המשנה מסדר הפרשיות, אף שלא עשה כתקנת חכמים — יצא. (רמב"ם ספר אהבה הלכות קריאת שמע פ"ב הי"א. שו"ע סד, א).

להשמיע לאזניך וכו' צריך לכתחילה להשמיע לאוזנו קריאת שמע שמוציא בפיו, ואם לא השמיע לאוזנו — יצא, ובלבד שיוציא בשפתיו. וכדברי חכמים. (רמב"ם שם ה"ח. שו"ע שם סב, ג).

כי כָּל הַתּוֹרָה בְּכָל לָשׁוֹן נֶאֶמְרָה, שיכולה להיאמר ולהיקרא בכל שפה, דְּאִי סָלְקָא דַּעְתָּךְ [שאם עולה על דעתך] שדווקא בִּלְשׁוֹן הַקּוֹדֶשׁ נֶאֶמְרָה, אם כן "וְהָיוּ" דִּכְתַב רַחֲמָנָא [שכתבה התורה] בקריאת שמע, ומשם למד רבי שנאמרת דווקא בלשון הקודש לָמָּה לִי? ודוחים: אין זו ראיה, שאפילו אם כל התורה בלשון הקודש נאמרה, מכל מקום אִיצְטְרִיךְ [הוצרך] "והיו" להיאמר כאן במיוחד מִשּׁוּם דִּכְתִיב [שנאמר] "שְׁמַע", ומכאן אפשר היה ללמוד — בכל לשון שאתה שומע, ולכן כדי להוציא ממשמעות זו של הדברים, צריך היה להדגיש "והיו". ושואלים להיפך: לֵימָא קָסָבְרִי רַבָּנַן [האם לומר שסבורים חכמים] כי כָּל הַתּוֹרָה כּוּלָּהּ בִּלְשׁוֹן קוֹדֶשׁ דווקא נֶאֶמְרָה, דְּאִי סָלְקָא דַּעְתָּךְ [שאם עולה על דעתך] לומר שֶׁבְּכָל לָשׁוֹן נאמרה אם כן "שְׁמַע" דִּכְתַב רַחֲמָנָא [שכתבה תורה] ללמד שפרשה זאת נקראת בכל לשון לָמָּה לִי? ומשיבים: אִיצְטְרִיךְ [הוצרך] הדבר מִשּׁוּם דִּכְתִיב [שנאמר] "וְהָיוּ", וכדי להוציא משיטת רבי היה צורך להדגיש "שמע".

א שנינו כי תְּפִלָּה נאמרת בכל לשון. והטעם הוא: תפילה רַחֲמֵי [בקשת רחמים] הִיא, כָּל הֵיכִי דְּבָעֵי מְצַלֵּי [כל אופן שרוצה הוא מתפלל], ושואלים: וּתְפִלָּה בְּכָל לָשׁוֹן היא נאמרת? וְהָאָמַר [והרי אמר] רַב יְהוּדָה: לְעוֹלָם אַל יִשְׁאַל (יבקש) אָדָם צְרָכָיו בתפלה בְּלָשׁוֹן אֲרַמִּית, וכפי שאָמַר ר' יוֹחָנָן: כָּל הַשּׁוֹאֵל צְרָכָיו בְּלָשׁוֹן אֲרַמִּי — אֵין מַלְאֲכֵי הַשָּׁרֵת נִזְקָקִין (מטפלים) לוֹ, לְפִי שֶׁאֵין מַלְאֲכֵי הַשָּׁרֵת מַכִּירִין (יודעים) בְּלָשׁוֹן אֲרַמִּי! ומשיבים: לָא קַשְׁיָא [אין זה קשה], הָא [זו] שאמר ר' יוחנן שאינו יכול לומר תפילתו בכל לשון — הרי זה בתפלת יָחִיד הצריך לסיוע המלאכים, ואולם הָא [זו] ששנינו במשנה שיכול להתפלל בכל לשון — הרי זה בתפילה בְּצִבּוּר. ושואלים: וְהאם אֵין מַלְאֲכֵי הַשָּׁרֵת מַכִּירִין בְּלָשׁוֹן אֲרַמִּי? וְהָתַנְיָא [והרי שנינו בברייתא]: יוֹחָנָן כֹּהֵן גָּדוֹל שָׁמַע בַּת קוֹל מִבֵּית קֹדֶשׁ הַקֳּדָשִׁים שֶׁהוּא אוֹמֵר: נְצַחוּ טַלְיָא דְּאָזְלוּ לְאַגָּחָא קְרָבָא לְאַנְטוֹכְיָא [ניצחו הילדים, הצעירים, שהלכו למלחמה לאנטיוכיה]. וְשׁוּב מַעֲשֶׂה בְּשִׁמְעוֹן הַצַּדִּיק שֶׁשָּׁמַע בַּת קוֹל מִבֵּית קֹדֶשׁ הַקֳּדָשִׁים שֶׁהוּא אוֹמֵר: בְּטֵילַת עֲבִידְתָּא דַּאֲמַר שָׂנְאָה לְאַיְיתָאָה עַל הֵיכְלָא [בטילה הגזירה שאמר השונא להביא על ההיכל] וְנֶהֱרַג גַּסְקַלְגָּס (גיוס קליגולה) וּבָטְלוּ גְּזֵירוֹתָיו וְכָתְבוּ אוֹתָהּ שָׁעָה שנשמעה בת הקול, וְנמצא אחר כך שֶׁכִּוְּונוּ בדיוק לאותה שעה שאירע הדבר. והרי בִּלְשׁוֹן אֲרַמִּי הָיָה אוֹמֵר! ומשיבים: אִי בָּעֵית אֵימָא [אם תרצה אמור]: בַּת קוֹל שָׁאנֵי [שונה] דִּלְאַשְׁמוּעֵי עֲבִידָא [שלהשמיע היא עשויה] ומדברת גם בלשון ארמית, ואולם אינה שומעת אלא בלשון הקודש. וְאִי בָּעֵית אֵימָא [ואם תרצה אמור] המלאך גַּבְרִיאֵל הֲוָה [היה] זה. שאָמַר מָר [החכם] על יוסף: בָּא גַּבְרִיאֵל וְלִימְּדוֹ שִׁבְעִים לָשׁוֹן, ודווקא הוא בקי בכל הלשונות, אבל לא שאר המלאכים.

ב שנינו כי בִּרְכַּת הַמָּזוֹן נאמרת בכל לשון. ומקור הדבר: דִּכְתִיב [שנאמר] "וְאָכַלְתָּ וְשָׂבָעְתָּ וּבֵרַכְתָּ אֶת ה' אֱלֹהֶיךָ" (דברים ח, י), משמע — בְּכָל לָשׁוֹן שֶׁאַתָּה מְבָרֵךְ.

ג שְׁבוּעַת הָעֵדוּת נאמרת בכל לשון. ומקור הדבר, דִּכְתִיב [שנאמר] באותו ענין: "וְנֶפֶשׁ כִּי תֶחֱטָא וְשָׁמְעָה קוֹל אָלָה" (ויקרא ה, א) והדגש על השמיעה כוונתו — בְּכָל לָשׁוֹן שֶׁהִיא שׁוֹמַעַת.

ד שְׁבוּעַת הַפִּקָּדוֹן מניין לנו שנאמרת בכל לשון — אָתְיָא [בא, נלמד] הדבר בגזירה שווה "תֶּחֱטָא" (שם) "תֶּחֱטָא" (שם ה, כא) מִשְּׁבוּעַת הָעֵדוּת.

ה שנינו: וְאֵלּוּ נֶאֱמָרִים בִּלְשׁוֹן הַקּוֹדֶשׁ: מִקְרָא בִּיכּוּרִים וַחֲלִיצָה כו', עַד מִקְרָא בִּיכּוּרִים כֵּיצַד למדים? נאמר בפרשת ביכורים "וְעָנִיתָ וְאָמַרְתָּ לִפְנֵי ה' אֱלֹהֶיךָ" (דברים כו, ה) וּלְהַלָּן בברכות וקללות הוּא אוֹמֵר "וְעָנוּ הַלְוִיִּם וְאָמְרוּ אֶל כָּל אִישׁ יִשְׂרָאֵל" (שם כז, יד) מָה "עֲנִיָּיה" הָאֲמוּרָה לְהַלָּן בִּלְשׁוֹן הַקּוֹדֶשׁ דווקא — אַף כָּאן בִּלְשׁוֹן הַקּוֹדֶשׁ. ושואלים: וּלְוִיִּם גּוּפַיְיהוּ מְנָלַן [עצמם מניין לנו] שבלשון הקודש דווקא? ומשיבים: אָתְיָא [בא, נלמד] הדבר בגזירה שווה "קוֹל" "קוֹל" מִמֹּשֶׁה, כְּתִיב הָכָא [נאמר כאן] "קוֹל רָם" (שם) וּכְתִיב הָתָם [ונאמר שם]: "מֹשֶׁה יְדַבֵּר וְהָאֱלֹהִים יַעֲנֶנּוּ בְקוֹל" (שמות יט, יט), מַה לְּהַלָּן עשרת הדברות היו בִּלְשׁוֹן הַקּוֹדֶשׁ, אַף כָּאן דברי הלויים בִּלְשׁוֹן הַקּוֹדֶשׁ.

ו שנינו: חֲלִיצָה כֵּיצַד למדים שמה שנאמר בה הוא דווקא בלשון הקודש — שנאמר "וענתה ואמרה", ור' יהודה לומד את הדבר ממה שנאמר שם "וענתה ואמרה ככה". ושואלים: וְרַבָּנַן [וחכמים] שאינם לומדים זאת מ"ככה", הַאי [אותו] "כָּכָה" מַאי עָבְדֵי לֵיהּ [מה עושים הם בו]? ומשיבים: מִיבָּעֵי לְהוּ [צריכים הם אותו] להלכה אחרת, ללמד לְדָבָר שֶׁהוּא מַעֲשֶׂה שמְעַכֵּב בחליצה, שכן נאמר שם "ככה יעשה", אבל מה שאיננו מעשה, כגון הדיבור בלבד — אינו מעכב והחליצה כשירה בדיעבד. וְר' יְהוּדָה לומד דבר זה מִמַּה שיכול היה לכתוב "כֹּה", ואמר "כָּכָה" והרי זו לשון מיעוט כפולה. וְרַבָּנַן [חכמים], הדיוק של "כֹּה" "כָּכָה" לֹא מַשְׁמַע לְהוּ [נשמע להם] כדבר שאפשר ללמוד ממנו.

מסורת הש"ס

א. ירושלמי סוטה פ"ז ה"א.

ב. שבת יב,ב.

ג. (תירוץ זה) ברכות כט,א. שבת לה,ב. יומא פו,ב. ר"ה יז,ב. תענית ח,א. יבמות מט,ב. קה,א. ע"ז ד,א. הוריות ו,א.

ד. ירושלמי סוטה פ"ט הי"ג. תוספתא סוטה פי"ג ה. שהש"ר פ"ג ט.

ה. שם. מגילת תענית פי"א.

ו. (הביטוי) ברכות לד,ב.

ז. סוטה לו,א.

ח. ילק"ש תורה תתנא.

ט. שם תעא.

י. (גזירה שווה זו) שבועות לד,א. כריתות ט,ב.

יא. יבמות קד,ב. קה,א. ספרי דברים כה, ט. מדרש תנאים כה, ט.

גרסות

משום דכתיב שמע במקבילה יש: סלקא דעתך שמע כרבנן כתב רחמנא והיו.

לאנטוכיא יש בכת"י ובמקורות: באנטוכיא.

שהוא מעשה יש בכת"י: מעשה שהוא.

החיים

נצחו טליא וכו'

מעשה זה מסופר בהרחבה בכתבי יוסף בן מתתיהו (קדמוניות ספר 13, פרק 5). יוחנן הורקנוס צר על העיר שומרון (לבסוף כבשה והחריבה) ואז בא לעזרת השומרונים המלך הסורי אנטיוכוס קיזיקנוס. יוחנן שלח את בניו להלחם באנטיוכוס (שצבאו היה מחוזק על ידי צבא מצרי), ולבסוף הביסוהו הבנים. גם יוסף בן מתתיהו מספר כי יוחנן כהן גדול שמע בת קול מן הקודש שבניו (טלייא = הילדים) ניצחו במלחמה זו.

נהרג גסקלגס וכו'

בענין זה רבו הקשיים מצדדים שונים. ויש מסבירים (בהסתמך על נוסחות שונות) שגסקלגס הוא הקיסר הרומי קליגולה גיוס. כידוע גזר קליגולה זמן מה לפני מותו שיכניסו לבית המקדש את פסלו ויעבדו אותו כאל. הדבר עורר התנגדות עצומה בין היהודים, ואף הנציב הרומי הישעה למשך זמן את ביצוע הגזירה. אולם בינתיים נהרג קליגולה ברומי, וממילא בטלה גזירתו.

אם הכוונה למעשה זה (וכן נראה גם מן המקבילה במגילת תענית) יש לומר כי שמעון הצדיק הנזכר כאן אינו שמעון הצדיק הידוע, אלא הכהן הגדול שהיה באותם ימים שנקרא שמעון קתרוס, שנתמנה על ידי המלך אגריפס כנראה משום שהיה מקובל ואהוד על ישראל בשל צדקותו.

עיונים

כל התורה בכל לשון נאמרה בביאור ענין זה יש דעות שונות בין המפרשים, ואף שנראה שהכל מסכימים בכמה נושאים, מכל מקום נחלקו בפרטים. לדעת הכל עיקרה של התורה נאמרה ונכתבה בלשון הקודש, וכמות שהיא לפנינו. וכן מבואר בגמרא (שבת פח, ב) שבשעת מתן תורה נשמע הקול גם בכל לשון שבעולם. ובשם רב האי גאון הביאו ראשונים כי אף שהכל מודים שנאמרה התורה למשה בלשון הקודש, מכל מקום נחלקו אם נאמרה למשה אף בלשון אחרת בדיוקה. ר"ח מסביר כי השאלה היתה האם מותר לכתוב את התורה בלשון אחרת, שתהא בה כל קדושת ספר התורה. וראה בתוס' (ד"ה כל) שנשאו ונתנו בדבריו. ורש"י כתב שהשאלה היתה האם ניתנה להאמר בלשון אחרת בשעת קריאתה בבית הכנסת. ועל כך הקשו בתו"ש: והרי קריאת התורה בבית הכנסת אינה אלא תקנה מדברי סופרים, וכיצד אפשר לומר שנאמרת דווקא בלשון הקודש! וראה בספר באר שבע שמתרץ דברי רש"י באומרו, שגם אם אין קריאת התורה בבית הכנסת מן התורה, מכל מקום היה צריך לברר אם אדם הקורא ולומד בה בעצמו (ודבר זה הוא בודאי מן התורה, שהרי יש ברכה לכך מן התורה) מקיים המצוה כראוי בלשון אחרת. אכן, בתו"ש (וכן בתוס' ברכות) פירשו שהכוונה אינה לקריאת התורה כולה, שהיא מדברי סופרים, אלא לקריאת אותן פרשיות שמצוה מן התורה לקרותן. והמאירי כתב שהשאלה היתה האם ניתנה התורה על מנת שיוכלו ללמוד בה בכל לשון.

אין מלאכי השרת מכירין במאמר זה רבו הפירושים. וכבר תהו בתוס' במסכת שבת (יב, א) כיצד אפשר לומר כן, שהרי אם יודעים המלאכים מחשבות בני אדם, בודאי מבינים בכל לשון! ומשום כך מפרשים (ויש מביאים דבר זה בשם ר"ת) שפירוש "מכירין" אינו מבינים, אלא מכירים = מחשיבים, מוקירים (וכעין הביטוי "מכירי כהונה"), והכוונה היא שאף שמבינים הלשון, מכל מקום לשון זו מגונה בעיניהם. (ויש שנתנו טעם לדבר, שכיון שלשון זו קרובה ביותר ללשון הקדש, הריהי כלשון הקודש משובשת. ראה באליהו רבה ועוד). וכבר הקשו על שיטת תוס' זו מכמה צדדים, וראה בשפת אמת שכתב שמן הזוהר מוכח שאין המלאכים יודעים מחשבות בני אדם ויודעים רק מה שנמסר להם לדעת. ובתו"ש (וכן עוד ראשונים ואחרונים) אמרו בפשטות שמסוגיית הגמרא כאן נראה ש"אין מכירין" משמעו אין יודעים. וראה במהרש"א שכתב שאפשר לומר באופן אחר, שהזכיר לשון ארמית לפי שיש בזה חידוש שאף שלשון ארמית קרובה ללשון הקודש, וכמה דברים בתורה, והרבה יותר בשאר ספרי המקרא, נכתבו בה (וראה בשבח הלשון הזו בסוגייתנו בתלמוד הירושלמי), בכל זאת אינם יודעים אותה, וכל שכן שאר לשונות.

הא ביחיד הא בצבור וטעמו של דבר כתב רש"י ששכינה שרויה עם הציבור, וממילא אינם נזקקים למלאכי השרת. ובמסכת חגיגה מבואר שיש מלאכים הממונים על התפילה, ולפי זה הם ממונים על תפילות היחיד (וראה מה שכתב בשפת אמת באופן אחר). וראה בבן יהוידע שכתב על פי דברי רש"י שהיחיד נזקק למלאכים כדי שלא יהא עיכוב וקלקול בתפילתו, ומשום כך העלה שאדם גדול אינו נזקק לכך ומתפלל בכל לשון. וכיוצא בדבר כתבו כי בכל מקום שאמרו ששכינה שורה בו (כגון למראשותיו של חולה) אין נזקקים לסיועם של המלאכים, ומתפלל בכל לשון.

ברכת המזון רש"י תיקן את הגרסה כאן משום שסבר כי אין ברכת המזון צריכה ראיה שתיאמר בכל לשון, שהרי אין סיבה לומר שתיאמר בלשון הקודש דווקא. וראה בתוס' (ד"ה ברכת) שכתבו כי לולא הראיה היינו למדים מן הלויים בהר גריזים שנאמרה בהם לשון ברכה. וכן הביאו סברה לדבר בתלמוד הירושלמי, שאמרו שכיון שנאמר "וברכת" צריך שידע למי הוא מברך.

אורח ההלכה

אל ישאל אדם צרכיו בלשון ארמי יש אומרים שאף יחיד המבקש בתפילתו על הדברים הצריכים לו שיכול להתפלל בכל לשון אל יתפלל בלשון ארמית. (שו"ע או"ח קא, ד).

לימא קסבר רבי. מדאיצטריך קרא שתהא קריאת שמע ככתבה: **כל התורה בכל לשון נאמרה.** לקרות בבית הכנסת: **משום דכתיב שמע.** איצטריך והיו דלא תדרשיה לקרית שמע בכל לשון אלא להשמיע לאזניו: **תפלה.** דקתני מתני' בכל לשון לאו תורה ניהו והתוא ליתנא דידע לכוון לבו לילי: **יחיד.** לריך שיסייעוהו מלאכי השרת °ליבור לא לריכי להו דכתיב (איוב לו) הן אל כביר לא ימאס אינו מואס בתפלתן של רבים: **נצחו טליא דאזלו לאגחא קרבא באנטוכיא.** שהלכו פרחי כהונה בני בית חשמונאי להלחם עם יוונים לפני יום הכפורים ונלחמו ביום הכפורים ושמע יוחנן בת קול כשהיה עובד עבודת יום הכפורים: **עבידתא.** היא לשון העביד את הילו עבודה גדולה (יחזקאל כט): **גסקלגס.** שם מלך יון: **שאני °בת קול.** אותה מידה הממונה על כך יודעת בשבעים לשונות מפני שעשויה להשמיע והיא משתלחת לכל הלשונות פעמים לזה ופעמים לזה: **דאמר מר.** לקמן בפרקא (דף לו:): **ולמדו.** ליוסף שבעים לשונות: ה"ג **ברכת המזון דכתיב וברכת** ולא גרסינן מנלן דלא בעיא קרא דמהיכא תיתי דבעינן לשון קודש: **בכל לשון שהיה מברך.** לא קבע לו הכתוב לשון: **שבועת העדות מנלן.** דאי לא כתב קרא איכא למימר דבעינן דומיא דשבועת הר גריזים והר עיבל שהוא בלשון הקודש: **ושמעה.** מדלא כתיב והשביעוה באלה: **יעננו בקול.** במתן תורה ובלשון הקודש ניתנה: **לדבר שהוא מעשה מעכב.** בה כגון חליצה ורקיקה דככה משמע עיכובא דאסור לשנות וסמכו ליעשה לומר שהמעשה מעכב: ורבי

כל התורה בכל לשון נאמרה דאי סלקא דעתך בלשון הקודש נאמרה והיו דכתב רחמנא למה לי איצטריך משום דכתיב שמע לימא קסברי רבנן כל התורה כולה בלשון קודש נאמרה דאי סלקא דעתך בכל לשון שמע דכתב רחמנא למה לי איצטריך משום דכתיב והיו: תפלה: [א] רחמי היא כל היכי דבעי מצלי ותפלה בכל לשון [ב] *והאמר רב יהודה אלעולם אל ישאל אדם צרכיו בלשון ארמית דאמר רבי יוחנן כל השואל צרכיו בלשון ארמי אין מלאכי השרת נזקקין לו לפי שאין מלאכי השרת מכירין בלשון ארמי [ג] לא קשיא [ג] הא ביחיד הא בצבור ואין מלאכי השרת מכירין בלשון ארמי והתניא [ד] *יוחנן כהן גדול שמע ב"ק מבית קדש הקדשים שהוא אומר נצחו טליא דאזלו לאגחא קרבא לאנטוכיא [ה] ושוב מעשה בשמעון הצדיק ששמע בת קול מבית קדש הקדשים שהוא אומר בטילת עבידתא דאמר שנאה לאייתאה על היכלא ונהרג גסקלגס ובטלו גזירותיו [ו] וכתבו אותה שעה וכיוונו ובלשון ארמי היה אומר אי בעית אימא בת קול שאני דלאשמועי עבידא ואי בעית אימא גבריאל הוה דאמר מר [ז] *בא גבריאל ולימדו שבעים לשון:

ב ברכת המזון: [ח] דכתיב °ואכלת ושבעת וברכת את ה' אלהיך בכל לשון שאתה מברך:

ג שבועת העדות: [ט] דכתיב °ונפש כי תחטא ושמעה קול אלה בכל לשון שהיא שומעת:

ד שבועת הפקדון: [י] אתיא *תחטא תחטא

ה משבועת העדות: ואלו נאמרין בלשון הקודש מקרא ביכורים וחליצה כו' עד מקרא ביכורים כיצד °וענית ואמרת לפני ה' אלהיך ולהלן הוא אומר °וענו הלוים ואמרו אל כל איש ישראל מה עניה האמורה להלן בלשון הקודש אף כאן בלה"ק ולוים גופייהו מנלן אתיא קול קול ממשה כתיב הכא קול רם וכתיב התם °משה ידבר והאלהים יעננו בקול מה להלן בלשון הקודש אף כאן בלשון הקודש: חליצה כיצד וכו': ורבנן האי ככה מאי עבדי ליה מיבעי להו

ו [יא] *לדבר שהוא מעשה מעכב ור' יהודה מכה ככה °ורבנן כה ככה לא משמע להו ורבי

כל התורה כולה בכל לשון נאמרה. פי' ר"ת הא פשיטא דבשעת מ"ת ניתנו למשה בלשון קודש והאי דקאמר הכא[א] היינו אם ניתנה להעתיקה בלשון אחר או לא ומפירושו נשמע דלמ"ד לא ניתנה להעתיקה בלשון אחר לא ניתנה לקרות כמו כן בלשון אחר דמי שהיה קורא אותה בלשון פרסי והיא כתובה לשון עברי כאילו היה קורא בעל פה כדאמרינן בפ' שני דמגילה (דף יח.) קראה תרגום לא יצא היכי דמי אילימא דכתיבא מקרא וקא קרי תרגום היינו על פה הוא לא לריכא דכתיבא תרגום וקא קרי תרגום ולא ידענא לפירושו היכי סלקא דעתיה למימר אליבא דרבי דבכל לשון ניתנה ליכתב אם כן הא דאמר רבי ק"ש ככתבה היינו בכל לשון שהרי בכל לשון ניתנה ליכתב אם כן היינו רבנן ותו תפשוט מיהא התם דאליבא דרבי בלשון הקודש נאמרה ותו מאי קמבעיא ליה והא פלוגתא היא בפ"ק דמגילה (דף ח:) תנן אין בין ספרים למזוזות ותפילין אלא שהספרים נכתבין בכל לשון ותפילין ומזוזות אינן נכתבין אלא אשורית בלבד רשב"ג אומר אף ספרים לא התירו שיכתבו אלא יוונית בלבד וי"ל מהא דאמר רבי קרית שמע ככתבה ליכא למידק מיניה דאיכא למימר ככתבה המיוחד לה כשנכתבה יחידי כגון במזוזות ותפילין דכ"ע מודו דבלשון הקודש והא דקאמר לימא קסבר רבי כל התורה בכל לשון נאמרה ה"פ ולית ליה דרשב"ג דאמר דוקא יוונית ולרבנן דאמרי בלשון הקודש לית להו דרבנן דאמרי ספרים נכתבים בכל לשון כך לריך לפרש לפי פירוש ר"ת: **ברכת** המזון דכתיב ואכלת ושבעת. רש"י שיבש הגירסא דלא גרס מנלן ופי' משום דלא בעי קרא דמהיכא תיתי דליבעי לשון הקודש ומיהו נראה עיקר כגירסת הספרים דגרסי בהו מנלן דסד"א נילף ברכה מברכות הר גריזים דכתיב בהו אלה יעמדו לברך (דברים כז) מה להלן בלשון קודש אף כאן דהא בהאי ג"ש ילפינן בפירקין (לקמן דף לח.) ברכת כהנים דבלשון הקודש להכי כתיב וברכת את ה' כלומר מאחר שהברכה והשבח כלפי השכינה תוכל לברך בכל לשון שתרלה ומסתמא בלשון שאתה מכיר שתתן שבח להקב"ה בלבב שלם להנאתך והכי נמי איתא בירושלמי [דפרקין דאמר התם] וברכת כדי שיהא יודע למי מברך [ומשמע בפרק כילד מברכין] (ברכות דף מ:) אפילו אמרה בלשון חול שלא כתיקונה יצא דומיא דבנימין רעיא כרך ריפתא בתר דכרך אמר בריך רחמנא מריה דהאי פיתא ואמר רב דיצא ידי ברכה ראשונה ומואמרת לפני ה' אלהיך דכתיב גבי וידוי [מעשר לא יליף דלא] דמי להאי דהכא כתיב את ה' אבל התם לפני ה' דלהכי כתיב לפני ה' דמשמע דבעזרה היה מתודה ולהכי איצטריך גזירה שוה דאמירה אמירה: **שבועת** העדות מנא לן. נראה לפרש אי לאו קרא הוה אמינא נילף קול קול ממשה להכי כתיב ושמעה דמשמע בכל לשון שהיא שומעת מדלא כתיב והשביעה בשבועת האלה אבל לפירוש רש"י דפ' אי לאו קרא הוה אמינא דומיא דשבועת הר גריזים והר עיבל שהיו בלשון הקודש אדרבה נילף משבועת סוטה שהיא בלשון חול ועוד נילף אלה אלה מסוטה דכתיב בה בשבועת האלה להכי אית לך למימר אי לאו דכתיב ושמעה לא הוה ידענא אי הוה לן למילף קול קול או אלה אלה: **אתיא** תחטא תחטא. נראה דהא גזירה שוה לאו דוקא נקט לה הכא דהא מהיכא תיתי דנבעי בלשון קודש אדרבה בלא גזירה שוה דתחטא תחטא הוה משמע טפי דבכל לשון דהוה ילפינן מעילה מעילה מסוטה אלא אגב דילפינן בשבועות (דף לב.) בהא גזרה שוה דתביעת ממון הכתוב מדבר נקט לה נמי הכא: **וענית** ואמרת ולהלן הוא אומר וענו הלוים ואמרו. תימה אדרבה ליליף ואמרת לפני ה' אלהיך מוידוי מעשר דהא מדדמי ליה ילפינן ואם תאמר הכא עניה עניה גמיר הא לעיל פריך ונילף אמירה מלוים *ומהדר דנין עניה ואמירה מעניה ואמירה ואין דנין עניה גרידתא מעניה גרידתא (נ"א ואין דנין אמירה גרידתא מעניה ואמירה): **אתיא** קול קול. אין לומר אדרבה נילף קול קול משבועת הפקדון דעניה וקול מעניה וקול גמיר ואין דנין עניה וקול מקול גרידא: **ורבי** יהודה מכה ככה. לא ידענא אי דריש ר' יהודה מכה ככה דכל האמור בפרשה אפילו קריאה מעכבא דאין לשנות מכל האמור דלהכי אהני כה ככה וממילא הוי לשון קודש נמי עיכובא דפרשה נאמרה בלשון קודש ותימה לומר כן דא"כ כמאן מרבותיו ס"ל לא כרבי אליעזר ולא כר' עקיבא דתרוייהו מודו דקריאה לא מעכבא ולא פליגי אלא ברקיקה (יבמות דף קד:) דלר' אליעזר מעכבא כיון דהוי מעשה ולרבי עקיבא לא מעכבא מעשה באיש בעי' *ואם אית לך למימר דרבי יהודה סבר דדוקא בלשון קודש מעכב אבל אם לא קראה כלל אינו מעכב גם הוא סברא תמוה שאם לא קראה כלל אינו מעכב ואם קראה בלשון חול מעכב ומסתברא כפי למימר דסבירא ליה דקריאה מעכב ופליג אתנא דמתניתין בפרק מצות חליצה (שם דף קד:) דקא סבר רבי יהודה לא נחלקו רבי עקיבא ורבי אליעזר בדבר זה והכי אמר בעלמא כגון בפרק רבי אליעזר דמילה (שבת דף קלה:) גבי פלוגתא דב"ש

עין משפט נר מצוה

כד א ב טוש"ע א"ח סי' קא סעיף ד וע"ש:

תוספות שאנץ

כל התורה בכל לשון נאמרה פ"ה כגון קריאת התורה ול"נ דמקריאה אי אפשר להיות דאין חיובא אלא מדרבנן ותקנת עזרא. לכ"נ לפ' כל הפרשיות שצריכות לקרות כגון פרשת זכור א) ופרשת עגלה ערופה והני דמפרש במתני' דצריכין לקרותן בלשון הקדש אי ליכא קרא ב) דמרבי להו לקרותה בכל לשון גם זה פי' פרק הקורא [במגילה דף יז]. שאין מלאכי השרת מכירין בלשון ארמי. י"מ פ"ק דשבת דמכירין בו אבל אינן חוששין בו ואין נראה מכאן דמשמע בסמוך דאין מכירין בו כלל. ברכת המזון דכתיב ואכלת ושבעת וברכת ה"ג ול"ג מנא לן דלא בעי קרא דמהיכא תיתי דניבעי לשון הקדש אבל גבי שבועת העדות גר' מנא לן דאי לא כתיב קרא איכא למימר דבעי דומיא דשבועת הר גריזים והר עיבל שהיא בלשון הקדש. ל"ה. יש אומר בפשט שצריך לברך בעל הבית דכתיב וברכת את ואת ריבויא הוא לרבות את בעל הבית:

א) אולי צ"ל ופרשת פרה אדומה ועי' בהג"ה בברכות בר"פ היה קורא. ב) אולי צ"ל ליכא קרא דקמרבי להו היה מותר לקורתן בכל לשון.

שבת יב: | [תוספתא פי"ג] | [לקמן לו:] | דברים כו | ויקרא ה | [שבועות לז. כריתות ט.] | דברים כו | שם כז | שמות יט | [יבמות קד:]

הגהות הב"ח

(א) תוס' ד"ה כל וכו' דקאמר הכא בכל לשון היינו אם:

גליון הש"ס

גמ' ורבנן כה ככה לא משמע להו. עיין לקמן דף לח ע"א תד"ה וריי"א: **רש"י** ד"ה יחיד וכו' לבור לא לריכי להו. עיין בספר בתי כהונה ח"ב בית אבות דף ל ע"א: **ד"ה** שאני בת קול. ע' סנהדרין דף יא ע"א תד"ה בת קול ובתוי"ט פע"ז מ"ו דיבמות:

גי' רש"א וי"ל דנין וכו' ע"ש

נ"א ואין לומר

ורבי יהודה האי °וענתה ואמרה מאי עביד ליה מיבעי ליה לאגמורי ללוים דבלשון הקודש ולילף קול ממשה ענייה גמיר קול קול לא גמיר תניא נמי הכי [א]רבי יהודה אומר כל מקום שנאמר כה ככה ענייה ואמירה אינו אלא לשון הקודש כה °כה תברכו °ככה דחליצה ענייה ואמירה דלוים: ברכות וקללות כיצד כיון שעברו ישראל את הירדן כו': תנו רבנן [ב]°הלא המה בעבר הירדן מעבר לירדן ואילך דברי רבי יהודה °אחרי דרך מבוא השמש מקום שחמה זורחת °בארץ הכנעני היושב בערבה אלו הר גריזים והר עיבל שיושבין בהם כותיים °מול הגלגל סמוך לגלגל °אצל אלוני מורה שכם ולהלן הוא אומר °ויעבר אברם בארץ עד מקום שכם עד אלון מורה מה אלון מורה האמור להלן שכם אף כאן שכם(א) תניא [ג]אמר רבי אלעזר ברבי יוסי [ד]בדבר זה זייפתי ספרי כותיים אמרתי להם זייפתם תורתכם ולא העליתם בידכם כלום שאתם אומרים אלוני מורה שכם אף אנו מודים שאלוני מורה שכם אנו למדנוה בגזרה שוה אתם במה למדתום [ה]°רבי אלעזר אמר הלא המה בעבר הירדן סמוך לירדן(ב) דאי מעבר הירדן ואילך הלא כתיב °והיה בעברכם את הירדן אחרי דרך מבוא השמש מקום שהחמה שוקעת בארץ הכנעני ארץ חוי היא היושב בערבה והלא בין הרים וגבעות הן יושבין מול הגלגל והלא לא ראו את הגלגל רבי אליעזר ב"י אומר לא בא הכתוב אלא להראות להן דרך בשניה כדרך שהראה להן בראשונה דרך בדרך לכו ולא בשדות וכרמים היושב בישוב לכו ולא במדברות בערבה בערבה לכו ולא בהרים וגבעות תנו רבנן [ו]*כיצד עברו ישראל את הירדן בכל יום ארון נוסע אחר שני דגלים והיום נסע תחילה שנאמר °הנה ארון הברית אדון כל הארץ עובר לפניכם [ז]בכל יום ויום לוים נושאין את הארון והיום נשאוהו כהנים שנאמר °והיה כנוח כפות רגלי הכהנים נושאי ארון ה' וגו' תניא [ח]*רבי יוסי אומר בשלשה מקומות נשאו כהנים את הארון כשעברו את הירדן וכשהסיבו את יריחו וכשהחזירוהו למקומו וכיון

רש"י

ור' יהודה האי. גזירה שוה דענייה ואמירה מאי עביד ליה: **ענייה גמר.** גזירה שוה דענייה ענייה למד מרבו ג"ש דקול קול לא שמע ואין האדם דן גז"ש אא"כ קבלה: **כל מקום שנאמר כה ככה ענייה ואמירה.** בדבר התלוי בדיבור אינו אלא לשון קודש: ה"ג **כה כה תברכו.** כלומר לענין נשיאות כפים איתמר דילפי לה רבנן לקמן (דף לח.) בגזירה שוה ואתא ר' יהודה למימר בגופה כתיב: ה"ג **ככה דחליצה ענייה ואמירה דלוים ולא גרסינן מלוים** כלומר לענין לוים אמר דילפי לה רבנן בקול קול ואתא איהו למימר דמענייה ענייה ילפה מיבמה דכתיב כה ככה: **הלא המה בעבר הירדן.** כשהיו ישראל במדבר נאמר להם סימני הר גריזים ועיבל ומקומם שהם בעבר השני של ירדן ישראל היו למזרח הירדן כדכתיב בני גד ובני ראובן לקחו נחלתן מעבר לירדן יריחו קדמה מזרחה (יהושע יג) ונאמר להם שההרים האלה במערב הירדן(ג) ואילך הרבה להלן מן הירדן לצד מערב ולא סמוך לירדן: **אחרי דרך מבוא השמש.** ומהו מבוא השמש זהו מזרח שהשמש באה משם כלומר רחוק ממזרחו של ירדן ומצינו בבראשית רבה כל מקום שנאמר אחרי מופלג: **שיושבים בהם כותיים.** עכשיו הן יושבין בהן שהושיבן בהם סנחריב כשהגלה עשרת השבטים דכתיב ויבא מלך אשור(ד) אנשים מבבל ומכותה ומעוא וגו' ויושיבם בערי שמרון (מלכים ב יז) והנך ערי שומרון נינהו כדתניא במתניתין שבשומרון: תניא לא גרס דכולה חדא מתניתא היא בספרי: **ספרי כותיים.** שיש להם תורה שבכתב ואינן מאמינים בתורה שבעל פה: **בעברכם.** משמע בו ביום תקימו את האבנים בהר עיבל: **אחרי דרך.** מופלג מן המערב דאחרי לשון הפלגה והאי מבוא השמש מערב הוא לשון כי בא השמש (בראשית כח) מקום שחמה שוקעת מופלג משקיעתה והיינו לצד מזרח סמוך לירדן מיד: **בארץ הכנעני ארץ החוי היא.** בניחותא אינה ארץ הכנעני אלא ארץ החוי דהא שכם חוי היא דכתיב (שם לג) ויבא יעקב שלם וגו' וכתיב (שם לד) שכם בן חמור החוי נשיא הארץ: **היושב בערבה.** אינו אלא הרים: **מול הגלגל.** רחוקים מן הגלגל הם והסימנים הללו לא עליהם נאמרו ולמה נאמרו: **ר"א בן יעקב אומר לא בא הכתוב כו'.** ורבי אלעזר נמי אדרבי אליעזר בן יעקב סמך וכוותיה מפרש לקרא: **כדרך שהראה להם בראשונה.** בלאתם ממצרים בעמוד ענן לנחותם הדרך כך בא עכשיו יותר לייסר דרכיהם ולהורותם הדרך לפי שגלוי לפניו שעתיד הענן לפסוק במיתת משה ולא ילך עם יהושע הורה להם לאחר שיעברו את הירדן לכבוש את הארץ ילכו דרך כבושה ודרך *יישוב ודרך ארץ הכנעני שהיא ערבה ואל יקיפו סמוך לשפת הירדן דרך ארץ החוי שהיא הרים וגבעות אלא יכנסו לתוכה מצד מערב רחוק מן הירדן ויקיפו ויכבשו: **אחר שני דגלים.** כדכתיב בפרשת נשא גבי מסעות דגלים: **לפניכם.** משמע לפני כולכם: **בכל יום היו הלוים נושאים.** בני קהת כדכתיב ומשמרתם הארון והשולחן וגו' (במדבר ג): **וכשהסיבבו את יריחו.** כדכתיב ויקרא יהושע בן נון אל הכהנים ויאמר אליהם שאו את ארון ברית ה' וגו': **°וכשהחזירוהו למקומו.** בימי שלמה לבית קדשי הקדשים דכתיב ויבאו כל זקני ישראל וישאו הכהנים את הארון (מלכים א ח) והיינו החזירוהו למקומו שכשהגלה בימי עלי מתוך בית קדשי הקדשים של משכן שעשה משה משם נוטל שהמשכן נקבע בשילה וכשהחזירוהו פלשתים לא היה לו מקום קבוע שהרי חרב משכן שילה ונשתהא בבית אבינדב ומשם הביאו דוד לסוף עשרים שנה לבית עובד אדום ומשם לעיר דוד עד שבנה שלמה את בית המקדש ובנה לו הדביר לפנים מן ההיכל ואמה טרקסין חוצלת במקום הפרוכת והוא קרוי מקומו המיוחד כדכתיב ויביאו הכהנים את ארון ברית ה' אל מקומו אל דביר הבית וגו' (שם): וכיון

[תוספתא פ"ח] [שם] ס"א מישור

תוספות

דב"ש וב"ה תמיה לרבי כיון דהטיל הכתוב ככה בין קריאה למעשה [נימא] דלעכבו תרוייהו ותו איכא למיתמה אדרבה הוה לן למימר אליבא דרבי יהודה אפילו אי לא הוה כתיב אלא כה דקריאה מעכבא ולא מעשה דהא שמעינן ליה בפ"ק דר"ה (דף ט:) דמקרא נדרש לפניו ולא לאחריו דאמר יובל אע"פ שלא שמטו אע"פ שלא תקעו יכול אע"פ שלא שילחו ת"ל היא דברי רבי יהודה ומפרש טעמא מקרא נדרש לפניו ולא לאחריו ולא לפני פניו כלומר עיכובא דהיא נדרש דוקא אוקראתם דרור שלפניו ולא אושבתם איש אל אחוזתו של אחריו ולא אתקיעה שלפני פניו וי"ל דה"פ ורבי יהודה האי דמעשה מעכב מכה ככה דאי לא הוי כתיב אלא כה ה"א דדרשינן ליה דוקא אקריאה שלפניו להכי כתיב ככה יתירא למדרשיה נמי אמעשה שלאחריו:

מול הגלגל סמוך לגלגל. משמע מקום הרואה את הגלגל כדאמר (חולין דף יט:) ממול ערפו מול הרואה את העורף ולהכי אמר רבי אלעזר מול הגלגל והלא לא ראו את הגלגל ירושלמי מה מקיים ר"א הר גריזים והר עיבל שתי גבשושית היו עשוי וקראו זה הר גריזים וזה הר עיבל על דעתיה דרבי יהודה מאה ועשרים מיל הלכו באותו היום על דעת ר"א לא זזו ממקומם ותו בירושלמי דר' ישמעאל אומר כל ביאות שנאמרו בתורה לאחר י"ד שנים נאמרו ז' שנים שכיבשו ושבע שנים שחילקו ודכוותיה לא נאמר ברכות וקללות אלא לאחר י"ד שנים היתיב ר' חנינא קמיה ר' מנא והכתיב והיה בעברכם את הירדן תקימו את האבנים האלה א"ל אבנים הקימו אותם מיד ברכות וקללות לאחר י"ד שנים נאמרות:

וכשהחזירוהו למקומו. ואי קשה והא בדברי הימים (ב ה) כתיב וישאו הלוים את הארון תריץ דהאי אחד מכ"ד מקומות שנקראו הכהנים לוים דהא כתיב התם ויעלו את הארון ואת אהל מועד וגו' וכתיב העלו אותם הכהנים הלוים ופירוש הכהנים הארון והלוים אהל מועד וכליו וכתיב ויביאו הכהנים את ארון ברית ה' אל מקומו וכתיב במלכים וישאו הכהנים את הארון וכתיב ויעלו את ארון ה' ואת אהל מועד וגו' וכתיב ויעלו אותם הכהנים והלוים אי נמי הכהנים נטלוהו ממקומו אשר נטה לו דוד ומסרוהו ללוים והלוים נשאו עד ההיכל והכניסוהו הכהנים לדביר הרי כל המקראות מקויימים ועל זה אמר רבי יוסי כשהחזירוהו למקומו:

הגהות הב"ח

(א) גמ' אף כאן שכם (תניא) תז"מ ונ"ב רש"י ל"ג ליה ובילקוט פ' ראה נמי ליתיה: (ב) שם סמוך לירדן דכתיב והיה בעברכם כצ"ל ותיבות דאי מעבר הירדן ואילך הלא נמחק ונ"ב כך הוא בילקוט: (ג) רש"י ד"ה הלא המה וכו' במערב הירדן מעבר הירדן ואילך הרבה: (ד) ד"ה שיושבין וכו' מלך אשור מבבל ומכותא ומעוא וגו' וישב בערי כצ"ל ותיבת אנשים נמחק:

גליון הש"ס

גמ' רבי אלעזר אמר וכו'. עיין בבכור שור ריש ברכות: **רש"י** ד"ה וכשהחזירוהו למקומו. ומצינו עוד שנשאוהו הכהנים כשהיה דוד בורח מפני אבשלום דכתיב בשמואל ב' ט"ו וישב צדוק ואביתר את ארון אלהים ירושלים וצ"ל כיון דנכלל בכלל החזרת מקומו מקרי חד. ועיין רד"ק ביהושע ג' בפסוק והכהנים הלוים נושאים אותו:

ושואלים: וְר' יְהוּדָה, הַאי [כתוב זה] "וְעָנְתָה וְאָמְרָה" שחכמים למדים ממנו ללשון הקודש, מַאי עָבֵיד לֵיהּ [מה עושה הוא בו]? ומשיבים: מִיבָּעֵי לֵיהּ לְאַגְמוּרֵי [צריך אותו כדי ללמד] לְעִנְיַן הַלְוִיִּם, שֶׁבִּלְשׁוֹן הַקּוֹדֶשׁ הם אומרים. שהוא לומד גזירה שווה הפוכה, מדין יבמה לענין הלויים. ושואלים: וְלֵילַף [ושילמד] בגזירה שווה "קול" "קול" מִמֹּשֶׁה? ומשיבים: גזירה שווה זו של "עֲנִיָּיה" "עֲנִיָּיה" גָּמֵיר [למד, קיבל מרבו], גזירה שווה זו של "קוֹל" "קוֹל" לֹא גָּמֵיר [למד], לא קיבל מרבו. תַּנְיָא נַמִי הָכִי [שנויה ברייתא גם כן כך], ר' יְהוּדָה אוֹמֵר: כָּל מָקוֹם שֶׁנֶּאֱמַר "כֹּה" או "כָּכָה", או לשון "עֲנִיָּיה" או לשון "אֲמִירָה" — אֵינוֹ אֶלָּא לְשׁוֹן הַקּוֹדֶשׁ; "כֹּה" האמור בברכת כהנים "כֹּה תְבָרְכוּ את בני ישראל" (במדבר ו, כג), "כָּכָה" (דברים, כה, ט) שנאמר בחֲלִיצָה, "עֲנִיָּיה" וַ"אֲמִירָה" של הַלְוִיִּם.

א שנינו במשנה: בְּרָכוֹת וּקְלָלוֹת כֵּיצַד? כֵּיוָן שֶׁעָבְרוּ יִשְׂרָאֵל אֶת הַיַּרְדֵּן כו'. תָּנוּ רַבָּנַן [שנו חכמים]: כשהיו בני ישראל בעבר הירדן המזרחי נאמר להם כי הר גריזים והר עיבל "הֲלֹא הֵמָּה בְּעֵבֶר הַיַּרְדֵּן" (דברים יא, ל), מֵעֵבֶר לַיַּרְדֵּן מערבה וְאֵילָךְ (והלאה), אלו דִּבְרֵי ר' יְהוּדָה. "אַחֲרֵי דֶּרֶךְ מְבוֹא הַשֶּׁמֶשׁ" (שם) — מָקוֹם שֶׁחַמָּה זוֹרַחַת, כלומר, בריחוק מהירדן שבמזרח. "בְּאֶרֶץ הַכְּנַעֲנִי הַיֹּשֵׁב בָּעֲרָבָה" (שם) — אֵלּוּ הַר גְּרִיזִים וְהַר עֵיבָל, שֶׁיּוֹשְׁבִין בָּהֶם כּוּתִיִּים (שומרונים) בזמן הזה. "מוּל הַגִּלְגָּל" — כוונתו סָמוּךְ לַגִּלְגָּל, "אֵצֶל אֵלוֹנֵי מֹרֶה" — הרי זה שְׁכֶם. וְכיצד אנו יודעים? — לְהַלָּן הוּא אוֹמֵר "וַיַּעֲבֹר אַבְרָם בָּאָרֶץ עַד מְקוֹם שְׁכֶם עַד אֵלוֹן מוֹרֶה" (בראשית יב, ו), מָה אֵלוֹן מוֹרֶה הָאָמוּר לְהַלָּן באברהם הוא שְׁכֶם — אַף כָּאן אלוני מורה הוא שְׁכֶם. תַּנְיָא [שנויה ברייתא], אָמַר ר' אֶלְעָזָר בְּר' יוֹסֵי: בְּדָבָר זֶה זִיַּיפְתִּי (הוכחתי את זיופם) של סִפְרֵי כּוּתִיִּים. אָמַרְתִּי לָהֶם: זִיַּיפְתֶּם תּוֹרַתְכֶם והוספתם בה דברים, וְלֹא הֶעֱלֵיתֶם בְּיֶדְכֶם כְּלוּם. שֶׁאַתֶּם אוֹמְרִים אֵלוֹנֵי מוֹרֶה זוהי שְׁכֶם — אַף אָנוּ מוֹדִים שֶׁאֵלוֹנֵי מוֹרֶה זוהי שְׁכֶם. אולם אָנוּ לְמַדְנוּהָ בִּגְזֵרָה שָׁוָה, אַתֶּם שאינכם לומדים גזירה שווה בַּמֶּה לְמַדְתּוּם? ואילו ר' אֶלְעָזָר חלק על דברי ר' יהודה וְאָמַר: "הֲלֹא הֵמָּה בְּעֵבֶר הַיַּרְדֵּן" — כוונתו סָמוּךְ לַיַּרְדֵּן, דְּאִי [שאם] מֵעֵבֶר הַיַּרְדֵּן וְאֵילָךְ רחוק משם, הֲלֹא כְּתִיב [נאמר] "וְהָיָה בְּעָבְרְכֶם אֶת הַיַּרְדֵּן תקימו את האבנים האלה... בהר עיבל" (דברים כז, ד), משמע — סמוך למקום המעבר. "אַחֲרֵי דֶּרֶךְ מְבוֹא הַשֶּׁמֶשׁ" — כוונתו לשיטת ר' אלעזר מָקוֹם שֶׁהַחַמָּה שׁוֹקַעַת, במערב. ליד שכם במרכז הארץ, ועוד, הרי נאמר "בְּאֶרֶץ הַכְּנַעֲנִי", והלא איזור שכם אֶרֶץ חִוִּי הִיא (כמבואר בבראשית לד, ב)! וכן איך אפשר לתאר עם זה בכינוי "הַיֹּשֵׁב בָּעֲרָבָה" — וַהֲלֹא בֵּין הָרִים וּגְבָעוֹת הֵן יוֹשְׁבִין! "מוּל הַגִּלְגָּל" — וַהֲלֹא לֹא רָאוּ אֶת הַגִּלְגָּל שהוא רחוק משכם! אלא לדעתו הר גריזים והר עיבל אינם אלו הידועים לנו שהם באיזור שכם, אלא הם במקום אחר, סמוך לירדן. ר' אֱלִיעֶזֶר בֶּן יַעֲקֹב אוֹמֵר: לֹא בָּא הַכָּתוּב לקבוע את מקומם של הר גריזים והר עיבל אֶלָּא לְהַרְאוֹת לָהֶן דֶּרֶךְ בַּשְּׁנִיָּה בלכתם בארץ כנען כְּדֶרֶךְ שֶׁהֶרְאָה לָהֶן בָּרִאשׁוֹנָה בצאתם ממצרים, שהיה עמוד הענן הולך לפניהם והופך את הדרך לנוחה להליכה. ולכן נאמר פסוק זה להורות להם כיצד ילכו בארץ כנען. "דֶּרֶךְ" כוונתו — בַּדֶּרֶךְ לְכוּ, וְלֹא בְּשָׂדוֹת וּכְרָמִים. "הַיֹּשֵׁב" — בַּיִּשּׁוּב לְכוּ, וְלֹא בַּמִּדְבָּרוֹת. "בָּעֲרָבָה" — בָּעֲרָבָה במקום מישור לְכוּ, וְלֹא בֶּהָרִים וּגְבָעוֹת.

ב תָּנוּ רַבָּנַן [שנו חכמים]: כֵּיצַד עָבְרוּ יִשְׂרָאֵל אֶת הַיַּרְדֵּן? בְּכָל יוֹם היה הָאָרוֹן, ארון הברית, נוֹסֵעַ אַחַר שְׁנֵי דְּגָלִים שדגל מחנה יהודה ומחנה ראובן נוסעים ראשונה, וְהַיּוֹם נָסַע הארון תְּחִילָּה, שֶׁנֶּאֱמַר: "הִנֵּה אֲרוֹן הַבְּרִית אֲדוֹן כָּל הָאָרֶץ עֹבֵר לִפְנֵיכֶם" (יהושע ג, יא). בְּכָל יוֹם וְיוֹם לְוִיִּם נוֹשְׂאִין אֶת הָאָרוֹן וְהַיּוֹם נְשָׂאוּהוּ כֹּהֲנִים, שֶׁנֶּאֱמַר: "וְהָיָה כְּנוֹחַ כַּפּוֹת רַגְלֵי הַכֹּהֲנִים נֹשְׂאֵי אֲרוֹן ה'" (שם יג). תַּנְיָא [שנויה ברייתא], ר' יוֹסֵי אוֹמֵר: בִּשְׁלֹשָׁה מְקוֹמוֹת נָשְׂאוּ כֹּהֲנִים אֶת הָאָרוֹן: כְּשֶׁעָבְרוּ אֶת הַיַּרְדֵּן כנזכר, וּכְשֶׁהֵסֵיבּוּ (סובבו) אֶת יְרִיחוֹ (שם פרק ו), וּכְשֶׁהֶחֱזִירוּהוּ לִמְקוֹמוֹ בימי שלמה אל קדש הקדשים (מלכים א ח, ו).

מסורת הש"ס

א. ירושלמי סוטה פ"ז ה"ב. ספרי במדבר ו, כג. במדב"ר פי"א ד. ילק"ש תורה שב. וראה גם סוטה לח,א. מכילתא יט, ג. שם כ, יט. מכילתא דרשב"י יט, ו. שם כ, כב. ספרי דברים כא, ז. שם כה, ט. שם כו, ה. מדרש תנאים כ, ב. שם כא, ז. שם כו, ה. קה"ר פ"ז ב.

ב. ירושלמי סוטה פ"ז ה"ג. ספרי דברים יא, ל. מדרש תנאים יא, ל. ילק"ש תורה תתעז.

ג. שם.

ד. (הביטוי) סנהדרין צ,ב.

ה. ירושלמי שם. ספרי שם. מדרש תנאים שם. ילק"ש שם.

ו. תוספתא סוטה פ"ח א. ילק"ש נ"ך יד.

ז. שם ב.

ח. שם.

גרסות

זורחת יש במקורות: **שוקעת.**

תורתכם יש שגרסו: **את התורה.**

העליתם בידכם יש שגרסו: **הועלתם.**

למדתום יש בכת"י: **למדתם** ויש שגרסו: **למדתוה.**

שוקעת יש במקורות: **זורחת.**

ארץ חוי יש בכת"י ועוד: **והלא ארץ חוי.**

והיום יש שגרסו: **ואותו היום.**

וכשהסיבו יש בכת"י: **וכשסבבו.**

החיים

זייפתם תורתכם

בספרי התורה השומרוניים יש, נוסף לשינויי כתיב מרובים, גם כמה שינויים עיקריים שכולם באים לאמת את טענתם כי המקום הנבחר הוא שכם, ולא ירושלים. מן הבולטים שבהם היא הכנסת פרשת הקללה והברכה בהר גריזים ובהר עיבל (דברים יא, כט-ל) לעשרת הדיברות כדיברה תשיעית, וכן כדיברה עשירית את הכתוב "והיה בעברכם את הירדן... תקימו את האבנים האלה... ובנית שם מזבח לה'" (שם כז, ד-ה), אלא שהם משנים וכותבים שם שהמזבח צריך להיבנות על הר גריזים (ולא על הר עיבל ככתוב בתורה). משום כך מובנים הדברים שאמר ר' אלעזר בר' יוסי, שלמרות השינוי הזה שעשו בתורה עדיין יש צורך במסורת לקבוע את מקומם של ההרים הללו.

עיונים

עניה ואמירה בתלמוד הירושלמי מקשים על דברי ר' יהודה משני צדדים. מצד אחד הרי אף בוידוי מעשר כתוב "וענית ואמרת", ואמרו במשנה שאומרו בכל לשון. ועוד שנאמר "ויען לבן ובתואל ויאמרו" (בראשית כד, נ) ומן הכתוב מוכח שדיבר לבן בלשון ארמית.

אחרי דרך וכו' נראה שגם ר' יהודה וגם ר' אלעזר מבינים את הכתובים בצורה דומה, ולשיטתם "אחרי דרך מבוא השמש" הוא ענין אחד, ומשמעות "אחרי" היא — במרחק גדול (ובהתאם לכלל הפרשני, התופס גם לגבי שימוש המלים במובן הזמן: "אחרי" — מופלג, "אחר" — קרוב). אלא שנחלקו במשמעות "מבוא השמש", שלדעת ר' יהודה משמעו במזרח, מקום שממנו השמש זורחת = באה. ואילו ר' אלעזר מבין כמשמעות הרגילה "מבוא השמש" — שקיעת השמש, ולכן הכוונה היא למערב. וראה במהרש"א שהעיר כי רש"י בפירושו לתורה אינו מפרש כשתי השיטות, אלא בדרך אחרת, המתאימה גם לטעמי המקרא.

זייפתי ספרי כותיים זייפתי כוונתו — הראיתי את זיופם, וכתב המאירי שאנו מוצאים שימוש לשון כזה כבר במקרא, כגון "והרשיעו את הרשע" (דברים כה, א), שמשמעו שמראים ומוכיחים את רשעתו של הרשע, ועוד כיוצא באלה.

ר' אלעזר אומר וכו' על עצם המחלוקת בזיהויים של הר גריזים והר עיבל תהה כבר הרא"ש בתוספותיו, כיצד ייתכן שיחלקו בדבר שהיה מפורסם, ומה גם שממקורות אחרים נראה כי מקומות אלה היו ידועים היטב. ומשום כך הוא סבור כי חייבים לפרש גם כאן לפי שיטת התלמוד הירושלמי בסוגיה זו, ששם מבואר כי לדעת ר' אלעזר לא נעשו הברכה והקללה כלל על הר גריזים והר עיבל האמיתיים, ולדעתו הקימו "שתי גבשושיות" סמוך לירדן וקראו להן בשמות אלה, וכל דברי ר' אלעזר באים להוכיח שלא ייתכן כי הכתוב בתורה מתייחס להר גריזים ועיבל. וראה ברש"י ואחרים שמפרשים שדברי ר' אלעזר הם המשך לשיטת ר' אליעזר בן יעקב.

להראות להן דרך בשניה וכו' יש מפרשים ש"בראשונה" הוא כיבוש ארצות סיחון ועוג, כמו שנאמר שם "לא נטה בשדה ובכרם" (במדבר כא, כב) ובשניה — המלחמה במלכי כנען (מהרש"א). ולעצם הדברים, הרי מהלך המאורעות בספר יהושע הוא בעיקרו כדברי ר' אליעזר בן יעקב, שהמלחמה בכנענים היתה בעיקרה בערבה (יריחו) ואחר כך בעמקים וליד הים, ורק אחר כך בהרי הארץ.

אחר שני דגלים בעיון יעקב העיר כי לפי זה צריך לפרש את מהלך ישראל במדבר לפי השיטה בתלמוד הירושלמי שהיו מהלכים כ"קורה" כלומר מחנה אחר מחנה, וכפי הנשמע מפשוטם של מקראות. ולפי זה הלכו דגל מחנה יהודה ודגל מחנה ראובן ראשונה, ואחריהם הארון והלויים.

נשאו כהנים את הארון הרמב"ם פוסק כי מצוות נשיאת הארון מוטלת בעצם על הכהנים, אלא שבמדבר, מחמת מיעוט מספרם של הכהנים היו בני קהת נושאים אותו. והרמב"ן מסביר ומתקן את הדברים, שאין לומר שנשנתה המצוה במשך הזמן, אלא שהמצוה בכללה היא לבני קהת, ותחילה עשו זאת הלויים מבני קהת, אבל לאחר מכן יוחדה המצוה בפועל לכהנים, שהרי אף הם בני קהת (בני אהרן בן עמרם בן קהת). וראה במהרש"א ובבן יהוידע ועוד שפירשו על דרך הרמז מפני מה נשאו דווקא כהנים את הארון באותם זמנים מיוחדים.

וכשהחזירוהו למקומו רש"י, (וכן משמע מן התוס') מפרש שהכוונה היא לזמן שהכניסו את הארון לקודש הקודשים במקדש שלמה. אבל הלשון קצת תמוהה, שהרי אין כאן "החזרה" למקום! ואילו הרד"ק מפרש שהכוונה היא לאותו זמן שברח דוד מירושלים מפני אבשלום, ואז נטל עימו את הארון מתחילה, ואחר כך נמלך והחזירו לירושלים, ומבואר שם (שמואל ב' יד, כט) שאת הארון החזירו הכהנים צדוק ואביתר. אלא שלכאורה קשה לשיטה זו, שאם כן נמצא שהיתה פעם נוספת שהכהנים נשאו את הארון — בימי שלמה, כמבואר במקרא (ומובא ברש"י). ותירצו כי נשיאת הארון בידי הכהנים באותה שעה אינה צריכה להאמר, לפי שכאן נמנו רק אותם זמנים בהם יכלו הלויים לשאת את הארון ופועל נשאוהו כהנים, אבל להכניסו לקודש אסור היה ללויים, ובהכרח הכניסוהו הכהנים לשם, ודבר זה לא היה צורך לאומרו (תאוה לעינים). וראה בתוס' (ד"ה וכשהחזירוהו) שמסבירים שבימי שלמה נשאוהו מתחילה הלויים ואחר כך הכהנים הכניסוהו פנימה.

וְכֵיוָן שֶׁנִּיטְבְּלוּ רַגְלֵי כֹּהֲנִים בַּמַּיִם של הירדן חָזְרוּ הַמַּיִם לַאֲחוֹרֵיהֶם, שֶׁנֶּאֱמַר: ״וּכְבוֹא נֹשְׂאֵי הָאָרוֹן עַד הַיַּרְדֵּן... וַיַּעַמְדוּ הַמַּיִם הַיֹּרְדִים מִלְמַעְלָה קָמוּ נֵד אֶחָד״ (יהושע ג, טו–טז). וְכַמָּה גּוֹבְהָן שֶׁל מַיִם — שְׁנֵים עָשָׂר מִיל עַל שְׁנֵים עָשָׂר מִיל, כְּנֶגֶד גודלו של מַחֲנֵה יִשְׂרָאֵל, שעברו אז את הירדן. אלו דִּבְרֵי ר׳ יְהוּדָה. אָמַר לוֹ ר׳ אֶלְעָזָר בְּר׳ שִׁמְעוֹן: לִדְבָרֶיךָ, אָדָם קַל (מהיר יותר) אוֹ מַיִם קַלִּים (מהירים יותר)? הֱוֵי אוֹמֵר — מַיִם קַלִּים יותר. אִם כֵּן עד שמחנה ישראל עובר, בָּאִין מַיִם וְשׁוֹטְפִין אוֹתָן, שהרי לאחר שהצטברו המים לגובה שנים עשר מיל חזרו לזרום! אֶלָּא מְלַמֵּד שֶׁהָיוּ מַיִם נִגְדָּשִׁין וְעוֹלִין כֵּיפִּין (כיפות) עַל גַּבֵּי כֵּיפִּין, יָתֵר מִשְּׁלֹשׁ מֵאוֹת מִיל, עַד שֶׁרָאוּ אוֹתָן כָּל מַלְכֵי מִזְרָח וּמַעֲרָב, שֶׁנֶּאֱמַר: ״וַיְהִי כִשְׁמֹעַ כָּל מַלְכֵי הָאֱמֹרִי אֲשֶׁר בְּעֵבֶר הַיַּרְדֵּן יָמָּה וְכָל מַלְכֵי הַכְּנַעֲנִי אֲשֶׁר עַל הַיָּם אֵת אֲשֶׁר הוֹבִישׁ ה׳ אֶת מֵי הַיַּרְדֵּן מִפְּנֵי בְנֵי יִשְׂרָאֵל עַד עָבְרָם וַיִּמַּס לְבָבָם וְלֹא הָיָה בָם עוֹד רוּחַ מִפְּנֵי בְּנֵי יִשְׂרָאֵל״ (שם ה, א). וְאַף רָחָב הַזּוֹנָה אָמְרָה לִשְׁלוּחֵי יְהוֹשֻׁעַ ״כִּי שָׁמַעְנוּ אֵת אֲשֶׁר הוֹבִישׁ ה׳ אֶת מֵי יַם סוּף״ (שם ב, י), שעדיין היו מלאים אימה מן המעשה של קריעת ים סוף שהיה זמן רב קודם לכן ובמקום רחוק, וּכְתִיב [ונאמר] ״וַנִּשְׁמַע וַיִּמַּס לְבָבֵנוּ וְלֹא קָמָה עוֹד רוּחַ בְּאִישׁ מִפְּנֵיכֶם״ (שם יא). ומכאן מובן כמה פחדו כשהיה הדבר סמוך וקרוב להם. בְּעוֹדָם בַּיַּרְדֵּן אָמַר לָהֶם יְהוֹשֻׁעַ: דְּעוּ עַל מָה אַתֶּם עוֹבְרִים אֶת הַיַּרְדֵּן — עַל מְנָת שֶׁתּוֹרִישׁוּ אֶת יוֹשְׁבֵי הָאָרֶץ מִפְּנֵיכֶם, שֶׁנֶּאֱמַר: ״וְהוֹרַשְׁתֶּם אֶת כָּל יֹשְׁבֵי הָאָרֶץ מִפְּנֵיכֶם״ (במדבר לג, נב). אִם אַתֶּם עוֹשִׂין כֵּן — מוּטָב, וְאִם לָאו [לא] — בָּאִין מַיִם וְשׁוֹטְפִין אוֹתִיכֶם. ומסבירים: מַאי [מה היא] הלשון ״אוֹתִיכֶם״ — הרי היא צירוף המלים: אוֹתִי וְאֶתְכֶם. עוֹדָם בַּיַּרְדֵּן אָמַר לָהֶן יְהוֹשֻׁעַ: ״וְהָרִימוּ לָכֶם אִישׁ אֶבֶן אַחַת עַל שִׁכְמוֹ לְמִסְפַּר שִׁבְטֵי בְנֵי יִשְׂרָאֵל״ (יהושע ד, ה), וּכְתִיב [ונאמר]: ״לְמַעַן תִּהְיֶה זֹאת אוֹת בְּקִרְבְּכֶם כִּי יִשְׁאָלוּן בְּנֵיכֶם מָחָר לֵאמֹר מָה הָאֲבָנִים הָאֵלֶּה לָכֶם״ (שם ו), הרי הן סִימָן לְבָנִים שֶׁעָבְרוּ אָבוֹת אֶת הַיַּרְדֵּן. עוֹדָם בַּיַּרְדֵּן אָמַר לָהֶן יְהוֹשֻׁעַ: ״שְׂאוּ לָכֶם מִזֶּה מִתּוֹךְ הַיַּרְדֵּן מִמַּצַּב רַגְלֵי הַכֹּהֲנִים הָכִין שְׁתֵּים עֶשְׂרֵה אֲבָנִים וְהַעֲבַרְתֶּם אוֹתָם עִמָּכֶם וְהִנַּחְתֶּם אוֹתָם בַּמָּלוֹן אֲשֶׁר תָּלִינוּ בוֹ הַלָּיְלָה״ (שם ג). יָכוֹל בְּכָל מָלוֹן וּמָלוֹן צריכים לשים את האבנים הללו — תַּלְמוּד לוֹמַר: ״אֲשֶׁר תָּלִינוּ בוֹ הַלָּיְלָה״, רק בלילה זה.

א אָמַר ר׳ יְהוּדָה: אַבָּא חֲלַפְתָּא וְר׳ אֱלִיעֶזֶר בֶּן מָתְיָא וַחֲנַנְיָא בֶּן חֲכִינַאי עָמְדוּ עַל אוֹתָן אֲבָנִים שהוציאו ישראל מן הירדן, וְשִׁיעֲרוּם (והעריכו את גודלן) שֶׁכָּל אַחַת וְאַחַת שְׁקוּלָה כְּאַרְבָּעִים סְאָה. וּגְמִירִי דִּטְעוּנָא דְּמִדְלֵי אִינִישׁ לְכַתְפֵּיהּ תִּילְתָּא דִּטְעוּנֵיהּ הָוֵי [ולמודים אנו שמשא שמעלה אדם בעצמו על כתפו הוא שליש של משאו] שיכול לשאת כשאחרים מסייעים לו. וּמִכָּאן אַתָּה מְחַשֵּׁב לְגודלו של הָאֶשְׁכּוֹל שנשאו המרגלים וסייעו זה לזה. שֶׁנֶּאֱמַר ״וַיִּשָּׂאֻהוּ בַמּוֹט בִּשְׁנָיִם״ (במדבר יג, כג), מִמַּשְׁמַע שֶׁנֶּאֱמַר ״בַמּוֹט״ אֵינִי יוֹדֵעַ שֶׁבִּשְׁנַיִם? שהרי נושאים במוט רק בשנים. מַה אם כן תַּלְמוּד לוֹמַר ״בִּשְׁנָיִם״ — בִּשְׁנֵי מוֹטוֹת, שנשאוהו ארבעה אנשים, ומכאן שמשקלו של האשכול היה ארבע מאות ושמונים סאה. אָמַר ר׳ יִצְחָק: טוּרְטָנֵי וְטוּרְטָנֵי דְּטוּרְטָנֵי (מאזניים ומאזניים למאזניים) כלומר, לא שני מוטות בלבד היו אלא ארבעה, הָא כֵּיצַד? שְׁמֹנָה נָשְׂאוּ אֶשְׁכֹּל, אֶחָד מהם נָשָׂא רִימּוֹן, וְאֶחָד נָשָׂא תְּאֵינָה. יְהוֹשֻׁעַ וְכָלֵב לֹא נָשְׂאוּ כְּלוּם, ומדוע? אִי בָּעֵית אֵימָא [אם תרצה אמור] מִשּׁוּם דַּחֲשִׁיבִי [שהיו חשובים] מן האחרים ולא היה לפי כבודם לשאת משא. וְאִי בָּעֵית אֵימָא [ואם תרצה אמור] שֶׁלֹּא הָיוּ בְּאוֹתָהּ עֵצָה רעה, שהרי המרגלים הביאו את האשכול רק כדי להפחיד בו את העם. פְּלִיגִי [נחלקו] בָּהּ במחלוקת התנאים על גובהם של מי הירדן בשעת החציה ר׳ אַמִי וְר׳ יִצְחָק נַפָּחָא; חַד [אחד מהם] אָמַר: לְדִבְרֵי ר׳ יְהוּדָה שאמר שנים עשר מיל

עיונים

כמה גובהן של מים זו היא גירסת רש״י. והמהרש״א מעדיף את הגירסה האחרת ״כמה רוחבן של מים״, והוא מפרש שכוונת ר׳ יהודה היתה שהמים חזרו לאחוריהם שנים עשר מיל, ונשאר מקום יבש זה, ואחר כך חזרו המים, וראיה מן הכתוב ״הירדן יסוב לאחור״ (תהלים קיד, ג).

ואף רחב וכו׳ לכאורה אין מקום לדברי רחב כאן. וכתב הריא״ף שרצו ללמוד מכאן שלא רק בירדן עמדו המים בגובה רב מאד עד שהכל ראו אותם, אלא אף בקריעת ים סוף היה כה כאמור ״נצבו כמו נד נוזלים״ (שמות טו, ח) ומים אלה היו בגובה כזה עד שראו אותם אף בארץ ישראל.

איני יודע שבשנים לכאורה דבר זה אינו מובן מאליו, שהרי יש דרך המתוארת גם בגמרא, וכן נוהגים אנשים עד היום, שאדם אחד נושא משא בקצה מוט שעל כתפו. וכתב הרא״מ כי ההוכחה היא ממה שנאמר ״וישאוהו״ שהוא בלשון רבים, ללמד שלא נשאו איש אחד. וכבר הקשו על ראיה זו, שהרי אפשר לומר כי לשון רבים מתייחסת לכלל המרגלים. אכן, ר״ת (מובא בתו״ש) מסביר כי למדו דרך נשיאה במוט מן המוטות שנשאו בהם את כלי הקודש של המשכן, שכולם היו נישאים בשנים.

טורטני וטורטני וכו׳ בפירוט הדברים נאמרו שלוש שיטות (ראה ציורים בהשלמות עמ׳ 288. אכן, בתלמוד הירושלמי הביאו גם שיטה אחרת בשם ר׳ עקיבא, שמתחילה היה מספר המרגלים עשרים וארבעה, לפי שהוא לומד מן ההכפלה ״איש אחד איש אחד למטה״ (במדבר יג ב) שכל מטה שלח שני אנשים, שהיה בכל שבט איש חשוב אחד ששמו נזכר בתורה, ועוד אחד כנושא כלים שלא היה חשוב להזכיר שמו. ולשיטה זו נשאו את האשכול ששה עשר אנשים.

שמונה נשאו אשכול בתנא דבי אליהו מובאת גם שיטה שונה לחלוטין, שאינה כלל כשיטת הגמרא. ולפיה עשרה מן האנשים נשאו כל אחד בידו רימון או תאנה, והביאו בסך הכל חמשה רימונים וחמש תאנים, ושנים אחרים נשאו את האשכול, כפי שנראה מפשט הכתוב.

מסורת הש״ס

א. ירושלמי סוטה פ״ז ה״ה. תוספתא סוטה פ״ח ג. ילק״ש נ״ך יד (כל הענין).
ב. סוטה יג,ב (ושם סומנו מקבילות).
ג. תוספתא סוטה שם ד.
ד. שם ה. וראה ירושלמי סוטה שם.
ה. תוספתא שם ו.
ו. סוטה לו,א. תוספתא שם ח.
ז. ירושלמי סוטה פ״ז ה״ה. תוספתא שם ו. וראה במדב״ר פט״ז יד. תנחומא שלח ח. ילק״ש שם.
ח. ירושלמי שם. במדב״ר שם.
ט. ירושלמי שם. מדרש ל״ב מדות פ״ז.
י. ראה תנדבא״ר פכ״ז.

גרסות

גובהן יש בכת״י ועוד: **רוחבן.**

על שנים עשר מיל יש כת״י שלא גרסו מלים אלה.

דעו על מה יש בכת״י: **דעו שעל מנת כן.**

שקולה כארבעים יש שגרסו: **כארבעים.**

מכאן אתה מחשב יש בכת״י: **ומכאן אתה מחשב.**

אי בעית אימא משום דחשיבי יש בכת״י: **מאי טעמא אילימא משום דחשיבי הנך נמי נשיאים היו אלא.**

לשון

טורטני

מקור המלה ביוונית τρυτάνη (טרוטני) ומשמעה — מאזניים. וכאן הכוונה למוט הנישא על מוט אחר, כעין מוט המאזניים.

החיים

ארבעים סאה

אף לפי חישובי הסאה הקטנים שיעור זה הוא יותר מ־300 ליטר, ומשקלן של אבנים כאלה הוא כ־400 קילוגרם.

העולם

מים קלים

כמובן, אין מהירות קבועה למים, ומהירות המים בנהר תלויה באורכו ובתלילותו של המדרון בו יורדים המים. למרות שהירדן ליד יריחו נמצא באיזור מישורי למדי, וזרימתו אינה מהירה ביותר, בכל זאת מהירות המים גדולה מזו של מהלך אדם, וכל שכן של מחנה כבד שיש עימו משא ובעלי חיים.

טורטני וטורטני דטורטני

ציור השיטות לנשיאת האשכול ראה השלמות עמ׳ 288.

לעזי רש״י

ארוקוולו״ד מן הצרפתית העתיקה arc volud — מבנה העשוי על ידי קשתות.

תורה אור

וכיון שניטבלו רגלי כהנים במים חזרו המים
יהושע ג לאחוריהם שנאמר °וכבוא נושאי הארון עד
הירדן וגו' ויעמדו המים היורדים מלמעלה
קמו נד אחד [א]וכמה גובהן של מים [ב]שנים עשר
מיל על שנים עשר מיל כנגד מחנה ישראל
דברי ר' יהודה אמר לו ר' אלעזר בר' שמעון
לדבריך אדם קל או מים קלים הוי אומר מים
קלים אם כן באין מים ושוטפין אותן אלא
מלמד שהיו מים נגדשין ועולין כיפין על גבי
כיפין יותר משלש מאות מיל עד שראו אותן
שם ה כל מלכי מזרח ומערב שנאמר °ויהי כשמוע
כל מלכי האמורי אשר בעבר הירדן ימה וכל
מלכי הכנעני אשר על הים את אשר הוביש
ה' את מי הירדן מפני בני ישראל עד עברם
וימס לבבם ולא היה בהם עוד רוח מפני בני
ישראל [ג]ואף רחב הזונה אמרה לשלוחי
שם ב יהושע °כי שמענו את אשר הוביש ה' את
שם מי ים סוף וגו' וכתיב °ונשמע וימס לבבנו
ולא קמה עוד וגו' [ד]*עודם בירדן אמר להם
יהושע דעו על מה אתם עוברים את הירדן
על מנת שתורישו את יושבי הארץ מפניכם
במדבר לג שנאמר °והורשתם את כל יושבי הארץ
מפניכם וגו' אם אתם עושין כן מוטב ואם
לאו באין מים ושוטפין אותיכם מאי אותיכם
אותי ואתכם [ה]עודם בירדן אמר להן יהושע
הרימו לכם איש אבן אחת על שכמו למספר
יהושע ד שבטי ישראל וגו' וכתיב °למען תהיה זאת
אות בקרבכם כי ישאלון בניכם מחר לאמר
מה האבנים האלה לכם וגו' סימן לבנים
שעברו אבות את הירדן עודם בירדן אמר
שם להן יהושע °שאו לכם מזה מתוך הירדן
ממצב רגלי הכהנים הכן שתים עשרה אבנים
והעברתם אותם עמכם והנחתם אותם במלון
אשר תלינו בו הלילה וגו' [ו]יכול בכל מלון
א ומלון ת"ל אשר תלינו בו הלילה [ז]אמר רבי
*יהודה אבא חלפתא ורבי אליעזר בן מתיא
וחנניא בן חכינאי עמדו על אותן אבנים
ושיערום כל אחת ואחת שקולה כארבעים
סאה וגמירי דטעונא דמדלי איניש לכתפיה
תילתא דטעוניה הוי [ח]מכאן אתה מחשב
במדבר יג לאשכול שנאמר °וישאוהו במוט בשנים
ממשמע שנאמר במוט איני יודע שבשנים מה תלמוד לומר בשנים
בשני מוטות אמר רבי יצחק [ט]טורטני וטורטני דטורטני הא כיצד [י]שמנה
נשאו אשכל אחד נשא רימון ואחד נשא תאינה יהושע וכלב לא נשאו
כלום אי בעית אימא משום דחשיבי ואי בעית אימא שלא היו באותה
עצה פליגי בה רבי אמי ורבי יצחק נפחא חד אמר לדברי רבי יהודה
כחנייתן

וכיון שניטבלו כו'. בשפת מזרחית בכניסתן לתוכו חזרו המים לאחוריהם שלא היו יורדין מן הכהנים ולמטן אלא שם עומדים והמים הבאים תמיד נגבהים ועולין למעלה כדכתיב קמו נד אחד והכהנים עמדו שם עד שעברו כולם: כמה גובהן של מים גרס: **י"ב מיל כנגד מחנה ישראל.** שהיו שנים עשר מיל על שנים עשר מיל והם עברו כחנייתם רוחב מחניהם עברו יחד כמות שהוא רוחב שנים עשר מיל נמצאו שלא שהו בעברן אלא מהלך שנים עשר מיל של אורך מחניהם עד שעלו אחרונים של סוף המחנה וכנגדן גבהו המים: **הוי אומר מים קלים.** לרוץ מן האדם וא"כ שהמים לא גבהו אלא שנים עשר מיל וחזרו למקומם נמצא שעדיין לא הספיקו לעבור ובאין מים ושוטפין אותן: **כיפין.** אולמות ארוקוולו"ד: **ואף רחב אמרה לשלוחי יהושע.** קודם שעברו את הירדן שעל קריעת ים סוף היו מתפחדין עדיין: **עודם בירדן אמר להן יהושע כו'.** כדכתיב והכהנים נושאי הארון עומדים בתוך הירדן עד תם כל הדברים אשר צוה ה' את יהושע לדבר אל העם וזהו הדבר דהכי כתיב במשה כי אתם עוברים את הירדן אלא ארץ כנען והורשתם וגו' כלומר כשיעברו את הירדן התנה עמהם על מנת להורישם: ושוטפין אותיכם גרסינן בברייתא: **הרימו לכם וגו'.** הם האבנים שהקימו תחת מצב רגלי הכהנים לזכרון להיות סימן לבנים שעברו אבות את הירדן: **שאו מזה מתוך הירדן ממצב וכו'.** הם שהקימו בהר עיבל ובנו המזבח וקפלום וקבעום בגלגל: **דמדלי איניש אכתפיה.** שהאדם עצמו מגביהו על כתיפו ואין אחר מסייעו: **תילתא דטעוניה הוא.** אינו אלא שליש משאוי שנושא כשמטעינו אחר נמצא שהיה כל אחד מהן נושא משא ק"ך סאין: **ומכאן אתה מחשב.** כמה היה באשכול שנשאוהו שמנה אנשים והיו מסייעין זה את זה כשמרימין אותו על כתיפן: ממשמע שנאמר *וישאוהו איני יודע שבשנים: **אמר רבי יצחק טורטני וטורטני לטורטני.** משאוי ומשאוי תחת משאוי שהתחתונים מסייעין את העליונים ובכל אחד היו שני מוטות כיצד שני מוטות הולכין זה אצל זה וארבעה נושאין אותם ושני מוטות אחרים וארבעה בני אדם נושאין אותם והם באלכסון מתחת שנים העליונים מוט אחד לראש האחד ומוט אחד לראש השני והולכין באלכסון ורבי יצחק לאו מקרא שמיע ליה אלא דפשיטא ליה דרימון ותאינה סגי בשנים ויהושע וכלב לא נשאו כלום פשו להו תמניא לאשכול ואם לאו מדרש הראשון המלמדנו דלאו מוט אחד קאמר קרא לא היינו יודעים לכוין שמנה בני אדם למשאו אלא דשמעינן מיניה דשני מוטות היו ואתא רבי יצחק לאשמועינן דשני משאות היו שם וכל אחד שני מוטות: **שלא היו באותה עצה.** להביא אשכול משונה כזה שהמרגלים לרעה נתכוונו לומר כשם שפירותיה משונים כך יושביה משונים וגבורים: **לדברי רבי יהודה.** שאמר לא גבהו המים אלא שנים עשר מילין כאורך מחניהם דכך חנייתם עברו בירדן כל רחב מחניהם עברו יחד הילכך לא היה אורך העברה אלא שנים עשר מילין:

ולדברי

יותר משלש מאות מיל. תימה לר"י והא ליכא מעיבא לארעא אלא תלתא פרסי* וי"ל שהיו נגדשין והולכין למעלה מן העננים ירושלמי רבי לוי אומר עד לבו של רקיע תמן אמרינן עד בבל נאמר כאן הרחק ונאמר להלן מארץ רחוקה מבבל:

עודם בירדן אמר להם יהושע. [ירושלמי] אמר ריש לקיש בירדן קיבלו עליהן את הנסתרות אמר להן יהושע אם אין אתם מקבלין את הנסתרות המים באין ושוטפין אתכם אמר רבי סימון ב"ר זביד ויאות תדע לך שהוא כן שהרי עכן חטא ורובם של סנהדרין נפלה בעי אמר ר' לוי ביבנה הותרה הרצועה יצתה בת קול ואמרה אין לכם עסק בנסתרות: **גמירי כל טונא.** ירושלמי לא דמי ההוא דטעין מן ארעא אל ארכבותיה ומן ארכבותיה לכתיפיה לההוא דתלי ליה [מן ארעא על כתיפיה] ולא דמי ההוא דתלי ליה לההוא [דאוחרן טעין ליה]:

טורטני וטורטני לטורטני. פירש ר"ח דטורטני בלשון יון קנה של מאזנים וכילד נשאוהו הביאו שני עמודים וסירגוס בחבלים ונתנו האשכול על גבי חבלים ונתנו מוטות בחבלים בקלה העמודים המסורגים והאשכול נתן מוט א' מן הקלה מזה הראש וכיוצא בה בראש מקלה האחר נמצאו שתי מוטות בראש העמודים המסורגים בחבלים והאשכול נתון בחבלים *ועל כל מוט מאלו המוטות שתי מוטות פחותין מהן מוט בראש זה ומוט בראש זה נמצאו ארבע מוטות בראשי שני מוטות הנתונים בראשי העמודים וכל מוט ומוט מאלו ד' מוטות היו טוענים אותן שני אנשים נמצא שמנה סובלין את האשכול וזה פירוש טורטני וכו' כלומר מוטות ומוטות על מוטות ירושלמי כתיב איש אחד איש אחד למטה על דעתיה דרבי ישמעאל דו אומר לשונות ריבוי הן שנים עשר היו שמנה באשכול ארבעה בתאנים ורימונים ובנושאי כלים על דעתיה דרבי עקיבא דו אומר °לשונות כפולים עשרים וארבעה היו ט"ז באשכול שמנה בתאנים ורימונים ונושאי כלים על דעתיה דרבי ישמעאל טורטרין על דעתיה דרבי עקיבא טורטרין וטורטרי טורטרין:

כחנייתן

תוספות שאנץ

ממשמע שנאמר במוט איני יודע שבשנים אמר ר' יצחק טורטני וטרטוני דטורטני משוי ומשוי תחת משוי שהתחתונים מסייעים את העליונים ובכל מוט אחד היה מוטות קטנים אחד לראש האחד ואחד לראש השני והולכין באלכסון (כזה). וד' בני אדם נושאים מוט אחד וד' אחרים נושאים מוט האחר ור' יצחק לא מקרא שמיע ליה. וא"ת מנא לן דבעי ח' בני אדם דלמא ה"פ איני יודע שבשנים א) דצריך בני אדם למוט אחד ולשני מוטות ד' בני אדם ופר"ח הכי ומה ת"ל בשני מוטו' דצריך לכל מוט ומוט ב' מוטות לב' ראשי המוט ולא היו המוטות באלכסון כדי שלא יפול האשכול לארץ אלא האשכול היתה מונחת על המוטות כמין דף שהולכת מזה לזה (כזה). וצריך שני בני אדם לד' ראשי המוטות ואם כן הוו ח' בני אדם. ור"ת פי' דנפקא לן במוט ר"ל שנים דשני בדין היו למזבח הזהב אחד מימין ואחד משמאל וידעינן ליה מדכתיב ועל מזבח הזהב יפרשו בגד תכלת ושמו את בדיו ואחר כך כתיב ונתנו על המוט משמע דהמוט זהו מה שאמור למעלה ושמו את בדיו אם כן מצינו מוט דקרא ר"ל שנים:

שלח

[כדאיתא ב"ב עה:]

[תוספתא פ"ח]

ושוב נתנו מוט אחד מן הקלה כו'. רש"ל

ס"א במוט

[נ"ל רבי יוסי]

גליון הש"ס

תוס' ד"ה טורטני וכו' לשונות כפולים כ"ד היו. עי' במתני' ריש סנהדרין ומנין לעדה כו':

א) נראה דצ"ל דצריך ב' בני אדם למוט אחד אלא בשנים בב' מוטות והיינו ד' בני אדם ופר"ח.

כה א מיי' פ"ז מהל' איסורי מזבח הל' ב סמג עשין קעז:

כחנייתן עברו לדברי רבי אלעזר בר' שמעון בזה אחר זה עברו וחד אמר בין מר ובין מר כחנייתן עברו מר סבר אדם קל ומר סבר
א מים קלים °שלח לך אנשים [א]אמר ריש לקיש שלח לך מדעתך וכי אדם זה בורר חלק רע לעצמו והיינו דכתיב °וייטב בעיני הדבר (א)אמר ריש לקיש בעיני ולא בעיניו של מקום °ויחפרו לנו את הארץ אמר ר' חייא בר אבא מרגלים לא נתכוונו אלא לבושתה של ארץ ישראל כתיב הכא ויחפרו לנו את הארץ וכתיב התם °וחפרה הלבנה ובושה החמה וגו' °ואלה שמותם למטה ראובן שמוע בן זכור אמר רבי יצחק [ב]דבר זה מסורת בידינו מאבותינו [ג]מרגלים על שם מעשיהם נקראו ואנו לא עלתה בידינו אלא אחד °סתור בן מיכאל סתור שסתר מעשיו של הקב"ה מיכאל שעשה עצמו מך אמר רבי יוחנן [ד]אף אנו נאמר נחבי בן ופסי נחבי שהחביא דבריו של הקב"ה ופסי שפיסע על מדותיו של הקב"ה °ויעלו בנגב ויבא עד חברון ויבאו מבעי ליה אמר רבא מלמד שפירש כלב מעצת מרגלים והלך ונשתטח על קברי אבות אמר להן אבותי בקשו עלי רחמים שאנצל מעצת מרגלים יהושע כבר בקש משה עליו רחמים שנאמר °ויקרא משה להושע בן נון יהושע [ה]יה יושיעך מעצת מרגלים והיינו דכתיב °ועבדי כלב עקב היתה רוח
ב אחרת עמו וגו' ושם אחימן ששי ותלמי וגו' [ו]*אחימן מיומן שבאחיו ששי שמשים את הארץ כשחתות תלמי שמשים את הארץ תלמים ד"א אחימן בנה ענת ששי בנה אלש תלמי בנה תלבוש ילידי הענק [ז]שמעניקין חמה בקומתן *°וחברון שבע שנים נבנתה [ח][מאי נבנתה] אילימא נבנתה ממש אפשר אדם בונה בית לבנו קטן קודם לבנו גדול דכתיב °ובני חם כוש ומצרים וגו' אלא שהיתה מבונה על אחד משבעה בצוען ואין לך טרשים בכל א"י יותר מחברון (משום) דקברי בה שיכבי ואין לך מעולה בכל הארצות יותר מארץ מצרים שנאמר °כגן ה' כארץ מצרים ואין לך מעולה בכל ארץ מצרים יותר מצוען דכתיב °כי היו בצוען שריו ואפילו הכי חברון מבונה אחד משבעה בצוען וחברון טרשים הוי והא כתיב °ויהי מקץ ארבעים שנה ויאמר אבשלום אל המלך אלכה נא וגו' [ט]ואמר *רב אויא ואיתימא רבה בר בר חנן שהלך להביא כבשים מחברון *ותניא [י]אילים ממואב כבשים מחברון מינה איידי דקלישא ארעא עבדה
ג רעיא ושמן קניינא °וישובו מתור הארץ וילכו

תורה אור: במדבר יג; דברים א; שם; ישעיה כד; במדבר יג; שם; שם; שם; שם יד; שם יג; בראשית י; ס"א ל"ג; שם יג; ישעיה ל; ש"ב טו; במדבר יג

רש"י

ולדברי ר"א בר שמעון. דאמר יותר משלש מאות מיל בזה אחר זה עברו איש אחר איש נמצאו ששהו הרבה לעבור דאי כחנייתן עברו משום קולא דמים מאדם לא נגבהין כל כך: **מים קלים.** הרבה הם קלים מן האדם ומר סבר אדם קל לרוץ כמו המים: **מדעתך.** אני איני מצוה אותך אבל ישראל הם אומרים לך כדכתיב (דברים א) ותקרבון אלי כולכם וגו' אני איני מעכב על ידך: **וכי יש אדם.** כלומר אם הקב"ה צוה כלום היה אומר לו לעשות דבר שסופו לבא לידי תקלה: **לבושתה של ארץ ישראל.**(ב) אותה שאילה ששאלו תחילה שלוח המרגלים: [**לא עלה בידינו.** אין אנו יודעין לדרוש]: **סתר דבריו.** הכחיש ועשה שונאו [של הקב"ה] בדאי: **שעשה שונאו של הקב"ה מך.** חלש כדאמרי' לקמן אפילו בעל הבית אינו יכול להוציא כליו משם: **שהחביא דבריו.** ולא אמרן כמות שהן: **שפיסע.** דילג שלא אמרן כאשר הם: **יהושע.** לא הוצרך לילך שכבר ביקש עליו משה רחמים: **והיינו דכתיב ועבדי כלב וגו'.** והביאותיו אל הארץ אשר בא שמה והיא חברון כדכתיב (יהושע יד) ויתן את חברון לכלב ש"מ כלב הוא דאזיל לחברון: **מיומן.** גבור שבהם כמו שיד הימין חשובה מן השמאל: **שעושה את הארץ כשחיתות.** שמקום רגליו מעמיק בארץ מרוב כובדו וניכר שם כגומא וכשחת ולשון ששי לא פורש לנו מאי דמי לשחיתות ונראה לשון עמודי *שש שהם כבדים ומקום מעמדם ניכר: **תלמים.** כתלם המחרישה שמעלה העפר ומעמיק בארץ: **שהיו מעניקים את החמה בקומתן.** מרוב גובה קומתן דומין כאילו נוארם נוקב ועונק בנקב שהחמה יוצאה בו: **לבנו קטן.** כנען קטן הבנים של חם היה ומצרים שני לבנים: **מבונה.** לשון אבנה ממנה (בראשית טז) כלומר מיושבת בפירות: **טרשים.** סלעים שאין עושין פירות כארץ לחה: **דקברי בה שכבי.** לא גרסינן מ"ט אלא ה"ק ותדע דטרשין היא ואינה ראויה לפירות ככל שאר הארץ לפיכך יחדוה לקבורת מתים: **כי היו בצוען שריו.** של מלך ישראל ששולחים אל פרעה לעזור לו על מלך אשור אלמא פרעה בצוען יתיב ושם הולכין לבקשו: **אלכה נא ואשלם את נדרי**(ג). אלכה נא בחברון ואשלם הנדר שנדרתי בגשור כדכתיב בתריה כי נדר נדר עבדך בשבתי בגשור ובחברון מאי בעי והלא לא היה שם המזבח כי אם בגבעון: **להביא כבשים לעולה.** דאמר מר במס' מנחות כבשים מחברון אלמא ארץ מרעה היתה: **מינה.** כלומר מתשובתך אתה מסייעני שלא היתה חשובה ליזרע כשאר הארץ מאחר שהיא בת טרשים כדאמרי' בבבא מציעא בהשוכר (דף פ.) ואי ארעא דמחזקא בגרונדי [היא שניהם משלמין]: **דקלישא ארעא.** עפר של טרשים דק וקלוש ומועט הוא ומתוך כך לא היו חורשים וזורעים אותה תבואה מאכל אדם: **ועבדה רעיא.** מלמחת ומעלה עשבים ואוכלים הצאן: **ושמן קיינא.** המקנה הצאן שכן דרך הצאן להשביח בארץ יבשה וטרשים יותר מארץ לחה:

וילכו

תוספות

כחנייתן עברו. י"ל הראשונים לעולם כשהיו מגיעין לשפת עבר השני לצד מערב היו הולכין למטה בירדן ועושין מקום מעמד לבאין אחריהם שהרי רוחב מחנה ישראל היה שנים עשר מיל ורוחב הירדן לא היה כ"א חמשים אמה ומיל הוא אלפים אמה וי"ל דדוקא באורך ורוחב חנייתן נכנסו בירדן אבל לאחר שנכנסו בירדן נמשכו זה אצל זה ונצמצמו עצמן שאם לא תאמר כן אלא כדרך חנייתן עמדו בירדן אם כן לא עמדו כולם בירדן בשעה שהתנה יהושע עמהן שהרי אתה מוצא ברוחב שנים עשר מיל ת"פ רצועות רחבות חמשים אמה כרוחב הירדן ואורך כל רצועה י"ב מיל על רוחב נ' אמה ואם היה לך להקיף אותן ת"פ רצועות מדת ארכן זו אצל זו היה אורכו קרוב לאלף ות' (ומ') פרסאות כאורך הירדן והירדן לא נכרת כי אם עד ים הערבה ויוצא הוא ממערת פמיים שהוא בחלק דן כדאיתא בפ' מעשר בהמה (בכורות דף נה.) ואורך כל ארץ ישראל לא היה כ"א ת' פרסאות ועוד דהיאך היו יכולין לשמוע התנאים מפי יהושע אלא ע"כ בירדן לא היו עומדים כדרך חנייתן אלא מצומצמין ותימה לר"י נהי דדרך חנייתן עברו מ"מ הלא עמדו בירדן עד שגמר יהושע התנאים ונטלו האבנים ולא חזר לאיתנו עד שעברו כולן א"כ אותם נ' אמה של ירדן ושהות זה שעברו היו המים נגדשין ועולין יותר על י"ב מיל וי"ל אותו גודש שהיה מיותר על י"ב מיל לא הגיע לכלל גובה מיל ולהכי לא חשיב ליה: **בזה אחר זה עברו.** תימה א"כ אמאי תלי ליה ר' אלעזר בקלות המים והלא אינו תלויה אלא בעיכוב העברתם וי"ל דבתרתי פליגי על מה שמשוה קלות האדם לקלות המים אמר זה אינו שאפילו אם היו עוברין דרך חנייתן היו המים נגדשין יותר *מי"ג מיל והוא לא אמר אלא י"ב ועוד שבזה אחר זה עברו ועל זה תמיה רבי אם בזה אחר זה עברו מה קצבה שייך דקאמר שלש מאות שלפי חשבון גודל המים היו עוברים ברוחב חצי מיל שהוא אורך ג' מאות חסר י"ב כיצד שתעשה י"ב רצועות מי"ב מיל על י"ב מיל וכל רצועה ברוחב מיל ואורך י"ב מיל וכשתצרפם זו אצל זו באורך יהיה אורך קמ"ד מיל על רוחב מיל תחלוק רוחב הרצועות ותצרפנה לאורך יהיה אורך רפ"ח מיל על רוחב חצי מיל והא מנא ליה שכך עברו ונראה דלר"א בר שמעון לא עברו כלל דרך חנייתן שהרי בשעת חנייתן היו מפוזרים מפני שהיו נוטים אהליהם זה רחוק מזה כדרך חניית שיירות אבל כשעברו נמשכין כולן זה אצל זה ושמא לא היה כל ישראל כי אם ברוחב חצי מיל על חצי מיל וכשעברו זה אחר זה כדרך בני אדם העוברין דרך שביל אחד בעשרה בני אדם זה אצל זה יכול להיות כשיעור ס' ריבוא שוהין בהעברתן כל כך: **מר סבר אדם קל.** נראה דה"פ אע"פ שהדבר ידוע שמים קלים היינו דוקא כשהן יורדין כדי דרך מרוצתן אבל כאן נגדשין ועולין שיעור קלות מים ושיעור קלות אדם שוה: **אבותי בקשו עלי רחמים.** וא"ת והאמר בפרק מי שמתו (ברכות דף יח.) דמיתי לא ידעין מידי ומשמע במסקנא* ואפילו אבות העולם יש לומר דעל ידי תפלה שזה מתפלל מודיעין להן שכך נתפלל והכי אמר בפרק שני דתענית (דף טז.) למה יוצאין לבית הקברות כדי שיבקשו עליהם מתים רחמים וכן בפרקי דחסידים* בעובדא דרבי מנא דאשתטח אמערתא דאבוה: **ואמר רב אויא ואיתימא רבה בר בר חנן שהלך להביא כבשים מחברון.** אע"ג דמסיק בפרק שני דתמורה (דף יד:) דלאקרובי אזל מיהו שמעינן מיהת דשמן קניינא מדסלקא דעתך למימר שהלך להביא כבשים:

מלמד

מסורת הש"ס: וכ"ה במ"ר כשיש; יומא י.; כתובות קיב.; [תמורה יד: ע"ש]; מנחות פז.; [ד' יט. ע"ש היטב לייקב]; [תענית כג:]; רש"ל מ"ז; רש"ל מי"ב

הגהות הב"ח

(א) גמ' וייטב בעיני הדבר ואמר ר"ל: (ב) רש"י ד"ה לבושתה וכו' אותן שאלו כצ"ל ותיבת שאילה נמחק: (ג) ד"ה אלכה נא ואשלם את נדרי אשר נדרתי לה' בחברון אלכה נא:

תוספות שאנץ

שלח לך אנשים לדעתך איני מצוה לך אבל ישר' הם אומר' שתשלחם כדכתיב ותקרבון אלי כלכם: וכי יש אדם כו' כלומר אם צוה הקב"ה [היה מצוה] לעשות לי דבר שסופו לבא לידי תקלה. וייטב בעיני הדבר ולא בעיני המקום ובמדרש רבה מפרש שאף בעיני משה לא היטיב אלא משל לאדם האומר לחבירו מכור לי חמורך ואנסנו ונאות לו להוליכו בהר ובבקעה ואמר כיון שאין אתה מעכב על ידי שלא אעשה ממנו מה שארצה לנסותו לא אנסנו וכן היה משה סבור שיאמרו לו ישר' כיון שאתה מודה לשלוח מרגלים לא תשלח עוד וה"ק הכא וייטב בעיני הדבר שהייתי סבור שתניחו מלשלוח כי היה לכם להאמין במקום ב"ה. אבל לא בעיני המקום שהיה גלוי לפניו שתשלחו ותבאו לידי תקלה. א"נ י"ל דהמד"ר חולק עם תלמוד שלנו. מרגלים לא נתכונו בו. אינו רוצה לומר מרגלים ממש אלא אותן ששאלו תחלה שילוח מרגלים: שעשה עצמו מך משונאו של הקב"ה כביכול כדאמר לקמן אפילו בעל הבית אינו יכול להוציא כליו משם: שעושה הארץ כשחיתות שמקום רגליו מעמיק הארץ מרוב כובדו. ופ"ה לשון ששי לא פורש לי מאי דמי לשחיתות ונ"ל לשון עמודי שיש שהם כבדים ומקום מעמדם ניכר ל"ה. אלימא נבנתה ממש. וחולק התלמוד על המדרש דאיתא התם מפני מה זכו הכנענים לישב בארצם מ"ז שנים יותר ממצרים בשכר שכבדו הזקן אברהם אבינו שאמרו לו

כַּחֲנָיָיתָן עָבְרוּ, כלומר, כדרך שהיה המחנה מסודר בשעת חנייה כך עברו את הירדן, ולכן היה גובהם של המים רק שנים עשר מיל, עד כדי שיעבור המחנה. **לְדִבְרֵי ר' אֶלְעָזָר בְּר' שִׁמְעוֹן** שאמר: יתר משלוש מאות מיל — **בְּזֶה אַחַר זֶה** בשורה **עָבְרוּ** את הירדן, לכן נמשך הדבר זמן רב וגבהו המים כל כך. **וְחַד** [ואחד] מהם **אָמַר: בֵּין מָר** [לחכם זה] **וּבֵין מָר** [לחכם זה] **כְּדרך חֲנָיָיתָן עָבְרוּ**. אלא **מָר** [חכם זה, ר' יהודה] **סָבַר: אָדָם קַל** (מהיר) מן המים, **וּמָר** [וחכם זה, ר' אלעזר בר' שמעון] **סָבַר: מַיִם קַלִּים** מן האדם.

א כיון שהזכרנו את האשכול שהביאו המרגלים באים לדון בהם. על מה שנאמר שאמר ה' למשה לגבי המרגלים **"שְׁלַח לְךָ אֲנָשִׁים"** (במדבר יג, ב), **אָמַר רֵישׁ לָקִישׁ: "שְׁלַח לְךָ"** — כוונתו **מִדַּעְתְּךָ** ולא כמצוותו של הקדוש ברוך הוא. שאם ה' הוא שאמר לשלוח את המרגלים, **וְכִי אָדָם זֶה בּוֹרֵר חֵלֶק רַע לְעַצְמוֹ?** שהרי ידע מה טיבם ושסופם להוציא דיבת הארץ. **וְהַיְינוּ דִּכְתִיב** [וזהו שנאמר] על ידי משה בענין זה כי העם הוא אשר ביקש לשלוח את המרגלים, ומשביקש כן **"וַיִּיטַב בְּעֵינַי הַדָּבָר"** (דברים א, כג). **וְאָמַר רֵישׁ לָקִישׁ:** ההדגשה היא **"בְּעֵינַי" — וְלֹא בְּעֵינָיו שֶׁל מָקוֹם.** על מה שנאמר **"וְיַחְפְּרוּ לָנוּ אֶת הָאָרֶץ"** (שם כב), **אָמַר ר' חִיָּיא בַּר אַבָּא:** כאשר ביקשו בני ישראל לשלוח **מְרַגְּלִים, לֹא נִתְכַּוְּונוּ אֶלָּא לְבוּשְׁתָּהּ שֶׁל אֶרֶץ יִשְׂרָאֵל.** וראיה לכך, **כְּתִיב הָכָא** [נאמר כאן]: **"וְיַחְפְּרוּ לָנוּ אֶת הָאָרֶץ" וּכְתִיב הָתָם** [ונאמר שם]: **"וְחָפְרָה הַלְּבָנָה וּבוֹשָׁה הַחַמָּה"** (ישעיה כד, כג), משמע שחפירה — לשון בושה היא. על מה שנאמר במרגלים **"וְאֵלֶּה שְׁמוֹתָם לְמַטֵּה רְאוּבֵן שַׁמּוּעַ בֶּן זַכּוּר"** (במדבר יג, ד), **אָמַר ר' יִצְחָק: דָּבָר זֶה מָסוֹרֶת בְּיָדֵינוּ מֵאֲבוֹתֵינוּ: מְרַגְּלִים עַל שֵׁם מַעֲשֵׂיהֶם נִקְרְאוּ, וְאָנוּ לֹא עָלְתָה בְּיָדֵינוּ אֶלָּא** פירושו של שם **אֶחָד: "סְתוּר בֶּן מִיכָאֵל"** (שם יג), **"סְתוּר" — שֶׁסָּתַר מַעֲשָׂיו שֶׁל הַקָּדוֹשׁ בָּרוּךְ הוּא. "מִיכָאֵל" — שֶׁעָשָׂה עַצְמוֹ** (כביכול, את הקדוש ברוך הוא) **מָךְ** (נמוך). **אָמַר ר' יוֹחָנָן: אַף אָנוּ נֹאמַר** דרשה בדבר: **"נַחְבִּי בֶּן וָפְסִי"** (שם יד), **"נַחְבִּי" — שֶׁהֶחְבִּיא דְּבָרָיו** (גרם להסתירם, שלא אמר את הדברים כהווייתם) **שֶׁל הַקָּדוֹשׁ בָּרוּךְ הוּא. "וָפְסִי" — שֶׁפִּיסֵּעַ** (דָּרַךְ בזלזול) **עַל מִדּוֹתָיו שֶׁל הַקָּדוֹשׁ בָּרוּךְ הוּא.** על מה שנאמר עוד במרגלים **"וַיַּעֲלוּ בַנֶּגֶב וַיָּבֹא עַד חֶבְרוֹן"** (שם כב), מקשים: הלא **"וַיָּבֹאוּ" מִבָּעֵי לֵיהּ** [צריך היה לו לומר], ומדוע נאמר בלשון יחיד? **אָמַר רָבָא: מְלַמֵּד שֶׁפֵּירַשׁ כָּלֵב מֵעֲצַת מְרַגְּלִים, וְהָלַךְ וְנִשְׁתַּטַּח עַל קִבְרֵי אָבוֹת** שבחברון. **אָמַר לָהֶן: אֲבוֹתַי! בַּקְּשׁוּ עָלַי רַחֲמִים שֶׁאֶנָּצֵל מֵעֲצַת מְרַגְּלִים.** ומעירים: ואילו **יְהוֹשֻׁעַ** לא הלך לשם כי **כְּבָר בִּקֵּשׁ מֹשֶׁה עָלָיו רַחֲמִים, שֶׁנֶּאֱמַר: "וַיִּקְרָא מֹשֶׁה לְהוֹשֵׁעַ בִּן נוּן יְהוֹשֻׁעַ"** (שם טז) שכוונתו: **יָהּ** (ה') **יוֹשִׁיעֲךָ מֵעֲצַת מְרַגְּלִים. וְהַיְינוּ דִּכְתִיב** [וזהו שנאמר]: **"וְעַבְדִּי כָלֵב עֵקֶב הָיְתָה רוּחַ אַחֶרֶת עִמּוֹ"** (שם יד, כד), לומר ששינה את דעתו במשך הזמן, ואילו יהושע מתחילה כך היה בדעתו.

ב על חברון מסופר באותה פרשה **"וְשָׁם אֲחִימָן שֵׁשַׁי וְתַלְמַי** ילידי הענק" (שם יג, כב). ומבארים את פשר השמות: **"אֲחִימָן"** נקרא כך מפני שהוא **מְיוּמָּן** (זריז ומוצלח) **שֶׁבְּאֶחָיו, "שֵׁשַׁי" — שֶׁמֵּשִׂים אֶת הָאָרֶץ כִּשְׁחָתוֹת** (בורות) בהליכתו, מפני גודלו, **"תַּלְמַי" — שֶׁמֵּשִׂים אֶת הָאָרֶץ תְּלָמִים תְּלָמִים** בהליכתו, מפני כובדו. **דָּבָר אַחֵר: "אֲחִימָן"** — הוא זה **שֶׁבָּנָה** את העיר **עֲנָת, "שֵׁשַׁי" — בָּנָה** את **אָלֵשׁ, "תַּלְמַי" — בָּנָה** את **תַּלְבּוּשׁ. "יְלִידֵי הָעֲנָק" — שֶׁמַּעֲנִיקִין חַמָּה בְּקוֹמָתָן**, שהם גבוהים כל כך שנראים כאילו החמה היא ענק לצווארם. על מה שנאמר עוד **"וְחֶבְרוֹן שֶׁבַע שָׁנִים נִבְנְתָה** לפני צוען מצרים" (שם), שואלים: **מַאי** [מה פירוש] **"נִבְנְתָה"? אִילֵימָא** [אם תאמר] כי **נִבְנְתָה מַמָּשׁ, וכי אֶפְשָׁר אָדָם בּוֹנֶה בַּיִת לִבְנוֹ קָטָן קוֹדֶם** שבונה **לִבְנוֹ גָּדוֹל?! דִּכְתִיב** [שנאמר]: **"וּבְנֵי חָם כּוּשׁ וּמִצְרַיִם** ופוט וכנען" (בראשית י, ו) וכנען הלא היה הבן הקטן, וכיצד נבנתה עירו לפני עירו של מצרים? **אֶלָּא** הכוונה היא **שֶׁהָיְתָה מְבוּנָּה** (פוריה יותר) **עַל אֶחָד מִשִּׁבְעָה** (פי שבע) **בְּצוֹעַן. וְאֵין לְךָ** מקום שיש בו **טְרָשִׁים בְּכָל אֶרֶץ יִשְׂרָאֵל יָתֵר מֵחֶבְרוֹן**, והראיה לדבר: **מִשּׁוּם דְּקָבְרִי** [שקוברים] **בָּהּ שִׁיכְבֵי** [מתים] וזהו דבר הנעשה בקרקע שאינה ראויה לעיבוד, ולכן שם הוא מקום קבורת האבות. **וְאֵין לְךָ מְעוּלָּה בְּכָל הָאֲרָצוֹת יָתֵר מֵאֶרֶץ מִצְרַיִם, שֶׁנֶּאֱמַר: "כְּגַן ה' כְּאֶרֶץ מִצְרַיִם"** (שם יג, י), **וְאֵין לְךָ מְעוּלָּה בְּכָל אֶרֶץ מִצְרַיִם יָתֵר מִצּוֹעַן**, וראיה לדבר, ממה **דִּכְתִיב** [שנאמר]: **"כִּי הָיוּ בְצֹעַן שָׂרָיו"** (של פרעה מלך מצרים) (ישעיה ל, ד) ובודאי במקום המובחר שבמדינה היו יושבים, **וַאֲפִילּוּ הָכִי** [כך] **חֶבְרוֹן מְבוּנָּה אֶחָד מִשִּׁבְעָה בְּצוֹעַן.** ושואלים: **וְחֶבְרוֹן** מקום **טְרָשִׁים הָוֵי** [היא]? **וְהָא כְּתִיב** [והרי נאמר]: **"וַיְהִי מִקֵּץ אַרְבָּעִים שָׁנָה וַיֹּאמֶר אַבְשָׁלוֹם אֶל הַמֶּלֶךְ אֵלְכָה נָּא** ואשלם את נדרי אשר נדרתי לה' בחברון" (שמואל ב טו, ז), **וְאָמַר רַב אָוְיָא וְאִיתֵּימָא** [ויש אומרים] שאמר זאת **רַבָּה בַּר בַּר חָנָן: שֶׁהָלַךְ** אבשלום **לְהָבִיא כְּבָשִׂים מֵחֶבְרוֹן** דווקא. **וְתַנְיָא** [ושנויה ברייתא] שמביאים למקדש קרבנות מן המובחר ביותר, **אֵילִים** מביאים **מִמּוֹאָב, כְּבָשִׂים** מביאים **מֵחֶבְרוֹן**, משמע שהארץ בחברון היא טובה, שמגדלת כבשים שמנים! ומשיבים: **מִינָּהּ** [ממנה], מתוך קושיה זו עצמה אנו מוצאים ראיה לדבר, שכן **אַיְּידֵי דִּקְלִישָׁא אַרְעָא עָבְדָה רַעֲיָא וְשָׁמֵן קִנְיָינָא** [מתוך שקלושה היא האדמה ואינה עמוקה, הריהי מוציאה רק עשב למרעה ומשמין המקנה].

ג נאמר במרגלים: **"וַיָּשֻׁבוּ מִתּוּר הָאָרֶץ** מקץ ארבעים יום

עיונים

חלק רע לעצמו וכתב המאירי, (וכעין זה ברש"י) וכל שכן שאין הקדוש ברוך הוא מורה לעשות דבר שסופו מביא לידי תקלה, ובודאי לא ציוה לשלוח את המרגלים. והרד"ל פירש בדרך אחרת — שכיון שאין אדם בורר חלק רע לעצמה והקדוש ברוך הוא ברר לו את ארץ ישראל לנחלתו בודאי היא משובחת מכל הארצות.

בעיני ולא בעיניו של מקום ובספרי מבואר שאף בעיני משה לא היה הדבר טוב, אלא שהוא חשב כי אם יסכים לשליחת המרגלים יבינו בני ישראל שבודאי אין בארץ כל דבר רע שמשה רוצה להסתיר מהם, ויחליטו מעצמם שאין צורך במרגלים.

מרגלים על שם מעשיהם נקראו והמהרש"א מסביר שיש רמז לדבר בכתוב, כי במקרא נאמר פעמיים "ואלה שמותם", "ואלה שמות האנשים" — להדגיש לנו על ידי כך ששמותיהם היו ראויים להם, שמעשיהם היו כשמות אלה (אבל ראה בעיון יעקב).

ואנו לא עלתה בידינו וכו' במדרש תנחומא (האזינו ז) מובא מתוך ספרו של ר' משה הדרשן הסבר בדרך זו לכל שמות המרגלים.

סתור בן מיכאל וכו' והמהרש"א מפרש בדרך אחרת: "סתור" — שהסתיר ולא שם לבו למעשים שעשה עימם הקדוש ברוך הוא במצרים ובמדבר, "מיכאל" — שעשה את עצמו (הקדוש ברוך הוא) "מך" = עני (מך — אל) כאילו אין בארץ מזון למדי לכולם. "נחבי" — שהחביא דבריו ולא האמין שהארץ טובה כפי שאמר ה' ו"פסי" — שפיסע על מידותיו של הקדוש ברוך הוא, שלא האמין בהבטחותיו.

מלמד שפירש כלב וכתבו המפרשים (ראה ברש"י להלן) שיש ראיה מן הכתוב שכלב הוא שפירש והיה בחברון, שהרי נאמר והביאותיו אל הארץ אשר בא שמה" (במדבר יד, כד), ובספר יהושע מבואר שכלב ביקש דווקא את הר חברון לנחלה, כאמור "ועתה תנה לי את ההר הזה אשר דבר ה' ביום ההוא" (יהושע יד, יב).

רוח אחרת עמו המהרש"א פירש שהכתוב רומז לרוח האחרת, שאינה רוח הבהמית אלא רוח עליונה שיש באדם. ואחרים פירשו רוח אחרת — שרוח האבות שרתה עליו להצילו מן העצה הרעה (עיון יעקב, רד"ל) וישט שפירש רוח אחרת — לומר שפנה לכיוון ("רוח") אחר מן האחרים (שפת אמת).

ושם אחימן וכו' הטעם שדרשו כך שמות אלה, משום שבמקומות אחרים שהוזכרה חברון לא נזכרו אלה, ובודאי לא הזכירום המרגלים אלא להפחיד בהם את ישראל, לפרש להם שהם מטילים אימה גדולה (מהרש"א).

שהיתה מבונה ואין לתמוה על שנתן לבנו הקטן נחלה משובחת יותר מלשאר בניו, שהרי מצינו שהאב מחבב את בן הזקונים שלו יותר מן האחרים, אבל לענין קדימת הזמן, ודאי מכין לבנו הגדול תחילה לפי צרכיו (עיון יעקב). ולפי זה משמע שפירשו "שבע שנים" לא במובן זמן, אלא במשמעות כפול שבע, שבע פעמים, כמו "משנה" שמשמעו כפל (הכתב והקבלה).

דקברי בה שיכבי בשפת אמת תמה מה היא הראיה ממה שנקברו האבות בחברון שהיא מקום טרשים הראוי לקבורת המתים. והסביר כי באדמה רכה אין נוח לעשות קבר, שהאדמה מתמוטטת וקבר נהרס, ועל כן בוחרים למקום קבורות דווקא אדמה קשה, ומטעם זה אף האבות נקברו שם.

אורח ההלכה

אילים ממואב וכו' כל שמביא לקרבן צריך להביא מן המובחר. ולפיכך היו בזמן המקדש מביאים אילים ממואב ומביאים כבשים שכתפיהן רחבות מחברון, עגלים מן השרון וגוזלות מהר המלך. (רמב"ם ספר עבודה הלכות איסורי המזבח פ"ז ה"א-ב).

מסורת הש"ס

א. ראה במדב"ר פט"ז ז. שם ח. תנחומא שלח ה. תנחומא בובר שלח ז. ילק"ש תורה תשמב. שם תתד.

ב. (הביטוי) יומא כא,א. מגילה י,ב. סוטה י,ב. ב"ב צט,א. שה"ר פ"ג י.

ג. ראה ב"ר פע"א ג. במדב"ר פט"ז י. תנחומא שמות ב. שם שלח ו. שם האזינו ז. תנחומא בובר שמות א. שם שלח י.

ד. (הביטוי) ברכות מב,א. שבת לו,א. עירובין מו,ב סוכה לד,א. תענית טו,א. כתובות יא,א. חולין נו,ב. בכורות יז,א.

ה. במדב"ר פט"ז ט. שם פי"ח כא. וראה תנחומא בובר שלח ט. ילק"ש תורה תשמב.

ו. יומא י,א. במדב"ר פט"ז יא. ילק"ש שם תשמג. וראה תנחומא שלח ז. תנחומא בובר שלח יא.

ז. שם. ב"ר פכ"ו ז. תנחומא ותנחומא בובר שם.

ח. כתובות קיב,א. ספרי דברים יא, י. במדב"ר פט"ז יג. תנחומא שלח ח. תנחומא בובר שלח יד. ילק"ש שם.

ט. תמורה יד,ב. ילק"ש נ"ך קמט.

י. מנחות פז,א. תוספתא מנחות פ"ט יג. ילק"ש שם תלו.

גרסות

בין מר ובין מר יש בכת"י: **בין למר ובין למר.**

אדם זה יש בכת"י **אדם** ויש שגרסו: **יש אדם.**

לא נתכוונו יש בכת"י: **בתחילה לא נתכוונו.**

שעשה עצמו יש בכת"י: **שעשה שונאו של הקב"ה.**

מעצת מרגלים ויש בכת"י: **מאחיו.**

מרגלים. והיינו יש בכת"י: **מרגלים. ואף אתם בקשו עלי רחמים ואנצל. והיינו.**

משום דקברי יש בכת"י: **דקברי.**

החיים

ענת, אלוש, תלבוש

אין ידוע היכן הם המקומות הללו, ומסתבר שהם בארץ ישראל או סמוך לה. יש מקום לומר כי אלוש הוא המקום הנזכר במקרא בין מסעות בני ישראל במדבר. יתכן כי ענת היא ענתות שבארץ בנימין. נראה כי במקומות אלה היו אבנים גדולות (אולי דולמנים) הנראים כמעשה ידיהם של ענקים.

טרשים

טרשים הם אדמה קשה מאד שאינה ראויה לזריעה ולעיבוד. בדרך כלל אדמה כזו היא בארץ סלעית, שאף האדמה שבין הסלעים מתקשה ואינה ניתנת לעבודה חקלאית.

דקלישא ארעא

כדי לגדל תבואה (כלומר, מיני דגן) יש צורך באדמה עמוקה למדי. באדמה הראויה לעיבוד אינטנסיבי מגדלים תבואה, ולכל היותר מניחים לצאן לרעות בשלפים (במה שנשאר בשדה לאחר קצירת התבואה). ואילו אדמה קלושה, כלומר אדמה רדודה שעל גבי שכבת סלע, אינה ראויה לגידול דגן. אולם באדמה כזו יכולים לצמוח מיני צמחים אחרים שיש להם שרשים שטחיים יותר, והערך המזין שלהם עשוי להיות גבוה יותר משל קש, ולכן יתפתחו וישמינו הבהמות הרועות שם.

וַיֵּלְכוּ וַיָּבֹאוּ" (במדבר יג, כה-כו). אָמַר ר' יוֹחָנָן מִשּׁוּם (בשם) ר' שִׁמְעוֹן בֶּן יוֹחַי: מַקִּישׁ (משווה) הכתוב בזה הֲלִיכָה לְבִיאָה, מַה בִּיאָה כשחזרו — בְּעֵצָה רָעָה, אַף הֲלִיכָה שהלכו לשם — בְּעֵצָה רָעָה הָיְתָה. נאמר שם "וַיְסַפְּרוּ לוֹ וַיֹּאמְרוּ בָּאנוּ אל הארץ אשר שלחתנו וגם זבת חלב ודבש היא" (שם כז), וּכְתִיב [ונאמר]: "אֶפֶס כִּי עַז הָעָם היושב בארץ" (שם כח) ויש כאן איפוא סתירה בתכלית דבריהם. אָמַר ר' יוֹחָנָן (סִימָן אמ"ת לבד"ו לוי"ה) מִשּׁוּם (בשם) ר' מֵאִיר: כָּל לָשׁוֹן הָרָע שֶׁאֵין בּוֹ דְּבַר אֱמֶת בִּתְחִילָּתוֹ — אֵין מִתְקַיֵּים ואינו מתקבל על דעת הבריות בְּסוֹפוֹ. ולכן תחילה דיברו קצת בשבחה של הארץ, ואחר כך דיברו בגנותה. על מה שנאמר "וַיַּהַס כָּלֵב אֶת הָעָם אֶל מֹשֶׁה" (שם ל), אָמַר רַבָּה: "ויהס" — שֶׁהֶסִיתָן בִּדְבָרִים. כיצד היה הדבר? — פָּתַח יְהוֹשֻׁעַ בדברים עם העם, דְּקָא מִשְׁתָּעֵי אָמְרֵי לֵיהּ [כשהיה מדבר אמרו לו]: דֵּין רֹאשׁ קְטִיעָה [זה הראש הקטוע] שאין לו בנים, והוא ראש משפחה בלא משפחה יְמַלֵּל [ידבר]? ומה לו לדבר על ארץ ישראל. אָמַר כלב בליבו: אִי מִשְׁתָּעֵינָא [אם אדבר] — אָמְרִי בִּי מִילְּתָא וְחָסְמִין לִי [יאמרו גם עלי דבר ויחסמו אותי מלדבר]. ולכן פתח וְאָמַר לָהֶן: וְכִי זוֹ בִּלְבַד עָשָׂה לָנוּ בֶּן עַמְרָם? סָבְרִי בִּגְנוּתֵיהּ קָא מִשְׁתָּעֵי, אִישְׁתִּיקוּ [סברו שבגנותו של משה הוא רוצה לדבר ושתקו]. אָמַר לְהוּ [להם]: הוֹצִיאָנוּ מִמִּצְרַיִם, וְקָרַע לָנוּ אֶת הַיָּם, וְהֶאֱכִילָנוּ אֶת הַמָּן. אִם יֹאמַר לנו "עֲשׂוּ סוּלָּמוֹת וַעֲלוּ לָרָקִיעַ" לֹא נִשְׁמַע לוֹ? "עָלֹה נַעֲלֶה וְיָרַשְׁנוּ אֹתָהּ" (שם), שאף לשמים נעלה אם יצווה עלינו. על מה שנאמר שם "וְהָאֲנָשִׁים אֲשֶׁר עָלוּ עִמּוֹ אָמְרוּ לֹא נוּכַל לעלות אל העם כי חזק הוא ממנו" (שם לא), אָמַר ר' חֲנִינָא בַּר פַּפָּא: דָּבָר גָּדוֹל דִּבְּרוּ מְרַגְּלִים בְּאוֹתָהּ שָׁעָה. כלומר, מה שאמרו המרגלים הוא חמור יותר ממה שנשמע לכאורה, כי כאשר אמרו "כִּי חָזָק הוּא מִמֶּנּוּ" (שם) אַל תִּקְרֵי [תקרא, תאמר] שמשמעות "מִמֶּנּוּ" היא מאיתנו, אֶלָּא מִמֶּנּוּ (מאיתו) — כִּבְיָכוֹל אֲפִילּוּ בַּעַל הַבַּיִת, הקדוש ברוך הוא, אֵינוֹ יָכוֹל לְהוֹצִיא כֵּלָיו מִשָּׁם, שהכנעני חזק יותר מן הקדוש ברוך הוא. משמע שדברי כפירה ממש דיברו. על הפסוק "אֶרֶץ אֹכֶלֶת יוֹשְׁבֶיהָ הִיא" (שם לב) דָּרַשׁ רָבָא, אָמַר הַקָּדוֹשׁ בָּרוּךְ הוּא: אֲנִי חֲשַׁבְתִּיהָ לְטוֹבָה, וְהֵם חָשְׁבוּ לְרָעָה. אֲנִי חֲשַׁבְתִּיהָ לְטוֹבָה שימותו שם אנשים רבים, ומדוע — שֶׁכָּל הֵיכָא דְּמָטוּ [מקום שבאו] אליו המרגלים, מֵת חֲשִׁיבָא דִּידְהוּ [החשוב שבהם, בכנענים] כִּי הֵיכִי דְּנִיטְרְדוּ [כדי שיטרדו] באבלם וְלֹא לִשְׁאֲלוּ אַבַּתְרַיְיהוּ [ישאלו אחריהם] מה מעשיהם. והם, המרגלים, פירשו זאת לרעה בחושבם שזהו טבעה של הארץ. וְאִיכָּא דְּאָמְרֵי [ויש שאומרים]: מאת ה' היתה שאִיּוֹב נָח נַפְשֵׁיהּ [נחה נפשו, נפטר] אז, וְאִטְרִידוּ כּוּלֵּי עָלְמָא בְּהֶסְפֵּידָא [והוטרדו הכל בהספד] כדי שלא ישימו לב אליהם, ואילו הֵם חָשְׁבוּ זאת לְרָעָה, שאמרו "אֶרֶץ אֹכֶלֶת יוֹשְׁבֶיהָ הִיא". על מה שנאמר "וַנְּהִי בְעֵינֵינוּ כַּחֲגָבִים וְכֵן הָיִינוּ בעיניהם" (שם לג), אָמַר רַב מְשָׁרְשְׁיָא: מְרַגְּלִים שַׁקְּרֵי הֲווּ [שקרנים היו], בִּשְׁלָמָא [נניח] מה שאמרו "וַנְּהִי בְעֵינֵינוּ כַּחֲגָבִים" — לְחַיֵּי [בסדר], אֶלָּא מה שהוסיפו ואמרו "וְכֵן הָיִינוּ בְּעֵינֵיהֶם", מְנָא הֲווּ יָדְעִי [מניין היו יודעים]? ומעירים: וְלֹא הִיא, אין הדבר כן, כִּי הֲווּ מַבְרֵי אֲבֵילֵי [כאשר היו הכנענים מברים, עורכים סעודת הבראה לאבלים] — תּוּתֵי אַרְזֵי הֲווּ מַבְרֵי [תחת הארזים היו מברים אותם], וְכִי חֲזִינְהוּ, סָלְקוּ יָתְבִי בְּאִילָנֵי [וכאשר ראו אותם המרגלים, עלו וישבו באילנות], שָׁמְעֵי דְּקָאָמְרֵי [והיו שומעים שהאנשים אומרים]: קָחָזֵינַן אֱינָשֵׁי דְּדָמוּ לְקַמְצֵי בְּאִילָנֵי [רואים אנו אנשים הדומים לחגבים באילנות]. על מה שנאמר "וַתִּשָּׂא כָּל הָעֵדָה וַיִּתְּנוּ אֶת קוֹלָם וַיִּבְכּוּ" (שם יד, א), אָמַר רַבָּה אָמַר ר' יוֹחָנָן: אוֹתוֹ הַיּוֹם עֶרֶב תִּשְׁעָה בְּאָב הָיָה, אָמַר הַקָּדוֹשׁ בָּרוּךְ הוּא: הֵן בָּכוּ באותו יום בְּכִיָּה שֶׁל חִנָּם — וַאֲנִי אֶקְבַּע לָהֶם בו ביום בְּכִיָּה לְדוֹרוֹת. נאמר "וַיֹּאמְרוּ כָּל הָעֵדָה לִרְגּוֹם אֹתָם בָּאֲבָנִים" (שם י) וּכְתִיב [ונאמר] "וּכְבוֹד ה' נִרְאָה בְּאֹהֶל מוֹעֵד" (שם), אָמַר ר' חִיָּיא בַּר אַבָּא: מְלַמֵּד שֶׁנָּטְלוּ אֲבָנִים וּזְרָקוּם כְּלַפֵּי מַעְלָה, כביכול כלפי הקדוש ברוך הוא. על מה שנאמר "וַיָּמֻתוּ הָאֲנָשִׁים מוֹצִאֵי דִבַּת הָאָרֶץ רָעָה בַּמַּגֵּפָה" (שם לז), אָמַר ר' שִׁמְעוֹן בֶּן לָקִישׁ: שֶׁמֵּתוּ מִיתָה מְשׁוּנָּה ("רעה"). אָמַר ר' חֲנִינָא בַּר פַּפָּא, דָּרַשׁ ר' שֵׁילָא אִישׁ כְּפַר תְּמַרְתָּא: מְלַמֵּד שֶׁנִּשְׁתַּרְבֵּב לְשׁוֹנָם מפיהם וְנָפַל עַל טִיבּוּרָם, וְהָיוּ תּוֹלָעִים יוֹצְאוֹת מִלְּשׁוֹנָם וְנִכְנָסוֹת בְּטִיבּוּרָם, ויוצאות מִטִּיבּוּרָם וְנִכְנָסוֹת בִּלְשׁוֹנָם, וזו המיתה הרעה שמתו בה. וְרַב נַחְמָן בַּר יִצְחָק אָמַר: בְּאַסְכָּרָה מֵתוּ, שהיא מיתה קשה של חנק.

א וחוזרים לענין ביאת בני ישראל לארץ, וְכֵיוָן שֶׁעָלָה הָאַחֲרוֹן שֶׁבְּיִשְׂרָאֵל מִן הַיַּרְדֵּן חָזְרוּ מַיִם לִמְקוֹמָן, שֶׁנֶּאֱמַר: "וַיְהִי כַּעֲלוֹת הַכֹּהֲנִים נֹשְׂאֵי אֲרוֹן בְּרִית ה' מִתּוֹךְ הַיַּרְדֵּן נִתְּקוּ כַּפּוֹת רַגְלֵי הַכֹּהֲנִים אֶל הֶחָרָבָה וַיָּשֻׁבוּ מֵי הַיַּרְדֵּן לִמְקוֹמָם וַיֵּלְכוּ כִתְמוֹל שִׁלְשׁוֹם עַל כָּל גְּדוֹתָיו" (יהושע ד, יח), נִמְצָא אָרוֹן וְנוֹשְׂאָיו וְכֹהֲנִים מִצַּד אֶחָד של הירדן, לצד מזרח, שחזרו אחורנית, וְיִשְׂרָאֵל מִצַּד אַחֵר לצד מערב. נָשָׂא אָרוֹן אֶת נוֹשְׂאָיו באויר וְעָבַר, שֶׁנֶּאֱמַר: "וַיְהִי כַּאֲשֶׁר תַּם כָּל הָעָם לַעֲבוֹר וַיַּעֲבֹר אֲרוֹן ה' וְהַכֹּהֲנִים לִפְנֵי הָעָם" (שם יא). וְעַל דָּבָר זֶה שלא שמר עליו נֶעֱנַשׁ עוּזָּא, שֶׁנֶּאֱמַר: "וַיָּבֹאוּ עַד גֹּרֶן כִּידֹן וַיִּשְׁלַח עֻזָּא אֶת יָדוֹ לֶאֱחֹז אֶת הָאָרוֹן כי שמטו הבקר" (דברי הימים א יג, ט). אָמַר לוֹ הַקָּדוֹשׁ בָּרוּךְ הוּא לעוזא: עוּזָּא, הארון את נוֹשְׂאָיו נָשָׂא, כשעברו את הירדן, את עַצְמוֹ לֹא כָּל שֶׁכֵּן שנושא! נאמר "וַיִּחַר אַף ה' בְּעֻזָּה וַיַּכֵּהוּ שָׁם האלקים עַל הַשַּׁל" (שמואל ב ו, ז). ר' יוֹחָנָן וְר' אֶלְעָזָר נחלקו בכך, חַד [אחד] מהם פירש וְאָמַר: עַל עִסְקֵי שָׁלוֹ (שכחתו), על ששכח את הדבר הזה. וְחַד [ואחד] מהם אָמַר: שֶׁעָשָׂה צְרָכָיו בְּפָנָיו, ומפרש "של" — שהרים את שולי בגדו בפני הארון. על מה שנאמר "וַיָּמָת שָׁם עִם אֲרוֹן הָאֱלֹהִים" (שם), אָמַר ר' יוֹחָנָן: עוּזָּא בָּא לָעוֹלָם הַבָּא, שֶׁנֶּאֱמַר: "עִם אֲרוֹן הָאֱלֹהִים" — מָה אָרוֹן לְעוֹלָם קַיָּים — אַף עוּזָּא בָּא לָעוֹלָם הַבָּא. ועל מה שנאמר "וַיִּחַר לְדָוִד עַל אֲשֶׁר פָּרַץ ה' פֶּרֶץ בְּעֻזָּה" (שם ח), אָמַר ר' אֶלְעָזָר: "ויחר" משמעו שֶׁנִּשְׁתַּנּוּ פָּנָיו כַּחֲרָרָה (פת אפויה), כלומר, הושחרו פניו מצער. ותוהים: אֶלָּא מֵעַתָּה כָּל הֵיכָא [מקום] דִּכְתִיב [שנאמר] "וַיִּחַר" ואף במקומות שנאמר "ויחר אף ה'" הָכִי נַמִי [כך גם כן תפרש]? ומשיבים: הָתָם כְּתִיב [שם, באותם מקומות נאמר] "ויחר אַף" (שם ז), ואילו הָכָא [כאן] לֹא כְּתִיב [נאמר] "אַף" אלא רק "ויחר", ולכן דרשו דרשה זו. דָּרַשׁ רָבָא: מִפְּנֵי מָה נֶעֱנַשׁ דָּוִד במיתת עוזה — מִפְּנֵי שֶׁקָּרָא לְדִבְרֵי תוֹרָה "זְמִירוֹת", שֶׁנֶּאֱמַר: "זְמִרוֹת הָיוּ לִי חֻקֶּיךָ בְּבֵית מְגוּרָי" (תהלים קיט, נד). אָמַר לוֹ הַקָּדוֹשׁ בָּרוּךְ הוּא: דִּבְרֵי תוֹרָה שֶׁכָּתוּב בָּהֶן "הֲתָעִיף עֵינֶיךָ בּוֹ וְאֵינֶנּוּ" (משלי כג, ה), שהמסיר עיניו לרגע מן התורה שוכח אותה, שהיא חמורה וקשה כל כך, אַתָּה קוֹרֵא אוֹתָן "זְמִירוֹת"?! על כן הֲרֵינִי מַכְשִׁילְךָ בְּדָבָר שֶׁאֲפִילּוּ תִּינוֹקוֹת שֶׁל בֵּית רַבָּן יוֹדְעִין אוֹתוֹ, דִּכְתִיב [שנאמר]: "וְלִבְנֵי קְהָת לֹא נָתָן (עגלות למשא) כִּי עֲבֹדַת הַקֹּדֶשׁ עֲלֵהֶם בַּכָּתֵף יִשָּׂאוּ" (במדבר ז, ט), הרי שאת הארון צריך לשאת בכתף, וְאִיהוּ אַתְיֵיהּ בְּעֶגְלְתָא [והוא, דוד, הביא אותו בעגלה] שלא כדין. נאמר כאשר החזירו הפלשתים את הארון בימי שמואל "וַיַּךְ בְּאַנְשֵׁי בֵית שֶׁמֶשׁ כִּי רָאוּ בַּאֲרוֹן ה'" (שמואל א ו, יט) ותוהים: מִשּׁוּם שֶׁרָאוּ — "וַיַּךְ" (אֱלֹהִים) (שם), מדוע נענשו על כך? ר' אַבָּהוּ וְר' אֶלְעָזָר נחלקו בפירוש הדבר, חַד [אחד] מהם אָמַר: קוֹצְרִין וּמִשְׁתַּחֲוִים הָיוּ, שלא בטלו ממלאכתם, ומשום כך נענשו, וְחַד [ואחד] מהם אָמַר: מִילֵּי נַמִי אֲמוּר [דברים של גנות גם כן אמרו]:

מסורת הש"ס

א. ראה במדב"ר פט"ז יז.

ב. במדב"ר שם יט. תנחומא שלח י. תנחומא בובר יט. ילק"ש תורה תשמג.

ג. מנחות נג,ב. ערכין טו,א. ירושלמי תענית פ"ד ה"ה. במדב"ר פט"ז יא. שם פכ"ג ו. תנחומא שלח ז. שם מסעי ד. תנחומא בובר שלח יא. ילק"ש שם. שם נ"ך רפט.

ד. ירושלמי שם. במדב"ר פט"ז יג. תנחומא שלח ז. תנחומא בובר שלח יג. ילק"ש תורה שם.

ה. תענית כט,א. סנהדרין קד,ב. במדב"ר פט"ז כ. תנחומא שלח יב. תנחומא בובר שלח כא. תנדבא"ר פכ"ז. וראה ירושלמי תענית שם. איכ"ר פ"א כג. תנחומא שלח ז. תנחומא בובר שלח יא. ילק"ש שם.

ו. במדב"ר פט"ז כא. תנחומא בובר שלח כב. ילק"ש שם.

ז. ראה קה"ר פ"ט א, יב. ילק"ש שם תשמה.

ח. תוספתא סוטה פ"ח ו.

ט. שם. שמו"ר פל"ו ד. במדב"ר פ"ד כ.

י. במדב"ר שם. ילק"ש נ"ך קמב.

יא. שם. שם פכ"א יב. תנחומא פנחס ח. ילק"ש שם תתעו.

יב. ברכות ה,א. במדב"ר פ"ד כ.

יג. (הביטוי) שם סב,ב. וראה ירושלמי סנהדרין פ"י ה"ב.

יד. במדב"ר פ"ה ט. וראה ב"ר פנ"ד ד. תנדבא"ר פי"ב. מדרש שמואל פי"ב.

גרסות

דקא משתעי בכת"י יש: **וקא משתעי.**

אי משתעינא יש בכת"י: **אפתח אנא.**

והאכילנו ויש שגרסו: **והוריד לנו.**

והם חשבו יש בכת"י: **והם חשבוה.**

אותו היום ערב יש במקבילה: **אותו היום ליל** ויש שגרסו: **אותו הלילה ליל.**

שמתו יש בכת"י: **מלמד שמתו.**

נשא ארון יש בכת"י: **מלמד שנשא ארון.**

בא לעולם הבא יש בכת"י: **יש לו חלק לעולם הבא** ויש: **לעולם קיים.**

ויך (אלהים) בכת"י יש: **ויך.**

החיים

אסכרה

מחלת האסכרה היא הדיפתריה — diphtheria — מחלת גרון מידבקת.

מחלה זו גורמת להתנפחות הקרום הרירי בגרון ויוצרת הרגשת מחנק. המחלה נפוצה הרבה בין ילדים, ועד למציאת תרופות חדישות היתה מן הקטלניות ביותר, כאשר הנפגעים היו מתים מיתת חנק. בימי בית שני היו בני המעמד צמים יום בשבוע "שלא תיפול אסכרה בתינוקות".

עיונים

וילכו ויבואו ויש שמפרש "וילכו ויבואו", שכשם שביאתם למדבר היתה בעצה רעה כך הליכתם מנחל אשכול היתה בעצה רעה (שפת אמת). ולפי זה אין עוד קושיה ממה שאמרו שבשעת יציאתם לדרך כשרים היו.

סימן אמ"ת לבד"ו לוי"ה סימן זה הוא לדברים במסכת זו שאמר ר' יוחנן בשם ר' מאיר, וצריך להיות: אמת לכדו לויה. שבדף מב, ב מביא מאמר ש"לכדו פיו לאותו רשע". ובדף מו, ב "כל שאינו מלווה ומתלווה". אלא שיש עוד מאמר בדף לו, ב, ואולי צריך להיות הסימן: אמת שבה לכדו לויה (חשק שלמה).

שאין בו דבר אמת בתחילתו שאלו המפרשים: ולכאורה, מה שקר היה בסופו? וכתב המהרש"א שמתוך דבריהם משמע שאין בארץ חטה ושעורה וזיתים כראוי, שהם עיקר מזונו של אדם, ופירות אלה לא הביאו. ועוד, שהם לא היו בחברון ובכל זאת דיברו על ילידי הענק. ויש שכתב כי דבר השקר היה שאמרו "כי עז העם" בעוד שמפורש (כפי שאמרה רחב) שיושבי הארץ פחדו מאד מפני ישראל. ואולי הכוונה למה שאמרו "ארץ אוכלת יושביה", שהעלילו על הארץ שיושביה מתים (וראה בעיר בנימין).

ראש קטיעה ימלל ראה ברש"י. ובערוך פירש שלפי שהוסיף לו משה אות יוד בראש שמו, הרי זו אות קטנה וקטועה. והמהרש"א מסביר שרצו לומר לו שאות זו שהוסיף לו משה אינה עיקר שמו, אלא קטועה ממנו, והריהו כאחד מהם ואינו טוב מאחרים. ועוד פירשו בדרכים שונות בדרך הרמז. ובמדרש אחד יש סיפור ארוך שיהושע גדל רחוק מבית אביו, ולבסוף הגיע למצב שנעשה חייל בצבא פרעה והיה צריך לקטוע את ראש אביו שנתחייב מיתה, ועל שם כך כינוהו "ראש קטיעה".

הוציאנו ממצרים וכו' ולכאורה מפני מה לא הפסיקוהו מיד שהתחיל לדבר בשבחו של משה? ויש לומר שחשבו שמונה דברים אלה לגנותו, שהיו מצטערים על שהוציאם ממצרים, ועל שעברו את הים בטיט, ועל המן שהוא "לחם הקלוקל" (תורת הקנאות).

אל תקרי ממנו כבר תמה רש"י על לשון זו, ותיקן את הגרסה, כי אין הבדל כלל בין "ממנו" במובן מאיתנו, בגוף ראשון רבים, ובין "ממנו" במובן מאיתו, בגוף שלישי יחיד. ובערוך מסביר שלא נכתב מנו — במובן מאיתנו, אלא ממנו — מאיתו. אבל הרבה מפרשים (דונש, הראב"ע, הרשב"א ועוד) הסבירו כי אמנם בנוסחה שלנו אין הבדל בניקוד בין שתי משמעויות ממנו, אבל לפי נוסח אנשי המזרח (מדינחאי, בני בבל) היו מנקדים ממנו בלשון רבים בלי דגש בנון השניה, וממנו בלשון יחיד בדגש בשתי הנונין, ולפי זה מובנת הדרשה (שהיא בתלמוד הבבלי).

תשעה באב היה וחשבון הזמנים, כיצד מוכח שהיה זה בתשעה באב מובא במסכת תענית (כט, א) ושם אמרו שיצאו בעשרים ותשעה בסיון, ובאותה שנה היה תמוז בן שלושים יום כך שחזרו בדיוק לתשעה באב.

אקבע להם בכיה לדורות וכתבו המפרשים כי לא מפני חטא זה נגרם להם חורבן בית המקדש, אלא שהיה אותו היום כבר מיועד לפורענות, וכפי שאמרו במסכת תענית שבאה תקלה ביום הזה.

ועוד כתבו כי יש רמז לדבר בכתוב "וימאסו בארץ חמדה לא האמינו לדברו. וירגנו באהליהם... וישא ידו להם להפיל אותם במדבר. ולהפיל זרעם בגוים ולזרותם בארצות" (תהלים קו, כד-כז). הרי שכבר אז היתה עליהם תחילת גזירת הגלות. ועוד כתבו כי בסופו של דבר כל אותם דברים שאמרו המרגלים על דיבת הארץ בסופו נתקיים בזרע ישראל בזמן הגלות (רמב"ן על התורה ומהרש"א).

שמתו מיתה משונה וראה בתוס' שכתבו שהרמז לדבר הוא שדרשו את המלה "רעה" בסמוך למיתתם, שמתו מיתה רעה. ובתו"ש, וכן ברש"י, כתוב שכיון שנאמר "במגיפה" בידוע (בפתח תחת הב') משמע שמתו במגיפה מיוחדת.

נשתרבב לשונם ונפל על טיבורם ויש שכתב רמז לדבר, שכיון שחטאו בלשונם, ודיברו על ארץ ישראל הנקראת "טבור הארץ" (יחזקאל לח, יב) נענשו בדרך זו (עיון יעקב). וראה גם במהרש"א. ועוד רמזים אחרים לדבר.

שעשה צרכיו בפניו הרבה תמהו המפרשים כיצד ייתכן לומר דבר זה שודאי הוא מגונה מאד, ובפרט לפי האמור להלן שעוזה בא לעולם הבא. ויש שפירשו שעשה צרכיו במקום רחוק, אבל כנגד הארון, ודבר זה אסור, שאף בבית המקדש נאמר שאין עושה צרכים כנגדו אפילו במקום מרוחק. ויש שפירשו בדרכים אחרות (וראה בעיון יעקב ועוד). ויש שפירש על פי מדרש שהיה נעול מנעליו, ונקרא המנעל בלשון זו, שכן על המנעל מברכים "שעשה לי כל צרכי" (ענף יוסף ועיי"ש).

עוזא בא לעולם הבא ולכאורה, מה טעם לומר שלא יבוא לעולם הבא, שהרי חטא בשגגה, וכבר נענש בעולם הזה. ויש שפירשו שהכוונה היא שבא מיד לעולם הבא, ואינו צריך לעיכוב ולהמתנה אלא מיתתו נחשבת כדביקות גמורה בה', שנשרף בארון ה', כמיתת בני אהרן (כלי יקר).

בכתף ישאו ולכאורה תמה: כיצד זה שכחו דוד וכל ישראל כתוב מפורש זה? ויש שפירשו שהוא סבר כי מצוה זו היא רק במדבר, שהיתה נשיאת הארון בכתף דרך קבע, אבל לא במקום אחר (כלי יקר). ויש שכתב כי בארון לא היו אלא שברי לוחות (שמבואר בדברי חז"ל ששאול חטף את הלוחות בזמן המלחמה עם הפלישתים והביאם לשילה) וחשבו שאין צרך לנהוג בו ככל דיני הארון (זהב שיבה). או שחשבו שכבר היה מעשה כזה, שהרי הובא הארון לארץ על ידי הפלישתים בעגלה.

אתה קורא אותן זמירות וכתבו המפרשים הסברים רבים מפני מה אמר דוד כן, שודאי אמר דבר זה מפני חיבת התורה ולא לגנותה ומפני מה נחשב לו הדבר לעוון. וראה במהרש"א ועיון יעקב ובלקוטי תורה הסברים בדרך הרמז. ועיקר הדברים שאף שרצה דוד לדבר בשבח התורה, מכל מקום עולה מכאן גם צד שאינו מבטא את כל כבודה וחשיבותה של התורה.

קוצרין ומשתחוים וראה ברש"י, וראה במהרש"א שסבור שיש בפירוש זה צד של דחק. והוא מביא מדרש שאומר שהיה עליהם ליפול על פניהם ולא להישאר עומדים במקומם. ורמז לדבר מלשון הכתוב "ובית שמש קוצרים קציר חטים וישאו את עיניהם ויראו את הארון וישמחו לראות" (שמואל א ו, יג) ולא נאמר שפסקו מעבודתם להשתחוות לו ולתת לו כל הכבוד הראוי. וכבר דנו אחרונים בשאלה מה חיוב היה עליהם להפסיק מעבודתם.

אורח הלכה

בכתף ישאו בעת שמוליכים את ארון הברית ממקום למקום אין מוליכים אותו לא על הבהמה ולא על העגלות, אלא מצוה לנוטלו על הכתף. (רמב"ם ספר עבודה הלכות כלי המקדש פ"ב הי"ב).

וילכו ויבאו א"ר יוחנן משום רבי שמעון בן יוחי מקיש הליכה לביאה מה ביאה בעצה רעה אף הליכה בעצה רעה °ויספרו לו ויאמרו באנו וגו' וכתיב אפס כי עז העם אמר רבי יוחנן (סימן אמ"ת לבד"ו לוי"ה) משום ר"מ [א]כל לשון הרע שאין בו דבר אמת בתחילתו אין מתקיים בסופו °ויהס כלב את העם אל משה אמר רבה [ב]שהסיתן בדברים *פתח יהושע דקא משתעי אמרי ליה דין *ראש קטיעה ימלל אמר אי משתעינא אמרי בי מילתא וחסמין לי אמר להן וכי זו בלבד עשה לנו בן עמרם סברי בגנותיה קא משתעי אישתיקו אמר להו הוציאנו ממצרים וקרע לנו את הים והאכילנו את המן אם יאמר עשו סולמות ועלו לרקיע לא נשמע לו °עלה נעלה וירשנו אותה וגו' והאנשים אשר עלו עמו אמרו לא נוכל וגו' אמר *רבי חנינא בר פפא [ג]דבר גדול דברו מרגלים באותה שעה כי חזק הוא ממנו *אל תקרי ממנו אלא ממנו כביכול אפילו בעל הבית אינו יכול להוציא כליו משם °ארץ אוכלת יושביה היא דרש רבא [ד]אמר הקב"ה אני חשבתיה לטובה והם חשבו לרעה אני חשבתיה לטובה דכל היכא דמטו מת חשיבא דידהו כי היכי דניטרדו ולא לשאלו אבתרייהו ואיכא דאמרי *איוב נח נפשיה ואטרידו כולי עלמא בהספידא הם חשבו לרעה ארץ אוכלת יושביה היא °ונהי בעינינו כחגבים וכן היינו וגו' אמר רב משרשיא מרגלים שקרי הוו בשלמא ונהי בעינינו כחגבים לחיי אלא וכן היינו בעיניהם מנא הוו ידעי ולא היא כי הוו מברי אבילי תותי ארזי הוו מברי וכי חזינהו סלקו יתבי באילני שמעי דקאמרי קחזינן אינשי דדמו לקמצי באילני °ותשא כל העדה ויתנו את קולם ויבכו [ה]*אמר רבה אמר רבי יוחנן אותו *היום [ערב] תשעה באב היה אמר הקב"ה הן בכו בכיה של חנם ואני אקבע להם בכיה לדורות ויאמרו כל העדה לרגום אותם באבנים וכתיב °וכבוד ה' נראה באהל מועד אמר רבי חייא בר אבא [ו]מלמד שנטלו אבנים וזרקום כלפי מעלה °וימותו האנשים מוציאי דבת הארץ רעה במגפה אמר רבי שמעון בן לקיש [ז]שמתו מיתה משונה אמר רבי חנינא בר פפא דרש ר' שילא איש כפר תמרתא מלמד שנשתרבב לשונם ונפל על טיבורם והיו תולעים יוצאות מלשונם ונכנסות בטיבורם ומטיבורם ונכנסות בלשונם ורב נחמן בר יצחק אמר באסכרה מתו: [ח]וכיון

א שעלה האחרון שבישראל מן הירדן חזרו מים למקומן שנאמר °ויהי בעלות הכהנים נושאי ארון ברית ה' מתוך הירדן נתקו כפות רגלי הכהנים אל החרבה וישובו מי הירדן למקומם וילכו כתמול שלשום על כל גדותיו נמצא ארון ונושאיו וכהנים מצד אחד וישראל מצד אחד [ט]נשא ארון את נושאיו ועבר שנאמר °ויהי כאשר תם כל העם לעבור ויעבור ארון ה' והכהנים לפני העם ועל דבר זה נענש עוזא שנאמר °ויבאו עד גורן כידון וישלח עוזא את ידו לאחוז את הארון אמר לו הקב"ה עוזא נושאיו נשא עצמו לא כל שכן °ויחר אף ה' בעוזא ויכהו שם על השל וגו' [י]רבי יוחנן ור"א חד אמר על עסקי שלו וחד אמר שעשה צרכיו בפניו °וימת שם עם ארון האלהים א"ר יוחנן עוזא בא לעוה"ב שנאמר עם ארון האלהים מה ארון לעולם קיים אף עוזא בא לעוה"ב °ויחר לדוד על אשר פרץ ה' פרץ בעוזא א"ר אלעזר שנשתנו פניו כחררה אלא מעתה כל היכא דכתיב ויחר ה"נ התם כתיב אף הכא לא כתיב אף דרש רבא [יא]מפני מה נענש דוד מפני שקרא לדברי תורה זמירות שנאמר °זמירות היו לי חוקיך בבית מגורי אמר לו הקב"ה [יב]ד"ת שכתוב בהן °התעיף עיניך בו ואיננו אתה קורא אותן זמירות [יג]הריני מכשילך בדבר שאפילו תינוקות של בית רבן יודעין אותו [יד]דכתיב °ולבני קהת לא נתן כי עבודת הקודש וגו' ואיהו אתייה בעגלתא °ויך באנשי בית שמש כי ראו בארון משום דראו ויך (אלהים) רבי אבהו ורבי אלעזר [טו]חד אמר קוצרין ומשתחוים היו וחד אמר מילי נמי אמור

מאן

תורה אור: במדבר יג; שם; שם; שם; שם; שם יד; שם; שם; יהושע ד; שם; דה"א יג; שמואל ב ו; שם; שם; תהלים קיט; משלי כג; במדבר ז; שמואל א ו

וילכו ויבאו. לא גרסינן וכתיב *[אלא] וילכו יתירא הוא כיון דכתיב [לעיל] וישובו לא הוה ליה למימר אלא ויבאו אל משה וגו': **מקיש הליכתן.** שהלכו לתור לביאתן: **אף הליכתן בעלה רעה.** שמתחילה להוליא דבה נתכוונו: **אינו מתקיים.** שמחזיקין אותן השומעין כבדאין לפיכך אומר דבר אמת תחילה כדי שיאמינו ואף מרגלים לכך פתחו בשבח הארץ תחילה: **ויהס.** שיתקן: **אל משה.** בדברים שהתחיל לדבר במשה והיו סבורים שבגנותו רוצה לספר: **שהסיתם בדברים.** כדמפרש ואזיל: **דחזייה.** כלב ליהושע שרלה לדבר ושיתקוהו בנזיפה ואמרו לו ראש הקטוע ידבר מי שראשו קטוע שאין לו בנים ליטול חלק בארץ הוא ידבר בפנינו: **וחסמין לי.** משתקין אותי: **עלה נעלה.** אף לשמים אם יאמר עלינו: **ממנו.** מן הקב"ה: **אל תקרי.** לא גרס שאין הפרש קרייה בין ממנו הנאמר על יחיד שנדברים עליו לממנו של רבים שאומרים על עצמן: **אינו יכול להוליא כליו.** אם הפקידם שם: **בעל הבית.** אדון העולם: **אני חשבתיה לטובה.** שהראיתיה להם כאוכלת יושביה שמתים בה תדיר: **שכיב איוב.** שלא תגין זכותו עליהם והיינו דקאמר כלב סר צלם מעליהם: ה"ג **ולא היא כי הוו מברי אבילי תותי ארזי הוו מברי.** ולא היו שקרנים בזאת (ולא היו נראים בהן שקרנים) דאינהו שמעינהו לאמוריים שקורין אותן חגבים דכי הוו אמוריים מברין את אביליהם כשחוזרין מן הקבר כדאמר לעיל דכל היכא דמטו שכיב חשיבא מנייהו ומברין לאבל סעודה לנחמו תותי ארזי הוו מברי להו: **וכדחזינהו.** והם יראים לעמוד לפניהם סלקי ויתבי באילני: **וזרקום כלפי מעלה.** (שדי) לרגום אותם [וקאי] נמי אכבוד ה': **במגפה.** מדלא קרינן במגפה משמע במיוחדת ורלויה להם במדה כנגד מדה: **באסכרה מתו.** שהיא באה על לשון הרע כדאמרינן במה מדליקין (שבת דף לג:): **וכיון שעלה כו'.** סיפא דברייתא דלעיל היא אלא איידי דתנא בה ומכאן אתה מחשב לאשכול נקט לה לפרשת מרגלים הכא: **שבו המים למקומם.** שהכהנים עמדו במקומם עד שעברו כל העם וכשעברו נתקו כפות רגלי הכהנים אל החרבה ונמשכו לאחוריהם פסיעה אחת נמלאו כהנים מלד זה כו' ואע"ג דההוא קרא דויהי כאשר תם כל העם לעבור קדים דמשמע דהאי נתקו רגלי הכהנים בעבר השני כתיב לא הוי הכי אלא אין מוקדם ומאוחר דאי כסדרן כתיב הא נפקי להו מן הירדן דכתיב ויעבור ארון ה' והכהנים לפני העם והעם עלו וכיון דארון והכהנים עלו ועברו אחריהם עד שבאו לפניהם הרי יצאו מן הירדן ומאי תו דקאמר ויצו יהושע את הכהנים לאמר עלו מן הירדן אלא אין מוקדם ומאוחר והאי עלו מן הירדן דקאמר להו הכי קאמר להו סלקו רגליכם לאחוריכם ועודם בעבר המזרחית וכתיב בתריה נתקו כפות רגלי הכהנים אל החרבה וישובו מי הירדן אל מקומם: **נשא ארון את נושאיו ועבר.** והיינו קרא קמא דכתיב ויהי כאשר תם כל העם לעבור [ויעבור] ארון ה' וגו': **על עסקי שלו.** שגגה ששגג לאחוז בו: **שעשה צרכיו.** ושל לשון כי ישל זיתך (דברים כח) ובשלייתה (שם) דבר המוטל מלמעלה למטה: **הארון קיים לעולם.** שהרי נגנז כדאמר ביומא (דף נג:) שגנזו יאשיהו: **חררה.** עוגה שאופין על פני הגחלים: **נענש דוד.** שמת עוזא על ידו: **זמירות היו לי חוקיך בבית מגורי.** כשהייתי בורח מפני אויבי ואגור מפניהם הייתי משתעשע בחוקיך והיו לי לזמירות לשעשעני: **התעיף.** לשון [כפול] וכפלת מתרגמינן ותיעוף (שמות כו) שאם תכפיל עיניך לסתום עין בהסח הדעת מהסתכל בהן מיד ואיננו: **לא נתן.** עגלות משה לבני קהת לפי שיש עליהם לשאת בכתף כי לא היו ממונים אלא על דבר קדושת הארון והשולחן [והמנורה ומזבח הזהב]: **ויך באנשי בית שמש.** לא בהך הכאה דדוד כתיב אלא כשהביאוהו הפרות מפלשתים ואיידי דאיירי בארון נקט לה: **משום דראו.** ונסתכלו בו ויך בתמיה: **קוצרין ומשתחוים היו.** לא בטלו ממלאכתן לכבודו והאי ראו לשון בזיון כמו אל תראוני שאני שחרחורת (שיר א):

מאן

מלמד שמתו מיתה משונה. נראה דרעה במגפה דרש:

שלשה

כו א מיי' פ"ב מהל' כלי המקדש הלכה יב סמג עשין קסח:

רש"ל נ"א אלא כתיב

ס"א דחזייה ליהושע

[פי' להכי קרי ליה ריש קטיעה לפי שקראו משה יהושע כלומר ראש שמו קטוע לפי שהיו"ד אות קטיעה היא. ערוך ערך רש ב]

[מנחות נג: ערכין טו.]

[ע' פרש"י דהכא ותוס' ערכין טו: ד"ה אל תקרי וכו' וכן בשאלתות ליתא]

גליון הש"ס

גמ' זמירות שנאמר וכו'. עי' עירובין יח ע"ב ובמהרש"א בח"א שם:

[ע' ב"ב טו:]

נ"י שראו

[תענית כט. סנהדרין קד:]

ס"א הלילה ליל

תוספות שאנץ

לו נשיא אלהים אתה בתוכנו: וילכו ויבאו. ל"ג וכתיב [אלא] וילכו יתירא הוא כיון דכתיב וישובו לא הוה ליה למימ' אלא ויבאו אל משה: ראש קטיעא מי שאין לו בנים ליטול חלק בארץ הוא ידבר בפנינו: אל תקרי ממנו ל"ג שאין הפרש ממנו דיחיד לממנו דרבים ל"ה. וא"ד איוב נח נפשיה שלא תגין זכותו עליהם. והיינו דאמר איוב בימי משה היה והיינו דכתיב היש בה עץ (אם) [עץ] זה איוב כלומר העודנו חי ולמה נקרא עץ שהיה מגין עליהם בזכותו כעץ: ה"ג ולא היא כי הוו מברי ואכלי. כי הוו אמוריים מברין מלאכל סעודת אבלים כשחוזרין מן הקבר דאמר לעיל בכל דוכתא דמטו שכיב חשיבא מינייהו: כד חזנהו. מרגלים והיו יראים לעמוד בפניהם סלקי ויתבי באילנות. לקומצי איתא במדרש מעשה בבתו של ענה שהלכה לפרדס אביה ולקטה רמון מן האילן וזרקה הקליפה והיה שם אחד מן המרגלים ונכנס בתוכה והיתה יראה פן יבוא אביה בפרדס ויראה הקליפה ונטלה הקליפה וזרקה חוץ מן הפרדס ויצא המרגל משם והלך לו: במגפה. מדלא כתיב במגפה משמע במיתה מיוחדת ומשונה: באסכרה. שהיא באה על לשון הרע. וכיון שעלה אחרון שבישראל כו'. סיפיה דבריית׳ דלעיל היא אלא איידי דתנא בה ומכאן אתה מחשב לאשכול נקט לפרשת מרגלי' הכא ואחר כך חזור לדיבורו: נמצא ארון ונושאיו וכהנים מצד אחד כו'. דאע"ג דההוא קרא דויהי כאשר תמו כל העוברים לעבור קדים דמשמע דהאי נתקו רגלי הכהנים בעבר השני א) הא נפקי להו מן הירדן דכתיב ויעבור ארון ה' והכהנים לפני העם והעם כבר עלו וכיון דארון וכהנים עברו אחריהם עד שבא לפניהם הרי יצאו להם מן הירדן ומאי תו דקאמר ויצו יהושע את הכהנים לומר עלו מן הירדן אלא אין מוקדם ומאוחר בתורה והאי עלו מן הירדן דקאמר להו ה"ק להו סלקו רגליכם לאחוריכם ועודם בעבר המזרחי וכתיב בתריה נתקו כפות רגלי הכהנים אל החרבה ויצאו מי הירדן למקומם: נשא ארון את נושאיו ועבר והיינו קרא קמא דכתיב ויהי כאשר תמו כל העוברים לעבור ל"ה. ויך באנשי בית שמש לא בתוך הכאה דדוד כתיב אלא כשהביאו הפרות מפלשתים ואידי דאיירי בארון נקט לה: משום דראו בו ונסתכלו [ויך בתמי']. קוצרים ומשתחווים היו ולא בטלו מן המלאכה לכבודו

א) נראה דל"ל כתיב לא הוי הכי אלא אין מוקדם ומאוחר בתורה דאי כסדרן כתיב הא נפקי וכו'.

תורה אור

מאן אמריך (להא) דאימריית ומאן אתא
ש"א ו עלך דאיפייסת °ויך בעם שבעים איש וחמשים
אלף איש רבי אבהו ורבי אלעזר [א]חד אמר
שבעים איש היו [ב]וכל אחד ואחד שקול
כחמשים אלף וחד אמר חמשים אלף היו וכל
ש"ב ו אחד ואחד שקול כשבעים סנהדרין °ויהי כי
צעדו נושאי ארון ה' ששה צעדים ויזבח שור
דה"א טו ומריא וכתיב °שבעה פרים ושבעה אילים
[ג]אמר רב פפא בר שמואל על כל פסיעה
ופסיעה שור ומריא על כל שש ושש פסיעות
שבעה פרים ושבעה אילים אמר ליה רב
חסדא אם כן מילאת את כל ארץ ישראל
במות אלא אמר רב חסדא על כל שש ושש
פסיעות שור ומריא על כל ששה סדרים של
שש פסיעות שבעה פרים ושבעה אילים
דה"א יג ש"ב ו [ד]כתיב °כידון וכתיב °נכון אמר רבי יוחנן
א בתחלה כידון ולבסוף נכון: [ה]*נמצאת אתה
אומר שלשה מיני אבנים היו אחד שהקים
דברים א משה(א) בארץ מואב שנאמר °בעבר הירדן
בארץ מואב הואיל משה באר וגו' ולהלן הוא
שם כז אומר °וכתבת עליהן את כל דברי התורה
הזאת וגו' ואתיא באר באר ואחד שהקים
יהושע ד יהושע בתוך הירדן שנאמר °ושתים עשרה
אבנים הקים יהושע בתוך הירדן ואחד שהקים
שם בגלגל שנאמר °ואת שתים עשרה האבנים
האלה אשר לקחו וגו' ת"ר [ו]כיצד כתבו ישראל
את התורה *רבי יהודה אומר על גבי אבנים
דברים כז כתבוה שנאמר °וכתבת על האבנים את כל
דברי התורה הזאת וגו' ואחר כך סדו
אותן בסיד אמר לו רבי שמעון לדבריך
היאך למדו אומות של אותו הזמן תורה אמר
לו [ז]בינה יתירה נתן בהם הקב"ה ושיגרו
נוטירין שלהן וקילפו את הסיד והשיאוה [ח]ועל
דבר זה נתחתם גזר דינם לבאר שחת שהיה
להן ללמד ולא למדו [ט]ר' שמעון אומר על גבי
שם כ סיד כתבוה וכתבו להן למטה °למען אשר
לא ילמדו אתכם לעשות ככל וגו' [י]הא למדת
שאם היו חוזרין בתשובה היו מקבלין אותן
אמר רבא בר שילא מ"ט דרבי שמעון
ישעיה לג דכתיב °והיו עמים משרפות סיד על עסקי
סיד ור' יהודה כי סיד מה סיד אין לו תקנה
אלא שריפה אף אותם אומות העולם אין להם
תקנה אלא שריפה כמאן אזלא הא דתניא
דברים כא °ושבית שביו [יא]לרבות כנענים שבחוצה
לארץ שאם חוזרין בתשובה מקבלין אותן
כמאן

מאן אמריך לאימריית. מי הכעיסך כשכעסת ולא הצלת את עמך מן השבייה ועתה מי מפייסך כשנתפייסת לבא מאליך: **וכתיב שבעה פרים ושבעה אילים.** בדברי הימים והכי רישיה דקרא ויהי בעזור האלהים את הלוים נושאי ארון ברית ה' ויזבחו שבעה פרים ושבעה אילים: **מילאת כל ארץ ישראל במות.** מזבחות דעל כל פסיעה מזבח: **כתיב כידון.** בדברי הימים כתיב ויבאו עד גורן כידון וישלח עוזא וגו' ובשמואל כתיב גורן נכון: **בתחלה.** כשבא הארון שם נעשה להם ככידון ההורג שהרג עוזא: **ולבסוף.** לאחר שנשתהה שם ששה חדשים בבית עובד אדום נעשה נכון שהכין את ביתו דכתיב (שמואל ב ו) ויברך ה' את עובד אדום (אשתו ושמנה כלותיה) אשתו של עובד אדום ושמנה כלותיה ילדו *ששה ששה בכרס אחד והיינו דכתיב פעלתי השמיני כי ברכו אלהי' (דה"א כו) וכתיב אח"כ ששים ושנים לעובד אדום ושמעתי בשם ר' מנחם בר' חלבו גורן נכון הוא גורן ארונה היבוסי וא"כ הוא ה"ג בתחילה נכון ולבסוף כידון על שם המזבח שתחילתו בנוי וסופו חרב וכידון לשון שבר וחורבן הוא כמו יראו עיניו כידו (איוב כא): **נמצאת.** סיפא דברייתא דלעיל הוא אלא משום דתנא בה ועל דבר זה נענש עוזא אפסקיה בכל הני: **שהעמיד משה בעבר הירדן בערבות מואב.** ותנא דברייתא כי קאי בארץ כנען קרי עבר המזרח עבר הירדן וכי קאי בערבות מואב או בשאר המסעות קרי ארץ כנען עבר הירדן והוא עבר המערבי: **בגלגל.** לאחר שבנו מהן המזבח בהר עיבל קיפלום והביאום לגלגל וקבעום שם: **כיצד כתבו.** על המזבח בהר עיבל: **היאך למדו אומות העולם.** העתיקות תורה הלא לא נצטוו לכותבה בשבעים לשון אלא לבא וללמדה כל הרוצה שלא יהא פתחון פה לאותם האומות לומר לא היה לנו מהיכן ללומדה: **נוטירין שלהן.** סופרים שלהם והם קורין אותן נוטירין: **והשיאוה.** והעתיקוה כלומר נטלוה משם ע"י העתקה: **וכתבו מלמטה.** בסוף הדף למען אשר לא ילמדו עוד וגו' לעיל מיניה כתיב כי החרם תחרימם ודבר זה כתבו למטה להודיע לשבעה אומות היושבים חוץ מגבולי ישראל שלא נצטוו להחרימם אלא אותן שבתוך גבולם נצטוו להחרים כדי שלא ילמדו אותנו מעשיהם המקולקלים אבל אתם היושבים חוצה לה אם אתם חוזרין בתשובה נקבל אתכם ושבתוכה אין מקבלין שמחמת יראה עושין וה"ג לה בהדיא בתוספתא (פ"ח) אם אתם חוזרין בכם אנו מקבלים אתכם: **מ"ט דר"ש.** דאמר על גבי סיד כתבוה: **על עסקי סיד.** שהתורה נכתבה עליו והיתה מגולה לפניהם ולא למדוה: **אלא שריפה.** גיהנם שכל זמן שאין מתגיירין והם קרויין עמים אין חלקם אלא משרפות הסיד: ה"ג **ושבית שביו לרבות כנענים שבחו"ל.** דקרא בחו"ל כתיב כי תצא למלחמה מארץ לחוצה לארץ והכי תניא בספרי כי תצא למלחמה במלחמת הרשות הכתוב מדבר דכי תצא משמע כשתעלה על דעתך לצאת ושבית שביו לרבות כנענים שבתוכה בא הכתוב להתיר כנענים שבחוצה לארץ ולקיים מהם יפת תואר שלא יהיו בכלל לא תחיה כל נשמה דהאי ושבית קרא יתירא הוא: כמאן

שלשה מיני אבנים היו. ירושלמי ג' מיני אבנים הן אבני המלון ואבנים שהניחום יהושע תחת כפות רגלי הכהני' ואיסטליות שנתן להם משה אמר רבי יצחק פשוט לן ארבעה מיני אבנים הוה אמר ר' סימן בר זבידא ויאות אין תימר אבני המלון לשעה היו ונגנזו אין תימר אבנים שהקים יהושע תחת כפות רגלי הכהנים משוקעות הן במים אין תימר איסטליות שנתן להן משה כבר נכנסו עמהן לארץ אלא אם כן במה אנו קיימין באבנים שהקים יהושע להן על גב הירדן: **כיצד כתבו ישראל את התורה.** בתוספתא רבי יהודה אומר על גבי המזבח כתבוה אבל בירושלמי תני על אבני המלון נכתבו דברי ר' יהודה ר' יוסי אמר על אבני מזבח נכתבו מאן דאמר על אבני המלון בכל יום ויום אומות העולם היו משלחין נוטירין ומשיאין את התורה שהיתה כתובה בשבעים לשון מ"ד על אבני המזבח לא לשעה היו ונגנזו [עוד הוא מעשה נסים נתן הקב"ה בינה בלב כל אומה ואומה והשיאו את התורה שהיתה כתובה בע' לשון מ"ד על אבני המלון נכתבו ניחא ושדת אותם בסיד אלא] מאן דאמר על אבני המזבח [נכתבו מאי] ושדת בסיד בין כל אבן ואבן: **ועל דבר זה נתחתם גזר דינם לבאר שחת.** ואם תאמר תיפוק ליה דבשעת מתן תורה החזירה הקב"ה על כל אומה ולשון ולא קבלוה וי"ל דעונש זה גדול הוא שלאחר שהיתה כתובה בידם ולא רצו ללמוד ומיהו תימה והאמר בפ"ק דמסכת ע"ז (דף ג:) דעדיין יש להן פתחון פה שיאמרו כלום כפית עלינו הר כגיגית כישראל וכל זמן שיש להן פתחון פה איך נתחתם גזר דינם: **לרבות כנענים שבחוצה לארץ.** תימה היאך קבלוה לרחב שהרי היא היתה מכנענים שבתוכה כדאיתא בספרי בפרשת בהעלותך ומה אם מי שהיתה מעם שנאמר בו לא תחיה כל נשמה [על שקירבה עצמה כך קירבה המקום] ורחב קאי ואמרינן נמי במס' מגילה (דף יד:*) שנתגיירה ונסבה יהושע והכא משמע דכנענים שבתוכה לדברי הכל שאין מקבלין אותן ושמא על פי הדיבור היה *ואמר לו שקודם שהתחילו המלחמה היו מקבלין שהרי כתיבת התורה על גבי האבנים היה קודם שהתחילו במלחמה ואפילו הכי לא היו מקבלין אלא היושבים חוץ לגבול ישראל כמו שפרש"י *ואי הוה מצינו למימר דאם היו חוזרין אז בתשובה בשעה שכתבו את התורה אפילו כנענים שבתוכה היו מקבלין ואפילו לר' יהודה ולמען אשר לא ילמדו אתכם לעשות קאי נמי אשבעה אומות והכי משמע נמי לשון הספרי בפרשת שופטים ושוטרים למען אשר לא ילמדו אתכם לעשות [מלמד] שאם עושין תשובה אין נהרגין אין מקבלין אותן לא קתני אלא אין נהרגין משמע אותם שלוה הקב"ה לא תחיה כל נשמה אין נהרגין ולא נאמר לא תחיה כל נשמה אלא לאחר שהתחיל יהושע במלחמה שהרי יהושע *שלח שלש פרוזטגמאות הרוצה להשלים ישלים להלחם ילחם אלמא אותן שהיו רוצין להשלים לא היה הורגן [וצריך לומר] אותן שהיו רוצין להשלים קודם שהתחיל במלחמה ראשונה ואף רחב קיבלה עליה קודם שהתחילו במלחמה ולא נחלקו רבי יהודה ורבי שמעון אלא באותן כנענים שחוץ לגבולים אם מקבלים אותם לאחר מכאן דרבי שמעון לא איצטריך למימר הא למדת שאם חוזרים בתשובה מקבלין אותן אלא אכנענים שבחוצה לארץ ולאחר שהתחילו במלחמה שדינם כדין [שאר] אומות שמקבלין מהן לעולם: כמאן

רש"ל

[וע"ש תוס' ד"ה לאיגיירה]

גירסת רש"א ואין לומר

גירסת רש"א ומיהו מצינו

[ע' תוס' גיטין מו. ד"ה כיון] רש"ל

לכבודו: מאן אמריך דאמרת. מי הכעיסך שהכעסת ולא הצלת את עמך מן השביה. ועוד מי פייסך שנתפייסת. ל"ה. כתיב כידון בדברי הימים ויבאו עד גורן כידון ובשמואל כתיב גורן נכון. בתחלה כשבא הארון שם נעשה להם ככידון ההורג שהרג את עוזה ולאחר שנשתהה שם ו' חדשים בבית עובד אדום נעשה להם נכון שהכין את ביתו כדכתיב ויברך ה' את עובד אדום. ושמעתי בשם רבי מנחם בר' חלבו גרן נכון הוא גרן ארונה היבוסי. וא"כ הוא (גרן) [ה"ג] בתחלה נכון ולבסוף כידון על שם המזבח שתחלתו בנוי ולבסוף חרוב וכידון לשון שבר וחורבן הוא כמו יראו עיניו כידו. כפ"ה: וכתבו להם למטה למען אשר לא ילמדו אתכם וגו'. לעיל מיניה [כתיב] כי החרם תחרימם ודבר זה כתבו למטה להודיע לז' אומות היושבין חוץ מגבולי ארץ ישראל שלא נצטוינו להחרימם אלא על אותם שבתוך הגבולים נצטוינו להחרימם כדי שלא ילמדו אותנו מעשיהם המקולקלין אבל אותן היושבין בחוצה לארץ אם חוזרין בתשובה נקבל אותם ושבתוכה אין מקבלין דמחמת יראה הם עושים וה"ג בתוס' אם אתם חוזרין בכם אנו מקבלין אתכם. ל"ה: ה"ג ושבית שביו לרבות כנענים שבחוצה לארץ. [דקרא בחו"ל כתיב] כי תצא למלחמה מארץ לחוצה לארץ והכי תני בספרי כי תצא למלחמה במלחמת הרשות הכתוב מדבר כי תצא משמע כשתעלה על דעתך [לצאת]: ושבית

[כדאיתא ברכות סד.]

[תוספתא פ"ח]

הגהות הב"ח

(א) גמ' שהקים משה בעבר הירדן בארץ מואב:

[תוספתא שם]

ומה אמרו — מַאן אַמְרִיךְ (לְהָא) דְּאִימְרַיָּית וּמַאן אֲתָא עֲלָךְ דְּאִיפַּיְּיסַתְּ [מי הרגיזך שכעסת ונתת עצמך לשבי, ומי בא עליך שהתפייסת]. על מה שנאמר שם "וַיַּךְ בָּעָם שִׁבְעִים אִישׁ חֲמִשִּׁים אֶלֶף אִישׁ" (שמואל א ו, יט), ר' אַבָּהוּ וְר' אֶלְעָזָר נחלקו בכך, חַד [אחד] מהם אָמַר: שִׁבְעִים אִישׁ הָיוּ, וְכָל אֶחָד וְאֶחָד מהם שָׁקוּל היה כַּחֲמִשִּׁים אֶלֶף איש. וְחַד [ואחד] מהם אָמַר: חֲמִשִּׁים אֶלֶף הָיוּ, וְכָל אֶחָד וְאֶחָד מהם שָׁקוּל היה כְּשִׁבְעִים איש שהיו בְּסַנְהֶדְרִין. נאמר כאשר העלה דוד את הארון לירושלים: "וַיְהִי כִּי צָעֲדוּ נֹשְׂאֵי אֲרוֹן ה' שִׁשָּׁה צְעָדִים וַיִּזְבַּח שׁוֹר וּמְרִיא" (שמואל ב ו, יג), וּכְתִיב [ונאמר] במקום אחר שזבח "שִׁבְעָה פָרִים וְשִׁבְעָה אֵילִים" (דברי הימים א טו, כו). אָמַר רַב פַּפָּא בַּר שְׁמוּאֵל: עַל כָּל פְּסִיעָה וּפְסִיעָה זבח שׁוֹר וּמְרִיא, עַל כָּל שֵׁשׁ וָשֵׁשׁ פְּסִיעוֹת — שִׁבְעָה פָרִים וְשִׁבְעָה אֵילִים. אָמַר לֵיהּ [לו] רַב חִסְדָּא: אִם כֵּן, שעל כל פסיעה ופסיעה הקריבו קרבנות, מִילֵּאתָ אֶת כָּל אֶרֶץ יִשְׂרָאֵל בָּמוֹת, שהיו צריכים לבנות במה (מזבח) בכל פעם! אֶלָּא אָמַר רַב חִסְדָּא: עַל כָּל שֵׁשׁ וָשֵׁשׁ פְּסִיעוֹת — שׁוֹר וּמְרִיא, עַל כָּל שִׁשָּׁה סְדָרִים שֶׁל שֵׁשׁ פְּסִיעוֹת — שִׁבְעָה פָרִים וְשִׁבְעָה אֵילִים. כְּתִיב [כתוב] במקום אחד על המקום שמת בו עוזה "ויבואו עד גורן כִּידֹן" (דברי הימים א יג, ט), וּכְתִיב [ונאמר] במקום אחר "גורן נָכוֹן" (שמואל ב ו, ו). אָמַר ר' יוֹחָנָן: בַּתְּחִלָּה היה הארון כעין כִּידוֹן, שהוא כלי זין ההורג נפשות, שנהרג עוזה על ידו, וּלְבַסּוֹף, לאחר שביקשו מחילה, היה נָכוֹן (מבוסס, מיושב) בבית עובד אדום ובאה ברכה בגללו.

א ושוב לענין הביאה לארץ נִמְצֵאתָ אַתָּה אוֹמֵר שְׁלֹשָׁה מִינֵי אֲבָנִים הָיוּ: אֶחָד שֶׁהֵקִים מֹשֶׁה בְּאֶרֶץ מוֹאָב, שֶׁנֶּאֱמַר: "בְּעֵבֶר הַיַּרְדֵּן בְּאֶרֶץ מוֹאָב הוֹאִיל מֹשֶׁה בֵּאֵר את התורה" (דברים א, ה), וּלְהַלָּן בציווי על הקמת האבנים בהר עיבל הוּא אוֹמֵר "וְכָתַבְתָּ עֲלֵיהֶן אֶת כָּל דִּבְרֵי הַתּוֹרָה הַזֹּאת באר היטב" (שם כז, ח), וְאָתְיָא [ובא, נלמד] בגזירה שווה "בֵּאֵר" "בַּאֵר", שגם משה כתב את דברי התורה על האבנים. וְאֶחָד שֶׁהֵקִים יְהוֹשֻׁעַ בְּתוֹךְ הַיַּרְדֵּן, שֶׁנֶּאֱמַר: "וּשְׁתֵּים עֶשְׂרֵה אֲבָנִים הֵקִים יְהוֹשֻׁעַ בְּתוֹךְ הַיַּרְדֵּן... ויהיו שם עד היום הזה" (יהושע ד, ט). וְאֶחָד שֶׁהֵקִים יהושע בַּגִּלְגָּל, שֶׁנֶּאֱמַר: "וְאֵת שְׁתֵּים עֶשְׂרֵה הָאֲבָנִים הָאֵלֶּה אֲשֶׁר לָקְחוּ מן הירדן הקים יהושע בגלגל" (שם כ). תָּנוּ רַבָּנַן [שנו חכמים]: כֵּיצַד כָּתְבוּ יִשְׂרָאֵל אֶת הַתּוֹרָה? ר' יְהוּדָה אוֹמֵר: עַל גַּבֵּי אֲבָנִים כְּתָבוּהָ, שֶׁנֶּאֱמַר: "וְכָתַבְתָּ עַל הָאֲבָנִים אֶת כָּל דִּבְרֵי הַתּוֹרָה הַזֹּאת" (דברים כז, ח) וְאַחַר כָּךְ סָדוּ אוֹתָן בְּסִיד. אָמַר לוֹ ר' שִׁמְעוֹן: לִדְבָרֶיךָ שסדו בסיד על הכתב, הֵיאָךְ לָמְדוּ אוּמּוֹת הָעוֹלָם תּוֹרָה? אָמַר לוֹ: בִּינָה יְתֵירָה נָתַן בָּהֶם הַקָּדוֹשׁ בָּרוּךְ הוּא, וְשִׁיגְּרוּ נוֹטֵירִין (סופרים) שֶׁלָּהֶן, וְקִילְּפוּ אֶת הַסִּיד וְהִשִּׂיאוּהָ (והעתיקו אותה). וְעַל דָּבָר זֶה נִתְחַתֵּם גְּזַר דִּינָם לִבְאֵר שַׁחַת, שֶׁכיון שהיתה התורה בידיהם הָיָה לָהֶן לִלְמֹד וְלֹא לָמְדוּ. ר' שִׁמְעוֹן אוֹמֵר: לא כך היה, אלא עַל גַּבֵּי סִיד כְּתָבוּהָ, וְכָתְבוּ לָהֶן לְמַטָּה "לְמַעַן אֲשֶׁר לֹא יְלַמְּדוּ אֶתְכֶם לַעֲשׂוֹת כְּכָל תועבותם" (שם כ, יח). הָא לָמַדְתָּ [הרי אתה לומד] מכך שכתבו פסוק זה שֶׁאִם היו הגוים שבארץ ישראל חוֹזְרִין בִּתְשׁוּבָה — היו מְקַבְּלִין אוֹתָן. אָמַר רָבָא בַּר שֵׁילָא: מַאי טַעֲמָא [מה הטעם] של ר' שִׁמְעוֹן — דִּכְתִיב [משום שנאמר]: "וְהָיוּ עַמִּים מִשְׂרְפוֹת שִׂיד" (ישעיה לג, יב) — עַל עִסְקֵי סִיד, שנענשו על שלא למדו את התורה שנכתבה על גבי הסיד. וְר' יְהוּדָה מפרש: כִּי [כמו] סִיד, מַה סִּיד אֵין לוֹ תַּקָּנָה אֶלָּא שְׂרֵיפָה — אַף אוּמּוֹת הָעוֹלָם אֵין לָהֶם תַּקָּנָה אֶלָּא שְׂרֵיפָה. כְּמַאן אָזְלָא הָא דְּתַנְיָא [כשיטת מי הולכת זו ששנינו בברייתא] על הנאמר "כי תצא למלחמה על אויביך... וְשָׁבִיתָ שִׁבְיוֹ" (דברים כא, י), שאין אתה מצווה להשמידו — לְרַבּוֹת כְּנַעֲנִים שֶׁבְּחוּצָה לָאָרֶץ, שֶׁאִם חוֹזְרִין בִּתְשׁוּבָה — מְקַבְּלִין אוֹתָן?

עיונים

מאן אמריך וכו' המהרש"א כותב כי יש אולי רמז לכך במה שאמרו אנשי בית שמש לאחר המגפה "מי יוכל לעמוד לפני ה' האלקים הקדוש הזה" (שמואל א ו, כ) שמשם נשמע שהם מתחרטים על שלא נהגו בו כבוד מתחילה, ומשמע שנהגו שלא כראוי ודיברו שלא כראוי קודם לכן.

שבעים איש וכו' בתרגום יונתן מוסבר הדבר שמתו שבעים איש מזקני העדה, ועוד חמישים אלף איש מן הקהל. והמהרש"א כתב כי סיוע לדברי הגמרא הוא מן הכתוב שאינו אומר "שבעים איש וחמישים אלף איש" בו' החיבור, ועוד, שהמלה "איש" הנזכרת בשניהם משמעה שאין כאן חיבור של מספרים.

בתחילה כידון ולבסוף נכון ראה מה שפירש רש"י (וכן גם גרסה שניה שהביא). ובערוך מסביר בלשון אחת, בתחילה כידון — שתחילה היה בכך דין, ואחר כך נכון. ובלשון אחרת מפרש כידון במשמעות אסון, שבר (וראה ברש"י כעין זה בהסתמך על הכתוב באיוב). והמהרש"א אומר כי לפי פירושים אלה אין הכתוב מתיישב היטב, שהרי משמע מהכתובים שאותו מקום עצמו נקרא בשני השמות. והוא מפרש שבתחילה כשלא עשו כראוי ונשאוהו בעגלה היה כידון, ולבסוף כשנטלו משם את הארון נשאוהו לויים על כתפיהם, והיה זה נכון.

שלשה מיני אבנים וראה בתוס' (ד"ה שלושה) שהביאו מן התלמוד הירושלמי שיטה אחרת, שהיו שם ארבעה מיני אבנים, ולפי זה מתישבים כל המקראות בלא שיהא צורך לומר שטלטלו אבנים ממקומן.

על גבי אבנים וכו' יש מקשרים את מחלוקת ר' יהודה ר' שמעון במחלוקת אחרת (המופיעה בתלמוד הירושלמי, וראה בתוס' ד"ה כיצד) האם נכתבו דברי התורה על אבני המזבח או אבנים אחרות. וסבורים כי ר' שמעון הוא הסבור שכתבום על אבני המזבח, ומשום כך אינו יכול להסביר אלא שכתבום על הסיד, כדי שיוכלו הדברים להיקרא, וכדי שלא לחקוק על אבני המזבח בברזל (ראה בעיון יעקב).

בינה יתירה לפי השיטה שנכתבו הדברים על אבני המזבח יש לומר כדברי התלמוד הירושלמי (ראה בתוס' ד"ה כיצד) שבינה יתירה זו היתה שמיהרו מאד לשלוח סופרים מרובים כדי להעתיק את כל הדברים. ויש מפרש שבינה יתירה היתה בכך שקילפו את הסיד מעל האבנים בלא לפגום בכתב (יגל יעקב). ויש שהסביר כי הבינה היתירה היתה בכך שלמרות שלא ראו אלא את הסיד בלבד, הבינו מדעתם שמתחת לסיד כתובים דברים חשובים ומיהרו להעתיקם (בן יהוידע).

על סיד כתבוה כתבו המפרשים שיש שני נושאי מחלוקת (שיש ביניהם קשר אבל אינם זהים לגמרי) בין ר' יהודה ור' שמעון. האחד הוא בפירוש הכתובים עצמם, כיצד ועל מה כתבו את דברי התורה. והאחר הוא במסקנות הנובעות מכאן לגבי כנענים שבחוצה לארץ, אם יש דרך לקבלם בתוך קהל ישראל באופנים שונים.

וכתבו להם למטה וכו' לפי השיטה (רמב"ן על התורה בשם רס"ג) שכתבו על האבנים רק את המצוות מובן מפני מה הוסיפו עוד פסוק מיוחד זה, שאינו חלק מן המצוה אלא הסבר לה. ואף לשיטה שכל התורה כולה נכתבה שם, מכל מקום כתבו פסוק זה שנית כדי להדגיש שאם רוצים הגוים לחזור בהם שלא לעבוד עבודה זרה — יכולים הם לעשות כן.

לרבות כנענים שבחוצה לארץ ראה בתוס' (ד"ה לרבות) שעסקו במקצת הצד ההלכתי שיש בדבר זה. ובכלל הדברים נראה שיש שיטות שונות של הראשונים בפתרון הבעיה מה היחס לכנענים בארץ ובחוץ לארץ, וכן לשאר אומות, הרוצות להשלים עם ישראל. והדברים תלויים בשאלה האם התנאים ששלח יהושע ליושבי הארץ (לפי התלמוד הירושלמי) שיש בידם גם אפשרות להשלים עם ישראל, האם כוונת הדברים לעשיית שלום בלבד ולקבלת מרות ישראל כשליטים, או שיש בכך (לדברי הראב"ד ורבים אחרים) גם תנאי מפורש שלא רק שהם מקבלים על עצמם שלא לעבוד עבודה זרה, אלא גם יקבלו עליהם כל שבע מצוות בני נוח. וראה באריכות בלחם משנה (הלכות מלכים פרק ו ה"א) שדן בבירור השיטות השונות בנושא זה. שהרבה מן הדברים תלויים בבירור פרטי המחלוקת בין ר' יהודה ור' שמעון האם הכוונה היא שאין הבדל בין כנענים שבארץ ובחוצה לארץ, או שיש דין מיוחד לכנענים שבארץ ישראל. וכן בבירור טעם הדברים, האם הוא משום שמתחילה לא נגזרה גזירה של "לא תחיה כל נשמה" (דברים כ, טז) אלא בכנענים שבארץ בתנאים מסויימים, או שיש סיבה לכך שאלה שבארץ, לאחר שנכנסו לשם ישראל, שוב אינם נאמנים לומר שהם מקבלים עליהם עול מצוות.

מסורת הש"ס

א. ירושלמי סנהדרין פ"ג ה"ד. במדב"ר פ"ה ט.

ב. (ביטוי זה) ברכות סב,ב. סנהדרין מד,א. קג,ב.

ג. ירושלמי סנהדרין פ"י ה"ב. במדב"ר פ"ד כ.

ד. במדב"ר שם. ילק"ש נ"ך קמב.

ה. ירושלמי סוטה פ"ז ה"ה (ועיי"ש). תוספתא סוטה פ"ח ו.

ו. שם. ילק"ש תורה תתקלח. שם נ"ך יד.

ז. (הביטוי) נדה מה,ב.

ח. (הביטוי) גיטין נח,א. ערכין טו,א.

ט. תוספתא סוטה פ"ח ז.

י. שם. ספרי דברים רב. יא. ספרי שם ריא. ילק"ש שם תתקכד.

גרסות

(להא) **דאימריית** בכת"י רבים: **דאימריית.**

אמר ליה רב חסדא יש בכת"י: **מתקיף ליה רב חסדא.**

נמצאת אתה יש בכת"י ועוד: **נמצאת.**

שהקים משה יש שגרסו: **שהעמיד משה בעבר הירדן בערבות מואב.**

עליהן במקרא: **על האבנים.**

אומות העולם בדפוסים בגלל הצנזורה: **אומות של אותו הזמן.**

והשיאוה יש בכת"י: **וכתבוה.**

ללמד יש בכת"י: **ללמוד.**

וכתבו להן יש בכת"י: **וכתבו.**

חוזרין... מקבלין בדפוסים בגלל הצנזורה: **היו חוזרין... היו מקבלין.**

ור' יהודה כי סיד יש בכת"י: **ור' יהודה אמר כסיד.**

אומות העולם בדפוסים בגלל הצנזורה: **אותם הכותים.**

כנענים שבחוצה לארץ ויש בכת"י ועוד: **כנענים של ארץ ישראל.**

לשון

נוטירין

מן הלטינית notarius (אולי דרך השאלה מן היוונית) שמשמעה — סופר, לבלר, מעתיק רשמי של מסמכים.

מסורת הש״ס

א. תוספתא סוטה פ״ח ז. ילק״ש נ״ך יד.

ב. ראה סנהדרין מד,א.

ג. ברכות ד,א. סנהדרין צח,ב. תוספתא שם.

ד. תוספתא שם ח. ילק״ש שם.

ה. שם. סוטה לד,א.

ו. תוספתא סוטה פי״א י. מכילתא בשלח ויסע פ״ה. שה״ר פ״ד ה. ראה ילק״ש תורה שנט.

ז. ראה במדב״ר פי״ח כב. דב״ר כח. תנחומא משפטים יט. שם חוקת א. תנחומא בובר משפטים עב. שם חוקת א. שוח״ט פע״ח.

ח. ירושלמי סוטה פ״ז ה״ד (כל הענין בשינויים). ילק״ש נ״ך יד.

ט. שם. ילק״ש תורה שעט.

גרסות

וכל העומד יש בכת״י: **שכל העומד.**

בביאה שניה כביאה ראשונה יש שגרסו כבמקבילה: **בימי עזרא כדרך שעשה להן בימי יהושע.**

וכתבו עליהם יש בכת״י: **וכתבו עליו.**

וקללו יש בכת״י: **והללו.**

וקיפלו ויש בכת״י: **וקילפו.**

לשון

קיפלו

השרש ״קפל״ קרוב במשמעו ל״כפל״, ומובנו הראשוני — לכפול, לשים חלקו של חפץ על חלקו האחר. מכאן התרחבה המשמעות לכמה כיוונים, וביניהם גם קפל במשמעות של לקח, הסיר דבר. וכך גם שימושו כאן.

צרעה

אף שיש מפרשים (אבן עזרא) את הצרעה הכתובה במקרא כשם של מחלה (כמו צרעת), התרגומים ורוב המפרשים מסבירים שהיא מין שרץ העוף. ולפי זה המדובר: בצרעה הגדולה Vespa orientalis. עקיצתה של צרעה זו מכאיבה ביותר, ובמיוחד אם היא נעשית באיבר רגיש בגוף. התנפלות של נחיל צרעות עשויה גם לגרום למותו של הנפגע.

סדר השמות באבני החושן

ראה השלמות עמ׳ 289.

כְּמַאן [כשיטת מי] — **כְּר׳ שִׁמְעוֹן** שלדעתו הגוים שמחוץ לגבולות הארץ אינם בכלל ״לא תחיה כל נשמה״ (דברים כ, טז). שהרי אין בהם חשש ״למען אשר לא ילמדו אתכם לעשות ככל תועבותם״ (שם יח).

א ושוב להמשך הדברים בענין הכניסה לארץ, **בֹּא וּרְאֵה כַּמָּה נִסִּים נַעֲשׂוּ בְּאוֹתוֹ הַיּוֹם: עָבְרוּ יִשְׂרָאֵל אֶת הַיַּרְדֵּן, וּבָאוּ לְהַר גְּרִיזִּים וּלְהַר עֵיבָל,** שהוא מרחק **יָתֵר מִשִּׁשִּׁים מִיל, וְאֵין כָּל בְּרִיָּה יְכוֹלָה לַעֲמוֹד בִּפְנֵיהֶם** באותו יום, **וְכָל הָעוֹמֵד בִּפְנֵיהֶם מִיָּד נִתְרָז** (לוקה בשלשול), **שֶׁנֶּאֱמַר: ״אֶת אֵימָתִי אֲשַׁלַּח לְפָנֶיךָ וְהַמֹּתִי אֶת כָּל הָעָם אֲשֶׁר תָּבֹא בָּהֶם וגו׳״** (שמות כג, כז). **וְכֵן הוּא אוֹמֵר ״תִּפֹּל עֲלֵיהֶם אֵימָתָה וָפַחַד... עַד יַעֲבֹר עַמְּךָ ה׳״** (שם טו, טז) — **זוֹ בִּיאָה רִאשׁוֹנָה** לארץ ישראל שבאו בזמן יהושע, **״עַד יַעֲבֹר עַם זוּ קָנִיתָ״** (שם) — **זוֹ בִּיאָה שְׁנִיָּה** כשבאו מבבל אחרי חורבן בית ראשון. **אֱמוֹר מֵעַתָּה: רְאוּיִין הָיוּ יִשְׂרָאֵל לַעֲשׂוֹת לָהֶם נֵס בְּבִיאָה שְׁנִיָּה כְּבִיאָה רִאשׁוֹנָה, אֶלָּא שֶׁגָּרַם הַחֵטְא** ועלו כדרך הטבע וברשות מלכי האומות. **וְאַחַר כָּךְ הֵבִיאוּ אֶת הָאֲבָנִים, וּבָנוּ אֶת הַמִּזְבֵּחַ** בהר עיבל, **וְסָדוּהוּ בְּסִיד, וְכָתְבוּ עֲלֵיהֶם אֶת כָּל דִּבְרֵי הַתּוֹרָה בְּשִׁבְעִים לָשׁוֹן, שֶׁנֶּאֱמַר:** ״וכתבת על האבנים את כל דברי התורה הזאת **בַּאֵר הֵיטֵב**״ (דברים כז, ח), **וְהֶעֱלוּ עוֹלוֹת וּשְׁלָמִים, וְאָכְלוּ וְשָׁתוּ וְשָׂמְחוּ, וּבֵרְכוּ** את הברכות **וְקִלְּלוּ** את הקללות האמורות, **וְקִיפְּלוּ** והרימו **אֶת הָאֲבָנִים** ולקחו אותם, **וּבָאוּ וְלָנוּ בַּגִּלְגָּל, שֶׁנֶּאֱמַר: ״וְהַעֲבַרְתֶּם אוֹתָם עִמָּכֶם וְהִנַּחְתֶּם אוֹתָם בַּמָּלוֹן״** (יהושע ד, ג). **יָכוֹל בְּכָל מָלוֹן וּמָלוֹן** צריכים לשים אותם — **תַּלְמוּד לוֹמַר: ״אֲשֶׁר תָּלִינוּ בוֹ הַלָּיְלָה״** (שם), **וּכְתִיב** [ונאמר] **״וְאֵת שְׁתֵּים עֶשְׂרֵה הָאֲבָנִים הָאֵלֶּה אֲשֶׁר לָקְחוּ** מן הירדן הקים יהושע בגלגל״ (שם כ).

ב **תָּנָא** [שנה החכם]: **צִרְעָה לֹא עָבְרָה עִמָּהֶם** מעבר הירדן. ושואלים: **וְלֹא? וְהָא כְּתִיב** [והרי נאמר] **״וְשָׁלַחְתִּי אֶת הַצִּרְעָה לְפָנֶיךָ** וגרשה את החוי את הכנעני...״ (שמות כג, כח)! **אָמַר ר׳ שִׁמְעוֹן בֶּן לָקִישׁ: עַל שְׂפַת יַרְדֵּן עָמְדָה, וְזָרְקָה בָּהֶן מָרָה** (ארס). **וְסִימְּתָה עֵינֵיהֶן מִלְמַעְלָה, וְסֵירַסְתָּן מִלְּמַטָּה, שֶׁנֶּאֱמַר: ״וְאָנֹכִי הִשְׁמַדְתִּי אֶת הָאֱמֹרִי מִפְּנֵיהֶם אֲשֶׁר כְּגֹבַהּ אֲרָזִים גָּבְהוֹ וְחָסֹן הוּא כָּאַלּוֹנִים וָאַשְׁמִיד פִּרְיוֹ מִמַּעַל וְשָׁרָשָׁיו מִתָּחַת״** (עמוס ב, ט). **רַב פַּפָּא אָמַר: שְׁתֵּי צְרָעוֹת הֲוַאי** [היו], **חֲדָא** [אחת] זו של **מֹשֶׁה** כשכבשו את עבר הירדן המזרחי **וַחֲדָא** [ואחת] של **יְהוֹשֻׁעַ,** זו של **מֹשֶׁה לֹא עָבַר** (עברה) את הירדן, ואילו זו של **יְהוֹשֻׁעַ עָבַר.**

ג שנינו במשנה: **שִׁשָּׁה שְׁבָטִים עָלוּ לְרֹאשׁ הַר גְּרִיזִּים.** נאמר ״חציו אל מול הר גריזים והחציו אל מול הר עיבל״ (יהושע ח, לג), ושואלים: **מַאי** [מה פירוש] הביטוי **״וְהַחֶצְיוֹ״** המורה על חצי הידוע כבר? **אָמַר רַב כָּהֲנָא: כְּדֶרֶךְ שֶׁחֲלוּקִין כָּאן** השבטים — **כָּךְ הָיוּ חֲלוּקִין בְּאַבְנֵי אֵפוֹד.** כלומר, אותו חצי העם כפי שכבר נחלק באבני האפוד. **מֵיתִיבֵי** [מקשים] על כך ממה ששנינו: **שְׁתֵּי אֲבָנִים טוֹבוֹת הָיוּ לוֹ לְכֹהֵן גָּדוֹל עַל כְּתֵיפָיו, אַחַת מִכָּאן וְאַחַת מִכָּאן, וּשְׁמוֹת שְׁנֵים עָשָׂר שְׁבָטִים כָּתוּב עֲלֵיהֶם, שִׁשָּׁה עַל אֶבֶן זוֹ וְשִׁשָּׁה עַל אֶבֶן זוֹ, שֶׁנֶּאֱמַר: ״שִׁשָּׁה מִשְּׁמֹתָם עַל הָאֶבֶן הָאֶחָת** ואת שמות הששה הנותרים על האבן השנית כתולדותם״ (שמות כח, י), ומדוייק מכאן שדווקא אבן **שְׁנִיָּה** כתובה **כְּתוֹלְדוֹתָם** לפי סדר לידתם: גד, אשר, יששכר, זבולון, יוסף ובנימין, **וְלֹא** היתה כתובה **הָרִאשׁוֹנָה כְּתוֹלְדוֹתָם, מִפְּנֵי שֶׁיְּהוּדָה מוּקְדָּם** באבן הראשונה, ואחריו: ראובן, שמעון, לוי, דן ונפתלי. **וַחֲמִשִּׁים אוֹתִיּוֹת הָיוּ** בשתי אבני האפוד, **עֶשְׂרִים וְחָמֵשׁ עַל אֶבֶן זוֹ וְעֶשְׂרִים וְחָמֵשׁ עַל אֶבֶן זוֹ. ר׳ חֲנִינָא בֶּן גַּמְלִיאֵל אוֹמֵר:**

עיונים

כמאן כר׳ שמעון בתוס׳ (ד״ה כמאן) הקשו שאין להביא ראיה מדין יפת תואר, שכן במצוה זו דיברה תורה כנגד יצר הרע, ויש בה כמה וכמה היתרים שאינם נוהגים בדרך כלל, ואם כן אין הדבר נוגע כלל לענייננו. וראה בקרן אורה שמדגיש את תירוץ התוס׳ שעיקר הראיה היא ממה שנאמר ״ושבית שביו״ — משמע שמדובר בשבויים כאלה שמותר לקיימם, ואין דין זה מיוחד ביפת תואר בלבד. והעיר שמכאן גם הוכיח רש״י בפירושו לתורה שמדובר במלחמת הרשות. ויש ראשונים ששאלו: לפי דעת ר׳ יהודה שאין תקנה לכנענים בכל מקום, אם כן מה טעם האיסור ״לא תתחתן בם״? שהרי גדולה מזו אמרו ״לא תחיה כל נשמה״! ותירצו כי אף לדעת ר׳ יהודה יש לאיסור זה מקום, הן לגבי כנענים שבארץ שלא יכלו להורישם, והן לגבי אותם כנענים שפינו את ארץ ישראל והלכו למקום אחר (תו״ש, תוהרא״ש).

כמה נסים נעשו באותו היום בעיון יעקב העיר שאם מונים את הדברים נמצא שיש עשרה דברים שנעשו באותו יום, ומספר זה מכוון כנגד עשרה נסיונות של אברהם. ולגופם של דברים, האמור כאן הוא שיטת המשנה, אבל בתלמוד הירושלמי מובאת גם דעה חולקת, של ר׳ ישמעאל, הסבור כי ברכות וקללות לא נאמרו כלל באותו יום אלא רק בסוף ארבע עשרה שנה, אחרי שכבשו וחילקו את הארץ. וראה במהרש״א שהעיר אף הוא כי ענין הברכות והקללות מופיע בספר יהושע לאחר כיבוש יריחו והעי.

מיד נתרז רש״י סבור כי ההוכחה לדבר כי ממה שכתוב ״והמותי״ שהוא ענין בלבול ושיבוש, ומכאן פירשו שהיתה זו פגיעה בבני מעיהם שנשתבשה פעולתם. והמהרש״א סבר כי פשוט יותר לפרש שהמקור הוא מן הכתוב ״את אימתי אשלח״ — שדרכו של מי שנופלת עליו אימה יתירה שהוא נתרז.

שגרם החטא רש״י מסביר שחטא זה הוא חטאי ישראל בימי הבית הראשון, שגרמו לכך. וריעב״ץ תמה מפני מה ייענשו בני דור שלא חטא בחטאים אלה. ומשום כך פירש שהכוונה היא לחטא של נשיאת נשים גויות, שמפורש בספר עזרא ונחמיה שחטאו בכך בימי עלותם מבבל.

שתי צרעות הואי לכאורה לא נתבאר מה המקור לכך שהיתה צרעה גם בימי יהושע. ובעיון יעקב כתב כי כיון שהובטח ליהושע שכל הנסים שנעשו למשה ייעשו גם לו, מובן שגם פורענות הצרעה היתה בימי יהושע.

דמשה לא עבר ולכאורה פשוט הדבר שלא עברה, שהרי לאחר שכבש משה את ארץ סיחון ועוג — מה מקום היה לצרעה? ותירצו בתו״ש כי שמא בא הדבר לומר שאף אלה שנמלטו מפני משה לעבר הירדן המערבי לא פגעה בהם הצרעה. והמהרש״א הביא ראיה לדבר (שלא כדברי רש״י) ממה שנאמר במפורש בספר יהושע ״ואשלח לפניכם את הצרעה ותגרש אותם מפניכם שני מלכי האמורי״ (יהושע כד, יב) משמע שצרעה זו היתה רק לגירוש המלכים שבעבר הירדן מזרחה.

ולא ראשונה כתולדותם ויש שכתב כי עצם מעשה החקיקה נעשה כתולדותם, שכתבו קודם את שמו של ראובן בשורה השניה, ואחר כך שמעון ולוי, ולבסוף כתבו את יהודה ראשון, ונתקיים איפוא המקרא ״כתולדותם״ (תורת הקנאות).

מפני שיהודה מוקדם בתלמוד הירושלמי הסבירו שהטעם הוא לפי שיהודה הוא מלך, וראוי לו להיות ראשון. ובאוה״ח כתב שכמו כן הקדימוהו גם בקרבנות הנשיאים, ומכאן למדו שהוא ראשון (אף כי לשיטה זו לא כתבו כל שמות השבטים כסדר הנשיאים בחומש הפקודים). וראה בכ״מ הסבור כי לפני הרמב״ם לא היה דבר זה מצוי בגמרא. וכבר תהו הרבה אחרונים על כל דבריו בענין סדר האבנים לשיטת הרמב״ם, וביותר הדבר תמוה שכן הוא מפורש גם בתלמוד הירושלמי.

וחמשים אותיות היו וכו׳ ראה בהשלמות עמ׳ 289 תיאור השיטות השונות בהבנת סוגיה זו.

אורח הלכה

אבני החושן לדעת הרמב״ם סדר שמות השבטים על אבני החושן כך היה: שיש עשרים וחמש אותיות על כל אבן, ואבן שכתוב עליה ראובן היא על כתפו הימנית וזו שכתוב עליה שמעון היא על כתפו השמאלית. והכ״מ התקשה במציאת מקור לשיטת הרמב״ם, ומסביר כי הוא פוסק כר׳ חנינא בן גמליאל, אלא

ראובן	שמעון
לוי	יהודה
יששכר	זבלון
נפתלי	דן
גד	אשר
יהוסף	בנימן

שמפרש את כל הסוגיה בדרך אחרת, שלא כדעת רש״י. והמאירי כתב שכן הלכה, אף שאינה כאחת הדעות שנזכרו בגמרא. (רמב״ם ספר עבודה הלכות כלי המקדש פ״ט ה״ט).

כמאן כר' שמעון *[א]בא וראה כמה נסים נעשו **א**
באותו היום עברו ישראל את הירדן ובאו
להר גריזים ולהר עיבל [ב]יתר משישים מיל ואין
כל בריה יכולה לעמוד בפניהם וכל העומד
בפניהם מיד נתרז שנאמר °את אימתי אשלח
לפניך והמותי את כל העם אשר תבא בהם
וגו' ואומר °תפול עליהם אימתה ופחד עד
יעבר עמך ה' [ג]זו *ביאה ראשונה עד יעבר עם
זו קנית זו ביאה שניה אמור מעתה ראויין
היו ישראל לעשות להם נס בביאה שניה
כביאה ראשונה אלא שגרם החטא [ד]ואחר כך
הביאו את האבנים ובנו את המזבח וסדוהו
בסיד וכתבו עליהם את כל דברי התורה
בשבעים לשון שנאמר °באר היטב והעלו
עולות ושלמים ואכלו ושתו ושמחו וברכו
וקללו °וקיפלו את האבנים ובאו ולנו בגלגל
שנאמר °והעברתם אותם עמכם והנחתם
אותם במלון [ה]יכול בכל מלון ומלון ת"ל אשר
תלינו בו הלילה וכתיב °ואת שתים עשרה
האבנים האלה אשר לקחו וגו' תנא [ו]צרעה לא **ב**
עברה עמהם ולא והא כתיב °ושלחתי את
הצרעה לפניך אמר ר' שמעון בן לקיש על
שפת ירדן עמדה [ז]וזרקה בהן מרה וסימתה
עיניהן מלמעלה וסירסתן מלמטה שנאמר
°ואנכי השמדתי את האמורי מפניהם אשר
כגובה ארזים גבהו וחסון הוא כאלונים
ואשמיד פריו ממעל ושרשיו מתחת וגו' רב
פפא אמר שתי צרעות הואי חדא דמשה
וחדא דיהושע דמשה לא עבר דיהושע עבר:
ששה שבטים עלו לראש הר גריזים כו': מאי °והחציו אמר רב כהנא **ג**
[ח]כדרך שחלוקין כאן כך חלוקין באבני אפוד מיתיבי [ט]*[א]שתי אבנים טובות
היו לו לכהן גדול על כתיפיו אחת מכאן ואחת מכאן ושמות שנים
עשר שבטים כתוב עליהם ששה על אבן זו וששה על אבן זו שנאמר
°ששה משמותם על האבן האחת וגו' שניה כתולדותם ולא ראשונה
כתולדותם מפני שיהודה מוקדם וחמשים אותיות היו עשרים וחמש
על אבן זו ועשרים וחמש על אבן זו רבי חנינא בן גמליאל אומר
לא

(שמות כג; שם טו; דברים כז; יהושע ד; שם; שמות כג; עמוס ב; יהושע ח; שמות כח; תורה אור)

כמאן כר' שמעון. דאמר שכתב להם שיחזרו בתשובה ויקבלום אלמא לא היו העומדין חוץ לגבולין בכלל לא תחיה כל נשמה אבל לר' יהודה כולן בכלל לא תחיה: **נתרז.** מתקלקל מרעי: **והמותי.** לשון מהומה ועירבוב הגוף ומה שבתוכו: **ביאה ראשונה.** בימי יהושע: **ביאה שניה.** בימי עזרא: **ליעשות להם נס.** לעלות בזרוע ולא יהיו משתעבדים למלכות אלא שגרם חטאם של ישראל בימי בית ראשון ונגזר עליהם שלא יעלו אלא ברשות כדכתיב מי בכם מכל עמו (עזרא א): **פריו ממעל.** עיניו: **ושרשיו מתחת.** סירוס: [(א)] **והעלו עולות ושלמים.** שכך נלטוו באותה פרשה אבנים שלמות תבנה וגו' וזבחת שלמים וגו': **מאי והחציו.** ביהושע הכי כתיב בהאי קרא דמתני' וכל ישראל וגו' חציו אל מול הר גריזים והחציו אל מול הר עיבל למה לי למיכתב והחציו דמשמע או חציו המיוחד או חציו הנזכר במקום אחר: **כדרך שחלוקין.** השבטים בהר גריזים והר עיבל כדכתיב (דברים כז) [(ו)] אלה יעמדו לברך את העם וגו' ואלה יעמדו על הקללה כך חלוקים באבני אפוד שאמור בהן ששה משמותם וגו' הנך ששה דהר גריזים כתובים על האחת וששה דהר עיבל כתובין על השנית והיינו דכתיב והחציו אותו חציו החקוק באחת מן האבנים: **כתולדותם.** כסדר לידתן ששה האחרונים כסדרן גד ואשר יששכר וזבולן יוסף ובנימין זהו סדר לידתן וששה ראשונים נכתבו בה יהודה ראובן שמעון ולוי דן ונפתלי כסדר לידתן חוץ מיהודה: **ועשרים וחמשה על אבן זו.** לקמן פריך ששה אחרונים עשרים וארבע הוא דהוו:
לא

כמאן כר"ש. וא"ת דלמא ביפת תואר אפילו ר' יהודה מודה דהא לא דברה תורה אלא כנגד היצר והואיל והותרו שאר נכריות דהלכה למשה מסיני דקנאין פוגעין בו כדאיתא בפרק שני דע"ז (דף לו:) הותרו אפילו כנענים שבחוצה לארץ במקום שהותרה יפת תואר דאמר בפ"ק דקידושין (דף כא:) איבעיא להו כהן מהו ביפת תואר רב אמר מותר ושמואל אמר אסור בביאה ראשונה כ"ע לא פליגי דשרי שלא דברה תורה אלא כנגד היצר הרע ועוד אפילו ר"ש מה הוצרך להתירה מאי שנא מכהן אע"ג דזונה היא לא איצטריך קרא למשרייה הואיל ולא דברה תורה אלא כנגד היצר הרע וי"ל כיון דלא התיר יפת תואר אלא במלחמות הרשות שבו הכתוב מדבר שמע מינה דגבי כנענים לא אמרינן לא דברה תורה אלא כנגד היצה"ר דאע"ג דאיכא יצר אמר לא תחיה אפילו במקום יפת תואר הלכך לרבי יהודה דאית ליה כנענים שבחוצה לה נמי בכלל לא תחיה ואין מקבלין אותן לא היה מתיר במקום יפת תואר מיהו איכא למיתמה לר"ש דאמר מקבלים אותם ואינם בכלל לא תחיה למה לי קרא ושבית שביו לרבות יפת תואר ואכתי *נימא איפכא דדוקא לרבי יהודה איצטריך וגזירת הכתוב הוא גבי יפת תואר שבחוצה לה אע"פ שכנענים אחרים שבחוצה לה הם בכלל לא תחיה וי"ל דעיקר טעמא דר"ש אקרא ושבית שביו סמיך דאי מההיא קרא למען אשר לא ילמדו איכא למימר כר' יהודה דאתא למשרייה או שאר אומות או כנענים קודם שהתחילו במלחמה: **ואחר כך הביאו את האבנים.** ה"ג בתוספתא (פ"ח) והביאו את האבנים שהעלו מן הירדן ובנו את המזבח והעלו עולות ושלמים ולא גרסינן וכתבו עליו את התורה:

*__מאי והחציו חציו של מול הר גריזים מרובה מחציו של הר עיבל.__ לשון הירושלמי מיושב יותר דגרסינן התם מה תלמוד לומר והחציו מלמד שמעוטין בהר גריזים ומרובין בהר עיבל למה שאין שבטו של לוי כולו שם שאם היה כל שבט לוי שם היו שוין ר' שמואל בר נחמני בשם ר' יונתן אמר אילו היה כל שבטו של לוי שם לא היו שוין למה שכבר נפלו משבטו של שמעון עשרים וארבעה אלף בשטים א"ר יוסי בר בון אילו היה שם כל שבטו של לוי היו שוין למה שלא בא משבט ראובן וגד אלא מ' אלף חלוצי צבא והשתא אתי שפיר והחציו אל מול הר עיבל חציו המבורר שהוא הרוב דהוי חציו בשבטים ורובא בגברי ומיהו כשתדקדק במנין אחרון שנאמר בו לאלה תחלק הארץ (במדבר כו) לאחר שמתו מרגלים כדכתיב ובאלה לא היה איש וגו' והיה בשנת הארבעים לאחר פטירת אהרן דכתיב ביה ויעל אהרן הכהן וגו' וימת שם בשנת הארבעים לצאת בני ישראל מארץ מצרים בחדש החמישי (שם לג) והכי מוכח בסדר עולם תמצא במנין שבטים שעמדו על הר גריזים עודף על אותן שעמדו בהר עיבל תשע אלף חסר ק"ל ואפילו אם עמדו לוים למטה שמנה אלף עדיין היו מרובין של הר גריזים קרוב לאלף שהרי אתה מוצא בפרטן של אותן שבטים שעמדו על הר עיבל שלש מאות ושבעת אלפים ותתק"ל ובפרטן של הר גריזים ג' מאות וששה עשר אלף ות"ת וי"ל הא דאמרינן בירושלמי שאם היה שם כל שבט לוי לאו דוקא שוין שהרי מרובין היו אלא כלומר לא היו של הר גריזים פחותין [והשתא שלא היו כל שבט לוי שם צריך לומר] שעמדו לוים למטה תשע אלף או יותר אבל הא דאמר רבי שמואל בר נחמני בשם ר' יונתן אילו היה שם כל שבטו של לוי לא היו שוין למה שכבר נפלו משבטו של שמעון עשרים וארבעה אלף קשיא שהרי המנין היה אחרי כן כדכתיב ויהי אחרי המגפה וגו' (שם כה) ומה שחלק עליו ר' יוסי בר בון לפי שלא בא משבט ראובן וגד אלא מ' אלף חלוצי צבא א"כ לא נשארו משבט ראובן אלא ג' אלף ותש"ל שהרי כל פקודי שבט [ראובן] לא היו כי אם מ"ג אלף ותש"ל והיאך היו אותן ג' אלף ותש"ל של ראובן שנשארו מעבר לירדן ממלאין לכ"ד אלף שנפלו משמעון שהיה בשנת הארבעים מיהו הא לא קשיא דאיכא למימר דהכי קאמר מחמת חסרון משבט שמעון שנפלו במגפה אפילו היה שם שבטו של לוי לא היו שוין דמתוך כך היו של הר גריזים מועטין ולא שיחסרו מהן עשרים וארבעה אלף משמעון [אלא ג' אלפים או פחות] ועלה קאי רבי יוסי בר בון אפילו לדבריך כשאתה מחסר כנגדו ג' אלף ותש"ל משבט ראובן שנשארו מעבר לירדן והיו שוין שמחמת חסרון משבט שמעון אין חסר יותר מג' אלף ותש"ל אבל ההיא דר' שמואל בר נחמני תיקשי כדפרישית שהמגפה היתה קודם למנין: **עשרים וחמש על אבן זו ועשרים וחמש על אבן זו.** ירושלמי והלא אינן אלא כ"ג מכאן וכ"ז מכאן פי' לתנא דתני התם כשם שחלוקים כאן כך חלוקין באבני אפוד מקשה א"כ על אותה אבן שהיו עליה של הר גריזים *היו כ"ג ועל השניה כ"ז וזבולון מלא ומשני א"ר יוחנן בנימין היה חצי מכן וצ"ל דעל השניה שכתובין עליה אותו של הר עיבל היה כתוב ב"נ ועל הראשונה ימ"ן א"ר זבידא ויאות מי כתיב ששה שמותם לא כתיב אלא ששה משמותם ולא כל שמותם:
לעשות

כז א מיי' פ"ט מהל' כלי המקדש הל' ט ועי"ש בכ"מ:

[תוספתא פ"ח]

סנהדרין לח: ברכות ז.

אימא דר' יהודה איצטריך דוקא וגזה"כ גבי יפ"ת כו' כ"ה בס"י

שייך לע"ב

רש"ל

רש"ל ועי' רש"א

היו כ"ג ועל הראשונה רש"ל ובמהרש"א הגיה של הר גריזים היו כ"ז ועל השניה כ"ג וזבולן כו'

הגהות הב"ח

(א) רש"י ד"ה והעלו נ"ל קודם ד"ה פריו:

גליון הש"ס

גמ' וקיפלו את האבנים. כמו וקלפו רש"י חולין מד ע"א ד"ה לאקפל:

תוספות שאנץ

שביו לרבות כנענים שבתוכם. בא הכתוב להתיר כנענים שבחוצה לארץ ולקיים מהם יפת תואר שלא יהא בכלל לא תחיה כל נשמה: כמאן כר' שמעון שכתב להם שיחזרו בתשובה ודוקא אותם העומדין בגבולין אבל העומדין חוץ לגבולין לא היו בכלל לא תחיה כל נשמה. שאם היו רוצים לפנות את ארצם והולכין להם לא נצטוו להחרימם כמו שפינה הגרגשי והלך לו. (אלא) [אבל] לר' יהודה כולם בכלל דלא תחיה וא"ת לר' יהודה דאמר דנצטוו להחרימם כל הכנענים שבחוצה לארץ למה לי קרא דלא תתחתן בם תיפוק לי' מלא תחיה כל נשמה. וי"ל דאיצטריך כגון אותן שלא יוכלו להחרימם כדאי' בספר שופטים וכגון הגרגשי שפינה והלך לו: דמשה לא עבר דיהושע עבר. תי' פשיטא דשל משה לא עבר דלמה היתה עוברת הירדן והלא לא כבשו אז אלא ארץ סיחון ועוג ושמא אותן שנמלטו מארץ סיחון ועוג לעבר הירדן של ארץ כנען לא הוזקה הצרעה עד יהושע:
ואין

אלא כדרך שחלוקין בחומש הפקודים חלוקין באבני אפוד אלא כדרך שחלוקין בחומש שני כיצד א בני לאה כסידרן בני רחל אחד מכאן ואחד מכאן ובני שפחות באמצע ואלא מאי אני מקיים כתולדותם כשמותן שקרא להן אביהן ולא כשמות שקרא להן משה ראובן ולא ראובני שמעון ולא שמעוני דן ולא הדני גד ולא הגדי תיובתא דרב כהנא תיובתא ואלא מאי והחציו תנא ב חציו של מול הר גריזים מרובה מחציו של הר עיבל מפני שלוי למטה אדרבה מפני שלוי למטה בצרי להו הכי קאמר אף על פי שלוי למטה בני יוסף עמהם שנאמר ג °וידברו בני יוסף את יהושע לאמר מדוע נתתה לי נחלה גורל אחד וחבל אחד ואני עם רב ויאמר אליהם יהושע אם עם רב אתה עלה לך היערה אמר להן ד לכו והחבאו עצמכם ביערים שלא תשלוט בכם עין הרע אמרו ליה ה *זרעיה דיוסף לא שלטא ביה עינא בישא דכתיב °בן פורת יוסף בן פורת עלי עין ואמר ר' אבהו אל תהי קורא עלי עין אלא עולי עין רבי יוסי בר' חנינא אמר מהכא °וידגו לרוב בקרב הארץ מה דגים שבים מים מכסין עליהן ואין העין שולטת בהן אף זרעו של יוסף אין העין שולטת בהן הני חמשים אותיות חמשים נכי חדא הויין א"ר יצחק ו יוסף הוסיפו לו אות אחת שנאמר °עדות ביהוסף שמו בצאתו על ארץ מצרים מתקיף לה רב נחמן בר יצחק כתולדותם בעינן אלא כל התורה כולה

א בנימן כתיב והכא בנימין שלם כדכתיב °ואביו קרא לו בנימין ו *אמר רב חנא בר ביזנא א"ר שמעון חסידא יוסף שקידש שם שמים בסתר הוסיפו עליו אות אחת משמו של הקב"ה (א) יהודה שקידש שם שמים בפרהסיא נקרא כולו על שמו של הקב"ה יוסף מאי היא דכתיב °ויהי כהיום הזה ויבא הביתה לעשות מלאכתו א"ר יוחנן מלמד ששניהם לדבר עבירה נתכוונו ויבא הביתה לעשות מלאכתו ז *רב ושמואל חד אמר לעשות מלאכתו ממש וחד אמר לעשות צרכיו נכנס ואין איש מאנשי הבית וגו' אפשר בית גדול כביתו של אותו רשע לא היה בו איש ח תנא דבי ר' ישמעאל אותו היום יום חגם היה והלכו כולן לבית עבודה זרה שלהם והיא אמרה להן חולה היא אמרה אין לי יום שניזקק לי יוסף כיום הזה °ותתפשהו בבגדו לאמר וגו' באותה שעה ט באתה דיוקנו של אביו ונראתה לו בחלון אמר לו יוסף עתידין אחיך שיכתבו על אבני אפוד ואתה ביניהם רצונך שימחה שמך מביניהם ותקרא רועה זונות *דכתיב °ורועה זונות יאבד הון מיד °ותשב באיתן קשתו א"ר יוחנן משום ר' מאיר ששבה קשתו לאיתנו ויפוזו זרועי ידיו נעץ ידיו בקרקע ויצאה שכבת זרעו מבין ציפורני ידיו מידי אביר יעקב מי גרם לו שיחקק על אבני אפוד אלא אביר יעקב משם רועה אבן ישראל משם זכה ונעשה רועה שנאמר °רועה ישראל האזינה נוהג כצאן יוסף תניא י היה ראוי יוסף לצאת ממנו י"ב שבטים כדרך שיצאו מיעקב אביו שנאמר °אלה תולדות יעקב יוסף אלא שיצא שכבת זרעו מבין ציפורני ידיו ואעפ"כ יצאו מבנימין אחיו יא וכולן נקראו על שמו שנאמר °ובני בנימין בלע ובכר ואשבל וגו' בלע שנבלע בין האומות ובכר בכור לאמו היה ואשבל ששבאו אל גרא שגר באכסניות ונעמן שנעים ביותר אחי וראש אחי הוא וראשי הוא מופים וחופים הוא לא ראה בחופתי ואני לא ראיתי בחופתו וארד שירד לבין אומות העולם א"ד וארד *שפניו

ב דומין לוורד א"ר חייא בר אבא אמר רבי יוחנן בשעה שאמר לו פרעה ליוסף °ובלעדיך לא ירים איש את ידו וגו' יב אמרו איצטגניני פרעה עבד שלקחו רבו בעשרים כסף תמשילהו עלינו אמר להן גנוני מלכות אני רואה בו אמרו לו א"כ יהא יודע בשבעים לשון יג בא גבריאל ולימדו שבעים לשון לא הוה קגמר הוסיף לו אות אחת משמו של הקב"ה ולמד שנאמר °עדות ביהוסף שמו בצאתו על ארץ מצרים (שפת לא ידעתי אשמע) ולמחר כל לישנא דאישתעי פרעה בהדיה אהדר ליה אישתעי איהו בלשון הקדש לא הוה קא ידע מאי הוה אמר א"ל אגמרי אגמריה ולא גמר אמר ליה אישתבע לי דלא מגלית אישתבע לו כי א"ל °אבי השביעני לאמור א"ל זיל איתשיל אשבועתך אמר ליה ואיתשלי נמי אדידך

ג ואע"ג דלא ניחא ליה א"ל עלה וקבור את אביך כאשר השביעך יהודה מאי היא דתניא יד היה ר"מ אומר כשעמדו ישראל על הים היו שבטים מנצחים זה עם זה זה אומר אני יורד תחלה לים וזה אומר אני יורד תחלה לים קפץ שבטו

לא כדרך שחלוקין בחומש הפקודים. כלומר לא כדרך שסדורים בחומש הפקודים הוא ספר וידבר שנסדרו בראשו אלה שמות האנשים אשר יעמדו וגו' (במדבר א): **בחומש שני.** בתחלת ואלה שמות ראובן שמעון לוי ויהודה וישכר וזבולון באחד מהן בשני בנימין דן ונפתלי גד ואשר ויוסף: **א"כ מה ת"ל כתולדותם.** הואיל ולא כדרך לידתן נסדרו: **תיובתא דרב כהנא.** דלכולי עלמא אין זה סדר הר גריזים והר עיבל דאילו סדר הר גריזים שמעון ולוי ויהודה יששכר ויוסף ובנימין ודהר עיבל ראובן גד ואשר וזבולון דן ונפתלי: **מרובה מחציו כו'.** והיינו דקאמר והחציו אל מול הר עיבל החציו ממועט שבחציו*: **מפני שלוי למטה.** זקני כהונה ולויה היו עם הארון בין שני ההרים כדלקמן: **כל שכן דבצרי להו.** חציו של הר גריזים שהרי שבט לוי מהן היה: **אלא הכי קאמר אע"פ שבשבט לוי למטה.** אפ"ה חציו של הר גריזים מרובה מפני שיוסף עמהן ומרובין היו: **וידברו בני יוסף וגו'.** סופו דקרא ואני עם רב אשר עד כה ברכני ה': **עולי עין.** עולין על העין ואין העין עולה עליהם: **וידגו לרוב.** כן ברכן יעקב למנשה ואפרים: **בליר חדא הוו.** אאבן השניה קאי: **כתולדותם בעינן.** כשמות אשר קרא להם אביהם: **בסתר.** שנתייחד עם הערוה והעמיד על עצמו וכבש את יצרו: **יהודה שקידש שם שמים בפרהסיא.** על הים כדלקמן: **נקרא כולו.** שם בן ארבעה אותיות כלול בשמו של יהודה: **לדבר עבירה.** והאי מלאכתו תשמיש: **מלאכתו ממש.** מלאכה: **צרכיו.** תשמיש: **יאבד הון.** שם טוב שהוא יקר מכל הון: **קשתו.** שכבת זרעו על שם שיורה כחץ: **ויפוזו.** לשון ויפוצו שהזיי"ן והצד"י מתחלפין כמו זעקת צעקת: **שנעץ אצבעותיו בקרקע.** ונסמך עליהן כדי שיתייסר ויטרד בצערו ויעבור תוקף יצרו: **מידי אבירותיו של יעקב.** משם זכה להיות רועה ומשם זכה להיות באבן מאבני ישראל: **רועה ישראל האזינה.** כלפי שכינה נאמר: **נוהג כצאן יוסף.** קרי כצאן יוסף המנהיגים כצאנו של יוסף אלמא מיקרו ישראל צאנו של יוסף והוא הרועה: **אלה תולדות יעקב יוסף.** תולדות שיצאו מיעקב כנגדן ראוי לצאת מיוסף: **ואף על פי כן יצאו מבנימין אחיו.** אותן עשרה שפיחתו מיוסף בעשר אצבעותיו: **שגר באכסניא.** בארץ נכריה: **מופים.** מפורש במדרש רבי תנחומא שהיה פיו כפי יעקב אבינו בהלכות שקיבל משם ועבר: **אצטגנינות.** חכמים וחוזים בכוכבים ויודעים בחכמת המזלות: **גנוני מלכות.** גווני מלכות בחכמה גבורה ויופי: **עדות ביהוסף שמו.** סיפיה דקרא שפת לא ידעתי אשמע: **איתשיל אשבועתך.** השאל לחכמים שיתירוה לך: אושפיזכן

לעשות צרכיו. נראה משום דהוציאו בלשון ביאה ויבא הביתה קא דייק נמי דלעשות צרכיו נכנס: **באותה שעה באתה דיוקנו של אביו.** כתב רבינו משה הדרשן ואין איש מאנשי הבית [שם בבית דמשמע דוקא מאנשי הבית] לא היה שם מכלל דאיש אחר שלא מאנשי הבית כלומר חלוק ומופלג מתורת אנשי הבית היה שם וזהו דמות דיוקנו של אביו ותימה קצת מנלן דנראית לו בחלון ושמא מדכתיב בבית דמשמע בבית לא*: **איתשיל** נמי **אדידך ואע"ג דלא ניחא ליה.** ותימה הלא לא היה יכול לישאל על נדרו כי אם מדעתו של פרעה כמו ההוא מעשה דצדקיהו ונבוכדנצר דמייתי התם *מיהו מהכא משמע *דהוה בפניו דאמר בפ' ר' אליעזר בנדרים (דף סה.) המודר הנאה מחברו אין מתירין לו אלא בפניו פי' בפניו ואפילו בעל כרחו ומיהו תימה לומר דהנודר על דעת חבירו מתירים לו שלא מדעת חבירו ושמא אוקמיה במלתא דגיזום בעלמא שגיזמו כך מיהו לא היה יכול לישאל עליו אי לא ניחא ליה לפרעה: והיו

כח א ב מיי' פ"ט מהל' כלי המקדש הל' ט וע"ש בכ"מ:

רש"ל [נ"א אבל בחלון היה] [בנדרים סה.] [נ"ל דהאי]

הגהות הב"ח

(א) גמ' יהודה שקידש. נ"ב ע"ל בפ"ק דף י ע"ב:

תוספות שאנץ

ואין איש מאנשי הבית יש במדרש שבדק יוסף עצמו ולא מצא מעשה של איש שלא היה לו מילה שמצא עצמו טומטום: שגר באכסניות בארץ נכריה: מופים מפרש בתנחומא שהיה פיו כשל אביו בהלכות שקבל משם ועבר: אשתעי איהו בלשון הקדש. צ"ע אי הוו ע' לשון חוץ מלשון הקדש דהא הכא לא הוה ידע ליה ואמר בסוכה שע' פרים שמקריבין בחג הסוכות כנגד ע' אומות חוץ מישראל ואמר נמי בסדר פנחס דמונה ס"ה משפחות בישראל וע' באומות היינו דכתיב כי אתם המעט ה' משפחות מעט מכל העמים:

תורה אור: יהושע יז; בראשית מט; שם מח; תהלים פא; בראשית לה; שם לט; שם; משלי כט; בראשית מט; תהלים פ; בראשית לז; שם מו; שם מא; תהלים פא; בראשית נ

עי' פרש"י כע"י; ב"ב קיח: ב"מ פד. ברכות כ. נה:; [לעיל י:]; שבת מט:; [וע' מה שכתבו תוס' גיטין סח. ד"ה וכתיב]; [שבת קיח:]; רש"ל מ"ז

לֹא כְּדֶרֶךְ שֶׁחֲלוּקִין השבטים בסדר האמור בתחילת **חוּמַּשׁ הַפְּקוּדִים** (ספר "במדבר") (א, א–טו) **חֲלוּקִין בְּאַבְנֵי אֵפוֹד, אֶלָּא כְּדֶרֶךְ שֶׁחֲלוּקִין בְּחוּמַּשׁ שֵׁנִי** (ספר שמות) (א, ב–ד). **כֵּיצַד?** באבן אחת נמצאים **בְּנֵי לֵאָה כְּסִידְרָן**: ראובן, שמעון, לוי, יהודה, יששכר וזבולון. באבן השניה **בְּנֵי רָחֵל אֶחָד** בנימין **מִכָּאן** בשורד התחתונה **וְאֶחָד** יוסף **מִכָּאן** בשורה העליונה, **וּבְנֵי שְׁפָחוֹת** דן, נפתלי, גד ואשר **בָּאֶמְצַע**. **וְאֶלָּא** אם הסדר על האבנים לא היה כפי סדר לידתם **מַאי** [מה] איך **אֲנִי מְקַיֵּים "כְּתוֹלְדוֹתָם"** — הכוונה **כִּשְׁמוֹתָן שֶׁקָּרָא לָהֶן אֲבִיהֶן** מולידם, **וְלֹא כַּשֵּׁמוֹת** באופן **שֶׁקָּרָא לָהֶן מֹשֶׁה**. שכך היה כתוב שם: "**רְאוּבֵן**", **וְלֹא "רְאוּבֵנִי", "שִׁמְעוֹן", וְלֹא "שִׁמְעוֹנִי", "דָּן" וְלֹא "הַדָּנִי", "גָּד" וְלֹא "הַגָּדִי"**. ואם כן הרי זה **תְּיוּבְתָּא** [קושיה חמורה] על דברי **רַב כָּהֲנָא** שהרי לאף אחת מן הדעות לא היה סדר השבטים באבני האפוד כסדרם בהר גריזים והר עיבל! ומסכמים: אכן, **תְּיוּבְתָּא** [קושיה חמורה] היא ונדחו דבריו. ושואלים: לדעת רב כהנא **וְאֶלָּא מַאי** [מה ההדגשה] "**וְהַחֶצְיוֹ** אל מול הר עיבל" (יהושע ח, לג)? **תָּנָא** [שנה החכם]: שהכוונה היא להדגיש בה"א הידיעה — החצי הקטן יותר הוא על הר עיבל, **שֶׁכֵּן חֶצְיוֹ שֶׁל מוּל הַר גְּרִיזִים מְרוּבֶּה מֵחֶצְיוֹ שֶׁל הַר עֵיבָל, מִפְּנֵי שֶׁשֵּׁבֶט לֵוִי** שנכלל באלו של מול הר גריזים נמצא חלק ממנו **לְמַטָּה**, בין שני ההרים. ותוהים: **אַדְּרַבָּה** (להיפך), **מִפְּנֵי שֶׁלֵּוִי לְמַטָּה בָּצְרִי לְהוּ** [פחתו להם]! ומשיבים, **הָכִי קָאָמַר** [כך אמר]: **אַף עַל פִּי שֶׁלֵּוִי** היה **לְמַטָּה — בְּנֵי יוֹסֵף** היו **עִמָּהֶם**. והם היו רבים, **שֶׁנֶּאֱמַר: "וַיְדַבְּרוּ בְּנֵי יוֹסֵף אֶת יְהוֹשֻׁעַ לֵאמֹר מַדּוּעַ נָתַתָּה לִּי נַחֲלָה** גּוֹרָל **אֶחָד וְחֶבֶל אֶחָד וַאֲנִי עַם רָב... וַיֹּאמֶר אֲלֵיהֶם יְהוֹשֻׁעַ אִם עַם רַב אַתָּה עֲלֵה לְךָ הַיַּעְרָה"** (שם יז, יד–טו), **אָמַר לָהֶן: לְכוּ וְהֵחָבְאוּ עַצְמְכֶם בַּיְּעָרִים, שֶׁלֹּא תִּשְׁלוֹט בָּכֶם עַיִן הָרַע** על שאתם רבים כל כך. **אָמְרוּ לֵיהּ** [לו] בני יוסף ליהושע: **זַרְעֵיהּ** [זרעו] של **יוֹסֵף לֹא שָׁלְטָא בֵּיהּ עֵינָא בִּישָׁא** [שולטת בו עין הרע], **דִּכְתִיב** [שנאמר]: "**בֵּן פֹּרָת יוֹסֵף בֵּן פֹּרָת עֲלֵי עָיִן**" (בראשית מט, כב), **וְאָמַר ר' אַבָּהוּ: אַל תְּהִי קוֹרֵא "עֲלֵי עָיִן" אֶלָּא "עוֹלֵי עַיִן"**, לומר שהם מתעלים על עין הרע. **ר' יוֹסֵי בְּר' חֲנִינָא אָמַר: מֵהָכָא** [מכאן] אנחנו למדים דבר זה. שנאמר בברכת יעקב לבני יוסף: "**וְיִדְגּוּ לָרֹב בְּקֶרֶב הָאָרֶץ**" (שם מח, טז), **מַה דָּגִים שֶׁבַּיָּם — מַיִם מְכַסִּין עֲלֵיהֶן וְאֵין הָעַיִן שׁוֹלֶטֶת בָּהֶן, אַף זַרְעוֹ שֶׁל יוֹסֵף — אֵין הָעַיִן שׁוֹלֶטֶת בָּהֶן**. ושואלים על הברייתא שהקשינו ממנה על רב כהנא: **הָנֵי** [אלה] **חֲמִשִּׁים אוֹתִיּוֹת** הן בשמות השבטים שעל האפוד? הלא לפי מניין **חֲמִשִּׁים נְכִי חֲדָא הָוְיָין** [פחות אחת הן]! **אָמַר ר' יִצְחָק: יוֹסֵף הוֹסִיפוּ לוֹ אוֹת אַחַת** בכתיבה על אבני האפוד, **שֶׁנֶּאֱמַר: "עֵדוּת בִּיהוֹסֵף שָׂמוֹ בְּצֵאתוֹ עַל אֶרֶץ מִצְרָיִם"** (תהלים פא, ו). **מַתְקִיף לָהּ** [מקשה על כך] **רַב נַחְמָן בַּר יִצְחָק: "כְּתוֹלְדוֹתָם" בָּעֵינַן** [צריכים אנו], והוא לא נקרא בלידתו יהוסף! **אֶלָּא**, יש לתרץ באופן אחר: **בְּכָל הַתּוֹרָה כּוּלָּהּ "בִּנְיָמִן" כְּתִיב** [נאמר] חסר, **וְהָכָא** [וכאן] כשנולד כתוב "**בִּנְיָמִין**" **שָׁלֵם, כְּדִכְתִיב** [כפי שנאמר]: "**וְאָבִיו קָרָא לוֹ בִנְיָמִין**" (בראשית לד, יח) מלא. וכתולדתו, כמו שקרא לו אביו בלידתו — כך נכתב שמו באפוד.

א **אָמַר רַב חָנָא בַּר בִּיזְנָא אָמַר ר' שִׁמְעוֹן חֲסִידָא: יוֹסֵף שֶׁקִּידֵּשׁ שֵׁם שָׁמַיִם בְּסֵתֶר**, שלא חטא בסתר עם אשת פוטיפר — **הוֹסִיפוּ עָלָיו אוֹת אַחַת מִשְּׁמוֹ שֶׁל הַקָּדוֹשׁ בָּרוּךְ הוּא, יְהוּדָה שֶׁקִּידֵּשׁ שֵׁם שָׁמַיִם בְּפַרְהֶסְיָא** על ים סוף כשיצאו ממצרים — **נִקְרָא כּוּלּוֹ עַל שְׁמוֹ שֶׁל הַקָּדוֹשׁ בָּרוּךְ הוּא**, שהרי כל השם בן ארבע אותיות כלול בתוך השם יהודה. ומפרשים: **יוֹסֵף מַאי הִיא** [מה היה] עניינו — **דִּכְתִיב** [שנאמר] "**וַיְהִי כְּהַיּוֹם הַזֶּה וַיָּבֹא הַבַּיְתָה לַעֲשׂוֹת מְלַאכְתּוֹ**" (שם לט, יא) **אָמַר ר' יוֹחָנָן: מְלַמֵּד שֶׁשְּׁנֵיהֶם** גם יוסף וגם אשת פוטיפר **לִדְבַר עֲבֵירָה נִתְכַּוְּונוּ** ולשם כך בא הביתה. ועל אותו כתוב "**וַיָּבֹא הַבַּיְתָה לַעֲשׂוֹת מְלַאכְתּוֹ**" גב נחלקו **רַב וּשְׁמוּאֵל; חַד** [אחד] מהם **אָמַר: לַעֲשׂוֹת מְלַאכְתּוֹ מַמָּשׁ** כפשוטה, **וְחַד** [ואחד] **אָמַר: לַעֲשׂוֹת צְרָכָיו** בתשמיש עימה **נִכְנַס**. נאמר "**וְאֵין אִישׁ מֵאַנְשֵׁי הַבַּיִת שָׁם בַּבַּיִת**" (שם) ותוהים: **אֶפְשָׁר בַּיִת גָּדוֹל** וחשוב **כְּבֵיתוֹ שֶׁל אוֹתוֹ רָשָׁע לֹא הָיָה בּוֹ אִישׁ** ממשרתיו?! **תָּנָא דְּבֵי** [שנה החכם בבית מדרשו] **של ר'** **יִשְׁמָעֵאל: אוֹתוֹ הַיּוֹם יוֹם חַגָּם הָיָה, וְהָלְכוּ כּוּלָּן לְבֵית עֲבוֹדָה זָרָה שֶׁלָּהֶם, וְהִיא אָמְרָה לָהֶן** חוֹלָה הִיא ואינה יכולה ללכת, **אָמְרָה** בליבה: **אֵין לִי יוֹם שֶׁנִּזְקָק לִי יוֹסֵף כַּיּוֹם הַזֶּה**. נאמר "**וַתִּתְפְּשֵׂהוּ בְּבִגְדוֹ לֵאמֹר** שכבה עמי" (שם יב). **בְּאוֹתָהּ שָׁעָה בָּאתָה דְּיוֹקְנוֹ** (דמותו) **שֶׁל אָבִיו וְנִרְאֲתָה לוֹ בַּחַלּוֹן, אָמַר לוֹ: יוֹסֵף! עֲתִידִין אַחֶיךָ שֶׁיִּכָּתְבוּ עַל אַבְנֵי אֵפוֹד וְאַתָּה** צריך להיות **בֵּינֵיהֶם, רְצוֹנְךָ שֶׁיִּמָּחֶה שִׁמְךָ מִבֵּינֵיהֶם, וְתִקָּרֵא רוֹעֵה זוֹנוֹת? דִּכְתִיב** [שנאמר] "**וְרֹעֶה זוֹנוֹת יְאַבֶּד הוֹן**" (משלי כט, ג), שיאבד על ידי כך כבוד זה הגדול מכל הון. **מִיָּד — "וַתֵּשֶׁב בְּאֵיתָן קַשְׁתּוֹ"** (בראשית מט, כד), **אָמַר ר' יוֹחָנָן מִשּׁוּם** (בשם) **ר' מֵאִיר: שֶׁשָּׁבָה קַשְׁתּוֹ** (שהוא כינוי לאיבר) **לְאֵיתָנוֹ**, שבטל ממנו יצרו. נאמר שם על יוסף "**וַיָּפֹזּוּ זְרֹעֵי יָדָיו**" (שם) — **נָעַץ יָדָיו בַּקַּרְקַע וְיָצְאָה שִׁכְבַת זַרְעוֹ מִבֵּין צִיפּוֹרְנֵי יָדָיו**. "**מִידֵי אֲבִיר יַעֲקֹב**" (שם), **מִי גָּרַם לוֹ שֶׁיֵּחָקֵק עַל אַבְנֵי אֵפוֹד — אֶלָּא אֲבִיר יַעֲקֹב**. "**מִשָּׁם רֹעֶה אֶבֶן יִשְׂרָאֵל**" (שם), **מִשָּׁם**, מתוך שעמד בנסיון **זָכָה וְנַעֲשָׂה רוֹעֶה** לישראל, **שֶׁנֶּאֱמַר: "רֹעֵה יִשְׂרָאֵל הַאֲזִינָה נֹהֵג כַּצֹּאן יוֹסֵף"** (תהלים פ, ב). **תַּנְיָא** [שנויה ברייתא]: **הָיָה רָאוּי יוֹסֵף לָצֵאת מִמֶּנּוּ שְׁנֵים עָשָׂר שְׁבָטִים כְּדֶרֶךְ שֶׁיָּצְאוּ מִיַּעֲקֹב אָבִיו, שֶׁנֶּאֱמַר: "אֵלֶּה תֹּלְדוֹת יַעֲקֹב יוֹסֵף"** (בראשית לז, ב) לומר שכל מה שאירע לזה אירע לזה, **אֶלָּא שֶׁיָּצָא שִׁכְבַת זַרְעוֹ מִבֵּין צִיפּוֹרְנֵי יָדָיו. וְאַף עַל פִּי כֵן יָצְאוּ** תולדות הראוים **לוֹ מִבִּנְיָמִין אָחִיו**, שהוליד עשרה בנים, **וְכוּלָּן נִקְרְאוּ עַל שְׁמוֹ** של יוסף, כלומר, ששמותיהם מתייחסים כולם ליוסף, **שֶׁנֶּאֱמַר "וּבְנֵי בִנְיָמִין בֶּלַע וָבֶכֶר וְאַשְׁבֵּל** גרא ונעמן אחי וראש מופים וחופים וארד" (שם מו, כא), ופירושם: "**בֶּלַע**" — על שם יוסף **שֶׁנִּבְלַע בֵּין הָאוּמּוֹת**, "**וָבֶכֶר**" — **בְּכוֹר לְאִמּוֹ** רחל **הָיָה**, "**וְאַשְׁבֵּל**" — **שֶׁשְּׁבָאוֹ אֵל** למצרים, "**גֵּרָא**" — **שֶׁגָּר בְּאַכְסַנְיוֹת** בנכר, "**וְנַעֲמָן**" — **שֶׁנָּעִים בְּיוֹתֵר**, "**אֵחִי וָרֹאשׁ**" — **אָחִי הוּא וְרֹאשִׁי הוּא**, "**מֻפִּים וְחֻפִּים**" — כוונתו: **הוּא לֹא רָאָה בְּחוּפָּתִי, וַאֲנִי לֹא רָאִיתִי בְּחוּפָּתוֹ**, "**וָאָרְדְּ**" — **שֶׁיָּרַד לְבֵין אוּמּוֹת הָעוֹלָם. אִיכָּא דְּאָמְרִי** [יש שאומרים]: "**וָאָרְדְּ**" — **שֶׁפָּנָיו** דּוֹמִין ביופים **לְוֶורֶד**.

ב **אָמַר ר' חִיָּיא בַּר אַבָּא אָמַר ר' יוֹחָנָן: בְּשָׁעָה שֶׁאָמַר לוֹ פַּרְעֹה לְיוֹסֵף "וּבִלְעָדֶיךָ לֹא יָרִים אִישׁ אֶת יָדוֹ** ואת רגלו בכל ארץ מצרים" (שם מא, מד), **אָמְרוּ אִיצְטַגְנִינֵי פַּרְעֹה: עֶבֶד שֶׁלְּקָחוֹ** (קנאו) **רַבּוֹ בְּעֶשְׂרִים כֶּסֶף תַּמְשִׁילֵהוּ עָלֵינוּ? אָמַר לָהֶן: גִּנּוּנֵי** (מנהגי) **מַלְכוּת אֲנִי רוֹאֶה בּוֹ**, שאינו עבד מעיקרו. **אָמְרוּ לוֹ: אִם כֵּן**, שבן מלכים הוא, **יְהֵא יוֹדֵעַ בְּשִׁבְעִים לָשׁוֹן** כדרך שלומדים בני המלכים! **בָּא** המלאך **גַּבְרִיאֵל וְלִימְּדוֹ שִׁבְעִים לָשׁוֹן. לֹא הֲוָה קָגָמַר** [היה לומד] כל זה. באותה שעה **הוֹסִיף לוֹ** גבריאל **אוֹת אַחַת מִשְּׁמוֹ שֶׁל הַקָּדוֹשׁ בָּרוּךְ הוּא** ואז **לָמַד, שֶׁנֶּאֱמַר: "עֵדוּת בִּיהוֹסֵף שָׂמוֹ בְּצֵאתוֹ עַל אֶרֶץ מִצְרָיִם שְׂפַת לֹא יָדַעְתִּי אֶשְׁמָע"** (תהלים פא, ו). **וּלְמָחָר** כשחזר לפני פרעה, **כָּל לִישָּׁנָא דְּאִישְׁתָּעֵי** [לשון, שפה, שדיבר] **פַּרְעֹה בַּהֲדֵיהּ** [איתו], **אַהֲדַר לֵיהּ** [ענה לו]. **אִישְׁתָּעֵי אִיהוּ** [דיבר הוא, יוסף] **בִּלְשׁוֹן הַקֹּדֶשׁ וְלֹא הֲוָה קָא יָדַע מַאי הֲוָה אָמַר** [היה יודע פרעה מה הוא אומר]. **אָמַר לֵיהּ** [לו] פרעה: **אַגְמְרִי** [למד אותי]. **אַגְמְרֵיהּ** [לימד אותו] **וְלֹא גָּמַר** [למד]. **אָמַר לֵיהּ** [לו] פרעה: **אִישְׁתַּבַּע** [השבע] **לִי דְּלָא מְגַלֵּית** [שאינך מגלה] שאיני יודע שפה זו. **אִישְׁתַּבַּע** [נשבע] **לוֹ**. לאחר זמן, **כִּי** [כאשר] **אָמַר לֵיהּ** [לו] יוסף לפרעה "**אָבִי הִשְׁבִּיעַנִי לֵאמֹר**" (בראשית נ, ה) שאקברהו בארץ ישראל, **אָמַר לֵיהּ** [לו] פרעה: **זִיל אִיתַּשֵּׁיל אַשְׁבוּעָתָךְ** [לך הישאל על שבועתך] והתר אותה. **אָמַר לֵיהּ** [לו] יוסף: **וְאִיתְשְׁלֵי נַמִּי אַדִּידָךְ** [ואשאל גם כן על השבועה שנשבעתי לך]? **וְאַף עַל גַּב** [ואף על פי] **שֶׁלֹּא נִיחָא לֵיהּ** [היה נוח לו] לפרעה להסכים, מפני שחשש שיוסף יישאל על השבועה שנשבע לו, **אָמַר לֵיהּ** [לו] בכל זאת: "**עֲלֵה וּקְבֹר אֶת אָבִיךָ כַּאֲשֶׁר הִשְׁבִּיעֶךָ**" (שם ו).

ג **יְהוּדָה מַאי הִיא** [מה היה] ענין קידוש השם שעשה בפרהסיא? **דְּתַנְיָא** [שכן שנינו בברייתא], **הָיָה ר' מֵאִיר אוֹמֵר: כְּשֶׁעָמְדוּ יִשְׂרָאֵל עַל הַיָּם** (סוף) **הָיוּ הַשְּׁבָטִים מְנַצְּחִים** (מתווכחים) **זֶה עִם זֶה, זֶה אוֹמֵר: אֲנִי יוֹרֵד תְּחִלָּה לַיָּם, וְזֶה אוֹמֵר: אֲנִי יוֹרֵד תְּחִלָּה לַיָּם**, ובינתיים **קָפַץ**

מסורת הש"ס

א. ירושלמי סוטה פ"ז ה"ד.
ב. שם. תוספתא סוטה פ"ח ט.
ג. (כל הענין) ילק"ש נ"ך כט.
ד. ב"ב קיח,א.
ה. ברכות כ,א. נה,ב. ב"מ פד,א. ב"ב קיח,ב. ב"ר פצ"ג ג. אג"ב פפ"ג א.
ו. סוטה י,ב. במדבר פי"ד ה. וראה ירושלמי סוטה פ"ז ה. ילק"ש תורה קמו.
ז. שבת מט,ב. ב"ר פפ"ז ז. פדר"א פל"ט.
ח. ב"ר שם. שמו"ר פ"א א. תנחומא וישב ט. פסי"ר פ"ו.
ט. ירושלמי הוריות פ"ג ה"ה. ב"ר שם. פצ"ח כ. תנחומא שם. מדרש שמואל פ"ה. פדר"א שם.
י. פדר"א שם. ילק"ש תורה קמז.
יא. ב"ר פצ"ג י. שם פצ"ד ח. תנחומא ויגש ד. תנחומא בובר ויגש ז.
יב. ראה במדב"ר פי"ט ג. תנחומא בובר חוקת יג. פסי"ר פי"ד. פסדר"כ פ"ד. ילק"ש נ"ך תתלא (כל הענין).
יג. סוטה לג,א.
יד. מכילתא בשלח ויהי פ"ה. שמו"ר פכ"ד א. במדב"ר פי"ג ד. שוח"ט פס"ח. שם פע"ו. שם פקי"ד. פדר"א פמ"ב. פסי"ר פ"ז. ילק"ש תורה רלד.

גרסות

ואלא מאי יש בכת"י: **ואלא מה** ויש: **אם כן.**
והחבאו יש בכת"י **והחביאו.**
זרעיה דיוסף יש שגרסו: **זרעא דיוסף אנן.**
מתקיף לה רב נחמן בר יצחק יש בכת"י: **רב נחמן בר יצחק אמר.**
בנימין שלם יש בכת"י: **בנימין מלא.**
באותה שעה יש בכת"י: **תאנא מלמד שעלו שניהם למטה ערומים.**
זרעו בכת"י יש: **זרע.**
באכסניות יש שגרסו: **באכסניא.**
גנוני ויש שגרסו: **גניסי.**
בא גבריאל יש בכת"י: **אמר להם למחר נבדקיה בלילה בא גבריאל.**
אמר ליה אגמרי יש בכת"י: **אמר ליה מאי האי אמר ליה לשון הקדש אמר ליה אגמרינו.**

לשון

פרהסיא
מקור המלה הוא ביוונית παρρησία (פריסיא) שמשמעה במקורה — חופש דיבור, ואף משטר חופשי. ובשימוש הלשון של חז"ל — דבר הנעשה בפומבי, דבר הגלוי לכל.

דיוקנו
מקור המלה הוא ביוונית, ויש סבורים כי היא המלה היוונית δείκανον (דייקאנון) — דמות מצויירת ורקומה. ואילו הגאונים הבינו כי פירושה דיו־איקונין, מן היוונית δείκανον (דייקאנון) — צורה, תבנית. ומשמעה כעין כפל, דמות, העתק.

אכסניות
נראה כי כאן משמעות המלה אינה כמובנה הרגיל, אלא על סמך המקור ביוונית ξενία (כסניא) שמשמעו בין השאר — מעמדו של זר, זרות.

גנוני מלכות
לפי רש"י המשמעות היא כמו גון = צבע, וכאן בהשאלה — צורה ודרך של מלכות. ובערוך ועוד גרסו: גיניסי, כנראה מן היוונית γένεσις (גנסיס) — מוצא, מקור. כלומר, שרואה הוא בו סימני מוצא מלכותי.

עיונים

בחומש שני וכבר העירו כי יוסף אינו נמנה בראשית ספר שמות ("חומש שני") ברשימת בני יעקב, אלא שמו מופיע לחוד, ולפי שיטה זו אכן הוא מופיע באבני האפוד בשורה אחרונה.

חציו של מול הר גריזים וכו' בתוס' בעמוד הקודם (ד"ה מאי) האריכו בנושא זה, והביאו וצידדו כדברי התלמוד הירושלמי האומר להיפך מן האמור כאן, שהחצי שבהר עיבל היה מרובה יותר משל הר גריזים. וכבר עסקו מפרשים שונים (ראה בקרן אורה ובמפרשי התלמוד הירושלמי) בהישוב המספרים בענין זה. אולם בעיקרם של דברים מבוססים כל החשבונות על המיפקד האחרון שנעשה לישראל לפני בואם לארץ (במדבר פרק כו), וכבר העיר המהרש"א כי ייתכן שבני שבט אחד נתרבו במשך הזמן (כלומר, שלא נמנו בספר במדבר אלא מבני עשרים ומעלה, ושמא היו בשבטים שונים רבים שהיו סמוכים לגיל זה, ובזמן שהיו הברכות והקללות הגיעו לגיל שבו נכנסו בכנין הפקודים). ומעבר לזה יש בעיה נוספת (שכבר עמדו עליה בתוס' שם) כיון ששנים וחצי שבטים (ראובן וגד וחצי שבט מנשה) נשארו בעבר הירדן, ולא שלחו אלא חלוצי צבא לעבור את הירדן, וכיון שאין אנו יודעים כיצד נתחלק שבט מנשה, וכמה מכל שבט היו בין החלוצים, הרי אין לסמוך כלל על המספרים שבספר במדבר, ואין בדבר זה אלא מסורת בלבד.

עלי עין ר"ח פירש כי הכוונה היא כמו: עלי עין מאיתנו ולכי למקום אחר.

וידגו לרוב היו שהתקשו מפני מה לא הסתפק ר' יוסי בר' חנינא בהסברו של ר' אבהו, ליישב דבר זה (וכן את דקדוק לשון רש"י) הסבירו שהכתוב הראשון אינו מדבר אלא בברכתו (או בשבחו) של יוסף עצמו, ואילו הכתוב השני יש בו ברכה מפורשת לצאצאיו של יוסף (עין יעקב).

הוסיפו עליו וכו' שיהודה נקרא שמו כך מתחילה, והיה ידוע בשמו זה לכל — והרי זה פרהסיא כנגד קידוש השם בפרהסיא, ואילו יוסף שקידש שם שמים בסתר לא נוספה לו אות זו בלידתו אלא רק לאחר מכן (ריא"ף). ומצד אחר כתבו כי יוסף שקידש שם שמים בעצמו הוסיף לו הקדוש ברוך הוא אות משמו, אבל יהודה שרק זרעו קידש שם שמים על הים, נקרא כן כדרך העולם על ידי אמו (בן יהוידע). וכתב המהרש"א שלא נוספה לו אות זו מיד לאחר שגבר על יצרו, אלא כאשר הוצרך לכך בלימוד הלשונות, וכן פירש את הכתוב "עדות ביהוסף שמו" כאילו היה כתוב שְׁמוֹ, שנקרא על שם ה'.

לדבר עבירה נתכוונו ולכאורה הרי זו ראיה לסתור את האמור קודם לכן! שיש לומר כי לולא דברי ר' יוחנן היינו יכולים לומר שלא חטא באשת אדוניו מפני שפחד ממנו, ולכן אמר כי יוסף עצמו אף הוא נתכוון לעבירה אלא שהיה זה מחמת קידוש ה' שנמנע ולא עשה כן (מהרש"א).

מלאכתו כתב המהרש"א שהלימוד הוא ממה שנאמר "מלאכתו", ולא "מלאכה" או "מלאכת אדוניו", ללמד שלצורך עצמו היה שם. והיה מי שכתב כי המחלוקת בין רב ושמואל תלויה בשאלה האם יש איסור יחוד בעריות לבני נוח, שלדעת הסבור שיש בכך איסור אם כן בעצם העובדה שנשאר עימה לבד בבית מוכח שלצורך עבירה נשאר. ולאומרים שאין בכך איסור יש לומר שלצורך מלאכה ממש נכנס (תורת הקנאות).

דיוקנו של אביו יש שכתב שהכוונה היא לאותה דמות של יעקב החקוקה בכסא הכבוד, שהיא דמותו של מעלה (מהרש"א).

מבין ציפורני ידיו כתב רב האי גאון שאין להבין דבר זה כפשוטו, אלא לומר שנתפזר זרעו כדרך שנתפזר ולא בא עליה (וראה בבן יהוידע). ויש שגרסו "יצאה תאוותו מבין ציפורני ידיו", והרי זה בדומה לשיטת רב האי גאון.

מופים מדרשו של שם זה לא נתפרש כאן, והביא רש"י ממדרש תנחומא שהכוונה היא שלמד מפיו של יעקב (מו—פיו) כדרך שיעקב עצמו קיבל מרבותיו. וכעין זה בב"ר ושם נוסף מופים מלשון יופי. ובתרגום יונתן לתורה מוסבר שנקרא כן על שם שנמכר למוף = מצרים.

בעשרים כסף והדגישו את סכום מכירתו, כי לטענתם אם היה באמת בן מלכים היו בוודאי מוכרים אותו בסכום גדול בהרבה מזה (בן יהוידע).

שבעים לשון מכאן משמע שאין לשון הקודש נמנית בכלל שבעים לשון, וכן אין ישראל במנין שבעים אומות (תר"ש, תוהרא"ש).

ואיתשלי נמי אדידך הראשונים דנו בענין זה בצדדים שונים של הלכה, ומלבד דברי המפרשים מובאים הדברים בשו"ת הראשונים. בתוס' (ד"ה איתשיל) שאלו כיצד יכול אדם להפר נדר שנדר לאדם אחר שלא מדעת אותו אדם? והעלו לבסוף כי יוסף אמר זאת רק כלשון הפחדה, ואין הלכה כן. ובתוהרא"ש שואל: כיצד יכול אדם להתיר נדר שנדר על דעת אחר שלא בפני אותו האיש, והרי יעקב כבר לא היה חי אז! ותירץ לפי שיטת ר"ת שאין אומרים שאי אפשר להדיר נדר שעשה מדעת אחר אלא במקרה שההוא עשה לו טובה, אבל לא במקרה אחר. וכבר נחלקו בכך ראשונים. ועוד הביאו שיטת ר"ת (שהראב"ד ועוד חולקים עליה) שאם התירו לאדם נדר שנדר על דעת אחרים, אף שעשו שלא כדין נדר זה מותר בדיעבד.

שִׁבְטוֹ שֶׁל בִּנְיָמִין וְיָרַד לַיָּם תְּחִילָּה, שֶׁנֶּאֱמַר: "שָׁם בִּנְיָמִן צָעִיר רֹדֵם" (תהלים סח, כח) אַל תִּקְרֵי [תקרא] "רֹדֵם" אֶלָּא "רַד יָם". וְהָיוּ שָׂרֵי יְהוּדָה רוֹגְמִים אוֹתָם על שקפצו תחילה שלא לפי הסדר, שֶׁנֶּאֱמַר: "שָׂרֵי יְהוּדָה רִגְמָתָם" (שם). לְפִיכָךְ זָכָה בִּנְיָמִין הַצַּדִּיק וְנַעֲשָׂה אוּשְׁפִּיזְכָן (בעל אכסניה) לַגְּבוּרָה (השכינה), שנבנה בית המקדש בחלקו, שֶׁנֶּאֱמַר בברכת משה לשבט בנימין: "ידיד ה'... וּבֵין כְּתֵפָיו שָׁכֵן" (דברים לג, יב). אָמַר לוֹ ר' יְהוּדָה לר' מאיר: לֹא כָּךְ הָיָה מַעֲשֶׂה, אֶלָּא שבט זֶה אוֹמֵר: אֵין אֲנִי יוֹרֵד תְּחִילָּה לַיָּם, וְשבט זֶה אוֹמֵר: אֵין אֲנִי יוֹרֵד תְּחִילָּה לַיָּם, קָפַץ נַחְשׁוֹן בֶּן עַמִּינָדָב (נשיא שבט יהודה) וְיָרַד לַיָּם תְּחִילָּה, ושבט יהודה עימו שֶׁנֶּאֱמַר: "סְבָבֻנִי בְכַחַשׁ אֶפְרַיִם וּבְמִרְמָה בֵּית יִשְׂרָאֵל וִיהוּדָה עֹד רָד עִם אֵל" (הושע יב, א). וְעָלָיו, על מעשה זה, מְפָרֵשׁ בְּקַבָּלָה (בספרי הכתובים), שכך התפלל באותה שעה: "הוֹשִׁיעֵנִי אֱלֹהִים כִּי בָאוּ מַיִם עַד נָפֶשׁ. טָבַעְתִּי בִּיוֵן מְצוּלָה וְאֵין מָעֳמָד" וגו' (תהלים סט, ב–ג), וכן "אַל תִּשְׁטְפֵנִי שִׁבֹּלֶת מַיִם וְאַל תִּבְלָעֵנִי מְצוּלָה" וגו' (שם טז). בְּאוֹתָהּ שָׁעָה הָיָה מֹשֶׁה מַאֲרִיךְ בִּתְפִלָּה, אָמַר לוֹ הַקָּדוֹשׁ בָּרוּךְ הוּא: יְדִידַיי טוֹבְעִים בַּיָּם וְאַתָּה מַאֲרִיךְ בִּתְפִלָּה לְפָנַי?! אָמַר לְפָנָיו: רִבּוֹנוֹ שֶׁל עוֹלָם! וּמַה בְּיָדִי לַעֲשׂוֹת? אָמַר לוֹ: "דַּבֵּר אֶל בְּנֵי יִשְׂרָאֵל וְיִסָּעוּ. וְאַתָּה הָרֵם אֶת מַטְּךָ וּנְטֵה אֶת יָדְךָ" וגו' (שמות יד, טו–טז). לְפִיכָךְ משום שקפץ לים, זָכָה שבט יְהוּדָה לַעֲשׂוֹת (להיעשות) מֶמְשָׁלָה בְּיִשְׂרָאֵל, שֶׁנֶּאֱמַר: "הָיְתָה יְהוּדָה לְקָדְשׁוֹ יִשְׂרָאֵל מַמְשְׁלוֹתָיו" (תהלים קיד, ב); מַה טַּעַם הָיְתָה יְהוּדָה לְקָדְשׁוֹ וְיִשְׂרָאֵל מַמְשְׁלוֹתָיו (תחת ממשלתו) — מִשּׁוּם שֶׁ"הַיָּם רָאָה וַיָּנֹס" (שם ג).

א ושוב לענין הברכות והקללות. תַּנְיָא [שנויה ברייתא], ר' אֱלִיעֶזֶר בֶּן יַעֲקֹב אוֹמֵר: אִי אֶפְשָׁר לוֹמַר שהיה שבט לֵוִי לְמַטָּה בין שני ההרים, שֶׁכְּבָר נֶאֱמַר שהוא לְמַעְלָה, כאמור "אלה יעמדו לברך את העם על הר גריזים... שמעון ולוי ויהודה..." (דברים כז, יב), וְאִי אֶפְשָׁר לוֹמַר שהיה לְמַעְלָה, שֶׁכְּבָר נֶאֱמַר "וכל ישראל וזקניו ושוטרים ושופטיו עומדים מזה ומזה לארון נגד הכהנים הלויים" (יהושע ח, לג), משמע שהלויים היו לְמַטָּה עם הארון. הָא [הרי] כֵּיצַד? — רק זִקְנֵי כְהוּנָּה וּלְוִיָּה נמצאים לְמַטָּה, וְהַשְּׁאָר לְמַעְלָה. ר' יֹאשִׁיָּה אוֹמֵר: כָּל לוי הָרָאוּי לְשָׁרֵת במקדש נמצא לְמַטָּה, וְהַשְּׁאָר הצעירים והזקנים מגיל העבודה במקדש היו לְמַעְלָה. רַבִּי אוֹמֵר: אֵלּוּ וְאֵלּוּ הלויים וכל שבטי ישראל לְמַטָּה הֵן עוֹמְדִים, הָפְכוּ פְּנֵיהֶם כְּלַפֵּי הַר גְּרִיזִים וּפָתְחוּ בִּבְרָכָה, כְּלַפֵּי הַר עֵיבָל וּפָתְחוּ בִּקְלָלָה. אלא מַאי [מה פירוש] "אלה יעמדו לברך את העם עַל הר גריזים" (דברים כז, יב) האמור בתורה עַל — בְּסָמוּךְ, כלומר, סמוך להר ולא עליו ממש. כִּדְתַנְיָא [כפי ששנינו בברייתא] בענין לחם הפנים: על מה שנאמר "וְנָתַתָּ עַל הַמַּעֲרֶכֶת לְבֹנָה זַכָּה" (ויקרא כד, ז) רַבִּי אוֹמֵר: "עַל" כוונתו בְּסָמוּךְ. אַתָּה אוֹמֵר "עַל" בְּסָמוּךְ, אוֹ אֵינוֹ אֶלָּא עַל מַמָּשׁ? כְּשֶׁהוּא אוֹמֵר "וְסַכֹּתָ עַל הָאָרֹן את הפרוכת" (שמות מ, ג) והרי הפרוכת לא היתה כיסוי לארון מלמעלה אלא רק סמוך לו, הֱוֵי אוֹמֵר שֶׁ"עַל" פירושו בְּסָמוּךְ.

ב על מה ששנו במשנה: הָפְכוּ פְּנֵיהֶם כְּלַפֵּי הַר גְּרִיזִים וּפָתְחוּ בִּבְרָכָה כו', תָּנוּ רַבָּנַן [שנו חכמים]: בברכות ובקללות יש "בָּרוּךְ" בִּכְלָל על המקיים את דברי התורה כולם, ו"בָּרוּךְ" בִּפְרָט, על כל אחד מן הדברים המפורטים בפרשת הברכות והקללות. וכן "אָרוּר"

עיונים

לפיכך זכה בנימין וכו' ויש צד שוה בין זכייתו של בנימין לזכייתו של יהודה, ששניהם זכו בדבר שמתקיים לעולם, שלעולם בית המקדש בנחלת בנימין, ולעולם מלכות מבית יהודה (בן יהוידע). וראה בעיון יעקב שהוסיף שאפשר לומר שאף לדברי ר' מאיר זכה בנימין גם הוא במלכות, שהרי המלך הראשון שקם לישראל, שאול, היה משבט בנימין.

לא כך היה מעשה וכו' לפי האמור כאן קידוש השם שעשה יהודה בפרהסיא היה בקפיצת נחשון בן עמינדב לים. ולכאורה הרי כבר אמרו לעיל כי יהודה קידש את השם בפהרסיא כאשר הודה במעשה תמר! ויש שהביאו בשם המדרש כי די להודאה שתכפר על הביאה, אבל משום כך בלבד לא היה מגיע לו שכר מרובה זה. ועוד, אפשר לומר שכאן מסביר לא רק מפני מה זכה להיקרא על שם ה' אלא גם מפני מה זכה לממשלה בישראל (עיון יעקב).

ובספר תאוה לעינים כתב שאכן יש לומר שמחלוקת תנאים היא, שלדעת ר' מאיר שבנימין ירד תחילה לים הרי קידוש השם של יהודה היה במעשה תמר, ואילו לדעת ר' יהודה היה קידוש השם בירידה לים (וכעין זה גם ביגל יעקב).

ועליו מפורש בקבלה שבתורה נאמר רק "ויצעקו בני ישראל אל ה'" ולא נתפרש מה צעקו, ואילו בספר תהלים מפורש מה תפילה התפלל אותו שבט באותה שעה (מהרש"א).

קבלה "קבלה" ו"דברי קבלה" הם דברים הכתובים בנביאים וכתובים (להבדילם מן התורה). ובביאור המונח יש הסברים שונים, יש מפרשים כמשמעו קבלה — דברים שקדושתם ומעלתם היא מכוח המסורת ולא ממה שניתנו לנו כתורה שבכתב. ויש מסבירים שביחוד דברי נביאים וכיוצא בהם נקראים קבלה — לשון קְבִילָה כלומר, דברי תוכחות ומוסר.

ידידיי טובעים בים הרי כבר אמרו שבמקום סכנה מתפלל אדם תפילה קצרה. ומה שהשתמש בלשון ידידיי הרי זה כהמשך המובאה מן הכתוב "ולבנימין אמר ידיד ה'" (דברים לג, יב) שמשום לשון זו קורא כאן לישראל "ידידיי" (מהרש"א).

לוי למטה ובתלמוד הירושלמי המובא בתוס' (ד"ה אי) מובאת דעה נוספת, שכל שבט לוי היה למעלה, כשאר השבטים המנויים שם. ומה שנאמר בספר יהושע שהיו הכהנים הלויים ליד הארון — מדובר בכהנים בלבד, הקרויים כאן (כמו בהרבה מקומות אחרים) לויים.

זקני כהונה ולויה ולכאורה תמוה שהרי נושאי הארון היו למטה, וזקני הלויים אינם ראויים לשאת את הארון, שלאחר שנתם החמישים הם יוצאים מצבא העבודה! ותירץ המהרש"א כי היתה זו הוראת שעה שבזמן זה ישאוהו זקני הלויים דווקא. ויש שכתב ש"זקני" כאן אין כוונתו לזקנים בשנים, אלא לזקנים במובן חכמים, שגדוליהם וחכמיהם היו למטה, והיו מאלה הראויים לשאת את הארון (עיון יעקב).

על בסמוך ובמקור הדין מביא רבי ראיה גדולה לדבריו, שנאמר "ועליו מטה מנשה" (במדבר ב, כ) שפירושו בוודאי — וסמוך לו מטה מנשה. ועוד יש מקראות רבים כיוצא בזה שמוכח מהם שאי אפשר לומר ש"על" משמעו על ממש.

לשמור ולעשות בדרך כלל "לשמור" משמעו להיזהר במצוות לא תעשה, ו"לעשות" פירושו לקיים מצוות עשה. אלא שכאן אי אפשר לפרש כן, שהרי נמצא שיש רק שלוש (שש) בריתות לכל מצוה. שהרי כל אחת מן המצוות היא או מצות עשה או מצות לא תעשה. ומשום כך פירש המהרש"א שיש לומר כאן ש"לשמור" הוא, כדברי חז"ל, משנה. והסביר שיש מצוה לא רק ללמוד וללמד, אלא גם לשמור — כלומר, לדאוג לכך שהלימוד ביחס למצוות לא יהא רק לימוד בלבד, אלא שישתדל לשמור אותו בליבו על ידי לימוד המשנה. וראה בעיון יעקב שרמז לדברי הגמרא בעירובין ש"הִשָּׁמֶר" האמור במצוות עשה הוא עצמו עשה, והאמור בלא תעשה. — הוא לא תעשה. ולפי זה "לשמור" משמעו להוסיף ולדקדק בשמירת המצוות, בין שהן עשה ובין שהן לא תעשה.

מסורת הש"ס

א. ילק"ש תורה תתקנז. שם נ"ך תשצט.

ב. ראה יומא יב,א. מגילה כו,א. זבחים נד,א. קיח,ב. אדר"נ פל"ה.

ג. תוספתא ברכות פ"ד טז. מכילתא בשלח ויהי פ"ה. מכילתא דרשב"י יד, כב. שמו"ר פכ"ד א. במדב"ר פי"ג ד. שוח"ט פע"ו. שם פקי"ד. פדר"א פמ"ב. פסי"ר פ"ז. ילק"ש תורה רלד.

ד. שם. במדב"ר פי"ב כא. אג"ב פע"ד.

ה. מכילתא בשלח ויהי פ"ה.

ו. שם. תוספתא ברכות שם. ב"ר שם. שמו"ר פ"ל יט. במדב"ר שם. שוח"ט שם.

ז. ירושלמי סוטה פ"ז ה"ד. תוספתא סוטה פ"ח ט. ילק"ש תורה תתקלח. שם נ"ך יח.

ח. פסחים סג,ב. סנהדרין יג,ב. מנחות כז,א. סב,א. עח,ב. צח,א. ירושלמי פסחים פ"ז ה"א. ברייתא דמלאכת המשכן פ"ח.

ט. מנחות סב,א. צח,א.

י. ירושלמי סוטה פ"ז ה"ד. תוספתא סוטה פ"ח י. מדרש תנאים יא, יב. ילק"ש נ"ך יד (כל הענין).

גרסות

לים תחילה יש בכת"י: **תחילה לים.**

בנימין הצדיק יש בכת"י: **בנימין.**

מפרש בקבלה יש בכת"י: **מפורש בקבלה.**

ידידיי טובעים יש במקורות: **ידידי טובע.**

שבטו של בנימין וירד לים תחילה שנאמר
(תהלים סח) א °שם בנימין צעיר רודם אל תקרי רודם אלא
רד ים והיו שרי יהודה רוגמים אותם שנאמר
(שם) °שרי יהודה רגמתם ב לפיכך *זכה בנימין
הצדיק ונעשה אושפיזכן לגבורה שנאמר
(דברים לג) °ובין כתפיו שכן אמר לו רבי יהודה לא כך
היה מעשה אלא ג זה אומר אין אני יורד
תחילה לים וזה אומר אין אני יורד תחילה לים
קפץ נחשון בן עמינדב וירד לים תחילה
(הושע יב) שנאמר °סבבוני בכחש אפרים ובמרמה
בית ישראל ויהודה עוד רד עם אל ועליו
(תהלים סט) מפרש בקבלה °הושיעני אלהים כי באו מים
עד נפש טבעתי ביון מצולה ואין מעמד וגו'
(שם) °אל תשטפני שבולת מים ואל תבלעני
מצולה וגו' ד באותה שעה היה משה מאריך
בתפלה אמר לו הקב"ה ידידיי טובעים בים
ואתה מאריך בתפלה לפני ה אמר לפניו רבונו
(שמות יד) של עולם ומה בידי לעשות אמר לו °דבר
אל בני ישראל ויסעו ואתה הרם את מטך
ונטה את ידך וגו' ו לפיכך זכה יהודה לעשות
(תהלים קיד) ממשלה בישראל שנאמר °היתה יהודה
לקדשו ישראל ממשלותיו מה טעם היתה
יהודה לקדשו וישראל ממשלותיו משום
א דהים ראה וינום תניא ז *רבי אליעזר בן יעקב
אומר אי אפשר לומר לוי למטה שכבר נאמר
למעלה ואי אפשר לומר למעלה שכבר
נאמר למטה הא כיצד זקני כהונה ולויה
למטה והשאר למעלה רבי יאשיה אומר כל
הראוי לשרת למטה והשאר למעלה רבי אומר
אלו ואלו למטה הן עומדים הפכו פניהם כלפי
הר גריזים ופתחו בברכה כלפי הר עיבל
(דברים כז) ופתחו בקללה מאי °על ח על בסמוך *כדתניא
(ויקרא כד) ט °ונתת על המערכת לבונה זכה רבי אומר *על
בסמוך אתה אומר על בסמוך או אינו אלא
(שמות מ) על ממש כשהוא אומר °וסכות על הארון*
ב הוי אומר על בסמוך: הפכו פניהם כלפי
הר גריזים ופתחו בברכה כו': תנו רבנן י ברוך
בכלל ברוך בפרט *ארור בכלל ארור
בפרט ללמוד וללמד לשמור ולעשות הרי
ארבע

אושפיזכן לגבורה. שבית קדשי הקדשים בנוי בחלקו: **בכחש אפרים.** שירצו לסמוך עליו וכחשו באמונתם: **רד עם אל.** ירד בים על שבטח בהקב"ה: **ישראל ממשלותיו.** דיהודה שנתקדש למשול בהן: **שכבר נאמר לוי למעלה.** משה כתב בתורה אלה יעמדו לברך וגו' שמעון לוי ויהודה: **שכבר נאמר לוי למטה.** בספר יהושע (ח) כדכתיב וכל ישראל וזקניו עומדים מזה ומזה לארון נגד הכהנים והלוים אלמא כהנים ולוים למטה היו: **הראוי לשרת.** לשאת את הארון דהיינו מבן שלשים ועד בן חמשים: **למטה.** אצל הארון: **אלו ואלו.** ישראל ולוים למטה היו כדכתיב בספר יהושע: **על הר גריזים ועל הר עיבל.** שכתב משה בתורה על בסמוך כדמפרש ואזיל: **על בסמוך.** שהיה מושיב שני בזיכי לבונה בין שני הסדרים: **וסכות על הארון.** על כרחך לאו על ממש דהאי מחילה הואי פרוכת ולא היה סכך: **ברוך בכלל ברוך בפרט.** כל הברכות והקללות נאמרו בהר גריזים ובהר עיבל בכלל ופרט ברוך אשר יקים את דברי התורה הזאת ארור אשר לא יקים הרי בכלל וכל אחת ואחת בפרט ברוך וארור ברוך אשר לא יעשה פסל ומסכה ארור אשר יעשה פסל ומסכה וכן כולן: **ללמוד וללמד לשמור ולעשות.** כל המצות כולן טעונות ארבעה אלה ולמדתם אותם ושמרתם לעשותם וכתיב ולמדתם אותם את בניכם וגו' הרי כאן ארבע מצות לכל מצוה ועל ארבעתן נמסרו ארור וברוך בכלל ופרט ברוך אשר ילמדו ארור אשר לא ילמדו וכן ללמד וכן לשמור וכן לעשות בכל אחד ארבע בריתות ברית לברוך בכלל ברית לברוך בפרט ברית לארור בכלל ברית לארור בפרט: (זה הפירוש שייך לע"ב) **ארבע וארבע.** ארבע בריתות ללמוד וארבע ללמד הרי שמנה: **שמנה ושמנה.** הא איכא עוד שמנה לשמור ולעשות: **וכן בסיני.** כשנאמרו כל המצות למשה נתנו כולן בארור וברוך בכלל ופרט: **וכן בערבות מואב.** כשאמרה לישראל כדכתיב (דברים א) בעבר הירדן בארץ מואב הואיל משה וגו': **שנאמר אלה דברי הברית וגו'.** בתר קללות וברכות כתיב מלבד הברית וגו' אלמא כברית ערבות מואב בברכות וקללות כך ברית בחורב דהר גריזים ודהר עיבל לא איצטריך לאתויי קרא דעלה קאי וכה איירי ושמרתם את דברי הברית הזאת לא גרס ליה הכא: ארבעים

והיו שרי יהודה רגמתם רוגמין אותן. כך שנויה ברייתא במכילתין משל למה הדבר דומה למלך בשר ודם שהיו לו שני בנים אחד גדול ואחד קטן אמר לקטן העמידני עם הנץ החמה אמר לגדול העמידני בג' שעות בא הקטן להעמידו עם הנץ החמה ולא הניחו גדול אמר לו לא אמר לי אלא עד ג' שעות והקטן אמר לא אמר לי אלא עד הנץ החמה מתוך שהיו עומדים להוכין ננער אביהן אמר להן בניי מכל מקום שניכם לא כיוונתם אלא לכבודי אף אני לא אקפח את שכרכם מה שכר נטלו שבטו של בנימין שירד תחילה לים ששרתה שכינה בחלקו שנאמר וכו' ומה שכר נטלו שבטו של יהודה זכה למלכות שנאמר שרי יהודה רגמתם אין רגמתם אלא מלכות שנאמר באדין אמר בלשצר והלבישו לדניאל ארגוונא (דניאל ה):

אי **אפשר לומר לוי למטה וכו'.** ירושלמי ר"ש אומר שמעון ולוי מה שמעון כולו למעלה אף לוי כולו למעלה מה אני מקיים הדין תנייה נגד הכהנים והלוים כדאמר ר' יהושע בן לוי בעשרים וארבעה מקומות הכהנים נקראו לוים וזה אחד מהן והכהנים הלוים בני צדוק (יבמות פו:):

מאי **על על בסמוך כדתניא רבי אומר וכו'.** האי דלא מייתי מתניתין בפרק שתי הלחם (מנחות נו.) אבא שאול אומר שם היו נותנין בזיכי לבונה של לחם הפנים ואטפחיים ריוח באמצע קאי שהיו נותנין בזיכי לבונה של לחם הפנים אמרו לו והלא כבר נאמר ונתת על המערכת לבונה זכה אמר להם והלא כבר נאמר ועליו מטה מנשה יש לומר משום דברייתא מפרש בהדיא על בסמוך ונראה אפי' רבי מאיר ור' יהודה דפליגי התם אאבא שאול ואמרי על ממש והכי משמע נמי בהקומץ רבה (שם כז.) כל היכא דאיכא למימר על ממש דאמרי' [על ממש] דבעי שם רבי יצחק איברים שסדרן בצידי מערכה מהו אליבא דמאן דאמר על ממש לא תיבעי לך דעל העצים כתיב [מ"מ] הכא כולי עלמא מודו דעל בסמוך ולא אמרי' המברכין על הר גריזים ממש והמקללים על הר עיבל כדאמרינן בירושלמי יכול אלו שבהר גריזים היו אומרים ברכות ואלו שבהר עיבל היו אומרים קללות תלמוד לומר הברכות והקללות אלו ואלו היו אומרים ברכות ואלו ואלו אומרים קללות יכול אלו שבהר גריזים היו עונין אחר הברכות אמן ואלו שבהר עיבל היו עונין אחר הקללות אמן ת"ל וענו כל העם ואמרו אמן אלו ואלו היו עונין אחר הברכות והקללות אמן הא כיצד בשעה שהיו אומרים ברכות היו הופכין פניהם וכו' ופלוגתא דרבי יוחנן ור"ש לקיש דפליגי בפרק התודה (שם דף עח.) השוחט את התודה לפנים ולחמה חוץ לחומה וכן בפרק תמיד נשחט (פסחים דף סג:) השוחט הפסח על החמץ לא שייכא להכא ונראה לר"י דרבי מודה נמי דכל על לכתחלה ולמצוה על ממש ושאני הכא דגזירת הכתוב היא וכדפריסית ובדיעבד מכשר על בסמוך דומיא דההיא דפרק שתי הלחם (מנחות דף לב.) דאם סידר מערכת לחם הפנים שתים של שבע שבע [אמר רבי] רואין את העליונות כאילו אינן [והא בעינן ונתת על המערכת לבונה מאי על בסמוך ורבי לטעמיה דאמר על בסמוך] וגבי בזיכי לבונה טעמא נמי כיון דמשמע על בסמוך אמרינן דהאי על נמי לכתחילה בסמוך קאמר חדא שלא יפרוס הלחם ועוד [דכי יהיב] בסמוך [הוי] דרך כבוד טפי לפני מלך מלכי המלכים הקדוש ברוך הוא כדאמרינן בכל המנחות באות מצה (שם סב.) גבי כבשי עצרת דכתיב והניף הכהן אותם על לחם הביכורים יכול יניח כבשים על גבי לחם תלמוד לומר על שני כבשים אי על שני כבשים יכול לחם על גבי כבשים תלמוד לומר על לחם הביכורים וכו' ר' חנינא אומר מניח הלחם בין שתי ירכותיהם של כבשים ומניף ונמצא מקיים שני מקראות הללו אמר רבי לפני מלך ב"ו אין עושין [כן] לפני ממ"ה עושין כן אלא מניח זה בצד זה ומניף והא בעינן על אמר רב חסדא לרב המנונא ואמרי לה רב המנונא לרב חסדא רבי לטעמיה דתניא וכו':

רבי

[עי' יומא יב. וזבחים נז.]

[תוספתא פ"ח ע"ש]

מנחות סב. לח.

[תוספתא פ"ח]

[מנחות כז. עח: פסחים סג: סנהדרין יג:]

[נ"ל את הפרוכת הוי אומר וכו']

רש"ל

ארבע וארבע הרי שמונה שמונה ושמונה הרי שש עשרה [א]וכן בסיני וכן בערבות מואב שנא' °אלה דברי הברית אשר צוה ה' את משה וגו' וכתיב °ושמרתם את דברי הברית הזאת וגו' נמצא מ"ח בריתות על כל מצוה ומצוה [ב]ר"ש מוציא הר גריזים והר עיבל ומכנים אהל מועד שבמדבר ובפלוגתא דהני תנאי דתניא רבי ישמעאל אומר [ג]*כללות נאמרו בסיני ופרטות באהל מועד ר' עקיבא אומר כללות ופרטות נאמרו בסיני ונשנו באהל מועד ונשתלשו בערבות מואב [ד]*ואין לך כל דבר מצוה ומצוה שכתובה בתורה שלא נכרתו עליה ארבעים ושמנה בריתות [ה]ר' שמעון בן יהודה איש כפר עכו אמר משום רבי שמעון אין לך מצוה ומצוה שכתובה בתורה שלא נכרתו עליה ארבעים ושמנה בריתות של שש מאות אלף ושלשת אלפים וחמש מאות וחמשים אמר רבי לדברי רבי שמעון בן יהודה איש כפר עכו שאמר משום רבי שמעון אין לך כל מצוה ומצוה שבתורה שלא נכרתו עליה ארבעים ושמנה בריתות של שש מאות אלף ושלשת אלפים וחמש מאות וחמשים נמצא לכל אחד ואחד מישראל שש מאות אלף ושלשת אלפים וחמש מאות וחמשים מאי בינייהו אמר רב משרשיא [ו]ערבא וערבא דערבא איכא

א בינייהו [ז]דרש רבי יהודה בן נחמני מתורגמניה דרבי שמעון בן לקיש כל הפרשה כולה לא נאמרה אלא בנואף ונואפת °ארור האיש אשר יעשה פסל ומסכה וגו' בארור סגי ליה אלא זה הבא על הערוה והוליד בן והלך לבין אומות העולם ועבד עבודה זרה ארורין אביו ואמו של זה שכך גרמו לו ת"ר [ח]°ונתת את הברכה על הר גריזים ואת הקללה וגו' מה תלמוד לומר אם ללמד שתהא ברכה על הר גריזים וקללה על הר עיבל הרי כבר נאמר °אלה יעמדו לברך את העם על הר גריזים וכתיב °ואלה יעמדו על הקללה בהר עיבל אלא להקדים ברכה לקללה יכול יהיו כל הברכות קודמות לקללות תלמוד לומר ברכה וקללה [ט]ברכה אחת קודמת לקללה ואין כל הברכות קודמות לקללות ולהקיש ברכה לקללה לומר לך מה קללה בלוים אף ברכה בלוים ומה קללה בקול רם אף ברכה בקול רם ומה קללה בלשון הקודש אף ברכה בלה"ק ומה קללה בכלל ופרט אף ברכה בכלל ופרט ומה קללה אלו ואלו עונין ואומרים אמן אף ברכה אלו ואלו עונין ואומרים אמן:

ב **מתני'** ברכת כהנים כיצד [י]*[א]במדינה אומר אותה שלש ברכות [ב]ובמקדש ברכה אחת [יא][ג]במקדש אומר את השם ככתבו

תורה אור: דברים כח; שם כט; דברים כז; שם יא; שם כז; שם

ארבעים ושמנה בריתות. לכל אחד מישראל שש עשרה תלתא זימני מ"ח הוי: **מוליא הר גריזים.** לפי שלא אמר יהושע עליהן כל התורה אלא מלות שבפרשה: **ומכניס אהל מועד.** שלאחר שהוקם המשכן נדבר הקב"ה עם משה בישוב ולמדו כל התורה כדכתיב וידבר ה' אליו מאהל מועד לאמר (ויקרא א): **כללות נאמרו בסיני.** בסתם נאמרה תורה בסיני ולא נתפרשה לו כגון בסיני נאמר (שמות כ) וזבחת עליו את עולותיך ואת שלמיך ולא פירש מתן דמים כילד הקטרת אימורים והפשט ונתוח וכליל של עולה ובספר ויקרא באהל מועד פירשה: **ונשתלשו בערבות מואב.** מפי משה לישראל ת"ק סבירא ליה כר' ישמעאל הלכך הר סיני ואהל מועד חדא היא ור' שמעון ס"ל כר"ע הלכך תרי נינהו: **ר"ש ברבי יהודה אומר ארבעים ושמנה בריתות.** לכל אחד של שש מאות אלף ושלשת אלפים וחמש מאות וחמשים כמנין שהיו (בסיני) [במדבר] שכל אחד נעשה ערב על כל אחיו ה"ג בתוספתא (פ"ח ע"ש) א"ר לדברי ר"ש בן יהודה אין לנו כל מלוה ומלוה שלא נכרתו עליה מ"ח בריתות של שש מאות אלף ושלשת אלפים וחמש מאות וחמשים ויש בכל אחת שש מאות אלף ושלשת אלפים חמש מאות וחמשים: **מאי בינייהו.** מאי מוסיף רבי ובמאי פליגי: **אמר רב משרשיא ערבא וערבא דערבא.** אם נעשה כל אחד ערב על ערבותו של חבירו או לא רבי שמעון בן יהודה סבר לא נעשה כל אחד ערב על חבירו אלא שישמרו את המלות נמלא כל אחד ואחד ערב על מ"ח בריתות של כל אחד ואחד אבל לא נעשה כל אחד ואחד ערב על ערבות של חבירו אלא על חובתו של חבירו ואתא רבי למימר לדברי ר' שמעון שבא למנות את בריתות הערבות יש לו למנות ארבעים ושמנה בריתות של ששים ריבוא לכל אחד ובכל אחד האלה יש ששים ריבוא שכולם נתערבו זה בזה על חובותם ועל ערבותם נמלא כל אחד מקבל עליו ערבות של ששים ריבוא בשביל חובות של חבירו וכל אחד מששים ריבוא הללו קבל עליו בריתות ששים ריבוא בשביל ערבות שנתערבו אחיו על חביריהם וזה קבל עליו אף ערבות של ערבים: **כל הפרשה.** של הר גריזים לא נאמרה אלא בנואף ונואפת: **בארור סגי ליה.** בתמיה כופר בעיקר הוא וסגי ליה בארור: **אלא זה הבא על הערוה.** אשת איש והוליד ממזר ומתוך בושתו שאסור לבא בקהל ואינו מולא אשה הוא הולך לבין הגוים ועובד עבודה זרה ארורים אלה שעשאוהו לעבוד פסל ומסכה וכן דורש את כולן כל אחת לפי פשטה אותו של עריות כגון שוכב עם חותנתו ואשת אביו ואם אחותו כולם באשת איש ולמיקם בתרי ארורי שוכב עם כל בהמה אשת איש שעשתה מעשה בהמה שמנאפת מקלל אביו ואמו הבא על אשת איש מזלזל באביו ובאמו שגידלו גידולין רעים בביתם משגה עור מפתה אשת איש שהיא סומא בדבר ואינה יודעת עונשו כמוהו משיג גבול רעהו בא על אשתו הרי הוא השיג גבול מכה רעהו בסתר גורס לו בלחש סתריו שתמות בבדיקת מים המרים לוקח שוחד להכות נפש לוקח שוחד להיות עוקב אחר המנאף ולפתות לו אשת איש וגורם לו מיתה מטה משפט גר יתום איני יודע לדורשו: **יכול כל הברכות כולן קודמות לקללות.** שיגמרו כל הברכות תחילה עד ברוך אשר יקים וגו' ואח"כ יפתחו בקללה: **בלשון הקודש.** כדילפינן קול קול ממשה: **מתני'** הכי גרסינן במתני' ברכת כהנים כילד כו' במדינה אומר אותה שלש ברכות. שמפסיקין הכהנים בין פסוק לפסוק ועונין הליבור אמן: **במקדש ברכה אחת.** לפי שאין עונין אמן במקדש ואין לריך כאן שום הפסק והכי מפרש בגמרא:

ככתבו

רבי שמעון מוליא הר גריזים. הכי מסיים לה בירושלמי וכן היה ר"ש אומר אין לך כל דבר ודבר מן התורה שאין כרות עליה תקע"ו בריתות שתים עשרה בברוך ולא ידענא אמאי י"ב ושמא ברית כנגד כל שבט ושבט וי"ב בארור י"ב בכלל וי"ב בפרט הרי מ"ח בריתות ללמוד וללמד לשמור ולעשות הרי קצ"ב בריתות וכן בהר סיני וכן בערבות מואב הרי תקע"ו בריתות:

ונשתלשו בערבות מואב. וא"ת מאי איצטריך למימר שליש דערבות מואב והא לא איירי ר' ישמעאל בערבות מואב כלל יש לומר משום סיפא נקט לה דבעי למימר אין לך כל דבר מלוה ומלוה:

רבי שמעון בן יהודה אומר. ירושלמי עד כדון דברים שנכללו ונפרטו דברים שנכללו ולא נפרטו [אמר ליה] כן אמר ר' יוחנן משום ר' ישמעאל דבר שהיה בכלל ויצא מן הכלל ללמד לא ללמד על עצמו יצא אלא ללמד על הכלל כולו יצא אמר לו לא בדבר אחד דילמא בשני דברים בתמיה והכא בשני דברים אנן קיימין אמר ר' תנחומא מכיון דכתיב בסוף אמן כמו שכולו דבר אחד כתיב אשר לא יקים את דברי התורה וכי יש תורה נופלת רבי שמעון בן אליקים אומר זה החזן שהוא עומד רבי שמעון בן חלפתא אמר זה *הבית שלמטה דאמר רב הונא בר יהודה בשם שמואל דעל הדבר הזה קרע יאשיה ואמר עלי להקים ר' אחא בשם ר' תנחום בר' חייא למד ולימד שמר ועשה והיתה סיפקו בידו להחזיק ולא החזיק הרי זה בכלל ארור ר' ירמיה בשם רבי חייא בר' אבא לא למד ולא לימד לא שמר ולא עשה ולא היתה סיפקו בידו להחזיק והחזיק הרי זה בכלל ברוך דאמר רבי חנא א"ר ירמיה עתיד הקב"ה לעשות צל לבעלי מלות בצילן של בעלי תורה שנא' (קהלת ז) כי בצל החכמה בצל הכסף ואומר עץ חיים היא למחזיקים בה (משלי ג):

אמר רב משרשיא ערבא וערבא דערבא. כמדומה דהכי בעי למימר דלר"ש בן יהודה קבל עליו כל אחד מישראל לתרי"ג מלות *קל"ח ריבוא ריבואות וח' אלפים ריבואות ותי"ג ריבואות ושבע אלפים ומאתים בריתות לשש מאות אלף ושלשת אלפים וחמשים וחמש מאות בשביל ערבותן אם יעברו עליהן ולרבי אליבא דרבי שמעון ששים ריבוא פעמים ושלשת אלפים ותקנ"ה פעמים חשבון זה בריתות קיבלו עליהן:

ברכה אחת קודמת לקללה. ירושלמי יכול משהיו אומרים ברכות היו אומרים קללות תלמוד לומר הברכה והקללה קללה באחת וברכה באחת:

ונאמר

עין משפט נר מצוה

כט א מיי' פי"ד מהל' תפלה הל' ג סמג עשין כ טוש"ע א"ח סי' קכח סעיף יג:

ל ב מיי' שם הל' ט:

לא ג מיי' שם הלכה י:

חגיגה ו. זבחים קטו:

[תוספתא פ"ח ע"ש]

רש"ל

תמיד פ"ז מ"ב

נ"א הכ"ד שלמטה. רש"ל

קע"ג ריבוא ריבואות וה' אלפים ריבואות ות"ת ריבואות ועוד שלשים ריבואות וחמשים אלפים וה' אלפים ומאתים בריתות כו'. רש"ל

תוספות שאנץ

אלא זה הבא על הערוה אשת איש והוליד ממזר ומתוך בושתו שאסור לבא בקהל ואינו מוצא אשה הולך לבין העמים ועובד עבודת כוכבים. וארורים אלו שעשאוהו לעבוד פסל ומסכה וכן דורש כלם כל אחת לפי פשטה אותן של עריות כגון שוכב עם חותנתו ואשת אביו ועם אחותו כלם באשת איש ולמיקם בתרי ארורי שוכב עם כל בהמה זו אשת איש שעשתה מעשה בהמה שמנאפת. מקלל אביו ואמו בא על אשת איש מזלזל באביו ואמו שגידלו למעשה רעים. משגה עור מפתה אשת רעהו שהיא סומא בדבר ואינה יודעת העונש כמוהו. משיג גבול רעהו בא על אשת רעהו הרי הוא מסיג גבול רעהו שנאסרה אשתו לו. מכה רעהו בסתר א) לוקח שוחד להרוג נפש להיות עוקבת אחר המנאף ולפתות לו אשת איש וגורם לו מיתה. מטה משפט גר יתום פ"ה איני יודע לדרשו. ורבינו שמשון מקוצי מפרש זה הבא על אשת איש והוליד ממנה בן ממזר ומתוך שבנו ממזר הולך לדור בעיר אחרת בארץ מרחק באשר ימצא. ונמצא שהוא גר ויתום שהוא כגר שאין לו אב שזה שהולידו אינו מודה שהוא בנו וגם אמו אלמנה שנאסרה על בעלה ויושבת עגונה כאלמנות חיות:

מה

א) נ"ל מכה רעהו בסתר גורס לו בלחש סתריו שתמות בבדיקת מים המרים לוקח שוחד להכות נפש לוקח שוחד להיות עוקב אחר המנאף וכו'.

בִּכְלָל למי שלא יקיים את כל דברי התורה, ו"**אָרוּר**" **בִּפְרָט**, ובכל אחת מהברכות והקללות יש **לִלְמוֹד וּלְלַמֵּד לִשְׁמוֹר וְלַעֲשׂוֹת, הֲרֵי אַרְבַּע**, מצוות נפרדות לכל מצוה ומצוה, **אַרְבַּע וְאַרְבַּע** שבכלל שבפרט **הֲרֵי שְׁמוֹנֶה, שְׁמוֹנֶה וּשְׁמוֹנֶה** של "ברוך" ושל "ארור" **הֲרֵי שֵׁשׁ עֶשְׂרֵה. וְכֵן בְּסִינַי, וְכֵן בְּעַרְבוֹת מוֹאָב שֶׁנֶּאֱמַר: "אֵלֶּה דִבְרֵי הַבְּרִית אֲשֶׁר צִוָּה ה' אֶת מֹשֶׁה...** בארץ מואב מלבד הברית אשר כרת איתם בחורב" (דברים כח, סט), **וּכְתִיב** [ונאמר]: **"וּשְׁמַרְתֶּם אֶת דִּבְרֵי הַבְּרִית הַזֹּאת"** וגו' (שם כט, ח). **נִמְצָא** כי בכל המקומות יחד כרת עימם **אַרְבָּעִים וּשְׁמוֹנֶה בְּרִיתוֹת** (שלוש פעמים שש עשרה) **עַל כָּל מִצְוָה וּמִצְוָה. ר' שִׁמְעוֹן מוֹצִיא** ממנין זה את **הַר גְּרִיזִים וְהַר עֵיבָל**, שלא נאמרו שם אלא חלק מן המצוות, **וּמַכְנִיס אֹהֶל מוֹעֵד שֶׁבַּמִּדְבָּר.** ומעירים שחולקים הם **בִּפְלוּגְתָּא דְּהָנֵי תַּנָּאֵי** [במחלוקתם של תנאים אלה] **דְּתַנְיָא** [ששנויה ברייתא], **ר' יִשְׁמָעֵאל אוֹמֵר: כְּלָלוֹת** (צוויים כלליים) **נֶאֶמְרוּ בְּסִינַי וּפְרָטוֹת** (פרטי המצוות) **בְּאֹהֶל מוֹעֵד. ר' עֲקִיבָא אוֹמֵר: כְּלָלוֹת וּפְרָטוֹת נֶאֶמְרוּ בְּסִינַי, וְנִשְׁנוּ בְּאֹהֶל מוֹעֵד, וְנִשְׁתַּלְּשׁוּ** (נאמרו פעם שלישית) **בְּעַרְבוֹת מוֹאָב.** ור' שמעון סבור כר' עקיבא רבו, שיש למנות את הר סיני ואהל מועד כשני מקומות שבהם ניתנו כל המצוות. **וְאֵין לְךָ כָּל דְּבַר מִצְוָה וּמִצְוָה שֶׁכְּתוּבָה בַּתּוֹרָה שֶׁלֹּא נִכְרְתוּ עָלֶיהָ אַרְבָּעִים וּשְׁמֹנֶה בְּרִיתוֹת. ר' שִׁמְעוֹן בֶּן יְהוּדָה אִישׁ כְּפַר עַכּוֹ אָמַר מִשּׁוּם** (בשם) **ר' שִׁמְעוֹן: אֵין לְךָ מִצְוָה וּמִצְוָה שֶׁכְּתוּבָה בַּתּוֹרָה שֶׁלֹּא נִכְרְתוּ עָלֶיהָ אַרְבָּעִים וּשְׁמֹנֶה בְּרִיתוֹת שֶׁל שֵׁשׁ מֵאוֹת אֶלֶף וּשְׁלֹשֶׁת אֲלָפִים וַחֲמֵשׁ מֵאוֹת וַחֲמִשִּׁים** (כמניינם של בני ישראל במדבר), שכל אחד מישראל קיבל על עצמו את דברי הברית לעצמו וכערב לכל ישראל. **אָמַר רַבִּי: לְדִבְרֵי ר' שִׁמְעוֹן בֶּן יְהוּדָה אִישׁ כְּפַר עַכּוֹ שֶׁאָמַר מִשּׁוּם** (בשם) **ר' שִׁמְעוֹן, אֵין לְךָ כָּל מִצְוָה וּמִצְוָה שֶׁבַּתּוֹרָה שֶׁלֹּא נִכְרְתוּ עָלֶיהָ אַרְבָּעִים וּשְׁמֹנֶה בְּרִיתוֹת שֶׁל שֵׁשׁ מֵאוֹת אֶלֶף וּשְׁלֹשֶׁת אֲלָפִים וַחֲמֵשׁ מֵאוֹת וַחֲמִשִּׁים. נִמְצָא לְכָל אֶחָד וְאֶחָד מִיִּשְׂרָאֵל שֵׁשׁ מֵאוֹת אֶלֶף וּשְׁלֹשֶׁת אֲלָפִים וַחֲמֵשׁ מֵאוֹת וַחֲמִשִּׁים.** ושואלים: **מַאי בֵּינַיְיהוּ** [מה ההבדל ביניהם] בין דברי ר' שמעון איש כפר עכו ודברי רבי? שנראה שבא רבי להוסיף דברים ואין התוספת בדבריו ברורה. **אָמַר רַב מְשָׁרְשִׁיָּא: עָרְבָא וְעָרְבָא דְּעָרְבָא** [עָרֵב וערב לערב] של חבירו **אִיכָּא בֵּינַיְיהוּ** [יש ביניהם], שלדעת רבי כל אחד לא רק ערב לחבירו אלא אף ערב לשמירת אותה ערבות שחלה על חבירו, ונמצא מספר הבריתות מוכפל במספר כל ישראל פעם נוספת.

א **דָּרַשׁ ר' יְהוּדָה בֶּן נַחְמָנִי מְתוּרְגְּמָנֵיהּ** [מתורגמנו] **של ר' שִׁמְעוֹן בֶּן לָקִישׁ: כָּל הַפָּרָשָׁה כּוּלָּהּ** של ברכות וקללות **לֹא נֶאֶמְרָה אֶלָּא בְּנוֹאֵף וְנוֹאֶפֶת**, שהרי נאמר שם **"אָרוּר הָאִישׁ אֲשֶׁר יַעֲשֶׂה פֶסֶל וּמַסֵּכָה"** וגו' (דברים כז, טו), וכי **בְּ"אָרוּר"** בלבד **סַגִּי לֵיהּ** [די לו]? והרי הוא כופר בעיקר! **אֶלָּא: זֶה הַבָּא עַל הָעֶרְוָה וְהוֹלִיד** ממנה **בֵּן** ממזר, **וְהָלַךְ** הבן שלא יכול היה לבוא בקהל **לְבֵין אוּמּוֹת הָעוֹלָם וְעָבַד עֲבוֹדָה זָרָה — אֲרוּרִין אָבִיו וְאִמּוֹ שֶׁל זֶה שֶׁכָּךְ גָּרְמוּ לוֹ.** וכך כל האמור בקללות מתייחס רק לעבירות הנובעות מתוך הניאוף. **תָּנוּ רַבָּנַן** [שנו חכמים]: מה שנאמר **"וְנָתַתָּה אֶת הַבְּרָכָה עַל הַר גְּרִזִים וְאֶת הַקְּלָלָה** על הר עיבל" (שם יא, כט), **מַה תַּלְמוּד לוֹמַר? אִם לְלַמֵּד שֶׁתְּהֵא בְּרָכָה עַל הַר גְּרִיזִים וּקְלָלָה עַל הַר עֵיבָל — הֲרֵי כְּבָר נֶאֱמַר "אֵלֶּה יַעַמְדוּ לְבָרֵךְ אֶת הָעָם עַל הַר גְּרִזִים"** (שם כז, יב), **וּכְתִיב** [ונאמר] **"וְאֵלֶּה יַעַמְדוּ עַל הַקְּלָלָה בְּהַר עֵיבָל"** (שם יג)! **אֶלָּא לְהַקְדִּים** אמירת **הַבְּרָכָה** לאמירת **הַקְּלָלָה. יָכוֹל יִהְיוּ כָּל הַבְּרָכוֹת** קוֹדְמוֹת **לַקְּלָלוֹת — תַּלְמוּד לוֹמַר: "בְּרָכָה" וּ"קְלָלָה"** בלשון יחיד — **בְּרָכָה אַחַת קוֹדֶמֶת לִקְלָלָה, וְאֵין כָּל הַבְּרָכוֹת** קוֹדְמוֹת **לַקְּלָלוֹת**, אלא לפי הסדר; ברכה וקללה, ברכה וקללה. **וּלְהַקִּישׁ בְּרָכָה לִקְלָלָה, לוֹמַר לְךָ: מַה קְלָלָה** נאמרה **בִּלְוִיִּם — אַף בְּרָכָה בִּלְוִיִּם, וּמַה קְלָלָה בְּקוֹל רָם — אַף בְּרָכָה בְּקוֹל רָם, וּמַה קְלָלָה בִּלְשׁוֹן הַקּוֹדֶשׁ — אַף בְּרָכָה בִּלְשׁוֹן הַקּוֹדֶשׁ. וּמַה קְלָלָה בִּכְלָל וּפְרָט — אַף בְּרָכָה בִּכְלָל וּפְרָט, וּמַה קְלָלָה אֵלּוּ וְאֵלּוּ** על שני ההרים **עוֹנִין וְאוֹמְרִים "אָמֵן" — אַף בְּרָכָה אֵלּוּ וְאֵלּוּ עוֹנִין וְאוֹמְרִים "אָמֵן".**

ב משנה **בִּרְכַּת כֹּהֲנִים כֵּיצַד** היתה נעשית? — **בַּמְּדִינָה** (מחוץ למקדש) **אוֹמֵר אוֹתָהּ שָׁלֹשׁ בְּרָכוֹת**, שמפסיקים בין פסוק לפסוק והקהל עונה "אמן" ביניהם, **וּבַמִּקְדָּשׁ** אומר אותה **כִּבְרָכָה אַחַת** והעם עונה אחר כולן "ברוך ה' אלקים אלקי ישראל מן העולם ועד העולם", כדרך שאומרים במקדש. **בַּמִּקְדָּשׁ אוֹמֵר אֶת הַשֵּׁם**

מסורת הש"ס

א. ירושלמי סוטה פ"ז ה"ד. תוספתא סוטה פ"ח י. וראה ברכות מח,ב. מכילתא משפטים אם כסף פ"ב. ספרי דברים קד.

ב. ירושלמי שם. תוספתא שם יא.

ג. חגיגה ו,א. זבחים קטו,ב. וראה תו"כ צו פי"ח ג.

ד. ירושלמי שם. תוספתא שם.

ה. שם. מדרש תנאים יא, יב.

ו. ראה שבועות לט,א.

ז. ילק"ש תורה תתקלח.

ח. ספרי דברים נה. מדרש תנאים יא, כט. ילק"ש שם תתעז.

ט. שם. וראה ירושלמי סוטה פ"ז ה"ד.

י. תמיד פ"ז מ"ב. במדב"ר פי"א ד. ילק"ש שם תשי. שם תשלא (כל הענין).

יא. שם. וראה מכילתא יתרו החדש פי"א. ספרי במדבר לט. שם מג.

גרסות

כל דבר מצוה ומצוה יש בכת"י מצוה ויש: **דבר מצוה.**

איכא בינייהו יש כת"י שלא גרסו מלים אלה.

בנואף יש בכת"י ועוד: **בשביל נואף.**

בארור סגי יש בכת"י: **וכי מן דעבד עבודה זרה בארור סגי.**

אומר אותה יש בכת"י: **אומרין אותן.**

עיונים

ארבע וארבע רש"י מפרש: ארבע, בכלל ובפרט בארור ובברוך, כל אלה בללמוד. ועוד ארבע כגון אלה ללמד, הרי שמונה. ועוד שמונה כיוצא באלה לשמור ולעשות. וראה במהרש"א שתמה על דרך פירוש זו, וכתב פירוש אחר (וכיוון בכך לדברי המאירי) שיש ללמוד וללמד לשמור ולעשות בכלל — הרי ארבע, וכן בפרט — הרי שמונה. וכנגד שמונה אלה בברוך יש שמונה בארור (וראה גם בעיון יעקב).

שש מאות אלף וכו' וקשה: הלוא היו גם הלויים, ואף שלא היה מספרם מרובה מכל מקום היו כמה וכמה אלפים מהם, ומדוע לא נוספו למספר זה? ויש שתירץ כי כיון שלא חטאו הלויים בעגל לא הוצרכו לברית זו (עיון יעקב).

ערבא וערבא דערבא כבר התקשו הראשונים (ראה בתוהרא"ש) מה נוסף על ידי "ערבא דערבא". והגאונים פירשו כי יש הבדל במקרה שראובן יודע בשמעון שיכול למחות בלוי ולמונעו מעבירה. שלדעת האומר שכל אדם ערב לחבירו רק על המצוות שחייב חבירו בהם, הרי במקרה כגון זה שאין הוא עצמו יכול לעשות מאומה להשפיע על לוי — אין לו אחריות על מעשיו. ואילו לדעת האומר שיש ערבא דערבא, הרי כיון שראובן יכול למחות ולהשפיע על שמעון, ושמעון ישפיע על לוי, הריהו ערב גם לגבי שמעון שלא השפיע על לוי (וכעין זה גם בערוך). ובתוהרא"ש כתב שיש מכאן הבדל לגבי בני אדם שמתו, ועכשיו כבר אינם ערבים שלדעת האומר "ערבא דערבא" נופלת הערבות שעליהם על האנשים החיים עדיין. וראה ביגל יעקב שכתב שאם כל אדם רק ערב לחבירו הרי הוא מתחלק עם כל ישראל באחריות על מעשהו של החוטא ומגיע בחלקו רק משהו מועט. אבל אם יש ערבא דערבא, הריהו נענש לא רק על חלקו שלה אלא גם על חלקם של כל האחרים בחטאו של אותו חוטא, ונמצא שבסופו של דבר הריהו נחשב ונענש על מעשיו של החוטא.

כל הפרשה כולה כו' המהרש"א תמה: וכי מפני שאין פסוק אחד שם מתפרש היטב כמשמעו יש לשנות את מובנן של כל הברכות והקללות? ומשום כך הוא סבור שיש לפרש "פרשה" לא לגבי כל אחד עשר ה"ארורים" אלא לגבי פסוק זה בלבד, שכיון שהוא חלוק מהשאר בהפסק כפרשה הריהו נחשב כפרשה שלימה. וכבר כתבו אחרונים שלשון הגמרא "הפרשה כולה" אינה מדוקדקת כפירוש זה.

בארור סגי ליה כתב המהרש"א שאין הטעם בזה שהעובד עבודה זרה עונשו מיתה ולא די לו ב"ארור" בלבד, שהרי דין זה קיים גם בדברים אחרים הנזכרים שם. ואף בנואף ונואפת יש דין מיתה. אלא הכוונה היא שהעובד עבודה זרה כופר בעיקר, ולא די לו בארור בעולם הזה, אלא הוא נכרת גם מחיי העולם הבא. מה שאין כן בנואף, ושאר העבירות הנזכרות שם, שאף שחטאו חמור וחייב מיתה, יש לו חלק לעולם הבא. וכן משמע מדברי רש"י. אכן, היה מי שהעיר כי פירוש זה הוא דווקא לדעת ר' עקיבא האומר (במסכת עבודה זרה נב, א) כי כתוב זה מדבר במי שעשה פסל ועבדו, אבל לדעת ר' ישמעאל הסבור כי משמעות הכתוב היא בעשיית פסל בלבד, אם כן אין זה מדבר בכופר בעיקר (תורת הקנאות).

ועבד עבודה זרה וראה ברש"י שמסביר על דרך זו גם שאר ה"ארור" הכתובים שם, שכולם יכולים להתפרש כמתייחסים בדרכים שונות למי שהוליד בן ממזר. אבל רש"י אומר שאינו יודע כיצד יפורש כאן ענין "ארור מטה משפט גר יתום ואלמנה" (דברים כז, יט). ובשם הר"ש מקוצי פירשו כי מי שהוליד ממזר, הרי ממזר זה מתבייש לשבת בארצו וגולה לבין הגוים, והריהו שם גר, וכיוון שאין לו עוזרים מטים את דינו וגורם איפוא לעיוות דינו של גר זה. וכיון שחטא באשת איש, הרי כשמתגלה הדבר האשה נאסרת על בעלה והריהי לפיכך כאלמנה אפילו בחייו (מובא בתו"ש ותוהרא"ש). ויש שפירש כי אם הממזר אינו ידוע לרבים הריהו יורש חלק בנכסי בעל אמו (שחושבים שהוא אביו) ונמצא על ידי כך מטה דינם של היתומים האחרים (כלי יקר).

שלש ברכות כתב רש"י שהן שלוש כיון שעונים אמן אחר כל אחד מן הפסוקים. והעיר הרד"ל שאף במדינה, במקום שאין מי שיענה אמן, מכל מקום עושים הפסק מה בין פסוק לפסוק.

אורח ההלכה

במדינה אומר אותה שלש ברכות כשמברכים הכהנים ברכת כהנים בכל מקום (חוץ מן המקדש) כשמשלימים פסוק ראשון עונה כל העם אמן, וכן בסוף פסוק שני ושלישי. (רמב"ם ספר אהבה הלכות תפילה וברכת כהנים פי"ד ה"ג. שו"ע או"ח קכח, יג).

ובמקדש ברכה אחת כשמברכים ברכת כהנים במקדש אין העם עונים אחר כל פסוק, אלא עושים אותה ברכה אחת, וכשמשלימים עונים כל העם "ברוך ה' אלקים אלקי ישראל מן העולם ועד העולם". (רמב"ם שם ה"ט).

במקדש אומר את השם ככתבו וכו' כשמברכים הכהנים במקדש אומרים את השם המפורש ככתבו, ומחוץ למקדש אומרים אותו בכינוי והוא שם אדנות. ומזמן שמת שמעון הצדיק פסקו הכהנים מלברך בשם המפורש אפילו במקדש, כדי שלא ילמד אותו אדם שאינו ראוי לכך. כמשנה, וכדברי הגמרא יומא לט, ב. (רמב"ם שם ה"י).

מסורת הש"ס

א. ספרי זוטא י, כז. במדב"ר פי"א ד. וראה במדב"ר פי"א ב. שה"ר פ"ג ט. תנחומא בובר נשא טו. פסי"ר פט"ו.

ב. ספרי במדבר ו, כג. במדב"ר פי"א ד.

ג. סוטה לג,ב.

ד. ספרי שם. במדב"ר שם.

ה. ירושלמי תענית פ"ד ה"א. תו"כ ט, כב. ספרי שם. ספרי דברים כא, ה. במדב"ר שם. ילק"ש תורה תשי.

ו. שם. וראה סנהדרין ד,א. זבחים כג,ב. ספרי דברים יז, יב. שם יח, ה. מדרש תנאים יח, ה.

ז. ספרי במדבר שם. במדב"ר שם. תוספתא תענית פ"ד א.

ח. ספרי שם. במדב"ר שם.

ט. (היקש זה) יבמות סט,א. קדושין עד,א. בכורות יד,ב. נדה נה,ב.

י. ספרי שם. במדב"ר שם. וראה יומא סט,ב. מכילתא כ, כא. מכילתא דרשב"י כ, כב. ספרי דברים יב, ה.

יא. ספרי במדבר שם. במדב"ר שם.

יב. ספרי שם. שם ו, כז. ספרי זוטא ו, כג. במדב"ר שם. שם ח.

יג. ספרי במדבר ו, כג. במדב"ר פי"א ד. וראה סוטה מ,א. ירושלמי ביכורים פ"ג ה"ג. תוספתא מגילה פ"ד ה"א.

יד. במדב"ר שם. ירושלמי ברכות פ"ה ה"ד. שם גיטין פ"ה ה"ט. וראה ספרי שם. ספרי זוטא ו, כג.

גרסות

בכינויו יש בכת"י ועוד: **ככינויו.**

ועבודת צבור יש בכת"י: **וקרבנות צבור.**

בשם המפורש ויש גורסים: **בשם המיוחד.**

להלן בית הבחירה בכת"י יש: **להלן בבית הבחירה.**

ככתבו בתורה, בשם הויה, **ובמדינה בכינויו**, בשם אדנות. **במדינה — כהנים נושאים** (מגביהים) **את ידיהן כנגד כתפיהן** בשעת הברכה, **ובמקדש** מרימים אותן **על גבי ראשיהן, חוץ מכהן גדול שאינו מגביה את ידיו למעלה מן הציץ** מפני שהשם המפורש כתוב עליו, ואין ראוי להגביה ידיו למעלה מן השם. **ר' יהודה אומר: אף כהן גדול מגביה ידיו למעלה מן הציץ, שנאמר: "וישא אהרן את ידיו אל העם ויברכם"** (ויקרא ט, כב).

א גמרא **תנו רבנן** [שנו חכמים]: הציווי לכהנים **"כה תברכו** את בני ישראל" (במדבר ו, כג) **הרי זה בלשון הקודש. אתה אומר בלשון הקודש, או אינו אלא בכל לשון? — נאמר כאן** בברכת כהנים **"כה תברכו", ונאמר להלן** בברכות וקללות **"אלה יעמדו לברך את העם"** (דברים כז, יב), ולומדים מגזירה שווה "תברכו" "לברך": **מה להלן** בברכות וקללות למדנו לעיל בתחילת הפרק (דף לג, א) **בלשון הקודש — אף כאן בלשון הקודש. ר' יהודה אומר: אינו צריך** ללמוד זאת בגזירה שווה, **שהרי הוא אומר** בברכת כהנים "כה" = כך, להדגיש: **עד שיאמרו בלשון הזה** הכתובה בתורה, ולא בשינוי. **תניא אידך** [שנויה ברייתא אחרת]: **"כה תברכו"** הוא **בעמידה. אתה אומר בעמידה, או אינו אלא אפילו בישיבה? נאמר כאן "כה תברכו" ונאמר להלן** בברכות וקללות **"אלה יעמדו לברך", מה להלן בעמידה — אף כאן בעמידה. ר' נתן אומר: אינו צריך** לגזירה שווה זו, **הרי הוא אומר** "בעת ההיא הבדיל ה' את שבט לוי... **לשרתו ולברך בשמו"** (שם י, ח), ולומדים מגזירה שווה: **מה** כהן **משרת** ("לשרתו") עבודתו **בעמידה — אף** כהן **מברך** ("ולברך בשמו") **בעמידה.** ושואלים: **ומשרת גופיה מנלן** [עצמו מניין לנו] שהוא בעמידה — **דכתיב** [שנאמר]: **"לעמד לשרת** בשם ה'" (שם יח, ה). **תניא אידך** [שנויה ברייתא אחרת]: **"כה תברכו" — בנשיאות** (הגבהת) **כפים. אתה אומר בנשיאות כפים, או אינו אלא שלא בנשיאות כפים? נאמר כאן "כה תברכו" ונאמר להלן** בחנוכת המשכן **"וישא אהרן את ידו אל העם ויברכם"** (ויקרא ט, כב), ולומדים מגזירה שווה: **מה להלן** ברכת אהרן **בנשיאות כפים** ("וישא... את ידיו") **— אף כאן** ברכת הכהנים **בנשיאות כפים. קשיא ליה** [היה קשה לו] **לר' יונתן: אי** [אם] משם אתה למד, אם כן דייק גם כך: **מה להלן** בחנוכת המשכן **כהן גדול** היה מברך, **והיה זה ראש חודש** והיתה זאת **עבודת צבור**, שקרבנות ציבור הם שקרבו אז, **אף כאן** נשיאת כפים אינה נעשית אלא אצל **כהן גדול וראש חודש ועבודת ציבור? ר' נתן אומר: אינו צריך** ללמוד זאת בגזירה שווה, **שהרי הוא אומר "לעמוד לשרת** בשם ה' **הוא ובניו כל הימים"** (דברים יח, ה), **מקיש בניו לו; מה הוא** אהרן **בנשיאות כפים — אף בניו בנשיאות כפים, וכתיב** [ונאמר] **"כל הימים"**, משמע לא רק בזמן מיוחד. **ואף** שהפסוק אינו עוסק בברכת כהנים **איתקש** [הוקשה, הושוותה] בפסוק אחר **ברכה לשירות**, שנאמר: "לשרתו ולברך בשמו" (שם י, ח). **ותניא אידך** [ושנויה ברייתא אחרת]: מה שנאמר **"כה תברכו את בני ישראל" —** הרי זה **בשם המפורש. אתה אומר בשם המפורש, או אינו אלא בכינוי** (בשם אדנות)? **תלמוד לומר: "ושמו את שמי"** (במדבר ו, כז) לומר: **שמי המיוחד לי. יכול אף בגבולין** (מחוץ למקדש) יעשו **כן — נאמר כאן "ושמו את שמי", ונאמר להלן** "המקום אשר יבחר ה'... **לשום את שמו שם"** (דברים יב, ה), ולומדים מגזירה שווה זו **מה להלן** "לשום את שמו שם" — כוונתו **בית הבחירה, אף כאן** "ושמו את שמי" המיוחד **בבית הבחירה** ולא בגבולין. **ר' יאשיה אומר: אינו צריך** לגזירה שווה, אלא **הרי הוא אומר "בכל המקום אשר אזכיר את שמי אבוא אליך** וברכתיך" (שמות כ, כא), והדברים מתמיהים: וכי יהא גילוי שכינה **בכל מקום סלקא דעתך** [עולה על דעתך] לומר? **אלא מקרא זה מסורס הוא**, שצריך להבינו בשינוי סדר; **בכל מקום אשר אבוא אליך וברכתיך — שם אזכיר את שמי**, כלומר, ייזכר במפורש. **והיכן אבוא אליך וברכתיך — בבית הבחירה, שם אזכיר את שמי — בבית הבחירה. תניא אידך** [שנויה ברייתא אחרת]: ממה שנאמר **"כה תברכו את בני ישראל", אין לי אלא** לברך את **בני ישראל** בלבד, ואולם לברך **גרים נשים ועבדים משוחררים מנין? תלמוד לומר** מיד אחר כך: **"אמור להם"** (במדבר ו, כג), והכוונה היא **לכולהו** [לכולם], לכל קהל ישראל. **תניא אידך** [שנויה ברייתא אחרת]: **"כה תברכו"** — הברכה צריכה להיות **פנים כנגד פנים**, כשהקהל מפנה פניו לעומת פני הכהנים. **אתה אומר פנים כנגד פנים, או אינו אלא פנים כנגד עורף? תלמוד לומר: "אמור להם" — כאדם האומר לחבירו** שמדבר עמו פנים אל פנים. **תניא אידך** [שנויה ברייתא אחרת]: **"כה תברכו" — בקול רם. או אינו אלא בלחש? תלמוד לומר: "אמור להם" — כאדם שאומר לחבירו. אמר אביי: נקטינן** [מוחזקים אנו] שכאשר שליח הציבור מזמין את הכהנים לברך, **לשנים קורא "כהנים", ולכהן אחד** המברך **— אינו קורא "כהן", שנאמר: "אמור להם"** — לכהנים, הרי זה בלשון רבים, **לשנים** לפחות. **ואמר רב חסדא: נקטינן** [מוחזקים אנו] **שכהן קורא "כהנים", ואין ישראל קורא "כהנים", שנאמר: "אמור להם"** וכוונתו: **אמירה**

עיונים

כנגד כתפיהן והסביר בספר באר שבע כי בלשון מקרא נקראת הזרוע "יד", ומשום כך מה שנאמר "וישא את ידיו" חייב להיות בהרמת הזרוע, ואין הרמה זו ניכרת אלא כשמרים ידיו עד כתפיו. ובפירוש מסכת תמיד לראב"ד משמע שאף במדינה אם נושאים הכהנים ידיהם למעלה מכתפיהם הוא מן המובחר, אלא שאין חייבים לעשות זאת אלא במקדש.

מגביה את ידיו למעלה מן הציץ וראה בספר באר שבע שתהה: הלוא לכמה ענינים הושוו תפילין (שיש בהם שמות ה') לציץ, ואם כן מפני מה לא נאמר שאף לא ישאו הכהנים ידיהם למעלה מן התפילין? ועיקר תירוצו הוא כי מאחר שהשמות שבתפילין מחופים בבתי התפילין ואינם גלויים כשם הכתוב על הציץ — אין להשוות כבודן של התפילין לכבוד הציץ.

שנאמר וישא אהרן וכו' מפשטות לשון המשנה משמע כי ר' יהודה מביא מכתוב זה ראיה לדבריו שכהן גדול מגביה ידיו למעלה מן הציץ, שהרי נאמר באהרן (שהיה כהן גדול) שנשא ידיו בשעת הברכה. וראה בתוי"ט ואחרים שהקשו על כך, ומשום כך פירשו שאין ראיה זו המשך לדברי ר' יהודה אלא היא ראיה לעיקר הדין המובא במשנה שאין ברכת כהנים אלא בנשיאות כפים.

מה משרת בעמידה וכו' בתו"ש ובתוהרא"ש ועוד דנו בשאלה האם מפני השוואה זו של ברכת כהנים לעבודה במקדש יש לומר כי כהן שהשתמד יהא פסול לברכת כהנים אף כשלאחר זמן חזר בתשובה, כדרך שנאמר בכהני הבמות ששוב אינם כשרים לעבוד במקדש (וכן נראית דעת הרמב"ם). אבל הרבה פוסקים סבורים, שכיון שמדובר בברכת כהנים בגבולים אין להחמיר על בעלי תשובה אלה. ויש מחלקים בין מי שהמיר דתו ומי שעבד עבודה זרה בפועל.

קשיא ליה לר' יונתן וכו' ראה בתוס' ד"ה קשיא שהמלים, "קשיא ליה" אינן מן הברייתא אלא הן דברי הסבר של הגמרא, ולפי זה נראה (וכן מבואר בספרי) שר' נתן האמור להלן הוא הוא ר' יונתן שלאחר שהקשה על דברי תנא קמא (שהוא ר' יאשיה) מפרש בדרך אחרת, כדי לפתור את הקושי.

ושמו את שמי בחילופי המנהגים בין בבל ("אנשי מזרח") וארץ ישראל ("בני מערב") אמרו כי בארץ ישראל לא היה שליח הציבור אומר כלל ברכת כהנים כאשר לא היו כהנים בבית הכנסת, משום שדרשו "ושמו את שמי" — שרק לכהנים מותר לומר ברכה זו. ואילו בבבל (ואחר מנהג זה נמשכו כל קהילות ישראל) כשאין כהנים — אומר שליח הציבור ברכות אלה.

מקרא זה מסורס הוא כלומר, אין להבין את המקרא ככתבו שבכל מקום שייזכר שם ה' תתגלה השכינה והברכה, אלא יש להסביר ש"אשר אזכיר את שמי", הוא כעין מאמר מוסגר, שעיקר המשפט הוא "בכל המקום אשר אבוא אליך וברכתיך", ובמאמר מוסגר אמר שהוא המקום שבו "אזכיר את שמי". אכן בתרגום אונקלוס ויונתן, וכן לדעת הרבה מפרשים, הביטוי "אזכיר את שמי" פירושו — המקום שבו שורה ושוכן שמי, כלומר מקום השראת השכינה. ולפי זה, מה שפירשו כאן "אזכיר את שמי" הוא רמז בלבד (וראה בפירוש רש"י שם). ואף לפירוש האמור כאן "אזכיר" משמעו כדיוק בנין הפעיל, כלומר — אגרום שייזכר שמי.

אמור להם לכולהו ובספרי דרשו דבר זה ממה שנאמר בסוף הענין "ואני אברכם" שתהא הברכה לכל ישראל.

פנים כנגד עורף בפר"ח רוצה לפרש באופן אחר מרש"י "פנים כנגד עורף" — פני ישראל כנגד עורפם של כהנים, שהכהנים יפנו פניהם כלפי שכינה.

או אינו אלא בלחש ואין הכוונה שצריכים לצעוק את דברי הברכה, אלא לאומרה בקול בינוני, כאדם המדבר לחבירו (יגל יעקב, וראה במ"ב). ורד"ל מסביר (וראה בתוס' ד"ה או, השני) שבא הדבר מתוך ההשוואה לברכת הר גריזים שנאמר בה "קול רם" ופירשו בתלמוד הירושלמי כי "קול רם" אין משמעו קול גבוה, אלא המעולה שבקולות שהוא קול בינוני. וכתבו אחרונים כי מאחר שצריך כל הקהל לשמוע את הברכות, פעמים שהקהל גדול ואז באמת צריכים הכהנים להגביה קולם עד שיישמע לכל הקהל.

ולאחד אינו קורא כהן יש מפרשים (מובא בתוהרא"ש) שהכוונה היא שכאשר יש כהן אחד בלבד בבית הכנסת אינו עובר על המצוה אם אינו עולה לדוכן. ופירוש זה תלוי במחלוקת הראשונים האם יש חיוב גמור על כהן אחד לברך (כדעת הרמב"ם והמאירי), או שאין החיוב מתחילה אלא על שניים (כשיטת תוס' מנחות מד, א).

אורח ההלכה

נושאים את ידיהן כנגד כתפיהן כשמברכים כהנים את העם נושאים ידיהם כנגד כתפיהם. כמשנה. ועל פי סוד מגביהים קצת יד ימנית למעלה מן השמאלית. (רמב"ם ספר אהבה הלכות תפילה וברכת כהנים פי"ד ה"ג. שו"ע או"ח קכח, יב).

ובמקדש על גבי ראשיהן וכו' כשמברכים הכהנים במקדש מגביהים את ידיהם למעלה על גבי ראשיהן חוץ מכהן גדול שאין מגביה ידיו למעלה מן הציץ. (רמב"ם שם ה"ט).

כה תברכו בלשון הקודש אין הכהנים מברכים אלא בלשון הקודש. (רמב"ם שם הי"א. שו"ע שם, יד).

כה תברכו בעמידה אין הכהנים מברכים אלא בעמידה. (רמב"ם שם. שו"ע שם).

משרת בעמידה אין עבודה אלא מעומד. וכל העובד והוא יושב — חילל, ועבודתו פסולה. (רמב"ם ספר עבודה הלכות ביאת המקדש פ"ה הט"ז).

בנשיאות כפים כשמברכים הכהנים את העם עושים זאת בנשיאות כפים. (רמב"ם ספר אהבה שם הי"א. שו"ע שם).

בשם המפורש כהנים היו מברכים את ישראל במקדש בשם המפורש (בי — ה), אבל פסקו לעשות זאת לאחר מות שמעון הצדיק. אבל מחוץ למקדש אין מברכים אלא בכינוי (שם אדנות). (רמב"ם שם ה"י-יא).

פנים כנגד פנים אין ברכת כהנים אלא פנים כנגד פנים, שהכהנים פונים אל העם והעם פונים אל הכהנים. (רמב"ם שם הי"א. שו"ע שם, סעיף י. שם סעיף כג).

לשנים קורא כהנים אם היו שני כהנים לפחות קוראים להם "כהנים" לפני שמתחילים לברך. ואף שליח ציבור עושה כן, ואינו נחשב הפסק. ונהגו שמגביה קולו במלה "כהנים" בשעה שאומר בנוסח התפילה קודם הברכה. (רמב"ם שם ה"ח. שו"ע שם, סעיף י).

הגהות הב"ח

(א) רש"י ד"ה ואיתקש וכו' בשמו הס"ד ואח"כ מ"ה בשם המפורש בשם המיוחד: (ב) ד"ה לשנים וכו' להתפלל הא דאמרי' וכו' זו כו'. נ"ב ס"א ואינו בכלל ברכה הא דאמרינן כה תברכו פנים בפנים:

רש"י

ככתבו. ביו"ד ה"י: **בכינויו.** בא"ף דל"ת: **כנגד כתפותיהם.** מפני שצריך נשיאות כפים כדאמרי' בברייתא בגמרא: **ובמקדש.** למעלה מראשיהם מפני שמברכין את העם בשם המפורש ושכינה למעלה מקשרי אצבעותיהם: **שאין מגביה למעלה מן הציץ את ידיו.** מפני שהשם כתוב עליו:

גמ' בנשיאות כפים. שיגביהו את ידיהם: **קשיא ליה לרבי יונתן.** אהך גזירה שוה אי בגז"ש ילפת לה איכא למיפרך מה למלואים שכן קרבן ציבור כדכתיב (ויקרא ט) וילך מעשות החטאת והעולה והשלמים וכולן של ציבור כדכתיב קחו שעיר עזים וגו' וראש חדש הוה כדכתיב ביום החדש הראשון באחד לחדש תקים וגו' (שמות מ) והוא היה יום שמיני למלואים כדתניא בסדר עולם אותו היום נטל עשר עטרות: **ר' נתן אומר אינו צריך.** משום דפרכא ליה גז"ש מייתי ליה בהקישא: **אף בניו בנשיאות כפים.** ולא תיקשי תו שכן כ"ג דאין משיבין על ההיקש: **וכתיב כל הימים.** ולא תיקשי לך תו ראש חדש ועבודת צבור: **ואיתקש ברכה לשירות.** כלומר ואע"ג דבהאי קרא לאו ברכה כתיבא אלא שירות לעמוד לשרת בשם ה' הוא ובניו כל הימים איתקוש ברכה ושירות בקרא אחרינא כדאמרי' לעיל לשרתו ולברך בשמו:(א) **בשם המיוחד.** ככתבו: **בכל המקום ס"ד.** וכי בכל מקום שם המיוחד נזכר הכתיב (שמות ג) זה שמי וזה זכרי לא כשאני נכתב אני נקרא (פסחים דף נ.) ועוד וכי בכל מקום שכינה באה ושורה דכתיב אבא אליך והוא לא יחד מקום להזכרת השם: **מסורס הוא.** מהופך בכל המקום אשר אבא אליך באהל מועד שבמדבר ובשילה ובבית עולמים: **או אינו אלא אפילו פנים כנגד עורף.** שאין הציבור צריכין להסב פניהם לצד הכהנים: **לשנים קורא כהנים.** כשיש שם שני כהנים לברך שליח צבור כשגמר ברכת הודאה קורא אותן כהנים והן הופכין פניהן שהיו הפוכין לצד התיבה להתפלל(ב) דהא אמרינן לקמן יהי רצון מלפניך שתהא ברכה זו כו': **אמור להם.** מקרא דלהם נפקא לן ששליח צבור מזהיר אותן לברך: **כהן קורא כהנים.** אם שליח צבור כהן הוא קורא ומזהיר את חביריו העומדים לפניו להחזיר פניהם ולברך את ישראל ואם ישראל הוא אינו קורא כהנים:

משלהם

מתני'

ככתבו ובמדינה בכינויו א במדינה כהנים נושאים את ידיהן כנגד כתפיהן ב ובמקדש על גבי ראשיהן ג חוץ מכהן גדול שאינו מגביה את ידיו למעלה מן הציץ ר' יהודה אומר אף כהן גדול מגביה ידיו למעלה מן הציץ שנאמר °וישא אהרן את ידיו אל העם ויברכם: **גמ'** תנו רבנן ב °כה תברכו ד בלשון הקודש אתה אומר בלשון הקודש או אינו אלא בכל לשון נאמר כאן כה תברכו ונאמר להלן °אלה יעמדו לברך את העם מה להלן בלשון הקודש אף כאן בלשון הקודש רבי יהודה אומר אינו צריך ג הרי הוא אומר כה עד שיאמרו בלשון הזה תניא אידך ד כה תברכו ה בעמידה אתה אומר בעמידה או אינו אלא אפי' בישיבה נאמר כאן כה תברכו ונאמר להלן אלה יעמדו לברך מה להלן בעמידה אף כאן בעמידה ה ר' נתן אומר אינו צריך הרי הוא אומר °לשרתו ולברך בשמו מה ו משרת בעמידה אף מברך בעמידה ו ומשרת גופיה מנלן דכתיב °לעמוד לשרת תניא אידך ז כה תברכו בנשיאות כפים אתה אומר בנשיאות כפים או אינו אלא שלא בנשיאות כפים נאמר כאן כה תברכו ונאמר להלן °וישא אהרן את ידיו אל העם ויברכם מה להלן בנשיאות כפים אף כאן ז בנשיאות כפים קשיא ליה לר' יונתן ח אי מה להלן כהן גדול וראש חודש ועבודת צבור אף כאן כהן גדול וראש חודש ועבודת ציבור ר' נתן אומר אינו צריך הרי הוא אומר °הוא ובניו כל הימים ט מקיש בניו לו מה הוא בנשיאות כפים אף בניו בנשיאות כפים וכתיב כל הימים ואיתקש ברכה לשירות ותניא אידך כה תברכו את בני ישראל י בשם המפורש אתה אומר בשם המפורש או אינו אלא בכינוי ת"ל °ושמו את שמי שמי המיוחד לי י יכול אף בגבולין כן נאמר כאן ושמו את שמי ונאמר להלן °לשום את שמו שם מה להלן בית הבחירה אף כאן בבית הבחירה יא רבי יאשיה אומר אינו צריך הרי הוא אומר °בכל המקום אשר אזכיר את שמי אבוא אליך בכל מקום ס"ד אלא מקרא זה מסורס הוא בכל מקום אשר אבוא אליך וברכתיך שם אזכיר את שמי והיכן אבוא אליך וברכתיך בבית הבחירה שם אזכיר את שמי בבית הבחירה תניא אידך יב כה תברכו את בני ישראל אין לי אלא בני ישראל גרים נשים ועבדים משוחררים מנין ת"ל °אמור להם לכולהו תניא אידך כה תברכו יג פנים כנגד פנים אתה אומר פנים כנגד פנים או אינו אלא פנים כנגד עורף ת"ל אמור להם כאדם האומר לחבירו תניא אידך כה תברכו יד בקול רם או אינו אלא בלחש ת"ל אמור להם כאדם שאומר לחבירו אמר אביי * כ נקטינן יג לשנים קורא כהנים ולא' אינו קורא כהן שנא' אמור להם לשנים יד ואמר רב חסדא נקטינן כהן קורא כהנים ואין ישראל קורא כהנים שנאמר אמור להם אמירה משלהם

תורה אור: ויקרא ט; במדבר ו; דברים כז; שם י; שם יח; ויקרא ט; דברים יח; במדבר ו; דברים יב; שמות כ; במדבר ו

[פירושו ממלא ברש"י עירובין ה. ד"ה ואמר]

תוספות

ונאמר להלן אלה יעמדו לברך. תימה אדרבה איפכא ונאמר להלן ואכלת ושבעת וברכת מה להלן בכל לשון כדאמר לעיל (דף לג.) וי"ל דמסתברא ליה טפי למילף ברכת כהנים מברכת הר גריזים דשתיהן מפורש בתורה דהברכות עצמן נמי מפורשות שהיה היפך הקללות המפורשות ארור האיש לברכה אבל לשון ברכת המזון אינה מפורשת בתורה: **ורבי יהודה אומר הרי הוא אומר כה.** אבל לרבנן לא משמע להו עיכובא כה אלא ככה: **קשיא ליה לר' יונתן.** אינו לשון הברייתא אלא לשון פי' הגמרא וה"ג לה בסיפרי ר' יונתן אומר אי מה להלן וכו': **וכתיב כל הימים.** תימה אכתי עבודת יחיד מהיכא לן דאיתרבי דאיכא נשיאות כפים והא בכל הימים איכא נמי עבודת צבור כגון תמיד ונראה דודאי לדברי הכל אימעיט עבודת יחיד מנשיאות כפים ור' יונתן נמי אגב שיטפיה נקט ליה ולא הוה נשיאות כפים בכל יום אלא בעבודת תמיד כדתנן בפ"ה דסדר תמיד (דף לג:) דלאחר שנתנו איברים על גבי כבש ומלחום ירדו ובאו להן ללשכת הגזית אמר להן הממונה ברכו ברכה אחת והם ברכו קראו עשרת הדברות שמע והיה אם שמוע ויאמר וברכו את העם ג' ברכות אמת ויציב ועבודה וברכת כהנים והוא הדין במוספין ובתמיד של בין הערבים: **ואיתקש ברכה לשירות.** לעיל קאי דקאמר מקיש בניו לו אימא לענין שירות דוקא איתקוש להכי קאמר כיון דאיתקוש לשירות הוא הדין לברכה דהא איתקוש ברכה לשירות: **או אינו אלא בכינוי.** רבינו הלל פ' בספרי בכינוי כגון אל אלהים צבאות ולא מסתבר דהיכי תיסק אדעתא לשבושי קרא למימר יברכך אלהים במקום שם בן ארבע אותיות אלא בכינוי יש לומר כקריאתו בא"ף דל"ת: **הרי הוא אומר בכל המקום אשר אבא אליך וברכתיך.** הכי תני בספרי בכל מקום אשר אני נגלה שם תהא מזכיר את שמי והיינו דקמתמה הכא בכל מקום ס"ד וכי בכל מקום אשר אני מצוה שמי להזכיר דהיינו אפילו בגבולין תברכו דבכל מקום אשר אבא אליך משמע אני בעצמי שיהא שם גילוי שכינה אלא מקרא מסורס הוא בכל מקום אשר אבא אליך שאני נגלה שם שם אני מצוך להזכיר שמי המיוחד לי והיינו דוקא בבית הבחירה והיינו דקתני בספרי בכל מקום אשר אני נגלה שם תהא מזכיר את שמי ונראה דמזה הטעם נמנעו כהנים לברך בשם המיוחד משמת שמעון הצדיק כדאמרי' בפרק טרף בקלפי (יומא דף לט:) לפי שלא זכו שוב לגילוי שכינה ונראה לר"י כהן שבירך ברכת כהנים בישיבה לא עשה ולא כלום הואיל ואיתקוש ברכה לשירות וגבי שירות אמר בפ"ב דזבחים (דף כג:) דיושב מחלל עבודה הילכך אף כאן צריך לחזור ולברך מעומד: **או אינו אלא בלחש.** תימה לר"י אמאי לא נפקא לן מיניה מג"ש דברכה ברכה מהר גריזים מה להלן בקול רם אף כאן בקול רם ומצינו למימר דלא איצטריך אלא לר"י דלא יליף ליה מגזירה שוה אלא מכה: **לשנים קורא כהנים.** בירושלמי פרק אין עומדין אמר רב חסדא צריך שיהא החזן ישראל רב נחמן בר יצחק אומר אם היה כהן א' אומר כהן שנים אומר כהנים אמר רב חסדא אפי' כהן קורא כהנים שאין קורא כהנים אלא לאותו השבט:

כל

עין משפט נר מצוה

לב א מיי' פי"ד מהל' תפלה הלכה ג סמג עשין כ טוש"ע א"ח סי' קכח סעיף יב [וברב אלפס פרק הקורא את המגילה דף רעד. וברא"ש שם סימן י"ח]:
לג ב ג מיי' שם הל' ט:
לד ד ה מיי' שם הלכה יא וסמג שם טוש"ע שם סעיף יד [וברב אלפס שם וברא"ש שם]:
לה ו מיי' פ"ה מהל' ביאת מקדש הלכה טז יז:
לו ז ח מיי' פי"ד מהל' נשיאת כפים הלכה י יא:
לז ט מיי' שם הל' ג יב סמג עשין כ טוש"ע א"ח סי' קכח סעיף י:
לח י מיי' שם הלכה יא טור ש"ע שם סעיף יד:
לט כ מיי' שם הלכה ח טוש"ע שם סעיף י:

תוספות שאנץ

מה משרת בעמידה אף מברך בעמידה י"מ דכהן בעל תשובה ראוי הוא לדוכן ולא מקשי' ליה לפסול עבודה דכהן שנשתמד דכתיב לא יקרב אלי לשרתני ותנן בפ' בתרא דמנחו' כהנים ששימשו בבית חוניו לא ישמשו בירושלם הא בנוב וגבעון מותרין וכ"ש בזמן הזה לדוכן ואמרי' נמי התם הרי אלו כבעלי מומין ולא מצינו בשום מקום שבעל מום שפסול לדוכן אלא א"כ היו מומין שבגלוי שהעולם מסתכלין בו. אף בניו בנשיאות כפים ולא תקשי תו שכן כהן גדול דאין משיבין על ההיקש וכתיב כל הימים ואל תקשי לך תו ראש חדש ועבודת צבור ל"ה: לשנים קורא כהנים פ"ה כשיש שם שני כהנים לברך שליח צבור כשגמר ברכת הודאה (עד חוץ מבית הכנסת) ל"ה:

גליון הש"ס

גמ' דכתיב לעמוד לשרת. מה דקשה הא באותו קרא עצמו כפ' עקב כתיב לעמוד לפני ה' לשרתו ולברך בשמו. עי' בספר זית רענן פ' עקב ובתשובת שבות יעקב ח"ב סי' א'. ובסמ"ג מ"ע מצוה כ' כתב להיתר ור' נתן נפקא ליה עמידה מדכתי' לעמוד לשרתו ולברך בשמו עכ"ל וצ"ע ועי' תוספות מנחות דף קט ע"א ד"ה לא:

משלהם תהא והילכתא כוותיה דאביי [א]ולית הילכתא כוותיה דרב חסדא: (סימן מתאו"ה לברכ"ה דוכ"ן בעבוד"ה כו"ם מכי"ר נהנ"ה בעגל"ה): אמר ר' יהושע בן לוי [א]מנין שהקב"ה מתאוה לברכת כהנים שנאמר °ושמו את שמי על בני ישראל ואני אברכם ואמר רבי יהושע בן לוי [ב]כל כהן שמברך מתברך ושאינו מברך אין מתברך שנאמר °ואברכה מברכיך ואמר ר' יהושע בן לוי *[ג]כל כהן שאינו עולה לדוכן עובר בשלשה עשה כה תברכו אמור להם ושמו את שמי רב אמר חוששין שמא בן גרושה או בן חלוצה הוא ולא פליגי הא דסליק לפרקים הא דלא סליק לפרקים ואמר ר' יהושע בן לוי [ד]כל כהן שאינו עולה בעבודה שוב אינו עולה שנאמר °וישא אהרן את ידיו אל העם ויברכם וירד מעשות החטאת והעולה והשלמים מה להלן בעבודה אף כאן בעבודה איני והא ר' אמי ורבי אסי סלקי רבי אמי ורבי אסי מעיקרא הוו עקרי כרעייהו ממטא לא הוה מטו התם וכדתני ר' אושעיא [ה]לא שנו אלא שלא עקר את רגליו אבל עקר את רגליו עולה *ותנן נמי [ה]אם הבטחתו שנושא את כפיו וחוזר לתפלתו רשאי והוינן בה הא לא עקר אלא דנד פורתא הכא נמי דעקר פורתא ואמר ריב"ל אין נותנין כוס של ברכה לברך אלא לטוב עין שנאמר °טוב עין הוא יבורך כי נתן מלחמו לדל [ו]אל תיקרי יבורך אלא יברך ואמר ר' יהושע בן לוי [ז]מנין שאפי' עופות מכירין בצרי העין שנאמר °כי חנם מזורה הרשת בעיני כל בעל כנף ואמר רבי יהושע בן לוי כל הנהנה מצרי העין עובר בלאו שנאמר °אל תלחם את לחם רע עין וגו' כי כמו שער בנפשו כן הוא אכול ושתה יאמר לך וגו' רב נחמן בר יצחק אמר עובר בשני לאוין אל תלחם ואל תתאו וא"ר יהושע בן לוי אין עגלה ערופה באה אלא בשביל צרי העין שנאמר °וענו ואמרו ידינו לא שפכו את הדם הזה [ח]וכי *על לבנו עלתה שזקני ב"ד שופכי דמים הם אלא לא בא לידינו ופטרנוהו ולא ראינוהו והנחנוהו לא בא לידינו ופטרנוהו בלא מזונות לא ראינוהו והנחנוהו בלא לוייה אמר אדא א"ר שמלאי [ט]ביית הכנסת שכולה כהנים כולן עולין לדוכן ב למי מברכין אמר ר' זירא לאחיהם שבשדות איני [י]*והתני אבא בריה דרב מנימין בר חייא [ח]עם שאחורי כהנים אינן בכלל ברכה לא קשיא [ט]הא דאניסי הא דלא אניסי והתני רב שימי מבירתא דשיחורי בית הכנסת שכולה כהנים מקצתן עולין ומקצתן עונין אמן לא קשיא [י]הא דאישתייר בי עשרה הא דלא אישתייר בי עשרה גופא תנא אבא בריה דרב מנימין בר חייא עם שאחורי כהנים אינן בכלל ברכה פשיטא אריכי באפי גוצי לא מפסקי תיבה לא מפסקא מחיצה מאי ת"ש [יא]*דאמר רבי יהושע בן לוי [כ]אפילו מחיצה של ברזל אינה מפסקת בין ישראל לאביהם שבשמים איבעיא להו צדדין מהו אמר אבא מר בר רב אשי ת"ש דתנן [יב][ל]נתכוון *להזות לפניו והזה

במדבר ו | בראשית יב | ויקרא ט | משלי כב | שם א | שם כג | דברים כא

כל כהן שאינו עולה לדוכן עובר בשלשה עשה. ירושלמי במסכת נזיר פרק כהן גדול מהו שיטמא אדם לנשיאת כפים אחוי דר' אבא בר כהן אמר קמיה ר' יוסי בשם ר' אחא מטמא כהן לנשיאת כפים שמע ר' אחא ואמר אנא לא אמרי ליה כלום חזר ואמר או דילמא לא שמע מיניה אלא כיון דאמר ר' יהודה בר פזי בשם ר"א כל כהן שעמד בבהכ"נ ואינו נושא את כפיו עובר בעשה וסבר למימר שמצות עשה דוחה למצות ל"ת אמר אנא לא אמרית ליה אייתוניה ואנא מלקי ליה [ר' אבוה הוי יתיב ומתני בבי כנישתא דקיסרין והוי תמן מיתנא ואתא עונתא דנשיאת כפים ולא שאלון ליה] אתא עונתא דמיכליא ושאלון ליה אמר להון על נשיאות כפים לא שאילתון לי ועל מיכלא אתון שאלון כד שמעון כן הוה כל חד וחד מנהון משמט גרמיה וערק:

הא דסליק לפרקים. ה"ה אי לא סליק אלא דמחזיק נפשיה ע"י מתנות כהונה כמו שאמר בפרק הזרוע (חולין דף קלג.) אמר אביי מריש הוה חטיפנא מתנתא וכו' עד משקל נמי לא שקילנא לבר ממעלי יומא דכיפורי לאחזוקי נפשי בכהני ולפרוס ידיה אנסי ליה עידניה: **הא דאניסי הא דלא אניסי.** בסוף מסכת ר"ה (דף לה.) אמרי' דדוקא הני שבשדות אניסי אבל הני דקיימי במתא לא אניסי: **מחיצה מאי.** י"ל דדוקא בדלא אניסי קמבעיא ליה אבל בדאניסי פשיטא דמי גרע מאחיהם שבשדות וא"ת אי לא אניסי אמאי עדיפי מעם שאחורי הכהנים בלא הפסק מחיצה י"ל עם שאחורי הכהנים מראין בעצמן כאילו אין הברכה חשובה בעיניהם דכתיב אמור להם פנים כנגד פנים והן עומדים אחורי עורף אבל בהפסק מחיצה כיון דלא קיימי אחורי עורף לאו מילתא היא דלא חזינן דקפיד קרא בהכי. מההיא דסוף מס' ר"ה (דף לה.) משמע דה"ה לתפלה והכי משמע נמי בפרק כיצד צולין (פסחים דף פה:) דתנן אבר שיצא מקצתו לחוץ מן האגף ולפנים כלפנים מן האגף ולחוץ כלחוץ אמר רב וכן לתפלה ופליגא דר' יהושע בן לוי דאמר רבי יהושע בן לוי אפי' מחיצה וכו' מדקא פשיט סתמא דגמ' ממילת' דריב"ל ש"מ דקיימא

משלהם תהא. אזהרה זו הכהנים יזהירו: **ושמו את שמי.** תלה הכתוב הדבר בהן להיות ברכה זו שימת שמו על עמו ולא עשאה צורך ישראל אלא צורך מקום: **ואברכה מברכיך.** דאילו ואני אברכם אישראל קאי כר"ע דאמר באלו טריפות (חולין דף מט.) למדנו ברכה לישראל מפי כהנים מפי הגבורה לא למדנו כשהוא אומר ואני אברכם הוי אומר הכהנים מברכים את ישראל והקב"ה מסכים על ידם: **לפרקים.** בחגים ובמועדים: **שאינו עולה בעבודה.** קודם שיסיים שליח צבור רצה צריך לעלות על הדוכן: **וירד מעשות.** אלמא בעוד עבודה בידו בירך ואח"כ וירד מעשות אלמא השתא הוא דגמר: **מעיקרא הוו עקרי כרעייהו.** ממקומן בעבודה אבל רחוק היה מקומן מן הדוכן ולא מטו עד דגמרה ברכת העבודה: **ותנן נמי.** בברכות אם הבטחתו כו' רישא הכי איתא העובר לפני התיבה לא יענה אמן אחר הכהנים מפני הטירוף ואם אין שם כהן אלא הוא לא ישא את כפיו שלא תיטרף דעתו בשובו לתפלתו ולא ידע להתחיל מיד בשים שלום ואם הבטחתו שהוא מלומד בדבר ולא תטרף דעתו נושא את כפיו וחוזר לתפלתו: **רשאי.** לישא את כפיו: **והא לא עלה בעבודה.** אלא דעקר פורתא וש"מ סגי בהכי שעוקר מעט רגליו לילך לצד הדוכן בעבודה: **לברך.** בהמ"ז: **לטוב עין.** שונאי בצע וגומלי חסד בממונן: **מכירין בצרי עין.** ואין אוכלים משלהם: **כי חנם מזורה הרשת.** לעיל מיניה משתעי בצרי עין נארבה לדם וגו' כל הון יקר נמצא וגו' כי חנם מזורה הרשת לשון יזורה על נוהו גפרית כך דרכם של ציידים לזרות חטים ושעורים ברשתם כדי שיבואו העופות לאכול ואלו צרי העין חנם מאבדין מזונות שזורין ברשתם בעיני כל בעל כנף שאף הן מכירין בהן ואין נהנין ממזונותיהן: **כי כמו שער בנפשו.** שער זה על כרחנו לשון פעל הוא ונקודתו מוכחת עליו שתחתיו קמץ ותחתיו פתח וטעמו למטה כאילו זה האוכל מירר והשעיר בנפשו של צר עין וכך הוא לשון כתאנים השוערים (ירמיה כט) ומנחם בן סרוק פירשו לשון שיעור תמיד הוא משער כמה יאכל זה ועד מתי: **ופטרנוהו בלא מזונות.** כלומר למזונות הוצרך ולא היה לו וראה אחד נושא מזונות ובא לחוטפם ממנו לאונס רעבון ועמד זה עליו והרגו: **בלא לוייה.** חבורה שילך עמהם: **שבשדות.** דאניסי במלאכתן ואין יכולין לבא: **דלא אניסי.** העומדין בבהכ"נ אחורי הכהנים לא אניסי אלא שאין הברכה חשובה עליהם לעקור רגליהם ולבא לפני הכהנים להיות מתברכים פנים כנגד פנים כדת הלכך אינם בכלל ברכה כדאמרי' כה תברכו פנים כנגד פנים: **מבירתא דשחורי.** לשון בירה. שחורי מקום: **איסתייר בי עשרה.** מקצתן עולין לדוכן והעשרה עונין אמן לא איסתייר בי עשרה לא חשיב לברכה לחודייהו הילכך כולן עולין ומברכין לאחיהם שבשדות: **אריכי באפי גוצי לא מפסקי.** בין כהנים מהיות בכלל ברכה דאם כן אין לדבר סוף:

והזה

[מנחות מז.]

ברכות לד.

לקמן מה:

ר"ה לה.

פסחים פה:

פרה פרק יב מ"ב

מ א מיי' פי"ד מהל' נשיאות כפים הל' ח סמג עשין כ טוש"ע א"ח סי' קכח סעיף י:

מא ב מיי' שם פט"ו הל' יב [וברב אלפס פרק הקורא את המגילה דף רעד. וברא"ש שם סימן כב]:

מב ג מיי' שם סמג שם טוש"ע א"ח סי' קכח סעיף ב:

מג ד ה מיי' שם הל' יא טוש"ע שם סעיף ח:

מד ו מיי' שם הל' י סמג שם טוש"ע שם סעיף כ:

מה ז מיי' שם פט"ו הל' ט סמג שם טוש"ע שם סעיף כה:

מו ח ט מיי' שם הל' ח טוש"ע שם סעי' כד:

מז י מיי' שם הלכה ט טוש"ע שם סעי' כה:

מח כ ל מיי' שם הל' ח טוש"ע שם סעיף כד וסימן נה סעיף כ:

תוספות שאנץ

ת"ש דא"ר יהושע בן לוי אפי' מחיצה של ברזל אינה מפסקת בין ישראל לאביהם שבשמי' וקשה דלענין מה מיירי אי לענין צירוף קשה מדאמרי' פרק כל גגות ציבור בקטנה ויחיד בגדולה אין מצטרפין וא"כ פליג עליה דר' יהושע בן לוי ואי לענין לצאת בו ידי חובתו א"ר יהושע בן לוי דאפי' מחיצה ברזל וכו' אבל לעולם אינו מצטרף וא"כ הכי קאמר רב התם וכן בתפלה פרק אין צולין גבי פסח הנאכל בחבורה מן האגף ולפנים כלפנים מן האגף ולחוץ כלחוץ אגף היינו משקוף ואמר רב עלה וכן לתפלה והיכי קאמר רב שלא יצא ידי חובתו והתנן היה עובר אחורי בית הכנסת ושמע קול שופר או קול מגילה אם כוון לבו יצא ופר"י דהתם עובר אחורי בית הכנסת ושמע קול א) מודה דיצא ידי חובתו אבל לענין דבר שבקדושה צריך כגון קדיש וברכו וקדושה לדין זה אמר רב דמפסקת:

א) נ"ל דלא בעי עשרה שפיר יצא יד"ח אבל לענין דבר שבקדושה דצריך עשרה כגון וכו'.

מִשֶּׁלָּהֶם תְּהֵא, כלומר, של הכהנים, אחד מהם קורא. ומסכמים, **וְהִילְכְתָא כְּוָותֵיהּ** [והלכה כשיטתו] של **אַבַּיֵי** שלאחד אין קוראים "כהן", **וְלֵית הִילְכְתָא כְּוָותֵיהּ** [ואין הלכה כשיטתו] של **רַב חִסְדָּא** אלא כל אחד ואפילו מישראל, יכול לקרוא לכהנים.

א (סִימָן מתאו"ה לברכ"ה דוכ"ן בעבוד"ה כו"ס מכי"ר נהנ"ה בעגל"ה). **אָמַר ר' יְהוֹשֻׁעַ בֶּן לֵוִי: מִנַּיִן שֶׁהַקָּדוֹשׁ בָּרוּךְ הוּא מִתְאַוֶּה לְבִרְכַּת כֹּהֲנִים — שֶׁנֶּאֱמַר: "וְשָׂמוּ אֶת שְׁמִי עַל בְּנֵי יִשְׂרָאֵל וַאֲנִי אֲבָרְכֵם"** (במדבר ו, כז), כלומר, שהקדוש ברוך הוא מחכה עד שיברכו הכהנים ורק אז הוא עצמו מברכם. **וְאָמַר ר' יְהוֹשֻׁעַ בֶּן לֵוִי: כָּל כֹּהֵן שֶׁמְּבָרֵךְ — מִתְבָּרֵךְ** הוא עצמו כשמים, **וְשֶׁאֵינוֹ מְבָרֵךְ — אֵין מִתְבָּרֵךְ, שֶׁנֶּאֱמַר: "וַאֲבָרְכָה מְבָרְכֶיךָ"** (בראשית יב, ג). **וְאָמַר ר' יְהוֹשֻׁעַ בֶּן לֵוִי: כָּל כֹּהֵן שֶׁאֵינוֹ עוֹלֶה לַדּוּכָן** לברך **— עוֹבֵר בִּשְׁלֹשָׁה** חיובי **עֲשֵׂה** שאינו מקיימם: **"כֹּה תְבָרְכוּ"** (במדבר ו, כג), **"אָמוֹר לָהֶם"** (שם), **"וְשָׂמוּ אֶת שְׁמִי"** (שם כז). **רַב אָמַר:** זה שלא עולה לדוכן **חוֹשְׁשִׁין** (יש לחשוש) **שֶׁמָּא בֶּן גְּרוּשָׁה אוֹ בֶּן חֲלוּצָה הוּא** ופסול לכהונה, ולכן לא עלה. ומעירים: **וְלָא פְּלִיגִי** [ואין הם חלוקים], **הָא** [כהן זה] שדיבר עליו ר' יהושע בן לוי — הוא זה **דְּסָלֵיק** [שעולה] **לִפְרָקִים** מזמן לזמן, שאין מקום לחשוד בו שהוא פסול, אבל הוא עובר על מצוות עשה כאשר אינו עולה, **הָא** [כהן זה] שדיבר עליו רב — הוא זה **דְּלָא סָלֵיק** [שאינו עולה] אף **לִפְרָקִים** ונותן מקום לחשוד שאינו כהן כלל. **וְאָמַר ר' יְהוֹשֻׁעַ בֶּן לֵוִי: כָּל כֹּהֵן שֶׁאֵינוֹ עוֹלֶה** לדוכן **בְּבִרְכַּת הָעֲבוֹדָה** שבתפילה, **שׁוּב אֵינוֹ עוֹלֶה, שֶׁנֶּאֱמַר: "וַיִּשָּׂא אַהֲרֹן אֶת יָדָו אֶל הָעָם וַיְבָרְכֵם וַיֵּרֶד מֵעֲשֹׂת הַחַטָּאת וְהָעֹלָה וְהַשְּׁלָמִים"** (ויקרא ט, כב), **מַה לְּהַלָּן** במשכן, נשא אהרן את כפיו **בַּעֲבוֹדָה**, כפי שנאמר שמיד אחר שנשא כפיו ירד מעשות החטאת וכו', **אַף כָּאן** בתפילה — ברכת כהנים נערכת **בַּעֲבוֹדָה**. ושואלים: **אִינִי** [וכן הוא]? **וְהָא** [והרי] **ר' אַמִּי וְר' אַסִּי** שהיו כהנים **סָלְקִי** [היו עולים] גם לאחר מכן! ומשיבים: **ר' אַמִּי וְר' אַסִּי מֵעִיקָּרָא הָווּ עָקְרֵי כַּרְעַיְיהוּ** [מתחילה היו עוקרים את רגליהם] ללכת לברך כבר בברכת העבודה, ואולם **מִמְטָא** [להגיע לדוכן] **לֹא הֲוָה מָטוּ הָתָם** [היו מגיעים לשם] עד לאחר ברכת העבודה. **וְכִדְתָנֵי** [וכפי ששנה] **ר' אוֹשַׁעְיָא: לֹא שָׁנוּ** דבר זה שכהן שאינו עולה לדוכן בברכת עבודה שוב אינו מברך, **אֶלָּא שֶׁלֹּא עָקַר אֶת רַגְלָיו, אֲבָל עָקַר אֶת רַגְלָיו** לפני שסיים שליח ציבור את הברכה **— עוֹלֶה** אפילו לאחר מכן. **וּתְנַן נַמִּי** [ושנינו גם כן] בענין זה ששליח ציבור שהוא כהן — אינו מברך ברכת כהנים, **אֲבָל אִם הַבְטָחָתוֹ** (מובטח לו) **שֶׁנּוֹשֵׂא אֶת כַּפָּיו וְחוֹזֵר לִתְפִלָּתוֹ** בלי בלבול **— רַשַּׁאי. וְהָוֵינַן** [והיינו עוסקים ומתקשים] **בָּהּ: הָא** [הרי] אם **לֹא עָקַר** ממקומו לעלות לדוכן? **אֶלָּא** צריך לומר **דְּנָד פּוּרְתָּא** [שנע, שזז קצת] להראות שגם הוא רוצה לעלות, **הָכָא נַמִּי דְּעָקַר פּוּרְתָּא** [כאן גם כן מדובר שהוא עוקר מעט] ממקומו. **וְאָמַר ר' יְהוֹשֻׁעַ בֶּן לֵוִי: אֵין נוֹתְנִין כּוֹס שֶׁל בְּרָכָה לְבָרֵךְ** ברכת המזון **אֶלָּא לְמִי** שהוא **טוֹב עַיִן, שֶׁנֶּאֱמַר: "טוֹב עַיִן הוּא יְבֹרָךְ כִּי נָתַן מִלַּחְמוֹ לַדָּל"** (משלי כב, ט), **אַל תִּיקְרֵי** [תקרא] **"יְבוֹרָךְ" אֶלָּא "יְבָרֵךְ". וְאָמַר ר' יְהוֹשֻׁעַ בֶּן לֵוִי: מִנַּיִן שֶׁאֲפִילּוּ עוֹפוֹת מַכִּירִין בְּצָרֵי הָעַיִן** (קמצנים) ואינם באים אליהם **— שֶׁנֶּאֱמַר: "כִּי חִנָּם מְזֹרָה הָרָשֶׁת בְּעֵינֵי כָּל בַּעַל כָּנָף"** (שם א, יז), שמפרש שאף שהציידים הללו שמים מזונות ברשתם — אין העופות באים לאכול מהם. **וְאָמַר ר' יְהוֹשֻׁעַ בֶּן לֵוִי: כָּל הַנֶּהֱנֶה מִצָּרֵי הָעַיִן עוֹבֵר בְּלָאו** (מצות לא תעשה) **— שֶׁנֶּאֱמַר: "אַל תִּלְחַם** (תאכל) **אֶת לֶחֶם רַע עָיִן** ואל תתאו למטעמותיו. **כִּי כְּמוֹ שָׁעַר בְּנַפְשׁוֹ כֶּן הוּא אֱכוֹל וּשְׁתֵה יֹאמַר לָךְ** ולבו בל עמך" (שם כג, ו–ז). **רַב נַחְמָן בַּר יִצְחָק אָמַר: עוֹבֵר בִּשְׁנֵי לָאוִין**, שהרי נאמר שם **"אַל תִּלְחַם", "וְאַל תִּתְאָו". וְאָמַר ר' יְהוֹשֻׁעַ בֶּן לֵוִי: אֵין עֶגְלָה עֲרוּפָה בָּאָה אֶלָּא בִּשְׁבִיל צָרֵי הָעַיִן, שֶׁנֶּאֱמַר: "וְעָנוּ וְאָמְרוּ יָדֵינוּ לֹא שָׁפְכוּ אֶת הַדָּם הַזֶּה"** (דברים כא, ז) ומדוע זקני העיר מתוודים וידוי זה? **וְכִי עַל לִבֵּנוּ עָלְתָה שֶׁזִּקְנֵי בֵּית דִּין שׁוֹפְכֵי דָמִים הֵם**, שהם צריכים להודיע שלא הם הרגוהו? **אֶלָּא** הכוונה היא, שהם צריכים לומר **שֶׁלֹּא בָּא** ההרוג **לְיָדֵינוּ וּפְטַרְנוּהוּ, וְלֹא רְאִינוּהוּ וְהִנַּחְנוּהוּ**. וכוונתו **לֹא בָּא לְיָדֵינוּ וּפְטַרְנוּהוּ בְּלֹא מְזוֹנוֹת** להאכילו, **לֹא רְאִינוּהוּ וְהִנַּחְנוּהוּ בְּלֹא לְוָיָה** (ליווי). וצרי העין, שאינם נותנים מזונות — הם שגורמים לאדם שילך למקומות כאלה שעשוי ליהרג בהם.

ב אָמַר אַדָּא אָמַר ר' שַׂמְלַאי: בֵּית הַכְּנֶסֶת שֶׁכּוּלָּהּ כֹּהֲנִים — כּוּלָּן עוֹלִין לַדּוּכָן. ושואלים: **לְמִי מְבָרְכִין? אָמַר ר' זֵירָא: לַאֲחֵיהֶם שֶׁבַּשָּׂדוֹת.** ושואלים: **אִינִי** [האם כן הוא]? **וְהָתָנֵי** [והרי שנה] **אַבָּא בְּרֵיהּ** [בנו] של **רַב מְנְיָמִין בַּר חִיָּיא: הָעָם** שנמצאים **אֲחוֹרֵי כֹּהֲנִים — אֵינָן בִּכְלַל בְּרָכָה** של הכהנים! ומשיבים: **לָא קַשְׁיָא** [אין זה קשה], **הָא** [זה] **— דַּאֲנִיסֵי** [שהם אנוסים] במלאכתם כגון אלו שבשדות, ומשום כך הרי הם בכלל ברכה, **הָא** [זה] **— דְּלָא אֲנִיסֵי** [שאינם אנוסים] ואינם באים לעמוד פנים בפנים אל הכהנים — אינם בכלל ברכה. ומקשים על דברי ר' שמלאי: **וְהָתָנֵי** [והרי שנה] **רַב שִׁימִי מִבִּירְתָא דְּשִׁיחוֹרֵי** (שם מקום) ברייתא זו: **בֵּית הַכְּנֶסֶת שֶׁכּוּלָּהּ כֹּהֲנִים — מִקְצָתָן עוֹלִין, וּמִקְצָתָן עוֹנִין "אָמֵן"!** ומשיבים: **לָא קַשְׁיָא** [אין זה קשה], **הָא** [זה] **— דְּאִישְׁתַּיַּיר בֵּי עֲשָׂרָה** [שנשאר מנין עשרה] כהנים מתברכים בבית הכנסת שאז עולים מקצתם לברך, **הָא** [זה] **— שֶׁלֹּא אִשְׁתַּיַּיר בֵּי עֲשָׂרָה** [נשארו מנין עשרה], שאין כאן עדה שתענה "אמן", מוטב שיעלו כולם ויברכו את העם שבשדות. **גּוּפָא** [לגופה] של אותה הלכה: **תָּנָא** [שנה] **אַבָּא בְּרֵיהּ** [בנו] של **רַב מְנְיָמִין בַּר חִיָּיא: עַם שֶׁאֲחוֹרֵי הַכֹּהֲנִים** בשעת ברכת כהנים **אֵינָן בִּכְלַל בְּרָכָה**. ויש כמה שאלות בנושא זה, ותחילה מקדימים: **פְּשִׁיטָא** [פשוט לנו] כי **אֲרִיכֵי בְּאַפֵּי גּוּצֵי לָא מַפְסְקֵי** [אנשים גבוהים בפני נמוכים אינם מפסיקים, חוצצים] לענין ברכת כהנים. **תֵּיבָה** שיש בה ספר תורה **— לֹא מַפְסְקָא** [מפסיקה] גם היא. ואולם **מְחִיצָה** הקבועה בין הכהנים לעם **מַאי** [מה] דינה? **תָּא שְׁמַע** [בוא ושמע] פתרון לדבר ממה **שֶׁאָמַר ר' יְהוֹשֻׁעַ בֶּן לֵוִי: אֲפִילּוּ מְחִיצָה שֶׁל בַּרְזֶל אֵינָהּ מַפְסֶקֶת בֵּין יִשְׂרָאֵל לַאֲבִיהֶם שֶׁבַּשָּׁמַיִם** ומכל מקום הם מתברכים. **אִיבַּעְיָא לְהוּ** [נשאלה להם ללומדים] שאלה זו: אלה שעומדים **בִּצְדָדִין מַהוּ**, האם הם בכלל ברכה? **אָמַר אַבָּא מָר בַּר רַב אַשִׁי: תָּא שְׁמַע** [בוא ושמע] תשובה לדבר ממה **דִּתְנַן** [ששנינו במשנה] בדיני הזאת מי חטאת לטהרת מי שנטמא במת: **נִתְכַּוֵּון** המזה **לְהַזּוֹת לְפָנָיו**

מסורת הש"ס

א. ילק"ש תורה תשיא.
ב. שם תשי. וראה חולין מט,א. ספרי במדבר ו, כז.
ג. מנחות מד,א. במדב"ר פי"א ד. וראה ירושלמי ברכות פ"ג ה"א. שם פ"ה ה"ד. שם נזיר פ"ז ה"א. ילק"ש שם.
ד. במדב"ר שם. ילק"ש שם.
ה. ברכות לד,א.
ו. תנחומא וזאת הברכה א. ילק"ש נ"ך תתקס.
ז. מדרש משלי פ"א. ילק"ש שם. שם תתקכט.
ח. סוטה מה,ב. מו,ב. ספרי דברים כז, א. מדרש תנאים כא, ז. ילק"ש תורה תתקכד.
ט. ירושלמי ברכות פ"ה ה"ד. שם גיטין פ"ה ה"ט.
י. ר"ה לה,א.
יא. פסחים פה,ב.
יב. פרה פי"ב מ"ב. ירושלמי שם. תוספתא פרה פי"ב ט.

גרסות

משלהם יש בכת"י: **שלהם.**
סלקי יש בכת"י: **הוו סלקי.**
של ברכה לברך יש שגרסו: **של ברכה.**
אל תקרי — יברך יש בכת"י: **קרי ביה נמי יברך.**
על לבנו עלתה יש שגרסו: **תעלה על דעתך.**
בי עשרה ויש בכת"י: **ביה עשרה.**

עיונים

וליה הלכתא כוותיה דרב חסדא לא זו בלבד שאין הלכה כרב חסדא אלא שסומכים גם על שיטת דתלמוד הירושלמי, ששם מובאים דברי רב חסדא להיפך — שמצוה היא שדווקא ישראל הוא שיקרא לכהנים, וכמשמעות "אמור להם" — שאחר יאמר לכהנים. ומשום כך פסק הרמב"ם שמצוה מן המובחר שישראל הוא שיקרא.

סימן מתאוה וכו' סימן זה הוא לדברים המובאים בשם ר' יהושע בן לוי בסוגיה הבאה: מתאו"ה — שהקדוש ברוך הוא מתאוה לברכת כהנים, לברכ"ה — כהן שמברך מתברך, דוכ"ן — שאינו עולה לדוכן, בעבוד"ה — כהן שאינו עולה בעבודה, כו"ס — כוס של ברכה, מכי"ר — אפילו עופות מכירין, נהנ"ה — כל הנהנה מצרי עין, בעגל"ה — אין עגלה ערופה וכו'.

מתאוה לברכת כהנים ראה בדברי רש"י. ובעין יעקב יש נוסח אחר ברש"י ששם אמר שלא תלה את הברכה בהם, אלא בו, לומר שהוא מתאוה שיתברכו ישראל, ולשמו הוא עושה. והמהרש"א מפרש כי ר' יהושע בן לוי סבור כי "ואני אברכם" כוונתו שהקדוש ברוך הוא מברך את ישראל, ואם הוא מברכם מה צורך בברכת הכהנים? אלא שהקדוש ברוך הוא מתאוה לברכת כהנים. וראה בעיון יעקב שהביא ראיה אחרת ממה שנכתב דבר זה לאחר מעשה המשכן, וכשם שהקדוש ברוך הוא רוצה במשכן לשכן שכינתו בישראל אף נסמך לו ענין ברכת כהנים.

עובר בשלשה עשה לפי הרמב"ם אין הכוונה שעובר בשלושה עשה ממש. אלא הוא עובר בעשה אחד, שאינו מברך, ומעלה עליו הכתוב כאילו עבר בשלושה.

דלא סליק לפרקים מדברי הגאונים משמע שהכוונה שאינו עולה לדוכן כל עיקר, וראה בתוס' (ד"ה הא דסליק) שאם מחזיק עצמו בכהונה בדרך אחרת אין לחשוש שמא הוא פסול. ולהגדרת פרקים, רש"י מפרש שעולה לדוכן ברגלים, והמאירי מביא — שעולה בשבתות וימים טובים, והרד"ל מציע שאולי הכוונה כמו פרקים האמורים במקום אחר — אחת לשלושים יום.

שאינו עולה בעבודה במקדש היה הכהן עולה בתוך העבודה ממש, אבל בתפילה, כיון שאין ברכת כהנים מעין הברכה בשמונה עשרה, ממתין עד לסיום ברכות העבודה וההודאה הנחשבות כאחת. ולשון "וירד מעשות החטאת" משמעה שברכת כהנים היא לאחר גמר דעבודה, וראה גם בתלמוד הירושלמי ברכות (ראה ברד"ל).

דנד פורתא הלשון מדייקת כאן, כי שליח הציבור אינו רשאי לעקור ממקומו ממש בשעת התפילה, ולכן די לו שנד מעט. ואילו כהנים שבקהל יכולים לעקור ממקומם ממש (רד"ל).

טוב עין הוא יבורך וכו' ונראה כי דרשה זו מסתמכת על הכתיב שהוא "יברך", ללמד שטוב עין הוא הראוי לברך. ועוד כתב המהרש"א שהמברך הוא עצמו מתברך, ולכן ראוי לטוב עין לברך כדי שיוסיף להתברך. ובעיון יעקב כתב כי הנותן מלחמו לדל נאמר שמתברך בשש ברכות, וראוי לו שזה שנתברך אף לברך אחרים. והוסיף המהרש"א כי הדבר מתקשר עם עניני ברכת כהנים, ללמד שראוי שתהא הברכה בטוב עין, ומשום כך אומרים הכהנים בנוסח הברכה שמברכים לפני כן "לברך את עמו ישראל באהבה" שמוסיפים מילת "באהבה" שלכאורה אינה מפורשת בתורה, לומר שהם עושים זאת בעין טובה.

אפילו עופות מכירין כתב המהרש"א שאף שאין לעופות דעת, מכל מקום הקדוש ברוך הוא אינו מזמן שיילכדו במצודתו של צר עין. ועוד הוסיף על דרך המציאות, כי טוב עין מפזר מדי פעם אוכל לציפורים שלא לצורך לכידתן, ומשום כך הציפורים באות לאכול ממה שהוא שם אף ברשת.

כי חנם מזורה וגו' רש"י פירש שקודם לכן מדובר באנשים ההולכים לגזול, ובודאי משום צרות העין שבהם. ואולי יש להוסיף כי לאחר מכן נאמר "כן אורחות כל בוצע בצע את נפש בעליו יקח" (משלי א, יט).

אל תלחם ואל תתאו יש שכתבו כי רב נחמן בר יצחק לא בא אלא לפרש את דברי ר' יהושע בן לוי, שאין כאן רק לאו אחד אלא שנים הם. וראה בעיון יעקב שכתב כי רע העין הוא בודאי גם רע לב (שהרי נאמר בו "ליבו בל עמך" משלי כב, ז) ואם כן יש כאן שני צדדים של צרות העין ורוע הלב.

לא בא לידינו ופטרנוהו המהרש"א שואל: וכיון שבאמת לא פטרוהו בלא מזונות, מה מקום לדברי ר' יהושע בן לוי שאין עגלה ערופה באה אלא בשביל צרות העין? והוא מתרץ, כי זקני העיר אומרים שהם עצמם לא חטאו בכך, אבל משמע שאנשים אחרים שראו את עובר ההלך הזה נהגו בצרות עין ומשום כך הגיע למותו.

לאחיהם שבשדות ובתלמוד הירושלמי ברכות מפורש כי לגבי אחיהם שבשדות אין הבדל אם הם עומדים פנים בפנים או מאחוריהם. ושם גם אמרו שהנשים והטף שבבית הכנסת הם עונים אחריהם אמן כשאין ישראל, ונראה בתלמוד שלנו אין מחשיבים עניית אמן אלא בעשרה אנשים, וראה להלן. וכתבו אחרונים כי נראה שברכת כהנים בזמן שאין בבית הכנסת מי שמתברך אינה אלא מדרבנן (פמ"ג) ואולי לא נתקנה אלא כדי שלא לשכח ברכת הכהנים מאותו מקום (דבר שאול).

דאישתייר בי עשרה מכאן משמע שצריך שנוסף לכהנים המברכים יהיו עוד עשרה אנשים העונים אמן (וכן משמע מדברי הגאונים). אכן, הרמב"ם אומר שברכת כהנים בעשרה, וכהנים מן המנין. וכבר העיר המאירי שלפי זה אין צורך שיהיו עשרה העונים אמן. וראה מה שכתב בב"ח על כך. ואולי נסמך על דברי התלמוד הירושלמי שאמירת אמן מפי הנשים והטף אף היא נחשבת.

אפילו מחיצה של ברזל וראה בתוס' (ד"ה מחיצה) שדנו בבעיה זו ובשיטת רב החולקת. ובתו"ש כתבו שאין דברי ר' יהושע בן לוי אמורים לענין הצטרפות לעשרה, שבודאי מחיצה חולקת לענין זה. אלא שאם היה מנין בבית הכנסת יכול אדם מבחוץ לצאת ידי חובתו בשמיעת הדברים הנאמרים שם.

אורח ההלכה

וליה הלכתא כוותיה דרב חסדא אין הלכה כרב חסדא, אלא משתדלים להיפך (כדברי רב חסדא בתלמוד הירושלמי) שיהא המקרא ישראל דווקא. וכששליח הציבור כהן — יעמוד ישראל אצלו ויקרא. (רמב"ם ספר אהבה הלכות תפילה וברכת כהנים פי"ד ה"ח. שו"ע קכח, כב).

כל כהן שמברך וכו' כל כהן שאינו מברך את ישראל אינו מתברך, והכהן המברך מתברך. (רמב"ם שם פט"ו הי"ב).

כהן שאינו עולה לדוכן כל כהן שהיה בבית הכנסת כשקראו כהנים, או שאמרו לו לעלות לדוכן, ולא היה בו דבר המעכב ולא עלה — הרי זה כאילו עבר על שלוש מצוות עשה (אף שאינן אלא אחת. מ"ב). (רמב"ם שם. שו"ע שם, סעיף ב).

כהן שאינו עולה בעבודה כל כהן שלא עקר ממקומו לעלות לדוכן בשעה שאומר שליח הציבור "רצה" — שוב אינו עולה באותה תפילה. אבל אם עקר רגליו, אף שלא הגיע לדוכן אלא לאחר עבודה — הרי זה עולה ומברך. (רמב"ם שם הי"א. שו"ע שם, סעיף כח).

אם הבטחתו שנושא כפיו אם היה שליח הציבור כהן, אפילו אין שם כהן אלא הוא, לא ישא כפיו אלא אם כן מובטח לו שיחזור לתפילתו בלא בלבול. ובזמננו ששליח הציבור מתפלל מתוך סידור נהגו שיש שליח ציבור עולה לדוכן. (רמב"ם שם ה"י. שו"ע שם, סעיף כ).

בית הכנסת שכולה כהנים וכו' בית כנסת שכולה כהנים, אם היו שם עשרה בלבד — כולם עולים לדוכן. ומברכים לאחיהם שבשדות. והנשים והטף (אם היו שם) הם העונים אחריהם אמן. ואם היו יותר מעשרה, היתירים מעשרה עולים לדוכן, ועשרה עונים אמן. כמסקנת הגמרא. (רמב"ם שם ה"ט. שו"ע שם, סעיף כה).

עם שאחורי כהנים וכו' העם שאחורי הכהנים אינם בכלל המתברכים, אבל אלה שלפניהם ובצדיהם, אפילו היתה מחיצה של ברזל מפסקת — הריהם בכלל הברכה. ועם שבשדות שאינם יכולים לבוא לבית הכנסת — הריהם בכלל הברכה. (רמב"ם שם ה"ח. שו"ע שם, סעיף כד).

מסורת הש״ס

א. ילק״ש נ״ך תתרע.

ב. (בשינוי שם) במדב״ר פי״א ד. שוח״ט פקל״ד. ילק״ש שם תתפג.

ג. מגילה כז,ב. במדב״ר שם. וראה ברכות סג,א. (שאלה זו) תענית כ,ב. מגילה שם. כח,א.

ד. (ביטוי זה) יבמות קה,ב. סנהדרין ז,ב.

ה. במדב״ר שם (כל הענין).

ו. (לשון זו) פסחים קטו,ב. ביצה כא,ב. כט,א. תענית יג,ב. מו״ק כד,ב. ב״ק פ,ב. נדה סו,א.

גרסות

על צדדין שבפניו יש בכת״י: **על הצדדין שלפניו.**

ואין עמידה יש שגרסו: **ואין עמידה זו.**

ובפתחו יש בכת״י ובמקורות כמו במקרא: **וכפתחו.**

שלא נטל... לא ישא יש בכת״י: **שלא נטל... אסור לישא.**

כי עקר כרעיה יש שגרסו: **כי עקר כרעיה למיסק.**

עמך ישראל ויש שגרסו: **עמך ישראל באהבה רצויה** ויש: **באהבה כפרה וסליחה.**

לא יהא יש בכת״י ועוד: **ואל יהא.**

לרב עוקבא יש בכת״י: **לרבנא עוקבא.**

לשון

קפנדריא

מקור המלה הוא כנראה בלטינית compendria (via) שמשמעו: (דרך) קיצור, כלומר קיצור-דרך על ידי מעבר דרך חצר או בית.

וְהִזָּה במקום זה לְאַחֲרָיו, או התכוון להזות לְאַחֲרָיו וְהִזָּה לְפָנָיו, אף על פי שנפלה הזאה על הכלים הצריכים טהרה — הַזָּאָתוֹ פְּסוּלָה. אבל אם התכוון להזות לְפָנָיו וְהִזָּה עַל צְדָדִין שֶׁבְּכִיוּון פָּנָיו — הַזָּאָתוֹ כְּשֵׁרָה. ומכאן למדים שהצדדים נחשבים כאילו היו לפניו.

א אָמַר רָבָא בַּר רַב הוּנָא: כֵּיוָן שֶׁנִּפְתָּח סֵפֶר תּוֹרָה אָסוּר לְסַפֵּר (לדבר) אֲפִילּוּ בִּדְבַר הֲלָכָה, שֶׁנֶּאֱמַר: ״ויפתח עזרא הספר לעיני כל העם... וּכְפִתְחוֹ עָמְדוּ כָל הָעָם״ (נחמיה ח, ה), וְאֵין עֲמִידָה אֶלָּא שְׁתִיקָה, שֶׁנֶּאֱמַר: ״וְהוֹחַלְתִּי כִּי לֹא יְדַבֵּרוּ כִּי עָמְדוּ לֹא עָנוּ עוֹד״ (איוב לב, טז). ר׳ זֵירָא אָמַר בשם רַב חִסְדָּא, מֵהָכָא [מכאן] אנחנו למדים דבר זה: ״וְאָזְנֵי כָל הָעָם אֶל סֵפֶר הַתּוֹרָה״ (נחמיה ח, ג), ולא שמעו כל דיבור אחר. וְאָמַר ר׳ יְהוֹשֻׁעַ בֶּן לֵוִי: כָּל כֹּהֵן שֶׁלֹּא נָטַל יָדָיו תחילה — לֹא יִשָּׂא אֶת כַּפָּיו, שֶׁנֶּאֱמַר: ״שְׂאוּ יְדֵיכֶם קֹדֶשׁ וּבָרְכוּ אֶת ה׳״ (תהלים קלד, ב) שצריכים לקדש את הידים בנטילה לפני ברכה.

ב שָׁאֲלוּ תַּלְמִידָיו אֶת ר׳ אֶלְעָזָר בֶּן שַׁמּוּעַ: בִּזכות מָה הֶאֱרַכְתָּ יָמִים? אָמַר לָהֶן: מִיָּמַי לֹא עָשִׂיתִי בֵּית הַכְּנֶסֶת קַפֶּנְדַּרְיָא (דרך קיצור ממקום למקום), וְלֹא פָּסַעְתִּי עַל רָאשֵׁי עַם קוֹדֶשׁ, כלומר, לא הייתי מהלך בבית המדרש כאשר הלומדים היו יושבים על הארץ, ונראיתי כמהלך על ראשיהם, וְלֹא נָשָׂאתִי כַּפַּי בברכת כהנים בְּלֹא להקדים לכך בְּרָכָה. ושואלים: מַאי [מה] מְבָרֵךְ הכהן לפני נשיאת כפיים? אָמַר ר׳ זֵירָא אָמַר רַב חִסְדָּא, כך מברך: ״אֲשֶׁר קִדְּשָׁנוּ בִּקְדוּשָּׁתוֹ שֶׁל אַהֲרֹן וְצִוָּנוּ לְבָרֵךְ אֶת עַמּוֹ יִשְׂרָאֵל בְּאַהֲבָה״. אומרים: כִּי עָקַר כַּרְעֵיהּ [כאשר הכהן עוקר את רגליו] והולך לברך מַאי אָמַר [מה הוא אומר]? — ״יְהִי רָצוֹן מִלְּפָנֶיךָ ה׳ אֱלֹהֵינוּ שֶׁתְּהֵא בְּרָכָה זוֹ שֶׁצִּוִּיתָנוּ לְבָרֵךְ אֶת עַמְּךָ יִשְׂרָאֵל, לֹא יְהֵא בָּהּ מִכְשׁוֹל וְעָוֹן״. וְכִי מַהֲדַר אַפֵּיהּ מִצִּיבּוּרָא מַאי אָמַר [וכאשר מחזיר הכהן פניו מן הציבור בגמר הברכה מה הוא אומר]? אַדְבָּרֵיהּ [הדריכו] רַב חִסְדָּא לְרַב עוּקְבָא, וְדָרַשׁ שכך הוא אומר: ״רִבּוֹנוֹ שֶׁל עוֹלָם! עָשִׂינוּ מַה שֶּׁגָּזַרְתָּ עָלֵינוּ, עֲשֵׂה עִמָּנוּ

עיונים

צדדין צדדים שלפניו יכולים להחשב כלפניו משום שדרכו של אדם לראות לא רק דברים המצויים לפניו ממש, אלא גם דברים שבצידו שהרי יכול להסב ראשו ולראותם. ואף לפי הגדרה שברכת כהנים צריכה להעשות כדרך שאומר אדם לחבירו — הרי פעמים אנשים משוחחים זה עם זה לא רק פנים כנגד פנים ממש אלא גם בצדדים (וראה דבר שאול).

אסור לספר אפילו בדבר הלכה בתוס׳ (ד״ה כיון) וכן הרבה מן המפרשים והפוסקים, ראשונים ואחרונים, עסקו בבירור היחס בין הלכה זו למה שמסופר על רב ששת שהיה מפנה פניו מספר התורה וגורס לעצמו ואומר ״הם בשלהם ואנו בשלנו״. שרשב״ם מסביר כי אם מפנה פניו מן הספר, הרי זה כמודיע שהוא עוסק בדבר אחר, ואינו נכלל בתוך אלה שאסור להם לדבר בדבר אחר. ויש מפרשים כי כיון שהיה עיור לא היה חייב בקריאת התורה ולכן יכול היה לעסוק בענין אחר. ויש אומרים כי אם לומד בלחש מותר (בתוהרא״ש, אגודה ועוד). ויש סבורים שלא נאמר איסור בדבר זה אלא כשאין עשרה אנשים בבית הכנסת להקשיב לקריאת התורה (בה״ג ועוד). ויש שאמרו שלא נאמר איסור זה אלא בזמנים שבהם בירך רק הקורא ראשון ואחרון, וייתכן שמשום כך לא ישמע ברכה אחרונה ונמצא שלא השלים את הברכה כתיקונה (מאירי ברכות). ודעת רוב הפוסקים היא כי רק מי שתורתו אומנותו מותר לו לעסוק בדבר הלכה, ולא לאדם אחר.

שאו ידכם קדש הרש״ש מסביר כי הרמז לדבר הוא מן המלה ״קדש״; שהיא רמז לקידוש ידים. ואולי יש בו רמז מלשון נשא = משא שמשמעו בארמית רחיצה, ניקוי, וכבר העירו כי יש בסיס להלכה זו מן הדימוי של ברכת כהנים לשירות במקדש, שאין לעשותו אלא לאחר קידוש ידים ורגלים. ואף שאין לברכה כל חומרות העבודה, מכל מקום אפשר ללמוד מכאן לענין נטילת ידים תחילה.

לא עשיתי בית הכנסת קפנדריא ובבית המקדש אסור מן הדין לעשות קפנדריא (ברכות נד, א) והוא החמיר לעשות בית הכנסת כמקדש מעט. וכתב בעיון יעקב ששכרו הוא מידה כנגד מידה, שהעושה בית הכנסת קפנדריא עושה כן על מנת להרויח זמן שלא יצטרך להלך מסביב, ובשכר שלא נהג כן זכה כנגד זה לאריכות ימים.

ולא נשאתי כפי בלא ברכה הריא״ף שאל: מה רבותא בדבר? הרי כל מצוה יש לברך לפניה קודם עשייתה! וקושיה זו תירצו בכמה פנים. בטורי אבן כתב כי בכלל מצאנו שיש מצוות רבות שלא תקנו ברכה קודם להן, והוא החמיר על עצמו לברך. וכעין זה כתב הרד״ל שהיה מקום לומר שכיון שהמצווה היא עצמה ברכה אין עושים ברכה על ברכה, כדרך שאין מברכים ברכה על מצוות ברכת המזון. והריא״ף עצמו מתרץ שהרבותא בדבר היתה בנוסח הברכה שהוסיף בו ״קדשנו בקדושתו של אהרון״, שהוסיף שבח יתר בברכה זו. ויש שכתב שהכוונה היא שהיה מברך ברכה זו לפני כל פעם שהיה מברך את העם, גם אם עשה את הדבר כמה פעמים באותו יום (ענף יוסף). ויש שכתב כי היה מקפיד לברך ברכה זו בעצמו ולא יצא ידי חובתו בברכתם של אחרים (תורת הקנאות).

לברך את עמו ישראל באהבה ושאל בספר באר שבע: מנין למד להוסיף דבר זה, הרי בתורה לכאורה לא נאמר כיצד יש לברך? ותירץ לפי המדרש האומר שנאמר ״אמור להם״ מלא, לומר שתהא ברכת הכהנים לא בטירוף ובבהילות, אלא בלב שלם ומלא. והוא מה שאמר ״באהבה״.

מכשול ועון לכאורה מכשול ועוון זה אין להם כאן מקום, שהרי מברך את ישראל כמצווה עליו, ואומר רק דברים טובים. ויש שפירש כי כיון שהברכה מתפרשת כברכה לעושר — הרי אם היא מתקיימת יכול שהמתברך יגיע לידי נסיון מחמת עושרו (תורת הקנאות). ויש שכתב כי בזוהר נאמר שאם יש בקהל אדם שהכהן שונא אותו ומברך עשוי הכהן להביא עצמו לידי סכנה, ומשום כך אמרו שלא יהא בברכתו מכשול ועוון מצד זה (מנחה חרבה).

אורח ההלכה

נתכוון להזות לפניו והזה לאחריו וכו׳ המזה צרז לכוון ולהזות על הטמא לטהרו, ואם היזה שלא בכוונה — הזאתו פסולה. והראב״ד סבור שאין צריך כוונה לטהרה לפי שאין צריך כוונה לחולין, אבל צריך שיתכוון להזות על אדם זה. וראה בכ״מ שיש חילוק בין הזאה לטבילה לענין זה, ולדעתו אין להוכיח כלל מטבילה על הזאה, ואף לראב״ד יש חילוק ביניהן לשיטתו. ואם התכוון להזות לפניו והיזה לאחוריו, או לאחוריו והיזה לפניו — הזאתו פסולה. ואם נתכוון להזות לפניו והיזה לצדדים שלפניו — הזאתו כשירה. (רמב״ם ספר טהרה הלכות פרה אדומה פ״י ה״ז).

כיון שנפתח ספר תורה וכו׳ כיון שהתחיל הקורא לקרוא בספר התורה (ולדעת הרמ״א, וכן הגר״א, משעה שנפתח הספר לקריאה, אף שלא התחילו לקרוא בו) אסור לדבר אפילו בדברי תורה. ולאפרושי מאיסורא — מותר, אם אינו יכול לעשות ברמיזה. ויש מתירים לגרוס לעצמו בלחש. ויש מתירים למי שתורתו אומנותו (וכתב בא״ר שבימינו אין מי נחשב תורתו אומנותו לענין זה). אבל מותר לקרוא שנים מקרא ואחד תרגום בשעת קריאת התורה (ויש סבורים, כפר״ח, שאין לעסוק בכל דבר אחר, וכן דעת עוד אחרונים. ובודאי אינו מן המובחר. ויקרא מלה במלה עם הקורא כדי שיוכל גם לשמוע. מ״ב). ואין לדבר אפילו בין גברא לגברא, והב״ח מיקל. ואין למחות במי שלומד לעצמו, ובודאי מותר לקרוא שנים מקרא ואחד תרגום. ואין לדבר גם לאחר גמר הקריאה כל עוד הספר פתוח. (רמב״ם ספר אהבה הלכות תפילה וברכת כהנים פי״ב ה״ט. שו״ע או״ח קמו, א-ב).

כהן שלא נטל ידיו וכו׳ כהן שלא נטל ידיו (אף שנטל ידיו שחרית. שו״ע) — לא ישא כפיו. וצריך הכהן ליטול ידיו במים כל כף היד עד פרק הזרוע כדרך שנוטלים לעבודה במקדש. (רמב״ם שם פט״ו ה״ה. שו״ע שם קכח, ו).

לא עשיתי בית הכנסת קפנדריא אסור לעשות את בית הכנסת קפנדריא, שעובר בתוכו לקצר דרכו למקום אחר. ואם הוצרך לכך — ישב מעט בבית הכנסת ויאמר דבר מקרא או הלכה. ודרך לחצר בית הכנסת — מותר (עה״ש). והנכנס לבית הכנסת להתפלל מצוה שיצא בפתח אחר מזה שנכנס בו. (רמב״ם שם פ״א ה״ח. שו״ע שם קנא, ה).

מאי מברך כשהכהנים מחזירים פניהם אל העם לברכם מקדימים ומברכים ״ברוך... אשר קידשנו במצוותיו וציוונו לברך את עמו ישראל באהבה״. (רמב״ם שם פי״ד הי״ב. שו״ע שם קכח, יא).

כי עקר כרעיה וכו׳ כאשר עוקר הכהן רגליו לעלות לדוכן אומר ״יהיה רצון מלפניך ה׳ אלהינו שתהא ברכה זו שציוויתנו לברך את עמך ישראל ברכה שלימה ולא יהא בה מכשול ועוון מעתה ועד עולם״. ומאריכים בתפילה זו עד סיום ברכת רצה, כדי שיענו העם אמן גם עליה. (רמב״ם שם. שו״ע שם, סעיף ט).

כי מהדר אפיה מציבורא וכו׳ לאחר שסיימו הכהנים ברכת כהנים אומר שליח הציבור ברכת ״שים שלום״ ואז כהנים מחזירים פניהם כלפי ארון הקודש ואומרים ״ריבון העולמים עשינו מה שגזרת עלינו, עשה אתה עימנו מה שהבטחתנו, ״השקיפה ממעון קדשך מן השמים וברך את עמך את ישראל״ ומאריכים בתפלה זו עד שמסיים שליח ציבור ברכת ״שים שלום״ כדי שיענו הקהל אמן גם על תפילתם (רמ״א). (רמב״ם שם. שו״ע שם, סעיף טו).

תורה אור

אוהזה לאחריו והזה לפניו הזאתו פסולה לפניו והזה על צדדין שבפניו הזאתו

א כשרה אאמר רבא בר רב הונא בכיון שנפתח ספר תורה אסור לספר אפילו בדבר הלכה

נחמיה ח שנאמר °ובפתחו עמדו כל העם ואין עמידה

איוב לב אלא שתיקה שנא' °והוחלתי כי לא ידברו כי עמדו לא ענו עוד ר' זירא אמר רב חסדא

נחמיה ח מהכא °ואזני כל העם אל ספר התורה ואמר ר' יהושע בן לוי בגכל כהן שלא נטל ידיו לא

תהלים קלד ישא את כפיו שנאמר °שאו ידיכם קדש

ב וברכו את ה' ג*שאלו תלמידיו את ר' אלעזר בן שמוע במה הארכת ימים אמר להן מימי לא עשיתי בית הכנסת קפנדריא ולא דפסעתי על ראשי עם קודש ולא נשאתי כפי בלא ברכה המאי מברך אמר רבי זירא אמר רב חסדא ואשר קדשנו בקדושתו של אהרן וצונו לברך את עמו ישראל באהבה כי עקר כרעיה מאי אמר היהי רצון מלפניך ה' אלהינו שתהא ברכה זו שצויתנו לברך את עמך ישראל לא יהא בה מכשול ועון וכי מהדר אפיה מציבורא מאי אמר ואדבריה רב חסדא לרב עוקבא ודרש ירבונו של עולם עשינו מה שגזרת עלינו עשה עמנו מה

והזה לאחריו. ואף שם היו כלים הצריכין הזאה: **הזאתו פסולה.** דבעינן כוונה לטהרה כדכתיב (במדבר יט) והזה הטהור על הטמא שיהא מתכוין לו: **על הצדדין שבפניו.** צדדין שיש ממנו ולהלן ולא צדדין שישנו ממנו ולאחור והכי נמי העומדין בצדדין של כהן הימנו ולהלן בכלל ברכה הן דכלפניו דמי אבל של אחר הימנו אע"פ שאינן אחריהן ממש כלאחריו דמי: **ובפתחו.** וכשהתחיל ובעזרא כתיב: **עמדו.** שתקו: **שלא נטל ידיו.** לפני עלותו לדוכן: **במה הארכת ימים.** איזה זכות בידך שהארכת ימים: **קפנדריא.** לקצר דרכו דרך בהכ"נ ליכנס בפתח זה ולצאת כנגדו ולשון קפנדריא מפרש בברכות (דף סב:) אדמקיפנא אדרי איעול בהא עד שאני מקיף סביב השורות הללו אכנס בזה ואקצר דרכי ודרי שורות בתים: **ולא פסעתי על ראשי עם קודש.** שהיו יושבים התלמידין בבית המדרש על גבי קרקע והמהלך ביניהם כשהן יושבין ונכנס לישב במקומו מרחיב פסיעותיו בעל כרחו והוא לשון מפסע(א) ונראה כמפסע על ראשיהם לפיכך צריך להקדים או ישב לו מבחוץ: **ולא נשאתי כפי לברך.** שכהן היה: **בלא ברכה.** ברכה דמפרש ואזיל מאי מברך: **וכי עקר כרעיה.** בעבודה למיסק והוא מחזיר פניו כלפי תיבה מאי אמר: **וכי מהדר אפיה מציבורא.** כשגומר ברכותיו מחזיר פניו לצד התיבה עד שיגמור שליח צבור המברך את עמו ישראל בשלום:

דקיימא לן כוותיה וכמדומה דהכי פסק רבינו חננאל דבכל דוכתא קי"ל כר' יהושע בן לוי ומקשה מפ' כל גגות (עירובין דף צב.) דיתיב ר' זירא ורבה בר רב חנן ויתיב אביי גבייהו ויתבי וקאמרי שמע מינה ממתני' דיורי גדולה בקטנה ואין דיורי קטנה בגדולה וכו' עד צבור בגדולה ושליח צבור בקטנה יוצאין ידי חובתן צבור בקטנה וש"צ בגדולה אין יוצאין ידי חובתן תשעה בגדולה וא' בקטנה מצטרפין תשעה בקטנה וא' בגדולה אין מצטרפין וה"ה גדולה בגדולה דליכא למימר דיורי גדולה בגדולה אלמא לענין תפלה לא אמר אפילו מחיצה של ברזל אין מפסקת ונראה דלא דמי דהיכא דאיכא עשרה בגדולה ושליח צבור עמהן ואחד בגדולה כיוצא בה מתוך שמוציא בני הגדולה יוצא גם זה שבאחרת כה"ג אמרינן דוקא אפילו מחיצה וכו' שהרי מוציא אפילו אחיו שבשדות כדאיתא במסכת ראש השנה (דף לה.) אבל היכא דצריך לצרופינהו ודאי לא מצטרפי והיא דפ' אין עומדין (ברכות דף לב:) דא"ר אלעזר מיום שחרב בית המקדש נפסקה חומת ברזל בין ישראל לאביהן שבשמים לא שייכא להכא דההיא אמר לגבי הא שאין תפלתן מקובלת כמו בזמן שבהמ"ק קיים מיהו לענין זה אין מפסקת אם יתברכו הצבור ע"י ברכת כהנים שעמהן בבית הכנסת או יוציא ש"צ ידי חובתן גם זה יתברך ויוצא ידי חובתו עמהן דכלפי אבינו שבשמים לא תלי בהפסק מחיצה:

והזה **על הצדדין שבפניו הזאתו כשרה.** בירושלמי בפרק אין עומדין אמרי' הדא אמרה העומדין מן הצדדין בכלל ברכה: **כיון** **שנפתח ספר תורה אסור לספר אפי' בדבר הלכה.** מקשינן מפרק קמא דברכות (דף ח.) דאמר רב ששת הוה מהדר אפיה וגרים אמר אינהו בדידהו ואנן בדידן ומצינו למימר דמהדר אפיה שאני אי נמי רב ששת שאני משום דהוה מאור עינים והוה פטור מקריאה משום דהוה דברים שבכתב אי אתה רשאי לאומרן על פה וכיון דפטור מקריאה אפילו בשעת שמיעה היה יכול לעסוק בדבר הלכה והיינו דקאמר אנן בדידן כגון דברי הלכה (כגון) דברים דעל פה ואינהו בדידהו דברים שבכתב מיהו מסתברא כפירוש ר"ת דפי' התם דוקא רב ששת וכיוצא בו דתורתו אומנתו אבל האידנא כרבא סבירא לן דאמר רבא כיון שנפתח ס"ת וכו' והאי דהוה מהדר אפי' י"ל דלא הויא אורחא דמילתא לאיעסוקי בדבר הלכה באנפי ציבורא בעוד שהן עסוקין בשמיעת התורה*:

כל **כהן שלא נטל ידיו.** פירש רש"י אמר לי רבי אם נטל ידיו שחרית ונטהר כהן אינו צריך ליטול ידיו כשעולה לדוכן וכמדומה שהועתק מהגהת תלמיד שהרי אין לשונו משמע כך דפירש שלא נטל ידיו לפני עלותו לדוכן משמע ממש סמוך ועוד דמייתי גמרא קרא שאו ידיכם קדש וברכו משמע תיכף לנטילת ידים ברכת כהנים דמשמע ליה השתא דבברכת כהנים משתעי קרא דהיא בנשיאות ידים ומשמע בירושלמי פ"ח דברכות דבברכה דמשתעי קרא בעינן נטילת ידים סמוך לה דמייתי לה התם אברכת המזון והכי איתא שלשה תכיפות הן תיכף לסמיכה שחיטה שנאמר וסמך ושחט תיכף לנטילת ידים ברכה שנא' שאו ידיכם וברכו תיכף לגאולה תפלה שנא' יהיו לרצון אמרי פי וגו' וכתיב בתריה יענך ה' ביום צרה ובפ' כילד מברכין (ברכות מב.) משמע דההיא ברכה איירי בברכת המזון מיהו שמעינן מינה דבעינן תיכף נטילת ידים בברכה דמשתעי ביה קרא והכא מייתי לה אברכת כהנים ועוד אי איירי הכא בשלא נטל ידיו בשחרית אמאי נקט כהן לנשיאות כפים תיפוק ליה משום דברי תורה שצריך ליטול ידיו כדאמרי' בפ"ק דברכות (דף יא:) ובפ"ב (שם יד:) אמר רבי חייא בר רב אשי זימנין סגיאין הוה קאימנן קמיה דרב לתנויי לן פירקא בסיפרא דבי רב ומקדים וקאי ומשי ידיה ומברך ומנח תפילין והדר אמר לן ואמר נמי התם *דבעי לאהדורי בתר מיא לנט"י לק"ש מיל ומה לי ק"ש ומה לי ברכת כהנים אי משום דצריך ברכה לפניה הכא נמי צריך ברכה לפניה כדאמר לקמן להכי מסתבר דהכא בנטילת ידים תיכף לברכה איירי ושיעור תכיפה איכא למישמע מתכיפת סמיכה לשחיטה דאמרי' בפ' כל הפסולין (זבחים לג.) כל הסמיכות שהיו שם קורא אני בהם תיכף לסמיכה שחיטה חוץ מזו שהיתה בשער נקנור שאין מצורע יכול ליכנס שם אלמא כדי מהלך משער נקנור עד בית המטבחים לא חשיבא תכיפה ובמסכת מדות (פ"ה מ"א) משמע דלא הוי טפי מעשרים ושתים אמה מקום דריסת רגלי ישראל ומקום דריסת רגלי הכהנים שכל אחד היו י"א אמה:

וכי **מהדר אפיה מצבורא מאי אמר.** סדר נשיאת כפים מפי' רבינו שלמה עוקר רגליו בעבודה ממקומו ובא לפני התיבה ומתפלל יהי רצון שתהא ברכה זו וכו' ומאריך בה עד שיאמרו אמן של הודאה מפי הצבור וקורא כהנים אם שנים הם ואם אחד אינו קורא ש"צ והוא מחזיר פניו מאליו כדאביי דאמר לעיל לאחד אינו קורא וכשכלה דבור מהקורא מברכין אשר קדשנו כו' ואחר כך מתחילין בברכה וכשכלה אמן אחרון מפי צבור הן מחזירין וכופפין קשרי אצבעותיהן אם רוצין ושליח צבור מתחיל שים שלום והכהנים יתפללו רבונו של עולם עשינו מה שגזרת וכו' ומאריכין בה עד שתכלה ברכה מפי שליח צבור עוקרין רגליהן והולכין להן: בשאלתות פרשת ויקח קרח כהן שנשתמד לא ישא את כפיו דגרע מהורג את הנפש דאמרינן בפ' אין עומדין (ברכות לב:) כהן שהרג את הנפש לא ישא את כפיו ורבינו גרשום מאור הגולה השיב בתשובותיו דנושא כפיו וקורא ראשון בתורה דכיון דחזר בתשובה חוזר לקדושתו דתנן בסוף מסכת מנחות (דף קט.) אך לא יעלו כהני הבמות אל מזבח ה' בירושלים כי אם אכלו מצות בתוך אחיהם והרי הן כבעלי מומין שחולקין ואוכלין וכשם שבעלי מומין נושאין את כפיהם וקורא ראשון בתורה ואף זה שאם לא תאמר כן נמצאת מרפה ידיהן של בעלי תשובה שיאמרו בשמדותן אוי לאותה בושה אוי לאותה כלימה וימנעו מעשות תשובה ואמר ר' יוחנן* כל האומר מנשה אין לו חלק לעולם הבא מרפה ידיהן של בעלי תשובה ותנא דבי רבי ישמעאל* הואיל והלך זה ונעשה כהן לעבודה זרה אדחה אבן אחר הנופל וכו': [וע"ע תוס' מנחות קט. ד"ה לא ישמשו ותוס' תענית כז. ד"ה אי מה]

עד

מט א מיי' פ"י מהל' פרה אדומה הל' ז:
נ ב מיי' פי"ב מהל' תפלה הל' ט סמג עשין כה טוש"ע א"ח סימן קמו סעיף ב:
נא ג מיי' פט"ו מהל' נ"כ הל' ה סמג עשין כ טוש"ע א"ח סימן קכח סעיף ו:
נב ד מיי' שם פי"ד הלכה יב סמג שם טוש"ע שם סעיף יא:
נג ה מיי' שם טוש"ע שם סעיף ט:
נד ו מיי' שם טוש"ע שם סעיף טו:

מגילה כז:

הגהות הב"ח

(א) רש"י ד"ה ולא פסעתי וכו' לשון מפסע ואזיל ונראה. נ"ב עי' פ' מצות חליצה דף קה ע"ב:

[ועי' תוס' ברכות ח. ד"ה רב ששת]

תוספות שאנץ

כיון דנפתח ספר תורה אסור לדבר אפי' בדברי תורה. פי' רשב"ם אבל אי מהדר אפיה לית לן בה דאמר פ"ק דברכות רב ששת מהדר אפיה וגרים. ואינו נראה לר"ת דא"כ היה ליה לתלמודא לאיתויי הא דרב ששת ולומר שמותר בזה הענין. על כן נראה לי דרב ששת א) לא פליג דבדבר הלכה שרי:

א) נ"ל דרב ששת פליג וס"ל דלדבר הלכה שרי.

[דף טו.]

[סנהדרין קג.]

[קדושין כ:]

תורה אור

דברים כו מה שהבטחתנו °השקיפה ממעון קדשך מן

א השמים וגו'. אמר רב חסדא אאין הכהנים רשאים לכוף קישרי אצבעותיהן עד שיחזרו פניהם מן הצבור א"ר זירא א"ר חסדא באין הקורא רשאי לקרות כהנים געד שיכלה אמן מפי הצבור גואין הכהנים רשאין להתחיל בברכה עד שיכלה דיבור מפי הקורא דואין הצבור רשאין לענות אמן עד שתכלה ברכה מפי הכהנים הואין הכהנים רשאין להתחיל בברכה אחרת עד שיכלה אמן מפי הצבור ואמר רבי זירא אמר רב חסדא דאין הכהנים רשאין להחזיר פניהם מן הצבור עד שיתחיל שליח צבור בשים שלום זואינן רשאין לעקור רגליהם ולילך עד שיגמור שליח צבור שים שלום וא"ר זירא אמר רב חסדא חאין הצבור רשאין לענות אמן עד שתכלה ברכה מפי הקורא טואין הקורא רשאי לקרות בתורה עד שיכלה אמן מפי הצבור יואין המתרגם רשאי להתחיל בתרגום עד שיכלה פסוק מפי הקורא כואין הקורא רשאי להתחיל בפסוק אחר עד שיכלה תרגום מפי המתרגם אמר רבי תנחום א"ר יהושע בן לוי ה לההמפטיר בנביא צריך שיקרא בתורה תחילה ואמר רבי תנחום אמר רבי יהושע בן לוי אין מהמפטיר רשאי להפטיר בנביא עד שיגלל ס"ת ואמר רבי תנחום אמר רבי יהושע בן לוי נאין שליח צבור רשאי להפשיט את התיבה בצבור ו°מפני כבוד צבור ואמר רבי תנחום אמר רבי יהושע בן לוי זסאין הצבור רשאין לצאת עד שינטל ספר תורה *ויניח במקומו ושמואל אמר עד שיצא ולא פליגי עהא דאיכא פיתחא אחרינא הא דליכא פיתחא אחרינא אמר רבא פבר אהינא אסברה

ב שם יג לי °אחרי ה' אלהיכם תלכו צבזמן שהכהנים מברכים את העם מה הן אומרים אמר ר'

תהלים קג זירא אמר רב חסדא °ברכו ה' מלאכיו גבורי כח וגו' ברכו ה' כל צבאיו משרתיו עושי רצונו ברכו ה' כל מעשיו בכל מקומות ממשלתו ברכי נפשי את ה' במוספי דשבתא

שם קלד מה הן אומרים אמר רבי אסי °שיר המעלות הנה ברכו את ה' כל עבדי ה' וגו' שאו

שם קלה ידיכם קדש וברכו את ה' °ברוך ה' מציון

שם קלד שוכן ירושלים הללויה קולימא נמי °יברכך ה' מציון דכתיב בההוא עניינא אמר יהודה בריה דר"ש בן פזי מתוך שהתחיל בברכותיו של הקב"ה מסיים בברכותיו של הקב"ה יאבמנחתא דתעניתא מאי אמרי אמר רב אחא בר

ירמיה יד יעקב °אם עונינו ענו בנו ה' עשה למען

שם שמך °מקוה ישראל מושיעו בעת צרה למה תהיה כגר בארץ וגו' למה תהיה כאיש נדהם כגבור לא יוכל להושיע וגו'

בנעילה

מה שהבטחתנו. שתסכים על ידינו כדכתיב ואני אברכם (במדבר ו): **לכוף קשרי אצבעותיהם.** שפושטין אצבעותיהם כשמברכין ולאחר שגמרו סוגרין אגרוף שלהם כשאר בני אדם קשרי אצבע הם החליות שכופפין ופושטין בהם: **אין הקורא.** שליח צבור שקורא כהנים שיחזירו פניהם לברך: **אמן.** של ברכת הודאה: **דיבור.** כהנים: **לעקור רגליהם.** מן הדוכן אלא עומדין כפופין לפני התיבה. יש ללמוד מכאן סדר נשיאות כפים כך הוא עוקר רגליו בעבודה ממקומו ובא לפני התיבה ומתפלל יהי רצון שתהא ברכה כו' כדלעיל ומאריך בה עד שתכלה אמן של הודאה מפי צבור ושליח צבור קורא כהנים אם שנים הם ואם יחיד הוא אינו קורא והוא מחזיר פניו מאליו כדאביי דאמר לעיל (דף לח.) לא' אין קורא כהנים(א) וכשכלה דיבור מפי קורא מברך אשר קדשנו כו' ואח"כ מתחילין בברכה וכשכלה אמן אחרון מפי צבור הן מחזירין פניהם וכופפין קשריהם אם רוצים ושליח צבור מתחיל שים שלום והכהנים מתפללין רבש"ע עשינו מה שגזרת עלינו כו' ומאריכין בה עד שתכלה ברכה מפי שליח צבור ועוקרין רגליהם והולכין להם: **עד שיכלה אמן.** של ברכת התורה וכל הני משום דתרי קלי לא משתמעי: **עד שתגלל ס"ת.** במטפחותיו כדי שלא יהו הגוללים טרודים מלשמוע הפטרה מפי המפטיר: **להפשיט את התיבה בצבור.** כל זמן שהצבור בבהכ"נ שהיה דרכם להביא ס"ת מבית אחר שמשתמר בו לבית הכנסת ופורסין בגדים נאים סביב התיבה ומניחין אותה בתוכה וכשיוצאין משם ונוטלין ס"ת להוליכו לבית המשתמר בו לא יפשיטו הבגדים מן התיבה בפני הצבור שטורח לצבור לעכב שם עם ס"ת אלא מוליך ס"ת לביתו ומניחו והעם יוצאים אחריו ואח"כ הוא בא ומפשיט את התיבה: **איכא פיתחא אחרינא.** משנטל ס"ת לצאת דרך פתחו הרוצה לצאת בפתח אחר יוצא ואפי' לא יצא ס"ת ליכא פיתחא אחרינא נכון שיצא ס"ת תחילה ולא יצא האדם בפתח לפני ס"ת: **בר אהינא אסברה לי.** חכם ששמו בר אהינא אסברה לי הבינני טעמו של דבר: **העם מה הם אומרים.** שיראו מסבירי פנים ומודים לפניו על ברכותיו להראות שהן נוחות להן: **ברכו ה' מלאכיו ברכו ה' כל צבאיו ברכו ה' כל מעשיו.** שלש מקראות הן כנגד ג' ברכות: **במוספי דשבתא.** שהוא נשיאת כפים חדש שאינו בחול צריך לחדש את דברי העם: **ברוך ה' מציון.** אינו באותו מזמור והיינו דקא פריך ונימא יברכך ה' מציון דכתיב בההוא עניינא: **במנחתא דתעניתא.** שנושאין בו כפים מה שאין כן בשאר מנחות משום שכרות כדאמרינן במסכת תענית בפ' בתרא (דף כו:):

בהזכרת

עד שיכלה אמן מפי הצבור. פירש ר"י אע"ג דאמרינן בפרק שלשה שאכלו (ברכות דף מז.) אין הבוצע רשאי לבצוע עד שיכלה אמן מפי העונין ואמר רב חסדא מפי רוב העונין דכל העונה אמן יותר מדאי אינו אלא טועה מיהו לענין ברכת כהנים כיון דמשום לשמוע הוא לא משתמע כל זמן שעונין דהוו להו תרי קלי קולות העונין וקול כהנים המברכים ולא משתמעי ואי תקשי לדברי הרב א"כ לא ישאו שנים כפיהם דהא אמרינן בפ"ג דמגילה (דף כא:) בתורה אחד קורא ואחד מתרגם וקתני סיפא דאפי' שנים בנביא אין קורין וטעמא מפרש בירושלמי דפרק אין עומדין משום שאין שני קולות נכנסין באוזן אחד ואנן אומרים לעיל לשנים קורא כהנים אלא מאי אית לך למימר ברכות איידי דחביבי להו יהבו דעתייהו ומשתמעי תרי קלי כדאמר גבי מגילה קראוה שנים יצא גבי אמן נמי יהבי דעתייהו ולישתמע תרי קלי תריץ דלא דמו תרי קלי וקורין דבר אחד לתרי קלי שקורין שני דברים כגון אמן והני ברכות כדתנן בפרק ראוהו ב"ד (ר"ה כו:) שופר של ר"ה של יעל פשוט ופיו מצופה זהב וב' חצוצרות משתי צדדיו שמצות היום בשופר ופריך בגמ' (שם כז.) ותרי קלי מי משתמעי והתניא זכור ושמור בדיבור אחד נאמרו מה שאין הפה יכול לדבר ומה שאין האוזן יכול לשמוע ע"כ היכא דהקולות משונות כגון קול אחד זכור והשני שמור אין האוזן יכולה לשמוע כלל וקול שופר וקול חצוצרות י"ל דאין משונין להכי מסיק התם דמשתמעי איידי דחביבי אי נמי בעי דלישמעי נמי הברכה הני דמאריכין באמן אע"פ שטועין וכל שעה שהן בעצמן עונין אין שומעין קול חבריהם ותפוס לשון אחרון דהא מסיק התם תרי קלי מחד גברא לא משתמעי כגון זכור ושמור מפי הגבורה מתרי גברי משתמעי משמע אפי' דומיא דזכור ושמור איידי דחביבי וקול שופר וקול חצוצרות תרי קלין משונין זה מזה דומיא דזכור ושמור ומשתמעי איידי דחביב: **במנחתא דתעניתא מאי אמרי.** אע"ג דפסקינן בפ' בשלשה פרקים (תענית ד' כו:) כר' יוסי דאמר ליכא נשיאות כפים במנחתא דתעניתא משום דשכיח שכרות ואתי לאחלופי בשאר יומי י"ל הכא אליבא סתמא דמתני' דהתם בעי דקתני ד' פעמים ביום אי נמי אפי' לר' יוסי כדאמר התם מאחר דקי"ל כר' יוסי האידנא מ"ט פרסי כהני ידייהו במנחתא דתעניתא כיון דסמוך לשקיעת החמה קפרסי בתפלה כתפלת נעילה דמי: **אם עונינו ענו בנו.** א"ת הני פסוקים דמנחתא מאי הסברת פנים איכא בהו י"ל משום דהיו מתענין על הצרה שלא תבא על הצבור ואמר בפ"ק דתענית (דף יג:) ובפ' בתרא דמגילה (דף ל:) דבריבעא בתרא דיומא בעי רחמי דהיינו ממנחה ואילך כדכתיב (עזרא ט) ואני יושב משומם עד מנחת הערב ובמנחת הערב קמתי מתעניתי ובקרעי בגדי ומעילי ואכרע על ברכי ואפרוש כפי אל ה' אלקים הלכך התירו למבעי רחמי בעידנא דפרסי ידייהו דעת רצון הוא וענו ציבורא אמן כדמשמע בפ' הרואה (ברכות נה:) האי מאן דחזי חלמא ולא ידע מאי חזי ליקו קמי כהני בעידנא דפרסי ידייהו ולימא רבון העולמים חלום חלמתי וכו':

בנעילה

עין משפט
נר מצוה

נה א מיי' פי"ד מהל' נשיאות כפים הל' ו סמג עשין כ טוש"ע א"ח סימן קכח סעיף טז:

נו ב ג ד ה מיי' שם הלכה ה טוש"ע שם סעיף יח:

נז ו ז מיי' שם הלכה ו טוש"ע שם סעיף טז:

נח ח ט מיי' פי"ב מהל' תפלה הלכה ו סמג עשין כה טוש"ע א"ח סימן קמא סעיף ה:

נט י כ מיי' שם הלכה יא סמג שם טוש"ע א"ח סי' קמה סעיף א:

ס ל מיי' שם הל' יג סמג שם טוש"ע א"ח סימן רפב סעיף ה:

סא מיי' שם סמג שם טוש"ע א"ח סימן קמז סעיף ז וסי' רפב סעיף ו:

סב נ טוש"ע א"ח סימן קמח:

סג ס ע מיי' פי"ב מהל' תפלה הלכה כד סמג עשין כה טוש"ע א"ח סי' קמט:

תוספות שאנץ

אין הכהנים רשאין לכוף קשרי אצבעותיהם. פ"ה שכופפין אותן וכו'. עד שיכלה אמן מפי הצבור: אין שליח צבור רשאי להפשיט את התיבה בצבור. פ"ה שהיה דרכם להביא ספר תורה מבית אחר שמשתמר לבית הכנסת ופורסין בגדים נאים סביב התיבה ומניחין אותה בתוכה וכשיוצאין משם ונוטלין ספר תורה להוליכו לבית המשתמר לא יפשיטו הבגדים בפני הצבור שטורח הצבור לעכב שם עם ספר תורה אלא מוליך ספר תורה והעם יוצאין אחריו ואחר כך בא ומפשיט התיבה:

הגהות הב"ח

(א) רש"י ד"ה לעקור וכו' וכשיכלה הדיבור מפי הקורא מברכים אשר:

גליון הש"ס

גמ' מפני כבוד צבור. מגילה דף כג ע"ב יומא ע ע"א גיטין דף ס ע"ב:

[ברי"ף וברא"ש בפרק הקורא את המגילה עומד וכן בטור א"ח סי' קמט ליתא להנך שתי תיבות ויניח במקומו וכן נראה מפרש"י דהכא ד"ה איכא פיתחא וכו' שלא היה גרסתם הכי ועיין בב"י ותמצא פרש"י מבואר על דרך זה]

מַה שֶׁהִבְטַחְתָּנוּ "ושמו את שמי על בני ישראל ואני אברכם" (במדבר ו, כז). "הַשְׁקִיפָה מִמְּעוֹן קָדְשְׁךָ מִן הַשָּׁמַיִם וברך את עמך את ישראל" (דברים כו, טו).

א אָמַר רַב חִסְדָּא: אֵין הַכֹּהֲנִים הפותחים את כפות ידיהם בשעת הברכה רַשָּׁאִים לָכוֹף (לכפוף) קִישְׁרֵי (פירקי) אֶצְבְּעוֹתֵיהֶן עַד שֶׁיַּחְזְרוּ פְּנֵיהֶם מִן הַצִּבּוּר לאחר שסיימו לברך. אָמַר ר׳ זֵירָא אָמַר רַב חִסְדָּא: אֵין הַקּוֹרֵא רַשַּׁאי לִקְרוֹת "כֹּהֲנִים" עַד שֶׁיִּכְלֶה "אָמֵן" מִפִּי הַצִּבּוּר שענו על ברכת ההודאה, כדי שיישמע את קול הכהנים, ומאותה סיבה אֵין הַכֹּהֲנִים רַשָּׁאִין לְהַתְחִיל בִּבְרָכָה עַד שֶׁיִּכְלֶה דִּיבּוּר ("כהנים") מִפִּי הַקּוֹרֵא, וְאֵין הַצִּבּוּר רַשָּׁאִין לַעֲנוֹת "אָמֵן" עַד שֶׁתִּכְלֶה בְּרָכָה מִפִּי הַכֹּהֲנִים, וְאֵין הַכֹּהֲנִים רַשָּׁאִין לְהַתְחִיל בִּבְרָכָה אַחֶרֶת עַד שֶׁיִּכְלֶה "אָמֵן" מִפִּי הַצִּבּוּר על הברכה הקודמת. וְאָמַר ר׳ זֵירָא אָמַר רַב חִסְדָּא: אֵין הַכֹּהֲנִים רַשָּׁאִין לְהַחֲזִיר פְּנֵיהֶם מִן הַצִּבּוּר לאחר ברכת כהנים עַד שֶׁיַּתְחִיל שְׁלִיחַ צִבּוּר בְּברכת "שִׂים שָׁלוֹם", וְאֵינָן רַשָּׁאִין לַעֲקוֹר רַגְלֵיהֶם וְלֵילֵךְ מן הדוכן עַד שֶׁיִּגְמוֹר שְׁלִיחַ צִבּוּר "שִׂים שָׁלוֹם". ובאופן דומה אָמַר ר׳ זֵירָא אָמַר רַב חִסְדָּא: אֵין הַצִּבּוּר רַשָּׁאִין לַעֲנוֹת "אָמֵן" עד שֶׁתִּכְלֶה בְּרָכָה מִפִּי הַקּוֹרֵא בתורה, וְאֵין הַקּוֹרֵא רַשַּׁאי לִקְרוֹת בַּתּוֹרָה עַד שֶׁיִּכְלֶה "אָמֵן" מִפִּי הַצִּבּוּר, וְאֵין הַמְתַרְגֵּם רַשַּׁאי לְהַתְחִיל בַּתַּרְגּוּם עַד שֶׁיִּכְלֶה פָּסוּק מִפִּי הַקּוֹרֵא, וְאֵין הַקּוֹרֵא רַשַּׁאי לְהַתְחִיל בְּפָסוּק אַחֵר עַד שֶׁיִּכְלֶה תַּרְגּוּם מִפִּי הַמְתַרְגֵּם. אָמַר ר׳ תַּנְחוּם אָמַר ר׳ יְהוֹשֻׁעַ בֶּן לֵוִי: הַמַּפְטִיר בְּנָבִיא, כלומר, זה הקורא את פרק ההפטרה לאחר קריאת התורה, צָרִיךְ שֶׁיִּקְרָא בַּתּוֹרָה פסוקים אחדים תְּחִילָּה, וְאָמַר ר׳ תַּנְחוּם אָמַר ר׳ יְהוֹשֻׁעַ בֶּן לֵוִי: אֵין הַמַּפְטִיר רַשַּׁאי לְהַפְטִיר בְּנָבִיא עַד שֶׁיִּגָּלֵל סֵפֶר תּוֹרָה. וְאָמַר ר׳ תַּנְחוּם אָמַר ר׳ יְהוֹשֻׁעַ בֶּן לֵוִי: אֵין שְׁלִיחַ צִבּוּר רַשַּׁאי לְהַפְשִׁיט אֶת הַתֵּיבָה שמניחים עליה את ספר התורה, כלומר, להסיר ממנה את הכיסוי המקושט, בְּצִבּוּר, מִפְּנֵי כְּבוֹד צִבּוּר שלא יצטרכו כל הציבור להמתין לשם כך. וְאָמַר ר׳ תַּנְחוּם אָמַר ר׳ יְהוֹשֻׁעַ בֶּן לֵוִי: אֵין הַצִּבּוּר רַשָּׁאִין לָצֵאת מבית הכנסת לאחר הקריאה בתורה עַד שֶׁיִּנָּטֵל סֵפֶר תּוֹרָה וְיַנִּיחַ בִּמְקוֹמוֹ, כלומר, על מנת להניחו במקומו, שנהגו שהספר יהא מונח בבית שמור סמוך לבית הכנסת.

וּשְׁמוּאֵל אָמַר: עַד שֶׁיֵּצֵא ספר תורה ממש, משום כבוד ספר תורה. ומעירים: וְלָא פְּלִיגֵי [ואין הם חלוקים] בהלכה, אלא מדברים במקרים שונים; הָא [זה] — דְּאִיכָּא פִּיתְחָא אַחֲרִינָא [שיש פתח אחר] הרי כשינטל ספר התורה לצאת בפתח אחד, מותר לאנשים לצאת בפתח אחר. הָא [זה] — דְּלֵיכָּא פִּיתְחָא אַחֲרִינָא [שאין פתח אחר], הרי צריכים לחכות עד שיצא הספר מן הפתח. אָמַר רָבָא: החכם בַּר אָהִינָא אַסְבְּרָהּ [הסביר] לִי את טעמה של הלכה זו, על פי מה שנאמר: "אַחֲרֵי ה׳ אֱלֹהֵיכֶם תֵּלֵכוּ" (שם יג, ה) — כלומר, שצריכים ללכת אחרי ספר התורה, ולא לפניו.

ב ועוד בענין ברכת כהנים. בִּזְמַן שֶׁהַכֹּהֲנִים מְבָרְכִים אֶת הָעָם, מַה הֵן, העם, אוֹמְרִים? אָמַר ר׳ זֵירָא אָמַר רַב חִסְדָּא: אומרים הם "בָּרְכוּ ה׳ מַלְאָכָיו גִּבֹּרֵי כֹחַ" וגו׳ (תהלים קג, כ), "בָּרְכוּ ה׳ כָּל צְבָאָיו מְשָׁרְתָיו עֹשֵׂי רְצוֹנוֹ" (שם כא), "בָּרְכוּ ה׳ כָּל מַעֲשָׂיו בְּכָל מְקֹמוֹת מֶמְשַׁלְתּוֹ בָּרְכִי נַפְשִׁי אֶת ה׳" (שם כב), כנגד כל ברכה שאומרים הכהנים — אומר העם לשון ברכה מן הכתוב. בְּמוּסָפֵי דְשַׁבַּתָּא [בתפילת המוספים של שבת] שהכהנים שבים ומברכים את העם מַה הֵן, העם, אוֹמְרִים? שאין ראוי שיחזרו ויאמרו אותם דברי הודאה שאמרו קודם. אָמַר ר׳ אַסִי: אומרים "שִׁיר הַמַּעֲלוֹת הִנֵּה בָּרְכוּ אֶת ה׳ כָּל עַבְדֵי ה׳ העומדים בבית ה׳ בלילות" (שם קלד, א), "שְׂאוּ יְדֵכֶם קֹדֶשׁ וּבָרְכוּ אֶת ה׳" (שם ב), "בָּרוּךְ ה׳ מִצִּיּוֹן שֹׁכֵן יְרוּשָׁלָ͏ִם הַלְלוּיָהּ" (שם קלה, כא) ושואלים: וְלֵימָא נַמִי [ושיאמרו גם כן] "יְבָרֶכְךָ ה׳ מִצִּיּוֹן" (שם קלד, ג) דִּכְתִיב בְּהַהוּא עִנְיָנָא [שנאמר באותו ענין], כלומר, שיאמרו שלוש לשונות ברכה האמורות רצופות באותו פרק בתהילים! אָמַר יְהוּדָה בְּרֵיהּ [בנו] של ר׳ שִׁמְעוֹן בֶּן פָּזִי: מִתּוֹךְ שֶׁהִתְחִיל בְּבִרְכוֹתָיו שֶׁל הַקָּדוֹשׁ בָּרוּךְ הוּא — מְסַיֵּים בְּבִרְכוֹתָיו שֶׁל הַקָּדוֹשׁ בָּרוּךְ הוּא, ואינו מכניס משפט זה שהוא ברכה לישראל. ושואלים: בְּמִנְחָתָא דְתַעֲנִיתָא [במנחה של תענית] כשהכהנים מברכים את העם מַאי אָמְרִי [מה אומרים העם]? אָמַר רַב אַחָא בַּר יַעֲקֹב: אומרים הם "אִם עֲוֹנֵינוּ עָנוּ בָנוּ ה׳ עֲשֵׂה לְמַעַן שְׁמֶךָ" (ירמיה יד, ז), "מִקְוֵה יִשְׂרָאֵל מוֹשִׁיעוֹ בְּעֵת צָרָה לָמָּה תִהְיֶה כְּגֵר בָּאָרֶץ" וגו׳ (שם ח), "לָמָּה תִהְיֶה כְּאִישׁ נִדְהָם כְּגִבּוֹר לֹא יוּכַל לְהוֹשִׁיעַ" וגו׳ (שם ט).

עיונים

לכוף קישרי אצבעותיהן מכאן למדים כי בשעת ברכת הכהנים צריכים הכהנים לפשוט את אצבעותיהם. ויש מן הגאונים שנתנו טעם לדבר, שהם מראים בעצמם כמתחלחלים ועומדים ביראה גדולה מפני כבוד השכינה השורה עליהם. ועוד, שהיו נוהגים לעשות סימן לעצמם באצבעותיהם באיזו ברכה הם עומדים. וכבר נזכר במדרש (וכן הוא בפסיקתא דרב כהנא) שנוהגים לעשות בין אצבעותיהם חמשה רווחים לרמז לגילוי שכינה שנאמר "מציץ מן החרכים" (שיר השירים ב, ט) (תוהרא"ש, אבודרהם).

עד שיכלה אמן והטעם בכל ההלכות הללו הוא לפי הכלל "תרי קלי לא משתמעי", שאין יכולים לשמוע שני קולות הנאמרים בבת אחת. וראה בתוס׳ (ד"ה עד) ששאלו: אם כן, כיצד מברכים שני כהנים כאחד? והרי שני קולות הם! ועיקר תירוצם ששני קולות האומרים דברים שונים אינם נשמעים, אבל כשאומרים אותו דבר עצמו — הריהם נשמעים כאשר הדבר חביב על הקהל לשומעו. ויש ששאל (קרן אורה): הרי ברכת כהנים תדירה, ודבר כגון זה אינו חביב כל כך! ויש שתירצו כי כיון שיש בדבר זה ברכה לכל טוב הריהי חביבה בכל זאת (תורת הקנאות). ובקרן אורה רוצה להסביר כי עיקר החובה היא על הכהנים שיברכו, ואין חובה כל כך לשמוע את הדברים. וכבר דנו אחרונים בשאלה האם חובה על הציבור לשמוע ממש את דברי הברכות.

שיכלה דיבור מפי הקורא רש"י מסביר שהכוונה היא למה שאומר שליח הציבור או אחד מן הציבור "כהנים". ויש מסבירים שהכוונה היא למי שמקריא להם את דברי הברכה, שאינם רשאים לפתוח עד שיגמור הקורא להקריא את המלה (באר שבע).

להחזיר פניהם וצריך הדבר להאמר שהרי הכהנים עומדים ואחוריהם כנגד ההיכל שבו ספרי התורה, וכבר כתב הרמב"ם בתשובותיו שמן הראוי להשתדל שלא יעמדו ממש כנגד ההיכל, ומשום כך אף ראוי להשתדל שלא ירבו להישאר במצב זה אלא כדי הצורך בלבד.

צריך שיקרא בתורה תחילה במסכת מגילה מבואר טעם הדבר, שהוא מפני כבוד התורה, שלא ייראה שיש דבר חשוב כמו התורה עצמה. לכן אף המפטיר, למרות שעיקר תפקידו לקרוא את דברי הנביא מקדים לכך קריאת דברים מן התורה עצמה.

עד שיגלל ספר תורה רש"י מסביר שטעם הדבר הוא כדי שאף הגולל יוכל להקשיב לקריאת ההפטרה בלי טרדה. אכן המאירי מסביר שהטעם הוא מפני כבוד התורה, שאם יקשיבו הכל מיד להפטרה שמא ישכחו לגלול את ספר התורה, ויישאר מונח בלא גלילה. וראה ב"אורח ההלכה" בשאלה עד מתי ממתינים לכך, ונראה שהדבר תלוי במחלוקת בדבר טעם הלכה זו. ויש שכתב טעם אחר, שצריך לגלול תחילה את ספר התורה שלא ייראה המפטיר כמברך על התורה (באר שבע).

כבוד צבור כמה וכמה הלכות נאמרו מפני טעם זה, וכאן העיקר הוא שלא יהא הציבור יושב וממתין בלא לעשות דבר עד שייגמר מעשה שיכול לעשותו אחר כך בלא להטריח את הציבור לחכות.

עד שינטל ספר תורה והרי"ף הביא בשם הגאונים כי לא נאמר דבר זה רק במקום שבו מוציאים את ספר התורה מבית הכנסת, אלא אף במקום שספר התורה מונח בבית הכנסת עצמה מכל מקום אין זה כבוד לתורה לצאת מבית הכנסת עד שיהא ספר התורה מונח במקום הקבוע לו.

אסברה לי ביטוי זה המצוי כמה פעמים בתלמוד משמש כרגיל להבאת מקור או רמז מן התורה להלכה שאמרו חכמים. ונראה כי בר אהינא היה ידוע בכשרונו למצוא רמזים כאלה.

אחרי ה׳ תלכו המאירי (בקרית ספר) כתב כי מכאן אמרו מקצת גאונים שראוי לאדם לנוע קצת ממקומו כמלווה את ספר התורה בשעה שמחזירים אותו מן הבימה למקומו.

במנחתא דתעניתא ראה בתוס׳ (ד"ה במנחתא) שהעירו כי יש מחלוקת תנאים האם אומרים ברכת כהנים במנחה זו. וכתבו כי מאחר שמתפללים מנחת תענית סמוך לסוף היום הריהי דומה לתפילת נעילה יותר מלמנחה שבכל יום. ומשום כך אין הכהנים מברכים במנחה שביום הכפורים, שהרי לאחריה תפילת נעילה. ובתלמוד הירושלמי (בברכות) יש שיטה אחרת, שבמנחה אומרים מה שאמרו בשחרית???, ובנעילה אומרים נוסח שאמרו במוסף.

אורח ההלכה

אין הכהנים רשאים לכוף וכו׳ אין הכהנים רשאים לכוף אצבעותיהם, אלא ישאירו ידיהם הפשוטות עד שיחזירו פניהם כלפי ההיכל. (רמב"ם ספר אהבה הלכות תפילה וברכת כהנים פי"ד ה"ו. שו"ע או"ח קכח, טז).

אין הקורא רשאי וכו׳ אין המקרא רשאי לקרות "כהנים" עד שיכלה אמן על ברכת הודאה מפי הציבור. ואין הכהנים רשאים להתחיל בברכה עד שיכלה הדיבור מפי המקרא, ואין הציבור עונים אמן עד שתכלה ברכה מפי הכהנים, ואין הכהנים מתחילים בברכה אחרת עד שיכלה אמן מפי הציבור (ואם הכוונה לכל הציבור ממש או לרוב הציבור, ראה מ"ב). (רמב"ם שם ה"ה. שו"ע שם, סעיף יח).

אין הכהנים רשאין להחזיר וכו׳ אין הכהנים רשאים להחזיר פניהם להיכל עד שיתחיל שליח הציבור ברכת "שים שלום", ועומדים שם ואינם רשאים לעקור עד שיסיים הברכה. ויש מי שאומר שצריכים להמתין עד שיכלה אמן מפי ציבור על ברכה זו (וכן המנהג, רמ"א). (רמב"ם שם ה"ו. שו"ע שם, סעיף טז).

עד שתכלה ברכה מפי הקורא וכו׳ אין הציבור רשאים לענות אמן עד שיגמור הקורא בתורה את הברכה, ואין הקורא רשאי להתחיל לקרוא בתורה עד שיכלה אמן מפי הציבור. (רמב"ם שם פי"ב ה"ו. שו"ע שם קמא, ה).

אין המתרגם רשאי וכו׳ אין המתרגם את התורה בציבור רשאי להתחיל לתרגם עד שיכלה הפסוק מפי הקורא, ואין הקורא רשאי לקרוא את הפסוק הבא עד שיכלה התרגום מפי המתרגם. (רמב"ם שם הי"א. שו"ע שם קמה, א).

המפטיר בנביא וכו׳ המפטיר בנביא צריך לקרוא תחילה בתורה, ודי שיקרא שלושה פסוקים (אם רשאי לעשות כן מצד הפסקי הפרשיות). ובדרך כלל הוא חוזר וקורא מה שקרא האחרון. (רמב"ם שם פי"ב הי"ג. שו"ע שם רפב, ד).

עד שיגלל ספר תורה אין המפטיר רשאי להתחיל בהפטרה עד שיגמרו לגלול את ספר התורה, כדי שלא יהא הגולל טרוד ויוכל לשמוע ההפטרה. ואינו מתחיל אף בברכת ההפטרה. והמנהג הפשוט (אבל עיין בפמ"ג) שממתינים עד שישים הגולל את המעיל על ספר התורה. (רמב"ם שם. שו"ע שם קמז, ז. ושם רפד, ו).

אין שליח ציבור רשאי להפשיט וכו׳ אין שליח הציבור רשאי להפשיט התיבה מקישוטיה בציבור כל זמן שהציבור בבית הכנסת. (שו"ע שם, קמח).

אין הציבור רשאין לצאת וכו׳ אין הציבור רשאים לצאת מבית הכנסת עד שיצניעו את ספר התורה (אבל יחיד יכול לצאת, כיון שרוב ציבור עדיין שם. רמ"א). וכאשר מצניעים את ספר התורה בבית אחר, אם יש לבית הכנסת רק פתח אחד צריך להמתין עד שיצא ספר התורה, וילוו אותו עד למקום שמצניעים אותו בו. ואם יש שם שני פתחים — מותר לצאת תחילה בפתח האחר, ומכל מקום צריך ללכת אחר ספר התורה ללוותו למקום שצניעים אותו בו (ואף כשמוליכים ספר תורה לארון הקודש שבתוך בית הכנסת מצוה על כל מי שעובר הספר על פניו ללוותו. רמ"א). כדברי ר׳ יהושע בן לוי וכמסקנת הגמרא. (רמב"ם שם פי"ב הכ"ד. שו"ע שם, קמט).

מסורת הש"ס

א. במדב"ר פי"א ד.
ב. שם.
ג. (הביטוי) ברכות מז,א.
ד. במדב"ר שם.
ה. מגילה כג,א.
ו. (נימוק זה) יומא ע,א. מגילה כג,א. כד,ב. גיטין ס,א. סוטה מ,א.
ז. ראה ברכות ח,א.
ח. (הביטוי) שבת קז,ב. קכה,ב. עירובין נו,ב. יבמות פג,ב. נדרים ה,ב. קדושין ט,ב. מ,א. נא,א. ב"מ ח,ב. לג,א. עד,ב. זבחים לח,א. מנחות לו,א. חולין מח,א.
ט. ירושלמי ברכות פ"א ה"א. במדב"ר שם.
י. במדב"ר שם.
יא. שם.

גרסות

שיחזרו יש בכת"י ועוד: **שיחזירו**.
שינטל ספר תורה ויניח במקומו בכת"י ובמקורות רבים: **שינטל ספר תורה**.

החיים

תרגום
בזמן הגמרא, ועוד דורות רבים לאחר מכן, היו נוהגים בקריאת התורה בבית הכנסת לתרגם את דברי התורה לארמית פסוק אחר פסוק. שהיה מתורגמן מיוחד שהיה מתרגם את הדברים מיד לאחר שקראם הקורא. ותרגום זה הוא התרגום המקובל בידינו, תרגום אונקלוס. והיו מן הראשונים שהקפידו מאד על שמירת מנהג זה אפילו בזמן שלא היו הכל מבינים ארמית. בציבור קהילות ישראל פסקו מלתרגם, מלבד התימנים שנהגו בתרגום, ולא עוד אלא שהיו מוסיפים לכך תרגום ערבי (של רב סעדיה גאון).

שיינטל ספר תורה
מכמה מקומות בגמרא נראה כי הרבה מבתי הכנסת (בפרט אלה שבכפרים) היו מצויים במרחק ניכר מן העיר. במקומות אלה כרגיל לא השאירו את ספר התורה בהיכל שבבית הכנסת אלא היו משאירים אותו לשמירה דרך קבע בחדר מיוחד שהיה סגור היטב סמוך לבית הכנסת עצמו (אם משום שהיה כרגיל פתוח, ואנשים היו יוצאים ונכנסים בו במשך שעות היום, אם משום שהשתמשו בו כבית מדרש או כבית ספר לתינוקות, והיה מקום לחשוש שמא יגנבנו אדם שאינו הגון).

בתפילת נְעִילָה דְּיוֹמָא דְּכִיפּוּרֵי [של יום הכיפורים] שגם בה הכהנים מברכים, מַאי אָמַר [מה אומרים] הקהל? אָמַר מָר זוּטְרָא, וְאָמְרִי לָהּ [ויש אומרים] בְּמַתְנִיתָא [בברייתא היא שנויה]: ״הִנֵּה כִּי כֵן יְבֹרַךְ גָּבֶר יְרֵא ה׳״ (תהלים קכח, ד). ״יְבָרֶכְךָ ה׳ מִצִּיּוֹן וּרְאֵה בְּטוּב יְרוּשָׁלָ͏ִם כֹּל יְמֵי חַיֶּיךָ״ (שם ה). ״וּרְאֵה בָנִים לְבָנֶיךָ שָׁלוֹם עַל יִשְׂרָאֵל״ (שם ו). ושואלים: הֵיכָן אוֹמְרָן את כל הפסוקים האלה, שאמרנו שהקהל אומרים בזמן ברכת כהנים? רַב יוֹסֵף אָמַר: בֵּין כָּל בְּרָכָה וּבְרָכָה כלומר, לאחר כל אחת מברכות הכהנים אומרים אותם, וְרַב שֵׁשֶׁת אָמַר: בְּהַזְכָּרַת הַשֵּׁם שבכל ברכה וברכה. פְּלִיגֵי בָּהּ [נחלקו בכך] רַב מָרִי וְרַב זְבִיד; חַד [אחד] מהם אָמַר: פְּסוּקָא לְקָבֵל פְּסוּקָא [פסוק לעומת פסוק], כלומר, בזמן שהכהנים אומרים פסוק אחד, אומר אחד מהפסוקים שמנינו, וְחַד [ואחד] מהם אָמַר: אַכָּל פְּסוּקָא אָמַר לְהוּ לְכוּלְּהוּ [על כל פסוק אומר הוא את כולם]. אָמַר ר׳ חִיָּיא בַּר אַבָּא: כָּל הָאוֹמְרָן פסוקים אלו בַּגְּבוּלִין (מחוץ למקדש) — אֵינוֹ אֶלָּא טוֹעֶה. אָמַר ר׳ חֲנִינָא בַּר פַּפָּא: תֵּדַע שֶׁבַּמִּקְדָּשׁ עצמו נַמִי [גם כן] לֹא מִיבָּעֵי לְמֵימְרִינְהוּ [היה צריך לומר אותם] את הפסוקים הללו, שכן כְּלוּם יֵשׁ לְךָ עֶבֶד שֶׁמְּבָרְכִין אוֹתוֹ וְאֵינוֹ מַאֲזִין, אלא מדבר באותה שעה? לעומת זאת אָמַר ר׳ אַחָא בַּר חֲנִינָא: תֵּדַע שֶׁבַּגְּבוּלִין נַמִי מִיבָּעֵי לְמֵימְרִינְהוּ [גם כן צריך לומר אותם], כְּלוּם יֵשׁ עֶבֶד שֶׁמְּבָרְכִין אוֹתוֹ וְאֵין מַסְבִּיר פָּנִים? אלא יש לומר אותם, שבכך הוא כמודה על הברכה שהוא מתברך. אָמַר ר׳ אַבָּהוּ: מֵרֵישׁ הֲוָה אָמֵינָא לְהוּ [מתחילה הייתי אומר אותם], את הפסוקים הללו, כֵּיוָן דַּחֲזֵינָא לֵיהּ [שראיתי אותו] את ר׳ אַבָּא שֶׁמִּן עַכּוֹ דְּלָא אָמַר לְהוּ [שאינו אומר אותם] — אֲנָא נַמִי לָא אָמֵינָא לְהוּ [אני גם כן איני אומר אותם].

א וְאָמַר ר׳ אַבָּהוּ: מֵרֵישׁ הֲוָה אָמֵינָא עִינְוְתָנָא אֲנָא [מתחילה הייתי אומר ענוותן אני]. כֵּיוָן דַּחֲזֵינָא לֵיהּ [שראיתי אותו] לְר׳ אַבָּא שֶׁמִּן עַכּוֹ שֶׁאָמַר אִיהוּ חַד טַעֲמָא [הוא, טעם אחד לדברים] וְאָמַר אָמוֹרֵיהּ חַד טַעֲמָא [המתורגמן שלו טעם אחד, אחר] וְהוּא, ר׳ אבא לֹא קָפֵיד [הקפיד] — אָמֵינָא [אומר אני] לָאו עִינְוְתָנָא אֲנָא [אין אני ענוותן], שאני הייתי מקפיד בכגון זה. ושואלים: וּמַאי עִינְוְתָנוּתֵיהּ [ומהי ענוותנותו] של ר׳ אַבָּהוּ? מספרים: שֶׁאָמְרָה לָהּ דְּבֵיתְהוּ דַּאֲמוֹרֵיהּ [אשתו של המתורגמן] של ר׳ אַבָּהוּ לִדְבֵיתֵיהּ [לאשתו] של ר׳ אַבָּהוּ: הָא דִּידָן לָא צָרִיךְ לֵיהּ לְדִידָךְ [זה שלנו, כלומר בעלי, איננו צריך לשלך, לבעלך] והוא יכול לומר את כל הדברים מדעת עצמו, וְהַאי דְּגָחֵין וְזָקֵיף עֲלֵיהּ [וזה שהוא מתכופף לשמוע את דבריו ואחר כך מזדקף מעליו ואומר אותם לציבור] — יְקָרָא בְּעָלְמָא [כבוד בלבד] הוּא דְּעָבֵיד לֵיהּ [שעושה לו], אבל באמת אינו נזקק כלל לדבריו. אָזְלָא דְּבֵיתְהוּ [הלכה אשתו] וְאָמְרָה לֵיהּ [לו] לְר׳ אַבָּהוּ את דבריה של אשת המתורגמן. אָמַר לָהּ: וּמַאי נָפְקָא לֵיךְ מִינָּהּ [ומה יוצא לך מכך]? מִינַּי וּמִינֵּיהּ יִתְקַלַּס עִילָּאָה [ממני וממנו יתקלס העליון, הקדוש ברוך הוא] ואין זה חשוב מי הוא האומר את הדברים. וְתוּ [ועוד] דוגמה לענוותנותו, ר׳ אַבָּהוּ אִימְנוּ רַבָּנַן עֲלֵיהּ לְמְמַנְּיֵיהּ בְּרֵישָׁא [נמנו חכמים עליו והסכימו למנותו בראש הישיבה], כֵּיוָן דְּחַזְיֵהּ [שראה] את ר׳ אַבָּא שֶׁמִּן עַכּוֹ דִּנְפִישִׁי לֵיהּ [שמרובים לו] בַּעֲלֵי חוֹבוֹת והוא עני, אָמַר לְהוּ [להם]: אִיכָּא רַבָּה [יש אדם גדול ממני] והוא ר׳ אבא, שעל ידי כך רצה לחלצו ממצבו הדחוק. ועוד מסופר על ענוותנותו של ר׳ אבהו: ר׳ אַבָּהוּ וְר׳ חִיָּיא בַּר אַבָּא אִיקַּלְעוּ לְהַהוּא אַתְרָא [הזדמנו למקום אחד], ר׳ אַבָּהוּ דָּרַשׁ בְּאַגַּדְתָּא [בדברי אגדה], ובאותו זמן ר׳ חִיָּיא בַּר אַבָּא דָּרַשׁ בִּשְׁמַעֲתָא [בהלכה]. שַׁבְקוּהָ כּוּלֵּי עָלְמָא [עזבו הכל] לְר׳ חִיָּיא בַּר אַבָּא, וַאֲזוּל לְגַבֵּיהּ [והלכו אצל] ר׳ אַבָּהוּ. חֲלַשׁ דַּעְתֵּיהּ [חלשה דעתו, הצטער ונעלב] ר׳ חייא בר אבא. אָמַר לֵיהּ [לו] ר׳ אבהו דברי פיוס: אֶמְשׁוֹל לְךָ מָשָׁל לְמָה הַדָּבָר דּוֹמֶה: לִשְׁנֵי בְנֵי אָדָם, אֶחָד מוֹכֵר אֲבָנִים טוֹבוֹת וְאֶחָד מוֹכֵר מִינֵי סִידְקִית (דברים קטנים), עַל מִי קוֹפְצִין רוב הקונים — לֹא עַל זֶה שֶׁמּוֹכֵר מִינֵי סִידְקִית? ואף כאן אתה עוסק בדברים גדולים וחשובים, שאין קופצים מרובים עליהם, ואני עוסק בדברים קטנים, ולכן הכל באים אלי. מסופר: כָּל יוֹמָא הֲוָה [בכל יום היה] מְלַוֶּה ר׳ חִיָּיא בַּר אַבָּא את ר׳ אַבָּהוּ עַד אוּשְׁפִּיזֵיהּ [אכסנייתו] מִשּׁוּם יְקָרָא דְּבֵי קֵיסָר [כבודו של בית הקיסר] שר׳ אבהו היה מקורב אליו. הַהוּא יוֹמָא אַלְוְיֵהּ [באותו יום ליווה אותו] ר׳ אַבָּהוּ לְר׳ חִיָּיא בַּר אַבָּא עַד אוּשְׁפִּיזֵיהּ [בית מלונו], וַאֲפִילּוּ הָכִי [כך] לֹא אִיתּוֹתַב דַּעְתֵּיהּ מִינֵּיהּ [נתיישבה דעתו ממנו], שנעלב.

ב כיון שעסקנו במה שעונה הקהל בזמן ברכת כהנים, דנים בנושא דומה. בִּזְמַן שֶׁשְּׁלִיחַ צִבּוּר אוֹמֵר ברכת מוֹדִים, הָעָם מָה הֵם אוֹמְרִים? אָמַר רַב: אומרים הם ״מוֹדִים אֲנַחְנוּ לָךְ ה׳ אֱלֹהֵינוּ עַל שֶׁאָנוּ מוֹדִים לָךְ״, כלומר, על שזכינו לכך. וּשְׁמוּאֵל אָמַר: יש להוסיף ״אֱלֹהֵי כָל בָּשָׂר, עַל שֶׁאָנוּ מוֹדִים לָךְ״. ר׳ סִימַאי אוֹמֵר: ״יוֹצְרֵנוּ יוֹצֵר בְּרֵאשִׁית עַל שֶׁאָנוּ מוֹדִים לָךְ״. נְהַרְדְּעֵי אָמְרִי מִשְּׁמֵיהּ [חכמי נהרדעא אומרים משמו] של ר׳ סִימַאי: ״בְּרָכוֹת וְהוֹדָאוֹת לְשִׁמְךָ הַגָּדוֹל עַל שֶׁהֶחֱיִיתָנוּ וְקִיַּימְתָּנוּ, עַל שֶׁאָנוּ מוֹדִים לָךְ״. רַב אַחָא בַּר יַעֲקֹב היה מְסַיֵּים בָּהּ הָכִי [כך]: ״כֵּן תְּחַיֵּינוּ וּתְחָנֵּנוּ, וּתְקַבְּצֵנוּ, וְתֶאֱסוֹף גָּלֻיּוֹתֵינוּ לְחַצְרוֹת קָדְשֶׁךָ, לִשְׁמוֹר חוּקֶּיךָ וְלַעֲשׂוֹת רְצוֹנְךָ בְּלֵבָב שָׁלֵם, עַל שֶׁאָנוּ מוֹדִים לָךְ״. אָמַר רַב פַּפָּא: הִילְכָּךְ [לכן] כיון שהוסיפו ואמרו חכמים כמה נוסחאות נצרף את כל הנוסחאות וְנֵימְרִינְהוּ לְכוּלְּהוּ [נאמר את כולן] יחד.

ג אָמַר ר׳ יִצְחָק: לְעוֹלָם תְּהֵא אֵימַת צִבּוּר עָלֶיךָ וצריך לנהוג בהם בדרך ארץ, שֶׁהֲרֵי כֹּהֲנִים בשעה שמברכים את העם פְּנֵיהֶם כְּלַפֵּי הָעָם אף על פי שכתוצאה מכך אֲחוֹרֵיהֶם כְּלַפֵּי שְׁכִינָה, מפני כבוד הציבור. רַב נַחְמָן אָמַר: מֵהָכָא [מכאן] אנו למדים, שנאמר: ״וַיָּקָם דָּוִיד הַמֶּלֶךְ עַל רַגְלָיו וַיֹּאמֶר שְׁמָעוּנִי אַחַי וְעַמִּי״ (דברי הימים א כח, ב), שלא דיבר אליהם בישיבה, אלא קם ועמד על רגליו. אִם אמר ״אַחַי״ לָמָּה אמר ״עַמִּי״, וְאִם ״עַמִּי״ לָמָּה ״אַחַי״? אָמַר ר׳ אֶלְעָזָר: אָמַר לָהֶם דָּוִד לְיִשְׂרָאֵל: אִם אַתֶּם שׁוֹמְעִין לִי — אַחַי אַתֶּם, וְאִם לָאו [לא], שאינכם שומעים מרצונכם — עַמִּי אַתֶּם, וַאֲנִי מלך ואני רוֹדֶה אֶתְכֶם בְּמַקֵּל בכפיה. הרי שאם נהג העם כשורה, נהג בהם דוד בכבוד ובאחווה. רַבָּנַן אָמְרִי מֵהָכָא [חכמים אומרים מכאן], שכבוד ציבור גדול: שֶׁאֵין הַכֹּהֲנִים רַשָּׁאִין לַעֲלוֹת בְּסַנְדְּלֵיהֶן לַדּוּכָן, שכן שנינו בברייתא: וְזֶהוּ, שיעלו הכהנים לברך בלי מנעל, הִיא אַחַת מִתֵּשַׁע תַּקָּנוֹת שֶׁהִתְקִין רַבָּן יוֹחָנָן בֶּן זַכַּאי. מַאי טַעֲמָא [מה טעם התקנה] — לָאו [האם לא] מִשּׁוּם כְּבוֹד צִבּוּר, שאין זו דרך כבוד להראות לכל את נעליו המלוכלכות? אָמַר רַב אַשִׁי: לֹא, אין זה הטעם, אלא הָתָם [שם] הטעם הוא שֶׁמָּא נִפְסְקָה (נקרעה) לוֹ רְצוּעָה בְּסַנְדָּלוֹ וַהֲדַר אָזֵיל לְמִיקְטְרֵיהּ [וחוזר והולך לקשור אותה] ולא יספיק לעלות לברך, וְאָמְרִי [ויאמרו אנשים]: בֶּן גְּרוּשָׁה אוֹ בֶּן חֲלוּצָה הוּא, ופסול לעלות לדוכן, ולכן אינו מברך.

ד שנינו במשנה: וּבַמִּקְדָּשׁ אומר את שלושת הפסוקים של ברכת כהנים כִּבְרָכָה אַחַת.

מסורת הש״ס

א. במדב״ר פי״א ד.

ב. שם.

ג. ראה ע״ז ד,א.

ד. (הביטוי) ברכות יא,א. סא,ב. שבת קח,א. ר״ה יז,ב. תענית ה,ב. כתובות י,א. ב״ב י,א. קיז,א. קכג,א. סנהדרין צא,א. נדה מה,א. תנחומא בובר כי תבוא ד. פסי״ר פכ״ג. תנדבא״ז פכ״ה. פדר״א פ״ב.

ה. ראה יומא עג,א. חגיגה יד,א. יבמות סה,ב. כתובות יז,א.

ו. ירושלמי ברכות פ״א ה״ה. פסי״ר פ״ט.

ז. (כעין זה) ברכות יא,ב. נט,א-ב. ס,ב. שבת כ,א. תענית ו,ב. מגילה כא,ב. חולין מו,א. סה,א. עו,ב.

ח. ילק״ש נ״ך תתרפ.

ט. ירושלמי ביכורים פ״ג ה״ג. תוספתא מגילה פ״ד כא.

י. ר״ה לא,ב.

גרסות

מאי אמר יש גורסים: מאי אמרי ויש: מאי.

במתניתא יש בכת״י: במתניתא תנא.

כלום יש לך בכת״י ועוד: כלום יש.

לדביתיה בכת״י יש: לדביתהו.

לדידך יש בכת״י: להאי דידכו.

אמר ליה יש שגרסו: אמר להם ר׳ אבהו.

טובות יש בכת״י: טובות ומרגליות.

מהכא דאין יש בכת״י: מהכא אין.

וזהו יש בכת״י: וזו.

נפסקה ויש גורסים: מפסקא.

ואמרי בן גרושה יש בכת״י: ואמרי שמא בן גרושה.

לשון

סידקית

פירוש המלה הוא חפצים קטנים, לא יקרים, כגון מחטים ומסרגות. מצוי ביותר השימוש ב״מחט סידקית״ — מחט קטנה של תפירה (בניגוד למחטים שתופרים בהן שקים וכיוצא בהם). בערוך מפרש כי המחט נקראת כך משום שהיא עשויה לאחות נקבים וסדקים שבבגד. ואולי נקראת כן משום שחפצים כאלה נמכרים בחנויות קטנות, כעין סדקים שבקיר (כיוצא בזה ״חנויות חרך״ לממכר תבלינים). היו שרצו לומר כי מלה זו היא שינוי של סרקית; מן הלטינית saracenus = שבט ערבי, שבימי התלמוד היו בניו תגרים קטנים המוכרים דברים כגון אלה. הערוך גורס גם ״סתקית״.

אושפיזא

מקורה של המלה הוא בפרסית ispanj שמשמעה — מלון.

אישים

ר׳ אבא דמן עכו

אמורא ארץ ישראלי בדור השלישי לאמוראים שם. ואולי היה חכם העיר בעכו, אבל עבר לאחר מכן לקיסרי הסמוכה לה.

כפי האמור בגמרא כאן היה עני ובעל חוב, וכנראה לא עלה בידי ר׳ אבהו שימנוהו כראש הישיבה. ר׳ אבא ור׳ זירא נשאו ונתנו עימו בהלכה, וכן ר׳ אבהו.

לא נשמרו בידינו הרבה מדברי תורתו.

ר׳ אבהו

ר׳ אבהו היה תושב העיר קיסרי, היה חשוב מאד בעיני השלטונות הרומיים, ואף שלא היה לו מינוי רשמי היה משמש בפועל כנציג עם ישראל. ״בי קיסר״ כאן הוא כנראה ארמונו של המושל הרומי בעיר קיסרי עצמה, שבה היתה לר׳ אבהו גם ישיבה עצמאית.

עיונים

שמברכין אותו ואינו מאזין וכבר שאלו בתוס׳ (ד״ה כל): הרי אמרו חכמים נוסח שאומר מי שחלם חלום רע, לבטלו בשעת ברכת כהנים! ותירצו שמפני הצער התירו לו. ובבאר שבע מביא בשם מהר״י מולון טעם אחר, שכיון שבנוסח התפילה על החלום הוא נסמך על ברכת הכהנים ומכוחה הוא מתפלל, הרי אינו נחשב כעוסק בדבר אחר, מה שאין כן כאשר אומר פסוקים שאינם קשורים לברכה.

דאמר איהו חד טעמא המהרש״א מסביר מפני מה ענוותנותו של ר׳ אבא גדולה יותר, שהרי מה שהחליף האמורא את הדברים היה בציבור, ואילו מה שאמרה אשתו של האמורא לאשת ר׳ אבהו היה ביחיד. ועוד יש לומר שהאמורא של ר׳ אבא לא השמיע כלל את תורתו, ואיבד ממנו זכות, מה שאין כן בדברי הנשים שאין בכך חשיבות כל כך (אבל ראה בתורת הקנאות).

יקרא בעלמא ונראה שרש״י גרס, וכן הגרסה בעין יעקב: ״יקרא דמלכותא״, לומר שמפני שהיה ר׳ אבהו חשוב בעיני השלטונות נהג בו כבוד, ולא מפני תורתו.

איכא רבה ואף שאמרו חכמים שהעולה לגדולה עוונותיו נמחלים, מכל מקום סבר ר׳ אבהו שמצוות גמילות חסדים חשובה יותר (עיון יעקב).

ששליח ציבור אומר מודים והטעם שהציבור אומרים מפני שעלתה בידם זכות גדולה זו להודות לה׳, אף הם צריכים להודות על כך (דבר שאול). וכתבו הגאונים שאמירה זו נסמכת וקשורה לברכת שליח הציבור, והיא כתוספת לה. ובנוסח התלמוד הירושלמי (וכן הורו מקצת פוסקים) גומרים את הדברים בברכה שלימה ״ברוך אתה ה׳״ ולפי זה מובן כיצד רשאים הם שלא לשמוע את דברי שליח הציבור, שהרי הם אומרים אותה ברכה בפני עצמם. ואפשר גם לומר שמפני שנהגו, כדעת התלמוד הירושלמי, לומר דברים אלה בלחישה אין בכך הפרעה לשמיעת הברכה, ומה גם שהם מסיימים את דבריהם לפני שליח הציבור ויכולים לענות אמן על ברכתו (דבר שאול).

נימרינהו לכולהו וראה במסורת הש״ס שזו שיטת רב פפא במקומות רבים, שיש לצרף יחד כמה דעות שאמרו חכמים ראשונים. וכתבו חכמים (בית יוסף ועוד) שמפני שיש כאן צירוף דברים של חכמים שונים קוראים לתפילה זו ״מודים דרבנן״. ויש שפירש בדרך אחרת, שמפני שעם הארץ שאינו יודע לברך בעצמו צריך להקשיב לכל דברי שליח הציבור, הרי תפילת הודיה יכולה להאמר רק על ידי חכמים — רבנן (אשל אברהם).

לעולם תהא אימת צבור ההדגשה ״לעולם״ היא כדי לומר שאף אדם חשוב הגדול בעם, כמו הכהנים או המלך, אף הוא צריך שתהא עליו אימת הציבור (ענף יוסף).

רב נחמן אמר מהכא רש״י פירש שראייתו ממה שנאמר ״אחי״ שנהג בהם מנהג כבוד באמירה זו. והמאירי (וכן המהרש״א) פירשו בפשטות שעיקר ההוכחה הוא ממה שנאמר ״ויקם דוד המלך״. ומה שדרשו אחר כך את המלים ״אחי ועמי״ הוא דרשה נוספת, אגב הזכרת פסוק זה. ועל עצם הדבר שהביאה הגמרא ראיה נוספת, לפי שאפשר היה לומר שברכת כהנים מצוותה שתהא פנים כנגד פנים, ואין מכאן הוכחה לכבוד ציבור (תורת הקנאות). ועוד יש לומר שראיה מן המלך הנוהג כבוד בציבור גדולה מהראיה מן הכהנים.

שמעוני אחי ועמי כתב המאירי שנדרשו דברים אלה כאן לומר, שאף שיש לנהוג בציבור כבוד, ולדבר אליהם בלשון חיבה, מכל מקום כשרואה המנהיג שאין הציבור נוהג כראוי מוטל עליו להוכיחם ולייסרם.

שמא נפסקה לו רצועה וצריך לומר שהכוונה היא שאם יעלה לדוכן ושם תיפסק לו רצועה וירד מן הדוכן יבואו לחשוב שאחיו הכהנים דחוהו מלומר את הברכה מפני שהוא פסול (רד״ל). והסבירו כי אם הטעם הוא משום כבוד ציבור, הרי ראשי הציבור למחול על כבודו (כדעת הפר״ח, אף כי יש חולקים על כך). אבל אם משום גזירה אחרת — אין הציבור רשאי לוותר בענין זה.

אורח ההלכה

כלום יש עבד שמברכין וכו׳ בשעה שהכהנים מברכים אין לומר שום פסוק, אלא ישתקו ויכוונו לברכה (כדברי ר׳ חייא ור׳ אבהו ואחרים). וכתב הרמ״א שמכל מקום כשנהגו הכהנים להאריך בניגונם נהגו גם לומר פסוקים, אך טוב יותר שלא לאומרם. והמג״א והט״ז כתבו שהאומרם יאמר בשעה ששליח הציבור מקרא לפני הכהנים, ויש סבורים שאף בזה אין לומר, וכן נהגו בהרבה מקומות (כמנהג הגר״א וכמנהג חב״ד) שלא לומר כלל. (רמב״ם ספר אהבה הלכות תפילה וברכת כהנים פי״ד ה״ז. שו״ע או״ח קכח, כו).

הילכך נימרינהו לכולהו בזמן ששליח הציבור אומר ברכת ההודאה הציבור אומרים ״מודים אנחנו לך אלקי כל בשר... ברוך אל ההודאות״ ככל הנוסחות וכדברי רב פפא. (רמב״ם שם פ״ט ה״ד. שו״ע שם קכז, א).

אין הכהנים רשאין לעלות בסנדליהן וכו׳ מתקנות עזרא שלא יעלו הכהנים לדוכן בנעליהם אלא יחלצון תחילה. ובבתי שוקים (שהם נעלים גבוהות המגיעות לגובה הרגל) מותר. ויש מחמירים אם הן של עור (רמ״א). ולמעשה נהגו לעלות בלא נעלים, ומן הראוי היה שיעלו יחפים, אלא כיון שאינו נהוג כן עולים כרגיל בגרביים בלבד (מ״ב). (רמב״ם שם פי״ד ה״ו. שו״ע שם קכח, ה).

בנעילה דיומא דכיפורי מאי אמר מר זוטרא ואמרי לה במתניתא(א) °הנה כי כן יבורך גבר ירא ה' יברכך ה' מציון וראה בטוב ירושלים כל ימי חייך וראה בנים לבניך שלום על ישראל ב היכן אומרן רב יוסף אמר בין כל ברכה וברכה ורב ששת אמר בהזכרת השם פליגי בה רב מרי ורב זביד חד אמר פסוקא לקבל פסוקא וחד אמר אכל פסוקא אמר להו לכולהו א"ר חייא בר אבא כל האומרן בגבולין אינו אלא טועה אמר רבי חנינא בר פפא תדע דבמקדש נמי לא מיבעי למימרינהו א כלום יש לך עבד שמברכין אותו ואינו מאזין א"ר אחא בר חנינא תדע דבגבולין נמי מיבעי למימרינהו כלום יש עבד שמברכין אותו ואין מסביר פנים א"ר אבהו מריש הוה אמינא להו כיון דחזינא ליה לרבי אבא דמן עכו דלא אמר להו אנא נמי

א לא אמינא להו ואמר רבי אבהו מריש הוה אמינא עינותנא אנא כיון דחזינא ליה לרבי אבא דמן עכו דאמר איהו חד טעמא ואמר אמוריה חד טעמא ולא קפיד אמינא לאו עינותנא אנא ומאי עינוותנותיה דרבי אבהו דאמרה לה דביתהו דאמוריה דרבי אבהו לדביתיה דרבי אבהו הא דידן לא צריך ליה לדידך והאי דגחין וזקיף עליה יקרא בעלמא הוא דעביד ליה אזלא דביתהו ואמרה ליה לרבי אבהו אמר לה ומאי נפקא ליך מינה מיני ומיניה יתקלס עילאה ותו רבי אבהו אימנו רבנן עליה לממנייה ברישא כיון דחזיה לר' אבא דמן עכו(ב) דנפישי ליה בעלי חובות אמר להו *איכא רבה ר' אבהו ור' חייא בר אבא איקלעו לההוא אתרא ג רבי אבהו דרש באגדתא רבי חייא בר אבא דרש בשמעתא שבקוה כולי עלמא לרבי חייא בר אבא ואזול לגביה דר' אבהו חלש דעתיה אמר ליה ד אמשל לך משל למה הדבר דומה לשני בני אדם אחד מוכר אבנים טובות ואחד מוכר מיני סידקית על מי קופצין לא על זה שמוכר מיני סידקית כל יומא הוה מלוה רבי חייא בר אבא לרבי אבהו עד אושפיזיה ה משום יקרא דבי קיסר ההוא יומא אלויה רבי אבהו לרבי חייא בר אבא עד אושפיזיה ואפילו הכי לא

ב איתותב דעתיה מיניה ו בזמן ששליח צבור אומר מודים העם מה הם אומרים אמר רב מודים אנחנו לך ה' אלהינו על שאנו מודים לך ושמואל אמר אלהי כל בשר על שאנו מודים לך רבי סימאי אומר יוצרנו יוצר בראשית על שאנו מודים לך נהרדעי אמרי משמיה דרבי סימאי ברכות והודאות לשמך הגדול על שהחייתנו וקיימתנו על שאנו מודים לך רב אחא בר יעקב מסיים בה הכי כן תחיינו ותחננו ותקבצנו ותאסוף גליותינו לחצרות קדשך לשמור חוקיך ולעשות רצונך בלבב שלם על

ג שאנו מודים לך ז °אמר רב פפא ח הילכך נימרינהו לכולהו ט אמר ר' יצחק לעולם תהא אימת צבור עליך שהרי י כהנים פניהם כלפי העם ואחוריהם כלפי שכינה רב נחמן אמר מהכא °ויקם *המלך דוד על רגליו ויאמר שמעוני אחי ועמי אם אחי למה עמי ואם עמי למה אחי אמר רבי אלעזר אמר להם דוד לישראל אם אתם שומעין לי אחי אתם ואם לאו עמי אתם ואני רודה אתכם במקל רבנן אמרי מהכא*(ג) יג דאין הכהנים רשאין לעלות בסנדליהן לדוכן יד וזהו אחת מתשע תקנות שהתקין רבן יוחנן בן זכאי מאי טעמא לאו משום כבוד צבור אמר רב אשי לא התם

ד שמא נפסקה לו רצועה בסנדלו והדר אזיל למיקטריה ואמרי בן גרושה או בן חלוצה הוא: ובמקדש ברכה אחת כו':

וכל

בהזכרת השם. כשהכהנים מזכירין את השם: **פסוקא לקבל פסוקא.** שהכהנים אומרים פסוק ראשון והם אומרים אחד מאלו ובשני היו אומרים את השני ובשלישי את השלישי וכן במוסף וכן במנחה שהרי כולן שלשה שלשה הם: **אינו אלא טועה.** שלא נתקנו לומר אלא לכבוד שם המיוחד הנזכר במקדש: **ואינו מסביר פנים.** להראות שברכת רבו חשובה לו ועריבה עליו ותגמל לרבו עליו בכך: **אמוריה.** המתרגם לרבים מה שהוא לוחש לו בשעת הדרשה: **לא צריך לדידך.** חכם הוא כמו בעליך: **יקרא דמלכותא.**(ד) שהרי רבי אבהו נשוא פנים בבית המלך כדאמרי' בחגיגה (דף יד.) נשוא פנים כגון ר' אבהו בי קיסר ובסנהדרין (דף יד.) אמר דהוו נפקי אמהתא דבי קיסר לאפיה ומשרין קמיה רבה דעמיה מדברנא לאומתיה: **ותו רבנן אימנו עליה.** ועוד זו מענוותנותו: **דנפישי עליה חובות.** שהיה צריך ללוות: **אמר ר' אבהו אית לן רבה.** חכם גדול וראוי לישב בראש יותר ממני כדי שיושיבוהו בראש ונותנין לו מנות ומעשירין אותו כדי שיהא חשוב וישמעו דבריו כדתניא והכהן הגדול מאחיו גדלוהו משל אחיו (יומא דף יח.): **ה"ג רבי אבהו דרש באגדתא: שמעתתא.** הלכות דינין ואיסור וטהרות: **סידקית.** כלי מלאכות נשים ועניים כגון פלכים מחטין וצינורות: **לא על מוכר סידקית.** בתמיה מתוך שדמיהם קלים יש להם קונים הרבה ולהפיס דעתו הוא אומר: **על שאנו מודים לך.** על שנתת בלבנו להיות (מודים לך) דבוקים בך ומודים לך: **רבי סימאי.** מוסיף הוא וכן כולם מוסיפין הן על הראשונים: **שמעוני אחי ועמי.** מזהירם היה להתנדב לבדק הבית לבנין המקדש: **אם אתם שומעים לי.** להיות שלימים למקום אחיי וחבריי אתם אלמא המלך אימת צבור עליו אם כשרים הם: **עמי אתם.** כבושים תחתי: **לאו משום אימתא דציבורא.** מפני שמסתלקין בגדיו העשויין למדתו בהגבהת ידיו ונראין סנדליו לצבור והן אין ראוין לראות מפני טיט שעליהן: **דילמא מפסקא רצועה.** וגנאי הוא לעצמו ומתלוצצים עליו כשסנדלו מותרת ויתיב למקטריה וחביריו מברכין ואתי למימר אינו ראוי לנשיאות כפים והלך וישב לו:

וכל

בנעילה דיומא דכיפורי מאי אמר. לא ידענא אמאי לא אמר בנעילה דתענית כי היכא דאמר במנחתא דתעניתא דהא משמע בגמרא בפ' בשלשה פרקים (תענית כו:) דבתענית הוה נמי נעילה אבל מוסף לא הוה בהו: **כל** האומרם בגבולין אינו אלא טועה. פירש ר"י אע"ג דאמרי' בפרק הרואה (ברכות נה:) האי מאן דחזי חלמא וכו' דהתם משום סכנה התירו שמא חלום מסוכן הוא שצריך רפואה דהא אפילו בשבת התירו להתענות תענית חלום. פירש ר"ח הני כולהו רבי חייא בר אבא ודרבי חיננא בר פפא ודרבי אבהו הילכתא נינהו: **על** שאנחנו מודים לך. בערוך בערך הודאה פירש רב משה ראש ישיבה בן מרנא יעקב דקא מודו צבור על שליח צבור אינון סומכין ומאי על שאנו מודים לך על ההודאה דקאמר שליח צבור וקא ענו אינון אמן בירושלמי פ"ק דברכות איתא נמי רבי אבא ב"ר זבדא בשם רב מודים אנחנו לך שאנו חייבין להודות לך שמך תרננה שפתי כי אזמרה לך וגו' בא"י האל ההודאות ר' שמואל ב"ר אוניא בשם רבי אחא הודייה ושבח לשמך הגדול לך גבורה לך תפארת יהי רצון מלפניך ה' אלהינו ואלהי אבותינו שתסמכנו בתפלתנו ותזקפנו מכפיפתנו כי אתה הוא סומך נופלים וזוקף כפופים מלא רחמים ואין עוד מלבדך בא"י האל ההודאות בר קפרא אומר לך כריעה לך ברכה לך כפופה לך השתחויה כי לך תכרע כל ברך וכל לשון לך תשבע לך ה' הגדולה והגבורה וגו' והעושר והכבוד מלפניך וגו' ועתה ה' אלהינו בכל לב ובכל נפש לך משתחוים כל עצמותי תאמרנה ה' מי כמוך בא"י האל ההודאות אמר רבי יודן נהגין אמרי רבנן כולהון ואית דאמר או *אדה או אדה או אדה:

שמא תפסוק רצועה בסנדלו. פירש ר"ח שמע מינה דמותר ליכנס בבית הכנסת בסנדל ובמנעל דלא אסרו אלא שלא לעלות לדוכן בסנדל ורבי הביא כמו כן מפרק שלישי דמגילה (דף כד:) האומר איני עובר לפני התיבה בסנדל אף יחף לא יעבור אלמא דאפילו לפני התיבה מותר לעבור בסנדל והכי מסיק בהדיא בפרק הרואה (ברכות דף סג.) אמר רבא מה ביתו אקפנדריא קפיד איניש ארקיקה ואמנעל לא קפיד איניש אף בית הכנסת קפנדריא אסור ורקיקה ומנעל שרי:

וכל

תהלים קכח

ס"א ל"ג

ס"א אית לכו כ"א א"ל עד דמצלנא ליה לרבי אבא לא אתא עד דאציל ליה

דה"א כח

ר"ה לא:

[נ"ל הלה או הלה]

בקרא כתיב דויד המלך

סד א מיי' פי"ד מהל' נשיאות כפים הלכה ז סמג עשין כ טוש"ע א"ח סימן קכח סעיף כו:

סה ב מיי' פ"ט מהל' תפלה הלכה ד סמג עשין יט טוש"ע א"ח סי' קכז סעיף א [וברב אלפס ברכות פ"ג דף טו: וברא"ש שם סי' כ]:

סו ג מיי' פי"ד מהל' נשיאות כפים הל' ו סמג עשין כ טוש"ע א"ח סי' קכח סעיף ה:

סז ד מיי' שם הלכה ו וע"ש בכ"מ:

הגהות הב"ח

(א) גמ' במתניתא תנא הנה: (ב) שם דמן עכו (דנפישי) תז"מ ונ"ב ס"א דתפישי: (ג) שם מהכא דת"ר אין הכהנים: (ד) רש"י ד"ה יקרא דמלכות שהיה ר' אבהו:

גליון הש"ס

גמ' אמר רב פפא הילכך נימרינהו לכולהו. כעין זה שבת דף כ ע"א חולין דף סה ע"א ובדף עו ע"ב:

סח א מיי' פ"ג מהל' עבודת יוה"כ הל' י סמג עשין רע:

סט ב מיי' פ"ז מהלכות בית הבחירה הל' ו ופי"ד מהל' סנהדרין הל' יב ופ"ב מהל' מלכים הלכה ד:

ע ג מיי' פ"ג מהלכות עבודת יוה"כ הל' י:

וכל כך למה א*לפי שאין עונין אמן במקדש תנו רבנן במנין שאין עונין אמן במקדש שנא' °קומו וברכו את ה' אלהיכם מן העולם ועד העולם ומנין שעל כל ברכה וברכה תהלה שנאמר °[ויברכו שם כבודך] ומרומם על כל ברכה ותהלה על כל ברכה וברכה תן לו תהלה: **מתני'** ברכות כהן גדול כיצד ג*אחזן הכנסת נוטל ספר תורה ונותנה לו לראש הכנסת וראש הכנסת נותנה לסגן והסגן נותנה לכהן גדול וכ"ג עומד ומקבל דוקורא °אחרי מות °ואך בעשור וגולל את התורה ומניחה בחיקו ואומר יתר ממה שקריתי לפניכם כתוב כאן °ובעשור שבחומש הפקודים קורא על פה ומברך עליה שמנה ברכות על התורה ועל העבודה ועל ההודייה ועל מחילת העון ועל המקדש ועל ישראל ועל הכהנים ועל ירושלים *והשאר תפלה: **גמ'** ה*שמעת מינה חולקין כבוד לתלמיד במקום הרב אמר אביי כולה משום כבודו דכ"ג הוא: וכ"ג עומד ומקבל וקורא וכו': עומד מכלל דיושב הוא והאמר מר ו*באין ישיבה בעזרה אלא למלכי בית דוד בלבד שנאמר °ויבא המלך דוד וישב לפני ה' ויאמר מי אנכי וגו' זכדאמר רב חסדא בעזרת נשים גהכא נמי בעזרת נשים[א] מיתיבי חוהיכן קורין בו *בעזרה רבי אליעזר בן יעקב אומר בהר הבית שנא' ויקרא

(נחמיה ט; שם; ויקרא טז; ויקרא כג; במדבר כט; ש"ב ז)

וכל כך למה. שבמקדש אומר את שלשתן ברכה אחת: **שאין עונין אמן במקדש.** ואין כאן במה להפסיק: **קומו וברכו את ה' אלהיכם מן העולם ועד העולם.** בספר עזרא כתיב שכל ברכה שהיו מברכין במקדש כך היו מברכין ברוך ה' אלהי ישראל מן העולם ועד העולם תורה אור למגן אברהם וכן למחיה המתים: **ויברכו שם כבודך.** ושאר העם יענו בשכמל"ו שהעם עונין להלל ולהודות: **מתני'** **ברכות כ"ג.** ביום הכפורים לאחר שכלתה עבודת היום קורא בתורה כדמפרש ואזיל ומברך שמנה ברכות כדבעינן למימר לקמן: **חזן הכנסת.** שמש הכנסת שטורח עיסקי הכנסת עליו להכניס ולהוציא ולהפשיט את התיבה ולהכין הכל: **ראש הכנסת.** על פיו נחתכין דברי הכנסת מי יפטיר בנביא מי יפרוס על שמע מי ירד לפני התיבה: **סגן.** המוכן תחת כ"ג שאם יארע בו פסול ישמש תחתיו: **וקורא אחרי מות.** שהוא סדר יום הכפורים ופרשה ראשונה לחודה קאמר: **ואך בעשור.** פרשת שור או כשב הסמוכה היא לאחרי מות ויכול לגלול ס"ת לשם בעוד שהתורגמן מתרגם מקרא אחרון של פרשת אחרי מות ואין כאן שהות כדי שיפסיק מתרגם ואין כאן גנאי לצבור וגולל את התורה ואע"פ שעדיין יקרא בעשור של חומש הפקודים על פה יקרא אותה ולא יגלל ס"ת לשם מפני שהוא רחוק ויש שהות שיפסיק מתרגם וישתוק לפניהם ואין מתחיל בפסוק אחר ואיכא גנאי: **ואומר יתר ממה שקריתי לפניכם כתוב כאן.** אע"פ שאני עתיד לקרות עוד פרשה שלישית אל תדמו לאמר שחסירה היא מן הספר הזה ולכך אני גוללו דיותר ממה שקריתי לפניכם בענין היום כתוב בו ובגמרא בעי כל כך למה ומשנינן שלא להוציא לעז על ספר תורה: **על התורה.** ברכה של אחריה ועל העבודה רצה ועל ההודאה מודים לפי שנגמרה העבודה ואין עבודה בלא הודאה כדאמרי' במסכת מגילה (דף יח.) זובח תודה יכבדנני אחר זביחה הודאה: **ועל מחילת העון.** אתה בחרתנו שחותם מלך מוחל וסולח לעונותינו ולעונות עמו וגו': **ועל המקדש.** מתפלל על המקדש וחותם בברוך אשר בחר במקדש: **ועל ישראל.** מתפלל על ישראל וחותם ברוך הבוחר בעמו ישראל וכן על ירושלים ובמסכת סוטה ירושלמית מפרש לה: **ועל שאר התפלה.** בגמרא מפרש לה: **גמ' שמע מינה.** מדקתני חזן הכנסת נוטל ספר תורה ונותנו לראש הכנסת כו' ואין חזן הכנסת נותנה לכ"ג אלא מכבד את ראש הכנסת בפני הסגן ובפני כהן גדול וראש הכנסת מכבד הסגן בפני כ"ג ש"מ חולקין כבוד לתלמיד תלמיד קטן חולק כבוד לתלמיד גדול ממנו ואע"פ שהרב שם ואין גנאי לרב וסתמא כמ"ד חולקין דפלוגתא היא ביש נוחלין גבי בנות צלפחד (ב"ב קיט:): **כולה משום כבודו דכ"ג.** ולעולם אין חולקין והכא כולה משום יקרא דכ"ג הוא שמראין את מעלותיו מעלה למעלה ממעלה: **אין ישיבה בעזרה.** דאין כבוד שמים בכך ואפי' מלאכי השרת אין להם שם ישיבה דכתיב (ישעיה ו) עומדים ממעל לו [קרבת] על חד מן קאמיא (דניאל ז): **אלא למלכי בית דוד.** שחלק להם המקום כבוד להראות שמלכותו שלימה: **כדאמר רב חסדא.** לקמן: **בעזרת נשים.** היו קורין בו והיא היתה חול כשאר הר הבית שלא נתקדש אלא מן החומה ולפנים ואפילו חלל שער נקנור העולה מעזרת נשים לעזרת ישראל לא נתקדש:

וכל כך למה לפי שאין עונין אמן במקדש. תימה והלא היו עונין ברוך שכמל"ו כשהיו שומעים שם הקדוש כדתנן בפרק אמר להן הממונה (יומא דף לה:) ובפרק טרף בקלפי (שם דף לט.) וזה היה הפסק גדול מעניית אמן ועוד שהיו נופלין על פניהם שהרי כשהיו שומעין את השם מפי כהן גדול בשעת הגרלה היו נופלין על פניהם כדאיתא בירושלמי הקרובים היו נופלין על פניהם והרחוקים היו אומרים ברוך שם כבוד מלכותו לעולם ועד ואלו ואלו לא היו זזין משם עד שהיה מתעלם מהן ונראה דהתם ה"פ הקרובים היו נופלים וכ"ש שהיו אומרים בשכמל"ו אבל הרחוקים לא היו נופלין אלא בלא נפילה היו אומרים והיה שם הקדוש מתעלם ומשכח מן השומעים קודם שהיו זזין משם מ"מ קרא חזינן שהיו מפסיקין בענייתן בשכמל"ו ושמא היו עונין בשכמל"ו לאלתר כשהיו שומעין שם הנכבד והנורא ולא היו ממתינין עד סוף הפסוק ולפי שלא היו מפסיקין בין פסוק לפסוק חשוב להו כמו ברכה אחת: **ומנין שעל כל ברכה תהלה שנא' ומרומם על כל ברכה ותהלה.** ואותה תהלה מפרש בפ"ב דמסכת תענית (דף טז:) שהיא בשכמל"ו: **שמעת מינה חולקין כבוד לתלמיד במקום הרב.** פי' הרב ר' יצחק בר מרדכי בפרק בא לו (יומא סט:) נראה דאסגן קאי שמקבל ס"ת מראש הכנסת ואינה מקבלה מחזן בית הכנסת נמצא שזה חלק לו לסגן כבוד שראש הכנסת צריך לקבל מיד חזן הכנסת וליתן לסגן ומשני אביי כולה משום כבודו דכ"ג דסופו לקבלה מיד הסגן אע"פ שסגן חשוב ומכובד עדיין כהן גדול מעולה ממנו: **שמעת מינה.** וא"ת אמאי לא משני כגון דפליג ליה כ"ג יקרא לסגן וסגן לראש הכנסת כדפסיק התם ביש נוחלין (ב"ב דף קיט:) והילכתא חולקין והילכתא אין חולקין קשיא הילכתא אהילכתא ל"ק הא דפליג ליה רביה יקרא הא דלא פליג ליה י"ל הכא בסתמא קתני דלעולם היה המנהג כך בין פליג בין לא פליג ופלוגתייהו התם נמי בין פליג בין לא פליג דאי פלוגתייהו בדפליג לפסוק בהדיא כמ"ד חולקין ואי בדלא פליג לפסוק כמ"ד אין חולקין: **והאמר מר אין ישיבה בעזרה.** לא ידעתי מקומו ומייתי לה בפ"ק דתמיד (דף כז.) ובפ' עשרה יוחסין (קדושין עח:) ובפ' ב' דיומא (דף כה.) ובתוספות רבי הרצוי דבחלק (סנהדרין קא:) בגמ' דג' מלכים מקומו ומורי הרב רבי מאיר בר קלונימוס הראני מקומו בתוספתא דסנהדרין* בפרק כהן גדול ונראה דבתוספתא דר' חייא מקומה דהא מקשה בירושלמי לא כן תני רבי חייא לא היתה ישיבה בעזרה אלא למלכי בית דוד ואמר ר' אמי בשם ר"ל אף למלכי בית דוד לא היתה ישיבה בעזרה תיפתר שסמך לו בכותל וישב לו והכתיב ויבא המלך דוד וישב לפני ה' אמר ר' אייבו ב"ר נגרי שישב עצמו בתפלה תמן תנינן יצאת כת הראשונה וישבה לה בהר הבית השניה בחיל השלישית במקומה רבי נחמיה בשם ר' מנא מי תנינן ישבה לה *(לא) במקומה עמדה לה במקומה והא דרבי אמי דמייתי בירושלמי דאף למלכי בית דוד לא היתה ישיבה במקומה בתחילת מדרש שוחר טוב והתם משמע דלבית דוד היה מתוקן כסא ושם היתה ישיבה וי"ל שאותו כסא היה חוץ לעזרה והכי איתא התם אשרי האיש זש"ה ויבא המלך דוד וישב לפני ה' וכן תני רבי חייא אין ישיבה בעזרה אלא למלכות בית דוד רבי אמי בשם ריש לקיש אמר אין ישיבה בעזרה אלא במקום מלכות בית דוד בלבד משמע דבאותו מקום היתה ישיבה לכל אדם ומינה דייק דכסאו היה נתון חוץ לעזרה מכלל דאף לעצמו אין ישיבה בעזרה ותו התם וכן הוא אומר וישב לפני ה' ולא כן א"ר הונא בשם רבי שמעון אין ישיבה למעלה שאין להם קפילת רגל שנאמר ורגליהם רגל ישרה וכתיב שרפים עומדים ממעל לו וכתיב וכל צבא השמים עומדים מימינו ומשמאלו למעלה אין ישיבה ודוד יושב אמר רבי אמי אף למלכי בית דוד אין להן ישיבה בעזרה מהו וישב לפני ה' שסמך עצמו לכותל ולמי היתה ישיבה בעזרה ובהיכל הוי אומר לכ"ג שנאמר ועלי הכהן יושב על הכסא אם כן מהו וישב שישב עצמו בתפלה וקשה לר"י אם לכ"ג היתה ישיבה א"כ מאי מקשה הכא והא אנן בכ"ג קיימינן ותו *קשיא מפ' שני דזבחים (דף יט:) דאמר התם כיצד קידש מניח ידו הימנית על גבי רגלו הימנית ומקדש אמר לו הפלגת אי אפשר לעשות כן שפיר קאמר ליה אמר רב יוסף חבירו מסייעו מאי בינייהו עמידה מן הצד איכא בינייהו*: כתב

תעניות טז: ברכות סג.

רש"א

יומא סח:

[יומא סט. לקמן מא: ב"ב קיט:]

[סנהדרין קא: ע"ש תמיד כז. ע"ש קדושין עח: יומא כה. ע"ש סט:]

[שם ביומא סט: ע"ש תוספתא פ"ז]

ג"א ועל שאר

ס"א אינו

[פ"ד]

[עי' מהרש"א]

ופריך וליתב מיתב ומשני אמר קרא לשרת. כצ"ל רש"א

הגהות מהר"ב רנשבורג

א] גמ' הכא נמי בעזרת נשים מיתיבי. מלת מיתיבי נמחק וכ"ב דתניא כצ"ל לענ"ד ועי' מה שכתבתי ביומא דף סט ע"ב ועי' שו"ת כנה"ג לא"ח בכללי הגמרא אות פ"א ומ"ש על סוגיין נ"ע:

וְכָל כָּךְ לָמָּה — לְפִי שֶׁאֵין עוֹנִין "אָמֵן" בַּמִּקְדָּשׁ, משום כך אין הפסק בין ברכה אחת לשניה. תָּנוּ רַבָּנַן [שנו חכמים]: מִנַּיִן שֶׁאֵין עוֹנִין "אָמֵן" בַּמִּקְדָּשׁ — שֶׁנֶּאֱמַר: "קוּמוּ בָּרְכוּ אֶת ה' אֱלֹהֵיכֶם מִן הָעוֹלָם עַד הָעוֹלָם" (נחמיה ט, ה), שזו היתה לשון ברכה במקדש. וּמִנַּיִן שֶׁעַל כָּל בְּרָכָה וּבְרָכָה שבמקדש אומרים העם דברי תְּהִלָּה — שֶׁנֶּאֱמַר: "וִיבָרְכוּ שֵׁם כְּבֹדֶךָ וּמְרוֹמַם עַל כָּל בְּרָכָה וּתְהִלָּה" (שם), לומר: עַל כָּל בְּרָכָה וּבְרָכָה תֵּן לוֹ תְּהִלָּה לעצמה, אבל "אמן" לא היו אומרים.

א משנה בִּרְכוֹת כֹּהֵן גָּדוֹל ביום הכפורים כֵּיצַד? חַזַּן הַכְּנֶסֶת (שמש בית הכנסת) שהיה בהר הבית נוֹטֵל סֵפֶר תּוֹרָה וְנוֹתְנָהּ לוֹ לְרֹאשׁ הַכְּנֶסֶת (פרנס הממונה על בית הכנסת), וְרֹאשׁ הַכְּנֶסֶת נוֹתְנָהּ לַסְּגָן הכהן הגדול, וְהַסְּגָן נוֹתְנָהּ לְכֹהֵן גָּדוֹל, וְכֹהֵן גָּדוֹל עוֹמֵד וּמְקַבֵּל ממנו, וְקוֹרֵא בתורה פרשת "אַחֲרֵי מוֹת" (ויקרא טז, א–לד) וְ"אַךְ בֶּעָשׂוֹר" (שם כג, כו–לב). וְגוֹלֵל אֶת הַתּוֹרָה וּמַנִּיחָהּ בְּחֵיקוֹ, וְאוֹמֵר: יָתֵר מִמַּה שֶּׁקָּרִיתִי לִפְנֵיכֶם, כָּתוּב כָּאן בספר התורה. ואת ההמשך "וּבֶעָשׂוֹר" (במדבר כט, ז–יא) שֶׁבְּחוּמַּשׁ הַפְּקוּדִים (ספר במדבר) קוֹרֵא עַל פֶּה. וּמְבָרֵךְ עָלֶיהָ על התורה שְׁמֹנֶה בְּרָכוֹת: ברכה עַל הַתּוֹרָה, וְעַל הָעֲבוֹדָה, וְעַל הַהוֹדָיָה, וְעַל מְחִילַת הֶעָוֹן, וְעַל הַמִּקְדָּשׁ, וְעַל יִשְׂרָאֵל, וְעַל הַכֹּהֲנִים, וְעַל יְרוּשָׁלַיִם, וְהַשְּׁאָר תְּפִלָּה.

ב גמרא על הסדר הזה, שמכבדים את ראש הכנסת והסגן בקבלת ספר התורה קודם שנותנים אותו לכהן הגדול, מעירים: שָׁמְעַתְּ מִינַּהּ [לומד אתה מכאן] שחוֹלְקִין כָּבוֹד לְתַלְמִיד אף בִּמְקוֹם המצאו של הָרַב. אָמַר אַבַּיֵי: בדרך כלל אין עושים כן, וכאן כּוּלָּהּ מִשּׁוּם כְּבוֹדוֹ של כֹּהֵן גָּדוֹל הוּא, שרואים כמה וכמה מעלות יש עד שמגיעים למעלתו שלו. שנינו שכֹּהֵן גָּדוֹל עוֹמֵד וּמְקַבֵּל וְקוֹרֵא. ומעירים: "עוֹמֵד" — מִכְּלָל הדברים אתה למד שעד עכשיו יוֹשֵׁב הוּא? וְהָאָמַר מָר [והרי אמר החכם]: אֵין רשות יְשִׁיבָה בָּעֲזָרָה אֶלָּא לְמַלְכֵי בֵּית דָּוִד בִּלְבַד, שֶׁנֶּאֱמַר: "וַיָּבֹא הַמֶּלֶךְ דָּוִד וַיֵּשֶׁב לִפְנֵי ה' וַיֹּאמֶר מִי אָנֹכִי" וגו' (שמואל ב ז, יח)! ומשיבים: כְּדַאֲמַר [כפי שאמר] רַב חִסְדָּא שהמלך אף שאינו מבית דוד שהיה קורא פרשת "הקהל" היה יושב בְּעֶזְרַת נָשִׁים והיא לא התקדשה בקדושת מקדש, ושם מותר לשבת, הָכָא נַמִּי [כאן גם כן] מדובר בְּעֶזְרַת נָשִׁים, ושם הכהן הגדול יושב. מֵיתִיבֵי [מקשים] ממה ששנינו: וְהֵיכָן קוֹרִין בּוֹ בספר התורה ביום הכיפורים — בָּעֲזָרָה, ר' אֱלִיעֶזֶר בֶּן יַעֲקֹב אוֹמֵר: בְּהַר הַבַּיִת קוראים בו, שֶׁנֶּאֱמַר:

מסורת הש"ס

א. ברכות סג,א. תענית טז,ב. ירושלמי ברכות פ"ט ה"ה. שם תענית פ"ב ה"י. תוספתא ברכות פ"ז כב. במדב"ר פי"א ד.

ב. שם. תענית פ"א יא. ילק"ש נ"ך תתרעא.

ג. יומא סה,ב.

ד. שם. מגילה כד,א. ירושלמי מגילה פ"ד ה"ה. מסכת סופרים פי"א ב.

ה. יומא סט,א. סוטה מא,ב. ב"ב קיט,ב.

ו. יומא כה,א. סט,ב. קדושין עח,ב. סוטה שם. סנהדרין קא,ב. תמיד כז,א. ירושלמי פסחים פ"ה ה"י. שם יומא פ"ג ה"ב. שם סוטה פ"ז ה"ז. תוספתא סנהדרין פ"ד ד. מדרש שמואל פכ"ז. שוח"ט פ"א. מדרש ל"ב מדות פ"ב.

ז. יומא סט,ב. סוטה שם.

ח. יומא שם. תוספתא סוטה פ"ז יג.

גרסות

כל ברכה וברכה תן יש בכת"י כבמקבילה: **כל ברכה תן.**

ונותנה לו ברוב כת"י: **ונותנו.**

וקורא בהרבה כת"י כבמקבילה: **וקורא עומד וקורא.**

והשאר תפלה בהרבה כת"י: **ועל שאר התפילה.**

החיים

ראש הכנסת

תפקיד זה של ראש הכנסת היה קיים במשך דורות רבים, וכן נקרא שמו ביוונית ἀρχισυνάγωγος (ארכיסינגוגוס). זה הוא מנהיג בית הכנסת, והממונה הראשי על סדרי המקום, ובמקומות רבים גם מנהיג הקהילה. תפקיד זה הוא תפקיד של כבוד שיש עימו גם מרות על הקהילה, או לפחות על מתפללי בית כנסת זה. במקומות מסויימים נמצא הכסא המיוחד שהיה למנהיג זה של בית הכנסת.

בימי בית שני היה בהר הבית בית כנסת מיוחד שבו היו באים להתפלל את תפילות הצבור הקבועות, ובו היו מחזיקים את ספרי התורה.

חזן הכנסת

חזן משמעו העיקרי שמש, ויש גוזרים את המלה מן השרש חזה = ראה. כלומר, האיש שתפקידו לראות את המתרחש בבית הכנסת ולסדר את כל הצריך תיקון וסידור. כיוצא בזה היו חזנים (= שמשים) גם בבתי המדרש הגדולים וליד בתי הדין.

בבתי כנסת מסויימים היה החזן גם מלמד התינוקות, או המשגיח על לימודם בפני עצמם. ומן הסתם גם היה עובר לפני התיבה. מכאן נתפתחה לאחר דורות משמעות החזן כשליח ציבור הקבוע.

עיונים

וכל כך למה וכו' שאלו בתוס' (ד"ה וכל): הלוא לכאורה ההפסקה שיש באמירת "ברוך ה' לעולם" וכו' גדולה היא יותר מן ההפסקה שבאמירת אמן, ואם כן יש הפסק גם במקדש! ותירצו שם כי מאחר שהיו אומרים "ברוך שם וכו'" רק בהזכרת השם שבברכות, הרי היו הדברים נאמרים באמצע הברכה ולא בסופה. ובתוי"ט תירץ כי תהילה זו היו אומרים רק אחרי סתם ברכות, אותן שמברכים את ה', אבל אחרי ברכת כהנים שהיא ברכה לישראל — לא היו עונים.

שאין עונין אמן במקדש מכאן משמע שיש טעם חיובי (ולא רק משום שאומרים דבר אחר) שאין אומרים אמן במקדש. והמהרש"א מסביר כי על פי הקבלה אומרים אמן משום שהגימטריא של המלה "אמן" (91) היא כחשבון הצירוף של שם הויה ושם אדנות (26 + 65), שהרי בגבולים אומרים שם אדנות ומכוונים לשם הויה. אבל במקדש שהיה השם גם נאמר ככתבו — אין מקום לאמירת אמן. ועוד אפשר לומר, על פי דבריו שם, כי אמן משמעו — קבלת הדברים והאמנה בהם, ותפילה שאכן יתקיימו ויאמנו, ודבר זה אין מקום לאומרו במקדש שהשכינה שרויה בו.

על כל ברכה וברכה תהלה מדברי רש"י (וכן מבואר ברמב"ם בהלכות תענית פ"ד הט"ו) עולה שעל ברכות שבמקדש היו עונים "ברוך שם כבוד מלכותו לעולם ועד". אבל בהלכות תפילה (פי"ד ה"ט) כתב הרמב"ם כי על ברכת כהנים היו אומרים "ברוך ה' אלקי ישראל מן העולם ועד העולם".

ברכות כהן גדול כבר בתוהרא"ש העיר שלא מצאנו מקור לכך שברכות אלה (ויותר משאר ברכות) צריכות להאמר בלשון הקודש. והוא מציע הסבר אפשרי, שאולי משום קדושת היום הקפידו שתיאמרנה הברכות בלשון הקודש דווקא. ויש שכתב כי אין הכוונה לברכות דווקא, אלא לקריאת התורה של כהן גדול, שכיון שקוראה מן הכתב ודאי קורא בלשון הקודש (תוי"ט).

חזן הכנסת וכו' טעם הדבר שאין חזן הכנסת נותן את ספר התורה במישרין לכהן הגדול הסביר הרמב"ם בפיה"מ שהוא כדי לקיים "ברוב עם הדרת מלך", שכבוד הוא למקדש ולעבודה שבו שהיא נעשית בעסק גדול וברוב עם.

נוטל ספר תורה וכו' בתלמוד הירושלמי מעיר על כך שבכל מקום ראוי שהאיש ילך אצל התורה, ולא שהתורה תלך אצלו. ותירצו כי במקום שיש אנשים גדולים (כגון במקדש שהיה הכהן הגדול וקהל ישראל, או אצל ראשי הגולה מבית דוד) כבוד הוא לתורה בכך.

וקורא אחרי מות וכו' ובתלמוד הירושלמי במסכת יומא (פ"ז ה"א) הסבירו שקריאה זו רמוזה בכתוב "ויעש... ככל אשר צוה ה' את משה" (ויקרא טז, לד), שצריך להדגיש שכל עבודת היום היא קיום מצוות ה' למשה, וקריאת הדברים והודעתם היא עצמה חלק ממצוות היום.

קורא על פה רבים תמהו: הלוא דברים שבכתב אין אדם רשאי לאומרם בעל פה, וכיצד קורא כהן גדול בעל פה! והיו שתירצו כי כבוד הציבור, שלא יצטרכו להמתין בלא מעשה עד שיגללו את הספר, עדיף.

והיו שאמרו על פי התלמוד הירושלמי שכיון שהדברים הם מסדר היום, והכל בקיאים בהם באותו יום — מותר לקרוא בעל פה, כשאר דברים השגורים בפי הכל. ויש שכתבו שיש לחלק בין קריאה שהכל חייבים בשמיעתה — שאין יוצאים בה השומעים ידי חובה אלא כשהיא מן הכתב, ובין קריאה שהיא חובת הקורא בלבד (וראה בכל אלה בתוהרא"ש. וראה באשל אברהם).

על התורה לפני רש"י (וכן מפורש קושי זה אצל מפרשים אחרים) היה הקושי: הלוא יש ברכה גם לפני קריאת התורה, ואם כן תשע ברכות הן! ותירצו באופנים שונים. שרש"י מדגיש שלא אמרו "שמונה ברכות" אלא בברכות הנאמרות אחרי קריאת התורה. ואחרים כתבו כי ברכת התורה שלפני הקריאה ואחריה, אף שהן שונות זו מזו בנוסחן, דבר אחד הן ונחשבות לברכה אחת (מאירי ועוד).

אין ישיבה בעזרה בטעם הדבר, היו שאמרו שהוא מפני כבוד המקדש, ועוד שכל עבודת המקדש נאמר בה "לעמוד לשרת" וכן נאמר "העומדים בבית ה'". ויש שכתבו כי מן הכתוב בעלי הכהן שהיה יושב בעזרה (שמואל א א, ט) למדים שלא היה איסור זה קיים תמיד, אלא תקנה היא שעשו מפני כבוד מלכות בית דוד (באר שבע ועוד).

אלא למלכי בית דוד וכתב המאירי שטעם הדבר הוא להדגיש כי המלך מבית דוד יש לו כבוד כעין מלכות שמים, וכן נאמר בשלמה "וישב שלמה על כסא ה' למלך" (דברי הימים א כט, כג).

וישב לפני ה' זו היא שיטת התלמוד שלנו. אבל בתלמוד הירושלמי (הביאו התוס' ד"ה והאמר) אמרו כי אף מלכי בית דוד אינם יושבים בעזרה, ומה שנאמר "וישב" אין כוונתו ישיבה ממש אלא שיישב ליבו בתפילה. וכבר העיר המהרש"א שבימי דוד לא היה מקדש אלא רק מקום מוכן עבור הארון, וממילא לא היה מקום לישיבה בבית ה' ממש.

אורח ההלכה

ברכות כהן גדול כשכהן גדול בא לקרוא בתורה ביום הכפורים, הריהו יושב בעזרת נשים וכל העם עומדים לפניו. וחזן הכנסת נוטל ספר תורה ונותנו לראש הכנסת וראש הכנסת נותנו לסגן והסגן נותנו לכהן הגדול. והכהן הגדול מקבלו כשהוא עומד, וקורא בעמידה "אחרי מות" ו"אך בעשור" שבספר ויקרא, וגולל את ספר התורה ומניחו בחיקו ואומר "יותר ממה שקראתי לפניכם כתוב כאן". "ובעשור" שבחומש הפקודים (במדבר) קורא על פה.

לפני שמתחיל לקרוא מברך כדרך שמברכים על התורה בבית הכנסת, וכן מברך לאחר הקריאה, ומוסיף עוד שבע ברכות: רצה, ומודים, ו"סלח לנו אבינו כי חטאנו..." וחותם "מוחל עונות עמו בית ישראל ברחמים". ומברך ברכה על המקדש, שיעמוד המקדש ותשרה בו השכינה, וחותם בה "שוכן בציון". ומברך על ישראל ברכה שעניינה שיושיע ה' את ישראל ולא יסור מהם מלך, וחותם "הבוחר בישראל". ומברך על הכהנים ברכה אחרת שירצה המקום מעשיהם ועבודתם, וחותם "מקדש כהנים". ואחר כך אומר תפילה תחינה ובקשה כפי שהוא רגיל, וחותם "הושע ה' עמך ישראל שעמך ישראל צריכים להוושע ברוך אתה ה' שומע תפילה". (רמב"ם ספר עבודה הלכות עבודת יום הכפורים פ"ג ה"י–יא).

כבוד לתלמיד בפני הרב אין חולקים כבוד לתלמיד בפני רבו אלא אם כן היה רבו חולק לו כבוד. ואם הרב מתכבד במה שאחרים חולקים כבוד לתלמיד — מכבדין את התלמיד (ט"ז עפ"י רבינו שמחה) וכמסקנת הגמרא כאן. (רמב"ם הלכות תלמוד תורה פ"ה ה"ח. שו"ע יו"ד רמב, כא).

אין ישיבה בעזרה וכו' אסור לכל אדם לשבת בעזרה, ואין ישיבה בעזרה אלא למלכי בית דוד בלבד. (רמב"ם ספר עבודה הלכות בית הבחירה פ"ז ה"ו).

"וַיִּקְרָא בוֹ לִפְנֵי הָרְחוֹב אֲשֶׁר לִפְנֵי שַׁעַר הַמַּיִם" (נחמיה ח, ג). הרי שלדעת חכמים היו קוראים בעזרה! אָמַר רַב חִסְדָּא: אף שם מדובר בְּעֶזְרַת נָשִׁים.

א ועוד שנינו במשנה שהכהן הגדול קוֹרֵא "אַחֲרֵי מוֹת" וְ"אַךְ בֶּעָשׂוֹר". וּרְמִינְהִי [ומטילים, מראים סתירה] ממה ששנינו: מְדַלְּגִין בַּנָּבִיא בקריאה בציבור מקטע לקטע וְאֵין מְדַלְּגִין בַּתּוֹרָה, והרי כאן מדלג הכהן ממקום למקום בקריאתו בתורה! אָמַר אַבַּיֵי: לָא קַשְׁיָא [אין זה קשה], כָּאן שאסרו לדלג — הרי זה בִּכְדֵי שֶׁיִּפְסוֹק הַתּוּרְגְּמָן במקום שיש דילוג ארוך, והמתורגמן צריך להפסיק ולהמתין עד שיגיע הקורא למקום אחר, אסור לדלג, כָּאן ביום הכיפורים — בִּכְדֵי שֶׁלֹּא יִפְסוֹק הַתּוּרְגְּמָן ששתי הפרשיות קרובות ולכן מותר לדלג. ומקשים, וְהָא עֲלָהּ קָתָנֵי [והרי עליה שנינו]: מְדַלְּגִין בַּנָּבִיא וְאֵין מְדַלְּגִין בַּתּוֹרָה. וְעַד כַּמָּה מְדַלְּגִין בנביא — עַד כְּדֵי שֶׁלֹּא יִפְסוֹק הַתּוּרְגְּמָן. מִכְּלָל הדברים אתה למד כי בַּתּוֹרָה כְּלָל וּכְלָל לֹא מדלגים! אֶלָּא אָמַר אַבַּיֵי באופן אחר: לָא קַשְׁיָא [אין זה קשה]; כָּאן כשהוא קורא בְּעִנְיָן אֶחָד — מדלג, כָּאן כשקורא בִּשְׁנֵי עִנְיָינִין — אינו מדלג. וְהָתַנְיָא [ואכן כן שנינו בברייתא]: מְדַלְּגִין בַּתּוֹרָה בְּעִנְיָן אֶחָד, וּבַנָּבִיא אפילו בִּשְׁנֵי עִנְיָינִין. וְכָאן וְכָאן אין מדלגים אלא בִּכְדֵי שֶׁלֹּא יִפְסוֹק הַתּוּרְגְּמָן. וְאֵין מְדַלְּגִין מִנָּבִיא לְנָבִיא אפילו בענין אחד. וּבְנָבִיא שֶׁל שְׁנֵים עָשָׂר ("תרי עשר") מְדַלְּגִין, וּבִלְבַד שֶׁלֹּא יְדַלֵּג מִסּוֹף הַסֵּפֶר לִתְחִילָּתוֹ. אלא אם רוצה לצרף קריאת שני נביאים, קורא המוקדם תחילה ואחר כך את המאוחר.

ב שנינו במשנה: וְגוֹלֵל אֶת הַתּוֹרָה וּמַנִּיחָהּ בְּחֵיקוֹ, ואומר: "יותר ממה שקריתי לפניכם כתוב כאן". ומסבירים: וְכָל כָּךְ לָמָּה הוא אומר — כדי שֶׁלֹּא לְהוֹצִיא לַעַז עַל סֵפֶר תּוֹרָה, שלא יאמרו שחסר קטע זה בתורה, ומשום כך קרא אותו בעל פה.

ג עוד שנינו במשנה: "וּבֶעָשׂוֹר שֶׁבְּחוּמַּשׁ הַפְּקוּדִים קוֹרֵא עַל פֶּה". ושואלים: וְלִיכְרְכֵיהּ לַסֵּפֶר וְלִיקְרֵי [ושיכרוך את הספר, יגלול אותו, ויקרא בו] פרשה זו מן הכתב! אָמַר רַב הוּנָא בַּר יְהוּדָה אָמַר רַב שֵׁשֶׁת: לְפִי שֶׁאֵין גּוֹלְלִין סֵפֶר תּוֹרָה בְּצִבּוּר, מפני כבוד הציבור. ושואלים: וְלֵיתֵי [ושיביא] סֵפֶר תּוֹרָה אַחֲרִינָא וְלִיקְרֵי [אחר ויקרא בו]! רַב הוּנָא בַּר יְהוּדָה אָמַר: מִשּׁוּם פְּגָמוֹ שֶׁל רִאשׁוֹן, שנראה אז כאילו היה הספר הראשון פסול. ר' שִׁמְעוֹן בֶּן לָקִישׁ אָמַר: לְפִי שֶׁאֵין מְבָרְכִין בְּרָכָה שֶׁאֵינָהּ צְרִיכָה, ואם יביאו ספר חדש יצטרך הכהן לברך עליו ברכה נוספת. ושואלים: וּמִי חָיְישִׁינַן לִפְגָמָא [והאם חוששים אנו לפגם], שאם מביאים ספר אחר יאמרו שהספר הראשון היה פגום? וְהָאָמַר [והרי אמר] ר' יִצְחָק נַפָּחָא: רֹאשׁ חֹדֶשׁ טֵבֵת שֶׁחָל לִהְיוֹת בְּשַׁבָּת מֵבִיא שָׁלֹשׁ תּוֹרוֹת (ספרי תורה) וְקוֹרֵא בָהֶן: קריאה אַחַת מֵעִנְיָינוֹ שֶׁל יוֹם (פרשת השבוע), וְאַחַת שֶׁל רֹאשׁ חֹדֶשׁ, וְאַחַת בְּשֶׁל חֲנוּכָּה ואין חוששים שמא יאמרו כי הראשון היה פגום! ומשיבים: תְּלָתָא גַּבְרֵי בִּתְלָתָא סִיפְרֵי לֵיכָּא פְּגָמָא [שלושה אנשים הקוראים בשלושה ספרים שונים אין בכך חשש לפגם] לספר התורה שקראו בו לפני כן, ואולם חַד גַּבְרָא בִּתְרֵי סִיפְרֵי [איש אחד הקורא בשני ספרים] — אִיכָּא פְּגָמָא [יש חשש לפגם] בכבוד הספר הראשון.

ד שנינו במשנה: "וּמְבָרֵךְ עָלֶיהָ שְׁמֹנֶה בְּרָכוֹת" כו'. תָּנוּ רַבָּנַן [שנו חכמים]: [מְבָרְכִין] עַל הַתּוֹרָה כְּדֶרֶךְ שֶׁמְּבָרְכִין בְּבֵית כְּנֶסֶת, וְעַל הָעֲבוֹדָה כמו בתפילת שמונה עשרה ("רצה"), וְעַל הַהוֹדָאָה ("מודים"), וְעַל מְחִילַת עָוֹן — כְּתִיקְנָן כמו בתפילת שמונה עשרה. ומברך עַל הַמִּקְדָּשׁ בִּפְנֵי עַצְמוֹ, וְעַל הַכֹּהֲנִים בִּפְנֵי עַצְמָן,

עַל יִשְׂרָאֵל בִּפְנֵי עַצְמָן, וְעַל יְרוּשָׁלַיִם בִּפְנֵי עַצְמָהּ.

על מה ששנינו: "וְהַשְּׁאָר תְּפִלָּה" תָּנוּ רַבָּנַן [שנו חכמים] שכך הוא נוסח הַשְּׁאָר תְּפִלָּה: "תְּחִנָּה רִנָּה וּבַקָּשָׁה שֶׁעַמְּךָ יִשְׂרָאֵל צְרִיכִין לִיוָּשַׁע". וְחוֹתֵם ברכה זו בְּ"ברוך אתה ה' שׁוֹמֵעַ תְּפִלָּה". מִכָּאן וְאֵילָךְ לאחר מכן — כָּל אֶחָד וְאֶחָד מֵבִיא סֵפֶר תּוֹרָה מִתּוֹךְ בֵּיתוֹ וְקוֹרֵא בּוֹ. וְכָל כָּךְ לָמָּה מביאים הכל את ספרי התורה — כְּדֵי לְהַרְאוֹת חֲזוּתוֹ (מראהו) של הספר לָרַבִּים, שיראו הכל את נויו, שיש בכך משום חיבוב והידור המצוה.

ה משנה פָּרָשַׁת הַמֶּלֶךְ כֵּיצַד היא נקראת? מוֹצָאֵי יוֹם טוֹב הָרִאשׁוֹן שֶׁל חַג הסוכות, בַּשְּׁמִינִי (בשנה השמינית למחזור השמיטה), בְּמוֹצָאֵי שְׁבִיעִית לאחר שנת השמיטה, עוֹשִׂין לוֹ למלך בִּימָה שֶׁל עֵץ בָּעֲזָרָה, וְהוּא יוֹשֵׁב עָלֶיהָ, שֶׁנֶּאֱמַר: "מִקֵּץ שֶׁבַע שָׁנִים בְּמֹעֵד שנת השמיטה" (דברים לא, י). חַזַּן (שמש) בית הַכְּנֶסֶת שבהר הבית נוֹטֵל סֵפֶר תּוֹרָה וְנוֹתְנָהּ לְרֹאשׁ הַכְּנֶסֶת, וְרֹאשׁ הַכְּנֶסֶת נוֹתְנָהּ לַסְּגָן הכהן הגדול, וְהַסְּגָן נוֹתְנָהּ לְכֹהֵן גָּדוֹל, וְכֹהֵן גָּדוֹל נוֹתְנָהּ לַמֶּלֶךְ. וְהַמֶּלֶךְ עוֹמֵד וּמְקַבֵּל, וְקוֹרֵא יוֹשֵׁב. אַגְרִיפַּס הַמֶּלֶךְ עָמַד וְקִבֵּל וְקָרָא עוֹמֵד, וְשִׁבְּחוּהוּ חֲכָמִים על שקרא בעמידה. וּכְשֶׁהִגִּיעַ בקריאתו לְפסוק בפרשת המלך "לֹא תוּכַל לָתֵת עָלֶיךָ אִישׁ נָכְרִי" (שם יז, טו) זָלְגוּ עֵינָיו דְּמָעוֹת, שהרי הוא היה מבית הורדוס שאינם מזרע ישראל. אָמְרוּ לוֹ כל העם: אַל תִּתְיָרֵא אַגְרִיפַּס, אָחִינוּ אַתָּה, אָחִינוּ אַתָּה! וְקוֹרֵא מִתְּחִילַּת "אֵלֶּה הַדְּבָרִים" (שם א, א) עַד "שְׁמַע" (שם ו, ד), וְקורא פרשת "שְׁמַע" (שם ד-ט), וקורא "וְהָיָה אִם שָׁמֹעַ", (שם יא, יג-כא), "עַשֵּׂר תְּעַשֵּׂר" (שם יד, כב-כט), "כִּי תְכַלֶּה לַעְשֵׂר" (שם כו, יב-טו), וּפָרָשַׁת הַמֶּלֶךְ (שם יז, יד-כ), וּבְרָכוֹת וּקְלָלוֹת (שם פרק כח) עַד שֶׁגּוֹמֵר כָּל הַפָּרָשָׁה. בְּרָכוֹת שֶׁכֹּהֵן גָּדוֹל מְבָרֵךְ אוֹתָן ביום הכיפורים — הַמֶּלֶךְ מְבָרֵךְ אוֹתָן במעמד זה, אֶלָּא שֶׁנּוֹתֵן ברכה שֶׁל רְגָלִים תַּחַת (במקום) הברכה על מְחִילַת הֶעָוֹן.

ו גמרא ותוהים על דברי המשנה: בַּיּוֹם הַשְּׁמִינִי של חג סָלְקָא דַּעְתָּךְ [עולה על דעתך] לומר? הרי אמר שבמוצאי יום טוב ראשון הוא זמן ההקהל, שהמלך קורא! אלא אֵימָא [אמור]: בַּשָּׁנָה הַשְּׁמִינִית של מחזור השמיטה. ושואלים: וְכָל הָנֵי [אלה] הדברים הכתובים בפסוק בקביעת תאריך זה, שנאמר בתורה כך: "מקץ שבע שנים במועד שנת השמיטה בחג הסוכות, בבוא כל ישראל לראות את פני ה' אלקיך" (שם לא, י-יא) לָמָּה לִי (למה צריך אותם)? ומשיבים: צְרִיכִי [צריכים] כולם להיאמר, דְּאִי כָּתַב רַחֲמָנָא [שאם היתה כותבת התורה] רק "מִקֵּץ שבע שנים" (שם י) — הֲוָה אָמִינָא נִימְנוּ מֵהָשְׁתָּא [הייתי אומר נמנה מעכשיו], מזמן שנאמר הדבר, כלומר, מזמן כניסת עם ישראל לארץ, וְאַף עַל גַּב [ואף על פי] שלֹא מִתְרַמֵּי [מזדמן הדבר] בַּשְּׁמִיטָּה, על כן כָּתַב רַחֲמָנָא [כתבה התורה] "במועד שנת הַשְּׁמִיטָּה". וְאִי כָּתַב רַחֲמָנָא [ואילו כתבה התורה] רק "מקץ שבע שנים בשנת השמיטה" — הֲוָה אָמִינָא [הייתי אומר] בְּסוֹף שנת הַשְּׁמִיטָּה, על כן כָּתַב רַחֲמָנָא [כתבה התורה] "בְּמֹעֵד", והמועד הסמוך הוא בחודש תשרי. וְאִי כָּתַב [ואילו כתבה] התורה רק "מקץ שבע שנים בְּמֹעֵד שנת השמיטה", הֲוָה אָמִינָא [הייתי אומר] כי הכוונה היא מֵרֵישׁ שַׁתָּא [מראש השנה] שגם הוא מועד, על כן כָּתַב רַחֲמָנָא [כתבה התורה] גם "בְּחַג הַסֻּכּוֹת". וְאִי כָּתַב רַחֲמָנָא [ואילו כתבה התורה] רק "בְּחַג הַסֻּכּוֹת" — הֲוָה אָמִינָא [הייתי אומר] אֲפִילּוּ יוֹם טוֹב אַחֲרוֹן של סוכות, על כן כָּתַב רַחֲמָנָא [כתבה התורה] גם "בְּבוֹא כָל יִשְׂרָאֵל" (שם יא) —

עיונים

מדלגין בנביא וכו' הטעם שמדלגים בנביא ולא בתורה מבואר בדברי רש"י בכך שדברי תורה, כיון שיש בהם מצוות למעשה, יש לחשוש שמחמת הדילוג יסיחו השומעים דעתם או יתבלבלו בענין, ומשום כך אין מדלגים בתורה. אבל באותו ענין, כאשר אין הפסקה ניכרת בין הדברים אין מקום לבלבול, ומותר. ויש גם טעם אחר, שהוא מפני כבוד התורה, שלא יסיחו דעתם ממנה. ובנביא אין מדקדקים כל כך, שהרי אין בדברי הנביאים אלא ענייני נבואה ותוכחה, ולא מצוות. ועוד שאין כבוד הנביא גדול ככבוד התורה.

ובנביא של שנים עשר כי אף שהם דברי שנים עשר נביאים שונים, מכל מקום בחלוקה היהודית של התנ"ך הרי כולם נחשבים לספר אחד, ומשום כך יכול לקרוא בהם כאילו היו כולם ספר אחד.

וליכרכיה לספר וכו' ראה בתוהרא"ש (וכן בתו"י יומא) שתהו: הרי קודם לכן נאמר שאין מדלגים בתורה כלל, וכאן מציעים לעשות דילוג גדול! והוא מסביר כי דברים אלה באים כהמשך וכהסבר לענין איסור הדילוג; שאם עובר הקורא מענין לענין בלא הפסקה מגיע הקהל לידי בלבול. אבל אם רואים שהוא גולל את הספר מבינים הם שעובר לענין אחר, ואין מסיחים דעתם ושמים לב לדברים. ומשום כך, אם היה אפשר לגלול את ספר התורה בציבור אפשר היה לדלג גם מענין לענין.

אין גוללין וכו' וכתבו בתלמוד הירושלמי, וכן כתבו הגאונים, וכן מסקנת ההלכה, שאם חייבים לקרוא בשני ענינים (כגון שהמפטיר קורא מענין היום שאינו בפרשת השבוע) ואין שם ספר תורה אחר — גוללים אותו ספר עצמו, אבל יש להשתדל לעשות זאת בצינעה ולא לפני הציבור.

השאר תפלה תחנה וכו' מדברי רש"י ביומא (ע, א) ועוד מפרשים נראה כי דברים אלה הם נוסח הברכה שאומר "תחינה רינה ובקשה וכו'". אבל הרמב"ם סבור כי אין זה נוסח התפילה, אלא הכוונה שהכהן הגדול אומר דברי תחינה רינה ובקשה כפי יכולתו, בלא שיהא לכך נוסח קבוע, ואין קביעות אלא בנוסח חתימתה של ברכה זו.

פרשת המלך פרשה זו היא פרשת הקהל, שהיא מצוה מיוחדת בתורה לקרוא את התורה באוזני כל קהל ישראל. אכן, בתורה לא נתפרש כי קריאת פרשה זו היא מצות המלך (וראה ברש"י ד"ה שנאמר). ויש אומרים שהדבר נלמד מגופו, שכיון שנאמרה פרשה זו בציווי של משה ליהושע (דברים לא, ז) וכן נאמרה פרשה זו בלשון יחיד "תקרא את התורה הזאת... באזניהם" (שם יא) הרי שהיא מצוה ליהושע, שהיה מלך ישראל, וכן המצוה לכל מלך שיבוא אחריו (ראה בתוי"ט ועוד). ובספר יראים כתב שיש ראיה לדבר ממה שקרא המלך יאשיה את התורה באוזני קהל ישראל. ויש אומרים שרק מדברי סופרים מוטלת מצוה זו על המלך, אבל כאשר אין מלך אין המצוה בטלה אלא העם כולו מתקבץ וגדול הדור קורא בתורה (תפא"י). ולא נתפרש במשנה ובגמרא מניין שחובת קריאה זו בלשון הקודש דווקא, וכתב הרמב"ם שממה שנאמר "תקרא את התורה הזאת" הרי זו הדגשה שיקרא את התורה הזו ככתבה וכלשונה. וכן כתב בתוהרא"ש.

בימה של עץ והיו שתמהו: הלוא אסור לבנות בכל המקדש כל מבנה בולט של עץ (משום "לא תטע... כל עץ אצל מזבח ה'". דברים טז, כא)! ותירץ הראב"ד כי כיון שנעשה הדבר לפי שעה בלבד, בלא קביעות — אין בכך איסור. ולפי זה מסביר בבאר שבע (על פי שיטה אחת בתלמוד הירושלמי) מפני מה לא יכלו לקרוא פרשה זו ביום טוב עצמו, שהרי היו צריכים מפני קדושת המועד להקים את הבימה מבעוד יום, ונמצא שהיתה בימת עץ נקבעת בעזרה שלא לצורך שעה.

עשר תעשר וכו' רש"י והמאירי כתבו כי אחר שהיה זה זמן האסיף וצריכים הכל להפריש מעשרות מתבואת השנה היה צורך להזהיר במיוחד על כך. ובתלמוד הירושלמי הסבירו שמפני שהיה הדבר לאחר שנת השמיטה, שבה אין מפרישים מעשרות כלל, היה צורך לחזור ולהודיע לעם שמעתה שוב חובה עליהם להיזהר בתרומות ומעשרות כתיקונם.

ופרשת המלך לדעת רוב המפרשים (להוציא שיטת הרמב"ם, וראה ב"אורח ההלכה") קורא המלך פרשות המעשר תחילה, ואינו מפסיק ביניהן לפי שהן ענין אחד, ואחר כך חוזר וקורא פרשת המלך. וכבר דנו ראשונים בשאלה: כיצד מדלג בתורה, ולמפרע, ובענין אחר? ורש"י מסביר כי כיון שאין שם מתורגמן, הרי אין בכך הפסקה. והיו אחרונים שפירשו את דבריו שכיון שאין מצוה לקהל לשמוע את הדברים כדי לצאת ידי חובה, ואין מצוה זו אלא כדי לפרסם את התורה בכללה, אין מקפידים בדילוג (ראה באשל אברהם ועוד) ואילו המאירי כתב כי מאחר שהמלך עושה זאת מפני כבודו, הרי כבוד המלך עדיף מכבוד הציבור, ויכול לגלול הספר ולקרוא (וראה גם בתוי"ט).

כתב רחמנא מקץ לכאורה תמוה: הלוא יכול היה לכתוב רק "מקץ שנת השמיטה", ובכך יסור הספק שהיה בדבר מנין השנים? וכתב הרא"ש בתוספותיו שאין לשון "מקץ" מבוררת כל כך, ופעמים שאפשר להבינה גם במשמעות של בתוך הזמן הזה. ומשום כך כתב הן "מקץ שבע שנים", והן "במועד שנת השמיטה" שהיא משמטת רק בסופה, ונמצא שמועדה הוא בסופה, כדי להוציא מכל ספק.

במועד ראה בתוס' (ד"ה כתב) שהציעו לפרש כי "במועד" בא לומר בתוך המועד ולא בראשיתו, ולדעתם זהו הטעם שאין עושים מצוה זו ביום טוב ראשון עצמו. וראה בפיה"מ לרמב"ם שדבריו נוטים לפירוש התוס'.

אורח ההלכה

מדלגין בנביא וכו' מדלגים בנביא ואין מדלגים בתורה מפרשה אחת לפרשה אחרת. ודברים אלה אמורים בשני ענינים שיש לחשוש שמא יתבלבלו השומעים, אבל אם היו שני הדברים בענין אחד מדלגים אף בתורה. ובנביא מדלגים אף מענין לענין. כברייתא וכדברי אביי. (רמב"ם ספר אהבה הלכות תפילה פי"ב ה"ח. שו"ע או"ח קמד, א).

בכדי שלא יפסוק התורגמן כל המדלג בקריאה לא ישהה בדילוג אלא כדי שישלים המתורגמן את תרגומו. (רמב"ם שם הי"ג).

אין מדלגין מנביא לנביא אין מדלגים מנביא לנביא, אבל בתרי עשר מדלגים אף מנביא לנביא. וכתבו הפוסקים שבזמננו שאין נוהגים לתרגם, ועוד שההפטרות כתובות בספר לעצמן, לא חששו לכך ומדלגים אף מנביא לנביא (מ"ב). (רמב"ם שם. שו"ע שם).

שלא ידלג מסוף הספר לתחילתו במקום שהתירו לדלג מותר רק כשעושה זאת לפי הסדר, אבל לא ידלג מסוף הספר לתחילתו. ובזמננו נחלקו הפוסקים אם יש לחשוש לדבר ולא לדלג, שיש פוסקים שבשום פנים אין לדלג למפרע (מ"א ועוד) ויש מתירים בנביא אחד ובענין אחד (פמ"ג). (רמב"ם שם. שו"ע שם).

אין גוללין ספר תורה בצבור אין גוללים ספר תורה בציבור מפני כבוד הציבור. אבל אם אין להם אלא ספר תורה אחד והם צריכים לקרוא בשני ענינים — גוללים את הספר, ויידחה כבוד הציבור. (רמב"ם שם הכ"ג. שו"ע שם, סעיף ג).

משום פגמו של ראשון אין קוראים לאדם אחד בשני ספרי תורה מפני פגמו של ספר ראשון. ומשום כך לא יקראו למפטיר בספר אחר אותו אחד שקרא אחרון בספר ראשון. ואם לא קרא אחרון המ"א מתיר והב"ח ועוד אוסרים. אבל בשמחת תורה מתירים לקרוא לחתן בראשית מי שקרא כבר בספר ראשון מפני כמה טעמים (א"ר). אבל מותר שיקראו אנשים שונים אפילו בשלושה ספרים, ואין בכך משום פגם. (רמב"ם שם ספר עבודה הלכות עבודת יום הכפורים פ"ג ה"י. שו"ע שם, סעיף ד).

פרשת המלך כיצד במוצאי יום טוב ראשון של חג הסוכות (שהוא תחילת ימי חול המועד) בשנה הראשונה (שמינית) לשמיטה, המלך קורא באוזני הקהל. ובעזרת נשים היו קוראים, והמלך רשאי לקרוא כשהוא יושב, ואם קרא מעומד — הרי זה משובח. וקורא מתחילת ספר דברים עד אחרי פרשת שמע, ומדלג וקורא פרשת "והיה אם שמוע" ומדלג משם ל"עשר תעשר" וקורא משם על הסדר עד סוף ברכות וקללות. ונראה שלא גרס הרמב"ם "פרשת המלך" אלא לדעתו קורא הכל מ"עשר תעשר" (לח"מ). (רמב"ם ספר קרבנות הלכות חגיגה פ"ג ה"ג).

עושין לו בימה של עץ וכו' כיצד היה הסדר בקריאת פרשת המלך — היו עושים בימה גדולה של עץ ומעמידים אותה באמצע עזרת נשים והמלך עולה ויושב עליה, וכל ישראל מתקבצים סביבו. וחזן הכנסת נוטל את ספר התורה ונותנו לראש הכנסת, וראש הכנסת נותנו לסגן, והסגן לכהן גדול וכהן גדול נותנו למלך. והמלך מברך לפני קריאת התורה כרגיל, וגולל ומברך לאחריה. ומוסיף שבע ברכות על העבודה ("רצה"), וההודאה ("מודים"), "אתה בחרתנו" עד "מקדש ישראל והזמנים" כדרך שאומרים בתפילה. ברביעית מתפלל על המקדש וחותם "השוכן בציון", ומתפלל על ישראל וחותם "הבוחר בישראל", ועל הכהנים וחותם "מקדש הכהנים", ולבסוף אומר דברי תפילה ובקשה וחותם "הושע ה' את עמך ישראל", שעמך צריכים להיוושע ברוך אתה ה' שומע תפילה". (רמב"ם שם ה"ד).

מסורת הש"ס

א. סוטה מ,ב (ושם סומנו מקבילות).
ב. מגילה כד,א. יומא סט,ב (כל הענין). ירושלמי יומא פ"ז ה"א. שם מגילה פ"ד ה"ה. שם סוטה פ"ז ה"ו.
ג. תוספתא מגילה פ"ד יט. מסכת סופרים פי"א ג. שם פכ"א ז.
ד. (תירוץ כזה) שבת יב,ב. פסחים ו,ב. ב"מ כט,ב.
ה. יומא שם. מגילה שם. ירושלמי שם. תוספתא שם.
ו. יומא ע,א (כל הענין).
ז. שם. ירושלמי שם. מסכת סופרים פי"א ב.
ח. ברכות לג,א. יומא שם. כלה רבתי פ"א. ילק"ש תורה רצג.
ט. יומא שם. מגילה כט,ב. וראה ירושלמי ברכות פ"ד ה"א. שם תענית פ"ד ה"א. שם מגילה פ"ג ה"ה. מסכת סופרים פי"ב ו.
י. יומא שם. תוספתא יומא פ"ד יח. וראה ירושלמי יומא פ"ז ה"א. שם סוטה פ"ז ה"ו.
יא. שם.
יב. ילק"ש תורה תתקמ (כל הענין).
יג. תוספתא סוטה פ"ז יג.
יד. ספרי דברים יז, טו. מדרש תנאים יז, טו. מדרש ל"ב מדות פי"ב. ילק"ש שם תתקיג.
טו. תוספתא סוטה פי"ג יז.
טז. ראה סוטה מ,ב.
יז. ילק"ש תורה תתקמ.
יח. ראה ספרי דברים טו, א.

גרסות

שיפסוק יש בכת"י: **שיפסיק.**
וליכרכיה לספר יש בכת"י: **וליכרכיה לספר תורה להתם.**
השאר תפלה יש בכת"י כבמקבילה: **ושאר התפילה.**
מכאן ואילך במקבילה: **ואחר כך.**
הראשון יש בכת"י: **האחרון.**
וקורא יושב יש בכת"י ועוד: **ויושב וקורא.**
שגומר כל הפרשה יש בכת"י: **שהוא גומר את כולם.**
שנותן בכת"י: **שהוא נותן.**
מריש שתא יש בכת"י: **מראש השנה.**

לשון

אגריפס
זו היא הצורה היוונית Αγρίππας (אגריפס) של השם הרומי אגריפא (Agrippa)

אישים

אגריפס המלך
כאן מדובר במלך אגריפס הראשון (יוליוס אגריפס). נכדו של הורדוס (10 לפני הספירה — 44 לספירה). בנעוריו חי כבן תערובת בחצר הקיסר ברומא, ושם התיידד עם המשפחה הקיסרית. הוא היה ידיד קרוב של גיוס קליגולה, אשר עם התמנותו לקיסר נתן לאגריפס למשול על חלק ממלכתו של הורדוס. לאחר מכן היה אגריפס אחד הגורמים להמלכתו של קלודיוס כקיסר, והלה גמל לו כאשר נתן לו את השלטון גם על ארץ יהודה, ולמעשה על כל ממלכת הורדוס. בבואו לארץ ישראל כמלך התקרב אגריפס לחכמי ישראל, והראה בפומבי את הקשר הנפשי שלו בשמירת המצוות ובדקדוק בהן, וחכמים שיבחוהו על כמה ממעשיו אלה. הוא ניסה לבצר את ירושלים על ידי בניית חומה נוספת שהכניסה חלק מפרברי העיר אל בין החומות. אגריפס מת (אולי הורעל על ידי השלטונות הרומיים שחששו מפניו) לאחר שמשל ביהודה כארבע שנים

לעזי רש"י

אלמבר"א מן הצרפתית העתיקה almenbra (שהיא עצמה שאולה מערבית) ומשמעה — בימה, מקום מוגבה.

תורה אור

נחמיה ח °ויקרא בו לפני הרחוב אשר לפני שער
א המים [א]אמר רב חסדא בעזרת נשים: וקורא אחרי מות ואך בעשור: [ב]ורמינהי [ג]* [א]מדלגין בנביא ואין מדלגין בתורה אמר אביי לא קשיא כאן בכדי שיפסוק התורגמן כאן בכדי שלא יפסוק התורגמן והא עלה קתני מדלגין בנביא ואין מדלגין בתורה ועד כמה מדלגין [ב]עד כדי שלא יפסוק התורגמן מכלל דבתורה כלל כלל לא אלא אמר אביי לא קשיא [ד][ג]כאן בענין אחד כאן בשני עניינין והתניא מדלגין בתורה בענין אחד ובנביא בשני עניינין וכאן וכאן בכדי שלא יפסוק התורגמן [ה][ד]ואין מדלגין מנביא לנביא [ה]ובנביא של שנים עשר מדלגין [ו]ובלבד שלא ידלג מסוף הספר
ב לתחילתו: [ו]*וגולל את התורה ומניחה בחיקו כו': וכל כך למה שלא להוציא לעז על ס"ת:
ג ובעשור שבחומש הפקודים קורא על פה: *וליברכיה לספר וליקרי א"ר הונא בר יהודה א"ר ששת [ז]לפי שאין גוללין ס"ת בצבור וליתי ס"ת אחרינא וליקרי רב הונא בר יהודה אמר [ח]משום פגמו של ראשון ר"ש בן לקיש אמר לפי [ח]*שאין מברכין ברכה שאינה צריכה ומי חיישינן לפגמא [ט]*והאמר רבי יצחק נפחא [ט]ר"ח טבת שחל להיות בשבת מביא שלש תורות וקורא אחת מענינו של יום ואחת של ר"ח ואחת בשל חנוכה [י]תלתא גברי בתלתא סיפרי ליכא פגמא [כ]חד גברא בתרי סיפרי
ד איכא פגמא: ומברך עליה שמנה ברכות כו': *ת"ר [י][מברכין] [ל]על התורה כדרך שמברכין בבהכ"נ ועל העבודה ועל ההודאה ועל מחילת עון כתיקנן על המקדש בפני עצמו ועל הכהנים בפני עצמן על ישראל בפני עצמן ועל ירושלים בפני עצמה: והשאר תפלה: *ת"ר [יא][מ]השאר תפלה תחנה רנה ובקשה שעמך ישראל צריכין ליוושע וחותם בשומע תפלה מכאן ואילך כל אחד ואחד מביא ספר תורה מתוך ביתו וקורא בו וכל כך למה כדי
ה להראות חזותו לרבים: **מתני'** [יב]פרשת המלך כיצד [נ]מוצאי יו"ט הראשון של חג בשמיני במוצאי שביעית [יג][ס]עושין לו בימה של עץ בעזרה והוא יושב עליה שנאמר °מקץ שבע שנים במועד וגו' חזן הכנסת נוטל ס"ת ונותנה לראש הכנסת וראש הכנסת נותנה לסגן והסגן נותנה לכהן גדול וכ"ג נותנה למלך והמלך עומד ומקבל וקורא יושב [יד]אגריפס המלך עמד וקבל וקרא עומד [ע]ושבחוהו חכמים וכשהגיע °לא תוכל לתת עליך איש נכרי זלגו עיניו דמעות אמרו לו אל תתירא אגריפס אחינו אתה אחינו אתה [טו]וקורא מתחילת °אלה הדברים עד °שמע ושמע והיה אם שמוע עשר תעשר כי תכלה לעשר ופרשת המלך וברכות וקללות עד שגומר כל הפרשה ברכות [טז]שכהן גדול מברך אותן המלך מברך אותן אלא שנותן של רגלים תחת מחילת העון:
ו **גמ'** [יז]בשמיני סלקא דעתך אימא בשמינית וכל הני למה לי צריכי [יח]דאי כתב רחמנא מקץ הוה אמינא נימנו מהשתא ואע"ג דלא מתרמי בשמיטה כתב רחמנא שמיטה ואי כתב רחמנא שמיטה ה"א בסוף שמיטה כתב רחמנא במועד ואי כתב במועד ה"א מריש שתא כתב רחמנא בחג הסוכות ואי כתב רחמנא בחג הסוכות הוה אמינא אפי' יו"ט אחרון כתב רחמנא בבוא כל ישראל מאתחלתא

[דברים לא | שם יז | שם א | שם ו]

ויקרא כו'. בספר עזרא כתיב קתני מיהא לרבנן בעזרה היו קוראים: **מתני' בכדי שלא יפסוק התורגמן הוא.** שפרשת שור או כשב קרובה לפרשת אחרי מות ולא גמר התורגמן לתרגם עד שזה רואה אך בעשור ומתחיל כשמפסיק זה: **ועד כמה מדלגין.** בנביא: **כאן בענין אחד.** מדלגין בתורה כגון מתני' דתרוייהו בעניינא דיה"כ ניינהו הילכך מדלגין בכדי שלא יפסוק וברייתא דקתני דאפי' בכדי שלא יפסוק תורגמן אין מדלגין בשני עניינין שזה בענין יום הכפורים וזה בלו את אהרן או בפרשה אחרת שאין הלב שהוא נמשך אחר ענין אחד ממהר לצאת ממנו לשמוע ולהבין דברי ענין אחר הלכך תורה שהמצות תלויות בה ומשמיעין אותה לצבור ופסוק אחד שלא יבין בו הוא שוכחו ועובר עליו ואינו מקיימו ובאה תורבה על כך לכן אין מדלגין מענין לענין ואפילו אין התורגמן מפסיק אבל בנביא שפיר דמי: **והתניא.** בניחותא: **ובנביא בשני ענינין.** וכל שכן בענין אחד: **ובנביא של שנים עשר מדלגין.** מנבואה לחברתה דכוליה חד ספרא הוא: **מסוף הספר לתחלתו.** למפרע: **וכל כך למה.** לו לומר להם: **שלא להוציא לעז.** שלא יאמרו פרשה שהוא קורא על פה אינה כתובה בו וספר משובש הוא: **משום פגמו.** של ספר תורה ראשון שלא יאמרו מצא בו פסול: **בעניינו של יום.** פרשה של אותה שבת לפי סדר פרשיות התורה: **ת"ר השאר תפלה.** זו היא שיש ברכה אחת ובו תפלה תחנה רנה ובקשה שעמך כו': **מכאן ואילך.** לאחר שגמר כהן גדול לקרוא פרשה בברכותיה כל אחד מן הצבור מביא ספר תורה מביתו לעזרה דקסבר *אין עירוב והוצאה ליום הכפורים אי נמי *ירושלים דלתותיה נעולות בלילה ומערבין את כולה: **להראות חזותו.** של ס"ת ונויו דאמר מר (נזיר דף ב:) זה אלי ואנוהו התנאה לפניו במצות בס"ת נאה בציצית נאה:

מתני' בשמיני. בגמרא פריך בשמיני ס"ד הא אמרת במוצאי יו"ט הראשון ומשנינן אימא בשמינית במוצאי שביעית בסוכות שבתחילת שנה שמינית: **בימה.** אלמבר"א: **שנאמר מקץ שבע שנים.** בסוף שבע שנים ואותה קרייה על יד מלך היא כדתניא בספרי בפרשת המלך את משנה התורה הזאת אין קורין ביום הקהל אלא במשנה תורה: **וקורא יושב.** וקורא בישיבה: **אגריפס המלך.** מלך ישראל היה מזרעו של הורדוס והוא שנחרב בהמ"ק בימיו: **זלגו עיניו דמעות.** שהמקרא הזה פוסלו מן המלכות: **אחינו אתה.** [°]*שאמו מישראל: **וקורא מתחילת אלה הדברים עד שמע.** שבואתחנן: **ושמע והיה אם שמוע.** ע"י דילוג ומשם מדלג לעשר תעשר ומשם מדלג וקורא כי תכלה לעשר וברכות וקללות ומשם חוזר למפרע וקורא אשימה עלי מלך שמע קבלת מלכות שמים והיה אם שמוע קבלת עול מצות כדאמר בפ' שני דברכות (דף יג.) וכן ברכות וקללות קבלת בריתות של תורה ומשמיע לרבים עשר תעשר כי תכלה לעשר מפני שהוא זמן אסיף ומתנות עניים והפרשת תרומות ומעשרות ואע"פ שפרשת המלך מפסקת בין עשר לכי תכלה קורא את אלה יחד שלא להפסיק במעשרות ואח"כ קורא פרשת המלך ואי משום דיש כאן דילוג בתורה *בכדי (שלא) יפסיק התורגמן אין למלך תורגמן ואין מתרגמין אחריו*: **ברכות שכ"ג מברך.** ביוה"כ אחר מקרא פרשה כדאמרן (יומא סח.) מברך עליה שמונה ברכות: **המלך מברך.** אחר קריאתו: **של רגלים.** מקדש ישראל והזמנים מברך תחת[(א)] ברכות של מחילת העון שביוה"כ: **גמ' צריכי.** כל הסימנין הללו מקץ שנת השמיטה ובחג הסוכות ובמועד: **נימנוהו מהשתא.** משנת ארבעים והלאה שבערבות מואב נאמרה פרשה זו ואע"ג דלא מתרמי בשמיטה שלא מנו שמיטין עד לאחר שבע שכיבשו ושבע שחילקו כדאמרי' (בקידושין) (דף מ:) [ערכין] (דף יב:): **בסוף שמיטה.** קודם ר"ה של שמינית דהא מקץ שבע בסוף שנה משמע: **מריש שתא.** שכולן נקראו מועד כדכתיב (ויקרא כג) אלה מועדי ה' וקאסיב נמי ר"ה: מאימת

כתב רחמנא בחג הסוכות. תימה השתא דכתיב בחג הסוכות במועד למה לי ועוד לא ליכתוב אלא מקץ שבע שנים שנת השמיטה בבא כל ישראל לראות ואנא ידענא דלאו היינו מר"ה דאז אינם באים לראות וי"ל אם כן הוה אמינא בחג המצות להכי איצטריך בחג הסוכות מיהו במועד לא הוה צריך ונראה דלהכי איצטריך משום דבבא כל ישראל לראות משמע מאתחלתא דמועד ביום ראשון קמ"ל במועד דמשמע בתוך המועד ואהני בבא כל ישראל דמשמע מאתחלתא דמועד לא ביום ב' או ביום ג' אלא במוצאי יו"ט הראשון אבל פי' רש"י תמוה דפי' דמהאי טעמא ביום טוב ראשון לא דתיקון בימה אינה דוחה יו"ט כיון דגזירת הכתוב לקרות מאתחלתא דמועד יקראו בלא בימה מנלן דבימה מעכבת להכי מסתבר כדפי' ונראה דהיו בונין הבימה מעי"ט בנין של פרקים ובחולו של מועד לא היו עושין שום בנין אלא מקימין אותה ומחברין הפרקים יחד ואם לא בנו אותה מערב יו"ט נראה דבניינה לא היה דוחה אפילו חולו של מועד:
מצוה

עין משפט נר מצוה

עא א מיי' פי"ב מהל' תפלה הלכה ח יג סמג עשין יט טוש"ע א"ח סימן קמד סעיף א:
עב ב מיי' שם הל' יג:
עג ג ד ה ו מיי' וסמג שם טוש"ע שם:
עד ז מיי' שם הל"ג ופ"ג מהל' עבודת יוה"כ הלכה י סמג שם טוש"ע א"ח שם סעיף ג:
עה ח מיי' פ"ג מהל' עבודת יוה"כ שם:
עו ט מיי' פי"ג מהל' תפלה הלכה כד סמג עשין יט טוש"ע א"ח סימן תרפד סעיף ג:
עז י מיי' שם פי"ב הל' כג סמג שם טור ש"ע א"ח סימן קמד סעיף ד:
עח כ מיי' שם ופ"ג מהל' עבודת יוה"כ הלכה י סמג וטוש"ע שם:
עט ל מיי' פ"ג מהל' עבודת יוה"כ הל' יא סמג עשין רט:
פ נ מיי' פ"ג מהלכות חגיגה הלכה ג סמג עשין רל:
פא ס מיי' שם הל' ד:
פב ע מיי' שם הל' ג:

רש"ל

מסורת הש"ס

יומא סט: מגילה כד.
יומא ע.
שם ע"ש
[ברכות לג.]
מגילה כט: יומא ע.
יומא ע.
שם
יומא סו: כריתות יד.
עירובין ו: כב. קא.
[עי' תוספת ב"ב ג: ד"ה כל לאמר וכו' השיגו על זה]
ס"א בכדי שיפסיק
[עי' תוי"ט ד"ה עשר]

הגהות הב"ח

(א) רש"י ד"ה של רגלים וכו' תחת ברכת מחילת כל"ל ותיבת של נמחק:

גליון הש"ס

רש"י ד"ה אחינו אתה שאמו מישראל. עי' ב"ק דף פח ע"א ועי' מהרש"א בח"א ריש ב"ב:

א מאתחלתא דמועד: וחזן הכנסת נוטל ס"ת ונותנו לראש הכנסת: א*שמעת מינה חולקין כבוד לתלמיד במקום הרב אמר אביי

ב אכולה משום כבודו דמלך: והמלך עומד ומקבל וקורא יושב אגריפס המלך עמד וקיבל וקרא עומד: עומד מכלל דיושב והאמר מר ב*אין ישיבה בעזרה אלא למלכי בית דוד בלבד שנא' °ויבא המלך דוד וישב לפני ה' ויאמר וגו' גכדאמר רב חסדא בעזרת נשים דהכא נמי בעזרת נשים: ושבחוהו חכמים: שבחוהו מכלל דשפיר עבד דהאמר רב אשי אפי' למ"ד *גנשיא שמחל על כבודו כבודו מחול דמלך שמחל על כבודו אין כבודו מחול שנא' °שום תשים עליך מלך

ג השתהא אימתו עליך ומצוה שאני: וכשהגיע ללא תוכל לתת: זתנא *משמיה דרבי נתן באותה שעה נתחייבו שונאי ישראל כלייה השהחניפו לו לאגריפס אמר ר' שמעון בן חלפתא מיום שגבר אגרופה של חנופה חנתעוותו(א) הדינין ונתקלקלו המעשים ואין אדם יכול לומר לחבירו מעשי גדולים ממעשיך דרש ר' יהודה בר מערבא ואיתימא ר' שמעון בן פזי טמותר להחניף לרשעים בעולם הזה שנאמר °לא יקרא עוד לנבל נדיב ולכילי לא יאמר שוע מכלל דבעולם הזה שרי ר' שמעון בן לקיש אמר מהכא °כראות פני אלהים ותרצני ופליגא דרבי לוי דאמר רבי לוי ימשל של יעקב ועשו למה הדבר דומה לאדם שזימן את חבירו והכיר בו שמבקש להורגו אמר לו טעם תבשיל זה שאני טועם כתבשיל שטעמתי בבית המלך אמר ידע ליה מלכא מיסתפי ולא קטיל ליה יאאמר רבי אלעזר כל אדם שיש בו חנופה מביא אף לעולם שנא' °וחנפי לב ישימו אף יבולא עוד אלא שאין תפלתו נשמעת שנאמר °לא ישועו כי אסרם: סימן א"ף עוב"ר גיהנ"ם ביד"ו ניד"ה גול"ה: יגואמר רבי אלעזר כל אדם שיש בו חנופה אפילו עוברין שבמעי אמן מקללין אותו שנא' °אומר לרשע צדיק אתה יקבוהו עמים יזעמוהו לאומים *ואין קוב אלא קללה שנא' °לא קבה אל ואין לאום אלא עוברין שנא' °ולאום מלאום יאמץ ידואמר רבי אלעזר כל אדם שיש בו חנופה נופל בגיהנם שנא' °הוי האומרים לרע טוב ולטוב רע וגו' מה כתיב אחריו לכן כאכל קש לשון אש וחשש להבה ירפה וגו' ואמר רבי אלעזר טוכל המחניף *לחבירו סוף נופל בידו ואם אינו נופל בידו נופל ביד בניו ואם אינו נופל ביד בניו נופל ביד בן בנו שנא' °ויאמר ירמיה לחנניה אמן כן יעשה ה' יקם ה' את דבריך וכתי' ויהי

מאימת דמתחיל מועד. ומיהו ביו"ט לא שאין תיקון הבימה דוחה לא את השבת ולא יו"ט ומאתמול נמי לא עבדינן לה דדחקא לה עזרה והאי טעמא מפרש בגמ' ירושלמי (פ"א) במס' מגילה דקתני הקהל מאחרין כשחל להיות בשבת וקאמר מפני הבימה ונעבדה מאתמול דחקא לה עזרה אנקובר"ר בלע"ז: **למלכי בית דוד.** אבל לא למלכי בית חשמונאי: **אפי' למאן דאמר.** בקידושין בפ"ק (דף לב:): **אגרופה.** כחה של חנופה דאע"ג דאמו מישראל אין ראוי למלכות דעבד היה וזילא מילתא: **נתעוותו הדינין.** שהחניפו הדיינין את בעלי הדין: **ונתקלקלו המעשים.** שהגדולים ראו עוברי עבירה ולא מיחו בידם מפני חנופה: **ואין אדם שיכול לומר לחבירו מעשי גדולים ממעשיך.** שמתוך שלא מיחו בעוברי עבירה למדו הדורות את מעשיהם ונמצא כולן עוברין: **לכילי.** לשון כלתה נפשי (תהלים קיט) שמתאוה לשתות יין תדיר: **ופליגא.** הא דריש לקיש דאמר להחניפו לעשו נתכוון לומר לו ראיתי פניך כראות פני וגו' פליגא אדרבי לוי דאמר לא להחניפו נתכוון אלא לאיים עליו ולהודיעו שהוא רגיל לראות מלאכים: **לא ישועו כי אסרם.** כשיבואו עליהם יסורין לא יועילם שועה: **ויאמר ירמיהו לחנניה הנביא.** שאמר נבואת שקר על גלות יכניה וכלי הקודש שגלו עמו בעוד שנתים ימים אני משיבם אל המקום הזה אמן כן יעשה ה' חנופה היא זו שהיה לו לומר בהדיא שקר אתה ניבא: ***ויהי הוא בשער בנימין.** לאחר כמה ימים היה ירמיה יוצא מירושלים ללכת ארץ בנימין לחלוק נחלה שנפלה לו ותפסו יראיה ויאמר לו אל הכשדים אתה נופל:

גמולה

מצוה שאני. והכי פרכינן נמי בפרק כ"ג בסנהדרין (דף יט:) גבי מלך דתנן לא חולץ ולא חולצין לאשתו רבי יהודה אומר אם רצה לחלוץ וליבם זכור לטוב אמרי והאמר רב אשי וכו' ומשני מצוה שאני וקשיא לר"י אמאי לא משני הכי בפרק שני דכתובות (דף יז.) מעבירין את המת מלפני כלה וזה וזה לפני מלך ישראל אמרו עליו על אגריפס המלך שעבר לפני הכלה ושבחוהו חכמים וקא פריך מכלל דשפיר עבד והאמר רב אשי וכו' ומשני פרשת דרכים הוה ואמאי לא משני מצוה שאני ותו איכא למיתמה והא ההיא גופיה דרב אשי מיירי במקום מצוה דמעיקרא אמרי' *אפי' למ"ד הרב שמחל על כבודו כבודו מחול נשיא שמחל על כבודו אין כבודו מחול ומותיב ליה מעשה ברבי אליעזר ורבי יהושע ורבי צדוק שהיו מסובין בבית המשתה בנו של ר"ג ברבי והיה ר"ג עומד ומשקה עליהן וכו' אלא אי אתמר הכי אתמר אמר רב אשי אפי' למ"ד נשיא שמחל על כבודו דהיינו רבי יהושע שקבל הכוס מרבן גמליאל וכן רבי (אלעזר בר) צדוק מלך שמחל על כבודו אין כבודו מחול משמע אפילו במקום מצוה דומיא דנשיא כההוא מעשה דרבן גמליאל שהיה סעודת מצוה ומחל על כבודו בשביל כבוד חכמים אורחין שהיו מסובין בסעודתו דמייתי עליה דאברהם אבינו והוא עומד עליהם אלמא דאפי' במקום מצוה אמר רב אשי אין כבודו מחול ונראה לתרץ דדוקא הכא שייך למימר מצוה שאני דמוחל על כבודו משום כבוד התורה שהוא כבוד השכינה וכן ההיא דפרק כהן גדול (סנהדרין יט:) דחולץ או מיבם מוחל על כבודו כדי לקיים מצות מלך עולמים ומראה בעצמו שאימת שכינה עליו אבל ההיא דכתובות (דף יז.) ופ"ק דקידושין (דף לב:) שמוחל על כבודו כדי לחלוק כבוד לבשר ודם כגון לכלה ות"ח בזה גזירת הכתוב הוא שאינו מוחל אפי' במקום מצוה שהרי מצות כיבוד עצמו שהן צריכין לעשות בו למלך כבוד גדולה ממצות כיבוד שחייב המלך לנהוג בהו שהרי גם עליהן אמרה תורה שום תשים עליך מלך שתהא אימתו עליך ולא אימתך עליו נמצא דמה שהמלך מכבדו ליכא מצוה: **אותו** **היום נתחייבו שונאי ישראל כלייה.** ירושלמי תני רבי חנינא ברבי גמליאל אומר הרבה חללים נפלו באותו יום שהחניפו לו ודבר תמוה לומר אם היה ראוי *מפני התורה כיון דאמו היתה מישראל אלא משום דזילא מילתא כמו שפירש"י שיתחייבו על חנופה מועטת כזאת עונש גדול(ב) ופירש ר"י אע"ג דאמר בפרק מצות חליצה (יבמות קב.) ובפרק החולץ (שם מה:) גבי רב מרי דמנייה רבא אפורסי דבבל וגבי אושפיזכניה דרב אדא בר אהבה אם היתה אמו מישראל מקרב אחיך קרינן ביה (קדושין דף עו:) היינו דוקא גבי נשיאות ושררות בעלמא דלינהג שררות במתא דדרשינן שום תשים עליך מלך מקרב אחיך מדסמך משימות למקרב אחיך ש"מ דבעינן בהו מקרב אחיך קצת כגון אמו מישראל אבל מלך חזר ושנה עליו מקרב אחיך תשים עליך מלך דקפיד קרא גבי מלך עד שיהא ממש מקרב ממוצע מאביו ואמו מישראל וזו היתה החנופה שמלך בזרוע שלא כדין תורה והודו לו והחזיקו בכך נהי שלא יוכלו למחות היה להן לשתוק ולא להחזיקו וזהו עונש החנופה בדבר עבירה שמחניף לחבירו מחמת יראתו מפניו ואינו חושש על יראת הקב"ה ועושה עין שלמעלה כאילו אינה רואה בירושלמי דעשרה יוחסין בגמרא אין בודקין מן המזבח כתיב שום תשים עליך מלך אין לי אלא מלך מנין לרבות שוטרי הרבים וגבאי צדקה וסופרי דיינין ומכין ברצועות ת"ל מקרב אחיך תשים עליך מלך כל שתשימוהו עליך לא יהא אלא מן הברורין שבאחיך:

כל **המחניף לחבירו.** יש לפרש שלא במקום סכנה אבל במקום סכנה מותר כי ההיא דפרק ארבעה נדרים (דף כב.) *עולא אזל לארעא דישראל לוו בהדיה תרי בני חוזאי קם חד שחטיה לחבריה אמר ליה לעולא יאות עבדי אמר ליה אין ופרע לו בית השחיטה כי אתא לקמיה דרבי יוחנן אמר ליה דלמא ח"ו אחזקית ידי עוברי עבירה א"ל רבי יוחנן נפשך הצלתה:

הדרן עלך אלו נאמרין

פג א מיי' פ"ג מהלכות חגיגה הלכה ד סמג עשין רל:
פד ב מיי' שם הל' ג:
פה ג מיי' פ"ו מהל' ת"ת הל' יב טוש"ע י"ד סימן רמד סעיף יד:
פו ד מיי' פ"ב מהל' מלכים הלכה ג:
פז ה עיין בס' יראים סימן נה שמנה אותו במנין תרי"ג מצות:

[לעיל מ: וש"נ] [שם וש"נ] שמואל ב ז | דברים יז | סנהדרין יט: כתובות יז. קדושין לב: | [תוספתא פ"ז] | ישעיה לב | בראשית לג | שייך לדף שאח"ז | איוב לו | שם | משלי כד | במדבר כג | בראשית כה | ישעיה ה | [בכ"י איתא לרשע] | ירמיה כח | [קדושין לב:] | [סנהדרין לב.] | כ"א מדין | עי' במנורת המאור כלל ג פ"ב מד ע"א

הגהות הב"ח
(א) גמ' נתעוותו (הדינין) תז"מ. ונ"ב גי' רש"י הדיינין: (ב) תום' ד"ה אותו וכו' ופי' ר"י. נ"ב עיין בתוס' פרק החולץ דף מה פירשו בע"א בשם ר"ש:

גליון הש"ס
תום' ד"ה אותו היום וכו' אלא מן הברורים שבאחיך. ועי' ב"ב דף ג ע"ב תד"ה כל: ד"ה כל המחניף וכו' במקום סכנה מותר. מג"א סימן קג:

לומר כי מֵאַתְחַלְתָּא (בהתחלת) המוֹעֵד מיד, כאשר כל ישראל באים.

א שנינו במשנה: וְחַזַּן הַכְּנֶסֶת נוֹטֵל סֵפֶר תּוֹרָה וְנוֹתְנוֹ לְרֹאשׁ הַכְּנֶסֶת עד שמעבירים למלך. ומעירים: שָׁמְעַתְּ מִינָּהּ [שומע, למד אתה מכאן] שחוֹלְקִין כָּבוֹד לְתַלְמִיד בִּמְקוֹם הָרַב, שהרי חולקים כבוד לכל המכובדים הללו בפני המלך! אָמַר אַבַּיֵי: אין מכאן ראיה, שכאן כּוּלָּהּ מִשּׁוּם כְּבוֹדוֹ של מֶלֶךְ, שמראים בכמה מעלות הוא גדול משאר העם.

ב שנינו במשנה: וְהַמֶּלֶךְ עוֹמֵד וּמְקַבֵּל וְקוֹרֵא יוֹשֵׁב. אַגְרִיפַּס הַמֶּלֶךְ עָמַד וְקִיבֵּל וְקָרָא עוֹמֵד. ותוהים: עוֹמֵד מִכְּלָל הדברים אתה למד שיוֹשֵׁב היה עד עכשיו? וְהָאָמַר מָר [והרי אמר החכם]: אֵין יְשִׁיבָה בָּעֲזָרָה אֶלָּא לְמַלְכֵי בֵּית דָּוִד בִּלְבַד, שֶׁנֶּאֱמַר: "וַיָּבֹא הַמֶּלֶךְ דָּוִד וַיֵּשֶׁב לִפְנֵי ה' וַיֹּאמֶר" וגו' (שמואל ב ז, יח)! ומשיבים: כְּדַאֲמַר [כפי שאמר] רַב חִסְדָּא לענין ישיבת כהן גדול, שמדובר בְּעֶזְרַת נָשִׁים, הָכָא נַמִי [כאן גם כן] מדובר בְּעֶזְרַת נָשִׁים. ועוד שנינו: אגריפס עמד וקרא וְשִׁבְּחוּהוּ חֲכָמִים. ושואלים: שִׁבְּחוּהוּ, מִכְּלָל דְּשַׁפִּיר עֲבַד [מכאן שיפה עשה]? הָאֲמַר [והרי אמר] רַב אַשִׁי: אֲפִילּוּ לְמַאן דְּאָמַר [לדעת מי שאומר] נָשִׂיא שֶׁמָּחַל עַל כְּבוֹדוֹ כְּבוֹדוֹ מָחוּל, מֶלֶךְ שֶׁמָּחַל עַל כְּבוֹדוֹ — אֵין כְּבוֹדוֹ מָחוּל, שֶׁנֶּאֱמַר: "שׂוֹם תָּשִׂים עָלֶיךָ מֶלֶךְ" (דברים יז, טו), וכוונתו: שֶׁתְּהֵא אֵימָתוֹ עָלֶיךָ! ומשיבים: כיון שעשה זאת לשם מִצְוָה — שָׁאנֵי [שונה] הדבר ואין בזה זלזול בכבודו.

ג שנינו: וּכְשֶׁהִגִּיעַ אגריפס לְ"לֹא תוּכַל לָתֵת עליך איש נכרי" (שם), אמרו לו כל העם: אחינו אתה. תָּנָא [שנה החכם] מִשְּׁמֵיהּ [משמו] של ר' נָתָן: בְּאוֹתָהּ שָׁעָה נִתְחַיְּיבוּ שׂוֹנְאֵי יִשְׂרָאֵל (בלשון נקיה, כלומר, ישראל) כְּלָיָה, ומדוע — מפני שֶׁהֶחֱנִיפוּ לוֹ לְאַגְרִיפַּס. אָמַר ר' שִׁמְעוֹן בֶּן חֲלַפְתָּא: מִיּוֹם שֶׁגָּבַר אֶגְרוֹפָהּ (כוחה) שֶׁל חֲנוּפָּה — נִתְעַוְּותוּ (נתעקמו) הַדִּינִין, וְנִתְקַלְקְלוּ הַמַּעֲשִׂים, וְאֵין אָדָם יָכוֹל לוֹמַר לַחֲבֵירוֹ "מַעֲשַׂי גְּדוֹלִים מִמַּעֲשֶׂיךָ", שכן מחניפים לאנשים ושוב אין יודעים מה היא האמת. דָּרַשׁ ר' יְהוּדָה בַּר מַעַרְבָא (בן ארץ ישראל), וְאִיתֵּימָא [ויש אומרים] שדרש זאת ר' שִׁמְעוֹן בֶּן פָּזִי: מוּתָּר לְהַחֲנִיף לָרְשָׁעִים בָּעוֹלָם הַזֶּה, שֶׁנֶּאֱמַר כי לעתיד לבוא "לֹא יִקָּרֵא עוֹד לְנָבָל נָדִיב וּלְכִילַי לֹא יֵאָמֵר שׁוֹעַ" (ישעיה לב, ה), מִכְּלָל הדברים אתה למד כי בָּעוֹלָם הַזֶּה שָׁרֵי [מותר] לעשות כן. ר' שִׁמְעוֹן בֶּן לָקִישׁ אָמַר, יש ראיה לדבר מֵהָכָא [מכאן]: שאמר יעקב לעשו "ראיתי פניך כִּרְאֹת פְּנֵי אֱלֹהִים וַתִּרְצֵנִי" (בראשית לג, י), שהחניף לו ודימה ראייתו לראיה של מעלה. וּפְלִיגָא [וחלוק] פירושו של ר' שמעון בן לקיש להתנהגותו של יעקב על זה של ר' לֵוִי. שאָמַר ר' לֵוִי: מָשָׁל שֶׁל יַעֲקֹב וְעֵשָׂו לְמָה הַדָּבָר דּוֹמֶה? לְאָדָם שֶׁזִּימֵּן אֶת חֲבֵירוֹ וְהִכִּיר בּוֹ האורח שֶׁמְּבַקֵּשׁ לְהוֹרְגוֹ, אָמַר לוֹ האורח בתוך דבריו: טַעַם תַּבְשִׁיל זֶה שֶׁאֲנִי טוֹעֵם כְּתַבְשִׁיל שֶׁטָּעַמְתִּי בְּבֵית הַמֶּלֶךְ. ואז אָמַר בעל הבית: יָדַע לֵיהּ מַלְכָּא [המלך בודאי מכיר אותו], ומתוך כך מִיסְתַּפֵי וְלָא קָטֵיל לֵיהּ [מפחד ואינו הורג אותו]. וכן כשיעקב אמר לעשו שפניו כפני אלוקים — רצה לרמוז לו שהוא זוכה לראות פני אלוקים, כדי להפחיד את עשו שלא יפגע בו. אָמַר ר' אֶלְעָזָר: כָּל אָדָם שֶׁיֵּשׁ בּוֹ חֲנוּפָּה מֵבִיא אַף (זעם) לָעוֹלָם, שֶׁנֶּאֱמַר: "וְחַנְפֵי לֵב יָשִׂימוּ אָף" (איוב לו, יג), וְלֹא עוֹד אֶלָּא שֶׁאֵין תְּפִלָּתוֹ נִשְׁמַעַת, שֶׁנֶּאֱמַר: "לֹא יְשַׁוְּעוּ כִּי אֲסָרָם" (שם). (סימן א"ף עוב"ר גיהנ"ם ביד"ו ניד"ה גול"ה). וְאָמַר ר' אֶלְעָזָר: כָּל אָדָם שֶׁיֵּשׁ בּוֹ חֲנוּפָּה — אֲפִילּוּ עוּבָּרִין שֶׁבִּמְעֵי אִמָּן מְקַלְּלִין אוֹתוֹ, שֶׁנֶּאֱמַר: "אֹמֵר לְרָשָׁע צַדִּיק אַתָּה יִקְּבֻהוּ עַמִּים יִזְעָמוּהוּ לְאֻמִּים" (משלי כד, כד), וְאֵין "קוֹב" אֶלָּא קְלָלָה, שֶׁנֶּאֱמַר בדברי בלעם, כאשר נמנע מלקלל: "מָה אֶקֹּב לֹא קַבֹּה אֵל" (במדבר כג, ח), וְאֵין "לְאוֹם" אֶלָּא עוּבָּרִין, שֶׁנֶּאֱמַר כשהיו יעקב ועשו במעי רבקה: "וּלְאֹם מִלְאֹם יֶאֱמָץ" (בראשית כה, כג). וְאָמַר ר' אֶלְעָזָר: כָּל אָדָם שֶׁיֵּשׁ בּוֹ חֲנוּפָּה נוֹפֵל בַּגֵּיהִנָּם, שֶׁנֶּאֱמַר: "הוֹי הָאֹמְרִים לָרַע טוֹב וְלַטּוֹב רָע" וגו' (ישעיה ה, כ), מַה כְּתִיב [נאמר] אַחֲרָיו — "לָכֵן כֶּאֱכֹל קַשׁ לְשׁוֹן אֵשׁ וַחֲשַׁשׁ לֶהָבָה יִרְפֶּה" (שם כד). שמפרש שהעושים כן סופם שריפה כקש באש של גיהנם. וְאָמַר ר' אֶלְעָזָר: כָּל הַמַּחֲנִיף לַחֲבֵירוֹ — סוֹף דבר שהוא נוֹפֵל בְּיָדוֹ, וְאִם אֵינוֹ נוֹפֵל בְּיָדוֹ — נוֹפֵל בְּיַד בָּנָיו, וְאִם אֵינוֹ נוֹפֵל בְּיַד בָּנָיו — נוֹפֵל בְּיַד בֶּן בְּנוֹ, שֶׁנֶּאֱמַר: "וַיֹּאמֶר יִרְמְיָה הנביא [לַחֲנַנְיָה] אָמֵן כֵּן יַעֲשֶׂה ה' יָקֵם ה' אֶת דְּבָרֶיךָ" (ירמיה כח, ו) והיה בזה חנופה שלא אמר לו במפורש שהוא נביא שקר, וּכְתִיב [ונאמר]:

עיונים

מצוה שאני במסכת סנהדרין חלוקים חכמים ור' יהודה בשאלה האם יכול המלך למחול על כבודו ולחלוץ לאשת אחיו שמת. ושם ר' יהודה הוא האומר את הסברה כי "מצוה שאני". ולכאורה תמוה: מפני מה נוקטת הגמרא כאן דווקא בשיטת ר' יהודה? והר"ן דן בשאלה זו, ותירצה בשתי פנים. טעם אחד הוא, שאף חכמים בעצם מודים לר' יהודה שרשאי המלך למחול על כבודו בשל מצוה, אלא שבחליצה כיון שנאמר "וירקה בפניו" גדול מדי הבזיון שבדבר. ועוד כתב כי יש להבדל בין מקרה שהמלך עצמו עושה מעשה ומוחל בכך על כבודו ובין דבר שאחרים עושים לו, שאינם רשאים לעשות דבר הפוגע בכבוד המלכות.

באותה שעה וכו' היה שכתב כי יש בכך הדגשה "באותה שעה" דווקא, אבל בשעה ששיבחוהו חכמים על שמחל על כבודו וקרא בעמידה — לא היה בכך משום חנופה, אלא אמת אמרו לו (עיון יעקב).

ואין אדם יכול לומר וכו' המפרשים הסבירו זאת בכמה אופנים. מצד אחד, כיון שדרכם של אנשים בחנופה, שוב אין אדם יכול לומר לחבירו "מעשיו גדולים ממעשיך" שחושש שמא ייפגע החבר, ומפני החנופה נמנע מלומר לו דברים אלה (מהרי"ץ חיות). ועוד, שכיון שהכל מחניפים, הרי אפילו אדם פחות מחניפים לו וסבור שעושה רק מעשים טובים, ואי אפשר לומר לו שאחֵר עושה מעשים טובים מאלה (ראה מרומי שדה).

מותר להחניף בענין זה עסקו חכמים רבים. וכתבו הגאונים שמה שאמרו שמותר להחניף הוא דווקא במקום שאי אפשר בלא כך (ולכן הסבירו שנענשו ישראל על שהחניפו לאגריפס, שהרי לא היו חייבים לומר לו מה שאמרו). והוסיף המאירי שגם דבר זה הוא דווקא במקום שאין בכך משום חילול השם.

ובספר באר שבע כתב שמה שאמרו שמותר להחניף לרשעים היינו לכבדם בשאר דברים, אבל לא יאמר לו על מעשה פסול שעושה שהוא מעשה משובח. אבל במקום סכנה — אף דבר זה מותר, כמו שמצינו מעין זה בתלמוד (ראה בתוס' ד"ה "כל"). וראה בספר שערי תשובה לרבינו יונה שהחמיר מאד בדבר זה וסבור שאפילו במקום סכנה אסור להחניף לרשע.

אין תפילתו נשמעת והרי זה מידה כנגד מידה, שכנגד מה שחוטא בפיו בדברי חנופה נענש שתפילה שאומר בפיו לא תישמע (בן יהוידע).

אפילו עוברין וכו' יש שכתב טעמו מפני שכאמור הוא מביא חרון אף לעולם, ואף עוברים ויונקים נענשים אז בעוון הוריהם (עיון יעקב). וראה במהרש"א.

נופל בגיהנם וטעם הדבר, שהרי אמרו שעל ידי חנופה מתעוותים הדינים, וממילא גורם שתהא בעולם רשעות הרבה, והוא נענש על מה שגרם (עיון יעקב).

האומרים לרע טוב אף שפשוטו של מקרא מדבר באנשים שאינם מבחינים בין מהות טוב ורע, הרי מאחר שנאמר "לרע" בה' הידעה נדרש המקרא לא כמתייחס למהות המופשטת של רע, אלא במובן אחר — שאותם אנשים אומרים לאדם רע שהוא טוב (מהרש"א).

נופל ביד בן בנו ורמז לדבר מן הכתוב עצמו, שאותו פקיד שאסר את ירמיה לא נזכר כרגיל בשמו ושם אביו, אלא נזכר גם שם אבי אביו חנניה, לומר שיש שייכות בין מה שאסר את ירמיהו ובין מה שאירע לאבי אביו חנניה.

אורח ההלכה

כולה משום כבודו דמלך אין חולקים לתלמיד כבוד בפני רבו, אבל אם היה הרב מתכבד במה שחולקים כבוד לתלמיד — עושים זאת. (רמב"ם ספר קרבנות הלכות חגיגה פ"ג ה"ד).

בעזרת נשים פרשת המלך נקראת בעזרת נשים, ויכול המלך לשבת בשעת הקריאה אם רצונו בכך. (רמב"ם שם).

נשיא שמחל על כבודו חכם, אב בית דין ונשיא שמחלו על כבודם — כבודם מחול. ומכל מקום מצוה לקום מפניהם קצת להראות שמכבדים אותם. ובזמננו אין דין נשיא ואב בית דין (ש"ך בשם סמ"ק). (רמב"ם ספר מדע הלכות תלמוד תורה פ"ו הי"ב. שו"ע יו"ד רמד, יד).

מלך שמחל על כבודו מלך שמחל על כבודו אין כבודו מחול, וחייבים לכבדו, שכן היא מצות התורה. (רמב"ם ספר שופטים הלכות מלכים פ"ב ה"ג).

מסורת הש"ס

א. סוטה מ,ב (ושם סומנו מקבילות).
ב. שם (ושם סומנו מקבילות).
ג. שם (ושם סומנו מקבילות).
ד. כתובות יז,א. קדושין לב,ב. סנהדרין יט,ב. ילק"ש תורה תתקיג.
ה. שם. סנהדרין כ,ב. כב,א. ספרי דברים יז, טו. במדב"ר פי"ד ו.
ו. (הביטוי) ברכות מז,ב. גיטין לח,ב. סנהדרין יט,ב.
ז. תוספתא סוטה פ"ז טז. מדרש תנאים יז, טו. וראה ירושלמי סוטה פ"ז ה"ז. מדרש ל"ב מדות פי"ב.
ח. ראה סוטה מז,ב.
ט. ילק"ש תורה קלג.
י. ב"ר פע"ה י.
יא. ילק"ש נ"ך תתקכ.
יב. מדרש ל"ב מדות פי"ב.
יג. ילק"ש שם תתקסא.
יד. שם תג.
טו. מדרש ל"ב מדות שם. ילק"ש שם שח. וראה פסי"ר פכ"ו.

גרסות

שהחניפו לו יש בכת"י: **מפני שחינפו.**

מיום שגבר אגרופה של חנופה יש בכת"י: **מיום שגברה מלכות אגריפס שלטה חנופה.**

ביד בניו יש בכת"י: **ביד בנו.**

אישים

החניפו לאגריפס

אביו של אגריפס היה אריסטובולוס, בנו של הורדוס מאשתו החשמונאית מרים (בת הורקנוס השני), אמו היתה בירניקי — בת אחותו של הורדוס. כיון שחכמים החשיבו את הורדוס וביתו כעבדים, נמצא שייחוסו כישראל היה מפוקפק, ומשום כך ראו בדברי העם לאגריפס חנופה בלבד.

גם על אישיותו היה מקום לפקפוק, מאחר שלא רק שגדל וחונך ברומי והתרועע עם אנשים שהיו מופקרים מכל בחינה, אלא גם בהיותו מלך המשיך במידה מסויימת את פעילותו של הורדוס בעידוד התרבות היוונית, לפחות בערים הגויות שהיו בתחום שלטונו.

לעזי רש"י

אנקובר"ר מן הצרפתית העתיקה encombrer — להפריע, לגרום אי נוחות.

מסורת הש״ס

א. ילק״ש נ״ך תתקז.

ב. (הביטוי) ברכות סה,א. שבת צה,א. עירובין יח,א. ר״ה כו,א. סוטה יג,א. סנהדרין קי,ב. נדה מה,ב. קה״ר פ״ז ב. תנחומא וירא א. שם חוקת ט. שוח״ט פכ״ה.

ג. ירושלמי ברכות פ״ט ה״א. ב״ר פל״א יב. שם פע״ט ז.

ד. סנהדרין קג,א. שוח״ט פק״א. ילק״ש נ״ך תקכד. שם תתקו.

ה. ראה דרך ארץ רבה פ״ב.

ו. שבת קמט,ב. חגיגה יב,ב. סנהדרין שם.

גרסות

ויאמר לו ירמיהו יש בכת״י כבמקרא: **ויאמר ירמיהו.**

נפל אל הכשדים במקרא: **נפל על הכשדים.**

ויתפש ירמיהו במקרא: **ויתפש יראייה בירמיהו.**

גמולה מבעלה יש כת״י כבמקבילה: **גמולה דא מבעלה.**

לשון

גלמודה

אין זה ברור באיזה מקום בכרכי הים היו קוראים כן, ואם היה זה שימוש לשון של גוים או של יהודים. בעברית מצויה מלה דומה, ומשמעה — קשה, קשוח (לגבי אבן או לגבי אדם). ייתכן כי שמוש הלשון של גלמודה = נדה בא ממשמעותה בעברית במובן בודדה, עצובה.

״וַיְהִי הוּא בְּשַׁעַר בִּנְיָמִן וְשָׁם בַּעַל פְּקִדֻת וּשְׁמוֹ יִרְאִיָּיה בֶּן שֶׁלֶמְיָה בֶּן חֲנַנְיָה וַיִּתְפֹּשׂ אֶת יִרְמְיָהוּ הַנָּבִיא לֵאמֹר אֶל הַכַּשְׂדִּים אַתָּה נֹפֵל. וַיֹּאמֶר (לוֹ) יִרְמְיָהוּ שֶׁקֶר אֵינֶנִּי נֹפֵל אֶל (על) **הַכַּשְׂדִּים״, וּכְתִיב** [ונאמר]: **״וַיִּתְפֹּשׂ** (יראייה ב)**יִרְמְיָהוּ וַיְבִאֵהוּ אֶל הַשָּׂרִים״** (ירמיה לז, יג-יד), והוא היה בן בנו של חנניה בן עזור, ונענש ירמיהו ונתפס ביד נכד זה כעונש על שהחניף לסבו. **וְאָמַר ר׳ אֶלְעָזָר: כָּל עֵדָה שֶׁיֵּשׁ בָּהּ חֲנוּפָּה** — הריהי **מְאוּסָה כְּנִדָּה, שֶׁנֶּאֱמַר: ״כִּי עֲדַת חָנֵף גַּלְמוּד״** (איוב טו, לד), **שֶׁכֵּן בִּכְרַכֵּי הַיָּם קוֹרִין לְנִדָּה ״גַּלְמוּדָה״.** ומעירים: **מַאי** [מה פירוש הלשון] **״גַּלְמוּדָה״** — נוטריקון: **גְּמוּלָה** (מובדלת, מופרשת) **מִבַּעְלָהּ. וְאָמַר ר׳ אֶלְעָזָר: כָּל עֵדָה שֶׁיֵּשׁ בָּהּ חֲנוּפָּה — לְסוֹף גּוֹלָה, כְּתִיב הָכָא** [נאמר כאן] **״כִּי עֲדַת חָנֵף גַּלְמוּד״, וּכְתִיב הָתָם** [ונאמר שם] **״וְאָמַרְתְּ בִּלְבָבֵךְ מִי יָלַד לִי אֶת אֵלֶּה וַאֲנִי שְׁכוּלָה וְגַלְמוּדָה גֹּלָה וְסוּרָה״** (ישעיה מט, כא) ולמד מכאן שעם הגלמוד באה גם הגלות. **אָמַר ר׳ יִרְמְיָה בַּר אַבָּא: אַרְבַּע כִּיתּוֹת** (ארבעה סוגים) של אנשים **אֵין מְקַבְּלוֹת פְּנֵי שְׁכִינָה: כַּת לֵיצִים, וְכַת חֲנֵיפִים, וְכַת שַׁקָּרִים** (שקרנים), **וְכַת מְסַפְּרֵי לָשׁוֹן הָרָע.** וראיה לדבר: **כַּת לֵיצִים — דִּכְתִיב** [שנאמר]: **״מָשַׁךְ יָדוֹ אֶת לֹצְצִים״** (הושע ז, ה), כלומר הקדוש ברוך הוא כביכול מושך ידו ואינו רוצה להיות איתם. **כַּת חֲנֵיפִים — דִּכְתִיב** [שנאמר]: **״כִּי לֹא לְפָנָיו חָנֵף יָבוֹא״** (איוב יג, טז). **כַּת שַׁקָּרִים — דִּכְתִיב** [שנאמר]: **״דֹּבֵר שְׁקָרִים לֹא יִכּוֹן** (יתייצב) **לְנֶגֶד עֵינָי״** (תהלים קא, ז). **כַּת מְסַפְּרֵי לָשׁוֹן הָרַע — דִּכְתִיב** [שנאמר]: **״כִּי לֹא אֵל חָפֵץ רֶשַׁע אָתָּה לֹא יְגֻרְךָ רָע״** (שם ה, ה), ומפרשים: **צַדִּיק אַתָּה ה׳ — לֹא יָגוּר בִּמְגוּרְךָ,** יחד איתך, **רַע,** כלומר מי שמספר לשון הרע. שכן נאמר בהמשך הפסוקים: ״כי אין בפיהו נכונה קירבם הוות קבר פתוח גרונם לשונם יחליקון״ (שם י).

עיונים

עדה שיש בה חנופה כתב המאירי שהכוונה היא שבני הקהילה הזו מחניפים זה לזה ואינם אומרים מוסר זה לזה. וכתב המהרש״א שעיקר מניינה של עדה למדים מן המרגלים שנאמר בהם ״העדה הרעה״ (במדבר יד, כז) ואף הם חטאו בחנופה כלפי ישראל, ויהושע וכלב פרשו מהם ומכאן למדים איך צריך להיזהר מעדה כגון זו.

מאוסה כנדה טומאת הנדה נזכרת במקרא כביטוי של דבר מאוס שהכל (אף אומות העולם) מתרחקים ממנו (וראה יחזקאל ז, יט. ושם לו, יז. וראה איכה א, יז ועוד). ובבן יהוידע כתב שהדימוי מדגיש את העובדה שאין טומאה זו באה מבחוץ, אלא היא טומאה פנימית.

לסוף גולה יש בכך תוספת על האמור קודם, כי הנדה סופה להיטהר, ואילו טומאת החנופה אין לה תקנה כלל (ריא״ף).

ארבע כיתות וכו׳ כתב המהרש״א כי ארבע כיתות אלה משותפות בכך שבכולן יש חטא שבדיבור, ונראה להם שאין יודע ומבחין במעשיהם. ועוד יש לומר שבני כיתות אלה סבורים שאינם עושים רע, שהרי לכאורה או שאינם מזיקים או שאומרים דברי אמת. וכתב המהרש״א שכמו שמדַברי לשון הרע לוקים בצרעת ונענשים בהוצאה מכל המחנות, אף לעולם הבא בני כיתות אלה אינם נמצאות כלל במחיצתו של הקדוש ברוך הוא.

תורה אור

°ויהי הוא בשער בנימן ושם בעל פקידות ושמו יראיה בן שלמיה בן חנניה ויתפש את ירמיהו הנביא לאמר אל הכשדים אתה נופל ויאמר (לו) ירמיהו שקר אינני נופל *אל הכשדים וגו' וכתי' ויתפש*(א) ירמיהו ויביאהו אל השרים [א]וא"ר אלעזר כל עדה שיש בה חנופה מאוסה כנדה שנאמר °כי עדת חנף גלמוד [ב]*שכן בכרכי הים קורין לנדה גלמודה [ג]מאי גלמודה גמולה(ב) מבעלה ואמר ר' אלעזר כל עדה שיש בה חנופה לסוף גולה כתיב הכא כי עדת חנף גלמוד וכתי' התם °ואמרת בלבבך מי ילד לי את אלה ואני שכולה וגלמודה גולה וסורה וגו' א"ר ירמיה בר אבא [ד]*ארבע כיתות אין מקבלות פני שכינה כת ליצים וכת חניפים וכת *שקרים וכת מספרי לשון הרע כת ליצים דכתיב °משך ידו את לוצצים [ה]כת חניפים דכתיב °כי לא לפניו חנף יבא כת שקרים דכתי' °דובר שקרים לא יכון לנגד עיני כת מספרי לשון הרע דכתיב °כי לא אל חפץ רשע אתה לא יגורך רע [ו]*צדיק אתה ה' לא יגור במגורך רע:

הדרן עלך אלו נאמרין

משוח מלחמה [א]בשעה שמדבר אל העם בלשון הקודש היה מדבר שנאמר °והיה כקרבכם אל המלחמה ונגש הכהן זה כהן משוח מלחמה °ודבר אל העם בלשון הקודש °ואמר אליהם שמע ישראל וגו' על אויביכם ולא על אחיכם לא יהודה על שמעון ולא שמעון על בנימין שאם תפלו בידם ירחמו עליכם כמה שנאמר °ויקומו האנשים אשר נקבו בשמות ויחזיקו בשביה וכל מערומיהם הלבישו מן השלל וילבישום וינעילום ויאכילום וישקום ויסכום וינהלום בחמורים לכל כושל ויביאום יריחו עיר התמרים אצל אחיהם וישובו שומרון וגו' על אויביכם אתם הולכים שאם תפלו בידם אין מרחמין עליכם °אל ירך לבבכם אל תיראו ואל תחפזו וגו' אל ירך לבבכם מפני צהלת סוסים וציחצוח חרבות אל תיראו מפני הגפת תריסין ושפעת הקלגסין אל תחפזו מקול קרנות אל תערצו מפני קול צווחות °כי ה' אלהיכם ההולך עמכם הם באין בנצחונו של בשר ודם ואתם באים בנצחונו של מקום פלשתים באו בנצחונו של גלית מה היה סופו לסוף נפל בחרב ונפלו עמו בני עמון באו בנצחונו של שובך מה היה סופו לסוף נפל בחרב ונפלו עמו ואתם אי אתם כן כי ה' אלהיכם ההולך עמכם להלחם לכם וגו' זה מחנה הארון: **גמ'** מאי קאמר הכי קאמר שנאמר ודבר ולהלן אומר °משה ידבר והאלהים יעננו בקול מה להלן בלשון הקודש אף כאן בלשון הקודש תנו רבנן ונגש הכהן ודבר אל העם יכול כל כהן שירצה ת"ל °ודברו השוטרים מה שוטרים בממונה אף כהן בממונה ואימא כהן גדול דומיא דשוטר מה שוטר שיש ממונה על גביו אף כהן שיש ממונה על גביו כהן גדול נמי האיכא מלך על גביו בעבודתו קאמר ואימא סגן סגן לאו ממונה הוא דתניא *אמר רבי חנינא סגן הכהנים למה סגן ממונה שאם אירע בו פסול בכהן גדול נכנס ומשמש תחתיו: ואמר אליהם שמע ישראל: מאי שנא שמע ישראל אמר רבי יוחנן משום רבי שמעון בן יוחי אמר להן הקדוש ברוך הוא לישראל אפילו לא קיימתם אלא קריאת שמע שחרית וערבית אי אתם נמסרין בידם: אל ירך לבבכם אל תיראו כו': תנו רבנן [ב]פעמיים מדבר עמם אחת בספר ואחת במלחמה בספר מה הוא אומר

שמעו

גמולה. בדולה כמו ויגמל (בראשית כא): **משך ידו.** הקב"ה מהיות את לוצים: **לא יגורך רע.** לא יגור עמך רע וגבי מספרי לשון הרע כתיב דכתיב בההוא פרשתא כי אין בפיהו נכונה וגו':

הדרן עלך אלו נאמרין

משוח מלחמה. כהן *שנתרבה לכך שנאמר ונגש הכהן וגו' ובגמרא פריך מאי קאמר: **ויקומו האנשים.** כתיב גבי פקח בן רמליהו שנלחם עם אחז בדברי הימים ששבו מבני יהודה הרבה ושם היה נביא עודד שמו והוכיחם לבני ישראל ואמר להם בחמת ה' על בני יהודה נתנם בידכם והכיתם בהם לאין מרפא ועתה אתם אומרים לכבוש אותם לעבדים שמעוני והשיבו את השביה וגו': **לכל כושל.** כל הכושלים שבהם שאינן יכולין לילך ברגליהם: **צהלת סוסים.** לנף כוסים קרוי צהלה בלשון המקרא: **קלגסין.** חיילות: **הגפת תריסין.** מגיפין וסוגרין ומדבקין התריסין זה סמוך לזה כדי שינקשו זה על זה והקול נשמע כקול המון לאיים על שכנגדם: **שובך.** שר צבא הדרעזר: **גמ' מאי קאמר.** היכי יליף לשון הקודש מהכא: **דומיא דשוטר.** תירוצא היא השופט ממונה על השוטר שהשוטר עשוי לנגוש את מי שילוה השופט לכוף: **ואימא סגן.** מדבר דברים הללו דהא ממונה הוא ויש ממונה על גביו: **למה סגן ממונה.** לאיזה דבר הוא ממונה ומוכן: **שאם אירע כו'.** אבל בעוד שלא אירע פסול לכהן גדול אין לסגן גדולה של כלום: **מאי שנא שמע ישראל.** למה מתחיל בלשון זה: **פעמיים מדבר עמהם אחת בספר.** כשיצאו מגבולם:

שמעו

משוח מלחמה. נראה האי דלא תנא הכי משוח מלחמה בשעה שמדבר אל העם כילד כדקתני בפרק אלו נאמרין (לעיל דף לב.) מקרא בכורים כילד משום דהתם סליק מיניה דתני לעיל מיניה ואלו נאמרין בלשון קודש אבל תימה למה הקדים פרק זה קודם פרק עגלה ערופה והלא שנה משוח מלחמה בבבא אחרונה אחרי כולן ויש לומר דהתם הקדים פרשת עגלה ערופה משום דאיירי בפרשת המלך נקט בתריה פרשת עגלה ערופה אבל הכא שבא לפרשה מקדים משוח מלחמה משום דזוטרי מיליה ופסיק ושדי להו וא"ת וליתני לעיל פרשת משוח מלחמה כדתני פרשת עגלה ערופה יש לומר דלא שייך למימר פרשת משוח מלחמה שהרי לא נתנה משום מצות קריאה אלא משום התראה: **הכי קאמר שנאמר ודבר.** ירושלמי למה בגין דכתי' ודבר הרי ק"ש דכתי' בה ודברת בם והיא נאמרת בכל לשון אלא בגין דכתיב בה אמירה הרי פרשת ודוי מעשר הרי כתיב בה אמירה והיא נאמרת בכל לשון אמר רבי חגי נאמר כאן הגשה ונאמר להלן הגשה ונגשו הכהנים בני לוי מה נגישה שנא' להלן בלשון קודש אף כאן בלשון קודש עד כדון כרבי עקיבא דאמר לשונות רידויין הן כרבי ישמעאל דאמר לשונות כפולין הן ברם מאי אמר ר' חייא בר אבא נאמר כאן נגישה ונאמר להלן נגישה ונגש משה אל הערפל מה לשם לשון הקודש אף כאן לשון הקודש *מסתברא דלא ופקדו שרי צבאות בראש העם ואחרי כן ונגש הכהן ודבר אל העם בתר דמתקן להון הוא משמע לון:

סגן לאו ממונה הוא. ואם תאמר הא אמרינן בסנהדרין פרק כהן גדול (דף יט.) כשהוא מנחם אחרים כל העם עוברין זה אחר זה והממונה ממלעו ותניא כשהוא עומד בשורה לנחם את האחרים סגן ומשוח מלחמה עומד בימינו ואמר רב פפא ש"מ מהא מתניתין תלת שמע מינה היינו סגן היינו ממונה יש לומר ודאי ממונה היה לדברים שמינוהו אחיו הכהנים כדתנן (יומא דף כח.) אמר להם הממונה אבל מן התורה אין לו שום מנוי ושררה יותר על אחיו הכהנים ואינו אלא עין מינוי אמרכל וגיזבר שגידלוהו אחיו הכהנים*:

מאה

א א מיי' פ"ז מהלכות מלכים הלכה ג סמג עשין קכ:
ב ב מיי' שם הלכה ב:

הגהות הב"ח

(א) גמ' וכתיב ויתפש יראיה בן שלמיה בירמיהו ויביאהו: (ב) שם גמולה לא מבעלה:

[נ"ל לא]

[נ"ל שקרנים. כ"א בסנהדרין]

[וע"ע תוס' יומא טו: ד"ה אמר להם ותוס' מנחות ק. ד"ה אמר]

ירמיה לז; איוב טו; ישעיה מט; הושע ז; איוב יג; תהלים קא; שם ה; דברים כ; שם; שם; דה"ב כח; דברים כ; שמות יט; דברים כ

נ"ל על

נ"ל יראיה בירמיהו

ס"א שנתברר [ר"ה כו.]

סנהדרין קג. ע"ש

[שבת קמט: חגיגה יב: סנהדרין קג.] [יומא לג. ע"ש נזיר מז: ע"ש]

סיכום פרק "אלו נאמרין"

פירוט הדברים הנאמרים בכל לשון ואלה הנאמרים בלשון הקודש נסמך על מדרשי הכתובים. עם זאת אפשר לראות צדדים משותפים לדברים. אותם עניינים שבהם יש חשיבות שהאומר (או השומע) יבינו את הדברים היטב נאמרים בכל שפה, ואילו אמירות שהן בעיקרן ענין של פולחן ושל טכס נאמרות בלשון הקודש דווקא. למרות שהדברים המסוכמים בפרק זה הם הלכה, יש מכל מקום עניינים שבהם לא נהגו כך הלכה למעשה (כגון לענין קריאת שמע ותפילה, שאף שמן הדין נאמרים בכל לשון, השתדלו בכל מקום שתיאמרנה בלשון הקודש).

בענין המצוות שנאמרו לבאי הארץ בזמן יהושע יש חילוקי דעות ביחס לכמה וכמה פרטים. מטבע הדברים אין בהם מקום לפסיקת הלכה לאחר מעשה, אלא שבעיקר סוכם כי הבאים לארץ העמידו אבנים הן בתוך הירדן, והן במקום מלונם, והן אבנים שמהן בנו מזבח ועליו כתבו את דברי התורה בשבעים לשון. ביחס לברכות והקללות נראה כי הכהנים והלויים או חלקם עמדו בין הר גריזים והר עיבל, והם שהיו אומרים את הדברים כשהם מפנים פניהם לעבר הר עיבל בעת אמירת הקללות ולעבר הר גריזים באמירת הברכות.

בברכת כהנים יש הבדלים מסויימים בין הדרך שהיתה נאמרת במקדש ומחוץ למקדש, שבמקדש היו אומרים את שלושת פסוקי הברכה כפסוק אחד, ובימים כתיקונם היו אומרים את השם ככתבו, ומחוץ למקדש מפסיקים בין פסוק לפסוק באמירת אמן, ואומרים את השם ככינויו (בשם אדנות). אף בפרטי נשיאת כפיהם היו הבדלים שבקדש נושאים יהדיהם מעל ראשיהם, ומחוץ לו רק כנגד כתפיהם. וכמו כן נתבארו פרטי הדברים — כיצד קוראים לכהנים לברך, כיצד עומדים הכהנים בזמן הברכה, לפניה ואחריה, ומה אומר העם בזמן הברכה.

רוב הדינים של מצוות "הקהל" אף הם עיקר מקומם וביאורם הוא בפרק זה. מצוות "הקהל" חלה אחת לשבע שנים, ביום הראשון של חול המועד סוכות שלאחר שנת השמיטה. חכמים למדו כי קריאת הפרשה נעשית על ידי מלך ישראל, העומד על גבי במת עץ מיוחדת בעזרה, והוא קורא פרשיות אחדות מתוך ספר דברים, שיש בהן דברי אזהרה כלליים לשמירת המצוות, ומקצת כצוות השייכות לזמן זה.

פתיחה לפרק "משוח מלחמה"

"כִּי תֵצֵא לַמִּלְחָמָה עַל אֹיְבֶךָ וְרָאִיתָ סוּס וָרֶכֶב עַם רַב מִמְּךָ לֹא תִירָא מֵהֶם כִּי ה' אֱלֹהֶיךָ עִמָּךְ הַמַּעַלְךָ מֵאֶרֶץ מִצְרָיִם. וְהָיָה כְּקָרָבְכֶם אֶל הַמִּלְחָמָה וְנִגַּשׁ הַכֹּהֵן וְדִבֶּר אֶל הָעָם. וְאָמַר אֲלֵהֶם שְׁמַע יִשְׂרָאֵל אַתֶּם קְרֵבִים הַיּוֹם לַמִּלְחָמָה עַל אֹיְבֵיכֶם אַל יֵרַךְ לְבַבְכֶם אַל תִּירְאוּ וְאַל תַּחְפְּזוּ וְאַל תַּעַרְצוּ מִפְּנֵיהֶם. כִּי ה' אֱלֹהֵיכֶם הַהֹלֵךְ עִמָּכֶם לְהִלָּחֵם לָכֶם עִם אֹיְבֵיכֶם לְהוֹשִׁיעַ אֶתְכֶם. וְדִבְּרוּ הַשֹּׁטְרִים אֶל הָעָם לֵאמֹר מִי הָאִישׁ אֲשֶׁר בָּנָה בַיִת חָדָשׁ וְלֹא חֲנָכוֹ יֵלֵךְ וְיָשֹׁב לְבֵיתוֹ פֶּן יָמוּת בַּמִּלְחָמָה וְאִישׁ אַחֵר יַחְנְכֶנּוּ. וּמִי הָאִישׁ אֲשֶׁר נָטַע כֶּרֶם וְלֹא חִלְּלוֹ יֵלֵךְ וְיָשֹׁב לְבֵיתוֹ פֶּן יָמוּת בַּמִּלְחָמָה וְאִישׁ אַחֵר יְחַלְּלֶנּוּ. וּמִי הָאִישׁ אֲשֶׁר אֵרַשׂ אִשָּׁה וְלֹא לְקָחָהּ יֵלֵךְ וְיָשֹׁב לְבֵיתוֹ פֶּן יָמוּת בַּמִּלְחָמָה וְאִישׁ אַחֵר יִקָּחֶנָּה. וְיָסְפוּ הַשֹּׁטְרִים לְדַבֵּר אֶל הָעָם וְאָמְרוּ מִי הָאִישׁ הַיָּרֵא וְרַךְ הַלֵּבָב יֵלֵךְ וְיָשֹׁב לְבֵיתוֹ וְלֹא יִמַּס אֶת לְבַב אֶחָיו כִּלְבָבוֹ. וְהָיָה כְּכַלֹּת הַשֹּׁטְרִים לְדַבֵּר אֶל הָעָם וּפָקְדוּ שָׂרֵי צְבָאוֹת בְּרֹאשׁ הָעָם".

(דברים כ, א—ט)

"כִּי יִקַּח אִישׁ אִשָּׁה חֲדָשָׁה לֹא יֵצֵא בַּצָּבָא וְלֹא יַעֲבֹר עָלָיו לְכָל דָּבָר נָקִי יִהְיֶה לְבֵיתוֹ שָׁנָה אֶחָת וְשִׂמַּח אֶת אִשְׁתּוֹ אֲשֶׁר לָקָח". (שם כד, ה)

פרק זה עוסק בעיקרו בנושא אחד — ביציאת אנשי הצבא למלחמה, ומי הם הפטורים מלצאת להילכם. עניינים אלה הם בהמשך לנושאים שכבר נדונו בפרק הקודם.

אף שכללי הדברים ביחס לדברי הכהן והשוטרים לפני העם היוצא למלחמה מפורשים בתורה, מכל מקום פרטיהם צריכים בירור.

הבעיות העולות בענין זה הן קודם כל — מי הוא הכהן האומר את הדברים, מתי בדיוק הם נאמרים, ומה בדיוק אומר הכהן ומה אומרים השוטרים.

בעיות אחרות הן שאלות של הגדרה, מה נכלל במונח "כרם", ומה הוא בדיוק "בית", ואיזו אשה נחשבת "אשה חדשה". וכיוצא בזה — כיצד מגדירים וקובעים מי הוא "הירא ורך הלבב". דיון אחר הוא בדינם של הנוטע כרם וחיללו באותה שנה, או שבנה בית וחנכו, או שנשא אשה באותה שנה. שכן מפורש במקרא שהנושא אשה חדשה פטור לחלוטין מכל שירות צבאי.

נושא אחר שעוסקים בו בפרק זה הריהו הגדרתה של המלחמה שמדובר בה כאן. האם יש לקיים דין זה בכל מלחמה, או שיש מלחמות בהן אין פטורים אלה שייכים. אלה הן הבעיות העיקריות שבהן עוסק הפרק.

מסורת הש"ס

א. מדרש תנאים כ, ב.
ב. ספרי דברים כ, ג. מדרש תנאים כ, ג. ילק"ש תורה תתקכג.
ג. ילק"ש שם.
ד. מדרש תנאים כ, ד.
ה. ראה ירושלמי סוטה פ"ח ה"א. ילק"ש שם.
ו. מדרש תנאים כ, ב. ילק"ש שם.
ז. יומא לט,א. נזיר מז,ב.
ח. יומא ב,א. הוריות יג,א.
ט. מדרש תנאים כ, א. ילק"ש שם.
י. תוספתא סוטה פ"ז יח. וראה ירושלמי סוטה פ"ח ה"א. ספרי דברים כ, ב. ילק"ש שם.

גרסות

שמדבר יש בכת"י: שהוא מדבר.
לא יהודה — בנימין יש בכת"י: לא על יהודה ולא על שמעון ולא על בנימין.
מפני צהלת... מפני הגפת יש בכת"י: מצהלת... מהגפת.
ושפעת יש בכת"י ועוד: ושיפת.
בנצחונו יש בכת"י: בנצחנו.
לסוף נפל בכת"י רבים: שנפל.
ונפלו עמו בכת"י יש: והם נפלו עמו.
בממונה יש בכת"י: בממונים.
שאם אירע יש בכת"י: שאם יארע.

לשון

תריסין, קלגס
ראה השלמות עמ' 289.

החיים

קלגס
ראה השלמות עמ' 289.
תריסין

חייל רומאי אוחז בידו תריס (מגן גדול ומוארך).

קרנות

קרן ישרה ועגולה
ציור רומי של חייל התוקע בקרן עגולה. מעליו חייל התוקע בקרן ישרה.

א משנה מְשׁוּחַ מִלְחָמָה בְּשָׁעָה שֶׁהָיָה מְדַבֵּר אֶל הָעָם — בִּלְשׁוֹן הַקּוֹדֶשׁ הָיָה מְדַבֵּר, שֶׁנֶּאֱמַר: "וְהָיָה כְּקָרָבְכֶם אֶל הַמִּלְחָמָה וְנִגַּשׁ הַכֹּהֵן" (דברים כ, ב) — זֶה כֹּהֵן מְשׁוּחַ מִלְחָמָה שנמשח במיוחד לצורך זה, "וְדִבֶּר אֶל הָעָם" (שם) — בִּלְשׁוֹן הַקּוֹדֶשׁ. "וְאָמַר אֲלֵיהֶם שְׁמַע יִשְׂרָאֵל אתם קרבים היום למלחמה עַל אֹיְבֵיכֶם" (שם ג) — וְלֹא עַל אֲחֵיכֶם, כלומר, לֹא יְהוּדָה עַל שִׁמְעוֹן וְלֹא שִׁמְעוֹן עַל בִּנְיָמִין. וההבדל הוא שֶׁאִם תִּפְּלוּ בְּיָדָם של אחיכם יְרַחֲמוּ עֲלֵיכֶם, כְּמָה שֶׁנֶּאֱמַר שלאחר המלחמה שהיתה בין יהודה וישראל "וַיָּקֻמוּ הָאֲנָשִׁים אֲשֶׁר נִקְּבוּ בְשֵׁמוֹת וַיַּחֲזִיקוּ בַשִּׁבְיָה וְכָל מַעֲרֻמֵּיהֶם הִלְבִּישׁוּ מִן הַשָּׁלָל וַיַּלְבִּשׁוּם וַיַּנְעִלוּם וַיַּאֲכִלוּם וַיַּשְׁקוּם וַיְסֻכוּם וַיְנַהֲלוּם בַּחֲמֹרִים לְכָל כּוֹשֵׁל וַיְבִיאוּם יְרֵחוֹ עִיר הַתְּמָרִים אֵצֶל אֲחֵיהֶם וַיָּשׁוּבוּ שֹׁמְרוֹן" וגו' (דברי הימים ב כח, טו). אלא עַל אוֹיְבֵיכֶם אַתֶּם הוֹלְכִים, שֶׁאִם תִּפְּלוּ בְּיָדָם אֵין מְרַחֲמִין עֲלֵיכֶם. ועוד אומר להם הכהן "אַל יֵרַךְ לְבַבְכֶם אַל תִּירְאוּ וְאַל תַּחְפְּזוּ ואל תערצו מפניהם" (דברים שם), ומפרשים: "אַל יֵרַךְ לְבַבְכֶם" — מִפְּנֵי צַהֲלַת סוּסִים וְצִחְצוּחַ חֲרָבוֹת של האויב, "אַל תִּירְאוּ" — מִפְּנֵי הֲגָפַת תְּרִיסִין (הקשת מגינים) וְשִׁפְעַת (רעש) הַקַּלְגַּסִּין (הנעליים), "אַל תַּחְפְּזוּ" — מִקּוֹל קְרָנוֹת (חצוצרות), "ואַל תַּעַרְצוּ" — מִפְּנֵי קוֹל צְוָוחוֹת, "כִּי ה' אֱלֹהֵיכֶם הַהֹלֵךְ עִמָּכֶם" (שם ד). זכרו כי הֵם בָּאִין בְּנִצְחוֹנוֹ שֶׁל בָּשָׂר וָדָם, וְאַתֶּם בָּאִים בְּנִצְחוֹנוֹ שֶׁל מָקוֹם (הקדוש ברוך הוא). פְּלִשְׁתִּים בָּאוּ בְּנִצְחוֹנוֹ שֶׁל גָּלְיָת, מֶה הָיָה סוֹפוֹ — לַסּוֹף נָפַל בַּחֶרֶב וְנָפְלוּ הם עִמּוֹ. בְּנֵי עַמּוֹן בָּאוּ בְּנִצְחוֹנוֹ שֶׁל שׁוֹבַךְ, מֶה הָיָה סוֹפוֹ — לַסּוֹף נָפַל בַּחֶרֶב וְהם נָפְלוּ עִמּוֹ. וְאַתֶּם אִי (אין) אַתֶּם כֵּן, "כִּי ה' אֱלֹהֵיכֶם הַהֹלֵךְ עִמָּכֶם לְהִלָּחֵם לָכֶם" (שם) — זֶה מַחֲנֵה הָאָרוֹן שהיה הולך איתם למלחמה.

ב גמרא על האמור במשנה שואלים: מַאי קָאָמַר [מה אמר], כלומר, כיצד הוא לומד ממה שנאמר "ודבר אל העם" שהיה אומר בלשון הקודש? ומשיבים: הָכִי קָאָמַר [כך אמר]: הדבר נלמד בגזירה שווה, שֶׁנֶּאֱמַר כאן: "וְדִבֶּר", וּלְהַלָּן אוֹמֵר: "מֹשֶׁה יְדַבֵּר וְהָאֱלֹהִים יַעֲנֶנּוּ בְקוֹל" (שמות יט, יט), מַה לְּהַלָּן דברי ה' ומשה היו בִּלְשׁוֹן הַקּוֹדֶשׁ — אַף כָּאן בִּלְשׁוֹן הַקּוֹדֶשׁ. תָּנוּ רַבָּנַן [שנו חכמים]: "וְנִגַּשׁ הַכֹּהֵן וְדִבֶּר אֶל הָעָם" (דברים כ, ב). יָכוֹל כָּל כֹּהֵן שֶׁיִּרְצֶה עושה זאת — תַּלְמוּד לוֹמַר באותה פרשה: "וְדִבְּרוּ הַשֹּׁטְרִים" (שם ה), מַה שּׁוֹטְרִים — בִּמְמוּנֶּה, שהשוטר אינו סתם אדם, אלא מי שנתמנה לצורך שמירת הסדר וכפיית הדינים, אַף כֹּהֵן — דווקא בִּמְמוּנֶּה לצורך זה. ושואלים: וְאֵימָא [ואמור] שיעשה זאת דווקא כֹּהֵן גָּדוֹל? ומשיבים: דּוּמְיָא [בדומה] לשׁוֹטֵר, מַה שׁוֹטֵר הוא מי שֶׁיֵּשׁ מְמוּנֶּה עַל גַּבָּיו שהוא השופט — אַף בכֹּהֵן זה מדובר שֶׁיֵּשׁ מְמוּנֶּה עַל גַּבָּיו, שהכהן גדול הוא הממונה על משוח המלחמה. ושואלים: כֹּהֵן גָּדוֹל נַמִי [גם כן], הָאִיכָּא [הרי יש] מֶלֶךְ עַל גַּבָּיו, ומדוע לא ידבר הוא אל העם! ומשיבים: שיש עליו ממונה בַּעֲבוֹדָתוֹ קָאָמַר [אמר], שאף שהמלך גבוה מהכהן הגדול בשׂררה, אבל בתפקידו בכהונה הוא הגדול. ושואלים: וְאֵימָא [ואמור] שיהיה המדבר אל העם סְגָן הכהנים, שהוא השני בגדולה לכהן גדול! ומשיבים: סְגָן לָאו [לא] מְמוּנֶּה הוּא, שאין לו בעצם מינוי מסויים של שררה אלא הוא רק ממלא מקום. דְּתַנְיָא [שכן שנינו בברייתא], אָמַר ר' חֲנִינָא סְגַן הַכֹּהֲנִים: לָמָּה סְגָן מְמוּנֶּה — שֶׁאִם אֵירַע בּוֹ פְּסוּל בְּכֹהֵן גָּדוֹל נִכְנָס הסגן וּמְשַׁמֵּשׁ תַּחְתָּיו, אבל כשלעצמו אין לו מינוי מיוחד.

ג נאמר במשוח מלחמה "וְאָמַר אֲלֵהֶם שְׁמַע יִשְׂרָאֵל" (שם ג). ושואלים: מַאי שְׁנָא [מה שונה, מדוע דווקא] בלשון "שְׁמַע יִשְׂרָאֵל"? אָמַר ר' יוֹחָנָן מִשּׁוּם (בשם) ר' שִׁמְעוֹן בֶּן יוֹחַי, אומר הוא להם דווקא "שמע ישראל" כיון שאָמַר לָהֶן הַקָּדוֹשׁ בָּרוּךְ הוּא לְיִשְׂרָאֵל: אֲפִילּוּ לֹא קִיַּימְתֶּם אֶלָּא קְרִיאַת שְׁמַע שַׁחֲרִית וְעַרְבִית — אִי (אין) אַתֶּם נִמְסָרִין בְּיָדָם של אויביכם, וזהו שרומז בלשון "שמע ישראל".

על מה ששנינו במשנה בין הדברים הנאמרים על ידי הכהן ליוצאים למלחמה: "אַל יֵרַךְ לְבַבְכֶם אַל תִּירְאוּ" כו', תָּנוּ רַבָּנַן [שנו חכמים]: פַּעֲמַיִם מְדַבֵּר הכהן עִמָּם, פעם אַחַת כשהם נאספים למלחמה בַּסְּפָר (ליד הגבול), ופעם אַחַת בַּמִּלְחָמָה בשדה המערכה. בַּסְּפָר מַה הוּא אוֹמֵר —

עיונים

משוח מלחמה ראה בתוס' (ד"ה משוח) שדנו במקומו של פרק זה כאן לפני פרק "עגלה ערופה" שלא כפי הסדר ברשימה הכללית של הדברים הנאמרים בלשון הקודש האמורה בפרק הקודם. והם מסבירים בין השאר, כי משום שפרשה זו קטנה הוקדמה לפני פרשת עגלה ערופה. וראה בתוי"ט שהטעים הדברים באומרו שכאן אין אלא פירוש הכתובים עצמם, אבל בפרשת עגלה ערופה יש חידושי דינים נוספים. ובתו"ש ותוהרא"ש כתבו שהקדים ביאור דברים אלה משום שפרשה זו מוקדמת במקרא. ומה שלא מנאה קודם ברשימת הדברים הנאמרים בלשון הקודש — משום שענין זה שנאמרת בלשון הקודש מבורר יותר לענין עגלה ערופה.

בשעה שמדבר אל העם לדעת המאירי, היו ממנים כהן משוח מלחמה בכל מלחמה, בין מלחמת מצוה ובין מלחמת רשות. אלא שבמלחמת מצוה לא היה הכהן מדבר בפני העם אלא את דברי החיזוק והעידוד, ולא היה אומר שאר דברים שאינם שייכים לכך (וראה ב"אורח ההלכה").

ולא על אחיכם וכו' לדעת ספר באר שבע לא היה הכהן אומר אלא את הדברים הכתובים במקרא, והתנא הוא שמפרש את הדברים ודורשם. אבל מדברי ספר החינוך משמע שהיה הכהן מוסיף דברים ודורשם.

לא יהודה על שמעון וכו' על בחירת שמות שבטים אלה תהה כבר המהרש"א, שהרי לכאורה (ואף לפי הכתוב שהביא) היה מן הראוי לומר "יהודה על אפרים"! ותירץ כי כאן מדובר בימי הבית השני, שלא נשארו אלא שבטים אלה. ויש שכתב שבחר בשמות שבטים אלה כי יהודה ושמעון שניהם שבטי לוחמים אשר בדרך כלל אין דרכם לרחם. ובינמין הוא הקטן מכולם (עיון יעקב).

שפעת הקלגסין רש"י והערוך פירשו — ריבוי אנשי הצבא. ובפיה"מ לרמב"ם (וכן משמע מן המאירי) מסביר שהוא השמעת קול (לפי הנוסח "שיפת") על ידי כלי זין שונים.

מה שוטרים בממונה בספר באר שבע מסביר כי הכוונה היא ששוטרים אלה היו בעלי שררה ומינוי, לפי שאין הם כשוטרים סתם הממונים על ביצוע פסקי הדין (שהם מתורגמים בפרשת שופטים "פורענין") אלא ראשי הצבא, שכן תרגומם "סרכיא", כלומר אלה העושים את המשטר וההנהגה. והממונה עליהם הוא המלך, ולא השופט כפירוש רש"י.

סגן לאו ממונה אף שפורש בתלמוד הירושלמי שהיו חמשה דברים שהיה הסגן ממונה עליהם, הרי יש להטעים דברי התוס' (ד"ה סגן) ולומר כי עצם תפקיד הסגן אינו אלא של מילוי מקום הכהן הגדול כשאינו יכול לשמש מחמת טומאה או פסול אחר. ומה שיש לו מינוי לדברים אחרים אינו אלא מינוי פנימי של הכהנים, כדרך שהיו ממנים כהנים אחרים לתפקידים שונים. ובספר באר שבע כתב שיש לפרש כדברי רש"י, שמכל מקום בעבודה אין הסגן נבדל משאר הכהנים, ואין לו מינוי מיוחד בתחום העבודה במקדש.

אחת בספר לפני המאירי היתה הגירסה "אחת בשופר" ופירושה — כשהיו תוקעים בשופר להקהיל את העם למלחמה, עוד בהיותם בתוך גבול הארץ. אבל הוא מעדיף את הניסוח "בסְפָר", ומפרש שבספר היו אומרים לכל אלה שאינם ראויים לצאת למלחמה שיפרשו, והיו חוזרים ואומרים זאת גם לפני המלחמה, שאם נשארו אחדים שלא פרשו יצאו עכשיו מן המערכות.

אורח ההלכה

משוח מלחמה בשעה שמדבר וכו' בעת שעורכים את המערכות והם קרבים להילחם, משוח המלחמה עומד במקום גבוה ואומר להם בלשון הקודש "שמע ישראל אתם קרבים למלחמה וגו'... כי ה' אלקיכם ההולך אתכם עם אויביכם להשיע אתכם". ואחר כך אומר משוח המלחמה "מי האיש אשר בנה" וגו'. וכבר תהה בכ"מ מפני מה חוזר משוח המלחמה ואומר דברים אלה שכבר נאמרו בסְּפָר, ולדעתו אין חוזרים אותם אנשים לביתם בסְּפָר מיד אלא לאחר ששומעים פעם שניה. ובלח"מ מצדד בעיקר בדברי רש"י שאין אומר דברים אלה אלא פעם אחת בספר, אף שדברי התוספתא נראים כמסייעים לשיטת הרמב"ם בזה. (רמב"ם ספר שופטים הלכות מלכים פ"ז ה"ג).

פעמיים מדבר עמם שתי פעמים מדבר משוח המלחמה עם העם, פעם אחת בסְּפָר (ליד הגבול) בשעה שיוצאים למלחמה אומר לעם "מי האיש אשר נטע" וגו'. ופעם אחרת, בשעה שנערכים למלחמה אומר להם "שמע ישראל וגו'... אל תערצו" וגו'. (רמב"ם שם ה"ב).

תורה אור

ירמיה לז ויהי הוא בשער בנימן ושם בעל פקידות
ושמו יראיה בן שלמיה בן חנניה ויתפש את
ירמיהו הנביא לאמר אל הכשדים אתה נופל
ויאמר (לו) ירמיהו שקר אינני נופל *אל
הכשדים וגו' וכתי' ויתפש*(א) ירמיהו ויביאהו
אל השרים וא"ר אלעזר כל עדה שיש בה
איוב טו חנופה מאוסה כנדה שנאמר כי עדת חנף
גלמוד *שכן בכרכי הים קורין לנדה גלמודה
מאי גלמודה גמולה(ב) מבעלה ואמר ר' אלעזר
כל עדה שיש בה חנופה לסוף גולה כתיב
ישעיה מט הכא כי עדת חנף גלמוד וכתי' התם ואמרת
בלבבך מי ילד לי את אלה ואני שכולה
וגלמודה גולה וסורה וגו' א"ר ירמיה בר אבא
*ארבע כיתות אין מקבלות פני שכינה כת
ליצים וכת חניפים וכת *שקרים וכת מספרי
הושע ז לשון הרע כת ליצים דכתיב משך ידו את
איוב יג לוצצים כת חניפים דכתיב כי לא לפניו חנף
תהלים קא יבא כת שקרים דכתי' דובר שקרים לא יכון
שם ה לנגד עיני כת מספרי לשון הרע דכתיב כי
לא אל חפץ רשע אתה לא יגורך רע *צדיק
אתה ה' לא יגור במגורך רע:

הדרן עלך אלו נאמרין

א **משוח** מלחמה אבשעה שמדבר אל העם
בלשון הקודש היה מדבר שנאמר
דברים כ והיה כקרבכם אל המלחמה ונגש הכהן אזה
שם כהן משוח מלחמה ודבר אל העם בלשון
שם הקודש ואמר אליהם שמע ישראל וגו' על
אויביכם בולא על אחיכם לא יהודה על שמעון
ולא שמעון על בנימין שאם תפלו בידם ירחמו
דה"ב כח עליכם כמה שנאמר ויקומו האנשים אשר
נקבו בשמות ויחזיקו בשביה וכל מערומיהם
הלבישו מן השלל וילבישום וינעילום
ויאכילום וישקום ויסכום וינהלום בחמורים
לכל כושל ויביאום יריחו עיר התמרים אצל אחיהם וישובו שומרון וגו' על
דברים כ אויביכם אתם הולכים שאם תפלו בידם אין מרחמין עליכם אל ירך
לבבכם אל תיראו ואל תחפזו וגו' גאל ירך לבבכם מפני צהלת סוסים
וציחצוח חרבות אל תיראו מפני הגפת תריסין ושפעת הקלגסין אל תחפזו מקול קרנות אל תערצו מפני
דברים כ קול צווחות כי ה' אלהיכם ההולך עמכם דהם באין בנצחונו של בשר ודם ואתם באים בנצחונו של
מקום פלשתים באו בנצחונו של גלית מה היה סופו לסוף נפל בחרב ונפלו עמו בני עמון באו בנצחונו
של שובך מה היה סופו לסוף נפל בחרב ונפלו עמו ואתם אי אתם כן כי ה' אלהיכם ההולך עמכם להלחם
שמות יט לכם וגו' זה מחנה הארון: **גמ'** המאי קאמר הכי קאמר שנאמר ודבר ולהלן אומר משה ידבר והאלהים יעננו ב
בקול מה להלן בלשון הקודש אף כאן בלשון הקודש תנו רבנן וונגש הכהן ודבר אל העם יכול כל כהן
דברים כ שירצה ת"ל ודברו השוטרים מה שוטרים בממונה אף כהן בממונה ואימא כהן גדול דומיא דשוטר
מה שוטר שיש ממונה על גביו אף כהן שיש ממונה על גביו כהן גדול נמי האיכא מלך על גביו
[שבת קמט: חגיגה יב: סנהדרין קג.] בעבודתו קאמר ואימא סגן סגן לאו ממונה הוא דתניא ז*אמר רבי חנינא סגן הכהנים למה סגן
[יומא לט. ע"ש נזיר מז: ע"ש] ממונה חשאם אירע בו פסול בכהן גדול נכנס ומשמש תחתיו: ואמר אליהם שמע ישראל: מאי שנא ג
שמע ישראל אמר רבי יוחנן משום רבי שמעון בן יוחי אמר להן הקדוש ברוך הוא לישראל טאפילו
לא קיימתם אלא קריאת שמע שחרית וערבית אי אתם נמסרין בידם: אל ירך לבבכם אל תיראו
כו': תנו רבנן יבפעמיים מדבר עמם אחת בספר ואחת במלחמה בספר מה הוא אומר
שמעו

גמולה. בדולה כמו ויגמל (בראשית כא): **משך ידו.** הקב"ה מהיות את נוללים: **לא יגורך רע.** לא יגור עמך רע וגבי מספרי לשון הרע כתיב דכתיב בההוא פרשתא כי אין בפיהו נכונה וגו':

הדרן עלך אלו נאמרין

משוח מלחמה. כהן *שנתרבה לכך שנאמר ונגש הכהן וגו' ובגמרא פריך מאי קאמר: **ויקומו האנשים.** כתיב גבי פקח בן רמליהו שנלחם עם אחז בדברי הימים ששבו מבני יהודה הרבה ושם היה נביא עודד שמו והוכיחם לבני ישראל ואמר להם בחמת ה' על בני יהודה נתנם בידכם והכיתם בהם לאין מרפא ועתה אתם אומרים לכבוש אותם לעבדים שמעוני והשיבו את השביה וגו': **לכל כושל.** כל הכושלים שבהם שאין יכולין לילך ברגליהם: **צהלת סוסים.** לנף סוסים קרוי צהלה בלשון המקרא: **קלגסין.** חיילות: **הגפת תריסין.** מגיפין וסוגרין ומדבקין התריסין זה סמוך לזה כדי שינקשו זה על זה והקול נשמע כקול המון לאיים על שכנגדם: **שובך.** שר צבא הדרעזר: **גמ' מאי קאמר.** היכי יליף לשון הקודש מהכא: **דומיא דשוטר.** תירוצא היא השופט ממונה על השוטר ששוטר עשוי לנגוש את מי שילוה השופט לכוף: **ואימא סגן.** מדבר דברים הללו דהא ממונה הוא ויש ממונה על גביו: **למה סגן ממונה.** לאיזה דבר הוא ממונה ומוכן: **שאם אירע כו'.** אבל בעוד שלא אירע פסול לכהן גדול אין לסגן גדולה של כלום: **מאי שנא שמע ישראל.** למה מתחיל בלשון זה: **פעמיים מדבר עמהם אחת בספר.** כשיצאו מארצם: שמעו

משוח מלחמה. נראה הכי דלא תנא הכי משוח מלחמה בשעה שמדבר אל העם כילד כדקתני בפרק אלו נאמרין (לעיל דף לב.) מקרא בכורים כילד משום דהתם סליק מיניה דתני לעיל מיניה ואלו נאמרין בלשון קודש אבל תימה למה הקדים פרק זה קודם פרק עגלה ערופה והלא שנה משוח מלחמה בבבא אחרונה אחרי כולן ויש לומר דהתם הקדים פרשת עגלה ערופה משום דאיירי בפרשת המלך נקט בתריה פרשת עגלה ערופה אבל הכא שבא לפרשה מקדים משוח מלחמה משום דזוטרי מיליה ופסיק ושדי להו וא"ת וליתני לעיל פרשת משוח מלחמה כדתני פרשת עגלה ערופה יש לומר דלא שייך למימר פרשת משוח מלחמה שהרי לא נתנה משום מצות קריאה אלא משום התראה: **הכי קאמר שנאמר ודבר.** ירושלמי למה בגין דכתי' ודבר הרי ק"ש דכתי' בה ודברת בם והיא נאמרת בכל לשון אלא בגין דכתיב בה אמירה הרי פרשת ודוי מעשר הרי כתיב בה אמירה והיא נאמרת בכל לשון אמר רבי חגי נאמר כאן הגשה ונאמר להלן הגשה ונגשו הכהנים בני לוי מה נגישה שנא' להלן בלשון קודש אף כאן בלשון קודש עד כדון כרבי עקיבא דאמר לשונות ריבויין הן כרבי ישמעאל דאמר לשונות כפולין הן ברם מאי אמר ר' חייא בר אבא נאמר כאן נגישה ונאמר להלן נגישה ונגש משה אל הערפל מה לשם לשון הקודש אף כאן לשון הקודש *מסתברא דלא ופקדו שרי צבאות בראש העם ואחרי כן ונגש הכהן ודבר אל העם בתר דמתקן להון הוא משמע לון: **סגן לאו ממונה הוא.** ואם תאמר הא אמרינן בסנהדרין פרק כהן גדול (דף יט.) כשהוא מנחם אחרים כל העם עוברין זה אחר זה והממונה ממלעו ותניא כשהוא עומד בשורה לנחם את האחרים סגן ומשוח מלחמה עומד בימינו ואמר רב פפא ש"מ מהא מתניתין תלת שמע מינה היינו סגן היינו ממונה יש לומר ודאי ממונה היה לדברים שמינוהו אחיו הכהנים כדתנן (יומא דף כח.) אמר להם הממונה אבל מן התורה אין לו שום מנוי ושררה יותר על אחיו הכהנים ואינו אלא עין מינוי אמרכל וגיזבר שגידלוהו אחיו הכהנים*: מאה

א א מיי' פ"ז מהלכות מלכים הלכה ג סמג עשין קכ:
ב ב מיי' שם הלכה ב:

הגהות הב"ח

(א) גמ' וכתיב ויתפש יראיה בן שלמיה בירמיהו ויביאהו: (ב) שם גמולה דא מבעלה:

נ"ל על
נ"ל יראיה בירמיהו
ס"א שנתברר [ר"ה כו.]
סנהדרין קג. ע"ש
[נ"ל לא]
[נ"ל שקרנים. כ"ה בסנהדרין]
[ועי"ע תוס' יומא טו: ד"ה אמר להם ותוס' מנחות ק. ד"ה אמר]

שמעו דברי מערכי המלחמה וחזרו [א]במלחמה מה הוא אומר אל ירך לבבכם אל תיראו ואל תחפזו ואל תערצו [ב]כנגד ארבעה דברים שאומות העולם עושין מגיפין ומריעין צווחין ורומסין: פלשתים באו בנצחונו של גלית כו': [ג]גלית אמר רבי יוחנן שעמד בגילוי פנים לפני הקב"ה שנאמר °ברו לכם איש וירד אלי [ד]*ואין איש אלא הקב"ה שנא' °ה' איש מלחמה אמר הקב"ה הריני מפילו על יד בן איש שנא' °ודוד בן איש אפרתי הזה [ה]א"ר יוחנן משום רבי מאיר בשלשה מקומות לכדו פיו לאותו רשע אחד ברו לכם איש וירד אלי ואידך אם יוכל להלחם אתי והכני וגו' ואידך דקאמר ליה לדוד °הכלב אנכי כי אתה בא אלי במקלות דוד נמי אמר ליה °אתה בא אלי בחרב בחנית ובכידון (א)הדר אמר ליה ואנכי בא אליך בשם ה' צבאות אלהי (ישראל) מערכות ישראל אשר חרפת °ויגש הפלשתי השכם והערב אמר ר' יוחנן כדי לבטלן מק"ש שחרית וערבית °ויתיצב ארבעים יום א"ר יוחנן כנגד ארבעים יום שנתנה בהן תורה °ויצא איש הבינים ממחנות פלשתים וגו' [ו]מאי בינים אמר רב שמבונה מכל מום ושמואל אמר בינוני שבאחיו דבי רבי שילא אמר שהוא עשוי כבנין רבי יוחנן אמר בר [ז]מאה פפי וחדא נאנאי וגלית שמו מגת [ח]תני רב יוסף שהכל דשין את אמו כגת כתיב מערות וקרינן מערכות תני רב יוסף שהכל הערו באמו [ט]כתיב °הרפה וכתיב ערפה רב ושמואל חד אמר הרפה שמה ולמה נקרא שמה ערפה שהכל עורפין אותה מאחריה וחד אמר ערפה שמה ולמה נקרא שמה הרפה שהכל דשין אותה כהריפות וכן הוא אומר °ותקח האשה ותפרוש המסך על פני הבאר ותשטח עליה הריפות ואי בעית אימא מהכא °אם תכתש את האויל במכתש בתוך הריפות בעלי [י]°ואת ארבעת אלה יולדו להרפה בגת ויפלו ביד דוד וביד עבדיו מאי נינהו אמר רב חסדא סף ומדון גלית וישבי בנוב ויפלו ביד דוד וביד עבדיו דכתיב °ותשק ערפה לחמותה ורות דבקה בה אמר רבי יצחק אמר הקדוש ברוך הוא יבואו בני הנשוקה ויפלו ביד בני הדבוקה דרש רבא [יא]בשכר ארבע דמעות שהורידה ערפה על חמותה זכתה ויצאו ממנה ארבעה גבורים שנאמר °ותשאנה קולן ותבכינה עוד [יב]כתיב חץ חניתו וקרינן עץ חניתו אמר רבי אלעזר [יג]עדיין לא הגיענו לחצי שבחו של אותו רשע מכאן שאסור לספר בשבחן של רשעים ולא לפתח ביה כלל לאודועי שבחיה דדוד: בני עמון באו בנצחונו של שובך כו': [יד]כתיב שובך וכתיב שופך רב ושמואל חד אמר שופך שמו ולמה נקרא שמו שובך שעשוי כשובך וחד אמר שובך שמו ולמה נקרא שמו שופך שכל הרואה אותו נשפך לפניו בקיתון [טו]°אשפתו כקבר פתוח כולם גבורים רב ושמואל ואמרי לה רבי אמי ורבי אסי חד אמר בשעה שזורקין חץ עושין אשפתות של חללים ושמא תאמר שאומנין בקרב ת"ל כולם גבורים וחד אמר בשעה שעושין צורכיהן עושין אשפתות של זבל ושמא תאמר מפני שחולי מעיים הם תלמוד לומר כולם גבורים אמר רב מרי שמע מינה האי מאן דנפיש זיבליה חולי מעיים הוא למאי נפקא מינה ליטרח בנפשיה °דאגה בלב איש ישחנה [טז]*ר' אמי ורבי אסי חד אמר ישחנה מדעתו וחד אמר ישיחנה לאחרים: ואתם אי אתם כן כו': וכל כך למה מפני [יז]*שהשם וכל כינויו מונחין

רש"י

שמעו דברי מערכי מלחמה. מי ראוי לחזור ומי ראוי לילך וחזרו הראוים לחזור כגון בנה בית ונטע כרם ואירש אשה וירא ורך הלבב ואע"ג דכתיב בהן ודברו השוטרים לקמן אמרינן דכהן קאמר להו אלא שהשוטרים משמיעין דבריו לעם: **אל ירך לבבכם אל תיראו ואל תחפזו ואל תערצו.** ארבעה אזהרות כנגד ארבעה דברים שהגוים היו עושין לאיים מגיפין בתריסין ומריעין בקרנות וצווחין בקולם ורומסין בהלת סוסיהן ודהרותם אבל לאוה חרבות ושפעת קלגסים הן עיקר המלחמה ואינן לאיים: **בגילוי פנים.** בחוצפה: **ברו.** בחרו: **לכדו פיו.** אמר פיו את כשלונו: **וירד אלי.** משמע עלי שהוא יגבר דהוה ליה למימר וילחם אתי: **ואידך והכני.** ואע"ג דהדר אמר ואם אני אוכל לו והכיתיו מכל מקום פתיחת פיו לרעתו(ב): **דוד הדר קאמר ליה ואני בא.** ואין זו פתיחת פה לרעה דאמר ליה אתה בא למשול בי על ידי דבר שאין בו ממש ואני בא למשול בך בשם שהנצחונות שלו: **כנגד ארבעים יום.** שאיחרה תורה להתקבל ניתן לו כח להתיצב: **מכל מום.** מתוקן ומנוקה מכל מום של כיעור: **שבאחיו.** ארבעה(ג) היו (לו) כדלקמן: **בר מאה פאפי וחד נאנאי.** בן התערובת שבאו הרבה אנשים על אמו בלילה אחת ונתעברה מן אחד נמצא האחד אביו וכולן מנאפים: **נאנאי.** זהו אב בלשון פרסי: **פאפי.** פרשטרא ולשון איש הבינים שילא מבין אנשים הרבה: **כתיב מערות.** ממערות פלשתים: **כתיב ערפה.** שם האחת ערפה (רות א) וכתיב הרפה אשר בילידי הרפה והיא ערפה כדאמרי' לקמן שנגזר עליה שיפלו בניה בחרב ביד בני רות שדבקה בשכינה: **עורפין אותה.** הפקירה עצמה כבהמה (ד)פנים כנגד עורף: **כהריפות.** חטין כתושין: **סף ומדון וגלית וישבי.** כולם בספר שמואל*: **בני הנשוקה.** שנשקה לחמותה להפרד מעמה שלא נתגיירה: **ותבכינה עוד.** פעם שניה דלעיל מיני' כתי' ותשאנה קולן ותבכינה: **ארבע דמעות.** שתי בכיות משתי עינים: **חץ.** לשון חצי הודיעך הכתוב שלא סיפר בחצי גבורתו: **לאודועי שבחיה דדוד.** שנלחם עם גבור כמוהו: **כתיב שובך.** בספר שמואל (ב' י) וכתיב שופך בדברי הימים (א' יט): **אשפתו כקבר פתוח.** בחיילות של נבוכדנצר כתיב ואיידי דנקט פלוגתא דרב ושמואל בדרשות דקראי נקט לה: **מפני שאומנים.** אבל אינם גבורים: **של זבל.** מחמת שאוכלין הרבה בגבורה: **שמע מינה.** מדקאמר שמא תאמר חולי מעיים הם: **ליטרח בנפשיה.** לבקש לו רפואות טרם יכבד חוליו עליו: **דאגה בלב איש ישחנה.** ישכחה מדעתו. ישיחנה לאחרים: **וכל כך למה.** אומר להם ומה היא הבטחה הזו שהבטיחן כי ה' אלהיכם ההולך ולא אמר כי ה' אלהיכם עמכם ומה היא הליכה זו דמשמע הולך ממש: **שהשם וכל כינויו עומדין בארון.** היוצא עמהם במלחמה:

שפיטפט

תוספות

מאה **פפי וחד נאנאי.** בירושלמי בפרק החולץ אגמרא וחייבין אשם תלוי את ש"מ [שהאשה] מתעברת וחוזרת ומתעברת את ש"מ שאין האשה מתעברת משני בני אדם כאחת ופליגי על רבנן דאגדתא דרבנן דאגדתא אומרים ויצא איש הבינים ממערכות פלשתים ממאה ערלות פלשתים שהערו בה מאה ערלות פלשתים אמר רבי מתניא ולא פליגין עד שלא נסרחה הזרע האשה מתעברת משני בני אדם כאחת ומשנסרחה הזרע אין האשה מתעברת משני בני אדם כאחת זה משמע שכולן מאה היו אבותיו שהרי מכולן נתעברה אמו ולא כפי' רש"י שפירש וחד נאנאי שאחד מהן אביו ופי' הערוך* נאנאי כלב שבאו עליה מאה אנשים וכלב אחד וכן מפורש בויקרא רבה ובאגדה דשמואל אמר ר' יצחק אותה הלילה שפירשה ערפה מחמותה נתערבו בה גייס של מאה בני אדם הדא דכתיב והוא מדבר עמם והנה איש הבינים וגו' ממערכות פלשתים ממערות כתיב ממאה ערלות פלשתים רבי תנחומא אמר אף כלב אחד שנאמר ויאמר הפלשתי אל דוד הכלב אנכי וגו' ותו התם ויתיצב ארבעים יום אמר רבי ברכיה ב"ר יצחק בשכר ארבעים פסיעות שהלכה ערפה עם חמותה נתלה לבנה ארבעים יום: **מפני** **שהשם וכל כנויו מונחים בארון.** תוספתא (פ"ז ע"ש) כי ה' אלהיכם ההולך עמכם זה השם הנתון בארון שנאמר וישלח אותם משה וגו' מלמד שהיה פנחס משוח מלחמה וכלי הקודש זה הארון ויש אומרים אלו בגדי כהונה שנא' ובגדי הקודש אשר לאהרן [רבי יהודה בן לקיש] אומר ב' ארונות היו עמהם זה שיוצא עמהן למלחמה היו בו שברי לוחות שנאמר ויסעו מהר ה' וגו' זה שהיה עמהן היה בו ס"ת שנאמר ויעפילו לעלות וגו' ובירושלמי אמרי' ארון אחד היה:

מאלו התוס' לא מצאתי יותר

הגהות הב"ח

(א) גמ' ובכידון דוד הדר אמר וכו' לצבאות אלהי מערכות כצ"ל ותיבת ישראל נמחק: (ב) רש"י ד"ה ואידך וכו' לרעתו הות הס"ד: (ג) ד"ה שבאחיו ארבעה אחים היו: (ד) ד"ה עורפין וכו' כבהמה אף פנים:

מסורת הש"ס / תורה אור

[ערך בן ד'] [לקמן מח. סנהדרין לג. ע:] [ב' כא] יומא עה. [סנהדרין קז:] [ב"ב יז:]

שמואל א יז · שמות טו · ש"א יז · שם · שם · שם · שם · שם · ש"ב כא · שם יז · משלי כז · ש"ב כא · רות א · שם · ירמיה ה · משלי יב

שִׁמְעוּ הקשיבו **לְדִבְרֵי מַעַרְכֵי הַמִּלְחָמָה**, ותדעו מי הם הראויים והמותרים לחזור מן המלחמה, **וְחִזְרוּ** אלה שצריכים לחזור. **בַּמִּלְחָמָה מַה הוּא אוֹמֵר** — **"אַל יֵרַךְ לְבַבְכֶם אַל תִּירְאוּ וְאַל תַּחְפְּזוּ וְאַל תַּעַרְצוּ"** (דברים כ, ג), ומעירים: ארבע אזהרות אלו הם **כְּנֶגֶד אַרְבָּעָה דְּבָרִים שֶׁאוּמּוֹת הָעוֹלָם עוֹשִׂין: מַגִּיפִין** מקישים בכלי מלחמה, **וּמְרִיעִין** בקרנות, **צוֹוְחִין, וְרוֹמְסִין** רוקעים ברגלי סוסיהם כדי להפחיד את האוייב.

א נאמר במשנה שאומר הכהן אל העם: **פְּלִשְׁתִּים בָּאוּ בְּנִצְחוֹנוֹ שֶׁל גָּלְיָת** וכו׳. כיון שנזכר ענין זה מפרשים את ענין מלחמת דוד בגלית. **גָּלְיָת, אָמַר ר׳ יוֹחָנָן:** נקרא כך משום **שֶׁעָמַד בְּגִילּוּי פָּנִים** (בעזות מצח) **לִפְנֵי הַקָּדוֹשׁ בָּרוּךְ הוּא, שֶׁנֶּאֱמַר: "בְּרוּ** (בררו) **לָכֶם אִישׁ וְיֵרֵד אֵלָי"** (שמואל א, יז ח), **וְאֵין "אִישׁ" אֶלָּא הַקָּדוֹשׁ בָּרוּךְ הוּא, שֶׁנֶּאֱמַר: "ה׳ אִישׁ מִלְחָמָה"** (שמות טו, ג). **אָמַר הַקָּדוֹשׁ בָּרוּךְ הוּא: הֲרֵינִי מַפִּילוֹ עַל יַד בֶּן אִישׁ, שֶׁנֶּאֱמַר: "וְדָוִד בֶּן אִישׁ אֶפְרָתִי הַזֶּה"** (שמואל שם יב). **אָמַר ר׳ יוֹחָנָן מִשּׁוּם ר׳ מֵאִיר: בִּשְׁלֹשָׁה מְקוֹמוֹת לְכָדוֹ פִּיו לְאוֹתוֹ רָשָׁע**, כלומר, שהוציא מפיו דברים שהיה בהם רמז שהוא עצמו עתיד ליפול: **אֶחָד — "בְּרוּ לָכֶם אִישׁ וְיֵרֵד אֵלָי"** (שמואל שם ח), ודייק בלשון "ירד", כלומר, שהוא עצמו יהיה למטה. **וְאִידָךְ** [והלשון האחר]: **"אִם יוּכַל לְהִלָּחֵם אִתִּי וְהִכָּנִי"** (שם ט), שפתח בלשון שיש בה מפלה לעצמו. **וְאִידָךְ** [והאחר], **דְּקָאָמַר לֵיהּ** [שאמר לו] **לְדָוִד: "הֲכֶלֶב אָנֹכִי כִּי אַתָּה בָא אֵלַי בַּמַּקְלוֹת"** (שם מג). ושואלים: **דָּוִד נַמִּי** [גם כן] **אָמַר לֵיהּ** [לו] **"אַתָּה בָּא אֵלַי בְּחֶרֶב וּבַחֲנִית וּבְכִידוֹן"** (שם מה)! ומשיבים: **הֲדַר** [חזר] **וְאָמַר לֵיהּ** [לו] מיד: **"וְאָנֹכִי בָא אֵלֶיךָ בְּשֵׁם ה׳ צְבָאוֹת אֱלֹהֵי (יִשְׂרָאֵל) מַעַרְכוֹת יִשְׂרָאֵל אֲשֶׁר חֵרַפְתָּ"** (שם). על מה שנאמר **"וַיִּגַּשׁ הַפְּלִשְׁתִּי הַשְׁכֵּם וְהַעֲרֵב"** (שם טז), **אָמַר ר׳ יוֹחָנָן:** עשה זאת בכוונה, **כְּדֵי לְבַטְּלָן מִקְּרִיאַת שְׁמַע שַׁחֲרִית וְעַרְבִית** שזמנה הוא בבוקר ובערב. ועל מה שנאמר **"וַיִּתְיַצֵּב אַרְבָּעִים יוֹם"** (שם), **אָמַר ר׳ יוֹחָנָן: כְּנֶגֶד אַרְבָּעִים יוֹם שֶׁנִּתְּנָה בָּהֶן תּוֹרָה** שרצה לבטלה. נאמר **"וַיֵּצֵא אִישׁ הַבֵּנַיִם מִמַּחֲנוֹת פְּלִשְׁתִּים** גלית שמו מגת" (שם ד). ושואלים: **מַאי** [מה פירוש] **"בֵּינַיִם"? אָמַר רַב: שֶׁמְּבוּנֶּה** ומושלם ונקי **מִכָּל מוּם. וּשְׁמוּאֵל אָמַר:** משמעות "בינים" — שהוא **בֵּינוֹנִי שֶׁבְּאֶחָיו**, והיו גדולים ממנו. **דְּבֵי** [בבית מדרשו] של **ר׳ שֵׁילָא אָמַר** החכם: **שֶׁהוּא עָשׂוּי** חזק **כְּבִנְיָן. ר׳ יוֹחָנָן אָמַר: בַּר** [בן] **מְאָה פַּפֵּי וַחֲדָא נַאנַאי** [אבות וכלב אחד], שנבעלה אמו לכלב, וזה לשון "בינים" — שיצא מבין כולם. נאמר **"גָּלְיָת שְׁמוֹ מִגַּת"** (שם). **תָּנֵי** [שנה] **רַב יוֹסֵף: שֶׁהַכֹּל דָּשִׁין** (בועלים) **אֶת אִמּוֹ כְּגַת** שהכל דשים בה. **כְּתִיב** [כתוב] על גלית שעלה מ"**מְעָרוֹת** פלשתים" (שם כג), **וְקָרֵינַן** [וקוראים אנו] (הקרי הוא) **"מַעַרְכוֹת** פלשתים". **תָּנֵי** [שנה] **רַב יוֹסֵף: שֶׁהַכֹּל הֶעֱרוּ בְּאִמּוֹ** ובעלוה, ולכן הכתיב הוא "מערות פלשתים". **כְּתִיב** [נאמר] ששם אמו של גלית היה **"הָרָפָה"** (שם ב כא, טז), **וּכְתִיב** [ונאמר] במקום אחר שם דומה **"עָרְפָּה"** (רות א, ד), **רַב וּשְׁמוּאֵל** נחלקו בכך; **חַד** [אחד] מהם **אָמַר: "הָרָפָה" שְׁמָהּ, וְלָמָּה נִקְרָא שְׁמָהּ "עָרְפָּה" — שֶׁהַכֹּל עוֹרְפִין** (בועלים) **אוֹתָהּ מֵאַחֲרֶיהָ. וְחַד** [ואחד] **אָמַר: "עָרְפָּה" שְׁמָהּ, וְלָמָּה נִקְרָא שְׁמָהּ "הָרָפָה" — שֶׁהַכֹּל דָּשִׁין אוֹתָהּ כְּהָרִיפוֹת** (כחיטים כתושות), **וְכֵן הוּא אוֹמֵר: "וַתִּקַּח הָאִשָּׁה וַתִּפְרֹשׂ** את **הַמָּסָךְ עַל פְּנֵי הַבְּאֵר וַתִּשְׁטַח עָלָיו הָרִפוֹת"** (שמואל ב יז, יט). **וְאִי בָּעֵית אֵימָא** [ואם תרצה אמור] שתילמד משמעות המלה הזו **מֵהָכָא** [מכאן], ממקום זה: **"אִם תִּכְתּוֹשׁ אֶת הָאֱוִיל בַּמַּכְתֵּשׁ בְּתוֹךְ הָרִפוֹת בַּעֱלִי"** (משלי כז, כב). נאמר **"אֶת אַרְבַּעַת אֵלֶּה יֻלְּדוּ לְהָרָפָה בְּגַת וַיִּפְּלוּ בְיַד דָּוִד וּבְיַד עֲבָדָיו"** (שמואל ב כא, כב), ושואלים: **מַאי נִינְהוּ** [מי הם אלה]? **אָמַר רַב חִסְדָּא: סַף וּמָדוֹן גָּלְיָת וְיִשְׁבִּי בְּנוֹב** (ראה שם, טז–כ). נאמר שם: **"וַיִּפְּלוּ בְיַד דָּוִד וּבְיַד עֲבָדָיו"**, מדוע? — **דִּכְתִיב** [שנאמר]: **"וַתִּשַּׁק עָרְפָּה לַחֲמוֹתָהּ וְרוּת דָּבְקָה בָּהּ"** (רות א, יד), **אָמַר ר׳ יִצְחָק, אָמַר הַקָּדוֹשׁ בָּרוּךְ הוּא: יָבוֹאוּ בְּנֵי הַנְּשׁוּקָה**, כלומר, גלית שבא מערפה שנשקה לחמותה אך נפרדה ממנה, **וְיִפְּלוּ בְּיַד בְּנֵי הַדְּבוּקָה**, דוד שבא מרות שדבקה בה. **דָּרַשׁ רָבָא: בִּשְׂכַר אַרְבַּע דְּמָעוֹת שֶׁהוֹרִידָה עָרְפָּה עַל חֲמוֹתָהּ** בצער — **זָכְתָה וְיָצְאוּ מִמֶּנָּה אַרְבָּעָה גִּבּוֹרִים, שֶׁנֶּאֱמַר: "וַתִּשֶּׂנָה קוֹלָן וַתִּבְכֶּינָה עוֹד"** (שם) **כְּתִיב** [נאמר] בגלית: **"וחֵץ חֲנִיתוֹ** כמנור אורגים" (שמואל א יז, ז) **וְקָרֵינַן** [וקוראים אנו] על פי המסורת **"ועֵץ חֲנִיתוֹ". אָמַר ר׳ אֶלְעָזָר: עֲדַיִין לֹא הִגִּיעָנוּ לַחֲצִי שִׁבְחוֹ שֶׁל אוֹתוֹ רָשָׁע.** כלומר, אפילו חצי חניתו היה גדול כל כך, ושינו בלשון כדי שלא ייאמר במפורש. **מִכָּאן שֶׁאָסוּר לְסַפֵּר בְּשִׁבְחָן שֶׁל רְשָׁעִים**, להודיע כמה גיבורים הם. ושואלים: אם כן **וְשֶׁלֹּא לִפְתַּח בֵּיהּ** [יפתח בו] **כְּלָל** בסיפור גבורתו! ומשיבים: מכל מקום היה צריך לספר משהו כדי **לְאוֹדוּעֵי שִׁבְחֵיהּ** [להודיע את שבחו] של **דָּוִד** שניצח אותו למרות שגיבור גדול היה גלית.

ב שנינו במשנה שאמר הכהן לעם: **"בְּנֵי עַמּוֹן בָּאוּ בְּנִצְחוֹנוֹ שֶׁל שׁוֹבַךְ** כו׳". **כְּתִיב** [נאמר] במקום אחד **"שׁוֹבַךְ"** (שמואל ב י, יח), **וּכְתִיב** [ונאמר] במקום אחר **"שׁוֹפַךְ"** (דברי הימים א יט, יח). **רַב וּשְׁמוּאֵל** נחלקו בכך; **חַד** [אחד] מהם **אָמַר: "שׁוֹפַךְ" שְׁמוֹ, וְלָמָּה נִקְרָא שְׁמוֹ "שׁוֹבַךְ"** — כינוי הוא **שֶׁהָיָה עָשׂוּי כְּשׁוֹבַךְ**, שהיה גבוה ביותר. **וְחַד** [ואחד] **אָמַר: "שׁוֹבַךְ" שְׁמוֹ, וְלָמָּה נִקְרָא שְׁמוֹ "שׁוֹפַךְ" — שֶׁכָּל הָרוֹאֶה אוֹתוֹ נִשְׁפָּךְ לְפָנָיו** מרוב אימה **כְּקִיתוֹן** זה של מים. נאמר "הנני מביא עליכם גוי ממרחק... **אַשְׁפָּתוֹ כְּקֶבֶר פָּתוּחַ כֻּלָּם גִּבּוֹרִים"** (ירמיה ה, טו–טז). **רַב וּשְׁמוּאֵל, וְאָמְרִי לָהּ** [ויש אומרים] **ר׳ אַמִי וְר׳ אַסִי** נחלקו; **חַד** [אחד] מהם **אָמַר: בְּשָׁעָה שֶׁזּוֹרְקִין חֵץ, עוֹשִׂין הֵם אַשְׁפָּתוֹת** (ערימות ערימות) **שֶׁל חֲלָלִים, וְשֶׁמָּא תֹּאמַר שֶׁאוּמָּנִין** (מומחים, בעלי מקצוע) **בַּקְּרָב** ולא מחמת כוחם הגדול — **תַּלְמוּד לוֹמַר: "כֻּלָּם גִּבּוֹרִים". וְחַד** [ואחד] מהם **אָמַר: בְּשָׁעָה שֶׁעוֹשִׂין צוֹרְכֵיהֶן עוֹשִׂין אַשְׁפָּתוֹת שֶׁל זֶבֶל, וְשֶׁמָּא תֹּאמַר מִפְּנֵי שֶׁחוֹלֵי מֵעַיִם הֵם — תַּלְמוּד לוֹמַר: "כֻּלָּם גִּבּוֹרִים". אָמַר רַב מָרִי: שְׁמַע מִינָּהּ** [למד מכאן], ממאמר זה: **הַאי מַאן דְּנָפֵישׁ זִיבְלֵיהּ** [מי שמרובה הזבל, הצואה, שלו] — **חוֹלִי מֵעַיִם הוּא.** ושואלים: **לְמַאי נָפְקָא מִינָּהּ** [מה יוצא מזה] להודיענו שחולה הוא? ומשיבים: **לִיטְרַח בְּנַפְשֵׁיהּ** [שידאג לעצמו] לחפש תרופה, שלא יכביד החולי. וכיוצא בו על הכתוב **"דְּאָגָה בְלֶב אִישׁ יַשְׁחֶנָּה"** (משלי יב, כה) נחלקו **ר׳ אַמִי וְר׳ אַסִי; חַד** [אחד] מהם **אָמַר: יַשְׁחֶנָּה מִדַּעְתּוֹ**, כלומר, ינסה להסיח אותה מליבו, **וְחַד** [ואחד] מהם **אָמַר:** הכוונה היא **יְשִׂיחֶנָּה**, יספרנה **לַאֲחֵרִים.**

ג ועוד שנינו שאומר הכהן **"וְאַתֶּם אִי אַתֶּם כֵּן** כי ה׳ אלוקיכם ההולך עמכם" — זה מחנה הארון. **וְכָל כָּךְ לָמָּה** מכנים את מחנה הארון "ה׳ אלוקיכם"? **מִפְּנֵי שֶׁהַשֵּׁם וְכָל כִּינּוּיָו** הכתובים בלוחות הברית

מסורת הש"ס

א. תוספתא סוטה פ"ז יח. ילק"ש תורה תתקכג.
ב. מדרש תנאים כ, ב.
ג. מדרש שמואל פ"כ. ילק"ש נ"ך קכה.
ד. סוטה מח,א. סנהדרין צג,א. צו,ב. ב"ר פצ"ב ג.
ה. ילק"ש שם.
ו. שם.
ז. ראה ירושלמי יבמות פ"ד ה"ב. מדרש שמואל שם.
ח. ילק"ש שם.
ט. שם תר.
י. שם. שם קנו.
יא. מדרש שמואל פ"כ.
יב. ילק"ש שם קכו.
יג. (ביטוי כזה) סנהדרין לט,ב.
יד. מדרש שמואל פכ"ו. שוח"ט פ"ג. ילק"ש שם קמז.
טו. ילק"ש שם רעה.
טז. יומא עה,א. סנהדרין ק,ב. ילק"ש שם תתקנ.
יז. ב"ב יד,ב. וראה ירושלמי סוטה פ"ח ה"ג. תוספתא סוטה פ"ז יז. מדרש תנאים כ, ד.

גרסות

על יד בן יש בכת"י: **ביד בן.**
אלהי (ישראל) יש בכת"י כמו במקרא: **אלהי.**
דבי ר׳ שילא אמר בכת"י יש: **דבי ר׳ שילא אמרי.**
וחדא בכת"י יש: **וחד.**
וקרינן מערכות ויש בכת"י: **וכתיב מערכות.**
המסך על פני הבאר ותשטח עליה במקרא: **את המסך על פני הבאר ותשטח עליו.**
וקרינן עץ יש בכת"י: **וכתיב עץ.**
ולא לפתח יש שגרסו: **אי הכי לא ליפתח.**
ליטרח בנפשיה יש בכת"י: **למיטרח בנפשיה.**
ישחנה מדעתו יש בכת"י: **ישיחנה מלבו.**

לשון

גילוי פנים
זה הוא ביטוי שמשמעו — חוצפה, חוסר בושה. ונראה כי מקורו בכך שאדם המתבייש מכסה את פניו, ומי שעומד ועושה או אומר דברים בגילוי פנים משמעו שאינו מתבייש כלל בדבר.

פאפי
נראה כי מקור המלה הוא ביוונית πaππας (פאפאס) = אבא. וכאן הוא בצורת הריבוי הארמית במשמעות אבות.

נאני
המפרשים מסכימים כי פירוש המלה הוא כלב. ולא נתברר מקורה. והיה מי שרצה לתקן ולגרוס כאני, מן הלטינית canis = כלב.

העולם

האי מאן דנפיש זיבליה
מחלות מעיים שונות גורמות שאין המעיים סופגים כיאות את חומרי המזון (בעיקר שומנים). במקרים אלה ניכר הדבר בשילשול או בהפרשה מרובה מן המעיים (שאינה שילשול). מחלה ממושכת כגון זו עלולה לגרום לירידה כללית במשקלו ובתפקודו הגופני של החולה.

לעזי רש"י

פרשטר"א אולי מן הצרפתית העתיקה padrastres — אבות, אבות חורגים.

עיונים

במלחמה מה הוא אומר וכו׳ וכבר העירו שאין הסדר כן בכתובים (דבר שאול). אבל בתלמוד הירושלמי מאריך להוכיח שכל פרשה זו אינה כתובה כסדרה, ומקדימה כמה דברים המאוחרים.

מגיפין וכו׳ וראה ברש"י שמסביר שצחצוח חרבות ושיפעת הקלגסים אינם ליירא, אלא הם עיקר המלחמה. ויש שפירשו שענין רומסים הוא שמשמיעים קול בנעליהם (והוא שיפעת הקלגסים), ולפי זה לא מנה כאן צהלת הסוסים וצחצוח החרבות.

בן איש יש שפירש בן איש — מי שעדיין לא ניכר שמו לעצמו, ונקרא עוד על שם אביו, כפי שנאמר בדוד באותם ימים שהיה קרוי על שם אביו "בן ישי" (ריא"ף). או שהכוונה היא למי שהוא צעיר לימים ועדיין לא הגיע לכוחו וגבורתו המלאים של איש (עיון יעקב).

לכדו פיו וכו׳ והמהרש"א מסביר כי מי שהוא גיבור במלחמה הוא תוקף תחילה, וגלית השתמש בכל פעם בלשון שמשמעה שהוא עומד במקומו וממתין למי שיבוא לקראתו, והרי זה ביטוי לחוסר גבורה.

כנגד ארבעים יום ראה ברש"י. וראה במהרש"א. והריא"ף כתב שלאחר ארבעים יום, כיון שהגיע הזמן שכנגדו ניתנה תורה לא היה בו כוח עוד. או שכיוון לעשות זאת ארבעים יום כנגד ארבעים יום שניתנה התורה, כדי לבטלם מתורה כנגד זמן מתן תורה. וראה בשפת אמת שכתב שהיתה כוונתו לבטלם ארבעים יום מקריאת שמע, שלאחר מכן אין לו כבר תיקון, וכעין מה שכתוב בזוהר שאינו יכול לתקן עוד תפילה פגומה.

בינוני שבאחיו והמהר"ל מסביר שהכוונה היא שהיה האמצעי והעיקרי שבהם, והוא ענין "בינוני שבאחיו", שהיה מובחר מכולם.

שנאמר ותשאנה קולן וכו׳ רש"י מפרש — ש"ותשאנה קולן ותבכינה" הוא שתי דמעות, אחת מכל עין, ונאמר "עוד" לומר שהזילה עוד שתי דמעות כמו הראשונות. והמהרש"א כתב כי פעם אחת נאמר "ותשאנה קולן ותבכינה", ואחר כך כתוב "ותשנה קולן ותבכינה עוד" ו"תשנה" חסר א׳ הוא כמו לשון שְׁנַיִם, שבכו עוד פעמַיִם, ונאמר "עוד" שבכו פעם רביעית.

חץ חניתו רש"י מפרשו מלשון מחצית. והוסיף המהרש"א שלפי זה יש לפרש "חניתו" לשון חן, כלומר עדיין לא הגיע לספר מחצית שבחו ומעלות גבורתו.

ישיחנה לאחרים ואחרים יבקשו עליו רחמים שיוושע מצרותיו (ערוך). ורש"י במקום אחר מפרש ישיחנה — שמספר לאחרים והם נותנים לו עצה טובה. ויש שפירש שבעצם סיפור הדברים לאחרים, ובמה שאחרים מדברים עימו, נח מצרותיו (ריא"ף).

שהשם וכל כינויו בתוהרא"ש מאריך בביאור הענין. ומסביר לפי השיטה שהיו שני ארונות, ארון אחד שהוא ארון הברית שבקודש הקדשים שבו היו הלוחות מונחים. וארון אחר, עשוי עץ, שהוא הארון שעשה משה מתחילה ללוחות, ובו היו מונחים שברי הלוחות, וארון זה היה יוצא עימם למלחמה. ואחר כך, כשנבנה בית המקדש הניחו גם שברי לוחות בתוך הארון שבקודש הקודשים, והיה יוצא ארונו של משה ובו היו מונחים השם וכל כינוייו. אכן, יש בתלמוד הירושלמי גם דעה אחרת, שהיה רק ארון אחד, ופעמים היו מוציאים אותו עימם למלחמה.

מוּנָּחִין בָּאָרוֹן. וְכֵן הוּא אוֹמֵר במלחמת מדין: ״וַיִּשְׁלַח אֹתָם מֹשֶׁה אֶלֶף לַמַּטֶּה לַצָּבָא אֹתָם וְאֶת פִּינְחָס בן אלעזר הכהן לצבא וכלי הקודש וחצוצרות התרועה בידו״ (במדבר לא, ו). ״אֹתָם״ — אֵלּוּ סַנְהֶדְרִין, ״פִּינְחָס״ — זֶה כהן מְשׁוּחַ מִלְחָמָה, ״וּכְלֵי הַקֹּדֶשׁ״ — זֶה אָרוֹן וְלוּחוֹת שֶׁבּוֹ, ״וַחֲצֹצְרוֹת הַתְּרוּעָה״ — אֵלּוּ הַשּׁוֹפָרוֹת. תָּנָא [שנה החכם]: לֹא לְחִנָּם הָלַךְ פִּינְחָס לַמִּלְחָמָה במדין, אֶלָּא כדי לִיפָּרַע דִּין אֲבִי אִמּוֹ יוסף, שֶׁנֶּאֱמַר: ״וְהַמְּדָנִים מָכְרוּ אֹתוֹ אֶל מִצְרָיִם״ וגו׳ (בראשית לז, לו). ושואלים: לְמֵימְרָא [האם לומר] שפִּינְחָס מִזרעו של יוֹסֵף אָתֵי [בא] מצד אמו? וְהָא כְּתִיב [והרי נאמר]: ״וְאֶלְעָזָר בֶּן אַהֲרֹן לָקַח לוֹ מִבְּנוֹת פּוּטִיאֵל לוֹ לְאִשָּׁה ותלד לו את פינחס״ (שמות ו, כה), מַאי לָאו [האם אין] הכוונה דְּאָתֵי [שבא] מִיִּתְרוֹ שֶׁפִּיטֵּם עֲגָלִים לַעֲבוֹדָה זָרָה ולכן נתכנה ״פוטיאל״? ומשיבים: לֹא, הכוונה היא שבא מִיּוֹסֵף שֶׁפִּיטְפֵּט (ליגלג) בְּיִצְרוֹ ולא נכשל באשת פוטיפר. ושואלים: וַהֲלֹא ידוע המדרש שֶׁשְּׁבָטִים היו מְבַזִּין אוֹתוֹ את פינחס לאחר שהרג את זימרי, והיו אומרים: רְאִיתֶם בֶּן פּוּטִי זֶה, בֶּן שֶׁפִּיטֵּם אֲבִי אִמּוֹ עֲגָלִים לַעֲבוֹדָה זָרָה, יַהֲרוֹג נָשִׂיא מִיִּשְׂרָאֵל, ואם כן ודאי הריהו מזרע יתרו! ומתרצים: אֶלָּא פינחס הוא גם מזרעו של יוסף וגם מזרעו של יתרו. ובאחת משתי דרכים אלה: אִי אֲבוּהּ דְּאִימֵּיהּ [אִם אבי אמו] מִיּוֹסֵף — אִימֵּיהּ דְּאִימֵּיהּ [אֵם אמו] מִיִּתְרוֹ, וְאִי אִימֵּיהּ דְּאִימֵּיהּ [ואִם אֵם אמו] מִיּוֹסֵף — אֲבוּהּ דְּאִימֵּיהּ [אבי אמו] מִיִּתְרוֹ. ומעירים: דַּיְקָא נַמִי [מדוייק גם כן], ממה דִּכְתִיב [שנאמר] ״מִבְּנוֹת פּוּטִיאֵל״, לכאורה ״בנות״ תְּרֵי [שתים] מַשְׁמַע, אלא לומר ששני האבות נתכנו ״פוטיאל״, כל אחד מסיבה אחרת. ומסכמים: אכן, שְׁמַע מִינָּהּ [למד מכאן] שכן הוא.

א משנה ״וְדִבְּרוּ הַשֹּׁטְרִים אֶל הָעָם לֵאמֹר מִי הָאִישׁ אֲשֶׁר בָּנָה בַיִת חָדָשׁ וְלֹא חֲנָכוֹ יֵלֵךְ וְיָשֹׁב לְבֵיתוֹ״ וגו׳ (דברים כ, ה). אֶחָד הַבּוֹנֶה בֵּית הַתֶּבֶן (מחסן לתבן), או בֵּית הַבָּקָר (אורווה), או בֵּית הָעֵצִים, או בֵּית הָאוֹצָרוֹת. וכן אֶחָד הַבּוֹנֶה בעצמו, וְאֶחָד הַלּוֹקֵחַ (קונה), וְאֶחָד הַיּוֹרֵשׁ, וְאֶחָד שֶׁנִּתַּן לוֹ הבית בְּמַתָּנָה — כולם היו חוזרים. ״וּמִי הָאִישׁ אֲשֶׁר נָטַע כֶּרֶם וְלֹא חִלְּלוֹ״ וגו׳ (שם ו) — אֶחָד הַנּוֹטֵעַ כֶּרֶם, וְאֶחָד הַנּוֹטֵעַ לפחות חֲמִשָּׁה אִילָנֵי מַאֲכָל אחרים, וַאֲפִילּוּ מֵחֲמֵשֶׁת הַמִּינִין שאינם כולם ממין אחד — הרי נחשב הדבר לכרם לענין זה. אֶחָד הַנּוֹטֵעַ, וְאֶחָד הַמַּבְרִיךְ (מכניס ענף בארץ כדי לגדלו כעץ חדש בפני עצמו) וְאֶחָד הַמַּרְכִּיב עצים זה על זה, וְאֶחָד הַלּוֹקֵחַ (קונה), וְאֶחָד הַיּוֹרֵשׁ, וְאֶחָד שֶׁנִּתַּן לוֹ כרם בְּמַתָּנָה. ״וּמִי הָאִישׁ אֲשֶׁר אֵרַשׂ אִשָּׁה ולא לקחה״ (שם ז) — אֶחָד הַמְאָרֵס אֶת הַבְּתוּלָה, וְאֶחָד הַמְאָרֵס אֶת הָאַלְמָנָה. אֲפִילּוּ שׁוֹמֶרֶת יָבָם שמת אחיו בלא ילדים וצריך הוא לייבמה, וַאֲפִילּוּ שָׁמַע שֶׁמֵּת אָחִיו בַּמִּלְחָמָה וצריך לייבם את אשתו — חוֹזֵר וּבָא לוֹ. כָּל אֵלּוּ וְאֵלּוּ שאמרנו שחוזרים מכל מקום הם הולכים עם שאר אנשי הצבא וְשׁוֹמְעִין את דִּבְרֵי כֹּהֵן מַעַרְכֵי מִלְחָמָה, כלומר, מהמקום שבו עורכים את המלחמה בתוך תחום ישראל, וְחוֹזְרִין למקומם. אבל משרתים את צורכי הצבא, וּמְסַפְּקִין מַיִם וּמָזוֹן לצבא, וּמְתַקְּנִין אֶת הַדְּרָכִים. וְאֵלּוּ שֶׁאֵינָן חוֹזְרִין ממערכי המלחמה: הַבּוֹנֶה בֵּית שַׁעַר (כניסה לבית), או אַכְסַדְרָה (אולם כניסה פתוח) או מִרְפֶּסֶת (מקום שעוברים בו), או הַנּוֹטֵעַ רק אַרְבַּע אִילָנֵי מַאֲכָל או חֲמִשָּׁה אִילָנֵי סְרָק, הַמַּחֲזִיר אֶת גְּרוּשָׁתוֹ, או שאירס אשה האסורה לו, כגון אַלְמָנָה לְכֹהֵן גָּדוֹל, גְּרוּשָׁה או חֲלוּצָה לְכֹהֵן הֶדְיוֹט, מַמְזֶרֶת או נְתִינָה לְיִשְׂרָאֵל, בַּת יִשְׂרָאֵל לְמַמְזֵר או לְנָתִין — לֹא הָיָה חוֹזֵר. ר׳ יְהוּדָה אוֹמֵר: אַף הַבּוֹנֶה בַּיִת עַל מְכוֹנוֹ, שמחדש בית שהיה קיים כבר — לֹא הָיָה חוֹזֵר. ר׳ אֱלִיעֶזֶר אוֹמֵר: אַף הַבּוֹנֶה בֵּית לְבֵינִים בַּשָּׁרוֹן לֹא הָיָה חוֹזֵר, שבתים אלה לא היו יציבים והיו נופלים מפעם לפעם. אֵלּוּ שֶׁאֵין זָזִין מִמְּקוֹמָן, שאינם צריכים אפילו ללכת למערכי המלחמה והם פטורים לגמרי: מי שֶׁבָּנָה בַּיִת וַחֲנָכוֹ באותה שנה, נָטַע כֶּרֶם וְחִלְּלוֹ בשנה הרביעית, הַנּוֹשֵׂא אֶת אֲרוּסָתוֹ, או הַכּוֹנֵס אֶת יְבִמְתּוֹ. שֶׁנֶּאֱמַר: ״כי יקח איש אשה חדשה לא יצא בצבא ולא יעבור עליו לכל דבר נָקִי יִהְיֶה לְבֵיתוֹ שָׁנָה אֶחָת ושימח את אשתו אשר לקח״ (שם כד, ה), ודורשים: ״לְבֵיתוֹ״ — זֶה בֵּיתוֹ שבנה, ״יִהְיֶה״ שהוא לשון ריבוי — זֶה כַּרְמוֹ, ״וְשִׂמַּח אֶת אִשְׁתּוֹ״ — זוֹ אִשְׁתּוֹ, ״אֲשֶׁר לָקָח״ — לְהָבִיא (לרבות) אֶת יְבִמְתּוֹ, שאף על פי שאינה אשתו לגמרי — לקוחתו היא. והם פטורים לגמרי, ואף אֵין מַסְפִּיקִין (מספקים) (לָהֶם), לאנשי הצבא, מַיִם וּמָזוֹן, וְאֵין הם מְתַקְּנִין אֶת הַדְּרָכִים.

ב גמרא תָּנוּ רַבָּנַן [שנו חכמים]: מה שנאמר ״וְדִבְּרוּ הַשֹּׁטְרִים... מי האיש אשר בנה״ וכו׳ (דברים כ, ה), יָכוֹל שאומרים דְּבָרִים שֶׁל עַצְמָן ולא של כהן המשוח? — כְּשֶׁהוּא אוֹמֵר ״וְיָסְפוּ הַשֹּׁטְרִים״ (שם ח) — הֲרֵי דְּבָרִים שֶׁל עַצְמָן אָמוּר, שעד עכשיו לא הם דיברו ועכשיו מוסיפים משל עצמם, הָא [הרי] מָה אֲנִי מְקַיֵּים את דברי הכתוב ״וְדִבְּרוּ הַשֹּׁטְרִים״ — בְּדִבְרֵי מְשׁוּחַ מִלְחָמָה הַכָּתוּב מְדַבֵּר, שהשוטרים משמיעים את דבריו. הָא [הרי] כֵּיצַד? — כֹּהֵן מְדַבֵּר בקול נמוך וְשׁוֹטֵר מַשְׁמִיעַ לעם בקול רם את דברי הכהן. תָּנֵי חֲדָא [שנויה ברייתא אחת]: כֹּהֵן מְדַבֵּר וְשׁוֹטֵר מַשְׁמִיעַ, וְתַנְיָא אִידָךְ [ושנויה ברייתא אחרת]: כֹּהֵן מְדַבֵּר וְכֹהֵן מַשְׁמִיעַ, וְתַנְיָא אִידָךְ [ושנויה ברייתא שלישית אחרת]: שׁוֹטֵר מְדַבֵּר וְשׁוֹטֵר מַשְׁמִיעַ. אָמַר אַבַּיֵי: הָא [הרי] כֵּיצַד אנחנו מיישבים את הברייתות האלה? מִמה שנאמר ״וְנִגַּשׁ״ (שם ב) וְעַד ״וְדִבְּרוּ״ (שם ה), שמעורר את העם לצאת למלחמה ולא לפחד — כֹּהֵן מְדַבֵּר וְכֹהֵן אחר מַשְׁמִיעַ, מִ״וְדִבְּרוּ״ עַד ״וְיָסְפוּ״, שמונה שם כל אלה החוזרים מן המערכה בגלל ענייני שמחה — כֹּהֵן מְדַבֵּר וְשׁוֹטֵר מַשְׁמִיעַ, מִ״וְיָסְפוּ״ וְאֵילָךְ לגבי הירא ורך הלבב — שׁוֹטֵר מְדַבֵּר וְשׁוֹטֵר אחר מַשְׁמִיעַ.

ג שנינו במשנה בין הדברים הנאמרים ליוצאים למלחמה: ״מִי הָאִישׁ אֲשֶׁר בָּנָה בַּיִת חָדָשׁ״ כו׳ (שם ה). תָּנוּ רַבָּנַן [שנו חכמים]: ״אֲשֶׁר בָּנָה״, אֵין לִי אֶלָּא אֲשֶׁר בָּנָה ממש, ואולם אם לָקַח (קנה) או יָרַשׁ או שניתן לו בְּמַתָּנָה מִנַּיִן שאף הוא חוזר — תַּלְמוּד לוֹמַר: ״מִי הָאִישׁ אֲשֶׁר בָּנָה״ שהוא לשון ריבוי — לרבות את כולם. ״בַּיִת״, אֵין לִי אֶלָּא בַּיִת מגורים, מִנַּיִן לְרַבּוֹת בֵּית הַתֶּבֶן, וּבֵית הַבָּקָר, וּבֵית הָעֵצִים, וּבֵית הָאוֹצָרוֹת — תַּלְמוּד לוֹמַר: ״אֲשֶׁר בָּנָה״ וכוונתו לרבות כל שבנה, מִכָּל מָקוֹם. יָכוֹל שֶׁאֲנִי מְרַבֶּה אַף הַבּוֹנֶה בֵּית שַׁעַר אַכְסַדְרָה וּמִרְפֶּסֶת — תַּלְמוּד לוֹמַר: ״בַּיִת״, כלומר, מַה בַּיִת שצריך להיות הָרָאוּי לְדִירָה גם אם אין גרים בו — אַף כָּל הָרָאוּי לְדִירָה. ר׳ אֱלִיעֶזֶר בֶּן יַעֲקֹב אוֹמֵר: ״בַּיִת״ הוא כְּמַשְׁמָעוֹ, בית למגורי אדם דווקא, וכיון שלא נאמר ״לֹא חָנַךְ״ אלא ״וְלֹא חֲנָכוֹ״ הרי זה למעט — פְּרָט לְגַזְלָן שהבית איננו שלו. ושואלים: לֵימָא [האם לומר] שדברים אלה דְּלָא [שאינם] כְּדעת ר׳ יוֹסֵי הַגְּלִילִי, דְּאִי [שאם] כשיטת ר׳ יוֹסֵי הַגְּלִילִי — הָא [הרי] אָמַר: מה שנאמר ״הירא וְרַךְ הַלֵּבָב״ (שם ח) זֶה הַמִּתְיָרֵא

מסורת הש״ס

א. תוספתא סוטה פ״ז יז. סדר עולם רבה פ״ז. ילק״ש תורה תשפה (כל הענין).
ב. ספרי במדבר יח, ג. שם לא, ו. וראה תוספתא שם. במדב״ר פכ״ב ד. תנחומא מטות ג. תנחומא בובר מטות ה.
ג. ספרי שם לא, ו. במדב״ר שם. תנחומא שם.
ד. ילק״ש תורה קעט.
ה. ב״ר פפ״ו ג.
ו. סנהדרין פב,ב. ספרי במדבר כה, ה. ויק״ר פל״ג ד. במדב״ר פכ״א ג. תנחומא פנחס א. תנחומא בובר פנחס ג. פסדר״כ פי״ג. ילק״ש תורה תשעה.
ז. שמו״ר פ״ז ה.
ח. (צירוף זה) עירובין עב,ב. פה,ב. יומא יא,א.
ט. תוספתא סוטה פ״ז יח.
י. תוספתא שם יט. ספרי דברים כ, ד. שם ז.
יא. תוספתא סוטה שם כג. ספרי דברים כ, ד. מדרש תנאים כ, ז. ילק״ש תורה תתכג.
יב. (צירוף זה) עירובין עב,ב. עו,א. פה,ב. סוכה ג,ב.
יג. (צירוף זה) סוטה כג,ב. כה,א. מד,א. גיטין פה,א. קדושין סו,ב. מכות יג,א.
יד. תוספתא שם יח.
טו. שם כד. ילק״ש שם. שם תתקלו.
טז. ספרי כד, ה.
יז. תוספתא שם. מדרש תנאים כד, ה.
יח. ראה ירושלמי סוטה פ״ח ה״ט. ספרי שם כ, ד.
יט. ירושלמי שם ה״ד. ספרי שם ה. ילק״ש שם תתקכג.
כ. ספרי שם. מדרש תנאים כ, ו.
כא. סוטה מד,א. תוספתא סוטה פ״ז כב. ספרי שם ח. מדרש תנאים כ, ח. ילק״ש שם.

גרסות

מאי לאו דאתי מיתרו יש בכת״י: **מאי פוטיאל לאו דאתי מיתרו** ויש: **לאו מיתרו**.
תרי משמע ויש בכת״י: **תרי** ויש: **תרתי משתמע**.
הבונה בית התבן יש בכת״י: **אחד הבונה בית ואחד הבונה בית התבן**.
שנתן לו מתנה יש בכת״י ועוד: **שניתן לו במתנה**.
כל אלו ואלו ברוב כת״י: **כל אלו** וכן הגיה הב״ח.
אין מספיקין להם בהרבה כת״י: **אין מספקין**.
מי האיש אשר בנה יש בכת״י: **מי האיש**.

לשון

אכסדרה
מקור המלה הוא ביוונית ἐξέδρα (אכסדרא) כניסה מקורה שלפני הבית.

ממיני האכסדרה, אכסדרה מקורה בגג שאין לה כל קירות.

החיים

בית שער
בית שער הוא מבנה קטן שעושים בשער החצר על מנת שאנשים לא ייכנסו מיד אל תוך החצר אלא יצטרכו להתעכב בבית השער.
בדרך כלל זהו מבנה קטן מאד, פתוח מלפניו, ששער החצר הוא דופנו האחורית. אם יש שומר לחצר הריהו יושב לעתים בבית השער, אך משום שמבנה זה הוא קטן ביותר ופתוח, אין זה בית מגורים כלל.

מרפסת
שורש המלה הוא ״רפס״ שמשמעו — לדרוך, לרמוס. מרפסת היא לוח עץ או מבנה של אבן שעושים כהמשך למדרגות כדי להכנס לדירות שונות בקומה העליונה. המרפסת משמשת איפוא כעין מסדרון פתוח המצוי בצד הבית. לעתים היו גם מקרים את המרפסת, ובדרך כלל גם עשו לה דופן כלשהי כדי שלא יפלו משם אנשים. ומכל מקום בהיותה רק מקום מעבר אינה ראויה לדירה.

עיונים

וכלי הקודש זה ארון ולוחות ובתוספתא ובמדרשים מובאת דעה שהיו אלו בגדי כהן גדול, ורש״י בחומש פירש שהיו שם גם הארון וגם ציץ הזהב.
אלו השופרות המהרש״א תמה מפני מה פירשו שאלו שופרות, בעוד שמפורש בכתוב (במדבר י) שהיו חצוצרות כסף לצורך זה. והרש״ש מתרץ (לפי האמור במסכת שבת לו, א) שבמשך הדורות נשתנו השמות, והיו קוראים לחצוצרות שופרות, ולכן הוצרכו להסביר שהיו אלה הכלים הקרויים בזמנם שופרות.
לא לחנם הלך פינחס וכו׳ בתו״ש שאלו: הרי קודם הסבירו שפינחס היה משוח מלחמה, ואם כן הלך למלחמה בתוקף תפקידו זה! ותירצו בשתי פנים. באופן אחד אמרו שייתכן כי ברייתא זו חולקת על הקודמת, וסבורה שפנחס הלך לא בתוקף תפקיד זה, אלא מפני טעם אחר. ובאופן שני הסבירו שבאמת היה משוח מלחמה, אלא נתנו טעם נוסף לדבר, מפני מה נבחר הוא לתפקיד זה. והמהר״ל עמד על כך שאין לפרש את הדברים כפשוטם, שהרי מכירת יוסף היתה דורות אחדים קודם לכן, וכל הנוגעים בדבר כבר מתו. אלא שהכוונה היתה שראוי לפינחס שינקום נקמת ה׳ במדיינים שהחטיאו את ישראל בזנות, משום שהוא מצאצאי יוסף שכבש את יצרו ולא חטא בחטא זה. וראיה שהיה הדבר קשור בייחוסו של יוסף, משום שנזכר כאן ״פינחס בן אלעזר״ ולא פינחס סתם, לומר שייחוסו מאלעזר (שנשא מבנות פוטיאל) הוא גורם בדבר (ריא״ף).
אחד הבונה וכו׳ ובתלמוד הירושלמי אמרו שמי שחוזר ובונה בית שנהרס אינו חוזר עליו, והוא הדין למי שמחזיר גרושתו. ועוד אמרו בתלמוד הירושלמי כי הבונה בית בחוץ לארץ אינו חוזר משום שנאמר ״ולא חנכו״ ובית בחוצה לארץ — אין מצוה לחנכו. וכבר דנו אחרונים במסקנת הדברים למעשה.
אחד הנוטע וכו׳ בתלמוד הירושלמי אמרו כי הנוטע כרם בחוץ לארץ לא היה חוזר, שהרי נאמר ״ולא חיללו״, שלא אמרו אלא בכרם שיש בו מצוות חילול, ואין מצוה זו אלא בארץ ישראל.
המחזיר את גרושתו במנחת חינוך כתב שאין מדובר אלא במי שנשא אשה וגירשה, אבל אם רק אירסה קודם לכן וגירשה, הרי היא לו כאשה חדשה, וחוזר.
אלמנה לכהן גדול וכו׳ מכאן היו שהוכיחו כי אף הכהנים יוצאים למלחמה, שאף על פי שלא היו בין נוחלי הארץ מכל מקום נצטוו להשתתף במלחמה. אבל בברכי יוסף כתב שהכהנים אינם חייבים ללכת למלחמה אלא שיכולים לעשות כן אם רצונם בכך (מנחה חרבה).
מי האיש אשר בנה וכו׳ רש״י מסביר כי הריבוי כאן הוא מן המלים ״מי האיש״. והרש״ש סבור שהריבוי הוא מן המלה ״אשר״. והעיר עוד שמצאנו שדרשו בספרי, לגבי מצות עשיית מעקה, ״בית״ — מכל מקום, אף כשלא נאמרה כל לשון ריבוי אחרת.
פרט לגזלן הרבה תמהו על כך: הרי הלכה היא שאין קרקע נגזלת, ואם כן יש טעם פשוט לדבר שאין גוזל הבית חוזר — מפני שאינו שלו. וכתבו משום כך שאכן זה הוא עיקר הטעם, ולא הוסיפו את מדרשי הכתובים בזה אלא לרווחת הענין (קרן אורה). ובחזון יחזקאל כתב שקרקע שנשתקעה ביד הגזלן מחמת אימת הגזלן ונתייאשו הבעלים לגמרי נעשית רכוש הגזלן, ואם כן יש מציאות של גזילת בית. ועוד אפשר לומר שמדובר במי שבנה ביתו על קרקע חבירו, שאף שהבית שלו הוא, מכל מקום כיון שהקרקע גזולה ממעטים אותו מ״אשר חנכו״ (חידושי בתרא).

אורח ההלכה

אחד הבונה וכו׳ בין שבנה לו בית לשבת בו, או בית הבקר, בית העצים, בית האוצרות, הואיל וראוי לדור בו — הרי זה חוזר עליו מערכי המלחמה. ולאו דווקא הבונה בית, אלא גם מי שקנה בית או ירש או ניתן לו בית במתנה — הרי זה חוזר. אבל הבונה בית שער, אכסדרה ומרפסת, או בית שאין בו ארבע על ארבע אמות — אינו חוזר (וראה בכ״מ שהעיר שלא הזכיר הרמב״ם בית התבן, וראה בנוסח הרמב״ם לפנינו שהוא תמוה). (רמב״ם ספר שופטים הלכות מלכים פ״ז ה״ה).
אחד הנוטע וכו׳ בין שנטע כרם או חמשה אילני מאכל (ואפילו מחמשה מינים שונים) — חוזר ממערכי המלחמה. ואחד הנוטע ואחד המבריך ואחד המרכיב — הרי זה חוזר. ואין הבדל אם נטע בעצמו או שקנה או ירש או ניתן לו כרם במתנה. אבל הנוטע ארבעה אילני מאכל או חמשה עצי סרק — אינו חוזר. (רמב״ם שם ה״ו).
אחד המארס בין שאירס בתולה ובין שאירס אלמנה, ואפילו נפלה לו שומרת יבם — הרי זה חוזר ממערכי המלחמה. (רמב״ם שם ה״ז).
המחזיר את גרושתו המחזיר את גרושתו או מי שנשא אשה האסורה לו, כגון אלמנה לכהן גדול או ממזרת לישראל — אינו חוזר. (רמב״ם שם ה״ח).
ואלו שאין זזין ממקומן וכו׳ ואלו שאינם יוצאים למלחמה כל עיקר, ואין מטריחים אותם לשום דבר — הבונה בית וחנכו, והנושא את ארוסתו, או המייבם את זקוקתו ומי שחילל את כרמו — אינם יוצאים למלחמה עד תום השנה. ולא זו בלבד שאינו יוצא למלחמה אלא אף אינו מספק מים ומזון ולא שומר בחומה ולא נותן משלו לביצורי העיר ולא לצרכי הצבא (רמב״ם שם ה״י והי״א).
כהן מדבר וכו׳ משוח מלחמה אומר בלשון הקודש ״שמע ישראל וגו׳... אל ירך לבבכם . להושיע אתכם״, וכהן אחר העומד תחתיו משמיע את הדברים בקול רם לכל העם. ואחר כך אומר משוח המלחמה ״ומי האיש אשר בנה בית״ וגו׳ ושוטר משמיע דבריו לכל העם ואחר כך עומד שוטר ואומר ״מי האיש הירא ורך הלבב״ ושוטר אחר משמיע דבריו לכל העם. (רמב״ם שם ה״ג).
פרט לגזלן מי שיש לו בית חדש או כרם חדש — חוזר מערכי המלחמה. בין שעשאו בעצמו ובין שקיבלם מאחרים. אבל הגזלן אינו חוזר. (רמב״ם שם ה״ה וה״ו).

ס"א חג כו

שפיטפט. זילזל וכבש אותו ולא *חשבו: והלא שבטים מבזים אותו. כדאמרינן באלו הן הנשרפין (סנהדרין דף פב:) לפיכך הוצרך ליחסו שם פנחס בן אלעזר בן אהרן הכהן: תרי פוטי. מדלא כתיב פוטאל: מתני' בית האוצרות. לאוצר יין שמן ותבואה: ואחד הלוקח. בית בנוי שהרי אצלו הוא חדש ובגמרא מרבינן ליה מקרא: חמשה אילני מאכל. דבהכי הוי כרם שתים כנגד שתים ואחת יוצאה זנב: כזה

* *

* *

*

ב"ב קטו: [סנהדרין פב:]

ואפילו מה' מינין. מצטרפין:(ב) חיללו. בשנת הרביעית לנטיעתו שחלל את הפירות במעות כדרך מעשר שני ומעלה את המעות לירושלים ואוכלן כדכתיב (ויקרא יט) קדש הלולים וגמר קדש קדש ממעשר: ה"ג כל אלו שומעין דברי כהן מערכי מלחמה וחוזרין. כמו שמעין דברי מערכי מלחמה של כהן כלומר שהכהן אומר להן: סרק. כגון ארזים ושקמים שאינן עץ פרי: והמחזיר גרושתו. ואירסה אינו חוזר שאינה חדשה לו וקרא אשה חדשה קפיד כדכתיב כי יקח איש אשה חדשה (דברים כד): אלמנה. ואירסה כהן גדול אינו חוזר בשבילה דאימעוט מולא לקחה מדלא כתיב ולא לקח: על מכונו. סתרו ובנאו במדה ראשונה אינו חוזר דלאו חדש הוא הואיל ולא חידש להוסיף עליו ואפילו אצלו אינו חדש וגרע מהלוקח והיורש: אף הבונה בית

לבינים בשרון. מקום הוא ששמו שרון ואין הקרקע יפה ללבינים ולא הוי דבר קיימא שפעמיים צריך לחדשה בשבע שנים: ואלו שאין זזין ממקומן. דהנך דלעיל הולכין עד לספר ושם שומעין דברי כהן וחוזרין מן המערכה לארץ ישראל ואינם חוזרין לבתיהם אלא עוסקין בסיפוק מים ומזון להולכי מלחמה ואלו אין זזין ממקומן אפילו ללכת עד הספר ולשוב ע"פ כהן: הבונה בית וחנכו. ולא דר בו עדיין שנה: וכן הנוטע כרם וחיללו. ועדיין לא עברה שנת רביעית עליו שלימה: נקי יהיה לביתו. בשביל ביתו: יהיה. רבויא הוא הוסיף לך הויה אחרת להיות כזו: גמ' יכול דברים של עצמן. יכול שהדברים הללו שהם אומרים מי האיש אשר בנה וגו' של עצמן הן ולא היה כהן אומרן אלא השוטרים: ת"ל ויספו השוטרים. לדבר אל העם ואמרו מי האיש וגו' ויספו משמע שדבר זה הם מוסיפים משלהם: הרי דברים של עצמן אמור. שהדבר זה לבדו הן מוסיפין על של כהן מדעד השתא גבי נטע וגבי אירס אשה לא כתיב ויספו והכא כתיב ויספו ש"מ עד הנה דברי כהן ואת זו הן מוסיפין: הא מה אני מקיים ודברו השוטרים. בבנה ונטע ואירס: בדברי משוח מלחמה הכתוב מדבר. שהכהן אומר והשוטרים משמיעין אותן: מונגש עד ודברו. דהיינו שמע ישראל אתם קרבים וגו' עד להושיע אתכם: מי האיש. ריבויא הוא דמצי למיכתב מי אשר בנה ומדלא כתיב אשר בית בנה דרוש ביה בנה מ"מ והאי דכתיב בית למעוטי בית שער אכסדרה ומרפסת שהם עשוים לדריסת רגל ולא ראוים לדור בהם: בית שער. בית כניסת שער החצר להסתופף שם שומר הפתח: ולא חנכו. מדלא כתיב(ג) חנך הוי מיעוטא חנכו לזה ולא לאחר פרט לגוזל בית: כרבי יוסי הגלילי. דמתני': מעבירות

במדבר לא

תורה אור

מונחין בארון וכן הוא אומר °וישלח אותם משה אלף למטה לצבא אותם ואת פינחס אותם אלו סנהדרין [א]פינחס זה משוח מלחמה [ב]וכלי הקודש זה ארון ולוחות שבו וחצוצרות התרועה אלו השופרות תנא [ג]לא לחנם הלך פינחס למלחמה אלא ליפרע דין אבי אמו

בראשית לז

שנאמר °והמדנים מכרו אותו אל מצרים וגו' [ד]למימרא דפינחס מיוסף אתי והא כתיב

שמות ו

°ואלעזר בן אהרן לקח לו מבנות פוטיאל לו לאשה *מאי לאו דאתי מיתרו שפיטם עגלים לעבודה זרה לא [ה]מיוסף שפיטפט ביצרו והלא [ו]שבטים מבזין אותו ראיתם בן פוטי זה בן שפיטם אבי אמו עגלים לעבודה זרה יהרוג נשיא מישראל אלא [ז]אי אבוה דאימיה מיוסף אימיה דאימיה מיתרו ואי אימיה דאימיה מיוסף אבוה דאימיה מיתרו דיקא נמי דכתיב מבנות פוטיאל תרי משמע שמע

דברים כ

א מינה: מתני' °ודברו השוטרים אל העם לאמר מי האיש אשר בנה בית חדש ולא חנכו ילך וישוב לביתו וגו' [א]אחד הבונה [ח]בית התבן בית הבקר בית העצים בית האוצרות אחד הבונה ואחד הלוקח ואחד היורש ואחד

שם

שנתן לו מתנה °ומי האיש אשר נטע כרם ולא חללו וגו' [טב]אחד הנוטע כרם ואחד הנוטע חמשה אילני מאכל ואפילו מחמשת המינין אחד הנוטע ואחד המבריך ואחד המרכיב ואחד הלוקח ואחד היורש ואחד שנתן לו

שם

מתנה °ומי האיש אשר ארש אשה וגו' [יג]אחד המארס את הבתולה ואחד המארס את האלמנה אפי' שומרת יבם ואפי' שמע שמת אחיו במלחמה חוזר ובא לו [יא]כל אלו(א) ואלו שומעין דברי כהן מערכי מלחמה וחוזרין ומספקין מים ומזון ומתקנין את הדרכים ואלו שאינן חוזרין [י]הבונה [יב]בית שער אכסדרה ומרפסת [ה]הנוטע ארבע אילני מאכל וחמשה אילני סרק [י]המחזיר את גרושתו [יג]אלמנה לכהן גדול גרושה וחלוצה לכהן הדיוט ממזרת ונתינה לישראל בת ישראל לממזר ולנתין לא היה חוזר רבי יהודה אומר אף הבונה בית על מכונו לא היה חוזר [יד]ר' אליעזר אומר אף הבונה בית לבינים בשרון לא היה חוזר [טו]ואלו שאין זזין ממקומן בנה בית וחנכו נטע כרם וחללו הנושא את ארוסתו הכונס את יבמתו שנא'

שם כד

°נקי יהיה לביתו שנה אחת [טז]לביתו זה ביתו יהיה זה כרמו ושמח את אשתו זו אשתו אשר לקח להביא את

[טעות הדפוס וכן במשנה ליתא]

שם כ

ב יבמתו [יז]אין מספיקין *(להם) מים ומזון ואין מתקנין את הדרכים: גמ' תנו רבנן [יח]ודברו השוטרים יכול דברים של עצמן כשהוא אומר °ויספו השוטרים הרי דברים של עצמן אמור הא מה אני מקיים ודברו השוטרים בדברי משוח מלחמה הכתוב מדבר הא כיצד [ט]כהן מדבר ושוטר משמיע תני חדא כהן מדבר ושוטר משמיע ותניא אידך כהן מדבר וכהן משמיע ותניא אידך שוטר מדבר ושוטר משמיע אמר אביי הא כיצד [י]מונגש ועד ודברו כהן מדבר וכהן משמיע מודברו עד ויספו כהן מדבר ושוטר משמיע מויספו ואילך שוטר מדבר ושוטר

ג משמיע: מי האיש אשר בנה בית חדש כו': תנו רבנן [יט]אשר בנה אין לי אלא אשר בנה לקח וירש וניתן לו במתנה מנין ת"ל מי האיש אשר בנה בית אין לי אלא בית מנין לרבות בית התבן ובית הבקר ובית העצים ובית האוצרות ת"ל אשר בנה מכל מקום יכול שאני מרבה אף הבונה בית שער אכסדרה ומרפסת תלמוד לומר בית מה בית הראוי לדירה אף כל הראוי לדירה ר' אליעזר בן יעקב אומר בית כמשמעו לא חנך ולא

[לקמן מד.]

חנכו [כ]פרט לגוזל לימא דלא כרבי יוסי הגלילי דאי [כא]*רבי יוסי הגלילי הא אמר ורך הלבב זה המתירא מעבירות

ג א מיי' פ"ז מהל' מלכים הל"ה סמג עשין קכ:
ד ב מיי' שם הל"ו:
ה ג מיי' שם הל"ז:
ו ד מיי' שם הל"ה:
ז ה מיי' שם הל"ו:
ח ו מיי' שם הל"ח:
ט ז מיי' שם הל"י:
י ח מיי' שם הלי"א:
יא ט י מיי' שם הל"ג:
יב כ מיי' שם הל' ה ו:

הגהות הב"ח

(א) במשנה כל אלו שומעין כצ"ל ותיבת ואלו נמחק: (ב) רש"י ד"ה ואפילו וכו' מצטרפין הס"ד ואח"כ מ"ה ולא חיללו וכו' שמחלל את הפירות: (ג) ד"ה ולא וכו' כתיב ולא חנך:

יג א מיי' פ"ז מהל' מלכים הל"ו:
יד ב מיי' פ"י מהל' מ"ש הל' טז סמג עשין קלז טוש"ע יו"ד סי' רלד סעי' כב:
טו ג מיי' שם הל"ב טוש"ע שם סעי' כג:
טז ד מיי' שם הל"ה טוש"ע שם סעי' כז:
יז ה מיי' פ"ז מהל' מלכים הל"ו:
יח ו מיי' שם הל"ז:
יט ז מיי' פ"א מהל' כלאים הל"ה סמג לאוין רפא טוש"ע יו"ד סי' רצה סעי' א וסעי' ג:
כ ח ט מיי' פ"י מהל' מ"ש הלי"ט סמג עשין קלז טוש"ע יו"ד סי' רלד סעי' כא:
כא י מיי' פ"ג מהל' ק"ש הל"ב סמג עשין יח טוש"ע או"ח סי' עא סעי' ז וטוש"ע יו"ד סימן שסז סעיף ב ג ו:
כב כ טוש"ע אה"ע סי' טו סעי' יא וסעי' כג:
כג ל מ מיי' פ"ב מהל' תרומות הל"ט:
כד נ ס מיי' פ"ו מהל' כלאים הל"ד סמג לאוין רפ טוש"ע יו"ד סי' רצו סעי' כב:

תורה אור

מעבירות שבידו אפילו תימא רבי יוסי
הגלילי כגון דעבד תשובה ויהב דמי אי
הכי הוה ליה לוקח וליהדר כיון דמעיקרא
א בתורת גזילה אתא לידיה לא: °ומי האיש דברים כ
אשר נטע כרם כו': תנו רבנן [א]אשר נטע אין
לי אלא נטע לקח וירש וניתן לו במתנה מנין
תלמוד לומר ומי האיש אשר נטע כרם
[ב]אין לי אלא כרם מנין לרבות חמשה אילני
מאכל ואפילו משאר מינין תלמוד לומר אשר
נטע יכול שאני מרבה הנוטע ארבעה אילני
מאכל וחמשה אילני סרק תלמוד לומר כרם
[ג]רבי אליעזר בן יעקב אומר כרם כמשמעו
[ד]לא חילל ולא חיללו פרט למבריך ולמרכיב
והא אנן תנן אחד הנוטע ואחד המבריך ואחד
המרכיב אמר רבי זירא אמר רב חסדא לא
קשיא [ה]כאן *בהרכבת איסור כאן בהרכבת
היתר האי הרכבת היתר היכי דמי אילימא
ילדה בילדה תיפוק לי' דבעי מיהדר משום
ילדה ראשונה אלא ילדה בזקינה *והאמר
רבי אבהו [ו]ילדה שסיבכה בזקינה *בטלה
ילדה בזקינה ואין בה דין ערלה אמר רבי
ירמיה לעולם ילדה בילדה וכגון דנטע להך
קמייתא לסייג ולקורות *דתנן [ז]הנוטע לסייג
ולקורות פטור מן הערלה ומאי שנא ילדה
בזקינה דבטלה ומאי שנא ילדה בילדה דלא
בטלה התם אי מימליך עלה לאו בת מיהדר
היא הכא אי מימליך עלה בת מיהדר היא
[דהא מעיקרא לפירי קיימא] מידי דהוה רש"ל
אעלו מאיליהן *דתנן [ח]עלו מאיליהן חייבין
בערלה ולוקמה בכרם של שני שותפין דהאי
הדר אדידיה והאי הדר אדידיה אמר רב
פפא זאת אומרת [ט]כרם של שני שותפין
אין חוזרין עליו מערכי המלחמה ומאי שנא
[י]*מחמשה אחין ומת אחד מהן במלחמה
[י]דכולן חוזרין התם כל חד וחד קרינא ביה
אשתו הכא כל חד וחד לא קרינא ביה כרמו
רב נחמן בר יצחק אמר במבריך אילן בירק
והאי תנא הוא *דתניא [יא]המבריך אילן בירק
רבן שמעון בן גמליאל מתיר משום רבי
יהודה בן גמדא איש כפר עכו [י]וחכמים
אוסרין כי אתא רב דימי [יב]אמר רבי יוחנן הא
מני רבי אליעזר בן יעקב היא לא אמר רבי
אליעזר בן יעקב התם כרם כמשמעו הכא
נמי נטע כמשמעו נוטע אין מבריך ומרכיב
ב לא כי אתא רב דימי אמר רבי יוחנן משום
רבי אליעזר בן יעקב [ח]ילדה פחותה מטפח
חייבת בערלה כל שנותיה דמתחזיא כבת
שתא [ט]והני מילי שתים כנגד שתים ואחת
יוצאה זנב אבל כוליה כרם קלא אית ליה כי
אתא רב דימי אמר רבי יוחנן משום רבי אליעזר
בן יעקב [יג]*מת [י]תופס ארבע אמות לק"ש דכתיב °לועג לרש חרף עושהו אמר רבי יצחק אמר רבי יוחנן משום
רבי אליעזר בן יעקב [יד]חורגתא הגדילה בין האחין אסורה לינשא לאחין דמתחזיא כי אחתייהו °[כ]ולא היא קלא
אית ליה למילתא [טו]ואמר *רבי יצחק אמר ר' יוחנן משום ר' אליעזר בן יעקב [ל]לקט שכחה ופאה שעשאן
בגורן הוקבעו למעשר אמר עולא לא אמרן [מ]אלא בשדה אבל בעיר קלא אית ליה למלתא ואמר רבי יצחק
אמר רבי יוחנן משום ר' אליעזר בן יעקב [נ]ילדה הפחותה מטפח אינה מקדשת את הזרעים [ס]והני מילי שתים
כנגד שתים ואחת יוצאה זנב אבל כולי כרם מקדיש ואמר רבי יצחק אמר רבי יוחנן משום רבי אליעזר בן יעקב
מת

מעבירות שבידו. והאי אית ליה למיהדר משום הירא וכך הלבב: **תלמוד לומר אשר נטע.** מדלא כתיב אשר כרם נטע דרוש ביה נמי נטע מכל מקום ואפי' אינו כרם שהרי לא הזכיר כרם עדיין: **תלמוד לומר כרם.** דדמי לכרם ופחות שבכרמים חמשה גפנים הם: **כרם כמשמעו.** ולא שאר אילנות: **חיללו.** משמע מיעוטא לזה ולא לאחר: **כאן בהרכבת איסור.** ברייתא בהרכבת איסור מין בשאינו מינו ומעטיה קרא כדמעיט ולא תנכו גבי בית פרעה לגזלן: **מבריך.** שכופף [הזמורה או היחור] בארץ: **מרכיב.** שנוקב האילן ונוטל מן הרך שבענפי האילן ותוחב לתוכו ועושה ענף בתוך הנקב ונושא ממין אותו אילן שנוטל ממנו וישראל מותר להרכיב משני אילנות שזה פירותיו גסין וזה פירותיו דקין דהוו ממין אחד זה בזה: **האי הרכבת היתר.** דאוקמת מתני' בה היכי דמי דחוזר מפני חילול ההרכבה: **אי נימא ילדה בילדה.** שאף זו שבקרקע שהרכיב את הענף בה נטיעה היא ועדיין לא הגיעה לשנה רביעית לחללה הא לאו משום הרכבה הדר דבלאו הרכבה נמי בעי למיהדר מן המלחמה משום ילדה ראשונה: **בזקינה.** שכבר נתחללה: **שסיבכה.** לשון נאחז בסבך (בראשית כב) שעשאה ענף בזקינה: **בטלה לגבי זקינה.** ואינה חייבת בערלה ואין בה דין רבעי וכי תנן במסכת ערלה דמרכיב חייב בערלה [זקינה] בילדה תנן שאף אותו ענף חייב בערלה ואע"ג שקבלו מזקינה נעשה עכשיו ילדה שזו היא נטיעתו: **לעולם ילדה בילדה.** ודקשיא לך בלא הרכבה נמי בעי למיהדר ממערכי המלחמה אקמייתא: **כגון דנטעה לקמייתא לסייג.** כגון שהיתה פרצה בגדר שדהו ונטעה בפרצה לסתום לשון סוגה בשושנים (שיר ז) גדורה בשושנים: **ולקורות.** לקוץ ממנה קורות לכשתגדל: **ומאי שנא ילדה בילדה.** כי הך ילדה קמייתא דכזקינה היא לענין ערלה (דלא) בטלה הרכבה בה להפטר מן הערלה כמותה: **התם.** גבי זקנה לאו בת אימלוכי היא לחזור ולהיות ילדה על שום מחשבה אבל נטע לסייג אי ממליך עלה בתוך שני ערלה לקיימה לפירות חייבת בערלה הילכך ילדה דקא מרכיב בגוה לאכילה חייבת בערלה ואע"ג דלא אימליך אקמייתא הא מיהא לאכילה הוא ומהניא מחשבה דעיקר דידה נמי אי הוה חשיב עלה הוה מהני מחשבה ואע"ג דבשעת נטיעה לאו להכי נטעה: **מידי דהוה אעלו מאיליהן.** דבשעת נטיעה ליכא כוונה: **ולוקמה בכרם של שני שותפין.** למה לי לאהדורי אשינויא דחיקא בנוטע לסייג ולקורות לוקמה בנוטע לאכילה ודקשיא לך תיפוק לי משום דבעי למהדר משום ראשונה לישני כגון שהנטיעה של ראובן ובא שמעון והרכיב בה להיות פירות הרכבה שלו: **ומאי שנא מחמשה אחין.** ברייתא היא לקמן בפרקין (דף מד.): **כולן חוזרין.** מפני שהיא שומרת יבם לכולם: **קרינא ביה אשתו.** שמא לזה תתייבם: **כל חד וחד לא קרינא ביה כרמו.** המיוחד לו שאין לך בה גפן שאין לשניהם חלק בה: **רב נחמן אמר.** הא דקתני מתני' מרכיב חוזר במרכיב אילן בירק דלא בעי למיהדר משום קמא ואם תאמר מין בשאינו מינו הוא ואימעיטא לה הרכבת איסור מולא חיללו פרט למבריך ומרכיב האי תנא הוא דאמר מותר: **כפר עכו.** כן שמה: **הא מני.** דקתני פרט למבריך ומרכיב לאו סתמא היא אלא סיפא דמילתא דרבי אליעזר בן יעקב היא ואפי' הרכבת היתר לא הדר עלה: **פחותה מטפח.** שהיא שפל קומה ולא תגבה לעולם עד טפח: **כל שנותיה.** מדרבנן כל הימים ערלה נוהגת בה דמתחזיא כבת שתא והרואה שאוכלין פירותיה אומר שפירות ערלה מותרין: **קלא אית ליה.** הכל אומרים כרם יש לפלוני משונה מכל הכרמים ויודעין שהיא זקינה להכי נקט שתים כו' דסבר לה כמאן דאמר במסכת ברכות (דף לה.) כרם רבעי תנן שאין ערלה נוהגת בנטיעה אחת אלא בכרם שלם: **לקריאת שמע.** שאסור לקרות בארבע אמותיו משום לועג לרש שזה קורא וזה אינו יכול לקרות: **חורגתא.** בת אשתו: **שגדלה בין האחין.** בני הבעל מאשה אחרת: **דמתחזיא כי אחתייהו.** מי שאינו מכיר בה ורואה אותה שגדלה אצלו כסבור שהיא אחותו ואומר שנושא אחותו: **לקט שכחה ופאה שעשאן.** העני גורן שכינס הרבה כאחד ועשה מהן כרי: **הוקבעו למעשר.** מדרבנן דמאן דחזי סבור שגדל בשדהו: **וה"מ בשדה.** שלא ידעו הכל[(א)] שנכנסו מעט מעט וסבורין שגדל שם אבל בעיר כל שכיניו ראו שכינס על יד על יד ויודעין שהן של לקט שכחה ופאה ופטור מן המעשר כדתניא בספרי ובא הלוי כי אין לו חלק ונחלה עמך בדבר שאין לו בו חלק ונחלה עמך הוא בא ונוטל מעשר ראשון שלו יצא לקט שכחה ופאה שיש לו חלק ונחלה עמך שאף לעניים לוים הם מופקרים כשאר עניי ישראל: **אינה מקדשת את הזרעים.** משום כלאי הכרם דכתיב בהו תקדש המלאה הזרע ונראה לי דקסבר כדאמרינן במנחות (דף טו:) קנבוס ולוף אסרה תורה שאר זרעים מדרבנן נינהו ובכי האי כרם לא גזור רבנן אשאר זרעים: **אבל כוליה כרם.**[(ב)] גדול שהיא שפלת קומה הואיל וחשיבה גזור עליה:
מת

מדרבנן דמאן דחזי סבר שגדל בשדהו. וה"מ בשדה שכינסן בשדה ולא ידעו הכל שנתכנסו מעט מעט וסבורין שגדל שם אבל בעיר כל שכניו ראו שכינם על יד על יד ויודעין שהם של לקט שכחה ופאה ופטור מן המעשר כדאמרי' בסיפרי ובא הלוי כי אין לו חלק ונחלה עמך מי שאין לו חלק ונחלה הוא בא ונוטל מעשר ראשון שלו יצאו לקט שכחה ופאה שיש לו חלק ונחלה עמך שאף לעניי לוים הם מופקרין כלשאר עניי ישראל ל"ה:
סח

תוספות שאנץ

זאת אומרת כרם של ב' שותפין לאו דוקא נקט זאת אומרת דאמתני' לא קאי אלא הני אמוראי דבי מדרשא דלא בעו לשנויי הכי סבירא להו הכי: וה"מ שתים כנגד שתים ואחת יוצאה זנב כזה. ולהכי נקט שתים כנגד שתים דסבי' ליה כמ"ד בברכות כרם רבעי שאין ערלה נוהגת בנטיעה אחת אלא בכרם שלם: חורגתא הגדילה בין האחין אסורה להנשא לאחין פ"ה בת אשתו הגדילה בין בני הבעל שיש לו מאשה אחרת דאיתחזיא כי אחתיהו מי שאינו מכיר בה סבור שנשא אחותו. ולא היא דחורגתא קלא אית לה ומותרת. ותי' לר"י דאמר בירושלמי אשת (חורגו) [חמיו] אסורה מפני מראית העין וכמאן אתיא וצ"ל דאתיא כר' אליעזר בן יעקב. ור"י אומר דאפי' למסקנא דהכא אתי שפיר דהאי חורגתא כשהיא גדילה בין האחין יודעין העולם שאינה אחותם אבל אשת (חורגו) [חמיו] שאינה עומדת אצלו אין נותנין העולם לב להבחין א"כ (איכא לאו כיון) [אתו למימר] שאשתו של זה אמו של זו. אבל אמרי' בירושלמי החורג והחורגת שגדלין זה עם זה אסורין לינשא ר' חנינא בן יודן או' יתנסבון באתרא דלא חכמין להון פי' ינשאו עצמן במקום שאין מכירים אותן וחולק על תלמוד שלנו שמתירן בלאו הכי: לקט שכחה ופיאה שעשאן בגורן הוקבעו. פ"ה עני שכנס הרבה ביחד ועשה מהן כרי הוקבעו למעשר

[עיין תוס' ר"ה ע: ד"ה מרכיב]
מנחות טו: ע"ש נדרים מ: ע"ש
[עיין תוספות ע"ז מט. ד"ה שאם]
ערלה פ"א מ"א
שם מ"ב
[לקמן מד.]
תוספתא דכלאים פ"א
ברכות יח. משלי יז
[ברכות מ:]

הגהות הב"ח

(א) רש"י ד"ה וה"מ וכו' הכל שנכנסו מעט: (ב) ד"ה אבל כוליה כרם כרם גדול:

גליון הש"ס

גמ' ולא היא קלא אית ליה. עיין יבמות דף כא ע"א תד"ה ומותר:

מֵעֲבֵירוֹת **שֶׁבְּיָדוֹ**, שאם הוא עבריין, כגון גזלן, חוזר מן המלחמה משום שהוא עבריין! ומשיבים: **אֲפִילּוּ תֵּימָא** [תאמר] כשיטת **ר׳ יוֹסֵי הַגְּלִילִי**, מדובר במקרה **כְּגוֹן דַּעֲבַד** [שעשה] **תְּשׁוּבָה וִיהַב דְּמֵי** [ונתן כסף] עבור הבית שגזל, ולכן צריך היה להשמיענו שאף על פי כן אינו חוזר משום הבית הגזול. ומקשים: **אִי הָכִי** [אם כך] ששילם את דמי הבית **הֲוָה לֵיהּ** [נעשה לו, הריהו] **כלוֹקֵחַ וְלִיהֲדַר** [ויחזור] ממערכי המלחמה בתור קונה בית! ומשיבים: **כֵּיוָן דְּמֵעִיקָּרָא** [שמתחילה] **בְּתוֹרַת גְּזֵילָה אֲתָא לְיָדֵיהּ** [בא הדבר לידו] — **לֹא** יחזור.

א עוד שנינו במשנה בין הדברים הנאמרים ליוצאים למלחמה: **״וּמִי הָאִישׁ אֲשֶׁר נָטַע כֶּרֶם״ כו׳** (דברים כ, ו). **תָּנוּ רַבָּנַן** [שנו חכמים]: **״אֲשֶׁר נָטַע״ — אֵין לִי אֶלָּא נָטַע** ממש, ואולם אם **לָקַח** (קנה) **או יָרַשׁ או נִיתַּן לוֹ בְּמַתָּנָה, מִנַּיִן** שגם הוא חוזר ממערכי המלחמה — **תַּלְמוּד לוֹמַר: ״וּמִי הָאִישׁ אֲשֶׁר נָטַע כֶּרֶם״** שהוא לשון ריבוי. **אֵין לִי אֶלָּא כֶּרֶם** של עצי גפן, **מִנַּיִן לְרַבּוֹת חֲמִשָּׁה אִילָנֵי מַאֲכָל וַאֲפִילּוּ מִשְּׁאָר מִינִין** שאף עליו חוזר — **תַּלְמוּד לוֹמַר ״אֲשֶׁר נָטַע״** — לרבות מיני אילנות אחרים. **יָכוֹל שֶׁאֲנִי מְרַבֶּה** אף **הַנּוֹטֵעַ** רק **אַרְבָּעָה אִילָנֵי מַאֲכָל**, או אפילו **חֲמִשָּׁה אִילָנֵי סְרָק** — **תַּלְמוּד לוֹמַר: ״כֶּרֶם״** למעט דבר שאינו בגודל של כרם או שאינו עושה פרי ככרם. **ר׳ אֱלִיעֶזֶר בֶּן יַעֲקֹב אוֹמֵר: כֶּרֶם** הוא **כְּמַשְׁמָעוֹ** דווקא כרם של גפנים ולא דבר אחר. ומזה שלא נכתב ״לא חילל״, ונכתב **״וְלֹא חִלְּלוֹ״** (שם) למדנו: דווקא זה שנטע כרם, **פְּרָט לְמַבְרִיךְ וּלְמַרְכִּיב** שהם אינם חוזרים. ומקשים: **וְהָא אֲנַן תְּנַן** [והרי אנו שנינו במשנה]: **אֶחָד הַנּוֹטֵעַ וְאֶחָד הַמַּבְרִיךְ וְאֶחָד הַמַּרְכִּיב** כולם חוזרים! **אָמַר ר׳ זֵירָא אָמַר רַב חִסְדָּא: לָא קַשְׁיָא** [אין זה קשה]; **כָּאן בְּהַרְכָּבַת אִיסּוּר** — אינו חוזר, **כָּאן בְּהַרְכָּבַת הֶיתֵּר** — חוזר. ושואלים: **הַאי** [זו] **הַרְכָּבַת הֶיתֵּר** שחוזר בגללה **הֵיכִי דָּמֵי** [כיצד היא בדיוק]? **אִילֵימָא** [אם תאמר] שמרכיב **יַלְדָּה בְּיַלְדָּה** (נטיעה צעירה בנטיעה צעירה) אחרת — **תֵּיפּוֹק לֵיהּ דְּבָעֵי מֶיהֱדַר** [תצא, תילמד לו שהוא צריך לחזור] **מִשּׁוּם יַלְדָּה רִאשׁוֹנָה** שעדיין לא נתחללה ולא משום הענף שהרכיב עליה! **אֶלָּא** כשהרכיב **יַלְדָּה בִּזְקֵינָה — וְהָאָמַר** [והרי אמר] **ר׳ אַבָּהוּ: יַלְדָּה שֶׁסִּיבְּכָהּ**, כלומר, הרכיב אותה **בִּזְקֵינָה — בָּטְלָה יַלְדָּה בִּזְקֵינָה וְאֵין בָּהּ דִּין עָרְלָה** ואף כאן לא תיחשב זו כנטיעה חדשה, ולא יחזור! **אָמַר ר׳ יִרְמְיָה: לְעוֹלָם** תפרש שחוזר מערכי המלחמה כשהרכיב **יַלְדָּה בְּיַלְדָּה**, ומדוע אינו חוזר משום הראשונה — **כְּגוֹן שֶׁנָּטַע לְהַךְ קַמַּיְיתָא** [את זו הראשונה] **לְסְיָיג** (לגדר) **או לְשֵׁם קוֹרוֹת**, ואחר כך הרכיב עליה נטיעה אחרת לשם פירות. **דִּתְנַן** [שכן שנינו במשנה]: **הַנּוֹטֵעַ** אילנות **לְסְיָיג** ולעשות מהם **קוֹרוֹת — פָּטוּר מִן הָעָרְלָה** ושואלים: **וּמַאי שְׁנָא** [ומה שונה] **יַלְדָּה בִּזְקֵינָה** שהיא **בָּטְלָה** בה, **וּמַאי שְׁנָא** [ומה שונה] **יַלְדָּה בְּיַלְדָּה שֶׁלֹּא בָּטְלָה?** ומשיבים: **הָתָם אִי מִימְלִיךְ עֲלַהּ** [שם, בנטיעה זקינה, אם היה רוצה להימלך עליה] ותיחשב כנטיעה ילדה החייבת בערלה — **לָאו** [לא] **בַּת מִיהֲדַר** [חזרה] **הִיא, הָכָא** [כאן], בנוטע לסייג ולקורות, **אִי מִימְלִיךְ עֲלַהּ** [אם רוצה להימלך עליה] ולייעד אותה לפירות — **בַּת מִיהֲדַר** [חזרה] **הִיא** ותתחייב בערלה, **[דְּהָא מֵעִיקָּרָא לְפֵירֵי קַיְימָא** [שהרי מתחילה לפירות היא עומדת]**], מִידֵי דַּהֲוָה** [כמו שהוא הדין] באילנות **שֶׁעָלוּ מֵאֵילֵיהֶן** החייבים בערלה אף שלא ניטעו בכוונה לשם פירות. **דִּתְנַן** [שכן שנינו במשנה]: אילנות פרי **שֶׁעָלוּ מֵאֵילֵיהֶן**, אף על פי שלא נטעם בעצמו — **חַיָּיבִין בְּעָרְלָה**. ושואלים: לשם מה צריך להעמיד בנוטע לקורות, **וְלוֹקְמַהּ** [ושיעמידנה] את הרכבת ההיתר שבגללה חוזרים מערכי המלחמה **בְּכֶרֶם שֶׁל שְׁנֵי שׁוּתָּפִין**, והרכיב אחד מהם את שלו בנטיעה של חבירו **דְּהַאי הָדַר אַדִּידֵיהּ וְהַאי הָדַר אַדִּידֵיהּ** [שזה חוזר על הנטיעה שלו וזה חוזר על שלו]? מתוך שאלה זו **אָמַר רַב פַּפָּא: זֹאת אוֹמֶרֶת כֶּרֶם שֶׁל שְׁנֵי שׁוּתָּפִין — אֵין חוֹזְרִין עָלָיו מֵעַרְכֵי הַמִּלְחָמָה.** ושואלים: **וּמַאי שְׁנָא** [ובמה שונה] דין זה **מֵחֲמִשָּׁה אַחִין וּמֵת אֶחָד מֵהֶן בַּמִּלְחָמָה, שֶׁכּוּלָּן חוֹזְרִין** מפני שכל אחד מהם ראוי לייבם את אשת האח המת, ואף כאן שייכת לשניהם הילדה שהרכיב? ומשיבים: **הָתָם** [שם] **כָּל חַד וְחַד קָרֵינָא בֵּיהּ** [אחד ואחד מהם קוראים אנו בו] **״אִשְׁתּוֹ״**, שהרי אם ישאנה אחד מהם תהיה זו אשתו גמורה, **הָכָא** [כאן] — **כָּל חַד וְחַד לָא קָרֵינָא בֵּיהּ** [אחד ואחד אין אנו קוראים בו] **״כַּרְמוֹ״**, שהרי אין הכרם מיוחד לאחד מהם. **רַב נַחְמָן בַּר יִצְחָק אָמַר**, כך יש ליישב את הסתירה בין המשנה לברייתא לגבי הרכבה: כשאמרו במשנה שחוזר בהרכבה, מדובר **בְּמַבְרִיךְ אִילָן בְּיָרָק, וְהַאי תַּנָּא הוּא** [ושיטת תנא זה היא], המתיר הרכבת אילן בירק. **דְּתַנְיָא** [שכן שנינו בברייתא]: **הַמַּבְרִיךְ אִילָן בְּיָרָק, רַבָּן שִׁמְעוֹן בֶּן גַּמְלִיאֵל מַתִּיר מִשּׁוּם** (בשם) **ר׳ יְהוּדָה בֶּן גַּמְדָּא אִישׁ כְּפַר עַכּוֹ, וַחֲכָמִים אוֹסְרִין.** הרי שלשיטת ר׳ יהודה בן גמדא יחזור הלה מערכי המלחמה בגלל האילן שהבריך אף שמשום הירק אינו חוזר. **כִּי אֲתָא** [כאשר בא] **רַב דִּימִי** מארץ ישראל לבבל, **אָמַר בשם ר׳ יוֹחָנָן: הָא מַנִּי** [שיטה זו שהמרכיב אינו חוזר מערכי המלחמה כמי היא] — דעת **ר׳ אֱלִיעֶזֶר בֶּן יַעֲקֹב הִיא.** וראיה לדבר: האם **לֹא אָמַר ר׳ אֱלִיעֶזֶר בֶּן יַעֲקֹב הָתָם** [שם] **״כֶּרֶם״ כְּמַשְׁמָעוֹ** דווקא? **הָכָא נַמִי** [כאן גם כן] **״נָטַע״ כְּמַשְׁמָעוֹ**, ולכן **נוֹטֵעַ — אִין** [כן] חוזר, **מַבְרִיךְ וּמַרְכִּיב — לֹא.**

ב כיון שהובאו דברים שאמר ר׳ יוחנן משמו של ר׳ אליעזר בן יעקב, מביאים עוד דברים שמסר ר׳ יוחנן בשמו, ובענין אחר. **כִּי אֲתָא** [כאשר בא] **רַב דִּימִי אָמַר** בשם **ר׳ יוֹחָנָן מִשּׁוּם ר׳ אֱלִיעֶזֶר בֶּן יַעֲקֹב: יַלְדָּה** (גפן צעירה) שהיא **פְּחוּתָה** בגובהה **מִטֶּפַח** — גזרו חכמים **שֶׁחַיֶּיבֶת בְּעָרְלָה כָּל שְׁנוֹתֶיהָ** אפילו לאחר שנות הערלה, משום **דְּמִתְחַזְיָא** [שנראית] **כְּבַת שַׁתָּא** [שנה] ואם יתירוה באכילה יבואו לאכול גם פירות ערלה ממש. **וְהָנֵי מִילֵּי** [ודברים אלה] אמורים דווקא בכרם קטן ביותר שעשוי **שְׁתַּיִם** (שתי גפנים) **כְּנֶגֶד שְׁתַּיִם, וְאַחַת יוֹצְאָה זָנָב** (באמצע, ממולן). **אֲבָל אִם כּוּלֵּיהּ** [כל] **הַכֶּרֶם** כך הוא — **קָלָא אִית לֵיהּ** [קול יש לו] ויודעים שהכרם כבר יצא מזמן הערלה. **כִּי אֲתָא** [כאשר בא] **רַב דִּימִי אָמַר** בשם **ר׳ יוֹחָנָן מִשּׁוּם** (בשם) **ר׳ אֱלִיעֶזֶר בֶּן יַעֲקֹב: מֵת תּוֹפֵס אַרְבַּע אַמּוֹת לִקְרִיאַת שְׁמַע**, שבתוך ארבע אמות מן המת אסור לקרוא קריאת שמע, **דִּכְתִיב** [שנאמר]: **״לֹעֵג לָרָשׁ חֵרֵף עֹשֵׂהוּ״** (משלי יז, ה), שכיון שהמת אינו יכול לקיים מצוות הרי זה שמקיים מצווה לידו נחשב כלועג לו. **אָמַר ר׳ יִצְחָק אָמַר ר׳ יוֹחָנָן מִשּׁוּם** (בשם) **ר׳ אֱלִיעֶזֶר בֶּן יַעֲקֹב: חוֹרַגְתָּא** (בת חורגת, כגון בת אשת האב מבעל אחר) **הַגְּדֵילָה בֵּין הָאַחִין**, אף על פי שאינה אסורה להם מן הדין משום אחות, שהרי אינה אחותם — מכל מקום **אֲסוּרָה לִינָּשֵׂא לָאַחִין, דְּמִתְחַזְיָא כִּי אַחְתַּיְיהוּ** [שהיא נראית כאחותם]. ומעירים: **וְלָא הִיא**, אין ההלכה כן, כי **קָלָא אִית לֵיהּ לְמִילְּתָא** [קול יש לו לדבר], שדבר זה שאין היא אחותם נודע לרבים, ואין מקום לחשוש. **וְאָמַר ר׳ יִצְחָק אָמַר ר׳ יוֹחָנָן מִשּׁוּם ר׳ אֱלִיעֶזֶר בֶּן יַעֲקֹב: לֶקֶט שִׁכְחָה וּפֵאָה שֶׁעֲשָׂאָן** (אסף אותן) **בְּגוֹרֶן — הוּקְבְּעוּ לְמַעֲשֵׂר**, וצריך להפריש מהן מעשרות, למרות שכרגיל אין מפרישים מעשרות ממתנות עניים, משום שסבורים האנשים שמפירות שדהו עשה גורן זו. **אָמַר עוּלָּא: לֹא אֲמָרַן** [אמרנו] הלכה זו **אֶלָּא** כשהיתה זו גורן **בַּשָּׂדֶה, אֲבָל בָּעִיר — קָלָא אִית לֵיהּ לְמִלְּתָא** [קול יש לו לדבר], שרואים כיצד הביאם מעט מעט ממקומות שונים ויודעים שהן מתנות עניים, ואינו צריך להפריש מהן מעשר. **וְאָמַר ר׳ יִצְחָק אָמַר ר׳ יוֹחָנָן מִשּׁוּם ר׳ אֱלִיעֶזֶר בֶּן יַעֲקֹב: יַלְדָּה** (גפן צעירה) **הַפְּחוּתָה** בגובהה **מִטֶּפַח — אֵינָהּ מְקַדֶּשֶׁת** (אוסרת) **אֶת הַזְּרָעִים** שזורעים סמוך לה משום כלאי הכרם שמפני קוטנה אינה קרויה כרם. ושוב מצמצמים את הדבר: **וְהָנֵי מִילֵּי** [ודברים אלה] אמורים דווקא שהיה כרם זה של **שְׁתַּיִם כְּנֶגֶד שְׁתַּיִם וְאַחַת יוֹצְאָה זָנָב, אֲבָל כּוּלֵּי** [כל] **הַכֶּרֶם** עשוי כך — **מְקַדִּישׁ** [אוסר]. **וְאָמַר ר׳ יִצְחָק אָמַר ר׳ יוֹחָנָן מִשּׁוּם ר׳ אֱלִיעֶזֶר בֶּן יַעֲקֹב:**

מסורת הש״ס

א. ירושלמי סוטה פ״ח ה״ה. ספרי דברים כ, ו. מדרש תנאים כ, ו. ילק״ש תורה תתקכג.

ב. ירושלמי שם. ספרי שם. מכילתא כב, ל. ילק״ש שם. וראה תוספתא סוטה פ״ז יח.

ג. ירושלמי שם. תוספתא שם. ספרי שם.

ד. ירושלמי שם. ספרי שם. מדרש תנאים שם.

ה. ירושלמי שם.

ו. נדרים נז,ב. מנחות סט,ב. ירושלמי ערלה פ״א ה״ג.

ז. ערלה פ״א מ״א. תוספתא ערלה פ״א א. תו״כ יט, כג. ילק״ש תורה תרטו.

ח. ערלה פ״א מ״ב. ירושלמי ערלה פ״א ה״א. תו״כ שם. ילק״ש שם.

ט. ראה מדרש תנאים כ, ו. ילק״ש שם תתקכג.

י. סוטה מד,א. ירושלמי סוטה פ״ח ה״ו. תוספתא סוטה פ״ז יט.

יא. (בשינוי שם) תוספתא כלאים פ״א יב.

יב. ירושלמי סוטה פ״ח ה״ה.

יג. ברכות יח,א.

יד. ירושלמי יבמות פ״ב ה״ד.

טו. ברכות מ,ב. ירושלמי כלאים פ״ו ה״ב.

גרסות

בטלה — **ערלה** יש בכת״י ובמקורות: **בטלה**.

[דהא מעיקרא לפירי קיימא] יש כת״י ומקורות שלא גרסו משפט זה.

אית ליה למילתא יש בכת״י ועוד: אית ליה.

שעשאן בגורן יש גורסים: **שעשאן** גורן.

העולם

הברכה

הברכה היא הכנסת ענף של עץ (במיוחד נפוץ היה הדבר בגפנים) לאדמה עד שהוא משתרש שם, ולאחר מכן קוצצים אותו מאילן האם. שיטה זו דומה לשתילת יחורים, אלא שיש בה יתרון בכך שהענף מקבל את מזונו במשך הזמן גם מן האילן שממנו הוא צומח.

הרכבה

הרכבת אילנות היא אחת הדרכים העתיקות של טיפול והשבחת אילנות. שיטות ההרכבה נשתכללו במשך הדורות, אך בעיקרן נשארו אותן שיטות עצמן. בהרכבה מביאים ענף מעץ אחד ומכניסים אותו לתוך חתך העשוי לכך בעץ אחר. דרכי החיבור המדויקות שונות במינים שונים של עצים. מן התלמוד נראה כי הרכבת גפנים היתה מצויה אז ביותר.

בזמן התלמוד מצויה היתה גם הרכבת אילנות כאשר אין הענף המורכב תלוש מאילן האם אלא בעודו מחובר אליו. בדרך זו הובטח שהענפים המורכבים לא יתייבשו כאשר אין ההרכבה נקלטת. שיטה זו היא הנזכרת כאן בתיאור ״ילדה שסיבכה בזקנה״.

ילדה פחותה מטפח

מובן כי אין הכוונה לגפן שכל כולה הוא פחות מטפח, שגפן כזו (ובוודאי כרם שלם כזה) אינו ראוי לקיום. אלא המדובר כאן בגפן, שמעצמה, או על ידי טיפול מיוחד, יש לה גזע נמוך ביותר, פחות מטפח, וממנו יוצאות זמורות שעליהן גדלים העלים והאשכולות, וזמורות אלה נקצצות (כדרך הרגיל בגפנים) מדי שנה בשנה.

עיונים

בתורת גזילה אתא לידיה ויש בכך איפוא גזירת הכתוב, שדבר שהגיע ליד אדם בעבירה אין ראוי לחנוך אותו, שאין זו שמחה של מצוה, ומשום כך למרות שמבחינת הדין שייך לו הדבר עתה בבעלות גמורה, אינו חוזר על בית זה מערכי המלחמה (מנחה חרבה).

כרם כמשמעו ונחלקו בנושא זה לא רק לענין זה בלבד, אלא לגבי נושאים אחרים, האם המלה ״כרם״ משמעה תמיד כרם של גפנים או שבכלל הדברים גם שאר מטעי אילנות, שהרי בכתוב נאמר ״כרם זית״. ומשום כך גם המחלוקת האם יש מן התורה רק דין ״כרם רבעי״ או גם נטע רבעי בכלל, ועוד כיוצא באלה.

למבריך ולמרכיב רוב הדיון כאן היה בענין הרכבה. ונראה שלא האריכו בדין ההברכה, משום שסמכו על המבואר במקומו שכל עוד הענף המוברך יונק מאילנו אינו נחשב כאילן בפני עצמו לכל דבר, ורק משעה שנפסקה היניקה מתחילים להחשיב לו שנות ערלה (מאירי). ויש לומר כי דברי רב נחמן בר יצחק להלן באו להסביר כיצד יש מציאות של הברכת איסור.

בהרכבת איסור וכבר שאלו ראשונים: מפני מה לא הביאו אף כאן את הבעיה שלדברי ר׳ יוסי הגלילי אין צריך בכך, שהרי עבריין הוא! ותירץ הרא״ש בתוספותיו כי יש הבדל בין גזלן שאין תשובתו תשובה אלא כשמחזיר את הגזילה, ועבירות כיוצא באלה שצריך לעשות מעשה כדי לתקן, ובין הרכבת איסור שאף שנעשתה עבירה, מכל מקום אינו צריך לבער את האילן המורכב, ויכול ליהנות מפירותיו. והמהרש״א מתרץ כי שמא מדובר כאן במי שלא עשה את האיסור בעצמו, אלא אחר (כגון אריסו) עשה את האיסור. ובכ״מ סבור שלדעת הרמב״ם יש להבין באופן אחר: הרכבת איסור היא הרכבה שחל עליה איסור ערלה וחוזר עליה מן המלחמה, והרכבת היתר היא הרכבה שאין בה איסור זה (כגון ילדה בזקינה) וממילא אין בה חילול, ולא חזרה מן המלחמה.

ילדה שסיבכה בזקינה לפי רש״י מדובר שנטל ענף מן העץ הצעיר ותחבו בעץ הזקן. אכן, יש סבורים כי הכונה היא שלוקח ענף המחובר עדיין באילן הצעיר ותוחבו באילן הזקן. ולפי זה דין ענף תלוש נלמד מכאן בקל וחומר, שאף שהענף עדיין מחובר הוא נחשב כשייך לאילן הזקן (תו״ש).

לקריאת שמע ובמרומי שדה שאל: מדוע נאמר הדבר בקריאת שמע דווקא, ולא בדברי תורה בכלל? ותירץ כי בקריאת שמע אסור בכל מקרה. אבל בדברי תורה, אם לומד לעצמו בלבד — מותר, ולא אסרו אלא כשמלמד ברבים.

חורגתא הגדילה בין האחין ונראה כי בתלמוד הירושלמי יש שיטה אחרת בדבר, שמשם עולה כי יש לחשוש למראית העין, אבל כיון שאין איסור בדבר מציעים להם ללכת למקום אחר שאין מכירים אותם ולהתחתן שם. וכן הביא גם הר״ח. והביאו ראשונים שר״ת ביטל (גם לאחר שכבר היתה הסעודה מוכנה) שידוך בין איש לאלמנת חמיו, למרות שגם שם אין איסור בדבר אלא יש לחוש רק למראית העין, שלכאורה הוא כדברי התלמוד הירושלמי. ויש שחלקו ואמרו שבת חורגת הגדלה בין האחים ידועה יותר, מה שאין כן באשת חמיו.

אינה מקדשת את הזרעים לכאורה יש כאן שאלה פשוטה: אם גפן כזו נחשבת לכרם — מפני מה אינה מקדשת, ואם אינה נחשבת — מפני מה יקדש כרם שלם? ורש״י מתרץ דבר זה באומרו כי רוב הזרעים (להוציא זרע קנבוס ולוף) אינם אסורים מן התורה, וכיון שעיקר איסורם הוא מדברי סופרים חילקו חכמים בין כרם קטן וגדול. ובכ״מ סבור כי לדעת הרמב״ם אין חילוק לענין זה בין זרע קנבוס לאחרים, אלא שיעור זה בכרם הוא כשאר שיעורי תורה שהם הלכה למשה מסיני. והרדב״ז מסביר בשתי פנים: אם משום שכרם שיש בו חמש גפנים בלבד אינו קרוי כרם מן התורה, ורק חכמים הם שאמרו שייחשב ככרם לכל דבר, ולא אמרו דין זה אלא בכרם שהוא כשאר כרמים ולא בכרם ננס. ובאופן אחר פירש שבעצם כרם ננס אינו קרוי כרם כלל מן התורה, אבל כשהיה כרם שלם כגון זה — גזרו חכמים שייחשב ככרם לענין איסור כלאים.

אורח ההלכה

בהרכבת היתר כל הנוטע המרכיב והמבריך הברכה והרכבה שהיא חייבת בערלה — חוזר. (רמב״ם ספר שופטים הלכות מלכים פ״ז ה״ו).

ילדה שסיבכה בזקינה ענף מעץ צעיר (שחייב בערלה) שהרכיבו בעץ הפטור מערלה — בטל בו, ואינו חייב בערלה. אבל אם היו פירות בענף הצעיר — הפירות של ערלה אסורים לעולם, אפילו הוסיפו הרבה לאחר שהרכיבו. כגמרא כאן ובמסכת נדרים. (רמב״ם ספר זרעים הלכות מעשר שני ונטע רבעי פ״י הט״ז. שו״ע יו״ד רצד, כב).

הנוטע לסייג ולקורות וכו׳ הנוטע אילן מאכל ואין דעתו לפירותיו אלא שיהא האילן גדר לשדה או שרוצה בעצים לשם בנין או הסקה — פטור מערלה. והוא שיהא ניכר במקומו או באופן הטיפול בו שאינו מיועד לאכילה. ואם נמלך עליו אחר כך לצורך אכילה — מונה שנות ערלה משעה שנטעו. (רמב״ם שם ה״ב. שו״ע שם, סעיף כג).

עלו מאליהן אילן הצומח מאליו ברשות היחיד — חייב בערלה. (רמב״ם שם ה״ה. שו״ע שם, סעיף כז).

כרם של שני שותפין וכו׳ כרם של שני שותפים — אין חוזרים עליו מן המלחמה וכרב פפא. ולגבי בית של שני שותפים, נראה שכיון שמן הסתם יש לכל אחד מקום מיוחד לעצמו, הרי זה כבית לכל אחד (כ״מ). ובתלמוד הירושלמי מבואר שדין בית כדין כרם (לח״מ). (רמב״ם ספר שופטים שם ה״ו).

חמשה אחין ומת אחד מהן היו חמשה אחים ומת אחד מהם במלחמה ולא הניח בנים — כולם חוזרים, כיון שמוטל עליהם לייבם את אשת המת. (רמב״ם שם הלכה ז).

המבריך אילן בירק המבריך אילן בירק וכן המרכיב ירק באילן — לוקה, וכדברי חכמים. (רמב״ם ספר זרעים הלכות כלאים פ״א ה״ה. שו״ע יו״ד רצה, א).

ילדה פחותה מטפח וכו׳ היה אילן פחות מטפח — אפילו לאחר שנים רבות — חייב בערלה מדברי סופרים. ודברים אלה אמורים כשהיה זה אילן יחיד, או אפילו כרם קטן של שנים כנגד שנים ואחד יוצא זנב, אבל אם היה כל הכרם כך — פטור, שהכל יודעים שכבר הזקין. (רמב״ם שם הלכות מעשר שני ונטע רבעי פ״י הי״ט. שו״ע שם רצד, כא).

מת תופס ארבע אמות אין קוראים קריאת שמע, ואין אומרים שאר דברים שבקדושה, בתוך ארבע אמות של מת. ואם קרא קריאת שמע לא יצא, וחוזר קורא. אבל בתפילות וברכות סומכים על דעת הראב״ד הסבור שבכלל אין הדבר פוסל את הנאמר, ואין חוזר (וראה בפמ״ג). (רמב״ם ספר אהבה הלכות קריאת שמע פ״ג ה״ב. שו״ע או״ח עא, ז).

חורגתא הגדילה בין האחין מותר אדם לשאת את בת אשת אביו (שאינה אמו), ואפילו בת חורגת שגדלה בין האחים — מותר לשאתה, ואין חוששים למראית העין. כמסקנת הגמרא. (שו״ע אה״ע טו, יז).

לקט שכחה ופאה שעשאן בגורן וכו׳ הלקט השכחה והפאה פטורים מתרומות ומעשרות, אפילו צברם ועשה מהם כרי. ואם עשאם גורן יש לחלק, אם עשאם בשדה — הוקבעו למעשרות, וחייב להפריש מהם כמו משאר תבואה. ואם עשאן גורן בעיר פטורים. וכדברי עולא. (רמב״ם ספר זרעים הלכות תרומות פ״ב ה״ט).

ילדה הפחותה מטפח אינה מקדשת וכו׳ היתה גפן פחותה מגובה טפח — אינה מקדשת (פוסלת) את הזרעים הנזרעים לידה משום כלאי הכרם. ודברים אלה אמורים בגפן יחידית או אף בחמש גפנים העשויות כעין כרם. אבל אם היה כרם גדול שכולו כך — הרי זה מקדש. כמסקנת הגמרא. (רמב״ם שם הלכות כלאים פ״ו ה״ד. שו״ע יו״ד רצו, כב).

מֵת תּוֹפֵס אַרְבַּע אַמּוֹת לְטוּמְאָה, שגזרו חכמים שכל הנמצא בתוך ארבע אמות סמוך למת יהיה טמא, כדי שלא יבואו כהנים ואוכלי טהרות להתקרב אליו ממש ויאהילו עליו וייטמאו. **וְתָנָא תּוּנָא** [וכן שנה התנא שלנו] במשנה: **חֲצַר הַקֶּבֶר** (הצמודה לקבר) — **הָעוֹמֵד בְּתוֹכָהּ טָהוֹר, וְהוּא שֶׁיְּהוּ בָּהּ** בחצר **אַרְבַּע אַמּוֹת** על ארבע אמות שאז היא נחשבת כמקום לעצמה ואין לגזור בכך, אלו **דִּבְרֵי בֵּית שַׁמַּאי. בֵּית הִלֵּל אוֹמְרִים**: די שיהיו בה **אַרְבָּעָה טְפָחִים. בַּמֶּה דְּבָרִים אֲמוּרִים** שדי שיהא בה ארבעה טפחים — **שֶׁפִּתְחָהּ** של החצר **מִלְמַעְלָה** ויורדים לתוכה, שאין כאן חשש שיאהיל על הקבר וייטמא, **אֲבָל** היה **פִּתְחָהּ מִן הַצַּד — דִּבְרֵי הַכֹּל אַרְבַּע אַמּוֹת**. ותוהים: **כְּלַפֵּי לַיָּיא** [לאן] הדברים אמורים?! כלומר, ההיפך הוא המסתבר: **אַדְּרַבָּא**, אם היה הפתח **מִן הַצַּד מִידְרִיד וְנָפֵיק** [נשמט ויוצא] בקלות ואינו מתקרב לטומאה, אבל אם היה הפתח **מִלְמַעְלָה — אִי אֶפְשָׁר שֶׁלֹּא** יהיה **מַאֲהִיל** על הקבר תוך כדי טיפוס ויציאה מן החצר. **אֶלָּא** כך צריך לומר: **בַּמֶּה דְּבָרִים אֲמוּרִים — שֶׁפִּתְחָהּ מִן הַצַּד, אֲבָל** אם **פִּתְחָהּ מִלְמַעְלָה**, צריך שיהא גודל החצר **אַרְבַּע אַמּוֹת** לכל הדעות. ומעירים: **וְהָנֵי מִילֵּי** [ודברים אלה] שיכול אדם להיות סמוך למת, אמורים **בַּחֲצַר הַקֶּבֶר דִּמְסַיְּימָא מְחִיצָּתָא** [שמוגדרות מחיצותיה], **אֲבָל מֵת בְּעָלְמָא** [סתם] שאינו נמצא במקום מוגדר בגבולותיו — בוודאי **תָּפֵיס** [תופס] ארבע אמות סביבו.

א עוד שנינו במשנה בין הדברים הנאמרים ליוצאים למלחמה: "**וּמִי הָאִישׁ אֲשֶׁר אֵרַשׂ אִשָּׁה** ולא לקחה ילך וישוב לביתו" (דברים כ, ז). **תָּנוּ רַבָּנַן** [שנו חכמים]: "**אֲשֶׁר אֵרַשׂ**" — **אֶחָד הַמְאָרֵס אֶת הַבְּתוּלָה, וְאֶחָד הַמְאָרֵס אֶת הָאַלְמָנָה, וְאֶחָד שׁוֹמֶרֶת יָבָם. וַאֲפִילּוּ הָיוּ חֲמִשָּׁה אַחִין וּמֵת אֶחָד מֵהֶם בַּמִּלְחָמָה** וצריך אחד האחים הנותרים לייבם את אשתו — **כּוּלָּן חוֹזְרִין** בשבילה. ועוד, היה יכול לומר "לֹא לָקַח" ונאמר "**וְלֹא לְקָחָהּ**" הרי זה למעט: **פְּרָט לְאַלְמָנָה לְכֹהֵן גָּדוֹל, גְּרוּשָׁה** או **חֲלוּצָה לְכֹהֵן הֶדְיוֹט, מַמְזֶרֶת** או **נְתִינָה לְיִשְׂרָאֵל**, או **בַּת יִשְׂרָאֵל לְמַמְזֵר** או **לְנָתִין**, שכולם הם עוברי עבירה וחייבים לגרש את נשותיהם, ואינם חוזרים מן המלחמה. ושואלים: **לֵימָא** [האם לומר] שהלכה זו **שֶׁלֹּא כְּשִׁיטַת ר' יוֹסֵי הַגְּלִילִי** היא, **דְּאִי** [שאם] כשיטת **ר' יוֹסֵי הַגְּלִילִי** היא — **הָא** [הרי] הוא **אָמַר** לפרש את דברי הכתוב "**הַיָּרֵא וְרַךְ הַלֵּבָב**" (שם ח) — **זֶה הַמִּתְיָרֵא מֵעֲבֵירוֹת שֶׁבְּיָדוֹ**, ואם כן אלו שנשאו נשים בעבירה הריהם חוזרים מן המלחמה בתור עבריינים? ומשיבים: **אֲפִילּוּ תֵּימָא** [תאמר] שהוא כשיטת **ר' יוֹסֵי הַגְּלִילִי**, יש לומר שאינם חוזרים **כְּדִבְרֵי רַבָּה. שֶׁאָמַר רַבָּה: לְעוֹלָם אֵינוֹ חַיָּיב** על כל הנשים האלה מלקות **עַד שֶׁיִּבְעוֹל**, ולא בקידושי כסף ושטר בלבד. **מַה טַּעַם** הדבר — שנאמר בכהן גדול "אלמנה גרושה וחללה זונה את אלה לא יקח... ולא יחלל זרעו בעמיו" (ויקרא כא, יד-טו), הרי שנאסר **בְּ"לֹא יִקָּח" — מִשּׁוּם "לֹא יְחַלֵּל** זרעו", **מִשּׁוּם הָכִי** [כך] **אֵינוֹ לוֹקֶה עַד שֶׁיִּבְעוֹל**, שהרי אין היא וזרעה מתחללים עד שיבוא עליה.

ב **תָּנוּ רַבָּנַן** [שנו חכמים]: הסדר בכתובים אלה הוא "**אֲשֶׁר בָּנָה**" (דברים כ, ה), ואחר כך "**אֲשֶׁר נָטַע**" (שם ו), ולבסוף "**אֲשֶׁר אֵרַשׂ**" (שם ז). **לִימְּדָה תּוֹרָה דֶּרֶךְ אֶרֶץ** לאדם: **שֶׁיִּבְנֶה אָדָם בַּיִת** ואחר כך **יִטַּע כֶּרֶם, וְאַחַר כָּךְ יִשָּׂא אִשָּׁה. וְאַף שְׁלֹמֹה אָמַר בְּחָכְמָתוֹ: "הָכֵן בַּחוּץ מְלַאכְתֶּךָ וְעַתְּדָהּ בַּשָּׂדֶה לָךְ אַחַר וּבָנִיתָ בֵיתֶךָ"** (משלי כד, כז). **"הָכֵן בַּחוּץ מְלַאכְתֶּךָ" — זֶה בַּיִת, "וְעַתְּדָהּ בַּשָּׂדֶה לָךְ" — זֶה כֶּרֶם, "אַחַר וּבָנִיתָ בֵיתֶךָ" — זוֹ אִשָּׁה. דָּבָר אַחֵר**, נדרש הכתוב לענין לימוד התורה: **"הָכֵן בַּחוּץ מְלַאכְתֶּךָ" — זֶה מִקְרָא, "וְעַתְּדָהּ בַּשָּׂדֶה לָךְ"** — **זֶה מִשְׁנָה, "אַחַר וּבָנִיתָ בֵיתֶךָ" — זֶה גְּמָרָא**, כלומר, העיון והדיון בדברי חכמים. **דָּבָר אַחֵר: "הָכֵן בַּחוּץ מְלַאכְתֶּךָ" — זֶה מִקְרָא וּמִשְׁנָה, "וְעַתְּדָהּ בַּשָּׂדֶה לָךְ" — זֶה גְּמָרָא, "אַחַר וּבָנִיתָ בֵיתֶךָ" — אֵלּוּ מַעֲשִׂים טוֹבִים. ר' אֱלִיעֶזֶר בְּנוֹ שֶׁל ר' יוֹסֵי הַגְּלִילִי אוֹמֵר: "הָכֵן בַּחוּץ מְלַאכְתֶּךָ" — זֶה מִקְרָא וּמִשְׁנָה וּגְמָרָא, "וְעַתְּדָהּ בַּשָּׂדֶה לָךְ" — אֵלּוּ מַעֲשִׂים טוֹבִים, "אַחַר וּבָנִיתָ בֵיתֶךָ" — דְּרוֹשׁ וְקַבֵּל שָׂכָר** שאחר כך יש מקום שיהא אדם דורש ומחדש בתורה.

ג שנינו במשנה, **וְאֵלּוּ שֶׁאֵינָן חוֹזְרִין: הַבּוֹנֶה בֵּית שַׁעַר כו'**, ור' יהודה אומר: אף הבונה בית על מכונו אינו חוזר. **תָּנָא** [שנה החכם]: **אִם הוֹסִיף בּוֹ דִּימוֹס** (נידבך, שורה של אבנים) **אֶחָד** יתר על הבית הקודם — **חוֹזֵר**, שהרי זה כבניה חדשה, ולא אמר ר' יהודה אלא כשלא שינה בו דבר.

עוד שנינו במשנה, **ר' אֱלִיעֶזֶר אוֹמֵר: אַף הַבּוֹנֶה בֵּית לְבֵנִים בַּשָּׁרוֹן לֹא הָיָה חוֹזֵר. תָּנָא** [שנה החכם]: **מִפְּנֵי שֶׁמְּחַדְּשִׁין אוֹתוֹ פַּעֲמַיִם בַּשָּׁבוּעַ** (בשבע שנים), ואם כן אין זה בנין של קבע.

ד שנינו במשנה, **וְאֵלּוּ שֶׁאֵין זָזִין מִמְּקוֹמָן: בָּנָה בַּיִת חָדָשׁ וַחֲנָכוֹ** וכו'. **תָּנוּ רַבָּנַן** [שנו חכמים] על הכתוב "כי יקח איש אשה חדשה לא יצא בצבא ולא יעבור עליו לכל דבר" (דברים כד, ה): "**אִשָּׁה חֲדָשָׁה" — אֵין לִי אֶלָּא אִשָּׁה חֲדָשָׁה** שהיא בתולה שנישאה לו, ואולם אם נשא **אַלְמָנָה וּגְרוּשָׁה מִנַּיִן** שאף הוא אינו יוצא בצבא — **תַּלְמוּד לוֹמַר: "אִשָּׁה", מִכָּל מָקוֹם. אִם כֵּן, מַה תַּלְמוּד לוֹמַר "אִשָּׁה חֲדָשָׁה" — מִי שֶׁחֲדָשָׁה לוֹ, יָצָא מַחֲזִיר גְּרוּשָׁתוֹ שֶׁאֵין הִיא חֲדָשָׁה לוֹ. תָּנוּ רַבָּנַן** [שנו חכמים]: "**לֹא יֵצֵא בַּצָּבָא**" (שם). **יָכוֹל בַּצָּבָא הוּא שֶׁלֹּא יֵצֵא אֲבָל יַסְפִּיק מַיִם וּמָזוֹן** לחיילים, **וִיתַקֵּן הַדְּרָכִים — תַּלְמוּד לוֹמַר: "וְלֹא יַעֲבוֹר עָלָיו לְכָל דָּבָר"** (שם). **יָכוֹל שֶׁאֲנִי מְרַבֶּה אַף הַבּוֹנֶה בַּיִת וְלֹא חֲנָכוֹ**, ואת זה **שֶׁנָּטַע כֶּרֶם וְלֹא חִלְּלוֹ**, וכן את זה **שֶׁאֵרַשׂ אִשָּׁה וְלֹא לְקָחָהּ** שגם הם לא יעשו דבר — **תַּלְמוּד לוֹמַר: "עָלָיו"**, לדייק ולמעט: **עָלָיו אִי אַתָּה מַעֲבִיר** שום עבודה, **אֲבָל אַתָּה מַעֲבִיר עַל אֲחֵרִים**. ושואלים: **וּמֵאַחַר שֶׁכָּתַב** בתורה "**לֹא יַעֲבוֹר**" שנפטר מכל שעבוד, "**לֹא יֵצֵא בַּצָּבָא" לָמָּה לִי?** ומשיבים: **לַעֲבוֹר עָלָיו בִּשְׁנֵי לָאוִין** (מצוות לא תעשה); משום "לא יעבור" ומשום "לא יצא", אם יוצא לצבא.

ה משנה "**וְיָסְפוּ הַשֹּׁטְרִים לְדַבֵּר אֶל הָעָם** מי האיש הירא ורך הלבב ילך וישוב לביתו" (שם כ, ח). **ר' עֲקִיבָא אוֹמֵר: "הַיָּרֵא וְרַךְ הַלֵּבָב"** הוא **כְּמַשְׁמָעוֹ — מִי שֶׁאֵינוֹ יָכוֹל לַעֲמוֹד בְּקִשְׁרֵי הַמִּלְחָמָה וְלִרְאוֹת חֶרֶב שְׁלוּפָה**, מפני שנופלת עליו אימה. **ר' יוֹסֵי הַגְּלִילִי אוֹמֵר: "הַיָּרֵא וְרַךְ הַלֵּבָב" — זֶהוּ הַמִּתְיָרֵא מִן הָעֲבֵירוֹת שֶׁבְּיָדוֹ, לְפִיכָךְ תָּלְתָה לוֹ הַתּוֹרָה** (נתנה לו מקום לתלות) **אֶת כָּל אֵלּוּ** הסיבות שבגללן נפטרים מלצאת לצבא, משום בית וכרם וכיוצא בהן **שֶׁיַּחֲזוֹר בִּגְלָלָן**, שלא ידעו הכל שהוא חוזר משום עבירות שבידו ויחשבו שחוזר משום אחת הסיבות האחרות. **ר' יוֹסֵי אוֹמֵר**: מי שנשא אשה בעבירה, כגון **אַלְמָנָה לְכֹהֵן גָּדוֹל, גְּרוּשָׁה** או **חֲלוּצָה לְכֹהֵן הֶדְיוֹט, מַמְזֶרֶת** או **נְתִינָה לְיִשְׂרָאֵל, בַּת יִשְׂרָאֵל לְמַמְזֵר** או **לְנָתִין — הֲרֵי הוּא הַיָּרֵא וְרַךְ הַלֵּבָב** שמפני שיש בידו עבירות — מפחד שמא ייפגע במלחמה, ומתיירא משום כך.

"**וְהָיָה כְּכַלֹּת הַשֹּׁטְרִים לְדַבֵּר אֶל הָעָם וּפָקְדוּ שָׂרֵי צְבָאוֹת בְּרֹאשׁ הָעָם**" (שם ט). **וּבַעֲקֵיבוֹ** (בסופו) **שֶׁל עַם, מַעֲמִידִין זְקִיפִין** (שומרים) **לִפְנֵיהֶם, וּזְקִיפִין אֲחֵרִים מֵאֲחוֹרֵיהֶם, וְכַשִּׁילִין** (מוטות) **שֶׁל בַּרְזֶל בִּידֵיהֶן, וְכָל הַמְבַקֵּשׁ לַחֲזוֹר** ולברוח מן המלחמה — **הָרְשׁוּת בְּיָדוֹ** של הזקיף **לְקַפֵּחַ** (להכות ולשבור) **אֶת שׁוֹקָיו**.

עיונים

תופס ארבע אמות רבינו יונתן סבור כי דברים אלה אמורים רק במת המוטל בחוץ, אבל מת שנקבר — אין תופס ארבע אמות. ובנמוק"י אינו סבור כן. וטעם לדבר, שהרי חוששים גם שמא יאהיל על המת אם כאשר יתקרב אליו או כאשר פושט את זרועותיו, וחשש זה קיים גם במי שנקבר אם אין מחיצה ממש מפסקת ביניהם.

אחד המארס את הבתולה וכו' לכאורה לא הגדירה התורה כלל מי היא האשה, וכל אשה בכלל זה. ואם כן מה צורך בריבוי זה? ויש לומר, וכדברי התלמוד הירושלמי, שהייתי סבור שאין מדובר אלא בבחור שנשא בתולה, שהרי הטעם הוא (כפי שכתב רש"י בפירושו לתורה) מפני עגמת הנפש, ובודאי בבחור שנושא בתולה יש יותר עגמת נפש אם ימות במלחמה, מאשר בכל מקרה אחר, ומשום כך הוצרך לרבות גם אלמנה וכיוצא בה (תורת הקנאות).

ומת אחד מהם במלחמה יש שהקשה: מה החידוש במה שאמר "מת במלחמה" יותר משמת סתם? ותירץ כי אם מת עכשיו באותה מלחמה הרי אי אפשר לשאת את אשתו אלא לאחר הפסקה של שלושה חודשים, לכן היה צורך לומר שאף שאין זמן הנישואין מיד — חוזרים מן המלחמה. וראה בתלמוד הירושלמי שכתב שמהלכה זו למדים שמי שהתנה לקדש את האשה כעבור זמן מסויים, אם הגיע הזמן בתוך המלחמה — חוזר.

לימדה תורה דרך ארץ וכו' הרמב"ם סידר את הדברים כך: תחילה יטע כרם, אחר כך יבנה בית ואחר כך ישא אשה. והביא ראיה לדבריו ממה שנאמר בתוכחה "אשה תארס" ואחר כך "בית תבנה" "כרם תטע", שאף סדר מהופך זה הוא חלק מן הקללה. ורבים תמהו: הלא בברייתא סדר הדברים הוא: בית, כרם, אשה! ויש שכתבו (כ"מ ועוד) שלענין בית וכרם אין כל כך הקפדה בדבר, ובלבד שישא אשה באחרונה. ובספר דברי ריבות כתב כי אף הברייתא נתכוונה שיטע כרם תחילה, אלא מאחר שאין הכרם מניב פירותיו מיד, וצריך להמתין שני ערלה, הרי במשך הזמן בונה בית, ונמצא נכנס לביתו עוד לפני שמגיע ליהנות מכרמו.

זה מקרא וכו' מכאן למד המהרש"א שלימוד תורה ומשנה הוא כעין הכנה עד שיגיע לעיקר שהוא לימוד הגמרא. ועוד למדו כאן שאין לימוד התורה עיקר, אלא כאמור "תכלית תורה תשובה ומעשים טובים" (ענף יוסף).

דרוש וקבל שכר כתב המאירי שהכוונה שאז יכול לדרוש וללמד תורה לאחרים. וכתב באשל אברהם שכך הוא ראוי, שהרי מי שאין בידו תורה, ומי שאינו נאה דורש ונאה מקיים — אין דבריו נשמעים.

הוסיף בו דימוס וכן מבואר בתלמוד הירושלמי שאם חידש בו חלון או שינוי אחר — הרי זה חוזר.

פעמים בשבוע רוב המפרשים מבינים פעמיים במשך שמיטה = שבע שנים. בגלל מבנה הקרקע והלבנים, וכן אמרו בתלמוד הירושלמי שהיה כהן גדול מתפלל על בני השרון שלא ייעשו בתיהם קבריהם. והמאירי סבור כי בתים אלה לא היו בנויים ומדובקים בטיט אלא מלבינים סדורות בלבד ומשום כך היו צריכים לטפל בהם ולשפצם בכל עת, ומפרש שבוע ממש = שבעה ימים.

בקשרי המלחמה המפרשים פירשו על פי רש"י שהכוונה היא לקבוצות המתקשרות ומתלכדות בזמן המלחמה. שכאשר רואה את ההמון המקובץ הזה נופלת עליו אימה. ובתלמוד הירושלמי גרס "בקישוי המלחמה".

לפיכך תלתה לו התורה והכוונה היא שעל ידי כך אין חטאיו מתפרסמים ברבים. ובתלמוד הירושלמי אמרו כי בכל מקרה אין משחררים אותו אלא על פי עדים המעידים על כך — שאכן אירס אשה וכו'. ושם גם יש דעה שאף העבריין צריך להביא עדים שאכן עבר עבירה זו, ומכל מקום כיון שצריך לומר את הדבר לשוטרים או לשרי הצבא בלבד אינו מתבייש ברבים. ואף לדעת ר' עקיבא צריך להביא עדים, מלבד הירא ורך הלבב ש"עדיו עימו" שהרי כאמור להלן "מים שותתין לו על ברכיו". ובתפא"י כתב שמפני טעם זה חוזר הכהן ואומר את כל פרשת החוזרים מן המלחמה (למרות שרובם כבר חזרו קודם לכן, בשעה שאמר הכהן את דבריו בספר) כדי שלא להבליט מפני מה חוזרים גם אלה היראים.

זקיפין לפניהם וכו' רש"י ובעקבותיו המאירי מסבירים שהיו מעמידים לפניהם בראש המחנה זקיפים = אנשים גיבורים שיחזקו את הנלחמים ויזקפו אותם אם נפלו, ועוד שורה של זקיפים מאחוריהם כדי למנוע את העם ממנוסה. ובערוך כתב שהיו מעמידים שתי שורות של זקיפים שאם ימלט מבני השורה הראשונה ישיגוהו בני השורה האחרת.

לקפח את שוקיו וההיתר לעשות כן הוא מטעם "רודף", שהרי הם גורמים גם למפלתם של אחרים. ואף שאינם מזידים, שהרי עושים זאת מפני האימה, הרי קבעו שיש דין רודף אפילו כאשר אינו עושה דבר זה במתכוון (מרומי שדה).

אורח הלכה

מת תופס ארבע אמות מת תופס ארבע אמות שלו לטומאה, וכהן שנכנס לתוך ארבע אמות אלה לוקה מכות מרדות על שעבר על דברי סופרים. והוא הדין לגבי קבר. ובלבד שלא יהיה מוקף במחיצה של עשרה טפחים או בחריץ עמוק עשרה טפחים, שאז אין צריך להרחיק ממנו אלא ארבע טפחים. ולדעת הש"ך אם ברור שאין זה מקום קביעות של המת (כגון כשנושאים אותו במיטה) שאינו תופס ארבע אמות. (רמב"ם ספר שופטים הלכות אבל פ"ג הי"ג. שו"ע יו"ד שעא, ה).

חצר הקבר וכו' מערה שקבר בתוכה, ויש חצר לפני המערה. בזמן שהחצר אינה מקורה — העומד בתוכה טהור, ובלבד שלא יגע במערה עצמה. ואם היתה החצר מקורה, אם היה בה מקום (מגולה בצד המערה. ראב"ד) שיש בו ארבעה על ארבעה טפחים — הנכנס לשם טהור. ואם לאו — הנכנס לשם טמא, אף שלא נגע בפתח המערה כדעת בית הלל. (רמב"ם ספר טהרה הלכות טומאת מת פ"ו ה"ט).

עד שיבעול כהן גדול שנשא את האלמנה, וכהן הדיוט שנשא את הגרושה — אינו לוקה עד שיבעלנה. וכדברי רבא. (רמב"ם ספר קדושה הלכות איסורי ביאה פי"ז ה"ד).

לימדה תורה דרך ארץ דרך בעלי דעה שתחילה מוצא מלאכה שיתפרנס בה, ואחר כך יקנה דירה, ואחר כך ישא אשה. וכתב הריעב"ץ שמכל מקום, גם אם אין בידו מלאכה המפרנסת — צריך לקיים המצוה ולשאת אשה, ולא ימתין הרבה ויבוא לידי קלקלה. (רמב"ם ספר מדע הלכות דעות פ"ה הי"א).

לעבור עליו בשני לאוין מי שנשא אשה חדשה, אינו יוצא לצבא תוך שנה לנישואיו, ואינו מסייע לאנשי הצבא, ואין מטילים עליו חובות העיר ומיסיה. ואם עשה כן עובר בשתי לאוין של "לא יצא" ו"לא יעבור". (רמב"ם ספר שופטים הלכות מלכים פ"ז הי"א).

הירא ורך הלבב הירא ורך הלבב שחוזר מערכי המלחמה הוא כמשמעו — מי שאינו יכול לעמוד בקשרי המלחמה. וכדברי ר' עקיבא שהלכה כמותו מחבירו. (רמב"ם שם הט"ו).

מעמידין זקיפין לאחר שחזרו כל החוזרים מן המערכה, מקימים ראשי צבאות בראש העם ומעמידים מאחורי כל מערכה שוטרים חזקים ועזים ומוטות ברזל בידיהם, וכל הרוצה לחזור מן המלחמה הרשות בידם לחתוך את שוקיו. (רמב"ם שם ה"ד).

מסורת הש"ס

א. (הביטוי) יבמות נו,ב. נח,א. כתובות עו,א-ב. קדושין כד,ב. סה,ב. סו,א. ב"ק קה,א-ב. ב"מ ג,א. ד,א. ב"ב פד,א. סנהדרין כח,א. עז,ב. זבחים פט,ב. חולין מד,א.

ב. אהלות פט"ו מ"ח. ב"ב קא,א.

ג. (הביטוי) שבת צג,ב. קכז,א. פסחים ה,ב. כתובות טו,א. ב"מ נח,א. קיג,ב. ב"ב קד,ב. קעה,א. שבועות כ,ב. ע"ז עה,א. זבחים פב,א. קב,א. נדה טו,א. סה,ב.

ד. תוספתא סוטה פ"ז יט. ספרי דברים כ, ז. מדרש תנאים כ, ז. ילק"ש תורה תתקכג. (לימוד כזה) סוטה מו,א. זבחים יח,ב. מ,א. מנחות מג,ב.

ה. סוטה מג,ב (ושם סומנו מקבילות).

ו. ספרי שם. מדרש תנאים שם.

ז. קדושין עח,א.

ח. (הענין) תוספתא סוטה פ"ז כ-כא. ילק"ש נ"ך תתקסא. (הביטוי) ברכות סא,א. שבת קיד,א. יומא ד,ב. עה,ב. ביצה כה,א. ב"מ פז,א. חולין פד,א. ב"ר פ"כ יב. שם פל"א י. שם יא. שם פ"ע יד. שם פע"ו ג. שמו"ר פ"ה ד. ויק"ר פ"ט ו. שם פכ"ו ז. שם פל"ד ח. שה"ר פ"א. תנחומא וישלח ג. שם אחרי מות יא. שם אמור ב. שם חוקת יב. שם ראה טו. תנחומא בובר אמור ד. שם חוקת לה. שם ראה יג. מדרש שמואל פ"ז. שם פכ"ד. פסי"ר פ"ה. פסדר"כ פ"א.

ט. שבת קיח,ב. יומא ב,א. ויק"ר פ"ה ו. שם פ"כ ט. וראה חולין קמא,א. תנחומא וירא ז.

י. (הביטוי) סנהדרין נא,ב. ע,א. זבחים מה,א. ירושלמי נזיר פ"ז ה"ב. תוספתא סוטה שם.

יא. ראה ירושלמי סוטה פ"ח ה"ז. תוספתא סוטה שם יח.

יב. שם.

יג. (בשינויים) ירושלמי שם ה"ו. ספרי דברים כד, ה. מדרש תנאים כד, ה.

יד. ירושלמי שם ה"ד. ספרי שם. מדרש תנאים שם.

טו. תוספתא פ"ז כד. ספרי שם. מדרש תנאים שם. וראה ירושלמי שם ה"ח. ילק"ש תורה תתקכג.

טז. תוספתא שם כ. ספרי שם.

יז. תוספתא שם כב. ספרי שם כ, ח. מדרש תנאים כ, ח.

יח. סוטה מג,א. ספרי שם. מדרש תנאים שם. וראה ב"ר פמ"ג ב. תנחומא לך לך יג. תנחומא בובר לך לך טז. ילק"ש שם.

יט. ספרי שם כ, ט. ילק"ש שם.

גרסות

והוא שיהו יש בכת"י ועוד: **והוא שיש.**

ואחד שומרת יבם יש בכת"י: **ואפילו שומרת יבם.**

במלחמה בכת"י ועוד לא גרסו מלה זו.

ויטע כרם יש בכת"י: **ואחר כך יטע כרם.**

תלמוד כך היא בדפוסים על פי הצנזורה ובכת"י: **גמרא.**

הוי הוא הירא ברוב כת"י: **זה הוא הירא.**

בידו בהרבה כת"י: **בידם.**

לשון

כלפי לייא

ביטוי זה של תמיהה מפרשים כרגיל כמו: כלפי לאן?! כלומר, לאן אתה פונה (ובמשמעות המופשטת — כיצד אתה חושב על הדברים), שהרי דבריך הם בכיוון ההפוך מן הראוי. אכן, יש מן הגאונים שפירשו ביטוי זה כמו "כלפי אלייה". כלומר: אתה פונה לעבר הזנב, כאדם הרוכב על בהמה ופניו מופנות לעבר זנבה. ומובנו — דבריך הם ממש ההיפך מן המסתבר.

כשילין

מלה מקראית זו משמשת גם בלשון משנה, וכנראה היא מין קרדום כבד. וראה בדף טו,ב.

קפח

שורש זה שאול כנראה מן הארמית, ועיקר משמעו — להכות ולשבור דבר.

דימוס

מקור המלה הוא ביוונית δόμος (דומוס) ובין משמעויותיה: שורה, נדבך של אבנים בבנין.

זקיפין

הפועל "זקף" משמעו — העמדת דבר, הקמתו על מקומו. תפקיד הזקיפים הוא לעמוד איתנים בקצה המערכה, וגם להעמיד את אנשי המלחמה, שלא תתמוטט המערכה על ידי בריחה.

החיים

חצר הקבר, בית לבינים בשָׁרון

ראה השלמות עמ' 289.

לעזי רש"י

ווריי"ש מן הצרפתית העתיקה vires — חיצים, עצים העשויים כעין סרגל.

מת תופס ארבע אמות לטומאה. חכמים גזרו שיהא המת מטמא כל הנכנס בארבע אמותיו כדי שלא ירגילו אוכלי טהרות ליקרב לו ויהא סבור שלא האהיל ויש לחוש שמא יפשוט ידו ויאהיל ולאו אדעתיה: ותנא תונא. וכן תני תנא דידן במשנה הנשנית בינינו בבית המדרש בסדר טהרות (אהלות פט"ו מ"ח): חצר הקבר. שלפני המערה כדאמר סדר בנין הקברות בבבא בתרא (דף ק:) שעושין מערות גדולות של *שש על שש וחופר בכותליה סביב כוכין ארוכות כמדת המת ותוחבו לתוכן והמערה מקורה בתקרה וכיסוי ועושה גומא רחבה בצד המערה ופותח פי המערה לתוך הגומא בכותל המערה כמין פתח ואותה גומא היא חצר הקבר: העומד בתוכו טהור. כל מקום שהוא עומד בה טהור דכיון דמערה חלוקה הימנה ומחילותיה ניכרות לא גזור רבנן במתים שבתוכה שיתפסו ד' אמות סביבותיה אצל המערה דכי גזור רבנן ארבע אמות במת המוטל באויר וכגון למעלה אצל גג המערה כדי להרחיק את האדם מלהאהיל על הטומאה אבל כאן יש היכר: והוא שיש בה ארבע אמות. הוא דחשיבא מקום לעצמה אבל פחות מכאן בטלה אצל המערה ולא חשיבא למיהוי מקום לעצמה: וב"ה אומרים ארבעה טפחים. הוי מקום חשוב בכל דוכתא: במה דברים אמורים. ב"ה אמרו ליה: כשפתחה של חצר למעלה. שאין לה כניסת מדרון במעלות מן הצד אלא כשיורדין לה קופצין לה וכשעולין מתוכה מטפס ועולה ולקמן פריך איפכא מיסתברא: כלפי לייא. כנגד איפוא הפכת דבריך לייא איפוא כדאמר בברכות (דף נח.) כגני לייא כדים שבורים להיכן הולכים איפכא מסתברא מן הצד כשעשוי לחצר מדרון לצאת דרך צדדים איכא למימר כיון דלא גזור רבנן ארבע אמות במחילות ניכרות סגי להאי חצר בארבעה טפחים והעומד בה הרי זה טהור שאין לנו במה לטמאו דאינו צריך לטפס ולעלות שיפשוט זרועותיו ויאהיל וכנפיו על חלל הפתח דכי נפיק מידדי ונפיק נשמט ונמשך לו מן הפתח של מערה לצד פתח של חצר ויוצא לו: מלמעלה אי אפשר דלא מאהיל. כיון דאינו אלא ארבעה טפחים אי אפשר לו לפרוש כנפיו ולטפס ולעלות אלא אם כן מאהיל על חלל הפתח: והני מילי כו'. השתא מהדר לפרושי סייעתיה מהכא מדאיצטריך למיתני העומד לתוכו טהור ש"מ הני מילי חצר הקבר דמסיימא מחיצתא דמערה לחודיה ודחצר לחודיה ויש היכר בדבר אבל מת בעלמא המוטל באויר מודו בית הלל דתפיס ארבע אמות מדאיצטריך למיתני העומד לתוכו טהור דאי בעלמא לא גזור למה לי לאשמועינן הכא דטהור: ואפי' היא לו שומרת יבם. שלא קדשה הוא אלא מכח אחיו באה לו: לקחה. מדלא כתיב לקח מיעוטא הוא למעוטי לקיחת איסור: כדרבה. דאמר אין עבירה בקידושין עד שיבעול שיביא זרעו או את האשה לידי חילול וממזרת ונתינה אין עבירה בקידושין דלא כתיב ביה לא יקח אלא לא יבא ולא תתחתן אבל אלמנה כתיב בה לא יקח וקיחה היינו קידושין ואיצטריך דרבה דלא תימא מקידושין עבד ליה איסור: ונתינה. מן הגבעונים דכתיב בהו ויתנם יהושע לחוטבי עצים (יהושע ט) והן משבעה אומות: ועתדה בשדה לך. ונלבה בשדה מלאכתך לך: גמרא. לתת סברא להבין בטעמי המשנה והלכה כדברי מי: אם הוסיף בו דימוס אחד. שורה של אבנים או בגובה או בעובי תו לא הוי על מכונו וקרינא ביה חדש: שמחדשין אותו. שאינו מתקיים: בשבוע. בשמיטה: אין לי אלא חדשה. בתולה: אלמנה וגרושה. מאחר ונשאה זה: יכול אף בנה בית. חדש ולא חנכו יהא כזה שיהא נקי מן הכל: מתני' ויספו השוטרים. על דברי כהן: בקשרי. כשמתקשרים לעמוד לפופים שלא יפרידום אויבים: לפיכך. שהירא זהו הירא מעבירות תלה התורה בנה ונטע ואירס לחזור בגללן כדי שיתלה בכך החזרה ולא יתבייש לומר מעבירות שבידו הוא ירא וחוזר: ר' יוסי אומר כו'. בגמרא מפרש במאי פליג אדרבי יוסי הגלילי: ובעקבו של עם. בסופו של עם שעומדים שלא יחזרו אחרונים לאחריהם לנוס: מעמידין זקיפין מלפניהם. בראשה של צד המלחמה מעמידין בני אדם גבורים ממונים לכך ויזקיפוהו ויגבירו את אנשי הצבא בדבריהם: [ואחרים]. ואנשים אחרים מאחריהם: וכשילין של ברזל בידיהם. לשמור שלא ינוסו וכשילין כעין אלין שקורין וורי"ש:
שתחילת

תורה אור

[א]מת תופס ארבע אמות לטומאה [א]*ותנא
תונא [ב]חצר הקבר העומד בתוכה טהור והוא
שיהו בה ארבע אמות דברי בית שמאי ב"ה
אומרים [ב]ארבעה טפחים במה דברים אמורים
שפתחה מלמעלה אבל פתחה מן הצד
דברי הכל ארבע אמות [ג]כלפי לייא אדרבה
מן הצד מידריד ונפיק מלמעלה אי אפשר
דלא מאהיל אלא במה דברים אמורים
שפתחה מן הצד אבל פתחה מלמעלה
ארבע אמות והני מילי חצר הקבר דמסיימא
דברים כ מחיצתא אבל מת בעלמא תפים: °מי האיש א
אשר ארש אשה כו': ת"ר [ד]אשר ארס[ב]
אחד המארס את הבתולה ואחד המארס
את האלמנה ואחד שומרת יבם [ה]ואפילו
*חמשה אחין ומת אחד מהם במלחמה כולן
שם חוזרין °לא לקח ולא לקחה [ו]פרט לאלמנה
לכהן גדול גרושה וחלוצה לכהן הדיוט
ממזרת ונתינה לישראל בת ישראל לממזר
ולנתין לימא דלא כרבי יוסי הגלילי דאי
שם רבי יוסי הגלילי הא אמר °הירא ורך הלבב
זה המתיירא מעבירות שבידו אפילו תימא
ר' יוסי הגלילי כדרבה [ז]*דאמר רבה [ג]לעולם
אינו חייב עד שיבעול מה טעם לא יקח
משום לא יחלל משום הכי אינו לוקה עד
שיבעול תנו רבנן אשר בנה אשר נטע אשר ב
ארש [ח]* [ד]לימדה תורה דרך ארץ שיבנה אדם
בית ויטע כרם ואח"כ ישא אשה ואף שלמה
משלי כד אמר בחכמתו °הכן בחוץ מלאכתך ועתדה
בשדה לך אחר ובנית ביתך הכן בחוץ
מלאכתך זה בית ועתדה בשדה לך זה כרם
אחר ובנית ביתך [ט]זו אשה ד"א הכן בחוץ
מלאכתך זה מקרא ועתדה בשדה לך זה
משנה אחר ובנית ביתך זה גמ' ד"א הכן בחוץ
מלאכתך זה מקרא ומשנה ועתדה בשדה
לך זה גמרא אחר ובנית ביתך אלו מעשים
טובים ר' אליעזר בנו של ר"י הגלילי אומר
הכן בחוץ מלאכתך זה מקרא ומשנה וגמרא
ועתדה בשדה לך אלו מעשים טובים אחר
ובנית ביתך [י]*דרוש וקבל שכר: ואלו ג
שאינן חוזרין הבונה בית שער כו': תנא [יא]אם
הוסיף בו דימוס אחד חוזר: ר' אליעזר אומר
אף הבונה בית לבנים בשרון לא היה חוזר:

דברים כ תנא [יב]מפני שמחדשין אותו פעמים בשבוע: ואלו שאין זזין ממקומן בנה בית חדש וחנכו וכו': תנו רבנן °אשה ד
חדשה [יג]אין לי אלא אשה חדשה אלמנה וגרושה מנין תלמוד לומר אשה מכל מקום אם כן מה ת"ל אשה
שם חדשה מי שחדשה לו [יד]יצא מחזיר גרושתו שאין חדשה לו ת"ר [טו]°לא יצא בצבא יכול בצבא הוא דלא
שם יצא אבל יספיק מים ומזון ויתקן הדרכים תלמוד לומר °ולא יעבור עליו לכל דבר [טז]יכול שאני מרבה
אף הבונה בית ולא חנכו נטע כרם ולא חללו ארס אשה ולא לקחה ת"ל עליו עליו אי אתה מעביר
אבל אתה מעביר על אחרים ומאחר דכתב לא יעבור לא יצא בצבא למה לי [ה]לעבור עליו בשני לאוין:
שם כ מתני' °ויספו השוטרים לדבר אל העם וגו' [יז]ר' עקיבא אומר הירא ורך הלבב [ו]כמשמעו שאינו יכול ה
[לעיל מג.] לעמוד בקשרי המלחמה ולראות חרב שלופה [יח]*רבי יוסי הגלילי אומר הירא ורך הלבב זהו המתירא מן
העבירות שבידו לפיכך תלתה לו התורה את כל אלו שיחזור בגללן רבי יוסי אומר אלמנה לכהן גדול
גרושה וחלוצה לכהן הדיוט ממזרת ונתינה לישראל בת ישראל לממזר ולנתין הרי הוא הירא ורך הלבב
שם °והיה ככלות השוטרים לדבר אל העם ופקדו שרי צבאות בראש העם [יט]ובעקיבו של עם [ז]מעמידין זקיפין
לפניהם ואחרים מאחריהם וכשילין של ברזל בידיהן וכל המבקש לחזור הרשות בידו לקפח את שוקיו
שתחלת

ב"ב קא. אהלות פט"ו מ"ח
נ"ל ד'
[לעיל מג:]
[קדושין עח. ע"ש]
[תוספתא פ"ז]
[סנהדרין נא: עא. זבחים מה.]

כה א מיי' פ"ג מהל' אבל הלי"ג סמג לאוין רלה טוש"ע יו"ד סי' שעא סעי' ה:
כו ב מיי' פ"ו מהל' טומאת מת הל"ט וע"ש בכ"מ:
[ב] מיי' פ"ז מהל' מלכים דין ז:
כז ג מיי' פט"ו מהל' איסורי ביאה הל"ב ופי"ז הל"ב:
כח ד מיי' פ"ה מהל' דעות הלי"א:
כט ה מיי' פ"ז מהל' מלכים הל' י"א:
ל ו מיי' שם הלט"ו:
לא ז מיי' שם הל"ד:

שתחילת ניסה נפילה שנאמר °נס ישראל (שמואל א ד) לפני פלשתים וגם מגפה גדולה היתה בעם ולהלן הוא אומר °וינוסו [אנשי] ישראל מפני (שם לא) פלשתים ויפלו חללים וגו' [א]בד"א במלחמות הרשות אבל במלחמות מצוה הכל יוצאין [ב]אפילו חתן מחדרו וכלה מחופתה [ג]אמר רבי יהודה במה דברים אמורים במלחמות מצוה אבל במלחמות חובה הכל יוצאין אפי' חתן מחדרו וכלה מחופתה: **גמ'** מאי איכא בין רבי יוסי לר"י הגלילי איכא בינייהו עבירה דרבנן כמאן אזלא הא דתניא [ד]*שח בין תפילה לתפילה [ב]עבירה היא בידו וחוזר עליה מעורכי המלחמה כמאן כר"י הגלילי מאן תנא להא דתנו רבנן [ה]שמע קול קרנות והרתיע הגפת תריסין והרתיע צחצוח חרבות ומים שותתין לו על ברכיו חוזר כמאן לימא רבי עקיבא היא ולא רבי יוסי הגלילי בהא אפי' ר' יוסי הגלילי מודה משום דכתיב °ולא ימס את לבב אחיו כלבבו: (דברים כ) והיה ככלות השוטרים כו': האי מפני שתחילת ניסה נפילה מפני שתחילת נפילה ניסה מבעי ליה [ו]אימא מפני שתחילת נפילה ניסה: בד"א במלחמות הרשות כו': [ז]א"ר יוחנן רשות דרבנן זו היא מצוה דרבי יהודה מצוה דרבנן זו היא חובה דרבי יהודה אמר רבא [ג]מלחמות יהושע לכבש דברי הכל חובה מלחמות בית דוד לרווחה דברי הכל רשות כי פליגי למעוטי גוים דלא ליתי עלייהו מר קרי לה מצוה ומר קרי רשות נפקא מינה [ח]*לעוסק במצוה שפטור מן המצוה:

הדרן עלך משוח מלחמה

עגלה ערופה [י]בלשון הקודש שנאמר °כי (שם כא) ימצא חלל באדמה ויצאו זקניך ושופטיך שלשה מבית דין הגדול שבירושלים היו יוצאין רבי יהודה אומר [ה]חמשה שנאמר *זקניך שנים ושופטיך שנים ואין בית דין שקול מוסיפין עליהן עוד אחד [י]נמצא טמון בגל או תלוי באילן או צף על פני המים לא היו עורפין שנאמר באדמה ולא טמון בגל נופל ולא תלוי באילן בשדה ולא צף על פני המים [י]נמצא סמוך לספר או לעיר שרובה גוים או לעיר שאין בה ב"ד לא היו(א) עורפין [ח]אין מודדין אלא לעיר שיש בה ב"ד: **גמ'** מאי קאמר אמר ר' אבהו ה"ק שנאמר וענו ואמרו ולהלן הוא אומר °וענו הלוים ואמרו וגו' (שם כז) מה ענייה האמורה להלן בלשון הקודש אף כאן בלשון הקודש וסדר עגלה ערופה כיצד כי ימצא חלל באדמה ויצאו זקניך ושופטיך שלשה מב"ד הגדול שבירושלים היו יוצאין: רבי יהודה אומר חמשה וכו': *ת"ר ויצאו זקניך ושופטיך זקניך שנים ושופטיך שנים ואין בית דין שקול (סנהדרין יח.) מוסיפין עליהן עוד אחד הרי כאן חמשה דברי ר' יהודה ר' שמעון אומר זקניך שנים ואין ב"ד שקול מוסיפין עליהן עוד אחד הרי כאן שלשה ור' שמעון נמי הא כתיב ושופטיך ההוא מיבעי ליה למיוחדין שבשופטיך ורבי יהודה מזקני זקניך נפקא ור' שמעון אי כתב רחמנא זקני הוה אמינא אפי' זקני השוק כתב רחמנא זקניך ואי כתב רחמנא זקניך הוה אמינא אפי' סנהדרי קטנה כתב רחמנא ושופטיך [ט]למיוחדין שבשופטיך ור' יהודה גמר זקני זקני °מזקני העדה מה להלן מיוחדין שבעדה אף כאן מיוחדין שבעדה אי גמר (ויקרא ד) לגמרה לכולה מילתא מהתם זקניך ושופטיך למה לי אלא(ב) וי"ו ושופטיך למנינא *ורבי שמעון (עמ"ש תוס' סנהדרין יח. ד"ה ורבי שמעון) וי"ו

רש"י

שתחילת ניסה נפילה. בגמ' פריך איפכא מבעי ליה שהניסה היא תחילת הנפילה: **בד"א.** דחוזרין מן המערכה ויש שאינן זזין ממקומן במלחמות הרשות: **אבל במלחמות מצוה.** כגון כיבוש ארץ ישראל בימי יהושע הכל יוצאין: **רבי יהודה אומר כו'.** מפרש בגמ': **גמ' עבירה דרבנן.** לר"י הגלילי אפי' עבר על דברי סופרים חוזר ולרבי יוסי עד שיעבור על דבר תורה דומיא דאלמנה לכהן גדול וכגון שנשאה דאיכא איסור: **שח בין תפילה לתפילה.** בין הנחת תפילין של יד לתפילין של ראש: **שח.** סיפר: **עבירה היא בידו.** אם לא חזר ובירך דהכי אמרי' במנחות (דף לו.) שח מברך שתים לא שח מברך אחת: **ומים שותתין על ברכיו.** מי רגלים מחמת יראה: **מפני שתחילת נפילה ניסה מבעי ליה.** תחילת משמע הגרמת הדבר והכי איבעי ליה למימר כשהן נסין זו היא תחילת הגרמת הנפילה ובניסה לא שייך למימר תחילה דהא ממש קא ערקי: **רשות דרבנן זו היא מצוה דר' יהודה.** ובאותה מלחמה שאמרו חכמים שהיא רשות ואין חתן יוצא לה אמר נמי ר' יהודה דאין חתן יוצא לה אלא שרבי יהודה קורא אותה מצוה ונפקא מינה לפוטרו משאר מצות בעודו עסוק בה כדמפרש רבא ואזיל: **מצוה דרבנן.** דאמרו בה הכל יוצאין אמר נמי ר' יהודה הכל יוצאין אלא דקרי לה חובה ולאו מידי אשמעינן בהא אלא כולה משום מצוה ורשות נקטו פלוגתייהו אלא משום דקרו רבנן להא רשות די להם אם קראו את זו מצוה ואפילו היא חובה שהרי אין הדבר אלא להעלותם מעלה אחת ולומר אבל בזו הכל יוצאין וגבי רשות דיים לקרות את שלמעלה ממנה מצוה ורבי יהודה דקרי לקמייתא מצוה לאשמועי' דהעוסק בה פטור מן המצוה והוצרך להעלות את זו מעלה אחת לומר אבל בזו הכל יוצאין הילכך קרייה חובה כדאיתא: **אמר רבא כו'.** מילתיה דרבי יוחנן מפרש ואזיל וקאמר דהא דאמר רבי יוחנן דאיפליגו רבנן ורבי יהודה באחת המלחמות בקריאת השם נפקא לן מיניה לענין עוסק במצוה דלמר חובה ולמר רשות ופריש לן נמי רבא בהי מינייהו איפליגו: **מלחמות יהושע לכבש.** בהא ליכא למאן דקרי רשות דאפילו חובה נמי איתא והעוסק בה פטור מן המצוה ורבנן הוא דלא איכפת להו לקרותה חובה דדיים לקרותה מצוה אבל הרשות שהרי אין אנו צריכין אלא למצוא בה מעלה אחת ומצוה לגבי רשות מעלה היא: **ומלחמת בית דוד.** שנלחם בארם צובה להוסיפה על ארץ ישראל ובשאר סביבותיה להעלות לו מנחה ומס עובד: **דברי הכל רשות.** ואפילו רבי יהודה להא לאו מצוה קרי לה והעוסק בה אינו פטור מן המצוה: **כי פליגי.** ר' יהודה ורבנן במצוה ורשות דלמר פטור מן המצוה ולמר חייב במלחמה שהיא למעוטי גוים דלא ליתו עלייהו:

הדרן עלך משוח מלחמה

עגלה ערופה בלשון הקודש. נאמרת מה שהזקנים אומרים ידינו לא שפכו והכהנים אומרים כפר לעמך ישראל בלשון הקודש הוזקקו מן התורה לאמרה: **שנאמר כי ימצא חלל.** ובגמרא פריך היכי יליף מהכא: **היו יוצאין.** ובאין שם ומודדין מן החלל לכל העיירות שסביבותיו לידע איזו קרובה: **בגל.** גל של אבנים: **נמצא סמוך לספר כו'.** מפרש טעמא בגמ': **גמ' מאי קאמר.** היכי יליף לשון הקודש מהכא: **ואין ב"ד שקול.** אין עושין ב"ד שיהא יכול ליחלק שוה בשוה אלא שיהא הרוב לצד אחד לקיים אחרי רבים להטות (שמות כג): **למיוחדין.** הנך דלשכת הגזית: **מזקני זקניך.** מדמצי למיכתב זקני וכתב זקניך מיוחדין שבזקניך: **זקני השוק.** אע"פ שאינן סנהדרין: **שופטיך.** זקנים שהם שופטים את ישראל: **מזקני העדה.** דסמיכת פר העלם דבר ואייתר ליה שופטיך להביא עוד שנים: **לגמרה לכולה מילתא מהתם.** דהא רבי יהודה התם נמי חמשה קאמר ויליף לה מקראי בפ"ק דסנהדרין: **אלא [וי"ו] ושופטיך למנינא.** כלומר לא גמיר גז"ש ואיצטרי' שופטיך לסנהדרי גדולה כר"ש וי"ו

עין משפט נר מצוה

לב א מיי' פ"ז מהל' מלכים הל"ד:
לג ב מיי' פ"ד מהל' תפילין הל"ו וע"ש בכ"מ סמג עשין כב טוש"ע או"ח סי' כה סעי' ט:
לד ג מיי' פ"ה מהל' מלכים הל"א וע"ש בכ"מ סמג עשין קיז:
א ד מיי' פ"ט מהל' רוצח הל"ג סמג עשין עת:
ב ה מיי' שם הל"א:
ג ו מיי' שם הל"א:
ד ז מיי' שם הל"ה:
ה ח מיי' שם הל"ד:
ו ט מיי' שם הל"א:

תוספות שאנץ

שח בין תפלה לתפלה עבירה היא בידו. פ"ה שח בין הנחת תפלין של יד להנחת תפלין של ראש עבירה היא בידו אם לא חזר ובירך דהכי אמרי' במנחו' שח מברך שתים לא שח מברך אחת פ"ה במנחות בפ' הקומץ דמברכין להניח תפלין לשל יד [ועל של ראש] לא מברך כלל אם לא שח בנתים אבל אם שח מברך על של ראש על מצות תפלין. ול"נ לר"ת דבפ' הרואה דקא חשיב מאה ברכות דחייב אדם לברך בכל יום קא חשיב להניח תפלין ועל מצות תפלין וכי ס"ד דלא נתקן אלא היכא דסח בנתים. ומיהו י"ל דמיירי בשני בני אדם אחד יש לו תפלין של יד ואחד יש לו תפלין של ראש. ור"ת אומר דמברכין להניח תפלין לשל יד ועל מצות תפלין לשל ראש היכא דלא סח ואם סח בנתים מברך לשל ראש להניח תפלין ועל מצות תפלין. ולפי זה היכא דאין לו תפלין של יד מברך על של ראש שתים דהא הוי כאילו סח בנתים:

סליק

מסורת הש"ס

מנחות לו.
[סוכה כה.]
סנהדרין יח.

הגהות הב"ח

(א) במשנה לא היו (עורפין). תז"מ ונ"ב ס"א מודדין: (ב) גמ' למה לי אלא ושופטיך כר' שמעון ו' למניינא כצ"ל וכן ברש"י:

גליון הש"ס

מתני' אין מודדין. עיין מכות י ע"ב תד"ה חד אמר:

מפני **שֶׁתְּחִילַּת נִיסָה** (בריחה) **נְפִילָה**, כלומר, שהבריחה גורמת למפלה במלחמה, **שֶׁנֶּאֱמַר: ״נָס יִשְׂרָאֵל לִפְנֵי פְלִשְׁתִּים וְגַם מַגֵּפָה גְדוֹלָה הָיְתָה בָעָם״** (שמואל א ד, יז), **וְכֵן לְהַלָּן הוּא אוֹמֵר: ״וַיָּנֻסוּ אַנְשֵׁי יִשְׂרָאֵל מִפְּנֵי פְלִשְׁתִּים וַיִּפְּלוּ חֲלָלִים״ וגו׳** (שם לא, א). ומוסיפים: **בַּמֶּה דְּבָרִים אֲמוּרִים**, כל דינים אלה, מי הולך ומי איננו הולך למלחמה — דווקא **בְּמִלְחֲמוֹת הָרְשׁוּת, אֲבָל בְּמִלְחֲמוֹת מִצְוָה — הַכֹּל יוֹצְאִין** למלחמה, **אֲפִילּוּ חָתָן מֵחֶדְרוֹ וְכַלָּה מֵחוּפָּתָהּ. אָמַר ר׳ יְהוּדָה: בַּמֶּה דְבָרִים אֲמוּרִים — בְּמִלְחֲמוֹת מִצְוָה, אֲבָל בְּמִלְחֲמוֹת חוֹבָה — הַכֹּל יוֹצְאִין, אֲפִילּוּ חָתָן מֵחֶדְרוֹ וְכַלָּה מֵחוּפָּתָהּ.**

א גמרא שואלים: **מַאי אִיכָּא** [מה, איזה הבדל יש] **בֵּין** שיטת **ר׳ יוֹסֵי לְשִׁיטַת ר׳ יוֹסֵי הַגְּלִילִי?** שלכאורה הם מסכימים לאותו דבר, ש״ירא ורך הלבב״ הוא עבריין! ומשיבים: **אִיכָּא בֵּינַיְיהוּ** [יש ביניהם] הבדל לגבי **עֲבֵירָה דְּרַבָּנַן** [שמדברי סופרים], שלדעת ר׳ יוסי הגלילי חוזר, ולדעת ר׳ יוסי אינו חוזר אלא על עבירה מן התורה, כגון איסור אלמנה לכהן גדול. ומעירים: **כְּמַאן אָזְלָא הָא דְּתַנְיָא** [כשיטת מי הולכת ברייתא זו ששנינו]: **שָׂח** (דיבר) **בֵּין תְּפִילָּה לִתְפִילָּה**, בין הנחת תפילין של יד להנחת תפילין של ראש — **עֲבֵירָה הִיא בְּיָדוֹ, וְחוֹזֵר עָלֶיהָ מֵעוֹרְכֵי הַמִּלְחָמָה. כְּמַאן** [כשיטת מי] היא הלכה זו — **כְּשִׁיטַת ר׳ יוֹסֵי הַגְּלִילִי** שאף על עבירה קלה חוזר. ושואלים: **מַאן תָּנָא לְהָא דְּתָנוּ רַבָּנַן** [מי שנה את זו ששנו חכמים]: **שָׁמַע קוֹל קְרָנוֹת** (חצוצרות) **וְהִרְתִּיעַ** (רעד), שמע **הֲגָפַת תְּרִיסִין** (הקשת מגינים) **וְהִרְתִּיעַ**, שמע **צִחְצוּחַ חֲרָבוֹת וּמַיִם** (מי רגליים) **שׁוֹתְתִין לוֹ עַל בִּרְכָּיו** מחמת הפחד — **חוֹזֵר** מן המלחמה. **כְּמַאן** [כשיטת מי] — **לֵימָא** [האם לומר] **ששיטת ר׳ עֲקִיבָא הִיא** המפרש ״הירא ורך הלבב״ כמשמעו **וְלֹא** שיטת **ר׳ יוֹסֵי הַגְּלִילִי?** ומשיבים: **בְּהָא** [בזה] **אֲפִילּוּ ר׳ יוֹסֵי הַגְּלִילִי מוֹדֶה** שחוזר, **מִשּׁוּם דִּכְתִיב** [שנאמר]: **״וְלֹא יִמַּס אֶת לְבַב אֶחָיו כִּלְבָבוֹ״** (דברים כ, ח) שאדם שהכל רואים בו שהוא מפחד מאד — משפיע ומפחיד גם אחרים.

ב שנינו במשנה: **״וְהָיָה כְּכַלֹּת הַשֹּׁטְרִים...״** (שם ט) שתחילת ניסה נפילה. על לשון המשנה תוהים: **הַאי** [זה, הלשון] **מִפְּנֵי שֶׁתְּחִילַּת נִיסָה נְפִילָה**, להיפך, **מִפְּנֵי שֶׁתְּחִילַּת נְפִילָה נִיסָה מִבָּעֵי לֵיהּ** [צריך היה לו] לומר! ומתקנים, אכן, **אֵימָא** [אמור]: **מִפְּנֵי שֶׁתְּחִילַּת נְפִילָה נִיסָה**, וזו כוונת המשנה.

על מה ששנינו במשנה **״בַּמֶּה דְבָרִים אֲמוּרִים בְּמִלְחֲמוֹת הָרְשׁוּת״ כו׳, אָמַר ר׳ יוֹחָנָן:** מלחמת **רְשׁוּת דְּרַבָּנַן** [שאמרו חכמים] **זוֹ הִיא** מלחמת **מִצְוָה** שעליה דיבר **ר׳ יְהוּדָה**, ואילו מלחמת **מִצְוָה דְּרַבָּנַן** [שאומרים חכמים] **זוֹ הִיא** מלחמת **חוֹבָה** שעליה דיבר **ר׳ יְהוּדָה.** ולפי זה בא ר׳ יהודה רק לומר שגם מלחמות שחכמים קוראים להן רשות — הריהן מלחמות מצוה, **אָמַר רָבָא: מִלְחֲמוֹת יְהוֹשֻׁעַ לִכְבּוֹשׁ** את הארץ — **דִּבְרֵי הַכֹּל** מלחמות **חוֹבָה** היו, **מִלְחֲמוֹת בֵּית דָּוִד** שעשה לפי יוזמתו **לְשֵׁם רְוָוחָה** והגדלת תחום ישראל — **דִּבְרֵי הַכֹּל רְשׁוּת** היו. **כִּי פְּלִיגִי** [כאשר הם נחלקו] הרי זה כשנלחמים **לְמַעוּטֵי** [למעט] **גּוֹיִם שֶׁלֹּא לֵיתֵי עֲלַיְיהוּ** [יבואו עליהם], כלומר, כאשר יוזמים מלחמה כדי למנוע מן הגוים להתקיפם. **מָר** [חכם זה, ר׳ יהודה] **קָרֵי** [קורא] **לָהּ** מלחמת **מִצְוָה וּמָר** [וחכם זה, חכמים] **קָרֵי** [קורא] לה **רְשׁוּת.** ומה ההבדל אם כך או כך קוראים לזה — **נָפְקָא מִינָּהּ** [יוצא מזה] **לְעִנְיַן עוֹסֵק בְּמִצְוָה שֶׁפָּטוּר מִן הַמִּצְוָה**, שלדעת ר׳ יהודה מצוה היא, ולכן גם הנלחם במלחמה כזו פטור ממצוה אחרת.

מסורת הש״ם

א. ספרי דברים כ, ט. מדרש שמואל פכ״ב. ילק״ש תורה תתקכג.

ב. (הביטוי) סוטה י,א.

ג. תוספתא סוטה פ״ז כד. ספרי שם יט, יט. מדרש שמואל שם. ילק״ש שם.

ד. מנחות לו,א. תנחומא בא יד. ילק״ש שם.

ה. ספרי שם כ, ג. ילק״ש שם.

ו. ירושלמי סוטה פ״ח ה״י.

ז. שם. תוספתא שם. ילק״ש שם.

ח. סוכה כה,א. כו,א.

גרסות

במלחמות בכל כת״י: **במלחמת.**

וכלה מחופתה בכתי״מ חסרות מלים אלה.

והרתיע ויש בכת״י: **והרתית.**

מלחמות יש בכת״י: **מלחמת.**

החיים

מים שותתין על ברכיו

כאשר אנשים נמצאים במצב של אימה גדולה, הרי בין שאר התופעות הגופניות (כגון רעידה = הרתיע בלשון המשנה) יש גם התכווצויות בשרירים שונים, וחוסר שליטה באברי ההפרשה, הגורמות לשתיתת שתן או להפרשת צואה.

עיונים

כלה מחופתה כבר תמה הרש״ש על הדבר, שהרי לא מצינו שאשה יוצאה למלחמה. ומשום כך כתב שאין הכוונה שיוצאות להילחם ממש אלא שחייבות לסייע לאנשי הצבא בשאר דברים, וכן כתב בתפא״י. והיה שכתב כי אין הכוונה שתצאנה הנשים לשם כך, אלא שהתנא משתמש כאן, כמו במקומות רבים אחרים במליצת לשון הכתוב והוא ביואל ב, טז.

עבירה דרבנן מכאן עולה כי לדעת ר׳ יוסי אין הבדל לענין זה בין העבירות שמנה במשנה — אלמנה לכהן גדול גו׳ לשאר עבירות. ויש שכתב כי נראה מן הכתובים שביתר יחוד מקפיד הכתוב על מעשה זימה לגבי מלחמה (מנחה חרבה). ויש ששאלו: הלוא בדברי ר׳ יוסי נזכר גם איסור כהן בחלוצה, ואיסור זה אינו אלא מדרבנן! ויש שתירצו שאין כאן אלא שיגרת הלשון, שבכן בכל מקום מזכירים איסורי גרושה וחלוצה לכהן ביחד. ויש שכתבו על פי דברי הריטב״א בענין אחר שאיסור חלוצה, כיון שהוא נסמך על איסור התורה בגרושה, והוא כסייג לו — נחשב לעבירה חמורה יותר (תוי״ט, תוס׳ רעק״א, יגל יעקב).

שח בין תפילה לתפילה רש״י מסביר שמדובר במי שכח בין תפילה של יד לשל ראש, ולא בירך את הברכה על תפילין של ראש. וכבר הקשו על כך רבים. וראה בתוהרא״ש שהעלה שאין הטעם משום שלא בירך ברכה, אלא גם אם בירך הרי הוא עבריין משום שגרם ברכה שאינה צריכה. ולעצם ענין הברכות על תפילין מחלוקת היא בין הראשונים האם הברכה (הנזכרת בגמרא) על תפילין של ראש נאמרת רק כאשר הפסיק משום מה בין תפילין של יד לשל ראש (וזו שיטת הפוסקים הספרדים). ואלו רבינו תם מביא כמה ראיות שהברכה על תפילין של ראש לא נתקנה רק במקרה שאדם עבר עבירה, אלא היא ברכה הנאמרת לכתחילה (וכן מנהג רוב האשכנזים), אלא שאם מפסיק צריך לברך שתי ברכות על תפילין של ראש, ונמצא שמכל מקום גרם לברכה שאינה צריכה. ומדברי הרמב״ם (וכן מפרש בקרן אורה ועוד) שאין הטעם משום הברכה, אלא עצם השיחה בין תפילין לתפילין עבירה היא (אולי כשיטת הר״ן שמפני שנאמרו הדברים סמוכים בכתוב ״לאות על ידך ולטוטפות בין עיניך״ אף צריך להסמיכם יחד בפועל).

ובביאור הטעם מפני מה נקטו בדוגמה זו דווקא, היו שביארו כדברי הרא״ש האומר שמצות הנחת התפילין היא סגולה מיוחדת שינצחו ישראל במלחמה, כאמור ״וטרף זרוע אף קדקד״ (דברים לג, כ). ובספר באר שבע הרבה להקשות על כך, וכן נסמך על התלמוד הירושלמי האומר שהסח בין ״ישתבח״ ו״יוצר אור״ עבירה היא בידו וחוזר עליה מן המלחמה, ושם אין טעם זה. והוא מפרש שנקטו דווקא בדוגמאות אלה משום שאין זה פשוט שיש עבירה בדבר, שאפשר היה לומר שאין עבירה בזה שגורם לברכה נוספת, וכיוצא בזה בהפסקה בין שתי ברכות שאינן סמוכות זו לזו, ולכן אמרו שאף עבירה קלה כזו נחשבת לעבירה.

רשות דרבנן וכו׳ רש״י מסביר את משמעות דברי הגמרא כאן שרבא משלים את דברי ר׳ יוחנן ומוסיף להם הסבר. אכן מן התלמוד הירושלמי נראה שהן שתי שיטות חלוקות, שלדעת ר׳ יוחנן אין הבדל בין ר׳ יהודה וחכמים אלא בשימוש הלשון. ואילו השיטה האחרת היא שיש ביניהם מחלוקת, והיא לגבי מלחמות יזומות שנועדו לצורך הגנה, שלדברי ר׳ יהודה מצוה היא ולרבנן אינה קרויה מצוה להיפטר על ידה ממצוה אחרת.

אורח ההלכה

אבל במלחמות מצוה הכל יוצאין וכו׳ מה שנאמר בח־רת אנשים שונים מן המלחמה לא נאמר אלא במלחמות רשות, אבל במלחמות מצוה הכל יוצאים למלחמה, אפילו חתן מחדרו וכלה מחופתה. (רמב״ם ספר שופטים הלכות מלכים פ״ז ה״ד).

שח בין תפילה לתפילה אסור להפסיק בדיבור בין הנחת תפילה של יד לתפילה של ראש ואם הפסיק מברך על של ראש ״על מצות תפילין״. ורוב האשכנזים נוהגים לברך לכתחילה ברכה זו על תפילין של ראש (אף שנוהגים לומר אחריה ״ברוך שם כבוד מלכותו לעולם ועד״), ולכן אם הפסיק צ־יך לברך גם על של ראש שתי ברכות ״להניח״ ו״על מצות תפילין״ (רמ״א). (רמב״ם ספר אהבה הלכות תפילין פ״ד ה״ו. שו״ע או״ח כה, ט).

מלחמות יהושע וכו׳ אין המלך נלחם תחילה אלא מלחמת מצוה. וזו היא מלחמת מצוה — מלחמה בשבעת עממים של כנען, ומלחמת עמלק, ומלחמה שהיא להושיע את ישראל מיד צר שבא אליהם. ואחר כך נלחם מלחמת רשות, והיא המלחמה שנלחם עם שאר העמים כדי להרחיב את גבול ישראל ולהרבות גדולתו. ופסק כדברי חכמים, שלא כדברי ר׳ יהודה (לח״מ, ועיי״ש). (רמב״ם ספר שופטים שם פ״ה ה״א).

סיכום פרק "משוח מלחמה"

לענין האישים השונים המדברים לפני העם בצאתו למלחמה סוכם כי ממנים כהן מיוחד ("משוח מלחמה"), שיש לו כמה מדיני כהן גדול, לדבר בפני העם. כאשר נמצאים עדיין בגבול ארץ ישראל אומר הכהן לעם "מי האיש אשר בנה... ואיש אחר ייקחנה" (דברים כ, ה—ז), והשוטרים משמיעים את דבריו בקול רם, ואז אומרים השוטרים עצמם את הדברים הנוספים "מי האיש הירא ורך הלבב" (שם ח). וכאשר נגשים להילחם ממש מדבר שוב הכהן, ואומר תחילה "שמע ישראל אתם קרבים היום למלחמה" וגו' (שם ג—ד) וחוזרים ואומרים את הנאמר בפעם הראשונה, באותו אופן.

בהגדרתם של המונחים נאמר כי "כרם" הוא כל חמשה אילנות מאכל, בין שנטעם מחדש או שהבריכם והרכיבם, ו"בית" הוא כל מבנה קבוע הראוי לדירת אדם, ו"אשה חדשה" היא אשה המאורסת לו או שומרת יבם שלו. בכל אלה אין צריך שיהיו אלה חדשים לגמרי, אלא גם אם הם חדשים עבורו, כגון שקנה אותם או ירש אותם. וכל אלה שייכים רק כאשר הגיעו לידו בהיתר, אבל אם יש בהם צד איסור — אינו חוזר בגללם. לגבי ה"ירא ורך הלבב" סוכם כי הוא כמשמעו — אדם שהוא פחדן או שקשה לו מבחינה נפשית להיות במלחמה.

כל הפטורים מן המלחמה מסיבות אלה חייבים בכל זאת לשרת את אנשי הצבא, בהתקנת דרכים ובהספקת מזונות. לעומתם, הבונה בית וחנכנו, הנוטע כרם וחיללו, והנושא אשה חדשה — פטורים מכל עבודות הסיוע לצבא, ומכל ההתחייבויות כלפי הציבור.

סוכם כי כל הפטורים הללו אינם בכל מלחמה אלא במלחמת רשות בלבד, והיא המלחמה שיוזמים בני ישראל מרצונם כדי להרחיב את גבולם. אבל כאשר נלחמים מלחמת מצוה, בין במצוות כיבוש הארץ או במלחמה כנגד עמלק, בין במלחמה שבה ישראל מגינים על עצמם מפני תוקף — הכל חייבים לצאת למלחמה. וגם אז הכהן משוח המלחמה משמיע לעם את דברי החיזוק והעידוד לפני צאתם.

פתיחה לפרק "עגלה ערופה"

"כִּי יִמָּצֵא חָלָל בָּאֲדָמָה אֲשֶׁר ה' אֱלֹהֶיךָ נֹתֵן לְךָ לְרִשְׁתָּהּ נֹפֵל בַּשָּׂדֶה לֹא נוֹדַע מִי הִכָּהוּ. וְיָצְאוּ זְקֵנֶיךָ וְשֹׁפְטֶיךָ וּמָדְדוּ אֶל הֶעָרִים אֲשֶׁר סְבִיבֹת הֶחָלָל. וְהָיָה הָעִיר הַקְּרֹבָה אֶל הֶחָלָל וְלָקְחוּ זִקְנֵי הָעִיר הַהִוא עֶגְלַת בָּקָר אֲשֶׁר לֹא עֻבַּד בָּהּ אֲשֶׁר לֹא מָשְׁכָה בְּעֹל. וְהוֹרִדוּ זִקְנֵי הָעִיר הַהִוא אֶת הָעֶגְלָה אֶל נַחַל אֵיתָן אֲשֶׁר לֹא יֵעָבֵד בּוֹ וְלֹא יִזָּרֵעַ וְעָרְפוּ שָׁם אֶת הָעֶגְלָה בַּנָּחַל. וְנִגְּשׁוּ הַכֹּהֲנִים בְּנֵי לֵוִי כִּי בָם בָּחַר ה' אֱלֹהֶיךָ לְשָׁרְתוֹ וּלְבָרֵךְ בְּשֵׁם ה' וְעַל פִּיהֶם יִהְיֶה כָּל רִיב וְכָל נָגַע. וְכֹל זִקְנֵי הָעִיר הַהִוא הַקְּרֹבִים אֶל הֶחָלָל יִרְחֲצוּ אֶת יְדֵיהֶם עַל הָעֶגְלָה הָעֲרוּפָה בַנָּחַל. וְעָנוּ וְאָמְרוּ יָדֵינוּ לֹא שָׁפְכוּ אֶת הַדָּם הַזֶּה וְעֵינֵינוּ לֹא רָאוּ. כַּפֵּר לְעַמְּךָ יִשְׂרָאֵל אֲשֶׁר פָּדִיתָ ה' וְאַל תִּתֵּן דָּם נָקִי בְּקֶרֶב עַמְּךָ יִשְׂרָאֵל וְנִכַּפֵּר לָהֶם הַדָּם. וְאַתָּה תְּבַעֵר הַדָּם הַנָּקִי מִקִּרְבֶּךָ כִּי תַעֲשֶׂה הַיָּשָׁר בְּעֵינֵי ה'". (שם יח)

בפרק זה שני נושאים עיקריים. הנושא האחד הוא בהמשך לפרקים הקודמים, בדיני עגלה ערופה. דינים אלה צריכים הרבה פירוט וביאור, הן לגבי פרטי עשייתם והן לגבי מיצוי ההגדרות המדוייקות של הנושאים הנזכרים בהם.

ובפרטי הדברים יש לקבוע מי הם וכמה הם הזקנים והשופטים המודדים מן החלל, ומה היא ההגדרה המדוייקת של "חלל" הנזכר כאן, האם כל אדם הנמצא מת בכלל זה, או שיש לכך הגדרות מצומצמות יותר. כיצד נעשית המדידה ומהיכן בדיוק מודדים, ואיך מגדירים את ה"עיר הקרובה אל החלל". וכיוצא בזה בפרטי ההגדרה של "עגלת בקר אשר לא עובד בה" — מי היא הקרויה "עגלה", ומה היא הגדרת עבודה לענין זה. מה דוא "נחל איתן", וכיצד עורפים את העלגה, ומה דין המקום שבו נערפה.

דין עגלה ערופה הוא דווקא כאשר "לא נודע מי הכהו". ואף כאן יש לברר מתי הדבר נחשב כלא נודע, האם צריך שתהא עדות שלימה בדבר או שכל ידיעה מספקת לכך, ומה יהא הדין כאשר יש סתירות בעדות בענין זה. וכן מה עושים כאשר נודע, ואף נתפס ההורג — הן לגבי העגלה הערופה והן לגבי הרוצח.

נושא עיקרי אחר בפרק זה הוא רשימה של דברים שבטלו עם ירידת הדורות, אם בגלל הירידה במצב שמירת המצוות בכללה, אם בשל אסונות שאירעו, הן לכלל ישראל והן במיתתם של גדולי ישראל. מקצת הדברים הללו נוגעים לענייני הלכה — שבטלו הלכות מסוימות, ונתחדשו כמה איסורים במשך הדורות, ומקצתם בדברים שאינם נוגעים בהלכה — ירידה מוסרית והפסד של מעלות טובות.

עין משפט
נר מצוה

לב א מיי' פ"ז מהל' מלכים הל"ד:
לג ב מיי' פ"ד מהל' תפלין הל"ו וע"ש בכ"מ סמג עשין כב טוש"ע או"ח סי' כה סעי' ט:
לד ג מיי' פ"ה מהל' מלכים הל"א וע"ש בכ"מ סמג עשין קיז:
א ד מיי' פ"ט מהל' רוצח הל"ג סמג עשין עח:
ב ה מיי' שם הל"א:
ג ו מיי' שם הלי"א:
ד ז מיי' שם הל"ה:
ה ח מיי' שם הל"ד:
ו ט מיי' שם הל"א:

שתחילת ניסה נפילה. בגמ' פריך איפכא מבעי ליה שהניסה היא תחילת הנפילה: **בד"א.** דחוזרין מן המערכה ויש שאינן זזין ממקומן במלחמות הרשות: **אבל במלחמות מצוה.** כגון כיבוש ארץ ישראל בימי יהושע הכל יוצאין: **רבי יהודה אומר כו'.** מפרש בגמ': **גמ' עבירה דרבנן.** לר"י הגלילי אפי' עבר על דברי סופרים חוזר ולרבי יוסי עד שיעבור על דבר תורה דומיא דאלמנה לכהן גדול וכגון שנשאה דאיכא איסור: **סח בין תפילה לתפילה.** בין הנחת תפילין של יד לתפילין של ראש: **סח.** סיפר: **עבירה היא בידו.** אם לא חזר ובירך דהכי אמרי' במנחות (דף לו.) סח מברך שתים לא סח מברך אחת: **ומים שותתין על ברכיו.** מי רגלים מחמת יראה: **מפני שתחילת נפילה ניסה מבעי ליה.** תחילת משמע הגרמת הדבר והכי איבעי ליה למימר כשהן נסין זו היא תחילת הגרמת הנפילה ובניסה לא שייך למימר תחילה דהא ממש קא ערקי: **רשות דרבנן זו היא מצוה דר' יהודה.** ובאותה מלחמה שאמרו חכמים שהיא רשות ואין חתן יוצא לה אמר נמי ר' יהודה דאין חתן יוצא לה אלא שרבי יהודה קורא אותה מצוה ונפקא מינה לפוטרו משאר מצות בעודו עסוק בה כדמפרש רבא ואזיל: **מצוה דרבנן.** דאמרו בה הכל יוצאין אמר נמי ר' יהודה הכל יוצאין אלא דקרי לה חובה ולאו מידי אשמעינן בהא אלא כולה משום מצוה ורשות נקטו פלוגתייהו אלא משום דקרו רבנן להא רשות די להם אם קראו את זו מצוה ואפילו היא חובה שהרי אין הדבר אלא להעלותם מעלה אחת ולומר אבל בזו הכל יוצאין וגבי רשות דיים לקרות את שלמעלה ממנה מצוה ורבי יהודה דקרי לקמייתא מצוה לאשמועי' דהעוסק בה פטור מן המצוה והולך להעלות את זו מעלה אחת לומר אבל בזו הכל יוצאין הילכך קרייה חובה כדאיתא: **אמר רבא כו'.** מילתיה דרבי יוחנן מפרש ואזיל וקאמר דהא דאמר רבי יוחנן דאיפליגו רבנן ורבי יהודה באחת המלחמות בקריאת

תורה אור

שתחילת ניסה נפילה שנאמר נס ישראל לפני פלשתים וגם מגפה גדולה היתה בעם ולהלן הוא אומר וינוסו [אנשי] ישראל מפני פלשתים ויפלו חללים וגו' [א]בד"א במלחמות הרשות אבל במלחמות מצוה הכל יוצאין אפילו חתן מחדרו וכלה מחופתה אמר רבי יהודה במה דברים אמורים במלחמות מצוה אבל במלחמות חובה הכל יוצאין אפי' חתן מחדרו וכלה מחופתה: **גמ'** מאי איכא בין רבי יוסי לר"י הגלילי איכא בינייהו עבירה דרבנן כמאן אזלא הא דתניא *שח בין תפילה לתפילה [ב]עבירה היא בידו וחוזר עליה מעורכי המלחמה כמאן כר"י הגלילי מאן תנא להא דתנו רבנן שמע קול קרנות והרתיע הגפת תריסין והרתיע צחצוח חרבות ומים שותתין לו על ברכיו חוזר כמאן לימא רבי עקיבא היא ולא רבי יוסי הגלילי בהא אפי' ר' יוסי הגלילי מודה משום דכתיב ולא ימס את לבב אחיו כלבבו: והיה ככלות השוטרים כו': האי מפני שתחילת ניסה נפילה מפני שתחילת נפילה ניסה מבעי ליה אימא מפני שתחילת נפילה ניסה: בד"א במלחמות הרשות כו': א"ר יוחנן רשות דרבנן זו היא מצוה דרבי יהודה מצוה דרבנן זו היא חובה דרבי יהודה אמר רבא [ג]מלחמות יהושע לכבש דברי הכל חובה מלחמות בית דוד לרווחה דברי הכל רשות כי פליגי למעוטי גוים דלא ליתי עלייהו מר קרי לה מצוה ומר קרי רשות נפקא מינה *לעוסק במצוה שפטור מן המצוה:

הסם נפקא לן מיניה לענין עוסק במצוה דלמר חובה ולמר רשות ופריש לן נמי רבא בהי מינייהו איפליגו: **מלחמות יהושע לכבש.** בהא ליכא למאן דקרי רשות דאפילו חובה נמי איתא והעוסק בה פטור מן המצוה ורבנן הוא דלא איכפת להו לקרותה חובה דדיים לקרותה מצוה אבל הרשות שהרי אין אנו צריכין אלא למצוא בה מעלה אחת ומצוה לגבי רשות מעלה היא: **ומלחמת בית דוד.** שנלחם בארם צובה להוסיפה על ארץ ישראל ובשאר סביבותיה להעלות לו מנחה ומס עובד: **דברי הכל רשות.** ואפילו רבי יהודה להא לאו מצוה קרי לה והעוסק בה אינו פטור מן המצוה: **כי פליגי.** ר' יהודה ורבנן במצוה ורשות דלמר פטור מן המצוה ולמר חייב במלחמה שהיא למעוטי גוים דלא ליתו עלייהו:

הדרן עלך משוח מלחמה

הדרן עלך משוח מלחמה

א **עגלה** [א]ערופה [ד]בלשון הקודש שנאמר כי ימצא חלל באדמה ויצאו זקניך ושופטיך שלשה מבית דין הגדול שבירושלים היו יוצאין [ב]רבי יהודה אומר [ה]חמשה שנאמר *זקניך שנים ושופטיך שנים ואין בית דין שקול מוסיפין עליהן עוד אחד [ג]נמצא טמון בגל או תלוי באילן או צף על פני המים לא היו עורפין שנאמר באדמה ולא טמון בגל נופל ולא תלוי באילן בשדה ולא צף על פני המים [ד]נמצא סמוך לספר או לעיר שרובה גוים או לעיר שאין בה ב"ד לא היו(א) עורפין [ה][ח]אין מודדין
ב אלא לעיר שיש בה ב"ד: **גמ'** מאי קאמר אמר ר' אבהו ה"ק [י]שנאמר וענו ואמרו ולהלן הוא אומר וענו הלוים ואמרו וגו' מה ענייה האמורה להלן בלשון הקודש אף כאן בלשון הקודש וסדר עגלה ערופה כיצד כי ימצא חלל באדמה ויצאו זקניך ושופטיך שלשה מב"ד הגדול שבירושלים היו יוצאין: רבי יהודה אומר חמשה וכו': *ת"ר [ז]ויצאו זקניך ושופטיך זקניך שנים ושופטיך שנים ואין בית דין שקול מוסיפין עליהן עוד אחד הרי כאן חמשה דברי ר' יהודה ר' שמעון אומר זקניך שנים ואין ב"ד שקול מוסיפין עליהן עוד אחד הרי כאן שלשה ור' שמעון נמי הא כתיב ושופטיך ההוא מיבעי ליה למיוחדין שבשופטיך ורבי יהודה מזקני זקניך נפקא ור' שמעון אי כתב רחמנא זקני הוה אמינא אפי' זקני השוק כתב רחמנא זקניך ואי כתב רחמנא זקניך הוה אמינא אפי' סנהדרי קטנה כתב רחמנא ושופטיך [ח]למיוחדין שבשופטיך ור' יהודה גמר זקני זקני מזקני העדה מה להלן מיוחדין שבעדה אף כאן מיוחדין שבעדה אי גמר לגמרה לכולה מילתא מהתם זקניך ושופטיך למה לי אלא(ב) וי"ו ושופטיך למנינא *ורבי שמעון וי"ו

עגלה ערופה בלשון הקודש. נאמרת מה שהזקנים אומרים ידינו לא שפכו והכהנים אומרים כפר לעמך ישראל בלשון הקודש הוזקקו מן התורה לאמרה: **שנאמר כי ימצא חלל.** ובגמרא פריך היכי יליף מהכא: **היו יוצאין.** ובאין שם ומודדין מן החלל לכל העיירות שסביבותיו לידע איזו קרובה: **בגל.** גל של אבנים: **נמצא סמוך לספר כו'.** מפרש טעמא בגמ': **גמ' מאי קאמר.** היכי יליף לשון הקודש מהכא: **ואין ב"ד שקול.** אין עושין ב"ד שיהא יכול ליחלק שוה בשוה אלא שיהא הרוב לצד אחד לקיים אחרי רבים להטות (שמות כג): **למיוחדין.** הנך דלשכת הגזית: **מזקני זקניך.** מדמצי למיכתב זקני וכתב זקניך מיוחדין שבזקניך: **זקני השוק.** אע"פ שאינן סנהדרין: **שופטיך.** זקנים שהם שופטים את ישראל: **מזקני העדה.** דסמיכת פר העלם דבר ואייתר ליה שופטיך להביא עוד שנים: **לגמרה לכולה מילתא מהתם.** דהא רבי יהודה התם נמי חמשה קאמר ויליף לה מקראי בפ"ק דסנהדרין: **אלא** [וי"ו] **ושופטיך למניינא.** כלומר לא גמיר גז"ש ואיצטרי' שופטיך לסנהדרי גדולה כר"ש וי"ו

תוספות שאנץ
סח בין תפלה לתפלה עבירה היא בידו. פ"ה סח בין הנחת תפלין של יד להנחת תפלין של ראש עבירה היא בידו אם לא חזר וברך דהכי אמרי' במנחו' סח מברך שתים לא סח מברך אחת פ"ה במנחות בפ' הקומץ דמברכין להניח תפלין לשל יד [ועל של ראש] לא מברך כלל אם לא סח בנתים אבל אם סח מברך על של ראש על מצות תפלין. ול"נ לר"ת דבפ' הרואה דקא חשיב מאה ברכות דחייב אדם לברך בכל יום קא חשיב להניח תפלין ועל מצות תפלין וכי ס"ד דלא נתקן אלא היכא דסח בנתים. ומיהו י"ל דמיירי בשני בני אדם אחד יש לו תפלין של יד ואחד יש לו תפלין של ראש. ור"ת אומר דמברכין להניח תפלין לשל יד ועל מצות תפלין לשל ראש היכא דלא סח ואם סח בנתים מברך לשל ראש להניח תפלין ועל מצות תפלין. ולפי זה היכא דאין לו תפלין של יד מברך על של ראש שתים דהא הוי כאילו סח בנתים:
סליק

הגהות הב"ח
(א) במשנה לא היו (עורפין). תז"מ ונ"ב ס"א מודדין: (ב) גמ' למה לי אלא ושופטיך כר' שמעון ו' למניינא כצ"ל וכן ברש"י:

גליון הש"ס
מתני' אין מודדין. עיין מכות י ע"ב תד"ה חד אמר:

מסורת הש"ס
מנחות לו.
[סוכה כה.]
סנהדרין יד.
[עמ"ש תוס' סנהדרין יד. ד"ה ורבי שמעון]

שמואל א ד | שם לא | דברים כ | שם כא | שם כז | סנהדרין יד. | ויקרא ד

א משנה הזקנים המתוודים על עֶגְלָה עֲרוּפָה, בִּלְשׁוֹן הַקּוֹדֶשׁ הם אומרים, שֶׁנֶּאֱמַר: ״כִּי יִמָּצֵא חָלָל בָּאֲדָמָה אשר ה׳ אלוהיך נותן לך לרשתה נופל בשדה לא נודע מי הכהו וְיָצְאוּ זְקֵנֶיךָ וְשֹׁפְטֶיךָ. כפר לעמך ישראל״ (שם כא, א-ב). וכיצד נעשים הדברים: שְׁלֹשָׁה מִבֵּית דִּין הַגָּדוֹל שֶׁבִּירוּשָׁלַיִם הָיוּ יוֹצְאִין, ר׳ יְהוּדָה אוֹמֵר: חֲמִשָּׁה היו יוצאים, שֶׁנֶּאֱמַר ״זְקֵנֶיךָ״ בלשון רבים — הרי שְׁנַיִם לפחות, ״וְשֹׁפְטֶיךָ״ — עוד שְׁנַיִם, וְאֵין בֵּית דִּין שָׁקוּל, שאין עושים בית דין שיהיה בו מספר זוגי של חברים כדי שאפשר יהא להכריע על פי הרוב בכל מקרה של מחלוקת, ולכן מוֹסִיפִין עֲלֵיהֶן עוֹד אֶחָד. נִמְצָא ההרוג טָמוּן בְּגַל של אבנים, אוֹ תָּלוּי בְּאִילָן, אוֹ היה צָף עַל פְּנֵי הַמַּיִם — לֹא הָיוּ עוֹרְפִין את העגלה, שֶׁנֶּאֱמַר: ״כי ימצא חלל בָּאֲדָמָה״ (שם) — וְלֹא טָמוּן בְּגַל, ״נֹפֵל״ — כלומר, מוטל על הארץ וְלֹא תָּלוּי בְּאִילָן, ״בַּשָּׂדֶה״ — וְלֹא צָף עַל פְּנֵי הַמַּיִם. נִמְצָא ההרוג סָמוּךְ לַסְּפָר (גבול המדינה) אוֹ סמוך לְעִיר שֶׁרוּבָּהּ גּוֹיִם, אוֹ לְעִיר שֶׁאֵין בָּהּ בֵּית דִּין — לֹא הָיוּ עוֹרְפִין. ועוד אמרו אֵין מוֹדְדִין אֶלָּא לְעִיר שֶׁיֵּשׁ בָּהּ בֵּית דִּין, והערים שאין בהן בית דין אינן נחשבות.

ב גמרא על המשפט הראשון במשנה שואלים: מַאי קָאָמַר [מה אמר] שהרי לכאורה רצה להביא ראיה שעגלה ערופה בלשון הקודש, ואין הפסוק המובא ראיה לכך! אָמַר ר׳ אַבָּהוּ, הָכִי קָאָמַר [כך אמר]: וידוי הזקנים על העגלה הערופה בלשון הקודש הוא נאמר, שֶׁנֶּאֱמַר: ״וְעָנוּ וְאָמְרוּ״ (שם ז) וּלְהַלָּן הוּא אוֹמֵר ״וְעָנוּ הַלְוִיִּם וְאָמְרוּ״ וגו׳ (שם כז, יד), מָה לשון ״עֲנִיָּיה״ הָאֲמוּרָה לְהַלָּן בלויים — בִּלְשׁוֹן הַקּוֹדֶשׁ היא, אַף כָּאן בִּלְשׁוֹן הַקּוֹדֶשׁ. ולאחר מכן מסבירה המשנה סֵדֶר עֶגְלָה עֲרוּפָה כֵּיצַד — ״כִּי יִמָּצֵא חָלָל בָּאֲדָמָה... וְיָצְאוּ זְקֵנֶיךָ וְשֹׁפְטֶיךָ״ — שְׁלֹשָׁה מִבֵּית דִּין הַגָּדוֹל שֶׁבִּירוּשָׁלַיִם הָיוּ יוֹצְאִין. ושנינו שר׳ יְהוּדָה אוֹמֵר חֲמִשָּׁה וכו׳. תָּנוּ רַבָּנַן [שנו חכמים]: ״וְיָצְאוּ זְקֵנֶיךָ וְשֹׁפְטֶיךָ״. ״זְקֵנֶיךָ״ — שְׁנַיִם, ״וְשֹׁפְטֶיךָ״ — שְׁנַיִם, וְאֵין בֵּית דִּין שָׁקוּל, מוֹסִיפִין עֲלֵיהֶן עוֹד אֶחָד, הֲרֵי כָּאן חֲמִשָּׁה, אלו דִּבְרֵי ר׳ יְהוּדָה. ר׳ שִׁמְעוֹן אוֹמֵר: ״זְקֵנֶיךָ״ הם שְׁנַיִם, וְאֵין בֵּית דִּין שָׁקוּל, מוֹסִיפִין עֲלֵיהֶן עוֹד אֶחָד, הֲרֵי כָּאן שְׁלֹשָׁה. ושואלים: וְר׳ שִׁמְעוֹן נַמִּי [גם כן], הָא כְּתִיב [הרי נאמר] גם ״וְשֹׁפְטֶיךָ״! ומשיבים: הביטוי הַהוּא מִיבָּעֵי לֵיהּ [נצרך לו] כדי לִלְמוֹד שיהיו אלה מְיוּחָדִין שֶׁבְּשׁוֹפְטֶיךָ, לא זקנים = חכמים סתם, אלא דווקא חכמים מסנהדרין גדולה. וְר׳ יְהוּדָה משיב על כך: מִמה שהיה יכול לכתוב רק ״זִקְנֵי״ וכתב ״זְקֵנֶיךָ״ ללמד שהם מיוחדים שבזקני ישראל — משם נָפְקָא [יוצא הדבר]. ואומרים, וְר׳ שִׁמְעוֹן משיב על כך: אִי כָּתַב רַחֲמָנָא [אילו היתה כותבת התורה] ״זִקְנֵי״ בלבד — הֲוָה אָמִינָא [הייתי אומר] אֲפִילּוּ זִקְנֵי הַשּׁוּק, כלומר, סתם אנשים מכובדים, על כן כָּתַב רַחֲמָנָא [כתבה התורה] ״זְקֵנֶיךָ״ ללמד שדרושים לכך חכמים, הנחשבים בעיני הכל לזקנים. וְאִי כָּתַב רַחֲמָנָא [ואילו כתבה התורה] ״זְקֵנֶיךָ״ בלבד — הֲוָה אָמִינָא [הייתי אומר] אֲפִילּוּ סַנְהֶדְרֵי קְטַנָּה, על כן כָּתַב רַחֲמָנָא [כתבה התורה] ״וְשֹׁפְטֶיךָ״, ללמד — לִמְיוּחָדִין שֶׁבְּשׁוֹפְטֶיךָ, כלומר, מסנהדרין גדולה. וְר׳ יְהוּדָה גָּמַר [למד] דבר זה בגזירה שווה ״זִקְנֵי״ ״זִקְנֵי״ מִמה שנאמר בקרבן שמביאים סנהדרין על העלם דבר של ציבור ״זִקְנֵי הָעֵדָה״ (ויקרא ד, טו), מַה לְהַלָּן זקני העדה הם מְיוּחָדִין שֶׁבָּעֵדָה שהם סנהדרין גדולה — אַף כָּאן מְיוּחָדִין שֶׁבָּעֵדָה. ושואלים: אִי גָּמַר [אם הוא לומד] בגזירה שווה, אם כן לִגְמְרָהּ לְכוּלָּהּ מִילְּתָא מֵהָתָם [שילמד את כל הענין משם], גם שצריכים חמישה דיינים, ואם כן ״זְקֵנֶיךָ וְשֹׁפְטֶיךָ״ לָמָּה לִי? אֶלָּא צריך לומר שלדעת ר׳ יהודה אף דבר זה אין למדים מגזירה שווה, ומשום כך למד הוא מ״זקניך״ — שיהיו שניים, מ״שופטיך״ — שיהיו מיוחדין שבשופטיך, וי״ו של המלה ״וְשֹׁפְטֶיךָ״ לְמִנְיָנָא [למנין] בא, להוסיף עוד שניים. ולעומת זאת ר׳ שִׁמְעוֹן

מסורת הש״ס

א. ספרי דברים כא, ז. מדרש תנאים כא, ז.

ב. סנהדרין ב,א. ג,ב. יד,א. ירושלמי סוטה פ״ט ה״א. שם סנהדרין פ״א ה״ב. ספרי שם כא, ב.

ג. סוטה מה,ב. ובמקבילות שם.

ד. תוספתא סוטה פ״ט א. ספרי שם. מדרש תנאים שם. ילק״ש תורה תתקכג.

ה. תוספתא שם. ספרי שם. ילק״ש שם.

ו. ראה ירושלמי סוטה פ״ט ה״א. ספרי שם כא, ז. מדרש תנאים שם. ילק״ש שם תתקכד.

ז. סנהדרין יד,א (כל הענין). ירושלמי סוטה שם. ירושלמי סנהדרין שם. ספרי שם כא, ב. ילק״ש שם תתקכג.

ח. ראה ספרי שם כ, ג. מדרש תנאים כ, ב.

גרסות

שנאמר זקניך יש בכת״י: זקניך.

שרובה גוים יש בכת״י ועוד: שיש בה גוים.

הא כתיב ושופטיך במקבילה ועוד: האי שופטיך מאי עביד ליה.

עיונים

ר׳ יהודה אומר חמשה בתרגום המכונה תרגום יונתן לתורה נאמר שיוצאים שני חכמים ושלושה שופטים. ובעיקר הדברים הם כדברי ר׳ יהודה, אלא שנראה שדורש זקניך שהם חכמים — שנים, ושופטיך שהם הדיינים עוד שנים, ומרבה שיהא שופט נוסף, אולי מ-ו׳ שבשופטיך.

ולא טמון בגל המאירי אומר שבגל (שרש״י מפרשו — גל של אבנים) לאו דווקא, אלא כל שהיה טמון, אפילו באדמה אין עורפין עליו.

שרובה גוים במנחת חינוך הקשה: אם רובה גוים, אם כן ברור שהולכים אחר הרוב וגוים הם שהרגוהו, ומה צורך יש לומר זאת? ולדעתו זהו טעם הרמב״ם שכותב ״לעיר שיש בה גוים״, שאז יש חידוש בדבר שתולים ההריגה בגוים ולא ברוב בני העיר. וכן הגירסה בתלמוד הירושלמי.

שנאמר וענו ואמרו ומה שלא פורש הדבר במשנה — נראה שסמך על כך שגזירה שווה זו מן ״וענו ואמרו״ כבר השתמשו בה קודם, ולא הוצרכו לחזור ולפרשה (תוהרא״ש).

ואין בית דין שקול טעם דין זה בכלל הוא כדי שלא להביא למצב שבו תימצא מחלוקת בין הדיינים, ואם מספרם שקול לא יוכלו להגיע לידי הכרעה. ואף על פי שכאן אינם באים לדון אלא למדוד בלבד, מכל מקום כפי שמבואר בסמוך ייתכן שתהא מחלוקת בדיוק מהיכן למדוד וכיצד למדוד, ולכן צריך שיוכלו להגיע ליד הכרעה (מנחה חרבה).

אורח ההלכה

עגלה ערופה בלשון הקודש וידוי שמתוודים זקני העיר על עגלה ערופה, ומה שאומרים הכהנים — בלשון הקודש בלבד נאמר. (רמב״ם ספר נזיקין הלכות רוצח ושמירת נפש פ״ט ה״ג).

חמשה למדידת העיר ממקום הנרצח יוצאים חמשה זקנים מסנהדרין הגדולה שבירושלים. וכבר תהה בכ״מ מפני מה פסק הרמב״ם כר׳ יהודה שלא כסתם משנה. ומנסה להסביר שסומכים על כך שבמסכת סנהדרין מובא הדבר כמחלוקת, והרי זה כסתם ואחר כך מחלוקת, וכיון שדעה שניה שם היא דעת ר׳ שמעון הרי לפי הכללים פוסקים כר׳ יהודה. ויש מסבירים שסמך על דברי התלמוד הירושלמי האומר בשם רבי שנראים דברי ר׳ יהודה בעגלה ערופה (תוי״ט). (רמב״ם שם ה״א).

נמצא טמון וכו׳ נמצא הנהרג טמון בגל, או תלוי באילן או צף על גבי המים — אין עורפים עליו. (רמב״ם שם הי״א).

נמצא סמוך לספר נמצא הנהרג סמוך לסְפָר או לעיר שיש בה גוים — אין מודדים כל עיקר, ואין מביאים עגלה ערופה. (רמב״ם שם ה״ה).

לעיר שיש בה בית דין אין מודדים אלא לעיר שיש בה בית דין של עשרים ושלושה, שאפילו היתה עיירה אחרת סמוכה יותר — מניחים אותה ואין מחשיבים אותה במדידה זו. (רמב״ם שם ה״ד).

וי״ו לָא מַשְׁמַע לֵיהּ [נשמע לו] כמקור לדרוש ממנו. אלא מַאי קָאָמַר רַחֲמָנָא [מה אומרת התורה] במלה ״ושופטיך״ — הַמְיוּחָדִין שֶׁבְּשׁוֹפְטֶיךָ. ומקשים: אֶלָּא מֵעַתָּה שדורשים כל לשון רבים שבפסוק להביא שני זקנים, הרי כתוב בהמשך (דברים כא, ב): ״וְיָצְאוּ״ ואם כן הרי עוד שְׁנַיִם, ״וּמָדְדוּ״ — עוד שְׁנַיִם, ואם כן לְדברי ר׳ יְהוּדָה — הֲרֵי כָּאן תִּשְׁעָה, ולְר׳ שִׁמְעוֹן הֲרֵי כָּאן שִׁבְעָה! ומשיבים: הכתוב הַהוּא ״ויצאו... ומדדו״ מִיבָּעֵי לֵיהּ לְכִדְתַנְיָא [צריך אותו לכפי ששנינו בברייתא]: ״וְיָצְאוּ״ יש בכך הדגשה — הֵן וְלֹא שְׁלוּחֵיהֶן, כלומר, שלענין זה אינם יכולים לעשות שליח, אלא הם עצמם צריכים לצאת, ״וּמָדְדוּ״ — שֶׁאֲפִילּוּ נִמְצָא המת בַּעֲלִיל (בבירור, בגלוי) סמוך לָעִיר זו הָיוּ מוֹדְדִין, שֶׁמִּצְוָה מיוחדת היא לַעֲסוֹק בִּמְדִידָה זו.

א ומעירים: מַתְנִיתִין [משנתנו זו] הריהי שלֹּא כְּשיטת ר׳ אֱלִיעֶזֶר בֶּן יַעֲקֹב. דְּתַנְיָא [שכן שנינו בברייתא], ר׳ אֱלִיעֶזֶר בֶּן יַעֲקֹב אוֹמֵר: ״זְקֵנֶיךָ״ — זוֹ סַנְהֶדְרִין, ״שֹׁפְטֶיךָ״ — זֶה מֶלֶךְ וְכֹהֵן גָּדוֹל. וכיצד יודעים ששנים אלו נקראים ״שופטים״, מֶלֶךְ — דִּכְתִיב [שנאמר]: ״מֶלֶךְ בְּמִשְׁפָּט יַעֲמִיד אָרֶץ״ (משלי כט, ד), כֹּהֵן גָּדוֹל — דִּכְתִיב [שנאמר]: ״כי יפלא ממך דבר למשפט... וּבָאתָ אֶל הַכֹּהֲנִים הַלְוִיִּם וְאֶל הַשֹּׁפֵט אֲשֶׁר יִהְיֶה בימים ההם״ (דברים יז, ח-ט). אִיבַּעְיָא לְהוּ [נשאלה להם] ללומדים: ר׳ אֱלִיעֶזֶר בֶּן יַעֲקֹב בְּמֶלֶךְ וְכֹהֵן גָּדוֹל בלבד הוּא דְּפָלֵיג [שחולק], שלדעתו גם הם צריכים לבוא למדידה, אֲבָל בְּסַנְהֶדְרִי אִי [או] כְּדעת ר׳ יְהוּדָה אִי [או] כְּדעת ר׳ שִׁמְעוֹן סְבִירָא לֵיהּ [סבור הוא] שדי בשלושה או בחמישה, אוֹ דִּלְמָא [שמא] בְּסַנְהֶדְרִי נַמִי פָּלֵיג [גם כן חולק הוא], וסבור שאין המצוה מתקיימת עַד דְּאִיכָּא כּוּלָּהּ סַנְהֶדְרִי [שישנה כל הסנהדרין]? אָמַר רַב יוֹסֵף: תָּא שְׁמַע [בוא ושמע] ראיה לדבר ממה ששנינו: מְצָאָן זָקֵן מַמְרֵא את הסנהדרין לא במקומם בלשכת הגזית אלא אַבֵּי פַּגֵּי (בבית פגי) שהיא סמוכה לירושלים וְהִמְרָה עֲלֵיהֶן שחלק על דעתם שם, יָכוֹל תְּהֵא הַמְרָאָתוֹ הַמְרָאָה ויענש על כך — תַּלְמוּד לוֹמַר: ״וְקַמְתָּ וְעָלִיתָ אֶל הַמָּקוֹם״ (שם ח), מְלַמֵּד שֶׁהַמָּקוֹם בו יושבים הסנהדרין גּוֹרֵם לדין זה של זקן ממרא שיחול. ונברר: דִּנְפוּק [שיצאו] מהם מחכמי הסנהדרין כַּמָּה לבית פגי? אִילֵימָא דִּנְפוּק [אם תאמר שיצאו] מִקְצָתָן, אולם במקרה כזה אין מתחילה סברה להחשיבו כזקן ממרא, דִּלְמָא הָנָךְ דְּאִיכָּא גַּוָּאֵי כְּוָותֵיהּ סְבִירָא לְהוּ [שמא אלה שנמצאים בפנים ממקומם בלשכת הגזית — כמותו סבורים הם] והוא מבטא את דעת הרוב! אֶלָּא פְּשִׁיטָא [פשוט] דִּנְפוּק כּוּלְּהוּ [שיצאו כולם]. ומעתה נברר: וּלְמַאי [ולמה] לאיזו סיבה יצאו? אִי [אם] לִדְבַר הָרְשׁוּת — מִי מָצוּ נָפְקִי [האם יכולים הם לצאת]? וְהָכְתִיב [והרי נאמר]: ״שָׁרְרֵךְ אַגַּן הַסַּהַר אַל יֶחְסַר הַמָּזֶג״ (שיר השירים ז, ג) שדרשו אותו על סנהדרין שהם שרי ישראל היושבים בחצי עיגול כחצי סהר, ולמדו מן המילים ״אל יחסר המזג״ שֶׁאִם נִצְרָךְ אֶחָד מֵהֶם מן הסנהדרין הגדולה לָצֵאת, אִם יֵשׁ שָׁם בלשכת הגזית עדיין עֶשְׂרִים וּשְׁלֹשָׁה כְּנֶגֶד מנין של סַנְהֶדְרִי קְטַנָּה — יוֹצֵא, וְאִם לָאו [לא] — אֵינוֹ יוֹצֵא. משמע שחברי הסנהדרין אינם רשאים לצאת כולם לדבר הרשות! אֶלָּא פְּשִׁיטָא [פשוט] שיצאו לִדְבַר מִצְוָה. ובוודאי לְמַאי [למה] יצאו? לָאו [האם לא] לִמְדִידַת עֶגְלָה, וְשיטת ר׳ אֱלִיעֶזֶר בֶּן יַעֲקֹב הִיא? ואם כן נוכיח מכאן שר׳ אליעזר בן יעקב סבור שסנהדרין כולה צריכה לצאת למדידה בדין עגלה ערופה. אָמַר לֵיהּ [לו] אַבַּיֵי: לֹא, אין זו הוכחה, דִּלְמָא [שמא] למצוה אחרת יצאו — לְהוֹסִיף עַל הָעִיר וְעַל הָעֲזָרוֹת. כִּדְתְנַן [כפי ששנינו במשנה]: אֵין מוֹסִיפִין שטח מקודש עַל הָעִיר (ירושלים) וְעַל הָעֲזָרוֹת של המקדש אֶלָּא בְּנוכחות בֵּית דִּין שֶׁל שִׁבְעִים וְאֶחָד. תַּנְיָא כְּוָותֵיהּ [שנויה ברייתא כשיטתו] של רַב יוֹסֵף בדעת ר׳ אליעזר בן יעקב: מְצָאָן זקן ממרא את הסנהדרין אַבֵּית פַּגֵּי וְהִמְרָה עֲלֵיהֶן, כְּגוֹן שֶׁיָּצְאוּ לִמְדִידַת עֶגְלָה אוֹ לְהוֹסִיף עַל הָעִיר וְעַל הָעֲזָרוֹת, יָכוֹל תְּהֵא הַמְרָאָתוֹ הַמְרָאָה — תַּלְמוּד לוֹמַר: ״וְקַמְתָּ וְעָלִיתָ״, מְלַמֵּד שֶׁהַמָּקוֹם גּוֹרֵם, הרי שסנהדרין כולה יוצאת למדידת עגלה.

ב שנינו במשנה שאם נִמְצָא ההרוג טָמוּן בְּגַל אוֹ תָּלוּי בְּאִילָן לא היו עורפים. מציעים: לֵימָא מַתְנִיתִין [האם לומר שמשנתנו] זו כשיטת ר׳ יְהוּדָה הִיא וְלֹא כשיטת רַבָּנַן [חכמים]. ומה ענין מחלוקת זו — דְּתַנְיָא [שכן שנינו בברייתא], נאמר: ״וְשָׁכַחְתָּ עֹמֶר בַּשָּׂדֶה״ (דברים כד, יט) — פְּרָט לְטָמוּן, שאם היה העומר טמון ומכוסה, אף ששכחו אין בו דין שיכחה, אלו דִּבְרֵי ר׳ יְהוּדָה. וַחֲכָמִים אוֹמְרִים: ״בַּשָּׂדֶה״ — לְרַבּוֹת אֶת הַטָּמוּן. ואף כאן נאמר שלשיטת חכמים באה המלה ״באדמה״ לרבות הרוג שהיה טמון באדמה? אָמַר רַב: אֲפִילּוּ תֵּימָא רַבָּנַן [תאמר שמשנתנו כשיטת חכמים] — אינם דורשים את שתי המילים ״באדמה״ ו״בשדה״ בדרך אחת. כי הָכָא מֵעִנְיָינֵיהּ דִּקְרָא, הָתָם מֵעִנְיָינֵיהּ דִּקְרָא [כאן מעניינו של הכתוב הם דורשים ושם מעניינו של הכתוב הם דורשים]. כאן, כיון דִּכְתִיב [שנאמר] ״כִּי יִמָּצֵא חָלָל״ (שם כא, א), משמעות הכתוב היא הֵיכָא דְּמִשְׁתַּכַּח [בכל מקום שהוא נמצא] וכשחוזר ואומר ״בָּאֲדָמָה״ יש לפרש זאת כלשון מיעוט — פְּרָט לְטָמוּן. וְאילו הָתָם מֵעִנְיָינֵיהּ דִּקְרָא [ושם במצות שיכחה, נדרשים הכתובים מעניינו של הכתוב], דִּכְתִיב [שנאמר]: ״כִּי תִקְצֹר קְצִירְךָ בְשָׂדֶךָ וְשָׁכַחְתָּ עֹמֶר״ (שם כד, יט), שִׁכְחָה דּוּמְיָא [בדומה] לְקָצִיר, מַה קָּצִיר נעשה בדבר הנמצא בְּגָלוּי — אַף שִׁכְחָה בדבר הנמצא בְּגָלוּי, ולכן מה שֶׁכָּתַב רַחֲמָנָא [כתבה התורה] ״בַּשָּׂדֶה״ — הרי זה בא לְרַבּוֹת אֶת הַטָּמוּן. כיון שהזכרנו דרך זו של מדרש הכתוב, שואלים: לְר׳ יְהוּדָה נַמִי תֵּיפּוֹק לֵיהּ [גם כן תצא, תילמד לו] ההלכה שאמר שאין הטמון בכלל מִשְׁכְּחָה דּוּמְיָא [בדומה] לְקָצִיר, ומכאן ילמד ואינו צריך לדרוש את המלה ״בשדה״! ומשיבים: אִין הָכִי נַמִי [כן, כך הוא גם כן]. ושואלים: וְאֶלָּא ״בַּשָּׂדֶה״, שהוא לשון מיעוט או ריבוי לָמָּה לִי? ומשיבים: מִיבָּעֵי לֵיהּ [נצרך לו] הדבר לְרַבּוֹת שִׁכְחַת קָמָה, שגם אם שכח לקצור חלק מן הקמה, אף שעדיין מחוברת היא לאדמה — הרי זו שיכחה. ושואלים: וְרַבָּנַן שִׁכְחַת קָמָה מְנָא לְהוּ [מניין להם]? ומשיבים: נָפְקָא לְהוּ [יוצאת, נלמדת להם] הלכה זו מִ״כִּי תִקְצֹר קְצִירְךָ בְּשָׂדֶךָ ושכחת״ אפילו שכח מקצת שדהו. ושואלים: וְר׳ יְהוּדָה מה הוא עושה בפסוק זה? ומשיבים: מִיבָּעֵי לֵיהּ [צריך אותו] לכפי שאמר ר׳ אַבָּהוּ בשם ר׳ אֶלְעָזָר. שֶׁאָמַר ר׳ אַבָּהוּ אָמַר ר׳ אֶלְעָזָר: פְּרָט לְשֶׁצָּפוּ (עפו, נפלו) עוֹמָרִין משדהו לְתוֹךְ שְׂדֵה חֲבֵירוֹ, שאינם נקראים בכך שיכחה. וְרַבָּנַן [וחכמים] מהיכן לומדים הם הלכה זו? מִמה שהיה יכול לכתוב ״בְּשָׂדֶה״ ונאמר ״בְּשָׂדְךָ״, משמע: שלך ולא של אחר. ושואלים: וְר׳ יְהוּדָה מה למד הוא מדיוק זה? ומשיבים: הדיוק של ״בְּשָׂדֶה״ ״בְּשָׂדְךָ״ לָא מַשְׁמַע לֵיהּ [אינו נשמע לו] כדבר שאפשר ללמוד ממנו. בָּעֵי [שאל] ר׳ יִרְמְיָה: צָפוּ עוֹמָרִין לְתוֹךְ שָׂדֵהוּ, כגון שמוטל עומר אחד על גבי חבירו, או על גבי דבר אחר, מַהוּ הדין? והשאלה היא: אֲוִיר (חלל) הַשָּׂדֶה כְּשָׂדֶה דָּמֵי [נחשב], והריהם שיכחה, אוֹ לָאו [לא] כְּשָׂדֶה דָּמֵי [נחשב] ואינם שיכחה? אָמַר לֵיהּ [לו] רַב כָּהֲנָא לְרַב פַּפִּי, וְאָמְרִי לָהּ [ויש אומרים] שאמר זאת רַב כָּהֲנָא לְרַב זְבִיד: תִּפְשׁוֹט לֵיהּ [תפתור לו] את הבעיה מִדברי ר׳ אַבָּהוּ שֶׁאָמַר בשם ר׳ אֶלְעָזָר, שֶׁאָמַר: פְּרָט לְשֶׁצָּפוּ עוֹמָרִין לְתוֹךְ שְׂדֵה חֲבֵירוֹ. ונלמד מדיוק הדברים: לתוך שדה של חֲבֵירוֹ — אִין [כן] אין זו שיכחה, לְתוֹךְ שָׂדֵהוּ שלו — לֹא והרי זה שיכחה. ודוחים: וְלִיטַעֲמִיךְ [ולטעמך, לשיטתך] שאתה מדייק במילים הללו ולומד מהן לשלול מה שלא נאמר במפורש, הרי יכול הייתי גם לומר: לְתוֹךְ שְׂדֵה חֲבֵירוֹ, צָפוּ — אִין [כן], אבל אם היו מוּנָּחִין בשדה חבירו — לֹא? וכי אפשר לומר כך, וְהָא בָּעֵינַן [והרי צריכים אנו] ״בְּשָׂדְךָ״ וְלֵיכָּא [ואין כאן]! אֶלָּא חייב אתה לומר שלְתוֹךְ שְׂדֵה חֲבֵירוֹ לאו דווקא צפים, מוטלים על דבר אחר, אלא וַאֲפִילּוּ מוּנָּחִין על הקרקע, וְהַאי דְּקָאָמַר [וזה שאמר] צָפוּ הרי זה משום דְּלָא מַשְׁכַּחַת לָהּ [שאין אתה מוצא אותה] מציאות שעומרים יהיו בשדה אחר אֶלָּא בְּצָפוּ, שנפלו לשם, ואם כן אין להוכיח משם דבר לענין צפו בתוך שדהו שלו. ומציעים: תָּא שְׁמַע [בוא ושמע] ראיה ממקום אחר: עוֹמֶר שֶׁהֶחֱזִיק בּוֹ כדי לְהוֹלִיכוֹ לָעִיר, וְהִנִּיחוֹ עַל גַּבֵּי חֲבֵירוֹ (עומר אחר), וּשְׁכָחוֹ את שני העומרים — העומר הַתַּחְתּוֹן שִׁכְחָה, וְהָעֶלְיוֹן אֵינוֹ שִׁכְחָה. ר׳ שִׁמְעוֹן בֶּן יְהוּדָה אוֹמֵר מִשּׁוּם (בשם) ר׳ שִׁמְעוֹן: שְׁנֵיהֶם אֵינָן שִׁכְחָה, הַתַּחְתּוֹן מִפְּנֵי שֶׁהוּא טָמוּן, וְהָעֶלְיוֹן מִפְּנֵי שֶׁהוּא צָף. ומכאן נלמד: עַד כָּאן לֹא שמענו כִּי פְּלִיגִי [נחלקו] אֶלָּא בְּעומר תַּחְתּוֹן, אֲבָל בְּעֶלְיוֹן — דִּבְרֵי הַכֹּל לָא הָוֵאי [אינה] שִׁכְחָה, משמע שכיון שהוא צף, כלומר, אינו נמצא על הקרקע אלא בחלל השדה, משנה את דינו ופטור משיכחה! ודוחים: שָׁאנֵי הָתָם כֵּיוָן דְּאַחֲזִיק בֵּיהּ [שונה שם הדין מכיון שהחזיק בו] להוליכו העירה זָכָה בֵּיהּ [בו] בעל הבית, ולא משום שהוא צף. ומקשים: אִי הָכִי, מַאי אִירְיָא [אם כך, מדוע מדובר] דווקא במקרה שהניחו עַל גַּבֵּי חֲבֵירוֹ? אֲפִילּוּ בַּשָּׂדֶה נַמִי [גם כן] יהיה אותו דין! ומשיבים: אִין הָכִי נַמִי [כן, כך הוא גם כן], וְהַאי דְּקָתָנֵי [וזה ששנה] ״עַל גַּבֵּי חֲבֵירוֹ״, לא לענין העומר העליון נאמר אלא מִשּׁוּם תַּחְתּוֹן, שנחלקו אם נחשב לטמון. ושואלים: וְהָא [והרי] ר׳ שמעון ״מִפְּנֵי שֶׁהוּא צָף״ קָאָמַר [אמר]! ועונים: אֵימָא [אמור]: ״מִפְּנֵי שֶׁהוּא כְּצָף״, כלומר, העומר העליון נחשב כאילו לא הונח כלל אלא מצוי בידיו. יום אחד אָמַר אַבַּיֵי: הֲרֵינִי חריף ובקי כְּבֶן עַזַּאי בְּשׁוּקֵי טְבֶרְיָא (טבריה), ואענה על כל שאלה שאֶשְׁאַל. אָמַר לֵיהּ [לו] הַהוּא מִדְּרַבָּנַן [אחד החכמים] לְאַבַּיֵי בענין עגלה ערופה: היו שְׁנֵי חֲלָלִים (הרוגים) מונחים זֶה עַל גַּבֵּי זֶה, מֵהֵיכָן, מאיזה מהם, הוּא מוֹדֵד את המרחק לערים שבסביבותיהם? וצדדי השאלה: האם אומרים שמִין בְּמִינוֹ הָוֵי [הריהו נחשב] לְטָמוּן, וּמִין בְּמִינוֹ לָא הָוֵי [אינו נחשב] לְצָף, ולכן המת התחתון אינו נחשב כיון שהוא טמון, וּמֵעֶלְיוֹן הוא מוֹדֵד. אוֹ דִּלְמָא [שמא] מִין בְּמִינוֹ הָוֵי [הריהו נחשב] צָף, וּמִין בְּמִינוֹ לָא הָוֵי [אינו נחשב] טָמוּן, וְלכן מִתַּחְתּוֹן הוא מוֹדֵד. אוֹ דִּלְמָא [שמא] מִין בְּמִינוֹ הָוֵי [הריהו] טָמוּן, וּמִין בְּמִינוֹ הָוֵי [הריהו] צָף, וְלכן לֹא מִתַּחְתּוֹן הוא מוֹדֵד וְלֹא מֵעֶלְיוֹן הוא מוֹדֵד, שבגלל בעיה זו אין כאן אפשרות למדוד כלל? אָמַר לֵיהּ [לו] אביי:

מסורת הש״ם

א. סוטה כח, א (ושם סומנו מקבילות).
ב. ראה סוטה מד,ב. ירושלמי סוטה פ״ט ה״א. מדרש תנאים כא, ב.
ג. ראה יבמות קא,ב.
ד. מדרש תנאים שם. ילק״ש תורה תתקכג. (דרשה זו) סנהדרין קיא,ב.
ה. ירושלמי סוטה פ״ט ה״ב. תוספתא סוטה פ״ט א. מדרש תנאים שם. ילק״ש שם.
ו. סנהדרין יד,ב (כל הענין). ירושלמי סוטה פ״ט ה״א. וראה שם סנהדרין פ״א ה״ג. ילק״ש שם.
ז. סנהדרין שם. ילק״ש שם תתקי.
ח. סנהדרין שם. שם פז,א. ע״ז ח,ב.
ט. סנהדרין יד,ב. לז,א. ירושלמי סנהדרין פ״א ה״ד. תוספתא חגיגה פ״ב ט. שם סנהדרין פ״ז א. במדב״ר פ״א ד. שהש״ר פ״ז ג. תנחומא כי תשא ב. תנחומא בובר במדבר ד. פסי״ר פי״ב. ילק״ש נ״ך תתקצב.
י. סנהדרין ב,א. יד,ב. שבועות יד,א. טז,א. ילק״ש תורה שסו. שם נ״ך תתרעא.
יא. ספרי דברים כד, יט. מדרש תנאים כד, יט. וראה פאה פ״ו מ״י. ירושלמי פאה פ״ו ה״ז. שם סוטה פ״ט ה״ב. שם ב״ק פ״ו ה״ז. ילק״ש תורה תתקלז.
יב. (הביטוי) יומא סג,ב. נדרים פ,ב. פח,א. קדושין ט,א. ב״ק עז,ב. מכות ח,א. ערכין ל,ב. תמורה ו,ב.
יג. סוטה מה,ב (ושם סומנו מקבילות).
יד. מדרש תנאים כד, יט.
טו. סוטה שם. ירושלמי פאה פ״ו ה״ג. תוספתא פאה פ״ג ג. ילק״ש תורה תתקלז.
טז. (הביטוי) קדושין כ,א. ערכין ל,ב. (בשינוי שם) עירובין כט,א. ירושלמי פאה שם. שם ביכורים פ״ג ה״ב. שם סוטה פ״ט ה״ב.
יז. ירושלמי פאה שם. שם סוטה.

גרסות

וי״ו לא משמע ליה במקבילה ועוד: וי״ו לא דריש.
(מאי קאמר רחמנא המיוחדין שבשופטיך) יש בכת״י: מאי קאמר רחמנא ההוא למיוחדין שבשופטיך ויש שלא גרסו משפט זה.
הרי כאן במקבילה: הרי.
מצאן זקן ממרא בכת״י כבמקבילה: מצאן.
אם יש בכת״י כבמקבילה: רואין אם יש ויש: רואה אם יש.
היכא דמשתכח יש בכת״י: כל היכא דמשתכח.
לשצפו עומרין ויש שגרסו: לשעפו עומרין.

לשון

בי פגי
בדבר זהותו ועניינו של מקום זה יש דעות שונות. כמו כן נראה כי השם בית פאגי אינו מציין תמיד אותו דבר עצמו, וכי שני בית פאגי הם, יש סבורים כי בית פאגי כאן ובמקורות שונים קשור לשרש היווני παγεῖν (פאגיין) שמשמעו לאכול. ופירושו: אותו מקום שמותר לאכול בו מן הקרבנות, כלומר, בתוך חומת ירושלים (ערוך).

ואילו ממקורות אחרים נראה שהיה זה שמה של שכונה סמוכה לירושלים, שאולי נקראה כן על שם הפגים־התאנים, והיא היתה מחוץ לחומת העיר.

אישים

כבן עזאי
ראה בדף ד,ב על אישיותו ותולדותיו של בן עזאי.

לעזי רש״י

ציגל״א (צ״ל: צינגל״א) מן הצרפתית העתיקה cengle — איזור, חומה המקיפה את העיר.
בשטדידור״א אולי מן הצרפתית העתיקה jevestredure — אפסר של בהמה.

עיונים

וי״ו לא משמע ליה אין הכוונה לומר שר׳ שמעון בכלל אינו לומד מו׳ יתירה, שכן מצינו בכמה מקומות שהוא דורש ו׳ לכמה ענינים. אלא שאין הוא דורש ו׳ זו לענין דרשה זו דווקא (תוהרא״ש). לפי שר׳ יהודה דורש ו׳ זו למנין ״זקניך״ ונוסף לכך ״שופטיך״. ואילו ר׳ שמעון מפרש ״זקינך ושופטיך״ כביטוי אחד, זקניך שהם שופטיך.

הן ולא שלוחיהן ואף שלמדו חכמים (במסכת קדושין, ראשית פרק שני) ששלוחו של אדם כמותו לכל דבר, ולא למדו מכאן בבנין אב שאין שלוחו של אדם כמותו, יש לומר שהלכה זו ועוד אחרות הן בגדר כתובים הבאים כאחד, ואין מלמדים על הכלל (באר שבע).

אפילו נמצא בעליל וכו׳ יש שנתן טעם לדבר, שאם יסמכו על ההשערה בענין זה ולא ימדדו בדיוק, יבואו גם לסמוך על השערות אחרות, שאינן ברורות כל כך, ויכול הדבר להביא לידי מחלוקת, האם ההרוג הוא בעליל או שאינו בעליל לעיר (חידושי בתרא). ומלשון התלמוד הירושלמי, וכן פירשו הרבה מפרשים, שיש מצוה בעצם מעשה המדידה. ויש טעם לדבר, שמתוך שמתעסקים במדידה לעיר זו ולערים אחרות יש קול לדבר, ואם יש עדות ביחס לזהותו של הרוצח — יתגלו העדים (וראה בבאר שבע). אכן בתוספתא מצויה שיטה אחרת, שאם נמצא בעליל לעיר — אין מודדים (לפי שאין טעם במדידה) ומשום כך אף אין עורפים את העגלה, כיון שאי אפשר לקיים את המצוה כתיקונה. והיו שרצו להתאים התוספתא לשיטת הגמרא, ואמרו שבתוספתא מדובר דווקא כאשר נמצא ההרוג בתוך העיר עצמה (חזון יחזקאל ועוד).

דלא כר׳ אליעזר בן יעקב ויש לשאול: מהיכן פשוט הדבר לגמרא כל כך? הרי אפשר היה לומר שמה שלא נמנו מלך וכהן גדול בין המודדים אינו אלא השמטת דבר שאינה מענין המחלוקת, שכן מצינו במסכת סנהדרין שאומר שסנהדרי גדולה היא המוסיפה על העיר ועל העזרות, ואף שם (למרות שאין חולקים בדבר) לא מנו מלך וכהן גדול! ותירץ הרא״ש בתוספותיו כי אין הדברים דומים. לפי שבמסכת סנהדרין נידונו תפקידי סנהדרי גדולה, ולא הובא דבר שאינו קשור לסנהדרי, שהרי לא דן בהלכה זו לגופה. ואילו כאן כאשר מבארים את דין עגלה ערופה היה צריך לשנות דין זה במפורש.

כהן גדול דכתיב וכו׳ וכך יש להבין את הדרשה: אל הכהנים הלויים ואל השופט = הממונה עליהם, שהוא הכהן הגדול (תוהרא״ש).

במלך וכהן גדול הוא דפליג ומלשון התלמוד הירושלמי האומר שלדעת ר׳ אליעזר בן יעקב ״זקניך״ זה בית דין הגדול משמע בפשטות שהוא חולק על חכמים (וראה גם בקה״ע שם).

זקן ממרא זקן ממרא הוא חכם שהביע דעה בדבר שיסודו מדברי תורה ופירושו בדברי סופרים, ודעתו זו היא בניגוד לדעת סנהדרי גדולה. ואף שאין הדבר מחייב את החכם הזה לשנות את דעתו, מכל מקום אם חוזר הוא ופוסק הלכה למעשה כנגד דעת הסנהדרין הרי הוא זקן ממרא. ומביאים אותו לירושלים ושם ממיתים אותו בחנק.

מלמד שהמקום גורם בתוהרא״ש שאל: הלוא מצאנו כי גם בדיני מעשר שני כתוב ״מקום״, ושם אמרו שהמעשר נאכל בכל ירושלים כולה! ותירץ כי יש להבחין, ש״מקום״ שנאמר ביחס למעשר שני אינו מתייחס דווקא לבית המקדש אלא לעיר כולה, ואילו לגבי סנהדרין שיש להם מקום קבוע אחד למושבם בתוך העיר יש לפרש מקום במשמעות מצומצמת יותר — במקומם הקבוע להם לישיבתם, בלשכת הגזית.

אל יחסר המזג והרמז שבדבר — כשם שסתם מזיגת יין היא בשני שלישים של מים ושליש אחד של יין (שאף שרבא אמר שמוזגים אחד בשלושה, הרי היתה זו מזיגה המיוחדת רק לו בלבד), אף כאן — דווקא כשנשארו שליש הסנהדרין. ועוד דרשו כי ״מזג״ הוא בגימטריא חמישים, ולפי זה אם חסרים חמישים מחברי הסנהדרין — הרי זה אסור, אבל בפחות ממספר זה אפשר לעשות (תוהרא״ש, תוס׳ סנהדרין).

מתניתין ר׳ יהודה היא וכו׳ והעירו ראשונים שיש מקום להקשות גם ממחלוקת ר׳ יהודה וחכמים לענין נזקי אש (ב״ק סא, ב) על מחלוקתם בטמון בפאה, שגם שם נחלקו בענין טמון באש ושם דעותיהם הפוכות. וכבר נשאלה שאלה זו בתלמוד הירושלמי פאה (פ״ו ה״ז), ושם פתרוה כדברי הרא״ש ואחרים (אם כי בדרך שונה בפרטים) שאין זו מחלוקת ביחס לעקרון של טמון, אלא מחלוקת המבוססת על פירוש שאר הכתובים באותו פסוק.

אויר שדה כשדה וכו׳ ואף שלרוב הענינים פשוט לנו שאוירו (חללו) של מקום נחשב כאותו מקום לכל דבר, שמא כאן שונה הדבר, שיש הדגשה של ״בשדה״ שתתפרש: בשדה דווקא ולא במנותק ממנו (תוהרא״ש).

לתוך שדה חבירו ונחלקו ראשונים בטעם הדבר, שלפי רש״י נראה שטעם הלכה זו משום שאינו יודע שהעומרים אלה שלו הם, ומשום כך אינו נותן דעתו עליהם, ואין כאן שיכחה ממש. ולדעת המאירי יש בכך כעין גזירת הכתוב, שרק בשדהו נחשב לשיכחה ולא במקום אחר, ולכן אפילו יודע שהעומרים הם שלו — אין בכך דין שיכחה (וראה בדבר שאול שמפרש את שאלת ר׳ ירמיה כמבוססת על ספק זה בהבנת הדברים).

אורח ההלכה

הן ולא שלוחיהן דין זה אינו כתוב ברמב״ם במפורש, אבל עולה מתוך דבריו. ונסתפקו האחרונים האם זקני סנהדרין הם עצמם המודדים בפועל, או שדי בכך שמגיעים למקום המדידה. (רמב״ם ספר נזיקין הלכות רוצח ושמירת נפש פ״ט ה״א).

אפילו נמצא בעליל לעיר אפילו נמצא ההרוג סמוך ממש לעיר אחת מכל מקום מודדים אל הערים שסביבות החלל, שמצוה היא למדוד. (רמב״ם שם).

מלמד שהמקום גורם דין זקן ממרא הוא רק כאשר חולק זקן זה על הסנהדרין כאשר הם יושבים בלשכת הגזית. (רמב״ם ספר שופטים הלכות ממרים פ״ג ה״ה).

אל יחסר המזג אין בית דין של שבעים ואחד צריכים לשבת שם תמיד, אלא בעת שהם צריכים להתקבץ — מתקבצים כולם. ובשאר הזמנים כל מי מהם שיש לו עסק עושה לעסקיו וחוזר, והוא כשלא יפחת מספר הנשארים מעשרים ושלושה. ואם הוצרך אחד לצאת רואה אם נשארו שם עשרים ושלושה ואז רשאי לצאת. (רמב״ם שם הלכות סנהדרין פ״ג ה״ב).

אין מוסיפין על העיר וכו׳ אין מוסיפים על העיר ירושלים ועל העזרות של המקדש אלא על פי המלך ועל פי נביא ועל פי אורים ותומים ועל פי סנהדרין של שבעים ואחד. (רמב״ם ספר עבודה הלכות בית הבחירה פ״ו הי״א).

לרבות את הטמון אפילו עומר שהיה טמון, אם נשכח — הרי זו שיכחה. כחכמים (רמב״ם ספר זרעים הלכות מתנות עניים פ״ה ה״א).

לרבות שכחת קמה כשם ששיכחה בעומרים כך שיכחה בקמה, שאם שכח מקצת הקמה ולא קצרה הרי היא לעניים. (רמב״ם שם פ״א ה״ו).

פרט לשצפו עומרין עפו עומריו ברוח לתוך שדה חבירו ושכח שם עומר — אינה שיכחה. כר׳ אבהו. אבל אם פיזרה הרוח את העומרים בתוך שדהו ושכח — הרי זו שיכחה. כמסקנת הגמרא. (רמב״ם שם פ״ה ה״ה).

עומר שהחזיק בו וכו׳ נטל עומר להוליכו לעיר והניחו על גבי חבירו ושכח את שניהם, אם זכר את העליון קודם שפגע בו — אין התחתון שיכחה, ואם לאו התחתון שיכחה. והוא לפי התלמוד הירושלמי במסכת פאה. והראב״ד סבור כי החילוק אם זוכר או אינו זוכר את העליון אינו אלא לדעת ר׳ שמעון, ואינו הלכה. (רמב״ם שם ה״ד).

שני חללים זה על גבי זה היו שני הרוגים זה על גבי זה מודדים מן העליון כמות שהם מונחים. וכתב הראב״ד שבעיה זו לא נתבררה ולא נפשטה בגמרא. ובכ״מ מאריך לדון בזה, ולדעתו פסק הרמב״ם לפי מהלך הסוגיה שמין במינו הריהו טמון, וצף אינו אלא על פני המים. (רמב״ם ספר נזיקין שם ה״י).

תורה אור

[א]וי"ו לא משמע ליה (מאי קאמר רחמנא [ב]המיוחדין שבשופטיך) [ג]אלא מעתה ויצאו שנים ומדדו שנים לר' יהודה הרי כאן תשעה לרבי שמעון הרי כאן שבעה ההוא מיבעי ליה לכדתניא [ד]°ויצאו [א]הן ולא שלוחיהן ומדדו [ה][ב]שאפי' נמצא בעליל לעיר היו מודדין
א שמצוה לעסוק במדידה מתניתין דלא כר"א בן יעקב דתניא [ו]*ר' אליעזר בן יעקב אומר זקניך זו סנהדרין שופטיך זה מלך וכהן גדול מלך דכתיב °מלך במשפט יעמיד ארץ כהן גדול דכתיב °ובאת אל הכהנים הלוים ואל השופט אשר יהיה וגו' איבעיא להו רבי אליעזר בן יעקב במלך וכהן גדול הוא דפליג אבל בסנהדרי אי כרבי יהודה אי כרבי שמעון סבירא ליה או דלמא בסנהדרי נמי פליג עד דאיכא כולה סנהדרי אמר רב יוסף ת"ש [ז]*מצאן זקן ממרא אבי פגי והמרה עליהן יכול תהא המראתו המראה תלמוד לומר °וקמת ועלית אל המקום [ח][ג]מלמד שהמקום גורם דנפוק כמה אילימא דנפוק מקצתן דלמא הנך דאיכא גואי כוותיה סבירא להו אלא פשיטא דנפוק כולהו ולמאי אי לדבר הרשות מי מצו נפקי והכתיב °שררך אגן הסהר אל יחסר המזג [ט][ד]שאם נצרך אחד מהם לצאת אם יש שם עשרים ושלשה כנגד סנהדרי קטנה יוצא ואם לאו אינו יוצא אלא פשיטא לדבר מצוה למאי לאו למדידת עגלה ורבי אליעזר בן יעקב היא א"ל אביי לא דלמא להוסיף על העיר ועל העזרות *כדתנן [י][ה]אין מוסיפין על העיר ועל העזרות אלא בבית דין של שבעים ואחד תניא כוותיה דרב יוסף מצאן אבית פגי והמרה עליהן כגון שיצאו למדידת עגלה או להוסיף על העיר ועל העזרות יכול תהא המראתו
ב המראה ת"ל וקמת ועלית מלמד שהמקום גורם: נמצא טמון בגל או תלוי באילן: לימא מתניתין ר' יהודה היא ולא רבנן דתניא [יא]°ושכחת עומר בשדה פרט לטמון דברי רבי יהודה וחכ"א בשדה [ו]לרבות את הטמון אמר רב אפי' תימא רבנן [יב]°הכא מענייניה דקרא התם מענייניה דקרא(א) דכתיב °כי ימצא חלל היכא דמשתכח [יג]באדמה פרט לטמון והתם מעניניה דקרא דכתיב °כי תקצור קצירך בשדך ושכחת עומר שכחה דומיא דקציר מה קציר בגלוי אף שכחה בגלוי כתב רחמנא בשדה לרבות את הטמון לרבי יהודה נמי תיפוק ליה משכחה דומיא דקציר אין הכי נמי ואלא בשדה למה לי מיבעי ליה [ז]לרבות שכחת קמה ורבנן שכחת קמה מנא להו נפקא להו מכי תקצור קצירך בשדך(ב) ור' יהודה מיבעי ליה לכדרבי אבהו אמר ר' אלעזר דאמר רבי אבהו אמר ר"א [יד][ח]פרט לשצפו עומרין לתוך שדה חבירו ורבנן מבשדה בשדך ור' יהודה בשדה בשדך לא משמע ליה בעי ר' ירמיה *צפו עומרין לתוך שדהו מהו אויר שדה כשדה דמי או לאו כשדה דמי א"ל רב כהנא לרב פפי ואמרי לה רב כהנא לרב זביד תפשוט ליה מדרבי אבהו א"ר אלעזר דאמר פרט לשצפו עומרין לתוך שדה חבירו דחבירו אין [ט]לתוך שדהו לא וליטעמיך לתוך שדה חבירו צפו אין מונחין [י]לא והא בעינן בשדך וליכא אלא לתוך שדה חבירו ואפילו מונחין והאי דקאמר צפו דלא משכחת לה אלא בצפו תא שמע [טו]*עומר שהחזיק בו להוליכו לעיר והניחו על גבי חבירו ושכחו התחתון שכחה והעליון אינו שכחה רבי שמעון בן יהודה אומר משום רבי שמעון שניהם אינן שכחה התחתון מפני שהוא טמון והעליון מפני שהוא צף עד כאן לא פליגי אלא בתחתון אבל בעליון דברי הכל לא הואי שכחה שאני התם כיון דאחזיק ביה זכה ביה אי הכי מאי איריא על גבי חבירו אפילו בשדה נמי אין הכי נמי והאי דקתני על גבי חבירו משום תחתון והא מפני שהוא צף קאמר אימא מפני שהוא כצף [טז]אמר אביי *הריני כבן עזאי בשוקי טבריא אמר ליה ההוא מדרבנן לאביי [יז]שני חללים זה על גבי זה מהיכן הוא מודד מין במינו הוי טמון ומין במינו לא הוי צף [כ]ומעליון מודד או דלמא מין במינו הוי צף ומין במינו לא הוי טמון ומתחתון מודד או דלמא מין במינו הוי טמון ומין במינו הוי צף ולא מתחתון מודד ולא מעליון מודד א"ל תניתוה

רש"י

וי"ו דושופטיך דריש ר' יהודה למניינא להביא עוד שנים: **בעליל לעיר.** במגולה ופשוט שאין עיר קרובה כזו: **מתני'.** דלא קתני מלך וכהן גדול דלא כר' אליעזר בן יעקב: **אי כרבי יהודה.** חמשה אי כרבי שמעון שלשה ולא בעי כולה סנהדרין: **מצאן זקן ממרא.** לב"ד הגדול שאינו נעשה ממרא אלא בב"ד של שבעים ואחד כדיליף בפרק קמא דסנהדרין: **אבי פאגי.** כל שהוא בתוך היקף החילון של ירושלים קרוי בי פאגי ולי נראה שהוא לשון חבישה כמו שקורין ליגל"א של עיר כמו חמור ובית פאגי (ב"מ דף ט.) בשטדידור"א בית ראש של אפסר קורין כן: **והמרה עליהן.** כלומר על מה ששאל מהם שם ואמרו לו ההלכה הלך לעירו והורה לעשות כדרך שהיה מורה בתחילה דהוה ליה ממרא על פיהם: **המקום.** המיוחד למשפט והוא לשכת הגזית: **דנפיק מינייהו כמה.** לבי פאגי דאיצטריך לאשמועינן דפטור משום טעמא דחוץ לב"ד: **דלמא הנך דאיכא גוואי כוותיה סבירא להו.** ומהיכא תיתי לן חיובא דאיצטריך קרא למיפטריה: **שררך.** זה סנהדרין שיושבת בטיבורה של א"י: **אגן הסהר.** שעשויין כחצי לבנה עגולה בשורת ישיבתן כדי שיהו כולן רואין זה את זה: **המזג.** כשיעור מזג שני חלקים מים ואחד יין ואף כאן צריך שישתייר שליש: **על עיר.** על ירושלים: **תניא כרב יוסף.** דאמר רבי אליעזר בן יעקב כולהו סנהדרי בעי: **מתני'.** דיליף פרט לטמון רבי יהודה היא: **בשדה.** ושכחת עומר בשדה לרבי יהודה משמע בשדה על פני השדה ולרבנן משמע בתוך השדה: **התם מעניינים דקרא.** צריכין למידרשיה והכא מעניינים דקרא תדרוש ליה גבי חלל כתיב כי ימצא חלל כל היכא דמשתכח ואפי' טמון הלכך על כרחך כי אתא באדמה למעוטי טמון בא דתדרוש ביה על פני האדמה דאי לרבויי לא איצטריך: **אף שכחה בגלוי.** והוה ממעט טמון ממשמעותא אי לאו

תוספות

דהדר רבייה: **לשכחת קמה.** שאם שכח זוית אחת לקצור קאי עלה בלא תשוב לקחתו והכי משמע ושכחת עומר או ושכחת בשדה: **נפקא להו.** מבשדך ושכחת קרי ביה ששכח את קצת שדהו: **שלפו עומרין לתוך שדה חבירו.** שנשבה הרוח והרימה את העומרין מן הארץ והציפתן לתוך שדה חבירו ושכחן כסבור שאינן שלו נפקא מבשדך ולא בשדה חבירך דלא הוו שכחה: **ורבנן.** מיעוטא דשדה חבירו נפקא להו מדהוה ליה למכתב כי תקצור קצירך בשדה ושכחת וכתיב בשדך: **לפו עומרין לתוך שדהו.**(ג) שהיו מוטלים על גבי אבן או עמוד או זו על זו: **פרט לשלפו.** וקא סלקא דעתך לפו ממש על גבי אבן או על גבי עמוד: **וליטעמיך לתוך שדה חבירו.** לפו על גבי אבן הוא דמעיט אבל מונחים לא מיעט והא בשדך כתיב אלא הא דקאמר לפו לאו דוקא לפו על שום דבר קאמר דאפי' מונחים על גבי קרקע נמי קאמר אינו שכחה והאי דקאמר לפו דלא משכחת עומרין לתוך שדה חבירו אלא בלפו שהרוח מלפתן על הארץ ומביאתן לשם: **שהחזיק בו להוליכו לעיר.** ס"ד השתא דאורחא דמילתא נקט ולאו דוקא: **זכה ביה.** ותו לא הוי שכחה דבעינן שכוח מעיקרו כדאמר בב"מ בפרק קמא (דף יא.): **מפני שהוא כצף.** שהוא פטור על שהחזיק בו כאילו היה עודנו צף מעל הקרקע ומונח בידו: **הריני כבן עזאי בשוקי טבריא.** יום אחד היה דעתו צלולה אמר הריני כאן בפומבדיתא מוכן להשיב דבר לשואל בעומק ובחריפות כבן עזאי שהיה חריף ודורש בשוקי טבריא: **שני חללים זה על גב זה.** והאחד משוך להלן מחבירו מעט ואם תמדוד מזה יקרב לעיר אחת ואם תמדוד מחבירו יקרב לעיר אחרת: **ולא מזה מודד כו'.** וה"ה דמיבעיא ליה נמי או דלמא מין במינו לא הוי טמון מין במינו לא הוי לף ומשניהם מודד אלא שהוא בכלל אלו:

תניתוה

מסורת הש"ס

ס"א ל"ג

[סנהדרין יד: כל העניין]

שם

שם

שבועות יד. סנהדרין ב. יד:

[גי' ערוך צפו וכ"ה בכ"מ הל' מ"ע הל"ה]

[תוספתא פאה פ"ג ע"ש]

[עירובין כט: קידושין כ. ערכין ל:]

תורה אור

משלי כט — דברים יז — שם — שיר ז — דברים כא — שם כא — שם כד

עין משפט נר מצוה

ז א ב מיי' פ"ט מהל' רוצח הלכה א סמג עשין עח:

ח ג מיי' פ"ג מהלכות ממרים הלכה ה והל' ז סמג לאוין קסג:

ט ד מיי' פ"ג מהלכות סנהדרין הלכה ב:

י ה מיי' פ"ו מהל' בית הבחירה הלכה יא:

יא ו מיי' פ"ה מהלכות מתנות עניים הל' א:

יב ז מיי' שם פ"א הל' ו:

יג ח ט מיי' שם הלכה ה:

יד י מיי' שם הלכה ד וע"ש:

טו כ מיי' פ"ט מהלכות רוצח הלכה י:

הגהות הב"ח

(א) גמ' הכא מעננייה דקרא דכתיב כי ימצא חלל כל היכא וכו' עומר בשדה שכחה דומיא דקציר: (ב) שם קצירך בשדך ושכחת ור' יהודה: (ג) רש"י ד"ה לפו וכו' שדהו שמוטלין כצ"ל ותיבת שהיו נמחק:

גליון הש"ס

גמ' ויצאו הן ולא שלוחיהן. עיין יבמות דף קא ע"ב תד"ה וקראו לו ובערכין דף ב ע"א תד"ה קרבנו: שם הכא מענייני' דקרא. מכות דף ח ע"ב ערכין דף ל ע"ב:

תניתוה אעומר שהחזיק בו להוליכו לעיר והניחו על גבי חבירו ושכחו התחתון שכחה והעליון אינו שכחה ר' שמעון בן יהודה אומר משום ר' שמעון שניהן אינן שכחה התחתון מפני שהוא טמון והעליון מפני שהוא צף סברוה דהני תנאי כר' יהודה סבירא להו דאמר בשדה פרט לטמון מאי לאו בהא קא מיפלגי דמר סבר מין במינו הוי טמון ומר סבר לא הוי טמון לא אי כר' יהודה סבירא להו דכ"ע מין במינו הוי טמון והכא בפלוגתא דרבי יהודה ורבנן קמיפלגי דרבנן כרבנן ור' שמעון בן יהודה כרבי יהודה אי הכי מאי איריא על גבי חבירו אפי' בעפר ובצרור נמי אין הכי נמי ולהודיעך כחו דר' יהודה דאמר

א אפי' מין במינו הוי טמון תנו רבנן באחלל ולא חנוק גחלל ולא מפרפר באדמה ולא טמון בגל נופל דולא תלוי באילן בשדה ולא צף על פני המים הר' אלעזר אומר בכולן אם היה חלל עורפין תניא אמר רבי יוסי בר יהודה אמרו לו לר"א אי אתה מודה שאם היה חנוק ומוטל באשפה שאין עורפין אלמא חלל ולא חנוק הכא נמי באדמה ולא טמון בגל נופל ולא תלוי באילן בשדה ולא צף על גבי מים ור"א חלל יתירא כתיב:

ב נמצא סמוך לספר או לעיר שרובה גוים כו': °דכתיב וכי ימצא *פרט למצוי: או לעיר שאין בה ב"ד: דבעינא זקני העיר וליכא: אין מודדין אלא לעיר כו': פשיטא כיון דתנא לעיר שאין בה ב"ד אנא ידענא דאין מודדין אלא לעיר שיש בה בית דין הא קא משמע לן כדתניא זבמנין שאם נמצא סמוך לעיר שאין בה ב"ד שמניחין אותה °ומודדין לעיר שיש בה בית

ג דין ת"ל °ולקחו זקני העיר ההיא מכל מקום: **מתני'** חגנמצא *מכוון בין שתי עיירות שתיהן מביאות שתי עגלות דברי רבי אליעזר ט* יואין ירושלים מביאה עגלה ערופה כנמצא ראשו במקום אחד וגופו במקום אחר מוליכין הראש אצל הגוף דברי רבי אליעזר רבי עקיבא אומר להגוף אצל הראש יא*מאין היו מודדין רבי אליעזר

ד אומר מטיבורו רבי עקיבא אומר ממחוטמו רבי אליעזר בן יעקב אומר ממקום שנעשה חלל מצוארו: **גמ'** יבמאי טעמא דרבי אליעזר קסבר אפשר לצמצם וקרובה ואפילו קרובות: ואין ירושלים מביאה עגלה ערופה: יגדאמר קרא °לרשתה וקסבר יד* נירושלים לא נתחלקה לשבטים: נמצא ראשו במקום כו': במאי קמפלגי אילימא לענין מדידה קמיפלגי הא מדקתני סיפא מאין היו מודדין מכלל דרישא לא במדידה עסקינן אמר ר' יצחק טו*במת מצוה קנה מקומו קמיפלגי והכי קאמר טזלקוברו סקנה מקומו והיכא דנמצא ראשו במקום אחד וגופו במקום אחר מוליכין הראש אצל הגוף דברי ר' אליעזר ר' עקיבא אומר עהגוף אצל הראש במאי קמיפלגי מר סבר גופיה בדוכתיה נפיל רישא דנאדי ונפיל ומר סבר רישא היכא דנפיל נפיל גופא הוא דרהיט אזיל: מאין היו מודדין: במאי קמיפלגי מר סבר עיקר חיותא באפיה ומר סבר עיקר חיותא בטיבוריה לימא כי הני תנאי יז*מהיכן הולד נוצר מראשו וכן הוא אומר °ממעי אמי אתה גוזי ואומר °גזי נזרך והשליכי וגו' °אבא שאול אומר מטיבורו ומשלח שרשו אילך ואילך אפילו תימא אבא שאול ע"כ לא קאמר אבא שאול אלא לענין יצירה דכי מיתצר ולד ממציעתיה מיתצר אבל לענין חיותא דכולי עלמא באפיה הוא דכתיב °כל אשר נשמת רוח חיים באפיו וגו': רבי אליעזר בן יעקב אומר ממקום שנעשה חלל מצוארו:

ה יחמאי טעמא דרבי אליעזר בן יעקב כדכתיב °לתת אותך אל צוארי חללי רשעים: **מתני'** יטנפטרו זקני ירושלים והלכו להן °זקני אותה העיר מביאין עגלת בקר אשר כלא משכה בעול לואין המום פוסל בה מומורידין אותה לנחל איתן נאיתן כמשמעו קשה אע"פ שאינו איתן כשר כאועורפין אותה בקופיץ מאחוריה סומקומה אסור מלזרוע ומלעבוד ומותר לסרוק שם פשתן ולנקר שם אבנים עזקני אותה העיר רוחצין את ידיהן במים כבבמקום עריפה של עגלה ואומרים °ידינו לא שפכה את הדם הזה ועינינו לא ראו כג*וכי על דעתינו עלתה שזקני ב"ד שופכי דמים הן פאלא שלא בא(א) על ידינו ופטרנוהו (בלא מזון) ולא ראינוהו והנחנוהו (בלא לויה) והכהנים

רש"י

תניתוה. לחדא מינייהו דפלוגתא היא בטמון אבל צף לא פשט לה מינה דהא אוקימנא טעמא דעליון משום דאחזיק ביה הוא וצף לא ידעינן מאי הוי עלה: **סברוה.** רבנן דבי מדרשא דבעו למיפשט מינה דפלוגתא בטמון דמין במינו הוא דהני תנאי אפילו תנא קמא דאמר תחתון שכחה כר' יהודה סבירא ליה דאמר בשדה פרט לטמון וטעמא משום דמין במינו לא הוי טמון: **חלל.** לא מקרי אלא בכלי ברזל כעין חרב: **בכולן.** ואפי' מפרפר צף וטמון ותלוי: **ומוטל באשפה.** דלא הוי צף ולא טמון ולא תלוי ואפי' הכי אין עורפין דחלל קבעי אלמא קרא כדכתיב בעית: **חלל יתירא כתיב.** הקרובים אל החלל ועוד חללים טובא למדרש חלל דוקא ולא חנוק: **פרט למצוי.** תדיר כגון ספר או עיר שרובה גוים: **קמ"ל כדתניא כו'.** והכי קאמר נמצא סמוך לעיר שאין בה ב"ד אין מודדין לה אלא לעיר שיש בה ב"ד מודדין איזו היא עיר שיש בה ב"ד קרובה לו ואי לא הדר תניא הוה אמינא אין מודדין כלל: **ת"ל ולקחו זקני העיר מכל מקום.** דהאי העיר קרא יתירא הוא דמצי למכתב (ב)והיתה העיר הקרובה אל החלל ולקחו זקניה עגלת בקר: **מתני' מכוון.** מצומצם שאין זו קרובה לו מזו אפי' כמלא חוט: **ואין ירושלים כו'.** מפרש טעמא בגמ': **מוליכין הראש אצל הגוף.** בגמ' מפרש למאי הלכתא מוליכין: **גמ' אפשר לצמצם.** אפשר לכוין המדה ואמת מדדו שאין זו קרובה לו מזו כלל והוו להו שתיהן קרובות: **וקסבר.** נמי קרובה דכתיב בקרא אפילו קרובות במשמע °כמו ובהמה רבה (יונה ד) דאס"ד אי אפשר לצמצם אין כאן קרובה אלא אחת ואכן הוא דלא ידעינן הי מינייהו והוה ליה למימר(ג) יביאו עגלה בשותפות ויתנו אם שלנו קרובה חלקכם יהא קנוי לנו ואם עירכם קרובה חלקנו יהא קנוי לכם: **אילימא לענין מדידה.** קאמר יביאו הראש אצל הגוף דממקום שנמצא הגוף שם צריך למדוד ויביאו הראש לכאן והא מדקתני כו': **קנה מקומו.** לקוברו שם דזה אחד מי' תנאים שהתנה יהושע בפרק מרובה (ב"ק דף פא.): **עיקר חיותא כו'.** הלכך עיקר חלל מיקרי ומודדין מיניה כדכתיב אל הערים אשר סביבות החלל: **אתה גוזי.** אתה מראשי ילדת ראשי תחילה דגוזי לישנא דרישא כמו גזי נזרך שער ראשך תלשי וגלי ראשך: **אפילו תימא אבא שאול.** כר' עקיבא סבירא ליה: **מ"ט דרבי אליעזר בן יעקב.** דאמר מן הצואר הוא קרוי חלל: **דכתיב אל צוארי חללי רשעים.** והלכך ממנו מודדין כדכתיב אל החלל: **מתני' נפטרו זקני ירושלים כו'.** שאין עליהם אלא למדוד כדכתיב ויצאו זקניך ושופטיך ומדדו: **ואע"פ שאינו איתן כשר.** דלא כתיב ביה עיכובא ולא נאמר אלא למצוה: **בקופיץ.** כמין סכין גדול: **מאחריה.** ממול עורפה: **מקומה אסור.** לעולם: **ומותר לסרוק שם פשתן.** דוקא נקט עבודה שאינה בגופה של קרקע כדמפרש בגמרא: **לא בא לידינו ופטרנוהו.** בגמ' מפרש בלא מזונות והיינו ידינו לא שפכו לא נהרג על ידינו שפטרנוהו בלא מזונות והוצרך ללסטם את הבריות ועל(ד) כך נהרג: **לא ראינוהו והנחנוהו.** יחידי בלא חבורה והיינו ועינינו לא ראו:

עין משפט נר מצוה

טז א מיי' פ"ט מה' רוצח הלכה יא:
יז ב מיי' שם הלכה ה:
יח ג מיי' שם הלכה ח:
יט ד מיי' שם הלכה ד ח ופ"ז מהל' בית הבחירה הלכה יד:
כ ה ו מיי' פ"ט מהל' רוצח הלכה ט:
כא ז מיי' שם הלכה ד ופ"ד מהל' עבודת כוכבים הל' ד ופ"ז מהל' בית הבחירה הלכ' יד ופי"ד מהל' טומאת צרעת הלכה יא:
כב ח מיי' פ"ה מהל' נזקי ממון הלכ' ג ופ"ח מה' טומאת מת הלכה ז טור ח"מ סימן רעד:
כג ט מיי' פ"ט מהל' רוצח הלכה ט י:
כד י מיי' שם הלכה ב סמג עשין עח:
כה כ מיי' שם פ"י הל' ג:
כו ל מיי' שם הלכה ב:
כז מ נ מיי' שם פ"ט הלכה ב ג סמג שם:
כח ס מיי' שם פ"י הלכה ט:
כט ע פ מיי' שם פ"ט הלכה ג:

הגהות הב"ח

(א) גמ' שלא בא לידינו כצ"ל ותיבת על נמחק: (ב) רש"י ד"ה ת"ל וכו' למכתב והיה העיר: (ג) ד"ה וקסבר וכו' והוה (והוה) ליה למימר יביאו כ"ב הכי איתא בפ' שני דבכורות דף יח: (ד) ד"ה לא בא וכו' ועל ידי כך נהרג:

גליון הש"ס

גמ' דכתיב כי ימצא פרט למצוי. עיין סנהדרין דף פ"ו ע"א תד"ה מונמצא: **שם** ומודדין לעיר שיש בה ב"ד. עיין ב"ב דף כג ע"ב תד"ה בדליכא: **שם** אבא שאול אומר מטבורו. עיין נדה דף כה ע"א תד"ה תחלת: **שם** זקני אותה העיר. עיין בהר שבע הוריות דף ג ע"ב ד"ה ה"נ מסתברא: **רש"י** ד"ה וקסבר כו' כמו ובהמה רבה. עיין קידושין דף יח ע"א ברש"י ד"ה טובא משמע ועיין תמורה דף ט ע"א:

מסורת הש"ס

[סנהדרין פו. ועי' תוס' שם ד"ה מונמצא ערכין ל:]
דברים כא
בכורות יז: תוספתא דנגעים פ"א
סנהדרין פח. ובכמה דוכתי
[יומא יב. מגילה כו.]
דברים כא
ב"ק פא. [עירובין יז. סנהדרין מז:]
[יומא פה.] תהלים עא ירמיה ז
בראשית ז
יחזקאל כא
דברים כא
לעיל לח:
[בירושלמי ובע"י לא גרסי' וכ"ה ברש"י כאן ועי' תוי"ט]

תורה אור

תניתוה [שניתם אותה] בברייתא את התשובה לשאלתכם: עומר שהחזיק בו להוליכו לעיר והניחו על גבי חבירו ושכחו — התחתון שכחה והעליון אינו שכחה. ר' שמעון בן יהודה אומר משום (בשם) ר' שמעון: שניהן אינן שכחה, התחתון מפני שהוא טמון, והעליון מפני שהוא צף. סברוה [סברו הלומדים] כהנחה ראשונה דהני תנאי [שהתנאים הללו], חכמים ור' שמעון, בעיקרו של דבר כר' יהודה סבירא להו [סבורים הם] שאמר: "בשדה" — פרט לטמון. ולפי זה מאי לאו בהא קא מיפלגי [האם לא בדבר זה הם חלוקים], דמר סבר [שחכם זה, ר' שמעון, סבר] מין במינו הוי [הריהו] טמון ולכן העומר התחתון איננו שיכחה, ומר סבר [וחכם זה, חכמים, סבור] לא הוי [אינו] טמון והריהו שיכחה. ונמצא שבעיה זו שהעלו כבר נידונה על ידי התנאים. ודוחים: לא, אי [אם] כשיטת ר' יהודה סבירא להו [סבורים הם] אפשר לומר דכולי עלמא [שלדעת הכל] מין במינו הוי [הריהו] טמון, והכא [וכאן] בפלוגתא [במחלוקת] של ר' יהודה ורבנן [חכמים] ביחס לטמון קמיפלגי [חלוקים הם], דרבנן כרבנן [שחכמים שכאן, סבורים כשיטת חכמים שם שחייב בשיכחה אף על טמון. ור' שמעון בן יהודה סבור כשיטת ר' יהודה שפטור. ושואלים: אי הכי [אם כך] שמחלוקתם היא לגבי עצם דין טמון מאי איריא [מה שייך, מדוע דווקא] חלקו בעומר שהיה על גבי חבירו? אפילו היה מכוסה בעפר ובצרור (אבן) נמי [גם כן]! ומשיבים: אין הכי נמי [כן, כך הוא גם כן] שהם חלוקים בכל טמון, וזה שנאמרה מחלוקת זו בעומר שעל גבי חבירו בא הדבר להודיעך כחו של ר' יהודה שאמר: אפילו מין במינו הוי [הריהו נחשב] טמון וכל שכן כשטמון בדבר אחר.

א ושוב לענין עגלה ערופה, תנו רבנן [שנו חכמים] על הכתוב "כי ימצא חלל באדמה... נופל בשדה" (דברים כא, א): "חלל" — זה הרוג בחרב ולא חנוק, "חלל" — מת ולא מפרפר שאינו מת לגמרי, שאם מצאו אותו כשעודו מפרפר אין בו דין זה, "באדמה" — ולא טמון בגל אבנים, "נפל" — ולא תלוי באילן, "בשדה" — ולא צף על פני המים. ר' אלעזר אומר: בכולן, אם היה חלל (הרוג בחרב) — עורפין, ואין מתחשבים במקום הימצאו. תניא [שנויה ברייתא], אמר ר' יוסי בר יהודה, אמרו לו חכמים לר' אלעזר: אי (אין) אתה מודה שאם היה חנוק ומוטל באשפה שאין עורפין? אלמא [מכאן] שחלל האמור בכתוב הוא בלשון מדוייקת וכוונתו: ולא חנוק. ואם כן הכא נמי [כאן גם כן] יש לדקדק בלשון: "באדמה" — ולא טמון בגל, "נפל" — ולא תלוי באילן, "בשדה" — ולא צף על גבי מים. ור' אלעזר סבור כי אין ממעטים דבר מלשון הפסוק, אמנם "חלל" יתירא כתיב [יתר, נוסף, כתוב] בפרשה, וכפני שהדבר מודגש במיוחד אנו למדים ממנו למעט חנוק שאין עורפין בגללו.

ב שנינו במשנה: נמצא סמוך לספר (גבול המדינה) או לעיר שרובה גוים — לא היו עורפים, דכתיב [שנאמר]: "כי ימצא" (שם) — פרט למצוי, ובמקומות כאלה מצויים הרוגים.

עוד שנינו: או שנמצא סמוך לעיר שאין בה בית דין שלא היו מודדים אליה. ומסבירים: משום דבעינא [שצריכים אנו] "זקני (חכמי) העיר ההיא" (שם ג) וליכא [ואין כאן].

עוד שנינו: אין מודדין אלא לעיר שיש בה בית דין. ואומרים: פשיטא [פשוט הדבר, כיון דתנא [ששנה] לעיר שאין בה בית דין אין מודדים — אנא ידענא [אני יודע] שאין מודדין אלא לעיר שיש בה בית דין! ומשיבים: הא קא משמע לן [דבר זה השמיע לנו] כדתניא [כפי ששנינו בברייתא]: מנין שאם נמצא המת סמוך לעיר שאין בה בית דין, שמניחין אותה ואין מחשיבים אותה ומודדין לעיר שיש בה בית דין — תלמוד לומר: "ולקחו זקני העיר ההוא" (שם) — מכל מקום ואף שאין היא העיר הקרובה ביותר — מודדים אליה.

ג משנה נמצא החלל מכוון (במרחק שווה בדיוק) בין שתי עיירות — שתיהן מביאות שתי עגלות, אלו דברי ר' אליעזר. ועוד: אין ירושלים מביאה עגלה ערופה. נמצא ראשו של המת במקום אחד וגופו במקום אחר — מוליכין הראש אצל הגוף ומודדים ממנו, אלו דברי ר' אליעזר. ר' עקיבא אומר: מוליכים את הגוף אצל הראש. מאין בדיוק, מאיזו נקודה בגוף היו מודדין? ר' אליעזר אומר: מטיבורו, ר' עקיבא אומר: מחוטמו, ר' אליעזר בן יעקב אומר: ממקום שנעשה חלל, והוא מצוארו.

ד גמרא ומבררים: מאי טעמא [מה הטעם] של ר' אליעזר ביחס למת הנמצא מכוון בין שתי עיירות — קסבר [סבור הוא] מצד אחד שאפשר לצמצם, שיש לכוון מידה שתהיה שווה בדיוק, ומה שנאמר "קרובה" אינו דווקא, אלא ואפילו קרובות, כלומר, יותר מאחת.

טעם הלכה זו ששנינו במשנה, ואין ירושלים מביאה עגלה ערופה הוא — שאמר קרא [הכתוב]: "כי ימצא חלל באדמה אשר ה' אלוקיך נותן לך לרשתה" (שם א), וקסבר [וסבור] תנא זה שירושלים לא נתחלקה בחלוקת הארץ לשבטים ולא היתה למורשה לשום אדם מישראל אלא נחלת הכלל, ואם כן אין מתקיים בה כתוב זה.

על המחלוקת ששנינו במשנה בענין נמצא ראשו במקום אחד וגופו במקום אחר, שואלים: במאי קמפלגי [במה, באיזה ענין הם חלוקים]? אילימא [אם תאמר] כי לענין מדידה קמיפלגי [הם חלוקים] אם למדוד מן הראש או מן הגוף, הא מדקתני סיפא [הרי ממה ששנה בסוף] "מאין היו מודדין", מכלל הדברים אתה למד דרישא [שבתחילה] לא במדידה עסקינן [אנו עוסקים]! אמר ר' יצחק: מחלוקת זו היא לענין אחר, בדין מת מצוה קנה מקומו, שאם מצאו אדם מת קוברים אותו במקום שנמצא בו קמיפלגי [הם חלוקים], והכי קאמר [וכך אמר]: לקוברו — קנה החלל את מקומו ושם קוברים אותו, והיכא [והיכן] שנמצא ראשו במקום אחד וגופו במקום אחר — מוליכין הראש אצל הגוף ושם קוברים אותו, אלו דברי ר' אליעזר. ר' עקיבא אומר: מוליכים הגוף אצל הראש. ומסבירים: במאי קמיפלגי [במה, באיזה עקרון הם חלוקים] — מר סבר: [חכם זה, ר' אליעזר, סבור] גופיה בדוכתיה נפיל, רישא דנאדי ונפיל [גופו במקומו נפל, ואילו הראש שהוא נייד התגלגל ונפל], ומר סבר [וחכם זה, ר' עקיבא, סבור]: רישא היכא דנפיל נפיל, גופא הוא דרהיט אזיל [הראש במקום שנפל נפל, והגוף הוא שרץ והלך הלאה], ולכן צריכים להביא את הגוף אצל הראש.

שנינו במשנה שנחלקו בשאלה: מאין היו מודדין. ושואלים: במאי קמיפלגי [במה, באיזו סברה הם חלוקים]? ומסבירים: מר סבר [חכם זה, ר' עקיבא, סבור]: עיקר חיותא באפיה [החיות של אדם באפו] ומר סבר [וחכם זה, ר' אליעזר, סבור]: עיקר חיותא בטיבוריה [החיות של אדם בטבורו]. ומציעים: לימא כי הני תנאי [האם לומר כי מחלוקת זו היא כשיטת התנאים הללו] שנחלקו בענין אחר: מהיכן הולד נוצר — מראשו, וכן הוא אומר: "ממעי אמי אתה גוזי" (תהלים עא, ו), ואומר ראיה ש"גוזי" שייך לראש: "גזי נזרך והשליכי" וגו' (ירמיה ז, כט). אבא שאול אומר: מטיבורו הוא נוצר, ומשלח שרשו אילך ואילך, ולכאורה חולקים באותו נושא, היכן עיקר החיות. ודוחים: אפילו תימא [תאמר] שהתנאים במשנתנו כולם סבורים כאבא שאול, אולם עד כאן לא שמענו כי קאמר [שאמר] אבא שאול אלא לענין יצירה, דכי מיתצר [שכאשר נוצר] הולד — ממציעתיה מיתצר [מאמצעו הוא נוצר], אבל לענין חיותא [החיים] — דכולי עלמא באפיה [הכל מודים שבאפו הוא, דכתיב [שנאמר]: "כל אשר נשמת רוח חיים באפיו" וגו' (בראשית ז, כב).

שנינו במשנה שעל אותו ענין ר' אליעזר בן יעקב אומר: מודדים ממקום שנעשה חלל — מצוארו. ושואלים: מאי טעמא [מה הטעם] של ר' אליעזר בן יעקב? ומשיבים: כדכתיב [כפי שנאמר]: "לתת אותך אל צוארי חללי רשעים" (יחזקאל כא, לד), משמע שעניינו של חלל קשור בצוואר.

ה משנה לאחר המדידה נפטרו זקני ירושלים והלכו להן. זקני אותה העיר שנמצאה קרובה מביאין עגלת בקר אשר לא משכה בעול, ואין המום פוסל בה, שלא נאמר שצריכה להיות תמימה, ומורידין אותה לנחל איתן. "איתן" — כמשמעו, קשה שזורם בחוזקה. ומעירים: אף על פי שאינו איתן — כשר בדיעבד. ועורפין אותה בקופיץ (בסכין גדולה) מאחוריה. ומקומה, המקום שבו ערפו אותה, אסור מלזרוע ומלעבוד בו עבודת אדמה, אבל מותר לעשות שם שימושים אחרים, כגון לעמוד לסרוק שם פשתן או לנקר (לנקות ולסתת) שם אבנים. זקני אותה העיר רוחצין את ידיהן במים במקום עריפה של עגלה, ואומרים "ידינו לא שפכו את הדם הזה ועינינו לא ראו" (דברים כא, ז). ומסבירים: וכי על דעתינו עלתה שזקני בית דין שופכי דמים הן שהם צריכים להתוודות על כך? אלא הכוונה היא שלא בא אותו אדם שנהרג על ידינו ופטרנוהו בלא מזון, ולא ראינוהו והנחנוהו בלא לויה, שדאגו לו לכל צרכיו, ואינם אשמים אפילו בעקיפין בגרימת מותו.

מסורת הש"ס

א. סוטה מה,א (ושם סומנו מקבילות).
ב. ירושלמי סוטה פ"ט ה"ב. ספרי דברים כא, א. ילק"ש תורה תתקכג.
ג. ספרי שם. ירושלמי שם ה"א.
ד. ירושלמי שם ה"ב. ספרי שם.
ה. שם. ותוספתא סוטה פ"ט ה"א.
ו. ראה ירושלמי שם. (הביטוי) ירושלמי שם ה"א. ספרי שם. מדרש תנאים כא, א. ועוד: סנהדרין פו,א. מכות ח,א. ערכין ל,ב.
ז. תוספתא שם. ילק"ש שם.
ח. בכורות יז,ב. יח,א. תוספתא נגעים פ"א יג. ספרי דברים כא, ב. מדרש תנאים כא, ב. ילק"ש שם.
ט. יומא כג,ב. ב"ק פב,ב. ירושלמי שם ה"א. תוספתא שם פ"ו ג. ספרי שם.
י. ספרי שם כא, ב. מדרש תנאים שם.
יא. סנהדרין פח,א. מדרש תנאים שם. ילק"ש שם.
יב. בכורות יח,א.
יג. מדרש תנאים כא, א. ילק"ש שם.
יד. יומא יב,א. מגילה כו,א. ב"ק פב,ב. ירושלמי ערלה פ"א ה"ב. שם מע"ש פ"ג ה"ג. שם סוטה פ"ט ה"א. אדר"נ פל"ה. תוספתא מעשר שני פ"א י"ב. ספרי דברים יב, ה. שם יג, ג.
טו. עירובין יז,א. ב"ק פא,א. סנהדרין מז,ב. ירושלמי נזיר פ"ז ה"א. שם פ"ט ה"ג. שם ב"ב פ"ה ה"א.
טז. ירושלמי סוטה פ"ט ה"ד.
יז. יומא פה,א. ירושלמי סוטה פ"ט ה"ג. שם נדה פ"ג ה"ג. ילק"ש נ"ך תתג.
יח. ירושלמי סוטה שם.
יט. ספרי דברים כא, ג. מדרש תנאים כא, ב. ילק"ש תורה תתקכד.
כ. ספרי שם כא, ד. מדרש תנאים שם.
כא. שם. ילק"ש שם.
כב. סוטה מו,ב. ספרי שם כא, ו. מדרש תנאים שם.
כג. סוטה לח,ב (ושם סומנו מקבילות).

גרסות

פרט למצוי יש שגרסו: **פרט לממציא עצמו.**

דברי ר' אליעזר יש בכת"י: **דברי ר' אליעזר, וחכמים אומרים עיר אחת מביאה עגלה ערופה ואין שתי עיירות מביאות שתי עגלות.**

לרשתה ויש שגרס: **לשבטיך.**

בדוכתיה נפיל יש בכת"י: **היכא דנפל נייח.**

דנאדי יש בכת"י: **הוא דנייד.**

מהיכן הולד יש בכת"י וכעין זה במקבילה: **דתני מהיכן הולד.**

שרשו יש בכת"י כבמקבילה: **שרשיו.**

חיותא יש בכת"י: **נשמה.**

אשר לא בדפו"י וכן בכת"י יש: **אשר לא עובד בה אשר לא.**

כמשמעו יש בכת"י ועוד: **כשמועו.**

מלזרוע ומלעבוד יש בכת"י ועוד: **מליזרע ומליעבד.**

לסרוק שם יש בכת"י: **לשרות בה.**

במקום עריפה בהרבה כת"י: **במקום עריפתה.**

ופטרנוהו בלא מזון ברוב כת"י ועוד: **ופטרנוהו.**

והנחנוהו בלא לויה ברוב כת"י ועוד: **והנחנוהו.**

לשון

קופיץ
מקור המלה ביוונית κοπίς (קופיס) — סכין עבה וגדולה.

החיים

קופיץ

בקטע זה מציור רומי מתואר קופיץ, שהוא סכין גדולה ובדרך כלל גם עקומה במקצת, שהשתמשו בה לא רק לחיתוך אלא אף לקציצה.

רישא דנאדי ונפיל
ראה השלמות עמ' 290.

מהיכן הולד נוצר
ראה השלמות עמ' 290.

עיונים

תניתוה וכו' עיקרו של הענין מצוי גם בסוגיה המקבילה בתלמוד הירושלמי בכמה וכמה שינויים. שם מובא שכשהלך רב לבבל אמר "אנא הוא בן עזאי דהכא", ונשאל שאלה זו ביחס לשני הרוגים זה על גבי זה, והוא סבר לומר שעורפים. ובא זקן אחד ואמר לו שאין עורפים, משום שהתחתון הוא טמון והעליון הוא צף. וכשחזר לארץ ישראל אמר לו רבי שצדק אותו זקן, אבל מטעם אחר, שנאמר בכתוב "כי ימצא" ולא "כי ימצאו". ונראה כי הרמב"ם סמך על התלמוד שלנו, ולדעתו יש ללכת להלכה אחר פתרונו של אביי, שאין הספק שהועלה לגבי דברים אחרים מבטל מה שהיה פשוט וברור בעיני אביי.

חלל ולא חנוק מדברי המאירי משמע שבמקרה שנמצא חנוק וכיוצא בזה יש תמיד חשש שמא לא בני אדם הרגוהו, אלא מחמת חולי או סיבה אחרת נחנק ומת. ואחרונים עסקו בירור שיטתו, שלכאורה אינה מתאימה לכל הפרטים האמורים כאן. ויש שהסבירו על פי דברי התוספות (נזיר כג, ב) שעיקר משמעות "חלל" היא דבר שנחתך, ואין חלל המודגש כאן אלא מי שנהרג בדרך של פציעה וחיתוך ולא באופן אחר (וראה בדבר שאול) ויש כתב שעיקר הגדרת "חלל" היא במי שנהרג על ידי מיתה שמוציאה ממנו דם, ולא חניקה וכיוצא בה, שאין דם יוצא ממנו (מלבי"ם).

ולא מפרפר כעין זה אמרו בתלמוד הירושלמי (סוטה פ"ט ה"א). ושם ביארו כי אם נמצא מפרפר אין מודדים ועורפים, ואם נעלם משם לאחר מכן אומרים שמא נס אירע לו והלך לו. אבל אם מת לאחר מכן מודדים לו, ומדידה זו — ממקום שנמצא בו לבסוף.

ולא תלוי באילן ומן התלמוד הירושלמי נראה שצריך להיות נופל דווקא, ומשום כך אם נמצא עומד על מיטתו וחרב תקועה בליבו — לא היו עורפים, לפי שלא נתקיים בו "נופל" (וראה במפרשי התלמוד הירושלמי שם).

שמניחין אותה כבר הביא בספר באר שבע תמיהת התוס' במסכת מכות על דברי הגמרא שמשם עולה שיש גם מקום לומר ש"זקני העיר" אינו אלא למצוה ולא לעכב. וכתב בבאר שבע שאולי הכוונה היא שבני העיר הקרובה, אף שאין מודדים אליה, יביאו הם את העגלה מכספם, אף שהמדידה עצמה היא לעיר שיש בה בית דין. וכתבו אחרונים בטעם הדבר שהעיר שיש בה בית דין נחשבת למרכז ושאר העיירות שאין בהן בית דין טפלות אליה.

מוליכין הראש וכו' בתלמוד הירושלמי נאמר כי יש לחלק לפי טיב המקום שנמצא בו החלל. שאם היה הדבר במקום מדרון מניחים שהראש הוא שנתגלגל למטה מן הגוף. והמחלוקת היא אם היה מדרון משני הצדדים, שאז יש גם ספק נוסף — שמא יש כאן גוף בלא ראש וראש בלא גוף. וכן אם היו מרוחקים הרבה זה מזה אפילו בשטח מישור.

אפשר לצמצם מחלוקת עקרונית היא האם אפשר לצמצם = לדייק במדידה דיוק מושלם. ומכאן לענין הלכה, האם אפשר לומר על שני דברים שהם שווים בדיוק זה לזה בשיעורם. ולדעת האומרים ש"אי אפשר לצמצם", אי אפשר שיהיו שני דברים כאלה. ומה שאנו מוצאים אותם שווים הריהו משום שאין אמצעי המדידה שלנו משוכללים כל צרכם. ויש המחלקים בין דברים שבידי שמים, כלומר דברים שלא נעשו מתחילה שווים זה לזה, ודברים שהם ביד אדם אם מתכוונים לעשותם שווים, שיש אומרים שבזה אפשר לצמצם. וראה בתוהרא"ש שהאריך לדון בשאלה זו, האם מסקנת ההלכה היא כשיטה שאפשר, ולפחות בידי אדם.

וקרובה ואפילו קרובות במסכת בכורות הובאו שתי ברייתות שבהן דעות חלוקות. לפי ברייתא אחת אם נמצא החלל מכוון אין עורפים כלל, והסבירו שטעם חכמים אלה הוא מפני שסבורים שאף שאפשר לצמצם, מכל מקום "קרובה" נאמר, ולא קרובות. ובברייתא אחרת נאמר שבמקרה זו מביאות שתי העיירות עגלה אחת בשותפות ומתנות זו עם זו. והסברה שבדבר שאי אפשר לצמצם, ואם כן ספק הוא, וקרובה ואפילו קרובות. ולעצם הדרשה, ראה ברש"י שמוכיח כי לשון יחיד שבמקרא אין משמעה תמיד יחיד, אלא פעמים משתמעים בלשון יחיד עבור קבוצה שלימה או סוג שלם של דברים.

ירושלים לא נתחלקה וכו' בתלמוד הירושלמי דנו גם ביחס לערי המקלט, האם מודדים אליהן ומביאות עגלה ערופה. ושם נאמר שהדבר תלוי בשאלה האם ערים אלה נתחלקו מעיקרן לשבטים, אלא שלאחר מכן ניתנו לכהנים וללויים לדור בהן, או שמתחילה לא נתחלקו אלא נשארו, כירושלים, נחלה כללית של עם ישראל, שיש בה רשות דיור לכהנים, ובמקרה זה אף אינן מביאות עגלה ערופה.

עיקר חיותא באפיה לעומת הסבר המחלוקת כאן יש בתלמוד הירושלמי הסבר אחר, ששם מסבירים את שיטת ר' עקיבא כי הכרת פניו של אדם תלויה בחוטמו, ומשום כך הולכים אחר חוטמו. ושלא כדעת ר' אליעזר הסבור שהולכים אחר טיבורו משום שהולכים אחר מרכז חייו (שכן עיקר חייו הוא באיבריו הפנימיים, וטבורו הוא מרכז הגוף).

ממקום שנעשה חלל והכוונה, שכיון שנאמר צוואר בתיאור חלל, הרי שמגדירים את החלל לפי הצוואר, גם אם היתה הפציעה שהרגה אותו במקום אחר.

עגלת בקר ובמסכת פרה (פ"א מ"א) דעת חכמים היא שעד גיל שנתיים קרויה עגלה, ומכאן ואילך שוב אינה קרויה עגלה אלא פרה.

ועורפין אותה מלשון המשנה משמע שאין הקפדה מי הוא העורף אותה, והכל כשרים לכך. ואף שבמסכת מנחות יש שיטת ר' שמעון שעריפת העגלה נעשית בכהנים, נראה שדעת יחיד היא, ולא הובאה להלכה ברמב"ם (רש"ש).

אורח ההלכה

חלל ולא חנוק אין מביאים עגלה ערופה אלא אם כן היה ההרוג חלל, על ידי פציעה, אבל היה חנוק אין מביאים. וכן אם היה מפרפר עדיין כשמצאוהו. וכחכמים (רמב"ם ספר נזיקין הלכות רוצח ושמירת נפש פ"ט הי"א).

מודדין לעיר שיש בה בית דין נמצא ההרוג סמוך לעיר שאין בה בית דין, מניחים אותה ומודדים לעיר שיש בה בית דין. (רמב"ם שם ה"ה).

היה מכוון בין שתי עיירות נמצא ההרוג במרחק שווה בין שתי עיירות, והיה מספר האנשים שווה בשתיהן — מביאות שתיהן עגלה ערופה אחת בשותפות, ויתנו ויאמרו: אם עיר זו היא הקרובה הרי היא שלהן, ובני העיר האחרת נותנים להם את חלקם מתנה. וכן יעשו בני העיר השניה, לפי שאי אפשר לצמצם (לדייק) אפילו בידי אדם. ופסק הרמב"ם במחלוקת העקרונית אם "אפשר לצמצם" כדעת חכמים במסכת בכורות (כ"מ). (רמב"ם שם ה"ח).

אין ירושלים מביאה עגלה אין מודדים לירושלים לפי שאין ירושלים מביאה עגלה ערופה, כיון שלא נתחלקה לשבטים. (רמב"ם שם ה"ד).

הגוף אצל הראש נמצא הרוג כשראשו במקום אחד וגופו במקום אחר — מוליכים הגוף אצל הראש וקוברים אותו במקומו. וכן נוהגים בכל מת מצוה שמוצאים. וכדברי ר' עקיבא שהלכה כמותו. (רמב"ם שם ה"ט).

מחוטמו כשמודדים מן ההרוג מודדים מחוטמו. כדברי ר' עקיבא שהלכה כמותו. (רמב"ם שם).

מת מצוה קנה מקומו תנאי התנה יהושע עם נוחלי הארץ שמת מצוה קונה מקומו ונקבר בו. ולא יהא מונח על מיצר השדות או בתוך העיר, ואם נמצא שם מוליכים אותו לבית הקברות. ודין זה נוהג אף בחוצה לארץ, אלא שלא נהגו כן, אלא בכל מקרה מוליכים את המת לבית קברות (ש"ך). (רמב"ם שם הלכות נזקי ממון פ"ה ה"ג. שו"ע יו"ד סימן שסג).

נפטרו זקני ירושלים וכו' אחרי שמודדים ונודעה העיר הקרובה קוברים את הנהרג במקומו, וחוזרים זקני ירושלים לעירם. ובית הדין של העיר הקרובה מביא עגלת בקר משל בני העיר. (רמב"ם שם הלכות רוצח ושמירת נפש פ"ט ה"ב).

אין המום פוסל בה עגלה ערופה אין המום פוסל בה. ומכל מקום אם היתה טריפה — פסולה (על פי התלמוד הירושלמי). (רמב"ם שם פ"י ה"ב).

ומורידים אותה לנחל איתן מורידים את העגלה לנחל איתן, והוא נחל השוטף בחזקה. (רמב"ם שם פ"ט ה"ב).

עורפין אותה וכו' עורפים את העגלה בקופיץ מאחוריה. (רמב"ם שם ה"ג).

זקני העיר רוחצין וכו' בית הדין של אותה העיר עם כל זקניה, אפילו הם מאה, כולם רוחצים ידיהם שם במקום עריפתה ואומרים בתוך הנחל "ידינו לא שפכו... לא ראו". כלומר שלא בא לידם ופטרוהו בלא מזון ובלא ליווי. (רמב"ם שם).

והכהנים אומרים: "כפר לעמך ישראל אשר פדית ה' ואל תתן דם נקי בקרב עמך ישראל" (דברים כא, ח). לא היו צריכין לומר את סוף הפסוק "ונכפר להם הדם" כי דבר זה אינו חלק מדברי הכהנים, אלא רוח הקודש מבשרתן: אימתי שתעשו ככה — הדם מתכפר להם.

א גמרא שנינו במשנה שאין המום פוסל בעגלה. ושואלים: ויהא מום פוסל בעגלה מקל וחומר: ומה פרה אדומה שאין מנין השנים שלה פוסלות בה ואפשר להביא אותה בכל גיל שהוא, בכל זאת מום פוסל בה, עגלה ששנים פוסלות בה שאינה כשירה אלא כשהיא צעירה — אינו דין שיהא מום פוסל בה! ומשיבים: שאני התם [שונה הדבר שם בפרה אדומה] שאמר קרא [הכתוב]: "אשר אין בה מום" (במדבר יט, ב), ויש כאן לשון מיעוט: בה דווקא מום פוסל, ואין מום פוסל בעגלה. ושואלים: אלא מעתה שלשון "בה" ממעטת דבר שיכול להילמד בקל וחומר לא יהו שאר עבודות שעובדים בפרה אדומה, חוץ ממשא פוסלות בה. שאף שיש ללמוד דבר זה בקל וחומר מעגלה ערופה, מכל מקום נאמרה שם לשון מיעוט — "אשר לא עובד בה" (דברים כא, ג), לומר שדווקא "בה" בעגלה, פוסלות כל העבודות ולא בפרה. אלמה [מדוע] אמר רב יהודה אמר רב: אם הניח עליה עודה (חבילה) של שקין — מיד פסולה הפרה האדומה משום שעבד בה, ובעגלה ערופה אינה נפסלת בעבודה עד שתמשוך ותטלטל את העול, שהרי נאמר בה "אשר לא משכה בעול" (שם)! ומשיבים: שאני [שונה] דין זה בפרה דילפינן [שלמדים אנו] אותו בגזירה שוה "על" "על" מעגלה. ומקשים: אם כן עגלה נמי תיתי [גם כן תבוא, תילמד] באותה גזירה שוה "על" "על" מפרה ויהיו מומים פוסלים בה! ומשיבים: הא מיעט רחמנא [הרי מיעטה התורה] דבר זה על ידי המלה "בה", לומר שפסול זה של מום הוא דווקא בפרה ולא בעגלה. ומקשים: בעגלה נמי כתיב [גם כן נאמר] "בה", ואם כן נאמר שדווקא בה יהיו שאר עבודות פוסלות ולא בפרה אדומה! ומשיבים: ההוא [אותו כתוב] ("בה") מיבעי ליה למעוטי [צריך אותו למעט] קדשים קרבנות שלא פסלה בהו [פוסלת בהם] עבודה שאפשר להקריב גם בעל חיים שנעבדה בו עבודה. כי סלקא דעתך אמינא ליתי [יעלה על דעתך לומר שיבוא, יילמד] הדבר בקל וחומר מעגלה ערופה, וכך נלמד: ומה עגלה שאין מום פוסל בה בכל זאת עבודה פוסלת בה, קדשים שמום פוסל בהן — אינו דין שעבודה פוסלת בהן? לכך נאמר "בה" — שדווקא עגלה נפסלת בעבודה. על הקל וחומר הזה מעירים: איכא למיפרך [יש מקום לשבור, להקשות עליו]: מה לעגלה — שכן שנים פוסלות בה שאם הזקינה שוב אינה קרויה עגלה! ודוחים: אטו קדשים מי ליכא דפסלי בהו [האם בקדשים אין כאלה שפוסלים בהם] שנים? שהרי יש כמה קדשים שמביאים דווקא עד גיל שנה או עד גיל שנתיים, וכי איצטריך קרא [וכאשר נצרך הכתוב] למעט פסול עבודה בקדשים הרי זה להנך [לאותם] קדשים דפסלה בהו [שפוסלים בהם] שנים. ומקשים: וקדשים שלא פסלה בהו [פוסלת בהם] עבודה מהכא נפקא [מכאן מפסוק זה הוא יוצא, נלמד]? הלא מהתם נפקא [משם, ממקום אחר, יוצא], שנאמר: "עורת או שבור או חרוץ או יבלת או גרב או ילפת לא תקריבו אלה לה'" (ויקרא כב, כב), והרי זה מיעוט: אלה אי (אין) אתה מקריב, אבל אתה מקריב קדשים שנעבדה בהן עבודה! ומשיבים: איצטריך [נצרך הדבר] להיאמר בשני המקומות, שכן סלקא דעתך אמינא [יעלה על דעתך לומר]: הני מילי [דברים אלה] שמותר להקריב קדשים שעבדו בהם נאמרו רק היכא [במקום] שעבד בהן עבודת היתר, אבל אם עבד בהם עבודת איסור כגון עבודה בשבת אימא ליתסרו [אמור שייאסרו] להקרבה, על כן צריכא [צריך] הדבר להיאמר פעמיים. ושואלים: והא נמי מהכא נפקא [והרי דין זה שאין עבודת איסור פוסלת בקדשים גם כן — מכאן, מפסוק אחר הוא יוצא], שנאמר בענין הקרבת בעלי מומים "ומיד בן נכר לא תקריבו את לחם אלהיכם מכל אלה" (שם כה), וההדגשה "אלה" באה ללמד: אלה, בעלי המומים, אי אתה מקריב, אבל אתה מקריב קדשים שנעבדה בהן עבודה ולמרות שמן הסתם גוי עשה בהם גם עבודת איסור! ומשיבים: איצטריך [נצרך] הדבר לדין נוסף, שכן סלקא דעתך אמינא [יעלה על דעתך לומר]: הני מילי היכא [דברים אלה שעבודה אינה פוסלת בהם, אמורים במקום] שעבד בהן כשהן חולין ואחר כך הקדישם לקרבן, אבל עבד בהן כשהן כבר קדשים — אימא ליתסרו [אמור שייאסרו], על כן צריכא [צריך] שייאמר הדבר פעם נוספת.

ב גופא [לגופה] של אותה הלכה שהזכרנו, אמר רב יהודה אמר רב: פרה אדומה, אם הניח עליה עודה (חבילה) של שקין — פסולה, ובעגלה ערופה אינה פסולה עד שתמשוך. מיתיבי [מקשים] על כך ממה ששנינו בברייתא: נאמר בפרה אדומה "אשר לא עלה עליה על" (במדבר יט, ב), אין לי אלא עול בלבד, שאר עבודות מנין? אמרת: קל וחומר, ומה עגלה שאין מום פוסל בה — שאר עבודות פוסלות בה, פרה אדומה שמום פוסל בה — אינו דין ששאר עבודות פוסלין בה? ואם נפשך לומר לפרוך קל וחומר זה — למד דבר זה מגזירה שוה: נאמר כאן בפרה אדומה "על" ונאמר להלן בעגלה ערופה "על" (דברים כא, ג), מה להלן בעגלה שאר עבודות פוסלות בה — אף כאן בפרה שאר עבודות פוסלות. ושואלים: מאי [מה פירוש] "אם נפשך לומר", כלומר, מה היתה הפירכא שהיתה לו על הקל וחומר הזה, שבגללה הוצרך לגזירה שוה? ומסבירים: וכי תימא [ואם תאמר]: איכא למיפרך [יש מקום לפרוך, לשבור] את הקל וחומר ולומר: מה לעגלה — שכן שנים פוסלות בה, מה שאין כן בפרה. אי נמי [או גם כן] אפשר לומר: קדשים יוכיחו, שמום פוסל בהן ואין עבודה פוסלת בהן, ואם כן הקל וחומר יכול להיפרך משני צדדים, על כן למדים בגזירה שוה: נאמר כאן "על" ונאמר להלן "על", מה להלן בעגלה שאר עבודות — אף כאן בפרה שאר עבודות. ושואלים על דרשה זו: וממקום שבאתה, כלומר, מהמקום שממנו למדת, מעגלה ערופה, אתה לומד גם דבר אחר, מה להלן בעגלה אינה נפסלת בעבודת משא עד שתמשוך בעול, אף כאן בפרה עד שתמשוך, ובניגוד לדברי רב! ומשיבים: תנאי [מחלוקת תנאים] היא, דאיכא דמייתי לה [שיש שמביאים, לומדים הלכה זו] שעבודה פוסלת בפרה בגזירה שוה מעגלה ואינם פוסלים עד שתמשוך בעול, איכא דמייתי לה מגופה דפרה [יש שמביאים, לומדים אותה מפרה עצמה], והם פוסלים גם אם לא משכה בעול. דתניא [שכן שנינו בברייתא] בענין פרה אדומה: "על", אין לי אלא עול שפוסל בה, שאר עבודות מנין — תלמוד לומר: "אשר לא עלה עליה על" (במדבר שם) מכל מקום, לרבות כל עבודה. אם כן מה תלמוד לומר "על", אם לא רק עול פוסל אלא גם שאר העבודות — ללמד: עול שמניחים עליה פוסל אותה בין בשעת עבודה בין שלא בשעת עבודה אלא בהנחה בלבד, שאר עבודות אין פוסלות אלא בשעת עבודה ולפי שיטה זאת פסק רב. ומקשים: ואימא [ואמור] ודרוש פסוק זה עצמו באופן אחר: "אשר לא עלה עליה" — הרי זה כלל ואוסר כל עבודה, "על" — פרט, הרי יש כאן כלל ופרט, ולפי כללי מדרש ההלכה אין בכלל אלא מה שבפרט, ונאמר: עול — אין [כן], מידי אחרינא [דבר אחר] — לא! ומתרצים: "אשר לא עלה" — לשון רבויא [ריבוי] הוא ואינו מדין כלל ופרט. ומעירים: ותניא נמי [ושנויה גם כן ברייתא] לגבי עגלה כי האי גוונא [כגון זה]: "על", אין לי אלא עול, שאר עבודות מנין — תלמוד לומר: "אשר לא עבד בה" (דברים שם) מכל מקום. אם כן מה תלמוד לומר "על" — ללמד: עול פוסל בין בשעת עבודה בין שלא בשעת עבודה, שאר עבודות אין פוסלות אלא בשעת עבודה. ושואלים: ואימא [ואמור] "אשר לא עבד בה" הרי זה כלל, "על" הוא פרט, ונדרוש: כלל ופרט, אין בכלל אלא מה שבפרט: עול — אין [כן], מידי אחרינא [דבר אחר] — לא! ומתרצים: "אשר לא עובד בה" לשון רבויא [ריבוי] הוא. אמר ר' אבהו: בעי מיניה [שאלתי אותו] מר' יוחנן: משיכת עול זו הפוסלת עגלה בכמה, מה שיעורה, המרחק שהיא צריכה למשוך בעול כדי להיפסל? אמר לי: כמלא (כשיעור) גודל העול. איבעיא להו [נשאלה להם ללומדים]: האם מדובר פה לארכו של עול או לרחבו? אמר להו [להם] ההוא מרבנן [אחד החכמים] ור' יעקב שמיה [שמו]: לדידי מפרשא לי מיניה [לי נתפרש הדבר ממנו] מר' יוחנן עצמו: משיכת עול לרחבו שהיא טפח. ושואלים: כיון שאמר שיעור קצוב לזה, ולימא [ושיאמר] רק טפח ומדוע הוסיף איפוא כמלוא העול? ומשיבים: הא קא משמע לן [דבר זה השמיע לנו] כי שיעורא [שיעורו] של עול ברוחבו — טפח הוי [הוא]. למאי נפקא מינה [מה יוצא מזה] — למקח וממכר, שיכול הקונה לחזור בו אם אין רוחבו של העול מגיע לטפח.

ג אמר ר' יוחנן בן שאול, מפני מה אמרה תורה: הביא עגלה בנחל? אמר הקדוש ברוך הוא: יבא דבר שלא עשה פירות, כלומר, העגלה הזאת שלא ילדה עדיין ויערף במקום שאין עושה פירות בנחל איתן, ויכפר על מי שלא הניחו להרוג לעשות פירות. ושואלים: מאי [מה הם] פירות אלה שלא הניחו לו לעשות? אילימא [אם תאמר] פריה ורביה, שלא הניחו לו להוליד עוד ילדים — אלא מעתה על חלל זקן ועל חלל סריס הכי נמי דלא ערפינן [כך גם כן תאמר שאין עורפים] את העגלה, שהרי אינם יכולים להוליד עוד ילדים?! אלא הכוונה היא מצות, ופירות אלה ודאי לא הניחו לו לעשות.

שנינו במשנה: ומורידין אותה אל נחל איתן. "איתן" כמשמעו, קשה. תנו רבנן [שנו חכמים]: מנין לאיתן שהוא קשה — שנאמר:

מסורת הש"ס

א. יומא לז,א. תוספתא סוטה פ"ט
ב. ספרי דברים כא, ח. מדרש תנאים כא, ח. ילק"ש נ"ך נח.
ב. תוספתא שם. ספרי שם.
ג. ראה פרה פ"א מ"א. תוספתא פרה פ"ב ו. ספרי במדבר יט, ב. שם דברים כא, ג. ילק"ש תורה תשס.
ד. ירושלמי סוטה פ"ט ה"ה. ספרי במדבר שם.
ה. ע"ז כג,א.
ו. שם. ראה ירושלמי סוטה שם.
ז. ירושלמי שם. תוספתא פרה פ"ג ה. תו"כ כב, כג. ספרי במדבר שם.
ח. תו"כ שם.
ט. שם.
י. ספרי במדבר שם. וראה ספרי דברים שם. ספרי זוטא במדבר יט, ב.
יא. (הביטוי) יומא לו,ב. עד,ב. קדושין עז,א. ב"ק פג,ב. שבועות יג,ב. יד,א. ל,א. חולין עח,ב. פסי"ר פל"ז.
יב. (הביטוי) סוטה כח,ב (ושם סומנו מקבילות).
יג. ראה ספרי במדבר שם.
יד. ראה שם. ספרי זוטא במדבר יט, ב. וראה פרה פ"ב מ"ג-ד. תוספתא פרה פ"ב ד. ירושלמי סוטה שם.
טו. פסחים ו,ב. יומא כד,א. סוטה מו,ב. קדושין כד,ב. ב"ק נד,א-ב. סד,א. זבחים ד,ב. ח,ב. מנחות כ,א. נה,ב. חולין סו,א-ב. פח,ב. בכורות ו,א. לז,א. כריתות כא,א. נדה לג,א. וראה ירושלמי סוטה שם. פתיחת תורת כהנים.
טז. (הביטוי) סוטה מד,א (ושם סומנו מקבילות).
יז. ירושלמי סוטה פ"ט ה"ה. ספרי דברים שם. מדרש תנאים שם.
יח. ירושלמי שם.
יט. שם.
כ. (שאלה דומה) פסחים מו,א.
כא. (תירוץ זה) שבת כא,א. לו,א. פסחים נג,א. ביצה ו,ב. סוכה לד,א. נדרים כה,א. ב"ק כז,א. ב"מ מד,ב. עט,ב. פ,ב. ב"ב יז,ב. כ,ב. חולין ס,א. נדה ח,ב.
כב. ילק"ש תורה תתקכד.
כג. ר"ה יא,א. מכילתא יד, כז. מכילתא דרשב"י יד, כז. ילק"ש שם.

גרסות

אימתי שתעשו ויש בכת"י: בזמן שתעשו.
מתכפר להם יש בכת"י ועוד: מתכפר לכם.
עודה יש בכת"י: עורה.
שמום פוסלת יש בכת"י ועוד: שהמום פוסל.
בעי מיניה יש בכת"י: בעאי מיניה ויש: בעו מיניה.
שיעורא דעול יש בכת"י: דרחבו דעול.
שלא הניחו יש בכת"י: שלא הניחוהו.

לשון

עודה
נראה שהמלה באה משורש מיוחד שמשמעו קשירה, אגידת דברים. וכיוצא בו בארמית הסורית, וכעין זה בערבית عدة (עדה).

החיים

עול

צמד פרות ועליהן עול

העול הוא מוט (עשוי עץ או ברזל) שמניחים על כתפיהם של שוורים או פרות ומחברים אליו עגלה, מחרשה או מורג. סתם עול הוא עבור בהמה אחת, ועול עבור שתי בהמות קרוי במדוייק "צמד".
אולם רוחב העול צריך להיות מספיק כדי שיהא חזק מספיק ולא יישבר בתוך העבודה. מכאן גם החשיבות לענין מקח וממכר, שעול שרוחבו פחות מטפח נחשב כבלתי ראוי למלאכה.

עיונים

אלא רוח הקודש מבשרתן וראיה לכך שאין זה מדברי הכהנים שהרי הכהנים אומרים בדרך תפילה "כפר" וגו', ואין אומרים "כפר להם הדם" אלא "ונכפר", משמע שעכשיו מדובר בגוף שלישי. וענין הבטחה זו — שכאשר יעשו כן יתגלה לבסוף מי הוא הרוצח וידונוהו כראוי, ואז יתכפר עוון הריגה זו בשלימות. וכעין זה בתרגום יונתן ובמדרשים (מהרש"א).

ויהא מום פוסל בעגלה בתלמוד הירושלמי דנו בפרטי הדברים, ומשם עולה שאף שאין מום פוסל בה, מכל מקום אסור שתהא מחוסרת איבר. וכן היא נפסלת אם נמצאה טריפה.

ששנים פוסלות בה רש"י כתב שעד גיל שנה היא כשירה, ונראה שלא כתב כן להלכה, לפי שזו היא דעת ר' אליעזר במשנת פרה (פ"א מ"א), אבל דעת חכמים (וכן פסק הרמב"ם) שעד גיל שנתיים קרויה עגלה (רש"ש).

עודה של שקין רש"י פירש שהכוונה היא לחבילה של שקים. והרמב"ם מפרש — כסות של שקים. ובערוך בשם הגאונים מסביר ש"עודה" הוא כעין חבל שאותו קושרים על גבי השקים שמטעינים על הבהמה כדי שלא יפלו (ופירושו שהוא מלשון "מעודד ענווים", כלומר מחזק), ובא רב יהודה לומר שלא רק אם הטעינוה בחבילה, אלא אף החבל בעצמו פוסל בה. ובדומה לזה פירש ר"ח שהכוונה היא למעין חגורה מקושטת (ופירושו לפי זה מלשון עדי) ששמים על הפרה, שהוא כעין חֲבָק של חמור.

שאר עבודות פוסלות בה ובתלמוד הירושלמי נחלקו ביחס בין "לא עובד בה" ו"לא משכה בעול", שאמרו ש"לא משכה בעול" הוא מכל מקום בין לדעת בין שלא לדעת, אבל "לא עובד בה" יש אומרים שהוא רק לדעת, ויש אומרים שהוא אפילו שלא לדעת ובלבד שתמשוך. ומחלוקת זו קשורה במחלוקת ר' ישמעאל וחכמים האם דבר שיצא מן הכלל נידון עדיין כחלק מן הכלל או שיש לו דין לעצמו.

אם נפשך לומר בשפת אמת שאל: הרי גם לאחר שנפרך הקל וחומר ולמדים את הדברים בגזירה שוה, מאחר שלמדים עיקר ההלכה בגזירה שוה — הרי שוב קיים קל וחומר בזה, ומדוע לא נלמד ממנו? ותירץ שאולי הכוונה לומר שכיון שיש פירכה לקל וחומר זה מקדשים, שוב אין לדון כאן קל וחומר כלל.

בשעת עבודה כלומר, בשעה שהתכוון לעשות זאת לשם עבודה, ולא כאשר לא נעשה הדבר לשם עבודה. וכפי שמסביר הרמב"ם שאם הכניסה למקום הדייש לצורך אחר, אף שהיא דשה ממילא — אין זו נקראת עבודה. מה שאין כן בנשיאת עול, שהיא נפסלת אף אם הניח עליה את העול שלא לצורך עבודה כלל.

כלל ופרט אף בתלמוד הירושלמי שאלו כעין זה, ואמרו שכיון שנאמר "אשר לא משכה בעל" ולא "ואשר" משמע שאין הם שני דברים נפרדים הנידונים בכלל ופרט, אלא לשונות ריבוי הם, שבאים לרבות כל מיני עבודה. ובמשנה במסכת פרה (פ"ב מ"ג-ד) מוכח כי מכלל דברים אלה יוצא כל שעושה לפרה ולעגלה לצורכן בלבד, שאינו נכלל בגדר עבודה.

משיכת עול בכמה בתלמוד הירושלמי יש כמה דעות חלוקות בדבר, שיש אומרים שהוא כמלוא העול (ומן הסתם לאורכו), ויש אומרים שבכדי שלוש אצבעות, ויש אומרים לרוחבו.

ולימא טפח בחזו"א הוכיח ממה שלא אמרו ששיעור זה הוא לגבי העול שמניחים על גבי הפרה עצמה, שלעול זה אין שיעור ואפילו היה פחות מטפח פוסל.

שלא עשה פירות וכתב המהרש"א על פי דברי הרמב"ם שצד חשוב במצוה זו הוא כדי לעורר את דעת הרבים, כדי שייזכרו במה שאירע ואולי יביא הדבר לידי גילוי הרוצח. שמפני טעם זה אף מביאים את העגלה כדי שיתעורר ליבם של הרואים ביתר שאת.

אורח הלכה

לא היו צריכין לומר וכו' לאחר עריפת העגלה אומרים הכהנים "כפר לעמך ישראל... בקרב עמך ישראל". ואינם אומרים סיומו של הכתוב "ונכפר להם הדם", שדבר זה אינו מדברי הכהנים, אלא הבטחת הקדוש ברוך הוא היא שעל ידי כך יתכפר להם. (רמב"ם ספר נזיקין הלכות רוצח ושמירת נפש פ"ט ה"ג).

פרה שאין השנים פוסלות בה מצות פרה אדומה שתהא בת שלוש או ארבע שנים, וגם אם היתה זקינה כשירה, אלא שאין ממתינים לה כל כך שמא תשחיר ותיפסל. לפי מסכת פרה. (רמב"ם ספר טהרה הלכות פרה אדומה פ"א ה"א).

מום פוסל בה כל המומים הפוסלים בקדשים פוסלים אף את הפרה האדומה. (רמב"ם שם ה"ז).

עגלה ששנים פוסלות בה עגלה ערופה היא בת שתי שנים או פחות, ואם היתה בת שתי שנים ויום אחד — פסולה. כגמרא כאן וכמסכת פרה. (רמב"ם ספר נזיקין שם פ"י ה"ב).

הניח עליה עודה וכו' כל העבודות פוסלות בפרה אדומה, ויתר עליהן העול, שאם רק הניח עליה עול, אף שלא משכה בעול — נפסלה. אבל בשאר העבודות אינה נפסלת עד שיעשה בה מלאכה ממש. נתן עליה כסות של שקים — פסולה. (רמב"ם ספר טהרה שם ה"ז).

קדשים דלא פסלה בהו עבודה אין הקדשים נפסלים אם עשה בהם עבודה. (רמב"ם שם).

קדשים מום פוסל בהן מצות עשה להיות כל הקרבנות תמימים ומובחרים. ובהמה שהיה בה מום פסולה לקרבן. (רמב"ם ספר עבודה הלכות איסורי מזבח פ"א ה"א).

משיכה בעול כל העבודות פוסלות בעגלה ערופה כשם שפוסלות בפרה אדומה. ולמה נאמר "אשר לא משכה בעול" לומר שהעול פוסל בה אפילו שלא בשעת מלאכה, שאם משכה בעול טפח — נפסלה. (רמב"ם ספר נזיקין שם ה"ג).

תורה אור

דברים כא והכהנים *אומרים °כפר לעמך ישראל אשר פדית [ה'] ואל תתן דם נקי בקרב עמך ישראל לא היו צריכין לומר ונכפר להם הדם ב אלא רוח הקודש מבשרתן אימתי שתעשו

א ככה הדם מתכפר להם: **גמ'** ויהא מום פוסל בעגלה מקל וחומר ג ומה פרה שאין השנים פוסלות בה ד מום פוסל בה עגלה ה ששנים פוסלות בה אינו דין שיהא מום פוסל בה שאני התם דאמר קרא אשר אין בה מום ד בה מום פוסל ואין מום פוסל בעגלה אלא מעתה לא יהו שאר עבודות פוסלות בה אלמה ה א"ר יהודה אמר רב * ו הניח עליה עודה של שקין פסולה ו ובעגלה עד שתמשוך שאני פרה ז דילפינן °עול °עול (שם, במדבר יט) מעגלה עגלה נמי תיתי עול עול מפרה הא מיעט רחמנא בה בעגלה נמי כתיב בה ההוא מיבעי ליה ז למעוטי קדשים ח דלא פסלה בהו עבודה סלקא דעתך אמינא ליתי בק"ו מעגלה ומה עגלה שאין מום פוסל בה עבודה פוסלת בה קדשים ט שמום פוסלת בהן אינו דין שעבודה פוסלת בהן איכא למיפרך מה לעגלה שכן שנים פוסלות בה אטו קדשים מי ליכא דפסלי בהו שנים כי איצטריך קרא להנך קדשים דפסלה בהו שנים וקדשים דלא פסלה בהו עבודה מהכא נפקא מהתם נפקא (ויקרא כב) °עורת או שבור או חרוץ או יבלת או גרב או ילפת לא תקריבו אלה לה' ח אלה אי אתה מקריב אבל אתה מקריב קדשים שנעבדה בהן עבודה איצטריך סד"א ה"מ היכא דעבד בהן עבודת היתר אבל עבודת איסור אימא ליתסרו צריכא והא נמי מהכא נפקא (שם) °ומיד בן נכר לא תקריבו את לחם אלהיכם מכל אלה ט אלה אי אתה מקריב אבל אתה מקריב קדשים שנעבדה בהן עבודה איצטריך ס"ד אמינא הני מילי היכא דעבד בהן כשהן חולין אבל עבד בהן כשהן קדשים אימא ליתסרו צריכא

ב גופא אמר רב יהודה אמר רב הניח עליה עודה של שקין פסולה ובעגלה עד שתמשוך מיתיבי י עול אין לי אלא עול שאר עבודות מנין אמרת ק"ו ומה עגלה שאין מום פוסל בה שאר עבודות פוסלות בה פרה שמום פוסל בה אינו דין ששאר עבודות פוסלין בה יא ואם נפשך לומר נאמר כאן עול ונאמר להלן עול מה להלן שאר עבודות פוסלות בה אף כאן שאר עבודות פוסלות מאי אם נפשך לומר וכי תימא איכא למיפרך מה לעגלה שכן שנים פוסלות בה אי נמי קדשים יוכיחו שמום פוסל בהן ואין עבודה פוסלת בהן נאמר כאן עול ונאמר להלן עול מה להלן שאר עבודות אף כאן שאר עבודות יב וממקום שבאתה מה להלן עד שתמשוך אף כאן עד שתמשוך תנאי היא דאיכא דמייתי לה מעגלה איכא דמייתי לה מגופה דפרה דתניא (במדבר יט) יג עול אין לי אלא עול שאר עבודות מנין ת"ל °אשר לא עלה עליה עול מכל מקום אם כן מה ת"ל עול יד עול פוסל בין בשעת עבודה בין שלא בשעת עבודה שאר עבודות אין פוסלות אלא בשעת עבודה ואימא אשר לא עלה עליה כלל עול פרט טו כלל ופרט אין בכלל אלא מה שבפרט עול אין מידי אחרינא לא טז אשר רבויא הוא ותניא נמי גבי עגלה כי האי גוונא יז עול אין לי אלא עול שאר עבודות מנין ת"ל (דברים כא) °אשר לא עובד בה ל מ"מ א"כ מה ת"ל עול מ עול פוסל בין בשעת עבודה בין שלא בשעת עבודה שאר עבודות אין פוסלות אלא בשעת עבודה יח ואימא אשר לא עובד בה כלל עול פרט כלל ופרט אין בכלל אלא מה שבפרט עול אין מידי אחרינא לא אשר רבויא הוא א"ר אבהו בעי מיניה מר' יוחנן משיכת עול בכמה א"ל כמלא עול איבעיא להו לארכו או לרחבו אמר להו ההוא מרבנן ור' יעקב שמיה לדידי מפרשא לי מיניה דרבי יוחנן יט משיכת עול לרחבו טפח כ ולימא טפח הא קמ"ל

ג שיעורא דעול טפח הוי כא למאי נפקא מינה למקח וממכר כב א"ר יוחנן בן שאול מפני מה אמרה תורה הביא עגלה בנחל אמר הקב"ה יבא דבר שלא עשה פירות ויערף במקום שאין עושה פירות ויכפר על מי שלא הניחו לעשות פירות מאי פירות אילימא פריה ורביה אלא מעתה אזקן ואסרים ה"נ דלא ערפינן אלא מצות: ומורידין אותה אל נחל איתן איתן כמשמעו קשה: תנו רבנן כג מנין *לאיתן שהוא קשה שנאמר איתן

יומא לז. | [ר"ה י.] | ע"ז כג. | [ר"ה יא. וש"נ]

והכהנים אומרים. כדכתיב לעיל ונגשו הכהנים בני לוי ולא פירש על(א) מי הם נגשים: **ולא היו צריכים לומר ונכפר להם הדם.** כלומר ונכפר דכתיב בקרא לאו אינהו קאמרי שיהא אף זה בכלל אמירה אלא מילתא באנפי נפשה היא שרוח הקודש בישר את ישראל ע"י משה רבינו לכשיעשו כן ונכפר להם הדם: **גמ' עגלה.** בת שנתה היא ואם עברה שנתה פסולה דכל מקום שנאמר בתורה עגל סתם בן שנה הוא *דיליף מועגל וכבש(ב) בן שנה: **פרה אדומה.** אין שיעור לשנותיה: **מום פוסל בה.** דכתיב בפרה אדומה אין בה מום (במדבר יט): **בה.** מיעוט: **אלא מעתה.** דכל היכא דכתב בה מיעוטא הוא ולא גמרינן מיניה בקל וחומר: **לא יהו שאר עבודות פוסלות.** בפרה דהא עול בלבד כתיב בה אלא דגמר לה בק"ו מעגלה דכתיב (דברים כא) אשר לא עובד בה כל עבודות במשמע ואי בה מיעוטא לא נגמר מיניה: **אלמה אמר רב יהודה הניח.** על פרה עודה של שקין אגודה של שקין פסולה ואע"ג דלאו עול הוא ובעלייה לחודיה מיפסלא כדכתיב בפרה במלאכת עול האמורה בה אשר לא עלה בעלייה לחודה ואפילו שלא משכה: **ובעגלה עד שתמשך.** שתטלטל המשא מעט דבעגלה כתיב אשר לא משכה ולקמן פריך כיון דשאר עבודות בפרה לא כתיבי ומעגלה ילפינן אמאי מיפסל בעלייה לחודה דשאר משאוי שאינו עול ממש מ"מ שמע מינה דגמר פרה מעגלה בק"ו בשאר עבודות ואע"ג דכתיב בה מיעוטא: **שאני פרה דילפינן עול עול.** וכיון דגזירה שוה מופנה היא הוה ליה כמאן דכתיב בגופה ומיעוטא דבה דריש ליה לדרשא אחרינא כדלקמן: **עגלה נמי תיתי עול עול מפרה.** למום: **למעוטי קדשים דלא פסלה בהו עבודה.** מהקרבה אבל פרה לא ממעטא דלאתיא מג"ש: **מי ליכא דפסלי בהו שנים.** והרי פסח וחטאת דכתיב בהו בני שנתן וכי איצטריך בה למעטינהו מפסול עבודה להכי איצטריך דאי לא מעטינהו הוו גמרי בקל וחומר מעגלה: **שנעבדה בהן עבודה** גרסי': **עבודת איסור.** כגון בשבת או כלאים בשור וחמור: **עבודת איסור נמי מהאי קרא נפקא.** דכיון דתרי קראי כתיבי על כרחיך חד מינייהו לעבודת איסור: **עול.** גבי פרה תניא: **שאר עבודות פוסלות בה.** דכתיב אשר לא עובד בה: **ואם נפשך לומר.** ואם יש לך להשיב על ק"ו זה לא ולמד בג"ש נאמר כאן עול כו': **מאי אם נפשך לומר.** מאי הוה לך למיפרך דשבקה תנא לאורחיה ויליף בגזירה שוה: **נאמר כאן כו'.** והאי עול יתירא הוא דהא בכלל שאר עבודות הוא: **וממקום שבאת.** לאו תנא קתני לה אלא תיובתיה קא מפרש ואזיל גמרא דקא מותיב לרב יהודה דאמר לעיל שאר משאות פוסל בפרה בעלייה בעלמא והא כיון דשאר משאוי בפרה לא כתיב ומעגלה יליף לה בגזירה שוה וממקום שבאת משם יש לך ללמד נמי דמה עגלה עד שתמשוך אף פרה בשאר משאות דילפינן מעגלה עד שתמשוך: **ת"ל אשר לא עלה עליה עול מ"מ.** דריש ליה בלא עול מדלא כתיב אשר לא עלה עול עליה ותו הדר כתיב עול לדרשא כדדרשינא ואזיל: **א"כ כו' שלא בשעת עבודה.** ואפילו הניחו עליה להקל משא מידו ולא למשוך: **אלא בשעת עבודה.** כלומר שעבודה זו לצורך היא אבל אקראי בעלמא שהניח שק עליה ולא להוליכו אלא אקרי ואותיב לא פסלה: **משיכת עול.** לפסול בעגלה: **שאינו עושה פירות.** עגלה בת שנתה לא ילדה: **במקום שאין עושה פירות.** נחל איתן קשה: **שלא הניחוהו.** שהרגוהו: איתן

ל א ב מיי' פ"ט מהל' רוצח הלכה ג סמג עשין סח:
לא ג מיי' פ"א מהל' פרה אדומה הלכה א סמג עשין רלב רלג:
לב ד מיי' שם הלכה ז:
לג ה מיי' פ"י מהלכות רוצח הלכה ב:
לד ו ז ח מיי' פ"א מהל' פרה אדומה הלכה ז:
לה ט מיי' פ"א מהל' איסורי מזבח הלכ' א:
לו י כ מיי' פ"א מהל' פרה אדומה הלכ' ז:
לז ל נ מיי' פ"י מהל' רוצח הלכה ג:

הגהות הב"ח

(א) רש"י ד"ה והכהנים וכו' על מה הם: (ב) ד"ה עגלה וכו' וכבש בני שנה:

לח א ב ג ד מיי' פי"ד מהל' אבל הלכה ג סמג עשין ב:
לט ה מיי' שם הלכה ב:

איתן מושבך ושים בסלע קנך. אלמא איתן הוא סלע: מוסדי ארץ. הם הרים וכל הר של אבנים הוא: שהוא ישן. ולא שהובא קרקעיתו מחדש מקרקע אחריתי: גוי מעולם הוא. היינו ישן: מחטאת עוף. דכתיב בה ממול ערפו (ויקרא ה): כולי עלמא לא פליגי. דהא כתיב ולא יזרע משמע להבא מדלא כתיב ואשר לא יזרע דלהוי משמע לשעבר: *מי כתיב ולא יעבד. אי הוה כתיב אל נחל איתן ולא יעבד בו הוה משמע להבא אבל השתא דכתיב(ב) לא יעבד משמע לשעבר דאשר לאו לשון נואה הוא: אשר לשעבר משמע. אע"ג דלא יעבד להבא משמע הני מילי בלאו אשר אבל השתא דכתיב אשר על כרחיך מוכח עלה דלשעבר הוא: רבויא הוא. לא בא אלא לרבות כל עבודות כדלקמן דלא תדרשיה בכלל ופרט: כופין ללויה. כופין את מי שאינו רוצה ללוות את חבירו לדרך שילוהו: ויקרא שמה לוז. סיפיה דקרא היא שמה עד היום הזה ומיניה יליף דלא נתבלבלה ולא חרבה כדאמרינן *כל מקום שנאמר עד היום הזה לעולם ולעולמי עולמים הוא: שלא דבר בפיו. דלא כתיב אלא ויראם באצבעו או בעקמימות שפתים כדלקמן: ולזרעו. כדאמרינן שאין מלאך המות שולט בהם: שליוהו פרעה. כדכתיב ויצו עליו פרעה אנשים וישלחו אותו: אינו ניזוק. אותו היוצא לדרך: עד עיבורה של עיר. שהוא יוצא ממנה והוא בבית החיצון שבתוך שבעים אמה ושירים לבתי העיר: בי ציניתא דבבל. מקום הוא וכו דקלים הרבה כמו ציני הר הברזל (סוכה דף כט:): לא נתיישב. והיינו לא ישב אדם שם לא גזר אדם הראשון יישוב שם והיינו דאמרי אינשי איתנהו משני אדם הראשון שגזר עליו אדם הראשון יישוב דקלים ולא יישוב אחר: שהקרחת עלינו את המקום. שכשהיו המים הרעים היתה פרנסתינו להביא מים ולמכור: מקטני אמנה. שהיו דואגים שפסקה פרנסתם בשביל שנתרפאו המים: ולדמא. קטנים ממש הוו ועל שם מקומם נקראו נערים שהיו מן נעורן: הכא מפרש מקומן. יריחו: ליהוו

עי' במהרש"א
[יומא נג. ע"ש ונע"ג]

תורה אור: במדבר כג | מיכה ו | ירמיה ה | דברים כא

°איתן מושבך ושים בסלע קנך ואומר °שמעו הרים את ריב ה' והאיתנים מוסדי ארץ [א]אחרים אומרים מנין לאיתן שהוא ישן שנאמר °גוי איתן הוא גוי מעולם הוא: ועורפין אותה בקופיץ מאחוריה: מ"ט [ב]גמר

א עריפה עריפה מחטאת העוף: ומקומה אסור מלזרוע ומליעבד: ת"ר [ג]°אשר לא יעבד בו ולא יזרע לשעבר דברי רבי יאשיה רבי יונתן אומר להבא *רבא אמר [ד]להבא דכ"ע לא פליגי דכתיב ולא יזרע כי פליגי לשעבר רבי יאשיה סבר מי כתיב ולא(א) יעובד ורבי יונתן מי כתיב אשר לא נעבד ורבי יאשיה אשר לשעבר משמע ור' יונתן אשר רבויא הוא: ומותר לסרוק שם פשתן ולנקר שם אבנים: ת"ר [ה]אשר לא יעבד בו ולא יזרע אין לי אלא זריעה שאר עבודות מנין תלמוד לומר אשר לא יעבד בו מכל מקום אם כן מה ת"ל ולא יזרע לומר לך מה זריעה מיוחדת שהיא בגופה של קרקע אף כל שהיא בגופה של קרקע יצא סריקת פשתן וניקור אבנים שאינן בגופה של קרקע [ו]ואימא אשר לא יעבד בו כלל ולא יזרע פרט [ז]כלל ופרט אין בכלל אלא מה שבפרט זריעה

ב אין מידי אחרינא לא אשר רבויא הוא: זקני העיר רוחצין ידיהן כו': ת"ר [ח]°וכל זקני העיר ההיא הקרובים אל החלל ירחצו את ידיהם על העגלה הערופה בנחל שאין ת"ל הערופה ומה ת"ל הערופה על מקום עריפתה של עגלה ואמרו ידינו לא שפכו את הדם הזה ועינינו לא ראו [ט]וכי על לבנו עלתה שב"ד שופכין דמים אלא לא בא לידינו ופטרנוהו בלא מזונות ולא ראינוהו והנחנוהו בלא לויה תניא [י]היה ר"מ אומר [א]כופין ללויה ששכר הלויה אין לה שיעור שנאמר °ויראו השומרים איש יוצא מן העיר ויאמרו לו הראנו נא את מבוא העיר ועשינו עמך חסד וכתיב ויראם את מבוא העיר ומה חסד עשו עמו שכל אותה העיר הרגו לפי חרב ואותו האיש ומשפחתו שלחו °וילך האיש ארץ החתים ויבן עיר ויקרא שמה לוז היא שמה עד היום הזה תניא [יא]היא לוז שצובעין בה תכלת היא לוז שבא סנחריב ולא בלבלה נבוכדנצר ולא החריבה ואף מלאך המות אין לו רשות לעבור בה אלא זקנים שבה בזמן שדעתן קצה עליהן יוצאין חוץ לחומה והן מתים והלא דברים ק"ו [יב]ומה כנעני זה שלא דיבר בפיו ולא הלך ברגליו גרם הצלה לו ולזרעו עד סוף כל הדורות מי שעושה לויה ברגליו על אחת כמה וכמה במה הראה להם חזקיה אמר בפיו עקם להם ר' יוחנן אמר באצבעו הראה להם תניא כוותיה דר' יוחנן בשביל שכנעני זה הראה באצבעו גרם הצלה לו ולזרעו עד סוף כל הדורות [יג]*אמר רבי יהושע בן לוי המהלך בדרך ואין לו לויה יעסוק בתורה שנאמר °כי לוית חן הם לראשך וענקים לגרגרותיך [יד]ואמר ר' יהושע בן לוי בשביל ארבעה פסיעות שלוה פרעה לאברהם שנאמר °ויצו עליו פרעה אנשים וגו' נשתעבד בבניו ארבע מאות שנה שנאמר °ועבדום וענו אותם ארבע מאות שנה אמר רב יהודה אמר רב כל המלוה את חבירו ארבע אמות בעיר אינו ניזוק רבינא אלויה לרבא בר יצחק ד' אמות בעיר מטא לידיה היזיקא ואיתציל ת"ר [נ]הרב לתלמיד עד עיבורה של עיר חבר לחבר עד תחום שבת תלמיד לרב אין לו שיעור וכמה א"ר ששת [ג]עד פרסה ולא אמרן אלא רבו שאינו מובהק [ד]אבל רבו מובהק שלשה פרסאות [טו]*רב כהנא אלויה לרב שימי בר אשי מפום נהרא עד בי ציניתא דבבל כי מטו התם אמר ליה [טז]ודאי דאמריתו הני ציניתא דבבל משני אדם הראשון איתנהו א"ל [יז]אדכרתן מלתא [יח]דאמר רבי יוסי בר' חנינא מאי דכתיב °בארץ לא עבר בה איש ולא ישב אדם שם וכי מאחר שלא עבר היכן ישב (ומאחר שלא ישב היכן עבר) אלא ארץ שגזר עליה אדם הראשון לישוב נתישבה ארץ שלא גזר עליה אדם הראשון לא נתישבה [יט]*רב מרדכי אלויה לרב אשי מהגרוניא ועד בי כיפי ואמרי לה עד בי דורא [כ]אמר רבי יוחנן משום רבי מאיר [ה]כל שאינו מלוה ומתלוה כאילו שופך דמים שאילמלי ליווהו אנשי יריחו לאלישע לא גירה דובים לתינוקות שנאמר °ויעל משם בית אל והוא עלה בדרך ונערים קטנים יצאו מן העיר ויתקלסו בו ויאמרו לו עלה קרח עלה קרח אמרו לו עלה שהקרחת עלינו את המקום מאי ונערים קטנים אמר ר' אלעזר [כא]*שמנוערים מן המצות קטנים שהיו מקטני אמנה תנא נערים היו ובזבזו עצמן כקטנים מתקיף לה רב יוסף [כב]*ודלמא על שם מקומן מי לא כתיב °וארם יצאו גדודים וישבו מארץ ישראל נערה קטנה וקשיא לן נערה וקטנה ואמר ר' פדת קטנה דמן נעורן התם לא מפרש מקומה הכא מפורש מקומן [כג]°ויפן אחריו ויראם ויקללם בשם ה' מה ראה אמר רב ראה ממש כדתניא [כד]רבן שמעון בן גמליאל אומר *כל מקום שנתנו חכמים עיניהם או מיתה או עוני ושמואל אמר ראה שכולן נתעברה בהן אמן ביום הכיפורים ורבי יצחק נפחא אמר בלורית ראה להן כאמוריים ורבי יוחנן אמר ראה שלא היתה בהן לחלוחית של מצוה ודלמא בזרעייהו ניהוה הוה אמר רבי אלעזר לא בם ולא בזרעם עד סוף כל הדורות: °ותצאנה שתים דובים מן היער ותבקענה מהם ארבעים ושני ילדים
רב

[נ"ל אמר רבא כ"א ילקוט]
שם | שופטים א | שם | ערכין נד. | משלי א | בראשית יב | שם טו | ברכות לא. | ירמיה ב | נ"א ל"ג | [ברכות לא. ע"ש] | מלכים ב ב | [חגיגה יז.] | מלכים ב ה | חולין ה. | שם ב | חגיגה ה: מ"ק יז: נדרים ז: | מלכים ב ב

הגהות הב"ח
(א) גמ' ר' יאשיה סבר מי כתיב ולא יעבד אשר לא יעבד כתיב ור' יונתן סבר מי כתיב אשר לא נעבד אשר לא יעבד כתיב ור' יאשיה אשר לשעבר: (ב) רש"י ד"ה מי כתיב וכו' השתא דכתיב אשר לא יעבד:

"אֵיתָן מוֹשָׁבֶךָ וְשִׂים בַּסֶּלַע קִנֶּךָ" (במדבר כד, כא), וְאוֹמֵר: "שִׁמְעוּ הָרִים אֶת רִיב ה׳ וְהָאֵתָנִים מֹסְדֵי אָרֶץ" (מיכה ו, ב) ומן ההקבלה שבתוך הפסוקים אפשר ללמוד ש"איתן" הוא קשה, כמו סלע או הר. אֲחֵרִים אוֹמְרִים: מִנַּיִן לְ"אֵיתָן" שֶׁהוּא יָשָׁן — שֶׁנֶּאֱמַר: "גּוֹי אֵיתָן הוּא, גּוֹי מֵעוֹלָם הוּא" (ירמיה ה, טו).

שנינו: "וְעוֹרְפִין אוֹתָהּ בְּקוֹפִיץ מֵאֲחוֹרֶיהָ". ומסבירים: מַאי טַעְמָא [מה טעם הדבר]? — גָּמַר [למד] בגזירה שווה עֲרִיפָה עֲרִיפָה מֵחַטַּאת הָעוֹף שגם בה נזכר שורש "ערף" ("ומלק את ראשו ממול ערפו". ויקרא ה, ח), שעריפה אינה אלא מן העורף.

א עוד שנינו במשנה: "וּמְקוֹמָהּ, מקום עריפת העגלה, אָסוּר מִלִּזְרוֹעַ וּמִלֵּיעָבֵד". תָּנוּ רַבָּנַן [שנו חכמים]: מה שנאמר "אֲשֶׁר לֹא יֵעָבֵד בּוֹ וְלֹא יִזָּרֵעַ" (דברים כא, ד), מדובר לְשֶׁעָבַר, כלומר, מקום שלא עבדו ולא זרעו בו קודם לכן, אלו דִּבְרֵי ר׳ יֹאשִׁיָּה. ר׳ יוֹנָתָן אוֹמֵר: לְהַבָּא, כלומר, שאסור לזרוע ולעבוד בו מאז והלאה. רָבָא אָמַר: לְהַבָּא — דְּכוּלֵּי עָלְמָא לָא פְּלִיגִי [הכל אינם חולקים] שאסור בזריעה ועבודה, דִּכְתִיב [שנאמר]: "וְלֹא יִזָּרֵעַ" בלשון עתיד, כִּי פְּלִיגִי [כאשר נחלקו] הרי זה לגבי לְשֶׁעָבַר. ר׳ יֹאשִׁיָּה האוסר מקום שנעבד בעבר, סָבַר: מִי כְּתִיב [האם כתוב] בלשון ציווי לעתיד "וְלֹא יְעוּבַּד"? וְר׳ יוֹנָתָן אומר: מִי כְּתִיב [האם כתוב] בלשון עבר "אֲשֶׁר לֹא נֶעֱבַד"? וְר׳ יֹאשִׁיָּה אומר על כך: "אֲשֶׁר" — לְשֶׁעָבַר מַשְׁמַע, וְר׳ יוֹנָתָן סבור כי "אֲשֶׁר" לשון רִבּוּיָא [ריבוי] הוּא, כפי שיתבאר להלן, ואין במשמעותו לשון עבר.

שנינו במשנה שמוּתָּר לִסְרוֹק שָׁם פִּשְׁתָּן וּלְנַקֵּר שָׁם אֲבָנִים. תָּנוּ רַבָּנַן [שנו חכמים]: מה שנאמר "אֲשֶׁר לֹא יֵעָבֵד בּוֹ וְלֹא יִזָּרֵעַ" — אֵין לִי אֶלָּא זְרִיעָה, שְׁאָר עֲבוֹדוֹת שאסור גם כן לעשות בו מִנַּיִן? תַּלְמוּד לוֹמַר: "אֲשֶׁר לֹא יֵעָבֵד בּוֹ" מִכָּל מָקוֹם. אִם כֵּן מַה תַּלְמוּד לוֹמַר "וְלֹא יִזָּרֵעַ" אחרי שאמר כבר בלשון כללית "לא יעבד"? לוֹמַר לְךָ: מַה זְּרִיעָה מְיוּחֶדֶת שֶׁהִיא מלאכה בְּגוּפָהּ שֶׁל קַרְקַע אַף כָּל מלאכה שֶׁהִיא דווקא בְּגוּפָהּ שֶׁל קַרְקַע — אסורה, יָצָא סְרִיקַת פִּשְׁתָּן וְנִיקּוּר אֲבָנִים שֶׁאֵינָן מלאכות הנעשות בְּגוּפָהּ שֶׁל קַרְקַע. ומקשים: וְאֵימָא [ואמור] ודרוש את הפסוק אדרבה: "אֲשֶׁר לֹא יֵעָבֵד בּוֹ" הוא כְּלָל, "וְלֹא יִזָּרֵעַ" הרי פְּרָט, ואמרו חכמים שכל מקום בו נאמרו כְּלָל וּפְרָט — אֵין בַּכְּלָל אֶלָּא מַה שֶּׁבַּפְּרָט; זְרִיעָה — אִין [כן] אסורה, מִידֵּי אַחֲרִינָא [דבר אחר] — לֹא! ומתרצים: "אֲשֶׁר" לשון רִבּוּיָא [ריבוי] הוּא, שבא לרבות כל מלאכה, ולא בא הפרט אלא להגדיר את סוגי המלאכות האסורות.

ב שנינו: "זִקְנֵי הָעִיר רוֹחֲצִין יְדֵיהֶן" כו׳. תָּנוּ רַבָּנַן [שנו חכמים], נאמר: "וְכֹל זִקְנֵי הָעִיר הַהִוא הַקְּרֹבִים אֶל הֶחָלָל יִרְחֲצוּ אֶת יְדֵיהֶם עַל הָעֶגְלָה הָעֲרוּפָה בַנָּחַל" (שם ו). שֶׁאֵין תַּלְמוּד, לא צריך היה, לוֹמַר "הָעֲרוּפָה" שהרי בעגלה זו אנו מדברים, וּמַה תַּלְמוּד לוֹמַר "הָעֲרוּפָה" — הכוונה היא שירחצו את ידיהם עַל מְקוֹם עֲרִיפָתָהּ שֶׁל עֶגְלָה.

עוד שנינו במשנה על הנאמר "וְאָמְרוּ יָדֵינוּ לֹא שָׁפְכוּ אֶת הַדָּם הַזֶּה וְעֵינֵינוּ לֹא רָאוּ", וְכִי עַל לִבֵּנוּ עָלְתָה שֶׁבֵּית דִּין שׁוֹפְכִין דָּמִים שצריכים הם לומר שאינם כאלה? אֶלָּא, לֹא בָּא לְיָדֵינוּ וּפְטַרְנוּהוּ והכוונה היא: בְּלֹא מְזוֹנוֹת וְלֹא רְאִינוּהוּ וְהִנַּחְנוּהוּ — בְּלֹא לְוָיָה שלא גרמו לכך אף בעקיפין. תַּנְיָא [שנויה ברייתא]: הָיָה ר׳ מֵאִיר אוֹמֵר: כּוֹפִין לְלְוָיָה, כלומר, כופים את מי שאינו רוצה ללוות את חבירו, שילווהו, כיון שֶׁשְּׂכַר הַלְּוָיָה אֵין לָהּ שִׁיעוּר, וראיה לדבר שֶׁנֶּאֱמַר: "וַיִּרְאוּ הַשֹּׁמְרִים אִישׁ יוֹצֵא מִן הָעִיר וַיֹּאמְרוּ לוֹ הַרְאֵנוּ נָא אֶת מְבוֹא הָעִיר וְעָשִׂינוּ עִמְּךָ חָסֶד" (שופטים א, כד) וּכְתִיב [ונאמר]: "וַיַּרְאֵם אֶת מְבוֹא הָעִיר" (שם כה), וּמַה חֶסֶד עָשׂוּ עִמּוֹ — שֶׁכָּל אוֹתָהּ הָעִיר הָרְגוּ לְפִי חֶרֶב, וְאוֹתוֹ הָאִישׁ וּמִשְׁפַּחְתּוֹ שִׁלְּחוּ. ונאמר: "וַיֵּלֶךְ הָאִישׁ אֶרֶץ הַחִתִּים וַיִּבֶן עִיר וַיִּקְרָא שְׁמָהּ לוּז הוּא שְׁמָהּ עַד הַיּוֹם הַזֶּה" (שם כו) ועל כך תַּנְיָא [שנויה ברייתא]: הִיא לוּז שֶׁצּוֹבְעִין בָּהּ תְּכֵלֶת, הִיא לוּז שֶׁבָּא סַנְחֵרִיב שהגלה עמים רבים ממקום למקום וְלֹא בִּלְבְּלָהּ ולא הגלה אותה ממקומה, בא נְבוּכַדְנֶצַּר שכבש והחריב ארצות רבות וְלֹא הֶחֱרִיבָהּ, וְאַף מַלְאַךְ הַמָּוֶת אֵין לוֹ רְשׁוּת לַעֲבוֹר בָּהּ. אֶלָּא זְקֵנִים שֶׁבָּהּ, בִּזְמַן שֶׁדַּעְתָּן קָצָה עֲלֵיהֶן בחייהם, יוֹצְאִין חוּץ לַחוֹמָה וְהֵן מֵתִים. וַהֲלֹא דְּבָרִים קַל וָחוֹמֶר: וּמַה כְּנַעֲנִי זֶה שֶׁלֹּא דִּיבֵּר בְּפִיו ולא אמר במפורש היכן מבוא העיר, וְלֹא הָלַךְ בְּרַגְלָיו אלא רק הראה להם את הדרך — גָּרַם הַצָּלָה לוֹ וּלְזַרְעוֹ עַד סוֹף כָּל הַדּוֹרוֹת, מִי שֶׁעוֹשֶׂה לְוָיָה לחבירו בְּרַגְלָיו עַל אַחַת כַּמָּה וְכַמָּה ששכרו גדול. ושואלים: בַּמֶּה הֶרְאָה לָהֶם אותו איש את הדרך לעיר? חִזְקִיָּה אָמַר: בְּפִיו עִקֵּם לָהֶם, כלומר, על ידי עקימת פיו, בתנועות שפתיו, הראה להם היכן המבוא, ר׳ יוֹחָנָן אָמַר: בְּאֶצְבָּעוֹ בלבד הֶרְאָה לָהֶם. תַּנְיָא כְּוָותֵיהּ [שנויה ברייתא כשיטתו] של ר׳ יוֹחָנָן: בִּשְׁבִיל שֶׁכְּנַעֲנִי זֶה הֶרְאָה בְּאֶצְבָּעוֹ, גָּרַם הַצָּלָה לוֹ וּלְזַרְעוֹ עַד סוֹף כָּל הַדּוֹרוֹת. אָמַר ר׳ יְהוֹשֻׁעַ בֶּן לֵוִי: הַמְהַלֵּךְ בַּדֶּרֶךְ וְאֵין לוֹ לְוָיָה, שאין מי שילווה אותו — יַעֲסוֹק בַּתּוֹרָה, שֶׁנֶּאֱמַר בדברי תורה: "כִּי לִוְיַת חֵן הֵם לְרֹאשֶׁךָ וַעֲנָקִים לְגַרְגְּרֹתֶיךָ" (משלי א, ט). וְעוֹד אָמַר ר׳ יְהוֹשֻׁעַ בֶּן לֵוִי: בִּשְׁבִיל אַרְבָּעָה פְּסִיעוֹת שֶׁלִּוָּה פַּרְעֹה לְאַבְרָהָם, שֶׁנֶּאֱמַר: "וַיְצַו עָלָיו פַּרְעֹה אֲנָשִׁים" וגו׳ (בראשית יב, כ) נִשְׁתַּעְבֵּד בְּבָנָיו אַרְבַּע מֵאוֹת שָׁנָה שֶׁנֶּאֱמַר: "וַעֲבָדוּם וְעִנּוּ אֹתָם אַרְבַּע מֵאוֹת שָׁנָה" (שם טו, יג). אָמַר רַב יְהוּדָה אָמַר רַב: כָּל הַמְלַוֶּה אֶת חֲבֵירוֹ אַרְבַּע אַמּוֹת בָּעִיר — אֵינוֹ נִיזּוֹק באותו ליווי. מסופר: רָבִינָא אַלְוְיֵהּ [ליווהו] לְרָבָא בַּר יִצְחָק אַרְבַּע אַמּוֹת בָּעִיר, מְטָא לִידֵיהּ הֶיזֵּיקָא וְאִיתְּצִיל [הגיע לידיו היזק וניצל ממנו]. תָּנוּ רַבָּנַן [שנו חכמים]: הָרַב מלווה לְתַלְמִיד — עַד עִיבּוּרָהּ (קצה האחרון) שֶׁל עִיר, חָבֵר לְחָבֵר מלווה אותו עַד תְּחוּם שַׁבָּת של אותה עיר (שהוא מיל), תַּלְמִיד לְרַב — אֵין לוֹ שִׁיעוּר ללוותו. ושואלים: וְכַמָּה? הרי בודאי אין מדובר פה שילווה אותו כל דרכו. אָמַר רַב שֵׁשֶׁת: עַד פַּרְסָה, שהיא ארבעה מילין. ומעירים: וְלֹא אֲמָרַן [אמרנו] שיעור זה אֶלָּא ללוות את רַבּוֹ שֶׁאֵינוֹ מוּבְהָק, אֲבָל את רַבּוֹ מוּבְהָק מלווה שְׁלֹשָׁה פַּרְסָאוֹת. מסופר: רַב כָּהֲנָא אַלְוְיֵהּ [ליווהו] לְרַב שִׁימִי בַּר אַשִׁי מֵהעיר פּוּם נַהֲרָא עַד בֵּי צִינִיתָא [מקום הדקלים] של בָּבֶל. כִּי מְטוּ הָתָם [כאשר הגיעו לשם] אָמַר לֵיהּ [לו] רב כהנא לרב שימי בר אשי: וַדַּאי דְּאָמְרִיתוּ הָנֵי צִינִיתָא [האם נכון הוא שאתם אומרים שאותם דקלים] של בָּבֶל מִשְּׁנֵי [משנותיו, מימיו] של אָדָם הָרִאשׁוֹן אִיתְנְהוּ [ישנם] שם? אָמַר לֵיהּ [לו] רב שימי בר אשי: אַדְכַּרְתַּן מִלְּתָא [הזכרת לי על ידי כך דבר] שאָמַר ר׳ יוֹסֵי בְּר׳ חֲנִינָא: מַאי דִּכְתִיב [מהו שנאמר] "בְּאֶרֶץ לֹא עָבַר בָּהּ אִישׁ וְלֹא יָשַׁב אָדָם שָׁם" (ירמיה ב, ו), ולכאורה תמוה: וְכִי מֵאַחַר שֶׁלֹּא עָבַר בה איש — הֵיכָן יָשַׁב (וּמֵאַחַר שֶׁלֹּא יָשַׁב הֵיכָן עָבַר) ומה צורך בתוספת זו בכתוב? אֶלָּא הכוונה היא: אֶרֶץ שֶׁגָּזַר עָלֶיהָ אָדָם הָרִאשׁוֹן לְיִשּׁוּב — נִתְיַשְּׁבָה, אֶרֶץ שֶׁלֹּא גָּזַר עָלֶיהָ אָדָם הָרִאשׁוֹן — לֹא נִתְיַשְּׁבָה. וכיוצא בו מסופר שֶׁרַב מָרְדְּכַי אַלְוְיֵהּ [ליווהו] לְרַב אַשִׁי מֵהעיר הַגְרוֹנְיָא וְעַד בֵּי כֵּיפֵי, וְאָמְרִי לָהּ [ויש אומרים] עַד בֵּי דּוּרָא ליווה אותו. אָמַר ר׳ יוֹחָנָן מִשּׁוּם (בשם) ר׳ מֵאִיר: כָּל שֶׁאֵינוֹ מְלַוֶּה את חבירו וְאינו מִתְלַוֶּה שאינו מוכן שילווהו — כְּאִילּוּ שׁוֹפֵךְ דָּמִים, וראיה לדבר שֶׁאִילְמָלֵי לִיוּוּהוּ אַנְשֵׁי יְרִיחוֹ לֶאֱלִישָׁע לֹא גֵּירָה דּוּבִּים לַתִּינוֹקוֹת, שֶׁנֶּאֱמַר: "וַיַּעַל מִשָּׁם בֵּית אֵל וְהוּא עֹלֶה בַדֶּרֶךְ וּנְעָרִים קְטַנִּים יָצְאוּ מִן הָעִיר וַיִּתְקַלְּסוּ בוֹ וַיֹּאמְרוּ לוֹ עֲלֵה קֵרֵחַ עֲלֵה קֵרֵחַ" (מלכים ב ב, כג), שאילו היו מלווים אותו היו מגרשים את הנערים הקטנים. אגב כך מפרשים מה כוונת דבריהם, אָמְרוּ לוֹ: עֲלֵה צא מכאן, שֶׁהִקְרַחְתָּ עָלֵינוּ אֶת הַמָּקוֹם, שגרמת לנו נזק, משום שהם היו מתפרנסים מהספקת מים טובים ליריחו והוא המתיק את המים שבתוך העיר, ולא היה עוד צורך בהם. ושואלים: מַאי [מה] פירוש "וּנְעָרִים קְטַנִּים" שלכאורה צריך היה לכתוב או נערים או קטנים (ילדים)? אָמַר ר׳ אֶלְעָזָר הכוונה היא: "נערים" — שֶׁמְּנוּעָרִים מִן הַמִּצְוֹת, "קְטַנִּים" — שֶׁהָיוּ מִקְּטַנֵּי אֲמָנָה שלא האמינו שתבוא להם פרנסה ממקום אחר. תָּנָא [שנה החכם]: נְעָרִים הָיוּ, כלומר, גדולים בשנים וּבִזְבְּזוּ (וביזו) עַצְמָן כִּקְטַנִּים. מַתְקִיף לָהּ [מקשה על כך] רַב יוֹסֵף: וְדִלְמָא [ושמא] עַל שֵׁם מְקוֹמָן נקראו נערים? מִי [האם] לֹא כְּתִיב [נאמר] "וַאֲרָם יָצְאוּ גְדוּדִים וַיִּשְׁבּוּ מֵאֶרֶץ יִשְׂרָאֵל נַעֲרָה קְטַנָּה" (שם ה, ב), וְקַשְׁיָא לָן [והיה קשה לנו]: "נַעֲרָה" ו"קְטַנָּה", כיצד יכולים שני הדברים להיות יחד? וְאָמַר ר׳ פְּדָת: קְטַנָּה שמִן העיר נְעוֹרָן, ואף פה נפרש כך! ומשיבים: אי אפשר לומר כן, כי הָתָם [שם] לֹא מְפָרַשׁ מְקוֹמָהּ, ולכן אפשר לומר ש"נערה" פירושה מהעיר נעורן, אבל הָכָא [כאן] מְפוֹרָשׁ מְקוֹמָן שהם מיריחו. עוד נאמר שם "וַיִּפֶן אַחֲרָיו וַיִּרְאֵם וַיְקַלְלֵם בְּשֵׁם ה׳" (שם ב, כד). ושואלים: מָה רָאָה? אָמַר רַב: רָאָה מַמָּשׁ, כלומר, הביט, נעץ עיניו בהם. כִּדְתַנְיָא [כפי ששנינו בברייתא], רַבָּן שִׁמְעוֹן בֶּן גַּמְלִיאֵל אוֹמֵר: כָּל מָקוֹם שנאמר שֶׁנָּתְנוּ חֲכָמִים עֵינֵיהֶם באדם מסויים — אוֹ שנגרמה לו מִיתָה, אוֹ שנגרם לו עוֹנִי. וּשְׁמוּאֵל אָמַר: רָאָה את מהותם, שֶׁכּוּלָּן נִתְעַבְּרָה בָּהֶן אִמָּן בְּיוֹם הַכִּיפּוּרִים שאסור בתשמיש המיטה. וְר׳ יִצְחָק נַפָּחָא אָמַר: בְּלוֹרִית רָאָה לָהֶן, שהם מגדלים שער כְּגוֹיִם. וְר׳ יוֹחָנָן אָמַר: רָאָה שֶׁלֹּא הָיְתָה בָּהֶן לַחְלוּחִית שֶׁל מִצְוָה. ושואלים על פירושו של ר׳ יוחנן: אם זאת היתה הסיבה שקללם, וְדִלְמָא בְּזַרְעַיְיהוּ נִיהֲוָה הֲוָה [ושמא בזרעם תהיה] לחלוחית של מצוה? אָמַר ר׳ אֶלְעָזָר: ראה בנבואה שלא תהיה לחלוחית של מצוה לֹא בָּם וְלֹא בְּזַרְעָם עַד סוֹף כָּל הַדּוֹרוֹת. נאמר "וַתֵּצֶאנָה שְׁתַּיִם דֻּבִּים מִן הַיַּעַר וַתְּבַקַּעְנָה מֵהֶם אַרְבָּעִים וּשְׁנֵי יְלָדִים" (שם)

מסורת הש״ס

א. ילק״ש תורה תקכד.
ב. ראה ספרי דברים כא, ד. מדרש תנאים כא, ד.
ג. ילק״ש שם.
ד. ראה ירושלמי סוטה פ״ט ה״ה.
ה. ספרי שם. מדרש תנאים שם.
ו. ירושלמי שם.
ז. סוטה מו,א (ושם סומנו מקבילות).
ח. ספרי שם כא, ו. ילק״ש שם.
ט. סוטה לח,ב (ושם סומנו מקבילות).
י. תנדבא״ז פט״ז. ילק״ש נ״ך לח.
יא. ב״ר פס״ט ח. תנדבא״ז שם. וראה סנהדרין יב,א.
יב. ב״ר שם. תנדבא״ז שם. וראה ב״ר פ״ק ו.
יג. עירובין נד,א. תנדבא״ז שם. ילק״ש נ״ך תתקכט.
יד. ילק״ש תורה סט.
טו. ברכות לא,א (כל הענין).
טז. (הביטוי) ברכות שם. לג,ב. פסחים נג,ב. כתובות פו,א. ב״ב טז,ב.
יז. (הביטוי) ברכות לא,א. לח,א. חגיגה כב,ב. סוכה נג,א. מנחות כא,א. חולין צט,ב. בכורות יא,ב.
יח. ברכות לא,א. וראה ב״ר פי״ט ג. ילק״ש נ״ך רסו.
יט. ברכות שם.
כ. ילק״ש שם רכו.
כא. (דרשה זו) חגיגה יד,א.
כב. חולין ה,א. ראה סוטה מח,ב.
כג. ילק״ש שם.
כד. חגיגה ה,ב. מו״ק יז,ב. נדרים ז,ב.

גרסות

שהוא ישן יש בכת״י: **שהוא קשה** ויש: **שהוא ישן וקשה.**
דכולי עלמא יש בכת״י: **כולי עלמא.**
לסרוק שם... סריקת יש בכת״י: **לשרות בה... שריית.**
אין לה שיעור יש בכת״י ועוד: **אין לו שיעור.**
נבוכדנצר יש בכת״י: **בא נבוכדנצר.**
לעבור בה יש בכת״י ועוד: **לעבור בתוכה.**
קצה עליהן יוצאים יש בכת״י ועוד: **קצה בהן מוציאין אותן.**
במה הראה יש בכת״י רבים: **ואלא במה הראה.**
ארבעה פסיעות יש בכת״י: **ארבע אמות.**
ארבע אמות יש בכת״י ועוד: **אפילו ארבע אמות.**
דאמריתו במקבילה: **דאמרי אינשי.**
(ומאחר שלא ישב היכן עבר) בהרבה כת״י ובמקבילה ועוד לא גרסו משפט זה.
לתינוקות בהרבה כת״י: **בתינוקות.**
שמנוערים יש בכת״י: **נערים שמנוערים.**
תנא נערים יש בכת״י ועוד: **במתניתא תנא נערים.**
נערה וקטנה בהרבה כת״י כבמקבילה: **קרי לה נערה וקרי לה קטנה.**
כגוים בדפוסים שונה על ידי הצנזור: **כאמוריים.**

לשון

ציניתא דבבל
המלה ציניתא בצירופיה השונים מצויה גם בלשון המשנה, ויש כיוצא בה גם בערבית. נראה כי משמעה המדויק הוא אחד ממיני הדקלים. ציניתא דבבל נזכרים כיער גדול של תמרים שהיה סמוך לעיר בבל העתיקה.

החיים

נעורן
זו היא עיר קטנה סמוכה ליריחו שבזמן התלמוד היתה עיר שכולה יהודים (בניגוד ליריחו המעורבת). כיום חריבה עיר זו, אבל נשארו שרידי בית כנסת מפואר שהיה בנוי בה.

בלורית

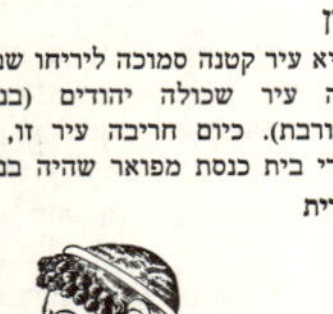

ראש של איש צבא צעיר, מתוך ציור יווני

הרבה השערות נאמרו בבירור מקורה של מלה זו, בעיקר מן היוונית והלטינית, ואין אחת מהן מתאימה בדיוק. ועניינה של תספורת זו הוא שהיו משאירים קווצות שיער, בעיקר בצידו האחורי של הראש, ואחר כך היו מגלחים אותן בטכס מיוחד של עבודה זרה.

עיונים

איתן רוב המפרשים (רש״י, רשב״ם, ר״ש, רמב״ן, רא״ש) מסבירים שנחל איתן הוא עמק (ואדי), שבימות הגשמים יש בו מים, אבל בימות החמה הוא מתייבש. ולפי זה מובן שצריך למצוא מקום כזה בנחל שאינו מקום רך, אלא מקום קשה שאינו ראוי לזריעה. אכן הרמב״ם מסביר כי נחל איתן הוא נהר השוטף בחוזקה, ו"קשה" לפי זה עניינו שמימיו זורמים בנוח. ולפירוש זה מה שאסרו לזרוע שם אינו מדובר בתוך הנחל עצמו, שאינו מקום זריעה אלא על שפת הנחל באותו מקום. וכן מצדד הרד״ק בפירוש זה ומסביר, ולדעתו יש סיוע לכך מרחיצת הידים בנחל — שרוחצים ידיהם מן המים הזורמים שם.

איתן שהוא ישן לפי רש״י הכוונה שאין להשתמש במקום שהביאו אליו אדמה חדשה, אלא במקום שאדמתו נמצאת שם מימים קדמונים. ויש מפרשים, וכן נראה לפי שיטת הרמב״ם שהכוונה היא שאפיק הנחל הזה הוא קבוע, שלא שינו אותו במשך הזמן. ובתלמוד הירושלמי אמרו שלא נאמר "נחל איתן" אלא למצוה, אבל לא לעכב. שגם אם לא היה איתן כשר, וכן אם לא היה שם נחל עושים במקום קשה אחר (וראה במאירי).

ולא יזרע ובספר החינוך כתב בטעם הדבר שמניחים המקום בלא זריעה ובלא עיבוד כדי שלא יישכח הדבר, שעל ידי כך יזכרו לדורות מעשה זה.

רוחצין ידיהן וטעם הדבר שהם כמראים שידיהם נקיות מדם, שלא דבק בהם דם הנהרג (עיון יעקב).

ופטרנוהו בלא מזונות זו היא שיטת התלמוד הבבלי בהסבר המשנה. אבל בתלמוד הירושלמי נאמר כי נחלקו חכמים בדבר, וחכמי ארץ ישראל מפרשים את המשנה בדרך אחרת, שהדברים מתייחסים לא להרוג אלא להורג — לא בא ההורג לידינו ופטרנוהו והנחנוהו — שלא גרמנו שישמט רוצח זה מידינו מתוך ידיעה, אלא שלא ידענו מי הוא. ודברים אלה מסייעים לדעת הגורסים במשנה רק כלים אלה "ופטרנוהו והנחנוהו" בלא לפרשן שם, שהרי מן התלמוד הירושלמי נראה שיש כאן תוספת דברים על לשון המשנה הקצרה המשתמעת לשתי פנים.

כופין ללויה ששכר הלויה וכו׳ היו שהתקשו בדבר, שהרי אמרו (חולין קי, ב) כי כל מצוה שמתן שכרה בצידה אין בית דין כופין עליה! והיו שהביאו גרסה "שלויה אין לה שיעור" ולפי זה הריהי כשאר פרטי מצות גמילות חסד שאין להן שיעור ובית דין כופין עליהן. ובטעם הדבר כתב בצפנת פענח כי מה שאין בית דין כופין במצוה שמתן שכרה בצידה הוא משום שאדם יכול למחול על המצוה ועל שכרה, אבל בדבר שאין לו שיעור לא שייך ענין מחילה. ויש שתירצו כי כיון שאין מתן שכרה כתוב בצדה במפורש בתורה, אינה נכללת בכלל הדברים שאין כופין עליהם. (יגל יעקב ועוד).

ואף מלאך המוות וכו׳ ויש לפרש שמה שמלאך המוות אין לו רשות להיכנס בה אינו משום שניתן דבר זה כשכר לאותו כנעני. אלא אותו מקום אין בו שליטה למלאך המוות, והיה שכרו של הכנעני שנזדמן לו לבנות עירו באותו מקום (שפת אמת עפ״י הזוהר).

מי שעושה לויה ברגליו וכו׳ המהרש״א מסביר כי המדבר בפיו או כיוצא בזה, אף שהוא מסייע לאדם אחר בדרכו, מכל מקום יכול האיש לאחר מכן לתעות בדרך. מה שאין כן כאשר מלווה ברגליו, שמוליך את המתלווה למקום ששבו אינו יכול לתעות עוד.

כי לוית וכו׳ זכות התורה מלווה אותו, והרי כבר אמרו כי התורה "מגנא ומצלא", ובזכותה יינצל מרעה (עיון יעקב).

בשביל ארבעה פסיעות לא שגרמו ארבע פסיעות אלה לשעבוד, שהרי שעבוד נגזר על בני ישראל בברית בין הבתרים. אלא שאז לא נאמר לאברהם אלא רק שיהיו בניו משועבדים, וזכה פרעה בשכר מעשיו שיהא שעבודם אצלו (מהרש״א).

אין לו שיעור וכמה לכאורה תמוה, שאם אמרו "אין לו שיעור" מה מקום לשאלה "וכמה" שבאה לקבוע שיעור? ויש מפרשים ש"אין לה שיעור" כוונתו לשיעור עליון, שיכול ללוות כמה שירצה. אבל יש לכך גבול תחתון. — שלפחות ילווהו עד פרסה (אשל אברהם).
ויש שכתבו שמה שמלווהו הרבה מחוץ לעיבורה של העיר אינו בגדר ליווי, אלא בגדר הליכה עימו בדרך, שהרי במרחק פרסה כבר מתפלל תפילת הדרך (מרומי שדה. וראה כעין זה בשבות יעקב).

ארץ שגזר וכו׳ ונראה לפי כך שפירש לו שאותם תמרים שאמרו שהם מימי אדם הראשון, אין זה דווקא מעשה שהיה, אלא לומר שמימי אדם הראשון נגזר על מקום זה שיהא מקום גידול לתמרים.

ראה ממש כתב המהרש״א שהוצרכו לפרש כן משום שהיה תמוה בעיניהם כיצד קיללם בפיו במפורש, כאשר יש מצות לא תעשה שאסור לקלל אדם מישראל. ולכן פירש רב שלא קיללם במפורש אלא נתן עיניו בהם בהקפדה והקפדתו עשתה רושם.

נתעברה בהם אמן וכו׳ כתב המהר״ל להסביר פנימיות הדברים, שראה שאין בהם ממשות אמיתית לפי שיום הכיפורים אינו יום המיועד לתשמיש, וכאילו היתה עיקר יצירתם שלא בתוך מציאות העולם. ולדעת ר׳ יצחק נפחא ראה שהיה בהם קלקול לא מצד חומר גופם אלא מצד נשמתם.

אורח ההלכה

ומותר לסרוק שם וכו׳ המקום שנערפה בו העגלה אסור בזריעה ועבודה לעולם, כר׳ יונתן, שסתם משנה כמותו. וכל העובד שם עבודה בגופה של קרקע כגון שחורש או זורע ונוטע — הרי זה לוקה. ומותר לסרוק שם פשתן ולנקר שם אבנים, שכל מלאכה שאינה בגופה של הקרקע מותרת. (רמב״ם ספר נזיקין הלכות רוצח ושמירת נפש פ״ט ה״ט).

כופין ללויה כופין על הליווי כשם שכופים על הצדקה. ובית דין היו מתקנים שלוחים ללוות אדם העובר ממקום למקום. ואם נתעצלו בדבר זה מעלה עליהם הכתוב כאלו הם שופכי דמים. (רמב״ם ספר שופטים הלכות אבל פי״ד ה״ג).

הרב לתלמיד וכו׳ הרב לתלמיד חייב ללוותו עד עיבורה של העיר, והאיש לחבירו עד תחום שבת, והתלמיד לרבו — עד פרסה, ואם היה רבו מובהק — עד שלוש פרסות. וכיום נוהגים ללוות עד השער או לפחות ארבע אמות, וסומכים שמן הסתם מוחל האורח על ליווי כדינו (ליקוטי הלכות). (רמב״ם שם).

רַב וּשְׁמוּאֵל נחלקו בכך, חַד [אחד] מהם אָמַר: נֵס היה זה. וְחַד [ואחד] מהם אָמַר: נֵס בְּתוֹךְ נֵס. ומסבירים: מַאן דְּאָמַר [מי שאומר] שהיה זה נֵס — יַעַר הֲוָה [היה] באותו מקום, אבל דּוּבִּים לֹא הֲווּ [היו] שם ונעשה נס ונוצרו. מַאן דְּאָמַר [מי שאומר] שהיה זה נֵס בְּתוֹךְ נֵס — לֹא יַעַר הֲוָה [היה] שם וְלֹא דּוּבִּים הֲווּ [היו] שם. ושואלים: ולמה הוצרך לעשות נס בתוך נס? וְלֶיהֱוֵי [ושיהיו] דּוּבִּים וְשֶׁלֹּא לֶיהֱוֵי [יהיה] יַעַר שעצם היער לא היה בו נס כלל! ומסבירים: דִּבְעִיתִי [שהדובים מפחדים] בשטח גלוי. אבל בתוך היער, שהוא מקומם, הם מתנפלים אפילו על בני אדם. אָמַר ר' חֲנִינָא: בִּשְׁבִיל אַרְבָּעִים וּשְׁנַיִם קָרְבָּנוֹת שֶׁהִקְרִיב בָּלָק מֶלֶךְ מוֹאָב כאשר ביקש בלעם לקלל את ישראל הוּבְקְעוּ מִיִּשְׂרָאֵל אַרְבָּעִים וּשְׁנַיִם יְלָדִים באותו מעשה עם אלישע. ושואלים: אִינִי [וכי כן הוא]? האם לכך הביאו הקרבנות שהקריב? וְהָאָמַר [והרי אמר] רַב יְהוּדָה אָמַר רַב: לְעוֹלָם יַעֲסוֹק אָדָם בְּתוֹרָה וּבְמִצְוֹת, וְאַף עַל פִּי שעוסק בהם שֶׁלֹּא לִשְׁמָהּ. שֶׁמִּתּוֹךְ שֶׁלֹּא לִשְׁמָהּ בָּא לִשְׁמָהּ. שֶׁהֲרֵי בִּשְׂכַר אַרְבָּעִים וּשְׁנַיִם קָרְבָּנוֹת שֶׁהִקְרִיב בָּלָק מֶלֶךְ מוֹאָב זָכָה וְיָצְתָה (יצאה) מִמֶּנּוּ רוּת שֶׁיָּצָא מִמֶּנּוּ שְׁלֹמֹה שהקריב גם הוא הרבה קרבנות, שֶׁכָּתוּב בֵּיהּ [בו] "אֶלֶף עֹלוֹת יַעֲלֶה שְׁלֹמֹה" (מלכים א ג, ד). וְכֵן אָמַר ר' יוֹסֵי בֶּן חוֹנִי: רוּת בִּתּוֹ שֶׁל עֶגְלוֹן בְּנוֹ שֶׁל בָּלָק הָיְתָה! ומשיבים: תַּאֲוָתוֹ מִיהָא [על כל פנים] לִקְלָלָה הֲוֵי [היתה] ולכן גרם הדבר גם קללה. נאמר שם: "וַיֹּאמְרוּ אַנְשֵׁי הָעִיר אֶל אֱלִישָׁע הִנֵּה נָא מוֹשַׁב הָעִיר טוֹב כַּאֲשֶׁר אֲדֹנִי רֹאֶה והמים רעים והארץ מְשַׁכָּלֶת" (מלכים ב ב, יט), ושואלים: וְכִי מֵאַחַר שמַּיִם רָעִים וְאֶרֶץ מְשַׁכֶּלֶת, אֶלָּא מַה טּוֹבָתָהּ? אָמַר ר' חָנִין: חֵן מָקוֹם עַל יוֹשְׁבָיו, שלמרות החסרונות אנשים אוהבים את מקומם. אָמַר ר' יוֹחָנָן: שְׁלֹשָׁה חִינּוֹת הֵן שפועלות בצורה דומה: חֵן מָקוֹם עַל יוֹשְׁבָיו, חֵן אִשָּׁה עַל בַּעְלָהּ למרות שיכולים להיות בה חסרונות, חֵן מִקָּח עַל מִקָּחוֹ חן של הדבר על זה שקנה אותו, שהוא טוב בעיניו.

א תָּנוּ רַבָּנַן [שנו חכמים]: שְׁלֹשָׁה חֳלָאִין חָלָה אֱלִישָׁע: אֶחָד כעונש עַל שֶׁגֵּירָה דּוּבִּים בְּתִינוֹקוֹת, וְאֶחָד נענש עַל שֶׁדְּחָפוֹ לְגֵחֲזִי בִּשְׁתֵּי יָדַיִם ולא הניח לו דרך לחזור בו, וְאֶחָד שֶׁמֵּת בּוֹ, שֶׁנֶּאֱמַר בו חולי שלוש פעמים: "וֶאֱלִישָׁע חָלָה אֶת חָלְיוֹ אֲשֶׁר יָמוּת בּוֹ" (שם יג, יד). תָּנוּ רַבָּנַן [שנו חכמים]: לְעוֹלָם תְּהֵא שְׂמֹאל דּוֹחָה וְיָמִין מְקָרֶבֶת שגם אם דוחים תלמיד, עדיין צריכים לתת לו פתח לחזור בו, לֹא כֶּאֱלִישָׁע שֶׁדְּחָפוֹ לְגֵחֲזִי בִּשְׁתֵּי יָדָיו, וְלֹא כִּיהוֹשֻׁעַ בֶּן פְּרַחְיָה שֶׁדְּחָפוֹ לְיֵשׁוּ הַנּוֹצְרִי בִּשְׁתֵּי יָדָיו. ומפרשים: אֱלִישָׁע מַאי הִיא [מה היה] המעשה, דִּכְתִיב [שנאמר]: "וַיֹּאמֶר נַעֲמָן (לגיחזי) הוֹאֵל קַח כִּכָּרָיִם" (שם ה, כג) וּכְתִיב [ונאמר]: "וַיֹּאמֶר אֵלָיו (אלישע לגיחזי) לֹא לִבִּי הָלַךְ כַּאֲשֶׁר הָפַךְ אִישׁ מֵעַל מֶרְכַּבְתּוֹ לִקְרָאתֶךָ הַעֵת לָקַחַת אֶת הַכֶּסֶף וְלָקַחַת בְּגָדִים וְזֵיתִים וּכְרָמִים וְצֹאן וּבָקָר וַעֲבָדִים וּשְׁפָחוֹת" (שם כו). ושואלים: וּמִי שָׁקֵיל כּוּלֵּי הַאי [והאם לקח את כל זה] הלא רק כֶּסֶף וּבְגָדִים הוּא דְּשָׁקֵיל [שלקח]! אָמַר ר' יִצְחָק: בְּאוֹתָהּ שָׁעָה הָיָה אֱלִישָׁע עוֹסֵק בסוגיה של שְׁמֹנָה שְׁרָצִים המטמאים, אָמַר לוֹ לגיחזי: רָשָׁע, הִגִּיעַ עֵת עבורך לִיטּוֹל בעולם הזה שְׂכַר שְׁמֹנָה שְׁרָצִים שעסקת בסוגיה זו, וכנגד זה קיבל שמונה דברים. "וְצָרַעַת נַעֲמָן תִּדְבַּק בְּךָ וּבְזַרְעֲךָ לְעוֹלָם" (שם כז). בענין זה מביאים כי לאחר אותו ענין נאמר "וְאַרְבָּעָה אֲנָשִׁים הָיוּ מְצֹרָעִים" (שם ז, ג) ועל כך אָמַר ר' יוֹחָנָן: זֶה גֵּחֲזִי וּשְׁלֹשֶׁת בָּנָיו. נאמר "וַיָּבֹא אֱלִישָׁע דַּמֶּשֶׂק" (שם ח, ז) ושואלים: לָמָּה הָלַךְ לשם? אָמַר ר' יוֹחָנָן: שֶׁהָלַךְ לְהַחֲזִירוֹ לְגֵחֲזִי בִּתְשׁוּבָה, וְלֹא חָזַר בו. אָמַר לוֹ: חֲזוֹר בְּךָ. אָמַר לוֹ גיחזי: כָּךְ מְקוּבְּלַנִי מִמְּךָ, כָּל מִי שֶׁחָטָא וְהֶחְטִיא אֶת הָרַבִּים — אֵין מַסְפִּיקִין בְּיָדוֹ לַעֲשׂוֹת תְּשׁוּבָה. ושואלים: מַאי עֲבַד [מה עשה] גיחזי שהחטיא את הרבים? אִיכָּא דְּאָמְרִי [יש שאומרים]: אֶבֶן שׁוֹאֶבֶת תָּלָה לוֹ לְחַטַּאת (עגל) יָרָבְעָם, וְהֶעֱמִידוֹ בדרך זו בֵּין שָׁמַיִם לָאָרֶץ, ועל ידי כך היה נראה דבר מופלא והיו עובדים אותו יותר. וְאִיכָּא דְּאָמְרִי [ויש שאומרים]: שֵׁם קדוש חָקַק לָהּ לאותה עבודה זרה אַפּוּמָּהּ [על פיה] וְהָיְתָה אוֹמֶרֶת "אָנֹכִי" וְ"לֹא יִהְיֶה לְךָ". וְאִיכָּא דְּאָמְרִי [ויש שאומרים]: רַבָּנַן דָּחָה מִקַּמֵּיהּ [חכמים דחה מלפניו] ולא הניחם לבוא אל אלישע, דִּכְתִיב [שנאמר] לאחר אותה פרשה: "וַיֹּאמְרוּ בְנֵי הַנְּבִיאִים אֶל אֱלִישָׁע הִנֵּה נָא הַמָּקוֹם אֲשֶׁר אֲנַחְנוּ יֹשְׁבִים שָׁם לְפָנֶיךָ צַר מִמֶּנּוּ" (שם ו, א), מִכְּלָל שֶׁעַד הָאִידָּנָא [עכשיו] לֹא הֲוָה דָּחֵיק [היה דחוק] המקום, ומדוע — מפני שכל עוד היה גיחזי שם היה דוחה אותם. יְהוֹשֻׁעַ בֶּן פְּרַחְיָה מַאי הִיא [מה היה] המעשה — כְּדַהֲוָה קָא קָטֵיל יַנַּאי מַלְכָּא לְרַבָּנַן [כאשר היה הורג ינאי המלך את החכמים], שִׁמְעוֹן בֶּן שָׁטַח אַטְמִינְהוּ אֲחָתֵיהּ [הטמינה אותו אחותו] שהיתה אשתו של ינאי, ואילו ר' יְהוֹשֻׁעַ בֶּן פְּרַחְיָה אֲזַל עֲרַק [הלך ברח] לְאַלֶּכְּסַנְדְּרִיָּא שֶׁל מִצְרַיִם. כִּי הֲוָה שְׁלָמָא [כאשר נעשה שלום] בין ינאי והחכמים, שָׁלַח לֵיהּ [לו] שִׁמְעוֹן בֶּן שָׁטַח לר' יהושע מכתב זה: מִנִּי (ממני) יְרוּשָׁלַיִם עִיר הַקֹּדֶשׁ לָךְ אֲלֶכְּסַנְדְּרִיָּא שֶׁל מִצְרַיִם: אֲחוֹתִי! בַּעְלִי שָׁרוּי בְּתוֹכֵךְ וַאֲנִי יוֹשֶׁבֶת שׁוֹמֵמָה. אָמַר ר' יהושע בן פרחיה: שְׁמַע מִינַּהּ [למד מכאן] מרמז זה הֲוָה לֵיהּ שְׁלָמָא [יש לו שלום] ואפשר לחזור. כִּי אֲתָא [כאשר בא] ר' יהושע חזרה לארץ ישראל אִקְלַע לְהַהוּא אוּשְׁפִּיזָא [נזדמן לפונדק אחד] קָם קַמַּיְיהוּ בִּיקָרָא שַׁפִּיר, עָבְדִי לֵיהּ יְקָרָא טוּבָא [עמד לפניהם בכבוד יפה, ועשו לו כבוד הרבה], יָתֵיב וְקָא מִשְׁתַּבַּח [ישב ר' יהושע בן פרחיה והיה משתבח] בהם, ואומר: כַּמָּה נָאָה אַכְסַנְיָא זוֹ! אָמַר לֵיהּ [לו] יֵשׁוּ הַנּוֹצְרִי שהיה אחד מתלמידיו: רַבִּי, אבל עֵינֶיהָ של האשה טְרוּטוֹת (זולגות דמעות). אָמַר לֵיהּ [לו]: רָשָׁע, בְּכָךְ אַתָּה עוֹסֵק בהסתכלות בנשים? אַפֵּיק אַרְבַּע מֵאָה שִׁיפּוּרֵי וְשַׁמְתֵּיהּ [הוציא ארבע מאות שופרות ונידה אותו]. כָּל יוֹמָא אֲתָא לְקַמֵּיהּ וְלָא קַבְּלֵיהּ [כל יום היה בא ישו לפניו ולא קיבל אותו בחזרה]. יוֹמָא חַד הֲוָה קָרֵי [יום אחד היה קורא] ר' יהושע בן פרחיה קְרִיַּת (קריאת) שְׁמַע, אֲתָא לְקַמֵּיהּ [בא ישו לפניו]. הֲוָה בְּדַעְתֵּיהּ לְקַבּוּלֵיהּ [היה בדעתו לקבלו] בפעם זו, אַחֲוֵי לֵיהּ בִּידֵיהּ [הראה לו בידו] שימתין, ואילו ישו סָבַר מִדְחָא דָּחֵי לֵיהּ [חשב שהוא דוחה אותו] לגמרי, אֲזַל זְקַף לְבֵינְתָא פַּלְחַהּ [הלך העמיד לבינה ועבד אותה] כעבודה זרה. אָמַר לֵיהּ [לו] ר' יהושע בן פרחיה: חֲזוֹר בְּךָ! אָמַר לֵיהּ [לו]: כָּךְ מְקוּבְּלַנִי מִמְּךָ, כָּל הַחוֹטֵא וּמַחְטִיא אֶת הָרַבִּים אֵין מַסְפִּיקִין בְּיָדוֹ לַעֲשׂוֹת תְּשׁוּבָה. שֶׁאָמַר מָר [החכם]: יֵשׁוּ הַנּוֹצְרִי כִּישֵּׁף וְהֵסִית וְהִדִּיחַ וְהֶחְטִיא אֶת יִשְׂרָאֵל. תַּנְיָא [שנויה ברייתא], ר' שִׁמְעוֹן בֶּן אֶלְעָזָר אוֹמֵר, יֵצֶר הרע, תִּינוֹק, וְאִשָּׁה — תְּהֵא שְׂמֹאל דּוֹחָה וְיָמִין מְקָרֶבֶת, שאם דוחים אותם יותר מדי יכול הדבר להביא לידי נזק.

ב משנה נִמְצָא הַהוֹרֵג (הרוצח) עַד שֶׁלֹּא נֶעֶרְפָה הָעֶגְלָה — תֵּצֵא העגלה וְתִרְעֶה בָּעֵדֶר, ואין בה שום קדושה מיוחדת. אם נמצא מִשֶּׁנֶּעֶרְפָה הָעֶגְלָה, אף על פי שלא עשו את כל הטקס — אסורה בהנאה ותִקָּבֵר בִּמְקוֹמָהּ, שֶׁהֲרֵי עַל סָפֵק בָּאתָה מִתְּחִילָּתָהּ שלא היה ברור מי הרוצח — כִּיפְּרָה סְפֵיקָהּ, כלומר, סיימה את תפקידה וְהָלְכָה לָהּ והריהי עגלה ערופה לכל דבר. נֶעֶרְפָה הָעֶגְלָה וְאַחַר כָּךְ נִמְצָא הַהוֹרֵג — הֲרֵי זֶה יֵהָרֵג, ואין אומרים שכבר נתכפר לו על ידי עריפת העגלה. עֵד אֶחָד אוֹמֵר "רָאִיתִי אֶת הַהוֹרֵג" וְעֵד אֶחָד אוֹמֵר "לֹא רָאִיתָ", אִשָּׁה אוֹמֶרֶת "רָאִיתִי" וְאִשָּׁה אוֹמֶרֶת "לֹא רָאִית" — הָיוּ עוֹרְפִין את העגלה, שכל זמן שאין עדות ברורה על הרוצח — מביאים עגלה על הספק. וכן אם עֵד אֶחָד אוֹמֵר "רָאִיתִי" וּשְׁנַיִם אוֹמְרִים "לֹא רָאִיתָ" — הָיוּ עוֹרְפִין, שסומכים על השנים. שְׁנַיִם אוֹמְרִים "רָאִינוּ" וְאֶחָד אוֹמֵר לָהֶן "לֹא רְאִיתֶם" — לֹא הָיוּ עוֹרְפִין. ועוד אמרו מִשֶּׁרַבּוּ הָרוֹצְחָנִין בָּטְלָה עֶגְלָה עֲרוּפָה. מִשֶּׁבָּא אֱלִיעֶזֶר בֶּן דִּינַאי, וּתְחִינָה בֶּן פְּרִישָׁה הָיָה נִקְרָא, חָזְרוּ לְקָרוֹתוֹ "בֶּן הָרַצְחָן", שכיון שכבר היו אנשים רוצחים מפורסמים ברבים — שוב לא היה מקום לעגלה ערופה. ועוד אמרו מִשֶּׁרַבּוּ הַמְנַאֲפִים פָּסְקוּ הַמַּיִם הַמָּרִים שלא השקו את הסוטות. וְר' יוֹחָנָן בֶּן זַכַּאי הוּא שֶׁהִפְסִיקָן שֶׁנֶּאֱמַר: "לֹא אֶפְקוֹד עַל בְּנוֹתֵיכֶם כִּי תִזְנֶינָה וְעַל כַּלּוֹתֵיכֶם כִּי תְנָאַפְנָה כִּי הֵם עִם הַזֹּנוֹת יְפָרֵדוּ" (הושע ד, יד), שהם עצמם היו נואפים. מִשֶּׁמֵּת יוֹסֵי בֶּן יוֹעֶזֶר אִישׁ צְרֵידָה וְיוֹסֵי בֶּן יְהוּדָה אִישׁ יְרוּשָׁלַיִם — בָּטְלוּ הָאֶשְׁכּוֹלוֹת, כלומר, הם היו אחרוני האשכולות, כאשר יבואר עניינם, שֶׁנֶּאֱמַר: "אֵין אֶשְׁכּוֹל לֶאֱכוֹל בִּכּוּרָה אִוְּתָה נַפְשִׁי" (מיכה ז, א). ועוד בסיפור העבר: יוֹחָנָן כֹּהֵן גָּדוֹל הֶעֱבִיר (ביטל) את הוֹדָיַית הַמַּעֲשֵׂר, שמזמנו אין מתוודים עוד על ביעור המעשרות. אַף הוּא בִּטֵּל אֶת הַמְעוֹרְרִין וְאֶת הַנּוֹקְפִין שהיו במקדש.

מסורת הש"ס

א. (הביטוי) שבת צז,א. פסחים קיח,ב. חולין קכז,א. שמו"ר פ"ט ז. שם פי"ב ד. במדב"ר פי"ב ח. שהש"ר פ"ג יא. תנחומא וארא יד. שם בשלח כד. שוח"ט פקי"ז. פסי"ר פ"א.

ב. ילק"ש תורה תשסה (כל הענין).

ג. סוטה כב,ב (ושם סומנו מקבילות).

ד. נזיר כג,ב. סנהדרין קה,ב. הוריות י,ב. וראה ילק"ש נ"ך מב.

ה. ילק"ש שם רכה.

ו. ירושלמי יומא פ"ד ה"א. ב"ר פל"ד טו.

ז. ב"מ פז,א. סנהדרין קז,ב. וראה ירושלמי סנהדרין פ"י ה"ב. ילק"ש נ"ך רלג.

ח. סנהדרין שם. ירושלמי שם. אדר"נ (נו"ב) פל"א. שמחות פ"ב ה. מכילתא יח, ו. מכילתא דרשב"י יח, ו. רו"ר פ"ב טז. שוח"ט פכ"ב. ילק"ש תורה רסח.

ט. ילק"ש נ"ך רכט.

י. סנהדרין שם. ירושלמי סנהדרין שם. ילק"ש שם רלא.

יא. סנהדרין שם.

יב. אבות פ"ה מי"ח. יומא פז,א. סנהדרין שם. תוספתא יומא פ"ה יא. אדר"נ פ"מ. שמחות פ"ה יג.

יג. סנהדרין שם. וראה ע"ז מד,א. מדרש שמואל פכ"ז.

יד. סנהדרין שם. ירושלמי סנהדרין שם.

טו. (דיוק כזה) שבת קלט,א. עירובין יח,ב.

טז. סנהדרין שם.

יז. סנהדרין מג,א.

יח. שם קז,ב. שמחות פ"ב ה. אדר"נ (נו"ב) פל"א. שוח"ט פכ"ב.

יט. חולין פב,א. כריתות כג,ב. כה,א.

כ. סוטה ו,ב. (ושם סומנו מקבילות).

כא. ראה ירושלמי סוטה פ"ו ה"ד.

כב. תוספתא סוטה פי"ד א. ספרי דברים כא, א. מדרש תנאים כא, א. ילק"ש תורה תתקכג.

כג. ספרי שם. וראה כתובות כז,א.

כד. ילק"ש נ"ך תקיט.

כה. תמורה טו,ב.

כו. מע"ש פ"ה מט"ו. ירושלמי דמאי פ"א ה"ב. תוספתא סוטה פי"ג י (בשינוי שם).

עיונים

דבעיתי רש"י מפרש שאם לא היה יער היו הדובים מפחדים להתקיף את הנערים. ואילו המהרש"א סבור כי כיון שבאו דובים אלה בדרך נס לא היה מקום לומר כך. והוא מפרש בדרך אחרת, שאם היו הדובים מגיעים ממקום גלוי היו הנערים מפחדים ובורחים, ומשום כך הוצרכו ליער כדי שלא יראו את הדובים ולא יברחו.

בשביל ארבעים ושנים וכו' שהרי הקריב בלק קרבנות אלה כדי לגרום על ידם למעט את ישראל, ולבסוף אירע באמת שנתמעטו, שמתו ארבעים ושנים נערים אלה (מהרש"א).

אלא מה טובתה כתב המהרש"א שבאמת אין זו פליאה רבה כל כך, שהרי יכולות להיות בארץ טובות הרבה, אלא כיון שהמים הם עיקר חיותו של אדם, אם המים רעים — איך יכלו לראות טובה במקום זה.

שלשה חינות הן המהרש"א מסביר שלושה דברים אלה הם בגדר גזירה שנגזרת על האדם, שהרי לגבי מקום אמרו לעיל (מו, ב) שמקום שגזר עליו אדם הראשון ליישוב הוא שנתיישב. וכן לגבי אשה ומיקח אמרו שלפני יצירת הוולד כבר נגזר שתהא בת פלוני לפלוני ושדה פלוני לפלוני. וכיון שאין בהם לאדם בחירה גמורה עשה הקדוש ברוך הוא שישאו חן בעיני בעליהם ולא ימאסו במה שנגזר עליהם.

שדחפו לגחזי ושאלו: אמנם ביהושע בן פרחיה רואים שדחה את תלמידו החוטא כמה פעמים, אבל היכן מצאנו שדחפו אלישע לגיחזי בשתי ידים? ויש שהסביר כי כיון שהעניש בצרעת, שבגללה הוא מנודה ומרוחק מכל בני אדם ממילא אינו יכול לבוא ולפייס את רבו (ריא"ף).

יצר תינוק ואשה לגבי תינוק יש מסבירים שאם ידחנו בשתי ידים — שמא יבוא התינוק לאבד עצמו לדעת. ולגבי אשה — שמא מחמת דחייתה תצא לתרבות רעה לגמרי. ולגבי יצר היו שפירשו כי אם ידחה לגמרי את יצרו לבסוף לא יוכל לעמוד בכך, ויבוא לידי עבירה ממש (גאונים). וכעין זה כתב המאירי, שכיון שהיצר טבוע באדם מתחילת ברייתו לא יוכל לעמוד בנסיון זה. ויש שכתבו שכיון שיצר של תשמיש נחרץ לקיום העולם, אין לאדם לדחותו ולבטלו לגמרי (וראה ברש"י).

שמאל דוחה וכו' ויש דיוק בדבר, כי יד שמאל היא היד החלשה, לומר שתהא דחייתו שלא בתוקף גמור (עיון יעקב, ועיי"ש).

תצא ותרעה בעדר רש"י כתב (והוא כדברי הגמרא בכריתות כה, א) ששיטת משנה זו חולקת על דעת האומר שעגלה ערופה נאסרת בהנאה משעה שהיא יורדת לנחל איתן. אכן מדברי הירושלמי לא משמע כן, ושם מסבירים שלהיפך דברי המשנה מחזקים את ההלכה בענין איסור העגלה עוד בחייה, שכן יש לדייק מלשון "תצא", שכבר נתקדשה, אלא שהיא יוצאת ומופקעת מקדושתה. וכעין זה כתב המאירי שיש לומר שדברי הגמרא בכריתות אינם קביעה מוחלטת אלא נאמרו בדרך משא ומתן, ולאמיתו של דבר אפשר לצרף את הדברים. וכן פסק הרמב"ם שהביא את שתי ההלכות הללו.

ראיתי את ההורג מלשון המשנה משמע שדי בכך אם ראה את ההורג אף אם אינו מכירו ואינו יודע מי הוא. אבל בתלמוד הירושלמי משמע שדווקא ביודעו ומכירו אמרו. וכן כתב בפשטות בתוהרא"ש.

ותחינה בן פרישה וכו' בתוי"ט התקשה בלשון המשנה, שלא מובן מפני מה כינוהו פעמים בשני כינויים. ומשום כך תמך בגירסה שמדובר כאן בשני אנשים, באליעזר בן דינאי, ועוד באיש אחר תחינה בן פרישה שניקרא לאחר מכן בן הרצחן. אבל אחרים לא ראו בכך תמיהה, אם משום שאמרו כי תחילה כינוהו בן דינאי שהיה מתדיין ורב עם רבים, ואחר כך קראוהו בן פרישה — שהוא פרוש ומובדל מן הבריות, ואחר כך כשהרע מעשיו עוד יותר קראוהו בן הרצחן (תפא"י). או שמתחילה כינוהו תחינה בן פרישה משום שהיתה כוונתו לשם שמים, ואחר כך קילקל מעשיו וחזרו לקרותו בן הרצחן (בן יהוידע ועוד).

אין אשכול לאכול ומביאים לשון הכתוב להראות שאדם גדול נקרא "אשכול", שהכל מצטערים שאין עוד כמותו.

אורח ההלכה

נמצא ההורג נמצא ההורג קודם שנערפה העגלה — תצא ותרעה בעדר. נמצא ההורג אחר שנערפה — הרי זו תיקבר במקומה, לפי שלא באה מחילה אלא על הספק. ואף שנערפה העגלה אם נמצא ההורג — הרי זה יהרג. (רמב"ם ספר נזיקין הלכות רוצח ושמירת נפש פ"י ה"ח).

עד אחד אומר ראיתי וכו' היה עד אחד אומר "ראיתי את ההורג", ועד אחד מכחישו ואומר: "לא ראית", אם באו שניהם כאחד (לפי מסקנת הגמרא) — היו עורפים, (רמב"ם שם פ"ט הי"ג).

ושנים אומרים לא ראית בא עד אחד ואמר "ראיתי את הרוצח", ושנים אומרים לו: "לא ראית" — לא היו עורפים. (רמב"ם שם הי"ד).

שנים אומרים ראינו וכו' באו שני עדים ואמרו "ראינו את הרוצח", ואחד אומר להם "לא ראיתם" — לא היו עורפים. (רמב"ם שם).

משרבו הרוצחנין משרבו הרוצחנין בגלוי — בטלה עגלה ערופה. כי אם כל אדם ראה את ההורג — לא היו עורפים. (רמב"ם שם הי"ב).

משרבו המנאפים וכו' משרבו המנאפים בגלוי ביטלו הסנהדרין את המים המרים, וסמכו על דברי הנביא "לא אפקוד על בנותיכם כי תזנינה". וכתב הרמב"ן שאפילו אם היו בניו ובני ביתו נואפים לא היו המים בודקים (וראה במל"מ). (רמב"ם ספר נשים הלכות סוטה פ"ג הי"ט).

גרסות

ואף על פי יש בכת"י כבמקבילה: **ואפילו.**

שמתוך שלא — לשמה יש כת"י שלא גרסו משפט זה.

ממנו שלמה בכת"י ועוד: **ממנה שלמה** וכצ"ל.

בנו של בלק יש בכת"י ובמקבילות: **בן בנו של בלק.**

על מקחו יש בכת"י: **על לוקחו.**

בשתי ידים יש בכת"י: **בשתי ידיו.**

דעד האידנא יש בכת"י: **דמעיקרא** ובמקבילה: **דעד השתא.**

אטמינהו יש בכת"י: **אטמרתיה.**

ר' יהושע בכת"י יש: **יהושע.**

אמר ליה רבי יש בכת"י: **אמר ליה ישו הנוצרי רבי.**

כל יומא אתא לקמיה במקבילה: **אתא לקמיה כמה זימנין.**

עד אחד — ועד אחד יש בכת"י: **עד — ועד.**

לא ראית יש בכת"י: **לא ראיתי.**

ושנים אומרים לא ראית יש בכת"י: **ושנים אומרים לא ראינו.**

חזרו לקרותו יש בכת"י: **וחזרו לקרותו.**

טרוטות, קטיל ינאי מלכא לרבנן, אלכסנדריא של מצרים, ישו הנוצרי, זקף לבינתא, בן דינאי, דבעיתי, אבן שואבת

ראה השלמות עמ' 290.

רב ושמואל חד אמר נס וחד אמר [א]נס בתוך נס מאן דאמר נס יער הוה דובים לא הוו מ"ד נס בתוך נס לא יער הוה ולא דובים הוו וליהוי דובים ולא ליהוי יער דבעיתי [ב]אמר רבי חנינא בשביל ארבעים ושנים קרבנות שהקריב בלק מלך מואב הובקעו מישראל ארבעים ושנים ילדים איני [ג]והאמר רב יהודה אמר רב* לעולם יעסוק אדם בתורה ובמצות ואע"פ שלא לשמה שמתוך שלא לשמה בא לשמה שבשכר ארבעים ושנים קרבנות שהקריב בלק מלך מואב זכה ויצתה ממנו רות *שיצא ממנו שלמה שכתוב ביה °אלף עולות יעלה שלמה [ד]*ואמר רבי יוסי בן חוני רות בתו של עגלון בנו של בלק היתה תאותו מיהא לקללה הוי [ה]°ויאמרו אנשי העיר אל אלישע הנה נא מושב העיר טוב כאשר אדוני רואה וגו' וכי מאחר דמים רעים וארץ משכלת אלא מה טובתה אמר רבי חנין חן מקום על יושביו אמר רבי *יוחנן [ו]שלשה חינות הן חן מקום על יושביו חן אשה על בעלה חן מקח על *מקחו *תנו רבנן [ז]שלשה חלאין חלה אלישע אחד שגירה דובים בתינוקות ואחד שדחפו לגחזי בשתי ידים ואחד שמת בו שנאמר °ואלישע חלה את חליו אשר ימות בו תנו רבנן [ח]*לעולם תהא שמאל דוחה וימין מקרבת לא כאלישע שדחפו לגחזי בשתי ידיו ולא כיהושע בן פרחיה שדחפו להנוצרי בשתי ידיו אלישע מאי היא דכתיב °ויאמר נעמן הואל קח ככרים וכתיב [ט]ויאמר אליו לא לבי הלך כאשר הפך איש מעל מרכבתו לקראתך העת לקחת את הכסף ולקחת בגדים וזיתים וכרמים וצאן ובקר ועבדים ושפחות ומי שקיל כולי האי כסף ובגדים הוא דשקיל אמר ר' יצחק באותה שעה היה אלישע עוסק בשמנה שרצים אמר לו רשע הגיע עת ליטול שכר שמנה שרצים וצרעת נעמן תדבק בך ובזרעך לעולם °וארבעה אנשים היו מצורעים אמר רבי יוחנן [י]זה גחזי ושלשת בניו *°וילך אלישע דמשק למה הלך אמר ר' יוחנן [יא]שהלך להחזירו לגחזי בתשובה ולא חזר אמר לו חזור בך אמר לו כך מקובלני ממך [יב]*כל מי שחטא והחטיא את הרבים אין מספיקין בידו לעשות תשובה מאי עבד איכא דאמרי [יג]אבן שואבת תלה לו לחטאת ירבעם והעמידו בין שמים לארץ ואיכא דאמרי שם חקק לה אפומה והיתה אומרת אנכי ולא יהיה לך ואיכא דאמרי [יד]רבנן דחה מקמיה דכתיב °ויאמרו בני הנביאים אל אלישע הנה נא המקום אשר אנחנו יושבים שם לפניך צר ממנו [טו]מכלל דעד האידנא לא הוה דחיק יהושע בן פרחיה מאי היא [טז]כדהוה קא קטיל ינאי מלכא לרבנן שמעון בן שטח אטמינהו אחתיה ר' יהושע בן פרחיה אזל ערק לאלכסנדריא של מצרים כי הוה שלמא שלח ליה שמעון בן שטח מני ירושלים עיר הקודש לך אלכסנדריא של מצרים אחותי בעלי שרוי בתוכך ואני יושבת שוממה אמר ש"מ הוה ליה שלמא כי אתא אקלע להההוא אושפיזא קם קמייהו ביקרא שפיר עבדי ליה יקרא טובא יתיב וקא משתבח כמה נאה אכסניא זו א"ל רבי עיניה טרוטות א"ל רשע בכך אתה עוסק אפיק ארבע מאה שפורי ושמתיה כל יומא אתא לקמיה ולא קבליה יומא חד הוה קרי קרית שמע אתא לקמיה הוה בדעתיה לקבוליה אחוי ליה בידיה סבר מדחא דחי ליה אזל זקף לבינתא פלחא אמר ליה חזור בך א"ל כך מקובלני ממך כל החוטא ומחטיא את הרבים אין מספיקין בידו לעשות תשובה דאמר מר ישו הנוצרי [יז]כישף והסית והדיח והחטיא את ישראל תניא [יח]רבי שמעון בן אלעזר אומר יצר תינוק ואשה תהא שמאל דוחה וימין מקרבת:

מתני' [יט][א]נמצא ההורג עד שלא *נערפה העגלה תצא ותרעה בעדר [ב]משנערפה העגלה תקבר במקומה [כ]שעל ספק באתה מתחילתה כיפרה ספיקה והלכה לה [ג]נערפה העגלה ואחר כך נמצא ההורג הרי זה יהרג [ד]עד אחד אומר ראיתי את ההורג ועד אחד אומר לא ראית אשה אומרת ראיתי ואשה אומרת לא ראית היו עורפין [ה]עד אחד אומר ראיתי ושנים אומרים לא ראית [כא]היו עורפין [ו]שנים אומרים ראינו ואחד אומר להן לא ראיתם לא היו עורפין [כב][ז]משרבו הרוצחנין בטלה עגלה ערופה [כג]משבא אליעזר בן דינאי ותחינה בן פרישה *היה נקרא חזרו לקרותו בן הרצחן [כד][ח]משרבו המנאפים פסקו המים המרים ורבי יוחנן בן זכאי הפסיקן שנאמר °לא אפקוד על בנותיכם כי תזנינה ועל כלותיכם כי תנאפנה כי הם וגו' [כה]משמת יוסי *בן יועזר איש צרידה ויוסי בן(א) יהודה איש ירושלים בטלו האשכלות שנאמר °אין אשכול לאכול בכורה אותה נפשי [כו]*יוחנן כהן גדול העביר הודיית המעשר אף הוא בטל את המעוררין ואת הנוקפין עד

רש"י

ליהוו דובים ולא ליהוו יער. מאי עבד ליה יער דקרית ליה נס: **דבעיתי.** הדובים להתגרות בהם כשאין מקום קרוב להם לנוס ולהתחבאות וכשהן קרובים ליער יוצאין בהבטחה: **זכה ויצתה ממנו רות.** שיצאו ממנה דוד ושלמה שהרבו להקריב קרבנות אלמא זה היה שכרו: **לקללה הוה.** למעט את ישראל ואותה כוונה כאן נתקיימה: **ואלא מאי טיבותיה.** דמקום הואיל והמים רעים והארץ משכלת: **חן מקום על יושביו.** ואפילו הוא רע נראה להם טוב: **חן אשה.** תמיד על בעלה ואפי' היא מכוערת נושאת חן בעיניו: **אחד שגירה דובים.** בעון שגירה דובים בתינוקות: **חלה.** חד את חליו תרי וחד אשר ימות בו: **מי שקיל כולי האי.** בהאי קרא כתיב שמנה דברים כסף ובגדים וצאן ובקר ועבדים ושפחות וזיתים וכרמים: **כסף ובגדים הוא דשקל.** דכתיב ויצר ככרים כסף בשני חריטים ושתי חליפות בגדים: **בשמנה שרצים.** בפרק שמנה שרצים (שבת קז.): **הגיע עת ליטול שכר.** תורתך בעולם הזה: **אבן שואבת.** שמגבהת את המתכת מן הארץ ומעמידתו באויר [וע"י אותו אבן העמיד העגלים של ירבעם באויר]: **רבנן דחה.** דוחה היה את התלמידים מפני אלישע כשהיה משמש לפניו דכתיב לאחר שפירש ממנו המקום אשר אנחנו יושבין בית המדרש של רבנן צר ממנו שנתוספו התלמידים שהיה גחזי דוחה: **ינאי מלכא קטליה לרבנן.** כדאמרינן בקידושין בהאומר לשלוחו (דף סו.): **בעלי שרוי בתוכך.** נשיא היה כדאמרינן בחגיגה (דף טז:): **קם קמייהו שפיר.** כיבדתו: **אכסניא** זו יפה. במעשיה: **טרוטות.** עגולות: **בכך אתה עוסק.** מסתכל באשת איש: **אחוי ליה בידיה.** שיקבלנו: **יצר.** של תשמיש תקרבנו בימין שלא יקוץ בפריה ורביה וכן תינוק פן יברח ויאבד את עצמו ואשה אף היא דעתה קלה ואם ירדפוה תצא לתרבות רעה: **מתני' תצא ותרעה בעדר.** כשאר חולין והאי תנא לית ליה הא דאמרינן בכמה דוכתי עגלה ערופה נאסרה מחיים וירידתה לנחל איתן אוסרתה ובמסכת כריתות מוקמינן לה למילתא בפלוגתא דתנאי בפרק בתרא (דף כה.): **כיפרה ספיקה.** היא עשתה את שלה ואם לא נמצא ההורג נתכפר הספק ולכשנמצא נעשה ודאי ויהרג ומיהו היא באיסור הנאה דידה קיימא דכפרה כתיב בה כקדשים: **שנים אומרים ראינו לא היו עורפין.** דהא נודע מי הכהו ואע"פ שאינו עכשיו בפנינו לדונו: **בטלה עגלה ערופה.** שהרי מכירין (הן) בהן מי הרגיל בהן להרוג: **לא אפקוד.** על ניאוף נשותיכם לבודקן ומפני מה על בנותיכם כי תזנינה ועוד כי הם עם הזונות יפרדו הם עצמן נואפין כפרדים הללו: **האשכולות.** מפרש בגמרא שהכל בהן עד ימיהן לא היה מחלוקת בחכמי ישראל כולן היו אומרים דברים כנתינתן למשה מסיני והן הראשונים שנחלקו בסמיכת קרבנות ביו"ט כדאמרינן בחגיגה (דף טז.) והוא היה מחלוקת ראשון שהיה בישראל בדברי תורה: **העביר הודיית המעשר.** שלא יהיו מתוודין בערתי הקדש כו' ובגמרא מפרש טעמא: **מעוררין ונוקפין.** בגמרא מפרש טעמא:

עין משפט נר מצוה

מ א ב ג מיי' פ"י מהל' רוצח הלכה ח:
מא ד מיי' שם פ"ט הלכה יג:
מב ה ו מיי' שם הלכ' יד:
מג ז מיי' שם הלכ' יב:
מד ח מיי' פ"ג מהל' סוטה הלכה יט:

[נזיר כג: ע"ש סנהדרין קה: ע"ש הוריות י: ע"ש]

גי' הערוך חנינא

סנהדרין קז: [ב"מ פז.]

הגהות הב"ח

(א) גמ' ויוסי בן (יהודה) תז"מ. ונ"ב ס"א יוחנן:

מסורת הש"ס

סנהדרין קה: פסחים נ: ערכין טז. לעיל כב: הוריות י: נזיר כג:

[הך מילתא שיצא ממנו וכו' יעלה שלמה ליתא בכל אותן מקומות הנרשמים בליוני לעיל כב: פסחים נ: וכו']

[נ"ל לוקחו ערוך ערך חנא א]

[סנהדרין קז: ע"ש]

[נ"ל ויבא]

[יומא פז. וש"נ]

כריתות כה. חולין פב.

נ"א בן פרישה עי' בתי"ט

תמורה טו: [ע"ש]

מעשר שני פ"ה מט"ו

תורה אור: מלכים א ג | שם ב ב | שם יג | מלכים ב ה | שם ז | שם ח | שם ו | הושע ד | מיכה ז

מה א מיי' פ"ט מהל' רוצח הלכה יא יב:
מו ב מיי' שם הל' יג:
מז ג מיי' שם הל' יד טו:
מח ד מיי' פי"א מהל' מעשר שני הל' יג:

[א]*עד ימיו היה פטיש מכה בירושלים [ב]ובימיו
א"צ לשאול על הדמאי: **גמ'** ת"ר [ג]מנין שאם א
*נערפה העגלה ואח"כ נמצא ההורג שאין
פוטרת אותו ת"ל °ולארץ לא יכופר לדם
אשר שפך בה כי אם בדם שפכה: עד
אחד אומר ראיתי את ההורג כו': טעמא
דמכחיש ליה הא לא מכחיש ליה עד אחד
מהימן מנהני מילי דת"ר [ד]°לא *נודע מי
הכהו [א]הא נודע מי הכהו אפילו אחד בסוף
העולם לא היו עורפין [ה]רבי עקיבא אומר
מנין לסנהדרין שראו אחד שהרג את הנפש
ואין מכירין אותו שלא היו עורפין ת"ל
°ועינינו לא ראו והלא ראו השתא דאמרת
עד אחד מהימן אידך חד היכי מצי מכחיש
ליה [ו]והאמר עולא כל מקום *שהאמינה
תורה עד אחד הרי כאן שנים ואין דבריו של
אחד במקום שנים אמר לך עולא תני לא
היו עורפין וכן א"ר יצחק תני לא היו עורפין
ור' חייא אמר [ז]תני היו עורפין ולרבי חייא
קשיא דעולא לא קשיא [ב]כאן בבת אחת
כאן בזה אחר זה תנן עד אחד אומר ראיתי
את ההורג ושנים אומרים לא ראית היו
עורפין הא חד וחד לא היו עורפין תיובתא
דרבי חייא וליטעמיך אימא סיפא שנים אומרים ראינו ועד אחד אומר לא ראיתם לא היו עורפין הא חד
וחד היו עורפין אלא מתני' כולה בפסולי עדות [ח]וכדרבי נחמיה דאמר *כל מקום שהאמינה תורה עד אחד
הלך אחר רוב דעות ועשו שתי נשים באיש אחד כשני אנשים באיש אחד ואיכא דאמרי [ג]כל היכא
דאתא עד אחד כשר מעיקרא [ט]אפילו *מאה נשים כי אחד דמיין והכא במאי עסקינן כגון דאתאי אשה
מעיקרא ותרצה לדרבי נחמיה הכי רבי נחמיה אומר כל מקום שהאמינה תורה עד אחד הלך אחר רוב
דעות ועשו שתי נשים באשה אחת כשני אנשים באיש אחד אבל שתי נשים באיש אחד כי פלגא
ופלגא דמי ותרתי פסולי עדות למה לי מהו דתימא כי אזלינן בתר רוב דעות לחומרא אבל לקולא
לא קמ"ל: משרבו הרוצחין כו': ת"ר [י]משרבו הרוצחנין בטלה עגלה ערופה לפי שאינה באה אלא על ב
הספק משרבו הרוצחנין בגלוי בטלה עגלה ערופה: משרבו הנואפין כו': [יא]*ת"ר °ונקה האיש מעון בזמן
שהאיש מנוקה מעון המים בודקין את אשתו אין האיש מנוקה מעון אין המים בודקין את אשתו ואומר
°לא אפקוד על בנותיכם כי תזנינה כו' מאי ואומר וכי תימא עון דידיה אין דבניה ודבנתיה לא תא
שמע לא אפקוד על בנותיכם כי תזנינה ועל כלותיכם כי תנאפנה וכי תימא עון אשת איש אין [יב]עון
דפנויה לא ת"ש כי הם עם הזונות יפרדו ועם הקדשות יזבחו וגו' מאי ועם לא יבין *ילבט אמר רבי
אלעזר אמר להם נביא לישראל אם אתם מקפידין על עצמכם מים בודקין נשותיכם ואם לאו אין המים
בודקין נשותיכם [יג]משרבו בעלי הנאה [יד]נתעוותו הדינין ונתקלקלו המעשים ואין נוח בעולם [טו]משרבו רואי פנים בדין ג
בטל °לא תגורו ופסק לא תכירו ופרקו עול שמים ונתנו עליהם עול בשר ודם [טז]משרבו לוחשי לחישות בדין
רבה חרון אף בישראל ונסתלקה השכינה משום שנאמר *°בקרב אלהים ישפוט [יז]משרבו °אחרי בצעם לבם
הולך רבו °האומרים לרע טוב ולטוב רע משרבו האומרים לרע טוב ולטוב רע רבו הוי הוי בעולם [יח]משרבו
מושכי הרוק רבו היהירים ונתמעטו התלמידים והתורה חוזרת על לומדיה [יט]משרבו היהירים התחילו בנות
ישראל להנשא ליהירים שאין דורינו רואה אלא לפנים איני והאמר מר האי מאן דמיהר [כ]*אפילו אאינשי
ביתיה לא מיקבל שנאמר °גבר יהיר ולא ינוה לא ינוה אפי' בנוה שלו מעיקרא קפצה עליה לסוף מיתזיל עלייהו
[כא]משרבו מטילי מלאי על בעלי בתים רבה השוחד והטיית משפט ופסקה טובה [כב]משרבו מקבלני טובתך
ומחזקני טובותיך רבו °איש הישר בעיניו יעשה שפלים הוגבהו והגבוהים הושפלו ומלכותא אזלא ונולא
[כג]משרבו צרי עין וטורפי טרף רבו מאמצי הלב וקופצי ידים מלהלוות ועברו על מה שכתוב בתורה °השמר
לך פן וגו' [כד]משרבו °נטויות גרון ומשקרות עינים רבו מים המרים אלא שפסקו [כה]משרבו מקבלי מתנות
נתמעטו הימים ונתקצרו השנים דכתיב °ושונא מתנות יחיה [כו]*משרבו זחוחי הלב רבו מחלוקת בישראל
[כז]*משרבו תלמידי שמאי והלל שלא שימשו כל צורכן רבו מחלוקת בישראל ונעשית תורה כשתי תורות
[כח]משרבו מקבלי צדקה מן הגוים היו ישראל למעלה והם למטה ישראל לפנים והם לאחור:
משמת יוסי בן יועזר כו': [כט]מאי אשכולות *אמר רב יהודה אמר שמואל איש שהכל בו: יוחנן כהן גדול העביר ד
הודיית המעשר כו': מ"ט אמר רבי יוסי בר' חנינא [ל]לפי שאין נותנין אותו כתיקונו דרחמנא אמר דיהבי ללוים
ואנן

עד ימיו היה פטיש מכה בירושלים. בבית הנפחים בחולו של מועד לעשות מלאכת דבר האבד שמותרת במועד ועמד הוא וגזר על הנפחים אפילו בדבר האבד מפני שקולן נשמע למרחוק ואין הכל יודעין שהיא לדבר האבד והכי אמרינן לה במועד קטן (יא.): **כל ימיו לא הוצרך אדם לשאל לחבירו על הדמאי.** אם מעושר אם לאו שהוא התקין שיהו כל הלוקחין מעם הארץ מעשרין: **גמ' אפילו אחד בסוף העולם.** הכיר בו: **והא אמר עולא כו'.** סוגיא זו כולה פירשתיה בפרק מי שקינא (לעיל לא:) ואינה חלוקה כאן כלום: **אלא על הספק.** ועכשיו יודעים את ההורגים מי הם: **מנוקה מעון.** ניאוף באשה האסורה לו בין מזו שנסתרה בין מאחרת: **עון דבניה ודבנתיה.** שהם נואפין: **לא.** אינו מונע את אשתו מליבדק: **תא שמע לא אפקוד.** לבדוק את הנשים ומה טעם על בנותיכם כי תזנינה: **נתעוותו הדינין.** דמתוך שהם בעלי הנאה אין מטריחין עצמן לעיין בדין ובאיסור והיתר להורות לציבור ומתוך כך נתקלקלו מעשיהם וכיון שכן אין להקב"ה נחת רוח בעולמו ואין עולמו נוח לו: **לוחשי לחישות.** עורכי הדיינין ומתלחשים עם הדיינין לפתוח להם פתח בזכותו של זה ובחובתו של זה: **רבה חרון אף.** שעל הטיית המשפט חרון אף בא שנאמר (שמות כב) אם ענה תענה אותו וגו' וחרה אפי: **נצב בעדת אל.** בזמן שבקרב אלהים ישפוט: **הולכי אחר בצעם.** להנאתם: **האומרים לרע טוב.** שמשבחין את הרשעים: **רבו הוי הוי.** דכתיב הוי הוי בההיא פרשתא טובא: **מושכי הרוק.** מאריכין הרוק ומדת גאוה הוא: **ונתמעטו התלמידים.** כדקי"ל (קידושין דף מט:) סימן לגסות הרוח עניות של תורה: **חוזרת על לומדיה.** מחזרת אולי תמצא לומדיה: **ולבסוף מתזיל עלייהו.** נמאס בעיניהם: **מטילי מלאי.** הדיינים מטילין מלאי פרקמטיא שלהם על בעלי בתים היודעים בטיב סחורה שישתכרו הדיינין על ידו: **רבו איש הישר בעיניו יעשה.** שהרואה שהדיינין מסבירים לו פנים מפני טובה שעשה לו ואינו מתיירא מהם: **שפלים הוגבהו.** שאין אימת הגדולים על הקטנים ואין ניכר בין גבוה לשפל: **ומלכותא.** מלכותם של ישראל אזלא ונולא הולכת ומתגוללת: **צרי עין.** מלהנות אחרים בממונם: **טורפי טרף.** גזלנים ומאמצי הלב מן העניים לרחם: **רבו מים המרים.** רבו המקנאים לנשותיהם והיה למים המרים להרבות: **אלא שפסקו מלהשקותם.** כדאמרינן שאין המים בודקין משרבו המנאפים: **זחוחי הלב.** שאין מטין את אזנם לשמוע יפה מפני רבם וסומכים על בינתם לדקדק שמועתם: **ישראל לפנים.** כינוי הוא: **שהכל בו.** תורה באמתה ואין דופי ושכחה ומחלוקת: ואנן

תורה אור: במדבר לה; דברים כא; שם; במדבר ה; הושע ד; דברים א; תהלים פב; יחזקאל לג; ישעיה ה; חבקוק ב; שופטים יז; דברים טו; ישעיה ג; משלי טו

מ"ק יח. [תוספתא כריתות פ"ד] כתובות לג: יומא כג: יבמות פח: קיז: כתובות כב: לעיל לא: יבמות פח: לעיל לא: [תוספתא יבמות פי"ד ע"ש] [לעיל לא: וש"נ] [פי' לשון טורח וליאות] ב"ב לח. [חולין ז.] [תמורה טו: ע"ש]

[תוס' פי"ד ע"ש כמה וכמה שינויים נכונים] לעיל כח. קידושין כז: שבועות ה. יבמות נח.

מפרש"י נראה דל"ל ג"כ רישא דקרא אלקים נצב בעדת אל

עַד יָמָיו הָיָה פַּטִּישׁ של נפחים מַכֶּה בִּירוּשָׁלַיִם בחול המועד, והוא ביטל את הדבר. וְעוד: בְּיָמָיו אֵין צָרִיךְ לִשְׁאוֹל עַל הַדְּמַאי (תבואה שאין יודעים בוודאות שהיא מעושרת), לפי שהכל היו מעשרים.

א גמרא תָּנוּ רַבָּנַן [שנו חכמים]: מִנַּיִן שֶׁאִם נֶעֶרְפָה הָעֶגְלָה וְאַחַר כָּךְ נִמְצָא הַהוֹרֵג שֶׁאֵין עריפתה פּוֹטֶרֶת אוֹתוֹ מעונש — תַּלְמוּד לוֹמַר: "וְלָאָרֶץ לֹא יְכֻפַּר לַדָּם אֲשֶׁר שֻׁפַּךְ בָּהּ כִּי אִם בְּדַם שֹׁפְכוֹ" (במדבר לה, לג).

שנינו: עֵד אֶחָד אוֹמֵר "רָאִיתִי אֶת הַהוֹרֵג" והשני אומר "לא ראית" — היו עורפים. ומדייקים: טַעְמָא [הטעם] דווקא שֶׁמַּכְחִישׁ לֵיהּ [אותו] העד השני, הָא [הרי] אם לֹא היה מַכְחִישׁ לֵיהּ [אותו] עֵד אֶחָד — מְהֵימַן [נאמן] בזה ואין עורפים. מְנָהָנֵי מִילֵּי [מניין הדברים הללו]? ומשיבים, דְּתָנוּ רַבָּנַן [ששנו חכמים]: נאמר בדין עגלה ערופה "לֹא נוֹדַע מִי הִכָּהוּ" (דברים כא, א), ונדייק: הָא [הרי] אם נוֹדַע מִי הִכָּהוּ, אֲפִילּוּ ידע זאת אֶחָד בְּסוֹף הָעוֹלָם — לֹא הָיוּ עוֹרְפִין. ר' עֲקִיבָא אוֹמֵר: מִנַּיִן לְסַנְהֶדְרִין שֶׁרָאוּ בעצמם אֶחָד שֶׁהָרַג אֶת הַנֶּפֶשׁ וְאֵין מַכִּירִין אוֹתוֹ, כלומר, אין מזהים אותו בבירור, שֶׁלֹּא הָיוּ עוֹרְפִין — תַּלְמוּד לוֹמַר: "וְעֵינֵינוּ לֹא רָאוּ" (שם ז), וַהֲלֹא רָאוּ. ושואלים: הָשְׁתָּא דְּאָמְרַתְּ [עכשיו שאתה אומר] שבענין זה עֵד אֶחָד מְהֵימַן [נאמן], אם כן אִידָךְ חַד הֵיכִי מָצֵי מַכְחִישׁ לֵיהּ [האחד האחר איך יכול להכחיש אותו]? וְהָאָמַר [והרי אמר] עוּלָּא: כָּל מָקוֹם שֶׁהֶאֱמִינָה תּוֹרָה לְעֵד אֶחָד — הֲרֵי כָּאן עדותו נחשבת כעדות גמורה של שְׁנַיִם עדים, וְאֵין דְּבָרָיו שֶׁל אֶחָד מתקיימים בִּמְקוֹם שְׁנַיִם! ומשיבים: אָמַר [יכול היה לומר] לָךְ עוּלָּא: תְּנֵי [תקן ושְׁנֵה]: לֹא הָיוּ עוֹרְפִין את העגלה. וְכֵן אָמַר ר' יִצְחָק: תְּנֵי [שְׁנֵה]: לֹא הָיוּ עוֹרְפִין. וְאילו ר' חִיָּיא אָמַר: תְּנֵי [שְׁנֵה]: הָיוּ עוֹרְפִין. ושואלים: וּלְר' חִיָּיא קַשְׁיָא [קשה] מה שאמר עוּלָּא! ומשיבים: לָא קַשְׁיָא [אין זה קשה], כָּאן במשנה, מדובר כשבאו שניהם בְּבַת אַחַת — מבטלים את העדות, ואילו כָּאן בדברי עולא, מדובר כשבאו בְּזֶה אַחַר זֶה, שלאחר שקיבלו כבר את עדותו של העד הראשון אין עד שני יכול לבטל את עדותו.

תְּנַן [שנינו במשנה]: עֵד אֶחָד אוֹמֵר "רָאִיתִי אֶת הַהוֹרֵג" וּשְׁנַיִם אוֹמְרִים "לֹא רָאִיתָ" — הָיוּ עוֹרְפִין. ונדייק מכאן: הָא חַד וְחַד [הרי אם באו אחד ואחד אחריו] לֹא הָיוּ עוֹרְפִין, אם כן תְּיוּבְתָּא [קושיה חמורה] על ר' חִיָּיא שגרס במשנתנו "עורפין"! ומשיבים: וְלִיטַעֲמִיךְ [ולטעמך, לשיטתך] שכך אתה מדייק, אֵימָא סֵיפָא [אמור את מה ששנינו בסופה] של המשנה: שְׁנַיִם אוֹמְרִים "רְאִינוּ" וְעֵד אֶחָד אוֹמֵר "לֹא רְאִיתֶם" — לֹא הָיוּ עוֹרְפִין, ונדייק: הָא חַד וְחַד [והרי אם היו אחד ואחד] — הָיוּ עוֹרְפִין. ואם כן הדיוקים בשני חלקי המשנה סותרים זה את זה! אֶלָּא צריך לפרש שאין לדייק כאן באופן זה: מַתְנִיתִין [משנתנו] כולה לא בעדים כשרים מדברת אלא באנשים שהם פְּסוּלֵי עֵדוּת, וּכְשיטת ר' נְחֶמְיָה, שאָמַר: כָּל מָקוֹם שֶׁהֶאֱמִינָה תּוֹרָה לדברי עֵד אֶחָד ואין צורך בעדות גמורה של שני עדים הַלֵּךְ אַחַר רוֹב דֵּעוֹת, כלומר, כשיש הכחשה בין העדויות, פוסקים כפי העדות שיש לה יותר תומכים, בין אם כשרים לעדות ובין אם לאו, וְעָשׂוּ עדות שְׁתֵּי נָשִׁים שהן בדרך כלל פסולות לעדות נגד אִישׁ אֶחָד כְּעדות שְׁנֵי אֲנָשִׁים בְּאִישׁ אֶחָד. זו שיטה אחת, ולפיה משנתנו עוסקת בעד אחד כשר מול שני עדים פסולים. וְאִיכָּא דְּאָמְרִי [ויש שאומרים] ששיטת ר' נחמיה היא באופן אחר: כָּל הֵיכָא דַּאֲתָא [מקום שבא] עֵד אֶחָד כָּשֵׁר מֵעִיקָּרָא [מתחילה], אֲפִילּוּ מֵאָה נָשִׁים המכחישות אותו כִּי [כמו] עד אֶחָד דָּמְיָין [נחשבות]. וְהָכָא [וכאן] ששנינו: עד אחד אומר "ראיתי" ושנים אומרים "לא ראית" — עורפים, ומשמע שמבטלים את עדות הראשון, בְּמַאי עָסְקִינַן [במה אנו עוסקים] — כְּגוֹן דַּאֲתַאי [שבאה] אִשָּׁה מֵעִיקָּרָא [מתחילה] והעידה שראתה את ההורג ובאות שתי נשים אחריה והעידו שלא ראתה. וְתַרְצָהּ [ותקן] לשיטה זו את דברי ר' נְחֶמְיָה הָכִי [כך], ר' נְחֶמְיָה אוֹמֵר: כָּל מָקוֹם שֶׁהֶאֱמִינָה תּוֹרָה לדברי עֵד אֶחָד — הַלֵּךְ אַחַר רוֹב דֵּעוֹת, וְעָשׂוּ שְׁתֵּי נָשִׁים בְּאִשָּׁה אַחַת כִּשְׁנֵי אֲנָשִׁים בְּאִישׁ אֶחָד. אֲבָל שְׁתֵּי נָשִׁים המעידות בְּאִישׁ אֶחָד כשהוא כשר לעדות — כִּי פַּלְגָּא וּפַלְגָּא דָּמֵי [כמו חצי וחצי דומה] הדבר, ולא במקרה כזה דיברה משנתנו. וְשואלים: אם כן תַּרְתֵּי [שני] קטעים במשנה המחדשים אותו דין שבִּפְסוּלֵי עֵדוּת הולכים אחר רוב דעות, לָמָּה לִי? ומסבירים: מַהוּ דְּתֵימָא [שתאמר]: כִּי אָזְלִינַן בָּתַר [כאשר אנחנו הולכים אחר] רוֹב דֵּעוֹת בפסולים, הרי זה לְחוּמְרָא [להחמיר] ולהצריך להביא עגלה ערופה, אֲבָל לְקוּלָּא [להקל] ולא להתחשב כלל בדעת היחיד שמכחיש את השנים שאומרים שראו, ולא להביא עגלה — לֹא, על כן קָא מַשְׁמַע לָן [השמיע לנו] שאין הבדל בזה.

ב שנינו במשנה שמִשֶּׁרַבּוּ הָרוֹצְחִין בטלה עגלה ערופה. תָּנוּ רַבָּנַן [שנו חכמים]: מִשֶּׁרַבּוּ הָרוֹצְחָנִין בָּטְלָה עֶגְלָה עֲרוּפָה. וההסבר לכך: לְפִי שֶׁאֵינָהּ בָּאָה אֶלָּא עַל הַסָּפֵק, לכן מִשֶּׁרַבּוּ הָרוֹצְחָנִין בְּגָלוּי ויודעים מי הם הרוצחים — בָּטְלָה עֶגְלָה עֲרוּפָה.

ועוד שנינו: מִשֶּׁרַבּוּ הַנּוֹאֲפִין בטלו המים המרים. תָּנוּ רַבָּנַן [שנו חכמים], נאמר: "וְנִקָּה הָאִישׁ מֵעָוֹן והאשה ההיא תשא את עוונה" (במדבר ה, לא), ונדייק: בִּזְמַן שֶׁהָאִישׁ מְנוּקֶּה מֵעָוֹן — הַמַּיִם בּוֹדְקִין אֶת אִשְׁתּוֹ, ואולם אם אֵין הָאִישׁ מְנוּקֶּה מֵעָוֹן — אֵין הַמַּיִם בּוֹדְקִין אֶת אִשְׁתּוֹ. וְאוֹמֵר: "לֹא אֶפְקוֹד עַל בְּנוֹתֵיכֶם כִּי תִזְנֶינָה" כו' (הושע ד, יד). ושואלים: מַאי [מה] התוספת של וְאוֹמֵר? שהרי לכאורה הדבר כבר נלמד מדברי התורה עצמם! ומסבירים: וְכִי תֵּימָא [ואם תאמר] שמן הפסוק "ונקה האיש מעוון" נלמד כי עֲוֹן דִּידֵיהּ [שלו] — אִין [כן] הוא שגורם שלא תיבדק, אבל עוון דִּבְנֵיהּ וּדִבְנָתֵיהּ [של בניו ושל בנותיו] — לֹא, תָּא שְׁמַע [בוא ושמע] את הדבר ממה שנאמר "לֹא אֶפְקוֹד עַל (בגלל) בְּנוֹתֵיכֶם כִּי תִזְנֶינָה וְעַל כַּלּוֹתֵיכֶם כִּי תְנָאַפְנָה" (שם). וְכִי תֵּימָא [ואם תאמר]: עֲוֹן נִיאוּף אֵשֶׁת אִישׁ — אִין [כן], שרק בגלל עוון כזה ("תנאפנה") אין המים בודקים, אבל עֲוֹן של מי שבעל פְּנוּיָה — לֹא, לכן תָּא שְׁמַע [בוא ושמע] מהמשך הכתוב "כִּי הֵם עִם הַזֹּנוֹת יְפָרֵדוּ וְעִם הַקְּדֵשׁוֹת יְזַבֵּחוּ" וגו' (שם). כיון שהסבירו את הפסוק שואלים: מַאי [מה] פירוש סופו "וְעָם לֹא יָבִין יִלָּבֵט"? אָמַר ר' אֶלְעָזָר: אָמַר לָהֶם נָבִיא לְיִשְׂרָאֵל: אִם אַתֶּם מַקְפִּידִין עַל עַצְמְכֶם — מַיִם בּוֹדְקִין נְשׁוֹתֵיכֶם, וְאִם לָאו [לא] — אֵין הַמַּיִם בּוֹדְקִין נְשׁוֹתֵיכֶם, ונמצא שאנשים מתלבטים ואינם יודעים אם חטאו נשיהם.

ג מִשֶּׁרַבּוּ בַּעֲלֵי הֲנָאָה, אנשים שמקבלים טובת הנאה מאחרים — נִתְעַוְּתוּ הַדִּינִין וְנִתְקַלְקְלוּ הַמַּעֲשִׂים וְאֵין נוֹחַ בָּעוֹלָם. מִשֶּׁרַבּוּ רוֹאֵי פָנִים בַּדִּין שמטים את הדין לצד מסויים לפי גדולתו ומעלתו של הנידון — בָּטֵל "לֹא תָגוּרוּ מִפְּנֵי אִישׁ" (דברים א, יז) וּפָסַק "לֹא תַכִּירוּ פנים במשפט" (שם), וּפָרְקוּ עוֹל שָׁמַיִם, וְנָתְנוּ עֲלֵיהֶם עוֹל בָּשָׂר וָדָם. מִשֶּׁרַבּוּ לוֹחֲשֵׁי לְחִישׁוֹת בַּדִּין שהיו לוחשים ויועצים לדיינים — רַבָּה חֲרוֹן אַף בְּיִשְׂרָאֵל, וְנִסְתַּלְּקָה הַשְּׁכִינָה, מִשּׁוּם שֶׁנֶּאֱמַר: "אלהים ניצב בעדת אל בְּקֶרֶב אֱלֹהִים יִשְׁפֹּט" (תהלים פב, א), שהשכינה מצויה בין הדיינים וכשאין דנים כראוי הרי היא מסתלקת. מִשֶּׁרַבּוּ אלה ש"אַחֲרֵי בִּצְעָם (כספם) לִבָּם הֹלֵךְ" (יחזקאל לג, לא) — רַבּוּ "הָאֹמְרִים לָרַע טוֹב וְלַטּוֹב רָע" (ישעיה ה, כ) כלומר, המתייחסים לרשעים כאילו היו צדיקים. מִשֶּׁרַבּוּ הָאוֹמְרִים לָרַע טוֹב וְלַטּוֹב רָע — רַבּוּ "הוֹי הוֹי", כלומר, צרות שזועקים עליהן "הוי", בָּעוֹלָם. מִשֶּׁרַבּוּ מוֹשְׁכֵי הָרוֹק שנוהגים מנהג גאווה בעצמם — רַבּוּ הַיְּהִירִים בכלל, וְנִתְמַעֲטוּ הַתַּלְמִידִים, שכל אחד מתייהר לומר שאינו צריך ללמוד, ולפיכך הַתּוֹרָה חוֹזֶרֶת עַל לוֹמְדֶיהָ לחפש מי שילמד אותה. ועוד, מִשֶּׁרַבּוּ הַיְּהִירִים הִתְחִילוּ בְּנוֹת יִשְׂרָאֵל לְהִנָּשֵׂא לַיְּהִירִים, שֶׁאֵין דּוֹרֵנוּ רוֹאֶה אֶלָּא לַפָּנִים בחיצוניות הדברים ואינו מסתכל בתוכנם. ומקשים: אִינִי [וכי כך הוא] שהבנות רוצות להינשא ליהירים?! וְהָאָמַר מָר [והרי אמר החכם]: הַאי מַאן דְּמְיַהֵר [מי שמתייהר, מתגאה] אֲפִילּוּ אַאִינְשֵׁי בֵּיתֵיהּ לָא מִיקַּבַּל [על אנשי ביתו, על אשתו, איננו מתקבל], שֶׁנֶּאֱמַר: "גֶּבֶר יָהִיר וְלֹא יִנְוֶה" (חבקוק ב, ה), כלומר, לֹא יִנְוֶה — אֲפִילּוּ בְּנָוֶה (בבית) שֶׁלּוֹ אינו מתקבל! מסבירים: מֵעִיקָּרָא קָפְצָה עֲלֵיהּ [מתחילה קופצת עליו] ורוצה להינשא לו משום שנראה לה כאדם גדול, לְסוֹף שהיא מכירה בו מִיתְזִיל עֲלַיְיהוּ [נעשה מזולזל בעיניהן]. ועוד ממשיכה הברייתא: מִשֶּׁרַבּוּ מְטִילֵי מְלַאי עַל בַּעֲלֵי בָּתִּים שקבעו שבעלי בתים יתנו סכומים מסויימים להחזקת הדיינים — רַבָּה הַשּׁוֹחַד וְהַטָּיַית מִשְׁפָּט, וּפָסְקָה טוֹבָה. מִשֶּׁרַבּוּ אותם דיינים ומנהיגים שאומרים "מְקַבְּלֵנִי טוֹבָתְךָ" וּ"מַחֲזִקְנִי טוֹבוֹתֶיךָ" — רַבּוּ "אִישׁ הַיָּשָׁר בְּעֵינָיו יַעֲשֶׂה" (שופטים יז, ו), שְׁפָלִים הוּגְבָּהוּ וְהַגְּבוֹהִים הוּשְׁפָּלוּ, וּמַלְכוּתָא אָזְלָא וְנָוְלָא [והמלכות הולכת ומתנוולת]. מִשֶּׁרַבּוּ צָרֵי עַיִן וְטוֹרְפֵי טֶרֶף (אנשים הלהוטים אחר רווחים) — רַבּוּ מְאַמְּצֵי הַלֵּב וְקוֹפְצֵי יָדַיִם מִלְּהַלְוֹות, וְעָבְרוּ עַל מַה שֶּׁכָּתוּב בַּתּוֹרָה "לא תאמץ את לבבך ולא תקפוץ את ידך מאחיך האביון... הִשָּׁמֶר לְךָ פֶּן יהיה דבר עם לבבך... ולא תתן לו" (דברים טו, ט). מִשֶּׁרַבּוּ הנשים שהיו נוהגות בפריצות "נְטוּיוֹת גָּרוֹן וּמְשַׂקְּרוֹת עֵינַיִם" (ישעיה ג, טז) — רַבּוּ מַיִם הַמָּרִים משום שרבתה הזנות, אֶלָּא שֶׁפָּסְקוּ לבסוף המים המרים מפני שרבתה הזנות כל כך. מִשֶּׁרַבּוּ מְקַבְּלֵי מַתָּנוֹת — נִתְמַעֲטוּ הַיָּמִים וְנִתְקַצְּרוּ הַשָּׁנִים, דִּכְתִיב [שנאמר]: "וְשׂוֹנֵא מַתָּנֹת יִחְיֶה" (משלי טו, כז). מִשֶּׁרַבּוּ זְחוּחֵי הַלֵּב (אנשים המתגאים בליבם) — רַבּוּ מַחֲלוֹקֶת בְּיִשְׂרָאֵל. מִשֶּׁרַבּוּ תַּלְמִידֵי שַׁמַּאי וְהִילֵּל שֶׁלֹּא שִׁימְּשׁוּ כָּל צוֹרְכָּן את רבותיהם — רַבּוּ מַחֲלוֹקֶת בְּיִשְׂרָאֵל, וְנַעֲשֵׂית תּוֹרָה כִּשְׁתֵּי תוֹרוֹת. מִשֶּׁרַבּוּ מְקַבְּלֵי צְדָקָה מִן הַגּוֹיִם — הָיוּ יִשְׂרָאֵל לְמַעְלָה וְהֵם לְמַטָּה, יִשְׂרָאֵל לְפָנִים וְהֵם לְאָחוֹר (כלומר, ההיפך, שישראל למטה, אלא שלא רצה להשתמש בלשון שהיא גנאי לישראל).

ד שנינו במשנה מִשֶּׁמֵּת יוֹסֵי בֶּן יוֹעֶזֶר בטלו אשכולות. ושואלים: מַאי [מה] פירוש "אֶשְׁכּוֹלוֹת"? אָמַר רַב יְהוּדָה אָמַר שְׁמוּאֵל, הכוונה היא אִישׁ שֶׁהַכֹּל בּוֹ, שיש בו כל דרכי תורה ומצוות. שנינו: יוֹחָנָן כֹּהֵן גָּדוֹל הֶעֱבִיר הוֹדָיַית הַמַּעֲשֵׂר כו'. ושואלים: מַאי טַעֲמָא [מה טעם] עשה כן? אָמַר ר' יוֹסֵי בְּר' חֲנִינָא: לְפִי שֶׁאֵין נוֹתְנִין אוֹתוֹ את המעשר כְּתִיקּוּנוֹ ככתוב בתורה. ומדוע? דְּרַחֲמָנָא אָמַר דְּיָהֲבִי [שהתורה אמרה שיתנו] מעשר ראשון לַלְּוִיִּם

עיונים

שאין פוטרת אותו לכאורה מה טעם תגרום עריפת העגלה לפטור מדין את הרוצח? ויש לומר שבענין עוון רציחה נאמר שמלבד החטא בעצמו יש בכך גם טומאת הארץ שאינה מיטהרת עד שנעשה דין ברוצח. וכיון שנאמר "ונכפר להם הדם" היה מקום לומר שיניחו לו שייענש בידי שמים, ולכן הוצרך להדגיש שאם נתפס ההורג בית דין ממיתין אותו (דבר שאול).

ולארץ לא יכופר ובתלמוד הירושלמי מוכיח דבר זה מהמשך המקראות עצמם, שאין הענין נגמר במה שנאמר "ונכפר להם הדם" אלא נאמר במפורש "ואתה תבער הדם הנקי מקרבך".

אפילו אחד בסוף העולם שאף שיש בכך רק עד אחד, והוא אינו יכול להביא לידי הענשת הרוצח, מכל מקום לא נאמרה הלכה זו של עגלה ערופה אלא כשאין אדם יודע כלל בדבר. וכבר דנו אחרונים בשאלה כיצד יודעים שיש "אחד בסוף העולם", ואם סומכים בכך על שמועה (קול) בלבד (ראה נחל איתן).

ואיכא דאמרי כל היכא וכו' וכן מבואר בתלמוד הירושלמי שיש שתי שיטות בדבר, האם הולכים ממש אחר רוב דעות, או שיש לחלק בין הכחשת דעות פסולים בפסולים, ומקום שיש עד כשר כנגד הפסולים.

משרבו הרוצחנין וכו' יש מפרשים את הדבר לפי שיטת התלמוד הירושלמי האומר שלא נאמרה הלכה זו אלא במקום שיש לומר "כי ימצא" — ולא במצוי, וכיון שנעשתה הרציחה לדבר המצוי, שוב אין שייך דין עגלה ערופה (וראה בעיון יעקב).

הרוצחנין בגלוי יש מסבירים שכיון שהבאת עגלה ערופה לא נועדה אלא כדי לברר ולגלות מי הם הרוצחים, כיון שהיו רוצחים בגלוי שלא הסתתרו כלל — בטל הטעם למצוה זו (רש"ש).

משרבו המנאפין וכו' בתלמוד הירושלמי נאמר כי כיון שנאמר בסוטה "והיתה האשה לאלה בקרב עמה" (במדבר ה, כז) לא נאמר הדבר אלא כאשר העם כולו מתנהג בדרך הישר (ובלשון התלמוד הירושלמי "עמה שלום"), אבל כאשר רוב העם פרוץ — שוב אין הדבר יכול להתקיים. ומדברי הרמב"ם נראה שהוא מסביר בעקבות התלמוד שלנו, שכיון שרבו המנאפים, רבו המקרים שבהם לא היו המים בודקים את האשה, לפי שבעלה ובני ביתו נכשלו בעבירה זו. וכיון שהביא הדבר לידי פקפוק בכוחם של המים המרים ביטל רבן יוחנן בן זכאי את ההשקיה בכל מקרה, וסמך החלטתו על דברי הנביא.

דבניה ודבנתיה וכו' המאירי מסביר שאם אדם רואה בבני ביתו שהם פרוצים ואינו מוחה בהם יש לחשוש שאף הוא עצמו אינו נזהר מעבירה זו. ובתוהרא"ש מסביר בדרך אחרת, שכיון שאינו מוחה בבני ביתו הרי הוא כשותף למעשיהם, וכאילו הוא עצמו חוטא.

עוון דפנויה לא היו שהביאו מכאן ראיה לשיטת הרמב"ם שכל שחטא הבעל מימיו בביאה אסורה מכל סוג, שוב אין המים בודקים את אשתו (מאירי, וראה במל"מ). ובהתאם לשיטה זו הסבירו כי זונות כאן לפי המשמעות הכללית של המלה (שאינה הלכתית לדיוקה) — נשים פרוצות, שאין בביאה עליהן אלא איסור מדברי סופרים (ראה ברש"ש) או מן המלה "קדשות", שלפי שיטת הרמב"ם בעילת פנויה אסורה משום איסור קדשה (מצפה איתן).

בעלי הנאה מדברי רש"י נראה שהוא מפרש כמשמעו — אנשים הרגילים ללכת אחר הנאותיהם (אפילו בהיתר), שמפני כן אינם מתייגעים לברר את הדינים היטב. והמהרש"א מסביר בעלי הנאה — אותם דיינים הנהנים מממונם של בעלי בתים, שמתוך כך אינם יכולים עוד לדונם כראוי, ולפי זה מוסבר היטב גם המשך הדברים באותו נושא.

טורפי טרף המהרש"א מפרש שהכוונה היא לאלה שמקפחים פרנסתם של אחרים, ובכלל זה מפקיעי שערים וכל הדומה להם.

שלא שימשו כל צורכן כי שמאי והלל עצמם לא נחלקו אלא בשלושה (או ארבעה) דברים בלבד, אלא שרבו התלמידים שהמשיכו כל אחד לעצמו את שיטת רבו ועל ידי כך נעשו בישראל שתי קבוצות הנבדלות זו מזו בנושאים רבים בהלכה.

מקבלי צדקה מן הגוים קבלת צדקה מן הגוים יש בה משום חילול השם, שהרי מראה כי אין ישראל יכולים (או אינם) רוצים לדאוג לענייהם, והם נזקקים לאחרים. ואף שהעושה כך לעצמו עובר, הרי כאשר רבו מקבלי צדקה מן הגוים מביא הדבר להשפלה כללית של כבוד ישראל.

איש שהכל בו וכתבו הרמב"ם והמאירי שהכוונה היא לאדם שיש בו גם מעלת התורה וגם מעלת המידות הטובות בשלימותן. ובמדרש חזית (שה"ר פ"א יד) אמרו שהוא אדם שיודע את התורה כולה על כל חלקיה וצדדיה השונים. בתלמוד הירושלמי אמרו שלא קם "אשכול" כמותם עד ימי ר' עקיבא. והוסיפו עוד שאף שהיו במשך הדורות חכמים שונים בדרגה זו, אלא שלא היו חכמים אלה גם פרנסים ומנהיגים של הציבור.

אורח הלכה

הא נודע וכו' אם נודע מי הרג את הנרצח — לא היו עורפים. (רמב"ם ספר נזיקין הלכות רוצח ושמירת נפש פ"ט הי"א).

כאן בבת אחת בא עד אחד ואמר שראה את ההורג, ועד אחר מכחישו ואומר "לא ראית" — היו עורפין. במה דברים אמורים כשבאו שניהם כאחד. אבל אם בא העד הראשון וקיבלו עדותו, אף שאחר מכן בא עד אחר ומכחישו — אין סומכים על דברי האחרון, ואין עורפים. כעולא, וכמסקנת הגמרא. (רמב"ם שם הי"ג).

כל היכא דאתא עד אחד כשר וכו' בא מתחילה עד כשר ואמר שראה את הרוצח, ושתי נשים או פסולי עדות אחרים אומרים "לא ראית" — אין עורפים. (רמב"ם שם הט"ו).

דאתאי אשה מעיקרא אשה אומרת "ראיתי את ההורג", ואשה אחרת מכחישה אותה ואומרת "לא ראית", בין שבאו שתיהן כאחת בין בזו אחר זו — היו עורפים. והראב"ד סבור שבזה אחר זה הראשון עיקר, אפילו בפסולי לעדות. (רמב"ם שם הי"ד).

עשו שתי נשים וכו' שתי נשים או שני פסולי עדות שאמרו "ראינו את ההורג" ועד אחד כשר מכחישם ואומר "לא ראיתם" — היו עורפים. שאפילו מאה פסולי עדות, ועד אחד כשר מכחישם הרי אלו כהכחשת עד אחד מול עד אחד. והראב"ד סבור שאם לא בא עד כשר מתחילה הולכים אחר רוב דעות. (רמב"ם שם הט"ז).

אזלינן בתר רוב דעות באו שלושה עדים פסולים ואמרו "ראינו את ההורג", ובאו ארבעה פסולים ואמרו "לא ראיתם" — עורפים. והכלל הוא שבמקום פסולי עדות הולכים אחר רוב דעות. (רמב"ם שם הי"ז).

לפי שאין נותנין אותו כתיקונו צריך להפריש את המתנות לפי הסדר, ואחר כך יכול להתוודות. ואם הקדים מעשר שני לראשון — אינו יכול להתוודות. ובזמן שהיו נותנים מעשר ראשון לכהנים לא היו מתוודים, לפי שלא קיימו הכתוב כלשונו. (רמב"ם ספר זרעים הלכות מעשר שני פי"א הי"ג).

מסורת הש"ס

א. מע"ש פ"ה מט"ו. מו"ק יא,א. תוספתא סוטה פי"ג י.
ב. מע"ש שם.
ג. כתובות לז,ב. תוספתא כריתות פ"ד ג. ספרי במדבר לה, לג. מדרש תנאים כא, ט. ילק"ש תורה תשפח. וראה כריתות כו,א. ירושלמי סוטה פ"ט ה"ו.
ד. יומא כג,ב. ספרי דברים כא, א. מדרש תנאים כא, א. ילק"ש שם תתקכג. וראה ירושלמי סוטה פ"ט ה"א.
ה. ירושלמי ר"ה פ"ג ה"א. שם סוטה שם. ספרי שם. וראה ירושלמי סנהדרין פ"א ה"ב. ילק"ש שם.
ו. (כל הענין) סוטה לא,ב (ושם סומנו מקבילות).
ז. ראה ירושלמי סוטה פ"ו ה"ד.
ח. סוטה לא,ב (ושם סומנו מקבילות).
ט. שם (ושם סומנו מקבילות).
י. תוספתא סוטה פי"ד א. ספרי דברים כא, א. מדרש תנאים כא, א. וראה ירושלמי סוטה פ"ט ה"א.
יא. סוטה כח,א (ושם סומנו מקבילות).
יב. ראה ירושלמי סוטה פ"ט ה"ט.
יג. ראה תוספתא סוטה פי"ד ג.
יד. (הביטוי) סוטה מא,ב.
טו. תוספתא שם ד.
טז. תוספתא שם ג. מדרש ל"ב מדות פט"ז.
יז. תוספתא שם ז.
יח. ראה שם ח.
יט. שם.
כ. ב"ב צח,א.
כא. תוספתא שם ה.
כב. שם ז.
כג. שם.
כד. שם ט.
כה. שם י. וראה מגילה כח,א. קדושין נט,ב. ב"ב יג,ב.
כו. תוספתא שם ט.
כז. סנהדרין פח,ב. ירושלמי חגיגה פ"ב ה"ב. שם סנהדרין פ"א ה"ד. תוספתא שם. שם חגיגה פ"ב ט. שם סנהדרין פ"ז א.
כח. תוספתא סוטה שם י.
כט. תמורה טו,ב. שהש"ר פ"א יד. וראה ספרי דברים לב, לב.
ל. ראה יבמות פו,ב. חולין קלא,ב.

גרסות

שאין פוטרת יש בכת"י: **שאין פוטרין.**

ותרתי פסולי עדות יש בכת"י: **ותרתי בפסולי עדות.**

דבניה ודבנתיה יש בכת"י ועוד: **עון דבניה ודבנתיה.**

חרון אף בישראל יש בכת"י: **חרון אף** ויש שגרסו: **חרון אף בעולם.**

חוזרת על לומדיה יש בכת"י: **מחזרת על לומדיה.**

בנוה שלו יש בכת"י: **בנוה שלו אין מתקיים.**

קפצה עליה יש בכת"י: **קפצן עלייהו.**

רבו מחלוקת יש בכת"י: **רבו מחלוקות.**

דיהבי ללוים יש בכת"י: **הבו ללוים.**

לשון

מושכי הרוק
רש"י מסביר שמאריכים ברוק, ונראה שכוונתו שהיו מדקדקים בנימוסים חיצוניים, שאפילו ביריקתם היו משתדלים לעשותה בדרך שהיתה נראית בעיניהם מכובדת. ויש שהסביר על פי שימוש לשון ערבי שביטוי זה משמעו — מי שחוזר בו מדיבורו.

זחוחי
ובנוסחות שונות מופיעה המלה בתור "זהוהי". ושורש זה משמעו התגאה, התייהר. ובדומה לו בערבית زهي (זהי).

אשכולות
דימויים של החכמים לאשכולות הגפן מצוי גם במקומות אחרים (ראה חולין צב,א). ונראה כי שמואל הוסיף ודרש מלה זו אשכול = איש כל. ויש שאמרו כי יש במלה זו גם רמז לשורש היווני σχολή (סכולי) במובן של לימוד, למדנות.

וַאֲנַן קָא יָהֲבִינַן [ואנו נותנים אותו] לַכֹּהֲנִים, שקנס עזרא את הלויים שלא יקבלו מעשר ראשון מפני שלא עלו עימו מבבל לארץ ישראל. ולכן אינו יכול עוד לומר את הוידוי שנאמר בו "עשיתי ככל אשר ציויתני" (דברים כו, יד), שהרי לא נתן ללויים. ושואלים: וְלוֹדֵי [ושיתוודה] על שְׁאָר מַעַשְׂרוֹת שאותם נתן כדין? אָמַר רֵישׁ לָקִישׁ: כָּל בַּיִת שֶׁאֵין מִתְוַדֶּה עַל הפרשת מַעֲשֵׂר רִאשׁוֹן — שׁוּב אֵין מִתְוַדֶּה עַל שְׁאָר מַעַשְׂרוֹת. ושואלים: מַאי טַעֲמָא [מה טעם] הדבר? אָמַר אַבַּיֵי: הוֹאִיל וּפָתַח בּוֹ הַכָּתוּב תְּחִילָּה במעשר ראשון ללויים, שהרי נאמר "וגם נתתיו ללוי ולגר ליתום ולאלמנה ככל מצוותך אשר ציויתני" (שם יג). ושואלים: מִכְּלָל הדברים שאמרנו, שביטל ר' יוחנן את הוידוי על המעשרות, אתה לומד שעל כל פנים אַפְרוּשֵׁי הֲווּ מַפְרְשֵׁי [שהיו מפרישים] מעשר בימי יוחנן כהן גדול? וְהָא תַּנְיָא [והרי שנינו בברייתא]: אַף הוּא, יוחנן כהן גדול, בִּיטֵּל אֶת הַוִּידּוּי, וְגָזַר עַל הַדְּמַאי. ומדוע גזר — לְפִי שֶׁשָּׁלַח שליחים בְּכָל גְּבוּל יִשְׂרָאֵל ובדק וְרָאָה שֶׁאֵין הכל מַפְרִישִׁין אֶלָּא תְּרוּמָה גְּדוֹלָה בִּלְבַד, וְאִילּוּ מַעֲשֵׂר רִאשׁוֹן וּמַעֲשֵׂר שֵׁנִי — מִקְצָתָן של אנשים מְעַשְּׂרִין וּמִקְצָתָן אֵין מְעַשְּׂרִין. אָמַר לָהֶם: בָּנַי, בּוֹאוּ וְאוֹמַר לָכֶם: כְּשֵׁם שֶׁתְּרוּמָה גְּדוֹלָה יֵשׁ בָּהּ עֲוֹן מִיתָה אם אוכל תבואה שלא הופרשה ממנה תרומה — כָּךְ תְּרוּמַת מַעֲשֵׂר (אם לא הפרישו הלויים ממעשר ראשון שקיבלו ונתנוהו לכהנים) וְטֶבֶל (תבואה שלא הופרשו ממנה מעשרות) יֵשׁ בָּהֶן עֲוֹן מִיתָה. וכיון שראה שיש ספק בדבר אם הפרישו מעשרותיהם עָמַד וְהִתְקִין לָהֶם תקנה זו של דמאי, שהיא: הַלּוֹקֵחַ פֵּירוֹת מֵעַם הָאָרֶץ שלא ברור לנו אם הוא מעשר — מַפְרִישׁ מֵהֶן מספק מַעֲשֵׂר רִאשׁוֹן וּמַעֲשֵׂר שֵׁנִי. מַעֲשֵׂר רִאשׁוֹן מַפְרִישׁ מִמֶּנָּה תְּרוּמַת מַעֲשֵׂר וְנוֹתְנָהּ לְכֹהֵן, וְאֶת מַעֲשֵׂר שֵׁנִי עוֹלֶה וְאוֹכְלוֹ בִּירוּשָׁלַיִם. אבל מַעֲשֵׂר רִאשׁוֹן וּמַעְשַׂר עָנִי שמותרים באכילה לזרים ואין ללויים ולעניים אלא זכות ממונית בהם — הַמּוֹצִיא מֵחֲבֵירוֹ עָלָיו הָרְאָיָה, ומכיון שאין הלויים או העניים יכולים להוכיח שאכן לא הופרש המעשר מתבואה זו — אינם יכולים להוציא ממנו את מעשרותיהם. ומכל מקום למדנו מכאן שלא היו כולם מפרישים מעשר בזמנו של יוחנן כהן גדול! ומשיבים: תַּרְתֵּי [שני דברים] תִּקֵּן: בִּיטֵּל וִידּוּי שֶׁל חֲבֵירִים, שאפילו החברים המפרישים מעשרות לא יתוודו וידוי מעשר, וְגָזַר עַל דְּמַאי שֶׁל עַמֵּי הָאָרֶץ, שמא אינם מפרישים.

א שנינו במשנה: וְאַף הוּא יוחנן כהן גדול בִּיטֵּל אֶת הַמְעוֹרְרִים. ושואלים: מַאי [מה הם] מְעוֹרְרִים אלה? אָמַר רַחֲבָה: בְּכָל יוֹם וְיוֹם שֶׁהָיוּ עוֹמְדִים לְוִיִּם עַל דּוּכָן בבית המקדש וְאוֹמְרִים "עוּרָה לָמָּה תִישַׁן ה'" (תהלים מד, כד), אָמַר לָהֶן יוחנן כהן גדול: וְכִי יֵשׁ שֵׁינָה לִפְנֵי הַמָּקוֹם שאתם אומרים "עורה"? וַהֲלֹא כְּבָר נֶאֱמַר "הִנֵּה לֹא יָנוּם וְלֹא יִישָׁן שׁוֹמֵר יִשְׂרָאֵל" (שם קכא, ד)! אֶלָּא בִּזְמַן שֶׁיִּשְׂרָאֵל שְׁרוּיִין בְּצַעַר וְאִילּוּ אוּמּוֹת הָעוֹלָם בְּנַחַת וְשַׁלְוָה — לְכָךְ נֶאֱמַר "עוּרָה לָמָּה תִישַׁן ה'", אבל כשאומרים זאת בכל בוקר מתפרש הדבר בדרך לא נכונה, ולכן ביטל את האמירה.

שנינו שיוחנן כהן גדול ביטל גם אֶת הַנּוֹקְפִים. ושואלים: מַאי [מה הם] "נוֹקְפִים" אלה? אָמַר רַב יְהוּדָה אָמַר שְׁמוּאֵל: שֶׁהָיוּ מְסָרְטִין (עושים סריטה) לָעֵגֶל העומד לשחיטה בֵּין קַרְנָיו, כְּדֵי שֶׁיִּפּוֹל דָּם בְּעֵינָיו ויהיה קל יותר לשחוט אותו. אֲתָא אִיהוּ בָּטֵיל [בא הוא וביטל] את הדבר מִשּׁוּם דְּמֶיחֱזֵי כִּי מוּמָא [שנראה הדבר כמו שמטיל בו מום]. בְּמַתְנִיתָא תָּנָא [בברייתא שנה] פירוש אחר ל"נוקפין": שֶׁהָיוּ חוֹבְטִין אוֹתוֹ את העגל בְּמַקְלוֹת להמם אותו לפני שחיטה כְּדֶרֶךְ שֶׁעוֹשִׂין אוֹתוֹ לִפְנֵי עֲבוֹדָה זָרָה. אָמַר לָהֶם יוחנן כהן גדול: עַד מָתַי אַתֶּם מַאֲכִילִין נְבֵילוֹת לַמִּזְבֵּחַ! ושואלים: וכי נְבֵילוֹת היו אלה?! הָא שָׁחֵיט לְהוּ [הרי שוחט אותן] ולא מתו מעצמם! אֶלָּא הכוונה היא שהיו נעשות בכך טְרֵיפוֹת, ומדוע — שֶׁמָּא מתוך המכות נִיקַּב קְרוּם שֶׁל מוֹחַ ונעשה העגל טריפה. לכן עָמַד וְהִתְקִין לָהֶם טַבָּעוֹת בַּקַּרְקַע שיקשרו את הבהמות שם ולא יצטרכו לאמצעים אחרים להקל על שחיטתן.

ועוד שנינו: עַד יָמָיו של יוחנן כהן גדול הָיָה פַּטִּישׁ מַכֶּה בִּירוּשָׁלַיִם. ומסבירים: שמדובר בְּחוּלּוֹ שֶׁל מוֹעֵד, ונראה כביזוי המועד.

ועוד שנינו: כָּל יָמָיו לֹא הָיָה אָדָם צָרִיךְ לִשְׁאוֹל עַל הַדְּמַאי. ומעירים שזהו כְּדַאֲמָרַן [כמו שאמרנו] שתיקן שיהיו מעשרים את הדמאי, ומשום כך אין אדם נזקק לשאול את חבירו אם תבואה זו מעושרת.

ב משנה ועוד דברים שבטלו: מִשֶּׁבָּטְלָה סַנְהֶדְרִין בָּטֵל גם הַשִּׁיר מִבֵּית הַמִּשְׁתָּאוֹת, שאין שרים עוד בסעודה על היין, שֶׁנֶּאֱמַר: "בַּשִּׁיר לֹא יִשְׁתּוּ יָיִן" וגו' (ישעיה כד, ט). מִשֶּׁמֵּתוּ נְבִיאִים הָרִאשׁוֹנִים בָּטְלוּ אוּרִים וְתוּמִּים. מִשֶּׁחָרַב בֵּית הַמִּקְדָּשׁ בָּטֵל הַשָּׁמִיר ובטל נוֹפֶת צוּפִים, וּפָסְקוּ אַנְשֵׁי אֲמָנָה מִיִּשְׂרָאֵל, שֶׁנֶּאֱמַר: "הוֹשִׁיעָה ה' כִּי גָמַר חָסִיד כי פסו אמונים מבני אדם" (תהלים יב, ב). רַבָּן שִׁמְעוֹן בֶּן גַּמְלִיאֵל אוֹמֵר: הֵעִיד ר' יְהוֹשֻׁעַ: מִיּוֹם שֶׁחָרַב בֵּית הַמִּקְדָּשׁ אֵין יוֹם שֶׁאֵין בּוֹ קְלָלָה מסוג זה או אחר, וְלֹא יָרַד הַטַּל לִבְרָכָה, וְנִיטַּל טַעַם הַפֵּירוֹת. ר' יוֹסֵי אוֹמֵר: אַף נִיטַּל שׁוּמַּן הַפֵּירוֹת. ר' שִׁמְעוֹן בֶּן אֶלְעָזָר אוֹמֵר: הַטָּהֳרָה שבטלה נָטְלָה מן הפירות אֶת הַטַּעַם וְאֶת הָרֵיחַ, הַמַּעַשְׂרוֹת שבטלו נָטְלוּ אֶת שׁוּמַּן הַדָּגָן. וַחֲכָמִים אוֹמְרִים: הַזְּנוּת וְהַכְּשָׁפִים הם שֶׁכִּילּוּ אֶת הַכֹּל.

ג גמרא על תחילת המשנה שואלים: וּמִמַּאי [וממה, מניין] למדים אנו שמִשֶּׁבָּטְלָה סַנְהֶדְרִי כְּתִיב [נאמר] הפסוק "בשיר לא ישתו יין" (ישעיה שם)? אָמַר רַב הוּנָא בְּרֵיהּ [בנו] של רַב יְהוֹשֻׁעַ: שֶׁאָמַר קְרָא [הכתוב] במקום אחר: "זְקֵנִים מִשַּׁעַר שָׁבָתוּ בַּחוּרִים מִנְּגִינָתָם" (איכה ה, יד), הרי שיש קשר בין ביטול ("שבתו") הסנהדרין ("זקנים משער") לבין הפסקת הנגינה ("בחורים מנגינתם"). אָמַר רַב: אוּדְנָא דְּשָׁמְעָא זִמְרָא [אוזן השומעת זמר] — תֵּיעָקֵר, שאסור לשמוע זמר לאחר החורבן. אָמַר רָבָא: אם יש זִמְרָא בְּבֵיתָא [זמר בבית] — יש חוּרְבָּא בְּסֵיפָא [חורבן על הסף], שֶׁנֶּאֱמַר: "קוֹל יְשׁוֹרֵר בַּחַלּוֹן חֹרֶב בַּסַּף כִּי אַרְזָה עֵרָה" (צפניה ב, יד). ושואלים אגב כך: מַאי [מה פירוש] הנימוק "כִּי אַרְזָה עֵרָה"? וכן אָמַר ר' יִצְחָק: הרי בַּיִת הַמְסוּכָּךְ בַּאֲרָזִים הרי עִיר הוּא וחזק ביותר! אֶלָּא יש לפרש: אֲפִילּוּ בַּיִת הַמְסוּכָּךְ ומסוכך בַּאֲרָזִים מִתְרוֹעֵעַ אם נשמע בו זמר. אָמַר רַב אַשִׁי: שְׁמַע מִינָּהּ [למד מכאן] כִּי מַתְחִיל חוּרְבָּא [כאשר מתחיל החורבן] — בְּסִיפָּא [בסף] הוא מַתְחִיל, שֶׁנֶּאֱמַר: "חֹרֶב בַּסַּף". וְאִיבָּעֵית אֵימָא [ואם תרצה אמור] מֵהָכָא [מכאן] אנו למדים דבר זה, שכתוב "וּשְׁאִיָּה יֻכַּת שָׁעַר" (ישעיה כד, יב), כלומר, השד הקרוי "שאיה", המחריב את הבתים, מכה בתחילה בשער. אָמַר מָר בַּר רַב אַשִׁי: לְדִידִי חֲזִי לֵיהּ [אני בעצמי ראיתי אותו] את השאיה והיה מְנַגֵּחַ והורס כִּי תוֹרָא [כמו שור]. אָמַר רַב הוּנָא: זִמְרָא דְנַגָּדֵי וּדְבַקָּרֵי [זמר של מושכי האניות ושל מוליכי הבקר] — שָׁרֵי [מותר], משום שהשיר שלהם הוא כדי לתת קצב לעבודתם. דְּגַרְדָּאֵי [של האורגים] — אֲסִיר [אסור], משום שאינם מזמרים אותו אלא להנאתם. מסופר: רַב הוּנָא בָּטֵיל זִמְרָא [ביטל את מיני הזמר] ובאה ברכה לכל, קָם [עמד] מחיר מֵאָה אַוְזֵי בְּזוּזָא [אווזים בדינר] וּמֵאָה סְאָה חִיטֵּי [חיטים] בְּזוּזָא [בדינר] וְלָא אִיבָּעֵי [היה להם ביקוש] אפילו במחיר כה זול, משום שהיה השפע מרובה. אֲתָא [בא] רַב חִסְדָּא לאחר מכן זַלְזֵיל בֵּיהּ [זילזל בו] באיסור זה, וכתוצאה מכך אִיבָּעֵאי אַוְזָא בְּזוּזָא [נצטרכו אווז אחד בדינר אחד] וְלָא מִשְׁתַּכַּח [נמצא]. אָמַר רַב יוֹסֵף: אם זָמְרֵי גַּבְרֵי וְעָנֵי נָשֵׁי [מזמרים הגברים ועונות הנשים] — פְּרִיצוּתָא [פריצות היא], אם זָמְרֵי נָשֵׁי וְעָנֵי גַּבְרֵי [מזמרות הנשים ועונים הגברים] — הרי זה גורם להבערת היצר כְּאֵשׁ בַּנְּעוֹרֶת. ושואלים: לְמַאי נָפְקָא מִינָּהּ [מה יוצא מזה] אם מגדירים את הדברים כך או כך? הרי מדברי רב יוסף עולה ששניהם אסורים! ומשיבים: לְבַטּוּלֵי הָא מִקַּמֵּי הָא [לבטל זה מלפני זה] כי אם אינו יכול לבטל את השירה בכלל — שיבטל תחילה את האופן החמור יותר, שהוא כאש בנעורת. אָמַר ר' יוֹחָנָן: כָּל הַשּׁוֹתֶה בְּאַרְבָּעָה מִינֵי זֶמֶר — מֵבִיא חָמֵשׁ פּוּרְעָנִיּוֹת לָעוֹלָם, שֶׁנֶּאֱמַר: "הוֹי מַשְׁכִּימֵי בַבֹּקֶר שֵׁכָר יִרְדֹּפוּ מְאַחֲרֵי בַנֶּשֶׁף יַיִן יַדְלִיקֵם וְהָיָה כִנּוֹר וָנֶבֶל תֹּף וְחָלִיל וָיַיִן מִשְׁתֵּיהֶם וְאֵת פֹּעַל ה' לֹא יַבִּיטוּ" (שם ה, יא-יב) שמנויים שם ארבעה מיני כלי זמר (כינור, נבל, תוף וחליל), מַה כְּתִיב [נאמר] אַחֲרָיו: "לָכֵן גָּלָה עַמִּי מִבְּלִי דָעַת" (שם יג) — שֶׁגּוֹרְמִין גָּלוּת לָעוֹלָם, "וּכְבוֹדוֹ מְתֵי רָעָב" (שם) — שֶׁמְּבִיאִין רָעָב לָעוֹלָם, "וַהֲמוֹנוֹ צִחֵה צָמָא" (שם) — שֶׁגּוֹרְמִין לַתּוֹרָה המשולה למים שֶׁתִּשְׁתַּכַּח מִלּוֹמְדֶיהָ, "וַיִּשַּׁח אָדָם וַיִּשְׁפַּל אִישׁ" (שם טו) — שֶׁגּוֹרְמִין שִׁפְלוּת לְשׂוֹנְאוֹ שֶׁל הַקָּדוֹשׁ בָּרוּךְ הוּא (בלשון נקיה: לקדוש ברוך הוא), וְאֵין "אִישׁ" אֶלָּא הַקָּדוֹשׁ בָּרוּךְ הוּא שֶׁנֶּאֱמַר: "ה' אִישׁ מִלְחָמָה" (שמות טו, ג), "וְעֵינֵי גְבֹהִים תִּשְׁפַּלְנָה" (ישעיה שם) — שֶׁגּוֹרְמִין שִׁפְלוּת שֶׁל יִשְׂרָאֵל, הרי חמש פורעניות. וּמַה, איזה עונש, כְּתִיב [נאמר] אַחֲרָיו — "לָכֵן

עיונים

ואנן קא יהבינן לכהנים כפי שמסביר רש"י מבוסס הדבר על מה שקנס עזרא את הלויים (מפני שלא רצו לעלות עימו לארץ ישראל) שלא יקבלו את המעשר הראשון, אלא יתנוהו לכהנים. וכבר נחלקו תנאים האם היה קנס זה שלא יתנוהו ללויים כלל או שיתנוהו גם לכהנים. וראה ב"אורח ההלכה" שיש גם צד לא ברור האם היה קנס עזרא בכל תוקפו רק לזמנו או גם לדורות שאחריו.

שאין מתודה על מעשר ראשון בחזו"א העיר על כך שעיקר מצוות הוידוי נאמרה על מעשר שני דווקא, כמבואר בכתובים. ואם כן יש להבין את דברי הגמרא, שהכוונה היא שלמרות זאת אם אינו מתוודה גם על מעשר ראשון שניתן כתיקונו אינו יכול להתוודות על שאר המעשרות (וראה ב"אורח ההלכה").

וגזר על הדמאי פירוש מקובל למלה דמאי הוא כקיצור של הארמית "דא מאי" (= זו מה היא), כלומר תבואה זו מה היא, טבל או חולין המותרים באכילה? הלכות דמאי נתפרשו במסכת מיוחדת בסדר זרעים, ושם מבואר במה גזרו להפריש ובמה לא גזרו, ומי הם הנאמנים על הפרשת מעשרות כתיקונם. וכלל גדול הוא בדמאי שמניחים כי "רוב עמי הארץ מעשרין", אלא שגזרו גזירה מיוחדת מפני מיעוט שאינם מעשרים.

אלא תרומה גדולה ונתנו טעם לדבר, לפי שתרומה גדולה היא רק שיעור קטן (בעין בינונית — אחד מחמישים), ומדין תורה אפילו נתן חטה אחת כתרומה פטר בכך את כל הכרי. ועוד, שתרומה ניכר שיש קדושה, שהרי משעת הפרשתה יש בה דיני טהרה מיוחדים ואסורה לזרים. ואילו במעשרות, כיון שבעיקרם הם חולין לא חשבו שיש בהם קדושה, ולא חששו לאיסור טבל, ולא שמו לב שבתוך מעשר ראשון יש גם תרומת מעשר הניתנת לכהנים, שדינה כדין תרומה לכל דבר.

אלא בזמן שישראל וכו' השאלה כאן מובנת מעצמה, שאם אין שינה לפני המקום כיצד אמרו בתהלים "עורה למה תישן ה'"? ולכן ביארו כי הלשון בתהלים אין משמעה חלילה שינה כפשוטה, אלא שכביכול הקדוש ברוך הוא אינו משגיח בצרתם של ישראל. אבל כשהיו אומרים זאת בכל בוקר בזמן שהמקדש בנוי על מכונו — נראה הדבר כאילו באים לעוררו משנתו (וראה במהרש"א).

היה פטיש מכה הכוונה היא, כפי שמבואר בגמרא, שהיה הפטיש מכה בחולו של מועד. ורש"י בפירוש המשנה מסביר כי לא שהיו מזלזלים במועד ועושים בו מלאכה האסורה, אלא אותם נפחים היו עושים מלאכתם בהיתר, משום שהיתה דבר האבד שמותר לעשות בחול המועד, אלא מפני שהיה הרעש מרובה ביטל יוחנן כהן גדול את הדבר. והמאירי מוסיף טעם, שמשום שהיה הדבר נשמע לרבים יכלו לטעות ולחשוב שמלאכה מותרת בחול המועד. וראה בתלמוד הירושלמי ששם יש שיטה שלא כל הדברים שנימנו כאן היו לשבחו של יוחנן כהן גדול אלא מקצתם לשבח ומקצתם לגנאי, ויש אומרים שעד סוף ימיו היה פטיש מכה בירושלים, ורוב ימיו לא ביטל דבר זה.

משבטלה סנהדרין בתלמוד הירושלמי נתנו לכך עוד טעמים, שאינם תלויים רק בלשון הכתובים. טעם אחד היה שכל עוד היתה סנהדרי בתוקפה היה בכוחה להקפיד שלא יהיו בשירי המשתאות דברי נבלה, ומשבטל תוקף הסנהדרין וראו שאין יכולים להגביל את הדברים — בטלו את השירים לגמרי. ועוד אמרו שכאשר היתה סנהדרין היו מתקנים זמני שמחה כנגד ימי אבל, אבל לאחר מכן לא תקנו עוד ימי שמחה נוספים.

משחרב בית המקדש בתוהרא"ש (וכן שיטת התוס' בכמה מקומות) מסביר כי הכוונה היא לחורבן בית שני, שאף בימי בית שני עדיין היה שמיר מצוי.

ארזה ערה מתחילה הבינו לשון "ערה" כמו "עירה", ולכן היה מקום לשאול שאין ביטוי זה מתיישב עם תחילת הדברים בכתוב. ולכן פירשו "ערה" מלשון ערעור (מהרש"א).

שאיה יוכת שער בתשובת הגאונים (אולי של רב האי גאון) מסביר הוא כי "שאיה" הוא שמה של התולעת האוכלת את העץ, ובזה אמר מר רב אשי "לדידי חזי לי" וכו'.

זמרא דנגדי וכו' רש"י מסביר שההבדל בין זמר לזמר הוא בשאלה האם זמר זה מסייע למלאכה, שמושכי הספינות וכן החורשים בבקר נזקקים לו לצורך הקצב והזריזות במלאכתם, מה שאין כן הגרדיים וכיוצא בהם. ואילו הגאונים (כן מובא בערוך) פירשו שההבדל היה בתוכן השירים, שבדק רב הונא ומצא ששירי הנגדים והחורשים אין בהם דברים של גנאי, אבל שירי הגרדיים (ולגרסתם "גלדאי" — מעבדי העור) מכילים דברי פריצות, ומשום כך אסרם.

קם מאה אוזי בזוזא המהרש"א מסביר על דרך הרמז, כי כיון שהאווזים הם הקולניים שבין עופות הבית, מובן מדוע הודגש דווקא הקשר בין הזימרה ובין מחיר האווזים.

בארבעה מיני זמר בשם רב סעדיה גאון כתבו כי ודאי אין הכוונה לומר שכלי זמר אחרים מותרים, אלא הזכירו ארבעה אלה שהם כלי זמר עיקריים, והכוונה היא לכל כיוצא בהם.

אורח ההלכה

ואנן קא יהבינן לכהנים עזרא קנס את הלויים בזמנו, משום שלא עלו עימו לירושלים, וגזר שלא יתנו להם מעשר ראשון אלא לכהנים. וראה ברדב"ז וכ"מ שכתבו, באופנים שונים קצת, שגזירה זו לא היתה אלא בימי עזרא, ולאחר מכן היו נותנים גם ללויים תם לכהנים. (רמב"ם ספר זרעים הלכות מעשר פ"א ה"ד).

כל בית שאין מתודה וכו' אין אדם מתוודה על המעשרות עד שלא תישאר אצלו אחת מן המתנות, שכן נאמר "בערתי הקדש מן הבית", ומדברי הרמב"ם נראה שאינו סבור שההקפדה היא במעשר ראשון דווקא, אלא כל תרומה או מעשר שלא נתנו כראוי שוב אין שאר מתנותיו נחשבות לנתינה כדין. (רמב"ם שם הלכות מעשר שני פי"א ה"ז).

ששלח בכל גבול ישראל וכו' בימי יוחנן כהן גדל בדקו בית דין הגדול ומצאו שהכל זהירים בהפרשת תרומה (תרומה גדולה), אבל היו מקצת מעמי הארץ שלא היו מפרישים מעשר ראשון ושני ומעשר עני כתיקונם. ולפיכך גזרו שלא יהיו נאמנים על המעשרות אלא אנשים שידוע שנזהרים בכך, אבל עמי הארץ פירותיהם ספק מעושרים ואין לאוכלם עד שיתקנם, והם הנקראים "דמאי". (רמב"ם שם הלכות מעשר פ"ט ה"א).

עמד והתקין להם וכו' התקינו שיהא אדם מפריש מן הדמאי תרומת מעשר, מפני שיש באכילתה עוון מיתה. וכן מפרישים מעשר שני, שאין בכך הפסד לפי שבעליו אוכלים אותו. אבל מעשר ראשון ומעשר עני אין נותנים מן הדמאי, לפי שהם ספק, והמוציא מחבירו עליו הראיה. (רמב"ם שם ה"ב).

בטל השיר מבית המשתאות גזרו חכמים שלא לנגן בכלי שיר וכל משמיעי קול וזמר של שיר שנועדו לשמח בהם (וכתב הרמ"א שיש אומרים שלא אסרום אלא למי שרגיל בהם כגון המלכים, או בבתי המשתה), וכן אסור לשמוע אותם מפני אבלות החורבן. ואפילו שיר בפה על היין אסור מטעם זה (והב"ח מחמיר, כדברי הגמרא כאן אפילו בשיר שלא על היין). וכבר נהגו כל ישראל לומר דברי שירה ותשבחות על היין להודות על חסדי ה'. ולצורך מצוה, כגון בסעודת ברית או בחתונה — הכל מותר (רמ"א). ובפרטי הדברים כבר דנו אחרונים בדורנו בצדדים המותרים והאסורים בכל מיני זימרה ונגינה. (רמב"ם ספר זמנים הלכות תענית פ"ה הי"ד. שו"ע או"ח תקסא, ג).

מסורת הש"ס

א. ראה יבמות פו,ב. כתובות כו,א. ב"ב פא,ב. חולין קלא,ב. ירושלמי מע"ש פ"ה ה"ג. שם ה"ד. שם ה"ה. שם יבמות פ"ט ה"ה. שם פ"י ה"א. שם סוטה פ"ט הי"א. במדב"ר פי"ח ד. פסי"ר פכ"ה.

ב. (הביטוי) יומא ב,ב. ר"ה לב,א. נזיר סה,ב. ב"ק נ,א. נה,א. מנחות סא,ב. קד,ב. קה,א. כריתות ג,ב.

ג. יומא ט,א. ב"מ צ,א. ירושלמי מע"ש פ"ה ה"ה. שם סוטה פ"ט הי"א. תוספתא סוטה פי"ג י.

ד. ראה ירושלמי פאה פ"ח ה"ב. שם חלה פ"ד ה"ד. שם מעשרות פ"ה ה"א.

ה. יומא שם. כתובות כז,ב. עו,ב. נדרים יט,א. גיטין מח,ב. ב"ק ו,ב. לה,ב. לו,א. מו,א-ב. נט,א. ב"מ ב,ב. ו,ב. לט,ב. ק,א. קיב,ב. קטז,ב. ב"ב ד,א. כט,ב. ל,א. מה,ב. קנג,ב. קנד,ב. קנט,ב. שבועות מה,ב. מו,א. מח,א. חולין נא,א. בכורות יח,א-ב.

ו. ירושלמי מע"ש פ"ה ה"ה. שם סוטה פ"ט הי"א. תוספתא סוטה י"ג ט. ילק"ש נ"ך תשמו. שם תתעז.

ז. ירושלמי שם ושם. תוספתא שם י.

ח. (הביטוי) חולין נו,א.

ט. ירושלמי שם. וראה תמיד ל,ב. מדות פ"ג מ"ה.

י. תוספתא סוטה פט"ו ז. איכ"ר פ"ה טו. ילק"ש שם תכה. וראה גיטין ז,א. פתיחתא דאיכ"ר כג. קה"ר פי"ב ז.

יא. תוספתא שם א.

יב. ראה שבת קיט,ב. חגיגה יד,א. תנחומא בשלח י.

יג. תוספתא סוטה פט"ו ב. תנחומא תצוה יג. תנחומא בובר תצוה י. שוח"ט פ"ז. ילק"ש נ"ך תרלז.

יד. תוספתא מע"ש פ"ה ל. שם סוטה שם. שוח"ט שם.

טו. ירושלמי סוטה פ"ט הי"ב.

טז. ב"ק כא,א. וראה שם צז,א.

יז. ראה חולין מט,א.

יח. ילק"ש נ"ך תב.

יט. סוטה מב,ב (ושם סומנו מקבילות.

גרסות

שהיו עומדים לוים יש בכת"י: **היו לוים עומדים.**

על דוכן יש בכת"י: **על דוכנן.**

חובטין אותו יש בכת"י: **חובטין לעגל בין קרניו.**

שעושין אותו יש בכת"י: **שעושין.**

אנשי אמנה יש בכת"י: **אנשי אמונה.**

העיד ר' יהושע בהרבה כת"י: **משום ר' יהושע.**

את הטעם ואת הריח יש בכת"י כבירושלמי: **את הריח.**

וחכמים אומרים הזנות בהרבה כת"י ועוד: **הזנות.**

בית המסובך בארזים עיר הוא יש בכת"י: **אפילו בית המסובך בארזים ער הוא** ויש שגרסו: **בית המסובך בארזים ער הוא המסובך בארזים אין שאר לא.**

חזי ליה יש בכת"י: **חזי לי.**

דגרדאי ויש שגרסו: **דגלדאי.**

כל השותה יש שגרסו: **כל השותה יין.**

של ישראל יש בכת"י: **לשונאיהן של ישראל** ויש שגרסו: **לשונאיו של הקב"ה.**

החיים

נוקפין

אף בשחיטת צאן משתדלים לקשור (לעקוד) את בעלי החיים העומדים להישחט, הן כדי שלא יברחו והן כדי שלא ינועו יותר מדי בשעת השחיטה, שעל ידי כך יכולה השחיטה להיפסל. ביתר שאת נחוץ הדבר בשחיטת בהמות גדולים, כמו פרים, שאותם מביאים הן כקרבנות נדבה והן כחלק מקרבנות הצבור.

אצל הגוים (גם בפולחן, וגם בהריגת בעלי חיים לצורך אכילה) נוהגים גם כעת להמם את בעלי החיים, אם כהקדמה לשחיטה (שהיתה נהוגה בכמה פולחנים) ואם כדרך של המתת הבהמה על ידי רציצת הגולגולת.

מכה חזקה עד כדי להמם פר עלולה (גם כאשר אין מתכוונים לכך) לגרום לשבירת הגולגולת ולפגיעה בקרום המוח — דבר העושה את הבהמה טריפה.

טבעות

טבעות אלה, המתוארות בכמה מקומות במשנה (במסכת מדות ועוד) היו טבעות מתכת גדולות שהיו מחוברות בקרקע. בטבעות אלה היו מכניסים את ראשו של הקרבן וקושרים אותו, כך שהשחיטה יכולה היתה להעשות במנוחה, מבלי לסכן את השוחט ומבלי לפסול את השחיטה. מנין הטבעות היה עשרים וארבע (אחת לכל משמר כהונה).

שאיה יוכת שער

לפי פירוש הגאונים, שמדובר כאן בתולעת העץ, מובן מדוע החורבן מתחיל בשער ובסף — חלקים אלה העשויים עץ הם הראשונים להפגע, ואחר כך מתמוטטות הקורות הסומכות את התקרה. נבירתן של תולעי העץ נשמעת כסדרה של הקשות רצופות, ואולי מכאן הדימוי של "מנגח כתורא".

נגדי ובקרי

ראה השלמות עמ' 291.

תורה אור

[א]ואנן [א]קא יהבינן לכהנים ולודי אשאר מעשרות אמר ריש לקיש [ב]כל בית שאין מתודה על מעשר ראשון שוב אין מתודה על שאר מעשרות מאי טעמא אמר אביי [ב]הואיל ופתח בו הכתוב תחילה מכלל דאפרושי הוו מפרשי והא תניא אף הוא ביטל *את הוידוי וגזר על הדמאי [ג]לפי ששלח בכל גבול ישראל וראה [ד]שאין מפרישין אלא תרומה גדולה בלבד ומעשר ראשון ומעשר שני *מקצתן מעשרין ומקצתן אין מעשרין אמר להם בני בואו ואומר לכם כשם שתרומה גדולה יש בה עון מיתה כך תרומת מעשר וטבל יש בהן עון מיתה [ד]עמד והתקין להם הלוקח פירות מע"ה מפריש מהן מעשר ראשון ומעשר שני מעשר ראשון מפריש ממנה תרומת מעשר *ונותנה לכהן ומעשר שני עולה ואוכלו בירושלים מעשר ראשון ומעשר עני [ה]המוציא מחבירו עליו הראיה תרתי תקן ביטל וידוי דחבירים וגזר על דמאי של עמי הארץ: ואף הוא ביטל את המעוררים: מאי מעוררים אמר רחבה [ו]*בכל יום ויום שהיו עומדים לוים על דוכן ואומרים °עורה למה תישן ה' אמר (תהלים מד) להן וכי יש שינה לפני המקום והלא כבר נאמר °הנה לא ינום ולא יישן שומר ישראל (שם קא) אלא בזמן שישראל שרויין בצער וגוים בנחת ושלוה לכך נאמר עורה למה תישן ה': ואת הנוקפים: מאי נוקפים [ז]אמר רב יהודה אמר שמואל *שהיו מסרטין לעגל בין קרניו כדי שיפול דם בעיניו אתא איהו בטיל משום דמיחזי כי מומא במתניתא תנא שהיו חובטין אותו במקלות כדרך שעושין אותו לפני עבודה זרה אמר להם עד מתי אתם מאכילין נבילות למזבח [ח]נבילות הא שחיט להו אלא טריפות שמא ניקב קרום של מוח [ט]עמד והתקין להם טבעות בקרקע: עד ימיו היה פטיש מכה בירושלים: בחולו של מועד: כל ימיו לא היה אדם צריך לשאול על הדמאי: כדאמרן:

ב **מתני'** [י]משבטלה סנהדרין [ה]בטל השיר מבית המשתאות שנאמר °בשיר לא ישתו יין וגו' (ישעיה כד) משמתו נביאים הראשונים בטלו אורים ותומים [יא]משחרב בהמ"ק בטל השמיר ונופת צופים [יב]ופסקו אנשי אמנה מישראל שנאמר °הושיעה ה' כי גמר חסיד וגו' (תהלים יב) [יג]רשב"ג אומר *העיד ר' יהושע מיום שחרב בהמ"ק אין יום שאין בו קללה ולא ירד הטל לברכה וניטל טעם הפירות ר' יוסי אומר אף ניטל שומן הפירות [יד]ר' שמעון בן אלעזר אומר הטהרה נטלה את (*הטעם ואת) הריח המעשרות נטלו את שומן הדגן(א) וחכמים אומרים הזנות והכשפים כילו את הכל:

ג **גמ'** וממאי דמשבטלה סנהדרי כתיב אמר רב הונא בריה דרב יהושע [טו]דאמר קרא °זקנים משער שבתו בחורים מנגינתם (איכה ה) אמר רב אודנא דשמעא זמרא תעקר אמר רבא זמרא בביתא חורבא בסיפא שנאמר °קול ישורר בחלון חרב בסף כי ארזה ערה (צפניה ב) מאי כי ארזה ערה אמר ר' יצחק(ב) *בית *המסובך בארזים עיר הוא אלא אפי' בית *המסובך בארזים מתרועע אמר רב אשי שמע מינה כי מתחיל חורבא בסיפא מתחיל שנאמר חרב בסף ואיבעית אימא מהכא °ושאיה יוכת שער (ישעיה כד) [טז]אמר מר בר רב אשי לדידי *חזי ליה ומנגח כי תורא אמר רב הונא זמרא דנגדי ודבקרי שרי *דגרדאי אסיר רב הונא בטיל זמרא קם מאה [יז]אווזי בזוזא ומאה סאה חיטי בזוזא ולא איבעי אתא רב חסדא זלזיל ביה איבעאי אווזא בזוזא ולא משתכח אמר רב יוסף זמרי גברי ועני נשי פריצותא זמרי נשי ועני גברי כאש בנעורת למאי נפקא מינה לבטולי הא מקמי הא [יח]אמר ר' יוחנן כל השותה בארבעה מיני זמר מביא חמש פורעניות לעולם שנאמר °הוי משכימי בבקר שכר ירדפו מאחרי בנשף יין ידליקם (שם ה) והיה כנור ונבל תוף וחליל ויין משתיהם ואת פועל ה' לא יביטו מה כתיב אחריו °לכן גלה עמי מבלי (שם) דעת שגורמין גלות לעולם וכבודו מתי רעב שמביאין רעב לעולם והמונו צחה צמא שגורמין לתורה שתשתכח מלומדיה °וישח אדם וישפל איש שגורמין שפלות לשונאו של הקב"ה [יט]*ואין איש אלא הקדוש (שם) ב"ה שנאמר °ה' איש מלחמה ועיני גבוהים תשפלנה שגורמין שפלות של ישראל ומה כתיב אחריו לכן (שמות טו) הרחיבה

רש"י

ואנן יהבי ליה לכהנים. דקנסינהו עזרא כדאמרי' ביבמות (דף פו:) וכיון דאינן נותנין כתקנן אין יכולין לומר וגם נתתיו ללוי ככל מצותך: **תחילה.** ונתת ללוי זה מעשר ראשון לגר זה מעשר עני בשעריך זה מעשר שני דכתיב לא תוכל לאכול בשעריך (דברים יב): **אף הוא.** יוחנן כהן גדול: **טבל ותרומת מעשר עון מיתה.** באלו הן הנשרפין (סנהדרין פג.) ילפי' לה וכשאתם לוקחין מעם הארץ והם לא הפרישו אלא תרומה עודנו טבל למעשרות ואתם נענשים מיתה: **מפריש תרומת מעשר ונותנה לכהן.** מפריש כל המעשרות ממנה להוציא מידי טבל ואחר כך מפריש מתוך מעשר ראשון תרומת מעשר מה שעל הלוי להפריש ונותנו לכהן משום דאית ביה עון מיתה אחמור עלייהו שלא לעכבו אצלו ולמכור לכהן כשם שהוא מעכב אצלו מעשר ראשון ומעשר עני ואומר המוציא מחבירו עליו הראיה גזירה דלמא כי משהי ליה גביה אכיל ליה אבל מעשר ראשון ומעשר עני מותרים לזרים ואין בהן אלא גזל כהן הלכך המוציא מחבירו עליו הראיה אלמא אפרושי נמי לא הוו מפרשי ואת אמרת לפי שאין נותנין אותו כתקנן הא אפרושי מפרשי ליה: **תרתי תקון.** לעולם העברת הודאות מעשר משום שאינם נותנין אותו ללוים הוא והא דתניא לפי ששלח כו' לאו אביטל את הוידוי קאי אלא אגזר על הדמאי קאי ותרתי תקנות תקן ביטל וידוי של חברים אע"פ שמפרישין אותו לפי שאין נותנין אותו כתקונו וגזר על הדמאי על לוקח מעם הארץ לפי ששלח כו': **מסרטין.** כשהיו רוצין להפילו לארץ לשוחטו: **שיפול דם בעיניו.** ואינו רואה ואינו מתחזק כל כך על רגליו ונוקפין לשון ונקף סבכי היער (ישעיה י): **חובטין.** להפילו לארץ ונוקפין לשון חבטה ומכה כדאמרי' אין אדם מנקף אפי' אלבעו דם ניקוף מרלה כדם עולה (חולין דף ז:): **טבעות.** להכניס צואר בהמה לתוכו: **כדאמרינן.** שתיקן שיהו כל הלוקחין מפרישין ולא היה אדם צריך לישאל לחבירו חבר שלקח מעם הארץ הפרשת דמאי: **מתני' בשיר לא ישתו יין.** ובגמ' מפרש מנא לן דמשבטלה סנהדרין הוא: **נביאים הראשונים.** בגמרא מפרש: **נופת צופים.** מפרש בגמ': **אנשי אמנה.** בוטחים בהקב"ה וסומכין עליו לעשות טוב ואין דואגין לחסרון: **גמ' אמר רב יוסף.** הכי קאמר וכי בית המסובך בארזים עיר הוא שלא יהא נוח ליחרב: **מתרועע.** לשון ערה כמו ערו ערו (תהלים קלז): **בסיפא מתחיל.** מאיסקופת הבית ופתחיו מתחיל: **ושאיה.** לשון בית השאה מאין יושב ומתוך כך שעירים מרקדים שם ומנגחין וכותתין את שעריו: **זמרי דנגדי.** מושכי ספינות בחבל שרי שאינו אלא לזרוז במלאכתם: **ודבקרי.** שמזמרין בשעה שחורשין ואינו אלא לכוין את השוורים לתלמיהם שהולכין לקול השיר דערב עליהם: **דגרדאי.** אינו אלא לשחוק: **בטל זמרא.** גזר על דורו שלא יזמרו בביתם ובבית משתאות: **ולא איבעי.** ולא היו רוצים לקנותם בכך: **זלזל בה.** ולא הקפיד למחות בידם: **כאש בנעורת.** לפי שהעונה מטה אזנו לשמוע את המזמר לענות אחריו ונמצאו האנשים נותנים לבם לקול הנשים וקול באשה ערוה כדכתיב השמיעני את קולך (שיר ב) ומבעיר את יצרו כאש בנעורת אבל זמרי גברי ועניין נשי קלת פריצות יש דקול באשה ערוה אבל אינו מבעיר יצרו כל כך שאין המזמרים מטים אזנם לקול העונים: **לבטולי האי מקמי האי.** אם אין שומעין לנו לבטל את שניהם נקדים לבטל את זה שהוא כאש בנעורת: **לחה למה.** למה (שמות יז) מתרגם לחותא:

מסורת הש"ס:

[תוספ' פי"ג] ב"מ ל. יומא ע.

[עי' תוס' שבת יג. ד"ה רבא]

[עי' תוס' יומא ע. ד"ה מעשר]

[תוספתא פי"ג]

[תוס' פי"ג ע"ש]

ישעיה כד

תהלים יב

[בירושלמי ל"ג]

איכה ה

צפניה ב

[עי' הגי' בע"י]

ישעיה כד

ב"ק כח.

שם ה

שם

שם

שמות טו

עין משפט נר מצוה:

מט א מיי' פ"א מהל' מעשר הלכה ד:

נ ב מיי' פי"א מהלכות מעשר שני הלכה ז יב:

נא ג מיי' פ"ט מהלכ' מעשר הלכה א סמג עשין קלא:

נב ד מיי' שם הלכה ב:

נג ה מיי' פ"ה מהלכות תענית הלכה יד סמג עשין מד"ס ג טור ש"ע א"ח סי' תקס סעיף ג:

הגהות הב"ח

(א) במשנה שומן הדגן (וחכמים אומרים) תא"מ ונ"ב ס"א ל"ג ליה [וכן בירושלמי ליתא]: (ב) גמ' אמר רב יצחק וכי בית:

גליון הש"ס

גמ' אודנא דשמעא. רי"ף פ"ה דברכות:

[במשנה שבמשניות איתא משום ר' יהושע וכ"ה לקמן בפיסקא]

נ"ל המסובך וכ"ה ברש"א

[גיר' הערוך בערך גר ג' דגלדאי שהן עבדנין מפני שיש בזמר שלהן גדופין אסרן רב הונא]

[לעיל מב: סנהדרין לג. לו:]

תורה אור

הרחיבה שאול נפשה ופערה פיה לבלי חק וירד הדרה והמונה ושאונה ועלז בה:

א משמתו נביאים הראשונים: מאן נביאים הראשונים אמר רב הונא [א] זה *דוד ושמואל ושלמה רב נחמן אמר בימי דוד זימנין סליק וזימנין לא סליק [ב] *שהרי שאל צדוק ועלתה לו שאל אביתר ולא עלתה לו שנאמר °ויעל אביתר מתיב רבה בר שמואל °ויהי לדרוש אלהים(א) כל ימי זכריה המבין בראות אלהים מאי לאו באורים ותומים לא בנביאים ת"ש [ג] משחרב בהמ"ק ראשון בטלו ערי מגרש ופסקו אורים ותומים ופסק מלך מבית דוד [ד] ואם לחשך אדם לומר °ויאמר התרשתא להם אשר לא יאכלו מקדש הקדשים עד עמוד כהן לאורים ותומים [אמור לו] [ה] כאדם שאומר לחבירו עד שיחיו מתים ויבא משיח בן דוד אלא אמר רב נחמן בר יצחק מאן נביאים הראשונים לאפוקי מחגי זכריה ומלאכי דאחרונים נינהו דת"ר [ו] *משמתו חגי זכריה ומלאכי נסתלקה רוח הקודש מישראל ואע"פ כן היו משתמשים בבת קול [ז] שפעם אחת היו מסובין בעליית בית גוריא ביריחו נתנה עליהן בת קול מן השמים ואמרה יש בכם אדם אחד שראוי שתשרה שכינה עליו אלא שאין דורו ראוי לכך נתנו עיניהם בהלל הזקן וכשמת הספידוהו הי חסיד הי עניו תלמידו של עזרא [ח] ושוב פעם אחרת היו מסובין בעלייה ביבנה נתנה להן בת קול מן השמים ואמרה להן יש בכם אדם א' שראוי שתשרה שכינה עליו אלא שאין דורו זכאין לכך נתנו עיניהם בשמואל הקטן וכשמת הספידוהו [ט] הי עניו הי חסיד תלמידו של הלל [י] ואף הוא אמר בשעת מיתתו שמעון וישמעאל לחרבא וחברוהי לקטלא ושאר עמא לביזא ועקן סגיאן עתידין למיתי על עמא ואף על ר' יהודה בן בבא בקשו לומר

ב הי חסיד הי עניו אלא שנטרפה שעה שאין מספידין על הרוגי מלכות: משחרב בהמ"ק בטל השמיר כו': ת"ר [יא] *שמיר שבו בנה שלמה את בהמ"ק שנא' °והבית בהבנותו אבן שלמה מסע נבנה [יב] הדברים ככתבן דברי ר' יהודה אמר לו ר' נחמיה וכי אפשר לומר כן והלא כבר נאמר °כל אלה אבנים יקרות וגו' מגוררות במגרה אם כן מה ת"ל לא נשמע בבית בהבנותו [יג] שהיה מתקין מבחוץ ומכנים מבפנים אמר רבי נראין דברי רבי יהודה °באבני מקדש ודברי ר' נחמיה באבני ביתו ור' נחמיה שמיר למאי אתא מיבעי ליה לכדתניא [ג] [יד] אבנים הללו אין כותבין אותן בדיו משום שנאמר °פתוחי חותם ואין מסרטין עליהם באיזמל משום שנאמר במלואותם אלא כותב עליהם בדיו [טו] ומראה להן שמיר מבחוץ והן נבקעות מאליהן כתאינה זו שנבקעת בימות החמה ואינה חסירה כלום וכבקעה זו שנבקעת בימות הגשמים ואינה חסירה כלום ת"ר [טז] *שמיר זה ברייתו כשעורה [יז] ומששת ימי בראשית נברא ואין כל דבר קשה יכול לעמוד בפניו במה משמרין אותו כורכין אותו בספוגין של צמר ומניחין אותו *באיטני של אבר מליאה סובי שעורין אמר רבי אמי [יח] °משחרב מקדש ראשון בטלה שירא פרנדא וזכוכית לבנה תניא נמי הכי משחרב מקדש ראשון *בטלה שירא פרנדא וזכוכית לבנה ורכב ברזל וי"א אף [יט] יין קרוש הבא משניר הדומה כעיגולי דבילה:

ג ונופת צופים: [כ] מאי נופת צופים אמר רב סולת שצפה על גבי נפה ודומה לעיסה שנילושה בדבש ושמן ולוי אמר שתי ככרות הנדבקות בתנור ותופחות ובאות עד שמגיעות זו לזו ורבי יהושע בן לוי אמר זה דבש הבא מן *הציפיא מאי משמע [כא] כדמתרגם *רב ששת כמא דנתזן דבריאתה ושייטן ברומי עלמא ומתיין דובשא מעישבי טורא תנן התם [כב] *כל הנצוק טהור חוץ מדבש זיפים והצפיחים מאי זיפים אמר רבי יוחנן דבש שמזייפין בו וריש לקיש אמר על שם מקומו כדכתיב °זיף וטלם ובעלות כיוצא בדבר אתה אומר °בבא הזיפים ויאמרו לשאול הלא דוד וגו' מאי זיפים אמר רבי יוחנן בני אדם המזייפין דבריהם ורבי

ד אלעזר אומר [כג] על שם מקומן כדכתיב זיף וטלם ובעלות: ופסקו אנשי אמנה: אמר רבי יצחק אלו בני אדם שהן מאמינין בהקב"ה דתניא רבי אליעזר הגדול אומר [כד] כל מי שיש לו פת בסלו ואומר מה אוכל למחר אינו אלא מקטני אמנה *והיינו דאמר ר' אלעזר מאי דכתיב °כי מי בז ליום קטנות מי גרם לצדיקים שיתבזבז שולחנן לעתיד לבא קטנות שהיה בהן שלא האמינו בהקב"ה רבא אמר [כה] אלו קטני בני רשעי ישראל שמבזבזין

הרחיבה שאול נפשה. לאחר שהביאו חמש פורעניות הללו לעולם סופן נופלין בגיהנם: **זימנין סליק.** פעמים(ב) עולים בידם שנענים ופעמים שלא עלה בידם שהרי כשברח דוד מפני אבשלום יצא מירושלים שאל לצדוק באורים ותומים ועלתה לו שהשיבוהו ושאל אביתר ולא עלתה לו שנאמר ויעל אביתר שנסתלק מן הכהונה מפני שלא נענה באורים ותומים והכי תניא בסדר עולם גבי ארון ובברחו מפני אבשלום יצא עמו עד שעלה במעלה הזיתים ונשאל באורים ותומים ונסתלק אביתר מן הכהונה גדולה נכנס צדוק תחתיו כדכתיב (שמואל ב טו) ויאמר המלך לצדוק השב את הארון וגו': **בימי זכריהו.** והוא בנו של יהוידע שהיה בימי יואש: **ערי מגרש.** ערי לוים שהטעינן הכתוב מגרשות: **עד עמוד כהן וגו'.** אלמא הוו אורים בבית שני: **אמור לו.** לא שהיו אורים ותומים אלא כאדם שאומר לחבירו כו' אלמא כל ימי המקדש ראשון הוו: **דתנית.** חגי זכריה ומלאכי נקראו אחרונים: **שמעון וישמעאל.** רבן שמעון שהיה נשיא ורבי ישמעאל בן אלישע(ג) כהן גדול שהרגתם מלכות יון: **לחרבא.** שעתידין ליהרג בחרב: **לקטלא.** לשאר מיתות כגון רבי עקיבא שסרקו בשרו במסריקות פיפיות של ברזל כדאמר בברכות (דף סא:) ור' חנניה בן תרדיון שנשרף ורבי יהודה בן בבא בלונביאות של ברזל כדאמר בסנהדרין (דף יד.): **שאין מספידין על הרוגי מלכות.** מאימת המלך לפיכך מיתו בידם: **לדברים ככתבן.** כמשמען אבן שלמה מסע כמה שהסיעה מן ההר ולא סיתתוה שוב בכלי ברזל: **והלא כבר נאמר מגוררות במגירה וגו': שמיר למאי אתא.** דאמרי' במס' גיטין (דף סח.) שהביאו שמיר ע"י אשמדאי מלכא דשדי: **אבנים הללו.** שבאפוד וחשן: **פתוחי חותם.** חקק משמע: **במלואותם.** שיהיו שלמות שלא יחסרו מהם כלום: **ומראה להם שמיר.** על פני הדיו *כחריץ האות: **איטני של אבר.** גובתא מש"א בלע"ז: **שירא פרנדא.** מין משי הוא: **סלת צפה על גבי נפה.** מרוב שומנה מדבקת בדופני נפה ודומים לעיסה היה שנילושה ביין כו' נופת דבק הנפה צופים שצפה: **שתי ככרות הנדבקות כו'.** שהיתה ברכה מצויה בעיסה וכשמדבקין ככרות בדופני התנור אחת בדופן זה ואחת בדופן זה שכנגדו והן תפוחות אנפליי"ר בלע"ז עד שמגעת פני זו לזו כצוף זה שגדל ומתפשט והולך ותולה באויר כן אלו צפות ותפוחות באויר: **מן הצופים.** ההרים הגבוהים שמשם צופה למרחוק: **מאי משמע.** מהיכא ילפת שדבש בא מן ההרים: **כדמתרגם רב יוסף.** כאשר תעשינה הדבורים*: **כל הנצוק.** המערה מכלי טהור לכלי טמא אין הקילוח מצרפן להיות חיבור לטמא את מה שבתוך הכלי שהוא מערה ממנו: **חוץ מדבש זיפין.** שהוא עב מאד והרי הוא כמחובר שכשהקילוח פוסק הוא הולך מלמטה למעלה והכי אמרינן *במדות: **הצפחת.** ברשק"א בלע"ז שהן עבות(ד) ונכנסת השעוה עם הדבש: **שמזייפין בו.** מתוך שהוא טוב ועב מערבין בו מים ויין ואין נכרות בו: **שמזייפין.** שקרנים והולכי רכיל: **שמאמינים בהקדוש ברוך הוא.** לוותר ממונם לצוי הדור מצוה ולצדקה ולהוצאת שבתות וימים טובים: **שיתבזו שולחנם לעתיד לבא.** שאין מקבלין שכר שלם והכי משמע כי מי בז ליום הבא את הצדיקים: **קטנות.** קטנות אמנה: **קטני רשעי בני ישראל.** שמתו כשהן קטנים: שמבזבזין

נד א מיי' פ"א מהל' בית הבחירה הלכה ח סמג לאוין רל:

נה [ב השמיט הרמב"ם ומצאתי שהמ"ל פ"ט מהל' כלי המקדש דין ז' תמה על זה]:

הגהות הב"ח

(א) גמ' לדרוש אלהים בימי זכריהו המבין בראות האלהים כצ"ל ותיבת כל נמחק: (ב) רש"י ד"ה זימנין סליק פעמים עולה בידם: (ג) ד"ה שמעון וכו' בן אלישע שהיה כ"ג: (ד) ד"ה הצפחת וכו' עבות ונכנסת השעוה:

גליון הש"ס

גמ' באבני מקדש. עי' במסכת תמיד פ"א וברברי המפרש שם ד"ה אמר אביי למתקנן ומייתי מעיקרא: **שם** משחרב מקדש ראשון וכו'. עי' שבת כ ע"ב תד"ה אבן חולין פד ע"ב ד"ה בזוגיתא: **רש"י** ד"ה (ד"ה) לקטלא ור"ח בן תרדיון וכו'. כדאיתא בע"ז דף ח ע"א:

[גיר' הערוך בענין פי' מן ושמה כטולא ערך טן ו']

[נ"ל הצופים וכ"מ בפרש"י וכ"א בתי"ע]

[נ"ל שנאמר למען אנסנו הילך בתורתי קן איתא בילקוט רמז כנ"ח]

ש"ב טו; דה"ב טו; עזרא ב; דברים א; מלכים א ו; שם ז; שמות כח; תהלים נד; יהושע טו; זכריה ד

[ברש"י שבע"י בחרין]

[נ"ל שמואל ודוד כ"א בע"י]

[יומא עג: עי' שם ונ"ע]

[נ"ל במכשירין פ"ה מ"ט]

סנהדרין יא. יומא ט: [תוספתא פי"ג]

[תוספתא פט"ו]

[תוספתא פט"ו ע"ש]

[עי' תוס' שבת כ: ד"ה אבן ותוס' ב"מ כט: ד"ה בזכוכית וחולין פד: ד"ה בזוגיתא]

ס"א רב יוסף

מכשירין פ"ה מ"ט נזיר נ.

הִרְחִיבָה שְׁאוֹל נַפְשָׁהּ וּפָעֲרָה פִיהָ לִבְלִי חֹק וְיָרַד הֲדָרָהּ וַהֲמוֹנָהּ וּשְׁאוֹנָהּ וְעָלֵז בָּהּ" (ישעיה ה, יד), שלבסוף יורדים לשאול.

א שנינו במשנה: מִשֶּׁמֵּתוּ נְבִיאִים הָרִאשׁוֹנִים בטלו אורים ותומים. ושואלים: מַאן [מי הם] "נְבִיאִים הָרִאשׁוֹנִים"? אָמַר רַב הוּנָא: זֶה דָּוִד וּשְׁמוּאֵל וּשְׁלֹמֹה, ואחריהם לא היו עוד האורים והתומים. רַב נַחְמָן אָמַר: כבר בִּימֵי דָּוִד, זִימְנִין סָלֵיק [פעמים עלה להם], הצליחו לקבל תשובה באורים ותומים, וְזִימְנִין [ופעמים] לֹא סָלֵיק [עלה] ולא קיבלו תשובה, שֶׁהֲרֵי שָׁאַל צָדוֹק הכהן הגדול בימי דוד באורים ותומים — וְעָלְתָה לוֹ, קיבל תשובה, שָׁאַל אֶבְיָתָר — וְלֹא עָלְתָה לוֹ, שֶׁנֶּאֱמַר: "וַיַּעַל אֶבְיָתָר" (שמואל ב טו, כד) ופירשו — שנסתלק (עלה) משום כך מן הכהונה. מְתִיב [מקשה] רַבָּה בַּר שְׁמוּאֵל: "וַיְהִי לִדְרֹשׁ אֱלֹהִים בִּימֵי זְכַרְיָהוּ הַמֵּבִין בִּרְאֹת הָאֱלֹהִים" (דברי הימים ב כו, ה), מַאי לָאו [האם אין] הכוונה שהיה מבין בְּאוּרִים וְתוּמִּים למרות שהיה אחרי שלמה המלך? ודוחים: לֹא, בְּמַרְאוֹת הַנְּבִיאִים היה מבין אך לא באורים ותומים. תָּא שְׁמַע [בוא ושמע] ראיה לדבר ממה ששנינו בברייתא: מִשֶּׁחָרַב בֵּית הַמִּקְדָּשׁ רִאשׁוֹן בָּטְלוּ עָרֵי מִגְרָשׁ, וּפָסְקוּ אוּרִים וְתוּמִּים, וּפָסַק מֶלֶךְ מִבֵּית דָּוִד. וְאִם לַחְשׁוֹךְ אָדָם לוֹמַר שאורים ותומים לא פסקו, שהרי נאמר בראשית ימי בית שני "וַיֹּאמֶר הַתִּרְשָׁתָא לָהֶם אֲשֶׁר לֹא יֹאכְלוּ מִקֹּדֶשׁ הַקֳּדָשִׁים עַד עֲמֹד כֹּהֵן לְאוּרִים וּלְתֻמִּים" (עזרא ב, סג), שלכאורה נראה שהיה זה רק ענין של המתנה, עד שיבנה בית המקדש השני, [אֱמוֹר לוֹ] שאין הדחיה לזמן מועט וקצוב, אלא כְּאָדָם שֶׁאוֹמֵר לַחֲבֵירוֹ על דבר שיתרחש אי פעם בעתיד הרחוק "עַד שֶׁיִּחְיוּ מֵתִים וְיָבֹא מָשִׁיחַ בֶּן דָּוִד". ומכל מקום מפורש בברייתא כי כל זמן שהיה בית ראשון קיים לא פסקו אורים ותומים! אֶלָּא אָמַר רַב נַחְמָן בַּר יִצְחָק: מַאן [מי הם] "נְבִיאִים הָרִאשׁוֹנִים" שנאמר שמשמתו בטלו אורים ותומים — לְאַפּוּקֵי [להוציא] מֵחַגַּי זְכַרְיָה וּמַלְאָכִי, שנביאים אַחֲרוֹנִים נִינְהוּ [הם]. דְּתָנוּ רַבָּנַן [ששנו חכמים]: מִשֶּׁמֵּתוּ חַגַּי זְכַרְיָה וּמַלְאָכִי נִסְתַּלְּקָה רוּחַ הַקּוֹדֶשׁ של נבואה גלויה מִיִּשְׂרָאֵל. הרי שהם היו הנביאים האחרונים. וְאַף עַל פִּי כֵן הָיוּ מִשְׁתַּמְּשִׁים בְּבַת קוֹל משמים שהיתה נשמעת להם, כגון המסופר שֶׁפַּעַם אַחַת הָיוּ מְסוּבִּין חכמים בַּעֲלִיַּית בֵּית גּוּרְיָא בִּירִיחוֹ, נִתְּנָה עֲלֵיהֶן בַּת קוֹל מִן הַשָּׁמַיִם וְאָמְרָה: יֵשׁ בָּכֶם אָדָם אֶחָד שֶׁרָאוּי שֶׁתִּשְׁרֶה שְׁכִינָה עָלָיו כנביא, אֶלָּא שֶׁאֵין דּוֹרוֹ רָאוּי לְכָךְ. נָתְנוּ המצויים שם עֵינֵיהֶם בְּהִלֵּל הַזָּקֵן, וּכְשֶׁמֵּת הִסְפִּידוּהוּ בנוסח: הִי חָסִיד, הִי עָנָיו, תַּלְמִידוֹ שֶׁל עֶזְרָא. וְשׁוּב פַּעַם אַחֶרֶת, דורות לאחר מכן, כשהָיוּ חכמים מְסוּבִּין בַּעֲלִיָּיה בְּיַבְנֶה, נִתְּנָה לָהֶן בַּת קוֹל מִן הַשָּׁמַיִם וְאָמְרָה לָהֶן: יֵשׁ בָּכֶם אָדָם אֶחָד שֶׁרָאוּי שֶׁתִּשְׁרֶה שְׁכִינָה עָלָיו, אֶלָּא שֶׁאֵין דּוֹרוֹ זַכָּאִין לְכָךְ, נָתְנוּ החכמים עֵינֵיהֶם בִּשְׁמוּאֵל הַקָּטָן, וּכְשֶׁמֵּת הִסְפִּידוּהוּ בנוסח: הִי עָנָיו, הִי חָסִיד, תַּלְמִידוֹ שֶׁל הִלֵּל. וְאַף הוּא שמואל הקטן אָמַר בִּשְׁעַת מִיתָתוֹ דברי נבואה: שִׁמְעוֹן, רבן שמעון בן גמליאל, וְיִשְׁמָעֵאל, ר' ישמעאל בן אלישע כהן גדול — לְחַרְבָּא [לחרב] יהיו, וְחַבְרוֹהִי [וחבריהם] — לְקַטְלָא [למוות], וּשְׁאָר עַמָּא [העם] — לְבִיזָּא [לביזה], וְעָקָן סַגִּיאִין עֲתִידִין לְמֵיתֵי [וצרות גדולות עתידות לבוא] עַל עַמָּא [העם]. ומספרים: וְאַף עַל ר' יְהוּדָה בֶּן בָּבָא בִּקְשׁוּ לוֹמַר בהספדו נוסח "הִי חָסִיד הִי עָנָיו", אֶלָּא שֶׁנִּטְרְפָה שָׁעָה ולא יכלו לעשות זאת, מפני שֶׁאֵין מַסְפִּידִין עַל הֲרוּגֵי מַלְכוּת, ור' יהודה בן בבא מהרוגי מלכות היה.

ב שנינו במשנה: מִשֶּׁחָרַב בֵּית הַמִּקְדָּשׁ בָּטֵל הַשָּׁמִיר כו'. תָּנוּ רַבָּנַן [שנו חכמים]: שָׁמִיר ששנינו הוא זה שֶׁבּוֹ (בעזרתו) בָּנָה שְׁלֹמֹה אֶת בֵּית הַמִּקְדָּשׁ, שֶׁנֶּאֱמַר: "וְהַבַּיִת בְּהִבָּנֹתוֹ אֶבֶן שְׁלֵמָה מַסָּע נִבְנָה" (מלכים א ו, ז) — הַדְּבָרִים הללו כִּכְתָבָן, כלומר, לקחו אבנים שלימות וחתכון על ידי שמיר ובהן בנו, אלו דִּבְרֵי ר' יְהוּדָה. אָמַר לוֹ ר' נְחֶמְיָה: וְכִי אֶפְשָׁר לוֹמַר כֵּן? וַהֲלֹא כְּבָר נֶאֱמַר "כָּל אֵלֶּה אֲבָנִים יְקָרֹת כְּמִדּוֹת גָּזִית מְגֹרָרוֹת בַּמְּגֵרָה" (שם ז, ט), משמע שהאבנים לא היו כבריאתן, אלא תיקנו אותן במגרה שהיא כלי ברזל! אִם כֵּן מַה תַּלְמוּד לוֹמַר "ומקבות והגרזן כל כלי ברזל לֹא נִשְׁמַע בַּבַּיִת בְּהִבָּנֹתוֹ" (שם ו, ז) — שֶׁהָיָה מְתַקֵּן, מסתת את האבנים, מִבַּחוּץ (מחוץ להר הבית), וּמַכְנִיס מִבִּפְנִים, ובתוך הבית אכן לא השתמשו בברזל. אָמַר רַבִּי: נִרְאִין דִּבְרֵי ר' יְהוּדָה בְּאַבְנֵי מִקְדָּשׁ שלא היו מתקנים אותן בברזל, וְדִבְרֵי ר' נְחֶמְיָה בְּאַבְנֵי בֵּיתוֹ של המלך. ושואלים: וְר' נְחֶמְיָה, הסבור שהיו משתמשים לבניית המקדש אף בכלי ברזל, שָׁמִיר אם כן לְמַאי אֲתָא [לְמָה בא], לשם מה היה דרוש? ומשיבים: מִיבָּעֵי לֵיהּ לִכְדְתַנְיָא [צריך היה אותו, לכפי ששנינו בברייתא]: אֲבָנִים הַלָּלוּ שבחושן ובאפוד, שצריכים לכתוב עליהן את שמות השבטים אֵין כּוֹתְבִין אוֹתָן בִּדְיוֹ — מִשּׁוּם שֶׁנֶּאֱמַר: "פִּתּוּחֵי חוֹתָם" (שמות כח, כא), לומר שצריך שיהיו השמות חקוקים באבן, וְאֵין מְסָרְטִין עֲלֵיהֶם בְּאִיזְמֵל, מִשּׁוּם שֶׁנֶּאֱמַר: "בְּמִלּוּאֹתָם" (שם כ) שצריכות האבנים להישאר במילואן בלי חסרון, אֶלָּא כּוֹתֵב עֲלֵיהֶם את האותיות בִּדְיוֹ, וּמַרְאֶה לָהֶן, כלומר, שם כנגדן בלא לנגוע בהן שָׁמִיר מִבַּחוּץ, וְהֵן נִבְקָעוֹת מֵאֲלֵיהֶן לפי סימני הדיו, כִּתְאֵינָה זוֹ שֶׁנִּבְקַעַת בִּימוֹת הַחַמָּה וְאֵינָהּ חֲסֵירָה כְּלוּם, וּכְבִקְעָה, שדה, זוֹ שֶׁנִּבְקַעַת בִּימוֹת הַגְּשָׁמִים וְאֵינָהּ חֲסֵירָה כְּלוּם. והשמיר היה איפוא בשביל חקיקות אלה. תָּנוּ רַבָּנַן [שנו חכמים]: שָׁמִיר זֶה — בְּרִיָּיתוֹ, גודלו, כִּשְׂעוֹרָה, וּמִשֵּׁשֶׁת יְמֵי בְרֵאשִׁית נִבְרָא, וְאֵין כָּל דָּבָר קָשֶׁה יָכוֹל לַעֲמוֹד בְּפָנָיו. בַּמֶּה מְשַׁמְּרִין אוֹתוֹ שלא ישבור כל דבר — כּוֹרְכִין אוֹתוֹ בִּסְפוֹגִין שֶׁל צֶמֶר, וּמַנִּיחִין אוֹתוֹ בְּאִיטְנֵי (בכלי) שֶׁל אֲבָר (עופרת) מְלֵיאָה סוּבֵּי (סובין של) שְׂעוֹרִין, שכל אלה רכים ואין השמיר שובר אותם.

ג אָמַר ר' אַמִי: מִשֶּׁחָרַב מִקְדָּשׁ רִאשׁוֹן בָּטְלָה שִׁירָא פְּרַנְדָּא (סוג של משי) וּזְכוּכִית לְבָנָה. תַּנְיָא נַמִּי הָכִי [שנויה בברייתא גם כן כך]: מִשֶּׁחָרַב מִקְדָּשׁ רִאשׁוֹן בָּטְלָה שִׁירָא פְּרַנְדָּא וּזְכוּכִית לְבָנָה וְרֶכֶב בַּרְזֶל, וְיֵשׁ אוֹמְרִים: בטל אַף יַיִן קָרוּשׁ (שנעשה מוצק) הַבָּא מִשְּׂנִיר (החרמון), הַדּוֹמֶה לאחר קרישתו כְּעִיגּוּלֵי דְבֵילָה. שנינו במשנה שבטלה נוֹפֶת צוּפִים. ושואלים: מַאי [מה היא] "נוֹפֶת צוּפִים"? אָמַר רַב: סוֹלֶת שֶׁצָּפָה עַל גַּבֵּי נָפָה, כלומר, שהיא עבה ונשארת על גבי הנפה, וְדוֹמָה בטעמה לְעִיסָּה שֶׁנִּילוֹשָׁה בִּדְבַשׁ וְשֶׁמֶן. וְלֵוִי אָמַר שנופת צופים היא שְׁתֵּי כִּכָּרוֹת הַנִּדְבָּקוֹת בְּתַנּוּר וְתוֹפְחוֹת וּבָאוֹת עַד שֶׁמַּגִּיעוֹת זוֹ לָזוֹ. וְר' יְהוֹשֻׁעַ בֶּן לֵוִי אָמַר: זֶה דְּבַשׁ הַבָּא מִן הַצִּיפִּיָּא (מקומות גבוהים). ומסבירים: מַאי מַשְׁמַע [מה המשמעות], כלומר, מה הקשר בין הדברים — כִּדְמִתַּרְגֵּם [כפי שהיה מתרגם] רַב שֵׁשֶׁת את הפסוק "כאשר תעשינה הדבורים" (דברים א, מד) — כְּמָא דְנָתְזָן דַּבְרְיָאתָה וְשָׁיְיטָן בְּרוּמֵי עָלְמָא וּמָתְיָין דּוּבְשָׁא מֵעִישְׂבֵּי טוּרָא [כמו שמתפזרות הדבורים ושטות ברום העולם ומביאות דבש מעשבי ההר]. תְּנַן הָתָם [שנינו שם] במשנה: כָּל דבר הַנִּצּוֹק — טָהוֹר, כלומר, גם אם יוצקים אותו לכלי טמא אין הזרם של הנוזל נחשב חיבור לטמא את מה שבתוך הכלי הטהור ממנו נוצק, חוּץ מִדְּבַשׁ זִיפִים וְהַצַּפִּיחִים שמרוב צמיגותם אינם נחשבים לנוזל. ושואלים: מַאי [מה] פירוש "זִיפִים"? אָמַר ר' יוֹחָנָן: דְּבַשׁ מובחר כל כך שֶׁמְּזַיְּיפִין בּוֹ, שמערבים בתוכו חומרים אחרים, ואין הדבר מורגש. וְרֵישׁ לָקִישׁ אָמַר: עַל שֵׁם מְקוֹמוֹ הוא נקרא, כִּדְכְתִיב [כמו שנאמר] ברשימת ערי יהודה "זִיף וָטֶלֶם וּבְעָלוֹת" (יהושע טו, כד). כַּיּוֹצֵא בַּדָּבָר אַתָּה אוֹמֵר על הפסוק "בְּבֹא הַזִּיפִים וַיֹּאמְרוּ לְשָׁאוּל הֲלֹא דָוִד" וגו' (תהלים נד, ב) שואלים: מַאי [מה הם] "זִיפִים" שהוזכרו בפסוק זה? אָמַר ר' יוֹחָנָן: כינוי של בְּנֵי אָדָם הַמְזַיְּיפִין (המשקרים) דִּבְרֵיהֶם. וְר' אֶלְעָזָר אוֹמֵר: עַל שֵׁם מְקוֹמָן הם נקראים, כִּדְכְתִיב [כמו שנאמר] "זִיף וָטֶלֶם וּבְעָלוֹת".

ד נאמר במשנה: משחרב בית המקדש... וּפָסְקוּ אַנְשֵׁי אֲמָנָה. אָמַר ר' יִצְחָק: אֵלּוּ בְּנֵי אָדָם שֶׁהֵן מַאֲמִינִין בְּהַקָּדוֹשׁ בָּרוּךְ הוּא ובוטחים בו בכל מעשיהם. דְּתַנְיָא [שכן שנינו בברייתא], ר' אֱלִיעֶזֶר הַגָּדוֹל אוֹמֵר: כָּל מִי שֶׁיֵּשׁ לוֹ פַּת בְּסַלּוֹ לאכול היום וְאוֹמֵר "מָה אוֹכַל לְמָחָר", שאין לו דרך למצוא פת למחר — אֵינוֹ אֶלָּא מִקְּטַנֵּי אֲמָנָה, כי צריך אדם להאמין שהקדוש ברוך הוא יספק לו את מזונו. וְהַיְינוּ [וזהו] שֶׁאָמַר ר' אֶלְעָזָר: מַאי דִּכְתִיב [מהו שנאמר] "כִּי מִי בַז לְיוֹם קְטַנּוֹת" (זכריה ד, י) — מִי גָּרַם לַצַּדִּיקִים שֶׁיִּתְבַּזְבֵּז שׁוּלְחָנָן (שכרם שנותנים להם) לֶעָתִיד לָבֹא — קַטְנוּת שֶׁהָיָה בָּהֶן, ומהי? שֶׁלֹּא הֶאֱמִינוּ בְּהַקָּדוֹשׁ בָּרוּךְ הוּא אמונה שלימה, רָבָא אָמַר: "מי בז ליום קטנות" — אֵלּוּ קְטַנֵּי בְּנֵי רִשְׁעֵי יִשְׂרָאֵל בניהם של אנשים רשעים מישראל, המתים בעודם קטנים,

עיונים

זימנין סליק וכו' עניינם ומהותם של האורים והתומים לא נתבררה, ומפרשי המקרא פירשו את הדברים בצורות שונות. בדרך כלל מקובל כי האפוד ואבני החושן עצמם הם רק חלק מן האורים והתומים וכי חלק אחר (אולי ה"תומים") היו שמות קדושים שהיו מונחים בין קפלי החושן. עם זאת מבואר במסכת יומא (עג, א–ב) כי השימוש באורים והתומים לא היה כמו במכשיר בלבד, אלא היה נזקק לכהן שתהא בו רוח הקודש כדי שיוכל להבין ולפרש כראוי את הדברים שהוא רואה. ונראה מהמשא והמתן בגמרא כאן כי סברו שמה שפעמים לא הצליחו לקבל תשובה באורים ותומים היה כעין סימן שדבר זה הולך ומסתלק מישראל. אבל ראה במה שהעיר המהרש"א.

ויהי לדרוש וכו' בתלמוד הירושלמי יש דיון מקביל למה שמצוי כאן ביחס לנביאים האחרונים, ושם מובא ענין זה לא כקושיה בלבד אלא כדעה נוספת, שנביאים אחרונים הם ירמיה וברוך, והביאו ראיה לכך מן הכתוב הזה שעוד היו אורים ותומים סמוך לזמנם.

משחרב בית המקדש ראשון וכו' המהרש"א העיר כי בסוף פרק ראשון במסכת יומא (כא, ב) נמנו חמשה דברים שהיו במקדש ראשון ולא היו במקדש שני, ואין רשימה זו דומה לאמור כאן. ומסביר כי שם נמנו רק דברים שהיו קשורים במקדש עצמו, ואילו כאן מנו דברים שאינם קשורים בעבודת המקדש כשלעצמה, ובכל זאת בטלו עם החורבן.

בטלו ערי מגרש ראה ברש"ש. ונראה טעם פשוט לדבר, שערי המגרש קשורות לשבטי ישראל היושבים בנחלתם, שכל שבט הפריש כמה ערים עבור הלויים או הכהנים, אבל משחרב בית ראשון בטלה לגמרי חלוקת הארץ לשבטים, וממילא לא היה עוד דין ערי מגרש כתיקונו.

שפעם אחת היו מסובין וכו' בתלמוד הירושלמי מובאות עוד דוגמאות אחרות כיצד היתה בת קול מופיעה ומגלה דברים לישראל. ומן הדברים האמורים כאן עולה לא רק שהיתה בת קול נשמעת, אלא שאמרה בת הקול שאין הדור ראוי עוד לנבואה ממש.

יש בכם אדם וכו' ומה שלא פורש שמו — הרי זה כדרך שאמרו שאין אומרים לאדם אלא מקצת שבחו בפניו וכיון שהיה הלל שם לא נאמר להם שמו (תורת הקנאות).
אכן בתלמוד הירושלמי בסוף המסכת נאמר גם בנוסח אחר, שיצאה בת קול ואמרה: יש ביניכם שנים שראויים שתשרה עליהם שכינה ואחד מהם הלל הזקן. ונתנו עיניהם בשמואל הקטן.

הי חסיד הי עניו בשבחו של שמואל הקטן נאמר בסדר הפוך: הי עניו, הי חסיד. ויש שכתב שהדבר תלוי במחלוקת התלמוד הבבלי והתלמוד הירושלמי בגרסת הברייתא של ר' פנחס בן יאיר לגבי מעלות האדם, שיש בגרסה אחת שענוה מביאה לידי חסידות, ויש גרסה אחרת האומרת שחסידות מביאה לידי ענוה (תורת הקנאות).

ואף הוא אמר בשעת מיתתו וכו' והרי זו ראיה שאכן היה ראוי לנבואה, שכן אמר דברי נבואה ממש, שהתקיימו לאחר מכן. ומצינו עוד כיוצא באלה, ואף בזמנן של בעלי התוספות סיפרו על אדם גדול שאמר דברים כדברי נבואה לפני מותו. והוא לפי מאמרי חז"ל שצדיקים זוכים בשעת מיתתם להתגלות גדולה יותר מבכל ימי חייהם.

הדברים ככתבן וכו' מדברי הרמב"ם עולה ששני התנאים לא נחלקו לענין הלכה, שמצד דין תורה אין איסור בשימוש בברזל עבור אבני הבנין של המקדש, שלא נאמר איסור זה אלא לגבי המזבח בלבד. אלא שרואים ששלמה נהג הידור וסלסול יתר, שרצה למעט ככל האפשר את השימוש בברזל בהר הבית. ולא נחלקו אלא בפירוש המקראות, עד כמה השתמש שלמה בשמיר.

שמיר זה ברייתו כשעורה וכו' יש מסורת ששמיר זה הוא מין תולעת שסגולתה לבקוע כך את הדברים הקשים. ובמקרא השמיר משמש כינוי לכמה דברים קשים, כגון "ציפורן שמיר" וכן "שמיר ושית" שהם מיני קוצים. וכן העירו הגאונים שרס"ג היה קורא שמיר לחומר שחותך מתכות ואבנים יקרות. אבל כל אלה אינם שמיר שמדובר בו כאן. לפי שכולם ממעטים מן החומר שהם חותכים ונוקבים בו.

שירא פרנדא רש"י פירש שהוא מין משי, ולפי פירוש זה כתב בתוהרא"ש שאין הכוונה שבטל מין זה לחלוטין לפי שהוא נזכר גם בדברי חז"ל בזמן האמוראים, אלא שנתמעט הרבה ואינו מצוי עוד כבימים ראשונים. ולפני הגאונים היתה כאן הגרסה "שידה פרידה", והם כתבו שאינם יודעים מה עניינה, וכבר בזמן האמוראים לא ידעו מה היא "שידה" זו.

הבא מן הציפיא כתב בתוי"ט כי מדברי הרע"ב ועוד נראה כי "ציפיא" הוא שם מקום, והוא מקום שנקרא בזמן המקרא "צופים" (כמו "רמתיים צופים" ועוד) אלא שנשתנה שמו במשך הזמן. והרבה מפרשים הסבירו "צופים" לא כשם פרטי אלא במשמעות "הרים" בכלל, כפי שעולה מן התרגום. ומפיה"מ לרמב"ם נראה שהוא מפרש ש"צופים" הוא שם של מין דבש משובח.

בני אדם שהן מאמינין וכו' וכבר העיר המהרש"א שבדרך כלל מפרשים "אנשי אמנה" — אנשים הנאמנים במשא ומתן. שאפשר לסמוך על דבריהם בכל ענין. והסביר שלא פירשו כאן (וכן בתלמוד הירושלמי) בדרך זו, משום שאמרו ש"אנשי אמנה" במובן הנאמנות כבר פסקו בתוך ימי הבית הראשון (וראה גם ביגל יעקב). ולעצם הענין כתב המאירי שאף על פי שצריך אדם להיות חרוץ ומשתדל בעסקיו בדרך העולם, מכל מקום צריך לתלות עיקר בטחונו בקב"ה, ולא יסמוך על חריצותו וכשרונו. ובעיון יעקב מסביר שכיון שלאחר החורבן פסקה ברכה מישראל, והיה העולם נוהג כדרך הטבע פסקו אנשי אמנה, שהחלו הכל לעשות חשבונותיהם לפי דרך הטבע בלבד, ופסקו מלתת צדקה ולקיים שאר מצוות.

שיש לו פת בסלו ואף שגם מי שאיו לו פת בסלו צריך לסמוך על חסדי ה', מכל מקום מי שאין לו לחם לאכול והוא שרוי ברעב אינו נתפס על צערו וקשה לתבוע ממנו גם מידת הבטחון. אבל מי שיש לו עדיין פת בסלו — ודאי שצריך לסמוך שיספק לו המקום את חסרונו לעתיד (בן יהוידע).

מי בז ליום קטנות נראה שהטעם שפירשו כתוב זה כך הוא משום שהמלה "בז" מנוקדת כאן במקרא לא בקמץ (כפי שהיה צריך לנקדה לפי השרש "בוז") אלא היא בפתח, ואז יש לפרש משמעה מן השרש "בזז".

אורח הלכה

שהיה מתקין מבחוץ וכו' כשבונים את ההיכל והעזרה בונים אותם, אם אפשר, באבנים גדולות. ואין חותכים ומסתתים את אבני הבנין בהר הבית אלא עושים כל התיקונים מבחוץ, ואחר כך מכניסים אותן לבנין. כר' נחמיה. ראה כ"מ. (רמב"ם ספר עבודה הלכות בית הבחירה פ"א ה"ח).

אבנים הללו כותב עליהן וכו' הרמב"ם לא הביא דין זה. וכבר תמה עליו במל"מ, והביא שהרמב"ן סבור שלא נאמרה הלכה זו אלא באבני החושן ולא באבני האפוד. ואולי סבור הרמב"ם שלא נאמר דבר זה אלא לכתחילה, ואינו מעכב בדיעבד. (רמב"ם שם הלכות כלי המקדש פ"ט ה"ז במל"מ).

מסורת הש"ס

א. ירושלמי סוטה פ"ט הי"ג. ילק"ש נ"ך קנ.
ב. ראה יומא עג,ב. סדר עולם פי"ד.
ג. תוספתא סוטה פי"ג ב. וראה יומא כא,ב.
ד. (הביטוי) ברכות ז,ב. מגילה ו,ב. גיטין כג,ב. מג,א. מנחות לב,ב. במדב"ר פ"ו ב. שוח"ט פקי"ד.
ה. תוספתא שם. ירושלמי קדושין פ"ד ה"א.
ו. יומא ט,ב. סנהדרין יא,א. ירושלמי סוטה פ"ט הי"ג. תוספתא שם.
ז. סנהדרין שם. ירושלמי שם. תוספתא שם ג. שהש"ר פ"ח ט. וראה ירושלמי שם פ"ט הט"ז. שם ע"ז פ"ג ה"א. שם הוריות פ"ג ה"ה.
ח. סנהדרין שם. ירושלמי סוטה פ"ט הי"ג. תוספתא שם ד. שהש"ר שם.
ט. (הביטוי) ברכות ו,ב.
י. שם. שמחות פ"ח ז.
יא. ירושלמי שם. תוספתא סוטה פט"ו א. ילק"ש נ"ך קפב.
יב. (הביטוי) ברכות לה,ב. פסחים כא,ב. כג,ב. כתובות מו,א. קדושין יז,ב. סנהדרין קיא,א. ע"ז כ,א. זבחים נט,א-ב. חולין קיד,ב.
יג. תמיד כו,ב. מכילתא כ, כב. וראה מדרש תנאים כז, ו. (הביטוי) יומא יט,ב. סוטה טו,ב.
יד. ילק"ש תורה שעט.
טו. ראה גיטין סח,א.
טז. ירושלמי סוטה פ"ט הי"ג. תוספתא סוטה פט"ו א. שוח"ט פע"ח.
יז. שם. וראה אבות פ"ה מ"ו. פסחים נד,א. אדר"נ (נו"ב) פל"ז. מכילתא טז, לא. ספרי דברים לג, כא. מדרש תנאים לג, כא. פדר"א פי"ט.
יח. ראה ירושלמי סוכה פ"ד ה"ו. איכ"ר פ"ד ד. שוח"ט שם. וראה שבת כ,ב.
יט. סוכה יב,א. מט,א. ירושלמי סוכה שם. תוספתא סוכה פ"ג טו.
כ. ירושלמי סוטה שם. במדב"ר פי"ג טו-טז. תנחומא עקב א. תנחומא בובר עקב ב. וראה מכילתא שם.
כא. (ביטוי דומה) ברכות כח,א. שבת כח,א. סד,א. פסחים סח,א. מו"ק כו,א. נדרים לח,א. נזיר ג,א. קדושין יג,א. עב,ב. ב"ק ג,ב. ע"ז מד,א. מנחות קו,א. חולין עד,ב.
כב. מכשירין פ"ה מ"ט. נזיר נ,א. וראה טהרות פ"ח מ"ט.
כג. וראה סוטה מו,ב. חולין ה,א. קלט,ב.
כד. ראה מכילתא טז, ד. תנחומא בשלח כ. ילק"ש נ"ך תקעא.
כה. ראה קה"ר פ"ד א. מדרש ל"ב מדות פ"ה. ילק"ש שם.

גרסות

דוד ושמואל ושלמה יש בכת"י: **דוד ושמואל** ויש: **דוד ושלמה.**
אמור לו כאדם יש בכת"י: **כאדם.**
משמתו חגי בכת"י ובמקבילות: **משמתו נביאים האחרונים חגי.**
תלמידו יש שגרסו: **מתלמידיו.**
זכאין לכך יש בכת"י: **זכאי לכך** ויש: **ראוי לכך.**
שנטרפה שעה יש בכת"י: **שנטרפה לו שעה.**
שהיה מתקין יש בכת"י: **שהיה מתקן** ויש: **שהיו מתקנין.**
ומכניס מבפנים בכת"י יש: **ומכניס.**
כותבין אותן יש בכת"י: **כותבין עליהן.**
וכבקעה — כלום בכמה כת"י חסר משפט זה.
כשעורה יש בכת"י: **כשערה.**
במה משמרין אותו יש בכת"י: **וכיצד מצניעין אותו.**
שירא פרנדא ויש גורסים: **שידה ופירדה.**
הדומה כעיגולי יש בכת"י: **הדומה לעיגולי** ויש: **שהוא קרוש כעיגולי.**
והצפיחים יש בכת"י כבמשנה: **והצפחת.**
קטני בני יש בכת"י: **קטנים בני.**

איזמל, ספוגין, איטני, שירא, פרנדא, בעלייה, איטני של אבר, זכוכית לבנה, יין קרוש, דבש שמזייפין בו, שמואל הקטן, שמעון וישמעאל לחרבא
ראה השלמות עמ' 291.
ר' יהודה בן בבא
ראה השלמות עמ' 292.

לעזי רש"י

ראה השלמות עמ' 292.

שֶׁמְּבַזְבְּזִין (בוזזים, קורעים) דִּין אֲבִיהֶם לֶעָתִיד לָבוֹא. שאוֹמְרִים הבנים לְפָנָיו בעת שדן הקדוש ברוך הוא את אבותיהם: רִבּוֹנוֹ שֶׁל עוֹלָם, מֵאַחַר שֶׁאַתָּה עָתִיד לִיפָּרַע מֵהֶן, מהאבות בעולם הבא על רשעותם, אם כן לָמָּה הִקְהִיתָה שִׁינֵּיהֶם בָּם, שציערתם כבר בחייהם, במותם של הבנים? ואם כן מותם של הבנים הוא כפרה לאבות.

א אָמַר ר' אֶילְעָא בַּר יְבֶרֶכְיָה: אִלְמָלֵא תְּפִלָּתוֹ שֶׁל דָּוִד שהתפלל על כך, הָיוּ כָּל יִשְׂרָאֵל מוֹכְרֵי רְבָב (שומן), כלומר, עוסקים במלאכות בזויות בלבד, שֶׁנֶּאֱמַר: "שִׁיתָה ה' מוֹרָה לָהֶם" (תהלים ט, כא), כלומר, שיתן ה' להם כבוד. וְאָמַר ר' אֶילְעָא בַּר יְבֶרֶכְיָה: אִלְמָלֵא תְּפִלָּתוֹ שֶׁל חֲבַקּוּק הנביא הָיוּ שְׁנֵי תַלְמִידֵי חֲכָמִים מִתְכַּסִּים בְּטַלִּית אַחַת מרוב עוני, וְעוֹסְקִין כך בַּתּוֹרָה, שֶׁנֶּאֱמַר: "ה' שָׁמַעְתִּי שִׁמְעֲךָ יָרֵאתִי ה' פָּעָלְךָ בְּקֶרֶב שָׁנִים חַיֵּיהוּ" (חבקוק ג, ב), ש"פעלך (תורתך) בקרב שנים". אַל תִּקְרָא "בְּקֶרֶב שָׁנִים" אֶלָּא "בְּקֵרוּב שְׁנַיִם" כשהיא נלמדת על ידי שנים המתקרבים יחד בכיסוי אחד, ודאג חבקוק שלא יבוא מצב כזה, והתפלל שיבטל הקדוש ברוך הוא גזירה זו. וְאָמַר ר' אֶילְעָא בַּר יְבֶרֶכְיָה: שְׁנֵי תַלְמִידֵי חֲכָמִים הַמְהַלְּכִין בַּדֶּרֶךְ וְאֵין בֵּינֵיהֶן דִּבְרֵי תוֹרָה ומשוחחים בדברים אחרים — רְאוּיִן לִישָּׂרֵף בָּאֵשׁ, שֶׁנֶּאֱמַר באליהו ואלישע תלמידו: "וַיְהִי הֵמָּה הֹלְכִים הָלוֹךְ וְדַבֵּר וְהִנֵּה רֶכֶב אֵשׁ וסוסי אש ויפרידו בין שניהם" (מלכים ב ב, יא), טַעְמָא [הטעם, דווקא] משום דְּאִיכָּא [שיש] דִּיבּוּר ביניהם, שודאי היה זה דיבור של קדושה, הָא לֵיכָּא [הרי אם לא היה] דִּיבּוּר — רְאוּיִן היו לִישָּׂרֵף ברכב אש זה. וְאָמַר ר' אֶילְעָא בַּר יְבֶרֶכְיָה: שְׁנֵי תַלְמִידֵי חֲכָמִים הַדָּרִין בְּעִיר אַחַת וְאֵין נוֹחִין זֶה לָזֶה בַּהֲלָכָה אלא רבים זה עם זה — אֶחָד מהם מֵת וְאֶחָד גּוֹלֶה, שֶׁנֶּאֱמַר: "לָנֻס שָׁמָּה רוֹצֵחַ אֲשֶׁר יִרְצַח אֶת רֵעֵהוּ בִּבְלִי דַעַת" (דברים ד, מב), וְאֵין דַּעַת אֶלָּא תּוֹרָה, שֶׁנֶּאֱמַר: "נִדְמוּ עַמִּי מִבְּלִי הַדָּעַת" (הושע ד, ו). אָמַר ר' יְהוּדָה בְּרֵיהּ [בנו] של ר' חִיָּיא: כָּל תַּלְמִיד חָכָם הָעוֹסֵק בַּתּוֹרָה מִתּוֹךְ הַדְּחָק של עוני — תְּפִלָּתוֹ נִשְׁמַעַת, שֶׁנֶּאֱמַר: "כִּי עַם בְּצִיּוֹן יֵשֵׁב בִּירוּשָׁלָ͏ִם בָּכוֹ לֹא תִבְכֶּה חָנוֹן יָחְנְךָ לְקוֹל זַעֲקֶךָ כְּשָׁמְעָתוֹ עָנָךְ" (ישעיה ל, יט), וּכְתִיב בַּתְרֵיהּ [ונאמר אחריו]: "וְנָתַן לָכֶם ה' לֶחֶם צַר וּמַיִם לָחַץ" (שם כ), משמע שהיושבים ועוסקים בתורה ("עם בציון ישב") ואוכלים לחם צר מתחננים וה' שומע לקולם. ר' אַבָּהוּ אוֹמֵר: תלמיד חכם כזה מַשְׂבִּיעִין אוֹתוֹ מִזִּיו שְׁכִינָה, שֶׁנֶּאֱמַר בהמשך: "וְהָיוּ עֵינֶיךָ רֹאוֹת אֶת מוֹרֶיךָ" (שם). ר' אַחָא בַּר חֲנִינָא אָמַר: אַף אֵין הַפַּרְגּוֹד (מסך המסתיר) שלפני השכינה נִנְעָל בְּפָנָיו, שֶׁנֶּאֱמַר: "וְלֹא יִכָּנֵף (יתכסה) עוֹד מוֹרֶיךָ" (שם).

ב במשנה נאמר שרַבָּן שִׁמְעוֹן בֶּן גַּמְלִיאֵל אוֹמֵר מִשּׁוּם (בשם) ר' יְהוֹשֻׁעַ: מִיּוֹם שֶׁחָרַב בֵּית הַמִּקְדָּשׁ אֵין לך יום שאין בו קללה. אָמַר רָבָא: בְּכָל יוֹם וְיוֹם מְרוּבָּה קִלְלָתוֹ מִשֶּׁל חֲבֵירוֹ, שֶׁנֶּאֱמַר בפרשת הקללות: "בַּבֹּקֶר תֹּאמַר מִי יִתֵּן עֶרֶב וּבָעֶרֶב תֹּאמַר מִי יִתֵּן בֹּקֶר" (דברים כח, סז), וצריכים לבאר הֵי [איזה] בֹּקֶר הוא זה? אִילֵימָא [אם תאמר] שאומרים בערב מי יתן בֹּקֶר שֶׁלְּמָחָר, מִי יָדַע מַאי הָוֵי [האם יודע מה יהיה] בבוקר של מחר שהוא מצפה לו? אֶלָּא ודאי הכוונה לבוקר דְּחָלֵיף [שחלף], שבערב אומרים מי יתן את הבוקר שהיה, מפני שהערב כבר גרוע יותר מן הבוקר. ושואלים: וְאֶלָּא אם הכול פוחת ויורד כך, עָלְמָא אַמַּאי קָא מְקַיֵּים [העולם על מה הוא מתקיים]? ומשיבים: אַקְּדוּשָּׁה דְּסִידְרָא [על קדושה שאומרים על סדר התפלה] בסוף "ובא לציון גואל", שאומרים קדושה של המלאכים ומתרגמים אותה, וְעַל "יְהֵא שְׁמֵיהּ רַבָּא" שאומרים אותו בסוף דברי אַגַּדְתָּא [אגדה], שֶׁנֶּאֱמַר: "אֶרֶץ עֵפָתָה כְּמוֹ אֹפֶל צַלְמָוֶת וְלֹא סְדָרִים" (איוב י, כב), הָא [הרי] אם יֵשׁ סְדָרִים סדרי תפילה ולימוד — תּוֹפִיעַ מֵאוֹפֶל תצא הארץ מן האפילה.

ג שנינו במשנה, כי משחרב המקדש לֹא יָרַד טַל לִבְרָכָה וְנִיטַּל טַעַם פֵּירוֹת וכו'. תַּנְיָא [שנויה ברייתא]: ר' שִׁמְעוֹן בֶּן אֶלְעָזָר אוֹמֵר: טָהֳרָה שבטלה — בִּטְּלָה טַעַם וְרֵיחַ, מַעֲשֵׂר שבטל — בִּיטֵּל שׁוּמָן דָּגָן. מסופר: רַב הוּנָא אַשְׁכַּח תּוּמַרְתָּא דְחִינּוּנִיתָא [מצא תמרה ריחנית], שְׁקָלָהּ, כְּרָכָהּ בְּסוּדָרֵיהּ [לקח אותה וכרך אותה בסודרו]. אֲתָא [בא] רַבָּה בְּרֵיהּ [בנו], אָמַר לֵיהּ [לו] הבן: מוֹרְחִינָא רֵיחָא דְחִינּוּנִיתָא [מריח אני ריח של תמרה ריחנית]. אָמַר לֵיהּ [לו] רב הונא: בְּנִי, טָהֳרָה יֵשׁ בְּךָ, לא בטל לגביך הריח. יָהֲבָהּ נִיהֲלֵיהּ [נתן לו אותה]. אַדְּהָכִי אֲתָא [בינתיים בא] אַבָּא בְּרֵיהּ [בנו] של רבה, שְׁקָלָהּ, יָהֲבָהּ נִיהֲלֵיהּ [לקח רבה את התמרה ונתן אותה לו לבנו]. אָמַר לֵיהּ [לו] רב הונא לרבה: בְּנִי, שִׂמַּחְתָּ אֶת לִבִּי בטהרתך, וְהִקְהִיתָה אֶת שִׁינַּי שנראה שבנך חביב עליך יותר. ומעירים: הַיְינוּ דְּאָמְרֵי אֱינָשֵׁי [זהו שאומרים אנשים] בפתגם עממי: רַחֲמֵי דְּאַבָּא [אהבת האב] — אַבְּנֵי [על הבנים שלו], רַחֲמֵי דִּבְנֵי [אהבת הבנים] — אַבְּנֵי דְּהָווּ לֵיהּ [על הבנים שיש להם] יותר מאהבת אביהם. מסופר: רַב אַחָא בַּר יַעֲקֹב אִיטַּפַּל בֵּיהּ [טיפל בו] בְּרַב יַעֲקֹב בַּר בְּרַתֵּיהּ [בן בתו] שהיה יתום. כִּי [כאשר] גָּדֵל הנכד אָמַר לֵיהּ [לו] סבו פעם אחת: אַשְׁקְיַין מַיָּא [השקה אותי מים]. אָמַר לוֹ: לָאו בְּרִיךְ אֲנָא [אין אני בנך] ואין אני מחוייב על פי הדין בכבודך. ואומרים: וְהַיְינוּ דְּאָמְרֵי אֱינָשֵׁי [וזהו שאומרים אנשים] בפתגמם: רְבֵי רְבֵי, בַּר בְּרַתָּךְ אֲנָא [גדל גדל את הנכד, ולבסוף יאמר לך: בן בתך אני] ואינני חייב לדאוג לך.

ד משנה בַּפּוּלְמוּס (מלחמה) שֶׁל אַסְפַּסְיָינוּס גָּזְרוּ עַל עַטְרוֹת חֲתָנִים, שלא יתעטרו החתנים בעטרות, וְעַל הָאִירוּס (כלי זמר) שלא ינגנו בו. בַּפּוּלְמוּס שֶׁל טִיטוּס גָּזְרוּ איסור גם עַל עַטְרוֹת כַּלּוֹת, וגזרו שֶׁלֹּא יְלַמֵּד אָדָם אֶת בְּנוֹ יְוָנִית. בַּפּוּלְמוּס הָאַחֲרוֹן של בר כוכבא גָּזְרוּ שֶׁלֹּא תֵּצֵא הַכַּלָּה בְּאַפִּרְיוֹן בְּתוֹךְ הָעִיר, וְרַבּוֹתֵינוּ הִתִּירוּ שֶׁתֵּצֵא הַכַּלָּה בָּאַפִּרְיוֹן בְּתוֹךְ הָעִיר משום צניעות. ועוד על דברים שבטלו: מִשֶּׁמֵּת ר' מֵאִיר בָּטְלוּ מוֹשְׁלֵי מְשָׁלִים. מִשֶּׁמֵּת בֶּן עַזַּאי בָּטְלוּ הַשַּׁקְדָנִים. מִשֶּׁמֵּת בֶּן זוֹמָא בָּטְלוּ הַדַּרְשָׁנִים. מִשֶּׁמֵּת ר' עֲקִיבָא בָּטַל כְּבוֹד הַתּוֹרָה. מִשֶּׁמֵּת ר' חֲנִינָא בֶּן דּוֹסָא בָּטְלוּ אַנְשֵׁי מַעֲשֶׂה (בעלי מופת). מִשֶּׁמֵּת ר' יוֹסֵי קָטְנוּתָא פָּסְקוּ חֲסִידִים. וְלָמָּה נִקְרָא שְׁמוֹ "קָטְנוּתָא" — שֶׁהָיָה קַטְנוּתָא שֶׁל חֲסִידִים, כלומר, היה מקטנם ואחרוניהם של החסידים. מִשֶּׁמֵּת ר' יוֹחָנָן בֶּן זַכַּאי בָּטַל זִיו הַחָכְמָה. מִשֶּׁמֵּת רַבָּן גַּמְלִיאֵל הַזָּקֵן בָּטַל כְּבוֹד הַתּוֹרָה, וּמֵתָה טָהֳרָה וּפְרִישׁוּת. מִשֶּׁמֵּת ר' יִשְׁמָעֵאל בֶּן פָּאבִי בָּטְלָה זִיו הַכְּהוּנָּה. מִשֶּׁמֵּת רַבִּי בָּטַל עֲנָוָה וְיִרְאַת חֵטְא.

ה גמרא תָּנוּ רַבָּנַן [שנו חכמים]: ר' פִּנְחָס בֶּן יָאִיר אוֹמֵר: מִשֶּׁחָרַב בֵּית הַמִּקְדָּשׁ בּוֹשׁוּ חֲבֵרִים (תלמידי חכמים) וּבְנֵי חוֹרִין (מיוחסים), וְחָפוּ רֹאשָׁם, וְנִדַּלְדְּלוּ אַנְשֵׁי מַעֲשֶׂה, וְגָבְרוּ בַּעֲלֵי זְרוֹעַ וּבַעֲלֵי לָשׁוֹן, וְאֵין דּוֹרֵשׁ וְאֵין מְבַקֵּשׁ וְאֵין שׁוֹאֵל על יראת שמים, עַל מִי לָנוּ לְהִשָּׁעֵן — עַל אָבִינוּ שֶׁבַּשָּׁמַיִם בלבד. ר' אֱלִיעֶזֶר הַגָּדוֹל אוֹמֵר: מִיּוֹם שֶׁחָרַב בֵּית הַמִּקְדָּשׁ היתה ירידת הדורות; שָׁרוּ חַכִּימַיָּא לְמֶהֱוֵי כְּסָפְרַיָּא [החלו החכמים להיות כמו הסופרים, מלמדי תינוקות], וְסָפְרַיָּא כְּחַזָּנַיָּא [והסופרים כמו שמשים], וְחַזָּנַיָּא כְּעַמָּא דְּאַרְעָא [והחזנים כעמי הארץ], וְעַמָּא דְּאַרְעָא [ועמי הארץ]

מסורת הש"ס

א. ילק"ש נ"ך תרמה.
ב. שם תקסג.
ג. ראה סנהדרין כ,א.
ד. (דרשה דומה) שם יז,א.
ה. תענית י,ב. וראה ירושלמי ברכות פ"ה ה"א. תנדבא"ר פ"ה. ילק"ש נ"ך רכד.
ו. ראה תענית ח,א. מגילה לב,א. סנהדרין כד,א.
ז. ילק"ש תורה תתקכ. וראה יומא לח,ב.
ח. ילק"ש נ"ך תלו.
ט. (הביטוי) ב"מ נט,א. תנחומא נח ד.
י. ילק"ש תורה תתקמ.
יא. ראה קה"ר פ"ט טו. מדרש משלי פ"י. תנדבא"ר פ"ב.
יב. ראה כתובות סא,א.
יג. ראה יומא סו,ב. יבמות יז, א. סג,ב. ע,א. קדושין ד,א. ב"ר פצ"ד ו. פדר"א פל"ו.
יד. גיטין ז,א. נדה סא,ב. סדר עולם פ"ל.
טו. ראה סנהדרין לח,ב.
טז. ירושלמי נדרים פ"ח ה"ב. שם קדושין פ"ג ה"ט. תוספתא סוטה פט"ו ד. וראה יבמות סג,ב.
יז. תוספתא סוטה שם ה. ב"ר פ"ה ד. וראה ברכות יב,ב.
יח. ראה תוספתא שם ג.
יט. שם ה.
כ. שם.
כא. ירושלמי ב"ק פ"ג ה"ז.
כב. ראה מכילתא יח, כז. ילק"ש נ"ך תתקו.
כג. מגילה כא,א.
כד. ראה פסחים נז,א. יומא לה,ב. תוספתא יומא פ"א כא.
כה. ראה הוריות יד,א. ירושלמי כלאים פ"ט ה"ד.
כו. תנדבא"ז פט"ז.

גרסות

בקרוב שנים יש בכת"י: בקרב שנים ויש: בקירוב שנים.
לישרף באש בכת"י ועוד: לישרף.
בכל יום יש בכת"י: כל יום.
דאבא אבני יש בכת"י: דאבא על בריה.
של טיטוס ויש בכת"י: של קיטוס.
יוונית יש בכת"י ועוד: חכמת יוונית.
בטלו הדרשנים ויש בכת"י: בטלו התלמידים.
בטל כבוד התורה ויש בכת"י: בטלו דורשי מדרשות.
קטנתא של חסידים יש בכת"י: קטנתן של חסידים.
תנו רבנן ר' פנחס בן יאיר יש בכת"י: ר' פנחס בן יאיר.
וחפו ראשם יש בכת"י: חפו ראשם.
ואין שואל בהרבה כת"י אין מלים אלה.
כחזניא ויש בכת"י: כתלמידיא ותלמידיא כחזניא.
כעמא דארעא יש בכת"י: כעמא.
ועמא דארעא יש בכת"י: ועמא כעממיא.

פרגוד, פולמוס, קדושה דסידרא, פולמוס של אספסיינוס, פולמוס של טיטוס, פולמוס האחרון, רבה בר רב הונא, בן זומא
ראה השלמות עמ' 292.

ר' חנינא בן דוסא, ר' יוסי קטונתא, רבן יוחנן בן זכאי, ר' ישמעאל בן פאבי, ספריא, חזניא
ראה השלמות עמ' 293.

עיונים

לעתיד לבוא אומרים לפניו רש"י פירש שהבנים הקטנים הם האומרים דברים אלה. ואילו המהרש"א מפרש שדברים אלה נאמרים על ידי האבות כשמביאים אותם לדין — מדוע נענשו עוד בחייהם על ידי מיתת הבנים. ומאחר שהמימרה נאמרה בלשון נסתר היא ניתנת להתפרש בשתי הדרכים.

מוכרו רבב רש"י (וכן הרבה מפרשים אחרים) מסבירים שרבב הוא שומן, ומוכרי רבב הם לפיכך אנשים שיש להם פרנסה מעטה בדברים המלכלכים את העוסקים בהם. ואילו בערוך מפרש בלשון אחרת שרבב הוא פסולת השעווה. ולפי זה מובן שמימרה זו נאמרה בהמשך לאמור קודם לכן ביחס לנופת צופים, שנופת (דבש) צופים בטלה, ומה שיכול היה להישאר הוא פסולת הדבש בלבד.

אלמלא תפלתו של חבקוק המהרש"א מסביר כי תפילתו של דוד היתה ביחס לעוסקים במסחר שלא תהא פרנסתם בזויה, ותפילת חבקוק היתה ביחס ללומדי התורה. ויש שהעירו כי נאמר (בסנהדרין כ, א) שבזמנו של ר' יהודה בר אילעאי היו ששה תלמידי חכמים מתכסים בטלית אחת ועוסקים בתורה, אלא שבימי ר' יהודה לא מנע מהם העוני מללמוד, ותפילת חבקוק היתה שלא יבואו זמנים שדוחק הפרנסה ימנע את תלמוד התורה. (עיון יעקב).

המהלכין בדרך יש שכתב שדבר זה נאמר דווקא בתלמידי חכמים, שכיון שהם מסוגלים לעסוק בתורה, אם אינם עוסקים בה, התורה עצמה (שנמשלה לאש) היא שורפתם (ריא"ף).

טעמא דאיכא דיבור בתלמוד הירושלמי ברכות (פ"ה ה"א) דייקו חכמים מן המקראות כי הפועל "לדבר" מתייחס ללימוד תורה או לדברים אחרים שבקדושה.

אחד מת וכו' שמן הסתם אחד מהם גדול מחבירו, והיה על האחר להכניע עצמו לפניו. וכיון שאין אשמתם שווה אף עונשם אינו שווה (עיון יעקב, ועיי"ש).

תפלתו נשמעת כשם שנאמר "מסיר אזנו משמוע תורה גם תפילתו תועבה" (משלי כח, ט), הרי מידה כנגד מידה, זה שלומד תורה מתוך הדחק, ואינו סר ממנה למרות הקשיים — תפילתו מתקבלת (עיון יעקב).

אקדושה דסידרא וכו' כתב המהרש"א בהסבר הדבר, כי שני אלה נאמרים בארמית, שהיא לשון שאף עמי הארץ מבינים אותה. וכיון שהדבר נאמר אם בתפילה ואם בקדיש שלאחר האגדה (שהיו פשוטי העם באים אף הם לשמוע את הדברים) הרי זה ענין של שבח לקב"ה וגם לימוד תורה, שבו משתתף כל העם כולו.

יהא שמיה רבא דאגדתא מכאן העלו רבים כי עיקר אמירת קדיש היתה לאחר דברי אגדה דווקא, מפני חביבותה שנאמרת מתוך שמחה (בן יהוידע). וזה הטעם שנתנו למנהג הרגיל שלאחר הלימוד, שאם רוצים לומר קדיש, אומרים דבר אגדה קצר "ר' חנניה בן עקשיא אומר" וכו' ולאחריו אומרים קדיש. וראה במלא"ש שדן בנושא זה, וסבור כי המסקנה היא שאפילו אחר אגדה אומרים קדיש, וכל שכן אחר דברי הלכה. וראה בספר באר שבע שדן אף הוא בכך מנקודה שונה במקצת, ואף הוא סבור שמשמע מדברי הרמב"ם במשנה תורה שאחרי כל לימוד תורה, ואפילו אגדה, אומרים קדיש.

טהרה בטלה טעם וריח וכו' כתב המהרש"א כי ביטול הטהרה שהיא דבר בלתי מוחשי גרם לביטול הטעם והריח שאף הם אינם גשמיים — מוחשיים, וביטול המעשר שהוא דבר גשמי ומוחשי גרם לבטל את שומן הדגן שאף כאן מדובר בדבר הניתן לתפיסה פשוטה. ובענין ביטול שומן הדגן נאמר בתלמוד הירושלמי שלא זו בלבד שפחתה כמות היבול בדגן אלא פחתה אף בפירות, ולא עוד אלא שפחתה בפירות יותר מבדגן (כאמור בחגי פרק א) והרי זה מסייע לדברי רש"י שהמקור לדבר הוא בכתוב "כל חלב יצהר וכל חלב תירוש ודגן" (במדבר יח, יב). ולעצם הקשר לביטול המעשר היה שכתב שהמקור הוא בכתוב שבהפרשת תרומות "בהרימכם את חלבו ממנו" (שם יח, ל) (ראה בעיון יעקב).

דחינוניתא בערוך מביא שלושה פירושים לדבר. לפירוש אחד הכוונה היא למין תמרים ריחניות. ויש שפירשו שהוא שם מקום שבו היו תמרים מובחרות. ויש שפירשו שהן תמרים בכורות, שכל פרי בכיר היה נקרא "חינוניתא". ורש"י בכתובות (סא, א) גורס דהינוניתא, ולפי זה פירושו תמרים שמנות, כמו דהן = שומן.

על עטרות חתנים בתלמוד הירושלמי הביאו רמז לדבר מן הכתוב "נפלה עטרת ראשנו" (איכה ה, טז). ועוד הביאו רמז מן הכתוב "הסיר המצנפת והרים העטרה" (יחזקאל כא, לא) שכיון שהוסרה המצנפת מראש הכהן הגדול — יש להרים העטרה מראשי חתנים.

משמת ר' מאיר וכו' סדר האישים כאן הוא מן המאוחר אל המוקדם. אלא שתלמידי רבי הוסיפו לאחר מכן דברים גם על מה שבטל הוא במיתתו (וראה בפיה"מ לרמב"ם).

משמת ר' עקיבא וכו' רש"י מפרש שכבוד התורה האמור בר' עקיבא נתפרש במה שהיה ר' עקיבא דורש על כל קוץ ואות שבתורה, והוא כבוד לתורה שרואים שכל פרט בה יש לו משמעות ויש ממנו לימוד. ויש שהוסיף שכבוד התורה שהיה לו היה בריבוי המופלג של תלמידיו (עיון יעקב).

בטל זיו החכמה ראה ברש"י. ואחרים פירשו שכיון שנאמר עליו שהיה בקי בכל מקצועות התורה כולם, בדבר גדול ובדבר קטן, זה הוא הקרוי זיו החכמה, שהיתה חכמתו מושלמת (ראה בפני משה בבאר שבע). ויש שכתוב שהכוונה היא לבקיאותו לא רק בתורה בלבד אלא גם בכל שאר חכמות שבעולם (מהרש"א ועוד).

משמת רבן גמליאל וכו' "כבוד התורה" האמור כאן נתפרש בדרך אחרת משנתפרשו לגבי ר' עקיבא. שיש שפירשו שעד מותו היו למדים התלמידים מפי הרב במעומד, כעין מתן תורה, והוא כבוד התורה. ויש שפירשו שמאז אין נותנים עוד כבוד לתורה כראוי לה (ערוך).

בושו חברים וכו' חברים הם אלה שהיו אוכלים מאכליהם בטהרה, ומשחרב המקדש נראה כאילו אין עוד טעם שמירת הטהרה (רש"י). ובני חורין (שרש"י מפרשו — מיוחסים) אף הם ירדו ממעמדם, שהרי מעלות היוחסין היו קשורות הרבה בעבודת הכהנים במקדש ובמינוי מיוחסים לתפקידי שלטון שונים.

שרו חכימיא וכו' המשמעות הפשוטה של הדברים היא שיש ירידה כללית בדרגתם של הכל, ושוב אין החכמים במעלתם הקודמת אלא נעשו כעין מלמדי התינוקות. והמאירי מסביר שהכוונה היא שהחכמים נעשו מזולזלים בעיני הבריות כאילו היו מלמדי תינוקות וכו'.

אורח הלכה

גזרו על עטרות חתנים חכמים גזרו שלא ישימו חתנים בראשם עטרות כלל, וכדברי לוי להלן (מט, ב). וכן אסרו על עטרות כלות ממתכות יקרות. ודווקא בחתן וכלה גזרו, אבל לא בשאר אנשים ונשים. (רמב"ם ספר זמנים הלכות תענית פ"ה הט"ו. שו"ע או"ח תקס, ד).

תורה אור

שמבזבזין דין אביהם לעתיד לבוא אומרים לפניו רבונו של עולם מאחר שאתה עתיד ליפרע מהן למה הקהיתה שיניהם בם [א]אמר ר' אילעא בר יברכיה אלמלא תפלתו של דוד היו כל ישראל מוכרי רבב שנאמר (תהלים ט) °שיתה ה' מורה להם [ב]וא"ר אילעא בר יברכיה אלמלא תפלתו של חבקוק היו ב' תלמידי חכמים [ג]מתכסים בטלית אחת ועוסקין בתורה שנאמר (חבקוק ג) °ה' שמעתי שמעך יראתי ה' פעלך בקרב שנים חייהו [ד]אל תקרא בקרב שנים אלא בקרוב שנים ואמר ר' אילעא בר יברכיה [ה]*שני תלמידי חכמים המהלכין בדרך ואין ביניהן דברי תורה ראוין לישרף באש שנאמר (מלכים ב ב) °ויהי המה הולכים הלוך ודבר והנה רכב אש וגו' טעמא דאיכא דיבור הא ליכא דיבור ראוין לישרף וא"ר אילעא בר יברכיה [ו]שני ת"ח הדרין בעיר אחת ואין נוחין זה לזה בהלכה אחד מת ואחד גולה שנאמר (דברים ד) °לנוס שמה רוצח אשר ירצח את רעהו בבלי דעת [ז]ואין דעת אלא תורה שנאמר (הושע ד) °נדמו עמי מבלי הדעת [ח]אמר ר' יהודה בריה דר' חייא כל ת"ח העוסק בתורה מתוך הדחק תפלתו נשמעת שנאמר (ישעיה ל) °כי עם בציון ישב בירושלים בכה לא תבכה חנון יחנך לקול זעקך כשמעתו ענך וכתיב בתריה (שם) °ונתן(א) ה' לכם לחם צר ומים לחץ ר' אבהו אומר משביעין אותו מזיו שכינה שנאמר (שם) °והיו עיניך רואות את מוריך ר' אחא בר חנינא אמר אף [ט]אין הפרגוד ננעל בפניו שנאמר (שם) °ולא יכנף עוד מוריך: רשב"ג אומר משום ר' יהושע מיום שחרב בהמ"ק אין וכו': [י]אמר רבא בכל יום ויום מרובה קללתו משל חבירו שנאמר (דברים כח) °בבקר תאמר מי יתן ערב ובערב תאמר מי יתן בקר הי בקר אילימא בקר דלמחר מי ידע מאי הוי אלא דחליף ואלא עלמא אמאי קא מקיים אקדושה דסידרא [יא]ואיהא שמיה רבא דאגדתא שנא' (איוב י) °ארץ עפתה כמו אופל צלמות ולא סדרים הא יש סדרים תופיע מאופל: ולא ירד טל לברכה וניטל טעם פירות וכו': תניא *ר"ש בן אלעזר אומר טהרה בטלה טעם וריח מעשר ביטל שומן דגן רב הונא אשכח [יב]תומרתא דחינוניתא שקלה כרכה בסודריה אתא רבה בריה א"ל מורחינא ריחא דחינוניתא א"ל בני טהרה יש בך יהבה ניהליה אדהכי אתא אבא בריה שקלה יהבה ניהליה א"ל בני שמחת את לבי והקהיתה את שיני היינו דאמרי אינשי רחמי דאבא אבני רחמי דבני אבני דהוו ליה רב אחא בר יעקב איטפל ביה ברב יעקב בר ברתיה כי גדל א"ל אשקיין מיא אמר לו לאו בריך אנא והיינו דאמרי אינשי רבי רבי [יג]בר ברתך אנא:

(גיטין ז. נדה סא:) **מתני'** [יד]* [א]בפולמוס של אספסיינוס גזרו על עטרות חתנים ועל האירום בפולמוס של טיטוס ד
גזרו על עטרות כלות ושלא ילמד אדם את בנו °יוונית בפולמוס האחרון גזרו שלא תצא הכלה באפריון בתוך העיר ורבותינו התירו שתצא הכלה באפריון בתוך העיר [טו]משמת ר"מ בטלו מושלי משלים [טז]משמת בן עזאי בטלו השקדנים [יז]משמת בן זומא בטלו הדרשנים [יח]משמת ר"ע בטל כבוד התורה [יט]משמת ר' חנינא בן דוסא בטלו אנשי מעשה [כ]משמת ר' יוסי קטנתא פסקו חסידים [כא]ולמה נקרא שמו קטנתא שהיה קטנתא של חסידים
(מגילה כח.) [כב]משמת רבי יוחנן בן זכאי בטל זיו החכמה [כג]משמת ר"ג הזקן *בטל כבוד התורה ומתה טהרה ופרישות [כד]משמת
(רש"א) רבי ישמעאל בן פאבי בטלה זיו הכהונה [כה]°משמת רבי בטל ענוה ויראת חטא: [גמ' ת"ר] *ר' פנחס בן יאיר ה [גירסת ע"י רבי יהושע]
אומר משחרב בהמ"ק בושו חברים ובני חורין וחפו ראשם ונדלדלו אנשי מעשה וגברו בעלי זרוע ובעלי לשון ואין דורש ואין מבקש ואין שואל על מי לנו להשען על אבינו שבשמים ר"א הגדול אומר [כו]מיום שחרב בית המקדש שרו חכימיא למהוי כספריא וספריא כחזניא וחזניא כעמא דארעא ועמא דארעא
אזלא

רש"י

שמבזבזין דין אביהם. קורעים דין אביהם שכשבאין לדונם אומרים לפניו וכו': **הקהיתה שיניהם.** למה האבלתם ועערתם עלינו במותינו ונפרעת מהם בחייהם: **מוכרי רבב.** רבב הוא דבר מאוס כגון חלב ושומן ונדבק בבגדים ונמאסין ואין לך אדם מתעסק בהם אלא עני: **שיתה ה' מורה להם.** לעיל מיניה כתיב כי לא לנצח ישכח אביון תקות ענוים תאבד לעד שיתה ה' מורה להם תן להם מרות לאותן עניים עושר שיהו הגוים נוהגין בהם כבוד וידעו הגוים שהן אנוש ואינם אלהות שאין כל הכבוד והגדולה שלהם: **מתכסין בטלית אחת.** משום עוני: **בקרב שנים.** אותה פעולה שלך דהיינו דבר תורה שהיא בקירוב שנים ששנים צריכין להתקרב יחד בכיסוי אחד: **חייהו.** רפאהו והרווח להם ותן להם חיותם: **המה הולכים הלוך ודבר.** בדברי תורה באליהו ובאלישע כתיב: (תענית י:) **ראוין לישרף.** שעל מנת כן בא הרכב אש עליהם: **אחד מת.** ע"י חבירו שהרגו בשוגג וזה גולה לערי מקלט (נ"א ואם כן) *ואם אין כאן מיתה סימן למיתה(ב) וגלות סימן לגלות שאחד מת ואחד גולה: **בבלי דעת.** על שלא היה להם דעת להיות מלמדין זה את זה ולמדין זה מזה: **נדמו עמי.** וסיפיה דקרא ותשכח תורת אלהיך: **כי עם בציון ישב.** אלו יושבי ישיבת תורה וסיפא דקרא חנון יחנך לקול זעקך: **לחם צר.** במי הכתוב מדבר במי שמזונותיו קשין עליו ואעפ"כ יושב ועוסק בתורה: **והיו עיניך וגו'.** וכן בתריה כתיב ולא יכנף: **פרגוד.** מחיצה: **לא יכנף.** לא יתכסה ממך בכנף בגדו ומחיצתו: **דלמחר.** מי יתן שיבא יום: **מי ידע.** אם ייטב מן הלילה: **אלא דחליף.** מי יתן והיה זה יום הבא כזה שעבר: **אלא עלמא אמאי מקיים.** מאחר שהקללה הולכת תמיד ורבה: **אקדושה דסידרא.** סדר קדושה שלא תקנוה אלא שיהו כל ישראל עוסקין בתורה בכל יום דבר מועט שאומר קריאתו ותרגומו והן כעוסקין בתורה וכיון שנוהג בכל ישראל בתלמידים ובעמי הארץ ויש כאן שתים קדושת השם ותלמוד התורה חביב הוא וכן יהא שמיה רבה מברך שעונין אחר הגדה שהדרשן דורש ברבים בכל שבת היו נוהגין כך ושם היו נקבצין כל העם לשמוע לפי שאינו יום של מלאכה ויש כאן תורה וקידוש השם: (תוספתא פט"ו ע"ש) **סדרים.** סדרי פרשיות דתורה: **טהרה.** שפסקה מישראל: **ביטלה טעם.** הפירות וריחם שמתוך שהיו טהורים ונוהגין בטהרה אף הקב"ה מטהר פירותיהן מריח רע ומטעם רע: **מעשר ביטל שומן דגן.** בעון פיסוק מעשרות פסק שומן הדגן כשמו של מעשר דאיקרי חלב כדכתיב כל חלב יצהר וגו' (במדבר יח): **דחינוניתא.** שמינה ויש בה ריח טוב ומין תמרים הוא לעצמן: **טהרה יש בך.** לפיכך מריחה לך ולא בטל הריח מאצלך: **אתא בריה.** דרבה בר רב הונא: **א"ל.** רב הונא לבריה: **שמחת את לבי.** בטהרתך: **והקהיתה את שיני.** שהראיתני שאהבתך על בנך יותר מעלי שנטלת ממני ונתת לו: **רחמי.** אהבה: **איטפל ביה.** גידלו בביתו: **רבי רבי.** גדל גדל אותי ואע"פ כן איני בנך: **בר ברתך אנא.** ואין עלי לכבדך כבן: **מתני' בפולמוס.** חיל שהביא אספסיינוס על ירושלים: **עטרות חתנים ואירוס.** מפרש בגמרא: **בפולמוס של טיטוס.** שהביא הורקנוס אאריסתובלוס אחיו ובין זה לזה היו חמשים ושתים שנה כדאמר בסדר עולם: **עטרות כלות.** מפרש בגמרא: **בפולמוס האחרון.** הוא של חורבן הבית ושל טיטוס נמי הוה: **באפריון בתוך העיר.** שהיו מוליכין אותה מבית אביה לבית בעלה ואפריון של מעילים וטליתות מוזהבות מוקפות לה: **מושלי משלות.** לתת אות אמתלא וטעם לחכמה ליכנס בה בשערי בינה כגון ממשלות שועלים דאמר בסנהדרין (דף לח:) כי הוה דריש ר"מ בפירקא הוה דריש תילתא שמעתא ותילתא אגדתא ותילתא מתלי: **שקדנים.** שוקדין על דלתות בית המדרש לילה ויום כדאמר ביבמות (דף סג:) אבל מה אעשה שנפשי חשקה בתורה: **הדרשנים.** שהיה בקי בטעמי המקראות כדאמר לא זכיתי שתאמר יציאת מצרים בלילות עד שדרשה בן זומא (ברכות דף יב:): **בטל כבוד תורה.** שהיה נותן לבו לדרוש כל קוץ וקוץ של כל אות וכ"ש תיבות יתירות ואותיות יתירות כגון את ואת אני דורש (סנהדרין דף נא:) וזהו כבוד תורה גדול שאין בה דבר לבטלה: **אנשי מעשה.** בטוח בתשיבותו ועושה מעשים מופלאים כדאמר בתענית (דף כה.) נמטי כשוריך יאמר לחומץ וידלוק ולעזים להביא זאבים בקרניהם: **קטנותם של חסידים.** שהיו החסידים הולכים וכלים והוא היה מקטניהם וסופן: **זיו החכמה.** זה לא ידענא מאי היא: **משמת ר"ג הזקן בטל כבוד התורה.** במסכת מגילה (דף כא.) אמר שעד שמת הוא היה בריאות בעולם ולא היו למידין תורה אלא מעומד משמת הוא ירד חולי לעולם והוצרכו ללמוד תורה מיושב: **בטל זיו הכהונה.** שהיה חכם ועשיר וכהנים רבים אוכלין על שולחנו: **ובני חורין.** מיוחסין: **חפו ראשם.** שגברה יד עזי פנים ממזרים שהם עשירים ואלו עניים: **נדלדלו אנשי מעשה.** אין חש להם: **ואין דורש.** לישראל: **ואין מבקש.** עליהם רחמים: **שרו חכימיא.** התחילו החכמים: **ספריא.** מלמדי תינוקות שהם קטנים מן החכמים: **כעמא דארעא.** כעמי הארץ:
אזלא

עין משפט נר מצוה

נה א מיי' פ"ה מהל' תענית הלכה טו סמג עשין מד"ס ג טוש"ע א"ח סימן תקס סעיף ז:

הגהות הב"ח

(א) גמ' ונתן לכם אדני לחם צר: (ב) רש"י ד"ה אחד וכו' סימן למיתה איכא וגלות:

גליון הש"ס

מתני' יוונית. עיין תוספות מנחות דף סד ע"ב ד"ה ארור וברא"ש פ"א מ"א דפאה: **שם** משמת רבי בטל ענוה. עיין תוספות כתובות דף קג ע"ב ד"ה אותו יום:

אזלא *ודלדלה ואין שואל ואין מבקש על מי יש להשען על אבינו שבשמים [א]*בעקבות משיחא חוצפא יסגא *ויוקר יאמיר הגפן תתן פריה והיין ביוקר ומלכות תהפך למינות ואין תוכחת [ב]בית וועד יהיה לזנות והגליל יחרב והגבלן ישום ואנשי הגבול יסובבו מעיר לעיר ולא יחוננו וחכמות סופרים תסרח ויראי חטא ימאסו והאמת תהא נעדרת *נערים פני זקנים ילבינו *זקנים יעמדו מפני קטנים בן מנוול אב בת קמה באמה כלה בחמותה אויבי איש אנשי ביתו [ג]פני הדור כפני הכלב הבן אינו מתבייש מאביו ועל מה יש לנו להשען על אבינו שבשמים:

א (גמ') [ד]אמר רב לא שנו אלא של מלח וגפרית אבל של הדם ושל וורד מותר ושמואל אומר אף של הדם ושל וורד אסור [ה]של קנים ושל חילת מותר ולוי אמר [א]אף של קנים ושל חילת אסור וכן [ו]תני לוי במתניתיה אף של קנים ושל חילת אסור: ועל האירוס: מאי אירוס א"ר אלעזר טבלא דחד פומא רבה בר רב הונא עבד ליה לבריה טנבורא אתא אבוה תבריה אמר ליה מיחלף בטבלא דחד פומא זיל עביד ליה אפומא דחצבא או אפומא דקפיזא: בפולמוס של טיטוס גזרו על עטרות כלות וכו': מאי עטרות כלות אמר רבה בר בר חנה אמר ר' יוחנן עיר של זהב תניא נמי הכי [ז]איזהו עטרות כלות עיר של זהב אבל עושה אותה כיפה של מילת תנא אף על חופת חתנים גזרו מאי חופת חתנים זהורית המוזהבות תניא נמי הכי [ח]*אלו הן חופת חתנים זהורית המוזהבות אבל עושה פפירית ותולה בה כל

ב מה שירצה: ושלא ילמד את בנו יוונית: *ת"ר [ט]כשצרו מלכי בית חשמונאי זה על זה היה הורקנוס מבחוץ ואריסטובלוס מבפנים [י]בכל יום ויום היו משלשלין דינרים בקופה ומעלין להן תמידים היה שם זקן אחד שהיה מכיר בחכמת יוונית לעז להם בחכמת יוונית אמר להן כל זמן שעוסקים בעבודה אין נמסרין בידכם למחר שלשלו להם דינרים בקופה והעלו להם חזיר כיון שהגיע לחצי חומה נעץ צפרניו(א) נזדעזעה א"י [יא]ארבע מאות פרסה אותה שעה [ג]אמרו ארור אדם שיגדל חזירים וארור אדם [יב]שילמד לבנו חכמת יוונית ועל אותה שנה שנינו מעשה ובא עומר מגגות צריפים ושתי הלחם מבקעת עין סוכר איני [יג]והאמר רבי בא"י [יד]לשון סורסי למה אלא אי לשון הקודש אי לשון יוונית ואמר *רב יוסף בבבל לשון ארמי למה אלא או לשון הקודש או לשון פרסי לשון יוונית לחוד וחכמת יוונית לחוד וחכמת יוונית מי אסירא [טו]*והאמר רב יהודה אמר שמואל משום *רשב"ג מאי דכתיב °עיני עוללה לנפשי מכל בנות עירי אלף ילדים היו בבית אבא חמש מאות למדו תורה וחמש מאות למדו חכמת יוונית ולא נשתייר מהן אלא אני כאן ובן אחי אבא בעסיא שאני של בית ר"ג דקרובין למלכות הוו דתניא [טז]מספר קומי הרי זה מדרכי האמורי אבטולוס בן ראובן [יז]התירו (ב)לספר קומי שהוא קרוב למלכות של בית רבן גמליאל [יז]התירו להן חכמת יוונית מפני שקרובין

ג למלכות: בפולמוס האחרון גזרו שלא תצא כלה באפריון וכו': מ"ט משום צניעותא: משמת רבן יוחנן בטלה החכמה: ת"ר [יח]*משמת רבי אליעזר נגנז ס"ת משמת רבי יהושע בטלה עצה ומחשבה משמת ר"ע בטלו זרועי תורה ונסתתמו מעיינות החכמה [יט]משמת רבי אלעזר בן עזריה בטלו עטרות חכמה °שעטרת חכמים עשרם משמת רבי חנינא בן דוסא בטלו אנשי מעשה [כ]משמת אבא יוסי בן קטונתא בטלו חסידים ולמה נקרא שמו אבא יוסי בן קטונתא שהיה מקטני חסידים משמת בן עזאי בטלו השקדנין משמת בן זומא בטלו הדרשנין משמת רשב"ג עלה גובאי ורבו צרות משמת רבי הוכפלו צרות: משמת רבי בטלה ענוה ויראת חטא: אמר ליה רב יוסף לתנא לא תיתני ענוה דאיכא אנא °אמר ליה רב נחמן לתנא [כא]לא תיתני יראת חטא דאיכא אנא:

הדרן עלך עגלה ערופה וסליקא לה מסכת סוטה

יש נוסחאות כתוב במשנה מאמר זה (אכן התי"ט האריך להוכיח דליתא במשנה אלא בברייתא בע"ז דף כ:)

*רבי פנחס בן יאיר אומר (ס"א זהירות מביא לידי זריזות) וזריזות מביא לידי נקיות ונקיות מביאה לידי טהרה וטהרה מביאה לידי פרישות ופרישות מביאה לידי קדושה וקדושה מביאה לידי ענוה וענוה מביאה לידי יראת חטא ויראת חטא מביאה לידי חסידות וחסידות מביאה לידי רוח הקודש ורוח הקודש מביאה לידי תחיית המתים ותחיית המתים בא ע"י אליהו הנביא ז"ל במהרה בימינו יבא ויגאלנו כיר"א:

רש"י

אזלא ונוולא. הולכים ודלים ומתנוולים: **בעקבות המשיח.** בסוף הגלות לפני ביאת משיח: **והיין ביוקר.** שהכל עוסקין במשתאות: *‏**ואין תוכחה.** אין לך אדם שיוכל להוכיח שכולם נכשלים בחטאות וכשמוכיחין אומר לו אתה כמוני: **ובית הוועד.** של חכמים יהיו לבית זנות שכלו החכמים ואין לומד תורה ויהא חרב מאין איש ובעלי זימה מתגודדים שם מפני שחוץ לעיר היו בתי מדרשות שלהם: **גמ' של מלח ושל גפרית.** ענין עטרה עושין מאבן של מלח שהוא צלול כאבן הבדולח וקורין שלייימי"א ולובעין אותה כמין ציורין בגפרית כשם שעושין בכלי זהב וכסף וקורין נאול"א: **חילת.** ליסק"א כמין גומא הגדל במים: **טבלא דחד פומא.** זוג של עינבל אחד שמקשקשין בו לשיר בבית המשתאות: **טנבורא.** כך קורין אותו בלשון לעז טנבור והוא עשוי דפנותיו עגולות כעין נפה וקושרין בדפנותיו חוטין של ברזל ושוטחין על פיו עור כשהוא לח ומותח והוא מתייבש שם מאליו וכשמכין עליו במקל דק הוא מוליא קול צלול ויש אומנין שיודעין להכות עליו מכה אחר מכה כסדר עד שנשמע כמין שיר: **מיחלף בטבלא דחד פומא.** זוג של עינבל שעושים בבית משתאות דומה לו בקול ואתי למעבד ההוא דגזור עליה: **קפיזא.** כלי מחזיק ג' לוגין: **עיר של זהב.** עטרה של זהב ועיר של זהב מצויירת עליה: **כיפה.** כמו כובע של צמר לבן שקורין פילטר"א: **זהורית המוזהבות.** טלית צבועה שני ובו קבועין טסי זהב עד שמעמידין אותה כמין כיפה: **אבל עושה הוא פריפיר.** כמין כיפה של מעגלי עץ כמו שאנו עושין ותולין בה צניפין ורדידי זהב כמו שאנו עושין: **חכמת יוונית.** לשון חכמה שמדברים בו בני פלטין ואין שאר העם מכירין בו: **מלכי בית חשמונאי.** שני אחים שהיו מתקוטטין על המלוכה הורקנוס ואריסטובלוס: **היה הורקנוס מבחוץ.** צר על ירושלים והביא עמו חייל רומיים: **משלשלים להם דינרי כסף בקופה.** מתרומת הלשכה לתמידים:

היה שם זקן אחד. מבפנים: **לעז להם.** לאותן שבחוץ: **נעץ צפרניו נזדעזעה.** מחמת המלך שבערה על חילול שמו: **ועל אותה שנה שנינו כו'.** שאותה שנה החריבו החיילות את הזרעים שסביבות מדינת ירושלים והוצרך להביא אותה שנה את העומר מגגות צריפים ובשאר השנים מצות העומר להביא מן הקרוב לירושלים כדכתיב (ויקרא כג) כרמל(ג) תקריבו שיהא הזרע לח והכר מלא ממנו וכשהוא בא מרחוק מתייבש ומתמעך ואין כר השבלת מלא מן הגרעין: **לשון סורסי.** קרוב הוא ללשון ארמי ואומר אני שזה לשון גמרת ירושלמי ואומות העולם קורין אותו ליננ"א סוריי"א: **או לשון יווני.** שהיו קרובין לארץ יון ולשון יון יפה מזה והיה לו לספר בו: **מאי דכתיב** לא גרס אלא ר"ש קרא מקרא זה על עצמו ואמר שעליו לעולל את עיניו בבכי יותר מן הכל: **עוללה.** מנוולת את(ד) עיני: **לנפשי.** על נפשי מפני קורותיי: **מספר קומי.** שערו שלפניו ומניח בלורית מאחוריו: **מדרכי האמורי.** שהן מניחין בלורית לשם עבודה זרה: **נגנז ספר תורה.** שהיה בעל הלכות מפי שמועה הרבה וסדורות בפיו כאילו כתוב בספר כדאמר בסנהדרין (דף סח.) הרבה תורה למדתי מרבותיי ולא עוד אלא שאני שונה שלשת אלפים הלכות בנטיעות קישואין ושלש מאות בבהרת עזה: **עצה ומחשבה.** שהיה זהיר בדרשות ובקי בהלכות ובתשובת האפיקורסים ולהבין ברמזיהם כדאמרי' בפ"ק דחגיגה (דף ה:) כי נח נפשיה אמרו ליה רבנן מאי תהוי עלן ממינים אמר להן אבדה עצה מבני ישראל נסרחה חכמה של גוים: **זרועי תורה.** עומק סברא ולסמוך טעמי תורה שבעל פה על מדרשי המקראות ואותיות היתרים ולשונות המשתנים במקרא: **רבי אלעזר בן עזריה.** עשיר הוא כדאמרי' (שבת דף נד:) תריסר אלפי עגלי הוה מעשר מעדריה כל שתא: **דאיכא אנא.** שאני ענוותן:

הדרן עלך עגלה ערופה וסליקא לה מסכת סוטה

(והמלכות. השולטת על רוב העולם תהא למינות נמשכים אחר טעות שלו ותלמידיו נקראו מינים העתק מדפוס אמשטרדם ישן)

נו א ב מיי' פ"ה מהלכ' תענית הלכה טו סמג עשין מד"ס ג טוש"ע א"ח סימן תקס סעיף ד:

נז ג מיי' פ"ה מהל' כ"מ הלכה ט סמג עשין סו טוש"ע ח"מ סי' תט סעיף ב:

נח ד מיי' פי"א מהל' ע"ז הלכה א סמג לאוין נ טוש"ע יו"ד סי' קעח סעיף א:

נט ה מיי' שם הלכה ג טוש"ע שם סעיף ב:

רש"א מ"ז

הגהות הב"ח

(א) גמ' נעץ צפרניו בחומה נזדעזעה א"י ד' מאות פרסה על ד' מאות פרסה אותה שעה כצ"ל וכן ברש"י: (ב) שם התירו לו לספר קומי: (ג) רש"י ד"ה ועל אותה וכו' לירושלים כדכתיב כרמל תקריב נ"ב עיין במנחות דף ס"ד: (ד) ד"ה עוללה מנוולת את עיני לנפשי:

גליון הש"ס

גמ' א"ל רב נחמן לתנא לא תיתני. עיין מגילה דף כח ע"ב רש"י ד"ה רנב"י:

מסורת הש"ס

[גי' ע"י ומנוולה וכ"ה ברש"י שלפניו] סנהדרין לז. ס"א והיוקר יעוות [עי' סנהדרין לז: ובפרש"י שם]

[כע"י הגירסא גדולים]

[תוס' פט"ו ע"ש]

ב"ק פב: מנחות סד:

[ג"ל רבי יוסי]

ב"ק פג. [גיטין נח. ע"ש ול"ע ולפי גירסת רש"י ניחא]

איכה ג

[עי' תוס' ע"ז לב. ד"ה אבל]

[תוס' פט"ו]

משלי יד

[עמ"ש בס"ד על גליון ע"ז כ: עיקר הנוסחא ועיין עוד בירושלמי שקלים פרק ג דף ו עמוד א' דדריש לכל הנהו מקרא ואז תבין יסוד מאמר הלזה]

תורה אור

[מיכה ז]

אָזְלָא וְדַלְדְּלָה [הולכים ודלים], וְאֵין שׁוֹאֵל וְאֵין מְבַקֵּשׁ, עַל מִי יֵשׁ לְהִשָּׁעֵן — עַל אָבִינוּ שֶׁבַּשָּׁמַיִם. ועוד אמר: בְּעִקְּבוֹת מְשִׁיחָא [המשיח], בסמוך לבואו, חוּצְפָּא יִסְגֵּא [החוצפה תיגדל] וְיוֹקֶר יַאֲמִיר (יגדל). הַגֶּפֶן אמנם תִּתֵּן פִּרְיָהּ אבל הַיַּיִן יהיה בְּיוֹקֶר, וּמַלְכוּת תֵּהָפֵךְ לְמִינוּת וְאֵין תּוֹכַחַת, אין מי שיוכיח על כך. בֵּית וַעַד החכמים יִהְיֶה לִמְקוֹם זְנוּת, וְהַגָּלִיל יֶחֱרַב, וְהַגַּבְלָן (הגולן) יִשּׁוֹם (יהיה שומם), וְאַנְשֵׁי הַגְּבוּל יְסוֹבְבוּ מֵעִיר לְעִיר בנדודיהם לבקש צדקה וְלֹא יְחוֹנָּנוּ, וְחָכְמוֹת סוֹפְרִים תִּסְרַח (תימאס), וְיִרְאֵי חֵטְא יִמָּאֲסוּ, וְהָאֱמֶת תְּהֵא נֶעְדֶּרֶת. נְעָרִים פְּנֵי זְקֵנִים יַלְבִּינוּ, זְקֵנִים יַעַמְדוּ מִפְּנֵי קְטַנִּים, ואף חיי המשפחה יהרסו — בֵּן מְנַוֵּל אָב, בַּת קָמָה (מתקוממת) בְּאִמָּהּ, כַּלָּה בַּחֲמוֹתָהּ, אֹיְבֵי אִישׁ אַנְשֵׁי בֵיתוֹ, פְּנֵי הַדּוֹר יהיו כִּפְנֵי הַכֶּלֶב, הַבֵּן אֵינוֹ מִתְבַּיֵּשׁ עוד מֵאָבִיו, וְעַל מָה יֵשׁ לָנוּ לְהִשָּׁעֵן אחרי כל אלה — עַל אָבִינוּ שֶׁבַּשָּׁמַיִם.

א גמרא אָמַר רַב: מה שנאמר שביטלו את העטרות לֹא שָׁנוּ אֶלָּא עטרות שֶׁל מֶלַח וְגָפְרִית, אֲבָל עטרות שֶׁל הֲדַס וְשֶׁל וֶורֶד — מוּתָּר. וּשְׁמוּאֵל אוֹמֵר: אַף עטרות שֶׁל הֲדַס וְשֶׁל וֶורֶד אָסוּר, אבל שֶׁל קָנִים וְשֶׁל חֵילַת (סוף) — מוּתָּר. וְלֵוִי אָמַר: אַף עטרות שֶׁל קָנִים וְשֶׁל חֵילַת אָסוּר. וְכֵן תָּנֵי [שנה] לֵוִי בְּמַתְנִיתֵיהּ [בברייתא שלו]: אַף שֶׁל קָנִים וְשֶׁל חֵילַת אָסוּר.

שנינו במשנה שגזרו על עטרות חתנים וְעַל הָאִירוּס. ושואלים: מַאי [מה הוא] "אִירוּס" זה? אָמַר ר' אֶלְעָזָר: טַבְלָא דְּחַד פּוּמָא [תוף של פה אחד] שמקישים בו. מסופר: רַבָּה בַּר רַב הוּנָא עֲבַד לֵיהּ לִבְרֵיהּ טַנְבּוּרָא [עשה לו, לבנו טמבור], אֲתָא אֲבוּהּ תַּבְרֵיהּ [בא אביו, רב הונא, ושבר אותו], אָמַר לֵיהּ [לו]: מִיחְלַף בְּטַבְלָא דְּחַד פּוּמָא [הרי זה מתחלף בתוף של פה אחד] ויבואו להתירו, זִיל עֲבִיד לֵיהּ [לך עשה לו] תוף קטן אַפּוּמָא דַּחֲצָבָא [על פיו של כד] אוֹ אַפּוּמָא דְּקְפִיזָא [על פי סאה] שמודדים בה, ולא תוף ממש.

עוד שנינו במשנה: בְּפוּלְמוּס שֶׁל טִיטוּס גָּזְרוּ עַל עַטְרוֹת כַּלּוֹת וכו'. ושואלים: מַאי [מה הן] "עַטְרוֹת כַּלּוֹת" אלה? אָמַר רַבָּה בַּר בַּר חָנָה אָמַר ר' יוֹחָנָן: עִיר, עטרה מצוירת שֶׁל זָהָב שהיו מתקשטות בה הנשים. תַּנְיָא נַמִּי הָכִי [שנויה ברייתא גם כן כך]: אֵיזֶהוּ עַטְרוֹת כַּלּוֹת — עִיר שֶׁל זָהָב, אֲבָל עוֹשֶׂה אוֹתָהּ את העטרת לכלה במקום זה כִּיפָּה שֶׁל מֵילָת (צמר משובח). תָּנָא [שנה החכם]: אַף עַל חוּפַּת חֲתָנִים גָּזְרוּ. ושואלים: מַאי [מה פירוש] "חוּפַּת חֲתָנִים"? שוודאי לא בטלו את חופות הנישואין. ומשיבים: הכוונה היא לִזְהוֹרִית הַמּוּזְהֶבוֹת (בגדים צבועים בצבע אדום וזהורית, ומקושטים בזהב) שהיו תולים בחופה. תַּנְיָא נַמִּי הָכִי [שנויה ברייתא גם כן כך]: אֵלּוּ הֵן חוּפַּת חֲתָנִים שגזרו עליה — זְהוֹרִית הַמּוּזְהָבוֹת, אֲבָל עוֹשֶׂה פַּפִּירִית (מבנה של גומא) וְתוֹלֶה בָּהּ כָּל מַה שֶּׁיִּרְצֶה.

ב שנינו במשנה שבפולמוס של טיטוס גזרו שֶׁלֹּא יְלַמֵּד אֶת בְּנוֹ יְוָנִית. תָּנוּ רַבָּנַן [שנו חכמים] כיצד נגזרה הגזירה: כְּשֶׁצָּרוּ מַלְכֵי בֵּית חַשְׁמוֹנַאי זֶה עַל זֶה במלחמת האחים שלהם הָיָה הוּרְקָנוּס מִבַּחוּץ לירושלים וצר עליה, וְאַרִיסְטוֹבְּלוּס מִבִּפְנִים. בְּכָל יוֹם וָיוֹם הָיוּ מְשַׁלְשְׁלִין מתוך העיר דִּינָרִים בְּקוּפָּה, וּמַעֲלִין לָהֶן אותם שבחוץ בהמות להקרבת הַתְּמִידִים במקדש. הָיָה שָׁם בירושלים זָקֵן אֶחָד שֶׁהָיָה מַכִּיר בְּחָכְמַת יְוָנִית, לָעַז לָהֶם לאלו שבחוץ בְּחָכְמַת יְוָנִית, אָמַר לָהֶן: כָּל זְמַן שֶׁעוֹסְקִים בפנים בַּעֲבוֹדָה שבמקדש אֵין נִמְסָרִין בְּיֶדְכֶם. כיון ששמעו כך, לְמָחָר שִׁלְשְׁלוּ לָהֶם מבפנים דִּינָרִים בְּקוּפָּה וְהֶעֱלוּ לָהֶם מבחוץ חֲזִיר. כֵּיוָן שֶׁהִגִּיעַ החזיר לַחֲצִי גובה החוֹמָה, נָעַץ בה את צִפָּרְנָיו (טלפיו), נִזְדַּעְזְעָה אֶרֶץ יִשְׂרָאֵל אַרְבַּע מֵאוֹת פַּרְסָה. אוֹתָהּ שָׁעָה שראו חכמים דבר זה אָמְרוּ: אָרוּר אָדָם שֶׁיְּגַדֵּל חֲזִירִים, וְאָרוּר אָדָם שֶׁיְּלַמֵּד לִבְנוֹ חָכְמַת יְוָנִית. וְעַל אוֹתָהּ שָׁנָה שנחרבה בה הארץ שָׁנִינוּ: מַעֲשֶׂה וּבָא עוֹמֶר מִגַּגּוֹת צְרִיפִים, וּשְׁתֵּי הַלֶּחֶם מִבִּקְעַת עֵין סוֹכֵר, שלא נמצא אלא במקומות רחוקים אלה. מן המשנה ומן המעשה המסופר בברייתא עולה שאסור ללמוד יוונית. ומקשים: אִינִי [האם כן הוא]? וְהָאָמַר [והרי אמר] רַבִּי: בְּאֶרֶץ יִשְׂרָאֵל דיבור בְּלָשׁוֹן סוּרְסִי (ארמית של ארץ ישראל) לָמָּה? אֶלָּא אִי [או] שידברו בִּלְשׁוֹן הַקּוֹדֶשׁ שהיא לשוננו, אִי [או] בְּלָשׁוֹן יְוָנִית שהיא יפה. וְכן אָמַר רַב יוֹסֵף כיוצא בזה: בְּבָבֶל לָשׁוֹן אֲרַמִּי שהיא לשון העם המדוברת לָמָּה? אֶלָּא אוֹ ידברו לְשׁוֹן הַקּוֹדֶשׁ, אוֹ לָשׁוֹן פַּרְסִי שהיא לשון הממשלה! ומשיבים: יש להבדיל: לָשׁוֹן יְוָנִית לְחוּד היא מותרת, וְחָכְמַת יְוָנִית לְחוּד ואותה אסרו. ושואלים: וְחָכְמַת יְוָנִית מִי אֲסִירָא [האם היא אסורה]? וְהָאָמַר [והרי אמר] רַב יְהוּדָה אָמַר שְׁמוּאֵל מִשּׁוּם (בשם) רַבָּן שִׁמְעוֹן בֶּן גַּמְלִיאֵל: מַאי דִּכְתִיב [מהו שנאמר] "עֵינִי עוֹלְלָה לְנַפְשִׁי מִכֹּל בְּנוֹת עִירִי" (איכה ג, נא) — אֶלֶף יְלָדִים (אנשים צעירים) הָיוּ בְּבֵית אַבָּא (בבית הנשיאים), חָמֵשׁ מֵאוֹת מהם לָמְדוּ תּוֹרָה, וַחֲמֵשׁ מֵאוֹת לָמְדוּ חָכְמָה יְוָנִית, וְלֹא נִשְׁתַּיֵּיר מֵהֶן לאחר מלחמת בר כוכבא אֶלָּא אֲנִי כָּאן, וּבֶן אֲחִי אַבָּא שחי בְּעַסְיָא, והרי שמותר ללמוד חכמה יוונית, שאם לא כן וודאי לא היו לומדים אותה בבית הנשיא! ומשיבים: שָׁאנֵי [שונים] אנשים שֶׁל בֵּית רַבָּן גַּמְלִיאֵל, שִׁקְּרוֹבִין לַמַּלְכוּת הֲווֹ [היו], והיו זקוקים לחכמה יוונית כדי לשוחח בה עם גדולי המלכות. דְּתַנְיָא [שכן שנינו בברייתא]: מי שְׁמְסַפֵּר קוֹמִי, שמגדל שיער ארוך מאחוריו, הֲרֵי זֶה מִדַּרְכֵי הָאֱמוֹרִי ואסור. ואולם אַבְטוּלוֹס בֶּן רְאוּבֵן הִתִּירוּ לוֹ לְסַפֵּר קוֹמִי, מפני שֶׁהוּא קָרוֹב לַמַּלְכוּת. וכן שֶׁל בֵּית רַבָּן גַּמְלִיאֵל הִתִּירוּ לָהֶן חָכְמָה יְוָנִית מִפְּנֵי שֶׁקְּרוֹבִין לַמַּלְכוּת.

ג שנינו: בְּפוּלְמוּס הָאַחֲרוֹן גָּזְרוּ שֶׁלֹּא תֵּצֵא כַּלָּה בָּאַפִּרְיוֹן אבל רבותינו התירו. ומסבירים מַאי טַעֲמָא [מה טעם] התירו לשאת את הכלה באפריון — מִשּׁוּם צְנִיעוּתָא [צניעות] שיש בדבר. עוד שנינו: מִשֶּׁמֵּת רַבָּן יוֹחָנָן בן זכאי בָּטְלָה הַחָכְמָה. תָּנוּ רַבָּנַן [שנו חכמים]: מִשֶּׁמֵּת ר' אֱלִיעֶזֶר נִגְנַז סֵפֶר תּוֹרָה, שהיה בקי בכל מכמני התורה שהיו שמורים בזכרונו. מִשֶּׁמֵּת ר' יְהוֹשֻׁעַ בָּטְלָה עֵצָה וּמַחֲשָׁבָה שהוא היה חכם ופיקח שבישראל, מִשֶּׁמֵּת ר' עֲקִיבָא בָּטְלוּ זְרוֹעֵי תּוֹרָה (כוחה של תורה) בדרשת המקראות לכל פרטיהם וְנִסְתַּתְּמוּ מַעַיְינוֹת הַחָכְמָה. מִשֶּׁמֵּת ר' אֶלְעָזָר בֶּן עֲזַרְיָה בָּטְלוּ עֲטָרוֹת חָכְמָה, שֶׁ"עֲטֶרֶת חֲכָמִים עָשְׁרָם" (משלי יד, כד) והוא היה גם גדול בתורה וגם גדול בעושר. מִשֶּׁמֵּת ר' חֲנִינָא בֶּן דּוֹסָא בָּטְלוּ אַנְשֵׁי מַעֲשֶׂה (בעלי מופת). מִשֶּׁמֵּת אַבָּא יוֹסֵי בֶּן קָטוּנְתָּא בָּטְלוּ חֲסִידִים, וְלָמָּה נִקְרָא שְׁמוֹ אַבָּא יוֹסֵי בֶּן קָטוּנְתָּא — שֶׁהָיָה מִקְּטַנֵּי חֲסִידִים. מִשֶּׁמֵּת בֶּן עַזַּאי בָּטְלוּ הַשַּׁקְדָנִין, מִשֶּׁמֵּת בֶּן זוֹמָא בָּטְלוּ הַדַּרְשָׁנִין, מִשֶּׁמֵּת רַבָּן שִׁמְעוֹן בֶּן גַּמְלִיאֵל עָלָה גּוֹבַאי (ארבה) על הארץ וְרַבּוּ צָרוֹת. מִשֶּׁמֵּת רַבִּי הוּכְפְּלוּ צָרוֹת. שנינו: מִשֶּׁמֵּת רַבִּי בָּטְלָה עֲנָוָה וְיִרְאַת חֵטְא. אָמַר לֵיהּ [לו] רַב יוֹסֵף לְתַנָּא [לחוזר המשניות] ששנה לפניו את המשנה: לֹא תִּיתְנֵי [תשנה] שבטלה עֲנָוָה, כיון דְּאִיכָּא [שיש] — אֲנָא [אני], שאני עניו. ובדומה לזה אָמַר לֵיהּ [לו] רַב נַחְמָן לְתַנָּא [לחוזר המשניות]: לֹא תִּיתְנֵי [תשנה] שבטלה יִרְאַת חֵטְא, כיון דְּאִיכָּא [שיש] — אֲנָא [אני], שאני ירא חטא.

מסורת הש"ס

א. ראה סנהדרין צז,א. דרך ארץ זוטא פ"י. שהש"ר פ"ב יג.
ב. שם. פסדר"כ פ"ה. פסי"ר פט"ו. תנדבא"ז פט"ז.
ג. פסי"ר פ"א.
ד. ירושלמי סוטה פ"ה הט"ו. תוספתא סוטה פט"ו ח.
ה. ירושלמי שם.
ו. (ביטוי דומה) יומא כד,א. יבמות י,א. כתובות נג,ב. ב"מ נה,א.
ז. ראה ירושלמי סוטה שם. תוספתא סוטה שם.
ח. ירושלמי שם. תוספתא שם ט.
ט. ב"ק פב,ב. מנחות סד,ב.
י. שם. ירושלמי ברכות פ"ד ה"א. שם תענית פ"ד ה"ה.
יא. (הביטוי) פסחים צד,א. תענית י,א. מגילה ג,א. ב"ק פב,ב. מנחות סד,ב. וראה שהש"ר פ"ו ט.
יב. ב"ק שם. מנחות שם. וראה מנחות צט,ב. ירושלמי פאה פ"א ה"א. שם סוטה שם. תוספתא ע"ז פ"א כ. ספרי דברים ו, ז. שוח"ט פ"א. מדרש ל"ב מדות פי"ג.
יג. ב"ק שם.
יד. (הביטוי) פסחים סא,א. ב"ק פג,א. ב"ר (ת"א) פע"ד לד.
טו. גיטין נח,א. ב"ק פג,א. וראה ירושלמי תענית פ"ד ה"ה. איכ"ר פ"ג ע.
טז. ב"ק שם. תוספתא שבת פ"ו א. מדרש ל"ב מדות פט"ו.
יז. ב"ק שם. ירושלמי שבת פ"ו ה"א. שם ע"ז פ"ב ה"ב. תוספתא סוטה פט"ו ח.
יח. ירושלמי סוטה פ"ט הט"ז. תוספתא שם ג.
יט. שם. וראה ברכות נז,ב.
כ. ירושלמי שם. שם ב"ק פ"ג ה"ז. תוספתא שם ה.
כא. ראה שבת קנו,ב. מגילה כח,ב.

גרסות

אזלא יש בכת"י: **אזלא ונוולא.**
ואין שואל יש בכת"י: **ואין דורש.**
יאמיר במקבילה: **יעות.**
תהפך למינות יש בכת"י: **תהא מינות.**
יש לנו בכת"י יש: **לנו.**
אבינו שבשמים בכמה כת"י ודפו"י מובא כאן: **ר' פנחס בן יאיר אומר זהירות מביאה לידי זריזות זריזות מביאה לידי נקיות נקיות מביאה לידי פרישות ופרישות מביאה לידי טהרה טהרה מביאה לידי קדושה וקדושה מביאה לידי ענוה וענוה מביאה לידי חסידות חסידות מביאה לידי יראת חטא יראת חטא מביאה לידי רוח הקדש רוח הקדש מביאה לידי תחיית המתים ותחיית המתים מביאה לידי** (ויש גורסים כאן: **באה על ידי**) **אליהו זכור לטוב** ויש למאמר זה גרסות רבות ושונות בסדרן.
גמרא אמר רב כן הוא בכמה נוסחות, ויש שגרסו: **אמר רב.**
חילת ויש שגרסו: **חילפי.**
כיפה של מילת ויש בכת"י ועוד: **כיפה של מלח.**
פרסה יש בכת"י: **פרסה על ארבע מאות פרסה.**
התירו בכת"י כבמקבילה: **התירו לו.**
מקטני חסידים יש בכת"י: **קטינתן של חסידים.**

אירוס, טנבורא, קפיזא, מילת
ראה השלמות עמ' 293.
פפירית, סורסי, עסיא, קומי, אבטולוס, מלכות תיהפך למינות, טבלא, עיר של זהב, זהורית המוזהבות, כשצרו בית חשמונאי, חכמה יוונית, משמת רבי הוכפלו צרות,
ראה השלמות עמ' 294.
אבטולוס בן ראובן, חצבא
ראה השלמות עמ' 295.

לעזי רש"י

ראה השלמות עמ' 295.

עיונים

ואין שואל וכו' בתרי"ט מפרש: ואין שואל ואין מבקש — בשלום חבירו, שאין בני אדם דואגים עוד זה לזה. ובתפא"י מסביר את ההבדלים בין שואל דורש ומבקש, ואומר כי הכוונה היא שלא יהא שואל ומבקש על הגאולה.

בעקבות משיחא כאן, ובהרחבה גדולה במסכת סנהדרין (בפרק "חלק") מדובר בכך שלפני ימות המשיח תהא ירידה כללית בעולם, וישראל יגיעו לשפל המדרגה, ומתוך ירידה תחתונה זו שאין למטה ממנה — או דווקא תבוא גאולתם.

הגפן תתן פריה וכו' רש"י (והרבה מפרשים אחרים בעקבותיו) מסבירים כי אף שהגפן תתן פריה ויהא יין לרוב, מכל מקום היין יהא ביוקר, לפי שירבו המשתכרים ביין, והביקוש יהא למעלה ממה שיוכלו לספק. ויש שקשרו דבר זה עם מצוקת הזמנים בכללה, שירבו לשתות יין כדי לשכוח את רוע מצבם. ואפשר לפרש לפי הגרסה "היוקר יעוות" כי למרות שהגפן תתן פריה, לא יהא היוקר תלוי בהעדרם של המוצרים אלא בעיוותי השוק והמחיר, ולכן יהיה היין ביוקר, למרות שלכאורה יהא יין בשפע.

והגבלן ישום וכו' הגבלן הוא איזור סְפָר בארץ ישראל, אם כדעת אחדים — הגולן, או בחלקה הצפוני מערבי של הארץ — תחום גבל (ראה בריעב"ץ) ולפי זה ההמשך על "אנשי הגבול" — שהסְפָר בארץ ישראל יהא לביזה, ואנשיו יסובבו לבקש תמיכה וצדקה בארץ. ובספר יד רמה מצויה הגרסה, "והגויל יאשם, ואנשי הגויל יסובבו" וכו'. והוא מפרש שהגויל של ספר התורה לא יהא נחשב עוד בעיני הבריות, ו"אנשי הגויל" — סופרי הסת"ם יסובבו לבקש עזרה מפני שלא ירצו עוד בעבודתם.

וחכמות סופרים תסרח בפשטות משמעות תסרח הוא — תתקלקל, כלומר החכמה לא תהיה עוד בדרגתה הגבוהה, אלא תלך ותפחת בערכה, כדבר שנתקלקל ונסרח. ויש שפירשו תסרח כמו "סרח העודף" תחשב כמיותרת. ויש שפירשו במליצה שהחכמים יאריכו בדברים ללא צורך, כדרך הנמשך וסורח (ראה בעץ יוסף).

פני הדור כפני הכלב רש"י בסנהדרין מפרש שפרצופו הרוחני של הדור יהא כפני הכלב, שאנשים לא יתביישו עוד זה מזה. והמהרש"א שם מסביר "כפני הכלב" — שיראו עצמם כאוהבים. ויש שפירשו "פני הדור" — מנהיגי הדור, שיהיו כפני הכלב — עזי פנים, או שפני הדור אלו העשירים, יהיו ככלב — קמצנים (עץ יוסף). ור"א וסרמן דרש שפני מנהיגי הדור יהיו ככלב, שרץ לפני אדוניו כאילו הוא המוביל, בעוד שלאמיתו של דבר הוא רק מקדים לעשות את רצון האדון. ואף מנהיגי הדור רק יראו עצמם כמובילים את האחרים, ובאמת רק יגררו אחרי בני דורם.

טבלא דחד פומא המאירי מסביר שזהו כלי נשיפה מיוחד, שהיה סגור מכל צדדיו ויש לו רק פה אחד שבו משמיעים קול, ומפני שהוא דומה במראהו לתוף קראוהו "טבלא".

אותה שעה וכו' וכבר שאלו ראשונים: מכאן עולה שגזרו על חכמה יוונית עוד בזמן מלכות החשמונאים, ואילו במשנתנו נאמר שגזרו על כך בפולמוס של טיטוס — יותר ממאה שנה לאחר מכן. ובתוהרא"ש מביא הסבר שמתחילה לא אסרו את הדבר לחלוטין, אלא אמרו שהעושה כן חלה עליו קללת חכמים, ולאחר זמן אמרו שיש בכך איסור גמור. אבל הרא"ש סבור שתמוה לומר שדבר שחכמים אסרוהו בקללה יצטרך חיזוק נוסף. ולכן מצדד בהסבר אחר, שאמנם כבר גזרו על כך בזמן החשמונאים, אלא שלא נתקבלה הגזירה ברוב ישראל, ולאחר מכן חזרו וגזרו שנית על כך.

חכמת יוונית לחוד הראשונים עסקו בענין זה, והסבירו שאין לומר שחכמת יוונית כוללת את כל החכמות שהיוונים עסקו בהן, שחכמות אלה כמו תחומי מדע שונים, אינם שייכים ואינם מתייחסים ליוונים. אלא הכוונה היא לדרך מיוחדת של הבעת דברים ברמזים, או בלשון שאין כל העם מבין ומשתמש בה (ראה בשו"ת הרשב"א והריב"ש ועוד).

מקטני חסידים לשון זו וכן לשון המשנה "קטנתא של חסידים" אינה נראית כלשון שבח, וכיון שכאן מדובר בשבחו של אותו צדיק הסבירו בדרכים שונות. לדעת המאירי הכוונה היא שהיה אחרון החסידים, שהיו החסידים מתמעטים והולכים, והוא היה אחרון שבהם. ואפשר להבין בדרך זו גם את דברי הירושלמי שהיה "תמציתן" כלומר מיצוי אחרון של חסידים. ואילו בפיה"מ לרמב"ם מסביר שהוא היה עיקרם ושרשם של חסידים, וכמו ששרש של כל דבר הריהו קטן ביחס, ומכיל בתוכו הכל, ולפי זה היה "תמציתן של חסידים" — שכלל בו כל מעלותיהם (וראה בתוי"ט).

לא תיתני ענוה ויש מסבירים שענוה זו כוונתה — שאדם מנמיך עצמו ואינו מראה את גדולתו. והדבר מתאים לרב יוסף, שלמרות שמינוהו לראש הישיבה לא קיבל על עצמו תפקיד זה כל שנותיו של רבה חבירו, ולא נהג כל מנהג שררה כל אותן שנים. ויראת חטא היא החמורה בדברים שאין הכל נוהגים בהם, והדבר מתאים לרב נחמן בר יצחק (כך היא גרסת עין יעקב) שמסופר עליו (שבת קנו, ב) שהיה מדקדק ומכסה ראשו תמיד (מרומי שדה).

דאיכא אנא לכאורה תמוה הוא שהחכם ישבח את עצמו במידותיו הטובות, ובפרט שישתבח במידת הענוה. והמהרש"א כתב שמכל מקום האמת קודמת לדרכי הנימוס, ולא רצו חכמים אלה שהתנא ישנה דבר שאינו נכון. וראה בבן יהוידע שפירש גם שלא רצו אלו התנאים שהבריות יהיו סבורים שהם ענוים או יראי חטא, ויחשבו שאין הברייתא נכונה. ובשפת אמת אומר שיש להבין את הדבר כך, שחכמים אלה אמרו שלא בטלו ענוה ויראת חטא, ובודאי יש עוד רבים כאלה בעולם, וראיה לדבר — "דאיכא אנא" שהרי אף אני נוהג במידה זו, ובודאי יש רבים אחרים הטובים ממני.

אורח ההלכה

איזהו עטרות כלות עטרות כלות שאסרום הן דווקא של מתכות יקרות כעין "עיר של זהב". כמסקנת הגמרא. (רמב"ם ספר זמנים הלכות תענית פ"ה הט"ו. שו"ע תקס, ד).

ארור אדם שיגדל חזירים אסור לגדל חזירים בכל מקום, ואפילו אינו מגדלם אלא לשם עורם וכיוצא בכך. ואין צריך לומר שאסור לגדלם לסחורה. (רמב"ם ספר נזיקין הלכות נזקי ממון פ"ה ה"ט. שו"ע חו"מ תט, ב).

מספר קומי וכו' אסור להלך בדרכי הגוים ובמנהגיהם. ולא יגדל ציצית ראשו כמותם, ולא יגלח מן הצדדים ויניח שער שבאמצע (והוא הנקרא בלורית), ולא יגלח השיער שכנגד פניו ויגדל פרע מאחוריו. (רמב"ם ספר מדע הלכות עבודה זרה פי"א ה"א. שו"ע יו"ד קעח, א).

שהוא קרוב למלכות מי שהוא קרוב למלכות וצריך ללבוש כמלבושיהם ולהידמות להם — מותר בדברים שאסרום לשאר אנשים משום חוקות הגוים. לפי שלא נתפרש האיסור לפרטיו בתורה, וניתנה רשות לחכמים לגזור ולהתיר בזה לפי הענין (ב"י). (רמב"ם שם ה"ג. שו"ע שם, סעיף ב).

סיכום פרק "עגלה ערופה"

דיני עגלה ערופה סוכמו בפרק זה לפרטיהם.

לאחר שנמצא הרוג שלא נודע מי הרגו באים חמשה חכמים מן הסנהדרין הגדולה שבירושלים ומודדים את המרחק מן החלל (ובדיוק — מחוטמו של החלל) אל העיר הקרובה. מדידה זו היא מצוה לעצמה, וגם כאשר אין ספק מי היא העיר הקרובה עוסקים במדידה. אין מודדים אלא לעיר שיש בה סנהדרי קטנה, וכל עיר שאין בה בית דין אינה נחשבת לענין זה, וכן אין מודדים לירושלים.

לאחר שנקבעה העיר מביאים זקני אותה העיר עגלת בקר. עגלה זו צריכה להיות בת פחות משתי שנים, ולא נעשתה בה מלאכה לצורך בעליה, אבל אינה צריכה להיות תמימה, אלא אף בעלת מום כשירה לכך. את העגלה מביאים לכתחילה לנחל איתן — נחל השוטף בחוזקה, ושם עורפים הכהנים את ראש העגלה בסכים גדולה מאחוריה, וזקני העיר אומרים בפומבי שהם אינם אשמים בהריגה לא במישרין ולא בעקיפין. המקום בו נערפה העגלה אסור בכל עבודות האדמה, אף כי מותר להשתמש בקרקע זו לצרכים אחרים.

לגבי ההרוג שעליו מביאים את העגלה, הולכים אחר לשון הכתוב כמשמעה — דווקא חלל (שנהרג בחרב) ולא במיתה אחרת, ודווקא שנמצא על פני השדה, ולא טמון או תלוי או צף במים. אין עורפים אלא אם כן אין כל עדות על זהות הרוצח, אבל אם יש עדות כלשהי (ואפילו של עד אחד, ואפילו הוא פסול לעדות במקום אחר) — אין עורפים. כאשר יש סתירה בעדות בענין זה הריאם העדים כשרים — הולכים אחר עדות שנים כנגד עד יחיד, וכאשר העדים פסולים הולכים אחר רוב מעידים, בין להקל ובין להחמיר.

יש הלכות שונות שבטלו למעשה בשל ירידת הדורות במוסר, בשמירת המצוות ובידיעת התורה. ומשום כך בטלו השקאת הסוטה, הבאת העגלה הערופה ווידוי מעשר. אף תקנת הפרשת מעשר מתבואה של עמי הארץ (דמאי) נגזרה בשל ירידת הדורות. כיוצא בזה גזרו חכמים גזירות שונות לזכר אסונות ישראל, ובעיקר לזכר חורבן הבית, שמיעטו בכמה מיני שמחה וזמר ואסרו לימוד חכמה יוונית.

ועם ענייני ההלכה תוארו גם שאר דברים שפסקו מישראל עם הדורות; שיש ירידה מתמדת בגילי שכינה ובברכה מאז חורבן הבית הראשון, והדברים נעשים קשים יותר עם חורבן הבית השני. מותם של חכמי ישראל הגדולים משאיר חלל פנוי, שאין קמים חכמים אחרים היכולים למלא את מקומם בדברים שהיו מצויינים בהם, וברכה מסתלקת מן העולם. ירידה זו נמשכת והולכת עד לעקבות המשיח, עד שעם הגאולה תחזור שוב הטובה לישראל.

אחר השלמת המסכת יאמר זה ויועיל לזכרון בעזרת השם יתברך:

א) **הַדְרָן** עֲלָךְ מַסֶּכֶת סוֹטָה וְהַדְרָךְ עֲלָן. דַּעְתָּן עֲלָךְ מַסֶּכֶת סוֹטָה וְדַעְתָּךְ עֲלָן. לָא נִתְנְשֵׁי מִינָּךְ מַסֶּכֶת סוֹטָה וְלָא תִּתְנְשֵׁי מִינָּן. לָא בְּעָלְמָא הָדֵין וְלָא בְּעָלְמָא דְּאָתֵי. יאמר כן שלש פעמים ואחר כך יאמר

יְהִי רָצוֹן מִלְּפָנֶיךָ יְיָ אֱלֹהֵינוּ וֵאלֹהֵי אֲבוֹתֵינוּ שֶׁתְּהֵא תּוֹרָתְךָ אוּמָּנוּתֵנוּ בָּעוֹלָם הַזֶּה, וּתְהֵא עִמָּנוּ לָעוֹלָם הַבָּא. ב) חֲנִינָא בַּר פַּפָּא, רָמִי בַּר פַּפָּא, נַחְמָן בַּר פַּפָּא, אַחַאי בַּר פַּפָּא, אַבָּא מָרִי בַּר פַּפָּא, רַפְרַם בַּר פַּפָּא, רָכִישׁ בַּר פַּפָּא, סוּרְחָב בַּר פַּפָּא, אַדָּא בַּר פַּפָּא, דָּרוּ בַּר פַּפָּא.

הַעֲרֵב נָא יְיָ אֱלֹהֵינוּ אֶת דִּבְרֵי תוֹרָתְךָ בְּפִינוּ וּבְפִיפִיּוֹת עַמְּךָ בֵּית יִשְׂרָאֵל, וְנִהְיֶה כּוּלָּנוּ אֲנַחְנוּ וְצֶאֱצָאֵינוּ וְצֶאֱצָאֵי עַמְּךָ בֵּית יִשְׂרָאֵל, כּוּלָּנוּ יוֹדְעֵי שְׁמֶךָ וְלוֹמְדֵי תוֹרָתֶךָ. "מֵאוֹיְבַי תְּחַכְּמֵנִי מִצְוֹתֶיךָ כִּי לְעוֹלָם הִיא לִי". "יְהִי לִבִּי תָמִים בְּחֻקֶּיךָ לְמַעַן לֹא אֵבוֹשׁ". "לְעוֹלָם לֹא אֶשְׁכַּח פִּקּוּדֶיךָ כִּי בָם חִיִּיתָנִי". "בָּרוּךְ אַתָּה יְיָ לַמְּדֵנִי חֻקֶּיךָ". אָמֵן אָמֵן אָמֵן סֶלָה וָעֶד.

מוֹדִים אֲנַחְנוּ לְפָנֶיךָ יְיָ אֱלֹהֵינוּ וֵאלֹהֵי אֲבוֹתֵינוּ שֶׁשַּׂמְתָּ חֶלְקֵנוּ מִיּוֹשְׁבֵי בֵּית הַמִּדְרָשׁ וְלֹא שַׂמְתָּ חֶלְקֵנוּ מִיּוֹשְׁבֵי קְרָנוֹת. שֶׁאָנוּ מַשְׁכִּימִים וְהֵם מַשְׁכִּימִים, אָנוּ מַשְׁכִּימִים לְדִבְרֵי תוֹרָה וְהֵם מַשְׁכִּימִים לִדְבָרִים בְּטֵלִים. אָנוּ עֲמֵלִים וְהֵם עֲמֵלִים, אָנוּ עֲמֵלִים וּמְקַבְּלִים שָׂכָר וְהֵם עֲמֵלִים וְאֵינָם מְקַבְּלִים שָׂכָר. אָנוּ רָצִים וְהֵם רָצִים, אָנוּ רָצִים לְחַיֵּי עוֹלָם הַבָּא וְהֵם רָצִים לִבְאֵר שַׁחַת, שֶׁנֶּאֱמַר "וְאַתָּה אֱלֹהִים תּוֹרִידֵם לִבְאֵר שַׁחַת אַנְשֵׁי דָמִים וּמִרְמָה לֹא יֶחֱצוּ יְמֵיהֶם וַאֲנִי אֶבְטַח בָּךְ".

יְהִי רָצוֹן מִלְּפָנֶיךָ יְיָ אֱלֹהַי, כְּשֵׁם שֶׁעֲזַרְתַּנִי לְסַיֵּים מַסֶּכֶת סוֹטָה כֵּן תַּעַזְרֵנִי לְהַתְחִיל מַסֶּכְתּוֹת וּסְפָרִים אֲחֵרִים וּלְסַיְּימָם, לִלְמוֹד וּלְלַמֵּד לִשְׁמוֹר וְלַעֲשׂוֹת וּלְקַיֵּים אֶת כָּל דִּבְרֵי תַלְמוּד תּוֹרָתְךָ בְּאַהֲבָה, וּזְכוּת כָּל הַתַּנָּאִים וְאָמוֹרָאִים וְתַלְמִידֵי חֲכָמִים תַּעֲמוֹד לִי וּלְזַרְעִי, שֶׁלֹּא תָמוּשׁ הַתּוֹרָה מִפִּי וּמִפִּי זַרְעִי וְזֶרַע זַרְעִי עַד עוֹלָם. וְיִתְקַיֵּים בִּי "בְּהִתְהַלֶּכְךָ תַּנְחֶה אוֹתָךְ בְּשָׁכְבְּךָ תִּשְׁמוֹר עָלֶיךָ וַהֲקִיצוֹתָ הִיא תְשִׂיחֶךָ". "כִּי בִי יִרְבּוּ יָמֶיךָ וְיוֹסִיפוּ לְךָ שְׁנוֹת חַיִּים". "אוֹרֶךְ יָמִים בִּימִינָהּ בִּשְׂמֹאלָהּ עוֹשֶׁר וְכָבוֹד". "ה' עוֹז לְעַמּוֹ יִתֵּן ה' יְבָרֵךְ אֶת עַמּוֹ בַשָּׁלוֹם".

יִתְגַּדַּל וְיִתְקַדַּשׁ שְׁמֵהּ רַבָּא. בְּעָלְמָא דְּהוּא עָתִיד לְאִתְחַדָּתָא וּלְאַחֲיָא מֵתַיָּא. וּלְאַסָּקָא לְחַיֵּי עָלְמָא. וּלְמִבְנֵי קַרְתָּא דִירוּשְׁלֵם. וּלְשַׁכְלֵל הֵיכְלֵהּ בְּגַוַּהּ. וּלְמֶעְקַר פּוּלְחָנָא נֻכְרָאָה מֵאַרְעָא. וְלַאֲתָבָא פּוּלְחָנָא דִשְׁמַיָּא לְאַתְרֵיהּ. וְיַמְלִיךְ קוּדְשָׁא בְּרִיךְ הוּא בְּמַלְכוּתֵהּ וִיקָרֵיהּ. [וְיַצְמַח פּוּרְקָנֵהּ וִיקָרֵב מְשִׁיחֵהּ.] בְּחַיֵּיכוֹן וּבְיוֹמֵיכוֹן וּבְחַיֵּי דְכָל בֵּית יִשְׂרָאֵל בַּעֲגָלָא וּבִזְמַן קָרִיב. וְאִמְרוּ אָמֵן: יְהֵא שְׁמֵהּ רַבָּא מְבָרַךְ לְעָלַם וּלְעָלְמֵי עָלְמַיָּא. יִתְבָּרַךְ וְיִשְׁתַּבַּח וְיִתְפָּאַר וְיִתְרוֹמַם וְיִתְנַשֵּׂא וְיִתְהַדָּר וְיִתְעַלֶּה וְיִתְהַלָּל שְׁמֵהּ דְקוּדְשָׁא בְּרִיךְ הוּא. לְעֵלָּא מִן כָּל (בעשי"ת וּלְעֵלָּא מִכָּל) בִּרְכָתָא וְשִׁירָתָא תֻּשְׁבְּחָתָא וְנֶחֱמָתָא דַּאֲמִירָן בְּעָלְמָא וְאִמְרוּ אָמֵן: עַל יִשְׂרָאֵל וְעַל רַבָּנָן וְעַל תַּלְמִידֵיהוֹן וְעַל כָּל תַּלְמִידֵי תַלְמִידֵיהוֹן וְעַל כָּל מָאן דְּעָסְקִין בְּאוֹרַיְתָא דִּי בְּאַתְרָא (בא"י קַדִּישָׁא) הָדֵין וְדִי בְכָל אֲתַר וַאֲתַר, יְהֵא לְהוֹן וּלְכוֹן שְׁלָמָא רַבָּא חִנָּא וְחִסְדָּא וְרַחֲמִין וְחַיִּין אֲרִיכִין וּמְזוֹנֵי רְוִיחֵי וּפוּרְקָנָא מִן קֳדָם אֲבוּהוֹן דְּבִשְׁמַיָּא וְאַרְעָא וְאִמְרוּ אָמֵן: יְהֵא שְׁלָמָא רַבָּא מִן שְׁמַיָּא וְחַיִּים טוֹבִים עָלֵינוּ וְעַל כָּל יִשְׂרָאֵל וְאִמְרוּ אָמֵן: עֹשֶׂה שָׁלוֹם (בעשי"ת הַשָּׁלוֹם) בִּמְרוֹמָיו הוּא בְּרַחֲמָיו יַעֲשֶׂה שָׁלוֹם עָלֵינוּ וְעַל כָּל יִשְׂרָאֵל וְאִמְרוּ אָמֵן:

א) [פי' הגון על זה תמצא בספר החיים שחיבר אחי הגאון מהר"ל מפראג בספר זכיות ח"א פ"ג.] ב) [בסיומא וסוף תשובת הרמ"א ז"ל וכן בסוף יש"ש בב"ק כתוב רמזים על הזכרת שמות הללו.]

תוספתא
מסכת סוטה

מפוסקת פיסוק מלא
עם פירוש קצר למילים וביטויים קשים
מראי מקומות ומקבילות במסכת סוטה

לשון התוספתא על פי הוצאת צוקרמנדל

תוספתא

פרק א

ב, ב **א** ר׳ יוסה בי ר׳ יהודה אומר משם ר׳ ליעזר: מקנה על פי עד אחד,
או על פי עצמו, ומשקה על פי שנים. השיבו על דברי ר׳ יוסה בי ר׳
יהודה: אין לדבר סוף.
ג, ב **ב** אי זו היא עדות הראשונה — זו עדות סתירה. שניה — זו עדות
ד, א טומאה. וכמה היא טומאה — כדי ביאה. וכמה היא כדי ביאה —
כדי הערעה. וכמה היא כדי הערעה? ר׳ ליעזר אומר: כדי חזרת דקל.
ר׳ יהושע אומר: כדי מזיגת הכוס. בן עזיי אומר: כדי מזיגת הכוס
לשתותו, ר׳ עקיבא אומר: כדי לצלות ביצה. ר׳ יהודה בן פתירה אומר:
כדי לגמוע שלש ביצים זו אחר זו. ר׳ לעזר בן ירמיה אומר: כדי
שיקשור גרדי נימה. חנן בן פנחס אומר: כדי שתשוט אצבעה לתוך
פיה. פלימו אומר: כדי שתפשוט ידה ותטול ככר מתוך הסל, אף על
פי שאין ראיה לדבר זכר לדבר, שנאמר: ״כי בעד אשה זונה עד ככר
ז, א לחם״ (משלי ו, כו). ר׳ יהודה אומר: בעלה נאמן עליה מקל וחומר:
ומה נדה שחייבין על ביאתה כרת — בעלה נאמן עליה, סוטה שאין
חייבין על ביאתה כרת אינו דין שיהא בעלה נאמן עליה? אמרו לו:
וכל שכן, הואיל ואין חייבין על ביאתה כרת לא יהא בעלה נאמן עליה.
דבר אחר; לא, אם אמרת בנדה שיש לזה התר אחר איסורה, תאמר
בסוטה שאין לה היתר לאחר איסורה, וכן הוא אומר: ״מים גנובים
ימתקו״ וגו׳ (משלי ט, יז).
ז, א **ג** ר׳ יוסה אומר: הכתוב האמינו עליה, דכתיב: ״והביא האיש את
אשתו אל הכהן״ (במדבר ה, טו).
ז,א **ד** מעלין אותה לשערי מזרח לשער [ניקנור], ששם משקין את הסוטות
[ומטהרין את היולדות], ומטהרין את המצורעין, שנאמר: ״את אשר
יחטא איש לרעהו ונשא בו אלה להאלותו ואתה תשמע מן השמים
ועשית ושפטת את עבדיך להרשיע רשע לתת דרכו בראשו״ (מלכים
א ח, לא — לב) — ״וצבתה בטנה ונפלה ירכה״ (במדבר ה, כז).
״ולהצדיק צדיק, לתת לו כצדקתו״ (מלכים שם לב) — ״ואם לא
נטמאה האשה וטהורה היא ונקתה ונזרעה זרע״ (במדבר שם כח).
ה היא עומדת מבפנים והכהן עומד בחוץ, שנאמר: ״והעמיד הכהן
את האשה לפני ה׳״ (שם יח), אשה לפני ה׳, ואין כהן לפני ה׳.
ו וכדרך שמאיימין עליה בית דין שתחזור בה, כך מאיימין עליה שלא ז, ב
תחזור בה. אומרין לה: בתי, אם ברור לך הדבר שטהורה את, עמדי
על בורייך ושתי, שאין המים הללו דומין אלא לסם יבש שנתון על
גבי בשר חי ואין מזיקו, ולכשמוצא שם מכה — מחלחל ויורד. אין ח, א
משקין שתי סוטות כאחת, שלא יהא לבה גס בחברתה. ר׳ יהודה אומר:
לא מן השם הוא זה, אלא משם שנאמר: ״והקריב אותה הכהן״
(במדבר שם טז), ואין מקריב שתים.
ז כהנים מטילין ביניהן גורלות. כל מי שעלה גורלו, אפילו כהן גדול,
יוצא ועומד בצד סוטה ואוחז בבגדיה, אם נקרעו נקרעו, אם נפרמו ז, א
נפרמו, עד שמגלה לבה וסותר את שערה. ר׳ יהודה אומר: אם היה
לבה נאה לא היה מגלהו, ואם היה שערה נאה לא היה סותרו, מפני
פרחי כהונה.
ח שלשה צריכין שייראו על המים: אפר פרה, ועפר סוטה, ודם צפור. טז, ב
אפר פרה — כדי שיראה על פני המים, עפר סוטה — כדי שייראה
על פני המים, דם צפור של מצורע — כדי שייראה על פני המים.
רוק יבמה — כדי שיראה לעיני הזקנים.
ט רשאין הכהנים ליתן בשירי מנחות יין, ושמן, ודבש, ואסורין לחמץ. יד, ב
י כל המנחות שבתורה טעונות שמן ולבונה, חוץ ממנחת חוטא ומנחת
קנאות, שנאמר: ״לא יצק עליה שמן ולא יתן עליה לבונה״ (במדבר
שם טו). ר׳ שמעון אומר: כל חטאות שבתורה אין טעונות נסכים, חוץ ר׳ טו, א
מחטאתו ואשמו של מצורע, שלא יהא קרבן חוטא מהודר. ר׳ טרפון
אומר: כל זכרון שבתורה נאמרו לטובה חוץ מזו, שנאמר: ״מנחת זכרון
מזכרת עון״ (שם). ר׳ עקיבא אומר: אף זו לטובה, שנאמר: ״ואם לא
נטמאה האשה וטהורה היא ונקתה ונזרעה זרע״ (שם כח).

ד) שנאמר את אשר יחטא — שדורש פסוקים אלה כמתייחסים לענין סוטה.
ה) מבפנים — לצד העזרה, שאין הכהן חוצץ בינה ובין העזרה.
ז) מטילין גורלות — אם לא רצה אחד מהם (ח״ד). לפי שנחשב הדבר לעבודה שאינה מכובדת.
י) אף זו לטובה — שעיקר זכרון הכתוב בה, לענין הטובה הוא אמור.

פרק ב

א היה נוטל את מגלתה ונכנס לו לאולם. טבלה של זהב היתה קבועה
בכותלו של היכל, והיא נראית מבאולם, ממנה רואה וכותב, לא חסר
ולא יתר. יוצא ועומד בצד סוטה, קורא ודורש ומדקדק כל דקדוקי
לב, ב פרשה, ומשמיעה בכל לשון ששומעת, כדי שתהא יודעת על מה היתה
שותה, ובמה היתה שותה, על מה היתה טמאה, ובמה היתה טמאה.
ר׳ יח, ב ואומר לה: ״משביע אני עליך, ויבא עליך, שיבואו עליך״ — זו אלה,
״משביע עליך״ — זו שבועה.
ב ר׳ מאיר אומר: ״אמן״ — שלא נטמאתי, ״אמן״ — שאיני עתידה
יח, ב ליטמא. לא שהמים בודקין אותה מיד, אלא אפילו תקלקל לאחר
עשרים שנה, המים מתעררין עליה, שנאמר: ״מנחת זכרון מזכרת עון״
ר׳ כ, א (במדבר ה, טו). נכנס וכותב יוצא ומוחק. עד שלא נמחקה מגלה אמרה
״איני שותה״, או שאמרה ״טמאה אני״, או שבאו עדים שהיא טמאה
— המים נשפכין, ואין בהן משום קדושה, ומגלתה נגנזת תחת טירו
של היכל, ומנחתה מתפזרת.
כ, א **ג** נמחקה המגילה ואמרה ״טמאה אני״, המים נשפכין, ומנחתה
מתפזרת אבית הדשן, ואין מגילתה כשירה להשקות בה סוטה אחרת.
נמחקה המגלה ואמרה ״איני שותה״ — מרערעין אותה ומשקין אותה
יט, ב בעל כרחה. ר׳ יהודה אומר: בצבת של ברזל פותחין את פיה, ומרערעין
אותה ומשקין אותה על כרחה. אמר ר׳ עקיבא: וכי למה בודקין את
זו — לא לבודקה? הרי היא בדוקה ומנוולת! אלא לעולם יכולה היא
שתחזור בה עד שתקרב מנחתה. קרבה מנחתה ואמרה ״איני שותה״
— מרערעין אותה ומשקין אותה על כרחה. ר׳ לעזר אומר: שתי קנאות
האמורות בפרשה, ״קנאה״ ״קנאה״ (שם יד), אחת היא שמקנא לבעל,
ואחת שמקנא למקום. ר׳ שמעון בן לעזר אמר משם ר׳ מאיר: מה
תלמוד לומר ״ואמרה האשה אמן [אמן]״ (שם כז) — ראויה היתה זו
לבוא עליה פורעניות גדולות מאילו, שהביאה עצמה לידי ספק, אלא
שניקל ניוולה שנאמר: ״ונקתה״ (שם כח), נקתה מכל פורעניות
הראויות לבוא עליה. ר׳ יהודה בן פתירא אמר משם לעזר בן מתיא: כו, א
מה תלמוד לומר ״ואם לא נטמאה האשה״ (שם), שאם היתה יולדת
בצער — יולדת בריוח, נקבות — יולדת זכרים, כעורין — יולדת
נאין, שחורין — יולדת לבנים, קצרין — יולדת ארוכין, אחד אחד
— יולדת שניים שנים. תינוק העולה לחדשיו הרי זה מבלה עולם. ר׳ כב, א
ד על כל ביאה וביאה שבעלה בא עליה הרי הוא חייב עליה. נטמאת ר׳ כב, ב
מנחתה עד שלא קידשה בכלי — הרי היא ככל המנחות, תיפדה ו, ב כב, ב
ותיאכל. משקדשה בכלי — תעבר צורתה ותצא לבית השריפה.
ה קרבה מנחתה ולא הספיק לקרב הקומץ עד שמת הבעל, או שמתה ו, ב

היא — שירים אסורין (שעל הספק באת מתחילתה, כיפרה ספקה והלכה לה). קרב הקומץ, ואחר כך מתה היא, או שמת הבעל — שירים מותרין, שעל הספק באת מתחילתה, כיפרה ספיקה והלכה לה.

ו, ב **ו** באו לה עדים שהיא טמיאה — בין כך ובין כך מנחה אסורה.
כג, א נמצאו עדיה זוממין, בין כך ובין כך מנחתה חולין. כל הנשואות לכהן,
בין כהנות בין לויה, בין ישראלית — אין מנחתה נאכלת, מפני שיש לו בה שותפות, ואין עולה כולה כליל לאשים, מפני שיש לו בה שותפות. כיצד הוא עושה — הקומץ קרב בעצמו, ושיריין קרבין בעצמן. ר׳ לעזר בי ר׳ שמעון אומר: קומץ קרב בעצמו, ושירים מתפזרין. כהן עומד ומקרב על גבי מזבח, מה שאין כן בכהנת.

ז האיש זכיי בבתו ובקדושיה בכסף, ובשטר, ובביאה. וזכאי במציאתה, ר׳ כג, א
ובמעשה ידיה, ובהפר נדריה, מה שאין כן באשה.

ח האיש עובר על מצות עשה שהזמן גרמא, מה שאין כן באשה. האיש עובר על "בל תקיף" ועל "בל תשחית", ועל "בל תטמא למתים", מה שאין כן באשה. האיש נדון בן סורר ומורה, ואין האשה נידונת בן סורר ומורה.

ט האיש מעטף ומספר, ואין האשה מעטפת ומספרת. וחכמים אומרים: מעטפת, ואין מספרת. האיש נמכר ונשנה, ואין האשה נמכרת ונשנית. האיש נמכר עבד עברי ואין האשה נמכרת עבד עברי. [האיש נרצע ואין האשה נרצעת]. האיש קונה עבד עברי ואין האשה קונה עבד עברי.

א) טבלה של זהב — שנדבה אותה הליני המלכה. **ממנה רואה וכותב** — שלא יצטרך להביא ספר תורה לשם כך.
ב) טירו — יש גורסים: "צירו", ומניחים אותה שם כדי שתישחק.
ג) בדוקה ומנוולת — בתלמוד הבבלי: "בדוקה ועומדת". **שמקנא לבעל וכו׳** לפי שהנואפת חטאה הן לבעלה שבגדה בו, והן למקום בעוון ניאוף. **שניקל נוולה** — יש מפרשים, שהיקל לה נוולה מעונשה (מ"ב), או "שנקה לה נוולה". **תינוק העולה לחדשיו** — תינוק שהוא גדול בגופו ולא בשנים שבא על הערוה וגורם שתיענש על ידו והוא פטור (ירושלמי).
ד) תעבר צורתה — כלומר, מניחים אותה עד שתיפגם צורתה על ידי רקבון וכיוצא בזה. שסבור תנא זה שאף מנחה זו אין שורפים אלא לאחר עיבור צורה.

ז) האיש זכיי — כאן מופיעה רשימה מקיפה יותר מאשר בגמרא, של הבדלי ההלכה בין איש לאשה. ואחד מהם שהאב משיא את בתו הקטנה והנערה, ואין לאם רשות מדברי תורה לעשות זאת.
ח) האיש עובר וכו׳ — וכל זה מבואר במסכת קדושין. **בל תקיף** — ולמדו שמי שאינו בבל תשחית שבזקן אף אינו עובר בבל תקיף. ולענין טומאה למתים נאמר "בני אהרן" ולא בנותיו. **בן סורר** — ומבואר במסכת סנהדרין שגזירת הכתוב היא.
ט) האיש מעטף — כשהוא מצורע. **ואין האשה קונה עבד** — מפני החשד. ויש מפרשים שהכוונה שאינה קונה אמה עבריה (ת"כ).

פרק ג

ח, ב **א** היה ר׳ מאיר אומר: מניין אתה אומר שבמדה שאדם מודד, בה מודדין לו, שנאמר: "בסאסאה בשלחה תריבנה" (ישעיה כז, ח). אין לי אלא שמדד בסאה, מנין מדד בקב, וחצי קב, תרקב, וחצי תרקב, רובע, וחצי רובע, תומן, ועוכלה — תלמוד לומר: "כי כל סאון סואן ברעש" (שם ט, ד), הרי כאן חשבונות הרבה. אין לי אלא דבר הבא במדה, מניין שאפילו פרוטות מצטרפות לחשבון גדול — תלמוד לומר: "אחת לאחת למצוא חשבון" (קהלת ז, כז).

ח, ב **ב** וכן אתה מוצא בסוטה, שבמדה שמדדה — בה מדדו לה. היא עמדה לפניו, כדי שתהא נאה לפניו — לפיכך כהן מעמידה לפני הכל, להראות קלונה, שנאמר: "והעמיד הכהן את האשה לפני ה׳" (במדבר ה, יח).

ג היא פירסה לו סדין — לכך כהן נוטל כפה מעל ראשה ומניחה תחת רגליו. היא קולעה לו שערה — לפיכך כהן סותרו. היא קישטה לו פניה — לפיכך פניה מוריקות. היא כחלה לו עיניה — לפיכך עיניה בולטות.

ח, ב ט, א **ד** היא הראתו באצבעה — לפיכך צפרניה נושרות. היא הראתו את
בשרה — לפיכך כהן קורע חלוקה, ומראה קלונה לרבים. היא חגרה
לו בציצים — לפיכך כהן מביא חבל מצרי וקושר למעלה מדדיה,
וכל הרוצה בא ורואה. היא פשטה לו ירכה — לפיכך ירכה נמסית.
טו, ב היא קבלתו על כריסה — לפיכך בטנה צבה. היא האכילתו מעדנים
ט, א לא, ב — לפיכך מנחתה מאכל בהמה. היא השקתו יינות משובחין בכוסות
משובחין — לפיכך כהן משקה אותה מים מרים במקידה של חרס.

ה היא עשתה בסתר, שנאמר: "ועין נואף שמרה נשף לאמר" וגו׳ (איוב כד, טו), ואינה [יודעת] שהיושב בסתרו של עולם פנים שם עליה, שנאמר: "וסתר פנים ישים" (שם), מלמד שהמקום מוציא סתרה בגלוי, שנאמר: "תכסה שנאה" (משלי כו, כו).

ו אנשי מבול לא נתגאו לפני המקום אלא מתוך הטובה שהשפיע להם, שנאמר: "בתיהם שלום מפחד וגו׳ שורו עבר ולא יגעל וגו׳ ישלחו כצאן וגו׳ ישאו כתף וגו׳ יבלו בטוב ימיהם" וגו׳ (איוב כא, ט-יג).

ז היא גרמה להם, "ויאמרו לאל סור ממנו, מה שדי כי נעבדנו" (שם יד), אמרו: אין לו עלינו טריחות אלא שתי טיפות של גשמים — הרי יש לנו נהרות ומעיינות שאנו מסתפקין מהן בימות החמה ובימות הגשמים, שנאמר: "ואד יעלה מן הארץ" (בראשית ב, ו).

ח אמר להם המקום: בטובה שהטלתי לכם, בה אתם מתגאין לפני, בה אני נפרע מכם. מהו אומר — "ואני הנני מביא את המבול מים על הארץ" (שם ו, יז).

ט ר׳ יוסה בן דורמסקית אומר: אנשי מבול לא נתגאו לפני המקום אלא בגלגלי עין שדומין למים, שנאמר: "ויראו בני האל(ה)ים את בנות האדם" וגו׳ (שם ב) — אף המקום לא נפרע מהן אלא בגלגלי מים שדומה לעין, שנאמר: "ביום הזה נבקעו כל מעינות תהום רבה" וגו׳ (שם ז, יא).

י אנשי מגדל לא נתגאו לפני המקום אלא מתוך הטובה שהשפיע להם, שנאמר: "ויהי כל הארץ שפה אחת ודברים אחדים. ויהי בנסעם מקדם וימצאו בקעה בארץ שנער וישבו שם" (בואשית יא, א—ב), ואין ישיבה אלא אכילה ושתייה, שנאמר: "וישב העם לאכל ושתה" (שמות לב, ו). היא גרמה להם "ויאמרו הבה נבנה לנו עיר" וגו׳ (בראשית יא, ד), מהו אומר — "ויפץ ה׳ אותם" וגו׳ (שם ח).

יא אנשי סדום לא נתגאו לפני המקום אלא מתוך הטובה שהשפיע להם, שנאמר: "ארץ ממנה יצא לחם וגו׳ מקום ספיר אבניה וגו׳ נתיב לא ידעו עיט וגו׳ לא הדריכוהו" וגו׳ (איוב כח, ה—ח).

יב אנשי סדום אמרו: הואיל ומזון יוצא מארצנו, וכסף וזהב יוצא מארצנו, ואבנים טובות ומרגליות יוצאות מארצנו — אין אנו צריכין שיבאו בני אדם עלינו, אין באין עלינו אלא לחסרנו, נעמוד ונשכח את הרגל מבינותינו. אמר להם המקום: בטובה שהשפעתי לכם אתם משכחין את הרגל מביניכם?! אני אשכח אתכם מן העולם. מהו אומר — "פרץ נחל" וגו׳ (שם כח, ד), "לפיד בוז וגו׳ ישליו אוהלים" וגו׳ (שם יב, ה-ו), וכן הוא אומר: "חי אני נאם ה׳ אל(ה)ים אם עשתה סדום אחותך" וגו׳ "הנה זה עון סדום אחותך גאון שבעת לחם" וגו׳, וכל כך: "ויד עני ואביון לא החזיקה ותגבהינה ותעשינה תועבה", מהו אומר — "ואסיר אתהן כאשר ראיתי" (יחזקאל טז, מח-נ).

יג מצרים לא נתגאו לפני המקום ברוך הוא אלא במים, שנאמר: "ויצו פרעה לכל עמו לאמר" (שמות א, כב), — אף המקום ברוך הוא לא נפרע מהם אלא במים, שנאמר: "מרכבות פרעה וחילו ירה בים" (שם טו, ד).

יד סיסרא לא נתגאה לפני המקום ברוך הוא אלא בלגיונות שאין מקבלין שכר, שנאמר: "באו מלכים נלחמו" וגו' (שופטים ה, יט) — אף המקום ברוך הוא לא נפרע מהן אלא בלגיונות שאין מקבלין שכר, שנאמר: "מן שמים נלחמו" וגו' (שם כ). רלא זזו משם ולא [ספנוהו], מפני שהוא גוליר.

ט, ב **טו** שמשון בעיניו מרד, שנאמר: "ויאמר שמשון אל אביו אותה קח לי" וגו' (שם יד, ג) — אף הוא בעיניו לקה, שנאמר: "ויאחזוהו פלשתים וינקרו את עיניו" וגו' (שם טז, כא). רבי אומר: תחלת קלקלתו בעזה היתה, אף עונשו לא היתה אלא בעזה.

י, ב **טז** אבשלום בשערו מרד, שנאמר: "וכאבשלום לא היה איש יפה וגו' ובגלחו את ראשו" וגו' (שמואל ב יד, כה—כו) — לפיכך לקה בשערו. ר' יהודה הנשיא אומר: אבשלום נזיר עולם היה, ואחד לשנים עשר חדש היה מגלח, שנאמר: "ויהי מקץ ארבעים שנה ויאמר אבשלום אל המלך אלכה נא ואשלם וגו' כי נדר נדר עבדך" וגו' (שם טו, ז—ח). ר' נהוראי אומר: אחד לשלשים יום היה מגלח, שנאמר: "והיה מקץ ימים לימים" וגו' (שם יד, כו). ר' יוסה אומר: כל ערב שבת היה מגלח, שכן דרך מלכים לגלח מערב שבת לערב שבת, כמה שנאמר בכהנים: "וראשם לא יגלחו ופרע לא ישלחו" וגו' (יחזקאל מד, כ). "ושקל את שער ראשו מאתים שקלים באבן המלך" (שמואל ב יד, כו), מה שאין בני טבריה ובני צפורי מגלחין כן. ולפי שבא על עשר פלגשי אביו — לפיכך נתלו בו עשר לונכיות, שנאמר: "ויסבו עשרה נערים" וגו' (שם יח, טו).

יז ולפי שגנב שלש גנבות: לב אביו, ולב בית דין, ולב כל ישראל, ט, ב
לפיכך נתקעו בו שלשה שבטים, שנאמר: "ויקח שלשה שבטים בכפו" וגו' (שם יד).

יח סנחריב לא נתגאה לפני המקום אלא על ידי מלאך, שנאמר: "ביד מלאכיך חירפת" וגו' "אני קרתי ושתיתי מים זרים" (מלכים ב יט, כג-כד) — אף המקום ברוך הוא לא נפרע מהן אלא על ידי מלאך, שנאמר: "ויהי בלילה ההוא ויצא מלאך ה'" וגו' (שם לה). וכולם מלכים קשורי כתרים בראשיהם.

יט נבוכדנצר אמר: אין באי העולם כדי לדור ביניהם, אלא אעשה לי עב קטנה ואדור בתוכה, שנאמר: "אעלה על במתי עב" (ישעיה יד, יד). אמר לו המקום ברוך הוא: "ואתה אמרת בלבבך" וגו' (שם יג) — אני מורידך לבאר שחת, מהו אומר — "אך אל שאול תורד ואל ירכתי בור" (שם טו). אתה אמרת אין באי עולם כדי לדור ביניהם — "ומן אנשא לך טרדין" וגו' (דניאל ד, כט), "בה שעתא מילתא ספת על נבוכדנצר ומן אינשא טריד" וגו' (שם ל), "כלא מטא על נבוכדנצר לקצת ירחין תרי עשר" (שם כה-כו).

ד) בציצים — כנראה שהוא זהה לצלצלין, חגורה נאה.
ט, ב **ו) אנשי מבול** — אף הם נענשו מדה כנגד מדה.
ז) אין לו עלינו טריחות — כלומר, אין אנו נזקקים לו אלא לגשמים, ואין אנו חייבים בטובתו לגבי דברים אחרים.
ט) לא נתגאו — וחטאו.
יד) שאין מקבלין שכר — שהתנדבו למלחמה זו כאמור בסופו של הכתוב "בצע כסף לא לקחו". **ולא ספנוהו** — לא כבדוהו. **שהוא גוליר** — חייל פשוט, שהרי נס ברגליו כאחד מן החיילים.
טז) מה שאין בני טבריה וכו' — ראה בתלמוד הבבלי נוסח אחר. וכאן אולי בא לומר שהם לא היו נוהגים לגלח כן לכבוד שבת.
יח) וכולם מלכים — כלומר, מנין ההרוגים הוא של מנהיגי הצבא, אבל מתו רבים יותר.
יט) כדי לדור — ראויין ושווים בעיני שאדור עימם. וכעין זה יש על חירם מלך צור.

פרק ד

א אין לי אלא מדת פורענות, שבמדה שאדם מודד בה מודדין לו, מדת הטוב מנין? אמרת: מרובה מדת הטוב ממדת הפורענות על אחת מחמש מאות. במדת פורענות כתוב: "פוקד עון אבות על בנים ועל בני בנים על שלשים ועל רבעים" (שמות כ, ה), במדת הטוב כתוב: "ועושה חסד לאלפים" (שם ו), הוי אומר: מרובה מדת הטוב ממדת פורענות על אחד מחמש מאות. וכן אתה מוצא באברהם, שבמדה שמדד — בה מדדו לו. אברהם רץ לפני מלאכי השרת שלש ריצות, שנאמר: "וירא וירץ לקראתם" וגו' (בראשית יח, ב), "וימהר אברהם האהלה" וגו' (שם ו), "ואל הבקר רץ אברהם" (שם ז) — אף המקום ברוך הוא רץ לפני בניו שלש ריצות, שנאמר: "ויאמר ה' מסיני בא" וגו' (דברים לג, ב).

ב באברהם הוא אומר: "וישתחו (אפים) ארצה" (בראשית יח, ב) — אף המקום ברוך הוא בישר את בניו לעתיד לבא, "והיו מלכים אומניך ושרותיהם מניקותיך אפים ארץ ישתחוו לך ועפר רגליך ילחכו" (ישעיה מט, כג). באברהם הוא אומר: "יקח נא מעט מים", בראשית יח, ד) — אף המקום ברוך הוא בישר ונתן לבניו באר במדבר שהיתה שופעת בכל מחנה ישראל, שנאמר: "באר חפרוה שרים כרוה נדיבי העם" (במדבר כא, יח), מלמד שהיתה הולכת פני כל הדרום ומשקה את כל פני הישימון, [שנאמר:] "ונשקפה על פני הישימון" (שם כא, כ). באברהם הוא אומר: "והשענו תחת העץ" (בראשית יח, ד) — אף המקום נתן לבניו שבעה ענני כבוד במדבר: אחד מימינם, ואחד משמאלם, אחד לפניהם, ואחד לאחריהם, ואחד למעלה מראשיהם, ואחד לשכינה שביניהם, ועמוד ענן שהיה מקדים לפניהם, הורג נחשים ועקרבים, ושורף סירים וקוצים ואטד, משפיל להם את הגבוה ומגביה להם את השפל, ועושה להן את הדרך מיושר דרך סרט מושך והולך, שנאמר: "וארון ברית ה' נוסע לפניהם" וגו' (במדבר י, לג). ובו היו משתמשין כל ארבעים שנה שהיו במדבר, שנאמר: "וענן ה' עליהם יומם" (שם י, לד). מה תלמוד לומר "לא ימיש עמוד הענן יומם" (שמות יג, כב) — מלמד של יום משלים לשל לילה ושל לילה משלים לשל יום.

ג באברהם הוא אומר: "ואקחה פת לחם וסעדו לבכם" (בראשית יח, ה) — אף המקום ברוך הוא נתן להם מן במדבר, שנאמר: "שטו העם ולקטו וגו' לשד השמן" (במדבר יא, ח) — כיוצא מן הדד שמן: מה דד זה עיקר לתינוק והכל טפל לו — כך היה המן עיקר לישראל והכל טפל להם. דבר אחר, מה הדד הזה אפילו תינוק יונק הימנו כל היום אינו מזיקו — כך נעשה המן, שאפילו ישראל אוכלין אותו כל היום כולו — אין מזיקין. כך נעשה למי שאין נחשב עליו, אבל מי שנחשב עליו — מתהפך בפיו לכל אי זה טעם שירצה, שנאמר: "ויתן להם שאלתם" וגו' (תהלים קו, טו), "ותאותם יביא להם" (שם עח, כט), ולא עוד אלא שירד להן מזון שני אלפים שנה ביום אחד.

ד באברהם הוא אומר: "ואל הבקר רץ אברהם" (בראשית יח, ז) — אף המקום ברוך הוא הגיז לבניו שליו מן הים, שנאמר: "ורוח נסע מאת ה' ויגז שלוים מן הים" וגו' (במדבר יא, לא). שתי אמות היתה גבוהה מן הארץ, דברי ר' עקיבא. ר' לעזר בנו של ר' יוסי הגלילי

אומר: "ויטש אל המחנה כדרך יום כה" (שם) ודיי, מה תלמוד לומר שוב "וכדרך יום כה" (שם)? — מלמד שהיתה עולה מן הרקיע ועד הארץ, וחופה את גלגל חמה, ואחר כך יורדת לארץ. "וכאמתים על פני הארץ" (שם), שתי אמות היתה נטולה מן הארץ, כדי שלא יהא מצטער שוחה ונוטל.

ה באברהם מהו אומר, "והוא עומד עליהם" וגו' (בראשית יח, ח) — אף המקום ברוך הוא הגין את בניו במצרים, שנאמר: "ופסח ה' על הפתח" (שמות יב, כג).

ו באברהם מהו אומר, "ואברהם הולך עמם לשלחם" (בראשית יח, טז) — אף המקום ברוך הוא הלוה את בניו ארבעים שנה, שנאמר: "זה ארבעים שנה ה' אל(ה)יך עמך" וגו' (דברים ב, ז).

ר' ט, ב **ז** יוסף זכה בעצמות אביו, אף הוא לא נתעסק בו אלא משה, שנאמר:
יג, א "ויקח משה את עצמות יוסף" וגו' (שמות יג, יט), מלמד שכל העם
היו עסוקין בביזה, והוא עוסק במצוה, שנאמר: "חכם לב יקח מצות"
יג, ב וגו' (משלי י, ח). אילו לא היה מתעסק בו משה לא היו ישראל
מתעסקין בו? תלמוד לומר: "ואת עצמות יוסף אשר העלו בני ישראל ממצרים קברו בשכם" (יהושע כד, לב). אלא כיון שראו ישראל את משה שהוא מתעסק בו, אמרו: הניחו לו, כבודו בגדולים יותר מן הקטנים. ואילו לא היו משה וישראל מתעסקין בו לא היו בניו מתעסקין? תלמוד לומר: "ויהיו לבני יוסף לנחלה" (שם). אלא כיון שראו בניו את משה וישראל שהיו מתעסקין בו, אמרו: הניחו לו, כבודו במרובין יותר מן המועטין. מנין היה משה יודע היכן יוסף קבור? אמרו: סרח בת אשר היתה באותו הדור, והלכה ואמרה לו למשה: בנילוס נהר יוסף קבור. שעשו לו מצרים שפודין של מתכת וחברום בבעץ. והלך משה ועמד על נילוס נהר, ואמר: יוסף! הגיעה שעה שהקדוש ברוך הוא גואל את ישראל, הרי שכינה מעוכבת לך, וישראל מתעכבין לך, וענני כבוד מעכבין לך, אם אתה מגלה את עצמך — מוטב, ואם לאו — נקיים אנו משבועה שהשבעת את אבותינו. צף ארונו של יוסף, ונטלו משה ובא לו. ואל תתמה, שהרי הוא אומר: "ויהי האחד מפיל את הקורה ואת הברזל נפל" וגו' (מלכים ב ו, ה), "ויאמר איש האלהים אנה נפל ויראהו את המקום ויקצב עץ וישלך שמה ויצף הברזל" (שם ו). והלא דברים קל וחומר: ומה אלישע תלמידו של אליהו תלמידו של משה כך — משה רבו של אליהו, רבו של אלישע, על אחת כמה וכמה. ויש אומרים: בקברות מלכים יוסף היה קבור, והלך משה ועמד על קברות המלכים ואמר: יוסף, יוסף! הגיע שעה שהקדוש ברוך הוא גואל את ישראל, הרי שכינה מעוכבת לך, וישראל מעוכבין לך, וענני כבוד מעכבין לך. אם אתה מגלה את
עצמך — מוטב, ואם לאו — נקיים אנחנו משבועה שהשבעת את
יג, א אבותינו. מיד הקיץ ארונו של יוסף, ובא משה ונטלו. והיו שני ארונות
מהלכין, אחד ארון קדש ואחד ארון של מת, והיו כל עוברין ושבין אומרים: מה טיבן של שני ארונות הללו? אמרו להם: אחד ארון קדש, ואחר ארון של מת. אמרו להם: וכי איפשר לארון קדש להלך עם ארונו של מת? אמרו להם: מת מוטל בארון זה קיים מה שכתוב ומונח בארון זה.

ט, ב **ח** משה זכה בעצמות יוסף — אף הוא, לא נתעסק בו אלא המקום
יג, ב ברוך הוא, שנאמר: "ויקבור אותו בגיא" וגו' (דברים לד, ו). מלמד
שהיה מוטל בגפו של שכינה כארבעת מילין, מחלקו של ראובן לחלקו של גד, שמת בתוך שדה נחלתו של ראובן ונקבר בתוך שדה נחלתו של גד. מניין שמת בתוך שדה נחלתו של ראובן — שנאמר: "עלה אל הר העברים הזה הר נבו" (שם לב, מט), ואין נבו אלא נחלתו של ראובן, שנאמר: "ובני ראובן בנו וגו' ואת נבו" וגו' (במדבר לב, לז-לח). ומנין שנקבר בתוך שדה נחלתו של גד — שנאמר: "ולגד אמר ברוך מרחיב גד וגו' וירא ראשית לו כי שם חלקת מחוקק ספון" (דברים לג, כ-כא).

ט ומלאכי השרת סופדין ואומרין לפניו: "צדקת ה' עשה ומשפטיו עם ישראל" (שם).

י וכן הוא אומר בסוטה: "ובאו המים המאררים" וגו' (במדבר ה, כד),
"ירך", מקום שהתחילה בעבירה תחילה, משם פורענות מתחלת לבא ט, ב
עליה. ירך התחילה בעבירה תחלה ואחר כך בטן — לפיכך תלקה ירך תחלה ואחר כך בטן, שנאמר: "והשקה את המים" (שם כז).

יא וכן אתה מוצא באנשי מבול. אדם התחיל בעבירה תחילה, שנאמר: "וירא ה' כי רבה רעת האדם בארץ" (בראשית ו, ה) — אף הן לקו תחלה והשאר לא פלטו, שנאמר: "וימח את כל היקום" וגו' (שם ז, כג).

יב קטני סדום הן התחילו בעבירה תחלה, שנאמר: "טרם ישכבו ואנשי
סדום" וגו' (שם יט, ד) — אף הן לקו תחלה, והשאר לא פלטו,
שנאמר: "ואת האנשים אשר פתח הבית הכו" וגו' (שם יט, יא). פרעה יא, א
התחיל בעבירה תחלה, שנאמר: "ויקם מלך חדש על מצרים" (שמות א, ח) — הוא לקה תחלה והשאר לא פלטו, שנאמר: "ובכה ובעמך" וגו' (שם ז, כט).

יג מרגלים הן התחילו בעבירה תחלה, שנאמר: "ויוציאו דבת הארץ" (במדבר יג, לב), לפיכך הן לקו תחלה והשאר לא פלטו, דכתיב: "וימותו האנשים מוציאי דבת הארץ" (שם יד, לז), והשאר לא פלטו, שנאמר: "אני ה' דברתי אם לא זאת אעשה" וגו' (שם יד, לה).

יד שכיני ארץ ישראל התחילו בעבירה תחלה, שנאמר: "כה אמר ה' על כל שכני הרעים הנגעים בנחלה" וגו' (ירמיה יב, יד) — אף הן לקו תחילה והשאר לא פלטו, שנאמר: "הנני נתשם" וגו' (שם).

טו נביאי ירושלם הן התחילו בעבירה תחילה, שנאמר: "כי מאת נביאי ירושלם יצאה חנפה לכל הארץ" (שם כג, טו) — אף הן לקו תחילה והשאר לא פלטו, שנאמר: "ולוקח מהם קללה לכל גלות יהודה אשר בבבל לאמר ישימך ה' כצדקיהו" וגו' (שם כט, כב).

טז כשם שאסורה לבעל — כך אסורה לבועל. נמצאת אומר בסוטה ט, א כז,
שנתנה עיניה בשאין ראוי לה, מה שבקשה לא נתן לה ומה שבידה נוטל ממנה.

יז וכן אתה מוצא בנחש הקדמוני, שהיה ערום מכל הבהמה ומכל חית השדה, שנאמר: "והנחש היה ערום" וגו' (בראשית ג, א), בקש להרוג את אדם ולישא את חוה, אמר לו המקום: אני אמרתי תהא מלך על כל בהמה וחיה, עכשיו שלא רצה — ארור הוא מכל הבהמה ומכל חית השדה (ר' שם יד). אני אמרתי תלך בקומה זקופה כאדם, עכשיו שלא רצית — "על גחונך תלך" (שם). אני אמרתי תאכל מאכל אדם ותשתה משתה אדם, עכשיו — "ועפר תאכל כל ימי חייך" (שם).

יח אתה בקשתה להרוג את אדם ולישא את חוה, עכשיו — "ואיבה אשית בינך ובין האשה" (שם טו). נמצאת אומר: מה שביקש לא ניתן לו ומה שבידו נוטל ממנו.

יט וכן את מוצא בקין, וקרח, בלעם, ודואג, אחיתופל, וגחזי, אבשלם, ט, ב
אדניה, עוזיהו, והמן, שנתנו עיניהם בשאין ראוי להם — מה שבקשו לא ניתן להם, ומה שבידן נטלו מהן.

א) על אחת חמש מאות — שמיעוט אלפים הוא שני אלפים, ומפרש שני אלפים דורות, ונמצא שמדת הטוב מרובה משל פורענות (שהיא לריבעים — ארבעה דורות), פי חמש מאות. **ה' מסיני בא** — והמשך הכתוב: "וזרח משעיר למו הופיע מהר פארן ואתא מרבבות קדש", הרי שלוש לשונות: בא, הופיע, אתא.

ב) פני כל הדרום — שהיתה מהלכת בכל דרומה של ארץ ישראל (מ"ב). **סירים** = קוצים. **דרך סרט** — כלומר, דרך רחבה כמו סרטיא, דרך המלך. **משלים לשל לילה** — שהיה נמצא עוד זמן מעט והיו שני העמודים, עמוד הענן ועמוד האש מצוים יחד בזמני הדמדומים.

ג) עיקר לתינוק — שהוא עיקר מזונו גם אם אוכל דברים נוספים. **אין מזיקין**

— אין ניזוקים. ויש גירסה: ״מזיקו״. **למי שאין נחשב עליו** — שלא היה מחבב ומוקיר את אכילת המן. **מזון שני אלפים וכו׳** — ודרשו ״דבר יום ביומו״, כיומו של הקב״ה שהוא אלף שנה (תנחומא בובר בשלח).

ד) ודיי — כלומר, ודאי היה כפשוטו, אלא שיש להוסיף בו עוד. **כדרך יום כה** — ולמד מכאן שהיה כדרך יום לא רק ברוחב אלא גם בגובה, והיה גבוה כדרכו של היום — השמש. **מצטער שוחה** — כלומר, מצטער להיות שוחה (= מתכופף), אלא נוטלו כדרך עמידתו.

ה) הגין את בניו — ומפרש לשון ״עומד עליהם״ כלשון שמירה והגנה עליהם. **ופסח** — מפרש מלשון הגנה והצלה.

ו) הלוה — ליווה.

ז) שפודין וכו׳ = מוטות של מתכת לשקֵע אותו, **וחברום בבעץ** = עופרת, כדי שלא יחלידו. **הקיץ** — כלומר, נזדעזע והכיר בו שהוא של יוסף. **ארון קדש** — שבו הלוחות.

ח) בגפו של שכינה — גף כמו כנף, והוא כלשון ״על כנפי השכינה״.

יא) אדם התחיל בעבירה — ואחר כך נאמר: ״כי השחית כל בשר״, משמע אף חיות ועופות השחיתו דרכם.

יב) ואנשי סדום — ובסוף הכתוב: ״מנער ועד זקן״, משמע שנערים התחילו בדבר. **ואת האנשים** — וסוף הפסוק ״מקטן ועד גדול״. שהתחילה הפורענות בקטנים שהם התחילו בעבירה.

יד) על כל שכני — משמע שהשכנים הנוהגים בנחלה הם התחילו להציק לישראל והשאר (הנרמזים ב״על כל״) המשיכו. **הנני נותשם** — ובהמשך הפרשה מפורש העונש על האומות האחרות.

טו) ולוקח מהם קללה — שדורש שבאה קללה גם על שאר הגולים, אלא שצדקיהו בן כנענה וחברו היו נביאי שקר והם נענשו תחילה ששרפם מלך בבל.

טז) מה שבידה — בעלה.

פרק ה

כה, א **א** המקנא לארוסתו. ולשומרת יבם שלו, אם משנכנסה נסתרה — או
שותה, או לא נוטלת כתובה.

ב הרובה שנשא עקרה, וזקנה, ויש לו אשה ובנים — או שותה, או לא נוטלת כתובה.

כו, א **ג** מעוברת עצמו, ומיניקת עצמו — או שותה, או לא נוטלת כתובה.

כו, א **ד** כהנת, לויה, וישראלה, שניסו לכהן, ולוי וישראל, נתינה לנתין,
וממזרת לממזר, אשת גר, ועבד משוחרר, ואיילונית — או שותה, או
כו, א לא נוטלת כתובה. ר׳ שמעון בן אליעזר אומר: איילונית לא שותה ולא
נוטלת כתובה, שנאמר: ״ונקתה ונזרעה זרע״ (במדבר ה, כח) —
כה, ב בראויה להזריע, יצאת זו, שאין ראויה להזריע. אבל המקנא לארוסתו,
ולשומרת יבם שלו, עד שלא כנסה נסתרה — לא שותה ולא נוטלת
כתובה.

ר׳ כו, א **ה** הרובה שנשא עקרה, וזקינה, ואין לו אשה ובנים — לא שותה
כו, א ולא נוטלת כתובה. מעוברת חבירו, ומינקת חבירו — לא שותה ולא
נוטלת כתובה. ר׳ לעזר אומר: יכול הוא להפרישה ולהחזירה לאחר
זמן.

כד, א **ו** עם הכל האשה מטמאת, חוץ מן הקטן, וממי שאינו איש. ר׳ יוסה
אומר: ישקנה, שמא נתפקח חרש, ונשתפה שוטה, והגדיל הקטן. או שהלך בעלה למדינת הים, או שהיה בעלה חבוש בבית הייסורין [ישקנה].

ז המסללת בבנה קטן, והערה בה, בית שמאי פוסלין מן הכהונה ובית הלל מכשירין.

לא, ב **ח** עד אומר ״ניטמית״ ועד אומר ״לא ניטמית״, אשה אומרת ״נטמאת״
ואשה אומרת ״לא נטמאת״ — או שותה או לא נוטלת כתובה. ר׳ יהודה אומר: לא כל הימנו להפסידה מכתובתה. אלא, עד אומר ״נטמאת״ ושנים אומרים ״לא נטמאת״, שנים אומרים ״נטמאת״ ואחד אומר ״לא נטמאת״ — בטל יחיד במיעוטו.

ט היה ר׳ מאיר אומר: כשם שדיעות במאכל כך דיעות בנשים: יש לך אדם שהזבוב עובר על גבי כוסו, מניחו ואין טועמו — זה חלק רע בנשים, שנתן עיניו באשתו לגרשה. יש לך אדם שהזבוב שוכן בתוך כוסו — זורקו, ואין שותהו, כגון פפוס בן יהודה שנעל דלת בפני אשתו, ויצא. ויש לך אדם שהזבוב נופל בתוך כוסו, זורקו, ושותהו — זו מדת כל אדם, שראה את אשתו שמדברת עם שכיניה ועם קרובותיה, ומניחה. יש לך אדם שהזבוב נופל בתוך תמחוי שלו, נוטלו מוצצו וזורקו, ואוכל את מה שבתוכה — זו מדת אדם רשע, שראה את אשתו יוצאת וראשה פרוע, י[ו]צאת וצדדיה פרומים, לבה גס בעבדיה, לבה גס בשפחותיה, יוצא[ה] וטווה בשוק, רוחצת, ומשחקת עם כל אדם — מצוה לגרשה, שנאמר: ״כי יקח איש אשה ובעלה וגו׳ ויצאה (מעמו) [מביתו]״ וגו׳ (דברים כד, א-ב), וכתוב קראו ״אחר״, שאינו בן זוגו, הראשון הוציא מפני עבירה, זה בא ונתקל בה. השׁ(י)ני, אם זכה לשמים — מוציאה מתחת ידו, אם לאו — לסוף שקוברתו, שנאמר: ״או כי ימות האיש האחרון״ (שם ג) — כדין[י] האיש הזה למיתה, שאשה זו כנס לתוך ביתו.

י הנותן עיניו באשתו שתמות ויירשנה, או שתמות וישא את אחותה — לסוף שקוברתו. וכן היא שנתנה עיניה בבעלה שימות ותינשא לאחר — לסוף שקוברה.

יא המקדש את האשה מפני שהוא בוש מאביה, מאחיה, מקרוביה — לסוף שקוברתו. וכן היא שנתקדשה לו מפני שהיא בושה מאביו, מאחיו, ומקרוביו — לסוף שקוברה. היה ר׳ מאיר אומר: הנושא אשה שאינה הוגנת לו עובר משם חמשה לאוין: משם ״בל תקום״ (ר׳ ויקרא יט, יח), ומשם ״בל תטור״ (שם), ״בל תשנא את אחיך בלבביך״ (ר׳ שם יז), ״ואהבת לרעך כמוך״ (שם יח), ״וחי אחיך עמך״ (שם כה, לו). ולא עוד אלא שמבטל פריה ורביה מן העולם.

יב האומרת לבעלה ״השמים ביני וביניך״ — יעשו דרך בקשה ביניהן. שכן מצינו באִמֵּנו שרה שאמרה לו לאבינו אברהם ״ישפט ה׳ ביני וביניך״ (בראשית טז, ה). אלא כך אמרה לו ״גרש האמה הזאת ואת בנה״ (שם כא, י). מלמד שהיתה אמינו שרה רואה את ישמעאל בו[ו]נה במסין, וצד חגבין, ומעלה ומקטיר לעבודה זרה, אמרה: שמא ילמוד יצחק בני כך, וילך ויעבד כך, ונמצא שם שמים מתחלל בדבר. אמר לה: לאחר שזכין לו לאדם חבין לו? אחר שעשינוה מלכה ועשינוה גב(י)רה והכנסנוה לגדולה זו, נטרדנה מתוך בתינו, מה הבריות אומרות עלינו, לא נמצא שם שמים מתחלל בדבר? אמרה לו: הואיל ואתה אומר חילול שמים בדבר זה, ואני אומרת חילול שמים בדבר זה, יכריע המקום בין דברי לדבריך. הכריע המקום בין דבריה לדבריו, שנאמר: ״כל אשר תאמר אליך שרה שמע בקולה״ (שם כא, יב), שאין תלמוד לומר ״כל״, מה תלמוד לומר ״כל״ — מלמד שהכריע לשנייה שהכריע לראשונה, מה שניה לעדות הגר — אף הראשונה לעדות הגר.

יג דרש ר׳ עקיבא: ״וכל כלי חרש וגו׳ יטמא״ (ויקרא יא, לג), אינו כז, ב
אומר טמא, אלא ״יטמא״ — לטמא אחרים, וללמד על הככר השׁ(י)ני שמטמא את השלישי. כיצד תנור תחילה, וככר שׁ(י)ני, הנוגע בככר — שלישי. אמר ר׳ יהושע: כך היה דורש יהודה בן פטירי. ״ומדותם מחוץ״ וגו׳ (במדבר לה, ה), ומקרא אחר אומר ״מקיר העיר וחוצה אלף אמה סביב״ (שם ד). אי איפשר לומר ״אלפים באמה״, שכבר נאמר ״אלף אמה״, ואי איפשר לומר ״אלף אמה״, שכבר נאמר ״אלפים באמה״. ולמה נאמר ״אלף אמה״ ולמה נאמר ״אלפים אמה״ — אלא, אלף אמה מגרש, ואלפים אמה תחום שבת. ר׳ לעזר בנו של ר׳ יוסה הגלילי אומר: אלפים אמה תחום ערי לוים, צא מהן אלף אמה מגרש, נמצא רביע מגרש, והשאר שדות וכרמים.

ב) הרובה — בחור צעיר, שלא נשא אשה קודם, וממילא עוד לא קיים מצוות פריה ורביה.
ד) ישראלה — יש גורסים, כרגיל: "ישראלית". **שניסו** — יש גורסים: שנישאו.
ו) ר' יוסה אומר — דברים אלה מתייחסים למשנה האומרת שמי שהיה בעלה חרש בית דין מקנאים לה, לא להשקותה אלא לפוסלה מכתובתה. **הייסורין** — יש גורסים: "האסורים".
ז) מסללת — משחקת ומתחככת. **בבנה קטן** — פחות מבן תשע.
ט) שדיעות — אופי ודרך התנהגות. **חלק רע** — מזל רע. **זורקו ואין שותהו** — זורק את הזבוב. אבל מניח את הכוס ואינו שותה ממנה. **שנעל דלת** — שלא הניח לה לדבר אף עם קרוביה, ומכל מקום חשש שמא נטמאה. **נוטלו מוצצו** — שחס על התבשיל שדבק בזבוב. **וצדדיה פרומים** — שבגדיה פתוחים מצדיהם ובשרה נראה מתוכם. **כדיי** — ראוי.
יא) מפני שהוא בוש וכו' — שהם מפצירים בו שיישאנה והוא נושאה רק מפני זה ואינו חפץ בה. **שמבטל פריה ורביה** — שמפני ששונאה אינו בא עליה.
יב) השמים ביני וכו' — שאומרת שאין זרעו יורה כחץ. **יעשו דרך בקשה** — שיתפללו על כך עד שייענו. **במסין** — בימות לעבודה זרה. **שהכריע לראשונה** — כלומר, כשם שבפעם השניה מפורש שעל פי דברי ה' עשה שגרש את הגר, אף בראשונה, שרצתה שרה לשעבדה, עשה אברהם כן על פי ה'. **לעדות** — יש גירסה: "על אודות".

פרק ו

לא, א **א** ר' יהודה אמר משם בן פטירי: הרי הוא אומר "חי אל הסיר משפטי" וגו' (איוב כז, ב), ללמדך שאין אדם נודר בחיי מלך אלא אם כן אוהב את המלך. משם ר' נתן אומר: הרי הוא אומר "גם הוא לי לישועה" (שם יג, טז). רבי אומר: נאמר "ירא אל(ה)ים" (בראשית כב, יב) באברהם ונאמר "ירא אל(ה)ים" (איוב א, א) באיוב, מה ירא אלהים אשר באברהם — מאהבה עשה, אף ירא אל(ה)ים האמור באיוב — מאהבה עשה. ושאר כל התרעומת האמורה בפרשה לא נאמרה אלא מתוך המורע.

כז, ב ל, ב **ב** דרש ר' עקיבא: בשעה שעלו ישראל מן הים בקשו לומר שירה, שרת עליהן רוח הקדש ואמרו שירה. כיצד אמרו שירה — כקטן שקורא את ההלל בבית הסופר, ועונין אחריו על כל עניין ועניין. משה אמר "אשירה לה'" (שמות טו, א), וישראל אמרו "אשירה לה'".

ג משה אמר "עזי וזמרת יה" (שם ב), וישראל אמרו "עזי וזמרת יה".

ל, ב ר' לעזר בנו של ר' יוסי הגלילי אומר: כגדול שמקרא את ההלל בבית הכנסת, ועונין אחריו עניין ראשון. משה אמר "אשירה לה'" וישראל אמרו "אשירה לה'", משה אמר "עזי וזמרת יה" וישראל אמרו "אשירה לה'", משה אמר "ה' איש מלחמה" וגו' (שם ג) וישראל אמרו "אשירה". ר' נחמיה אומר: כבני אדם שקורין שמע בבית הכנסת. שנאמר: "ויאמרו לאמר" (שם א), מלמד שהיה משה פותח בדבר תחילה, וישראל עונין אחריו וגומרין עמו. משה אמר "אז ישיר משה" וישראל אמרו "אשירה לה'" וגו', משה אמר "עזי וזמרת יה" וישראל אמרו "זה אלי ואנוהו", משה אמר "ה' איש מלחמה" וישראל אמרו "ה' שמו".

ל, ב **ד** ר' יוסי הגלילי אומר: כיון שעלו ישראל מן הים, וראו את אויביהם פגרים מתים ומוטלין על שפת הים, אמרו כולם שירה. עולל מוטל בין ברכי אמו, ותינוק יונק משדי אמו, כיון שראו את השכינה הגביה עולל צוארו, ותינוק שמט פיו משדי אמו, וענו כולם שירה, ואמרו "זה אלי ואנוהו". ר' מאיר אומר: אפילו עוברין שבמעי אמותן אמרו שירה, שנאמר: "במקהלות ברכו אל(ה)ים ממקור ישראל" (תהלים סח, כז), ותינוק שמט דד מפיו ואמר שירה שנאמר: "מפי עוללים ויונקים" (שם ח, ג).

ה באותה השעה הציצו מלאכי השרת שקשרו קטיגור לפני הקדוש ברוך הוא בשעה שברא הקדוש ברוך הוא אדם הראשון, ואמרו לפניו: רבונו של עולם, "מה אנוש כי תפקדנו" וגו' (שם ה) "ותחסרהו מעט מאלהים" וגו' (שם ו) "תמשילהו במעשה ידיך" "צונה ואלפים" וגו' (שם ז-ח) "צפור שמים" וגו' (שם ט). באותה שעה אמר להם הקדוש ברוך הוא למלאכי השרת: בואו וראו שירה שבני אומרין לפני. אף הן, כיון שראו אמרו שירה. מה שירה אמרו — "ה' אדונינו מה אדיר שמך בכל הארץ מפי עוללים ויונקים" וגו' (שם ב — ג). "ה' אדוננו", ר' שמעון בן מנסיא אומר: לא נאמרה פרשה זו אלא על יצחק בן אברהם לעניין עקדה.

ו אמר רבי שמעון בן יוחאי: ארבעה דברים היה רבי עקיבא דורש ודברי נראין מדבריו. דרש רבי עקיבא: "ותרא שרה את בן הגר המצרית אשר ילדה לאברהם מצחק" (בראשית כא, ט), אין צחוק האמור כאן אלא עבודה זרה, שנאמר: "וישב העם לאכול ושתו ויקומו לצחק" (שמות לב, ו), מלמד שהיתה אמנו שרה רואה את ישמעאל שהיה בונה במסין, וצד חגבים, ומעלה ומקטיר לעבדה זרה. רבי אליעזר בנו של ר' יוסי הגלילי אומר: אין שחוק האמור כאן אלא גלוי עריות, שנאמר: "בא אלי העבד העברי" וגומר (בראשית לט, יז), מלמד שהיתה אמנו שרה רואה את ישמעאל מכבש את הגנות, ומענה את הנשים. רבי ישמעאל אומר: אין לשון צחוק אלא שפיכות דמים, שנאמר: "ויאמר אבנר אל יואב יקומו נא הנערים (ויצחקו) [וישחקו] לפנינו ויקומו ויעברו במספר ויחזיקו איש בראש רעהו וחרבו בצד רעהו ויפלו יחדיו" (שמואל ב ב, יד — טז), מלמד שהיתה אמנו שרה רואה את ישמעאל נוטל קשת וחצים ומזרק כלפי יצחק שנאמר: "כמתלהלה היורה זיקים" וגומר (משלי כו, יח), "כן איש רמה" וגומר (שם יט). ואני אומר: חס ושלום שיהיה בביתו של אותו צדיק ההוא כך. אפשר למי שנאמר: עליו "כי ידעתיו למען אשר יצוה" וגו' (בראשית יח, יט) יהא בביתו עבודה זרה וגילוי עריות ושפיכות דמים? אלא אין צחוק האמור כאן אלא לענין ירושה. שכשנולד אבינו יצחק לאברהם אבינו היו הכל שמחין, ואומרין: נולד בן לאברהם, נולד בן לאברהם, נוחל את העולם ונוטל שני חלקים. והיה ישמעאל מצחק בדעתו ואומר: אל תהו שוטים, אל תהו שוטים, אני בכור ואני נוטל שני חלקין. שמתשובת הדבר אתה למד, "כי לא יירש בן האמה" וגומר (שם כא, י). ורואה אני את דברי מדברי רבי עקיבא.

ז דרש רבי עקיבא: "הצאן ובקר ישחט להם ומצא להם" (במדבר יא, כב) — וכי מספיק להם, "אם את כל דגי הים" וגו' (שם) — וכי הוא מספיק להם, כגון שנאמר: "ואם לא תמצא ידה די שה" (ויקרא יב, ח). וכי איזו קשה, זו או "שמעו נא המורים" (במדבר כ, י) — הוי אומר זו קשה יותר מ"שמעו נא המורים", אלא שמחלל שם שמים בסתר — מחסכין עליו, בגלוי — נפרעין ממנו. זה שבסתר — חיסך עליו המקום. ר' שמעון בן אלעזר אומר: אף זו שבסתר לא חיסך עליו המקום, שנאמר: "עתה תראה היקרך דברי אם לא" (שם יא, כג). ואני אומר: חס ושלום שתעלה על דעתו של צדיק זה שיאמר אין המקום מספק לנו ולבהמתנו, איפשר למי שנאמר: בו "לא כן עבדי משה" וגו' (שם יב, ז), תעלה על דעתו שיאמר אין המקום מספיק לנו ולבהמתנו? והלא כשהיו ישראל במצרים נילוס נהר מספיק להם דגים ולמצריים, בהמת מצריים מספקת להם ולמצריים! אלא לעניין שנאמר: "לא יום אחד תאכלון וגו' עד חדש ימים" (שם יא, יט). אמר משה לפני הקדוש ברוך הוא: רבונו של עולם! כך הגון להם שתתן להם ותמיתם? אומרים לאדם טול ככר ורד לשאול, אומרים לחמור טול כור שעורין ונחתוך את ראשו? יהיו אומרים עלי "ולך אין כשר [בשרה] מוצאת". אמר לו: וכי הגון להם שיאמרו אין המקום מספיק לנו ולבהמתנו? אלא, יאבדו הן ואלף כיוצא בהן, ואל תהא ידי קצרה לפני

אפילו שעה אחת, שנאמר: ״ויאמר ה׳ אל משה היד ה׳ תקצר״ וגו׳ (שם יא, כג).

ח רבן גמליאל בנו של רבי יהודה הנשיא אומר: אי אפשר לעמוד על תיפלתם. אם תתן להם בשר בהמה גסה — יאמרו: בשר בהמה דקה בקשנו אנו. תתן בשר בהמה דקה — יאמרו: בשר חייה ועוף אנו מבקשים. תתן בשר חיה ועופות — יאמרו: בשר דגים וחגבים אנו מבקשין, שנאמר: ״הצאן ובקר ישחט להם״ (שם כב). השיבתו רוח הקדש: ״עתה תראה היקרך דברי אם לא״ (שם כג). ורואה אני את דברי מדברי רבי עקיבא.

ט דרש רבי עקיבא: הרי הוא אומר ״בן אדם יושבי החרבות האלה״ וגומר (יחזקאל לג, כד). והלא דברים קל וחומר: ומה אברהם שלא עבד אלא אלוה אחד ירש את הארץ, אנו שעובדין אלוהות הרבה — אינו דין שנירש את הארץ? רבי נחמיה אומר: ומה אברהם שלא היה לו אלא בן אחד והקריבו ירש את הארץ, אנו שבנינו ובנותינו מקריבין לעבדה זרה אינו דין שנירש את הארץ? רבי אליעזר בנו של רבי יוסי הגלילי אומר: ומה אברהם שלא היה לו במי לתלות ירש את הארץ אנו שיש לנו במי לתלות אינו דין שנירש את הארץ? ואני אומר: ומה אברהם שלא נצטווה אלא מצות יחידות ירש את הארץ — אנו שנצטוינו על כל מצוות אינו דין שנירש את הארץ? תדע שכן, תשמע מתשובה שהנביא משיבן אתה למד, שנאמר: ״כה אמר ה׳ על הדם תאכלו וגו׳ עמדתם על חרבכם״ וגו׳ (שם כה–כו). ״על הדם תאכלו״ (ואת הארץ) — זה אבר מן החי, ״ועיניכם תשאו אל גלוליכם״ — זו עבודה זרה, ״ודם תשפוכו״ — זו שפיכות דמים, ״עמדתם על חרבכם״ — זו עינוי דין וגזל, ״עשיתן תועבה״ — זו משכב זכור, ״ואיש את אשת רעהו טמאתם״ — גילוי ערוה. והרי דברים קל וחומר: ומה שבע מצות שנצטוו עליהן בני נח לא עשיתן לפני, ואתם אומרין נירש את הארץ?! ורואה אני את דברי מדברי רבי עקיבא.

י דרש רבי: הרי הוא אומר ״כה אמר ה׳ צום הרביעי וצום החמישי וצום השביעי וצום העשירי״ וגומר (זכריה ח, יט). ״צום הרביעי״ — זה שבעה עשר בתמוז, שבו הבקעה העיר. ולמה נקרא שמו ״רביעי״ — שהוא רביעי לחדשים. ״צום החמישי״ — זו תשעה באב, יום שנשרף בו בית המקדש. ולמה נקרא שמו ״חמישי״ — שהוא חדש חמישי. ״צום השביעי״ — זה שלשה בתשרי, יום שנהרג בו גדליה בן אחיקם, שהרגו ישמעאל בן נתניה, ללמדך שקשה מיתתן של צדיקים לפני המקום כחורבן בית המקדש. ולמה נקרא שמו ״שביעי״ — שהוא חדש שביעי. ״צום העשירי״ — זה עשרה בטבת, יום שבו סמך מלך בבל את ידו על ירושלים, שנאמר: ״ויהי דבר ה׳ אלי בשנה התשיעית בחדש העשירי״ וגומר ״בן אדם כתב לך״ (יחזקאל כד, א–ב) וגומר.

יא ואני אומר: ״צום העשירי״ — זה חמשה בטבת, שבו באתה שמועה לבני גולה, שנאמר: ״ויהי בשתים עשרה שנה בעשירי בחמשה לחדש לגלותינו בא אלי הפליט״ וגו׳ (שם לג, כא), ושמעו ועשו יום שמועה כיום שריפה. והלא זה ראוי ליכתב ראשונה, למה נכתב באחרונה — להסדיר חדשים כסדרן. ורואה אני את דברי מדברי רבי עקיבא, שרבי עקיבא אומר על ראשון אחרון ועל אחרון ראשון, ואני אומר על ראשון ראשון ועל אחרון אחרון.

א) הרי וכו׳ — הרי זו ראיה לאמור במשנה שלא עבד איוב את הקב״ה אלא מאהבה. **חי וכו׳** — כלומר, מפרש שנשבע ״חי ה׳״, וסימן שהוא אוהבו. **גם הוא לי לישועה** — משמע שאף בתוך צרותיו היה דבק בו ומאמין בישועתו. **ושאר כל התרעומת** — שיש בדברי איוב. **מתוך המורע** יש מפרשים: מפני יסורים ורעות שסבל (מנ״ב). ויש מפרשים — מתוך המאורע, כדי להשלים הענין וסיפור הדברים, אבל בלבו לא הרהר.

ה) שקשרו קטיגור — שקטרגו, שהתלוננו על בריאת האדם. **ואמרו לפניו** — בשעת הבריאה כל כתובים אלה, שאין האדם כדאי לכל הגדולה שניתנה לו. **באותה שעה** — של קריעת ים סוף. **אלא על יצחק** — שבזמן שנעקד הודו אף המלאכים בגדולתו של האדם, שיש אנשים במדרגה עליונה כל כך.

ו) במסין — מצבות לעבודה זרה. **מכבש את הגנות** — יש גורסים: ״מכבש את האמות״, שהיה שוכב עמן (גר״א). ויש שפירשו שהוא לשון נקיה למשכב זכר. או שהיה עושה כן בגלוי (תכ״פ).

ז) היקרך דברי — כלומר, יקרה בך ענין של עונש. **שתתן להם ותמיתם** ומפרש ״ומצא להם״ — האם כדאי להם כך?

ח) תיפלתם — כלומר, שהם נטפלים ומחפשים תואנה להתלונן על הקב״ה בדברי תיפלות = הבל.

ט) יושבי החרבות וכו׳ — והכוונה לסוף הכתוב ״אחד היה אברהם ויירש את הארץ ואנחנו רבים לנו ניתנה הארץ למורשה״. **שעובדין אלוהות וכו׳** — ודורש ״רבים״ — אלילים רבים. **שלא היה לו במי לתלות** — שלא היה לו יחוס אבות. **שיש לנו במי לתלות** — ומפרש ״רבים״ שזכות אבות צדיקים רבים להם.

י) דרש רבי — אולי צריך להיות ״דרש ר׳ עקיבא״.

יא) והלא זה — הוא המשך לדברי ר׳ עקיבא, שאין הצומות מסודרים לפי סדר המאורעות, שהרי לפי זה עשירי היה צריך להיות ראשון. **ואני אומר על ראשון ראשון** — שלפי דברי ר׳ שמעון הדברים מסודרים לפי סדר הזמנים שאירעו, וצום העשירי מכוון למאורע שאירע זמן ניכר לאחר החורבן, כאשר הגיעה השמועה לבבל.

פרק ז

ר׳ לב, א **א** שבועת העדים והדיינין נאמרת בכל לשון. [השביע עליהן חמשה פעמים בכל לשון] ששומעין, ואמרו לו ״אמן״ — הרי אלו חייבין.

ב שבועת הדיינין באי זה צד? הרי מי שנתחייב שבועה לחברו, אומרין לו: הוי יודע שכל העולם כולו מזדעזע ביום שנאמר: ״לא תשא שם ה׳ אלהיך״ וגו׳ (שמות כ, ז). כל עברות שבתורה כתוב בהן ״ונקה״ (שם לד, ז) — וזו כתוב בה ״לא ינקה״ (שם כ, ז). כל עברות שבתורה נפרעין ממנו — וזו ממנו ומכל העולם, ויהא עון העולם כולו תלוי בו, שנאמר: — ״אלה וכחש וגו׳ על כן תאבל הארץ״ (הושע ד, ב–ג). כל עברות שבתורה נפרעין ממנו — וזו ממנו ומקרוביו, שנאמר: ״אל תתן את פיך לחטיא את בשרך״ (קהלת ה, ה), ואין בשרו אלא קרובו, שנאמר: ״ומבשרך אל תתעלם״ (ישעיה נח, ז). כל עברות שבתורה תולין לו לשנים ולשלשה דורות — וזו לאלתר, שנאמר: ״הוצאתיה נאום ה׳ צבאות״ (זכריה ה, ד) — הוצאתיה מיד, ״ובאה אל בית הגנב״ (שם) — זה משביע לשקר ויודע שאין לו בידו, וגונב דעת הבריות. ״ואל בית הנשבע בשמי לשקר״ (שם) — כשמועו. כל עבירות שבתורה בממונו — וזה בממונו ובגופו, שנאמר: ״ולנה״ (שם). בא וראה שדברים שאין האש אוכלתן — שבועת שקר מכלה אותן.

ד אם אמר ״איני נשבע״ — פוטרין אותו מיד. אם אמר ״נשבע אני״ — אומרין זה לזה: ״סורו נא מעל אהלי האנשים הרשעים האלה״ (במדבר טז, כו). משביעין אותו בשבועה האמורה בתורה, שנאמר: ״ואשביעך בה׳ אלהי השמים ואלהי הארץ״ (בראשית כד, ג). אומרין לו: הוי יודע שלא על תנאי שבלבך אנו משביעים אותך, אלא על תנאי שבלבבנו. וכן מצינו כשהשביע משה את ישראל בערבות מואב אמר להם: לא על תנאי שבלבבכם אני משביע אתכם, אלא על תנאי שבלבי, שנאמר: ״ולא אתכם לבדכם״ וגו׳ (דברים כט, יג) ״כי את אשר ישנו פה״ וגו׳ (שם יד).

תוספתא

ה אין לו אלא אתם, מניין לדורות הבאים אחריכם, ולגרים שנתוספו
עליכם — שנאמר: "ולא אתכם לבדכם" (שם), אלא "ואת אשר איננו
פה עמנו היום".
ו אין לי אלא מצות שנצטוו ישראל על הר סיני, מניין לרבות מקרא
מגלה — תלמוד לומר: "קיימו וקבלו וגו' ולא יעבר" (אסתר ט, כז).
ז ברכות, הלל, ושמע, ותפלה, נאמרין בכל לשון. רבי אומר: אומר לב, א
אני שאין שמע נאמר אלא בלשון הקדש, שנאמר: "והיו הדברים לב, ב
האלה" (דברים ו, ו). ברכת כהנים, אלו בשעה שהכהנים עומדין על
מעלות האולם.
ח הכל כשרין לעלות במעלות האולם, בין תמימין, בין בעלי מומין,
בין במשמר שלו, בין שאין המשמר שלו, חוץ ממי שיש בו מום בפניו,
בידיו, וברגליו, שלא ישא את כפיו (ב"מק"דש), מפני שהעם מסתכלין
בו. וכשם שנשיאות כפים במקדש כך נשיאות כפים בגבולין.
ט מעשה בר' יוחנן בן ברוקה ור' לעזר חסמא שבאו מיבנה ללוד
(והקפילו) [והקבילו] פני ר' יהושע בפקיעין. אמר להם ר' יהושע: מה
חידוש היה בבית המדרש היום? אמרו לו: תלמידיך אנו ומימיך אנו
שותין. אמר להם: אי אפשר שלא יהא חידוש בבית המדרש, שבת של
מי היתה? אמרו לו: של ר' לעזר בן עזריה היתה. אמר להם: היכן
היתה הגדה? "הקהל את האנשים והנשים והטף" (דברים לא, יב). אמר
להם: מה דרש בה? אמרו לו: רבי, כך דרש בה: אם אנשים באו
ללמוד, נשים באו לשמוע, טפילין למה הן באין — כדי ליתן שכר
למביאיהן.
י ועוד אחרת דרש: "את ה' האמרת היום וה' האמירך היום" (שם כו
יז—יח), אמר להם הקדוש ברוך הוא: כשם שעשיתם אותי חטיבה
אחת בעולם — אף אני אעשה אתכם חטיבה אחת בעולם הבא.
יא ועוד אחרת דרש: "דברי חכמים כדרבונות וכמסמרות נטועים"
(קהלת יב, יא), מה דורבן זה מכוין את הפרה להביא חיים בעולם —
אף דברי תורה אינן אלא חיין לעולם, שנאמר: "עץ חיים היא" וגו'
(משלי ג, יח). או מה דורבן זה מיטלטל, יכול אף כך דברי תורה —
תלמוד לומר: "וכמסמרות נטועים" (קהלת שם). [או אינן חסירין ולא
יתירין — תלמוד לומר: "נטועים"], מה נטיעה פרה ורבה — אף
דברי תורה פרין ורבין. "בעלי אסופות" (שם) — אילו שנכנסין
ויושבין אסופות אסופות, ואומר על טמא טמא, ועל טהור טהור, על
טמא במקומו, ועל טהור במקומו.
יב שמא יאמר אדם בדעתו: הואיל ובית שמיי מטמין ובית הלל
מטהרין, איש פלוני אוסר ואיש פלוני מתיר, למה אני למד תורה
מעתה? תלמוד לומר: "דברים", "הדברים", "אלה הדברים" (דברים א,
א) — כל הדברים נתנו מרועה אחד, אל אחד בראן, פרנס אחד נתנן,
רבון כל המעשים ברוך הוא אמרו, אף אתה עשה לבך חדרי חדרים
והכניס בה דברי בית שמיי ודברי בית הלל, דברי המטמאין ודברי
המטהרין. אמר להם: אין דור יתום שר' (ליעזר) [אלעזר בן עזריה]
שרוי בתוכו.
יג במה של עץ היו עושין לו בעזרה ויושב עליה. ר' ליעזר בן יעקב מא, א
אומר: בהר הבית, שנאמר: "ויקרא בו לפני הרחוב אשר לפני שער ר' מ, ב
המים מן האור ועד מחצית היום" וגו' (נחמיה ח, ג), "ויעמד עזרא
הסופר על מגדל עץ אשר עשו לו לדבר" וגו' (שם ד), "ויפתח עזרא
הסופר לעיני העם" וגו' (שם ה).
יד "ויברך עזרא את ה' האל(ה)ים הגדול ויענו כל העם אמן" וגו'
(שם ו), ואומר "ותרא את המלך עומד על עומדו במבוא השער
והחצוצרות" וגו' (דברי הימים ב כג, יג).
טו אותו היום כהנים עומדין בגדרים, ובפרצות, וחצוצרות של זהב
בידיהם, תוקעין ומריעין ותוקעין. כל כהן שאין בידו חצוצרות,
אומרין: דומה זה שאין כהן הוא. שכר גדול היה ליושבי ירושלם,
שמשכירין חצוצרות בדינר זהב.
טז בו ביום ראה ר' טרפון חיגר עומד ומתריע בחצוצרות, משם ראה

מא, ב חגר תוקע במקדש. משם ר' נתן אמרו: נתחייבו ישראל כלייה
שחינפו לאגריפס המלך.
מא, א **יז** קורא מתחלת "אלה הדברים" (דברים א, א) עד "שמע" (שם ו,
ד), "והיה אם שמוע" (שם יא, יג), "עשר תעשר" (שם יד כב), ו"כי
תכלה לעשר" (שם כו, יב). ר' יהודה אומר: לא היה צריך להתחיל
מראש הספר, אלא "שמע", "והיה אם שמע תשמע" "עשר תעשר",
ו"כי תכלה לעשר", ופרשת המלך, עד שגומר את כולה ופרשות
הנדרשות בה, וגומר עד סוף. "כי ה' אלהיכם ההולך עמכם" (שם כ,
מב, ב ד) — זה השם הניתן בארון, שנאמר: "וישלח אתם משה אלף למטה
לצבא אתם ואת פינחס" (במדבר לא, ו), מגיד שפנחס משוח מלחמה.
ר' מג, א "וכלי הקדש" זה ארון, שנאמר: "ולא יבאו לראות כבלע" וגו' (שם
ד, כ). ויש אומרים: אילו בגדי כהונה שנאמר: "ובגדי הקדש" (שמות
כט, כט).
יח ר' יהודה בן לקיש אומר: שני ארונות היו, אחד שיצא עמהן
למלחמה, ואחד ששרוי עמהן במחנה. שיצא עמהן למלחמה — היה
בו ספר תורה, שנאמר: "וארון ברית ה' נסע לפניהם" וגו' (במדבר י,
לג), וזה ששרוי עמהן במחנה — זה שהיו בו לוחות ושברי לוחות,
שנאמר: "וארון ברית ה' ומשה לא משו מקרב המחנה" (שם יד, מד).
מב, א פעמַים יוצא ומדבר עמהן, אחד בספר ואחד במערכי המלחמה. שבספר
מהו אומר: ילך וישמע דברי כהן. במערכי המלחמה מהו אומר: "מי
האיש אשר בנה בית חדש" וגו' (דברים כ, ה). נפל ביתו ובנאו —
מד, א הרי זה חוזר. ר' יהודה אומר: אם חידש בו דבר — חוזר, ואם לאו
מג, א — אין חוזר. ר' ליעזר אומר: אנשי שרון לא היו חוזרין לבתיהם,
מפני שמחדשין אותן פעם אחת בשבוע. "ומי האיש אשר נטע כרם
ולא חללו ילך וישוב לביתו" (שם ו), אחד הנוטע את הכרם, ואחד
הנוטע חמשה אילני מאכל מחמשת המינין, אפילו בחמש עיירות הרי
זה חוזר. ר' ליעזר בן יעקב אומר: אין לי במשמע אלא כרם.
יט "מי האיש אשר ארש אשה" (שם ז) — אחד מארס, ואחד מיבם.
מד, א אפילו שומרת יבם לחמשה אחים, ואפילו חמשה אחים ששמעו שמת
אחיהם במלחמה — כולן חוזרין ובאין.
כ אין לי אלא בונה ביתו ולא חנכו, נטע כרם ולא חללו, ארש אשה
ולא לקחה. מניין בנה בית וחנכו ולא שהה שנים עשר חדש, נטע כרם
וחללו ולא שהה שנים עשר חדש, ארש אשה ולקחה ולא שהה שנים
עשר חדש, מניין שאין זזין ממקומן — תלמוד לומר: "כי יקח איש
אשה חדשה" (שם כד, ה), דבר זה בכלל היה ולמה יצא — להקיש
עליו, לומר לך: מה זה מיוחד שאירש אשה ולקחה ולא שהה שנים
מד, א עשר חדש שאין זזין ממקומן — [אף כולן כן]. למדה תורה דרך ארץ:
נתמנתה לאדם פרנסה — יקח לו בית, חזרה נתמנתה לו — יקח לו
שדה, חזרה ונתמנתה לו — לקח לו אשה, שנאמר: "מי האיש אשר
בנה", "ומי האיש אשר נטע", "ומי האיש אשר ארש" (שם ה-ז). וכן
שלמה אמר בחכמתו: "הכן בחוץ מלאכתך" וגו' (משלי כד, כז). "הכן
בחוץ מלאכתך" — זה בית, "ועתדה בשדה" — זה שדה, אחר "ובנית
ביתך" — זו אשה.
כא דבר אחר: "הכן בחוץ מלאכתך" — זו מקרא, "ועתדה בשדה
לך" — זו משנה, אחר "ובנית ביתך" — זה מדרש. דבר אחר: "הכן
בחוץ מלאכתך" — זו משנה, "ועתדה בשדה לך" — זה מדרש, אחר
"ובנית ביתיך" — אילו הלכות. דבר אחר: "הכן בחוץ מלאכתך" —
זה מדרש, "ועתדה בשדה לך" — אילו הלכות, אחר "ובנית ביתך"
— אילו הגדות. דבר אחר: "הכן בחוץ מלאכתך" — אילו הלכות,
"ועתדה בשדה לך" — אילו אגדות, אחר "ובנית ביתיך" — זה
תלמוד. ר' ליעזר בנו של ר' יוסי הגלילי אומר: "הכן כחוץ מלאכתך"
— זה תלמוד, "ועתדה בשדה לך" — זה מעשה הטוב, אחר "ובנית
ביתך" — בא דרוש וטול שכר.
מד, א **כב** "ויספו השוטרים וגו' הירא ורך הלבב" (דברים כ, ח), שמתירא
מן העבירה שבידו, שנאמר: "למה אירא בימי רע" (תהלים מט, ו),

דברי ר׳ יוסה הגלילי. ר׳ עקיבא אומר: ״מי האיש הירא״ — ודאי. מה תלמוד לומר שוב ״ורך הלבב״ — שאפלו גבור שבגבורים, וחזק שבחזקים, והיה רחמן — היה חוזר, שנאמר: ״ולא ימס את לבב אחיו כלבבו״ (שם). ר׳ שמעון אומר: כל השומע דברי כהן במערכות המלחמה ואינו חוזר — לסוף שהוא נופל בחרב, ומפיל ישראל בחרב, ומגלה אתם מארצם ובאין אחרים ויושבין בארצם, שנאמר: ״ואיש אחר יקחנה״ (שם כ, ז). ״אחר״, יכול דודו, ובן דודו — נאמר כאן ״אחר״ ונאמר להלן ״אחר״ (שם כד, ב), מה ״אחר״ שנאמר: להלן נכרי, אף ״אחר״ שנאמר: כאן נכרי. שמע שמת אחיו במלחמה, עד שלא ניתן במשא — חוזר, משניתן במשא — אינו חוזר.

ר׳ מד, א **כג** יש יוצאין וחוזרין, יוצאין ואין חוזרין, ויש שאין יוצאין כל עקר. כל אילו שאמרו יוצאין וחוזרין — נותנין פסי העיר, ומספקין מים ומזון למלחמה, ומתקנין את הדרכים, ושאר כולן אין חוזרין.

ר׳ מד, א **כד** כל אילו שאמרו אין יוצאין כל עיקר, כגון הבונה בית וחנכו ולא שהה שנים עשר חודש, נטע כרם וחללו ולא שהה שנים עשר חודש, ארש אשה ולקחה ולא שהה שנים עשר חודש — הללו אין נותנין פסי העיר, ואין מספקין מים ומזון למלחמה, ואין מתקנין את הדרכים.
מד,ב ר׳ יהודה היה קורא למלחמת הרשות מלחמת מצוה. אבל מלחמת חובה הכל יוצא, אפילו חתן מחדרו וכלה מחופתה.

א) השביע עליהן — את העדים. **חמשה פעמים** — לחייבם על כל אחת.
ב) כתוב בהן ונקה — בשלש עשרה מדות הרחמים. **הוצאתיה וכו׳** וכתוב קודם לכן ״זאת האלה היוצאת על פני כל הארץ״. **זה משביע לשקר** — שיודע שאין ממש בטענתו וגורם לחבירו להשבע לחינם. **דברים שאין האש אוכלתם** — שנאמר באותו כתוב: ״וכלתו ואת עציו ואת אבניו״.
ד) פוטרין אותו — כלומר, גומרים את הדין לפי הטענות בלבד בלא להזקק להוכחה שבשבועה. **על תנאי שבלבך** — שאינו יכ״ל לומר בלבו שהוא נשבע על דבר אחר או על תנאי שאינו ידוע לדיינים.
ו) מקרא מגילה — שהוא מדברי סופרים בלבד. **קיימו וקבלו** — כפי שמפורש במסכת מגילה: קיימו מה שקבלו בהר סיני.
ח) הכל כשרים לעלות — ולברך ברכת כהנים.
ט) תלמידיך אנו וכו׳ — וכל שנאמר מתורתך הוא, ואין הוא חידוש עבורך. **שבת של מי** — שהיה זה כאשר עמדו בראש שני נשיאים רבן גמליאל ור׳ אלעזר בן עזריה. **טפילין** — טף.
יב) בראו — יש גורסים: ״בראן״.
יג) היו עושין לו — למלך שקורא בהקהל.
יד) ותרא את המלך וכו׳ — לומר שהיה למלך מקום מיוחד לעמוד בו.
טו) בגדרים ובפרצות — שהיו עומדים במקומות רבים כדי להקהיל את העם. **כל כהן** — שהיו מרבים בכך, עד שהיה כל כהן עושה כן.
טז) משם ראה — כלומר, זה היה המעשה שהעיד עליו ר׳ טרפון שכהן בעל מום תוקע בחצוצרות, וכבר אמר לו ר׳ עקיבא שאינו אלא בהקהל בלבד ולא בעבודה, **משם ר׳ נתן וכו׳** — הדברים מתייחסים למסופר במשנה על אגריפס המלך שאמרו לו ״אחינו אתה״.
יז) ופרשות הנדרשות בה — יש גורסים: ״ודרשות הנדרשות בה״. שהיה מוסיף להסביר את הדברים הכתובים. **כי ה׳ וגו׳** — מכאן עובר לענין פרשת משוח מלחמה, שאומר דברים אלה בתוך דבריו.
יח) שבספר מהו אומר — לכאורה משמע שבספר לא היה מודיע אלא שעל הכל ללכת ולשים לב לדברי הכהן הנאמרים שנית במערכי המלחמה שאז פוטרים אנשים שונים מן המלחמה. **בחמש עיירות** — מכאן נראה לכאורה שאינו מצריך אף צורת הכרם. ויש שגרסו ״חמש שורות״.
כ) דבר זה בכלל — שנשיאת אשה בכלל הדברים שנפטר בגללם מן המלחמה. **נתמנתה** — הזדמנה, באה.
כא) זה מדרש — ויש גורסים: ״זה תלמוד״. **ועיקר הדבר** — מדרש המקרא ועיון בדברי חכמים. **אילו הלכות** — הלכות פסוקות לפסוק למעשה. **אילו הגדות** — שיש בהן דברי אמונה וסוד.
כב) למה אירע בימי רע — וסופו ״עון עקבי יסובני״. **ודאי** — כלומר, כמשמעו, שהוא חלוש ומפחד. **והיה רחמן** — וקשה לו להרוג אנשים, אף שאינו מפחד. **מה אחר שנאמר להלן** — שהרי קרוב ביותר אינו יכול לשאת את הגרושה. **ניתן במשא** — שנכנס ממש לסדרי החיילים במערכה.
כד) פסי העיר — מסי העיר.

פרק ח

ר׳ לב, א **א** ברכות וקללות — אילו שאמרו ישראל בשעה שעברו ישראל את
לב, ב הירדן, שנאמר: ״והיה ביום אשר תעברו את הירדן״ (דברים כז, ב).
כיצד עברו ישראל את הירדן: בכל יום היה ארון נוסע אחר שני דגלים,
והיום נסע תחלה, שנאמר: ״הנה ארון הברית (הברית) אדון כל הארץ״
וגו׳ (יהושע ג, יא).

לב, ב **ב** בכל יום היו לוים נושאין את הארון, והיום נשאוהו כהנים, שנאמר: ״והיה כנוח כפות רגלי הכהנים״ וגו׳ (שם ג, יג). ר׳ יוסה אומר: בשלשה מקומות נשאו כהנים את הארון, אחת כשעברו ישראל את הירדן, ואחת כשסבבו את יריחו, ואחת כשהחזירוהו למקומו.

לד, א **ג** וכיון שהוטבלו מקצת רגלי הכהנים בירדן עמדו מי הירדן, שנאמר: ״ויעמדו המים היורדים מלמעלה״ וגו׳ (שם טז). שנים עשר מיל על שנים עשר מיל היה גובהן של מים, דברי ר׳ יהודה. אמר ר׳ לעזר בי ר׳ שמעון: וכי אדם קל, או מים קלים? הוי אומר מים קלין יותר מאדם, מלמד שהיו מגרשין ועולין למעלה למעלה, כיפין על גבי כיפין, כשלש מאות מיל, עד שראו אותם כל מלכי אומות העולם, שנאמר: ״ויהי כשמוע כל מלכי האמורי אשר בעבר הירדן ימה״ וגו׳ (שם ה, א).

ד וכן רחב אומרת לשלוחי יהושע ״כי שמענו את אשר הוביש ה׳ את מי ים סוף מפניכם״ וגו׳ (שם ב, י), ״ונשמע וימס לבבנו״ וגו׳ (שם יא).

לד, א **ה** עודם בעבר הירדן אמר להם יהושע: דעו על מנת כן אתם נכנסין לארץ — שתורישו את יושביה, שנאמר: ״והורשתם את ישבי הארץ מפניכם ואבדתם״ וגו׳ (במדבר לג, נב), ״ואם לא תורישו... והיה כאשר דמיתי לעשות להם אעשה לכם״ (שם נה—נו), ואם אין אתם מקבלין, באין מים ושוטפין אתכם.

לד, א **ו** עודם בירדן אמר להם יהושע: ״הרימו לכם איש אבן אחת על שכמו
למספר שבטי בני ישראל״ (יהושע ד, ה) ״והנחתם אתם״ (שם ג),
״תחת מצב רגלי הכהנים בירדן״ (שם ט), סימן לבנים שעברו אבותם
בירדן. עודם בירדן אמר להם יהושע: ״שאו לכם מזה מתוך הירדן
ממצב״ וגו׳ (שם ג), ר׳ יהודה אומר: ר׳ חלפתא ואלעזר בן מתיא
וחנניה בן כינאי עמדו על אותן אבנים ושערו כל אחת ואחת משוי
ארבעים סאה, מיכן אתה מחשב כמה היה באשכול. וכיון שעלה אחרון
שבישראל לירדן חזרו מי הירדן למקומם, שנאמר: ״וישובו מי הירדן
לה, א למקומם וילכו כתמול שלשום על כל גדותיו״ (שם יח). נמצאו ישראל
לצד אחד, וארון ונושאיו לצד אחד, נשא ארון את נושאיו והעבירן
לה, ב בירדן. נמצאת אומר שלשה מיני אבנים הן: אחד שהעמיד משה על
שפת הירדן בערבות מואב, ואחד שנתן תחת מצב רגלי הכהנים, ואחד
לה, ב שהעבירו עמהן. ר׳ יהודה אומר: על אבני מזבח כתבוה. אמרו לו:
היאך למדו אותן אומות העולם את התורה? אמר להן: מלמד שנתן
המקום בלב כל אומה ומלכות ושלחו נטורים שלהם, והשיאו את הכתב
מגבי אבנים בשבעים לשון. באותה שעה נתחתם גזר דינם של אומות
העולם לבאר שחת.

לה, ב **ז** ר׳ שמעון אומר: על הסיד כתבו. כיצד: כירוהו וסדוהו בסיד, וכתבו עליו את כל דברי התורה בשבעים לשון, וכתבו מלמטה ״למען אשר

לא ילמדו אתם" וגו' (דברים כ, יח), אם אתם חוזרין בכם — אנו
מקבלין אתכם. בוא וראה כמה ניסין נעשו לישראל באותו היום: עברו
מי הירדן, ובאו אל הר גרזים ואל הר עיבל שבשומרון שבצד שכם
שבאצל אילוני מורה, שנאמר: "הלא המה בעבר הירדן אחרי" וגו'
(דבוים יא, ל), יותר משִשים מיל. לא עמד איש בפניהם, וכל שעמד
בפניהם מיד נתרז, שנאמר: "את אימתי אשלח לפניך וגו' (שמות כג,
כז), ואומר: "תפל עליהם אימתה ופחד" וגו' (שם טו, טז), "עד יעבר
עמך" (שם יז) — זו ביאה ראשונה, "עד יעבר עם זו קנית" (שם)
— זו ביאה שניה. אמור מעתה, ראויין היו ישראל לעשות להם כדרך
שנעשה להם על הים, אלא שחטאו.

ח ואחר כך הביאו את האבנים, ובנו את המזבח, והעלו עליו עולות לו, א
ושלמים, וישבו ואכלו ושתו, ונטלו את האבנים ובאו ולנו במקומן,
שנאמר: "והעברתם אותם עמכם והנחתם אותם במלון" (יהושע ד, ג).
יכול בכל מלון — תלמוד לומר: "במלון אשר תלינו בו הלילה". והיכן
לנו — בגלגל. ואומר: "ואת שתים עשרה האבנים האלה" וגו' (שם
כ), הא למדת שבגלגל העמידום.

ט כיצד אמרו ישראל ברכות וקללות: ששה שבטים עלו לראש הר לב, ב
גרזים, וששה שבטים עלו לראש הר עיבל. כהנים ולוים וארון עומדים
למטה באמצע, הכהנים מקיפין את הארון, והלוים את הכהנים, וישראל
מיכן ומיכן, שנאמר: "וכל ישראל וזקניו" (יהושע ח, לג). מה תלמוד לו, ב
לומר "חציו אל מול הר גרזים וחציו אל מול הר עיבל" (שם) —
מלמד שמחצה אל הר גרזים מרובה יותר משל הר עיבל, מפני שמקצת
שבטו של לוי למטה. ר' ליעזר בן יעקב אומר: אין אתה יכול לומר לז, א
לוי למטה, שכבר נאמר לוי למעלה. ואין אתה יכול לומר לוי למעלה,
שכבר נאמר לוי למטה, אמור מעתה: זקני כהונה ולויה למטה, ושאר
שבט למעלה. רבי אומר: הראויין לשרת עומדין למטה, ושאין ראויין
לשרת עומדין למעלה. הפכו פניהם כלפי הר גרזים ופתחו בברכה: לה, א
"ברוך האיש אשר לא יעשה פסל ומסכה תועבת ה' מעשה ידי חרש
ולא שם בסתר", והיו אילו ואילו עונין ואומרין "אמן". הפכו פניהם
כלפי הר עיבל ופתחו בקללה: "ארור האיש אשר יעשה פסל" וגו'
(דברים כז, טו), והיו אילו ואילו עונין "אמן". הפכו כלפי הר גרזים
פתחו בברכות: "ברוך אשר יקים את דברי התורה". כלפי הר עיבל
פתחו בקללות: "ארור אשר לא יקים" וגו' (שם כו).

י ברוך בכלל, ברוך בפרט, ארור בכלל, ארור בפרט, ללמוד וללמד לז, א
לשמור ולעשות, ארבע על ארבע — הרי שמונה, שמונה על שמנה
— הרי שש עשרה. ושלש בריתות עם כל אחת ואחת — הרי ארבעים
ושמנה בריתות. וכן בהר סיני, וכן בערבות מואב.

יא ר' שמעון מוציא של הר גרזים ושל הר עיבל ומביא של אהל לז, ב
מועד. ואין לך כל דבר ודבר שלא נכרתו עליו ארבעים ושמונה בריתות.
ר' שמעון בן יהודה איש כפר עכו אומר משום ר' שמעון: אין לך כל
דבר ודבר בתורה שלא נכרתו עליו חמש מאות אלף ושלשת אלפים
וחמש מאות וחמשים בריתות, כיוצאי מצרים. אמר רבי: אם לדברי ר'
שמעון בן יהודה איש כפר (עמוס) [עכו] שאמר משם ר' שמעון, אין
לך כל דבר ודבר בתורה שלא נכרתו עליו שלש עשרה בריתות, ויש
עם כל אחת ואחת שש מאות אלף ושלשת אלפים וחמש מאות
וחמשים.

א) ברכות וקללות — כלומר, האמורות במשנה.
ג) מגרשין — נגדשין, וכן הגרסה בכת"י אחרים.
ו) נטורים — סופרים. **נתחתם וכו'** — שלא קיבלו את התורה.
ז) נתרז — לוקה בשלשול, מרוב אימה.
יא) חמש מאות אלף — צריך להיות "שש מאות אלף". **שלש עשרה בריתות** — כנראה שצריך להיות כאן "שש עשרה בריתות", כפי שנאמר לעיל.

פרק ט

א נמצא בעבר הירדן — היו עורפין, שנאמר: "כי ימצא חלל" וגו'
(דברים כא, א), לרבות עבך הירדן. ר' לעזר אומר: בכולם אם היה מה, ב
חלל, היו עורפין. אמר לו ר' יוסה בי רבי יהודה: אינו אלא חנוק
ומושלך בשדה, שמא עורפין היו? לכך נאמר "חלל". אם כן למה נאמר
"נופל" — אלא שאפלו הרוג ותלוי באילן לא היו עורפין. נמצא בעליל מה, א
של עיר (לא היו עורפין) — היו מודדין. מצות עיסוק במדידה. כיצד
עושין לו? שלוחי בית דין יוצאין ונוטלין סימניו, וחופרין וקוברין
אותו, ומציינין את מקומו, עד שיבאו לבית דין הגדול שבלשכת הגזית
וימדו. נמצא סמוך לספר, בעיר שיש בה גוים, או בעיר שאין בה בית מד, ב
דין לא היו מודדין. אין מודדין אלא לעיר שיש בה בית דין. אם היה
עיר גוים בינתים, או סמוכה לירושלים — לא היו מודדין, אלא מניחין
אותה, ומודדין חוצה לה. מקום גיתה ותפיסתה הרי זו אסורה. כמה מה, ב
היא תפיסתה — ארבעים אמה. רבי אומר: חמשים אמה.

ב הזקנים אומרים: "ידינו לא שפכה את הדם הזה ועינינו לא ראו"
(דברים כא, ז), כהנים אומרים: "כפר לעמך ישראל אשר פדית" וגו'
(שם ח), ורוח הקדש אומרת: "ונכפר להם הדם" (שם). שלשה דברים,
מי שאמר זה לא אמר זה. כיוצא בדבר אתה אומר, "באנו אל הארץ
אשר שלחתנו" (במדבר יג, כז) — אמר יהושע: כלב אמר "עלה נעלה
וירשנו אתה" (שם ל), מרגלים אמרו "אפס כי עז העם היושב בארץ"
(שם כח). שלשה דברים זה בצד זה, מי שאמר זה לא אמר זה, ומי
שאמר זה לא אמר זה.

ג כיוצא בדבר אתה אומר, "ותאמר הכר נא למי החותמת" (בראשית
לח, כה) — אמרה תמר, "צדקה ממני" (שם כו) אמר יהודה, ורוח
הקדש אומרת "ולא יסף עוד לדעתה" (שם). שלשה דברים זה בצד
זה, ומי שאמר זה לא אמר זה.

ד כיוצא בדבר אתה אומר, "אוי לנו מי יצילנו מיד האל(ה)ים
האדירים" (שמואל א ד, ח) — אמרו כשרין שבהן, רשעים שבהם
אמרו "אלה הם האל(ה)ים המכים" (שם) עשר מכות, ושלמו מכותיו
במדבר. גבורים שבהן אמרו "התחזקו והיו לאנשים פלשתים" (שם ט).
שלשה דברים זה בצד זה וכו'. כיוצא בדבר אתה אומר, "בעד החלון
נשקפה ותיבב" (שופטים ה, כח) — אמרה אמו של סיסרא, "חכמות
שרותיה" וגו', "הלא ימצאו יחלקו שלל" (שם כט) — אמרה אשתו
וכלותיו, "כן יאבדו כל אויביך" וגו' (שם לא) — אמרה רוח הקדש.
שלשה דברים זה בצד זה וגו'.

ה כיוצא בדבר אתה אומר, "מיכה המורשתי היה נביא בימי חזקיה
מלך יהודה" (ירמיה כו, יח), ומה היה מתנבא — "ויאמר אל כל עם
יהודה לאמר כה אמר ה' צבאות ציון שדה תחרש וירושלם עיים תהיה
והר הבית (לבהמות) [לבמות] יער" (שם). "ההמת המיתהו חזקיהו מלך
יהודה וכל יהודה הלא ירא את ה' ויחל את פני ה' וינחם ה' על הרעה
אשר דבר עליהם ואנחנו עשים רעה גדולה על נפשנו" (שם יט) —
אמרו כשרים שבהן. רשעים שבהן אמרו "וגם איש היה מתנבא בשם
ה' אוריהו בן שמעיהו מקרית יערים, ויתנבא על העולם הזה ועל הארץ
הזאת ככל דברי ירמיהו. וישמע המלך וכל גבוריו וכל השרים את
דבריו ויבקש המלך וישמע אוריהו ויירא ויברח ויבא מצרים. וישלח
המלך אנשים מצרים את אלנתן בן עכבור ואנשים אתו אל מצרים,
ויוציאו את אוריהו ממצרים ויביאוהו אל המלך ויכהו בחרב וישלך

את נבלתו אל קברי בני העם" (שם כ-כג). אמרו: כשם שאוריהו נתנבא ונהרג — כך ירמיהו חייב ליהרג, שנאמר: "אך יד אחיקם בן שפן היתה את ירמיהו לבלתי תת אותו ביד העם להמיתו" (שם כד). כל פרשה זו עירובי דברים, מי שאמר זה לא אמר זה.

ו כיוצא בדבר אתה אומר, "משא נינוה ספר חזון נחום האלקושי, אל קנוא ונוקם ה' נוקם ה' וגו', ה' ארך אפים וגדל כח וגו', גוער בים" וגו' (נחום א, א-ב). כל פרשה זו עירובי דברים, מי שאמר זה לא אמר זה.

ז כיוצא בדבר אתה אומר, "למנצח אל תשחת לדוד מכתם, האמנם אלם צדק וגו', אף בלב (עליות) [עולות] וגו', זורו רשעים מרחם" וגו' (תהלים נח, א-ד). כל פרשה זו עירובי דברים, מי שאמר זה לא אמר זה.

ח כיוצא בדבר אתה אומר, "תחת התפוח עוררתיך" (שיר השירים ח, ה) — אמרה רוח הקדש, "שימני כחותם על לבך" (שם ו) — אמרה כנסת ישראל, "כי עזה כמות אהבה" (שם) אמרו אומות העולם. שלשה דברים זה בצד זה וכו'.

א) כי ימצא חלל — והכוונה לסוף הפסוק "באדמה אשר ה'... נותן לך". **שלוחי בית דין** — הסמוך לשם. **ונוטלין סימניו** — כלומר נוטלים דברים שיש בהם סימן ומציינים שאר סימנים, הן כדי להתיר את אשתו והן כדי להקל על מציאת עדים שיעידו על הרוצח. **ומציינין את מקומו** שמשם יבואו וימדדו אנשי בית דין הגדול. **מקום גיתה** — מקום עריפתה. **ותפיסתה** — מקום הסמוך, ששם נספג הדם.

ב) שלשה דברים — כלומר, שלושה עניינים בפסוק, ואינם נאמרים על ידי אותם אנשים.

ג) כיוצא בדבר — שיש דברים האמורים בסמוך זה לזה ונאמרים על ידי אנשים שונים.

ד) ושלמו מכותיו במדבר — ושוב אין להתיירא ממנו.

ה) כל פרשה זו עירובי דברים — כי הכוונה בפסוקים מ"וגם איש היה מתנבא" היא להיפך, לרעת ירמיהו, וכן מוכח ממה שרצו להמיתו על סמך נימוק זה.

ו) כל פרשה זו וכו' — לפי שיש בפרשה זו כתובים המדברים על נקמת ה', וכנגדם פסוקים המדברים על טובו ורחמיו, והרי זה כעין ויכוח או שיחה, ולא המשך אחד.

ז) מי שאמר זה וכו' — לפי שיש בפרק זה פסוקי תוכחה שבהם מופנים הדברים כנגד הרשעים, ויש פסוקים האמורים בלשון סתמית, כדברי רוח הקודש.

ח) תחת התפוח — שדרשוהו חז"ל שהוא סיפור גאולת ישראל ממצרים, והוא משום כך דברי הקב"ה. ואילו ההמשך הוא דברי כנסת ישראל לקב"ה, והסיום "כי עזה כמות" הוא דברים שאינם נאמרים על ידי בני הזוג אלא על ידי אחרים.

פרק י

א בזמן שהצדיקים באין לעולם — טובה באה לעולם, ופורענות מסתלקת מן העולם. וכשנפטרין מן העולם — פורענות באה לעולם, וטובה מסתלקת מן העולם.

ב בזמן שהרשעים באין לעולם — פורענות באה לעולם, וטובה מסתלקת מן העולם. וכשמסתלקין מן העולם — טובה באה לעולם, ופורענות מסתלקת מן העולם. ומניין שכשהצדיקים באין לעולם טובה באה לעולם, ופורענות מסתלקת מן העולם — שנאמר: "ויקרא את שמו נח לאמר זה ינחמנו" וגו' (בראשית ה, כט). ומניין כשנפטרין מן העולם פורענות באה לעולם, וטובה מסתלקת מן העולם — שנאמר: "ואין איש שם על לב" (ישעיה נז, א), ואומר: "יבא שלום ינוחו על משכבותם" וגו' (שם ב) הולך שלום אל הקבר, ואומר: "ואתם קרבו הנה בני עוננה" וגו' (שם ג). ומניין שכ[ש]הרשעים באין לעולם פורענות באה לעולם, וטובה מסתלקת מן העולם — שנאמר: "בבא רשע בא גם בוז" וגו' (משלי יח, ג). ומניין שכשמסתלק מן העולם טובה באה לעולם, ופורענות מסתלקת מן העולם — שנאמר: "ובאבד רשעים רנה" וגו' (שם יא, י), ואומר: "למען ישוב ה' מחרון אפו" וגו' (דברים יג, יח).

ג כל זמן שהרשעים בעולם — חרון אף בעולם, אבדו מן העולם — פורענות נסתלק וחרון אף מן העולם. ולא שהצדיקים תולין לעולם בחייהם בלבד, אלא אף במיתה, שנאמר: "ויהי לשבעת הימים ומי המבול" וגו' (בראשית ז, י), מה טיבן של אילו שבעת הימים — אילו שבעת ימי אבלו של מתושלח הצדיק שעיכבו את הפורענות מלבוא לעולם, לכך נאמר "ויהי לשבעת הימים".

ד דבר אחר: מה טיבן של שבעת הימים הללו — מלמד שנתן להם המקום שבעת ימים לאחר גזירה, שמא יעשו תשובה, ולא עשו, לכך נאמר "ויהי לשבעת הימים". דבר אחר: "ויהי לשבעת הימים" — מלמד ששינה להם המקום סדורו של עולם, והיתה חמה יוצאה במערב ושוקעת במזרח, לכך נאמר "ויהי לשבעת הימים".

ה דבר אחר: מלמד שנתן להם המקום מאכל ומשתה, וישבו ואכלו ושתו והראן מעין העולם הבא, כל כך למה — כדי שיראו דברו, וידעו מה אבדו. כל זמן שהיה אברהם קיים היה שובע, שנאמר: "וה' ברך את אברהם בכל" (שם כד, א), משמת אברהם — "ויהי רעב בארץ" (שם כו, א).

ו בא יצחק היה שובע, שנאמר: "ויזרע יצחק בארץ" וגו' (שם יב). כל זמן שהיה אברהם קיים היו בארות נובעות מים, משמת אברהם מהו אומר — "וכל הבארות" וגו' (שם טו). אמרו: הואיל ואין נובעות מים — אינן אלא תקלה מפני גייסות, עמדו וסתמום. בא יצחק והיו בארות נובעות מים, שנאמר: "וישב יצחק ויחפר את בארות המים" וגו' (שם יח), "ויחפרו עבדי יצחק בנחל" (שם יט).

ז עד שלא ירד יעקב לארם נהרים לא נתברך ביתו של לבן הארמי, שנאמר: "כי מעט אשר היה לך לפני ויפרץ לרוב ויברך ה' אותך לרגלי" (שם ל, ל), משירד מהו אומר — "ויפרץ לרוב ויברך ה' אותך לרגלי", ואומר: "נחשתי ויברכני ה' בגללך" (שם כז).

ח עד שלא ירד יוסף למצרים לא נתברך ביתו של פוטיפר, משירד מהו אומר — "ויברך ה' את בית המצרי בגלל יוסף" (שם לט, ה).

ט עד שלא ירד יעקב למצרים היה רעב, שנאמר: "כי זה שנתים הרעב" וגו' (שם מה, ו), משירד מהו אומר — "הא לכם זרע וזרעתם את האדמה" (שם מז, כג). אמר ר' יוסה: כיון שמת יעקב אבינו היה רעב ליושנו, שנאמר: "ועתה אל תיראו אנכי אכלכל אתכם ואת טפכם" (שם נ, כא). נאמר כאן "כלכול" ונאמר להלן "כלכול", מה "כלכול" האמור כאן רעב — אף "כלכול" האמור להלן רעב.

י כל זמן שהיה יוסף [ושבטים] קיימין — היו ישראל מתנהגין בגדולה וכבוד, שנאמר: "ובני ישראל פרו וישרצו" (שמות א, ז), משמת יוסף מהו אומר — "וימת יוסף וגו'" (שם ו) "ויקם מלך חדש וגו', ויאמר אל עמו וגו', הבה נתחכמה לו" וגו' (שם ח-י).

ב) שנאמר: ואין איש וכו' — והכוונה לסוף הפסוק "כי מפני הרעה נאסף הצדיק", שהצדיק נאסף קודם שתבוא הרעה. **ואומר יבוא שלום וכו'** — ראיה נוספת, שקודם הצדיק נאסף בשלום, ואחר כך באים דברי התוכחה לשאר העם הנותרים.

תוספתא

ג) תולין לעולם — שבזכותם מתעכבת הפורענות מלבוא לעולם.
ד) מלמד ששינה להם וכו' — שהיו אלה כשבעת ימי הבריאה, שהכל נשתנה בהם.
ו) תקלה מפני גייסות — שמא ישתמשו במעט המים שיש בהם, או שמא יארבו להם בבורות (מג"ב).
ט) היה רעב — חזר רעב. **אנכי אכלכל וכו'** — ומוכיח מפסוק אחר (שם מה, יא) בגזירה שווה שהיה זה כלכול בזמן הרעב, ולא מתן פרנסה בשנים כתיקונן.

פרק יא

א כל זמן שהיתה מרים קיימת היתה באר מספקת את ישראל, משמתה מרים מהו אומר — "ותמת שם מרים ולא היה מים לעדה" (במדבר כ, א–ב), שנסתלקה הבאר. כל זמן שהיה אהרן קיים — עמוד ענן מנהיג את ישראל, משמת אהרן מהו אומר: "וישמע הכנעני מלך ערד יושב הנגב" וגו' (שם כא, א). נעשו ידים לאותו רשע ובא ונלחם את ישראל, אמרו: איה הלך התייר שלהן המכבש להם את הארץ.

ב כל זמן שהיה משה קיים היה מן יורד להן לישראל, משמת משה מהו אומר — "וישבות המן ממחרת" (יהושע ה, יב). ולא שהיה המן תולה להן בחייו, אלא אף במיתתו, שמהמן שלקטו ביום שמת בו משה אכלו ממנו משבעה באדר עד ששה עשר בניסן, שלשים ותשעה ימים. והקריבו את העומר בגלגל, שנאמר: "ובני ישראל אכלו את המן ארבעים שנה עד באם אל ארץ נושבת" (שמות טז, לה) שאין תלמוד לומר "עד באם", מה תלמוד לומר "עד באם אל קצה ארץ כנען" — אלא מלמד שמן המן שלקטו ביום שמת בו משה אכלו הימנו משבעה באדר עד ששה עשר בניסן, שלשים ותשעה יום, עד שהקריבו עומר בגלגל. שאילו לא פסק המן לא רצו לאכול מתבואת ארץ כנען.

ג ר' לעזר בן עזריה אומר: משלו משל למה הדבר דומה? למלך בשר ודם שאמר לעבדו: מזוג לי בחמין, אמר לו: אין כאן חמין. אם לאו — מזוג לי בצונן. להודיעך כמה היה יפה להן לישראל, שאילו ירד מן לישראל באדר — לא אכלו מתבואת ארץ כנען.

ה שנה שיצאו בה ישראל ממצרים, בששה עשר באייר ירד מן לישראל, בשבעה באדר פסק מלירד. אותו היום מת משה, ובששה עשר בניסן כלה מה שבידן, שנאמר: "ויאכלו מתבואת ארץ כנען בשנה ההיא" (יהושע ה, יב). דבר אחר: מה תלמוד לומר "ובני ישראל אכלו את המן ארבעים שנה" (שמות טז, לה), והלא חסירין שלשים יום! אלא שאכלו עוגות מצות שהוציאו בידן ממצרים, שהיו יפות להן כמן.

ו ומניין שבשבעה באדר נולד משה — שנאמר: "ויאמר אליהם בן מאה ועשרים שנה אנכי היום" (דברים לא, ב), שאין תלמוד לומר "היום", מה תלמוד לומר "היום" — שהיום מלאו שנותיו. דבר אחר: מה תלמוד לומר "היום" — מלמד שהן מאה ועשרים שנה מיום ליום מכו[ו]נות. דבר אחר: מה תלמוד לומר "היום" — מלמד שהקדוש ברוך הוא משלים. שנותן של צדיקים ברצון ובשמחה שנאמר: "את מספר ימיך אמלא" (שמות כג, כו).

ז מניין שבשבעה באדר מת משה, שנאמר: "ויבכו בני ישראל את משה בערבות מואב שלשים יום" (דברים לד, ח), ואומר: "ויהי אחרי מות משה עבד ה'... משה עבדי מת ועתה קום עבור וגו'" (יהושע א, א–ב), "ויצו יהושע את שוטרי העם לאמר עברו בקרב המחנה וצוו את העם לאמר" וגו' (שם י–יא), ואומר: "והעם עלו מן הירדן בעשור לחדש הראשון" (שם ד, יט), צא ממנו שלשים ושלשה למפרע ואת מוצא שבשבעה באדר מת משה.

ח ר' יוסה בר' יהודה אומר: כיון שיצאו ישראל ממצרים נתמנו להן שלשה פרנסין טובין, אילו הן: משה, אהרן, ומרים. בזכותן נתנו להן שלש מתנות: עמוד הענן, ומן, ובאר. באר בזכות מרים, עמוד ענן בזכות אהרן, מן בזכות משה. מתה מרים — בטלה הבאר, וחזרה בזכות משה ואהרן. מת אהרן — בטל עמוד הענן, וחזרו שניהם בזכות משה. מת משה — בטלו שלשתן ולא חזרו, שנאמר: "ואכחיד את שלשת [הרועים] בירח אחד" (זכריה יא, ח).

ט והצרעה לא עברה את הירדן, אלא עמדה על שפת הירדן וזרקה לו, א
בהן מרה.

י כל זמן שהיה יהושע והזקנים קיימין לא עמד שיקרא בבני ישראל, ולא הזיקו אומות את ישראל, שנאמר: "ויעבדו העם את ה' כל ימי יהושע וכל ימי הזקנים" וגו' (שופטים ב, ז), משמת יהושע והזקנים מהו אומר — "ויעבדו בני ישראל את כושן רשעתים שמונה שנים" (שם ג, ח). למה נקרא שמו "כושן רשעתים" — שעשה שתי רשעיות: אחת שנ[ש]תעבד בהן בישראל, ואחת שעבר על השבועה.

יא כל זמן שהיה שמואל קיים פלשתים נופלין ביד ישראל, שנאמר: "ותהי יד ה' בפלשתים כל ימי שמואל" (שמואל א ז, יג), משמת שמואל מהו אומר — "וימת שמואל" (שם כה, א), "ויאספו פלשתים את מחניהם לצבא להלחם עם ישראל" (שם כח, א).

יב כתוב אחד אומר "ושמואל מת" (שם) וכתוב אחד אומר "וימת שמואל" (שם כה, א), אלא "ושמואל מת" — זו מיתה ודאי, "וימת שמואל" — לעניינו של שאול. ר' לעזר אומר: הרי הוא אומר "ויאמר לה מה תארו, ותאמר איש עולה" (שם כח, יד), (היא) שלא תעלה על דעתך שלא מת שמואל, אלא מת הוא. ואומר: "ויספדו כל ישראל ויקברוהו ברמה ובעירו" (שם ג), וכי לא היינו יודעין שהרמה עירו? אלא מלמד שספדו לו כל ישראל כדרך שספדוהו ברמה.

יג כיוצא בדבר אתה אומר, "בלכתך היום מעמדי וגו', בצלצח" (שם י, יב). היכן מצינו שנקברה רחל בגבול בנימין בצלצח? והלא לא נקברה אלא בבית לחם חלקו של יהודה, שנאמר: "ותמת רחל ותקבר בדרך אפרת" (בראשית לה, יט), ואין אפרת אלו חלקו של יהודה, שנאמר: "ואתה בית לחם אפרתה צעיר להיות באלפי יהודה" (מיכה ה, א)! אלא אמר לו: עכשיו שאני מדבר עמך הנם על קבורת רחל. אתה הולך והן באין, ומוצא אתה אותן בגבול בנימין בצלצח.

יד כיוצא בדבר אתה אומר, "ושאול יושב בגבעה תחת האשל ברמה וחניתו בידו" (שמואל א כב, ו), אם בגבעה אין ברמה, אם ברמה אין בגבעה! אלא מי מעמיד רגלו של שאול בגבעה — בית דינו של שמואל הרמתי.

טו כיוצא בדבר אתה אומר, "עומדות היו רגלינו בשעריך ירושלם" (תהלים קכב, ב), איפשר לומר כן? אלא מי מעמיד רגלינו במלחמה — בתי דינין של דוד שיושבין בשערי ירושלם.

טז כיוצא בדבר אתה אומר, "יסוב כל הארץ בערבה מגבע לרמון נגב ירושלם" (זכריה יד, י), והלא נגב ירושלם מישור היה, וגבע רמון מקום טרשין וקסקסין! אלא מה גבע ורמון עתידין להיות מישור נגב ירושלם — כך כל ארצות עתידות להיות מישור נגב ירושלם.

יז כיוצא בדבר אתה אומר, "ואת חמשת בני מיכל בת שאול אשר ילדה לעדריאל" (שמואל ב כא, ח), היכן מצינו שניתנה מיכל לעדריאל המחולתי? והלא לא ניתנה אלא לפלטי בן ליש אשר מגלים, שנאמר: "ושאול נתן את מיכל בתו אשת דוד לפלטי בן ליש אשר מגלים" (שמואל א כה, מד)! אלא מקיש נשואי מרב לנשואי מיכל — מה נשואי מיכל לפלטי בן ליש בעבירה, אף נשואי מרב לעדריאל בעבירה היה.

יח שאלו תלמידיו את ר' יוסה: היאך נשא דוד אחות אשתו? אמר להן: לאחר מיתת מרב נשאה.

יט ר' יהושע בן קרחה אומר: שלא היו קדושיו קדושין גמורין,

[שנאמר: "תנה את אשתי את מיכל אשר ארשתי לי" וגו' (שמואל ב ג, יד), כשם שלא היו קדושיו קדושין גמורין] — כך לא היו נשואיו נישואין גמורין.

כ כתוב אחד אומר "ואת חמשת בני מיכל" (שם כא, ח), וכתוב אחד אומר "ולמיכל בת שאול לא היה לה ולד עד יום מותה" (שם ו, כג), כיצד יתקיימו שני פסוקין הללו? אמור מעתה: בניה של מירב היו, ילדה מירב, וגידלה אותן מיכל, ונקראו על שמה, שנאמר: "ותקראנה לו השכנות שם לאמר יולד בן לנעמי" (רות ד, יז), ואומר: "אלה תולדות אהרן ומשה" (במדבר ג, א).

א) נעשו ידים — כלומר, נעשה לו דבר שיכול לסמוך עליו. **התייר שלהן** — שכך דרשו "דרך האתרים", ותייר ענינו — זה שהולך לפני המחנה לברור את הדרך הטובה ולהגן על השיירה.

ג) מזוג לי — ערבב לי את היין. **אם לאו וכו'** — אלו דברי המלך, מתוך שערב עליו היין. **כמה היה יפה** — וערב לישראל, שאלמלא פסק לא היו מתחילים לאכול מתבואת הארץ.

ו) מה תלמוד לומר היום — שמילה זו מיותרת, ולא באה אלא להדגיש שבאותו יום ממש היה בן מאה ועשרים. **מספר ימיך אמלא** — שהוא לשון מילוי רצון וטובה.

ז) וצוו את העם וכו' — והכונה לסוף הכתוב "כי בעוד שלשת ימים אתם עוברים את הירדן". **שלשים ושלשה** — שלשים יום של בכי ושלשה ימים של הכנה.

ח) ואכחיד את שלשת וכו' — ושלשת הרועים הם שלשה אלה שהיו רועי — מנהיגי ישראל. וכיון שמפורש בכתוב שלא מתו בירח אחד, מפרש שעם מותו של משה בטלו שלשת המתנות, והיה כאילו מתו כולם כאחד.

ט) והצרעה — שאף היא באה בזכות משה, ככתוב "את אימתי אשלח לפניך" (שמות כג, כז), אף היא לא עברה את הירדן אחר מותו.

י) לא עמד שיקרא — כלומר, עבודה זרה שהיא שקר. **שעבר על השבועה** — שנשבע לבן ליעקב שלא לעבור את גבולו לרעה.

יב) זו מיתה ודאי — כלומר, תיאור זמן מותו. **לעניינו של שאול** להסביר מה ראה שאול להעלותו באוב. **שלא תעלה על דעתך** — כלומר, לכך נאמר שוב באותו פרק "ושמואל מת". **ברמה ובעירו** — ומפרש כאילו היה כתוב שספדוהו כל אחד בעירו כשם שספדוהו ברמה.

יג) כיוצא בדבר — חוזר למה שנאמר בפרק קודם בענין עירוב מקראות, שאין הדברים בכתוב המשך זה לזה, אלא יש בהם מאמר מוסגר וכיוצא באלה. **בצלצח** — הכוונה לאמור תחילה "ומצאת שם שני אנשים עם קבורת רחל בצלצח". **אלו** — אלא.

יד) בית דינו של שמואל — ו"תחת האשל" — תחת חסותו והגנתו של צדיק זה.

טו) עומדות היו רגלינו — שהיה קשה לו, שאין זה המשך הכתוב שהוא בלשון יחיד, כדברי דוד. ולכן פירש שהוא מאמר ישראל על זמנו של דוד עצמו (מהרש"א). **בשעריך** — בשביל שעריך (רש"י).

טז) קסקסין — מקומות בלתי חלקים. **כך כל ארצות** — ומפרש "יסוב כל הארץ" שכל הארץ תיעשה חלקה, כאמור "והיה העקוב למישור" (ישעיה מ, ד).

יז) אף נשואי מרב — בתו של שאול. שלשיטה זו היתה מאורסת ממש לדוד, ושאול נתנה שלא כדין לעדריאל (שמואל א יח, יט).

יח) היאך נשא דוד וכו' — שלפי האמור לעיל היתה מרב אשתו, ואסור היה באחותה.

יט) שנאמר תנה וכו' — וההדגשה היא: מיכל אשתי ולא מרב אשתי, שלא קידשה ממש. **כך לא היו נישואיו** — וסבור שאף מיכל לא נתקדשה קידושין גמורים לדוד, שלא חלו קידושין על ידי ערלות פלשתים, ואף נישואין שנשאה לאחר מכן לא היו גמורים, ולכן סבר שאול שיכול לתתה לאיש אחר.

כ) יולד בן לנעמי — ומכאן ראיה שהמגדל ילד נחשב לו הדבר כאילו ילדו. **ואלה תולדות אהרן ומשה** — ולא פירט שם אלא את בני אהרן, אלא בא לומר שכיון שלימדם משה הרי הם נחשבים אף כבניו שלו.

פרק יב

א "בשנת שלשים ושש למלכות אסא עלה בעשא מלך ישראל על יהודה ויבן את הרמה" (דברי הימים ב טז, א). איפשר לומר כן? והלא אסא קבר את בעשא בשנת עשרים ושש למלכותו! מה תלמוד לומר "בשנת שלשים ושש" — [נגד שלשים ושש] שנה שנתחתן שלמה במלך מצרים, נגד שלשים ושש שנה שנגזרה גזירה על מלכות בית דוד שתחלק, ובאחרונה עתידה שתחזור להם.

ב נגד שלשים ושש שנה שנגזרה גזירה על מלכי ארם שיהו שטנין על ישראל, ובאחרונה עתידין ליפול ביד בני דוד, לכך נאמר "בשנת שלשים ושש שנה למלכות אסא". "וימת כדבר ה' אשר דבר אליהו וימלך יהורם תחתיו בשנת שתים ליהורם בן יהושפט מלך יהודה" (מלכים ב א, יז). אפשר לומר כן? והלא יהושפט מלך אחריו חמש שנים! אלא, כיון שהלך יהושפט מלך יהודה עם אחאב מלך ישראל לרמות גלעד נגזרה גזירה על יהושפט ליהרג, שנאמר: "ויהי כראות שרי הרכב את יהושפט" וגו' (מלכים א כב, לב) ראוי היה ליהרג באותה שעה אלא מלמד שבשכר זעקה תלה לו הכתוב שבע שנים, והיה מונן לבנו.

ג "בן שלשים ושתים שנה יורם במלכו, ושמונה שנים מלך בירושלם" (דברי הימים ב כא, ה), ובאחזיהו בנו מהו אומר — "בן ארבעים ושתים שנה אחזיהו במלכו, ושנה אחת מלך בירושלם" (שם כב, ב), ובמקום אחר הוא אומר "בן עשרים ושתים שנה אחזיהו במלכו" (מלכים ב ח, כו), אמר ר' יוסה: וכי היאך איפשר לבן שיהא גדול מאביו שתי שנים? אלא כיון שהשיא אסא מלך יהודה את בתו של עמרי מלך ישראל ליהושפט בנו לאשה, נגזרה על מלכות בית דוד שתכלה עם בית אחאב, שנאמר: "ומאל(ה)ים היתה תבוסת אחזיהו" וגו' (דברי הימים ב כב, ז), ונפלו שניהם בו ביום זה עם זה.

ד כיוצא בו "כולם נתיחסו בימי יותם מלך יהודה ובימי ירבעם בן יואש מלך ישראל" (דברי הימים א ה, יז). איפשר לומר כן? והלא עוזיהו קבר את ירבעם ועוד שלשה מלכים אחריו! אלא כל אותן עשרים וחמש שנה שהיה עזיה המלך מצורע, יותם בנו על בית המלך שופט את עם הארץ.

ה עד שלא נגנז אליהו היתה רוח הקדש מרובה בישראל, שנאמר: "ויאמר אליהו אל אלישע שב נא פה כי ה' שלחני בית אל" (מלכים ב ב, ב), מהו אומר — "ויצאו בני הנביאים אשר בבית אל" וגו' (שם ג). "כי ה' שלחני יריחו" (שם ד), מהו אומר "ויגשו בני הנביאים אשר ביריחו" וגו' (שם ה). "כי ה' שלחני הירדנה" (שם ו), מהו אומר — "וחמשים איש מבני הנביאים הלכו ויעמדו מנגד מרחוק ושניהם עמדו על הירדן" (שם ז), יכול מפני שהן מועטין — תלמוד לומר: "וחמשים איש", יכול מפני שהן קטנים — תלמוד לומר: "ויאמרו אליו הידעת כי היום ה' לקח את אדוניך" (שם ג) "אדונינו" לא אמרו, אלא "אדוניך", מלמד שכולם חביריו של אליהו היו, והיו שקולין כנגד אליהו. ומניין שנסתלקה מהן רוח הקדש — שנאמר: "ויאמרו אליו הנה נא יש את עבדך (חמשה) [חמשים] אנשים בני חיל" וגו' (שם טז), איפשר לבני אדם? אמש הוא אומר "הידעת כי היום ה' לקח את אדוניך" (שם ג), ועכשיו אומר "ילכו ויבקשו את אדוניך"? אלא מגיד שנסתלקה מהן רוח הקודש. "ויפצרו בו עד בוש ויאמר שלחו" (שם יז), מה תלמוד לומר "עד בוש" (כדי) — מלמד שהיה (בין שניהם) [בוש מהם]. דבר אחר, מה תלמוד לומר "עד בוש" — מלמד שנתבייש מהן, כדי שלא יאמרו אינו רוצה להקביל פני רבו.

ו כל זמן שהיה אלישע קיים לא היו גדודי ארם באין בגבול ישראל, שנאמר: "ולא יספו גדודי ארם לבוא בארץ ישראל" (שם ו, כג). משמת אלישע מהו אומר — "וימת אלישע ויקברוהו וגדודי מואב יבאו בארץ בא שנה" (שם יג, כ).

א) בשנת שלשים וכו׳ — המשך הדברים מן הפרק הקודם בענין מקראות קשים, שיש לפרש באופן של ״עירובי דברים״ שאין כל האמור בפסוק קשור לענין אחד. **והלא אסא קבר וכו׳** — שנאמר (מלכים א׳ טו, ח) שמלך אלה בן בעשא כבר בשנת עשרים ושש לאסא. **נגד שלשים ושש וכו׳** — ששלמה נשא את בת פרעה בשנה הרביעית למלכותו, וכיון שמלך ארבעים שנה נמצא שהיה נשוי לה שלושים ושש שנה. ובעוון זה נענש שתיחלק מלכות בית דוד כמנין זה של שנים. **ובאחרונה עתידה וכו׳** — שהיה ראוי שתחזור להם המלכות לאחר שלושים ושש שנה, אלא שגרם חטאו של אסא, שבאותה שנה, כאשר עלה בעשא על יהודה, שלח כספי אוצר המקדש לארמים (מלכים א טו, יח), ולא חזרה, ורק לעתיד תחזור.

ב) נגד שלשים ושש — ועוד כנגד זה נגזר שיציקו מלכי ארם כמשך שנים אלה, והיו צריכים ליפול בידם אלא שכרת אסא עימם ברית, ולכן רק באחרונה וכו׳. **והלא יהושפט מלך אחריו וכו׳** — שהרי מפורש שמלך יהורם בן אחאב בשנת שמונה עשרה ליהושפט (מלכים ב׳ ג, א) ויהושפט מלך עשרים וחמש שנה, ואפילו היו אלה שנים מקוטעות מלך לפחות חמש שנים אחרי מות אחאב (תכ״פ). **בשכר זעקה** — כמפורש במלכים א כב, לב. **והיה מונה** — ומכאן הכתוב מונה לבנו, כאילו כבר מת יהושפט באותו זמן.

ג) שתי שנים — שהרי כל שנות יורם היו ארבעים, וכיצד יכול היה בנו להיות בן ארבעים ושתים? **אלא כיון שהשיא וכו׳** — מפרש לפי זה שארבעים ושתים שנה אינן שנותיו של אחזיה, אלא השנים משעה שנגזרה אותה גזירה. **ונפלו שניהם** — ביד יהוא.

ד) ושלשה מלכים אחריו — ארבעה לפחות היו: זכריה בן ירבעם, שלום בן יבש, מנחם בן גדי ופקחיה בן מנחם, ופקחיה זה מת בשנת חמישים ושתים לעוזיה (מלכים ב טו, ח). ונראה שלא מנה את שלום בן יבש שלא מלך אלא חודש אחד בלבד. (תכ״פ). **יותם בנו וכו׳** — שלא מת אביו, אבל יותם היה המלך בפועל.

ה) איפשר לבני אדם — כלומר, וכי אפשר שידברו כך בני אדם. **שהיה בוש מהם** — כנראה מפרש במשמעות ״ביש״ — חולה, מחמת ריבוי הבקשות.

פרק יג

ט, א **א** משנבנה בית ראשון נגנז אהל מועד, ונגנזו עמו קרסיו קרשיו ובריחיו ועמודיו ואדניו, ואף על פי כן לא היו משתמשין אלא בשלחן שעשה משה, ומנורה שעשה משה. מנורה שעשה משה לא היתה צריכה שמן המשחה, שקדושה הראשונה קדשה לשעתה וקדשה לעתיד לבא. משנגנז ארון נגנז עמו צנצנת המן וצלוחית של שמן המשחה ומקלו של אהרן, שקדיה ופרחיה, וארגז שהשיבו פלשתים דרון לאלהי ישראל. כולם היו בבית קדש הקדשים, ומשנגנז ארון נגנזו עמו דברים. ומי גנזו — יאשיהו המלך גנזו. מה ראה? כיון שראה כתוב בתורה ״יולך אותך ואת מלכך״ וגו׳ (דברים כח, לו) פיקד ללוים וגנזוהו, שנאמר: ״ויאמר ללוים המבינים לכל ישראל הקדשים לה׳ תנו את ארון הקדש בבית אשר בנה שלמה מלך ישראל אין להם משא בכתף״ (דברי הימים ב לה, ג), אמר להם: גנזו אותו שלא לה לבבל כשאר כל הכלים, שתחזירוהו למקומו, שנאמר: ״עתה עבדו את ה׳ אלהיכם ואת עמו ישראל״ (שם), מיד גנזו אותו הלוים. ר׳ ליעזר אומר: ארון גלה לבבל, שנאמר: ״לא יותר דבר אמר ה׳״ (מלכים ב כ, יז), ואין ״דבר״ אלא דברות שבו. ר׳ שמעון אומר: הרי הוא אומר ״ולתשובות השנה שלח המלך נבוכדנצר ויביאהו בבלה עם כלי חמדת בית ה׳״ (דברי הימים ב לו, י) — זה ארון. ר׳ יהודה בן לקיש אומר: ארון נגנז במקומו, שנאמר: ״ויאריכו הבדים ויראו וגו׳ ויהיו שם עד היום הזה״ (מלכים א ח, ח).

מח, ב **ב** משחרב בית המקדש הראשון בטלה מלוכה מבית דוד, ובטלו אורים ותומים, ופסקו ערי מגרש, שנאמר: ״ויאמר התרשתה להם אשר לא יאכלו מקדש הקדשים״ (עזרא ב, סג), כאדם שאומר לחבירו ״עד שיחיו מתים״, או ״עד שיבא אליהו״.

מח, ב **ג** משמתו נביאים האחרונים, חגי זכריה ומלאכי, פסקה רוח הקודש מישראל, ואף על פי כן היו משמיעין להן על בת קול. מעשה שנתכנסו חכמים לעליית בית גוריה ביריחו. ויצתה בת קול ואמרה להן: יש כ[א]ן אדם ביניכם שראוי לרוח הקדש, אלא שאין דורו זכיי לכך. נתנו עיניהם בהלל הזקן, וכשמת אמרו עליו: הא עניו, הא חסיד, תלמידו של עזרא!

מח, ב **ד** שוב פעם אחת היו יושבין ביבנה, ושמעו בת קול אומרת: יש כאן אדם שראוי לרוח הקודש, אלא שאין הדור זכיי, ונתנו עיניהם בשמואל הקטן. בשעת מיתתו מה היו אומרין: הא עניו, הא חסיד, תלמידו של הלל הזקן! אף הוא אומר בשעת מיתתו: שמעון וישמעאל לקטלא, ושאר חברוהי לחרבא, ושאר עמא לביזה, ועקן רברבן יהויין לאחר דנא. בלשון ארמי אמרן. אף על ר׳ יהודה בן בבא התקינו שיהו אומרים עליו: הא עניו, הא חסיד, תלמידו של שמואל הקטן! אלא שנטרפה שעה.

לג, א **ה** יוחנן כהן גדול שמע דבר מבית קדש הקדשים: נצחון (מרא) טליא דאזלון לאגחה קרבא באנטכיא. וכתבו אותה שעה ואותו היום, וכיונו, ואותה שעה היתה שנצחו.

לג, א **ו** שמעון הצדיק שמע דבר מבית קדש הקדשים: בטילת בידתא די אמר סנאה לאיתאה להיכלא, ונהרג גסקלגס ובטלו גזרותיו, ובלשון ארמי שמע.

ז כל זמן שהיה שמעון הצדיק קיים היה נר מערבי תדיר. משמת, הלכו ומצאוהו שכבה. מיכן ואילך מוצאין אותו פעמים כבה פעמים דולק. כל זמן שהיה שמעון קיים היתה מערכה תדירה. כשמסדרין אותה בשחרית, היתה מתגברת והולכת כל היום כולו, והיו מקריבין עליה תמידין ומוספין ונסכיהן, ולא היו מוסיפין עליה אלא שני גיזרי עצים עם תמיד של בין הערביים, כדי לקיים מצות עצים בלבד, שנאמר: ״ובער עליה הכהן״ (ויקרא ו, ה). משמת שמעון הצדיק תשש כחה של מערכה. כשמסדרין אותה בשחרית, לא היו נמנעין מלהוסיף עליה עצים כל היום כולו. כל זמן שהיה שמעון קיים ברכה נכנסת בשתי הלחם, ובלחם הפנים. שתי הלחם מתחלקות בעצרת לכהנים, ולחם הפנים ברגל לכל המשמרות לאנשי משמר. יש מהן שאוכלין ושובעין, ויש מהן שאוכלין ומותירין, ולא עלה ביד כל אחד ואחד אלא כזית. משמת שמעון הצדיק לא היתה ברכה נכנסת לא בשתי הלחם ולא בלחם הפנים. הצנועין מושכין ידיהם, והגרגרנין חולקין ביניהן, ולא עלה ביד כל אחד ואחד אלא כפול.

ח מעשה בכהן אחד מצפורי שנטל חלקו וחלק חבירו, ואף על פי כן לא עלה בידו [אלא כפול], והיו קורין אותו בן החמסן עד היום. שנה שמת בה שמעון הצדיק אמר להם: בשנה זו אני מת. אמרו לו: מניין אתה יודע? אמר להם: כל ימות הכפורים היה זקן אחד לובש לבנים ומתכסה לבנים נכנס עמי ויוצא עמי, שנה זו נכנס עמי ולא יצא. לאחר הרגל [חלה] שבעת ימים ומת. [משמת] שמעון הצדיק נמנעו אחיו מלברך בשם.

מח, א **ט** מעוררין — אלו הלוים, שאומרים על הדוכן ״עורה למה תישן ה׳״ (תהלים מד, כד). אמר להן רבן יוחנן בן זכיי: וכי יש שינה לפניו? והלא כבר נאמר ״הנה לא ינום ולא ישן״ ושם קכא, ד)! אלא, כל זמן שישראל שרויין בצער ואומות העולם שרוי בשלוה, כביכול ״עורה למה תישן״.

מח, א **י** נוקפין — אלו שמכין את העגל בין קרניו, כדרך שמכין לעבודה

זרה. אמר להן יוחנן כהן גדול: עד מתי אתם מאכילין את המזבח טריפות! עד ימיו היה פטיש מכה בירושלם בחולו של מועד. אף הוא גזר על הוודיי, וביטל את הדמיי. לפי ששלח לכל עיירות ישראל ומצאן שאין מפרישין אלא תרומה גדולה בלבד, מעשר ראשון ומעשר שיני מקצתן מפרישין, ומקצתן אין מפרישין. [אמר]: הואיל ותרומה גדולה עון מיתה, ותרומת מעשר עון טבל — יהא אדם קורא שם לתרומה ותרומת מעשר ונותנן לכהן, ומעשר שני מחללו על המעות. והשאר מעשר, מעשר עני, המוציא מחבירו עליו הראיה.

א) לא היתה צריכה וכו׳ — שכלי הקודש צריכים משיחה לקדשם, אבל מנורה זו כבר נתקדשה בימי משה ולא היתה צריכה קידוש נוסף בימי שלמה. **שקדיה ופרחיה** — שעל מקלו של אהרן. **שהשיבו פלשתים** — ראה שמואל א ו, יא. **דרין** — דורון, מתנה. **דברים** — עשרת הדברות. **שתחזירוהו למקומו** — לעתיד לבוא, אם ייגנז ולא יגלה לבבל.
ב) כאדם וכו׳ — הכוונה לסוף הפסוק "עד עמוד כהן לאורים ותומים".
ד) התקינו — התכוננו, הכינו.
ז) נר מערבי תדיר — שהיה בוער כל הלילה וכל היום וממנו היו מדליקים את הנרות בלילה הבא. **מערכה תדירה** — שהיתה אש מערכה בוערת כל הזמן מעצמה. **הצנועין מושכין ידיהן** — שלא רצו ליטול מדבר שאינו מספיק לכל.
ח) אלא כפול — כגרגיר של פול, ללמד כמה מעט היה חלקו של כל אחד. **זקן אחד** — ובתלמוד הירושלמי אמרו שהיתה זו התגלות של מעלה. **לברך בשם** — המפורש.
י) הוודיי — יש גורסים: "הוידוי", ויש: "הודאי". **והשאר מעשר** — ראשון.

פרק יד

ר׳ מז, א **א** רבן יוחנן בן זכיי אומר: משרבו הרצחנין בטלה ערופה, לפי שאין
מ׳, ב עגלה ערופה באה אלא על הספק, עכשיו רבו ההורגין גלוי.
מז, א **ב** משרבו המנאפין פסקו מי מרים, לפי שאין מי מרים באין לא על
הספק, עכשיו כבר רבו הרואין בגלוי.
מ׳, ב **ג** משרבו בעלי הנאה בא חרון אף לעולם, ובטל כבוד תורה. משרבו
לוחשי לחישות בבית דין נתעוותו המעשים, ונתקלקלו הדינין, ופסקה
השכינה מישראל.
מז, ב **ד** משרבו רואין לפנים בטל "לא תכירו פנים במשפט" (דברים א, יז),
ופסק "לא תגורו מפני איש" (שם), ופרקו מהן עול שמים, והמליכו
עליהם עול בשר ודם.

ה משרבו מטילי מלאי על בעלי בתים רבה שוחד, והוטה משפט, "והיו לאחור ולא לפנים" (ירמיה ז, כד), ועליהם נאמר כעל בני שמואל "ולא הלכו בניו בדרכיו" וגו׳, וכי לקחו שחד ומשפט הטו (ראה שמואל א ח, ג).

ו ר׳ מאיר אומר: חלקם שאלו בפיהם. ר׳ יהודה אומר: מלאי הטילו על בעלי בתים. ר׳ עקיבא אומר: מתנות נטלו בזרוע. ר׳ יוסה אומר: קופה של מעשרות לקחו בזרוע. אף על פי שלא קלל עלי את שמואל אלא על תניי, ראה היאך דבקה בו.

ז משרבו "מקבל אני טובתך" ו"מחזיק אני טובתך" רבו "איש הישר מז, ב
בעיניו יעשה" (שופטים יז, ו), וסרחה כל המלכות כולה, ואזלא ונזלא.
ומשרבו איש הישר בעיניו יעשה, שפלים הגבהו וגבוהים השפלו,
סרחה כל המלכות כולה, אזלא ונזלא. משרבו צרי עין וטורפי טרף,
הן הן שופכי דמים — רבו אומצי הלב, וכל אחד ואחד קופץ ידו,
ועברו על מה שכתוב בתורה "השמר לך פן יהיה דבר" וגו׳. (דברים
טו, ט).

ח משרבו מושכי הרוק נתמעטו התלמידים, ובטל כבוד תורה. משרבו "אחרי בצעם לבם הולך" (יחזקאל לג, לא) רבו "האומרים לרע טוב ולטוב רע" (ישעיה ה, כ). משרבו האומרים לרע טוב ולטוב רע נתמלא כל העולם כולו הוי הוי. משרבו היהירים התחילו בנות ישראל לינשא ליהירים, לפי שבדורנו אין רואין אלא לפנים.

ט משרבו נטויות גרון ומסקרות עינים רבו מים מרים, אלא שפסקו. מז, ב
משרבו זחוחי הלב רבו מחלוקות בישראל, והן הן שופכי דמים. משרבו
מקבלי מתנות נתמעטו ימים ונתקצרו שנים. משרבו תלמידי שמיי והלל מז, ב
שלא שמשו כל צרכן הרבו מחלוקות בישראל, ונעשו שתי תורות.
י משרבו מקבלי צדקה מן הגוים, כביכול, שהתחילו גוים להתמעט מז, ב
וישראל להתרומם, איפכא, אין נוח בעולם לישראל.

ה) מטילי מלאי — שדורשים מבעלי הבתים שיעשו מסחר עבורם.
ו) ר׳ מאיר וכו׳ — מסביר במה חטאו בני שמואל. **חלקם שאלו** — חלק המעשר שהיה מגיע להם כלויים, והיה זה כעין שוחד. **מתנות** — מתנות כהונה, זרוע לחיים וקיבה. **אף על פי וכו׳** — שאמר עלי לשמואל "כה יעשה לך אלקים וכה יוסיף אם תכחד ממני דבר" (שמואל א ג, יז), שאף שלא קללו ("כה יעשה") אלא על תנאי, דבקה בו קללה זו, שאף בניו של שמואל לא הלכו בדרכיו.
ז) סרחה כל המלכות — מלכות רומי, שירדה ונתמוטטה. **אזלא ונזלא** — הולכת ומתמוססת. **הן הן שופכי דמים** — שאף שאינם רוצחים בפועל, מאחר שמקפחים פרנסת אחרים הריהם כשופכי דמים.
י) כביכול — כלומר, אין זה תיאור ממשי, אלא כפי שנאמר "איפכא" שהתמעטו ישראל, אלא שרצו לומר בלשון נקיה.

פרק טו

מח, א **א** משחרב בית המקדש, בטל שמיר ונופת צופים. אמר ר׳ יודה: מה
ר, מח, ב טיבו של שמיר זה? בריה היתה משׁשת ימי בראשית, כשנותנין [אותו]
על גבי אבנים, ועל גבי קורות, מתפתחות לפניו כלוחי פינקס. ולא
עוד, אלא כשנותנין אותו על גבי ברזל, הוא ב־קע ויורד מלפניו, ואין
מח, ב כל דבר יכול לעמוד בו. כיצד עושין (אמ׳) לו, כורכין אותו במוכין
של צמר, ונותנין אותו לתוך טנא של עופרת מלא סובין של שעורין.
ובו בנה שלמה את בית המקדש, שנאמר: "ומקבות והגרזן וכל כלי
ברזל" וגו׳ (מלכים א ו, ז), דברי ר׳ יהודה. ר׳ נחמיה אומר: מגוררות
במגרה היו מבחוץ, שנאמר: "כל אלה אבנים יקרות במדת גזית
מגוררות במגירה מבית ומחוץ" (שם ז, ט). מה תלמוד לומר "מבית
ומחוץ" — בבית לא היו נשמעין, אלא מתקנין אותן מבחוץ, ומכניסין
אותן לפנים. אמר רבי: נראין דברי ר׳ יהודה באבני מקדש, ודברי ר׳
נחמיה באבני ביתו.
ב אמר רבן שמעון בן גמליאל: תדע שנתאררו טללים, שבראשונה
כשהיה טל יורד על גבי תבן ועל גבי הקש היה מלבין, שנאמר: "והנה
על פני המדבר דק מחספס" (שמות טז, יד), עכשיו משחיר. בראשונה
כל עיר שהיו טלליה רבים מחברותיה, פירותיה היו מרובין, עכשיו
ממועטין. רבן שמעון בן גמליאל אומר משם ר׳ יהושע: מיום שחרב מח, א
בית המקדש, אין יום שאין בו קללה, ולא ירד טל לברכה, ונוטל טעם
פירות, וראשון ראשון עומד. ר׳ יוסה אומר: אף נוטל שומן פירות. ר׳ מט, א

שמעון בן לעזר אומר: טהרה נטלה את הטעם ואת הריח. מעשרות נטלו את השמן ואת הדגן.

מט, ב **ג** משמת ר׳ ליעזר בטל כבוד תורה. משמת ר׳ יהושע בטלו אנשי עצה, ופסקה מחשבה מישראל. משמת ר׳ עקיבה בטלו זרועי תורה, ופסקו מעינות חכמה. משמת ר׳ לעזר בן עזריה בטלה עטרת חכמים ש״עטרת חכמים עשרם״ (משלי יד, כד).

מט, ב **ד** משמת בן עזאי בטלו השקדנין.

ה משמת בן זומא בטלו הדרשנין. משמת ר׳ חנינא בן דוסא בטלו אנשי מעשה מישראל. משמת אבא יוסי בן קטנית איש קטנתה נתקטנה חסידות מישראל. למה נקרא שמו איש [קטנתא — שהוא] קוטנה של חסידות. משמת רבן שמעון בן גמליאל, בא גוביי, ורבו צרות. משמת רבי נכפלו צרות.

ו רבן שמעון בן גמליאל אומר: אין לך כל צרה וצרה שבאה על הציבור שאין בית דין מבטלין שמחה כנגדה.

ז משבטלה סנדרי, בטל שיר מבית המשתאות. וכי מה היתה סנהדרין מועלת להן לישראל, אלא לענין שנאמר: ״ואם העלם יעלימו עם הארץ״ וגו׳ (ויקרא כ, ד). בראשונה, כשהיה אדם חוטא, כשהיה סנדרי קיימת, נפרעין ממנו. עכשיו — ממנו ומקרוביו, שנאמר: ״ושמתי אני את פני באיש ההוא ובמשפחתו״ וגו׳ (שם כ, ה). משלו משל למה הדבר דומה? לאחד שסרח בעיר, ומסרוהו לרצען וריצעו, היה קשה מן הרוצען. מסרוהו לבעל זמורה וחבטו, היה קשה מבעל זמורה. מסרוהו לקטרון וחבשו, והיה קשה מקטרון. מסרוהו לשלטון והטילו בקמין. אף כך ישראל — צרות האחרונות משכחות את הראשונות.

מט, א **ח** בפולמוס של אספסינוס גזרו על עטרות חתנים. ואילו הן עטרות
מט, ב חתנים — של מלח ושל גפרית, אבל של ורד ושל הדס התירו. [בפולמוס של טיטוס גזרו על עטרות כלות, אילו הן עטרות כלות — אילו זהוריות מזוהבות, אבל יוצאה היא בכיפה של מלח בבית. ושלא ילמד אדם את בנו יונית. התירו להם לבית רבן גמליאל ללמד את בניהם יונית, מפני שהן קרובין למלכות].

ט ושלא לסוד את ביתו בסיד, בביצת הסיד. אם עירב בו תבן, או חול — מותר. ר׳ יהודה אומר: עירב בו חול הרי זה טרכי סיד, ואסור. אם עירב בו תבן — מותר. פולמוס האחרון גזרו על חופת חתנים. אילו הן חופת חתנים — אלו של זהב, אבל עושה הוא אפיפירות ותולה בה כל מה שירצה. ושלא תצא כלה באפיריון בתוך העיר, ורבותינו התירו שתצא כלה באפריון בתוך העיר. אף על פלטון גזר ר׳ יהודה בן בבא, ולא הודו לו חכמים.

י אמר ר׳ ישמעאל: מיום שחרב בית המקדש, דין הוא שלא לאכל בשר, ושלא לשתות יין, אלא שאין בית דין גוזרין על הצבור דברים שאין יכולין לעמוד בהן. הוא היה אומר: הואיל ועוקרין את התורה מבינותינו, נגזור על העולם שהוא שמם, שלא לישא אשה, ושלא להוליד בנים, ושלא להקים שבוע בן, עד שלא שיכלה זרעו של אברהם מאליו. אמרו לו: מוטב להן לצבור שיהו שוגגין, ואל יהו מזידין.

יא משחרב הבית האחרון רבו פרושין בישראל, שלא היו אוכלין בשר ולא שותין יין. ניטפל להן ר׳ יהושע, אמר להן: בניי, מפני מה אין אתם אוכלין בשר? אמרו לו: נאכל בשר, שבכל יום היה תמיד קרב לגבי מזבח, ועכשיו בטל? אמר להן: לא נאכל. ומפני מה אין אתם שותין יין? אמרו לו: יין נשתה, שבכל יום היה מתנסך על גבי המזבח, ועכשיו בטל? אמר להם: לא נשתה. אמר להם: אם כן לחם לא נאכל, שממנו היו מביאין שתי הלחם ולחם הפנים. מים לא נשתה, שמהן היו מנסכין מים בחג. תאנים וענבים לא נאכל, שמהם היו מביאין בכורים בעצרת. שתקו.

יב אמר להם: בניי, להתאבל יותר מדיי אי אפשר, ושלא להתאבל אי איפשר. אלא כך אמרו חכמים: סד אדם את ביתו בסיד ומשייר דבר מועט, זכר לירושלם.

יג עושה אדם צרכי סעודה ומשייר דבר מועט, זכר לירושלם.

יד עושה אשה תכשיטין ומשיירת דבר מועט, זכר לירושלם, שנאמר: ״אם אשכחך ירושלם תשכח ימיני תדבק לשוני לחכי אם לא אזכרכי״ וגו׳ (תהלים קלז, ה-ו).

טו וכל המתאבלים עליה בעולם הזה שמחים עמה לעולם הבא, שנאמר: ״שמחו את ירושלם וגילו בה כל אוהביה״ וגו׳ (ישעיה סו, י).

סליק פירקא וסליקא מסכת סוטה

ב) **היה מלבין שנאמר** — שהרי בתאור המן נאמר שהיה לבן, ולפי זה משמע שהטל היה מלבין. **וראשון ראשון עומד** — כלומר, אף שמתחדשות צרות נוספות, אין הראשונות בטלות. **נוטל** — ניטל.

ג) **כבוד התורה** — שהיה ממולא בידיעת התורה כולה.

ו) **מבטלין שמחה כנגדה** — וכפי המבואר שככל שנתוספו צרות גזרו גזירות נוספות למעט בשמחה.

ז) **וכי מה היתה סנהדרין מועלת** — כלומר, מדוע נתאבלו כל כך על ביטול סנהדרין שאין בה אלא ביטול מיתות בית דין. **נפרעין ממנו** לבלד, ושאר קרוביו ושאר ישראל אינם חייבים בדבר. **לרצען** — פקיד נמוך שהיה מלקה את האנשים שפשעו. **והיה קשה** — ולא הועילו לו מכות הרצועה. **לבעל זמורה** — פקיד גבוה יותר, שהיה נושא זמורה כסימן לתפקידו, והיה מכהו במקל. **לקטרון** — centurio, שר מאה, שהיתה בידו סמכות לדון ולהעניש. **לשלטון** — מושל המדינה, שהיה בידו לדון דיני נפשות. **והטילו בקמין** — לכבשן אש לשורפו. **צרות אחרונות משכחות** — משום שהן קשות יותר.

ט) **בסיד** — שהוא לבן ביותר, וגזרו על כך משום אבל. **בביצת הסיד** — גוש של סיד, ונראה שהכוונה שנוטל סיד נקי כמו שהוא בביצת הסיד. **טרכי סיד** — סיד קשה, כלומר מעין מלט. ואף שאינו לבן כל כך הריהו חזק ומתקיים יותר. **פלטון** — פיליטון, מיני בושם.

י) **ועוקרין את התורה** — שגזרו גזירות על הנישואין ועל המילה. **להקים שבוע בן** — שמחה שהיו עושים לפני ברית מילה. **עד שלא שיכלה** — כלומר, שמוטב שיכלה זרע אברהם מאליו ולא על ידי הריגה, שהיו עונשים את שומרי המצוות.

יא) **אמר לה לא נאכל** — כלומר, נניח שלא נאכל, כי לאחר מכן דחה את נימוקיהם.

יב) **ומשייר דבר מועט** — חלק מן הקיר שאין סד אותו, זכר לחורבן.

יג) **דבר מועט** — שמחסרים תבלין אחד או מאכל אחד.

יד) **זכר לירושלים** — שמצוה לזכור את חורבנה בכל עת שמחה.

טו) **וכל המתאבלים וכו׳** — מסיים בדבר טוב, כדי לגמור בדבר תנחומים ושמחה.

מפתחות

לוח ראשי תיבות וקיצורים

ראשי תיבות וקיצורים שהובאו במסכת סוטה

אבנ"מ — אבני מילואים
אג"ב — אגדת בראשית
אדר"נ — אבות דרבי נתן
אה"ע — אבן העזר
או"ח — אורח חיים
אוצה"ג — אוצר הגאונים
איכ"ר — איכה רבה
אסת"ר — אסתר רבה
א"ר — אליהו רבה
ב"ב — בבא בתרא
בגמ' — בגמרא
בה"ג — בעל הלכות גדולות
בה"ט — באר היטב
ב"ח — בית חדש
ב"י — בית יוסף
בכת"י — בכתב יד
ב"מ — בבא מציעא
במדב"ר — במדבר רבה
בעה"ב — בעל הבית
ב"ק — בבא קמא
ב"ר — בראשית רבה
ב"ש — בית שמואל, בית שמאי
דב"ר — דברים רבה
ד"ה — דיבור המתחיל
ד"מ — דרכי משה
דפו"י — דפוס ישן דפוסים ישנים
דרשב"י — דרבי שמעון בר יוחאי
ה' — הלכה, כגון: ה"א = הלכה א
ה"ג — הלכות גדולות
הג"ה — הגהה, הגהת המעתיק
הגר"א — הגאון רבי אליהו (מוילנא)
גרי"ז — הגאון רבי יצחק זאב (סולובייצ'יק)
הל' — הלכה
הקב"ה — הקדוש ברוך הוא
ויק"ר — ויקרא רבה
ז"ל — זכרונו לברכה
ח" — חלק, כגון: ח"א — חלק א, ח"ב = חלק ב
חו"ל — חוץ לארץ
חו"מ — חושן משפט
חזו"א — חזון איש
חזו"י — חזון יחזקאל
חז"ל — חכמינו זכרונם לברכה
ח"מ — חלקת מחוקק
חת"ס — חתם סופר
ט"ז — טורי זהב
יו"ד — יורה דעה
ילק"ש (יל"ש) — ילקוט שמעוני
יפ"ת — יפה תואר
כ"י — כתב יד, כתבי יד
כ"מ — כסף משנה
כנה"ג — כנסת הגדולה
כת"י — כתב יד, כתבי יד
כתי"מ — כתב יד מינכן
לה"ר — לשון הרע
לח"מ — לחם משנה
מ" — משנה כגון: מ"א — משנה א
מ"ב — משנה ברורה
מג"א — מגן אברהם
מהרי"ט אלגאזי — מורנו הרב ר' יום טוב אלגאזי
מהרי"ק — מורנו הרב ר' יוסף קולון
מהר"ל — מורנו הרב ר' ליואי (מפראג)
מהר"ם מטראני — מורנו הרב ר' משה מטראני
מהר"ם מרוטנבורג — מורנו הרב ר' מאיר מרוטנבורג
מהרש"א — מורנו הרב ר' שמואל אליעזר (איידליש)
מהרש"ל — מורנו הרב ר' שלמה לוריא
מו"נ — מורה נבוכים
מו"ק — מועד קטן
מלא"ש — מלאכת שלמה
מלבי"ם — (ר') מאיר לייבוש בן יחיאל מיכל
מל"מ — משנה למלך
מ"מ — מגיד משנה, מכל מקום
מע"ש — מעשר שני
נו"ב — נוסחה ב (אבות דרבי נתן)
נ"ך — נביאים כתובים
ס' — סימן, ספר, סעיף
סה" — סוף הלכה, כגון: סה"א = סוף הלכה א
סמ"ג — ספר מצוות גדול
ס"פ, ספ" — סוף פרק
ספרי במ' — ספרי במדבר
ספרי דב' — ספרי דברים
ע" — עמוד כגון: ע"א = עמוד א
עה"ש — ערוך השולחן
עה"ת — על התורה
ע"ז — עבודה זרה
ע"י — עין יעקב, עיון יעקב, על ידי
עיי"ש — עיין שם
עמ' — עמוד
עפ"י — על פי
פ" — פרק, פרשה, כגון: פ"א = פרק א
פ"א = פרשה א
פדר"א — פרקי דרבי אליעזר
פיה"מ — פירוש המשניות (לרמב"ם)
פמ"ג — פרי מגדים
פ"מ, פנ"מ — פני משה
פנ"י — פני יהושע
פסדר"כ — פסיקתא דרב כהנא
פסי"ר — פסיקתא רבתי
פרש' — פרשה
פר"ח — פרי חדש
צנפ"ע — צפנת פענח
קה"ע — קרבן העדה
קה"ר — קהלת רבה
קצוה"ח — קצות החושן
ק"ש — קריאת שמע
ר' — רב, רבי, ראה
ר"א אב"ד — רבינו אברהם אב בית דין
ראב"ד — רבינו אברהם בן דוד
ראב"ע — רבי אברהם (א)בן עזרא
ר"א וסרמן — ר' אלחנן וסרמן
רא"מ — ר' אליהו מזרחי
רא"ש — רבינו אשר
רדב"ז — ר' דוד בן זמרה
רד"ל — ר' דוד לוריא
רד"ק — רבינו דוד קמחי
ר"ה — ראש השנה
רה"ג — רב האי גאון
רו"ר — רות רבה
ר"ח — רבינו חננאל
ר"י — רבינו יצחק (מבעלי התוס')
ר"י אלברצלוני — רבינו יהודה אלברצלוני
ריא"ף — ר' יאשיה פינטו
ריב"ש — רבינו יצחק בר ששת
ריטב"א — רבינו יום טוב בן אברהם (אשבילי)
ריעב"ץ — ר' יעקב בן צבי (עמדין)
רי"ף — רבינו יצחק אלפסי
רלב"ג — רבינו לוי בן גרשון
רמ"א — ר' משה איסרליש
רמב"ם — רבינו משה בן מימון
רמב"ן — רבינו משה בן נחמן
ר"נ — רבינו ניסים (בן ראובן מגירונה)
רס"ג — רב סעדיה גאון
רע"ב — ר' עובדיה מברטנורא
רעק"א — ר' עקיבא איגר
ר"צ חיות — ר' צבי חיות
ר"ש — רבינו שמשון (משאנץ)
ר"ש מקוצי — רבינו שמשון מקוצי
רשב"א — רבינו שלמה בן אדרת
רשב"י — רבי שמעון בר יוחאי
רשב"ם — רבינו שמואל בן מאיר
רשב"ץ — רבי שמעון בן צמח
רש"ג — רב שרירא גאון
רש"י — רבינו שלמה יצחקי
רש"ש — ר' שמואל שטרשון
ר"ת — רבינו תם
שה"ש — שיר השירים
שה"ר — שיר השירים רבה
שהש"ר — שיר השירים רבה
שוח"ט — שוחר טוב
שו"ע — שולחן ערוך
שו"ת — שאלות ותשובות
שטמ"ק — שיטה מקובצת
ש"ך — שפתי כהן
שמו"ר — שמות רבה
ת"א — תיאודור אלבק (בראשית רבה)
תוהרא"ש — תוספות הרא"ש
תו"ח — תוספות חדשים
תו"י — תוספות ישנים
תוי"ט — תוספות יום טוב
תו"כ — תורת כהנים
תוס' — תוספות
תו"ש — תוספות שאנץ
תכ"פ — תוספתא כפשוטה
ת"ל — תלמוד לומר
תנדבא"ז — תנא דבי אליהו זוטא
תנדבא"ר — תנא דבי אליהו רבה
תפא"י — תפארת ישראל
תר"י — תלמידי רבינו יונה

לוח ספרים ופירושים

רשימת הספרים והפירושים אשר הובאו במסכת סוטה

אבות דרבי נתן — מן המסכתות הקטנות, ברייתא העוסקת בנושאי מסכת אבות מהדורת שכטר

אבן העזר — חלק מספר ארבעה טורים ושולחן ערוך העוסק בדיני אישות

אבן עזרא — פירושו לתורה

אגדת בראשית — מדרש אגדה מהדורת א ילינק "בית המדרש"

האגודה — לרבינו אלכסנדר זוסלין הכהן, ספר הלכות על סדר הש"ס

אהבת איתן — לר' אברהם "משכיל לאיתן" ממינסק, ביאורים לאגדות הש"ס בתוך עין יעקב מהדורת וילנא

אוצר הכבוד — לרבינו טודרוס הלוי אבולעפיה, ביאורים לאגדות הש"ס

אור הישר — לר' שמואל יצחק הילמן, הערות לתלמוד

אור שמח — לר' מאיר שמחה הכהן מדווינסק, חידושים על הרמב"ם

אורח חיים — חלק מספר ארבעה טורים ומשולחן ערוך העוסק בדיני ברכות, תפילה, שבת ומועדים

אחיעזר — לר' חיים עוזר גרודז'ינסקי, תשובות וחקרי הלכה

איי הים — לר' יהודה הלוי עדיל, ביאורים לאגדות הש"ס

אליה רבה — לר' אליהו שפירא, לשולחן ערוך חלק אורח חיים

אסתר רבה — מדרש אגדה על מגילת אסתר מהדורת וילנא

אשל אברהם — לר' אברהם ניימרק, חידושים למסכת סוטה

באר היטב — ביאור על שולחן ערוך לר' יהודה אשכנזי מטיקטין (או"ח ואה"ע) ולר' זכריה מנדל (יו"ד וחו"מ)

באר שבע — לר' יששכר בער איילנבורג, השלמה לתוספות על הש"ס

בית חדש — לר' יואל סירקיס, פירוש על ספר ארבעה טורים וכן הגהות על הש"ס

בית יוסף — לר' יוסף קארו, פירוש על ספר ארבעה טורים

בית שמואל — לר' שמואל בר' אורי שרגא פייביש מוואדיסלב, פירוש ל"שולחן ערוך" (אה"ע)

במדבר רבה — מדרש אגדה לספר במדבר מהדורת וילנא

בעלי התוספות על התורה — פירוש מלוקט מדברי בעלי התוספות על התורה

בן יהוידע — לר' יוסף חיים בר' אליהו מבגדד, חידושי אגדות על הש"ס

בנין אריאל — לר' שאול מאמשטרדם, חידושים על התורה וש"ס

בראשית רבה — מדרש אגדה לספר בראשית, מהדורת וילנא מהדורת תיאודור אלבק

ברייתא דמלאכת המשכן — ברייתא העוסקת בעניני המשכן

גליוני הש"ס — לר' יוסף ענגיל, הגהות וחידושים על התלמוד

גר"א — הגאון רבי אליהו מוילנא, הגהותיו וביאוריו למשנה ולתלמוד ול"שולחן ערוך"

דבר שאול — לר' שאול קוסובסקי, חידושים על הש"ס

דברי ריבות — לר' יצחק אדרבי, שאלות ותשובות, מהמובא בשמו בענף יוסף

דונש — לרבינו דונש בן לברט מגדולי המדקדקים בספרד

דרכי משה — לר' משה איסרלש, פירוש על ארבעה טורים

דרך ארץ רבה — מן המסכתות הקטנות, עוסקת בהלכות דרך ארץ

הגהות אשרי — לר' ישראל מקרימז, הגהות על פסקי הרא"ש

הכותב — לר' יעקב בן חביב, פירוש על עין יעקב

הכתב והקבלה — לר' יעקב צבי מקלנבורג, פירוש על התורה

ויקרא רבה — מדרש אגדה לספר ויקרא מהדורת וילנא

זהב שיבה — לר' שלמה אלגאזי, ביאורים לאגדות הש"ס

זהר — מהדורת וילנא

חושן משפט — חלק מארבעה טורים ושולחן ערוך העוסק בדיני ממונות

חזון איש — לר' אברהם ישעיה קרליץ, חידושים על התלמוד ו"שולחן ערוך"

חזון יחזקאל — לר' יחזקאל אברמסקי, פירוש לתוספתא

חזקוני — לרבינו חזקיהו בר' מנוח, פירוש על התורה

חידושי בתרא — לר"מ אלטוסקי, חידושים למסכתות הש"ס

חידושי הגרי"ז — לר' יצחק זאב סולובייצ'יק מבריסק, חידושים על הש"ס

חלקת מחוקק — לר' משה אב"ד דבריסק, ביאור ל"שולחן ערוך" (אה"ע)

חשק שלמה — לר' שלמה הכהן מוילנא, הגהות והערות על הש"ס

חתם סופר — לר' משה סופר, חידושים לש"ס ושו"ת

טור — לרבינו יעקב בן־אשר ("בעל הטורים"), ספר הלכות

טורי אבן — לר' אריה ליב ממיץ ("שאגת אריה"), חידושים על הש"ס

טורי זהב — לר' דוד בר' שמואל הלוי, פירוש על "שולחן ערוך"

יגל יעקב — לר' יעקב פייתוסי, חידושים למסכת סוטה

יד המלך — לר' אלעזר לנדא, חידושים על הרמב"ם

יד מלאכי — לר' מלאכי הכהן, כללי התלמוד והפוסקים

יד רמה — לרבינו מאיר הלוי אבולעפיה, חידושים על הש"ס

יורה דעה — חלק מארבעה טורים ושולחן ערוך העוסק באיסור והיתר

ילקוט שמעוני — לרבינו שמעון מפרנקפורט, לקט מדרשי הלכה ואגדה מהדורת ווארשה, תרל"ח

יסוד העבודה — לר' אברהם מסלונים, בענייני עבודת ה'

יערות דבש — לר' יהונתן אייבשיץ, דרשות

יפה תואר — לר' שמואל יפה אשכנזי, פירוש למדרש רבה

כלה רבתי — מן המסכתות הקטנות, עוסקת בענייני נישואין, מהדורת היגער

כלי יקר — לר' שלמה אפרים מלונטשיץ, פירוש על התורה

כסף משנה — לר' יוסף קארו, ביאור ל"משנה תורה" לרמב"ם

כפתור ופרח — לר' אשתורי הפרחי, הלכות ארץ ישראל

כרם נטע — לר' נתן נטע לנדא, חידושים למסכת סוטה

כרתי ופלתי — לר' יהונתן אייבשיץ, פירוש לשולחן ערוך חלק יורה דעה

לחם משנה — לר' אברהם די בוטון, פירוש למשנה תורה לרמב"ם

ליקוטי הלכות — לר' ישראל מאיר הכהן מראדין (החפץ חיים), השלמה לרי"ף

מאירי — ספר "בית הבחירה" לרבינו מנחם בן שלמה לבית מאיר פירוש לתלמוד, בעיקר על חלק ההלכה שבו

מגיד משנה — לרבינו וידאל די טולושא, ביאור ל"משנה תורה" לרמב"ם

מגן אבות — לר' שמעון בן צמח דוראן, פירוש למסכת אבות

מדרש ל"ב מדות — מדרש המפרט את דרכי מדרש האגדה

מדרש משלי — מדרש אגדה לספר משלי, מהדורת ורשא

מדרש רבה — מדרש אגדה על התורה וחמש מגילות, מהדורת וילנא

מדרש שמואל — מדרש אגדה לספר שמואל, מהדורת ורשא

מדרש תהלים — מדרש אגדה לספר תהלים, מהדורת בובר

מדרש תנאים — מדרש הלכה לספר דברים

מהר"י מולין — מורנו הרב ר' יעקב מולין (מהרי"ל), מהמובא בשמו

מהרי"ט אלגאזי — מורנו הרב ר' יום-טוב אלגאזי, חידושים על הלכות בכורות לרמב"ן

מהרי"ק — מורנו הרב ר' יוסף קולון, שו"ת

מהר"ל — מורנו הרב ר' ליואי (מפראג), מביאוריו לאגדות התלמוד ומספריו

מהר"ם מלובלין — מורנו הרב ר' מאיר מלובלין, חידושים לתלמוד

מהר"ם מרוטנבורג — מורנו הרב ר' מאיר מרוטנבורג, מפירושיו תשובותיו ופסקיו

מהרש"א — מורנו הרב ר' שמואל אליעזר איידליש, חידושי הלכות ואגדות על הש"ס

מהרש"ל — מורנו הרב ר' שלמה לוריא, הגהותיו והערותיו לש"ס, וספרו "ים של שלמה"

מחזור ויטרי — לרבינו שמחה מויטרי, סדר תפילות וברכות
מלוא הרועים — לר׳ יעקב צבי יוליש, אוסף מחלוקות התנאים
מכילתא — מדרש הלכה של ר׳ ישמעאל לספר שמות מהדורת הורוביץ
מכילתא דרשב״י — מדרש הלכה לספר שמות, מיוחס לר׳ שמעון בן יוחאי
מלאכת שלמה — לר׳ שלמה העדני, פירוש וחילופי גירסות למשנה
מלבי״ם — (ר׳) מאיר ליבוש בן יחיאל מיכל, פירושו למקרא
מנחת חינוך — לר׳ יהושע באב״ד, פירוש לספר החינוך
מנחה חרבה — לר׳ פנחס אפשטיין, חידושים למסכת סוטה
מנחת קנאות — לר׳ מאיר אריק, חידושים למסכת סוטה
מסכת כלה — מן המסכתות הקטנות, עוסקת בענייני נישואין
מסכת סופרים — מן המסכתות הקטנות, כוללת דיני ספר תורה
מסכת ספר תורה — מן המסכתות הקטנות
מסכת שמחות — מן המסכתות הקטנות, עוסקת בדיני אבילות
מצפה איתן — לר׳ אברהם ״משכיל לאיתן״, הגהות לש״ס
מרומי שדה — לר׳ נפתלי צבי יהודה ברלין (הנצי״ב), חידושים למסכתות בש״ס
מרכבת המשנה — לר׳ שלמה מחלמא, חידושים על הרמב״ם
משברי ים — לר׳ מיכאל שלום וינקלר, חידושים על מסכת סוטה
משנה ברורה — לר׳ ישראל מאיר הכהן מראדין (החפץ חיים), פירוש לשלחן ערוך חלק אורח חיים
משנה למלך — לר׳ יהודה רוזאניס, חידושים על ״משנה תורה״ לרמב״ם
סדר עולם (רבה) — סדר זמני עולם, מיוחס לתנא ר׳ יוסי בן חלפתא
ספר הגלגולים — לר׳ חיים ויטאל, על גלגולי נשמות לפי קבלת האריז״ל
ספר החינוך — מיוחס לר׳ אהרן הלוי, על תרי״ג המצוות
ספר הישר — לרבינו תם, ביאורים בתלמוד ופסקי הלכה

ספרא — מדרש הלכה לספר ויקרא כשיטת ר׳ עקיבא (״תורת כהנים״)
ספרי במדבר — מדרש הלכה לספר במדבר כשיטת ר׳ ישמעאל, מהדורת הורוביץ
ספרי דברים — מדרש הלכה לספר דברים כשיטת ר׳ עקיבא מהדורת פינקלשטיין
ספרי זוטא — מדרש הלכה לספרי במדבר דברים כשיטת ר׳ עקיבא, מהדורת הורוביץ
ספר יראים — לרבינו אליעזר ממיץ, ספר מצוות
עיון יעקב — לר׳ יעקב בר יוסף ריישר, פירוש על ״עין יעקב״
עין יעקב — לר׳ יעקב בן חביב, ליקוט אגדות הש״ס עם פירושים
עיר בנימין — לר׳ בנימין דרשן, פירוש על עין יעקב
ענף יוסף — לר׳ חנוך זונדל, פירוש וליקוט על עין יעקב
עץ חיים — לר׳ חיים ויטאל, ספר קבלת האריז״ל
עץ יוסף — לר׳ חנוך זונדל, פירוש על ״עין יעקב״
ערוך — לרבינו נתן בן יחיאל מרומי, המילון התלמודי הראשון
פורת יוסף — לר׳ יוסף שלופר, חידושים והגהות על הש״ס
פירוש המשניות לרמב״ם — פירוש המשנה, נקרא גם ״ספר המאור״
פני משה — לר׳ משה מרגליות, פירוש על התלמוד הירושלמי
פסיקתא דרב כהנא — מדרש מהדורת בובר, ליק תרכ״ח
פסיקתא רבתי — מדרש מהדורת איש-שלום, וינה תר״מ
פרדס רמונים — לר׳ שם טוב אבן שפרוט, ביאורים לאגדות הש״ס
פרי מגדים — לר׳ יוסף תאומים, פירוש למפרשי ה״שולחן ערוך״
פרישה — לר׳ יהושע וולק כ״ץ, פירוש על ארבעה טורים
פרקי דר׳ אליעזר — מדרש אגדה, מיוחס לר׳ אליעזר הגדול, מהדורת ורשא תרי״ב
פרקי דרך ארץ — מן המסכתות הקטנות
צפנת פענח — לר׳ יוסף רוזין, ״הרוגצ׳ובר״, חידושים על הרמב״ם
קהלת רבה — מדרש אגדה לספר קהלת מהדורת וילנא תרמ״ז
קרבן העדה — לר׳ דוד פרנקל, פירוש לתלמוד הירושלמי

קרית ספר — לר׳ מנחם המאירי, על הלכות ספר תורה
קרית ספר — לר׳ משה מטראני (המבי״ט), פירוש על משנה תורה לרמב״ם
קרן אורה — לר׳ יצחק מקארלין, חידושים על הש״ס
ר׳ אברהם אב״ד — רבינו אברהם אב בית דין, חותנו של הראב״ד בעל ההשגות, מפירושיו
ר״א וסרמן — ר׳ אלחנן וסרמן בעל ספר קובץ שיעורים, מהמובא בשמו
ראב״ד — רבינו אברהם בן דוד, מפירושיו לתלמוד ומהשגותיו על הרמב״ם
ראב״ע — ר׳ אברהם אבן עזרא, מפירושו לתורה
רא״מ — ר׳ אליהו מזרחי, מפירושו לרש״י על התורה
רא״ש — רבינו אשר, הכוונה לספר ההלכות על התלמוד (ראה גם תוס׳ הרא״ש)
רבינו אפרים — מבונא, מהמובא בשמו בתוספות
רבינו בחיי — ב״ר אשר, פירוש על התורה
רבינו חננאל — לרבינו חננאל בן חושיאל מקירואן, פירוש על הש״ס
רבינו יונה — מגירונה, מפירוש תלמידיו על הרי״ף מסכת ברכות
רבינו משולם — בן קלונימוס מלוקה, מהמובא בשמו בתוספות
רבינו נסים (גאון) — מקירואן, מתוך ספרו חיבור יפה מהישועה
רבינו ניסים — רבינו ניסים בן ראובן גירונדי, מפירושיו על הרי״ף ומחידושיו על הש״ס
רבינו תם — רבינו יעקב מרומרוג, מבעלי התוספות, בעל ספר הישר מהמובא בשמו בתוספות
רדב״ז — ר׳ דוד בן שלמה בן זמרה, מפירושו ל״משנה תורה״ לרמב״ם
רד״ל — ר׳ דוד לוריא, הגהות לש״ס
רד״ק — רבינו דוד קמחי, פירושים לנביאים וכתובים
רה״ג — רב האי גאון, מדבריו המובאים בספרים שונים ומתשובותיו
רות רבה — מדרש אגדה למגילת רות מהדורת בובר תרנ״ד

ריא״ף — ר׳ יאשיה פינטו, פירוש ל״עין יעקב״
ריב״ש — רבינו יצחק בן ששת, שו״ת
ר״י אלברצלוני — ר׳ יהודה מברצלונה, מתורתו שנשתמרה בעיקר בספרי הראשונים
ר״י יעבץ — ר׳ יעקב בן צבי (עמדין), הגהות וחידושים לש״ס
ריטב״א — רבינו יום טוב בן אברהם אשבילי, חידושים וביאורים לש״ס
רלב״ג — רבינו לוי בן גרשון, מפירושו למקרא
רמ״א — רבינו משה איסרליש, הגהות ל״שולחן ערוך״
רמב״ם — רבינו משה בן מימון, בעל ״משנה תורה״ (״יד החזקה״)
רמב״ן — רבינו משה בן נחמן, מחידושיו לש״ס ומפירושו לתורה
רמת שמואל — לר׳ שמואל הלוי, חידושים על הש״ס
רס״ג — רב סעדיה גאון, ליקוט מספריו ומתוך אוצר הגאונים
רע״ב — ר׳ עובדיה מברטנורא, פירוש על המשנה
ר׳ עקיבא איגר — חידושים והערות על הש״ס
ר״צ חיות — ר׳ צבי הירש חיות, מהגהותיו לש״ס
ר״ש מקוצי — רבינו שמשון מקוצי, מבעלי התוספות, מהמובא בשמו בתוספות
ר״ש — רבינו שמשון בר׳ אברהם משאנץ, פירוש למשנה
רשב״א — רבינו שלמה בן אדרת, חידושים לש״ס
רשב״ם — רבינו שמואל בן מאיר, מבעלי התוספות, מפירושיו למקרא ולתלמוד
רשב״ץ — רבינו שמעון בן צמח דוראן, מפירושו למסכת אבות ״מגן אבות״
רש״ג — רב שרירא גאון, מהמובא בשמו באוצר הגאונים
רש״י — רבינו שלמה יצחקי, פירוש על התלמוד ועל התורה
רש״ש — ר׳ שמואל שטראשון, הגהות וחידושים לש״ס
שאילתות — לרב אחאי גאון, פסקי הלכות מסודרים לפי פרשיות התורה
שב שמעתתא — לר׳ אריה לייב הלר ״קצות החשן״, בענייני ספקות

שבות יעקב — לר׳ חיים אבולעפיה, פירוש על עיון יעקב הובא בענף יוסף

שוחר טוב — מדרש אגדה לספר תהלים מהדורות ורשא תרל״ד

שולחן ערוך — לר׳ יוסף קארו, ספר הלכה (חלקיו: אורח חיים, יורה דעה, אבן העזר, חושן משפט)

שו״ת רשב״א — שאלות ותשובות לרבינו שלמה בן אדרת

שו״ת רעק״א — שאלות ותשובות לר׳ עקיבא איגר

שיטה מקובצת — לר׳ בצלאל אשכנזי, פירוש לכמה מסכתות

שיר השירים רבה — מדרש אגדה לספר שיר השירים, מהדורת וילנא תרמ״ז

שמות רבה — מדרש אגדה לספר שמות, מהדורת וילנא תרמ״ז

שער המלך — לר׳ יצחק נוניס, פירוש וחידושים ל״משנה תורה״

שערי תשובה — לרבינו יונה מגירונה, בענייני תשובה ומוסר

שפת אמת — לר׳ אריה לייב אלתר מגור, חידושים על הש״ס

שפתי כהן — לר׳ שבתאי כהן, פירוש ל״שולחן ערוך״ (יו״ד וחו״מ)

תאוה לעיניים — לר׳ שלמה אלגאזי, ביאורים לאגדות הש״ס

תוספות — חידושים לש״ס

תוספות יום טוב — לר׳ יום טוב ליפמן הלר, פירוש למשניות

תוספות חדשים — לר׳ שמעון אלטונא, לקט פירושים למשנה

תוספות ישנים — מהדורה אחרת של התוספות לתלמוד

תוספות הרא״ש — לרבינו אשר ב״ר יחיאל, מהדורה אחרת של התוספות למסכת סוטה

תוספות רעק״א — לר׳ עקיבא איגר, על משניות

תוספות שאנץ — מיוחסים לרבינו שמשון משאנץ, נוסח אחר של תוספות למסכת סוטה

תוספתא — תוספת למשנה מדברי התנאים מהדורת ליברמן ניו-יורק תשכ״ז

תוספתא כפשוטה — לר׳ שאול ליברמן, פירוש לתוספתא

תורה תמימה — לר׳ ברוך הלוי אפשטיין, ליקוט מדרשי הלכה על התורה בתוספת הערות

תורת הקנאות — לר׳ משה בצלאל פייבוש, חידושים למסכת סוטה

תורת כהנים — (סיפרא) עם פירוש הר״ש משאנץ והראב״ד

תלמידי רבינו יונה — מגירונה, פירוש על הרי״ף למסכת ברכות

תנא דבי אליהו — מדרש אגדה מהדורת איש-שלום

תנחומא — מדרש אגדה לתורה, מהדורות לוין אפשטיין ובובר

תנחומא בובר — מדרש תנחומא עם השלמות יו״ל ע״י ר׳ שלמה בובר

תניא — לר׳ שניאור זלמן מלאדי, בענייני עבודת ה׳

תניא הקדום — לרבינו יחיאל, קיצור של ספר שבלי הלקט

תפארת ישראל — לר׳ ישראל ליפשיץ, פירוש למשנה

תרגום אונקלוס — תרגום התורה לארמית

תרגום יונתן — תרגום לתורה, מובא במקראות גדולות מהדורת נטר

תשובות הגאונים — קבצים רבים של ליקוטי תשובות של הגאונים, ממהדורתו של רבינו יוסף טוב עלם עד למהדורת אסף

תשובות הרמב״ם — אוסף תשובות של הרמב״ם מהדורת פריימן

לוח מונחים ומושגים

המבוארים במדור ״עיונים״, הציונים הם של מספרי העמודים

לוח תמונות ורישומים

לוח היסטוריה

עניינים הקשורים בהיסטוריה ובמנהגי הדורות בעבר

לוח רפואה

דברים הנוגעים לרפואה ולגוף האדם

לוח חקלאות

דברים הנוגעים לאופני הגידול והעיבוד של צמחי תרבות שונים

לוח גיאוגרפיה

תיאורי מקומות שבשולי העמוד

לוח צמחים

צמחים ודברים השייכים להם שנתבארו בשולי העמוד

לוח זיאולוגיה

בעלי חיים והדברים הנוגעים להם

לוח ארכיאולוגיה

לוח נושאים שונים

לוח לעזי רש"י

מילים שנתבארו בשולי העמוד

לוח לשון

מילים וביטויים שהתפרשו בעיקר במדור "לשון" בשולי העמוד

לוח אישים

אישים שנכתבו דברים אודותם בשולי העמוד

מפתח פסוקים

פסוקי המקרא שנדרשו והוזכרו בתסכת סוטה

שמות

ויקרא

במדבר

דברים

יא, ל לב,א. לג,ב
יב, ה לח,א
יג, ה יד,א לט,ב
יד, כב — כט מא,א
טו, ט מז,ב
יז, ה כג,ב
יז, ח מה,א
יז, ט מה,א
יז, יא ז,ב יז,ב
יז, יד — כ מא,א
יז, טו מא,א. מא,ב
יח, ה לח,א
יט, טו ב,א. ב,ב. ג,ב. לא,ב
כ, ב מב,א. מג,א
כ, ג מב,א. מב,ב
כ, ד מב,א
כ, ה מב,א. מג,א. מד,א
כ, ו מג,א. מג,ב. מד,א
כ, ז מג,א. מד,א
כ, ח מג,א. מד,א. מד,ב
כ, ט מד,א
כ, טז ג,ב —
כ, יח לה,ב
כא, א מה,א. מה,ב. מז,ב
כא, א — ב מד,ב
כא, ב מה,א
כא, ג מה,ב. מו,א
כא, ד מו,ב
כא, ו מו,ב
כא, ז לח,ב. מד,ב. מה,ב. מז,ב
כא, ח מו,א
כא, י לה,ב
כא, כב כג,ב
כב, טז כג,ב
כג, טו ה,ב. כא,א
כג, יט כג,ב
כד, א ב,ב. ג,ב. טז,א. כ,ב. לא,ב
כד, א — ב ה,ב
כד, ב ו,א
כד, ה מג,א. מד,א
כד, יט מה,א
כה, ט לב,א. ל,ב
כו, ה לב,א. לג,א
כו, יב — טו מא,א
כו, יג לב,ב מח,א
כו, יד מח,א
כה, טו לט,ב
כז, ד ל,ב
כז, ח לב,א. לה,ב. לה,א
כז, יב לז,א. לה,ב. לח,א
כז, יג לז,ב
כז, יד לב,א. לג,א. מד,ב
כז, טו לב,א. לז,ב
כח (כל הפרק) מא,א
כח, י יז,א
כח, סז מט,א
כח, סט לז,ב
כט, ח לז,ב
לא, ב יג,ב
לא י מא,א
לא, יא מא,א
לא, יד יג,ב
לב, יג יא,ב
לב, כג ט,א
לג, א יד,א
לג, ב ד,ב
לג, ו ז,ב
לג, ז ז,ב
לג, יב לז,א
לג יז יא,ב
לג, כא יג,ב
לד, א יג,ב
לד, ה יג,ב
לד, ו ט,ב. יג,ב. יד,א
לד, ז יג,ב

יהושע
ב, י לד,א
ב, יא לד,א
ג, יא לג,ב
ג, יג לג,ב
ג, יד — טו לד,א
ד, ג לד,א לו,א
ד, ה לד,א
ד, ו לד,א
ד, ט לה,ב
ד, יא לה,א
ד, יח לה,א
ד, כ לה,ב. לו,א
ה, א לד,א
ה, ו ל,ב
ח, לג לב,א. לה,א. לה,ב
יד, ו יב,א
טו, כד מח,ב
טו, לד י,א
יז, יד —יט לו,ב
כד, לב יג,ב

שופטים
א, טז יא,א
א, יג יא,ב
א, כד מו,ב
א, כה מו,ב
א, כו מו,ב
ו, כג יא,א
יג, ד ט,ב
יג, ה ט,ב
יג, כד י,א
יג, כה ט,ב
יד, א ט,ב י,א
יד, ג ט,ב
יד, ד ט,ב
טו, ד י,א
טו, יט ט,ב
טז, א ט,ב
טז, ג י,א
טז, ד ט,ב
טז, טז ט,ב
טז, יז ט,ב
טז, יח ט,ב
טז, יט ט,ב. י,א
טז, כ ט,ב
טז, כא ט,ב. י,א
טז, כח י,א
יז, ו מז,ב

שמואל א
ב, ג יא,א
ב, לו ה,ב
ג, י יא,א
ד, יז מד,ב
ו, יט לה,א
יז, ד מב,ב
יז, ז מב,ב
יז, ח מב,ב
יז, ט מב,ב
יז, יב יא,ב. מב,ב
יז טז מב,ב
יז, יח יא,ב
יז, כג מב,ב
יז, מג מב,ב
יז, מה עב,ב
לא, א מד,ב
לא, ד י,א

שמואל ב
ו, ו לה,ב
ו, ז לה,א
ו, ח לה,א
ו, יג לה,ב
ז, יח מ,ב מא,ב
י, יח מב,ב
יב, יא יא,א
יד, כה — כו י,ב
יד, כז יא,א
יד, ל יא,א
טו, ו ט,ב
טו, ז לד,ב
טו, כד מח,ב
יג, יט מב,ב
יח, ט י,ב
יח, יד ט,ב
יח, טו ט,ב
יח, יח ה,ב
יט, א י,ב
יט, ה ה,ב
כא, טז מב,ב
כא, כב מב,ב

מלכים
ג, ד מז,א
ו, ז מח,ב
ז, ט מח,ב
טו, כב ה,א
טו, כג י,א

מלכים ב
ב, יא מט,א
ב, יט מז,א
ב, כג מו,ב
ב, כד מו,ב
ה, ב מו,ב
ה, כג מז,א
ה, כו מז,א
ה, כז מז,א
ו, א מז,א
ו, ה — ו יג,א
ז, ג מז,א
ח, ז מז,א
יג, יד מז,א
כה, ז י,א

ישעיה
א, א י,ב
ב, יד ה,ב
ב, כב ד,ב
ג, טז מז,ב
ד, ד יב,ב
ה, יא — יב מח,א
ה, יג מח,א
ה, יד מח,ב
ה, טו מח,א
ה, כ מא,ב. מז,ב
ה, כד מא,ב
ז, ה מב,א
ח, יט יב,ב
ט, ד ח,ב. ט,א
י, לג ה,א
יט, ו יב,ב
כד, ט מח,א
כד, יב מח,א
כד, כג לד,ב
כה, יט ה,א
כז, ח ח,ב. ט,א
כח, ט יב,ב
ל, ד לד,ב
ל, יט מט,א
ל, כ מט,א
לב, ה מא,ב
לג, יב לה,ב

מפתח אישים

שמות האישים הנזכרים במסכת וציון המקומות שבהם נזכרו. סימן * לפני השם משמעו שייתכן שבשם זה נקרא יותר מאיש אחד, אות (ת) לאחר השם השמעותה תנא, ואות (א) משמעותה אמורא

מפתח נושאים כללי

א

ב

ה

ט

ס

ע

פ

צ

ק

ר

ש

ת

השלמות ורישומים

השלמות לדף ח,ב

סודרין
מקור המלה הוא ביוונית σουδάριον (סודריון) או בלטינית גם כן sudarium, שמשמען - מגבת, מפית. ובלשון חז״ל היא פיסת אריג פשוטה ששימשה לצרכים רבים, הן כעטיפה לצוואר והן ככיסוי ראש, בפרט לתלמידי חכמים נשואים, והיתה כעין סמל למעמדם המיוחד, עד שדרשו מלה זו כנוטריקון של ״סוד ה׳ ליראיו״ (שבת עז, ב).

עוכלא
זה שמה הארמי (גם בכתיב ״אוכלא״) של מידה קטנה. יש חילוקי דעות בשיעורה, לפי שיש קובעים (ראה ב״ב צ, א) ששיעורה הוא אחד מעשרים בקב.

נחש מכישו
רעלי הנחשים הם מסוגים שונים. בנחשים המצויים בארץ (שרובם הם ממיני הצפעוניים) גורמת הכשת הנחש לתחושה פנימית של חום עז, כעין ההרגשה של אדם הנכווה באש. ומכאן גם השוואת המת בהכשת נחש למי שמת בשריפה.

השלמות לדף י,א

קארי

(צמח הקרא מודלה על גבי ענפים והפירות משתלשלים למטה).

הקרא (או הקרויה) היא דלעת הבקבוק Lagenaria vulgaris, ירק קיצי עשבי ממשפחת הדלועים.

הצמח גדל כרגיל שרוע על גבי הקרקע, אך לעתים גם מדלים אותו על גבי עצים. פרי הקרא גדול (אורכו 40-50 ס״מ ורחבו 25-30 ס״מ) וצבעו ירוק לבנבן.

את פרי הקרא הצעיר אוכלים כרגיל כשהוא מבושל וזרעיו נאכלים כקינוח סעודה.

בוציני

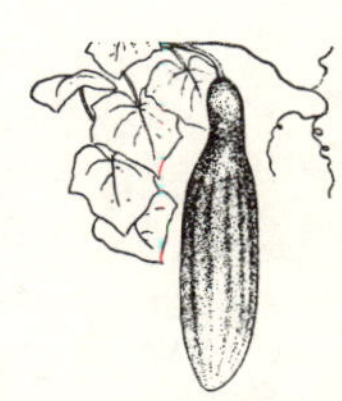

הקישוא (המלפפון) הרגיל

הבוצין שהוא שמו הארמי של הקישוא (קישות) (Cucumis chete ,Cucumis sativus var. chate) הינו ירק קייצי ממשפחת הדלועים, והינו מין קישוא, המכונה בטעות מלפפון. הפרי ארוך, קליפתו ירוקה בהירה, מפוספסת בירוק כהה יותר ומכוסה בשערות דקות. הפרי נאכל חי או מבושל.

מי שחוזר לאחוריו
השועל נחשב לחיה פקחית מאד, וסיפורים רבים מספרים הציידים על הדרכים שבהן השועל מטשטש את עקבותיו. אחת הדרכים שבהן ניצל השועל מידי רודפיו היא בכך שבבריחתו הוא אינו רץ תמיד קדימה בקו ישר, אלא משנה לעתים קרובות את כיוון בריחתו וחוזר לאחוריו, בעוד שהציידים ממשיכים לרדוף אחריו בכיוון אחר.

גרידיא דובלא
פירוש המילים הללו אינו ברור משום שיש כאן נוסחות שונות. בערוך גורס: קמי רפוקא גריוא דחילפי. כלומר, לפני העודר (המנכש את השדות) מביאים סאה של עשבים. ובדומה לזה הגרסה גריוא דיבלי — סאה של יבלית (שאף היא מין עשב). ויש שפירשו: גרידיא דובלא — חתיכה גדולה של דבלה, שלפי שהוא מתייגע צריך לאכילה מרובה. וראה ברש״י.

פדגרא
מחלת הצינית = פודגרה (Gout) נובעת מהפרעות תורשתיות בהפרשה של חומצת השתן מן הגוף. גבישי החומצה מצטברים במפרקים שונים בגוף (בעיקר בפרקי אצבעות הרגליים) וגורמים לכאבים עזים שאותם תיאר רב נחמן ״כמחט בבשר החי״.

השלמות לדף יב,א

אפיריון

ילדה נישאת באפיריון
פסל קרמיקה רומי מתקופת התלמוד

זפת
זפת היתה נעשית בימי קדם בעיקר על ידי שריפה איטית של עצים, כאשר העץ עצמו נעשה פחם וממנו זבים נוזלים שונים. העטרן והזפת הם ממוצרי תהליך זה. הזפת היא החלק העבה יותר של הנוזל היוצא מן העצים, ובגלל מציאותם של חומרים שונים בתוכו ריחו רע. לעתים השתמשו גם בזפת מאספלט, שגם לה נלווה ריח רע של גופרית ומימן גפריתי.

השלמות לדף יג,א

אטד

ענף של אטד
(L.europaeumL)

האטד Lycium הוא צמח קוצני ממשפחת הסולניים. לאטד יש ענפים מקושתים ארוכים היוצרים שיח שגובהו מגיע עד ל־3 מטרים. לצמח זה יש פירות אדומים, שאחדים מהם ראויים לאכילה ואחדים מהם רעילים. מיני האטד גדלים בכל איזורי הארץ, ומשמשים לעתים כמשוכות. על ערכו הפחות של האטד ראה במשל יותם (שופטים פרק ט').

השלמות לדף יז,א

נייר

המפרשים הראשונים נחלקו בהגדרת טיבו של נייר זה. רש״י מפרש שהוא נייר העשוי מעשבים כתושים, ויש (כגון המאירי) המפרשים שהוא נייר העשוי מבלאֵי בגדים. לגופו של דבר תלויים הפירושים בדרכי עשיית הנייר במקומות ובזמנים שונים. נראה כי הנייר שאליו מתייחסים חכמים הוא בעיקר נייר העשוי מעשבים, או ליתר דיוק — מתוכם של קנים (קנה הגומא, הפפירוס) ששימושו היה רווח במצרים ובשאר ארצות. אולם בדורות אחרים, בעיקר בארצות אירופה, החלו לייצר נייר מבלאֵי בגדים, ובנייר זה השתמשו עד שהחלה תעשיית הנייר החדשה המייצרת את הנייר בעיקר משבבי עצים. מבחינה כימית מיני הנייר הם בעיקרם אחד — סיבי תאית המחוברים ומודבקים יחד, אלא שהיו דרכים שונות לעשות זאת, ודרך הייצור של הפפירוס שונה כמובן מדרך ייצור הנייר מבלאֵי בגדים או מדרך הייצור החדשה של הנייר.

השלמות לדף לד,א

טורטני וטורטני דטורטני

שיטת ר״ח
לפי תוהרא״ש

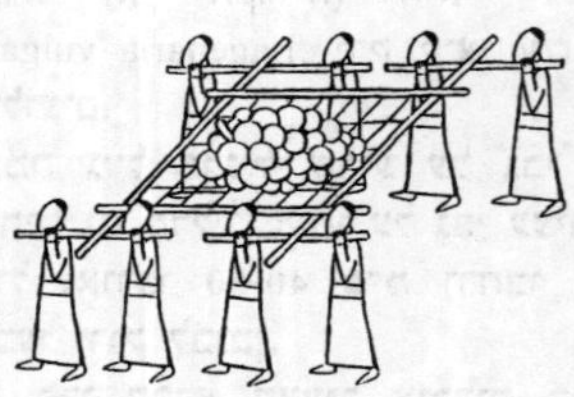

שיטת ר״ח
לפי התוספות

שיטת רש״י ומאירי

השלמות לדף לו,א

סדר השמות באבני האפוד

דעות רבות נאמרו בדבר זה, וביחוד התקשי ביישוב הדברים לפי דעת הרמב"ם (וראה ב"אורח ההלכה" בדף לו, א; וראה בכ"מ, ובקרית ספר למהר"ם מטראני ובאוה"ח לפרשת תצוה ועוד).

סדר השבטים לפי סדר לידתם

גד	ראובן
אשר	שמעון
יששכר	לוי
זבולון	יהודה
יוסף	דן
בנימין	נפתלי

שיטת תנא קמא בברייתא

גד	יהודה
אשר	ראובן
יששכר	שמעון
זבולון	לוי
י(ה)וסף	דן
בנימ(י)ן	נפתלי

שיטת ר' חנינא בן גמליאל (לפי רש"י)

בנימן	ראובן
דן	שמעון
נפתלי	לוי
גד	יהודה
אשר	יששכר
יוסף	זבולן

שיטת רב כהנא לפי התלמוד הבבלי

ראובן	שמעון
גד	לוי
אשר	יהודה
זבולן	יששכר
דן	יוסף
נפתלי	בנימין

לשיטה זו סדר השבטים באפוד הוא כסדרם בהר גריזים ובהר עיבל

שיטת רב כהנא לפי הירושלמי

ראובן	שמעון
גד	לוי
אשר	יהודה
זבולן	יששכר
דן	יהוסף
נפתלי ימן	בג

לשיטה זו יש בכל אבן עשרים וחמש אותיות,
ויש לכך סמך מן הכתוב:
"ששה משמותם" - ולא כל שמותם

שיטת הרמב"ם

שמעון	ראובן
יהודה	לוי
זבולן	יששכר
דן	נפתלי
אשר	גד
בנימן	יהוסף

השלמות לדף מב,א

תריסין
מקור המלה הוא ביוונית θυρεός (תו'ריאוס) ובין משמעויותיה: מגן מוארך.

קלגס
מקור המלה הוא בלטינית caliga (ברבים caligas) ופירושו — נעל, מגף של אנשי הצבא הרומיים. נראה כי בשמוש הלשון גם של אנשי רומי (כמו בכינויו של הקיסר קליגולה, על שם הנעל הזו) ושל חז"ל, שימש שם זה גם ככינוי לאנשי הצבא עצמם, בחינת "בעלי המגפיים".

קליגה (נעל צבאית), מתוך ציור רומי

השלמות לדף מד,א

חצר הקבר

קבר מימי בית שני בירושלים

מלפנים רואים חצר קבר פתוחה, שיורדים אליה במדרגות מבחוץ. אולם אפשר לראות שם גם חצרות קברים פנימיות יותר, המקורות מלמעלה.

בית לבינים בשרון
נראה כי אחת הבעיות בבניית בתים בשרון היתה תלויה באדמת החול של השפלה. אי היציבות של החול והתנודה המתמדת בו (ומפלס המים הגבוה, שמשום כך חפירה עמוקה של יסודות מגיעה למי התהום) גורמים לכך שקירות הבתים נסדקים, וצריך למעשה לחזור ולבנות את הבתים מדי זמן. התמוטטותם של בתים בשרון על יושביהם היתה כנראה דבר מצוי למדי.

השלמות לדף מה,ב

רישא דנאדי ונפיל

בתלמוד הירושלמי דנו בשאלה זו, והסבירו כי כאשר היה הדבר במדרון, והיה הראש למטה מן הגוף, ודאי יש לומר שהראש הוא שנתגלגל ונפל. אולם אם היה הגוף מוטל למטה מן הראש, קיימת מצד אחד אפשרות שבתנופת כריתת הראש הועף הראש ממקומו, ואילו הגוף נפל תחתיו. ומצד שני, יתכן שהראש שנכרת נשאר במקומו, ואילו הגוף, על ידי רפלכס שרירי, זז מעט הצידה, ועל כך נחלקו במשנה.

מהיכן הולד נוצר

במובן מסוים אפשר לראות את המחלוקת כאן כמחלוקת ביחס לשאלה כיצד מגדירים את ראשית יצירתו של העובר. מצד אחד, כאשר התאים מסתדרים ומקבלים צורה, ראשו של העובר הוא הנוצר תחילה, ואחר כך מובחנים וגדלים שאר החלקים שבגופו. ומאידך גיסא, כיון שהעובר יונק את חיותו מחבל הטבור, הרי אפשר לומר שכל החומר המשמש ליצירתו נמצא תחילה בטבורו, ומשם הוא גדל, מתפשט והולך לשאר חלקי גופו.

השלמות לדף מז,א

טרוטות

ייתכן ומקור המלה הוא ביוונית δηρός (דירוס) שפירושה: ארוך, ארוך מדי. או אולי מן הלטינית teres, teretis שפירושה: סגלגל, דבר מוארך שזוויותיו עגולות.

ולענייננו נראה שכוונתו לומר שעיניה צרות ביותר.

קטיל ינאי מלכא לרבנן

המלך ינאי שנטה, כאביו, אחר הצדוקים, הגיע לידי קרע גלוי עם הפרושים לאחר מפלתו במלחמה עם הנבטים, ולפי יוסיפוס (קדמוניות ספר יג) לאחר שסירב לנסך את המים במקדש. באותה שעה נרגם ינאי באתרוגים על ידי העם, וצבאו ערך טבח במקדש. הדבר הגיע עד למלחמת אזרחים שנמשכה שנים אחדות, וכאשר גבר ינאי ערך טבח אכזרי במתנגדיו שביניהם היו רבים מראשי הפרושים. ומשום כך נמלטו כמה מן המנהיגים החשובים (כיהושע בן פרחיה) לחוץ לארץ, ואחרים (כשמעון בן שטח) התחבאו במקומות מסתור שונים בארץ. אף שבשנותיו האחרונות של ינאי המלך היתה רגיעה מסויימת, נראה כי רק לאחר מותו כאשר עבר השלטון למעשה לידי הפרושים בראשות שמעון בן שטח חזרו כל המנהיגים שוב לארץ ישראל.

אלכסנדריא של מצרים

כיון שהיו ערים רבות באסיה ובאפריקה שנקראו בשם אלכסנדריה (וביניהן העיר הגדולה בסוריה — אלכסנדרטה), היו, לשם הבחנה, קוראים לעיר זו "אלכסנדריה של מצרים".

במשך דורות רבים היתה קהילה יהודית גדולה וחשובה מאוד באלכסנדריה, ובית הכנסת הגדול שבה היה מפורסם בגודלו העצום. הרבה מגדולי החכמים שביקרו בה דנו בבעיות שונות עם יהודי המקום. הדיכוי האכזרי של מרידות היהודים (בשנים 66 ו-115) הרס כנראה למשך זמן ממושך את מוסדות הקהילה, ואת בית הדין המרכזי שלה.

ישו הנוצרי

חכמים שונים (ובראשונה כמה מבעלי התוספות) כבר העלו את הסברה כי בגלל הפרש הזמנים הגדול (שהרי המעשה ביהושע בן פרחיה וינאי המלך היה לכל המאוחר בשנת 76 לפני הספירה) הרי אין ישו הנוצרי הנזכר כאן זה שייסד את הנצרות, אלא אדם אחר, וכן רצו לפרש שגם בשאר המקומות שנזכר בתלמוד מדובר באדם אחר. או שאף בתלמוד נזכרים שני אנשים בשם זה.

זקף לבינתא

אין אנו יודעים אם היה זה ענין של פולחן מקובל, או שמפני כעסו לקח חפץ כלשהו והשתחווה לו. מצויות גם לבנים שעליהם יש דפוס של צורת אליל, ואולי לכך היא הכוונה — שנטל לבינה מצוירת כזו ועבד אותה.

בן דינאי

בן דינאי (דונאי) זה מוזכר כרוצח מפורסם גם במסכת כתובות. בן דינאי נזכר גם בספרו של יוסף בן מתתיהו בן זמנו, והוא מספר שבמשך כעשרים שנה היה בן דינאי מנהיג חבורת שודדים ורוצחים בגליל, עד שלבסוף נתפס בעורמה על ידי הנציב הרומאי והובא לרומא.

אף שאין הדבר מפורש, נראה מן ההקשר, כי בן דינאי זה לא היה רק שודד מקצועי אלא שהיה גוון פוליטי בפעולותיו, מעין קבוצה פרטיזנית שלחמה בשלטון הרומי. משום צד פוליטי זה מובן גם מדוע הובא להישפט ברומי ולא נידון במקום.

דבעיתי

למרות שהדובים הם בעלי חיים גדולים וחזקים המסוגלים בקלות להרוג אדם, מכל מקום אין זה מצוי (ובפרט בדובים הארץ-ישראליים, שהם קטנים ולא תוקפנים) שיתנפלו על בני אדם. בדרך-כלל, כאשר הדובים פוגשים בני אדם, הריהם סרים מדרכם ומשתדלים להימנע מעימות איתם. רק כאשר נכנס אדם לתוך הטריטוריה של הדוב (בפרט כאשר נמצאות שם נקבות השומרות על גוריהן, וכאמור בכתוב "שתים דובים") יתגבר הדוב על פחדו מבני אדם ויתקוף אותם.

אבן שואבת

אבן שואבת (כלומר, מושכת) היא אבן מגנטית. בימי קדם כבר ידעו כי מחצבים שונים (כמו המגנטיט, Fe_2O_3) מושכים אליהם גושי ברזל. לאבנים אלה לסוגיהן קראו "אבן שואבת". השימוש בתחבולות שונות כדי להראות כביכול את כוחם של פסילי האלילים היה נפוץ בארצות שונות, בעיקר במצרים העתיקה.

השלמות לדף מח,א

נגדי ובקרי
נגדי הם האנשים שהיו מושכים את הספינות בנהר. בנהר המצוי בפנים הארץ, ובפרט כאשר היה צורך לנוע בניגוד לזרם המים, היה צורך למצוא דרכים כדי להשיט את הספינות. בסירות קטנות (או אניות גדולות) היו משתמשים במשוטים, אולם נראה כי אניות משא לא גדולות היו נמשכות בחבלים, ולצורך זה היה שביל מיוחד מותקן בצדי הנהר כדי שיוכלו מושכי הספינות להלך בו. מוליכי הספינות והחורשים בבקר (בקרי), היו שרים לעתים כדי לתת קצב מסויים להליכתם. לנגדים חשוב הדבר כדי שכל המושכים יוכלו לעבוד בקצב אחד. וראה בפסחים קיב, ב שמובא הנוסח של שיר או מקצב זה.

השלמות לדף מח,ב

איזמל
מקור המלה הוא ביוונית σμίλη (סמילי), ומשמעה — סכין לחיתוך ולחקיקה, סכין המנתח, או סכין לזמירת ענפים.

ספוגין
מקור המלה הוא ביוונית σπόγγος (ספונגוס) ספוג, מין בעל חיים ימי ששולים מן הים ומשתמשים בשלדו כדי לרחוץ בו. ומכאן בהשאלה — כל דבר רך הדומה לספוג זה.

איטני
יש דעות שונות בדבר מקורה של המלה (ואף ביחס למובנה המדוייק). יש שרצו למצוא לה מקור ביוונית או בפרסית. ויש סבורים שהיא שינוי צורה של "אודני" בארמית — כלי שיש לו אוזן. ואחרים סבורים שזו היא צורה ארמית (שאולי לקוחה מן האשורית) של המלה העברית טנא. ולפי זה משמעה — סל, סל קטן.

שירא
מקור המלה הוא ביוונית σηρικόν (סיריקון) = משי.

פרנדא
בדבר מקורה של מלה זו נאמרו כמה דעות, ונראה כי מקורה בפרסית parand שפירושה מין משי חלק, מבריק. מן המקורות עולה כי משי מובחר זה היה אמנם מצוי גם בימי בית שני ואחריו, אבל היה נדיר ויקר ביותר.

בעלייה
פגישות חכמים בעליות שונות (שהן קומה שניה של הבית) נזכרות פעמים רבות בתלמוד. נראה כי פגישות כאלה נועדו בעיקר כדי לדון בנושאים שרצו לעשותם במידה מסויימת של פרטיות ואפילו בהסתר. עיבור השנה למשל, היה נעשה בעליה, ואף כמה הלכות שנדונו בדרך זו הוצרכו להיעשות כן, אם משום שלא התירו השלטונות שבאותו זמן פגישות רשמיות בבית המדרש, או משום שהנושאים שנידונו היו בעלי משמעות ציבורית או פוליטית כזו שלא רצו לעשותם במעמד קהל גדול.

איטני של אבר
ההנחה בכל הפרטים הללו היא שהשמיר בוקע דווקא דברים קשים, ומשום כך אין להניחו בתוך דבר קשה, אלא עוטפים אותו בחומרים רכים — בספוגי צמר, בסובין של שעורין, ובתוך כלי קיבול של מתכת רכה ביותר — עופרת.

זכוכית לבנה
הכוונה היא כנראה לזכוכית שקופה לגמרי. אף שתעשיית הזכוכית היא עתיקה ביותר, מכל מקום קשה היה לייצר זכוכית שתהא לבנה או שקופה לגמרי, משום תערובת של חומרים שונים (תחמוצות מתכתיות שונות) בחומרי הגלם. זכוכית לבנה נזכרת במקורות בתקופה מאוחרת יותר כזכוכית יקרה ביותר.

יין קרוש
נראה כי במקומות מסויימים, כגון בחרמון (שניר) היו יוצרים יין קרוש — קפוא, על ידי הכנסת היין בתוך השלג. היין הקפוא מתקשה ונראה דומה לעיגולי דבלה. הקפאה זו של היין נעשתה למטרות שונות, הן לשם שימורו שלא יחמיץ, והן כדי להעלות הרבה את אחוז הכוהל שבו (לפי שבשעת ההקפאה חלק מן המים נפרד מן היין ומתגבש בפני עצמו כקרח).

דבש שמזייפין בו
ככל שהדבש מרוכז יותר (כלומר, שאחוז הסוכר בו גבוה יותר) ניתן ביתר קלות להכניס בו חומרים אחרים (זולים יותר) כגון קמח. הדבש נספג בחומרים אלה, ולאחר זמן קשה מאד להבחין בין הדבש המקורי ובין החומרים שהוסיפו לו כתערובת.

שמואל הקטן
מן התנאים בימי חורבן הבית.
כבר בדורות ראשונים לא ידעו בבירור משום מה כינוהו "הקטן". יש שאמרו משום שהיה מקטין עצמו בפני הבריות, ויש שאמרו משום שרק "מעט היה קטן משמואל הרמתי".
דווקא בשל מידותיו הטובות בחרו בו לחבר את ברכת המינים שבתפילת עמידה, שיוכל לעשותה בלא שאיש ייחס לו בכך שנאה אישית. לא הניח אחריו בנים.

שמעון וישמעאל לחרבא
שמעון הוא רבן שמעון בן גמליאל (הראשון), וישמעאל הוא ר' ישמעאל כהן גדול. לפי מסורת המובאת במדרש היו שני אלה הרוגי מלכות, שנידונו למיתה על ידי השלטונות הרומאיים, כנראה משום שבאופן רשמי עמדו בראש הציבור היהודי שמרד ברומא. לפי זה החלוקה בין שני אלו לבין שאר החכמים היא ששני אלה נהרגו בחרב — במיתת בית דין על ידי השלטונות, ואילו חבריהם נהרגו בשעת המצור (על ידי בתי המשפט של הקנאים, או בדרך אחרת) או כאשר פרצו הרומאים לעיר.

ר' יהודה בן בבא
ר' יהודה בן בבא היה מן התנאים שפעלו בתקופה שבין חורבן הבית וחורבן ביתר.
ר' יהודה בן בבא, שתחילת לימודו היתה עוד בימים שהיה המקדש קיים, היה פעיל בעיקר בתקופה בה היה מרכז הסנהדרין ביבנה, ודברי תורתו ועדויותיו נזכרים במקורות שונים.
ר' יהודה בן בבא היה מפורסם בחסידותו, ואמרו כי בכל מקום שנזכר "מעשה בחסיד אחד" הרי זה או ר' יהודה בן בבא או ר' יהודה בן אלעאי.
לפי המתואר במסכת סנהדרין נהרג באכזריות על ידי הרומאים לאחר שסמך ידיו על חמשה חכמים לדון. אמרו עליו "שאילמלא הוא בטלו דיני קנסות מישראל". לפי חשבון הזמנים האריך ימים ובעת מותו היה מן הסתם כבן תשעים שנה או יותר.

לעזי רש"י

מש"א (אולי צ"ל: ייש"א) מן הצרפתית העתיקה (jase) — ארגז, קופסה.
אצפליי"ר (צ"ל: אנפליי"ר) מן הצרפתית העתיקה enfler — להתנפח.
ברשק"א מן הצרפתית העתיקה bresche — חלת דבש.

השלמות לדף מט,א

פרגוד
פרגוד הוא (במובן אחד) כינוי לסוג ידוע של מסך. מקור המלה הישיר הוא כנראה ביוונית παραγαύδης (פאראגאודיס) או בלטינית paragaudae ומוצאה מן הפרסית parigund.
הפרגוד, המסך, היה מקובל בפתחי המלכים בפרס והמלך כרגיל לא היה נראה אלא נשמע מאחורי הפרגוד, ומכאן הדימוי הציורי למקום השכינה.
פולמוס
מקורה של מלה זו הוא ביוונית πόλεμος (פולימוס) שמשמעה — מלחמה, צבא.
קדושה דסידרא
"קדושה דסידרא" היא נוסח הקדושה הנאמרת על ידי המלאכים (מספרי ישעיה ויחזקאל) בצירוף תרגומם, הנאמר בתוך נוסח "ובא לציון גואל" לאחר תפילת שמונה עשרה של שחרית.
הטעם להכנסת הקדושה לסדר זה אינו ברור. יש מן הגאונים שאמרו כי המלכות גזרה שלא תיאמר קדושה בתוך התפילה ומשום כך הכניסוה בהסתר בתוך הנוסח שלאחר התפילה. ויש מהם שאמרו כי בדורות ראשונים היו לאחר התפילה קובעים סדר קבוע של קריאה בנביא ותרגום, וכיון שלא יכלו הכל לעמוד בכך השאירו רק מעין דוגמה לדבר בנוסח התפילה.
פולמוס של טיטוס
את הנוסח שלפנינו אפשר ליישב בדוחק רב אם נאמר כי חכמים חילקו בין חלקה הראשון וחלקה האחרון של המלחמה שבה נחרב הבית. כאשר בשלב הראשון היה אספסיינוס מפקד הצבא הרומי, ולאחר מכן היתה הפוגה מסויימת מאז נרצח נירון קיסר עד שאספסיינוס עצמו נעשה קיסר. השלב האחרון של המלחמה, שבו נכבשה ירושלים וחרב הבית ולאחר מכן נכבשו שאר שרידי המבצרים היהודיים (כגון מצדה), נעשה בפיקודו של טיטוס.
אולם מלבד הדוחק שבהסבר זה, גם אין הדברים מתיישבים עם נוסח סדר עולם רבה. ומשום כך נראה שיש להעדיף את הנוסח המצוי בכת"י ובמקורות ראשונים רבים — פולמוס של קיטוס.
קיטוס (Lucius Quitus) היה שר צבאו של הקיסר טריינוס, שבמלחמתו עם הפרסים עשה טבח גדול מאד ביהודי סוריה ובבל (בשנת 114), ולבסוף נתמנה גם להיות מושלה של ארץ ישראל. הגזירות בזמן טריינוס נזכרות על שמו במקומות אחרים בתלמוד, וכאן הן מיוחסות לאיש שהיה המפקד בפועל של הצבא הרומי — קיטוס.
פולמוס של אספסיינוס
הכוונה היא ל"מרד הגדול" שבו חרב בית המקדש השני. המלחמה נקראה על שמו של אספסיינוס משום שהוא עמד בראש הצבא הרומי כמעט כל זמן המלחמה משנת 67 כמעט עד סופה (כאשר הוכתר להיות קיסר רומי).
פולמוס האחרון
נראה כי הכוונה היא למלחמת בר כוכבא, שהיתה המלחמה הגדולה האחרונה שהיתה בזמן המשנה. מלחמה קשה זו שנסתיימה בחורבנה של ביתר ובהריגת בר כוכבא (135), היתה מלווה במעשי טבח נוראים, עד שמשערים שנהרגו בה כמליון בני אדם, וארץ יהודה נעשה שוממה כולה במשך שנים רבות.
רבה בר רב הונא
מאמוראי הדור השלישי בבבל.
רבה בר רב הונא עוד זכה להכיר את רב, ואף מסר בשמו כמה הלכות. אולם בעיקר היה תלמיד מובהק לאביו, ויש בתלמוד כמה דברים שבהם מסופר כיצד הורה רב הונא הלכה למעשה לבנו זה. רבה בר רב הונא היה כנראה דיין בסורא לאחר מות אביו, תלמיד-חבר לרב חסדא וחברם של רב נחמן ושל רבה.
רבה בר רב הונא היה עשיר ומקורב לבית ראש הגולה (למרות שלעתים היו לו מחלוקות עימם) והיה מפורסם בענוותנותו הרבה. במותו הביאוהו להקבר בארץ ישראל, ועוד נשמר נוסח ההספד שאמרו עליו שם.
בנו הנזכר כאן אבא, הוא האמורא רבא (שהוא קיצור של רב אבא) בריה דרבה בר רב הונא, שהיה מאמוראי הדור הבא, ודבריו מוזכרים בתלמוד.
בן זומא
הוא שמעון בן זומא, מהחכמים הגדולים שבדור החורבן, תלמידו של ר' יהושע, ותלמיד-חבר לר' עקיבא.
שמעון בן זומא נחשב לאחד מגדולי החכמים בדורו, אך כנראה, בגלל גילו הצעיר לא נסמך, ומשום כך לא נקרא בתואר "רבי", ונקרא רק בשם אביו — בן זומא.
כמה וכמה מאמרים בהלכה ובאגדה נאמרו בשמו. ביחוד היה כוחו גדול בדרשות המקרא, עד שאמרו כי "משמת בן זומא בטלו הדרשנים".

ר׳ חנינא בן דוסא
מהתנאים שבסוף תקופת הבית השני.
ר׳ חנינא בן דוסא היה תלמידו של רבן יוחנן בן זכאי. כבר בהיותו תלמיד היה נודע בצדקותו ובהיותו ״בעל מעשים״ כלומר, מלומד בנסים. רק מעט מאד מדברי תורתו (בעיקר באגדה) נשמר, והוא ידוע בעיקר בגלל הסיפורים הרבים על חסידותו ודבקותו, על צדקתו והסתפקותו במועט. ר׳ חנינא בן דוסא שימש לדורות כסמל לאיש צדיק בכל דרכיו.
ר׳ יוסי קטונתא
מלשון המשנה נראה כי ר׳ יוסי קטנתא (קטונתא) אינו שמו של חכם זה, אלא כינוי שנתכנה בו. מדברי הירושלמי (ב״ק פ״ג ה״ז) עולה כי ר׳ יוסי קטנתא הוא כינוי של החכם, שהיו לו שמות וכינויים רבים, ונקרא לעתים יוסף הבבלי או איסי בן יהודה או איסי בן עקביא (וראה בפסחים קיג, ב עוד כינויים רבים שנתכנה בהם). הוא היה בן העיר הוצל שבבבל ומשם עלה לארץ ישראל ולמד תורה מפי תלמידי ר׳ עקיבא. דברי תורתו נזכרים בתלמוד ובמדרשי ההלכה.
רבן יוחנן בן זכאי
נשיא הסנהדרין לאחר חורבן הבית.
מגדולי מנהיגי ישראל שבכל הדורות.
רבן יוחנן בן זכאי (הכהן) היה מצעירי תלמידיו של הלל הזקן, אולם האריך ימים הרבה והנהיג את ישראל שנים רבות. מקום מושבו לפני החורבן היה בעיירה ברור-חיל ואחר כך בעיר ערב. בשבחו נאמר: לא הניח דבר גדול ודבר קטן שלא למד, ממעשה מרכבה עד להויות אביי ורבא. ועם זאת היה צנוע ביותר בדבריו ונהג להקדים שלום לכל, אפילו לגוי בשוק.
עוד בזמן הבית היה מגדולי הדור בירושלים ורוב החכמים היו תלמידיו. עם פרוץ המרד הגדול, הביע דעתו כנגד המרד ופעל להבאת שלום. אולם כאשר ראה בתוך המצור על ירושלים כי קרוב קיצה של העיר, הצליח לצאת ממנה עם כמה מתלמידיו. הוא התקבל בכבוד רב על ידי אספסיינוס, ורבן יוחנן ניבא לו שהוא עתיד להיות קיסר רומי בקרוב. קיומה של הבטחה זו העלה את מעמדו בעיני הקיסר והוא נענה לבקשתו להניחו להקים מרכז של תורה — ביבנה, שבו יהא מושב הסנהדרין והנהגת האומה, ואף הציל את רבן גמליאל (דיבנה).
ביבנה פעל רבן יוחנן פעולה ענקית בתיקון תקנות שונות שנועדו, מצד אחד — לשמור את זכרון המקדש והתקוה לבנותו בקרוב, ומצד שני — לתת בסיס של קיום רוחני לעם ללא תלות במקדש. בפעולותיו אלה היתה הצלחתו מרובה, ומבחינות מסויימות אפשר לומר שבית ישראל בכל הדורות ממשיך הדרך שהיתווה רבן יוחנן ביבנה.
חכמי הדור — ר׳ אליעזר, ר׳ יהושע ועוד — היו כולם תלמידיו, ומהם פשטה התורה בכל ישראל. הוא גם טיפח את רבן גמליאל והכינו להיות ממלא מקומו כנשיא אחריו (ויש אומרים — אף בחייו).
לרבן יוחנן היה בן, ר׳ יהודה, אף הוא מן החכמים.
ר׳ ישמעאל בן פאבי
ר׳ ישמעאל בן פאבי (או בן פיאבי, בן פיאכי) היה אחד הכהנים שמינה אגריפס השני סמוך לחורבן הבית השני. אף על פי שלא היתה דעת חכמים נוחה מבני משפחתו, מכל מקום שיבחו את מעשיו הטובים שלו.
נראה כי היה בן למשפחה עשירה מאוד. יש אומרים שהוא הכהן הגדול שנקרא על שם אמו הצדקנית ״בן קמחית״, ואם כן הוא, שמשו גם אחיו זמנית בכהונה הגדולה. ר׳ ישמעאל בן פאבי שימש בכהונה הגדולה עשר שנים. הוא נמנה בין הכהנים המעטים שעשו פרה אדומה (שמונה, במשך כל הדורות).
ספריא
הסופרים שמדובר בהם כאן הם מלמדי התינוקות ששימשו במקומות קטנים גם כסופרים = כותבי המסמכים עבור בני הקהילה. אף שהסופרים היו צריכים להיות במקצת בני תורה, מכל מקום לא נמנו עם שורות החכמים, וסופר שהיה תלמיד חכם של ממש היה נחשב כדבר נדיר.
חזניא
החזנים הם שמשי בתי הכנסת (ראה בדף מ,ב בענין חזן הכנסת), ששימשו לעתים גם כעוזרים למלמדי התינוקות. בגלל התעסקותם בעניני בית הכנסת היו החזנים צריכים ידיעה מסויימת בתורה ולא היו כעמי הארץ סתם, אבל מובן כי לא יכלו להחשב כלל כבני תורה.

השלמות לדף מט,ב

אירוס
מלים דומות לאלה מצויות בערבית ובעוד שפות כשמם של כלי שיר שונים. יש סבורים כי הכלי נקרא כך משום שהיה משמש בחגיגות אירוסין ונישואין.
לדעת רוב המפרשים אירוס טבלא וטנבורא הם צורות שונות במקצת של כלי אחד — תוף שיש עליו עור רק מצד אחד בלבד. אכן, המאירי סבור כי האירוס הוא כלי נשיפה שפיו האחד סתום, והוא משמיע קול הנשמע כקול שבין תקיעה וזמזום.
טנבורא
המלה הזו מצויה בהרבה שפות ומשמשת לציון תוף קטן שיש לו פעמונים או חלקי מתכת אחרים המשמיעים קול כאשר מקישים על התוף.
קפיזא
מקור המלה בפרסית והוא שם של מידת נפח. בפרסית הבינונית ,kawiz .kapic
מילת
כנראה מקור המלה ביוונית μηλωτή (מילוטי) — צמר. כי יש סבורים כי המלה קשורה לשם האי מילטוס שבו היו עושים צמר משובח.

פפירית
מקור המלה הוא כנראה ביוונית πάπυρος (פפו׳רוס) קנה הגומא שממנו מייצרים נייר. ממלה זו נגזרו כמה וכמה מילים, וכאן המשמעות היא — מבנה כעין מסגרת, עשוי קנים, שעליו היו תולים קישוטים שונים.

סורסי
שינוי צורה מן היוונית Σύρος (סוּרוֹס) ומשמעה: סורי. השייך לארץ סוריה.

עסיא
מקור המלה הוא ביוונית ασια (אסיא) שהיא הכינוי המיוחד לחבל הארץ הקרוי אסיה הקטנה. כמו כן היה חלק מאסיה הקטנה שאורגן במסגרת של פרובינציה רומית בשם אסיה.
בדברי חכמים נראה שהכוונה היא למחוז מסויים (אולי קיליקיה) בתוך חבל ארץ זה.

קומי
מקור המלה הוא ביוונית κόμη (קומי) — שיער, קווצות שיער. לא ברור בדיוק מה היה האופן בו היו "מסתפרים קומי" ונראה שהיתה זו תספורת שבה היו חותכים את השיער סביב הראש בשווה, בלא להשאיר פיאות בצידי הראש.

אבטולוס
נראה שמקור שם זה הוא ביוונית Εὔτολμος (אבטולמוס) ומשמעו — אמיץ לב.

מלכות תהפך למינות
נבואתו זו של ר׳ אליעזר הגדול, שחי בדור של חורבן הבית ולאחריו (בערך במאה הראשונה) היתה כי מלכות רומי האלילית תקבל על עצמה כדת רשמית את המינות — דתה של אחת הכתות הסוטות מן היהדות, שביניהן היתה גם הנצרות. נבואה זו התקיימה רק כמאתיים שנה לאחר מותו, בזמנו של הקיסר קונסטנטינוס.

טבלא
מקור המלה הוא כנראה פרסי (וכן הוא נמצא בערבית בצורה طبلا (טבלא), וכן ביוונית ταβάλα (טבאלא) ומשמעה — תוף.

טבלא

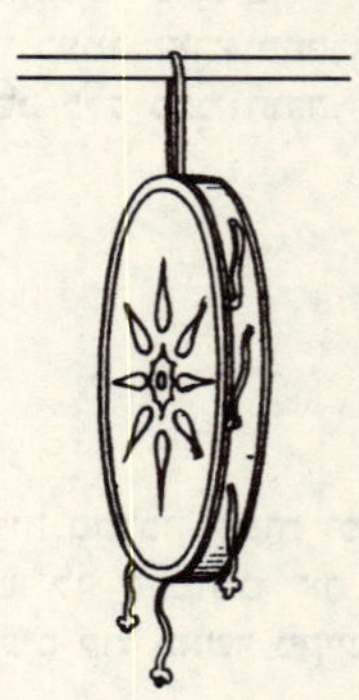

טבלא מתקופת התלמוד
טבלא היא תוף קטן (טמבור) שמחזיקים אותו ביד ומתופפים בו.

עיר של זהב

עיר של זהב הוא תכשיט עשוי זהב, כעין כתר שעליו חקוקה צורת חומת העיר. רק נשים עשירות מאד יכלו להתקשט בתכשיט מעין זה. לעתים היו עושים במיוחד תבנית "ירושלים של זהב" באותו אופן.

זהורית המוזהבות
זהורית הוא אריג של צמר או משי הצבוע בצבע שני (סוג של אדום). צבע זה מפיקים מביצי תולעת השני, המצויה על עצים שונים. הזהורית (תולעת שני) שימשה גם לבגדים שונים במקדש וגם לקישוטים מחוצה לו. זהורית המוזהבת היא אריג צבוע זהורית המקושט בחוטי זהב.

כשצרו מלכי בית חשמונאי
לפני מותה הורישה שלומציון המלכה את השלטון לבנה הבכור הורקנוס השני, אולם אחיו אריסטובלוס השני מרד בו והשתלט על המדינה. לאחר זמן מסוים חזר הורקנוס בעזרתו ועידודו של אנטיפטר (אבי הורדוס), ואסף צבא שהצליח להביס את צבא אריסטובלוס ולהכריחו להתבצר בתוך ירושלים. במרוצת מצור זה (בשנת 65 לפני הספירה) בקשו הנצורים כבשים לקרבנות תוך הבטחת כסף רב עבורם. מעשה זה בעיקרו מסופר גם בכתבי יוסיפוס (קדמוניות יד פרק 2), ושם מסופר כי הנצורים בקשו כבשים לשם קרבן הפסח והבטיחו סכום עצום של אלף דרכמות לכל קרבן. שם אף מסופר כי כעונש על הפרת ההבטחה הזו ועיכוב עבודת הקודש היתה סערה עצומה בארץ ישראל שהשמידה כמעט את כל היבולים (ואולי לזה רומז המאמר "נזדעזעה ארץ ישראל וכו׳").

חכמה יוונית
מצירוף הדברים ממקורות שונים נראה כי חכמה יוונית היא בעיקר ידיעת התרבות היוונית, השירה והספרות וכיוצא באלה. ונראה כי בזמן המשנה עוד היו ספרי הומירוס נמצאים בבתי ישראל. שפת הדיבור הרגילה (שבה השתמשו גם הגוים) היתה בדרך כלל עגה יוונית (קויני), ונראה כי רק מעטים ידעו את השפה הקלסית ואת התרבות, דבר שאיפשר לאותם מעטים גם לרמוז דברים באופן שלא היו מובנים לרוב השומעים.

משמת רבי הוכפלו צרות
בימיו של רבי היו בממלכת רומי לא רק שליטים נאורים ומתונים ביחס, אלא שהיה גם קשר ידידות בין רבי ובין הקיסר אנטונינוס. לאחר מותו של רבי עבר השלטון ברומי לידי קיסרים שונים שהיו הרפקתנים וחסרי יכולת, ומשום כך הוגברה גם מעמסת המיסים על ישראל, וגם יחסם הכללי של השלטונות (ועלייתה הגוברת של הנצרות) השתנה הרבה מאד לרעה.

אבטולוס בן ראובן
אין אנו יודעים את זמנו של איש זה, ויש מזהים אותו עם אבטולמוס שהיה מרבותיו של ר׳ יוסי. יתכן כי ר׳ ראובן האיצטרבולי שמסופר עליו שהיה לובש בגדי גוים ומסתפר כמותם על מנת להתערב בין שרי המלוכה ולבטל גזירות מעל ישראל, היה קשור לאבטולוס בן ראובן, שגם הוא כפי הנראה מילא תפקיד דומה ביחסים בלתי רשמיים עם המלכות.

חצבא

החצבא היה כלי חרס גדול למדי, ששימש לצרכים שונים, פעמים השתמשו בו כדלי — לשאוב מים, ופעמים לאיחסון משקים שונים או לשרות דברים בתוכו.

לעזי רש״י

שליימי״א מן הצרפתית העתיקה sel jeme — מלח חצוב מן הסלעים.
נאול״א (צ״ל ניאליי״א) מן הצרפתית העתיקה neele — קישוט מתכות על ידי מעשה חריטה מושחר.
לישק״א מן הצרפתית העתיקה lesche — מין קנה סוף.
טנבור מן הצרפתית העתיקה tanbor — תוף קטן.
פילטר״א אולי מן הצרפתית העתיקה feltrin — כיפה עשויה מלֶבֶד.
לינג״א שוריי״א מן הצרפתית העתיקה Surie lenge — השפה הסורית.